Gedenkstätten für die Opfer des Nationalsozialismus
Band I

Band I

Baden-Württemberg, Bayern, Bremen, Hamburg, Hessen, Niedersachsen, Nordrhein-Westfalen, Rheinland-Pfalz, Saarland, Schleswig-Holstein

Ulrike Puvogel / Martin Stankowski
unter Mitarbeit von Ursula Graf

Gedenkstätten

für die Opfer des Nationalsozialismus

Eine Dokumentation

2., überarbeitete und erweiterte Auflage

Bundeszentrale für politische Bildung

Umschlagbild: KZ-Gedenkstätte Dachau, »Internationales Mahnmal« von Nandor Glid

Bonn 1995
Nachdruck 1996

Band I:
2., überarbeitete und erweiterte Auflage des 1987 erschienenen Bandes 245 der Schriftenreihe
(Bundesländer Baden-Württemberg, Bayern, Bremen, Hamburg, Hessen, Niedersachsen, Nordrhein-Westfalen, Rheinland-Pfalz, Saarland und Schleswig-Holstein)

Redaktion: Ulrike Puvogel
Redaktionelle Mitarbeit: Jutta Klaeren, Heike Rentrop
Fotos: Axel Krause, laif Photos & Reportagen, Köln, u. a. (s. Bildnachweis)
Umschlag: Norbert Josef Riese
Herstellung: Heinrich Kläser

Eine Buchhandelsausgabe ist erschienen im Verlag Edition Hentrich Berlin.

Satzherstellung: Fotosatz Froitzheim AG, Bonn
Druck: Bercker Graphischer Betrieb GmbH, Kevelaer

ISBN 3-89331-208-0

Inhalt

Statt eines Geleitwortes

»...Unsere Verantwortung ist es, ...nie mehr zuzulassen, daß Menschsein abhängig gemacht wird von Rasse oder Herkunft, von Überzeugung oder Glauben, von Gesundheit oder Leistungsfähigkeit. Nie mehr zuzulassen, daß unterschieden wird zwischen lebenswertem und nicht lebenswertem Leben... Der Völkermord, den das nationalsozialistische Regime beging, war in seiner technischen und bürokratischen Perfektion so einzigartig und beispiellos, daß man glauben könnte, er könne sich nicht wiederholen. Aber das wäre ein gefährlicher Trugschluß. Es ist natürlich wahr, die Geschichte wiederholt sich nicht. Aber es kann neue Formen von Ausschluß und Gleichschaltung, von Selektion und Totalitarismus geben, die wir heute vielleicht noch nicht einmal ahnen. Also müssen wir wachsam bleiben. Dazu müssen wir uns erinnern. Nur wer sich erinnert, kann Gefahren für die Zukunft bannen.
Ich bin nicht sicher, ob wir die rechten Formen des Erinnerns für die Zukunft schon gefunden haben... Die Generation der Zeitzeugen geht zu Ende, und es beginnt das Leben einer Generation, die in der Gefahr ist, die Erfahrungen, für die Bergen-Belsen steht, nur noch als Geschichte zu betrachten. Jetzt kommt alles darauf an, über die Vergangenheit so zu sprechen, sie so zu vermitteln und an sie so zu erinnern, daß die Jungen die Verantwortung, gegen jede Wiederholung aufzutreten, als ihre eigene Verantwortung empfinden. Das ist eine ganz entscheidende Aufgabe unserer Generation. Ihr hat sich alles, alles unterzuordnen, was in diesem Zusammenhang gedacht und geplant wird.
Noch einmal zusammengefaßt: Der Ablauf von 50 Jahren seit dem Ende des NS-Regimes kann nicht Ende des Erinnerns heißen. Was wir jetzt brauchen, ist eine Form des Gedenkens, die zuverlässig in die Zukunft wirkt. Vor allem geht es darum, eine dauerhafte Form zu finden. Das ist wichtiger als schnelle Entscheidungen. Wir sollten uns die Zeit nehmen, die notwendig ist – allerdings auch nicht mehr –, um einen breiten gesellschaftlichen Konsens herzustellen. Denn wir brauchen eine lebendige Form der Erinnerung. Sie muß Trauer über Leid und Verlust zum Ausdruck bringen, aber sie muß auch zur steten Wachsamkeit, zum Kampf gegen Wiederholungen ermutigen, sie muß Gefahren für die Zukunft bannen. Für mich ist alles richtig, was unseren Kindern und Kindeskindern ihre Verantwortung für Demokratie, für die Freiheit und Menschenwürde in die Herzen gräbt, und für mich ist alles falsch, was am Ende nur in momentanen Alibi-Effekten versandet.
Das sind wir nicht nur den NS-Opfern und nicht nur den möglichen Opfern neuer Diktaturen schuldig, sondern wir sind es auch unseren Kindern selbst schuldig. Die Geschichte des Versagens begann ja nicht erst nach der ›Machtergreifung‹ von 1933. Sie begann schon lange vorher: in nationalistischer Überheblichkeit, in der Zögerlichkeit, mit der die

Demokratie von Weimar einerseits gehandhabt und andererseits verteidigt wurde, in Witzen und Karikaturen, in einem wahnsinnigen Machtkalkül, das sich einbildete, Hitler gleichzeitig benutzen und bändigen zu können.
Auch unsere Kinder müssen es lernen: Totalitarismus und Menschenverachtung bekämpft man nicht, wenn sie schon die Macht ergriffen haben. Man muß sie schon bekämpfen, wenn sie zum ersten Mal – und vielleicht noch ganz zaghaft – das Haupt erheben. Nach der ›Machtergreifung‹ war für den einzelnen gegen den Nationalsozialismus nicht mehr allzuviel auszurichten. Nun lag das Versagen vor allem im Wegschauen. Wer Augen hatte, konnte zwar sehen. Aber das war gefährlich. Und vor allem, es war unbequem.
Man sah weg, als jüdischen Ärzten und Rechtsanwälten die Zulassung entzogen wurde; man wechselte eben zu anderen. Man sah weg, als jüdischen Geschäftsleuten ihr Gewerbe weggenommen wurde; es gab ja Interessenten, die es erwerben wollten. Man sah weg, als Juden der Zugang zu Restaurants und Cafés, Bibliotheken und Parks durch Verbotsschilder verwehrt wurde. Und man sah weg, als Nachbarn abgeholt wurden, und fragte nicht, warum sie nie wiederkamen.
Auch das ist die Lektion von Bergen-Belsen: Man ist nicht nur verantwortlich für das, was man tut, sondern auch für das, was man geschehen läßt. Wer es zuläßt, daß anderen die Freiheit geraubt wird, verliert am Ende die eigene Freiheit. Wer es zuläßt, daß anderen die Würde genommen wird, der verliert am Ende die eigene Würde.
Gewiß, nicht alle haben weggesehen. Es gab den Widerstand Dietrich Bonhoeffers, der Geschwister Scholl, des 20. Juli. In Bergen-Belsen büßten Rudolf Küstermeier und Heinrich Jasper für ihre Opposition gegen die Nazi-Diktatur. Es gab auch Menschen, die im Alltag ihren Anstand bewahrten. Es gab den Wissenschaftler, der seine Freundschaft zum plötzlich geächteten Kollegen eben nicht auf staatlichen Befehl aufgab. Es gab die Familie, die es sich nicht nehmen ließ, ihre jüdischen Freunde zu Hause zu besuchen. Es gab die Hausfrau, die des Berufs beraubte Nachbarn mit Lebensmitteln versorgte. Und es gab Menschen, die, obwohl es mit höchstem Risiko verbunden war, Juden aufnahmen und versteckten. Sie waren Helden, aber sie waren wenige, und sie allein konnten das Unheil nicht mehr abwenden.
Bergen-Belsen ist nicht nur Vergangenheit. Jorge Semprun hat es uns erklärt, indem er sagt: ›Die Geschichte ist frisch. Der Tod steht noch im Präsens.‹ Wenn wir aus der Geschichte lernen wollen, müssen wir erkennen, daß die Gefahr des Totalitarismus immer noch im Präsens steht und nicht nur in Deutschland, sondern in der ganzen Welt, und daß sie uns auch im Futur wieder begegnen kann.
Unsere Verantwortung ist es, dieses Wissen weiterzugeben...«

Bundespräsident Roman Herzog
in seiner Rede am 27. April 1995 in Bergen-Belsen
anläßlich der Gedenkveranstaltung
zum 50. Jahrestag der Befreiung
aus den Konzentrationslagern

»...Für mich ist es ganz wichtig, daß die jungen Menschen, die ja von der Zeit vor 1945 überhaupt nichts erlebt haben und die vollständig oder möglicherweise in der einen oder anderen Richtung tendenziös unterrichtet worden sind, die Möglichkeit haben, sich immer wieder an das, was damals geschehen ist, zu erinnern. Daraus ergibt sich für mich vor allem, daß ich eine Art disloziertes Gedenken, ein Gedenken an möglichst vielen Orten, immer unterstützen werde. Ich möchte unendlich viele, vom Inhalt, vom Anlaß her ganz unterschiedliche Orte in Deutschland haben, an denen man unmittelbar mit der Notwendigkeit konfrontiert wird, sich an die Judenvernichtung, die Vernichtung der Sinti und Roma, an den Kriegsanfang, an Kriegsverbrechen zu erinnern. Mir geht es hin und wieder so, wenn ich am Gedenkstein für die Münchner Synagoge stehe, die 1938 niedergebrannt wurde. Dann denke ich zwei, drei Minuten an diese Geschichte. Ich würde mir wünschen, daß dies an vielen anderen Stellen genauso ist. Deswegen ist mein Interesse an großen Denkmälern auch weniger entwickelt als an der Vielzahl von Gedenkorten.
Es kommt noch ein zweites hinzu. Die jungen Menschen gehen davon aus, daß das alles den Eltern passiert ist, ihnen aber nicht passieren könne. Das ist eine Erfahrung, die können Sie auch in Frankreich, in Spanien oder in Israel machen. Man muß der Jugend infolgedessen nicht nur beibringen, wohin Totalitarismus führt, sondern auch wie er beginnt – eben mit ganz kleinen Nadelstichen gegen Juden, gegen wen auch immer...«

Aus einem Interview mit dem Bundespräsidenten,
»Frankfurter Rundschau« vom 17. Juli 1995

Einleitung

Der vorliegende Band ist die überarbeitete und erheblich erweiterte Fassung der im Jahre 1987 in der Schriftenreihe der Bundeszentrale für politische Bildung erschienenen Dokumentation über Gedenkstätten für die Opfer des Nationalsozialismus in der (alten) Bundesrepublik Deutschland einschließlich des Westteils der Stadt Berlin.[1]) Die Dokumentation, ursprünglich mit angeregt vom Kuratorium der Bundeszentrale auf einen Vorschlag seines damaligen Vorsitzenden Karl Liedtke, stellte die erste Übersicht dieser Art dar und stieß – auch im Ausland – auf eine große und positive Resonanz. Der Band war in kürzester Zeit vergriffen; 1988 erschien ein unveränderter Nachdruck. Die Gesamtauflage betrug 20 000 Exemplare. Zahlreiche Zuschriften gaben ergänzende oder auch korrigierende Hinweise und ermutigende Anregungen für eine mögliche Fortschreibung.

Seitdem haben Forschung und Wissen über die Zeit des Nationalsozialismus und das Interesse an seiner Geschichte vor Ort und in der Region weiter zugenommen und ist die Sensibilität im Umgang mit dieser Vergangenheit spürbar gewachsen. Dies zeigte sich nicht zuletzt auch bei Veranstaltungen zur Erinnerung an den 50. Jahrestag des Kriegsendes und der Befreiung aus den Konzentrationslagern und in der publizistischen und öffentlichen Auseinandersetzung mit diesem Datum. Als sichtbare Zeichen des Bemühens um das Erinnern und gegen das Vergessen sind in zahlreichen Städten und Gemeinden in vielfältiger Weise Gedenkstätten an historischen Orten sowie Mahnmale, Gedenksteine und -tafeln als Symbole des Gedenkens und als informierende Hinweise neu errichtet worden, oft nach langwierigen und schwierigen öffentlichen Auseinandersetzungen. Der vorliegende überarbeitete Band läßt diese Entwicklung erkennen. Neben einer Vielzahl von seit etwa dem letzten Drittel der achtziger Jahre neu geschaffenen oder geplanten Gedenkstätten weist er zahlreiche Ergänzungen und Aktualisierungen auf, darunter eine Reihe von Gedenkorten, die in der Erstfassung, obschon damals bereits vorhanden, noch nicht berücksichtigt worden waren.

Noch nicht einbezogen sind in diesem Band die neuen Bundesländer: Zu den Gedenkstätten dort ist ein gleichartig konzipierter zweiter Band in Vorbereitung, der 1996 erscheinen und auch die Gedenkstätten in ganz Berlin dokumentieren wird.

Gedenkstätten für Opfer des Nationalsozialismus auf dem Gebiet der ehemaligen DDR befinden sich seit dem politischen Umbruch in einem tiefgreifenden Prozeß der Neuorientierung. Dies betrifft sowohl die großen früheren »Nationalen

[1]) Bundeszentrale für politische Bildung (Hrsg.), Gedenkstätten für die Opfer des Nationalsozialismus – Eine Dokumentation, Autorin: Ulrike Puvogel, Bonn 1987 (Schriftenreihe, Band 245).

Mahn- und Gedenkstätten« auf dem Gelände der Konzentrationslager Buchenwald, Ravensbrück und Sachsenhausen als auch größere und kleinere Gedenkstätten an anderen ehemaligen Orten des nationalsozialistischen Terrors in ähnlicher Weise. Trotz vieler Veränderungen ist die Situation gewissermaßen noch in einem Schwebezustand. Die Umsetzung neu erarbeiteter Konzeptionen ist ein Prozeß, für den ein Zeitraum von Jahren unerläßlich sein wird: »Für eine Gedenkstätte in den neuen Bundesländern kann es nicht um einen Austausch von Geschichtsbildern gehen. Es wird nicht ›die‹ neue Antwort geben können, sondern nur einen Versuch, neue Möglichkeiten der Annäherungen an den Ort, an das historische Geschehen und vor allem an sich selbst zu finden«.[2])

An einigen Orten sind neue Gedenkstätten entstanden oder geplant, einige frühere sind nicht mehr vorhanden. Auch symbolische Gedenkstätten – Mahnmale, Gedenksteine, Tafeln und Straßennamen – sind seit der Wende in vielen Städten und Gemeinden durch Umwandlungen, Neuinterpretationen und Umwidmungen, Abrisse, Beseitigungen oder Neuerrichtungen einem starken und bisweilen umstrittenen Wandel unterworfen.

Thema dieses Nachschlagewerks ist das Gedenken an Menschen, die unter der nationalsozialistischen Gewaltherrschaft umgekommen oder ermordet worden sind als Opfer von Verfolgung aus politischen, rassistischen, religiösen, weltanschaulichen und anderen Gründen, Opfer der NS-Justiz wegen Widerstand und Verweigerung, Opfer von »Euthanasie«-Mordaktionen, Opfer der Vernichtung durch Lagerhaft und Zwangsarbeit.

Da es sich bei der Dokumentation nicht um eine Gesamtdarstellung der Geschichte der NS-Verfolgung und des Widerstands gegen das Regime handeln kann, bezieht sie Erinnerungen an Menschen, die ihre Verfolgung, sei es im Exil oder in Deutschland, überlebt haben, nicht mit ein.

Das Thema umfaßt auch keine Gedenkorte für Opfer von Kriegshandlungen und Kriegsfolgen.

Dokumentiert werden zum einen Gedenkstätten, die unmittelbar an Orten des Geschehens, an das sie erinnern, errichtet wurden: auf dem Gelände ehemaliger Konzentrationslager und ihrer Außenlager, an Orten von »Arbeitserziehungs-«, »Jugendschutz-« und »Sonderlagern«, in Gefängnissen und Folterstätten nationalsozialistischer Gewaltorgane wie Gestapo, SA und SS und in Hinrichtungsstätten der NS-Justiz, in Synagogen und anderen Gebäuden früheren jüdischen Lebens und späterer Verfolgung, an Orten der »Euthanasie«-Morde und der »Vernichtung lebensunwerten Lebens«, auf dem Gelände von Kriegsgefangenenlagern wie Sandbostel bei Bremervörde und Stukenbrock bei Bielefeld oder auf Friedhöfen und an anderen Tatorten der Verfolgung und des Terrors.

Im Mittelpunkt dieser Gedenkstätten steht der historische Ort, dessen Geschichte in einer ständigen Ausstellung dokumentiert und erläutert wird. Eine Bibliothek und ein Archiv, in dem die noch auffindbaren Unterlagen zur Geschichte des Ortes gesammelt werden, geben dem Besucher die Möglichkeit, sich selbst mit der originalen Überlieferung des historischen Geschehens, mit dem Schicksal einzelner Opfer und mit Fragen zu den Tätern auseinanderzusetzen. Zur historisch genauen Dokumentation der Geschichte des Ortes ist die Einbeziehung zeitgeschichtlicher Forschung in die Arbeit der Gedenkstätten unabdingbar. Die Gedenkstätten sind um die Erarbeitung pädagogischer Konzepte und Handreichungen bemüht, um mögliche Wege und Formen der Vermittlung dieser Geschichte aufzuzeigen. Haupt- und ehrenamtliche Mitarbeiterinnen und Mitarbeiter ermöglichen eine sachkundige Besucherbetreuung.

Die Geschichte der Gedenkstätten an Orten der NS-Verbrechen mit der Aufgabe, an die Opfer zu erinnern und darüber hinaus historisch-politische Bildungsarbeit zu leisten, ist in Westdeutschland noch sehr jung. Sie beginnt – mit Ausnahme der bereits 1965 eröffneten Gedenkstätte Dachau mit Museum, Archiv und Bibliothek sowie der Gedenkstätte Bergen-Belsen mit ihrer ersten Ausstellung aus dem Jahre 1966 – erst in den siebziger und achtziger Jahren. Zur Verdeutlichung dieser Entwicklung seien hier einige Beispiele mit ihrem Eröffnungsjahr angeführt: die »Alte Synagoge« in Essen, seit November 1980 Gedenkstätte und historisch-politisches Dokumentationsforum, das Dokumentenhaus der KZ-Gedenkstätte Hamburg-Neuengamme (1981), die Gedenkstätte im ehemaligen Gestapo-Gefängnis im Kölner »EL-DE-Haus« (1981, Erweiterung 1988 durch ein »NS-Dokumentationszentrum«), die Gedenkstätten in der Wewelsburg bei Paderborn (1982) und in Breitenau nahe Kassel (1984), die Gedenkstätte

[2]) Vgl. Rikola-Gunnar Lüttgenau, Eine schwebende Gedenkstätte? Die Gedenkstätte Buchenwald im Wandel, in: Bernd Faulenbach/Franz-Josef Jelich (Hrsg.), Reaktionäre Modernität und Völkermord: Probleme des Umgangs mit der NS-Zeit in Museen, Ausstellungen und Gedenkstätten. Dokumentation einer Tagung des Forschungsinstituts für Arbeiterbildung und der Hans-Böckler-Stiftung, Essen 1994 (Geschichte und Erwachsenenbildung, Bd. 2), S.113–129, hier S.122; vgl. zu dieser Problematik auch: Sigrid Jacobeit, Zur Neukonzeption der Mahn- und Gedenkstätte Ravensbrück. Stiftung Brandenburgische Gedenkstätten, in: ebd., S.99–111; Günter Morsch, Überlegungen zur Ausstellungskonzeption in der Gedenkstätte Sachsenhausen, in: ebd.; S.89–97.

Hadamar bei Limburg für Opfer der »Euthanasie«-Verbrechen (erste Ausstellung in historischen Kellerräumen 1983, Neukonzeption und Erweiterung 1991), die Gedenkstätte/»Dokumentationszentrum« im ehemaligen unterirdischen Konzentrationslager auf dem Oberen Kuhberg bei Ulm (Ausstellungseröffnung 1985) oder die Gedenkstätte Hannover-Ahlem in der ehemaligen Israelitischen Gartenbauschule (1987, Erweiterung und Neugestaltung 1991).
Beispiele aus jüngster Zeit, die ebenso wie die vorgenannten eine oft langjährige Vorgeschichte haben, sind die »Gedenk- und Dokumentationsstätte ›NS-Justiz und Todesstrafe‹« in der Justizvollzugsanstalt Wolfenbüttel (Eröffnung April 1990), das Dokumentenhaus auf dem Friedhof des Dorfes Ladelund nahe der dänischen Grenze zur Erinnerung an die Opfer des KZ-Außenlagers (Eröffnung November 1990), die Mahn- und Gedenkstätte im Gestapo-Gefängnis in der »Steinwache« in Dortmund (Oktober 1992), das neu erbaute und neu konzipierte »Dokumentations- und Informationszentrum (DIZ) Emslandlager« in Papenburg (September 1993), oder die »Gedenk- und Dokumentationsstätte Salzgitter-Drütte« am Ort des KZ-Außenkommandos (April 1994). Auf dem Gelände des Konzentrationslagers Osthofen in Rheinland-Pfalz und des SS-Sonderlagers Hinzert sind Gedenk- und Dokumentationsstätten im Aufbau, für die sich schon seit Jahren örtliche Initiativen und Fördervereine einsetzen. In Kiel, Sandbostel und andernorts haben Initiativen und Vereine Konzeptionen für Gedenk- und Dokumentationsstätten erarbeitet, die noch auf eine Realisierung warten.

Diese Entwicklung in Westdeutschland ist vor dem Hintergrund eines seit Ende der siebziger Jahre, namentlich in der jüngeren Generation, wachsenden Interesses an lokaler und regionaler Geschichte und am Alltag des durchschnittlichen Menschen in der NS-Zeit zu sehen. In vielen Orten entstanden Geschichtsarbeitskreise (»Werkstätten«) und Initiativen, die nach verschütteten Spuren verdrängter Vergangenheit an ihrem Ort und in ihrer Region zu forschen begannen, »Geschichte von unten« betrieben und sich mit der lokalen NS-Vergangenheit auseinandersetzten. Dabei beschäftigten sie sich häufig mit bis dahin vernachlässigten oder »vergessenen« Opfergruppen. Bürger engagierten sich, um Überreste von Konzentrationslagern, KZ-Außenlagern oder Gestapo-Zentralen für Gedenkarbeit zu nutzen und zerstörte Synagogen vor dem Verfall zu retten. »Alternative Stadtrundfahrten« griffen dieses historische Interesse auf. Für den lokal- und alltagsgeschichtlichen Ansatz in der historischen Forschung waren auch die 1977 bis 1983 veröffentlichten Ergebnisse des Projekts »Bayern in der NS-Zeit« des Münchner Instituts für Zeitgeschichte von Bedeutung. Durch die Ausstrahlung der amerikanischen Fernsehserie »Holocaust« im Frühjahr 1979 wurde das Thema Nationalsozialismus für ein breites Publikum zum Gesprächsstoff. Der »Schülerwettbewerb Deutsche Geschichte um den Preis des Bundespräsidenten« war in den Jahren 1980/81 und 1982/83 dem Thema »Alltag im Nationalsozialismus« gewidmet. Es begannen Forschungen über zwei bis dahin verdrängte oder vergessene Kapitel der Geschichte des Nationalsozialismus: die unzähligen über das ganze Reich verstreuten KZ-Außenlager und das Schicksal der Millionen Zwangsarbeiter und Zwangsarbeiterinnen und der Kriegsgefangenen. Erinnerungstage wie im Januar 1983 die 50. Wiederkehr des Tages der nationalsozialistischen »Machtergreifung« und im Jahre 1985 der 40. Jahrestag des Kriegsendes und der Befreiung trugen zu einem verstärkten öffentlichen Interesse an der Geschichte der nationalsozialistischen Gewaltherrschaft bei. In allen Ländern der (alten) Bundesrepublik gab es im Jahre 1988 aus Anlaß des 50. Gedenktages an die Novemberpogrome 1938 eine Fülle von Aktivitäten zur Erinnerung an die zerstörten Synagogen und an die verfolgten, deportierten und ermordeten jüdischen Frauen, Männer und Kinder, die in vielen Kommunen mit der Errichtung von Gedenkstätten, Mahnmalen und Gedenktafeln oder der Ergänzung bereits vorhandener Erinnerungsstätten verbunden waren. Durch Gedenkstätten-Initiativen und nicht zuletzt auch durch die Rede des damaligen Bundespräsidenten zum 8. Mai 1985 wurden vorher weitgehend ausgegrenzte oder vergessene Opfergruppen wie die ermordeten Zigeuner (Sinti und Roma) – für sie wurde erstmals 1982 an der Gedenkmauer in Bergen-Belsen eine Inschrift angebracht –, die ermordeten Geisteskranken und Behinderten, die Zwangssterilisierten, die Homosexuellen und die Opfer der NS-Militärjustiz ins öffentliche Bewußtsein gerückt.

Gedenkstätten zur Erinnerung an die nationalsozialistische Verfolgung und an den Widerstand gegen das NS-Regime sind unverzichtbare Einrichtungen der politischen Kultur in der Bundesrepublik. In Westdeutschland sind sie durch gesellschaftliche Initiativen entstanden, durch das Engagement von Einzelpersonen oder Gruppen, von ehemaligen Häftlingen, Organisationen ehemaliger Verfolgter, von Vereinen und Bürgerinitiativen. Der Übernahme öffentlicher Verantwortung durch eine institutionelle Förderung gingen oftmals langwierige und konfliktreiche Auseinandersetzungen voraus. Träger sind in unterschiedlicher Weise Kommunen, Kreise, Länder oder Verbände, Vereine oder Stiftungen. Einige wenige Gedenkstätten werden von Sponsoren unterstützt.[3])

Neben den oben beschriebenen, mit Dokumentations- und Informationseinrichtungen ausgestatteten Gedenkstätten bezieht die Dokumentation eine Vielfalt von Mahnmalen, Gedenksteinen und Gedenktafeln ein. Es sind die meisten der hier zusammengetragenen Erinnerungsstätten. Auch diese oft symbolischen Gedenkstätten, dezentrale Gedenkorte im Umfeld des alltäglichen Lebens, können einen Ansatz bieten zur konkreten Erfahrung der Geschichte. Sie erinnern an den Nationalsozialismus vor Ort und weisen auf die Allgegenwart und Alltäglichkeit des nationalsozialistischen Terrors in der unmittelbaren Umgebung und Nachbarschaft hin. Ihrer Errichtung und der Frage ihrer Gestaltung, der Formulierung ihrer Widmungen und Informationen gingen in vielen Fällen heftige Konflikte und manche Widerstände in der Bevölkerung und bei Kommunalpolitikern voraus.
Eine lebhafte öffentliche Auseinandersetzung, die vor der Aufstellung eines Mahnmals oder der Anbringung einer Gedenktafel Denkanstöße gibt und Lernprozesse in Gang setzt, ist dabei für die Bewußtseinsbildung meist nicht weniger von Bedeutung als das Mahnmal selbst, das nach dem Streit und nach seiner Errichtung oft kaum mehr wahrgenommen wird. Sprache und Gestaltung, Symbole und Standort sowie die Umstände der Errichtung von Mahnmalen sagen oftmals mehr aus über die Zeit, in der sie gesetzt wurden, und über die Menschen, die sie setzten, als über das historische Geschehen, an das sie erinnern wollen.

Die ersten Mahnmale wurden unmittelbar nach Kriegsende in den westlichen Besatzungszonen von überlebenden Häftlingen selbst geschaffen oder auf Veranlassung der Militärregierungen errichtet. Seit Mitte der fünfziger Jahre setzten sich Organisationen überlebender Häftlinge für Mahnmale auf dem Gelände ehemaliger Konzentrationslager ein. So sind zum Beispiel die Stele und die davor liegende Skulptur »Sterbender Häftling«, die Ehrenmauer und die Gedenkplatten mit den Namen der Herkunftsländer der Toten in Hamburg-Neuengamme von 1958 bis 1965 auf Wunsch der Lagergemeinschaft »Amicale Internationale de Neuengamme« errichtet worden. Auch in Bergen-Belsen, Dachau und an anderen Orten wurden auf Drängen ehemaliger Häftlinge Mahnmale geschaffen.
Auf vielen kommunalen, manchmal auch auf jüdischen Friedhöfen und auf großen Umbettungsfriedhöfen sind Opfer von Zwangsarbeit und Kriegsgefangenschaft aus ganz Europa, vor allem aus der damaligen Sowjetunion und aus Polen beerdigt. Gedenktafeln oder Hinweise, die ihr Schicksal erläutern, sind selten; oft ist es nur einem historisch versierten Betrachter möglich, den geschichtlichen Zusammenhang zu rekonstruieren. Für Tausende durch Gefangenschaft und Zwangsarbeit ums Leben gebrachte ausländische Tote sind ihre oft namenlosen Gräber die einzigen Spuren und »Gedenkstätten«. Für engagierte Aufarbeitung der Geschichte, die sich hinter solchen Gräbern verbirgt, sei hier als ein Beispiel die Initiative für die 1992 eingeweihte »Mahn- und Gedenkstätte Waldfriedhof Trutzhain« im hessischen Schwalmstadt genannt.
Als eine Zeichensetzung der Erinnerung durch einen Großbetrieb, der sich damit in jüngster Zeit zu seiner Mitverantwortung bekannt hat, sei als ein Beispiel der Gedenkstein herausgegriffen, den die Volkswagen AG 1991 auf ihrem Werksgelände in Wolfsburg errichten ließ zur Erinnerung an Zwangsarbeiterinnen und Zwangsarbeiter, die im Volkswagenwerk »für Rüstungsanstrengungen und den Krieg eines verbrecherischen Systems gelitten haben« (– so die Inschrift –). Eine Seltenheit stellt ein von einer Familie auf ihrem Privatgrundstück in Oberndorf am Neckar errichteter Gedenkstein »Zur ehrenden Erinnerung an die fremden Zwangsarbeiter im Krieg 1939–45« dar.
Viele Inschriften auf Mahnmalen und Tafeln haben einen eher allgemeinen und appellativen Charakter und nehmen nicht spezifisch Bezug auf den Ort und das Ereignis. Auch die meisten sowohl der

[3]) Zur Situation der Gedenkstätten in Deutschland, ihrer Geschichte, ihren Problemen und aktuellen Aufgaben siehe u.a.: Thomas Lutz, Historische Orte sichtbar machen – Gedenkstätten für NS-Opfer in Deutschland, in: Beilage »Aus Politik und Zeitgeschichte« B 1–2/95, S. 18–26; Ders., Politik durch Mahnmäler – Überlegungen zur Situation der Gedenkstätten in Deutschland, in: »Ideen« 3/91, S. 55–65; Wulff-E. Brebeck, Gedenkstätten für NS-Opfer im kollektiven Gedächtnis der Bundesrepublik Deutschland, in: Den Opfern gewidmet – auf Zukunft gerichtet. Gedenkstätten für die Opfer des Nationalsozialismus in Nordrhein-Westfalen, Hrsg.: Arbeitskreis NS-Gedenkstätten NW, Düsseldorf, 2., erw. Aufl. 1995, S. 6–23; Detlef Garbe, Gedenkstätten zwischen Vergangenheits- und Zukunftsbewältigung, in: Didaktische Arbeit in KZ-Gedenkstätten – Erfahrungen und Perspektiven, Hrsg.: Bayerische Landeszentrale für politische Bildungsarbeit, München 1993 (Reihe »Zeitfragen«), S. 113–126; Michael Zimmermann, Gedenkstätten für die Opfer des Nationalsozialismus in Westdeutschland. Geschichte, Probleme, aktuelle Aufgaben, in: »Ideen« 3/91, S. 36–54.
Für Grundsätzliches zum Thema »Erinnern«, seiner wissenschaftlichen Verortung und seiner Verknüpfung mit der politischen Aktualität siehe: Wolfgang Benz, Erinnern als Verpflichtung, in: Didaktische Arbeit in KZ-Gedenkstätten – s. oben –, S. 11–21; Ders., Nationalsozialistische Verfolgung und Widerstand: Etappen bundesrepublikanischer Erinnerung, in: Brandenburgische Gedenkstätten für die Verfolgten des NS-Regimes. Perspektiven, Kontroversen und Vergleiche, Hrsg.: Ministerium für Wissenschaft, Forschung und Kultur des Landes Brandenburg in Zusammenarbeit mit der Brandenburgischen Landeszentrale für politische Bildung, Berlin 1992, S. 81–85.

in früherer Zeit als auch in den letzten Jahren errichteten Gedenksteine und -tafeln zur Erinnerung an die Zerstörung der Synagogen und an die Vernichtung der Jüdischen Gemeinden tragen eher allgemeine, formelhafte Worte des Gedenkens. Inschriften und Tafeltexte, die in ausführlicher und differenzierter Form das historische Geschehen eines Ortes, Opfer und auch Täter benennen, stammen meist erst aus den letzten zehn bis 15 Jahren, auch als eine Folge der neuen Geschichtsbewegung.[4]) Als Beispiele seien hier die schwarz-weißen Informationstafeln in der Stadt Bremen angeführt oder die Texte auf den in verschiedenen Vierteln der Stadt Essen angebrachten Tafeln, bei denen die Information, nicht das Gedenken im Vordergrund steht, indem sie ausführlich auf den Gegenstand der Erinnerung eingehen und ihn in den historischen und lokalen Kontext stellen.
In jüngster Zeit verschiedentlich aufgestellte oder erst geplante, teils noch umstrittene Mahnmale und Tafeln für bisher ausgegrenzte Opfer der NS-Herrschaft wie Homosexuelle oder Deserteure der Wehrmacht sind zudem immer auch Ausdruck gesellschaftspolitischer Forderungen nach Anerkennung und materieller Entschädigung.

Der Wortlaut von Inschriften wird in der Dokumentation original zitiert und, soweit bekannt, auch der Zeilenfall übernommen; in einigen Fällen sind die Zeilenenden durch Schrägstriche markiert.

Das äußere Erscheinungsbild der Dokumentation, deren Erstfassung in die Schriftenreihe der Bundeszentrale integriert war, hat sich mit Rücksicht auf den Umfang und im Interesse einer besseren Lesbarkeit durch ein etwas größeres Format und die zweispaltig gestalteten Seiten geändert. Die Strukturierung als Nachschlagewerk ist beibehalten worden: Der Band ist nach Bundesländern geordnet; die Orte sind jeweils in alphabetischer Reihenfolge aufgeführt. Orte, die im Rahmen kommunaler Neuordnung einen neuen Namen erhalten haben oder neu zugeordnet wurden, sind mit einem entsprechenden Verweis versehen. Die beiden Stadtstaaten Bremen und Hamburg und andere große Städte sind teils formal nach Stadtteilen oder -bezirken, teils nach thematischen Gesichtspunkten gegliedert. Vorbemerkungen zu einigen Bundesländern weisen auf besondere Entwicklungen oder spezifische Aspekte in diesen Ländern hin.
Bei Städten mit mehreren Gedenkstätten sind in der Regel solche mit Informations- und Dokumentationseinrichtungen an den Anfang gestellt, gefolgt von Mahnmalen, Gedenksteinen und -tafeln im Stadtbild und auf Friedhöfen. Nicht generell, aber vielfach werden, sofern es einen lokalen Bezug gibt, als kleinste Erinnerungszeichen auch Straßen, Plätze, Gebäude oder Einrichtungen erwähnt, die nach NS-Opfern benannt sind.
Ausgangspunkt für die in die Dokumentation aufgenommenen Orte sind jeweils Stätten der Erinnerung an Verfolgte und Ermordete. Zum Geschehen, das eine Gedenkstätte in Erinnerung rufen und wachhalten will, zur Einordnung in den historischen Kontext und zur Biographie von Personen, derer gedacht werden soll, werden, soweit bekannt, Hintergrundinformationen gegeben. Im Rahmen dieses Nachschlagewerks konnte dies allerdings nur in sehr knapper Form und nicht durch umfassende Darstellung der Vorgänge im einzelnen erfolgen. Die Dokumentation kann nur Anregungen geben für weitergehende Erforschungen lokaler und regionaler Geschichte. Zugleich kann sie als Nachschlagewerk für die örtliche Geschichtsarbeit und Spurensuche zum Thema Nationalsozialismus genutzt werden. Unter zahlreichen Orten – bei einer Vielzahl von größeren Gedenkstätten unmittelbar im Anschluß an deren Darstellung – ist weiterführende Literatur angegeben, die auch als Quellenmaterial ausgewertet wurde.
Die Dokumentation verzichtet auf wertende Kommentare zur Gestaltung der Gedenkstätten. Der politisch-gesellschaftliche Kontext sowie politische Auseinandersetzungen und kontroverse öffentliche Diskussionen zu strittigen Objekten konnten nur angedeutet werden. Fragen und Probleme der Gedenkstättenpädagogik konnten im Rahmen dieser Dokumentation nicht aufgegriffen werden. Hierzu sind einige Erfahrungsberichte von Gedenkstätten und verschiedene Studien erschienen.[5])

Begriffe, die dem offiziellen Sprachgebrauch der Nationalsozialisten entstammen, wie z.B. »Machtergreifung« oder der von den Nationalsozialisten

[4]) Zur Sprache von Mahnmaltexten s. Ulrike Haß, Mahnmaltexte 1945 bis 1988 – Annäherung an eine schwierige Textsorte, in: Dachauer Hefte, Heft 6: »Erinnern oder Verweigern – Das schwierige Thema Nationalsozialismus«, November 1990, S.135–161.

[5]) S.z.B. Annegret Ehmann/Wolf Kaiser/Thomas Lutz/Hanns-Fred Rathenow/Cornelia vom Stein/Norbert H. Weber (Hrsg.), Praxis der Gedenkstättenpädagogik – Erfahrungen und Perspektiven, Opladen 1995; Cornelia Fischer/Hubert Anton, Auswirkungen der Besuche von Gedenkstätten auf Schülerinnen und Schüler. Breitenau – Hadamar – Buchenwald. Bericht über 40 Explorationen in Hessen und Thüringen, Hrsg.: Hessische Landeszentrale für politische Bildung/Landeszentrale für politische Bildung Thüringen, Wiesbaden/Erfurt 1992; Franz-Josef Jelich, Historisierendes Lernen oder pädagogisierendes Mahnen? Einige Bemerkungen, in: Reaktionäre Modernität und Völkermord – s. Anm. 1 –, S.85–88; Wolf Kaiser, Zur Pädagogik in Gedenkstätten für die Opfer des Nationalsozialismus 50 Jahre nach Kriegsende, in: »Politisches Lernen« 1–2/1995, S.111–124.

in der Anfangsphase ihrer Macht propagierte Ausdruck »Drittes Reich«, sind im Text im allgemeinen in Anführungszeichen gesetzt, ebenso Begriffe, die von den Nationalsozialisten mißbräuchlich in ihre Sprache übernommen wurden, wie die heute euphemistisch und harmlos klingende Bezeichnung »Reichskristallnacht« für den Judenpogrom im November 1938, eine bitter-ironische Wortschöpfung Berliner Bürger, von den Nationalsozialisten in zynischer Absicht amtlich gebraucht. Der Mißbrauch der ursprünglich soviel wie »Sterbe-Hilfe« bedeutenden Bezeichnung »Euthanasie« für die systematische Ermordung geisteskranker und behinderter Menschen ist deutlich; trotzdem wird auch dieser Begriff in Anführungszeichen gesetzt, ebenso der Begriff »Evakuierung« für die Verschleppung der Häftlinge frontnaher Lager ins Innere des Reiches durch die SS gegen Kriegsende, wobei Zehntausende erfroren, erschöpft zusammenbrachen oder von der SS erschossen wurden.
Bei Abkürzung des meist ausgeschriebenen Wortes Konzentrationslager wird die – »des schärferen Klanges wegen«, so Eugen Kogon[6]) – übliche Form KZ statt der offiziellen Abkürzung KL verwandt.
Das Wort »Zigeuner« wird nicht immer ersetzt durch die heute üblich gewordene Bezeichnung »Sinti und Roma«, zumal diese gewisse Probleme birgt, da sie nicht von allen Zigeunervölkern als Oberbegriff akzeptiert wird; manche von ihnen nennen sich bewußt Zigeuner und halten diese Bezeichnung für untrennbar verbunden mit ihrer Identität.

Die für diesen Band neu aufgenommenen Fotos des Fotografen Axel Krause (Laif, Köln) sollen exemplarisch verschiedene Typen von Gedenkstätten veranschaulichen, ausgewählt nach den Gesichtspunkten der Entstehungszeit, des Standortes, der Verfolgtengruppen, an die erinnert werden soll, sowie der Ästhetik. Sie sind aus zweifacher Sichtweise aufgenommen, einige aus der Nähe, um den Blick auf Details zu lenken, andere mehr aus der Distanz, um den räumlichen Kontext eines Mahnmals zu verdeutlichen. Im Unterschied zu den zusammenhängenden Fototeilen in der Erstauflage der Dokumentation, aus der ergänzend einige Fotos in die Neufassung übernommen wurden, sind die Fotos nun dem Text zugeordnet. Jedes Kapitel wird mit einer großformatigen Gesamt- oder Detailaufnahme einer Gedenkstätte des jeweiligen Bundeslandes eröffnet.
Die dem Nachschlagewerk angefügten Orts-, Personen- und Sachregister sollen die Nutzung des Bandes und das Auffinden von Gedenkstätten unter bestimmten thematischen Gesichtspunkten erleichtern.

Eine thematische Karte, die der geographischen Orientierung über Gedenkstätten in ganz Deutschland dienen soll, ist für den in Vorbereitung befindlichen zweiten Band über Gedenkstätten mit den neuen Bundesländern vorgesehen.

Trotz aller Ergänzungen und Aktualisierungen, die zu dem wesentlich erweiterten Umfang der Dokumentation geführt haben, kann auch dieser Band keinen Anspruch auf Vollständigkeit erheben. Nach Redaktionsschluß im Frühjahr 1994 konnten nur in einigen Fällen spätere Entwicklungen noch berücksichtigt werden; zum Teil konnten solche dann nur in äußerst knapper Form noch eingefügt werden. Eine lückenlose Bestandsaufnahme mit vollständigen und regelmäßigen Aktualisierungen kann diese Publikation nicht leisten.

Die Neuauflage der Dokumentation, die in einem besonderen Gedenkjahr mit dem 50. Jahrestag der Befreiung vom Nationalsozialismus und des Kriegsendes erscheint, soll allen Interessierten als Nachschlagewerk zur Orientierung über Stätten des Gedenkens für die Opfer der nationalsozialistischen Unrechts- und Gewaltherrschaft und als Anstoß für eine weitergehende Befassung mit der Thematik dienen. Für die historisch-politische Bildungsarbeit soll sie Anregungen geben zur Einbeziehung von Gedenkstätten bei der Auseinandersetzung mit der nationalsozialistischen Vergangenheit. Nicht zuletzt soll mit dieser Dokumentation selbst ein Beitrag geleistet werden zur notwendigen Erinnerungsarbeit und wider das Vergessen.

Bonn, im April 1995 *Ulrike Puvogel*

[6]) Eugen Kogon, Der SS-Staat – Das System der deutschen Konzentrationslager, zuerst München 1946, Neuauflage München 1974, S. 34.

Dank

Ohne die Mitwirkung vieler Personen und Institutionen sowie von Kennern vor Ort, die in schriftlicher oder mündlicher Form zahlreiche Hinweise und wichtige Informationen gaben, Unterlagen besorgten oder Texte bereitstellten, wäre diese Neuauflage nicht zustande gekommen.

Unser Dank gilt insbesondere folgenden Personen, die bei einem gesamten Kapitel oder bei wesentlichen Teilen eines Bundeslandes geholfen haben:

Baden-Württemberg: Dr. Joachim Hahn, Plochingen; Michael Schmid, Karlsruhe;

Bayern: Rainer Ehm, Regensburg; Karl W. Schubsky, München (Israelitische Kultusgemeinde München und Oberbayern);

Bremen: Rainer W. Habel;

Hamburg: Dr. Ulrich Bauche (Museum für Hamburgische Geschichte); Dr. Detlef Garbe (KZ-Gedenkstätte Neuengamme); Andreas von Rauch (Denkmalschutzamt);

Hessen: Elisabeth Abendroth, Frankfurt a.M. (Institut für Stadtgeschichte); Renate Knigge-Tesche, Wiesbaden (Landeszentrale für politische Bildung); Prof. Dr. Dietfrid Krause-Vilmar, Kassel (Universität-Gesamthochschule); Gunnar Richter, Guxhagen (Gedenkstätte Breitenau); Bettina Winter, Kassel (Landeswohlfahrtsverband Hessen);

Niedersachsen: Adolf Staack, Schneverdingen; Rolf Keller/Wilfried Wiedemann, Hannover (Landeszentrale für politische Bildung);

Nordrhein-Westfalen: Angela Genger, Düsseldorf (Mahn- und Gedenkstätte); Dr. Werner Jung, Köln (NS-Dokumentationszentrum); Harry Seipolt, Selfkant; Dr. Bernd Walter, Münster (Westfälisches Institut für Regionalgeschichte); Dr. Wolfgang F. Werner, Brauweiler (Achivberatungsstelle Rheinland);

Rheinland-Pfalz: Uwe Bader/Heinz-Georg Meyer, Mainz (Landeszentrale für politische Bildung); Rainer Venzke, Schmidthachenbach;

Saarland: Hermann Volk, Friedrichsdorf/Taunus;

Schleswig-Holstein: Irene Dittrich, Kiel; Gerhard Hoch, Alveslohe; Dr. Detlef Korte, Schleswig (Institut für schleswig-holsteinische Zeit- und Regionalgeschichte).

Für umfangreiche Informationen
zu mehreren Bundesländern danken wir:
Christa Aretz, Köln (Germania Judaica e.V.); Edgar Bamberger, Heidelberg (Dokumentations- und Kulturzentrum Deutscher Sinti und Roma); Dr. Claus Gillmann, Köln (Verein zur Erforschung der Geschichte der Homosexuellen in NW); Dr. Norbert Haase, Berlin; Robert Hess, Darmstadt; Jakob Knab, Kaufbeuren; Dr. Ursula Krause-Schmitt, Frankfurt a.M.; Fritz Soergel, Ulm.

Auch den zahlreichen, hier nicht namentlich aufgelisteten örtlichen Informanten, die vielfach im Text als Kontaktpersonen genannt werden, sei auf diesem Wege für ihre Mithilfe herzlich gedankt.

Baden-Württemberg

Vorbemerkung

In Baden-Württemberg gab es in der Zeit des Nationalsozialismus zahlreiche Außenlager und Außenkommandos, allein über vierzig des nahe im Elsaß gelegenen Konzentrationslagers Natzweiler/Struthof. Hinzu kamen einige frühe selbständige Konzentrationslager wie das Fort Oberer Kuhberg bei Ulm. Die heutige Gedenkstätte Oberer Kuhberg kann als landesweite Erinnerungsstätte angesehen werden. Träger dieses »Dokumentationszentrums Oberer Kuhberg Ulm« ist jedoch keine staatliche Einrichtung, sondern ein privater Verein. Ähnlich ist es an Orten anderer ehemaliger Konzentrationslager wie Heuberg, Kislau und Welzheim, wo sich meistens Initiativen um die Erinnerung an die Häftlinge und die nationalsozialistischen Verbrechen gekümmert haben.

Ab Anfang 1944 wurde über das Land verstreut eine Vielzahl von Zwangsarbeiterlagern und KZ-Außenlagern errichtet, in dem Maße, in dem die Nationalsozialisten Rüstungsproduktionen ins Landesinnere verlegten. Allein im Gebiet um Schörzingen herum wurde mehr als ein Dutzend Lager eingerichtet, deren Häftlinge für die Ölgewinnung aus Schiefer eingesetzt wurden. Seit jüngster Zeit erinnert der Gedenkpfad Eckerwald daran.

Die jüdischen Gedenkstätten, Friedhöfe und Synagogen sind in Baden-Württemberg durch verschiedene Arbeiten gut dokumentiert (siehe Literaturverzeichnis). Insbesondere in Nordbaden sind zahlreiche Hinweise wie Gedenktafeln, Gedenkstätten und restaurierte Synagogengebäude vorhanden, was mit der langen Geschichte jüdischer Deutscher in dieser Region zusammenhängt. Städte wie Mannheim, Baden-Baden und Heidelberg gehörten zu den ersten im »Dritten Reich«, aus denen alle Juden vertrieben und vor allem nach Südfrankreich in das Internierungslager Gurs und in andere Lager deportiert worden sind.

Die Geschichte der Krankenmorde in psychiatrischen Kliniken ist vor allem bei konfessionellen Trägern in jüngerer Zeit erforscht worden und wird in allen Landeskrankenhäusern durch Gedenkstätten und Tafeln dokumentiert.

Ruinen einer Schieferölfabrik im Eckerwald bei Zepfenhan, errichtet im Frühjahr 1944 als eine von zehn Produktionsanlagen des »Projekts Wüste« der SS in Südwürttemberg, in der KZ-Häftlinge des Außenlagers Schörzingen Zwangsarbeit leisten mußten. Durch Engagement der örtlichen Initiative »Gedenkstätte Eckerwald« wurde das nach dem Krieg von Bäumen und Sträuchern überwucherte Gelände in den Jahren 1987/88 freigelegt und durch einen »Gedenkpfad« zugänglich gemacht. (s. Schömberg)

Aalen

Im Stadtteil *Wasseralfingen* bestand vom Herbst 1944 bis April 1945 im Bereich Moltkestraße ein Außenkommando des KZ Natzweiler/Elsaß. Etwa 200 bis 300 Häftlinge (Überlebende des Warschauer Aufstandes 1944) mußten in Industrieunternehmen der Umgebung arbeiten. Die Fundamente der Wirtschaftsbaracke dieses sogenannten »Lagers Wiesendorf« sind erhalten geblieben in dem Haus Moltkestraße 44/46. Ein *Gedenkstein an der Schillerlinde* oberhalb der Wasseralfinger Erzgrube erinnert an die Toten des Lagers. Etliche der KZ-Häftlinge wurden auch auf dem jüdischen Friedhof in Bopfingen-Oberdorf beigesetzt. Neben dem KZ-Außenkommando bestanden mehrere Arbeitslager in Wasseralfingen für Zwangsarbeiter und Kriegsgefangene, die vor allem bei den örtlichen Großbetrieben, den Schwäbischen Hüttenwerken und der Maschinenfabrik Alfing Keßler arbeiten mußten. Viele der toten Zwangsarbeiter wurden nach dem Kriege exhumiert und in einem russischen und polnischen Gräberfeld auf dem *Wasseralfinger Friedhof* beigesetzt. Polnische Überlebende errichteten dort noch 1945 ein *Mahnmal* mit der polnischen Inschrift:

> Den Opfern des Hitlerismus.

Literatur:
Bauer, K., Ein Außenkommando des KZ Natzweiler in Wasseralfingen, in: Aalener Geschichts- und Altertumsverein (Hrsg.), Aalener Jahrbuch 1984, S. 351ff.

Adelsheim

Auf dem *Adelsheimer Friedhof* befinden sich zwei Sammelgräber für 19 Häftlinge des KZ-Außenkommandos Neckarelz (s. Mosbach). Während eines »Evakuierungs«-transports mußte der Zug wegen Gleisschadens im Adelsheimer Tunnel anhalten, dabei wurden unterwegs an ihren Entbehrungen verstorbene Häftlinge auf einer Wiese verscharrt. Später wurden sie in den beiden Gräbern beigesetzt, die durch Holzkreuze mit der Aufschrift »Opfer des Faschismus« gekennzeichnet sind.

Affaltrach siehe Obersulm

Aistaig siehe Oberndorf

Albstadt

Eine *Gedächtniskapelle* in *Lautlingen*, einem Ort der Gemeinde Albstadt, erinnert an die einer alten schwäbischen Adelsfamilie entstammenden Brüder *Claus Graf Schenk von Stauffenberg* und *Berthold Graf Schenk von Stauffenberg*. Über dem Altar befindet sich eine eineinhalb Meter hohe Bronzeplastik von Gerhard Marcks: »Der Auferstehende«. Sie wird flankiert von zwei *Gedenktafeln*, von denen die eine die Namen und Lebensdaten der beiden Männer und die andere folgenden Bibelvers trägt:

> Sie widerstanden den Feinden ihres Volkes
> und gaben ihr Leben,
> damit Gottes Gesetz nicht vertilgt würde.
> 1 Makk. 14,29

Oberst Claus Graf Schenk von Stauffenberg, Berufsoffizier und seit 1944 Stabschef des Befehlshabers des Ersatzheeres (Fromm), führte am 20. Juli 1944 im Führerhauptquartier in der »Wolfsschanze« bei Rastenburg in Ostpreußen das mißglückte Attentat auf Adolf Hitler durch. Er wurde noch in der darauffolgenden Nacht im Hof des »Bendlerblocks« in Berlin erschossen. Sein Bruder Berthold, Jurist, der der Widerstandsgruppe »Kreisauer Kreis« um Helmuth Graf von Moltke nahestand und der in die Attentatspläne eingeweiht war, wurde am 10. August 1944 hingerichtet. (s. auch Tübingen)

Ankenbuck siehe Brigachtal

Asbach siehe Obrigheim

Asperg

Am Nordhang des *»Hohenasperg«,* ein Hügel westlich der *Kreisstadt Ludwigsburg,* erinnert ein *Gefangenenfriedhof* an die Geschichte und Funktion der Anlage als Festung, Zuchthaus und Ort der Verfolgung politischer Gegner in der Zeit des Nationalsozialismus. Die »Festung Hohenasperg« hat eine lange Tradition in der Unterdrückung der württembergischen Freiheitsbewegungen seit dem 18. Jahrhundert. Im »Dritten Reich« wurden hier Sozialdemokraten und Kommunisten inhaftiert, darunter im Sommer 1933 auch der abgesetzte württembergische Staatspräsident Eugen Bolz, der später im Zusammenhang mit dem Hitlerattentat des 20. Juli 1944 in Berlin-Plötzensee hingerichtet wurde. Über die Zahl der politischen Häftlinge zwischen 1933 und 1945 gibt es keine genauen Zahlen, da die Akten im Februar 1945 vernichtet wurden. Da der Hohenasperg als Tuberkulose-

abteilung und als besonders harter Strafvollzug geführt wurde, kamen viele Gefangene ums Leben. 101 Tote aus dieser Zeit sind bekannt, über 20, deren Namen auf einer besonderen Tafel des Gefangenenfriedhofs genannt sind, konnte die Ludwigsburger Vereinigung der Verfolgten des Naziregimes Näheres ermitteln.
Die Anstalt war auch zentraler Sammelpunkt und Deportationsort der Württembergischen Sinti und Roma im Mai 1940, die vom Asperger Bahnhof aus in das besetzte Polen verschleppt wurden. Nur wenige überlebten die Zwangsarbeit und die Vernichtungsaktion.
Seit den späten 80er Jahren wird öffentlich darüber diskutiert, nach der Verlegung des Gefängniskrankenhauses Anfang der 90er Jahre aus der Anlage einen Ort der Erinnerung und der Geschichte zu machen, wobei Initiativen und Bürgergruppen ein »Haus der Freiheitsbewegungen« wünschen, während die Landesregierung den Hohenasperg als Kulturdenkmal restaurieren und eine Besucherattraktion schaffen will.

Literatur:
Brandstätter, Horst, Asperg. Ein deutsches Gefängnis, Berlin 1978; Krausnick, Michael, Abfahrt Karlsruhe. 16. 5. 1940. Die Deportation der Karlsruher Sinti und Roma – ein unterschlagenes Kapitel aus der Geschichte unserer Stadt, Neckargemünd 1990; Studienkreis Deutscher Widerstand (s. Literatur Baden-Württemberg).

Aufkirch siehe Überlingen

Bad Buchau

In Bad Buchau bestand eine alte Jüdische Gemeinde, deren Synagoge wahrscheinlich als einzige in der Welt einen Glockenturm besaß, sonst das Zeichen einer christlichen Kirche. Sie wurde 1938 völlig zerstört und an ihrer Stelle (*Ecke Hofgartenstraße/Schussenrieder Straße*) befindet sich heute ein Park mit einer großen Trauerweide und einem 1981 errichteten *Gedenkstein* mit der Inschrift:

Hier stand die Synagoge der seit dem
Ende des 16. Jahrhunderts blühenden
Jüdischen Gemeinde der Stadt Buchau.
In den Jahren 1837–1839 erbaut,
wurde sie bei der Verfolgung unserer
jüdischen Mitbürger am 9. November 1938
durch Brandlegung zerstört.

Gestiftet aus dem Nachlaß
von Frau Pepi Dreifuss,
Buchau – New York 1901–1977

Literatur:
Joseph Mohn, Der Leidensweg unter dem Hakenkreuz. Bad Buchau 1970; Joachim Hahn, Erinnerungen und Zeugnisse jüdischer Geschichte in Baden-Württemberg, Stuttgart 1988.

Bad Friedrichshall

Die Salzschächte und Stollen um Bad Friedrichshall spielten in den letzten Kriegsmonaten eine wichtige Rolle bei den Verlagerungsplänen der Rüstungsindustrie. Im Salzbergwerk Kochendorf sollten Flugzeug- und Raketenteile produziert werden. Ab Mai 1944 wurden im Plattenwald Barackenlager für ausländische Zwangsarbeiter errichtet, in denen bis zur Befreiung 5000 bis 6000 Menschen untergebracht waren. Ab September kamen KZ-Häftlinge aus in Frankreich gelegenen Konzentrationslagern und später aus dem KZ Sachsenhausen hinzu in das dem Konzentrationslager Natzweiler unterstellte KZ-Außenkommando Kochendorf. Die 1200 bis 1700 Häftlinge mußten in Tag- und Nachtschichten in den Stollen arbeiten, außerdem in zwei Industriebetrieben sowie bei der »Organisation Todt« in Weinsberg und Kochendorf, benannt nach Fritz Todt, einem der führenden Organisatoren der Nationalsozialisten für Kriegsbauvorhaben. Viele wurden durch mangelhafte Ernährung und Kleidung sowie durch die Arbeitsbedingungen krank und wurden völlig erschöpft in das Konzentrationslager Dachau oder in das Sterbelager Vaihingen (s. dort) gebracht. Wieviele Häftlinge in Kochendorf umkamen oder ermordet wurden, ist nicht genau bekannt. Da der damalige Bürgermeister die Bestattung auf dem Kochendorfer Friedhof verbot, wurde ein damals völlig abgelegener Platz hinter dem Plattenwald auf der Gemarkung Amorbach (heute exakt an der Stadtgrenze nach Neckarsulm) als Begräbnisort ausgewählt.
Am Karfreitag, dem 30. März 1945, räumte die SS das Lager. 400 völlig erschöpfte Häftlinge wurden in Güterzüge mit dem Ziel Dachau verladen, über 1000 Häftlinge trieb man zu Fuß in Richtung Osten. Ein Teil der Kochendorfer KZ-Häftlinge traf am 2. April in Hessental ein und mußte den »Hessentaler Todesmarsch« (s. Schwäbisch Hall) miterleiden.

Der KZ-Friedhof Kochendorf

An der Begräbnisstelle, *Am Reichertsberg,* befindet sich heute der *KZ-Friedhof Kochendorf* mit einer Gedenkstätte für die Opfer der Gewalt und Zwangsarbeit. An den Orten der Lager und des Außenkommandos oder an den Arbeitsstellen in

Bad Friedrichshall existieren keine Gedenktafeln oder andere erinnernde Hinweise.
Außerhalb des Friedhofs, unmittelbar an der Stadtgrenze nach Neckarsulm, aber noch auf dem Stadtgebiet von Bad Friedrichshall, gibt eine *Informationstafel* folgende Auskunft:

> Im September 1944 errichteten die damaligen Machthaber in dieser Gegend ein Konzentrationslager für politische Häftlinge und ausländische Fremdarbeiter. Es waren Franzosen, Belgier, Holländer, Italiener, Polen, Jugoslawen, Tschechen, Russen, polnische und ungarische Juden und Deutsche, die in das Lager gebracht wurden. Sie kamen aus Longwy in Frankreich, aus Sachsenhausen, aus Deutsch-Ott und Flossenbürg.
>
> Viele von ihnen sind bis zum Ende des Krieges gestorben, andere auf dem Weg nach Dachau umgekommen. Alle sind Opfer der Gewaltherrschaft dunkler Zeit. Sie haben hier ihre letzte Ruhestätte gefunden. Ihr Tod mahnt uns und alle, das Rechte zu tun, um Unrecht zu wehren und Gott in seinen Geschöpfen zu ehren.

Auf dem Friedhof selbst steht ein etwa zwei Meter hohes *Steinkreuz,* an dessen Fuß neun kleinere fremdsprachige Gedenktafeln stehen, die von Angehörigen der Toten aufgestellt wurden. Das Kreuz trägt die Inschrift:

> 1939 – 1945
> Zur Ehre von 390 Toten
> des Zweiten Weltkrieges
> Ihr Opfer mahnt zum Frieden

Auf diesen KZ-Friedhof wurden in den 50er Jahren auch die Überreste weiterer Häftlinge überführt: Aus Rainau-Dalkingen Opfer des »Hessentaler Todesmarsches«, die dort am 6. April 1945 erschossen worden waren (s. Rainau). Ebenso wurden 47 Tote aus Mainhardt-Hütten hierhin umgebettet, die bei einem großen Häftlingsmarsch im April 1945 in der Mainhardter Gegend in einem Wald an Erschöpfung starben und zunächst auf dem Friedhof Hütten beigesetzt waren. Ein Denkmal aus der unmittelbaren Nachkriegszeit in Hütten wurde wieder entfernt, an der Stelle ihres ersten Grabes befindet sich heute ein Rasenfeld.

Quellen/Literatur:
Internationaler Suchdienst (Hrsg.), Haftstätten-Verzeichnis, Arolsen 1979, S. 204; Risel, Heinz, Die Konzentrationslager Neckargartach und Kochendorf, in: Landesgeschichte im Unterricht III (Schriftenreihe »Lehren und Lernen« 23), Villingen 1982; Hahn, Joachim, Erinnerungen und Zeugnisse jüdischer Geschichte in Baden-Württemberg, Stuttgart 1988, S. 215, 427, 513; Studienkreis Deutscher Widerstand (s. Literatur Baden-Württemberg).

Bad Mergentheim

Seit dem Mittelalter ist eine Jüdische Gemeinde in Bad Mergentheim bekannt; ihre Synagoge aus dem Jahre 1658 wurde in der »Reichskristallnacht« demoliert. Von den jüdischen Bewohnern der Stadt kamen mindestens 61 in der Verfolgungszeit 1933 bis 1945 ums Leben. Unmittelbar nach dem Krieg wurde die Synagoge renoviert und eingeweiht, da jedoch nur noch eine jüdische Familie hier lebte, später wieder geschlossen und 1957 abgebrochen. Im Innenhof der *Realschule St. Bernhard, Holzapfelgasse 15,* hängt seit 1983 eine *Gedenktafel*:

> Hier stand die Synagoge der ehemaligen
> Jüdischen Gemeinde von Bad Mergentheim.
> 1658 – 1957
> Das Geheimnis der Erlösung heisst Erinnerung.

Auf dem Gelände der evangelischen Kirchengemeinde in der *Härterichstr. 18* befindet sich ein *Gedenkstein* zur Erinnerung der jüdischen Bürger.

Ein Opfer der Nationalsozialisten wurde auch der in Bad Mergentheim geborene und in der Nähe von Paderborn angeblich »auf der Flucht« erschossene Felix Fechenbach. Er war Jude, Sozialdemokrat, Republikaner und Redakteur des sozialistischen »Volksblatt« in Lippe-Detmold. Am Ort des Mordes, einem Wald zwischen Warburg und Paderborn, steht ein *Erinnerungsstein*, in Bad Mergentheim erinnert nichts an diesen Sohn der Stadt. (s. NRW, Warburg)

Quellen/Literatur:
Hermann Fechenbach, Die letzten Mergentheimer Juden, Stuttgart 1972; Hahn 1988; Schueler, Hermann, Auf der Flucht erschossen. Felix Fechenbach, 1894–1933, Köln 1981.

Bad Rappenau

Auf dem Gelände der früheren Saline bestand von September 1944 bis März 1945 als Unterkommando des Lagers Neckarelz ein Außenkommando des KZ Natzweiler/Elsaß. Die Häftlinge mußten in einem SS-Bauhof, in der Landwirtschaft und in einer Autowerkstatt arbeiten.
An der *Verbindungsstraße nach Siegelsbach* befindet sich etwa 1 km hinter dem städtischen ein *jüdischer Friedhof*, auf welchem im Jahre 1944 auch einige Kinder christlicher russischer Zwangsarbeiterinnen beigesetzt wurden sowie vier KZ-Häftlinge, die am 4. März 1945 bei der Entfernung von Blindgängern ums Leben kamen. Man findet ihre Gräber ohne besondere Hinweise gleich links vom Eingang an der Außenmauer.

Bad Schönborn

Ende April 1933 wurde in *Schloß Kislau bei Bad Mingolsheim*, heute *Bad Schönborn*, Kreis Karlsruhe (an der Bahnlinie Karlsruhe-Heidelberg), das erste Konzentrationslager in Baden eingerichtet, speziell für Kommunisten und Sozialdemokraten aus Nordbaden. Neben anderen war hier der frühere sozialdemokratische Innenminister von Baden, Adam Remmele, inhaftiert. Vor seiner Einlieferung war er am 16. Mai 1933 zusammen mit sechs anderen führenden Sozialdemokraten, darunter der frühere badische Justizminister und Reichstagsabgeordnete Ludwig Marum, von den Nazis als »Volks- und Landesverräter« auf einem offenen Lastwagen durch Karlsruhe gefahren worden. Remmele kam am 9. März 1934 wieder frei, während Marum am 29. März 1934 in seiner Zelle ermordet wurde. Das ehemalige Jagdschloß war für 100 bis 150 Häftlinge bestimmt, tatsächlich aber mit 2000 bis 3000 Insassen erbärmlich überbelegt. Lange Zeit benutzten die Nationalsozialisten Kislau als »Renommier«-Konzentrationslager, um ausländische Journalisten wie auch die eigene Bevölkerung von der vermeintlichen Unwahrheit »feindlicher Greuelmärchen« über die Lager Welzheim, Oberer Kuhberg (Ulm) und Dachau zu überzeugen. Die gleichgeschaltete badische Presse veröffentlichte 1934 einen längeren Artikel über einen Besuch in Kislau und die »hervorragenden Zustände« in dem Lager. Die Häftlinge wurden größtenteils mit Entwässerungsarbeiten auf dem Gelände beschäftigt, einige mit Renovierungsarbeiten in Räumen des Schlosses. Im Jahre 1939 wurde das Konzentrationslager Kislau umbenannt in »Arbeitshaus Kislau« und diente den Nationalsozialisten als Haftort vor allem für ausländische Häftlinge und ehemalige Fremdenlegionäre.

Im ehemaligen Schloß und späteren Konzentrationslager Kislau ist heute eine Außenstelle der Karlsruher Justizvollzugsanstalt untergebracht. Davor wurde zum 50. Todestag Ludwig Marums im Jahre 1984 ein *Mahnzeichen* enthüllt, eine etwa zwei Meter hohe Stele, gestaltet von dem Karlsruher Bildhauer Gerhard Karl Huber. In den gelben Natursandstein sind ein dreifach umlaufender Kranz aus Kettengliedern eingehauen und folgende Inschrift:

> Während Naziterror die Freiheit in Ketten legte,
> war in Schloß Kislau ein Konzentrationslager.
> Eine Stätte der Unterdrückung für Andersdenkende.
> Ludwig Marum fand hier in seiner Zelle
> am 29. 3. 1934 den gewaltsamen Tod.
>
> Dieses Zeichen wurde zur 50jährigen Wiederkehr
> seiner Ermordung
> von der Sozialdemokratischen Partei errichtet.

An Ludwig Marum erinnern ebenfalls das städtische Ehrengrab in Karlsruhe, eine Gedenktafel in Bruchsal und das »Ludwig-Marum-Gymnasium« in Pfinztal. (s. jeweils dort)

Quellen/Literatur:
Bachmann, Klaus, Nur ein paar Fußnoten. Kislau – ein KZ geriet in Vergessenheit, in: »Vorwärts« Nr. 37 v. 8. 9. 1983; Rosenfelder, Katy, Politische Verfolgungsmaßnahmen des NS-Regimes am Beispiel des Lagers Kislau (Zulassungsarbeit zur Wiss. Prüfung für das Lehramt an Gymnasien, Historisches Seminar der Universität Heidelberg, vorgelegt bei Prof. Dr. H. Soell, Mai 1982); Schätzle, Julius, Stationen zur Hölle – Konzentrationslager in Baden und Württemberg 1933–1945, Frankfurt a. M. 1974 (2. Auflage 1980), S. 39ff.; Stadtarchiv Mannheim/Stadtarchiv Karlsruhe (Hrsg.), Ludwig Marum. Briefe aus dem Konzentrationslager Kislau, hrsg. v. Elisabeth Marum-Lunau u. Jörg Schadt, 2. Auflage Karlsruhe 1988; Studienkreis Deutscher Widerstand (s. Literatur Baden-Württemberg).

Bad Schussenried

Seit dem Jahr 1983 erinnert eine *Gedenktafel* auf dem *Anstaltsfriedhof* des *Psychiatrischen Landeskrankenhauses Bad Schussenried*, heute ein Teil des städtischen Friedhofs an der Olzreuter-Straße, an die Patienten, die von hier verschleppt und in der sogenannten »Euthanasie«-Aktion als »lebensunwert« ermordet worden sind. Der Text der Tafel unter einem Steinkreuz lautet:

> Den 561 Opfern
> der nationalsozialistischen
> Gewaltherrschaft im Jahre 1940.

Zwischen Januar 1940 und August 1941 wurden in ganz Deutschland etwa 100000 psychisch kranke und geistig behinderte Menschen umgebracht. Schwerpunkt der Aktion war zunächst das Samariterstift in Grafeneck (s. Gomadingen) und später Hadamar in Hessen. Die 561 Opfer aus Bad Schussenried lebten zum Teil länger hier und waren teilweise auch kurzfristig aus anderen Anstalten wie Liebenau und Zwiefalten nach hier verlegt worden.

Baden-Baden

Auf dem *jüdischen Friedhof* in *Lichtental* (innerhalb des Friedhofs an der Eckbergstraße) steht ein am 25. November 1976 eingeweihter *Gedenkstein* für jüdische Opfer der NS-Gewaltherrschaft. Auf dem Stein ist als Relief der sechszackige Davidstern zu erkennen sowie einige Kacheln und die Inschrift:

> Bodenplatten aus der Synagoge Baden Baden.
> Zerstört 10. 11. 1938.
> Denn Tag und Nacht beweine ich die Erschlagenen
> der Töchter meines Volkes, Jeremia 9,23.

Am Ort der ehemaligen Synagoge, Stephanienstr. 5, heute ein Parkplatz, erinnert nichts an die frühere Nutzung. Von den Baden-Badener Juden kamen mindest 115 in der Zeit des Nationalsozialismus ums Leben. Die meisten wurden wie alle Juden aus Baden, der Pfalz und dem Saarland am 22. und 23. Oktober 1940 in das Internierungslager Gurs, Südfrankreich, deportiert und von dort in die Konzentrationslager verschleppt (s. Mannheim).

Badenweiler

Auf dem *Friedhof in Badenweiler* erinnert eine *Gedenktafel* an das Schicksal von Mitgliedern der jüdischen Familien Monasch und Mager. Die Schwestern Monasch stammten aus der Familie des örtlichen Textilkaufmanns Adolf Monasch, der sein Geschäft in der Luisenstr. 2 hatte. Die auf der Tafel Genannten wurden in Auschwitz ermordet.

Baisingen siehe Rottenburg

Berlichingen siehe Schöntal

Biberach an der Riß

Auf dem Gelände der heutigen Bereitschaftspolizei an der Birkenharderstraße wurde 1939 ein Wehrmachtslager eingerichtet, das in Biberach allgemein als »Lager Lindele« bezeichnet wird. Ab 1940 diente es nacheinander als Kriegsgefangenenlager für britische Offiziere, ab dem 9. November 1941 für sowjetische Kriegsgefangene, schließlich ab März 1942 für Serben, Kroaten und Franzosen. Vor allem in den knapp vier Monaten der Belegung mit sowjetischen Gefangenen kam es durch Unterernährung, Erschöpfung, Hungerruhr und miserable Unterbringung zu zahlreichen Todesfällen, die in dem benachbarten »Franzosenwäldle« in Massengräbern »bestattet« wurden.
Ab September 1942 waren im »Lager Lindele« englische Bewohner der von den Deutschen besetzten Kanalinseln Jersey und Guernsey interniert, denen es durch internationale Beobachtung im allgemeinen besser ging. Im November 1944 wurden aber 149 orientalische Juden aus Tripolis und Bengasi (Libyen), von den Zivilinternierten durch Stacheldraht getrennt, hier eingesperrt, darunter 29 Kinder und Frauen, und im Januar 1945 über 130 Menschen aus dem KZ Bergen-Belsen, vorwiegend holländische Juden. Beide Gruppen waren in einem schockierenden Zustand, halb verhungert, verlaust und zerlumpt. Sie wurden am 23. April durch den Einmarsch der Franzosen befreit.
Im Jahre 1949 wurden die Toten aus dem »Franzosenwäldle« umgebettet und zusammen mit Opfern weiterer Lager (Saulgau und Münsingen) direkt neben dem evangelischen Friedhof an der *Bundesstraße 30* bestattet, auf dem sogenannten *Russenfriedhof.* Seit 1954 steht hier ein *Gedenkstein* mit einer kyrillischen Inschrift, deren deutsche Übersetzung lautet:

> »Hier sind 614 sowjetische Bürger begraben
> – umgekommen in faschistischer Unfreiheit
> – ewiger Ruhm den Kämpfern für die Freiheit
> – 4. März des Jahres 1954.«

Seit Mitte der 80er Jahre hat sich die örtliche Pax-Christi-Gruppe um die Pflege der Gräber und die Erinnerung an die Toten gekümmert, ein viereinhalb Meter hohes Sühnezeichen in Form eines russischen Kreuzes mit dem unteren schräggestellten Querbalken errichtet und seitdem in jedem Jahr eine »Russische Woche« mit dem Aspekt der Geschichtsarbeit wie der Völkerverständigung veranstaltet. Eine Sammlung unter dem Motto »Gebt den Namenlosen ihre Namen wieder« brachte genügend Geld, um im Jahre 1991 allen 614 Toten eigene Namenstafeln zu widmen.

Kontaktadresse:
Pax Christi-Basisgruppe Biberach, c/o Berthold Seeger, Kolpingstr. 43, 88400 Biberach an der Riß.

Literatur:
Reinhold Adler und Joachim Guderlei, Das »Lager Lindele« im Zweiten Weltkrieg, in: Heimatkundliche Blätter für den Kreis Biberach, 14. 12. 1984.

Bietigheim-Bissingen

Vor der *Stadtkirche Bietigheim* steht ein von dem österreichischen Bildhauer Alfred Hrdlicka geschaffener *»Dietrich-Bonhoeffer-Gedenkstein«.* Er erinnert an den zur Bekennenden Kirche und zum Kreis der Männer des 20. Juli 1944 gehörenden protestantischen Theologen, den die SS auf Befehl Hitlers am 9. April 1945 im Konzentrationslager Flossenbürg ermordete.

Auf dem *Friedhof St. Peter, Pforzheimer Straße,* erinnern zwei *Gedenkstätten* an die Opfer der Zwangsarbeit in Bietigheim, auf die ein Hinweisschild gleich rechts am Eingangstor aufmerksam macht. Ganz in der Nähe steht der erste Gedenkstein. Daneben sieben schräg in den Boden eingelassene Sandsteintafeln, deren Inschriften so verwittert waren, daß 1989 neue Metalltafeln darauf angebracht wurden, die die Namen und Lebensdaten der Opfer nennen. Dazu eine Tafel mit dem Satz:

> Gedenkstätte für 198 Opfer der Gewaltherrschaft
> von 1939 bis 1945.

Etwas weiter westlich befindet sich die andere Gedenkstätte, ein Gräberfeld mit 44 Grabsteinen, über denen polnische Überlebende ein Kreuz mit einem Gedenkstein errichteten. Eine 1989 angebrachte Tafel übersetzt die polnische Inschrift:

»Herr, gib Ihnen die ewige Ruhe.«
Gedenkstätte für 44 während der Zeit von 1939 bis 1944 zur Zwangsarbeit verschleppte Polen, Letten, Griechen und Russen,
die in Bietigheim den Tod fanden.

In Bietigheim wurde nach dem deutschen Überfall auf die Sowjetunion ein zentrales Durchgangslager für den südwestdeutschen Bereich eingerichtet, in dem kurzfristig verschleppte Frauen und Männer untergebracht und vom Landesarbeitsamt von hier aus »weiterverteilt« wurden. Ausschlaggebend dafür waren die Nähe zum Industriestandort Stuttgart, die geographisch günstige Lage und der Eisenbahnknotenpunkt. Tausende Zwangsdeportierter lernten das Durchgangslager im Industriegebiet Laiern hinter dem Bahnhof Bietigheim kennen. Die Nichtarbeitsfähigen, alten und schwächeren Menschen wurden gleich nach der Ankunft aussortiert und in sogenannte »Krankenlager« nach Pleidelsheim oder Großsachsenheim (s. Sachsenheim) bzw. in eigenen »Krankenbaracken« untergebracht. In Wirklichkeit handelte es sich um »Sterbelager« für nichtarbeitsfähige Zwangsarbeiter. In Bietigheim kamen mindestens 190 Menschen ums Leben, die auf dem Friedhof St. Peter bestattet sind.

Literatur:
Schirpf, Michael, Kriegsende und französische Besatzung in Bietigheim 1945, in: Blätter zur Stadtgeschichte, Heft 2 (1985); Ders., Weimarer Republik, Nationalsozialismus, Besatzungszeit. Bietigheim 1918 – 1948, in: Bietigheim 789 – 1989. Schriftenreihe des Archivs der Stadt Bietigheim-Bissingen, Bd. 3 (1989); Studienkreis Deutscher Widerstand (s. Literatur Baden-Württemberg).

Billigheim, Baden

An der *Friedhofshalle des Ortsfriedhofes* von Billigheim erinnert eine *Gedenktafel* an die in der NS-Verfolgungszeit umgekommenen jüdischen Bürgerinnen und Bürger. Mindestens 12 Personen kamen in diesen Jahren in Billigheim durch die Nationalsozialisten ums Leben.

Binau

Auf dem *jüdischen Friedhof* in Binau am Neckar (*Reichenbucher Straße,* kurz hinter dem christlichen Friedhof) sind über 170 ermordete KZ-Häftlinge der Lager Neckarelz und Neckargerach, Außenkommandos des Konzentrationslagers Natzweiler/Elsaß beerdigt. Numerierte Grabplatten bedecken das Sammelgrab. Für einen 23jährigen, am 25. November 1944 verstorbenen französischen Häftling wurde ein Kreuz aufgestellt. Eine *Gedenktafel* trägt 172 Namen und folgende Inschrift:

A la mémoire
des victimes des camps de concentration
de Neckarelz et de Neckargerach
inhumées dans ce cimetière
26 octobre 1944 – fin mars 1945
[es folgen die Namen in je drei Reihen
für die Toten der Lager Neckarelz und Neckargerach]
Requiescant in pace
[Zum Gedenken an die Opfer der Konzentrationslager Neckarelz und Neckargerach, die auf diesem Friedhof vom 26. Oktober 1944 bis Ende März 1945 beerdigt wurden.
Mögen sie ruhen in Frieden]

Bis Oktober 1944 wurden 66 bis dahin im Außenkommando Neckarelz verstorbene Häftlinge im Heidelberger Krematorium eingeäschert; ihre »Urnen« – es handelte sich um Pappkartons – wurden auf dem Friedhof in Heidelberg-Kirchheim vergraben. Ab Mitte Oktober 1944 wurden die Toten der Lager Neckarelz und Neckargerach auf dem zwischen diesen beiden Orten und außerhalb des Wohngebiets gelegenen jüdischen Friedhof in Binau verscharrt. In Binau selbst war im Schloß ab September 1944 die Verwaltung und die Effektenkammer des KZ Natzweiler-Struthof untergebracht, nachdem das Konzentrationslager infolge des Vormarsches der Alliierten in Frankreich verlegt worden war. Ein Häftlingslager gab es in Binau nicht. 1952 wurden die Überreste der Toten in Binau (und auch in Heidelberg-Kirchheim) zur Identifizierung ausgegraben. Französische Tote wurden auf den Ehrenfriedhof in Straßburg überführt. Die sterblichen Überreste der anderen Häftlinge wurden am Eingang des jüdischen Friedhofs in Binau bestattet. Von italienischen Regierungsstellen wurde 1957 eine weitere Umbettungsaktion auf den italienischen Ehrenfriedhof in Frankfurt am Main durchgeführt.
(s. auch Mosbach, Neckargerach und Heidelberg)

Quelle/Literatur:
Ziegler, Jürgen, Kommando Binau, in: Ders., Mitten unter uns. Natzweiler-Struthof: Spuren eines Konzentrationslagers, Hamburg 1986, S. 223f., S. 263 – 270; s. auch Literatur unter Mosbach.

Birnau siehe Überlingen

Bisingen

Auf einer *Friedhofsanlage* in der Nähe der *Bundesstraße 27* befinden sich *drei Gedenktafeln* für hier bestattete KZ-Häftlinge und eine *Plastik* von Ugge Bärtle. Der Text auf einer der drei an einem großen *Kreuz* in der Mitte der Gedenkstätte angebrachten Tafeln informiert:

> In Bisingen befand sich von September 1944 – April 1945 ein Kommando des Konzentrationslagers Natzweiler (Elsaß). Andere Zweiglager waren u. a. in Leonberg, Schömberg, Schörzingen, Vaihingen/Enz, Neckargartach und Schwäbisch Hall. Von den durch das NS-Regime bei der Ölschiefergewinnung eingesetzten Häftlingen dieses Lagers aus verschiedenen Ländern – darunter viele Juden – sind sehr viele verhungert. Die Namensliste der hier bestatteten 1158 Toten wurde vernichtet. Wehret den Anfängen! Wehret dem Haß!

Die zweite Tafel in französischer Sprache weist darauf hin, daß die Gedenkstätte unter der Verantwortung der französischen Besatzung entstand:

> A la mémoire de 1158 victimes de la
> barbarie nazie qui reposent
> en ce lieu. Gouvernement Militaire
> Français du Württemberg; II 1947
> [Zum Gedenken an 1158 Opfer der
> Nazi-Barbarei, die an diesem Ort
> ruhen. Französische Militärregierung
> von Württemberg; II 1947]

Die dritte Tafel trägt eine lateinische Inschrift:

> Dederunt se periculo ut starent
> sancta ipsorum et lex 1. Macc 14.29
> [Sie haben sich selbst der Gefahr ausgesetzt,
> um ihr Heiligtum und das Gesetz zu erhalten]

Der Text auf der Plastik von Bärtle lautet:

> Den Opfern ruchloser Gewalt
> Hier ruhen 1158 Tote unbekannten
> Namens aus vielen Ländern Europas.

Das Lager Bisingen befand sich an der Schelmengasse bis zur Freesienstraße. Die Lebens- und Arbeitsbedingungen der Häftlinge, die elend zusammengepfercht waren und über zehn Stunden täglich Schwerstarbeit zur Gewinnung von Öl und Benzin für die Rüstung leisten mußten, waren äußerst hart. Viele waren jüdische Häftlinge, die man aus Auschwitz und Stutthof hierher verlegt hatte, um ihre letzte Arbeitskraft herauszupressen. Die Zahl der Toten – es sollen in den wenigen Monaten der Existenz des Lagers Bisingen bis zu 50 am Tag gewesen sein – ist vermutlich höher gewesen als die hier genannte Zahl der 1158 Toten, die in einem Massengrab unterhalb der Gedenkstätte gefunden wurden. Viele Tote sollen direkt an der Arbeitsstätte verbrannt worden sein; arbeitsunfähige Kranke wurden in das sogenannte Krankenlager nach Vaihingen/Enz (siehe dort) geschickt.

Auf dem Gelände des ehemaligen *Schiefersteinbruchs* im »Kuhloch« im Außenbachtal steht ein *Gedenkstein*, dessen Inschriften auf drei Tafeln in deutscher, französischer und lateinischer Sprache lauten:

> Wanderer gehst du hier vorbei, gedenke derer,
> denen das Leben genommen wurde,
> bevor sie es sinnvoll gelebt hatten.
> ami, si tu passes par ici, songe à tous
> ceux qui y sont morts trop jeunes
> pour avoire vécu.
> qui praeteris, memento eorum, quibus
> moriendum erat, priusquam
> eis facultas vivendi daretur.

Einige Schritte weiter stehen auf einer *Wegtafel* die Worte: »Französische und deutsche Soldaten bauten gemeinsam diesen Weg«, gefolgt von den (abgekürzten) Namen der Einheiten und dem Datum »Oktober 1969«.
Auf einem Teil des Steinbruchgeländes wurde Ende der sechziger Jahre ein Sportplatz angelegt. Der Vorsitzende des Sportvereins veranlaßte damals die Errichtung des Gedenksteins und der Wegtafel unter Beteiligung der Franzosen, um die schreckliche Vorgeschichte des Geländes nicht in Vergessenheit geraten zu lassen. Die Texte der Tafeln setzen bei einem Fremden jedoch Vorkenntnisse voraus, da ihnen nichts über das damalige Geschehen und das ehemalige Konzentrationslager zu entnehmen ist.
(s. auch Leonberg, Neckargartach, Schömberg, Schwäbisch Hall, Vaihingen/Enz)

Quellen/Literatur:
W. Sörös, Nationalsozialistische Konzentrationslager und Kriegswirtschaft im regionalgeschichtlichen Unterricht (dargestellt am Beispiel des KZ Bisingen), Zulassungsarbeit PH Ludwigsburg 1977; Juso-AG Bisingen (Hrsg.), Das KZ Bisingen. Eine Dokumentation, 1984.

Blaustein, Württemberg

Eine *Gedenktafel* vor dem Gebäude *Erwin-Rommel-Steige 50* in dem nahe bei Ulm gelegenen Ort *Herrlingen*, Gemeinde Blaustein, erinnert an ein früheres Landschulheim, das die Nazis 1939 schlossen. Am 6. November 1988 wurde folgender Text enthüllt:

In diesem Haus gründete am 1. Mai 1926
die Ulmerin Anna Essinger das
Landschulheim Herrlingen.
Es war das erste Landschulheim der
reformpädagogischen Bewegung in Württemberg.
Im Oktober 1933 emigrierte sie mit ihren Schülern.

Hugo Rosenthal setzte ihr Werk als
Jüdisches Landschulheim Herrlingen
fort und ermöglichte jüdischen Kindern
in den Jahren der Verfolgung
eine geschützte Ausbildung
und ein neues Selbstbewußtsein.
Die Schule mußte im März 1939
geschlossen werden.

Mindestens 15 Lehrer und Schüler wurden Opfer der nationalsozialistischen Verfolgung. Zunächst war in den Gebäuden ein (Zwangs-)Altenheim für jüdische Bewohner untergebracht, ab 1943 wurde eines der Häuser dem Generalfeldmarschall Rommel zur Verfügung gestellt, der nach dem Bruch mit Hitler zum Selbstmord getrieben wurde, hier in Herrlingen starb und dessen Erinnerung durch Grab, Straßenname, Archiv bis heute von den sogenannten Afrika-Kämpfern intensiv gepflegt wird.
In einem Nebengebäude, dem »Haus unterm Regenbogen«, dokumentiert seit 1988 eine *Dauerausstellung* Einzelheiten der Geschichte der Landschulheime und ihrer Initiatoren, den Schulalltag, die pädagogischen Konzepte sowie das Schicksal von Schülern und Lehrern. An die Gründerin des ersten Landschulheims erinnern auch die »Anna-Essinger-Realschule« und das gleichnamige Gymnasium im nahegelegenen Bildungszentrum Ulm-Kuhberg.

Kontakt:
Arbeitskreis Landschulheime Herrlingen, c/o Heinz Krus, Erwin-Rommel-Steige 50, 89134 Blaustein-Herrlingen. Führung und Öffnung der Ausstellung durch Heide Warttinger, Tannenweg 18, 89134 Blaustein-Herrlingen, Tel.: 0 73 04/24 59.

Quellen:
Arbeitskreis Landschulheime Herrlingen (Hrsg.), Dokumentation des Wochenendes der Begegnung und Erinnerung 5. und 6. November 1988; Feidel-Mertz (Hrsg.), Schulen im Exil, Reinbek 1983; Schachne, Lucie, Erziehung zum geistigen Widerstand. Das jüdische Landschulheim Herrlingen, Frankfurt a.M. 2. Aufl. 1989.

Bodersweier siehe Kehl

Bödigheim siehe Buchen

Bondorf, Kreis Böblingen

In der romanischen Turmstube der *evangelischen Kirche* befindet sich ein *Mahnmal* mit der Inschrift:

In Gedenken an die Gefallenen
der Kriege des 20. Jahrhunderts –
Die von Bomben Getöteten –
Die Vergasten – Ermordeten –
und in Konzentrationslagern Gequälten –
Die Märtyrer des Christlichen Glaubens –
Herr Gott, Du bist unsere Zuflucht für und für.

Der Bildhauer und Graphiker Emil Jo Homolka gestaltete zu diesem Thema ein Kirchenfenster.

Bopfingen

Im Stadtteil *Oberdorf am Ipf* drangen in der »Reichskristallnacht« am 9./10. November 1938 vier SA-Leute in die Synagoge in der *Lange Straße 15* ein und legten Feuer, das von Nachbarn gelöscht wurde. Das Gebäude diente nach 1940 als Turnhalle, dann als Unterkunft für Kriegsgefangene und von 1950 bis 1968 als katholische Kirche. Danach wurde es als Lagerraum genutzt. 1989 kaufte ein neugegründeter Trägerverein die ehemalige Synagoge und eröffnete diese am 25. November 1993 als *Gedenk- und Begegnungsstätte.* Diese hat sich unter anderem die Darstellung der jüdischen Geschichte in Ostwürttemberg zum Ziel gesetzt.
Mehrere Gedenktafeln mit den Namen der Opfer der Verfolgungszeit befinden sich auf dem *jüdischen Friedhof* an der *Karksteinstraße.*

Kontakt:
Trägerverein ehemalige Synagoge Oberdorf e.V., Geschäftsstelle: Bernhard Rapp, Rathaus Bopfingen, 73441 Bopfingen, Tel.: 0 73 62/8 01 20.

Braunsbach

Die frühere Synagoge, von den Nazis 1938 verwüstet, wurde Anfang der 80er Jahre in den Neubau der *»Burgenland-Halle«* miteinbezogen und dient heute als Bühnenraum. Eine *Gedenktafel* aus dem Jahre 1978 am *Eingang zum Rosensteinsaal* erinnert an die Verfolgung und Vernichtung der Braunsbacher jüdischen Mitbürger.

Breisach am Rhein

Ein *Gedenkstein* am Platz der Synagoge, heute eine Parkanlage an der Ecke *Rheintorstraße/Im Klösterle,* erinnert an ihre Zerstörung durch die Nationalsozialisten. Die Inschrift lautet:

Orate, mementote
Synagoge der ehem. Israelit.
Kultusgemeinde Breisach,
welche am 9. 11. 1938 im
Auftrage d. Machthaber
des 3. Reiches gewaltsam
zerstört wurde.

Bretten, Baden

Am Parkplatz im Zentrum von Bretten, im *Bereich Engelsberg 4–6,* erinnert seit 1979 ein *Gedenkstein* an die von den Nationalsozialisten 1938 völlig zerstörte Synagoge und das jüdische Gemeindezentrum, das hier mit einer Schule, dem Rabbinat und einem rituellen Bad bestand. Heute ist das Gelände mit einem Geschäftshaus bebaut.

Brettheim siehe Rot am See

Brigachtal

In dem zwischen Bad Dürrheim und Donaueschingen gelegenen Staatlichen Hofgut *Ankenbuck* (Gemeinde Brigachtal), das vor 1933 als Arbeitslager für Jugendliche diente, war von April 1933 bis Februar 1934 ein Durchgangslager für politische Häftlinge eingerichtet. Nach Räumung des Konzentrationslagers Heuberg (s. Stetten) Ende Dezember 1933 wurden etwa 40 bis 50 badische Häftlinge von dort nach Ankenbuck verlegt. Württembergische Häftlinge des Lagers Heuberg wurden dagegen in das alte Festungswerk auf dem Oberen Kuhberg bei Ulm gebracht (s. Ulm). Weitere Häftlinge wurden aus verschiedenen Polizeigefängnissen in das Lager Ankenbuck eingeliefert, darunter der später (1942) hingerichtete frühere KPD-Landtagsabgeordnete Georg Lechleiter aus Mannheim sowie der ehemalige SPD-Reichstagsabgeordnete Stephan Meier aus Freiburg, der 1944 im Konzentrationslager Mauthausen, Österreich, umgebracht wurde. Die Häftlinge wurden zu Feld- und Straßenarbeiten eingesetzt. An die Existenz des Lagers erinnert heute nichts mehr.

Quellen/Literatur:
Bosch, Manfred, Vom Gemeinnutz zum Unrecht. Der Ankenbuck – ein Paradigma, in: Allmende, Heft 1/1983, S. 11–31; Internationaler Suchdienst (Hrsg.), Haftstättenverzeichnis, Arolsen 1979, S. 1; Schätzle, Julius, Stationen zur Hölle – Konzentrationslager in Baden und Württemberg 1933–1945, Frankfurt a. M. 1974 (^{2}1980), S. 39.

Bruchsal

An der Stelle der städtischen Feuerwehr, *Friedrichstr. 78*, stand bis 1938 die Bruchsaler Synagoge. Die Nazis brannten sie in der Pogromnacht 1938 bis auf die Grundmauern nieder. Der Rabbiner Siegfried Grzymisch wurde später nach Auschwitz verschleppt und dort ermordet. Seit 1966 erinnert eine *Gedenktafel*:

Hier stand die Synagoge der
Israelitischen Gemeinde Bruchsal.
Sie wurde am 10. November 1938
unter der Herrschaft der Gewalt
und des Unrechts zerstört.

An der Grenze des Bruchsaler Stadtteils *Obergrombach* liegt am Waldrand des Eichelberges ein alter *jüdischer Friedhof*, der früher zahlreichen jüdischen Gemeinden der Region als Begräbnisplatz diente. Im »Dritten Reich« wurde er teilweise abgeräumt. Ein *Denkmal* trägt die Aufschrift »Nacht und Tag weine ich nie endend. Jer 14.17«.

Im Bruchsaler *Gefängnis* wurden zwischen 1933 bis 1945 einige hundert politisch Mißliebige mit dem Fallbeil hingerichtet. Unter den Opfern waren z.B. auch Metzger, die wegen Schwarzschlachtens zum Tode verurteilt worden waren. (Auf diese Geschichte des Gefängnisses gibt es keinen Hinweis.)

Im Lichthof des Altbaus des *Schönborn-Gymnasiums* wurde am 6. April 1984 eine *Gedenktafel* enthüllt, die an Ludwig Marum erinnert. Marum war genau 50 Jahre vorher, Ende März 1934, im ersten badischen Konzentrationslager Kislau ermordet worden. Als Schüler hatte er dieses Gymnasium besucht. (s. Bad Schönborn)

Im *Paulusheim* in der *Huttenstraße* erinnert eine *Gedenkplakette* an den katholischen Priester Franz Reinisch, der Anfang der 30er Jahre hier als Seelsorger tätig war. Reinisch war Mitglied des Pallottinerordens und gehörte zur Schönstatt-Gemeinschaft in Vallendar (Rheinland-Pfalz). Aus grundsätzlicher Ablehnung des Nationalsozialismus hatte er sich bei seiner Einberufung in die deutsche Wehrmacht geweigert, den Fahneneid auf Adolf Hitler zu leisten, wurde dafür vom Reichskriegsgericht in Berlin zum Tode verurteilt und am 21. August 1942 in Brandenburg enthauptet. Die Urne mit seiner Asche konnte nach dem Kriege geborgen und beigesetzt werden neben der Schönstatt-Kapelle in Vallendar. (s. dort Näheres zu Reinisch)

Buchen, Odenwald

Der alte *jüdische Friedhof* in dem Stadtteil *Bödigheim* (an der Straße nach Waldhausen) diente früher als Verbandsfriedhof bis zu 30 jüdischen Gemeinden. Eine *Gedenktafel* erinnert an die »Opfer des Faschismus« und nennt acht Namen jüdischer Opfer aus dem nahegelegenen Ort Kleineicholzheim (Gemeinde Schefflenz).

In Buchen selber erinnert eine *Gedenktafel* in der *Vorstadtstraße 35* seit 1983 an die frühere Synagoge, die 1939 abgebrochen wurde. Heute befindet sich an der Stelle ein Supermarkt.

Bühl, Baden

Am *Johannesplatz 10* in Bühl macht ein *Gedenkstein* auf die frühere Synagoge aufmerksam, die 1823 hier errichtet und 1938 von den Nazis zerstört wurde. Der Johannesplatz hieß bis in die Zeit des »Dritten Reichs« auch »Synagogenstraße«. Mindestens 24 jüdische Bürgerinnen und Bürger aus Bühl waren Opfer der Verfolgungen.

Bühlerzell

Im *Gantenwald* bei *Bühlerzell,* Landkreis Schwäbisch Hall, befindet sich ein kleiner *Friedhof* mit 12 Gräbern, in denen Säuglinge und Kleinkinder von Zwangsarbeiterinnen aus Polen und der Sowjetunion sowie die 19jährige ukrainische Zwangsarbeiterin Eugenia Rossamacha begraben sind. Im Sommer 1988 wurde ein *Gedenkstein* aus Muschelkalk aufgestellt, der im oberen Teil die Plastik des Bildhauers Hermann Koziol, eine Mutter mit einem emporgestreckten Kind, zeigt und darunter eine Tafel mit dem Text der Schriftstellerin Luise Rinser:

> Hier liegt seit 1945 eine
> russische Mutter neben
> kleinen Kindern, von
> Zwangsarbeiterinnen
> geboren und elend umgekommen. Wir gedenken in
> Scham und Trauer ihrer und
> aller Frauen und Kinder,
> geopfert im NS-Staat in
> einem sinnlosen Krieg.

Wie in vielen anderen Gegenden (s. etwa Bayern: Markt Indersdorf) hatten die Nationalsozialisten auch für die Landkreise Schwäbisch Hall und den Rems-Murr-Kreis von 1944 bis 1945 in einem nahe gelegenen Bauernhof eine sogenannte Entbindungsanstalt für Zwangsarbeiterinnen eingerichtet, nicht aus Fürsorge für die Mütter und ihre Kinder, sondern aus Sorge um die Arbeitskraft, die verlorenging, und wegen der Gefahr »rassischer Vermischung«. Die Mütter mußten ihre »schlechtrassischen« Neugeborenen in aller Regel zurücklassen und an ihre Arbeit auf den Bauernhöfen zurückkehren. Ernährung, Versorgung und Hygiene waren so katastrophal, daß die meisten Säuglinge an Mangelkrankheiten litten und viele schon nach kurzer Zeit starben.

Fast sechs Jahre lang war die »Gedenkstätte Gantenwald« in der Gemeinde Bühlerzell umstritten und führte zu heftigen Kontroversen in der Öffentlichkeit bis zu so extremen Äußerungen des damaligen stellvertretenden Bürgermeisters, die Kinder seien »Zufallsprodukte sexueller Freuden« und ihr Tod kein Naziverbrechen. 1986 beschloß der Gemeinderat, ein Kreuz aufzustellen mit der nichtssagenden Aufschrift »Ruhet in Frieden«. Vor allem auf die Arbeit dreier Journalisten des örtlichen »Haller Tagblattes«, die dafür später den »Wächterpreis der deutschen Tagespresse« und 1983 den Journalistenpreis der Mediengewerkschaft erhielten, und auf die Bürgerinitiative »Komitee Gantenwald« ist das heutige Denkmal zurückzuführen.

Kontakt:
»Bürgerkomitee Gantenwald«, c/o Bruno Vogelmann, Pistoriusstr. 52, 74564 Crailsheim.

Anfahrt:
Von Bühlerzell kommend die Straße über Heilberg nach Gantenwald, rechts, etwa 300 m vor den ersten Höfen, ein Schild und Pfad zur Gedenkstätte.

Quellen/Literatur:
Geier, Martin, Gedenkstätte Gantenwald. Kreuze im Dickicht. Eine Gemeinde streitet über die Pflege von Kindergräbern, in: »Die Zeit« v. 28. 11. 1986; Ludewig, Michael, »Lassen Sie den Dreck ruhen« – wie in einem schwäbischen Dorf mit Gräbern von Nazi-Opfern umgegangen wird, in: »stern« Nr. 8 v. 17. 2. 1983; Wieland, Dorothee/Winar, Anja, Vergessene Gräber im Wald – Gedanken um die »Ausländerkinder-Pflegestätte« Gantenwald, Gemeinde Bühlerzell, Kreis Schwäbisch Hall. Arbeit 7./8. Klasse Realschule und Gymnasium im Rahmen des »Schülerwettbewerbs Deutsche Geschichte« 1982/83; Haida, Gerd E./Koziol, Michael S./Schmid, Alfred, Gantenwald. Eine »Ausländerkinder-Pflegestätte«, in: IG Druck und Papier (Hrsg.), Faschismus in Deutschland, Köln 1985, S. 194–229; Dies., »Gantenwald – Eine Ausländerkinder-Pflegestätte«, in: »Haller Tagblatt«, Serie mit 7 Folgen vom 20. bis 27. 11. 82, Schwäbisch-Hall. Eine künstlerische Auseinandersetzung ist auch das Lied »Gantenwald« durch »Die Huthmachers« auf der LP »beHUTsam« aus dem Jahre 1986.

Buttenhausen siehe Münsingen

Calw

Auf dem *Friedhof* in Calw, *Bischofstraße*, erinnert eine *Gedenktafel* an die Opfer des Nationalsozialismus. Der Text:

> Zum Gedenken an die Menschen,
> die unter Mißachtung der Menschenrechte aus
> politischen, religiösen oder rassischen Gründen
> in der Zeit des Nationalsozialismus
> in unserer Stadt verfolgt wurden.

Als Standort für die Tafel war von einer örtlichen Initiativgruppe zunächst das Rathaus vorgeschlagen worden. Doch die Mehrheit des Gemeinderats lehnte diesen Ort ab wie auch die Benennung von Straßen nach Calwer NS-Opfern, etwa nach Hans Ballmann, kommunistischer Widerstandskämpfer und KZ-Häftling, oder nach Erna Brehm, die sich als 17jährige in einen polnischen Zwangsarbeiter verliebte, dafür auf dem Marktplatz öffentlich kahlgeschoren und nach einer Gefängnisstrafe in das Konzentrationslager Ravensbrück eingewiesen wurde. Erna Brehm wurde im April 1944 »als nicht mehr lager- und arbeitsfähig« entlassen und starb am 19. August 1951 schwer krank an den Folgen der Haft.

Seit Herbst 1990 erinnert ein *Gedenkrelief* des Künstlers Wolfram Isele in einer *Werkstatt der Firma Bauknecht* an jüdische Zwangsarbeiterinnen, die ehemals hier ihren Schlaf- und Aufenthaltsraum hatten. Das in Beton gegossene Relief ist etwa drei Meter hoch und stellt nach Art eines Skizzenbuches Szenen über Arbeit, Ernährung, Unterbringung und die Evakuierung der Frauen dar. Am Sockel steht der Text:

> In diesem Raum lebten
> vom 13. Januar 1945
> bis zum 2. April 1945
> einhundertneunundneunzig
> Juedische Frauen
> als KZ-Haeftlinge
> und Zwangsarbeiterinnen.

Die »Luftfahrtgeräte GmbH« (Lufag) ließ auf diesem Fabrikgelände ab 1943 Einzelteile für den Flugzeugbau herstellen. Ende 1944 wurde ein Außenkommando des KZ Natzweiler eingerichtet, in dem jüdische Frauen arbeiten mußten. Sie kamen aus dem Außenkommando Rochlitz (Sachsen) des KZ Flossenbürg und wurden bereits im April 1945 auf einem »Evakuierungs«-marsch fortgebracht und im Allgäu von amerikanischen Truppen befreit.
Dieses Denkmal geht auf die Aktivitäten des Arbeitskreises »Lokale Zeitgeschichte« zurück, der im Jahre 1989 einige frühere Häftlinge nach Calw einlud. Der DGB-Kreis Calw initiierte dann das Relief in dem früheren Lufag-Gebäude.

Kontakt:
Arbeitskreis Lokale Zeitgeschichte Calw, c/o Norbert Weiss, Hohe Klinge 10, 75365 Calw-Hirsau. Das Relief ist zugänglich nach Voranmeldung bei der Personalabteilung Bauknecht, Eiselstätt 7, 75365 Calw, Tel.: 07051/164–109.

Literatur:
Beine, Silvia u.a., Widerstand und Verfolgung eines Calwer Kommunisten. Der Fall Hans Ballmann aus Calw, im Rahmen des »Schülerwettbewerbs Deutsche Geschichte« 1982/83; Faltblatt zum Relief beim DGB, Marktplatz 24, 75365 Calw; Klingel, Bettina u.a., Fremdarbeiter und Deutsche. Das Schicksal der Erna Brehm aus Calw, Bad Liebenzell 1984 (hervorgegangen aus der gleichnamigen Arbeit des »Schülerwettbewerbs Deutsche Geschichte« 1982/83); Seubert, Josef, Von Auschwitz nach Calw – jüdische Frauen im Dienst der totalen Kriegsführung, Eggingen 1989.

Crailsheim

Eine weiße *Stele* aus Muschelkalk, die im oberen Teil von einem sechszackigen Davidstern durchbrochen ist, erinnert in der *Adam-Weiß-Straße* an die frühere Synagoge. Der etwa zwei Meter hohe Stein wurde im November 1990 eingeweiht. Zwei Metalltafeln informieren mit folgenden Texten:

> Hier stand die
> im Jahre 1783 erbaute
> Synagoge der
> Israelitischen Gemeinde
> Crailsheim.
> Am 9. November 1938 wurde sie
> von Nationalsozialisten
> geschändet und entweiht:
> Fenster wurden eingeschlagen,
> Kultgegenstände auf die
> Strasse geworfen, die heiligen
> Schriften beschlagnahmt. Bereits seit
> 1933 wurden jüdische Mitbürger
> ihrer Menschenwürde beraubt,
> aus unserer Stadt
> vertrieben oder bis 1942 in
> Vernichtungslager abtransportiert.
> Vergessen wir es nie:
> Liebe Deinen Nächsten wie Dich selbst.

> Das entweihte Gotteshaus
> diente zuletzt als Kriegs-
> gefangenenquartier, im
> April 1945 wurde es durch
> Kriegseinwirkung zerstört.
> Der Grundriß des Gebäudes,
> einschließlich Eingangs-
> bereich ist aus der
> Pflasterung erkennbar.

Auf dem jüdischen Friedhof an der *Beuerlbacher Straße* existiert eine ältere *Gedenkstätte* für die

Opfer des Holocaust. Ein Obelisk enthält eine Tafel mit den 52 Namen der umgekommenen Crailsheimer Juden und darüber die Inschrift:

> 1933–1945
> Erniedrigt, verstoßen
> verfemt und ermordet
> Opfer der nationalsozia-
> listischen Gewaltherr-
> schaft beschwören Dich
> Niemals wieder

Literatur:
König, Hans-Joachim, Die Crailsheimer Juden und ihr Schicksal in 6 Jahrhunderten, in: Mitteilungsblätter des Hist. Vereins Crailsheim, Heft 4 (1987).

Creglingen

Das Gebäude der früheren Synagoge in der Gemeinde Creglingen im Main-Tauber-Kreis in der *Neuestraße 28* wurde 1938 von den Nazis demoliert und nach dem Krieg zunächst als Jugendherberge genutzt. 1987 wurde es restauriert, und heute wird es als Restaurant genutzt. Eine *Gedenktafel* erinnert an die Geschichte des Hauses.

Im *Sitzungssaal* des Rathauses befindet sich schon seit 1948 eine von ausgewanderten jüdischen Bürgern gestiftete *Tafel*, die an den Mord an zwei Creglinger Juden, Aron Rosengeld und Hermann Stern, durch die SA erinnert: »Sie sollen eine Mahnung sein«.

Dapfen siehe Gomadingen

Dautmergen siehe Schömberg

Dörzbach

Im Ortsteil *Hohebach* der Gemeinde Dörzbach im Hohenlohekreis erinnert seit 1986 eine *Hinweistafel* an die frühere Synagoge. Ihre Inneneinrichtung wurde 1938 von den Nazis demoliert, später war in dem Gebäude die Gemeindewaschküche untergebracht. Heute sind hier Wohnungen.

Dormettingen

Auf dem *Gemeindefriedhof* in Dormettingen im Zollernalbkreis existiert ein *Grab* mit einer unbekannten Zahl von Toten. Es handelt sich um Häftlinge des KZ Natzweiler/Elsaß, die in einem Außenkommando in Dormettingen unter katastrophalen Bedingungen Ölschiefer abbauen mußten. Bis zu 3000 waren hier untergebracht, von denen viele starben. Sie wurden auf dem nahegelegenen KZ-Friedhof Schömberg bestattet oder auf dem Dormettinger Friedhof. Ein *Gedenkstein* auf dem Grab erinnert an ihr Schicksal. (s. Schömberg)

Eberbach, Baden

Ein *Gedenkstein* in Eberbach hält die Erinnerung wach an die Synagoge, die 1938 zerstört wurde. Sie lag an der heutigen Einmündung der *Adolf-Knecht-Straße* in die *Brückenstraße*. Der heutige Straßenname erinnert an den Eberbacher Sozialdemokraten Adolf Knecht, der am 8. März 1933 beim Versuch, die Hakenkreuzfahne vom Rathaus herunterzuholen, von SA-Leuten erschossen wurde.

Echterdingen

siehe Leinfelden-Echterdingen

Eckerwald siehe Schömberg-Schörzingen

Efringen-Kirchen

Am Eingang des *jüdischen Friedhofs* im Efringer Ortsteil *Kirchen,* Landkreis Lörrach, erinnert eine *Gedenktafel* an die jüdischen Opfer der nationalsozialistischen Verfolgung. Auf einer hohen Metalltafel sind unter dem siebenarmigen Leuchter und dem Satz »Aus der Jüdischen Gemeinde Efringen-Kirchen wurden verschleppt und starben 1939 – 1945« 21 Namen aufgeführt.

Literatur:
Huettner, Axel, Die Jüdische Gemeinde von Kirchen. 1736–1940, Grenzach (Selbstverlag) 1978.

Ellwangen, Jagst

In der ostwürttembergischen Kleinstadt Ellwangen existierten zwischen 1941 und 1945 insgesamt drei KZ-Außenlager, die zu den Konzentrationslagern Natzweiler/Elsaß und Dachau gehörten. Über

100 Menschen, mehrheitlich Juden, wurden hier gefangengehalten und mußten im Straßen-, Bunker-, Wohnungs- und Kasernenbau arbeiten. Gegen Kriegsende kamen noch einmal so viele Polen dazu, die im Zusammenhang mit dem »Hessentaler Todesmarsch« nach Dachau getrieben werden sollten. Alle kamen ums Leben. 1980 legte eine örtliche Initiativgruppe eine Dokumentation vor und zeigte eine Ausstellung, die von zahlreichen Schulklassen besucht wurde. Ein Antrag auf ein *Mahnmal* wurde zunächst vom Gemeinderat mit Mehrheit abgelehnt, später indes wurde es errichtet.
Im Zusammenhang mit dem »Hessentaler Todesmarsch« wurde das Lager am 6./7. April 1945 evakuiert. Am Bahnhof Ellwangen wurden kranke Gefangene zurückgelassen, von denen mehrere kurze Zeit später in Dalkingen erschossen wurden. Ihre sterblichen Überreste wurden später auf den KZ-Friedhof Kochendorf (s. Bad Friedrichshall u. Rainau) umgesetzt. Beim Verlassen Ellwangens wurde ein Häftling an der Neunheimer Steige (heute »Alte Steige«) erschossen.
Auf dem Ellwanger *Friedhof St. Wolfgang* wurden im Juni 1945 23 Opfer des »Hessentaler Todesmarsches« beigesetzt. Überlebende errichteten ein *Mahnmal*, das in Polnisch, Englisch und Deutsch die Inschrift trägt:

> Den Opfern des Hitlerbarbarismus
> Die Polen 1946.

Die *»Max-Reeb-Straße«* erinnert an den Ellwanger Kunstmaler Reeb, der 1940 in einem Gespräch Zweifel an einem deutschen Sieg geäußert hatte, dafür verhaftet wurde und am 10. September 1940 im KZ Dachau ums Leben kam.

Literatur:
Friedensforum Ellwangen (Hrsg.), Vernichtung und Gewalt. Die KZ-Außenlager Ellwangens, Missionsdruckerei Reimlingen 1987.

Emmendingen

Zum 30. Jahrestag der »Reichskristallnacht« im Jahre 1968 wurde in Emmendingen am Standort der ehemaligen Synagoge am *Schloßplatz* eine *Gedenktafel* angebracht, die jedoch 20 Jahre später als unzureichend kritisiert wurde. Es kam in der Schwarzwaldstadt zu einer lebhaften, von der »Badischen Zeitung« initiierten Debatte, die 1988 zu einem neuen und erheblich deutlicheren Text und einer zweiten Tafel direkt unter der alten führte, auf der nicht nur von den »Opfern«, sondern auch von den »Tätern« die Rede ist:

> Die Synagoge wurde in der Zeit
> des Nationalsozialismus
> am 10. November 1938 von Emmendinger
> Bürgern demoliert und niedergerissen.
> Die Jüdische Gemeinde wurde ausgelöscht.
> Zum Gedenken
> an die Leiden der Emmendinger Juden
> und als Warnung vor jedem Rückfall
> in Faschismus und Rassenwahn.
> Im Jahre 1988.

Außerdem will ein »Verein für jüdische Geschichte und Kultur Emmendingen« das noch erhaltene frühere jüdische Ritualbad, die Mikwe, in der Nähe der ehemaligen Synagoge im Keller eines Hauses, in dem früher der Synagogendiener wohnte, restaurieren und als Gedenkstätte sowie als Informationszentrum für die jüdische Geschichte herrichten.

Ein Dokument des eher standardisierten Gedenkens befindet sich unterhalb des Eingangs zum *jüdischen Friedhof* (neben dem Bergfriedhof), ein *Stein* mit dem Satz »Den Opfern des Nazismus 1933–45«.

Quellen:
Behnke Gerhard, Dokumentation zum Besuch der ehemaligen jüdischen Mitbürger, Emmendingen 29. Mai bis 5. Juni 1989, hrsg. von der Stadt Emmendingen; »Zeitung mobilisiert ihre Leser: Debatte um Gedenktafel für die Synagoge in Emmendingen«, in: »Aufbau« v. 4. August 1989.

Endingen, Kaiserstuhl

An der Nordwand des Turmes der *St. Martins-Kirche* in Endingen befindet sich ein *Ehrenmal* für die Toten der Jahre 1933 bis 1945. Darunter ist auch der Name des jüdischen Mitbürgers Siegfried Hauser, der am Marktplatz 19 ein Konfektions- und Wäschegeschäft hatte und im KZ ermordet wurde.

Engstingen

Die *Bundeswehrkaserne* in Großengstingen ist nach einem der Offiziere des militärischen Widerstands gegen Hitler »Eberhard Finckh« benannt. Finckh wurde vom »Volksgerichtshof« am 30. August 1944 zum Tode verurteilt und am selben Tag hingerichtet. Eine *Gedenktafel* erinnert an ihn:

> »Eberhard Finckh
> Soldat im Widerstand
> 1899 – 1944«

Ensingen siehe Vaihingen

Eppingen

Am Standort der ehemaligen Synagoge in Eppingen, *Kaiserstraße 6/Ecke Ludwig-Zorn-Straße* erinnert eine *Gedenktafel* an die jüdische Geschichte des Ortes. Neben einem Relief der Synagoge ist ein Text zu lesen, der sich deutlich von den üblichen Gedenktafeln abhebt:

> Die Synagoge der Jüdischen Gemeinde
> Eppingen stand hier von 1873 bis sie
> in der Nacht vom 9./10.November 1938 zerstört
> und entweiht wurde.
> In Trauer verneigen wir uns heute
> vor den Opfern jener dunklen und
> unseligen Zeit des deutschen Volkes.
> Möge ähnlicher Schrecken allen
> künftigen Geschlechtern erspart
> bleiben.

Zur Geschichte der Eppinger Juden wurde auch ein rituelles Bad aus dem 16. Jahrhundert in dem Haus Küfergasse 2 in den 80er Jahren wieder ausgegraben, restauriert und mit einem kleinen Museum öffentlich zugänglich gemacht.

Esslingen am Neckar

Innerhalb des *Ebershalden-Friedhofs* liegt der jüdische Friedhof mit einem Sammelgrab mit den jüdischen Toten des Außenkommandos Echterdingen (s. Leinfelden-Echterdingen). Eine große *Bodenplatte* in Form eines Davidsterns trägt die Inschrift:

> Hier ruhen 85 Juden unbekannter Nationalität,
> Opfer nationalsozialistischer Grausamkeit.
> Ihr Sterben sei eine Mahnung zur Menschlichkeit
> für die lebende Generation. 1947.
> [Es folgt ein hebräischer Text.]

Es handelt sich um 19 namentlich bekannte Häftlinge des Echterdinger KZ-Außenkommandos, die im Krematorium Esslingen eingeäschert und deren Urnen noch 1944 hier beigesetzt wurden. Im Oktober 1945 kamen die sterblichen Überreste von 66 weiteren Toten dieses Kommandos dazu, die ursprünglich in zwei Massengräbern im Bernhäuser Forst vergraben wurden.

Am Standort der ehemaligen Synagoge Esslingen, *Im Heppächer 3* (heute Galerie der Stadt), sind zwei *Hinweistafeln* angebracht, die an die Geschichte des Hauses erinnern. Die neuere aus dem Jahre 1988 enthält den Text:

> 9. November 1938
> »Reichskristallnacht«
> Zum Gedenken an die Vergangenheit,
> den Lebenden zur Erinnerung,
> als Mahnung für die Zukunft.

Die *Nikolaus-Kapelle* auf der Inneren Brücke wurde im Jahre 1956 als *Ehrenmal und Gedenkstätte* hergerichtet. Im Innern wurde die Inschrift eingemeißelt »Gerechtigkeit erhöhet ein Volk. Aber die Sünde ist der Völker Verderben«. Ausdrücklich wurden damals die ermordeten KZ-Häftlinge wie auch die gefallenen Soldaten und die zivilen Bombenopfer in das Gedächtnis einbezogen.

Das staatliche Waisenheim in der *Mülbergerstr. 146* heißt seit dem Jahre 1982 »Theodor-Rothschild-Haus«. Eine *Gedenktafel* im ersten Stock des Altbaues erinnert an den letzten Heimleiter dieser früheren »Israelitischen Waisen- und Erziehungsanstalt Wilhelmspflege«, Theodor Rothschild, der in Buttenhausen geboren ist und 1944 von den Nazis im Konzentrationslager Theresienstadt ermordet wurde. Das Waisenhaus wurde 1939 demoliert und in ein Seuchenlazarett umfunktioniert.

Literatur:
Kultur- und Freizeitamt der Stadt Esslingen (Hrsg.), Spurensuche. Zeugnisse jüdischer Kultur, 1988 und Theodor Rothschild (1876 – 1944) zum Gedenken, 1985.

Ettenheim

Im *Bürgersaal des Rathauses* in Ettenheim befindet sich seit 1969 eine *Gedenktafel* mit einem ausführlicheren Text zur Erinnerung an die früheren jüdischen Mitbürgerinnen und Mitbürger.

> Seit dem Mittelalter lebten in Ettenheim
> Juden und Christen einträchtig zusammen.
> Im Jahre 1933 waren noch 31 Israeliten ansässig.
> Unter der nationalsozialistischen Gewaltherrschaft
> wurden sie gedemütigt und vertrieben oder
> verschleppt.
> Ihre Synagoge in der Alleestraße ist zerstört worden.
> Die Ritualien wurden entweiht, verbrannt oder geraubt.
> Wir wollen das Leid, das unseren jüdischen
> Mitbürgern widerfahren ist, nie vergessen.
> In Ehrfurcht gedenken wir der Toten,
> den Lebenden bleiben wir in Achtung
> und Duldsamkeit zugetan.

Literatur:
Schicksal und Geschichte der Jüdischen Gemeinden Ettenheim, Altdorf, Kippenheim, Schmieheim, Rust, Ortschweier, Ettenheim 1988.

Ettlingen

Am Ort der früheren Synagoge in Ettlingen, *Pforzheimer Str. 33,* hängt seit 1966 eine *Gedenktafel.*

Heute steht hier ein Wohn- und Geschäftshaus. Der Text lautet:

> Hier stand die im Jahre 1888 erbaute Synagoge
> der Israelitischen Gemeinde Ettlingen.
> Sie wurde am 10. November 1938
> beim Synagogensturm zerstört.

Fellbach, Württemberg

Direkt nach dem Kriege wurde eine Straße nach *Hermann Kramer* benannt, einem Fellbacher Kommunisten, der als Widerstandskämpfer von den Nationalsozialisten 1933 und 1936 verhaftet wurde, fliehen konnte, bei den Internationalen Brigaden in Spanien kämpfte, in die Sowjetunion ging und im Sommer 1944 über der Schwäbischen Alb mit dem Fallschirm absprang, von der Gestapo jedoch gefaßt und am 23. September 1944 im Konzentrationslager Sachsenhausen umgebracht wurde. Die Bezeichnung »Hermann-Kramer-Straße« wurde von der Gemeinde später wieder rückgängig gemacht.

Literatur:
Die Jahre 1933 – 1945 in Fellbach. Ein Projekt von Schülern und älteren Fellbachern. Heim am Kappelberg und Stresemann-Gymnasium, Fellbach 1983.

Fichtenau

In dem Ort *Lautenbach,* Gemeinde Fichtenau, steht am Ortsausgang in Richtung Wildenstein ein steinernes *Kreuz* mit einer schon ziemlich verwitterten Inschrift:

> Hier wurde am 19. April 1945
> der Landwirt Friedrich Späth aus Lautenbach
> von der SS erschossen.

Forchtenberg

Am Rathaus in Forchtenberg, *Hauptstraße 14,* erinnert seit 1969 eine *Gedenktafel* an die Geschwister Scholl, deren Vater, Robert Scholl, zwischen 1920 und 1930 hier Bürgermeister war. Der Text der Tafel lautet:

> Hans und Sophie Scholl verbrachten bis 1930
> in diesem Haus ihre Kindheit.
> Sie folgten ihrem Gewissen und starben 1943
> als Studenten in München im Widerstand
> gegen Unrecht und Gewalt.

Nach den beiden Mitgliedern der studentischen Widerstandsgruppe »Weiße Rose« ist auch eine Straße in Forchtenberg benannt. (Näheres zur »Weißen Rose« s. München)

Freiburg im Breisgau

Am *Rotteckring,* vor dem »Schwarzen Kloster«, in Höhe der Volkshochschule, wurde 1976/77 eine *Bronzeplastik* zum Gedenken an die Verfolgten des Naziregimes aufgestellt. Eine Gedenktafel am Sockel trägt die Inschrift:

> Den Opfern der Gewalt
> Den Kämpfern im Widerstand
> 1933–1945

Am *Werthmannplatz,* gegenüber dem Stadttheater, auf dem Hof vor dem Kollegiengebäude II, erinnert seit 1962 eine runde *Gedenkplatte* mit folgender Inschrift an die zerstörte Synagoge:

> Hier stand die Synagoge der Israelitischen
> Gemeinde Freiburg, erbaut 1870. Sie wurde
> am 10. November 1938 unter einer Herrschaft
> der Gewalt und des Unrechts zerstört.

Unmittelbar daneben in den Boden eingelassen sind zwei Steine mit der Inschrift:

> Als Dank für die Bewahrung
> von Stadt und Münster
> am 27. November 1944
> Im Gedenken an die Synagoge

Auch an der *neuen Synagoge,* die 1988 unweit des Freiburger Münsters eingeweiht wurde, erinnert eine *Gedenktafel* an den Vorgängerbau aus dem letzten Jahrhundert.

Auf dem *jüdischen Friedhof* an der *Elsässer Straße/ Ecke Rosbaumweg* steht ein *Mahnmal* mit der Inschrift

> Den jüdischen Opfern der Gewaltherrschaft 1933–45.

Die Freiburger Juden wurden am 22. und 23. Oktober 1940 zusammen mit 6500 jüdischen Männern, Kindern und Frauen aus Baden, der Pfalz und dem Saarland in acht Transporten in das südfranzösische Internierungslager Gurs verschleppt. Nur wenige konnten fliehen und sich in Frankreich verstecken oder mit einem Visum ins Ausland entkommen. Die meisten kamen in Gurs um oder wurden von hier in das Vernichtungslager Auschwitz gebracht und ermordet (s. auch Mannheim).
Eines der jüdischen Opfer der Nationalsozialisten war die in Freiburg geborene Kinderärztin Elisabeth Müller, die als Oberin am Israelitischen Krankenhaus Hannover mit den Insassen nach Theresienstadt deportiert und dort 1941 ermordet wurde.

Auf dem *kommunalen Friedhof* befinden sich ein Sammelgrab und 50 Einzelgräber mit Opfern der

Freudental: Seminarraum in der ehemaligen Synagoge in Freudental, seit 1985 ein »Pädagogisch-kulturelles Centrum« und Haus der Begegnung.

nationalsozialistischen »Euthanasie«-Morde. Die Inschrift einer *Gedenktafel* lautet:

> Zum Gedächtnis derer,
> denen Willkür und Wahn
> Würde und Leben nahmen.
> 1933 – 1945

Literatur:
Bräunche, E.O., Die »Reichskristallnacht« in Freiburg, in: Schau-ins-Land 103 (1984); Schwineköper, Berent und Laubenberger, Frank, Geschichte und Schicksal der Freiburger Juden (Freiburger Stadthefte 6), 1963.

Freudental, Württemberg

Eine *Gedenktafel* an der ehemaligen Synagoge an der *Strombergstr. 25* erinnert an die Deportation der jüdischen Mitbürger:

> Dieses historische Gebäude war von
> 1770 bis 1938 die Synagoge
> der Jüdischen Gemeinde Freudental. Es
> steht seit 1927 unter Denkmalschutz.
> 1723 kamen die ersten jüdischen Familien
> hierher. Hier lebte eine bedeutende
> Jüdische Gemeinde. Unter der national-
> sozialistischen Gewaltherrschaft wurden
> 1941 die letzten jüdischen Mitbürger
> deportiert. Ihnen zur ehrenden
> Erinnerung – uns zur bleibenden
> Mahnung.

1985 wurde von einem »Förder- und Trägerverein ehemalige Synagoge Freudental e. V.« in der früheren Synagoge und in einem neuen Nebengebäude ein *Pädagogisch-Kulturelles Centrum (PKC)* als ein »Haus der Begegnung« eingerichtet. Die Arbeit des PKC umfaßt die Veranstaltung von Seminaren, Tagungen und Fortbildungskursen für Jugendliche und Erwachsene, Vorträge, Ausstellungen u.a.

Am Anfang und Ende der Strombergstraße brachte man 1988 Tafeln an mit dem Text:

> Diese Straße war bis 1933 die Judengasse.
> Seit 1723 wohnten hier jüdische Bürger,
> 219 Jahre lang waren sie ein bedeutender
> Teil der Bevölkerung unserer Gemeinde.

Anschrift:
Pädagogisch-Kulturelles Centrum (PKC), Ehemalige Synagoge Freudental, Strombergstr. 19, 74392 Freudental, Tel.: 0 71 43/2 41 51.

Quellen/Literatur:
Nebel, Theodor, Die Geschichte der Freudentaler Juden. Im Auftrag des Förder- und Trägervereins Ehemalige Synagoge Freudental, Ludwigsburg 1985; Joachim Hahn, Synagogen in Baden-Württemberg, Stuttgart 1987, S. 72–74; Drews-Bernstein, Charlotte, Die Synagoge in Freudental. Bericht über ein jüdisches Schutzdorf in Schwaben. Radiofeature in WDR III 12. 3. 1992 und SFB 12. 1. 1992.

Fridingen siehe Tuttlingen

Friedrichshafen

Im westlichen Teil des *städtischen Hauptfriedhofs* liegt ein 38 mal 50 Meter großes Gräberfeld, der sogenannte Russenfriedhof. Auf einem roten *Sandsteinquader* steht in russischer Sprache die Inschrift:

Hier sind 450 Bürger der Sowjetunion begraben,
die in faschistischer Gefangenschaft umgekommen sind.
Ewige Ehre den Freiheitskämpfern.
14. März 1950

Auf dem Gräberfeld liegen Keramiktafeln mit den Nummern 1001 bis 1450, für die die Listen der Friedhofsverwaltung jeweils die Namen und Daten angeben: von Nr. 1001, Natalia Aleksewa, mit 25 Jahren am 27. Juni 1943 in Friedrichshafen gestorben, bis Nr. 1450, Nikolai Glinsky, mit 26 Jahren in Tuttlingen gestorben. Die während des Krieges verschleppten Zwangsarbeiter (»Ostarbeiter« und Kriegsgefangene), die in Friedrichshafen (116 Tote) und in der Umgebung umgekommen sind, liegen hier bestattet.

In Friedrichshafen bestand im Zusammenhang mit den Flugzeug- und Luftschiffwerken Dornier, Zeppelin u.a. bis Mai des Jahres 1944 ein Konzentrationslager mit etwa 400 Häftlingen, als Außenkommando von Dachau. Im Zusammenhang mit der Massenproduktion von V2-Raketen im Laufe des Krieges kam 1943 ein zweites größeres Lager dazu, das »Zivilarbeiterlager« Raderach. Darüber hinaus lassen sich mindestens fünf weitere Lager in und um Friedrichshafen lokalisieren, die alle Arbeitssklaven für die Rüstungsindustrie bereitstellen mußten. Nach heftigen Bombardierungen durch die Alliierten wurden schließlich am 26. September 1944 rund 800 Häftlinge aus Friedrichshafen in das unterirdische Konzentrationslager Dora-Mittelbau (Thüringen) gebracht.

Nachdem wissenschaftliche Beiträge zur Geschichte der Arbeitslager und Zwangsarbeiter in Friedrichshafen publiziert wurden, gibt es Initiativen, anläßlich des 50. Jahrestages der Bombardierungen im Jahre 1994 auch an diese Opfer des Nationalsozialismus zu erinnern und insbesondere bei einem geplanten städtischen »Geschichtspfad« Orte des ehemaligen Konzentrationslagers bzw. der Zwangsarbeiterunterkünfte einzubeziehen.

Quellen/Literatur:
Burger, Oswald, Zeppelin und die Rüstungsindustrie am Bodensee, in: »1999«. Zeitschrift für Sozialgeschichte des 20. und 21. Jahrhunderts, Heft 1/87, S. 8–49 und Heft 2/87, S. 52–87. S. auch unter Literatur in Überlingen den Bericht von Adam Puntschart, der u.a. in Friedrichshafen arbeiten mußte.

Gäufelden

Zwischen *Tailfingen* (Gemeinde Gäufelden) und *Hailfingen* (Gemeinde Rottenburg) bestand von 1937 bis 1945 ein Nachtjägerflugplatz, für dessen Erweiterung und Instandsetzung ab 1941 zunächst sowjetische Kriegsgefangene und dann griechische Zwangsarbeiter beschäftigt wurden. Im Herbst 1944 wurde ein Außenkommando des Konzentrationslagers Natzweiler/Elsaß eingerichtet. 600 vor allem jüdische KZ-Häftlinge mußten hier unter erbärmlichen Bedingungen, verschärft durch die Luftangriffe, arbeiten. Die Gebäude des Lagers am Flugplatz wurden zwar nach dem Krieg abgeräumt, aber das Gelände der früheren Start- und Landebahn ist deutlich zu erkennen, da es nicht rekultiviert wurde. Mehr als die Hälfte der Häftlinge (etwa 390) starb an Krankheiten, Unterernährung, an Seuchen und der elenden Unterbringung. Teilweise wurden die Toten ins Reutlinger Krematorium gebracht, teilweise auf dem Flughafengelände in einem Massengrab verscharrt. Im Juni 1945 wurden die Leichen exhumiert und auf dem *evangelischen Friedhof* in *Tailfingen* beigesetzt. Ein *Holzkreuz* aus dieser Zeit trägt die Inschrift:

Hier ruhen 72 unbekannte KZ-Häftlinge.

Die Umbettung geschah auf Anordnung der französischen Militärbehörden durch die Einwohner der benachbarten Ortschaften. Dabei kam es zu Mißhandlungen durch französische Soldaten, an deren Folgen zwei Männer aus Bondorf starben. Ein Lied, das bei der Hopfenernte in der Gegend bis heute gesungen wird und damit mündlich diese Episode tradiert, stellt auch eine Form von Erinnerungsarbeit an diese schmerzhafte Geschichte dar.

Lied aus Hailfingen
(Melodie: Ich liebte einst ein Mädchen, wie jeder Bursch es tat..)

Es war am 2. Juli/ein heißer Sommertag,/
wir standen auf dem Flugplatz/bei einem Judengrab.
Und als wir da so standen,/erwachten Reu und Leid,/
bekamen wir noch Schläge/mit einer langen Peitsch.
Ach Gott, wo sind die Juden,/die Juden sind ja tot,/
man hat sie ja erschossen,/ihr Blut floß rosenrot.

Zu einer anderen Form der historischen Erinnerung kam es erst Mitte der 80er Jahre, als eine Initiative *am Ende der Rollbahn,* am Ort der ehemaligen Massengräber, eine *Informationstafel* aufstellte, deren Text und Skizze über die Geschichte des KZ-Außenkommandos Hailfingen/Tailfingen informiert. Außerdem fühlte sich die Gemeinde Rottenburg durch die öffentlichen Debatten gedrängt, im Jahre 1986 auf dem *Tailfinger Friedhof* einen *Gedenkstein* zu enthüllen.

Auf demselben Friedhof befindet sich neben dem *Gedenkkreuz* auch das *Einzelgrab* eines ehemaligen jüdischen Häftlings, dessen Angehörige nach dem Krieg einen Grabstein mit folgender Inschrift errichteten:

Zum ewigen Gedenken
In diesem Grab der Brüder
schläft seinen ewigen Schlaf
unser werter und geliebter Vater
Rabbi Izchak, Sohn des Jakob Klein,
sein Andenken zum Segen,
17. 3. 1895 – 9. 1. 1945
Der getötet wurde am 25. Tewet 5705,
bei der europäischen Judenvernichtung.
Und er konnte nicht seine 3 Söhne sehen
unter den Verwandten im neuen Land Israel.
Seine Seele sei aufbewahrt im Bund des Lebens.

Kontakt:
Förderverein für die Errichtung eines Mahnmals für die Opfer des KZ-Außenlagers Hailfingen/Tailfingen.

Quellen/Literatur:
Internationaler Suchdienst (Hrsg.), Haftstätten-Verzeichnis, Arolsen 1979, S. 203; Schlör, Joachim, Dörfliche Trauerarbeit, in: Geschichtswerkstatt, Heft 16 (1988), S. 37–41; Walther-Becker, Monika, Das Außenlager Hailfingen, in: Vorländer, Herwart (Hrsg.), Nationalsozialistische Konzentrationslager im Dienst der totalen Kriegsführung, Stuttgart 1978, S. 149–174.

Gaggenau

In *Rotenfels,* ein nach Gaggenau eingemeindetes Kurbad, erinnert eine *Gedenktafel* an ein früheres Konzentrationslager. Im südlichen Bereich des Kurparks wurde am 30. März 1985 im Beisein ehemaliger französischer Häftlinge eine *Tafel* angebracht, die sich in ungewöhnlicher Weise von anderen Gedenktafeln unterscheidet. Aus zerbrochenen Einzelteilen zusammengesetzt, ist gleichwohl deutlich der Text zu lesen:

Hier liessen Menschen ihr Leben
Die Nationalsozialisten verlegten das
Konzentrationslager Schirmeck-La Broque
im September 1944 an diesen Ort.
In 6 Häftlingsbaracken waren bis zu
1600 Frauen und Männer eingesperrt.
Den Opfern der Gewalt.

An dieser Stelle im heutigen Kurpark befinden sich die vormaligen Militär- und späteren Häftlingsbaracken. Reste der Fundamente sind noch um das Freiluftschachspiel im Park und in der Anordnung der Sitzbänke zu erkennen. Das Lager, das von September 1944 bis April 1945 bestand, war ein Außenlager des »Sicherungslagers« Schirmeck-Vorbruck im Elsaß, Frankreich. Die Häftlinge waren bei den Daimler-Benz-Werken zu Aufräumungs-, Wald-, Forst- und landwirtschaftlichen Arbeiten sowie in gewerblichen Betrieben eingesetzt. Sie waren in den Baracken in Rotenfels untergebracht. Nachdem das Gaggenauer Daimler-Benz-Werk im Oktober 1944 zerstört worden war, wurde der Großteil der Häftlinge in einen Stollen bei Haslach gebracht und mußte dort unter unsäglichen Bedingungen weiterarbeiten. Von den ungefähr 1 500 Häftlingen des Lagers sind etwa 500 ums Leben gekommen.

Am *Waldfriedhof* in Gaggenau erinnert eine *Gedenkstätte* an ehemalige Häftlinge, die im Erlichwald erschossen worden sind. Die 27 Toten waren zunächst neben der Friedhofskapelle bestattet, wurden aber später in ihre Heimatländer überführt. Ein Kreuz trägt die Inschrift:

Den ehem. Lagerinsassen 1944.

Quellen/Literatur:
Böhm, Udo u.a., Sicherungslager Rotenfels, Ludwigsburg 1989; Die Lehrer Michael Weingardt und Helmut Böttcher (Heidelberger Str. 14, 76571 Gaggenau-Oberweier) haben eine »Historische Wanderung auf den Spuren der NS-Geschichte« in Gaggenau ausgearbeitet; Ton-Diareihe »KZ Rotenfels« bei der Kreisbildstelle Rastatt; Studienkreis Deutscher Widerstand (s. Literatur Baden-Württemberg).

Gailingen am Hochrhein

Ein *Gedenkstein* auf dem *jüdischen Friedhof*, unterhalb des Bürgli-Schlosses (Genterweg), trägt die Inschrift:

Zum ewigen Gedenken an die Gailinger Juden,
welche am 22. Oktober 1940 deportiert und
in den Konzentrationslagern ums Leben
gebracht wurden.
Errichtet 19. 9. 1948

Die Synagoge wurde am 10. November 1938 gesprengt und auf Kosten der Jüdischen Gemeinde abgetragen. An ihrem ehemaligen Standort, der Name *»Synagogenplatz«* wurde beibehalten, legte man 1976 eine kleinen Park an mit *Gedenkstein* und *Gedenktafel,* die die Inschrift trägt (Bibelzitat in hebräischer und in deutscher Sprache):

Wahrlich, der Ewige ist an dieser Stätte,
und ich wußte es nicht. (Gen. 28, 16)
Eingeweiht am 6. September 1836, zerstört am
10. November 1938.
Zum Gedächtnis errichtet von der Jüdischen
Gemeinde Gailingen, den 25. Juni 1967.

Daneben liegt eine Platte mit der Inschrift:

Hier stand die große Synagoge der alten
ehrwürdigen Jüdischen Gemeinde Gailingen.

Die Gemeinde Gailingen war früher einer der Orte in Baden-Württemberg mit dem größten Anteil jüdischer Bürger. Im 19. Jahrhundert gab es nicht mehr Katholiken als Juden in Gailingen, und für lange Jahre stellten sie auch den Bürgermeister. Bis heute zeugt die Architektur vieler Gebäude, vormals Wohn- und Geschäftshäuser jüdischer Familien, vom eher städtischen als dörflichen Charakter des Ortes. Es gab ein eigenes jüdisches Krankenhaus, eine Schule und das jüdische Altersheim mit Namen »Friedrichsheim« in der Gottmadinger Straße 1, heute die Altenpension des Landkreises Konstanz »Hochrhein«. Im Oktober 1940 wurden von hier selbst die ältesten Bewohner nach Gurs/Frankreich deportiert. Sie sind später meistens in den Vernichtungslagern des Ostens ums Leben gekommen. (s. auch Mannheim)

Literatur:
Girres, Detlef, Auf den Spuren des jüdischen Gailingen, in: Frei, Alfred G. und Runge, Jens (Hrsg.), Erinnern – Bedenken – Lernen. Das Schicksal von Juden, Zwangsarbeitern und Kriegsgefangenen zwischen Hochrhein und Bodensee in den Jahren 1933–1945, Sigmaringen 1990; Friedrich, Eckhardt/Schmieder-Friedrich, Dagmar (Hrsg.), Die Gailinger Juden. Materialien zur Geschichte der Jüdischen Gemeinde Gailingen aus ihrer Blütezeit und den Jahren der gewaltsamen Auflösung, Konstanz 1981.

Gammertingen

Bei der *Klosterkirche* in *Mariaberg*, in der Anlage der Mariaberger Heime, befindet sich seit dem 27. September 1990 eine *Gedenkstätte*, die an die Krankenmorde im Zuge der sogenannten »Euthanasie«-Aktion erinnert. Der Ulmer Bildhauer Harald Walter gestaltete fünf stelenartige Steine, die leicht zur einen Seite geneigt jeweils kürzer werden und in einem symbolischen Wall aus Lavakies stehen, der letzte scheint darin zu versinken. Davor liegen drei Texttafeln mit der Inschrift:

> Wenn die Menschen schweigen,
> so werden die Steine schreien.
> Luk. 19,40
> Im Jahre 1940 wurden durch staatliche
> Zwangsmaßnahmen
> 61 Menschen mit geistigen Behinderungen
> von Mariaberg
> nach Grafeneck verlegt und dort ermordet.
> [Es folgen 61 Namen und Geburtsdaten]
> Ihr Tod verpflichtet uns, allem Denken
> und Tun zu widerstehen, das menschliches
> Leben in lebenswert und
> lebensunwert einteilen will.
> Und vergib uns unsere Schuld.
> Matth. 6,23

Im Konventsgebäude des ehemaligen Benediktinerinnenklosters Mariaberg gibt es seit dem Herbst 1990 eine *Dauerausstellung* zum Thema »Die Ermordung von Menschen mit geistigen Behinderungen aus Mariaberg im Jahre 1940«. (Zu den Krankenmorden s. auch Gomadingen-Grafeneck)

Quelle:
Mariaberger Heime, Berichte aus unserer Arbeit 1990 (143. Jahresbericht), November 1990.

Geislingen a. d. Steige

Von Juli 1944 bis April 1945 wurde auf Veranlassung der Firma »Württembergische Metallwaren Fabrik« (WMF) in Geislingen an der Steige ein Außenlager des Konzentrationslagers Natzweiler/Elsaß eingerichtet. Die fast 1000 Häftlinge waren überwiegend ungarische Jüdinnen, die bei der Selektion in Auschwitz als »arbeitsfähig« eingestuft worden waren. Mindestens 12 der Häftlinge überlebten nicht die elenden Lebens- und Arbeitsbedingungen. Sie wurden – wie es ein genereller Erlaß des SS-Wirtschaftsverwaltungshauptamtes vorschrieb – vor der Friedhofsmauer beerdigt: »...wenn möglich auf einer abgelegenen Stelle, z.B. dort, wo man die russischen Kriegsgefangenen oder die Selbstmörder begräbt. Die Leichen sind so zu bekleiden, daß man sie nicht als Häftlinge erkennen kann. Die Beerdigung ist von den Gefangenen selbst vorzunehmen.« 1946 wurden die Toten auf den jüdischen Friedhof Göppingen (s. dort) umgebettet.
Das Lager wurde im April 1945 auf Veranlassung der WMF »evakuiert«, die Häftlinge in der Nähe von Allach/Allgäu von den Alliierten befreit. In Geislingen erinnern noch eine in der *Karl-Benz-Straße 13* erhaltene *Baracke* und seit 1984 *Gedenksteine* im *Stadtpark* gegenüber Tor 1 der WMF an das Außenlager sowie *Gedenksteine* auf dem *Friedhof Heiligenäcker*. Eine Platte trägt die Inschrift:

> ... es schwinden/es fallen/die leidenden menschen/
> gedenke der frauen/des kz-außenlagers/geislingen/
> 26. juli 1944 – 10. april 1945/
> allen opfern der gewalt/
> willkür und wahn/nahmen ihnen/
> würde und leben...

Literatur:
Schäfer, Annette, Das Außenlager des KZ Natzweiler in Geislingen/Steige, in: »1999«, Heft 3/1990, S. 98–109; Wagner, Richard, Das KZ-Lager Geislingen, in: Geschichte regional, Göppingen 1982.

Gengenbach

Am Städtischen Verkehrsamt am *Marktplatz* in Gengenbach erinnert eine *Tafel* daran, daß in diesem Gebäude bis 1934 die Jüdische Gemeinde ihre Gottesdienste abhielt. Die Geschichte der Judenverfolgung im sogenannten Dritten Reich hält auch das Hermann-Maas-Gemeindezentrum wach. Der Namensträger Hermann Maas und spätere Heidelberger Prälat, der vielen Juden half, ist in Gengenbach geboren. (s. auch Heidelberg)

Gernsbach

In der *Austraße 3* in Gernsbach erinnert eine *Gedenktafel* daran, daß auf dem Grundstück gegenüber früher die Synagoge stand, die die Nazis in der Reichspogromnacht 1938 zerstörten. Mindestens elf Gernsheimer jüdische Bürger kamen im »Dritten Reich« ums Leben.

Göppingen

In einer kleinen Parkanlage in der *Freihofstraße* in Göppingen erinnert eine *Tafel*, daß an dieser Stelle bis zu ihrer Zerstörung im Jahre 1938 die Synagoge stand.

Auf dem *jüdischen Friedhof* Göppingen, innerhalb des städtischen Friedhofs Hohenstaufenstraße, ist auf einem *Gedenkstein* zu lesen:

> Wir gedenken aller Brüder und Schwestern
> der Gemeinde, die in den Jahren
> 1933–1945 ihr Leben lassen mußten
> und in fremder Erde ruhen.

Und darüber in Hebräisch der Text:

> Zum Andenken an alle unsere Brüder und Schwestern,
> Kinder der Gemeinde Göppingen,
> die in den Krallen der wilden Bestie umkamen.

Bestattet sind hier neben ehemaligen KZ-Häftlingen aus dem Lager Heidenheim ungarische und rumänische Jüdinnen, die als Zwangsarbeiterinnen bei der Württembergischen Metallwaren Fabrik in Geislingen/Steige (s. dort) eingesetzt waren, dort ums Leben kamen und 1945 hierher umgebettet wurden. Von den meisten sind die Namen und Sterbedaten nicht bekannt.

Die ehemalige *evangelische Kirche* im Stadtteil *Jebenhausen*, die einige Gegenstände aus der früheren Jebenhausener Synagoge enthält, wurde am 15. Juni 1992 als *Gedenkstätte* und Museum für die Geschichte der Juden in Jebenhausen und Göppingen eröffnet.

Literatur:

Bamberger, Naftali Bar-Giora, Die jüdischen Friedhöfe Jebenhausen und Göppingen, Stadtarchiv Göppingen, 1990; Kauß, Dieter, Juden in Jebenhausen und Göppingen 1777–1945, Göppingen 1981; Klotz, Ulrich, Reichskristallnacht in Göppingen, Berufspädagogische Hochschule Stuttgart 1980; Tänzer, Aron, Die Geschichte der Juden in Jebenhausen und Göppingen, neu hrsg. von Karl-Heinz Rueß, Weißenhorn 1988.

Film:

Südwestfunk 7. 9. 1992: Dokumentarfilm des Regisseurs Emanuel Rund über das Schicksal der Göppinger Juden: »Alle Juden raus«.

Gomadingen

Vor dem *Friedhof* des Samariterstiftes *Grafeneck* (in der Nähe von Dapfen, einem Ortsteil von Gomadingen) erinnert seit November 1990 eine *Gedenkstätte* an die hier begangenen »Euthanasie«-Verbrechen der Nationalsozialisten. Die von fünf Stahlstützen gehaltene Dachkonstruktion einer offenen Kapelle erinnert an das fünfte Gebot (»Du sollst nicht töten«), ein Riß in der Rückwand symbolisiert den Schmerz der Opfer. Jeder, der den Gedenkstättenbereich besucht, überschreitet eine Granitschwelle, in der die Namen der 37 Heimatorte eingemeißelt sind, aus denen Menschen nach Grafeneck transportiert wurden. Eine Bronzetafel vor dem Friedhof informiert über die Geschichte des Stifts mit folgendem Text:

> Grafeneck ist seit 1929 ein Behindertenheim der
> Samariterstiftung. Dieser Friedhof wurde 1930
> für das Heim angelegt.
>
> 1939 beschlagnahmten die Nationalsozialisten
> die Einrichtung. Die Bewohner mußten Grafeneck
> verlassen, sie fanden zunächst Aufnahme im
> Kloster Reute bei Bad Waldsee.
>
> In der Nähe des landwirtschaftlichen Gebäudes
> wurde dann eine Tötungsanstalt zur Durchführung
> von Hitlers »Euthanasie«-Programm eingerichtet.
> Mehr als 10 500 Menschen sind hier von Januar
> bis Dezember 1940 vergast worden. Die meisten
> der behinderten Frauen, Männer und Kinder kamen
> aus badischen, bayrischen und württembergischen
> Heimen und Anstalten. In den beiden großen Gräbern
> befinden sich 250 Urnen mit Asche von Ermordeten.
>
> 1941 wurde das Schloß für die Kinderland-
> verschickung erneut beschlagnahmt.
> Nach Kriegsende war es ein Erholungsheim
> für französische Kinder.
>
> 1947 wurde Grafeneck an die Samariterstiftung
> zurückgegeben. Seither dient der Friedhof seiner
> ursprünglichen Bestimmung.

Die Geschichte der Krankenmorde beginnt mit einem Schreiben Hitlers vom 1. September 1939, in dem er die Tötung »unheilbarer« Kranker befahl. Die »Vernichtung lebensunwerten Lebens« sah die planmäßige Ermordung von geistig und körperlich Behinderten, Epileptikern und Geisteskranken, Kranken mit »Degenerations- und Entartungserscheinungen oder Minderwertigkeitskomplexen«, »Dauerpatienten« mit mehrjährigem Anstaltsaufenthalt, Patienten »nichtdeutschen oder artverwandten Blutes« und anderer vor. Ein Unternehmen mit der zynischen Tarnbezeichnung »Gemeinnützige Krankentransport-Gesellschaft mbH« (»Gekrat«) organisierte die »Verlegung« der Patienten aus Heimen und Heilanstalten in Einrichtungen, die die Nazis kontrollierten, wie Grafeneck, Hadamar, Hartheim (bei Linz, Österreich), Brandenburg an der Havel, Bernburg/Saale und Sonnenstein bei Pirna (Sachsen). Die zentrale Verwaltung wurde nach ihrem Sitz in der Tiergartenstraße Nr. 4 in Berlin-Charlottenburg inoffiziell »T 4« und die Planung und Durchführung der Morde »Aktion T 4« genannt.

Trotz strenger Geheimhaltungsvorschriften wurde diese planmäßige Vernichtung von Menschenleben bekannt und wohl auch wegen öffentlicher Proteste, insbesondere auch kirchlicher Amtsträger wie zum Beispiel des Bischofs von Münster, Kardinal Clemens August Graf von Galen, des Berliner Dompropstes Bernhard Lichtenberg und des württembergischen Landesbischofs Theophil Wurm, im August 1941 eingestellt. Als erste der Vernichtungsanstalten wurde Grafeneck im Dezember 1940 der Sonderbestimmung enthoben.

Zwei Jahre nach Kriegsende wurde die Anstalt an ihren Träger zurückgegeben, der indes diese Geschichte lange Jahre verdrängte. 1962 wurde der Heimfriedhof als Gedenkstätte mit den zwei Urnengräbern und einem Steinkreuz angelegt, 1965 die berüchtigte Garage, das Dokument der Vernichtung, zur Erweiterung einer Landwirtschaft abgerissen. Erst 1982 brachte man auf einem der Urnengräber eine Grabplatte an mit der Inschrift:

> Ich weiß, der Herr wird des Elenden Sache
> und der Armen Recht ausführen.
> Zum Gedenken an die Opfer der Unmenschlichkeit.
> Grafeneck 1940

Anfang der 80er Jahre bildete sich ein »Arbeitskreis ›Euthanasie‹«, der mit jährlichen Gottesdiensten der Opfer und ihrer Geschichte gedachte und den Ausbau der Gedenkstätte zusammen mit der Samariterstiftung durch ein internationales Baulager vorantrieb. Finanziert wurde die Anlage durch öffentliche und kirchliche Mittel, der Entwurf stammt von dem Nürtinger Architekten Professor Eberhard Weinbrenner, die künstlerische Gestaltung aus der Hand des Bildhauers Rudolf Kurz aus Stimpfach bei

Das Samariterstift Grafeneck:
Diesen abseits in der Stille der Schwäbischen Alb gelegenen Ort wählten die Nationalsozialisten zur Durchführung ihrer »Geheimen Reichssache«, der Tötung »lebensunwerten Lebens«.
Von Januar bis Dezember 1940 wurden hier über 10000 psychisch kranke und behinderte Menschen aus badischen, bayerischen und württembergischen Heil- und Pflegeanstalten durch Gas ermordet.

Gedenktafel der im Jahre 1990 vor dem Friedhof des Stifts Grafeneck errichteten Gedenkstätte. Die Namen der 37 Heimatorte, aus denen die Opfer nach Grafeneck transportiert wurden, sind in eine Granitschwelle eingemeißelt.

Aalen. Für die Zukunft ist der Bau eines Dokumentationsgebäudes geplant.
(Zur »Euthanasie«-Aktion und zu Mahnmalen vgl. Hessen: Hadamar, Eltville u. Idstein; Bayern: Kaufbeuren-Irsee; Niedersachsen: Lüneburg; Nordrhein-Westfalen: Münster)

Verkehrsverbindungen:
Mit dem Auto über Stuttgart nach Münsingen, von dort Landstraße Richtung Reutlingen, Abzweigung Gestüt Marbach/Grafeneck; gleicher Weg mit Bundesbahn und Bahnbus, Haltestelle Bahnbus an der »Herzogsteige« zum Samariterstift.

Kontakt:
Arbeitskreis Gedenkstätte Grafeneck, Samariterstift Grafeneck, 72532 Gomadingen-Marbach, Tel.: 0 73 85/96 60 bzw. 966-105. Ansprechpartner: Dietrich Sachs, Uwe Breuninger, Alfred Weber.
Der Arbeitskreis veranstaltet in Grafeneck Kurzseminare für Besucher und hat eine ständige Ausstellung organisiert. Ausstellung und Katalog »Gedenkstätte Grafeneck – Das Gedenken braucht einen Ort« (1990).

Quellen/Literatur:
Dapp, Hans Ulrich, Emma Z. Ein Opfer der »Euthanasie«, Stuttgart 1990; Eichmann, Bernd, Grafeneck: Gnadentod in der Garage, in: Ders., Versteinert, verharmlost, vergessen – KZ-Gedenkstätten in der Bundesrepublik Deutschland, Frankfurt a.M., 2. Auflage 1986, S.157–166, S.219; Hase, Hans-Chr. (Hrsg.), Evangelische Dokumente zur Ermordung der »unheilbaren Kranken« unter der nationalsozialistischen Herrschaft in den Jahren 1939–1945, (im Auftrag der Inneren Mission), Stuttgart 1964; Klee, Ernst, »Euthanasie« im NS-Staat – Die

Gedenkstätte Grafeneck: Der Riß in der Mauer der Gedenkanlage steht als Symbol für den Schmerz der Opfer.

Gedenkanlage Grafeneck, errichtet im Jahre 1990 als offene Kapelle. Das Dach wird von fünf Stahlstützen getragen, Symbol für das fünfte Gebot »Du sollst nicht töten«.

»Vernichtung lebensunwerten Lebens«, Frankfurt a.M. (Taschenbuch) 1985; Ders. (Hrsg.), Dokumente zur »Euthanasie«, Frankfurt a.M. (Taschenbuch) 1985; Ders., Was sie taten, was sie wurden. Ärzte, Juristen und andere Beteiligte am Kranken- oder Judenmord, Frankfurt a.M. (Taschenbuch), 1988; Mitscherlich, Alexander/Mielke, Fred (Hrsg.), Medizin ohne Menschlichkeit. Dokumente des Nürnberger Ärzteprozesses, Frankfurt a.M. 1960; Morlok, Karl, Wo bringt ihr uns hin? Geheime Reichssache Grafeneck, Stuttgart 1985.

Gotteszell siehe Schwäbisch Gmünd

Gottmadingen

In einer Grünanlage des Ortsteils *Randegg, Otto-Dix-Straße*, befindet sich ein *Gedenkstein* (Findling) mit einer Bronzetafel, die folgende Inschrift trägt:

> Hier stand die Synagoge der
> Israelitischen Gemeinde Randegg.
> Sie wurde am 10. November 1938
> unter der Herrschaft der Gewalt
> und des Unrechts zerstört.

Literatur:
Moos, Samuel, Die Geschichte der Juden im Hegaudorf Randegg, 1986.

Grafeneck siehe Gomadingen

Großengstingen siehe Engstingen

Großsachsenheim siehe Sachsenheim

Haigerloch

Eine *Gedenktafel* auf dem *jüdischen Friedhof* (unterhalb des Wohnviertels Haag) erinnert an die Opfer der national-sozialistischen Judenverfolgung. Einer hebräischen Inschrift folgt der deutsche Text:

> Zum dauernden Gedenken
> aller in der Nazizeit
> 1933–1945
> hingeopferten Juden aus Haigerloch
> die ihr Leben unschuldig
> lassen mußten.

Das Gebäude *Im Haag 14,* heute ein Lager, bis 1938 Synagoge und nach dem Krieg ein Kino, will eine Initiative aus Haigerlocher Bürgern wieder kenntlich machen, am liebsten auch erwerben und als Gedenkstätte herrichten. Ein *Gedenkstein* mit einer Tafel in der gegenüberliegenden Grünanlage wurde im Jahre 1990 beschlossen.

Hailfingen siehe Gäufelden

Haslach im Kinzigtal

An der *Markthalle* in Haslach erinnert eine *Gedenktafel* an KZ-Opfer der Lager Schirmeck und Natzweiler-Struthof/Elsaß:

> Von September 1944 bis Februar 1945
> befand sich hier ein Außenkommando
> der NS-Konzentrationslager Schirmeck
> und Struthof. Hunderte Häftlinge aus ganz
> Europa litten und starben hier. Dies darf
> niemals mehr geschehen.

Auf dem *Friedhof* befinden sich 75 Gräber und ein *Sammelgrab*. Hier ruhen zahlreiche Opfer des Außenkommandos des Konzentrationslagers Natzweiler, das in Haslach von August 1944 bis April 1945 existierte. Im November 1944 kam ein zweites Außenkommando des KZ Vorbruck-Schirmeck dazu, dessen Häftlinge hauptsächlich französische Widerstandskämpfer waren. Die Gefangenen mußten vor allem in den Stollen der Hartsteinwerke »Vulkan« am Urenkopf arbeiten, in den unterirdische Rüstungsbetriebe verlegt werden sollten. Mindestens 400 kamen bei den schrecklichen Arbeitsbedingungen ums Leben, 75 wurden auf dem Friedhof begraben, die meisten aber unter Geröllschutt in den Stollen verscharrt.
Der Text eines *Gedenksteins* auf dem Friedhof lautet:

75 Söhne vieler Völker Europas
ruhen hier, Opfer der Gewaltherrschaft
in dunkler Zeit. Ihr Tod mahnt
uns alle, das Rechte zu tun, dem
Unrecht zu wehren und die Würde
des Menschen zu achten

Auf einer *Gedenktafel* am Gefallenenehrenmal am Kloster in Haslach sind auch die Namen von drei jüdischen Bürgern des Ortes verzeichnet, die in der Nazizeit ums Leben kamen.

Literatur:
Hildenbrand, Manfred, Der »Vulkan« in Haslach im Kinzigtal – Hartsteinwerke, Konzentrationslager, Munitionslager, Mülldeponie, in: Die Ortenau (Veröffentlichungen des Historischen Vereins für Mittelbaden), 57 (1977), S. 313–336.

Hechingen

Fast genau 30 Jahre nach ihrer Verwüstung konnte am 19. November 1986 nach mehrjährigen Restaurierungsarbeiten die ehemalige Hechinger *Synagoge (Goldschmiedstraße 20/Synagogenstraße)* wiedereröffnet werden. Eine Initiative Hechinger Bürger hatte sich jahrelang um ihre Restauration gekümmert und betreibt heute als »Initiative Hechinger Synagoge e.V.« das Haus als ein Kulturzentrum für Konzerte, Vorträge, Lesungen und als ein *Dokumentationszentrum* zur jüdischen Geschichte Hechingens. 1991 wurde auf der Empore eine ständige Ausstellung zur Geschichte der Gemeinde in fünf Jahrhunderten eröffnet.
In Hechingen sind jüdische und christliche Geschichte eng miteinander verflochten wie in kaum einer anderen Gemeinde im süddeutschen Raum. Weil die Juden im späten Mittelalter nicht wie andernorts vertrieben wurden, haben sie die Stadtgeschichte entscheidend mitgeprägt, machten Hechingen im 19. Jahrhundert zum Zentrum der Textilindustrie und stellten im vergangenen Jahrhundert rund ein Viertel der Gesamtbevölkerung.
In der nationalsozialistischen Verfolgungszeit kamen mindestens 29 Hechinger jüdische Bürger ums Leben. Die Synagoge wurde in der »Reichskristallnacht« im November 1938 demoliert, blieb aber erhalten, da das Gebäude in eine Häuserzeile eingebunden war. Die Restauration hat das ursprüngliche Erscheinungsbild wieder hergestellt, dazu gehört eine prächtige blaue Himmelkuppel mit 12 Sternfeldern für die 12 Stämme Israels.

Auf dem *jüdischen Friedhof* (am sog. Galgenrain zwischen Hechingen und Sickingen) wurde im Jahre 1955 in die Südwand der Friedhofshalle eine *Sandsteinplatte* eingelassen mit folgender Inschrift:

Aus der Jüdischen Gemeinde Hechingen
wurden verschleppt und starben 1941/42
Isidor Bernheim · Liesel Bernheim ·
Klothilde Bernheimer · Blondina Eppstein ·
Edmund Eppstein · Otto Hofheimer ·
Martha Hofheimer · Edith Hofheimer ·
Jettchen Kraus · Rudolf Levi · Karl Levi ·
Alfred Löwenthal · Mina Löwenthal ·
Dr. Moritz Meyer · Pescha Nowenstein ·
Leon Schmalzbach · Mina Schmalzbach ·
Luise Schnurmann ·

Anschrift:
Initiative Hechinger Synagoge e.V., Obertorplatz 8, 72379 Hechingen.

Literatur:
Bumiller, Casimir, Die alte Synagoge in Hechingen, Hechingen 1991; Hahn, Joachim, Synagogen in Baden-Württemberg, Stuttgart 1987, S. 57–77; Werner, Otto, Die Juden in Hechingen während der Zeit des Nationalsozialismus, in: Stadt Hechingen (Hrsg.), 1200 Jahre Hechingen, 1987.

Heidelberg

Auf dem *Heidelberger Bergfriedhof* existiert, in der Nähe des *Eingangs Görresstraße* gelegen, eine *Gedenkstätte* für die Opfer der nationalsozialistischen Justiz. 27 Menschen sind hier bestattet. Ein *Gedenkstein* erinnert an die sterblichen Überreste von mindestens 19 Widerstandskämpfern der sogenannten »Lechleiter-Gruppe«, benannt nach dem früheren Landtagsabgeordneten der KPD, Georg Lechleiter. Die Mitglieder der Gruppe, die vor allem in Mannheim aktiv waren, wurden verhaftet, verurteilt und 1942/43 hingerichtet für die Verbreitung einer illegalen Zeitschrift »Der Vorbote«, darunter auch der Heidelberger *Albert Fritz,* nach dem eine Straße im Stadtteil *Kirchheim* benannt ist, oder das Ehepaar Käthe und Alfred Seitz – an sie erinnert die *Seitz-Straße* in *Neuenheim* –, die zusammen mit ihrem 75jährigen Vater bzw. Schwiegervater Philipp Brunnemer ermordet wurden.

Eine weitere *Gedenkplatte* verweist auf die hier beigesetzten Mitglieder einer französischen Widerstandsgruppe aus dem Elsaß, der sogenannten »Wodli-Gruppe«: Eisenbahner, die Informationen und Verfolgte über die Grenze schmuggelten und Sabotageakte leisteten. Sie wurden am 1. Juni 1943 hingerichtet, ihre Leichen schaffte man – wie auch die Toten der »Lechleiter-Gruppe« – in die Heidelberger Anatomie. Es war gängige Praxis der Nazis, die Universitäten und anatomischen Institute mit den Leichen ihrer Opfer zu »versorgen«. Die Toten wurden im Jahre 1950 zusammen mit weiteren neun unbekannten Toten als Opfer des Nationalsozialismus gemeinsam in dieser Ehrengrabstätte beigesetzt.

Auf der *Grabstätte der Familie Goerdeler* verweisen Gedenksteine auf den ehemaligen Leipziger Oberbürgermeister Carl Goerdeler, den führenden bürgerlichen Kopf des gescheiterten Attentates vom 20. Juli 1944 auf Adolf Hitler, und auf seinen jüngeren Bruder Fritz Goerdeler. Beide wurden nach einem Urteil des sogenannten Volksgerichtshofes in Berlin-Plötzensee hingerichtet.

Oberhalb des Bergfriedhofs liegt auf dem Ameisenbuckel ein *»Ehrenfriedhof«,* der im Jahre 1934 als Heldengedenkstätte für die Toten des 1. Weltkriegs angelegt, aber 1953 erweitert wurde, unter anderem auch durch ein Gemeinschaftsgrab, in dem die Aschenreste unbekannter ehemaliger Häftlinge von KZ-Außenlagern bestattet sind. Eine *Gedenkplatte* informiert:

> Hier ruhen
> in einem gemeinsamen
> Urnengrab 177 polnische,
> sowjetische und
> jugoslawische Tote
> des Kriegsjahres 1945

Auf die jüdischen Bürger Heidelbergs macht eine *Gedenktafel* an der Außenwand des Einsegnungsgebäudes im Eingangsbereich des *jüdischen Friedhofs* aufmerksam, der unmittelbar an den Bergfriedhof anschließt. Der Text aus dem Jahre 1952:

> Zum ewigen Gedenken an unsere Brüder und Schwestern,
> die in den Jahren 1933 – 1945 aus den Landgemeinden/
> und der Stadt Heidelberg deportiert wurden und fern
> der Heimat für ihr Judentum den Märtyrertod
> erlitten haben.

Unterhalb der Wandtafel befindet sich ein altarähnlicher Gedenkstein, welcher früher am Platz der Synagoge in der Heidelberger Altstadt zu finden war, mit dem Text:

> An dieser Stelle stand
> die am 10. November 1938
> von frevelhafter Hand
> zerstörte Heidelberger
> Synagoge.

Am Ort der früheren Synagoge an der *Ecke Große Mantelgasse/Lauerstraße,* heute auch »Alter Synagogenplatz« genannt, gibt es seit 1959 eine zweite *Gedenktafel* mit dem Text:

Heidelberg-Rohrbach, Rathausplatz: Gedenkstein in Form des Davidsterns, traditionelles Symbol des Judentums, errichtet im Jahre 1985 zur Erinnerung an die im November 1938 zerstörte Synagoge. Der Granit stammt aus dem Steinbruch des ehemaligen Konzentrationslagers Flossenbürg in der Oberpfalz.

Auf diesem Platz stand das Gotteshaus der
Jüdischen Gemeinde. Im Morgengrauen des
9. November 1938 wurde es entheiligt und
zerstört.

Der Anteil der Jüdischen Gemeinde an der Gesamtbevölkerung war zwar gering in Heidelberg, sie spielte aber gleichwohl im intellektuellen und wirtschaftlichen Leben der Stadt, vor allem an der Universität, eine wichtige Rolle. Die Zerstörung ihrer Synagoge im Jahre 1938 war der Auftakt für die beginnende Deportation der jüdischen Bürger. Etwa 150 Männer wurden in das Konzentrationslager Dachau verschleppt. Am 22. Oktober 1940 dann wurden in nur wenigen Stunden alle jüdischen Bewohner aus den sogenannten »Reichsgauen« Baden und Saarpfalz, insgesamt 6 500 Menschen, darunter auch 281 Heidelberger, ins unbesetzte Frankreich deportiert und in das Internierungslager Gurs, nahe den Pyrenäen, verbracht. Nur einige wenige konnten mit Visa ins Ausland entkommen oder sich in Frankreich verstecken. Die meisten endeten später in den Vernichtungslagern Auschwitz oder Majdanek, lediglich 18 kehrten nach dem Krieg nach Heidelberg zurück. (s. auch Mannheim)

Einer der nach Gurs verschleppten Bürger war der Heidelberger Rechtsanwalt und Dichter Alfred Mombert, an den seit 1980 eine *Gedenktafel* an dem nach ihm benannten *»Mombertplatz«* im Stadtteil *Emmertsgrund* erinnert. Eine Mombert-Straße gibt es auch in seinem Geburtsort Karlsruhe (s. dort). Er starb 1942 in der Schweiz.

Alfred Mombert
Dichter in Heidelberg
1872–1942

Vieles besaß ich;
Himmel viele.
Vieles verließ ich,
Himmel verdämmert hinter mir.
Blieb mir von allem das All
Und vom All mir blieb: der Gesang.
Der Gesang zeugt Freude.
Wunder zeugt das ruhende Herz.

Der evangelische Pfarrer Hermann Maas, Stadtpfarrer der Heiliggeistkirche, Vertrauensmann der Bekennenden Kirche in Baden, war einer der wenigen Deutschen, die den jüdischen Mitbürgern halfen, zuletzt bei der Flucht ins Ausland. Den Nazis wegen seiner ökumenischen und zionistischen Kontakte verhaßt, wurde er im Jahre 1944 nach Frankreich deportiert, überlebte aber das »Dritte Reich«. An ihn erinnert eine *Gedenktafel* an der Altstadtkirche Heiliggeist sowie seit 1991 das Prälat-Hermann-Maas-Archiv, eine Art Erinnerungsstätte im Pfarrhaus der Gemeinde *(Heiliggeiststraße 17)*, die gleichnamige Brücke und ein Gemeindezentrum in Kirchheim. (s. auch Gengenbach). Prälat Hermann Maas ist Ehrenbürger Heidelbergs.

Im Stadtteil *Rohrbach* wurde im April 1985 auf dem *Rathausplatz* ein hoher *Gedenkstein* in Form eines großen Davidsterns aufgestellt. Die hebräische Inschrift »chai«, zu deutsch »leben«, symbolisiert das an den Juden begangene Verbrechen. In die Basisplatte des Monuments wurde folgende Inschrift eingemeißelt:

Hier stand von 1845 bis 1938 die
Synagoge der Jüdischen Gemeinde Rohrbach.
Sie diente dem Lobe Gottes, bis sie
in der Nacht zum 10. November 1938
von frevelhafter Hand zerstört wurde.

Das Granitmaterial des Steins stammt aus einem Steinbruch in Flossenbürg in der Oberpfalz (s. Bayern), wo von 1938 bis 1945 ein Konzentrationslager eingerichtet war.

Im Stadtteil *Kirchheim* gibt es auf dem *Friedhof* einen *Gedenkstein* (Nähe Friedhofskapelle), der an ausländische Opfer der Nationalsozialisten erinnert. Mindestens 100 Zwangsarbeiter und Kriegsgefangene sind hier beigesetzt, einige werden namentlich genannt:

Hier ruhen in einem gemeinsamen
Urnengrab 34 polnische und 20
sowjetische Tote des Kriegsjahres 1944.

An die frühere Erzieherin Elisabeth von Thadden, die 1927 im Schloß Wieblingen ein evangelisches Erziehungsheim gegründet hatte, erinnert heute die gleichnamige Schule. Als sie während des Krieges über die Vernichtung von Kriegsgefangenenbriefen beim Roten Kreuz redete, wurde sie denunziert, angeklagt und wegen »Hochverrats« am 8. September 1944 in Berlin-Plötzensee hingerichtet. In der *Elisabeth-von-Thadden-Schule-Wieblingen* steht neben der Kapelle ein schlichtes *Sühnekreuz*, und im Garten erinnert ein *Gedenkstein* an die Pädagogin.

Die *»Fehrentzstraße«* im Stadtteil *Bergheim* ist nach dem bekannten Heidelberger Arbeitersportler und Ringer Heinrich Fehrentz benannt. Wegen »Abhörens von Feindsendungen« wurde er denunziert, verhaftet und am 22. Dezember 1943 hingerichtet. Auch er ist in dem städtischen *Ehrengrab* auf dem Bergfriedhof bestattet.

Dokumentations- und Kulturzentrum Deutscher Sinti und Roma

Der »Zentralrat Deutscher Sinti und Roma« hat an seinem Sitz in Heidelberg ein *»Dokumentations- und Kulturzentrum«* eingerichtet, das aus dem im

Jahre 1987 gegründeten Verein »Kulturzentrum Deutscher Sinti und Roma« hervorgegangen ist. Vorbereitet wird eine *ständige Gedenkausstellung* zum Völkermord an den Sinti und Roma (Eröffnung für 1996 vorgesehen). Im Dokumentationsbereich liegt der Schwerpunkt der Arbeit auf der NS-Zeit und der Nachkriegsgeschichte. Die kulturelle Arbeit, der zweite Schwerpunkt des Zentrums neben der Dokumentation, umfaßt unter anderem Literatur und Musik der Sinti und Roma; es geht sowohl um das eigene Selbstverständnis, die Sicherung und den Erhalt sowie die Weitergabe kultureller Traditionen, aber auch um den Dialog mit der Mehrheitsbevölkerung.

Anschrift:
Dokumentations- und Kulturzentrum Deutscher Sinti und Roma, Zwingerstraße 18, 69117 Heidelberg, Tel.: 0 62 21/98 11 02.

Seit dem Jahr 1993 erinnert in der *Pfaffengasse,* dem früheren Wohnort vieler Sinti und Roma, eine *Gedenktafel* an die Deportationen im März 1943.

Quellen/Literatur:
»Frankfurter Rundschau« 22. Oktober 1990: Am Morgen des Laubhüttenfestes, als die Gestapo kam... Vor 50 Jahren wurden die »Reichsgaue« Baden und Saarpfalz »judenfrei« gemacht. Eine Erinnerung in Dokumenten; Hoffmann, Herbert, Im Gleichschritt in die Diktatur? Die nationalsozialistische »Machtergreifung« in Heidelberg und Mannheim 1930–1935, Frankfurt 1984; IG Metall-Verwaltungsstelle Heidelberg (Hrsg.), Das andere Heidelberg. Ein alternativer Stadtführer, Köln 1987; Lühe, Irmgard von der, Elisabeth von Thadden. Ein Schicksal unserer Zeit, Düsseldorf 1966; Schadt, Jörg und Caroli, Michael, Heidelberg unter dem Nationalsozialismus, Heidelberg 1985; Stadt Heidelberg (Hrsg.), »Besinnung auf den gemeinsamen Schmerz und auf ein gemeinsames neues Leben« – Drei Ansprachen zur Enthüllung der Alfred-Mombert-Gedenktafel zur Erinnerung an den 22. Oktober 1940, Heidelberg 1980; Weckbecker, Arno, Die Judenverfolgung in Heidelberg 1933–1945 (Motive – Texte – Materialien Bd. 29), Heidelberg 1985; Ziegler, Jürgen, Mitten unter uns. Natzweiler-Struthof: Spuren eines Konzentrationslagers, Hamburg 1986, S. 235 (Abbildung des Gedenksteins unter dem Bericht eines ehemaligen Häftlings über Verbrennungen von im Lager Neckarelz verstorbenen Häftlingen im Krematorium Heidelberg) u. S. 223f; Studienkreis Deutscher Widerstand (s. Literatur Baden-Württemberg).

Heidenheim an der Brenz

Die *»Georg-Elser-Anlage«* in dem Stadtteil *Schnaitheim* erinnert seit 1971 an den in Hermaringen (s. dort) geborenen Hitler-Attentäter Georg Elser. Ein *Gedenkstein* mit einer Tafel und dem Porträt informiert über die wichtigsten Lebensdaten des Einzelgängers und Arbeiters, der in Heidenheim in einer Munitionsfabrik arbeitete und am 8. November 1939 eine selbstgebastelte Bombe in einer Säule des Bürgerbräukellers in München deponierte, womit er Adolf Hitler bei der jährlichen NSDAP-Gedenkfeier in die Luft sprengen wollte. Es war vergeblich, denn Hitler verließ zu früh das Rednerpult, und Elser wurde später beim Versuch, die Grenze zur Schweiz zu überschreiten, gefaßt und nach fünfjähriger KZ-Haft am 26. April 1945 in Dachau ermordet.

Darüber hinaus existiert seit 1985 eine *Gedenktafel* zwischen dem Busbahnhof und der Rathaustreppe in Heidenheim. Auf einem Felsstück ist eine Metalltafel montiert mit 15 Namen, darunter die neun Heidenheimer Opfer des Holocaust, und dem Text:

> Die Stadt Heidenheim
> gedenkt ihrer Bürger, die unter
> der nationalsozialistischen Gewaltherrschaft
> 1933 – 1945
> ihr Leben lassen mußten.

Wie in allen deutschen Städten und Betrieben nach 1939 mußten auch in Heidenheim Hunderte ausländischer Zwangsarbeiter arbeiten, die in mehreren Lagern untergebracht waren. Darüber hinaus existierte von Oktober 1941 bis November 1942 innerhalb der Polizeikaserne in den Heeräckern, auf dem Gelände des heutigen Albstadions, ein Außenkommando des KZ Dachau. An diese Menschen erinnert ein *Gräberfeld* am Osteingang des *Totenbergfriedhofs* für etwa 50 Tote, vor allem aus Polen und der Sowjetunion. In der Nähe der Totenbergkapelle liegen überdies die Gräber für zehn polnische Kinder, die nach der Befreiung an der Folgen der Entbehrungen verstarben.

Heilbronn, Neckar

Eine *Gedenktafel* in der *Siebeneichgasse 12* in der Neckarstadt Heilbronn erinnert an den seltenen Fall einer geglückten Flucht zweier Häftlinge in den Jahren nationalsozialistischer Verfolgung. Der Text:

> Nahe dieser Mauer des ehemaligen Klara-Klosters
> stand bis 1944 das Oberamtsgefängnis, in dem
> zeitweilig Hitlergegner eingesperrt waren.
> Am 16. 8. 1934 gelang dem Heilbronner Metallarbeiter
> Gottlob Feidengruber (26. 12. 1901 – 26. 1. 1944)
> Ausbruch und Flucht nach Frankreich.

Von dort wirkte er weiter gegen Faschismus
und Krieg. 1944 zum Tode verurteilt,
wurde er in Paris hingerichtet.
Heilbronns Antifaschisten ehrten ihn
im September 1984.

Gottlob Feidengruber stammte aus einer katholischen Arbeiterfamilie, war Kommunist und einer der Protagonisten der Partei in Heilbronn. Die Flucht zusammen mit seinem Genossen Hans Grünberg wurde unterstützt von Freunden und führte über das Saarland und über die Internationalen Brigaden in Spanien in die französische Résistance. Im März 1943 geriet er in die Hände der Gestapo und wurde Anfang 1944 hingerichtet. An ihn erinnert auch eine Gedenktafel in dem südfranzösischen Ort Annonay, wohin sein Leichnam nach der Befreiung überführt wurde.

Am *Heilbronner Rathaus* wurde 1955 von der Gemeinde eine *Tafel* angebracht, an der zu den Jahrestagen der Bombardierungen Heilbronns auch der Verfolgten gedacht wird, »die um ihrer Rasse, ihres Glaubens und ihrer Überzeugung willen ihr Leben verloren«.

In der Nähe des Standortes der früheren großen Synagoge, heute der *»Synagogenweg«*, trägt ein *Gedenkstein* aus dem Jahre 1966 die Inschrift:

Auf der Ostseite der Allee stand die
im Jahre 1877 erbaute Synagoge.
Das Gotteshaus der Jüdischen Gemeinde
unserer Stadt wurde am 10. November 1938
von den nationalsozialistischen Machthabern
in Brand gesteckt.

In den Jahren des Nationalsozialismus wurden 235 jüdische Bewohner Heilbronns umgebracht. Die meisten sind über die Killesberg-Hallen in Stuttgart in Eisenbahnwaggons in die Nähe von Riga deportiert und dort ermordet worden. Ihre Namen und Geburtsjahre sind auf einem hohen steinernen *Mahnmal* des *neuen jüdischen Friedhofs* im Gewann Breitenloch am Wartberg, *Erlenbacher Straße,* genannt. Dazu heißt es auf einer Tafel unter dem Davidstern:

Diese jüdischen Bürger der Stadt Heilbronn
wurden 1933 – 45 durch nationalsozialistischen Terror
in den Tod getrieben,
in Vernichtungslagern getötet
oder sind auf der Flucht umgekommen.

Daneben gibt es auf diesem Friedhof einen Gedenkstein für vier bis sechs unbekannte, im Frühjahr 1943 im Ostteil des Friedhofs bestattete Personen.

Die Geschichte und Verfolgung der jüdischen Bürger Heilbronns ist auch in der *»Siegfried-Gumbel-Straße«* präsent, benannt nach dem Rechtsanwalt und Gemeinderat, 1942 ermordet im Konzentrationslager Dachau.

Auf dem *städtischen Friedhof* befindet sich in der Abteilung 31 ein Gräberfeld, in dem Urnen von Opfern der zynisch »Euthanasie« genannten Mordaktion aus Grafeneck (s. Gomadingen) beigesetzt sind. Eine *Gedenktafel* trägt die Inschrift:

Hier ruhen 41 Euthanasie-Opfer
Ihr Tod ist eine Verpflichtung für uns alle.

Im Norden des Stadtteils *Neckargartach* erinnert an der *Böllinger Straße* ein *KZ-Friedhof* an das hier gelegene Außenkommando des Konzentrationslagers Natzweiler/Elsaß. Das *Denkmal* in der von einer Buchenhecke umsäumten Anlage besteht aus mehreren senkrechten und einer Querplatte mit den Staatswappen und verschiedenen Tafeln, die die 183 Namen der namentlich bekannten verstorbenen Häftlinge tragen, außerdem in deutscher und russischer Sprache die Inschrift:

Sie starben kurz vor ihrer Befreiung.

Am Friedhofseingang informiert eine ausführliche *Hinweistafel* über die Geschichte des Lagers:

KZ-Friedhof Heilbronn-Neckargartach

Im September 1944 wurde an der Böllingerstraße
in Neckargartach ein Konzentrationslager errichtet,
das die offizielle Bezeichnung »SS-Arbeitslager
Steinbock« führte und ein Außenkommando des
Lagers Natzweiler im Elsaß war.
Es war für die Aufnahme von ca. 1100 Häftlingen
angelegt, von denen in den folgenden Monaten
zahlreiche verstorben sind.
246 Tote verschiedener Nationalität haben ihre
letzte Ruhestätte in diesem Friedhof, einem Massen-
grab oberhalb des Lagers, gefunden.
Mit dem Näherrücken der Amerikaner im Frühjahr
1945 wurde das Neckargartacher Lager Ende März
aufgelöst.
Die Häftlinge, die zu dieser Zeit noch am Leben
waren, wurden mit unbekanntem Ziel nach Osten
abtransportiert.
Über ihren Verbleib ist nichts bekannt.
Die Männer waren in Heilbronn zunächst beim Ausbau
des nahen Salzbergwerkes zum Rüstungsbetrieb
eingesetzt, nach dem 4. Dezember 1944, dem Tag
des Hauptluftangriffes auf die Stadt Heilbronn,
zur Trümmerräumung sowie zum Bergen der Toten
und ihrer Beisetzung im Ehrenfriedhof »Köpfer«.
Die Grabstätte steht in der Obhut der Stadt.
Das schlichte Mahnmal ist von Neckargartachern
in selbstloser Gemeinschaftsarbeit errichtet worden.

Literatur:
Angerbauer, Wolfram und Frank, Hans Georg, Jüdische Gemeinden in Kreis und Stadt Heilbronn, 1986; Franke Hans, Geschichte und Schicksal der Juden in Heilbronn. Vom Mittelalter bis zur Zeit der nationalsozialistischen Verfolgungen, (Stadtarchiv Heilbronn), 1963; Risel, Heinz, Das Lager Neckargartach, in: Herwart Vorländer (Hrsg.), Nationalsozialistische Konzentrationslager im Dienst der totalen Kriegsführung, Stuttgart 1978, S. 109–130; Ders., Die Konzentrationslager Neckargartach und Kochendorf, in: Landesgeschichte im Unterricht III (»Lehren und Lernen« 23), Villingen 1982, S. 23–32, 75–88; Ders., KZ in Heilbronn. Das »SS-Arbeitslager Steinbock« in Neckargartach, 1987.

Hemsbach, Bergstraße

Die *ehemalige Synagoge* in der *Mittelgasse 16* wurde renoviert, um sie als *Mahnmal* für die Ortsbewohner und ihre Nachfahren zu erhalten. 1987 feierte die Gemeinde in Anwesenheit jüdischer Emigranten aus Hemsbach ihre Wiedereröffnung. Die Hemsbacher Synagoge wurde als eine der wenigen in Nordbaden in der sogenannten Reichskristallnacht vom 9./10. November 1938 nicht niedergebrannt, weil benachbarte Bürger die SA-Leute von ihrem Vorhaben abbrachten. Heute dient die frühere Synagoge als überkonfessionelle *Begegnungs- und Gedenkstätte.* Eine von Karl Hellriegel erstellte Zeittafel zur Geschichte der Juden in Hemsbach soll demnächst hier angebracht werden.
Die ehemalige Mikwe, ein jüdisches Kultbad, wurde vom Förderverein der Synagoge als kleines *Museum* hergerichtet. Gezeigt werden Dokumente und Gegenstände zur Religion und Geschichte der Hemsbacher Juden. Eine von den Schülern der Hemsbacher Hauptschule gestaltete *Gedenktafel* verzeichnet die Namen der deportierten und ermordeten Juden aus Hemsbach.

Ein kleiner *Platz* in der Hemsbacher Altstadt wurde 1990 nach *Cäsar Oppenheimer* benannt, der wegen seiner jüdischen Abstammung als 91jähriger Mann im Jahr 1940 nach Gurs deportiert wurde und dort an den Folgen des Transportes starb.

Kontakt:
Förderverein Ehemalige Synagoge in Hemsbach e.V., Albrecht Lohrbächer, Nächstenbacher Weg 81, 69469 Weinheim.
Der Verein bietet Material für die Erarbeitung der jüdischen Geschichte an Schulen zu den Themen »Synagoge und Judenfriedhof« und »Judentum – jüdisches Leben und jüdischer Brauch« an. Er vermittelt in begrenztem Umfang auch Begegungen mit Zeitzeugen. Nach Anmeldung sind Führungen durch das Museum möglich.

Quelle/Literatur:
Richter, Margret zusammen mit Schülern der Schillerschule, Spuren – Erinnerungen – Unsere Nachbarn jüdischen Glaubens, Hemsbach (Eigendruck) 1984.

Hermaringen

Im Jahre 1984 beschloß der Stadtrat eine *»Georg-Elser-Straße«* zu benennen, wofür sich eine Bürgerinitiative eingesetzt hatte. Der Schreiner Johann Georg Elser wurde 1903 in Hermaringen geboren. Er war jener Einzelgänger, der in Heidenheim lebte (s. dort) und am 8. November 1939 im Münchener Bürgerbräukeller, wo zur Erinnerung an den Hitler-Putsch-Versuch im Jahre 1923 das jährliche Treffen »alter Kämpfer« der NSDAP stattfand, eine Zeitzünderbombe explodieren ließ. Sie sollte Adolf Hitler töten und den Krieg verhindern. Hitler verließ die Veranstaltung jedoch wenige Minuten vor der Detonation. Acht Menschen wurden bei dem Attentat getötet. Elser wurde an der Schweizer Grenze gefaßt und im Frühjahr 1945 im Konzentrationslager Dachau ermordet.
Das Thema ist vielfältig künstlerisch bearbeitet, auch in einem Spielfilm »Elser« (mit Klaus-Maria Brandauer, 1989) dargestellt oder von dem Schriftsteller Peter Paul Zahl dokumentiert worden. Ein Gedicht von Rolf Hochhuth endet mit der Strophe:

> Den Saal zu früh verlassen – elf Minuten!
> Acht Nazis tot, fünf Dutzend sind verwundet...
> Nach drei Jahrzehnten nennt sein Heimatdorf
> nach Johann Georg Elser eine Straße
> – doch keine deutsche Stadt, nicht eine.
> Dies Volk liebt zwar die Freiheit – doch nicht jene,
> die starben, um es zu befreien.

Quellen/Literatur:
Gruchmann, Lothar (Hrsg.), Autobiographie eines Attentäters. Das Leben des Mannes, der Hitler 1939 im Münchner Bürgerbräukeller umbringen wollte, Stuttgart 1989; Henkel, Peter, »Zuviel Aufwand für Verwaltung und Anlieger. Die mißlungene Ehrung eines Mannes, der Hitler beseitigen wollte«, in: »Frankfurter Rundschau« vom 31. Januar 1983; Hoch, Anton/Gruchmann, Lothar, Georg Elser: Der Attentäter aus dem Volke – Der Anschlag auf Hitler im Bürgerbräu 1939, Frankfurt a.M. (Taschenbuch) 1980; Hochhuth, Rolf, War hier Europa? Reden, Gedichte, Essays, München 1987, S. 38f.; Ortner, Helmut, Der einsame Attentäter. Der Mann, der Hitler töten wollte, Göttingen 1993; Steinbach, Peter, Johann Georg Elser: »...seinem Ziele denkbar nahe gekommen«, in: »Freiheit und Recht« (Hrsg. ZDWW – Zentralverband demokratischer Widerstandskämpfer und Verfolgtenorganisationen e.V.), Jg. 38, Nr. 1, 1992.

Herrlingen siehe Blaustein

Hessental siehe Schwäbisch Hall

Heuberg siehe Stetten

Hockenheim

Am Platz der früheren Synagoge, *Ottostraße/Ecke Rathausstraße,* erinnert eine *Gedenktafel* an ihre Zerstörung in der »Reichskristallnacht« des Jahres 1938. Der Text:

An dieser Stelle stand die Synagoge
der ehemaligen Jüdischen Gemeinde Hockenheim.
Sie wurde in der Zeit der Judenverfolgung
am 10. November 1938 zerstört.

Literatur:
Brauch, Ernst, Das Schicksal der Hockenheimer Juden, in: Hockenheim – Stadt im Auf- und Umbruch, Hockenheim 1965.

Hohenasperg siehe Asperg

Horb am Neckar

In *Mühringen,* Gemeinde Horb, wurde im Januar 1983 am Aufgang zum Rathaus/Grundschule oberhalb der Spielstraße ein *Gedenkstein mit Tafel* zur Erinnerung an die von den Nationalsozialisten verfolgte Jüdische Gemeinde und an die Synagoge enthüllt.

In dem Ort *Rexingen,* Gemeinde Horb, erinnert ein *Gedenkraum in der evangelischen Kirche* daran, daß dieses Gebäude bis zur Zerstörung durch die Nationalsozialisten im Jahre 1938 die Synagoge war, danach als Lager der Waffenfabrik Mauser diente und erst 1952 die heutige Funktion erhielt.

Auf dem *jüdischen Friedhof* im Süden des Ortes Rexingen macht ein *Gedenkstein* aus dem Jahre 1946/47 auf die Opfer der Verfolgungszeit zwischen 1933 und 1945 aufmerksam. Mindestens 70 jüdische Bürger kamen ums Leben. Ein Teil der Gemeinde konnte auswandern und sich 1938 in der israelischen Siedlung Shavej Zion nördlich von Akko neugründen. Dort erinnert seit 1968 eine Gedenkhalle an die von den Nationalsozialisten ermordeten Rexinger Juden.

Ihringen

In der Gemeinde Ihringen am Kaiserstuhl erinnert ein *Gedenkstein* unweit des früheren Standortes an die Synagoge. Genau auf der Fläche des Schulwegs, zwischen Bachenstraße 15 (früher das jüdische Rabbinat) und Bachenstraße 17 (ehemals jüdische Schule und Kultbad) stand bis 1938 das jüdische Gotteshaus.

Ein *jüdischer Friedhof* liegt außerhalb des Ortes und ist wegen der geradlinigen Flurbereinigung der Weinberge deutlich von der Umgebung abgehoben. Im Herbst 1990 gelangte er zu beschämender Berühmtheit, als Mitglieder rechtsradikaler Organisationen in einer nächtlichen Aktion den Friedhof quasi umwalzten, fast 200 Grabsteine zerstörten und die Friedhofsmauer mit antisemitischen Äußerungen beschmierten. Das war einer von 17 Anschlägen gegen jüdische Grabstätten, die es 1990 im Südwesten gab. (s. auch Tübingen)

Ilvesheim

In dem Ort Ilvesheim, nahe bei Mannheim, wurde die *»Hans-Kupka-Siedlung«* zur Erinnerung an den früheren Bewohner Hans Kupka benannt. Dieser gehörte zu der Mannheimer »Lechleiter-Gruppe«, die nach dem Angriff der deutschen Armee im Jahre 1941 auf die Sowjetunion eine illegale Zeitschrift »Der Vorbote« herausgab, für die Kupka als Kurier für die Matrizen und Manuskripte zuständig war. Die Gruppe flog auf, wurde verurteilt, und zusammen mit seinen Freunden wurde Hans Kupka am 15. September 1942 in Stuttgart hingerichtet. (s. Mannheim u. Heidelberg)

Literatur:
Oppenheimer, Max, Der Fall Vorbote, Frankfurt a.M., 2. Aufl. 1979; Studienkreis Deutscher Widerstand (s. Literatur Baden-Württemberg).

Jebenhausen siehe Göppingen

Karlsruhe

Auf dem *Hauptfriedhof* an der Haid-und-Neu-Straße ruhen 289 im Zuge des nationalsozialistischen »Euthanasie«-Programms ermordete Kranke und Behinderte (siehe dazu Gomadingen-Grafeneck). Zu der 1964 fertiggestellten Anlage gehört ein *Mahnmal* des Bildhauers Karl Egler »Tor der Schmerzen« und ein vom selben Künstler gestalteter *Gedenkstein* mit der Inschrift:

Du sollst nicht töten
1933–1945
Hier ruhen 289 Opfer des Unrechts

Außerdem erinnert ein Grabmal (Feld 23) an die sowjetischen und polnischen Opfer der Fliegerangriffe.
Auf demselben Friedhof wurde zwischen Krematorium und Kriegergedenkstätte am 29. März 1984 ein *Ehrengrab* der Stadt Karlsruhe mit der Asche *Ludwig Marums* eingeweiht, die seine Tochter in einer Urne in New York aufbewahrt hatte. Ludwig Marum (1882 – 1934) war Rechtsanwalt und Stadtverordneter der SPD in Karlsruhe, später badischer Justizminister. Als einer der ersten wurde er von den Nationalsozialisten im Mai 1933 in das Konzentrationslager Kislau eingesperrt und dort im März 1934 erhängt aufgefunden. An ihn erinnert auch die *»Ludwig-Marum-Straße«* in Karlsruhe. (S. zum KZ Kislau unter Bad Schönborn und weitere Erinnerungen an Marum in Bruchsal und Pfinztal.)

Eine *Straße* ist nach dem jüdischen Rechtsanwalt und Dichter *Alfred Mombert* benannt, der im Jahre 1872 in Karlsruhe geboren ist und in Heidelberg (s. dort) lebte.

Auf dem an den Hauptfriedhof anschließenden *jüdisch-liberalen Friedhof* existiert eine Grabstätte für 249 russische Kriegsgefangene. Ein *Gedenkkreuz* trägt in kyrillischen Buchstaben seit dem Jahre 1945 die Inschrift:

> Ewiges Gedenken den sowjetischen Bürgern
> den Opfern des deutschen Faschismus.
> Es sollen die Faschisten wissen,
> daß kein Akt ihres Verbrechens ungesühnt
> bleiben wird.
> 1939 – 1945.

An die im November 1938 zerstörte Karlsruher Hauptsynagoge erinnert seit 1963 eine *Gedenktafel* am Haus *Kronenstraße 15.* Die Synagoge wurde 1938 angezündet und auf Kosten der Jüdischen Gemeinde abgetragen, ihre Steine zum Straßenbau in der Friedrichstaler Allee verwendet. Der Gedenktext lautet:

> Hier stand die Synagoge der
> Israelitischen Gemeinde Karlsruhe.
> Sie wurde am 10. November 1938
> unter der Herrschaft der Gewalt
> und des Unrechts zerstört.

Bereits am 22. Oktober 1940 wurden mehr als 900 jüdische Männer, Frauen und Kinder aus Karlsruhe zusammen mit über 6500 Juden aus Baden, der Pfalz und dem Saarland in mehreren Eisenbahntransporten nach Südfrankreich deportiert – auf Weisung Hitlers und durch die »Initiative« von zwei besonders aktiven Gauleitern, um ihre Gaue »judenfrei« melden zu können. Die meisten der Deportierten, häufig Menschen über 50 Jahre, überlebten das nicht. Entweder kamen sie im französischen Internierungslager Gurs am Fuße der Pyrenäen um oder wurden später in das Vernichtungslager Auschwitz verschleppt und dort ermordet. Nur wenige konnten sich in Frankreich verstecken oder ins Ausland entkommen. (Näheres s. Mannheim)

Im Inneren des Gebäudes des *Bundesgerichtshofes, Herrenstraße 45a,* wurde am 31. Januar 1990 ein *Mahnmal* eingeweiht, das der Münchner Künstler Otl Aicher als hochgestreckte dreieckige Säule gestaltete. In die glänzende, goldfarbene Metalloberfläche ist der Bibelspruch eingraviert »Gerechtigkeit erhöht ein Volk«. Darunter der Text, den wortgleich auch das Mahnmal in der Richterakademie in Trier (s. Rheinland-Pfalz) trägt:

> Im Gedenken an die Frauen und Männer
> denen im Namen des deutschen Volkes
> Unrecht geschah. 1933 – 1945

Während dieses Mahnmal in dem nach außen streng abgesicherten Gerichtsgebäude eine pauschale Aussage trifft, hat eine gleichzeitige Ausstellung des Bundesjustizministeriums deutlicher die Hilfe der Justiz für die nationalsozialistische Herrschaft thematisiert. Und sie hat auch darüber informiert, daß kein einziger Richter in Deutschland für ein Terrorurteil zwischen 1933–1945 später verurteilt worden ist. (Ausstellung und Katalog »Im Namen des Deutschen Volkes. Justiz und Nationalsozialismus«, Köln 1989.)

Am 5. Mai 1990 enthüllte die Karlsruher Friedensbewegung im *Gewerbehof, Lidellplatz,* einen von der Gruppe »Reservisten verweigern« konzipierten *Gedenkstein* für den unbekannten Deserteur. In dem 300 Kilogramm schweren Betonquader sind auf der Oberseite Stiefelabdrücke zu erkennen, ein Relief zeigt ein zerbrochenes Gewehr und einen umgestülpten Helm, und eine Tafel trägt die Inschrift:

> Hier lebte ein Mensch,
> der sich weigerte,
> auf seine Mitmenschen zu schießen.
> Kurt Tucholsky,
> Dem Deserteur.

Im Stadtteil *Grötzingen* steht seit 1983 eine *Gedenkstele* in der *Krumme Straße* am Platz der früheren Synagoge und erinnert an ihre Zerstörung im Jahre 1938 und an das Schicksal der Jüdischen Gemeinde. Die Stele wurde gestaltet von Gerhard Karl Huber und trägt den Text:

Hier stand die 1799 erbaute
und 1899 umgebaute Synagoge
der Jüdischen Gemeinde Grötzingen.
Sie wurde am 10. November 1938
unter nationalsozialistischer Gewaltherrschaft
zerstört.

Am Ostermontag des Jahres 1991 wurde gegenüber dem Rathaus, am früheren Haus eines jüdischen Händlers, eine Gedenktafel mit folgendem Text enthüllt:

Das Geheimnis der Versöhnung heißt Erinnerung.
In Grötzingen fanden durch die
nationalsozialistische Gewaltherrschaft
zwischen 1933 und 1945
Mitbürgerinnen und Mitbürger und
Verschleppte aus Polen und Rußland
den Tod.

In der Rheinstrandsiedlung ist die *»August-Dosenbach-Straße«* seit dem Jahre 1946 nach dem gleichnamigen Metallarbeiter und Kommunisten benannt. Er war einer der Grenzgänger, die aus dem nahen Elsaß Schriften gegen den Nationalsozialismus in die Stadt schmuggelten und in der Nacht vom 20. zum 21. Oktober 1933 zwischen Knielingen und Maxau in der Nähe des Bahnwärterhäuschens von Gestapobeamten erschossen wurden. Sonst gibt es an die zahlreichen Opfer und Widerstandskämpfer aus der Arbeiterbewegung wie auch an die Karlsruher Bürgerinnen und Bürger, die sich gegen Krieg und Terror wandten und von denen über 600 zu Haftstrafen verurteilt wurden, keinen Ort der Erinnerung in der Stadt.

Ebenso gibt es bisher keinen Hinweis auf die Deportation der Karlsruher Zigeuner am 16. Mai 1940, von denen viele im »Dörfle« in der Altstadt gewohnt hatten und die sich im Polizeipräsidium am Marktplatz einfinden mußten und über den Hohenasperg (s. Asperg) in die Arbeits- und Konzentrationslager des Ostens verschleppt wurden. Im Jahre 1992 wurde aber in Karlsruhe vorgeschlagen, eine Gedenktafel am Polizeipräsidium anzubringen.

Führung:
Der Stadtjugendausschuß Karlsruhe e.V. (Jugendfreizeit- und Bildungswerk, Kronenplatz 1, 76133 Karlsruhe) veranstaltet Stadtrundfahrten und hat dazu eine Schrift herausgegeben: Nie wieder! Eine alternative Stadtrundfahrt auf den Spuren des Dritten Reiches, Karlsruhe 1984.

Literatur:
Krausnick, Michael, Abfahrt Karlsruhe. 16. 5. 1940 – Die Deportation der Karlsruher Sinti und Roma, 2. Aufl. Karlsruhe 1991; Stadtarchiv Mannheim/Stadtarchiv Karlsruhe (Hrsg.), Ludwig Marum. Briefe aus dem Konzentrationslager Kislau, hrsg. v. Elisabeth Marum-Lunau u. Jörg Schadt, 2. Aufl. Karlsruhe 1988; Werner, Josef, Hakenkreuz und Judenstern. Das Schicksal der Karlsruher Juden im Dritten Reich (Veröff. Stadtarchiv Bd. 9), 1988.

Kehl

Auf dem *Friedhof* des Stadtteils *Bodersweier* wurde 1984 ein *Gedenkstein* errichtet, der an die mindestens 17 jüdischen Opfer der nationalsozialistischen Verfolgungen erinnert.

Kippenheim

Die *Synagoge* in der *Poststraße 17* wurde als besonderes Denkmal des Landes Baden-Württemberg zwischen 1986 und 1989 restauriert und in ihrem ursprünglichen Zustand wiederhergestellt, nachdem sie 30 Jahre lang als Lager der Raiffeisengenossenschaft gedient hatte und dabei erheblich verändert und umgebaut worden war. Im Vorraum wird eine *Gedenkstätte* für die Jüdische Gemeinde eingerichtet.

Literatur:
Hahn, Joachim, Synagogen in Baden-Württemberg, Stuttgart 1987, S. 77–79; Schicksal und Geschichte... (s. Ettenheim).

Kirchardt

Auf dem *jüdischen Friedhof* des Ortsteils *Berwangen* am Fürfelderweg steht ein *Gedenkstein* für die »Opfer der Verfolgung 1933–45«.

Kirchheim unter Teck

Am ehemaligen Pfarrhaus in Kirchheim, *Widerholtplatz 5*, erinnert eine *Gedenktafel* sowie ein Versammlungsraum im Inneren, der den Namen »Otto Mörike« trägt, an den evangelischen Pfarrer Otto Mörike, der zur Bekennenden Kirche zählte und sich öffentlich gegen die Nazis erklärte. Vor dem Pfarrhaus organisierten die Nazis »spontane Kundgebungen empörter Bürger«. Mörike wurde zweimal verprügelt und in »Schutzhaft« genommen und schließlich aus Kirchheim vertrieben. Nach einer längeren Beurlaubung erhielt er in Flacht (Kreis Böblingen) eine neue Stelle, wo er zwischen 1943 und 1945 mehrfach jüdische Flüchtlinge versteckte.

Kirchzarten, Breisgau

Im *Kurhaus* der Gemeinde befindet sich eine *ständige Ausstellung* des verfolgten jüdischen Bildhauers Prof. Richard Engelmann (1865–1966), über den die Nazis 1935 Berufsverbot verhängten. Da der seiner Stellung als Leiter der Bildhauer-Abteilung in der Kunsthochschule Weimar enthobene Richard Engelmann in einer sogenannten privilegierten Mischehe lebte, konnte er 1940 der Deportation aller badischen Juden in das Konzentrationslager Gurs (Südfrankreich) entgehen. Engelmann wohnte seit 1937 in der Lindenaustraße 21 in Kirchzarten.

Literatur:
Arndt, Walter u. a., Richard Engelmann, ein jüdischer Mitbürger in Kirchzarten. 12. Klasse, Kreisgymnasium, Kirchzarten, im Rahmen des »Schülerwettbewerbs Deutsche Geschichte« 1980/81 (Die Verfasser erstellten eine Fallstudie über das Schicksal des jüdischen Künstlers, seiner »arischen« Frau und Tochter. Sie zeichnen auf der Grundlage von Berichten der Tochter und Materialien aus verschiedenen Archiven nach, wie er als Direktor der Kunsthochschule in Weimar entlassen und wie die Familie auch am neuen Wohnort isoliert und diskriminiert wurde.); Landesbildstelle Baden/Landeszentrale für politische Bildung Baden-Württemberg (Hrsg.), Bildhauer Richard Engelmann: Lichtbildreihe (33 Bilder) mit Begleitschrift, Stuttgart 1982.

Kislau siehe Bad Schönborn

Kleinbottwar siehe Steinheim

Kochendorf

siehe Neckarsulm und Bad Friedrichshall

Königheim

Eine *Gedenktafel* am Gebäude der Post, *Münzgasse 2*, erinnert an die Verfolgung der Königheimer Juden in der Zeit des Nationalsozialismus. Ihre Synagoge, die hier stand, wurde 1938 geplündert, und die Kultgegenstände wurden auf dem Sternplatz öffentlich verbrannt.

Königsbach-Stein

Am Ende der Neubausiedlung in der Rhönstraße im Ortsteil Königsbach liegt seit 1850 der *jüdische Friedhof*. Auf ihm befindet sich ein *Gedenkstein* für die Opfer der NS-Verfolgung.

Konstanz

Auf dem *jüdischen Friedhof*, einem Teil des Hauptfriedhofs an der Wollmatinger Straße, befinden sich in einem Birkenrondell zwei *Gedenksteine* mit Inschriften in deutscher und hebräischer Sprache. Die Inschrift auf dem oberen Stein, aus dem Hebräischen übersetzt, lautet:

> Hier stand der große und heilige Bau der
> Synagoge der Israelitischen Gemeinde Konstanz,
> erbaut in den Jahren 1881–1883
> und von den Deutschen zerstört im November 1938.
> Um diese Synagoge, die verwüstet ist,
> leidet unser Herz.

Darunter in deutscher Sprache:

> Dieser Stein stammt aus der Synagoge Konstanz,
> die im November 1938 von den Nationalsozialisten
> in Brand gesteckt worden ist.

Der zweite Stein trägt, aus dem Hebräischen übersetzt, die Inschrift:

> Dieser Gedenkstein ist Zeuge des Brandes, der
> am 1. November 1935 sieben Thorarollen zerstörte,
> und ihrer Beerdigung am Tage des Fastens der
> Gemeinde (17. Dezember 1935).

An dem Geschäftshaus *Sigismundstraße 19*, das am Standort der ehemaligen Synagoge erbaut wurde und in dem sich ein kleiner Synagogenraum befindet, ist eine *Gedenktafel* mit folgendem Text angebracht:

> Hier stand die Synagoge der
> Israelitischen Gemeinde Konstanz.
> Sie wurde am 10. November 1938
> unter der Herrschaft der Gewalt
> und des Unrechts zerstört.

Nach der Zerstörung wurden die Trümmer entfernt. Größere Stücke verblieben bei einem Steinmetz, und aus einem wurde nach 1945 der Taufstein der evangelischen Lutherkirche angefertigt. Die jüdischen Bürger der Stadt wurden zwei Jahre später, am 22. Oktober 1940, vom Konstanzer Bahnhof aus in das südfranzösische Lager Gurs verschleppt, die älteste Jüdin des Transports war 90 Jahre, das jüngste Kind drei Jahre alt. 90 von ihnen fanden bis Kriegsende den Tod in den Gaskammern, starben vor Hunger, an Krankheiten oder vor Verzweiflung. (s. auch Mannheim)

Im *Suso-Gymnasium* (das 1936 auf eigenen Wunsch nach einem NS-Märtyrer in »Schlageter-Gymnasium« umbenannt wurde), Neuhauser Straße, hängt eine *Gedenktafel*, die an den katholischen Priester und Pazifisten Max Metzger erinnert. Er wurde 1944 hingerichtet für seine Versuche, Friedenskontakte nach Schweden zu knüpfen (s. auch unter Bayern: Meitingen). Der Text der Tafel:

Max Metzger
1905 Abiturient dieses Gymnasiums
Doktor d. Theologie
1944 hingerichtet
Opfer der Diktatur
Diener des Friedens.

Kontakt:
Der »Arbeitskreis für Regionalgeschichte Bodensee« veranstaltet einen »Rundgang durch das jüdische Konstanz«, zu dem es folgende reich bebilderte Publikation gibt: Warndorf, Thomas, Das jüdische Konstanz: »Zu erinnern und nicht zu vergessen«. Ein Rundgang, in: Frei, Alfred G. und Runge, Jens (Hrsg.), Erinnern – Bedenken – Lernen (s. Gailingen).

Literatur:
Erich Bloch, Geschichte der Juden von Konstanz im 19. und 20. Jahrhundert, Konstanz 1971; Wiehn, Erhard R., Novemberpogrom 1938. Die »Reichskristallnacht« in der Erinnerung jüdischer Zeitzeugen der Kehilla Kedoscha. Konstanz 50 Jahre danach, Konstanz 1988.

Kornwestheim

Zwei Straßen in Kornwestheim sind benannt nach Widerstandskämpfern der Stadt, die Opfer der Nationalsozialisten wurden. Die *»Ludwig-Herr-Straße«* erinnert an den kommunistischen Gemeinderat, der bereits im Frühjahr 1933 verhaftet, durch mehrere Konzentrationslager verschleppt wurde und in Neuengamme am 24. Januar 1945 den Bedingungen der langen Haft erlag. Ein *Gedenkstein* auf dem Grab von Lina Herr, die zusammen mit ihrem Sohn Fritz ebenfalls zeitweilig eingesperrt war, erinnert ebenfalls an die Familie.
Die *»Fritz-Züfle-Straße«* wurde nach dem Vorsitzenden der Kornwestheimer Ortsgruppe der Eisenbahnergewerkschaft benannt, der zu einem Widerstandskreis von Eisenbahnern gehörte, die vor allem illegales Material nach Deutschland brachten. Fritz Züfle wurde im Sommer 1938 verhaftet und am 17. Dezember von der Gestapo ermordet.

Die Schuhfabrik Salamander stiftete im Jahre 1985 einen *»Max-Levi-Preis«* zur Weiterbildung der Mitarbeiter an ausländischen Schulen, der nach einem ihrer früheren jüdischen Aktionäre benannt ist, welcher im Jahre 1934 unter dem Stichwort »Arisierung« Aktien und Firmenbeteiligung unter Zwang verkaufen und emigrieren mußte. Das Unternehmen Salamander AG profitierte in der Schuh- und Stiefelproduktion von den Rüstungsanstrengungen der Nationalsozialisten und beschäftigte auch eine Reihe ausländischer Zwangsarbeiter. In einem Sammelgrab auf dem Kornwestheimer *Friedhof* sind 25 sowjetische Frauen und Männer und ein polnischer Arbeiter bestattet. Eine *Tafel* trägt die Inschrift:

Zum Gedenken an 26 Opfer
aus Osteuropa 1939 – 1945.

Literatur:
Esters, Helmut und Pelger, Hans, Gewerkschafter im Widerstand. Schriftenreihe des Forschungsinstituts der Friedrich-Ebert-Stiftung, Hannover 1987 (zu F. Züfle).

Kraichtal

In dem Ort *Neuenbürg* der Gemeinde Kraichtal wurden nach der Besetzung durch französische Truppen im Jahre 1945 typhuskranke KZ-Häftlinge aus dem KZ-Außenkommando Vaihingen an der Enz (s. dort) zur Genesung untergebracht. Es waren über 500, von denen sieben noch nach ihrer Befreiung verstarben und auf dem örtlichen *Friedhof* begraben wurden.

Külsheim, Baden

Külsheim ist der Heimatort des Jesuitenpaters *Alois Grimm,* auf den die Nationalsozialisten Gestapospitzel angesetzt hatten, die seine regimefeindlichen Äußerungen notierten. Er wurde am 11. September 1944 hingerichtet. Die Gemeinde Külsheim ehrte ihn anläßlich des 40. Jahrestages seiner Hinrichtung im Jahre 1984, indem eine dortige Schule den Namen *»Alois-Grimm-Schule«* erhielt. An Alois Grimm erinnern außerdem zwei *Gedenktafeln,* eine bei der *Stadtkirche,* die andere an seinem *Elternhaus,* Feuerwehrstraße. Seit 1967 trägt auch diese Straße seinen Namen.

Künzelsau

Auf einer Grünfläche vor dem Kindergarten in der *Konsul-Uebele-Straße 20* erinnert ein *Gedenkstein* an die frühere Synagoge, die sich bis zur Zerstörung durch die Nationalsozialisten im Jahre 1938 nebenan auf dem Gelände der heutigen Tankstelle befand.

Die Stadt Künzelsau erinnert mit diesem Gedenkstein
an das Schicksal ihrer jüdischen Mitbürger.
In dieser Straße stand die Synagoge der
Israelitischen Kultusgemeinde Künzelsau.
Sie wurde 1907 erbaut und am 9. November 1938
bei den nationalsozialistischen Gewalttaten
gegen unsere jüdischen Mitbürger zerstört.

In der Gemeinde Künzelsau wurden schon direkt nach der von den Nationalsozialisten so bezeichneten »Machtergreifung« die jüdischen Mitbürger öffentlich attackiert und mißhandelt, da im März 1933 der berüchtigte SA-Standartenführer Fritz Klein aus Heilbronn im Künzelsauer Rathaus sein Hauptquartier errichtete und von hier aus mit seinem Schlägertrupp die Jagd auf Hitlergegner und Juden zwischen Tauber und Kocher unternahm.

Literatur:
Duerr, Guenther, Das Schicksal der Juden in Stadt und Kreis Künzelsau, in: »Hohenloher Zeitung«, Beilg. Hohenloher Chronik 10, 1963 und 11, 1964; Studienkreis Deutscher Widerstand (s. Literatur Baden-Württemberg).

Ladenburg

In der Neckarstadt Ladenburg macht seit 1976 eine *Gedenktafel* auf die lange Geschichte der Juden aufmerksam. Der Text an dem Haus *Hauptstraße 46* lautet:

> Seit dem Mittelalter gab es in Ladenburg
> eine Jüdische Gemeinde. Ihre im 13. Jahrhundert
> erbaute Synagoge stand auf dem Grundstück
> Metzgergasse 5. Im Jahre 1832 wurde hier
> an dieser Stelle eine neue Synagoge,
> ein jüdisches Ritualbad und eine Judenschule
> eingeweiht und bis zu ihrer Teilzerstörung
> in der Nacht vom 8./9. November 1938 benutzt.
> Die Stadt Ladenburg gedenkt ihrer
> jüdischen Mitbürger.

Laupheim

Ein *Gedenkstein* am evangelisch-freikirchlichen Gotteshaus erinnert daran, daß sich an dieser Stelle *(Bronnerstraße/Synagogenweg)* bis 1938 die Synagoge der Laupheimer Jüdischen Gemeinde befand. In einem Kalkstein zeigt eine Messingtafel das Bild der früheren Synagoge und eine Inschrift, die auch ins Englische und Hebräische übersetzt ist:

> Hier stand die im Jahre 1836 erbaute
> Synagoge der altehrwürdigen Israelitischen
> Gemeinde. Dieses Gotteshaus wurde bei den
> Verfolgungen unserer jüdischen Mitbürger
> am 9. November 1938 zerstört.

Ein großer *jüdischer Friedhof* »Auf dem Judenberg« mit über 1200 Grabstellen verdeutlicht, daß Laupheim einst eine der größten jüdischen Gemeinden Württembergs besaß. Seit Jahren kümmert sich eine örtliche Initiative um den Erhalt der Anlage und konnte sogar mit Hilfe internationaler Spenden eine eigene Friedhofbauhütte einrichten. 1984 wurde auf deren Initiative auch an dem in die Friedhofsmauer integrierten Wärterhaus eine große *bronzene Tafel* angebracht, die an die in der nationalsozialistischen Zeit ermordeten Gemeindemitglieder erinnert und 100 namentlich aufführt:

> Ihr Sterben soll uns allzeit mahnen.
> Die Bürger von Laupheim.

Außerdem gibt es auf der *Rückseite des Gefallenendenkmals* des Ersten Weltkrieges eine ältere Tafel für die Opfer der NS-Herrschaft. Ihr Text lautet:

> Eine früher an dieser Stelle angebrachte Gedenktafel
> wurde in den Jahren 1933/1945 gewaltsam entfernt.
> Diese neue Tafel sei dem Andenken an die jüdischen
> Opfer jener Schreckenszeit gewidmet.
> Friede walte künftig über dieser Stätte
> Gestiftet im Jahre 1955 von früheren Angehörigen
> der Israelitischen Gemeinde Laupheims.

Ein anderes Zeugnis für die reiche Geschichte der Laupheimer Juden ist die *Erinnerungstafel* an der Fernvermittlungsstelle, *Obere Radstraße,* mit dem Text:

> An diesem Ort stand von 1868 bis 1970
> das jüdische Schulhaus.
> Es wurde von der einst blühenden
> Jüdischen Gemeinde
> in Laupheim erstellt und diente als Volksschule
> für deren Kinder bis zur gewaltsamen Auflösung
> dieser Gemeinde.

Eine weitere Erinnerung ist die *Friedrich-Adler-Straße* im Norden der Stadt, benannt nach dem 1878 in Laupheim geborenen und 1942 in Auschwitz ermordeten Künstler und Professor an der Hamburger Kunstgewerbeschule Friedrich Adler. An seinem Geburtshaus in der *Kapellenstraße 44,* heute das »Cafe Hermes«, wurde nach der Restauration eine *Gedenktafel* angebracht und einer der Räume »Friedrich-Adler-Zimmer« genannt.

Gegenstände der früheren Jüdischen Gemeinde und eine *Gedächtniswand* finden sich auch im Heimatmuseum im *Schloß Großlaupheim.*

Literatur:
Bergmann, John H. und Schäll Ernst, Der Gute Ort. Die Geschichte des Laupheimer jüdischen Friedhofs im Wandel der Zeit, in: Ulmer Forum 1983/84, S. 37–47; Ders., Gedenktafel für die Opfer der Judenverfolgung in Laupheim, in: Schwäbische Heimat (1985), S. 78f; Wirth, Günther, Verbotene Kunst 1933–1945. Verfolgte Künstler im deutschen Südwesten, Stuttgart 1987, S. 59ff.

Lautenbach siehe Fichtenau

Lautlingen siehe Albstadt

Leinfelden-Echterdingen

Am Flughafen befand sich von Mitte November 1944 bis Ende Januar 1945 ein Außenlager des Konzentrationslagers Natzweiler/Elsaß. Ein *Mahnmal* auf dem *Echterdinger Friedhof* (Eingang Plieninger Straße) erinnert an die Toten, die bei den katastrophalen Verhältnissen umkamen:

> Für die Toten des Arbeitslagers
> vom KZ-Natzweiler/Elsaß
> auf dem Flughafen
> 1944 - 1945.

Die Häftlinge waren im Steinbruch und auf dem Flugplatz (Bau einer Verbindung zwischen Autobahn und Flugplatz zur Nutzung der Autobahn als Start- und Landebahn) zur Arbeit eingesetzt. »Arbeitgeber« war die Esslinger Bauleitung der Organisation Todt. In dem Echterdinger Lager sollen von den insgesamt etwa 600 Häftlingen über 100 gestorben sein. Die jüdischen Opfer wurden nach Esslingen überführt (s. dort). Von dem Lager in Echterdingen selbst steht noch ein Hangar auf dem Gelände des amerikanischen Flughafens, in dem seinerzeit die Häftlinge untergebracht waren.

Literatur:
Internationaler Suchdienst (Hrsg.), Haftstätten-Verzeichnis, Arolsen 1979, S. 201; Keuerleber-Siegle, Barbara, Das Lager Echterdingen, in: Vorländer, Herwart (Hrsg.), Nationalsozialistische Konzentrationslager im Dienst der totalen Kriegsführung – Sieben württembergische Außenkommandos des Konzentrationslagers Natzweiler/Elsaß, Stuttgart 1978, S. 131–148.

Leonberg, Württemberg

Im Jahre 1944 wurde in der Stadt Leonberg in der *Seestraße 70* ein Außenlager des KZ Natzweiler/Elsaß errichtet. Heute ist auf dem Gelände ein Altersheim, dessen Grundmauern mit denen des Lagers teilweise identisch sind. Die Stärke des SS-Arbeitslagers betrug am 15. Mai 1944, als es zum ersten Mal in den Schutzhaftrapporten des Stammlagers Natzweiler erwähnt wird, 652 Häftlinge. Ihre Zahl nahm jedoch bald beträchtlich zu infolge der »Evakuierung« des Hauptlagers Natzweiler und seiner linksrheinischen Nebenlager. Gegen Kriegsende sollen zwischen 2300 und 3500 größtenteils jüdische Häftlinge in Leonberg gewesen sein, vor allem aus Frankreich, Belgien und den Niederlanden. Die Häftlinge mußten Tragflächen für das strahlengetriebene Jagdflugzeug vom Typ Me 262 der Firma Messerschmitt montieren. Mit den zunehmenden Bombenangriffen der Alliierten war ab 1943 die Produktion aus Augsburg unter dem Namen »Preßwerk Leonberg« in den Leonberger Autobahntunnel verlegt worden. Die beiden heute noch bestehenden Tunnelröhren wurden für den Verkehr gesperrt, Zwischendecken eingezogen, um die Produktionsfläche zu verdoppeln, und die Eingänge bis auf notwendige Öffnungen zugemauert. Ein kleinerer Teil der Häftlinge mußte nach Fliegerangriffen auf Leonberg und die umgebenden Orte Bomben räumen und Blindgänger entschärfen. Einige Häftlinge arbeiteten im Steinbruch und an Baustellen. Durch die Überbelegung des Lagers und die dort herrschenden unhygienischen Verhältnisse und miserablen Lebensbedingungen entwickelte sich Anfang 1945 eine Fleckfieber- und Typhusepidemie. Mindestens 373 Menschen starben und wurden in einem Massengrab auf dem Blosenberg begraben. Etwa Mitte April 1945 erfolgte, teils in Fußmärschen, teils mit der Bahn, die »Evakuierung« des Lagers vor den herannahenden alliierten Truppen nach Kaufering am Lech (s. Bayern) in ein Nebenlager des Konzentrationslagers Dachau.

Auf dem *Blosenberg* nahe der Autobahn erinnern die Inschriften auf *zwei Bodenplatten* neben einem hohen, schlanken *Kreuz* in deutscher und französischer Sprache an die Opfer des Lagers Leonberg, die hier in einem Massengrab beerdigt waren und später auf den städtischen Friedhof umgebettet, teilweise auch in ihre Heimatländer überführt wurden:

> Ach, daß ich Wasser genug hätte in
> meinem Haupte und meine Augen Tränen-
> quellen wären, daß ich Tag und Nacht
> beweinen möchte die Erschlagenen in
> meinem Volk. Jeremia 8,23
>
> In memoriam.
> Hier ruhten die Gebeine
> von 373 Opfern des SS-Arbeitslagers
> Leonberg. Sie wurden inzwischen auf
> dem städtischen Friedhof beigesetzt.

Auf dem *städtischen Friedhof* an der Seestraße zeigt ein *Mahnmal* als Relief über einer sich aufstützenden Person die gestreifte Kleidung eines KZ-Häftlings, darüber ein Schwert und die Christusfigur. Eine zweite Steintafel trägt folgende Inschrift:

> 389 Söhne vieler Völker Europas
> ruhen hier, Opfer der Gewaltherrschaft
> dunkler Zeit. Ihr Tod
> mahnt uns alle, das
> Rechte zu tun, dem
> Unrecht zu wehren und Gott
> in seinen Geschöpfen zu ehren.

Im Jahre 1990 wurde im *Leonberger Stadtpark* ein *Friedensmahnmal* durch den Künstler Hans-Daniel Sailer installiert, das in vielfältigen symbolischen Bezügen und historischen Gegenständen, mit Plastiken und Kunstobjekten auf einem Feld von einem halben Hektar Größe den Opfern der Gewaltherrschaft und den Toten der Weltkriege gewidmet ist. Ein großes Tor und eine Art Kreuzung sind darunter, die in Richtung auf die Autobahntunnel weisen, in denen gegen Kriegsende die KZ-Häftlinge arbeiteten und litten.

Quellen/Literatur:
Bronstein, Ernst Israel, Die lange Nacht – Ein Bericht aus sieben Lagern, Frankfurt a.M. 1967 (u.a. über die Haft im KZ Leonberg); Haus der Begegnung (Hrsg.: Erwachsenenarbeit der Evang. Kirchenbezirke Leonberg/Ditzingen, Eltingerstr. 23), KZ in Leonberg – Eine Stadt will sich erinnern – Dokumentation einer Veranstaltung im April 1979 zur 35. Wiederkehr der Errichtung des Lagers Leonberg, 1980; Internationaler Suchdienst (Hrsg.), Haftstätten-Verzeichnis, Arolsen 1979, S. 205; Karl, Dirk/Schaefer, Markus, Rüstungsproduktion in einer kleinen schwäbischen Kleinstadt während des Zweiten Weltkrieges. Arbeit 11. Klasse, Albert-Schweitzer-Gymnasium, Leonberg, im Rahmen des »Schülerwettbewerbs Deutsche Geschichte« 1982/83; Klingel, Jürgen, Das Lager Leonberg, in: Vorländer (s. Literaturverzeichnis zu Baden-Württemberg), S. 19–70; Pisar, Samuel, Das Blut der Hoffnung, Hamburg 1979 (Pisar berichtet darin u.a. über seine Haft im Lager Leonberg); Zirkelbach, Gerhard, Hier kann Unkraut wachsen und Kunst. Das Friedensmahnmal im Leonberger Stadtpark, in: Publizistik und Kunst, Heft 11 (1990), S. 46f.

Lichtenau, Baden

In der nordbadischen Stadt Lichtenau wurde 1986 ein *Gedenkstein* aufgestellt neben dem Grundstück *Schmiedstraße 2*, der an die ehemalige Synagoge erinnert. Diese blieb 1938 unzerstört, wurde aber später abgetragen, während das danebenliegende jüdische Schulgebäude erhalten blieb und inzwischen zum Kindergarten gehört.

Lörrach

An dem Wohn- und Geschäftshaus in der *Teichstraße 11* hängt eine *Gedenktafel* für die ehemalige Synagoge, die bis zur sogenannten Reichskristallnacht an dieser Stelle bestand und von den Nationalsozialisten zerstört wurde.

Literatur:
Bloch, Alfred, Aus der Vergangenheit der Lörracher Juden, in: Unser Lörrach, 10 (1979), 11 (1980) u. 12 (1981).

Ludwigsburg

Der *Grundriß der ehemaligen Synagoge* ist seit 1988 im Pflaster des Synagogenplatzes (*Ecke Alleen-/Solitudestraße*) nachgebildet, so daß Flächenmaße und Raumaufteilung des jüdischen Gotteshauses wieder sichtbar sind. Eine liegende Tafel informiert mit einem Textrelief über die Platzgeschichte. Ein älterer Gedenkstein aus dem Jahre 1959 am Kopf der Anlage erinnert an die Zerstörung durch die Nationalsozialisten im November 1938:

> Hier stand die im Jahre 1884 erbaute Synagoge.
> Ihre willkürliche Zerstörung am 10. November 1938
> mahne unser Gewissen an die Wahrung von
> Menschlichkeit und Recht.

Auf dem *städtischen Friedhof* in Ludwigsburg wurde unweit der Mauer zum jüdischen Friedhof ein *Denkmal* »Den Opfern der Gewaltherrschaft« aufgestellt.

Zwei Straßen der Stadt erinnern an frühere jüdische Bürger und Opfer des nationalsozialistischen Terrors: die *»Max-Elsas-Straße«* an den Fabrikanten und früheren Stadtrat, der 1942 in Theresienstadt umkam, und die *»Walter-Pintus-Straße«* an den jüdischen Arzt, der 1938 in Dachau ermordet wurde. Zwei weitere Straßen erinnern an frühere Stadträte, die *»Tischendorfstraße«* an den Sozialdemokraten Alfred Tischendorf, der im März 1933 verhaftet und in das KZ auf dem Heuberg (s. Stetten) verschleppt wurde, und die *»Wilhelm-Bader-Straße«* an dessen kommunistischen Kollegen Wilhelm Bader, der mehrfach verhaftet wurde und am 10. März 1945 im Konzentrationslager Dachau ums Leben kam.

Literatur:
Heinrichs, Werner (Hrsg.), Geschichte der Jüdischen Gemeinde in Ludwigsburg, Ludwigsburg 1989; Hirschinger, Frank, Unterdrückung und Verfolgung im Dritten Reich – dargestellt am Beispiel der Ludwigsburger Juden. Arbeit 9. Klasse, Georg-Büchner-Gymnasium, Winnenden, im Rahmen des »Schülerwettbewerbs Deutsche Geschichte« 1980/81; VVN – Bund der Antifaschisten (Hrsg.), Streiflichter aus Verfolgung und Widerstand, Hefte 1 bis 4 (1983 bis 1990) und Sonderheft, Materialien zum 50. Jahrestag der Pogromnacht (1988).

Ludwigsburger Zentralstelle

Die Stadt Ludwigsburg ist der Sitz der im Jahre 1958 eingerichteten *»Zentralen Stelle der Landesjustizverwaltungen zur Aufklärung von nationalsozialistischen Verbrechen«*. Diese im ehemaligen Frauengefängnis an der *Schorndorfer Straße* angesiedelte Behörde hat die Aufgabe, sämtliche Materialien über nationalsozialistische Verbrechen zu sammeln, zu sichten und auszuwerten mit dem Ziel, nach Ort, Zeit und Täterkreis begrenzte Tatkomplexe herauszuarbeiten. Wenn sich die an den

Verbrechen beteiligten Personen finden lassen, schließt die Ludwigsburger Zentralstelle ihre Vorermittlungen ab und übergibt das Material an die jeweils zuständigen Staatsanwaltschaften. Kann ein Beschuldiger nicht ermittelt werden, so werden die Akten dem Bundesgerichtshof zugeleitet, der von sich aus die Zuständigkeit einer Staatsanwaltschaft bestimmt. Insgesamt hat die Zentralstelle über 6000 Verfahren gegen eine Vielzahl von Beschuldigten abgegeben, aus denen rund 17000 Ermittlungsverfahren wurden. Auch wenn die juristische Verfolgung der nationalsozialistischen Verbrechen zu keiner umfassenden Auseinandersetzung mit dem NS-System, geschweige denn zur »Bewältigung« der Vergangenheit führte (bis Dezember 1991 wurden von 103823 Personen, gegen die wegen NS-Verbrechen ermittelt wurde, nur 6487 verurteilt, wobei allerdings zu berücksichtigen ist, daß systematisch gegen alle Angehörigen ganzer Einheiten und Dienststellen ermittelt wurde), so ist die Ludwigsburger Behörde doch zu einer tatsächlich »zentralen Stelle« der Auseinandersetzung geworden. Ein Ergebnis sind die Akten von mindestens 40000 Ermittlungs- und Strafverfahren, die Zeugen- und Beschuldigtenvernehmungen, Urteile und Einstellungsverfügungen. Dazu kommen über 540000 Blatt einschlägige Dokumente zu nationalsozialistischen Verbrechen und weitere ca. 500000 Dokumente, die auf Mikrofilm festgehalten sind. Rund 1,5 Millionen Karteikarten umfaßt der archivalische Schlüssel zu dieser Registratur des Grauens: die Namens- bzw. Personenkartei, die Tatort- und Einsatzort-Kartei und die Kartei der Einheiten und Dienststellen. Dieses Material ist zunehmend neben der strafrechtlichen Verfolgung auch für die historische Forschung relevant und steht zur Auswerung für wissenschaftliche Zwecke zur Verfügung. (s. auch Anhang)

Anschrift:
Zentrale Stelle der Landesjustizverwaltungen, Schorndorfer Straße 58, 71638 Ludwigsburg, Tel.: 07141/18-9.

Literatur:
Dreßen, Willi, Die Zentrale Stelle der Landesjustizverwaltungen zur Aufklärung nationalsozialistischer Verbrechen in Ludwigsburg, in: Dachauer Hefte, Heft 6 (1990), S. 85–93; Rondholz, Eberhard, Die Ludwigsburger Zentrale Stelle zur Aufklärung nationalsozialistischer Verbrechen, in: Kritische Justiz, Heft 2 (1987), 20. Jahrgang, S. 207–213.

Malsch, Kreis Karlsruhe

Am Standort der ehemaligen Synagoge von Malsch, im Landkreis Karlsruhe, *Hauptstraße 26,* befindet sich seit 1985 eine *Gedenktafel.*

Mannheim

Ende 1990 wurde im Keller der *Gustav-Wiederkehr-Schule* in Mannheim-*Sandhofen*, Kriegerstraße 28, eine *Gedenkstätte* eingerichtet, für die sich engagierte Mannheimer zehn Jahre lang eingesetzt hatten. In einer *ständigen Ausstellung* wird an das ehemalige KZ-Außenkommando in diesem Gebäude erinnert, über das System der Zwangsarbeit im Nationalsozialismus und die zahlreichen Zwangsarbeiterlager in Mannheim informiert sowie durch Arbeitsräume und -mittel Schülern und Jugendlichen die Möglichkeiten gegeben, sich mit diesem Kapitel der Stadtgeschichte zu beschäftigen. Am Gebäude ist außen bereits seit 1982 eine *Gedenktafel* angebracht mit folgendem Text:

> Zum Gedenken an die von September 1944
> bis März 1945 in diesem Schulgebäude inhaftierten
> und ums Leben gekommenen Häftlinge des
> Konzentrationslagers Natzweiler-Struthof/Elsaß,
> die als Zwangsarbeiter in Mannheimer Betrieben
> eingesetzt waren.

Das KZ-Außenkommando Sandhofen bestand vom 27. September 1944 bis März 1945 als Außenkommando von Natzweiler und war dazu errichtet, Arbeitskräfte für die Daimler-Benz-Produktion im Werk Mannheim bereitzustellen. Die 1060 Häftlinge waren ausschließlich polnische Männer, die beim Warschauer Aufstand (August bis Oktober 1944) verhaftet worden waren. Über Dachau wurden sie nach Mannheim gebracht und mußten hier kleine Militärlastwagen, genannt »Opel-Blitz«, montieren. Schwere Arbeitsbedingungen, fehlende Hygiene, Hunger und Kälte führten zu hohen Krankenständen. Daher wurden seit Dezember 1944 immer wieder Häftlingsgruppen ausgewählt und in andere Lager gebracht wie in das »Krankenlager« Vaihingen, nach Buchenwald und in das KZ-Unterkommando Unterriexingen, wo zahlreiche Gefangene an den Folgen der Haft starben. Die letzten kamen Ende März 1945 in das Außenkommando Kochendorf und gehörten zur Gruppe des »Hessentaler Todesmarsches«. (s. auch Bad Friedrichshall, Neckarsulm und Schwäbisch Hall)
Neben dem Außenkommando von Natzweiler existierte im Jahre 1944 in Mannheim-Sandhofen auch ein Kommando des SS-Sonderlagers Hinzert (s. Rheinland-Pfalz: Hinzert).

Kontakt:
Verein KZ-Gedenkstätte Sandhofen, c/o Stadtarchiv. Öffnungszeiten: Die Gedenkstätte kann nur nach vorheriger Anmeldung beim Stadtarchiv Mannheim (Tel. 0621/293–3384) oder beim Stadtjugendring (Tel. 0621/34081) besichtigt werden.

Quellen/Literatur:
Dagenbach, Klaus u. Koppenhöfer, Peter, Eine Schule als KZ (Hrsg. vom Stadtarchiv Mannheim – Schule in Mannheim Bd. 3), Mannheim 1990; Koppenhöfer, Peter, »Erste Wahl für Daimler-Benz«. Erinnerungen von KZ-Häftlingen an die Arbeit im Daimler-Werk Mannheim, in: »Mitteilungen« der Dokumentationsstelle zur NS-Sozialpolitik (Vorläufer der Zeitschrift »1999«), Heft 13/14 (Juni 1986), S. 5–30; Ders., »In Buchenwald war die Verpflegung besser«. KZ-Häftlinge bei Daimler-Benz, Mannheim, in: Hamburger Stiftung für Sozialgeschichte (Hrsg.), Das Daimler-Benz-Buch. Ein Rüstungskonzern im »Tausendjährigen Reich«, Nördlingen 1987, S. 514ff; Schneider, Thomas, »Fremdarbeiter« und Kriegsgefangene in Mannheim 1939–45, Heidelberg 1985; Ziegler, Jürgen, Außenkommando Mannheim-Sandhofen, in: Ders., Mitten unter uns. Natzweiler-Struthof: Spuren eines Konzentrationslagers, Hamburg 1986, S. 160–182.

Bereits 1945 wurde im Zuge der Entnazifizierung des Straßenbildes der »Platz des 30. Januar« in der Schwetzingerstadt umbenannt in *»Georg-Lechleiter-Platz«*. Georg Lechleiter war in der Weimarer Zeit kommunistischer Landtagsabgeordneter und Stadtrat in Mannheim gewesen. Obwohl seine Partei zerschlagen und verfolgt war, versuchte er nach dem Überfall auf die Sowjetunion im Jahre 1941 zusammen mit Freunden auf Flugblättern sowie mit einer eigenen Untergrundzeitschrift unter dem Titel »Der Vorbote« seine Mitbürger über die militärische und politische Lage in Deutschland aufzuklären. 1942 wurde die Gruppe von der Gestapo entdeckt, ihre Mitglieder verhaftet und wegen »Hochverrat, Wehrkraftzersetzung und Feindbegünstigung« verurteilt. Insgesamt 17 Männer und zwei Frauen wurden in Stuttgart mit dem Fallbeil hingerichtet, drei starben während der Verhöre durch die Gestapo. Auf Plakaten wurden die Mannheimer öffentlich über die Hinrichtungen unterrichtet. Die Leichen wurden der Heidelberger Anatomie übergeben. Nach dem Kriege erhielten die Ermordeten ein »Ehrengrab« auf dem Heidelberger Bergfriedhof (s. dort).
Seit 1988 steht auf dem Lechleiter-Platz in Mannheim ein hohes *Bronzedenkmal* des Bildhauers Manfred Kieselbach auf einem Sandsteinquader, das in stilisierter Form die Mitglieder der »Lechleiter-Gruppe« darstellt und in einem Text informiert:

> Zum Gedenken an Georg Lechleiter und seine Mitkämpfer/
> aus der Arbeiterbewegung, die wegen Widerstand
> gegen das nationalsozialistische Unrechtsregime
> in den Jahren 1942 und 1943 zum Tode und
> zu langjährigen Haftstrafen verurteilt wurden.

Eine *Gedenkplatte* gibt es seit 1972 auch am ehemaligen Wohnhaus Georg Lechleiters, *Alte Frankfurter Straße 30*. An weitere Mitglieder der Widerstandsgruppe erinnern bereits seit 1945 der *»Philipp-Brunnemer-Weg«* in der Gartenstadt, die *»Jakob-Faulhaber-Straße«* im Waldhof und die *»Rudolf-Langendorf-Straße«* in Friedrichsfeld. Für Jakob Faulhaber brachte 1990 sein Bruder Max auch eine *Gedenktafel* an dem früheren Wohnhaus *»Am Grünen Hag 6«* (Gartenstadt) an. Im Jahre 1984 wurde eine ganze *Straßengruppe* im Neubaugebiet *Schönau-Nordost* nach Mitgliedern der Lechleiter-Gruppe benannt, nämlich nach Jakob Baumann, Albert Fritz, Hans Heck, Anton Kurz, Rudolf Maus, Ludwig Neischwander, Bruno Rüffer, Josef Rutz, Albert Schmoll, Daniel Seizinger, Eugen Sigrist und Max Winterhalter.

Quellen:
Matthias, Erich und Weber, Hermann (Hrsg.), Widerstand gegen den Nationalsozialismus in Mannheim, Mannheim 1984; Oppenheimer, M., Der Fall Vorbote. Zeugnisse des Mannheimer Widerstands, Frankfurt a.M., 2. Aufl. 1979.

Auf einem *Ehrenfeld* des *Hauptfriedhofs* in Mannheim, Röntgenstraße, erinnert ein *Mahnmal* an 511 Tote, die hier bestattet und deren Namen in einem Bronzeschriftgitter aufgeführt sind. Unter den Toten befinden sich wahrscheinlich auch zahlreiche Opfer der nationalsozialistischen »Euthanasie«-Morde (s. Gomadingen). Nicht weit davon entfernt befindet sich ein weiteres *Ehrenfeld* für 149 russische und polnische Kriegstote, darunter auch 21 ums Leben gekommene des KZ-Außenlagers Sandhofen. Die Schicksale der übrigen Toten sind im einzelnen nicht bekannt.
Schließlich findet sich auf dem Friedhof auch das Grab des Polizeihauptmeisters Viktor Link, der am 11. September 1944 wegen angeblicher »Wehrkraftzersetzung« im Käfertaler Wald erschossen wurde. In derselben Grabstätte sind auch die drei Mannheimer Bürger bestattet, die umgebracht wurden, als sie beim Einmarsch der Amerikaner im März 1945 die weiße Fahne hißten (s. unten).

Der neben dem Hauptfriedhof gelegene *jüdische Friedhof* enthält ein *Mahnmal* in Form einer großen Urne mit der Inschrift:

> Denen, die kein Grab fanden.

Fast 2000 Mannheimer jüdische Frauen, Kinder und Männer wurden am 22. Oktober 1940 zusammen mit 6500 Juden aus Baden, der Pfalz und dem Saarland in das südfranzösische Internierungslager Gurs im nicht besetzten Vichy-Gebiet am Fuße der Pyrenäen verschleppt. Viele der über 50jährigen

kamen dort durch Hunger, Kälte und Erschöpfung ums Leben oder wurden später in das Vernichtungslager Auschwitz verschleppt und dort ermordet. Nur wenige konnten in Frankreich versteckt überleben oder ins Ausland emigrieren, und noch weniger kehrten zurück. Die »Reichsgaue« Baden und Saarpfalz wurden damit noch vor der auf der Wannseekonferenz beschlossenen »Endlösung der Judenfrage« auf besonderen Befehl Hitlers und aufgrund der »Initiative« zweier Gauleiter »judenfrei« gemacht.
In einer 1969 neu gestalteten Gräberanlage an der linken Mauer des jüdischen Friedhofs sind auf 146 Grabsteinen die Namen der insgesamt über 1300 jüdischen Bürger genannt, die im Konzentrationslager ums Leben kamen oder sich selbst das Leben nahmen, um der Deportation zu entgehen.

Quellen:
Am Morgen des Laubhüttenfestes, als die Gestapo kam... Vor fünfzig Jahren wurden die »Reichsgaue« Baden und Saarpfalz »judenfrei« gemacht. Eine Erinnerung in Dokumenten, in: »Frankfurter Rundschau«, 22. Oktober 1990, S. 8; Haas, Rudolf und Münkel, Wolfgang, Wegweiser zu den Grabstätten bekannter Mannheimer Persönlichkeiten, Mannheim 1981; Schulverwaltungsamt Mannheim (Hrsg.), 22./23. Oktober 1940. Deportation Mannheimer Juden nach Gurs, Band 2 der Reihe »Schule in Mannheim«, 1990; Ders., Erinnern für die Zukunft. »Reichskristallnacht in Mannheim«. Das Schicksal der Mannheimer Juden, Schriftenreihe Schulversuche, Band 13, 1988; Wiehn, Erhard R. (Hrsg.), Oktoberdeportation 1940 – Die sogenannte »Abschiebung« der badischen und saarpfälzischen Juden in das französische Internierungslager Gurs und andere Vorstationen von Auschwitz. 50 Jahre danach zum Gedenken, Konstanz 1990.

Am Standort der früheren Mannheimer Hauptsynagoge im *Gebäude F2.13* befindet sich im Eingangsbereich eine *Gedenktafel.* Dieses Gotteshaus wurde 1938 demoliert und gesprengt, die Trümmer wurden im Jahre 1955 abgetragen. Steine der Hauptsynagoge sind seit 1987 in eine *Gedenkwand* des Foyers der neuen Synagoge im *jüdischen Gemeindezentrum F3* eingemauert. Dort befindet sich auch eine Gedenktafel für die Opfer des Holocaust.

An den auf Druck der Nationalsozialisten geräumten alten jüdischen Friedhof erinnert seit 1962 eine *Gedenktafel im Quadrat F7.*

Im Ortsteil *Feudenheim* ist ein wenig mehr von der früheren Synagoge in der *Neckarstr. 8* zu sehen, die ebenfalls in der »Reichskristallnacht« zerstört wurde. Die südliche Mauer ist mit den Ansätzen von drei Fenstern erhalten und wurde im Jahre 1965 mit einer Gedenktafel als *Erinnerungsstätte* hergerichtet.

Ein *Mahnmal* für die Opfer des NS-Regimes ist die Plastik »Friedensengel« (auch »Todesengel«) des Bildhauers Gerhard Marcks in *E6* aus dem Jahre 1952. Das Objekt mit der zeittypischen summarischen Inschrift »Es mahnen die Toten 1933 – 1945« ist bis heute immer wieder Ausgangs- oder Endpunkt antifaschistischer Aktionen und Friedensdemonstrationen.

Eine *Gedenktafel* in den *Lauerschen Gärten in M6* erinnert an die drei Mannheimer Bürger Hermann Adis, Adolf Doland und Erich Paul, die beim Einrücken der Amerikaner auf dem damaligen Kaufhaus »Samt und Seide« (heute Horten) eine weiße Fahne hißten und dafür am 28. März 1945 exekutiert und zunächst hier in den Lauerschen Gärten bestattet wurden. Später wurden sie auf den Hauptfriedhof umgebettet und sind heute unmittelbar neben der Gedenkstätte für die KZ-Opfer bestattet.

Eine Reihe von Einrichtungen oder Straßen Mannheims sind benannt nach Persönlichkeiten, die den Nationalsozialisten zum Opfer fielen: der *»Paul-Eppstein-Saal«* in der VHS R3, 13–15 (Paul Eppstein, Leiter der Volkshochschule bis 1933, im KZ Theresienstadt ermordet); die *Gedenktafel für Rosa Grünbaum* an der Fröbelschule für Sozialpädagogik auf dem Lindenhof (Gründerin der Einrichtung als Kindergärtnerinnenseminar, umgekommen 1942 im KZ Auschwitz); das *»Pauline-Maier-Heim«* in der Bassermannstraße (in Wiesloch geborene – s. dort – letzte jüdische Oberschwester, deportiert nach – s. auch Mannheim – Gurs, ging freiwillig mit ihren Patienten 1942 nach Auschwitz); die *»Eugen-Neter-Schule«* im Stadtteil Blumenau und eine *Gedenktafel* in *Q1.9* (jüdischer Kinderarzt, bis 1945 in Gurs, Auswanderung nach Israel); das *»Otto-Selz-Institut für Psychologie und Erziehungswissenschaften«* der Universität Mannheim (Prof. für Philosophie, Psychologie und Pädagogik, 1943 im KZ Auschwitz ermordet); das *»Jugendzentrum in Selbstverwaltung Friedrich Dürr«* in O4,8 (1904 in Mannheim geborener Widerstandskämpfer, 1935 verhaftet und am 28. April 1945 beim sogenannten »Dachauer Aufstand« erschossen).

Stadtrundfahrten:
Alternative Stadtrundfahrten mit dem Themenschwerpunkt auf Stätten der NS-Verfolgung und des Widerstands organisieren das Stadtarchiv (Tel. 0621/293–3384) und der Stadtjugendring (Tel. 0621/34081). Dazu gab es

bereits 1984, herausgegeben von Stadtjugendring, DGB und VVN, einen alternativen Stadtführer »Mannheim in Geschichte und Gegenwart«.

Quellen/Literatur:
Braun, Günter, Widerstand und Verfolgung in Mannheim 1933–1945. Mannheimer Sozialdemokraten gegen die Nazi-Diktatur, Mannheim 1983; Fliedner, Hans-Joachim, Die Mannheimer Jüdische Gemeinde 1933–1945, in: Oberrat der Israeliten Badens (Hrsg.), Jüdisches Gemeindezentrum Mannheim, F3, Festschrift zur Einweihung am 13. September 1987, Mannheim 1987; Ders., Die Judenverfolgung in Mannheim 1933–1945 (2 Bände), 2. Aufl. Stuttgart 1991; Schadt, Jörg, Verfolgung und Widerstand unter dem Nationalsozialismus in Baden. Die Lageberichte der Gestapo und des Generalstaatsanwalts Karlsruhe 1933–1940, Mannheim 1976.

Marbach am Neckar

In der Schillerstadt Marbach am Neckar gibt es seit fast zehn Jahren eine heftige öffentliche Debatte um die Neu- oder Umgestaltung eines *Kriegerdenkmals* aus dem Jahre 1934. Vor allem die örtliche Geschichtswerkstatt hat sich für eine Neuinterpretation dieses steinernen Monuments am Obertorturm im Schloßgartenbereich eingesetzt; ihr Argument: Die Erinnerung an die Toten des 1. Weltkrieges diente bei der Errichtung des Denkmals im Jahre 1934 den Nazis zur psychologischen Vorbereitung eines künftigen und neuen Krieges. Sie fordert eine entsprechende Ergänzung der vorhandenen Anlage sowie ein neues, quasi korrespondierendes Denkmal für die Deserteure und Dienstverweigerer. Eine *Tafel,* die 1988 zum Volkstrauertag am Kriegerdenkmal angebracht wurde, ließ die Stadtverwaltung wieder entfernen. Ihr Text lautete:

> Dieses Kriegerdenkmal
> wurde 1934 während der Nazi-Diktatur errichtet.
> Es diente der psychologischen Vorbereitung
> des Zweiten Weltkrieges.
> Hierzu wurden die Gefühle der Angehörigen
> für ihre Toten mißbraucht.

Die Marbacher »Alexander-Seitz-Geschichtswerkstatt« ist auch Initiator einer Gedenkstätte in dem in der Nähe liegenden Ort Kleinbottwar für den wenige Tage vor Kriegsende erschossenen Deserteur Erwin Kreetz (s. Steinheim a.d. Murr).

Die Realschule in Marbach engagiert sich für den sogenannten »Russenfriedhof« in Pleidelsheim (s. dort).

Kontakt/Informationen:
Alexander-Seitz-Geschichtswerkstatt (ASG) Marbach und Umgebung, c/o Klaus Schönberger, Heilbronner Straße 29, 71672 Marbach. Hrsg. der Broschüre: »Furchtlos und treu«. Die Geschichte des Marbacher Kriegerdenkmals, 2. Aufl. Marbach 1990; ASG-Infos 1 bis 3, Marbach 1987 bis 1989.

Markgröningen-Unterriexingen

Auf dem *KZ-Friedhof* in Unterriexingen, am Berghang oberhalb der Straße nach Oberriexingen, sind mindestens 250 Opfer des Lager Unterriexingen, eines Außenkommandos des Konzentrationslagers Natzweiler/Elsaß, bestattet. Ein *Obelisk* erinnert an sie mit folgender Inschrift:

> Hier ruhen
> 250 Opfer einer
> Gewaltherrschaft.
>
> Sie mahnen
> zum Frieden.
> 1933–1945.

Eine zweite Tafel aus jüngerer Zeit informiert genauer:

> Vom Konzentrationslager
> Natzweiler/Elsaß
> waren hier
> vom Oktober 1944
> bis April 1945
> Häftlinge des NS-Regimes
> – darunter
> viele Juden –
> beim Stollenbau, Barackenbau
> und im Steinbruch eingesetzt.
> Sie starben den Hungertod.

Ein Einzelgrab auf dem Friedhof trägt eine hebräische Inschrift auf einem *Gedenkstein,* den die Angehörigen ihrem Toten setzten. Die deutsche Übersetzung lautet:

> Hier ist begraben Schalomoh Salzman,
> Sohn des Schamuel David Friedland,
> sein Andenken zum Segen,
> geboren im Jahr 1912 in Radom – Polen,
> der in die Ewigkeit gegangen ist im Monat Adar 5705
> wegen harter Quälereien durch die Hände der
> grausamen Deutschen im
> Konzentrationslager Unterriexingen.
> Seine Seele sei aufbewahrt im Bund des Lebens.

Mindestens 500 meist jüdische Häftlinge aus dem Konzentrationslager Auschwitz waren zur Zwangsarbeit eingesetzt im Fliegerhorst Großsachsenheim, im Stollenbau für eine unterirdische Fabrik, aber auch bei Räumungsarbeiten nach Luftangriffen in Stuttgart und Umgebung. Anfang April 1945 kamen noch 150–200 polnische Häftlinge hinzu, Überlebende des Warschauer Aufstandes. Viele elendig dahinvegetierende Gefangene wurden in das naheliegende sogenannte »Kranken- und Sterbelager Großsachsenheim« (s. Sachsenheim) verlegt und sind dort bestattet. Das Unterriexinger Lager muß eines der grauenvollsten KZ-Außenlager gewesen sein. Hunderte starben und verhungerten elendig, und noch zwei Jahre nach dem Kriege fand man zwei Massengräber mit 250 unbekannten Toten, für deren sterbliche Reste der KZ-Friedhof angelegt wurde.

Quellen/Literatur:
Studienkreis Deutscher Widerstand (s. Literatur Baden-Württemberg); »In den Nächten hörten wir das Heulen der Gepeinigten«. Zeugenaussagen über das KZ Vaihingen mit Außenstelle Unterriexingen, in: Vaihinger Löwenzahn. Stattzeitung, Sondernummer 8 (1982).

Maselheim

In *Heggbach,* einem Ortsteil von Maselheim, erinnert eine *Gedenktafel* an der Kirche an die Geschichte der »Heggbacher Einrichtungen« für geistig Behinderte während der Zeit des Nationalsozialismus. Der Text lautet:

> Zum Gedenken an die Opfer
> des Euthanasieprogramms der
> NS-Regierung 40 - 1941 - 42 - 1943.
> Gott liebt Menschen
> die Leid tragen.
> Gerade sie
> wird er trösten. (Mt. 5,4)
> Aus Heggbach
> wurden 193 Menschen ermordet.

Im September und Oktober 1940 wurden in zwei Transporten zunächst 173 Menschen verschleppt und wenig später in Grafeneck (s. Gomadingen) umgebracht. 20 weitere fanden später den gewaltsamen Tod, darunter auch 15 jüdische Patienten, die angeblich nach Polen »umgesiedelt«, in Wirklichkeit aber im Osten ermordet wurden. Dasselbe Schicksal mußten auch 72 Kinder des nahen, ebenfalls zu den »Heggbacher Einrichtungen« gehörenden Kinderasyls Ingerkingen (s. Schemmerhofen) erdulden.

Literatur:
Waibel, Alfons, Das Euthanasieprogramm des Dritten Reiches – Die Ereignisse in Heggbach und Ingerkingen. Eine Dokumentation als Fachbericht 3 der Heggbacher Einrichtungen (Hrsg.), 1984; Heggbacher Einrichtungen (Hrsg.), Vor 50 Jahren: Massenmord – als »Gnadentod« getarnt. Und heute? Dokumentation von Vorträgen und Gottesdienst zum Gedenken an die Euthanasieopfer, Maselheim 1990.

Meckenbeuren

In der *Kirche* in *Liebenau*, Gemeinde Meckenbeuren, befindet sich eine *Gedenkstätte*, die an die Krankenmorde erinnert, die in der Zeit des Nationalsozialismus unter dem kaschierenden Begriff »Euthanasie« durchgeführt wurden. Auch aus der hiesigen Anstalt Liebenau wurden Patienten verschleppt und umgebracht. (s. auch Gomadingen-Grafeneck)

Michelbach an der Lücke

siehe Wallhausen

Mössingen

Im Jahre 1985 wurde der frühere Karlsplatz in Mössingen in *»Jakob-Stotz-Platz«* umbenannt und zur Erinnerung mit einem *Stein* und einer *Gedenktafel* versehen. Jakob Stotz war maßgeblich am Mössinger Generalstreik am 31. Januar 1933 beteiligt, eine der wenigen massiven Proteste der Arbeiter in Deutschland gegen die Machtübernahme Adolf Hitlers. Stotz wurde dafür im Oktober 1933 wegen »Vorbereitung zum Hochverrat« zu mehrjähriger Haft verurteilt. Er überlebte das »Dritte Reich« und beteiligte sich als Stadtrat und stellvertretender Bürgermeister am demokratischen Aufbau.

Mosbach, Baden

Die Mosbacher Synagoge wurde 1938 von den Nationalsozialisten zerstört. Ihr Platz in der *Frohndbrunnengasse* ist heute als Gedenkstätte gestaltet mit einem *Gedenkstein,* der folgenden Text trägt:

> Dieser Platz ist dem Andenken
> der jüdischen Bürger
> von Mosbach gewidmet.
> In zwölf unheilvollen Jahren
> wurden sie ihrer Menschen-
> würde beraubt, aus der Heimat
> vertrieben oder in Vernich-
> tungslager abtransportiert.
> Ihr Gotteshaus, das hier stand,
> wurde am 10. November 1938
> zerstört, seine Einrichtungen
> auf dem Marktplatz
> öffentlich verbrannt.
> Vergesst es nicht

Auf dem *jüdischen Friedhof am Kapellenweg,* der ebenfalls im »Dritten Reich« schwer geschändet wurde, erinnert ein *Gedenkstein* an die umgekommenen jüdischen Mitbürger.

Am 30. Januar 1983 wurde neben dem Eingang der Kirche im Bereich der *Johannes-Anstalten* ein

Gedenkstein zur Erinnerung an die Opfer der Krankenmorde enthüllt. Er trägt folgenden Text:

> Dieser Stein wurde bei Umbauarbeiten des
> Hauses Neckar, früher Krankenhaus, freigelegt.
> Aus diesem Pflegehaus und anderen Gebäuden
> sind in den Jahren 1940 und 1944 in geheimen
> Aktionen/
> 262 behinderte Menschen deportiert worden.
> Sie kamen in Vernichtungsanstalten, in denen einst
> »lebensunwertes Leben beseitigt« wurde.
> Noch heute, 50 Jahre nach der
> Machtergreifung durch das NS-Regime,
> sind wir fassungslos und beschämt,
> daß so etwas geschehen konnte.
> Wir gedenken der hilflosen und unschuldigen Opfer
> 1983.

Die Erziehungs- und Pflegeanstalt für Geisteskranke in Mosbach, die heutigen Johannes-Anstalten, unterhielten neben den Häusern in Mosbach auch noch Pflegeeinrichtungen in Schwarzach (s. dort), wohin sie im Jahre 1941 alle Patienten verlegten, nachdem die Mosbacher Gebäude von der Wehrmacht beschlagnahmt worden waren.

In *Neckarelz*, Gemeinde Mosbach, befindet sich, an der Rückseite der *Clemens-Brentano-Grundschule/ Comenius-Schule*, Mosbacher Straße 39, eine *Gedenktafel* . Sie trägt die beiden Inschriften:

> A la mémoire des déportés
> décédés à Neckarelz
> 1944 - 1945
>
> Zum Gedenken an die
> verstorbenen KZ-Häftlinge
> in Neckarelz 1944–1945

In Neckarelz befand sich in dem Schulhaus und auf dem dazugehörigen Gelände von März 1944 bis März 1945 ein Außenkommando des KZ Natzweiler/Elsaß. Die durchschnittlich 800 Häftlinge, beim Bau unterirdischer Fabrikanlagen und der Barackenlager eingesetzt, mußten ab August 1944 zum Teil in Obrigheim (s. dort), auf der anderen Seite des Neckar, Flugmotoren produzieren. Aus dem Daimler-Benz-Werk Genshagen (Berlin) war ein Teil der Rüstungsproduktion wegen der Zunahme der alliierten Bombenangriffe in die unterirdischen Gipsgruben an den Neckar verlagert worden. Getarnt wurde die Produktion unter dem Stichwort »Goldfisch GmbH«. Unter den Zwangsarbeitern in der Schule in Neckarelz befand sich auch eine größere Gruppe von Zigeuner-Häftlingen, die über Auschwitz-Birkenau und Natzweiler-Struthof hierher verschleppt worden waren.
Das Außenkommando Neckarelz I hatte wiederum fünf Unterkommandos: Neckargerach (s. dort), Neckarelz II (mit durchschnittlich 1200 Häftlingen in unmittelbarer Nähe des alten Bahnhofs von Neckarelz), Asbach (s. Obrigheim), Bad Rappenau (s. dort) und Neckarbischofsheim (s. dort). Die »Evakuierung« erfolgte vom 26. bis 30. März 1945. Zum gesamten Außenkommando zählten ständig etwa 2 500 bis 3 500 Häftlinge, über 200 von ihnen sind umgekommen.

Auf dem *Neckarelzer Friedhof* liegt eine Grabplatte mit sechs Namen, bei denen es sich nach Angaben aus der Bevölkerung um KZ-Opfer handelt.

Auf dem *Mosbacher Friedhof*, in einer Abteilung für nach dem Krieg gestorbene Opfer des Nationalsozialismus, sind auch polnische und russische Zwangsarbeiter bestattet, die in der Landwirtschaft eingesetzt waren. Auf einigen Grabkreuzen ist angegeben, daß die Toten KZ-Häftlinge waren.
Andere Tote der Lager wurden auf dem jüdischen Friedhof in Binau (s. dort) beigesetzt.

Literatur:
Barrau, Jacques, Zeichnungen aus einem Lager/Dessins d'un camp. Das KZ-Außenkommando Neckarelz, Karlsruhe 1992; Hamburger Stiftung für Sozialgeschichte des 20. Jahrhunderts (Hrsg.), Das Daimler-Benz-Buch. Ein Rüstungskonzern im »Tausendjährigen Reich« (darin mehrere Aufsätze und Berichte über die Produktion in Obrigheim), Nördlingen 1987; Rose, Romani/Weiss, Walter, Sinti und Roma im »Dritten Reich«, Göttingen 1991, S. 155–171; Roth, Karl Heinz/Schmid, Michael, Die Daimler-Benz AG 1916–1948. Schlüsseldokumente zur Konzerngeschichte, Nördlingen 1987; Schmid, Michael, »...eine unterirdische Stadt in einer alten Gipsgrube...«. Der Einsatz von KZ-Häftlingen beim Bau einer untertägigen Fertigungsanlage für die Daimler-Benz AG, in: »Mitteilungen« der Dokumentationsstelle zur NS-Sozialpolitik (Vorgänger der Zeitschrift »1999«), Heft 13/14 (Juni 1986), S. 31–42; Ziegler, Jürgen, Außenkommando Neckarelz I und II, in: Ders., Mitten unter uns. Natzweiler-Struthof: Spuren eines Konzentrationslagers, Hamburg 1986, S. 183–238.

Mühringen siehe Horb

Müllheim, Baden

In der Schwarzwaldgemeinde Müllheim erinnert auf einem Parkplatz an der *Hauptstraße* ein *Gedenkstein* an die jüdischen Bürger und die frühere Synagoge an dieser Stelle, die schon seit 1933 durch die kleiner werdende Gemeinde nicht mehr genutzt wurde und wohl deshalb in der sogenannten Reichskristallnacht 1938 unzerstört blieb. Sie wurde 1970 abgerissen.

Auf dem *jüdischen Friedhof* wurde 1987 auf Initiative eines Bürgerkomitees eine *Erinnerungsstätte* nach einem Entwurf von Professor Konrad Sage eingeweiht. Auf vier Säulen liegt die gut erhaltene Sandsteinkrone eines Seitentürmchens der Synagoge, vier Bronzetafeln nennen stellvertretend für die vielen unbekannten Opfer 45 Namen jüdischer Bürger Müllheims und Badenweilers sowie die Geburtsdaten und die Orte ihres gewaltsamen Todes wie Lemberg, Gurs, Theresienstadt, Majdanek oder Auschwitz. Dazu die Inschrift:

Zum Gedenken an jüdische Mitbürger
die dem Naziterror zum Opfer fielen
Einige konnten ermittelt werden
und sind für alle, die kein Grab fanden,
hier genannt
Von der Synagoge blieben übrig
vier Säulen
und die Krone eines Türmchens.

Münsingen, Württemberg

Am Platz der 1938 zerstörten Synagoge, *An der Mühlsteige,* in dem heute zu Münsingen gehörenden Ort *Buttenhausen*, wurde 1966 auf einer Rasenfläche ein etwa zweieinhalb Meter hoher *Muschelkalkblock* errichtet, auf dem die beiden traditionellen Symbole des Judentums, der Davidstern und der siebenarmige Leuchter, vereint sind. Davor liegt ein Stein mit der Inschrift:

Hier stand die Synagoge.
Nationalsozialisten zerstörten sie
am 9. November 1938.

In der Ortsmitte von *Buttenhausen* wurde im Jahre 1961 ein *Mahnmal* eingeweiht, das auf zwei Steinen die Namen von 45 umgekommenen jüdischen Mitbürgern trägt. Dazu der Text:

Den Brüdern und Schwestern der
Jüdischen Gemeinde Buttenhausen,
die als Opfer nationalsozialistischer Verfolgung
ihr Leben lassen mußten. 1933–1945.

Buttenhausen war eine der vier oder fünf Gemeinden in Baden-Württemberg mit dem höchsten Anteil jüdischer Bevölkerung. Entsprechend geprägt waren das Wirtschafts- und Sozialleben, aber auch Ortsbild und Architektur. Die Integration war so stark, daß die SA aus dem nahen Münsingen in der »Reichskristallnacht« erst den Buttenhausener Bürgermeister festnehmen mußte, der die Zerstörung der Synagoge zunächst verhinderte, bevor sie das Gotteshaus niederbrennen konnte. Am Ende wurden auch die Buttenhausener Juden vertrieben, deportiert und ermordet.

Daß die Geschichte der Jüdischen Gemeinde heute umfassend dokumentiert ist, ist vor allem dem Landwirtschaftsmeister Walter Ott zu verdanken. Seit 1973 beschäftigt er sich mit Geschichte und Schicksal der ehemaligen jüdischen Bürger, vor allem aber kümmert er sich um den alten *jüdischen Friedhof,* wobei er die jüdischen Bestimmungen zur Totenruhe und zur Friedhofspflege genau beachtet. Am Friedhofseingang steht ein großer *Gedenkstein* mit der Inschrift:

Von 1787 bis 1943 bestattete
die Jüdische Gemeinde Buttenhausen
ihre Toten auf diesem Friedhof.
Die letzten jüdischen Bürger der Gemeinde
ruhen nicht in heimatlicher Erde
fast alle kamen während der Zeit der Verfolgungen
bis zum Jahre 1945 in den Konzentrationslagern um.

Literatur:
Emig, Dieter und Frei, Alfred G., »...die Fremdheit der Dinge und Personen aufheben.« Über Versuche, Heimat neu zu entdecken, in: Heimat – Analysen, Themen, Perspektiven (Schriftenreihe der Bundeszentrale für politische Bildung Bd. 294/I u. II), Bonn 1990, I, S. 323f.; Stadt Münsingen (Hrsg.), bearb. von Günter Randecker, Juden und ihre Heimat Buttenhausen, Münsingen 1988; Strothmann, Dietrich, Der kleine Rabbiner von Buttenhausen: Wie einer die Erinnerung an die Nachbarn mit dem gelben Stern wachhält, in: »Die Zeit«, Nr. 25 vom 17. Juni 1983.

Mulfingen, Jagst

Am Hauptgebäude des *Kinderheims St. Josefspflege,* Unterer Bach 2, wurde im Juni 1984 nach Renovierungsarbeiten eine *Gedenktafel* angebracht, deren Text schon vorher an einer Wand im Innern des Hauses gestanden hatte:

Aus der Gemeinschaft dieses Heimes wurden
am 9. Mai 1944 die hier lebenden 39 Sinti-
Kinder herausgerissen und in das KZ Auschwitz
deportiert – nur 4 Kinder überlebten.
Zur Erinnerung an die Opfer.
[Es folgen die Namen der Kinder.]

Nach Erlaß des Württembergischen Innenministeriums vom 7. November 1938 wurden schulpflichtige »Zigeunerkinder« und »zigeunerähnliche Kinder« aus verschiedenen württembergischen Kinder- und Erziehungsheimen herausgenommen und in das Heim St. Josefspflege in Mulfingen eingewiesen. Am 9. Mai 1944 wurden 39 »Zigeunerkinder« in das Konzentrationslager Auschwitz deportiert, wo sie bis auf vier umgebracht worden sind.
Eva Justin, Mitarbeiterin des 1938 in das Reichsgesundheitsamt nach Berlin-Dahlem berufenen und mit Aufbau und Leitung einer »Rassenhygienischen

und bevölkerungsbiologischen Forschungsstelle« beauftragten Dr. Robert Ritter, führte an den »Zigeunerkindern« in Mulfingen Untersuchungen durch, deren Ergebnisse sie Ende 1944 unter dem Titel »Lebensschicksale artfremd erzogener Zigeunerkinder und ihrer Nachkommen« veröffentlichte. Sie hatte Dr. Ritter, Oberarzt in der Kinderabteilung der Universitätsnervenklinik Tübingen, auch unterstützt bei seinen im Auftrag des Reichsgesundheitsamtes durchgeführten erbwissenschaftlichen Untersuchungen in Südwestdeutschland im Zusammenhang mit »Zigeunermischlingen usw.«. Das Ergebnis dieser Arbeiten wurde 1937 unter dem Titel »Ein Menschenschlag – ärztliche und erbgesundheitliche Untersuchungen über die durch zehn Geschlechterfolgen erforschten Nachkommen von ›Vagabunden, Jaunern und Räubern‹« veröffentlicht.

Literatur:
Knödler, Christoph/Treumann, Hans-Joachim, Die Zigeunerkinder in Mulfingen. Arbeit 12. Klasse, Deutschordengymnasium, Bad Mergentheim, im Rahmen des »Schülerwettbewerbs Deutsche Geschichte« 1980/81; Meister, Johannes, Schicksale der »Zigeunerkinder« aus der St. Josefspflege in Mulfingen, hrsg. v. Historischen Verein für Württembergisch Franken, Sigmaringen 1984 (Sonderdruck aus: Württembergisch Franken Jahrbuch 1984); Ders., Die »Zigeunerkinder« von der St. Josefspflege in Mulfingen, in: »1999«, Heft 2/1987, S. 14–51; Zimmermann, Michael, Verfolgt, vertrieben, vernichtet. Die nationalsozialistische Vernichtungspolitik gegen Sinti und Roma, Essen 1989.

Neckarbischofsheim

In der *Schulgasse* erinnert eine *Gedenkstätte* mit dem siebenarmigen Leuchter und einer Gedenktafel an die ehemalige Synagoge, die an dieser Stelle im Jahre 1938 zerstört und eingeebnet wurde. Nur die nördlichen Grundmauern des Eingangshofes sind erhalten geblieben.

In Neckarbischofsheim bestand neben dem Bahnhof der Strecke Aglasterhausen – Heidelberg seit September 1944 als Unterkommando des Lagers Neckarelz (s. Mosbach) ein Außenkommando des Konzentrationslagers Natzweiler/Elsaß. Die Häftlinge mußten Güter entladen, die über eine Eisenbahnnebenlinie zum Obrigheimer Stollen (s. Obrigheim) geleitet wurden. Zum Lager gibt es weder Hinweise noch Erinnerungsstücke. Zahlreiche Wohnhäuser der heutigen Siedlung um den Bahnhof herum sind aus den umgebauten ehemaligen Lagerbaracken entstanden.

Quelle:
Ziegler, Jürgen, Mitten unter uns. Natzweiler-Struthof: Spuren eines Konzentrationslagers, Hamburg 1986.

Neckarelz siehe Mosbach

Neckargartach siehe Heilbronn

Neckargerach

In Neckargerach befand sich eines der fünf Unterkommandos des Lagers Neckarelz, Außenkommando des Konzentrationslagers Natzweiler (s. Mosbach-Neckarelz). An der Stelle des ehemaligen Lagereingangs an der *Straße in Richtung Waldbrunn* steht ein zwei Meter hoher, dunkler *Gedenkstein* mit einer Inschrift in französischer und deutscher Sprache:

A la mémoire des déportés décédés à Neckargerach 1944 – 1945	Zum Gedenken an die verstorbenen KZ-Häftlinge in Neckargerach 1944 – 1945

Die Häftlinge des Außenkommandos Neckargerach mußten bei der SS-Bausonderinspektion III, Obrigheim, und bei verschiedenen Baufirmen der Gegend arbeiten. Der überwiegende Teil der etwa 900 Häftlinge wurde beim Stollenbau in Obrigheim (s. dort) für die Produktion von Flugzeugmotoren der Daimler-Benz-Werke eingesetzt. Zu dem Zweck wurden sie täglich mit dem Zug über Neckarelz und den Neckar zu den Tunneleingängen transportiert. Ab Herbst 1944 war Neckargerach ein Krankenlager. Am 20. Dezember 1944 wurden 120 Kranke nach Vaihingen an der Enz (s. dort) überstellt. Das Lager wurde Ende März 1945 »evakuiert«: Gehfähige Häftlinge mußten den Fußmarsch antreten, über Kupferzell bis Waldenburg. Von dort wurden sie in Güterwaggons in das Konzentrationslager Dachau transportiert. Nichtgehfähige kamen nach Osterburken (s. dort), wo sie Anfang April 1945 befreit wurden.

Quellen/Literatur:
Internationaler Suchdienst (Hrsg.), Verzeichnis der Haftstätten unter dem Reichsführer-SS (1933–1945), Arolsen 1979, S. 208; Stein, Robert, Vom Wehrmachtsstraflager zur Zwangsarbeit bei Daimler-Benz. Ein Lebensbericht, in: »1999«, Heft 4, 1987, S. 20–51; Ziegler, Jürgen, Lager Neckargerach, in: Ders., Mitten unter uns. Natzweiler-Struthof: Spuren eines Konzentrationslagers, Hamburg 1986, S. 185ff., S. 238–245; siehe a. Literatur unter Mosbach.

Oberndorf: Ein von der Familie Pfaff auf ihrem Privatgrundstück in der Kienzlestraße in Altoberndorf errichteter Gedenkstein zur Erinnerung an die Opfer von Zwangsarbeit in Oberndorfer Lagern 1939 – 1945.

Neckarsulm

Am nördlichen Stadtrand von Amorbach, an der Straße *Am Reichertsberg,* aber schon auf dem Stadtgebiet von Bad Friedrichshall, befindet sich der *KZ-Friedhof Kochendorf.* Hier sind Hunderte von Häftlingen aus Arbeitslagern und dem KZ-Außenlager Kochendorf in Bad Friedrichshall begraben sowie Opfer der Todesmärsche bei der »Evakuierung« der Konzentrationslager. (Näheres s. Bad Friedrichshall)

Oberdorf am Ipf siehe Bopfingen

Oberer Kuhberg siehe Ulm

Oberndorf am Neckar

Im Jahre 1981 wurde auf dem Gelände des ehemaligen »Arbeitserziehungslagers« in Aistaig, heute Teil der Gemeinde Oberndorf, eine *Erinnerungsstätte* eingeweiht. Ein großer unbehauener Fels trägt eine Tafel mit der Inschrift:

> Erinnert Euch
> an Eure Brüder, die von 1942 bis 1945
> hier im »Arbeitserziehungslager«
> Qual, Not und Tod erleiden mußten.

Durch die Waffenfabrik Mauser bestand in Oberndorf bereits vor dem Krieg ein hoher Arbeitskräftebedarf, der schon bald mit Kriegsgefangenen und Zwangsarbeitern gedeckt wurde. Mehr als 5000 von den 12000 gesamten Arbeitsplätzen bei Mauser waren mit Zwangsarbeitern aus ganz Europa besetzt, die auf verschiedene Barackenlager verteilt waren. Aus dem Arbeitsdienstlager »Wiederhold« entstand ein »Polenlager«; französische Arbeiter wurden im Lager »Buche« und holländische im Lager »Eiche« untergebracht; außerhalb Oberndorfs wurde als größtes das sogenannte »Russenlager« eingerichtet, dessen ungefähr 2000 Insassen die schrecklichsten Bedingungen ertragen mußten, so daß allein 28 Säuglinge und Kleinkinder hier kurz hintereinander umkamen. Schließlich unterstand der Gestapo Stuttgart das in dem Ortsteil Aistaig eingerichtete »Arbeitserziehungslager Aistaig«, das von 1941 bis zum Kriegsende mindestens 4500 Insassen durchlaufen mußten. Hygienische Bedingungen, mangelnde Versorgung, schlechter Gesundheitszustand, aber auch Hinrichtungen bei sogenannter Sabotage in der Produktion führten zu zahlreichen Todesfällen, die anfangs in die Anatomie nach Tübingen oder ins Krematorium nach Schwenningen gebracht, später auf dem *Oberndorfer Friedhof* in Massengräbern beerdigt wurden. Unmittelbar nach dem Kriege wurde hier ein *Gedenkstein* aufgestellt, der jedoch wegen seiner zu geringen Zahlenangabe der toten Zwangsarbeiter kritisiert wurde und seit 1981 einen neuen Text trägt:

> Zum ehrenvollen Gedenken an die
> 283 Kriegsgefangenen,
> ausländischen Zwangsarbeiter und deren Angehörigen,
> die hier während des 2. Weltkrieges gestorben sind.
> Wir mahnen zum Frieden.

Die historische Beschäftigung mit dem Thema Zwangsarbeit wurde in Oberndorf bei weitgehendem Desinteresse der Gemeindeverwaltung und offener Ablehnung vieler Bürger vor allem durch einige frühere holländische Zwangsarbeiter wachgehalten, die eigens einen »Verband Niederlande – Oberndorf« ins Leben riefen. Aktiv waren auch die örtliche Jugendgruppe der Naturfreunde sowie die Familie Pfaff, die auf ihrem Privatgrundstück in der *Kienzlestraße* in *Altoberndorf*, nahe dem ehemaligen »Russenlager«, auf Eigeninitiative einen *Gedenkstein* aufstellen ließ mit der Inschrift:

Zur ehrenden	Zwangsarbeiter
Erinnerung	im Krieg
an die fremden	1939 – 45

Darunter steht auf einem Sockel:

Polen, Russen, Franzosen,
Holländer, Belgier, Jugoslawen,
Tschechoslowaken und andere.

Quellen/Literatur:
Ein Film »Vergeben, aber nicht vergessen. Zwangsarbeiter im Deutschen Reich 1939–45«, der sich vor allem mit den Oberndorfer Verhältnissen und dem AEL Aistaig beschäftigt, wurde 1986 auf Veranlassung der Naturfreundejugend gedreht (Regie: Wolfgang Landgraeber, 60 Min., Farbe). Ausleihe: 16 mm-Film oder Video bei der Naturfreundejugend Württemberg, Neue Str. 150, 70186 Stuttgart.
Becher-Sofuoglu, Gesine, Erinnerungsarbeit in Oberndorf. Zwangsarbeiter und AEL Aistaig – Aufarbeitung und Umgang mit der eigenen Geschichte (Magisterarbeit am Ludwig-Uhland-Institut für empirische Kulturwissenschaften der Universität Tübingen), 1988; Lehle, Achim u.a., Nationalsozialistische Unterdrückung – Heutige Aussöhnung: Vergangenheitsbewältigung am Beispiel Oberndorf. Arbeit der Naturfreundejugend Oberndorf im Rahmen des »Schülerwettbewerbs Deutsche Geschichte« 1982/83.

Obersulm

Im Jahre 1988 wurde die ehemalige Synagoge in dem Ortsteil *Affaltrach, Untere Gasse 6,* restauriert wieder der Öffentlichkeit übergeben. Sie dient heute als *Dokumentationszentrum* und Museum für die Geschichte der Jüdischen Gemeinden des Umlandes sowie als Stätte der Begegnung. Sie war nach der schweren Demolierung in der »Reichskristallnacht« am 9./10. November 1938 als Notunterkunft und Möbellager benutzt worden. In den 80er Jahren setzte sich eine örtliche Initiative mit Erfolg für den Erhalt und die Restaurierung ein. Einer der in Affaltrach geborenen und von den Nationalsozialisten aus Deutschland vertriebenen Juden war August Thalheimer, einer der führenden Theoretiker und linken Oppositionellen der KPD in der Weimarer Republik, der über Frankreich nach Kuba emigrierte und 1948 in Havanna starb.

Im Nachbarort Eschenau, Gemeinde Obersulm, wurden in den Jahren 1941/1942 im Schloß mindestens 110 ältere Juden aus Stuttgart in ein Zwangsaltersheim einquartiert. Elf starben dort, sie wurden auf dem *jüdischen Friedhof Affaltrach* beigesetzt, die anderen wurden 1942 in Theresienstadt ermordet.

Literatur:
Angerbauer, Wolfram und Frank, Hans Georg, Jüdische Gemeinden in Kreis und Stadt Heilbronn, Heilbronn 1986, S. 17–25, 67–72, 311, 345; Hahn, Joachim, Synagogen in Baden-Württemberg, Stuttgart 1987, S. 83–85; Kreis und Stadt Heilbronn (Hrsg.), Synagoge Affaltrach, Katalog 1989.

Obrigheim, Baden

Im *Gemeindewald zwischen Asbach und Daudenzell*, Gemeinde Obrigheim, befand sich 1944/45 ein Unterkommando des Außenkommandos Neckarelz des Konzentrationslagers Natzweiler/Elsaß. Zur Erinnerung an die Opfer und als Mahnung für die Zukunft wurden von Mosbacher Schülern der Grundriß und die Mauerreste freigelegt und am 8. Mai 1985 eine hölzerne *Gedenktafel* mit der Abbildung eines Lageplans des Lagers und folgender Inschrift aufgestellt:

Zum Gedenken
an die Häftlinge, die von Herbst 1944 bis März 1945
hier inhaftiert waren. Dieses Lager war ein Unterlager
des Konzentrationslager-Außenkommandos
Neckarelz (Schulhaus), es bestand nach unseren
Nachforschungen aus 10–16 Baracken, welche erst
zum Teil fertiggestellt waren. Die ca. 200 Gefangenen,
zumeist aus Polen u. Frankreich, wurden zum Aufbau
des Lagers und zur Arbeit im Obrigheimer Gipsstollen,
in dem sich ein Flugzeugmotorenwerk von Daimler-
Benz befand, in Einzelfällen auch bei Bauern
eingesetzt. Die Häftlinge kamen aus Konzentrations-
lagern wie Groß-Rosen, Oranienburg und Dachau.
Kranke, arbeitsunfähige Häftlinge wurden wieder in
die Konzentrationslager Dachau und Vaihingen/Enz
zurückgebracht. Dieses Lager wurde kurz vor dem
Einmarsch amerikanischer Truppen evakuiert, am
25./26. März begann der Marsch nach Dachau.
Zur Erinnerung an die Opfer und als Mahnung
für die Zukunft wurde diese Tafel von der
Klasse 2 BFM2 der Kreisgewerbeschule Mosbach
am 8. 5. 85 aufgestellt.

Die Rüstungsproduktion der Firma Daimler-Benz war im März 1944 nach Obrigheim in die Gipsgrube »Friede« nahe beim Neckar verlagert worden. Die Häftlinge mußten unter anderem Flugmotoren herstellen. Neben dem Lager im Asbacher Wald waren sie auch auf der anderen Seite des Neckars in Neckarelz und in der Nähe in Neckargerach untergebracht. (Näheres s. Mosbach-Neckarelz und Neckargerach)

Quelle/Literatur:
Ziegler, Jürgen, Lager Asbach, in: Ders., Mitten unter uns. Natzweiler-Struthof: Spuren eines Konzentrationslagers, Hamburg 1986, S. 247 – 250; s. auch Literatur unter Mosbach.

Öhningen, Bodensee

In dem Ort *Wangen* am Bodensee, Gemeinde Öhningen, erinnert am heutigen Zeltplatz am *Seeweg* seit dem Jahre 1968 ein *Gedenkstein* an die im Jahre 1938 zerstörte Synagoge mit folgender Inschrift:

> Hier stand die Synagoge der Jüdischen Gemeinde Wangen.
> Im November 1938 wurde sie von frevelhafter Hand unter der Herrschaft des Nationalsozialismus zerstört.

Öhringen

Am Haus der Jugend in Öhringen (Hohenlohekreis), *Untere Torstraße 23,* erinnert eine *Gedenktafel* an die Geschichte des Gebäudes, das bis zur sogenannten Reichskristallnacht am 9. November 1938 die Synagoge war.

Nach dem Öhringer Arzt *Dr. Julius Merzbacher* ist heute eine *Straße* benannt. Er konnte zusammen mit seiner Frau Hilde 1938 zwar nach Frankreich emigrieren, wurde aber nach dem deutschen Überfall in Gurs interniert und später im Konzentrationslager Majdanek ermordet.

Auf dem *städtischen Friedhof* an der *Pfedelbacher Straße 50* erinnert ein *Gedenkstein* – im Volksmund »Polenehrenmal« genannt – an den Einsatz polnischer und sowjetischer Zwangsarbeiter in Öhringen.

Quelle:
Studienkreis Deutscher Widerstand (s. Literatur Baden-Württemberg).

Offenburg

Am Treppenaufgang des früheren Gasthauses »Zum Salmen«, *Lange Straße 52,* macht eine *Informationstafel* auf die wechselvolle Geschichte des Hauses aufmerksam, in dem am 12. September 1847 eine der ersten Verfassungsversammlungen Deutschlands stattfand, wobei u.a. Bürgerrechte, Presse-, Religions- und Gewissensfreiheit gefordert worden waren. Später war dies die Synagoge. Der zweite Teil der Tafel lautet:

> 1875 erwarb die Jüdische Gemeinde das Haus.
> Es wurde ihre Synagoge.
> 1938 in der Nacht vom 10. auf den 11. November
> wurde sie von SA-Leuten verwüstet.
> 1933 zählte die Jüdische Gemeinde Offenburgs
> 271 Mitglieder.
> Im Frühjahr 1945 betrug die Zahl noch drei.
> 1949 wurde das Haus verkauft.
> Diese Tafel erinnert an seine Geschichte.
> Sie soll nicht vergessen sein
> November 1978.

Auf dem *jüdischen Friedhof,* einem Teil des alten städtischen Friedhofs an der *Moltkestraße*, wurde im Oktober 1990 ein *Ehrenmal* enthüllt. Auf dem hohen Gedenkstein ist der Text eingemeißelt:

> Im Gedenken an die
> Jüdische Gemeinde.
> Durch die
> NS-Gewaltherrschaft
> vernichtet
> Oktober 1940.

Am 22. und 23. Oktober 1940 waren aus ganz Baden über 6500 Juden nach Gurs in Südfrankreich verschleppt und dort in einem Lager eingesperrt worden, darunter auch die jüdischen Männer und Frauen aus Offenburg. Viele der oft älteren Menschen kamen durch die Strapazen und die Kälte um, nur wenige konnten emigrieren oder sich verstecken. Die allermeisten wurden später über das bei Paris gelegene Auffanglager Drancy nach Auschwitz gebracht und dort ermordet. (s. auch Mannheim)
Auf dem jüdischen Friedhof befindet sich auch eine Gedenkstätte *»Alliiertenfriedhof«* mit zahlreichen Gräbern von Opfern der Gewaltherrschaft. Auf einer *Gedenkplatte* sind französische und polnische Namen zu lesen, offensichtlich von Zwangsarbeitern, und auf einem *Denkmal* steht die Inschrift:

> 72 Angehörige von 8 Nationen
> Europas ruhen hier,
> Opfer der Gewaltherrschaft
> in dunkler Zeit.
> Ihr Tod mahnt uns alle,
> das Rechte zu tun,
> dem Unrecht zu wehren
> und die Würde des Menschen zu achten.

Noch drei Tage vor der Besetzung Offenburgs durch die französische Armee erschlugen SS-Wachen am

12. April 1945 41 Häftlinge eines Transports von mehr als 700 Zwangsarbeitern aus dem Konzentrationslager Flossenbürg, die Ende März in der Ihlenfeldkaserne untergebracht worden waren. Die Toten wurden in ein Massengrab auf dem Stadtfriedhof geworfen. Andere Häftlinge kamen noch nach ihrer Befreiung bei einer Explosion der Kaserne ums Leben, die von der Wehrmacht vor ihrer Flucht mit Minen und Zeitzündern bestückt worden war, welche am 4. Mai 1945 explodierten. 114 tote und zahlreiche verletzte Russen wurden aus den Trümmern geborgen.

Im *Rammersweierer Wald* erinnert ein *Denkmal* aus dem Jahre 1946 an zwei Mordaktionen der Gestapo: Am 27. November 1944 wurden vier Französinnen durch Genickschuß ermordet, die im Elsaß verhaftet und ins Offenburger Gefängnis eingeliefert worden waren.
Kurz darauf, am 6. Dezember 1944, wurden elf Familienväter aus dem Elsaß im Rammersweierer Wald erschossen. Die Nationalsozialisten hatten die Männer als Geiseln aus dem Ort Thann verschleppt. In den letzten Kriegsmonaten entzogen sich viele junge Elsässer der Zwangsrekrutierung der Deutschen durch die Flucht, dafür verhaftete die Gestapo willkürlich elf Geiseln und verschleppte sie nach Offenburg. Dort wurden sie mißhandelt und unter Anführung des Gestapochefs Schöner umgebracht.

Literatur:
Friedmann, Michael, Die Offenburger Innenstadt. Ein historischer Rundgang (Veröffentlichungen des Stadtarchivs Band 2), Offenburg 1979; Mathias, Silvia und Wolf, Die andere Adresse. Ortenau, S. 28ff.; Ruch, Martin, Tanzsaal – Revolutionslokal – Synagoge – Lagerhalle. Die Geschichte des »Salmen« in Offenburg, in: Die Ortenau. Veröffentlichungen des Historischen Vereins für Mittelbaden (Sonderdruck), 1987, S. 371–389.

Osterburken

Auf dem *Friedhof* befindet sich ein Sammelgrab neun unbekannter KZ-Häftlinge. Die Häftlinge aus dem KZ-Außenkommando Neckarelz starben Ende März 1945 in einem »Evakuierungs«-zug, als dieser für drei Tage vor der Gemeinde Osterburken abgestellt war. Das Grab ist nicht gekennzeichnet, auf ihm wurden mehrere Büsche angepflanzt.

Pfinztal

Im Jahre 1985 erhielt das Gymnasium in Pfinztal den Namen *»Ludwig-Marum-Gymnasium«*. Ein *Denkmal* der Künstlerin Mariella Hanstein mit dem Kopf Ludwig Marums erinnert an den Rechtsanwalt und sozialdemokratischen Stadtverordneten in Karlsruhe und späteren badischen Justizminister, der als einer der ersten Gegner der Nationalsozialisten verhaftet wurde und 1934 im KZ Kislau ums Leben kam. (s. Karlsruhe, Bruchsal und Bad Schönborn)

Pforzheim

Am 11. November 1967 wurde zur Erinnerung an die verfolgten jüdischen Bürger der Stadt und an die 1938 zerstörte Synagoge in der *Zerrennerstraße* ein *Gedenkstein* mit folgendem Text (auf der Vorder- und Rückseite) enthüllt:

> Unweit dieser Stelle stand von 1893 bis 1938
> die Synagoge der Jüdischen Gemeinde. Frevlerhände zerstörten sie am 10. November 1938.
> Der Erinnerung an dieses Haus und dem Andenken
> der ehemaligen jüdischen Mitbürger widmet die
> Stadt Pforzheim diesen Stein.
> Durch den Segen der Frommen wird eine Stadt
> erhoben. Durch den Mund der Gottlosen wird
> sie zerbrochen. Buch der Sprüche 11/11

Gegenüber dem Siloah-Krankenhaus wurde 1981 in der seit 1970 nach dem Ehepaar Kuppenheim benannten *Kuppenheimstraße* am Wallberg ein *Gedenkstein* mit einer Bronzetafel aufgestellt zur Erinnerung an den Arzt Dr. Rudolf Kuppenheim und seine Frau, die sich am 22. Oktober 1940 das Leben nahmen, um der Deportation in das Konzentrationslager Gurs in Südfrankreich zu entgehen. An diesem Tage wurden über 6500 Juden aus Baden, dem Saarland und der Pfalz in mehreren Deportationszügen verschleppt: Die ersten »Reichsgaue« waren »judenfrei«. Viele der meist über 50jährigen kamen in Gurs durch Hunger, Kälte und die Strapazen ums Leben, die anderen wurden später nach Auschwitz gebracht und dort ermordet. Nur wenige konnten fliehen oder emigrieren, und nur wenige kehrten zurück (Näheres s. Mannheim). Der Text lautet:

> Zur Erinnerung an Frauenarzt Dr. Rudolf Kuppenheim
> und seine Frau Lily, gestorben 1940
> als Opfer der nationalsozialistischen Judenverfolgung.

Der alte *jüdische Friedhof* an der *Eutinger Straße* wurde 1985 als Gedenkstätte hergerichtet. Die Nationalsozialisten hatten ihn im Jahre 1940 abgeräumt und eingeebnet. Reste von Grabsteinen sind in einer 1940 errichteten Mauer zu erkennen. Heute informiert eine *Gedenktafel* mit folgendem Text:

Jüdischer Friedhof
Auf dem 1878 hier eingerichteten jüdischen Friedhof fanden bis 1940 378 Tote ihre letzte Ruhestätte. –
In Pforzheim besteht seit dem 12. Jahrhundert eine Jüdische Gemeinde. Sie hatte ab etwa 1800 bis 1878 in der Oststadt einen Friedhof, den die Nationalsozialisten 1940 einebneten. –
Mehr als 200 Pforzheimer Opfer der nationalsozialistischen Gewaltherrschaft sind in Gurs (Südfrankreich), Auschwitz und anderen Konzentrationslagern begraben, verscharrt oder verbrannt worden. Die Grabsteine mahnen zu Toleranz und Humanität.

Auf dem *städtischen Friedhof* (Auf der Schanz) befinden sich 40 Gräber mit den Urnen von namentlich bekannten Opfern der »Euthanasie«-Morde. Im Jahre 1965 errichtete die Stadt Pforzheim hier ein *Mahnmal.* Außerdem liegt in der Nähe ein Urnenfeld, auf dessen Grabplatten die Namen von elf in Konzentrationslagern Ermordeten verzeichnet sind.

Auf dem *Brötzinger Friedhof* sind 32 polnische und sowjetische Zwangsarbeiter begraben. Im Jahre 1985 wurde eine *Gedenktafel* enthüllt:

Mit jedem Vergessen sterben die Toten ein zweites Mal.
Nach dem Überfall Nazi-Deutschlands auf Polen und die Sowjetunion wurden etwa 70 Frauen und Männer zur Zwangsarbeit in die Pforzheimer Rüstungsindustrie verschleppt.
Sie mußten Waffen herstellen, die Tod und Verwüstung über ihre Länder brachten.
32 Männer und Frauen sowie Kinder starben an Unterernährung, Entkräftung, Mißhandlung oder Heimweh, sie sind hier begraben.
Laß nicht den Geringen in Schande davongehen. (Psalm 74,21)

Die wenigen öffentlichen Erinnerungen an die Gegner des Nationalsozialismus in Pforzheim sind die *»Karl-Bührer-Straße«* und die *»Fred-Joseph-Straße«* im Stadtteil *Hohenwart.* Karl Bührer war Lehrer und Mitglied der vor allem im Südwesten stark verbreiteten SAP (Sozialistische Arbeiterpartei), organisierte internationale Kontakte, verteilte antifaschistische Schriften und starb am 21. Dezember 1942 im Zuchthaus Brandenburg. Der junge Apotheker Fred Joseph hatte eine St. Georgs-Pfadfindergruppe aufgebaut und wurde in Auschwitz ermordet.

Literatur:
Brändle, Gerhard, Die jüdischen Mitbürger der Stadt Pforzheim. Dokumentation, hrsg. v.d. Stadt Pforzheim, 1985; Ders., Antisemitismus in Pforzheim 1920–1980. Gurs – Vorhölle von Auschwitz, Pforzheim 1980; Drechsler, Hanno, Die SAPD. Ein Beitrag zur Geschichte der deutschen Arbeiterbewegung am Ende der Weimarer Republik, Meisenheim 1965; Studienkreis Deutscher Widerstand (s. Literatur Baden-Württemberg).

Philippsburg

Eine *Gedenktafel* an dem Haus *Weißetorstraße/Ecke Alte Kirchenstraße* macht auf den ehemaligen Betsaal der Jüdischen Gemeinde aufmerksam, der bis 1938 an dieser Stelle bestand. In der sogenannten Reichkristallnacht wurde das Gebäude angezündet, später zu Wohnzwecken benutzt und im Jahre 1981 abgerissen. Der Text lautet:

Hier stand die Synagoge der Jüdischen Gemeinde.
Sie wurde am 10. November 1938 in der berüchtigten Kristallnacht zerstört.
Uns allen sei diese Tafel
ein Aufruf zur Besinnung
und eine Mahnung zur Brüderlichkeit.

Pleidelsheim

Während des Krieges war im Gemeindewald von Pleidelsheim ein Arbeitslager untergebracht mit polnischen, sowjetischen und französischen Zwangsarbeitern, die beim Bau der Autobahn Stuttgart-Heilbronn und in den umliegenden Industriebetrieben eingesetzt waren. Elf von ihnen starben. Sie wurden auf dem sogenannten *Russenfriedhof* im *Gemeindewald* bestattet, 1977 kamen zwei umgebettete Tote, ebenfalls Zwangsarbeiter, vom Gemeindefriedhof dazu. Neben der Berufsfeuerwehr in Stuttgart, die eine Patenschaft für die Pflege des Friedhofs übernahm, engagierten sich in der jüngsten Zeit vor allem Schüler der Realschule in Marbach für die Pflege und Geschichte des Friedhofs, der lediglich an den Grabsteinen als Begräbnisort sowjetischer Zwangsarbeiter erkennbar ist. (s. auch Bietigheim)

Literatur:
Schardt, Walfried, Fremdarbeiter-Friedhof im Pleidelsheimer Wald. Heimatforschungsstelle der Gemeinde Pleidelsheim (o.J.); Studienkreis Deutscher Widerstand (s. Literatur Baden-Württemberg).

Rainau, Württemberg

Am *Ortsausgang des Ortsteils Dalkingen* in Richtung Westhausen wurde am 20. August 1993 ein *Gedenkstein* zur Erinnerung an die Opfer des

»Hessentaler Todesmarsches« in Dalkingen im April 1945 enthüllt. Die Gedenkplatte trägt die Inschrift:

> Wer vor der Vergangenheit die Augen verschließt, wird blind für die Gegenwart.
>
> Zum Gedenken an die Hinrichtung von 27 KZ-Häftlingen am 7. April 1945.

Die aus Polen stammenden Toten gehörten bis zum 5. April 1945 zu den Insassen des KZ-Außenkommandos Hessental bei Schwäbisch Hall, die mit dem Herannahen der US-Armee nach Süden getrieben wurden. 20 von ihnen starben auf dem »Hessentaler Todesmarsch« (s. Schwäbisch Hall) in Ellwangen, sieben wurden von SS-Wachmännern erschossen. Zusammen wurden sie in einer Sandgrube bei Dalkingen verscharrt. Auf Anweisung der amerikanischen Militärregierung wurden die Leichen im Juni 1945 auf dem Friedhof von Dalkingen bestattet. 1956 wurden sie auf den KZ-Friedhof in Kochendorf (s. Bad Friedrichshall) umgebettet.

Quelle:
Landeszentrale für politische Bildung Baden-Württemberg (Hrsg.), Erschossen und verscharrt. Gedenkstein zur Ermahnung und Erinnerung an die Opfer des Hessentaler Todesmarsches Dalkingen 1945. Dokumentation, Stuttgart 1994.

Randegg siehe Gottmadingen

Rastatt

Ein außergewöhnlicher Ort für ein Gedenkzeichen ist in Rastatt zu finden. Auf dem *Alten Friedhof* gibt es seit Ende des letzten Jahrhunderts einen *Findling,* der an die standrechtlich erschossenen Revolutionäre von 1848 erinnert. Direkt daneben wurden im Jahre 1951 *zwei kleinere Findlinge* aufgestellt für zwei Gegner und Opfer der Nationalsozialisten. Die Inschriften lauten:

> Hugo Levi, geb. 18. 4. 1889, am 26. 4. 1945
> auf dem Todesmarsch vom Konzentrationslager Dachau
> der Willkür des Faschismus zum Opfer gefallen.
>
> Karl Geiges, geb. 29. 4. 1883, am 25. 2. 1945
> im Konzentrationslager Dachau
> der Willkür des Faschismus zum Opfer gefallen.

Im *Patientengarten des Kreiskrankenhauses* von Rastatt, früher der alte Friedhof, steht ein weiterer *Gedenkstein* für den jüdischen Rastatter Bürger und früheren Stadtrat Hugo Levi. Er war einer von wenigstens 53 Frauen, Männern und Kindern aus Rastatt, die als Juden von den Nationalsozialisten verfolgt und umgebracht wurden.

Auf dem *jüdischen Friedhof* an der *Karlsruher Straße/Ecke Gerwigstraße* erinnert seit 1972 ein *Gedenkstein* an diese Menschen, deren Namen aufgeführt sind. Ihre Synagoge am *Leopoldring 2* wurde wie so viele andere in Deutschland in der »Reichskristallnacht« geschändet und niedergebrannt. Nur das Rabbinatsgebäude nebenan blieb erhalten, an dem eine *Gedenktafel* an die Geschichte und Verfolgung der Rastatter Juden erinnert.

Literatur:
Steifvater, Oskar, Geschichte und Schicksal der Juden im Landkreis Rastatt, 1965; Studienkreis Deutscher Widerstand (s. Literatur Baden-Württemberg).

Ravensburg

Im Jahre 1983 wurde in der früheren »Judengasse« (heute *Grüner-Turm-Straße*) eine *Tafel* zum Gedenken an die Jüdische Gemeinde und ihre Verfolgung angebracht. Sie hat folgenden Text:

> An dieser Stelle befand sich im Mittelalter
> eine Synagoge (erwähnt 1345) als Mittelpunkt der kleinen Jüdischen Gemeinde,
> die von 1330 bis 1429 in Ravensburg nachweisbar ist. Die Juden lebten gettoartig
> in der heutigen Grüner-Turm-Straße,
> die bis 1934 Judengasse hiess. 1429 wurden
> die jüdischen Mitbürger aus der Stadt
> vertrieben. Erst im 19. Jh. konnten sich in
> Ravensburg wieder Juden niederlassen.
> Doch blieb ihre Zahl so klein, daß es nicht
> zur Wiedererrichtung einer Synagoge kam.
> Sie wurden in der Zeit des Nationalsozialismus
> 1933 bis 1945 erneut verfolgt und vertrieben.

Im *Psychiatrischen Landeskrankenhaus Weissenau,* in dem gleichnamigen Stadtteil von Ravensburg, erinnert ein *Gedenkstein* für die Opfer der NS-Zeit an die Patienten, die von hier aus im Rahmen der sogenannten »Euthanasieaktion« im Jahre 1940 weggebracht und ermordet wurden. (s. zu den Patientenmorden auch Gomadingen-Grafeneck)

Ravenstein, Baden

In dem Stadtteil *Merchingen* der Gemeinde Ravenstein erinnert an der katholischen Kirche, *Buchenweg 15,* ein *Gedenkstein* an die Geschichte dieses

Gotteshauses. Bis 1938 diente es den Juden als Synagoge und wurde nach der Demolierung durch die Nationalsozialisten und jahrelangem Leerstand im Jahre 1951 als katholische Kirche eingeweiht. Der Gedenkstein zitiert unter dem Relief eines Laubbaums, der aus einem siebenarmigen Leuchter emporzuwachsen scheint, die Mahnung des Apostel Paulus an die Christen in Rom, die Herkunft ihrer Religion aus dem Judentum zu respektieren:

Nicht du
trägst die Wurzel
sondern die Wurzel
trägt dich.
Röm. 11,18

Reutlingen

Auf dem *Alten Friedhof*, Unter den Linden, befinden sich acht Einzelgräber und einige Sammelgräber mit ausländischen Toten, Opfern von Zwangsarbeit. Ein sarkophagähnliches *Denkmal* aus dem Jahre 1952 mit einer darauf liegenden menschlichen Skulptur trägt die Inschrift:

Den Opfern der Gewalt
1933–1945

Im Krematorium des Friedhofs wurden zwischen Oktober 1944 und Januar 1945 die ersten Toten der Konzentrationslager Rottenburg-Hailfingen, Bisingen (s. dort) und anderer Lager der »Gruppe Wüste« verbrannt.
In einer von dem ehemaligen »Schutzhäftling« Bruno Lindner zusammengestellten Liste mit über 70 Konzentrationslagern, Außenkommandos, »Arbeitserziehungs-«, Zwangsarbeiter- und anderen Lagern in Baden und Württemberg in der Zeit der NS-Herrschaft wird unter Reutlingen ein Zwangsarbeiterlager mit 3 950 Menschen angegeben. Diese Daten finden sich auch in der Ersten Liste aller Lager und Gefängnisse des Internationalen Suchdienstes »Catalogue of Camps and Prisons in Germany and German-occupied Territories«.

Im Jahre 1987 wurde an einer Gartenmauer hinter dem *Heimatmuseum*, direkt gegenüber dem Eingang zur Stadtbibliothek, eine *Gedenktafel* angebracht, die in drei Szenen Streit und Versöhnung zwischen Christen und Juden symbolisiert und den Text enthält:

Nicht vergessen! Hoffen!
Zur Erinnerung an unsere
Reutlinger jüdischen Mitbürger.

Sie geht auf einen Schülerwettbewerb zurück und wurde von der damals 12jährigen Stefanie Marx entworfen und von ihrer Klasse des Friedrich-List-Gymnasiums realisiert. Aber im Gegensatz zum Entwurf der Kinder, der ein Gebet Johannes XXIII. »Vergib uns den Fluch, den wir zu Unrecht an den Namen der Juden hefteten« zitierte, entschieden die Politker sich für eine abschwächende Fassung. Auch der Ort, der keinen Bezug zur jüdischen Geschichte der Stadt hat, wurde öffentlich kritisiert und statt dessen auf Flugblättern vorgeschlagen: »Die Tafel befindet sich am falschen Platz. Sie gehört dorthin, wo Reutlinger Juden schweres Leid und Unrecht erlitten«.

Aus *Sickenhausen*, Gemeinde Reutlingen, stammt der Obergefreite Karl Erb, der wenige Tage vor dem Einmarsch der amerikanischen Truppen in der bayerischen Ortschaft Mitterteich desertierte, aber am 18. April 1945 aufgegriffen und nach kurzem Standgericht erhängt wurde. Seine Gebeine wurden 1952 exhumiert und in seinen Heimatort Sickenhausen überführt. In Mitterteich erinnern eine Straße und eine Bronzetafel an Karl Erb (s. Bayern: Mitterteich).

Quellen:
Die Liste von Bruno Lindner wurde erstmals veröffentlicht in: Julius Schätzle, »Stationen zur Hölle. Konzentrationslager in Baden und Württemberg 1933–1945«, (2. Aufl.) Frankfurt a.M. 1980, S.63–66; Weinmann, Martin (Hrsg.), Das nationalsozialistische Lagersystem (CCP), Frankfurt 1990, S.503; Stadtverwaltung Reutlingen (Hrsg.), Die Reutlinger Gedenktafel zur Erinnerung an jüdische Mitbürger. Dokumentation eines Schülerwettbewerbs (1987).

Rexingen siehe Horb

Rot am See

In der Ortschaft *Brettheim*, einer Teilgemeinde von Rot am See, findet sich an der *Friedhofsmauer* eine *Gedächtnistafel* mit folgendem Text:

Unser Bürgermeister Leonhard Gackstatter
und unsere Mitbürger, Bauer Friedrich Hanselmann
und Hauptlehrer Leonhard Wolfmeyer,
wollten am Ende des schon verlorenen
Krieges Blutvergießen und sinnlose
Zerstörung durch rechtes Handeln
verhindern. Sie wurden von der SS
verhaftet und am 10. April 1945
an diesen Linden erhängt.

Am 8. Mai 1992 wurde im örtlichen Rathaus eine *Erinnerungsstätte* mit dem Titel »Die Männer von Brettheim« eröffnet.

1945 waren der Bauer Friedrich Hanselmann, der Bürgermeister Leonhard Gackstatter und der Lehrer und Ortsgruppenleiter Leonhard Wolfmeyer von der SS erhängt worden. Hanselmann hatte sich zusammen mit dem Gemeindediener Friedrich Uhl, der aber fliehen konnte, an der Entwaffnung von vier Hitlerjungen beteiligt, die Brettheim gegen die vorrückenden Amerikaner halten sollten. Gackstatter und Wolfmeyer hatten sich geweigert, das Todesurteil gegen Hanselmann zu unterschreiben. Vier Tage lang hingen die Toten an den Bäumen vor dem Friedhof, bis sie endlich abgenommen und bestattet werden durften. Im Jahre 1960 wurde der Vorsitzende des SS-Standgerichtes, Gottschalk, zu dreieinhalb Jahren Gefängnis verurteilt, während der kommandierende General und SS-Gruppenführer Simon freigesprochen wurde. »Ich würde heute wieder genauso handeln«, ließ er vor dem Ansbacher Schwurgericht verlauten.

Kontakt:
Seit 1980 widmet sich ein Förderverein in Brettheim der Geschichte dieser Männer, vermittelt Ortsführungen, Diskussionen, Filmvorführungen. Er ist Träger der Erinnerungsstätte im Rathaus, die den Themenbereich »Heimatkrieg im Endstadium des 3. Reiches« umfaßt sowie die langjährigen Nachkriegsprozesse. Die Landeszentrale für politische Bildung Baden-Württemberg veranstaltet mit der Gemeinde Brettheim Seminare zur Lehrerfortbildung.

Anschrift:
Erinnerungsstätte »Die Männer von Brettheim«, Rathaus, 74585 Rot am See/Brettheim, Tel.: 07958/366.

Literatur/Film:
Ausstellungskatalog; Landeszentrale für politische Bildung Baden-Württemberg (Hrsg.), Die Männer von Brettheim. Lesebuch zur Erinnerungsstätte, Villingen-Schwenningen 1993; Ströbel, Otto, Die Männer von Brettheim, Kirchberg a.d. Jagst, 2. Aufl. 1988; Videofilm »...und man wollte doch Unheil vermeiden« von der Filmgruppe der Oskar-von-Miller-Realschule Rothenburg o.T. bei: Thilo Pohle, Zuckmantelstr. 4, 91616 Neusitz, Tel. 09861/3071.

Rotenfels siehe Gaggenau

Rottenburg am Neckar

Auf dem *jüdischen Friedhof* des Dorfes *Baisingen*, heute ein Ortsteil der Gemeinde Rottenburg, steht ein *Gedenkstein* (nordwestlich des Ortes, Galgenweg am Waldrand), den der aus dem Konzentrationslager Theresienstadt zurückgekehrte Baisinger Bürger und Viehhändler Harry Kahn gestiftet hat. Er erinnert an die Baisinger Juden, die in der nationalsozialistischen Verfolgung ums Leben kamen.

1987 wurde auch am *Rathaus* eine *Tafel* enthüllt, welche die mehr als 300jährige Geschichte der Baisinger Juden wachhalten soll:

> Zum ehrenden Gedenken an die jüdischen
> Gemeindemitglieder von Baisingen, die von
> 1640 – 1843 ein blühendes Gemeindeleben
> mit zuletzt 235 jüdischen Bewohnern hier
> aufbauten. Danach verringerte sich die
> Zahl durch Abwanderung. Im 2. Weltkrieg
> wurden 60 Baisinger Juden im KZ ermordet.
> 1980 verstarb der letzte jüdische Mitbürger.
> 1640 – 1980

Zwischen Tailfingen (Gemeinde Gäufelden) und Hailfingen (Gemeinde Rottenburg) bestand von 1937 bis 1945 ein Nachtjägerflugplatz, auf dem ab 1941 zahlreiche Kriegsgefangene und Zwangsarbeiter sowie ab Herbst 1944 Häftlinge eines Außenkommandos des Konzentrationslagers Natzweiler im Elsaß arbeiten mußten. Daran erinnert eine *Informationstafel* am Ende der ehemaligen Rollbahn. (Näheres s. Gäufelden)

An dem Haus *Königstraße 52* ist eine *Gedenktafel* angebracht mit dem Text:

> Eugen Bolz
> Staatsmann und Bekenner
> Ehrenbürger der Stadt Rottenburg am Neckar
> Geboren in diesem Haus
> am 15. Dezember 1881
> Hingerichtet in Berlin-Plötzensee
> am 23. Januar 1945
> Timor Domini Initium Sapientiae

Eugen Bolz, württembergischer Justiz- (1919) und Innenminister (1923), später Staatspräsident (1928–1933), war Mitglied der Weimarer Nationalversammlung und von 1920 bis 1933 für das Zentrum im Reichstag. Schon kurz nach der »Machtergreifung« der Nationalsozialisten war er auf dem Hohenasperg in »Schutzhaft« und stand später, seit Anfang 1942, in Kontakt mit Carl Goerdeler, in dessen Kabinett er nach dem geplanten Sturz Hitlers als Kultusminister vorgesehen war. Am 12. August 1944 wurde er nach dem mißglückten Attentat verhaftet und in das Konzentrationslager Ravensbrück gebracht. Später saß er im Gefängnis Lehrter Straße in Berlin. Nach seiner Verurteilung durch den »Volksgerichtshof« wurde er am 23. Januar 1945 in Plötzensee durch Fallbeil hingerichtet.

Literatur:
Becker, Franziska, Wiederkehr, in: Geschichtswerkstatt Heft 16 (1988), S. 42–45 (über die Rückkehr von Harry Kahn nach Baisingen); Hammer, Walter, Hohes Haus in Henkers Hand, Frankfurt 1956; Schumacher, Martin (Hrsg.), M.d.R. Die Reichstagsabgeordneten der Wei-

marer Republik in der Zeit des Nationalsozialismus. Politische Verfolgung, Emigration und Ausbürgerung 1933–1945, Düsseldorf 1991 (S. 133–141).

Rottweil

Am Standort der ehemaligen Synagoge, *Cameralamtsgasse 6,* ist eine *Gedenktafel* angebracht mit der Inschrift:

> Dieses Haus war 1861–1938
> Synagoge der Juden von Rottweil

Nach der Zerstörung durch die Nationalsozialisten diente das Gebäude zunächst für unterschiedliche gewerbliche Zwecke und wurde 1979 an den Stadtjugendring vermietet. Die Jugendlichen entdeckten die ursprünglichen Bemalungen und restaurierten auf eigene Initiative den Raum, der heute jedoch vom Hausbesitzer als Fahrschule genutzt wird.

Am Rande des Rottweiler Stadtteils *Zepfenhan* befand sich im Herbst und Winter 1944/45 im Zusammenhang mit dem Arbeitslager Schörzingen eine Ölschiefer-Abbaufläche. Ruinenreste von Industrieanlagen befinden sich im Waldgebiet südlich von Zepfenhan. (s. Schömberg-Schörzingen)

Literatur:
Hahn, Joachim, Synagogen in Baden-Württemberg, Stuttgart 1987, S. 85–86; Hecht, Winfried, Reichskristallnacht in Rottweil, Stadtarchiv Rottweil, 1988.

Rudersberg, Württemberg

In der schwäbischen Gemeinde Rudersberg, westlich von Welzheim, wurde im Jahre 1983 eine *Gedenktafel* mit folgender Inschrift aufgestellt:

> Zum Gedenken an die Leiden der
> Frauen und Mädchen, die in den
> Jahren 1942–1945 in Rudersberg
> gefangengehalten und von hier in
> die KZ-Vernichtungslager gebracht wurden.

1942 beschlagnahmte die Gestapo in Rudersberg das Gebäude einer Gaststätte »Zur Rittersburg« und ließ es zu einem »Arbeitserziehungslager« (AEL) für Frauen umbauen. Die Gefangenen kamen zum größten Teil aus Polen und der Sowjetunion, aber auch aus Frankreich und den Niederlanden. Sie waren meist wegen »mangelhafter Arbeit« in Fabriken und an anderen Arbeitsstellen zu mehreren Wochen »Arbeitserziehungslager« verurteilt worden. Für deutsche Frauen und Mädchen war der Haftgrund zumeist »Arbeitsvertragsbruch« durch freundschaftliche Beziehungen zu Ausländern, Unterstützung von Ausländern mit Nahrungsmitteln u. a. Auch politische Häftlinge kamen später nach Rudersberg. Der Arbeitseinsatz erfolgte zum Teil im Holzwerk Rudersberg, zum Teil bei der Firma Bauknecht in Welzheim oder bei Bauern und anderen Privatleuten. Das ursprünglich für 140 Häftlinge eingerichtete Lager wurde nach der Bombardierung der Stuttgarter Polizeigefängnisse Durchgangslager und war zeitweise mit 200 und mehr Häftlingen belegt. Die Unterbringung war schlecht, die Verpflegung mangelhaft. Viele Häftlinge wurden im Lager schikaniert, mißhandelt und gequält. Rudersberg war für viele Frauen 1944/45 Durchgangslager vor ihrem Transport in die Konzentrationslager Auschwitz und Ravensbrück.
Auf dem *Friedhof* Rudersberg befinden sich Gräber von Frauen, die während der Lagerzeit ums Leben kamen.

Quellen:
Arbeitsgemeinschaft Sozialdemokratischer Frauen im Rems-Murr-Kreis (Hrsg.), Das Frauenarbeitserziehungslager in Rudersberg, Schorndorf o. J.; Internationaler Suchdienst (Hrsg.), Haftstätten-Verzeichnis, Arolsen 1979, S. 680 (gibt für die Existenz des Lagers den Zeitraum von Juni 1944 bis zum 29. März 1945 an); Schätzle, Julius, a. a. O. (s. Reutlingen), S. 45 ff.

Rust, Baden

Am Lagerhaus der Raiffeisenbank in der *Klarastraße 14* erinnert eine *Gedenktafel* daran, daß hier einstmals die Synagoge der Jüdischen Gemeinde Rust stand. Die Nationalsozialisten demolierten 1938 die Synagoge in der »Reichskristallnacht«, zerstörten aber nicht das Gebäude. Es stand noch bis 1964 und wurde abgerissen nach heftigen Debatten, in denen sich die Kritiker nicht durchsetzten konnten mit ihrem Argument, daß der Abbruch eines ehemaligen jüdischen Gotteshauses grundsätzlich völlig indiskutabel sei.
Auf der Tafel steht statt dessen, durch »Kriegseinwirkungen« sei die Synagoge zerstört worden. Der vollständige Text lautet:

> Hier stand die Synagoge
> der Israelitischen Gemeinde Rust.
> Sie wurde am 10. Nov. 1938
> unter der Herrschaft der Gewalt
> und des Unrechts geschändet
> und 1944 durch Kriegs-
> einwirkungen zerstört.

Literatur:
Hahn, Joachim, Synagogen in Baden-Württemberg, Stuttgart 1987, S. 64; Schicksal und Geschichte... (s. Ettenheim).

Sachsenheim, Württemberg

Auf dem *Ausländerfriedhof* des Ortsteils *Großsachsenheim* erinnert ein *Gedenkstein* an die 665 Toten eines »Krankenlagers«, die hier beigesetzt sind. Eine ältere Gedenkplatte trägt die Inschrift:

> Fern der Heimat ruhen hier 665 Tote,
> Opfer des Krieges und der Gewalt-
> herrschaft. 1933–1945.
> Gedenket ihrer, sie mahnen die Lebenden.

In Großsachsenheim wurde im Oktober 1944 im Zusammenhang mit den Lagern Vaihingen und Unterriexingen ein »Krankenlager« mit bis zu 600 Zwangsarbeitern der anderen Lager eingerichtet, das tatsächlich aber ein Sterbelager war. Es lag am Südrand des Flugplatzgeländes, etwa 200 Meter hinter der Abzweigung nach Oberriexingen. Unter den erbärmlichen Verhältnissen starben viele der kranken Häftlinge und wurden hier begraben. (s. Markgröningen-Unterriexingen, Vaihingen und Bietigheim)
Nachdem die 665 kleinen Steinplatten auf den Gräbern mit ihren lediglich eingeritzten Nummern wenig über die Toten und ihre Geschichte aussagten, wurde im Jahre 1991 eine informativere Inschrift angebracht:

> Hier ruhen 668 osteuropäische Zwangsarbeiter,
> Opfer der NS-Gewaltherrschaft, die 1943 - 1945
> im »Krankenlager für ausländische Arbeitskräfte
> Großsachsenheim« umgekommen sind. Das Lager
> befand sich auf dem Gelände des ehemaligen
> Militärflughafens Großsachsenheim, wenige
> Hundert Meter von hier.
>
> Unter den Opfern sind 23 Kinder, die z.T. im Lager
> geboren waren, 33 Jugendliche und 257 Frauen.
> 647 der Toten sind russische und 18 polnische
> Staatsangehörige.
>
> Die Kranken im Lager versorgte der jüdische Arzt
> Dr. Levi aus Pfalzgrafenweiler, Kreis Freudenstadt,
> dem 1933 die Approbation als freier Arzt entzogen
> war. Er kam am 19. Dezember 1944 bei einem
> Luftangriff auf dem Flughafen ums Leben.
> Zur mahnenden Erinnerung an die Opfer errichtete
> die Stadt Sachsenheim diese Gedenkstätte.

Literatur:
Das Krankenlager Großsachsenheim – ein Todeslager, in: Streiflichter aus Verfolgung und Widerstand, VVN-Kreisvereinigung Ludwigsburg (Hrsg.), Heft 3 (1987), S. 44–46.

Sandhausen, Baden

Ein *Gedenkstein* neben dem Haus *Hauptstraße 115,* der früheren Synagoge, erinnert seit 1961 an die ehemalige Jüdische Gemeinde von Sandhausen. Sechs Mitglieder der Gemeinde kamen bei der Deportation nach Gurs ums Leben oder wurden in Auschwitz ermordet. Durch den Verkauf war die Synagoge der Zerstörung entgangen und wurde als Abstellraum genutzt. Heute dient sie unter der Bezeichnung »Alte Kirche/Synagoge« kulturellen Veranstaltungen. Der Stein trägt die Aufschrift:

> Denn Tag und Nacht beweine ich die Toten. Jer. 8,23
> Den Juden Sandhausens und ihrer Synagoge zum
> Gedenken.
> Verfolgt durch die Nationalsozialisten
> kamen sie in den Jahren 1933 - 1945
> ums Leben oder wurden ihrer Heimat beraubt.

Sandhofen siehe Mannheim

St. Blasien siehe Waldshut

Saulgau

Auf dem *städtischen Friedhof* gibt es ein *Ehrenmal* für die Gefallenen der beiden Weltkriege, in das zwei Grabplatten mit den Namen von 35 Opfern aus dem KZ-Außenkommando Saulgau eingefügt wurden. Die Namen der Toten, die vom ehemaligen KZ-Friedhof hierher umgebettet wurden, stimmen nur teilweise, da die Standesämter in der Regel nicht informiert wurden.
In Saulgau bestand vom 14. August 1943 bis zum 22. April 1945 ein Außenkommando des KZ Dachau. Bei der Maschinenfabrik Bautz mußten bis zu 400 Häftlinge, darunter einige polnische Juden, für die Firma Luftschiffbau Zeppelin aus Friedrichshafen Teile für die Fernrakete V 2 bauen. Das Lager wurde fünf Tage vor dem Einmarsch französischer Truppen von einem Häftling angezündet. Heute ist das Gelände mit einem Supermarkt überbaut.

Auf dem *Friedhof* in *Hochberg* (Gemeinde Saulgau) ist geplant, an dem Mahnmal für die Toten zusätzlich eine *Gedenktafel* für den katholischen Kriegsdienstverweigerer Josef Ruf aufzustellen. Die Anregung geht auf die katholische Friedensorganisation »Pax Christi« zurück, die hier im Jahre 1990 in einer Feier des 50. Todestages von Josef Ruf gedachte.
Josef Ruf, 1905 in Hochberg geboren, war Laienbruder der Christkönigsgesellschaft in Meitingen und konnte es wie andere Mitglieder dieser katholischen Gemeinschaft (z.B. Michael Lerpscher) nicht mit dem Geist des Evangeliums vereinbaren, mit der Waffe in der Hand in den Krieg zu ziehen. Ruf wäre aber bereit gewesen, verwundete Soldaten zu

bergen und zu pflegen. Am 10. Oktober 1940 endete sein Leben unter dem Fallbeil. (Zur Christkönigsgesellschaft s. Bayern: Meitingen; zu Lerpscher s. Bayern: Missen.)

Schefflenz

In dem Ortsteil *Kleineicholzheim* der Gemeinde Schefflenz gab es bis zur Zeit des Nationalsozialismus eine Jüdische Gemeinde, die ihre Toten auf dem *jüdischen Friedhof* in *Bödigheim* (Gemeinde Buchen) bestattete. Dort gibt es eine *Gedenktafel*, die an die acht jüdischen Opfer des Terrors und der Verfolgung der Jahre 1933–1945 aus Kleineicholzheim erinnert. (s. Buchen)

Schemmerhofen

Im Kinderheim Ingerkingen, einem Teil der »Heggbacher Einrichtungen« in *Maselheim*, erinnert ein *Wachsgraffito* in der Eingangshalle des Hauses St. Franziskus, Oberstadionerstraße 14, an die Opfer der »Euthanasie«-Mordaktion. 72 Kinder des damaligen »Kinderasyls Ingerkingen« fielen im Jahre 1940 der »Euthanasie« zum Opfer, nur elf der jungen Patienten überlebten die Zeit des Nationalsozialismus. (Näheres zum Erwachsenenheim und Literatur s. Maselheim)

Schirmeck, Frankreich

Ein Konzentrationslager im Elsaß in Frankreich, von dem Außenkommandos in *Gaggenau* und *Haslach* stationiert waren. (s. dort)

Schömberg bei Balingen

Südwestlich von Schömberg, auf dem Gebiet des Ortes *Schörzingen,* erinnern eine *Gedenkstätte mit einem Mahnmal und ein Gedenkpfad im Eckerwald* an ein KZ-Außenlager und machen auf die Reste der Schieferölwerke aufmerksam, die die Nationalsozialisten in den Jahren 1944 und 1945 hier von Tausenden von KZ-Häftlingen errichten ließen. Die Gedenkstätte ist ein Ort der Erinnerung an mehrere Zwangseinrichtungen, diverse Außenlager und insgesamt dreizehn Werke des »Projekts Wüste«, die in der ganzen Region bis April 1945 bestanden. (s. auch Bisingen, Dormettingen)

Alle Anlagen dienten dem Versuch, in den zwischen Schwarzwald und Schwäbischer Alb gelegenen Ölschiefergebieten den Schiefer abzubauen, um daraus Öl zu gewinnen und Treibstoff zu produzieren. Nach den Kriegsverlusten der Nationalsozialisten und der Schwierigkeit der Rohstoff- und Energieversorgung entwickelte die SS ab 1943 das »Projekt Wüste« mit zehn vorgesehenen Werken (Dußlingen-Nehren, Bisingen, Engstlatt, Erzingen, Dormettingen, Dautmergen, Schömberg und Zepfenhan) in einem Gebiet von etwa 50 km von Nehren (bei Tübingen) im Norden bis hierher im Eckerwald. Am »Projekt Wüste« war ein ganzes Geflecht von Firmen beteiligt, und es gelang auch mit einem ungeheuren Einsatz von Material und der Arbeit Tausender Menschen ein Schweröl zu produzieren, jedoch mit geringer Ausbeute. Die Häftlinge kamen zunächst aus dem Stammlager Natzweiler-Struthof (Elsaß), später überwiegend aus den Konzentrationslagern Dachau und Auschwitz. Das Lager im Elsaß verwaltete die sieben Konzentrationslager als seine Außenlager.

Mahnmal im Eckerwald: Die am 23. April 1989 errichtete, von dem Rottweiler Bildhauer Siegfried Haas geschaffene Bronzefigur eines gefesselten Mannes erinnert an das Leiden und Sterben der Häftlinge aus vielen Ländern in den SS-Schieferölwerken und den südwürttembergischen Außenlagern des Konzentrationslagers Natzweiler-Struthof.

Eine der Produktionsanlagen wurde hier im Februar 1944 als Werk Zepfenhan im Eckerwald errichtet, dessen zahlreiche Ruinen noch erhalten sind. Nach dem Krieg ist das Gelände bald mit Bäumen und Sträuchern überwuchert und wurde erst in den Jahren 1987/88 aufgrund des Engagements einer örtlichen Initiative durch einen *Gedenkpfad* zugänglich gemacht. Deutlich lassen sich im Wald die aus Backsteinen gemauerten Rohrhalterungen, Lagerhäuser und die betonierten Ständer der Kesselanlagen oder die Behälter und Becken für das Rohöl erkennen. Eine *Dokumentationsstätte* in der Ruine eines der Gebäude, ehemals die Gasreinigungsanlage der Schieferölfabrik, informiert über das »Projekt Wüste«. In zehn wetterfesten Schaukästen gibt die *Dauerausstellung* Auskunft über die Schieferölprojekte und die dazugehörigen sieben Konzentrationslager in Südwürttemberg, das Lager Schörzingen und den Eckerwald, das Stammlager Natzweiler-Struthof im nahen Elsaß sowie die übrigen Konzentrationslager in Baden und Württemberg und die Befreiung der überlebenden Häftlinge.
Davor steht eine *Bronzeplastik* des Rottweiler Bildhauers Siegfried Haas: ein kniender, zurückgebeugter Mann, die Hände auf den Rücken gebunden. In die *Bodenplatte* ist der Text eingraviert:

Die Hölle entspringt aus uns Menschen,
Wenn wir Fremde und Gedrückte allein lassen,
Wenn wir den Nachteil fliehen,
Wenn wir um jeden Preis den Vorteil für uns nehmen.

In unmittelbarer Nähe ist eine *Tafel* angebracht, die auf die NS-Verbrechen und die Opfer im Eckerwald hinweist.

Die ständig etwa 500 KZ-Häftlinge dieses Werkes Zepfenhan waren in dem vier Kilometer entfernten Lager *Schörzingen* untergebracht. Vor allem Menschen aus Osteuropa wurden ausgewählt, die kein Deutsch sprachen. Die SS wollte verhindern, daß Informationen nach außen gelangten. Ursprünglich war das Lager für 200 Häftlinge angelegt, am Ende waren es über 1000. Aufgrund der katastrophalen Lebens- und Arbeitsbedingungen starben mindestens 549 Häftlinge, die zunächst im Krematorium in Schwenningen oder Tuttlingen (s. dort) verbrannt und später in einem Massengrab unmittelbar beim Lagergelände begraben wurden. Nach dem Kriege wurde an dieser Stelle der *KZ-Friedhof Schörzingen* mit 149 Einzelgräbern eingerichtet. In der *Friedhofskapelle* sind sechs *Tafeln* angebracht mit 424 Namen, nach Nationalitäten geordnet: 31 Franzosen, 19 Italiener, fünf Tschechen, vier Böhmen, zwei Belgier, 24 Deutsche, 39 Jugoslawen, ein Norweger, ein Grieche, 21 Slowenen, zwei Serben, 77 Russen, 198 Polen. Über den Tafeln stehen die Worte:

Die Opfer des Konzentrationslagers Schörzingen

Auch in *Schömberg* selbst bestand von Dezember 1943 bis zum April 1945 ein Lager der Gruppe »Wüste«, das sogenannte »Bahnhofs-KZ« als Außenlager des KZ Natzweiler/Elsaß. Auf dem *Friedhof in Schömberg* befinden sich Gräber von 1 777 Häftlingen. Ein *Kreuz* mit reliefartigen Darstellungen erinnert an die Opfer. Die Inschrift auf dem Sockel lautet:

Den Opfern ruchloser Gewalt
Im Lager Schömberg litten und starben für
ihre Überzeugung
in der Zeit von Januar 1944 bis zum April 1945
1 777 politische Gefangene,
darunter 5 Belgier, 18 Deutsche, 110 Franzosen,
6 Holländer,/
18 Italiener, 97 Jugoslawen, 99 Letten und Litauer,
9 Norweger,/
34 Tschechoslowaken, 669 Polen, 8 Rumänen,
124 Russen, 2 Schweizer,
248 Ungarn und 330 Staatenlose.

Ein *jüdisches Mahnmal* trägt auf der linken Seite folgende Inschrift:

Bedenke, oh Mensch, wo Du stehst!
Hier liegen heilige Opfer einer Zeit
des Unheils, der Gewaltherrschaft und des
Rassenwahns, in der Menschen des Glaubens
wegen aus ihrer Heimat verschleppt, entrechtet,
entwürdigt und gepeinigt,
dem Leben entrissen auf
diesem Totenfeld
die letzte Stätte
gefunden haben.

Auf der rechten Seite lautet die Inschrift:

Auf diesem mit Kreuzen
bedeckten Feld ruhen
auch viele Juden,
darunter 780 aus Wilna,
zu viele sind es,
um Namen zu nennen,
doch wisse:
Niemand und Nichts
ist vergessen

Anfahrt:
Über die BAB-Ausfahrt Rottweil, an Rottweil vorbei und durch Wellendingen, Richtung Schömberg und nach 3 km Abzweigung links nach Zepfenhan. An dieser Abzweigung ist ein Parkplatz, von dem ein Fußweg zur Gedenkstätte beschildert ist.

Dokumentationsstätte in den Ruinenmauern der Schieferölfabrik bei Zepfenhan im Eckerwald: Zehn in die Mauern eingelassene, wetterfeste Schaukästen informieren über das »Projekt Wüste« der SS und die dazugehörigen KZ-Außenlager, darunter die Lager Schömberg und Schörzingen.

Kontakt und Informationen:
Initiative Gedenkstätte Eckerwald e.V., c/o Bernhard Pahlmann, Schillerstr. 15, 78628 Rottweil. Die Initiative hat eine Dokumentation (»Gedenkpfad Eckerwald« – Das südwürttembergische Schieferölprojekt und seine sieben Konzentrationslager. Das Lager Schörzingen und sein Außenkommando Zepfenhan, 1991) herausgegeben und macht auf Anfrage auch Führungen im Eckerwald.

Quellen/Literatur:
Crime SS – Témoinage pour la postérité. Préface du capitaine A. Bessy, Gouverneur Militaire de Rottweil, 1.7. 1945 (über das KZ Schörzingen); Emig, Dieter und Frei, Alfred G., »...die Fremdheit der Dinge und Personen aufheben.« Über Versuche, Heimat neu zu entdecken, in: Heimat – Analysen, Themen, Perspektiven (Schriftenreihe der Bundeszentrale für politische Bildung Bd. 294/ I u. II), Bonn 1990, I, S.322f.; Holoch, Rudi, Das Lager Schörzingen in der »Gruppe Wüste«, in: Vorländer, Herwart (Hrsg.), a.a.O. (s. Literaturverzeichnis zu Baden-Württemberg), S.225–268; Internationaler Suchdienst (Hrsg.), Haftstätten-Verzeichnis, Arolsen 1979, S.210; Verein für Friedenspädagogik Tübingen (Hrsg.), Mit anderen Augen. Eine Radtour zu Stationen nationalsozialistischer Gewaltherrschaft in Baden-Württemberg, Tübingen 1989, S.24–29.

Konzentrationslager Dautmergen

Ein weiteres Konzentrationslager auf dem Gebiet der Gemeinde Schömberg bestand vom 28. August 1944 bis zum 18. April 1945 als Außenkommando des KZ Natzweiler/Elsaß, das seine Bezeichnung »KZ Dautmergen« nach der Nachbargemeinde *Dautmergen* erhielt, um es von dem sogenannten Bahnhofs-KZ in Schömberg zu unterscheiden. Es lag rechts der Straße von Schömberg nach Dautmergen. Das Gelände wird heute landwirtschaftlich genutzt, und es gibt keine sichtbaren Hinweise an die Geschichte des Lagers.

Das Konzentrationslager Dautmergen war unter den »Wüste-Lagern« das größte und auch das schlimmste. Unter erbärmlichen Arbeits- und Lebensbedingungen mußten die rund 2000 Häftlinge in den Ölschieferwerken der Umgebung arbeiten. In den ersten Wochen starben täglich 40 bis 50 Häftlinge. Eine Ausnahme im SS-Terrorregime war der zweite Lagerleiter, Erwin Dold, der das Amt von Ende Dezember 1944 bis April 1945 innehatte. Er setzte sich energisch auch gegen die Organisation Todt und die SS für bessere Zustände im Lager ein, organisierte für die Häftlinge Fahrzeuge, Lebensmittel, Kleidung, Decken oder Medikamente in der Umgebung. Dold, der nicht Mitglied der SS war, sondern als entlassener Wehrmachtsoffizier an diese Stelle zwangsbeordert worden war, wurde aufgrund zahlreicher Bitten befreiter Häftlinge im Jahre 1947 von einem französischen Militärtribunal freigesprochen, wohl als einziger Kommandant eines deutschen Konzentrationslagers. Die im Lager verstorbenen Häftlinge wurden 1946 auf den *»KZ-Friedhof Schömberg«* nicht weit vom Lager entfernt an der Straße in Richtung Schömberg umgebettet.

Quellen/Literatur:
Gillen, Enry, Das bittere Ende. Eine Studie über das Lager Dautmergen, 1988; Möller A., Ich wollte, daß sie leben. Bericht über einen Helden, in: »Schwarzwälder Bote« 15./16.12.73; Seiterich, Thomas, Ein KZ-Kommandant, den der Himmel schickte. Eine Reportage über den ehemaligen Leiter des Lagers Dautmergen, in: »Publik-Forum« 13.4.1990.

Schöntal, Jagst

Auf dem seit 1623 bestehenden *jüdischen Friedhof* in Schöntal-*Berlichingen* hat die Gemeinde Schöntal (Kreis Hohenlohe) 1985 einen *Gedenkstein* zur Erinnerung an die ehemalige Jüdische Gemeinde und an die während des »Dritten Reiches« verschleppten und ermordeten jüdischen Bürger aufgestellt: Auf einer an einem Findling aus dem Berlichinger Steinbruch angebrachten Bronzetafel sind Daten zur Geschichte der Jüdischen Gemeinde angegeben.

Schörzingen siehe Schömberg

Schopfheim

Vor dem *katholischen Pfarrhaus* im badischen Schopfheim steht ein *Gedenkstein* für den hier geborenen katholischen Priester Max Josef Metzger mit folgender Inschrift:

> Ich sterbe für den Frieden der Welt
> und die Einheit der Kirche.
> Dr. theol. Max Metzger
> geb. am 3. 2.1887 in Schopfheim
> hingerichtet am 17. 4. 1944 in Brandenburg.

Max Josef Metzger war einer der führenden Pazifisten im »Friedensbund Deutscher Katholiken«, gehörte zur »Una-Sancta-Bewegung« in Meitingen und verfaßte während des Krieges eine Denkschrift über das Nachkriegsdeutschland, die für einen Kirchenkreis in Schweden bestimmt war und der Gestapo in die Hände fiel. (s. Bayern: Meitingen)

Schorndorf, Württemberg

Am 7. Mai 1989 wurde auf dem *Alten Friedhof* in Schorndorf ein *Mahnmal* für die Verfolgten und Ermordeten der nationalsozialistischen Gewaltherrschaft enthüllt. Die von dem Künstler Reinhard Scherer geschaffene massive Eisenplastik wurde nach dem Prinzip Last und Stütze gestaltet. Aus der asymmetrischen Fläche brannte er die *Gedenktafel* heraus und plazierte sie zwei Meter vor dem Mahnmal auf dem Boden. Dort ist zu lesen:

> Zum Gedenken an die Bürgerinnen und Bürger,
> die durch die national-sozialistische
> Gewaltherrschaft verfolgt und ermordet wurden.

Anlaß für die Stadt Schorndorf, dieses Denkmal zu beschließen, war neben der Erinnerung an die bei der Zwangsarbeit und in den Konzentrationslagern umgekommenen Juden und Sinti ein Besuch der Sinti-Familie Guttenberger, die 1988 erstmals nach Schorndorf zurückgekehrt war.

Zwei Straßen erhielten ihre Benennung nach Gegnern und Opfern der Nationalsozialisten: Der *»Gottlob-Kamm-Platz«* nach einem sozialdemokratischen Stadtrat, der im KZ Oberer Kuhberg (Ulm) eingesperrt war, und die *»Heinrich Talmon-Groß-Straße«* nach dem örtlichen SPD-Vorsitzenden und Gewerkschaftsfunktionär, der 1945 im KZ Mauthausen ums Leben kam.

Literatur:
Zollmann, Günter, Schorndorf auf dem Weg nach rechts; Ders., Schorndorf vor 50 Jahren, in: Schorndorfer Heimatblätter 1 (1983) und 2 (1985).

Schramberg

In der Grünanlage zwischen *Schillerstraße* und dem *Mühlengraben* steht seit dem 29. September 1946 ein hoher *Findling* mit dem Text:

> Den Opfern des Faschismus
> Den Toten zur Ehr.
> Den Lebenden zur Mahnung.

Dazwischen finden sich auf einer Tafel die Namen von sechs Schramberger Bürgern, die im »Dritten Reich« hingerichtet oder in Konzentrationslagern ermordet wurden. Im Jahre 1982 kümmerte sich die Gemeinde um den inzwischen vernachlässigten Gedenkstein und stellte in einer Dokumentation die Lebensgeschichten der sechs Männer zusammen.

Wilhelm Jakob Blank wurde 1899 in Schramberg als sechstes von zwölf Kindern geboren, war Arbeiter und wurde in Berlin Mitglied im »Roten Frontkämpferbund«. 1935 wurde er das erste Mal verhaftet für die Verbreitung antifaschistischer Schriften und 1943 wegen Hochverrats verurteilt. Wilhelm Jakob Blank hatte zehn Jahre früher kommunistische Freunde bei sich versteckt. Er kam ins Konzentrationslager Sachsenhausen und wurde im März 1945 ins Lager Gusen des KZ Mauthausen verlegt. Wenige Tage vor der Befreiung, am 9. April 1945, wurde er ermordet.

Johann Caloun wurde 1889 geboren, war Arbeiter und zunächst Sozialdemokrat, später Kommunist. Schon im März 1933 wurde er als Gegner der Nationalsozialisten in »Schutzhaft« genommen und in das neu errichtete Konzentrationslager Heuberg bei Stetten (s. dort) verschleppt. Zu Kriegsbeginn wurde er erneut verhaftet, kam diesmal in das

KZ Dachau und wurde am 22. Januar 1942 bei einem der sogenannten »Invalidentransporte« umgebracht.

David Deiber wurde 1880 geboren, war in Balingen Mitglied der SPD, dort auch im Stadtrat und wurde später Schultheiß von Sulgen, einem Ortsteil von Schramberg. Er legte sich ständig mit den örtlichen Nationalsozialisten an und wurde im März 1933 verhaftet und in die Konzentrationslager Heuberg und Oberer Kuhberg (s. Stetten und Ulm) verbracht. Nach seiner Heimkehr äußerte er sich in der Wirtschaft kritisch über das Regime, erhielt dafür zehn Monate Haft und wurde anschließend als »rückfälliger Schutzhäftling« in das KZ Welzheim und dann nach Dachau gebracht. Er starb im Mai 1939, nachdem das gesamte Lager bei eisiger Kälte 36 Stunden lang Strafstehen mußte.

Franz Paul Erath wurde im Jahre 1913 in einer katholisch geprägten Familie geboren und ging bei dem Missionsorden der Weißen Väter ins Gymnasium. Er wurde wegen freimütiger Äußerungen gegen die Nationalsozialisten – unter anderem hatte er über Hitlers »Mein Kampf« gespottet – denunziert, verhaftet und nach dem Auffinden eines Tagebuchs wegen »Vergehens gegen das Heimtückegesetz« verurteilt. Im KZ Mauthausen brach er bei der schweren Arbeit im Steinbruch zusammen und wurde am 11. Februar 1940 von einem SS-Posten erwürgt und erschlagen.

Alfons Haid war von Geburt Österreicher, Jahrgang 1883, und als Arbeiter bei verschiedenen Firmen in Schramberg tätig. Er war überzeugter Kommunist und verantwortlich für die örtliche Zeitschrift »Der rote Wecker«. Als erklärter Nazigegner war er 1933 schon das erste Mal in KZ-Haft, wurde dann mit der Aberkennung der Staatsangehörigkeit zum Staatenlosen gemacht und nach neuerlichem Kontakt zu seinen alten Genossen im Jahre 1935 »wegen Vorbereitung zum Hochverrat« verurteilt. Er kam nie mehr frei und wurde am 3. Februar 1940 im KZ Mauthausen durch Gas umgebracht, nachdem er bei der Steinbrucharbeit zusammengebrochen war.

Oskar Andreas Wössner, der 1898 geboren wurde, leitete seit 1926 die örtliche Gruppe der KPD in Schramberg und vertrat sie auch im Gemeinderat. Wie andere politische Gegner wurde er gleich 1933 das erste Mal als »Schutzhäftling« eingesperrt, kam wieder frei, engagierte sich, wurde verurteilt und nach Absitzen seiner Zuchthausstrafe in das Konzentrationslager Welzheim (s. dort) gebracht. Für einen Kassiber an einen Mithäftling »Du mußt den Kopf hochhalten. Hitler kann den Krieg nicht gewinnen« wurde er am 16. Januar 1942 von dem willfährigen Strafsenat des Oberlandesgerichts Stuttgart zum Tode verurteilt. Die Hinrichtung wurde per Plakatanschlag im April in Schramberg bekanntgegeben.

Quelle:
Losch, Hans-Joachim, Die KZ-Opfer des Nationalsozialismus in Schramberg. Eine Dokumentation hrsg. von der Großen Kreisstadt Schramberg, 1982.

Schriesheim

Im Jahre 1946 wurde in Schriesheim die Kriegsstraße in *»Alfred-Herbst-Straße«* umbenannt. Damit wurde an den in Schriesheim geborenen Elektriker Alfred Herbst erinnert, der als Mitglied der Baptistengemeinde während des Krieges aus religiösen Gründen den Kriegsdienst verweigerte. Alfred Herbst, der mit seiner Familie in Weinstadt-Endersbach lebte, wurde im Jahre 1943 nach Böblingen zum Kriegsdienst eingezogen, verweigerte aber den Umgang mit der Waffe. »Ich bin Christ und habe keine Feinde – niemals werde ich auf Menschen schießen«, erklärte er später vor dem Reichskriegsgericht. Er wurde zum Tode verurteilt und am 20. Juli 1943 im Zuchthaus Brandenburg hingerichtet. In seiner Heimatgemeinde Weinstadt (s. dort) erinnert eine Gedenktafel auf dem Friedhof an den Pazifisten Alfred Herbst.

Literatur:
Müller-Bohn, Jost, Letzte Briefe eines Wehrdienstverweigerers, Lahr 1984; Schmidt, Gottlob, Die Geschichte der Baptistengemeinde Schriesheim und ihrer Nachbargemeinden (Manuskript im Stadtarchiv Schriesheim), S. 142–144, o.J.

Schwäbisch Gmünd

Von Anfang März bis Herbst 1933 war im *ehemaligen Kloster Gotteszell, Herlikofer Straße,* das erste württembergische Konzentrationslager für Frauen eingerichtet. Die etwa 50 hier aus verschiedenen Gründen inhaftierten Frauen wurden im Herbst entlassen. Viele von ihnen trafen sich später in anderen Lagern wieder. An das Frauen-Konzentrationslager erinnert heute nichts mehr.

Im Vorraum der *Kreissparkasse* von Schwäbisch Gmünd, *Katharinenstraße 2,* befindet sich eine *Gedenktafel*, die an die Geschichte dieses Ortes erinnert. Hier stand früher die Synagoge, die 1936 (!) im Innern verwüstet und 1950 abgerissen wurde.

An den gebürtigen Gmünder Hermann Köhler, ehemaliger Direktor der Deutschen Bank Stuttgart und Vorsitzender des Aufsichtsrats von Mercedes-Benz, erinnert die gleichnamige Anlage an der *Goethestraße*. Er wurde zum Tode verurteilt und am 8. November 1943 in Stuttgart hingerichtet, weil er sich kritisch über Hitler und Mussolini geäußert hatte. Auf einem *Gedenkstein* steht:

Hermann Köhler
starb für die Wahrheit
am 8. November 1943

An zwei weitere Opfer des nationalsozialistischen Terrors erinnert eine *Tafel* an einem Gedenkstein mit dem Text:

Robert Haidner – Heinrich Probst
April 1945
Opfer der Nationalsozialistischen
Gewaltherrschaft

Die beiden Schwäbisch Gmünder Bürger hatten sich wenige Tage vor dem Einmarsch der Amerikaner deutlich und öffentlich über die Nazis geäußert und dabei unter anderem gesagt »Hitler verrecke«. Sie wurden verhaftet und ohne Urteil auf Veranlassung des »Kampfkommandanten« Max Hössle von der Polizei erschossen.

In der *Wallfahrtskirche* auf dem *Hohenrechberg* bei Schwäbisch Gmünd wurde im Jahre 1988 ein *Bronzerelief* für den von den Nationalsozialisten hingerichteten katholischen Priester Franz Reinisch eingeweiht. Reinisch war Pallottinerpater und hatte in den Jahre 1936 und 1937 vorübergehend als Seelsorger auf dem Hohenrechberg gearbeitet. Er gehörte später zur Schönstatt-Gemeinschaft in Vallendar (Rheinland-Pfalz) und erhielt wegen seiner unverhohlenen Ablehnung des Nationalsozialismus von der Gestapo Predigtverbot. Als er 1942 zum Kriegsdienst in die deutsche Wehrmacht eingezogen wurde, verweigerte er den Fahneneid auf Adolf Hitler, wurde dafür vom Reichskriegsgericht in Berlin zum Tode verurteilt und am 21. August 1942 in Brandenburg enthauptet. Sein Grab befindet sich neben der Schönstatt-Kapelle in Vallendar (s. dort mehr zu Franz Reinisch und Literatur).

Literatur:
Bohn, Willi, »Hochverräter!«, Frankfurt 1984, S. 146–162; Lina Haag, Eine Handvoll Staub, Frankfurt 1977 (Lina Haag war im Frauen-KZ Gotteszell inhaftiert); Lämmle, Ernst, Schicksale der Gmünder Juden im Dritten Reich, Div. Beiträge in: Heimat im Stauferland, 1964–1967; Schätzle, Julius, Stationen zur Hölle – Konzentrationslager in Baden und Württemberg 1933–1945, Frankfurt a.M. ²1980, S. 25ff; Seidel, Ortrud, Mut zur Erinnerung. Geschichte der Gmünder Juden. Eine persönliche Spurensuche, Schwäbisch Gmünd 1991.

Schwäbisch Hall

Seit 1981 erinnert im Stadtteil *Hessental* in der *Nähe des Bahnhofs* ein *Spruchband* an das ehemalige Konzentrationslager Hessental, ein Außenkommando des Konzentrationslagers Natzweiler/Elsaß. Die Patenschaft für dieses Denkmal hat die Leonhard-Kern-Realschule im Schulzentrum West übernommen. Der Text in großen Metallbuchstaben an der Betonstützmauer unterhalb des ehemaligen Lagergeländes lautet:

Den Lebenden zur Mahnung.
Vom 15. Oktober 1944
bis zum 5. April 1945
bestand hier das KZ-Kommando Hessental.
Von 747 Häftlingen kamen
mindestens 182 Juden ums Leben.

Nachdem der Fliegerhorst Hessental 1940 zunächst als Einsatzort der Luftwaffe beim Überfall der Deutschen Wehrmacht auf Frankreich diente, wurde im Jahre 1944 die Endmontage des ersten serienmäßig produzierten Düsenflugzeuges Me 262 der Fa. Messerschmitt hierher verlegt. Damit wurde Hessental zunehmend Ziel alliierter Bombenangriffe, zu deren Schadensbeseitigung die Nationalsozialisten nicht weit vom Fliegerhorst entfernt ein Außenkommando des Konzentrationslagers Natzweiler/Elsaß einrichteten. Neben dem Fliegerhorst wurden die bis zu 800 Häftlinge auch zur Zwangsarbeit in Steinbrüchen, Handwerks- und städtischen Betrieben der Umgebung eingesetzt.
Vor allem jüdische Polen kamen nach Hessental, viele starben an Krankheiten, verhungerten oder wurden im Konzentrationslager und seiner Umgebung ermordet. Auf dem *jüdischen Friedhof* im Stadtteil *Steinbach* erinnert ein *Gedenkstein* mit hebräischer Inschrift an diese Toten. Es befinden sich dort zwei Massengräber ohne Angabe von Namen sowie einige Einzelgräber.
Am 5. April 1945 wurden die überlebenden Häftlinge des Lagers »evakuiert« in einem Marsch, der als »Hessentaler Todesmarsch« bekannt ist. Unter Elend, Hunger und unvorstellbaren Grausamkeiten hinterließen die Wachmannschaften eine Spur von toten und ermordeten Häftlingen über Sulzdorf (Gemeinde Schwäbisch Hall), Bühlertann, Rosenberg und Ellwangen (s. dort) nach Dalkingen (s. Rainau) und weiter über Neunheim nach Zöbingen. Von dort bewegte sich der lang auseinandergezogene »Todesmarsch« über Wallerstein nach Nörd-

lingen. Wahrscheinlich verlud man hier die Häftlinge in einen Zug nach München, von dort wurden sie weitergetrieben nach Dachau und Allach. Einige mußten anschließend den »Tiroler Marsch« mit dem Ziel Ötztal mitmachen und wurden von den Amerikanern auf der Bahnstation Staltach beim Starnberger See befreit. Die verscharrten Leichen am Wege wurden auf Befehl der Alliierten nach dem Krieg ausgegraben und auf den örtlichen Friedhöfen bestattet, auf denen in einigen Fällen Grab- und Gedenksteine an diese Hessentaler KZ-Häftlinge erinnern wie auf dem KZ-Friedhof Kochendorf (s. Bad Friedrichshall), in Ellwangen und in Zöbingen (s. Unterschneidheim-Zöbingen).
Auf dem Schwäbisch Haller *Nicolai-Friedhof* wurde 1946 vom »Polnischen Büro Schwäbisch Hall« ein *Denkmal* »für die Opfer des Faschismus in den Konzentrationslagern und für die Gefallenen« errichtet. Hier fanden polnische Zwangsarbeiter ihre letzte Ruhestätte und zwei von siebzehn Opfern eines amerikanischen Jagdbomberangriffs zu Beginn des »Hessentaler Todesmarsches« in Sulzdorf.

In Schwäbisch Hall macht seit 1989 eine *Hinweistafel* an dem Haus *Obere Herrengasse 8* darauf aufmerksam, daß in diesem Gebäude der Betsaal der Haller Jüdischen Gemeinde war, bis er 1938 von den Nazis verwüstet wurde. Auf dem *Marktplatz* erinnert ein Davidstern aus schwarzem Granit daran:

> In der Nacht vom 9. auf 10. November 1938
> verbrannten an dieser Stelle Haller Nazis
> Kultgegenstände, Möbelstücke und Bücher
> aus dem Betsaal in der Oberen Herrengasse 8.

Im Haller Stadtteil *Steinbach* wurde gleichzeitig an dem Wohnhaus *Neustetterstraße 34* eine *Gedenktafel* angebracht mit der Inschrift:

> An dieser Stelle stand die Steinbacher Synagoge.
> In der Nacht vom 9. auf 10. November 1938
> plünderten und brandschatzten Haller Nazis
> dieses jüdische Gotteshaus.

Im Herbst 1990 informierte eine örtliche Projektgruppe »denk-mal Deserteure« in einer Vielzahl von Veranstaltungen über das Thema Deserteure. Eine Künstlergruppe errichtete in diesem Rahmen am 6. Oktober ein *Deserteursdenkmal* zwischen der Limpurgbrücke und dem Holzsteg im Osten. Die Skulptur zeigte einen an Füßen, Hüfte und Kopf gebrochenen Menschen, der mit Stahlseilen an einen zum Galgen umfunktionierten Fahnenmast gebunden war. Der Platz wurde gewählt, weil an dieser Stelle am 2. April 1945 zwei Deserteure, Hans Küstner und Gottlieb Rüther, von der SS an Bäumen erhängt und ihre Leichen zur Abschreckung längere Zeit hängengelassen wurden.
Die ohne Genehmigung aufgestellte Deserteursplastik wurde vom Gemeinderat mit Mehrheit abgelehnt. Dieser beschloß, zunächst einmal das Schicksal von Deserteuren in Schwäbisch Hall wissenschaftlich untersuchen zu lassen. Später wurde das Denkmal von Unbekannten zerstört.

Quellen/Literatur:
Friedensforum Ellwangen (Hrsg.), Vernichtung und Gewalt. Die KZ-Außenlager Ellwangens (darin S. 80–95: Der Hessentaler Todesmarsch), Reimlingen 1987; Juden in Hall (Ausstellungskatalog des Hallisch-Fränkischen Museums Schwäbisch Hall), Stadtarchiv (Hrsg.), 1985; Koziol, Michael Sylvester, Rüstung, Krieg und Sklaverei. Der Fliegerhorst Schwäbisch Hall-Hessental und das Konzentrationslager. Eine Dokumentation, Sigmaringen 1986; Ders., »Das ist politischer Brand!«. Die »Reichskristallnacht« in Schwäbisch Hall und Braunsbach, (Hrsg. Stadt Schwäbisch Hall), 1988; Ders., Fliegerhorst/Home Base. Geschichte des Fliegerhorstes Schwäbisch Hall von 1934 bis 1987 in Bildern und Dokumenten, Bad Wimpfen 1986; Materialmappe der Projektgruppe »denk-mal Deserteure« zur Ausstellung, Schwäbisch Hall 1990; Schabet-Berger, Elke, Das Lager Hessental, in: Vorländer, Herwart (Hrsg.), a.a.O. (s. unter Leinfelden-Echterdingen), S. 71–108.

Schwarzach, Odenwald

1987 wurde im Bereich des *Schwarzacher Hofes* in *Unterschwarzach* (Gemeinde Schwarzach) ein *Mahnmal* enthüllt zur Erinnerung an die Opfer der Krankenmorde in den Jahren 1940 und 1944. Der Text einer Tafel lautet:

> Der Menschheit Würde
> ist in Eure Hand gegeben,
> bewahret sie.
> Schiller.
> Den 262 Euthanasieopfern
> zum Gedenken.

Der Schwarzacher Hof war Teil der Erziehungs- und Pflegeanstalt für Geisteskranke in Mosbach (s. dort). Im September 1940 wurden im Zuge der von den Nationalsozialisten zynisch so genannten »Euthanasie« 167 der etwa 200 Heimbewohner des Schwarzacher Hofes abtransportiert und in die Mordanstalt Grafeneck »verlegt«. Keiner von ihnen hat überlebt. Nachdem im Jahre 1941 die Mosbacher Gebäude für die Wehrmacht beschlagnahmt worden waren, mußten alle Patienten auf dem Schwarzacher Hof untergebracht werden, bis im Mai 1944 auch diese Gebäude auf Wunsch der Daimler-Benz AG für ein Hilfskrankenhaus in Verbindung mit der unterirdischen Flugmotorenfabrik in Obrigheim requiriert wurden. Die vor allem jugendlichen Patienten, die nicht von ihren Familienangehörigen nach Hause geholt wurden, wurden im Juli 1944 in die Anstalt Eichberg verschleppt und ermordet. (s. zu den Krankenmorden auch Gomadingen-Grafeneck und Eichberg in Hessen)

Schwenningen siehe Villingen

Schwetzingen

1978 wurde am *Schwetzinger Schloß* ein *Gedenkstein* vor dem ehemaligen Synagogenraum, Zeyherstraße, errichtet. Eine Tafel trägt den siebenarmigen Leuchter, das älteste Symbol des Judentums, und die Inschrift:

> Wir gedenken unserer jüdischen Mitbürger
> Seit dem 18. Jahrh. wuchs in Schwetzingen
> eine kleine Jüdische Gemeinde. Ihre Mitglieder waren bis in unser Jahrhundert am
> Leben dieser Stadt beteiligt. Von 1901 bis
> 1933 nutzten sie diesen Teil des Schlosses als Gebetsstätte. Im Dritten Reich
> fand die Geschichte der Schwetzinger
> Juden ein grausames Ende. Sie mußten auswandern oder wurden in die verschiedenen Konzentrationslager verschleppt.
> Viele von ihnen wurden umgebracht.

Schon Anfang der 60er Jahre stand auf dem Schwetzinger *Stadtfriedhof* ein *Mahnmal* »Unsere Toten mahnen«, das die örtliche Gruppe der VVN (Vereinigung der Verfolgten des Naziregimes) errichtete und das u.a. die Erinnerung an die elf toten Zwangsarbeiter wach halten will, die auf diesem Friedhof beerdigt sind.

Die *»Fritz-Schweiger-Straße«* in Schwetzingen erinnert heute an den sozialdemokratischen Angestellten, der wegen »Landfriedensbruch« verurteilt und nach der Haft im Konzentrationslager festgehalten wurde. Er starb am 3. Februar 1940 im KZ Dachau.

Literatur:
Lohrbächer, Albrecht, Sie gehörten zu uns – Geschichte und Schicksal der Schwetzinger Juden, hrsg. von der Stadt Schwetzingen, 1978.

Sigmaringen

Die Bundeswehrkaserne in Sigmaringen-*Ziegelholz* heißt seit 1961 *»Graf-Stauffenberg-Kaserne«* nach dem Wehrmachtsoffizier, der am 20. Juli 1944 mit einem Attentat vergeblich versuchte, Hitler zu töten. Ein *Gedenkstein* in einer Grünanlage trägt die knappe Inschrift

> Oberst Graf von Stauffenberg
> 20. Juli 1944

Sindelfingen

Im Jahre 1989 erforschte eine Schülergruppe des Goldberggymnasiums im Rahmen des »Schülerwettbewerbs Deutsche Geschichte« das Schicksal der Zwangsarbeiter in Sindelfingen. Von ihrem Preisgeld für den zweiten Platz im Wettbewerb stifteten die Jugendlichen 1000 Mark für die Errichtung eines Denkmals und machten auch einen Textvorschlag. Die *Gedenktafel* soll auf dem *Alten Friedhof, Bleichmühlestraße,* aufgestellt werden mit folgender Inschrift:

> Zwangsarbeit in Sindelfingen – 1940 – 1945
> Mehr als 3000 aus vielen Heimatländern
> Europas verschleppte
> Kinder Frauen Männer.
> Im Buch des Lebens aber
> o Gott hast du aufgeschrieben
> mit deiner Hand Namen um Namen
> Last Leiden und Schuld.

Eine ältere *Gedenktafel* auf demselben Friedhof stammt aus dem Jahre 1983 mit folgender Inschrift:

> Widerstehet dem Geist der Gewalt und der Vergeltung.
> Im Geiste des Friedens und der Liebe allein
> kann die gequälte Menschheit Genesung finden.
> Die Stadt Sindelfingen gedenkt ihrer Mitbürger,
> die unter der NS-Herrschaft verfolgt und ermordet wurden.
> 1933 – 1945 – 1983.

In der südwestlichen Ecke dieses Friedhofs liegen auch eine Reihe von Gräbern, in denen mindestens 46 Zwangsarbeiter und mehrere Säuglinge sowjetischer und polnischer Zwangsarbeiterinnen bestattet sind. Die Stadt Sindelfingen war durch das Daimler-Benz-Werk ein Zentrum der Rüstungsproduktion in der nationalsozialistischen Zeit. Hier wurden Kraftfahrzeuge, Flugzeugteile und später auch Bestandteile der V2-Raketen hergestellt, wobei Tausende ausländischer Arbeiter und Arbeiterinnen zur Arbeit hierher verschleppt und in werkseigenen Lagern untergebracht worden waren. Die schwangeren Zwangsarbeiterinnen kamen in eine eigene »Entbindungsstation« im Lager Böblinger Allee, dessen Versorgung, hygienische Verhältnisse und Ernährung von Anfang an auf den Tod der Neugeborenen ausgerichtet war. Sie galten als »rassisch minderwertig«. (S. auch die sogenannte »Entbindungsanstalt« Gantenwald in Bühlerzell.) Später wurden die schwangeren Ostarbeiterinnen zur Abtreibung gezwungen. Nachdem die Gräber über Jahrzehnte in Vergessenheit geraten waren, gibt es seit neuestem eine *Gedenktafel* mit den Namen der hier Bestatteten.

Quelle/Literatur:
Schülerarbeitsgruppe am Goldberggymnasium Sindelfingen, Zwangsarbeit in Sindelfingen 1940–1945, hrsg. vom Goldberggymnasium, 1989; Studienkreis Deutscher Widerstand (s. Literatur Baden-Württemberg).

Singen, Hohentwiel

Auf dem Singener *Waldfriedhof* wurde unmittelbar nach dem Kriege, im Mai 1947, ein *Ehrengrab* für die Bürgerinnen und Bürger angelegt, die in Konzentrationslagern oder Gefängnissen ums Leben kamen. Auf einem Grab mit den Urnen von neun KZ-Opfern steht ein *Gedenkstein* »den Opfern des Nationalsozialismus«, und dann folgen die Namen:

Albert Bronner · Johann Ehinger · August Hamp ·
Max Maddalena · Karl Möllinger · Edgar Neißer ·
Friedrich Kleß · Max Seebacher · Karl Schafheutle ·
Friedrich Vallendor · Hermann Weber ·
Heinrich Weber · Johann Winter · Philippine Winter
und vier Anverwandte

Die zuletzt genannten Angehörigen der Familie Winter waren Sinti, die am 23. März 1943 zusammen mit anderen Roma und Sinti aus Singen deportiert und in Auschwitz ermordet worden sind.
Auf demselben Waldfriedhof existiert am Westrand noch ein *»Ausländerehrenmal«*, eine Reihe von 13 schlichten Holzkreuzen mit den Namen und den Daten früherer Zwangsarbeiter, die in Singen ums Leben kamen. Sie wurden in der Nähe der Friedhofsmülldeponie zusammen mit desertierten deutschen Soldaten begraben. Insgesamt wurden fast 50 Tote dort bestattet. Im Frühjahr 1950 hat man 21 Leichen exhumiert und auf den »Russischen Friedhof« nach Biberach (s. dort) überführt. Von den Toten ist wenig Näheres bekannt.
Die Konzentration der örtlichen Industrie (Maggi, Aluminium Walzwerke, Georg Fischer AG u.a.) führte in Singen zu einer Massierung von mehreren Tausend ausländischen Arbeitern, so daß gegen Ende des Krieges jeder sechste Bewohner ein Bürger der Sowjetunion war. Sie lebten in mindestens 17 verschiedenen Lagern, davon eins auf dem Gelände an der *Fittingstraße*, auf dem heute die *St. Theresienkapelle* steht. Die Fundamente dieser Kirche, die von französischen Kriegsgefangenen nach 1945 errichtet wurde, sind Reste einer Bunkeranlage des vormaligen Zwangsarbeiterlagers. Ein Strafbunker ist unter der Kirche noch erhalten.
Ein dritter Ort der Erinnerung auf dem Waldfriedhof ist das *Grab des katholischen Priesters August Ruf*, Pfarrer an der St. Peter und Paul Kirche. Gemeinsam mit seinem Vikar Weiler half er vielen Nazi-Verfolgten, vor allem auch Juden, von Singen aus über die nahe Grenze zur Flucht in die Schweiz. Die beiden wurden 1943 verhaftet und verurteilt. Pfarrer Ruf starb im April 1944 an den Folgen der Haft. Vikar Weiler überlebte im Konzentrationslager Dachau. Während die Inschrift auf dem Grab darüber nicht informiert, erinnern die zum Bahnhof führende *»August-Ruf-Straße«* an den mutigen Priester sowie eine *Informationstafel an der St. Peter und Paul Kirche* im Rahmen des Geschichtspfads.

Seit 1989 gibt es in Singen einen *Geschichtspfad*. Das sind markierte Rundgänge durch die Stadt und ihre Geschichte, wobei die einzelnen Themen und Objekte durch *Informationstafeln* und durch eine ausführliche Broschüre mit dem Titel »Auf den Spuren des Bären« markiert und dokumentiert sind. Auch bei dem zu berücksichtigenden großen Zeitraum von 1200 Jahren lokaler Historie sind die Jahre von 1933 bis 1945, die nationalsozialistische Verfolgung und ihre Opfer, ausführlich behandelt. Entsprechende Stationen des Geschichtspfades sind die Peter und Paul Kirche (Erinnerung an Pfarrer August Ruf), der Schnaidholz-Sportplatz (Verfolgung der Arbeitersport- und Kulturvereine), das Barackenlager und die St. Theresienkapelle an der Fittingstraße (Reste des Strafbunkers der Zwangsarbeiter), das Eckhaus an der Thurgauer/Ekkehardstraße (Verbot der SPD-Zeitung »Volkswille«), das Gewerkschaftshaus in der Schwarzwaldstraße (Verbot und Verfolgung der Gewerkschaften), das Gebäude Hadwigstraße 32 (Zentrale der örtlichen NSDAP) und das Geschäftshaus Scheffelstr. 26 (ehemals das jüdische Modehaus Guttmann). Diese öffentlichen Hinweise auf die nationalsozialistische Zeit der Stadtgeschichte unterscheiden sich nicht zuletzt darin vom Gedenken anderenorts, daß auch Themen wie z.B. die Zwangsarisierung angesprochen oder die NS-Täter namentlich genannt werden.

Weitere Orte und Straßen in Singen, die an die Zeit der NS-Verfolgung erinnern, sind: eine Arbeitersiedlung im Süden der Stadt (innerhalb des Gewerbegebietes Weidenseil), die *»Heinrich-Weber-Siedlung«*, benannt nach dem früher hier lebenden

Sozialdemokraten und Obmann der Naturfreunde Heinrich Weber, der im Zuge der sogenannten »Gewitteraktion« (manchmal auch »Gitteraktion« genannt) nach dem Attentat des 20. Juli verhaftet und am 24. September 1944 im KZ Mauthausen ermordet wurde; die *»Fritz-Vallendor-Straße«* in der Innenstadt nach dem Metallarbeiterfunktionär und Betriebsrat der Maggiwerke Fritz Vallendor, ebenfalls bei der »Gewitteraktion« verhaftet und im KZ Mauthausen ermordet; eine zweite, die *»Max-Seebacher-Straße«* wurde bezeichnet mit dem Namen eines unorganisierten Arbeiters, der wegen sogenannten »Feindsender-Hörens« in das KZ Kuhberg (s. Ulm) verschleppt und beim Bombenräumen von einem explodierenden Sprengkörper tödlich getroffen wurde.

Ein Thema, das für die Singener NS-Zeit eine wichtige Rolle spielt, ist die Fluchtmöglichkeit über die nahe Grenze in die Schweiz. Es gab politische und kommerzielle Fluchthelfer, und viele insbesondere jüdische Verfolgte versuchten, mit ihrer Hilfe oder allein dem sicheren Tod zu entkommen. Eine der spektakulären Fluchten, die des jüdischen Lehrers Jizchak Schwersenz, der fliehen und überleben konnte, wurde vom Singener Kulturamt rekonstruiert. Es ist *geplant,* zu diesem Thema am *Bahnhof* eine *Gedenktafel* anzubringen.

Kontakt:
Das Kulturamt der Stadt Singen (August-Ruf-Straße 7, 78224 Singen) organisiert den Geschichtspfad, veranstaltet historische Stadtspiele und Führungen und ediert die meisten Publikationen.

Quellen/Literatur:
Frei, Alfred G. (Leiter des Kulturamtes) und Runge, Jens (Hrsg.), Erinnern. Bedenken. Lernen. Das Schicksal von Juden, Zwangsarbeitern und Kriegsgefangenen zwischen Hochrhein und Bodensee in den Jahren 1933 bis 1945, Sigmaringen 1990 (hierin Einzelbeiträge über »Singener Juden im Nationalsozialismus« [R. Kappes], »Zwangsarbeiter und Kriegsgefangene in Singen« [W. J. Waibel], »Das falsche Wort und die Verfolgung der Sinti und Roma« [U. Bühler-Ludwig] und »Jüdische Flucht von Hitler-Deutschland in die Schweiz« [A. G. Frei u.a.]); Peter, Klaus Michael, Stadtrundfahrt durch die Geschichte der Stadt Singen (Hohentwiel) 1930–1950, (Hrsg. Stadt Singen), 2. Aufl. 1988; Schaefer, Michael/Stender, Detlef, Auf den Spuren des Bären. Der Singener Geschichtspfad, Singen 1989; Schwersenz, Jizchak, Die versteckte Gruppe. Ein jüdischer Lehrer erinnert sich, Berlin 1988; Waibel, Wilhelm Josef, Unterdrückung durch Hitler – Schandfleck im Stalin-Regime. Das Schicksal von Zwangsarbeitern im 3. Reich, in: Geschichtswerkstatt 23 (1991), S. 22–31; Weick, Käthe, Widerstand und Verfolgung in Singen und Umgebung. Bericht, Lebensbilder und Dokumente, Stuttgart o.J.

Sinsheim

In der *Kleinen Grabengasse 6* in Sinsheim erinnert ein *Gedenkstein* an die Synagoge, die in der Reichspogromnacht am 10. November 1938 zerstört und später abgerissen wurde. Der Grundstein und andere Objekte zur jüdischen Geschichte sind im Heimatmuseum erhalten geblieben.

Auf dem Friedhof des eingemeindeten Dorfes *Hoffenheim* gibt es eine *Gedenktafel* mit dem jüdischen Symbol des siebenarmigen Leuchters und dem christlichen Kreuzsymbol und dem Text:

> Den Opfern
> des Nationalsozialismus
> 1933 – 1945.

Spaichingen

Im Jahre 1964 wurde bei Spaichingen im Kreis Tuttlingen unmittelbar an der Strecke Zürich–Stuttgart ein *Mahnmal* nach einem Entwurf des Tuttlinger Bildhauers Roland Martin eingeweiht. Es besteht aus einer sieben Meter hohen Konstruktion von ineinander verflochtenen, verschieden hohen Kreuzen aus Eisenrohren, die optisch zugleich den Eindruck eines gittrigen Verhaus von Galgen vermitteln. In den Granitboden, aus dem die Kreuzgruppe aufsteigt, sind gußeiserne Platten mit den Namen von 30 Menschen eingelassen und eine in Eisen gegossene Inschrift mit den Worten:

> Den Opfern der Gewalt

Im April 1945 waren hier 30 Zwangsarbeiter, vor allem aus Ungarn, Jugoslawien und Italien, vermutlich auf einem »Evakuierungs«-Marsch an Erschöpfung gestorben und in einem Massengrab am Bahndamm verscharrt worden. Im Sommer 1945 hatte ein in Rottweil stationiertes französisches Kolonialregiment den Toten von Spaichingen ein schlichtes Denkmal gesetzt, das aber im Laufe der Zeit verfiel. 1960 beschloß das Regierungspräsidium Südwürttemberg-Hohenzollern die Erneuerung der Gedenkstätte, zu der es ein Hinweisschild *»KZ-Mahnmal«* im Ort Spaichingen gibt.
In Spaichingen befand sich vom 26. September 1944 bis April 1945 ein Außenkommando des Konzentrationslagers Natzweiler/Elsaß, in dem vor allem jüdische Häftlinge zur Zwangsarbeit eingesetzt waren. Sie mußten in der Firma Metallwerke-GmbH, in Textilbetrieben und bei Transport- und Bauarbeiten arbeiten. Mindestens 96 der Zwangsarbeiter kamen ums Leben. Das Lager wurde am 15./18. April 1945 in Richtung des Ortes Wurzach »evakuiert«. (Siehe auch Tuttlingen: Der Obelisk

auf dem dortigen Friedhof führt in der Inschrift unter anderem »Spaichingen 111 Tote« an.)

Quellen/Literatur:
Internationaler Suchdienst (Hrsg.), Haftstätten-Verzeichnis, Arolsen 1979, S. 211; Rieth, Adolf (ehemaliger Landeskonservator Tübingen), »Ein Mahnmal für die KZ-Opfer in Süddeutschland (Spaichingen)«, in: »Neue Zürcher Zeitung« v. 3. März 1964; Ders., Denkmal ohne Pathos, 1967; Schülerarbeiten der Klassen 9a und 9b der Rupert-Mayer-Schule, Spaichingen: »Nationalsozialismus – nicht irgendwo, sondern bei uns in Spaichingen, Dürbheim, Denkingen, Balgheim und Frittlingen« und »Spaichingen während des Nationalsozialismus« im Rahmen des »Schülerwettbewerbs Deutsche Geschichte« 1982/83. (Die Schüler berichten u. a. über das KZ in Spaichingen.)

Steinheim an der Murr

Oberhalb eines *Steinbruchs* an der Straße zwischen Steinheim und Kleinbottwar steht seit 1989 ein *Gedenkstein*, den die Gemeinde Steinheim errichten ließ. Auf der schrägen Steinfläche in Form eines Pultes ist zu lesen:

> In dem untenliegenden Steinbruch wurde 3 Tage vor der Befreiung am 17. April 1945 der Soldat Erwin Kreetz von der Wehrmacht erschossen.
> Die aussichtslose Lage sowie die Nachricht vom Tod seiner Frau veranlassten den vierfachen Familienvater zu desertieren.

Erwin Kreetz, ein einfacher Soldat aus Swinemünde, erfuhr Mitte April 1945 beim Rückweichen der Front mit seiner Einheit in Kleinbottwar, daß seine Frau beim Bombenangriff in Berlin ums Leben gekommen war. Er setzte sich von der Truppe ab und machte sich sofort auf den Weg zu seinen Kindern, wurde aber wenige Tage später aufgegriffen und unter dem Kommando des Generals von Mühlen zum Tode verurteilt und in dem Steinbruch erschossen. Sein Grab ist auf dem Friedhof in Kleinbottwar. Im Jahre 1987 dokumentierte die Marbacher »Alexander-Seitz-Geschichtswerkstatt« (s. dort) als eine der ersten zum Thema Desertion und Militärjustiz diesen Fall, betonte aber auch: »Erwin Kreetz taugt nicht zur Heldenverehrung. Dennoch verdient sein Beispiel Aufmerksamkeit. Seine Verurteilung steht stellvertretend für die Tausende Todesurteile der Nazi-Militärjustiz.«

Quellen:
Alexander-Seitz-Geschichtswerkstatt Marbach und Umgebung (Hrsg.), »Für mich ist der Krieg aus«. Fahnenflucht, Verurteilung und Exekution des Erwin Kreetz in Kleinbottwar im April 1945, Marbach am Neckar 1987; »Geschichtswerkstatt« Heft 14 (1988), S. 64–69; Dies., Heft 22 (1990), S. 37 (Foto).

Stetten am kalten Markt

Auf dem Truppenübungsplatz *Heuberg* bei *Stetten am kalten Markt*, der mit seinen vielen Kasernen und Baracken reichlich Platz bot, errichtete die Gestapo 1933 das erste Konzentrationslager in Württemberg. Schon als Truppenübungsplatz war dies eine gefürchtete, meist kalte und unwirtliche Einöde auf dem Plateau der Schwäbischen Alb. Von der ersten Verhaftungswelle der Nationalsozialisten in Württemberg und in Baden im März 1933 waren zunächst vor allem Funktionäre der Kommunistischen und der Sozialdemokratischen Partei betroffen. Da die Gefängnisse nicht ausreichten, wurden sie in das neu geschaffene Lager auf dem Heuberg transportiert, die ersten »Schutzhäftlinge« in Baden dann im Mai aus den Untersuchungsgefängnissen

Stetten am kalten Markt:
Liegender Gedenkstein auf dem Friedhof am Rande des Truppenübungsplatzes Heuberg für die Opfer des »Bewährungsbataillons 999«, enthüllt im Herbst 1986.

hierher verlegt. Weibliche Häftlinge kamen in das ehemalige Kloster »Gotteszell« bei Schwäbisch Gmünd (s. dort). Das Lager Heuberg war zeitweise mit etwa 2000 Häftlingen belegt, die von etwa 500 SA-Leuten bewacht wurden. Später mußten die Gefangenen auch arbeiten, im Straßenbau oder beim Bäumefällen. Entlassungen, Verlegungen und Neueinlieferungen lösten sich dauernd ab, so daß eine genaue Zahl der Inhaftierten nicht vorliegt. Schätzungen ehemaliger Häftlinge sprechen von insgesamt 15000. Das Lager Heuberg wurde im Dezember 1933 wieder geräumt, nachdem die Reichswehr das Gelände für militärische Zwecke zurückgefordert hatte. Die badischen Häftlinge wurden in das staatliche Hofgut Ankenbuck (s. Brigachtal), die württembergischen in das alte Fort auf dem Oberen Kuhberg bei Ulm (s. dort) gebracht.

Viele ehemalige KZ-Häftlinge trafen sich während des Zweiten Weltkrieges als »Strafsoldaten« wieder im sogenannten »Bewährungsbataillon 999«, für das der Heuberg Ausbildungslager wurde. Sogenannte »Bewährungs-« oder »Strafbataillone« wurden gegen Ende 1942 aus Männern zusammengesetzt, die man zunächst für »wehrunwürdig« erklärt und aus politischen, weltanschaulichen oder kriminellen Gründen zu Gefängnis oder Zuchthaus verurteilt hatte. Sie wurden jetzt als »bedingt wehrwürdig« zu Bataillonen zusammengestellt und unter anderem in Afrika und Griechenland eingesetzt. Ein Grund für die Aufstellung dieser Sonderformationen waren die zunehmenden Verluste der Wehrmacht. Sie sollten – um den Preis ihrer Vernichtung – den Rückzug von Wehrmachtstruppen decken. Oft jedoch konnten sie auch durch Sabotage, Informationsweitergabe, Kontakt zu Partisanen in den von deutschen Truppen besetzten Ländern bis hin zur gruppenweisen Desertion gegen die militärische Führung agieren.
Aus den Eintragungen im Standesamtsregister der Gemeinde Stetten ist zu ersehen, daß in der Zeit vom 25. Dezember 1942 bis 17. November 1943 insgesamt 39 »Bewährungssoldaten« auf dem Heuberg umgekommen sind. Alle Eintragungen haben den Vermerk »erschossen«.

Bei der *»Dreitritten-Kapelle«* am Rande des Truppenübungsplatzes Heuberg wurde im Juli 1983 vom SPD-Landesverband Baden-Württemberg ein *Mahnmal* für die Opfer des NS-Regimes aufgestellt. Die Plastik des Künstlers Reinhard Bombach stellt auf einem Sockel liegende Arme da, die ineinanderverschränkt und mit Stacheldraht umwickelt sind. Davor auf einer Gedenktafel die Inschrift:

> Denn gedacht
> soll ihrer werden.
> Zur Erinnerung an alle, die während
> der Herrschaft des
> Nationalsozialismus im Lager Heuberg
> gequält und geschunden wurden.
> Die Sozialdemokraten Baden-Württemberg

Auf dem *Friedhof* wurde im Herbst 1986 auch ein *Gedenkstein* für die Opfer des »Strafbataillons 999« eingeweiht mit der Inschrift:

Stetten am kalten Markt, Mahnmal bei der »Dreitritten-Kapelle« für die Opfer des im März 1933 auf dem Heuberg errichteten ersten Konzentrationslagers in Württemberg: Die von Reinhard Bombach geschaffene Plastik wurde 1983 vom SPD-Landesverband aufgestellt.

Den	der
Erschossenen	Bewäh-
und	rungs-
Gefallenen	bataillone
Antifaschisten	999

Während des Krieges bestand auch ein Kriegsgefangenenlager für überwiegend russische Kriegsgefangene auf dem Heuberg. Der nahegelegene sogenannte *»Russenfriedhof«* ist ein erhalten gebliebenes Teil dieser Geschichte, wenngleich die karge Inschrift auf einem *Gedenkstein* dieses Friedhofs – »Hier ruhen Opfer des Krieges 1939–1945« – keinen Hinweis darauf gibt.

Quellen/Literatur:
Burkhardt, Hans/Erxleben, Günter/Nettball, Kurt, Die mit dem blauen Schein – Über den antifaschistischen Widerstand in den 999er Formationen der faschistischen deutschen Wehrmacht 1942 bis 1945, Berlin (Ost) 1982; Bregenzer, Albrecht, Das kollektive Vergessen verhindern. Wie sich das Meinungsklima einer Gemeinde verändert hat, in: »Vorwärts« Nr. 8 v. 17. 2. 1983; Dertinger, Antje, Nach dem KZ kam die »Bewährung vor dem Feind«. Sozialdemokraten in Hitlers Strafbataillonen, in: »Vorwärts« Nr. 26/27 v. 28. 6. 1984; Klausch, Hans-Peter, Die 999er – Von der Brigade »Z« zur Afrika-Division 999: Die Bewährungsbataillone und ihr Anteil am antifaschistischen Widerstand, Frankfurt a. M. 1985; Ders., Die Geschichte der Bewährungsbataillone 999 unter besonderer Berücksichtigung des antifaschistischen Widerstands, 2 Bde., Köln 1988; Schätzle, Julius, Stationen zur Hölle – Konzentrationslager in Baden und Württemberg 1933–1945, Frankfurt a. M., 2. Aufl. 1980, S. 15; Spiegel-Serie, »Sie haben etwas gutzumachen« – Ein Tatsachenbericht vom Einsatz der Strafsoldaten, 14-teilige Serie in: »Der Spiegel« Nr. 5–18/1951; Will, Joachim/Aicher, Julian, Das KZ möchte man gerne vergessen, in: »Vorwärts« Nr. 51 v. 16. 12. 1982.

Stutensee

Über dem Eingang zum *Schloß Stutensee* macht eine *Tafel* auf das Ehepaar Heinrich und Therese Wetzlar aufmerksam. Dr. Heinrich Wetzlar war Landgerichtspräsident in Mannheim und gründete zusammen mit seiner Frau im Jahre 1919 hier ein staatliches Erziehungsheim. Sie setzten sich vor allem für eine Reform der Betreuung straffälliger Jugendlicher in Baden ein. Die Nationalsozialisten enthoben Heinrich Wetzlar 1933 kurz vor der Pensionierung seines Amtes. Zehn Jahre später wurde das Ehepaar wegen seines jüdischen Glaubens im Konzentrationslager Theresienstadt ermordet. Das Haupthaus des heutigen Landesjugendheims wird auch *»Heinrich-Wetzlar-Haus«* genannt.

Stuttgart

Innenstadt

Auf dem Karlsplatz am *Alten Schloß* wurde 1970 ein von Elmar Daucher gestaltetes *Mahnmal* für die Opfer des Nationalsozialismus errichtet. Es ist vor allem dem jahrelangen Engagement des Stuttgarter Stadtrats und ehemaligen KZ-Häftlings Eugen Eberle zu danken. Vier Felswürfel stellen quasi ins Riesige vergrößerte Pflastersteine da, in deren Mitte der von dem Philosophen Ernst Bloch entworfene Text zu lesen ist:

1933–1945
verfemt verstoßen gemartert
erschlagen erhängt vergast
Millionen Opfer
der nationalsozialistischen Gewaltherrschaft
beschwören Dich:
Niemals wieder!

In einem Teil des heutigen *Innenministeriums* in der *Dorotheenstraße* befand sich bis 1945 die Stuttgarter Gestapo-Zentrale. Seine Bezeichnung »Im Silber« erinnert an das frühere »Hotel Silber« in diesem Gebäude, im dem seit 1988 eine für das Publikum nicht sichtbare *Gedenktafel* an die NS-Geschichte gemahnt. Nachdem die Geheime Staatspolizei im Jahre 1933 das Nobelhotel übernommen hatte, wurde es zum Haft- und Folterort für zahlreiche Gegner und Oppositionelle, darunter Eugen Bolz, letzter württembergischer Staatspräsident vor der »Machtergreifung«, der Nachkriegsvorsitzende der SPD Kurt Schumacher oder die Kommunistin Lilo Herrmann. Für zahlreiche Gegner des Nationalsozialismus war »das Silber« die erste Station auf ihrem Weg in die Konzentrationslager.

Die Studentin Lilo Herrmann, geboren am 23. Juni 1909 in Berlin, wurde am 20. Juni 1938 in Berlin-Plötzensee hingerichtet als eine der ersten Frauen, die die Nazis aus politischen Gründen zum Tode verurteilten. Sie war Studentin der Chemie und Architektur, wurde 1933 in Berlin relegiert und kehrte an ihren früheren Studienort Stuttgart zurück. Hier gehörte sie zu Widerstandskreisen, verteilte Flugblätter und organisierte Aufklärungsarbeit über die nationalsozialistische Rüstungsproduktion. Ein Spitzel denunzierte die junge Mutter, sie wurde verhaftet, bei der Gestapo »im Silber« gefoltert und später in einem Geheimprozeß zum Tode verurteilt mit der Begründung, sie verwerte »ganz planmäßig geheime, den Stand der Rüstung aufzeigende Nachrichten aus deutschen Rüstungsbetrieben und knüpft hieran die Behauptung, die Reichsregierung bereite einen Angriffskrieg vor«. Nachdem der Senat der Universität zu

Stuttgart, Mahnmal für die Opfer des Nationalsozialismus auf dem Karlsplatz am Alten Schloß, errichtet 1970: In der Mitte der vier von Elmar Daucher entworfenen Steinquader, quasi ins Riesige vergrößerte Pflastersteine, ist ein von dem Philosophen Ernst Bloch entworfener Text zu lesen.

ihrem 50. Todestag 1988 eine Gedenktafel für die ehemalige Studentin ablehnte, errichtete Ende 1988 eine Studenten- und Bürgergruppe in eigener Regie einen *Gedenkstein.* Er steht zwischen den beiden Kollegiengebäuden an der *Keplerstraße* und trägt den Text:

> Der ersten von den Nazis
> am 20. Juni 1938 hingerichteten
> Widerstandskämpferin Lilo Herrmann.

Im Stadtteil *Fasanenhof* gibt es seit 1972 eine Straße, die nach Lilo Herrmann benannt ist.

Ein anderer Ort des nationalsozialistischen Terrors in Stuttgart wird im Jahre 1994 durch ein *Mahnmal* kenntlich gemacht: Im Lichthof des *Landgerichts, Archivstraße 12A,* befand sich bis zur Zerstörung durch Fliegerangriffe am 12. September 1944 die zentrale Hinrichtungsstätte für den südwestdeutschen Raum. Auf dem hier installierten Schafott verloren mindestens 419 Menschen ihr Leben, darunter zahlreiche Ausländer, die in sogenannten Nacht- und Nebel-Verfahren, daher der Name »NN-Gefangene«, als Widerstandskämpfer verurteilt worden waren. Die Leichen der Hingerichteten wurden den Anatomischen Instituten z.B. in Tübingen (s. dort) übergeben. Auf dem Mahnmal stehen die Worte:

> Den Opfern der Justiz im
> Nationalsozialismus zum Gedenken.
> Hunderte wurden hier im
> Innenhof hingerichtet.
> Den Lebenden zur Mahnung.

Auf dem israelitischen Teil des *Pragfriedhofs, Friedhofstraße 44,* schuf im Jahre 1947 der Bildhauer K. Löffler aus Trümmersteinen der 1938 niedergebrannten Synagoge und der zerstörten Friedhofskapelle ein *Mahnmal* in Form eines an der Spitze abgeschnittenen Obelisken. Es trägt in hebräischer und deutscher Sprache die Inschrift:

> Die Juden Württembergs
> zum ewigen Gedenken ihren
> 2498 ermordeten Brüdern und Schwestern
> 1933–1945

Außerdem wird auf vielen jüdischen Einzelgräbern dieses Friedhofs an die Angehörigen erinnert, die in Konzentrationslagern umgekommen sind.

Einer der Verbindungswege im Osten zwischen der Neckarstraße und dem Unteren Schloßgarten, der *»Heinrich-Baumann-Steg«* (Verlängerung der *Heinrich-Baumann-Straße*), erinnert an den kommunistischen Gemeinderat Heinrich Baumann, der 1945 im Konzentrationslager Dachau ermordet wurde. Nicht weit davon entfernt in der Nähe des Ostendplatzes wurde die *»Jakob-Holzinger-Gasse«* nach einem beliebten jüdischen Arzt benannt, der im Jahre 1940 den Freitod wählte.

Stuttgart-Nord

Der Killesberg, Gelände der »Reichsgartenschau 1939«, war Sammelplatz für die großen Deportationen württembergischer Juden. Die »Ehrenhalle des Reichsnährstandes« diente als Sammelstelle bei Deportationen am 1. Dezember 1941 nach Riga und am 22. August 1942 nach Theresienstadt mit jeweils über 1000 Menschen. Am 26. April 1942 wurden 278 württembergische Juden von der »Ländlichen Gaststätte« im Killesberg-Gelände nach Izbica bei Lublin deportiert (vgl. hierzu Fürth,

Bayern). Von den rund 5000 jüdischen Bürgern, die 1933 in Stuttgart wohnten, lebten nach der Befreiung noch 35 in der Stadt, mehr als 3300 waren umgekommen. Im Eingangsbereich des heutigen *Höhenparkes Killesberg* erinnert seit 1962 ein von Albrecht von Hauff geschaffener *Gedenkstein* an die Deportationen:

> Zum Gedenken an die mehr als 2 000 jüdischen Mitbürger,/
> die während der Zeit des Unheils in den Jahren 1941 und 1942 von hier aus ihren Leidensweg in die Konzentrationslager und in den Tod antraten.
> Errichtet von der Stadt Stuttgart.

Stuttgart-Bad Cannstatt

In der *König-Karl-Straße 51* erinnert ein 1961 von Herbert Gebauer geschaffener *Gedenkstein* an die zerstörte Synagoge. Sie war in der »Reichskristallnacht« von der Feuerwehr selbst in Brand gesteckt worden, wie ein Prozeß nach dem Krieg offenbarte. »Um 4.30 Uhr in der Frühe war nur noch ein kleiner rauchender Schutthaufen zu sehen«, hieß es im »NS-Kurier«. Die Inschrift der Tafel lautet:

> Hier stand die von der Israelitischen Gemeinde Cannstatt im Jahre 1876 erbaute Synagoge.
> Sie wurde in der Nacht vom 9. zum 10. November 1938 in der Zeit gottloser Gewaltherrschaft zerstört.
> Im Gedächtnis an unsere Mitbürger jüdischen Glaubens, zur Mahnung, nie wieder den Ungeist des Hasses und der Verfolgung aufkommen zu lassen, hat die Stadt Stuttgart diesen Stein gesetzt.

In dem Nachbarhaus wurde 1890 Fritz Elsas geboren, Jurist und später Bürgermeister in Berlin, am 4. Januar 1945 im KZ Sachsenhausen ermordet, weil er 1944 dem flüchtenden Leipziger Oberbürgermeister Carl Goerdeler Unterschlupf gewährt hatte. An ihn erinnert die *Fritz-Elsas-Straße* in der Stadtmitte.

Auf dem Israelitischen Teil des *neuen Zentralfriedhofs* im Steinhaldenfeld, *Ziegelbrennerstraße 32,* steht ein *Gedenkstein* für die Opfer der Konzentrationslager, der 1952 vom Lager Föhrenwald/Oberbayern hierher gebracht wurde.

Auf dem *Steinhaldenfriedhof* tragen *34 Muschelkalkquader* die Namen von 271 Opfern der nationalsozialistischen »Euthanasie«-Aktion. Es weist jedoch nichts darauf hin, daß es sich um »Euthanasie«-Opfer handelt. In den Jahren 1940 bis 1942 erhielt das Stuttgarter Friedhofsamt etwa 380 Urnen mit der »Asche« ehemaliger Insassen der Psychiatrischen Anstalten Bernburg, Brandenburg, Grafeneck, Hadamar, Hartheim und Sonnenstein sowie der Konzentrationslager Dachau und Buchenwald zugesandt. Von wenig mehr als 100 Toten konnte das Amt die Angehörigen ausfindig machen, die übrigen 271 Urnen bestattete man in Sammelgräbern auf dem *Pragfriedhof.* (Näheres zu den Krankenmorden s. Gomadingen-Grafeneck)

Stuttgart-Feuerbach

Auf dem *Friedhof* in der *Feuerbacher-Tal-Straße* gibt es einen säulenartig gestalteten *Gedenkstein* für die Opfer des NS-Regimes aus dem Stadtbezirk Feuerbach. Namentlich erinnert wird unter anderen an Walter Frohnmüller, Jakob Kraus, Wilhelm Noller, Karl Schneck und Hermann Weisshaupt, die unterschiedlichen politischen Gruppierungen angehörten und alle als Gegner des Nationalsozialismus ums Leben kamen. Der jüngste war Karl Wilhelm, der nach Jahren der Gefängnis- und KZ-Haft zwangsweise in die SS-Strafdivision Dirlewanger versetzt wurde und im Januar 1945 an der Ostfront starb. Er gehörte zu einer Gruppe jugendlicher Oppositioneller, die sich Gruppe G (= Gemeinschaft) nannte und mit spektakulären Aktionen auffiel wie der Bemalung der Plastik »Rossebändiger« im Unteren Stadtgarten im März 1935 mit der Parole »Hitler bedeutet Krieg«.

Stuttgart-Hedelfingen

Oberhalb des Hafengebietes überspannt die fast 1000 Meter lange *Otto-Hirsch-Brücke* den Neckar. *Gedenktafel* und *Gedenkstein* an der Auffahrt *am Hedelfinger Platz* erinnern an den 1889 in Stuttgart geborenen Otto Hirsch. Dieser war Rechtsrat der Stadt Stuttgart, später Ministerialrat im Innenministerium und wurde 1930 Präsident des Israelitischen Oberrats. 1933 übernahm er das Amt des geschäftsführenden Vorstands in der »Reichsvertretung der deutschen Juden« unter der Präsidentschaft des Rabbiners Leo Baeck in Berlin. In vielen Auslandsreisen nach Paris, London, in die Vereinigten Staaten und nach Palästina warb Otto Hirsch um Hilfe für die Auswanderung deutscher Juden. Auf der vom amerikanischen Präsidenten Franklin D. Roosevelt 1938 zur Lösung von Flüchtlingsfragen nach Evian in Frankreich, am Genfer See, einberufenen Konferenz appellierte er an potentielle Aufnahmeländer, die Einwanderungsbestimmungen zu lockern. Er hatte damit wenig Erfolg. Die Möglichkeit auszuwandern hing weitgehend von der Unterstützung ausländischer Organisationen ab, da die den deutschen Wirtschaftsämtern zu hinterlegenden Geldbeträge willkürlich hoch waren. 1939 reiste Otto Hirsch noch einmal nach London und 1940 nach Budapest mit dem gleichen Anliegen. Bis zum Auswanderungsverbot vom 23. Oktober 1941 konnten etwa 300 000 Juden Deutschland verlassen. Trotz mehrfacher Verhaftungen und zunehmenden Terrors gegen die Juden lehnte Otto Hirsch von mehreren ausländischen Regierungen angebotene Posten ab und entschied sich, ebenso wie Leo Baeck, im Bewußtsein seiner Verantwortung gegenüber den Juden, die Deutschland nicht verlassen konnten, zum Bleiben. Im Frühjahr 1941 wurde er endgültig von der Gestapo verhaftet und ins Konzentrationslager Mauthausen in Österreich deportiert, wo er am 19. Juni 1941 umgebracht wurde.

Stuttgart-Heslach

Auf dem *Waldfriedhof* sind neben einer Reihe prominenter Stuttgarter die Widerstandskämpfer Anton Hummler (1944 hingerichtet in Brandenburg), Fritz Rau (1933 in Berlin ermordet) und Jakob Weimer (früherer Reichstagsabgeordneter der SPD, 1944 an den Haftfolgen gestorben) bestattet.

Stuttgart-Mühlhausen

Auf dem *Friedhof Veitstraße 82* steht ein *Ehren- und Mahnmal* zum Gedenken an die Opfer beider Weltkriege und an die Opfer der Gewaltherrschaft, das 1972 von Hans Berweiler geschaffen wurde.

Stuttgart-Münster

Im *Neuen Friedhof, Burgholzstraße 70*, wurde ein 1960 von Ernst Yelin geschaffenes *Mahnmal* für von den Nationalsozialisten verfolgte und umgebrachte jüdische Bürger aufgestellt.

Stuttgart-Obertürkheim

Auf dem *Friedhof Kirchsteige 16* steht ein *Ehren- und Mahnmal* für die Opfer der beiden Weltkriege und für die Opfer der Gewaltherrschaft. Es wurde 1970 von Erich Glauer geschaffen.

Stuttgart-Untertürkheim

Am 10. Januar 1989 ließ die Geschäftsleitung der Daimler-Benz-AG vor dem *Firmenmuseum* in *Untertürkheim* ein *Mahnmal* aufstellen. Der Berliner Bildhauer Bernhard Heiliger gab der zweiteiligen Eisenskulptur den Titel »Tag und Nacht/ Licht und Schatten«. Eine Inschrift lautet:

In Erinnerung an die Zwangsarbeiter
im Zweiten Weltkrieg
und zur Mahnung, den Frieden zu erhalten
und die Würde freier Menschen zu verteidigen.

Aufgrund öffentlicher Diskussionen um die Rolle von Daimler-Benz in der Rüstungsproduktion des »Dritten Reiches« und der Tatsache von rund 20 000 Zwangsarbeitern in den diversen Betrieben des Unternehmens fand sich die Firmenleitung zu Zugeständnissen bereit, nachdem 40 Jahre lang entsprechende Forderungen zurückgewiesen worden waren. Neben der Skulptur und einer Einladung an frühere Zwangsarbeiter stellte Daimler-Benz 1988 auch 20 Mio. DM für Alten- und Pflegeheime in Israel, Frankreich, Belgien, Holland und Polen zur Verfügung, die insbesondere Opfern des Nationalsozialismus zugute kommen sollen.

In der Arbeitersiedlung Luginsland hängt an dem Haus *Annastraße 6* eine *Gedenktafel*, die die Stuttgarter Bezirksverwaltung der IG Metall 1969 dort anbringen ließ. Der Text lautet:

In diese Hause
lebte die Familie Schlotterbeck,
die am 30. November 1944
zusammen mit sieben anderen Freunden
von den Nationalsozialisten
brutal ermordet wurden.
Sie kämpften für eine Welt der
Freiheit und sozialen Gerechtigkeit.
Ihr Tod sei uns
Mahnung und Verpflichtung.

Eine *Gedenkstätte* für die Familie Schlotterbeck und ihre Freunde befindet sich seit 1949 an ihrem Grab auf dem *Friedhof Untertürkheim.* Damit wird an eine engagierte Stuttgarter Familie erinnert, die sich während der gesamten NS-Zeit trotz häufiger Verhaftungen, Verfolgung und KZ-Haft, trotz Verhör, Bespitzelung und Drohung von ihrem praktischen Widerstand nicht abbringen ließ und ihrer kommunistischen Gesinnung treu blieb. Sie wurde am 30. November 1944 im Konzentrationslager Dachau erschossen, und nur ein Sohn der Familie überlebte nach seiner Flucht in die Schweiz.

Stuttgart-Vaihingen

Auch hier erinnert auf dem *Buchrainfriedhof, Pascalstraße 70*, ein 1969 von Hanne Schorp-Pflumm geschaffenes *Ehren- und Mahnmal* an die Opfer der beiden Weltkriege und an die Opfer des NS-Regimes.

Stuttgart-Wangen

1969 wurde vor der *Michaelskirche, Im Kirchweinberg 2,* ein von Heinrich Körner 1963 geschaffenes *Ehren- und Mahnmal* zum Gedenken an die Opfer der Weltkriege und an die Opfer der nationalsozialistischen Gewaltherrschaft errichtet.

Stuttgart-Weilimdorf

Auf dem neuen *Friedhof, Köstlinstraße 185,* steht ein 1969 von Suse Müller-Diefenbach geschaffenes *Ehren- und Mahnmal* für die Opfer des Ersten und des Zweiten Weltkrieges und zum Gedenken an die Opfer der NS-Herrschaft.

Es gibt darüber hinaus eine Fülle von Straßen und Plätzen in Stuttgart, die nach Gegnern des Nationalsozialismus bzw. zur ehrenden Erinnerung mit den Namen der Opfer benannt sind. Häufig sind es auch bekannte Widerstandskämpfer, wobei aus allen gesellschaftlichen Gruppierungen und politischen Parteien Beispiele ausgewählt wurden. Darüber hinaus existieren auf allen Stuttgarter Friedhöfen Grabstätten von Opfern des Naziregimes. Orts- und Detailangaben hierzu lassen sich in den Publikationen zu den Stadtrundfahrten finden.

Stadtrundfahrten:
Der Stadtjugendring Stuttgart veranstaltet regelmäßig Stadtrundfahrten »Auf den Spuren des Dritten Reiches« und hat dazu eine Begleitbroschüre gleiches Titels herausgegeben.
Kontakt und Anmeldung:
Stadtjugendring Stuttgart, Paulinenstr. 47, 70178 Stuttgart, Tel. 07 11/62 80 06.

Die Landeszentrale für politische Bildung führt zum Gedenken an die Reichspogromnacht jährlich um den 8. bis 10. November Seminare in der Synagoge durch. Damit verbunden ist eine Stadtrundfahrt »Spurensuche Juden und Judentum in Stuttgart«. Eine gleichnamige Tonbildschau mit Begleitschrift gibt es bei der Landesbildstelle (Verleihnummer 154428).

Quellen/Literatur:
Amtsblatt der Stadt Stuttgart Nr. 49 vom 3. 12. 1981: Gedenken an die Deportation vor 40 Jahren am Gedenkstein auf dem Killesberg (mit Auflistung weiterer Mahnmale in Stuttgarter Stadtteilen); Bohn, Willi, »Hochverräter!«, Frankfurt 1984; Clemens, Ditte, Schweigen über Lilo. Die Geschichte der Liselotte Herrmann, Ravensburg 1993; GEW-Kreisverband Stuttgart (Hrsg.), »Damit kein Gras drüber wächst!«. Eine Stadtrundfahrt durch Stuttgart auf den Spuren von Faschismus und Widerstand, 1991 (Vertrieb: Süddt.päd.Vlg., Sudetenstraße 32, 71638 Ludwigsburg); Hamburger Stiftung für Sozialgeschichte (Hrsg.), Das Daimler-Benz-Buch. Ein Rüstungskonzern im »Tausendjährigen Reich«, Nördlingen 1987; Leber, Annedore (Hrsg.), Das Gewissen entscheidet – Bereiche des deutschen Widerstandes von 1933–1945 in Lebensbildern, Berlin/Frankfurt a.M. 1957 (Porträt von Otto Hirsch: S. 12–17); Müller, Roland, Stuttgart zur Zeit des Nationalsozialismus, Stuttgart 1988; Roth, Karl Heinz und Schmidt, Michael, Die Daimler-Benz AG 1926–1948, Schlüsseldokumente zur Konzerngeschichte, Hamburg 1989; Skrentny, Werner u.a. (Hrsg.), Stuttgart zu Fuß. 18 Stadtteilstreifzüge durch Geschichte und Gegenwart, Hamburg 1988; Stadtjugendring Stuttgart (Hrsg.), Auf den Spuren des 3. Reichs. Eine Alternative Stadtrundfahrt, 4. erg. Aufl. 1987; Zelzer, Maria, Weg und Schicksal der Stuttgarter Juden. Ein Gedenkbuch. Hrsg.: Stadt Stuttgart (Veröffentlichung des Archivs der Stadt Stuttgart, 1. Sonderband), Stuttgart 1964; Dies., Stuttgart unterm Hakenkreuz, Stuttgart 1983.

Süßen

1981 wurde in Süßen ein *Marktbrunnen* eingeweiht mit einem etwa vier Meter hohen Brunnenstock, auf dem in plastischen Figuren Szenen aus der Geschichte der Gemeinde dargestellt sind, darunter die Deportation der Süßener Juden (Gestaltung durch den Künstler Emil Jo Homolka).
Im Neubaugebiet *Geigenwiesen* erinnern überdies die *Ottenheimer-* und die *Langstraße* an zwei jüdische Familien, die von den Nationalsozialisten vertrieben worden sind.

Sulzburg, Baden

Der Sulzburger Campingplatz umschließt teilweise den alten *jüdischen Friedhof*, früher einer der wichtigsten Begräbnisplätze Oberbadens. Seit 1970 erinnert ein *Mahnmal* in Form eines dreiflügeligen Grabsteins an die Opfer der Verfolgungszeit zwischen 1933 und 1945. Der Text auf der Vorderseite lautet:

> Den Opfern der Judenverfolgung von 1933–1945
> gewidmet und dem Gedenken der Juden von
> Sulzburg und Staufen, die schutzlos preisgegeben den Tod für ihren Glauben erlitten.
> Errichtet zum dreißigsten Jahrestag der
> Auslöschung ihrer alt ehrwürdigen frommen
> Gemeinde 1970.

Die Synagoge der Jüdischen Gemeinde in der *Mühlbachstraße* wurde 1938 in der »Reichskristallnacht« schwer demoliert, blieb aber erhalten. In den 80er Jahren wurde sie auf Initiative der »Anna-Hugo-Bloch-Stiftung« im alten Stil mit zwei seitlichen Emporen wieder restauriert, auch die Malereien im Inneren und das mit Sternen ausgemalte blaue Gewölbe. Heute dient das Gebäude für kulturelle Veranstaltungen des »Freundeskreises ehemalige Synagoge«, der die Geschichte des Judentums wachhalten und den jüdisch-christlichen Dialog pflegen will.

Kontakt und Besichtigung:
Freundeskreis ehemalige Synagoge Sulzburg e.V., c/o Stadtverwaltung Sulzburg, Postfach, 79295 Sulzburg, Tel. 07634/701.

Literatur:
Bier, Martin, »Alles wirkliche Leben ist Begegnung« (eine Ausarbeitung für den Freundeskreis für die Besucher von ehemaliger Synagoge und Friedhof), Sulzburg 1991; Hahn, Joachim, Synagogen in Baden-Württemberg, Stuttgart 1987, S. 68–70.

Tailfingen siehe Gäufelden

Talheim, Neckar

Eine *Gedenktafel an der Burg* erinnert seit 1983 an die frühere Synagoge, die an dieser Stelle neben dem schmalen Turm gestanden hat, im Jahre 1938 von den Nationalsozialisten demoliert, aber erst 1954 abgerissen wurde. Das Anwesen hieß auch »Judenburg« oder »Judenschloß«, weil seit dem 18. Jahrhundert hier jüdische Talheimer lebten, deren Gemeinschaftseinrichtungen wie das Kultbad, die Schule und die Lehrerwohnung innerhalb der Burg lagen.

Tauberbischofsheim

Im *Foyer des Rathauses, Marktplatz 8,* wurde 1981 eine *Gedenktafel* angebracht, die an die mindestens 35 Mitbürger der Jüdischen Gemeinde aus Tauberbischofsheim erinnert, welche durch die nationalsozialistische Verfolgung ums Leben kamen. Die Formulierung des Gedenkens – an die »durch Unrecht und Gewaltherrschaft vertriebenen und ermordeten jüdischen Bürger« – kann nichts von dem Schrecken und dem öffentlichen Terror überliefern: Nach dem Überfall auf Polen wurden die noch im Ort lebenden Juden am 3. September 1939 von SA-Leuten zusammengetrieben, mit Plakaten um den Hals mit der Aufschrift »Wir sind die Kriegshetzer« durch den Ort getrieben und mußten sich vor ihrer geschändeten Synagoge auf die Knie werfen und den Boden küssen. Danach zwang sie die SA, sich in den vorbeifließenden Bach zu stürzen. Dann wurden die insgesamt 15 Familien für sieben Wochen ins Gemeindehaus eingesperrt, wo sie kein Fenster öffnen durften.

Tiengen siehe Waldshut

Tübingen

Im Foyer der Neuen Aula der *Eberhard-Karls-Universität* in Tübingen wurde im Juli 1984 anläßlich des 40. Jahrestages des mißglückten Hitler-Attentats von Oberst Claus Graf Schenk von Stauffenberg eine *Tafel* enthüllt zum Gedenken an Männer der Widerstandsbewegung des 20. Juli 1944, die einen Teil ihrer Studienzeit an der Universität Tübingen verbracht haben und die 1944/45 hingerichtet wurden:

20. Juli 1944
Freiheit, dich suchten wir lange
in Zucht und in Tat und in Leiden.
Sterbend erkennen wir nun
im Angesicht Gottes dich selbst
Dietrich Bonhoeffer

Berthold Graf Schenk von Stauffenberg	10. 8. 1944
Ulrich von Hassell	8. 9. 1944
Caesar von Hofacker	20. 12. 1944
Fritz Elsas	18. 1. 1945
Eugen Bolz	23. 1. 1945
Carl Goerdeler	2. 2. 1945
Friedrich Goerdeler	1. 3. 1945
Theodor Strünck	9. 4. 1945
Dietrich Bonhoeffer	9. 4. 1945
Klaus Bonhoeffer	23. 4. 1945
Rüdiger Schleicher	23. 4. 1945

In ihrer Jugend Studenten der Universität Tübingen,
gingen sie mit anderen im Widerstand gegen
den Nationalsozialismus in den Tod.
20. Juli 1984

Der 1905 in Stuttgart geborene *Berthold Graf Schenk von Stauffenberg,* Marineoberstabsrichter, war eingeweiht in die Pläne zum Attentat auf Hitler. Er gab wichtige politische Nachrichten an seinen zwei Jahre jüngeren Bruder Claus weiter, der am 20. Juli 1944 die Bombe im Führerhauptquartier »Wolfsschanze« legte. Er wurde am 10. August 1944 zum Tode verurteilt und am gleichen Tag hingerichtet (s. auch Albstadt-Lautlingen).

Ulrich von Hassell, geboren 1881 in Anklam, war seit 1932 Botschafter in Rom, bis er 1938 wegen seiner Kritik an der Außenpolitik des nationalsozialistischen Regimes abberufen wurde. Nach einem erfolgreichen Umsturz sollte er das Außenministerium übernehmen. Das am 8. September 1944 durch den »Volksgerichtshof« verkündete Todesurteil gegen ihn wurde wenige Stunden später vollstreckt.

Cäsar von Hofacker, geboren 1896 in Ludwigsburg, war im besetzten Frankreich der Militärverwaltung als Wirtschaftsfachmann zugeteilt und wurde dann in den persönlichen Stab des Militärbefehlshabers, General Stülpnagel, berufen. Mit ihm traf er, ein Vetter der Brüder von Stauffenberg, systematische Vorbereitungen für den Tag des Umsturzes in Paris. Am 30. August 1944 fällte der »Volksgerichtshof« über ihn als dem »Haupt der Verschwörung in Frankreich« das Todesurteil, das am 20. Dezember 1944 in Berlin-Plötzensee vollstreckt wurde.

Fritz Elsas, 1890 in Stuttgart-Bad Cannstatt (s. dort) geboren, war ab 1924 Landtagsabgeordneter der Deutschen Demokratischen Partei und wurde 1931 zum Ersten Bürgermeister in Berlin gewählt. Wegen seiner jüdischen Herkunft wurde er 1933 von den Nationalsozialisten entlassen. Seit 1938 war er Verbindungsmann zwischen Carl Goerdeler und dessen Freunden einerseits sowie dem Gewerkschafter Wilhelm Leuschner und verschiedenen Linksgruppen andererseits. Er wurde am 10. August 1944 verhaftet, wahrscheinlich, nachdem entdeckt worden war, daß sich Carl Goerdeler nach dem mißglückten Attentat mehrmals im Hause von Elsas aufgehalten hatte. Zunächst kam er ins Gestapo-Gefängnis in Berlin, dann in das KZ Sachsenhausen, wo er Anfang Januar 1945 ermordet wurde.

Der 1881 in Rottenburg am Neckar geborene Jurist *Eugen Bolz* war seit 1912 Zentrumsabgeordneter im Reichstag, ab 1913 auch im württembergischen Landtag, nach dem Ersten Weltkrieg Justiz-, später Innenminister und seit 1928 Staatspräsident in Württemberg. 1933 wurde er in »Schutzhaft« genommen, die er auf dem Hohenasperg (s. Asperg) und in Kislau (s. Bad Schönborn) verbracht haben soll. Seit 1942 stand er in Kontakt mit Carl Goerdeler, in dessen Kabinett ihm das Amt des Kultusministers zugedacht war. Am 12. August 1944 wurde er verhaftet und kam ins Gestapo-Gefängnis nach Berlin, wo er schwer mißhandelt wurde. Am 23. Januar 1945 wurde er zusammen mit Helmuth Graf von Moltke, Theodor Haubach und sieben anderen Widerstandskämpfern hingerichtet.

Carl Goerdeler, geboren 1884 in Schneidemühl, war eine der zentralen Personen der Opposition gegen Adolf Hitler. 1930 wurde er zum Oberbürgermeister von Leipzig gewählt. Dieses Amt legte er 1937 aus Protest gegen die Beseitigung des Denkmals des jüdischen Komponisten Felix Mendelssohn-Bartholdy nieder. Nach erfolgreichem Attentat war Carl Goerdeler als Reichskanzler vorgesehen. Er wurde am 2. Februar 1945 in Berlin-Plötzensee hingerichtet.

Friedrich (Fritz) Goerdeler, 1886 in Schneidemühl geboren, wurde nach dem Ersten Weltkrieg Bürgermeister der westpreußischen Stadt Marienwerder. Da er sich weigerte, in die NSDAP einzutreten, mußte er diese Stellung 1933 aufgeben und ging als Stadtkämmerer nach Königsberg. Er unterstützte von Anfang an die Widerstandspläne seines Bruders Carl und knüpfte wichtige Verbindungen zu Gleichgesinnten an. Er wurde am 4. August 1944 verhaftet. Das Todesurteil des »Volksgerichtshofs« wurde am 1. März 1945 vollstreckt.

Der 1895 in Pries bei Kiel geborene Jurist *Theodor Strünck* hatte bereits an Umsturzplänen anläßlich der »Sudetenkrise« im Jahre 1938 aktiven Anteil. Nach Kriegsbeginn arbeitete er eng mit Admiral Canaris, General Oster und Carl Goerdeler zusammen zur Vorbereitung des Attentats. Nach dessen Scheitern wurde er am 1. August 1944 verhaftet und am 9. April 1945 zusammen mit Dietrich Bonhoeffer, Admiral Canaris und anderen im Konzentrationslager Flossenbürg erhängt.

Dietrich Bonhoeffer, 1906 in Breslau geboren, gehörte nach der Machtübernahme durch die Nazis von Anfang an zu den entschiedensten Gegnern des Regimes. Als Pfarrer der Bekennenden Kirche schloß er sich schon bald der Widerstandsgruppe um General Beck an. Er wurde am 5. April 1943 verhaftet und im Militärgefängnis Berlin-Tegel inhaftiert. Erst im September 1944 entdeckte das Reichssicherheitshauptamt einen Geheimschrank des Chefs der Abwehr, Admiral Canaris, dessen Inhalt auch die Beteiligung Dietrich Bonhoeffers an der Verschwörung des 20. Juli offenlegte. Über den Gestapo-Keller in Berlin und das KZ Buchenwald kam er in das Konzentrationslager Flossenbürg, wo er am 9. April 1945 erhängt wurde.

Klaus Bonhoeffer, der ältere Bruder von Dietrich Bonhoeffer, 1901 in Breslau geboren, war seit 1930 in Berlin als Rechtsanwalt tätig und wurde 1936 Chefsyndikus der Deutschen Lufthansa. Über seinen Schwager Hans von Dohnanyi, seinen Vetter Ernst von Harnack und seinen Bruder Dietrich kam er mit verschiedenen Widerstandsgruppen in Kontakt. Er wurde am 1. Oktober 1944 verhaftet und zusammen mit seinem Schwager Rüdiger Schleicher und anderen Häftlingen in der Nacht vom 23. auf den 24. April 1945 auf einem Trümmergelände in der Nähe des Gestapo-Gefängnisses Lehrter Straße in Berlin-Moabit von der SS erschossen.

Der 1895 in Stuttgart geborene Jurist *Rüdiger Schleicher* war Ministerialrat im Reichsluftfahrtministerium in Berlin. Das von ihm nebenamtlich geleitete Institut für Luftfahrtrecht an der

Tübingen, Stadtfriedhof, Gräberfeld X, die Bestattungsstelle des Anatomischen Instituts der Universität Tübingen: Die Bronzeplatte vor drei Steinkreuzen aus den sechziger Jahren wurde 1980 ergänzt um sechs Bodenplatten mit fast 600 Namen von Menschen verschiedener Nationalität, die unter dem NS-Regime einen gewaltsamen Tod erlitten und danach der Universität Tübingen für medizinische Versuche zur Verfügung gestellt worden waren.

Universität Berlin wurde zu einem Treffpunkt oppositioneller Gruppen. Schleicher übermittelte dem engeren Kreis der Verschwörer Informationen über das Luftfahrtministerium. Zusammen mit seinem Schwager Klaus Bonhoeffer wurde er in der Nacht vom 23. zum 24. April 1945 von der SS erschossen.

Auf dem *Stadtfriedhof* diente das »Gräberfeld X« bereits seit 1849 als Bestattungsstelle des Anatomischen Instituts der Universität Tübingen. Unter den über 1 000 Toten, die dort in der Zeit des Nationalsozialismus beigesetzt wurden, befinden sich fast 600, die als Opfer staatlicher Gewalt keines natürlichen Todes gestorben sind. Das sind zum einen Hingerichtete, vor allem politische Gegner der Nationalsozialisten (darunter z.B. Mitglieder der »Lechleiter Gruppe« – s. Mannheim), ermordete Zwangsarbeiter oder Deserteure, zum anderen aber auch unter den Kriegsgefangenen und den sogenannten Ostarbeitern Opfer der Repression, des Hungers und Elends in den Lagern. In den 60er Jahren wurde für diese Menschen eine *Gedenkstätte auf dem Gräberfeld X* errichtet. Vor drei Steinkreuzen liegt eine *bronzene Bodenplatte* mit dem Text:

Hier ruhen mehrere hundert Menschen
verschiedener Völker, die in Lagern und
Anstalten unseres Landes einen gewaltsamen
Tod fanden.

Im Jahre 1980 beschloß der Stadtrat, die Anlage um *sechs Bodenplatten* zu ergänzen, die fast 600 Namen der Toten tragen. Als Ende der 80er Jahre eine neue Debatte um die Rolle der Medizin im »Dritten Reich« entbrannte und insbesondere nach der Geschichte der Präparate in der Anatomie gefragt wurde, entschloß sich die Universität im Juli 1990, sämtliche noch vorhandenen Präparate von NS-Opfern bzw. solche, die von Opfern der nationalsozialistischen Gewaltherrschaft stammen könnten, im Gräberfeld X feierlich zu bestatten. Ein neuer *Gedenkstein* trägt den Text:

Verschleppt geknechtet geschunden
Opfer der Willkür oder verblendeten Rechts
fanden Menschen Ruhe erst hier
von ihrem Leib noch
forderte Nutzen eine Wissenschaft
die Rechte und Würde des Menschen nicht achtete
Mahnung sei dieser Stein den Lebenden
Die Eberhard-Karls-Universität Tübingen
1990.

Zwei Wochen nach der Gedenkfeier attackierten rechtsradikale Jugendliche dieses »Gräberfeld X« als erstes in einer Serie von 17 Friedhofsschändungen in Baden-Württemberg. Die Bronzeplatten wurden mit antisemitischen Parolen und Hakenkreuzen beschmiert und zerschlagen.

Auf dem *Holzmarkt* hängt an der Mauer zur Stiftskirchenseite seit 1983 eine *Gedenktafel* für die jüdischen Opfer der nationalsozialistischen Gewaltherrschaft:

Universitätsstadt Tübingen
Zum Gedenken an unsere während
der nationalsozialistischen Herrschaft
vertriebenen und ermordeten
jüdischen Mitbürger
Zur täglichen Mahnung für uns
und als Verpflichtung
dem Rassenhaß und der Unduldsamkeit
zu wehren
1933 • 1945 • 1983

Tübingen, Stadtfriedhof, Gräberfeld X: Nach der Bestattung noch vorhandener Präparate von NS-Opfern im Juli 1990 ließ die Universität Tübingen eine neue Gedenkplatte errichten, die die schuldhafte Verstrickung der Medizin in die Verbrechen der Nationalsozialisten andeutet.

Am Standort der ehemaligen Synagoge in der *Gartenstraße 35 – 37* steht ein *Brunnen* mit der Inschrift:

> Zum Gedenken an die Verfolgung und Ermordung jüdischer Mitbürger in den Jahren 1933–1945.
>
> Hier stand die Synagoge der Tübinger Jüdischen Gemeinde. Sie wurde in der Nacht vom 9./10. November 1938 wie viele andere in Deutschland niedergebrannt.

An ein Opfer der nationalsozialistischen Gewalt erinnert auch der Tübinger Karmel, der benannt ist nach der vom Judentum zum Katholizismus konvertierten Karmelitin Edith Stein, die aus Holland von den Nazis verschleppt und 1942 in Auschwitz ermordet wurde. (s. NRW: Köln)

Nördlich der Bundesstraße 28, außerhalb Tübingens, in Richtung *Wankheim,* liegt ein *jüdischer Friedhof.* Ein *Gedenkstein* für 14 jüdische Opfer trägt den Text:

> Dies sind die Opfer der Gemeinde
> Tübingen, welche von den Nazis
> gemordet wurden.
> [Es folgen die Namen.]

Literatur:
Schäfer, Volker (Hrsg.), »Zeugnis für ein anderes Deutschland – Ehemalige Tübinger Studenten als Opfer des 20. Juli 1944«, 2. Aufl. Tübingen 1984; Schönhagen, Benigna, Das Gräberfeld X. Eine Dokumentation über NS-Opfer auf dem Tübinger Stadtfriedhof, Tübingen 1987; Dies., Tübingen unterm Hakenkreuz. Eine Universitätsstadt in der Zeit des Nationalsozialismus, Tübingen 1991; Dies. (Hrsg.), Nationalsozialismus in Tübingen. Vorbei und Vergessen, Tübingen 1992; Single, Erwin, Verführte haben ihre Verführer. Verwüstungen jüdischer Friedhöfe: Das Ausmaß nimmt zu, in: »Tageszeitung« vom 19. Oktober 1990; Tübinger Universitätsreden Bd. 41, Erinnern und Gedenken (Ansprachen zur Gedenkfeier am 8. Juli 1990 »für die Opfer des NS-Regimes, deren Leib nach gewaltsamen Tod in den Jahren 1933–1945 der Universität zur Verfügung gestellt wurde«), Tübingen 1991; Zapf, Lilli, Die Tübinger Juden, 2. Aufl. 1978.

Tuttlingen

Bereits im Jahre 1947 wurde auf dem Tuttlinger *Friedhof* ein *Ehrenfeld* eingeweiht: Auf vier Steintafeln wurden die Namen der NS-Opfer aus dem Kreis Tuttlingen – die meisten sollen »Euthanasie«-Opfer sein – unter folgendem Text eingraviert:

> Fern der Heimat starben sie durch
> einen gewaltsamen Tod.

Außerdem sind zwei Platten in den Boden eingelassen mit Namen von KZ-Opfern aus dem Umkreis, deren Leichen im Krematorium Tuttlingen verbrannt worden waren. Hier wurde die Asche von 87 Opfern beigesetzt. Eine Urne trägt die Aufschrift:

> Tuttlingen i. W. – Schömberg, Schörzingen,
> Spaichingen, Bisingen. 3 645 Tote

Auf einem Obelisk befinden sich folgende lateinische und deutsche Aufschriften:

> Den Unglücklichen, die fern der Heimat starben.
> Miseris procul patria defunctis.
> Mors eorum sit finis laborum.
> Kreis Tuttlingen 81 Tote
> Spaichingen 111 Tote
> Schörzingen 549 Tote
> Schoemberg 1 771 Tote

Eine Säule trägt die Inschrift:

> Wie war es möglich?

(s. auch Schömberg und Spaichingen)

Nahe der Gemeinde *Fridingen,* Kreis Tuttlingen, steht bei der *»Ziegelhütte«* seit Sommer 1988 ein *Denkmal,* das an die Rettung der letzten Tuttlinger Jüdin, Sybille Kramer, im Jahre 1944 erinnert. Eine ca. zwei Meter hohe weiße Kalksteinplastik realisiert zwei Figuren, dichtbeieinander, von der die eine die andere mit einem Mantel zu beschützen scheint. Die Plastik unmittelbar neben der »Ziegelhütte«, am Wanderweg zwischen Bergsteig und Beuron im oberen Donautal, stammt von dem Bildhauer Andreas Schönian. Davor liegt ein Steinblock mit einem sechszackigen Stern und darin der Text:

> Gedenken an Maria und Ernst Heni
> Sie haben die jüdische Tuttlinger Mitbürgerin
> Sybille Kramer von 1944 – 1945
> in der Ziegelhütte vor den Nazis versteckt und
> durch dieses mutige beispielhafte
> Verhalten das Leben gerettet.
> Deutscher Gewerkschaftsbund Kreis Tuttlingen.
> August 1988

Das Ehepaar Heni lebte und arbeitete auf diesem einsam gelegenen Hof »Ziegelhütte«, in dem sich Sibylle Kramer von November 1944 bis zum Kriegsende verstecken konnte und so überlebte, während mindestens 40 ihrer Angehörigen von den Nationalsozialisten ermordet wurden. Der DGB errichtete das Denkmal im Jahre 1988, weil sich die Stadt Fridingen nicht dazu bereitfinden mochte.

Quellen/Literatur:
DGB Kreis Tuttlingen (Hrsg.), Dokumentation »Gedenkstein für Familie Heni«, 1988; Rosenfeldt, Eugen, Miseris procul patria defunctis, o. J. (Dokumentation zum Ehrenmal für die Opfer des Faschismus in Tuttlingen).

Überlingen, Bodensee

Südöstlich von Überlingen, in der Nähe der Wallfahrtskirche »Basilika Birnau«, liegt der *KZ-Friedhof Birnau.* Die Gräber sind mit namenlosen numerierten Kreuzen geschmückt. Ein *Gedenkstein* trägt die Inschrift:

> 97 Namenlose des Lagers Aufkirch,
> Zweiglager von Dachau, haben hier eine
> menschenwürdige Ruhestätte gefunden.
> Sie arbeiteten im Winter 1944/45 in
> den Stollenbauten bei Überlingen und
> starben an leiblicher und seelischer Not
> in einem nationalsozialistischen Zwangslager.
> Doch, Frieden den Menschen,
> die guten Willens sind.

Auf dem gegenüberliegenden Parkplatz informiert ein Schild mit dem folgendem Text über die Geschichte des Außenlagers Aufkirch und seiner Häftlinge:

> Im Oktober 1944 wurde in Überlingen ein Außenlager des Konzentrationslagers Dachau errichtet. Circa 800 Häftlinge mußten unterirdische Stollen in den Felsen beim Überlinger Westbahnhof sprengen, in denen die Produktion der Rüstungsbetriebe sichergestellt werden sollte.
>
> Mindestens 168 Häftlinge starben an den Folgen der harten Zwangsarbeit, an Unterernährung und brutaler Mißhandlung. Zunächst wurden die Toten im Krematorium Konstanz verbrannt. Später wurden 97 namenlose Opfer der nationalsozialistischen Politik in einem Massengrab im Waldstück Degenhardt verscharrt.
>
> Im April 1946 wurden sie auf Anordnung der französischen Militärbehörden hier beigesetzt.

Das Überlinger Außenlager bestand an der Straße nach Aufkirch, an der Stelle des heutigen Krankenhauses. Der Ort war ausgewählt worden, weil die Molassefelsen geeignet waren, um eine unterirdische Produktionsstätte hineinzugraben. Insgesamt vier Kilometer betrug die Gesamtlänge der Stollen, Höhlen und bis zu 25 Meter breiten Gänge, die zum größten Teil noch heute erhalten sind. Vorgesehen war die Flugzeugproduktion für die Firma Dornier und Rüstungsproduktion für die Zahnradfabrik Friedrichshafen, Maybach-Motoren und Luftschiffbau Zeppelin aus Friedrichshafen. Am 21. April 1945 wurden die Häftlingen in das KZ Dachau »evakuiert« und das Außenlager in Brand gesteckt.
Im Eingangsbereich der Stollen im Westen der Stadt *(Obere Bahnhofstraße/Bahnübergang West)* besteht eine *Gedenkstätte* mit einer Tafel, auf der zu lesen ist:

> Im II. Weltkrieg hatte Überlingen eine Außenstelle
> des KZ Dachau aufzunehmen. Die Häftlinge,
> Männer aus verschiedenen Nationen, sprengten
> Stollen in diesen Hang – das Ausweichquartier
> für einen Rüstungsbetrieb. Viele fanden bei der
> unmenschlichen Zwangsarbeit den Tod.
> Den Opfern zum Gedenken
> Den Lebenden zur Mahnung.
> Die Stadt Überlingen.

Literatur:
Puntschart, Adam, »Die Heimat ist weit . . .« – Erlebnisse im Spanischen Bürgerkrieg, im KZ, auf der Flucht, hrsg. von Oswald Burger, Weingarten 1983, S. 103 ff. (Burger beschreibt das Lager Überlingen/Aufkirch; Puntschart berichtet über seine Haft dort und über seine Flucht.); Burger, Oswald, Zeppelin und die Rüstungsindustrie am Bodensee, Teil 2, in: »1999«, Heft 2/87, S. 77–87 (KZ und Stollenanlage in Überlingen).

Ulm

Das Fort Oberer Kuhberg bei Ulm, oberhalb der Bundesstraße 311 Richtung Ehingen, ist die einzige in ihren ursprünglichen Bauten erhaltene Stätte des nationalsozialistischen KZ-Systems in Baden-Württemberg. Die Inschrift einer *Gedenktafel* der Stadt Ulm von 1960 lautet:

> Dieses Festungswerk war
> in den Jahren 1933 bis 1935
> der Kerker für aufrechte Männer
> unserer Heimat. Im Glauben
> an Freiheit und Menschenwürde
> widerstanden sie Unrecht
> und Gewalt.

Seit 1973 wird hier am Volkstrauertag eine Gedenkfeier veranstaltet, an der sich Vertreter der Stadt Ulm, der Parteien, der Kirchen und anderer gesellschaftlicher Gruppen beteiligen.

Zur Geschichte des Konzentrationslagers Oberer Kuhberg

Das im Fort Oberer Kuhberg, Teil eines im 19. Jahrhundert rings um Ulm angelegten Festungsgürtels, eingerichtete Konzentrationslager existierte vom November 1933 bis zum Juli 1935. Die ersten Häftlinge waren württembergische Häftlinge aus dem »Schutzhaftlager« Heuberg (s. Stetten), die in das »Schutzhaftlager« Fort Oberer Kuhberg verlegt wurden, nachdem der Truppenübungsplatz Heuberg von der Reichswehr für militärische Zwecke zurückgefordert worden war. In den nächsten 21 Monaten lebten hier jeweils etwa 300 Häftlinge auf engstem Raum in den tropfnassen, lichtarmen Kasematten des Festungswerkes, das bis auf den Turm unterirdisch angelegt ist und in das nur durch Schießscharten spärlich Licht und Luft fällt. Die Gesamtzahl der Häftlinge, die das Lager durchliefen, betrug nach neueren Erkenntnissen etwa 1000, darunter eine Reihe widerständiger, aber nicht politisch organisierter Bürger, aber auch bekannte Politiker wie der Reichstagsabgeordnete und spätere SPD-Vorsitzende Kurt Schumacher, der vom Kuhberg aus nach Dachau verlegt wurde, die KPD-Landtagsabgeordneten Julius Schätzle und Alfred Haag oder der katholische Stadtpfarrer Dangelmaier aus Metzingen, der für sechs in Köln hingerichtete Kommunisten eine Messe gelesen hatte und dafür verhaftet wurde. 1935 verlangte die Deutsche Wehrmacht im Zuge der verstärkten Aufrüstung wieder das Verfügungsrecht über die gesamte Festungsanlage. Das Konzentrationslager Oberer Kuhberg wurde im Juli 1935 aufgelöst. Ein Teil der Häftlinge wurde entlassen, was allerdings nicht Freiheit, sondern weitere Gestapo-Aufsicht bedeutete, ein Teil kam nach Dachau und in andere Konzentrationslager. Im selben Jahr errichtete die Gestapo Stuttgart im Amtsgerichtsgefängnis in Welzheim ein neues Lager, das bis zum Ende des »Dritten Reiches« bestand (s. Welzheim).

Dokumentationszentrum Oberer Kuhberg

Seit 1970 verfolgte die Lagergemeinschaft ehemaliger Häftlinge »Heuberg-Kuhberg-Welzheim« das Ziel des Ausbaus der Festung zu einer Gedenkstätte. Später wurde diese Initiative einem »Kuratorium KZ Oberer Kuhberg« übertragen. Seit 1977 wird sie vom Verein »Dokumentationszentrum Oberer Kuhberg Ulm e.V.« wahrgenommen.

Fort »Oberer Kuhberg« bei Ulm: In diesem Festungswerk war in der Frühphase des NS-Staates, von November 1933 bis Juli 1935, ein Konzentrationslager zur Einschüchterung und Ausschaltung von Regimegegnern vor allem aus dem Raum Württemberg-Hohenzollern eingerichtet. Die Bauten dieser NS-Terrorstätte sind vollständig erhalten.

In den Räumen des ehemaligen Konzentrationslagers wurde im Jahre 1985 das »Dokumentationszentrum Oberer Kuhberg« mit einer ständigen Ausstellung eröffnet.

Nach langjährigen Räum- und Renovierungsarbeiten im ehemaligen Kommandoturm (Reduitgebäude) und in einem Teil des Kasemattenganges, die unter anderem von internationalen Jugendgruppen des Christlichen Friedensdienstes durchgeführt und durch private Spenden wie öffentliche Fördermittel der Stadt Ulm und des Landes Baden-Württemberg finanziert wurden, konnte das *Dokumentationszentrum* im Mai 1985 eröffnet werden. Eine ständige Ausstellung zeigt vor allem zahlreiche Bild- und Textdokumente zu den Biographien früherer Häftlinge. Ein zweiter Teil soll den Zusammenhang mit der Geschichte des Nationalsozialismus in Ulm/Neu-Ulm und der Region herstellen. Hinzu kommen Materialien über den Oberen Kuhberg als Festungsbau und als lokales Spezialthema die Geschichte der »Weißen Rose«, deren wichtigste Protagonisten, die Geschwister Scholl, aus der Stadt Ulm stammen. (Näheres siehe Bayern: München)

Der Verein »Dokumentationszentrum Oberer Kuhberg Ulm e.V.«, der eng mit der Ulmer Volkshochschule zusammenarbeitet, strebt nicht nur eine Gedenkstätte als ständige Ausstellung und Erhalt des historischen Ortes an, sondern will hier einen Platz lebendiger Geschichtsvermittlung und Begegnung schaffen, an dem Seminare, Kurse, Medienarbeit u.ä. stattfinden sollen. Hierfür sind auch Archiv, Büro und Bibliothek in Ulm eingerichtet worden. Im Oktober 1991 konnte eine feste Stelle mit einem Historiker besetzt werden; Ende 1994 wurden zwei ABM-Stellen eingerichtet.

Gefangenenraum im ehemaligen KZ Oberer Kuhberg: Die Häftlinge waren in den unterirdischen feuchten und lichtarmen Kasematten des Festungswerks untergebracht.

Anschrift:
Dokumentationszentrum Oberer Kuhberg Ulm e. V. – KZ-Gedenkstätte –, Postfach 2066, 89010 Ulm; Leitung: Dr. Silvester Lechner; Tel.: 0731/21312. (Das Dokumentationszentrum ist zu erreichen ab »Ehinger Tor« oder »Rathaus« mit der Buslinie 4 bis zur Haltestelle »Schulzentrum Oberer Kuhberg« oder »Am Hochsträß«.)

Öffnungszeiten/Führungen:
Öffnungszeiten: Sa u. So 14–17 Uhr. Führungen durch die Gedenkstätte: Sa u. So 14 Uhr und nach telefon. Vereinbarung durch Mitglieder des Vereins »Dokumentationszentrum Oberer Kuhberg«, Tel.: 0731/21312.
Zur Vorbereitung empfehlen sich der Band von Silvester Lechner und eine Broschüre des Oberschulamtes Tübingen (s. u.) sowie ein Film von Bernhard Häusle und Siegi Jonas: »›Daß es so etwas gibt, wo man Menschen einsperrt...‹. Das KZ auf dem Oberen Kuhberg« (zu beziehen über die Landesbildstelle).

Quellen/Literatur:
Eichmann, Bernd, Ulm: Massen-Haft in Kasematten, in: Ders., Versteinert, verharmlost, vergessen – KZ-Gedenkstätten in der Bundesrepublik Deutschland, Frankfurt a.M., 2. Aufl. 1986, S. 167–175, S. 220; Haus der Geschichte Baden-Württemberg (Hrsg.), »Doch die Freiheit, die kommt wieder.« NS-Gegner im Württembergischen Schutzhaftlager Ulm 1933–1935, Stuttgart 1994 (Katalog zu einer Ausstellung); Lechner, Silvester, Das KZ Oberer Kuhberg und die NS-Zeit in der Region Ulm/Neu-Ulm (Bd. 1 der Schriftenreihe des Dokumentationszentrums), Stuttgart 1988; Oberschulamt Tübingen (Hrsg.), Württembergisches Schutzhaftlager Ulm. Ein frühes Konzentrationslager im Nationalsozialismus, Tübingen 1995 (kostenlos beim Herausgeber zu beziehen: Keplerstraße 2, 72074 Tübingen); Schätzle, Julius, Stationen zur Hölle (s. Quellen/Literatur zu Baden-Württemberg); Wenke, Bettina, Interviews mit Überlebenden (s. ebd.).

Auf dem *städtischen Hauptfriedhof* in Ulm finden sich russische Grabmäler für »Sowjetbürger, Soldaten und Offiziere« sowie unweit der Friedhofshalle ein *Gedenkstein* mit der Inschrift:

> Viele hundert Ulmer Bürger wurden
> schuldlos als Opfer unmenschlicher
> Herrschaft geknechtet, geschändet,
> gemordet. 1933–1945.
> Besinnt Euch Ihr Lebenden.

Der frühere jüdische Friedhof wurde im Jahre 1943 aufgelöst. Die noch erhalten gebliebenen etwa zehn Grabsteine bilden heute einen Teil der *Parkanlage Frauenstraße.* Seit 1987 gibt es einen *Gedenkstein* mit dem entsprechenden Hinweis.

An der *Sparkasse Ulm* (Treppenabgang), *Neue Straße 66,* befindet sich eine *Gedenktafel* zur Erinnerung an die ehemalige Synagoge und an das Schicksal der von den Nationalsozialisten verfolgten und umgebrachten jüdischen Bürger Ulms.

Einer der prominentesten Juden, der von den Nationalsozialisten aus Deutschland vertrieben und im April 1934 ausgebürgert wurde, war der 1879 in Ulm geborene Physiker Albert Einstein. An ihn erinnern eine *Stele* am Ort seines Geburtshauses, *Bahnhofstr. 20,* eine *»Einstein-Straße«* und das *»Einstein-Haus«* der Volkshochschule mit einer Gedenkwand.

Im September 1989 enthüllte auf einem öffentlichen Grundstück, der »Oberen Donaubastion«, eine Initiative eine fast sechs Tonnen schwere *Stahlplastik* zum Gedenken an die *Deserteure der Deutschen Wehrmacht* im Zweiten Weltkrieg. Die Inschrift ist ein Zitat von Kurt Tucholsky aus dem Jahre 1925:

> Hier lebte ein Mann,
> der sich geweigert hat,
> auf seine Mitmenschen zu schießen.
> Ehre seinem Andenken.

Die Grundidee dieses Objekts mit dem Titel »Stein des Anstoßes«, das die Gruppe ohne öffentlichen Auftrag unter Leitung der Bildhauerin Hannah Stütz-Mentzel erarbeitet hatte, ist das Prinzip einer Kettenreaktion. Große Stahlquader zunehmender Größe stehen aufrecht hintereinander, wobei ein kleiner immer den nächst größeren zu Fall bringt und diese Bewegung quasi in der Zwischenstufe eingefroren ist. Man wollte mit dieser Skulptur den Mut der Deserteure und Kriegsdienstverweigerer zum eigenen Handeln, ihre Abkehr von der Gewalt und ihren Einsatz für Frieden würdigen. Eine Mehrheit des Ulmer Stadtrates beschloß kurz darauf die Entfernung der Plastik, die seitdem auf einem Privatgrundstück steht und nicht öffentlich zugänglich ist.

Literatur:
Keil, Heinz, Dokumentation über die Verfolgung der jüdischen Bürger von Ulm/Donau, 1962; Lechner, Silvester, Zum Beispiel die Wegleins. Zeit- und Lebensspuren einer Ulmer jüdischen Familie, 1883 bis 1977, in: Weglein, Resi, Als Krankenschwester in Theresienstadt. Erinnerungen einer Ulmer Jüdin (Bd. 2 der Schriftenreihe des Dokumentationszentrums), Stuttgart 1988; Specker, H. E. (Hrsg.), Einstein und Ulm. Forschungen zur Geschichte der Stadt Ulm, Reihe Dokumentation 1, 1979.

Unterriexingen siehe Markgröningen

Unterschneidheim

Auf dem *Friedhof* in *Zöbingen,* Gemeinde Unterschneidheim, findet sich ein *Mahnmal* aus drei grabsteinähnlichen Platten und einem hohen Steinkreuz, das polnische überlebende Zwangsarbeiter errichteten. Die Inschrift in Englisch, Polnisch und Deutsch lautet:

> Den Opfern des Hitler-Barbarismus
> Die Polen. Jahr 1945

Hier wurden insgesamt 42 Menschen bestattet, die beim »Hessentaler Todesmarsch« bei einer Rast in Zöbingen umkamen bzw. von den SS-Wachmannschaften ermordet wurden. Sie wurden zunächst in zwei Massengräbern in einem Waldstück verscharrt und nach dem Einmarsch der US-Truppen hier beerdigt, 1968 aber auf den Kochendorfer KZ-Friedhof umgebettet. Das Mahnmal in Zöbingen blieb stehen. (Zum »Hessentaler Todesmarsch« siehe Schwäbisch Hall, zum KZ-Friedhof Kochendorf s. Bad Friedrichshall und Neckarsulm.)

Quelle:
Vorländer, Herbert, Nationalsozialistische Konzentrationslager im Dienst der totalen Kriegsführung, Stuttgart 1978, S. 100.

Vaihingen an der Enz

Auf dem *KZ-Opfer-Friedhof* zwischen Vaihingen und Ensingen sind die Grabsteine in langgestreckten Reihen aufgestellt und numeriert bis zur Ziffer 1488. Ein *Gedenkstein* mit der Reliefdarstellung eines Menschen trägt die Inschrift:

> Zur ewigen Erinnerung an die Opfer der nationalsozialistischen Schreckensherrschaft, die im Konzentrationslager Vaihingen umgekommen sind.
> Die sterblichen Überreste, die aufgefunden wurden, sind an dieser Stelle im Jahre 1956 beigesetzt worden.

Außerdem befinden sich auf diesem Friedhof einige Einzelgräber mit hebräischen Inschriften.
In Vaihingen befand sich von Juli 1944 bis April 1945 ein Außenkommando des Konzentrationslagers Natzweiler im Elsaß. Ein Steinbruch, der inzwischen aufgefüllt und neu überbaut wurde (heute ein Abenteuerspielplatz im Gebiet Hauffstraße/ Marienburger Straße bis zu den Bahngleisen) diente zunächst zur Erprobung der V 1-Rakete und wurde später unter dem Stichwort »Stoffel« für ein Verlagerungsprojekt der Flugzeugwerke Messerschmitt AG geplant. Unter katastrophalen Bedingungen mußten hier vor allem polnische Juden aus dem Ghetto Radom arbeiten, untergebracht waren sie in einem Lager zwischen dem heutigen KZ-Friedhof und dem Glattbach.
Als das Projekt aufgegeben und viele Häftlinge in andere Konzentrationslager und Außenkommandos in Baden und Württemberg verlegt wurden, erklärte man das Vaihinger Lager zum zentralen »Krankenlager«, auch für die anderen umliegenden Außenkommandos. Tatsächlich war es ein Sterbelager, in dem zwischen 1488 und 2100 Menschen umkamen, die genaue Zahl ist nicht bekannt. Sie wurden unweit des Lagers verscharrt und 1956 auf diesem KZ-Friedhof beigesetzt. Von dem Lager sind noch mehrere Betonfundamente erhalten, u.a. der SS-Kantine. Seit 1989 bemüht sich eine Initiative, in einem ehemaligen Wasserwerk nahe diesen Fundamenten eine Gedenkstätte zu errichten.

Auch auf dem *städtischen Friedhof* in Vaihingen sind einige KZ-Häftlinge bestattet, die nach ihrer Befreiung am 7. April 1945 noch im Vaihinger Krankenhaus verstarben. Seit 1987 weist eine *Gedenktafel* auf diese Gräber hin mit dem Text:

KZ-Opfer-Friedhof zwischen Vaihingen und Ensingen: Das langgestreckte Totenfeld trägt Nummern bis zur Ziffer 1488.

Hier ruhen Häftlinge des
Konzentrationslagers Vaihingen an der Enz, die
nach der Befreiung durch die französischen Truppen
im Jahre 1945 an den Folgen der Haft gestorben sind.

An der Außenmauer von *Schloß Kaltenstein* auf einem Bergrücken oberhalb der Enz findet sich ein *Mahnmal* aus dem Jahre 1948 mit 27 polnischen, tschechoslowakischen und deutschen Namen und der Inschrift:

Hier ruhen die Opfer des Naziregimes
von Schloß Kaltenstein.

Seit dem 19. Jahrhundert bereits diente das Schloß als »Arbeitshaus«. In der Zeit des Nationalsozialismus wurde der Zwang verschärft gegen die sogenannten Asozialen durch Überbelegung, Hunger, Zwangsarbeit und Strafen. Es waren ausschließlich Männer, die mit ihrer unangepaßten Lebensform Opfer nationalsozialistischer Gewalt wurden. Ab 1940 kamen Kriegsgefangene und ab Herbst 1942 auch Zuchthaushäftlinge dazu. Bis zu 600 Gefangene waren hier erbärmlich untergebracht, viele kamen elendig um. Ihre Leichen wurden dem Anatomischen Institut der Universität Tübingen (s. dort) zur Verfügung gestellt. Kurz vor der Befreiung durch französische Truppen wurden sie nach Ulm »evakuiert«.

Kontakt:
Eine Initiative will eine zentrale Gedenk-, Mahn- und Informationsstätte für den Kreis Ludwigsburg auf dem Gelände des ehemaligen Lagers einrichten, dem der Gemeinderat zugestimmt hat. Anschrift: Initiative KZ-Gedenkstätte Vaihingen a.d. Enz e.V., c/o Manfred Scheck, Zeppelinstr. 9, 71665 Vaihingen.

Quellen/Literatur:
Bakels, Floris B., Nacht und Nebel – Der Bericht eines holländischen Christen aus deutschen Gefängnissen und Konzentrationslagern, Frankfurt a.M. 1979. (Bakels berichtet u.a. über seine Haft in den Konzentrationslagern Dautmergen und Vaihingen/Enz.); Böckle, Bärbel, Das Arbeits- und Krankenlager Vaihingen/Enz, in: Vorländer, Herwart, (Hrsg.), a.a.O., S. 175–224; Grieb, Friedrich K. und Schmidt, Ernst A., Das württembergische Arbeitshaus für Männer in Vaihingen, in: Schriftenreihe der Stadt Vaihingen, Bd. 4 (1985), S. 89–112; Grosspeter, Hanns, Mit dem Rücken zur Wand. Autobiographische Erzählungen vom Alltag und Überleben im Konzentrations-Revierlager Vaihingen an der Enz, in: Schriftenreihe Bd. 4 (1985), S. 179–325; Martin, Bernd, Das Konzentrationslager »Wiesengrund«, in: Schriftenreihe..., S. 135–178; Schönhagen, Benigna, Das Gräberfeld X. Eine Dokumentation über NS-Opfer auf dem Tübinger Stadtfriedhof, Tübingen 1987, S. 94–103; Staden, Wendelgard von, Nacht über dem Tal. Das Lager »Wiesengrund« im Enztal bei Vaihingen, Düsseldorf/Köln 1979.

Villingen-Schwenningen

In Schwenningen befand sich ein Krematorium, in dem die ersten Toten aus den Lagern Schömberg und Schörzingen verbrannt wurden. Auf dem *Friedhof* befinden sich 117 Einzelgräber und ein Sammelgrab. Die Inschrift auf einem *Gedenkstein* lautet:

Den unsterblichen Opfern aller Nationen,
im Kampf gegen nazistische Barbarei
verfolgt, gemartert, erschlagen.
Den Toten zur Ehre, den Lebenden zur Mahnung.

Unter *sieben Bodentafeln* mit näheren Angaben zu den Opfern wie zum Beispiel »Hier ruhen zweiundvierzig Polen« sind die Urnen der Opfer bestattet, deren Leichen im Schwenninger Krematorium verbrannt wurden, darunter ausländische Arbeiter, »Euthanasie«-Opfer und 72 KZ-Opfer (vor allem aus den Lagern Schömberg, Schörzingen, Dautmergen, Erzingen). Auf einigen Einzelgräbern sind Holzkreuze mit Namen von Zwangsarbeitern aufgestellt. (s. auch Schömberg-Schörzingen)

In der *Gerberstraße* trägt ein Brunnen eine *Gedenktafel* mit der Inschrift:

In dieser Straße befand sich bis zum 09. 11. 1938
der Betsaal der Jüdischen Gemeinde Villingen,
der in der »Kristallnacht« zerstört wurde. –
Diese Tafel soll der jüdischen Mitbürger gedenken,
die in der Zeit der nationalsozialistischen Gewaltherrschaft verfolgt, vertrieben oder getötet wurden.

Literatur:
Hausen, Ekkehard/Danneck, Hartmut, »Antifaschist, verzage nicht...!« Widerstand und Verfolgung in Schwenningen und Villingen 1933–1945, 1990.

Waldshut-Tiengen

In der *Fahrgasse* markiert eine *Hinweistafel* an einem Baum gegenüber dem Haus Nr. 13 den Ort der früheren Synagoge bis zur Reichspogromnacht im Jahre 1938. Andere Hinweistafeln wie an der Schule oder am Bad machen auch auf die ältere Geschichte der Tiengener Juden aufmerksam. 1938 wurden der frühere *jüdische Friedhof* an der Feldbergstraße (am Bahnübergang) eingeebnet, zum Sportplatz gemacht und die heute noch deutlich erkennbaren Grabsteine zum Bau einer Stützmauer westlich des Gebäudes Sailerbergweg 3 verwendet. Inzwischen wurde der frühere Friedhof als Gedenkstätte hergerichtet mit einem großen *Gedenkstein,* der 50 Namen trägt und die Inschrift:

Hier ist die Ruhestätte
der einstigen Juden
von Tiengen, Waldshut und St. Blasien

Literatur:
Petri, Dieter, Die Tiengener Juden, Konstanz 1983 (Schriften des Arbeitskreises für Regionalgeschichte 4).

Walldorf, Baden

Der Straßenname »Synagogenstraße« in Walldorf macht auf die Geschichte dieses Ortes aufmerksam. Eine runde *Tafel* an der *Neuapostolischen Kirche* (Ecke Albert-Fritz-Straße 7) informiert über das Gebäude mit folgendem Text:

Ehemalige Synagoge
1716 erbaut von der Ev.Ref. Kirchengemeinde
1861 – 1938 Synagoge
1938 Verwüstung durch Anhänger des NS-Regimes
Seit 1954 Neuapost. Kirche

Bei der neuen Friedhofshalle des *allgemeinen Friedhofs* erinnern seit 1985 *Gedenktafeln* an das Schicksal der Jüdischen Gemeinde.

Wallhausen, Württemberg

Die *Synagoge* in *Michelbach an der Lücke, Judengasse,* in der Gemeinde Wallhausen, ist eine der wenigen des Landes, die während des von der Nazi-Führung im November 1938 organisierten Pogroms gegen Juden nicht zerstört wurde. Das Gebäude wurde verkauft, während des Krieges als Munitionsdepot und nach dem Krieg von einer Getränkefirma als Lagerraum genutzt. Anfang der 80er Jahre wurde es von der Gemeinde erworben, restauriert und dient seit 1984 mit einer ständigen wie auch mit wechselnden *Ausstellungen* als *Gedenkstätte* für die früher in der Region Franken lebenden Juden. Die Dokumentation, die sich vor allem auch für den Besuch von Jugendgruppen und Schulklassen eignet, zeigt den Weg der jüdischen Bevölkerung in Franken von der Diskriminierung über die Emanzipation bis zur Vernichtung durch das NS-Regime. Träger der Gedenkstätte sind die fünf Stadt- und Landkreise der Region Franken: Stadt- und Landkreis Heilbronn, Main-Tauber-Kreis, Hohenlohekreis und Landkreis Schwäbisch Hall.
Die Landeszentrale für politische Bildung führt in der ehemaligen Synagoge Lehrveranstaltungen zur Lehrerfortbildung durch.

Kontakt:
Gedenkstätte für die Juden der Region Franken – ehemalige Synagoge in Michelbach/Lücke, 74599 Wallhausen. Museum und Ausstellung sind von Montag bis Freitag geöffnet von 8.00 bis 12.00 Uhr – nachmittags und an Sonn- und Feiertagen Besuch nach Vereinbarung möglich – Ortsvorsteher Müller, Tel.: 07955/2239 oder 2155.

Literatur:
Hahn, Joachim, Synagogen in Baden-Württemberg, Stuttgart 1987, S. 70–72; Kreisarchiv Schwäbisch Hall (Hrsg.), Gedenkstätte Synagoge Michelbach/Lücke – Dokumentation zur Geschichte der Juden in der Region Franken, Katalog, Schwäbisch Hall 1984; Taddey, Gerhard, Die Jüdische Gemeinde von Michelbach/Lücke (Vortrag zur Eröffnung der Gedenkstätte für die Juden der Region Franken am 12. Juli 1984); Weiß, Elmar, Jüdisches Schicksal im Gebiet zwischen Neckar und Tauber, hrsg. v. d. Landeszentrale für politische Bildung Baden-Württemberg, Außenstelle Heidelberg, o. J.

Wangen siehe Öhningen

Wankheim siehe Tübingen

Wasseralfingen siehe Aalen

Weikersheim

Das Hintergebäude zur *Wilhelmstraße 16* in Weikersheim, heute als Schreinerei genutzt, beherbergte bis 1938 die Synagoge des Ortes. Deckenmalereien oder die Arkaden der Frauenempore erinnern an die kultische Vergangenheit. Seit 1981 macht eine *Gedenktafel* an dem Gebäude darauf aufmerksam.

In dem Nachbardorf *Laudenbach*, ebenfalls Gemeinde Weikersheim, ist das Gebäude der ehemaligen und 1938 von den Nationalsozialisten verwüsteten Synagoge, *Am Markt 3*, als Wohnhaus erhalten. Hier ist geplant, eine *Gedenktafel* für die Jüdische Gemeinde und das Schicksal ihrer letzten Mitglieder am Dorfgemeinschaftshaus anzubringen.

Weingarten, Baden

In Weingarten erinnert seit 1985 eine *Gedenktafel* an der *katholischen Kirche* an die Synagoge, die früher gegenüber (Kirchstraße/Ecke Keltergasse) lag. In der »Reichskristallnacht« wüteten Schüler unter Anleitung zweier Volksschullehrer in der Synagoge, demolierten die Einrichtung, zerrissen die heiligen Schriften und zerschlugen Gedenktafeln für die im Ersten Weltkrieg gefallenen Juden.

Weinheim, Bergstraße

In der *Bürgermeister-Ehret-Straße,* etwa 100 Meter von ihrem ehemaligen Standort entfernt, erinnert ein *Gedenkstein* mit folgendem Text an die zerstörte Synagoge:

> Hier stand die Synagoge
> der Israelitischen Gemeinde
> Weinheim + Sie wurde
> am 8. November 1938
> unter der Herrschaft der
> Gewalt und des Unrechts
> zerstört.

Weinsberg

Unterhalb der *Weißenhof-Kirche* in Weinsberg steht ein *Gedenkstein,* in den der Text eingemeißelt wurde:

> Im Gedenken
> der 908 Kranken
> die 1940/41 von den
> Nationalsozialisten
> ermordet wurden.

Im Jahre 1990 wurde auf der *Großen Festwiese des Psychiatrischen Landeskrankenhauses Weinsberg* ein weiteres *Mahnmal* errichtet zur Erinnerung an die von den Nationalsozialisten zynisch als »Euthanasie« bezeichneten Krankenmorde. Den 25 Tonnen schweren Schilfsandsteinblock bearbeitete der Bildhauer Berthold Teske in Form eines mächtigen Felsgrabes, in das zahlreiche biblische Symbole eingehauen sind wie die Taube und die Jacobsleiter, Lilien und Papyrusstauden und dazwischen ein Fußabdruck, Kindermurmeln, Bienenwaben oder Heuschrecken: ein Fülle von Symbolen der Hoffnung, dazwischen Zeichen biblischer Geschichten als Ausdruck der Erlösung.

Am 25. Januar 1940 wurde das erste Mal ein Transport von Patientinnen aus den Weinsberger Anstalten nach Grafeneck gebracht, der Mordklinik für Württemberg im Rahmen der sogenannten T4-Aktion, benannt nach der Adresse der zentralen Mordplanung in der Tiergartenstraße in Berlin. Mit diesem und weiteren Transporten wurden insgesamt 908 Patienten aus Weinsberg zur Ermordung nach Grafeneck gebracht, davon 426 aus der Weinsberger Anstalt selbst, die übrigen waren aus anderen württembergischen Häusern hierher gebracht worden. Eines der Opfer war die schwäbische Pfarrersfrau Emma Z., deren Leben ihr Enkel Hans-Ulrich Dapp in jüngster Zeit in einem Buch dargestellt hat als Schicksal eines Menschen, der plötzlich in die Mühlen der Psychiatrie gerät, wenn er sich nicht normgerecht verhält bzw. von Schicksalsschlägen aus der Bahn geworden wird. (Näheres zu Grafeneck s. Gomadingen)

Quellen/Literatur:
Dapp, Hans-Ulrich, Emma Z. Ein Opfer der Euthanasie, Stuttgart 1990; Psychiatrisches Landeskrankenhaus Weinsberg/Weissenhof (Hrsg.), Vergangenheitsbewältigung in Weinsberg. Gedenken in Weinsberg zum 50. Jahrestag der Nazi-Morde an kranken Menschen, 1990.

Weinstadt

Auf dem *Endersbacher Friedhof* erinnert eine *Gedenktafel* an Alfred Herbst, der während des Krieges als Mitglied einer Baptistengemeinde aus religiöser Überzeugung den Kriegsdienst verweigerte. Er war in Schriesheim/Bergstraße geboren und lebte mit seiner Familie in Weinstadt-Endersbach. 1943 wurde Alfred Herbst nach Böblingen zur Wehrmacht eingezogen, widersprach aber dem Umgang mit der Waffe mit der Begründung »Ich bin Christ und habe keine Feinde – niemals werde ich auf Menschen schießen«. Am 18. Juli 1943 wurde er vom Reichskriegsgericht zum Tode verurteilt und am 20. Juli 1943 im Zuchthaus Brandenburg hingerichtet. In seinem Geburtsort Schriesheim (s. dort) wurde im Jahre 1946 eine Straße nach ihm benannt.

Literatur:
Müller-Bohn, Jost, Letzte Briefe eines Wehrdienstverweigerers, Lahr 1984.

Welzheim

Auf dem *Friedhof* sind 35 KZ-Opfer bestattet, an die ein *Mahnmal* mit einer reliefartigen Darstellung zweier Häftlinge und folgender Inschrift erinnert:

> Gewalt nahm
> uns lieblos
> Leben und Recht.
> Sei du der Liebe,
> des Friedens
> treuer Knecht!

Davor liegt eine *Gedenkplatte* mit der Inschrift:

> Den Opfern des
> nationalsoziali-
> stischen Konzen-
> trationslagers
> Welzheim 1936/45

Das Amtsgerichtsgefängnis in Welzheim wurde 1935 von der Gestapo übernommen und darin ein Konzentrationslager mit der Bezeichnung »Polizeigefängnis« eingerichtet. Die Umbenennung wurde 1936 zur Täuschung des In- und Auslandes vom Chef der Sicherheitspolizei in Berlin angeordnet »zur Abwehr von Hetz- und Greuelpropaganda« und betraf nicht nur Welzheim, sondern auch die Lager Kislau und Hamburg-Fuhlsbüttel. Am Charakter der Lager änderte sich dadurch nichts. Das KZ Welzheim bestand bis zum Zusammenbruch des NS-Regimes. Die Unterkünfte im ehemaligen Amtsgerichtsgebäude waren im Vergleich etwa zu denen auf dem Oberen Kuhberg/Ulm erträglicher, die Behandlung der Häftlinge war jedoch nicht weniger brutal. Ein Teil der Häftlinge wurde zu Arbeiten im Lager, andere in Steinbrüchen und bei Straßenbauarbeiten eingesetzt oder an umliegende Firmen wie Bauknecht, Bauer und Munz in Welzheim und Schumm in Murrhardt vermietet. Die insgesamt 63 Eintragungen der Todesfälle in den Sterbebüchern der Gemeinde sind unvollständig. Die auf dem Friedhof beigesetzten Opfer fanden hauptsächlich im Lager selbst den Tod. Die Leichen der in einem zwei Kilometer entfernten Steinbruch, An der Boxeiche, Erschossenen (sogenannte Sonderbehandlung), darunter zahlreiche Ausländer, wurden in den meisten Fällen nicht auf dem Friedhof von Welzheim bestattet, sondern dem Anatomischen Institut in Tübingen (s. dort) übergeben.

Während des Krieges kamen noch Zwangsarbeiter sowie Kriegsgefangene in das Lager. Neuere Zahlen sprechen von 10000 bis 15000 Häftlingen, die insgesamt in den zehn Jahren durch das Lager Welzheim mußten. Im April 1945 wurde das Lager, in dem sich zu der Zeit noch 47 Häftlinge befanden, vor den anrückenden alliierten Truppen Richtung Oberschwaben – Bodensee »evakuiert«. Die Bewachungsmannschaft war einige Tage mit der Verwischung von Spuren beschäftigt (Vernichtung von Polizeiakten, Namenslisten der Häftlinge, Abrechnungen von Betrieben), entsprechend einem Befehl des Reichsführers-SS Himmler vom 14. April 1945, wonach die noch bestehenden Konzentrationslager »evakuiert« werden und keine Häftlinge »in die Hände des Feindes« fallen sollten. Der letzte KZ-Bewacher flüchtete am 3. Mai 1945 aus Welzheim.

Das Polizeigefängnis wurde 1954 abgerissen, nur die ehemalige Kommandantur steht noch, heute die Polizeidienststelle Welzheim. Ein Vorschlag des Stadtjugendrings Anfang der 80er Jahre, am Ort der Hinrichtungen eine Gedenktafel anzubringen, lehnte der Gemeinderat ab. Über die widersprüchlichen Formen von Gedenkarbeit hat sich am Beispiel Welzheims die Schriftstellerin Margarete Hannsmann in einem Gedicht mit dem Titel »Totenehrung« geäußert:

> Der Gemeinderat von Welzheim/nannte die Straße/
> in der das KZ stand/nach seinem Kommandanten
> Buck
>
> Später wurde sie umgetauft/nach dem
> Hingerichteten:/
> Schlotterbeck-Straße
>
> Dann sagte der Gemeinderat/alle Namen/
> hätten nicht befriedigt
>
> Jetzt heißt die Straße/in der das KZ stand/
> Schiller-Straße.

Quellen/Literatur:
Keller, Gerd und Wilson, Graham, Konzentrationslager Welzheim – Zwei Dokumentationen, hrsg. von der Stadt Welzheim, 1989; Schätzle, Julius, Stationen zur Hölle – Konzentrationslager in Baden und Württemberg 1933–1945, Frankfurt a.M. 1974 (2. Aufl. 1980), S. 54ff; Schönhagen, Benigna, Das Gräberfeld X. Eine Dokumentation über NS-Opfer auf dem Tübinger Stadtfriedhof, Tübingen 1987, S. 64 bis 76.
Berichte ehemaliger Häftlinge stammen von Schlotterbeck, Friedrich, Je dunkler die Nacht, Halle 1969, und Ballmann, Hans, Im KZ. Ein Tatsachenbericht aus dem Konzentrationslager, Backnang 1945 (zu F. Schlotterbeck Näheres s. Stuttgart-Untertürkheim). Zu der Lyrikerin Margarete Hannsmann siehe auch ihre Titel »Aufzeichnungen über Buchenwald« und »Der helle Tag bricht an. Ein Kind wird Nazi«, Hamburg 1982.

Wertheim

Seit 1976 erinnert eine *Gedenktafel* in Wertheim an den Standort der früheren Synagoge an der *Stadtmauer* zwischen Gerbergasse 18 und dem Spitzen Turm. Es war die fünfte Synagoge in der langen Geschichte der Wertheimer Juden und das vierte Mal im Jahre 1938 in der sogenannten »Reichskristallnacht«, daß sie zerstört wurde.

Westerstetten

Auf dem *Friedhof* der Gemeinde Westerstetten auf der Alb befindet sich ein im Volksmund sogenanntes *Judengrab*, in dem am 31. Mai 1945 acht Tote begraben wurden, entweder KZ-Häftlinge oder Gefangene. Die Leichen waren einige Wochen vorher unweit des Bahngleises im Waldteil »Gurgelhaus« verscharrt und dann wieder aufgefunden worden.

Wiesloch

An der Stelle des Eingangs der früheren Synagoge in Wiesloch an der *Ecke Synagogengasse/Hauptstraße* erinnert seit 1978 eine *Gedenktafel* an ihre Geschichte. Sie wurde 1938 verwüstet, das Gebäude diente nach dem Krieg zeitweilig als Garage und wurde 1957 abgebrochen. Ein Teil des Eingangsportals mit Inschrift wurde in die Umfassungsmauer des jüdischen Friedhofs am Rande der Altstadt (Merianstraße/Bahnweg) eingemauert.

Vor der *Krankenhauskirche des Psychiatrischen Landeskrankenhauses Wiesloch* steht ein knapp zwei Meter hohes *Holzkreuz* mit der Aufschrift:

> Den Opfern der
> »Aktion Gnadentod«
> 1980

Wie in allen anderen psychiatrischen Einrichtungen, ob staatlich, konfessionell oder privat, wurden auch zahlreiche Patienten dieser Klinik Opfer der »Euthanasie«-Aktion. Außerdem diente Wiesloch auch als Zwischenstation von anderen badischen Psychiatrieeinrichtungen zu den Mordanstalten. Zwischen dem 28. Februar 1940 und dem 7. Juni 1944 wurden insgesamt 680 Männer und 524 Frauen aus Wiesloch verschleppt und umgebracht.
Eine Besonderheit der Wieslocher Einrichtung war eine sogenannte »Kinderfachabteilung«, welche auf einen Erlaß des Reichsinnenministers zurückging und in die Neugeborene und ältere Kinder mit angeborenen Leiden und Mißbildungen gebracht wurden. Mindestens zwölf von ihnen hat man bis zum Juni 1941 ermordet und ihre Leichen seziert. Das Krankenhaus diente auch der Unterbringung vieler kranker Zwangsarbeiter, die angesichts ihrer oft unbegreiflichen Schicksale krank, depressiv und arbeitsunfähig wurden. Die meisten überlebten die Verschleppung nach Deutschland nicht. Auf dem Anstaltsfriedhof, der indes auf der Orientierungstafel am Eingang der Klinik nicht verzeichnet ist, gibt es eine Reihe von Gräbern dieser Opfer.
Im Februar 1990, zum 50. Jahrestag der ersten Krankentransporte aus der Klinik, wurde ein Arbeitskreis eingerichtet, der die Geschichte der »Euthanasie« untersuchen will, und ein Künstlerwettbewerb für ein Mahnmal auf dem Gelände der Anstalt ausgeschrieben.

Im Ortsteil *Baiertal* steht vor dem *Bürgerhaus*, Ecke Mühlstraße/Pauline-Maier-Straße, eine *Säule*, die aus der früheren Synagoge stammt und mit einer *Tafel* über ihre Geschichte und Zerstörung im Jahre 1938 informiert. Der Standort war am heutigen Synagogenplatz.

Die *»Pauline-Maier-Straße«* erinnert an die in Baiertal 1877 geborene jüdische Krankenschwester Pauline Maier, die als Oberin am jüdischen Krankenhaus in Mannheim tätig war, 1940 nach Gurs in Südfrankreich verschleppt wurde und freiwillig mit ihren Patienten im Jahre 1942 nach Auschwitz ging und dort ermordet wurde. Ein Heim in Mannheim ist ebenfalls nach ihr benannt. (s. Mannheim)

Literatur:
Peschke, Franz E., Ausländische Patienten in Wiesloch 1939 – 1982, Diss. Heidelberg 1984; Klee, Ernst, »Euthanasie« im NS-Staat. Die »Vernichtung lebensunwerten Lebens«, Frankfurt a.M. 1983.

Wilhelmsdorf, Württemberg

In der *Eingangshalle des Hauses »Höchsten«,* einer Einrichtung der *»Zieglerschen Anstalten«* für Behinderte in Wilhelmsdorf, erinnert eine von Heimbewohnern geschaffene farbige *Bilderwand* an die Krankenmorde, die unter dem verschleiernden Begriff der »Euthanasie« durchgeführt wurden. 19 Patienten dieser Einrichtung wurden am 24. März 1941 in das Landeskrankenhaus Weinsberg verlegt und bis auf einen wenig später in Hadamar (s. Hessen) und in Sonnenstein in Sachsen ermordet. Es ist der hinhaltenden Opposition des damaligen Leiters der Einrichtung, Heinrich Hermann, den die Nazis als fanatischen »Euthanasie«-gegner schilderten, zu verdanken, daß andere gerettet werden konnten.
Auf dem *Wilhelmsdorfer Friedhof* stehen vor einem Kreuz zwei *Gedenksteine* mit der Inschrift:

> Zum Gedenken an die Opfer der Euthanasie.
> Vor Gott ist nicht einer vergessen.
> In der Zeit des Nationalsozialismus
> wurden im Jahre 1941 aus der
> Taubstummenanstalt 18 behinderte Menschen
> abgeholt und getötet.

Quelle:
Zieglersche Anstalten (Hrsg.), Vor Gott ist nicht einer vergessen, (Broschüre) Wilhelmsdorf 1985.

Zepfenhan siehe Schömberg

Zöbingen siehe Unterschneidheim

Zwiefalten

Im *Friedhof des Psychiatrischen Landeskrankenhauses* erinnert ein allgemeiner *Gedenkstein* an die Patienten der früheren Heilanstalt, die in der sogenannten »Euthanasie«-Aktion der Nationalsozialisten ums Leben gekommen sind. Sie wurden nach Grafeneck (s. Gomadingen) verschleppt und dort ermordet.

Quellen/Literatur zu Baden-Württemberg insgesamt (Auswahl):

Die im Text unter verschiedenen Orten angegebenen speziellen Quellen- und Literaturhinweise zu einzelnen Orten bzw. Gedenkstätten werden hier nicht wiederholt. Als wichtigste Quellen und Datensammlungen für die überarbeitete Neuauflage der vorliegenden Dokumentation dienten für das Kapitel Baden-Würtemberg die beiden folgenden Publikationen:

HAHN, JOACHIM, Erinnerungen und Zeugnisse jüdischer Geschichte in Baden-Württemberg, Stuttgart 1988. (Der Band enthält alphabetisch nach Orten und Landkreisen geordnet Angaben über sämtliche Urkunden, Daten, Baudenkmäler und sonstige Spuren zur jüdischen Geschichte, inbesondere zu Friedhöfen, Synagogen. Er diente in vielfacher Hinsicht als Quelle auch für Gedenkstätten und Erinnerungsorte an die jüdischen Opfer der Nationalsozialisten.)

STUDIENKREIS: DEUTSCHER WIDERSTAND (Hrsg.), Heimatgeschichtlicher Wegweiser zu den Stätten des Widerstandes und der Verfolgung 1933–1945 (Band 5), Baden-Württemberg I, Frankfurt 1992. (Der »Wegweiser« dokumentiert für die beiden nördlichen Regierungspräsidien Karlsruhe und Stuttgart, alphabetisch nach Landkreisen geordnet, für sämtliche Gemeinden die Geschichte von Widerstand und Unterdrückung im Nationalsozialismus, geht insbesondere auf die »rassische« Verfolgung und die »Euthanasie« ein, beschreibt die Geschichte der Konzentrations- und Außenlager sowie der Zwangsarbeit und stellt den heutigen Zustand der jeweiligen Stätten dar.)

Bei den folgenden Titeln handelt es sich um eine Auswahl von auf Baden-Württemberg insgesamt bezogenen bzw. auch überregionalen Darstellungen.

ARCHIVDIREKTION STUTTGART (Hrsg.), Die Opfer der nationalsozialistischen Judenverfolgung in Baden-Württemberg 1933–1945. Ein Gedenkbuch, Stuttgart 1969.

BOLL, BERND, Zwangsarbeit in Baden – 1939–1945, in: Geschichte in Wissenschaft und Unterricht, Heft 9, 1992, S. 523–537.

BORST, OTTO, Das Dritte Reich in Baden und Württemberg (Schriftenreihe des Stuttgarter Symposions Bd. 1), Stuttgart 1988.

BOSCH, MANFRED, Als die Freiheit unterging. Eine Dokumentation über Verweigerung, Widerstand und Verfolgung im Dritten Reich in Südbaden, Konstanz 1985.

BOSCH, MICHAEL/NIESS, WOLFGANG, Der Widerstand im deutschen Südwesten 1933–1945, hrsg. im Auftrag der Landeszentrale für politische Bildung Baden-Württemberg, Stuttgart 1984.

FREI, ALFRED G./RUNGE, JENS (Hrsg.), Erinnern Bedenken Lernen. Das Schicksal von Juden, Zwangsarbeitern und Kriegsgefangenen zwischen Hochrhein und Bodensee in den Jahren 1933 bis 1945, Sigmaringen 1990.

HAHN, JOACHIM, Synagogen in Baden-Württemberg, Stuttgart 1987.

KLEE, ERNST, »Euthanasie« im NS-Staat – Die »Vernichtung unwerten Lebens«, Frankfurt a. M. 1983.

LAUBER, HEINZ, Judenpogrom: »Reichskristallnacht« November 1938 in Groß-Deutschland, Gerlingen 1981.

LÖRCHER, HEINZ, Konzentrationslager in Baden-Württemberg (Manuskript eines Dia-Vortrags an der Volkshochschule Villingen-Schwenningen, Juni 1980).

MITSCHERLICH, ALEXANDER/MIELKE, FRED (Hrsg.), Medizin ohne Menschlichkeit. Dokumente des Nürnberger Ärzteprozesses, Frankfurt a. M. 1960.

RIETH, ADOLF, Friedhöfe der KZ-Opfer in Baden-Württemberg. Nachrichtenblatt der Denkmalspflege in Baden-Württemberg, 1962, Heft 1.

SAUER, PAUL, Die Schicksale der jüdischen Bürger Baden-Württembergs während der nationalsozialistischen Verfolgungszeit 1933–1945, Stuttgart 1968.

DERS., Württemberg in der Zeit des Nationalsozialismus, Ulm 1976.

DERS., Die Jüdischen Gemeinden in Württemberg und Hohenzollern. Denkmale, Geschichte, Schicksale (Veröffentlichung der Staatlichen Archivverwaltung Baden-Württemberg 18), Stuttgart 1966.

DERS. (Bearb.), Dokumente über die Verfolgung der jüdischen Bürger in Baden-Württemberg durch das nationalsozialistische Regime 1933–1945, Stuttgart 1966.

SCHADT, JÖRG (Bearb.), Verfolgung und Widerstand unter dem Nationalsozialismus in Baden. Die Lageberichte der Gestapo und des Generalstaatsanwalts Karlsruhe 1933–1940 (Bd. 3 der Veröffentlichungen des Stadtarchivs Mannheim), Mannheim 1976.

SCHÄTZLE, JULIUS, Stationen zur Hölle – Konzentrationslager in Baden und Württemberg 1933–1945, 2. Aufl. Frankfurt a. M. 1980.

VORLÄNDER, HERWART (Hrsg.), Nationalsozialistische Konzentrationslager im Dienst der totalen Kriegsführung – Sieben württembergische Außenkommandos des Konzentrationslagers Natzweiler/Elsaß (Veröffentlichung der Kommission für geschichtliche Landeskunde in Baden-Württemberg Bd. 91), Stuttgart 1978. (Enthält Untersuchungen verschiedener Autoren über die Außenkommandos Echterdingen, Hailfingen, Leonberg, Neckargartach, Schörzingen, Schwäbisch Hall-Hessental und Vaihingen/Enz in Württemberg.)

WENKE, BETTINA, Interviews mit Überlebenden – Verfolgung und Widerstand in Südwestdeutschland, hrsg. von der Landeszentrale für politische Bildung Baden-Württemberg, Stuttgart 1980.

WETTERICH, SUSANNE, Davids Stern an Rhein und Neckar – Ausflüge auf den Spuren jüdischen Lebens in Baden-Württemberg (mit dem Fahrrad, mit dem Auto), Stuttgart 1990.

ZIEGLER, JÜRGEN, Mitten unter uns. Natzweiler-Struthof: Spuren eines Konzentrationslagers, Hamburg 1986. (Enthält auch Darstellungen der Außenkommandos Mannheim-Sandhofen, Neckarelz I und II, Neckargerach, Asbach, Bad Rappenau, Neckarbischofsheim, der Kommandanturstelle Guttenbach und der Kommandos Binau und Neunkirchen.)

Bayern

Vorbemerkung

In vielen Orten Bayerns – wie auch in anderen Bundesländern – sind Friedhöfe, auf denen Opfer aus Konzentrationslagern bestattet sind, als »Gedenkstätten« zu betrachten, da sie oft der einzige Hinweis auf ein Geschehen während der NS-Zeit am Ort sind. Die Zahl der dort Bestatteten steht meist nur ungefähr fest, ihr Schicksal und ihre Herkunft sind oft unbekannt. Vielfach handelt es sich um Opfer aus einem der zahlreichen Nebenlager der beiden Konzentrationslager Dachau und Flossenbürg oder auch um Häftlinge, die auf »Evakuierungs«-märschen bei der Auflösung von Lagern in den letzten Kriegstagen umgekommen sind.
In Öffentlichkeit und Unterricht ist meist nur von den großen Konzentrationslagern die Rede. Daneben gab es – nicht nur in Bayern, sondern auch auf dem Gebiet anderer heutiger Bundesländer – ein eng geknüpftes Netz von Nebenlagern, auch »Außenkommandos« oder »Arbeitslager« genannt, die vor allem im Zuge des zunehmenden Arbeitseinsatzes von KZ-Häftlingen in der Kriegswirtschaft als zeitweilige oder permanente Nebenlager eingerichtet wurden.
Die folgende, hier nicht vollständige Auflistung der den Konzentrationslagern Dachau und Flossenbürg unterstellten Außenkommandos – es gab 200 allein in Bayern – ist exemplarisch für das weitverzweigte System der KZ-Außenkommandos und will verdeutlichen, daß kein Ort vom nationalsozialistischen Unterdrückungs- und Terrorsystem ausgenommen war:

Altenhammer – Ampermoching – Ampfing – Ansbach – Asbach – Augsburg (fünf Außenkommandos) – Bad Oberdorf – Bad Tölz – Bäumenheim – Bayreuth – Bayrischzell – Bichl – Blaichach – Burgau – Dachau (Hauptlager und 26 Außenkommandos im Raum Dachau) – Ebersbach – Eching – Eichstätt – Eschelbach – Feldafing – Feldmoching – Fischbachau – Fischen – Freising – Gablingen – Ganacker – Garmisch-Partenkirchen – Gendorf – Germering – Giebelstadt – Gmund – Grafenreuth – Gundelsdorf – Halfing (zwei) – Haunstetten – Hausham – Heidenheim/Weißenburg – Helmbrechts – Hersbruck – Hof-Moschendorf – Hohenthan – Horgau – Ingolstadt (zwei) – Karlsfeld – Kaufbeuren – Kaufering (zwölf) – Kempten (zwei) – Kirchham – Knellendorf – Königssee – Kottern – Landsberg (drei) – Landshut – Lauingen – Lengenfeld – Liebhof – Lochau – Markt Schwaben – Mittergars – Mühldorf (zwei) – München (vierzig) – Neuburg – Neufahrn – Neu-Ulm – Nürnberg (fünf) – Oberstdorf – Obertraubling – Ottobrunn – Passau – Pfaffenhofen – Plattling – Pottenstein (zwei) – Regensburg – Reuth – Riederloh – Rosenheim – Rothschwaige – Saal – Sankt Lambrecht – Schleißheim – Seehausen – Sonthofen – Spitzingsee – Starnberg – Steinhöring – Stephanskirchen – Sudelfeld (zwei) – Thalheim – Thansau – Traunstein – Trostberg – Türkheim (zwei) – Tutzing – Unterschleißheim – Valepp (zwei) – Weilheim – Woxfelde – Würzburg – Wurach – Zangberg (zwei).

In diesen Nebenlagern waren oft Hunderte und Tausende von Häftlingen untergebracht. Daneben gab es auch einige kleine Außenkommandos mit weniger als 50 Häftlingen. Hinzu kamen zahlreiche Außenkommandos außerhalb Bayerns gelegener Hauptlager wie Mauthausen in Österreich, Natzweiler in Frankreich (Elsaß) und Ravensbrück. Die Sterblichkeit durch Hunger, Krankheit und schwere Arbeit war auch in den meisten Nebenlagern groß.
Die großen KZ-Gedenkstätten Dachau und Flossenbürg sowie die Gräber der KZ-Opfer-Friedhöfe, die nach dem Gräbergesetz dauernd bestehen bleiben und gepflegt werden, wurden bis vor einigen Jahren durch die »Bayerische Verwaltung der staatlichen Schlösser, Gärten und Seen« verwaltet; im Jahre 1991 ging die Zuständigkeit an das »Bayerische Staatsministerium für Unterricht, Kultus, Wissenschaft und Kunst« über. Die historische Erinnerungsarbeit und die Errichtung von Mahnmalen und lokalen Gedenkstätten geht meist auf das Engagement örtlicher Initiativen zurück.

Dachau, KZ-Gedenkstätte:
Blick von dem im Jahre 1968 auf dem ehemaligen Appellplatz in der Hauptachse des Lagers errichteten »Internationalen Mahnmal«, einer Bronzeplastik des jugoslawischen Künstlers Nandor Glid, auf zwei langgestreckte Lagerbaracken (Nachbauten) und auf die pappelgesäumte Lagerstraße, die in den im Hintergrund zu erkennenden Rundbau der 1960 erbauten »Todesangst-Christi-Kapelle« einmündet.

Abensberg

In der Stadt Abensberg sowie in mehreren heute eingemeindeten und benachbarten Ortschaften fanden sich bis in die fünfziger Jahre Gräber von KZ-Häftlingen, die beim Durchzug der »Todesmärsche« aus den KZ-Außenlagern Hersbruck und Saal a.d.D. Mitte April 1945 an den Strapazen gestorben oder ermordet worden sind. Nach Unterlagen der Gedenkstätte Dachau sind 1945 auf wenigen Kilometern, zunächst längs des Marschweges verscharrt, dann auf Anordnung der Militärregierung bestattet worden: in Theißing ein Toter, in Teutering vier Tote, in Pullach neun, in Abensberg elf, darunter auch sechs Tote eines Tieffliegerangriffs, in Siegenburg zwei und in Train zwei Tote.
Im heutigen Abensberger Ortsteil *Pullach* war der Grabstein der nach der Exhumierung 1945 auf Anordnung der Amerikaner auf dem *Gemeindefriedhof* bestatteten Leichen zum *Gedenkstein* umgewandelt worden, der noch 1967 erwähnt wird, 1992 jedoch nicht mehr anzutreffen ist. Der Stein trug die Inschrift:

»Hier ruhen 10 unbekannte KZ-Häftlinge
1958 wurden die Gebeine in einen Sammelfriedhof gebracht«

Quelle:
Staatl. Schulamt Kelheim (Hrsg.), April '45. Eine Sammeldarstellung der Ereignisse zum Kriegsende im Landkreis Kelheim, Kelheim 1967, S. 3, 83, 101.

Aidhausen

In dem unterfränkischen Ort Aidhausen befindet sich in der *Dorfstraße* gegenüber der Post auf einer Grünfläche eine *Gedenktafel* auf einem Felsbrocken mit folgendem Text:

In Aidhausen bestand bis 1942 eine
Jüdische Kultusgemeinde.
Synagoge in der Dorfstraße.
Zur Erinnerung und zur Mahnung.

Das vormalige Synagogengebäude auf der anderen Straßenseite ist noch erhalten und wird als Wohnhaus mit Werkstatt genutzt.

Altenkunstadt

In dem oberfränkischen Ort Altenkunstadt existierte einmal eine der größten Jüdischen Gemeinden der Region. Mitte des letzten Jahrhunderts zählte dort fast die Hälfte aller Einwohner zum jüdischen Glauben. Der *jüdische Friedhof* zeugt mit seinen über 2000 Grabsteinen heute noch von dieser Größe. Die *Synagoge* ist erhalten geblieben und wird als Lagerraum für das Wasserwerk der Gemeinde genutzt. Es gibt die Überlegung, hier nach einer Renovierung ein Kulturzentrum einzurichten.

Literatur:
Guth, Klaus u.a., Jüdische Landgemeinden in Oberfranken (1800–1942). Ein historisch-topographisches Handbuch, Bamberg 1988, S. 62–77; Motschmann, Josef, Es geht Schabbes ei. Vom Leben der Juden in einem fränkischen Dorf, Lichtenfels 1988 (hrsg. vom SPD-Kreisverband Lichtenfels).

Altenstadt, Iller

Eine *Gedenktafel* am Eingang des Geschäftshauses *Memminger Straße 47* trägt folgenden Text:

Hier stand die im Jahre 1802 erbaute Synagoge
der Israelitischen Kultusgemeinde Altenstadt.
Sie wurde bei den Verfolgungen unserer jüdischen
Mitbürger im November 1938 beschädigt
und im Jahre 1955 abgebrochen.
Gras verdorrt
Blume verwelkt
Aber das Wort unseres Gottes
besteht ewiglich.

Literatur:
Böhm, Hans, Die Juden in Altenstadt, in: Illereichen-Altenstadt. Beiträge zur Geschichte der Marktgemeinde, Weißenhorn 1965, S. 52–62.

Altertheim

Im Ortsteil *Oberaltertheim* existierte bis 1942 eine Jüdische Gemeinde. Am Gebäude ihrer Synagoge, *Zaunlücke* 2, hing bis zum Abriß des Hauses 1990 eine *Gedenktafel* mit der Inschrift:

Dieses Gebäude diente der
Jüdischen Kultusgemeinde Oberaltertheim
als Synagoge, deren Inneneinrichtung
in der Pogromnacht 1938 zertrümmert wurde.
Die Gemeinde Altertheim
gedenkt ihrer ehemaligen jüdischen Mitbürger.
Zur Erinnerung und zur Mahnung.

Alzenau, Unterfranken

Vor dem *Maximilian-Kolbe-Haus* in Alzenau steht als Denkmal eine metallene *Tafel*, auf der als Relief ein siebenarmiger Leuchter und folgender Text zu sehen ist:

unweit von hier stand die
synagoge der israelitischen kultusgemeinde alzenau
deren jahrhundertelange existenz
1933 - 1945
in grausamer verfolgung ausgelöscht wurde
den toten zum gedenken
den lebenden zur mahnung.

Auch in dem inzwischen zu Alzenau gehörenden Ort *Hörstein* existierte bis 1940 eine Jüdische Kultusgemeinde, deren Synagoge an der Hauptstraße 29 in der »Reichskristallnacht« geschändet, nach dem Krieg zunächst als Feuerwehrhaus genutzt und 1982 abgerissen wurde. Inzwischen hat man beschlossen, an einem exponierten Platz in Hörstein ein *Denkmal* zur Erinnerung aufzustellen.

Amberg, Oberpfalz

Auf dem *Katharinenfriedhof* befinden sich drei Massengräber verschiedener Gruppen von NS-Opfern mit jeweils eigenen *Gedenksteinen.* Den 46 Opfern der NS-Justiz im Zuchthaus Amberg gedenkt ein großes Grabmal. Zwischen jeweils 23 Namen befindet sich als Inschrift:

Zum Gedenken an
Konzentrations
Lagerhäftlinge
und politische
Strafgefangene
der Strafanstalt
Amberg
1933–1945
Falsches Irdisch
Gericht
verwirft der
Himmlische Richter
Blank wieder glänzt Eure
Ehre!

Über dem Massengrab für 300 sowjetische Kriegsgefangene findet sich ein Stein mit folgender Inschrift:

Seht unser Leid
begraben der Streit
300 Angehörige
der UdSSR

Weiteren 293 Opfern des NS-Staates gedenkt ein Grabmal mit der Inschrift:

Hört unseren Ruf
den flehenden Schrei
begrabet den Haß
den sinnlosen Streit
Gebeine von 293 Menschen aus
dem Osten. Opfer des Krieges
Mahner zum Frieden

Auf dem *Israelitischen Friedhof,* am Ende der Philipp-Melanchthon-Straße, befinden sich Einzel- und Reihengräber für 16 Opfer eines Konzentrationslagers.

Literatur:
Flach, Norbert, Spurensicherung. Amberg und der Landkreis unter dem Hakenkreuz. Ein Wegweiser zu Stätten faschistischer Unterdrückung und des antifaschistischen Widerstands im Landkreis Amberg-Sulzbach und in der Stadt Amberg, Nassenhausen 1989.

Ansbach, Mittelfranken

In der *Kronenstraße 6* der Ansbacher Altstadt hängt an einem Wohnhaus die sogenannte *»Robert Limpert Medaille«.* Die Bronzetafel stellt innerhalb einer großen Schlinge, einer »Henkerschlinge«, wie der Künstler Heinrich Pospiech interpretierte, einen apokalyptischen Reiter dar. Diese Tafel aus dem Jahre 1970 ist eher versteckt zu finden im hintersten Winkel der Altstadt, und das scheint symptomatisch für die örtlichen Erinnerungen an den 19jährigen Studenten Robert Limpert, der sich 1945 für eine kampflose Übergabe Ansbachs eingesetzt hat und wenige Stunden vor dem Einmarsch der Amerikaner hingerichtet wurde. Er hatte auf Flugblättern zur kampflosen Übergabe der Stadt aufgerufen, nachdem die Panzerspitzen der US-Armee schon in der Nähe waren, und schnitt schließlich am 18. April 1945 ein Telefonkabel durch, das einen Gefechtsstand mit der NS-Truppe verband. Zwei Hitlerjungen verrieten Limpert. Er wurde vom sogenannten Kampfkommandanten, Oberst Meyer, zum Tode verurteilt und von ihm persönlich am Tor des Rathauses erhängt.

Die öffentlichen Erinnerungen an Robert Limpert konnten in Ansbach nach dem Kriege nur gegen starke Widerstände durchgesetzt oder an versteckten Orten realisiert werden. Am Ort des Mordes selbst ist keine Information zu finden. Eine offizielle *Gedenktafel* der Stadt hängt neben der privaten Gedenkplakette an Limperts Geburtshaus in der *Kronenstraße 6.* In einer Kapelle der *St. Ludwigs-Kirche* befindet sich seit 1985 eine *Gedenktafel,* eine andere im ersten Stock des *Gymnasiums Carolinum,* Reuterstraße 9, mit der lateinischen Inschrift:

Ruinam patriae prohibiturus
infamem mortem pertuli.
In Memoriam Robert Limpert.
15. VII. 1925 – 18. IV. 1945
1935 – 1943 Schüler an
diesem Gymnasium.
Pietas . Caritas . Castitas

Ein *Gedenkstein,* den die Ansbacher Friedensbewegung 1986 für das Rathaus stiftete, steht auf dem *Waldfriedhof*, und eine weitere *Stiftertafel* hängt im hinteren Teil eines Torbogens am *Rathaus*, welcher zum Hinterhof führt, weil man – wie es eine Stadträtin formulierte – »kein Kainsmal am Rathaus« haben wollte.
Nach intensivem Engagement einer Schülergruppe der Luitpoldschule Ansbach und langer Debatte im Stadtrat votierte am 11. April 1989 die Gemeindevertretung mit einer Stimme Mehrheit für eine öffentliche Ehrung von Robert Limpert.

Auf dem *Waldfriedhof* in Ansbach sind 58 KZ-Opfer begraben. In einen großen Felsstein sind die Worte eingemeißelt:

Der Eure Tränen
sah rinnen Schweiss und Blut.
Der Stein von Flossenbürg
hält Euch in frommer Hut.

In Ansbach existierte kurzfristig (13. März bis 4. April 1945) ein Außenkommando des Konzentrationslagers Flossenbürg. Die Häftlinge wurden zu Arbeiten bei der Reichsbahn eingesetzt. Am 4. April 1945 wurden sie über das Kommando Hersbruck zum Konzentrationslager Dachau/Kommando Allach »evakuiert«, wo sie am 24. April angekommen sind (Quelle: Haftstätten-Verzeichnis des Internationalen Suchdienstes Arolsen, S. 100). Ob sich unter den auf dem Waldfriedhof beerdigten Toten Opfer aus diesem Lager befinden, steht nicht fest.

An der Mauer des *Israelitischen Friedhofs* im Norden der Altstadt an der *Rügländer Straße* erinnert eine *Tafel* daran, daß der Friedhof während des Naziregimes dem Erdboden gleichgemacht wurde:

Israelitischer Friedhof
Errichtet im 19. Jahrhundert.
Während des Nazireiches dem
Erdboden gleichgemacht.
Durch das Staatskommissariat
für R.R.P.V.* gemeinsam mit
dem Stadtrat Ansbach 1946
wiederhergestellt. Erneut
geschändet in den Jahren
1948 und 1950
Gebt unseren Toten
endlich den Frieden!

(*R.R.P.V.= für Rassisch, Religiös und
Politisch Verfolgte)

Die Ansbacher *Synagoge, Rosenbadstraße 3,* wurde in der sogenannten Reichskristallnacht zwar geschändet, aber nicht niedergebrannt. Heute ist sie restauriert und zum »musealen und symbolischen Gotteshaus« erklärt, da es keine Jüdische Kultusgemeinde in Ansbach mehr gibt. Im Vorraum hängt eine *Tafel* mit der Inschrift:

Zum Gedenken an die Mitglieder der
Israelitischen Kultusgemeinde in Ansbach
die in den Verfolgungsjahren 1933 – 1945
für ihren Glauben den Märtyrertod
sterben mußten.

Ein *Platz im Sanierungsgebiet der Altstadt* ist nach dem im Konzentrationslager Flossenbürg ermordeten evangelischen Pfarrer *Dietrich Bonhoeffer* benannt und seit 1988 mit einer *Steinplastik* des Nürnberger Bildhauers Heinz Heiber geschmückt, die den Vers Bonhoeffers »Von guten Mächten wunderbar geborgen« zitiert.

Im Jahre 1988 beschloß der Bezirkstag auf Antrag der Grünen, im Bereich des *Bezirkskrankenhauses Ansbach, Feuchtwangerstraße 38*, eine *Gedenktafel* für die »Euthanasie«-Opfer anzubringen. Diese wurde am 22. November 1992 am Verwaltungsgebäude enthüllt. Ab Sommer 1940 wurden aus der damaligen »Heil- und Pflegeanstalt Ansbach« mindestens 500 Patienten in die als psychiatrische Einrichtungen getarnten Mordanstalten Sonnenstein bei Pirna, Hartheim bei Linz und andere Anstalten verschleppt und dort vergast. In der Ansbacher Anstalt selbst gab es eine sogenannte Kinderfachabteilung, auch diese Bezeichnung eine Verschleierung der Wahrheit, daß nämlich etwa 50 behinderte Kinder hier mit Luminal zu Tode gespritzt wurden.

Quellen/Literatur:
Theaterstück von Simon Schiller: »Räder müssen rollen für den Sieg«. Eine fränkische Chronik der tragischen Ereignisse in und um Ansbach im April 1945. In Memoriam Robert Limpert (1987); Jahresbericht des Gymnasiums Carolinum über das Schuljahr 1989/90; Trägerkreis der Ansbacher Friedensbewegung (Hrsg.), Robert Limpert. Opfer des Faschismus, Dokumentation 1986; Elke Fröhlich, Ein junger Martyrer, in: Bayern in der NS-Zeit, Bd. VI S. 228ff (s. Literatur zu Bayern); Wachter Karl, Robert Limpert – Ein Widerstandskämpfer in Ansbach, in: Verantwortung, Friedrich Jahresheft 10 (1992), S. 48f.

Asbach-Bäumenheim

Auf dem *Alten Friedhof* liegen unter den Toten eines Bombenangriffs vom 19. März 1945 auch zahlreiche ehemalige KZ-Häftlinge, die in einem Männerlager auf dem Gelände der heutigen Landmaschinenherstellerfirma Dechentreiter untergebracht waren. Zwischen dem 1. August 1944 und dem 25. April 1945 mußten die etwa 500 KZ-Häftlinge des Lagers Asbach-Bäumenheim für die Messerschmitt-Werke in Augsburg arbeiten. Die Namen und die Herkunft der Toten sind unbekannt, aber ihnen gilt der *Gedenkstein* auf dem Friedhof.

Literatur:
Römer, Gernot, Für die Vergessenen, Augsburg 1984, S. 94.

Aschaffenburg

Am 27. Juli 1984 wurde in dem ehemaligen Schul- und Rabbinerwohnhaus in der *Treibgasse 20* neben dem Standort der früheren Synagoge das *»Dokumentationszentrum Wolfsthalplatz«* eingeweiht. Die Dauerausstellung über die 700jährige Geschichte und über das Leiden der jüdischen Bürger in der Stadt Aschaffenburg soll nicht nur der Erinnerung, sondern vor allem der historisch-politischen Bildung dienen. Eine *Gedenktafel* am *Wolfsthalplatz* trägt den Text:

Zur Erinnerung
und zum Gedenken an unsere
verfolgten und ermordeten
jüdischen Mitbürger
Während der nationalsozialistischen
Gewaltherrschaft wurden aus dieser
Stadt und aus anderen Orten über
300 Aschaffenburger Juden
in die Vernichtungslager deportiert.
Ihr Schicksal muß uns
mahnen und verpflichten.

Am Standort der ehemaligen Synagoge *(Wolfsthalplatz)* legte die Stadt Aschaffenburg nach dem Krieg eine Parkanlage an, in der ein *Gedenkstein* mit einem Spruch von Friedrich Hölderlin an die ermordeten Juden und an die Synagoge erinnert:

Ach töten könnt
Ihr aber nicht
lebendig machen
wenn es die
Liebe nicht tut
Hölderlin

Hier stand die Synagoge
der Israelitischen
Kultusgemeinde,
die am 9. November
1938 von Verbrecher-
hand zerstört wurde.

Otto Wolfsthal war ein jüdischer Bankier aus Aschaffenburg, der vor 1933 in seiner Heimatstadt Stiftungen für wohltätige Zwecke ins Leben gerufen hat. Im Jahr 1942, einen Tag vor seiner bevorstehenden Deportation nach Theresienstadt, nahm er sich zusammen mit seiner Frau und fünf anderen Juden das Leben. Diesen sieben jüdischen Mitbürgern wurde auf dem *alten jüdischen Friedhof* in Aschaffenburg-*Schweinheim* ein *Denkmal* gesetzt. Dort sowie auf dem neuen jüdischen Friedhof befinden sich auch, wie häufig auf jüdischen Friedhöfen, Grabsteine mit Inschriften wie

»... ermordet im KZ ...«,
»... verschollen im KZ ...«
»... gestorben in Theresienstadt ...«.

Ein »Förderkreis Haus Wolfsthalplatz e.V.« will weitere Forschungen zur Geschichte des Nationalsozialismus und verfolgter Gruppen in Aschaffenburg, zum Beispiel von Mitgliedern von Parteien und Kirchen, von Zwangsarbeitern u.a., fördern. Weitgehend abgeschlossen ist ein Biographisches Handbuch Aschaffenburger Juden sowie eine Arbeit zur »Reichskristallnacht« am Untermain. Kontakt: Peter Körner, Lindenstr. 10, 63867 Johannesberg.

Literatur:
Körner, Peter, Der Novemberpogrom 1938 in Aschaffenburg, in: Mitteilungen aus dem Stadt- und Stiftsarchiv Aschaffenburg 5/1988, S. 170ff; Pollnick, Carsten, Die Entwicklung des Nationalsozialismus und Antisemitismus in Aschaffenburg 1919–1933, Aschaffenburg 1984 (Veröff. des Geschichts- und Kunstvereins Aschaffenburg 23); Stadt Aschaffenburg (Hrsg.), Vergangen, nicht vergessen – Sieben Jahrhunderte Jüdische Gemeinde in Aschaffenburg. Wegweiser durch das Dokumentationszentrum Wolfsthalplatz, Aschaffenburg 1984; Welsch, Renate, Vergangenheit bewältigen – Zukunft gestalten. Basisarbeit für eine Dokumentation zum Schicksal der ehemaligen Aschaffenburger Juden wurde im Stadt- und Stiftsarchiv geleistet, in: Mitteilungen... (s.o.) 3/1984, S. 76 – 84.

Aschbach, Oberfranken

siehe Schlüsselfeld

Auerbach, Oberpfalz

Im Jahre 1987 wurden auf dem *Auerbacher Friedhof* in einem Gemeinschaftsgrab die sterblichen Überreste von 32 toten sowjetischen Kriegsgefangenen beigesetzt. Die Skelette stammten aus einem in Vergessenheit geratenen früheren Friedhof auf dem Gelände des Oberpfälzer Truppenübungsplatzes Grafenwöhr. Die meisten der namenlosen Toten konnten auf Grund der bei ihnen gefundenen blechernen Erkennungsmarken als zum Stammlager Falkenau/Eger (Stalag IV B) gehörig identifiziert werden. Sie dürften zu den ersten in Bayern eingetroffenen sowjetischen Kriegsgefangenen gezählt haben und sind wohl im Herbst/Winter 1941/42 verstorben (s. auch Grafenwöhr, Nürnberg-Langwasser sowie Moosburg). Die jetzige *Grabstätte* ist zweisprachig beschriftet:

Hier ruhen
32 Kriegsgefangene
aus dem Osten

Es folgt ein orthodoxes Kreuz und der Text in russischer Sprache.

Quelle:
Flach, (s. Amberg) S. 64

Augsburg

Auf dem Augsburger *Westfriedhof* gibt es ein Ehrenmal für die hier bestatteten KZ-Opfer und Häftlinge, die in Augsburg ums Leben kamen. Die mittlere von *drei hohen Gedenktafeln* trägt folgende Inschrift:

> Zum ruhenden
> Gedenken 235 KZ-Opfer
> an die hier † 1945

Die linke Tafel trägt ein Relief mit vier steineschleppenden Häftlingen über dem Text:

> Der Stein, der sie deckt alle voll
> zu Boden zwang, Erbarmen.

Auf der rechten Tafel zeigt das Relief ein geißelschwingendes Skelett hinter einer Häftlingskolonne und den Text:

> Der Tod, der wild hält sie in
> die Geissel schwang, Freundes Armen.

Die Stadt Augsburg war u.a. durch die Flugzeugfabrik Messerschmitt ein Zentrum der Rüstungsproduktion, die ab dem Sommer 1943 zunehmend dezentralisiert wurde, um den Bombenangriffen zu entgehen, so daß schließlich der gesamte Augsburger Bereich von Messerschmitt aus mindestens 31 Produktionsbetrieben und 18 Materiallagern bestand. Für die Produktion wurden zunehmend Zwangsarbeiter und KZ-Häftlinge herangezogen, die in mehreren Außenlagern des Konzentrationslagers Dachau in der Stadt und im näheren Umkreis untergebracht waren. Im Stadtteil Kriegshaber existierte im Bereich des heutigen Gewerbehofes, Ulmerstraße, ein Frauenlager mit 500 ungarischen Jüdinnen (7. September 1944 bis April 1945). In Haunstetten wurde Anfang 1943 an der Inninger Straße im Bereich einer ehemaligen Kiesgrube ein Männerlager für 2700 KZ-Häftlinge gebaut, das bei den Bombenangriffen am 13. April 1944 zerstört wurde; danach wurde ein neues Männerlager in Pfersee eingerichtet (23. Mai 1944 bis 23. April 1945), in einer Luftnachrichtenkaserne, deren Halle später zur amerikanischen Sheridan-Kaserne gehörte. Weitere Lager gab es in Gablingen (ab Anfang 1944) für etwa 1000 Häftlinge und in Horgau, einem Unterkommando von Augsburg-Pfersee (4. März bis 4. April 1945). Viele der ums Leben gekommenen, bei Angriffen getöteten oder von den SS-Wachmannschaften ermordeten KZ-Häftlinge sind auf dem Westfriedhof bestattet.

Der Kreisheimatpfleger Richard Wagner hat 1992 vorgeschlagen, in Anlehnung an die Skulpturen entlang der Strecke zwischen Pasing und Bad Tölz zur Erinnerung an den »Todesmarsch« aus dem Konzentrationslager Dachau (s. Gauting) in *Augsburg-Pfersee* und in *Klimmach* bei Schwabmünchen mit je einem *Denkmal an den »Evakuierungsmarsch«* von rund 2000 Häftlingen aus der Augsburger Kaserne Pfersee zu erinnern. Die halbverhungerten Gefangenen waren wenige Tage vor Kriegsende auf einem viertägigen Marsch nach Süden getrieben worden. In Klimmach wurden sie von amerikanischen Soldaten befreit. Zwei Männer brachen in Klimmach tot zusammen; zahlreiche Häftlinge mußten qualvoll sterben, da sie aus Fässern versehentlich Methylalkohol getrunken hatten. Während der Vorschlag in der Stadt Schwabmünchen auf Ablehnung stieß, hat die Stadt Augsburg den Denkmal-Vorschlag aufgegriffen und will mit der US-Armee in Verhandlung treten, da das Kasernengelände in Pfersee vorläufig noch amerikanisches Areal ist.

Am 1. September 1985 wurde die in der »Reichskristallnacht« am 9./10. November 1938 verwüstete Augsburger *Synagoge*, ein Jugendstilbau in der *Halderstraße* 6–8, nach fast zehnjährigen Restaurierungsarbeiten wiedereröffnet. Sie wird nur an hohen Feiertagen für Gottesdienste genutzt. In der übrigen Zeit steht sie der Allgemeinheit offen. Im linken Teil des Komplexes ist ein jüdisches Museum eingerichtet.

Auf dem *jüdischen Friedhof* in der *Haunstetter Straße* befindet sich ein *Gedenkstein* mit der Inschrift:

> »Denn um Deinetwillen
> wurden wir täglich getötet,
> wie Schlachtvieh geachtet« (Psalm 44,23)
> Zum Gedenken der sechs Millionen
> unserer Brüder, unter ihnen
> Mitglieder der
> Gemeinde Schwaben-Augsburg,
> die vom Nazi-Regime von 1933–1945
> umgebracht wurden.

Am *Domplatz* in Augsburg steht eine *Stele* mit der Büste des von den Nazis ermordeten katholischen Priesters und Pazifisten Max Josef Metzger, der im nahen Meitingen (s. dort) gearbeitet, gelebt und das dortige Christkönigs-Institut ins Leben gerufen hat.

Quellen/Literatur:
Eberle, Annette, Der Evakuierungsmarsch der Häftlinge des KZ-Außenlagers Augsburg-Pfersee nach Klimmach, in:

Geschichte quer, Heft 1 (1992), S. 27–30; Römer, Gernot, Für die Vergessenen. KZ-Außenlager in Schwaben, S. 56–93 »Lager im Augsburger Raum« und S. 203–222 »Schwaben in Konzentrationslagern« (über den Augsburger Sozialdemokraten Josef Felder und die Kommunistin Anna Pröll); Ders. und Römer, Ellen, Der Leidensweg der Juden in Schwaben. Schicksale von 1933 bis 1945 in Berichten, Dokumenten und Zahlen, Augsburg 1983, S. 35ff.; Haasis, Helmut G., Widerstand in Augsburg, in: Ders., Spuren der Besiegten, Bd. 3, S. 986–994, Reinbek bei Hamburg 1984; Fuchs, Hofmann, Thieme (Hrsg.), »Christus! – nicht Hitler«. Zeugnis und Widerstand von Katholiken in der Diözese Augsburg zur Zeit des Nationalsozialismus, Wanderausstellung der Diözese Augsburg, 1984.

Bad Bocklet

An der *Volksschule* in *Steinach* a. d. Saale (Gemeinde Bad Bocklet) wurde 1988 eine steinerne *Erinnerungstafel* mit dem knappen Text angebracht:

> An diesem Platz
> stand die Synagoge
> der Jüdischen Gemeinde Steinach.

Bad Brückenau

Im November 1987 wurde auf dem neuen *christlichen Friedhof* ein hoher *Gedenkstein* errichtet, der eine Tafel mit folgendem Text trägt:

> Die Stadt Bad Brückenau
> gedenkt ihrer ehemaligen
> jüdischen Mitbürger. Die
> Synagoge stand Unterhain-
> strasse Nr. 24 und diente
> dem Gebet bis zu ihrer
> Vernichtung in der Pogrom-
> nacht des 9./10. Nov. 1938
> In der Zeit der schwersten
> Verfolgung erlosch die
> Jüdische Gemeinde 1939.
> Zur Mahnung
> und zum Gedenken.
> Dieses Grundstück war
> ehemals Eigentum der
> Jüdischen Kultusgemeinde
> Brückenau.

Bad Kissingen

Am Standort der 1938 zerstörten Synagoge in der *Promenadenstraße 1* wurde eine *Gedenktafel* angebracht.

Auf den *jüdischen Friedhöfen* in Bad Kissingen, Aschaffenburg und Würzburg finden sich Hinweise auf jüdische Opfer des Nationalsozialismus mit Inschriften wie »...ermordet im KZ...«, »...verschollen im KZ...« oder »...gestorben in Theresienstadt...«.

In der *Kapelle* der *amerikanischen Daley-Kaserne* Bad Kissingen wurde im Jahre 1987 eine *Gedenktafel* zur Erinnerung an den katholischen Märtyrer Pater Franz Reinisch angebracht. Der Pallottinerpater weigerte sich aus grundsätzlicher Ablehnung des Nationalsozialismus, bei seiner Einberufung in diese frühere Wehrmachtskaserne den Fahneneid auf Hitler zu leisten, wurde deshalb vom Reichskriegsgericht in Berlin zum Tode verurteilt und in Brandenburg hingerichtet. Der englische Text auf der Gedenktafel, unter einem Porträt von Franz Reinisch, lautet in deutscher Übersetzung:

> In dieser Kaserne entschied sich das Schicksal
> des Schönstatt-Märtyrerpriesters
> Pater Franz Reinisch.
> In Treue zu Gott und seinem Gewissen widerstand er
> der verbrecherischen Willkür unter Adolf Hitler.
> Dafür wurde er am 21. August 1942
> in Berlin-Brandenburg enthauptet.

Das Grab von Pater Reinisch befindet sich neben der Schönstatt-Kapelle in Vallendar/Rheinland-Pfalz (s. dort Näheres).

Bad Königshofen i. Grabfeld

Auf dem *jüdischen Friedhof* im Ortsteil *Ipthausen*, inmitten des Neubaugebiets von Bad Königshofen, befindet sich gegenüber dem Eingang ein *Mahnmal* mit folgender Inschrift:

> 1920 – 1942
> Den Toten zur Ehre und zur ewigen Erinnerung
> an die hier bestatteten jüdischen Bürger
> aus Königshofen und Umgebung und zum
> Gedenken der in den Vernichtungslagern
> 1933 – 1945 grausam Hingemordeten
> Uns Lebenden zur Mahnung
> den kommenden Geschlechtern
> zur eindringlichen Lehre

Bad Neustadt an der Saale

Am Eingang des *jüdischen Friedhofs* in der südlichen Gartenstadt ist die folgende Information zu finden:

> Dieser Friedhof diente der
> Israelitischen Kultusgemeinde
> Bad Neustadt a. d. Saale
> bis 1942 als Bestattungsstätte.
> Zur Erinnerung an
> unsere jüdischen Mitbürger.

Bad Reichenhall

Am Eingang zum *Dr.-Ortenau-Park* befindet sich seit 1991 eine *Gedenktafel* mit folgender Inschrift:

> Dr. Ortenau Park
> Zur Erinnerung an den
> jüdischen Arzt und Kurarzt
> Dr. Gustav Ortenau
> der von 1890 bis 1938
> in Bad Reichenhall wirkte.

Bad Steben

Bei einem Sammelgrab auf dem *Friedhof* lautet die Inschrift auf einer *Gedenktafel:*

> Hier ruhen 20 unbekannte KZ-Häftlinge –
> gestorben April 1945 –
> Hier hält die Menschlichkeit die Ehrenwacht

Bestattet sind hier Häftlinge, die beim »Todesmarsch« aus dem Konzentrationslager Buchenwald in das bayerische Lager Flossenbürg im nahe gelegenen Höllental ums Leben kamen und später auf diesem Friedhof beigesetzt wurden.

Bad Wörishofen

Innerhalb des *städtischen Friedhofs* gibt es eine durch Ketten und Steinpfosten abgetrennte »jüdische Abteilung« mit einem Massengrab, in dem 34 KZ-Opfer bestattet sind. Ein *Gedenkstein* trägt den Text:

> Hier ruhen die Opfer
> des blutigen Naziregimes
> Ehre ihrem Andenken
> Das jüdische Komitee
> Bad Wörishofen
> im Mai 1945.

Es handelt sich um KZ-Häftlinge eines Außenlagers im nahen Türkheim (s. dort), die nach ihrer Befreiung in einem Hospital in Bad Wörishofen an den Folgen von Haft und Entbehrung gestorben sind. Das Türkheimer Lager gehörte zu der Außenlagergruppe Landsberg/Kaufering (Näheres s. Landsberg).
Daneben gibt es weitere Grab- und Gedenksteine, die auf die ermordeten jüdischen Opfer in den Konzentrationslagern Auschwitz, Majdanek und Riga hinweisen.

Baiersdorf, Mittelfranken

Innerhalb des *jüdischen Friedhofs,* an der Friedhofsmauer, steht ein weißer *Gedenkstein.* Er trägt den Davidstern und hebräische und deutsche Inschriften. Der deutsche Text lautet:

> Den Toten zur Ehre
> und zum Gedenken an die
> jüdischen Bürger aus Baiersdorf
> und Umgebung, die in den
> Verfolgungsjahren 1933–1945
> grausam umgekommen sind.
> Uns Lebenden zur Mahnung
> den kommenden Geschlechtern
> zur eindringlichen Lehre.
> Errichtet im Jahre 1980 vom Landesverband
> der Israelitischen Kultusgemeinden in Bayern

Bamberg

1984/85 schlossen sich 15 Gruppen und viele Einzelpersonen in Bamberg zu einer Initiative »Mahnmal für die Gegner und Verfolgten des NS-Regimes in Bamberg« zusammen. Ihre Bemühungen führten zum Beschluß des Stadtrates, am *Alten Rathaus* an

Bamberg:
Gedenktafel für die Opfer von Verfolgung
und Widerstand während der NS-Gewaltherrschaft,
geschaffen von Bernd Wagenhäuser und angebracht
am Alten Rathaus im April 1986.

der Unteren Brücke neben der Gedenktafel für die Gefallenen und Vermißten des Zweiten Weltkrieges eine *Gedenktafel* für die Opfer der nationalsozialistischen Verfolgung anzubringen (Enthüllung: 24. April 1986). Die Inschrift neben einem gefangene Menschen darstellenden Relief auf der von dem Künstler Bernd Wagenhäuser geschaffenen Tafel lautet:

Zum Gedenken
an die jüdischen
Mitbürger und alle,
die während der
nationalsozialistischen
Gewaltherrschaft
Widerstand
geleistet haben,
mißachtet,
verfolgt und
ermordet wurden

Am früheren Standort der Synagoge in der *Herzog-Max-Straße* wurde ein *Gedenkstein* mit reliefartig angedeuteten Umrissen der ehemaligen Synagoge und einer hebräischen Inschrift errichtet.

Auf dem *jüdischen Friedhof* in der *Siechenstraße* wurde für die jüdischen Opfer des Nationalsozialismus ein *Gedenkstein* mit folgender Inschrift gesetzt:

Die Schwerter des Feindes
haben ein Ende. Die Städte
hast du umgekehrt. Der
Herr aber bleibt ewiglich.
Den Opfern der Jahre von
1933–1945. Die Israelitische
Kultusgemeinde Bamberg.

An einzelnen Gräbern befinden sich Gedenktafeln für die in Konzentrationslagern umgekommenen Familienangehörigen.

Auf dem *Hauptfriedhof* in der *Hallstadter Straße* befinden sich mehrere Grabanlagen für Opfer des Nationalsozialismus.
Am Grab des Bamberger Bürgers und Widerstandskämpfers Hans Wölfel wurde ein *Denkmal* mit der Inschrift aufgestellt:

Hans Wölfel, Rechtsanwalt, Vorsitzender
der Katholischen Aktion in Bamberg, geb. am
30. 3. 1902
in Bad Hall bei Linz, hingerichtet am
3. Juli 1944 in Brandenburg. Als Blutzeuge
für Gott und Vaterland.
Ehrengrab der Stadt Bamberg.

Die »Katholische Aktion« war eine Laienbewegung, die nach der Auflösung der Zentrumspartei am 5. Juli 1933 unter dem Druck der Nationalsozialisten ein Sammelbecken des politischen Katholizismus wurde.

In der unmittelbaren Nähe des Ehrenfriedhofs für die gefallenen Soldaten des Zweiten Weltkrieges wurden in einer Grabanlage 52 ausländische Zwangsarbeiter beerdigt. Vom Volksbund Deutsche Kriegsgräberfürsorge e.V. wurde ein *Gedenkstein* aufgestellt. Eine Bronzetafel trägt die folgende Inschrift:

Hier ruhen als Opfer des Krieges 1939–1945
[- es folgen Namen und Sterbedaten der Toten -]

Im *Graf-Stauffenberg-Gymnasium* an der Kloster-/Ecke Langbeinstraße wurde eine *Bronzetafel* mit einem Relief von Oberst Claus Graf Schenk von Stauffenberg angebracht, der am 20. Juli 1944 das mißglückte Attentat auf Hitler im Führerhauptquartier »Wolfsschanze« bei Rastenburg in Ostpreußen ausführte. Der Berufsoffizier Claus Schenk von Stauffenberg trat 1926 in das Bamberger Reiterregiment Nr. 17 ein, bei dem er bis 1936 diente.

Literatur:
Friedrich-Brettinger, Heide, Die Juden in Bamberg, Würzburg 1962; Arbeiten 13. Klasse, Franz-Ludwig-Gymnasium, Bamberg, im Rahmen des »Schülerwettbewerbs Deutsche Geschichte« 1982/83: Berthold, Markus, Die Verfolgung der Juden im Dritten Reich am Beispiel Bambergs von 1933–1945; Winkler, Susanne, Hans Wölfel – ein Bamberger Blutzeuge.

Barbing siehe Neutraubling

Bastheim

Das heutige Kolpinghaus in Bastheim, *Auweg 1,* ist das Gebäude der ehemaligen Synagoge, deren Inneneinrichtung in der sogenannten »Reichskristallnacht« im Jahre 1938 vernichtet wurde. Eine *Gedenktafel* informiert:

Dieses Gebäude diente
der Jüdischen Kultusgemeinde Bastheim
bis 1938 als Synagoge.
Zur Erinnerung und
zur Mahnung.

Bayreuth

Zum 200jährigen Bestehen des *jüdischen Friedhofs* in Bayreuth, *Nürnberger Straße 9,* wurde beschlossen, ein dreiteiliges *Monument* zu errichten, das außer an die jüdischen Gefallenen des 1. Weltkrieges auch an die Opfer der nationalsozialistischen Verfolgung erinnern soll. Der vorgesehene Text lautet:

Zum Gedächtnis der 6 Millionen Unschuldiger,
die 1933 bis 1945 um ihres Judentums willen
hingemordet wurden.
Ihr Martyrium verpflichtet die Lebenden
im Kampf für Recht und Würde des Menschen
nie zu erlahmen.

Die *Synagoge, Münzgasse 2,* die wegen ihrer Nähe zum Opernhaus in der Reichspogromnacht des Jahres 1938 nicht angezündet wurde, dient heute wieder einer kleinen Jüdischen Gemeinde als Gotteshaus. Im Innern befindet sich neben dem Thoraschrein eine *Gedenktafel* mit folgendem (hebräischen) Text:

Gott gedenke an die 6 Millionen Märtyrer,
welche wegen ihres Judentums ermordet wurden.

Im Neuen Bayreuther *Rathaus* wurde anläßlich des 50. Jahrestages der »Reichskristallnacht« eine *Tafel* angebracht mit der Inschrift:

Die Stadt Bayreuth
Den Opfern der
Gewaltherrschaft
1933 – 1945
zum Gedenken.

Im Dezember 1988 wurde im Bayreuther Stadtrat über den Antrag debattiert, die Chamberlain-Straße in der Gartenstadt am Fuße des Festspielhügels nach der jüdischen Sängerin Henriette Gottlieb umzubenennen. Diese war in den 20er Jahren im Bayreuther Festspielhaus aufgetreten und wurde später von den Nationalsozialisten in einem Konzentrationslager ermordet.
Der englische Rassentheoretiker und Antisemit Houston Stewart Chamberlain, der mit einer Tochter Richard Wagners verheiratet war und Hitler in die Musikerfamilie einführte, lebte und starb in Bayreuth. Er gehört zu den geistigen Vorläufern des Nationalsozialismus. Die Straßenumbenennung wurde an den Bauausschuß weiterverwiesen; man entschied sich schließlich für den Namen »Furtwängler-Straße«.

Literatur:
Gothart, Josef, Die Geschichte der Juden in Bayreuth, 12teilige Serie in den »Münchner Jüdischen Nachrichten«, 1954/56; Strunz, Claus, Als Juden wie Vieh in den Stall getrieben wurden, Beilage des »Nordbayrischen Kuriers« am 9. November 1988 zum 50. Jahrestag der »Kristallnacht«; Habermann, Sylvia u.a., »Reichskristallnacht«. Das Schicksal unserer jüdischen Mitbürger. Eine Gedenkschrift der Stadt Bayreuth, 1988.

Berg, Starnberger See

In Berg-*Aufkirchen* erinnert an der Staatsstraße nach Wolfratshausen eine *Bronzeskulptur* an den »Todesmarsch« der 6887 Dachau-Häftlinge, die am 26. April 1945 von der SS nach Süden getrieben wurden und von denen jeder zweite durch Hunger, Entbehrung oder Mord ums Leben kam. Ihr Weg führte auch durch die Gemeinde Berg und endete am 2. Mai in der Nähe des Tegernsees mit der Befreiung durch amerikanische Soldaten.
An der Strecke des damaligen »Todesmarsches« wurden 1989/90 acht identische Denkmäler errichtet und zwar in den Münchner Ortsteilen Allach und Pasing, in Gräfelfing, in Planegg, Krailling und in Gauting und weiter südlich hier in Berg und in Wolfratshausen. (Näheres s. Gauting)

Blaichach, Allgäu

Hier ruhen die Gefangenen d. ehem.
KZ-Lagers Blaichach.

Mit diesen Worten beginnt die Inschrift auf einem *Grabstein* des *Friedhofs* in Blaichach über dem Grab von vier sowjetischen und einem niederländischen Häftling.
In der Allgäuer Gemeinde bestand westlich der Sonthofener Straße im Bereich des heutigen Bosch-Werkes vom 16. Juli 1944 bis zum 1. Mai 1945 ein Außenlager des Konzentrationslagers Dachau. Die 730 Häftlinge mußten bei den Bayerischen Motorenwerken (BMW) in der Rüstungsproduktion arbeiten.

Literatur:
Römer, Gernot, Für die Vergessenen, Augsburg 1984, S. 117.

Bütthard

Im *Rathaus* von Bütthard bei Würzburg existiert eine *Gedenktafel* mit folgendem Text:

Im Markt Bütthard
existierte bis 1937 eine Jüdische Kultusgemeinde.
Synagoge Marktplatz 3
Der Markt gedenkt seiner
ehemaligen Mitbürger.
Zur Erinnerung und Mahnung.

Burgau, Schwaben siehe Ichenhausen

Burghausen, Salzach

Im Ortsteil *Heiligkreuz* sind auf einem *KZ-Friedhof* insgesamt 253 KZ-Opfer in Einzel- und Reihengräbern bestattet. Ein Monument mit den Symbolen Davidstern und Kreuz trägt die Inschrift:

> Hier ruhen 253 unbekannte KZ-Tote
> unter denen sich auch Häftlinge
> jüdischer Konfession befinden.
> Gewidmet den verstorbenen
> KZ-Lager-Insassen von der
> Amerikanischen Militärregierung
> und der Stadt Burghausen 1945.

Die hier ruhenden Opfer waren Häftlinge des Konzentrationslagers Mettenheim bei Mühldorf am Inn (s. dort).

Burglengenfeld

Eine *Straße* und ein *Ehrengrab* auf dem *Ortsfriedhof* erinnern an den populären Arbeiterführer Josef Schmid (1885–1945), der wenige Tage vor seiner bereits geplanten Heimkehr aus dem Konzentrationslager Dachau, am 26. Mai 1945, an den Folgen einer im April vom SS-Lagerarzt gegebenen Injektion starb und in seiner Heimatstadt beigesetzt wurde. Schmid war 1918/19 Vorsitzender des Arbeiterrates der Industrieregion um Maxhütte-Haidhof gewesen. Bis 1922 war er zusammen mit Erich Mühsam und Ernst Toller auf der Festung Niederschönenfeld inhaftiert gewesen. Nach seinem Bruch mit der KPD blieb er ein parteiloser Linker. Bereits 1933 wurde er für eineinhalb Jahre im KZ Dachau in »Schutzhaft« gehalten. 1943 wurde er abermals verhaftet und neuerlich in Dachau eingeliefert.

Quelle:
Müller, Gerhard, Das Wirken der Räte 1918/19 in den wichtigsten Industrieorten der Oberpfalz (Regensburg – Burglengenfeld – Schwandorf – Amberg – Weiden – Mitterteich), Diplomarbeit/Manuskript, München: Ludwig-Maximilians-Universität, Sozialwissenschaftl. Fakultät, 1980. Anhang: Biographie Josef Schmids.

Cham, Oberpfalz

Auf dem *israelitischen Friedhof* zwischen Cham und Windischbergerdorf befinden sich vier Einzelgräber von Opfern des Nationalsozialismus.

Auf dem *städtischen Friedhof* wird an einer ehemaligen Begräbnisstätte an KZ-Tote erinnert, die in den Jahren 1957 bis 1960 von hier auf die KZ-Ehrenfriedhöfe Dachau-Leitenberg und Flossenbürg (s. dort) umgebettet wurden. Sie waren in Außenlagern der Konzentrationslager Dachau und Flossenbürg oder auf »Evakuierungs«-märschen im Frühjahr 1945 umgekommen.

Coburg

Coburg war die erste Stadt Deutschlands, in der die Nationalsozialisten schon 1929 die Mehrheit im Stadtrat hatten und auch den Oberbürgermeister stellten. Entsprechend heftig war die antisemitische Hetze gegen die jüdischen Bürger, und bereits 1933 wurde die Synagoge geschlossen, die heutige *Nikolaus-Kapelle* in der *Ketschendorferstraße 31,* an deren Außenwand ein *Hinweis* daran erinnert.

Auf dem *neuen jüdischen Friedhof* (innerhalb des städtischen Friedhofs) befindet sich ein *Gedenkstein* für 48 namentlich aufgeführte jüdische »Opfer des Faschismus«.

An dem Haus *Sally-Ehrlich-Straße 10* informiert eine einfache *Gedenktafel* an den früheren Bewohner und Besitzer Sally Ehrlich, der der Inhaber einer in ganz Süddeutschland tätigen Hut- und Mützenfabrik war. Sie wurde 1946 auf Veranlassung seines Neffen und Mitglieds der US-Armee, Carl Ehrlich, durch den Stadtrat angebracht.

> In diesem Hause wohnte
> vom 17. 2. 1878 bis 24. 4. 1942
> Sally Ehrlich.
> Er wurde in Polen aus Gründen seiner
> Religionszugehörigkeit mit Tausenden
> seiner Glaubensgenossen auf Befehl
> der Hitler-Regierung ermordet.

Literatur:
Fromm, Hubert, Die Coburger Juden. Geschichte und Schicksal, Coburg 1990; Winter, Hubert, Die Anfänge der NS-Herrschaft in Coburg. Arbeit 12. Klasse, Ernestinum Coburg, im Rahmen des »Schülerwettbewerbs Deutsche Geschichte« 1980/81. – Der Verfasser referiert die Entwicklung zum Nationalsozialismus seit Beginn der zwanziger Jahre und behandelt Verfolgung und Widerstand von Regimegegnern, insbesondere von Sozialdemokraten, in Coburg. (s. auch Friedensmuseum in Meeder)

Collenberg

Im Ortsteil *Fechenbach, Kleine Gasse 12,* existiert noch das Gebäude der Synagoge, deren Inneres in der sogenannten »Reichskristallnacht« verwüstet wurde. Es wurde in der jüngsten Zeit als Wohnhaus restauriert und soll die folgende *Inschrift* erhalten:

> Dieses Gebäude diente der
> Israelitischen Kultusgemeinde in Fechenbach
> als Synagoge bis 1938.
> Zur Erinnerung und Mahnung.

Dachau

Auf dem Gelände des ehemaligen Konzentrationslagers Dachau wurde am 9. Mai 1965 eine *Gedenkstätte* mit einem Museum eröffnet.

Zur Geschichte des Konzentrationslagers Dachau 1933–1945

Das Konzentrationslager Dachau wurde bereits am 22. März 1933 in den Räumen einer stillgelegten Munitionsfabrik im Nordosten der Stadt Dachau als erstes Konzentrationslager des nationalsozialistischen Deutschland mit der Inhaftierung von etwa 60 kommunistischen und sozialdemokratischen Funktionären eröffnet. Vorausgegangen war die am Tage nach dem Reichstagsbrand erlassene »Verordnung zum Schutz von Volk und Staat« vom 28. Februar 1933, die praktisch alle Grundrechte außer Kraft setzte und »Rechtsgrundlage« für die Einweisung in Konzentrationslager wurde. Sie löste eine Welle von Verhaftungen politischer Gegner aus. Bis Ende März 1933 war die Häftlingsnummer 170 ausgegeben, Ende des Jahres 1933 bereits die Häftlingsnummer 4 821.

Das Lager sollte in erster Linie der Ausschaltung politischer Gegner dienen und war anfangs für 5 000 »Schutzhäftlinge« geplant. Dann wurden auch Juden, Zigeuner, oppositionelle Geistliche, Homosexuelle und andere dem NS-Regime unliebsame Bürger inhaftiert. Man glaubte, diese Gefangenen zu diskriminieren, indem man auch Kriminelle und »Asoziale« in die Konzentrationslager brachte. Die Gefangenen wurden zunächst in Handwerksbetrieben und mit Arbeiten zum Ausbau des Lagers eingesetzt. Die Zahl der Verhafteten nahm laufend zu. Im Jahre 1938 wurden über 18 000 neue Häftlinge eingewiesen: von Januar bis Dezember 1938 wurden die Häftlingsnummern 13 261 bis 31 941 ausgegeben. Das Lager wurde umgebaut und erweitert.

Der zweite Kommandant des Lagers Dachau, der SS-Oberführer Theodor Eicke, schuf die organisatorischen Voraussetzungen für das weitverzweigte Konzentrationslagersystem, das im Zweiten Weltkrieg die Ausbeutung der Arbeitskraft von Hunderttausenden von Menschen für die Rüstungsindustrie des »Dritten Reiches« ermöglichte. Die von ihm entwickelte Strafordnung für Häftlinge und die Dienstvorschriften für das Wachpersonal wurden durch die Versetzung von Dachauer Personal laut Rudolf Höß, der von 1934 bis 1938 in Dachau eingesetzt war und später Kommandant des Vernichtungslagers Auschwitz wurde, als »Dachauer Geist« in andere Lager getragen. Eicke wurde 1934 »Inspekteur der Konzentrationslager« und gründete die »SS-Totenkopfverbände« als besondere Wachtruppe für die Konzentrationslager.

Nach zahlreichen Entlassungen und nach Verteilung der im Sommer 1939 noch etwa 5 000 Häftlinge auf andere Konzentrationslager blieb das Lager Dachau für einige Monate, vom 27. Oktober 1939 bis zum 18. Februar 1940, geschlossen und wurde zur Ausbildung von SS-Einheiten (Aufstellung der ersten SS-Waffen-Division) genutzt.

Während des Krieges waren in Dachau Gefangene aus 27 Ländern inhaftiert. Von 1938 bis 1945 wurden 2 720 katholische und evangelische Geistliche verschiedener Nationen im Lager Dachau konzentriert. Insgesamt wurden mehr als 200 000 Häftlinge während des zwölfjährigen Bestehens des Lagers registriert. Im Zeitraum von 1940 bis 1945 starben im Lager Dachau etwa 30 000 Häftlinge an Erschöpfung, an Epidemien wie Bauch- und Fleck-

Dachau, KZ-Gedenkstätte: Grundrisse und Anordnung der langgestreckten Barackenblocks des ehemaligen Lagers sind seit Mitte der sechziger Jahre durch Betonfundamente markiert. Zwei Baracken wurden rekonstruiert.

Dachau, KZ-Gedenkstätte: Nachgebaute Häftlingsunterkünfte, mit den typischen mehrstöckigen Holzpritschen.

typhus, an Tuberkulose und anderen Krankheiten. Eine Reihe von Häftlingen wurde durch medizinische Versuche getötet. In dieser Zahl fehlen die Gefangenen, die zur Hinrichtung in das Lager geschafft, dort ermordet und gar nicht erst registriert wurden.

Massentötungen mit Giftgas hat es in Dachau nicht gegeben, obwohl 1942 eine als Brausebad getarnte Gaskammer eingerichtet wurde. Möglicherweise wurde diese nur in Einzelfällen zur Tötung von Häftlingen benutzt, weil die SS die Geheimhaltung von Massenvergasungen in der Nähe der Großstadt München nicht gewährleistet sah. Tausende zur Vernichtung bestimmte Häftlinge wurden in andere Lager oder in die »Euthanasie«-Anstalt Hartheim bei Linz in Österreich transportiert. Im Zuge der »Euthanasie«-Maßnahmen (s. dazu Irsee und Kaufbeuren), die gegen Ende des Jahres 1941 auch die Konzentrationslager erfaßten, wurden 1942 in sogenannten »Invalidentransporten« über 3 000 Dachauer Häftlinge ausgesondert und zur Tötung nach Hartheim gebracht; darunter befanden sich über 300 Geistliche, unter ihnen vor allem polnische Priester.

Mehrere tausend sowjetische Kriegsgefangene wurden in der Zeit von 1941 bis 1945 im Hof des Lagerkrematoriums und auf dem SS-Schießplatz in Hebertshausen, in der Nähe von Dachau (s. unten), erschossen; die meisten dieser Exekutionen erfolgten in den Jahren 1941, 1942 und 1944. (Zur Aktion der Hinrichtung sowjetischer Gefangener/»Kommissarbefehl« s. auch Flossenbürg und Moosburg.)

Wenige Tage vor Kriegsende, am 26. April 1945, wurden 6 887 Häftlinge in drei »Marschsäulen« mit unbekanntem Ziel nach Süden getrieben, um eine Befreiung durch alliierte Truppen zu verhindern. Eine große Zahl kam bei diesen »Todesmärschen« unter kaum vorstellbaren Strapazen, durch Hunger und Entbehrung oder durch die Morde der Wachmannschaften ums Leben. Die Überlebenden wurden in der Nähe des Tegernsees von amerikanischen Soldaten befreit. Ende der achtziger Jahre wurden in mehreren Orten entlang der Marschroute gleichartige Mahnmal zur Erinnerung an den »Dachauer Todesmarsch« aufgestellt (Näheres s. Gauting).

Die genaue Anzahl aller Toten des Lagers Dachau, einschließlich der Opfer von Einzelexekutionen und Massenerschießungen und der Opfer der Todesmärsche läßt sich nicht mehr ermitteln. Die Toten der letzten Wochen vor der Befreiung, die nicht mehr im Krematorium eingeäschert wurden, und diejenigen, die nach der Befreiung noch starben, wurden auf dem Dachauer Waldfriedhof und auf dem Friedhof im Gemeindeteil Leitenberg (s. unten) beerdigt. Bei der Befreiung des Konzentrationslagers Dachau am 29. April 1945 durch amerikanische Truppen befanden sich mehr als 30 000 Überlebende in den Lagerbaracken und etwa ebenso viele Gefangene in den Außenlagern von Dachau. Im Mai 1945 starben noch über 2 000 Menschen an den Folgen der Haft.

Die von der US-Armee festgenommenen SS-Angehörigen wurden bis zum Abschluß der in Dachau von den amerikanischen Militärbehörden durchgeführten Kriegsverbrecherprozesse im Lager inhaftiert. Danach dienten die Baracken noch lange Jahre als Unterkunft für Flüchtlinge und Heimatlose.

Die KZ-Gedenkstätte Dachau

1955 beschlossen ehemalige Dachauer Häftlinge bei ihrem ersten internationalen Treffen zum zehnten Jahrestag der Befreiung des Lagers die Neugründung des Internationalen Häftlingskomitees (Comité International de Dachau), das bereits vor der Befreiung im Lager entstanden war, um sich als Organisation für die Errichtung einer würdigen Mahn- und Gedenkstätte einzusetzen. 1960 wurde im ehemaligen Krematoriumsgebäude ein provisorisches Museum eingerichtet.

Von Anfang an und bis in die Gegenwart war und ist in der Stadt Dachau, im Freistaat Bayern, zwischen ehemaligen Häftlingen und der Lagergemeinschaft wie Teilen der Politik die Art und der Charakter der Erinnerung an das Konzentrationslager Dachau umstritten. Die Auseinandersetzungen waren häufig davon bestimmt, daß »Dachau« als Ort des ersten Konzentrationslagers oft als Synonym für den staatlichen Terrorismus des nationalsozialistischen Deutschlands gilt, daß dieses KZ exemplarische Bedeutung für das System der Konzentrationslager hatte und in diesem Zusammenhang auch international »berühmt« geworden ist. So hat es immer wieder Differenzen gegeben um das Ausmaß und die Art der Gedenkstätte, um den Charakter der Gedächtnisveranstaltungen, vor allem auch in der Zeit des Kalten Krieges, als ehemalige Häftlinge weiter zu ihrer kommunistischen Überzeugung standen oder als »Kommunisten« ausgegrenzt wurden. Die gegenwärtige Anlage ist das Ergebnis eines jahrzehntelangen mühsamen Ringens um den angemessenen Umgang mit den Überresten einer Einrichtung, die der Ausschaltung, der Ausbeutung und der Ausrottung der vom NS-Regime Verfolgten diente.

Am 9. Mai 1965 wurde die jetzige *Gedenkstätte mit Museum* eröffnet. Sie wurde vom Bayerischen Staat der »Bayerischen Verwaltung der staatlichen Schlösser, Gärten und Seen« unterstellt. 1991 ging die Zuständigkeit an das Bayerische Staatsministerium für Unterricht, Kultus, Wissenschaft und Kunst über.

Die Anlage umfaßt heute das Gelände des ehemaligen sogenannten »Schutzhaftlagers« und wurde nach dem Konzept des Internationalen Dachau-Komitees gestaltet, dem bis heute die Ausgestaltung der Gedenkstätte unterliegt. Die Mauer und die Wachttürme wurden ausgebessert und über eine Länge von 100 Metern das sogenannte Hindernis aus Grünstreifen, Wassergraben und Drahtverhau rekonstruiert. Die Besucher und Besucherinnen betreten das Gelände durch einen 1965 geschaffenen Mauerdurchbruch. Ihr Weg führt über die vergrabenen Fundamente eines Gefängnisses für straffällige SS-Leute. Der Blick fällt dann auf zwei langgestreckte Baracken, keine Originale, sondern Nachbauten aus dem Jahre 1964. Die meisten Besucher gehen in das Museum, das ursprünglich Häftlingsbad, Küche und Werkstätten beherbergte, nach der Befreiung verschiedene Gerichtshöfe, später eine Lederfabrik und eine Färberei. Der Rundgang durch die Gedenkstätte führt an 32 »Fundamenten« vorbei, die 1965–66 gegossen wurden, um die Um-

Dachau, KZ-Gedenkstätte:
Seitenansicht des 1968 errichteten großen »Internationalen Mahnmals« von Nandor Glid (geb. 1924, Subotica, Jugoslawien).
Die Bronzeplastik, ein dunkles Geflecht von schemenhaften Menschenleibern, ist 16 Meter lang und 6,3 Meter hoch. Nandor Glid entkam 1944 aus dem Lager Szeged (Ungarn), wo seine Familie, jugoslawische Juden, umgebracht wurde.

risse der ehemaligen fundamentlosen Baracken zu markieren. Über diese weite kahle Fläche hinweg sind drei Baulichkeiten vor der hinteren Abgrenzungsmauer zu sehen: Gedenkstätten der verschiedenen Bekenntnisse, die an der Stelle der ehemaligen KZ-Gärtnerei und Desinfektionsbaracke stehen. Das Eingangsgebäude (Jourhaus), das ehemalige Lagergefängnis (Bunker), die beiden außerhalb des Lagergeländes gelegenen Krematorien und die 1942 gebaute, als »Brausebad« getarnte Gaskammer sind im Originalzustand erhalten. An einem der Krematorien befinden sich *zwei große Aschengräber*. Die Inschrift auf einem *Gedenkstein* lautet:

> Krematorium.
> Denket daran, wie wir hier starben.

Im ehemaligen sogenannten Wirtschaftsgebäude wurde das *Museum* untergebracht, das eine *Dokumentationsausstellung* mit etwa 500 Fotos und Dokumenten zur Vorgeschichte des NS-Regimes und zur Geschichte des Lagers Dachau, seiner Nebenlager und anderer Konzentrationslager zeigt. Außerdem sind ein *Kinosaal,* eine jedem Besucher zugängliche *Präsenzbibliothek* mit über 11 000 Veröffentlichungen über die NS-Zeit, die Konzentrationslager, über Widerstand und Verfolgung, zu NS-Prozessen und Neofaschismus sowie ein *Archiv* mit etwa 30 000 Wort-, Bild- und Tondokumenten vorhanden. Das Archiv, das hier in über zwanzigjähriger Sammeltätigkeit aufgebaut wurde, ist mittlerweile zu einer zentralen Forschungsstätte für die Geschichte von Widerstand und Verfolgung im Nationalsozialismus und zugleich ein wichtiger Ort historisch-politischer Bildung geworden. Es wird gerade von lokalen und regionalen Interessenten häufig besucht, die hier etwa Material und Dokumente zu den zahlreichen Außenlagern von Dachau suchen.

In einem Seitenraum der Ausstellung hängen Hunderte von Fähnchen und sind zahlreiche Bilder, Erinnerungsgegenstände und Gedenktafeln aufgestellt, die verschiedene in- und ausländische Organisationen zur Erinnerung an die Verfolgten allgemein, bestimmte Verfolgtengruppen und einzelne Verfolgte dort angebracht haben. Gedenktafeln gibt es namentlich u.a. für polnische Priester, ukrainische politische Häftlinge, Polen und Zigeuner. Diese letzte Tafel, anläßlich eines Sinti-Hungerstreiks nach Dachau gebracht, trägt die Inschrift:

> Zum Gedenken der Zigeuner,
> die hier während der NS-Zeit ermordet wurden.
> »Wer mich aber verleugnet vor den Menschen,
> der wird verleugnet werden vor den Engeln Gottes«
> (Matth. 10,33)
> Gestiftet duo »Z«

Das *»Internationale Mahnmal«* auf dem ehemaligen Appellplatz erinnert in seinen Formen an verzerrte, ausgemergelte Menschenleiber, die

Dachau, KZ-Gedenkstätte:
Plastik von Fritz Koelle,
aufgestellt in den fünfziger Jahren
in der Nähe des ehemaligen Krematoriums,
gewidmet dem »Unbekannten Häftling«.

Dachau, KZ-Gedenkstätte: Gedenktafel der homosexuellen Initiativen Münchens aus dem Jahre 1985, vorläufig aufgestellt 1988 im Bereich der Evangelischen Versöhnungskirche, 1995 Aufstellung im Gedenkraum des Museums der Gedenkstätte. Form und Farbe der Marmortafel symbolisieren den »rosa Winkel«, das Kennzeichen für homosexuelle KZ-Häftlinge.

zu einem Stacheldrahtzaun verflochten sind. Vor dem 1967 von dem Bildhauer Nandor Glid (Belgrad) geschaffenen Mahnmal verläuft ein mehrere Meter tiefer Graben, zu dem ein Weg hinunterführt. An der Wand stehen die Jahreszahlen »1933–1945«.

Im Bereich der Gedenkstätte befinden sich ein *katholischer* (»Todesangst-Christi-Kapelle«), ein *evangelischer* (»Versöhnungskirche«) und ein *israelitischer Kirchenbau.*

Außerdem gibt es *mehrere Denkmäler und Erinnerungstafeln* auf dem Gelände der Gedenkstätte. Ein Denkmal des Künstlers Fritz Koelle ist dem »Unbekannten Häftling« gewidmet. Es zeigt eine ausgemergelte männliche Figur auf einem Sockel mit der Inschrift:

> Den Toten
> zur Ehr
> den Lebenden
> zur Mahnung

An die Verfolgung der Juden erinnert ein Gedenkstein beim ehemaligen Krematorium. Er wurde im Jahre 1976 vom Landesverband der Israelitischen Kultusgemeinden errichtet mit der Inschrift:

> Mahnmal
> zum Gedenken
> an die jüdischen Märtyrer,
> die in den Jahren 1933–1945
> nationalsozialistischer
> Schreckensherrschaft
> umgekommen sind.
> Ihr Tod bedeutet uns
> Mahnung und Verpflichtung.
> Errichtet vom Landesverband der
> Israelitischen Kultusgemeinden in
> Bayern im Jahre 1976 / 5727

Da es bis dahin keine Erinnerung an die homosexuellen Opfer des Konzentrationslagers gab und dieses Thema auch in der ständigen Ausstellung nicht vorkommt, wandten sich im Februar 1985 verschiedene Gruppen von Homosexuellen aus München an das »Comité International de Dachau« (CID), die Vereinigung der ehemaligen politischen Häftlinge, welches für die Ausgestaltung der Gedenkstätte zuständig ist. Der Wunsch, eine steinerne Tafel zum Gedächtnis der homosexuellen NS-Opfer anbringen zu dürfen, wurde trotz vielfacher Vorstöße und prominenter Unterstützung von dem Präsidenten und dem Generalsekretär des CID zurückgewiesen. Eine offizielle Begründung gab es nicht. So stellten die Münchner Initiatoren im Mai 1988 ihre bereits angefertigte Tafel mit Zustimmung des Kuratoriums vorübergehend im Bereich der Evangelischen Versöhnungskirche auf. Das CID stimmte 1995 schließlich der Anbringung im Gedenkraum des Museums der Gedenkstätte zu. Die rötliche Marmortafel in Form eines auf der Spitze stehenden Dreiecks, 1994 nach Sturmschäden erneuert, trägt die Aufschrift:

> Totgeschlagen – totgeschwiegen
> Den homosexuellen Opfern
> des Nationalsozialismus
>
> Die homosexuellen Initiativen Münchens
> 1985

Anschrift:
KZ-Gedenkstätte Dachau, Alte Römerstraße 75, 85221 Dachau-Ost, Tel.: 08131/1741 oder 1742; Leitung: Barbara Distel.

Verkehrsverbindung:
Mit der Bundesbahn bis München Hbf, weiter mit der S-Bahn (S 2) bis Dachau Bahnhof; mit dem Bus zur Gedenkstätte.

Öffnungszeiten:
Täglich außer montags von 9–17 Uhr. Archiv und Bibliothek: dienstags bis freitags 9–12 und 13–17 Uhr.

Ein kurzer *Wegweiser* durch die Gedenkstätte liegt in mehreren Sprachen im Museum aus. Ein Gesamtkatalog der ausgestellten Dokumentation ist in deutscher, französischer, englischer und italienischer Sprache erhältlich. Außerdem gibt es kleinere Broschüren und eine *Dia-Serie* »Konzentrationslager Dachau«. Ein 22minütiger *Dokumentarfilm* zur Geschichte des KZ, der neben Ausschnitten aus NS-Wochenschauen größtenteils aus von Kriegsberichterstattern bei der Befreiung des Lagers aufgenommenem Dokumentarfilmmaterial besteht, wird täglich im Kinosaal vorgeführt. Für ausländische Besucher wurde eine englische, italienische und eine französische Fassung erstellt.

Schulklassen- und Besucherbetreuung:
Im Auftrag des Bayerischen Kultusministeriums sind einige Lehrer in der Gedenkstätte zur Betreuung von Schulklassen präsent. Darüber hinaus werden Besuchergruppen von Mitarbeitern der Evangelischen Versöhnungskirche, darunter zwei Freiwillige der Aktion Sühnezeichen/Friedensdienste, Mitarbeitern des »Dachauer Forums« und des Vereins »Zum Beispiel Dachau«, in besonderen Fällen von ehemaligen Häftlingen des Lagers Dachau oder der Leitung der Gedenkstätte begleitet.

Anfragen an:
Aktion Sühnezeichen/Friedensdienste e. V., Evangelische Versöhnungskirche Dachau, Alte Römerstraße 75, Tel.: 0 81 31/1 36 44, oder: Josef-Effner-Gymnasium, Erich-Ollenhauer-Straße 12, 85221 Dachau, Tel.: 0 81 31/1 36 18 (für Schulklassen).

Klassenfahrten nach Dachau und Flossenbürg fördert durch Zuschüsse: Bayerische Landeszentrale für politische Bildungsarbeit, Brienner Straße 41, 80333 München, Tel.: 0 89/2 16 50.

Die Zahl der Schulklassen und Jugendgruppen, die die KZ-Gedenkstätte besuchen, ist in den letzten Jahren ständig gestiegen. Ziel der Betreuung der Jugendlichen durch mehrere Lehrer in der Gedenkstätte soll die Erziehung zur moralischen Mündigkeit sein. »Eine Führung kann aber nur dann ihren vollen Sinn erfüllen, wenn sie sich bemüht, die bei den Schülern hervorgerufene Betroffenheit in eine grundsätzliche Sensibilität für Machtmißbrauch, politische Gewalt und Diskriminierung historisch austauschbarer Personen und Gruppen überzuleiten... Die Einsicht ist anzustreben, daß Hitler kein Zufall war, kein einmaliges Unglück, das sich nicht wiederholen kann, sondern daß dieses Geschehen im Rahmen des Menschenmöglichen lag – und liegt.« (Gedenkstätte Dachau, Jahresbericht 1988, S. 9.) Insgesamt nähert sich die Gesamtzahl der jährlichen Besucher der Millionengrenze (1990 insgesamt 933 500 Besucher), wobei der Anteil ausländischer Besucher, Gruppen und Delegationen im Verhältnis zu den deutschen immer größer wird.

Lehrerfortbildung:
Am Josef-Effner-Gymnasium in Dachau wurden *Führungshilfen für Lehrer* entwickelt, die kostenlos abgegeben werden. Außerdem wurden diese Führungshilfen abgedruckt in dem Bericht: KZ-Gedenkstätte Dachau – Unterrichtshilfen und Materialien zum Besuch mit Schulklassen, hrsg. v. d. Akademie für Lehrerfortbildung Dillingen, Akademiebericht Nr. 62, 1983. Der Bericht kann von interessierten Lehrern über die Akademie bezogen werden: Akademie für Lehrerfortbildung – Referat Geschichte – 89407 Dillingen a. d. Donau, Tel.: 0 90 71/20 30. Ergänzend dazu wurde von der Akademie für Lehrerfortbildung Dillingen und dem Institut für Unterrichtsmitschau an der Universität München ein *Videofilm* erarbeitet, der über die Gedenkstätte informiert und drei didaktische Möglichkeiten für den Besuch mit Schulklassen anbietet. Er kann entliehen werden über: Staatliche Landesbildstelle Südbayern, Prinzregentenplatz 12, 81675 München, Tel.: 0 89/47 20 55–56, und: Landesbildstelle Nordbayern, Carl-Burger-Str. 26, 95445 Bayreuth, Tel.: 09 21/4 10 51.

Im November 1984 wurde ein »Förderverein Internationale Jugendbegegnungsstätte Dachau e. V.« gegründet, der sich zum Ziel gesetzt hat, dem überaus großen Besucherandrang junger Menschen durch ein ausreichendes Angebot an Betreuung und Führungen Rechnung zu tragen. Seit 1982 gibt es »Internationale Jugendbegegnungszeltlager«, in denen sich junge Menschen aus unterschiedlichen Ländern kennenlernen und an die NS-Geschichte erinnert wird. Hierbei sind die persönliche Begegnung und die Gespräche mit ehemaligen Häftlingen der wichtigste Programmpunkt. Die positive Erfahrung mit diesen Workcamps und Zeltlagern ließ bei vielen den Wunsch nach einer »Internationalen Jugendbegegnungsstätte« aufkommen, die Übernachtungsmöglichkeiten anbieten und Veranstaltungen von Studientagen u. ä. erleichtern soll. Schließlich hat sich die bayerische Landesregierung, auch unter internationalem Druck, zur Gründung einer »Stiftung Jugendgästehaus Dachau« durchringen können, allerdings mit konzeptionellen Einschränkungen, z. B. sollen Veranstaltungen mit tagespolitischem Bezug nicht stattfinden. Ein international und pluralistisch zusammengesetzter Beirat (in dem der »Förderverein« nicht vertreten ist) soll lediglich beratend tätig sein. Er wurde im Januar 1992 konstituiert.

Kontakt:
- Förderverein für internationale Jugendbegegnung in Dachau e.V., Zur Alten Schießstatt 1, 85221 Dachau, Tel.: 0 81 31/8 33 03.
- Das »Dachauer Forum«, eine Einrichtung außerschulischer Bildungsarbeit, bietet Kurse für Besucherbetreuung in Dachau an: Dachauer Forum e. V., Pfarrstraße 9, 85221 Dachau, Tel.: 0 81 31/7 10 07.
- Lagergemeinschaft Dachau
  (Deutsche Sektion des Comité International de Dachau), c/o Max Mannheimer, Alte Römerstr. 75, 85221 Dachau.
- Arbeitskreis »Zukunft der Gedenkstätte«, Dachau, c/o Helmut Rez, Ludwig-Thoma-Ring 1, 85241 Hebertshausen, Tel.: 0 81 31/1 24 65. (Der 1993 gegründete Arbeitskreis hat eine Dokumentation »Erinnerung für die Zukunft« herausgegeben – 2. Aufl. 1995 – mit Überlegungen und Anregungen für die künftige Gestaltung und Arbeit der Gedenkstätte.)

Dia-Serie: »Konzentrationslager Dachau« (24 Dias, Lehrerbeiheft und Anlagen).

Dokumentarfilm: »Konzentrationslager Dachau« (22 Min.). Der Film wird auch in der Gedenkstätte gezeigt. (Dia-Serie und Film können über die Landesbildstellen Südbayern und Nordbayern wie auch über Filmdienste/ Landesbildstellen in anderen Bundesländern ausgeliehen werden oder beim: Landesfilmdienst in Bayern, Dietlindenstraße 18, 80802 München, Tel.: 0 89/34 70 65.)

Zum Umfeld der Gedenkstätte gehört im weiteren Sinne auch der einige Kilometer entfernte ehemalige SS-Schießplatz Dachau-*Hebertshausen*, wo ein *Gedenkstein* an Massenerschießungen durch die SS-Wachmannschaften des Lagers erinnert. Das Denkmal des Münchner Bildhauers Will Elfes wurde am 3. Mai 1964 enthüllt und trägt die Inschrift:

> Tausende
> Kriegsgefangene
> wurden hier von der SS
> ermordet

Während dieser Text keinen Hinweis auf die sowjetische Staatsangehörigkeit der hier erschossenen Kriegsgefangenen gibt, brachten Jugendliche eines Workcamps im Sommer 1985 eine Tafel mit einem ausführlichen Text an, die im Jahr darauf wieder entfernt wurde, weil sie »nicht zum Bestandteil der Anlage« gehöre. Zu lesen war:

> Auf dem ehemaligen Schießplatz der
> SS wurden hier von Oktober 1941 bis
> April 1942 Massenexekutionen
> sowjetischer Kriegsgefangener
> durchgeführt.
> Um das Verbrechen geheimzuhalten,
> wurden diese Häftlinge nicht in der
> Lagerkartei des KZ Dachau
> registriert.
> Die Zahl der Opfer wird jedoch auf
> viele Tausend geschätzt.
> Die Hinrichtungen waren Folge des
> »Kommissarbefehls« durch das Ober-
> kommando der Wehrmacht vom 8.9.1941,
> der den »Bolschewismus« zum »Tod-
> feind des nationalsozialistischen
> Deutschland« erklärte.
> Den sowjetischen Kriegsgefangenen
> wurde jeder »Anspruch auf Behand-
> lung als ehrenhafter Soldat und nach
> dem Genfer Abkommen« abgesprochen.
> AS/F.SCI.'85

Ebenso gehören der *Friedhof im Gemeindeteil Leitenberg*, auf dem zwei *Mahnmale* und zwei Kapellen an 7 439 KZ-Opfer erinnern, und der *Waldfriedhof Dachau*, auf dem 1 269 NS-Opfer in Reihen- und Einzelgräbern und 60 Tote in einem Sammelgrab bestattet sind, zum Umfeld der Gedenkstätte.

Auf dem *Waldfriedhof Dachau* wurde am 1. Mai 1964 durch den »Landesverband der jüdischen Verfolgten und KZ-Invaliden« ein *Mahnmal* enthüllt, das allen *jüdischen Opfern* des Konzentrationslagers Dachau gewidmet ist. Das Mahnmal wurde von dem Kölner Künstler Dieter Aldinger gestaltet und trägt einen großen Davidstern und in den drei Sprachen Deutsch, Hebräisch und Englisch folgende Worte:

> Gedenket der Opfer 1933 – 45

Ebenfalls auf dem Waldfriedhof errichtete die »Kameradschaft der politisch Verfolgten der Österreichischen Volkspartei (ÖVP)« ein *Mahnmal für österreichische Staatsbürger*, die im Konzentrationslager Dachau ums Leben kamen: Ein großes Kreuz wird von zwei Säulen mit Feuerschalen flankiert; eine von zwei in den Boden eingelassenen Gedenkplatten trägt die Inschrift:

> Selig sind
> die Verfolgung leiden
> um der
> Gerechtigkeit willen

Auf den Waldfriedhof und den Friedhof Leitenberg wurden teilweise die auf »Evakuierungs«-märschen oder im Lager Hersbruck (s. dort) umgekommenen Opfer umgebettet, die zuvor in Förrenbach und Schupf (Gemeinde Happurg), in Hubmersberg (Gemeinde Pommelsbrunn), in Luhe, Cham (s. dort), Bernried-Rötz, Rötz, Wetterfeld-Roding, Mosbach und Muschenried-Winklarn beigesetzt waren.

Am Gebäude der *Sparkasse* auf dem *Rathausplatz* der Gemeinde Dachau ist eine *Gedenktafel* für die am 28. April 1945 von der SS erschossenen Teilnehmer des »Dachauer Aufstandes« angebracht. Sie trägt die Inschrift:

> Im Befreiungskampfe
> am 28. April 1945
> wurden an dieser Stelle
> von der SS erschossen
> Friedrich Dürr
> Anton Hackel
> Erich Hubmann
> Anton Hechtl
> Hans Pflügler
> Lorenz Scherer
> Gewidmet von den Kameraden der
> VVN Dachau am 14. 9. 1947, dem Tage
> der Opfer des Faschismus

Zwei der auf der Tafel Genannten, Anton Hackel und Erich Hubmann, waren österreichische politische Gefangene des Konzentrationslagers Dachau. Sie hatten im Spanischen Bürgerkrieg auf republikanischer Seite gekämpft, waren in Frankreich in die Hände der Gestapo gefallen und kamen wie viele ehemalige Spanienkämpfer in das Konzentrationslager Dachau. Mit mehreren deutschen Häftlingen waren sie aus einem Außenkommando des Lagers geflüchtet und hielten sich in der Stadt Dachau versteckt. Sie hörten den Aufruf der »Freiheitsaktion Bayern«, besetzten gemeinsam mit Dachauer Bürgern, darunter zu ihnen übergelaufene Mitglieder des »Volkssturms« (letztes Aufgebot mit Jugendlichen und alten Männern, den Sieg der Alliierten aufzuhalten), das Dachauer Rathaus und wollten die dem Lager drohende Vernichtungsaktion abwenden. Sie wurden jedoch vom Anführer des »Volkssturms« an eine schon auf dem Rückzug befindliche SS-Einheit verraten, von der die auf der Gedenktafel Genannten erschossen wurden. Am Tage danach wurde das Lager Dachau durch Einheiten der US-Armee befreit.

Quellen/Literatur (Auswahl):
Dachauer Hefte. Studien und Dokumente zur Geschichte der nationalsozialistischen Konzentrationslager. Im Auftrag des Comité International de Dachau, Brüssel, hrsg. v. Wolfgang Benz u. Barbara Distel. Die Zeitschrift versteht sich, wie es im Editorial zu Heft 1/1985 heißt, »als wissenschaftliche Publikation und zugleich als Organ, in dem die Stimme der Verfolgten und dem NS-Regime Widerstehenden zu vernehmen ist«. Sie erscheint einmal im Jahr jeweils mit einem Schwerpunktthema: Heft 1/1985: »Die Befreiung«, Heft 2/1986: »Sklavenarbeit im KZ«, Heft 3/1987: »Frauen – Verfolgung und Widerstand«, Heft 4/1988: »Medizin im NS-Staat – Täter, Opfer, Handlanger«, Heft 5/1989: »Die vergessenen Lager«, Heft 6/1990: »Erinnern oder Verweigern«, Heft 7/1991: »Solidarität und Widerstand«, Heft 8/1992: »Überleben und Spätfolgen«, Heft 9/1993: »Die Verfolgung von Kindern und Jugendlichen«, Heft 10/1994: »Opfer und Täter«. Verlag Dachauer Hefte, Alte Römerstr. 75, 85221 Dachau.

KZ-Gedenkstätte Dachau. Museum – Archiv – Bibliothek. Jahresberichte der KZ-Gedenkstätte Dachau (Bezug s. oben).

Antelme, Robert, Das Menschengeschlecht. Als Deportierter in Deutschland, München 1987 (Antelme, französischer Widerstandskämpfer, berichtet u.a. über seine Deportation in das KZ Dachau); Comité International de Dachau (Hrsg.), Konzentrationslager Dachau 1933–1945. Gesamtkatalog der ausgestellten Dokumentation, 8. Auflage 1985; Distel, Barbara, KZ-Gedenkstätte Dachau – eingerichtet von Überlebenden – wer übernimmt das Erbe?, in: Detlef Garbe (Hrsg.), Die vergessenen KZs? Gedenkstätten für die Opfer des NS-Terrors in der Bundesrepublik, Bornheim-Merten 1983, S. 187–198; Distel, Barbara und Benz, Wolfgang, Das Konzentrationslager Dachau 1933–1945 – Geschichte und Bedeutung. Hrsg. v. d. Bayerischen Landeszentrale für politische Bildungsarbeit, München 1994; Eichmann, Bernd, Dachau – Das Musterlager, in: Ders., Versteinert, verharmlost, vergessen. KZ-Gedenkstätten in der Bundesrepublik Deutschland, Frankfurt a.M., 2. aktualisierte Auflage 1986, S. 177–186; Gareis, Sven und Vultejus, Malte von, Lernort Dachau? Eine empirische Einstellungsuntersuchung bei Besuchern der KZ-Gedenkstätte Dachau, Berlin 1987; Holzhaier, Hans, …vor Sonnenaufgang. Das Schicksal der jüdischen Bürger Dachaus, München 1984; Kimmel, Günther, Das Konzentrationslager Dachau – Eine Studie zu den nationalsozialistischen Gewaltverbrechen, in: Bayern in der NS-Zeit, Bd. II Herrschaft und Gesellschaft im Konflikt, Teil A, hrsg. v. Martin Broszat u. Elke Fröhlich, München/Wien 1979, S. 349–413; Marcuse, Harold, Das ehemalige Konzentrationslager Dachau. Der mühevolle Weg zur Gedenkstätte 1945–1968, in: Dachauer Hefte 6/1990, S. 182–205; Neuhäusler, Johann, Wie war das im KZ Dachau? – Ein Versuch, der Wahrheit näherzukommen, Dillingen/Donau 10. Auflage 1980 (auch in englischer, französischer u. italienischer Sprache erschienen); Richardi, Hans-Günter, Schule der Gewalt: Das Konzentrationslager Dachau 1933–1945, München 1983; Ders., Leben auf Abruf. Das Blindgängerbeseitigungskommando aus dem KL Dachau in München 1944/45, Dachau 1989 (Dachauer Dokumente des Vereins »Zum Beispiel Dachau – Arbeitsgemeinschaft zur Erforschung der Dachauer Zeitgeschichte« Band 1); Richter, Burghard, Unser Gedenkstein für die homosexuellen Opfer des Nationalsozialismus im ehemaligen Konzentrationslager Dachau (Manuskript München 1991, hrsg. vom Verein für sexuelle Gleichberechtigung, c/o sup, Müllerstr. 43, 80469 München); Rose, Romani, Sinti und Roma im »Dritten Reich«: Das Programm der Vernichtung durch Arbeit, Göttingen 1991, S. 129ff; Rost, Nico, Goethe in Dachau, Hamburg 1981; Rovan, Joseph, Geschichten aus Dachau, München 1992; Steinbach, Peter, Dachau – Vergangenheit als Last und Chance, in: Freiheit und Recht, Heft 3/1987, S. 8–10; Weinmann, Martin (Hrsg.), Das nationalsozialistische Lagersystem (CCP), Frankfurt 1990, S. 199–201, 554–558 (Auflistung der Außenkommandos).

Dachelhofen siehe Schwandorf

Demmelsdorf siehe Scheßlitz

Dingolfing

Bei Kriegsende wurden am Asenbach zwischen Dingolfing und Unterbubach die Leichen von sieben erschossenen und erschlagenen KZ-Häftlingen aufgefunden. Vermutlich waren sie Opfer eines »Todesmarsches«, der Ende April 1945 durch Dingolfing getrieben worden war. Die Leichen wurden auf dem *Städtischen Friedhof* bestattet. Ein *Gedenkstein* trug die Inschrift:

Hier ruhen
7 ehem. jüd. K.Z.
Häftlinge
die durch SS Verbrecher
im Jahre
1945
ermordet wurden

1958 wurden die Toten exhumiert und auf den Ehrenfriedhof Flossenbürg überführt.

Quelle:
Wälischmüller, Heinrich, Angst vor Hunger und Durst und Not und Tod. Das Kriegsende 1945 in Dingolfing, in: Der Storchenturm. Geschichtsblätter f. d. Landkreise um Dingolfing, Landau und Vilsbiburg. 17. Jg. 1983, H. 34, S. 135–142 (S. 140f: Reprint eines Zeitungs-Artikels aus dem Jahre 1955).

Dittlofsroda siehe Wartmannsroth

Donauwörth

In der *»Alfred-Delp-Kaserne«* der Bundeswehr erinnert ein *Gedenkstein* an den Namensgeber und katholischen Theologen, den Jesuiten Alfred Delp, der wegen seiner Kontakte zum »Kreisauer Kreis«, einer Gruppe von Gegnern des NS-Regimes, vom »Volksgerichtshof« verurteilt und am 2. Februar 1945 hingerichtet worden ist.

Eging am See

Auf dem *Friedhof* ruhen 170 KZ-Opfer in Einzel- und Reihengräbern. Die Inschrift einer *Gedenktafel* lautet:

Namenlose, die niemand kennt,
Gott dereinst beim Namen nennt,
gibt keinen verloren.

Vermutlich handelt es sich um Opfer eines KZ-Außenkommandos oder eines »Evakuierungs«-marsches bei der Auflösung von Lagern im Frühjahr 1945.

Eichenhausen siehe Wülfershausen

Eresing

Auf dem *Friedhof* von *St. Ottilien*, einem Benediktinerkloster bei Eresing in der Nähe des Ammersees, befinden sich vier Einzelgräber mit KZ-Opfern und ein Sammelgrab, in dem 42 KZ-Opfer bestattet sind, sowie neun Gräber ausländischer Zwangsarbeiter.

Erlangen

Auf dem *jüdischen Friedhof, Rudelsweiherstraße 85,* errichtete die Stadt Erlangen einen *Gedenkstein* für die von den Nationalsozialisten verfolgten und ermordeten jüdischen Bürger Erlangens. Eine ovale Bronzetafel trägt auf dem Hintergrund eines Flammenreliefs das Symbol des siebenarmigen Leuchters und die Inschrift:

Unseren jüdischen
Mitbürgern 1933–1945
Die Stadt Erlangen

An der Stelle, an der *Werner Lorlerberg* am 16. April 1945 von der eigenen Kampfgruppe erschossen wurde, weil er die Stadt kampflos den Amerikanern übergeben wollte, befindet sich heute ein *Denkmal.*

Die Erlanger katholische *Fachakademie für Sozialpädagogik, Hammerbacherstraße 11,* ist nach dem Südtiroler Eidverweigerer Josef Mayr-Nusser benannt. Im Flur der Akademie, im neunten Geschoß des Roncallistifts, hängt neben einem Bild Mayr-Nussers eine *Erinnerungstafel* mit dem folgenden Text:

Josef Mayr-Nusser
Geboren am 27. Dezember 1910 auf dem Nusserhof
bei Bozen,
von Beruf kaufmännischer Angestellter,
erster Diözesanführer der katholischen Jugend
im Bistum Bozen, tätig in der Caritas,
Heirat, Geburt eines Sohnes.
Im September 1944 zwangsweise zur Waffen-SS
eingezogen,
weigert er sich, den SS-Eid zu leisten.
Er wird verhaftet, in das SS-Gefängnis Danzig
eingeliefert
und der Wehrkraftzersetzung angeklagt.
Auf dem Transport ins Konzentrationslager Dachau
stirbt er an den erlittenen Entbehrungen
am 24. Februar 1945 in Erlangen.
»Um uns ist Dunkel. Das Dunkel des Unglaubens,
der Gleichgültigkeit, der Verachtung, vielleicht der
Verfolgung.
Dabei sollten wir Zeugnis geben und durch das Licht
dieses Dunkel überwinden.« (Josef Mayr-Nusser)

Literatur:
Sponsel, Ilse, Das Schicksal der Erlanger Judengemeinde in der NS-Zeit, Erlanger Materialien Heft 4, Hrsg. Stadt

Erlangen und Gesellschaft für Christlich-Jüdische Zusammenarbeit Nürnberg-Fürth-Erlangen-Bamberg e.V. (Sonderdruck in leicht veränderter Form aus dem von Jürgen Sandweg unter Mitarbeit von Helmut Richter herausgegebenen Buch »Erlangen – von der Strumpfer- zur Siemens-Stadt«), Erlangen 1982; Dies., Juden und Judenpogrome 1938 in Erlangen (Stadtmuseum Erlangen, Cedernstraße 1, 91054 Erlangen), 1991.

Ermershausen siehe Maroldsweisach

Erpfting siehe Landsberg

Euerbach

In dem heute zu Euerbach zählenden Ort *Obbach* weist eine *Gedenktafel* am Autowendeplatz gegenüber der *Greßtalerstraße 5* auf die Existenz der ehemaligen Synagoge hin, die im Jahre 1938 von Nationalsozialisten angezündet und deren Ritualien zerstört wurden. Der Text der Tafel lautet:

An diesem Platz
stand die Synagoge
der Jüdischen Gemeinde Obbach.

Fechenbach siehe Collenberg

Feldafing

Auf dem *jüdischen Friedhof*, gleich neben dem christlichen Friedhof, steht ein *Denkmal* mit der Inschrift:

Hier ruhen unzählige Opfer
jüdischen Glaubens.
Sie wurden in den Jahren 1933–1945
durch Nazischergen ermordet.

Vom Mai 1945 bis zum März 1953 gab es auf dem Gelände einer ehemaligen Reichsschule der NSDAP ein jüdisches Camp, in dem befreite KZ-Opfer lebten, die hier auf ihre Auswanderung nach Israel oder in andere Länder warteten.

Feldkirchen, Niederbayern

Mitten auf der freien Flur des Gäubodens, der Kornkammer Bayerns, errichtete die Wehrmacht nach 1936 den *Fliegerhorst Straubing-Mitterharthausen.* Heute werden diese Anlagen als Gäuboden-Kaserne von Bodentruppen und Heeresfliegern der Bundeswehr genutzt. Mitterharthausen ist jetzt Teil der Gemeinde Feldkirchen.
Beim Bau des Fliegerhorstes soll auch enteigneter Grundbesitz des Straubinger Vieh- und Großhändlers Otto Selz genutzt worden sein, der als einer der ersten Juden in Bayern dem NS-Terror zum Opfer gefallen ist. Selz hatte vor 1933 einen Prozeß gegen Julius Streichers Hetzorgan »Der Stürmer« geführt – und gewonnen! Bereits im März 1933 wurde er von SA-Leuten verschleppt und bald darauf in einem Wald bei Weng (Landkreis Landshut) ermordet aufgefunden. Der Fall war damals Tagesgespräch in Niederbayern, kam jedoch nicht vor Gericht. Um weiteres Aufsehen zu vermeiden, wurde Selz von seinen Angehörigen nicht in Straubing, sondern auf dem jüdischen Friedhof Regensburg bestattet. Nach 1945 ergänzte man die Inschrift seines Grabsteines um die Angabe »ermordet«. (s. auch Regensburg und Straubing)

Anfang 1945 wurden auf den ostbayerischen Fliegerhorsten Plattling-Michaelsbuch, Landau-Ganacker und Straubing-Mitterharthausen die Piloten eines Bombergeschwaders zu Jagdfliegern umgeschult. Diese sollten mit hochmodernen »Düsenjägern« Me 262 ausgerüstet werden, die im Messerschmitt-Zweigwerk auf dem nahen Fliegerhorst Regensburg-Obertraubling (s. Neutraubling) montiert wurden. Zum Ausbau der Startbahnen und zur Trümmerbeseitigung nach alliierten Luftangriffen wurden auf mehreren der genannten Flugplätze Arbeitskommandos aus den Konzentrationslagern Flossenbürg und Dachau eingerichtet. Obwohl auch für den Fliegerhorst Straubing-Mitterharthausen Bauarbeiten bis in den April 1945 hinein überliefert sind, ist dort der Einsatz von KZ-Häftlingen nicht belegbar. Jedoch tangierte einer der »Todesmärsche« aus dem Konzentrationslager Flossenbürg Feldkirchen.
Bei einer Bushaltestelle neben zwei Bäumen, unmittelbar vor einer Straßenkreuzung, an der ein Wegweiser den von Straubing Kommenden nach rechts, Richtung *Mitterharthausen/Gäuboden-Kaserne* weist, befindet sich ein bildstockartiger *Gedenkstein* mit folgender Inschrift:

Zum
Gedenken an
9 unbekannte
Opfer des
National-
sozialismus.
Gestorben
1945

Quelle:
s. Literatur Neutraubling; Ophir, Baruch und Wiesemann, Falk, Die Jüdischen Gemeinden in Bayern 1918–1945. Geschichte und Zerstörung, München 1979, S. 71.

Feuchtwangen

Auf dem Gelände des Heimatmuseums Feuchtwangen, *Museumsstraße 19*, stand bis zu ihrer Zerstörung die Synagoge. Auf einem *Gedenkstein* steht neben dem siebenarmigen Leuchter der Text:

Hier stand die Synagoge
erbaut 1833, niedergebrannt
in politischer Verblendung
am 9./10. 11. 1938
Wenn der Herr die Gefangenen Zions erlösen
wird, so werden wir sein wie die Träumenden.
Psalm 126 A.D. 1984

Fischach, Schwaben

Auf dem *jüdischen Friedhof* im Markt Fischach ist ein *Gedenkstein* aufgestellt mit dem Text:

Den Opfern der Rassenverfolgung geweiht
1933 1945
den Toten zum Gedenken
den Lebenden zur Mahnung.

Fischen im Allgäu

Im Wald zwischen Fischen und Oberstdorf, dicht neben den Eisenbahngleisen, zeugen ein paar Fundamente und Teile einer Rampe von der Existenz eines Lagers, das hier vom 6. November 1944 bis zum 25. April 1945 als Unterkommando des Nebenlagers Kottern bestand. Die etwa 300 Häftlinge des »SS-Arbeitslagers Fischen bei Kempten« mußten in einem Außenwerk der Augsburger Flugzeugfirma Messerschmitt arbeiten, das in Fischen zwischen der Anger- und Bahnhofstraße lag.

Quelle:
Römer, Gernot, Für die Vergessenen, Augsburg 1984, S. 123–129.

Floß

Auf dem *Dorffriedhof* von Floß, in unmittelbarer Nähe von Flossenbürg gelegen, wurden 121 Menschen bestattet, die wahrscheinlich aus dem Konzentrationslager Flossenbürg stammen und noch nach der Befreiung durch die Alliierten an den Folgen der Haft starben.

Auf dem *jüdischen Friedhof* sind in einem Sammelgrab 33 KZ-Opfer bestattet.

Die in der »Reichskristallnacht« im November 1938 von den Nationalsozialisten verwüstete und geplünderte, 1945 total zerstörte *Synagoge* in der Straße *»Am Berg«* wurde zwischen 1972 und 1980 restauriert. Neben gelegentlichen Gottesdiensten der Jüdischen Gemeinde aus dem benachbarten Weiden finden für Interessenten Führungen in der Synagoge statt (Anfragen beim Bürgermeisteramt).

Flossenbürg

Auf Teilen des Geländes des ehemaligen Konzentrationslagers Flossenbürg befindet sich heute die *KZ-Grab- und Gedenkstätte Flossenbürg*, eine gepflegte Parklandschaft.

Zur Geschichte des Konzentrationslagers Flossenbürg 1938–1945

Ende April/Anfang Mai 1938 wurde bei Flossenbürg im Oberpfälzer Wald, nahe der Grenze zur Tschechoslowakei, ein Konzentrationslager errichtet. Entscheidend für den Standort war ein nahegelegenes Steinbruchgelände mit großen Granitvorkommen. Die SS sah eine günstige Gelegenheit, die Arbeitskraft der Häftlinge gewinnbringend auszunutzen. Dazu wurde ein SS-eigener Baukonzern, die Deutschen Erd- und Steinwerke (DEST), ins Leben gerufen. Ende 1938 kamen die ersten 1 500 Häftlinge, meist sogenannte Befristete Vorbeugungshäftlinge, die im Lager den »grünen Winkel« erhielten, da die SS sie als »Asoziale« oder »Kriminelle/Berufsverbrecher« einstufte. Doch muß auch hierbei berücksichtigt werden, daß die Zwangsmaßnahmen gegen Vorbestrafte und sogenannte Asoziale ebenso außerrechtliche und rechtswidrige Formen der Verfolgung darstellten wie die massenhaften Einweisungen von ausländischen »Zivilarbeitern« und Kriegsgefangenen während des Krieges.
Wegen der vorübergehenden Schließung des KZ Dachau kamen im September 1939 981 Dachauer Häftlinge mit dem »roten Winkel«, politische Gefangene, nach Flossenbürg, unter ihnen der 1938 verhaftete ehemalige sozialdemokratische Bürgermeister Wiens, Richard Schmitz. Anfang März 1940 wurden 921 Häftlinge wieder nach Dachau zurücktransportiert. Das Lager Flossenbürg wurde in der Folge Zielstation für Menschen aus verschiedenen Teilen des Reiches und der besetzten Gebiete.
Ab 1940 wurde die Häftlingszahl kontinuierlich vermehrt. Im Zuge der Ausweitung des Arbeitseinsatzes von Häftlingen in der Kriegswirtschaft – in Süddeutschland unter anderem in der Flugzeugproduktion der Messerschmitt GmbH – wurden ab 1942 Nebenlager von Flossenbürg errichtet. 1944 lassen sich 75, Anfang 1945 über 100 Außen-

Flossenbürg: Ehemaliges Kommandanturgebäude (heute Wohnhaus) in der Nähe des Eingangs zur KZ-Grab- und Gedenkstätte Flossenbürg.

kommandos und Außenlager nachweisen. Eine Fülle von Industriebetrieben, Flick, Siemens, Osram, Junkers u. a., sind mit ihren Produktionen vertreten. Diese festen Außenlager erstreckten sich von Sachsen-Thüringen über das Sudetenland und Böhmen-Mähren bis ins Fränkische und nach Niederbayern. Ein größeres Nebenlager in Bayern befand sich in Saal an der Donau (s. dort). Die mit Abstand größten Außenlager waren 1944 bei Hersbruck (s. dort) und Leitmeritz (Litomerice) in der Tschechoslowakei mit bis zu 6 000 Arbeitssklaven. Etwa zehn Außenlager hatten eine Stärke von 1 000 bis 2 000, die meisten der restlichen Lager von einigen Hundert Häftlingen. Es gab auch eine Reihe kleinerer Außenkommandos. Hinzu kam die von der Flossenbürger SS im großen Stil betriebene »Häftlingsvermietung« an zahlreiche staatliche wie kommunale Einrichtungen, Handwerks- und bäuerliche Betriebe, sogar in Privathaushalte der näheren Umgebung des Lagers, so daß täglich zahlreiche Außenkommandos das KZ Flossenbürg verließen und die SS jährlich mehrere Millionen Mark durch diese »Vermietung« einnahm.

Im September 1941 trafen in Flossenbürg wie in anderen Konzentrationslagern sowjetische Kriegsgefangene ein, die als »Juden«, »Intelligenzler«, politische Kommissare der Roten Armee oder wegen Invalidität und Krankheit als »unbrauchbare Elemente« aufgrund des sogenannten »Kommissarbefehls« vom 6. Juni 1941 in den Kriegsgefangenenlagern ausgesondert und von der Wehrmacht zur Exekution an die Gestapo überstellt wurden. Die erste in Flossenbürg erschossene Gruppe von 41 sowjetischen Kriegsgefangenen stammte aus einem Arbeitskommando vom nahen Truppenübungsplatz Grafenwöhr (s. dort – Näheres siehe auch Nürnberg-Langwasser und Moosburg). Nachweislich wurden im Zuge dieser Aktion 566 sowjetische Kriegsgefangene in Flossenbürg getötet; die tatsächliche Gesamtzahl der Ermordeten wird auf über 1 000 geschätzt. Die Erschießungen wurden Ende April 1942 eingestellt, nachdem Blut und Leichenteile in den am Exekutionsplatz vorbeifließenden Bach in den Ort Flossenbürg geschwemmt worden waren, worüber sich Einwohner des Ortes beschwert haben sollen. Danach wurden weitere Morde unter anderem mit Giftspritzen vorgenommen.

In der zweiten Kriegshälfte kamen außer polnischen und sowjetischen »Zivilarbeitern« und Kriegsgefangenen in zunehmendem Maße auch französische, belgische und tschechische Widerstandskämpfer und Gefangene aus den von den Deutschen besetzten Ländern nach Flossenbürg. Darunter waren viele der seit 1942/43 im Zuge der sogenannten Nacht- und Nebelaktion verhafteten Personen, vor allem aus Frankreich, Holland und Belgien. Diese sogenannten »NN-Häftlinge« nannte man nach einem Erlaß des Generalfeldmarschalls Wilhelm Keitel vom 7. Dezember 1941, nach welchem Personen, die des Widerstands gegen die deutsche Besatzungsmacht verdächtigt waren, festgenommen und von geheimen Sondergerichten in Schnellverfahren zu KZ-Haft oder zum Tode verurteilt wurden. Vor allem zahlreiche Franzosen waren unter den rund 7 000 »NN-Häftlingen«, die man nach Deutschland verschleppte.

1944/45 wurden bei Ausweitung der kriegswirtschaftlichen Zwangsarbeit mindestens 10 000 Juden aus den Lagern und Ghettos im Osten in die Konzentrationslager des Reiches transportiert, auch in das Konzentrationslager Flossenbürg und seine

Flossenbürg, KZ-Grab- und Gedenkstätte: Das »Tal des Todes« mit den Aschengräbern Tausender Häftlinge und der ehemaligen Exekutionsstätte.

Außenkommandos. In den Außenlagern befanden sich im Februar 1945 insgesamt etwa 22 000 Häftlinge 30 verschiedener Nationalitäten, darunter Schweizer, Amerikaner und Chinesen. Am 14. April 1945 wurde die Gesamtzahl aller Häftlinge mit 45 813 angegeben, darunter etwa 16 000 Frauen.

Schließlich wurde Flossenbürg mit dem Vorrücken der Alliierten im Osten und Westen auch ein wichtiger Zielort für die »Evakuierungszüge« aufgelöster Lager vor allem aus dem Osten.

Zwischen 1938 bis 1945 waren mindestens 96 716 KZ-Häftlinge in Flossenbürg registriert. Zahlreiche Menschen allerdings, darunter Personen, die die Gestapo lediglich zum Zwecke der Exekution in das Lager eingewiesen hatte, wurden nicht gezählt. Insgesamt sind mehr als 100 000 Menschen durch das Konzentrationslager Flossenbürg und seine Außenlager gegangen. Die blutigste und grausamste Phase des Lagers aber kam mit den »Todesmärschen« in den letzten Wochen, als die SS in zahlreichen Märschen und Zügen ihre Gefangenen davontrieb und es dabei zu einer unendlichen Kette von Toten durch Hunger, Erschöpfung, Mord und Erschießungsaktionen kam und so kurz vor der Befreiung noch einmal Tausende ihr Leben lassen mußten. Die zahlreichen KZ-Friedhöfe und örtlichen Gedenksteine in der Oberpfalz und Niederbayern, auf dem Gebiet der früheren DDR und in der Tschechischen und der Slowakischen Republik zeugen davon.

Die genaue Zahl der in Flossenbürg durch Erschöpfung infolge der Schwerstarbeit, durch Krankheit, Epidemien, medizinische Versuche und Exekutionen Umgekommenen steht nicht fest. Nachforschungen des Internationalen Suchdienstes in Arolsen ergaben 1978 eine Gesamtzahl von 20 474 urkundlich registrierten Todesfällen für Flossenbürg. Darin nicht enthalten sind die hingerichteten und gestorbenen sowjetischen Kriegsgefangenen sowie etwa 2 000 in den Jahren 1944/45 Hingerichtete und die über 7 000 Toten der »Evakuierungs«-märsche aus dem Hauptlager und aus Nebenlagern im April/Mai 1945, so daß sich eine Gesamtzahl von mindestens 30 000 Todesopfern ergibt.

1 526 im Hauptlager verbliebene Häftlinge wurden am 23. April 1945 vom 358. Infanterie-Regiment der 90. amerikanischen Infanterie-Division befreit.

Die KZ-Gedenkstätte Flossenbürg

Vom früheren Konzentrationslager Flossenbürg sind heute nur noch wenige Überreste erhalten. Die Baracken des Lagers und des SS-Bereiches wurden 1955 abgerissen. An deren Stelle wurden Siedlungshäuser für Flüchtlinge und Heimatvertriebene (Egerlandstraße, Sudetenstraße, Schlesierweg, Am Vogelberg) gebaut. Außerhalb des Bereichs der Gedenkstätte besteht noch das Kommandanturgebäude (quergestellter Granitbau beim Eingang zur heutigen Gedenkstätte), in dem sich Sozialwohnungen der Gemeinde Flossenbürg befinden. Die ehemaligen Wohnhäuser eines Teils des SS-Personals (an den Straßen Unterer und Oberer Plattenberg) befinden sich in Privatbesitz. Ebenfalls erhalten sind noch vier größere Gebäude, und zwar die Häftlingsküche, die Wäscherei (heute ein Bürogebäude), das Casino der SS-Truppe (heute »Gasthof Plattenberg«) und das Verwaltungsgebäude der DEST (heute Büro- und Wohnräume). Als weiteres sichtbares Zeichen aus der damaligen Zeit finden sich noch zwei Treppenanlagen, über die die Häftlinge den Weg zur Steinbrucharbeit antreten mußten. In dem Steinbruch selbst – wenige hundert Meter von der Gedenkstätte entfernt – wird heute von einem privaten Betrieb Granit abgebaut und bearbeitet. Die Hallen, in denen Teile für die Messerschmitt-Flugzeuge hergestellt wurden, standen in der Nähe des nördlichen Ortseingangs. Eine weitere, südlich gelegene Halle ist noch vorhanden (Privatbesitz).

Die heutige *KZ-Grab- und Gedenkstätte Flossenbürg* erstreckt sich nur über Teile des ehemaligen Lagergeländes. Die Fundamente und Frontmauern der ehemaligen Gefängnisbaracke sowie die Reste der Mauern des Gefängnishofes sind erhalten. Im Westteil der Baracke wurden zwei Zellen in ihrer früheren Gestalt wiedererrichtet. Hier befindet sich eine kleine *Dokumentationsausstellung*.

In dem Hof vor dem Zellenbau, in dem damals die Hinrichtungen stattfanden, erinnert eine in die Mauer eingelassene *Gedenktafel* an sieben Widerstandskämpfer des 20. Juli 1944, die hier am 9. April 1945 durch den Strang hingerichtet wurden. Die Inschrift lautet:

Im Widerstand gegen
Diktatur und Terror
gaben ihr Leben für
Freiheit, Recht und
Menschenwürde:
Pfarrer Dietrich Bonhoeffer
Admiral Wilhelm Canaris
Hauptmann d.R. Ludwig Gehre
Generalmajor Hans Oster
General Dr. phil. D. Friedrich von Rabenau
Generalstabsrichter Dr. Karl Sack
Hauptmann d.R. Dr. Theodor Strünck
Ermordet am 9. April 1945

Dietrich Bonhoeffer hatte sich als Pfarrer der Bekennenden Kirche bald der Widerstandsgruppe um General Ludwig Beck angeschlossen. Nach seiner Verhaftung durch die Gestapo schon am 5. April 1943 unter dem Vorwurf des Amtsmißbrauchs zu kirchenpolitischen Zwecken wurde er im Militärgefängnis in Berlin-Tegel inhaftiert. Im September 1944 erschloß das Reichssicherheitshauptamt (RSHA) in Berlin aus Geheimpapieren des Admirals Canaris die Beteiligung Bonhoeffers an der Verschwörung des 20. Juli. Über Gestapo-Haft und über das Konzentrationslager Buchenwald kam er in das Konzentrationslager Flossenbürg.

Admiral Wilhelm Canaris wurde 1935 Chef der Abwehrabteilung des Kriegsministeriums. Nach der »Fritsch-Krise« um den Oberbefehlshaber des Heeres, Generaloberst Fritsch, der gegen das Aufrüstungstempo und die Gewaltpläne Hitlers opponiert hatte und unter dem Vorwurf angeblicher Homosexualität Anfang 1938 aus seinem Amt entlassen wurde, wandte sich Admiral Canaris Kreisen des militärischen Widerstandes zu. Nach der Verhaftung des den Widerstandskreisen nahestehenden Leiters des politischen Referats der Abwehrabteilung Hans von Dohnanyi im Jahre 1943 und der Entlassung von Generalmajor Oster (siehe unten) im März 1944 und nachdem Agenten der Abwehr zu den Briten übergewechselt waren, wurde die Abwehrabteilung vom Reichssicherheitshauptamt (RSHA) übernommen und Canaris entmachtet. Obwohl Canaris ein Attentat auf Hitler nicht befürwortet hatte, wurde er nach dem mißglückten Umsturzversuch vom 20. Juli 1944 am 23. Juli verhaftet und kam in das Konzentrationslager Flossenbürg, wo er kurz vor dem Einmarsch der Amerikaner von einem SS-Standgericht zum Tode verurteilt wurde.

Auch *Hauptmann d. R. Ludwig Gehre* gehörte zum oppositionellen Kreis im Bereich der militärischen Abwehr. Der Mitarbeiter Hans Osters hatte schon bei Attentatsversuchen auf Hitler im März 1943 eine wichtige organisatorische Rolle eingenommen. Auch bei dem Attentat am 20. Juli 1944 gehörte er zu den führenden Mitgliedern des Verschwörerkreises.

Generalmajor Hans Oster wird von einigen Zeitzeugen als die »Seele des militärischen Widerstandes« bezeichnet. Oster war seit 1933 in der Abwehr des Reichswehrministeriums tätig. Er unterrichtete unter anderem den niederländischen Militärattaché von deutschen Angriffsabsichten im Westen. Nach Gelingen des Umsturzplans war er für das Amt des Präsidenten des Reichskriegsgerichts vorgesehen. Als Chef der Zentralabteilung der Abwehr unterstützte er, gedeckt von Admiral Canaris, Widerstandskreise und Verfolgte. Die Organisation des Unternehmens »V7«, bei dem sieben jüdische Bürger aus dem Reich geschleust wurden, und Versuche, seinen verhafteten Mitarbeiter Hans von Dohnanyi zu schützen, wurden ihm zum Verhängnis. Oster wurde am 31. März 1944 entlassen, nach dem mißlungenen Attentat am 21. Juli 1944 verhaftet und nach Standgericht im Konzentrationslager Flossenbürg am 9. April 1945 hingerichtet.

General Friedrich von Rabenau war Chef der Heeresarchive und genoß in weiten Kreisen des Heeres großes Vertrauen. Nach seinem von ihm geforderten Abschied aus dem Amt am 1. Juli 1942 begann von Rabenau noch ein Studium der Theologie an der Universität Berlin und hatte Kontakte zum Widerstandskreis um Carl Goerdeler und Generaloberst Ludwig Beck. Er versuchte, einflußreiche hohe Militärs durch persönliche Gespräche für den Kampf gegen das NS-Regime zu gewinnen, war jedoch Gegner jedes gewaltsamen Vorgehens. Das Attentat vom 20. Juli 1944 hatte ihn deshalb überrascht. Am 25. Juli 1944 wurde er von der Gestapo in seiner Wohnung verhaftet. Er kam in das Gefängnis Moabit und in den Gestapo-Keller in der Prinz-Albrecht-Straße in Berlin, bevor er im Frühjahr 1945 ins Konzentrationslager Sachsenhausen gebracht wurde. Danach war er in Buchenwald, wo er unter anderem mit Pfarrer Dietrich Bonhoeffer zusammentraf. Wegen der heranrahenden amerikanischen Truppen wurde er zusammen mit Bonhoeffer und anderen über das Gefängnis in Regensburg in das Konzentrationslager Flossenbürg transportiert. Ob er dort bereits am 9. April 1945 oder erst einige Tage später ermordet wurde, steht nicht genau fest.

Flossenbürg, KZ-Grab- und Gedenkstätte:
Der ehemalige Exekutionsort ist mit einem in den Rasen eingelassenen großen Winkel markiert als dem Kennzeichen für KZ-Häftlinge.

Karl Sack, Ministerialdirektor und Chefrichter des Heeres, wirkte 1938/39 am Reichskriegsgericht in Berlin. Er hatte unter anderem Kontakte zu Admiral Canaris und zu Hans von Dohnanyi in der Abwehrabteilung des Kriegsministeriums. Dohnanyi stellte Kontakt zwischen Dietrich Bonhoeffer und Karl Sack her. Nach der Amtsenthebung von Admiral Canaris besuchte Sack diesen trotz des Verbotes und der Überwachung seines Hauses in Berlin-Schlachtensee, um ihn über den Stand der Vorbereitungen zu dem geplanten Attentat auf Hitler zu unterrichten.

Theodor Strünck, Reserveoffizier bei der Abwehr seit 1937, hatte schon an Plänen zum Sturz Hitlers anläßlich der »Sudetenkrise« im Jahre 1938 teilgenommen. Nach Kriegsausbruch arbeitete er eng mit Admiral Canaris, Generalmajor Oster und Carl Goerdeler zur Vorbereitung des Umsturzes zusammen. Im Auftrag der Abwehr reiste er mehrmals in die Schweiz, wo er mit Kontaktpersonen des Widerstands zusammentraf und Nachrichten aus der Beck-Goerdeler-Gruppe übermittelte. Seine Wohnung in der Nürnberger Straße in Berlin war längere Zeit geheimer Treffpunkt der Verschwörer. Nach dem gescheiterten Attentat wurde er am 1. August 1944 verhaftet. Um Angehörige und Freunde nicht zu gefährden, hatte er Fluchtmöglichkeiten in die Schweiz ungenutzt gelassen.

Auf dem 1957 angelegten *Ehrenfriedhof* auf dem Gelände des ehemaligen Lagers Flossenbürg sind über 5 000 Tote bestattet. Neben Häftlingen aus den Außenlagern sind hier wie auch auf den Friedhöfen in Dachau Opfer der »Todesmärsche« vom April 1945 begraben bzw. später aus verschiedenen Orten hierher umgebettet worden. Durch die in langen Reihen angeordneten, meist namenlosen Gräber führt ein Weg zu einem der drei noch erhaltenen Wachttürme und von dort hinab in das *»Tal des Todes«* zum ehemaligen Krematorium. Eine *Gedenkplatte* und ein in den Rasen eingelassener *großer Winkel* als dem Kennzeichen für KZ-Häftlinge zeigen die ehemalige Exekutionsstätte. Die Asche von mehreren tausend Häftlingen befindet sich in einer wenige Meter entfernten *Erdpyramide* und in einem weiteren *Aschengrab*, das von einer Granitplatte bedeckt wird. Der ummauerte Sockel der Pyramide trägt in mehreren Sprachen die Tafel: »Hier wurden die Häftlinge massenweise erschossen«. Eine steile Treppe führt, gesäumt von Abschnitten des elektrischen Zauns, zum *Krematorium*, in dem sich der im Originalzustand erhaltene Seziertisch und der Verbrennungsofen befinden. Oberhalb erinnert ein *Gedenkstein* an die jüdischen KZ-Opfer.

Auf zwei Terrassen haben überlebende Häftlinge verschiedener Nationen ihren ermordeten Mithäftlingen 19 *Gedenktafeln* in Form von Grabplatten und vier Gedenksteine errichtet. In den Jahren 1946 bis 1948 wurde aus den Steinen abgerissener Wachttürme des Konzentrationslagers die *Sühnekapelle* »Jesus im Kerker« erbaut. Urnen mit der Asche ermordeter Häftlinge und Behälter mit Erde aus den Herkunftsländern der Häftlinge stehen auf Granitkonsolen in dieser Kapelle, auf elf Granitplatten sind die Wappen der verschiedenen Nationen und die Anzahl der ermordeten Häftlinge zu sehen, darüber farbige Fenster mit den Nationalsymbolen.

Unmittelbar neben der Kapelle ist einer der steinernen Wachttürme erhalten. Kapelle und Turm sind durch einen offenen Querbau verbunden, an dessen Innenmauer zwei große Granittafeln angebracht wurden, deren lange lateinische Inschriften erst in jüngerer Zeit durch deutsche Übersetzungen ergänzt wurden. Der Text beginnt:

> An diesem Platz, an dem
> Bürger von 22 Nationen starben, wurde
> die Kapelle
> »Jesus im Kerker«
> auf Veranlassung von Polen und Deutschen errichtet,
> die einmal
> Gefangene des Konzentrationslagers waren.
> So wurde es bei einer Zusammenkunft am
> 26. 7. 1946 beschlossen.
> In dieser Kapelle soll an Stelle von Haß und Rache –
> Liebe und Völkerverständigung allen bekundet
> werden.

Des weiteren werden auf der Tafel alle die Personen genannt, die direkt oder von Amts wegen an der Errichtung der Kapelle beteiligt waren.

Direkt im *Ort Flossenbürg* wurde im April/Mai 1945 auf amerikanische Anordnung hin ein *Ehrenfriedhof* angelegt, in dem 146 nach der Befreiung verstorbene Häftlinge beerdigt wurden. Neben diesem kleineren Ehrenfriedhof im Ort, *Hohenstaufenstraße,* gegenüber der Einmündung des Stieberweg, und dem *großen Ehrenfriedhof auf dem Gelände des ehemaligen Lagers Flossenbürg* gibt es im süddeutschen Raum an Routen von »Evakuierungs«-märschen nach oder von Flossenbürg gelegene Grabstätten mit mindestens 1300 Häftlingsgräbern. In Neunburg vorm Wald (s. dort) befindet sich die größte dieser Grabanlagen mit 615 KZ-Opfern. Möglicherweise gibt es noch heute weitere unbekannte Gräber. So wurden 1971/72 bei Straßenarbeiten in Ostbayern acht Skelette entdeckt, die als KZ-Häftlinge identifiziert wurden.

Unterlagen über das Konzentrationslager Flossenbürg befinden sich unter anderem im Bundesarchiv in Koblenz sowie in den Archiven des Internationalen Suchdienstes in Arolsen und der Gedenkstätte Dachau. Die Quellen für Flossenbürg sind unvollständig, da ein Großteil der Lagerakten von der Kommandantur bei Kriegsende verbrannt wurden.

Wie die KZ-Gedenkstätte Dachau wurde auch die Gedenkstätte Flossenbürg bis vor wenigen Jahren durch die Außenstelle Bayreuth der »Bayerischen Verwaltung der Staatlichen Schlösser, Gärten und Seen«, einer dem Finanzministerium nachgeordneten Behörde, verwaltet. Seit 1991 ist das Bayerische Staatsministerium für Unterricht, Kultus, Wissenschaft und Kunst, München, die zuständige Behörde.

Kontakt/Initiativen:
Seit Ende 1985 setzt sich eine »Arbeitsgemeinschaft ehemaliges KZ Flossenbürg e.V.« mit Sitz in Flossenbürg, Büro in Regensburg, für eine verstärkte Aufarbeitung der Geschichte des Konzentrationslagers Flossenbürg, insbesondere der Erforschung von dessen industrieller und wirtschaftlicher Verflechtung, ein und organisiert insbesondere die Betreuung der Besucher der Gedenkstätte. Die Arbeitsgemeinschaft ist 1983 aus einer gewerkschaftlichen Geschichtsinitiative in Regensburg entstanden, unterhält ein Archiv und hat zwei Ausstellungen erstellt: »Die wirtschaftlichen Verflechtungen des KZ Flossenbürg« und »Vermächtnis Konzentrationslager Flossenbürg. Vom KZ zur Parkanlage«. Beide Ausstellungen sind mit begleitendem Diamaterial ausleihbar. Auch Führungen durch das ehemalige Lagergelände und Fahrten zu ehemaligen Außenkommandos werden angeboten. Die Arbeitsgemeinschaft gibt ein Mitteilungsblatt heraus. Sie erarbeitet pädagogisches Arbeitsmaterial, das bei ihr bestellt werden kann.

Kontaktadressen:
Vereinsvorsitzender Dr. Hans Simon-Pelanda, Regerstr. 43, 93053 Regensburg; Büro der Arbeitsgemeinschaft: Gesandtenstr. 6, 93047 Regensburg, Tel.: 09 41/56 73 98; Geschäftsführer: Rainer Ehm.

Verkehrsverbindung:
Mit der Bundesbahn zum Bahnhof Weiden/Oberpfalz, dann mit Bus oder Bahn über Neustadt a.d. Waldnaab und Floß nach Flossenbürg.

Öffnungszeiten der Gedenkstätte:
Mo–Fr 8–16 Uhr, Sa, So, Feiert. 9–19 Uhr (Mitte Sept. bis Mitte März Sa, So, Feiert. von 10–15 Uhr).

Führungen, Besucherbetreuung:
Ein Faltblatt (Kurzführer) »KZ-Grab- und Gedenkstätte Flossenbürg« liegt in mehreren Sprachen aus. Außerdem kann aus einem Automaten (für den zwei Fünfmarkstücke benötigt werden) folgende Broschüre gezogen werden: Toni Siegert, 30 000 Tote mahnen! – Die Geschichte des Konzentrationslagers Flossenbürg und seiner 100 Außenlager von 1938 bis 1945, Weiden, 2. erw. Auflage 1986.
Offizielle Führungen durch die Gedenkstätte finden bisher nur auf Wunsch für Gruppen statt. Zu Führungen durch die Gedenkstätte erteilen Auskünfte: Gemeindeverwaltung Flossenbürg, Rathaus, 92696 Flossenbürg, Tel.: 0 96 03/10 81; Arbeitsgemeinschaft ehemaliges KZ Flossenbürg e. V. (siehe oben).
Die Bayerische Landeszentrale für politische Bildungsarbeit fördert Klassenfahrten nach Flossenbürg und Dachau durch Zuschüsse (s. Dachau).

Quellen/Literatur:
Eichmann, Bernd, Flossenbürg: Das Tal des Todes, in: Ders., Versteinert, verharmlost, vergessen. KZ-Gedenkstätten in der Bundesrepublik Deutschland, Frankfurt a.M. 1986, S. 149–156; Eimer, Josef, KZ-Gedenkstätte Flossenbürg, in: Die Oberpfalz 77. Jg. (1989) 6, S. 175 f.; Emig, Dieter und Frei, Alfred G., »...die Fremdheit der Dinge und Personen aufheben«. Über Versuche, Heimat neu zu entdecken, in: Heimat (Schriftenreihe der Bundeszentrale für pol. Bildung, Band 294/I), Bonn 1990, S. 320 ff; Füßl, Bernd / Hanisch, Günther / Reitberger, Helmut, Spurensicherung. Außenkommandos des Konzentrationslagers Flossenbürg (Manuskript), Hustedt 1985;
Heigl, Peter, Konzentrationslager Flossenbürg in Geschichte und Gegenwart, Regensburg 1989 (vor allem Darstellung der Schlußphase des KZ, der »Todesmärsche«, der Befreiung und der Geschichte der Gedenkstätte); Das nationalsozialistische Lagersystem (CCP), S. 210 ff (Auflistung der Außenkommandos); Klausch, Hans-Peter, Widerstand in Flossenbürg, Oldenburg 1990 (hrsg. vom Fritz-Küster-Archiv, Postfach 2503, Universität, 26111 Oldenburg); Museumspädagogisches Zentrum (Hrsg.), Materialien zu den KZ-Gedenkstätten Dachau und Flossenbürg, erscheinen 1995 (MPZ: Barerstr. 29, 80799 München; Tel.: 0 89/23 80 51 20); Siegert, Toni, 30 000 Tote mahnen! Die Geschichte des Konzentrationslagers Flossenbürg und seiner 100 Außenlager von 1938–1945, Weiden 2. Aufl. 1986; Ders., Das Konzentrationslager Flossenbürg – Gegründet für sogenannte Asoziale und Kriminelle, in: Bayern in der NS-Zeit, Bd. II, S. 429 – 492 (s. Literatur zu Bayern); Strutz, Georg, General von Rabenau, in: Der Archivar, Mitteilungsblatt für deutsches Archivwesen, 9. Jg. 1956, Sp. 133–144; »Zwanzigster Juli 1944«, hrsg. von der Bundeszentrale für politische Bildung, 4. Auflage Bonn 1961.

Medien:
Videofilm VHS »Das KZ Flossenbürg« von G. Vanselow/P. Heigl//G. Faul, ca. 30 Min., 1995 (erhältlich bei: Evangelisches Fernsehen – efs –, Birkerstr. 22, 80636 München; Tel.: 0 89/12 17 21 33); Das Konzentrationslager Flossenbürg und seine Außenlager. Diaserie (über Landes-, Kreis- und Stadtbildstellen in Bayern ausleihbar); Nebenstellen des Todes: Auf den Spuren ehemaliger KZ-Kommandos in Nordbayern. Tonband (30 min.; Bildstellen).

Förrenbach siehe Hersbruck

Forchheim, Oberfranken

Gegenüber dem Standort der früheren Synagoge in der *Wiesentstraße* steht ein *Gedenkstein* zur Erinnerung an ihre Zerstörung durch die Nationalsozialisten mit der Abbildung des siebenarmigen Leuchters und einem Wappen auf der Rückseite und folgender Inschrift:

> Hier gegenüber stand die Synagoge
> sie wurde am 10. November 1938 zerstört
> In Ehrfurcht und Dankbarkeit
> gedenkt die Stadt der
> Leistung und der Leiden
> ihrer jüdischen Mitbürger.

Friedberg, Bayern

In der *Pallottikirche* in Friedberg bei Augsburg, Vinzenz-Pallotti-Straße 14, wurde am 20. Oktober 1991 eine *Gedenktafel* zur Erinnerung an den Eidverweigerer Franz Reinisch eingeweiht. Dieser war Priester des Pallottinerordens und Anfang der 30er Jahre in diesem Hause als Prediger und Männerseelsorger tätig. Später lebte er in der Schönstatt-Gemeinschaft in Vallendar (Rheinland-Pfalz), erhielt von der Gestapo Predigtverbot und verweigerte, als er in die Wehrmachtskaserne in Bad Kissingen (s. dort) einberufen wurde, aus grundsätzlicher Ablehnung des Nationalsozialismus den Eid auf Adolf Hitler. Er wurde vom Reichskriegsgericht in Berlin zum Tode verurteilt und in Brandenburg hingerichtet. Seine Urne wurde nach dem Kriege neben der Schönstatt-Kapelle in Vallendar beigesetzt. Zum 50. Todestag im Jahre 1992 wurde ein Seligsprechungsverfahren in Gang gesetzt. (Näheres s. Vallendar/Rheinland Pfalz)
Auf der Marmortafel in Friedberg ist unter einem Bronzerelief von Franz Reinisch zu lesen:

> Pater Franz Reinisch
> Pallottiner
> Zeuge des Glaubens und
> Opfer des Gewissens
> geboren am 1. Februar 1903
> in Feldkirch – Österreich
> Enthauptet am 21. August 1942
> in Berlin Brandenburg.

Fuchstal

Im Gemeindeteil *Seestall* sind in einem Massengrab außerhalb des Ortes in einem Wald am Ufer des Lech mindestens 22 KZ-Opfer bestattet. Ein *Wegweiser »KZ-Gedenkstätte«* an der *Bundesstraße 17* an der Ausmündung nach Seestall macht darauf aufmerksam. Bei den Toten handelt es sich um Opfer des Lagers Seestall, das von Herbst 1944 bis zum März 1945 mit mehreren hundert Häftlingen bestand als Außenlager von Kaufering (s. dort u. Landsberg). In einem Beet in Form eines großen, gemauerten Davidsterns steht ein Gedenkstein mit dem Text:

Wir waren Juden
das war unsere Schuld.
Errichtet von der Bayerischen
Staatsregierung im Jahre 1950

Quelle:
Römer, Gernot, Für die Vergessenen, Augsburg 1984, S. 181.

Fürstenstein

Außerhalb von *Nammering*, einem Ortsteil von Fürstenstein, steht *am Bahngleis in Richtung Aicha* seit dem 20. April 1985 ein unbehauener großer *Stein,* in dessen Fläche Stacheldrähte, gefesselte Hände und eine Taube eingemeißelt sind und dazu der Text:

KZ-Transport
April 1945.
794
Häftlinge
ermordet

Dieser Stein, der auf eine Initiative des Friedensforums Fürstenstein zurückgeht, erinnert an den grausamen Transport von KZ-Häftlingen von Buchenwald nach Dachau mit insgesamt 54 Waggons und 4 480 Häftlingen, der im Chaos der letzten Kriegswochen am Nammeringer Bahnhof auf einem größeren Abstellgleis hängengeblieben war. Unglaublich brutale Handlungen durch die SS-Wachmannschaft spielten sich hier zwischen dem 17. und 23. April ab, bei denen insgesamt 794 Gefangene durch Hunger, Schläge, Erschöpfung und Erschießungen ums Leben kamen. Nach dem Kriege wurden die verscharrten Leichen auf die katholischen Friedhöfe von Fürstenstein und Eging, teils auf die eigens angelegten KZ-Friedhöfe Nammering und Renholding (Aicha vorm Wald), später die Opfer französischer Nationalität auf den Sammelfriedhof Wetterfeld in der Oberpfalz, die sowjetischen Opfer nach Neumarkt und die deutschen nach Hofkirchen bei Vilshofen umgebettet.

Es gibt einen weiteren *Stein* an der *Nammeringer Kirche*, der mit seinem verallgemeinernden Text die örtlichen Geschehnisse indes eher überdeckt als die Erinnerung daran wachhält. Seine Inschrift lautet:

Friede den Lebenden,
den Toten aller Kriege
und den Opfern aller Gewaltherrschaft

Ein dritter *Gedenkstein* steht auf dem *Fürstensteiner Friedhof* über dem Grab einiger der Opfer mit dem Text:

Über Euch neigen
sich die Palmen des
Friedens
Ruhestätte

von 39 Opfern
des
Nationalsozialismus.
April 1945

Insgesamt sind in Fürstenstein 1945 nach Aufzeichnungen des Pfarramtes 92 KZ-Opfer bestattet worden. 1958 wurden hiervon 33 Tote nach Flossenbürg überführt, 20 weitere in ihre Heimat nach Italien und Frankreich.

Literatur:
Buchenwald, Mahnung und Verpflichtung. Dokumente und Berichte, 4. völlig neubearb. Aufl., Berlin/DDR 1983, S. 498f.; Die Schreckenstage von Nammering im April 1945, in: Donau-Bote, 30. April 1985, S. 28–30 (nach einer Arbeit des Nammeringer Abiturienten Clemens Zitzelsberger im Leistungskurs Geschichte am Gymnasium Vilshofen, 1985); Pfarrgemeinde Fürstenstein (Hrsg.), Fürstenstein, Bayerischer Wald. Beiträge zur Geschichte der Kirche, des Schlosses und der Gemeinde 1629–1979, Grafenau 1979, S. 85–92.

Fürth in Bayern

Im ehemaligen jüdischen Waisenhaus, Ecke *Dr. Hallemann-Straße/Rosenstraße 2,* wurde 1967 die Synagoge der heutigen Jüdischen Gemeinde in Fürth eingeweiht. Das Gebäude war von den Nationalsozialisten nicht zerstört worden, da es durch Vermietung gewinnbringend genutzt werden sollte. Eine *Gedenktafel* aus Marmor erinnert an die deportierten Kinder des ehemaligen Waisenhauses:

Am 22. März 1942 wurden die letzten Insassen
dieses Hauses, 33 Waisenkinder mit ihrem
Lehrer u. Direktor Dr. Isaak Hallemann,
in den Tod nach Izbica geschickt.

Izbica, etwa 80 Kilometer südöstlich von Lublin, Polen, war eines von mehreren Ghettos im ehemaligen »Generalgouvernement«, die als Sammelstellen für deportierte Juden eingerichtet waren. Von dort ging der Weg in die Vernichtungslager Majdanek bei Lublin, Sobibor, Belzec, Treblinka – ein direkter Weg für diejenigen, deren Arbeitskraft nicht mehr

oder noch nicht ausgebeutet werden konnte, ein Weg mit zeitlicher Verzögerung für solche, die noch in der Rüstungsindustrie und zur Errichtung kriegswichtiger Bauten eingesetzt werden sollten.
Hebräische Inschriften auf zwei weiteren *Gedenktafeln* in der heutigen Synagoge besagen:

Zum Gedenken an die 6 Millionen Märtyrer
Der Ewige möge ihr Blut rächen

Spende der Jüdischen Gemeinde Fürth
zum Andenken an die 6 Millionen Märtyrer,
die ermordet wurden in den Jahren
des Holocausts 1933–1945

Der Stadtrat von Fürth beschloß 1978 die Errichtung eines *Mahnmals* am ehemaligen Standort der alten Synagoge in der *Geleitsgasse* zur Erinnerung an die frühere Jüdische Gemeinde von Fürth und an ihre von den Nationalsozialisten in der »Reichskristallnacht« zerstörte Synagoge. Das von dem in Fürth lebenden japanischen Bildhauer Kunihito Kato geschaffene Mahnmal wurde im Juni 1986, nach Beendigung der Sanierung des Platzes, zu dem sich die Geleitsgasse erweitert, enthüllt: Die etwa drei Meter hohe Plastik aus rotem Granit, die auf einem von symbolischen Feuerzungen umgebenen weißen Sockel steht, stellt einen brennenden Dornbusch dar. In den Boden eingelassen ist ein Ring mit den Worten des Psalms 79 Vers 1. Diese Stelle ist ein geschichtsträchtiger Ort, hier war das Zentrum des jüdischen Lebens von Fürth, das einstmals mit fast einem Viertel seiner Bevölkerung jüdischen Glaubens das »fränkische Jerusalem« hieß. Inzwischen wurde vom Bezirkstag die Stadt Fürth auch als Sitz eines »Jüdischen Museums« für Mittelfranken beschlossen.

In der *Blumenstraße 31* befindet sich im Eingang der ehemaligen jüdischen Realschule, dem heutigen *Gemeindezentrum*, eine *Gedenktafel* mit dem hebräischen und deutschen Text:

Zur Erinnerung an die Brüder und Schwestern
unserer Kultusgemeinde, die in den Jahren
1933–1945 ihr Leben für unser Volk
und unseren Glauben ließen.

Auf dem *israelitischen Friedhof* in der *Erlanger Straße* steht ein *Gedenkstein* mit einem Davidstern und einer hebräischen und einer deutschen Inschrift. Der deutsche Text lautet:

Für unser Volk und unseren Glauben ließen
unsere teuren Brüder und Schwestern ihr
Leben als Märtyrer in den unheilvollen
Jahren 1933–1945.
Zum stillen Gedenken errichtet von
der Jüdischen Gemeinde Fürth.

Auf dem bis 1880 genutzten *alten jüdischen Friedhof* am Westrand des Altstadtzentrums befindet sich ein *Gedenkstein* mit einem hebräischen und folgendem deutschen Text:

Zur Erinnerung an die namenlosen Toten,
deren Gebeine, von frevelhaften Händen
geschändet, erneut hier Ruhe fanden.

Während der nationalsozialistischen Herrschaft war an der Stelle des Friedhofs ein Löschteich ausgehoben worden. Dabei waren die Überreste der hier bestatteten Toten verstreut worden. Nach 1945 wurden sie erneut hier begraben.

Gauting:
Skulptur von Hubertus von Pilgrim zur Erinnerung an den »Todesmarsch« Dachauer Häftlinge.
Die gleiche Skulptur (1989) steht auch in weiteren Orten entlang der ehemaligen Marschroute.

Gauting: Texttafel vor der 1989 errichteten Metallskulptur des Bildhauers Hubertus von Pilgrim an der Friedhofsmauer zur Erinnerung an die Wegstrecke und die Leiden Dachauer Häftlinge auf ihrem »Todesmarsch« Ende April 1945.

Füssen siehe Kempten

Gablingen siehe Augsburg

Ganacker siehe Wallersdorf

Gauting

An der Mauer des *Gautinger Friedhofs* in der *Planegger Straße* steht seit dem 12. Juli 1989 eine *Metallskulptur* auf einem Betonsockel, die einen Zug stilisierter Gestalten darstellt. Eine *Bronzetafel* trägt den Text:

Hier führte
in den letzten
Kriegstagen
im April 1945
der Leidensweg
der Häftlinge
aus dem Konzen-
trationslager
Dachau vorbei
ins Ungewisse.

Diese Skulptur des Pullacher Bildhauers Hubertus von Pilgrim erinnert an einen der sogenannten »Todesmärsche« in den letzten Tagen des Krieges. Damals hatten SS-Kommandos 6 887 Häftlinge aus dem Konzentrationslager Dachau mit unbekanntem Ziel nach Süden getrieben, um eine Befreiung der KZ-Insassen durch alliierte Truppen zu verhindern. Etwa die Hälfte von ihnen kam unter kaum vorstellbaren Strapazen, durch Hunger und Entbehrung oder durch die Morde der Wachmannschaften ums Leben. Die restlichen wurden in der Nähe des Tegernsees von amerikanischen Soldaten befreit. Im Jahre 1987 machte der Bürgermeister von Gauting den Vorschlag, in 25 bayrischen Gemeinden, die am Wege dieses »Todesmarsches« lagen, eine identische Plastik aufzustellen. Einige Gemeinden lehnten ab, aber an einigen Orten ist diese Skulptur mittlerweile aufgestellt, entlang der Marschroute (von Nord nach Süd): in München-Allach und München-Pasing, in Fürstenfeldbruck, in Gräfelfing und Planegg, Krailling, Gauting, Grünwald und weiter südlich in Berg-Aufkirchen und in Wolfratshausen (Gemeinde Geretsried); in Petersbrunn wurde von der Stadt Starnberg ein Mahnmal des Bildhauers Walter Habdank errichtet.
Eine Kopie der Skulptur des Künstlers Hubertus von Pilgrim zur Erinnerung an den »Todesmarsch« von Dachau steht seit Herbst 1992 als Geschenk der Gemeinde Gauting im Garten der israelischen Holocaust-Gedenkstätte Yad Vashem in Jerusalem.

Auf dem *jüdischen Friedhof* in Gauting befinden sich unter den 143 dort bestatteten Toten auch zahlreiche KZ-Opfer, die zunächst als befreite Häftlinge in die Tuberkulose-Klinik Gauting kamen, aber dort an ihren Entbehrungen starben.

Literatur:
Gemeinde Gauting, Eine Kurzdokumentation zum Gedenkakt der Mahnmalenthüllung am 12. Juli 89; Holzhaider, Hans, Der Elendszug nach Süden, in: »Süddeutsche Zeitung«, (Wochenendbeilage) 8./9. Juli 1989; Heidenreich, Gert, Von Dachau in den Tod, in: GEO-Spezial, Nr. 3 (13. Juni 90): »Bayern«, S. 100–103.

Gemünden am Main

Bei Gemünden (Richtung Rieneck) wurde ein *Mahnmal* für zwischen 1939 und 1945 umgekommene sowjetische Kriegsgefangene aufgestellt.

Auf dem *Parkplatz vor der Plattnersgasse* informiert eine *Gedenktafel* über den Standort der früheren Synagoge, erwähnt jedoch nicht die Zerstörungen in der von den Nationalsozialisten zynisch so bezeichneten »Kristallnacht« im November 1938 und weist auch nicht darauf hin, daß das Gebäude erst nach dem Kriege abgerissen wurde. Der Text lautet:

Bis zur Kriegszerstörung im Jahre 1945
stand hier die Synagoge der
Jüdischen Kultusgemeinde Gemünden a. Main

Geretsried

Im August 1992 wurde an der B 11 zwischen Geretsried und Wolfratshausen in *Buchberg* ein *Denkmal* zur Erinnerung an den »Todesmarsch« der KZ-Häftlinge aus Dachau aufgestellt. An dieser Stelle führte Ende April 1945 ein Zug von fast 7 000 Häftlingen vorbei, die von der SS aus Dachau auf verschiedenen Routen in Richtung Tirol getrieben wurden, u. a. über Gauting und Berg nach Wolfratshausen und Bad Tölz. Eine Gruppe von Häftlingen wurde dabei am 30. April in das Zwangsarbeiter- und Kriegsgefangenenlager »Buchberg« gebracht, das auf dem heutigen Gebiet von Geretsried lag.
Die Hälfte der Häftlinge kam bei dem »Todesmarsch« durch Hunger, Entbehrung und Mord ums Leben, der Rest wurde am 2. Mai in der Nähe des Tegernsees von amerikanischen Soldaten befreit. Identische Denkmäler wie in Geretsried wurden in den Jahren 1989/90 in in den Münchner Stadtteilen Allach und Pasing, in Gräfelfing sowie in Planegg, Krailling, Gauting und Aufkirchen/Berg errichtet. (Näheres s. Gauting)

Das *Lager »Buchberg«* diente zusammen mit zwei weiteren Lagern namens »Stein« und »Föhrenwald« während des Krieges zur Unterbringung einer riesigen Anzahl von Arbeiterinnen und Arbeitern, darunter viele Zwangsarbeiter und Kriegsgefangene, die im Wolfratshauser Forst in getarnten Munitionsfabriken arbeiten mußten. Es handelte sich um ein Werk der »Deutschen Sprengchemie GmbH« (DSC) und um die »Fabrik Wolfratshausen der GmbH zur Verwertung chemischer Erzeugnisse«, einer Tochter der Dynamit AG. Seit Sommer 1939 wurden auf einer Fläche von etwa 1 100 ha über 550 Gebäude errichtet, die durch 70 km Straßen und 15 km Gleisanlagen verbunden waren. Die riesigen Anlagen waren speziell zur Produktion und Verarbeitung des Sprengstoffs Nitropenta, von Zündhütchen und zur Abfüllung verschiedener Munition gebaut worden. Während des Krieges wurden zu den im hohen Maße gefährlichen und gesundheitsschädlichen Arbeiten zunehmend Menschen aus den von den Deutschen besetzten Gebieten gezwungen. Viele wurden gesundheitlich stark geschädigt und wurden Opfer von Explosionen. Es gibt als Erinnerung nur Reste der vormaligen Produktionsanlagen im Wolfratshauser Forst im Südosten der Stadt. Die Grundlage für das Entstehen der heute 20 000 Einwohner zählenden Stadt Geretsried war die Existenz dieser Fabriken, Lager und Anlagen, in denen nach dem Kriege zahlreiche Flüchtlinge aus dem Osten untergebracht wurden. Das heutige Rathaus zum Beispiel war Verwaltungsgebäude einer der Munitionsfabriken.
Bis zum Jahre 1955 gab es an der Richard-Wagner-Straße bei der Bushaltestelle am Eingang des Ortsteils Stein die Grabstätte von sieben KZ-Häftlingen, die später auf den Dachauer Waldfriedhof überführt wurden. Heute erinnert nichts mehr an dieses Sammelgrab. Eine aktive »Interessengemeinschaft Geschichte Geretsried« bemüht sich jedoch um die Aufarbeitung und die öffentliche Dokumentation dieses Teils der Ortsgeschichte.

Kontakt:
Interessengemeinschaft Geschichte Geretsried, c/o Andreas Wagner, Siebenbürgerstr. 20, 82538 Geretsried.

Literatur:
Gritzmann, Bernhard, Das andere Geretsried. Von der verträumten Einöde zur Rüstungsschmiede im 3. Reich, in: Stadt Geretsried (Hrsg.), Beiträge zur Geschichte Geretsrieds, 1990 (erhältlich bei der Stadtverwaltung); Interessengemeinschaft Geschichte Geretsried (Hrsg.), Spurensuche in Geretsried. Ermittlungen zum Todesmarsch der Dachauer KZ-Häftlinge. Eine Dokumentation, Geretsried 1992; Wagner, Andreas, Zwangsarbeit im »Wolfratshauser Forst« 1940–1945, in: Geschichtswerkstatt Heft 19, S. 18–20.
Die Interessengemeinschaft ist Herausgeber eines zweimonatlichen Informationsblattes sowie der »Arbeitsblätter zum Unterricht von Geschichte und Sozialkunde. Thema: Die Geschichte von Geretsried«, 2. Aufl. 1989.

Geroda, Unterfranken

Am Gebäude der früheren Synagoge am *Kirchberg 3* in Geroda, heute im Besitz der Gemeinde Geroda, hängt eine *Gedenktafel* mit folgendem Wortlaut:

Dieses Gebäude,
erbaut im Jahre 1907,
die Inneneinrichtung wurde
in der Pogromnacht zerstört,
diente der Jüdischen Kultusgemeinde
Geroda als Synagoge.
Zur Erinnerung und zur Mahnung.

Giebelstadt

In der Gemeinde Giebelstadt bei Würzburg erinnert im Innenhof des *Rathauses* eine *Gedenktafel* an die Existenz einer Synagoge, die früher in der Mergentheimer Straße 18 stand. Der Text:

Im Gemeindebereich bestand bis 1941
eine Jüdische Gemeinde.
Die 1799 erbaute Synagoge
wurde 1938 geschändet
und 1944 abgebrochen.
Der Markt Giebelstadt gedenkt seiner
ehemaligen jüdischen Kultusgemeinde.

Goldbach, Unterfranken

Auf einem Parkplatz gegenüber den Anwesen *Sachsenhausen 4–6,* auf deren Gartengrundstück früher eine Synagoge stand, befindet sich seit 1987 ein weißer *Gedenkstein* mit der Abbildung des siebenarmigen Leuchters und dem Text:

Überwindet das Böse
mit dem Guten.
Zum Gedenken an die
jüdischen Mitbürger
unserer Gemeinde
und die am
9. November 1938
zerstörte Synagoge.

Gräfelfing

In der Gemeinde Gräfelfing erinnert an der *Planegger Straße* beim Friedhof eine *Bronzeskulptur* an den »Todesmarsch« der 6 887 Dachau-Häftlinge, die am 26. April 1945 von der SS nach Süden getrieben wurden und von denen jeder zweite durch Hunger, Entbehrung oder Mord ums Leben kam. Ihr Weg führte auch durch den Ort Gräfelfing am Rande von München und endete am 2. Mai in der Nähe des Tegernsees mit der Befreiung durch amerikanische Soldaten.
An der Strecke des damaligen »Todesmarsches« wurden 1989/90 acht identische Denkmäler errichtet: in den Münchner Stadtteilen Allach und Pasing, in Gräfelfing, in Planegg, Krailling und in Gauting, dann weiter südlich in Berg-Aufkirchen und in Wolfratshausen. (Näheres s. Gauting)

Das »*Kurt-Huber-Gymnasium*« – Gräfelfing ist nach dem Münchner Hochschullehrer und Mitglied der Widerstandsgruppe »Weiße Rose« benannt.
(Näheres s. München)

Grafenau, Niederbayern

Im Süden der Stadt liegt an den Hängen des Frauenberges die Wallfahrtskirche Brudersbrunn. Im Jahre 1952 ließ Paula Holzhäuer aus dem nahen Ortsteil Elsenthal neben der Kirche eine *Gedächtniskapelle* für ihren im Konzentrationslager ermordeten Vater errichten.

Quelle:
Landkreis Freyung-Grafenau (Hrsg.), Der Landkreis Freyung-Grafenau, Grafenau 1982, S. 98.

Grafenwöhr

Die ersten Transporte von sowjetischen Kriegsgefangenen, die im Spätsommer 1941 in die Oberpfalz gelangten und als Arbeitskommandos vorzugsweise in wehrmachteigenen Einrichtungen eingesetzt wurden, waren im Sinne der Nazis noch nicht nach sogenannten unbrauchbaren Elementen (Juden, »Intelligenzler«, Hetzer, politische Kommissare) überprüft. Vor Ort wurde dies durch die Gestapo nachgeholt. Die erste dieser »Überprüfungen« in der Oberpfalz scheint auf dem Truppenübungsplatz Grafenwöhr erfolgt zu sein: Von 250 »überprüften« Kriegsgefangenen wurden am 25. August 1941 41 als »unbrauchbar« eingestuft und der sogenannten Sonderbehandlung im nahen Konzentrationslager Flossenbürg zugeführt, das heißt der Erschießung, die am 3. September 1941 erfolgt sein soll.
Halb verhungert und schlecht versorgt, verloren im Winter 1941/42 zahllose sowjetische Kriegsgefangene in deutschen Lagern ihr Leben. Auch die 1985 in einem vergessenen Massengrab auf dem Truppenübungsplatz, östlich der aufgelassenen Ortschaft Bernreuth am Westrand des Platzes, gefundenen Skelette von 32 sowjetischen Kriegsgefangenen dürften aus dieser Zeit stammen. Seit 1987 sind sie auf dem Friedhof des nahen Ortes Auerbach (s. dort) bestattet.

Literatur:
Müller, Gerhard, Erstes Oberpfälzer Kultur- und Militärmuseum Grafenwöhr. Ausstellungskatalog Militärabteilung, Grafenwöhr (Heimatverein) 1990, S. 83f.

Gröbenzell

Im Februar 1992 beschloß der Gemeinderat von Gröbenzell einstimmig, ein *Denkmal* für die Verfolgten des nationalsozialistischen Regimes zu errichten. Damit soll nicht nur der verfolgten Gröbenzeller erinnert werden, sondern auch der rund 260 ausländischen Männer und Frauen, darunter 80 italienische Militärinternierte, die hier in den Kriegsjahren zur Arbeit gezwungen worden waren.

Großlangheim

Am *Feuerwehrhaus* in Großlangheim, am Schloßhof, weist eine *Tafel* auf die Geschichte dieses Gebäudes hin, die auch noch gut an den Rundbogenfenstern zu erkennen ist. Der Text der Tafel lautet:

Dieses Gebäude,
dessen Inneneinrichtung
in der Pogromnacht 1938
vernichtet wurde,
diente der Jüdischen Kultusgemeinde
Grosslangheim als Synagoge.
Zur Erinnerung und
zum Andenken an unsere
ehemaligen jüdischen Mitbürger.

Grünwald

Grünwald war eine der Stationen der Häftlinge auf dem »Todesmarsch« aus dem Konzentrationslager Dachau Ende April 1945. Ein Abguß des zuerst in Gauting aufgestellten *Mahnmals* des Bildhauers Hubertus von Pilgrim erinnert in Grünwald an die Opfer des »Todesmarsches« (s. Gauting).

Gunzenhausen

Auf dem *jüdischen Friedhof* der mittelfränkischen Gemeinde Gunzenhausen, Leonhardsruhstraße, lautet die Inschrift eines *Gedenksteins:*

Instandgesetzt von Verfolgten des
1948 Dritten Reiches

Der Friedhof wurde von Nationalsozialisten verwüstet; die Grabsteine wurden als Schotter für Straßen benutzt. Auf dem gepflegten Friedhof stehen heute nur noch wenige Grabsteine.

Haar, Kreis München

In Haar bei München wurde im Sommer 1987 das *Kriegerdenkmal* an der *Kirche St. Konrad*, das einen steinernen Engel zeigt, der seine Flügel schützend über ein imaginiertes Gräberfeld mit den Namen der gefallenen Soldaten hält, um eine *Bronzeplatte* erweitert. Der Text lautet jetzt:

Den Opfern von Verfolgung, Euthanasie,
Krieg, Gefangenschaft, Vertreibung.
Die Gemeinde Haar.

Dieser seltene Fall der thematischen Erweiterung eines »Kriegerdenkmals« geht auf einen Beschluß des Gemeinderats gegen lauten Protest der örtlichen Traditionsvereine zurück. Anlaß dafür war die Diskussion um die Geschichte des Bezirkskrankenhauses Haar, der größten dieser Einrichtungen in ganz Bayern. Als »Anstalt Eglfing-Haar« existierte die Klinik für psychisch Kranke seit 1905, und wie in fast allen anderen Einrichtungen auch wurden zahlreiche Patienten in der Zeit des Nationalsozialismus unter der zynischen Bezeichnung »Euthanasie« ermordet. Man hielt sie für »nicht lebenswert«, womit die Nationalsozialisten zum Teil auch ältere Überlegungen über die Kosten der Versorgung und Pflege der früher schon als »unnütze Esser« bezeichneten Kranken aufgriffen. Ähnlich konnten sie auch in der Beurteilung psychisch kranker Menschen als »erbbiologisch schädlich« an vorhandene Theorien anknüpfen.
Nachforschungen nach dem Kriege ergaben, daß mindestens 1700 Frauen, Männer und Kinder aus Eglfing-Haar der sogenannten »Aktion T4« zum Opfer fielen. Die Abkürzung T4 stand für den Ort der reichsweiten Mordplanung in der Berliner Tiergartenstraße 4. Von Haar aus wurden die Patienten in die Tötungsanstalt Hartheim gebracht, ein Renaissance-Schloß bei Linz in Österreich. Rund 800 dieser Opfer stammten aus umliegenden Pflegeanstalten. Der damalige Direktor Hermann Pfannmüller war aktiv beteiligt an diesen Ermordungen und entschied »gutachterlich« über den Tod von 4000 Patienten aus verschiedenen anderen Anstalten mit. Nach Protesten aus der Bevölkerung und den Kirchen wurde die Aktion T4 abgebrochen, aber das Töten ging weiter. Im Rahmen der sogenannten »wilden Euthanasie« starben in den Haarer »Hungerhäusern« Nr. 22 und 25 mindestens 429 Insassen, die man mit einer fett- und eiweißlosen »Sonderkost« regelrecht verhungern ließ. Außerdem wurden 332 Kinder, die meisten mit einer Überdosis des Schlafmittels Luminal, getötet. (Näheres zu den Krankenmorden s. auch Hessen: Hadamar und Baden-Württemberg: Gomadingen-Grafeneck)
Am 18. Januar 1990 wurden neben der *evangelischen Kapelle* in Haar I auf Initiative der Ärztekonferenz des Krankenhauses ein *Mahnmal* des Bildhauers Josef Golwitzer eingeweiht. Eine kreisrunde Bronzeplatte auf einem Granitsockel zerspringt, in der Mitte aufgewölbt, in Form eines aufgebrochenen Kreuzes. Das Denkmal trägt die Inschrift:

Zum Gedenken
an die Opfer der Euthanasie
und zur Mahnung.

Literatur:
Richarz, Bernhard, Heilen, Pflegen, Töten. Zur Alltagsgeschichte einer Heil- und Pflegeanstalt bis zum Ende des Nationalsozialismus, Göttingen 1987; Schmidt, Gerhard, Selektion in der Heilanstalt 1939–1945, Frankfurt 1983.

Haidholzen siehe Stephanskirchen

Hammelburg

Auf dem *jüdischen Friedhof* des zu Hammelburg zählenden Ortes *Pfaffenhausen* hängt an der Leichenhalle eine *Gedenktafel* mit folgender Inschrift:

> Dieser jüdische Friedhof
> wurde seit dem 16. Jahrhdt.
> ununterbrochen benutzt.
> Im Juli 1938 wurden
> der Jüdischen Kultusgemeinde
> weitere Begräbnisse verboten.
> Zur Erinnerung und Mahnung.

An der *Friedhofsmauer,* Von-Hutten-Straße, steht in großen Buchstaben der Text:

> Die Stadt Hammelburg
> gedenkt ihrer ehemaligen
> jüdischen Mitbürger.

Beide Erinnerungen gehen auf eine Initiative des Bezirkstagspräsidenten von Unterfranken zurück, der Anfang der achtziger Jahre alle Bürgermeister aufforderte, an Kultstätten und Orten jüdischer Geschichte Gedenktafeln anzubringen. Mit diesen beiden Tafeln wurde im Jahre 1986 der Anfang gemacht.

Happurg siehe Hersbruck

Haselbach b. Mitterfels

Als im April 1945 einige Kolonnen der »Todesmärsche« aus dem Konzentrationslager Flossenbürg (s. dort sowie Roding) durch den nördlichen Teil des heutigen Landkreises Straubing-Bogen nach Süden getrieben wurden, hinterließen sie eine wahre Blutspur in Gestalt von zahlreichen den Strapazen erlegenen, erschossenen oder erschlagenen Häftlingen. Nach den Unterlagen der Gedenkstätte Dachau fanden diese Toten 1945 in über zehn Orten eine vorläufige Ruhestätte; eine jeweils größere Anzahl von Leichen war bestattet in: Loitzendorf (18 Tote), Stallwang (24), Rattiszell (35), Heilbrunn (19), Pilgramsberg (20), Haselbach (28), Mitterfels (24), Steinach (29) und Parkstetten (11). In den Jahren 1957/58 wurden die Toten exhumiert und auf den neuen Ehrenfriedhof Flossenbürg überführt.
Die ehemalige Grablegung auf dem *alten Gemeindefriedhof* in Haselbach wurde nach der Überführung der Leichen 1958 zu einem *Mahnmal* umgestaltet. Neben einer Kapelle am östlichen Rand des Friedhofs steht ein Gedenkstein mit der Inschrift:

> Hier ruhten 28 unbekannte Opfer
> des Nationalsozialismus
> aus dem Lager
> Flossenbürg
> † April 1945
> Zu Tode gehetzt,
> in Frieden geborgen!

Haßfurt

An einem Geschäftshaus in der *Schlesingerstraße 9* in Haßfurt weist eine *Gedenktafel* mit folgendem Wortlaut auf die Geschichte des Hauses hin:

> In diesem Haus befand sich die 1888 erbaute
> und 1907 erweiterte Synagoge der
> Israelitischen Kultusgemeinde Haßfurt.
> Ihre Einrichtung wurde am 10. 11. 1938
> durch die damaligen Machthaber zerstört.
> Die letzten jüdischen Mitbürger Haßfurts
> wurden 1942 in Vernichtungslager deportiert.

Hammelburg-Pfaffenhausen: Mit dieser Inschrift an der Mauer des jüdischen Friedhofs begann eine Serie von Hinweisen auf die Geschichte der Juden in Unterfranken.

Haunstetten siehe Augsburg

Hebertshausen siehe Dachau

Hersbruck

Am Ortsende von Hersbruck, zwischen Amberger Straße und dem Fluß Pegnitz, auf einem zuvor vom Reichsarbeitsdienst (RAD) genutzten Gelände, ließ die SS von März bis September 1944 von KZ-Häftlingen aus Flossenbürg das größte und berüchtigste Nebenlager des Konzentrationslagers Flossenbürg bauen. Die Häftlinge dieses drittgrößten KZ in Bayern mußten in der »Houbirg«, einem Höhenzug jenseits der Pegnitz bei Happurg, Stollen bauen, in denen ein unterirdisches Flugzeugmotorenwerk unter Beteiligung von 17 Firmen aus dem ganzen Reich entstehen sollte. Der Name »Doggerwerk« wurde von der breiten Sandsteinschicht, einer sogenannten Doggerschicht, abgeleitet, in die die Stollen hineingetrieben wurden. Von der geplanten Fabrikationsstätte wurden bis zum Kriegsende insgesamt 3,5 km Stollen fertig, aber die Produktion wurde nicht mehr begonnen.
Im Winter 1944/45 war das Lager mit bis zu 6 000 Häftlingen völlig überbelegt. Mehrmals am Tag kamen Häftlingskolonnen der drei Arbeitsschichten auf ihrem Marsch vom Lager zum Stollenbau und zurück durch den Ortskern von Hersbruck. Und im Gegensatz zu vielen anderen KZ-Standorten bekamen die Bewohner von Hersbruck die elende Existenz der Häftlinge täglich mit. Die Arbeits- und Lebensbedingungen waren außerordentlich hart. Die Häftlinge wurden vom Wachpersonal willkürlich und brutal behandelt. Immer neue Transporte kamen aus Flossenbürg, aus Auschwitz und Groß-Rosen, vor allem Ungarn, Sowjetbürger, Polen, Italiener und andere Ausländer, Juden oder »Politische«, auch einige Reichsdeutsche, unter ihnen z.B. als Jugendlicher der spätere Schriftsteller Bernt Engelmann, der wegen »Judenbegünstigung« eingewiesen worden war. In den Monaten seines Bestehens durchliefen etwa 10 000 Häftlinge das Lager. Viele starben an Schwäche, Flecktyphus, Tuberkulose u.a. Ende November 1944 waren es täglich 30 bis 40 Tote. Insgesamt fanden etwa 4 000 Häftlinge den Tod. Als das Krematorium von Nürnberg überlastet war, wurden die Leichen in offenen Verbrennungsstätten im Wald bei *Schupf* und *Hubmersberg* verbrannt.
Im April 1945 wurde das Lager »evakuiert«: etwa 1 600 Kranke wurden mit der Bahn, etwa 3 800 Häftlinge zu Fuß nach Dachau geschickt. Über 600 von ihnen kamen nie dort an, sie starben entweder unterwegs oder wagten die Flucht. Am 17. April 1945 erreichten die Amerikaner die Stadt und das leere Lager. Drei Tage später wurden die Akten über das Lager beim Brand des Hersbrucker Rathauses, dessen Ursache ungeklärt ist, vernichtet.
Nach dem Krieg diente das Lager ein Jahr lang als Internierungslager für Parteifunktionäre der NSDAP und nationalsozialistische Politiker, danach bis 1949 als Flüchtlingslager. 1950 wurde es von der amerikanischen Militärregierung geschlossen. Ein Jahr später, 1951, wurde das Barackenlager abgebrochen. Die Stolleneingänge in der Houbirg wurden später zubetoniert und sind neben einigen Wasserbehältern das letzte sichtbare Zeugnis der Zeit.

Arbeiter stießen 1950 im *Wald von Hubmersberg* bei Happurg auf Tausende von Menschenknochen. Bei weiteren Nachforschungen fand man eine zweite offene Verbrennungsstätte im *Wald von Schupf.* An dieser Stelle erinnert in *Schupf* (links der Straße Hersbruck – Kainsbach im Walde) eine *überdimensionale Urne* an die Toten des Lagers mit der Inschrift:

> Was Hass blind zerstreut
> Treue fromm vereint.
> Errichtet 1950.
> Den Opfern des KZ-Lagers Hersbruck
> die in den Jahren 1944–45
> an dieser Stelle eingeäschert wurden.

In *Hubmersberg* (rechts der Straße von Pommelsbrunn) befindet sich ein *Obelisk* mit dem Text:

> Soll hier ewig lodernd
> die Flamme erheben die Klage
> Seht, zu Stein sie erstarrt
> Stumm auch redet der Stein.
> Errichtet 1950.

Viele der zunächst in Schupf oder Hubmersberg beerdigten Toten wurden später auf den *Waldfriedhof in Dachau* oder auf den *Friedhof* des Dachauer Gemeindeteils *Leitenberg* umgebettet.
Eine Gedenkstätte gibt es ebenfalls an der *Straße von Happurg nach Förrenbach.* Auf einer Anhöhe rechts der Straße steht ein *Kreuz* mit der Inschrift:

> Den Opfern des
> KZ-Kommandos Hersbruck.
> 1944 – 1945.

Im November 1983 errichtete die Bayrische Gewerkschaftsjugend einen *Gedenkstein* neben der ehemaligen SS-Kaserne, der heutigen Außenstelle des *Finanzamtes.* Der Stein in einer kleinen Grünanlage an der Längsseite des ehemaligen Lagers, unmittelbar neben der Amberger Straße, trägt eine Metalltafel mit der Inschrift:

Wer sich Vergangenem nicht erinnert,
ist dazu verurteilt, es noch einmal zu erleben.
Zum Gedenken an das KZ-Außenlager Hersbruck
1983 DGB Jugend Bayern.

Eine weitere Tafel mit blauweiß gestreiftem Quadrat trägt die Inschrift:

Association des Déportés de Flossenbürg
et Kommando a leur Camarades
in Memoriam

Im gleichen Jahr wurden erstmals Augenzeugen- und Forschungsberichte über das bisher weithin vergessene Lager veröffentlicht (s. Quellen und Literatur).

An dem Gebäude *Eisenhüttlein 4/6* in Hersbruck ist eine weitere *Gedenktafel* zu finden, die die Inschrift trägt:

Hier in diesem Haus wohnte Familie Strauß,
die am 8. 3. 43 in das KZ Auschwitz deportiert und wo
Maria Strauß, Adolf Strauß und Erich Strauß ermordet
wurden.

Anfahrt zum ehemaligen Lager:
Mit dem Auto von Nürnberg aus die B 14 nach Hersbruck zur Amberger Straße Richtung Sulzbach-Rosenberg (ehemaliges Lagergelände); weitere Orte (Verbrennungsstätten, Houbirg-Stollen) sind besser mit Führung zu finden. Informationen und Führungen durch: Alfred Nerlich, Lohweg 29, 91217 Hersbruck, Tel.: 0 91 51/56 34.

Quellen/Literatur:
Blanz, F./Graßl, J./Vanselow, G. (Hrsg.), Überlebende berichten, Hersbruck 1983; Eichmann, Bernd, Hersbruck – Bergwerk für den Endsieg, in: Ders., Versteinert, verharmlost, vergessen. KZ-Gedenkstätten in der Bundesrepublik Deutschland, Frankfurt a.M. [2]1986, S. 139–147; Lenz, Hans-Friedrich, Sagen Sie, Herr Pfarrer, wie kommen Sie zur SS? – Erlebnisse im Kirchenkampf und als SS-Oberscharführer im Konzentrationslager Hersbruck, Gießen 1983; Vanselow, Gerd, KZ Hersbruck. Größtes Außenlager von Flossenbürg, Hersbruck 1983 (inzwischen auch als dt.-poln. Ausgabe über den Kreisjugendring Nürnberg-Stadt, Hintere Insel Schütt 20, 90403 Nürnberg zu beziehen); Ders., Das Konzentrationslager Hersbruck. Arbeit 13. Klasse, Paul-Pfinzing-Gymnasium Hersbruck, im Rahmen des »Schülerwettbewerbs Deutsche Geschichte« 1982/83, auch veröffentlicht in: Dieter Galinski/Wolf Schmidt (Hrsg. für die Körber-Stiftung), Die Kriegsjahre in Deutschland 1939–1945. Ergebnisse und Anregungen aus dem Schülerwettbewerb 1982/83, Hamburg 1985, S. 235–250.

Heßdorf siehe Karsbach

Hirschaid

In der *Nürnberger Straße 11* steht ein *Gedenkstein* in Form eines siebenarmigen Leuchters. Der Sockel trägt die Inschrift:

Zum Gedenken an die jüdischen Mitbürger
von Hirschaid,
die zwischen 1933 und 1945 vertrieben
oder verschleppt
und ermordet wurden. Hier stand ihre Synagoge,
bis sie zerstört wurde am 10. November 1938.

Höchberg

Links des Haupteingangs an der *evangelischen Kirche* in Höchberg bei Würzburg ist eine *Gedenktafel* angebracht mit folgendem Text:

Dieses Haus wurde 1721
als Synagoge der Jüdischen
Kultusgemeinde Höchberg errichtet,
1938 ausgeraubt und ist
seit 1951 Gotteshaus
der Evangelisch-Lutherischen
Kirchengemeinde Höchberg.

Einhundert Meter hügelabwärts befindet sich am Haus *Sonnemannstraße 15,* früher die jüdische Schule, ebenfalls eine Inschrift:

Dieses Gebäude diente bis in die
Tage des Schreckens der
Jüdischen Kultusgemeinde
als überregional bedeutende
israelitische Präparanden- und Bürgerschule.

Am *Friedhofseingang* ist ein *Gedenkstein* aufgestellt. Über diesen alten jüdischen Friedhof fertigte der israelische Historiker Naftali Bar-Giora Bamberger eine ausführliche Dokumentation und Bestandsaufnahme aller Grabstätten an.

Höchheim

Am *Rathaus* in Höchheim, der früheren Dorfschule in der Rothäuserstraße 9, hängt eine *Gedenktafel* mit dem Text:

In Höchheim bestand
eine Jüdische Kultusgemeinde,
deren Synagoge an der Stelle des
jetzigen Kindergartens stand.
Die Gemeinde gedenkt ihrer
ehemaligen jüdischen Mitbürger.

Hörstein siehe Alzenau

Hof, Saale

Eine *Gedenktafel* in der Mauer des *Theatervorbaus* am Hallplatz lautet:

Hier stand von 1927 bis 1938
die Synagoge der
Israelitischen Kultusgemeinde Hof.
Am 10. XI. 1938, in der »Kristallnacht«,
wurde dieses Gotteshaus durch
nationalsozialistische Gewalt zerstört.
Die Stadt Hof erinnert mit dieser Tafel
an die Verfolgung und die Leiden
unserer jüdischen Mitbürger.
10. XI. 1983

Auf dem *Städtischen Friedhof* in der *Plauener Straße* liegen zwei KZ-Opfer bestattet.

Im Ortsteil *Wölbattendorf* liegen auf dem *Friedhof* 142 KZ-Opfer bestattet. Ein *Gedenkstein* erinnert an ihr Schicksal. Unter einer hebräischen Inschrift heißt der deutsche Text:

Hier ruhen
142 unschuldig
ermordete Juden,
Opfer
der barbarischen
Nazi-Herrschaft.
Ehre ihrem
ewigen Andenken

Hofheim, Unterfranken

Eine *Gedenktafel* an der *Mauer hinter dem Rathaus* in Hofheim erinnert an die frühere Synagoge, deren Gebäude, als Wohnhaus genutzt, in der Kirchgasse 11 erhalten ist. Der Text lautet:

In Hofheim bestand
eine Jüdische Kultusgemeinde
mit Synagoge
deren Inneneinrichtung am
10. November 1938
durch die damaligen Machthaber
zerstört wurde.
Zur Erinnerung und zur Mahnung.

Hohenfels, Oberpfalz

Auf dem ehemals amerikanischen Teil des Oberpfälzer Truppenübungsplatzes Hohenfels steht in *Nainhof* das *»Polenkreuz«,* ein hohes, steinernes Gedenkkreuz mit dreisprachiger Sockelinschrift. Das Kreuz wurde 1948 von polnischen Staatsangehörigen errichtet, die als »Displaced Persons« im Lager Hohenfels-Lechow untergebracht waren. Unweit davon befindet sich ein *Gedenkstein* in englischer und polnischer Sprache, errichtet am:

1. Jahrestag nach der Befreiung (1946).

Quelle:
Schmeissner, Rainer H., Oberpfälzer Flurdenkmäler, Regensburg 1986 (Steinkreuzforschung: Studien zur deutschen und internationalen Flurdenkmalforschung; Reihe A, Nr. 4) S. 206, Bild S. 74.

Holzhausen siehe Igling

Homburg am Main siehe Triefenstein

Hurlach:
Friedhof mit Gedenkstein
für 360 jüdische KZ-Opfer
des Lagers IV, Hurlach, des
KZ-Außenlagerkomplexes
Kaufering-Landsberg.

Horgau siehe Augsburg

Hubmersberg siehe Hersbruck

Hüttenheim siehe Willanzheim

Hurlach, Oberbayern

Nach einer kurzen Strecke auf der Bundesstraße 17 von Kaufering-Nord in Richtung Augsburg zweigt westlich bei Hurlach ein Feldweg ab bei einem Hinweisschild. Auf dem sehr versteckt liegenden *»KZ-Friedhof«* südlich des Feldwegs trägt ein dreiteiliger *Gedenkstein* mit dem Davidstern die Inschriften:

»Ihr zoget durch ein
Meer von Leid«
360 KZ-Opfern
zum Gedenken errichtet 1950
Nun ruht
in Gott und Ewigkeit

Auf diesem KZ-Friedhof sind in einem Sammelgrab Opfer des Lagers IV – Hurlach – des Nebenlagerkomplexes Kaufering des Konzentrationslagers Dachau bestattet. Das Lager existierte nach dem »Verzeichnis der Haftstätten unter dem Reichsführer-SS« des Internationalen Suchdienstes in Arolsen für Frauen vom 1. August, für Männer vom 25. August 1944 bis zum 25. April 1945. Es diente als Unterkunft für die beim unterirdischen Fabrikbau und auf dem Flugplatz Lechfeld Beschäftigten und auch als Krankenlager. (s. Kaufering)

Ichenhausen

Auf dem *jüdischen Friedhof*, an der Straße nach Krumbach, sind 18 KZ-Häftlinge bestattet, auf die die hebräischen Inschriften der Grabsteine hinweisen. Die 18 ungarischen Juden, meist aus Budapest, starben in einem KZ-Außenlager im Nachbarort Burgau, in dem im sogenannten Holzwinkel, unmittelbar neben dem Jahn-Sportplatz, im Februar 1945 ein Männer- und im März 1945 ein Frauenlager eingerichtet wurden. Die über 1 000 Häftlinge, darunter rund 500 jüdische Frauen und Mädchen aus Polen und Ungarn, kamen aus den Konzentrationslagern Dachau, Bergen-Belsen und Ravensbrück und mußten unter elenden Bedingungen in den Kuno-Werken im Schepacher Forst in der Endmontage des Flugzeugs Me 262 arbeiten. Ein Teil der Autobahn Zusmarshausen-Burgau wurde auch als Start- und Landebahn für die Düsenflugzeuge benutzt. In Burgau selbst erinnert nichts mehr an diese Geschichte.

Größe und Alter des jüdischen Friedhofs zeugen von der Bedeutung der ehemals Jüdischen Gemeinde in Ichenhausen. Dort lebten vor 1933 ebenso viele jüdische wie christliche Einwohner. Die jüdischen wurden vertrieben oder ermordet, nur ihre *Synagoge, Vordere Ostergasse 24,* blieb trotz der Verwüstungen durch die Nationalsozialisten erhalten. Sie wurde nach dem Krieg von der Feuerwehr genutzt und ab Juni 1980 auf Veranlassung eines »Aktionskreises Synagoge Ichenhausen« restauriert. Heute dient das frühklassizistische Gebäude, das als einmaliges Dokument und Bauwerk gerühmt wird, als *»Haus der Begegnung«* für kulturelle und pädagogische Zwecke.

Literatur:
Aktionskreis Synagoge Ichenhausen (Hrsg.), Synagoge Ichenhausen, Bezug: Landratsamt, An der Kapuzinermauer 1, 89312 Günzburg; Römer, Gernot, Für die Vergessenen, Augsburg 1984, S. 97–104; Schwierz, Israel, Steinerne Zeugnisse jüdischen Lebens in Bayern, S. 243–250.

Igling

In der Gemeinde *Igling* bei Landsberg am Lech existieren *zwei KZ-Friedhöfe.* Der eine liegt im Bereich der *Kiesgrube am Stoffersberg* seitlich der Straße Holzhausen-Landsberg (B 18 im Bereich der Autobahnauffahrt). Hier sind in einem Sammelgrab etwa 2 000 KZ-Opfer bestattet, und ein *Granitblock* trägt unter dem Davidstern die Inschrift:

Durch Tod zum Leben.
Hier ruhen KZ-Opfer.

Der zweite Friedhof liegt nicht weit entfernt im *Wald am Stoffersberg.* Hier sind 490 KZ-Tote bestattet. Die Inschrift auf einem ähnlich gestalteten *Stein* lautet:

Durch Nacht zum Licht!
Hier ruhen KZ-Opfer.

Die Begräbnisstätten am Stoffersberg sind nicht ohne weiteres als Friedhöfe erkennbar, und nur zum ersten gibt es einen Hinweis an der Straße. Die Toten stammen teilweise aus dem Lager I in Landsberg, das zur KZ-Nebenlagergruppe Kaufering gehörte.

Im Ortsteil *Holzhausen* sind auf einem weiteren für KZ-Opfer angelegten *Friedhof* 94 Menschen bestattet. Sie waren Überlebende des KZ-Komplexes Kaufering, die in Holzhausen in einem

Behindertenheim untergebracht waren und kurz nach dem Kriege an den Folgen der Haft starben. (s. Kaufering und Landsberg am Lech)

Illertissen

Der SPD-Ortsverein beantragte im Sommer 1988, ein »Denkmal des Deserteurs« zu errichten, um damit der Soldaten zu gedenken, die – so die Begründung – »für ihre Gewissensentscheidung oftmals mit dem Leben bezahlt haben, weil sie in diesem verbrecherischen Inferno des Zweiten Weltkrieges nicht mehr als Werkzeug zur Verfügung stehen wollten«. Der Antrag wurde nicht einmal von der eigenen sozialdemokratischen Fraktion akzeptiert und bescherte dem Antragsteller, einem städtischen Angestellten, eine allerdings später zurückgenommene Abmahnung durch den Bürgermeister der Gemeinde. Auch ein späterer Versuch, am Mahnmal auf dem Martinsplatz eine separate Gedenktafel für die »Opfer des Nationalsozialismus« anzubringen, scheiterte im Stadtrat einstimmig.

Indersdorf siehe Markt Indersdorf

Ingolstadt, Donau

Am Ort des früheren militärischen *Forts VIII in Ingolstadt-Manching* hängt eine chronologische *Informationstafel*, auf der u.a. verzeichnet ist:

> 1944–1945
> WUG (Wehrmachtsuntersuchungsgefängnis),
> eine Stätte des Schreckens –
> 76 Todesurteile des Kriegsgerichts vollstreckt –
> Manchings Pfarrer Otto Frey
> der »Engel der Todgeweihten«

Einen zweiten Hinweis auf die Opfer der Wehrmachtsjustiz findet man am Rande des sogenannten »Ehrenhains« auf dem *Westfriedhof* in Ingolstadt. Hinter einem hohen *Metallkreuz* wurden am 2. November 1945 in zwei Gräberreihen die Leichen von 75 Soldaten bestattet, die im Fort VIII inhaftiert und wegen Fahnenflucht, »Wehrkraftzersetzung« oder »Defaitismus« exekutiert und verscharrt worden waren. Nachdem München als Sitz des »Wehrmachtsuntersuchungsgefängnisses« zerstört worden war, wurden die Einrichtungen der Militärjustiz im August 1944 nach Ingolstadt verlegt und in dem nahe der Stadt bei der Ortschaft Manching gelegenen alten Fort VIII untergebracht. Vor allem der Ortspfarrer von Manching, Otto Frey, war die letzte Verbindung der Todeskandidaten zur Außenwelt, auf ihn ging die spätere Umbettung in den städtischen »Ehrenhain« zurück.

Ohne Erfolg beantragte die Grüne Fraktion im Ingolstädter Stadtrat 1988, am »Stegmeier-Haus« eine Gedenktafel anzubringen, die daran erinnert, daß in diesem Gebäude bis 1938 die Synagoge der

Irsee:
Skulptur des Bildhauers Martin Wank
zum Gedenken an die »Euthanasie«-Opfer
der ehemaligen Heil- und Pflegeanstalt
Kaufbeuren-Irsee. Im Jahre 1981 errichtet,
war sie eine der ersten Hinweise
auf diese Opfer nationalsozialistischer Verfolgung.

Israelitischen Gemeinde untergebracht war. In der Reichspogromnacht hatten die Nazis sie verwüstet, aber das Haus nicht abgerissen. Erst 1992 wurde das »Stegmeier-Haus« durch Umbaumaßnahmen zu Geschäftszwecken nachhaltig verändert.

Quellen:
Albrecht, Ernst, Das Fort VIII und seine Geschichte, in: 2000 Jahre Manching, 1976; Tietmann, Lutz, Ingolstadt: Ein Ehrenfriedhof für Deserteure? in: Geschichtswerkstatt, Heft 22, S. 27–31.

Iphofen

In dem heute zu Iphofen zählenden Ort *Nenzenheim* erinnert eine *Gedenktafel* in dem alten Torbogen neben der Kirche an die frühere Synagoge:

In Nenzenheim bestand bis 1938
eine Jüdische Kultusgemeinde.
Synagoge Krassolzheimer Straße 4.
Zur Erinnerung an unsere
jüdischen Mitbürger.

Irsee

Im November 1981 wurde *bei den Gräbern neben der Kirche* des ehemaligen Klosters *Irsee* im Allgäu auf einem baumumstandenen Hügel ein *Mahnmal* des schwäbischen Künstlers Martin Wank errichtet, im Gedenken an die »Euthanasie«-Opfer der Heil- und Pflegeanstalt Kaufbeuren-Irsee: eine hohe Gestalt mit ausgebreiteten Armen, die auf einer von breiten Baumwurzeln getragenen (Welt-)Kugel steht. Ein Faltblatt »Memento« in einer daneben stehenden Box erläutert die Intention des Denkmals. Ebenso geht eine *Tafel* im Kloster im Rahmen einer Chronologie auf diesen Teil seiner Geschichte ein:

1939–1945
Die unmenschliche Rassenideologie
des Nationalsozialismus und die daraus
folgenden Aktionen zur »Vernichtung unwerten Lebens«
betreffen auch Irsee: Über 2000 Patienten
(Erwachsene und Kinder) aus Kaufbeuren/Irsee
werden in Vernichtungsanstalten deportiert,
sterben nach Verordnung fettloser Hungerkost (E-Kost)
oder werden mittels Spritzen und Überdosen
von Medikamenten direkt umgebracht.

In dem früheren Benediktinerkloster *Irsee* wurde 1849 eine »Kreisirrenanstalt« eingerichtet, die in der Zeit des Nationalsozialismus wie viele andere Anstalten auch zur »Euthanasie«, zum Mord an den meist psychisch kranken Patienten, mißbraucht wurde. Von Irsee, einer Nebenstelle der Heil- und Pflegeanstalt Kaufbeuren (s. dort), wurden bis 1941 Hunderte in die Anstalten Hadamar (s. Hessen), Grafeneck (s. Baden-Württemberg) und Hartheim bei Linz in Österreich transportiert und dort durch Gas umgebracht. Die Morde in der Anstalt Irsee erreichten Anfang 1945 ihren Höhepunkt , bis ihnen Ende April durch amerikanische Truppen ein Ende gesetzt wurde. Im März und noch am 26. April 1945 wurden in Irsee die letzten Polen, Ukrainer, Sowjetbürger und ein Franzose sowie mehrere Zwangsarbeiter unbekannter Nationalität getötet.
Die Heil- und Pflegeanstalt Irsee wurde 1972 aufgelöst. Im restaurierten spätbarocken Klostergebäude wurde 1982 das »Schwäbische Bildungszentrum Irsee« eingerichtet, dessen Träger, der Bezirk Schwaben, auch das Mahnmal veranlaßte. (Nähere Quellen und Literatur s. Kaufbeuren)

Irsee:
Ein Faltblatt gibt erläuternde Informationen zum Mahnmal, das keine Gedenktafel mit Inschrift trägt.

Karbach, Unterfranken

Auf dem *jüdischen Friedhof* im Südwesten der Main-Spessart-Gemeinde Karbach steht ein weißer *Gedenkstein* mit dem Davidstern und der Inschrift:

> Den Toten zur Ehre und zum ewigen Gedenken
> an unsere jüdischen Mitbürger, an ihre Verfolgung,
> an ihr Leid und ihren Tod.
> Uns Lebenden sei es Mahnung,
> kommenden Geschlechtern eine eindringliche Lehre.
> Errichtet im Jahre 1983 von den Gemeinden
> Karbach, Homburg und Marktheidenfeld.

Karlstadt, Main

Am Standort der ehemaligen Synagoge, *Hauptstraße 24,* wurde eine *Gedenktafel* errichtet mit dem Text:

> In diesem Haus
> befand sich bis zum 9. November 1938
> die Synagoge der ehem. Karlstädter Judengemeinde.

Karsbach

In dem unterfränkischen Ort *Heßdorf,* der zur Gemeinde Karsbach gehört, befindet sich an der Gemeindekanzlei in der *Höllriederstraße/Ecke Brunnengasse* eine *Gedenktafel* zur Erinnerung an die frühere Synagoge, die sich in der Fußgasse 6 befand.

Kaufbeuren

Im heutigen *Bezirkskrankenhaus Kaufbeuren,* Fachkrankenhaus für Psychiatrie und Neurologie, wird in einem *Konferenzraum* unter einem Foto des damaligen Direktors der staatlichen Heil- und Pflegeanstalt Kaufbeuren, Dr. Faltlhauser, durch folgenden Text an die Opfer der »Euthanasie« erinnert:

> Im Rahmen des nationalsozialistischen Euthanasieprogramms wurden zwischen 1939 und 1945 auch in Kaufbeuren/Irsee über 2 000 psychisch Kranke ermordet. Nach Kriegsende wurde Dr. Faltlhauser beschuldigt, »von Ende 1939 bis Herbst 1941 in einer unbestimmten Zahl von Fällen vorsätzlich und mit Überlegung Menschen gemeinschaftlich mit anderen getötet zu haben und von Dezember 1941 bis Ende April 1945 in einer unbestimmten Zahl von Fällen, mindestens jedoch in 350 bis 360 Fällen, gemeinschaftlich mit anderen Menschen heimtückisch und grausam getötet zu haben.« Er wurde schließlich 1947 zu 4 Jahren Gefängnis verurteilt.
>
> Während des Prozesses begründete er sein Handeln:
>
> »Die Euthanasie Geisteskranker wurde durchgeführt auf dem Grunde eines Erlasses des Führers. Dieser Erlaß war nicht nur besondere bindende Voraussetzung, sondern auch Verpflichtung.
>
> Ich bin Staatsbeamter mit 43jähriger Dienstzeit gewesen. Ich bin als Staatsbeamter dazu erzogen gewesen, den jeweiligen Anordnungen und Gesetzen unbedingt Folge zu leisten, also auch dem als Gesetz zu betrachtenden Erlaß betr. Euthanasie. Es bestand in jedem einzelnen Fall ein Auftrag, und zwar auf dem Grund gewissenhafter Prüfung des einzelnen Falles durch fachärztliche Beurteilung.
>
> Ich weiß, daß das Problem ein umstrittenes ist. Welche Frage des Lebens und der menschlichen Gemeinschaft ist nicht umstritten? Mein Handeln geschah jedenfalls nicht in der Absicht eines Verbrechens, sondern im Gegenteil von dem Bewußtsein durchdrungen, barmherzig gegen die unglücklichen Geschöpfe zu handeln, in der Absicht, sie von einem Leiden zu befreien, für das es mit den uns heute bekannten Mitteln keine Rettung gibt, keine Linderung gibt, also in dem Bewußtsein, als wahrhafter und gewissenhafter Arzt zu handeln.«
>
> Die damaligen Ereignisse sollen uns ständig daran erinnern, wie eine menschenverachtende Ideologie ärztliches Handeln zu einem Instrument der Vernichtung machen konnte.

Außerdem steht seit 1989 ein drei Tonnen schwerer *Findling* auf dem Gelände des Krankenhauses, hinter der Klosterkirche, in den die Initialen und Vornamen von Patienten eingeritzt sind, die der »Euthanasie« zum Opfer fielen. Der Text auf dem von einem Mitarbeiter selbst bearbeiteten Stein lautet:

> Zum Gedenken
> an die über 2 000 Patienten
> der Anstalt Kaufbeuren-Irsee
> die in den Jahren 1940 bis 1945
> als Opfer
> des »Euthanasie-Erlasses«
> ermordet wurden.

Binnen eines Jahres, von August 1940 bis August 1941, wurden 620 Patienten aus Kaufbeuren und der Außenstelle Irsee (s. dort) in neun Transporten durch die für die »Euthanasie«-Mordaktion gegründete Gesellschaft mit der zynischen Tarnbezeichnung »Gemeinnützige Krankentransport-GmbH« in die Tötungsanstalten Hadamar (s. Hessen), Grafeneck (s. Baden-Württemberg) und Hartheim bei Linz in Österreich gebracht: Am 26. August 1940: 75 Männer, am 27. August 1940: 75 Frauen, am 5. September

1940: drei Frauen jüdischer Abstammung, am 8. November 1940: 90 Frauen, am 25. November 1940: 61 Männer, am 9. Dezember 1940: 35 Frauen, am 4. Juni 1941: 70 Männer, am 5. Juni 1941: 71 Frauen, am 8. August 1941: 133 Frauen und sieben Männer.
Da die Aktion vor der Bevölkerung nicht verheimlicht werden konnte und es zahlreiche Proteste von seiten der Angehörigen, durch Kirchenvertreter und andere gab, wurden die Transporte im August 1941 eingestellt. Danach begann eine Phase der »wilden Euthanasie«. In den Jahren 1943, 1944 und 1945 sind in Kaufbeuren insgesamt über 1 800 Patienten gestorben. Viele von ihnen starben an unmittelbaren oder mittelbaren Folgen von fett- und vitaminloser Hungerkost; seit 1944 wurden viele durch Medikamente umgebracht. Freiwerdende Plätze wurden sofort wieder mit Transporten aus anderen Kliniken aufgefüllt, auch mit Transporten von sogenannten Ostarbeiterinnen: Russinnen, Polinnen, Frauen aus dem Baltikum, die in Lagern angeblich oder tatsächlich psychisch krank geworden waren. Durch einen Erlaß des Reichsministers des Innern vom 6. September 1944 wurde die Heil- und Pflegeanstalt Kaufbeuren zur »Sammelstelle für unheilbar geisteskranke Ostarbeiter und Polen« für Bayern bestimmt.
Am 5. Dezember 1941 wurde in Kaufbeuren eine »Kinderfachabteilung« eröffnet, wie sie auch in zahlreichen anderen Anstalten eingerichtet wurden. Geistig und körperlich behinderte Neugeborene und Kleinkinder wurden durch Medikamente und Nahrungsentzug getötet. Von 1941 bis 1945 kamen in Kaufbeuren auf diese Weise über 200 Kinder ums Leben.
Die Toten von Kaufbeuren-Irsee wurden auf dem *Ortsfriedhof* begraben. Nachdem der Friedhof völlig belegt war, wurde im Jahre 1944 ein Krematorium gebaut.

Zwischen Mai 1944 und dem 15. April 1945 existierte in Kaufbeuren auf dem Gelände einer stillgelegten Baumwollspinnerei ein KZ-Außenlager von Dachau oder Allach. Zwischen 300 und 600 KZ-Häftlinge waren hier untergebracht, die in einem Betrieb der Firma BMW in Kaufbeuren Ersatzteile für die Rüstungsproduktion fertigen mußten.
Schließlich befand sich auch auf dem Gebiet des heutigen Kaufbeurer Ortsteils *Neugablonz* ein Sprengstoffwerk der Dynamit AG, zu dem u.a. das Zwangsarbeiterlager »Riederloh« gehörte, das nach dem Krieg als Unterkunft für Flüchtlinge diente und aus dem der neue Ort hervorging. Ein *Gedenkstein* in der Grünanlage eines Altenheims, *Riederlohweg 10,* der im Jahre 1981 vom »Anpflanzungs- und Verschönerungsverein« aufgestellt wurde, erinnert beiläufig an die Vorgeschichte mit dem Text:

> Hier befand sich das im
> 2. Weltkrieg erbaute
> Baracken-Lager Riederloh,
> 1946–1954 erste Unterkunft vieler
> Heimatvertriebener aus
> Gablonz a.N. und dem Isergebirge.

Quellen/Literatur:
Cranach, Michael von, Die Psychiatrie in der Zeit des Nationalsozialismus, in: 150 Jahre Psychiatrie in Bayern, Broschüre des Verbandes der Bayerischen Bezirke, München 1988 (Cranach ist seit 1980 Ärztl. Direktor in Kaufbeuren, der Aufsatz wird auch als Sonderdruck in Irsee verteilt); Klee, Ernst, »Euthanasie« im NS-Staat – Die »Vernichtung lebensunwerten Lebens«, Frankfurt a.M.: Taschenbuchausgabe 1985; Ders. (Hrsg.), Dokumente zur »Euthanasie«, Frankfurt a.M. 1985 (Taschenbuch); Mader, Ernst, Das erzwungene Sterben von Patienten der Heil- und Pflegeanstalt Kaufbeuren-Irsee zwischen 1940 und 1945 nach Dokumenten und Berichten von Augenzeugen, 3. Aufl., Blöcktach 1988; Römer, Gernot, Die grauen Busse in Schwaben. Wie das Dritte Reich mit Geisteskranken und Schwangeren umging, Augsburg 1986.

Zum KZ-Außenlager Kaufbeuren und zum Lager »Riederloh« siehe: Römer, Gernot, Für die Vergessenen, Augsburg 1984, S.129–135 und S.167–177, und Rössler, Susanne u.a. (Hrsg.), Neugablonz – Entstehung und Entwicklung, Schwäbisch-Gmünd 1986.

Kaufering

In der Nähe der Bundesstraße 17, zwei Kilometer vor Kaufering in Richtung Augsburg (an der Lechstaustufe 18), weist ein Hinweisschild *»KZ-Friedhof«* auf zwei nebeneinanderliegende Grabanlagen hin, in denen KZ-Opfer bestattet sind. Die eine, *Kaufering-Nord,* enthält mehrere *Gedenktafeln*, einen großen *Gedenkstein* mit hebräischer Inschrift und einen kleineren mit dem deutschen Text:

> Hier ruhen
> 48 unbekannte
> grossenteils wohl
> jüdische KZ-Tote
> die 1973 in der Umgebung
> geborgen werden konnten.

Diese Toten bzw. ihre Gebeine wurden beim Bau einer Leitung für die Staustufe 18 gefunden und exhumiert.

Der andere Friedhof direkt daneben, *Kaufering-Süd*, ist eine parkähnliche Anlage, in der an die über 500 Opfer ein einfacher *Gedenkstein* erinnert mit dem Text:

Durch Nacht
und Grauen
Davids Stern
hat Euch geführt
zu Gott dem Herrn.
Hier ruhen
ungezählte
Opfer des
KZ-Lagers
Kaufering

Ein *dritter KZ-Friedhof*, auf den ein Hinweisschild an der Bundesstraße 17 (Kreuzung der Straße Igling/Erpfting und Landsberg/Holzhausen) aufmerksam macht, liegt etwa 500 Meter entfernt. Auf diesem Friedhof des Außenlagers Kaufering IV sind 360 jüdische KZ-Häftlinge begraben, die beim Heranrücken der Alliierten wenige Tage vor Kriegsende von einem SS-Arzt in ihren Hütten lebendig verbrannt wurden. Die benachbarte Kiesgrube, in der seit 1990 Kies trotz mancher Proteste abgebaut wird, ist mit dem Gelände des ehemaligen KZ-Lagers Kaufering IV identisch. (s. Hurlach)
Es handelt sich auf allen drei Friedhöfen um Tote aus den KZ-Lagern Kaufering III und IV, welche zu dem Komplex von insgesamt elf Nebenlagern des Konzentrationslagers Dachau gehörten, die von Mai 1944 bis zum 25. April 1945 rund um Landsberg a. Lech lagen. Da das erste auf dem Gebiet des Ortes Kaufering errichtet wurde, erhielt der Gesamtkomplex diesen Namen. Geplant war angesichts der Zerstörungen durch die alliierten Bombenangriffe eine riesige, unterirdische Fabrikation von Flugzeugen durch jüdische KZ-Häftlinge.

In einer *Kleingartenanlage* in Kaufering (links hinter der Eisenbahnunterführung von Kaufering nach Landsberg) befindet sich das ehemalige Lagergelände. Im hinteren Teil der Gartenanlage wurde auf dem Boden der früheren Lagerküche des KZ Kaufering III 1984 ein *Gedenkstein* errichtet. Der Stein geht auf eine Anregung des kritischen Heimatforschers Anton Posset zurück und trägt die Inschrift:

Geschändete und Geopferte
mahnen Euch,
Menschen laßt nicht ab
vom Streben nach
Frieden, Freiheit und Recht.

(Näheres und Literatur s. Landsberg am Lech)

Kempten, Allgäu

Auf dem *katholischen Friedhof* sind 16 KZ-Opfer begraben. Eine *Gedenktafel* trägt die Inschrift:

Der Herr schafft Gerechtigkeit und
Gericht allen, die Unrecht leiden (Ps. 103,6).

Seit dem 15. August 1943 existierte in Kempten ein Außenlager des KZ Dachau mit ca. 500 bis 600 Häftlingen, die zunächst an der Keselstraße 14 für die Firma U. Sachse KG, an der zur Hälfte die Bayerischen Motorenwerke (BMW) beteiligt waren, und ab April 1944 in der nahe gelegenen Tierzuchthalle (der heutigen Allgäu-Halle) Rüstungsprodukte herstellen mußten. Lager und Fabrik waren an derselben Stelle. Viele der aus Dachau überstellten Häftlinge waren politische Gegner der Nationalsozialisten, viele Beteiligte des holländischen Widerstands, u.a. auch ein späterer französischer Minister, Louis Terrenoire, der in einem Buch seine Lagerzeit im Allgäu aufgezeichnet hat. Am 25.April 1945 wurde das Lager »evakuiert«.
Ein zweites KZ-Außenlager im heutigen Gebiet von Kempten bestand in *Kottern-Weidach.* In den Baracken in Weidach waren zwischen dem 1. Oktober 1943 und dem 27. April 1945 zwischen 1 000 und 2 000 KZ-Häftlinge untergebracht, die in den nahen Messerschmitt-Werken in der Flugzeugproduktion arbeiten mußten. Die Toten dieses Lagers wurden auf einer Wiese in der Nähe der Sennerei Fahls verscharrt. Nach dem Kriege wurde hier ein KZ-Friedhof eingeweiht. Heute führt über diese Stelle die Autobahn. Die Toten wurden zunächst auf den Friedhof von Durach und später auf den KZ-Ehrenfriedhof von Flossenbürg (s. dort) umgebettet.

Am 5. September 1990, zum 50. Todestag des Allgäuer Bauernsohnes *Michael Lerpscher* (s. Missen), der am 5. September 1940 enthauptet worden war, weil er den Fahneneid auf Hitler aus Gewissensgründen verweigert hatte, überreichte eine Bürgerinitiative 1500 Unterschriften an den Kemptener Oberbürgermeister mit einer Petition, eine Straße nach diesem katholischen Märtyrer zu benennen. Vorgeschlagen wurde dafür die »General-Dietl-Straße«, da es ohnehin ein Skandal sei, heute noch eine Straße nach Dietl, diesem »treuen Gefolgsmann des Führers«, benannt zu wissen, der vom frühesten Moment an in den Aufstieg und den Niedergang der nationalsozialistischen Bewegung verstrickt war. Nachdem der Stadtrat diesen und ähnliche Vorstöße in der Vergangenheit immer wieder abgelehnt hatte, entschloß sich im Juni 1993 jedoch eine Mehrheit für eine Umbenennung in »Prälat-Götz-Straße«.

Eine ähnliche, allerdings folgenlose Initiative von Seiten der katholischen Friedensorganisation Pax Christi sowie der Grünen und der SPD gab es auch in *Füssen,* wo eine Bundeswehrkaserne nach General Dietl benannt ist. Nachdem der Petitionsausschuß und sogar der Bundestag eine Änderung des Kasernennamens empfohlen hatten, entschied im Juli 1993 der Verteidigungsminister jedoch, die Benennung nach General Dietl beizubehalten.

Literatur:
Römer, Gernot, Für die Vergessenen, Augsburg 1984, S. 136–164; Terrenoire, Louis, Sursitaires de la mort lente – Crétiens et communistes organisent une operation-survie dans un camp nazi, (Seghers) Paris 1976; Vogel, Winfried, Der falsche Held, in: »Die Zeit« Nr. 45 v. 5. November 1993 (zu General Dietl).

Kirchham, Niederbayern

In *Waldstadt* (Gemeinde Kirchham) steht auf einem *Friedhof* rechts der Bundesstraße 12 (in der Nähe der Rottal-Kaserne) ein hohes *Denkmal* in Form eines Obelisken mit mehreren Inschriften:

> Den Opfern der
> nationalsozialistischen
> Gewaltherrschaft
> 1933–1945
>
> Die ehemals hier
> bestatteten 95 KZ-Häftlinge
> ruhen jetzt im
> KZ-Ehrenfriedhof
> Flossenbürg.

In der ehemaligen Flieger-Kaserne, der heutigen Rottal-Kaserne, waren nach der Befreiung vom Nationalsozialismus überlebende jüdische Häftlinge eines KZ-Außenlagers von Mauthausen untergebracht.

Kitzingen

An der 1938 zerstörten und seitdem vielfach fremdgenutzten und umgebauten *Synagoge* von Kitzingen, *Landwehrstraße 1,* informiert eine *Gedenktafel:*

> Ehemalige Synagoge der
> Israelitischen Kultusgemeinde Kitzingen
> Errichtet 1883 – zerstört 10. 11. 1938
> Die Stadt Kitzingen schuf diese Tafel
> im Jahre 1967 zum Gedenken
> an ihre ehemaligen jüdischen Mitbürger.

Außerdem existiert auch noch in der Nähe, Landwehrstraße 23, das Gebäude der jüdischen Elementarschule, das teils als Stadtmuseum genutzt wird. Eine *Informationstafel* im Eingangsbereich enthält die folgende Inschrift:

> Dieses Gebäude diente von 1914
> bis zur Zerschlagung der Kultusgemeinde
> als jüdische Elementarschule.
> Hier lebte und wirkte der Lehrer und Kantor
> der grossen Israelitischen Gemeinde
> von Kitzingen Naphtalie Bamberger
> mit seiner Ehefrau Irma
> bis zu seinem Tode am 29. Dezember 1938.

Ein »Förderverein ehemalige Synagoge Kitzingen e.V.« hat sich für die Restaurierung der Synagoge und die Nutzung als Kulturzentrum und Begegnungsstätte eingesetzt. Nach den Restaurierungsarbeiten durch die Stadt wurde das Zentrum 1993 eröffnet.

Kontakt:
Vorsitzender Nikolaus Arndt, Weg am Fuchsstück 2, 97353 Wiesentheid; Tel.: 0 93 83/12 66.

Kleinbardorf siehe Sulzfeld

Kleinheubach

Eine *Tafel* an dem Gebäude zwischen den Häusern *Gartenstraße 7 und 8* weist auf dessen frühere Funktion als Synagoge hin, geht indes mit keinem Wort auf die Geschichte ein:

> Hier stand die Synagoge
> der Jüdischen Gemeinde Kleinheubach.

Kleinlangheim

Eine *Gedenktafel* an der Außenwand des *Rathauses* in der Gemeinde Kleinlangheim bei Kitzingen erinnert an die frühere Jüdische Gemeinde und ihre Synagoge, an deren Stelle sich heute die Post befindet. Der Text lautet:

> In Kleinlangheim bestand
> eine Jüdische Kultusgemeinde
> deren Synagoge (Pfarrgasse 21)
> in der Pogromnacht 1938
> verwüstet wurde.
> Zur Erinnerung an unsere
> ehemaligen Mitbürger.

Kleinsteinach, Unterfranken

siehe Riedbach

Klimmach siehe Augsburg

Kötzting

Ein landschaftstypisches *»Totenmarterl«* erinnert nahe Kötzting an die ungeklärten Umstände des Todes des Schmiedemeisters Wolfgang Stöger, der zusammen mit anderen Bürgern die kampflose Übergabe des Ortes Wettzell gefordert hatte. Verhaftet und ins Amtsgerichtsgefängnis Kötzting eingeliefert, wurde er am 25. April 1945 dort von Uniformierten abgeholt. Später fand man seine Leiche bei Schönbuchen. Text des Marterl:

Durch die Fürbitte der schmerzhaften Mutter Gottes
konnte unser Bruder Wolfgang Stöger,
Schmiedemeister
von Wettzell, hier aufgefunden werden,
der von der SS
am 25. April erschossen und hierher verschleppt
wurde.
R.I.P. (Ruhe in Frieden).

Quelle:
Krämer, Karl, Kriegsende '45. Das Ende des Zweiten Weltkrieges im Bayerischen Wald (Ostbayern) in Szenen und Berichten, in: Der Bayerwald. 63. Jg. (1971) H.4, S. 201f.

Kottern siehe Kempten

Kraiburg am Inn

Auf dem *Dorffriedhof* in Kraiburg am Inn befindet sich eine Gräberanlage für 242 KZ-Opfer. Ein weißer *Grabstein* auf einer Grasfläche über einem Massengrab trägt die Inschrift:

242 unschuldigen Opfern
des Nationalsozialismus
zum ewigen Gedenken!
April 1945.
Durch Hass erniedrigt
Durch Leid geadelt.

Dazwischen sieht man die Symbole Kreuz und Davidstern. Es handelt sich um KZ-Häftlinge des Dachauer Außenlagers Mettenheim (s. Mühldorf am Inn), in dem, ähnlich wie in Kaufering, unter dem Decknamen »Weingut I« eine unterirdische Flugzeugfabrik von den Nationalsozialisten geplant war.

Krailling

In Krailling erinnert an der *Gautinger Straße* eine *Bronzeskulptur* an den »Todesmarsch« der 6887 Dachau-Häftlinge, die am 26. April 1945 von der SS nach Süden getrieben wurden und von denen jeder zweite durch Hunger, Entbehrung oder Mord ums Leben kam. Ihr Weg führte auch durch den Ort Krailling am südwestlichen Rande von München und endete am 2. Mai in der Nähe des Tegernsees mit der Befreiung durch amerikanische Soldaten.
An der Strecke des damaligen »Todesmarsches« wurden 1989/90 acht identische Denkmäler errichtet: in den Münchner Stadtteilen Allach und Pasing, in Gäfelfing, in Planegg, Krailling und in Gauting, dann weiter südlich in Berg-Aufkirchen und in Wolfratshausen. (Näheres s. Gauting)

Kronach

Auf dem *christlichen Friedhof* sind auf dem Sockel eines *Gedenksteins* über einem symbolischen Grab folgende Worte des britischen Staatsmanns David Lloyd George eingemeißelt:

Von allen bigotten Ansichten, die das
menschliche Gemüt verrohen,
ist keine so töricht wie der Antisemitismus.
Er hat keine Berechtigung in der Vernunft,
ist nicht auf Glauben begründet,
sucht kein Ideal, sondern er ist eine
jener feuchten Sumpfpflanzen,
die im Morast des Rassenhasses wachsen.
Lloyd George

Auf der linken Seite des Steins steht über der Jahreszahl 1942 der Text:

Die Stadt Kronach
gedenkt voll Wehmut
ihrer jüdischen Mitbürger,
welche Opfer der Gewaltherrschaft
des Dritten Reiches
geworden sind.

Auf der rechten Seite sind über der Jahreszahl 1964 die Namen der ermordeten Familien genannt:

Familie Bamberger
Fritz, Ida und Theo
Familie Bernhard Böhm
Familie Hilde Lamm
Familie Josef Lamm und
Ernst Löwy
Familie Ludwig Lamm
Familie Josef Mosbacher
Familie Ludwig Mosbacher
Familie Max Tannenbaum

In der Mitte des Steins sind ein Davidstern und die Worte »Stadtrat Kronach« eingemeißelt.

Landsberg am Lech

An der Straße von Landsberg nach Erpfting macht rechts ein *Hinweisschild* auf das *»Holocaustdenkmal Kaufering VII«* aufmerksam. Von dort gelangt man in den Erpftinger Wald zu Resten von Unterkünften eines früheren KZ-Außenlagers, vor denen seit 1988 ein *Denkmal* steht: Aus Eisenbahnschwellen wurde die überdimensionale Negativform eines Kopfes gebaut, in der Augen, Mund und Nase herausgebrochen sind. Diese für historische Denkmäler ungewöhnliche Gestaltung des Architekten Thomas Riemerschmidt und des Malers Martin Paulus geht auf das Engagement einer örtlichen Bürgergruppe zurück, die in eigener Verantwortung ihre Gedenkpläne verwirklichte, nachdem ein städtisches Denkmal trotz jahrelanger Anstrengungen nicht zustandekam. Diese Initiative hat das Grundstück selber erworben und dafür gesorgt, daß die Erdbunker bzw. ihre noch erhaltenen Reste an dieser Stelle unter Denkmalschutz gestellt wurden.

In einem Komplex von elf Außenlagern eines KZ-Außenkommandos planten die Nationalsozialisten, durch Häftlinge eine gigantische unterirdische Flugzeugproduktion errichten zu lassen. Von diesem Rüstungsprojekt mit der Bezeichnung »Ringeltaube« existieren neben den Resten der Unterkünfte in Landsberg noch der unterirdische Produktionsbunker »Diana II« in einer offenen Baugrube sowie ein riesiger unterirdischer Bunker im Nordwesten der Stadt. Früher mit dem Tarnnamen »Weingut II« bezeichnet, dient er seit 1959 als »Iglinger Bunker« der Bundeswehr für die »Luftwaffenwerft 31«. In der der Öffentlichkeit nicht zugänglichen militärischen Anlage der *Welfen-Kaserne* wurde im Jahre 1984 zum Gedenken an die KZ-Häftlinge, die beim Bunkerbau ihr Leben verloren, ein *Stein* aufgestellt mit der Inschrift:

> Tod und Leiden
> mahnen
> zum Frieden
> 1944 - 1945.

Die Nebenlagergruppe Kaufering des Konzentrationslagers Dachau bestand aus elf Außenkommandos, die alle unter der Leitung eines direkt dem Kommandanten von Dachau unterstehenden SS-Führers zusammengefaßt waren: Kaufering (Lager II, III, VIII, IX, XI), Landsberg (Lager I), Hurlach (Lager IV), Utting (Lager V und X), Türkheim (Lager VI) und Erpfting (Lager VII).

Zu den Lagern des Kaufering-Komplexes wurden ausschließlich jüdische Häftlinge geschleppt, Frauen und Männer, Kinder und Jugendliche aus Lagern in Polen sowie den baltischen Staaten, zahlreiche Frauen aus Ungarn, Juden aus Rumänien, aber auch aus Griechenland, Italien, Frankreich, Spanien und auch aus dem Deutschen Reich. Die etwa 30 000 Häftlinge gehörten zu den Resten des europäischen Judentums, die die Vernichtung bis zu diesem Zeitpunkt überlebt hatten. Und als KZ-Häftlinge wurden sie in dem Maße in Dutzende von

Landsberg a. Lech: Kiesgrube auf dem Gelände des ehemaligen Lagers VII, Erpfting, des KZ-Außenlagerkomplexes Kaufering-Landsberg. Seit Jahren fordert eine örtliche Bürgergruppe Gedenkstätten an den Orten der KZ-Außenlager.

Außenlagern und Außenkommandos gezwungen, in dem ab 1944 »zivile« Zwangsarbeiter nicht mehr zur Verfügung standen und die vermehrten Luftangriffe eine Dezentralisierung und Verlagerung der Rüstungsproduktion nötig machten.
Geplant waren hier im Landsberger Raum riesige Bunker, von denen nur der eine namens »Weingut II« mit einer Länge von 250 und einer Tiefe von 30 Metern nahezu fertiggestellt wurde. Sie sollten der Verlegung der Flugzeugfabrikation unter die Erde zum Schutz gegen Luftangriffe dienen. Das gesamte Projekt »Ringeltaube« war so gigantisch angelegt, daß am Ende mehr als 90 000 Arbeitssklaven in diesen Werken hätten arbeiten und jeden Monat 900 Stück des Jagdflugzeuges Me 262 produzieren sollen.
Der ehemalige Häftling und luxemburgische Priester Julius Jost hielt als Schreiber des Lagerkomplexes für die Zeit vom 18. Juli 1944 bis zum 9. März 1945 die Einlieferung von 28 838 Menschen fest. Die Zahl der Häftlinge insgesamt dürfte höher gewesen sein. Überwiegend lebten die Gefangenen dieser Lager in Erdhütten. Fast 14 000 von ihnen sind an Hunger, Erschöpfung und Krankheiten gestorben. Die meisten Toten wurden verscharrt. An diesen Orten hat man nach dem Kriege KZ-Friedhöfe angelegt, ohne daß es möglich war, irgendwelche der Opfer individuell zu identifizieren.
In Landsberg gibt es einen *KZ-Friedhof*. In der Anlage an der *Max-von-Eyth-Straße* (im neuen Industriegebiet) mit einer Gedenkhalle, einem Stein mit hebräischer Inschrift und einer Reihe von Erinnerungstafeln sind etwa 600 KZ-Opfer bestattet.

Beim Ortsteil *Erpfting* (rechts der Straße nach Landsberg) befindet sich in einem Wald ein weiterer *KZ-Friedhof* mit rund 2 000 Opfern. Die Inschrift auf einem hohen *Gedenkstein* mit dem Davidstern lautet:

> Befiehl dem Herrn Deine Wege!
> Er wird Deine Gerechtigkeit
> hervorbringen wie das Licht
> und Dein Recht wie den Mittag.
> 17. Psalm David
> Den Opfern des KZ-Lagers Erpfting
> zum Gedenken errichtet
> im Jahre 1950.

Weitere *Erinnerungsstätten* oder *KZ-Friedhöfe,* die an die Opfer des KZ-Außenlager-Komplexes Landsberg-Kaufering erinnern, finden sich:
- nördlich der B 17 in Hurlach (s. dort) und Kaufering (s.dort);
- südlich von Landsberg am Ufer des Lech bei Seestall mit einem Hinweisschild (s. Fuchstal);
- östlich von Landsberg in Utting (s. dort) am Ammersee;
- westlich in Türkheim (s. dort) hinter Buchloe;
- in Schwabhausen (s. Weil) an der Bahnstrecke Richtung München;
- westlich von Landsberg an der Kreisstraße nach Holzhausen in der Gemarkung Igling der Friedhof von Kaufering II;
- beim Magnusheim in Holzhausen (s. Igling) und beim Kloster St. Ottilien (s. Eresing) sowie in Bad Wörishofen (s. dort) mit Gräbern von Häftlingen, die noch nach der Befreiung in den Hilfskrankenhäusern an ihren Leiden und Entbehrungen starben.

Außer den Lagern I und VII der Lagergruppe Kaufering gab es in Landsberg 1944/45 ein weiteres Außenkommando des Konzentrationslagers

Landsberg a. Lech: Reste von heute unter Denkmalschutz stehenden Erdbunkern des ehemaligen KZ-Außenlagers Kaufering VII im Erpftinger Wald. Das Foto läßt hinter dem Eingang das 1988 aufgestellte, von Thomas Riemerschmidt und Martin Paulus aus Eisenbahnschwellen gestaltete Denkmal erkennen.

Landsberg a. Lech: Häftlingsunterkunft des ehemaligen KZ-Außenlagers Kaufering VII im Erpftinger Wald. Die noch erhaltenen Reste der Erdbunker dieses Lagers wurden auf Initiative einer örtlichen Bürgergruppe unter Denkmalschutz gestellt.

Dachau, das »KZ Kommando Landsberg«. Es befand sich auf dem Boden des Flugplatzes von Penzing, und die Häftlinge hatten die beschädigten Flugbahnen zu reparieren.

Kontakt und Information:
Die Forschungen zum KZ-Komplex Kaufering wurden vor allem öffentlich gemacht durch eine lokale Bürgervereinigung, die einen »Kurzführer für historisch Interessierte« herausgegeben hat.
Bürgervereinigung »Landsberg im 20. Jahrhundert«, c/o Anton Posset, Pappelstraße 8, 86899 Landsberg, Tel.: 0 81 91/58 67.

Quellen/Literatur:
Matthees, Gaby/Habel, Wolfgang/Raim, Edith, »Rüstungsprojekt Ringeltaube«: KZ-Kommando Kaufering-Landsberg. Keine Zerstörung, kein Krieg, und doch Schauplatz des totalen Krieges. Arbeit 12./13. Klasse, Dominikus-Zimmermann-Gymnasium Landsberg, im Rahmen des »Schülerwettbewerbs Deutsche Geschichte« 1982/83; Posset, Anton, Das Ende des Holocaust in Bayern. Rüstungsprojekt »Ringeltaube«. KZ-Außenkommando Kaufering-Landsberg 1944/45, in: Geschichtswerkstatt Heft 19 (1989), S. 29–40; (ders.) Beitrag über Kaufering im Katalog: Siehe der Stein schreit aus der Mauer. Geschichte und Kultur der Juden in Bayern. Eine Ausstellung des Germanischen Nationalmuseums in Nürnberg 1988, S. 475ff; Raim, Edith, »Unternehmen Ringeltaube«. Dachaus Außenlagerkomplex Kaufering, in: Dachauer Hefte, Heft 5 »Die vergessenen Lager« (1989), S. 193–213; Dies., Die Dachauer KZ-Außenkommandos Kaufering und Mühldorf. Rüstungsbauten und Zwangsarbeit im letzten Kriegsjahr 1944/45, Landsberg 1992; Römer, Gernot, Für die Vergessenen, Augsburg 1984, S. 47–55; Schlötzer, Christiane, Ein Mahnmal erinnert an den Holocaust. 28 000 jüdische Häftlinge bauten in Landsberg unterirdische Fabriken, in: »General-Anzeiger« Bonn v. 29./30. Dezember 1984.

Landshut

Zur Erinnerung an ein Außenkommando des KZ Dachau und zum Gedenken an die Opfer befindet sich auf dem *Friedhof Landshut-Achdorf* eine *Gedenktafel* mit folgendem Wortlaut:

> Im Winter 1944/45 errichtete die NS-Organisation Todt am kleinen Exerzierplatz in Landshut ein Nachschublager der Wehrmacht. In ihm wurden ca. 500 nach Landshut transportierte Juden von Einheiten der SS bewacht zur Zwangsarbeit getrieben.
> Bis Mai 1945 starben hier 83 Juden als Folge der unmenschlichen Haft. Sie wurden an dieser Stelle, außerhalb der damaligen Nordmauer des Achdorfer Friedhofes begraben, im November 1961 exhumiert und auf dem KZ-Ehrenfriedhof Flossenbürg bestattet.
> Die Namen der Toten sind nicht bekannt.
> Zum ehrenden Gedenken Stadt Landshut

In jüngster Zeit gab es in Landshut Stimmen, die forderten, in der Gedenkstätte Dachau die dortige Nennung des »Außenkommandos Landshut« zu löschen, da es sich »nur« um ein Arbeits- und kein Konzentrationslager gehandelt habe.

Auf dem Friedhof Achdorf waren bei Kriegsende 1945 weitere 74 Leichen von KZ-Häftlingen bestattet worden. Sie waren Opfer von »Todesmärschen« aus dem KZ Flossenbürg und seinen Außenlagern, die durch Niederbayern geführt hatten. Ihre Gebeine waren bereits 1958 exhumiert und auf den Ehrenfriedhof Flossenbürg überführt worden.

In der Wolfgangsiedlung erinnert seit 1954 eine *Geschwister-Scholl-Straße* an die Opfer des Widerstandskreises »Weiße Rose« aus München. Bereits

1945/46 war eine Straße im Schlachthofviertel *»Franz-Seiff-Straße«* benannt worden zum Gedenken an den Regierungsrat Dr. Franz Seiff, der am 28. April 1945 den Rundfunkaufruf der »Freiheitsaktion Bayern« (s. München) gehört hatte und mit anderen Landshuter Bürgern daraufhin das Rathaus besetzt hatte. Zuvor ließ er an seinem Haus im nahen Schweinbach zwei weiß-blaue Fahnen hissen. Wegen dieser Tat wurde er am 29. April am Viehmarktplatz in Landshut öffentlich erhängt.

Literatur:
Spitzlberger, Georg, Das Außenkommando Landshut des Konzentrationslagers Dachau, in: Verhandlungen des Historischen Vereins für Niederbayern. 114/115. Bd. (1988/89), S. 151–162.

Laudenbach, Unterfranken

In der unterfränkischen Gemeinde Laudenbach bei Karlstadt findet sich eine *Gedenktafel* an dem Gebäude der früheren Synagoge an der Ecke *Bandwörthstraße/Mühlbacherstraße* mit folgendem Text:

> In Laudenbach bestand eine Jüdische
> Kultusgemeinde,
> Synagoge Bandwörthstraße. Sie wurde in der
> Pogromnacht im November 1938 verwüstet.
> Die Gemeinde gedenkt ihrer
> ehemaligen jüdischen Mitbürger.
> Zur Erinnerung und Mahnung.

Lauingen, Donau

Auf dem *Friedhof Johannesstraße* in der an der Donau gelegenen Stadt Lauingen stand bis zum Jahre 1958 ein *Gedenkstein,* der an die dort bestatteten Opfer des Konzentrationslagers Lauingen erinnerte. Er wurde entfernt, als die sterblichen Reste der hier beigesetzten 62 Häftlinge auf den KZ-Friedhof Dachau-Leitenberg umgebettet wurden.
In Lauingen existierte von März 1944 bis Ende April 1945 ein Männerlager, in dem zuletzt etwa 3 000 KZ-Häftlinge eingesperrt waren. Es befand sich zunächst in den Gebäuden der Landmaschinenfabrik Ködel & Böhm (heute KHD), außerdem in der Tuchfabrik Ernst Feller, und schließlich mußten die Häftlinge ein drittes Barackenlager »Birkackerhof« errichten, neben der Straße nach Wittislingen, dort, wo sich heute die Birckach-Siedlung befindet. Die Gefangenen aus insgesamt 23 Nationen, darunter auch polnische Häftlinge, die am Warschauer Aufstand (August–Oktober 1944) beteiligt waren, mußten Flugzeugteile für die Firma Messerschmitt herstellen. Im Lager Lauingen herrschten erbärmliche Zustände, schlechte und unzureichende Ernährung. Eine Fleckfieberepidemie forderte viele Opfer, Häftlinge wurden hingerichtet oder totgeschlagen. Die meisten kranken oder toten Opfer wurden nach Dachau überführt.

Quelle:
Römer Gernot, Für die Vergessenen, Augsburg 1984, S. 105–113.

Leutershausen

An der östlichen *Seitenmauer des Friedhofs* (hinter der die Straße Leutershausen-Jochsberg vorbeiführt) erinnert ein *Grabstein* an die beiden »Opfer des 2. Weltkrieges« Friedrich Döppel und Richard Köhler. Die beiden hatten sich als deutsche Soldaten von der Wehrmacht abgesetzt und sind hier von einem SS-Kommando gefaßt, von einem Standgericht als Deserteure verurteilt und am 14. April 1945 erschossen worden. Der 37jährige Gefreite Friedrich Döppel stammte aus Ober-Ramstadt und der 17jährige Rekrut Richard Köhler aus Köln. Richard Köhler war aus der Strafanstalt Regensburg geflüchtet, wo er eine Haftstrafe wegen »unerlaubten Entfernens von der Truppe« absitzen sollte, und wollte sich zu den heranrückenden amerikanischen Truppen durchschlagen.
Ein Ermittlungsverfahren gegen die damaligen Standrichter wurde in den 50er Jahren eingestellt.

Literatur:
Grünewald, Guido, Opposition und Widerstand gegen das NS-Regime: Das Beispiel Köln, in: NS-Dokumentationszentrum der Stadt Köln (Hrsg.), Gegen den braunen Strom (Ausstellungskatalog 1991), S. 201; Kramer, Kurt, Als der Tag zur Nacht wurde im Altmühlstädtchen Leutershausen, in: »Fränkische Landeszeitung« (Ansbach) vom 17. November 1979.

Lichtenfels, Bayern

Auf dem *jüdischen Friedhof* im Osten der Gemeinde Lichtenfels befinden sich *zwei Gedenksteine*: Der eine trägt auf einem hohen Mittelstein unter dem Symbol des Davidsterns die Inschrift:

> Den jüdischen Opfern
> des Faschismus
> 1933–1945

und auf zwei Seitensteinen 25 Namen jüdischer Bürger. Auf dem zweiten Stein sind 48 Namen als »Opfer des Faschismus 1941–45« angegeben.

Literatur:
Motschmann, Josef, Der Leidensweg der Juden am Obermain. Das Ende der Jüdischen Gemeinden in Lichtenfels, Burgkunstadt und Altenkunstadt in den Jahren 1933–1942, Lichtenfels 1983.

Lindau, Bodensee

In einem Massengrab auf dem *städtischen Friedhof* in der *Ludwig-Kick-Straße 49* sind 26 KZ-Opfer bestattet. Unter einem Kreuz stehen die Namen sowie die (kaum noch leserlichen) Zusätze:

> Zum Gedächtnis
> Opfer der Jahre 1943–1945

In der *Peterskirche* in Lindau gibt es eine *Gedenktafel* für Opfer des Nationalsozialismus, die 14 Namen mit dem jeweiligen Todesdatum enthält. Nur bei einem Namen findet sich der Zusatz des Todesortes »gest. Auschwitz«.

In der klassizistischen Villa Lindenhof direkt am Ufer des Bodensees in Lindau befindet sich seit 1980 das *»Friedensmuseum«* der katholischen Friedensbewegung Pax Christi. In Dokumenten, Bildern, Ausstellungsstücken, Texten und historischen Objekten werden die wichtigsten Personen und Konzepte pazifistischer Überzeugung von der Antike bis in die Gegenwart vorgestellt. Darunter sind zahlreiche religiös motivierte Pazifisten und eine Reihe Menschen, die ihrer Überzeugung wegen von den Nationalsozialisten ermordet wurden, sei es, daß sie die als ungerecht erkannten Befehle verweigerten, sei es, daß sie als Priester und Erzieher ein Vorbild gaben, das verfolgt und ausgerottet werden sollte. Es sind Kriegsdienst- oder Befehlsverweigerer wie Michael Kitzelmann (1942 in der Festung Orel erschossen), Otto Schimek (1944 in Jugoslawien ermordet wegen seiner Weigerung, auf Frauen zu schießen), Franz Jägerstätter (1943 als Totalverweigerer in Berlin hingerichtet), Ernst Volkmann (wegen Eidverweigerung 1941 hingerichtet), Franz Reinisch (1942 wegen »Wehrkraftzersetzung« enthauptet) oder auch Priester wie Max Josef Metzger, der wegen seiner außenpolitischen Fühlungnahme nach Schweden verraten und vom sogenannten Volksgerichtshof zum Tode verurteilt wurde.

Kontakt und Öffnungszeiten:
Friedensmuseum Lindau, Lindenhofweg 25, 88131 Lindau-Bad Schachen – Tel. Museumsleiter Thomas Wechs 0821/517830. Geöffnet vom 15. April bis 15. Oktober. Mo geschlossen.

Lohr am Main

Am 3. August 1979 wurde in Lohr ein von Efeu umrankter *Gedenkstein* enthüllt, der auf einer Metallplatte die Inschrift trägt:

> Dr. Karl Brand
> geb. am 21. 8. 1893,
> wurde am 2. April 1945
> erschossen, weil er den
> Amerikanern die Stadt
> übergeben wollte, um
> deren Zerstörung zu
> vermeiden.

In der Nähe des Lohrer Kriegerdenkmals wurde – 53 Jahre nach der Reichspogromnacht – an der alten *Stadtmauer* ein *Gedenkstein* aufgestellt. Die gußeiserne Tafel trägt über dem Stadtwappen und dem siebenarmigen Leuchter den Text:

> Die Stadt
> Lohr a. Main
> gedenkt ihrer
> ehemaligen
> jüdischen
> Mitbürger und
> den Opfern des
> Nationalsozialismus
> zur Erinnerung
> und Mahnung

Seit Juli 1993 verläuft quer über die *Straße vor dem Verwaltungsgebäude des Bezirkskrankenhauses für Psychiatrie* in Lohr ein ins Straßenpflaster eingelassenes, von dem Künstler Rainer Stoltz gestaltetes *Bronzerelief,* das einen gekrümmten Leichnam darstellt und an die Opfer der nationalsozialistischen »Euthanasie« erinnern soll: Von Oktober 1940 bis Frühjahr 1945 wurden über 600 Männer, Frauen und Kinder aus der damaligen Heil- und Pflegeanstalt abtransportiert, viele von ihnen direkt in Tötungsanstalten wie Sonnenstein bei Pirna und Grafeneck, einige auch in die Konzentrationslager Auschwitz und Mauthausen. Die Einweihung des Mahnmals erfolgte im September 1993 durch den unterfränkischen Bezirkspräsidenten.

Im nahen Urspringen ist in der ehemaligen Synagoge die Geschichte der Juden im Landkreis Main-Spessart dargestellt. (s. Urspringen)

Literatur:
Löffler, Karl-Ludwig, Die Juden in Lohr und seiner näheren Umgegung, in: Lohr am Main 1333–1983. 650 Jahre Stadtrecht, Lohr 1983, S. 124–136; Stadtmüller, Alois, Maingebiet und Spessart im Zweiten Weltkrieg, (Veröffentlichungen des Geschichts- und Kunstvereins Aschaffenburg e.V. Band 19) Aschaffenburg 1982, S. 551–559.

Lülsfeld

Im Vorgarten des Rathauses von Lülsfeld bei Schweinfurt, *Kirchstraße 17*, hängt eine *Tafel* mit dem Text:

> Die Gemeinde Lülsfeld gedenkt
> ihrer ehemaligen jüdischen Mitbürger.
> Zur Erinnerung und zur Mahnung.

Luhe-Wildenau

Bis 1957 befand sich in Luhe, südlich von Weiden, vor der St. Martinskirche ein KZ-Friedhof mit wahrscheinlich zehn auf einem »Evakuierungs«-marsch im April 1945 umgekommenen Häftlingen. Die Toten wurden im Rahmen einer Umbettung von KZ-Toten von Friedhöfen verschiedener Gemeinden auf den KZ-Ehrenfriedhöfen in Dachau-Leitenberg und Flossenbürg bestattet.

Mainbernheim

In der Gemeinde Mainbernheim bei Kitzingen hängt im Inneren des *Rathauses* eine *Gedenktafel* mit folgendem Text:

> In Mainbernheim bestand bis 1942
> eine Jüdische Kultusgemeinde,
> deren Synagoge sich im Hause
> Untere Brunnengasse 4 befand.
> Zur Erinnerung an unsere
> ehemaligen jüdischen Mitbürger.

Mainburg

Mitten in einem Wald, einige Kilometer entfernt von dem heute zur Stadt Mainburg zählenden Dorf *Ebrantshausen*, findet sich eine kleine *Gedenkkapelle* für den am 28. April 1945 von zwei Angehörigen einer Waffen-SS-Division verschleppten und erschossenen Ortsgeistlichen Benefiziat Augustin Wagner (geb. 1898). Einheiten der Waffen-SS hatten sich damals längs der noch unvollendeten Trasse der Autobahn München-Regensburg verschanzt, um die vorrückenden US-Truppen aufzuhalten. Wagner wurde denunziert, er habe eine weiße Fahne im Turm der Kirche von Ebrantshausen bereitgestellt. In der Nacht zum 28. April 1945 wurde er erschossen. Acht Wochen später fand man seine Leiche im Wald unter einem Reisighaufen versteckt. An diesem sogenannten Auffindplatz errichtete die Pfarrgemeinde 1955 die kleine *Wagner-Kapelle*, in der am Altar eine *Gedenktafel* mit folgendem Text angebracht ist:

> Zum steten Gedenken
> an hochw. H. Pfarrer
> Augustin Wagner
> Ebrantshausen
> welcher am 28. 4. 1945
> u. an dieser Stelle unschuldig
> erschossen wurde.
> Errichtet von der Kirchengemeinde
> Ebrantshausen

Wegbeschreibung:
Die Kapelle ist schwer zu finden: Am Wegrand einer schmalen Gemeindeverbindungsstraße von Mainburg über Holzmannshausen in Richtung Meilenhausen befindet sich – etwa 500 Meter hinter dem Ortsende von Holzmannshausen – an der Abzweigung eines Feldweges eine kleine Hinweistafel »Wagner-Kapelle«. Der Weg führt den Besucher gerade in einen Wald und nach rund 800 Metern weist ein weiteres Hinweisschild an einer Abzweigung nach links ab. Nochmals ca. 300 Meter weiter bergan entdeckt man in einigen Metern Abstand rechts vom Weg die weiß getünchte Kapelle.

Das Grab von Augustin Wagner befindet sich auf dem *Friedhof an der Dorfkirche* in Ebrantshausen. Der *Grabstein* ist in die Kirchenmauer nahe dem Turm eingelassen und nennt in seiner Inschrift ebenfalls den gewaltsamen Tod des Geistlichen: »... Am 28. IV. 1945 wurde er unschuldig erschossen...«

Quellen:
Detter, Hans, Mainburgs Geschichte von 825 bis 1967, Mainburg 1968, S. 101f.; Nappenbach, Paul, Mainburger Heimatbuch, Mainburg 1954, S. 77f.

Mainstockheim

An der *katholischen Kirche*, Hauptstraße 213, befindet sich eine *Tafel* mit der folgenden Inschrift:

> Dieses Gebäude, erbaut 1836,
> diente der Jüdischen Kultusgemeinde
> als Synagoge.
> Die Gemeinde gedenkt ihrer
> ehemaligen jüdischen Mitbürger.
> Zur Erinnerung und zur Mahnung.

Mallersdorf-Pfaffenberg

An der Straße von Mallersdorf nach Landshut, kurz hinter Pfaffenberg, an der Einmündung der alten

B 15 aus Richtung Regensburg, wurde im Jahre 1947 auf dem Gebiet des Ortsteils *Steinrain* ein *Friedhof* für jüdische KZ-Opfer angelegt. Ein hohes *Denkmal*, das auf großen Steinsäulen innerhalb eines gemauerten Davidsterns steht, ist von 67 Davidsternen auf Grabfeldern umgeben. Auf dem Denkmal steht:

Zum ewigen Gedächtnis
für alle Zeiten
hier ruhen 67 von den
Sechs Millionen jüdischen Opfern
die durch NaziGrausamkeit
zu Tode gemartert wurden
als sie im Jahre 1945 aus dem
Lager Buchenwald geführt wurden.
Heilig sei das Andenken
des unschuldig vergossenen Blutes

Manching siehe Ingolstadt

Marklkofen

Seit 1954 ruhen auf dem *Ortsfriedhof* die sterblichen Überreste des in der Nacht zum 24. April 1945 in Regensburg hingerichteten Dompredigers Dr. Johann Maier im elterlichen Familiengrab (zur Person Johann Maiers s. Regensburg).

Markt Indersdorf

Auf dem *alten Friedhof* im Kloster Indersdorf, neben dem jetzigen Krankenhaus, erinnert seit Oktober 1987 ein Kreuz an 32 Säuglinge, die hier im Herbst und Winter 1944 begraben wurden. Ein *Gedenkstein* nennt die meist slawischen Namen und die Geburts- und Todesdaten der Kinder, die alle nur wenige Tage oder Wochen lebten.

In dem vormaligen Kloster der Barmherzigen Schwestern in Indersdorf wurde im Jahre 1938 ein Kinderheim eingerichtet und daneben, aber außerhalb der Klostermauern, ziemlich genau an der Stelle, an der sich heute der katholische Kindergarten befindet, im August 1944 eine sogenannte »Ausländerkinderbaracke«. Am 2. September 1944 wurde das erste Kind einer russischen Zwangsarbeiterin hierher gebracht, Luise Wassilew, geboren am 26. Juni 1944 in Dachau, gestorben am 16. September 1944. Und so geschah es mit weiteren 28 Säuglingen ausländischer, vor allem polnischer und sowjetischer Häftlinge und Zwangsarbeiterinnen, die die Nationalsozialisten ihren Müttern wegnahmen und in dieser Baracke durch mangelhafte Versorgung und Unterernährung verhungern ließen. Insgesamt sind die Namen von 63 Kindern bekannt, von denen nur jedes zweite überlebte (zu den »Ausländerkinder-Pflegestätten« s. auch Bühlerzell in Baden Württemberg).

Literatur:
Holzhaider, Hans, Die Kinderbaracke von Indersdorf, in: Dachauer Hefte 3, November 1987, S. 116–124.

Marktleuthen

Auf dem *Ortsfriedhof* in Marktleuthen in Oberfranken, südlich von Hof, befindet sich ein Sammelgrab für 17 KZ-Opfer eines »Todesmarsches« von Buchenwald nach Flossenbürg vom April 1945. In der Mitte des Grabes erinnert ein Denkmal:

Den Opfern des Faschismus

Maroldsweisach

An der Außenmauer des *jüdischen Friedhofs* des Ortsteils *Ermershausen* wie auch hinter dem Eingangstor erinnern gleichlautende *Tafeln* an die ehemaligen jüdischen Mitbürger von Ermershausen und Maroldsweisach.

Mauerstetten

Im Ortsteil *Steinholz* der Gemeinde Mauerstetten bei Kaufbeuren existiert versteckt am Waldrand ein ummauerter *KZ-Friedhof* mit einigen Grabsteinen und einem *Gedenkstein* mit folgendem Text:

Brüdergrab von 472 jüdischen Häftlingsopfern
des nazistischen Arbeitslagers in Riederloh
bei Kaufbeuren.

Es ist die Stätte eines Massengrabes von Häftlingen, die ganz in der Nähe in einem Außenlager des KZ Dachau untergebracht waren, an dessen Stelle auf Resten erhaltener Fundamente in den 50er Jahren der Ortsteil Steinholz der Gemeinde Mauerstetten errichtet worden ist. Das Außenlager bestand nur für vier Monate zwischen September 1944 und dem 8. Januar 1945 unter der Bezeichnung »Steinholz« oder auch »Riederloh II«. Alle Berichte der Überlebenden sprechen von grausamsten Bedingungen und Torturen durch die Wachmannschaften, denen insgesamt 472 der etwa 800 bis 1000 Häftlinge zum Opfer fielen. Es waren vor allem polnische Juden aus dem Ghetto von Lodz, die Außenarbeiten, Straßenbau und anderes für eine nahe liegende Pulverfabrik verrichten mußten.

Dieser Komplex von Bunkern und Gebäuden der Pulverfabrik wurde ab 1939 im benachbarten Kaufbeuren, auf dem Gebiet des heutigen Ortsteils Neugablonz, für etwa 2 000 Arbeitskräfte errichtet. Für die Zwangsarbeiter unter ihnen gab es ein Barackenlager mit dem Namen »Riederloh«, von dem unterschieden das nahe Mauerstetter KZ-Außenlager als »Riederloh II« bezeichnet wurde. An das Zwangsarbeiterlager in Kaufbeuren erinnert heute eine Gedenktafel (s. Kaufbeuren). Den Ursprung des Ortsteils Neugablonz bilden die Gebäude und Baracken der vormaligen Fabriken und des Lagers Riederloh.

Literatur:
Kleinert, Heinz, Die Siedlung Steinholz, in: Rössler, Susanne und Stütz, Gerhard (Hrsg.), Neugablonz. Stadtteil der ehemals freien Reichsstadt Kaufbeuren im Allgäu, Schwäbisch-Gmünd 1986, S. 232–237; Römer, Gernot, Für die Vergessenen, Augsburg 1984, S. 167–177.

Meeder

In der Gemeinde Meeder bei Coburg existiert seit 1982 in der Trägerschaft der Ev.-Luth. Kirchengemeinde »St. Laurentius« ein *»Friedensmuseum«*, das unter anderem persönliche Erinnerungen der Gemeindemitglieder an den 2. Weltkrieg und dessen Opfer sowie Dokumente der nationalsozialistischen Kriegspropaganda präsentiert. Das Friedensmuseum ist aus dem »Friedensdankfest« entstanden, das seit 1650, nach dem Westfälischen Frieden, in jedem Jahr am Sonntag nach dem Fest des Hl. Sebaldus (19. August) gefeiert wird. Eine Wanderausstellung zur Geschichte der Coburger Juden (s. Coburg) wurde im Umfeld des Friedensmuseums erstellt.

Kontakt:
Friedensmuseum, Schloßhof 2, 96484 Meeder, Tel.: 0 95 66/2 26.
(Hrsg. des Coburger Friedensbuches zum 340. Coburger Friedensdankfest 1991).

Meitingen

Auf dem Meitinger *Ortsfriedhof* ist der katholische Priester Max Josef Metzger begraben, der am 17. April 1944 von den Nationalsozialisten hingerichtet wurde. Auf seinem *Grabstein* ist zu lesen:

> Ich habe mein Leben Gott angeboten
> für den Frieden der Welt
> und die Einheit der Kirche.

An dem Gebäude der von Metzger gegründeten Ökumenischen Gemeinschaft, dem *»Christkönigshaus«* in der *St. Wolfgangstraße 14* in Meitingen, befindet sich eine *Rundtafel* mit folgendem Text:

> Zum dauernden Gedächtnis für
> Bruder Paulus Dr. Max Josef Metzger
> geboren am 3. Februar 1887
> hingerichtet am 17. April 1944
> Als tief gläubiger Christ und
> guter deutscher Mann nahm er bewußt
> und freudig den Opfertod auf sich
> für den christlichen Glauben
> für die Freiheit des Geistes
> und für die Zukunft Deutschlands.

In Meitingen erinnern außerdem eine Straße und der Name der staatlichen Realschule an Max Josef Metzger, der im Jahre 1928 mit seiner Gemeinschaft hierher übersiedelte. Er gilt als einer der Anreger der Ökumene und der katholisch-pazifistischen Bewegung in der Weimarer Zeit und war nach der Errichtung der NS-Diktatur ständigen Drangsalierungen und Verhaftungen ausgesetzt. Sein Engagement in der Internationalen Friedensbewegung war den neuen Machthabern bekannt, zumal er auch nicht zu denen gehörte, die sich ruhig in den Binnenraum der Kirche zurückzogen, sondern weiter und ungebrochen an der Bildung unabhängiger ökumenischer Gruppen arbeitete. Im Sommer 1943 wurde er durch eine Gestapo-Agentin verraten, die sich in einen seiner Gesprächskreise eingeschlichen hatte und der er ein Memorandum für den schwedischen Bischof von Uppsala übergeben hatte, das sich mit der Beendigung des Krieges und den Friedensbedingungen befaßte. Am 29. Juni 1943 wurde Max Josef Metzger verhaftet und vom »Volksgerichtshof« zum Tode verurteilt. Das Urteil wurde am 14. April 1944 im Zuchthaus Brandenburg vollstreckt. Sein Leichnam konnte gegen den Willen der Gestapo geborgen und schließlich im Jahre 1968 nach Meitingen umgebettet werden, wo heute das von ihm gegründete »Christkönigs-Institut« seine Intentionen fortführt. (Weitere Erinnerungen s. auch Augsburg sowie in Baden-Württemberg Schopfheim, Geburtsort und Konstanz, Gymnasium.)

Kontakt:
Christkönigs-Institut, St.-Wolfgang-Straße 14, 86405 Meitingen, Tel.: 0 82 71/80 80.

Quellen/Literatur:
Metzger, Max Josef, Christus – Zeuge in einer zerrissenen Welt. Briefe aus dem Gefängnis 1934–1944, herausgegeben von Klaus Kienzler, 4. Aufl. Freiburg 1990; Reimann, Martha, Max Josef Metzger. Bruder Paulus, Meitingen 1984.

Eine Tonbildschau »Ein Leben für Frieden und Einheit. Dr. Max Josef Metzger« ist über die Bild- und Filmstelle der Erzdiözese, 79108 Freiburg, Okenstraße 15, zu beziehen.

Mellrichstadt

Im Jahre 1988 wurde an dem Gebäude *Hauptstraße 60,* das zum Teil auf den Grundmauern der einstigen Synagoge errichtet wurde und in dem jetzt die Bayerische Hypotheken- und Wechselbank sowie die AOK Mellrichstadt ihr Domizil haben, eine *Gedenktafel* angebracht. Sie erinnert an die einstige Jüdische Gemeinde Mellrichstadt und an die Synagoge, die in der »Reichskristallnacht« 1938 erheblich beschädigt und anschließend abgerissen wurde.

Memmingen

Neben dem Verwaltungsgebäude der Lech-Elektrizitätswerke in Memmingen, *Am Schweizerberg 17,* befindet sich ein *Gedenkstein* mit dem Relief der ehemaligen Synagoge und dem Text:

An dieser Stelle wurde 1909
die Synagoge für unsere Mitbürger
jüdischen Glaubens errichtet.
Im Jahre 1938 fiel sie
der Gewaltherrschaft zum Opfer.
Dem Gedenken und zur Mahnung diene dies.
Nicht durch Macht
und nicht durch Stärke
sondern durch meinen Geist
spricht der Herr.

Mettenheim siehe Mühldorf

Missen-Wilhams

An der *St.-Josefs-Kapelle* in Wilhams, einem Dorf der Gemeinde Missen in der Nähe von Sonthofen, hängt seit August 1987 eine Tafel mit folgender Inschrift:

Michael Lerpscher
Geb. 5. November 1905 in Wilhams/Allgäu
Gest. 5. September 1940 in Brandenburg-Görden
Märtyrer der Gewissenstreue
und Gewaltlosigkeit.
Offg. 13.10

Der Bauernsohn Michael Lerpscher war Pazifist und Anhänger der Christkönigsgesellschaft in Meitingen (s. dort). Er lehnte, auch im Dissens mit der damaligen Amtskirche, aus religiösen Gründen jeden Kriegsdienst ab. Im Frühjahr 1940 wurde Michael Lerpscher aufgrund seiner Weigerung, den Fahneneid zu leisten, an seinem damaligen Arbeitsort bei Graz in Österreich verhaftet und am 2. August in Wien wegen »Wehrkraftzersetzung« zum Tode verurteilt. Wenige Wochen später, am 5. September 1940, wurde er im Zuchthaus Brandenburg enthauptet. Nachdem sein Leben und Sterben lange im Dunkeln geblieben waren, weil sich Familie und Heimatdorf seiner schämten, wurde erst in allerjüngster Zeit sein Schicksal öffentlich bekannt und seine Entscheidung gewürdigt. Im nahen Kempten (s. dort) gab es im 50. Todesjahr Lerpschers eine Initiative, die die Umbenennung einer nach dem Nazigeneral Dietl benannten Straße in »Michael-Lerpscher-Straße« forderte.

Literatur:
Mader, Ernst T. und Knab, Jakob, Das Lächeln des Esels. Das Leben und die Hinrichtung des Allgäuer Bauernsohnes Michael Lerpscher (1905–1940), Verlag an der Säge, Blöcktach, 2. Aufl. 1987; Knab, Jakob, Unbequeme Märtyrer. Katholische Kriegsdienstverweigerer unter Hitler, in: Publik-Forum, Nr. 22/1986; Waltermann, Leo, Ein Denkmal im Grundgesetz. Michael Lerpscher. Das Leben eines vergessenen Toten. WDR III-Hörfunk, 3. September 1989.

Mittelsinn

An der *Sparkasse* der Main-Spessart-Gemeinde Mittelsinn erinnert eine *Gedenktafel* an die ehemalige Synagoge mit folgender Inschrift:

Gegenüber stand einstmals die Synagoge
der Jüdischen Kultusgemeinde Mittelsinn.
Zur Erinnerung und Mahnung.

Mitterharthausen siehe Feldkirchen

Mitterteich

Wenige Tage vor dem Einrücken amerikanischer Truppen in Mitterteich war am 18. April 1945 der desertierte Obergefreite Karl Erb aufgegriffen und am nächsten Tag nach kurzem Standgericht an einer Linde unterhalb des Mitterteicher Rathauses erhängt worden. Zunächst in Mitterteich begraben, wurden seine Gebeine 1952 exhumiert und in seinen Heimatort Sickenhausen (Kreis Reutlingen) überführt. Nachdem der Stadtrat von Mitterteich 1969 beschlossen hatte, nach Erb eine *Straße* in der Vorstadt zu benennen, spendeten Erbs Eltern einen Beitrag für eine *Bronzetafel,* die seither an einem Haus neben dem Straßenschild angebracht ist. Ihre Inschrift lautet

> Diese Straße ist benannt nach
> Karl Erb
> geb. am 10. 5. 1918 in Sickenhausen
> hingerichtet am 19. 4. 1945 in Mitterteich
> als Opfer eines sinnlosen Krieges

Literatur:
Fähnrich, Harald, Heimat Mitterteich. Ein volkskundliches Lesebuch, Beidl (Selbstverl. d. Verf.) 1986, S. 338 f. u. 334; Helm, Albert, »Drittes Reich«. Weltkrieg. Das bittere Ende. Wiederaufbau, in: Mitterteich im Wandel der Zeiten, hrsg. v. d. Stadt Mitterteich, Weiden 1986, S. 65–72.

Moosburg an der Isar

Im Norden der Stadt Moosburg, zwischen Isar und Amper, wurde ab Oktober 1939 ein riesiges Kriegsgefangenenlager errichtet, das sogenannte Stalag VII A (Mannschaftenstammlager lf. Bez. »A« im Wehrkreis VII, Südbayern/München mit der lf. Bezeichnung »A«). In Südbayern befanden sich des weiteren die dem Münchner Wehrkreiskommando unterstellten »Stalag VII B« in Memmingen sowie fünf »Oflags« (= Offizierslager) VII A-E in Murnau, Eichstätt, Laufen, Tittmoning und Hohenfels. Den Stalags waren zahlreiche Arbeitskommandos unterschiedlicher Größe zugeordnet, die über den ganzen Wehrkreis verstreut waren.

Dem »Stalag VII A« in Moosburg mitsamt seinen zahlreichen Außenkommandos unterstanden bei Kriegsende über 80 000 Gefangene. Allein das Hauptlager Moosburg hatte einen Umfang von 350 000 Quadratmetern. Fast alle Nationen, die sich im Kriegszustand mit Deutschland befanden, waren hier vertreten. Mit Abstand die größte Gruppe stellten Gefangene aus Frankreich und aus der Sowjetunion. Kriegsgefangene, die im Hauptlager Moosburg ihr Leben verloren hatten, wurden im Süden der Stadt, in *Oberreith,* begraben, wo sich heute eine *Gedenkstätte* befindet. 1982 wurde durch die Stadt Moosburg ein großes Holzkreuz zur Erinnerung und zur Mahnung für Frieden und Völkerverständigung errichtet. Ein vor dem Kreuz stehender, grabplattenartig behauener *Stein* trägt die Inschrift:

> Stalag VII A
> 1939 – 1945
> Stadt Moosburg 1982

Auf dem Lagergelände, das nach Kriegsende als Internierungs- und später als Flüchtlingslager genutzt wurde, entstand der neue Stadtteil *»Neustadt«.* 1963 wurde dort ein *Gedenkbrunnen* eingeweiht: Eine Schale ruht auf einem quadratischen Block, der mit vier Reliefs verziert ist, die der französische Bildhauer Antoniucci Volti während seiner Gefangenschaft in Moosburg (1940–43) geschaffen hat. (Wie im Ersten Weltkrieg war es auch im Zweiten durchaus gestattet, daß westalliierte Kriegsgefangene ihren in den Lagern verstorbenen Kameraden würdige Gedenksteine errichteten.) Der Brunnen trägt an zwei Seiten unterhalb der Reliefplatten die Inschriften:

> Stalag VII A
> 1939 – 1945

> Dieser Stein
> wurde im Jahre 1942 (!)
> von französischen Künstlern
> des Stalag VII A geschaffen

Das offizielle Gedenken der Stadt Moosburg bezieht sich heute in erster Linie auf die westalliierten Kriegsgefangenen. Die erste Gedenkschrift der Stadt von 1982 (s. Literatur) beschränkt sich auf die weitestgehend kommentarlose Wiedergabe von NS-Propagandabildern über das gute und abwechslungsreiche Leben der Kriegsgefangenen. Nur am Rande gedacht wird des Schicksals der Kriegsgefangenen aus der UdSSR, die mit weitem Abstand die schlechteste Behandlung erfuhren, da die Genfer Konvention ihnen gegenüber nicht angewandt wurde. Im Fall von Moosburg ist das fehlende ausdrückliche Gedenken um so unverständlicher, da gerade dort die zeitweise erfolgreich sabotierte Ermordung »unbrauchbarer Elemente« unter den sowjetischen Gefangenen ein seltenes Beispiel für Zivilcourage und militärischen Widerstand deutscher Offiziere gegen den NS-Terror darstellt.

Literatur:
Stadt Moosburg (Hrsg.), Stalag VII A in Wort und Bild, 1982; Stadt Moosburg (Hrsg.), 25 Jahre Stalag-Gedenkbrunnen 1963–1988, 1988; Streit, Christian, Keine Kameraden. Die Wehrmacht und die sowjetischen Kriegsgefangenen 1941–1945, Stuttgart 1978, S. 94–98; Streim, Alfred, Die Behandlung sowjetischer Kriegsgefangener im »Fall Barbarossa«, Heidelberg, Karlsruhe 1981, S. 52–68.

Mühldorf am Inn

Auf der Rückseite des städtischen Friedhofs befindet sich an der *Ahamerstraße* ein *KZ-Friedhof.*

Ein hoher *Gedenkstein* zeigt eine weibliche Figur und trägt zwischen den Symbolen Kreuz und Davidstern die Inschrift:

Den Opfern der Gewalt
1933–1945

Nichts weist jedoch darauf hin, daß es sich hier um die Grabanlage von 480 überwiegend jüdischen KZ-Opfern handelt, die aus einem Massengrab im Mühldorfer Hart, nahe dem heutigen Waldkraiburg, umgebettet wurden. Nachdem die Amerikaner im Mai 1945 das Massengrab mit den Leichen von fast 2000 Häftlingen entdeckt hatten, ordneten sie in mehreren Orten Beisetzungen an. »Es ist die moralische Pflicht der Bevölkerung, durch ihre Teilnahme ihr Mitgefühl für die unschuldigen Opfer eines verbrecherischen Regimes und seiner entmenschten Methode zu bekennen.« Der 2. Juni, der Tag der Beisetzung wird von einem Zeitzeugen beschrieben: »Die Wiese hinter dem Friedhof ist schwarz von Menschen. Ein großer Teil der Bevölkerung hat sich eingefunden. Bedrückt hören sie Ansprachen und Gebete von Geistlichen... Ein Raunen geht durch die Massen, als sie hintereinander eine schmale Stelle passieren müssen, die an beiden Seiten von Särgen flankiert ist. Die Deckel sind entfernt und geben den Blick auf nackte Gestalten frei. Erschrocken pilgern Männer, Frauen und Kinder den Weg. Wenn jemand sich schaudernd abwendet, rufen ihn die Posten an und bedeuten ihm mit ihren Maschinenpistolen unmißverständlich, daß er nun direkt neben einem Sarg angesichts der Leiche und im Bereich des süßlichen Dunstes Aufstellung zu nehmen habe.«

Eine weitere Bestattung, wieder von den Alliierten angeordnet, wird von der einheimischen Bevölkerung ignoriert, und so werden die Deutschen zu weiteren Beisetzungen der KZ-Opfer per Befehl auf den Friedhof beordert, der von Panzern umstellt ist. Insgesamt viermal finden im Juni 1945 diese Bestattungen statt. Neben dem KZ-Friedhof in Mühldorf werden auch in Neumarkt-St. Veit, Kraiburg am Inn und Burghausen mehr als 3000 KZ-Tote beigesetzt. Ein weiterer Friedhof befand sich in Ampfing, wurde jedoch später aufgelöst, die Toten wurden nach Dachau umgebettet.

Sie alle sind Opfer eines Komplexes von KZ-Außenlagern und Zwangsarbeitslagern im Landkreis Mühldorf, deren Häftlinge unter dem Decknamen »Weingut I« eine unterirdische Flugzeugfabrik errichten mußten. Der Bau dieser Anlage im Mühldorfer Hart bei Mettenheim begann im Sommer 1944 als Außenlager des KZ Dachau mit Tausenden von Häftlingen, von denen viele umkamen infolge der nationalsozialistischen Praxis der »Vernichtung durch Arbeit«. Andere kamen ums Leben durch unzureichende Ernährung, Erschöpfung, Fleckfieber und Mord. Am 26. April 1945 wurden die letzten 4000 Häftlinge nach Süden verschleppt und die Überlebenden in der Nähe des Starnberger Sees von amerikanischen Soldaten befreit.

Die Reste des Bunkergeländes im Mühldorfer Hart sind als Trümmer noch erhalten. Seit 1984 gibt es Anträge und Vorstöße von Gewerkschaftern, Grünen, der Geschichtswerkstatt und Friedensinitiativen, am Mühldorfer Friedhof wie auch an den weiteren Friedhöfen im Kreisgebiet Gedenktafeln zu errichten, die an die Geschichte der KZ-Außenlager und das Schicksal der Häftlinge erinnern sollen. Obwohl sich der Kreisausschuß des Landkreises bereits 1988 auf einen ausführlichen Informationstext verständigte, blieben die Bemühungen in den Verhandlungen mit der zuständigen Bayerischen Verwaltung der staatlichen Schlösser, Gärten und Seen bisher vergeblich. Im Jahre 1991 sollten auch die Überreste des Bunkergeländes im Mettenheimer Hart eingeebnet werden, doch konnte erreicht werden, daß die Ruine in die Bayerische Denkmalliste aufgenommen wurde.
(s. auch Neumarkt-St. Veit, Kraiburg am Inn und Burghausen)

Kontakte:
Geschichtswerkstatt Mühldorf a. Inn, c/o Günther Egger, Fragnergasse 6, 84453 Mühldorf am Inn, Tel.: 08631/7601. Die Geschichtswerkstatt gibt Dokumente heraus (s. Literatur) und organisiert Führungen.

1985 veranstaltete das Kreisheimatmuseum in Mühldorf, Tuchmacherstr. 7, die zeitgeschichtliche Ausstellung »...bis alles in Scherben fiel«, die mit den Schwerpunkten »KZ-Lager« und »Rüstungswerke« in eine Dauerausstellung aufgenommen wurde.

Film und Begleitheft »...mit 22 Jahren wollte man noch nicht sterben. Ehemalige KZ-Häftlinge berichten über die Lagergruppe Mühldorf-Mettenheim« von Rainer Ritzel und Josef Wagner. Verleih: Kreisbildstelle, Tögingerstraße 18, 84453 Mühldorf.

Literatur:
Geschichtswerkstatt Mühldorf (Hrsg.), Aktion Spurensuche. Eine Suche nach Zeugnissen und Dokumenten der NS-Zeit im Landkreis Mühldorf a. Inn, Band 1: Mühldorf, Mettenheim, Ampfing, Ecksberg; Band 2: Waldkraiburg, Aschau, Kraiburg, Gaus, Jettenbach; Band 3: Fotoband, alle Mühldorf 1990; Kreismuseum Mühldorf (Hrsg.), KZ-Lager. Kreis Mühldorf 1944/45 (Faltblatt), o.J.; Müller Peter, Die Konzentrationslager im Kreis Mühldorf, in: Mühlrad. Jahresschrift des Heimatbunds Mühldorf, 1981; Raim, Edith, Die Dachauer KZ-Außenkommandos Kaufering und Mühldorf, Landsberg 1992.

München

Gedenkstätten für alle Opfer des Nationalsozialismus

In der Münchner City wurde der östliche Teil des Maximiliansplatzes in *»Platz der Opfer des Nationalsozialismus«* umbenannt. Eine 1985 errichtete, sechs Meter hohe *Steinsäule* des Bildhauers Andreas Sobeck, abgeschlossen mit einem vergitterten Raum, in dem eine Flamme brennt, trägt die Inschrift:

Den Opfern der
Nationalsozialistischen Gewaltherrschaft

Der Ort wurde gewählt, weil sich schräg gegenüber, an der Ecke Brienner-/Türkenstraße, auf dem Gelände der heutigen Bayerischen Landesbank, bis 1945 die Gestapo-Zentrale befand. Sie war in einem roten Ziegelsteinbau, dem Wittelsbacher Palais, untergebracht, das kriegszerstört 1950 abgerissen wurde. In diesem Haus waren Tausende politisch Verfolgter verhört und gefoltert worden, bevor sie der Justiz überstellt oder in ein Konzentrationslager gebracht wurden.

Ein weiterer allgemeiner *Gedenkstein* an die Opfer des Nationalsozialismus findet sich in *Neuhausen*, am *Platz der Freiheit,* mit der Inschrift:

Den Opfern
im Widerstand
gegen den
Nationalsozialismus

sowie in *Harlaching*, fast an der Stadtgrenze, auf dem Isarhochufer *(Harthauserstraße/Ecke Holzkirchner Straße)* mit dem Text:

Den Widerstandskämpfern
und Verfolgten
im Dritten Reich.

Im *Rathaus* in der Innenstadt, Marienplatz 8, werden in einem kapellenähnlichen *Raum im ersten Stock* neben den Kriegstoten der zwei Weltkriege und den »im Dienst verunglückten Mitarbeitern« auch die NS-Verfolgten genannt:

Den Opfern der
politischen Verfolgung
1933 - 45

Am 10. September 1950, dem »Tag der Opfer des Nationalsozialismus«, wurde auf dem *Friedhof am Perlacher Forst, Stadelheimer Straße 24,* ein *KZ-Ehrenhain* eingeweiht. Über 4 000 Opfer des NS-Regimes, die meisten von ihnen »Euthanasie«-Ermordete, deren Urnen sich vorher im Krematorium des Ostfriedhofs befanden, sind hier beigesetzt. Ein einfacher *Gedenkstein* mahnt an der Stelle, die durch 44 Steinplatten und 72 Linden gestaltet ist, mit den Worten:

Hier sind	scher Will
4 092 Opfer	kür zur letz
national	ten Ruhe
sozialisti	bestattet.

Gegenüber liegen die Gräber von 94 Menschen, die im benachbarten Zuchthaus Stadelheim während der Zeit des Nationalsozialismus hingerichtet wurden, darunter die Mitglieder der »Weißen Rose« (s. unten) sowie Heinrich Pecack und Ohlrich Seps, die die nationalsozialistische Justiz wegen »Rundfunkverbrechen«, das heißt wegen »Abhörens von Feindsendern« zum Tode verurteilte. Auf diesem Friedhof befindet sich auch die Grabanlage der »Displaced Persons« (s. unten).
Am Rande eines Wasserbeckens stehen die wenig über die Opfer und ihre Geschichte aussagenden Worte:

Den Toten zur Ehre
Den Lebenden
zur steten Mahnung
Anno MCML

Deutlicher ist der Text eines anderen *Denkmals*, das jedoch am Krematorium des *Ostfriedhofes* in *Giesing (St. Martin-Straße, Eingang S-Bahnhof)* ein wenig abseits liegt. Die Inschrift an einer steinernen Stele lautet:

Für ihre Überzeugung haben unter
der politischen und geistigen Unterdrückung
der Jahre 1933 - 1945
tapfere Männer und Frauen
ihr Leben geopfert.
Ehre ihrem Andenken.

Auf demselben Friedhof steht auf dem Hauptweg beim Gräberfeld 68 ein weiterer *Gedenkstein*, der auf der einen Seite »Den Toten der Revolution 1919« gewidmet ist und auf der anderen die Inschrift trägt:

Den Opfern
des Widerstands
1933–1945.

Erinnerungen an die »Weiße Rose«

Der Platz vor der *Universität* in Schwabing heißt *Geschwister-Scholl-Platz*, der Brunnen in der Mitte des Platzes wird *Scholl-Brunnen* genannt. Seit 1988 dokumentiert im *Kopfsteinpflaster vor dem Portal* eine ungewöhnliche Form historischer Erinnerung die Geschichte der studentischen Widerstandsgruppe »Weiße Rose«: Flugblattexte, Originaldokumente und kurze Lebensläufe sind von dem Berliner Künstler Robert Schmidt-Matt in Tonkacheln gebrannt und im Boden so eingelassen, daß sie wie zufällig hingeworfene Zettel wirken, die gleichwohl auf Dauer erhalten bleiben. Einzelne Satzfetzen sind lesbar: »Erschüttert steht unser Volk... Nationalsozialismus so ungeistig«; oder aus einem Brief von Willy Graf: »Meine lieben Eltern, liebe Mathilde, liebe Anneliese... wird mir besonders deutlich, daß in jedem auch noch so schweren Geschick ein ganz besonderer Sinn liegt«.

Am *Universitätsgebäude* erinnert eine ältere *Wandtafel* aus dem Jahre 1958 ebenfalls an die »Weiße Rose«: Unter einem Relief, das sieben Mitglieder der Gruppe darstellt, folgen die Namen:

Willi Graf Prof. Kurt Huber Hans Leipelt
Christoph Probst Alexander Schmorell
Hans Scholl Sophie Scholl MCMXLIII

Die lateinischen Ziffern am Ende bezeichnen das Todesjahr 1943. Den Schlußstein bildet eine stilisierte Rose.

Schließlich hängt neben dem *Hörsaal 315* im zweiten Obergeschoß des Lichthofes im Innern der Universität eine *Gedenktafel*, deren lateinische Inschrift ins Deutsche übertragen lautet:

Die die Menschlichkeit umfangen haben,
sind durch Unmenschlichkeit zugrunde gegangen.
[Es folgen die Namen und das lateinische Zitat]
»So bewährt sich jener Geist,
der auch niemals unter
fremde Herrschaft kommen kann.«
(Seneca)

»Weiße Rose« ist der Name einer Widerstandsgruppe in München, der vorwiegend Studenten angehörten, in ihrem Mittelpunkt die Geschwister Sophie und Hans Scholl. Im Frühjahr 1942 begann die Gruppe mit Rat und Unterstützung von Kurt Huber, Professor für Psychologie und Philosophie, in der Münchener Universität und, über Freunde und Gesinnungsgenossen verbreitet, in anderen großen Städten wie Stuttgart, Augsburg, Ulm, Freiburg, Frankfurt, Mannheim und Saarbrücken Flugblätter zu verteilen, in denen sie zum Widerstand gegen das NS-Regime aufrief. Die Gruppe unterhielt außerdem Verbindungen zu Widerstandskreisen an den Universitäten Hamburg (s. dort), Berlin und Wien. In einer nächtlichen Aktion Anfang Februar 1943 malten Mitglieder der Gruppe mit Ölfarbe etwa siebzigmal die Worte »Nieder mit Hitler« an die Mauern und Fassaden entlang der Ludwigstraße bis zur Universität und über deren Eingang das Wort »Freiheit«. Bei einer Flugblattaktion am 18. Februar 1943 in der Universität wurden Hans und Sophie Scholl vom Hausmeister festgehalten und vom Rektor der Universität, SS-Oberführer Prof. Walter Wüst, der Gestapo übergeben.

Im letzten Flugblatt der »Weißen Rose« hieß es unter anderem: »...Der Tag der Abrechnung ist gekommen, der Abrechnung unserer deutschen Jugend mit der verabscheuungswürdigsten Tyrannis,

München:
Tonkacheln von Robert Schmidt-Matt
im Boden vor dem Portal der Universität
zur Erinnerung an die
studentische Widerstandsgruppe »Weiße Rose« (1988).
Das Dokument des Widerstands wurde hier
zum Gegenstand der Erinnerung.

die unser Volk je erduldet hat. Im Namen der ganzen deutschen Jugend fordern wir von dem Staat Adolf Hitlers die persönliche Freiheit, das kostbarste Gut des Deutschen, zurück, um das er uns in der erbärmlichsten Weise betrogen hat... Es gibt für uns nur eine Parole: Kampf gegen die Partei! Heraus aus den Parteigliederungen, in denen man uns politisch weiter mundtot halten will! ...Unser Volk steht im Aufbruch gegen die Verknechtung Europas durch den Nationalsozialismus, im neuen gläubigen Durchbruch von Freiheit und Ehre!«

Am 22. Februar 1943 wurden die Geschwister Scholl zusammen mit Christoph Probst im Münchener Justizpalast am Stachus vom »Volksgerichtshof« unter Vorsitz seines Präsidenten Roland Freisler wegen »Hochverrat und Feindbegünstigung« zum Tode verurteilt und noch am gleichen Tag im Gefängnis München-Stadelheim mit dem Beil enthauptet. Professor Kurt Huber und Alexander Schmorell wurden am 19. April zum Tode verurteilt und am 13. Juli 1943 ebenfalls in Stadelheim hingerichtet. In mehreren Verfahren erhielten andere Mitglieder der Gruppe hohe Gefängnisstrafen. Der mit Kurt Huber und Alexander Schmorell zusammen verurteilte Willi Graf wurde am 12. Oktober 1943 umgebracht; seine sterblichen Überreste wurden im Jahre 1946 zur Beisetzung auf dem Alten Friedhof St. Johann nach Saarbrücken überführt (s. dort).

Ebenfalls im Gefängnis Stadelheim wurde am 29. Januar 1945 der Student Hans Konrad Leipelt hingerichtet, der der Hamburger Gruppe der »Weißen Rose« angehörte. Im Herbst und Dezember 1943 war die rund 50 Studenten und Intellektuelle umfassende Hamburger Gruppe aufgedeckt worden. Acht der etwa 30 verhafteten Mitglieder, die den aktiven Kern dieses Kreises bildeten, wurden ermordet.

Am 13. Juli 1993, dem 50. Jahrestag der Hinrichtung von Professor Kurt Huber und Alexander Schmorell, wurde im *Foyer des Justizpalastes* eine *Gedenktafel* für die sechs Mitglieder der »Weißen Rose« enthüllt, die in diesem Gerichtsgebäude in den beiden ersten Prozessen gegen den Widerstandskreis am 22. Februar und am 19. April 1943 zum Tode verurteilt worden sind: Sophie und Hans Scholl, Christoph Probst, Alexander Schmorell, Kurt Huber und Willi Graf. In die Tafel eingraviert sind die Schlußworte von Huber vor dem »Volksgerichtshof«:

> Rückkehr zu klaren sittlichen
> Grundsätzen, zum Rechtsstaat,
> zu gegenseitigem Vertrauen von
> Mensch zu Mensch; das ist nicht
> illegal, sondern umgekehrt die
> Wiederherstellung der Legalität.

Ganz in der Nähe der Universität in München-Schwabing, am Wohnhaus in der *Franz-Joseph-Straße 13*, erinnert ein *Schild* neben der Eingangstür an die Geschwister Scholl:

> Sophie und Hans Scholl, die unter dem Zeichen
> der Weißen Rose aktiven Widerstand gegen das
> Dritte Reich geleistet haben, wohnten vom
> Juni 1942 bis zu ihrer Hinrichtung am 22. Februar 1943
> hier im Rückgebäude.

Eine *Gedenktafel* am Haus *Mandlstraße 28* erinnert daran, daß hier Willi Graf am 18. Februar 1943 von der Gestapo verhaftet wurde.

In der *Justizvollzugsanstalt Stadelheim*, in der die Hinrichtungen stattfanden und die das Gefängnis für Regimegegner war, ist eine *Gedenkstätte* für Opfer des Nationalsozialismus eingerichtet. Sie kann – nach Vorsprache beim Pförtner – besucht werden.

Auf dem nahe liegenden *Friedhof am Perlacher Forst, Stadelheimer Straße,* sind in dem *Ehrenhain* neben den 4092 Opfern des Nationalsozialismus (s.o.) auch die Mitglieder der »Weißen Rose« Sophie und Hans Scholl, Christoph Probst, Alexander Schmorell und Hans Konrad Leipelt (»Weiße Rose« Hamburg) bestattet. Am Haupteingang sind in einem Lageplan des Friedhofs die einzelnen Gräber verzeichnet.

Auf einem anderen Friedhof, dem *Waldfriedhof* in *Fürstenried,* Fürstenrieder Straße, liegt Professor Kurt Huber beerdigt, der Verfasser vieler Flugblätter der »Weißen Rose«, der vom »Volksgerichtshof« wegen »Sabotage, Führerbeschimpfung und Wehrkraftzersetzung« ebenfalls zum Tode verurteilt und hingerichtet wurde. Sein Grabstein (Sekt. 21-W-22) trägt die Inschrift:

> Für die deutsche
> Freiheit, die Wahrheit
> und die Ehre erlitt
> den Tod
> Dr. phil. Kurt Huber

In der am Stadtrand Münchens liegenden Gemeinde *Gräfelfing* ist das *»Kurt-Huber-Gymnasium«* nach dem Hochschullehrer benannt. Fünf Schüler haben zusammen mit zwei Lehrern ein Buch über den Namensgeber ihrer Schule verfaßt.

Insgesamt gibt es mindestens 32 Schulen in den alten und einige Schulen in den neuen Bundesländern, die Namen der Mitglieder der »Weißen

Rose« tragen. Sie sind in einem Ring zusammengeschlossen. Ähnlich gibt es auch eine Städtegemeinschaft der Orte (neben München: Berlin, Freiburg, Hamburg, Saarbrücken, Stuttgart, Ulm und Gräfelfing), in denen Mitglieder der Weißen Rose lebten oder tätig wurden.

Die Stadt München verleiht alljährlich zusammen mit dem Verband der Bayerischen Verlage und Buchhandlungen an Autorinnen und Autoren den mit 20 000,– DM dotierten *»Geschwister-Scholl-Preis«*.

München ist auch der Sitz der »Weiße-Rose-Stiftung«, die von überlebenden Mitgliedern der Gruppe und Angehörigen der Hingerichteten im Jahre 1987 gegründet wurde und die u.a. in jüngerer Zeit zusammen mit dem Bundesarchiv eine Wanderausstellung konzipierte.

Kontakt und Literatur:
Weiße-Rose-Stiftung München e.V., Genter Straße 13, 80805 München; Ausstellungsbegleitheft »Die Weiße Rose – Ausstellung über den Widerstand von Studenten gegen Hitler – München 1942/43«, München 1990; Kurt-Huber-Gymnasium, Adalbert-Stifter-Platz 1, 82166 Gräfelfing bei München (Hrsg.), Kurt Huber. Stationen seines Lebens in Dokumenten und Bildern, 1986; Scholl, Inge, Die Weiße Rose, Frankfurt a.M. 1981 (Inge Aicher-Scholl ist die Schwester von Hans und Sophie Scholl); Eichmann, Bernd, Drei Kreuze in Perlach, in: Ders., Versteinert, verharmlost, vergessen. KZ-Gedenkstätten in der Bundesrepublik Deutschland, Frankfurt a.M. ²1986, S. 187–194.

Erinnerungen an KZ-Häftlinge und Zwangsarbeiter in München

In München wie in allen Großstädten bestanden in der Zeit des Nationalsozialismus eine Fülle von Außenlagern, KZ-Kommandos und Zwangsarbeiterlagern. Der »Catalogue of Camps and Prisons in Germany« nennt allein 38 KZ-Kommandos aus dem benachbarten Konzentrationslager Dachau und 40 Arbeitslager in nahezu allen größeren Firmen. Es gibt jedoch nur wenige öffentliche Hinweise oder erinnernde Informationstafeln. Dabei gab es in München unter den Tausenden von Häftlingen und Zwangsarbeitern eine Reihe von Widerstandsgruppen und Versuchen, sich der nationalsozialistischen Gewalt zu widersetzen, wie etwa die Organisation »Brüderliche Zusammenarbeit der Kriegsgefangenen« (Russische Abkürzung BSW) oder die Mitarbeit in der »Antinazistischen Deutschen Volksfront« (ADV). Obwohl die Gestapo diese Gruppen mit allen Mitteln verfolgte, zerschlug und Hunderte ihrer Mitglieder in den Konzentrationslagern umgebracht wurden, gelangen ihnen immer wieder Sabotageakte in den Industrie- und Rüstungsbetrieben. Heute besteht die einzige Erinnerung in den *Gräbern auf Münchner Friedhöfen* wie etwa am *Perlacher Forst* (s. unten) oder auf dem *Waldfriedhof*, Fürstenrieder Straße 288, auf dessen neuem Teil über 3 200 italienische Soldaten, Kriegsgefangene und Zwangsarbeiter bestattet sind.

Wie schwer bisweilen die Erinnerung an diese Zeit der »Heimatgeschichte« fällt, wurde nicht zuletzt 1988 deutlich an den Protesten des Goethe-Instituts, für das neue Verwaltungsgebäude in München die Adresse »Dachauer Straße« zu akzeptieren.

Die Stadt München beschloß 1988 auf Anregung der »Arbeitsgemeinschaft zur Erforschung der Dachauer Zeitgeschichte«, an der *Stielerschule* am Rande der Theresienwiese, Ecke Stielerstraße/Bavariaring, eine *Tafel* anzubringen mit folgendem Text:

> Zum Gedenken an das
> Bombensuchkommando des KZ Dachau,
> das in der Zeit vom Juli 1944
> bis zum April 1945
> hier untergebracht war.
> Die SS zwang die Häftlinge,
> unter Einsatz ihres Lebens
> Bomben in München
> zu bergen und zu entschärfen.
> Zahllose Gefangene fanden dabei den Tod.
> Ihr Opfer ist uns
> Mahnung und Verpflichtung.
> Landeshauptstadt München.
> Verein »Zum Beispiel Dachau«.

Im August 1989 wurden nach dem Vorbild der südlichen Nachbargemeinde Gauting in zwei Münchner Stadtteilen Denkmäler zur Erinnerung an den Evakuierungszug der Dachauer KZ-Häftlinge aufgestellt. In *Allach* im Norden an der *Ecke Eversbusch/Höcherstraße* und in *Pasing* im Süden beim *Bahnhofsplatz* erinnern die zwei *Bronzeplastiken* an den »Todesmarsch« der 6 887 Gefangenen, die am 26. April 1945 von der SS nach Süden getrieben wurden und von denen jeder zweite durch Hunger, Entbehrung oder Mord ums Leben kam. Der »Todesmarsch« ging von Dachau aus auch durch Allach, Pasing und Gräfelfing und endete am 2. Mai in der Nähe des Tegernsees mit der Befreiung durch amerikanische Soldaten. Auf einem Sockel ist figürlich der Leidenszug dargestellt und darunter der Text:

> Hier führte in den letzten Kriegstagen
> im April 1945 der Leidensweg
> der Häftlinge aus dem
> Konzentrationslager Dachau
> vorbei ins Ungewisse.

An der damaligen Wegstrecke wurden 1989/90 acht identische Denkmäler errichtet, neben den beiden auf dem heutigen Münchner Stadtgebiet in Gräfelfing, Planegg, Krailling und in Gauting und weiter südlich in Aufkirchen/Berg und in Wolfratshausen. (Näheres s. Gauting)

Auf dem *Friedhof am Perlacher Forst, Stadelheimer Straße,* gibt es neben dem »KZ-Ehrenhain« (s. oben), in dem 4092 Opfer der nationalsozialistischen Herrschaft bestattet sind, eine weitere Grabanlage mit den sterblichen Überresten sogenannter »Displaced Persons«. Das sind Menschen, häufig Zwangsarbeiter, die von den Nationalsozialisten aus ihren Heimatländern nach Deutschland verschleppt und nach dem Kriege als »Displaced Persons« von den Alliierten zusammengefaßt und meist repatriiert wurden. Das *Grabdenkmal* im südöstlichen Friedhofsteil trägt die Inschrift:

Hier ruhen in fremder Erde
1129 Tote aus 12 Nationen
Friede sei mit ihnen.

Ein neues *Denkmal* zur Erinnerung an ein KZ-Außenlager mit der Bezeichnung »SS-Berufsschule« und an den Einsatz der Häftlinge in der Rüstungsindustrie ist im Norden Münchens auf dem seit 1912 militärisch genutzten Gelände in *Oberschleißheim* geplant. Unmittelbar an der Effnerstraße, an der Einfahrt zur künftigen Zweigstelle des Deutschen Museums auf dem Gelände der ehemaligen Flugwerft, soll eine abstrakte Plastik der Münsteraner Bildhauerin Magdalena Drebber »Für den unbekannten KZ-Häftling« aufgestellt werden: Aus gebogenem Eisenrohr wird ein mehrere Meter hohes gleichseitiges Dreieck, das Symbol der KZ-Häftlinge, gebildet, die Spitze nach unten auslaufend und in der Erde verankert. Was zunächst wie ein Tor erscheint, bietet in der Konzeption minimalistischer Kunst zahlreiche Assoziationsebenen für den Betrachter. Ein Arbeitskreis der Münchner »Vereinigung der Verfolgten des Naziregimes« (VVN), Initiator des Mahnmals, hat sich mit der Militärgeschichte des Ortes beschäftigt. Die Ergebnisse sollen in der geplanten Ausstellung mit Exponaten zur Luft- und Raumfahrtgeschichte Eingang finden.

Literatur:
Heusler, Andreas, Zwangsarbeit in der Münchner Kriegswirtschaft 1939–1945, München 1991; Richardi, Hans-Günter, Leben auf Abruf. Das Blindgängerbeseitigungskommando aus dem KL Dachau in München 1944/45 (Dachauer Dokumente Bd. 1), Dachau 1989.

Erinnerungen an die jüdischen Opfer des Nationalsozialismus

Zur Geschichte der Münchner Frauen, Kinder und Männer, die als Juden verfolgt und vernichtet worden sind, gibt es einige Denkmäler und Erinnerungstafeln. An der *Ecke Knorr-/Troppauerstraße* in *Milbertshofen* im Münchner Norden erinnert ein baumähnlicher *Gedenkstein* an das »Judenlager«, das hier im Münchner Norden im Jahre 1941 eingerichtet wurde. Die Inschrift lautet:

Für viele jüdische Mitbürger
begann in den Jahren 1941/43
der Leidensweg in die
Vernichtungslager mit der
Einweisung in das
Münchner Sammellager hier
an der Knorrstraße 148.

Das Lager aus 18 Baracken mußten im Sommer 1941 die damals noch in München lebenden Juden selber aufbauen, und für ihre Verpflegung und Unterbringung mußten sie noch an die NSDAP-Gauleitung zahlen. Von hier aus wurden sie zu besonders schweren oder gefährlichen Arbeiten gezwungen. Für die meisten der insgesamt 4000 Insassen war Milbertshofen Durchgangsstation auf dem Weg in die Vernichtungslager. Das Münchner Lager war das erste derartige »Ghetto« in einer deutschen Stadt des 20. Jahrhunderts und wurde als »Modell« von anderen Kommunen übernommen.

Eine andere Station auf dem Weg in den Holocaust war die sogenannte Heimanlage der Juden im *Kloster St. Michael* der Barmherzigen Schwestern neben der berühmten Barockkirche *Berg am Laim.* Auf zwei Etagen des Klosters waren hier zwischen 1941 und 1943 bis zu 350 jüdische Menschen zusammengedrängt. Mitte der 80er Jahre beschäftigte sich eine Schulklasse des benachbarten Michaeli-Gymnasiums anläßlich eines Wettbewerbs mit diesem Lager und schlug u.a. ein *Denkmal* vor, das 1987 in dem erhalten gebliebenen Nordportal des alten Klosters errichtet wurde: Ein schwerer grauer Granitblock versperrt das Portal, durch das zwischen 1941 und 1943 viele Männer, Frauen und Kinder ihren letzten Weg in die Vernichtungslager gehen mußten. Eine *Tafel* am Zaun trägt den Text:

»Wieviel leichter ist es, unter denen zu sein,
die Unrecht erleiden, als unter denen,
die Unrecht tun.«
Dr. Else Behrend-Rosenfeld,
Wirtschaftsleiterin des Sammellagers.
Als Mahnung und zur Erinnerung an das Sammellager
für jüdische Bürger in den Jahren 1941–1943

In der *Münchner City* gibt es *zwei Denkmäler,* die an frühere Synagogen erinnern. Die ehemalige Hauptsynagoge an der *Maxburg-/Ecke Herzog-Max-Straße* wurde schon vor der reichsweiten Pogromnacht am 9. und 10. Juni 1938 von einer Baufirma abgerissen, »aus verkehrstechnischen Gründen«, wie der »Stürmer« danach höhnisch schrieb. Heute steht hier in einer Grünanlage ein wuchtiger *Steinquader* mit verschiedenen jüdischen Symbolen und hebräischen Inschriften. Dazu der deutsche Text:

Hier stand die 1883–1887
erbaute Hauptsynagoge
der Israelitischen
Kultusgemeinde.
Sie wurde in der Zeit
der Judenverfolgung
im Juni 1938 abgerissen.
Am 10. Nov. 1938 wurden
in Deutschland die Synagogen niedergebrannt.
Gedenke
dies
Der Feind
höhnte Dich
74. Psalm
Vers 18

Eine zweite Synagoge orthodoxer Prägung in der *Herzog-Rudolf-Straße 1* wurde am 9. November 1938 in Brand gesetzt. Die Feuerwehr sah zu, und die Gemeinde mußte noch 15 000 Mark für das Abtragen der Ruine bezahlen. Heute hängt hier eine *Wandtafel* über einem Restaurant mit deutscher und hebräischer Inschrift:

Hier stand die
Synagoge Ohel Jakob,
welche am 9. November 1938
von Nationalsozialistischer
Hand zerstört wurde.

Auch die heutige Hauptsynagoge in der *Reichenbachstraße 27* wurde in der Reichspogromnacht demoliert und in Brand gesteckt. Sie wurde am 28. Mai 1947 wieder eingeweiht und dient heute der Israelitischen Gemeinde München als Gotteshaus.

Im Jahre 1988 schlugen einige SPD-Stadträte vor, an dem Anwesen *Hermann-Schmid-Straße 5–7* (ganz in der Nähe der Stielerschule, in der das KZ-Bombenräumkommando untergebracht war – s. oben) eine *Gedenktafel* anzubringen, die an das jüdische Kranken- und Schwesternheim sowie an die Israelitische Privatklinik an dieser Stelle erinnern solle. Die 45 Patienten, darunter Sterbende, und die Schwestern mußten am 4. Juni 1942 die Klinik räumen und wurden nach Theresienstadt deportiert. Dr. Julius Spanier begleitete den Transport und kehrte als einziger Überlebender mit seiner Frau nach München zurück. An ihn erinnert eine *Gedenktafel* im Eingang der Kinderklinik, *Lachnerstraße 1,* deren Chefarzt Dr. Spanier bis 1955 war.

Im *Institut für Internationales Recht* der Universität München, *Veterinärstraße 5,* gegenüber dem Geschwister-Scholl-Platz, ist ein Saal nach dem jüdischen Wissenschaftler Prof. Neumeyer benannt, der sich angesichts der Deportation das Leben nahm. Eine *Gedenktafel* trägt den Text:

Geheimrat Prof. Dr. Karl Neumeyer hat dieses Institut
im Jahre 1916 mitbegründet. Sein Wirken war bahnbrechend für die Gesamtheit des internationalen
Rechts. Die Barbarei des Unrechtsstaates hat ihn
und seine Frau im Jahre 1941 in den Tod getrieben.
Der Saal trägt seinen Namen ihm zu Ehre und
zu steter Mahnung an schmachvolles Unrecht.
Juristische Fakultät der Universität München.

Auf dem *alten jüdischen Friedhof* im Süden der Stadt im Stadtteil *Thalkirchen, Thalkirchner Straße 240,* liegen neun Opfer der nationalsozialistischen Verfolgung bestattet. Einige Grabdenkmäler erinnern an jüdische Opfer, die durch die Deportation oder in den Vernichtungslagern ums Leben kamen.

Auf dem *neuen jüdischen Friedhof* in *Schwabing, Garchinger Straße 37,* liegen zahlreiche Opfer der nationalsozialistischen Verfolgung bestattet, an die ein großes *Denkmal* neben der Friedhofshalle erinnert. Seine Inschrift:

Den Opfern der schweren Verfolgungszeit
1933 – 1945 zum Andenken.

Außerdem weisen zahlreiche Einzelinschriften auf den *Grabsteinen* auf den gewaltsamen Tod der Angehörigen in der Zeit der Verfolgung hin wie etwa:

...auch für die Eltern und Großeltern,
die kein Grab haben...
...Zum Gedächtnis an ihren Gatten und Sohn,
verschleppt und im KZ umgekommen...
...Unsere innigst geliebten Eltern und Geschwister
In den dunklen Jahren des Faschismus
in Auschwitz ermordet...

Museum:
Im April 1989 eröffnete der Münchner Galerist Richard Grimm in Eigeninitiative »Das Jüdische Museum München«. In einer kleinen ehemaligen Wohnung in der Innenstadt werden neben einigen Judaica vor allem in Wechselausstellungen Dokumente und Objekte zur jüdischen Kultur und Geschichte gezeigt. »Ich wollte damit«, betonte der Museumsgründer, »in der einstigen ›Hauptstadt

der Bewegung‹ einen Platz schaffen, wo Menschen ohne Schwellenangst Einstieg finden in die jüdische Kultur, und ein Forum für Vergangenheit und Gegenwart der Juden. Ich will an die gemeinsame Geschichte von Deutschen und Juden erinnern und an das Furchtbare, das hier geschehen ist.«

Adresse:
Das Jüdische Museum, Maximilianstraße 36. – Geöffnet Dienstag und Mittwoch 14–18, Donnerstag 14–21 Uhr, Eintritt frei.

Literatur:
Behrend-Rosenfeld, Else, Ich stand nicht allein. Erlebnisse einer Jüdin in Deutschland 1933–1945 (u.a. über die Heimanlage in Berg am Laim), Hamburg 1949; Cahnmann, Werner J., Die Juden in München 1918–1943, in: Zeitschrift für bayrische Landesgeschichte, Bd. 42, 1979 Heft 2, S. 403–461; Landeshauptstadt München (Hrsg.), Verdunkeltes München. Lesebuch zur Geschichte des Münchner Alltags. Geschichtswettbewerb 1985/86. Die nationalsozialistische Gewaltherrschaft und ihre Folgen, München 1987 (darin u. a. die Arbeit der Schüler des Michaeli-Gymnasiums); Lamm, Hans (Hrsg.), Vergangene Tage. Jüdische Kultur in München, München 1982; Selig, Wolfram (Hrsg.), Synagogen und jüdische Friedhöfe in München, München 1988.

Ehrung von Widerstandskämpfern in München

In *Schwabing* wurde der Platz *»Münchner Freiheit«* im Jahre 1946 nach der »Freiheitsaktion Bayern« benannt. Eine *Gedenktafel* an der Ostwand des Forums erinnert daran mit folgendem Text:

> In den letzten Tagen des Zweiten Weltkrieges
> haben die Freiheitsaktion Bayern und andere
> zum Widerstand gegen nationalsozialistische
> Gewaltherrschaft entschlossene Bürger
> sinnloses Blutvergießen verhindert.
> Im Jahre 1946 wurde dieser Platz
> zu ihrem Gedenken Münchner Freiheit genannt.

Die »Freiheitsaktion Bayern« hatte ihre Wurzeln in antinationalsozialistischen Kreisen, wie sie schon vor dem Krieg vielerorts bestanden: kleine Freundeskreise ohne feste Organisation. Erst ab 1942 entwickelte sich eine Widerstandsgruppe, seit der Hauptmann d.R. Dr. jur. Rupprecht Gerngroß zum Chef der Dolmetscher-Kompanie im Wehrkreis VII (Südbayern) wurde und er seine Position dazu nutzte, Regimegegner in seine Einheit einzuschleusen. Zusammen mit Vertrauten anderer Einheiten im Raum München wurde ein bewaffneter Aufstand vorbereitet, und am 24. April 1945 gelang es, die Alliierten zu informieren. Der »Freiheitsaktion Bayern« (FAB) gelang jedoch in der Nacht vom 27. auf den 28. April, als sie losschlug, weder der Schlag gegen die Gauleitung, noch gegen die militärische Führung im südbayerischen Raum. Allerdings konnte Dr. Gerngroß über die kurzzeitig besetzten Sender Freimann und Erding die Bevölkerung zum Widerstand und die deutschen Truppen zur Einstellung des Kampfes aufrufen. Die darauf folgenden Aufstandsversuche, wie z.B. in Penzberg (s. dort), Sendling, Altötting oder Landshut (s. dort), wurden binnen weniger Stunden zumeist blutig niedergeschlagen.

Eine eher versteckte Erinnerung an diese Aktion befindet sich im *Innenhof des Landwirtschaftsministeriums* in der Maxvorstadt, *Ludwigstraße 2.* Eine *Tafel* nennt die letzten Opfer der Willkürmorde des NS-Gauleiters von München, Menschen aus dem Umfeld der »Freiheitsaktion Bayern« sowie Verwandte von Mitgliedern der »Weißen Rose«. Die Inschrift lautet:

> Zur Erinnerung an die letzten Opfer
> nationalsozialistischen Terrors
> in München.
> In diesem Hause, dem ehemaligen
> Zentralministerium, wurden
> am 28. und 29. IV. 1945
> zum Tode verurteilt
> Hans Scharrer, Günther Caracciola-Delbrück,
> Maximilian Roth, Harald Dohrn,
> Hans Quecke.

Der *»Erich-Mühsam-Platz«:* Im Jahre 1989 wurde die Kreuzung der Clemens-, Wilhelm- und Siegfriedstraße nach dem in München lebenden Schriftsteller und Anarchisten Erich Mühsam benannt, der im Jahre 1918 Mitglied der bayerischen Räteregierung war. Die Nazis hatten den ihnen verhaßten Pazifisten bereits am 28. Februar 1933 verhaftet und am 10. Juli 1934 im Konzentrationslager Oranienburg ermordet.

An dem Wohnhaus *Schellingstraße 78* in *Schwabing* befindet sich zwischen zwei Fenstern eine schlichte *Tafel,* die an den sozialdemokratischen Widerstandskämpfer Hermann Frieb erinnert. Er gehörte führend zu der Gruppe »Neu Beginnen«, war teilweise Kontaktperson zum Exilvorstand der Partei und beteiligte sich während des Krieges an Sabotageaktionen und Vorbereitungen zu bewaffnetem Widerstand. Er wurde im Gefängnis Stadelheim hingerichtet und ist auf dem Nordfriedhof, Ungererstraße 130, bestattet. Auf der Tafel ist zu lesen:

> Hier wohnte bis zu seiner Hinrichtung
> am 12. August 1943 der
> Widerstandskämpfer Hermann Frieb.

Nach Hermann Fried ist auch eine *Realschule* in der *Hohenzollernstraße 140* benannt.

Auf dem *Nordfriedhof* existiert seit Juni 1993 eine *Gedenkstätte*, die an das Grab der früheren sozialdemokratischen Reichstagsabgeordneten Antonie Pfülf erinnert, die sich am 8. Juni 1933 selbst das Leben nahm. (Näheres zu A. Pfülf s. Regensburg)

In *Haidhausen* erinnert die Stadt München an den in Hermaringen (s. Baden-Württemberg, Hermaringen) geborenen Johann Georg Elser, der 1939 im Bürgerbräukeller ein Attentat auf Hitler versuchte. Hier traf sich Hitler jährlich mit den »alten Kämpfern« zur Erinnerung an den Putschversuch im Jahre 1923, den sogenannten Marsch auf die Feldherrnhalle in München. Im Fußgängerbereich der *Rosenheimerstraße,* zwischen dem Gema-Gebäude und dem Kulturzentrum Gasteig, wurde eine *Tafel* angebracht mit der Inschrift:

An dieser Stelle
im ehemaligen Bürgerbräukeller
versuchte der Schreiner Johann Georg Elser
am 8. November 1939
ein Attentat auf Adolf Hitler.
Er wollte damit dem Terror-Regime
der Nationalsozialisten ein Ende setzen.
Das Vorhaben scheiterte.
Johann Georg Elser wurde
nach fünfeinhalb Jahren Haft
am 9. April 1945 im KZ Dachau ermordet.

Im Jahre 1987 beschloß der Bauausschuß des Münchner Stadtrats, den südlichen Teil der Paschstraße in *Neuhausen* in *»Johann-Schmaus-Straße«* umzubenennen. Damit soll des ehemals hier lebenden Johann Schmaus und seines Sohnes Anton Schmaus erinnert werden, die 1933 Opfer der »Köpenicker Blutwoche« (Näheres hierzu s. Schleswig-Holstein: Lübeck) wurden.

An zwei sozialdemokratische Politiker, die Opfer der Verfolgung wurden, erinnern die *»Nimmerfallstraße«* und die *»Franz-Stenzer-Straße«* in *Pasing.* Der 60jährige Landtagsabgeordnete und Vorsitzende einer Wohnungsbaugenossenschaft Hans Nimmerfall starb nach einer einjährigen »Schutzhaft« im Konzentrationslager Dachau im August 1934. Der 33jährige Reichstagsabgeordnete der SPD Franz Stenzer, der hier wohnte, wurde am 21. August 1933 im KZ Dachau »auf der Flucht« erschossen.

Katholische Opposition

Im Stadtteil *Bogenhausen* erinnert am Eingang zur Grünanlage am westlichen Ende der *Neuberghauser Straße* ein *Denkmal* an den Jesuiten Alfred Delp. Der katholische Theologe war Redakteur der in München erscheinenden »Stimmen der Zeit« und lebte im Bogenhausener Pfarrhaus westlich des Friedhofs. Nach dem Verbot der Zeitschrift im Jahre 1941 wirkte er hier in Bogenhausen in privaten Gottesdiensten und Diskussionszirkeln mit Freunden. Er gehörte zum »Kreisauer Kreis« und wurde nach dem Attentat vom 20. Juli 1944 – mit dem er nichts zu tun hatte – verhaftet und zum Tode verurteilt. Auf einer Bronzestele ist zu lesen:

Pater Alfred Delp
geb. am 15. 9. 1907
hingerichtet in
Berlin-Plötzensee
am 2. 2. 1945.

Eine zweite Erinnerung an Pater Delp und an Männer des 20. Juli findet sich auf einer *Wandtafel* an der nahen *Kirche St. Georg* am *Bogenhauser Kirchplatz 1.* Hermann Joseph Wehrle war der Beichtvater des am militärischen Widerstand beteiligten Freiherrn von Leonrod, und der bayerische Diplomat Franz Sperr besaß über Alfred Delp Verbindungen zum »Kreisauer Kreis«. Der Text der Tafel lautet:

Dr. Hermann Joseph Wehrle, hingerichtet 14. 9. 1944
Alfred Delp, hingerichtet 2. 2. 1945
Ludwig Freiherr von Leonrod, hingerichtet 25. 8. 1944
Franz Sperr, hingerichtet 23. 1. 1945.

Ebenfalls an ein Opfer von Hitlers Rache nach dem mißglückten Attentat vom 20. Juli 1944 erinnert eine andere *Gedenktafel* an der Außenwand der Kirche St. Georg, deren Inschrift heißt:

Zum Gedenken an
Oberst i.G. Albrecht Ritter
Mertz von Quirnheim
Er wurde am 25. März 1905
in München geboren und
gab sein Leben für Freiheit
und Recht in Berlin am
20. Juli 1944.

Einer der in jüngster Zeit seliggesprochenen katholischen Märtyrer der nationalsozialistischen Verfolgung ist der lange in München wirkende Jesuit Rupert Mayer. An seinem früheren *Ordenshaus St. Michael* in der *Maxburgstraße 1* erinnert seit 1989 eine *Gedenktafel* an den Priester. Der Text neben der Pforte lautet:

In diesem Haus lebte und wirkte
Pater Rupert Mayer SJ
die Haftjahre ausgenommen
von 1922 bis zu seinem Tod
am 1. November 1945.
Er wurde von Papst Johannes Paul II
am 3. Mai 1987 seliggesprochen.

Eine zweite Erinnerung an Rupert Mayer findet sich im *Justizpalast,* in dem er 1937 vor einem Sondergericht stand. Er war den Nazis mit seinen auf aktuelle und politische Ereignisse Bezug nehmenden Predigten ein Dorn im Auge, wurde im Mai 1936 von der Gestapo ermahnt und erhielt im Mai 1937 Predigtverbot, das er nicht beachtete. 1939/40 wurde er ins Konzentrationslager Sachsenhausen eingeliefert und mußte ab 1940 eine Art »Klosterhaft« im oberbayerischen Ettal verbringen, wo er zu Untätigkeit und politischer Abstinenz verurteilt war. Rupert Mayer starb kurz nach seiner Entlassung am 1. November 1945. Auf der *Tafel* wird eine Erklärung Rupert Mayers vor dem Sondergericht zitiert mit dem Wortlaut:

> Ich werde künftig wie bisher
> die katholische Kirche,
> ihre Glaubens- und Sittenlehre
> gegen alle Angriffe, Anfeindungen
> und Verleumdungen verteidigen.
> Das halte ich für mein Recht und
> meine Pflicht als katholischer Priester.

Das Grab Rupert Mayers befindet sich in der Altstadt in der Unterkirche des Bürgersaales, Neuhauser Straße 48.

An eine andere katholische Märtyrerin, die von Papst Johannes Paul II. zusammen mit Rupert Mayer seliggesprochen wurde, die Karmelitin Edith Stein, erinnert der Name der *»Edith-Stein-Schule«,* in der eine *Bronzeskulptur* des Münchner Bildhauers Prof. Henselmann die vom jüdischen Glauben konvertierte Nonne darstellt. (Näheres zu Edith Stein s. NRW: Köln)

Literatur:
Bretschneider, Heike, Der Widerstand gegen den Nationalsozialismus in München 1933–1945 (Neue Schriftenreihe des Stadtarchivs München Heft 4), 1968.

Weitere Denkmale an Opfer des Nationalsozialismus

Am 25. Mai 1990 wurden auf dem *Waldfriedhof* in *Fürstenried* eine Reihe von medizinischen Präparaten bestattet. Ähnlich wie auch in Frankfurt a. M. und Tübingen (s. dort) begannen sich erst ab Mitte der 80er Jahre Anatomiestudenten für die Herkunft der universitätseigenen Präparate zu interessieren und stellten in München fest, daß in Instituten der vormaligen Kaiser-Wilhelm-Gesellschaft, der heutigen Max-Planck-Gesellschaft, zahlreiche Gehirne von getöteten Kindern, Opfern der sogenannten »wilden Kindereuthanasie«, aus der nahen Anstalt Eglfing-Haar (s. Haar) stammten. Die Erkenntnis führte zur Bestattung aller Präparate aus dieser Zeit bzw. mit unklarer Herkunft. Der *Stein* auf dem Waldfriedhof trägt die Inschrift:

> Zur Erinnerung an Opfer
> des Nationalsozialismus
> und ihren Mißbrauch
> durch die Medizin.
> Allen Forschern
> als Mahnung zu
> verantwortlicher
> Selbstbegrenzung.
> Errichtet von der
> Max-Planck-Gesellschaft
> 1990.

Ein *»Deserteursdenkmal«* wurde in München das erste Mal im November 1987 von einer Initiative von Spätverweigerern öffentlich vorgestellt. Die Plastik des Münchner Künstlers Stefan von Reiswitz mit dem eher pazifistischen Motto »Den Deserteuren aller Kriege« stellt auf einem Steinsockel den bronzenen Torso eines römischen Feldherrn dar, vor dem sich Soldaten in die Tiefe stürzen. Es kam wie auch in zahlreichen anderen Städten zu heftigen öffentlichen Debatten, bis der Kulturausschuß des Stadtrates im März 1989 mehrheitlich gegen die Stimmen der CSU beschloß, ein »Denkmal für Kriegsdienstverweigerer« aufzustellen. Allerdings steht ein künstlerischer Wettbewerb noch aus.

»Alternative Stadtrundfahrten«:
Das Bildungswerk des Deutschen Gewerkschaftsbundes (DGB) Kreis München veranstaltet jeden ersten Samstag im Monat (außer Januar, August und September) eine Stadtrundfahrt zu Stätten des Widerstandes und der Verfolgung unter dem Motto »Das andere München«. Für Gruppen ab 20 Personen können auch gesonderte Termine vereinbart werden. Information/Anmeldung: DGB Bildungswerk Kreis München, Schwanthaler Straße 64, 80336 München, Frau Illginnis, Tel.: 0 89/5 14 16 75 oder Herr Burmeister, Tel.: 0 89/5 14 16 76.

Stattreisen München e.V., Postfach 40 18 32, 80718 München, Tel.: 0 89/2 71 89 40, bietet Stadtführungen an zu den Themen »Nationalsozialismus und Widerstand« und »Jüdisches Leben in München«.

Literatur:
DGB-Stadtrundfahrt, Das andere München, 5. Aufl. 1988; Scheibmayr, Erich, Letzte Heimat. Persönlichkeiten in Münchner Friedhöfen 1794–1984; Ders., Wer? Wann? Wo? (beide im Selbstverlag E. Scheibmayr, Windeckstraße 71 b, 81375 München); Weyerer, Benedikt, München zu Fuß. 20 Stadtteilrundgänge durch Geschichte und Gegenwart, Hamburg 1988.

Muhr am See

In *Altenmuhr* wurde im Jahre 1985 auf Betreiben eines Lehrers gegen den Widerstand eines beträchtlichen Teils seiner Mitbürger und des Gemeinderats am *Judenhof 25* ein *Gedenkstein* errichtet. Er trägt folgenden Text:

Hier stand bis 1968 eine Synagoge.
1985 zum Gedenken
an die Jüdische Gemeinde
die über 300 Jahre
in Altenmuhr bestand.

Muschenried siehe Winklarn

Naila

Auf dem *städtischen Friedhof* der oberfränkischen Gemeinde Naila, an der *Albin-Klöber-Straße*, gibt es ein *Denkmal* für KZ-Opfer, das eine Steinplastik mit zwei kauernden Gestalten zeigt und darunter die Inschrift:

Den Opfern des Faschismus

In einem Sammelgrab sind hier neun Männer bestattet, die in der Nähe der Stadt am 10. April 1945 auf dem »Todesmarsch« vom Konzentrationslager Buchenwald von SS-Leuten erschlagen wurden.

Nammering siehe Fürstenstein

Nenzenheim siehe Iphofen

Neumarkt in der Oberpfalz

In den Jahren 1958 bis 1965 errichtete der Volksbund Deutsche Kriegsgräberfürsorge in Neumarkt in Zusammenarbeit mit dem Freistaat Bayern und der Stadtverwaltung einen großen *Friedhof für nichtdeutsche Kriegsopfer*. Die heute dort bestatteten 5 049 Toten waren zuvor in über 400 verschiedenen Gemeinden begraben gewesen. Neben 96 Toten aus dem Ersten Weltkrieg sind dort heute 4 953 Tote des Zweiten Weltkrieges beigesetzt, zumeist Kriegsgefangene und Zwangsarbeiter. Mit 3 373 Gräbern stellen Bürger der Sowjetunion den größten Anteil; bei 1 197 Toten ist die Nationalität unbekannt. Auch Frauen und Kinder sind hier bestattet.

Literatur:
Volksbund Deutsche Kriegsgräberfürsorge (Hrsg.), Am Rande der Straßen. Kriegsgräber in der Bundesrepublik Deutschland, Kassel 1988, S. 46.

Neumarkt-St.Veit

Auf einem für KZ-Opfer angelegten *Friedhof* in Neumarkt-St.Veit, außerhalb des Ortes an der *B 299 in Richtung Mühldorf*, sind 392 Tote in Einzel- und Reihengräbern bestattet. Auf dem linken Torpfosten dieses KZ-Friedhofes steht zu lesen:

Letzte Ruhestätte von
392 Opfern des Nationalsozialismus
† April 1945.

Und auf dem rechten Torpfosten steht:

Geh nicht vorüber Wandersmann –
Dass Liebe tilgt was Hass getan.

Bei den Toten handelt es sich um Häftlinge eines Komplexes von KZ-Außenlagern im Landkreis Mühldorf, die eine unterirdische Flugzeugfabrik bauen mußten und deren Gräber im Jahre 1945 von amerikanischen Besatzungsgruppen angelegt wurden. Seit 1986 organisiert eine »Initiative Neumarkter Friedenstag« jährlich am 8. Mai eine Gedenkfeier auf diesem Friedhof, um an die Geschichte des Ortes und die hier ruhenden Häftlinge zu erinnern. Aus diesem Kreis, vorwiegend Mitglieder der Geschichtswerkstatt Mühldorf, der Grünen und der SPD, stammt auch seit längerem der Vorschlag, an diesem und weiteren Friedhöfen sowie am Ort des früheren Lagers im Mettenheimer Wald informierende Hinweistafeln anzubringen. (s. Mühldorf am Inn)

Neunburg vorm Wald

Am Neunburger *Plattenberg* existiert seit den 50er Jahren eine der größten *Grabanlagen für KZ-Opfer* in Bayern. Eine *Gedenktafel* inmitten von acht großen Gräberfeldern trägt die Inschrift:

Ihr starbet,
damit wir leben!
Zur Erinnerung an
615 unbekannte Opfer
des Todesmarsches
Flossenbürg – Dachau
April 1945

Rund um den Gedenkstein sind 12 Platten in einem Halbkreis eingelassen, die in Symbol und hebräischer Inschrift an die 12 israelitischen Stämme des Alten Testaments erinnern. Die 615 toten Häftlinge, überwiegend Juden, waren Opfer der brutalen »Evakuierungs«-märsche, bei denen Tausende noch kurz vor der Befreiung durch Strapazen und Mord ums Leben kamen und in den Wäldern von der SS verscharrt wurden. Die Massengräber wurden erst nach dem Krieg entdeckt, und die Leichen mußten auf Befehl der Alliierten dann von früheren Mitgliedern der NSDAP exhumiert und in Neunburg feierlich bestattet werden. Einer der Toten mit der KZ-Nummer 89 024, dessen Name später in Erfahrung gebracht wurde, war der Stuttgarter Pazifist und Kunsthistoriker Gottfried Hermann Wurz, der sich 1943 an einer örtlichen Gruppe des »Nationalkomitees Freies Deutschland« beteiligt hatte. (Näheres zu den Todesmärschen s. Flossenbürg)

Literatur:
Bohn, Willi, 89 024: Dr. Gottfried Hermann Wurz, in: ders., »Hochverräter!«, Frankfurt a. M. 1984, S. 113–123.

Neutraubling

Östlich von Regensburg wurde ab 1935 der große *Militärflugplatz Regensburg-Obertraubling* errichtet. Während des Krieges entwickelte er sich zum Zweigwerk der Augsburger und Regensburger Messerschmitt-Werke. Als Arbeitskräfte wurden dort auch sogenannte Fremdarbeiter sowie sowjetische Kriegsgefangene eingesetzt. Verstorbene sowjetische Kriegsgefangene, darunter auch in mehreren Fällen erschossene, wurden nicht auf dem Fliegerhorst beigesetzt, sondern an verschiedenen Stellen im nahen Regensburg. Das von der Stadt Regensburg im Stadtteil Hohes Kreuz 1988 errichtete Denkmal (s. Regensburg) gedenkt auch dieser Toten.
In den letzten Kriegsmonaten war auf dem Fliegerhorst Regensburg-Obertraubling eine Endmontagelinie für den »Düsenjäger« Me 262 eingerichtet worden. Ein zur Umrüstung vorgesehenes deutsches Geschwader wurde auf drei benachbarten Flugplätzen stationiert. Für Umbauarbeiten an den Rollbahnen und zur Beseitigung von Bombenschäden wurden im Februar 1945 mehrere KZ-Außenkommandos eingerichtet (s. Wallersdorf, Feldkirchen und Plattling). Das Lager auf dem Fliegerhorst Obertraubling unterstand dem Konzentrationslager Flossenbürg und war im Februar 1945 eingerichtet worden. Über 600 Häftlinge waren vom Hauptlager nach dort in Marsch gesetzt worden. Als das Außenlager Ende April aufgelöst und nach Dachau »evakuiert« wurde, zählte man noch knapp 400 Köpfe. Als die Marschkolonne am 28. April 1945 im KZ Dachau eintraf, hatte sich die Häftlingszahl auf 97 reduziert. Etlichen Häftlingen war zwischenzeitlich die Flucht gelungen, aber weit über 100 Leichen lagen verscharrt in einem Massengrab auf dem Fliegerhorst.
Noch 1945 gab die Militärregierung den völlig zerstörten Flugplatz zur Ansiedlung von Flüchtlingen und Vertriebenen frei. Zunächst nach der benachbarten und zuständigen Gemeinde »Barbing-Industriesiedlung« benannt, wurde die neue Ortschaft 1951 selbständig und 1986 zur Stadt erhoben. Am 17. Juni 1950 war über dem Massengrab (am heutigen »Ringplatz« neben dem neuen Rathaus) eine große *Gedenkstätte* für die KZ-Opfer feierlich eingeweiht worden. Eine Inschrift lautet:

> Einer Vielzahl unbekannter Opfer
> von Menschenfeinden
> 1933–1945

Die Gedenkstätte wurde überragt von einem großen Kreuz aus Eisen.
Als im Spätsommer 1956 die Leichen exhumiert und in ihre Heimat bzw. auf den neuen Ehrenfriedhof Flossenbürg überführt wurden, wurde die Gedenkstätte eingeebnet. Das große Kreuz fand ohne jeglichen Hinweis eine neue Verwendung auf dem an anderer Stelle eingerichteten Gemeindefriedhof. Neuerdings erwägt die Stadtverwaltung Neutraubling die Anbringung einer *Gedenktafel.*

Literatur:
Ehm, Rainer, Studie im Auftrag des Kulturdezernats der Stadt Regensburg zum Schicksal der während des Zweiten Weltkrieges in und um Regensburg zu Tode gekommenen Kriegsgefangenen aus der UdSSR, (unveröffentlichtes Manuskript) Regensburg 1987; ders., Schicksalsort Regensburg, in: Stadt Regensburg (Hrsg.), Stadt und Mutter in Israel, Jüdische Geschichte und Kultur in Regensburg, 2. Aufl. Regensburg 1990, S. 113ff.; ders., Auch im Landkreis starben KZ-Häftlinge, in: »Mittelbayerische Zeitung«, Regensburger Landkreisseite, 23./24. November 1991.

Neu-Ulm

An dem Gebäude *Am Weidenhof 2* in Neu-Ulm, in dem sich u. a. die Einsatzzentrale des Roten Kreuzes befindet, hängt über dem Tor eine *Gedenktafel* mit folgendem Wortlaut:

> An dieser Stelle stand die Synagoge.
> Sie wurde im Jahre 1873 erbaut und
> bei den Verfolgungen unserer jüdischen Mitbürger
> am 9. 11. 1938 zerstört.

Niederwerrn

In der Unterfränkischen Gemeinde Niederwerrn hängt an dem Haus *Schweinfurter Straße 23* eine *Tafel* mit der Inschrift:

> Dieses Gebäude wurde
> 1786 erbaut und diente
> der Jüdischen Kultusgemeinde als Synagoge.
> Zur Erinnerung und zur Mahnung.

Eine ähnlich nichtssagende *Tafel* hängt auch am *Rathaus,* der früheren jüdischen Schule, die ebenso wie die Synagoge in der sogenannten »Kristallnacht« 1938 verwüstet wurde, wobei alle Inneneinrichtungen zerstört wurden.

Literatur:
Grossmann, Karl-Heinz, Die Niederwerrner Juden 1871 – 1945, Würzburg 1990.

Nittendorf

Im Ortsteil *Nickelberg* erinnert eine *»Dr.-Johann-Maier-Straße«* an den in der Nacht zum 24. April 1945 im nahen Regensburg hingerichteten Domprediger. (Näheres zur Person Johann Maiers s. Regensburg)

Nördlingen

Im *Gemeindehaus* der evangelischen Gemeinde Nördlingen in der *Kreuzgasse 1,* welches auch das Arbeitsamt beherbergt, ist eine *Gedenktafel* mit folgendem Text zu lesen:

> Hier stand die 1885 erbaute
> und am 8. November 1938 von den
> damaligen Machthabern
> entweihte Synagoge der
> Israelitischen Kultusgemeinde Noerdlingen.

Auf dem *jüdischen Friedhof,* am Nähermemminger Weg, steht links des Eingangs ein *Gedenkstein* mit der Inschrift:

> Den Toten zur Ehre
> und zum ewigen Gedenken
> an die juedischen Bürger aus
> Nördlingen und Umgebung
> die in den Verfolgungsjahren
> 1933 – 1945 grausam umgekommen sind
> Uns Lebenden zur Mahnung
> Den kommenden Geschlechtern
> zur eindringlichen Lehre
> Errichtet im Jahre 1979
> vom Landesverband der
> Israelitischen Kultusgemeinden in Bayern.

Literatur:
Justin Josef Seligmann – Schicksal eines bayrischen Juden, in: das forum. Zeitschrift der Volkshochschulen in Bayern, Heft 4/1988, S. 15–19.

Nordheim v. d. Rhön

In Nordheim sind mehrere von der früheren Israelitischen Gemeinde genutzte Gebäude noch erhalten, obwohl sie z.T. auch in der sogenannten »Reichskristallnacht« verwüstet wurden: die ehemalige Synagoge in der *Judengasse 4,* der Turm des »Gelben Schlosses«, auch »Judentempel« genannt, im Hinterhof des Anwesens *Alex-Hösl-Straße 20* und die frühere Schule, *Untere Torgasse 7.* An allen Gebäuden sind *Erinnerungstafeln* geplant.

Nürnberg

Nürnberg ist eine Stadt, deren Name in vielfacher Hinsicht mit dem Nationalsozialismus in Verbindung steht. Der »Frankenführer« Julius Streicher, einer der schlimmsten Judenhasser der Nationalsozialisten, gab in Nürnberg sein antisemitisches Hetzblatt »Der Stürmer« heraus. 1933 erklärte Hitler Nürnberg zur »Stadt der Reichsparteitage«. Diese fanden bis 1938 jährlich statt. Dafür wurden gigantische Monumentalgebäude zum Teil realisiert, zum Teil geplant und ein »Reichsparteitagsgelände« in einer Gesamtfläche von über 16 Quadratkilometern ausgebaut. Anläßlich des Reichsparteitages wurden am 15. September 1935 die »Nürnberger Rassegesetze« verabschiedet. Schließlich hielten in Nürnberg die alliierten Siegermächte ab 1945 die »Nürnberger Prozesse« gegen die Hauptverantwortlichen und Eliten des Nationalsozialismus ab.
Dokumente dieser Geschichte sind vor allem die erhalten gebliebenen Ruinen des *Reichsparteitagsgeländes,* über deren sinnvolle Bedeutung bzw. Erhaltung und auch wirtschaftliche Nutzung seit Jahren debattiert wird. Durchgesetzt hat sich die Position, sich mit der Geschichte und Funktion des Geländes politisch und pädagogisch auseinanderzusetzen. Dies geschieht u.a. in der *Ausstellung »Faszination und Gewalt – Nürnberg und der Nationalsozialismus«,* die seit 1985 in der Eingangshalle der Zeppelintribüne gezeigt wird. Das Pädagogische Institut der Stadt, verantwortlich für mehrere zeitgeschichtliche Symposien, beschäftigt sich mit der Geschichte Nürnbergs im »Dritten Reich« und im Kontext des Ortes mit der politischen Ästhetik des Nationalsozialismus. Es geht um den Versuch, die Faszination und Suggestivkraft der NS-Architektur in Bezug zu Gewalt und Terror zu entschlüsseln. Diese ambitionierte Ausstellung wird weiter ausgebaut. Seit 1989 stehen an markanten Stellen des ehemaligen Reichsparteitagsgeländes Texttürme, die die Besucher über die Funktion des Geländes und die Geschichte der Gebäude informieren.

Auskunft und Öffnungszeiten:
Pädagogisches Institut der Stadt Nürnberg, Insel Schütt 5, 90403 Nürnberg, Tel.: 09 11/16 25 19.
Da die Räume nicht heizbar sind, ist die Ausstellung im Winter geschlossen. Vom Frühjahr (etwa Juni) bis Herbst (Ende Oktober) ist sie außer montags von 10.00 Uhr bis 18.00 Uhr geöffnet.

Räumlich eng mit der Geschichte des Reichsparteitagsgeländes verbunden ist auch das Kriegsgefangenenlager Nürnberg-Langwasser, das sogenannte Stalag XIII D. Nach Kriegsbeginn war das sogenannte SA-Lager des Parteitagsgeländes zum Gefangenenlager umgewandelt und erweitert worden. In Nordbayern befanden sich des weiteren die dem Nürnberger Wehrkreiskommando unterstellten Stalags XIII A in Sulzbach-Rosenberg, XIII B in Weiden und XIII C in Hammelburg (dort auch das Offizierslager – Oflag XIII B). Diesen Stalags zugeordnet waren zahlreiche über die ganze Region verstreute Arbeitskommandos unterschiedlicher Größe.
Die ersten im Spätsommer 1941 im Reichsgebiet eintreffenden Transporte sowjetischer Kriegsgefangener waren zumeist noch nicht im Sinne der Befehlsvorgaben der Nationalsozialisten (»Gerichtsbarkeitserlaß«, »Kommissarbefehl«) im Frontbereich nach sogenannten unbrauchbaren Elementen überprüft worden. Entsprechend hatten die örtlichen Gestapo-Stellen diese »Aussonderung« nachzuholen und »Fanatiker, Offiziere, Juden, Intelligenzler, Hetzer, unheilbar Kranke« der »Sonderbehandlung« im nächsten Konzentrationslager zuzuführen. Mehrere hundert sowjetische Kriegsgefangene aus vielen Arbeitskommandos in Nordbayern wurden umgehend ins KZ Flossenbürg überstellt und dort regelmäßig sofort exekutiert (s. Flossenbürg). Im Gegensatz zum südbayerischen Wehrkreis regte sich hier kaum Widerstand von Seiten der mit der Mordaktion konfrontierten Wehrmacht (zum Widerstand in Südbayern s. Moosburg, dort auch Literatur).
An den Stätten der ehemaligen Stalags und deren Arbeitskommandos scheint man sich dieser Opfer der NS-Herrschaft bislang ausdrücklich in Regensburg (s. dort; vgl. auch Auerbach, Grafenwöhr) erinnert zu haben.
Nach Kriegsende dienten die Baracken des Nürnberger Lagers als Internierungslager, später als Flüchtlingsunterkünfte.

Im *Luitpoldhain*, einem Teil des ehemaligen Parteitagsgeländes, befindet sich eine *Ehrenhalle* für die Opfer der beiden Weltkriege und des Nationalsozialismus. Eine *Gedenktafel* erinnert:

> Den Opfern der Kriege
> 1914 bis 1918 † 1939 bis 1945
> und der Gewaltherrschaft
> 1933 bis 1945
> Die Stadt Nürnberg

Ein Vorschlag der Grünen im Nürnberger Stadtrat im Jahre 1989, ein eigenes Denkmal den »Deserteuren der Kriege« zu widmen, wurde abgelehnt. Doch sprach sich in dieser Debatte die sozialdemokratische Mehrheitsfraktion dafür aus, auf dem Mahnmal im Luitpoldhain auch der »Fahnenflüchtigen« zu gedenken.

Auf dem *jüdischen Friedhof* in der *Schnieglingerstraße 155* (Westfriedhof) sind 31 KZ-Häftlinge bestattet. Zahlreiche Gräber dieses Friedhofs weisen in Erinnerungsschriften auf Familienangehörige s. A. (seligen Andenkens) hin, die in einem der zahlreichen Konzentrations- und Vernichtungslager ermordet worden sind.
Auf einem *Monument* dieses Friedhofs, das den jüdischen Gefallenen des Ersten Weltkrieges gewidmet war, wurde eine *Gedenkplatte* mit hebräischer und deutscher Inschrift angebracht. Der deutsche Text lautet:

> Zum Gedenken
> all derer,
> die von 1933–1945
> ihres Glaubens
> willen gewaltsam
> den Tod fanden.
> Israelitische
> Kultusgemeinde
> Nürnberg

Auf dem *Südfriedhof* sind neben 1 950 Bombenopfern 3 554 sowjetische Staatsbürger und »Displaced Persons« bestattet. An sie erinnert ein *Gedenkstein* mit russischer Inschrift.

An der Ostseite des *Hans-Sachs-Platzes* am Kopf der Spitalbrücke erinnert ein 1973 errichteter *Gedenkstein* mit einem Davidstern an die ehemalige Synagoge. Der deutsche Text lautet:

> An dieser Stelle stand
> die im Jahre 1874 fertig-
> gestellte und im maurischen
> Stil erbaute Nürnberger
> Hauptsynagoge.
> Noch vor der Kristallnacht
> wurde sie am 10. 8. 1938
> von den NS-Machthabern
> zerstört und abgetragen.

In hebräischer und deutscher Sprache ist an den Seitenbegrenzungen dieses Gedenksteins folgendes Zitat angebracht:

Und wenn man sagt:
Sieh', wir wußten nichts davon!
Glaubst Du nicht, daß er,
der das Herz des Menschen kennt,
ihn durchschaut?
Er vergilt dem Menschen
nach seinen Taten.
Sprüche 24/12

Dieser Gedenkstein wurde zum 50. Erinnerungstag des Pogroms im Jahre 1988 zu einer *Erinnerungsstätte* erweitert.

Die Nazis drangen seinerzeit auch in die Synagoge in der Essenweinstraße ein, zerstörten und verwüsteten sie und steckten sie am Ende in Brand. Ein Faltblatt der Stadtverwaltung stellt alle diese früheren »Stationen jüdischen Lebens und Leidens in Nürnberg« vor.

Im neuen *Gemeindezentrum, Priemstraße 20,* erinnert eine *Gedenktafel* an die NS-Geschichte und ihre Opfer. Unter der Abbildung eines siebenarmigen Leuchters und des Davidsterns ist zu lesen:

Wir wollen immer
in Verehrung und Trauer
der 6 Millionen Opfer
jüdischen Glaubens gedenken
unter denen sich ca. 1700 Mitglieder
der Nürnberger Gemeinde befinden
die aus Rassenhass
von 1933 – 1945
ihr Leben lassen mussten.
Isr. Kultusgemeinde Nürnberg.

Seit einigen Jahren gibt es in der Nürnberger Gewerkschaft ÖTV eine Initiative von Krankenpflegern und Medizinern, die die Geschichte des *städtischen Klinikums an der Flurstraße* erforschen. Die Gruppe hat ein Faltblatt zu einem *Rundgang* im Klinikum veröffentlicht, dem Detailinformationen und Bilder zur Geschichte der Krankenpflege und Medizin im Nationalsozialismus zu entnehmen sind. Sie hat überdies vorgeschlagen, den Rundgang mit entsprechenden Informationstafeln zu versehen, die die Geschichte dokumentieren und an die Opfer von Aussonderung und Vernichtung sogenannten »unwerten Lebens« erinnern sollen.

Zur Erinnerung an die »Nürnberger Prozesse« gegen die nationalsozialistischen Kriegsverbrecher wurde 1986 im *Justizpalast, Fürther Straße 110,* vor dem Schwurgerichtssaal 600 (II. Etage Ostflügel) eine über ein Meter große, kreisrunde *Erinnerungstafel* angebracht mit der umlaufenden Inschrift:

Vom 20. November 1945 – 1. Oktober 1946
fanden in diesem Sitzungssaal
die Verhandlungen des
Internationalen
Militärgerichtshofs statt.

Führungen:
Stadtrundgänge zu den Themen »Das ehemalige Reichsparteitagsgelände«, »Rundfahrt zu den Stätten des Widerstands und der Verfolgung« sowie zu »Leben und Existenzbedingungen der Juden in Nürnberg und Fürth« veranstaltet der Verein: Geschichte für Alle e.V., Steinstraße 21, 90419 Nürnberg, Tel.: 0911 / 332735.

Material:
Das Pädagogische Institut der Stadt Nürnberg (Anschrift s.o.) gibt die Reihe »Beiträge zur politischen Bildung« heraus, die sich speziell mit der NS-Geschichte befassen (Bezug zum Preis von 2 bis 7 DM), u.a.: Nr. 1: Die 13 »Nürnberger Prozesse«; Nr. 3: Das Kriegsgefangenenlager Langwasser als Forschungsobjekt; Nr. 5: Faszination und Gewalt. Zur politischen Ästhetik des Nationalsozialismus. Ein Symposion; Nr. 7: Geschichte der Juden in Nürnberg und Mittelfranken; Nr. 9: Der Umgang der Stadt Nürnberg mit dem früheren Reichsparteitagsgelände; Nr. 10: NS-Architektur für uns.

Literatur:
Bildungszentrum der Stadt Nürnberg (Hrsg.), Das SS-Staatsverbrechen. Zur Enttabuisierung der zwölf Nachfolgeprozesse. Zwangsarbeit in Nürnberg 39–45, Nürnberg 1988; Centrum Industriekultur (Hrsg.), Kulissen der Gewalt. Das Reichsparteitagsgelände in Nürnberg, München 1992; Müller, Arndt, Geschichte der Juden in Nürnberg 1146–1945, Nürnberg 1968; ÖTV-Jugend u.a. (Hrsg.), Krankenpflege und Medizin im Nationalsozialismus am Beispiel des Nürnberger Klinikums (Faltblatt), Nürnberg 1992; Schul- und Kulturreferat der Stadt Nürnberg (Hrsg.), Schicksal jüdischer Mitbürger in Nürnberg 1933–1945, 1978; Ogan, Bernd und Weiß, Wolfgang, W. (Hrsg.), Faszination und Gewalt. Nürnberg und der Nationalsozialismus. Eine Ausstellung, Nürnberg 1990; (dies.) Faszination und Gewalt – Zur politischen Ästhetik des Nationalsozialismus, Nürnberg 1992; Faltblatt des Presse- und Informationsamtes, Nürnberg 1933–1945, Nürnberg 1988; Wollenberg, Jörg, Das Pogrom im November 1938 in Nürnberg, in: das forum. Zeitschrift der Volkshochschulen in Bayern, Heft 4/1988, S. 20–29.

Obbach siehe Euerbach

Oberaltertheim siehe Altertheim

Oberelsbach

Am Ende des *Elsweg*, an dem Gebäude, welches als Wohnhaus, Café und Diskothek dient, befindet sich eine *Gedenktafel* mit dem Text:

> Dieses Gebäude, erbaut 1899,
> diente der Jüdischen Kultusgemeinde
> Oberelsbach als Synagoge.
> Zur Erinnerung und zur Mahnung.

Oberlauringen siehe Stadtlauringen

Oberschleißheim siehe München

Oberthulba

An dem Haus *Ledergasse 12* in der unterfränkischen Gemeinde Oberthulba ist auf einer *Gedenktafel* zu lesen:

> Dieses Gebäude diente
> unseren ehemaligen jüdischen Mitbürgern
> bis 1938 als Synagoge und Schule.

Obertraubling siehe Neutraubling

Ottobrunn

Auf dem Gebiet der Gemeinde Ottobrunn (früher Unterhaching) bei München, im Bereich der heutigen Finken-, Drossel- und Zaunkönigstraße, befand sich ab März 1944 ein Außenlager des Konzentrationslagers Dachau. Die etwa 350 bis 400 Häftlinge, politische Gefangene, Kriminelle und »Arbeitsscheue«, Zeugen Jehovas und vor allem russische Kriegsgefangene, mußten Gebäude und Windkanäle der »Luftforschungsanstalt München« (LFM) errichten. U.a. war hier auch der spätere norwegische Ministerpräsident und Vorsitzende der Arbeitspartei, Trygve Bratelli, inhaftiert. Die Gefangenen wurden in den ersten Maitagen 1945 auf dem Weg zu einem weiteren Rüstungsprojekt im Ötztal von den Alliierten befreit.

Nach dem Kriege dienten die Baracken verschiedenen Lagern. Sie wurden Mitte der 60er Jahre abgerissen und der Platz mit Wohnhäusern bebaut. Nachdem Anfang der 80er Jahre eine Arbeitsgruppe die Geschichte des Lagers erforscht und mit einer Dokumentation das Thema öffentlich gemacht hatte, allerdings mit geringer Resonanz, bildete sich im Frühjahr 1988 eine *»Initiative Mahnmal«*, die ein Denkmal in Ottobrunn zur Erinnung an die Häftlinge des KZ-Außenlagers forderte. Der Riemerlinger Bildhauer Wolfgang Sandt stellte eine knapp zwei Meter hohe *Steinplastik* her, die eine Gruppe von vier kahlköpfigen Männern in Anstaltskleidung zeigt. Diese wurde der Gemeinde zum Geschenk gemacht.

Doch der Widerstand in der Gemeinde Ottobrunn war groß und äußerte sich bis zu Befürchtungen, ein Mahnmal am früheren Lagerplatz werde den Wert der Häuser mindern, bzw. bis zu Äußerungen, Ottobrunn werde »zu einer KZ-Stadt hochstilisiert«. Im Januar 1992 lehnte der Gemeinderat mit Mehrheit die Annahme der Plastik ab, die weiter im Garten des Bildhauers Wolfgang Sandt steht.

Kontakt:
Initiative Mahnmal, c/o Rainer Gränzer, Lärchenstraße 21, 85640 Putzbrunn.

Quellen/Literatur:

Bratteli, Trygve, Fange i natt og take (»Gefangene in Nacht und Nebel« – berichtet in den Kapiteln 8–10 über seinen Aufenthalt im KZ-Außenlager Ottobrunn); Dexheimner, Andreas (Hrsg.), Spurensicherung. Ottobrunn im 3. Reich, 1986; Gränzer, Rainer, Nicht mal geschenkt akzeptiert Ottobrunn sein Mahnmal, in: Geschichte quer, Heft 1 (1992), S. 12–14; Presse- und Informationsmappe der »Initiative Mahnmal« zur Ausstellung »Bilder und Skulpturen der Vergangenheitsbewältigung«, 1990.

Passau

Auf dem *Innstadt-Friedhof* erinnert ein *Denkmal* an die Opfer des Nationalsozialismus.

Literatur:

Rosmus-Wenninger, Anja, Widerstand und Verfolgung. Am Beispiel Passaus 1933–1939. Vorwort von Martin Hirsch, Passau 1983; Rosmus, Anna-Elisabeth, Exodus – im Schatten der Gnade. Aspekte zur Geschichte der Juden im Raum Passau, Tittling 1988.

Penzberg

Am 28. April 1945, dem Tag, der als »Penzberger Mordnacht« in die Geschichte der Stadt Penzberg in Oberbayern einging, wurden 16 Bürger und Bürgerinnen von Nationalsozialisten ermordet. An der Erschießungsstätte, heute der *Platz »An der Freiheit«*, wurde im Oktober 1948 ein *Mahnmal* enthüllt: eine auf einem hohen Sockel stehende Skulptur, die einen mit erhobenen Armen an einen Pfahl gebundenen Menschen darstellt. Dazu die Namen der Ermordeten und das Datum:

28. April 1945
Rummer, Hans
März, Ludwig
Belohlawek, Gottlieb
Badlehner, Paul
Höck, Rupert
Schwertl, Michael
Summerdinger, Johann
Biersack, Franz
Boos, Michael
Fleissner, Xaver
Fleissner, Agathe
Kastl, Josef
Grauvogl, Albert
Zenk, Johann
Zenk, Therese
Dreher, Johann

Hans Rummer war 1933 von den Nationalsozialisten als Bürgermeister nach 14jähriger Amtszeit abgesetzt und in einem Konzentrationslager in »Schutzhaft« genommen worden. Nachdem er am 28. April 1945 früh im Reichssender München einen Aufruf der »Freiheitsaktion Bayern« (s. München) gehört hatte, wonach durch die Beseitigung der NS-Machthaber die Regierungsgewalt auf die »Freiheitsaktion« übergegangen und der Krieg damit für Bayern beendet sein sollte, nahm er mit einigen Begleitern Verhandlungen im Bergwerk auf, um die Befolgung der Parolen vom Endkampf bis zur verbrannten Erde zu verhüten, was für Penzberg die Zerstörung des Bergwerks und damit die Vernichtung der Arbeitsplätze für 75 Prozent der Bürger bedeutet hätte. Die Stillegung des Bergwerks wurde erreicht. Danach gingen Rummer und seine Begleiter in Penzberger Gefangenenlager, um den sowjetischen und französischen Gefangenen das Ende des Krieges mitzuteilen und die Wachen um den Schutz der Gefangenen zu bitten. Dem Nazibürgermeister Vonwerden wurde mitgeteilt, daß er zurückzutreten habe. In einer Beratung im Rathaus wurden sodann Vorkehrungen zum Schutz der Bürger und zur kampflosen Übergabe der Stadt an die heranrückenden Amerikaner besprochen. Ein Offizier der Wehrmacht, Oberstleutnant Ohm, der mit seiner Truppe in Penzberg eingetroffen war und dem von Rummer die Lage und die getroffenen Maßnahmen erklärt wurden, meldete die Penzberger Vorgänge dem Gauleiter in München. Dieser ordnete die Erschießung der inzwischen im Rathaus verhafteten Männer an.

Hans Rummer, Michael Boos, Rupert Höck, Johann Dreher, Ludwig März, Paul Badlehner und Michael Schwertl wurden am Abend in der Nähe des Sportplatzes an der Bichler Straße erschossen. Die anderen, darunter die Ehepaare Fleissner und Zenk, wurden in der Nacht aus ihren Wohnungen geholt und an Bäumen auf der Bahnhof-, der Gustav- und der Karlstraße sowie am Balkon eines Hauses in der Karlstraße, mit einem Schild mit der Aufschrift »Werwolf« um den Hals, erhängt. 30 Stunden später rückten amerikanische Soldaten in die Stadt ein.

Auf dem *Penzberger Friedhof*, auf dem die Ermordeten in *Ehrengräbern* bestattet sind, wurde ein *Gedenkstein* aufgestellt mit der Inschrift:

Verweile in Gedenken
vor unserem Grabe
und kuende den Deinen
wie wir starben in Treue
zur Heimat

(In Berlin-Schöneberg erinnern die »Penzberger Straße« und ein an der Ecke der Münchener Straße errichteter Gedenkstein an Bürgermeister Rummer und seine Schicksalsgefährten.)

Quellen/Literatur:
Stadt Penzberg (Hrsg.), »28. April 1945 – 28. April 1985«, Broschüre, hrsg. anläßlich des 40. Jahrestages der Ermordungen, 1985 (stellt auch den Verlauf der Prozesse gegen die Mörder 1948–1954 dar.); Tenfelde, Klaus, Proletarische Provinz. Radikalisierung und Widerstand in Penzberg/Oberbayern 1900 bis 1945, in: Bayern in der NS-Zeit, Bd. IV, S. 1–382; Troll, Hildebrand, Aktionen zur Kriegsbeendigung im Frühjahr 1945, in: Bayern in der NS-Zeit, Bd. IV, S. 645 – 690, insbes. S. 671 f.

Petersbrunn siehe Starnberg

Pfaffenhausen siehe Hammelburg

Planegg

In Planegg erinnert an der Würm, *Pasinger Straße*, eine *Bronzeskulptur* an den »Todesmarsch« der 6 887 Dachau-Häftlinge, die am 26. April 1945 von der SS nach Süden getrieben wurden und von denen jeder zweite durch Hunger, Entbehrung oder Mord ums Leben kam. Ihr Weg führte auch durch Planegg und endete am 2. Mai in der Nähe des Tegernsees mit der Befreiung durch amerikanische Soldaten. An der Strecke des damaligen »Todesmarsches« wurden 1989/90 acht identische Denkmäler errichtet, in den Münchner Stadtteilen Allach und Pasing, in Gräfelfing, in Planegg, Krailling und Gauting, dann weiter südlich in Berg-Aufkirchen und in Wolfratshausen. (Näheres s. Gauting)

Plattling

Zwischen der ehemaligen Gemeinde Michaelsbuch und dem Plattlinger Ortsteil Höhenrain war Ende der 30er Jahre ein Militärflugplatz angelegt worden. Ende 1944 waren dort und auf benachbarten Flughäfen in Ostbayern Flieger untergebracht, die mit in Regensburg-Obertraubling (s. Neutraubling) endmontierten »Düsenjägern« ausgerüstet werden sollten. Zum Ausbau der Flugplätze und zur Beseitigung von Bombenschäden wurden Anfang 1945 KZ-Häftlinge eingesetzt und dazu in Plattling-Michaelsbuch ein Außenlager des Konzentrationslagers Flossenbürg eingerichtet.
Ein 1987 auf dem Vorplatz des Plattlinger *Friedhofs St. Jakob* errichteter *Gedenkstein* soll sowohl an die Toten dieses Lagers als auch an die jüdischen Bürger Plattlings erinnern, die deportiert und ermordet worden sind.

Pocking

An der *Bundesstraße 12* bei Pocking erinnert eine *Gedenkstätte* an das frühere Lager Waldstatt, ein Außenlager des Konzentrationslagers Flossenbürg, das in den Kriegsjahren an dieser Stelle bestand. Unmittelbar nach dem Kriege wurde für die KZ-Toten des Lagers ein *Friedhof* angelegt mit einer hohen steinernen *Stele,* auf der ein Relief einen eingesperrten, abgemagerten Menschen zeigt. Ein Teil der Toten wurde im Jahre 1957 exhumiert und in ihre französische Heimat überführt, die übrigen 84 Toten wurden auf den KZ-Ehrenfriedhof Flossenbürg (s. dort) beigesetzt. Die Anlage mit der Stele blieb als KZ-Gedenkstätte erhalten.

Pöcking, Kreis Starnberg

In Pöcking erinnert ein *Gedenkstein* vor der *»General-Fellgiebel-Kaserne«* an den Offizier und General der Nachrichtentruppe Erich Fellgiebel. Er gehörte zu den militärischen Verschwörern des 20. Juli 1944 und übernahm im Zusammenhang mit dem Hitlerattentat die nachrichtentechnische Abschirmung des Führerhauptquartiers, die nur vorübergehend glückte. Er wurde noch am selben Abend verhaftet, vom »Volksgerichtshof« zum Tode verurteilt und am 4. September 1944 hingerichtet.

Pottenstein, Oberfranken

Die sogenannte »Magerscheune« in der Ortsmitte von Pottenstein diente während der Kriegsjahre als Außenlager des Konzentrationslagers Flossenbürg. Vom 12. Oktober 1942 bis zum 15. April 1945 waren hier insgesamt 746 Häftlinge inhaftiert, die bei Bauvorhaben der in Pottenstein stationierten SS-Karstwehr eingesetzt wurden. Sie mußten ein Barackenlager und die Zufahrtsstraße errichten, beim Ausbau der Teufelshöhle sowie der Errichtung eines Stausees arbeiten. Während die von den Häftlingen errichteten Anlagen als steinerne Dokumente vorhanden sind, teilweise heute als Touristenattraktion dienen, und die »Magerscheune« gewerblich genutzt wird, erinnert kein Hinweis an die Geschichte des Lagers und seine Insassen.

Quelle:
Geusendamm, Wilhelm, Herausforderungen, Kiel 1988; Engelbrecht, Peter, 380 Pottensteiner KZ-Häftlinge zu Tode geschunden, in: Geschichte quer, Heft 1 (1992), S. 25–27.

Prichsenstadt

An der Mauer des Prichsenstädter *Friedhofs* befindet sich eine *Tafel* mit dem folgenden Wortlaut:

> Die Stadt Prichsenstadt
> gedenkt ihrer ehemaligen jüdischen Mitbürger –
> Zur Erinnerung und zur Mahnung.

Nähere Angaben zur Geschichte der Gemeinde, die bis 1942 hier existierte, werden nicht gemacht. Synagoge und Schulhaus wurden von den Nazis in der sogenannten »Reichskristallnacht« geschändet, die Gebäude sind aber als Wohnhaus in der Freihofgasse 2 erhalten.

Pullach, Nordbayern siehe Abensberg

Regensburg

Bereits 1945 wurde in Regensburg damit begonnen, Opfern der NS-Herrschaft öffentlich zu gedenken. So wurde die »General-Ritter-von-Epp-Straße« umbenannt in *»Dr.-Johann-Maier-Straße«,* und am 1. Jahrestag des gewaltsamen Todes des Dompredigers Dr. Maier wurde Ostern 1946 an der Südmauer im Innern des *Doms* eine *Gedenktafel* angebracht.
Jahrzehntelang hat der Tod von Dr. Maier das Gedenken an andere Opfer der NS-Herrschaft vor Ort überlagert. Historischer Hintergrund ist die »Regensburger Frauendemonstration« am 23. April 1945, bei der die Übergabe der im Bombenkrieg kaum zerstörten Stadt an die bereits am Donau-

nordufer stehenden amerikanischen Truppen gefordert wurde. Der Domprediger trat hervor, als sich ein Handgemenge mit den Wachen vor der damaligen Kreisleitung der NSDAP entwickelte und er die Menge zur Gewaltlosigkeit aufforderte. Dr. Maier und weitere unter den wenigen männlichen Demonstranten wurden daraufhin verhaftet. Der frühpensionierte Polizei-Hauptwachtmeister Michael Lottner wurde noch während des anschließenden Verhörs mißhandelt und erschossen. Einige Verhaftete wurden nach Stunden wieder freigelassen, Dr. Maier sowie der Rentner Josef Zirkl jedoch in der Nacht von einem Standgericht zum Tode verurteilt und am 24. April morgens um 3.25 Uhr öffentlich erhängt. Die Leiche von Michael Lottner wurde unter den Galgen gelegt.
Am 27. April 1950 wurden zwei weitere *Gedenktafeln* enthüllt. Die eine an der Westseite (Dr.-Wunderle-Straße) des *Dachauplatzes* – dem Ort der Hinrichtung, der nach 1945 in Erinnerung an die Opfer des Konzentrationslagers Dachau umbenannt worden war – trägt die Inschrift:

Vor diesem Hause haben in der
Nacht vom 23. zum 24. April 1945
Domprediger Dr. Johann Maier
und Lagerarbeiter Josef Zirkl
als Opfer des Hitlerwahns den
Tod durch Erhängen gefunden.
Sie hatten gebeten Regensburg
durch kampflose Übergabe vor
der Zerstörung zu bewahren.
Ehre ihrem Andenken.

Die zweite Tafel in der nahen Dr.-Martin-Luther-Straße, am Gebäude der Industrie- und Handelskammer, der ehemaligen NS-Kreisleitung, wurde im Zuge eines Umbaus später wieder entfernt.
Für alle drei Toten wurde 1975 ein *Denkmal* in einer kleinen *Grünanlage am Dachauplatz* errichtet, entworfen von dem damaligen Leiter der Dombauhütte Regensburg, Richard Triebe. Den Abschluß des pfeilerförmigen Mahnmals bildet eine aus einem Lorbeerkranz gestaltete Krone. Die Inschrift an der Nordseite lautet:

Hier starben
am 23. April 1945
für Regensburg
Dr. Johann Maier,
Domprediger
Josef Zirkl,
Lagerarbeiter
Michael Lottner,
Inspektor
In Dankbarkeit
Die Bürger von
Regensburg

Michael Lottner und Josef Zirkl wurden später auch durch zwei *Straßenbenennungen* im Stadtteil *Prüfening* geehrt. Nach Dr. Maier sind auch in Orten der Umgebung Straßen benannt (s. Nittendorf). Seit 1945 ist sein Leichnam in seinem Geburtsort Marklkofen (s. dort) bestattet.

Zum 40. Jahrestag des Kriegsendes im Mai 1985 beschloß die Stadt Regensburg, *an mehreren Orten* mit *Gedenkstätten bzw. Erinnerungstafeln einzelner Gruppen und Personen* zu gedenken, die in besonderer Weise Opfer der nationalsozialistischen Verfolgung waren. »Mit solchen Mahnmalen«, so Oberbürgermeister Friedrich Viehbacher, »kann die Zahl- und Namenlosigkeit der Opfer aufgelöst und einzelne bestimmte Menschenschicksale konkretisiert werden. Sie sprechen uns unmittelbar und direkt an und erinnern uns an konkrete Gestalten des Widerstandes und an erlittenes Unrecht.« Das ist wie in vielen anderen Städten auch in Regensburg nicht selbstverständlich, wo 1953 etwa ein Bauantrag der Jüdischen Gemeinde auf ein Mahnmal auf eigenem Grundstück zur Erinnerung an den Holocaust noch abgelehnt wurde mit dem Argument, es entspreche »in keiner Weise den künstlerischen und städtebaulichen Erfordernissen«.
Von diesen neuen Erinnerungsstätten wurde die erste am 7. Mai 1986 enthüllt, und zwar eine große *Gedenktafel* an der Außenwand des *Jüdischen Gemeindehauses, Am Brixener Hof 2.* Der selten ausführliche Text der mit einem siebenarmigen Leuchter und dem Davidstern verzierten Tafel lautet:

Hier stand die Synagoge/
Das Gotteshaus der Jüdischen Gemeinde Regensburg/
Erbaut 1912, zerstört am 9. November 1938/
durch die Nationalsozialisten./
Am 10. November 1938 wurden jüdische Bürger/
in einem beispiellosen Schandmarsch/
durch die Stadt getrieben./
Am 2. April 1942 wurden hier auf dem Platz/
der abgebrannten Synagoge/
106 jüdische Bürger zusammengetrieben/
und in die Konzentrationslager deportiert./
Am 15. Juli und 23. September 1942/
folgten weitere Opfer/
dem Leidensweg von Millionen Juden/
die wegen ihres Glaubens litten und starben./
Noch in den letzten Kriegstagen/
fanden Deportationen von Regensburg aus statt.

Eine weitere *Erinnerungstafel* an Regensburger Juden hängt seit 1987 im Foyer des städtischen *Von-Müller-Gymnasiums.* Sie geht auf eine Geschichtsinitiative von Schülerinnen zurück, die Schicksal und Geschichte einiger ihrer Vorgängerinnen, der jüdischen Mädchen dieser Schule, untersucht und in einer Ausstellung vorgestellt haben. Der Text der Tafel lautet:

Zum Gedenken
an die
jüdischen Schülerinnen
des
Von-Müller-Gymnasiums
die dem
Nationalsozialismus
zum Opfer fielen.

Als zweite der vom Stadtrat beschlossenen dezentralen Gedenkstätten wurde am 22. Juni 1986 am örtlichen *Gewerkschaftshaus* in der *Richard-Wagner-Straße* eine weitere *Gedenktafel* enthüllt zur Erinnerung an die Opfer der Arbeiterbewegung. Unter zwei reliefierten Köpfen im oberen Teil ist zu lesen:

In diesem Haus wirkten
von 1926–1933

Toni Pfülf
Reichstagsabge-
ordnete der SPD
14. 12. 1877 – 8. 6. 1933

Alfons Bayerer
Landtagsabge-
ordneter der SPD
28. 7. 1885 – 11. 5. 1940

Sie wurden Opfer des nationalso-
zialistischen Terrors und stehen
stellvertretend für die vielen Op-
fer aus der Arbeiterbewegung
in Regensburg.

Antonie Pfülf, einige der wenigen Frauen schon in der verfassungsgebenden Nationalversammlung 1919 und ständige Reichstagsabgeordnete bis 1933, hatte sich am 8. Juni 1933 das Leben genommen. Sie war verzweifelt über die Machtübernahme und den Terror der Nationalsozialisten, aber auch weil sie den Illusionismus ihrer Partei und den Anpassungskurs der Gewerkschaften nach der »Machtergreifung« nicht ertragen konnte. Mit ihrem Namen wurde 1988 die unmittelbar an das Gewerkschaftshaus anschließende Geschäftsstelle der SPD *»Antonie-Pfülf-Haus«* benannt. Ebenso trägt ein alle zwei Jahre ausgeschriebener Preis der Bayrischen Sozialdemokraten »für Verdienste um die Förderung der politischen Mitwirkung von Frauen in der SPD« ihren Namen.

Alfons Bayerer, seit 1930 Vertreter Regensburgs im Landtag, wurde schon zwei Tage nach dem SPD-Verbot am 24. Juni 1933 in »Schutzhaft« genommen, entlassen, wieder verhaftet, wegen »Hochverrat« zu viereinhalb Jahren Zuchthaus verurteilt und im August 1939 totkrank entlassen. Neun Monate später starb er.

Die nächste der *Gedenktafeln* wurde am 19. Oktober 1988 eingeweiht im Stadtosten in einer *Grünanlage* an der Kreuzung *Siemens-* und *Straubingerstraße*. Sie ist den über 700 Kriegsgefangenen aus der Sowjetunion gewidmet, die zwischen 1941 und 1945 in und um Regensburg ums Leben kamen. Der Standort des *Mahnmals am Hohen Kreuz* erinnert an einen nahe gelegenen »Russenfriedhof«, der am Rande eines früheren Exerzierplatzes eingerichtet worden war, da auf dem Evangelischen Zentralfriedhof »Platzmangel« herrschte. Er erinnert aber auch daran, daß nicht weit entfernt, auf dem Gelände des heutigen Siemens-Werkes, ein Großteil der Gefangenen im dortigen Heeresnebenzeugamt untergebracht war und in einem in Sichtweite gelegenen Kalkwerk am Donaunordufer arbeiten mußte.
In und um Regensburg gab es mehrere Arbeitslager für sowjetische Kriegsgefangene, von denen im Herbst 1941 viele geschwächt einer grassierenden Fieberepidemie zum Opfer fielen und hier in Massengräbern »beerdigt« wurden. Bis Kriegsende kamen weitere 480 tote sowjetische Gefangene dazu. Andere Häftlinge, die durch die elenden Arbeits- und Lebensbedingungen krank und geschwächt waren, wurden von den Nationalsozialisten als »unbrauchbare Elemente« aussortiert und in das Konzentrationslager Flossenbürg abtransportiert. Dort hat man sie unmittelbar nach der Ankunft erschossen.
Die hier liegenden Toten wurden im Jahre 1957 exhumiert und in einen zentralen Friedhof nach Neumarkt/Oberpfalz (s. dort) überführt.
Das Material der von dem Bildhauer Heinrich Glas gestalteten Gedenkstätte stammt aus dem Steinbruch des Konzentrationslagers Flossenbürg. Neben dem hohen grabsteinähnlichen Mahnmal stehen zwei Tafeln aus Bronze, die an den Stein seitlich angelehnt sind und aus der Entfernung den Eindruck einfacher Arbeitsmittel im Steinbruch erwecken. Der Text auf den Tafeln lautet:

Zur Erinnerung
an die Kriegsgefan-
genen aus der Sowjet-
union die in den Jahren
1941–45 in einem
Lager unweit dieser
Stelle und an an
deren Orten der
Stadt unterge-
bracht waren.
Viele starben an
Entbehrungen und
Seuchen, andere

wurden in das
Konzentrations-
lager Flossenbürg
verschleppt und
ermordet.

Die ursprünglich
in Regensburg
bestatteten
Soldaten ruhen
heute auf dem Sammel
friedhof in Neu
markt in der Oberpfalz.
628 Opfer
sind namentlich
bekannt.
Gestiftet 1988
von der
Stadt Regensburg.

Ein weiterer Ort der Erinnerung an die Opfer des Nationalsozialismus wurde am 4. November 1990 am Altbau des *Bezirksnervenkrankenhauses* eingerichtet. Es war der 50. Jahrestag des ersten Transportes aus dieser Klinik im Rahmen des zynisch als »Euthanasie« (»Gnadentod«) bezeichneten Mordprogramms an psychisch Kranken. Sogenannte Gutachter wählten die Menschen aus, die als »nicht lebenswert« erklärt wurden aufgrund ihrer psychischen oder physischen Leiden, oft auch aufgrund ihrer Sozialgeschichte. Sie wurden in das Schloß Hartheim bei Linz in Österreich, eine zentrale Mordklinik der Nationalsozialisten, gebracht. (s. zu den Krankenmorden auch Haar, Irsee und Kaufbeuren)
An der Außenwand eines Gebäudes rechts neben dem Eingang zur Kirche St. Bartholomäus, mit dem Zugang von der *Ludwig-Thoma-Straße* aus, befindet sich eine *Tafel* mit der Inschrift:

In der Verblendung, Leben könne lebensunwert sein,
wurden in der Zeit des Nationalsozialismus
638 Frauen, Männer und Jugendliche von hier aus
nach Hartheim bei Linz gebracht und ermordet,
mehr als fünfhundert weitere gegen ihren Willen
sterilisiert. Viele hundert Menschen
litten und starben in diesem Krankenhaus
an den Folgen staatlich verordneter extremer
Überbelegung und Mangelernährung.
Gedenket der Opfer
aber auch der Täter und derer,
die in der Not geholfen haben!
Sie alle waren Menschen wie wir.

Nach jahrelangem Parteien- und Bürgerstreit, zehn Jahre nach dem Votum des städtischen Kulturausschusses für eine Gedenktafel, wurde am 8. November 1994 am *Brückenbasar* in *Stadtamhof* der Öffentlichkeit ein *Mahnmal* für die Opfer des Lagers »Colosseum«, eines gegen Kriegsende eingerichteten Außenkommandos des Konzentrationslagers Flossenbürg, übergeben. Das Lager war im damaligen Tanzsaal der heute noch als Bauerntheater existierenden Vergnügungsstätte »Colosseum« eingerichtet. Die 400 Häftlinge waren bei der Reichsbahn für Reparaturarbeiten nach Bombenangriffen eingesetzt. 65 von ihnen starben dabei. Das Mahnmal aus Flossenbürger Granit trägt die Worte:

Nie wieder [jidd.]

Dem Gedächtnis der Opfer
des KZ-Aussenkommandos
Flossenbürg in Stadtamhof vom 19. 3. – 23. 4. 1945,
400 Gefangenen, teils jüdischen Glaubens,
aus vielen Ländern Europas.

Die Würde des Menschen ist unantastbar.

Die Toten wurden in Massengräbern auf dem Oberen katholischen Friedhof und auf dem Evangelischen Zentralfriedhof vergraben. Am 4. November 1950 wurde im Westteil des *Zentralfriedhofs* ein *Ehrenmal* eingeweiht. Nach der Exhumierung und Überführung der Toten in ihre Heimat oder auf den Gedenkfriedhof Flossenbürg im Jahre 1955 wurde es wieder beseitigt, und erst mehr als 30 Jahre später erwägt das zuständige Evangelische Dekanat, hier einen Erinnerungsstein zu setzen. Das alte Denkmal trug folgende Inschrift:

Ruhestätte einer unbekannten Vielzahl
ausländischer Opfer des Nationalsozialismus
April 1945
Le passé s'appelle haine
Et l'avenir se nomme amour
Victor Hugo
[Die Vergangenheit nennt sich Haß,
die Zukunft heißt Liebe]

Ein weiteres Außenkommando mit KZ-Häftlingen richtete die SS auf dem Flugplatz Regensburg-Obertraubling ein, dessen Gefangene auf dem Fliegerhorst Schutt beseitigen mußten (s. Neutraubling).

Der *jüdische Friedhof* an der *Schillerstraße,* am Westrand des Stadtparks, hat die NS-Zeit überdauert. Seine Einebnung war vorgesehen, wurde jedoch »bis nach dem Endsieg« aufgeschoben. Auf vielen Familiengräbern finden sich Hinweise auf die Orte und das Schicksal der in der Zeit des Nationalsozialismus ermordeten Toten wie »gest. in Theresienstadt«, »im KZ 1942 in Polen verstorben« oder »einem schrecklichen Schicksal in Piaske-Lublin 1942 zum Opfer gefallen«. U.a. befindet sich hier auch das *Grab* des Straubingers *Otto Selz,* der als einer der ersten Juden in Deutschland im März 1933 dem Terror der Nationalsozialisten zum Opfer fiel. Nach 1945 wurde die Inschrift seines

Grabsteins ergänzt: »ermordet 15.3.1933«. (Näheres s. Feldkirchen und Straubing)
Auf dem Friedhof ruht auch *Julius Lilienthal* (1872–1938), der wenige Tage nach dem beispiellosen »Schandmarsch« der Regensburger Juden durch die Innenstadt in der Nacht vom 9./10. November 1938 an den Folgen der brutalen Behandlung gestorben war. Obwohl er nicht mehr laufen konnte, zwangen ihn die Nationalsozialisten an dem »Marsch« teilzunehmen. Sie setzten ihn auf einen Leiterwagen, den sein Sohn ziehen mußte.

An einen Märtyrer des nationalsozialistischen Terrors erinnert in Regensburg die katholische Behinderten-Schule, die nach dem Münchner Priester *»Pater-Rupert-Mayer-Zentrum«* benannt wurde.

Ein Vorstoß des örtlichen Stadtjugendrings im Jahre 1988, auch in Regensburg ein *Deserteursdenkmal* zu errichten, wurde von der Mehrheit des Stadtrats abgelehnt.

Im Zuge der Debatte um Abriß oder Erhalt des sogenannten *Velodroms* am Arnulfplatz wurde auch das Schicksal des Erbauers und früheren Eigentümers Simon Oberdorfer in Erinnerung gerufen, der mit seiner Familie und zahlreichen jüdischen Leidensgenossen vergeblich versucht hatte, zunächst mit dem Schiff, später als Emigrant in den Niederlanden den NS-Schergen zu entkommen. Im Zuge der geplanten Umgestaltung des unter Denkmalschutz gestellten »Velodroms« wird erwogen, eine *Gedenktafel* für den Erbauer und seine Familie anzubringen.

Quellen/Literatur:
Albrecht, Dieter, Regensburg im Wandel. Studien zur Geschichte der Stadt im 19. und 20. Jahrhundert (Studien und Quellen zur Geschichte Regensburgs, Bd. 2), Regensburg 1984, speziell S. 215–240; Brendel, Peter u.a.(Klasse 11a der Berufsfachschule für Wirtschaft), Das Lager Colosseum in Regensburg, in: Galinski, Dieter/Schmidt, Wolf, Die Kriegsjahre in Deutschland 1939–1945. Ergebnisse und Anregungen aus dem Schülerwettbewerb Deutsche Geschichte 1982/83, Hamburg 1985, S. 251–286; Chrobak, Werner J., Domprediger Dr. Johann Maier. Ein Blutzeuge für Regensburg. Zum 40. Todestag neue Forschungen und Studien, in: Verhandlungen des Historischen Vereins für Oberpfalz und Regensburg (VHVO), 125. Bd. (1985), S. 453–484; Dertinger, Antje, Dazwischen liegt nur der Tod – Leben und Sterben der Sozialistin Toni Pfülf, Bonn 1984; Ehm, Rainer, Toni Pfülf – eine streitbare Sozialistin, in: Sozialdemokrat Magazin, Bayern, Heft 7–8/1988, S. 23f.; Ders., Studie im Auftrag des Kulturdezernats der Stadt Regensburg über die im Zweiten Weltkrieg in und um Regensburg zu Tode gekommenen Kriegsgefangenen aus der Sowjetunion, (Manuskript) 1987; Kick, Wilhelm, »Sag es unsern Kindern«. Widerstand 1933–1945. Beispiel Regensburg, Berlin/Vilseck, 1985; Schießl, Günter, Simon Oberdorfers Velodrom. Auf den Spuren eines Regensburger Bürgers (Hrsg. Vereinigung »Freunde der Altstadt«), Regensburg 1990; Simon-Pelanda, Hans u.a., Regensburg 1933–1945. Eine andere Stadtführung (Schriften der Geschichtswerkstatt Regensburg und Ostbayern), 4. Aufl. 1984; Spitzner, Alfred, »Gedenket der Opfer, aber auch der Täter!« Die nationalsozialistische Vernichtung »lebensunwerten Lebens« in Karthaus, in: Emmerig, Ernst (Hrsg.), Regensburger Almanach, Regensburg 1992, S. 123–130; Stadt Regensburg (Hrsg.), »Stadt und Mutter in Israel«. Jüdische Geschichte und Kultur in Regensburg (Ausstellungskatalog), 2. Aufl. 1990; Wittmer, Siegfried, Geschichte der Regensburger Juden, in: VHVO (s.o. Chrobak), Teil 1 im 128. Bd. (1988), S. 113–148, Teil 2 a.a.O. S. 149–184, Teil 3 im 129. Bd. (1989), S. 77–137.

Regenstauf

Im Gemeindeteil *Karlstein* der Gemeinde Regenstauf wurde zum 40. Jahrestag des Kriegsendes die frühere Ortsstraße in *»Max-Graf-v.-Drechsel-Straße«* umbenannt. Der Namensgeber, Max Ulrich Graf von Drechsel, der 1911 auf Schloß Karlstein bei Regensburg geboren ist, gehörte als Freund und Vertrauter von Claus Graf Schenk von Stauffenberg zum Widerstandskreis des 20. Juli, wurde wie dieser verhaftet, vom »Volksgerichtshof« zum Tode verurteilt und am 4. September 1944 hingerichtet.

Rehau

In einem Sammelgrab auf dem *Friedhof* von Rehau, südöstlich von Hof, liegen vier KZ-Opfer bestattet.

Rettenbach, Oberpfalz

Ein 150–200 KZ-Häftlinge umfassender Elendszug wurde am 23./24. April 1945 durch das Gemeindegebiet von Rettenbach Richtung Wörth an der Donau getrieben. Offenbar war es eine der Marschkolonnen, die von den Hauptkolonnen bei Roding-Wetterfeld (s. dort) abgetrennt worden war. Der Elendsmarsch traf nur wenige Tage später bei Tiefenthal nahe Wörth auf amerikanische Truppen, die die überlebenden Häftlinge befreiten. Längs des Marschweges fanden sich zahlreiche Leichen, von denen 18 in Wörth und 48 (nach anderer Quelle 56) neben der Straße im sogenannten Holzhacker-Wald bei Rettenbach bestattet wurden. 1957 wurden beide Grabanlagen aufgelöst und die Leichen auf den Ehrenfriedhof Flossenbürg überführt. In Rettenbach ist das ehemalige Gräberfeld heute wieder von Bäumen überwachsen, lediglich ein zentraler *Gedenkstein* verblieb. An diesem roh behauenen Stein mit oben aufgesetztem eisernen Kreuz wurde

1985 eine *Steinplatte* mit folgender Inschrift angebracht:

> Hier wurden 1945
> 48 KZ-Häftlinge bestattet, 1957 nach Flossenbürg umgebettet
> Errichtet 1985 von der
> Stadt Rettenbach

Ein kleiner hölzerner Wegweiser neben der Straße weist heute zu dem einige Meter im Wald gelegenen Gedenkstein.

Literatur:
Kulzer, Irmtraud und Peter, Rettenbach 1383–1983. Aus dem Leben einer Vorwald-Gemeinde, Rettenbach (Selbstverl. d. kath. Pfarramtes) 1983, S. 133–136.

Riedbach

In dem zu Riedbach zählenden unterfränkischen Dorf *Kleinsteinach* erinnert neben dem *Haus Nr.* 89 eine *Gedenktafel* an den Standort der früheren Synagoge. Der Text:

> In Kleinsteinach bestand eine
> Jüdische Kultusgemeinde,
> deren Synagoge am 10. November 1938
> durch die damaligen Machthaber
> verwüstet wurde.
> Zur Erinnerung und Mahnung.

Ebenso macht eine *Tafel* an dem *Haus Nr. 47,* heute das Evangelische Gemeindeheim, auf die frühere Jüdische Schule in diesem Gebäude aufmerksam.

Riederloh

siehe Kaufbeuren und Mauerstetten

Rieneck

In der Main-Spessart Gemeinde Rieneck existierte bis zu den nationalsozialistischen Pogromen im Jahre 1938 eine Jüdische Gemeinde. An ihre Existenz erinnert eine *Gedenktafel*, die am *Kriegerdenkmal* hinter dem Haus Schloßberg Nr. 10 angebracht wurde. Sie trägt den Wortlaut:

> Die Stadt Rieneck gedenkt
> ihrer ehemaligen jüdischen Mitbürger
> und den Opfern des Nationalsozialismus.
> Zur Erinnerung und zur Mahnung.

Rimpar

In Rimpar bei Würzburg wurde in der »Reichskristallnacht« 1938 die Synagoge geschändet und demoliert. Das Gebäude wird heute als Lagerhalle benutzt. Im Bereich des *Rathauses* erinnert eine *Gedenktafel* an die Gemeinde mit dem Wortlaut:

> In Rimpar bestand bis 1942
> eine Jüdische Kultusgemeinde,
> Synagoge Marktplatz 9,
> die in der Pogromnacht außen beschädigt
> und innen verwüstet wurde.
> Zur Erinnerung an unsere
> ehemaligen jüdischen Mitbürger.

Roding

Auf einer Anhöhe oberhalb des Dorfes *Wetterfeld*, Gemeinde Roding, erinnern ein hohes *Holzkreuz* und drei geschnitzte hölzerne *Gedenktafeln* an die Toten eines »Evakuierungsmarsches« aus dem Konzentrationslager Flossenbürg. Die Tafeln tragen als Symbole das lateinische sowie russische Kreuz und den jüdischen Davidstern und die Inschriften:

> 600
> KZ-Häftlinge
> Angehörige
> vieler
> Nationen
> ruhen hier
> Opfer
> der SS
> Vivent
> in Christo.

> Im Landkreis
> Roding
> beim
> Todesmarsch von
> Flossenbürg nach
> Wetterfeld
> im
> April
> 1945.

> Die ehemals hier bestatteten
> 567 KZ-Häftlinge wurden
> im Jahre 1957 in den
> Ehrenfriedhof Flossenbürg
> umgebettet.

Mit dem Näherrücken amerikanischer Truppen wurde Mitte April 1945 das KZ Flossenbürg von der SS geräumt und die meisten Häftlinge in »Evakuierungsmärschen«, die in Wirklichkeit zu »Todesmärschen« wurden, nach Süden in Richtung Dachau getrieben. Am 20. April 1945 verließ die Hauptmasse von über 10 000 Häftlingen Flossenbürg. Über Pleystein, Pullenried, Winklarn, Rötz und Stamsried erreichten die schier endlosen Kolonnen am 23. April den heutigen Rodinger Ortsteil *Wetterfeld*, wo die Marschsäulen aufgeteilt und auf getrennten Wegen weitergetrieben wurden. Über 3 000 Häftlinge befanden sich noch in und um den Ort Wetterfeld, als amerikanische Truppen den letzten dieser Elendszüge einholten. Stunden zuvor hatten die SS-Wachen noch ein Blutbad angerichtet und im Wetterfelder Gemeindeholz 46 Häftlinge erschossen. Diese wurden zusammen mit über 500 weiteren Leichen, die längs des Marschweges in der näheren und weiteren Umgebung gefunden worden waren, in Wetterfeld beigesetzt. Am 4. November 1950 wurde dieser KZ-Friedhof feierlich eingeweiht; nach Exhumierung der 567 Leichen im Juli 1957 wurde er aufgelassen und die Grabstätte zum Mahnmal umgestaltet.

Literatur:
Klitta, Helga (siehe Schwarzenfeld); Schwarzfischer, Resi, KZ'ler-Befreiung in Wetterfeld im April 1945, in: Rodinger Heimat 4. Bd. (1987), S. 150–163.

Rödelsee

Auf dem *jüdischen Friedhof* in Rödelsee, inmitten der Weinberge am Fuß des Schwanberges, steht ein *Gedenkstein* mit der Inschrift:

> Den Toten zur Ehre
> und zum ewigen Gedenken
> an die jüdischen Bürger aus Rödelsee und Umgebung
> die in den Verfolgungsjahren 1933–1945
> grausam umgekommen sind.
> Uns Lebenden zur Mahnung,
> den kommenden Geschlechtern
> zur eindringlichen Lehre...
> vom Landesverband der
> Israelitischen Kultusgemeinden
> in Bayern neu errichtet.

Röslau

Auf dem *Friedhof* von Röslau in Oberfranken sind vier KZ-Opfer bestattet.

Rötz

Auf dem *Friedhof* der Oberpfälzer Gemeinde Rötz existiert eine *Erinnerungsstätte* an ehemals hier bestattete KZ-Opfer. Auf einem Stein ist folgendes zu lesen:

> Euch als Freiwild zu Tode gejagt
> Birgt gütig nun Allmutter Erde!
>
> Zum Gedenken an die hier
> bestatteten 141 K.Z.-Häftlinge
> aus dem Lager Flossenbürg.
> † 22. April 1945
> Umgebettet im Mai 1957
> nach Flossenbürg.

Rothenbuch

Im Februar 1980 beschloß der Gemeinderat von Rothenbuch, zum Andenken an den aus dem Ort stammenden Arzt *Dr. Karl Brand* (1893–1945) eine *Straße* im Neubaugebiet »Hohe Äcker« nach ihm zu benennen. Dr. Brand war am 2. April 1945 in Lohr am Main hingerichtet worden, als er die kampflose Übergabe der Stadt erreichen wollte (s. Lohr).

Saal a. d. Donau

Mit den zunehmenden alliierten Luftangriffen wurde in den Kriegsjahren vermehrt die Rüstungsproduktion in unterirdische Fertigungsstätten verlagert. So mußten auch Häftlinge aus dem Konzentrationslager Flossenbürg für die Regensburger Messerschmitt-Werke im Herbst 1944 nahe der Ortschaft Saal Stollen in den Ringberg treiben. Dieses Außenkommando mit zeitweise über 600 Häftlingen ist seit dem 30. November 1944 nachweisbar, dürfte aber schon vorher eingesetzt worden sein. Das Lager und die Baustelle befanden sich unmittelbar südlich der letzten Häuser des Ortsteils Untersaal an der Straße nach Teugn. Die später gesprengten Stolleneingänge und Lagerreste sind im Gelände noch erkennbar. Die aufgrund der mörderischen Arbeits- und Lebensbedingungen umgekommenen Häftlinge wurden teils in einem provisorischen Krematorium verbrannt, teils nahe dem Lager vergraben. Der Großteil der Saaler Häftlinge wurde zusammen mit einer KZ-Kolonne aus Hersbruck (s. dort) Mitte April nach Süden getrieben.
Nach dem Krieg wurden auf Befehl der amerikanischen Militärregierung die Gräber geöffnet und rund 20 Leichen sowie die Asche von etwa 360 Toten gefunden und zunächst in einer kleinen Gedenkstätte in der Nähe des Saaler Bahnhofs beigesetzt. Im Jahre 1957 wurden die sterblichen Überreste im Zuge der Exhumierung und Umbettung vieler Grabanlagen in Ostbayern im *neuen Gemeindefriedhof* zwischen Ober- und Untersaal wiederbestattet. Dabei verlegte man auch den alten *Gedenkstein* an diesen Ort.
Auf dem Stein befindet sich eine Urne mit der Inschrift:

> Eure Asche
> sei uns
> ein mahnend
> Vermächtnis.

Auf dem Stein selbst ist noch heute die ursprüngliche Grabinschrift erhalten:

> Begräbnisstätte
> von 20 KZ-Opfern
> und Asche von
> 360 KZ-Häftlingen
> aus dem
> Lager Flossenbürg
> † April 1945.

Am Fuß des Steins ist seit 1985 eine zusätzliche Steinplatte angebracht mit einer stilisierten Darstellung des Lagerzauns und der Inschrift:

Niemals wieder!
Wir haben die Schrecken der
Vergangenheit nicht vergessen.
1945 - 1985
Die Jugend der
I.G. Bau Steine Erden.

Bereits 1982 entstand eine *weitere Gedenkstätte*, deren Widmung neben den Opfern des Lagers Saal wohl auch Kriegstote einbezieht. Vor einem schon älteren Flurkreuz am Waldrand auf der Hälfte der Wegstrecke zwischen Saal und Teugn steht ein *Findling* mit einer Steintafel und der Inschrift:

Im Kreuz ist Heil
im Kreuz ist Leben.
Zum Gedenken
an alle, die 1943–1945
nahe beim Allernkreuz
Opfer menschlicher
Gewalt wurden.
A. Schweiger
1982.

Literatur:
Ehm, Rainer, Die letzten Kriegswochen 1945 im Raum Kelheim-Regensburg (Vortrag am 13. November 1992 bei der »Gruppe Geschichte der Weltenburger Akademie«), Manuskript Regensburg 1992; Ettelt Rudibert, Kelheim 1939–1945, Kelheim 1975, S. 122–125; Mayrhofer, Sabine, Saal. Außenlager des Konzentrationslagers in Flossenbürg (Kollegstufen-Facharbeit am Donau-Gymnasium), Kelheim 1989.

Sankt Ottilien siehe Eresing

Schauenstein

Auf dem öffentlichen *Friedhof* von Schauenstein in Oberfranken, unweit von Hof, sind 31 KZ-Häftlinge bestattet.

Scheßlitz

An der *Staatsstraße* zwischen den Scheßlitzer Ortsteilen *Demmelsdorf* und *Zeckendorf* wurde 1991 ein pyramidenförmig behauener Stein zur Erinnerung an die jüdischen Bürger der Orte enthüllt. Zeitweise machten Juden in dieser Gegend über 60 Prozent der Bevölkerung aus. In den *Gedenkstein* eingelassen sind vier Tafeln, von denen auf dreien die Namen der 44 jüdischen Opfer der nationalsozialistischen Verfolgung aus den Orten Scheßlitz, Demmelsdorf und Zeckendorf aufgelistet sind. Eine vierte Tafel trägt die Inschrift:

Im Gedenken an die jüdischen Opfer 1933–1945

Schlüsselfeld

Am Eingang des *jüdischen Friedhofs* im Ortsteil *Aschbach* steht ein *Gedenkstein* für Opfer des Faschismus mit den Namen von jüdischen Bürgern Aschbachs, die im Konzentrationslager umgekommen sind. Die Inschrift unter dem Symbol des Davidsterns lautet:

Als Opfer des Faschismus
starben den Märtyrertod
folgende Einwohner
der Gemeinde Aschbach
[– es folgen die Namen –]

Schnaittach

Auf dem *neuen Friedhof* des unweit von Hersbruck gelegenen Ortes Schnaittach, früher eines der Zentren des fränkischen Judentums, steht ein hoher *Gedenkstein* mit dem Symbol des Davidsterns und folgender Inschrift:

Errichtet 1952
Zum Gedächtnis jener Toten,
deren Grabmale während des
3. Reiches zerstört wurden
[– es folgen 39 Namen –]

Schonungen

An dem Gebäude *Bachstraße 21* in der bei Schweinfurt gelegenen Gemeinde Schonungen befindet sich eine *Tafel* mit dem Text:

Dieses Gebäude
dessen Inneneinrichtung 1938 zerstört wurde
diente der Jüdischen Kultusgemeinde Schonungen
als Synagoge.
Zur Erinnerung und zum Andenken an
unsere ehemaligen jüdischen Mitbürger.

Schupf siehe Hersbruck

Schwandorf

In der heute zur Stadt Schwandorf gehörenden Waldflur *Kuntau* der ehemaligen Gemeinde Dachelhofen kündeten bis Ende der 50er Jahre drei *Grabsteine* neben der Bahnstrecke Schwandorf-Regensburg, nahe Klardorf, von einem Massaker unter KZ-Häftlingen aus dem Lager Flossenbürg, die im April 1945 mit einem Eisenbahnzug nach Südbayern (Dachau) gebracht werden sollten. Der Zug war wegen Sperrung der Strecke dort steckengeblieben. Bereits auf dem Weg dorthin waren in den Waggons etliche Häftlinge den Strapazen erlegen, weitere verloren ihr Leben, als die Wachmannschaften bei einer Panik unter den Gefangenen und bei Ausbruchsversuchen rücksichtslos schossen. Die Überlebenden wurden zu Fuß weitergetrieben, 70 Leichen blieben zurück.
Über zwei Massengräbern wurden nach dem Krieg zwei *Gedenksteine* gesetzt. In den Jahren 1957 bzw. 1959 wurden insgesamt 63 Leichen aus diesen zwei Massengräbern exhumiert und auf dem Ehrenfriedhof Flossenbürg beigesetzt. An die Gedenkstätte in der Waldflur Kuntau erinnern nur noch Reste der Grabeinfriedung. Die Differenz von sieben Toten erklärt sich dadurch, daß ein Toter bereits 1945 zunächst in einem Einzelgrab mitten im Wald beigesetzt worden war, anscheinend durch Angehörige. Der Grabstein war hebräisch beschriftet. Sechs weitere Leichen waren ebenfalls 1945 im Sammelgrab Ost des *Schwandorfer Friedhofs* beigesetzt worden. Zusammen mit Bombenopfern liegen dort auch 22 KZ-Opfer.

Quellen:
Klitta, Georg, Das Finale des Zweiten Weltkrieges in Schwandorf. Eine Dokumentation, Schwandorf 1970, S. 166 ff. (mit Fotos der ehemaligen Gedenksteine); Rappel, Josef, Heimatbuch der Gemeinde Dachelhofen, Dachelhofen 1972, S. 92 ff.

Schwarzenbach a. Wald

Auf dem *Friedhof* in Schwarzenbach am Wald befinden sich sieben Reihengräber, in denen KZ-Opfer und Zwangsarbeiter zusammengebettet sind.

Schwarzenfeld

In Schwarzenfeld im Kreis Schwandorf befindet sich heute eine *Gedenkstätte für KZ-Opfer* an der Stelle, an der unmittelbar gegen Kriegsende auf Betreiben der amerikanischen Besatzungsmacht ein Friedhof angelegt und die Leichen von Häftlingen beigesetzt wurden, die bei einem sogenannten »Evakuierungszug« ums Leben gekommen oder von den Wachmannschaften ermordet worden waren.

Quellen:
Heigl, Peter, Konzentrationslager Flossenbürg (Fotos der Exhumierung und der Totenfeier vom 25. April 1945), Regensburg 1989, S. 129–133; Klitta, Helga, Das Ende eines ideologischen Krieges, dargestellt an den Ereignissen in der Oberpfalz Jan. bis Mai 1945 (Sonderdruck aus dem »Heimaterzähler« Jg. 21/1970), Schwandorf 1970; Klitta, Georg (s. Schwandorf), S. 167.

Schweinfurt

Am Standort der ehemaligen, beim Pogrom im November 1938 verwüsteten Synagoge, deren Gebäude später als Feuerwehr-Depot diente und schließlich abgerissen wurde, befindet sich heute der zur Städtischen Sparkasse Schweinfurt gehörende *Parkplatz* zwischen dem Roßmarkt und der Siebenbrückleinsgasse. Dort steht ein *Gedenkstein* für die Synagoge, der an den Rassenwahn der Nationalsozialisten erinnert. Der Text lautet:

> Hier stand die Synagoge
> der Israelitischen Kultusgemeinde unserer Stadt.
> Sie wurde am 9. November 1938
> ein Opfer des Rassenwahns –
> Den Toten zum ehrenden Gedenken –
> Den Lebenden zur Erinnerung und Mahnung.

Im Dezember 1988 fand im Fichtesgarten die symbolische Grundsteinlegung für ein *Deserteursdenkmal* statt, wozu die »AG Deserteursdenkmal« in der Arbeitsgruppe »Kommunalpolitik von Unten« im April 1989 eine Bauvoranfrage für eine gartenarchitektonische Anlage bei der Stadt Schweinfurt einreichte.

Kontakt:
Ein Arbeitskreis »Kommunalpolitik von unten« entstand Anfang der 80er Jahre aus der DGB-Jugend, der inzwischen einige Publikationen herausgebracht hat und im Rahmen der Volkshochschule eine Stadtrundfahrt »Das andere Schweinfurt« anbietet. Kontakt: Klaus Hofmann, c/o DGB-Kreis Schweinfurt, Wilhelm-Leuschner-Straße 2, 97421 Schweinfurt.

Literatur:
Schweinfurter Arbeitsgruppe Kommunalpolitik von Unten (Hrsg.), Arbeitsmappe zum Projekt Deserteursdenkmal. Hintergrund, Motivation, Darstellung, Schweinfurt 1989; Ders. (Hrsg.), Verschickt und verschollen 1942. Reichspogromnacht 1938 und Judenverfolgung in Schweinfurt, 1990.

Seeshaupt

Im April 1945 kam in *Seeshaupt* am Starnberger See ein Zug mit rund 3000 Menschen aus dem Konzentrationslager Dachau an, die hier durch die Amerikaner befreit wurden. 92 von ihnen starben in Seeshaupt an den Folgen ihrer Qualen und sind hier beerdigt. Zum 49. Jahrestag der Ereignisse beschloß der Gemeinderat die Errichtung eines *Mahnmals,* das an die Naziverbrechen und an das Leid der Menschen in den Konzentrationslagern erinnern soll. Einige Seeshaupter Bürger protestierten und organisierten Kampagnen gegen die Aufstellung des Mahnmals.

Seestall siehe Fuchstal

Sonthofen

Die Bundeswehrkaserne in Sonthofen ist nach einem der führenden Köpfe des militärischen Widerstands gegen Hitler, Ludwig Beck, benannt: *»Generaloberst-Beck-Kaserne«.* Beck hatte sich schon 1938 als Kritiker von Hitlers Aggressionspolitik aus der Heeresführung verabschieden lassen und war eine der entscheidenden Integrationsfiguren der zivilen und militärischen Widerstandskreise. Ludwig Beck, der im Falle eines Gelingens des Attentats als Staatsoberhaupt vorgesehen war, wurde nach mißglückten Selbstmordversuchen in der Nacht des 20. Juli 1944 standrechtlich erschossen. In der Ehrenhalle der Sonthofener Kaserne erinnert eine *Tafel* mit folgender Inschrift an den Namensgeber:

> Es ist ein Mangel an Größe und an Erkenntnis
> der Aufgabe, wenn ein Soldat in höchster Stellung
> seine Pflichten und Aufgaben nur in dem
> begrenzten Rahmen seiner militärischen Aufträge
> sieht, ohne sich der höchsten Verantwortung
> vor dem gesamten Volke bewußt zu werden.
> Ludwig Beck.

Spiegelau

Im Ortsteil *Pronfelden* der Gemeinde Spiegelau erinnert eine *»Doktor-Geiger-Straße«* an den von den Nationalsozialisten hingerichteten Arzt.

Stadtlauringen

Im Ortsteil *Oberlauringen* existierte bis zu ihrer gewaltsamen Zerstörung durch die Nationalsozialisten eine Jüdische Gemeinde. In der sogenannten »Reichskristallnacht« am 9. November 1938 wurden die Inneneinrichtung und die Ritualien der Synagoge zertrümmert, einige jüdische »Mitbürger« aus ihren Wohnungen geworfen. Heute hängt an der Außenwand des früheren Synagogengebäudes, *Friedrich-Rückert-Straße 13–19,* eine *Tafel* mit dem nichtssagenden Text:

> An diesem Platz stand die Synagoge
> der Jüdischen Gemeinde Oberlauringen.

Stadtsteinach

In dem zu Stadtsteinach zählenden Ort *Triebenreuth* hängt am Ausgang der *Kapelle* eine *Holztafel* mit einem Kreuz und einem Foto des von den Nazis hingerichteten Kriegsdienstverweigerers Alfred Andreas Heiß. Diese Erinnerung in der Nähe der Heldengedenktafel enthält keine Information über das Schicksal des hier geborenen katholischen Bauernsohnes, sondern lediglich das Zitat:

> Meine letzte Bitte an Euch:
> Haltet fest an Christus
> und seiner Kirche!
> Alfred Andreas Heiß

Im Heimatmuseum von Stadtsteinach existiert bereits seit 1951 unter der Überschrift »Sie sind in unserer Stadt geboren« ein Schaukasten mit Bildern und Originaldokumenten zum Schicksal des katholischen Märtyrers, und in der örtlichen *Pfarrkirche* wurde im Juli 1990 eine hölzerne *Gedenktafel* angebracht mit der Inschrift:

> Im Gedenken an
> Alfred Andreas Heiß,
> 1904 in Triebenreuth geboren,
> hingerichtet am 24. September 1940
> in Brandenburg.
> Er mußte sterben, weil er
> seinem Glauben treu blieb.

Heiß stammte aus einer katholischen Bauernfamilie und arbeitete Anfang der 30er Jahre als Stenotypist in Berlin, später im Justizdienst. Er war ein engagierter, politisch denkender Laie und gläubiger Christ, der den Nationalsozialisten kritisch gegenüberstand. Wegen »staatsfeindlicher Äußerungen« wurde er im März 1935 verhaftet und für zehn Wochen in das Konzentrationslager »Columbia« in Berlin-Tempelhof eingesperrt. Als er am 14. Juni 1940 zum Militärdienst einberufen wurde, verweigerte er den Kriegsdienst. In der Anklageverfügung des Reichskriegsgerichts erfährt man von den Hintergründen: »Am 17. 6. 1940 wurde der Deutsche Gruß geübt. Der Beschuldigte meldete seinem Exerzier-Gefreiten, daß er den Deutschen Gruß nicht leisten könne, da dies seiner Weltanschauung zuwiderlaufe. Am nächsten Tag weigerte der Beschuldigte sich, das mit dem Hoheitszeichen versehene Sporthemd anzuziehen... Da der Nationalsozialismus antichristlich eingestellt sei, müsse er es ablehnen, für den nationalsozialistischen Staat Dienst als Soldat zu tun«. Am 20. August 1940 wurde Heiß vom Reichskriegsgericht wegen »Zersetzung der Wehrkraft« zum Tode verurteilt als einer der wenigen Katholiken, die den Fahneneid auf Hitler verweigerten.

Quellen:
Daum, Renate, »...starb mutig und aufrecht als wahrer Märtyrer«. Vor 50 Jahren wurde A.A. Heiß wegen seines Glaubens hingerichtet/In seiner Heimatpfarrei Stadtsteinach ist er umstritten, in: Heinrichsblatt, Bamberg, Nr. 38, 23. September 1990; Haase, Norbert, Gesinnungstreue heißt auch Opfer bringen. Zur Biographie des vergessenen katholischen Kriegsdienstverweigerers Alfred Andreas Heiß (1904–1940), in: Katholische Kirchenzeitung für das Bistum Berlin Nr. 37, 15. September 1991.

Starnberg

Von der Stadt Starnberg wurde in *Petersbrunn,* an der *Staatsstraße* von Gauting nach Starnberg, ein *Mahnmal* des Bildhauers Walter Habdank errichtet, welches an den »Todesmarsch« der 6 887 Dachau-Häftlinge erinnert, die am 26. April 1945 von der SS nach Süden getrieben wurden und von denen jeder zweite durch Hunger, Entbehrung oder Mord ums Leben kam. Ihr Weg führte auch durch Starnberg und endete am 2. Mai in der Nähe des Tegernsees mit der Befreiung durch amerikanische Soldaten.
Ähnliche Mahnmale wurden auch in anderen Orten an der Strecke des damaligen Marsches errichtet. (Näheres s. Gauting)

Steinach an der Saale

siehe Bad Bocklet

Steinholz siehe Mauerstetten

Steinrain siehe Mallersdorf

Stephanskirchen, Simssee

In der bei Rosenheim gelegenen Gemeinde Stephanskirchen ist geplant, ein *Denkmal* für die ausländischen Zwangsarbeiter zu errichten, die der nationalsozialistischen »Vernichtung durch Arbeit« zum Opfer gefallen sind. Es soll an das frühere Außenlager des Konzentrationslagers Dachau erinnern, das auf dem Gelände des heutigen Ortsteils *Haidholzen* bestand. Dort mußten rund 200 KZ-Häftlinge in den Jahren 1944 und 1945 für die Firma BMW arbeiten. Reste des Lagers sowie das Offizierskasino einer nebenan gelegenen Wehrmachtskaserne sind noch erhalten.

Quelle:
Dörrzapf, Anke, »Nein, da war bestimmt nichts.« Das vergessene KZ: Spurensuche im Landkreis Rosenheim, in: Geschichte quer, Heft 1 (1992), S. 18–19.

Straubing

Im Inneren eines mittelalterlichen Wehrturms, des *»Pulverturms«* am Kinseherberg Nr. 24 nahe dem Festplatz »Am Hagen«, wurde im Jahre 1963 ein *Mahnmal* für die Opfer der beiden Weltkriege eingerichtet. 1988 wurde das Mahnmal um eine *Tafel* ergänzt mit den Namen der 43 Straubinger Juden, die in der Zeit der nationalsozialistischen Verfolgung ums Leben kamen. Eine Gedenkinschrift lautet:

> Zum ewigen Gedenken
> In Trauer
> um die jüdischen Bürger
> der Stadt Straubing
> die der
> nationalsozialistischen
> Gewaltherrschaft
> in den Jahren 1933–1945
> zum Opfer gefallen sind.

Wenn man es so sehen will, begann und endete die nationalsozialistische Verfolgung in Straubing augenfälliger als andernorts. Der im März 1933 von SA-Leuten ermordete Straubinger Otto Selz zählt zu den ersten jüdischen Opfern im »Dritten Reich«. Er wurde damals nicht auf dem israelitischen Friedhof in Straubing, sondern im benachbarten Regensburg bestattet, wo sein Grabstein heute noch steht. Nach dem Ende des Nationalsozialismus, wenige Tage nach der Befreiung, hielten rund 600 Juden, die die KZ-Haft vor allem im nahen Lager Ganacker (s. Wallersdorf) überlebt hatten, in der Straubinger *Synagoge* den ersten jüdischen Gottesdienst auf deutschem Boden ab. Diese Synagoge in der *Wittelsbacher Straße* war zwar in der Pogromnacht des Jahres 1938 geschändet, aber nicht abgerissen worden. 1989 wurde das Gebäude renoviert. Der als *Gedenkstein* gestaltete südwestliche Eckpfosten nennt u.a. die Zahlen:

> erbaut 1907
> geschändet 1938
> wieder eingeweiht 1945
> restauriert 1989

Diese einzige Synagoge Niederbayerns kann nach Anmeldung besichtigt werden: Verkehrsamt im Rathaus neben dem Stadtturm, Postfach 352, 94303 Straubing, Tel. 0 94 21/94 43 07.

Nach Unterlagen der KZ-Gedenkstätte Dachau waren im Jahre 1971 noch auf *mehreren Straubinger Friedhöfen* Opfer aus niederbayrischen KZ-Außenlagern bzw. der »Todesmärsche« beigesetzt. Sachlich umstritten ist ein in jüngerer Zeit errichteter *Gedenkstein* auf dem *Friedhof St. Peter* über drei Sammelgräbern östlich der Kirche mit der Inschrift:

1945
Hier ruhen
300 Opfer
der NS
Herrschaft

Es gilt jedoch als belegt, daß in diesen Sammelgräbern aus der unmittelbaren Nachkriegszeit lediglich fünf an den Folgen der Haft im Konzentrationslager verstorbene Häftlinge als Opfer der NS-Herrschaft gelten können. In der Nähe von Straubing wurden zum Ausbau des Fliegerhorstes Straubing-Mitterharthausen Häftlinge von Außenkommandos des Konzentrationslagers Flossenbürg eingesetzt (Näheres s. Feldkirchen).

Literatur:
Schmidt, Isolde, unter Mitarbeit von Wendland, Ulrike, Ein vergessenes Stück Straubing? Der Straubinger Petersfriedhof und seine Grabdenkmäler, Straubing 1991; Oestreicher, Helmut, Straubing. Stadt und Raum in chaotischer Zeit Januar bis Juli 1945 (Manuskript – erscheint demnächst in Straubing).

Sulzfeld, Grabfeld

In der zu Sulzfeld gehörenden Ortschaft *Kleinbardorf* existierte bis zur Vernichtung durch die Nationalsozialisten eine Jüdische Gemeinde, an die ein großer *jüdischer Friedhof* am Steilen Berg (auch »Judenhügel« genannt), etwa zwei Kilometer vom Ort entfernt, erinnert. Eine *Gedenktafel* am Eingang lautet:

In Kleinbardorf bestand eine
Jüdische Kultusgemeinde.
Synagoge Untere Hauptstr. 5
Die Gemeinde gedenkt
ihrer ehemaligen jüdischen Mitbürger
Zur Erinnerung und zur Mahnung.

Surberg

Auf einem kleinen Berg links der Straße Traunstein-Freilassing befindet sich auf dem Gebiet der Gemeinde Surberg ein *Friedhof,* auf dem 66 KZ-Opfer bestattet sind. In der Mitte steht ein *Gedenkstein* mit einem Davidstern sowie dem dreieckigen KZ-Winkel und der Inschrift:

Unsterbliche Opfer
Ihr sanket dahin.

Theilheim siehe Waigolshausen

Thiersheim

Auf dem *Friedhof* in Thiersheim, Landkreis Wunsiedel, sind 22 KZ-Opfer in Einzel- bzw. Reihengräbern bestattet.

Thierstein

In einem Sammelgrab auf dem *Friedhof* von Thierstein, Landkreis Wunsiedel, sind 69 KZ-Opfer bestattet.

Treuchtlingen

Auf dem *jüdischen Friedhof* an der Uhlbergstraße wurde 52 Jahre nach der Reichspogromnacht von 1938 ein *Gedenkstein* für die früheren jüdischen Bürger des Ortes errichtet. Das aus Marmor gehauene Mahnmal hat die Form eines siebenarmigen Leuchters und soll in seiner Gestaltung sowohl an die Funktion des Kandelabers als auch an einen Lebensbaum erinnern.

Triefenstein

An einem Geschäftshaus *Maintalstraße 26* in *Homburg* am Main (Gemeinde Triefenstein), dessen gut sichtbare Grundmauern von einer Synagoge stammen, hängt eine *Gedenktafel* mit dem Text:

An dieser Stelle
stand die 1873 erbaute
Synagoge der Jüdischen
Kultusgemeinde Homburg.
Am 25. Dez. 1938
zerstörten die
Nationalsozialisten
diese Kultstätte
durch Brandstiftung.
Zur Erinnerung
und Mahnung
Markt Triefenstein.

Türkheim, Wertach

Auf einem fast verborgen liegenden *KZ-Friedhof* in Türkheim, nördlich von Bad Wörishofen, ist ein *Mahnmal* für die Opfer des KZ-Außenlagers Türkheim errichtet: Der mausoleumartige Rundbau des Mindelheimer Architekten Josef Ruf trägt einen Davidstern und ein Kreuz über dem Eingang sowie ein Spruchband an der Wand im Innern:

Frommer Sühne sei dies Mal geweiht
Daß neu wir wandeln in Gerechtigkeit

Der Weg zu dem Mahnmal führt an einem schmalen, hohen *Gedenkstein* auf der Rasenfläche vorbei, der den Davidstern und folgende Inschrift trägt:

1944/45
Wir mahnen
Die Opfer der
Außenstelle Türkheim
des KZ Dachau

Auf dem Friedhof liegen 84 Tote in verstreuten Einzelgräbern bestattet. Auf einem der Grabsteine lautet der deutsche Text auf einer weißen Marmorplatte, unter einem Davidstern und einer hebräischen Inschrift:

Hier ruht unsere
Gizella Neufeld
ehemaliger Häftling des K.Z. Lagers Türkheim-Dach.
Geb. am 20. 12. 1926 in Beregkisfalud-Ungarn
Gest. am 28. 5. 1945 in Türkheim-Bayern
Zum Andenken von den Kameraden

In Türkheim befand sich das Lager VI der Nebenlagergruppe Kaufering des Konzentrationslagers Dachau. Seine Existenz ist in dem vom Internationalen Suchdienst (ITS) in Arolsen herausgegebenen »Verzeichnis der Haftstätten unter dem Reichsführer-SS« für die Zeit von Oktober 1944 bis Ende April 1945 angegeben. Ein Frauen- und ein Männerlager bestanden nebeneinander nordwestlich des Türkheimer Bahnhofs. Die über 2 000 Häftlinge, vorwiegend Juden aus Budapest, aber auch Polen, Tschechen, Griechen, Rumänen, Bulgaren, Holländer, Franzosen, Deutsche und Österreicher, mußten in primitiven, halb in die Erde gebauten Unterständen leben und wurden zur Arbeit für die unterirdischen Rüstungsproduktionen des Komplexes Landsberg und Kaufering eingesetzt (Näheres s. Landsberg). Hunderte kamen durch Hunger, Entbehrungen, Typhus und Mord ums Leben und wurden an Ort und Stelle verscharrt. Nach dem Kriege mußten »ehemalige« Nationalsozialisten auf Befehl der Amerikaner die Leichen ausgraben und auf diesem Friedhof beisetzen. Auch auf dem Friedhof im nahen Bad Wörishofen liegen Türkheimer Häftlinge begraben, die noch nach der Befreiung in einem dortigen Hospital gestorben sind. (s. Bad Wörishofen)

Literatur:
Römer, Gernot, Für die Vergessenen, Augsburg 1984, S. 182–188.

Unsleben

Das sogenannte *»Haus der Bäuerin«, Ecke Schloßgasse/Kemmenate,* in Unsleben ist die frühere Synagoge des Ortes. Sie wurde wie alle anderen jüdischen Gotteshäuser in Deutschland in der Reichspogromnacht vom 9. auf den 10. November 1938 demoliert und geschändet. Heute gibt es eine *Gedenktafel* mit einem distanziert gehaltenen Text:

An diesem Platz
stand die Synagoge
der Jüdischen Gemeinde Unsleben.

Urspringen

In dem kleinen Ort Urspringen, südöstlich von Lohr a. Main, wurde am 24. April 1991 der Abschluß der Renovierung der ehemaligen *Synagoge* feierlich begangen und eine *Gedenktafel* enthüllt. Das Gebäude wurde zu einer Gedenk- und Dokumentationsstätte für die Geschichte der Juden im ganzen Landkreis Main-Spessart ausgebaut.

Utting am Ammersee

Auf dem hier für KZ-Opfer angelegten *Friedhof* im Wald an der Straße zwischen Utting und Holzhausen ruhen 27 Tote in Einzel- bzw. Reihengräbern. Ein *Denkmal* trägt die Inschrift:

Hier ruhen unsere 27 Brüder
die vom Naziregime
durch Hunger und Pein
zu Tode gequält wurden
Die restgeretteten
Schaulener Landsleute.

In Utting befand sich vom 21. August 1944 bis zum 22. April 1945 das Lager V der Außenlagergruppe Landsberg/Kaufering des Konzentrationslagers Dachau. Die Häftlinge arbeiteten in einer Gerberei. Häftlingsaussagen und KZ-Akten zufolge bestand in Utting vom 26. September 1944 bis zum 26. April 1945 auch das Lager X von Kaufering, dessen Häftlinge beim Bau einer unterirdischen Flugzeugfabrik arbeiten mußten. Reste eines der Lager sind noch heute zu sehen. (s. Landsberg)

Völkersleier siehe Wartmannsroth

Waigolshausen

In *Theilheim,* Gemeinde Waigolshausen, befindet sich an dem Gebäude *v.-Erthal-Straße 21/23* eine *Gedenktafel* mit der Inschrift:

Dieses Gebäude diente der
Jüdischen Kultusgemeinde Theilheim
als Synagoge und wurde
1938 zerstört.
Zur Erinnerung und zum Andenken
an unsere ehemaligen jüdischen Mitbürger.

Waldkraiburg siehe Mühldorf

Waldstadt siehe Kirchham, Niederbayern

Wallersdorf

In der niederbayrischen Gemeinde Wallersdorf existierte rechts der Straße nach Ganacker bei der Sebastiani-Kapelle ein KZ-Friedhof. Auf zwei *Grabsteinen* ist zu lesen:

Hier ruhen 89 KZ-Häftlinge
aus dem Lager Ganacker
† April 1945
Umgebettet im April 1957 auf den
KZ-Ehrenfriedhof Flossenbürg.
Den Toten zur Ehre.

Zum Gedenken an 60 KZ-Opfer
aus dem Lager Ganacker
† April 1945
Umgebettet im April 1957 auf den
KZ-Ehrenfriedhof Flossenbürg.
Den Lebenden zur Mahnung.

Das Lager Ganacker lag bei einem Gehölz der sogenannten Erlau und diente zur Unterbringung von KZ-Häftlingen, die in dem nicht weit entfernten Fliegerhorst Ganacker bei Schanzarbeiten, Reparaturen nach Angriffen usw. eingesetzt waren. Ab wann dieses KZ-Außenlager bestand, ist unbekannt, die frühesten Berichte datieren von Ende 1941. Gegen Ende des Krieges waren dort bis zu 900 Häftlinge insgesamt eingesperrt, die unter erbärmlichen Bedingungen bei Schnee und Regen in Erdzelten hausen mußten. Die meist jüdischen Häftlinge feierten nach der Befreiung am 15. Mai 1945, sieben Tage nach Kriegsende, in der Synagoge Straubing den ersten jüdischen Gottesdienst nach der Nazizeit auf deutschem Boden. Die sterblichen Überreste der toten Häftlinge wurden zunächst auf den Friedhöfen in Gosselding, in Ganacker und in der Erlau begraben, später erst wurde dieser KZ-Friedhof an der Sebastiani-Kapelle angelegt. Im Jahre 1957 wurden dann die aus Belgien stammenden Toten exhumiert und in ihre Heimat überführt, die übrigen auf dem KZ-Ehrenfriedhof Flossenbürg (s. dort) beigesetzt. (s. auch Feldkirchen)
Die Toten, die alle zwischen dem 2. März und dem 23. April 1945 ums Leben kamen, gehörten zu einem Außenkommando des KZ Flossenbürg.

Wallerstein

Auf dem *jüdischen Friedhof* von Wallerstein, nahe Nördlingen, liegt ein Opfer eines Konzentrationslagers begraben. Der Tote war am südöstlichen Eingang von Wallerstein 1945 erschossen aufgefunden worden. Vermutlich gehörte er einem »Evakuierungszug« von KZ-Häftlingen an.

Quelle:
G. Römer, Der Leidensweg der Juden in Schwaben, S. 113.

Wartmannsroth

In zwei Ortschaften der Gemeinde Wartmannsroth in der Nähe von Bad Kissingen erinnern *Gedenktafeln* an die Existenz ehemaliger Synagogen. In *Dittlofsroda* befindet sich die Tafel am *Gemeindehaus* und lautet:

In Dittlofsroda bestand
eine Jüdische Kultusgemeinde
deren Synagoge sich im
Straßenzug »Zum Schondratal«
zwischen Nr. 2 u. 8 befand.
Die Gemeinde gedenkt ihrer
ehemaligen jüdischen Mitbürger.
Zur Erinnerung und zur Mahnung.

In *Völkersleier* ist eine *Tafel* ebenfalls am Gemeindehaus in der *Rhönstraße 18* zu finden. Die Inschrift heißt:

In Völkersleier bestand
eine Jüdische Kultusgemeinde
deren Synagoge sich in der Frohnstr. 4 befand
und deren Inneneinrichtung
in der Pogromnacht 1938 zerstört wurde.
Die Gemeinde gedenkt ihrer
ehemaligen jüdischen Mitbürger.
Zur Erinnerung und zur Mahnung.

Weiden, Oberpfalz

In der *Frauenrichterstraße 50* erinnert eine *Gedenktafel* an einen Weidener Bürger:

In diesem Hause wohnte
Eduard Kohner
geb. 23. 8. 1882 und ist am
26. 1. 1942 im Konzentrationslager
Dachau dem verbrecherischen
Naziregime zum Opfer gefallen

Auf dem *Stadtfriedhof* an der *Gabelsberger Straße* befindet sich eine Grabanlage für in den Jahren 1940 bis 1945 ums Leben gekommene französische und sowjetische Kriegsgefangene des »Stalag (Stammlager) XIII B«. Dieses Lager befand sich neben einer Kaserne der Deutschen Wehrmacht im Westen der Stadt.

Literatur:
Brenner, Michael, Judenverfolgung im Dritten Reich – aufgezeigt am Alltag der ehemaligen und heutigen Weidener Juden unter der NS-Herrschaft. Arbeit 11. Klasse, Kepler-Gymnasium, Weiden, im Rahmen des »Schülerwettbewerbs Deutsche Geschichte« 1980/81; Ders., Am Beispiel Weiden. Jüdischer Alltag im Nationalsozialismus, Würzburg 1983; Kunz, Mario/Grasser, Josef, Behandlung und Arbeitseinsatz von Kriegsgefangenen während des Zweiten Weltkrieges im Spiegel der nationalsozialistischen Presse (Beispiel Weiden). Arbeit 10. Klasse, Kepler-Gymnasium, Weiden, im Rahmen des »Schülerwettbewerbs Deutsche Geschichte« 1982/83.

Weil, Kreis Landsberg a. Lech

Auf dem *Ehrenfriedhof* im Gemeindeteil *Schwabhausen* sind etwa 130 Opfer der NS-Gewaltherrschaft in Sammelgräbern bestattet.

Weißenburg i. Bayern

Auf der nahe Weißenburg gelegenen alten Festung Wülzburg befand sich während des Zweiten Weltkrieges das sogenannte Ilag XIII (Internierungslager im Wehrkreis XIII Nordbayern). In solchen Ilags, von denen nur sehr wenige existierten, wurden Angehörige von Feindstaaten gefangengehalten, die, obwohl Zivilisten, wie Kriegsgefangene behandelt wurden, beispielsweise zivile Besatzungsmitglieder aufgebrachter feindlicher Handelsschiffe.
Über 40 der in Weißenburg internierten Sowjetbürger, die dort auch zur Zwangsarbeit verpflichtet wurden, verloren dort ihr Leben und sind in Sammelgräbern bestattet, u.a. in der *Gedenkstätte Fallgarten.* Die Inschrift auf einem *Mahnmal* lautet:

Den Opfern der Gewalt 1933–1945

Wetterfeld siehe Roding

Wilhams siehe Missen

Willanzheim

Auf dem von Weinbergen umgebenen *jüdischen Friedhof* des südöstlich von Würzburg und Kitzingen gelegenen Ortes *Hüttenheim,* heute zu Willanzheim gehörend, befindet sich in der Mitte des Friedhofs ein *Denkmal* mit folgender Inschrift:

Dieser Friedhof wurde 1938
unter der Nazigewaltherrschaft
zerstört u. 1950 von den Opfern des
Faschismusses wiederhergestellt.

Winklarn

Am Ortsende von *Muschenried* (Gemeinde Winklarn) befindet sich in Richtung Kulz ein *Denkmal,* das den dort früher ruhenden KZ-Opfern errichtet ist. Die Inschrift lautet:

Hier ruhten 333 K.Z.-Häftlinge
† aus dem Lager Flossenbuerg
† April 1945
1958 umgebettet nach Flossenbuerg
Sühne kann Euch und den Euren
nimmer dies Denkmal bedeuten
Doch zum Troste die Gewähr
Dass Ihr in Ehren hier Ruhet.

Wolfratshausen siehe Geretsried

Wülfershausen a. d. Saale

In dem Ort *Eichenhausen* der Gemeinde Wülfershausen sind unter dem Gebäude Ortsstraße 37 noch deutlich ältere Fundamente zu erkennen, die von der früheren Synagoge herrühren. Da der heutige Grundstücksbesitzer die Zustimmung verweigerte, wurde eine *Gedenktafel am Kriegerdenkmal* vor dem Friedhof angebracht. Die Inschrift lautet:

In Eichenhausen bestand bis 1938
eine Jüdische Kultusgemeinde.
Die Gemeinde gedenkt ihrer
ehemaligen Jüdischen Mitbürger.

Würzburg

Dort, wo sich heute an der *Domerschulstraße* in Würzburg der nicht öffentlich zugängliche Sportplatz des Priesterseminars befindet, war bis 1942 das jüdische Gemeindezentrum der Stadt mit der Hauptsynagoge, dem Gemeindehaus und anderen Einrichtungen. Eine *Gedenktafel* an der angrenzenden Mauer macht darauf aufmerksam:

Hier
stand die 1837 erbaute
und am 9. 11. 1938
durch die damaligen Machthaber
zerstörte
Synagoge
der Israelitischen
Kultusgemeinde
Würzburg

Im Vorraum der heutigen *Synagoge* in der *Valentin-Becker-Straße 11* befindet sich eine *Gedenktafel* zur Erinnerung an die von den Nationalsozialisten verfolgten und ermordeten Juden. Würzburg war seit dem 19. Jahrhundert ein geistiger und religiöser Mittelpunkt der fränkischen Juden. Seit 1864 gab es ein eigenes jüdisches Lehrerseminar in der Stadt, das die Interessen der jüdischen Orthodoxie in Deutschland vertrat. Der 1929 errichtete Neubau in der *Sandbergerstraße* wird heute als Realschule für Knaben genutzt. Deren Name *»Jakob-Stoll-Schule«* und eine *Gedenktafel* im Inneren des Gebäudes machen auf die Geschichte aufmerksam. Der Text lautet:

Dieses Gebäude wurde 1930 – 31
als Israelitische Lehrerbildungsanstalt
– ILBA – auf Initiative des erfolgreichen
Pädagogen Jakob Stoll, 21. 1. 1876 – 29. 11. 1962,
errichtet.
Er leitete diese bekannte Bildungsstätte bis zu ihrer
Auflösung durch die Nationalsozialisten im Jahre
1938.
Nach KZ-Haft gelang ihm die Auswanderung
in die USA.
»Auf den Blättern der Geschichte der Anstalt
in ihren letzten Jahrzehnten ist mit goldenen Lettern
eingeschrieben der Name Jakob Stoll«.
Aus einer Festschrift, New York 1954

Auf dem *jüdischen Friedhof* in der *Werner-von-Siemens-Straße* befindet sich in einem Ehrenhain für im Ersten Weltkrieg gefallene jüdische Soldaten ein *Mahnmal* für die in den vielen Konzentrationslagern durch die Nationalsozialisten ermordeten Juden. Auf einigen Grab- oder Gedenksteinen finden sich hinter den Namen der Toten Inschriften wie »verschollen im KZ« oder »ermordet im KZ«.

Im ersten Stock des *jüdischen Altersheims* in der *Valentin-Becker-Straße 11* wurde im Jahre 1987 ein *»Dokumentationszentrum für jüdische Geschichte und Kultur in Unterfranken«* eröffnet. Es soll zur zentralen Anlaufstelle für alle Fragen der jüdischen Geschichte in Unterfranken werden und sammelt hierzu Schrifttum, Archivalien und Archivverzeichnisse. Eine Dauerausstellung wird aufgebaut. In Wechselausstellungen und eigenen Publikationen weist das Dokumentationszentrum auf die jüdische Komponente der fränkischen Geschichte hin. Die Judenverfolgung des Nationalsozialismus bildet einen thematischen Schwerpunkt. Das jüdische Altersheim im selben Haus existiert seit dem Jahre 1930. Nach 1940 war es Sammelpunkt für Judendeportationen.

Öffnungszeiten des Dokumentationszentrums:
Montag bis Donnerstag 13.00 bis 17.00 und Freitag 8.00 bis 12.00 Uhr.

In dem bis 1930 selbständigen Stadtteil *Heidingsfeld* wurde am 3. Dezember 1986 am Standort der dortigen, im Novemberpogrom 1938 niedergebrannten Synagoge am oberen Ende der *Zindelgasse/Ecke Dürrenberg* eine *Gedenksäule* eingeweiht. Das Monument hat die Form einer geborstenen und aus sechs Teilen zusammengefügten Säule, die mit Stacheldraht zusammengefügt wird. Eine hebräische Inschrift lautet (in Übersetzung):

Zum Gedenken an die
heilige Gemeinde Heidingsfeld.

Und ein weiterer Text informiert:

Gottlose Menschen
zerstörten am 9. Nov.1938
die hier gestandene
Synagoge.
Zur Erinnerung
an den Leidensweg
der Jüdischen Gemeinde.

Am *Geschwister-Scholl-Platz/Ottostraße* in Würzburg wurde ein *Gedenkstein* für Hans und Sophie Scholl (s. München) errichtet.

Im Gewerbegebiet des neuen Stadtteils *Heuchelhof* erinnern verschiedene Straßennamen an bekannte Widerstandskämpfer und Opfer des NS-Regimes. Im Stadtteil *Heidingsfeld* erinnert der *Herta-Mannheimer-Weg* an die sozialdemokratische Stadträtin des letzten unabhängigen Stadtrats von Heidingsfeld, die als Jüdin und SPD-Mitglied im KZ Auschwitz ermordet wurde.

Im Würzburger Stadtteil *Sanderau* ist ein *Pfadfinderstamm* der St. Georgs Pfadfinder nach *Fred Joseph* benannt, der als »Halbjude« und engagierter Katholik immer wieder mit der Hitlerjugend in Konflikt geriet, später in Pforzheim trotz Verbot einen Pfadfinderstamm gründete, verhaftet wurde und am 21. Januar 1943 im KZ Auschwitz ums Leben kam.

Literatur:
Flade, Roland, Die Würzburger Juden. Ihre Geschichte vom Mittelalter bis zur Gegenwart, Würzburg 1987; Ders., Der Novemberpogrom von 1938 in Unterfranken. Vorgeschichte – Verlauf – Augenzeugenberichte, Würzburg 1988; Rockenmaier, Dieter W., Aus den Akten der Würzburger Gestapo: Buchführung des Todes. Die »Endlösung der Judenfrage« im damaligen Gau Mainfranken, Würzburg 1981; Schmitt, Frank, Ein Pfadfinderbezirk erforscht seine Geschichte, in: Paul, Gerhard und Schoßig, Bernhard (Hrsg.), Die andere Geschichte. Geschichte von unten u. a., Köln 1986, S. 117–130; Schultheis, Herbert, Juden in Mainfranken 1933–1945, unter besonderer Berücksichtigung der Deportationen Würzburger Juden, Bad Neustadt a.d.Saale 1980; Ders. und Wahler, Isaac E., Bilder und Akten der Gestapo Würzburg über die Judendeportationen 1941–1943, Neustadt a. d. Saale 1988; Strätz, Reiner, Biographisches Handbuch Würzburger Juden 1900–1945, Würzburg 1989; Wagner, Ulrich (Hrsg.), Zeugnisse jüdischer Geschichte in Unterfranken, 1987.

Wunsiedel

Auf dem *Friedhof* von Wunsiedel in Oberfranken sind 30 KZ-Opfer in Reihen- und Einzelgräbern bestattet. Es handelt sich um jüdische Opfer eines der »Todesmärsche« bei der »Evakuierung« der Konzentrationslager in den letzten Kriegswochen. (Dieser Friedhof wurde mit der Beerdigung des früheren »Führer«-Stellvertreters und führenden Nationalsozialisten Rudolf Heß im Jahre 1987 zu einer Kultstätte der Neonazis.)

Zeckendorf siehe Scheßlitz

Zirndorf

An der Außenmauer des Gebäudes in der *Kleinstraße 2* in Zirndorf bei Fürth in Mittelfranken ist in großen Lettern aus Metall folgender Text angebracht:

> Zum Gedenken
> an alle im
> Ersten Weltkrieg
> gefallenen und
> während des
> NS-Regimes ums
> Leben gekommenen
> jüdischen
> Mitbürger der
> Stadt Zirndorf

Quellen/Literatur zu Bayern insgesamt (Auswahl):

Die im Text angegebenen Quellen- und Literaturhinweise zu einzelnen Orten bzw. Gedenkstätten werden hier nicht wiederholt. Bei den folgenden Titeln handelt es sich um auf Bayern insgesamt bzw. auf bayrische Regionen bezogene Untersuchungen.

BAYERN IN DER NS-ZEIT – DOKUMENTATION UND STUDIEN (Veröffentlichungen im Rahmen des Projektes »Widerstand und Verfolgung in Bayern 1933–1945« im Auftrag des Bayerischen Staatsministeriums für Unterricht und Kultus bearbeitet vom Institut für Zeitgeschichte in Verbindung mit den Staatlichen Archiven Bayerns), 6 Bände, München/Wien 1977–1983:

BAND I: BROSZAT, MARTIN/FRÖHLICH, ELKE/WIEDEMANN, FALK (Hrsg.), Soziale Lage und politisches Verhalten der Bevölkerung im Spiegel vertraulicher Berichte, 1977, enthält:
Teil I: Ein Landkreis in der Fränkischen Schweiz. Der Bezirk Ebermannstadt 1929–1945; Teil II: Lage der Arbeiterschaft, Arbeiteropposition, Aktivität und Verfolgung der illegalen Arbeiterbewegung 1933–1945; Teil III: Konflikte im agrarisch-katholischen Milieu Oberbayerns am Beispiel des Bezirks Aichach 1933–1938; Teil IV: Zur Lage evangelischer Kirchengemeinden; Teil V: Judenverfolgung und nichtjüdische Bevölkerung 1933–1944; Teil VI: Die Partei in der Provinz. Möglichkeiten und Grenzen ihrer Durchsetzung 1933–1939; Teil VII: Stimmung und Verhalten der Bevölkerung unter den Bedingungen des Krieges.

BAND II: BROSZAT, MARTIN/FRÖHLICH, ELKE (Hrsg.), Herrschaft und Gesellschaft im Konflikt, Teil A, 1979, enthält:
NORBERT FREI, Nationalsozialistische Eroberung der Provinzzeitungen. Eine Studie zur Pressesituation in der Bayerischen Ostmark; FRIEDERIKE EULER, Theater zwischen Anpassung und Widerstand. Die Münchner Kammerspiele im Dritten Reich; EVI KLEINÖDER, Verfolgung und Widerstand der Katholischen Jugendvereine. Eine Fallstudie über Eichstätt; FRITZ BLAICH, Die bayerische Industrie 1933–1939. Elemente von Gleichschaltung, Konformismus und Selbstbehauptung; IAN KERSHAW, Antisemitismus und Volksmeinung. Reaktionen auf die Judenverfolgung; GÜNTHER KIMMEL, Das Konzentrationslager Dachau. Eine Studie zu den nationalsozialistischen Gewaltverbrechen; LOTHAR GRUCHMANN, Die bayerische Justiz im politischen Machtkampf 1933/34. Ihr Scheitern bei der Strafverfolgung von Mordfällen in Dachau; TONI SIEGERT, Das Konzentrationslager Flossenbürg. Ein Lager für sogenannte Asoziale und Kriminelle.

BAND III: BROSZAT, MARTIN/FRÖHLICH, ELKE/GROSSMANN, ANTON (Hrsg.), Herrschaft und Gesellschaft im Konflikt, Teil B, 1981, enthält:
GERHARD HETZER, Die Industriestadt Augsburg. Eine Sozialgeschichte der Arbeiteropposition; FRANZ SONNENBERGER, Die Gemeinschaftsschule und ihre historischen Voraussetzungen; HELMUT M. HANKO, Kommunalpolitik in der »Hauptstadt der Bewegung« 1933–1935. Zwischen »revolutionärer« Umgestaltung und Verwaltungskontinuität; KARL ARNDT, Die Münchener Architekturszene 1933/34 als ästhetisch-politisches Konfliktfeld; KARL OTMAR VON ARETIN, Der bayerische Adel. Von der Monarchie zum Dritten Reich; LUDWIG EIBER, Frauen in der Kriegsindustrie. Arbeitsbedingungen, Lebensumstände und Protestverhalten.

BAND IV: BROSZAT, MARTIN/FRÖHLICH, ELKE/GROSSMANN, ANTON (Hrsg.), Herrschaft und Gesellschaft im Konflikt, Teil C, 1981, enthält:
KLAUS TENFELDE, Proletarische Provinz. Radikalisierung und Widerstand in Penzberg/Oberbayern 1900 bis 1945; ZDENEK ZOFKA, Dorfeliten und NSDAP. Fallbeispiele der Gleichschaltung aus dem Kreis Günzburg; PETER HÜTTENBERGER, Heimtückefälle vor dem Sondergericht München 1933–1939; ARNO KLÖNNE, Jugendprotest und Jugendopposition. Von der HJ-Erziehung zum Cliquenwesen der Kriegszeit; GERHARD HETZER, Ernste Bibelforscher in Augsburg; HILDEBRAND TROLL, Aktionen zur Kriegsbeendigung im Frühjahr 1945; MARTIN BROSZAT, Resistenz und Widerstand. Eine Zwischenbilanz des Forschungsprojekts.

BAND V: BROSZAT, MARTIN/MEHRINGER HARTMUT (Hrsg.), Die Parteien KPD, SPD, BVP in Verfolgung und Widerstand, 1983. Mit Beiträgen von HARTMUT MEHRINGER, ANTON GROSSMANN, KLAUS SCHÖNHOVEN.

BAND VI: BROSZAT, MARTIN/FRÖHLICH, ELKE (Hrsg.), Die Herausforderung des einzelnen. Geschichten über Widerstand und Verfolgung. Von ELKE FRÖHLICH, 1983.

DENEKE, BERNWARD u.a. (Hrsg.), Siehe der Stein schreit aus der Mauer. Geschichte und Kultur der Juden in Bayern. Eine Ausstellung des Germanischen Nationalmuseums und des Hauses der Bayerischen Geschichte im Germanischen Nationalmuseum Nürnberg 25. Oktober 1988 – 22. Januar 1989, Ausstellungskatalog, Nürnberg 1988.

GESCHICHTE QUER. ZEITSCHRIFT DER BAYERISCHEN GESCHICHTSWERKSTÄTTEN, Heft 1, Juli 1992, Panther-Verlag Lutz Tietmann, Ingolstadt (enthält den Schwerpunkt »KZ-Außenlager und Gedenkstätten« in Bayern).

GROSSMANN, ANTON J., Fremd- und Zwangsarbeiter in Bayern 1939–1945, in: Vierteljahreshefte für Zeitgeschichte 4/1986, S. 481–521.

OPHIR, BARUCH Z./WIESEMANN, FALK (Hrsg. u. Bearb.), Die Jüdischen Gemeinden in Bayern 1918–1945 – Geschichte und Zerstörung, München 1979.

RÖMER, GERNOT, Für die Vergessenen. KZ-Außenlager in Schwaben. Schwaben in Konzentrationslagern. Berichte, Dokumente, Zahlen und Bilder, Augsburg 1984.

RÖMER, GERNOT UND ELLEN, Der Leidensweg der Juden in Schwaben. Schicksale von 1933–1945 in Berichten, Dokumenten und Zahlen, Augsburg 1982.

SCHULTHEIS, HERBERT, Juden in Mainfranken 1933–1945 – unter besonderer Berücksichtigung der Deportationen Würzburger Juden –, Neustadt a.d. Saale 1980 (Bad Neustädter Beiträge zur Geschichte und Heimatkunde Frankens, Bd. 1).

SCHWIERZ, ISRAEL, Steinerne Zeugnisse jüdischen Lebens in Bayern. Eine Dokumentation, (hrsg. von der Bayerischen Landeszentrale für politische Bildungsarbeit), München 1988, 2. Aufl. 1992.

SIEGERT, TONI, 30 000 Tote mahnen! Die Geschichte des Konzentrationslagers Flossenbürg und seiner 100 Außenlager von 1938–1945, Weiden 1984.

AUSSTELLUNG:
»Widerstand und Verfolgung in Bayern 1933–1945«, zusammengestellt von der Arbeitsgemeinschaft Bayerischer Verfolgtenorganisationen (ABV). Die Wanderausstellung wurde in vielen bayerischen Städten und auch außerhalb Bayerns gezeigt. Sie wurde von der Landeshauptstadt München erworben und kann ausgeliehen werden. (Anfragen an: Stadtmuseum München, St. Jakobsplatz 1, 80331 München; Tel.: 0 89/2 33 23 70)

Bremen

Vorbemerkung

Erinnerungstage wie der 50. Jahrestag der nationalsozialistischen »Machtergreifung« und 1985 der 40. Jahrestag des Kriegsendes und der Befreiung sowie 1988 der 50. Jahrestag der »Reichskristallnacht« trugen auch in Bremen und Bremerhaven zu einem verstärkten öffentlichen Interesse an der Geschichte der Gewaltherrschaft der Jahre 1933–1945 bei. Hinzu kommt die historische Spurensuche der neuen Geschichtsbewegung, die den Nationalsozialismus in seinen örtlichen und regionalen Ausprägungen erforscht und sich umfangreich vor allem mit den vorher oft vergessenen Opfern der NS-Zeit beschäftigt. Eine Folge davon waren und sind die zunehmenden öffentlichen Erinnerungen in Form von Gedenktafeln und Mahnmalen, aber auch die oft kritische Auseinandersetzung mit dem heutigen Umgang an und mit den Orten des vormaligen Terrors, den Gefängnissen und Haftstätten und den Zwangsarbeiter- und KZ-Außenlagern wie etwa dem früheren Außenlager des Konzentrationslagers Neuengamme in Bremen-Farge oder dem ehemaligen Gestapo-Gefängnis in der Ostertorwache, dem historischen Stadtgefängnis.

Spezifisch für Bremen sind die zahlreichen Wandbilder an früheren Bunkern sowie die ausführlichen schwarzweißen Informationstafeln, die meist in den achtziger Jahren entstanden sind.

Einen Überblick über alle Friedhöfe, Wandbilder, Denkmäler und Gedenksteine sowie die Schrifttafeln gibt die 1987 bereits in zweiter Auflage vom Bremer Senat herausgegebene Dokumentation: »Kunst gegen Krieg und Faschismus in Bremen/Bremerhaven«.

Bunker Admiralstraße, Bremen-Findorff: Das Wandbild des Bremer Künstlers Jürgen Waller von 1984 stellt in einer Collage Situationen der Verfolgung und Formen des Widerstands dar und ist umrahmt von 112 Namen von Bremer Gegnern und Opfern des Nationalsozialismus. Wandbilder an Bunkern stellen eine besondere Form der Auseinandersetzung mit dem Thema im Bremer Stadtbild dar.

DEN GEGNERN UND OPFERN DES FASCHISMUS
ARBEIT MACHT FREI

Bremen-Mitte

Gedenktafel am Polizeihaus

Am *Polizeihaus, Am Wall 196*, Sitz der Polizeidirektion, ist eine *Gedenktafel* aus Aluminium mit weißen Buchstaben auf schwarzem Grund angebracht. Sie trägt den Text:

Dieses Haus war in der Zeit des Nationalsozialismus
Dienstsitz der Geheimen Staatspolizei –
eine Stätte, an der unschuldige Bremer Bürger
Opfer der Gewaltdiktatur wurden.
Diese Tafel erinnert uns an ihre Leiden.

Hier wurden aus politischen Gründen festgenommene Bremer Bürger verhört und danach in Gefängnisse und Zuchthäuser oder auch zur »Sonderbehandlung« in das berüchtigte »Gossel-Haus« überstellt. Am 17. März 1933 war das »Rote Haus« im Buntentorsteinweg 95, bis dahin Sitz der KPD, geschlossen worden. Es wurde später der als »Hilfspolizei« fungierenden SA übergeben, die es nach einem 1931 bei einer Auseinandersetzung zwischen Kommunisten und SA-Leuten getöteten SA-Mann in »Gossel-Haus« umbenannte. Hier wurden die aus dem Polizeihaus überstellten Häftlinge auf brutale Weise gefoltert. Die »Sonderbehandlung« im Gossel-Haus soll derart hart gewesen sein, daß schon die Androhung, einen Gefangenen dorthin zu bringen, ausreichte, um eine Aussage zu erzwingen.

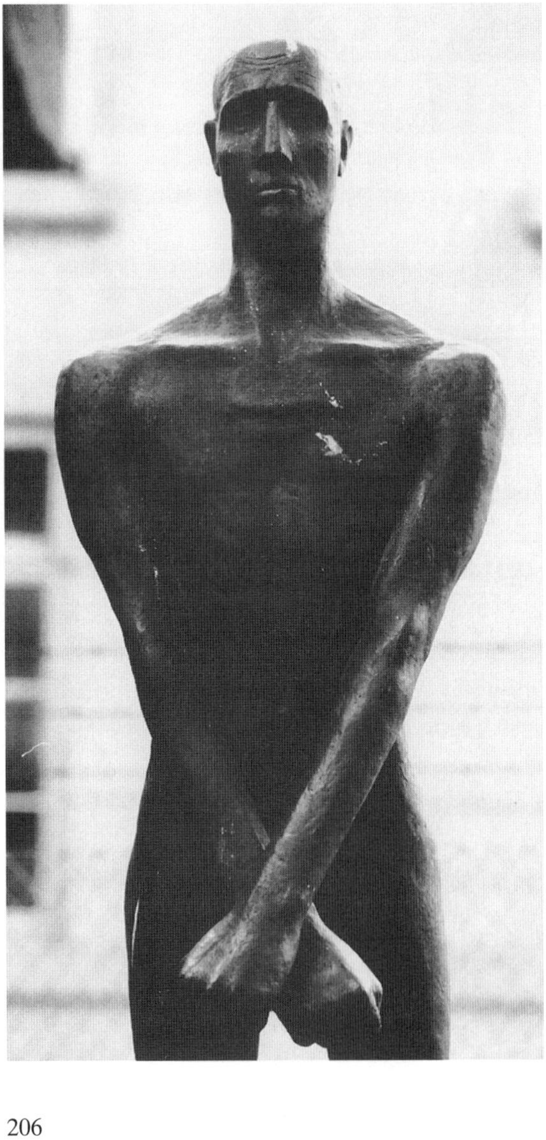

Mahnmal Wallanlagen und Gedenkstätte Ostertorwache

In den *Wallanlagen* wurde 1984 bei der früheren Ostertorwache ein Nachguß der 1947 entstandenen, einen nackten, kahlgeschorenen Menschen darstellenden *Skulptur »Freiheitskämpfer«* von Fritz Cremer aufgestellt. Auf dem Sockel stehen die Worte:

Diese Figur widme ich
meinen hingerichteten Freunden
der
Schulze-Boysen/Harnack-
Gruppe
Walter Husemann
Elisabeth und Kurt Schumacher
Oda Schottmüller
Erika von Brockdorf
und Willy Schürmann

Fritz Cremer

Eine vor dem Sockel liegende Tafel informiert:

Die Skulptur »Freiheitskämpfer« des zweiten Bremer Bildhauerpreisträgers, Fritz Cremer (Berlin), mahnt an dieser Stelle an die zahlreichen Gegner und Opfer des Nationalsozialismus. Die Widerstandsgruppe Schulze-Boysen/Harnack wurde 1942 auf unmenschliche Weise in Berlin-Plötzensee hingerichtet.

Auch in dem angrenzenden Gebäude der früheren Ostertorwache litten Menschen unter dem Unrechtssystem 1933–1945. Sie werden nicht vergessen.

Der in der damaligen DDR lebende Bildhauer Fritz Cremer (gest. 1993) schenkte diese Skulptur der Stadt Bremen. Die Zentren der »Schulze-Boysen/

Wallanlagen, Bremen-Mitte:
Skulptur »Freiheitskämpfer« von Fritz Cremer, entstanden 1947, Nachguß 1984 aufgestellt.

Harnack-Gruppe«, von der Gestapo »Rote Kapelle« genannt, befanden sich in Berlin und in Hamburg. Zu Bremer Widerstandskämpfern hatte die »Rote Kapelle« nach bisherigem Wissensstand keine Verbindungen. Die Beziehung zur Stadt besteht mit der hier geborenen Cato Bontjes van Beek, Mitglied der »Roten Kapelle«, nach der eine Straße und der Stadtplatz in Kattenturm (s. unten: Obervieland) benannt wurden.
Die baldige Überfüllung der Haftanstalten wie des Ostertor-Gefängnisses, des Zuchthauses Oslebshausen und des Amtsgerichts Blumenthal hatte die Einrichtung des »KZ Mißler« in Findorff zur Folge (s. unten).

Die Ostertorwache besteht seit 1828 und wird heute noch als Haftstätte der Polizei genutzt. Hier saßen nicht nur die politischen Gefangenen der revolutionären Bewegungen von 1848 und 1918, sondern auch die Häftlinge der Gestapo nach 1933. Die Bremer »Arbeitsgemeinschaft verfolgter Sozialdemokraten« (AvS) legte Anfang der 90er Jahre ein Konzept vor, das Ostertorgefängnis zur zentralen Bremer Gedenkstätte zu machen und hier einen Dokumentations-, Ausstellungs- und Gedenkort für die Opfer des NS-Terrors einzurichten. Neben der Sicherung der authentischen Orte wie der erhaltenen Haftzellen war an wissenschaftliche Einrichtungen wie Bibliothek, Lesesaal, Archiv und eine Dauerausstellung »Bremen 1933–1945« gedacht. Allerdings entschied sich die Bremer Kulturbehörde, in der Ostertorwache ein Design-Zentrum unterzubringen und nur einige Räume als *Gedenkstätte* zur Erinnerung an die historische Nutzung des Gebäudes durch die Gestapo herzurichten. Eine neuere Idee ist, im ehemaligen Gestapo-Verwaltungsgebäude (s. oben: Polizeihaus), Am Wall, schräg gegenüber dem Ostertorgefängnis, eine Dauerausstellung einzurichten.

Quelle:
Müser, Mechtild, »Wenn euch ekelt, wir verdenken es euch nicht«. Das Gefangenenhaus am Ostertor, Sendung Radio Bremen 16. Dezember 1989.

Lidice-Mahnmal in den Wallanlagen

Am 7. Mai 1989 wurde in den *Wallanlagen* ein *Mahnmal* zur Erinnerung an den von der SS zerstörten tschechischen Ort Lidice eingeweiht. Das von Professor Jürgen Waller gestaltete Mahnmal besteht aus geschwärzten Trümmern und verkohlten Balken, darunter auch zwei Steinen aus Lidice. Die Lidice-Vernichtung war eine Vergeltungsaktion für das Attentat auf den Stellvertretenden Reichsprotektor von Böhmen und Mähren und Leiter des Reichssicherheitshauptamtes Reinhard Heydrich in Prag. Auf einem Erläuterungsschild steht:

> Erinnern für die Zukunft
> Lidice
> Jürgen Waller 1989
>
> Lidice, ein Bergarbeiterdorf in der Nähe von Prag,
> wurde am 10. Juni 1942 auf Befehl Hitlers
> dem Erdboden gleichgemacht. Alle 173 Männer
> wurden erschossen, alle 198 Frauen und
> die Kinder in Konzentrationslager verschleppt
> oder zwangsarisiert.
> Doch Lidice lebt. Durch internationale Solidarität
> wurde das Dorf im Jahre 1947 wieder aufgebaut
> und gilt weiterhin als Verpflichtung für Völkerverständigung, Vertrauensbildung und Abrüstung.
> Lidice – Initiative Bremen

Das Lidice-Mahnmal steht als historischer Kontrastpunkt unmittelbar neben der Statue eines bronzenen Jünglings, der 1936 zunächst auf dem Liebfrauenkirchhof und später hier aufgestellt wurde zur Erinnerung an die Gefallenen der Division Gerstenberg und des Freicorps Caspari. Diese hatten die freigewählte Bremer Räterepublik am 4. Februar 1919 mit Militärgewalt zerschlagen. (An die dabei ums Leben gekommenen dreißig Arbeiter und Soldaten erinnert seit 1972 ein Denkmal von Georg Arfmann auf dem Friedhof in Bremen-Walle: »Der Sturz der Pieta«.)

Gedenktafel Landgericht

Im *Landgericht, Domsheide 16,* erinnert eine aus Aluminium gefertigte *Gedenktafel* (weiße Buchstaben auf schwarzem Grund) an die Opfer des »Sondergerichts«, das in diesem Gebäude von 1940 bis 1945 tagte:

> Erinnerung an die Opfer
>
> Während der nationalsozialistischen Gewaltherrschaft
> wurden in diesem Gebäude 54 Menschen von
> dem Sondergericht Bremen zum Tode verurteilt.
> Schnell wurden sie vergessen – einer von ihnen war der
> erst 17 Jahre alte Pole Walerjan Wrobel.
> Ihr Leiden mahnt uns.

Das erste Sondergericht in Bremen war schon 1933/34 eingerichtet worden, ein zweites nahm am 1. April 1940 seine Tätigkeit auf. Mit der dauerhaften Einrichtung von Sondergerichten nach dem Machtantritt der Nationalsozialisten war eine Handhabe zur schnellen Aburteilung politischer Gegner geschaffen, deren »Straftaten« nicht unter die Tatbestände von »Hoch-« oder »Landesverrat« fielen. Die Sondergerichte verfolgten vor allem Verstöße gegen das »Heimtücke-Gesetz«, so wurden etwa kritische Äußerungen gegen das Regime als »heim-

Landgericht, Domsheide 16, Bremen-Mitte: Die Gedenktafel erinnert an das von 1940 bis 1945 in diesem Gebäude tagende Bremer Sondergericht und an die zum Tode verurteilten Menschen, darunter den 17jährigen Polen Walerjan Wrobel. Im Bremer Stadtgebiet wird an verschiedenen Stellen mit solchen Schrifttafeln (schwarzes Aluminium mit weißen Buchstaben) an die Zeit des Nationalsozialismus erinnert.

tückische Angriffe« gewertet, oder gegen die nach dem Reichstagsbrand am 28. Februar 1933 erlassene »Verordnung zum Schutz von Volk und Staat« etwa durch Mitgliedschaft in einer aufgrund dieser Verordnung verbotenen Organisation und ähnliches. Mit Kriegsbeginn wurde die Anzahl der Sondergerichte erhöht und ihre Zuständigkeit erweitert. Ihre Tätigkeit verlagerte sich schwerpunktmäßig auf die Kriegsstrafjustiz. Sie führten zum Beispiel Verfahren wegen Abhörens von »Feindsendern« und Weitergabe von deren Nachrichten, Feldpostdiebstählen u.a. durch. Das standgerichtsartige Verfahren der Sondergerichte ermöglichte völlig willkürliche Urteile.

Das Bremer Sondergericht verurteilte viele Ausländer, darunter den 17jährigen Polen Walerjan Wrobel wegen »versuchter Brandstiftung in einer deutschen Scheune« und der »Gefährdung eines deutschen Bauerngehöftes«, zum Tode. Der Junge war als 16jähriger zum Arbeitseinsatz auf einen Bauernhof im Bremer Umland gebracht worden und kam wegen seines Heimwehs auf die naive Idee, die Hofeigentümerin zu »ärgern« in der Hoffnung, als »Strafe« wieder nach Hause geschickt zu werden. Er legte Feuer in einer Scheune, das aber keinen wesentlichen Schaden anrichtete. Gleichwohl wurde er verhaftet, mußte für neun Monate im Konzentrationslager Neuengamme Schwerstarbeit verrichten und wurde anschließend von drei Berufsrichtern des Bremer Sondergerichts zum Tode verurteilt. Am 25. August 1942 wurde Walerjan Wrobel im Untersuchungsgefängnis Hamburg-Stadt hingerichtet (s. auch Hamburg). Der Justizsenator (Curt Rothenberger) hatte es in diesem Fall für »gefährlich« gehalten, statt der Todesstrafe Begnadigung zu empfehlen.

Quellen/Literatur:
Schminck-Gustavus, Christoph U., Das Heimweh des Walerjan Wrobel. Ein Sondergerichtsverfahren 1941/42, Berlin/Bonn 1986. (Diese Dokumentation wurde 1988 in Freiburg auch als Dokumentarstück für die Bühne inszeniert und 1992 mit gleichem Titel als Dokumentar-/Spielfilm produziert.)

Mahnmal Am Landherrnamt

In der *Dechanatstraße/Ecke Kolpingstraße* wurde im Jahre 1982 in der Nähe des Landherrnamtes ein von Hans D. Voss geschaffenes *Mahnmal* aus schwarzgefärbtem Beton aufgestellt. Auf einer Gedenkplatte stehen die Worte:

> Unsere jüdischen Mitbürger
> Martha Goldberg
> Dr. Adolf Goldberg
> Heinrich Rosenblum
> Leopold Sinasohn
> Selma Swinitzki
> wurden in dieser Stadt in der
> Nacht vom 9. zum 10. 11. 1938 ermordet.

Die fünf auf der Gedenkplatte Genannten – Leopold Sinasohn, Martha und Adolph Goldberg aus Burglesum sowie Heinrich Rosenblum und die Fahrradhändlerin Selma Swinitzki aus Bremen-Neustadt – fielen einem mißverständlich übermittelten Befehl sowie der antisemitischen Verhetzung und dem Sadismus der Mörder zum Opfer. Die Anweisung von Reichspropagandaminister Joseph Goebbels für die »Kristallnacht« vom 9. auf den 10. November 1938, in der im gesamten Reichsgebiet Synagogen in Brand gesetzt und jüdische Geschäfte zerstört wurden, Juden »bei Widerstand über den Haufen zu schießen«, war von einigen Mitgliedern der Bremer SA als Befehl zur Ermordung aller Juden verstanden worden. So war das schon betagte Arztehepaar Adolph und Martha Goldberg am Morgen des 10. November 1938 um fünf Uhr aus dem Schlaf gerissen und in seinem Wohnzimmer erschossen worden. Das Ehepaar ist auf dem jüdischen Friedhof in Ritterhude bestattet.

Auf die Initiative von Schülern des Schulzentrums Lehmhorster Straße, die dies im Rahmen eines Wettbewerbs erforscht hatten, wurde 1985 der ehemals als »Gummibahnhof« bezeichnete Platz in Burgdamm (Bremen-Burglesum) in *»Goldbergplatz«* umbenannt. Seitdem informiert dort ein *Gedenkstein* mit dem Text:

> Am 10. November 1938
> in der »Reichskristallnacht«
> wurden unsere Mitbürger
> das Ehepaar Dr. Adolph
> und Martha Goldberg
> von Nationalsozialisten
> ermordet

Von den bei dem Pogrom der »Reichskristallnacht« festgenommenen Juden wurden am Morgen des 10. November 1938 über 160 ins Zuchthaus Oslebshausen gebracht und von hier aus über Oranienburg in das Konzentrationslager Sachsenhausen transportiert, wo sie einige Wochen festgehalten wurden. Viele von ihnen kamen später im Zuge der planmäßigen Ermordung jüdischer Bürger in den Vernichtungslagern ums Leben. (Zur »Reichskristallnacht« s. auch Bremen-Gröpelingen.)

Quellen/Literatur:
Heinemann, Jan-Friedrich u.a., Die Reichspogromnacht in Bremen-Nord. Ein Bericht über die Ermordung von drei jüdischen Mitbürgern am 9./10. November 1938 in Bremen Nord. Arbeit 9. Klasse, Schulzentrum Lehmhorster Straße, im Rahmen des »Schülerwettbewerbs Deutsche Geschichte« 1980/81.

Gedenktafel Kolpinghaus (ehemalige Synagoge)

Am *Kolpinghaus* in der *Kolpingstraße 4 – 6*, ehemals Standort der Synagoge, wurde 1982 eine *Gedenktafel* mit folgendem Text angebracht:

> Hier stand von 1876 bis 1938
> die Synagoge
> unserer jüdischen Mitbürger.
> Sie wurde in der Nacht vom
> 9. zum 10. November 1938
> von den Nationalsozialisten
> in Brand gesteckt.

Unter einer hebräischen Inschrift heißt es weiter:

> ... denn mein Haus wird ein Gebetshaus
> für alle Völker genannt.
> Jes. 56.7

Die Feuerwehr hatte nach dem Brandanschlag das Übergreifen des Feuers auf andere Häuser im Schnoorviertel verhindert, nicht aber das Abbrennen der Synagoge.

Gedenktafel am Bahnhof

Im Jahre 1991 wurde am *Bremer Hauptbahnhof* eine *Tafel* angebracht, die an die Deportation der Bremer Juden nach Minsk am 18. November 1941 erinnert. Auf der Tafel, links des Haupteingangs um die Gebäudeecke, ist zu lesen:

> Erinnern für die Zukunft.
> 1941 Deutscher Überfall auf die Sowjetunion.
> Deportation Bremer Juden in die
> Todeslager von Minsk.
> Wir gedenken der Opfer.
> Bremen 1991 – Minsk

Von den 1314 Juden, die 1933 in Bremen lebten, ist über die Hälfte ermordet worden. 440 Menschen wurden am 18. November 1941 zum Bahnhof getrieben und zusammen mit 130 anderen aus dem Regierungsbezirk Stade in Güterwaggons nach Minsk verschleppt. Viele überlebten nicht den harten Winter im Ghetto von Minsk, die anderen wurden durch Gas ermordet oder fanden bei Massenerschießungen den Tod.

Zur Erinnerung an diese Menschen und an die an ihnen verübten Verbrechen organisierte ein Initiativkreis in Bremen im Herbst 1991 anläßlich des 50. Jahrestages der Deportation eine Gedenkfahrt nach Minsk, bei der es neben dem Besuch der Deportationsorte auch um die Versöhnung mit den Völkern der früheren Sowjetunion ging.

Quellen/Literatur:
Initiativkreis Gedenkfahrt nach Minsk (Hrsg.), Deportation Bremer Juden nach Minsk. Gedenkveranstaltung aus Anlaß des 50. Jahrestages der Deportation Bremer Juden am 18. November 1941 in die NS-Vernichtungslager bei Minsk, Bremen 1991.

Bremen-Schwachhausen

Gedenktafel Synagoge

Auf dem *Platz vor dem Jüdischen Gemeindezentrum* Bremens in der *Schwachhauser Heerstraße 117*, das im Jahre 1961 errichtet wurde, erinnert seit dem 6. November 1988 ein *Gedenkstein* an die vormalige Synagoge, die die Nationalsozialisten am 10. November 1938 niedergebrannt hatten. Der Stein stammt aus den Jerusalemer Bergen und enthält auf einer Bronzetafel die Inschrift:

> Den jüdischen Bürgern Bremens zum Gedenken,
> die in den schrecklichen Jahren 1933 bis 1945
> ermordet, gequält oder in die Emigration getrieben
> wurden.
> Die Bremische Bürgerschaft.

Darunter in hebräischer und deutscher Schrift der Text:

> »Denn des Blutes Mahner gedenket ihrer,
> vergißt nicht der Gebeugten Schrei...«
> (Psalm 9,13)

Bremen-Neustadt

Mahnmal Parkplatz »Zum Kuhhirten«

1985 wurde von der Jugendorganisation der Industriegewerkschaft Metall am *Parkplatz beim Restaurant »Zum Kuhhirten«* nahe dem Werdersee ein *Mahnmal* errichtet. Die im Winkel zusammengeschweißte Flachstahlkonstruktion trägt eingeschweißt die Buchstaben der Inschrift:

> Nie wieder Faschismus
> Nie wieder Krieg

Zum Mahnmal gehören ein Magnolienbaum und eine Stahlblechplatte mit der auflackierten Schrift:

> Im Gedenken an die Opfer
> des Faschismus von '33 – '45
> in den umliegenden Lagern
> 40 Jahre nach der
> Befreiung vom Faschismus
> IG Metall Jugend

1944 gab es in Bremen ca. 200 Lager, in denen über 25 000 Zwangsarbeiter und Zwangsarbeiterinnen untergebracht waren. In der Nähe des »Kuhhirten« befanden sich das »Russenlager Buntentor« (Am Dammacker) und das »Franzosenlager«.

Bremen-Walle

Gedenktafel Volkshaus

In der *Hans-Böckler-Straße* (früher Nordstraße), am *Volkshaus*, informiert eine *Gedenktafel:*

> Das von den organisierten Arbeitern Bremens
> aus eigener Kraft errichtete Volkshaus
> war seit 1928 Zentrum aller gewerkschaftlichen
> Aktivitäten in dieser Stadt.
>
> Am 18. 4. 1933 besetzten die Nationalsozialisten
> das Volkshaus und verhafteten führende
> Gewerkschaftler. Dabei wurden auch die
> von Bernhard Hoetger geschaffenen und heute
> in einer Nachbildung wiederhergestellten Plastiken
> an der Gebäudefassade zerstört.
>
> Wie im ganzen Reichsgebiet erfolgte am 2. Mai 1933
> eine erneute Besetzung, die das Ende der
> Freien Gewerkschaften in Bremen bedeutete.

Zugleich mit der Besetzung des Volkshauses wurden die republikanischen Schutzverbände »Reichsbanner Schwarz-Rot-Gold« und »Eiserne Front« sowie der »Internationale Bund der Opfer des Krieges und der Arbeit« und andere Organisationen verboten und aufgelöst. Das Volkshaus wurde nach einem 1931 in einer Auseinandersetzung zwischen Kommunisten und SA-Leuten getöteten SA-Mann »Heinrich-Decker-Haus« benannt.

1985 wurde im Volkshaus, das nach dem Krieg ein Seemannsheim und Ämter für Sozial- und Jugendarbeit beherbergte, ein *Wandbild* von Rolf Wienbeck enthüllt, das die Geschichte des Volkshauses zum Thema hat.

Gedenkstein ehemaliger Spielplatz Nordstraße

In der *Bürgermeister-Deichmann-Straße* wurde 1984 ein von Conrad Hasselmann geschaffener *Gedenkstein* aufgestellt, auf dem reliefartig die Bücherverbrennung durch die Nationalsozialisten im Mai 1933 dargestellt ist. Eine auf dem Stein befestigte Tafel informiert:

> Hier befand sich früher der große
> Spielplatz an der Nordstraße.
>
> Während des 1. Weltkrieges fanden hier
> Kundgebungen gegen Hunger und Krieg statt.
>
> Am 4. März 1933 protestierten an dieser
> Stelle 30 000 Antifaschisten gegen den Mord
> der SS an Johannes Lücke, einem Mitglied
> der SPD-Organisation »Reichsbanner«.
>
> Am 10. Mai 1933 verbrannten die National-
> sozialisten hier, wie im gesamten Reich, in
> einer Aktion »wider den undeutschen Geist«
> Bücher bedeutender deutscher Schriftsteller,
> darunter Werke von Thomas und Heinrich
> Mann, Bert Brecht, Carl von Ossietzki, Erich
> Kästner, Kurt Tucholsky und vielen anderen.

Am 1. März des Jahres 1933 war der Reichsbannermann Johannes Lücke auf dem Heimweg von einer Wahlveranstaltung der Sozialdemokraten zur bevorstehenden Reichstagswahl auf der Waller Heerstraße von SS-Leuten erschossen worden. Zwei seiner Begleiter wurden verletzt. Am

Begräbnis von Johannes Lücke am 7. März 1933 nahmen trotz Versammlungsverbot etwa 5000 Menschen teil. Es war die letzte große öffentliche Manifestation der Bremer Arbeiterbewegung nach der auf der Tafel erwähnten Kundgebung vom 4. März.
Anläßlich der Wiederkehr des Todestages von Johannes Lücke im Jahre 1934 riefen Mitglieder des »Reichsbanners« durch Flüsterpropaganda zum demonstrativen Besuch seines Grabes in kleinen Gruppen auf; sehr viele folgten dieser Aufforderung. Am nächsten Tag setzte eine Verhaftungswelle ein, bei der innerhalb von drei Wochen über 40 Reichsbannerleute in Bremen und 30 weitere im Norden von Bremen von der Gestapo festgenommen wurden.

Literatur:
Eckler-von Gleich, Cecilie und Kühne, Rosie, Juden in Walle. Leben im Stadtteil und Verfolgung während des Nationalsozialismus, Bremen 1990.

Bremen-Findorff

Wandbild Bunker Admiralstraße

Ein von dem Bremer Kunstprofessor Jürgen Waller entworfenes und 1984 ausgeführtes haushohes *Wandbild* auf dem *Bunker* in der *Admiralstraße/ Ecke Findorffstraße* stellt collagenartig Situationen dar, denen Gegner des NS-Regimes und Opfer der Verfolgung ausgeliefert waren. Den Szenen und Motiven liegen zeitgenössische Fotos zugrunde: die illegale Druckerei, der »Volksgerichtshof«, eine Gruppe von Verhafteten, eine Guillotine, das Eingangstor zu einem Konzentrationslager mit dem Spruch »Arbeit macht frei« und dahinter die Front des Bremer Konzentrationslagers »Mißler«, das sich in der Nähe befand (s. unten), eine Szene mit der Mahnung zur Einheit der Arbeiterbewegung. Eine Brücke mit der Aufschrift »Nieder mit Hitler!« teilt die linke Seite des Bildes. Am oberen Rand des Wandbildes stehen in großen Lettern die Worte:

> Den Gegnern und Opfern des Faschismus

Seitlich und am unteren Rand wird das Bild wie ein Bühnenprospekt von den Namen von 112 Bremer Männern und Frauen umrahmt, die Opfer des Widerstandes und der Verfolgung und Vernichtung aus rassistischen und politischen Gründen wurden. Die Namensliste schließt mit den Worten:

> Diese Namen von Bremern
> stehen stellvertretend für alle Gegner
> und Opfer des Faschismus

Das Bunkerwandbild ist das Ergebnis eines überregional ausgeschriebenen Wettbewerbes des Bremer Senats im Jahre 1983, an dem 79 Künstlerinnen und Künstler teilnahmen.
Der Bunker diente zuletzt als atomsicherer Musterbunker.

Gedenktafel für die Häftlinge des KZ »Mißler«, Walsroder Straße

In der *Walsroder Straße*, direkt neben dem früheren Eingang zum Konzentrationslager »Mißler«, wurde im Jahre 1983 eine von Fritz Stein geschaffene *Gedenktafel* aus Kupfer angebracht, die neben der reliefartigen Darstellung der Köpfe von drei gefangenen Menschen Kurt Tucholsky zitiert mit der Aussage:

> Nichts ist schwerer und nichts
> erfordert mehr Charakter
> als sich im offenen Gegensatz
> zu seiner Zeit zu befinden und
> laut zu sagen NEIN!
>
> Kurt Tucholsky

Eine *Bodenplatte* informiert über den Ort des Gedenkens:

> Hinter diesen Mauern wurde in den
> ehemaligen Auswandererhallen Mißler
> am 1. April 1933 das erste Bremer KZ errichtet.
> Hier begann in dieser Stadt die das Menschenrecht
> verletzende und die menschenvernichtende
> Verfolgung Andersdenkender durch die
> Nationalsozialisten.
> Um deren Untaten zu verschleiern,
> wurde das KZ »Mißler« Ende August 1933 verlegt.

Wegen Überfüllung anderer Gefängnisse (Ostertor, Zuchthaus Oslebshausen, Amtsgericht Blumenthal – s. dort –) wurde auf dem Gelände der ehemaligen »Auswandererhallen« von Friedrich Mißler in der Walsroder Straße (auch »Lloydhallen«) von der Polizeidirektion ein provisorisches Konzentrationslager eingerichtet, das am 29. und 31. März 1933 zunächst mit 148 politischen Häftlingen belegt wurde. Anfang Mai waren es 300 Gefangene. Entgegen den Absichten des damaligen Bremer Innensenators Theodor Laue, der das »KZ Mißler« zu einer Stätte der Umerziehung im Sinne des Nationalsozialismus machen wollte – er selbst hielt zu diesem Zweck Vorträge im Lager –, machte die als Wachmannschaft eingesetzte SS-Hilfstruppe das Lager zu einer Folterstätte zur Abrechnung mit dem politischen Gegner. Die Gefangenen, unter ihnen auch der sozialdemokratische Bürgerschafts- und Reichstagsabgeordnete Alfred Faust

Walsroder Straße, Bremen-Findorff: Gedenktafel des Bremer Künstlers Fritz Stein (1983) mit einem Zitat von Kurt Tucholsky, direkt an dem Ort, an dem früher der Eingang zum Konzentrationslager »Mißler« war.

(s. unter Straßennamen), wurden brutalen Folterungen und Verhörmethoden ausgesetzt. Die Nationalsozialisten konnten das mitten in einem Wohngebiet gelegene Lager nicht geheimhalten, und so wurde es am 13. September 1933 wieder aufgelöst. Die Häftlinge wurden auf einen Schleppkahn des Norddeutschen Lloyd beim Ochtumsand in der Nähe der Ochtummündung und in das ehemalige Fort Langlütjen II bei Bremerhaven gebracht. Beide Lager wurden bis Sommer 1934 aufrechterhalten.
Nach dem Krieg war die Evangelische Diakonissenanstalt auf dem Mißlergelände untergebracht, später das Krankenhaus Findorff, das Ende der achtziger Jahre zusammen mit Gebäuden des vormaligen Konzentrationslagers für den Neubau eines Altenheims abgerissen wurde.

Quellen/Literatur:
Wollenberg, Jörg u.a., Vom Auswandererlager zum KZ. Zur Geschichte des Bremer Konzentrationslagers Mißler, in: Drechsel, Wiltrud/Wollenweber, Jörg (Hrsg.), Beiträge zur Sozialgeschichte Bremens, Heft 5, Bremen 1982, S. 85–150; Wieland, Lothar, Die Konzentrationslager Langlütjen II und Ochtumsand, Bremerhaven 1992.

Bremen-Gröpelingen

Gedenktafel Rosenackhaus

An der Ecke *Gröpelinger Heerstraße/Morgenlandstraße* ist am *Rosenack-Haus*, einem ehemaligen jüdischen Altersheim, heute Polizeirevier, eine *Gedenktafel* mit folgendem Text (weiße Buchstaben auf schwarzem Grund) angebracht:

Dieses Haus war von 1932 bis 1942 ein
jüdisches Altersheim. In der ›Reichskristallnacht‹
vom 9. zum 10. November 1938 überfiel Bremer SA
das Haus, mißhandelte die hier lebenden
alten Menschen und trieb sie auf die Straße.
Viele von ihnen endeten später, wie andere
jüdische Mitbürger, in den Konzentrationslagern
der nationalsozialistischen Gewaltherrschaft.
Sie sollen nicht vergessen sein.

(Zu den Ereignissen in der sogenannten »Reichskristallnacht« vom 9. zum 10. November 1938 s. auch oben, Mahnmal Landherrnamt in Bremen-Mitte.)

Wandbild Bunker Pastorenweg

Ein *Wandbild* am *Bunker Pastorenweg/Grasberger Straße/Bauhüttenstraße*, entworfen und ausgeführt von Jürgen Waller und Studentinnen und Studenten der Hochschule für gestaltende Kunst und Musik im Jahre 1978, thematisiert die »Geschichte des Stadtteils Gröpelingen, 1878–1978«. An die Zeit des Nationalsozialismus erinnert ein Ausschnitt des Wandbildes, dessen Hintergrund große, in einer Werft liegende Schiffsbuge bilden. Hier ist dargestellt, wie ein SA-Mann die von dem Bildhauer Bernhard Hoetger (s. Bremen-Walle: Volkshaus) geschaffene »Pieta« für die Gefallenen der Bremer Räterepublik 1918/19, die 1922 auf dem Waller Friedhof errichtet wurde, stürzt. Im rechten Vordergrund des Bildes, neben einer Säule, von der das NS-Emblem eines Adlers auf dem Hakenkreuz herabgestürzt ist und zerbrochen am Boden liegt, sind in Häftlingskleidung der Schriftsteller und Friedensnobelpreisträger von 1935 Carl von Ossietzky und die Bremer Widerstandskämpfer Maria Krüger und Hermann Prüser dargestellt.

Die zur Kindergärtnerin und Jugendleiterin ausgebildete Pfarrerstochter Maria Krüger (damals Bücking) wurde nach der Verhaftung ihres Mannes, des damaligen KPD-Mitglieds und Gerichtsreferendars Klaus Bücking, im Jahre 1933 aus ihrer Stellung entlassen. Bis 1942 betrieb sie eine kleine Leihbücherei in der Lloydstraße, die zum Treffpunkt illegal arbeitender Parteifreunde wurde und Anlaufstelle für einen Bremer Zweig der kommunistischen Widerstandsgruppe Bästlein-Jacob-Abshagen werden sollte, der jedoch nicht mehr zustande kam, da Mitglieder der Gruppe 1942 der Gestapo in die Hände fielen. Maria Krüger wurde verhaftet und kam ins Gefängnis Hamburg-Fuhlsbüttel, aus dem sie 1943 mit der Auflage entlassen wurde, nicht nach Bremen zurückzukehren. Nach dem Kriegsende lebte sie wieder in Bremen.
Hermann Prüser, gelernter Schiffsbauer, war KPD-Abgeordneter der Bremer Bürgerschaft und seit 1930 Organisationsleiter des »Kampfbundes gegen den Faschismus«. Er wurde im März 1933 verhaftet und kam ins »KZ Mißler« (s. oben). Nach seiner Entlassung aus der Haft 1935 arbeitete er bei der Bremer Werft AG »Weser«, wo er eine neue illegale Betriebsgruppe aufbaute.

Gefängnis Oslebshausen

Gegenüber dem Gefängniseingang in *Oslebshausen,* an der *C.-Krohne-Straße,* wurde am 10. November 1988, zum 50. Jahrestag der Reichspogromnacht, eine große zerbrochene *Steinplatte* aufgestellt, auf der der Davidstern und das Wort

Jude

zu sehen sind. An diesem Tag vor 50 Jahren mußten 162 Bremer Juden den langen Weg vom Schulhof des Alten Gymnasiums zum Zuchthaus Oslebshausen marschieren, vorbei an den Trümmern der Synagoge und vorbei an vielen Geschäften mit zerschlagenen Schaufenstern und antisemitischen Parolen und Plakaten. 50 Jahre später führte ein Gedenkmarsch von mehreren tausend Menschen dieselbe Strecke entlang, unter einem Motto, das damals der Rabbiner Felix Aber aufgeschrieben hatte: »Wir schritten durch eine schweigende Stadt«. Zum Abschluß dieses Erinnerungsganges wurde die Steinplatte errichtet.

Gedenkstein Bürgerhaus Oslebshausen

Am *Bürgerhaus* im Ortsteil *Oslebshausen, Am Nonnenberg 40,* ist ein etwa 1,50 Meter hoher *Gedenkstein* aus Granit aufgestellt. Er trägt die Inschrift:

Friede
auf Erden
Zum
Gedenken
der Menschen
verschiedener
Nationen
die unterm
Faschismus
1933–1945
in
Oslebshausen
gelitten haben
im Gefängnis
in Lagern
in Bunkern
in Trümmern

Der Gedenkstein ist aus einem alten Grabstein gearbeitet, den die Kirchengemeinde zur Verfügung stellte, die sich seit 1984 um die Erforschung der zahlreichen Lager in Oslebshausen kümmert. Der Stadtteil hatte etwa zehn Lager für mehr als 4000 Ausländer, Verschleppte, Zwangsarbeiter und Kriegsgefangene, darunter ein großes »Russenlager« am Bahndamm der Hafenbahn, dessen Insassen bei der Weserflug GmbH im Industriehafenbereich arbeiten mußten.

Gedenktafel Klöckner-Hütte (ehemaliges KZ Riespott)

An einem Firmengebäude in der Nähe der Hochöfen der *Klöckner-Hütte* am Rande des Ortsteils *Oslebshausen* wurde im Jahre 1984 auf Initiative von Arbeitern der Klöckner-Hütte eine als Keramikrelief gearbeitete *Gedenktafel* zur Erinnerung an das ehemalige Konzentrationslager Riespott in Anwesenheit von ehemaligen Häftlingen aus Frankreich enthüllt. Das von Holger Voigts geschaffene Relief stellt in drei mit »Norddeutsche Hütte«, »Bunker ›Hornisse‹« und »KZ Riespott« untertitelten Szenen Arbeit und Alltag von KZ-Häftlingen und in einer vierten Szene mit der Jahreszahl »1945« das Lager bei Kriegsende dar. Dazwischen stehen die Worte des amerikanischen Philosophen George Santayana:

Die sich
des Vergangenen
nicht erinnern,
sind dazu
verurteilt,
es noch einmal
zu erleben.
G. Santayana

Neben dem Relief informiert eine *Tafel* in französischer, russischer, polnischer, englischer und deutscher Sprache:

Errichtet zum Gedenken an die deutschen und
ausländischen Häftlinge des ehemaligen Lagers
Riespott. 1944 – 45 litten und starben hier Häftlinge
des KZ Neuengamme, die zur Zwangsarbeit
auf der Norddeutschen Hütte und beim Bau
des U-Boot-Bunkers in Gröpelingen eingesetzt waren.

Längs der Straße »Am Riespott« im ehemaligen Bremen-Osterort bestand seit dem Jahre 1932 ein Barackenlager des »Freiwilligen Arbeitsdienstes« (FAD), in dem die Nationalsozialisten ab 1935 politische Gefangene unterbrachten. Die Riespott-Baracken dienten wahrscheinlich als Durchgangslager für Häftlinge aus dem Bremer Raum, die von hier aus in die Emslandlager Börgermoor und Esterwegen (s. Niedersachsen: Papenburg) gebracht wurden.

Nach Kriegsbeginn wurden hier Kriegsgefangene, vorwiegend aus Polen und der Sowjetunion, unter KZ-ähnlichen Bedingungen gefangengehalten. Sie wurden zur Arbeit auf der der Firma Krupp eigenen »Norddeutschen Hütte« (Teil der heutigen Klöckner-Hütte, genannt »Altwerk«) eingesetzt. In diesem Werk wurden Zement und Roheisen produziert, später auch Vanadium für Panzerplatten. Die Arbeit mit Vanadium war extrem gesundheitsgefährdend. Nach Zeugenaussagen waren die in der Vanadium-Anlage eingesetzten Gefangenen nach dreimonatiger Arbeit lungenkrank und nicht mehr arbeitsfähig. Wohin die Kranken gebracht wurden, ist unbekannt.

Im Laufe des Krieges wurden die zur Wehrmacht eingezogenen deutschen Arbeiter der Hütte durch verschleppte ausländische Zwangsarbeiter und -arbeiterinnen ersetzt, die in Baracken zwischen den Hallen und Werkstätten untergebracht wurden und unter schärfster Kontrolle standen. Einige Zwangsarbeiterbaracken sind noch erhalten; sie dienen heute als Fahrradschuppen, Garage bzw. Materiallager.

Im Sommer 1944 übernahm die SS das Lager und belegte es mit etwa 500 französischen Widerstandskämpfern und ungefähr genau so vielen sowjetischen Gefangenen aus dem Konzentrationslager Neuengamme, dem das Lager als Außenkommando zugeordnet wurde. Die Häftlinge mußten beim Bau des U-Boot-Bunkers »Hornisse« im Bremer Industriehafen arbeiten, dessen Tarnname von der Adresse »Kap-Horn-Straße« abgeleitet wurde. Das nach diesem Projekt auch »Hornisse« genannte Kommando wurde täglich auf einem Weserkahn zu seiner Arbeitsstätte transportiert. Außerdem wurden die Häftlinge des Konzentrationslagers zu Aufräumungsarbeiten nach Bombenangriffen eingesetzt sowie vom Bremer Arbeitsamt der Norddeutschen Hütte zugewiesen.

Neben der Schwerstarbeit und den unmenschlichen Lebensbedingungen mußten die Häftlinge die Schikanen der Wachmannschaften erleiden, die zum Beispiel in »Sportübungen« und verlängerten Appellen bestanden. Täglich gab es Todesfälle. Die Zahl der Toten dieses Lagers ist nicht mehr zu rekonstruieren. Einige Häftlinge dieses Außenkommandos wurden nach der »Evakuierung« gemeinsam mit denen des Bunkers Farge (s. unten) vor den herannahenden alliierten Truppen im April 1945 bei Bremervörde von britischen Truppen befreit; andere wurden bis an die Ostseeküste transportiert und mußten im Hafen von Neustadt an Bord mehrerer Schiffe gehen. Sie kamen am 3. Mai 1945 bei der Katastrophe in der Neustädter Bucht ums Leben, als britische Flugzeuge diese Schiffe bombardierten (s. Schleswig-Holstein: Neustadt).

Daß die Geschichte der Lager und die Leiden der Häftlinge nicht in Vergessenheit gerieten, ist das Verdienst einer Gruppe von Arbeitern der Klöckner-Hütte, die in zweijähriger Arbeit umfangreiches Dokumentationsmaterial zusammentrugen und dieses in einer Ausstellung, einer Broschüre und auch in einem Video-Film zusammenstellten. Gemeinsam mit ehemaligen Häftlingen errichteten sie die Gedenktafel.

Der von den Häftlingen gebaute U-Boot-Bunker »Hornisse« in Gröpelingen, »Kap-Horn-Straße« im Industriehafen, ist bis zum heutigen Tag erhalten geblieben. Er bildet das Fundament eines achtstöckigen Verwaltungsgebäudes einer Spedition auf dem früheren Werftgelände der AG »Weser«. Eine Erinnerungstafel an dem Bunker gibt es nicht.

Kontakt:
Robert Milbradt/Eike Hemmer, Betriebsrat Klöckner-Hütte Bremen, Auf den Delben 35, 28237 Bremen, Tel.: 04 21/6 48 22 58.

Ausstellung und Video-Film können ausgeliehen werden, die Broschüre ist gegen eine Schutzgebühr erhältlich.

Quellen/Literatur:
Kollegengruppe der Klöckner-Hütte Bremen (Hrsg.), Riespott – KZ an der Norddeutschen Hütte. Berichte, Dokumente und Erinnerungen über Zwangsarbeit 1935–1945, Bremen 1984; Dies., Riespott – wo heute Hochöfen stehen, lag das KZ …, (Faltblatt) Bremen o.J. (1984).

Bremen-Nord

Vegesack: Gedenktafel Aumunder Kirche

An der *Aumunder Kirche*, auf dem ehemaligen Grundstück der Vegesacker Synagoge, wurde 1978 anläßlich des 40. Jahrestages der Zerstörung der Synagoge eine von Ulrich Conrad gestaltete *Gedenktafel* aus Bronze angebracht, die auf einem wie durch Risse zerbrochen erscheinenden Untergrund folgenden Text trägt:

> An dieser Stelle stand die
> Vegesacker Synagoge die
> am Nachmittag des 10. Nov.
> 1938 von den Nationalso-
> zialisten zerstört wurde.

Gustav-Heinemann-Bürgerhaus, Bremen-Vegesack: Denkmal zur Erinnerung an Soldaten, die sich dem Kriegsdienst für das NS-Regime verweigerten, bundesweit die erste öffentliche Erinnerung an Deserteure der deutschen Wehrmacht (1986).

Nach zwei Zeilen in hebräischer Sprache folgen die Worte:

> Ihnen will ich in meinem Hause
> und in meinen Mauern Denkmal
> und Namen geben, die besser
> sind als Söhne und Töchter.
> Einen ewigen Namen will ich
> ihnen geben, der nicht soll
> getilget werden. (Jesaja 56,5)

Vegesack: Deserteur-Denkmal Gustav-Heinemann-Bürgerhaus

Am 18. Oktober 1986 wurde im *Gustav-Heinemann-Bürgerhaus, Kirchheide 49,* ein *Denkmal* enthüllt mit der Aufschrift:

> Dem unbekannten
> Deserteur
> »Reservisten verweigern sich«

Ein ein Meter hoher Sockel trägt die ganz realistische Skulptur eines mit Stahlhelm und Tarnnetz bedeckten Soldatenkopfes. Das Denkmal soll an die Deserteure des Zweiten Weltkriegs erinnern und zugleich Mahnung zum Frieden sein. Es war bundesweit die erste öffentliche Erinnerung an die Deserteure der deutschen Wehrmacht und löste eine Reihe weiterer und ähnlicher Erinnerungsobjekte in anderen Städten aus (s. Hessen: Kassel, Baden-Württemberg: Karlsruhe u.a.), zu denen meistens Aktivisten der jüngeren Friedensbewegung den Anstoß gaben. Nicht nur in Bremen geriet das Denkmal in die politische Kontroverse. Im März 1987 beschäftigte es das Bremer Landesparlament und führte im Mai 1987 zu einer Anfrage im Deutschen Bundestag. Der Bundesminister der Verteidigung verlangte mehrfach vom Bremer Bürgermeister, die Skulptur entfernen zu lassen. Über die historische Erinnerung und die politische Einschätzung der Desertion im Dritten Reich hinaus machte diese Kontroverse auch darauf aufmerksam, daß die Wehrdienstverweigerer und Deserteure des Zweiten Weltkrieges weder rehabilitiert, noch für ihre erlittene Haft und Verfolgung entschädigt worden sind. Nach Schätzungen von Militärhistorikern haben die deutschen Kriegsrichter zwischen 1939 und 1945 mindestens 30000 Todesurteile gefällt und Tausende in die Gefängnisse und Konzentrationslager geschickt. Diesen heute noch oft als »Drückeberger« bezeichneten Männern die gesellschaftliche Anerkennung zu verschaffen wurde mit Sitz in Bremen 1990 die »Bundesvereinigung Opfer der NS-Militärjustiz« gegründet.

Kontakt:
»Bundesvereinigung Opfer der NS-Militärjustiz e.V.«, Friedrich-Humbert-Straße 116, 28759 Bremen, Tel.: 04 21/ 62 20 73 (Vorsitzender: Ludwig Baumann).

Quelle/Literatur:
Reservisten verweigern sich (Hrsg.), Dokumentation »Dem unbekannten Deserteur«, Bremen 1987.

(Zum Gustav-Heinemann-Bürgerhaus s. auch unten »Initiativen und Projekte«.)

Burglesum: Lidice-Haus und Marzabotto-Haus

Seit 1983 trägt die *Jugendbildungsstätte* im Ortsteil *St. Magnus, Auf dem Hohen Ufer 118–124,* den Namen *»Lidice-Haus«.* Die Einrichtung wurde nach der von der SS zerstörten tschechischen Ortschaft Lidice (s. oben: Lidice-Mahnmal) benannt – verstanden als Mahnung und Aufgabe für die Bildungsarbeit. Bestandteil der außerschulischen politischen Bildungsarbeit ist – auch im Sinne der Namensgebung – vor allem die Auseinandersetzung mit den Themen Rechtsextremismus und Fremdenfeindlichkeit.

Gleich nebenan wurde im November 1992 das *»Marzabotto-Haus«* der Öffentlichkeit übergeben. Anwesend bei der Namensgebung waren Gäste aus der gleichnamigen italienischen Ortschaft bei Bologna, deren Zivilbevölkerung während des Zweiten Weltkrieges von einer SS-Einheit ermordet worden ist. Seit Mitte der achtziger Jahre gibt es eine Partnerschaft, Kontakte und gegenseitige Besuche zwischen Vegesack und Marzabotto. Dabei wurden in freiwilligen Arbeitseinsätzen Gräber und Gedenkstätten für die italienischen Opfer in Marzabotto gepflegt. Umgekehrt ist dies in Bremen geplant. Hier sollen Fundamente eines ehemaligen Arbeitserziehungslagers in Bremen-Farge (s. unten) freigelegt werden.

(Gedenkstein »Goldbergplatz«, Burgdamm/Burglesum: s. oben Mahnmal Am Landherrnamt.)

Blumenthal: Gedenktafel am Amtsgericht

Am *Amtsgericht* in der *Landrat-Christians-Straße 67/69* ist eine aus Aluminium gefertigte *Gedenktafel* angebracht. Der Text (weiße Buchstaben auf schwarzem Grund) lautet:

> Im rückwärtigen Gebäude befand sich früher
> das Gerichtsgefängnis. Hier wurden während
> der Jahre 1933 und 34 mehrere Hundert Gegner
> und Opfer der nationalsozialistischen Herrschaft
> gefangengehalten. Von hier aus traten viele von
> ihnen den Weg in die Zuchthäuser und Konzentrationslager des Dritten Reiches an.
> Wir gedenken der Opfer.

Blumenthal: Gedenktafel Bahrsplate

1985 wurde auf der *Bahrsplate* eine *Gedenktafel* zur Erinnerung an das ehemalige KZ-Außenlager auf diesem Gelände und an das Leiden der Häftlinge enthüllt. Der Text (weiße Buchstaben auf schwarzem Aluminium) lautet:

> Auf der Bahrsplate
> befand sich in der
> Zeit des Faschismus
> ein Außenlager des
> Konzentrationslagers
> Neuengamme.
> Hier wurden Menschen
> gequält und ermordet.
> Die Opfer und
> Widerstandskämpfer
> mahnen uns:
> Nie wieder Faschismus,
> Nie wieder Krieg.

Ab September 1944 existierte hier ein Außenkommando des Konzentrationslagers Neuengamme mit etwa 350 männlichen und über 150 weiblichen Häftlingen, die in zehn Baracken untergebracht waren und für die Deutsche Schiffs- und Maschinenbau AG (Deschimag) arbeiten mußten. Ende April 1945 wurden die KZ-Häftlinge in Richtung Lübeck »evakuiert«. Viele von ihnen fielen wahrscheinlich am 3. Mai 1945 der »Cap-Arcona-Katastrophe«, der Bombardierung der Häftlingsschiffe durch britische Flugzeuge, zum Opfer (s. Schleswig-Holstein: Neustadt).

Bei der Bahrsplate (heute Grünanlage) waren auch Zwangsarbeiter und Kriegsgefangene, vorwiegend aus Polen und aus der Sowjetunion, in einem Barackenlager untergebracht, die auf Kähnen und Schleppern an ihre Arbeitsstätten (Werft AG »Weser«, Werft »Vulkan« und Bremer Wollkämmerei Blumenthal -BWK-) gebracht wurden. Im Lager Bahrsplate befand sich ein Galgen; hier wurden mehrere Hinrichtungen vollzogen.

Nach langen Diskussionen und entsprechenden öffentlichen Forderungen nach einer Gedenkstätte auf der Bahrsplate brachte der Antifaschistische Arbeitskreis des Gustav-Heinemann-Bürgerhauses im Jahre 1989 in Eigenregie *Straßenschilder* als Hinweise zur *»Gedenkstätte Bahrsplate«* an. 1991 wurden dann zwei lebensgroße *Sandsteinskulpturen* des Bildhauers Paul Bichler aufgestellt. Die eine Halbfigur stellt einen Kriegsgefangenen in Leidenshaltung dar, der zweite reliefartig behauene Stein zeigt zwei Kriegsgefangene in Lagerkleidung und als Aufseher.

Mahnmal vor dem U-Boot-Bunker in Farge-Rekum

1983 wurde am *Rekumer Siel* vor dem ehemaligen U-Boot-Bunker »Valentin« ein von dem Bremer Künstler Fritz Stein geschaffenes *Mahnmal* errichtet zur Erinnerung an das Leiden und Sterben von Tausenden von Menschen, die im KZ-Außenlager Farge und in anderen Lagern inhaftiert waren. Die *Plastik* mit dem Titel *»Vernichtung durch Arbeit«* stellt einen Betonpfeiler dar, in dessen Bruchstelle menschliche Körper zermalmt werden. Auf drei Seiten des Sockels informieren Texttafeln in 13 Sprachen (Französisch, Russisch, Polnisch, Dänisch, Englisch, Griechisch, Italienisch, Niederländisch, Serbokroatisch, Spanisch, Tschechisch, Ungarisch und Deutsch) nach Textvorschlägen ehemaliger französischer Häftlinge:

> Von 1943 bis 1945 wurden an diesem Ort
> Menschen aus vielen Ländern unter dem
> »Nationalsozialismus« gefangen gehalten
> und vernichtet.

Rekumer Siel, Bremen-Farge: Vier Meter hohe Betonplastik »Vernichtung durch Arbeit« von Fritz Stein, errichtet 1983, vor dem U-Boot-Bunker »Valentin«. Das Mahnmal erinnert an das Leiden und Sterben von Tausenden von Menschen, die im Außenlager Farge des Konzentrationslagers Neuengamme und in anderen Lagern inhaftiert waren und den U-Boot-Bunker bauen mußten. Der Sockel des Mahnmals ist inzwischen durch einen schräg abfallenden Steinmantel, auf dem die Texttafeln liegen, verdeckt.

Mit ihrem Widerstand gegen die nationalsozialistische
Unterdrückung kämpften sie für die Freiheit
und die Achtung der menschlichen Würde.

Auf der vierten Seite des Sockels ist auf einer weiteren Tafel zu lesen:

Die Freie Hansestadt Bremen erinnert mit diesem
Mahnmal an die Unmenschlichkeit der deutschen
Faschisten. Das Millionenheer der KZ-Häftlinge
mußte für die deutsche Kriegsmaschinerie schuften
und sterben. Im KZ-Außenlager Farge, das zum
Konzentrationslager Neuengamme gehörte,
und in anderen Lagern hielten die deutschen
Faschisten zwischen 1943 und 1945 mehr
als 10 000 Arbeitssklaven zum Bau des
U-Boot-Bunkers »Valentin«.
Die meisten von ihnen kamen aus der
Sowjetunion, aus Polen und Frankreich.
Auch deutsche Widerstandskämpfer gehörten dazu.

Beim Bau des U-Boot-Bunkers fanden Tausende
von ihnen den Tod. Mißhandlungen, Unterernährung,
Krankheit und unmenschliche Arbeitsbedingungen
füllten die Massengräber von Farge. Nach dem Ende
des Faschismus fanden diese Toten auf dem
Osterholzer Friedhof ihre letzte Ruhestätte.
Ehemalige Häftlinge, Angehörige der Toten
von Farge, die Vertreter der »Amicale Internationale
de Neuengamme« und Bremer Bürger haben sich
40 Jahre nach Beginn des Bunkerbaus am
17. September 1983 hier versammelt,
um vor dem Mahnmal, das der Bremer Künstler
Friedrich Stein geschaffen hat, zu geloben:
Nie wieder Faschismus, nie wieder Krieg –
jede Anstrengung für den Frieden in der Welt.

1938 hatte die reichseigene »Wirtschaftliche Forschungsgesellschaft« (Wifo) ein Gelände von über 300 ha der dortigen Waldgenossenschaft abgekauft, das nach ihr heute noch »Wifo-Gelände« heißt. Es liegt genau an und auf der heutigen Landesgrenze zwischen Bremen und Niedersachsen. Geplant und in mehreren Etappen durchgeführt wurde der Bau eines riesigen unterirdischen Tanklagers, einschließlich eines Marineöllagers, mit direkter Pipeline zur Weser. Für diese Arbeiten wie für den Bau des späteren als Konzentrationslager genutzten Ölrundbunkers wurden Häftlinge eingesetzt, die aus verschiedenen Lagern, aus einem Kriegsgefangenenlager sowie aus dem berüchtigten »Arbeitserziehungslager (AEL) Farge« stammten.

Das »AEL Farge« wurde wahrscheinlich im Frühjahr 1940 von der Bremer Gestapo südlich der Hospitalstraße eingerichtet und bestand bis Ende April 1945. Hier wurden Menschen von der Gestapo für etwa sechs Wochen eingeliefert, die sich kleinere »Vergehen« meist am Arbeitsplatz hatten zuschulden kommen lassen oder wegen Arbeitssäumnissen aufgefallen waren. Oft waren es sogenannte »Arbeitsbummelanten« unter den ausländischen Zwangsarbeitern. Auch viele aus politischen Gründen Inhaftierte wurden von der Bremer Gestapo in das AEL überstellt, weil Haftanstalten in der Stadt zerstört oder überbelegt waren. So kamen auch einige im Zuge der sogenannten »Gewitteraktion« vom 22./23. August 1944 Verhaftete aus dem Bremer Raum in das »AEL Farge«. (Bei dieser Aktion wurden im gesamten Reich etwa 6000 ehemalige Abgeordnete und Mandatsträger verhaftet und in Gefängnisse und Konzentrationslager verschleppt.) Im November 1944 wurden für einige Wochen etwa 40 im Rahmen einer »Sonderaktion J« verhaftete, in Bremen ansässige »Halbjuden« in das »AEL Farge« überführt, bevor sie in andere Lager verschleppt wurden. Das Lager war für 150 Häftlinge angelegt, aber gegen

Kriegsende mit etwa 600 Menschen völlig überfüllt. Viele der Häftlinge des »AEL Farge« starben an Erschöpfung, Krankheit und wegen schlechter Verpflegung vor allem an Hunger. Viele wurden von Wachmännern mißhandelt und ermordet – »auf der Flucht« erschossen. Das »AEL Farge« trug den Beinamen »Männervernichtungslager«.

Im Jahre 1943 wurde in direktem Zusammenhang mit dem Beginn des Baus des U-Boot-Bunkers »Valentin« in einem der Bunker in der Nähe des AEL ein Außenlager des Konzentrationslagers Neuengamme errichtet. Reichspropagandaminister Goebbels hatte nach der Kapitulation der 6. Armee in Stalingrad den »totalen Krieg« ausgerufen (Rede im Berliner Sportpalast vom 18. Februar 1943). Im Rahmen des Flottenbauprogramms wurden die Beschleunigung der U-Boot-Produktion und der Bau von bombengeschützten Bunkern befohlen. Der U-Boot-Bunker »Valentin« sollte als U-Boot-Werft mit direktem Zugang zur Weser dienen. Etwa 2000 Häftlinge des Konzentrationslagers Neuengamme wurden nach Farge gebracht. Zunächst kam ein großer Transport mit vorwiegend polnischen und sowjetischen Kriegsgefangenen und Zwangsarbeitern, die wegen »Verfehlungen« an ihren früheren Arbeitsstellen in das Lager Neuengamme eingewiesen worden waren, sowie mit einigen Deutschen und Angehörigen anderer Nationen. Im August 1944 folgte ein Transport mit etwa 800 Franzosen, zum größten Teil politische Häftlinge, die unter anderem wegen Widerstandes gegen die deutsche Besatzungsmacht verhaftet und nach Neuengamme verschleppt worden waren. Die Häftlinge wurden zunächst in zweien der von Häftlingen des »Arbeitserziehungslagers Farge« und anderer Lager fertiggestellten Ölbunker in 15 Metern Tiefe unter der Erde untergebracht. Kälte, Feuchtigkeit und schlechte Luft in diesen unterirdischen Betonlöchern sowie unzureichende Ernährung führten zu Erkrankung und Tod vieler Häftlinge. Viele von ihnen magerten zu sogenannten »Muselmännern« ab, die, da nicht mehr arbeitsfähig, zum Teil von der SS mit Spritzen getötet oder in Vernichtungslager deportiert wurden. Kranke und Tote wurden durch neue Arbeitssklaven aus Neuengamme ersetzt. Um die Arbeitsleistung der Häftlinge zu halten, wurde 1944 ein Barackenlager errichtet.

Ein Teil der Toten des KZ-Außenkommandos Farge wurde im Krematorium des Riensberger Friedhofs verbrannt. Später wurden die Toten in der Nähe des Lagers verscharrt.

Im Jahre 1985 ließ die Bundeswehr an dem ehemaligen KZ-Standort in der Nähe des heutigen *Bundeswehrparkplatzes* eine *Informationstafel* anbringen. Sie trägt die folgende Inschrift:

> Dieser ehemalige Bunker der »Wirtschaftlichen Forschungsgesellschaft mbH (Wifo)« wurde während der nationalsozialistischen Gewaltherrschaft im Sommer 1943 Teil der sogenannten Außenstelle Farge des KZ Neuengamme. Der Bunker diente innerhalb des Lagers zur Unterbringung von KZ-Häftlingen, vor allem aus Deutschland, Frankreich, Polen u. der Sowjetunion, unter unmenschlichen Lebensbedingungen. Diese KZ-Häftlinge waren ein Teil von insgesamt ca. 35 000 Zwangsarbeitern, die zwischen 1943 und 1945 zum Bau des U-Boot-Bunkers in Farge, von Ölbunkern und sonstigen unterirdischen Versorgungseinrichtungen in der Neukirchener und Schwaneweder Heide eingesetzt waren. Durch grausame Behandlung und durch mangelhafte Ernährung bei harter Arbeit fanden hier unzählige KZ-Häftlinge und Zwangsarbeiter den Tod. Alle Ölbunker und anderen unterirdischen Versorgungseinrichtungen auf dem heutigen Standortübungsplatz Schwanewede wurden 1945 von britischen Truppen gesprengt.
> Der Standortälteste Schwanewede

Rekumer Siel, Bremen-Farge:
Die Plastik »Vernichtung durch Arbeit« stellt einen Betonpfeiler dar, in dessen Bruchstelle menschliche Körper zermalmt werden.

Der ehemalige sowjetische Kriegsgefangene A. N. Machnew, der als Häftling des KZ-Außenlagers Farge (mit der Häftlingsnummer 25 925) von Februar 1944 bis April 1945 auf der Baustelle »Valentin« arbeitete, berichtete 1964: »... Die ›Baustelle‹ war 80 bis 100 Meter breit und 300 bis 350 Meter lang. Es arbeiteten dort zwischen 7 000 und 10 000 Menschen, die täglich viele 10 000 Kubikmeter Beton verarbeiteten. Die Wände des Baus waren etwa 5 Meter, der Boden etwa 7 Meter stark. Riesige Betonmaschinen standen nebeneinander... Etwa ein halbes Hundert Kräne stand auf dem Bauplatz, mit deren Hilfe große Metallplatten, die der Panzerung dienten, gehoben und montiert wurden. Mächtige Pumpen, die in Abständen von 100 Metern und in Höhe eines sechsstöckigen Hauses den Platz umstanden, jagten den fertigen Beton durch Röhren von 300 Millimetern Dicke. Die deutschen Regierenden waren der Meinung, daß der Betrieb jedem Bombardement standhalten würde.« Aus seinem Bericht geht weiter hervor, unter welchen Bedingungen der Bau des Bunkers vorangetrieben wurde: »...Viele unserer Kameraden des Bunkers Valentin konnten den Hunger nicht ertragen und rannten in die verbotene Zone, wo sie entweder erschossen oder erschlagen wurden. In unserem Bunker befand sich eine Luke, aus der viele vor Verzweiflung hinuntersprangen und zerschmettert liegen blieben... Die Lebensbedingungen waren außerordentlich schwer. Die meisten starben vor Hunger... und viele Kameraden wurden ›abgespritzt‹...« (Zit. n. Radio Bremen, s. Quellen/Literatur: Habel, Rainer/Siegel, Chr.)

Kurz nach Kiellegung des ersten U-Bootes wurde die Bunkerwerft im März 1945 von Bomben getroffen und wegen der näherrückenden Front stillgelegt. Mitte April 1945 wurden die Häftlinge aller Bremer Lager »evakuiert«, die Häftlinge des Außenkommandos Farge in Richtung Lübeck. Ein großer Teil von ihnen kam auf den Transporten ums Leben. Für viele Häftlinge aus Farge war die »Cap-Arcona-Katastrophe« in der Neustädter Bucht die letzte Station ihres Leidens (s. Schleswig-Holstein: Neustadt).

Nach dem Krieg wurden in der Nähe des Bunkers und des ehemaligen KZ-Außenlagers etwa 5 000 Tote gefunden, die dort verscharrt worden waren. Ein Teil der Toten wurde auf dem Friedhof Bremen-Osterholz bestattet. Dort erinnern Gedenksteine an die Opfer der Zwangsarbeit von Bremen-Farge und anderen Lagern (s. u. Friedhof Osterholz). Auch die Urnen der auf dem Riensberger Friedhof eingeäscherten Toten des Außenlagers Farge wurden in den fünfziger Jahren auf den Friedhof Osterholz überführt. Über 100 Tote liegen auf einer Friedhofsanlage (Waldfriedhof Farger Heide) auf dem heutigen Bundeswehrgelände (Lützow-Kaserne) bei Schwanewede beerdigt (s. Niedersachsen: Schwanewede). Es wird vermutet, daß noch viele unbekannte Tote in nicht mehr auffindbaren Massengräbern in der Rekumer/Farger Heide ruhen.

Alle Anlagen gehören heute zum Bundeswehrgelände. Erst in jüngster Zeit wurden die sichtbaren Reste des »Arbeitserziehungslagers« in einem künstlichen Dünenzug beseitigt. Das große unterirdische Öllager existiert und funktioniert noch. Der Bunker »Valentin«, den englische und amerikanische Bomber im März 1945 erfolglos zu sprengen versuchten, wird zu einem Teil von der Bundesmarine als »Marinematerialdepot II« genutzt. In einem ungenutzten Teil wird seit dem Frühjahr 1992 eine *Ausstellung* einer Schülergruppe des Gymnasiums Hamburger Straße gezeigt. Sie kann nach Voranmeldung besichtigt werden.

In jüngerer Zeit fordern Initiativen und Historiker, im Bunker Farge eine Mahn- und Gedenkstätte sowie einen Ort internationaler Begegnungen einzurichten: »Die derzeitige Nutzungssituation wird als unwürdig empfunden. Die Bundeswehr wird aufgefordert, ihre Standortentscheidung noch einmal zu überdenken. Die nach wie vor massive militärische Präsenz in einer vom ›Dritten Reich‹ militarisierten Region und der damit verbundenen Geschichte ist ein Widerspruch zu den politischen Entwicklungen in Europa in den letzten Jahren.« (Resolution der 5. Arbeitstagung »KZ Neuengamme und Außenlager« 17. November 1991.)

Kontakt und Anmeldung zur Ausstellung:
Bootsmann Meinecke, Marinematerialdepot, Rekumer Siel, 28777 Bremen.

Initiative »Blumen für Farge« (Betreuung ehemaliger Häftlinge und ihrer Angehörigen beim Besuch in Bremen) c/o Rainer W. Habel, Pickacker 12, 28279 Bremen, Tel.: 04 21/83 31 11.

Anfahrt:
Den in Bremer Stadtplänen nicht eingezeichneten Bunker erreicht man mit der Buslinie 70 oder 71 (Haltestelle Rekumer Siel). Linker Hand führt ein asphaltierter Weg zum Bunker; die nach rechts biegende Straße hat noch heute den Namen »Lagerstraße«.

Quellen/Literatur:
Gustav-Heinemann-Bürgerhaus (Hrsg.), »Gedenkmarsch Farge-Sandbostel 10. – 13. Juli 1985«, Bremen 1986. (Dokumentation über die Geschichte der »Evakuierung« von Lagern in Bremen in den letzten Kriegswochen. Enthält Berichte über den vom Gustav-Heinemann-Bürgerhaus im Juli 1985 mit 60 Teilnehmern veranstalteten Gedenkmarsch von Bremen-Farge nach Sandbostel, der die Route eines Häftlingszuges verfolgte, der am 10. April 1945 von der SS von Farge nach Sandbostel getrieben wurde.); Habel,

Rainer, Blumen für Farge, (Pressechronik) Bremen 1983; Ders. und Siegel, Christian, Keiner verläßt lebend das Lager – Die Geschichte des U-Boot-Bunkers in Bremen-Farge, Radio Bremen, 1. Programm, Hansa Welle, 20. Juni 1981 und 29. Januar 1983 (Reihe »Im Blickpunkt«); Ders., Außenlager Farge. Erinnerungen ehemaliger Häftlinge des KZ-Neuengamme, in: Geschichtswerkstatt Heft 19 (November 1989), S. 9–17; Johr, Barbara und Roder, Hartmut, Der Bunker. Ein Beispiel nationalsozialistischen Wahns. Bremen-Farge 1943–1945, 3. Aufl. Bremen 1991.

Film von Thomas Mitscherlich:
Der Bunker. Arbeitsstätte: ein U-Boot-Bunker – Wohnstätte: ein Treibstoff-Bunker.

Bremen-Hemelingen

Jüdischer Friedhof Hastedt

Auf dem *Jüdischen Friedhof* an der *Deichbruchstraße* im Ortsteil *Hastedt* wurde 1952 den durch die Nationalsozialisten ermordeten Mitgliedern der Jüdischen Gemeinde ein *Mahnmal* errichtet. Auf einer von einer hebräischen Inschrift umrahmten trapezförmigen Platte ist reliefartig eine brennende Öllampe dargestellt. Die Inschrift lautet in deutscher Übersetzung:

> Rachel weint um ihre Kinder, weigert sich, getröstet zu werden um ihre Kinder, denn sie sind nicht da. So spricht der Herr: Wehre Deiner Stimme das Weinen und Deinen Augen die Tränen, denn Dein Weh wird belohnt, spricht der Herr. Und sie werden heimkehren aus Feindesland.
> Jeremia 31, 16–18

Der Sockel trägt die deutschsprachige Inschrift:

> Bewahre oh Herr die Menschheit vor
> Schrecken und Gewalt in allen Zeiten.
>
> In den Jahren 1933–1945 mußten unter
> nationalsozialistischem Regime
> 915 Menschen unserer Gemeinde ihr
> Leben lassen, weil sie Juden waren.
>
> Öffne den Opfern dein Himmelstor.
> Sie waren unsere Besten.

Gemeindezentrum Drakenburger Straße

Im Eingangsbereich des *Evangelischen Gemeindezentrums* an der *Drakenburger Straße* wurde im November 1987 eine *Erinnerungstafel* angebracht mit dem Text:

> Zum Gedenken
> an die polnischen Frauen
> die hier als
> Zwangsarbeiterinnen
> leiden und
> sterben mussten
> Wir lernen nur wenn wir nicht
> vergessen
> 18. November 1987

Auf dem Grundstück befand sich bis zur Bombardierung durch die Alliierten am 12. Oktober 1944 eine Großwäscherei, die für die Kriegsmarine arbeitete. Hier mußten bis zu 178 polnische Mädchen und Frauen arbeiten, für die es auf dem Gelände Baracken und einen Erdbunker gab, da sie als Zwangsarbeiterinnen die Luftschutzbunker nicht betreten durften. Bei der Bombardierung am 12. Oktober 1944 kamen viele der Arbeiterinnen ums Leben.

Wandbild Bunker Am Rosenberg in Hastedt

Ein von Thomas Recker entworfenes und 1986 ausgeführtes *Wandbild* am *Bunker Am Rosenberg* hat das Thema »Faschismus und Widerstand«.
In Art einer skizzenhaften Schwarz-Weiß-Zeichnung setzt sich die Malerei mit dem Thema auseinander. In realistischen sowie in verfremdeten Szenen werden im Innern eines Gefängnisses Bilder und Symbole aus der NS-Zeit auf ironische Weise charakterisiert.

Bremen-Osterholz

Osterholzer Friedhof

Am Eingang zum *Osterholzer Friedhof* befindet sich ein Schild mit der Aufschrift »Kriegsgräberstätte«. Ein Hinweisschild auf dem Friedhof (Feld K) mit der Angabe »Ehrenfeld/Deutsche Soldaten/KZ-Opfer« bezeichnet zwei große Grabanlagen, in welchen im Zweiten Weltkrieg umgekommene deutsche Soldaten und Opfer der »Vernichtung durch Arbeit« in Konzentrations- und Arbeitslagern bestattet sind. Zwischen den beiden Grabanlagen ist ein 1951 von dem Bildhauer Paul Halbhuber geschaffenes *Ehrenmal* errichtet: Sechs lebensgroße, in lange Gewänder gehüllte Relieffiguren auf einer freistehenden Platte verkörpern das Thema der Brüderlichkeit im Tode. Im *Grundstein* für das Ehrenmal wurde im Jahre 1947 eine *Urkunde* mit folgendem Text eingemauert:

> Nach 12 Jahren einer tyrannischen Diktatur,
> die Menschenwürde und Menschenleben mißachtete,
> errichteten am 14. September 1947 der Senat
> und die Bürgerschaft der Freien Hansestadt Bremen
> diese Gedenkstätte.

Von Trägern der nationalsozialistischen Staatsgewalt, ohne Verfahren und ohne Recht gemordet, ruhen hier die Aschen der sterblichen Überreste von 577 Personen. Entgegen den Anordnungen der Machthaber sicherten menschlich denkende Beamte diese Aschen, die befehlsgemäß in alle Winde verstreut werden sollten. Die Namen der Opfer sind bekannt, konnten aber auf den Urnen damals nicht eingetragen werden.

Namenlos sind sie jetzt, deren Heimat fern dieser Stätte liegt. Der Tod vereint brüderlich Franzosen und Deutsche, Italiener und Russen, Balten und Polen, Jugoslaven und Norweger, Dänen und Holländer, Angehörige fast aller europäischen Völker.

Was irdisch an ihnen war, ist ausgelöscht, was blieb, ist das Gedenken und die Mahnung, sich stets bewußt zu sein, daß über aller Menschlichkeit edles Menschentum steht.

Im Tode sind alle Menschen Brüder. Mögen sie lernen, es auch im Leben zu sein!

Bremen, Sonntag, den 14. September 1947
Der Präsident des Senats.
gez. Kaisen
Bürgermeister

An dem Grabhügel, unter dem KZ-Opfer bestattet sind, befindet sich eine liegende *Gedenktafel*, die neben einer trauernden Gestalt im Halbrelief folgenden Text in deutscher, französischer, russischer und lateinischer Sprache trägt:

Unter diesem Hügel ruhen die sterblichen Überreste von 1367 Toten. Als Angehörige vieler Nationen fanden sie in Konzentrations- und Arbeitslagern in der Umgebung Bremens während des Krieges 1939–1945 den Tod. Die Namen von 794 Toten sind unbekannt.

Auf einem weiteren *Ehrenfeld* des Osterholzer Friedhofs (Feld N), in dem ausländische Tote vor allem aus Osteuropa bestattet liegen, ist in der Mitte eine im Jahre 1966 von dem Bildhauer Gerhart Schreiter geschaffene, zwei trauernde Frauen darstellende *Bronzeskulptur* aufgestellt. Neben zahlreichen Grabsteinen sind hier *zwei Gedenksteine* errichtet. Einer von ihnen trägt einen Text, der verschweigt, daß sehr wohl Herkunft und Schicksal vieler dieser Toten bekannt sind. Die Inschrift lautet:

Gräberstätte für 780 unbekannte
Männer und Frauen.
Keiner weiß um dieser Toten Heimat,
Herkunft und Schicksal,
Opfer der Kriegswirren 1939–1945.
Im Raum von Bremen starben sie
in schreckensreicher Zeit.
Ihr Tod mehrt die Anklage
wider die Kriege der Menschen.

Die Inschrift des zweiten Gedenksteins heißt:

Hier ruhen Kriegstote verschiedener Nationalität, die in den Jahren 1939–1945 im Raum von Bremen-Farge starben.

Einige Grabsteine tragen Namen von Verstorbenen. Die genaue Zahl der hier bestatteten Menschen ist unbekannt. Nach Angaben des Volksbundes Deutsche Kriegsgräberfürsorge e.V. sind es über 2000. Unter ihnen sind auch Opfer des KZ-Außenlagers Farge, die zunächst auf dem Riensberger Friedhof beerdigt waren und in den fünfziger Jahren hierher umgebettet wurden.

In einer gesonderten niederländischen *Ehrenanlage* sind seit 1953 167 niederländische Tote, Opfer

Friedhof Bremen-Osterholz: Grabhügel mit Opfern von KZ-Außenlagern und Arbeitslagern in der Umgebung Bremens. Am Hügel lehnen Steinplatten und eine Gedenktafel des Bildhauers Paul Halbhuber aus dem Jahre 1952, auf denen 573 Namen und die Anzahl von 1367 hier ruhenden Toten genannt werden. Nach neueren Erkenntnissen wurden über 6000 Tote in dem Massengrab beigesetzt.

von Gefangenschaft und Zwangsarbeit im Raum Bremen, zusammengebettet. Ein weißer *Gedenkstein* innerhalb der geschlossenen Anlage trägt die Inschrift:

Koninkrijk der Nederlanden
ter nagedachtenis
1940–1945

Auf einem Sandstein seitlich davon steht der Text:

Anno 1954 wurden von der
Oorlogsgravenstichting
alle im Raume Bremen und Umgebung
beigesetzten niederländischen Kriegs-
toten nach dieser Stätte überführt.

Straßen- und Gebäudenamen in Bremen

benannt nach Verfolgten und Widerstandskämpfern (Auswahl):

Bremen-Hemelingen

Die *Hermann-Osterloh-Straße* ist nach Hermann Osterloh benannt, der nach seinem Ausschluß aus der KPD 1930 in die SPD eintrat und nach 1933 neben Anna Stiegler (s. unten: Straße in Obervieland), Johann Kühn (s. unten: Straße in Gröpelingen) und Karl Ernemann zum Vorstand der illegalen SPD in Bremen gehörte. Zusammen mit diesen unterstützte er die Familien von Verfolgten und gab die 14tägig erscheinenden »Blätter zur Zeit« heraus, in denen unter anderem Auszüge aus illegalem Material wie etwa Berichte über das Leiden von Häftlingen in Konzentrationslagern und Nachrichten aus Bremen und Umgebung veröffentlicht wurden. Im November 1934 wurde ein Teil der Gruppe nach Denunziation durch einen Spitzel von der Gestapo verhaftet. Bei dem Prozeß gegen »Osterloh und Genossen« wurden insgesamt etwa 150 Reichsbannermitglieder und Sozialdemokraten vor Gericht gestellt. Hermann Osterloh wurde zu acht Jahren Zuchthaus verurteilt. Über sein weiteres Schicksal ist nichts bekannt.

Bremen-Neue Vahr

In einem Viertel in der Neuen Vahr erinnert eine Reihe von Straßennamen an Mitglieder der studentischen Widerstandsgruppe »Weiße Rose« und an Mitglieder der Widerstandskreise, die den Umsturzversuch vom 20. Juli 1944 vorbereiteten: *Geschwister-Scholl-Straße, Kurt-Huber-Straße, Ludwig-Beck-Straße, Dietrich-Bonhoeffer-Straße, Carl-Goerdeler-Straße, Julius-Leber-Straße, Stauffenbergstraße, Adolf-Reichwein-Straße, Witzlebenstraße.*

Die *Adam-Stegerwald-Straße* erinnert an den christlichen Gewerkschafter Adam Stegerwald, von 1920 bis 1933 Reichstagsabgeordneter für das Zentrum, der Verbindungen zur Widerstandsbewegung des 20. Juli 1944 hatte und für eine Regierung Goerdeler als Verkehrsminister vorgesehen war.

Die *Graf-Sponeck-Straße* erinnert an den aus Bremen stammenden General Hans Graf von Sponeck, der 1942 wegen Ungehorsams – er hatte seiner Truppe eigenmächtig den Rückzug befohlen – zum Tode verurteilt wurde. Nachdem Hitler das Urteil in sechs Jahre Festungshaft umgewandelt hatte, wurde Sponeck kurz nach dem Attentat auf Hitler am 20. Juli 1944 völlig unerwartet auf Befehl Himmlers am 23. Juli 1944 erschossen (s. Rheinland-Pfalz: Germersheim).

Im *Schulzentrum* an der *Carl-Goerdeler-Straße* erinnern *zehn Wandbildportraits* an Frauen und Männer des Widerstands bzw. an Persönlichkeiten der Arbeiterbewegung, deren Namen die umliegenden Straßen tragen. Die Bremer Künstlerin Marlis Glaser hat 1988/89 die Portraits gemeinsam mit Schülern im Kunstunterricht gestaltet.

Bremen-Obervieland

Die *Van-Beek-Straße* in *Kattenturm* erinnert an die gebürtige Bremerin Cato Bontjes van Beek, die 1943 als 22jährige in Berlin-Plötzensee wegen ihrer Mitgliedschaft in der Schulze-Boysen/Harnack-Gruppe, von der Gestapo »Rote Kapelle« genannt, hingerichtet wurde. Zu ihrem 50. Todestag am 5. August 1993 wurde auch der neue *Stadtplatz* von Kattenturm nach der Widerstandskämpferin benannt. Die Bremer Künstlerin Veronica Mayer hat als 1. Preisträgerin eines Gestaltungswettbewerbs den Platz entworfen, in Art einer stillen Landschaftsmodellierung mit Bäumen, Sträuchern und Wegen. Im Zentrum der Anlage wird eine Betonscheibe von eingepflanzten Weideruten emporgehoben, um in den gegensätzlichen Elementen – lebende Weiden und kalter Beton – die Widerstandsidee zu symbolisieren. Es ist die künstlerische Übersetzung von menschlichem Widerstand gegen erstarrte gesellschaftliche Strukturen (s. auch Niedersachsen: Achim und Ottersberg).

Die *Stamm-Straße* ist nach dem 1900 in Ronsdorf bei Elberfeld geborenen Maschinenschlosser Robert Stamm benannt, der seit 1932 Reichstagsabgeordneter für die KPD und zeitweise in der Bezirksleitung der KPD in Bremen war. Um der Gestapo zu entgehen, verließ er Bremen 1933 und ging zunächst nach Hannover, später nach Berlin, wo er im März 1935 festgenommen wurde. Nach zweijähriger Haft wurde er am 4. Juni 1937 in Berlin-Plötzensee hingerichtet.

Die *Anna-Stiegler-Straße* erinnert an die SPD-Abgeordnete der Bremer Bürgerschaft (1918–1933) Anna Stiegler, die seit Herbst 1933 mit Hermann Osterloh u.a. zum Vorstand der illegalen SPD in Bremen gehörte. Im Prozeß gegen »Osterloh und Genossen« wurde sie zu fünf Jahren Zuchthaus verurteilt, nach deren Verbüßung sie in das Konzentrationslager Ravensbrück überstellt wurde, in dem sie bis 1945 inhaftiert blieb. Ihr Mann, Karl Stiegler, der für die SPD Kurierdienste übernommen hatte, wurde ebenfalls inhaftiert und starb im Konzentrationslager.

Die *Alfred-Faust-Straße* ist nach dem sozialdemokratischen Bürgerschafts- und Reichstagsabgeordneten Alfred Faust, Chefredakteur der »Bremer Volkszeitung«, benannt, der 1933 in das »KZ Mißler« (s. Bremen-Findorff) geschleppt und dort schwer gefoltert wurde. Durch die Hilfe des Polizeisenators Laue konnte er den Verfolgungen von SA und SS entkommen. Der mit den Nationalsozialisten sympathisierende Ludwig Roselius, Inhaber einer großen Kaffeerösterei in Bremen, verhalf Faust zur Flucht nach Berlin, wo er sich bis 1945 verstecken konnte.

Bremen-Mitte

Die *Hermann-Böse-Schule* in der gleichnamigen *Straße* wurde nach dem 1871 geborenen Reformpädagogen und KPD-Mitglied Hermann Böse benannt, der sich für eine Reform des preußisch-militaristischen Schulsystems eingesetzt und sich besonders der Arbeitersängerbewegung gewidmet hatte. 1933 wurde er aus dem Schuldienst entlassen. Seine Wohnung wurde Treffpunkt illegal arbeitender Parteifreunde. Böse wurde im Gefängnis Hamburg-Fuhlsbüttel inhaftiert und zwei Tage vor seinem Tod 1943 aus der Haft entlassen. Er liegt auf dem Osterholzer Friedhof (Gräberfeld A) bestattet. Nach ihm ist auch der Arbeitergesangverein »Hermann-Böse-Chor« benannt.

Bremen-Gröpelingen

Die *Johann-Kühn-Straße* ist nach Johann Kühn, einem Mitglied des Vorstandes der illegalen Bremer SPD (seit Herbst 1933) benannt. Kühn wurde im Prozeß gegen »Osterloh und Genossen« 1934/35 zu einer Zuchthausstrafe verurteilt. Er starb in einem Konzentrationslager.

1984 erhielt die *Stapelfeldtstraße* ihren Namen nach dem ehemaligen Generaldirektor der AG »Weser«, Franz Stapelfeldt. Diese Ehrung war wegen der Mitgliedschaft Stapelfeldts in der NSDAP (seit 1937) und seiner Tätigkeit als »Wehrwirtschaftsführer« und Vizepräses der Industrie- und Handelskammer von 1940 bis 1944 nicht unumstritten. Stapelfeldt hatte trotz eindeutiger anfänglicher Sympathien für den Nationalsozialismus politisch und rassisch Verfolgte auf verschiedene Weise unterstützt. Auf der AG »Weser« konnten viele, die aus politischen Gründen inhaftiert worden waren, nach ihrer Haftentlassung eine neue Arbeitsstelle finden (so z.B. Hermann Prüser, siehe Bremen-Gröpelingen: Wandbild Bunker Pastorenweg). Stapelfeldt setzte sich energisch für die Freilassung einiger von der Gestapo Inhaftierter ein und kaufte einige im Konzentrationslager Dachau Inhaftierte aus Bremen frei. Neben politisch Verfolgten half er auch einigen Juden. Er konnte nach dem Krieg nachweisen, daß er auf der Werft zusätzliche Verpflegung und bessere Kleidung für ausländische Zwangsarbeiter durchgesetzt und sich auch um materielle Verbesserungen für die 1944 im Werk Blumenthal zum Einsatz gekommenen KZ-Häftlinge bemüht hatte. Er hatte Kontakt zu oppositionellen Kreisen der Wehrmacht um Admiral Canaris und General Oster, die regelmäßig Geldzuwendungen von ihm erhielten. Am 3. Oktober 1944 wurde er von der Gestapo verhaftet, nachdem unter anderem bei General Oster Quittungen über Geldbeträge gefunden worden waren. Stapelfeldt blieb bis April 1945 in »Schutzhaft«.
(Literatur: Franz Stapelfeldt, Mein Verhältnis zur NSDAP, Bremen 1946 [masch.])

Bremen-Burgdamm

Der *»Goldbergplatz«* (bis 1985 »Gummibahnhof«) ist nach dem in der Pogromnacht vom 9. zum 10. November 1938 in seiner Wohnung erschossenen Arztehepaar Adolph und Martha Goldberg benannt worden (s. oben Bremen-Mitte).

Bremerhaven

Bremerhaven-Wulsdorf

Friedhof Wulsdorf, Ehrenmal

Auf dem *Städtischen Friedhof Wulsdorf* an der *Weserstraße* in Bremerhaven schuf die Stadt Bremerhaven in den Nachkriegsjahren in der Nähe der Ehrenanlage für die Bombenopfer des Zweiten Weltkriegs eine *Gedenkstätte* für die Opfer der nationalsozialistischen Gewaltherrschaft. Im Jahre 1958 wurde ein *Ehrenmal* von Georg Grygo errichtet, das zur Symbolisierung von Vergangenheit und Zukunft eine gebrochene und eine blühende Blüte trägt. Die Inschrift auf dem Obelisk lautet

Der Zukunft
1933–1945

Vor dem Ehrenmal befinden sich die *Gräber von acht Bremerhavener Bürgern,* die von den Nationalsozialisten inhaftiert und umgebracht wurden. Die Grabsteine tragen die Namen und die Geburts- und Sterbedaten der Toten. Über sechs dieser Bürger ist folgendes bekannt:

Alfred Balzer starb nach 1945 an den Folgen der während seiner Gestapo-Haft erlittenen grausamen Folterungen, die ihn einige Male bis an den Rand des Todes brachten.
Im Jahre 1933 war er zunächst in der Polizeikaserne Jacobistraße – dem heutigen Stadthaus IV – verhört und gefoltert worden. Später wurde er auf dem sogenannten »Gespensterschiff«, einem ehemaligen Minensuchboot der Kriegsmarine, das der SA ab März 1933 als Büro und Quartier diente, verschärften Folterungen ausgesetzt. Eine *Straße* in Bremerhaven ist nach *Alfred Balzer* benannt.

Der Kommunist Georg Meyer wurde wegen »Wehrkraftzersetzung« zum Tode verurteilt und hingerichtet. Er hatte den Krieg als »sinnlos« bezeichnet.

Auch Ludwig Cordelair wurde wegen einer regimefeindlichen Äußerung am 20. November 1944 im Zuchthaus Brandenburg/Havel hingerichtet.

Ernst Schildknecht wurde 1933 inhaftiert und 1936 erneut zu vier Jahren Zuchthaus verurteilt. Er starb am 27. April 1943 im Konzentrationslager Sachsenhausen.

Wilhelm Sczcepaniak wurde als Regimegegner 1938 verhaftet und noch im gleichen Jahr im Konzentrationslager Buchenwald ums Leben gebracht.

Kurt Spindler, ehemaliger Stadtverordneter der KPD aus Duisburg-Hamborn, starb 1943 nach zehnjähriger Haft im Nebenlager des Zuchthauses Celle in Bremerhaven an den Folgen der Haft.

Bremerhaven-Mitte

Mahnmal bei der Bürgermeister-Smidt-Gedächtniskirche

Im Jahre 1986 wurde in der *Grünanlage* bei der *Bürgermeister-Smidt-Gedächtniskirche* in Bremerhaven-*Mitte* eine von dem Künstler Waldemar Otto geschaffene *Plastik* aufgestellt. Dieses Mahnmal für die Opfer der nationalsozialistischen Gewaltherrschaft zeigt den Torso eines Mannes, der in die Fäuste einer im Relief gezeigten haßverzerrten Menge Uniformierter zu stürzen scheint. Die Rückseite trägt die Inschrift:

Wir gedenken in Trauer aller Toten des
Zweiten Weltkrieges und aller Opfer der
nationalsozialistischen Gewaltherrschaft.
Wir gedenken aller Menschen, die wegen
ihrer Rasse, wegen ihrer religiösen oder
politischen Überzeugung, wegen ihres Andersseins
verfolgt und ermordet wurden.
Wir gedenken derer, die eher den Tod hinnahmen,
als ihr Gewissen zu beugen.
Wir gedenken aller Völker, die im Krieg gelitten haben.
Wir dürfen nicht vergessen. Die Toten mahnen uns.
Mühen wir uns um Frieden und Menschlichkeit!

Bremerhaven-Lehe

Gedenktafel Stadthaus IV

Am Stadthaus IV in Bremerhaven-*Lehe, Hinrich-Schmalfeldt-Straße/Jacobistraße*, hängt seit 1986 eine bronzene *Gedenktafel*, die daran erinnert, daß sich hier zu Beginn des »Dritten Reiches« die Staatspolizeistelle (spätere Gestapo) Wesermünde sowie das SA-Rollkommando »Weikensdorfer« befanden. Viele, vermutlich Hunderte von Regimegegnern, wurden in diesem Haus mißhandelt. Der Text der Inschrift lautet:

Hier befand sich der Eingang
zur Staatspolizeistelle
Wesermünde 1933/1934
In Räumen dieses Gebäudeflügels
wurden von SA und Gestapo
Menschen ihrer Überzeugung wegen
gequält und gefoltert.

Bremerhaven-Geestemünde

Mahnmal Schulstraße, ehemalige Synagoge Wesermünde

An der *Ecke Ludwigstraße/Schulstraße* in Bremerhaven-*Geestemünde* steht seit 1983 auf dem Bürgersteig ein *Gedenkstein* aus dunkelrotem Granit zur Erinnerung an die Wesermünder Synagoge. Unter dem Davidstern ist der folgende Text zu lesen:

> Auf dem Grundstück
> Schulstrasse 5 stand
> die Synagoge der
> Jüdischen Gemeinde.
> Sie wurde unter
> der Herrschaft der
> Nationalsozialisten
> am 9. Nov. 1938
> in Brand gesetzt.

Gedenktafel DGB-Haus

Im heutigen DGB-Haus, *Friedrich-Ebert-Straße/Elbestraße* in *Geestemünde,* befand sich in der Zeit von 1939 bis 1945 der Sitz der Geheimen Staatspolizei Wesermünde. Im Jahre 1985 wurde eine *Bronzetafel* von Hagen Westphal angebracht mit der Inschrift:

> Hier übte während des NS-Regimes
> die Geheime Staatspolizei (Gestapo)
> von 1939 – 1945 an der Unterweser
> ihre Gewaltherrschaft aus.
> Andersdenkende wurden
> in diesem Haus gepeinigt
> und gefoltert.

Gedenktafel Lange Straße 119

Im Haus *Lange Straße 119* befand sich die Gestapo-Stelle Wesermünde, bis 1941 auch zuständig für den gesamten Regierungsbezirk Stade. 1987 wurde hier eine *Bronzetafel* angebracht mit der Inschrift:

> In diesem Gebäude war von 1935 – 1939
> der Sitz der Staatspolizeistelle
> (Gestapo) Wesermünde.
> Den Opfern zum Gedenken
> uns allen zur Mahnung.

Gedenkstein Fischereihafen

1988 wurde im *Fischereihafen* Ecke *»Am Baggerloch/Kühlhausstraße«* ein Mahnmal zur Erinnerung an die Zwangsarbeiter in Bremerhaven errichtet. Es besteht aus zwei roten Klinkermauern mit zwei Tafeln. Die eine trägt den Text:

> Zur Erinnerung an die Zwangsarbeiter
> in Bremerhaven/Wesermünde.
>
> Zwischen 1940 und 1945 litten und starben
> in Lagern unserer Stadt Menschen aus der
> Sowjetunion, Frankreich, Polen, Belgien,
> den Niederlanden, Dänemark, Bulgarien, Italien
> sowie Staatenlose, Sinti und Roma.

Bremerhaven-Geestemünde, Ludwigstraße/Schulstraße: Gedenkstein der Steinmetzfirma Daners und Meyer von 1983 in der Nähe des früheren Standorts der Wesermünder Synagoge.

Bremerhaven:
1988 im Fischereihafen errichtetes Mahnmal zur Erinnerung an das Schicksal von Männern, Frauen und Kindern vieler Nationen, die in 21 Zwangsarbeiterlagern in Bremerhaven/ Wesermünde festgehalten wurden.

Auf der anderen Tafel ist zu lesen:

> An dieser Stelle befand sich von 1941 – 1945
> das Zwangsarbeiterlager »Baggerloch«. Es war eines
> von 21 Lagern in Bremerhaven/Wesermünde,
> in denen während der Zeit der nationalsozialistischen
> Gewaltherrschaft Männer, Frauen und Kinder
> festgehalten wurden. Diese Menschen mußten
> während des Zweiten Weltkrieges in unserer Stadt
> unter unmenschlichen Bedingungen arbeiten.
> Viele von ihnen fanden den Tod.

Gedenktafel »Gespensterschiff«

An einer *Hauswand* am *Alten und Neuen Hafen* wurde im Jahre 1991 eine *Gedenktafel* angebracht mit der folgenden Inschrift:

> Im Alten und Neuen Hafen lag
> im Jahre 1933 das »Gespensterschiff«.
> Auf diesem Schiff wurden Menschen
> wegen ihrer politischen Überzeugung
> von der SA geschlagen und gefoltert.

Gräber ausländischer NS-Opfer auf Friedhöfen in Bremerhaven

Auf dem *Friedhof Wulsdorf* liegen zehn ausländische Kriegstote beerdigt. Auf dem *Leher Friedhof* befinden sich 102 Gräber und auf dem *Geestemünder Friedhof* in Bremerhaven neun Gräber von ausländischen Kriegstoten. Bei den Toten handelt es sich wahrscheinlich um Zwangsarbeiter, die in Bremer Lagern ums Leben gekommen sind.

Initiativen und Projekte in Bremen

Auf Initiative der *Zionsgemeinde Neustadt* hat sich 1986 ein *Arbeitskreis* konstituiert, der sich für die Einrichtung eines Dokumentationszentrums über Zwangsarbeit in Bremen während der nationalsozialistischen Gewaltherrschaft einsetzt und auch für finanzielle Leistungen (»Entschädigung«) an die überlebenden Opfer nationalsozialistischer Zwangsarbeit. Der Arbeitskreis hat sich außerdem zur Aufgabe gemacht, Rechtshilfe für heute noch in Bremen lebende ehemalige sowjetische und polnische Zwangsarbeiter zu leisten.

Kontaktadresse:
Arbeitskreis Zwangsarbeit in der Christlichen Friedenskonferenz, c/o Ev. Zionsgemeinde Neustadt, Pastor Hans Günther Sanders, Kornstraße 31, 28201 Bremen, Tel.: 04 21/55 43 11.

Seit Anfang der achtziger Jahre besteht im »Gustav-Heinemann-Bürgerhaus« in Vegesack ein *»Antifaschistischer Arbeitskreis«*, der sich durch vielfältige Forschungen, Aktivitäten und Aktionen in ganz Bremen einen Namen gemacht hat. Unter anderem wurde hier das erste bundesdeutsche Deserteursdenkmal errichtet (s. oben). Neben Ausstellungen, Broschüren, Kultur- und Diskussionsveranstaltungen organisiert der Arbeitskreis regelmäßig »Antifaschistische Stadtrundfahrten«. Eine besondere Form der Wissensvermittlung über die Zeit des Nationalsozialismus und zugleich des erinnernden Gedenkens war ein mehrtägiger Gedenkmarsch im Juli 1985 von Bremen-Farge nach Sandbostel, auf der Strecke des »Todesmarsches« der KZ-Häftlinge im März 1945 (s. oben die Dokumentation des Gedenkmarsches unter Literatur zum KZ-Außenlager Farge).

Kontakt:
Antifaschistischer Arbeitskreis des Gustav-Heinemann-Bürgerhauses, Kirchheide 49, 28757 Bremen, Tel.: 04 21/ 65 08 05.

Der *»Verein Walerjan Wrobel«* fordert für Bremen ein Dokumentationszentrum zur Erinnerung an Tausende ausländischer Zwangsarbeiterinnen und Zwangsarbeiter in Dutzenden von Lagern und KZ-Außenstellen im Lande Bremen. Außerdem setzt sich der Verein für finanzielle Hilfen an ehemalige Zwangsarbeiter durch die früheren Firmen und Arbeitgeber ein.

Kontakt:
Verein Walerjan Wrobel/Verein Zwangsarbeit e.V., Kornstraße 31, 28201 Bremen, Tel.: 04 21/55 43 11.

Bremen ist der Sitz der *»Bundesvereinigung Opfer der NS-Militärjustiz e. V.«* (s. oben – Bremen-Vegesack).

Kontakt:
Friedrich-Humbert-Straße 116, 28759 Bremen, Tel.: 04 21/ 62 20 73 (Vorsitzender: Ludwig Baumann).

Im Rahmen der Forschungen zur Geschichte der Arbeiterbewegung in Bremen werden auch die Jahre 1933–1945 dokumentiert und die Situation der Arbeiter im Nationalsozialismus untersucht. Vorhanden sind Archiv, Bibliothek, Sammlung von Objekten aus der Geschichte der Arbeiterbewegung.

Kontakt:
Forschungs- und Bildungsstätte zur Geschichte der Arbeiterbewegung im Land Bremen e.V., Schule Alter Postweg 302, 28207 Bremen (Hastedt), Tel.: 04 21/ 4 98 61 61/62.

Stadtrundfahrten

Veranstalter von Stadtrundfahrten zu Stätten der Verfolgung und des Widerstandes 1933–1945 in Bremen und Bremerhaven:

Gustav-Heinemann-Bürgerhaus, Antifaschistischer Arbeitskreis, Kirchheide 49, 28757 Bremen (Vegesack), Tel.: 04 21/ 65 08 05.
Begleitmaterial:
DIN-A4-Broschüre »Antifaschistische Stadtrundfahrt Bremen-Nord. ›Aus der Geschichte lernen – wehret den Anfängen‹«, hrsg. v. Antifaschistischen Arbeitskreis im Gustav-Heinemann-Bürgerhaus, o. O., o. J.

Landesjugendring Bremen e.V., Bernd Kadelka, »Weserburg«, Teerhof 21, 28199 Bremen, Tel.: 04 21/50 42 01-02.
Begleitmaterial:
Faltblatt DIN A1: »Antifaschistische Stadtrundfahrt. Stätten faschistischer Verfolgung und antifaschistischen Widerstandes im Lande Bremen«, hrsg. v. Landesjugendring Bremen e. V., o. O., o. J.

Vereinigung der Verfolgten des Naziregimes/Bund der Antifaschisten, Bürgermeister-Deichmann-Straße 26, 28217 Bremen, Tel.: 04 21/38 29 14.
Begleitmaterial:
Lose-Blatt-Sammlung »Alternative Stadtrundfahrten. Stätten der demokratischen Bewegung und der Arbeiterbewegung in Bremen« von Willy Hundertmark und Heiko

Asseln, Bremen 1982. Die Lose-Blatt-Sammlung wird ständig erweitert und ergänzt durch Broschüren, Pläne für einzelne Stadtteile und Handzettel.

Sozialistische Jugend Deutschland – Die Falken –, Kreisverband Bremerhaven, Haus der Jugend, Rheinstraße 109, 27570 Bremerhaven, Tel.: 04 71/2 85 88.
Begleitmaterial:
DIN-A5-Broschüre mit illustriertem Stadtplan: »Antifaschistische Stadtrundfahrt. Stätten faschistischer Verfolgung und antifaschistischen Widerstandes in Bremerhaven«, hrsg. v. SJD – Die Falken –, Bremerhaven 1983.

Fahrten zur KZ-Gedenkstätte Bergen-Belsen

Die Landeszentrale für politische Bildung Bremen führt Tagesfahrten für Teilnehmer aus Bremen und Umgebung zur KZ-Gedenkstätte Bergen-Belsen und nach Celle (jüdischer Friedhof, Synagoge) durch, die von sachkundigen Referenten und Zeitzeugen betreut werden. Anfragen können gerichtet werden an: Landeszentrale für politische Bildung, Osterdeich 6, 28203 Bremen, Tel.: 04 21/3 61 29 22.

Quellen/Literatur zu Bremen insgesamt (Auswahl):

(Spezialliteratur s. jeweils bei den Stadtbezirken und Gedenkorten):

Im Bremer Staatsarchiv (Am Staatsarchiv 1, 28203 Bremen, Tel.: 04 21/3 61 62 21) steht Interessierten eine von Christoph U. Schminck-Gustavus erstellte Dokumentation zur Verfügung mit dem Titel: »Bremen von unten. Deportierte, Zwangsarbeiter und Kriegsgefangene in Bremer Lagern«, Dezember 1980. Darin sind verschiedene Listen zusammengestellt, die die Gestapo von Bremer Lagern im Jahre 1944 angelegt hat, um beim Alarmfall sämtliche Ausländer lückenlos erfassen und abtransportieren zu können. Diese Gestapo-Aufstellungen verzeichnen die Lageranschrift, die Beschäftigungsfirma, die Nationalität der Lagerinsassen, die Stärke der Wachmannschaften und das jeweilige Ziel der geplanten »Evakuierungs«-märsche.

Ende 1992 erschien als 6. Band des »Heimatgeschichtlichen Wegweisers zu Stätten des Widerstandes und der Verfolgung« die Ausgabe über Bremen, die ausführliche Informationen über Widerstand, Naziterror, »rassische« Verfolgung und Zwangsarbeit einerseits, aber auch die Rezeptionsgeschichte und Auseinandersetzung mit dem Nationalsozialismus nach 1945 andererseits enthält:
STUDIENKREIS: DEUTSCHER WIDERSTAND, FRANKFURT (Hrsg.), Heimatgeschichtlicher Wegweiser zu Stätten des Widerstandes und der Verfolgung 1933 - 1945. Band 6. Bremen. Stadt Bremen, Bremen-Nord, Bremerhaven (Autorin: Susanne Engelbertz), Frankfurt a. M. 1992.

ANTIFASCHISTISCHER WIDERSTAND 1933–1945 in Bremen. Eine Dokumentation für die Ausstellung »Antifaschistischer Widerstand«, Bremen o. J. (1974) – Zu beziehen über VVN – s. oben.

BRUSS, REGINA, Die Bremer Juden unter dem Nationalsozialismus, Bremen 1983.

DRECHSEL, WILTRUD/WOLLENWEBER, JÖRG (Hrsg.), Arbeit. Teil 1: Zwangsarbeit, Rüstung, Widerstand 1931–1945. Beiträge zur Sozialgeschichte Bremens, Heft 5, Bremen 1982.

GATTER, FRANK THOMAS UND MÜSER, MECHTILD, Bremen zu Fuß. 20 Streifzüge durch Geschichte und Gegenwart, Hamburg 1987 (darin zahlreiche Orte und Erwähnungen zur NS-Geschichte Bremens).

GRIEBEL, REGINA/COBURGER, MARLIES/SCHEEL, HEINRICH, Erfasst? Das Gestapo-Album zur Roten Kapelle. Eine Foto-Dokumentation, hrsg. in Verbindung mit der Gedenkstätte Deutscher Widerstand, Halle/Saale 1992 (S. 162 f. über Cato Bontjes van Beek).

MARSSOLEK, INGE/OTT, RENÉE, Bremen im Dritten Reich. Anpassung – Widerstand – Verfolgung. Unter Mitarbeit von Peter Brandt, Hartmut Müller, Hans-Josef Steinberg, Bremen 1986. Das Buch wurde für Schulen bearbeitet; bisher sind folgende Hefte erschienen: Der Senator für Bildung, Wissenschaft und Kunst (Hrsg.), Widerstand der Arbeiterbewegung in Bremen 1933–1945 (Heft 1); »Was lebenswert ist, bestimmen wir!« Nationalsozialistische Rassenhygiene in Bremen (Heft 2); Zwangsarbeiter in Bremen (Heft 3), als Hefte für die Schulen zusammengestellt von Inge Marßolek, Bremen 1985/86.

MÜLLER, HARTMUT (Hrsg.), Bremer Arbeiterbewegung 1918–1945, (Trotz alledem), Berlin 1983 (Katalogbuch zu einer gleichnamigen Ausstellung im Bremer Rathaus).

PESON, SOPHIE, Französische Zivilarbeiter und Kriegsgefangene in Bremen im Zweiten Weltkrieg, Mémoire de Maîtrise, Université de Mont-Saint-Aignan 1983 (masch.).

PROJEKT »SPURENSICHERUNG«, »Lager« in Bremen-Nord, eine Zusammenstellung von Schülern des Schulzentrums Lehmhorster Straße unter Leitung von Manfred Haneberg, Bremen 1982 (zu beziehen über Manfred Haneberg, Schulzentrum Lehmhorster Straße, 28779 Bremen).

SCHMINCK-GUSTAVUS, CHRISTOPH, U., Bremen von unten. Deportierte, Zwangsarbeiter und Kriegsgefangene in Bremer Lagern, Dezember 1980. (Diese Dokumentation kann im Staatsarchiv Bremen eingesehen werden.)

DERS., Hungern für Hitler. Erinnerungen polnischer Zwangsarbeiter im Deutschen Reich 1940–1945, Reinbek 1984 (Berichte über Zwangsarbeiterlager ausschließlich in Bremen).

SCHWARZWÄLDER, HERBERT, Bremen in der Zeit des Nationalsozialismus 1933–1945 (Geschichte der Freien Hansestadt Bremen, Bd. 4), Hamburg 1985.

SENATOR FÜR BILDUNG, WISSENSCHAFT UND KUNST (Hrsg.), Kunst gegen Krieg und Faschismus in Bremen/Bremerhaven, Red.: Brigitte Müller, Hans-Joachim Manske, 2. überarbeitete Aufl. Bremen 1987.

DERS. (Hrsg.), Das Volkshaus in Bremen, bearb. v. Heidrun Gode-Loerßen, Bremen 1985.

WOLLESEN, JENS u. a. (9 Verfasser), Die Situation der Zwangsarbeiter in den Bremer Borgward-Werken während des Zweiten Weltkrieges. Arbeit 10. Klasse, Schulzentrum Im Ellener Feld, im Rahmen des »Schülerwettbewerbs Deutsche Geschichte« 1982/83.

Quellen/Literatur zu Themen insgesamt (Auswahl)

[illegible]

Hamburg

Vorbemerkung

In der Freien und Hansestadt Hamburg gibt es mehrere Gedenkstätten für Opfer der nationalsozialistischen Gewaltherrschaft mit Dokumentations- und Informationseinrichtungen. Diese Gedenkstätten bilden den ersten Abschnitt (I) des Teils Hamburg. Am Anfang steht die Gedenkstätte auf dem Gelände des ehemaligen Konzentrationslagers Neuengamme, dessen zahlreiche Außenlager sich über ganz Nordwestdeutschland erstreckten.

Im zweiten Abschnitt (II) sind die Gedenktafeln zusammengestellt, die an die Außenlager des Konzentrationslagers Neuengamme auf dem Gebiet der heutigen Stadt Hamburg erinnern.

Der dritte Abschnitt (III) enthält, nach den sieben Bezirken Hamburgs und nach Stadtteilen geordnet, weitere Mahnmale, Gedenksteine oder Gedenktafeln für Opfer von Verfolgung und Widerstand sowie Gedenken auf Hamburger Friedhöfen, darunter das große Mahnmal der Stadt Hamburg für die Opfer der nationalsozialistischen Verfolgung auf dem Hauptfriedhof Ohlsdorf.

Im Rahmen eines Programms zur Kennzeichnung sehenswerter Gebäude, das vom Denkmalschutzamt betreut wird, beschloß der Hamburger Senat im Jahre 1982 ein Zusatzprogramm »Stätten der Verfolgung und des Widerstandes 1933–1945«. Knapp 30 schwarze Tafeln mit weißer Schrift hängen inzwischen an Gebäuden oder Gebäuderesten und erinnern an Stätten der Verfolgung wie das ehemalige KZ Neuengamme mit seinen zahlreichen Außenlagern und Orte des Unrechts und des Terrors durch Justiz und Polizei oder an Personen und Ereignisse des Widerstandes. Eine wichtige Funktion wird darin gesehen, daß die Tafeltexte die »Sprache« der öffentlichen Bauten relativieren, die in ihrem repräsentativen Charakter nichts von ihrem Verwendungszweck während der NS-Ära preisgeben. Geplant ist eine Ergänzung des Programms um Tafeln für Opfer der Verfolgung im medizinischen Bereich und der Militärjustiz sowie aus dem Widerstand der Parteien, Gewerkschaften und Kirchen. Nach Abschluß des Gedenktafelprogramms plant die Hamburger Kulturbehörde die Herausgabe einer Dokumentation.

Vorausgegangen war im Jahre 1980 ein Beschilderungsprogramm der Hamburger Kulturbehörde »Denkmäler und Baudenkmale der Jüdischen Gemeinde in Hamburg« (Bronzetafeln). Die im Rahmen dieses Programms angebrachten Gedenktafeln sind in die Dokumentation aufgenommen worden, sofern sie sich auf die Verfolgung in der Zeit des Nationalsozialismus beziehen.

Hamburg, Hafengelände: Informationstafel am Lagerhaus G in der Dessauer Straße zur Erinnerung an die Häftlinge des in diesem Gebäude von Juli 1944 bis April 1945 untergebrachten Außenkommandos »Dessauer Ufer« des Konzentrationslagers Neuengamme. Die schwarz-weiße Tafel wurde in den achtziger Jahren von der Kulturbehörde im Rahmen eines Gedenktafelprogramms angebracht.

KZ-Außenlager Dessauer Ufer
Von Juli bis September 1944 waren im
Lagerhaus G bis zu 1.500 jüdische Frauen
aus dem KZ Auschwitz untergebracht.
Sie mußten bei Raffinerien u.a. Betrieben
Aufräumungsarbeiten verrichten.
Im Oktober 1944 wurde das Lager mit
1.500 männlichen Häftlingen belegt. Sie
mußten beim Gleis- und Panzergrabenbau
arbeiten sowie Aufräumungsarbeiten
leisten. Nach einem schweren Bomben-
angriff wurde das Kommando vorüber-
gehend bis Februar 1945 nach Fuhlsbüttel
verlegt.
Anfang April 1945 wurde das Lager
aufgelöst.

Gedenkstätten mit Dokumentations-/ Informationseinrichtungen

KZ-Gedenkstätte Neuengamme, Bezirk Bergedorf

Am 7. November 1965 wurde auf dem Gelände des ehemaligen Konzentrationslagers Neuengamme eine *Gedenkstätte* der Öffentlichkeit übergeben, 16 Jahre später, am 18. Oktober 1981, ein *Dokumentenhaus* eröffnet. Einen Teil des ehemaligen Lagergeländes nimmt seit 1948 die das Areal und Gebäude des früheren Häftlingslagers nutzende »Vollzugsanstalt Vierlande« der Justizbehörde Hamburg ein, deren Verlagerung der Hamburger Senat 1989 beschlossen hat. Außerdem befindet sich auf dem Gelände eine in den sechziger Jahren neuerrichtete Jugendstrafanstalt.

KZ-Gedenkstätte Neuengamme:
Rampe am ehemaligen KZ-Klinkerwerk
des SS-Unternehmens
»Deutsche Erd- und Steinwerke GmbH«.

Zur Geschichte des Konzentrationslagers Neuengamme

Im Dezember 1938 richtete die SS in einer stillgelegten Ziegelei in Neuengamme ein Außenlager des Konzentrationslagers Sachsenhausen ein. Das SS-Unternehmen »Deutsche Erd- und Steinwerke GmbH« (DESt) nahm damit unter Einsatz von zunächst 100 Häftlingen das alte Klinkerwerk wieder in Betrieb. Durch den Verkauf der dort produzierten Steine an die Stadt Hamburg für die von Hitler angeordnete bauliche Neugestaltung des Elbufers – Hamburg sollte nach dem Willen Hitlers mit repräsentativen »Führerbauten« entlang der Elbe eine »Visitenkarte des Nationalsozialismus« werden – hoffte die SS, von der billigen Arbeitskraft der Häftlinge profitieren zu können. Bald kamen weitere Häftlingstransporte. Mit Unterstützung der Stadt, die ein Darlehen für den Ausbau des Lagers und des Betriebs zur Verfügung stellte, wurde Neuengamme 1940 eigenständiges Konzentrationslager.

Die Häftlinge wurden zur Arbeit gezwungen beim Auf- und Ausbau des Lagers selbst, beim Bau eines neuen, leistungsfähigen Klinkerwerks, beim Tonabbau in nahe gelegenen Tongruben, bei der Klinkerproduktion, bei der Begradigung eines Seitenarms der Elbe, »Dove Elbe« (s. unten Bezirk Bergedorf), sowie beim Bau eines Stichkanals zum Klinkerwerk für den Abtransport der Klinker, bei Aufräumarbeiten nach Bombenangriffen und bei Bauarbeiten. Die Lebens- und Arbeitsbedingungen waren außerordentlich hart. Fast jeder zweite Häftling fiel der »Vernichtung durch Arbeit« zum Opfer. Im Winter 1941/42 starben etwa 1 600 Menschen durch eine Fleckfieberepidemie. Ende 1942 betrug die durchschnittliche Häftlingszahl 5 000.

In der zweiten Kriegshälfte expandierte das Konzentrationslager Neuengamme sehr stark. Die Häftlinge wurden mehr und mehr in auf dem Lagergelände errichteten Rüstungsbetrieben eingesetzt, die Klinkerproduktion trat in den Hintergrund. 1942/43 entstanden die ersten Außenlager (»Außen-

KZ-Gedenkstätte Neuengamme: Ehrenmauer mit Inschrift und Steinplatten am Boden entlang der Mauer mit den Namen der Heimatländer der Häftlinge in Neuengamme und seinen Außenlagern. Im Hintergrund das 27 Meter hohe Mahnmal aus dem Jahre 1965.

kommandos«) von Neuengamme in unmittelbarer Nähe der Orte und Betriebe, in denen die Häftlinge zur Arbeit eingesetzt wurden. 1944 überzog ein Netz von fast 80 Außenlagern den nordwestdeutschen Raum, in denen zunehmend auch Frauen inhaftiert und zur Zwangsarbeit herangezogen wurden. Mehrere Außenlager wurden im Gebiet der Stadt Hamburg errichtet (s. unten Abschnitt Gedenktafeln an ehem. Außenlagern).

Bis Kriegsende waren in Neuengamme und seinen Außenlagern insgesamt etwa 106 000 Menschen aus fast allen Ländern Europas inhaftiert, darunter etwa 20 000 Russen, 10 500 Ukrainer, 17 000 Polen, 11 500 Franzosen, 7 000 Niederländer, 5 000 Dänen und 9 500 Deutsche. Viele Häftlinge wurden bei Massenexekutionen und durch medizinische Experimente umgebracht. Gegen Ende des Jahres 1942 wurden 448 sowjetische Kriegsgefangene im Arrestbunker mit dem Giftgas Zyklon B ermordet. Die Tötungen durch Giftgas, das von der Hamburger Firma Tesch & Stabenow geliefert wurde, fanden »öffentlich« im Lager statt. 1943 starben monatlich etwa 500 Häftlinge, Ende 1944 hatte sich die Zahl auf etwa 2 500 erhöht. Insgesamt starben in Neuengamme und seinen Außenkommandos zwischen Dezember 1938 und Mai 1945 etwa 55 000 Menschen an Entkräftung und Unterernährung, an Seuchen, als Mordopfer und als Opfer medizinischer Versuche und sadistischer Mißhandlungen und bei der Auflösung des Lagers bei Kriegsende.

Beim Heranrücken der alliierten Truppen wurden die Lager geräumt. Die »Evakuierungs«märsche und -transporte kosteten viele tausend Menschen das Leben. Unzählige kamen auf dem Weg in das Konzentrationslager Bergen-Belsen durch Erschöpfung oder Krankheit um. In einer Scheune in Isenschnibbe bei Gardelegen (Sachsen-Anhalt) wurden 1 016 Häftlinge verbrannt. Die letzten etwa 10 000 in Neuengamme verbliebenen Häftlinge wurden Ende April 1945 in Richtung Lübeck transportiert und auf die in der Lübecker/Neustädter Bucht liegenden Schiffe »Cap Arcona« und »Thielbek« gebracht. Etwa 7 000 von ihnen fanden bei der Bombardierung der Schiffe durch britische Flugzeuge am 3. Mai 1945 den Tod (s. Schleswig-Holstein: Neustadt).

Die Gedenkstätte des Konzentrationslagers Neuengamme

Zurückgehend auf eine Initiative ehemaliger französischer Häftlinge wurde 1953 ein erstes Mahnmal in Neuengamme errichtet: eine schlichte Säule ohne Inschrift. Im Jahre 1965 wurde durch Zusammenarbeit der 1958 gegründeten »Amicale Internationale de Neuengamme« (Lagergemeinschaft ehemaliger KZ-Gefangener) mit dem Hamburger Senat die *Gedenkstätte* eingerichtet. Sie befindet sich auf dem Gelände der ehemaligen Gärtnerei des Konzentrationslagers, wo die Asche der Verbrannten als »Dünger« verstreut wurde. Eine 27 Meter hohe *Stele* aus grauen Quadersteinen, Symbol für das ehemalige Krematorium, trägt die Inschrift:

> Euer Leiden, Euer Kampf und Euer
> Tod sollen nicht vergebens sein!

Die Stele wird flankiert von einer *Ehrenmauer*, vor der insgesamt *18 Steinplatten* liegen mit den Namen der Völker und Nationen, die Opfer unter den Häftlingen von Neuengamme zu beklagen haben.

Darunter wird, wohl zum ersten Mal öffentlich in Deutschland genannt, auch an die »Roma« erinnert. Auf der letzten Platte heißt es: »und die Toten anderer Völker und Nationen«. Die Mauer trägt die Inschrift:

> Gedenkstätte Neuengamme
>
> In den Jahren 1938 bis 1945 litten hier und in den Außenkommandos des Konzentrationslagers Neuengamme 106 000 Menschen. Von ihnen wurden 55 000 Männer, Frauen und Kinder aus vielen Nationen durch die Nationalsozialisten getötet.
>
> [Es folgen Namen von 67 Außenkommandos]

Eine vor der Mauer und der Stele liegende *Bronzeskulptur (»Sterbender Häftling«)* der französischen Bildhauerin Françoise Salmon, die das Konzentrationslager Auschwitz überlebt hat, ist ein Geschenk der »Amicale Internationale de Neuengamme«.

Bei der Grundsteinlegung für die Gedenkstätte wurde folgende Erklärung im Grundstein des Mahnmals eingemauert:

> »Diese Kapsel wurde am 4. Dezember des Jahres 1964 von den Vertretern des Senats, der Amicale Internationale de Neuengamme und der Organisationen der Verfolgten des Naziregimes in Hamburg bei der Grundsteinlegung für die Gedenkstätte des ehemaligen Konzentrationslagers Neuengamme eingemauert.
>
> Das Lager wurde unter der Herrschaft des nationalsozialistischen Unrechtsstaates im Jahre 1938 auf diesem Gelände errichtet und bestand bis zur Befreiung im Mai 1945.
>
> 106 000 Männer, Frauen und Kinder aus 28 Nationen waren im Lager und seinen Außenkommandos inhaftiert. Von ihnen ging der weitaus größte Teil durch Mißhandlungen der SS, durch Hunger, grausame Lagerverhältnisse und durch unmenschliche Arbeitsbedingungen zu Grunde.
>
> Die bis zum 15. März 1945 geführten Totenbücher – aus denen einzelne Blätter in Fotokopie beiliegen – enthalten 38 000 Namen. Dazu kommen Zehntausende auf den Evakuierungsmärschen, bei Exekutionen und am 3. Mai 1945 auf den Schiffen ›Cap Arcona‹, ›Thielbek‹ und ›Athen‹ in der Neustädter Bucht umgekommene Häftlinge.
>
> Der Schwur der Überlebenden bei der Befreiung: Niemals wieder! verbindet die ehemaligen Häftlinge und Hinterbliebenen aller Nationen im Geiste der Völkerversöhnung, der Toleranz gegenüber allen Rassen und Weltanschauungen, im Geiste des Widerstandes gegen jede Form von Unmenschlichkeit. Aus dieser Verbundenheit beschlossen Vertreter ehemaliger Häftlinge aus 28 Nationen die Errichtung einer Gedenkstätte auf dem Gelände des ehemaligen Konzentrationslagers Neuengamme und einer Mahnstätte auf dem Platz des Krematoriums.
>
> Senat und Bürgerschaft der Freien und Hansestadt Hamburg haben – in Zusammenarbeit mit den Verfolgten des nationalsozialistischen Unrechtsregimes – dieses Monument errichtet. Die Broncefigur vor dem Turm als Symbol des ehemaligen Krematoriums ist ein Geschenk der nationalen Lagergemeinschaften, vereint in der Amicale Internationale de Neuengamme.
>
> Das Mahnmal steht als Ehrenstätte für die Opfer von Neuengamme, für den heroischen Kampf der Häftlinge um eine gerechte und friedliche Welt, für die Freiheit ihrer Völker und Nationen. Mögen die nachkommenden Generationen ihren Kampf ehren und ihren Geist lebendig erhalten!

Bronzefigur »Sterbender Häftling« der französischen Bildhauerin Françoise Salmon, Überlebende von Auschwitz, vor dem Mahnmal von Neuengamme. Die Skulptur wurde von ehemaligen Häftlingen gestiftet (1965).

KZ-Gedenkstätte Neuengamme: Informationstafel zum Bau des Stichkanals für das Klinkerwerk der SS durch KZ-Häftlinge. Die Tafel wurde errichtet an dem 1982 von Jugendlichen bei einem internationalen Workcamp angelegten Rundgang, der an noch vorhandenen Bauten und anderen Spuren aus der Lagerzeit vorbeiführt.

Amicale Internationale de Neuengamme
L. Bouffioux-Blieck
J.-A. Dolidier
Hans Schwarz
Nommels
R. Aubry
H. Grome Nielsen«

In einer kleinen Parkanlage hinter der Säule, dem *»Gedenkhain«,* liegen *zehn Steinplatten,* die von privater Hand aufgestellt wurden zur Erinnerung an einzelne Häftlinge. Einer darunter ist der in Venlo verhaftete katholische Widerstandskämpfer Alfons Reinoud Berger, der sich zusammen mit anderen niederländischen Männern und Frauen gegen die deutsche Besatzungsmacht wehrte, indem sie untergetauchte Juden und andere Verfolgte versteckten. Er kam am 22. Januar 1945 in Neuengamme ums Leben. In der Nähe wurde ein *Gedenkstein für die niederländischen Opfer* des Konzentrationslagers Neuengamme *aus Putten* errichtet: Mehr als 600 Jugendliche und Männer aus Putten und der Region Veluwe waren am 1. Oktober 1944 im Namen des deutschen Wehrmachtbefehlshabers verhaftet und über das Lager Amersfoort in das Konzentrationslager Neuengamme gebracht worden. Von ihnen sind nur 49 in ihr Vaterland zurückgekehrt. (s. auch Schleswig-Holstein: Ladelund und Wedel)

Im Mai 1985 wurde in der Mitte der privaten Gedenktafeln eine rosafarbene *Steinplatte zur Erinnerung an die homosexuellen Opfer* des Nationalsozialismus niedergelegt. Das war das erste Mal

KZ-Gedenkstätte Neuengamme: Lore aus der Lagerzeit für den Transport von Ton zur Herstellung der Klinker. Im Hintergrund Mauer und Wachtturm der heutigen Justizvollzugsanstalt auf dem früheren Lagergelände.

Informationstafel neben einem von KZ-Häftlingen erbauten »Plattenhaus«: Die Montage eines der letzten dieser Häuser aus Hamburg-Sasel erfolgte 1983 durch Teilnehmer eines internationalen Jugend-Workcamps auf dem Gelände der KZ-Gedenkstätte Neuengamme.

in der Bundesrepublik Deutschland, daß in dieser Form öffentlich an die Verfolgung der Homosexuellen erinnert wurde und an die Tausenden von KZ-Häftlingen mit dem »rosa Winkel«, die zum Teil noch im Lager und von ihren Mithäftlingen die Diskriminierung als »Abartige« erfahren mußten. Viele der Überlebenden wagten auch nach dem Kriege wegen der Fortdauer der im »Dritten Reich« verschärften Fassung des Strafrechts-Paragraphen 175 bis zur Strafrechtsreform 1969 nicht, von ihrer Verfolgung öffentlich zu sprechen oder finanzielle Leistungen (»Entschädigung«) zu beantragen. Der rosafarbene Granitstein nimmt die Farbe des Häftlingswinkels auf, der auch dargestellt ist, und trägt den Text:

> Den homosexuellen Opfern des Nationalsozialismus
> 1985

Eine wesentliche Erweiterung der Gedenkstätte geschah am 18. Oktober 1981 mit der Eröffnung des *Dokumentenhauses.* Eine Ausstellung zeigt ein Modell des Lagers, eine Original-Barackeneinrichtung, Rekonstruktionen des Lagerzauns und des Prügelbocks, zahlreiche Originalfotos aus dem Lager, Häftlingszeichnungen über das Lagerleben, Dokumente und Häftlingsberichte.

Im Sommer 1982 wurde vom Museumspädagogischen Dienst der Kulturbehörde Hamburg und dem Service Civile Internationale (SCI) ein erstes internationales Workcamp durchgeführt: 20 Jugendliche aus acht Ländern betrieben »Spurensicherung« und arbeiteten an der Freilegung von Resten des ehemaligen Lagers Neuengamme. Reste der KZ-Bahngleise, Patronenhülsen von Erschießungen, Überreste von Schuhen und anderes kamen zum Vorschein. Die Teilnehmer versuchten, die Spuren in einer Ton-Dia-Schau, einem Kurzfilm und in Fotos festzuhalten. Sie legten einen *beschilderten Rundweg* an, der an noch vorhandenen Bauten aus der Lagerzeit vorbeiführt: an dem von den Häftlingen erbauten Klinkerwerk, dem Stichkanal mit dem kleinen Hafen, einigen Bauten des ehemaligen SS-Lagers, zwei Steinhäusern des ehemaligen, von Häftlingen erbauten Häftlingslagers (heute Gelände der Justizvollzugsanstalten), einem Wachtturm (an dem später auch im Rahmen des Hamburger Gedenktafelprogramms eine *schwarze Tafel* angebracht wurde) und dem Ort des Lagerkrematoriums, wo sich eine *Gedenkplatte* befindet.

1983 übergaben Vertreter der »Initiative Dokumentationsstätte Neuengamme e.V.« und ehemalige Häftlinge dem Hamburger Bürgermeister einen Appell mit mehr als 10 000 Unterschriften und der Aufforderung, alle Überreste des ehemaligen Konzentrationslagers Neuengamme als Mahnmal zu erhalten und die Zerstörung des Klinkerwerkes zu verhindern. Im Februar 1984 beschloß der Hamburger Senat, Gelände und Gebäude des ehemaligen Konzentrationslagers unter Denkmalschutz zu stellen, das *Klinkerwerk* instandzusetzen und ein sogenanntes *»Plattenhaus«,* dessen Fertigbauteile von KZ-Häftlingen hergestellt wurden, wiederzuerrichten. Davor hängt jetzt eine *Informationstafel* mit dem Text:

> Hier wurden 1944 die Behelfswohnheime in Plattenbauweise als Musterhäuser errichtet. Die Häuser wurden nach dem Kriege abgerissen. Nur ein Fundament blieb erhalten. Die Einzelteile, Betonpfeiler und -platten, Dachstuhl, Türen und Fenster stellten Häftlinge im KZ-Klinkerwerk her.

Ab Sommer 1944 entstanden in Hamburg in Eidelstedt, Langenhorn und Sasel große Siedlungen solcher »Plattenhäuser«. Kommandos mit Frauen aus den dortigen KZ-Außenlagern wurden zu dieser Schwerarbeit eingesetzt.

Die Teile dieses Plattenhauses stammen vom Abbruch eines der letzten dieser Häuser in Sasel; die Montage dieses Hauses erfolgte im Sommer 1983 durch Teilnehmer des 2. Internationalen Friedensworkcamps.

Seit Mitte der 80er Jahre wurde vor allem aus Kreisen der Evangelischen Kirche gefordert, auf dem ehemaligen Lagergelände einen Gedenkraum einzurichten. Dazu wurde ein Verein gegründet, der ein Konzept für einen Gedenkraum im Westflügel des Klinkerwerkes vorlegte. Der Hamburger Senat hat dafür im Jahre 1988 auch Finanzmittel zugesagt, und die Baupläne von Seiten der Initiative sind erstellt, allerdings wurden die Umbauten bisher nicht begonnen. Im August 1992 legte eine vom Senat eingesetzte Expertenkommission unter Vorsitz des Ersten Bürgermeisters ihr Konzept vor. Danach sollen nach der Verlagerung der Justizvollzugsanstalt Ende der 90er Jahre der Dokumentations- und der Gedenkbereich getrennt, das jetzige Dokumentenhaus zu einem Gedenkraum werden. In den beiden erhaltenen Häftlingsunterkünften soll die Dauerausstellung eingerichtet, in der früheren Rüstungswerkstatt ein didaktisches Zentrum untergebracht werden. Nichts soll »historisch« rekonstruiert, aber die erhaltenen Teile des ehemaligen Konzentrationslagers für die Gedenkstätte genutzt werden. Die Kommission stellte fest: »Das dann zugängliche einstige KZ-Gelände umfaßt nach Entpachtung einiger derzeit landwirtschaftlich genutzter Flächen insgesamt ca. 50 ha und rund 41 000 qm umbauten Raum in 15 Gebäuden, die noch aus der Zeit des KZ stammen. Vergleichbares hat kein anderes ehemaliges Konzentrationslager auf dem Boden der Bundesrepublik aufzuweisen. Noch stärker als bisher wird damit Neuengamme zu einer Gedenkstätte von besonders überregionaler Bedeutung, zu einem zentralen europäischen Ort der Auseinandersetzung mit den Verbrechen des nationalsozialistischen Deutschland«.

Als Zwischenlösung bis zur Verlagerung der Justizvollzugsanstalt wurde in der Nähe des jetzigen Dokumentenhauses ein Leichtbau-Pavillon errichtet, in dem seit 1994 die Arbeits-, Ausstellungs- und Medienräume eingerichtet sind.

Eine Initiative »Über die Zukunft der Gedenkstätte Neuengamme« ergriff im Jahre 1988 auch Jan Philipp Reemtsma von der »Hamburger Stiftung zur Förderung von Wissenschaft und Kultur«: Er forderte in einem Schreiben insgesamt 34 öffentliche und private Unternehmen, die alle in der Zeit des Nationalsozialismus von der Zwangsarbeit der Häftlinge des Neuengammer Konzentrationslagers und seiner Außenlager profitiert hatten, zur finanziellen Beteiligung auf, Neuengamme zu einem Ort der Dokumentation und der Forschung zu machen. Einige antworteten gar nicht, die meisten ablehnend, verständnislos, ignorant, und nur zwei Unternehmen (das Volkswagenwerk und die Lübecker Drägerwerke) reagierten zustimmend. Die Reaktionen auf diese Initiative sind in einer Ausstellung und einer Publikation dokumentiert (s. unten).

Anschrift der Gedenkstätte:
KZ-Gedenkstätte Neuengamme, Dokumentenhaus, Außenstelle des Museums für Hamburgische Geschichte, Leitung: Dr. Detlef Garbe, Jean-Dolidier-Weg 39, 21039 Hamburg, Tel.: 040/7 23 10 31.

Öffnungszeiten:
Dienstag bis Sonntag: 10–17 Uhr (April bis September: Samstag und Sonntag bis 18 Uhr). Bei Gruppenbesuchen wird um Voranmeldung gebeten. Eintritt frei.

Verkehrsverbindungen:
Mit dem Auto von Hamburg aus: Elbbrücken, Ausschilderung A 25 folgen, Ausfahrt »Curslack«, von dort ist der Weg zur Gedenkstätte ausgeschildert. – Öffentlicher Verkehr: S-Bahn 21 von Hamburg Hauptbahnhof bis S-Bahnhof Bergedorf; ab dort Bus-Linie 227 in 20 Min. Fahrzeit bis Haltestelle »Gedenkstätte«.

Führungen, Museumsgespräche, Auskünfte über Projekttage und Anforderung von Unterrichtsmaterial:
Museumspädagogischer Dienst der Kulturbehörde, Imstedt 18, 22083 Hamburg, Tel.: 040/291 88-27 52.
Gruppenbegleitungen, Kurse, Projekttage für Schulklassen und Jugend-Workcamps werden vom Museumspädagogischen Dienst angeboten, Projekte und Veranstaltungen auch von der »Aktion Sühnezeichen/Friedensdienste«.

Begleitung von Gruppen auch durch:
Pastor Jürgen Köhler, Pfarramt des Kirchenkreises Alt-Hamburg für Gedenkstättenarbeit, Feldstegel 18, 21039 Hamburg, Tel.: 040/7 23 16 45.

Material und Filme:
Zur Vorbereitung eines Gruppenbesuchs kann beim Museumspädagogischen Dienst ein »Medienpaket« entliehen werden. Es bietet vielseitig einsetzbares Material, zum Beispiel großformatige Lagerpläne, eine Diaserie und eine Kassette mit Häftlingsinterviews. Es gibt mehrere Filme im Verleih der Gedenkstätte.

Veranstaltungen:
Im Dokumentenhaus finden regelmäßig Filmveranstaltungen und »Sonntagsgespräche« unter Beteiligung von Zeitzeugen statt. Ein Veranstaltungskalender kann bei der Gedenkstätte angefordert werden.

Bibliothek/Archiv:
Das Archiv der Gedenkstätte ist nach vorheriger Absprache (Anschrift s.o.) für Interessierte zugänglich. Sammlungsgebiete sind die Geschichte der Konzentrationslager in

Hamburg, die 80 Außenlager des KZ Neuengamme sowie Verfolgung und Widerstand im nationalsozialistischen Hamburg. Neben Dokumentenarchiv, Bibliothek und Medien verfügt das Archiv über einen großen Bestand an Häftlingsberichten.
Das »Archiv Hans Schwarz«, der Nachlaß des ehemaligen Generalsekretärs der »Amicale Internationale de Neuengamme«, wird in der Forschungsstelle für die Geschichte des Nationalsozialismus in Hamburg (Forschungsstelle für Zeitgeschichte: s. auch Anhang), Schulterblatt 36, 20357 Hamburg, aufbewahrt.

Stiftungen und Vereine:
Initiative Dokumentationsstätte KZ Neuengamme e.V., c/o Heidburg Behling, Am Ohlendorffturm 11, 22149 Hamburg, Tel.: 040/6776137;
Initiative »Ein Gedenkraum für Neuengamme«, c/o Aktion Sühnezeichen, Curslacker Deich 122, 21039 Hamburg;
Hamburger Stiftung zur Förderung von Wissenschaft und Kultur, Mittelweg 36, 20148 Hamburg, Tel.: 040/4140970 (Hrsg. der Dokumentation sowie der gleichnamigen Ausstellung »Industrie, Behörden und Konzentrationslager 1938–1945. Reaktionen 1988/89«, Hamburg 1989).

Quellen/Literatur:
Bauche, Ulrich/Brüdigam, Heinz/Eiber, Ludwig/Wiedey, Wolfgang (Hrsg.), Arbeit und Vernichtung. Das Konzentrationslager Neuengamme 1938–1945. Katalog zur ständigen Ausstellung im Dokumentenhaus der KZ-Gedenkstätte Neuengamme, 2. Aufl. Hamburg 1990; Bringmann, Fritz, KZ Neuengamme. Berichte, Erinnerungen, Dokumente, Frankfurt a.M. 1981; Ders. und Roder, Hartmut, Neuengamme. Verdrängt – Vergessen – Bewältigt? Die zweite Geschichte des Konzentrationslagers Neuengamme 1945–1985, Hamburg 1987; Eiber, Ludwig, Konzentrationslager Neuengamme 1938–1945, hrsg. v. Museum für Hamburgische Geschichte, überarb. Neuaufl. Hamburg 1990 (Hamburg-Porträt Heft 16); Empfehlungen der Senatskommission zur künftigen Gestaltung der KZ-Gedenkstätte Neuengamme. Verabschiedet durch die Kommission unter Vorsitz des Ersten Bürgermeisters am 21. August 1992, Bezug: KZ-Gedenkstätte Neuengamme, Jean-Dolidier-Weg 39, 21039 Hamburg; Ernst, Christoph/Jensen, Ulrike (Hrsg.), Als letztes starb die Hoffnung. Berichte von Überlebenden aus dem KZ Neuengamme, Hamburg 1989; Garbe, Detlef/Hötte, Herbert/Müller, Wilfried, Konzentrationslager Neuengamme. Vorschläge zur Behandlung im Unterricht, hrsg. vom Museumspädagogischen Dienst Hamburg, 2. veränd. Aufl. Hamburg 1987; Jureit, Ulrike/Orth, Karin, Überlebensgeschichten. Gespräche mit Überlebenden des KZ Neuengamme, hrsg. von der KZ-Gedenkstätte Neuengamme, Hamburg 1994; Johe, Werner, Neuengamme. Zur Geschichte der Konzentrationslager in Hamburg, hrsg. Landeszentrale für politische Bildung, 5. erweit. Aufl. Hamburg 1986 (kostenlos bei der Landeszentrale erhältlich: Große Bleichen 23, 20354 Hamburg); Kaienburg, Hermann, »Vernichtung durch Arbeit«. Der Fall Neuengamme. Die Wirtschaftsbestrebungen der SS und ihre Auswirkungen auf die Existenzbedingungen der KZ-Gefangenen, Bonn 1990; Ders., Das Konzentrationslager Neuengamme. Handreichung Geschichte, Sekundarstufe I, hrsg. von der Behörde für Schule, Jugend und Berufsbildung, Amt für Schule, Hamburg 1992; Lange, Wilhelm, Cap Arcona. Das tragische Ende der KZ-Häftlings-Flotte am 3. Mai 1945. Dokumentation. Erstellt im Auftrage des Magistrats der Stadt Neustadt in Holstein, Eutin 1988; Meier, Heinrich Christian, So war es – Das Leben im KZ Neuengamme, Hamburg 1946; Unabhängige Homosexuelle Alternative (Hrsg.), Der Gedenkstein in Neuengamme. Eine Dokumentation, Hamburg o.J. (1985).

Gedenkstätte Konzentrationslager Hamburg-Fuhlsbüttel

Am Eingang der *Strafanstalt Fuhlsbüttel* in Hamburg-Nord, *Am Hasenberge 26,* wurde im Rahmen des Gedenktafelprogramms eine *Tafel* angebracht mit folgender Inschrift:

> Strafanstalten Fuhlsbüttel
>
> Unter nationalsozialistischer Herrschaft 1933–1945 waren im Gefängnis und Zuchthaus Fuhlsbüttel zahlreiche politische Gegner inhaftiert.
>
> Sie waren wegen antifaschistischer Äußerungen, Widerstandsaktivitäten oder anderen politischen Vergehen zu langjährigen Haftstrafen verurteilt worden.
>
> Vom Juli 1943 bis Kriegsende gab es auf dem Gelände der Strafanstalten außerdem ein Außenlager des KZ Neuengamme.

Nachdem in Hamburg Anfang März 1933 die Nationalsozialisten an die Macht gekommen waren, begann auch hier die Verfolgung der politischen Gegner. Bereits wenige Wochen später richtete die Hamburger Geheime Staatspolizei in Gebäuden der seit 1869 existierenden Strafanstalten ein Konzentrationslager ein, in das sie die zumeist wegen Widerstandsaktivitäten in kommunistischen oder sozialdemokratischen Gruppen verhafteten Gegner auf unbestimmte Zeit einsperrte.
Der zunächst improvisierten Unterbringung folgte auf Anweisung des NSDAP-Gauleiters und Reichsstatthalters Karl Kaufmann am 4. September des Jahres 1933 die formelle Übertragung der Leitung und Überwachung des Konzentrationslagers Fuhlsbüttel an besonders brutale und skrupellose SS- und SA-Angehörige.
Das im zeitgenössischen Sprachgebrauch als »Kola-Fu« bezeichnete Konzentrationslager Fuhlsbüttel wurde innerhalb kürzester Zeit zu einem Inbegriff für Grauen, Leiden und Sterben. Bis zur Befreiung im Mai 1945 kamen über 250 Frauen und Männer ums Leben – sie starben an den Folgen der Mißhandlungen, wurden ermordet oder in den Tod getrieben.

Polizeigefängnis

Ab 1936 durfte das KZ Fuhlsbüttel »zur Abwehr von Hetz- und Greuelpropaganda« offiziell nur noch als »Polizeigefängnis« bezeichnet werden, doch »Kola-Fu«, »Konzentrationslager Fuhlsbüttel« oder »Gestapogefängnis« blieben Synonyme für diese Haftstätte der Hamburger Polizeibehörde. Nahezu alle verhafteten Hamburger Widerstandskämpfer kamen in das »Kola-Fu«, außerdem seit 1935 in größerer Zahl Zeugen Jehovas und nach der Reichspogromnacht vom 9./10. November 1938 über 700 Hamburger Juden, in späteren Jahren zunehmend auch »Swing-Jugendliche« und Menschen, die die Nationalsozialisten als »Asoziale« und »Volksschädlinge« verfolgten wie Sinti, Bettler, Homosexuelle oder Prostituierte. Während des Krieges waren auch viele ausländische Widerstandskämpfer und Zwangsarbeiter im »Kola-Fu« inhaftiert. Für viele Gefangene war es eine Zwischenstation auf dem Weg in die Gefängnisse und Zuchthäuser, andere wurden ohne Gerichtsurteile in die Konzentrationslager der SS überstellt. Für viele bedeutete dies den Tod.

Strafanstalten

Auch die Strafanstalten Fuhlsbüttel, die der Justiz unterstanden, waren Teil des nationalsozialistischen Verfolgungsapparates. Viele Strafgefangene waren wegen politischer Gegnerschaft zum Nationalsozialismus zu einer Freiheitsstrafe verurteilt worden. Sondergerichte wiesen schon bei Unmutsäußerungen Menschen wegen »Heimtücke« in Strafhaft ein. Mehr als einhundert Gefangene des Zuchthauses Fuhlsbüttel und »Sicherungsverwahrte« wurden ab 1942 in Konzentrationslager zur »Vernichtung durch Arbeit« überstellt.

KZ-Außenlager

Von Oktober 1944 bis Februar 1945 nutzte die SS einen Gebäudeteil des Zuchthauses Fuhlsbüttel als Außenlager des Konzentrationslagers Neuengamme. Mehr als 200 Gefangene aus zehn verschiedenen Nationen wurden Opfer der unmenschlichen Behandlung.

Die Gedenkstätte

Seit 1987 befindet sich im ehemaligen *Torgebäude der Strafanstalt* an der Straße *Suhrenkamp 98* die *Gedenkstätte Konzentrationslager Fuhlsbüttel*. Eine im Eingangsbereich angebrachte *Gedenktafel* nennt die Namen der im »Kola-Fu« und im KZ-Außenlager getöteten Häftlinge. Im Rahmen des Hamburger Gedenktafelprogramms wurde der folgende Text angebracht:

Konzentrationslager Fuhlsbüttel

Von Ende März 1933 bis zum Kriegsende 1945 wurden durch dieses Tor viele politische Gegner des NS-Regimes in die Gefangenschaft geführt. Das Konzentrationslager Fuhlsbüttel, »Kolafu« genannt, war in einem Bau dieser Strafanstalt untergebracht. Es unterstand der SS, später wurde es Gestapogefängnis. Die Gefangenen wurden ohne Gerichtsurteil festgehalten, viele mißhandelt, gefoltert, manche zum Selbstmord getrieben oder ermordet.

In einer *ständigen Ausstellung* im oberen Bereich des Torgebäudes wird die Geschichte des Konzentrationslagers und das Schicksal seiner Gefangenen dargestellt. Zahlreiche Originalgegenstände und eine nachgestaltete Einzelzelle sind Teil der Dokumentation. Die Gedenkstätte wird in Zusammenarbeit mit dem Dokumentenhaus Neuengamme von der »Arbeitsgemeinschaft verfolgter Sozialdemokraten« (AvS) und der »Vereinigung der Verfolgten des Naziregimes/Bund der Antifaschisten« (VVN) betreut.

Im März 1988 wurde in der im Bezirk Hamburg-Nord gelegenen Gedenkstätte die *»Willi-Bredel-Gesellschaft«* gegründet. Diese Geschichtswerkstatt, die sich nach einem der prominenten Fuhlsbütteler Häftlinge, dem Schriftsteller Willi Bredel, nennt und u. a. Besucher des Torhauses von »Kola-Fu« betreut, will sich vor allem auch um die Fuhlsbütteler Stadtteilgeschichte insbesondere in der Zeit des Nationalsozialismus kümmern.

Kontakt:
Willi-Bredel-Gesellschaft, Friedhofsweg 42, 22337 Hamburg, Tel.: 040/59 11 07.

Anschrift:
Gedenkstätte Konzentrationslager Fuhlsbüttel, Torhaus, Suhrenkamp 98, 22335 Hamburg.

Verkehrsverbindungen:
S- und U-Bahnhof Ohlsdorf.

Öffnungszeiten:
Sonntag 10 bis 12 Uhr und nach Vereinbarung.

Kontakt und Voranmeldung für Führungen:
Museumspädagogischer Dienst (s. KZ-Gedenkstätte Neuengamme).

Filme (insbesondere Videofilme):
Auskunft in der KZ-Gedenkstätte Neuengamme (s. dort).

Quellen/Literatur:
Bredel, Willi, Die Prüfung. Roman aus einem Konzentrationslager (Erstausgabe Moskau 1935), Dortmund 1981; Eiber, Ludwig, »Kola-Fu« – Konzentrationslager und Gestapogefängnis Hamburg-Fuhlsbüttel 1933–1945, hrsg. v. Museum für Hamburgische Geschichte, Ham-

burg 1983 (Hamburg-Porträt Heft 18); Gedenkbuch »Kola-Fu«. Für die Opfer aus dem Konzentrationslager, Gestapogefängnis und KZ-Außenlager Fuhlsbüttel, hrsg. von der KZ-Gedenkstätte Neuengamme, erstellt von Herbert Diercks, Hamburg 1987; Vereinigung der Verfolgten des Naziregimes/Bund der Antifaschisten (VVN/BdA) (Hrsg.), Gestapo-Gefängnis Fuhlsbüttel. Erinnerungen – Dokumente – Totenliste – Initiativen für eine Gedenkstätte. Zusammengestellt von Ursel Hochmuth und Erna Meyer, Hamburg 1983; Zassenhaus, Hiltgunt, Ein Baum blüht im November, Bergisch Gladbach 1985 (Bericht der als Dolmetscherin in Fuhlsbüttel eingesetzten Autorin über ihre Hilfsaktion für skandinavische Gefangene).

Gedenkstätte
Janusz-Korczak-Schule und Rosengarten
für die Kinder vom Bullenhuser Damm

In der Schule am Bullenhuser Damm richtete die SS im Oktober 1944 eines der vielen Außenlager des Konzentrationslagers Neuengamme ein. Die Häftlinge wurden vor allem in Bombenräumkommandos eingesetzt.

Am 20. April 1945, kurz vor Kriegsende, die britische Armee näherte sich bereits Hamburg, brachte die SS 20 jüdische Kinder in den Keller der Schule am Bullenhuser Damm, wo sie zusammen mit zwei französischen Häftlingsärzten, den Professoren René Quenouille und Gabriel Florence, und den zwei holländischen Pflegern Anton Hölzel und Dirk Deutekom erhängt wurden. Im Konzentrationslager Neuengamme hatte der SS-Arzt Dr. Kurt Heißmeyer ab Sommer 1944 sogenannte medizinische Versuche mit Tuberkuloseerregern an Häftlingen durchgeführt. Zu diesem Zweck hatte er auch zehn Jungen und zehn Mädchen aus dem Konzentrationslager Auschwitz nach Neuengamme bringen lassen. Die Kinder und ihre Betreuer wurden ermordet, um das Verbrechen zu verbergen. Wenige Stunden später wurden im Keller der Schule auch 24 sowjetische KZ-Häftlinge von der SS erhängt.

Die im Jahre 1980 eröffnete *Gedenkstätte* befindet sich im Keller des früheren Schulgebäudes. Der Raum, in dem die Kinder ermordet wurden, ist in seinem ursprünglichen Zustand erhalten. Eine Inschrift nennt die Namen der Opfer. Am 20. April 1991, dem Tag der jährlichen Gedenkfeier, wurde eine Gedächtnisschale im Hinrichtungsraum aufgestellt, in die die Besucher nach altem jüdischen Brauch einen Stein niederlegen können. Es gibt keine Gräber, und doch soll auch hier der jüdische Brauch des Steinelegens bedeuten, daß der Tote geehrt, sein Grab aufgesucht wurde und er nicht vergessen ist.

In einem Nebenraum wird eine *Ausstellung* über das Schicksal der Ermordeten gezeigt. Dokumentiert werden auch die von privater Seite in den 70er und 80er Jahren unternommenen Bemühungen um eine Aufklärung des Verbrechens sowie der Verschleppung des Strafverfahrens gegen den SS-Offizier Arnold Strippel, der das Mordkommando leitete und für seine Taten nie verurteilt wurde.

Im Treppenhaus der Schule ist ein großes *Wandbild* von Jürgen Waller zu sehen mit dem Titel »21. April 1945, 5 Uhr morgens«. Es zeigt die Mordstätte am Morgen nach der Tat.

Am Portal erinnert eine *Gedenktafel* an das Verbrechen. Sie wurde im Rahmen des vom Hamburger Senat 1982 beschlossenen Kennzeichnungsprogramms dort angebracht:

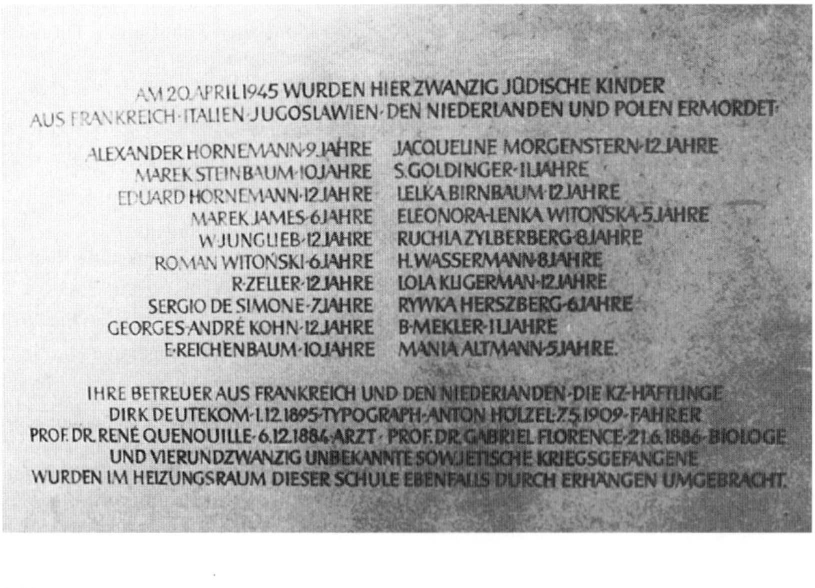

Janusz-Korczak-Schule, Hamburg, Bullenhuser Damm: Die Wandinschrift nennt die Namen und das Alter der in dem Kellerraum in der Nacht des 20. April 1945 ermordeten Kinder und ihrer Betreuer und gedenkt der 24 ebenfalls hier erhängten unbekannten sowjetischen Kriegsgefangenen (1980).

Janusz-Korczak-Schule

Dieses Schulgebäude
wurde von den Nationalsozialisten
kurz vor dem Ende ihrer Gewaltherrschaft
zu einem Außenkommando
des Konzentrationslagers Neuengamme
gemacht.

Hier sind am 20. April 1945
zwanzig jüdische Kinder,
zwei niederländische Pfleger,
zwei französische Ärzte und
vierundzwanzig sowjetische Kriegsgefangene
von SS-Leuten erhängt worden.

1980 erhielt die Schule den Namen des polnischen Pädagogen Janusz Korczak, der freiwillig mit den Zöglingen seines Waisenhauses in das Konzentrationslager Treblinka und damit in den Tod gegangen war.

Auf Initiative der Vereinigung »Kinder vom Bullenhuser Damm e.V.« wurde hinter dem Schulgebäude ein *Rosengarten* angelegt nach einem Vorbild in Lidice in der Tschechischen Republik. Jeder kann eine Rose pflanzen, um der Opfer zu gedenken. Dort steht auch ein *Denkmal* des Moskauer Bildhauers Anatolij Mossijtschuh für die ermordeten sowjetischen Häftlinge. (Im tschechischen Dorf Lidice bei Kladno, westlich von Prag, erinnert ein Rosengarten an die Opfer des 10. Juni 1942. An diesem Tag wurde Lidice von der SS in einer grausamen Vergeltungsaktion für die Ermordung von Reinhard Heydrich, Leiter des Reichssicherheitshauptamtes und Chef der deutschen Sicherheitspolizei sowie seit September 1941 Stellvertretender Reichsprotektor des Protektorats Böhmen und Mähren, dem Erdboden gleichgemacht. Eine Verbindung der Attentäter zu Lidice war nicht erwiesen. 198 Männer des Dorfes wurden erschossen; 195 Frauen wurden in das Konzentrationslager Ravensbrück oder in Gefängnisse deportiert. Nur 143 von ihnen kehrten später zurück. 98 Kinder wurden in Lager verschleppt oder SS-Familien zur »Eindeutschung« übergeben.)

Anschrift:
Gedenkstätte Janusz-Korczak-Schule für die Kinder vom Bullenhuser Damm, Bullenhuser Damm 92, 20539 Hamburg, Tel.: 0 40/78 32 95 (auch Kontaktadresse der Vereinigung »Kinder vom Bullenhuser Damm e.V.«).

Verkehrsverbindung:
Haltestelle S-Bahnhof Rothenburgsort.

Öffnungszeiten:
Montags bis freitags 9 bis 17 Uhr, samstags 12 bis 17 Uhr und nach Vereinbarung. Eintritt frei.

Kontakt und Voranmeldung für Führungen:
Museumspädagogischer Dienst (s. KZ-Gedenkstätte Neuengamme).

Wanderausstellung:
»Der SS-Arzt und die Kinder«, Wanderausstellung, erstellt von Günther Schwarberg, Verleih über: Vereinigung »Kinder vom Bullenhuser Damm e.V.« (s. oben)

Quellen/Literatur:
Bringmann, Fritz, Kindermord am Bullenhuser Damm. SS-Verbrechen in Hamburg 1945. Menschenversuche an Kindern, Frankfurt a.M. 1978; Schwarberg, Günther, Der SS-Arzt und die Kinder, Göttingen 1988.

Diareihe und Film:
Dia-Serie H 117 und Tonband HTB 1093 »Die Kinder vom Bullenhuser Damm«, Verleih durch: Staatliche Landesbildstelle Hamburg, Kieler Straße 171, 22525 Hamburg, Tel.: 0 40/549 92 37.
Film »Die Kinder vom Bullenhuser Damm«, Karl Siebig 1983, 16 mm, s/w, Verleih: Unidoc, Balkenstraße 17/19, 44137 Dortmund.

Gedenkstätte Plattenhaus Poppenbüttel und Gedenktafel KZ-Außenlager Sasel

Vom September 1944 bis Mai 1945 bestand in dem an der Alster gelegenen Stadtteil Sasel in den früher von einem Flakkommando genutzten Baracken Ecke Feldblumenweg/Aalkrautweg ein Außenlager des Konzentrationslagers Neuengamme. 500 Frauen, neben politisch Verfolgten und Sinti zumeist Jüdinnen aus dem Ghetto Lodz, die über das Konzentrationslager Auschwitz nach Sasel gebracht worden waren, mußten Schwerstarbeit bei der Trümmer-

Hamburg-Sasel, Ecke Feldblumenweg/Petunienweg: Gedenkstein zur Erinnerung an das Außenlager Sasel des Konzentrationslagers Neuengamme, errichtet 1982 auf Schülerinitiative.

beseitigung in der Hamburger Innenstadt leisten. Ein Kommando war zur Montage von sogenannten Plattenhäusern, Behelfsheimen für ausgebombte Hamburger Familien, eingesetzt. Ein großer Teil der »Plattenhäuser« wurde beim S-Bahnhof Poppenbüttel aufgestellt; »Poppenbütteler Plattenbüttel« war damals und später der gängige Name für die Notunterkunftssiedlung. Die vorgefertigten Betonteile, Pfeiler und Platten, wurden von dem SS-eigenen Unternehmen Deutsche Erd- und Steinwerke GmbH (DESt) u.a. im Klinkerwerk des Konzentrationslagers Neuengamme (s. oben) hergestellt.
Am 7. April 1945 wurden die Häftlinge des KZ Sasel in das Konzentrationslager Bergen-Belsen »evakuiert«. Danach wurde das Lager mit anderen Frauen eines Krankentransportes aus dem KZ-Außenlager Helmstedt-Beendorf belegt, die am 4. Mai 1945 beim Einmarsch der Engländer in Hamburg befreit wurden. Die britische Militärregierung ließ die Lagerbaracken abbrennen. Einer Totenliste der Kirchengemeinde Bergstedt vom 2. November 1946 zufolge sind 35 Opfer des KZ-Außenkommandos Sasel auf dem Friedhof Hamburg-Bergstedt beigesetzt worden; aber später wurden die sterblichen Überreste auf den Hauptfriedhof Ohlsdorf (s. HH-Nord) umgebettet. In Bergstedt erinnert ein Mahnmal an der evangelischen Kirche an die Frauen des KZ Sasel (s. HH-Wandsbek).

Im Juni 1982 wurde auf Initiative von Schülern und Schülerinnen des Gymnasiums Oberalster, die die Geschichte des KZ-Außenlagers Sasel erforscht und seine genaue Lage rekonstruiert hatten, an der *Ecke Feldblumenweg/Petunienweg* ein *Gedenkstein* mit folgender Inschrift aufgestellt:

Die Würde
des Menschen
ist unantastbar
KZ Sasel
Aug. 1944 – Mai 1945
Außenkommando des KZ Neuengamme
Schüler aus Sasel 1982

Später kam im Rahmen des Hamburger Gedenktafelprogramms an der *Ecke Feldblumenweg/Aalkrautweg* eine *Tafel* hinzu mit dem Text:

KZ-Außenlager Sasel

Von September 1944 bis Kriegsende befand sich auf diesem Areal ein Außenlager des KZ Neuengamme. 500 jüdische Frauen aus dem Ghetto Lodz waren über das KZ Auschwitz hierher gebracht worden.
In der Nähe des Poppenbütteler Bahnhofs mußten sie »Plattenhäuser« errichten.
Andere Frauen wurden in Rüstungsbetrieben oder zu Aufräumungsarbeiten eingesetzt.
Anfang April 1945 deportierte die SS die Frauen in das KZ Bergen-Belsen. Danach wurde das Lager mit weiblichen Gefangenen aus Langenhorn und Helmstedt-Beendorf belegt.

Im Jahre 1983 wurde eines der drei letzten erhaltenen *»Plattenhäuser«* am *Kritenbarg 8,* (frühere Adresse: Pfefferminzkamp 5–7) unter Denkmalschutz gestellt. Im Rahmen des Hamburger Gedenktafelprogramms wurde eine schwarze *Gedenktafel* mit folgendem Text angebracht:

Plattensiedlung Poppenbüttel

Dieses Haus ist das letzte einer Siedlung
von Behelfsheimen, die 1944–45
hier gebaut wurden.
Die Betonfertigteile für die Häuser wurden
im Klinkerwerk des KZ Neuengamme hergestellt.
Zur Montage der »Plattenhäuser« wurden
Frauen des KZ-Außenlagers Sasel eingesetzt.
In diesem Lager waren 500 jüdische Frauen
untergebracht, die trotz Hunger und Schwäche
diese schwere Arbeit leisten mußten.
In den Häusern wurden Familien untergebracht,
die durch Bombenangriffe ihre Wohnung
verloren hatten.

Die 1985 eröffnete *Gedenk- und Begegnungsstätte* mit einer *Dauerausstellung* über das KZ-Außenlager Sasel befindet sich in der linken Gebäudehälfte des ehemaligen Behelfswohnheims. Seit dem 1. September 1989 erinnert auf dem Vorplatz eine von Franz Vollert als Friedensbaum geschaffene *Holzplastik* an das Schicksal der KZ-Gefangenen und die Schrecken des Zweiten Weltkrieges.
Im rechten Teil des Gebäudes ist eine Behelfswohnung des Jahres 1944 eingerichtet, mit Wohnküche, Schlafzimmer und dem Mobilar aus der Kriegsproduktion. So wurden bevorzugt »Ausgebombte« untergebracht, die in kriegswichtigen Betrieben beschäftigt waren. In einem Nebenraum informiert eine kleine Ausstellung über die Themen Bombenkrieg, Plattenhäuser und Wohnungsbau im Hamburg der Kriegs- und Nachkriegszeit.

Anschrift:
Gedenkstätte Plattenhaus Poppenbüttel, Kritenbarg 8, 22391 Hamburg.

Verkehrsverbindung:
Haltestelle S-Bahnhof Poppenbüttel.

Öffnungszeiten:
Sonntag 10 bis 12 Uhr und nach Absprache (während der Sommerferien nur nach Voranmeldung).
Eintritt frei.

Kontakt und Voranmeldung für Führungen:
Museumspädagogischer Dienst (s. oben Gedenkstätte KZ Neuengamme).

Quellen/Literatur:
Eichengreen, Lucille mit Chamberlain, Harriet, Von Asche – zum Leben, Hamburg 1992; Goldmann, Sybille u.a., Nachforschungen über das Kommando Sasel des Konzentrationslagers Hamburg-Neuengamme und die Reaktion der Bevölkerung auf dieses Lager, Arbeit 9. Klasse, Gymnasium Oberalster im Rahmen des »Schülerwettbewerbs Deutsche Geschichte« 1980/81 – veröffentlicht unter dem Titel »KZ Sasel – Geschichte eines Außenlagers« als Sonderdruck der Schulbehörde, 4. Aufl. 1982 (erhältlich beim Gymnasium Oberalster, Alsterredder 26, 22395 Hamburg und in der Gedenkstätte); Museum für Hamburgische Geschichte (Hrsg.), Gedenkstätte Plattenhaus Poppenbüttel (Hamburg-Porträt Heft 25/90), Hamburg 1990; Razinska, Krystyna, »Wenn mir die Worte nicht im Hals stecken bleiben, erzähle ich das.«, in: Jensen, Ulrike u.a., Lebensgeschichten. Gespräche mit Überlebenden des KZ Neuengamme, hrsg. von der KZ-Gedenkstätte Neuengamme, Hamburg 1992, S. 29–34.

Gedenk- und Bildungsstätte Israelitische Töchterschule Karolinenstraße 35

Am Schulgebäude *Karolinenstraße 35,* dem Ort der ehemaligen Israelitischen Töchterschule, wurde 1989 eine *Gedenktafel* angebracht, die die Geschichte der Schule in wenigen Worten zusammenfaßt:

> In diesem von Marcus Nordheim gestifteten,
> 1883 vollendeten Gebäude
> wurden 1884 zwei Schulen vereinigt:
> die israelitische Mädchenschule von 1789 und die
> Mädchenschule der Deutsch-Israelitischen Gemeinde,
> gegründet 1818.
> Die Schule wurde 1930 als Realschule anerkannt.
> 1939 wurde die Talmud-Tora-Schule hierher verlegt
> und/
> mit der Mädchenschule zur Höheren Schule für Juden
> vereinigt./
> 1942 schlossen die Nationalsozialisten diese
> letzte jüdische Schule in Hamburg.
> Fast alle Schüler und Lehrer wurden deportiert
> und ermordet.

Am 22. Mai 1989 wurde in den teilweise noch im ursprünglichen Zustand erhaltenen Räumen der Schule die *»Gedenk- und Bildungsstätte Israelitische Töchterschule Karolinenstraße 35«* eingeweiht. Sie war in der Zeit des Nationalsozialismus ein Raum beispielhafter Selbstbehauptung, in dem trotz tödlicher Bedrohung der Schulalltag bis zur zwangsverfügten Räumung im Mai 1942 aufrechterhalten wurde. Heute soll hier die Erinnerung wachgehalten werden, insbesondere an die Kinder, Lehrer und Lehrerinnen, die dem Holocaust zum Opfer fielen. Dabei werden nicht nur Leiden und Tod thematisiert. Eine *Dauerausstellung* »Ehemals in Hamburg zu Hause – Jüdisches Schulleben am Grindel« vermittelt ein lebendiges Bild pädagogischen Wirkens in einer deutsch-jüdischen Lebenswelt.
Träger der Einrichtung ist der Fachbereich Gesellschaft und Politik der Hamburger Volkshochschule, der hier zahlreiche Seminare und Einzelveranstaltungen zur Auseinandersetzung mit der nationalsozialistischen Vergangenheit veranstaltet. Die jeweiligen Themen und Termine sind dem laufenden Programm der VHS zu entnehmen.

Anschrift:
Gedenk- und Bildungsstätte Israelitische Töchterschule, Karolinenstraße 35, 20357 Hamburg, Tel.: 040/3497-2175 oder 3681-1661.

Verkehrsverbindung:
U-Bahnhof Messehallen und Feldstraße, U- und S-Bahnhof Sternschanze.

Öffnungszeiten:
Montags 11 bis 18 Uhr, dienstags und donnerstags 14 bis 20 Uhr und nach Vereinbarung. Termine für Führungen können telefonisch vereinbart werden sowie auch Gesprächsrunden mit Zeitzeugen. Ergänzendes Anschauungsmaterial, u.a. Filme und Dia-Serien, stehen zur Verfügung.
Eintritt frei.

Quellen/Literatur:
Bauche, Ulrich/Piezonka, Beatrix/Randt, Ursula/Wamser, Ursula/Weinke, Wilfried, Ehemals in Hamburg zu Hause. Jüdisches Leben am Grindel. Bornplatz-Synagoge und Talmud-Tora-Schule, hrsg. vom Museum Hamburgische Geschichte, Hamburg 1986 (Hamburg-Porträt Heft 22); Lehberger, Reiner/Pritzlaff, Christiane/Randt, Ursula, Entrechtet – vertrieben – ermordet – vergessen. Jüdische Schüler und Lehrer in Hamburg unterm Hakenkreuz, hrsg. vom Amt für Schule, Hamburg 1988; Randt, Ursula, Carolinenstraße 35. Geschichte der Mädchenschule der Deutsch-Israelitischen Gemeinde in Hamburg 1884–1942, Hamburg 1984 (Verein für Hamburgische Geschichte, Vorträge und Aufsätze Heft 26).

Gedenkstätte Ernst Thälmann

Im Jahre 1969 wurde durch ein Kuratorium die *»Gedenkstätte Ernst Thälmann«* im ehemaligen Wohnhaus des früheren KPD-Vorsitzenden Thälmann in der *Tarpenbekstraße 66* in Hamburg-Eppendorf eingerichtet und acht Jahre später in dem Gebäude eine Ausstellung zur Geschichte der internationalen, der deutschen und der Hamburger Arbeiterbewegung eröffnet. Im Jahre 1982 folgten in einem benachbarten Haus ein *Archiv* und eine *Bibliothek*. Auf Vorschlag des damaligen Hamburger Bürgermeisters Klaus von Dohnanyi erhielt 1985 der Platz vor dem Haus den Namen *Ernst-Thälmann-Platz*. In der Gedenkstätte wurden Sonderausstellungen gezeigt, Diskussions- und Filmveranstaltungen durchgeführt sowie ein eigener »Rundbrief aus dem Thälmann-Haus« herausgegeben und Gespräche mit Zeitzeugen und Führungen mit ehemaligen Widerstandskämpfern organisiert.

Ernst Thälmann, geboren 1886 in Hamburg, ursprünglich dem linken Flügel der Sozialdemokratie zugehörig, schloß sich 1920 der Kommunistischen Partei Deutschlands (KPD) an, deren Vorsitzender er 1925 wurde. Er war Abgeordneter der Hamburger Bürgerschaft und von 1924 bis 1933 Mitglied des Reichstages. 1925 und 1932 kandidierte er gegen Hindenburg für das Amt des Reichspräsidenten. Unter Thälmanns Leitung geriet die KPD vollständig in Abhängigkeit von der Kommunistischen Partei der Sowjetunion (KPdSU) und verfolgte wie diese den stalinistischen Kurs. In dieser Zeit wurde auch die verhängnisvolle Theorie vom »Sozialfaschismus« propagiert, die die Sozialdemokratie für genauso gefährlich wie den Nationalsozialismus erklärte und die SPD zum Hauptgegner der KPD machte. Ernst Thälmann am 19. Februar 1932 vor dem Zentralkomitee der KPD: »Wir müssen den Hauptstoß gegen die Sozialdemokratie richten,... das heißt schonungslosen Kampf gegen die Sozialfaschisten aller Schattierungen, vor allem gegen die gefährlichsten ›linken‹ Spielarten des Sozialfaschismus.«
Am 3. März 1933 wurde Ernst Thälmann in Berlin von der Gestapo verhaftet. Nach elfeinhalbjähriger Haft in verschiedenen Lagern und Gefängnissen (bis 1937 in Berlin-Moabit, dann in Hannover und in Bautzen) wurde er am 18. August 1944 im Konzentrationslager Buchenwald von SS-Leuten umgebracht. Nach dem Kriege hat es mehrere Verfahren vor westdeutschen Gerichten gegen einen der mutmaßlichen Beteiligten an dem Mord, den SS-Mann Wolfgang Otto, gegeben, die jedoch schließlich im Jahre 1988 zur Einstellung des Verfahrens ohne Verurteilung führten.

Das »Thälmann-Haus«, in dem in den achtziger Jahren auch die Hamburger Zentrale der Deutschen Kommunistischen Partei (DKP) residierte, wurde Anfang der neunziger Jahre in die Auseinandersetzungen um Auflösung bzw. Weiterführung der Kommunistischen Parteien der alten Bundesrepublik und der ehemaligen DDR, der DKP wie der PDS, einbezogen. Da das Haus zum Auslandsvermögen der DDR zählte, gehört es zur Verfügungsmasse der Berliner Treuhandanstalt. Die auch im Kuratorium des Hauses diskutierte Position, die »Gedenkstätte« zu einer Art Geschichtswerkstatt zu machen zur kritischen Aufarbeitung auch der eigenen Parteigeschichte, fand vorerst keine Mehrheit. Das Kuratorium organisierte Spendenaktionen für den Erhalt der Gedenkstätte.

Anschrift:
Gedenkstätte Ernst Thälmann, Tarpenbekstraße 66/Ernst-Thälmann-Platz, 20251 Hamburg, Tel.: 040/47 41 84.

Öffnungszeiten:
Di–Fr 10–17 Uhr, Sa/So 10–13 Uhr (andere Öffnungszeiten nach telefonischer Vereinbarung möglich).

Verkehrsverbindungen:
Mit der U-Bahn bis Kellinghusenstraße oder Bahnhof Hudtwalckerstraße.

Quellen/Literatur:
Heer, Hannes, Ernst Thälmann, in Selbstzeugnissen und Bilddokumenten, hrsg. v. Kurt Kusenberg, Reinbek 1975; Schütt, Peter, Thälmannhaus. Wider die Reliquie. Wir brauchen ein ehrliches Gedenken, in: »Die Zeit«, Nr. 49 vom 30. November 1990, S. 22.

Gedenktafeln an Orten von Außenlagern des KZ Neuengamme

Im Rahmen des Hamburger Gedenktafelprogramms wurden mindestens zwölf der Tafeln an Orten geplant, an denen die SS während des Krieges Außenlager des Konzentrationslagers Neuengamme errichtet hatte. Die meisten der schwarzen Tafeln sind inzwischen angebracht. An einigen Orten gelang dies jedoch nicht, weil die alten oder auch neuen Grundstückseigentümer eine Zusammenarbeit mit der Denkmalbehörde ablehnten. Im folgenden Abschnitt sind alle Erinnerungstafeln aufgeführt mit Ausnahme der Tafel am Außenlager Sasel, die in Verbindung mit der Gedenkstätte Plattensiedlung Poppenbüttel zitiert wird, und der Tafel an der Janusz-Korczak-Schule.

Quellen/Literatur:
»Konzentrationslager in Hamburg – Ansichten 1990«. Ausstellung der Hamburger Stiftung zur Förderung von Wissenschaft und Kultur, Hrsg. Museum für Hamburgische Geschichte (Hamburg-Porträt Heft 27/90); »Industrie, Behörden und Konzentrationslager 1938–1945. Reaktionen 1988/1989«. Informationsmaterial der Initiative »Über die

Zukunft der Gedenkstätte Neuengamme«, Hrsg. Hamburger Stiftung zur Förderung von Wissenschaft und Kultur, Hamburg 1989.

Hammerbrook

KZ-Außenlager Spaldingstraße

An dem von mehreren Firmen benutzten Kontorhaus in der *Spaldingstraße 156–162* wurde nach den Renovierungsarbeiten des Gebäudes eine *Gedenktafel* angebracht. Sie erinnert daran, daß im Herbst 1944 die SS in dem damaligen Tabaklager ein Außenlager des Konzentrationslagers Neuengamme einrichtete. Bis zu 2 000 Häftlinge, sowjetische Kriegsgefangene, Widerstandskämpfer aus Polen, Belgien, den Niederlanden, Frankreich und Dänemark sowie deutsche Häftlinge, waren im Hinterhaus des Bürogebäudes gefangen. Außerdem war in diesem Haus die Verwaltungszentrale der SS für alle Hamburger Außenlager des Konzentrationslagers Neuengamme untergebracht. Auf der Erinnerungstafel ist zu lesen:

> KZ-Außenlager Spaldingstraße
>
> Von diesem Kontorhaus aus verwaltete die SS die Hamburger Außenlager des KZ Neuengamme. Von November 1944 bis April 1945 war das Gebäude zugleich Außenlager für über 2 000 Häftlinge. Sie mußten in Betrieben des Freihafens arbeiten und Aufräumungsarbeiten leisten.
> Viele von ihnen kamen dabei ums Leben.
> Im April 1945 wurde das Gebäude geräumt und die Gefangenen nach Sandbostel abtransportiert. Viele Häftlinge starben dort durch Hunger oder Seuchen, bevor sie von den Alliierten befreit werden konnten.

Die Geschichte dieses Außenlagers wurde 1981 von einer Schülergruppe des Gymnasiums Klosterallee erforscht, die ihre Ergebnisse in einer Broschüre veröffentlichte.

Kleiner Grasbrook

KZ-Außenlager Dessauer Ufer

Am *Lagerhaus G* in der *Dessauer Straße* hängt eine *Tafel* zur Erinnerung an das Außenlager des Konzentrationslagers Neuengamme, das die SS hier im Juli 1944 einrichtete. Der Text lautet:

> KZ-Außenlager Dessauer Ufer
>
> Von Juli bis September 1944 waren im Lagerhaus G bis zu 1 500 jüdische Frauen aus dem KZ Auschwitz untergebracht.
> Sie mußten bei Raffinerien u. a. Betrieben Aufräumungsarbeiten verrichten.
> Im Oktober 1944 wurde das Lager mit 1 500 männlichen Häftlingen belegt. Sie mußten beim Gleis- und Panzergrabenbau arbeiten sowie Aufräumungsarbeiten leisten. Nach einem schweren Bombenangriff wurde das Kommando vorübergehend bis Februar 1945 nach Fuhlsbüttel verlegt.
> Anfang April 1945 wurde das Lager aufgelöst.

Erst Anfang der 80er Jahre wurde die Geschichte dieses Lagers durch Hamburger Studenten in Erinnerung gebracht. Sie entdeckten im Keller des Lagerhauses an einer Säule die Inschrift: »1945. Hier arbeitete der Gefangene Alexander Fedorov.« Das Gebäude gehört heute der Hamburger Hafen und Lagerhaus Aktiengesellschaft (HHLA) und

Hamburg, Dessauer Straße, Lagerhaus G: In diesem Speicher waren 1944/45 die Häftlinge des KZ-Außenkommandos »Dessauer Ufer« untergebracht. Rechts an der Wand die schwarz-weiße Informationstafel.

ist an eine Teefirma vermietet, die die Tafel entfernen möchte, da sie Absatzschwierigkeiten befürchtet.

Steinwerder
Außenlager Blohm & Voss und Stülckenwerft

Im Rahmen des Hamburger Gedenktafelprogramms war vorgesehen, am *Werftgelände von Blohm & Voss* in der *Hermann-Blohm-Straße 3* eine *Tafel* anzubringen zur Erinnerung an das hier seit Oktober 1944 existierende Außenlager des Konzentrationslagers Neuengamme. Obwohl die Verhandlungen auf höchster Ebene geführt wurden, weigerte die Firma sich, eine Tafel zuzulassen, die auf die Verwendung von KZ-Gefangenen im Bereich des Unternehmens verweist. Der *vorgesehene Text* lautet:

> Außenlager des KZ Neuengamme
>
> Im Oktober 1944 wurde hier auf dem Werftgelände von Blohm und Voss ein Außenlager des KZ Neuengamme eingerichtet. 400 männliche Häftlinge wurden für den Bau von Unterseebooten eingesetzt und zu Aufräumungsarbeiten herangezogen. Im April 1945 ließ die SS das Lager räumen. Die Gefangenen wurden in Lübeck auf dort wartende Schiffe wie die »Cap Arcona« und die »Thielbek« verladen. Bei einem Bombenangriff auf diese Schiffe kamen die meisten Häftlinge ums Leben.

Ebenfalls abgelehnt wurde von Blohm & Voss eine Gedenktafel auf dem Gelände der *Stülckenwerft* am *Rohrweg* in Steinwerder. Dort war im Sommer 1944 von der SS ebenfalls ein Außenlager von Neuengamme eingerichtet worden, in dem 300 bis 400 Arbeitssklaven für den Schiffsbau eingesetzt wurden. Inzwischen wurden die baulichen Überreste beseitigt. Das Gelände ist geräumt und für eine Neubebauung vorgesehen.

Eine *ältere Gedenktafel* im *alten Hauptgebäude* von Blohm & Voss, die der Betriebsrat in den 50er Jahren zur Erinnerung an elf im Jahre 1944 ermordete Kollegen aus der Widerstandsgruppe Bästlein-Jacob-Abshagen errichtet hatte, ist in der Zeit des Kalten Krieges spurlos *verschwunden* und seitdem nicht wieder erneuert worden.

Die Firma Blohm & Voss ist durch die Übernahme der Stülckenwerft 1966 und den Aufkauf der Howaldtswerft 1985 die größte Schiffswerft in Hamburg. Obwohl sie damit im Besitz aller drei Hamburger Werften ist, die KZ-Häftlinge als Arbeitssklaven beschäftigten, lehnt das Unternehmen die Verantwortung für das historische Erbe ab. Als Jan Philipp Reemtsma von der Hamburger Stiftung zur Förderung von Wissenschaft und Kultur die Firma Blohm & Voss im Jahre 1988 um eine Beteiligung am Ausbau der Gedenkstätte Neuengamme (s. dort) bat, lehnte die Firma dies mit dem Hinweis auf ihre »Förderung des Museumshafens Övelgönne« ab.

Finkenwerder
Außenlager Deutsche Werft

An der Straßenecke *Rüschweg/Rüschwinkel* ließ die Kulturbehörde Hamburg im Jahre 1988 im Rahmen des Gedenktafelprogramms eine schwarze *Tafel* aufstellen, die an das frühere KZ-Außenlager Deutsche Werft erinnert. Die Inschrift lautet:

> Außenlager des KZ Neuengamme
>
> Im Oktober 1944 wurde hier auf dem damaligen Werftgelände ein Außenlager des KZ Neuengamme eingerichtet. 400 männliche Häftlinge wurden im Schiffbau und zu Aufräumungsarbeiten eingesetzt. 90 von ihnen kamen um, als das Zweigwerk Arningstraße bombardiert wurde. Im April 1945 ließ die SS das Lager räumen. Die Gefangenen wurden in Lübeck auf dort wartende Schiffe wie die »Cap Arcona« und die »Thielbek« verladen. Bei einem Bombenangriff auf diese Schiffe kamen die meisten Häftlinge ums Leben.

Billbrook
Außenlager Tiefstack

Auf dem *Firmengelände Andreas-Meyer-Straße 11* richtete die SS Mitte Februar 1945 das KZ-Außenlager Tiefstack ein mit etwa 500 weiblichen Häftlingen des Lagers Neugraben. Die Lebensbedingungen der Frauen verschlechterten sich gegenüber Neugraben, wo sie Kontakte zur Bevölkerung herstellen und von ihr Lebensmittel erhalten konnten, während hier im Industriegebiet derartige Möglichkeiten fehlten. Sie mußten Panzergräben ausheben und Aufräumungsarbeiten verrichten u.a. für die Baufirma Möller und wurden auch in der Diago-Holzindustrie eingesetzt und zu Arbeiten in der Zementfabrik Tiefstack gezwungen. Zahlreiche Frauen starben durch Krankheiten und die harten Arbeitsbedingungen. Die genaue Zahl kann nicht festgestellt werden, da über weibliche Gefangene keine Totenbücher erhalten sind. Anfang April 1945 wurde das Lager geräumt und die Frauen in das Konzentrationslager Bergen-Belsen gebracht.

Der Versuch, im Rahmen des Gedenktafelprogramms einen Hinweis am Firmengelände anzubringen, ist gescheitert. Ein Text mit den entsprechenden Informationen war schon entworfen, doch der heutige Eigentümer war zur Mitarbeit bzw. Zustimmung nicht bereit.

Lurup
Außenlager Eidelstedt

Im Jahre 1988 wurde vom Denkmalschutzamt am *Friedrichshulder Weg/Randowstraße* eine *Gedenktafel* zur Erinnerung an das KZ-Außenlager Eidelstedt aufgestellt. Dieses Lager befand sich direkt am Rangierbahnhof Eidelstedt, einer damals weithin unbewohnten Gegend. Die Tafel hat folgenden Text:

> KZ-Außenlager Eidelstedt
>
> Von Oktober 1944 bis Kriegsende stand auf diesem Areal ein Außenlager des KZ Neuengamme. Etwa 500 jüdische Mädchen und Frauen, die über Auschwitz nach Hamburg deportiert worden waren, mußten Schanz- und Aufräumungsarbeiten leisten sowie in der Rüstungsindustrie arbeiten. Anfang April 1945 verlegte die SS die Frauen in das KZ Bergen-Belsen. Mitte April wurden Frauen aus anderen KZ-Außenlagern hierher gebracht. Einige der Frauen kamen dabei infolge der Transportstrapazen und der unmenschlichen Lebensbedingungen im Lager ums Leben.

Eine Bürgergruppe aus der Luruper Emmaus-Kirchengemeinde hatte sich schon 1979 anläßlich eines Aufmarsches von Neonazis in ihrem Stadtteil mit der Geschichte des ehemaligen Außenlagers beschäftigt, Zeitzeugen befragt und die Ergebnisse zusammen mit eigenen Erinnerungen veröffentlicht sowie einen *Gedenkstein* am *Kleiberweg 115* aufgestellt. 1985 legte eine Schülergruppe der Gesamtschule Glückstädter Weg (Geschwister-Scholl-Schule) am Friedrichshulder Weg, dem Ort des Außenlagers, einen *Platz* an, der von ihnen gepflegt wird.

Quellen/Literatur:
Gesamtschule Glückstädter Weg (Hrsg.), Unsere Schule im Stadtteil. Wir gedenken der Mädchen und Frauen, die hier im KZ »Eidelstedt« unter dem Terror der Nazis litten, Hamburg 1985; Hütgens, Matthias, Das Außenlager Eidelstedt des KZ Neuengamme. Der Alltag im Lager und Berichte von Anwohnern. Arbeit im Rahmen des »Schülerwettbewerbs Deutsche Geschichte« 1982/83.

Langenhorn
Außenlager Langenhorn

In der *Grünanlage* an der *Essener Straße 54* im Stadtteil Langenhorn stehen seit 1988 eine *Informationstafel* des Denkmalschutzamtes sowie ein *Gedenkstein,* die an das von der SS an diesem Ort errichtete KZ-Außenlager erinnern. Der Text der Tafel lautet:

> KZ-Außenlager Langenhorn
>
> Von September 1944 bis Kriegsende befand sich auf diesem Areal ein Außenlager des KZ Neuengamme. Über 700 Frauen aus dem KZ Ravensbrück waren hier untergebracht. Sie mußten in dem Rüstungsbetrieb »Hanseatische Kettenwerke« arbeiten und »Behelfsheime« aus Betonfertigteilen (»Plattenhäuser«) errichten. Mitte April 1945 deportierte die SS die Häftlinge in das KZ-Außenlager Sasel und das KZ Bergen-Belsen. Danach wurden ca. 200 schwerkranke Frauen eines Evakuierungstransportes aus dem KZ-Außenlager Helmstedt-Beendorf hier untergebracht.

Tonndorf
Außenlager Drägerwerke

Im Mai 1989 wurde am *Firmengelände* an der *Ahrensburger Straße 162* im Bezirk *Wandsbek* eine *Gedenktafel* angebracht zur Erinnerung an ein KZ-Außenlager, das die SS im Frühjahr 1944 hier einrichtete. Auf der Tafel ist zu lesen:

> Außenlager des KZ Neuengamme
>
> Auf diesem Areal, damals Betriebsgelände der Drägerwerke Lübeck, wurde im Mai 1944 ein Außenlager des KZ Neuengamme eingerichtet. Über 500 weibliche Gefangene aus dem KZ Ravensbrück mußten hier an der Herstellung von Gasmasken arbeiten. Im April 1945 wurde ein Teil der Häftlinge in andere Hamburger Außenlager verlegt. Anfang Mai 1945 wurden die Gefangenen von den Alliierten befreit.

Die Initiative geht auf Studentinnen und Studenten der Hamburger Universität zurück, die gemeinsam mit Anwohnern aus Wandsbek nach der Geschichte des Außenlagers Drägerwerke forschten. Seit einigen Jahren unternimmt die Firma Dräger auch eigene Nachforschungen zu ihrer Betriebsgeschichte während der Zeit des Nationalsozialismus.

Im Frühjahr 1989 besuchten ehemalige Häftlinge aus Polen auf Einladung des Unternehmens und der Gedenkstätte Neuengamme das frühere Lagergelände. Die Firma Dräger gehört auch zu den wenigen Unternehmen, die auf die Initiative von Jan Philipp Reemtsma zur Unterstützung der KZ-Gedenkstätte Neuengamme positiv reagierten (s. oben).

Quellen/Literatur:
KZ-Gedenkstätte Neuengamme (Hrsg.), »Wiederannäherung«. Protokoll einer Gedenkfahrt ehemaliger polnischer Gefangener des Konzentrationslagers Hamburg-Wandsbek/

Drägerwerke vom 1. bis 5. Mai 1989, (zweisprachig) Hamburg 1990; Romey, Stefan, Ein KZ in Wandsbek. Zwangsarbeit in den Hamburger Drägerwerken, Hamburg 1994.

Hausbruch

Außenlager Neugraben

Zur Erinnerung an das Neugrabener Außenlager des Konzentrationslagers Neuengamme wurde am 16. April 1985 oberhalb des *Falkenbergswegs,* am Rande der *Fischbeker Heide,* ein *Granitfindling mit einer Gedenktafel* aufgestellt. In wenigen Worten wurde darauf an das Schicksal der 500 jüdischen Frauen erinnert, die hier in Baracken lebten und für einheimische Bauunternehmen sowie bei Aufräumungsarbeiten eingesetzt wurden. Schon bald nach der Errichtung wurde die Tafel wiederholt aus der Verankerung gerissen und in der Folgezeit immer wieder zerstört und insgesamt dreimal erneuert. Schließlich errichtete die Kulturverwaltung im April 1992 in der Ortsmitte von Neugraben, am *Neugrabener Markt,* einen *Gedenkstein mit einer neuen Bronzetafel.* Dort ist jetzt zu lesen:

»Vernichtung durch Arbeit«

Bis zum Ende der sechziger Jahre
standen hier sogenannte/»Plattenhäuser«
für ausgebombte Hamburger Familien.
Für den Bau/dieser Häuser,
der Strassen und der Wasserleitungen
wurden neben/Kriegsgefangenen
auch Häftlinge des Konzentrationslagers/
Neuengamme eingesetzt.

500 jüdische Frauen kamen nach
langjährigem Aufenthalt
in anderen/Konzentrationslagern,
zuletzt in Auschwitz-Birkenau,
über das Lager/Dessauer Ufer
in das Außenlager Neugraben
des KZ Neuengamme./

Von September 1944 bis Februar 1945
waren diese Frauen/im »Barackenlager«
am Falkenbergsweg untergebracht
und mussten/für örtliche Bauunternehmen
lebensgefährliche Zwangsarbeit/leisten.
Sie wurden auch zu Aufräumungsarbeiten
nach Bombenangriffen/in Harburg
und Neugraben herangezogen./

Die Überlebenden wurden im Frühjahr 1945
in das Lager Tiefstack/und von dort in das
Konzentrationslager Bergen-Belsen gebracht./
Bis zur Befreiung des Lagers durch
englische Truppen
– am 15. April 1945/und danach –
starben viele der Frauen
an den Folgen der Haft,/
der mangelnden Ernährung
und der Zwangsarbeit./

Im Jahre 1984 begann eine Gruppe Neugrabener Bürgerinnen und Bürger mit der Suche nach Spuren dieses Außenlagers, von dem noch ein paar Fundamentreste vorhanden waren. Die von ihnen erarbeitete *Ausstellung* über das Lager am Falkenbergsweg wurde im *Helms-Museum* (Harburger Museum für Vor- und Frühgeschichte) gezeigt und ist dort eingelagert.

Quellen/Literatur:
»Außenlager Neugraben«. Begleitinformation zur Ausstellung. Sonderausgabe der »Fischbeker Blätter« (Stadtteilnachrichten der SPD Fischbek), September 1984; Schultz, Karl-Heinz, Das KZ-Außenlager Neugraben, in: Ellermeyer, Jürgen u.a. (Hrsg.), Harburg – Von der Burg zur Industriestadt, Hamburg 1988, S. 493–503.

Mahnmale, Gedenktafeln und Friedhöfe in den Bezirken

Bezirk I: Hamburg-Mitte

Gedenktafel Hamburger Rathaus

Im Treppenhaus des *Hamburger Rathauses* wurde im Mai 1981 eine *Gedenktafel* angebracht, die folgende Inschrift trägt:

Zum ehrenden Gedenken an die
Mitglieder der Bürgerschaft,
die nach 1933 Opfer totalitärer
Verfolgung wurden.

Trotz zahlreicher Eingaben und Proteste in den vergangenen Jahren werden die Namen und Daten der Bürgerschaftsabgeordneten bisher hier im Rathaus nicht aufgeführt. Nach heutigem Wissensstand kamen 21 Abgeordnete durch den Nazi-Terror ums Leben: Dr. Kurt Adams (SPD), Etkar André (KPD), Bernhard Bästlein (KPD; auch Mitglied des Reichstages), Adolf Biedermann (SPD; auch Mitglied des Reichstages), Gustav Brandt (KPD), Valentin Max Burchardt (Deutsche Demokratische Partei – DDP – 1930 aufgegangen in der Deutschen Staatspartei – DStP), Dr. Max Eichholz (DDP/DStP), Hugo Eickhoff (KPD), Theodor Haubach (SPD), Wilhelm Heidsiek (SPD), Ernst Henning (KPD), Hermann Höfer (KPD), Franz Jacob (KPD), Fritz Lux (KPD), Adolf Panzner (KPD), Fritz Simon Reich (Reichspartei des deutschen Mittelstandes – RPdDt.M. –), August Schmidt (SPD), Otto Schumann (SPD), Theodor Skorzisko (KPD), Ernst Thälmann (KPD; auch Mitglied des Reichstages), Hans Westermann (KPD).
Nach einigen dieser Abgeordneten wurden Straßen oder Plätze in Hamburg benannt.

Gedenktafel Baubehörde Hamburg, ehemaliger Gestapo-Sitz

Im Gebäude der Baubehörde, dem sogenannten *Stadthaus, Stadthausbrücke 8,* befand sich bis zur Zerstörung 1943 das Hamburger Hauptquartier der Gestapo. Auf Initiative und mit Spenden von Mitarbeitern der Behörde wurde 1981 eine *Gedenktafel* für die Opfer des Nationalsozialismus, die hier gequält, mißhandelt und zu Tode gefoltert wurden, enthüllt. Sie trägt die Inschrift:

> Wir gedenken der Opfer, die hier
> während der nationalsozialistischen
> Zeit gelitten haben. Für viele war
> dies die erste Leidensstation auf
> dem Weg in die Konzentrationslager.
> Verteidigt die Menschenrechte!

Wegen dieser Tafel im Inneren des Gebäudes ist es später nicht gelungen, im Rahmen des Tafelprogramms das ehemalige Quartier der Gestapo auch außen am Stadthaus zu kennzeichnen.

Quelle/Literatur:
Gewerkschaft ÖTV Bezirksverwaltung Hamburg (Hrsg.), Dokumentation »Stadthaus in Hamburg. Gestapo-Hauptquartier 1933–1943«, Hamburg 1981.

Ehemaliges Polizeigefängnis Hütten

Im *Gebäude Hütten 42* befand sich bis 1945 ein Polizeigefängnis (»Hüttengefängnis«), in dem politische Gegner des NS-Regimes festgehalten wurden. Von 1966 bis 1983 beherbergte das Haus ein Jugendwohnheim, das nach einem jugendlichen Widerstandskämpfer *»Helmuth-Hübener-Haus«* benannt worden war. Danach ging dieser Name auf das Haus der Jugend in St. Pauli über (Näheres zu Helmuth Hübener s. HH-Nord). An dem früheren Gefängnis Hütten, heute ein Heim für Asylsuchende, wird im Rahmen des Gedenktafelprogramms der Stadt eine *Tafel* angebracht mit folgendem Text:

> Polizeigefängnis Hütten
>
> Dieses Gebäude wurde 1858 als Polizeigefängnis errichtet und später erweitert.
> Unter der nationalsozialistischen Herrschaft von 1933–1945 war sein damaliger Zellentrakt für viele Menschen, die aus politischen oder rassischen Gründen verfolgt wurden, eine Station auf dem Weg in die Konzentrationslager.
> Wenn hohe Naziführer Hamburg besuchten, wurden Gegner des Regimes hier in »Vorbeugehaft« auf unbestimmte Zeit festgehalten.

Untersuchungsgefängnis und Strafjustizgebäude Sievekingplatz

Im Rahmen des Hamburger Programms wurde am *Untersuchungsgefängnis, Holstenglacis 3,* eine *Gedenktafel* angebracht. Dort ist zu lesen:

> Ehem. Untersuchungshaftanstalt
>
> Während der nationalsozialistischen
> Herrschaft 1933–1945 saßen hinter diesen
> Mauern zahllose politisch Verfolgte in
> Untersuchungshaft. Seit Kriegsbeginn waren
> auch Zwangsarbeiter und Widerstandskämpfer
> aus dem gesamten besetzten Europa hier
> gefangen.
> Ihre Prozesse vor dem Sondergericht
> oder dem Oberlandesgericht endeten oft
> mit dem Todesurteil.
> Die zum Tode verurteilten Opfer der NS-Justiz
> wurden im Gefängnishof anfangs mit dem
> Handbeil, später mit der Guillotine
> enthauptet.

In diesem Gefängnis wurden mindestens 541 Menschen, darunter viele ausländische Widerstandskämpfer, ermordet. Opfer des Naziterrors waren u.a. drei katholische Priester sowie der evangelische Pastor Karl Friedrich Stellbrink aus Lübeck, die sich in Bibelkreisen und Predigten gegen den Nationalsozialismus gewandt hatten (s. Schleswig-Holstein: Lübeck). An sie erinnert eine *Gedenktafel* im Hof des Gefängnisses mit dem Text:

> An dieser Stelle, wo in den
> Jahren der Gewaltherrschaft
> viele als Opfer ihres Glaubens
> oder ihrer Gesinnung starben,
> wurden am 10. November 1943
> auch die drei katholischen Kapläne
> Johannes Prassek, Eduard Müller,
> Hermann Lange und der evang. Pastor
> Karl-Friedrich Stellbrink,
> alle aus Lübeck, hingerichtet.
> Christus spricht: Sei getreu bis in den Tod,
> so will ich dir den Märtyrerkranz des Lebens geben.

Am 25. August 1942 wurde hier auch der jugendliche polnische Zwangsarbeiter Walerjan Wrobel hingerichtet, der bei einem Bauern in der Nähe von Bremen (s. dort) Feuer gelegt hatte, um »als Strafe« nach Hause geschickt zu werden.
Eine *weitere Gedenktafel* erinnert hier seit 1988 an die französische Widerstandskämpferin France Bloch-Serazin, die am 12. Februar 1943 als eine der vielen Opfer der Résistance im Hamburger Untersuchungsgefängnis mit dem Fallbeil enthauptet wurde. Die 1913 in Paris geborene Jüdin wuchs in einem liberalen Elternhaus auf, studierte sehr jung Chemie und schloß sich während der deutschen Besatzungszeit wie viele französische Frauen der Widerstandsbewegung

an. Die vielseitig aktive Frau wurde im Mai 1942 von der französischen Polizei verhaftet und den Deutschen übergeben, die sie zum Tode verurteilten und über verschiedene Stationen nach Hamburg verschleppten und hier umbrachten.

Für das benachbarte *Strafjustizgebäude, Sievekingplatz 3,* war im Rahmen des Hamburger Tafelprogramms ebenfalls eine *Gedenktafel* vorgesehen. Das Strafjustizgebäude war Sitz des Sondergerichts. Hier fand ein Großteil der Prozesse gegen Hamburger Widerstandskämpfer statt. Auch die Erinnerung an neu eingeführte Straftatbestände war vorgesehen wie »Feindsenderempfang«, »Beziehungen zu Ausländern« und die sogenannte Rassenschande, die mit harten Urteilen und häufig der Todesstrafe geahndet wurden. Bisher blieb das Vorhaben jedoch erfolglos. Die Justizbehörde arbeitet an dem Plan, auf dem umzugestaltenden Sievekingplatz selbst eine *Gedenkstätte* für die Opfer der NS-Justiz einzurichten.

Im *Raum 707 des Ziviljustizgebäudes,* das ebenfalls zu dem hier zusammengefaßten Hamburger Justizforum gehört, hat der Hamburgische Richterverein im Jahre 1985 einen *Dokumentationsraum »Hamburgische Justiz in der NS-Zeit«* eröffnet zum Gedenken an »die Opfer der Justiz und aus der Justiz«. Die Ausstellung ist während der Öffnungszeiten zu besichtigen.

Quellen/Literatur:
Bästlein, Klaus/Grabitz, Helge/Scheffler, Wolfgang, »Für Führer, Volk und Vaterland...«. Hamburger Justiz im Nationalsozialismus, Hrsg.: Hamburger Justizbehörde, Hamburg 1992; Zorn, Hans (Hrsg.), France Bloch-Serazin. Lebensstationen einer französischen Widerstandskämpferin, Hamburg 1986.

Ehem. Hannoverscher Bahnhof

Am *Steintorwall* in der Nähe des Hauptbahnhofs wurde auf Initiative der Deutsch-Jüdischen Gesellschaft Hamburg e.V. am 3. Oktober 1993 eine *Gedenktafel* eingeweiht zur Erinnerung an die Judentransporte vom nahen ehemaligen Hannoverschen Bahnhof aus. Der Text lautet:

> Vom nahen ehem. Hannoverschen Bahnhof
> wurden ab Oktober 1941 bis Februar 1945,
> vom nationalsozialistischen Staat befohlen,
> durch Staats- und Schutzpolizei ausgeführt,
> von der Deutschen Reichsbahn befördert,
> fast sechstausend Menschen
> in siebzehn Transporten deportiert nach:
>
> Lodz
> Minsk
> Riga
> Auschwitz
> Theresienstadt.
>
> Nur weil sie Juden waren oder als
> solche galten, mußten die allermeisten
> durch großes Leid in den Tod
> – als Opfer von Rassenwahn.
>
> Trage Du Sorge dafür,
> daß sich solches nie wiederholt!
>
> Deutsch-Jüdische Gesellschaft Hamburg
> Oktober 1993

Denkmal am Dammtordamm

Im Jahre 1936 weihten die Nationalsozialisten zwischen Stephansplatz und Dammtorbahnhof am Rande von Hamburgs Innenstadt ein Kriegerdenkmal für das Hanseatische Infanterieregiment

Hamburg, Dammtordamm: Teile eines unvollendeten Denkmalensembles von Alfred Hrdlicka (1985/1986) vor dem Denkmal für das 76er Infanterie-Regiment aus dem Jahre 1936. Auseinandersetzungen um das NS-Kriegerdenkmal hatten 1982 zu einem Ideenwettbewerb zur Umgestaltung des Denkmals und seiner Umgebung geführt.

Nr. 76 ein: Um einen monumentalen Muschelkalkblock läuft ein über zwei Meter hohes Reliefband mit in 22 Vierergruppen marschierenden Soldaten. Darüber steht auf einer Seite des Denkmals: »Deutschland muß leben und wenn wir sterben müssen.« Die Umgebung des Denkmals sollte als Aufmarschort für Kundgebungen gestaltet werden. »Das Ehrenmal soll der nationale Wallfahrtsort für unsere Stadt werden..., daß dem marschierenden und wieder wehrwilligen Deutschland die Tore der Freiheit und Gleichberechtigung aufspringen«, hieß es in einer erläuternden Broschüre über den Sinn des »76er-Denkmals«.

Gegenüber sind in einer Begrenzungsmauer Schrifttafeln eingelassen, auf denen unter dem Motto »Großtaten der Vergangenheit sind Brückenpfeiler der Zukunft« die Schlachtorte des 76er Regiments im deutsch-französischen Krieg 1870/71 aufgezählt sind. Eine Tafel erinnert an die Gefallenen des Ersten Weltkrieges. Im Jahre 1956 wurde eine weitere Tafel für die im Zweiten Weltkrieg Gefallenen und Vermißten angebracht.

Nach 1945 war das unzerstörte Denkmal immer wieder Gegenstand heftiger Auseinandersetzungen, die von der Forderung nach Beseitigung des kriegsverherrlichenden Monuments bis zu Protesten gegen einen Abriß reichten. Ihren Höhepunkt erreichten die Diskussionen anläßlich der Anti-Kriegs-Woche 1980 und des Evangelischen Kirchentages 1981. 1982 schrieb der Kultursenator einen *Ideenwettbewerb zur Umgestaltung des Denkmals* aus: Bei Erhaltung des Denkmalblocks als einem historischen Dokument müsse das Umfeld so gestaltet werden, daß die kriegsverherrlichende Funktion des Monuments entlarvt werde. Das Denkmal solle so ein Mahnmal gegen Krieg und Faschismus werden. Ein Abriß »wäre geschichtsfeindlicher Rigorismus, der Probleme nicht löst, sondern verschleiert. Historisches Bewußtsein ist notwendig, um die Demokratie zu verteidigen; dazu trägt die Beseitigung eines Denkmals nicht bei. Notwendig ist jedoch die Aufklärung über den Mißbrauch der Gefallenen«.

Mit der Umgestaltung wurde der österreichische Bildhauer Alfred Hrdlicka beauftragt, der in seinen Entwürfen vier Teile an den Enden eines zerborstenen Hakenkreuzes vorsah zu den Themen »Feuersturm«, »Cap Arcona«, »Glaube und Schönheit« (Das Frauenbild) sowie »Soldatentod«. In den Jahren 1985 und 1986 wurden *die ersten beiden Teile enthüllt,* doch geriet der Künstler mit dem auftraggebenden Senat über die Finanzierung in Streit und stellte im Sommer 1989 die Arbeiten ein. Während einige provisorische Stelltafeln über die Geschichte und Funktion des Kriegerdenkmals informieren, steht das *teilfertiggestellte Gegendenkmal* Hrdlickas zur Zeit ohne Kommentar in Reichweite des 76er Blocks.

Früher gab es *Informationstafeln* mit den folgenden Erläuterungen:

> Die vier Komplexe des Gegendenkmals von Hrdlicka
>
> Nach einem längeren Verfahren beauftragte der Senat 1983 den Bildhauer Alfred Hrdlicka mit der Schaffung einer ergänzenden künstlerischen Anlage. Dabei soll der Denkmalblock unverändert bleiben. Hrdlicka hat ein Konzept entwickelt, das dem 76er Denkmal vier kommentierende bildnerische Gruppen gegenüberstellt, die sehr augenfällig Militarismus und Faschismus entlarven und deren Konsequenzen vor Augen führen. Diese vier Elemente sollen im Laufe der nächsten Jahre errichtet werden.
>
> 1. Der Hamburger Feuersturm
> Hamburg hat 1943 wie später Dresden eine beispiellose Bombenzerstörung erlebt. Hrdlicka: »Ich möchte darauf hinweisen, daß hier der Boden ist, wo der Dritte Weltkrieg mit seiner Massenvernichtung von Zivilisten bereits erprobt wurde.«
>
> 2. Das Frauenbild
> »Krieg ist nicht nur Männersache, auch wenn der Heldentod angeblich nur den Männern vorbehalten ist.« Hrdlicka stellt dem rassistischen Schönheitsideal der Nationalsozialisten die Wirklichkeit der zerstörerischen Experimente an Frauen in den Konzentrationslagern gegenüber.
>
> 3. Soldatentod
> Der dritte Teil konfrontiert das Bild der geschlossen um den Block marschierenden Soldaten mit dem alltäglichen grauenhaften Tod auf den Schlachtfeldern. Einzelnes Leid anstelle des Massenerlebnisses.
>
> 4. Verfolgung und Widerstand
> Der vierte Teil soll die Verfolgung und Hinrichtung Andersdenkender im Faschismus und ihren Widerstand darstellen.

Quellen/Literatur:
Pressedokumentation der Kulturbehörde der Freien und Hansestadt Hamburg: »Zur Ausstellung Alfred Hrdlicka – Auseinandersetzung mit einem Denkmal«, Hamburg 1985; Armanski, Gerhard, »...und wenn wir sterben müssen«. Die politische Ästhetik von Kriegerdenkmälern, Hamburg 1988, S. 33–68; Schubert, Dietrich, Alfred Hrdlickas antifaschistisches Mahnmal in Hamburg oder: die Verantwortung der Kunst, in: Mai, Ekkehard und Schmirber, Gisela (Hrsg.), Denkmal – Zeichen – Monument. Skulptur und öffentlicher Raum heute, München 1989, S. 134–143.

»Weiße Rose«: Buchhandlung am Jungfernstieg

Am 17. September 1987 wurde an der evangelischen *»Buchhandlung am Jungfernstieg«* eine *Gedenktafel* angebracht zur Erinnerung an die Hamburger Mitglieder der »Weißen Rose«. Sie trafen sich im »Dritten Reich« regelmäßig im Keller dieser Buchhandlung mit dem damaligen Juniorchef Reinhold Meyer, der 1944 in Gestapohaft im Gefängnis Fuhlsbüttel umgebracht wurde. Auf der schwarz-weißen Tafel ist zu lesen:

> Treff des Hamburger Zweiges
> der »Weissen Rose«
>
> In der Buchhandlung dieses Hauses trafen sich während des zweiten Weltkrieges Gegner des NS-Regimes bei dem Juniorchef und Studenten Reinhold Meyer. Als Widerstandskreis verbreiteten sie u. a. die Flugblätter der »Weißen Rose« aus München. Ende 1943 verhaftete die Gestapo etwa 30 Angehörige der Gruppe. Durch unmenschliche Haftbedingungen oder Hinrichtung fanden den Tod: Frederik Geussenhainer, Elisabeth Lange, Dr. Curt Ledien, Hans Leipelt, Dr. Katharina Leipelt, Reinhold Meyer, Margarethe Mrosek und Margaretha Rothe.

Vom »Hamburger Zweig der Weißen Rose« sprach man erst nach Ende der Naziherrschaft. Diese locker zusammenhängende Gruppe bestand vor allem aus Intellektuellen, Studenten, literarisch und künstlerisch interessierten Menschen, die der Wunsch nach Freiheit der Meinung, der Literatur, Kunst und Musik, der Forschung und Lehre verband sowie die gemeinsame Ablehnung der Nazi-Ideologie. Die Verbindung zur »Weißen Rose« nach München (s. Bayern) wurde durch die Studenten Traute Lafrenz und Hans Leipelt hergestellt, die auch die Flugblätter der »Weißen Rose« nach Hamburg brachten.

Andere Erinnerungen an die Mitglieder der Gruppe sind in Hamburg im Bereich der Universität (s. HH-Eimsbüttel) sowie am Wohnhaus der Familie Leipelt in Rönneburg (s. HH-Harburg) zu finden. Außerdem trägt seit November 1988 das *»Margaretha-Rothe-Gymnasium«* den Namen einer der umgebrachten Frauen und wurden verschiedene Straßen in Niendorf (s. HH-Eimsbüttel) und Wilhelmsburg nach ihnen benannt. Im Ortszentrum von *Volksdorf* (Bezirk Wandsbek) erinnert der *»Weiße-Rose-Platz«* mit einem *Mahnmal* im Ortszentrum an die Gruppe.

Quellen/Literatur:
Hochmuth, Ursel/Meyer, Gertrud, Streiflichter aus dem Hamburger Widerstand 1933–1945, Frankfurt 1980, S. 387ff; Schmitz, Alexander, Der weiche Steinpilz, der zielbewußt durch die dicke Asphaltdecke drängt (Gedenken an Reinhold Meyer), in: Börsenblatt für den deutschen Buchhandel, Nr. 69 vom 28. August 1987, S. 2248–2253.

Thalia-Theater:
Archiv der Bästlein-Jacob-Abshagen-Gruppe

Am *Thalia-Theater, Alstertor 2,* wurde im Rahmen des Gedenktafelprogramms eine *Tafel* angebracht zur Erinnerung, daß hier das Archiv der »Bästlein-Jacob-Abshagen-Gruppe« untergebracht war. Der Text lautet:

> Archiv der
> Bästlein-Jacob-Abshagen-Gruppe
>
> Im Thalia Theater versteckte der Bühnenbildner Otto Gröllmann während der nationalsozialistischen Herrschaft bis Oktober 1942 das Archiv der kommunistischen Widerstandsorganisation um Bernhard Bästlein, Franz Jacob und Robert Abshagen.
>
> Diese in Hamburg größte Widerstandsgruppe bestand aus ca. 300 Mitgliedern, die in über 30 Hamburger Betrieben und Werften organisiert waren. Der Widerstand konnte bis Mai 1945 aufrecht erhalten werden. 70 Frauen und Männer wurden von den Nationalsozialisten ermordet.

Nachdem nach der Zerschlagung der Hamburger Parteiorganisation die Arbeit der Kommunisten von Dänemark aus angeleitet wurde, unterbrach und erschwerte der Kriegsbeginn diese ausländischen Kontakte. In dieser Zeit wurden einige führende Kommunisten aus dem Konzentrationslager entlassen, darunter der ehemalige Hamburger Bürgerschafts- und Reichstagsabgeordnete Bernhard Bästlein sowie Franz Jacob und Robert Abshagen, die eine neue Widerstandsorganisation aufbauten. Ihre Aktivitäten waren u. a. die Information der Mitglieder, Aufklärung durch Flugblätter, Verzögerung der Rüstungsproduktion und Sabotage, gewerkschaftliche Kampagnen z. B. für langsames Arbeiten oder gegen Überstunden und Solidaritätsaktionen für ausländische Zwangsarbeiter.

Quellen/Literatur:
Bästlein, Klaus, »Hitlers Niederlage ist nicht unsere Niederlage, sondern unser Sieg«. Die Bästlein-Organisation. Zum Widerstand aus der Arbeiterbewegung in Hamburg und Nordwestdeutschland während des Krieges, in: Meyer, Beate/Szodrynski, Joachim (Hrsg.), Vom Zweifeln und Weitermachen. Fragmente der Hamburger KPD-Geschichte, Hamburg 1988.

Julius-Kobler-Weg

Nahe dem Hauptbahnhof liegt der *»Julius-Kobler-Weg«,* der im Jahre 1989 nach dem jüdischen Schauspieler benannt wurde. Dieser kurze Fußweg parallel zum Museum für Kunst und Gewerbe erinnert an einen von den Nazis mit Berufsverbot belegten Künstler, der als Schauspieler und Charakterdarsteller in Hamburg berühmt war. Nach der »Machtergreifung« der Nationalsozialisten wurde er aus dem Schauspielhaus entlassen und gehörte als wesentliche Stütze zum »Jüdischen Kulturbund Hamburg«. Er kam im Jahre 1942 als Opfer des Rassenwahns um, nachdem ein Arzt eine Operation und ein Krankenhaus die Aufnahme verweigert hatten. Im Jahre 1992 veranstaltete das Schauspielhaus eine Ausstellung über Julius Kobler.

Gedenktafel im Haus Ferdinandstraße 75

Im Treppenhaus des *Bankhauses Warburg* in der *Ferdinandstraße 75* in der Innenstadt erinnern *Gedenktafeln* an einige gefallene, in Gefangenschaft geratene und vermißte deutsche Soldaten, an vier bei Bombenangriffen umgekommene Menschen, an Werner von Haeften und an sieben von den Nationalsozialisten verfolgte und ermordete Opfer jüdischen Glaubens. Diese sieben, John Abel, Siegmund Aron, Alice Ascher, Hans Greiffenhagen, Max Hirsch, Ruben Leeser und Otto Sussmann, waren im Bankhaus Warburg tätig und sind in der Zeit des Nationalsozialismus umgebracht worden.
Werner Karl von Haeften war Ordonnanzoffizier von Claus Graf Schenk von Stauffenberg. Er begleitete diesen in das Führerhauptquartier »Wolfsschanze« bei Rastenburg in Ostpreußen, wo Stauffenberg am 20. Juli 1944 das Attentat auf Hitler versuchte. Von Haeften gehört zu den noch in der gleichen Nacht im Hof des »Bendler-Blocks« in Berlin standrechtlich erschossenen Offizieren.

Das Bankhaus Warburg zählte zu den bedeutendsten privaten Banken Hamburgs und wurde im »Dritten Reich« zwangsweise arisiert. Die Inhaberfamilie Warburg konnte 1938 in die Vereinigten Staaten emigrieren. Der jüngere Eric M. Warburg kehrte 1945 als amerikanischer Luftwaffenoffizier nach Hamburg zurück. Nach dem Krieg trat er wieder als Teilhaber in die Bank ein, die seit 1970 wieder den alten Namen führt. Eine von seinem Onkel Aby Warburg aufgebaute »Kulturwissenschaftliche Bibliothek Warburg«, eine Sammlung von internationalem Rang, wurde 1933/34 von Hamburg nach London in Sicherheit gebracht, wo sie heute als »Warburg-Institute« weltweites Ansehen genießt.

St. Pauli: Ehemaliges Israelitisches Krankenhaus

An dem Gebäude *Simon-von-Utrecht-Straße 2–4* in St. Pauli erinnert eine *Bronzetafel* daran, daß hier das Israelitische Krankenhaus untergebracht war. Auf der Tafel, die die Kulturbehörde im Rahmen des Programms »Denkmäler und Baudenkmäler der Jüdischen Gemeinde in Hamburg« aufhängte, ist zu lesen:

Ehem. Israelitisches
Krankenhaus

Durch eine Schenkung von Salomon Heine
und nach Plänen des Architekten
Klees-Wülbern wurde dieses Gebäude
1841–43 als Krankenhaus gebaut.
Im Mittelteil befand sich eine
Synagoge.
1939 wurde das Israelitische
Krankenhaus aus diesem Gebäude
vertrieben.

Quelle/Literatur:
Das ehemalige israelitische Krankenhaus, hrsg. v. Denkmalschutzamt Hamburg, Denkmalpflege in Hamburg Nr. 5, Hamburg 1991.

SPD-Haus: Kurt-Schumacher-Allee

Im Erdgeschoß des SPD-Hauses in der *Kurt-Schumacher-Allee 10* weist eine *Gedenktafel* auf den Widerstand von Hamburger Sozialdemokraten gegen den Nationalsozialismus hin.

Quelle/Literatur:
Ditt, Karl, Sozialdemokraten im Widerstand. Hamburg in der Anfangsphase des Dritten Reiches, Hamburg 1984.

Bezirk II: Hamburg-Altona

Im Rahmen des zentralen Hamburger Gedenktafelprogramms sind im Bereich Altona *Tafeln* an der *St. Trinitatis-Kirche* (Altona-Altstadt), an der *Kirche St. Petri* (Altona-Altstadt) sowie an der *Osterkirche* (Ottensen) geplant, die an das Bekenntnis Altonaer Pastoren und an die Aktivitäten der Bekennenden Kirche erinnern sollen.

Daneben gibt es von seiten des Bezirks Altona auch ein eigenes Programm »Kennzeichnung von Stätten ehemals jüdischen Lebens in Altona«, das 1987 von der Bezirksversammlung Altona beschlossen wurde. Bisher wurden *Tafeln* an vier Orten realisiert: zur Erinnerung an die Abschiebung von polnischen Juden vor dem *Bahnhof Altona* (s. unten), an die 1940 abgerissene *Synagoge der Portugiesischen Juden-Gemeinde* in Altona, an die *Israelitische Gemeindeschule* sowie an die 1943 zerstörte sogenannte *Große Synagoge* in Altona, an der unter anderem Joseph Carlebach als Oberrabbiner in Altona und von Schleswig-Holstein wirkte. Diese Synagoge lag an der heute nicht mehr existierenden Kleinen Papagoienstraße, woran eine *Tafel* im Bereich des *Postamtes Breite Straße* im südlichen *Ottensen* erinnert.

Quellen/Literatur:
Marwedel, G., Geschichte der Juden in Hamburg, Altona und Wandsbek, Hamburg 1982 (Vorträge und Aufsätze, hrsg. v. Verein für Hamburgische Geschichte, Heft 25); Stadtteilarchiv Ottensen e.V. (Hrsg.), »Ohne uns hätten sie das gar nicht machen können«. Nazi-Zeit und Nachkrieg in Altona und Ottensen, Hamburg 1985.

Rathaus: Platz der Republik

Zur Erinnerung an die jahrhundertealte, durch den Nationalsozialismus zerstörte Jüdische Gemeinde Altonas wurde auf dem *Platz der Republik vor dem Rathaus* ein schwarzer Block als *Mahnmal* aufgestellt. Der von dem amerikanischen Künstler Sol Le Witt gewählte Titel lautet *»Black Form (dedicated to the Missing Jews)«*. Ursprünglich hatte der amerikanische Künstler dieselbe Arbeit im Rahmen einer Skulpturenausstellung 1987 vor der Universität im westfälischen Münster installiert und den »verschwundenen Juden Münsters« gewidmet. Wie ein schwarzer Sarg stand sie auf dem Platz und schien den Eingang zu versperren, bis sie im März 1988 unter Protest in Münster abgebrochen wurde.

Im Inneren des *Rathauses* hängt seit Oktober 1983 eine *Gedenktafel* mit folgendem Text:

> Zum Gedenken
> An alle
> Abgeordneten und Bürger,
> Die Opfer
> National-Sozialistischer
> Gewaltherrschaft wurden.
>
> Es wurden die Altonaer
> Verordneten
>
> Otto Eggerstedt
> * 27. 8. 1886
> Polizeipräsident
> Mitglied der SPD
> Im KZ Esterwegen
> am 12. 10. 1933
> Erschossen
>
> John Schehr
> * 9. 2. 1896
> Schlosser
> Mitglied der KPD
> Am 2. 2. 1934
> Erschossen.
>
> Nie wieder Faschismus!

Otto Eggerstedt, von 1921 bis 1933 sozialdemokratischer Reichstagsabgeordneter und seit 1929 Polizeipräsident von Altona, war 1933 verhaftet und nach schwersten Mißhandlungen ins Lager II der »Emslandlager« -Aschendorfermoor- (s. Niedersachsen: Papenburg) gebracht worden. Hier wurde er im Oktober des gleichen Jahres von einem SA-Scharführer erschossen.

John (»Jonny«) Schehr war seit 1929 Mitglied des Zentralkomitees der KPD. Er wurde bei einer der letzten Wahlen vor 1933 noch in den Reichstag gewählt. Nachdem Ernst Thälmann 1933 verhaftet worden war, gehörte Schehr zum illegalen Vorstand der KPD. Zusammen mit Parteifreunden wurde er im November 1933 verhaftet. Nach schwersten Folterungen im Berliner »Columbiahaus« wurde er am 2. Februar 1934 mit drei anderen Häftlingen in einen Wald transportiert und dort nach amtlicher Mitteilung »auf der Flucht« erschossen.

Bahnhof Altona: Abschiebung polnischer Juden

Im Jahre 1987 wurde in der *Fußgängerzone* vor dem *Altonaer Bahnhof* ein *Gedenkstein* errichtet mit einem Blumenkübel davor und einer Bronzeplatte mit der Inschrift:

> Von hier – dem Altonaer Bahnhof – wurden
> am Freitag, dem 28. Oktober 1938, mehr als
> achthundert polnische Juden aus Hamburg
> – Männer und Frauen und Kinder – durch
> die Gestapo an die polnische Grenze abgeschoben.
> Sie wurden am selben Tage frühmorgens
> verhaftet und in Sammellager gebracht.
> Von dort transportierte man sie mit
> Lastwagen zum Bahnhof Altona.
> Mit einem Sonderzug mußten sie Hamburg
> noch am selben Abend verlassen.
> Viele von ihnen sind später umgekommen.
>
> Bezirksversammlung Altona 1987.

Gedenktafel ehemaliges Landgericht Altona

Am Standort des *ehemaligen Landgerichts Altona* in der *Max-Brauer-Allee 91,* heute das Altonaer Amtsgericht, wurde an dem dortigen Neubau im März 1985 eine *Gedenktafel* mit folgendem Text angebracht:

> Während der nationalsozialistischen
> Herrschaft tagte in diesem ehemaligen
> Landgericht Altona auch das Sondergericht,
> das durch Unrechtsurteile an der Ver-
> folgung politischer Gegner mitgewirkt hat.
> Im Prozeß um den Altonaer Blutsonntag
> 1932 fällte es 1933 die ersten politischen
> Todesurteile des NS-Staates.
>
> August Lütgens, Walter Möller,
> Bruno Tesch und Karl Wolff wurden im
> Gefängnishof hingerichtet. Sie starben
> als Opfer des Nationalsozialismus.

Der »Altonaer Blutsonntag« am 17. Juli 1932 war der erste Höhepunkt bürgerkriegsähnlicher Auseinandersetzungen nach der Aufhebung des Verbots von SA und SS durch die Regierung Papen am 14. Juni 1932. Bei der blutigen Straßenschlacht, die von SA und SS durch einen Propagandamarsch mit etwa 7000 Mann durch die Arbeiterviertel von Altona provoziert worden war, wurden 18 Menschen, darunter zwei SA-Leute, getötet und über 60 verletzt. Die meisten der Toten waren unbeteiligte Anwohner oder Zuschauer, die durch Polizeikugeln starben, als die Polizei in die Straßenkämpfe zwischen Nazis und Kommunisten eingriff. Der »Altonaer Blutsonntag« diente Reichskanzler Papen als Vorwand für den »Preußenschlag«, die Amtsenthebung der sozialdemokratischen Regierung in Preußen unter Otto Braun am 20. Juli 1932. Unmittelbar nach der Machtübernahme der Nationalsozialisten wurden in einem Prozeß gegen 15 Kommunisten die vier auf der Gedenktafel genannten Männer vom Sondergericht Altona zum Tode verurteilt. Der 20jährige Klempnergeselle Bruno Tesch, der Seemann August Lütgens, der Arbeiter Walter Möller und der Schuhmacher Karl Wolff wurden am 1. August 1933 im Hof des Gerichtsgefängnisses mit dem Handbeil hingerichtet. Nach neueren Forschungen war wohl keiner der vier an den Schießereien beteiligt. Im Jahre 1992 wurde eine Wiederaufnahme des Verfahrens zur Rehabilitierung der Verurteilten durch die Hamburger Justiz betrieben: Die Oberstaatsanwaltschaft beantragte beim Hanseatischen Oberlandesgericht die Aufhebung des Urteils.

Nach einem der vier Opfer, dem jugendlichen *Bruno Tesch,* wurde nach einer längeren, ungewöhnlich argumentativen Auseinandersetzung die *Gesamtschule Altona* benannt. An Walter Möller erinnert eine Gedenktafel am Haus Kegelhofstraße 13 in Eppendorf (s. HH-Nord).

Quellen/Literatur:
Die Geschehnisse in Altona bilden den historischen Kern in dem Roman von Arnold Zweig »Das Beil von Wandsbek« (zunächst hebräisch 1943, deutsch 1947 u.ö.).
Zank, Wolfgang, Blutsonntag in Altona, in: »Die Zeit«, Nr.30 vom 17. Juli 1992, S.62. (Der Autor wertete für diesen Aufsatz ein Buch-Manuskript des Franzosen Leon Schirmann aus, der sich als erster durch das Gerichtsarchiv in Schleswig arbeitete.)

Theodor-Haubach-Schule

Nach dem Journalisten und Bürgerschaftsabgeordneten der SPD Theodor Haubach wurde die *Haubachstraße* benannt, ebenso die hier gelegene *Schule.* Er war Mitarbeiter an dem renommierten »Institut für Auswärtige Politik« der Hamburger Universität und als Sozialdemokrat wesentlich am Aufbau des »Reichsbanners« zum Schutz der Weimarer Republik beteiligt. Theodor Haubach wurde 1945 von den Nationalsozialisten ermordet.

Jüdischer Friedhof in Ottensen

Im Frühjahr 1992 kam es im Bereich der Großen Rainstraße in Hamburg-Ottensen zu heftigten Protesten und zahlreichen Demonstrationen orthodoxer Juden aus aller Welt anläßlich der Bauarbeiten zu einem großen Einkaufszentrum. An dieser Stelle, im Dreieck von Großer Rainstraße, Hahnenkamp und Ottenser Hauptstraße, lag der 330 Jahre alte Friedhof der Hamburger Gemeinde, der bereits 1934 wegen Überfüllung geschlossen worden war. 1942 wurde der Friedhof von den Nationalsozialisten enteignet und mit Bunkern überbaut. Viele Überreste der Toten und 175 Grabsteine konnten noch auf den jüdischen Teil des Zentralfriedhofs in Ohlsdorf (s. HH-Nord) umgebettet werden. Nach dem Krieg wurde das Gelände an die Jüdische Gemeinde Hamburg zurückgegeben, die es aber 1950 auf Anraten der »Jewish Trust Corporation of Germany«, einer Treuhandgesellschaft, und mit Wissen des Zentralrats der Juden in Deutschland an einen Kaufhauskonzern verkaufte, der auf dem »früheren« Friedhof ein Kaufhaus errichtete. Nach jahrzehntelangem Schweigen und Desinteresse kam es erst bei der Neubebauung 1992 zu Protesten, die auf eine Auflösung der Verträge drängten. Nach jüdischem Verständnis sind Friedhöfe heilige Orte, im »Eigentum der Toten« und dürfen niemals veräußert werden. Die Gemeinde sei dazu nicht berechtigt gewesen, weshalb die Orthodoxen forderten, den Vertrag rückgängig zu machen. Als »Kompromiß« einigte man sich schließlich aufgrund eines Vorschlags des Oberrabbiners von Jerusalem, Stützen ins Erdreich einzulassen und das geplante Einkaufszentrum auf einer Bodenplatte darüber zu errichten.

Quellen/Literatur:
Gruppe K, Für den Erhalt des jüdischen Friedhofs in Ottensen, Hamburg 1992 (zu beziehen über die Gruppe K, Karolinenstaße 21/Haus 2, 20357 Hamburg); Hinnenberg, Ulla, Der jüdische Friedhof in Ottensen 1582–1982. Eine Dokumentation, hrsg. vom Stadtteilarchiv Ottensen, Hamburg 1992.

Bezirk III: Hamburg Eimsbüttel

Das »*Grindel-Viertel*« im Bezirk Eimsbüttel war das Zentrum des jüdischen Hamburg bis zur Vernichtung und Vertreibung durch die Nationalsozialisten. Hier lag die *große Synagoge Bornplatz,* das erste freistehende jüdische Gotteshaus Hamburgs, die Schulen und jüdischen Gemeindeeinrichtungen, hier bestimmten »Kultus, Tradition, Geist und Wohlfahrt, Kunst und Weltoffenheit« (so der 1933 emigrierte Philosoph Ernst Cassirer) das Leben der Hamburger Juden. In der *Grindelallee 1* lag z.B. das *Wohnhaus von Carl von Ossietzky,* Friedensnobelpreisträger und KZ-Häftling, der am 4. Mai 1938 an den Folgen seiner Haft starb. Seit 1983 trägt die Staats- und Universitätsbibliothek seinen Namen. Wie in anderen Bezirken wurden auch in Eimsbüttel in den 80er Jahren neben dem zentralen Programm zu den jüdischen Denkmälern (Bronzetafeln) auch *bezirkseigene Gedenktafeln* zur Erinnerung an die jüdische Geschichte angebracht wie etwa am *Jüdischen Friedhof* an der *Rentzelstraße* (an der Verbindungsbahn, in der NS-Zeit mit Wohnblocks bebaut) oder an den *Standorten der Synagogen.*

Quellen/Literatur:
Deutsch-Jüdische Gesellschaft Hamburg (Hrsg.), Wegweiser zu ehemaligen jüdischen Stätten in Hamburg, Heft 2 zu den Stadtteilen Eimsbüttel/Rotherbaum (I), Hamburg 1985, Rotherbaum (II), Hamburg 1989; Wamser, Ursula/Weinke, Wilfried (Hrsg.), Ehemals in Hamburg zu Hause. Jüdisches Leben am Grindel, Hamburg 1985.

Gedenktafel Hauptsynagoge Bornplatz, Grindelhof 25

Am Standort der ehemaligen Hauptsynagoge der Jüdischen Gemeinde Hamburg, *Grindelhof 25,* wurde 1983 eine *erste Gedenktafel* zur Erinnerung an deren Zerstörung in der »Reichskristallnacht« im November 1938 angebracht. Zum 50. Jahrestag der Reichspogromnacht 1988 beschloß der Hamburger Senat, den bis dahin als Parkplatz genutzten Ort völlig neu zu gestalten zu einem *Gedenkplatz* und ihn erkennbar auf die Geschichte der früheren Synagoge Bornplatz auszurichten.
Darauf macht heute eine aus unterschiedlichen Steinen, schwarzem Marmor und Basaltstein, gestaltete *Zeichnung auf dem Boden* aufmerksam, die den Grundriß der früheren Synagoge projiziert und das alte Deckengewölbe des Gotteshauses wiedergibt. Dieses *»Synagogenmonument«* wurde 1988 von der Künstlerin Margrit Kahl gestaltet. An der Hausecke des Platzes, der nach dem 1942 im Ghetto Riga ermordeten Oberrabbiner von Hamburg und Altona *»Joseph-Carlebach-Platz«* benannt wurde, hängt eine *neue Gedenktafel* mit dem Text:

> Hier am Bornplatz stand bis 1939 die größte Synagoge Norddeutschlands. Sie wurde 1906 nach den Plänen der Architekten Friedheim und Engel errichtet.
>
> Bis zu ihrem Zwangsabbruch durch die Nationalsozialisten im Jahre 1939 war die Synagoge ein Mittelpunkt des religiösen jüdischen Lebens in Hamburg; in ihr fanden über 1100 Gläubige Platz. In der Pogromnacht vom 9./10. November 1938 machten die Nationalsozialisten diese geweihte Stätte zu einem Schauplatz der Judenverfolgung; die Synagoge wurde in Brand gesteckt und schwer beschädigt. Nach dem Abbruch des Gotteshauses wurde ein Bunker errichtet.
>
> Für den Ort der ehemaligen Hauptsynagoge der Deutsch-Israelitischen Gemeinde ist ein Monument entworfen worden. Es soll ein Abbild des Deckengewölbes der zerstörten Synagoge auf ihrer ehemaligen Stätte erscheinen lassen. Das Monument soll an die Gestalt des Gotteshauses erinnern, es soll eine Mahnung sein, daß sinnlose Zerstörung ein Verbrechen gegen die Menschlichkeit gewesen ist.
>
> Möge die Zukunft die Nachfahren vor Unrecht bewahren.

Gedenktafel Talmud-Tora-Schule, Grindelhof 30

Auf der anderen Seite des Joseph-Carlebach-Platzes ist über dem Portal der heutigen *Fachschule für Bibliothekswesen* weithin sichtbar zu lesen:

> Talmud-Tora-Realschule
> 1911 – 1939

Eine *Gedenktafel* links des Eingangs, die im Rahmen des zentralen Programms (Bronzetafeln) zur Kennzeichnung jüdischer Stätten angebracht wurde, lautet:

> Das Gebäude wurde 1909 nach Entwürfen
> des Architekten Friedheim errichtet.
> Die Schule war 1805 in der Neustadt
> gegründet worden.
> Sie wurde 1869 als Realschule und 1932
> als Oberrealschule anerkannt.
> Sie gehörte zu den bedeutendsten
> jüdischen Schulen in Deutschland.
> 1939 wurde die Schule aus diesem Gebäude
> vertrieben und 1942 im Zusammenhang
> mit den Deportationen geschlossen.

Bereits 1981 wurde hier auch eine Tafel enthüllt zur Erinnerung an die gefallenen jüdischen Lehrer und Schüler des Ersten Weltkrieges, die erstmals seit 1921 hier hing, von den Nationalsozialisten aber zerstört worden war.

Sendesaal des NDR: Tempel Oberstraße

Nicht weit vom Grindelviertel entfernt erinnert seit 1983 in der *Oberstraße* eine *Skulptur* von Doris

Waschk-Balz daran, daß der *heutige Sendesaal des NDR* zwischen 1931 und 1938 eine Synagoge war. Der sogenannte Neue Tempel des reformierten Tempelverbandes wurde in der Pogromnacht 1938 demoliert und geplündert, aber nicht abgerissen. Das Gebäude im Stil der klassischen Moderne ist mit dem runden Fenster auf der Frontfläche mit dem siebenteiligen Symbol der Menora deutlich als jüdisches Gotteshaus zu erkennen. Seit 1950 dient es dem Rundfunk als Sendesaal. Eine hebräische Inschrift über dem Eingang wurde wieder freigelegt: (Jesaja 56,7) »Mein Haus soll ein Bethaus genannt werden für alle Völker«. Unter der freistehenden Skulptur am Bürgersteig, auf der ein zerrissener Vorhang und eine zerstörte Thorarolle zu erkennen sind, ist zu lesen:

> Dieses Gebäude wurde als eine der
> letzten Synagogen vor 1933
> nach Plänen der Architekten
> Ascher und Friedmann 1930/31 erbaut.
> Der Neubau löste die Synagoge
> in der Poolstraße ab.
> Hier fanden die Gottesdienste
> des Israelitischen Tempelverbandes
> bis 1938 statt.

Gedenkstein Provinzialloge, Moorweidenstraße

Der *Platz vor der Provinzialloge* in der *Moorweidenstraße 36* war zentraler Sammelort für die zur Deportation in die Vernichtungslager bestimmten jüdischen Bürger Hamburgs. Von Oktober bis Dezember 1941 wurden auf der Moorweide Transporte von über 3 000 Juden in die Konzentrationslager Riga, Minsk, Lodz und Theresienstadt zusammengestellt.
Der Hamburger Senat ließ hier 1983 auf Initiative der Jüdischen Gemeinde ein von dem Bildhauer Ulrich Rückriem geschaffenes *Mahnmal* errichten. Seine Bedeutung erschließt sich nur über den erläuternden Text:

> Dem Gedenken an die jüdischen Bürger Hamburgs,
> die in den Tagen der
> nationalsozialistischen Gewaltherrschaft
> von diesem Platz zu Tausenden
> in den Tod geschickt wurden
> Vergeßt es nicht.
> Seid wachsam!

Gedenktafel »Weiße Rose«, Universität Hamburg

Im *Auditorium Maximum* der *Hamburger Universität,* Von-Melle-Park, wurde 1971 zu Ehren von vier Mitgliedern des Hamburger Zweigs der »Weißen Rose« eine von Fritz Fleer gestaltete *Gedenktafel* in den Boden des Foyers eingelassen:

> In Memoriam
>
> stud. phil. Reinhold Meyer
> geboren 18. 7. 1920 in Hamburg
> umgekommen am 12. 11. 1944 in der
> Gestapo-Haftanstalt Hamburg-Fuhlsbüttel
>
> stud. rer. nat. Hans Leipelt
> geboren 18. 7. 1921 in Wien
> hingerichtet am 29. 1. 1945
> in München-Stadelheim
>
> cand. med. Margaretha Rothe
> geboren 13. 6. 1919 in Hamburg
> umgekommen am 16. 4. 1945
> im Frauengefängnis Leipzig-Meusdorf
>
> cand. med. Frederik Geussenhainer
> geboren am 24. 4. 1912 in Hamburg
> umgekommen Ende April 1944
> im Konzentrationslager Mauthausen

Der Hamburger Zweig der »Weißen Rose« war, wie in München (s. Bayern), ein Kreis von Studenten und Intellektuellen, der nach Angaben Überlebender etwa 50 Personen umfaßte. Der lockere Kreis war sich einig in der Ablehnung des Nazi-Terrors und der Ideologie des »Dritten Reichs«. Sie trafen sich regelmäßig im Keller einer Buchhandlung am Jungfernstieg, die den Eltern von Reinhold Meyer gehörte. Durch den Verrat eines Spitzels fielen acht Monate nach der Verhaftung der Münchener Gruppe der »Weißen Rose« um die Geschwister Scholl auch 30 Mitglieder des Hamburger Kreises in die Hände der Gestapo, acht von ihnen überlebten dies nicht. Neben den auf der Tafel genannten waren dies:
Dr. rer. nat. Katharina Leipelt (Mutter von Hans Leipelt, in den Tod getrieben am 9. Januar 1944 im Gefängnis Hamburg-Fuhlsbüttel), Elisabeth Lange (in den Tod getrieben am 28. Januar 1944 im Gefängnis Hamburg-Fuhlsbüttel), Margarethe Mrosek (gehenkt am 21. April 1945 im Konzentrationslager Neuengamme) und Dr. jur. Curt Ledien (gehenkt am 23. April 1945 im Konzentrationslager Neuengamme).
Andere Erinnerungen an Mitglieder der Gruppe sind an der »Buchhandlung am Jungfernstieg« (s. HH-Mitte), in verschiedenen Schul- und Straßennamen (s. unten, Niendorf) sowie am Wohnhaus der Familie Leipelt zu finden (s. HH-Harburg).

Quellen/Literatur:
Bottin, Angela, Enge Zeit. Spuren Vertriebener und Verfolgter der Hamburger Universität, Hamburg 1991; Rieper, Susanne u.a., ...und der Geist lebt trotzdem weiter! Im Namen des deutschen Volkes: Die Familie Leipelt aus Hamburg-Wilhelmsburg 1938 bis 1945, Arbeit 11. Klasse, Gymnasium Göhlbachtal, Hamburg, im Rahmen des »Schülerwettbewerbs Deutsche Geschichte« 1982/83.

Kaiser-Friedrich-Ufer: »Bücherverbrennung«

Von der Universität aus ging zum 50. Jahrestag der Bücherverbrennung im Mai 1983 ein Schweigemarsch zum *Kaiser-Friedrich-Ufer,* dem Ort, an dem zu Beginn der nationalsozialistischen Herrschaft im Mai 1933 die Bücher und Werke bedeutender deutscher Schriftsteller verbrannt worden waren. Dieser Ort ist inzwischen aufgrund eines Beschlusses der Bezirksversammlung Eimsbüttel nach längeren Auseinandersetzungen um den Text einer Tafel *als Erinnerungsort gestaltet* worden.

Niendorf: »Gedenken heißt: Nicht schweigen«

Durch Arbeiten und Recherchen von Schülern des Gymnasiums Ohmoor angeregt, wurden im Jahre 1984 *elf neue Straßen und Plätze* im Stadtteil Niendorf nach oppositionellen Männern und Frauen benannt. Die Namen und Daten dieser Menschen sind:

Georg Appel, Sozialdemokrat, hingerichtet 1944 wegen »Wehrkraftzersetzung«;

Clara Bacher und Walter Bacher, Sozialdemokraten und Lehrer, 1942 deportiert nach Theresienstadt;

Rudolf Klug, Kommunist, hingerichtet 1944 wegen »Fahnenflucht« in Norwegen;

Curt Ledien, Mitglied der »Weißen Rose«, hingerichtet am 23. April 1945 im Konzentrationslager Neuengamme (s. auch Gedenktafeln HH-Mitte, Buchhandlung am Jungfernstieg, u. oben, Universität);

Reinhold Meyer, Mitglied der »Weißen Rose«, umgekommen 1944 im Gefängnis Fuhlsbüttel (s. auch Gedenktafeln HH-Mitte, Buchhandlung am Jungfernstieg, u. oben, Universität);

Hanne Mertens, Schauspielerin am Thalia-Theater, am 22. April 1945 in Neuengamme hingerichtet wegen »Wehrkraftzersetzung«;

Ernst Mittelbach, Sozialdemokrat und Lehrer, hingerichtet 1944;

Joseph Norden, Rabbiner beim Israelitischen Tempelverband Hamburg, 1942 nach Theresienstadt deportiert;

Margaretha Rothe, Mitglied der »Weißen Rose«, umgekommen im Frauengefängnis Leipzig-Meusdorf (s. auch Gedenktafeln HH-Mitte, Buchhandlung am Jungfernstieg, u. oben, Universität);

Kurt Schill, Kommunist und Mitglied der Widerstandsgruppe »Bästlein-Jacob-Abshagen«, hingerichtet 1944 in Neuengamme;

Paul Thürey, Kommunist und Mitglied der Widerstandsgruppe »Bästlein-Jacob-Abshagen«, hingerichtet 1944, und seine Frau Magda Thürey, 1944 verhaftet, im Mai des Jahres 1945 an den Haftfolgen gestorben.

An diese Toten erinnert auch ein *Objekt* des Bildhauers Thomas Schütte in Niendorf. Der Künstler mauerte aus ortsüblichen Ziegelsteinen einen monumentalen *ovalen Tisch mit 12 hohen Stühlen* auf. An elf Rückenlehnen zeugen *Tafeln* von den Widerstandskämpfern.

Quelle/Literatur:
Schüler des Gymnasiums Ohmoor informieren (Hrsg.), Gedenken heißt: Nicht schweigen. 11 neue Straßen in Niendorf zu Ehren von Frauen und Männern des Widerstands, Hamburg o.J.

Bezirk IV: Hamburg-Nord

Bezirksamt Nord

Seit 1983 unterstützte das Bezirksamt Hamburg-Nord verschiedene Projekte, die sich der Aufarbeitung von Widerstand und Verfolgung im Hamburger Norden widmeten. In diesem Bezirk liegt auch die *»Gedenkstätte Konzentrationslager Fuhlsbüttel«* und ist die »Willi-Bredel-Gesellschaft« aktiv (Näheres s. oben: Gedenkstätten). Vom Bezirk Hamburg-Nord wurde am 13. Dezember 1984 in der *Eingangshalle des Bezirksamtes, Kümmellstraße 7,* eine von dem Bildhauer Franz Vollert entworfene *Gedenktafel* angebracht mit der Inschrift:

> Nie wieder Faschismus und Krieg –
> Denkt an die Opfer.

Quelle/Literatur:
Klaus, Andreas, Gewalt und Widerstand in Hamburg-Nord während der NS-Zeit, hrsg. vom Bezirksamt Hamburg-Nord 1986.

Gedenktafel Helmuth Hübener, Hamburger Straße 47

Im ersten Stock der *Behörde für Arbeit, Gesundheit und Soziales* erinnert eine *Gedenktafel* an Helmuth Hübener, der früher in dieser Behörde arbeitete. Der 17jährige Verwaltungslehrling war ehrenamtlicher Sekretär der Glaubensgemeinschaft der »Kirche Jesu Christi der Heiligen der letzten Tage«. Auf seiner Schreibmaschine verfaßte er Flugblätter gegen den Krieg und die Nazis. Seit 1941 baute er in Hamburg eine Widerstandsgruppe auf, in der er vor allem Lehrlinge und Mitglieder seiner Glaubensgemeinschaft zusammenführte. Die Gruppe verbreitete Flugblätter in Hamburger Stadtteilen, in denen vorwiegend Arbeiter wohnten. Er wurde von der Gestapo verhaftet, vom »Volksgerichtshof« zum Tode verurteilt und am 27. Oktober 1942 hingerichtet. An den jungen Widerstandskämpfer erinnern ebenso der *»Helmuth-Hübener-Saal«* der *Verwaltungsschule Hamburg* und der *»Helmuth-Hübener-Weg«* in *Lohbrügge.* Auch das spätere Lehrlingswohnheim im vormaligen »Hüttengefängnis« war nach ihm benannt (s. HH-Mitte).

Quellen/Literatur:
Geschichtskommission der VVN Hamburg (Hrsg.), Helmuth Hübener, 17 Jahre, Verwaltungslehrling, hingerichtet 1942 in Berlin (nach einem Manuskript von Ulrich Sander, bearb. von Rosemarie Werder und Gerda Zorn), Hamburg 1980 (Hamburg im Widerstand gegen Hitler. Antifaschistische Reihe Heft 1); Markmann, Hans-Jochen, Der deutsche Widerstand gegen den Nationalsozialismus 1933–1945. Modelle für den Unterricht, Mainz 1984, S. 73 f (»Die ›Helmuth-Hübener-Gruppe‹«); Albrecht, Julia, »Bestraft nach gesundem Volksempfinden«, in: »die tageszeitung« vom 29. Oktober 1992, S. 12.

Eppendorf: Gedenktafel für Möller, Spreckels und Schönfeld

In der näheren Umgebung der »Gedenkstätte Ernst Thälmann« sind an drei Häusern *Gedenktafeln* zur Erinnerung an Mitglieder verschiedener kommunistischer Widerstandsgruppen angebracht. Am Haus *Kegelhofstraße 13* wird an Walter Möller erinnert, der am 1. August 1933 wegen seiner Beteiligung an den von SA und SS provozierten blutigen Straßenkämpfen in Hamburg-Altona am 17. Juli 1932, der als »Altonaer Blutsonntag« in die Geschichte einging, hingerichtet wurde (s. HH-Altona).
Am Haus *Frickestraße 34* erinnert eine *Gedenktafel* an Hermann Spreckels, der im Konzentrationslager Dachau ums Leben kam. Eine *Gedenktafel* in der *Tarpenbekstraße 55* hält die Erinnerung an Richard Schönfeld wach, der im Konzentrationslager Neuengamme ums Leben kam.

Alsterdorfer Anstalten: Gedenken an die »Euthanasie«-Morde

Am Eingang der *Evangelischen Stiftung Alsterdorf,* den ehemaligen Alsterdorfer Anstalten, erinnert seit dem 29. April 1984 ein *Gedenkstein* an die mehr als 600 Opfer der »Euthanasie« und der Deportationen aus dieser Psychiatrischen Klinik: Ein Metallrelief zeigt ein aufloderndes Feuer, in das eine Gruppe von Menschen hineingeht. Darüber steht in einem Halbkreis das Zitat:

> Der nach Blutschuld fragt gedenkt der Elenden
> und vergißt nicht ihr Schreien.

Unten auf dem Gedenkstein stehen als Widmung die Worte:

> Den gewaltsam
> Getöteten 1938–1945

Im Eingangsbereich der Alsterdorfer *St. Nicolaus-Kirche,* wo auch die Namen der gefallenen Soldaten aufgeführt sind, ist ein *Gedenkbuch* ausgelegt mit den Namen der bekannten Opfer der Deportationen aus Alsterdorf.

Seit Beginn des Jahrhunderts gehörten diese Anstalten zu den größten Einrichtungen der Schwachsinnigen- und Epileptikerhilfe in Deutschland und

Hamburg-Alsterdorf: Straßenschild mit kleiner Erläuterungstafel zur Erinnerung an eine Patientin der früheren Alsterdorfer Anstalten, die 1944 Opfer der nationalsozialistischen »Euthanasie«-Morde wurde. Eine der äußerst seltenen Hinweise auf diese Gruppe von NS-Opfern im Straßenbild.

zählten zu den zentralen Einrichtungen der Evangelischen Inneren Mission. Schon seit 1930 beteiligten sich die Anstalten an der Erfassung sogenannter Erbkrankheiten, und nach der Machtübernahme der Nationalsozialisten gab es eine enge Verflechtung zwischen dem Hamburger Erbgesundheitsgericht und dem leitenden Oberarzt der Alsterdorfer Anstalten, der aktiv die zwangsweise Sterilisierung der Patienten förderte. Von hier wurden ab 1940 mehr als 600 Patienten als »lebensunwert« in die Tötungsanstalten Brandenburg, Idstein und Eichberg (s. Hessen), in die Anstalten »Mainkofen« in Bayern, »Steinhof« bei Wien und »Tiegenhof« bei Gnesen im besetzten Polen gebracht. Die meisten wurden ermordet durch Überdosen von Medikamenten, durch Spritzen, durch Gas, oder indem man sie verhungern ließ.

Seit Mitte der 80er Jahre hat sich die Leitung der Alsterdorfer Anstalten um die Aufarbeitung der »Euthanasie-Morde« bemüht und die Ergebnisse öffentlich gemacht, wobei ausführlich auch auf das Schicksal der Ermordeten eingegangen wird, die sonst häufig nur anonyme »Opfer« bleiben.

Nach einer Patientin ist in Alsterdorf der *»Irma-Sperling-Weg«* benannt. Irma Sperling, geboren 1930 in Hamburg als siebtes von zwölf Kindern einer einfachen Familie, kam aufgrund von negativen Beurteilungen durch Amtsarzt und Kinderschwester im Dezember 1933 in die Alsterdorfer Anstalt. Die erhaltenen Krankenberichte zeigen die leidvolle Entwicklung eines behinderten Mädchens, das aufgrund mangelnder Zuwendung und Förderung zu einem Psychiatriefall gemacht wird. Am 16. August 1943 gehörte Irma Sperling zu den 228 Mädchen und Frauen, die mit als »Reichspost« getarnten Bussen in die Tötungsanstalt »Steinhof« bei Wien gebracht und am 8. Januar 1944 umgebracht wurden.

Seit Sommer 1993 heißt die Straße, an der die Evangelische Stiftung Alsterdorf liegt, *»Dorothea-Kasten-Straße«*, benannt nach einer der 629 behinderten Bewohner und Bewohnerinnen der Alsterdorfer Anstalten, die deportiert wurden und von denen nur 79 die Deportation überlebten.

Eine weitere Erinnerung an die Opfer der Krankenmorde im »Dritten Reich« ist im Rahmen des zentralen Hamburger Gedenktafelprogramms am Allgemeinen Krankenhaus Ochsenzoll im Stadtteil Langenhorn geplant.

Quelle/Literatur:
Wunder, Michael/Genkel, Ingrid/Jenner, Harald, Auf dieser schiefen Ebene gibt es kein Halten mehr. Die Alsterdorfer Anstalten im Nationalsozialismus, hrsg. vom Vorstand der Alsterdorfer Anstalten Pastor Rudi Mondry, 2. Aufl. Hamburg 1988.

Friedhof Hamburg-Ohlsdorf

Im Mai 1949 wurde auf dem *Ohlsdorfer Friedhof* gegenüber dem Krematorium das große *Mahnmal der Stadt Hamburg für die Opfer der nationalsozialistischen Verfolgung* eingeweiht: Ein hoher, leicht gebogener steinerner Rahmen umfaßt 105 große Urnen, die in 15 Reihen übereinandergeordnet sind und Erde und Aschenreste aus verschiedenen natio-

Friedhof Hamburg-Ohlsdorf:
Teil des großen Urnen-Mahnmals für die Opfer nationalsozialistischer Verfolgung und davor liegende Bodenplatte mit den Namen von Konzentrationslagern und Gefängnissen (1949).

Friedhof Hamburg-Ohlsdorf: Mahnmal der Stadt Hamburg für die Opfer nationalsozialistischer Verfolgung. Der 16 Meter hohe »Turm der Aschenurnen« des Bildhauers Ruschewey wurde im Mai 1949 eingeweiht.

nalsozialistischen Konzentrationslagern, Gefängnissen und Folterstätten enthalten. Über den Urnenreihen stehen die Jahreszahlen »1933–1945«, unter ihnen auf der Vorder- und Rückseite des Mahnmals die Worte:

Gedenkt unsrer Not bedenkt unsern Tod
Den Menschen sei Bruder der Mensch

Unrecht brachte uns den Tod
Lebende erkennt Euere Pflicht

Im September 1946 wurden auf dem Ohlsdorfer Friedhof (Planquadrat L 5) 27 Urnen mit der Asche hingerichteter Hamburger Widerstandskämpfer in einem *Ehrenhain für Hamburger Widerstandskämpfer* beigesetzt. Später wurden auf diesen Hain weitere Urnen überführt.

Auf einem Gräberfeld (Bp 73–74/Bo 74), auf dem mehr als 3 000 ausländische Tote beerdigt sind, wurde ein *Gedenkstein* errichtet mit folgender Inschrift:

Fern ihrer Heimat ruhen hier
Kriegstote aus 28 Nationen
[es folgen die Namen der Nationen]

Die Toten waren KZ-Häftlinge und Zwangsarbeiter.

Außerdem sind auf dem Ohlsdorfer Friedhof 112 beim Standesamt Fuhlsbüttel registrierte Tote beigesetzt. Bei diesen Toten handelt es sich um Opfer eines von der SS im Juli 1944 in einem Speichergebäude am Dessauer Ufer (s. Gedenktafeln KZ-Außenlager) eingerichteten Außenlagers des Konzentrationslagers Neuengamme. Die etwa 1 500 Häftlinge dieses Lagers wurden bei Räumungsarbeiten im Hafen und beim Bau von Panzergräben eingesetzt. Viele von ihnen kamen durch Krankheiten und bei Luftangriffen ums Leben. Das Lager wurde am 25. Oktober 1944 bombardiert. Bis zu seiner Instandsetzung wurden die Häftlinge im Gefängnis Hamburg-Fuhlsbüttel untergebracht. Am 17. und 22. April 1945 wurden sie nach Sandbostel bei Bremervörde »evakuiert« und in einem Teil des Sandbosteler Kriegsgefangenenlagers untergebracht (s. Niedersachsen).

Im Rahmen des Hamburger Gedenktafelprogramms wurde in den achtziger Jahren auf dem Ohlsdorfer Friedhof eine *neue Gedenktafel* angebracht. Sie trägt die Inschrift:

Hauptfriedhof Ohlsdorf

Im Krematorium dieses Friedhofs wurden 1940–1942
die Leichen der im KZ Neuengamme umgekommenen
Häftlinge eingeäschert.
1942 baute die SS für das Konzentrationslager
eine eigene Verbrennungsanlage.
1944–1945 wurden hier KZ-Häftlinge aus Hamburger
Außenlagern und viele Zwangsarbeiter in Reihengräbern verscharrt.
Die Arbeit wurde von Häftlingen des
Außenlagers Fuhlsbüttel verrichtet.

Führungen:
Die »Willi-Bredel-Gesellschaft« (Näheres s. Gedenkstätte KZ-Fuhlsbüttel), Friedhofsweg 42, 22337 Hamburg, veranstaltet regelmäßig Fuß- und Radtouren auf den Spuren von Naziherrschaft und Widerstand auf dem Ohlsdorfer Friedhof.

Quelle/Literatur:
Diercks, Herbert, Friedhof Ohlsdorf. Auf den Spuren von Naziherrschaft und Widerstand, Hamburg 1992.

Jüdischer Friedhof

Auf dem *jüdischen Friedhof* neben dem Ohlsdorfer Friedhof wurde ein *Mahnmal* zum Gedenken an die jüdischen Opfer der Verfolgung errichtet. Davor steht eine *steinerne Urne* mit der Aufschrift »Asche aus Auschwitz«. Die Inschrift auf dem Mahnmal lautet:

> 1933 – 1945 5693 – 5705
> Ungestillt rinnt die Träne um die
> Erschlagenen unseres Volkes

Straßen in Barmbek-Süd und Alsterdorf

Der *Biedermannplatz* in Barmbek-Süd erinnert an Adolf Biedermann, Mitglied der Hamburger Bürgerschaft von 1919 bis 1927 und Mitglied des Reichstages von 1926 bis 1933. Der Sozialdemokrat wurde am 11. Mai 1933 tot neben Bahngleisen bei Recklinghausen gefunden. Es wird vermutet, daß er aus einem nach Hamburg fahrenden Schnellzug hinausgestoßen wurde. Die genauen Umstände seines Todes wurden nicht geklärt.
Der *Wilhelm-Bock-* und der *Robert-Finnern-Weg* in Alsterdorf sind nach den Sozialdemokraten Wilhelm Bock (geboren 1886) und Robert Finnern benannt, die 1938 bei der Verteilung von Flugblättern verhaftet wurden. Beide kamen 1940 im Konzentrationslager Sachsenhausen ums Leben, Robert Finnern am 22. April und Wilhelm Bock am 21. August 1940.

Bezirk V: Hamburg-Wandsbek

Erinnerungen an die jüdische Geschichte in Wandsbek

Seit 1984 unterstützte der Bezirk Wandsbek verschiedene Projekte, Ausstellungen und Tafeln zur Geschichte der Juden in Wandsbek. Am *alten jüdischen Friedhof* in Wandsbek, Ecke Litzowstraße/Kattunbleiche, wurde zur Erinnerung an Wandsbeks letzten Rabbiner ein *Gedenkstein* errichtet, nahe der zerstörten Synagoge am *Dotzauer Weg* eine *Gedenktafel* angebracht.

Quelle/Literatur:
Louven, Astrid, Die Juden in Wandsbek 1604 – 1940: Spuren der Erinnerung, Hamburg 1989.

Lemsahl-Mellingstedt: Gedenkstein KZ Wittmoor

Im Jahre 1986 wurde an der Stadtgrenze Hamburgs ganz im Norden ein *Gedenkstein* errichtet zur Erinnerung an das erste Konzentrationslager in Hamburg, das KZ Wittmoor. Man findet den Stein in Lemsahl-Mellingstedt von der Lemsahler Landstraße aus in den Bilenbarg einbiegend, von dort ca. 200 Meter zu Fuß ins Moor. Die in den Findling eingemeißelte Inschrift lautet:

> KZ Wittmoor
>
> 1933 entstand hier im Witt-
> Moor auf dem Gelände der dama-
> ligen Torfverwertungsanlage eines
> der ersten KZ-Lager der Nationalso-
> zialistischen Diktatur. Sieben Monate
> lang wurden an diesem Ort bis zu 140
> Menschen wegen ihrer politischen Über-
> zeugung und ihres Glaubens in Haft
> gehalten und zu harter Arbeit ge-
> zwungen. Im Oktober 1933 wurde das
> Lager aufgelöst und die Häftlinge
> in das KZ Fuhlsbüttel überführt.
> Uns allen
> zur Erinnrung
> und Mahnung

Das Lager lag genau an der heutigen Landesgrenze zu Schleswig-Holstein. Die Volkshochschule der Nachbargemeinde Norderstedt hat in der Vergangenheit die Geschichte dieses frühen Konzentrationslagers erforscht und in einer eigenen Ausstellung dokumentiert (Näheres s. Schleswig-Holstein: Norderstedt).

Quelle/Literatur:
Klawe, Willy, »...im übrigen herrscht Zucht und Ordnung«. Zur Geschichte des KZ Wittmoor, Hamburg 1987.

Friedhof Hamburg-Öjendorf

Auf dem *Friedhof Hamburg-Öjendorf* sind 5 857 Italiener beerdigt. Sie wurden in den Jahren 1956 bis 1958 aus den Räumen Schleswig-Holstein, Hamburg, Niedersachsen, Bremen und Nordrhein-Westfalen hierher umgebettet.

Nach dem Sturz Mussolinis (25. Juli 1943) hatte die neue Regierung Badoglio im Herbst 1943 einen Waffenstillstand mit den Alliierten geschlossen und Deutschland den Krieg erklärt. Die deutsche Wehrmacht machte daraufhin alle italienischen Soldaten, die nicht bereit waren, weiter auf der deutschen Seite zu kämpfen, zu Kriegsgefangenen. Die meisten der vormaligen Verbündeten mußten jetzt in der deutschen Industrie als Zwangsarbeiter arbeiten. Ab Winter 1943/44 wurden insgesamt etwa 600 000 italienische Militärinternierte in deutsche Kriegsgefangenenlager transportiert, wo viele von ihnen ähnlich harten Lebensbedingungen ausgesetzt waren wie die als

»Untermenschen« behandelten sowjetischen Kriegsgefangenen. Sehr viele Italiener starben an den Folgen verschärfter Haft in Kriegsgefangenen- und Arbeitslagern (s. Schleswig-Holstein: Kaltenkirchen, Niedersachsen: Wietzendorf).

Evangelische Kirche Hamburg-Bergstedt

Nach einer nachträglichen Totenliste der Kirchengemeinde Bergstedt vom 2. November 1946 wurden auf dem Friedhof Hamburg-Bergstedt 35 Opfer des Außenkommandos Sasel, 34 meist an Unterernährung gestorbene Frauen und ein gerade 33 Tage alter Säugling, beerdigt, später aber zum Hauptfriedhof Ohlsdorf umgebettet. Nach längerer Diskussion in der zweiten Hälfte der 80er Jahre um eine von der Grün-Alternativen Liste vorgeschlagene Erinnerungstafel auf dem Friedhof wurde am 18. November 1990 auf dem *Bergstedter Kirchengelände* eine von dem Bildhauer Axel Peters gestaltete *Anlage* eingeweiht. Die durch Spenden einzelner Bürger finanzierte Anlage besteht aus zwei identischen Stelen: Die eine ist zwei Meter hoch und trägt die Namen oder die Häftlingsnummern aller 35 Opfer, die andere liegt zerbrochen gegenüber und zitiert den Bundespräsidenten Richard von Weizsäcker:

> Vergessen verlängert das Exil,
> sich erinnern ist das Geheimnis der Erlösung.

Rahlstedt: Opfer der Militärjustiz am Höltigbaum

Im Frühjahr 1988 forderte die Friedensinitiative Rahlstedt, am *Höltigbaum* ein »Denkmal für den unbekannten Deserteur« zu errichten. Dort liegt ein Schießplatz, auf dem in den Kriegsjahren 1944/45 von der »Wehrmacht« Deserteure und Fahnenflüchtige erschossen worden sind. Inzwischen wird im Rahmen des Hamburger Gedenktafelprogramms überlegt, zur Erinnerung an die Opfer der Militärjustiz hier eine *Gedenktafel* anzubringen.

Poppenbüttel: Straßen nach Widerstandskämpfern

An Karl Lippert (geboren 1882), von 1928 bis 1933 Mitglied des Ortsparlaments Sasel, 1940 von den Nationalsozialisten ums Leben gebracht, erinnert der *Karl-Lippert-Stieg.* Der direkt anschließende *Tennigkeitweg* erinnert an Käte (geboren 1903) und Richard Tennigkeit (geboren 1900), die der kommunistischen Widerstandsgruppe um Bästlein, Jacob und Abshagen (s. HH-Mitte, Thalia-Theater) angehörten. Die Gruppe war 1940 bis 1942 im nordwestdeutschen Raum hauptsächlich in Betrieben tätig. Käte Tennigkeit wurde am 20. April 1944 im Gestapogefängnis Fuhlsbüttel in den Tod getrieben, Richard Tennigkeit starb am 12. April 1944 im Konzentrationslager Neuengamme. An ihrem früheren Wohnhaus in Berne, Moschlauer Kamp 24, befindet sich eine Gedenktafel.
Im Jahre 1986 erschien eine von der Bezirksversammlung geförderte Broschüre über Straßenbenennungen nach Widerstandskämpfern im Stadtteil Poppenbüttel.

Quellen/Literatur:
Cambeis, Widerstand bleibt lebendig. Straßenbenennungen nach Widerstandskämpfern in Hamburg-Poppenbüttel, Hamburg 1986 (Hamburger im Widerstand gegen Hitler. Antifaschistische Reihe Heft 4, Hrsg. VVN Hamburg).

Bezirk VI: Hamburg-Bergedorf

Gedenktafel »Dove Elbe«

Im Bereich des heutigen Stadtbezirks Hamburg-*Bergedorf* errichtete die SS Ende 1938 das *Konzentrationslager Neuengamme* zusammen mit dem Bau eines neuen Klinkerwerks. Hier mußten die KZ-Gefangenen Ziegel und Klinker produzieren, die für die von den Nationalsozialisten geplante »Neugestaltung« des Hamburger Elbufers bestimmt waren. Zum Transport des Baumaterials wurde ein Seitenarm der Elbe, die »Dove Elbe«, verbreitert und von Häftlingen ein Stichkanal zum KZ-Gelände gebaut. Daran erinnert eine *Gedenktafel* im Bereich der *Neuengammer Hausdeichbrücke,* die im Rahmen des Hamburger Gedenktafelprogramms angebracht wurde. Darauf ist zu lesen:

> Dove Elbe
>
> Von 1940 bis 1942 wurde die Dove Elbe
> verbreitert und ein Stichkanal zum
> Klinkerwerk des KZ Neuengamme angelegt.
> Im Auftrag der Hansestadt Hamburg ließ die SS
> diese Arbeit durch Häftlinge durchführen.
>
> Bis zu 1600 Mann waren hier eingesetzt.
> Sie arbeiteten unter unmenschlichen
> Bedingungen, ohne ausreichende Nahrung
> und Kleidung, wurden von den SS-Bewachern
> und Häftlings-Kapos angetrieben und
> mißhandelt. Viele kamen dabei um.

Bergedorf: Gedenktafel SAP-Druckerei

An dem Haus *Heysestraße 2* in Bergedorf erinnert eine im Rahmen des Hamburger Gedenktafelprogramms angebrachte *Tafel* an die »Sozialistische Arbeiterpartei«. Der Text lautet:

Illegale Druckerei der SAP

In diesem Haus war 1933 die illegale Druckerei der Sozialistischen Arbeiterpartei. Hier druckten Michael und Hermann Pritzl, Hans und Richard Stoll, Walter Becker und Anni Bartels den »Spartakusbrief«, der in ganz Nordwestdeutschland verteilt wurde. Nach Verrat wurde Richard Stoll zu 2 1/2 Jahren Gefängnis verurteilt und später zum Strafbataillon 999 eingezogen. Die anderen konnten nach Dänemark fliehen. Nach der Besetzung wurde M. Pritzl an die Gestapo Hamburg ausgeliefert und zu mehreren Jahren Gefängnis verurteilt. H.Stoll kam bei der Flucht nach Schweden ums Leben.

Ernst-Henning-Schule Bergedorf

Die *Ernst-Henning-Straße* in *Bergedorf* wurde 1949 nach dem bereits im März 1931 von der SA ermordeten politischen Leiter der KPD in Bergedorf und Hamburger Bürgerschaftsabgeordneten benannt. Zu seinem 50. Todestag am 14. März 1981 wurde an der *gleichnamigen Schule* in der Ernst-Henning-Straße eine *Gedenktafel* angebracht.

Friedhof Bergedorf

Hier sind in einer geschlossenen Gräberanlage 651 sowjetische Kriegsgefangene beerdigt, die von November 1941 bis Juni 1942 im Konzentrationslager Neuengamme größtenteils an Fleckfieber starben oder aber hingerichtet worden sind.

Lohbrügge: »Widerstandsviertel«

Einige *Straßen und Plätze* in dem *Neubauviertel Lohbrügge* sind nach Widerstandskämpfern bzw. Opfern des Nationalsozialismus benannt:

An ehemalige Hamburger Bürgerschaftsmitglieder erinnern der *Kurt-Adams-Platz*, der *Max-Eichholz-Ring* und der *Otto-Schumann-Weg*. Der Sozialdemokrat Kurt Adams war Volkshochschuldirektor und kam, nachdem er im Zuge der »Gewitter-/Gitter-Aktion« vom 22./23. August 1944 verhaftet worden war, am 7. Oktober 1944 im Konzentrationslager Buchenwald um. Der jüdische Rechtsanwalt Max Eichholz, Mitglied der Deutschen Demokratischen Partei, wurde mehrfach verhaftet und 1942 in Auschwitz umgebracht. Otto Schumann, SPD, wurde bei der »Gewitter-/Gitter-Aktion« im Sommer 1944 verhaftet, ins KZ Neuengamme eingewiesen und kam bei der »Cap-Arcona«-Katastrophe am 3. Mai 1945 ums Leben.

An jüdische Opfer der Nationalsozialisten erinnern der *Fanny-David-Weg* (Fürsorgerin, 1944 in Auschwitz ermordet), die *Korachstraße* (Prof. Dr. med. Siegfried Korach, Chefarzt des Israelitischen Krankenhauses in Hamburg, gestorben am 1. Juli 1943 in Theresienstadt), die *Mendelstraße* (Senator Max Mendel, Genossenschaftskaufmann, umgekommen am 10. August 1942 in Theresienstadt) und der *Rappoltweg* (Franz Rappolt, Exportkaufmann, umgekommen 1942 in Theresienstadt).

Neben einer Reihe von Berliner Verschwörern des 20. Juli sind nach Beteiligten aus Hamburg benannt: der *Dohnanyiweg* (Hans von Dohnanyi, Reichsgerichtsrat, am 8. April 1945 im KZ Flossenbürg hingerichtet) sowie die *Habermannstraße* (Max Habermann, Mitglied der Goerdeler-Gruppe, Freitod nach Verhaftung am 30. Oktober 1944).
Der *Helmuth-Hübener-Weg* erinnert an den in Plötzensee hingerichteten Hamburger jugendlichen Widerstandskämpfer (s. HH-Nord) und die *Schärstraße* an den Lehrer Alfred Schär, Mitglied des »Wandervogels«, der am 24. April 1937 in Fuhlsbüttel hingerichtet wurde.

Quelle/Literatur:

Weinke, Wilfried, »Hoffen auf Abreise Frühling«. 1935 gewann der jüdische Bürgerschaftsabgeordnete Max Eichholz einen Beleidigungsprozeß, in: Allgemeine Jüdische Wochenzeitung vom 28. Januar 1993.

Neu-Allermöhe: Straßen und Plätze nach Widerstandskämpfern

In dem *Neubaugebiet Neu-Allermöhe* wurden eine Reihe von *Straßen und Plätzen* mit den Namen von Frauen der Frauenbewegung sowie aus dem Widerstand gegen den Nationalsozialismus bezeichnet (oder sind dafür vorgesehen), von denen sechs am 21. April 1945, fünf schon früher ohne Urteil im Konzentrationslager Neuengamme umgebracht wurden:
Erna-Behling-Kehre (Krankenpflegerin), *Lisbeth-Bruhn-Straße* (Widerstandskämpferin, zusammen mit ihrem Mann Gustav am 14. Februar 1944 hingerichtet), *Erika-Etter-Kehre* (antifaschistische Tätigkeit in Sportorganisationen), *Marie-Fiering-Kehre* (Widerstandsarbeit bei Blohm & Voss), *Lilo-Gloeden-Kehre* (umgekommen am 30. November 1944), *Helene-Heyckendorf-Kehre* (hingerichtet), *Annemarie-Ladewig-Kehre, Hilda-Monte-Weg* (Schriftstellerin), *Gertrud-Seele-Kehre* (am 12. Januar 1945 umgekommen), *Elisabeth-von-Thadden-Kehre* (Tod

Hamburg-Harburg: »Mahnmal gegen Faschismus, Krieg und Gewalt« von Ester und Jochen Gerz, errichtet 1986 im Auftrag der Bezirksversammlung, inzwischen nur noch sichtbar durch ein Fenster in der Fußgängerunterführung zum Markt. Die zwölf Meter hohe, bleiummantelte Stele wurde mit Namen und anderen von Passanten eingeritzten Beschriftungen nach und nach in den Boden eingelassen, bis sie 1993 restlos versenkt war.

am 8. September 1944) und *Maria-Terwiel-Kehre* (am 5. August 1943 umgekommen).
Der *Lucie-Suhling-Weg* in diesem Neubaugebiet ist nach der gleichnamigen Autorin benannt, die in ihrem Buch »Der unbekannte Widerstand« ihre Aktionen auf der »kleinsten Ebene«, also im Alltag, beschreibt.

Bezirk VII: Hamburg-Harburg

Im Bezirk Harburg begann in den 80er Jahren eine umfangreiche Beschäftigung mit der Geschichte Harburgs im Nationalsozialismus, deren Resultate u.a. als Stadtrundgang »Harburgs Geschichte im Freien« oder in der Ausstellung im Helms-Museum »Kriegsende in Harburg« umgesetzt wurden, aber auch sichtbar sind in der Veränderung des *Harburger Kriegerdenkmals* für die Gefallenen des Ersten Weltkriegs neben der Kirche St. Johannis, dem am Antikriegstag 1988 ein *trauerndes Kind* beigegeben wurde, welches sich über zerborstene Stahlhelme verschiedener Nationen beugt. Diese Arbeit des Künstlers Henrik-Andre Schulz umfaßt auch eine *Steinplatte* mit dem Bibelwort:

Aus der Trauer um die Opfer
müssen wir Wege finden zum Frieden.

Quellen/Literatur:
Brügmann, Klaus-Dieter u.a., Die anderen. Widerstand und Verfolgung in Harburg und Wilhelmsburg. Zeugnisse und Berichte 1933–1945, 2. Aufl. Hamburg 1981; Dieken, Gerd van/Ellermeyer, Jürgen, Wegweiser zu Harburgs Geschichte im Freien, Helms-Museum. Informationsblatt Nr. 72, Mai 1988.

Gedenktafel ehemalige Synagoge Harburg

Im Zentrum Harburgs, *Ecke Eißendorfer-/Knoopstraße,* wurde zum 50. Jahrestag der Pogromnacht vom 9. auf den 10. November 1938 eine *Rekonstruktion des Portals der damals verwüsteten Synagoge* mit einer schmiedeeisernen Flügeltür vor der Hauswand des heutigen Wohnblocks enthüllt. Dahinter befindet sich eine *neue Gedenktafel* mit der 1988 neu verfaßten Inschrift:

Hier – an der Eißendorfer Straße 15 –
stand die Synagoge der ehemaligen
Synagogen-Gemeinde Harburg.

Das Gotteshaus wurde 1863 eingeweiht.
Zuvor hatte es Betsäle in Häusern
am Schippsee und am Karnapp gegeben.
Noch 1930 wurde die Synagoge erweitert.
Seit 1936 konnte sie von Harburgern
jüdischen Glaubens wegen der
nationalsozialistischen Gewaltherrschaft
in Deutschland nicht mehr
für Gottesdienste genutzt werden.

Am Abend des 10. November 1938
fiel die Synagoge dem November-Pogrom
im Deutschen Reich zum Opfer.
Sie wurde von Nationalsozialisten
und weiteren Harburger Bürgern erstürmt,
im Innern verwüstet und beraubt.
Das Grundstück mußte 1939
zwangsverkauft werden.
1941 wurde das Gebäude abgebrochen.

Möge dieses an einem Teil unseres Volkes
begangene Unrecht uns ständig Mahnung sein.

Wenn Menschenrechte mit Füßen getreten werden,
wird Widerstand zur Pflicht.

Harburg, 10. November 1988

Mahnmal gegen Faschismus, Krieg und Gewalt

In der *Nähe des Marktplatzes* (Sand) wurde im Jahre 1986 eine zwölf Meter hohe *Stele* der beiden Künstler Jochen und Esther Gerz aus Paris errichtet. Dieses »Mahnmal gegen Faschismus, Krieg und Gewalt – für Frieden und Menschenrechte« ist mit Blei ummantelt, und die Bürger wie die Besucher wurden aufgefordert, ihren Namen in das Blei zu ritzen:

> »Wir laden die Bürger von Harburg und die Besucher der Stadt ein, ihren Namen hier unseren eigenen anzufügen. Es soll uns verpflichten, wachsam zu sein und zu bleiben. Je mehr Unterschriften der zwölf Meter hohe Stab aus Blei trägt, um so mehr von ihm wird in den Boden eingelassen. Solange, bis er nach unbestimmter Zeit restlos versenkt und die Stelle des Harburger Mahnmals gegen den Faschismus leer sein wird. Denn nichts kann auf Dauer an unserer Stelle sich gegen das Unrecht erheben.«

Diese Arbeit von Jochen und Esther Gerz ist eine der bekanntesten neueren Denkmalsetzungen, die bewußt vom traditionellen Muster eines Denkmals abrücken. Sie suchen Alternativen zu den üblichen Formen der Denkmäler, die nach der Enthüllung meist schnell in Vergessenheit geraten. Das Denkmal selbst wird Teil des Prozesses und der Auseinandersetzung, wie es auch hier in Harburg geschah, als nicht nur Namen in dem Bleimantel zu finden waren, sondern die Stele auch zerkratzt und beschmiert wurde, sogar mit einigen neonazistischen Symbolen. Die Stele spiegelte die anhaltende Auseinandersetzung um Aufklärung wie auch um Verleugnung und Verdrängung des Nationalsozialismus wider. Sie wurde im Jahre 1993 versenkt und ist jetzt nur noch sichtbar durch ein Schaufenster in der Seitenwand der Fußgängerunterführung zum Sand.

Quellen/Literatur:
Kipphoff, Petra, Das verschwundene Denkmal, in: »Die Zeit«, Nr. 47 v. 19. 11. 1993, S. 68; Spielmann, Jochen, Stein des Anstoßes oder Schlußstein in der Auseinandersetzung?, in: Mai, Ekkehard/Schmirber, Gisela (Hrsg.), Denkmal – Zeichen – Monument. Skulptur und öffentlicher Raum heute, München 1989, S. 110–114.

Harburg: Jüdischer Friedhof

Auf dem *jüdischen Friedhof* in Harburg, links am *Hauptweg* hinter dem Eingang, wurde am 10. November 1992 eine *Gedenktafel* auf einem in Pultform zugeschnittenen Schwarzwälder Granitstein eingeweiht. In die Bronzetafel ist folgender Text eingearbeitet:

> Der Allgegenwärtige tröste Euch inmitten der übrigen,
> die um Zion und Jerusalem trauern
> [– in hebräischer und deutscher Sprache –].
>
> An diesem Ort befand sich die Friedhofshalle
> der Jüdischen Gemeinde Harburg.
> Sie wurde 1857 erbaut, 1900 erweitert und am
> 10. November 1938 von Harburger Nationalsozialisten
> geschändet und zerstört.
>
> Diese Tafel ist von der Bezirksversammlung Harburg
> im Gedenken an das geschändete Haus und
> an die Menschen, die hier von ihren Toten Abschied
> nahmen, errichtet worden.
>
> 10. November 1992

Harburg: Martin-Leuschel-Ring

Nicht weit entfernt vom Harburger Zentrum liegt der *Martin-Leuschel-Ring,* der an den am 7. Februar 1933 von einem SA-Mann erschossenen kommunistischen Arbeiter erinnert. Der Mord geschah bei einem Überfall auf das früher in der nahen Straße Großer Schippsee gelegene Arbeiterlokal »Stadt Hannover«. Die Umbenennung konnte erst nach manchen Kompetenzklärungen zwischen Senat und Bezirk erfolgen, wobei der Bezirksamtsleiter eigenhändig bei der Montage des ersten Straßenschildes am 10. April 1985 half.

Wilhelmsburg: Arbeitserziehungslager

Im Hafengebiet von *Wilhelmsburg,* am *Eversween* in Höhe des Getreidespeichers, wurde im Rahmen des Gedenktafelprogramms eine *Tafel* zur Erinnerung an ein Arbeitserziehungslager (AEL) angebracht, das unter dem Namen »Langer Morgen« hier seit 1943 existierte. Die Gedenktafel trägt folgende Inschrift:

> Arbeitserziehungslager Langer Morgen
>
> Von 1943 bis Kriegsende stand hier ein »Arbeitserziehungslager« der Geheimen Staatspolizei (Gestapo). Eingewiesen wurden Arbeiter, denen die Betriebe Verstöße gegen die Arbeitsdisziplin vorwarfen. Unter ihnen waren viele ausländische Zwangsarbeiter.
> Die »Arbeitserziehung« im Lager dauerte in der Regel mehrere Wochen. Über 100 kamen infolge der unmenschlichen Behandlung, der schweren Arbeit und unzureichenden Ernährung ums Leben. Wer sich nicht beugte, verschwand als »Asoziale« im Konzentrationslager.

Wilstorf:
Gedenktafel Deportation Hamburger »Zigeuner«

Im Mai 1986 wurde an der *Polizeiwache* in der *Nöldekestraße 13* in *Wilstorf* eine *Tafel* angebracht zur Erinnerung an die Deportation von 550 Hamburger »Zigeunern«. Die Inschrift lautet:

> Zum Gedenken unserer Toten.
> Hamburger Cinti und Roma

Diese Wache war einer von sechs Verhaftungsorten in Hamburg, in denen die Sinti und Roma zusammengetrieben wurden, um dann in einem Sammeltransport nach Polen deportiert zu werden. Zur gleichen Zeit zwangen die Nationalsozialisten im Rheinland und im Ruhrgebiet die dort lebenden »Zigeuner« nach Köln in das Messelager und in Baden auf die Festung Hohenasperg bei Stuttgart, von wo aus sie in Sammeltransporten in den Osten verschleppt wurden. Die meisten kamen in den Arbeits- und Vernichtungslagern ums Leben (s. auch NRW: Köln und Baden-Württemberg: Asperg).

Quellen/Literatur:
Kawczynski, Rudko, Hamburg soll »zigeunerfrei« werden, in: Ebbinghaus, Angelika u.a., Heilen und Vernichten im Mustergau Hamburg. Bevölkerungs- und Gesundheitspolitik im Dritten Reich, Hamburg 1984, S. 45–54.

Rönneburg: Gedenktafel für die Familie Leipelt

Am Wohnhaus der Familie Leipelt in *Rönneburg, Vogteistraße 23,* wurde im Rahmen des Hamburger Gedenktafelprogramms eine *Tafel* für die von den Nationalsozialisten verfolgten Mitglieder der Familie angebracht. Hans Leipelt gehörte zur »Weißen Rose« und war der Verbindungsmann zur Münchener Gruppe (s. Bayern: München). Andere Erinnerungen in Hamburg sind am Treffpunkt der Gruppe im Keller einer Buchhandlung am Jungfernstieg zu finden (s. Hamburg-Mitte) und im Audimax der Universität (s. HH-Eimsbüttel). Die Inschrift am Haus lautet:

> Wohnhaus der
> Familie Leipelt bis 1937
>
> Dr. Katharina Leipelt wurde als Jüdin vom NS-Regime verfolgt. Ihr Sohn Hans nahm als Student in München am Widerstand der »Weißen Rose« teil. Nach der Hinrichtung der Geschwister Scholl baute er eine Widerstandsgruppe in Hamburg auf. Ende 1943 verhaftete die Gestapo etwa dreißig Angehörige der Gruppe, darunter Hans Leipelt, seine Mutter und seine Schwester Maria. Die Mutter kam im Gestapogefängnis Fuhlsbüttel um, Hans wurde vom »Volksgerichtshof« zum Tode verurteilt und im Januar 1945 hingerichtet.

Hans Leipelt ist wie Hans und Sophie Scholl, Christoph Probst und Alexander Schmorell von der Münchener »Weißen Rose« auf dem Friedhof am Perlacher Forst in München beerdigt (s. Bayern: München).

Quellen/Literatur:
Rieper, Susanne u.a., ...und der Geist lebt trotzdem weiter! Im Namen des deutschen Volkes: Die Familie Leipelt aus Hamburg-Wilhelmsburg 1938 bis 1945, Arbeit 11. Klasse, Gymnasium Göhlbachtal, Hamburg, im Rahmen des »Schülerwettbewerbs Deutsche Geschichte« 1982/83.

Rönneburg: Bittcherweg

Der *Bittcherweg* erinnert an den Hamburger Sozialdemokraten Herbert Bittcher (1908–1944), der sich 1944 im Zuchthaus Berlin-Tegel das Leben nahm, nachdem ihn der »Volksgerichtshof« wegen seiner Zusammenarbeit mit der kommunistischen Widerstandsgruppe um Bernhard Bästlein, Franz Jacob und Robert Abshagen zum Tode verurteilt hatte.

Veranstalter von Stadtrundfahrten zu Stätten der Verfolgung und des Widerstandes 1933–1945:

Landesjugendring Hamburg e.V., Alfred-Wegener-Weg 3, 20459 Hamburg, Tel.: 0 40/3 19 53 45 veranstaltet verschiedene Barkassen-, Bus- und Fahrradrundfahrten. – Begleitmaterial: Broschüre »Nazi-Terror und Widerstand in Hamburg – Alternative Stadtrundfahrt«, Hrsg. Landesjugendring Hamburg in Zusammenarbeit mit der Vereinigung der Verfolgten des Naziregimes (VVN/BdA) Hamburg, 5. vollst. überarb. Aufl. 1989.

Deutsch-Jüdische Gesellschaft Hamburg e.V., Rotbergkamp, 21079 Hamburg, Tel.: 0 40/7 63 16 92. – Bei diesen Stadtrundfahrten oder auch Stadtgängen durch einzelne Hamburger Stadtteile werden ehemalige Stätten jüdischen Lebens und Leidens besucht. Termine nach Vereinbarung.

Die KZ-Gedenkstätte Neuengamme (Anschrift s.o.) veranstaltet regelmäßig »Die andere Hafenrundfahrt« zu KZ-Außenlagern, Stätten von Widerstand und Verfolgung im Hamburger Hafen. Die Termine sind den regelmäßigen Veranstaltungsprogrammen zu entnehmen.

Führungen: Die »Willi-Bredel-Gesellschaft« (Adresse s. Gedenkstätte KZ-Fuhlsbüttel) veranstaltet regelmäßig Fuß- und Radtouren auf den Spuren von Naziherrschaft und Widerstand auf dem Ohlsdorfer Friedhof.

Literatur:
Mosel, Wilhelm, Wegweiser zu ehemaligen jüdischen Stätten in Hamburg (mit Karten und Skizzen): Heft 1 Neustadt/St. Pauli 1983, Heft 2 Eimsbüttel/Rotherbaum (I) 1985, Heft 3 Rotherbaum (II) 1989; Pach, Sigi, Alternative Stadtrundfahrten – Das Hamburger Modell, in: Hafeneger, Benno/Paul, Gerhard/Schoßig, Bernhard (Hrsg.), Dem Faschismus das Wasser abgraben – Zur Auseinandersetzung mit dem Rechtsradikalismus, München 1981, S. 56 – 68.

Forschungseinrichtungen, Historische Projekte

Projektgruppe für die vergessenen Opfer des NS-Regimes in Hamburg e.V.

1982 gründeten Mitglieder von Betroffenenorganisationen, Historiker und andere Interessierte die *»Projektgruppe für die vergessenen Opfer des NS-Regimes in Hamburg e.V.«* mit dem Ziel der Aufarbeitung des Verfolgungsschicksals von Behinderten, psychisch Kranken, Zwangssterilisierten, Wohnungslosen, Homosexuellen, Prostituierten, sogenannten »Gemeinschaftsfremden«, von Mitgliedern der Zeugen Jehovas, der Anthroposophen, der Freimaurer und vieler anderer. Im Vordergrund steht dabei die Frage, weshalb Menschen in und um Hamburg während der zwölf Jahre der NS-Terrorherrschaft verfolgt wurden und was mit ihnen geschah. In neueren Projekten geht es um die »Deserteure« und um die Zwangsarbeiterinnen der Verwahranstalt Farmsen sowie um ausländische Zwangsarbeiter. Die Gruppe betreut und berät auch Opfer des NS-Regimes. Die Projektgruppe wird von der Hamburger Kulturbehörde gefördert.
Anschrift:
Lindenallee 54, 20259 Hamburg, Tel.: 0 40/4 30 21 01.

Forschungsstelle für die Geschichte des Nationalsozialismus in Hamburg (Forschungsstelle für Zeitgeschichte)

Die »Forschungsstelle für die Geschichte des Nationalsozialismus in Hamburg« ist eine Einrichtung des Hamburger Senators für Wissenschaft und Forschung. Seit 1990 läuft dort ein Oral History-Projekt *»Hamburger Lebensläufe – Werkstatt der Erinnerung«*. Im Rahmen dieses Projekts werden ehemalige und heutige Hamburger, die Gegner, Verfolgte und Opfer der NS-Gewaltherrschaft waren, lebensgeschichtlich befragt. Die Zahl der aus »rassischen«, politischen und anderen Gründen heute in Hamburg noch lebenden ehemaligen Verfolgten wird auf etwa 2 000 Personen geschätzt. Zu weiteren etwa 2 100 jüdischen Emigranten hält die Senatskanzlei Kontakt. Eine weitere Gruppe von ebenfalls etwa 2 000 Personen sind »Displaced Persons«, die sich nach 1945 in Hamburg assimilierten. Die Tonbandaufzeichnungen der Interviews und andere Dokumente und biographische Materialien werden in einem eigenen *Archiv der »Werkstatt der Erinnerung«* aufbewahrt und für die Forschung erschlossen. Zusätzlich erstellte Videoaufnahmen mit einigen Zeitzeugen dienen der politischen Bildung. Die »Werkstatt« hat eine wichtige komplementäre Funktion zu städtischen und staatlichen Archiven.
Für die Forschungsstelle ist die Umbenennung in *»Forschungsstelle für Zeitgeschichte«* vorgesehen, da der Arbeitsbereich nicht nur die Zeit des Nationalsozialismus umfaßt.
Anschrift:
Schulterblatt 36, 20357 Hamburg, Tel.: 0 40/ 43 13 97 20; Leitung: Priv.-Doz. Dr. Ulrich Herbert.

Hamburger Stiftung für Sozialgeschichte des 20. Jahrhunderts

Die Stiftung ist Herausgeberin der vierteljährlich erscheinenden Zeitschrift »1999 – Zeitschrift für Sozialgeschichte des 20. und 21. Jahrhunderts« und

anderer Publikationen. Zu ihren Aktivitäten gehören außerdem die Veranstaltung von Kongressen, die Finanzierung von Forschungsarbeiten u.a.
Anschrift:
Schanzenstraße 75–77, 20357 Hamburg, Tel.: 040/437232; Leitung: Dr. Karl Heinz Roth/Dr. Angelika Ebbinghaus.

Hamburger Institut für Sozialforschung

Im Rahmen eines von vier Arbeitsbereichen des Instituts – »Die Rolle der Gewalt im Zivilisationsprozeß« – läuft seit 1992 ein Projekt »Gewalt und Destruktivität im 20. Jahrhundert«. Das Institut erarbeitete eine (Wander-)Ausstellung zum Thema »Vernichtungskrieg. Verbrechen der Wehrmacht 1941–1944«, die anläßlich des 50. Jahrestages von Kriegsende und Befreiung vom Nationalsozialismus im Mai 1995 eröffnet wurde. Seit 1992 gibt das Institut zweimonatlich die Zeitschrift »Mittelweg 36« heraus. (s. auch Anhang)
Anschrift:
Mittelweg 36, 20148 Hamburg, Tel.: 040/414097-0; Wissenschaftlicher Vorstand: Jan Philipp Reemtsma.

Quellen/Literatur zu Hamburg insgesamt (Auswahl):

Für Quellen/Literatur zu einzelnen Gedenkstätten bzw. Orten, Tafeln oder Personen wird auf die dort angegebenen Titel verwiesen; sie werden hier nicht wiederholt.

BAUCHE, ULRICH (Hrsg.), Vierhundert Jahre Juden in Hamburg (Katalog), Hamburg 1991.

DERS. (Hrsg.), »Wir sind die Kraft«. Arbeiterbewegung in Hamburg von den Anfängen bis 1945 (Katalogbuch), Hamburg 1988.

EBBINGHAUS, ANGELIKA u.a., Heilen und Vernichten im Mustergau Hamburg. Bevölkerungs- und Gesundheitspolitik im Dritten Reich, Hamburg 1984.

FREIMARK, PETER/KOPITZSCH, FRANKLIN (Hrsg.), Spuren der Vergangenheit sichtbar machen. Beiträge zur Geschichte der Juden in Hamburg, (Hrsg. Landeszentrale für politische Bildung), Hamburg 1991.

HEMPEL-KÜTER, CHRISTA/KRAUSE, ECKART, Hamburg und das Erbe des »Dritten Reiches«. Versuch einer Bestandsaufnahme (Hrsg. Behörde für Wissenschaft und Forschung), Hamburg 1989.

HERZIG, ARNO (Hrsg.), Die Juden in Hamburg. 1950–1990. Wissenschaftliche Beiträge der Universität Hamburg zur Ausstellung, Hamburg 1991.

HOCHMUTH, URSEL/MEYER, GERTRUD, Streiflichter aus dem Hamburger Widerstand 1933–1945, Hamburg 1980.

HOCHMUTH, URSEL/DIERK, JOACHIM, Betr.: Heimatkunde. Faschismus und Widerstand in Hamburg. Kommentiertes Literaturverzeichnis, Hamburg 1980.

JOHE, WERNER, Die unFreie Stadt. Hamburg 1933–1945, (Hrsg. Landeszentrale für politische Bildung), Hamburg 1991.

KZ-GEDENKSTÄTTE NEUENGAMME (Hrsg.), Rassismus in Deutschland, Bremen 1994 (Beiträge zur Geschichte der nationalsozialistischen Verfolgung in Norddeutschland, Heft 1).

LANDESJUGENDRING HAMBURG E.V. in Zusammenarbeit mit der Vereinigung der Verfolgten des Naziregimes/Bund der Antifaschisten (VVN/BdA) Hamburg (Hrsg.), Nazi-Terror und Widerstand in Hamburg – Alternative Stadtrundfahrt, 5. Aufl. Hamburg 1989.

LITTMANN, FRIEDERIKE, Ausländische Zwangsarbeiter in Hamburg während des Zweiten Weltkrieges, in: Herzig, Arno/Langewiesche, Dieter/Sywottek, Arnold (Hrsg.), Arbeiter in Hamburg, Hamburg 1983, S. 569 – 583.

MUSEUM FÜR HAMBURGISCHE GESCHICHTE (Hrsg.), Gedenkstätten für die Opfer des NS-Regimes in Hamburg. Orte der Erinnerung, des Lernens, des Forschens und der Begegnung, 2. Aufl. Hamburg 1991 (Faltblatt zu den Gedenkstätten KZ Neuengamme, Israelitische Töchterschule, Janusz-Korczak-Schule, Plattenhaus Poppenbüttel, KZ Fuhlsbüttel).

PROJEKTGRUPPE FÜR DIE VERGESSENEN OPFER DES NS-REGIMES (Hrsg.), Verachtet, Verfolgt, Vernichtet, 2. Aufl. Hamburg 1988.

SKRENTNY, WERNER (Hrsg.), Hamburg zu Fuß. 20 Stadtteilrundgänge durch Geschichte und Gegenwart, Hamburg 1986.

Hessen

Vorbemerkung

Der Hessische Minister für Wissenschaft und Kunst antwortete am 26. November 1984 auf eine Große Anfrage der Fraktion der Grünen im Landtag »betreffend Konzentrations- und andere Lager des NS-Regimes in Hessen«, daß es in den Gebieten des damaligen Volksstaates Hessen und der preußischen Provinz Hessen-Nassau 28 Konzentrationslager, KZ-Außenkommandos und Nebenlager gegeben hat sowie mindestens 532 Arbeitslager/Zwangsarbeitslager, 14 Kriegsgefangenenlager und zwei Justizstraflager mit einigen Außenlagern.

Zur Frage nach der Form von Gedenkstätten, -steinen, -tafeln und Mahnmalen an Orten, an denen sich Lager, Grabstätten oder Synagogen befanden, nennt die Landesregierung die Zahl 207 ihr nach damaligem Stand bekannte Stätten des Gedenkens, »angefangen bei Gedenkstätten mit Dokumentations- und Informationseinrichtungen (Breitenau) bis hin zu Einzelgräbern, aus deren Grabsteinen nur der historisch versierte Betrachter den geschichtlichen Zusammenhang rekonstruieren kann . . .«.

Weiter heißt es in der Antwort der Landesregierung: »Etwa 60 v. H. der Orte des Gedenkens befinden sich auf alten und neuen Friedhöfen oder auf Kriegsgräberstätten in Form von Ehrenhainen, Mahnmalen, Sammelgräbern, besonders angelegten Totenfeldern, Statuen und Skulpturen, Gedenktafeln und -steinen sowie Inschriften. In Zentren des örtlichen Lebens (Kirchen, Kapellen, Rathäusern, Stadtbüchereien und ehemaligen Standorten der Synagogen) begegnen uns ca. ein Fünftel der Gedenkstätten in Form von Tafeln, Inschriften und Mahnmalen. Die übrigen Gedenkstätten befinden sich an anderen Orten des Geschehens, so an und in Gewerkschaftshäusern, Wohnhäusern, Schulen, Theatern, Krankenanstalten, Museen sowie auf ehemaligen Lagergeländen oder an Orten, wo Menschen unter der NS-Diktatur ermordet wurden. (. . .)

Es steht der Hessischen Landesregierung nicht zu, die verschiedenen Formen des Gedenkens an die Opfer des Nationalsozialismus in den hessischen Städten und Gemeinden zu reglementieren. Die vielfältigen, lokal sehr unterschiedlichen Formen des Gedenkens – aber auch des Nichtgedenkens! – sind Ausdruck lokaler und regionaler politischer Kultur bzw. ihres Mangels. Hier sind vor allem die in der Verantwortung stehenden politischen Parteien in den Städten und Gemeinden gefordert, in ihrem Bereich sich zur antifaschistischen Tradition zu bekennen und ihren Beitrag zum Gedenken an die Opfer des NS-Regimes zu leisten.«

Hessischer Landtag, 11. Wahlperiode, Drucksache 11/2581 vom 3. Dezember 1984: Antwort der Landesregierung auf die Große Anfrage der Fraktion der Grünen betreffend Konzentrationslager und andere Lager des NS-Regimes in Hessen (Drucksache 11/87). Die Antwort enthält eine ausführliche Beschreibung der Lagerkategorien und eine Auflistung der Lager in Hessen; in einer Anlage sind Daten zu den zahlreichen NS-Lagern in Hessen beigefügt, darunter die umfangreiche Liste der Zwangsarbeiterlager, zusammengestellt vom Hessischen Hauptstaatsarchiv. Die Drucksache kann bei der Kanzlei des Hessischen Landtags, Postfach 32 40, 65022 Wiesbaden, eingesehen bzw. bezogen werden.

Inzwischen ist die Gedenkstätten-Landschaft in Hessen vielfältiger geworden. Der Landeswohlfahrtsverband Hessen (LWV) hat beispielsweise begonnen, in seinen Einrichtungen an die Opfer der »Euthanasie«-Verbrechen zu erinnern. In einigen Heil- und Pflegeanstalten des LWV wurden Gedenktafeln mit einem chronikartigen Text angebracht oder Mahnmale aufgestellt, so beispielsweise in der Landesarbeitsanstalt und dem Landesfürsorgeheim Breitenau (s. Guxhagen) sowie den Landesheilanstalten Eichberg (s. Eltville), Hadamar, Haina, Herborn, Kalmenhof (s. Idstein), Merxhausen (s. Emstal), Philippshospital (s. Riedstadt) und Weilmünster. Seit 1989 hat der LWV ein Hauptsachgebiet »Gedenkstätten«, welches für Ausstellungen und Publikationen zum Thema Nationalsozialismus und Psychiatrie zuständig ist.

Neben den Ausstellungen in den großen Gedenkstätten Breitenau, Hadamar und Stadtallendorf sind das Archiv des deutschen Widerstandes Frankfurt sowie das Jüdische Museum Frankfurt ein

Gedenkstätte Hadamar:
Der Name Hadamar wurde zu einem Synonym für den Kranken- und Behindertenmord der Nationalsozialisten. Von 1941 bis 1945 wurden hier im Rahmen der »Euthanasie«-Aktion mindestens 15 000 Menschen umgebracht, sie galten als »lebensunwert«. Das Foto zeigt einen Kellerraum in der damaligen Landesheil- und Pflegeanstalt, authentischer Ort der NS-»Euthanasie«-Verbrechen. Auf dem Seziertisch, gemauert und mit grobem Mörtel verputzt, wurden vielen Opfern nach ihrer Ermordung in der Gaskammer die Gehirne zu »Forschungszwecken« entnommen.

wichtiger Fundus für zeitgeschichtliche Forschung. Eine weitere Dokumentationsstelle ist mit dem geplanten Holocaust-Zentrum in Frankfurt vorgesehen.

In Nordhessen hat sich vor allem eine Forschungsgruppe der Gesamthochschule Kassel in vielfältiger Weise, durch lokale und regionale Forschungen sowie die Unterstützung örtlicher Initiativen und Gruppen, um die Aufarbeitung der Zeit des Nationalsozialismus in Nordhessen gekümmert. (Publikationen der Forschungsgruppe s. hinten unter Literatur zu Hessen.)

In Südhessen wurde im Rahmen eines Forschungsprojekts der Darmstädter Arbeitsstelle für Erwachsenenbildung der Evangelischen Kirche in Hessen und Nassau (EKHN) eine Gruppe zum Thema »Zwangsarbeit in Südhessen 1938 bis 1945« eingerichtet. Die Recherchen betreffen die Gebiete um Darmstadt, Dieburg, Bensheim, Heppenheim und Erbach. Seit 1991 liegen die Ergebnisse der verschiedenen regionalgeschichtlichen Studien in Buchform vor (s. Literatur zu Hessen insgesamt: Dorn/Heuer).

Die hessischen Staatsarchive arbeiten seit 1989 an einer umfassenden Dokumentation über »Widerstand und Verfolgung unter dem Nationalsozialismus in Hessen«, mit der sämtliche Quellen und Literatur zum Thema erschlossen werden sollen. Begonnen worden ist mit dem Aufbau einer Datenbank, in der alle feststellbaren Einzelfälle von Widerstand und Verfolgung personenbezogen erfaßt, beschrieben und quellenmäßig belegt werden (Stand 1994: etwa 40000 Datensätze). Dazu werden alle einschlägigen Unterlagen in staatlichen und nichtstaatlichen Archiven und Dokumentationsstellen des Landes (Strafverfahrensakten, Gefangenenakten der Haftanstalten, Akten der Regierungspräsidien, Landratsämter und Polizeipräsidien sowie der Devisenstellen und der Wiedergutmachungsbehörden) systematisch ausgewertet. Ziel dieses Projekts ist der möglichst umfassende Nachweis des vorhandenen Archivmaterials und seine Erschließung für wissenschaftliche Zwecke. Ergänzend dazu werden Zeitzeugenberichte und andere Schrift- und Tondokumente zusammengestellt. Das Dokumentationsgebiet erstreckt sich auf das Gebiet des heutigen Landes Hessen und die 1945 vom Regierungsbezirk Wiesbaden abgetrennten heutigen Kreise Westerwaldkreis und Rhein-Lahn-Kreis. Der Dokumentationszeitraum ist die Zeit zwischen dem 30. Januar 1933 und dem Einmarsch der US-Truppen im März/April 1945. Parallel zum Aufbau einer zentralen Datenbank wird ein sachthematischer Archivführer erarbeitet, der die Bestände von 125 hessischen Staats-, Kommunal-, Kirchen- und anderen Dokumentationsstellen vorstellt und eingehend beschreibt. Der Archivführer soll unter dem Titel »Widerstand und Verfolgung unter der NS-Diktatur. Übersicht über die Bestände in hessischen Archiven« 1994/95 veröffentlicht werden. (Nähere Auskünfte über das Projekt erteilt das Hessische Hauptstaatsarchiv, Moosbacher Straße 55, 65187 Wiesbaden.)

Seit 1993 hat die Hessische Landeszentrale für politische Bildung ein Referat »Gedenkstätten für die Opfer des Nationalsozialismus« eingerichtet, das neben der Förderung hessischer Gedenkstätten in vielfältiger Form durch Tagungen und Publikationen als Koordinator in der Gedenkstättenarbeit des Landes wirkt.

Allendorf siehe Stadtallendorf

Alsbach-Hähnlein

An die Juden in Alsbach und an die »Reichskristallnacht« von 1938 erinnert seit 1991 eine Bronzearbeit am *Alsbacher Bürgerhaus,* die der Darmstädter Künstler Gotthelf Schlotter im Auftrag der Gemeinde geschaffen hat. Die symbolisch gestaltete *Gedenktafel* verweist auf die Geschichte der Alsbacher Juden, die 1569 mit der ersten Ansiedlung begann und mit der Verfolgung und Deportation unter den Nationalsozialisten endete. Die Gedenktafel bleibt jedoch historisch unbefriedigend. Sie nennt beispielsweise nicht die Namen der Alsbacher Opfer des nationalsozialistischen Rassismus und gibt auch keine Auskunft über die geschichtlichen Zusammenhänge.

Alsfeld

Am Standort der ehemaligen Synagoge in der *Lutherstraße* ist eine *Gedenktafel* mit folgender Inschrift angebracht:

> Hier stand die Synagoge, 1905
> eingeweiht, am 9. November 1938
> durch nationalsozialistischen
> Terror zerstört.
> Die Leiden des jüdischen Volkes rufen
> auf zur Verteidigung der Menschenrechte,
> zum Widerstand gegen Gewalt und die
> rechtlose Verfolgung Andersdenkender.

Auf dem an den städtischen Friedhof angrenzenden *jüdischen Friedhof* am *Reibertenröder Weg* erinnern zwei Grabsteine an zwei Frauen, die im Konzentrationslager Theresienstadt (heute Tschechische Republik) umgekommen sind.

Literatur:
Dittmar, Heinrich/Jäkel, Herbert, Geschichte der Juden in Alsfeld, Alsfeld 1988 (Geschichts- und Museumsverein).

Arnsburg siehe Lich

Arolsen

Arolsen bei Kassel, damals im Schnittpunkt der drei großen Besatzungszonen gelegen, wurde 1946 von der UN-Hilfsorganisation UNRRA (United Nations Relief and Rehabilitation Administration) zum Sitz des *Internationalen Suchdienstes (»ITS«,* nach der englischen Bezeichnung »International Tracing Service«) gewählt. Der ITS ist dem Internationalen Roten Kreuz unterstellt; sein Leiter muß immer ein Schweizer sein. Die ehemalige Residenzstadt, in der sich von 1943 bis 1945 ein KZ-Außenkommando von Buchenwald befand, wurde für Millionen von NS-Opfern oder deren Angehörigen »ein Synonym über die Beurkundung ihrer Verfolgung und ihres Leids« (so der Arolser NS-Forscher Bernd Joachim Zimmer). Die Leidenswege von Millionen Verfolgter und Verschleppter des Nazi-Regimes sind hier archiviert. Ihnen mit Auskünften zu ihrem Recht auf Wiedergutmachung oder Altersrente zu verhelfen, ist die Hauptaufgabe des ITS. (Zu den vom ITS seit 1949 erstellten *Verzeichnissen der Konzentrationslager und anderer Haftstätten* wird auf die Ausführungen unter der Anschrift des ITS im Anhang zu dieser Dokumentation verwiesen.)
Bei der Einweihung des *ITS-Gebäudes* im Jahre 1946 wurde im Flur in englischer, französischer und deutscher Sprache folgende Inschrift angebracht:

> Dieses Gebäude wird der Bestimmung übergeben,
> das Archiv des Grauens zu beherbergen,
> in dem die Urkunden der Massenvernichtung,
> Folterei und Sklaverei der nationalsozialistischen
> Diktatur aufbewahrt werden. Dieses Archiv dient
> der Wiedergutmachung an den Opfern und deren
> Angehörigen. Möge es kommenden Generationen
> Mahnung sein, solches Unheil nie wieder über die
> Menschheit kommen zu lassen.

Heute existieren diese Inschriften nicht mehr. Sie wurden bei einer Renovierung des Gebäudes übertüncht.

In der *Wandelhalle* am Eingang des *ITS-Gebäudes* hängt ein Gemälde, das einen sich aus der Qual aufreckenden Menschen zeigt. In sieben Sprachen sind neben diesem Bild zwei Worte eingemeißelt:

> Plus jamais – nicade vise – nooit weet – soha több́é –
> mai piu – never again – nie wieder!

Anschrift des ITS sowie Beschreibung der vom ITS erstellten Verzeichnisse der KZ-Lager und anderer Haftstätten: siehe Anhang zu dieser Dokumentation.

Film/Ausstellung:
Oberstudienrat Bernd Joachim Zimmer, Braunser Weg 48, 34454 Arolsen, hat einen dokumentarischen Videofilm und eine Ausstellung zur Geschichte von zwei Außenkommandos des KZ Buchenwald in Arolsen erstellt. Er hat hierzu eine Studie mit dem Titel »Deckname Arthur« veröffentlicht (s. unten).

Literatur zur Geschichte Arolsens in der NS-Zeit:
Schmeling, Anke, Josias Erbprinz zu Waldeck und Pyrmont. Der politische Weg eines hohen SS-Führers, Kassel 1993 (Nationalsozialismus in Nordhessen. Schriften zur regionalen Zeitgeschichte, Heft 16); Steiner, Günter,

Waldecks Weg ins Dritte Reich. Gesellschaftliche und politische Strukturen eines ländlichen Raumes während der Weimarer Republik und zu Beginn des Dritten Reiches, Kassel 1990 (NS in Nordhessen. Schriften..., Heft 11); Winkelmann, Michael, »Auf einmal waren sie verschwunden«. Zur Geschichte der Juden in Arolsen, Kassel 1991; Ders., Lebensbilder Arolser Juden im 20. Jahrhundert, Kassel 1992 (NS in Nordhessen. Schriften..., Heft 15); Zimmer, Bernd Joachim, Deckname Arthur. Das KZ-Außenkommando in der SS-Führerschule Arolsen, Kassel 1994 (NS in Nordhessen. Schriften..., Heft 17).

Bad Camberg

Am ehemaligen Standort der Synagoge in der *Schmiedegasse 4* wurde 1988 auf Betreiben des Vereins Historisches Camberg die alte *Gedenktafel* gegen eine neue ausgetauscht, die folgende Inschrift trägt:

> Hier stand von 1838 bis zur Kristallnacht 1938
> die Synagoge der Israelitischen Gemeinde

Literatur:

Caspary, Eugen, Judenverfolgungen in Camberg, in: Historisches Camberg. Beiträge zur Stadtgeschichte und über das Stadt- und Turmmuseum Bad Camberg, Nr. 12, Oktober 1988, S. 24–29.

Bad Emstal siehe Emstal

Bad Hersfeld

Auf einer vom Volksbund Deutsche Kriegsgräberfürsorge in den Jahren 1960/61 gestalteten Kriegsgräberstätte beim heutigen Bad Hersfelder Ortsteil *Beiershausen* trägt eine in eine Mauer eingelassene *Gedenktafel* die Inschrift:

> Hier ruhen 453 Kriegstote, die in der schweren
> Zeit 1940–1945 fern von ihrer Heimat starben.

Darunter sind die Namen der vorwiegend aus der Sowjetunion und aus Polen stammenden Toten angeführt, unter ihnen zahlreiche Frauen und vermutlich auch Kinder (es sind keine Geburts- und Sterbedaten angegeben). Die Mehrzahl der Toten, die zum Teil von anderen Friedhöfen hierher umgebettet wurden, stammt aus einem Zwangsarbeiterlager, das sich in der Nähe der heutigen Kriegsgräberstätte befand (»Lager Pfaffenwald«). Die Zwangsarbeiter wurden beim Autobahnbau eingesetzt. Fundamente des Lagers sind heute noch erhalten. Seit einigen Jahren arbeitet eine Initiativgruppe zusammen mit einer Arbeitsgruppe der Universität Kassel an der Erforschung der Lager »Pfaffenwald« und »Friedewald« (vermutlich ein Außenlager von Pfaffenwald). Aufgrund ihrer Initiative plant der Heimatverein Friedewald die Errichtung einer Informationstafel am Lagerstandort.

Auch auf dem *Friedhof »Am Frauenberg«* in Bad Hersfeld wurden Zwangsarbeiter und -arbeiterinnen aus der Sowjetunion, Polen und Jugoslawien beerdigt (93 Gräber).

Kontakt:

Hessisches Institut für Lehrerfortbildung, Frau Hofmann, Im Stift 7, 36251 Bad Hersfeld.

Literatur:

Hohlmann, Susanne, Pfaffenwald. Sterbe- und Geburtenlager 1942–1945, Kassel 1988 (Nationalsozialismus in Nordhessen. Schriften zur regionalen Zeitgeschichte, Heft 2).

Bad Homburg v. d. Höhe

In der *Kaiserin-Friedrich-Schule* erinnert eine *Gedenktafel* an den ehemaligen Schüler Arnd Freiherr von Wedekind, der Kritik am Krieg und an der Behandlung ausländischer Zwangsarbeiter geäußert hatte. Er wurde deshalb wegen »Volksverrats« zum Tode verurteilt und am 3. September 1943 in Berlin hingerichtet. Der Text lautet:

> In memoriam: Arnd von Wedekind
> und alle Opfer nationalsozialistischer
> Gewaltherrschaft

Am Gebäude der *Volkshochschule* erinnert eine *Gedenktafel* an die Zerstörung der Synagoge in der *Elisabethenstraße/Ecke Wallstraße* am 9. November 1938. Eine *zweite Tafel* macht auf die frühere jüdische Schule aufmerksam. Der Text lautet:

> Jüdische Mitbürger bauten diese Schule
> hinter ihrem Gotteshaus im Jahre 1877.
> Generationen junger Menschen wurden hier erzogen.
> Verbrechen und Unverstand zerstörten die Synagoge
> am 9. November 1938 und mißbrauchten die Schule.
> Am 22. Januar 1956 übernahm der Volksbildungskreis
> das Haus, um darin für Verständnis und Toleranz
> zu wirken.

Am Ortsausgang des heutigen Ortsteils *Dornholzhausen* in der Gemarkung »Tannenwald«, vermutlich auf dem Gelände der heutigen Kleingartenkolonie in den »Buschwiesen«, existierte von Dezember 1944 bis Ende März 1945 ein Außenkommando des Konzentrationslagers Buchenwald mit der Bezeichnung »Tannenwald«. Im Winter 1944/45 waren hier bis zu 42 Häftlinge von Buchen-

wald im »kriegswichtigen« Einsatz für die Bauinspektion »Reich West« der Waffen-SS und für die Polizei. In Buchenwald-Akten wird das Lager »Tannenwald« als jüdisches Außenkommando geführt. Die Häftlinge hatten vorwiegend russische, polnische und tschechische Namen. Beim Vormarsch der amerikanischen Truppen auf Bad Homburg wurden sie nach Buchenwald »evakuiert«.
Bisher gibt es in dem früher selbständigen Ort Dornholzhausen keine Gedenktafel zur Erinnerung an das Lager und die Häftlinge. Von amtlicher Seite wird dies mit dem bislang nicht genau bekannten Standort des KZ-Außenlagers begründet. Auch wird auf ein *Mahnmal* an zentraler Stelle in Bad Homburg, im *Jubiläumspark,* verwiesen, das die Worte trägt:

> Gedenket der Kriegsgefangenen und Vermißten,
> der Opfer aller Kriege und Gewalt

Quellen/Literatur:
Arbeitsgemeinschaft der Jungsozialisten in der SPD (Hrsg.), Das Hakenkreuz über Bad Homburg, Bad Homburg v. d. H. 1982; Eichmann, Bernd, Bad Homburg: Von Buchenwald nach Tannenwald, in: Ders., Versteinert, verharmlost, vergessen – KZ-Gedenkstätten in der Bundesrepublik Deutschland, Frankfurt a.M. [2]1986, S. 131–138, S. 218.

Bad Nauheim

Angeregt von der Lehrerin Monica Kingreen weist seit dem 10. November 1988 eine *Gedenktafel* am Haupteingang der *Freien Waldorfschule Wetterau, Frankfurter Straße 103,* in Bad Nauheim auf die Geschichte des Gebäudes hin:

> 1898 als jüdisches Kinderheim eingeweiht,
> war dieses Haus von 1937 bis 1940 jüdische
> Bezirksschule. Kinder und ihre Lehrer wurden
> Opfer des NS-Regimes.
> Ihr Leid möge uns Botschaft sein,
> damit die Finsternis das Licht begreife.

In der jüdischen Bezirksschule unterrichteten bis zur Schließung im Zuge einer Zwangsenteignung im Jahre 1940 sechs Lehrer wohl mehrere hundert Kinder und Fortbildungsschüler. Weil jüdische Kinder keine offiziellen Schulen mehr besuchen durften, war diese Schule für sie praktisch die einzige Lernmöglichkeit. Nach dem Krieg gab die Stadt das Haus an die Jüdische Gemeinde zurück. Es wurde zur Ausbildungsstätte für 300 »Displaced Persons«, die dort für die Emigration nach Palästina vorbereitet wurden. 1949 erwarb die Stadt erneut das Gebäude und brachte hier die kaufmännische Schule und die Sonderschule unter. Im Jahre 1986 wurde hier die Waldorfschule untergebracht.

Literatur:
Kolb, Stephan, Die Geschichte der Bad Nauheimer Juden, Bad Nauheim 1987.

Bad Orb

Mitten im *Wald, an der »Wegscheide«,* liegen auf einem in den Jahren 1955/56 in seiner heutigen Form angelegten *Friedhof* (sogenannter »Russenfriedhof«) 1430 sowjetische Kriegsgefangene und zwei Jugoslawen in einem Massengrab bestattet, auf dem ein *Gedenkstein* errichtet ist. Ursprünglich ebenfalls hier bestattete französische und englische Kriegsgefangene wurden nach 1945 in ihre Heimat überführt.
Ende 1939 wurde an der »Wegscheide« das Kriegsgefangenenlager Stalag (Stammlager) IX B eingerichtet, dem mehrere kleinere Lager unterstanden. Die Gefangenen wurden in Industriebetrieben und in der Landwirtschaft zur Arbeit eingesetzt. Die sowjetischen Kriegsgefangenen waren einer besonders brutalen Behandlung ausgesetzt. Sie kamen zum größten Teil durch eine Ruhr-Epidemie im Winter 1941/42 ums Leben.

Die *Dr.-Weinberg-Straße* in Bad Orb ist nach dem jüdischen Arzt Dr. Rudolf Weinberg benannt, der Ende 1938 zusammen mit anderen jüdischen Bürgern zwangsweise nach Frankfurt a. M. umgesiedelt wurde, wo er im Jahre 1942, als die Juden-Deportationen begannen, starb.

Kontakt:
Die Wegscheide mahnt – Den Frieden sichern e. V., Würzburger Straße 51, 63619 Bad Orb, Tel.: 0 60 52/8 90.

Literatur:
Die Wegscheide mahnt – Den Frieden sichern (Hrsg.), Das Wanderbuch. Zur Geschichte der Wegscheide in Bad Orb, Gelnhausen 1988.

Bad Soden am Taunus

Zur Erinnerung an die ehemalige israelitische Kuranstalt in der Talstraße wurde in Bad Soden am Volkstrauertag 1982 ein *Gedenkstein* enthüllt, zunächst an einer falschen Stelle, dann aber am historisch richtigen Ort in der *Talstraße* neu errichtet. Der Text lautet:

> Hier stand die
> ehemalige
> Israelitische
> Kuranstalt.
> Sie wurde 1938
> ein Opfer der
> Kristallnacht.

Die »Kuranstalt für kranke Israeliten«, die nicht nur als Lungenheilstätte, sondern auch als Forschungslabor einen hervorragenden Ruf hatte, wurde in der Nacht vom 9. zum 10. November 1938 geplündert und schließlich in Brand gesteckt. Die Patienten wurden mißhandelt und auf die Straße getrieben. Danach wurden die 50–60 Insassen mit unbekanntem Ziel auf Lastwagen abtransportiert.

Als 1987 anläßlich der Fertigstellung einer *Altenwohnanlage* am Standort der ehemaligen Sodener Synagoge in der *Enggasse/Ecke Neugasse,* eine *Gedenkplatte* angebracht werden sollte, kam es im Vorfeld zu Diskussionen um den Wortlaut, mit dem an die Verwüstung der früheren Synagoge erinnert werden sollte. Während der »Arbeitskreis Bad Sodener Geschichte« und engagierte Heimathistoriker dafür plädierten, nicht auf die eindeutige Formulierung zu verzichten, daß die Synagoge von »Bad Sodener Nationalsozialisten« zerstört worden ist, bestanden die städtischen Verantwortlichen darauf, allgemein von »Nationalsozialisten« zu sprechen. Die verantwortlichen Politiker stützten ihre Haltung mit dem Einwand, es könne nicht zweifelsfrei nachgewiesen werden, ob die Zerstörungen von örtlichen oder auswärtigen Nazis verübt worden seien. Diese Behauptung wurde jedoch anhand eindeutiger Quellen von dem Stadtarchivar Joachim Kromer widerlegt. Ein Zeitungsartikel berichtete z.B. über einen Prozeß im Juni 1949 vor dem Frankfurter Landgericht gegen namentlich genannte Bad Sodener Bürger und ihrer Verurteilung unter anderem wegen ihrer Beteiligung an der Zerstörung der Synagoge. Bei der Gedenktafel, die am 3. November 1987 eingeweiht wurde, setzten sich die Politiker mit folgendem Wortlaut durch:

> Hier stand die im Jahr 1846
> erbaute Synagoge der
> Jüdischen Gemeinde.
> Bereits um 1750 gab es eine
> Jüdische Gemeinde in Soden.
> 1938 wurde die Synagoge von National-
> sozialisten verwüstet.
> 1986/87 wurden mit Unterstützung der
> Stadt Bad Soden am Taunus und des
> Landes Hessen an dieser Stelle
> 10 Seniorenwohnungen errichtet.

Quellen/Literatur:
Kromer, Joachim, 10. November 1938. Darstellung der Entwicklungen und der Aktionen gegen Juden in Bad Soden a.Ts. nach den Akten des Prozesses vom Juni 1949, Bad Soden 1988 (Materialien zur Bad Sodener Geschichte 4); Vetter, Edith/Wagner, Kurt, Der jüdische Friedhof Bad Soden a.Ts. Bericht und Darstellung der Anlage. Auswertung des Protokoll-Buches der »Todenhofs-Anlage«, Bad Soden 1987 (Materialien zur Bad Sodener Geschichte 3).

Bad Soden-Salmünster

In der *Pfarr- und Klosterkirche* in Bad Soden-Salmünster (Main-Kinzig-Kreis) erinnert eine *Gedenktafel* an den Pfarrer Josef Müller, der am 28. Juli 1944 vom »Volksgerichtshof« wegen »Wehrkraftzersetzung« zum Tode verurteilt und am 11. September 1944 im Zuchthaus Brandenburg hingerichtet wurde. Salmünster ist der Geburtsort von Pfarrer Josef Müller. (S. Niedersachsen: Bad Salzdetfurth: Die dortige Grund- und Hauptschule des Ortsteils Groß Düngen, der letzten Pfarrei von Josef Müller, trägt seinen Namen.)

Literatur:
Bund Deutscher Pfadfinder (BDP/BD) Main-Taunus (Hrsg.), ...als wenn nichts gewesen wäre. Fragen an Zeitzeugen zu ihrem Leben im Faschismus. Dokumente aus Bad Soden, Schwalbach und Hofheim, Schwalbach 1982.

Bad Wildungen

Am Eingang zum *jüdischen Friedhof* von Bad Wildungen steht ein *Gedenkstein* mit folgender Inschrift:

> Zum ewigen An-
> denken an die
> Opfer der Israe-
> litischen Gemeinde
> Bad Wildungen,
> die in den Jah-
> ren 1933–1945
> ihr Leben in KZ-
> Lagern qualvoll
> lassen mußten.
> In Liebe gewidmet von den
> Überlebenden.
> An dieser Stelle stand die
> jüdische Synagoge, die in
> der Schreckensherrschaft am
> 9. 11. 38 zerstört wurde.

Dieser Gedenkstein stand früher am Platz der ehemaligen Synagoge der Jüdischen Gemeinde Bad Wildungen (Im Dürren Hagen 11), wurde aber aus dem Straßenbild entfernt und auf dem Friedhof aufgestellt.
Einige Grabsteininschriften erinnern an jüdische Bürger, die in Konzentrationslagern umgekommen

sind: z.B. an zehn Mitglieder der Familie Hammerschlag, »gestorben als Märtyrer in K.Z. Lagern 1933–1945, in Liebe gewidmet von der einzig Überlebenden Selma Hammerschlag geb. Katz« und an »Isaak Samuel, umgekommen im KZ Riga als Opfer des Faschismus«.

Literatur:
Die Juden und ihr Friedhof in Bad Wildungen. Ein Reader der Klasse 11d des Gustav-Stresemann-Gymnasiums Bad Wildungen, 1988.

Bebra

An einem Haus in der *Amalienstraße 4,* das am Standort der ehemaligen Synagoge errichtet wurde, ist eine *Bronzetafel* mit folgender Inschrift angebracht:

> Zum Gedenken an die ehemalige Synagoge
> der Jüdischen Kultusgemeinde Bebra
> Bebra, Dezember 1984

Die Synagoge wurde im Zuge der Sanierungsmaßnahmen in der Innenstadt abgebrochen. Nach dem Krieg hatte sie zuletzt als Lagerraum gedient.

Auf der Höhe oberhalb des Ortsteils *Imshausen* wurde neben einem etwa 15 Meter hohen, weit sichtbaren Holzkreuz ein *Gedenkstein* errichtet, in den folgende Inschrift eingemeißelt ist:

> Adam von Trott zu Solz
> * 9. 8. 1909
> † 26. 8. 1944
> Hingerichtet mit den Freunden
> im Kampfe gegen die Verderber
> unserer Heimat
> Bittet für sie
> Beherzigt ihr Beispiel

Der Diplomat Adam von Trott zu Solz, der seine Kindheit im nordhessischen Imshausen, der Heimat seines Vaters, verbrachte, seit 1940 Legationsrat im Auswärtigem Amt, lehnte aus christlicher Haltung heraus den Nationalsozialismus ab und schloß sich der Widerstandsgruppe »Kreisauer Kreis« an, für die er seine verzweigten internationalen Beziehungen nützte und wichtige Verbindungen zum Ausland knüpfte. So traf er unter anderem im Juli 1939 mit dem britischen Premierminister Chamberlain und 1943/44 mit britischen und amerikanischen Diplomaten in der Schweiz zusammen. Im Juni 1944 nahm er Kontakte zu Schweden auf, um für die Unterstützung des deutschen Widerstands zu werben. Am 15. August 1944, nach dem gescheiterten Versuch der Beseitigung Hitlers und des NS-Regimes, wurde er vom »Volksgerichtshof« wegen »Hoch- und Landesverrats« zum Tode verurteilt und am 26. August 1944 in Berlin-Plötzensee hingerichtet.

Literatur:
Malone, Henry O., Adam von Trott zu Solz. Werdegang eines Verschwörers, Berlin 1986 (Deutscher Widerstand 1933–1945. Zeitzeugnisse und Analysen); Schwiedrzik, Wolfgang M., Träume der ersten Stunde. Die Gesellschaft Imshausen, Berlin 1991; Trott zu Solz, Clarita von, Adam von Trott zu Solz: Eine Lebensbeschreibung. Mit einer Einführung von Peter Steinbach, Berlin 1994.

Beiershausen siehe Bad Hersfeld

Bensheim

Am Kirchberg, *Brunnenweg/Im Edelmanngrund,* erinnert ein *Gedenkstein* an die Erschießung von zwölf politischen Häftlingen durch die Gestapo wenige Tage vor dem Einmarsch alliierter Truppen. Am 24. März 1945 wurden zehn Männer und zwei Frauen aus dem Gestapogebäude, Ecke Kirchberg/Darmstädter Straße, über die Ernst-Ludwig-Straße zum nördlichen Kirchberg getrieben und dort ermordet. An diese Tat erinnert der Stein mit der allgemeinen Aufschrift:

> Den politischen Opfern
> der Jahre 1933–1945

Am ehemaligen Standort der Synagoge in der *Nibelungenstraße* in Bensheim-Mitte erinnert seit 1971 eine *Gedenkplatte* an deren Zerstörung im November 1938. Im Jahr 1990 wurde diese Gedenkstätte geschändet. Unbekannte beschmierten sie mit antisemitischen Parolen und rissen Gedenktafel und Davidstern ab. Im Rahmen der Aufplanung des freien Geländes an der Nibelungenstraße ist eine Erinnerungsstätte vorgesehen, über deren Gestaltung noch nachgedacht wird. Die Inschrift auf der Gedenktafel lautet:

> Dem Andenken der jüdischen
> Bürger unserer Stadt
> und aller Opfer der Verfolgung
> 1933 bis 1945.
> Hier stand die Synagoge der
> Jüdischen Gemeinde Bensheim,
> die in der Nacht des 9. Nov. 1938
> zerstört wurde.

Im Kurort *Auerbach*, einem Stadtteil von Bensheim, wurde 1987 auf Veranlassung des Auerbacher Synagogenvereins am Standort der ehemaligen Synagoge eine *Gedenktafel* aus Bronze angebracht. Als Text wurde ein Zitat aus dem 5. Buch Moses gewählt:

> Hüte dich
> und bewahre
> deine Seele gut,
> daß du die
> Geschichte
> nicht vergißt,
> die deine Augen
> gesehen haben,
> und daß sie
> nicht aus deinem
> Herzen komme
> dein Leben lang
> und tue sie
> deinen
> Kindern kund.
> Ehemalige Synagoge erbaut um 1780
> Zur Erinnerung an die
> Jüdische Gemeinde
> in Bensheim-Auerbach

Das Gebäude wurde 1974 von der Stadt Bensheim zum Zwecke des Abrisses erstanden. In Zusammenarbeit mit dem Trägerverein, dem Auerbacher Synagogenverein, wurde sie jedoch renoviert und 1986 als Gedenkstätte eröffnet, die auch für religiöse und kulturelle Veranstaltungen zur Verfügung steht. Das ehemalige jüdische Gotteshaus blieb vor einer Zerstörung in der sogenannten »Reichskristallnacht« am 9./10. November 1938 verschont, weil das Gebäude nach 1933 als Reparaturwerkstatt für Landmaschinen diente. Da es schon zu Beginn der 30er Jahre zu wenig Männer in Auerbach und Zwingenberg gab, schlossen sich die beiden Gemeinden zusammen. Fortan besuchten die Auerbacher Juden die Synagoge in Zwingenberg. Die Auerbacher Synagoge wurde nach den ersten Ausschreitungen und Boykotten nach 1933 an den ortsansässigen Schlosser Göbel verkauft.

Auf dem *Friedhof Bensheim-Auerbach* (neben der Bergkirche) befindet sich eine Grabstätte mit einem *Gedenkstein* für dort beerdigte KZ-Häftlinge und griechische Zwangsarbeiter. Offensichtlich handelt es sich um Griechen, die im Rüstungsbetrieb der Firma Heymann in Auerbach Zwangsarbeit leisten mußten und dabei zu Tode gekommen sind. Eine *Gedenktafel* mit folgendem Text wurde am 14. September 1992 im Beisein ehemaliger Zwangsarbeiter eingeweiht:

> »Starb einer, dann legte er ihn
> nebenan in die Toilette und brachte ihn
> nicht zum Friedhof. Er sagte: Morgen
> oder übermorgen wird noch einer sterben,
> wir werden sie zu zweit hinbringen.«
>
> Die meisten hier Begrabenen sind Griechen. Sie starben vor Erschöpfung, wegen mangelhafter Ernährung und Kleidung, wegen fehlender medizinischer Versorgung, aufgrund der harten Arbeitsbedingungen und der menschenverachtenden Behandlung durch deutsche Bewacher. Sie gehörten zu einer Gruppe von 130 Griechen, die bei einer Razzia in Athen verhaftet und nach Deutschland verschleppt wurden. Sie mußten von Ende August 1944 bis zum Kriegsende für die Firma Ing. Hans Heymann arbeiten. Dieser Rüstungsbetrieb aus Darmstadt war zwangsweise in dieser Zeit auf dem Gelände des heutigen Marmoritwerks im Hochstädter Tal eingerichtet worden. Untergebracht waren die Zwangsarbeiter in einer Markthalle beim Auerbacher Bahnhof.

In Bensheim-Auerbach bestand von September 1944 bis Ende März 1945 ein Außenkommando des Konzentrationslagers Natzweiler-Struthof im Elsaß, Frankreich.

Auf den *Friedhof* an der *Saarstraße* in Bensheim wurden im Jahre 1955 über 400 im KZ-Außenlager Heppenheim umgekommene ausländische Zwangsarbeiter und Kriegsgefangene umgebettet, die vorher auf dem Heppenheimer Friedhof beerdigt waren (s. Heppenheim). Insgesamt liegen auf dieser *Kriegsgräberstätte* 554 ausländische Tote der Jahre 1939–1945 (Sowjetbürger, Polen, Griechen, Ungarn, Jugoslawen) neben 1 047 deutschen Soldaten bestattet.

Literatur:
Auerbacher Projektgruppe, »Denn was wir erlitten haben, das war jede Minute«. Griechische Zwangsarbeiter in einem Rüstungsbetrieb am Ende des Zweiten Weltkriegs, in: Dorn/Heuer (Hrsg.), 1991, S. 137–152; Hellriegel, Ludwig, Geschichte der Bensheimer Juden, Bensheim 1963; Kilthau, Fritz, Krämer, Peter, 3 Tage fehlten zur Freiheit. Die Nazimorde am Kirchberg. Bensheim – März 1945, Frankfurt/M. 1986; Widerstand gegen das NS-Regime in Bensheim, 10. Klasse Liebfrauenschule, im Rahmen des »Schülerwettbewerbs Deutsche Geschichte« 1982/83.

Biblis

In einer Nische des neuen *Rathauses* erinnert ein *Gedenkstein* an die ehemalige Synagoge, die hinter dem alten Rathaus gestanden hat. Auf dem Stein ist ein siebenarmiger Leuchter abgebildet, das Symbol des Judentums, unter dem die Worte stehen:

Zur Erinnerung
an die Synagoge
in der Enggasse 6
1832 – 1938

Borken, Hessen

Ein Ehrenmal am *Trieschweg* trägt die Inschrift:

Den Toten und Vermißten der Weltkriege
und allen, die der Gewalt zum Opfer fielen.

Braunfels

Am Standort der ehemaligen Synagoge, *Unterer Burgweg 107,* wurde eine *Gedenktafel* zur Erinnerung an die Verwüstung durch die Nationalsozialisten im Jahre 1938 angebracht. Die Initiative zu dieser Tafel ging vom Deutschen Gewerkschaftsbund und dem evangelischen Pfarramt Braunfels aus. Der Text lautet:

An dieser Stelle stand die Synagoge
der Jüdischen Gemeinde zu Braunfels
verwüstet am 09. 11. 1938.
Zum Gedenken an unsere jüdischen Mitbürger.
Hier bleibe ihr Leid unvergessen.
Die Bürger der Stadt Braunfels
im Jahre 1980

Breitenau siehe Guxhagen

Breuberg

Auf der *Burg Breuberg,* die heute teilweise als Jugendherberge genutzt wird, finden sich an den Zinnen des Turms und des Bergfrieds noch kyrillische Namens- und Herkunftsinschriften als steinerne Zeugnisse und einzige Erinnerungszeichen der Verschleppung und Zwangsarbeit.
Im August 1944 waren in den Gebäuden der Burg Breuberg 228 Zwangsarbeiterinnen, 195 aus der Sowjetunion und 33 aus Polen, untergebracht. Fast alle Frauen, die ins Deutsche Reich verschleppt wurden, mußten zwangsweise für die Gerner-Flugzeugwerke in der Rüstungsproduktion arbeiten. Nach polizeilichen Anmeldeunterlagen der Gemeinde Höchst müssen weitere 435 Arbeiter sowjetischer, polnischer und italienischer Herkunft auf der Burg Breuberg interniert gewesen sein. Außer diesem Lager existierten im Umkreis noch dreizehn weitere Sammellager für zivile Fremdarbeiter, darunter eines bei den Veith-Gummiwerken, in denen von Ende 1942 bis Anfang 1944 600 ausländische Kriegsgefangene und Zwangsarbeiter, vorwiegend aus Frankreich, Belgien, Holland und der Sowjetunion, beschäftigt waren. 150 bis 300 Zwangsdeportierte, vor allem Polen, Franzosen und Sowjetbürger, waren in acht Baracken auf dem Gelände der Gummiwerke Odenwald zusammengepfercht. Viele Zwangsarbeiter wurden auch in der Landwirtschaft eingesetzt.
Auf dem *Friedhof* im Ortsteil *Sandbach* befinden sich in einer Reihe von Ehrengräbern auch Gräber von ausländischen Kriegsgefangenen und Zwangsarbeitern (s. auch Höchst).

Literatur:
Stapp, Wolfgang, Verschleppt für Deutschlands Endsieg. Ausländische Zwangsarbeiter im Breuberger Land 1939–1945. Versuch einer Spurensicherung und Dokumentation, Hrsg.: Verein für Heimatgeschichte Höchst im Odenwald, Höchst i. Odw. 1990; Ders., Zwangsarbeit in den Breuberger Gummiwerken. Eine vergleichende Studie, in: Dorn/Heuer (Hrsg.), 1991, S. 105–118.

Breuna

Außerhalb des Ortes Breuna, Kreis Kassel-Land, liegen auf einem *Friedhof* neben einer Kriegsgräberstätte für deutsche Soldaten ausländische Kriegsgefangene und Zwangsarbeiter beerdigt. Ihre Identität, ihr Schicksal und ihre Herkunft sind unbekannt. Ein *Gedenkstein* trägt die Inschrift:

Hier ruhen
138 Soldaten
Russen – Polen
Esten – Letten
1939 – 1945

Büdingen, Hessen

In der *Mühltorstraße 13* steht ein zweigeschossiges Gebäude mit einer Fachwerkkonstruktion im Obergeschoß, früher die Synagoge der Jüdischen Kultusgemeinde. In einem später errichteten Gebäude dahinter befanden sich die jüdische Schule und das Kultbad. Im Juli 1938 verkaufte die auf sechs Mitglieder zusammengeschrumpfte Gemeinde die Synagoge an einen Schreiner, der sie zu einem Wohnhaus umbaute. Das Schulgebäude wurde als Lager genutzt. Eine *Gedenktafel,* die 1988 nicht am Haus der ehemaligen Synagoge, sondern am *Heuson-Museum im historischen Rathaus* angebracht wurde, erinnert an das Schicksal der verschleppten und ermordeten Juden von Büdingen. Die Inschrift lautet:

Den Toten zum Gedenken
den Lebenden zur Mahnung

Zur Erinnerung und zum Gedenken
an unsere durch die
nationalsozialistische Diktatur
ihrer Existenzgrundlage beraubten
verfolgten und ermordeten Mitbürger
der Jüdischen Gemeinde in Büdingen

Wir trauern um das Leid aller
Büdinger Juden

Auch in anderen Ortsteilen Büdingens erinnern Gedenktafeln an die früheren Synagogen. Die Texte auf den im Jahre 1990 angebrachten Tafeln am *alten Rathaus* in *Eckartshausen, Unterpforte,* und am *alten Rathaus* in Büdingen-*Rohrbach, Klostergasse,* sind Variationen der Inschrift in *Düdelsheim, Hauptstraße 19:*

Ehemalige Synagoge
der
Jüdischen Gemeinde Düdelsheim
erbaut 1861 und während der
nationalsozialistischen Diktatur
am 9. November 1938 zerstört
zur Erinnerung und zum Gedenken
an unsere verfolgten und ermordeten
jüdischen Mitbürger

Büttelborn

1988 wurde im Ortsteil *Worfelden* am alten Rathaus eine *Gedenktafel* für die deportierten und ermordeten Juden angebracht.

Buseck

Im Vorgarten des zweigeschossigen Hauses *Am Anger 10* im Ortskern der Gemeinde *Großen-Buseck* (Altkreis Gießen), früher die Synagoge, wurde 1983 eine *Gedenktafel* angebracht. In der Pogromnacht von 1938 wurde die Inneneinrichtung der Synagoge vollständig demoliert, das Gebäude selbst wurde wohl aus Rücksicht auf die angrenzenden Häuser nicht angezündet. Nach 1945 wurde das im Besitz der Ortsgemeinde befindliche Gebäude zum Wohnhaus umgebaut. Der Text der Tafel lautet:

In diesem Gebäude befand sich die Synagoge der
ehemaligen Jüdischen Gemeinde Großen-Buseck
von 1885 bis zu ihrer Zerstörung am 9. Nov. 1938
Zum Andenken an die Synagoge und
die Opfer der Gewaltherrschaft
9. November 1983
Gemeinde Buseck

Butzbach

Am früheren Standort der neuen Synagoge in der *Wetzlarer Straße* wurde am 9. November 1981 ein *Gedenkstein* mit folgendem Text aufgestellt:

Hier stand die jüdische Synagoge
der ehemaligen Jüdischen Gemeinde Butzbach.
Erbaut 1926, in der Zeit der nationalsozialistischen
Gewaltherrschaft niedergebrannt am 9. November
1938. Am gleichen Tag wurden auch die Synagogen
in den Stadtteilen Griedel, Nieder-Weisel und
Pohl-Göns zerstört. Damit begannen Vertreibung
und Vernichtung unserer jüdischen Mitbürger.
Von diesem Geschehen lassen wir uns mahnen:
Nie wieder darf unser Volk den Terror gegen
Menschen zulassen. Shalom – Friede.

Seit der Genehmigung der selbständigen Gemeinde in Butzbach im Jahre 1848 bis zur Erbauung der neuen Synagoge, 1926, befand sich der Synagogensaal im ersten Obergeschoß des Rathauses auf dem Marktplatz.

Literatur:
Stadtarchiv und Museum Butzbach (Hrsg.), Vor 50 Jahren brannten die Synagogen. Aus sieben Jahrhunderten jüdischen Lebens in Butzbach und Umgebung, Begleitheft zur Sonderausstellung, Butzbach 1988.

Camberg siehe Bad Camberg

Darmstadt

Ein *Mahnmal* für die Opfer der Gewaltherrschaft steht seit dem 1. September 1989, dem 50. Jahrestag des Überfalls auf Polen, in der *Erich-Ollenhauer-Promenade.* Die Eisenplastik in Form einer gefesselten Sitzfigur wurde von dem Bildhauer Thomas Duttenhöfer im Auftrag des Landes Hessen und der Stadt Darmstadt geschaffen.

Am Studentenwohnheim in der *Riedeselstraße* erinnert eine *Gedenktafel* (Bronzerelief mit Inschrift) an das frühere Gefängnis der Geheimen Staatspolizei (Gestapo):

Dieses Haus war 1933–1935
ein Gefängnis der
Geheimen Staatspolizei
Gedenkt der Opfer und
wacht über Recht und
Freiheit.

Darunter befindet sich eine kleine Tafel mit der Information: »1982 wurde an dieser Stelle der

Neubau des Studentenwohnheims errichtet.« Das Gebäude des ehemaligen Gestapo-Gefängnisses wurde 1981 abgerissen.

Im Darmstädter Regierungspräsidium am *Luisenplatz 2* befindet sich eine *Gedenktafel* für Wilhelm Leuschner, Carlo Mierendorff und Ludwig Schwamb. Reliefartig sind darauf die Köpfe der drei von den Nationalsozialisten verfolgten Sozialdemokraten dargestellt. Der Text der Tafel lautet:

Sie gaben ihr Leben für die Freiheit
Ludwig Schwamb, Staatsrat 1928–1933
Wilhelm Leuschner, Innenminister 1928–1933
Carlo Mierendorff, Pressereferent 1928–1933

Wilhelm Leuschner (1890–1944), Bildhauer, Gewerkschaftssekretär, 1919–1928 Stadtverordneter in Darmstadt, 1928–1933 hessischer Innenminister und 1932–1933 im Bundesvorstand des Allgemeinen Deutschen Gewerkschaftsbundes (ADGB), wurde im Zuge der Besetzung der Gewerkschaftshäuser durch die Nationalsozialisten am 2. Mai 1933 im Haus des ADGB in Berlin verhaftet. Nach seiner Freilassung wurde er gezwungen, mit dem Leiter der Deutschen Arbeitsfront (DAF), Robert Ley, zur Internationalen Arbeitskonferenz nach Genf zu fahren, um dort für das Deutsche Reich und die nationalsozialistische Arbeitsorganisation aufzutreten. Um die internationale Anerkennung der DAF zu vereiteln, schwieg er in der Vollversammlung der Konferenz demonstrativ. Für diese Haltung mußte er zwei Jahre im Konzentrationslager Lichtenburg bei Prettin (Kreis Torgau) büßen. Nach seiner Freilassung übernahm er eine kleine Fabrik in Berlin und organisierte auf Geschäftsreisen gewerkschaftliche Widerstandszellen. Er knüpfte Kontakte zur militärischen Widerstandsbewegung um Ludwig Beck und zu Carl Friedrich Goerdeler, in dessen Kabinett er nach dem Umsturz als Vizekanzler vorgesehen war. Nach dem gescheiterten Attentat vom 20. Juli 1944 wurde Leuschner am 18. August 1944 verhaftet, am 9. September vom »Volksgerichtshof« zum Tode verurteilt und am 29. September 1944 in Berlin-Plötzensee hingerichtet.

Carlo Mierendorff (1897–1943), Journalist, wurde 1928 Pressesprecher des hessischen Innenministers Wilhelm Leuschner und war von 1930 bis 1933 Mitglied des Reichstags. Bei seiner Verhaftung 1933 wurde er von der SA durch die Straßen von Darmstadt geschleift. Er blieb bis 1938 in Haft, unter anderem in den Konzentrationslagern Osthofen (s. Rheinland-Pfalz), Börgermoor (s. Niedersachsen: Papenburg) und Buchenwald. Nach seiner Entlassung baute er seine alten politischen Verbindungen aus, knüpfte Kontakte zu Julius Leber und Wilhelm Leuschner und zum »Kreisauer Kreis«. Er setzte sich immer wieder für die gewaltsame Beseitigung Hitlers ein. Nach Gelingen des Umsturzes sollte er das Amt des Pressechefs übernehmen. Am 4. Dezember 1943 kam er bei einem Bombenangriff auf Leipzig ums Leben.

Der Jurist *Ludwig Schwamb* (1890–1945) war von 1928 bis 1933 Staatsrat im Hessischen Innenministerium. Er wurde wie Carlo Mierendorff nach der nationalsozialistischen Machtübernahme 1933 entlassen. Er ging nach Berlin, wo er Verbindungen zum sozialdemokratischen Widerstand und zum

Darmstadt:
Gedenktafel am Studentenwohnheim Riedeselstraße, dem ehemaligen Standort des Gestapo-Gefängnisses.

»Kreisauer Kreis« hatte. Seine Wohnung in Berlin-Wilmersdorf wurde geheimer Treffpunkt der Widerstandsgruppe um Julius Leber. Nach dem Fehlschlag des Umsturzversuchs vom 20. Juli 1944 wurde Schwamb am 23. Juli 1944 in Frankfurt a.M. verhaftet, vom »Volksgerichtshof« zum Tode verurteilt und am 23. Januar 1945 in Berlin-Plötzensee hingerichtet. (Zu Schwamb s. auch Rheinland-Pfalz: Mainz u. Undenheim)

Carlo Mierendorff ist auf dem *Waldfriedhof* in Darmstadt bestattet. Dort befindet sich auch ein *Gedenkstein* für Leuschner, Mierendorff und Schwamb. Die Grabstätten von Wilhelm Leuschner und Ludwig Schwamb sind unbekannt, da die Leichen der in Plötzensee Hingerichteten nicht den Angehörigen übergeben werden durften.

Auf dem *Alten Friedhof* befindet sich die Grabstätte des kommunistischen Widerstandskämpfers Georg Fröba, Gewerkschaftsfunktionär, Vorsitzender der KPD Darmstadt und Stadtverordneter, der 1933 in das Konzentrationslager Osthofen und später in die Strafanstalt Hameln verschleppt wurde. Nach seiner Freilassung arbeitete er weiter in kommunistischen Widerstandsgruppen. Er wurde am 6. September 1944 in Darmstadt zum Tode verurteilt und am 27. Oktober 1944 in der Strafanstalt Frankfurt-Preungesheim hingerichtet.
An Georg Fröba erinnert seit 1983 der *Fröbaweg* in der Heimstätten-Siedlung.

Am 9. November 1988 wurde die *neu gebaute Synagoge* in der *Wilhelm-Glässing-Straße* als Gotteshaus der wiedererstandenen Jüdischen Gemeinde eingeweiht. Sie enthält ein Museum, in dem Zeugnisse jüdischen Lebens in Darmstadt ausgestellt werden. Neben religiösen Kultgegenständen sind dort Dokumente über die Geschichte der Juden in Darmstadt zu sehen. In einer Wand der Synagoge sind die Namen aller aus Darmstadt deportierten Menschen eingemeißelt.
Führungen können mit der Jüdischen Gemeinde vereinbart werden: Tel.: 0 61 51/2 88 97. Ein illustrierter Katalog mit Texten zu den Exponaten und einer Kurzgeschichte der Juden in Darmstadt ist in Vorbereitung.

Am Standort der ehemaligen liberalen Synagoge in der *Friedrichstraße* (hinteres Gartengelände der Städtischen Kliniken, Zentrum) steht eine drei Meter hohe *Menora* (siebenarmiger Leuchter), in deren Schaft eine viereckige Kupferplatte und ein Davidstern eingelassen sind. Die Inschrift in hebräischer und in deutscher Sprache lautet:

> Hier stand die 1876 erbaute Synagoge der
> Jüdischen Gemeinde Darmstadt. Sie
> wurde am 9. November 1938 von frevelnder
> Hand niedergebrannt und zerstört.
> Dieses Denkmal dient der mahnenden
> Erinnerung.
> Die Stadt Darmstadt 1967

Seit 1983 erinnert ein *Mahnmal, Ecke Bleichstraße/Grafenstraße,* an die am 9. November 1938 zerstörte Synagoge der orthodoxen Gemeinde. Es besteht aus einer etwa zwanzig Meter langen und zwei Meter hohen Holzbohlenwand mit einem Sandsteinmittelteil. In den Stein sind ein siebenarmiger Leuchter sowie ein hebräischer und deutscher Text eingearbeitet:

> Auf diesem Grundstück stand die Synagoge der
> orthodoxen Jüdischen Gemeinde Darmstadt. Sie
> wurde am 9. November 1938 von frevlerischer Hand
> zerstört.
> Zum Gedenken und zur steten Mahnung.
> Stadt Darmstadt 1983

Auch in Darmstadt-*Eberstadt, Heidelberger Landstraße/Ecke Modaubrücke,* erinnert eine Steinplatte mit Widmung an die dortige ehemalige Synagoge, die in der Reichspogromnacht im November 1938 zerstört wurde:

> Hier stand die Synagoge der
> Jüdischen Gemeinde Eberstadt
> errichtet in den Jahren 1914/15
> zerstört am 9. November 1938
> in der Zeit des Naziregimes

Eine *Erinnerungstafel* an der *Justus-Liebig-Schule* gibt folgende Auskunft:

> Den jüdischen Mitbürgerinnen und Mitbürgern
> zum Gedenken

Aus dem knappen Gedenksatz geht nicht hervor, daß dieses Schulgebäude im Jahre 1942 als Sammellager für Juden aus Darmstadt und Umgebung diente. Es war die letzte Station für 3 121 Juden vor ihrem Abtransport in die Konzentrationslager von Lublin-Majdanek (Polen), Theresienstadt (Tschechische Republik) und Auschwitz (Polen).

Auf dem jüdischen Friedhof am *Steinbergweg* befinden sich rund 20 Gräber von jüdischen KZ-Häftlingen, die 1941/42 in Buchenwald, Dachau, Ravensbrück und anderen Lagern ums Lebens kamen. Hier sind die Urnen beigesetzt, die die Angehörigen beziehungsweise die Gemeinde als »sterbliche Überreste« von der SS-Lagerverwaltung zugesandt bekamen.

Auf Initiative von Schwester Marga Häslein wurde das Hauptgebäude der *Evangelischen Ausbildungsstätten für sozialpädagogische Berufe des Elisabethstifts* nach *Hedwig Burgheim* benannt. Im Eingangsbereich hängt ein gemaltes Porträt der Namensgeberin nach einer Fotografie aus dem Jahre 1938. Daneben hängt eine kleine Tafel mit den wichtigsten Lebensdaten. Einige historische Dokumente sind im Treppenhaus ausgestellt. Hedwig Burgheim, 1887 in Alsleben geboren, war Leiterin des Gießener Fröbel-Seminars, einer weithin anerkannten Ausbildungsstätte für Kindergärtnerinnen. Mit ihren Erziehungsidealen stand Hedwig Burgheim in der humanistischen Tradition Pestalozzis und Fröbels. 1933 wurde die Jüdin in Gießen ihres Amtes enthoben. Daraufhin gründete sie in Leipzig eine Haushalts- und Kindergärtnerinnenschule, in der jüdische Mädchen beruflich auf ihre Auswanderung vorbereitet wurden. Als die Schule in der Reichspogromnacht am 9./10. November 1938 zerstört wurde, stellte sie ein Auswanderungsgesuch, das vom amerikanischen Konsulat dreimal abgelehnt wurde. 1943 starb sie in den Gaskammern des Konzentrationslagers Auschwitz.
Die Stadt Gießen (s. dort) vergibt jährlich die Hedwig-Burgheim-Medaille.

Der Name der *Edith-Stein-Schule* in der Seekatzstraße und ein in der Schule angebrachtes *Relief mit Gedenktafel* erinnern an die Karmelitin Edith Stein, die vermutlich am 9. August 1942 in Auschwitz ums Leben kam (Näheres s. NRW, Köln).

Im November 1987 enthüllten Mitglieder der Friedensinitiative »Reservisten verweigern« im Garten des Pfarrers der evangelischen Martinsgemeinde eine reliefartige *Stahlplastik »Dem unbekannten Deserteur«*. An dieser Aktion beteiligte sich der Schriftsteller Gerhard Zwerenz, der selbst während des Zweiten Weltkriegs desertiert ist. Im Gegensatz zu einer Tafel in Kassel, die ausdrücklich der Soldaten gedenkt, die sich dem Kriegsdienst für die nationalsozialistische Gewaltherrschaft verweigert haben, weist die Darmstädter Plastik keinen unmittelbaren Bezug zur NS-Zeit auf. Die Plastik zeigt fünf gleichförmige, zum militärischen Gruß aufgereihte Soldaten, die nebeneinander strammstehen. Heute befindet sich die Plastik an der *Außenmauer des Gebäudes Lauteschlägerstraße 18.*

Literatur:
Albrecht, Richard, Der militante Sozialdemokrat. Carlo Mierendorff 1897 bis 1943. Eine Biographie, Bonn 1987; Aretin, Karl Otmar u.a. (Hrsg.), Darmstadt und der 20. Juli 1944. Zehn Beiträge, Darmstadt 1974; Feldmann, Gerlinde, Mit Werkschutzbegleitung zum Arbeitsplatz. Zwangsarbeit bei der chemisch-pharmazeutischen Firma E. Merck in Darmstadt, in: Dorn/Heuer (Hrsg.), 1991, S. 119–136; Hess, Robert, Eberstadts jüdische Mitbürger, Darmstadt 1982 (bei: Verlag E. Hess, Heinrich-Delp-Straße 194, 64297 Darmstadt); Kralovitz, Rolf und Brigitte, Das Hedwig-Burgheim-Haus in Darmstadt. Dokumentation einer Namensgebung, Köln 1986; Pingel-Rollmann, Heinrich, Widerstand und Verfolgung in Darmstadt 1933–1945, Darmstadt 1985; Reinhold-Postina, Eva/Neumann, Moritz (Hrsg.), Das Darmstädter Synagogenbuch. Eine Dokumentation zur Synagogen-Einweihung am 9. November 1988, im Auftrag des Magistrats der Stadt Darmstadt und der Jüdischen Gemeinde Darmstadt, 1988; Wiederhold, Ernst, »... es kam zu keinen Übergriffen, es fanden auch keine Erschießungen statt«. Französische Kriegsgefangene und russische Zwangsarbeiter in Darmstadt-Arheilgen, in: Dorn/Heuer (Hrsg.), 1991, S. 173–184.

Dieburg

Eine *Gedenktafel* an der Goethe-Schule in der *Goethestraße* erinnert an den Jesuitenpater Alfred Delp, der der Widerstandsgruppe »Kreisauer Kreis« um Helmuth Graf von Moltke angehörte. Er wurde am 28. Juli 1944 in München verhaftet und am 2. Februar 1945 in Berlin-Plötzensee hingerichtet. Die Inschrift lautet:

> Abiturient dieser Schule 1926
> 15. September 1907 geboren
> Hingerichtet am 2. Februar 1945
> Pater Alfred Delp SJ
> Libertati et iustitiae sociali
> in serviendo consumptus est
> [Er hat sich aufgezehrt im Dienst an der
> Freiheit und der sozialen Gerechtigkeit]

(s. auch Lampertheim)

Diemelstadt

Auf dem *jüdischen Friedhof* steht ein *Gedenkstein*, auf der die 28 ermordeten Juden aus dem Ortsteil Rhoden namentlich aufgeführt sind. Der Text lautet:

> Den Opfern
> des Faschismus
> 1933 - 1945

[Es folgen die Namen der 28 Juden]

Eddersheim siehe Flörsheim

Eichberg siehe Eltville

Eltville am Rhein

Am Fuß des Gedenkkreuzes von 1985 auf dem *Neuen Friedhof* des *Psychiatrischen Krankenhauses Eichberg*, Eltville, findet sich eine *Gedenktafel* mit folgendem Wortlaut:

> Zum Gedenken an die hilflosen Menschen,
> die in der Landesheilanstalt Eichberg
> dem »Euthanasie«-Verbrechen
> der Nationalsozialisten zum Opfer fielen.
> Ihre Namen sind zumeist nicht bekannt.
> Der Tod dieser Unschuldigen soll uns
> Mahnung sein.

An der *Kapelle* gegenüber dem Kinderfriedhof auf dem *Alten Friedhof* wurde 1988 eine weitere *Gedenktafel* angebracht. Die Inschrift lautet:

> Zum Gedenken an die hilflosen Kinder,
> die auf dem Eichberg in der Zeit
> des Nationalsozialismus Opfer der
> »Euthanasie«-Verbrechen wurden und
> die hier begraben liegen.
> Ihr Tod soll uns Mahnung sein.

1993 wurde dort eine weitere *Gedenktafel* aufgestellt. Sie trägt den Text:

> In Erinnerung an die vielen Menschen, die auf dem Eichberg Opfer der NS-Zwangssterilisation- und »Euthanasie«-Verbrechen wurden, gedenken wir
>
> – der 301 Frauen und Männer, die von 1935–1939 unter Zwang sterilisiert worden sind,
> – der 2 019 Patientinnen und Patienten, die 1940/41 über die »Sammelanstalt« Eichberg in die Tötungsanstalt Hadamar verlegt wurden, darunter 660 Menschen vom Eichberg,
> – der 476 behinderten Kinder, die von 1941–1945 in einer sogenannten Kinderfachabteilung zu »wissenschaftlichen Zwecken« beobachtet und dann ermordet wurden,
> – der vielen Patientinnen und Patienten, die von 1942–1945 durch Unterernährung und überdosierte Medikamente gewaltsam zu Tode kamen.
>
> Ihr Leben und Tod sind uns Mahnung und Auftrag für Gegenwart und Zukunft.

Zur Erinnerung an über 400 von den Nationalsozialisten ermordete geistig behinderte Kinder wurde auf dem Klinikgelände ein *Rosenbeet* angelegt, das eine Klasse der Adalbert-Stifter-Schule in Wiesbaden pflegt. Die Schüler wollen mit der Patenschaft, die sie für das Rosenbeet übernommen haben, das Andenken an die Ermordeten wachhalten.

Seit Juli 1993 erinnert auf dem *Kinderfriedhof* ein großer, aus hellem Stein gehauener *Sarkophag* mit ebenfalls aus dem Stein herausgearbeiteten Spielzeug obendrauf an die ermordeten Kinder.

Das Psychiatrische Krankenhaus Eichberg war »Durchgangsanstalt« im Rahmen des nationalsozialistischen »Euthanasie«-Programms zur »Vernichtung lebensunwerten Lebens«: Über 2000 körperlich oder geistig behinderte oder als geisteskrank bezeichnete Patienten aus anderen Anstalten wurden von hier aus mit Bussen einer Gesellschaft mit der zynischen Tarnbezeichnung »Gemeinnützige Krankentransport-Gesellschaft mbH (Gekrat)« in die Anstalt Hadamar gebracht und dort durch Gas oder auch tödliche Injektionen umgebracht (s. Hadamar). Aber auch im Krankenhaus Eichberg selbst wurden neben Zwangssterilisationen und medizinischen Versuchen zwischen Januar 1941 und März 1945 an mindestens 2722 Patienten »Euthanasie«-Morde durchgeführt. Die Menschen wurden durch Spritzen oder Überdosen von Tabletten umgebracht, darunter auch zahlreiche Zwangsarbeiter aus Polen, der Sowjetunion und Jugoslawien. Die Gehirne von mehr als hundert Kindern wurden im Zuge einer besonderen Vereinbarung für Forschungszwecke an die Universität Heidelberg geschickt. Eichberg-Patienten dienten auch als Versuchspersonen für chemische Experimente der IG Farben. Die Toten der Anstalt Eichberg, darunter mindestens 100 Kinder, wurden auf dem anstaltseigenen Friedhof begraben.

Auf einem *Ehrenfriedhof* im Stadtteil *Erbach* ließ der Magistrat der Stadt Eltville eine *Gedenktafel* mit der Inschrift »Zum Gedenken an die während des Zweiten Weltkrieges verstorbenen sowjetischen Staatsangehörigen« und den Namen und Geburtsdaten von neun sowjetischen Staatsbürgern anbringen, die im Psychiatrischen Krankenhaus Eltville ums Leben kamen und im Jahre 1943 auf dem Friedhof des Krankenhauses begraben wurden. Es handelt sich wahrscheinlich um Zwangsarbeiter, die hier ermordet worden sind. Ihre Gräber wurden mit anderen Grabstätten nach Ablauf von deren Ruhefrist irrtümlich eingeebnet.

Literatur:
Dickel, Horst, Alltag in einer Landesheilanstalt im Nationalsozialismus, in: Landeswohlfahrtsverband Hessen (Hrsg.), »Euthanasie« in Hadamar. Die nationalsozialistische Vernichtungspolitik in hessischen Anstalten. Katalog zur Wanderausstellung, Kassel 1991, S. 105–113; Hannes, Matthias/Kreis, Armin u. a., Der Eichberg – Opfer und Täter. »Lebensunwertes« Leben in einer hessischen psychiatrischen Anstalt 1935–1945, Sek. II, Gymnasium Rheingauschule, Geisenheim, im Rahmen des »Schüler-

wettbewerbs Deutsche Geschichte« 1982/83. Um systematische Forschungen erweitert und veröffentlicht in der Projektreihe »Hessen im Nationalsozialismus« des Hess. Inst. für Bildungsplanung u. Schulentwicklung (s. Literatur zu Hessen insgesamt); Orth, Linda, Die Transportkinder aus Bonn. Kindereuthanasie, Köln 1989.

Emstal, Hessen

Eine *Bronzetafel* am *Verwaltungsgebäude* des *Psychiatrischen Krankenhauses Merxhausen* in der *Landgraf-Philipp-Straße 9,* das dem Landeswohlfahrtsverband Hessen untersteht, weist seit dem 29. August 1989 auf die Opfer der »Euthanasie«-Verbrechen hin:

> Wir erinnern uns der Patientinnen der
> Landesheil- und Pflegeanstalt Merxhausen.
> Ihr Leben galt den Nationalsozialisten
> als »lebensunwert«. Hier wurden Menschen
> zwangssterilisiert, viele wurden
> verschleppt und umgebracht.
>
> Ab 1937 bis 1945 wurden die Lebensbedingungen drastisch verschlechtert, viele Patienten starben. 1940 wurden 13 jüdische Patienten abtransportiert und an unbekanntem Ort ermordet. 1941 kamen 506 Patienten nach Hadamar und wurden dort Opfer der »Euthanasie«-Verbrechen. 1943/44 wurden mindestens 6 psychisch kranke Zwangsarbeiterinnen aus Polen und der Sowjetunion mit unbekanntem Ziel deportiert und vermutlich ermordet.
>
> Leben und Tod dieser Menschen sind uns
> Mahnung und Verpflichtung

Eine Gedenkinschrift auf dem Steinrondell des *Gemeindefriedhofs* in *Merxhausen* lautet:

> Zur Erinnerung
> an die hilflosen Kranken,
> die in der Zeit des
> Nationalsozialismus
> 1933 – 1945
> hier starben.
> Ihr Tod ist uns Mahnung
> und Verpflichtung.

Literatur:
Klüppel, Manfred, »Euthanasie« und Lebensvernichtung am Beispiel der Landesheilanstalten Haina und Merxhausen – eine Chronik der Ereignisse 1933–1945, Kassel ³1985 (Nationalsozialismus in Nordhessen. Schriften zur regionalen Zeitgeschichte, Heft 4).

Erbach siehe Eltville

Erlensee

Auf dem *Gemeindefriedhof* in *Langendiebach* befindet sich das Grab eines polnischen Häftlings des Lagers Langendiebach.

In der früheren Gemeinde Langendiebach, die zusammen mit der Gemeinde Rückingen die heutige Gemeinde Erlensee bildet, befand sich ein Außenkommando des SS-Sonderlagers Hinzert bei Trier (s. Rheinland-Pfalz: Hinzert). Die etwa 1 000 Häftlinge, darunter politische Häftlinge vor allem aus Luxemburg sowie aus den Niederlanden und aus Belgien, wurden zu Arbeiten auf dem neu angelegten Flugplatz an der Straße von Hanau nach Langendiebach und im Wald eingesetzt. Die Zahl der Todesopfer ist nicht bekannt. Tote gab es bei Bombardierungen des Flugplatzes und bei sogenannten »Himmelfahrtskommandos« zur Beseitigung von Blindgängern.
Die meisten Opfer wurden nach 1945 in ihre Heimatländer überführt. Einige auf dem Friedhof in Langenselbold (s. dort) beerdigte Tote waren vermutlich Häftlinge des Außenkommandos Langendiebach, die bei der Räumung des Lagers im März 1945 auf dem »Evakuierungs«-marsch in das Konzentrationslager Buchenwald umgekommen sind.

Am ehemaligen Standort der in der »Reichskristallnacht« am 9./10. November 1938 zerstörten Synagoge der Jüdischen Gemeinde Langendiebach in der *Friedrich-Ebert-Straße 33* wurde eine *Erinnerungstafel* angebracht.

Literatur:
Krause-Schmitt, Ursula, Außenkommando Langendiebach-Erlensee und Unterkommando Wächtersbach, in: Die Grünen im Landtag (Hessen)/Bembenek, L./Schwalba-Hoth, F. (Hrsg.), Hessen hinter Stacheldraht, Frankfurt a.M. 1984, S. 70 – 72.

Eschwege

Am Gebäude der ehemaligen Synagoge auf dem Schulberg, heute *Haus der Neuapostolischen Gemeinde,* ließ die Stadt eine *Gedenktafel* anbringen. Die Innenräume der Synagoge wurden in der Reichspogromnacht im November 1938 zerstört. Das Gebäude selbst blieb, wohl wegen der angrenzenden Häuser, erhalten. Nach dem Krieg wurde das Haus kurzfristig wieder als Synagoge genutzt.

Auf dem *jüdischen Friedhof* an der *Elsa-Brändström-Straße* erinnert eine Grabinschrift an ein Opfer des Konzentrationslagers Theresienstadt (Tschechische Republik):

Auch zum Andenken an Minna Doernberg,
geb. Dinkelspuehler,
geb. 9. Juli 1888, gest. 23. Januar 1943
in Theresienstadt.

1980 wurde der Eschweger Judenfriedhof von unbekannten Randalierern verwüstet. Etwa fünfzig Grabsteine wurden umgeworfen und acht Schrifttafeln zum Teil stark beschädigt.

Literatur:
Kollmann, Karl/Wiegand, Thomas, Spuren einer Minderheit. Judenfriedhöfe und Synagogen im Werra-Meißner-Kreis, Waldkappel-Bischhausen 1986; Rosenhagen, Wolfgang u.a., Alltag im Nationalsozialismus der Stadt Eschwege, 8./9./10./11. Klasse, Friedrich-Wilhelm-Schule, im Rahmen des »Schülerwettbewerbs Deutsche Geschichte« 1980/81; Zimmer, Anna Maria, Zur Geschichte der Jüdischen Gemeinde der Stadt Eschwege, unter besonderer Berücksichtigung der Zeit des Nationalsozialismus, schriftl. Hausarbeit 1975 (unveröffentlichtes Manuskript in der Germania Judaica, Köln).

Espenau

Auf dem *Waldfriedhof* am *Schäferberg* im Ortsteil *Hohenkirchen* erinnern eine *Grabplatte* mit 45 Namen und eine Kreuzgruppe an hier begrabene Zwangsarbeiter aus der Sowjetunion, aus Polen und Jugoslawien, darunter auch Frauen und Kinder.
Im April 1989 wurde auf dem Waldfriedhof ein *Gedenkstein* für 29 französische Zwangsarbeiter eingeweiht, die ebenfalls im Lager Schäferberg (»Mönchehof«) gestorben sind.
Die in einem Lager am Schäferberg untergebrachten Zwangsarbeiter waren in Kasseler Rüstungsbetrieben eingesetzt.

Literatur:
Mosch-Wicke, Klaus, Schäferberg. Ein Henschel-Lager für ausländische Zwangsarbeiter, Kassel ^{2}1985 (Nationalsozialismus in Nordhessen. Schriften zur regionalen Zeitgeschichte, Heft 1).

Felsberg, Hessen

Auf dem *jüdischen Friedhof* in Felsberg (Landkreis Schwalm-Eder) in der *Annastraße* hat die Stadt einen *Gedenkstein* mit folgendem Text errichtet:

Zum ewigen Andenken
an unsere jüdischen
Bürger, die Opfer
der Gewalt wurden.

Flieden

Ein 1947 errichtetes *Ehrenmal* auf dem *jüdischen Friedhof* an der Straße zwischen Flieden und Neuhof trägt die Namen eines jüdischen Ehepaares aus Flieden, Markus und Hulda Goldschmidt, die in ein Konzentrationslager deportiert wurden (s. auch Neuhof).

Flörsheim am Main

Auf dem *jüdischen Friedhof* erinnert eine *Gedenktafel* an die Verfolgung der jüdischen Mitbürger durch die Nationalsozialisten:

Hier ruhen die Angehörigen der jüdischen Religionsgemeinschaft von Flörsheim, Hochheim, Eddersheim und Weilbach. Ihre letzten Männer, Frauen und Kinder wurden unter der Herrschaft der Gewalt um ihres Glaubens und ihrer Rasse willen geächtet, verfolgt, beraubt und vertrieben, ihr Gotteshaus zerstört und dieser 600jährige Gottesacker geschändet.

Die Gemeinde Flörsheim hat ihn im Jahre 1946 wieder hergerichtet; den Lebenden zur Mahnung, den Vertriebenen zum Trost und Allen zum Frieden!

Die Gemeinde Flörsheim am Main.

Der Friedhof wurde im Januar 1993 erneut verwüstet, viele Grabsteine umgeworfen und die Gedenkstätte zerstört.

Als bekannt wurde, daß der Namensgeber der früheren »Friedrich-Jähne-Straße« im Flörsheimer Stadtteil Wicker als ehemaliges Vorstandsmitglied des am Tod von Zwangsarbeitern und Häftlingen in Auschwitz mitverantwortlichen IG-Farben-Konzerns im Nürnberger Prozeß 1948 zu 18 Monaten Haft verurteilt wurde, kam es zu vehementen Diskussionen in der Stadt. Diese führten schließlich 1994 zu einem Mehrheitsbeschluß im Stadtparlament zur Umbenennung der Straße, die heute »An der Warte« heißt. (Nach Berichten von Jürgen Schultheis in »Frankfurter Rundschau« vom 2. 11. 1993, 28. u. 30. 4. 1994, 16. 6. 1994.)

Frankfurt am Main

Mahnmal Paulskirche

An der *Paulskirche (Nordwestseite, Berliner Straße)*, erinnert seit dem 24. Oktober 1964 ein *Mahnmal* an die Opfer der nationalsozialistischen Konzentrationslager: Die etwa vier Meter hohe steinerne

Plastik, die von dem Bildhauer Professor Hans Wimmer aus München geschaffen wurde, stellt einen gefesselten, knienden Menschen dar, der seine Arme in ohnmächtiger Abwehr über den Kopf erhoben hat. Im Sockel des Mahnmals sind die Namen von 53 Konzentrationslagern eingemeißelt.

Am 8. Mai 1992 wurde an der Paulskirche eine *Tafel* zum Gedenken an Frankfurter Widerstandskämpfer angebracht. Unter dem Porträt der 1944 hingerichteten Frankfurter Sozialpolitikerin Johanna Kirchner findet sich der Text:

> Johanna Kirchner
> geboren am 24. 4. 1889 in Frankfurt am Main
> hingerichtet am 9. 6. 1944 in Berlin-Plötzensee
>
> Den
> Frankfurter
> Bürgerinnen und Bürgern,
> die der
> Barbarei
> des
> Nationalsozialismus
> Widerstand
> entgegensetzten

Nach dem Ersten Weltkrieg baute Johanna Kirchner in der Mainmetropole die Arbeiterwohlfahrt auf und engagierte sich für die Rechte der Frauen. Vor den Nazis floh sie 1933 aus ihrer Heimatstadt Frankfurt ins Saarland, später nach Frankreich. 1942 wurde sie in Frankreich an die Gestapo ausgeliefert und vom »Volksgerichtshof« in Berlin zum Tode verurteilt. Nach dieser Frau ist auch die »Johanna-Kirchner-Medaille« benannt, die die Stadt Frankfurt jährlich zur Ehrung überlebender Widerstandskämpfer verleiht. Erstmals wurde sie am 28. November 1991 an 51 Frauen und Männer überreicht. (s. auch Saarland: Saarbrücken)

Gestapo-Sitz Lindenstraße

Das Gebäude des ehemaligen Cronstettenstifts (seit 1993 Bankhaus Löbbecke) in der *Lindenstraße 27* war von 1941 bis 1945 Sitz der Geheimen Staatspolizei (Gestapo) für den Regierungsbezirk Wiesbaden. Eine *Gedenktafel* zur Erinnerung an die in diesem Gebäude gefolterten und ermordeten Opfer der Gestapo war einige Jahre in der Diskussion.

Nachdem der Repressionsapparat gigantische Ausmaße angenommen hatte, verlegte die Gestapo ihren Sitz von der Bürgerstraße 22 (heute Wilhelm-Leuschner-Straße) und zog in die Villa in der Lindenstraße ein. Die für den Regierungsbezirk Wiesbaden zuständige Gestapobehörde Frankfurt unterhielt Außenstellen in Wiesbaden, Wetzlar und Limburg. Bei der Verfolgung von politischen Gegnern, Juden und Zwangsarbeitern ging man hier über die Weisungen der Gestapo-Zentrale in Berlin wesentlich hinaus. Die Unterlagen über die dort begangenen Verbrechen wurden Mitte März 1945 von der SS beim Vorrücken der amerikanischen Truppen auf Frankfurt vernichtet. Nach

Frankfurt a. M.,
Mahnmal an der Paulskirche für KZ-Opfer:
In den Sockel der 1964 errichteten Skulptur
des Bildhauers Hans Wimmer sind die Namen
von 53 Konzentrationslagern eingemeißelt.

einem Zeugenbericht hat die SS vor dem Einmarsch der Amerikaner alle im Keller des Hauses Inhaftierten umgebracht.

Adolf Diamant, ein Überlebender des Konzentrationslagers Auschwitz, veröffentlichte im Jahre 1988 eine Dokumentation über die Frankfurter Gestapo. Das Buch mit dem Titel »Gestapo Frankfurt a. M.«, das er selbst verlegte, dokumentiert Hunderte von Verbrechen, für die die Frankfurter Gestapo die Verantwortung trägt.
Das Bankhaus Löbbecke will jedes Jahr ein Symposium zu Themen der deutschen Vergangenheit in der Lindenstraße veranstalten. Außerdem hat die Bank der Universität Frankfurt Gelder zur Verfügung gestellt, damit die Geschichte der Gestapo-Zentrale wissenschaftlich aufgearbeitet werden kann.

Frankfurt a. M.:
Gedenktafel an der Paulskirche,
enthüllt am 8. Mai 1992.

Gewerkschaftshaus Wilhelm-Leuschner-Straße

Im *Haupteingang* des Gewerkschaftshauses in der nach dem sozialdemokratischen Politiker und Widerstandskämpfer Wilhelm Leuschner (s. Darmstadt) benannten *Wilhelm-Leuschner-Straße 69–77* erinnert eine im Jahre 1983 angebrachte *Gedenktafel* an Widerstand und Verfolgung von Gewerkschaftern während der NS-Gewaltherrschaft:

> Dieses Haus erlebte die jüngste Geschichte unseres Volkes, gerade auch die dunkelsten Stunden. Es gehört den Kolleginnen und Kollegen, die in der Tradition der deutschen Arbeiterbewegung gewerkschaftlich organisiert sind. Viele von denen, die es 1931 errichten halfen, opferten Leben und Freiheit im Kampf gegen die Naziwillkür. Viele starben als Opfer des Krieges. Dieses Haus ist uns ein Denkmal. Es ist uns Verpflichtung.

Gedenktafel »Perlenfabrik«

Am *Studentenwohnheim* der Frankfurter Universität in der *Ginnheimer Landstraße 40–42,* dem Standort des ehemaligen Erziehungsheims »Perlenfabrik«, wurde am 7. Februar 1986 eine *Gedenktafel* mit dem folgenden Text enthüllt, auf den sich die Universität Frankfurt, der Deutsche Gewerkschaftsbund Kreis Frankfurt und der Hessische Kultusminister geeinigt hatten:

> Wenige Tage nach der Machtergreifung 1933 errichtete das NS-Regime hier auf dem Gelände eines ehemaligen Erziehungsheims, bekannt unter dem Namen »Perlenfabrik«, für Südhessen das erste Konzentrationslager. Innerhalb kurzer Zeit durchliefen mehr als 250 Gegner des NS-Regimes dieses Lager zum Transport in die Konzentrationslager nach Osthofen/Rheinland-Pfalz, Dachau/Bayern und Buchenwald/Thüringen.

Das Erziehungsheim, offiziell »Westend-Heim« genannt, war vor 1933 vom »Erziehungs-Verein Frankfurt« als Heim für obdachlose und straffällig gewordene Jugendliche im Geist einer fortschrittlichen Pädagogik geführt worden. »Gefährdete Jugendliche zu bewahren, Verwahrloste zu retten«, war der Leitgedanke des Vereinsdirektors August Verleger. Der Schriftsteller Georg K. Glaser beschreibt in seinem autobiographischen Roman »Geheimnis und Gewalt« die dort angestrebte lebensreformerische Utopie von Arbeiterjugendlichen. Anfang 1933 wurde das Heim von der SA überfallen. Unmittelbar nach dem Verbot der Gewerkschaften wurden zahlreiche Gewerkschafter in den Kellern der »Perlenfabrik« eingekerkert und gefoltert. Später richtete die SA in dem Gebäude eine ihrer Dienststellen und 1942 die SA-Gruppenschule Hessen ein.

Frauenhaftanstalt Preungesheim

Zur Erinnerung an die Opfer des 20. Juli 1944 und an die von den Nationalsozialisten in der Strafanstalt Preungesheim hingerichteten Widerstandskämpfer wurde 1962 im Bereich der heutigen *Frauenhaftanstalt Preungesheim, Homburger Landstraße,* eine *Plastik* des Berliner Bildhauers Karl Hartung aufgestellt und an der Mauer der Haftanstalt eine *Schriftwand* mit Versen aus dem Gedicht der Schriftstellerin Ricarda Huch »An unsere Märtyrer« enthüllt:

> 1933 – 1945
> Ihr, die das Leben gabt für
> des Volkes Freiheit und
> Ehre
> Nicht erhob sich das Volk,
> Euch Freiheit und Leben zu
> retten
> Wir aber wollen Male richten,
> Euch zum Gedächtnis
> Dort Ihr Glorreichen wollen
> Wir Euer gedenken und schwören,
> Tapfer wie Ihr zu sein,
> dem Recht und der Freiheit zu
> dienen
> Niemals treulos und feige
> den Gott in der Brust zu ver-
> leugnen
> Der uns zu lieben treibt und
> im Kampf mit dem Bösen zu
> sterben.
> – Ricarda Huch –

Die beschriftete Außenwand des Gefängnisses steht heute unter Denkmalschutz. Das hessische Justizministerium beschloß eine Neugestaltung der Gedenkstätte, deren wissenschaftliche Betreuung vom Studienkreis Deutscher Widerstand übernommen und die im September 1994 eingeweiht wurde. Entlang eines *»Gedenkgangs«* sind auf Steintafeln, stellvertretend für die über 500 zwischen 1934 und 1945 in Preungesheim Ermordeten, die Namen von 100 Frauen und Männern aus Deutschland, Belgien, Frankreich, Österreich, Polen, der Sowjetunion, der Tschechoslowakei und Ungarn genannt. Eine Inschrift lautet:

> Gedenkstätte Preungesheim
> Diese Stätte erinnert an die Opfer des
> faschistischen Terrors und Wider-
> standskämpfer, die in der Zeit von
> 1934–1945 in dieser Strafvollzugsanstalt
> hingerichtet wurden.
>
> Wir ehren ihr
> Andenken: Nie wieder Faschismus!
> Nie wieder Krieg!

Ein erklärender Einleitungstext zu den Namenstafeln besagt:

> Die Strafvollzugsanstalt Frankfurt-Preungesheim
> war in den Jahren der faschistischen Diktatur
> eine Hinrichtungsstätte. Hier wurden Frauen und
> Männer aus Deutschland und aus den überfallenen
> Nachbarländern ermordet. Unter den Opfern
> des faschistischen Terrors waren viele Widerstands-
> kämpferinnen und Widerstandskämpfer.
> Die genaue Zahl der aus politischen Gründen
> Hingerichteten läßt sich nicht mehr feststellen.
> Viele Unterlagen wurden beim Einmarsch der alliierten
> Truppen verbrannt.
>
> Die Gräber der Ermordeten sind schwer aufzufinden.
> Einige sind auf dem Hauptfriedhof Frankfurt
> beigesetzt. Viele Naziopfer wurden in die
> Anatomischen Institute der Universitäten Frankfurt,
> Gießen und Marburg gebracht. Unzähligen
> Antifaschisten wurde die letzte Ehre verweigert.
> Ihre Gräber blieben unbekannt.
>
> Wir kennen die Namen von mehr als
> 250 Menschen, die aus politischen Gründen
> in den Jahren von 1934–1945 in Preungesheim
> hingerichtet wurden. Als Hinrichtungsgründe dienten
> »Fahnenflucht«, »Wehrkraftzersetzung«, der Vorwurf
> »Volksschädling« zu sein, »Rassenschande«,
> das Abhören ausländischer Sender, Hilfe für
> Kriegsgefangene und Juden, »Sabotage«,
> »Landesverrat«, »Vorbereitung zum Hochverrat«.
>
> Für sie und die vielen, deren Namen wir nicht kennen,
> haben wir hier 100 Frauen und Männer, 36 Deutsche
> und 64 Menschen aus den besetzten Ländern,
> die in Preungesheim ermordet wurden, aufgezählt.

Klingerschule

Am Eingang zur *Klingerschule, Mauerweg 1,* brachte die Stadt Frankfurt im September 1994 eine *Gedenktafel* an zur Erinnerung an die Verbrechen, die während der Nazi-Zeit in dem Schulhaus verübt worden sind. Der von einer Schüler-AG »Schulgeschichte« unter Leitung des Geschichtslehrers Gottfried Kößler entworfene Text der Tafel lautet:

»Das Vergangene ist nicht tot; es ist nicht einmal vergangen.«/
(Christa Wolf)/

Dieses Schulhaus war ein Ort nationalsozialistischer Verbrechen./1933 bis 1937 war dieses Haus eine SS-Kaserne. Menschen aus dem/Widerstand wurden hier gefoltert./1941 bis 1943 hat man in der Turnhalle dieser Schule den/Hausrat von jüdischen Nachbarn versteigert, die im Holocaust/ermordet wurden.

Anne-Frank-Wohnhaus

Am Haus *Ganghoferstraße 24* wurde auf Initiative des Stadtjugendrings 1947 eine *Gedenktafel* für das jüdische Mädchen Anne Frank angebracht mit folgendem Text:

In diesem Haus lebte Anne Frank,
geb. 12. 6. 1929 in Frankfurt.
Sie starb als Opfer der national-
sozialistischen Verfolgung im
KZ-Lager Bergen-Belsen.
Ihr Leben und Sterben –
unsere Verpflichtung
Die Frankfurter Jugend

Anne Frank war die Tochter einer im Jahre 1933 in die Niederlande emigrierten und sieben Jahre später, 1940, in Amsterdam untergetauchten Frankfurter jüdischen Familie. Am 4. August 1944 entdeckte die Gestapo das Versteck und deportierte die Familie. Nur der Vater, Otto Frank, überlebte. Anne Frank erlag einer Epidemie im Konzentrationslager Bergen-Belsen. Seit ihrem 13. Lebensjahr hatte sie in dem Hinterhaus-Versteck der Familie in der Prinsengracht 263 in Amsterdam, in dem sich acht Menschen von 1942 bis 1944 verborgen hielten, ein Tagebuch in holländischer Sprache geführt, das nach der Deportation der Familie zwischen alten Büchern und Zeitungen gefunden wurde. Es wurde nach dem Krieg in mehreren Sprachen veröffentlicht und erregte in der ganzen Welt als das ergreifende Dokument eines jugendlichen Opfers des nationalsozialistischen Rassismus großes Aufsehen.

In Frankfurt wurde lange diskutiert, in dem früheren Wohnhaus der Familie Frank (März 1930 bis März 1933) ein Dokumentations- und Ausstellungszentrum, eine Bibliothek und eine Begegnungsstätte einzurichten. Die Stadt hat jedoch das Haus nicht gekauft, da die Räumlichkeiten für eine geplante Dauerausstellung über Anne Frank, entweder in der Trägerschaft des Jüdischen Museums (s. unten) oder des Historischen Museums, zu klein seien. (Das Amsterdamer Haus in der Prinsengracht 263 mit dem Versteck der Familie Frank ist heute Dokumentationszentrum und Gedenkstätte.)
Der Frankfurter Jugendring hat das Projekt eines »Multikulturellen Kongreß- und Begegnungszentrums Anne Frank« in seiner Trägerschaft ins Gespräch gebracht. Diese Einrichtung könnte nicht nur Tagungsstätte für Jugendgruppen sein, die sich mit Antisemitismus oder Rassismus, historischer Verfolgung oder neonazistischem Gedankengut auseinandersetzen, sondern zugleich ein Jugendgästehaus für internationale Begegnungen.

Das Historische Museum veranstaltete 1990 eine Ausstellung »Anne aus Frankfurt«, in der die Beziehung zwischen der Stadt und der Familie Frank aufgezeigt wird. Diese Wanderausstellung über das Leben und die Lebenswelt der Anne Frank wurde bereits in den verschiedenen Stadtteilen Frankfurts gezeigt.

Nach Anne Frank wurde auch eine *Realschule* in der *Fritz-Tarnow-Straße* benannt.

Frankfurter Festhalle

Eine *Gedenktafel*, mit der an die Pogrome von 1938 und an die ersten Abtransporte Frankfurter Juden in die Konzentrationslager erinnert werden soll, wurde im Frühjahr 1991 an der *Frankfurter Festhalle,* Theodor-Heuss-Allee, angebracht. Irrtümlich ist ein falsches Datum angegeben, denn erst am Morgen des 10. November wurden die ersten jüdischen Männer in der Festhalle zusammengetrieben. Der Text der von dem Bildhauer Willi Schmidt gestalteten Bronzetafel lautet:

In der Festhalle
wurden in der Nacht
vom 8. zum
9. November 1938
Hunderte von
Frankfurter Juden
zusammengetrieben
und schwer
mißhandelt.
Von hier gingen
die ersten
Massentransporte
in die
Konzentrationslager.

Jüdisches Museum, Rothschild-Palais

Auf Beschluß des Frankfurter Stadtrats, der auf einen gemeinsamen Initiativ-Antrag aller drei Stadtratsfraktionen vom 13. Februar 1980 zurückgeht, wurde am 9. November 1988 in Frankfurt

am Main im alten Rothschild-Palais am *Untermainkai 14–15* ein *Jüdisches Museum* mit Ausstellungs- und Wissenschaftsbereich sowie einem Kommunikationszentrum eingerichtet.
Im Mittelpunkt des Museums steht die Geschichte der Juden in der Stadt Frankfurt, eines der größten Zentren jüdischen Lebens in Deutschland. In die Ausstellung integriert sind Aspekte der Geschichte des Judentums in Hessen und in ganz Deutschland und der hohe Anteil der jüdischen Bürger an der gesellschaftlichen und kulturellen Entwicklung. Ein Schwerpunkt ist die Darstellung des Schicksals der Juden in der Zeit der Verfolgung durch die Nationalsozialisten. Hinzu kommt eine Sammlung von Werken jüdischer Maler und Grafiker aus verschiedenen Epochen. Das Archiv enthält einen Zentralnachweis der Quellen zur deutsch-jüdischen Geschichte.

Jüdisches Museum, Untermainkai 14–15, 60311 Frankfurt a.M., Tel.: 069/212-35000; Direktor: Georg Heuberger; Öffnungszeiten: Di–So 10–17 Uhr, Eintritt frei.

Gedenkstätte Börneplatz

Ein *Gedenkstein* an der Mauer des ältesten jüdischen Friedhofs in Frankfurt in der *Battonnstraße, Ecke Stadtwerkebau/Kurt-Schumacher-Straße,* erinnert an die zerstörte Synagoge. Der Text lautet:

> Hier stand die
> Börneplatz-
> Synagoge,
> welche von
> Nazi-Verbrechern
> am 9. November 1938
> zerstört wurde.
>
> Here stood the
> Börneplatz-
> Synagogue
> which was destroyed
> by Nazi criminals
> on the 9th day of
> November 1938

Das angegebene Datum, das auch auf anderen Gedenktafeln für die Synagogen, ebenso an der Festhalle (s. oben), genannt wird, ist unrichtig. In Frankfurt sind die Angriffe der Nationalsozialisten erst für den frühen Morgen des 10. November 1938 belegt. Es ist zu vermuten, daß bei der Textformulierung der Symbolgehalt des Datums »9. November« im Vordergrund stand.

Der hinter der Mauer liegende *jüdische Friedhof* am *Börneplatz* wurde im »Dritten Reich« geschändet und zahlreiche Grabsteine zerschlagen. Die Trümmer hat man nach dem Krieg zu Haufen aufgeschichtet, und etwa 170 unzerstört gebliebene Grabsteine wurden entlang den Mauern aufgereiht. Die Reste dieses Friedhofs, einer der ältesten jüdischen Friedhöfe Westeuropas, sind das einzige Überbleibsel der traditionsreichen Geschichte des ehemaligen Frankfurter Judenviertels mit dem Zentrum Börneplatz. Das Jüdische Museum erarbeitet unter Leitung von Professor Michael Brocke eine Untersuchung und eine Bestandsaufnahme aller erhaltenen Grabsteine wie auch der aufgehäuften Trümmer.
1986 wurden bei Ausschachtungsarbeiten der Stadtwerke am Börneplatz die Grundmauern der ehemaligen Judengasse und zweier Mikwen (Ritualbäder) aus der Zeit des mittelalterlichen Ghettos gefunden. Nach langem öffentlichem Konflikt über den Bebauungsplan des Börneplatzes und nachdem jüdische und nichtjüdische Bürger der Stadt tagelang den Platz besetzt gehalten hatten, einigten sich schließlich die Stadt Frankfurt und die Jüdische Gemeinde auf einen Kompromiß: Neben dem neu erbauten Stadtwerkezentrum wird ein *»Kleiner Börneplatz«* angelegt.
Für die Gestaltung einer *Gedenkstätte* auf diesem Platz neben dem jüdischen Friedhof schrieb die Stadt einen Wettbewerb für ein *Mahnmal* aus, das wahlweise »an die von den Nationalsozialisten deportierten und ermordeten Frankfurter Juden, an die am 9. November 1938 zerstörte Börneplatz-Synagoge, an Ludwig Börne, an die historische Judengasse« erinnern solle. Eine Jury vergab unter 300 Entwürfen allerdings nur drei zweite Preise. Nach einem erneuten Anlauf entschied sich schließlich die Stadt für einen Platanenhain, der sich um einen Kubus aus Steinen der ausgegrabenen Judengasse gruppiert. Die Mauer des alten jüdischen Friedhofs soll auf der ganzen Länge mit den Namen der über 10000 deportierten und ermordeten Frankfurter Juden versehen werden.

Im *Kundenzentrum der Stadtwerke* ist ein Teil der aufgefundenen *Fundamente der alten Judengasse* zu sehen. Diesen Überresten hat man Beispiel-Charakter zugewiesen: Anhand der ausgestellten Ruinen lassen sich die Wohnverhältnisse im ehemaligen Ghetto ablesen. Die Fragmente der Talmudschule sollen auf das religiöse Leben verweisen. Die Ausstellungsfläche ist als Zweigstelle dem Jüdischen Museum zugeordnet und wurde am 29. November 1992 als *»Dependance Museum Judengasse«* eröffnet.

Den Konflikt um die Bebauung des Platzes dokumentiert die Publikation: Best, Michael (Hrsg.), Der Frankfurter Börneplatz. Zur Archäologie eines politischen Konflikts, Reinbek 1988.

Erinnerung an Frankfurter Synagogen

Gedenkstätte Friedberger Anlage

In der *Friedberger Anlage 5–6* wurde 1946 von der amerikanischen Militärverwaltung ein *Gedenkstein* mit einer Inschrift in Hebräisch und Englisch aufgestellt, die an die ehemalige Synagoge erinnert. Der angrenzende Luftschutzbunker, der noch heute das Gelände dominiert, wurde von den Nationalsozialisten exakt über den Trümmern der in der »Reichskristallnacht« 1938 zerstörten Hauptsynagoge der orthodoxen Juden Frankfurts errichtet. 1986 gab es einen Plan der Kommune, sich um den Kauf des Areals zu bemühen und an Stelle des Bunkers ein Mahnmal zur Erinnerung an die alte Synagoge bauen zu lassen. Schließlich griff die Stadt einen Entwurf der Landschaftsarchitektin Jeanette Garnhartner aus dem Jahre 1985 auf, der eine Integration von geplantem Mahnmal und Bunker-Relikt vorsah. Danach wurde der Platz vor dem Bunker mit Platten ausgelegt, die ein Bandmuster bilden. Der Platz wird von zehn Bäumen eingefaßt. Zwischen zwei 2,40 Meter hohen Mauerscheiben hindurch führt eine Schräge zum eigentlichen Gedenkplatz hinauf. Dieser Weg endet vor einem Gedenkstein. Zwei weitere Mauerscheiben grenzen die Gedenkstätte zu der hoch aufragenden Bunkerwand ab. Eine Bepflanzung soll zudem die übermächtige Raumwirkung des Beton-Blocks eindämmen.
Am 9. November 1988 wurde das neue *Mahnmal* in der *Friedberger Anlage* eingeweiht. Die *Gedenktafel* trägt in deutscher und hebräischer Sprache die Inschrift:

> Hier stand
> die 1907 erbaute Synagoge
> der Israelitischen
> Religionsgesellschaft.
> Sie wurde in der Pogromnacht
> des 9. November 1938
> angezündet und zerstört.

Die Realisierung des Mahnmals in dieser Form trifft nicht auf allgemeine Zustimmung. 1988 plädierte die »Initiative 9. November« in einem offenen Brief dafür, im Bunker an der Friedberger Anlage eine Gedenkstätte für Opfer der Judenverfolgung einzurichten, ähnlich dem Children Memorial in Yad Vashem. Wie in der Kindergedenkstätte in Jerusalem sollen im Bunker Spiegelwände angebracht werden, in denen das Licht von Kerzen tausendfach zurückgeworfen wird. Jedes Licht im Yad-Vashem-Mahnmal steht für eines der eineinhalb Millionen ermordeten jüdischen Kinder, deren Namen nacheinander ins Dunkle gesprochen werden. Im umgestalteten Bunker würden entsprechend die Namen der verjagten und ermordeten Juden aus Frankfurt verlesen.

Im Gespräch ist überdies eine Konzeption, die das Leben der stark vom Ostjudentum geprägten Bürgerinnen und Bürger des Frankfurter »jüdischen Ostend« dokumentiert, an die im heutigen Stadtbild nichts mehr erinnert. Die 1991 vom Magistrat beschlossene Realisierung einer »Gedenkstätte der Opfer des Nazi-Regimes mit einem Archiv, einer Ausstellung und einem Raum des Gedenkens« scheiterte bisher an Bedenken der Bundesvermögensverwaltung, den (von Zwangsarbeitern errichteten) Bunker aus der Zivilschutzbindung zu entlassen.

Seit Oktober 1993 steht an der *Gedenkstätte Friedberger Anlage* (s. oben) ein *Apfelbaum* zur Erinnerung an die Sozialdemokratin Rose Schlösinger, die im Jahre 1943 als Mitglied der Widerstandsgruppe »Rote Kapelle« in Berlin-Plötzensee hingerichtet wurde. Der »Initiative 9. November«, die seit 1988 bemüht ist, aus dem Bunker eine Gedenkstätte zu machen, schwebt vor, daß eines Tages viele andere Bäume in einer »Allee der Erkenntnis« auch für andere Widerständler vor dem Bunker stehen sollen.

Zur Erinnerung an die ehemalige Synagoge des Frankfurter Stadtteils *Rödelheim* wurde im Jahre 1979 auf Initiative der evangelischen Cyriakus-Gemeinde und der Rödelheimer Sozialdemokraten im *Solms-Park* ein *Gedenkstein* errichtet. Der Stein mit einer Inschrift in hebräischer und deutscher Sprache und einer Skulpturengruppe wurde von dem Bad Homburger Künstler Christof Krause geschaffen:

> Wir ließen zu, daß aus
> unserer Mitte jüdische Bürger
> in Konzentrationslager
> deportiert und ermordet wurden.
> An dieser Stelle stand die Synagoge
> der Jüdischen Gemeinde Rödelheim,
> geweiht am 29. Juni 1838,
> zerstört am 9./10. November 1938.

Im Frankfurter Stadtteil *Höchst,* einer bis 1928 eigenständigen Vorortgemeinde, befindet sich am *Bunker am Markt* eine *Gedenktafel* zur Erinnerung an die frühere Synagoge mit der nachfolgenden Inschrift:

> Hier stand die Synagoge der Jüdischen Gemeinde
> Höchst, 1938 durch die Nationalsozialisten
> zerstört. Wiedererrichtet mit Hilfe der
> Stadt Frankfurt am Main in Neve-Efraim/Israel.

Am 6. Mai 1962 wurde am Platz der ehemaligen Synagoge in *Bergen-Enkheim* eine *Gedenktafel* für die ermordeten jüdischen Bürger eingeweiht. Ein

Antrag im Ortsbeirat hatte zur Folge, daß heute auch zwei Straßen die Namen jüdischer Bürger tragen.

Eine *Gedenktafel* in *Heddernheim*, vor dem *Haus Alt Heddernheim 33*, erinnert seit 1988 an die ehemalige Jüdische Gemeinde mit den Worten:

Hier, in der früheren Langgass,
im Viertel der größten Jüdischen Gemeinde
des Herzogtums Nassau,
stand die um 1760 erbaute Heddernheimer Synagoge.
Sie wurde im November 1938 verwüstet
und 1943 abgetragen.

Auf dem Eckgrundstück in der *Schloßstraße 5* in Frankfurt-*Bockenheim* stand die Synagoge der Bockenheimer Jüdischen Gemeinde. Eine an dem Haus angebrachte *Gedenktafel* hält das Andenken an ihre Zerstörung in der Pogromnacht von 1938 wach.

Die im Jahre 1910 eingeweihte Synagoge im Stadtteil *Westend*, an der *Ecke Freiherr-vom-Stein-Straße/ Altkönigstraße*, ist die einzige erhaltene der ehemals acht Synagogen in Frankfurt. Das Gebäude, ein Kuppelbau im maurischen Stil, wurde zwar wie die anderen Synagogen in der sogenannten Reichskristallnacht vom 9. auf den 10. November 1938 angezündet, allerdings gelangte die SA nicht in das Innere des Gotteshauses, da der Synagogendiener die Herausgabe des Schlüssels verweigerte. Dafür wurde er von Mitgliedern der SA fast totgeschlagen. Während der Kriegsjahre diente das Gebäude als Kulissenlager des Frankfurter Opernhauses, bis es 1944 durch eine Brandbombe innen vollständig zerstört wurde. Das wiedererrichtete Gotteshaus wurde im September 1950 eingeweiht. Eine *Gedenktafel* erinnert an die Geschichte des Gebäudes und der Jüdischen Gemeinde von Westend. In jüngster Zeit wurde die Synagoge von der Jüdischen Gemeinde zu Frankfurt mit finanzieller Unterstützung der Stadt wieder in ihrem ursprünglichen historischen Stil restauriert.

Das »Arbeitserziehungslager« in Frankfurt-Heddernheim

1983 regte der Ortsbeirat die Errichtung einer inzwischen vom Magistrat beschlossenen und realisierten *Gedenkstätte* auf dem Gelände des ehemaligen »Arbeits- und Erziehungslagers« (AEL) in *Frankfurt-Heddernheim* zwischen *Zeilweg* und *Oberschelder Weg* an.
Die noch vorhandenen Gemäuer, die früher vermutlich als Arrestzellen dienten, wurden befestigt und die Vergitterungen erneuert. Die Behelfshäuser der Nachkriegszeit auf dem restlichen Gelände des ehemaligen Lagers werden mit einer Erhaltungssatzung geschützt und dürfen nicht abgerissen und das Gelände nicht neu bebaut werden. Auf dem Platz vor dem Bunker, einem kleinen aus Backsteinen gemauerten Raum, wurden *zwei Tafeln* aufgestellt, die ausführlich über die Geschichte des ehemaligen Lagers informieren:

Gedenkstätte
Ehemaliges Arbeitserziehungslager
Frankfurt am Main-Heddernheim

An dieser Stelle befand sich vom 1. April 1942 bis 18. März 1945 das Arbeitserziehungslager Heddernheim. »Arbeitserziehungslager« waren Bestandteil des nationalsozialistischen Strafvollzugs.

Das Lager war der Geheimen Staatspolizei (Gestapo) in Frankfurt am Main unterstellt, die ihren Sitz in der Lindenstraße 27 hatte. In den knapp drei Jahren der Existenz des Lagers waren insgesamt etwa 10 000 Deutsche und Ausländer hier unter menschenunwürdigen Bedingungen inhaftiert.

Viele von ihnen waren zur Arbeit für die deutsche Rüstungsindustrie gezwungene Ausländer aus den besetzten Gebieten, vor allem aus Polen und der Sowjetunion. Aus den Arbeitslagern (Gemeinschafts- oder Firmenlager) wurden sie oft wegen geringster Vergehen (unerlaubtes Verlassen der Arbeitsstätte oder des Aufenthaltsbezirkes, Verweigerung des »Deutschen Grußes«, Entgegennahme von Lebensmitteln) in das Arbeitserziehungslager gebracht. Hier sollten sie bei mangelhafter Ernährung und ständig drohender Prügelstrafe durch Zwangsarbeit vernichtet werden, wobei auch die »Vernichtung durch Arbeit« in Kauf genommen wurde. Viele von ihnen wurden von hier aus in Konzentrationslager deportiert.

Das Lager bestand aus drei Häftlings-Baracken, je mit 30 Personen belegt, einem Appellplatz aus Wachtturm und Wachraum, Entlausungsbad und Hundezwinger sowie dem sogenannten »Bunker« für den verschärften Strafvollzug.

Aus den Erinnerungen eines ehemaligen Häftlings: »Die Unterkünfte waren voller Läuse und anderem Ungeziefer. Eine Waschgelegenheit befand sich nur im Freien. Hauptnahrung bildete eine Art Kartoffelsuppe aus ungeschälten Kartoffeln, Wasser und Margarine. Häufig kam es vor, daß die Männer nach dem Abendessen in Baracken exerzieren mußten; bei Liegestützen wurde der Kopf vom Wachpersonal auf den Boden getreten.
Ferner erinnere ich mich an häufiges Auspeitschen der Häftlinge auf einer Bank.«

Solche Erfahrungen waren es, deretwegen Menschen aus unterschiedlichen politischen Lagern für unser Grundgesetz formulierten: Die Würde des Menschen ist unantastbar.

Die Existenz des von der Gestapo eingerichteten »Arbeits- und Erziehungslagers« in Frankfurt-Heddernheim ist für die Zeit von Februar 1942 bis zum 18. März 1945 (»Evakuierung« der Häftlinge nach dem KZ Buchenwald) nachgewiesen. Die Häftlinge mußten für die nahegelegenen Vereinigten Deutschen Metallwerke (VDM) arbeiten. Die meisten der bis zu 10 000 Lagerinsassen waren zur Zwangsarbeit verschleppte Kriegsgefangene aus der Sowjetunion. Weitere kamen aus Belgien und den Niederlanden. Auch deutsche politische Häftlinge, die z. B. »Feindsender« gehört oder Anti-Hitler-Parolen gemalt hatten, wurden von der Gestapo in das Lager eingewiesen. Für einige Frankfurter Juden war das Lager kurze Zwischenstation vor ihrer Deportation in die Vernichtungslager. Die Lebensverhältnisse der in diesem Lager zusammengepferchten Menschen und die Arbeitsbedingungen waren außerordentlich hart. Es hat auch Exekutionen gegeben. Das Lager Heddernheim hatte noch zwei Unterkommandos in Freienseen (nordwestlich von Schotten, s. Laubach-Freienseen) und in Hundstadt.
Das Kulturdezernat der Stadt Frankfurt (Amt für Wissenschaft und Kunst, Brückenstraße 3, 60594 Frankfurt) hat ein hektographisches Manuskript »Das Arbeitserziehungslager Heddernheim unter Berücksichtigung anderer Arbeitslager« herausgegeben, das Interessenten kostenlos zur Verfügung steht.

In Frankfurt gab es während des Krieges außer dem »Arbeitserziehungslager« in Heddernheim einige Kriegsgefangenenlager und zahlreiche Arbeitslager für ausländische Zwangsarbeiter – Männer, Frauen und Kinder, die in kriegswichtigen Betrieben eingesetzt wurden. Baracken eines Zwangsarbeiterlagers auf dem späteren US-Militärgelände an der Eschersheimer Landstraße sind 1992 noch erhalten. Die meisten Zwangsarbeiter beschäftigte der IG Farben Konzern in seinem Betrieb in Höchst.

Im August 1944 wurde in Frankfurt in der Kleyerstraße 45 ein Außenkommando des Konzentrationslagers Natzweiler im Elsaß, Frankreich, eingerichtet, dessen Häftlinge bei den Adlerwerken Ersatzteile für Panzer und Kraftfahrzeuge herstellen mußten. Viele der Häftlinge starben an Hunger, Entkräftung und Krankheit. Am 24./25. März 1945 wurden die Häftlinge dieses auch »Katzbach« genannten Außenkommandos in das Konzentrationslager Buchenwald transportiert. Die toten Häftlinge sind auf dem Hauptfriedhof bestattet.

Lager Zeilsheim

Eine *Gedenktafel* zur Erinnerung an das Lager in Zeilsheim, in dem während des Nationalsozialismus verschleppte Zwangsarbeiter festgehalten wurden, findet sich in der Grünanlage hinter der *Zeilsheimer Stadthalle*. Der Text auf der von dem Bildhauer Willi Schmidt gestalteten Tafel lautet:

> Auf diesem Gelände befand sich von 1942–1948
> das Lager Zeilsheim. Darin wurden während
> der nationalsozialistischen Diktatur ausländische
> verschleppte Zwangsarbeiter festgehalten.
> Nach Kriegsende diente das Lager als Durchgangsstelle für Flüchtlinge, Displaced Persons und
> als Unterkunft für deutsche Kriegsgefangene.
> Im Lager Zeilsheim warteten bis zu 5 000 ehemalige
> jüdische KZ-Häftlinge und verschleppte Juden
> auf ihre Repatriierung oder Auswanderung.

Bürgerhaus Gallus

Im *Bürgerhaus Gallus* fand 1963 bis 1965 der von Generalstaatsanwalt Fritz Bauer angestrengte »Auschwitz-Prozeß« statt, einer der seltenen Versuche der bundesdeutschen Nachkriegsjustiz, die nationalsozialistischen Massenverbrechen aufzuarbeiten und die Schuldigen zu bestrafen. Eine *Gedenktafel* und eine *Plastik* des Künstlers Michael Sander erinnern seit dem 30. Jahrestag des Prozeßbeginns daran.

Haus der SPD

Auf Anregung von Erica Futran, südhessische Vorsitzende der Arbeitsgemeinschaft verfolgter Sozialdemokraten, wurde im Frankfurter SPD-Haus in der *Fischerfeldstraße* im Oktober 1991 eine *Gedenktafel* für verfolgte Sozialdemokraten angebracht. Sie trägt die Inschrift:

> Den
> vom Nazi-Terror
> ermordeten
> und
> verfolgten
> Sozialdemokraten

Mahnmal Homosexuellenverfolgung

Eine »Initiative Mahnmal Homosexuellenverfolgung« hat sich seit 1990 für ein *Mahnmal* für die verfolgten und ermordeten Homosexuellen im Nationalsozialismus eingesetzt und besorgte die entsprechenden Forschungen und Dokumentationen im Frankfurter Raum. »Das Erinnern an die Leiden der Männer und Frauen mit dem Rosa Winkel hat bis in unsere Gegenwart kaum stattgefunden. Dem legalisierten Totschlagen der Homosexuellen im ›Dritten Reich‹ folgte das Totschweigen ihres Schicksals im befreiten Deutschland«, heißt es in einer Selbstdarstellung. Allein im Hessischen Hauptstaatsarchiv

in Wiesbaden liegen etwa 150 bisher nicht ausgewertete Strafprozeßakten aus den Jahren 1933 bis 1945 mit Verfahren, die wegen Vergehen gegen den Paragraphen 175 geführt wurden.
Die Initiative wurde vom Kulturamt der Stadt Frankfurt finanziell unterstützt. Politisches Ziel ist es, »der gesellschaftlichen Verachtung der Homosexuellen durch die Förderung ihrer eigenen Selbstachtung vorzubeugen und ein Zusammenleben der homosexuellen und heterosexuellen Bürger und Bürgerinnen dieser Stadt in gegenseitiger Achtung anzustreben«.
Am 19. Juni 1992 gab der Frankfurter Magistrat seine Zustimmung zu einem öffentlichen *Mahnmal* in der Innenstadt auf dem kleinen *Platz Ecke Alte Gasse/Schäfergasse*. Im Februar 1993 entschied sich eine Jury für einen Entwurf der Kölner Künstlerin Rosemarie Trockel. Sie hat dafür eine Engelsfigur gewählt, den Abguß einer Statue aus dem Depot des Kölner Doms. Als Zeichen der Gewalt der Nationalsozialisten gegen Schwule und Lesben wurde dieser Statue nach dem Guß der Kopf abgeschlagen und mit einer Verdrehung wieder aufgesetzt, so daß die Bruchstelle als Narbe sichtbar bleibt. Das Mahnmal wurde Anfang Dezember 1994 der Öffentlichkeit übergeben.

Kontakt:
Initiative Mahnmal Homosexuellenverfolgung, Lenaustraße 97, 60318 Frankfurt a.M. Die Initiative hat 1990 eine Broschüre erstellt.

Landauer-Gedenktafel

Am *Sigmund-Freud-Institut, Myliusstr. 20,* hängt seit Januar 1991 eine *Gedenktafel* für den ersten Frankfurter Psychoanalytiker Karl Landauer mit der Information:

> Mitbegründer des ersten Frankfurter
> Psychoanalytischen Instituts 1929–1933
> Geboren 12. Oktober 1887 in München
> Ums Leben gebracht im KZ Bergen-Belsen
> 27. Januar 1945

Karl Landauer war ein Schüler des Psychologen Sigmund Freud und wurde 1913 im Alter von 26 Jahren Mitglied der Wiener Psychoanalytischen Vereinigung. Aus seiner Zusammenarbeit mit dem Philosophen und Soziologen Max Horkheimer entstand 1929 das Frankfurter Psychoanalytische Institut. 1933 mußte Landauer nach Holland fliehen. Horkheimer ging ins amerikanische Exil. Landauer wurde zum wichtigsten Lehrer der modernen psychoanalytischen Technik. Nach der deutschen Besetzung der Niederlande wurde er 1943 mit seiner Frau und der ältesten Tochter verhaftet und über das Konzentrationslager Westerbork in das Konzentrationslager Bergen-Belsen deportiert. Dort kam er am 27. Januar 1945 um.

Asch-Gedenktafel

An den jüdischen Sozialisten Bruno Asch erinnert seit September 1994 eine *Gedenktafel* an seinem früheren Amtssitz, dem *Bolongaro-Palast* in Frankfurt-*Höchst.* Bruno Asch war von 1920 bis 1925 Bürgermeister in der damaligen Kreisstadt Höchst und bis 1931 Frankfurter Stadtkämmerer. Nach der »Machtergreifung« 1933 floh er nach Holland. Beim Einmarsch der deutschen Truppen nach Amsterdam nahm er sich am 15. Mai 1940 das Leben. Seine ganze Familie wurde wenig später ermordet; nur seine Tochter Mirjam überlebte.
Eine *Straße* in Frankfurt trägt den Namen von Bruno Asch.

Gedenken auf Friedhöfen

Hauptfriedhof, Eckenheimer Landstraße

Auf dem *Hauptfriedhof*, Gewann VII, wurde im Jahre 1957 die *Bronzefigur »Hiob«* des Bildhauers Gerhard Marcks zum Gedenken an die Opfer des Nationalsozialismus aufgestellt. In dem Gräberfeld sind 545 deutsche NS-Opfer bestattet, darunter 355 namentlich nicht bekannte »Euthanasie«-Opfer (zu den »Euthanasie«-Morden s. Hadamar) sowie 743 ausländische Opfer, darunter über 600 Sowjetbürger neben Opfern aus Belgien, Frankreich, den Niederlanden, Dänemark, Spanien, Italien, Luxemburg, England, Griechenland, Ungarn, Jugoslawien, Bulgarien und der Türkei sowie einigen Opfern unbekannter Nationalität.

An 98 hier bestattete polnische NS-Opfer erinnert eine *Stele* aus Rotsandstein im Gewann X. Im Gewann E 157 sind 528 polnische KZ-Häftlinge bestattet. Die Urnen-Sammelgrabanlage ist durch beschriftete Namensplatten aus rötlichem Granit umrandet; ein *Kreuzgrabmal* aus Rotsandstein wurde 1948 von polnischen Geistlichen zum Gedenken an die »Opfer des Faschismus« errichtet. Unter den Toten sind wahrscheinlich Überlebende des Aufstandes im Warschauer Ghetto im April/Mai 1943, die in das Konzentrationslager Natzweiler in Frankreich deportiert und von dort 1944 in das »Katzbach« genannte Außenkommando bei den Adlerwerken in Frankfurt gebracht wurden (s. oben).

Im Gewann I befindet sich ein *Gedenkstein* für die Sozialdemokratin Johanna Kirchner, die am 9. Juni 1944 in Berlin-Plötzensee hingerichtet wurde (s. oben Paulskirche).

An Versuche von Medizinern mit »Euthanasie«-Opfern will ein *Gedenkstein* erinnern auf einem Grab, in welchem im Dezember 1990 Teile anonymer menschlicher Körper in Form von medizinischen Präparaten aus der NS-Zeit beerdigt wurden. Die Inschrift lautet:

> Den im Namen der Wissenschaft mißbrauchten
> Opfern des Nationalsozialismus zum Gedenken –
> allen Wissenschaftlern zur Mahnung
> zu verantwortlichem Tun

Der Text gibt keinerlei Auskunft über die Verbrechen, die von Wissenschaftlern und Ärzten an Menschen verübt wurden. Nach dem »Bericht der Landesregierung über die Verwendung anatomischer und histologischer Präparate aus der Zeit des Dritten Reiches an hessischen Hochschulen und medizinischen Einrichtungen zu Forschungs- und Lehrzwecken« handelt es sich um die Beisetzung von 2050 Präparaten der Universitätsnervenklinik Frankfurt und weiterer Präparate aus der Technischen Universität Darmstadt, aus dem Zentrum der Frauenheilkunde und Geburtshilfe Frankfurt, aus der Universität Marburg und den Anatomien Heidelberg und Leipzig. Sie wurden Menschen entnommen, die von den Nazis als »lebensunwert« bezeichnet und ermordet wurden. Zu Forschungszwecken wurden Universitäten und medizinische Einrichtungen in großem Umfang mit Organen beliefert, die den Menschen in den Vernichtungsanstalten (s. Hadamar) entnommen worden waren. Eine ähnliche Begräbnisstätte von in der NS-Zeit hergestellten Präparaten gibt es auch in Tübingen (s. Baden-Württemberg).

Auf dem Hauptfriedhof befinden sich auch die Grabstätten von Ricarda Huch und von Josef Reitinger, der 1934 im Gefängnis Frankfurt-Preungesheim hingerichtet wurde.

Im Rahmen einer Veranstaltung in der Paulskirche wurde 1991 eine *Gedenktafel* für die Frankfurter Sinti und Roma enthüllt, die am 3. März 1993 *an der Bronzefigur »Hiob«* (s. oben) aufgestellt wurde. Dabei handelt es sich um eines der wenigen Erinnerungszeichen an den Völkermord an den »Zigeunern«. Der Text lautet:

> Den 500 000 Sinti und Roma
> die im Nationalsozialismus
> Opfer des Völkermords wurden.

Die Stadt Frankfurt hatte die Ausgrenzung der Sinti und Roma bereits 1936 vorbereitet. 1937 wurden sie in ein Sammellager an der Dieselstraße im Osthafengebiet eingewiesen. Im Juni 1938, im Mai 1940 und im März 1943 wurden aus ganz Deutschland Sinti- und Roma-Familien zum Abtransport in die Vernichtungslager zusammengetrieben. Bei der Errichtung der Tafel auf dem Hauptfriedhof machte die Frankfurter Kulturdezernentin darauf aufmerksam, daß bisher nichts an das Internierungslager für die Frankfurter »Zigeuner« in der Dieselstraße erinnere, und versprach, »im Stadtgebiet zu dokumentieren, was wir erfahren« (s. auch unter Planungen).

Friedhof Nied

Vor dem Friedhof Nied an der *Waldschulstraße* ist ein *Mahnmal* aus Rotsandstein mit der Inschrift »Den Antifaschisten von Nied« aufgestellt.

Waldfriedhof Oberrad

Auf einem Ehrenfeld des Waldfriedhofs Oberrad, *Burgenlandweg*, liegen 756 niederländische Opfer des NS-Regimes bestattet.

Friedhöfe Höchst, Sossenheim, Niederrad

Auf diesen Friedhöfen befinden sich Sammelgrabanlagen, in denen insgesamt 200 NS-Opfer aus Polen und der Sowjetunion bestattet sind. Zu ihrem Gedenken wurde auf dem *Friedhof Sossenheim* ein *Hochkreuz* aus Rotsandstein aufgestellt.

Friedhof Praunheim

Auf dem Friedhof Praunheim, *Haingrabenstraße*, trägt ein *Mahnmal* die Inschrift:

> Zum Gedenken unserer Kameraden, die der
> faschistischen Verfolgung von 1933–1945
> zum Opfer gefallen sind
> VVN – Praunheim-Westhausen

Friedhof Westhausen

Auf dem Friedhof Westhausen, *Kollwitzstraße*, liegen 4788 Italiener bestattet, Opfer aus Kriegsgefangenen- und Zwangsarbeiterlagern. Sie waren vorher auf anderen Friedhöfen im Raum Hessen beerdigt und wurden hierher in die Sammelgrabanlage umgebettet.

Neuer jüdischer Friedhof

Auf dem an den Hauptfriedhof angrenzenden Neuen jüdischen Friedhof an der *Eckenheimer Landstraße*, der in den 30er Jahren dieses Jahrhunderts angelegt wurde, sind 131 jüdische KZ-Opfer bestattet. Man findet hier auch die Gräber der etwa 930 Frankfurter jüdischen Bürgerinnen und Bürger, die der drohenden Deportation und Ermordung durch die Nationalsozialisten durch den Freitod zuvorkamen. Im *Ehrenhof* des Friedhofs ist eine *Stele* aus hellem Granit mit Inschrift zum Gedenken an die Opfer des Vernichtungslagers Auschwitz aufgestellt. Am Fuß des Mahnmals ist eine *Urne* mit der Asche von Auschwitz-Opfern beigesetzt.

Alter jüdischer Friedhof

Auf dem ebenfalls an den Hauptfriedhof angrenzenden Alten jüdischen Friedhof an der *Rat-Beil-Straße,* der Anfang/Mitte des 19. Jahrhunderts angelegt wurde, befinden sich 62 Gräber von NS-Opfern.

Namen von Straßen und Gebäuden

Zahlreiche Straßen und Plätze sind heute in Frankfurt nach Männern und Frauen, Verfolgte und Widerstandskämpfer vor allem aus der Arbeiterbewegung, benannt. Eine Auswahl davon, die insbesondere mit der Stadtgeschichte zu tun haben, sind:

Else Alken (geboren 1879, 1944 umgekommen in Theresienstadt, Zentrumspolitikerin, Stadtverordnete, engagiert im Sozialwesen, 1933 nach Frankreich emigriert, aber von der französischen Vichy-Regierung an die Nazis ausgeliefert);

Konrad Broßwitz (geboren 1881, 11. März 1945 im Konzentrationslager Dachau umgekommen, Parteisekretär der SPD, 1928–30 Frankfurter Abgeordneter im Reichstag, Gewerkschafter und Sozialpolitiker);

Albrecht Ege (geboren 1878 in Frankfurt am Main, Stadtverordneter und Geschäftsführer der SPD, machte sich um den Wohnungsbau verdient, hingerichtet in der Strafanstalt Frankfurt-Preungesheim am 23. Januar 1943, beerdigt auf dem Westhausener Friedhof);

Wilhelm Epstein (Sozialdemokratischer Widerstandskämpfer);

Theodor Haubach (1896 in Frankfurt geboren, Sozialdemokrat, Journalist, Mitglied des Kreisauer Kreises und der Gruppe um Moltke und York, hingerichtet am 23. Januar 1945 in Berlin-Plötzensee);

Stephan Heise (Journalist, Stadtverordneter der SPD, gestorben am 31. März 1945 auf dem »Todesmarsch« aus dem Konzentrationslager Sachsenhausen);

Franziska Kessel (Reichstagsabgeordnete der KPD, an den Folgen der Gestapomißhandlungen am 23. April 1934 gestorben);

Ludwig Landmann (geboren 1868 in Mannheim, 1924–1933 Oberbürgermeister von Frankfurt am Main, gestorben am 5. März 1945 im Untergrund in Holland);

Adam Leis (KPD-Mitglied, wegen seiner Widerstandstätigkeit in Frankfurt-Preungesheim am 17. September 1942 hingerichtet);

Franz Metz (Bezirkssekretär der SPD, 1928–33 Frankfurter Abgeordneter im Reichstag, Vorstandsmitglied des Metallarbeiterverbandes, gestorben 1945 auf dem »Todesmarsch« aus dem Konzentrationslager Dachau);

Carlo Mierendorff (Von 1930 bis 1933 Mitglied des Reichstages, Sozialdemokrat, einer der Wortführer im Kampf gegen den Nationalsozialismus, s. Darmstadt);

Ernst Mulansky (geboren 1881, Sozialdemokrat und Gewerkschafter, gestorben 1945 im Konzentrationslager Dachau);

Adolf Reichwein (Pädagoge und Widerstandskämpfer, lebte in Frankfurt, Mitglied des Kreisauer Kreises, am 20. Oktober 1944 zum Tode verurteilt);

Toni Sender, Hugo Sinzheimer, Heinrich Stahl (wegen »Wehrkraftzersetzung« vom Volksgerichtshof zum Tode verurteilt und am 25. Januar 1945 im Konzentrationslager Sachsenhausen bei Oranienburg gestorben);

Johanna Tesch (geboren 1875 in Frankfurt am Main, Stadtverordnete der SPD, Mitglied der Weimarer Nationalversammlung und des Reichstags, gestorben am 13. März 1945 im Konzentrationslager Ravensbrück).

In der Siedlung »Am Bügel« erinnert eine kleine Straße an *Oskar Schindler:* Der Sudetendeutsche Oskar Schindler (geb. 1908) war als Leiter von kriegswichtigen Industriebetrieben bei Krakau in Polen eingesetzt. Durch Beziehungen und Bestechungen rettete der Industrielle mehr als 1 000 Juden das Leben. Als die SS beim Herannahen der Roten Armee mit der Liquidation der Lager und Ghettos und der Ermordung der noch verbliebenen jüdischen Bevölkerung begann, erreichte Schindler die Freistellung »seiner« Juden auf einer von den Nazis genehmigten Liste mit 1 200 Namen. Er verlegte Menschen und Maschinen seines Betriebs von Krakau nach Brünnlitz in der Nähe seiner Heimatstadt Zwittau, damals Sudetenland. Am 8. Mai 1945 brachte er die noch bewaffnete SS-Wachmannschaft des Fabriklagers dazu, ohne Blutvergießen ihre Posten zu räumen. Schindler starb am 9. Oktober 1974 in Hildesheim. Seine sterblichen Überreste sind auf dem Zions-Berg in Jerusalem beerdigt, womit die von ihm geretteten Juden und Freunde einen Wunsch Schindlers erfüllten.

Einige Schulen wurden nach Verfolgten und Widerstandskämpfern benannt: *Anne-Frank-Schule, Carlo-Mierendorff-Schule, Adolf-Reichwein-Schule, Geschwister-Scholl-Schule.*

Planungen

- Der hessische Landesverband deutscher Sinti und Roma hat beim Kulturdezernat der Stadt Frankfurt angeregt, am 18. August 1997, dem 60. Jahrestag der Eröffnung des »Zigeunerlagers« an der *Dieselstraße,* zur Erinnerung an dieses Sammellager für Frankfurter Sinti- und Roma-Familien vor ihrer Verschleppung in Vernichtungslager ein *Mahnmal* – ähnlich dem im Dezember 1992 in Wiesbaden errichteten – einzuweihen.

- Das Kulturamt der Stadt Frankfurt plant eine *Gedenktafel* am *Niederräder Licht- und Luftbad,* das den Juden von 1936 bis 1938 zur ausschließlichen Benutzung zugewiesen war.
- Am *Eschersheimer Bunker »Im Wörth«* soll der Zwangsarbeiter gedacht werden, die den Bunker gebaut haben.
- An den Physiker und Nobelpreisträger Max Born, dem 1933 wegen seiner jüdischen Abstammung seine Lehrerlaubnis an der Frankfurter Universität entzogen wurde, sowie an Siegfried Kracauer, den 1933 aus Nazi-Deutschland emigrierten Sozialwissenschaftler und Redakteur der Frankfurter Zeitung, soll erinnert werden.
- Im Mai 1988 beantragten die Frankfurter Grünen gemeinsam mit dem Schriftsteller Gerhard Zwerenz und Ernst Slutzki vom Berufsverband Bildender Künstler beim Magistrat, neben der Frankfurter Paulskirche ein *Denkmal* zur Erinnerung an die hingerichteten *Deserteure* des Zweiten Weltkrieges zu errichten. Gedacht war an einen Granitblock mit den Namen der exekutierten Deserteure. Später stand ein Denkmal zur Rehabilitation der Deserteure des Zweiten Weltkriegs oder ein Soldatendenkmal zur Diskussion, bei dem hinter jeden Namen eines gefallenen deutschen Soldaten acht ausländische Namen gemeißelt werden sollten, um statistisch zu zeigen, welche Auswirkungen der Zweite Weltkrieg auf andere Völker gehabt hat. Das Vorhaben ist bisher nicht realisiert.

»Alternative Stadtrundfahrten«
zu Stätten des Widerstandes und der Verfolgung veranstalten:

DGB Kreis Frankfurt, Wilhelm-Leuschner-Straße 69–77, 60329 Frankfurt a.M., Tel.: 0 69/26 84-1. Begleitmaterial: »Alternativer Stadtführer zu den Stätten der Frankfurter Arbeiterbewegung und des Faschismus«, hrsg. v. DGB Kreis Frankfurt, 1981 (mit Ergänzungsbroschüre).

Vereinigung der Verfolgten des Naziregimes – Bund der Antifaschisten (VVN/BdA) Frankfurt, Rossertstraße 4, 60323 Frankfurt a.M., Tel.: 0 69/72 17 58.

Intertreff, Stalburgstraße 38, 60318 Frankfurt a.M., Tel.: 0 69/21 23-44 30 veranstaltet neben Informationen für »Neufrankfurter« auch Stadtgänge zu Stätten der Verfolgung und des Widerstands.

Projekte und Institutionen:
Der Frankfurter DGB (Adresse s.o.) hat einen »Arbeitskreis Faschismus und Neofaschismus im Unterricht« eingerichtet, dessen Mitglieder auch für Gespräche in Schulen zur Verfügung stehen.

Lehrerarbeitsgruppe »Spuren des Faschismus in Frankfurt«: Hessisches Institut für Lehrerfortbildung – Außenstelle Frankfurt, In der Römerstadt 120e, 60439 Frankfurt a.M., Tel.: 0 69/57 30 13.

»Jüdisches Leben in Frankfurt am Main«
Seit einigen Jahren interviewen die Mitarbeiter dieses Projekts ehemalige Frankfurter jüdische Bürgerinnen und Bürger, die jedes Jahr in zwei Besuchergruppen die Stadt besuchen. Erste »Frucht« dieses Projekts war im November 1992 eine Publikation über den 9./10. November 1938 in Frankfurt am Main. Kontakt über das Institut für Stadtgeschichte (s. unten).

Die »Gruppe Stadtteilerkundung« Rödelheim trifft sich seit 1985 in der Evangelischen Cyriakusgemeinde, Alexanderstraße 37. Sie hat sich zum Ziel gesetzt, die Spuren nationalsozialistischer Vergangenheit in Rödelheim sichtbar zu machen.
Kontakt: c/o H. Lüßmann, Wolf-Heidenheim-Straße 7, 60489 Frankfurt a.M.

»Studienkreis: Deutscher Widerstand«
Studienkreis zur Erforschung und Vermittlung der Geschichte des deutschen Widerstandes 1933–1945 e.V. – Dokumentationsarchiv des deutschen Widerstandes, Rossertstraße 9, 60323 Frankfurt a.M., Tel.: 0 69/72 15 75, Öffnungszeiten: Dienstag bis Donnerstag 10–17 Uhr, Mittwoch von 10–19 Uhr.
Das Dokumentationsarchiv enthält wissenschaftliche Literatur, Schrift- und Bilddokumente, darunter auch Interviews mit ehemaligen Widerstandskämpfern, zu den Themenkomplexen »Deutscher Faschismus«, »Antifaschistischer Widerstand«, »Antifaschistische Literatur« und »Faschismus und Widerstand im Unterricht«. Der Studienkreis gibt zweimal im Jahr die Zeitschrift »informationen« heraus und publiziert den »Heimatgeschichtlichen Wegweiser zu Stätten des Widerstandes und der Verfolgung 1933–1945«. Darüber hinaus entwickelte der Studienkreis Ausstellungen, u.a. zu den Themen »Antifaschistischer Widerstand 1933–1945«, »Frauen im Konzentrationslager: Moringen, Lichtenburg, Ravensbrück 1933–1945« und »Kinder im KZ Theresienstadt. Bilder und Gedichte«, die entliehen werden können. Im Verleih des Studienkreises befinden sich ebenso Dia-Serien zu den großen KZ-Gedenkstätten und der Reichspogromnacht sowie zum Thema »Widerstand und Verfolgung 1933–1945« in Hessen und im Saarland. Auch Filme und Video-Kassetten können beim Studienkreis ausgeliehen werden.

»Fritz Bauer Institut«
Im Jahre 1991 hat die Stadt Frankfurt mit der Planung eines »Frankfurter Lern- und Dokumentationszentrums des Holocaust« begonnen. Bei einem internationalen Hearing wurde die Idee öffentlich vorgestellt und debattiert, im Jahre 1992 die inhaltliche Arbeit mit einem Veranstaltungsprogramm aufgenommen. Auf Vorschlag der Planungsgruppe erhielt die Arbeitsstelle den Namen »Fritz Bauer Institut – Studien- und Dokumentationszentrum zur Geschichte und Wirkung der nationalsozialistischen Vernichtungspolitik«, benannt nach dem 1968 verstorbe-

nen hessischen Generalstaatsanwalt Fritz Bauer, der für die Anklageerhebung im Auschwitz-Prozeß in Frankfurt am Main 1963–1965 verantwortlich war. Die Absicht war, eine bundesweit arbeitende Einrichtung zu schaffen, die sich vor allem mit der Rezeptionsgeschichte des Holocaust in den beiden deutschen Nachkriegsgesellschaften und mit Formen des Erinnerns und Gedenkens beschäftigen soll. Die Gründung als Stiftung bürgerlichen Rechts erfolgte zum 1. Januar 1995.
Kontaktadressen: Fritz Bauer Institut, Studien- und Dokumentationszentrum zur Geschichte und Wirkung des Holocaust, Rheinstraße 29, 60325 Frankfurt a.M., Tel.: 069/ 975811-0, Leitung: Hanno Loewy; Förderverein Fritz Bauer Institut e.V.: gleiche Anschrift, Tel.: 069/975811-60.

»Verfolgtes Musikleben in der NS-Zeit«
In der Paulskirche wurde im November 1990 eine Ausstellung über »Jüdische Musikerinnen und Musiker in Frankfurt 1933–1942« gezeigt. Die Ausstellung stellt den Anteil der jüdischen Künstler am kulturellen Leben Frankfurts heraus. Die Initiatoren der Ausstellung, Joachim Martini, der Leiter der »Jungen Kantorei«, und seine Frau Judith Freise, haben auch das »Frankfurter Archiv verfolgtes Musikleben in der NS-Zeit« gegründet. Einem Vorschlag der Frankfurter Bürgerstiftung folgend, soll das umfangreiche Text- und Bildmaterial in der Stiftung im Holzhausenschlößchen untergebracht werden. Kontakt: Institut für Stadtgeschichte.

»Institut für Stadtgeschichte«
Seit September 1990 begleitet eine Koordinationsstelle des Magistrats der Stadt Frankfurt die zahlreichen Projekte zeitgeschichtlicher Spurensicherung in der Stadt. Die Koordinationsstelle ermöglicht die Umsetzung der Forschungsergebnisse im Stadtbild (Gedenktafeln, Mahnmale), in Bildungseinrichtungen (Schule, Erwachsenenbildung) und Gedenkveranstaltungen. Verantwortlich ist Frau Elisabeth Abendroth, Amt für Wissenschaft und Kunst der Stadt Frankfurt. Anschrift: Institut für Stadtgeschichte, Karmelitergasse 5, 60311 Frankfurt, Tel.: 069/ 21230142.

Verein zur Gründung der »Stiftung Auschwitz« e.V.
Kontaktadresse: Funckstraße 18, 60486 Frankfurt a.M.; Tel.: 069/771017; Vorsitzender: Pfarrer Rudolf Dohrmann, Stellvertreter: Manfred Pöpperl.

Quellen/Literatur:
Beckert, Sven, Bis zu diesem Punkt und nicht weiter. Arbeitsalltag während des Zweiten Weltkriegs in einer Industrieregion Offenbach-Frankfurt, Frankfurt a.M. 1990. (Das Kapitel von Katharina Boehm behandelt Zwangsarbeiter- und Kriegsgefangenenlager in Frankfurt); Boehm, Katharina u.a. (Hrsg.), Das andere Frankfurt. Führer durch das demokratische und antifaschistische Frankfurt, 1981; Dertiger, Antje/Trott, Jan von, »... und lebe immer in Eurer Erinnerung«. Johanna Kirchner, eine Frau im Widerstand, Bonn 1985; Hase-Mihalik, Eva v./Kreuzkamp, Doris, Du kriegst auch einen schönen Wohnwagen. Zwangslager für Sinti und Roma während des Nationalsozialismus in Frankfurt am Main, Frankfurt a.M. 1990; Häußler, Bernd, Frankfurt 1933–1945. Von der NS-Machtergreifung bis zur Zerstörung der Stadt, hrsg. v. Presse- und Informationsamt der Stadt Frankfurt a.M., 1983; Huber, Wilfried/Krebs, Albert (Hrsg.), Adolf Reichwein 1898–1944, Paderborn 1981; Keval, Susanne, Widerstand und Selbstbehauptung in Frankfurt am Main 1933–1945. Spuren und Materialien, Frankfurt a.M. 1988; Kommission zur Erforschung der Geschichte der Frankfurter Juden (Hrsg.), Dokumente zur Geschichte der Frankfurter Juden 1933–1945, bearbeitet von Dietrich Andernacht u. Eleonore Sterling, Frankfurt a.M. 1963; Korn, Simon/ Clausmeyer-Ewers, Bettina, Die Synagoge an der Friedberger Anlage. Gedenkstätte für die ehemalige Synagoge der Israelitischen Religionsgemeinschaft, Frankfurt a.M. 1983; Rebentisch, Dieter, Ludwig Landmann, Wiesbaden 1975; Mausbach-Bromberger, Barbara, Arbeiterwiderstand in Frankfurt am Main. Gegen den Faschismus 1933–1945, Frankfurt a.M. 1976; Dies./Mausbach, Katja, Frauen und Frankfurt. Spuren vergessener Geschichte, Frankfurt a.M. 1987; Staatliche Landesbildstelle Hessen (Hrsg.), Spuren jüdischer Geschichte in Frankfurt am Main 1933–1945, Beiheft zur Diareihe 108111, Frankfurt a.M. 1985; Stadt Frankfurt, Dezernat für Kultur und Freizeit (Hrsg.), Frankfurter Lern- und Dokumentationszentrum des Holocaust. Gutachten, verfaßt von Hanno Loewy, Frankfurt a.M. 1991; Studienkreis: Deutscher Widerstand (Hrsg.), Informationen Nr. 36, April 1993 (Schwerpunkt über die Verfolgung der Sinti und Roma, u.a.: Herbert Adler berichtet über das Internierungslager in der Dieselstraße); Ulshöfer, Helmut, Jüdische Gemeinde Bergen-Enkheim 1933–1942, Frankfurt a.M. 1988; Wippermann, Wolfgang, Das Leben in Frankfurt zur NS-Zeit. Bd. 1: Die nationalsozialistische Judenverfolgung. Darstellung, Dokumente, didaktische Hinweise, Frankfurt a.M. 1986. (Diese von der Stadt Frankfurt herausgegebene Reihe wird sich in den in Arbeit befindlichen drei Folgebänden mit den Themen »Zigeunerverfolgung«, »NS-Alltag in Frankfurt« und »Widerstand gegen die NS-Gewaltherrschaft« befassen).

Freienseen siehe Laubach

Friedberg, Hessen

An dem Ende der fünfziger Jahre restaurierten *Judenbad* erinnert eine *Gedenktafel* an die Zerstörung der Friedberger Synagoge. Die Inschrift lautet:

> Die Synagoge der Friedberger Jüdischen Gemeinde wurde am 9. 11. 1938 in der Zeit der tiefsten Selbsterniedrigung des deutschen Volkes in unmenschlichem Haß und Verblendung geschändet, angezündet, danach für baufällig erklärt und beseitigt.
>
> Diese Tafel gelte als besinnende Erinnerung und Mahnung für zukünftige Geschlechter.
>
> Die Liebe besiege den Haß.

Im Eingangsbereich des aus dem Mittelalter stammenden jüdischen Kultbades, der Mikwe, in der *Judengasse 20,* hängt seit 1983 eine schwarze *Steintafel* »Zum Gedenken an die Opfer«. Damit erinnert die Stadt Friedberg an die jüdischen Opfer der Vertreibung, Emigration und Deportation aus Friedberg.

Literatur:
Hoos, Hans Helmut, Zur Geschichte der Friedberger Juden 1933–1942, in: Von Schwarz-Weiß-Rot zum Hakenkreuz. Wetterauer Geschichtsblätter, Beiheft 1, Wetterau 1989, S. 37–104.

Fritzlar

Auf dem *jüdischen Friedhof* am *Schladenweg* findet sich ein *Gedenkstein* in Form eines Obelisken mit der Inschrift:

> Zum Andenken
> an die umgekommenen
> 6 Millionen Juden
> durch Nazimörder

Literatur:
Lohmann, Dagmar und Clemens, Das Schicksal der Jüdischen Gemeinde in Fritzlar 1933–1945. Die Pogromnacht 1938, Fritzlar 1988 (Geschichtsverein Fritzlar. Beiträge zur Stadtgeschichte 5).

Fronhausen, Lahn

Auf dem *jüdischen Friedhof* erinnert ein *Gedenkstein* an die Opfer der nationalsozialistischen Gewaltherrschaft.

Fulda

An dem ehemaligen Badehaus der jüdischen Gemeinde, das der Synagoge benachbart war, früher »Judengasse«, heute *»Am Stockhaus 2«,* erinnert eine *Gedenktafel* an die zerstörte Synagoge und an die Verfolgung der jüdischen Mitbürger:

> Zum Gedenken an die Mitbürger jüdischen Glaubens,
> deren Synagoge hier einst stand, wurde diese
> Gedenktafel errichtet. Bis 1920 war die Fuldaer
> Jüdische Kultusgemeinde auf fast 1 200 Mitglieder
> gewachsen. 1938 lebten in Fulda noch 658 Juden,
> die das schwere Los der Diskriminierung und
> Verfolgung zu erdulden hatten. Viele von ihnen
> verloren ihr Leben in den Vernichtungslagern der
> Gewaltherrschaft. Wir wahren das Andenken
> an unsere jüdischen Mitbürger und ehren ihre Toten.
> Die Bürgerschaft der Stadt Fulda.

Am 27. Mai 1987 wurde in der renovierten ehemaligen jüdischen Schule in der *Von-Schildeck-Straße 13* ein *jüdisches Kulturzentrum* eröffnet. Im Erdgeschoß befinden sich eine *Gedenkstätte,* eine kleine Bibliothek mit Lesezimmer und ein Unterrichtsraum. Im ersten Stock wurden die Synagoge für die kleine jüdische Gemeinde sowie ein Sitzungs- und Versammlungsraum eingerichtet.

Der seit Jahrhunderten bestehende *alte jüdische Friedhof* zwischen der Bahnhof-, Linden-, Sturmius- und Rabanusstraße wurde 1906 geschlossen und in der Edelzeller Straße ein neuer eröffnet.
An den am 9. November 1938 verwüsteten alten jüdischen Friedhof erinnert heute ein *Gedenkstein (Ecke Sturmiusstraße)* mit folgender Inschrift:

> Gedenkstein errichtet von der Stadt Fulda
> an der Stätte des
> historischen Friedhofs der Fuldaer Juden,
> die in den Jahren der
> Gewaltherrschaft ihrer Bestimmung entzogen wurde.

Auf einem Teil des ehemaligen jüdischen Friedhofs zur Lindenstraße hin wurde in den Jahren 1953–1955 das *Hauptzollamt* errichtet. In diesem Gebäude ist eine *Gedenkstätte* eingerichtet worden. An der Wand trägt eine Tafel folgenden Wortlaut:

> Dieser Raum sei geweiht der Erinnerung
> an die Seelen aller Heiligen
> Frommen und Großen in Israel
> aller Männer und Frauen der altehrwürdigen
> Gemeinde Fulda
> die hier ihre Ruhestätte fanden bis zur gewaltsamen
> Auflösung
> des Friedhofes zur Zeit der Schreckensherrschaft.

Auf dem *Zentralfriedhof* an der *Künzeller Straße* befinden sich mehrere Grab- und Gedenkstätten für hier beerdigte Tote aus der ehemaligen Sowjetunion, Polen, Litauen, Lettland und Italien, die unter nicht bekannten Umständen in den Kriegs- und Nachkriegsjahren 1939–1947 gestorben sind, vermutlich Zwangsarbeiter sowie Kriegsgefangene. In Fulda gab es mehrere Lager für ausländische Frauen und Männer, die hierher deportiert und zur Arbeit in der Industrie gezwungen worden waren.

Am 18. November 1962 wurde an der *Michaeliskirche* ein *Mahnmal* enthüllt für »Unsere Toten der Jahre 1939–1945«, das der Kölner Bildhauer Ewald Mataré entworfen hatte. Der damalige Oberbürgermeister von Fulda, Alfred Dregger, erinnerte bei der Einweihung gleichzeitig an die »Soldaten, die guten Glaubens für ihr Vaterland gestritten haben« wie auch an »all die unschuldige Kreatur, die wehrlos und duldend den Tod erlitt, unter den Bomben des Luftkrieges, in den Konzentrationslagern und auf den Flüchtlingstrecks«.

Quellen/Literatur:
Horn, Paul/Sonn, Naftali Herbert, Zur Geschichte der Juden in Fulda. Ein Gedenkbuch, Tel Aviv 1969; Sonn, Naftali Herbert/Berge, Otto, Schicksalswege der Juden in Fulda und Umgebung, Fulda 1984; Haas, Joachim, Abseits der »großen« Geschichte. Opposition und Widerstand gegen den Nationalsozialismus im Raum Fulda, Frankfurt 1989; Der jüdische Friedhof in Fulda, 2. Aufl. Fulda 1987 (Dokumentationen zur Stadtgeschichte Nr. 2); Renner Gerhard/Schulz, Joachim/Zibuschka, Rudolf, »... werden in Kürze anderweit untergebracht...« Das Schicksal der Fuldaer Juden im Nationalsozialismus, Fulda 1992. Akten des Stadtarchivs Fulda.

Geisenheim, Rheingau

Im Garten der Lehr- und Forschungsanstalt Geisenheim befindet sich ein *Gedenkstein* für Peter Spring, der 1933 als Sozialdemokrat ins Geisenheimer Stadtparlament gewählt und später aus dem Staatsdienst bei der Lehr- und Forschungsanstalt entlassen worden war. Zwei Wochen vor der Befreiung, am 10. April 1945, ist Peter Spring im Konzentrationslager Dachau gestorben.

Gelnhausen

Auf Initiative der »Gelnhäuser Historischen Gesellschaft« wurde an der ehemaligen Synagoge in Gelnhausen (Main-Kinzig-Kreis) in der *Brentanostraße* eine *Gedenktafel* mit der Inschrift angebracht:

> Dieses Gebäude wurde 1601/als Synagoge errichtet und/diente der Jüdischen Gemeinde/ von Gelnhausen bis 1938./In den Jahren des Hasses wurden/die jüdischen Mitbürger/vertrieben oder deportiert/und das Gebetshaus entweiht./In der Hoffnung auf eine/Versöhnung wurde dieses Haus/ am 25. September 1986 dem/Geiste des Friedens und der/Kultur geweiht.

Diese Tafel ersetzt eine alte Gedenkplatte, auf der nur eine sehr allgemeine Inschrift zu lesen war:

> Zur Erinnerung
> an das Leiden und Sterben
> unserer Mitbürger
> in den Jahren
> 1939 bis 1945.

Vor dem ehemaligen Gotteshaus steht eine *Plastik* der Künstlerin Dina Kunze aus Butzbach. Das Mahnmal stellt eine halbgeöffnete Tür dar, in deren fensterähnlicher Öffnung verflochtene Ringe eingeschweißt sind.
Das Haus der Synagoge wurde am 30. Oktober 1986 als Kulturzentrum der Stadt eröffnet. Das Gebäude überstand die »Reichskristallnacht« vom 9. zum 10. November 1938 nur, weil der Vorsteher der Gelnhausener Gemeinde das Gotteshaus zuvor an einen Obsthändler verkauft hatte, der sie zweckentfremdet als Lager nutzte. Das Gebäude ist so originalgetreu wie möglich renoviert worden und steht heute unter Denkmalschutz. An der Außenmauer ist der historische »Hochzeitsstein« angebracht und im Innern ein alter Thora-Schrein aufgestellt worden. Im Vorraum erinnert eine Dokumentation an die Jüdische Gemeinde, die bis 1938 in der Stadt existierte. Die von der »Gelnhäuser Historischen Gesellschaft« (GHG) konzipierte Ausstellung zeigt das Schicksal der Juden exemplarisch am Leben einzelner Gelnhausener Bürger.

Anfang der 90er Jahre wurde der neue *»Wanderweg Wegscheide«* eingerichtet, der mit seinen 21 Stationen an die wechselvolle Geschichte der »Wegscheide« erinnert. Eine der Stationen, von denen bis 1993 drei mit einer *Gedenktafel* ausgestattet waren, informiert vor dem russischen Kriegsgefangenenfriedhof über das Schicksal der hier im Lager untergebrachten russischen Soldaten.

Kontakt:
Initiative »Die Wegscheide mahnt – Den Frieden sichern«, c/o DGB, Hailerer Straße 22, 63571 Gelnhausen.

Literatur:
Magistrat der Barbarossastadt Gelnhausen (Hrsg.), Ehemalige Synagoge Gelnhausen, Gelnhausen 1986.

Gemünden, Wohra

Ein *Gedenkstein* auf dem *jüdischen Friedhof* im Ortsteil *Grüsen*, Oberdorf, erinnert an die Kriegstoten aus dem Ersten Weltkrieg und zugleich an die jüdischen Opfer des Nationalsozialismus mit den Worten:

> Zum Gedenken
> den Gefallenen
> 1914 – 1918
> den gemordeten
> 1933 – 1945
> jüdischen Bürgern
> von Grüsen

Auf dem Friedhof nennen zahlreiche Grabsteine die Namen von Familienmitgliedern, die im Konzentrationslager ermordet wurden.

Literatur:
Brandt, Heinz, Der Kibbuz Hagschamah in Grüsen, in: Hessische Blätter für Volkskunde, Bd. 9, Gießen 1979.

Gernsheim, Rhein

Seit 1988 befindet sich an dem Gebäude der ehemaligen Synagoge, *Schafstraße 13*, eine *Gedenktafel* mit folgendem Text:

Zur Erinnerung
Dieses Gebäude diente der Jüdischen
Gemeinde Gernsheims
von 1845 bis 1937 als Synagoge

Auf dem *Friedhof* der Stadt Gernsheim wurde bereits 1985 ein *Gedenkstein* aufgestellt. Die Inschrift lautet:

Wir gedenken in
Trauer unserer toten
jüdischen Mitbürger
Die Bürger
der Stadt Gernsheim

Im November 1988 wurde diese Gedenkstätte um eine zusätzliche Bronzetafel erweitert, auf der die Namen der Gernsheimer Juden aufgeführt sind, die im Konzentrationslager Sachsenhausen bei Oranienburg ermordet wurden:

Wir gedenken in Trauer
der im Konzentrationslager
ermordeten jüdischen
Mitbürgerinnen und Mitbürger
unserer Stadt

Max Hahn, Berta Hahn, Hildegard,
Kurt und Joseph Hahn
Jakob, Rosa und Richard Schiefer
Emma Spieß, Karoline Weil

Gersfeld, Rhön

Auf dem *Gersfelder Friedhof* steht ein *Gedenkstein* für Zwangsarbeiter und Kriegsgefangene, die während des Zweiten Weltkrieges nach Gersfeld verschleppt wurden. Der Text lautet:

Fern ihrer Heimat
liegen hier gebettet
Soldaten aus Rußland
gestorben 1941–1945
im Kriegsgefangenen-Lazarett zu Gersfeld
Die Erde ist des Herrn und alles was darinnen ist.

Nach dem sogenannten Rhön-Plan der Nazis sollte das Gebiet an der Rhön einer wirtschaftlichen und gewaltsamen sozialen Umgestaltung im Sinne des NS-Staates unterzogen werden. Das Ziel war die Heranzüchtung einer »rassisch tüchtigen Rhönbevölkerung«, die als Musterbauern die neu gegründeten Erbhöfe übernehmen sollten. Für diese Zwecke wurden die Rhöner systematisch »rassenbiologisch« durchleuchtet und dabei praktisch für jeden Rhöner ein »Rassegutachten« erstellt. Diese »Durchmusterungen« wurden in großem Stil praktiziert und führten zur massenweisen Sterilisierung ganzer Familien, Sippen, ja aller Bewohner eines Dorfes. Um die Rhön auch wirtschaftlich umzubauen, um Straßen zu schaffen, Felder zu entsteinen, Böden zu drainieren und Land für die Musterhöfe zu arrondieren, hatten die Nationalsozialisten Tausende von Arbeitern in die Reichsarbeitsdienst-Lager (RAD) an der Rhön geschickt. Diese Arbeiten mußten später verschleppte Zwangsarbeiter und Kriegsgefangene verrichten, die im RAD-Lager Schwarzes Moor untergebracht waren. Noch heute erinnern die Reste des steinernen Tores an das ehemalige Zwangsarbeiterlager, erklärende Hinweise auf die Vergangenheit fehlen allerdings.

Quellen/Literatur:
Hohmann, Joachim S., Landvolk unterm Hakenkreuz, 2 Bde, Frankfurt 1992 (Dokumentation zur Agrar- und Rassenpolitik der Nationalsozialisten in der Rhön).

Gießen

Es gibt Überlegungen des Landeswohlfahrtsverbandes Hessen, mit einer *Gedenktafel* am *Psychiatrischen Krankenhaus Gießen* an »Euthanasie«-Opfer zu erinnern.
Aus Anlaß des 50. Jahrestages des sogenannten Euthanasie-Erlasses vom 1. September 1939, der besagte, daß »nach menschlichem Ermessen unheilbar Kranken« der »Gnadentod gewährt werden kann«, wurde unter der Federführung des Psychiatrischen Krankenhauses Gießen am 30. August 1989 im Alten Schloß eine Ausstellung über die »Hessische Landes-Heil- und Pflegeanstalt Gießen in der NS-Zeit« eröffnet. Unter dem Titel »Was ein Menschenleben wert war – von der Zwangssterilisation zur Euthanasie« wurde eine überarbeitete und erweiterte Dokumentation gezeigt, die im Jahre 1986 zum 75jährigen Jubiläum des Krankenhauses erstellt worden war. Hauptanliegen der Ausstellung war es, »den Betrachter an das Unfaßbare jenseits nüchterner Zahlen heranzuführen« und daher Einzelschicksale von Menschen aus Gießen und Umgebung in den Mittelpunkt zu rücken.

Im Jahre 1978 wurde auf dem *Berliner Platz* ein *Gedenkstein* errichtet, ein Werk des Marburger Bildhauers Joachim Spies. Eine Tafel auf der Gehwegseite enthält den Text:

Die Bürger der Stadt
gedenken der Menschen,
die unter dem Naziregime
in Gießen verfolgt, getötet, gemordet
oder aus ihrer Stadt deportiert wurden.
Die Opfer mahnen uns:
Wehret den Anfängen!

Auf der Stirnseite sind die Jahreszahlen »1933–1945« eingemeißelt und auf der Rückseite zur Grünfläche hin ist zu lesen:

Der aus Überzeugung oder um des Glaubens
oder des Gewissens willen
gegen die menschenverachtende Gewaltherrschaft
geleistete Widerstand
war ein Verdienst um das deutsche Volk
und seinen Staat.

Am Standort der von den Nationalsozialisten am 10. November 1938 niedergebrannten Synagoge in der *Südanlage 2* (heute Kongreßhalle) wurde 1964 ein *Gedenkstein* mit folgendem Text aufgestellt:

In Memoriam.
1867–1938 stand an dieser Stelle die
ältere der beiden Synagogen der Jüdischen
Gemeinde unserer Stadt. Beide Gotteshäuser
wurden am 10. 11. 1938 von den Nationalsozialisten
niedergebrannt.

Für diesen Standort an der Kongreßhalle war auch die Umsetzung der Kalbacher Synagoge im Gespräch, die dort abgetragen und in Gießen wieder errichtet werden sollte. (Näheres s. Kalbach)

Ähnlich lautet der Text einer *Gedenkplatte*, die am 10. November 1978, dem 40. Jahrestag der Reichspogromnacht, an einem Wohnhaus in der *Steinstraße 8*, dem früheren Standort der jüngeren, 1900 errichteten Synagoge enthüllt wurde.

An der *Wiesecker Pforte* im Gießener Stadtteil *Wieseck* wurde im Mai 1992 inmitten einer Grünfläche eine *Steinplatte* enthüllt zur Erinnerung an die frühere Synagoge. Dort ist zu lesen:

Zum Gedenken an die
zwischen 1933 und 1945
vertriebenen und ermordeten
jüdischen Bürgerinnen und Bürger
Zur Erinnerung an die
am 10. 11. 1938 geschändete Synagoge
in der Karl-Benner-Strasse 3

Auf Initiative der Fraktionen von SPD und Grünen wurden im November 1988 durch den Magistrat mehrere *Gedenktafeln* in *Gießen* angebracht. An der Goetheschule ist neben der Eingangstür zur Westanlage die folgende Inschrift zu lesen:

Westanlage 43
In diesem Gebäude, der Goetheschule,
wurden 1942 Mitte September 330 jüdische
Frauen, Männer und Kinder aus
Gießen und Umgebung zusammengetrieben.
Sie wurden in Viehwaggons in die
nationalsozialistischen Vernichtungslager
verschleppt. Nur sechs von ihnen überlebten
die Hölle von Auschwitz und Theresienstadt
und kehrten zurück.

Neben einem Kellerfenster des Gebäudes *Neuen Bäue 23* wurde im *Bürgersteig* eine *Plakette* angebracht mit dem Text:

Neuen Bäue 23
Dieses Gebäude war bis 1938 der Sitz
des jüdischen Bankhauses Herz.
Dessen Vermögen wurde von den Finanzbehörden
des nazistischen Dritten Reiches eingezogen.
Das Haus wurde der Geheimen Staatspolizei
übergeben.
Bis zum Ende des Zweiten Weltkrieges wurden
in dem Keller von der »Gestapo« Giessener
Bürger inhaftiert, verhört, drangsaliert, gefoltert.

Ebenfalls in den Bürgersteig eingelassen wurde eine *Gedenkplatte* beim alten *Gewerkschaftshaus* in der *Schanzenstraße*. Der Text lautet:

Schanzenstrasse 18
Am 2. Mai 1933 wurde das Haus des
Allgemeinen Deutschen Gewerkschaftsbundes
von Nationalsozialisten überfallen
und beschlagnahmt. Zehn Gewerkschafter
wurden entlassen, einige wurden in das
Konzentrationslager Osthofen bei Worms
verschleppt. Damit waren auch die
Gewerkschaften in Giessen dem
Naziregime »gleichgeschaltet«.

Im Hauptgebäude der *Justus-Liebig-Universität* in der *Ludwigstraße* wurde im Jahre 1989 eine *Gedenktafel* von seiten der Universität angebracht. Der Text heißt:

Die Justus Liebig Universität
gedenkt ihrer Opfer
in den Jahren der
Nationalsozialistischen Diktatur
1933 - 1945
verfemt, verfolgt, verletzt,
verstümmelt, getötet.
Wider das Vergessen.

Auf dem Gießener *Neuen Friedhof* sind einige ausländische Zwangsarbeiter bestattet, die zwischen 1941 und 1945 bei verschiedenen Gießener Firmen beschäftigt waren.

Auf dem *Jüdischen Friedhof* wurde im Jahre 1982 anläßlich des 40. Jahrestages der Deportation von etwa 300 Juden aus der Stadt und aus dem Landkreis Gießen in die Konzentrationslager Auschwitz und Theresienstadt ein *Mahnmal* errichtet.

Für Verdienste um die christlich-jüdische Verständigung verleiht die Stadt Gießen seit 1980 jährlich die *»Hedwig-Burgheim-Medaille«*. Die Jüdin Hedwig Burgheim leitete bis zu ihrer Entlassung durch die Nationalsozialisten im Jahre 1933 das Fröbel-Seminar in Gießen und übernahm später eine jüdische Haushalts- und Kindergärtnerinnenschule in Leipzig. 1943 wurde sie im Konzentrationslager Auschwitz ermordet.
Nach ihr wurde auch eine evangelische Ausbildungsstätte in Darmstadt (s. dort) benannt.

Die *Heinrich-Will-Straße* am Neuen Friedhof erinnert an den Maler Heinrich Will, der 1942 vom »Volksgerichtshof« in Berlin wegen »zersetzender Feindpropaganda« und des Hörens von Auslandssendern zum Tode verurteilt und am 19. Februar 1943 in der Strafanstalt Frankfurt-Preungesheim hingerichtet wurde. Seine jüdische Frau wurde nach Auschwitz deportiert und dort getötet. Die *Ernst-Steiner-Straße* in *Pohlheim-Hausen* wurde nach dem Pfarrer Ernst Steiner benannt, der zum Gießener Widerstand gehörte und im Gestapo-Gefängnis in Darmstadt ums Leben kam.

Literatur:
Heuser, Sabine u. a., Widerstand in Gießen und Umgebung, 12. Klasse, Liebig-Gesamtschule, im Rahmen des »Schülerwettbewerbs Deutsche Geschichte« 1982/83; Heyne, Kurt u. a., Judenverfolgung in Gießen und Umgebung 1933–1945, in: Mitteilungen des Oberhessischen Geschichtsvereins Gießen, Bd. 69, 1984, S. 1–315; Kralovitz, Rolf und Brigitte, Hedwig Burgheim oder die Reise nach Gießen. Bericht über das Leben einer Lehrerin, Gießen 1981; Knauss, Erwin, Die jüdische Bevölkerung Gießens 1933–1945. Eine Dokumentation, hrsg. von der Kommission für die Geschichte der Juden in Hessen, Wiesbaden 1974; Reimann, Bruno W. u. a., Frontabschnitt Hochschule. Die Giessener Universität im Nationalsozialismus, 2. Aufl. Gießen 1983; Ders. u. a., Antisemitismus und Nationalsozialismus in der Gießener Region (1890–1933), Katalog zur Ausstellung der Arbeitsgruppe »Soziale und politische Geschichte Gießens«, 2. Aufl. Gießen 1991; Ders. u. a., Protofaschismus in der Provinz. Die Gießener Region 1890 – 1933, Frankfurt 1992.

Gladenbach

Auf einem *Gedenkstein* am ehemaligen Standort der 1938 verwüsteten und später abgerissenen Synagoge in der *Bergstraße* stehen die Worte:

> O Erde, decke mein Blut nicht zu,
> mein Schreien finde keine Ruhestatt.

Grebenau

Auf dem *jüdischen Friedhof* am *Heidberg* erinnert ein *Gedenkstein* an deportierte jüdische Bürger:

> Schauet und sehet, ob ein Schmerz gleichet
> meinem Schmerze, der mir angetan wurde.
> Klagelieder, Kapitel 1 Vers 12.
> Dieses Denkmal ist gewidmet dem Andenken
> unserer jüdischen Mitbürger, die in den
> Jahren 1938–1945 der Brutalität des damaligen
> Nationalsozialismus zum Opfer fielen.
> Als Mahnmal errichtet 1975.

Heute in Israel lebende ehemalige jüdische Bürger Grebenaus haben die Errichtung eines *Gedenksteins* am ehemaligen Standort der 1938 niedergebrannten Synagoge in der *Jahnstraße* angeregt.

Griesheim, Hessen

Auf Initiative des Stadtschulrates A. E. Bratu, eines Weggefährten Carlo Mierendorffs (s. Darmstadt) im Widerstand gegen das NS-Regime, wurde die Volksschule in der Straße »Am Schwimmbad« in *Carlo-Mierendorff-Schule* umbenannt.

Eine *Gedenktafel* am Platz der ehemaligen Synagoge erinnert an die Verschleppung und Ermordung der ortsansässigen Juden.

Großauheim siehe Hanau

Groß-Bieberau

Am Platz der ehemaligen Synagoge in der *Marktstraße*, auf dem Parkplatz einer Drogerie, erinnert seit 1986 ein *Gedenkstein* an die verschleppten und ermordeten Juden:

> An dieser Stelle stand die 1873
> errichtete Synagoge der Jüdischen
> Gemeinde Groß-Bieberau.
> Zerstört am 9./10. November 1938.
> Zur Erinnerung an die jüdischen
> Einwohner, die der Gewaltherrschaft
> zum Opfer fielen.
>
> Gewidmet von der Stadt Groß-Bieberau
> 24. 6. 1986

Groß-Gerau

An der Außenmauer des *jüdischen Friedhofs* in der *Theodor-Heuss-Straße* befindet sich ein von der Vereinigung der Verfolgten des Nazi-Regimes (VVN) 1949 aufgestellter *Granitblock* mit der Inschrift:

> Für die Opfer des Faschismus

Daneben steht ein ebenfalls von der VVN 1949 aufgestellter Stein mit den Worten:

Unseren Toten zum Gedenken
den Lebenden zur Mahnung!

Das *ehemalige Ehrenmal für die im Ersten Weltkrieg gefallenen jüdischen Soldaten,* das von den Nationalsozialisten zerstört wurde, ist heute ein Mahnmal zur Erinnerung an jüdische Opfer des Nationalsozialismus. Eine *Gedenktafel* trägt den Text:

Dieses Ehrenmal für die im
1. Weltkrieg gefallenen
jüdischen Soldaten des
Landkreises Groß-Gerau,
das unter nationalso-
zialistischer Herrschaft
zerstört wurde, wird in
diesem Zustand belassen,
den künftigen Generationen
zur steten Mahnung.

Die Inschrift einer zweiten Tafel lautet:

Die Bürger der Stadt Groß-Gerau
ehren das Andenken
der jüdischen Mitbürger der Stadt
und des Kreises Groß-Gerau,
die durch das unmenschliche Nazi-
Regime 1933–1945 umgekommen sind
und deren letzte Ruhestätte
unbekannt ist.

Der Magistrat errichtete 1978 auf dem *jüdischen Friedhof* einen *Gedenkstein* mit dem Text:

Ruhestätte jüdischer Mit-
bürger aus Groß-Gerau,
die während der national-
sozialistischen Gewalt-
herrschaft widerrecht-
lich umgebettet wurden.

Im selben Jahr wurde am Standort der ehemaligen Synagoge, *Frankfurter Straße/Ecke Adolf-Göbel-Platz,* ein *Gedenkstein* aufgestellt. Die Inschrift lautet:

Hier stand das 1892 erbaute
Gotteshaus der Jüdischen Ge-
meinde. Es wurde am 9. November
1938 auf Befehl eines unmensch-
lichen Regimes zerstört.
Den Lebenden zur Mahnung!
Die Kreisstadt Groß-Gerau

Am 8. Mai 1985, dem 40. Jahrestag der Kapitulation des Nazi-Regimes, enthüllte die Stadt eine *Gedenktafel* für die jüdischen Opfer aus Groß-Gerau und Umgebung.

Das *Jugendzentrum* am *Grünen Weg* wurde nach *Anne Frank* benannt. Das im Konzentrationslager Bergen-Belsen umgekommene, in Frankfurt geborene jüdische Mädchen wurde durch die Veröffentlichung ihres im Amsterdamer Versteck der Familie 1942 bis 1944 verfaßten Tagebuchs weltweit bekannt (s. Frankfurt).

Im Jahre 1989 hat sich ein »Förderverein jüdische Geschichte und Kultur im Kreis Groß-Gerau e.V.« gegründet. Der Verein hat die ehemalige Synagoge in Riedstadt-Erfelden käuflich erworben, um darin ein Dokumentationszentrum sowie eine Gedenk- und Begegnungsstätte einzurichten (s. Riedstadt).

Einige Straßen in Groß-Gerau erinnern an Widerstandskämpfer: *Carl-von-Ossietzky-Straße, Wilhelm-Hamann-Straße, Wilhelm-Leuschner-Straße, Geschwister-Scholl-Straße, Otto-Wels-Straße.*

Kontaktadresse:
Förderverein Jüdische Geschichte und Kultur im Kreis Groß-Gerau e.V., Rathaus, Bahnhofstr. 1, 64560 Riedstadt-Goddelau, Tel.: 06158/181-0.

Literatur:
Busch, Arnold, Widerstand im Kreis Groß-Gerau 1933–1945, Groß-Gerau 1988; Schleindl, Angelika, Verschwundene Nachbarn. Jüdische Gemeinden und Synagogen im Kreis Groß-Gerau, hrsg. vom Kreisausschuß des Kreises Goß-Gerau und der Kreisvolkshochschule, Groß-Gerau 1990; Vorndran, Hans-Georg/Ziegler, Jürgen, Juden in Groß-Gerau. Eine lokale Spurensuche anläßlich des 50. Jahrestages der Reichspogromnacht, 2. erw. Aufl. Groß-Gerau 1989 (Schriftenreihe des Evangelischen Arbeitskreises Kirche und Israel in Hessen und Nassau 5).

Großkrotzenburg

Eine *Bronzegedenktafel* am Standort der 1938 zerstörten Synagoge in der *Steingasse 10* trägt folgende Inschrift:

Immanuel-Kapelle, errichtet als Synagoge der
Jüdischen Gemeinde Großkrotzenburg und
im Jahre 1826 eingeweiht. Erweitert 1864 und 1900.
Zerstörung des Innenraums in der »Kristallnacht«
des Jahres 1938. Danach in Privatbesitz und
gewerblich genutzt. Erworben 1952 durch die
evangelische Kirchengemeinde, nach Umbau als
Immanuel-Kapelle eingeweiht und als evangelisches
Gotteshaus genutzt bis 1974. Seitdem im Rahmen
der Denkmalspflege der Gemeinde Großkrotzenburg
überlassen.

Literatur:
Euler, Willi, Rückblick auf die Jüdische Gemeinde von Großkrotzenburg, Großkrotzenburg 1983.

Groß-Umstadt

Die Synagoge in der *Unteren Marktstraße* entging in der »Reichskristallnacht« am 9./10. November 1938 der Brandstiftung, da sie zu dicht an den Scheunen mehrerer Höfe stand. Ihre Innenräume wurden jedoch von SA-Männern vollständig zerstört. 1978/79 wurden ihre Reste abgetragen. Sie sollte im Freilichtmuseum Hessenpark bei Neu-Anspach wieder aufgebaut werden. Die verbliebenen Mauerteile, besonders die behauenen, zum Teil mit Inschriften versehenen Tür- und Fenstergewände, wurden im Freilichtmuseum eingelagert. Im Mai 1983 begann der Wiederaufbau zur Erinnerung an die Judenverfolgung in Hessen am Beispiel der Jüdischen Gemeinde Groß-Umstadt und umliegender Orte.

Anschrift:
Freilichtmuseum Hessenpark, 61267 Neu-Anspach, Tel.: 0 60 81/90 81. (s. Neu-Anspach)

Groß-Zimmern

An der Eingangstür des *Kinderheims St. Josef* berichtet eine *Gedenktafel* über die Geschichte des Gebäudes:

26. 10. 1864	Gegründet von Bischof Ketteler
9. 6. 1939	Durch Gestapo enteignet
6. 4. 1945	Ausgeplündert zurückgegeben
1958 – 1962	Umgebaut und restauriert

Das Kinderheim war während des Krieges Sammellager für sowjetische Kriegsgefangene. Etwa 500 sowjetische Kriegsgefangene liegen auf dem *Friedhof* im Ortsteil *Klein-Zimmern* beerdigt.

Gudensberg

In Gudensberg steht eine der letzten erhaltenen Synagogen im Schwalm-Eder-Kreis, die noch ihre ursprüngliche Baugestalt besitzt. Die 1843 von Albert Rosengarten, dem ersten Synagogenbaumeister Deutschlands, errichtete Synagoge in der Hintergasse, ein zweistöckiger Steinbau im neuromantischen Stil mit Treppengiebel und Rundbogenfenster, wurde um 1937 geschlossen und an die Jüdische Gemeinde Kassel übergeben. Seit 1938 ist sie in verschiedenem Privatbesitz und dient heute einem Gudensberger Bäckereibetrieb als Lagerraum.

Der 1985 gegründete »Arbeitskreis Synagoge Gudensberg« forderte den Ankauf des denkmalgeschützten Gebäudes durch die Kommune und schlug eine Nutzung als *Erinnerungs- und Lernort,* als *kulturelle Begegnungsstätte* und als *Dokumentationsstelle* für die Geschichte der Juden in Nordhessen vor. Nach jahrelangen Auseinandersetzungen hat die Stadtverordnetenversammlung im Juni 1991 den Ankauf der Synagoge und die Außenrenovierung beschlossen. Die Kosten teilen sich die Stadt, das Land Hessen und der Kreis.

Bereits vor Jahren hat der Arbeitskreis eine *Gedenktafel* an dem Gebäude gefordert, die bisher nicht realisiert wurde (Stand: 1994). Der Textvorschlag lautet:

> Das Geheimnis der Versöhnung heißt Erinnerung.
>
> Dieses Haus diente seit September 1843
> der Jüdischen
> Gemeinde Gudensberg als Synagoge.
> Im Jahre 1933 lebten in unserer Stadt noch mehr als
> 100 jüdische Mitbürger. Die letzten Gudensberger
> Juden wurden im Mai 1938 vertrieben.
>
> Gedenket der Opfer der Naziherrschaft,
> die vertrieben,
> verfolgt oder getötet wurden.

Kontakt:
Arbeitskreis Synagoge Gudensberg e.V., Hans-Peter Klein, Kasseler Str. 35, 34281 Gudensberg, Tel.: 0 56 03/ 26 30.

Quellen/Literatur:
Arbeitskreis Synagoge Gudensberg e.V. (Hrsg.), Reichspogromnacht 9. November 1939. Dokumentation der Redebeiträge zur Gedenkveranstaltung vom 9. Nov. 1988 in Gudensberg, Gudensberg 1988; Ders., Aus dem Alltagsleben der Jüdischen Gemeinde in Gudensberg. Bilder und Dokumente, Gudensberg 1988.

Guxhagen

Das Konzentrations- und »Arbeitserziehungslager« Breitenau

In der ehemaligen Landesarbeitsanstalt Breitenau, die in einem früheren Benediktiner-Kloster untergebracht war, richtete der Kasseler Polizeipräsident am 15. Juni 1933 ein »Konzentrationslager für politische Schutzhaftgefangene« ein, das bis zum 17. März 1934 bestand. Die Kasseler Gestapo inhaftierte in diesen neun Monaten dort wenigstens 470 politische Gegner des NS-Regimes aus dem Regierungsbezirk Kassel, überwiegend Kommunisten, Sozialdemokraten und Gewerkschafter. Auch einige jüdische Bürger kamen 1933/34 in dieses Konzentrationslager. Breitenau zählt zu den sogenannten »frühen«, von staatlicher Seite eingerichteten Konzentrationslagern, im Unterschied zu den

sogenannten »wilden« Konzentrationslagern, die meist von SA- oder NSDAP-Führern eingerichtet wurden, und auch im Unterschied zu den der SS unterstehenden Konzentrationslagern.
Nach der Auflösung des Lagers im März 1934 diente Breitenau bis zum Krieg wieder als Arbeitsanstalt und zur vorübergehenden Unterbringung von aus der »Volksgemeinschaft« ausgegrenzten Minderheiten wie Bettlern, Sinti, Roma und jüdischen Bürgern aus der unmittelbaren Nachbarschaft.
Im Sommer 1940 wurde Breitenau »Arbeitserziehungslager« für Tausende von ausländischen Zwangsarbeitern, vor allem aus Polen und der Sowjetunion; auch deutsche »Schutzhaftgefangene«, unter ihnen jüdische Bürger, wurden dort eingewiesen. Die meisten Gestapo-Gefangenen waren junge Männer und Frauen; auch Jugendliche wurden inhaftiert. Als »Haftgründe« werden »Arbeitsverweigerung«, »unberechtigtes Verlassen der Arbeitsstätte« oder auch »Arbeitssabotage« genannt. Bei deutschen Gefangenen reichten »Verstöße gegen das gesunde Volksempfinden«, dazu zählte das Abhören »feindlicher Rundfunksender« oder ein politischer Witz. Die Häftlinge wurden zur Arbeit in der Rüstungsindustrie und in der Landwirtschaft gezwungen. Die Lebens- und Arbeitsbedingungen für die Gefangenen, insbesondere für die Ausländer, waren entwürdigend. Für viele der etwa 8 500 Gefangenen dieser Jahre bis 1945 war Breitenau Durchgangsstation auf dem Weg in die SS-Konzentrations- und Vernichtungslager; vorwiegend Buchenwald und Ravensbrück, aber auch Sachsenhausen, Dachau, Mauthausen und Auschwitz werden in den Akten genannt. Breitenau war 1943/44 Sitz der Kasseler Gestapo.

Gedenken in Breitenau

Auf dem ehemaligen Lagergelände des Konzentrations- und des »Arbeitserziehungslagers« *Breitenau*, heute Ortsteil von Guxhagen, wurde vom Landeswohlfahrtsverband Hessen 1983 neben einem von dem Bildhauer Wilhelm Hugues 1950 geschaffenen *Mahnmal* mit der Inschrift »Sie ruhen in Frieden« eine *Tafel* angebracht mit dem Wortlaut:

> Zum Gedenken
> an die bedrohten, verfolgten
> und ermordeten Menschen im
> Konzentrations- und Arbeitslager
> Breitenau 1933–1945
> Landeswohlfahrtsverband Hessen 1983

Das Mahnmal von Wilhelm Hugues, der während der Zeit des Nationalsozialismus Berufsverbot hatte, stand ursprünglich auf dem Friedhof der ehemaligen Arbeitsanstalt bzw. des früheren Klosters Breitenau. Parallel zur Anbringung der Gedenktafel wurde der Gedenkstein neben das Portal der alten Klosterkirche gesetzt.

Guxhagen:
Blick auf das Hauptgebäude der ehemaligen Landesarbeitsanstalt im Mittelschiff der früheren Klosterkirche Breitenau, in dem von Juni 1933 bis März 1934 ein »Konzentrationslager für politische Schutzhäftlinge« und 1940 bis 1945 ein »Arbeitserziehungslager« eingerichtet waren. Der Ostteil der Kirche (durch den Torbogen verdeckt) diente weiterhin als Gemeindekirche der evangelischen Kirchengemeinde.

Bis 1960 stand auf dem Anstaltsfriedhof ein mittlerweile umgesetztes *Holzkreuz* mit der Inschrift:

Unbekannte Opfer der Gestapo
Geopferte mahnen Euch
Menschen laßt nicht vom Streben
nach Frieden und Recht
31. III. 1945

Das Kreuz erinnert an die Opfer des von SS und Gestapo begangenen Mordes an 28 sowjetischen, niederländischen und französischen Gefangenen. Sie wurden in der Nacht zum 30. März 1945 am Fuldaberg bei Breitenau erschossen. Das Gestapo-Straflager Breitenau war bereits am 29. März 1945 aufgelöst und geräumt worden. Im Zellenbau verblieben noch die 28 Häftlinge. Diese Menschen wurden von einem Erschießungskommando, das aus Kasseler SS- und Gestapoleuten bestand, ermordet. Mithäftlinge hatten die Grube vorher ausgehoben und anschließend die Toten mit Erde bedeckt. Es gibt Hinweise darauf, daß sich unter den 16 ermordeten Russen Kriegsgefangene aus dem »Stalag IX A« befanden. Zumindest drei der Ermordeten waren Zwangsarbeiter: Stanislaus Ivanow beim Bahnbetriebswerk Eschwege, Andre Iwano bei der Spinnfaser AG und Valentin Domaschewski bei der Reichsbahn in Göttingen. Von den zehn erschossenen Franzosen, die möglicherweise einer Widerstandsgruppe angehört haben, kamen zwei aus dem Lager Schäferberg bei Espenau (s. dort). Über die beiden Niederländer, die sich unter den Toten befunden haben sollen, ist nichts bekannt. Nach dem Einmarsch der amerikanischen Truppen am 1. April 1945 sorgten Polen dafür, daß ihre ermordeten Kameraden auf den Anstaltsfriedhof Breitenau umgebettet wurden.

Das *Gedenkkreuz* wurde im Jahre 1960 auf die *Kriegsgräberstätte Ludwigstein* (s. Witzenhausen) umgestellt, wohin die Gebeine der 28 Ermordeten überführt wurden. Aber weder auf den Gräbern noch auf dem Kreuz ist vermerkt, daß die Toten in Breitenau ermordet wurden.

Genau 42 Jahre nach dem Massenmord am Fuldaberg, am 30. März 1987, wurde auf dem *Wanderweg* zwischen *Guxhagen* und *Ellenberg* ein *Gedenkstein* für die Opfer dieses Verbrechens enthüllt. Der Text auf dem Stein, der in unmittelbarer Nähe des Tatortes steht, lautet:

Zur Erinnerung an
Marcel Delacroix
Valentin Domaschewski
Joseph Duquesney
André Lamic
Iwano Stanislaus*
und an die 23 anderen unbekannten Toten,
die hier von der SS/Gestapo
am 30. März 1945 ermordet wurden.
Menschen, laßt nicht ab vom Streben
nach Frieden und Recht
Gemeinde Guxhagen

[* Auf dem Stein ist irrtümlich der Vorname hinter den Nachnamen gesetzt.]

Die Gedenkstätte Breitenau – Ausstellung, Archiv, Projekte

Eine »Projektgruppe Breitenau« an der Gesamthochschule Kassel (GhK) erarbeitete eine Ausstellung »Erinnern an Breitenau 1933–1945«, die im Jahre 1982 in der alten Zehntscheune des

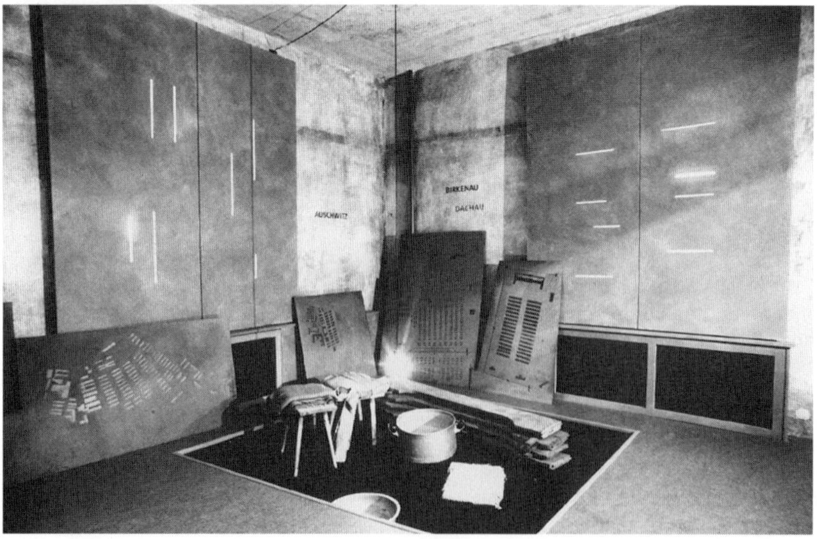

Gedenkstätte Breitenau: Die 1992 neu eröffnete Ausstellung des Kasseler Künstlers Stephan von Borstel ist der Versuch einer künstlerischen Form der Annäherung an den Ort und seine Geschichte. Die Rauminstallation mit verschiedenen Lagergrundrissen auf angelehnten Stahlplatten, Sehschlitzen statt Fenstern und mit Gegenständen aus dem einstigen Lager Breitenau symbolisiert den Zusammenhang zwischen Breitenau und anderen nationalsozialistischen Konzentrationslagern.

Fotos in Stahlrahmen in der von Stephan von Borstel künstlerisch gestalteten Ausstellung in der Gedenkstätte Breitenau.

früheren Klosters Breitenau als ständige Ausstellung eröffnet wurde. Der Hessische Kultusminister erwarb ein Duplikat der Ausstellung, um sie interessierten Schulen als Wanderausstellung zur Verfügung stellen zu können.

Die Ausstellung bildete den Grundstein für die *Gedenkstätte Breitenau,* die 1984 von der Gesamthochschule Kassel zusammen mit dem Landeswohlfahrtsverband Hessen (LWV) in den Räumlichkeiten der *Außenstelle Guxhagen des Psychiatrischen Krankenhauses Merxhausen* errichtet wurde. Unterstützt wird die Gedenkstätte vom 1986 gegründeten »Verein zur Förderung der Gedenkstätte und des Archivs Breitenau e. V.« (Sitz Kassel), dem die Landkreise Schwalm-Eder und Kassel, die Stadt Kassel und mehrere Gemeinden und andere Körperschaften wie die Hessische Landeszentrale für politische Bildung sowie zahlreiche einzelne Mitglieder angehören.

Der Projektgruppe wurden vom Landeswohlfahrtsverband zu Forschungszwecken Aufnahmebücher, Häftlingsakten, Korrespondenz der Lagerleitung und andere Dokumente und Akten, die sich im Verwaltungsgebäude der ehemaligen Arbeitsanstalt befanden, zur Verfügung gestellt. Die Gesamthochschule Kassel richtete 1984 in den Räumen des ehemaligen Konzentrationslagers bzw. Gestapo-Straflagers ein historisches Archiv ein, das die erhaltenen Schutzhaftakten Breitenaus aus der NS-Zeit enthält. Außerdem wurde eine Dokumentensammlung zusammengestellt, die interessierten Besuchern zur Einsicht offensteht. Das Archiv enthält darüber hinaus auch Aufzeichnungen von Gesprächen mit Zeitzeugen, Unterlagen ehemaliger Zwangsarbeiter, Nachlässe und eine Sammlung zeitgenössischer Presseausschnitte.

Seit 1984 sind in der Gedenkstätte zwei Mitarbeiter tätig. Außerdem stehen der Gedenkstätte zwei Lehrkräfte mit insgesamt 18 Wochenstunden zur Verfügung, die im Rahmen des Museumspädagogischen Dienstes des Hessischen Kultusministers die fachliche Betreuung von Besuchergruppen, vor allem Schulklassen, übernommen haben. Die Lehrkräfte und Mitarbeiter der Gedenkstätte veranstalten nach vorheriger Vereinbarung Führungen durch die Ausstellung sowie eine historische Ortsbegehung.

»Der Gedenkstätte liegt eine pädagogische Konzeption zugrunde, die Jugendlichen eine selbständige Auseinandersetzung mit dem Nationalsozialismus ermöglichen will. ›Lokalität‹ und ›Region‹ spielen hierbei eine entscheidende Rolle. Wir möchten – nicht zuletzt durch die Originalzeugnisse des historischen Ortes – entdeckendes Lernen ermöglichen,« so eine Broschüre über die Bildungsarbeit. Ein wichtiger Bestandteil der Gedenkstättenarbeit ist auch die Betreuung ehemaliger Verfolgter. Neben lebensgeschichtlichen Interviews und Gesprächen mit ehemaligen Häftlingen werden seit 1986 zusammen mit dem Hessischen Institut für Lehrerfortbildung/Reinhardswaldschule (HILF) Seminare zu Themen wie »Spurensicherung« und »Zeitzeugenbefragung« durchgeführt. Eine Handbibliothek und umfangreiche Informationsmaterialien unterstützen ein projektbezogenes Arbeiten mit interessierten Schulklassen.

Eine 1990 eröffnete Ausstellung von Kunststudenten der Kasseler Gesamthochschule auf dem Dachboden der früheren Zehntscheune signalisierte einen neuen Ansatz in der Gedenkstättenarbeit. Sie stellte den Versuch dar, die Geschichte des einstigen Konzentrations- und Arbeitserziehungslagers aus künstlerischer Sicht aufzuarbeiten.

Am 16. September 1992 wurde nach zweijähriger Vorbereitung eine neue Präsenzausstellung in der Gedenkstätte eröffnet, mit der die von den Kasseler Studenten erarbeitete Ausstellung abgelöst wurde. Die *neue Ausstellung* mit dem Titel »Von Grund auf«, die der Kasseler Künstler Stephan von Borstel plante und realisierte, will neue Formen der historischen Arbeit aufzeigen. In vier Rauminstallationen mit jeweils einem anderen Material, Blei, Zink, Stahl und Kupfer, setzt sie sich mit dem Nationalsozialismus auseinander. Die unterschiedlichen Materialien sollen Assoziationen zur Geschichte des Ortes zulassen.

Am Gebäude der ehemaligen Synagoge und der Schule findet sich seit dem 8. Mai 1985 eine *Gedenktafel* mit folgendem Text:

> Synagoge und Schule der Jüdischen Gemeinde
> Guxhagen bis 1938.
> In mahnendem Gedenken an unsere
> jüdischen Mitbürger, die
> während der Naziherrschaft gedemütigt, entrechtet, verschleppt
> und ermordet wurden.
>
> Das Geheimnis der Versöhnung heißt Erinnerung
> (jüdische Weisheit)

Anschrift/Kontakt:
Gedenkstätte Breitenau, Ausstellung und Archiv der Gesamthochschule Kassel, Brückenstraße 12, 34302 Guxhagen, Tel.: 0 56 65/35 33; Leitung: Prof. Dr. Dietfrid Krause-Vilmar/Gunnar Richter. – »Verein zur Förderung der Gedenkstätte und des Archivs Breitenau e. V.«, Postfach 10 38 63, 34038 Kassel.

Öffnungszeiten:
Montag – Freitag von 9 bis 13 und 14 bis 16 Uhr (geschlossen an Feiertagen) und an jedem ersten Sonntag im Monat von 10 bis 16 Uhr. Für Gruppen empfiehlt sich telefonische Anmeldung.

Anfahrt:
Bundesautobahn Frankfurt – Kassel, Abfahrt Guxhagen (15 km südlich von Kassel); mit der Bundesbahn ist Guxhagen von Kassel und Melsungen aus zu erreichen.

Quellen/Literatur:
Ayaß, Wolfgang, Das Arbeitshaus Breitenau. Bettler, Landstreicher, Prostituierte, Zuhälter und Fürsorgeempfänger in der Korrektions- und Landesarmenanstalt Breitenau (1874–1949), Kassel 1992 (Nationalsozialismus in Nordhessen. Schriften zur regionalen Zeitgeschichte, Heft 14); Dillmann, Jutta u.a. (Hrsg.), Mauern des Schweigens durchbrechen – Die Gedenkstätte Breitenau, Kassel 1986 (Nationalsozialismus in Nordhessen. Schriften..., Heft 9); Gesamthochschule Kassel, Fachbereich Erziehungswissenschaft/Humanwissenschaften, Projektgruppe Breitenau (Hrsg.), Die Gedenkstätte Breitenau im Schwalm-Eder-Kreis – Informationen und pädagogische Anregungen für einen Besuch vor Ort, zusgest. von Gunnar Richter u.a., Kassel 1986; Dies. (Hrsg.), Die Gedenkstätte Breitenau/Guxhagen. Ein Einblick in die Bildungsarbeit. Zusgest. von Dietfrid Krause-Vilmar u. Gunnar Richter, Kassel 1988; Dies. (Hrsg.), Die Gedenkstätte Breitenau in Guxhagen bei Kassel. Ein Leseheft, zusammengestellt von Gunnar Richter, Kassel 1989; Krause-Vilmar, Dietfrid, Das Konzentrationslager Breitenau in Guxhagen bei Kassel 1933/34, in: Wolf, Werner/Peter, Antonio (Hrsg.), Als es mit der Freiheit zu Ende ging. Studien zur Machtergreifung der NSDAP in Hessen, Wiesbaden 1990, S. 211–233; Ders., Ausländische Zwangsarbeiter in der Kasseler Rüstungsindustrie (1940–1945), in: Volksgemeinschaft und Volksfeinde. Kassel 1933–1945, Bd. 2: Studien, Fuldabrück 1987, S. 388–414; Ders., Zum Umgang mit dem Nationalsozialismus an den Orten des Schreckens, in: Neue Sammlung, Bd. 27, 1987, S. 356–363; Mann, Frank, Bericht über die Nachforschungen in Israel zu den als Juden verfolgten Häftlingen Breitenaus und zur Jüdischen Gemeinde Guxhagen, in: Rundbrief des Fördervereins Breitenau, Nr. 9, Kassel 1991, S. 12–33; Richter, Gunnar (Hrsg.), Breitenau – Zur Geschichte eines nationalsozialistischen Konzentrations- und Arbeitserziehungslagers. Mit Beiträgen von W. Ayaß, R. Löber, G. Richter, Kassel 1993; Wiltsch, Hanne/Krause-Vilmar, Dietfrid, Das Arbeitserziehungs- und Konzentrationslager Breitenau 1940–1945, in: Die Grünen im Landtag (Hessen)/Bembenek, Lothar/Schwalba-Hoth, Frank (Hrsg.), Hessen hinter Stacheldraht – Verdrängt und vergessen: KZs, Lager, Außenkommandos, Frankfurt a.M. 1984, S. 96–106.
Die von der Gesamthochschule Kassel publizierte Literatur ist zu beziehen über: Jenior & Pressler, Lassallestraße 15, 34119 Kassel, Tel.: 05 61/1 76 55.

Tonbildreihen:
Richter, Gunnar, Der Umgang mit der nationalsozialistischen Vergangenheit – am Beispiel des Gestapo-Verbrechens am 29./30. März 1945 in Breitenau, Tonbildreihe, Kassel 1983. (Etwa 100 Dias, 38 Min. – In dieser Tonbildreihe wird nachgezeichnet, wie es auf dem Weg einer historischen Spurensicherung gelang, von unsicheren Anhaltspunkten zu gesicherten Kenntnissen zu gelangen.); Ewald, Thomas/Hollmann, Christoph/Schmidt, Heidrun, Tonbildreihe »Lebens- und Arbeitsbedingungen ausländischer Arbeiter in Kassel 1940–1945«. Beide Tonbildreihen stehen in der Gedenkstätte zur Verfügung.

Hadamar

Die ehemalige »Korrigenden«-(Besserungs-)Anstalt Hadamar auf dem Mönchberg, einem Hügel über der Stadt, seit 1907 Landesheil- und Pflegeanstalt, wurde am 1. November 1940 von der »Gemeinnützigen Stiftung für Anstaltspflege« angemietet und zur Durchführung des geheimen »Euthanasie«-Befehls Hitlers vom 1. September 1939 zur Massenvernichtung »lebensunwerten Lebens« umfunktioniert. Die ab Januar 1941 praktizierte »Euthanasie« durch Vergasung, die systematische Ermordung

Hadamar:
Stele auf dem Friedhof der Gedenkstätte mit der Inschrift »Mensch, achte den Menschen« aus dem Jahre 1964. Auf dem Friedhof sind über 4500 Tote der Jahre 1942–1945 in Massengräbern beerdigt.

pflegebedürftiger, körperlich und geistig behinderter Menschen, die durch eine Meldeaktion in Heil- und Pflegeanstalten überall im Reich erfaßt wurden, wurde auf heftigen Widerstand vor allem von kirchlicher Seite (Proteste der Bischöfe Graf von Galen, Münster, Dr. Antonius Hilfrich, Limburg, Propst Bernhard Lichtenberg, Berlin, u.a.) im August 1941 eingestellt, da eine Geheimhaltung nicht möglich war und das NS-Regime Unruhe in der Bevölkerung und Konsequenzen nach außen befürchtete. Die Tötungen wurden jedoch fortgesetzt, statt durch Vergasung mit Medikamenten, Injektionen oder durch Verhungernlassen der Patienten. In einer »Kinderfachabteilung« wurden von Mai 1943 an auch »halbjüdische« Kinder, Mischlings- und Zigeunerkinder durch Injektionen getötet. Von August 1942 bis zum 31. März 1945 wurden vom anstaltseigenen Standesamt 4 159 Tote registriert. Über 4 500 Opfer der nationalsozialistischen »Euthanasie«-Maßnahmen sind in Hadamar beigesetzt. Insgesamt wurden in Hadamar von 1941 bis 1945 wahrscheinlich mindestens 15 000 Menschen getötet.

Gedenken in Hadamar

1953 wurde in der *Eingangshalle des Psychiatrischen Krankenhauses Hadamar* (heute *Haus 5/Gedenkstätte*) ein Relief zum Gedenken an die Opfer der NS-»Euthanasie«-Verbrechen angebracht. Es trägt die Jahreszahlen und die Worte:

1941 - 1945
Zum Gedächtnis

Pastor Martin Niemöller, Präsident der Evangelischen Landeskirche Hessen-Nassau, weihte 1964 die Gedenkstätte auf dem *Anstaltsfriedhof* oberhalb der heutigen psychiatrischen Klinik ein. Zuvor waren die Massengräber der etwa 5 000 Ermordeten aus den Jahren 1942 bis 1945 in eine große Grabfläche umgewandelt worden. *Symbolische Grabsteine* wurden errichtet, und ein *Mahnmal* in Form einer Stele trägt die Inschrift:

Mensch, achte den Menschen

Die *Gedenkstätte Hadamar,* deren Träger der Landeswohlfahrtsverband Hessen (LWV) ist, befindet sich in jenem Gebäude des Psychiatrischen Krankenhauses, in dem die Krankenmorde durchgeführt worden sind. Seit November 1983 befand sich im *Haus 5 der Klinik* eine Ausstellung über die »Euthanasie«-Anstalt Hadamar. Die Dokumentation wurde von Gießener Studenten in Zusammenarbeit mit der ärztlichen Leitung des Krankenhauses erarbeitet und in den erhaltenen Kellerräumen der Anstalt präsentiert. 1986 beschloß der Landeswohlfahrtsverband, die Gedenkstätte zu vergrößern und eine erweiterte Ausstellung vorzubereiten. Bei

Hadamar:
1953 wurde durch die Einweihung dieses Reliefs im damaligen Hauptgebäude (heute Haus 5 des Psychiatrischen Krankenhauses) erstmals an die Opfer der NS-»Euthanasie«-Verbrechen erinnert.

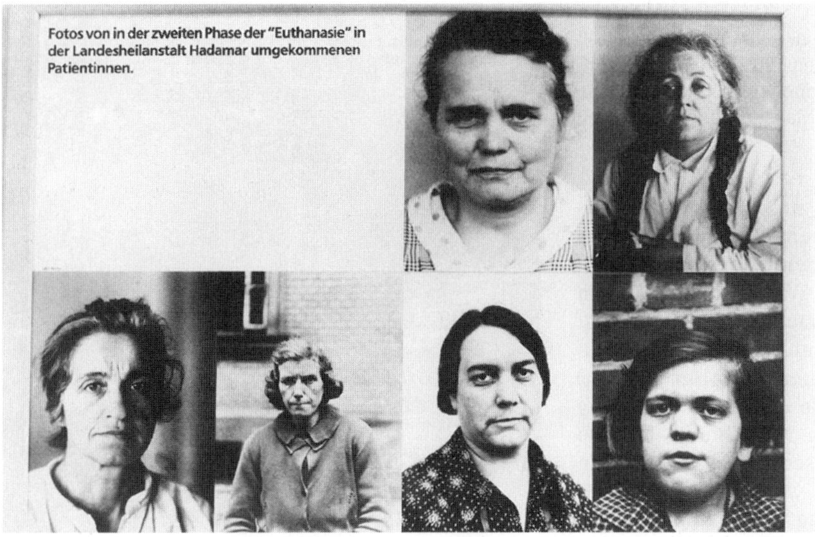

Gedenkstätte Hadamar, Dauerausstellung »Verlegt nach Hadamar«: Tafel mit Fotos von Patientinnen, die in der zweiten Phase der »Euthanasie« (1942–1944) in der Landesheilanstalt Hadamar ermordet wurden. Die Ausstellung dokumentiert in sieben Kapiteln die Geschichte der »Euthanasie«-Anstalt, Opferschicksale und Täterbiographien sowie die Nachkriegszeit.

dieser neuen Dokumentation, die der LWV im Juni 1991 der Öffentlichkeit präsentierte, wurde die eigentliche Ausstellungsfläche von den Originalorten im Keller in das Erdgeschoß verlagert. Gaskammer und Seziertische im Keller bleiben in die Ausstellung integriert, allerdings wird dort weitgehend auf eine museale Gestaltung verzichtet. In über 70 Tafeln und Vitrinen werden die Psychiatrieentwicklung und Entstehung der Rassenideologie skizziert, die zwei Phasen der »Euthanasie«-Morde, die Haltung der Bevölkerung sowie die Nachkriegsprozesse dargestellt. Ein Gedenkraum gibt Gelegenheit zur Besinnung.

Ein zeitweise vom Unterricht befreiter Lehrer sowie Honorarkräfte übernehmen die pädagogische Betreuung der Besuchergruppen. Seminarräume, Bibliothek, Filmvorführraum und Archiv bieten darüber hinaus Raum für berufliche Fortbildungsveranstaltungen, Lehrerseminare und Tagungen. Unterrichtsmaterial über Hadamar wurde erarbeitet (s. Literatur).

1989 regte die Deutsche Gesellschaft für Psychiatrie an, in Hadamar eine zentrale Gedenkstätte für die Opfer der NS-»Euthanasie«-Verbrechen einzurichten. Dieser Vorschlag wurde von den Grünen im Bundestag unterstützt, die 1990 den Antrag stellten, Hadamar »in den Rang einer nationalen Gedenkstätte zu erheben und für eine angemessene und dauerhafte Finanzierung zu sorgen«.

Bislang wird die Gedenkstätte von der Hessischen Landeszentrale für politische Bildung finanziell gefördert.

Gedenkstätte Hadamar: Ehemalige Gaskammer mit Tür zum Nebenraum im Keller des Hauses 5 im Psychiatrischen Krankenhaus Hadamar. Von Januar bis August 1941 sind über 10 000 psychisch kranke und behinderte Menschen in dieser als Duschraum getarnten Gaskammer mit Kohlenmonoxyd getötet worden.

Der »Bund der ›Euthanasie‹-Geschädigten und Zwangssterilisierten« hat am 13. Juni 1991 auf dem Gelände der Gedenkstätte Hadamar eine *Mahnglocke* eingeweiht.

Im Sommer 1991 wurde eine Ausstellung über »Das Schicksal der Zwangsarbeiter/innen im Zweiten Weltkrieg und die Rolle der ›Euthanasie‹-Anstalt Hadamar« gezeigt. Anlaß war ein internationales Jugendlager des LWV Hessen mit dem Volksbund Deutsche Kriegsgräberfürsorge zur Schaffung eines behindertengerechten Zugangs zum Friedhof der Gedenkstätte.

In Hadamar ist auch die *ehemalige Synagoge, Nonnengasse 4,* erhalten. Die Inneneinrichtung wurde in der Pogromnacht vom 9./10. November 1938 zerstört, das Gebäude wegen angrenzender Wohnhäuser aber nicht angesteckt. 1945 diente das Haus als Atelier. Seit 1986 ist das Gebäude im Besitz der Stadtverwaltung, die darin eine kleine Dokumentation zur jüdischen Geschichte in Hadamar zeigt. Eine *Tafel* verweist auf die Synagoge.

Auskunft/Anmeldung:
Gedenkstätte im Psychiatrischen Krankenhaus, Mönchberg 8, 65589 Hadamar, Tel.: 0 64 33/9 17-0. – Leitung der Gedenkstätte: N.N., c/o Landeswohlfahrtsverband Hessen, Ständeplatz 6–10, 34117 Kassel, Tel.: 05 61/10 04-2 77/3 04.

Öffnungszeiten:
Di–Do von 9–16 Uhr, 1. Sonntag im Monat 11–16 Uhr. Führungen sind nur nach Voranmeldung möglich, nach Bedarf auch an Wochenenden. Die rund dreistündige Führung umfaßt eine Einführung in das Thema (Film- oder Dia-Vortrag), die Begehung der Ausstellung und der Kellerräume und eine Abschlußdiskussion.

Wanderausstellung:
»›Euthanasie‹ in Hadamar. Die nationalsozialistische Vernichtungspolitik in hessischen Anstalten.« In Foto- und Textdokumenten wird die Rolle der hessischen Fürsorgeeinrichtungen und ihrer Angestellten im Vernichtungsprogramm der Nationalsozialisten dargestellt.

Quellen/Literatur:
Bastian, Till, Euthanasie in Hessen, in: Die Grünen im Landtag (Hessen)/Bembenek, Lothar/Schwalba-Hoth, Frank (Hrsg.), Hessen hinter Stacheldraht – Verdrängt und vergessen: KZs, Lager, Außenkommandos, Frankfurt a.M. 1984, S. 169–183; Chroust, Peter/Groß, Herwig/Hamann, Matthias/Sprensen, Jan (Hrsg.), »Soll nach Hadamar überführt werden«: Den Opfern der Euthanasiemorde 1939 bis 1945. Gedenkausstellung in Hadamar, Katalog, Frankfurt a.M. 1989; Eichmann, Bernd, Hadamar: Wie ein Krebsgeschwür im Nacken, in: Ders., Versteinert, verharmlost, vergessen – KZ-Gedenkstätten in der Bundesrepublik Deutschland, Frankfurt a.M. ²1986, S. 121–129; Hamann, Matthias, Die Morde an polnischen und sowjetischen Zwangsarbeitern in deutschen Anstalten. Beispiel Hadamar, in: Aly, Götz u.a. (Hrsg.), Reform und Gewissen, Berlin 1985; Klee, Ernst, »Euthanasie« im NS-Staat – Die »Vernichtung lebensunwerten Lebens«, Frankfurt a.M. (Taschenbuch) 1985; Ders. (Hrsg.), Dokumente zur »Euthanasie«, Frankfurt a.M. (Taschenbuch) 1985; Kneuker, Gerhard/Steglich, Wulf, Begegnungen mit der Euthanasie in Hadamar, Rehburg-Loccum 1985; Landeswohlfahrtsverband Hessen (Hrsg.), Mensch – achte den Menschen. Frühe Texte über die Euthanasieverbrechen der Nationalsozialisten in Hessen. Gedenkstätten für die Opfer. Eine Dokumentation, Kassel ³1989; Ders. in Verbindung mit der Stadt Hadamar (Hrsg.), Faltblatt »Gedenkstätte ›Mönchberg‹ Hadamar«; Ders. (Hrsg.), »Verlegt nach Hadamar«. Die Geschichte einer NS-»Euthanasie«-Anstalt, Ausstellungskatalog, Kassel 1991; Ders. (Hrsg.), »Verlegt nach Hadamar«. Spurensuche in der Gedenkstätte Hadamar, Hadamar 1991; Ders. (Hrsg.), »Euthanasie« in Hadamar. Die nationalsozialistische Vernichtungspolitik in hessischen Anstalten, Katalog zur Wanderausstellung, Kassel 1991; Ders. (Hrsg.), Informations- und Arbeitsmaterialien zum Thema »Euthanasie«-Verbrechen im Nationalsozialismus, Kassel 1992; Mitscherlich, Alexander/Mielke, Fred (Hrsg.), Medizin ohne Menschlichkeit. Dokumente des Nürnberger Ärzteprozesses, Frankfurt a.M. (Taschenbuch) ⁸1985; Roer, Dorothee/Henkel, Dieter (Hrsg.), Psychiatrie im Faschismus. Die Anstalt Hadamar 1933 – 1945, Bonn 1986.

Haina, Kloster

Im Verwaltungsbereich des *Psychiatrischen Krankenhauses Haina,* das dem Landeswohlfahrtsverband Hessen (LWV) untersteht, wurde am 11. Mai 1989 zur Erinnerung an die »Euthanasie«-Verbrechen eine *Gedenktafel* eingeweiht, die inzwischen auf einen viereckigen Sandstein gesetzt wurde. Sie trägt die Inschrift:

> Wir erinnern uns der Patienten der
> Landesheil- und Pflegeanstalt
> Haina. Ihr Leben galt den National-
> sozialisten als »lebensunwert«.
>
> – Ab 1937 bis 1945 verschlechterten sich die Lebensbedingungen drastisch, viele Patienten starben.
> – 1940 wurden 30 jüdische Patienten abtransportiert und an unbekanntem Ort ermordet.
> – 1941 kamen etwa 450 Patienten nach Hadamar und wurden dort Opfer der »Euthanasie«-Verbrechen.
> – 1944 wurden 17 nach den NS-Gesetzen straffällig gewordene Patienten in das KZ Mauthausen verlegt.
>
> Leben und Tod dieser Menschen sind uns
> Mahnung und Verpflichtung

Im Oktober 1990, nach einem mehr als zweijährigen Streit, errichtete der Landeswohlfahrtsverband Hessen gegen den Willen der Gemeinde Haina auf dem *örtlichen Friedhof* eine *Mahn- und Gedenkstätte.* Der Vellmarer Steinmetz Uwe Kunze gestaltete zwischen den Grabstätten ehemaliger Patienten der Anstalt Haina einen in zwei Hälften zerteilten dunklen Diabas-Stein, von dem eine Hälfte auf dem Boden liegt, die andere drei Meter steil emporragt. Der zerborstene Stein soll den Bruch symbolisieren, der in der NS-Zeit durch Medizin und Psychiatrie ging. An den Rändern der beiden Hälften verläuft eine Inschrift mit dem Wortlaut:

> Zur Erinnerung an die hilflosen Kranken,
> die in der Zeit des Nationalsozialismus
> 1933 – 1945 hier starben.
> Ihr Tod ist uns Mahnung und Verpflichtung.

Der Text ist identisch mit dem auf einem Stein auf dem Gemeindefriedhof Merxhausen im Kreis Kassel. Der Streit um das Mahnmal in Haina entflammte, weil die Gemeinde nur einem Mahnmal zustimmen wollte, das pauschal aller Opfer der NS-Zeit gedenkt, also auch der zivilen Bombenopfer und gefallenen Soldaten. Als Begründung wurde das Argument angeführt, wer die seinerzeit gestorbenen Patienten zu Opfern mache, der stemple das damalige Anstaltspersonal zu Tätern und Mördern. Für das absichtliche Töten von Patienten in Haina bis 1945 gebe es keinen Beweis, erklärte der Bürgermeister. Da nun das ungewollte Mahnmal einmal steht, hat sich auch die Gemeinde mit dem Faktum arrangiert, will aber keine weiteren Schritte einleiten. Bereits 1987 ließ die Gemeinde Haina Grabplatten von vor 1945 zu Tode gekommenen Patienten entfernen, um zusätzlichen Platz für Bestattungen zu haben.

Das ehemalige Zisterzienserkloster diente in der NS-Zeit als Anstalt für Patienten, die gemäß der rassistischen Ideologie der Nationalsozialisten als »lebensunwert« eingestuft wurden. Nach Haina wurden geistig Behinderte und psychisch Kranke aus kirchlichen Pflegeanstalten verlegt, von denen etwa 470 Patienten in den Gaskammern der Vernichtungsanstalt Hadamar und im Konzentrationslager Mauthausen starben. In Haina selbst wurde »Euthanasie« durch eine planmäßige Unterernährung der Patienten praktiziert. Die kontinuierliche Verschlechterung der Ernährungssituation aufgrund reduzierter Pflegesätze sowie der Abzug von Pflegepersonal führte dazu, daß ab 1940 mehr als dreimal so viele Patienten starben wie in den Vorkriegsjahren.

Im Kreuzgang der alten Klosteranlage wurde 1992 das *Psychiatriemuseum Haina* eröffnet, das eine Ausstellung zur Hospital- und Krankenhausgeschichte enthält, die auch die NS-Zeit dokumentiert. »Die seit langem existierende psychiatriegeschichtliche Sammlung des Krankenhauses und das fast vollständig erhaltene Archiv geben einen geradezu einmaligen Einblick in die Geschichte der Armen- und Krankenfürsorge vom Hospital der Frühen Neuzeit bis hin zum modernen Psychiatrischen Krankenhaus.«

Adresse:
Psychiatriemuseum Haina. Ausstellung, Bibliothek und Archiv zur Hospital- und Krankenhausgeschichte im Psychiatrischen Krankenhaus Haina, 35114 Haina, Kloster. Tel.: 06456/91-1.

Öffnungszeiten:
Di–Do 9–16 Uhr, Besucher melden sich bitte an der Pforte. Gruppenanmeldungen unter 06456/91-271, an Wochenenden nach Vereinbarung mit Pfarrer Dr. Arnd Friedrich, Tel.: 06456/345.

Führungen:
Von der Ev. Kirchengemeinde veranstaltete öffentliche Führungen von Christi Himmelfahrt bis zum Erntedankfest jeden Sonntag nach dem Gottesdienst, der um 10 Uhr beginnt. Bei Gruppen Voranmeldung. Eintritt frei. Der Landeswohlfahrtsverband Hessen (LWV) hat einen Kurzführer zum Museum erstellt, der beim Referat »Archiv, Gedenkstätten, Historische Sammlungen« des LWV (Ständeplatz 6–10, 34117 Kassel) bestellt werden kann.

Literatur:
Klüppel, Manfred, »Euthanasie« und Lebensvernichtung am Beispiel der Landesheilanstalten Haina und Merxhausen – eine Chronik der Ereignisse 1933–1945, Kassel [3]1985 (Nationalsozialismus in Nordhessen. Schriften zur regionalen Zeitgeschichte, Heft 4).

Hainburg, Hessen

Im Ortsteil *Klein-Krotzenburg,* Kreis Offenbach, befand sich im Haus in der *Kettelerstraße 6* die *Synagoge* der Jüdischen Kultusgemeinde. Im Innern wurde das Gotteshaus in der »Reichskristallnacht« 1938 zerstört. Nach dem Krieg diente das Gebäude als Lagerraum für Straßenschilder und Geräte des städtischen Straßenbauamtes. 1991 haben Gemeinde und Kreis beschlossen, die frühere Synagoge als Kulturdenkmal zu erhalten. Die Denkmalschutzbehörde hat ein Renovierungskonzept erstellt. Im wiederhergestellten Gebäude soll eine kleine *Ausstellung* über das Leben der Juden im Kreis Offenbach gezeigt werden. Auch wird darüber diskutiert, das Haus für kulturelle Veranstaltungen zu nutzen.

Hanau

Auf dem *Hauptfriedhof, Birkenhainer/Dettinger Straße,* befindet sich ein Gräberfeld, auf dem Opfer des NS-Regimes, ausländische Zwangsarbeiter und Kriegsgefangene, vorwiegend Polen und Sowjetbürger, bestattet sind. Sie waren in Hanauer Großbetrieben vor allem zur Produktion von Rüstungsmaterial eingesetzt. Eine steinerne *Gedenkplatte* trägt die Inschrift:

Unsere Liebe findet euch,
wo immer eure Gräber sein mögen.
In Ost und West, in Süd und Nord,
auf dem Grund des Meeres, überall.

Eine weitere *Gedenktafel* hat den Wortlaut:

Hier ruhen 292 Ausländer, die in den Jahren
von 1942 bis 1953 fern ihrer Heimat verstarben.

Am 10. September 1992 wurde am *Salisweg/Ecke Köppelsweg* ein *Gedenkstein* enthüllt, der an das frühere Zwangsarbeiterlager »Schöne Aussicht« an dieser Stelle erinnert. Von 1942 bis 1945 waren hier Männer und Frauen aus Rußland, Litauen, Belgien, den Niederlanden und Frankreich untergebracht, die als Zwangsarbeiter in verschiedenen Hanauer Industriebetrieben arbeiten mußten. Der Gedenkstein geht auf das Engagement der früheren Häftlinge Aart Pontier und Karel Braet zurück, die auch eine Dokumentation über dieses Lager veröffentlicht haben. Sie haben ebenfalls eine Gedenktafel zur Erinnerung an das Zwangsarbeiterlager Kinzig in Sinntal-Sterbfritz (s. dort) veranlaßt.

In der *Martin-Luther-Anlage* trägt ein von dem Bildhauer Otto Craß gestaltetes *Mahnmal* (Einweihung am 19. März 1959) zum Gedenken an Widerstandskämpfer die Inschrift:

1933 – 1945
Wo das Recht gebrochen wird,
stirbt die Freiheit.

Am ehemaligen Gewerkschaftshaus, heute Sitz der Allgemeinen Ortskrankenkasse (AOK), in der *Mühlstraße 2a* erinnert eine *Gedenktafel* an Unterdrückung und Verfolgung der Gewerkschaften durch die Nationalsozialisten. Der Text der Inschrift lautet:

Hier stand Hanaus erstes Gewerkschaftshaus.
Nationalsozialistische Gewalttäter überfielen
und beschlagnahmten es am 2. 5. 1933.
Am 19. 3. 1945 wurde es durch Bomben zerstört.

Ein *Gedenkstein* mit Bronzetafel in der *Nordstraße*, gegenüber dem früheren Standort der 1938 zerstörten Synagoge, erinnert seit dem 19. März 1964 an das Schicksal der Hanauer Juden:

Rachel weint um ihre Kinder
und will sich nicht trösten lassen
Jeremia 31,15

Ihren jüdischen Mitbürgern, Opfern der
Schreckensjahre 1933–1945, errichtet
gegenüber dem Standort der zerstörten
Synagoge als Zeichen des Gedenkens
Die Stadt Hanau – 1964

Auf dem *jüdischen Friedhof* zwischen *Jahnstraße und Mühltorweg* erinnern einige *Gedenktafeln* an deportierte und in Vernichtungslagern getötete Juden:
Auf Feld 12, Reihe 33/7: Gedenktafel am Grabstein von Joseph Schwabe (1855–1921) und Willy Schwabe (1885–1915):

Zum Gedenken an
Dr. Otto Schwabe
Bekannter jüdischer Arzt zu Hanau
geb. 1894 gest. 1937

Auf Feld 12, Reihe 40/7: Inschrift auf dem Grabstein von Mina Strauss geb. Edelstein (1865–1933):

Lazarus Strauss
geb. 7. Okt. 1866 – gest. 1942
in Theresienstadt

Im Jahre 1962 wurde die Urne des 1942 im Konzentrationslager Sachsenhausen-Oranienburg umgekommenen ehemaligen Vorsitzenden der Hanauer Jüdischen Gemeinde, Max Schwab (geb. 1878), von Frankfurt nach Hanau umgebettet.

Das Friedensdenkmal auf dem *Platz des Friedens* im Stadtteil *Steinheim* aus dem Jahre 1911, 1938 zerstört und 1965 rekonstruiert, erhielt 1980 eine zusätzliche *Gedenktafel* mit folgender Inschrift:

Das Friedensdenkmal stiftete 1911 Louis Meyer-Gerngross, ein jüdischer Bürger, seiner Vaterstadt.
Die Steinheimer Jüdische Gemeinde begann im Jahre 1335. Sie endete mit der Hitlerzeit durch Mord und Vertreibung. Es starben damals aus Steinheim Mitglieder der Familien Herz, Mayer, Meyersohn, Oppenheim und Selig; aus Klein-Auheim Mitglieder der Familien Hirschmann, Lilie, Loeb und Ronsheim.
Wir ehren die Toten. Sie mahnen die Lebenden.

Eine *Gedenktafel* an der *Paulskirche* in *Großauheim* trägt die Inschrift:

Den Opfern
nationalsozialistischer Willkür
1933 – 1945
zum Gedenken

Auf dem *Friedhof* im Ortsteil *Klein-Auheim* steht ein *Gedenkstein* für Zwangsarbeiter und Internierte, die bei Bombenangriffen auf Industriebetriebe in Klein-Auheim gestorben sind. Der Stein trägt die Namen der Toten.

Eine *Straße* erinnert an den Sozialdemokraten *Gustav Hoch* (1862–1942), der im Konzentrationslager Theresienstadt gestorben ist. Hoch war von 1902 bis 1908 und von 1910 bis 1919 SPD-Stadt-

verordneter in Hanau, von 1898 bis 1903 und von 1907 bis 1928 SPD-Reichstagsabgeordneter des Kreises Hanau in Berlin.
Die *Eugen-Kaiser-Straße* erinnert an den Hanauer Landrat Eugen Kaiser (1879–1945) (SPD), der 1945 beim Abmarsch aus dem Konzentrationslager Dachau ums Leben kam. Zwischen 1922 und 1933 war Eugen Kaiser Landrat des Kreises Hanau.
Nach dem sozialdemokratischen Lehrer *August Seibel* (1883–1936) wurde eine *Straße* benannt. 1936 wurde Seibel wegen Vorbereitung eines angeblich hochverräterischen Unternehmens zu zwei Jahren Gefängnis verurteilt.
Die *Dr.-Schwabe-Straße* erinnert an den ermordeten jüdischen Arzt Dr. Otto Schwabe (1894–1937), der unter ungeklärten Umständen nach einem Verhör durch die Gestapo starb. Eine Gedenktafel für den Hanauer Arzt findet sich auf dem jüdischen Friedhof (siehe oben).
Außerdem gibt es eine *Alfred-Delp-*, eine *Breitscheid-*, eine *Julius-Leber-* und eine *Wilhelm-Leuschner-Straße.*

Ausstellung:
Hanau 1933. Dokumente, Bilder, Augenzeugen. Wanderausstellung. Verleih: Vereinigung der Verfolgten des Naziregimes – Bund der Antifaschisten Main-Kinzig-Kreis und Hanauer Kulturverein über Rudolf Schneider, Jahnstraße 10, 63450 Hanau.

Literatur:
Cipa, Angelika u.a., Hanauer Stadtführer. Dreißig Stätten demokratischer Geschichte und antifaschistischen Widerstandes, Frankfurt a.M. 1983; Fläming, Gerhard, Hanau im Dritten Reich, 2 Bde., Hanau 1983/1987.

Harmuthsachsen siehe Waldkappel

Hauneck

Im Ortsteil *Unterhaun* ist 1980 auf dem *Kirchberg* ein *Gedenkstein* für den Arzt Dr. Georg Groscurth errichtet worden mit der Inschrift:

> Ich sterbe für ein Leben ohne Menschenhaß
> Georg Groscurth, geb. 27. 12. 1904 in Unterhaun,
> wurde im Widerstand gegen das nationalsozialistische
> Unrecht am 8. 5. 1944 in Brandenburg hingerichtet.

Georg Groscurth, Oberarzt im Krankenhaus Moabit in Berlin, hatte zusammen mit dem Physiker Robert Havemann, dem Architekten Herbert Richter-Luckian und dem Zahnarzt Paul O. Rentsch eine Widerstandsgruppe mit dem Namen »Europäische Union« organisiert. Die Gruppe unterstützte Juden mit Lebensmitteln und verhalf ihnen zur Auswanderung durch gefälschte Papiere. Sie knüpfte Kontakte zu illegalen Widerstandsgruppen ausländischer Zwangsarbeiter. Georg Groscurth wurde 1943 bei einem Urlaubsaufenthalt in seinem Geburtsort Unterhaun, heute Ortsteil von Hauneck, von der Gestapo verhaftet und zusammen mit Havemann, Richter-Luckian und Rentsch am 15./16. Dezember 1943 vom »Volksgerichtshof« unter dem Vorsitz seines Präsidenten Roland Freisler zum Tode verurteilt. Nur der spätere DDR-Systemkritiker Robert Havemann entging der Vollstreckung des Urteils.

Helsa

Im Ortsteil *Eschenstruth* in Helsa, einer kleinen Gemeinde in Nordhessen, wurde am 18. August 1990 ein *»Europaplatz«* eingeweiht. Im Gemeinde-Mitteilungsblatt von Helsa verlautet zur Geschichte des Platzes, daß dort während des Zweiten Weltkrieges Barackenunterkünfte existierten, die »Gastarbeiter/innen«, vorwiegend aus der UdSSR und aus Polen, als Unterkünfte dienten.
Tasächlich handelte es sich um KZ-Häftlinge, Kriegsgefangene und Zwangsarbeiter, die im Sprengstoffwerk Hirschhagen unter unmenschlichen Bedingungen arbeiten mußten. Auf Anregung der Geschichtswerkstatt Hessisch Lichtenau/Hirschhagen plant die Gemeinde Helsa/Eschenstruth auf dem neugeschaffenen Platz eine *Gedenktafel* zur Erinnerung an die dort in der NS-Zeit lebenden ausländischen Zwangsarbeiter anzubringen. Außerdem soll eine Ausstellung zum Thema Zwangsarbeiter die geschichtlichen Hintergründe erhellen. (Näheres s. Hessisch Lichtenau)

Heppenheim, Bergstraße

Eine *Steinplatte* mit den Umrissen der 1938 zerstörten Synagoge am *Starkenburgweg* trägt die Inschrift:

> Hier stand die 1900 erbaute
> und 1938 zerstörte Synagoge.

Auf dem *städtischen Friedhof* im Erbacher Tal ist über einer Steingrube eine *Gedenktafel* für über 400 ausländische Zwangsarbeiter und Kriegsgefangene, Polen, Sowjetbürger, Franzosen, Italiener und Jugoslawen, darunter Frauen und Kinder, die hier begraben waren, angebracht. Die meisten von ihnen waren vermutlich Häftlinge eines KZ-Außenkommandos in Heppenheim, das von Ende Mai bis Dezember 1942 dem Konzentrationslager Dachau, ab Juli 1943 dem Konzentrationslager

Natzweiler (Frankreich) unterstellt war. Viele der Toten wurden 1955 auf den Friedhof an der Saarstraße in Bensheim (s. dort) umgebettet.

Quellen/Literatur:
Metzendorf, Wilhelm, Geschichte und Geschicke der Heppenheimer Juden, Lorsch 1982; In Memoriam. Gedenkbuch. Den ausländischen Opfern des Naziregimes in aufrichtiger Trauer gewidmet von der antifaschistischen Bevölkerung der Stadt Heppenheim/Bergstraße; Heppenheim o.J. (Dieses Gedenkbuch weist Namen vieler oft nur einige Wochen oder Monate alter Kinder sowie vieler in Heppenheim gestorbener Frauen, vor allem aus Polen, nach.)

Herborn, Hessen

Neben dem Haupteingang zur Verwaltung des *Psychiatrischen Krankenhauses Herborn* in der *Austraße 40,* einer Einrichtung des Landeswohlfahrtsverbandes Hessen, wurde am 5. September 1989 eine *Gedenktafel* angebracht, die an die Geschichte des Hauses in der Zeit des Nationalsozialismus erinnert:

> Zum Gedenken
> an die ermordeten und zwangssterilisierten Patientinnen und Patienten der Landesheil- und Pflegeanstalt Herborn. Ihr Leben galt den Nationalsozialisten als »lebensunwert«.
>
> Zwischen 1934 und 1939 wurden an insgesamt 1184 angeblich erbkranken Menschen Zwangssterilisationen durchgeführt.
>
> Von 1937 bis 1945 starben viele Patientinnen und Patienten, weil die Ernährung und Unterbringung absichtlich drastisch verschlechtert wurde.
>
> Am 25. 09. 1940 wurden 22 jüdische Frauen und 16 jüdische Männer aus der Anstalt abtransportiert und in Brandenburg/Havel ermordet.
>
> Von Januar bis Juli 1941 wurden 1630 Kranke über Herborn in andere Anstalten verlegt. Fast alle von ihnen wurden Opfer der »Euthanasie«-Verbrechen in Hadamar; 773 davon stammten aus Herborn.
>
> Am 23. 07. 1941 wurden 504 Patientinnen und Patienten in andere Anstalten gebracht.
> Von vielen ist ihr Schicksal unbekannt.
>
> Die noch lebenden und die getöteten Menschen verpflichten und mahnen uns:
>
> Es gibt kein lebensunwertes menschliches Leben

Auf dem *jüdischen Friedhof* am *Gerichtskoppel* ist ein *Gedenkstein* für die von den Nationalsozialisten verfolgten und ums Leben gebrachten Mitglieder der früheren Jüdischen Gemeinde errichtet.

Heringen, Werra

In Heringen plant die Firma BASF, Rechtsnachfolger der früheren Firma Kali & Salz, ein *Kalimuseum,* in dem auch das Thema »Zwangsarbeit im Kalibergbau« berücksichtigt werden soll.

In Heringen-Herfa, in der Nähe der vormaligen Zonengrenze, gab es im Ortsteil Friedewald ein Krankenlager für Zwangsarbeiter. Im »Lager Friedewald« wurden Zwangsarbeiter aus verschiedenen umliegenden Lagern untergebracht, die beim Autobahnbau eingesetzt oder in Munitionsfabriken arbeiten mußten. Eines dieser Lager im Ortsteil Neurode, dessen Reste noch bis in die jüngere Zeit bestanden, wurde erst Anfang der 80er Jahre gesprengt. Die Arbeiter wurden in Munitionsfabriken und im Kalibergbau eingesetzt.

Herleshausen

Auf einer in den Jahren 1957–1959 vom Volksbund Deutsche Kriegsgräberfürsorge gestalteten, im Wald bei Herleshausen gelegenen *Kriegsgräberstätte* liegen sowjetische Kriegsgefangene und Zwangsarbeiter bestattet, die 1942–1945 in einem in der Nähe gelegenen Lager durch Krankheit und Unterernährung starben. Sie waren zur Arbeit an der Autobahn Herleshausen–Berlin eingesetzt. Ihre Namen und ihre Heimatanschrift sind im Standesamtsregister von Herleshausen eingetragen. Auf einem *Gedenkstein* trägt eine Tafel in russischer und deutscher Sprache folgenden Text:

> Hier ruhen
> 1 593
> sowjetische
> Kriegsgefangene,
> die in der
> schweren Zeit
> 1942 – 1945
> fern ihrer Heimat
> starben.

Anläßlich eines Internationalen Jugendlagers in Herleshausen wurden am 10. Juli 1989 *vier neue Informationstafeln* auf dem sowjetischen Kriegsgefangenenfriedhof eingeweiht, deren Texte 1986 von mehreren UNESCO-Schulen in einem UNESCO-Workshop erarbeitet wurden. Die Ausführlichkeit und die historische Genauigkeit der Texte sind in dieser Form einmalig. Nicht mit standardisierten Formulierungen wird an die Verbrechen der Nationalsozialisten erinnert, sondern detailliert das Leiden der sowjetischen Gefangenen beschrieben. Auch das Arrangement verschiedener Tafeln auf dem Gelände dokumentiert eine andere Form der Erinnerungsarbeit.
Die beiden *Informationstafeln am Eingang* des Friedhofs wurden auf zwei riesigen Steinblöcken

befestigt, sie deuten auf die Arbeit der Kriegsgefangenen beim Autobahnbau hin. Eine der beiden Inschriften klärt den Besucher schon beim Betreten des Friedhofs über das nahe gelegene Lager auf:

Dieser Friedhof ist ein Mahnmal gegen den Krieg und den/
menschenvernichtenden Rassenwahn. Ein Weg verbindet den/
Friedhof mit dem Platz, an dem die meisten der hier Be-/
grabenen gestorben sind.

Der »Russenpfad« führt zu dem Lager, das die deutsche/
Wehrmacht seit Winter 1942 speziell für zum Sterben/
ausgesonderte sowjetische Kriegsgefangene eingerichtet/
hatte. Auf ihm trugen die noch lebenden ihre toten
Mitgefangenen zum Begräbnisplatz.

Die *Tafel am Denkmal* auf dem Friedhof erzählt die historischen Zusammenhänge:

Auf diesem Friedhof sind 1593 sowjetische Soldaten begraben,/
die an den Folgen der menschenverachtenden Behandlung durch/
Deutsche während der Zeit des Nationalsozialismus starben./
Als Kriegsgefangene der deutschen Wehrmacht in den Lagern/
Ziegenhain, Bad Orb und Bad Sulza wurden sie zwischen 1942/
und 1945 zum Sterben in das nahegelegene
Seuchenlager Herleshausen gebracht.

Wer in dieses Lager eingewiesen wurde, hatte noch eine Lebens-/
erwartung von 1 bis 3 Monaten. Es gab nur eine unzureichende/
medizinische Versorgung. Der jüngeste war, als er starb, 15/
Jahre alt, der älteste 65 Jahre. Die Bewahrung der Namen der/
Toten verdanken wir Karl Fehr, Bürgermeister von Herleshausen/
von 1924 bis 1945 und von 1948 bis 1956.
Er widerstand dem/
Druck der Nationalsozialisten, diese Menschen namenlos zu ver-/
scharren. Als Standesbeamter erlaubte er die Bestattung nur mit/
Totenschein und Eintrag der Namen in das Sterbebuch der Gemeinde.

Den Friedhof legte die Gemeinde Herleshausen zusammen mit dem/
Volksbund Deutsche Kriegsgräberfürsorge 1959 an.

Den Weg und das Denkmal bauten hessische
UNESCO-Schulen 1986.

Eine weitere *Tafel am Gefangenenlager,* das oberhalb von Herleshausen lag, trägt die Inschrift:

Hier befand sich von 1942 bis 1945 das
»Quarantäne- oder/
Seuchenlager Herleshausen«.

Die sowjetischen Kriegsgefangenen, die infolge der unmensch-/
lichen Behandlung in der Gefangenschaft erkrankten, wurden/
in dieses Sterbelager ausgesondert, wenn ihr körperlicher/
Zustand als unheilbar angesehen wurde. Sie mußten vorher/
Zwangsarbeit in Fabriken, auf Baustellen und Bauernhöfen/
verrichten.

Im Sterbelager Herleshausen »warteten« von 1942 bis 1945/
ständig ca. 400 Menschen auf ihren Tod.

Herzhausen siehe Vöhl

Hessisch Lichtenau

Am 24. April 1986 wurde bei der Schule in der *Heinrichstraße* in Hessisch Lichtenau ein *Gedenkstein* mit einer *Tafel* enthüllt, deren Text lautet:

Zum Gedenken
an die ungarischen Jüdinnen,
die hier vom 2. 8. 1944 bis zum 29. 3. 1945
als Häftlinge im Außenkommando
Hessisch Lichtenau
des Konzentrationslagers
Buchenwald leiden mußten.
Stadt Hessisch Lichtenau
am 24. 4. 1986

Auf der Rückseite des Steins stehen die Worte:

Standort des ehemaligen Lagers Vereinshaus

Das Lager Hessisch Lichtenau, auch »Lager Vereinshaus« genannt nach dem (heute nicht mehr existierenden) Haus für Vereinsveranstaltungen neben dem Barackenlager, wurde am 1. August 1944 als Außenkommando des Konzentrationslagers Buchenwald eröffnet. Die 1 000 weiblichen Häftlinge kamen aus dem Konzentrationslager Auschwitz. Es waren überwiegend ungarische, vereinzelt auch rumänische, slowakische, polnische und jugoslawische Jüdinnen. Bei ihrer Registrierung durch die Politische Abteilung des Lagers Buchenwald am 19. April 1944 erhielten sie die laufenden Häftlingsnummern 20 001 bis 21 003. Die Frauen und Mädchen wurden in der von der Dynamit Nobel AG im Auftrag des Heereswaffenamtes errichteten und im Juni 1938 in Betrieb genommenen Sprengstoffabrik im heutigen Ortsteil

Hirschhagen zur Arbeit eingesetzt. In dieser Munitionsfabrik der »Gesellschaft zur Verwertung chemischer Erzeugnisse mbH« wurden über 10 000 Menschen beschäftigt, neben Dienstverpflichteten auch ausländische Zwangsarbeiter, Polen, Sowjetbürger, Tschechen, Italiener, Franzosen, Belgier, Niederländer. Sie stellten auf einem 350 ha großen Gelände in den fast 400 Produktionsgebäuden Bomben, Granaten, Tellerminen und Kartuschen her, die mit Trinitrotoluol (TNT) und Pikrin gefüllt wurden.
Die Häftlinge des KZ-Außenkommandos lebten im »Lager Vereinshaus« am Rande der Stadt unter elenden Verhältnissen. Sie waren in ständiger Angst, nach Auschwitz zurückgeschickt zu werden. Bis zu zwölf Stunden täglich mußten sie arbeiten, unterernährt, die Körper von giftigen Dämpfen gelb gefärbt. Viele der Frauen und Mädchen kamen ums Leben. Am 29. März 1945, kurz vor dem Einmarsch der Amerikaner, wurde das Lager »evakuiert«. Etwa 700 von 790 Häftlingen sollen den Marsch bzw. die Fahrt nach Sachsen überlebt haben, wo sie im Ort Wurzen befreit wurden.

Schüler waren die ersten, die sich auf Spurensuche auf dem Gelände machten und versuchten, Zeitzeugen zu ermitteln und zu befragen.
1983/84 hatte sich eine »Bürgerinitiative Hirschhagen« gebildet, die sich für die Errichtung der *Gedenkstätte* einsetzte. Im Juni 1985 wurde von der Stadtverordnetenversammlung der Beschluß über die Aufstellung des Gedenksteins gefaßt. Die Stadt setzte außerdem eine Historiker-Gruppe zur weiteren Erforschung der NS-Zeit, insbesondere der Munitionsfabrik in Hirschhagen, ein und plante die Errichtung einer Übersichtstafel, auf der sich Besucher über das Gelände des früheren Sprengstoff- und Munitionswerks informieren können. Im Oktober 1986 fand das erste »Treffen ehemaliger Dienstverpflichteter und Zwangsarbeiter« statt, das von der Bürgerinitiative mit Unterstützung der Stadt organisiert wurde.
1987 gründete sich die »Geschichtswerkstatt Hessisch Lichtenau/Hirschhagen«, ein überparteilicher und gemeinnütziger Verein, der mit der Aufarbeitung der lokalen NS-Geschichte befaßt ist und die Einladung zu Treffen ehemaliger Zwangsarbeiter übernommen hat. Ein Ziel sieht die Geschichtswerkstatt darin, in einem der erhaltenen Werksgebäude auf dem Gelände der früheren Munitionsfabrik eine *Dokumentations- und Begegnungsstätte* einzurichten, in der eine Auseinandersetzung mit Themen wie Rüstungsproduktion und Zwangsarbeit in Hirschhagen, aber auch mit Fragen der Vergangenheitsbewältigung und der ökologischen Altlasten möglich wäre. Ein Konzept für die Erkundung Hirschhagens unter pädagogischen, historischen und politischen Fragestellungen wurde bereits von der »Projektgruppe Hirschhagen« der Gesamthochschule Kassel entwickelt und in einem »Leitfaden durch Hirschhagen« dokumentiert.
Mit einer *Ausstellung* über die »Geschichte des ehemaligen Sprengstoff- und Munitionswerkes Hirschhagen von 1934 bis heute«, die im Oktober 1990 in Hirschhagen gezeigt wurde, hat die Geschichtswerkstatt einen Schritt zur Realisierung der geplanten Dokumentations- und Bildungsstätte getan, auch wenn noch kein endgültiger Standort für die Ausstellung gefunden ist. Die Geschichtswerkstatt sieht im ehemaligen »Wachhäuschen« am Eingang zum Industriegelände einen geeigneten Standort für eine Dauerausstellung. Ein fester Ausstellungsort könnte durch ein Archiv und eine Fachbibliothek erweitert werden und darüber hinaus auch eine Erinnerungs- und Gedenkstätte für ehemalige Dienstverpflichtete und Zwangsarbeiter der Fabrik enthalten. Ebenso wäre eine pädagogische Betreuung von Besuchergruppen möglich.

Zwei Kasseler Studenten, Wolfram König und Ulrich Schneider, deckten mit ihrer Diplomarbeit »Sprengstoff aus Hirschhagen« die ökologischen Folgen der Sprengstoffproduktion auf: Giftige Abfälle aus der ehemaligen Sprengstoff-Fabrik belasten seit Jahren das Grundwasser der Region. Erst 1988 wurde mit dem Bau von Anlagen begonnen, die das verseuchte Grundwasser reinigen sollen. Mittelfristig ist der Abbau von kontaminiertem Boden und die Sanierung einer Halde geplant, in der sich noch giftige Rückstände aus der Sprengstoffproduktion befinden. Ein außergerichtlicher Vergleich des hessischen Umweltministeriums erbrachte eine finanzielle Beteiligung der Industrieverwaltungsgesellschaft (IVG), der bundesdeutschen Rechtsnachfolgerin der früheren Firma, an der Beseitigung der Giftstoffe.

Auf dem *Alten Friedhof* in Hessisch Lichtenau an der *Friedrichsbrücker Straße* erinnern eine gußeiserne *Grabplatte* und ein *Sandsteinkreuz* an hier bestattete 111 ausländische Tote, die als Zwangsarbeiter in der Munitionsfabrik Hessisch Lichtenau/ Hirschhagen starben. Die Grabplatte trägt Namen und Sterbedaten der Opfer und den Text:

> Hier ruhen
> 111 Opfer des Krieges.
> Polen, Italiener, Holländer,
> Belgier, Bulgaren, Franzosen,
> Tschechoslowaken und Russen,
> die in der schweren Zeit
> von 1941 bis 1945 fern
> ihrer Heimat starben.

Auf zwei Stelen oberhalb und elf Stelen unterhalb des Kreuzes stehen weitere Namen.

Kontakt:
Jürgen Jessen, Weberstraße 9, 37235 Hessisch Lichtenau.

Quellen/Literatur:
König, Wolfram/Schneider, Ulrich, Sprengstoff aus Hirschhagen – Vergangenheit und Gegenwart einer Munitionsfabrik, Kassel 1985 (Nationalsozialismus in Nordhessen. Schriften zur regionalen Zeitgeschichte, Heft 8); »Projektgruppe Hirschhagen« der Gesamthochschule Kassel, Hirschhagen. Sprengstoffproduktion im »Dritten Reich«. Ein Leitfaden zur Erkundung des Geländes einer ehemaligen Sprengstoffabrik, Hrsg.: Hessisches Institut für Bildungsplanung und Schulentwicklung (HIBS), Kassel/Wiesbaden 1991; Vaupel, Dieter, Das Außenkommando Hessisch Lichtenau des Konzentrationslagers Buchenwald 1944/45. Eine Dokumentation, Kassel ^{2}1984 (Nationalsozialismus in Nordhessen. Schriften zur regionalen Zeitgeschichte, Heft 3); Ders., Zwangsarbeiterinnen für Dynamit AG, in: »1999«. Zeitschrift für Sozialgeschichte des 20. und 21. Jahrhunderts, 1/1987, S. 50–86; Ders., »Unauslöschbare Spuren« – Zwangsarbeiterinnen der Dynamit AG berichten nach mehr als vierzig Jahren, in: »1999«. Zeitschrift für Sozialgeschichte des 20. und 21. Jahrhunderts, 4/1988, S. 60–74; Ders., Wiedergutgemacht? Zur Entschädigung ehemaliger Zwangsarbeiterinnen der Dynamit AG in Hessisch Lichtenau, in: Geschichtswerkstatt, Heft 19, Hamburg 1989, S. 51–59; Ders., Spuren die nicht vergehen. Eine Studie über Zwangsarbeit und Entschädigung, Kassel 1990 (Nationalsozialismus in Nordhessen. Schriften zur regionalen Zeitgeschichte, Heft 12).

Hirschhagen siehe Hessisch Lichtenau

Hirzenhain, Wetteraukreis

Eine der *Gedenktafeln* für die Opfer des Ersten und des Zweiten Weltkrieges, die 1964 von der Gemeinde an der *Friedhofsmauer* von Hirzenhain angebracht wurden, trägt folgende Inschrift:

> Diese Gedenkstätte wurde auch zur bleibenden
> Erinnerung der 87 von der Gestapo am
> 26. März 1945 hier ermordeten unbekannten
> Frauen und Männer errichtet. Ihre Umbettung
> erfolgte 1959 auf die zentrale Kriegsgräberstätte
> Kloster Arnsburg bei Lich.

Eine von der Firma Buderus gestiftete *Bronzeplastik vor dem Friedhof* trägt die Inschrift:

> Unseren Opfern.

Auf dem Gelände der Breuer-Werke, einer damaligen Tochtergesellschaft der Buderus-Eisen-Werke, waren in den Jahren 1942 bis 1944 eine Reihe von Baracken für ausländische Zwangsarbeiter, vorwiegend polnische und sowjetische Frauen, sowie ein der Gestapo in Frankfurt unterstehendes »Arbeits- und Erziehungslager« errichtet worden. Die Häftlinge mußten in der Rüstungsproduktion arbeiten. Am 26. März 1945, einige Tage vor dem Einmarsch der amerikanischen Truppen in Hirzenhain, wurden die auf der Gedenktafel erwähnten 87 Männer und Frauen, Luxemburger, Franzosen, Sowjetbürger, Polen und Deutsche, bei der Räumung des »Arbeits- und Erziehungslagers« am Waldrand nahe der Straße von Hirzenhain nach Glashütten von Gestapo- und SS-Angehörigen in einer Grube erschossen. Die Opfer wurden im Mai 1945 zunächst auf den Friedhof in Hirzenhain, einige Monate später in eine Grabstätte auf einem Grundstück der Firma Buderus und im Jahre 1959 auf den Kriegsgräberfriedhof im ehemaligen Kloster Arnsburg (s. Lich) umgebettet. Ein bei der früheren Grabstätte auf dem Buderus-Grundstück errichtetes *Gedenkkreuz* steht heute auf dem Friedhof in Hirzenhain.

Literatur:
Keller, Michael u.a., »Das mit den Russenweibern ist erledigt«. Rüstungsproduktion, Zwangsarbeit, Massenmord und Bewältigung der Vergangenheit in Hirzenhain zwischen 1943 und 1991, Friedberg 1991; Vereinigung der Verfolgten des Naziregimes – Bund der Antifaschisten (VVN/BdA) Gießen (Hrsg.), Massenmord in Hirzenhain – In Arnsburg vergessen, 2. Aufl., Gießen 1982; Weinmann, Martin (Hrsg.), Das nationalsozialistische Lagersystem, S. 162.

Hochheim am Main

An dem Wohnhaus in der *Rathausstraße 29,* in dem sich früher die jüdische Betstube befand, wurde links neben dem Eingang eine *Gedenktafel* mit folgendem Text angebracht:

> Betstube der Jüdischen Kultusgemeinde
> Hochheim von 1865 – 1938
> Zerstört durch NS-Terror am 09. 11. 1938
> Angebracht am 08. 05. 1985

Mitglieder der früheren Jüdischen Gemeinde von Hochheim sind auf dem jüdischen Friedhof in Flörsheim (s. dort) beerdigt. Dort erinnert eine Gedenktafel an die Verfolgung der letzten Angehörigen der Jüdischen Gemeinde durch die Nationalsozialisten.

Literatur:
Luschberger, Franz, Juden in Hochheim. Eine heimatgeschichtliche Exkursion, Hochheim am Main 1988.

Höchst im Odenwald

An dem 1980 eingeweihten neuen *Gemeindezentrum* von Höchst in der *Wilhelminenstraße 2,*

Standort der ehemaligen Synagoge, erinnert eine *Gedenktafel* an die Zerstörung in der Reichspogromnacht im November 1938. Im November 1985 wurde am *Montmelianer Platz* ein *Denk- und Mahnmal* angebracht, das an die Jüdische Gemeinde und die Synagoge erinnert.

Auf dem *Friedhof* in Höchst finden sich Gräber von ausländischen Zwangsdeportierten, die in einem der dreizehn Lager im Breuberger Land (s. Breuberg) untergebracht waren und bei Bauern, Handwerkern, in der Forstwirtschaft und vor allem in Industriebetrieben (Veith-Gummiwerke, Gummiwerke Odenwald, Gerner-Flugzeugwerke) arbeiten mußten. Die zum Teil kaum noch zu entziffernden *Grabinschriften* wurden mit finanzieller Unterstützung der evangelischen Kirchengemeinde Höchst im Herbst 1989 erneuert. Ein Grabmal erinnert an den polnischen Zwangsarbeiter Stanislaw Duczynski, der an den schweren Mißhandlungen im Alter von 43 Jahren gestorben ist. Unter den hier Bestatteten sind auch einige Kleinkinder, manche noch kein Jahr alt.

Literatur:
Schaefer, Rudolf, Die Juden in Höchst am Main, hrsg. vom Verein für Geschichte und Altertumskunde, Frankfurt a. M. 1982; Stapp, Wolfgang, Verschleppt für Deutschlands Endsieg. Ausländische Zwangsarbeiter im Breuberger Land 1939–1945. Versuch einer Spurensicherung und Dokumentation, Hrsg.: Verein für Heimatgeschichte Höchst im Odenwald, Höchst i. Odw. 1990.

Hofgeismar

Auf dem *jüdischen Friedhof* an der Straße *Zum Schanzenberg* wurde in den Jahren der unmittelbaren Nachkriegszeit von ehemaligen KZ-Häftlingen ein *Grabstein* mit folgender hebräischer Inschrift errichtet, die in deutscher Übersetzung lautet:

> Zur ewigen Erinnerung!
> Hier liegt begraben ein Stück Seife
> aus dem Fett von sechs Millionen unserer Brüder,
> der Söhne Israels, welche zur Heiligung
> des göttlichen Namens als Märtyrer
> unter den Nazis von 1940–1945 ums Leben kamen.
> Möge deren Seele verbunden sein
> im Bündel des ewigen Lebens.

Seit 1984 befindet sich auf dem Gelände der abgerissenen Synagoge, *Ecke Petriplatz/Loggenhagen,* eine historische *Hinweistafel* mit dem Text:

> Synagoge.
> Hier stand die im Jahre 1764 erbaute
> Synagoge der Jüdischen Gemeinde von
> Hofgeismar. Das Gebäude wurde am
> 9. und 10. Nov. 1938 durch die
> Nationalsozialisten zerstört und
> später abgerissen.

Im *neuen Stadtmuseum* am Hofgeismarer *Petriplatz* ist im Obergeschoß eine Judaica-Abteilung untergebracht. Die *»Judaica Hassiaca«* hat sich die museale Sicherung und Dokumentation sowie die pädagogische Vermittlung des vorhandenen Materials und die Bewahrung der Erinnerung an die jüdischen Opfer des Nationalsozialismus aus der Region zur Aufgabe gemacht. Nach der Sammlung des Jüdischen Museums in Frankfurt/M. ist die Hofgeismarer Sammlung zur Geschichte und Kultur des hessischen Judentums die bedeutendste in ganz Hessen. Die Abteilung umfaßt eine *Dauerausstellung* zur Geschichte und Kultur des kurhessischen Judentums mit einem besonderen »Shoa-Raum«, in dem eine *Tafel* mit den Namen, den Geburtsjahrgängen und Deportationszielen aller bekannten jüdischen Opfer des Nationalsozialismus aus den Gemeinden der Kreise Hofgeismar, Wolfhagen und Kassel-Land an den Holocaust erinnert. Der Ausstellung angegliedert sind eine Fachbibliothek zur jüdischen Regionalgeschichte und ein Judaica-Archiv, das einen umfangreichen Briefwechsel mit jüdischen Emigranten und einen großen Fotobestand enthält.
In Zusammenarbeit mit der Gesamthochschule Kassel, der Gedenkstätte Breitenau und dem Stadtmuseum Kassel versteht sich die Judaica-Abteilung als zentrale Anlaufstelle für Nachforschungen auf dem Gebiet des hessischen Judentums. Mit eigenen publikatorischen Arbeiten wollen die Mitarbeiter des Museums die Bearbeitung der Geschichte des kurhessischen Judentums in der Region Hofgeismar/Kassel begleiten. Daneben widmet sich die Abteilung der schulischen und außerschulischen Bildungsarbeit.

Öffnungszeiten:
Mo, Di, Do 10–12 Uhr, Mi 15–18 Uhr, Fr 17–19 Uhr, So 11–13 und 15–18 Uhr. Eintritt frei. Führungen sind nach Voranmeldung möglich.

Kontakt:
Pfarrer Michael Dorhs (Leiter der »Judaica Hassiaca«), Diakonissenstraße 12, 34119 Kassel.

Literatur:
Burmeister, Helmut/Dorhs, Michael (Hrsg.), Fremde im eigenen Land. Beiträge zur Kultur- und Sozialgeschichte der Juden in den alten Kreisen Hofgeismar, Kassel, Wolfhagen und in der Stadt Kassel, Hofgeismar

1985; Dies. (Red.), Vertraut werden mit Fremdem. Zeugnisse jüdischer Kultur im Stadtmuseum Hofgeismar, Hofgeismar 1986; Dies. (Hrsg.), »Suchet der Stadt Bestes«. Die Jüdische Gemeinde Hofgeismars zwischen Assimilation und Untergang, Hofgeismar 1990; Verbrannte Geschichte. Schrifttumsverzeichnis zur Kultur- und Sozialgeschichte der Juden in den alten Kreisen Hofgeismar, Kassel, Wolfhagen und in der Stadt Kassel, Zusammenstellung: Michael Dorhs, Hofgeismar/Kassel 1989.

Hofheim am Taunus

Auf dem *jüdischen Friedhof* im Ortsteil *Wallau* von Hofheim am Taunus wurde an einem Gedenkstein für die im Ersten Weltkrieg gefallenen Mitglieder der Israelitischen Gemeinde Wallau und Delkenheim eine *Gedenktafel* für die durch die Nationalsozialisten verfolgten und ums Leben gebrachten Gemeindemitglieder angebracht. Der Text lautet:

> Zum ewigen Gedächtnis der in den
> Jahren 1933–1945 Verschollenen
> [es folgen die Namen von 34 Frauen und Männern]

Am einstigen Wehrturm der *Stadtmauer* in der *Burggrabengasse 14,* dem sogenannten »Türmchen« am Untertor, in dem sich die ehemalige Synagoge befand, enthüllte der Bürgermeister im Namen der Stadt Hofheim am 11. November 1985 zum 47. Jahrestag der sogenannten Reichskristallnacht im November 1938 eine *Gedenktafel* mit der Inschrift:

> Teil der Stadtbefestigung,
> erbaut nach 1352, über
> längere Zeiträume hinweg
> bis zur Verwüstung durch
> die Nationalsozialisten
> am 09. 11. 1938 Synagoge
> der Jüdischen Gemeinde

Nach dem 31. Januar 1933 waren 63 jüdische Bürger in Hofheim amtlich gemeldet. Einigen wenigen gelang die Flucht ins Ausland. Manche zogen in andere deutsche Städte; ein Teil von ihnen starb in Konzentrationslagern. Nach der Deportation der letzten Hofheimer jüdischen Familien 1942 war Hofheim »judenfrei«, wie es damals hieß. Bis heute gibt es in Hofheim keine Jüdische Gemeinde mehr.

Hungen

Auf dem unbelegten Teil des *jüdischen Friedhofs* in der *Friedberger Straße* wurde am 26. August 1990 von der Stadt ein *Gedenkstein* für die vertriebenen und ermordeten jüdischen Bürger der Großgemeinde Hungen errichtet. Auf dem 2,50 Meter hohen Naturstein ist eine Bronzeplatte befestigt, die folgende Inschrift trägt:

> Zum ewigen Gedenken und Zeugnis [hebräisch]
>
> In großer Trauer und zum Gedenken
> an die in der Zeit der Gewaltherrschaft
> von 1933 bis 1945 ermordeten, vertriebenen
> und gedemütigten jüdischen Bürger.
> 1933 lebten in der Großgemeinde Hungen
> folgende jüdische Bürger
>
> [Es folgen die Namen von 112 ermordeten jüdischen Bürgern]
>
> Zum ewigen Gedenken und Zeugnis [hebräisch]
> Stadt Hungen 1990

Literatur:
Juden in Hungen. Zur Einweihung des Denkmals zur Erinnerung an die jüdischen Bürger in der Großgemeinde Hungen am 26. 8. 1990 (Germania Judaica); Prokosch, Friedrich, Die Israelitische Gemeinde in Hungen, in: Ders., Chronik unserer Stadt 782–1982, Hungen 1982, S. 81–94.

Idstein

Für die *Tafel* an der Gedenkstätte auf dem *Anstaltsfriedhof* des *Kalmenhofs* in Idstein im Taunus, die 1987 angebracht wurde, hat das Sozialpädagogische Zentrum Kalmenhof folgenden Text ausgearbeitet:

> Opfer des Faschismus
> Zur Erinnerung an die Verbrechen im
> Kalmenhof/Idstein während der Zeit des
> Nationalsozialismus. Ruth Pappenheimer,
> geb. 8. 11. 1925 in Frankfurt a. M., gest. 20. 10. 1944.
> Karl-Heinz Zey, geb. 5. 1. 1929 in Langendernbach,
> gest. 24. 11. 1944. Georg Rettig, geb. 28. 7. 1928
> in Frankfurt a. M., gest. 11. 12. 1944.
> Margarethe Schmidt, geb. 10. 1. 1922 in Lichtenau,
> gest. 31. 1. 1945; und den über 600 im Kalmenhof
> Ermordeten zum Gedenken.
>
> Körperlich behinderten, geistesschwachen
> und verhaltensgestörten Kindern und Erwachsenen
> wurde das Leben genommen, weil es den
> Nationalsozialisten als »lebensunwert« galt.

Die »Heilerziehungsanstalt Kalmenhof« war Durchgangslager für die Vernichtungsanstalt Hadamar, bis diese 1941 offiziell die »Euthanasie«-Morde einstellte (s. Hadamar). Von da an wurde der Kalmenhof selbst zu einer Vernichtungsanstalt, in der »wilde Euthanasie« praktiziert wurde. Allein 600 Kinder wurden in Idstein ermordet. Bis Oktober 1942 wurden die Opfer auf dem Städtischen Friedhof in Idstein bestattet. Danach diente eine Wiese hinter der Anstalt als »Friedhof«.

Der Landeswohlfahrtsverband Hessen (LWV) veranstaltete 1988 eine *Wanderausstellung* mit dem Titel »Erziehbar, bildbar, brauchbar. 100 Jahre Erziehungsarbeit im Kalmenhof in Idstein. Bilder und Dokumente deutscher Sozial- und Pädagogikgeschichte«, die auch ausleihbar ist (Anschrift: LWV Hessen, Ständeplatz 6–10, 34117 Kassel).

Auf dem *jüdischen Friedhof* in der *Escher Straße (B 275)* befindet sich ein Mahnmal, das aus Bruchsteinen der jüdischen Grabsteine errichtet wurde. Es erinnert an die Zerstörung der Grabdenkmale, die während der Pogrome im Jahre 1938 verübt wurde. An der Friedhofsmauer hängt neben dem Eingangstor eine *Gedenktafel,* die im Mai 1985 von der Stadt angebracht wurde. Die Inschrift lautet:

Dem Andenken
der jüdischen Bürger der
Stadt Idstein gewidmet,
die der nationalsoziali-
stischen Terrorherrschaft
1933 - 1945
zum Opfer fielen

Eine *Gedenktafel* an der *Felix-Lahnstein-Straße/König-Adolf-Platz* erinnert an die ehemalige Jüdische Kultusgemeinde und an den letzten Vorsitzenden der Jüdischen Gemeinde, Felix Lahnstein, nach dem auch die Straße benannt ist.

Literatur:
Schrapper, Christian/Sengling, Dieter (Hrsg.), Die Idee der Bildbarkeit. 100 Jahre sozialpädagogische Praxis in der Heilerziehungsanstalt Kalmenhof, Weinheim/München 1988 (Beiträge zur Geschichte der Sozialpädagogik); Sick, Dorothea, »Euthanasie« im Nationalsozialismus am Beispiel des Kalmenhofs in Idstein im Taunus, Frankfurt a.M. 1983 (Materialien zur Sozialarbeit und Sozialpolitik der Fachhochschule Frankfurt 9).

Imshausen siehe Bebra

Kalbach, Rhön

In *Heubach,* einem Ortsteil von Kalbach in der Nähe von Gießen, steht ein zweistöckiges Fachwerkhaus mit Portalvorbau, das bis zum Jahre 1936 von der Jüdischen Gemeinde als Dorfsynagoge, Gemeindezentrum und Schule genutzt wurde. Die Gemeinde Heubach kaufte das Gebäude nach dem Krieg und brachte bis zur Gebietsreform 1972 darin das Rathaus unter. Danach stand es jahrelang leer, verwahrloste, und dem Haus drohte schließlich der Abriß. Im Jahre 1988 beschloß die Jüdische Gemeinde Gießen in Abstimmung mit dem Kalbacher Gemeinderat, statt eines Neubaus die ehemalige Dorfsynagoge aus Heubach abzutragen und in Gießen originalgetreu wieder aufbauen zu lassen. Das zerlegte Fachwerk sollte im historischen Altstadtkern wieder aufgestellt werden. Der Magistrat hatte den Bauplatz der Jüdischen Gemeinde Gießen geschenkt. Eine der beiden in der Pogromnacht vom 9. zum 10. November 1938 zerstörten Synagogen stand auf dem Gelände, wo im Jahre 1965 die Kongreßhalle errichtet wurde. Mittlerweile ist der Plan der Umsetzung der ehemaligen Synagoge umstritten. Der Landesverband der Jüdischen Gemeinden intervenierte gegen das Vorhaben mit dem Argument, daß der »letzte sichtbare und verbliebene Rest einer einstmals blühenden jüdischen Existenz« auf dem Lande nicht abgetragen und an einen anderen Ort verlegt werden dürfe. Der Vorsitzende des Landesverbandes hält es für geschichtslos, ein »existierendes Gebäude gegen einen Gedenkstein oder eine Gedenktafel« auszutauschen. Die Gießener Jüdische Gemeinde hingegen möchte das Gebäude wieder seinem ehemaligen Zweck zuführen und bedauert, daß die Restaurierung des Heubacher Synagogengebäudes erst wieder zur Diskussion stehe, seit sich die Gießener Juden dafür interessierten, nachdem es erst geheißen habe, es sei kein Geld dafür da.

Kassel

Im *Fürstengarten* befindet sich ein »Den Vernichteten 1933–1945« gewidmetes *Mahnmal:* Ein Steinrondell, dessen sieben Meter hohe Mauern einen plattenbelegten Innenhof umschließen. Der Eingang wird von zwei Skulpturen flankiert, die »Trauer« und »Hoffnung« symbolisieren. An den Innenwänden des Rondells sind Worte der Besinnung und Mahnung von Schiller, Hölderlin und Hebbel eingraviert. Den Mittelpunkt des Innenhofes bildet ein Dornenkranz aus Bronze von etwa drei Metern Durchmesser. Der Entwurf des Mahnmals, das 1953 errichtet wurde, stammt von dem Bildhauer Hans Sautter.

Das zweite *Mahnmal »Die Rampe«* auf dem Gelände der *Kasseler Gesamthochschule* von der Künstlerin E.R. Nele wurde im Jahre 1989, zwei Jahre nach der ersten Aufstellung, erneut der

Öffentlichkeit übergeben. Die Figuren des an die Deportationen und die Vernichtungslager des Nationalsozialismus erinnernden Mahnmals waren zehn Tage nach der ersten Übergabe in Brand gesteckt worden. Mit Hilfe einer Spendenaktion der Gesamthochschule wurden sie in Bronze gegossen und wiedererrichtet. Das Ensemble besteht aus einem Eisenbahnwaggon, aus dem Menschen herauskommen, deren Haltung Abwehr und Verzweiflung ausdrückt.

Seit dem 20. März 1991 erinnert im »Lichthof« der Hauptverwaltung des *Landeswohlfahrtsverbandes Hessen, Ständeplatz 6–10,* neben den Gedenktafeln für die Opfer beider Weltkriege eine *Gedenktafel* an die Opfer der »Euthanasie«-Verbrechen:

> Zur Erinnerung an die Opfer der »Euthanasie«,
> der Zwangssterilisation und anderer
> Gewaltverbrechen der Nationalsozialisten
> in hessischen Kranken- und Fürsorge-Anstalten
> 1933 - 1945
>
> Ihr Leiden und Tod ist uns Mahnung

In Ausführung eines Beschlusses der Stadtverordnetenversammlung, die Erinnerung an die Zeit des Nationalsozialismus in Kassel wachzuhalten, hat die Stadt Kassel *neun historische Stätten* ausgewählt und dort Ende der achtziger Jahre *Gedenktafeln* anbringen lassen:
Eine der *Gedenktafeln*, die vom Stadtarchiv erarbeitet und von Dieter Haist von der Gesamthochschule Kassel gestaltet wurden, erinnert in der *Unteren Königsstraße 84* an den Ort, an dem die Nationalsozialisten in der sogenannten Reichskristallnacht im November 1938 die Große Synagoge geplündert und in Brand gesteckt haben. Die Inschrift lautet:

> Die Synagoge
>
> Hier stand die im Jahre 1839 fertiggestellte Große Synagoge der Kasseler Jüdischen Gemeinde, der im Mai 1933 2 301 Mitglieder angehörten.
> Viele waren bereits geflohen, als am 7. November 1938 Aktivisten der NSDAP in die Synagoge eindrangen und den Thora-Schrein in Brand steckten.
> Die Stadtverwaltung ließ das unversehrt gebliebene Bauwerk kurz danach »abtragen«, um dort einen Parkplatz zu errichten.
> Die Gemeinde wurde zerschlagen.

In der *Schillerstraße* weist eine *Tafel* auf das Sammellager hin, von dem aus die Juden in Ghettos und Konzentrationslager abtransportiert wurden. Auf der Gedenktafel steht der Text:

> Das Auffanglager für Juden
>
> An dieser Stelle hatte die Kasseler Geheime Staatspolizei 1941 ein Auffanglager für Juden aus dem Regierungsbezirk Kassel eingerichtet.
> Von hier aus wurden sie zum Hauptbahnhof geführt und in das Ghetto Riga (9. 12. 1941), in das
> KZ Majda-/
> nek (1. 6. 1942) und in das Ghetto Theresienstadt (7. 9. 1942) deportiert. Man hatte ihnen erklärt, sie würden im Osten angesiedelt, um dort Pionierarbeit zu leisten./
> Nur wenige überlebten.

Ende 1990 initiierte der Kasseler Künstler Horst Hoheisel eine *»Denksteinsammlung«:* Ausgehend

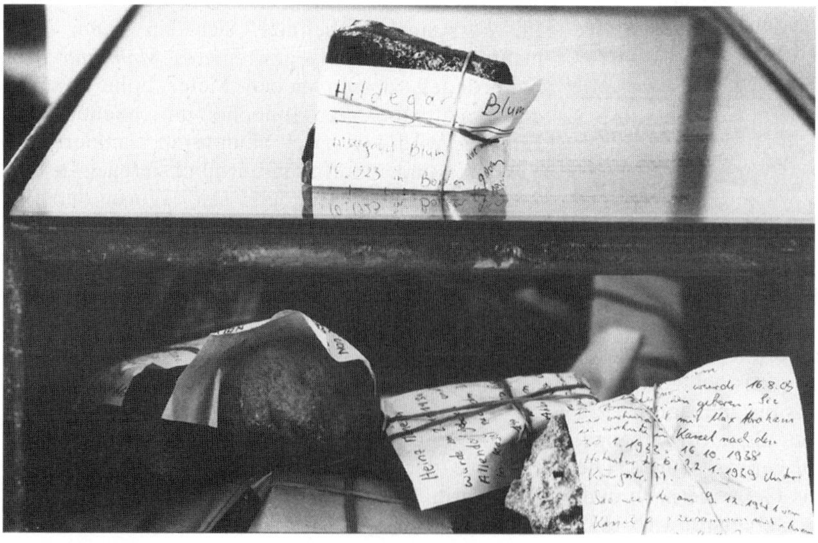

Kassel: »Denksteinsammlung« von Kasseler Schülern und Bewohnern der Stadt, angeregt durch den Künstler Horst Hoheisel für ein Denkmal am Gleis 3 des Kasseler Hauptbahnhofs. Jeder der »Denksteine«, eingewickelt in ein Papier mit Namen und biographischen Daten, steht für einen der 1 007 Kasseler Juden, die 1941 und 1942 hier die »Reise« in den Tod antreten mußten; sie wurden nach Theresienstadt, Majdanek oder ins Rigaer Ghetto deportiert.

Kassel, Rathausplatz: Bodenplatte mit Abbildung und Text zur Geschichte des 1939 von den Nationalsozialisten zerstörten Brunnens, den der jüdische Industrielle Sigmund Aschrott im Jahre 1908 der Stadt Kassel gestiftet hatte.

vom Friedrich-Gymnasium, dann an weiteren Kasseler Schulen und im »Museum für Sepulkralkultur« fortgeführt, suchten sich Schüler oder Besucher aus dem vom Stadtarchiv herausgegebenen Gedenkbuch »Namen und Schicksal der Juden Kassels 1933–1945« den Lebenslauf eines der 1007 verschleppten und ermordeten Kasseler Juden heraus. Sie schrieben ihn zusammen mit ihrem eigenen Namen auf einen Zettel und umwickelten damit einen etwa handgroßen Stein. Mit dieser schließlich 1007 Steine umfassenden Sammlung soll am Ende auf einem zentralen Platz ein Denkmal errichtet werden, wahrscheinlich am *Gleis 3 des Kasseler Hauptbahnhofes,* dem Abfahrtort der Deportationszüge in die Vernichtungslager. Am 8. November 1992 wurde im Rahmen einer Veranstaltung im Kasseler Hauptbahnhof die »Denksteinsammlung« vorgestellt und die Namen der 1007 ermordeten und deportierten Kasseler Juden verlesen. Mit dieser Idee will Horst Hoheisel gegen den »anonymen Denkmal-Gigantismus der Politiker« die persönliche Identifikation mit den Opfern des Holocaust durch ein »Denkmal von unten« setzen.

Der Künstler Horst Hoheisel schuf bereits im Jahre 1987 auf dem *Rathausplatz* in Kassel eine *Brunnenskulptur,* die sich wegen ihrer ungewöhnlichen Konzeption von anderen Denkmälern zu diesem Thema deutlich unterscheidet. Den hohlen Betontrichter versenkte er als Negativform mit der Spitze nach unten in den Boden.

Kassel: Blick auf den Rathausplatz mit dem von Horst Hoheisel 1987 als Negativform des Originals in den Boden eingelassenen »Aschrott-Brunnen«. Der Brunnen soll in dieser versenkten Form »als offene Wunde der Stadtgeschichte an erlittenes Unrecht erinnern und Mahnung sein«.

Kassel:
Blick von unten aus dem in den Boden des Rathausplatzes versenkten »Aschrott-Brunnen«. Die Spitze dieser von Horst Hoheisel 1987 als Mahnmal geschaffenen Skulptur ragt jetzt wie ein Dorn ins Grundwasser.

Die Spitze der Skulptur ragt jetzt wie ein Dorn ins Grundwasser. Eine Bodenplatte mit der Abbildung des Originalbrunnens erzählt seine Geschichte:

Der Aschrott-Brunnen
1908 erbaute der Rathausarchitekt Karl Roth an dieser Stelle/einen 12 Meter hohen Brunnen, den der jüdische Industrielle Sigmund Aschrott/der Stadt Kassel gestiftet hatte./
1939 demolierten Nationalsozialisten den »Judenbrunnen«. Kurz darauf ließ/die Stadtverwaltung den Brunnen bis auf seine Sandsteinfassung abtragen./
1987 schuf der Kasseler Künstler Horst Hoheisel den Brunnen als Negativform/des Originals neu. Der in den Boden versenkte Aschrott-Brunnen soll/als offene Wunde der Stadtgeschichte an erlittenes Unrecht/erinnern und Mahnung sein.

Am *Auedamm 23* erinnert eine *Gedenktafel* an das Haus der Arbeiterwassersportler mit den folgenden Worten:

Das Haus der Arbeiterwassersportler

Dieses Gebäude wurde von Arbeiterwassersportlern in opfervoller Arbeit selbst errichtet und diente als Vereinshaus.
1933 beschlagnahmten die Nationalsozialisten das Haus und übergaben es dem SS-Pioniersturm, wodurch der Arbeitersportverein faktisch zerschlagen war.
SS-Männer folterten hier 1933 auf bestialische Weise überzeugte Gegner aus den Reihen der Arbeiterbewegung, die in den Polizeiverhören standhaft geblieben waren.
1938 wurde das Haus der Marine-Hitler-Jugend übergeben.

In der *Spohrstraße 6* weist eine *Gedenktafel* auf das ehemalige Gewerkschaftshaus hin:

Das Gewerkschaftshaus

Das Kasseler Gewerkschaftshaus wurde am 7. März 1933 von den Nationalsozialisten erstürmt und verwüstet.
Am 2. Mai 1933 wurde es erneut von SA- und SS-Angehörigen besetzt.
Die Organisation der Gewerkschaftsbewegung wurde aufgelöst. 12 Jahre lang gab es keine freien Gewerkschaften mehr.

Am Haus in der *Theodor-Fliedner-Straße 12* findet sich eine *Tafel,* die an das Zuchthaus Wehlheiden erinnert, in dem politische Gegner des Nazi-Regimes inhaftiert, gefoltert und ermordet wurden:

Das Zuchthaus Wehlheiden

Im Zuchthaus Wehlheiden wurden von den Machthabern des »Dritten Reiches« Tausende aus politischen Gründen inhaftiert, Gegner des Regimes, Unerschrockene, die Kritik an den Machthabern geäußert, und andere, die Verfolgten Beistand geleistet hatten.
Zum Tode Verurteilte wurden hier mit dem Fallbeil hingerichtet.
In den Kriegsjahren starben viele Häftlinge an den Folgen der Mißhandlungen durch die Gestapo, aufgrund von Unterernährung oder mangelnder ärztlicher Versorgung.
Wer seine Haftstrafe verbüßt hatte, war noch nicht frei. Viele wurden anschließend von der Gestapo in ein Konzentrationslager gebracht.

In der *Oberen Karlsstraße 17* erinnert eine *Tafel* der aus politischen oder religiösen Gründen verfolgten Menschen, die in der ehemaligen Gaststätte »Bürgersäle« gequält und gefoltert wurden:

> Die Bürgersäle
>
> Hier befand sich die im Zweiten Weltkrieg zerstörte Gaststätte »Bürgersäle«, ein Versammlungslokal von NSDAP und SA.
> In den Kellergewölben wurden im März 1933 zahlreiche unschuldige Menschen, Juden, Gewerkschafter, Sozialdemokraten und Kommunisten erniedrigt, geprügelt und gefoltert.
> Rechtsanwalt Dr. Max Plaut starb am 31. März 1933 an den Folgen der eine Woche zuvor hier erlittenen Qualen.

Im Juni 1991 wurde auf dem Gelände des neu gestalteten *Bahnhofs Kassel-Wilhelmshöhe* eine *Gedenktafel* für die Opfer des Massenmordes vom 31. März 1945 angebracht. Der Text lautet:

> Zur Erinnerung
> Der Massenmord an italienischen Kriegsgefangenen
>
> Ausländische Zwangsarbeiter hatten sich – wie viele Kasseler/
> Bürger vor ihnen – wenige Tage vor Ende des Zweiten Weltkrieges/
> aus einem verlassenen Güterzug Lebensmittel geholt, da sie an/
> diesem Tage keine Verpflegung erhalten hatten.
> Ein Denunziant fand sich. So wurden 79 von ihnen – ein Russe/
> und 78 italienische Kriegsgefangene – am Nachmittag des Oster-/
> samstags 1945 von Kasseler Gestapoleuten auf dem Bahnhofs-/
> gelände ermordet.
> [Es folgen die Namen der Ermordeten]
> Zehn Namen blieben bis heute unbekannt.
> Stadt Kassel 1988

Im Frühjahr 1992 wurde an der Rückseite des *Polizeipräsidiums* am *Königstor 31* eine *Gedenktafel* angebracht. Eine frühere Gedenktafel war vom hessischen Innenminister nicht genehmigt worden mit der Begründung, der Text auf der Gedenktafel könnte Bezüge von der damaligen Gestapo zur heutigen Polizei nahelegen. Anfang 1992 wurde ein Kompromiß erzielt. Die Überschrift (»Zur Erinnerung – Die Geheime Staatspolizei«) wurde geändert und der Informationstext in Nuancen abgewandelt. Die Inschrift lautet:

> Zur Mahnung an den Terror von 1933 bis 1945
>
> In diesem Gebäude befand sich von 1933 bis 1938 der Sitz der Staatspolizeistelle für den Regierungsbezirk Kassel. Die Geheime Staatspolizei (Gestapo) war eine der Machtsäulen des nationalsozialistischen Staates. Die Kasseler Gestapo verhaftete, verhörte, mißhandelte Tausende von Gegnern, Andersdenkenden und ausländischen Zwangsarbeitern und brachte viele von ihnen in Zuchthäuser und Konzentrationslager.
> Im März 1945 ermordeten ihre Kommandos in Kassel und Guxhagen mehr als 120 Gefangene.
> Stadt Kassel 1992

Auf dem älteren Teil des *jüdischen Friedhofs* in Kassel-*Bettenhausen* haben überlebende Zwangsarbeiter 1945 ein *Mahnmal* für alle von den Nationalsozialisten ermordeten Juden errichtet. Auf dem jüngeren Teil des gleichen Friedhofs errichtete die Stadt Kassel ein *Mahnmal* für jüdische NS-Opfer.

An die auf dem *christlichen Friedhof* in Kassel-*Bettenhausen* ohne Grabsteine und Namenstafeln begrabenen 392 ausländischen Zwangsarbeiter, die vom jüdischen Friedhof hierher umgebettet worden sind, erinnert ein 1960 geschaffenes *Ehrenmal* des Bildhauers Heinz Wiegel. Die wenig über die historischen Sachverhalte aufklärende Inschrift lautet:

> Zum Gedenken
> der fern ihrer Heimat ruhenden Ausländer,
> die im Weltkriege 1939 – 1945 hier auf
> fremder Erde umgekommen sind.

Auf der Rückseite des Steins steht das abgewandelte Wort:

> Wir warten
> aber eines neuen Himmels
> und einer neuen Erde,
> in welcher Gerechtigkeit wohnet.
> (2. Petr. 3,13)

Es handelt sich vorwiegend um sowjetische und polnische Staatsangehörige, möglicherweise Tote des 1943 eingerichteten Lagers Kassel-Druseltal, eines Außenkommandos des Konzentrationslagers Buchenwald, dessen Häftlinge für die Bauleitung der Waffen-SS und für die Polizei Bauarbeiten leisten mußten. Das Lager bestand bis Ende März 1945. Daneben gab es in Kassel zahlreiche Lager für ausländische Zwangsarbeiter und -arbeiterinnen, die in Kasseler Rüstungsbetrieben eingesetzt wurden.

Auf dem Friedhof in Kassel-*Wehlheiden* erinnert auf Beschluß des Wehlheider Ortsbeirats seit 1984 ein *Gedenkstein* an die Ermordung von zwölf Gefangenen aus dem Zuchthaus Wehlheiden durch die Gestapo am Karfreitag, dem 30. März 1945, drei Tage vor dem Einmarsch amerikanischer Truppen in Kassel (2. April 1945). Der Text auf dem Gedenkstein lautet:

> Zum Gedenken
> an zwölf Menschen, die am
> Karfreitag, dem 30. März 1945,
> von der Gestapo ermordet wurden.
> Wir dürfen sie nicht vergessen!

Unter den Ermordeten waren zwei Franzosen, drei Polen und ein Italiener, der jüngste von ihnen ein 19jähriger Pole. Einer von zwei erschossenen Deutschen, der 28jährige Wolfgang Konrad Schönfeld, stammte aus Kassel, der andere, Peter Steier, 44 Jahre alt, war in Kaiserslautern geboren und aufgewachsen. Vier der Opfer blieben unbekannt; ihre Namen und ihre Herkunft konnten nach 1945 nicht festgestellt werden. Die Männer waren aus einer Gruppe von mehr als 60 Gefangenen der Gestapo und der Kriminalpolizei willkürlich ausgesondert, von Gestapo- und Kripobeamten gefesselt, auf den nahe gelegenen Friedhof geführt und dort erschossen worden. Einer von ihnen war aus der Sicht der Gestapo ein »Asozialer«, ein anderer ein Jude. Die Ausländer waren aus politischen Gründen in Haft; einige hatten Sender aus ihren inzwischen befreiten Ländern abgehört. Nähere biographische Daten liegen nur über die beiden Deutschen vor:

Wolfgang Schönfeld, kaufmännischer Angestellter, gehörte, obwohl evangelischer Christ, nach den Rassegesetzen der Nazis der Gruppe »jüdischer Mischlinge« an, die zunächst nicht in vollem Umfang von der antisemitischen Verfolgung betroffen war. Er wurde 1938 zum Reichsarbeitsdienst eingezogen und meldete sich später freiwillig zur Wehrmacht in der Hoffnung, weiteren Diskriminierungen zu entgehen. Nach Fronteinsatz in Polen und Frankreich wurde er im Oktober 1940 aus der Wehrmacht entlassen, da »jüdische Mischlinge« fortan nicht mehr als »wehrwürdig« galten. Er fand Arbeit in Erfurt. Dort wurde er im Jahre 1943 von der Gestapo verhaftet; ihm wurde »Rassenschande« vorgeworfen, weil er sich mit einer »arischen« Frau verlobt hatte. Er wurde nach mehrwöchiger Haft nach Auschwitz transportiert, von wo ihm am 15. August 1944 mit Hilfe anderer Häftlinge die Flucht zurück nach Kassel gelang. Er wurde von Eltern und Freunden versteckt. Am 1. Weihnachtstag 1944 geriet er in eine Kontrolle, wurde beim Fluchtversuch angeschossen und verhaftet und in einer der Gestapo unterstehenden Sonderabteilung des Zuchthauses Wehlheiden inhaftiert. Als ehemaliger KZ-Häftling, der zuviel hätte aussagen können, mußte er sterben.

Peter Steier wurde 1941 wegen angeblicher Beteiligung am Diebstahl einiger Flaschen Alkohol zu vier Jahren Zuchthaus verurteilt. Der gelernte Korbmacher galt für die Nazis als »Wanderbursche und Gelegenheitsarbeiter«. Zwei Tage vor seiner schon vorbereiteten Entlassung Mitte Januar 1945 verfügte die Kripoleitstelle die polizeiliche Vorbeugehaft gegen ihn. Wegen Überfüllung des Polizeigefängnisses kam er in die Gestapoabteilung des Zuchthauses Wehlheiden.

Anfang 1985 beschloß die Kasseler Stadtverordnetenversammlung, am *städtischen Ehrenmal für*

Kassel:
Gedenktafel für Kasseler Soldaten, die wegen Verweigerung des Kriegsdienstes für das NS-Regime verfolgt und hingerichtet wurden.
Die Tafel, 1985 vom Kasseler Stadtrat beschlossen, wurde 1987 an exponierter Stelle, am Ehrenmal für die Gefallenen beider Weltkriege in der Fuldaaue, angebracht.

die Gefallenen beider Weltkriege in der *Fuldaaue* eine *Gedenktafel* anzubringen, die auch jene Soldaten einbeziehen soll, die sich im Zweiten Weltkrieg durch »Fahnenflucht«, »Wehrkraftzersetzung« oder Verweigerung des Kriegsdienstes dem NS-Regime entgegengestellt haben und dafür verfolgt, eingekerkert oder getötet wurden. Der Kasseler Oberbürgermeister sprach in diesem Zusammenhang vom »Zwanzigsten Juli des einfachen Soldaten«. Professor Jörg Kammler erinnerte in seiner Rede zur Einweihung der Tafel am 9. Mai 1987 an das Schicksal des Kasseler Marinefunkers Alfred Gail, der am 9. Mai 1945 zusammen mit zwei anderen Soldaten seiner Einheit von einem deutschen Marinekriegsgericht wegen »schwerer Fahnenflucht« zum Tode verurteilt und am 10. Mai 1945, fünf Tage nach der Teilkapitulation der Wehrmacht, in der Geltinger Bucht erschossen wurde. Einer der politisch Verfolgten und erklärter Gegner des Regimes war Gustav Stief. Er wurde zum Kriegsdienst gezwungen. Seine Widerstandsaktivität wurde denunziert. Nach einem Schnellverfahren wurde er zum Tode verurteilt und Anfang Januar 1945 ermordet. Kammler erinnerte auch an totale Wehrdienstverweigerer aus Gewissensgründen, etwa an Paul Schneider, Angehöriger der Religionsgemeinschaft der Zeugen Jehovas, der 1943 im KZ Sachsenhausen umgebracht wurde, oder an den Marinegefreiten Wolfgang Nowack, der sich über die Sinnlosigkeit des Krieges und die Verlogenheit der Propaganda äußerte und am 4. Mai 1945 hingerichtet wurde. Die Tafel hat folgenden Text:

> Zur Erinnerung
> an die Kasseler
> Soldaten,
> die sich dem Kriegs-
> dienst für die
> nationalsozialistische
> Gewaltherrschaft
> verweigerten
> und dafür verfolgt
> und getötet wurden.
> Stadt Kassel
> Beschlossen von der Stadt-
> verordnetenversammlung
> am 4. Februar 1985

1985 wurde eine von der Stadt Kassel in Auftrag gegebene Dokumentation unter dem Titel »Ich habe die Metzelei satt und laufe über ...« veröffentlicht. Darin wird das Schicksal von 114 Soldaten aus Nordhessen dargestellt, die in der Fortführung des Krieges keinen Sinn mehr sahen und sich verweigerten. Die Dokumentation soll auch Soldaten- und Kriegsopferverbände überzeugen, von deren Seiten es Bedenken und Einsprüche gibt. Die Kasseler Tafel gehört zu den ersten offiziellen Gedenkzeichen für Menschen, die unter den Nazis den Kriegsdienst verweigert haben (s. auch Bremen).

In der *Heinrich-Schütz-Schule* in Kassel, *Freiherr-vom-Stein-Straße,* wurde im Rahmen eines »Projekttages 8. Mai 1945 – 8. Mai 1985« eine *Stätte des Gedenkens* für die ehemaligen jüdischen Schülerinnen der Schule geschaffen. Vorausgegangen war ein in der Schule in den Jahren 1982 bis 1984 durchgeführtes Projekt mit dem Ziel, den (Schul-)Alltag jüdischer Schülerinnen der Schule und ihre Lebensschicksale aufzuklären. Die Gedenkstätte besteht aus *zwei Tafeln:* Die eine zeigt das Porträt von Lisel Israel, geboren am 11. Juni 1922 in Kassel, Schülerin der Schule von 1932 bis 1937, mit dem erläuternden Text:

> Sie gilt als »im Osten verschollen«. Ihre Eltern wurden im Mai 1942 mit zahlreichen Kasseler Juden nach Lublin/Majdanek deportiert und fielen dort dem Völkermord an den europäischen Juden zum Opfer. Lisel Israels Name mag für über 140 jüdische Schülerinnen stehen, die unsere Schule seit ihrer Gründung im Jahre 1909 bis zu der Nacht im November 1938 besuchten, als in Deutschland die Synagogen brannten.

Die zweite Tafel zeigt verschiedene leere Räume der Schule mit Namensschildern ehemaliger Schülerinnen aus der Zeit von der Gründung der Schule bis in die Zeit des Nationalsozialismus auf fotografischen Collagen, denen ein Satz aus dem Talmud zugefügt ist: »Ein Mensch ist erst dann tot, wenn die Kinder ihn vergessen haben.«

Kontakt:
Interdisziplinäre Arbeitsgruppe (IAG) Nationalsozialismus in Hessen an der Gesamthochschule Kassel, Gesamthochschule Kassel, Nora-Platiel-Straße 1, 34127 Kassel.

Quellen/Literatur:
Belz, Willi, Die Standhaften. Über den Widerstand in Kassel und Hessen-Waldeck 1933–1945, Kassel 1978; Ewald, Thomas/Hollmann, Christoph/Schmidt, Heidrun, Ausländische Zwangsarbeiter in Kassel 1940–1945, Kassel 1988; Frenz, W. u.a. (Hrsg.), Volksgemeinschaft und Volksfeinde. Kassel 1933–1945. Bd. 2: Studien, Fuldabrück 1987; Groeneveld, Alfred F., Im Außenkommando Kassel des KZ Buchenwald. Mit einer biographischen Skizze des Höheren SS- und Polizeiführers Josias Erbprinz zu Waldeck und Pyrmont, Kassel 1991 (Nationalsozialismus in Nordhessen. Schriften zur regionalen Zeitgeschichte, Heft 13); Heither, Dietrich u.a., Als jüdische Schülerin entlassen. Erinnerungen und Dokumente zur Geschichte der Heinrich-Schütz-Schule in Kassel, Kassel 1987 (Nationalsozialismus in Nordhessen. Schriften zur regionalen Zeitgeschichte, Heft 5); Jäger, Michael, Gestapomord in Kassel-Wehlheiden. Karfreitag 1945. Erinnerung an ein vergessenes Verbrechen aus den letzten Tagen der NS-Herrschaft, Kassel 1987; Kammler, Jörg u.a., Volks-

gemeinschaft und Volksfeinde. Kassel 1933–1945. Eine Dokumentation, Fuldabrück 1984; Kammler, Jörg, »Ich habe die Metzelei satt und laufe über...«. Kasseler Soldaten zwischen Verweigerung und Widerstand (1939–1945), Fuldabrück 1985; Magistrat der Stadt Kassel/Stadtarchiv (Hrsg.), Namen und Schicksal der Juden Kassels 1933–1945. Ein Gedenkbuch bearbeitet von Beate Kleinert und Wolfgang Prinz, Kassel 1986; Mosch-Wicke, Klaus, Schäferberg – ein Henschel-Lager für ausländische Zwangsarbeiter, Kassel 1985 (Nationalsozialismus in Nordhessen. Schriften zur regionalen Zeitgeschichte, Heft 1); Vries, Wim de, Zurück nach Kassel. Die Ballade vom Wahnsinn, Den Haag 1990 (dt.-niederl. Ausgabe) (Gedichte eines ehemaligen niederl. Zwangsarbeiters).

Kelsterbach

Auf dem *Gemeindefriedhof*, der sich an der Stelle des früheren, 1935 auf Veranlassung des Bürgermeisters eingeebneten jüdischen Friedhofs befindet, trägt ein im Jahre 1950 errichteter *Gedenkstein* die Inschrift:

> Dem Andenken der israelitischen Gemeindebürger gewidmet.

Auf einer *Ehrenstätte* des Gemeindefriedhofs liegen etwa 200 Opfer der nationalsozialistischen Gewaltherrschaft aus sieben Nationen begraben, darunter viele Kleinkinder. Sie sind 1960 von einem »Russenfriedhof« genannten Waldstück hierher umgebettet worden. Die Inschrift auf einem *Mahnmal* trägt folgende Worte:

> Ragendes Kreuz grüßt unsere Toten in aller Welt –
> weist zu den Gräbern im Osten hinüber –
> mahnt uns zum Frieden

Der Text auf der Tafel ist äußerst unklar, weil man ihm nicht entnehmen kann, ob nun Zwangsarbeiter, Kriegsgefangene oder gar Heimatvertriebene gemeint sind. Wenn der ausländischen Zwangsarbeiter und ihrer ermordeten Kinder mit dieser Inschrift gedacht werden soll, so ist das zumindest sehr mißverständlich. Am Mörfelder Weg in Kelsterbach befand sich seit 6. Juli 1942 (Datum in der Stadtchronik) ein Durchgangslager, in dem schätzungsweise zwischen 2 000 und 5 000 Menschen untergebracht waren, die verschiedenen Betrieben, unter anderem den »Glanzstoffwerken«, zur Zwangsarbeit zugewiesen wurden. In einem »Hilfskrankenhaus« des Lagers wurden Schwangerschaftsabbrüche und Entbindungen bei Ostarbeiterinnen sowie vielfach zum Tode führende medizinische Versuche an Lagerinsassen, vor allem an Kleinkindern, durchgeführt.

1983 legten Schüler der Gesamtschule Kelsterbach, die sich im Rahmen des »Schülerwettbewerbs Deutsche Geschichte« mit dem Schicksal der Zwangsarbeiter beschäftigt haben, auf dem Friedhof eine *Tafel* mit der Inschrift nieder:

> Am Volkstrauertag wird in jedem Jahr der Opfer des Nationalsozialismus und der Kriege gedacht. Zu den Opfern des Nationalsozialismus gehören auch die Zwangsarbeiter, die aus Polen und der Sowjetunion nach Deutschland verschleppt wurden und im Durchgangslager gestorben sind. Stellvertretend für alle Toten legen wir heute am Grab von Welislawa Janas Blumen nieder. Sie wurde am 20. Juli 1944 im Durchgangslager Kelsterbach im Alter von zwei Monaten ermordet.

Literatur:
Freiling, Harald, Das Durchgangslager für Ostarbeiter in Kelsterbach, in: Die Grünen im Landtag (Hessen)/ Bembenek, Lothar/Schwalba-Hoth, Frank (Hrsg.), Hessen hinter Stacheldraht. Verdrängt und vergessen: KZs, Lager, Außenkommandos, Frankfurt/Main 1984, S. 115–122; Ders., Juden in Kelsterbach. Jüdische Familien und jüdische Gemeinde in Kelsterbach zwischen 1774 und 1945, Kelsterbach [2]1990 (bei der Stadt Kelsterbach erhältlich); Ders. u.a., Ausländische Arbeiter und Kriegsgefangene in Kelsterbach 1939–1945, Kelsterbach 1987; Längericht, Christoph u.a., Ausländische Arbeiter und Kriegsgefangene in Kelsterbach 1939–1945, 10. Klasse Integrierte Gesamtschule Kelsterbach, im Rahmen des »Schülerwettbewerbs Deutsche Geschichte« 1982/83. In überarbeiteter Form veröffentlicht in: Dieter Galinski/ Wolf Schmidt (Hrsg. für die Körber-Stiftung), Die Kriegsjahre in Deutschland 1939–1945. Ergebnisse und Anregungen aus dem Schülerwettbewerb Deutsche Geschichte um den Preis des Bundespräsidenten 1982/83, Hamburg 1985, S. 95–120.

Kirchhain

Die Stadt Kirchhain, Kreis Marburg, sah 1988 im 50. Jahrestag der Pogrome vom 9./10. November 1938 einen Anlaß, ehemalige jüdische Bürger zu der Enthüllung einer *Gedenktafel* einzuladen. Die Tafel erinnert an die frühere Synagoge im Bereich der Römerstraße.

Schüler der Gesamtschule Kirchhain erforschten Zwangsarbeiterschicksale in Stadtallendorf (s. dort).

Literatur:
Schubert, Kurt, Juden in Kirchhain. Geschichte der Gemeinde und ihres Friedhofs, mit einem Beitrag zur Biographie des jüdischen Dichters Henle Kirchhan, Wiesbaden 1987.

Königstein im Taunus

Eine *Gedenkplatte* am *Seilerweg 9,* Standort der 1938 zerstörten Synagoge, trägt die Inschrift:

Hier stand ab 1906 eine Synagoge,
zerstört am 9. 11. 1938.
Zum Gedächtnis an die damals verfolgten
jüdischen Mitbürger gestiftet von
Christen beider Konfessionen und
Bürgern von Königstein 1978

Auf dem *Friedhof* erinnert ein *Gedenkstein* an Frau und Tochter eines Königsteiner jüdischen Bürgers, Wilhelm Gemmer, die in Theresienstadt und Auschwitz umgekommen sind.

Korbach

Auf dem *jüdischen Friedhof* steht ein *Mahnmal* mit den Namen der ermordeten jüdischen Bürger Korbachs und der Inschrift:

Den Opfern der Verblendung 1933–1945

Auf dem *Neuen Friedhof* an der *Sachsenberger Landstraße* und auf dem *Alten Friedhof* an der *Lengefelder Straße* liegen einige ausländische Kriegsgefangene und Zwangsarbeiter begraben, darunter auch Frauen und Kinder.

Literatur:
Arbeitsgemeinschaft Spurensicherung des Kommunalen Jugendbildungswerkes der Kreisstadt Korbach (Hrsg.), Judenverfolgung in Korbach. Eine Dokumentation, Korbach 1989.

Kornsand siehe Trebur

Kronberg im Taunus

Im *Rathausgarten, Katharinenstraße,* ist 1983 ein *Gedenkstein* zur Erinnerung an die 1933 bis 1945 umgekommenen jüdischen Bürger Kronbergs mit folgendem Wortlaut aufgestellt worden:

1933 1945
Den Kronberger Opfern
der rassischen Verfolgung
Anni Emilie Franck
Clara Greding geb. Franck
Gottfried Kapp
Elise Roth geb. Strauss
Walter Roth
Friedel Weil geb. Tannenbaum

Auf dem *Friedhof* in der *Frankfurter Straße,* auf dem einige ausländische Zwangsarbeiter begraben sind, wurde am Ehrenmal für die Opfer der Kriege 1914–1918 und 1939–1945 eine *Gedenkplatte* angebracht mit der Inschrift:

Den Opfern der Kriege und des Faschismus

Lampertheim, Hessen

Im Stadtzentrum steht die 1965 erbaute *Pater-Delp-Kapelle.* Eine *Gedenktafel* trägt die Inschrift:

In Memoriam
Pater Alfred Delp SJ, geboren 15. 9. 1907, wohnte
von 1907 bis 1914 im Haus Mannheimer Straße 3.
1926 Abitur in Dieburg und Eintritt in den
Jesuitenorden. 24. 6. 1937 Priesterweihe in
München. Am 28. 7. 1944 Verhaftung in München
wegen der Mitarbeit im Kreisauer Kreis.
Verurteilung am 11. 1. 1945 und Hinrichtung
in Berlin-Plötzensee am 2. 2. 1945

(s. auch Dieburg u. Bayern: München)

Eine *Gedenktafel* erinnert seit 1978 an den Standort der ehemaligen Synagoge in der *Römerstraße:*

An dieser Stelle stand von 1851 bis 1938
die Synagoge
der ehemaligen Jüdischen Gemeinde Lampertheim.
Sie wurde am 10. November 1938 zerstört.

Der hebräische Text darunter lautet übersetzt:

Zum Andenken an die Opfer von Lampertheim
und Umgebung 1938 bis 1945

Auf dem *jüdischen Friedhof* an der *Karl-Ulrich-Straße* wurde vom Verband ehemaliger jüdischer Frontkämpfer und Partisanen im Mai 1946 ein *Mahnmal* für die jüdischen Opfer des NS-Regimes errichtet.

Langen in Hessen

Die Stadt Langen hat im Mai 1990 am *Alten Rathaus* eine *Gedenktafel* angebracht, die an die Mißhandlung regimekritischer Bürger durch SA- und SS-Männer am 12. und 13. März 1933 erinnert. Auf dem Platz vor dem Rathaus mußten Juden, Kommunisten und Sozialdemokraten durch eine Spießrutenkette in die Gefängniszellen im Rathauskeller laufen, wo sie mißhandelt und gefoltert wurden. In einem Gedenkraum im Keller wurde 1985 an die Opfer mit einer kleinen Dokumentation erinnert. Die Inschrift der Gedenktafel neben dem Rathausportal lautet:

> Zum Gedenken an die Opfer der
> nationalsozialistischen Gewaltherrschaft
> in Langen in den Jahren 1933 - 1945.
> In diesem Hause wurden Gegner des
> Nationalsozialismus erniedrigt,
> gepeinigt und geschlagen.
>
> »Die Zukunft wird sich an Euer Beispiel
> erinnern und sie wird es ehren« Romain Rolland

Vor Jahren schon hatte das »Antifaschistische Aktionsbündnis« in Langen die Anbringung einer Gedenktafel angeregt und diverse Anträge zur Realisierung dieses Vorhabens gestellt. Da eine Gedenktafel jedoch nie die Unterstützung des Stadtrates fand, brachte im Oktober 1983 das Aktionsbündnis in Eigeninitiative die Tafel am Alten Rathaus an. Der Magistrat nahm die Anbringung der Tafel als »Beitrag zur politischen Diskussion« duldend in Kauf. Wenige Wochen später wurde sie von Unbekannten wieder aus der Wand gebrochen und gestohlen. Seitdem veranstaltet das Aktionsbündnis jährlich Gedenkveranstaltungen mit symbolischer Tafelanbringung. 1984 wurde im Rat die Herstellung einer neuen Gedenktafel beschlossen, allerdings für den Rathauskeller. Erst mit Änderung der Mehrheitsverhältnisse im Stadtrat kam es zu der Gedenktafel neben dem Rathausportal.

In der *Dieburger Straße* wurde 1947 eine Erinnerungsstätte für die hier 1938 zerstörte Synagoge angelegt. Auf einem *Denkmal* ist die Kuppel der früheren Synagoge mit dem Davidstern abgebildet.

Am Eingang des *jüdischen Friedhofs* befindet sich seit 1966 eine *Gedenktafel*, die mit folgenden Worten an die zwischen 1933 und 1945 ermordeten Langener Juden erinnern will:

> Unseren heimgegangenen jüdischen Mitbürgern
> errichtet von der Stadt Langen

Die *Wilhelm-Burk-Straße* in Langen erinnert an den parteilosen KPD-Anhänger, der 1941 wegen »Hochverrats« festgenommen wurde. Vorgeworfen wurde dem Steinbruch-Arbeiter die Verteilung illegaler Schriften, ein »Tatbestand«, den er vor 1934 begangen hatte. Burk durchlief die Gefängnisse in Frankfurt-Preungesheim, in Darmstadt und in Dietz/Lahn. Später wurde er in das Konzentrationslager Sachsenhausen überführt. Dort starb Wilhelm Burk am 14. Februar 1943. Als offizielle Todesursache wurde »Herzversagen« angegeben.

Die *Walter-Rietig-Straße* ist nach einem Opelarbeiter in Rüsselsheim benannt, der im Widerstand tätig war. Rietig wurde wegen »Wehrkraftzersetzung« verurteilt und am 22. Dezember 1942 in Berlin-Plötzensee mit dem Fallbeil hingerichtet. Das Wohnhaus von Walter Rietig steht in der Wolfsgartenstraße 54 (s. Rüsselsheim).

Drei Schulen tragen die Namen von Widerstandskämpfern: Die *Geschwister-Scholl-Schule* in der Woogstraße, die *Janusz-Korczak-Schule* in der Frankfurter Straße und die *Adolf-Reichwein-Schule* in der Zimmerstraße.

Literatur:
Adamitz, Horst/Schild, Karl, Nazis in Langen. Terror und Widerstand vor und während der Zeit des Nationalsozialismus, Langen 1983; Adamitz, Horst/Meeth, Klaus Peter, Langen, wie es kaum noch jemand kennt und manche nicht mehr kennen wollen. Ein alternativer Stadtführer, hrsg. vom Antifaschistischen Aktionsbündnis Langen, Langen 1984; Fogel, Heidi, Eine Stadt zwischen Demokratie und Diktatur. Dokumentation zur Geschichte Langens von 1918–1945, hrsg. vom Magistrat der Stadt, Langen 1983; Grein, Gerd, Geschichte der Jüdischen Gemeinde zu Langen und ihrer Synagoge. Eine Dokumentation. Ausstellung des Magistrats der Stadt Langen aus Anlaß des 40. Jahrestages der Zerstörung der Synagoge in der Reichskristallnacht 1938, Langen 1978.

Stadtrundgang:
»Antifaschistischer Stadtspaziergang in Langen«, Kontaktadresse: Horst Adamitz, Darmstädter Straße 32, 63225 Langen in Hessen.

Langendiebach siehe Erlensee

Langenselbold

Bei der evangelischen Kirche in der *Hanauer Straße* wurde ein *Mahnmal* mit folgender Inschrift errichtet:

> Den Toten zu Ehren, den Lebenden zur Mahnung.
> Allen Opfern von Krieg und Tyrannei zum Gedenken.

Auf dem *Friedhof* befindet sich ein *Sammelgrab* für acht unbekannte Tote, bei denen es sich wahrscheinlich um Häftlinge des Außenkommandos Langendiebach (Erlensee) des SS-Sonderlagers Hinzert handelt, die nach Räumung des Lagers vor den herannahenden alliierten Truppen Ende März 1945 auf dem »Evakuierungs«-marsch in das Konzentrationslager Buchenwald umgekommen sind. (Näheres s. Erlensee)

Langgöns

Auf dem *jüdischen Friedhof* der Gemeinde befindet sich eine *Gedenkstätte* für Opfer des Nationalsozialismus.

Laubach, Hessen

An einem Transformatorenhaus, *Untere Lippe 25,* dem Standort der früheren Synagoge, ist eine *Gedenktafel* angebracht. Sie trägt die Inschrift:

> An dieser Stelle stand bis zur
> Reichskristallnacht im November 1938
> die Laubacher Synagoge. Möge es
> uns Mahnung und Verpflichtung sein, daß
> niemand mehr wegen seines Geschlechtes,
> seiner Abstammung, seiner Rasse, seiner
> Heimat oder Herkunft, seines Glaubens
> benachteiligt oder verfolgt wird.

Im Stadtteil Laubach-*Freienseen* gibt es noch eine *Holzbaracke* als sichtbares Zeichen für ein Zwangsarbeiterlager, das während des Zweiten Weltkrieges an dieser Stelle gestanden hat. Am 20. Februar 1991 wurde die Baracke, die sich noch in privaten Händen befindet und zum Verkauf ansteht, unter Denkmalschutz gestellt. Um den Erhalt der Baracke zu sichern, hat der Kreis beschlossen, einem noch zu gründenden Trägerverein Mittel für den Ankauf zur Verfügung zu stellen. Die Friedenskooperative Grünberg-Laubach-Mücke hat vorgeschlagen, in der Baracke eine *Gedenk- und Begegnungsstätte* einzurichten. Der Erhalt der Baracke und die Einrichtung einer Gedenkstätte war jedoch in Freienseen äußerst umstritten. Der Ortsbeirat hatte die Errichtung einer Gedenk- und Begegnungsstätte zunächst abgelehnt, weil dafür im Ort keine Akzeptanz vorhanden sei. Er plädiert hingegen für die Aufstellung eines *Gedenksteines.* Seit 1992 existiert ein Förderverein.

In dem Lager waren von Mai bis Oktober 1944 etwa 1200 Kriegsgefangene, Zwangsarbeiter und »Häftlinge« aus dem »Arbeits- und Erziehungslager« Frankfurt-Heddernheim untergebracht. Sie mußten u.a. in einem stillgelegten Eisenbahntunnel für die Frankfurter Firma VDO Armaturen für die geplanten Superraketen V 1 und V 2 produzieren.

Kontakt:
Förderverein Gedenk- und Begegnungsstätte Freienseen e.V., c/o Helmut Raschke, Johann-Sebastian-Bach-Straße 18, 35321 Laubach, Hessen, Tel. 06405/3401.

Lauterbach, Hessen

An der Stelle der früheren Synagoge, *Hinter der Burg 15–17,* wurde eine *Gedenktafel* angebracht:

> Hier stand von 1908 bis 1938 die Synagoge
> der Israelitischen Gemeinde Lauterbach.
> Am 10. November 1938 wurde sie von den
> Nationalsozialisten in Brand gesteckt
> und brannte – ein Fanal der verbrecherischen
> Judenverfolgung – völlig aus.

Lich, Hessen

Eine Inschrift im Kapitelsaal des *ehemaligen Zisterzienserklosters Arnsburg* bei Lich (Kreis Gießen) lautet:

> Mortui viventes obligant
> [Die Toten verpflichten die Lebenden]

Im Kreuzgang des ehemaligen Klosters, umgeben von den restaurierten alten Mauern, richtete der Volksbund Deutsche Kriegsgräberfürsorge in den Jahren 1959/1960 einen *Kriegsgräberfriedhof* ein, auf dem vorher vereinzelt liegende Kriegsopfer aus den Landkreisen Alsfeld, Büdingen und Gießen zusammengelegt wurden. Die Gräber tragen Bronzetafeln mit Namen, Geburts- und Todesdaten. Unter den hierher umgebetteten Toten sind auch Opfer eines Massenmordes im März 1945 in Hirzenhain an 81 Frauen und sechs Männern aus Luxemburg, Frankreich, der Sowjetunion, Polen und Deutschland, die kurz vor dem Einmarsch amerikanischer Truppen bei der Räumung des »Arbeitserziehungslagers Hirzenhain« erschossen wurden. Nur eine der Toten, die Luxemburgerin Emilie Schmitz, konnte identifiziert werden. Sie war im Januar 1945 verhaftet und nach Deutschland deportiert worden,

Kriegsgräberstätte Kloster Arnsburg bei Lich: Im Kreuzgang des ehemaligen Zisterzienserklosters liegen neben deutschen Soldaten und Kriegsgefangenen aus Polen, Rumänien und Rußland auch 87 Frauen und Männer beerdigt, die am 26. März 1945 bei der Räumung des »Arbeits- und Erziehungslagers« Hirzenhain von Gestapo- und SS-Leuten erschossen wurden.

weil sie englische und amerikanische Piloten sowie einige junge Luxemburger, die zur deutschen Wehrmacht eingezogen werden sollten, versteckt hatte. Emilie Schmitz gehörte einer Gruppe von Widerstandskämpfern an, für die ihr kleiner Laden Anlaufstelle war. Auf den Grabtafeln der übrigen Opfer heißt es »Ein(e) unbekannte(r) Kriegstote(r)«. Ein Hinweis auf das Verbrechen findet sich nur auf einer im März des Jahres 1983 am Eingang zu dem Kriegsgräberfriedhof angebrachten *Gedenktafel:*

> Auf diesem Kriegsgräberfriedhof ruhen 450 Opfer
> des Krieges und nationalsozialistischer Gewalt:
> 210 deutsche Soldaten und Zivilpersonen,
> 49 Polen, 46 Russen, 6 Ungarn, 3 Niederländer,
> 3 Ukrainer, 1 Lette, 1 Rumäne, 1 Belgier, 1 Tscheche,
> 1 Luxemburgerin, 123 unbekannte Tote,
> darunter 81 Frauen und 6 Männer,
> die im Arbeitslager Hirzenhain von Gestapo
> und SS am 26. März 1945 erschossen worden sind.

Durch die Umbettungen auch von KZ-Opfern vor allem aus Außenkommandos, von ausländischen Kriegsgefangenen, Zwangsarbeitern und -arbeiterinnen und Kindern auf Kriegsgräberstätten wie hier auf den Kriegsgräberfriedhof Arnsburg sind viele dieser Opfer des Nationalsozialismus in Vergessenheit geraten. Ort und Ursache ihres Todes dürften für viele Besucher der Friedhöfe kaum noch rekonstruierbar sein. (s. Hirzenhain)

An dem Gebäude in der *Amtsgerichtsstraße 4* erinnert seit Mai 1984 eine *Gedenktafel* an die ehemalige Synagoge. Bis 1986 waren in dem Haus eine Altentagesstätte und die Musikhochschule untergebracht. Als 1987 das Hessische Amt für Denkmalpflege einem weiteren Umbau des Gebäudes durch die Stadt nicht zustimmte und verfügte, den Synagogenraum entsprechend der noch vorhandenen Substanz wiederherzustellen, fiel die Entscheidung für die Nutzung der früheren Synagoge als Konzertsaal.

Eine ehemalige *Friedhofskapelle* wurde zur *Gedenkstätte* für Opfer des Nationalsozialismus umgestaltet. Eine *Gedenktafel* trägt die Inschrift:

> Den Opfern der Gewalt.

Schülerinnen und Schüler der Dietrich-Bonhoeffer-Schule zeigten im Jahr 1988 anläßlich des 50. Jahrestages der Pogromnacht am 9./10. November 1938 im Stadtverordnetensitzungssaal eine Ausstellung zur Geschichte des Nationalsozialismus in Lich.

Literatur:
Keller, Michael u.a., »Das mit den Russenweibern ist erledigt«. Rüstungsproduktion, Zwangsarbeit, Massenmord und Bewältigung der Vergangenheit in Hirzenhain zwischen 1943 und 1991, Friedberg 1991.

Liebenau, Hessen

Auf dem nur durch einen Hohlweg von der christlichen Begräbnisstätte abgetrennten *jüdischen Friedhof* von *Niedermeiser* erinnern *zwei Gedenksteine* und eine *Säule* an die verschleppten und ermordeten Juden des Ortes. Auf der Säule stehen umlaufend in hebräischer und deutscher Sprache die Worte:

Auch wenn ich geh ins Todesthal,
ich bin von Furcht und Bösem frei,
bei mir ist Gott der überall,
sein Stab mir Trost und Stütze sei.

Friedhof Israelitische Gemeinde Niedermeiser

Auf einem der Gedenksteine steht ein häufig in der Altgemeinde Hofgeismar verwendeter Text:

Hier ruhen
die Gebeine der Juden
von Niedermeiser
Zeuge sei dieser Gedenkstein
für alle, die einst an
diesem Orte standen
und durch Nazi-Terror
vernichtet wurden
1938 - 1945

(s. auch Naumburg, Trendelburg oder Zierenberg)

Limburg an der Lahn

Im *Gewerkschaftshaus* erinnert eine *Gedenktafel* an fünf hessische Gewerkschafter und Sozialdemokraten, die von den Nationalsozialisten verfolgt und ermordet wurden: Adam Graef (s. Selters), Richard Hoin, Franz Leuninger (s. Mengerskirchen), Josef Ludwig und Hans Wolf.

Im Jahre 1981 wurde am Gebäude *Schiede 25–27* eine *Gedenktafel* angebracht mit der Inschrift:

Ehemaliger Standort der
Synagoge Limburg 1903–1938

Am Eingang zum *jüdischen Friedhof* in der *Beethovenstraße* wurde 1973 auf Anregung eines früheren jüdischen Mitbürgers von der Stadt eine *Gedenktafel* angebracht mit der Inschrift:

Zum Gedenken an die
jüdischen Mitbürger von Limburg
1933 - 1945

Im November 1988 wurde auf dem jüdischen Friedhof ein *Gedenkstein* mit den Namen der zwischen 1933 und 1945 umgekommenen Juden errichtet.

Auf dem Limburger *Pallottiner Friedhof* an der *Wiesbadener Straße* findet sich das Urnengrab des Paters Richard Henkes, Mitglied der Priestergenossenschaft der Pallottiner, der am 22. Februar 1945 im Konzentrationslager Dachau an einer Typhusinfektion starb. Wegen regimekritischer Äußerungen wurde Henkes als »Hetzpater« und »Volksaufwiegler« am 6. April 1943 von der Gestapo in Troppau verhaftet und am 10. Juli 1943 nach Dachau überstellt. Im Konzentrationslager meldete er sich freiwillig zur Pflegearbeit im Typhusblock und wurde dann selbst ein Opfer der Epidemie. Auf Bitten der Pallottiner verbrannte der Krematoriums-Kapo seinen Leichnam gesondert. Nach der Befreiung Dachaus durch die Amerikaner brachten die Pallottiner Henkes Asche nach Limburg und setzten ihn am 7. Juni 1945 bei.

Literatur:
Caspary, Eugen, Die Juden in den Kreisen Limburg und Oberlahn 1278–1945. Versuch einer Bestandsaufnahme, in: Limburg – Weilburg. Beiträge zur Geschichte des Kreises, Limburg/Lahn 1986, S. 126–173; Gölzenleuchter, Franz, Sie verbrennen dein Heiligtum. Synagogen und jüdische Friedhöfe im Kreis Limburg-Weilburg fünfzig Jahre später, Limburg 1988; Hannapel, Oliver u. a., Judenverfolgung und Verfolgung anderer Gruppen in der Anfangsphase des Nationalsozialismus in Limburg und Umgebung, 11. Klasse, Peter-Paul-Cahensly-Schule, im Rahmen des »Schülerwettbewerbs Deutsche Geschichte« 1980/81; Reiters, Georg, Glaubenszeuge im KZ. Pater Richard Henkes – Märtyrer der Nächstenliebe, Leutesdorf am Rhein [2]1988.

Ludwigstein siehe Witzenhausen und Guxhagen (Breitenau)

Maintal

Im Ortsteil *Wachenbuchen* hängt am *Eckhaus Alt-Wachenbuchen/Hainstraße* seit 1984 eine *Gedenktafel* aus Stahl, die das heute unter Denkmalschutz stehende Haus als ehemalige Synagoge ausweist. Die Inschrift lautet:

Dieses Gebäude diente als Synagoge
für die Jüdische Gemeinschaft von
Wachenbuchen, später auch Bischofsheim, Dörnigheim und Hochstadt.
Sie wurde erbaut 1880 und zerstört
am 9. November 1938.
Zum Andenken an die während der
nationalsozialistischen Zeit umgebrachten und vertriebenen Juden
aus Wachenbuchen, Hochstadt, Bischofsheim und Dörnigheim.
Gewidmet von der Stadt Maintal 1984

Marburg

Am *Rathaus* der Stadt Marburg weist eine *Tafel* auf die Geschichte des Gebäudes vom 16. bis ins 20. Jahrhundert hin:

Rathausschirne*
1512 erbaut als Untergeschoß des Rathauses.
Im 16. und 17. Jh. vermietet an die Metzgerzunft (»Fleischschirne«). Zugleich befand sich hier für kurzfristige Haft das »Lochgefängnis« der Stadt.
Im 18. und 19. Jh. Magazin für städt. Baumaterialien und Feuerwehrgeräte. 1907/08 und 1915/16 Einbau von Arrestzellen der städt. Polizei, die bis 1964 benutzt wurden.
1933–1945 waren die Arrestzellen in der Schirne für viele Gegner des NS-Regimes die erste Station nach ihrer Verhaftung.

Am 30. Januar 1983, dem 50. Jahrestag der »Machtergreifung« durch die Nationalsozialisten, brachte der Marburger Magistrat auf Anregung des Kreises Marburg des Deutschen Gewerkschaftsbundes eine *zweite Tafel* an mit dem Text:

Wir gedenken der Marburger Opfer
des Widerstandes
gegen den Nationalsozialismus.
Der aus Überzeugung, um des Glaubens
und Gewissens willen gegen die
Nationalsozialistische Gewaltherrschaft
geleistete Widerstand
war ein Verdienst um das deutsche Volk.
Der Magistrat der Stadt Marburg am 30. Januar 1983
anläßlich des 50. Jahrestages der NS-Diktatur.

Ursprünglich hatte der DGB Kreis Marburg geplant, diese Tafel, erweitert um einige Namen, die stellvertretend für den Marburger Widerstand gegen den Nationalsozialismus stehen sollten, am Gebäude des »Kilian« am Marburger Schuhmarkt, anzubringen. Dieses Gebäude war während der NS-Zeit die Zentrale der Marburger Gestapo.

Ein *Gedenkstein* in der *Universitätsstraße 11* erinnert an die ehemalige dortige Synagoge und an die ermordeten Marburger Juden:

Zum Gedenken an dic am 10. November 1938
frevlerisch zerstörte Synagoge und an
unsere ermordeten jüdischen Mitbürger.

Angeregt durch eine Forderung des Hessischen Landesverbandes der Sinti und Roma nach einem Denkmal, hat das Stadtparlament in Marburg 1991 einstimmig den Magistrat beauftragt, »an geeigneter Stelle« eine Gedenktafel für Sinti und Roma anzubringen, die Opfer des Nationalsozialismus wurden. Am 23. März 1993 wurde am *alten Landratsamt, Barfüßerstraße 11,* in der Stadtmitte, eine *Gedenktafel* angebracht. Der Text lautet:

Am 23. März 1943 wurden Sinti aus Marburg
und Umgebung in das Konzentrationslager Auschwitz
deportiert. Viele von ihnen wurden ermordet.
Mit ihnen fielen über 500 000 europäische Sinti
und Roma dem nationalsozialistischen Rassenwahn
zum Opfer.

Wir gedenken der Ermordeten und mahnen
die Lebenden, der Unmenschlichkeit rechtzeitig
entgegenzutreten.

Das *»Denkmal für die Deserteure des Zweiten Weltkriegs«,* das die Geschichtswerkstatt Marburg zusammen mit dem DGB-Landesvorsitzenden am 1. September 1989 ohne Genehmigung des Magistrats im Marburger Schülerpark enthüllte, wurde einige Tage später auf Anweisung des Oberbürgermeisters wieder abgeräumt und in Gewahrsam genommen. Die beschlagnahmte Plastik, so der Politiker, könne vielleicht an einer Stelle errichtet werden, an der während des Krieges desertierte Soldaten hingerichtet wurden. Das von dem Kieler Steinhauer Jo Kley geschaffene Denkmal, ein auf zwei gekreuzten Stahlträgern gefesselter, aus Stein gemeißelter Rumpf, der einen geschundenen Menschen versinnbildlicht, wollten die Initiatoren als Kontrapunkt zu den rund 25 Kriegerdenkmälern im Stadtgebiet verstanden wissen. Mit dem Denkmal sollen alle Fahnenflüchtigen und »Wehrkraftzersetzer« geehrt werden, die sich dem NS-Regime widersetzt haben und dafür verfolgt, gefoltert und getötet wurden. Bislang hatten die Grünen vergeblich im Rat einen Antrag für ein Deserteurs-Denkmal durchzubringen versucht. Die Mehrheit favorisierte statt dessen ein allgemeines »Mahnmal für den Frieden« zum Gedenken an die »Opfer von Krieg und Gewalt«. Ein offizielles Gedenken für Deserteure des Zweiten Weltkriegs ist bisher nur in Kassel realisiert.

Das *Archiv* über den Reformpädagogen und Widerstandskämpfer *Adolf Reichwein,* das 1989 von Münster in die *Universitätsbibliothek Marburg* verlagert wurde, enthält 700 Originalbriefe, etliche Briefkopien sowie Personalpapiere und fast alle Schriften Reichweins in Originalausgaben, darunter allein 300 Aufsätze. Neben der breiten Palette von Sekundärliteratur werden hier auch handschriftliche Erinnerungen seiner Freunde aufgehoben. Ein Bildarchiv befindet sich im Aufbau.
Adolf Reichwein wurde 1898 als Kind eines hessischen Dorfschullehrers in Bad Ems geboren und geprägt durch die Jugend- und Wandervogelbewegung, die er in den 20er Jahren während seiner Studentenzeit in Marburg erlebte. 1930 trat er eine Professur für Geschichte und Staatsbürgerkunde in Halle an und widmete sich bis

* »Schirne« bedeutete Verkaufsraum, -stand, -halle, »Laden«

zu seiner Entlassung durch die Nationalsozialisten 1933 der Volksbildung. Der Sozialdemokrat Reichwein gehörte während des Krieges zum engsten Kern des »Kreisauer Kreises«, einer Widerstandsgruppe um Helmuth James Graf von Moltke. Zusammen mit Julius Leber knüpfte er Kontakte zum kommunistischen Widerstand. Der Verrat eines Spitzels führte zu ihrer Verhaftung, und nach seiner Verurteilung durch den »Volksgerichtshof« wurde Reichwein am 20. Oktober 1944 in Berlin-Plötzensee hingerichtet.
Das Andenken an Adolf Reichwein wird in Marburg auch durch eine nach ihm benannte *Berufsschule* und ein *Studentenwohnheim* wachgehalten. (s. auch Rosbach v.d. Höhe)

Im *»Hüterischen Haus«*, einer Gründerzeitvilla am Rande der Marburger Altstadt, existiert seit Anfang der 80er Jahre ein *»Kindheitsmuseum«*. Ein Schwerpunkt der Sammlung, die von dem in England geborenen Ethnologen Charles Barry Hyams und seiner Frau, der Pädagogik-Professorin Helge Ulrike Hyams, angelegt wurde, bildet die »Jüdische Kindheit«, insbesondere die Entwicklung und Geschichte in den Jüdischen Gemeinden während der Nazizeit.

Kontakt:
Geschichtswerkstatt Marburg e.V., Liebigstraße 46, 35037 Marburg, Tel.: 06421/131 07.

Quellen/Literatur:
Grün-Bunt-Alternative Liste im Asta-Friedensreferat u. Geschichtswerkstatt Marburg, Eine Marburger Debatte – Deutsche Deserteure, Marburg 1989 (Bezug: Asta-Friedensreferat, Erlenring 3, 35037 Marburg); Die jüdischen Schülerinnen der Elisabethschule, in: Experiment. Zeitung der Elisabethschule, Sonderheft, Marburg November 1990; Rehme, Guenther u.a., »... mit Rumpf und Stumpf ausrotten ...« Zur Geschichte der Juden in Marburg und Umgebung nach 1933, hrsg. vom Presseamt der Stadt, 1982; Reichwein, Adolf, Schaffendes Schulvolk. Neu herausgegeben von seinen Freunden, 4. Aufl. Braunschweig 1967; Schneider, Ulrich, Marburg 1933–1945. Arbeiterbewegung und Bekennende Kirche gegen den Faschismus, Frankfurt a.M. 1980; Willertz, John R., Marburg unter dem Nationalsozialismus (1933–1945), in: Dettinger, E./Grenz, R. (Hrsg.), Marburger Geschichte, 2. Aufl., Marburg 1982, S. 593–653.

Mengerskirchen

In der *Grundschule* am *Dillhäuser Weg* hängt eine *Gedenktafel* für den christlichen Gewerkschafter Franz Leuninger, der den Widerstandskreisen des 20. Juli 1944 angehörte. Der am 28. Dezember 1898 in Mengerskirchen geborene Franz Leuninger, gelernter Maurer, wurde 1923 Sekretär des christlichen Bauarbeiterverbandes und war 1933 Kandidat der Zentrumspartei für den Reichstag. Nach dem Scheitern des Attentats auf Hitler wurde er am 26. September 1944 verhaftet und vom »Volksgerichtshof« am 28. Februar 1945 zum Tode verurteilt. Das Urteil wurde am 1. März 1945 in Berlin-Plötzensee vollstreckt. (s. auch Limburg)

Merxhausen über Kassel

siehe Emstal

Michelstadt

Die 1791 errichtete *Synagoge* in der *Mauerstraße* ist eine der wenigen erhaltenen Synagogen im Odenwald. Ihr Innenraum wurde in der Pogromnacht im November 1938 völlig zerstört. Sie war einst Zentrum für alle Juden im Odenwaldgebiet. Nach ihrer Renovierung in den 70er Jahren wurde sie 1979 als *Jüdisches Museum* eingerichtet, das dem Andenken an Dr. Isaak Emil Lichtigfeld, von 1954 bis 1967 Landesrabbiner von Hessen, gewidmet wurde. In dem Museum sind Kultgegenstände, Archivalien und Fotoreproduktionen ausgestellt, die die Erinnerung an ehemalige jüdische Bürger Michelstadts wachhalten sollen. Die Sammlung gibt einen Einblick in die religiöse, politische und soziale Vergangenheit der Juden im Odenwald.

Öffnungszeiten:
Do 14.30–16 Uhr, 1. und 2. So im Monat 14–16 Uhr und nach Vereinbarung mit dem Verkehrsamt der Stadt Michelstadt (Tel.: 06061/74146).

Literatur:
Roth, Ernst/Haas, Alexander, Landesrabbiner I.E. Lichtigfeld-Museum in Michelstadt/Odenwald. Zur Eröffnung, hrsg. vom Landesverband der Jüdischen Gemeinden in Hessen, Frankfurt a.M. 1978; Magistrat der Stadt Michelstadt (Hrsg.), Führer durch I. E. Lichtigfeldmuseum, 1989; Schmall, Martin, Die Juden in Michelstadt. 1650–1943, Hrsg.: Stadt Michelstadt, 3., erw. Aufl. 1985.

Modautal

Auf dem *Kriegsgräberfriedhof* in Modautal-*Brandau* sind neben 158 deutschen Soldaten 301 Ausländer verschiedener Nationen begraben, die meisten stammen aus der Sowjetunion und aus Polen, die übrigen aus Jugoslawien, Bulgarien, Griechenland, Ungarn, der Tschechoslowakei, den Niederlanden und Belgien, darunter viele Frauen und Kinder. Sie wurden 1966 von verschiedenen Friedhöfen im Landkreis Darmstadt-Dieburg hierher umgebettet. Wahrscheinlich handelt es sich um Zwangsarbeiter und -arbeiterinnen aus »Zivilarbeiterlagern«, die es in einigen Orten des Kreises während des Krieges gab.

Auf dem *jüdischen Friedhof*, der zwischen *Neunkirchen* und *Schwarzenborn* (Gemeinde Modautal) liegt, steht auf der nicht belegten Fläche ein *Gedenkstein* mit der Inschrift:

> Zur Erinnerung an die
> ehemalige Jüdische Kultus-
> gemeinde und zum Gedenken
> an die Opfer in den Jahren
> von 1933 bis 1945

Mörfelden-Walldorf

Im Stadtteil *Walldorf* nahe der *Nordendstraße* wurde nach einem Beschluß der Stadtverordnetenversammlung am 1. März 1980 ein *Gedenkstein* aufgestellt zur Erinnerung an das Außenlager des Elsässer Konzentrationslagers Natzweiler-Struthof, das auf diesem Gelände von August bis Dezember 1944 bestand. Die Inschrift lautet:

> Zum Gedenken
> an die Opfer
> der ehemaligen
> Außenstelle des
> Konzentrationslagers
> Natzweiler
> Aug. – Dez. 1944
>
> Die Toten mahnen
> nie wieder
> Faschismus
> nie wieder Krieg

Etwa 1700 weibliche Häftlinge aus dem Konzentrationslager Auschwitz, die meisten von ihnen Jüdinnen aus Ungarn, einige aus Rumänien, Jugoslawien und der Tschechoslowakei, waren in dem Lager untergebracht. Die Frauen wurden unter unmenschlichen Bedingungen zu Arbeiten bei der Erweiterung des Rhein-Main-Flughafens eingesetzt. Nach Auflösung des Lagers Ende 1944 kamen die meisten Frauen in das Konzentrationslager Ravensbrück (Brandenburg).

Auf dem *Friedhof Mörfelden* wurde 1961 ein *Gedenkstein* für die Opfer der politischen und der Judenverfolgung 1933–1945 errichtet. Weiter befindet sich auf dem Friedhof ein *Gedenkstein* für den jüdischen Bauarbeiter Adolf Reiß, Mitglied der »Freien Turn- und Sänger-Vereinigung«, der auf Veranlassung ehemaliger Sportkameraden errichtet wurde:

> Gewidmet unserem
> Sportkameraden
> Adolf Reiß
> * 13. Februar 1902
> Opfer des Nazismus

Auf dem *Friedhof Walldorf* wurde ein *Gedenkstein* für die Opfer des Nationalsozialismus aufgestellt.

Am Standort der ehemaligen, bereits 1936, zwei Jahre vor der »Reichskristallnacht« verwüsteten Mörfeldener Synagoge in der *Langgasse* errichtete die Stadt 1984 einen *Gedenkstein* zur Erinnerung an die Synagoge und an die im »Dritten Reich« umgebrachten Mitglieder der Jüdischen Gemeinde:

> Hier war von 1829 bis 1933
> die Synagoge der Israelitischen
> Religionsgemeinde Mörfelden
> Wir gedenken unserer jüdischen
> Mitbürger
> die von den Nationalsozialisten
> ermordet und vertrieben wurden!
> Ihre Verfolgung mahnt uns
> zum Frieden zwischen Menschen
> verschiedener Religion,
> Rasse und Nation
>
> Die im Faschismus verfolgten
> jüdischen Familien Mörfeldens
> hießen: Adler, Bernstein, Cohn,
> Goldschmidt, Meyer, Mainzer, Neu,
> Reiß, Rosenthal, Sobernheim, Schell,
> Schott, Strauß, Weißhaupt.

Literatur:
Oswald, Herbert J., Außenkommando Walldorf, in: Die Grünen im Landtag (Hessen)/Bembenek, L./Schwalba-Hoth, F. (Hrsg.), Hessen hinter Stacheldraht, Frankfurt a.M. 1984, S. 40–49; Rühlig, Cornelia, »Die schlimmste Sache war die Angst, die andauernde Angst«. Alltagsgeschichten der jüdischen Familien in Mörfelden und Walldorf 1914–1942, hrsg. von der Stadt Mörfelden-Walldorf 1986.

Mühlheim am Main

Eine *Gedenktafel* an der *Marktstraße* trägt die Inschrift:

> Im Gedenken an unsere verfolgten jüdischen
> Mitbürger während der nationalsozialistischen
> Gewaltherrschaft in Mühlheim/Main und in
> Erinnerung an die Synagoge in der Friedrichstraße.

Auf dem *Mühlheimer Friedhof* sind einige sowjetische und polnische Tote beerdigt, vermutlich Opfer eines Zwangsarbeiterlagers in Mühlheim.

Literatur:
Mirkes, Adolf/Schild, Karl/Schneider, Hans C., Mühlheim unter den Nazis 1933–1945. Ein Lesebuch, Frankfurt a.M. 1983; Spang, Anette u.a., Alltag im Nationalsozialismus aufgezeigt am Beispiel der Juden in Mühlheim am Main, 8. Klasse, Friedrich-Ebert-Schule, im Rahmen des »Schülerwettbewerbs Deutsche Geschichte« 1980/81.

Münzenberg

Im alten Stadtkern von Münzenberg, unterhalb der Burg, steht an der *Ecke Am Junkernhof/Pfarrgasse* das Haus, in dem sich früher die Synagoge befand. Nach der Zerstörung in der Pogromnacht am 9./10. November 1938 ging das Gebäude in den Besitz der Ortsgemeinde über, die heute darin die Feuerwehr untergebracht hat. Seit 1985 erinnert eine *Gedenktafel* an die Geschichte des Hauses.

Literatur:
Herrmann, Fritz H., Zur Geschichte der Juden in Münzenberg, in: Wetterauer Geschichtsblätter 23/1974, S.23–30.

Naumburg, Hessen

Auf dem *jüdischen Friedhof*, der an einem von der Straße Am kleinen Berg abzweigenden Feldweg liegt, befindet sich ein *Gedenkstein* zur Erinnerung an die verschwundenen Grabsteine der Naumburger Juden. Die (fehlerhafte) Inschrift lautet:

Hier ruhen
die Gebeine der Juden
aus Naumburg
Zeuge sei dieser Grabstein
die einst an diesem Orte standen
und durch Nazi-Terror
vernichtet wurden

Da der Steinmetz zwei Worte des im Altkreis Hofgeismar üblichen Texts vergessen hat, bleibt die Inschrift unklar (s. Liebenau, Trendelburg oder Zierenberg).

In Naumburg-*Elbenberg* befanden sich mehrere Zwangsarbeiterlager, darunter 1944/45 ein Lager für sogenannte »Mischlinge«.

Quellen/Literatur:
Magistrat der Stadt Naumburg und Vorstand der Ev. Kirchengemeinde Elbenberg (Hrsg.), Elbenberg, Fritzlar 1987, S.79–84; Meynert, Joachim, Was vor der »Endlösung« geschah. Antisemitische Ausgrenzung und Verfolgung in Minden-Ravensberg 1933–1945, Münster 1988, S.262–272.

Nentershausen, Hessen

In Nentershausen befand sich eine der wenigen noch erhaltenen *Synagogen* im nordhessischen Raum. Nach dem Krieg diente das Fachwerkhaus jahrelang als Viehstall. Da Kreis und Gemeinde keine finanzielle Förderung für eine Restaurierung signalisierten, sondern bereits eine Abbruchgenehmigung erteilt hatten, übergab der Besitzer das Gebäude dem *Freilichtmuseum Hessenpark* in Neu-Anspach (s. dort). Es wurde in seine Einzelteile zerlegt und im Hessenpark restauriert wieder aufgebaut.

In Nentershausen und in den benachbarten Gemeinden gab es Zwangsarbeiterlager der Kurhessischen Kupferschieferbergbau GmbH mit über 2000 Menschen aus Polen und der Sowjetunion. Zwischen September 1944 bis Ende März 1945 wurden in Nentershausen von Nationalsozialisten mindestens elf Menschen erschossen. Unter ihnen befanden sich zwei Franzosen, ein Litauer, ein Italiener, ein Pole, ein Deutscher und fünf amerikanische Flieger, die in der Nähe von Nentershausen notgelandet waren. Eine *Gedenktafel* steht bisher noch aus.

Literatur:
Raabe, Jürgen, Zwangsarbeit bei der Kurhessischen Kupferschieferbergbau Sontra 1940–1945. Erkundungen, Studien und Dokumente, Kassel 1986.

Neu-Anspach

Im *Freilichtmuseum Hessenpark* in der Nähe von Neu-Anspach sind die Reste der in der Pogromnacht im November 1938 im Innern zerstörten *Synagoge von Groß-Umstadt* (s. dort), die 1979 abgetragen wurden, als *Gedenkstätte* zur Erinnerung an die Judenverfolgung in Hessen am Beispiel der Jüdischen Gemeinde Groß-Umstadt und umliegender Orte wiederaufgebaut. In ihr soll eine *Dauerausstellung* die Geschichte der hessischen Landjuden vermitteln. Geplant ist eine Foto- und Textausstellung, neben einer Vortrags- und Begegnungsstätte.

Die ehemalige *Synagoge von Nentershausen* (s. dort) wurde ebenfalls in ihre Einzelteile zerlegt und in Neu-Anspach originalgetreu wiederaufgebaut. Durch die Restauration der kleinen Synagoge im Stil eines Fachwerkhauses konnte ein Zeugnis jüdischer Kultur erhalten werden. In den *Grundstein* des Wiederaufbaus wurde der folgende Text gelegt:

Wir wollen die Erinnerung wachhalten,
weil sie die einzige Voraussetzung von Kultur ist.
Wir wollen die Erinnerung wachhalten,
weil wir glauben, daß die Ungeheuerlichkeiten
des 3. Reiches – insbesondere die Verfolgung
der jüdischen Mitbürger – nicht vergessen
werden dürfen.
Wir wollen die Erinnerung wachhalten,
weil in der geschichtlichen Bewußtheit
die Hoffnung liegt, aus dem Gestern
für das Heute und das Morgen zu lernen.

Anschrift:
Freilichtmuseum Hessenpark, Laubweg, 61267 Neu-Anspach, Tel.: 0 60 81/90 81.

Quelle:
Zinniel, Klaus, Nur ein hessisches »Disneyland«? Freilichtmuseum in Neu-Anspach zeigt Synagogen, in: Allgemeine Jüdische Wochenzeitung, Bonn 8. Juli 1993, S. 11.

Neuhof, Kreis Fulda

Auf dem *jüdischen Friedhof* an der *Bundesstraße zwischen Neuhof und Flieden* wurde im Jahre 1947 ein *Ehrenmal* mit den Namen von 19 jüdischen Bürgern der beiden Gemeinden errichtet. Es trägt die Inschrift:

Nach unmenschlichen Grausamkeiten
mußten 19 Männer, Frauen und Kinder
der Jüdischen Gemeinden Neuhof und
Flieden in Konzentrationslagern
ihr Leben lassen.

(s. auch Flieden)

Neu-Isenburg

1979 wurde vor dem *Rathaus* in der Hugenottenallee ein *Mahnmal* mit folgender Widmung errichtet:

Den Toten des Zweiten Weltkrieges und
den Opfern der Gewaltherrschaft 1933–1945
zum Gedenken, den Lebenden zur Mahnung.
Die Bürger von Neu-Isenburg.

Eine 1978 angebrachte *Gedenktafel* in der *Fröbel-Schule* in der *Zeppelinstraße* erinnert an das frühere jüdische Kinderheim:

Stadt Neu-Isenburg.
Den Lebenden zur Mahnung.
Hier stand das von Bertha Pappenheim gegründete
jüdische Kinderheim. Es wurde in der Nacht vom
9. auf den 10. November 1938 von denen, die
glaubten, der nationalsozialistischen Herrschaft
dienen zu müssen, in Brand gesteckt und zerstört.

Bertha Pappenheim war Präsidentin des Jüdischen Weltfrauenbundes. In der Stadtbücherei in der Frankfurter Straße wurde eine Büste von ihr aufgestellt.

Literatur:
Pappenheim, Bertha u.a., »Das unsichtbare Isenburg«. Über das Heim des Jüdischen Frauenbundes in Neu-Isenburg 1907 bis 1942, hrsg. v. Helga Heubach, Neu-Isenburg 1994; Rebentisch, Dieter/Raab, Angelika, Neu-Isenburg zwischen Anpassung und Widerstand. Dokumente über Lebensbedingungen und politisches Verhalten 1933–1945, Neu-Isenburg 1978.

Neunkirchen, Odenwald

siehe Modautal

Neustadt, Hessen

Am Eingang des *jüdischen Friedhofes* auf dem *Simmesberg* steht seit dem 9. November 1976 ein *Gedenkstein* mit der Inschrift:

Den Opfern der Gewaltherrschaft 1933–1945

Ein *weiterer Gedenkstein* auf dem Friedhof, gestiftet von Frau Ruth Lion, erinnert an zehn deportierte Juden der Gemeinde Momberg, heute Ortsteil von Neustadt:

Zum ewigen Gedenken an die durch Nazihände
hingemordeten Lieben: Isaak Spier, Johanna Spier,
Ludwig Lion, Ida Blumenfeld, Julius Blumenfeld,
Fileda Blumenfeld, Kurt Blumenfeld, Siegfried Spier,
Sitta und Manfred Spier – aus der Gemeinde
Momberg.

Das Gotteshaus der ehemaligen Jüdischen Kultusgemeinde von *Momberg* dient heute als Scheune. 1988 wurde eine *Gedenktafel* angebracht, die auf die Bedeutung des Gebäudes vor der Verfolgung und der Deportation der Juden in den Jahren 1933 bis 1945 hinweist. Die Inschrift auf der Bronzetafel lautet:

Dieses umgestaltete Gebäude
diente ehemals als
Synagoge
der Jüdischen Gemeinde
Momberg
Stadt Neustadt (Hessen) im Jahre 1988

Geplant war auch eine Gedenktafel an der früheren Synagoge in Neustadt, jedoch lehnte der Eigentümer des Hauses die Anbringung einer Tafel ab.

Nidda

An einem Wohnhaus in der *Schillerstraße 33*, dem Grundstück der früheren Synagoge, brachte die Stadt Nidda 1979 eine *Bronzetafel* mit folgendem Wortlaut an:

Ehemalige Synagoge mit Frauenbad
der durch Auswanderung,
Deportation und Tod
im Jahre 1937 aufgelösten
Jüdischen Gemeinde von Nidda.
Erbaut im Jahre 1877,
eingeweiht unter großer
Beteiligung der gesamten Niddaer
Einwohnerschaft am 26. Oktober 1877.
Verkauft vom letzten Vorsteher
der Jüdischen Gemeinde
Samuel Eckstein
in private Hände im Jahre 1937,
1 Jahr vor der Reichskristallnacht
am 9. November 1938.
Umgebaut zu Wohnungen
in den Jahren 1938/39.

Der Vorsitzende des Landesverbandes Jüdischer Gemeinden in Hessen hat diese Inschrift als »praktische Geschichtsfälschung« bezeichnet, weil sie in beschönigender Weise die Gewalt gegen die Juden verschweigt. Ein amerikanischer Jude, ehemals Bürger von Nidda, hat eine Verbesserung der Gedenktafel angeregt durch einen Text, der verdeutlichen soll, daß die Synagoge 1937 nicht »verkauft« wurde, weil es keine Juden mehr in der Stadt gab, sondern daß der Terror gegen die Juden von Nidda bereits zwei Jahre vor dem für einen Schleuderpreis erfolgten Zwangsverkauf begonnen hatte. (Quelle: Pressespiegel der Deutschen Botschaft in Tel-Aviv vom 9. Juli 1984.) Mittlerweile wurde diese Gedenktafel wieder entfernt und durch eine *neue Tafel* ersetzt, die lediglich die Aufschrift trägt:

Dieses nebenstehende Wohngebäude diente
von 1877 bis 1937 der Jüdischen Gemeinde
Nidda als Synagoge.

Am 19. März 1986 errichtete die Stadt einen neuen *Gedenkstein* für die frühere Jüdische Gemeinde in Nidda. Die Inschrift unter dem siebenarmigen Leuchter, dem Symbol des Judentums, lautet:

Zur Erinnerung an unsere
91 jüdischen Bürger, die während
der Gewaltherrschaft 1933 - 1945
vertrieben und ermordet wurden

Die vom Faschismus verfolgten jüdischen Familien

Eckstein	Mayer	Sommer
Katz	Naumann	Stein
Katzenstein	Rollhaus	Stern
Kugelmann	Salm	Strauss
Leopold	Sichel	Wallenstein
Levi		Wertheim

Im Gedenken und zur Mahnung!

Nidderau, Hessen

Auf Beschluß der Stadtverordnetenversammlung gedenkt die Stadt Nidderau seit dem 17. November 1985 mit *zwei Gedenktafeln* an den Stätten der ehemaligen Synagogen in *Heldenbergen* und *Windecken*, heute Ortsteile von Nidderau, der Verfolgung und Deportation ihrer jüdischen Bürger durch die Nationalsozialisten. Die Texte der Gedenktafeln wurden von Frank Eisermann, einem Mitglied des Eicher Geschichtsvereins, und Monica Kingreen verfaßt.
Die Tafel im Ortsteil *Heldenbergen* befindet sich am Haus *Bahnhofstraße 12*, etwa fünfzig Meter von dem Standort der früheren Synagoge entfernt. Die Inschrift lautet:

Den Toten zum Gedenken
den Lebenden zur Mahnung

Hier stand
die im Jahre 1836 errichtete Synagoge der Jüdischen
Gemeinde Heldenbergen. Diese Gemeinde bestand
seit
etwa 1500. Der letzte Vorsitzende der Jüdischen
Gemeinde
war Samuel Scheuer, der 1936 in die USA
auswanderte.
Zu dieser Zeit lebten in Heldenbergen noch
22 jüdische
Familien. Die Synagoge wurde am 9. November 1938
zerstört.
Die zurückgebliebenen Juden wurden 1942 deportiert
und in den Konzentrationslagern umgebracht.

Wir trauern
um das Leid aller Ermordeten
Schalom

Im Ortsteil *Windecken* wurde die in Bronze gegossene 85 mal 65 cm große Gedenktafel an einer neuangelegten Sandsteinmauer an der *Ecke Ostheimerstraße 14/Synagogenstraße* angebracht. Auf diesem Grundstück hat die Synagoge bis zu ihrer Zerstörung durch die Nationalsozialisten gestanden. Die Inschrift nennt in seltener Ausführlichkeit die

Namen der früher ansässigen Juden und erzählt deren Geschichte:

> Den Toten zum Gedenken
> den Lebenden zur Mahnung
>
> An dieser Stelle standen die im Jahre 1481 erbaute Synagoge, das/
> Judenbad, das Gemeindehaus und die Schule der Juden von Windecken/
> und Ostheim. Die Synagoge – als Museum und Kleinod des hessischen/
> Judentums bezeichnet – wurde am 9. November 1938 niedergebrannt/
> und zerstört./
> Die Jüdische Gemeinde hatte im ersten Weltkrieg drei Gefallene:/
> Sigmund Jacob, Siegfried Katz und Joseph Wolf./
> Letzter Vorsitzender der Jüdischen Gemeinde war Salli Reichenberg,/
> dem im ersten Weltkrieg für seinen Militärdienst das Eiserne Kreuz/
> II. Klasse verliehen wurde./
> In den zwanziger Jahren hatte Windecken 2 jüdische Stadtverordnete:/
> Moritz Müller und Felix Schuster./
> Durch die nationalsozialistische Diktatur ihrer Existenzgrundlage/
> beraubt, wanderten viele jüdische Mitbürger aus.
> Nicht alle konnten/
> ihr Leben durch Flucht aus ihrer Heimat retten.
> Die letzten noch in/
> Windecken verbliebenen jüdischen Mitbürger, darunter Salli
> Reichen-/
> berg, wurden in Konzentrationslager verschleppt und dort ermordet./
> Wir trauern um/
> das Leid aller Windecker und Ostheimer Juden/
> Schalom

Auf Antrag der Fraktionen der SPD und der Grünen im Nidderauer Stadtparlament sollte 1985 die Braugasse im Stadtteil Windecken wieder den bis 1917 gebräuchlichen Namen »Judengasse« erhalten, um damit die Erinnerung an das ehemalige Judenghetto in diesem Stadtteil wachzuhalten. Wegen heftiger Proteste der Anwohner konnte dieser Vorschlag nicht durchgesetzt werden. 1988 gelang eine Rückbenennung der Braugasse in *»Synagogenstraße«*.

Niedergirmes siehe Wetzlar

Niedermeiser siehe Liebenau

Nieder-Roden siehe Rodgau

Offenbach am Main

In der Anlage auf der *Westseite des Rathauses*, zwischen Industrie- und Handelskammer und Stadtbunker, steht ein steinernes *Mahnmal* mit der Inschrift:

> Den Opfern für den Frieden
> und die Völkerverständigung,
> den Opfern des Rassenwahns
> und der Reaktion.

Vor dem *Rathaus, Berliner Straße 100*, steht ein von Bernd Rosenheim geschaffenes *Mahnmal* aus Metallguß, das eine lodernde Flamme darstellt. Es wurde 1971 bei der Einweihung des Rathauses enthüllt. Der Sockel trägt die Inschrift:

> Den wehrlosen und den widerstehenden
> den schwachen und den tapferen
> den verratenen und verkauften Opfern der Gewalt
> Die Bürger von Offenbach

Im *Gewerkschaftshaus, Berliner Straße 79–81*, befindet sich eine *Gedenktafel* mit dem Text:

> Wir denken an die Toten, die für unsere
> Freiheit verfolgt wurden.

Am *Theatergebäude* in der *Goethestraße* wurde eine *Gedenktafel* zum Andenken an die ehemalige Synagoge angebracht:

> Dieses Haus diente von 1916 bis 1938 als
> Synagoge dem Gebet und der Erfüllung der
> Gebote. Es wurde geschändet in der Nacht
> vom 9. zum 10. November 1938.
> Nach Wiederherstellung sittlicher
> Wertordnungen überließ die Jüdische
> Gemeinde der Stadt Offenbach am Main
> dieses Haus zur kulturellen Nutzung.

Diese Gedenktafel geht auf eine Anregung von Ernst Oppenheimer, der Offenbach 1936 verlassen mußte und heute in Israel lebt, zurück.

Auf dem *Neuen Friedhof* liegen einige ausländische Tote begraben, darunter Frauen und Kinder. In Offenbach gab es zahlreiche Lager für Zwangsarbeiter, die in Offenbacher Betrieben in der Rüstungsproduktion eingesetzt wurden. Wahrscheinlich stammen die Toten aus einem der Lager.

Literatur:
Beckert, Sven, Bis zu diesem Punkt und nicht weiter. Arbeitsalltag während des 2. Weltkriegs in einer Industrieregion Offenbach–Frankfurt, Frankfurt 1990. (Es handelt

sich hier um die überarbeitete Schülerarbeit um den Preis des Bundespräsidenten zum Thema »Alltag im Nationalsozialismus«.); Kulturamt der Stadt Offenbach (Hrsg.), Die Offenbacher Synagoge. Geschichte eines Gebäudes als Dokument für Leben und Schicksal der Offenbacher Jüdischen Gemeinde. Eine Ausstellung des Kulturamtes der Stadt Offenbach vom 3. November bis 16. Dezember 1988, Katalog: Wojciech Sztaba, Sibylle Reul-Patzig, Offenbach 1988; Sahm, Astrid, Offenbacher im Widerstand, 9. Klasse, Leibniz-Gymnasium, im Rahmen des »Schülerwettbewerbs Deutsche Geschichte« 1982/83. In überarbeiteter Form veröffentlicht in: Galinski, Dieter/ Schmidt, Wolf (Hrsg. für die Körber-Stiftung), Die Kriegsjahre in Deutschland 1933–1945, Ergebnisse und Anregungen aus dem Schülerwettbewerb Deutsche Geschichte um den Preis des Bundespräsidenten 1982/83, Hamburg 1985, S. 180–198; Schild, Karl/Wöll, Walter, Judenpogrom in Offenbach, Frankfurt a.M. 1978; Werner, Klaus, Unter der Herrschaft des Nationalsozialismus 1933–1945, mit einem Anhang von Hans-Georg Ruppel, Offenbach 1988 (Zur Geschichte der Juden in Offenbach 1); Ders., Die »Reichskristallnacht« in Offenbach am Main, in: Alt-Offenbach. Blätter des Offenbacher Geschichtsvereins, N.F. 19/1988, S. 2–6; Ders., Juden in Offenbach am Main 1918 bis 1945 (Dissertation), Offenbach 1992.

Osthofen siehe Rheinland-Pfalz

Otzberg

Im Ortsteil *Hering* der Gemeinde Otzberg steht auf einem als Park gestalteten Teil des *örtlichen Friedhofs,* Friedhofstraße, ein *Gedenkstein* an Friedrich Johann Coy, der am 3. Juli 1944 auf Grund eines Urteils des »Volksgerichtshofes« in Berlin-Plötzensee wegen Defätismus ermordet wurde. Der ungewöhnlich informative Text auf der Tafel erzählt detailliert die Stationen von der Denunziation bis zum Tod:

> Friedrich Johann Coy
> geb. am 01. Februar 1891 in Habitzheim,
> wohnhaft in Hering,
> verheiratet mit Anna, geb. Judith, 3 Söhne
> Eisernes Kreuz 1. Klasse im 1. Weltkrieg
>
> Sein Schicksal – ein schreckliches
> Zeugnis aus schrecklicher Zeit –
>
> 08. 01. 1944: Coy erklärt im Gespräch mit Beschäftigten der Molkerei in Höchst, der Krieg könne nicht mehr gewonnen werden.
> 09. 01. 1944: Er wird wegen dieser Äußerung beim Ortsgruppenleiter der NSDAP denunziert.
> 10. 01. 1944: Der Ortsgruppenleiter erstattet Anzeige gegen ihn beim Kreisleiter der NSDAP.
> 14. 01. 1944: Coy wird polizeilich vernommen.
> 15. 01. 1944: Er wird verhaftet und nach Darmstadt ins Gefängnis gebracht. Gleichzeitig wird von seiner Heimatgemeinde ein politisches Führungszeugnis angefordert, das ihm auf Grund seiner religiösen Überzeugung politische Unzuverlässigkeit bescheinigt.
> 11. 02. 1944: Coy wird in das Untersuchungsgefängnis Berlin-Moabit verlegt.
> 24. 05. 1944: Er wird vom Volksgerichtshof zum Tode verurteilt.
> 02. 06. 1944: Er wird ins Zuchthaus Brandenburg verlegt.
> 15. 06. 1944: Ein Gnadengesuch wird eingereicht.
> 03. 07. 1944: Seine Ehefrau darf ihn zusammen mit 2 Schwägern ca. 1/2 Stunde sehen und sprechen.
> 03. 07. 1944: Nachmittags wird ihm mitgeteilt, daß sein Gnadengesuch abgelehnt ist.
>
> Friedrich Johann Coy wird am 03. 07. 1944 nachmittags zusammen mit 13 anderen zum Tode Verurteilten hingerichtet.

Pfungstadt

Am Standort der früheren Synagoge in der *Hillgasse 8 a* wurde um 1970 eine *Gedenktafel* mit folgender Inschrift angebracht:

> In diesem Haus befand sich bis 1938 die Synagoge
> der jüdischen Religionsgemeinde Pfungstadt

Ein *Mahnmal* auf dem Pfungstädter *Friedhof,* das 1990 errichtet wurde, erinnert an neunzehn Zwangsarbeiter, die in Pfungstadt gestorben sind. Der Text auf dem Stein lautet:

> Drei Erwachsene und sech-
> zehn Kleinkinder, aus ihrer
> Heimat verschleppt und
> unter uns in Pfungstadt
> gestorben, haben hier ihre
> letzte Ruhestätte gefunden

Insgesamt konnten anhand einer Kartei im Stadtarchiv die Namen von 912 Zwangsarbeitern ausfindig gemacht werden, die in den Jahren zwischen 1939 und 1945 nach Pfungstadt verschleppt wurden. Die Zwangsarbeiter stammten größtenteils aus der Sowjetunion, aber auch aus Polen, Frankreich, Belgien, Italien und den Niederlanden. Der älteste unter ihnen war 79 Jahre alt, der jüngste Lagerinsasse ein vierjähriges Kind. Die Zwangsarbeiter wurden in der Pfungstädter Industrie, in der Landwirtschaft, bei der Forstwirtschaft, der Reichsbahn und in den Haushalten eingesetzt. Die meisten von ihnen waren im Lager Hassia, das am Büchnerweg lag, untergebracht, andere in den Lagern der Industrie.

Quellen/Literatur:
Liebig, Valentin, Juden in Pfungstadt. Anfang, Aufstieg und Untergang einer Jüdischen Gemeinde, Pfungstadt [2]1986; Ders., Zwangsarbeiter in Pfungstadt, Pfungstadt 1990. (Beide Broschüren sind beim Verfasser erhältlich: Städtisches Archiv Pfungstadt, Valentin Liebig, Postfach, 64319 Pfungstadt, Tel: 0 61 57/8 01 69); Wolf, Jürgen Rainer, Geschichte der Juden in Pfungstadt, in: Archiv für Hessische Geschichte und Altertumskunde, H. 44, Darmstadt 1986, S. 41–86.

Reichelsheim, Wetterau

Auf dem *Friedhof* befindet sich ein *Grabstein* zum Gedenken an zwei Jüdinnen:

> Herta Seligmann, 1891–1941,
> und Amalie Seligmann, 1853–1940,
> gestorben in Theresienstadt.

Reinheim, Odenwald

An der Straßengabelung *Am Biet 12* steht ein Eckhaus, in dem sich die Synagoge befunden hat. Eine *Gedenktafel* erinnert an die wechselvolle Geschichte des Hauses.

Literatur:
Volz, Fritz, Die Reinheimer Juden. Die Jüdischen Gemeinden von Reinheim und seinen heutigen Stadtteilen, Reinheim 1988.

Rhoden, Waldeck siehe Diemelstadt

Riedstadt

Fünfzig Jahre nach dem Angriff der deutschen Truppen auf Polen am 1. September 1939, dem Beginn des Zweiten Weltkrieges, wurde im Park des *Philippshospitals Riedstadt-Goddelau*, einer Einrichtung des Landeswohlfahrtsverbandes Hessen, ein *Gedenkstein* aufgestellt, der an die verschleppten und ermordeten Patienten der ehemaligen »Heil- und Pflegeanstalt« erinnert. Die Inschrift lautet:

> In der Zeit des Nationalsozialismus sind
> 596 seelisch kranke und
> geistig behinderte Menschen aus dem Philippshospital Goddelau 1941 abtransportiert und ermordet
> worden, die meisten in Hadamar.
> Ihr Schicksal ist uns Mahnung
> und Verpflichtung.

Am 10. Januar 1941 verfügte das Reichsministerium des Innern die Verlegung aller jüdischen Patienten aus Badischen Anstalten und aus Goddelau in die Landesheil- und Pflegeanstalt nach Heppenheim. Weisungsgemäß wurden am 2. Februar 1941 31 jüdische Patienten von Goddelau nach Heppenheim überführt. In den wenigen noch erhaltenen Dokumenten wird die »Irrenanstalt Cholm« bei Lublin in Polen als Sterbeort der Deportierten angegeben. Es gilt jedoch heute als erwiesen, daß sie zwei Tage später in der Vernichtungsanstalt Hadamar vergast wurden. Insgesamt wurden 1941 596 Patienten aus dem Philippshospital in Hadamar ermordet.

Der Initiative von Karl Georg Wenners, dem Leiter des Heimatmuseums, ist die Errichtung des *»Crumstädter Judensteins«* zu verdanken. Zur mahnenden Erinnerung an das Schicksal der geflohenen, deportierten und ermordeten Juden wurde im Dezember 1988 dieser Stein in *Crumstadt* im Ried zwischen Kirche, Kindergarten und Heimatmuseum aufgestellt. Er trägt folgende Inschrift:

> Crumstädter
> Bürger
> starben
> weil sie
> Juden
> waren

Der »Förderverein Jüdische Geschichte und Kultur im Kreis Groß-Gerau e. V.« hat im Juni 1989 die ehemalige *Synagoge von Erfelden, Neugasse 43,* erworben, um darin eine *Gedenk- und Begegnungsstätte* einzurichten. In Form einer *Ausstellung* sollen Dokumente, Exponate und Materialien zur jüdischen Geschichte und Kultur im Kreis Groß-Gerau präsentiert werden. Der Verein hat sich die Archivierung sowie die »Aufbereitung und Zugänglichmachung dieser Zeugnisse und Materialien für die Öffentlichkeit« zur Aufgabe gemacht.

Kontakt:
Förderverein Jüdische Geschichte und Kultur im Kreis Groß-Gerau e. V., Rathaus, Bahnhofstraße 1, 64560 Riedstadt-Goddelau, Tel.: 0 61 58/1 81-0.

Quellen/Literatur:
Heyl, (Altbürgermeister), Die Juden in Crumstadt 1933, in: Gemeinde Riedstadt (Hrsg.), Crumstadt im Ried, Riedstadt 1979, S. 298 ff; Jugendgruppe der Jugendpflege Riedstadt/Jugendbildungswerk Groß-Gerau, Von der Entrechtung zum Völkermord. Das Schicksal der Jüdischen Gemeinden in Riedstadt, Groß-Gerau 1988; Kamm, Günter, Die Gemeinden Riedstadts im Faschismus. Eine geschichtliche Dokumentation über die Jahre 1933–1945, Riedstadt 1989; Walter, Helmut, Judenhäuser in Crumstadt, in: Gemeinde Riedstadt (Hrsg.), Crumstadt im Ried, Riedstadt 1979, S. 295 ff; Wirthwein, Heike/Heyl, Bernd/ Schüler der 10. Klasse der IGS Riedstadt, Arbeitsdienst in Riedstadt. Riedstädter beim Arbeitsdienst von 1933–1945, Riedstadt 1987.

Rimbach, Odenwald

Neben dem Eingang der *katholischen Kirche* an der Kreuzung zwischen *Hauptstraße und Heinzerwiesenweg*, in der sich früher die Synagoge des Ortes befand, erinnert heute eine *Gedenktafel* an die ehemalige Bestimmung des Gebäudes vor der Judenverfolgung durch die Nationalsozialisten. Die Inschrift unter dem siebenarmigen Leuchter lautet:

Dieses Haus
errichtet 1840
diente als Synagoge
für die Juden in Rimbach.
Am 9. Nov. 1938 von
frevlerischen Händen
geschändet u. zerstört.
1951 ging das Gebäude
in das Eigentum der rk.
Kirchengemeinde über.

Auf Anregung von Oberstudienrat Christoph Stritter faßte die *Martin-Luther-Schule* in der *Staatsstraße 6* den Beschluß, mit einer *Gedenktafel* an die Höhere Bürgerschule Rimbachs und an die Judenpogrome des Jahres 1938 zu erinnern. Im Text auf der Gedenktafel klingt die Frage einer »Erziehung nach Auschwitz« an. Hervorgehoben wird die Bedeutung der Erinnerung an die nationalsozialistische Vergangenheit für den Erziehungsauftrag der Schule. Im Vergleich mit anderen Gedenktafeltexten fällt auf, daß diese präzise formulierte Inschrift nicht nur der jüdischen Opfer gedenkt, sondern auch die Täter nennt. Am 9. November 1988 wurde zunächst auf dem Schulhof, dem Platz der ehemaligen Höheren Bürgerschule, eine *vorläufige Gedenktafel* angebracht. Der Text der provisorischen Tafel lautete:

An dieser Stelle befand sich bis vor wenigen Jahren
die Höhere Bürgerschule, in deren Räumlichkeiten
bis zum Jahr 1980 noch unterrichtet wurde.

Seit Anfang 1989 hängt eine Bronzetafel mit folgender Inschrift an der Schulhofmauer:

Erinnerung und Auftrag
1938 – 1988

Hier stand die Höhere Bürgerschule
Rimbachs
gegründet von Christen und Juden im
Jahr 1887

Hier trafen sich Rimbacher Bürger in
der Nacht des 9. November 1938,
um mitzutun bei der Vernichtung
von jüdischer Kultur und
von Menschen jüdischen Glaubens
durch die Zerstörung der Synagoge
Rimbachs,
durch barbarische Mißhandlung jüdischer Mitbürger.

Die Erinnerung daran ist uns Mahnung
und Auftrag
zu einer Erziehung, die sich richtet
gegen jede Form von Menschenverachtung und Barbarei,
gegen blinden Gehorsam, Untertanengeist, Rassismus und Vorurteile –
zu einer Erziehung, die sich einsetzt
für Verständigung und Abbau von
Feindbildern,
für Zivilcourage und Kritikfähigkeit
für Menschenwürde in allen Bereichen
unserer Gesellschaft.

Lehrer und Schüler der Martin-Luther-Schule Rimbach
am 9. November 1988

Literatur:
Gebhard, Wolfgang, Geschichte der Rimbacher Juden, hrsg. von der Gemeinde Rimbach/Odenwald, 1987.

Rodgau

Den Gefangenen und Toten des ehemaligen Strafgefangenenlagers in Nieder-Roden-Rollwald (Kreis Offenbach) ist ein *Gedenkstein* gewidmet, der im Jahre 1983 auf Initiative der Evangelischen Jugend des Dekanats Rodgau auf dem Gelände des einstigen Lagerfriedhofs aufgestellt wurde. Vorher hatte es längere Auseinandersetzungen in der Gemeinde darum gegeben, ob die Gefangenen Kriminelle oder politisch Verfolgte waren. Die Inschrift auf dem Gedenkstein trägt folgenden Text:

Hier ruhen Menschen, die in der schweren Zeit des Nationalsozialismus im Strafgefangenenlager Rollwald gefangengehalten wurden und in den Jahren 1944/45 durch Hunger und Krankheit einen sinnlosen Tod erleiden mußten.
Richtet nicht, damit ihr nicht gerichtet werdet.
Matthäus VII, Vers I.

Im April 1938 wurde ein Strafgefangenenlager Rollwald, zwischen den Gemeinden Ober- und Nieder-Roden gelegen, als Lager II Rollwald (Nieder-Roden) mit etwa 500 Gefangenen eröffnet. Vorausgegangen war die Eröffnung des Lagers I Rodgau (-Dieburg) im ehemaligen Gefängnis Dieburg als Hauptverwaltung. Das Lager sollte für etwa 3 500 Gefangene ausgebaut werden. Die Strafgefangenenlager unterstanden anders als die Konzentrationslager nicht der SS, sondern dem Reichsjustizminister. Die Zustände in den Lagern waren jedoch vergleichbar mit denen in den frühen Konzentrationslagern (Guxhagen-Breitenau, Osthofen u.a.). Die Gefangenen wurden zunächst zu Entwässerungs- und Bodenverbesserungsarbeiten für Siedlungsvorhaben eingesetzt. Mit dem Einsatz in der Rüstungsindustrie und für kriegsbedingte Arbeiten verschärften sich die Haftbedingungen. Im Lager Rodgau-Dieburg war neben anderen politischen Häftlingen der SPD-Politiker Fritz Erler interniert worden.

Literatur:
Bembenek, Lothar, Das Strafgefangenenlager Rollwald Nieder-Roden, in: Die Grünen im Landtag (Hessen), Bembenek, L./Schwalba-Hoth, F. (Hrsg.), Hessen hinter Stacheldraht, Frankfurt a. M. 1984, S. 145–152; Jäger, Michael, »Ich war schon Mensch zu Mensch«. Verdrängt und vergessen: Zur Geschichte der Zwangsarbeit in Rodgau, in: Dorn/Heuer (Hrsg.), 1991, S. 153–164.

Rodgau:
Gedenkstein für die Gefangenen und Toten des Strafgefangenenlagers Rollwald auf dem Gelände des ehemaligen Lagerfriedhofs, aufgestellt 1983 auf Initiative der Evangelischen Jugend Rodgau.

Rosbach vor der Höhe

Die Stadt gedenkt in vielfältiger Form des Reformpädagogen und Widerstandskämpfers Adolf Reichwein, der seine Kindheit und Jugend in Rosbach verlebt hat: In Ober-Rosbach wurde eine Straße nach ihm benannt. Darüber hinaus erinnert eine *Gedenktafel* am ehemaligen Wohnhaus der Familie Reichwein, das am *historischen Marktplatz* gelegen ist, mit folgendem Text an den in Berlin-Plötzensee hingerichteten Demokraten:

Zum Gedenken an
Adolf Reichwein
geb. 3. Oktober 1898
hingerichtet
am 20. Oktober 1944
Widerstandskämpfer
gegen den
Nationalsozialismus
im »Kreisauer Kreis«
Pädagoge
und Verfechter
der Freiheit und
der demokratischen
Staatsordnung

Rosbach v. d. Höhe im Nov. 1978

In der 1986 eingeweihten *»Adolf-Reichwein-Halle«* findet sich im Foyer eine von dem Bad Nauheimer Bildhauer Knud Knudsen geschaffene Bronze-Plastik, die den Kopf Adolf Reichweins zeigt. Eine daneben angebrachte *Tafel* trägt die Inschrift:

Adolf Reichwein
geboren am 3. 10. 1898
hingerichtet am 20. 10. 1944
Opfer des Nationalsozialismus
Reformpädagoge
und Widerstandskämpfer
lebte in seiner Jugend
in Ober-Rosbach v. d. Höhe

In der Stadthalle sind Bilder ausgestellt, die mit dem Leben Adolf Reichweins bekannt machen.

Auf dem *Friedhof* an der *Bergstraße* in *Ober-Rosbach* sind die Eltern Adolf Reichweins begraben. Vor dem Grabstein von Anna Maria (1876–1943) und Karl Reichwein (1872–1958) liegt die *Gedenktafel,* die der Vater im Jahr 1946 für seinen Sohn anfertigen ließ. Der Text lautet:

Adolf Reichwein
zum Gedächtnis
* 3. 10. 1898 † 20. 10. 1944
Er gab ein reiches Leben zum
freiwilligen Opfer, um mitzu-
helfen, daß Religion und Sittlichkeit
in seinem Volk dem Ansturm
des Untermenschentums nicht
erliege. Johannes 15,13

Rüdesheim am Rhein

Auf dem *jüdischen Friedhof* erinnert ein *Grabstein* an das Schicksal der ungarischen Jüdin Rachela Nirenberg, die im Arbeitslager Geisenheim an einer Lungenentzündung gestorben ist:

1922 - 1945
[Es folgt eine Inschrift
in hebräischer Sprache]
Meine liebe Schwester
Rachela Nirenberg
Opfer des Nazi-Arbeits-
lagers in Geisenheim

In das Arbeitslager Geisenheim, einem Außenlager des Konzentrationslagers Natzweiler-Struthof, das vom 26. September 1944 bis zum 12. Dezember 1944 auf dem Werksgelände von Krupp und der Maschinenfabrik Johannisberg in Geisenheim bestand, wurden weibliche KZ-Häftlinge aus Ravensbrück und »arbeitsfähige« polnische Jüdinnen aus dem Lodzer Ghetto (von den Nazis »Litzmannstadt« genannt) gebracht und in der Rüstungsproduktion eingesetzt.

Literatur:
Bembenek, Lothar, Außenkommando Geisenheim, in: Die Grünen im Landtag (Hessen)/Bembenek, Lothar/ Schwalba-Hoth, Frank (Hrsg.), Hessen hinter Stacheldraht. Verdrängt und vergessen: KZs, Lager, Außenkommandos, Frankfurt/M. 1984, S. 50–56.

Rüsselsheim

In einer *Ehrenanlage* auf dem *Waldfriedhof* in Rüsselsheim sind über 100 ausländische Tote aus verschiedenen Ländern, unter anderem aus der Sowjetunion, Polen, den Niederlanden und Griechenland, neben deutschen Soldaten und Bombenopfern der Zivilbevölkerung bestattet. Ein *Gedenkstein* trägt eine Gedenkplatte mit der Inschrift:

An dieser Stelle ruhen 83 unbekannte
sowjetische Kriegstote, die im Zweiten
Weltkrieg fern ihrer Heimat starben.

Die ausländischen Toten sind Opfer
von Kriegsgefangenschaft und Zwangsarbeit.

Größter Betrieb in Rüsselsheim waren die Opel-Werke, während der NS-Zeit Zulieferbetrieb für die Luftwaffe. Die hier beschäftigten Zwangsarbeiter waren hauptsächlich auf dem Firmengelände oder im »Opellager« im nahegelegenen Bischofsheim untergebracht. Viele von ihnen kamen bei Luftangriffen ums Leben, da sie keine Luftschutzbunker aufsuchen durften. Einige Arbeiter bildeten aktive Widerstandsgruppen gegen die Rüstungsproduktion und gegen die Ausbeutung der Zwangsarbeiter.
An einen dieser Widerstandskämpfer erinnert die *Walter-Rietig-Straße* in Rüsselsheim. Weil er französische Kriegsgefangene im Betrieb unterstützte, wurde Walter Rietig wegen »Wehrkraftzersetzung« zum Tode verurteilt und im Dezember 1942 in Berlin-Plötzensee hingerichtet. In der Abteilung des *Museums der Stadt Rüsselsheim* mit Zeugnissen aus der Zeit des Nationalsozialismus in Rüsselsheim ist sein Abschiedsbrief an seine Familie ausgestellt (s. Langen).

An dem Gebäude der früheren Synagoge in der *Mainzer Straße 19* findet sich eine *Gedenktafel,* die an die verschleppten und ermordeten Rüsselsheimer Juden und an die politisch verfolgten Bürger aus Rüsselsheim erinnert. Die Gedenktafel trägt folgende Inschrift:

Mahnung für Gegenwart und Zukunft

Dem Andenken an die während der NS-Zeit
verfolgten jüdischen Bürger Rüsselsheims

Der mahnenden Erinnerung an die Zerstörung
der Rüsselsheimer Synagoge am 10. Nov. 1938

Dem Gedenken an die Rüsselsheimer Bürger,
die wegen ihrer Gegnerschaft zum NS-Regime
Konzentrationslager, Leid, Angst und Tod
erleiden mußten

»Als die Nazis die Kommunisten holten,
habe ich geschwiegen.; ich war ja kein Kommunist.
Als sie die Sozialdemokraten einsperrten,
habe ich geschwiegen; ich war ja kein
Sozialdemokrat.
Als sie die Gewerkschaftler holten,
habe ich nicht protestiert; ich war ja kein
Gewerkschaftler.
Als sie mich holten, gab es keinen mehr,
der protestierte...« Martin Niemöller

Literatur:
Museum der Stadt Rüsselsheim (Hrsg.), Juden in Rüsselsheim. Katalog zu einer Ausstellung vom 12. Oktober bis 31. Dezember 1980, Rüsselsheim 1980 (Schriften des Museums der Stadt Rüsselsheim 6); Magistrat der Stadt Rüsselsheim (Hrsg.), Dokumente zur NS-Zeit, Rüsselsheim 1979.

Runkel, Lahn

Nahe der *Sudetenstraße* befindet sich eine *Kriegsgräberstätte* mit einem *Gedenkstein* auf einem Sammelgrab beim Eingang. Die Inschrift lautet:

> Hier ruhen 10 KZ-Häftlinge, die im März 1945 bei einem Luftangriff auf dem Bahnhof Aumenau ihr Leben verloren haben.

Auf demselben Friedhof liegen neben deutschen Soldaten 80 ausländische Tote, darunter neun Frauen und 19 Kinder aus der Sowjetunion sowie zwei Frauen aus Polen, über deren Schicksal es keine Hinweise gibt.

Schlüchtern

Auf dem *Alten jüdischen Friedhof* in der *Breitenbacher Straße* trägt ein *Gedenkstein* über hundert Namen jüdischer Bürger des früheren Kreises Schlüchtern, die durch die Nationalsozialisten umgekommen sind, die Inschrift:

> Zum ewigen Gedenken an die
> Märtyrer der Jüdischen Gemeinden
> des Kreises Schlüchtern
> 1933 – 1945.

Eine *Gedenktafel* an einem Gebäude an der Kreuzung *Grabenstraße/Weitzelstraße* trägt die Inschrift:

> Dieses Gebäude wurde im Jahre 1898 als
> Synagoge der Jüdischen Gemeinde Schlüchtern
> gebaut und bis 1938 als Gotteshaus benutzt.
> Im Jahre 1932 lebten 358 Mitglieder der
> Jüdischen Gemeinde im Kreis Schlüchtern.
> Sie wurden entweder zur Auswanderung
> gezwungen oder sind umgekommen.

In der Pogromnacht vom November 1938 wurde das Innere der Synagoge zerstört. Nach dem Krieg wurde das Gebäude auf Befehl der amerikanischen Militärregierung wiederhergestellt. Von 1950 bis 1969 war darin eine Kleiderfabrik untergebracht. 1970 wurde eine Bücherei eingerichtet, und seitdem wird sie auch für kulturelle Veranstaltungen genutzt.

Auf dem 1963 angelegten *Kriegsgräberfriedhof* liegen neben deutschen Soldaten ausländische Tote, vor allem polnische und sowjetische Staatsangehörige, von denen man annimmt, daß es sich um Zwangsarbeiter oder KZ-Häftlinge handelt, die hierher umgebettet wurden.

Schwalmstadt

Der vor der Kommunalreform selbständige Ort *Trutzhain,* heute Stadtteil von Schwalmstadt, entstand nach dem Krieg aus dem ehemaligen Kriegsgefangenen-Stammlager (»Stalag«) IX A *Ziegenhain.* Ab Mai 1945 nutzten die Amerikaner das Stalag ihrerseits als Kriegsgefangenenlager und zum Teil als Lager für politische Zivilinternierte. Im Herbst 1946 brachte man im Lager sogenannte Displaced Persons, vornehmlich osteuropäische Juden, unter. Der Kreis Ziegenhain übernahm ab dem 1. Januar 1948 auf Pachtebene das Lager für fünf Jahre zur Unterbringung von deutschen Flüchtlingen. Aus den als Notunterkünfte verwandten Lagerbaracken wurde die Siedlung »Trutzhain«.

Im »Stammlager IX A Ziegenhain« waren Kriegsgefangene aus verschiedenen europäischen Ländern registriert, überwiegend aus Frankreich. (Der französische Staatspräsident François Mitterrand war als 25jähriger Unteroffizier 1940/41 Gefangener in diesem Lager.) Am 1. September 1944 verwaltete das Lager die höchste Anzahl von 53 408 Kriegsgefangenen, davon 28 641 Franzosen, 12 227 Sowjetbürger, 11 266 Italiener, 967 Belgier und 307 Häftlinge aus englischen Kolonien. Die meisten der Gefangenen wurden zu Zwangsarbeit in verschiedenen Arbeitskommandos herangezogen. Die Toten des Lagers wurden auf eigens angelegten Lagerfriedhöfen beerdigt:

Der *erste Friedhof,* heute *Gemeindefriedhof von Trutzhain,* wurde 1940 von französischen Kriegsgefangenen um sechzehn Gräber polnischer Kriegsgefangener für die im Lager Verstorbenen angelegt. Es gab ausschließlich Einzelgräber, von dem jedes ein Holzkreuz mit Namen und Daten des Verstorbenen trug. Nach dem Krieg wurden die verstorbenen Franzosen in ihre Heimat überführt. Alle anderen bettete man auf die Kriegsgräberstätte Emstal-Merxhausen um.
Auf dem Friedhofsvorplatz steht eine Statue, die von den französischen Künstlern Hervé Mhum und René Coucy geschaffen wurde. Sie stellt eine auf einem hohen Sockel kniende trauernde Frau dar, die ihren Kopf in die auf den Ellenbogen abge-

stützten Arme legt und die Hände über der niedergesunkenen Stirn gefaltet hat. Das *Mahnmal* wurde am 16. Juli 1943 eingeweiht. Vierzig Jahre später, am 17. Juni 1983, ließ die Kyffhäuserkameradschaft Trutzhain nach der Restaurierung neben der vorhandenen Tafel *drei weitere Tafeln* anbringen. Auf der linken Tafel steht unter der französischen Inschrift die deutsche Übersetzung:

Treu dem Gedenken an alle unsere Kameraden,
die fern der Heimat verstarben, sind wir
entschlossen, eine Welt des Friedens
aufzubauen dank der deutsch-französischen
Freundschaft.
Die ehemaligen französischen Kriegsgefangenen
des Stalag IX A.

Die zweite Tafel trägt den Text:

Den Toten zur Ehre und
den Lebenden zur Mahnung
Den Opfern des Krieges 1939–1945

Unter diesem Text und auf den beiden folgenden Tafeln stehen Namen und Heimatorte gefallener Angehöriger aus Trutzhainer Familien.

Auf dem weiter im Wald gelegenen *zweiten Friedhof,* der eigens für die sowjetischen Lagerinsassen angelegt wurde, sind neben einem Gräberfeld für eine unbekannte Anzahl sowjetischer Kriegsgefangener (162 Einzelgräber und 6 Massengräber) und einem großen sowjetischen Massengrab fünf weitere Gräberfelder entstanden: eine Kriegsgräberstätte für nicht mehr identifizierbare Tote (10 Einzelgräber und 2 Massengräber); 50 Einzelgräber und ein Sammelgrab mit 12 Toten, italienische Kriegsgefangene, die 1957 auf den Italienischen Soldatenfriedhof nach Frankfurt a.M. umgebettet wurden; eine Kriegsgräberstätte für französische Kriegsgefangene und einen amerikanischen Piloten (4 Einzelgräber und ein Sammelgrab mit 16 Personen), die 1949/50 (der Amerikaner 1945) exhumiert und in ihre Heimatländer überführt wurden; eine Gräberstätte des IRO-Hospitals Steinatal (15 Einzelgräber).

Ebenfalls hier beerdigt liegen Deutsche, die in den amerikanischen Internierungslagern Ziegenhain und Schwarzenborn verstorben sind. Für diese steht dort ein Stein mit den tönenden Worten: »Ihr Leben war Treue und Hingabe«(!). Diese Gräber haben der gesamten Anlage in der Bevölkerung auch den Namen »Interniertenfriedhof« gegeben und dienten in der Vergangenheit bei »Interniertentreffen« auch als Ort nationalistischer Veranstaltungen und als Sammelpunkt für politisch rechtsstehende Gruppen.

In der Mitte der parkähnlichen Anlage steht ein wuchtiges *Steinkreuz,* auf dessen Querbalken folgende Worte aus dem Stein geschlagen wurden:

Hier ruhen mahnend
in fremder Erde
Tote des Weltkrieges
1939–1945

Am 24. Dezember 1986 wurde auf dem sowjetischen Gräberfeld, das als solches nicht mehr erkennbar war, ein *orthodoxes Holzkreuz* als Hinweis auf über 300 verscharrte sowjetische Kriegsgefangene erneuert. Eine Arbeitsgruppe »Spurensicherung« des Deutschen Gewerkschaftsbundes (DGB) hat in den 80er Jahren die Neugestaltung der Friedhofsanlage auf der Grundlage des Kriegsgräbergesetzes durchgesetzt. Im August 1992 hat die Carl-Bantzer-Schule für ihre Abschlußklassen die Patenschaft für die Betreuung und Pflege dieser *»Mahn- und Gedenkstätte Waldfriedhof Trutzhain«* übernommen, die am 1. September 1992 eingeweiht wurde.

Während des Krieges bestanden in *Ziegenhain* mindestens zwei Lager für ausländische Zwangsarbeiter.

Im Stadtteil Ziegenhain gab es von 1933 bis 1945 ein Männer- und ein Frauenzuchthaus für politische Gefangene. Hier waren zunächst deutsche, während des Krieges auch ausländische Gegner des Nationalsozialismus inhaftiert. Die Gefangenen wurden an verschiedenen Orten zumeist in der Rüstungsproduktion eingesetzt. Viele wurden vor dem Einmarsch amerikanischer Truppen Ende März/Anfang April 1945 in andere Lager »evakuiert«.

Im *Hessischen Diakoniezentrum Hephata* in Schwalmstadt-*Treysa* wurde unweit des Hauses Bethanien im November 1990 ein *Mahnmal* für die deportierten »Euthanasie«-Opfer errichtet. Eine halb im Boden versunkene menschliche Gestalt will an die etwa 400 geistig behinderten Menschen erinnern, die in den Jahren 1937 bis 1939 aus Hephata in verschiedene hessische Anstalten gebracht und dort ermordet wurden. Die mit ausgebreiteten Armen am Boden liegende Figur soll, so der Künstler Helmut Lander, beim Betrachter Assoziationen zum Gekreuzigten wecken. Zwei aufragende dreieckige Säulen aus Eisen als Symbole der lebensbedrohenden Gewalt schließen die Figur ein. In das Mahnmal sind Treppenstufen integriert, über die die Behinderten aus dem Haus Bethanien in den Tod gingen. Auf einer Säule sind die Daten der Abtransporte und die Stätten der Vernichtung verzeichnet:

Abtransportiert
aus Hephata

31. Juli 1937
25. Mai 1938
10. Juni 1938
30. Juni 1938
31. August 1938
30. September 1938
3. November 1938
5. Januar 1939

Ermordet
in

Hadamar
Eichberg
Weilmünster
Idstein
Herborn

1941 - 1945

Auf der anderen Säule steht der alttestamentarische Psalm 88,9:

Ich liege gefangen
und kann nicht heraus
mein Auge sehnt sich aus
dem Elend
Herr
ich rufe zu dir täglich
ich breite meine Hände aus
zu dir

(Näheres zu »Euthanasie« s. Hadamar)

Auf dem *jüdischen Friedhof* im Ortsteil *Treysa* steht ein *Gedenkstein* mit der Inschrift:

Zum Andenken an die jüdischen Bürger
der Stadt Treysa, die in den Jahren
1933 - 1945
der Terrorherrschaft zum Opfer fielen

Auf dem Friedhof gibt es auch einen privaten Gedenkstein mit den Namen von KZ-Opfern.

Kontakt:
Arbeitskreis »Spurensicherung« des DGB, c/o Hans Gerstmann, Gothaer Straße 13, 34613 Schwalmstadt.

Literatur:
Bambey, Hartwig u.a. (Hrsg.), »Heimatvertriebene Nachbarn«. Beiträge zur Geschichte der Juden im Kreis Ziegenhain, 2 Bände, Schwalmstadt-Treysa (Verlag Stadtgeschichtlicher Arbeitskreis) 1993; Gerstmann, Hans, Mahn- und Gedenkstätte Waldfriedhof Trutzhain. Rede zur Einweihung am 1. September 1992, in: Gedenkstätten-Rundbrief (Aktion Sühnezeichen), Nr. 51 (November 1992), S. 10–12; Göbel-Braun, Peter/Thormann, Helmut, Verlegt, vernichtet, vergessen...? Leidenswege von Menschen aus Hephata im Dritten Reich. Eine Dokumentation, Hrsg.: Hessisches Diakoniezentrum Hephata, Schwalmstadt 1985; Grzimek, Martin, Trutzhain – Ein Dorf, Frankfurt a.M. 1986; Krenkel, E.-M./Nürnberger, D. u.a., Lebensskizzen kriegsgefangener und zwangsverpflichteter Ausländer im Raum Fritzlar – Ziegenhain 1940–1943, Kassel 1985 (Nationalsozialismus in Nordhessen. Schriften zur regionalen Zeitgeschichte, Heft 6); Wolf, Lore, Ich habe das Leben lieb. Tagebuchblätter aus dem Zuchthaus Ziegenhain 1943–1945, Dortmund 1983. (Die Autorin war 1940 von der Gestapo in Paris verhaftet und 1941 vom »Volksgerichtshof« zu zwölf Jahren Zuchthaus verurteilt worden.)

Seeheim-Jugenheim

Im Ober-Beerbacher Tal an der *Ober-Beerbacher-Straße* wurde ein *Gedenkstein* für den in Auschwitz umgekommenen jüdischen Arzt Dr. Arthur Mayer-Ruhe mit nachfolgendem Text aufgestellt:

Dr. Arthur Mayer-Ruhe
Geb. 20. 1. 1888 Gest. in Auschwitz
Wir gedenken seiner
stellvertretend für alle Menschen,
die aus polit., rass. oder relig.
Gründen ihr Leben lassen mußten.
Die Bürger der Gemeinde Seeheim.

1988 veranstaltete die Gemeinde Seeheim-Jugenheim eine Ausstellung zum Thema »Juden in Seeheim«, zu der es eine Dokumentation gibt. (Sie ist zu beziehen bei: Robert Bertsch, Margaretenstraße 29, 64342 Seeheim-Jugenheim.)

Seligenstadt

Auf dem Seligenstädter *Friedhof* steht ein *Ehrenmal* mit der Inschrift:

Zum Gedenken an die Opfer
der Gewalt und Vertreibung

Am ehemaligen Standort der 1871 errichteten Synagoge *Ecke Frankfurter-/Grabenstraße* wurde ein *Gedenkstein* errichtet:

Mahnmal
zum Andenken
an die Synagoge
die am 9. Nov. 1938
zerstört wurde

Literatur:
Spahn, Marcellin P., Zur Geschichte der Seligenstädter Juden. Aus Dokumenten und Berichten, hrsg. vom Magistrat der Stadt Seligenstadt, 1986.

Selters, Taunus

Die *Adam-Graef-Straße* im Ortsteil *Niederselters* erinnert an den Gewerkschafter und Sozialdemokraten Adam Graef, Bürgermeister von Niederselters, der 1940 in das KZ Sachsenhausen kam und auf dem »Evakuierungstransport« in das Konzentrationslager Bergen-Belsen im April 1945 starb (s. auch Limburg).

Literatur:

Caspary, Eugen, Bürgermeister Adam Graef, Baugewerkschafter und Sozialdemokrat, Camberg 1982.

Sinntal

In der zu Sinntal gehörenden Ortschaft *Sterbfritz* wurde 1990 an der Ecke *Weinstraße/Bahnhofstraße* ein *Gedenkstein* zur Erinnerung an ein früheres Arbeitslager aufgestellt. Auf einer Tafel ist zu lesen:

Zum Gedenken
an die ausländischen Zwangsarbeiter
Lager Kinzig
Juni 1943 - April 1945

An dieser Stelle waren in Baracken Zwangsarbeiter untergebracht, die in der Sterbfritzer Zweigstelle der Firma Heraeus arbeiten mußten. Der Gedenkstein geht auf die Initiative früherer holländischer, belgischer und französischer Kriegsgefangener zurück, die sich zu einem Freundeskreis »Lager Kinzig« zusammengeschlossen und sich schon mehrfach auf historische Spurensuche im Main-Kinzig-Kreis (s. auch Hanau) begeben hatten.

Kontakt:
Vereinigung ehemaliger ausländischer Zwangsarbeiter im Main-Kinzig-Kreis, Vorsitzender: Aart Pontier, Jasmijnlaan 71, NL 7101 ZG Winterswijk, Niederlande.

Sontra

Aus den sieben Grabsteinen, die der Zerstörung des jüngeren jüdischen Friedhofs am Quesselsberg durch die Nationalsozialisten entgingen, wurde ein *Ehrenmal* errichtet, das heute innerhalb des Geländes der neuen *Gesamtschule* liegt.

Literatur:

Gromes, Ilse, Spuren einer Minderheit. Juden in Sontra 1267–1942, hrsg. vom Magistrat der Stadt, 1981.

Spangenberg

Auf dem jüdischen Friedhof am *Schloßberg* wurde 1981 ein *Gedenkstein* aufgestellt mit dem Text:

Zum Gedenken an die jüdischen Opfer der
Gewaltherrschaft 1933–1945
Die Stadt Spangenberg

Auf der Rückseite des Steins steht ein Zitat von Bertolt Brecht:

Man muß gegen die Roheit die Güte setzen

Literatur:

Vaupel, Dieter, Die Vertreibung der Juden aus Spangenberg. Ein Beitrag zum 50. Jahrestag der Reichspogromnacht, in: Jahrbuch Schwalm-Eder-Kreis, 1989, S. 109–115.

Stadtallendorf

In Stadtallendorf (bis 1960 Allendorf) wurde am 8. Mai 1988 auf dem Gelände des ehemaligen SS-Arbeitslagers »Münchmühle« eine *Gedenkstätte* eingerichtet. Eine Bronzeplatte erinnert an die Menschen, die an diesem Ort gefangengehalten wurden:

Zum Gedenken an die Opfer des
Nationalsozialismus, die als Zwangs-
arbeiter für die Allendorfer Rüstungs-
betriebe hier im damaligen Lager
Münchmühle gefangengehalten wurden.
Als Lager für Fremdarbeiter 1940 ein-
gerichtet, diente es 1944/45 als
Außenkommando des Konzentrations-
lagers Buchenwald der Unterbringung
von ca. 1 000 ungarischen Jüdinnen.

»Wer sich der Vergangenheit nicht
erinnert, ist dazu verdammt, sie noch
einmal zu erleben.«

»Wenn der Herr die Gefangenen
Zions erlösen wird, so werden wir
sein wie die Träumenden.« Ps 126

In die Gedenkstätte wurden die beiden erhaltenen Torpfosten des ehemaligen Lagereingangs und das Fundament des Wasch- und Toilettengebäudes integriert. Zwischen den Pfosten wurde ein Eisentor errichtet und das Gelände des Wasch- und Toilettengebäudes mit einem drei Meter hohen Stacheldrahtzaun umgeben, der dem Besucher die Enge des Lagers vermitteln soll. Das langsam verrostende Eisentor ist als Symbol dafür gedacht, daß die Peiniger, die in solchen Lagern Menschen gefangenhalten, nicht auf Dauer Macht und Gewalt ausüben können.

Während des Zweiten Weltkrieges gab es in Stadtallendorf zwei große Sprengstoffwerke, die »Gesellschaft zur Verwertung chemischer Erzeugnisse mbH« (Verwertchemie) und die »Westfälisch-Anhaltische Sprengstoff AG« (WASAG), zwei Tochterfirmen des IG-Farben-Konzerns. Die Produktionsstätten, Straßen, Gleisanlagen und ein Großteil der Unterkünfte wurden im Auftrag des Deutschen Reiches errichtet. Die Anlagen für die »Verwertchemie« baute deren Mutterfirma, die »Dynamit AG Nobel« (DAG), für das Oberkommando des Heeres (OKH). Die WASAG errichtete die Betriebsanlagen für das Oberkommando der Marine (OKM) und pachtete sie nach der Fertigstellung. Das OKH übertrug die Verwaltung seines Werkes in Stadtallendorf der »Gesellschaft zur Verwertung von Montanindustrie mbH« (Montan). Die »Montan« verpachtete die Anlagen dann der »Verwertchemie«. Neben deutschen Arbeitskräften wurden in diesen Werken zur Produktion von Munition und Sprengstoff für Heer und Marine in der Überzahl ausländische Zwangsarbeiterinnen und Zwangsarbeiter, Strafgefangene, Kriegsgefangene und KZ-Häftlinge beschäftigt, die in verschiedenen Lagern in und bei Stadtallendorf untergebracht waren. Insgesamt waren hier über 17 500 Fremdarbeiter aus siebzehn Nationen und 8 000 – 10 000 Deutsche eingesetzt.

Eines dieser Lager, das Lager »Münchmühle«, wurde 1944 ein Außenkommando des Konzentrationslagers Buchenwald, das laut Eintragung im »Verzeichnis der Haftstätten unter dem Reichsführer-SS 1933–1945« des Internationalen Suchdienstes vom 16. August 1944 bis zum 27. März 1945 bestand. In diesem Lager waren etwa 1 000 ungarische Jüdinnen aus Auschwitz untergebracht. Die Frauen litten unter Hunger, Kälte, unter der brutalen Behandlung durch die SS-Bewacherinnen, unter den Vergiftungen und Verfärbungen der Haut und der Schleimhäute, die die Arbeit mit Sprengstoff nach sich zog. Ein Häftling starb an den Folgen der Zwangsarbeit. Von den sieben Frauen, die wegen einer Schwangerschaft nach Auschwitz zurückgeschickt wurden, überlebten nur drei. 992 von insgesamt 1 000 Frauen wurden auf dem »Evakuierungstransport« am 27. März 1945 von amerikanischen Truppen im Großraum Ziegenhain befreit.

Die Existenz und das Ausmaß der Sprengstoffwerke in Stadtallendorf, die einigen Quellen zufolge zu den größten in Europa gehört haben sollen, wurden durch die Forschungen von Schülergruppen der Gesamtschule Kirchhain und Stadtallendorf sowie eines Tutors erstmals wieder in Erinnerung gerufen und dokumentiert (s. Literatur). Eine Schülergruppe hatte die Schicksale der Zwangsarbeiterinnen und Zwangsarbeiter allgemein untersucht, eine andere insbesondere das Schicksal der im Lager »Münchmühle« inhaftierten ungarischen Frauen.

Die Anregung der Schüler zur Errichtung einer Gedenkstätte an der Stelle des ehemaligen Lagers nahm der Kreistag des Kreises Marburg-Biedenkopf im Mai 1985 auf. 1986 wurde auf Beschluß der Stadtverordnetenversammlung eine Arbeitsgruppe zur Aufarbeitung der Geschichte Allendorfs konstituiert, die sich mit Fragen des Einsatzes von Zwangsarbeitern in der Rüstungsproduktion auseinandergesetzt hat. 1989 hat sich der »Förderverein Stadt- und Regionalgeschichte Stadtallendorf 1933–1945 e.V.« gegründet. »Der Verein möchte durch seine Arbeit das Gedenken und die Erinnerung an die aus vielen Nationen verschleppten Opfer wachhalten, ihre Geschichte, ihre Erzählungen dokumentieren, sammeln und weitergeben«, heißt es in der Satzung. Er sieht einen besonderen Arbeitsschwerpunkt darin, internationale Begegnungen mit NS-Opfern und Zwangsarbeitern zu organisieren. Im Oktober 1990 veranstaltete der Förderverein gemeinsam mit der Stadt Stadtallendorf eine internationale Begegnungswoche mit ehemaligen KZ-Häftlingen des damaligen Außenlagers Münchmühle/Nobel.

Alle diese Initiativen sind eingeflossen in ein *»Dokumentations- und Informationszentrum« (DIZ)* zur Geschichte Allendorfs (Eröffnung: November 1994), für welches die Stadt die Konzeption des Fördervereins und die Trägerschaft übernommen hat. Eine Projektförderung erfolgt durch die Hessische Landeszentrale für politische Bildung. Das DIZ ist im ehemaligen Verwaltungsgebäude der »Dynamit AG Nobel« (DAG) untergebracht und beherbergt ein Archiv, das inzwischen über 20 000 Einzelakten umfaßt, und eine ständige Ausstellung.

Anschrift/Kontakte/Besucherbetreuung:
DIZ Stadtallendorf, Herr Fritz Brinkmann-Frisch, Postfach 1420, 35254 Stadtallendorf, Tel.: 06428/707-61 od. 8764; Förderverein Stadt- und Regionalgeschichte Stadtallendorf 1933–1945 e.V., Vors.: Günther Ettel, Postfach 1420, 35254 Stadtallendorf.

Führungen durch die ständige Ausstellung und Stadtführungen sind nach Voranmeldung möglich. Das DIZ bietet auch Projekttage und Seminare an.

Öffnungszeiten:
Mo–Do 9–12 Uhr sowie jeden 1. Sonntag im Monat von 15–18 Uhr und nach Absprache.

Auf dem *Städtischen Friedhof* an der *Emsdorfer Straße* befinden sich Gräber ausländischer Männer,

Frauen und Kinder, bei denen es sich vermutlich um Häftlinge aus Lagern im Raum Stadtallendorf handelt.

Auf dem *jüdischen Friedhof* am *Läuser Weg* trägt ein *Gedenkstein* die Inschrift:

Hier ruhen
123 Russische
Kriegsgefangene.

Ein zweiter *Gedenkstein* mit einer Gedenkplatte auf dem jüdischen Friedhof wurde 1985 vom Magistrat der Stadt Stadtallendorf errichtet. Der allgemein gehaltene Text lautet:

Zum Gedenken an die Opfer
des Nationalsozialimus
und an die jüdischen Opfer
dieser Stadt

Quellen/Literatur:
Feuck, Jörg, Von Hautvergiftungen, Hungerödemen und Mißhandlungen gezeichnet. Stadtallendorfs schreckliche Vergangenheit. Bis zu 25 000 Zwangsarbeiter und KZ-Häftlinge mußten in den Sprengstoffabriken Bomben und Granaten füllen, in: »Frankfurter Rundschau« vom 21. Februar 1986; Form, Wolfgang/Roth, Jürgen, »...so günstige Produktionsziffern und Arbeitslöhne...« – Strafgefangene in der Allendorfer Rüstungsindustrie, in: Geschichtswerkstatt, Heft 19, Berlin 1989, S. 42–50; Hempel, Holger u.a., Ausgebeutet und vergessen. Zur Lage der Fremdarbeiter und KZ-Häftlinge in den Allendorfer Rüstungsbetrieben, 12. Klasse, Gesamtschule Kirchhain, im Rahmen des »Schülerwettbewerbs Deutsche Geschichte« 1982/83; Horn, Harald, Rüstungsmetropole Allendorf, in: Die Grünen im Landtag (Hessen)/Bembenek, Lothar/Schwalba-Hoth, Frank (Hrsg), Hessen hinter Stacheldraht, Frankfurt/M. 1984, S. 12–26; Klewitz, Bernd (Hrsg.), Von Auschwitz nach Allendorf – Fremdarbeiter und KZ-Häftlinge in Europas größten Rüstungswerken im 2. Weltkrieg, Kirchhain 1983; Ders., Die Arbeitssklaven der Dynamit Nobel, Schalksmühle 1986; Ders., Die Münchmühle. Außenkommando des Konzentrationslagers Buchenwald, hrsg. vom Kreisausschuß des Landkreises Marburg-Biedenkopf, Marburg 1988; Magistrat der Stadt Stadtallendorf (Hrsg.), Faltblatt »Dokumentations- und Informationszentrum Stadtallendorf«, 1994; Ders. (Hrsg.), Berichte der Arbeitsgruppe zur Aufarbeitung der Geschichte Allendorfs, bearbeitet von Edgar Bracht u.a., Stadtallendorf 1989; Ders. und der Förderverein für Stadt- und Regionalgeschichte Stadtallendorfs 1933–1945 e.V. (Hrsg.), »Das Geheimnis der Versöhnung heißt Erinnerung«. Internationale Tage der Begegnung in Stadtallendorf, KZ-Außenlager Münchmühle, 21.–26. Oktober 1990, Stadtallendorf 1990; Wolff, Hans-Jürgen, Die Allendorfer Sprengstoffwerke DAG und WASAG, Hrsg.: Magistrat der Stadt, Stadtallendorf 1989.

Staufenberg, Hessen

1978 wurde auf dem *jüdischen Friedhof* ein *Mahnmal* zum Gedenken an jüdische Opfer des NS-Regimes eingeweiht.

Sterbfritz siehe Sinntal

Trebur

Am Rheinufer, gegenüber von Nierstein, ließen die Gemeinde Nierstein und die Stadt Oppenheim (beide s. Rheinland-Pfalz) auf dem »Kornsand« bei Trebur/Hessen in unmittelbarer Nähe der *Fähren-*

Trebur: Gedenkstein nahe der Fähren-Anlegestelle Kornsand. Hier wurden am 21. März 1945 fünf Männer und eine Frau auf dem Weg in ihre Heimatorte Nierstein und Oppenheim von örtlichen Nazi-Führern als politische Gegner des NS-Regimes erschossen.

Anlegestelle Nierstein/Kornsand einen *Gedenkstein* errichten mit einer Gedenktafel, die folgende Inschrift trägt:

21. März 1945
Im Anblick ihrer Heimat wurden schuldlos erschossen

Eberhardt, Georg	Nierstein
Eller, Cerry	Nierstein
Eller, Johann	Nierstein
Lerch, Nikolaus	Nierstein
Schuch, Jakob	Nierstein
Gruber, Rudolf	Oppenheim

Den Toten zum Gedächtnis!
Den Lebenden zur Mahnung!
Damit, was hier geschah, sich nicht wiederhole.

Ein *Kreuz* mit der Inschrift »Opfer des Nazi-Regimes« steht an der Stelle, an der diese sechs Bürger aus Nierstein und Oppenheim am 21. März 1945, dem Tag der Befreiung ihrer Heimatorte durch amerikanische Truppen, von den Nazis erschossen wurden. Die sechs Ermordeten galten bei den örtlichen Nazi-Führern als »politisch unzuverlässige Elemente« und waren am 18. März verhaftet worden. Zunächst wurden sie in Groß-Gerau, dann in Darmstadt gefangengehalten. Nach ihrer plötzlichen Freilassung am Morgen des 21. März wurden sie auf dem Heimweg an der Anlegestelle Kornsand der Fähre nach Nierstein erneut festgenommen und in den Nachmittagsstunden vor Gräbern, die sie selbst ausheben mußten, durch Genickschuß getötet. Sie wurden später in ihren Heimatorten beerdigt. (s. auch Rheinland-Pfalz: Nierstein)

Literatur:
Darmstadt, Raimund, Das Kornsand-Verbrechen. Eine Dokumentation der Nazi-Verbrechen der letzten Kriegstage, in: Mainzer Geschichtsblätter, Veröffentlichungen des Vereins für Sozialgeschichte Mainz e. V., Heft 5, Mainz 1989, S. 147–174.

Trendelburg

Auf dem *jüdischen Friedhof*, der über den christlichen zu erreichen ist, findet sich ein *Gedenkstein* mit einer für den Altkreis Hofgeismar charakteristischen Inschrift:

Hier ruhen die Gebeine der Juden
von Trendelburg,
Zeuge sei dieser Gedenkstein
für alle Grabsteine,
die einst an diesem Ort standen
und durch Nazi-Terror
vernichtet wurden
1938 – 1945

Trutzhain siehe Schwalmstadt

Ulrichstein

1968 legte der Volksbund Deutsche Kriegsgräberfürsorge in Ulrichstein (Vogelsbergkreis) einen *Kriegsopferfriedhof* für 131 Tote, deutsche Soldaten sowie Kriegsgefangene und Zwangsarbeiter und -arbeiterinnen verschiedener Nationen, an.

Usingen

Vom 7. Dezember 1944 bis 31. März 1945 existierte in Usingen ein Außenlager des Konzentrationslagers Buchenwald, das Lager »Tannenwald« neben dem Kransberger Schloß, in dem durchschnittlich 30 Häftlinge, vorwiegend aus Rußland und Polen, untergebracht waren. Sie mußten im Auftrag einer Bauinspektion Reich-West der Waffen-SS ein unterirdisches Tunnel- und Bunkersystem bauen. Im Usatal befand sich eines der »Führerhauptquartiere«, den Schaltzentralen der Macht, von denen aus die Kriegseinsätze der deutschen Wehrmacht dirigiert wurden. Im Herbst 1939 beschlagnahmten die Nazis das Gut Ziegenberg samt Schloß und Wirtschaftsgebäuden sowie die Burg Kransberg bei Usingen und bauten ein weitläufiges Bunkersystem im Raum Ziegenberg/Wiesental auf. Das Kransberger Schloß wurde für Reichsmarschall Göring ausgebaut, wozu 1944 KZ-Häftlinge aus Buchenwald herbeigeschafft wurden. Heute befindet sich an der Stelle des ehemaligen Lagers ein von der US-Armee angelegter Parkplatz.

Kontakt:
Bernd Vorlaeufer-Germer, Marienbader Platz 18, 61348 Bad Homburg v.d. Höhe. Der Heimathistoriker Bernd Vorlaeufer-Germer erforscht die Geschichte des Lagers und plant eine umfangreiche Dokumentation.

Vöhl

An einem Waldweg im heutigen Ortsteil *Herzhausen* steht ein *Kreuz*, dessen Sockel dreisprachig die Inschrift trägt:

Am 19. Dezember 1942
sind an diesen Bäumen auf Befehl
Himmlers sechs unschuldige Polen
aufgehängt worden.

Ein polnischer Gefangener hatte im November 1942 in der Nähe von Herzhausen seinen Bewacher und danach sich selbst erschossen. Aus Rache und zur »Abschreckung« wurden von SS-Leuten sechs polnische Zwangsarbeiter ermordet.
Zum 45. Jahrestag des Verbrechens, 1987, ließ die Gemeinde Vöhl das Mahnmal restaurieren, so daß

die Inschrift wieder lesbar ist. Die Namen und Geburtsdaten der zwischen 18 und 31 Jahren alten Polen konnte ein Standesbeamter in alten Registern ausfindig machen.

Volkmarsen

Auf einer innerstädtischen Anlage am *Erpeweg* wurde nach dem Krieg ein *Mahnmal* angelegt, das aus Bruchstücken von jüdischen Grabsteinen besteht. Bis 1938 befand sich an dieser Stelle der jüdische Friedhof mit 111 Grabsteinen, die sämtlich in den Kriegsjahren zerstört wurden. Der ehemalige Friedhof ist heute als *Gedenkstätte* ausgewiesen.

Wächtersbach

Am Gebäude an der *Bleichgartenstraße 8* weist seit 1983 eine *Gedenktafel* darauf hin, daß sich früher in dem Bürohaus der Raiffeisenbank die Synagoge befunden hat. Die Inschrift trägt ohne weitere Informationen lediglich die Jahreszahlen:

Synagoge
1895 – 1938

Waldkappel

Im Ortsteil *Harmuthsachsen* wird darüber nachgedacht, die *Fachwerksynagoge* in der *Bilsteinstraße 15* zu restaurieren und darin ein Dokumentationszentrum mit einer ständigen Ausstellung zur Geschichte des Judentums im Werra-Meißner-Kreis einzurichten.

Waldsolms

Den Eisenbahn-Tunnel zwischen Grävenwiesbach und Hasselborn mußten während der letzten Kriegsmonate Zwangsarbeiter aus dem Arbeitserziehungslager Frankfurt-Heddernheim ausbauen. Etwa 500 Zwangsarbeiter aus den besetzten Gebieten im Ausland wurden zu einem »Außenkommando Hundstadt« abgestellt, um den Tunnel zur Fabrik umzubauen. Sie mußten Eisenbahnschienen herausreißen, Wasser- und Kanalrohre verlegen, Betonböden gießen, Frisch- und Abluftschächte installieren, Schienen für eine Schmalspurbahn verlegen, Baracken als Unterkünfte sowie eine Stahlhalle bauen, die heute noch steht. Insgesamt 365 Arbeitskräfte waren zum Ausbau eingesetzt. Im Hasselborner Tunnel wurden Propeller für die deutsche Luftwaffe gebaut. Nach der Bombardierung Frankfurts im Herbst 1943 verlegten die Vereinigten Deutschen Metallwerke (VDM) ihre Rüstungsproduktion in die unterirdischen Gewölbe im nördlichen Taunus. Im August 1944 lief der Betrieb der »Spessart AG«, wie das Werk zur Tarnung genannt wurde, in den großen unterirdischen Produktionsstraßen an. Sichtbare Überreste dieses Geschehens sind heute nur noch der Hasselborner Tunnel auf der früheren Eisenbahnstrecke zwischen Grävenwiesbach und Hasselborn sowie die von den Häftlingen gebaute Stahlhalle.

Kontakt:
Bernd Vorlaeufer-Germer, Marienbader Platz 18, 61348 Bad Homburg v. d. Höhe. Herr Vorlaeufer-Germer plant eine umfangreiche Dokumentation dazu (s. auch Usingen).

Wallau, Taunus

siehe Hofheim am Taunus

Weilbach siehe Flörsheim am Main

Weilburg

Auf dem *jüdischen Friedhof, Auf dem Dill*, befindet sich eine *Gedenktafel* für die verschleppten und ermordeten Juden der Stadt mit der Inschrift:

Zur Erinnerung an die
jüdischen Einwohner der
Stadt Weilburg, die Opfer
nationalsozialistischer
Verfolgung geworden sind.

Ausstellung:
Jugend in Weilburg 1933–1945. Eine Ausstellung von Schülern des Gymnasiums Philippinum in Weilburg/Lahn, Weilburg 1983. (Die Ausstellung und eine von Gunnar Richter zusammengestellte Dokumentation sind im Gymnasium Philippinum erhältlich.)

Literatur:
Warlies, Joachim, Die Juden in Weilburg von 1918 bis 1940 (Examensarbeit in der Schulbibliothek des Gymnasiums Philippinum/Weilburg).

Weilmünster

Im Verwaltungsbereich des *Psychiatrischen Krankenhauses Weilmünster* des Landeswohlfahrtsverbandes Hessen, *Weilstraße 10,* wurde am 12. September 1991 eine *Gedenktafel* angebracht, die an die NS-»Euthanasie«-Verbrechen erinnert. Die Inschrift lautet:

Wir erinnern uns an das Leiden und Sterben
der Patientinnen und Patienten der Landesheil-
und Pflegeanstalt Weilmünster in der NS-Zeit.

Von 1934–1939 wurden angeblich
erbkranke Männer und Frauen zwangssterilisiert.

Seit 1937 verschlechterten sich die Lebens-
bedingungen der Kranken
durch staatlich verordnete Sparmaßnahmen,
was ab 1940 zu einem Massensterben führte.

1941 wurde die Anstalt als Durchgangsanstalt
mißbraucht: 735 Menschen aus der
Anstalt Weilmünster und 1 773 aus anderen
Anstalten wurden nach Hadamar verlegt
und dort getötet.

Die jüdischen Patientinnen und Patienten
wurden 1941 deportiert und an unbekanntem Ort
ermordet.

Das Schweigen ist durchbrochen.
Wir gedenken der Opfer.

Gleichzeitig wurde auf dem *Friedhof der Anstalt* ein *Gedenkstein* mit der Inschrift aufgestellt:

Wir gedenken der hilflosen Kranken,
die hier 1933–1945
Opfer des Nationalsozialismus wurden.

Ihr sinnloser Tod ist uns ständige Mahnung.

(Näheres zu den »Euthanasie«-Morden s. Hadamar)

Wetzlar

In Wetzlar befinden sich vier Friedhöfe, auf denen der Opfer des Nationalsozialismus gedacht wird:

Auf dem *jüdischen Friedhof* am *Karl-Kellner-Ring* wurde im Frühjahr 1990 auf Initiative von Walter und Doris Ebertz ein *Gedenkstein* für die vertriebenen, umgebrachten und verschollenen jüdischen Bürger der Stadt errichtet. Die jadegrüne Steinplatte trägt 55 Bronzeschildchen mit den Namen und Daten der Opfer. Diese Anzahl ist das Ergebnis jahrelanger Nachforschungen des Ehepaares Ebertz. Die Tafel kann nach der Aufklärung weiterer, bisher noch ungeklärter Schicksale ergänzt werden.

Auf dem *jüdischen Friedhof* an der *Bergstraße* befinden sich Gräber von ausländischen Zwangsarbeitern und -arbeiterinnen und Kindern.

Auf dem *Kriegsgräberfriedhof* im Ortsteil *Büblinghausen* liegen vorwiegend sowjetische Kriegsgefangene aus dem Ersten und dem Zweiten Weltkrieg, worauf zwei *Gedenktafeln* am Eingang mit den Jahreszahlen und Namen der Toten hinweisen.

Auf dem *Gemeindefriedhof Niedergirmes* an der *Waldgirmeser Straße* sind 241 NS-Opfer bestattet. Ein *Gedenkstein* gegenüber der Friedhofskapelle ist »Den Toten der beiden Weltkriege und den Opfern der Gewaltherrschaft« gewidmet. Hinter der Kapelle befinden sich Gräber ausländischer Männer, Frauen und auch Kinder, Opfer von Zwangsarbeit. Ein *Gedenkstein* trägt die Inschrift:

Ruhestätte Ziviler Ausländischer Kriegsopfer
1939 - 1945

Viele der ausländischen Zwangsarbeiter und -arbeiterinnen wurden in den Eisenwerken Buderus (s. Hirzenhain) in Wetzlar zu Rüstungsarbeiten eingesetzt.

Im Innenbereich einer Brauerei in der *Pfannenstielsgasse* erinnert eine *Gedenktafel* an die ehemalige Synagoge:

Hier stand seit 1756
die Synagoge
der Jüdischen Gemeinde
Wetzlar
Nach Zerstörung der Innen-
einrichtung am 9. November 1938
im Kriege benutzt als Lager für
französische Kriegsgefangene
Wieder hergerichtet 1945 für
die in DP-Lagern lebenden Juden
bis zu ihrer Abwanderung

(In »DP«-Lagern waren sogenannte »Displaced Persons«, ausländische Zwangsarbeiter und andere aus ihrer Heimat verschleppte Zwangsarbeiter, die bei Kriegsende von den Alliierten im Deutschen Reich und in den von ihm besetzten Gebieten vorgefunden wurden, untergebracht. Vielfach dienten ehemalige Zwangsarbeiterlager und die Unterkünfte von Außenkommandos als Notbehausungen für die »DPs«, die in vielen Fällen nicht oder nicht sofort in ihre Heimat zurückkehren konnten.)

Literatur:
Rossmann, Witich, Panzerrohre zu Pflugscharen. Die Industriegeschichte Wetzlars zwischen 1933 und 1956, 1988/89. (Das Buch behandelt ausführlich das Thema Zwangsarbeit.)

Wiesbaden

Gedenkstätte »Unter den Eichen«

Die Gedenkstätte für die Opfer des Nationalsozialismus, die am 9. November 1991 ihrer Bestimmung übergeben wurde, befindet sich auf

dem Gelände des früheren KZ-Außenkommandos des SS-Sonderlagers Hinzert (s. Rheinland-Pfalz) »Unter den Eichen« in einem Schutzbunker, den die KZ-Häftlinge für ihre SS-Bewacher bauen mußten.
Wegen der zunehmenden Gefährdung Wiesbadens durch Bombenangriffe war das Lager im Frühjahr 1944 auf dem am nördlichen Stadtrand gelegenen Areal errichtet worden. Die zumeist luxemburgischen Häftlinge hatten dort für die SS Bunkeranlagen, Büroräume und Unterkünfte zu errichten, wurden aber auch auf dem Flugplatz Erbenheim, in einigen örtlichen Handwerksbetrieben sowie zu Aufräumungsarbeiten nach Luftangriffen eingesetzt. Dem Bombardement vom 18. Dezember 1944 fielen auch sechs KZ-Häftlinge zum Opfer; zahlreiche Lagerinsassen wurden verletzt. Den Häftlingen blieb der Zutritt zum von ihnen selbst erbauten Luftschutzbunker verwehrt. Nach der Auflösung des Hauptlagers am 3. März 1945 war das Außenkommando bis zur Befreiung am 28. März dem KZ Buchenwald unterstellt. Vom Lagerkomplex ist lediglich der Luftschutzbunker erhalten.

In der Gedenkstätte wird eine historische *Ausstellung* präsentiert, durch welche die Nutzungsgeschichte des Geländes »Unter den Eichen« allgemein, die Funktion der SS innerhalb des nationalsozialistischen Terrorsystems sowie insbesondere die Geschichte des KZ-Außenkommandos selbst verdeutlicht werden. Im Mittelpunkt der Ausstellung stehen die Lagerbedingungen und das Leben der KZ-Häftlinge. Exemplarisch beleuchtet wird zudem der Widerstand gegen die deutsche Besatzungsherrschaft in Luxemburg. In einem Gedenkraum ausgelegte Mappen dokumentieren die Schicksale einiger während der NS-Zeit verfolgter Personen. Die inhaltliche Ausgestaltung der Gedenkstätte wurde in Zusammenarbeit mit der Wiesbadener Geschichtswerkstatt von Bärbel Maul realisiert. Die organisatorische Betreuung erfolgt durch das Kulturamt/Stadtarchiv.

Anschrift:
Gedenkstätte »Unter den Eichen«, Carl-von-Ibell-Weg, Wiesbaden. Öffnungszeiten: von Mai bis Oktober Mi. 16–19 Uhr, Sa. u. So. 15–17 Uhr, Gruppenführungen nach Vereinbarung.

Anfahrt:
Mit dem Auto: 1. Platter Straße bis zum Nordfriedhof, an der Ampel links abbiegen, Unter den Eichen, in der Linkskurve rechts abbiegen. – 2. Dürerplatz, Albrecht-Dürer-Straße, Van-Dyck-Straße, Schützenstraße, in der Rechtskurve nach links abbiegen. 3. Mit dem Bus: Mit der Linie 3 bis zur Endhaltestelle »Unter den Eichen« oder mit der Linie 10 bis zur Endhaltestelle »Nordfriedhof«.

Information:
Stadtarchiv, Im Rad 20, 65197 Wiesbaden, Tel. 0611/317050 od. 313219. Eine Broschüre von Bärbel Maul und Axel Ulrich liegt vor: Gedenkstätte »Unter den Eichen«, Hrsg.: Magistrat der Landeshauptstadt Wiesbaden-Stadtarchiv, Wiesbaden ²1993. – Videofilm: »KZs vor der Haustür. Außenkommandos in Wiesbaden, Mainz und Umgebung«. Eine Produktion des Vereins Wiesbadener Museum der Neuzeit e.V. Bezugadresse: Lothar Bembenek, Herderstraße 10, 65185 Wiesbaden.

Gedenken an ehemalige Synagogen

Am Standort der früheren Synagoge am Michelsberg, in der heutigen *Heinrich-Heine-Anlage*, erinnert ein Ensemble, bestehend aus einer *Säule und drei Tafeln,* an das während der Reichspogromnacht zerstörte Gotteshaus der liberalen jüdischen Reformgemeinde. Die Säule trägt die Inschrift:

> Der Welt Gewissen ist die Liebe.

In das dahinter liegende Mauerwerk ist, etwas nach rechts versetzt, eine Gedenktafel eingelassen mit dem Text:

> Zum Gedenken an die Synagoge,
> die hier bis zum 9. November 1938 stand.

Es folgt eine große Bronzetafel mit der reliefartigen Wiedergabe des früheren Synagogenbaus und der Erläuterung:

> Hauptsynagoge am Michelsberg.
> Entwurf Herzoglich Nassauischer
> Landesbaumeister Philipp Hoffmann.
> Eingeweiht am 13. August 1869.
> Zerstört am 9. November 1938.
> »Liebe Deinen Nächsten«.

Diese Gedenktafel wird ihrerseits durch eine weitere Tafel erklärt, welche die Inschrift trägt:

> Synagoge. Die Gedenktafel wurde von
> den Bürgern der Stadt gestiftet.
> Gestaltung Professor Werner Schneider,
> Fachhochschule Wiesbaden.
> Idee und Planung Stadtrat Dr. Wolfgang Liese.
> Gefertigt von der Glocken- und Kunstgießerei Rincker
> in Sinn.
> 1987 Kur- und Verkehrsverein Wiesbaden.

In Wiesbaden-*Bierstadt* ist an der linken Seite des Hauses *Poststraße 7* (früher Rathausstraße) eine Tafel mit der reliefartigen Wiedergabe des ehemals hier befindlichen Synagogengebäudes angebracht. Der erläuternde Text lautet:

Hier stand seit 1827 die Synagoge
der Israelitischen Kultusgemeinde Bierstadt.
Sie wurde durch politische Verblendung und
verbrecherische Gewalttat am 9. November 1938
geschändet und als Gotteshaus unbrauchbar
gemacht.
Den Lebenden zur Mahnung –
zukünftigen Generationen als Verpflichtung!

In der *Bernhard-Schwarz-Straße 17* in Wiesbaden-*Schierstein* (früher Kirchstraße) erinnert seit 1968 eine *Gedenkstätte* an die einstige Synagoge. Die Inschrift der *Gedenktafel,* die unter integrativer Verwendung einer Rosette als letztem Überrest des während des Novemberpogroms zerstörten Bauwerks gestaltet wurde, lautet:

Diese Rosette schmückte die Ostwand der Synagoge, die bis zu ihrer mutwilligen Zerstörung am 10. November 1938 an dieser Stelle stand und Mittelpunkt der Mitglieder der Jüdischen Gemeinde war, bis diese in die Vernichtungslager verschleppt wurden. Diesen Gedenkstein errichtete die Stadt Wiesbaden zur Erinnerung und steten Mahnung.

Denn von Zion geht die Lehre aus und das Wort des Ewigen von Jerusalem. Kein Volk wird gegen ein anderes Volk mehr das Schwert erheben und sie werden nicht mehr das Kriegshandwerk erlernen. Diese Worte schrieb der Prophet Jesaja am Anfang des zweiten Kapitels seines Buches vor etwa zweitausendsiebenhundert Jahren - MCMLXVIII.

In der *Eingangshalle* des *Rathauses* der früheren Stadt *Biebrich* in der *Rathausstraße 63*, heute Sitz u.a. der Ortsverwaltung sowie des 5. Polizeireviers, befindet sich seit 1979 rechts neben der überlebensgroßen Büste des Reichsfreiherrn vom und zum Stein zum Gedenken an die zerstörte örtliche Synagoge eine *Tafel* mit folgender Inschrift:

Zum Gedenken an die Jüdische Gemeinde Biebrich,
die sich nach 1800 gebildet hatte.
1865 erbaute sie sich in der Rathausstraße 37
eine eigene Synagoge, die am 9. November 1938
zerstört wurde. Die 130 Mitglieder der Gemeinde
wurden aus ihrer Heimat vertrieben oder starben
in Konzentrationslagern.

Das Synagogengebäude in der Rathausstraße 37 wurde später durch eine Luftmine vollständig zerstört. Heute steht an dieser Stelle ein neues Wohn- und Geschäftshaus.

Im Jahre 1966 wurde in Anwesenheit u.a. des hessischen Ministerpräsidenten Dr. Georg August Zinn und des Wiesbadener Oberbürgermeisters Georg Buch im Hinterhof der *Friedrichstraße 33* der *Synagogenneubau* der Jüdischen Gemeinde Wiesbadens eingeweiht. Das Gebäude, das seit 1897 an gleicher Stelle der altisraelitischen Kultusgemeinde als Synagoge gedient hatte, war während des Novemberpogroms 1938 völlig verwüstet worden; eine Brandstiftung unterblieb hier nur deshalb, weil das Feuer zwangsläufig auf die Nachbarhäuser übergegriffen hätte. 1942 wurden an diesem Ort zur Deportation vorgesehene jüdische Bürger zentral erfaßt. Um dem bevorstehenden Abtransport zu entgehen, verübten allein im August 1942 etwa 40 von ihnen Selbstmord. Ende des Jahres befanden sich von den einst fast 3000 Wiesbadener Juden nur noch 177 in der Stadt. Auch der Sammeltransport von über 100 Sinti und Roma, die man im März des folgenden Jahres nach Auschwitz-Birkenau verschleppte, wurde hier zusammengestellt.
Im notdürftig hergerichteten Synagogengebäude konnte im September 1945 wieder ein erster Gottesdienst abgehalten werden. 1946 erfolgte die erneute Einweihung. Noch fast zwei Jahrzehnte diente der alte Bau der kleinen Gemeinde, die sich neu in Wiesbaden gebildet hatte, als religiöses Zentrum.
Die künstlerische Gestaltung des Neubaus wurde durch den Wiesbadener Bildhauer, Glas- und Farbgestalter Egon Altdorf ausgeführt, dessen 1983 vollendetes programmatisches Gesamtkonzept einer Verbindung elementarer Aussagen jüdischen Glaubens und jüdischer Symbolik der Synagoge ihren unverwechselbaren ästhetischen Charakter verleiht.
Im Innenhof befindet sich als Relikt der Synagoge am Michelsberg eine Säule mit der Inschrift:

Einziges Überbleibsel eines
durch Nazibarbarei zerstörten
herrlichen Gotteshauses.
10. Nov. 1938.

In Wiesbaden-*Nordenstadt* wird 1994 eine *Gedenkanlage* für die von dort deportierten 14 jüdischen Bürger errichtet.

Jüdische Friedhöfe

Auf dem 1891 eingeweihten *neuen Jüdischen Friedhof Platter Straße*, der unmittelbar an den christlichen Nordfriedhof angrenzt, verweisen die Ortsangaben einiger nachträglich angebrachter Grabmalinschriften auf die Ermordung jüdischer Familienmitglieder in nationalsozialistischen Konzentrations- und Vernichtungslagern. Verschiedentlich belegen auch gleichlautende Sterbedaten den Selbstmord der rassisch Verfolgten angesichts ihrer unmittelbar drohenden Deportation. Etwa die Hälfte aller nach dem November 1938 in Wiesbaden registrierten jüdischen Todesfälle wurde offensichtlich durch Suizid verursacht: 109 Personen wurden in diesem Zusammenhang auf dem Südfriedhof eingeäschert. In den meisten Fällen erfolgte die Bestattung ihrer Urnen auf dem jüdischen Friedhof an der Platter Straße. Vereinzelt wurden die Urnen an andere Orte überführt, manchmal erfolgte die Beisetzung auch auf dem Südfriedhof selbst. Durch den Akt der Einäscherung wurden die jüdischen Glaubensvorstellungen bewußt verletzt.

Die Grabmalinschriften auf dem *Friedhof der altisraelitischen Kultusgemeinde* am *Hellkundweg*, in nordöstlicher Richtung gleichfalls direkt an den Nordfriedhof angrenzend, sind fast sämtlich in hebräischer Schrift gehalten.

Der *jüdische Friedhof in Wiesbaden-Biebrich* befindet sich inmitten der christlichen Friedhofsanlage. Lediglich durch eine Steinmauer vom übrigen Friedhofskomplex getrennt, liegt das nur 77 x 11 Meter große Gräberfeld in Ost-West-Richtung unmittelbar neben der christlichen Trauerhalle. Bei der Anlage des jüdischen Friedhofs befand sich dieser wunschgemäß noch außerhalb des christlichen Friedhofs. Erst spätere Friedhofserweiterungen führten zum derzeitigen Zustand. Die erste Bestattung fand 1891 statt. Die vorletzte der insgesamt 84 Bestattungen erfolgte am 28. April 1939: Obwohl die stigmatisierenden zusätzlichen Namen »Sara« für weibliche, »Israel« für männliche Juden schon seit dem 17. August 1938 gesetzlich vorgeschrieben waren und trotz der ihm dadurch drohenden Repressalien, weigerte sich ein couragierter Biebricher Steinmetz, diesen Grabstein in der amtlich geforderten Weise zu verunstalten. Die letzte, nicht mehr ins Gräberverzeichnis eingetragene Bestattung erfolgte wohl um 1942 in einem Familiengrab. Während der Zeit des Nationalsozialismus wurde keines der Gräber zerstört oder geschändet.

Dagegen wurde der *jüdische Friedhof in Wiesbaden-Bierstadt* 1938 völlig zerstört. Heute befindet sich an seinem früheren Standort seitlich der *Kloppenheimer Straße* eine Gedenkstätte. Der auf einer freien Rasenfläche errichtete *Gedenkstein* trägt die Inschrift:

> Hier befand sich der Friedhof
> der Israelitischen Kultusgemeinde Bierstadt.
> 1890 - 1938.
> Vernichtet während der nationalsozialistischen
> Gewaltherrschaft.

Auf der Rückseite finden sich die Namen der Opfer sowie der Zusatz:

> Zum Gedenken an die deportierten Gemeinde-
> mitglieder aus Bierstadt + Igstadt

Der *neue jüdische Friedhof in Wiesbaden-Schierstein* liegt am Südrand des dortigen christlichen Friedhofs und ist nur über diesen zu erreichen. Ein Stein auf einer Grabstätte, der ohne Nennung des genauen Sterbemonats und -tages lediglich das Todesjahr 1942 verzeichnet, deutet darauf hin, daß hier eines der Opfer der nationalsozialistischen Verfolgung gedacht wird.

Gedenken auf christlichen Friedhöfen

Östlich der Hauptachse des *Südfriedhofs* befindet sich das Gräberfeld vor allem für die während des Zweiten Weltkrieges ums Leben gekommenen zivilen Kriegsopfer (Sonderabteil C 1). Im südlichen Teil des quadratischen Areals sind die umgekommenen Zwangsarbeiter bestattet, im übrigen Feld die Opfer des Bombenterrors und einige politisch Verfolgte. Es sind hier nur einige wenige Grabmäler errichtet, in der überwiegenden Mehrzahl wurden lediglich kleine quadratische Platten aus grauem Kunststein in die Bodenfläche eingelegt, welche die Namen und Daten der dort Bestatteten tragen. Vor dem *Ehrenfeld* wurde erst vor einigen Jahren eine *Hinweistafel* angebracht. Ihr Text lautet:

> In diesem Gräberfeld sind Opfer des Krieges
> und der nationalsozialistischen Gewaltherrschaft
> bestattet.
> Soldaten, Bombenopfer, Zwangsarbeiter
> und politisch Verfolgte.

Am östlichen Rand der Friedhofsanlage liegt das *Ehrenfeld für die »Euthanasie«-Opfer* (Sonderabteil U 11 a). Zwischen drei Kreuzen aus rotem Sandstein stehen je drei miteinander verbundene, schlichte Grabstelen mit den Namen und Daten der hier bestatteten 171 Opfer. Der Text der *Hinweistafel* lautet:

> In diesem Gräberfeld sind Opfer aus
> Euthanasieanstalten – besonders Hadamar –
> und aus Konzentrationslagern bestattet.

1953 wurde hinter der Trauerhalle des *Biebricher Friedhofs* eine neugeschaffene Totengedenkstätte eingeweiht. Der rondellartige *Ehrenhain* wird von einem schweren, fünf Meter hohen *Holzkreuz* überragt, in das die Inschrift eingeschnitzt ist:

> Allen Opfern aus den Jahren 1914 bis 1945
> zum Gedenken.

Auf dem *Friedhof im Wiesbadener Ortsteil Mainz-Kastel* befindet sich seit 1931 im Ehrenhain für die Gefallenen des Ersten Weltkrieges das *Denkmal* eines erschöpften, auf sein halb in die Erde versenktes Schwert gestützten Kämpfers. Der Sockel trägt heute die ergänzte Inschrift:

1914 – 1918
Unseren Opfern
Zum Gedenken
1933 – 1945.

Der Sockel des Denkmals für die Gefallenen des Ersten Weltkrieges auf dem *Friedhof in Wiesbaden-Schierstein* trägt die zusätzlich angebrachte Inschrift:

Allen Opfern zum Gedenken
1939 – 1945.

Auf dem davorliegenden Gräberfeld befinden sich auch einige Grabstätten ausländischer Zwangsarbeiterinnen und Zwangsarbeiter.

An der Vorderseite der Außenmauer des rondellartig angelegten Ehrenhains für die Gefallenen des Ersten Weltkrieges auf dem *Waldfriedhof in Wiesbaden-Dotzheim* sind zwei ergänzende Inschriften angebracht worden. Sie lauten:

Allen Opfern zum steten Gedenken
1939 – 1945.
Allen, die für die Freiheit starben
1933 – 1945.

Unmittelbar vor dem Ehrenhain befindet sich das Gräberfeld für die Dotzheimer Opfer des Zweiten Weltkrieges.

Gedenkstätten für Verfolgte und Widerstandskämpfer

Eine *Gedenktafel* im Aufgang zur Aula im 2. Stockwerk des Hauptgebäudes der *Oranienschule, Oranienstraße 5–7,* erinnert an Hermann Kaiser, vormals Studienrat am Städtischen Realgymnasium, der wegen seiner Tätigkeit als wichtiger Vermittler zwischen militärischem und zivilem Widerstand im Zusammenhang mit dem gescheiterten Putsch vom 20. Juli 1944 hingerichtet wurde. Die schlichte Inschrift lautet:

Hermann Kaiser
20. Juli 1944.

Das *Denkmal* des 1. Nassauischen Feldartillerie-Regiments No 27 Oranien für die Gefallenen des Weltkrieges 1914–1918 auf dem *Luisenplatz* trägt seit einiger Zeit eine *Zusatztafel* mit dem Text:

Hermann Kaiser, geboren am 31. Mai 1885,
Angehöriger des Regiments von 1914 bis 1918,
enthüllte dieses Denkmal am 21. Oktober 1934.
Als aktives Mitglied der Widerstandsbewegung
des 20. Juli 1944 wurde er am 23. Januar 1945
hingerichtet. Sein Lebensweg ist eine Mahnung
gegen Krieg und Unmenschlichkeit.

An der rechten Seite des Gebäudes der *Kerschensteinerschule,* Gewerbliche Berufsschule, Außenstelle Schierstein, in der *Saarstraße 5* befindet sich eine *Gedenktafel* mit dem Text:

Fritz-Brüderlein-Haus
Am 2. 11. 1886 in Corben/Ostpreußen geboren
Widerstandskämpfer
Gegen das nationalsozialistische Regime
Gestorben am 1. 2. 1945
Im Konzentrationslager Dachau.

Fritz Brüderlein (SPD), bis 1933 Betriebsratsvorsitzender der Firma Kalle, gehörte dem illegalen betrieblichen Widerstand an; er wurde jedoch erst im Zuge der Aktion »Gewitter« im Anschluß an den gescheiterten Putsch vom 20. Juli 1944 mit fast 190 weiteren unschuldigen Personen aus Wiesbaden und Umgebung verhaftet und ins Konzentrationslager verschleppt.

Auf dem Schulhof der *Wilhelm-Leuschner-Schule* im Wiesbadener Ortsteil *Mainz-Kastel, Steinern Straße 20,* erinnert ein Gedenkstein an diesen führenden Kopf der Verschwörung des 20. Juli 1944, dessen reichsweit geknüpftes konspiratives Netz sozialistischer Vertrauensleute auch über Kontakte in Wiesbaden verfügte. Die neben einem reliefartigen Bronzeporträt Leuschners angebrachte *Tafel* nennt seine wichtigsten biographischen Daten:

Wilhelm Leuschner.
Sozialdemokrat, Gewerkschafter.
Widerstandskämpfer gegen den Nationalsozialismus.
Geboren am 15. Juni 1890.
Hingerichtet am 29. September 1944.
Holzbildhauer, gewerkschaftlich tätig seit 1909,
ab 1924 Landtagsabgeordneter,
1928 – 1932 Innenminister des Volksstaates Hessen,
1933 – 1934 Konzentrationslager und Gefängnis,
führte den gewerkschaftlichen Widerstand gegen
Hitler, 1944 wegen Beteiligung an den Vorbereitungen
des Attentats auf Hitler verhaftet und hingerichtet.
Leuschner trat für die Einheit der Gewerkschaften
und für eine gemeinsame Schule für alle ein.

Am *Haus des Hessenkollegs, Alexandrastraße 6,* wurde 1992 auf Anregung des Förderkreises Aktives Museum Deutsch-Jüdischer Geschichte in Wiesbaden eine *Gedenktafel* mit den Namen der Bewohner dieses früheren »Judenhauses« angebracht.

Mahnmal für Sinti und Roma

Am 5. Dezember 1992 wurde in der *Bahnhofstraße,* nahe der Kindertagesstätte Kronprinzenstraße, ein *Mahnmal* zur Erinnerung an die Deportation der Wiesbadener Sinti und Roma der Öffentlichkeit übergeben. Genau an dieser Stelle vorbei waren am 8. März 1943 über 100 Frauen, Kinder und Männer zum Hauptbahnhof getrieben und von dort in das Konzentrationslager Auschwitz-Birkenau deportiert worden. Über die Hälfte wurden ermordet. Ein Demonstrationszug anläßlich der Einweihung ging denselben Weg. Von dem hessischen Vorsitzenden des Sinti-Verbandes, Adam Strauß, wurde daran erinnert, daß für die Sinti wie für die Juden Bahnhöfe eine andere Bedeutung haben als für »gewöhnliche« Reisende: Sie sind Symbole des Abtransports in die Vernichtung.
Das *Mahnmal,* das einer Initiative des Verbandes deutscher Sinti und Roma zu verdanken ist, stellt eine Gruppe von Menschen dar, die in Richtung Bahnhof gehen und unter einer schweren Last, einer Steinplatte, immer mehr zusammengedrückt werden, um am Ende im Boden zu versinken. Auf einem daneben errichteten, pultähnlichen Gedenkstein informiert ein Text über die Geschichte dieser Deportation. Dieses erste große Mahnmal in Deutschland, das an den Leidensweg der Sinti und Roma erinnert, die wie die Juden aus »rassischen« Gründen verfolgt und ermordet worden sind, haben die beiden Künstler Eugen Reinhardt und Josef Rainer aus der Sinti-Werkstatt im pfälzischen Albersweiler gestaltet und realisiert.

Namen von Straßen und Schulen

Bei der Benennung der 38 Straßen, die in Wiesbaden die Namen von Verfolgten und von Widerstandskämpfern tragen, wurde meist nach dem Grundsatz verfahren, größere Straßen jeweils nach Personen von überregionaler Bedeutung zu benennen, während kleineren Straßen Namen von Personen mit vorwiegend lokalem Bezug zugewiesen wurden. Auf Anregung des ehemaligen Wiesbadener Oberbürgermeisters Georg Buch, der wegen seiner Widerstandstätigkeit im Rahmen der illegalen Sozialistischen Arbeiter-Jugend (SAJ) selbst vier Jahre lang inhaftiert war, wurden die Straßen der in den 60er Jahren neuerrichteten *Großsiedlung Klarenthal* sogar fast ausnahmslos nach Widerstandskämpfern und Verfolgten des NS-Regimes benannt. In der Regel finden sich die wichtigsten biographischen Angaben zu den einzelnen Namengebern auf kleinen Zusatzschildern unterhalb des eigentlichen Straßenschildes.

An Wiesbadener Widerstandskämpfer und Opfer des Nationalsozialismus erinnern beispielsweise folgende *Straßen:*

Die *Hans-Buttersack-Straße* gedenkt des bekannten Wiesbadener Rechtsanwalts und Notars (geb. 1880), der als Vorstandsmitglied der Bergkirchengemeinde die Rechtsinteressen der Bekennenden Kirche, aber auch solche jüdischer Bürger vertrat. Als Führer des »Stahlhelms« hatte er am 31. Januar 1933 am sogenannten »Hitler-Huldigungsmarsch« durch die Straßen der Stadt teilgenommen. Wegen seines späteren antinazistischen Engagements wurde er mehrmals inhaftiert, zuletzt im Mai 1943. Er verstarb am 13. Februar 1945 im Konzentrationslager Dachau an den Folgen der Haft.

Mit der *Hermann-Kaiser-Straße* wird an den konservativen Studienrat, Hauptmann der Reserve und Widerstandskämpfer erinnert, der von den Verschwörern des »20. Juli« als Verbindungsoffizier für den Wehrkreis XII in Wiesbaden vorgesehen war. Der Kriegstagebuchführer im Stab von Generaloberst Fromm, dem Chef der Heeresrüstung und Befehlshaber des Ersatzheeres im Oberkommando des Heeres, hatte seine bildungspolitischen Überlegungen in der Denkschrift »Gedanken über Reformen des Erziehungs- und Bildungswesens« niedergelegt. Für den Fall eines geglückten Putsches war er als möglicher Staatssekretär im Kultusministerium im Gespräch (s. auch die Tafel am Kriegerdenkmal auf dem Luisenplatz).

Die *Konrad-Arndt-Straße* erinnert an den sozialdemokratischen Stadtverordneten, Arbeitersekretär und Vorsitzenden des »Reichsbanners Schwarz-Rot-Gold« (1899–1940), auf den im Frühjahr 1933 durch SA-Leute ein Mordanschlag unternommen worden war. Trotz langjähriger KZ-Haft nahm er Anfang 1939 zunächst in Wiesbaden, dann in Frankfurt erneut den Kontakt mit oppositionellen Sozialdemokraten auf.

Mit der *Moritz-Marxheimer-Straße* wird des Justizrats und Kultusvorstehers der Jüdischen Gemeinde Wiesbadens (1871–1942) gedacht, der, nachdem er seinen Glaubensgenossen bis zuletzt beigestanden hatte, selbst im KZ Auschwitz umkam.

Die *Otto-Haese-Straße* erinnert an den früheren Vorsitzenden der örtlichen Baugewerkschaft, SPD-Stadtrat und preußischen Landtagsabgeordneten (1884–1944), der im Konzentrationslager Dachau ums Leben kam.

Mit der *Richard-Otto-Straße* wird des langjährigen SPD-Parteisekretärs (1882–1943) gedacht, der 1940 wegen seiner Widerstandstätigkeit verhaftet und zu zwei Jahren Gefängnis verurteilt wurde.

Einige *Schulen* wurden nach Verfolgten und Widerstandskämpfern benannt:

Adolf-Reichwein-Schule, Alfred-Delp-Schule, Carl-von-Ossietzky-Schule, Carlo-Mierendorff-Schule, Geschwister-Scholl-Schule, Johannes-Maaß-Schule, Ludwig-Beck-Schule, Martin-Niemöller-Schule, Wilhelm-Leuschner-Schule.

An der rechten Portalmauer des alten Hauptgebäudes der *Carlo-Mierendorff-Schule* im Wiesbadener Vorort *Mainz-Kostheim, Herrenstraße 70,* befindet sich eine *Bronzebüste* von Carlo Mierendorff, die auf drei stilisierten, schräg nach links unten gerichteten Pfeilen, dem Kampfsymbol der »Eisernen Front«, sowie einer Leiste mit dessen Lebensdaten montiert ist. Darunter ist zusätzlich eine *Bronzeplatte* mit nachfolgendem Text angebracht:

> Carlo Mierendorff
> Sozialdemokrat, Publizist, Widerstandskämpfer.
> Geboren am 24. März 1897 in Großenhain
> bei Dresden,
> Gestorben am 4. Dezember 1943 in Leipzig
> bei einem Bombenangriff.
>
> Carlo Mierendorff, sozialdemokratischer
> Reichstagsabgeordneter für
> den Wahlkreis Hessen-Nassau von 1930 bis 1933,
> trat für ein
> programmatisches und kämpferisches Vorgehen
> gegen den
> Nationalsozialismus sowie für eine politische
> Verständigung mit
> Frankreich ein.
>
> Er wurde 1933 verhaftet und verbrachte die Jahre
> bis 1938 in
> verschiedenen Konzentrationslagern.
>
> Nach seiner Entlassung wirkte er in der
> Widerstandsgruppe
> »Kreisauer Kreis« und förderte deren Zusammengehen mit dem
> Widerstandskreis um Carl Goerdeler und Wilhelm
> Leuschner.
>
> Carlo Mierendorff vertrat die Vorstellung von einer
> überparteilichen Volksbewegung aus Christen,
> Sozialisten,
> Kommunisten und Liberalen zur Überwindung des
> Nationalsozialismus.

Planungen

Am Neubau der *Ortsverwaltung* der Stadtteile *Amöneburg, Kastel und Kostheim* soll eine Gedenkstätte für die dortigen NS-Verfolgten errichtet werden.

Der Förderkreis Aktives Museum Deutsch-Jüdischer Geschichte in Wiesbaden hat es sich zur Aufgabe gemacht, im Haus auf dem Grundstück *Spiegelgasse 9–11* – einem der ältesten Gebäude der Stadt, in welchem sich früher ein jüdisches Badhaus und von 1732 bis 1820 eine Synagoge befand – eine *Gedenk-, Begegnungs- und Lernstätte* zu errichten.

Kontakt:
Stadtarchiv, Im Rad 20, 65197 Wiesbaden, Tel. 0611/317050 od. 313219. – Förderkreis Aktives Museum Deutsch-Jüdischer Geschichte in Wiesbaden, Spiegelgasse 7, 65183 Wiesbaden, Tel. 0611/305221. – Hessisches Hauptstaatsarchiv, Mosbacher Str. 55, 65187 Wiesbaden, Tel.: 0611/881-0.

Literatur:
Bembenek, Lothar/Ulrich, Axel, Widerstand und Verfolgung in Wiesbaden 1933–1945. Eine Dokumentation, Hrsg.: Magistrat der Landeshauptstadt Wiesbaden/Stadtarchiv, Gießen 1990; Begegnungen. Schriftenreihe des Förderkreises Aktives Museum Deutsch-Jüdischer Geschichte in Wiesbaden, Heft 1/1988, 2/1991 u. 3/1993; Juden in Wiesbaden. Von der Jahrhundertwende bis zur »Reichskristallnacht«. Eine Ausstellung des Hessischen Hauptstaatsarchivs Wiesbaden, Katalog: Bernhard Post, Ulrich Kirchen, Wiesbaden (Selbstverlag) 1988.

Witzenhausen

Auf dem *jüdischen Friedhof, An der Fährgasse,* steht seit 1951 ein *Gedenkstein,* der vorher im Park des Stadtkrankenhauses am früheren Standort der 1938 zerstörten Synagoge aufgestellt war. Die Inschrift lautet:

> Nach unmenschlichen Grausamkeiten mußten
> 55 Männer, Frauen und Kinder der Jüdischen
> Gemeinde Witzenhausen in Konzentrationslagern
> ihr Leben lassen. An dieser Stelle fiel am
> 9. 11. 1938 die Synagoge dem nationalsozialistischen
> Terror zum Opfer.

Im Oktober 1977 wurden etliche Grabmale von Randalierern demoliert und mit Nazi-Emblemen beschmiert.

Auf dem *Kriegsgräberfriedhof Ludwigstein* bei Witzenhausen befindet sich ein aus Breitenau (s. Guxhagen) stammendes, von dem Künstler Wilhelm Hugues geschaffenes *Gedenkkreuz* mit folgender Inschrift:

> Unbekannte Opfer der Gestapo
> Geopferte mahnen Euch
> Menschen laßt nicht vom Streben
> nach Frieden und Recht
> 31. III. 1945

Es soll an 28 von der Gestapo am 30. März 1945 in Breitenau erschossene Menschen aus dem Konzentrationslager Breitenau bei Guxhagen (s. dort) erinnern. Die Opfer wurden in den Jahren 1960/61 von Breitenau auf die vom Volksbund Deutsche Kriegsgräberfürsorge angelegte Kriegsgräberstätte Ludwigstein umgebettet. Sie sind hier zusammen mit etwa 300 Toten bestattet, deutschen Soldaten und ausländischen Kriegsgefangenen sowie Zwangsarbeitern und -arbeiterinnen, darunter unter anderem auch Tote aus Ziegenhain (s. Schwalmstadt) und im KZ Breitenau verstorbene Häftlinge. Hinweise auf das Konzentrationslager Breitenau finden sich nicht.

Die *Jugendbildungsstätte Burg Ludwigstein* führt Tagungen über den Widerstand Jugendlicher 1933–1945 durch. In der Burg befindet sich das »Archiv der deutschen Jugendbewegung«, Leitung: Winfried Mogge, (Tel.: 05542/1812 und 1862).

Wöllstadt

Zum 40. Jahrestag der Zerstörung der Synagoge durch die Nationalsozialisten wurde 1978 an der *Bahnhofstraße* eine *Gedenktafel* mit folgendem Text angebracht:

> Hier stand die Synagoge der
> Jüdischen Gemeinde Nieder-Wöllstadt,
> sie wurde im November 1938 zerstört.

Auf dem ehemaligen *jüdischen Friedhof* der jüdischen Gemeinde Nieder-Wöllstadt in der *Ringstraße* steht seit dem 9. November 1988 ein *Gedenkstein* mit der Inschrift:

> Wir gedenken in Trauer unseren jüdischen Mitbürgern,
> die in den Jahren 1933 - 1945 Opfer von Rassenwahn
> und Unmenschlichkeit wurden. Gemeinde Wöllstadt

Wolfhagen

Aus den Grabsteinen des *jüdischen Friedhofs*, den die Nationalsozialisten verwüstet haben, wurde neben der Kreissparkasse in der *Wilhelmstraße* ein monumentales Denkmal errichtet. Durch die parkähnliche Anlage führt ein Weg zu einem *Gedenkstein*, der folgende Inschrift trägt:

> Dieser Gedenkstein
> wurde aus zerstörten
> Grabsteinen errichtet
> und soll als Symbol für
> die einst hier zur Ruhe
> gelegten jüdischen Einwohner
> als ewiges Gedenken dienen.

Ziegenhain siehe Schwalmstadt

Zierenberg

Auf dem *jüdischen Friedhof* in der *Ehlener Straße* trägt ein *Gedenkstein* die Inschrift:

> Hier ruhen
> die Gebeine der
> Juden Zierenbergs.
> Zeuge sei dieser
> Gedenkstein für
> alle Grabsteine,
> die einst an diesem
> Orte standen und
> durch Naziterror
> vernichtet wurden.
> 1938–1946

Der Spruch auf dem Gedenkstein ist nahezu identisch mit den Inschriften auf den jüdischen Friedhöfen in Naumburg, Niedermeiser-Liebenau und Trendelberg (s. dort).

Fahrten zu Gedenkstätten für Opfer des Nationalsozialismus:

Die Hessische Landeszentrale für politische Bildung fördert Fahrten von Gruppen (Schulklassen u.a.) aus dem Bundesland Hessen zu Gedenkstätten für Opfer des Nationalsozialismus. Anfragen bitte richten an: Hessische Landeszentrale für politische Bildung, Rheinbahnstraße 2, 65185 Wiesbaden, Tel.: 0 61 21/3 68-26 33.

Quellen/Literatur zu Hessen insgesamt (Auswahl):

a. Auswahlbibliographien, Dokumentationen, Quellenaufbereitung

HESSISCHE LANDESZENTRALE FÜR POLITISCHE BILDUNG (Hrsg.), Verfolgung und Widerstand in Hessen 1933–1945. Eine Auswahlbibliographie, bearbeitet von Axel Ulrich und Renate Knigge-Tesche, Wiesbaden 1994. (Die Bibliographie ist eine Orientierungshilfe vor allem für Pädagogen, Studenten und interessierte Laien; sie vermittelt einen überblickartigen Eindruck von der während der letzten Jahre in Hessen zum Thema geleisteten Forschungsarbeit; aufgenommen sind – vorstrukturiert nach grundlegenden Themenschwerpunkten – in den letzten zwei Jahrzehnten erschienene Publikationen.)
(Anschrift der Landeszentrale: Rheinbahnstraße 2, 65185 Wiesbaden.)

HESSISCHES INSTITUT FÜR BILDUNGSPLANUNG UND SCHULENTWICKLUNG (HIBS) (Hrsg.), Nationalsozialismus in Hessen – Eine Bibliographie der Literatur nach 1945. Zusammengestellt von Rolf Engelke, Horst Steffens u.a., Wiesbaden 1983, durch Volker Fabricius u. Barbara Wilhelmi wesentl. erw. u. überarb. Neuaufl. Wiesbaden 1992 (Materialien zum Unterricht, H. 44, Projekt »Hessen im Nationalsozialismus«. Orts- und regionalgeschichtliche Publikationen über die NS-Zeit.)

Im Auftrag des Hessischen Kultusministers und mit Förderung des Bundesministers für Bildung und Wissenschaft arbeitet seit 1982 eine Gruppe von Wissenschaftlern und Lehrern an der Erhebung und Aufbereitung lokal- und regionalgeschichtlicher Quellen zum Nationalsozialismus in Hessen. Die erarbeiteten Materialien sollen dem historisch-politischen Unterricht dienen. Auf ausgewählte hessische Orte und Regionen bezogen, werden die Ergebnisse des Projekts in Themenheften zu Bereichen wie »Agrar- und Siedlungspolitik«, »Arbeits- und Arbeiterleben«, »Jüdisches Leben«, »Kirchen«, »Schulen«, und »Vernichtung ›lebensunwerten Lebens‹« vorgelegt.
(Anschrift des HIBS: Bodenstedtstraße 7, 65189 Wiesbaden.)

VEREIN FÜR HESSISCHE GESCHICHTE UND LANDESKUNDE/ZWEIGVEREIN HOFGEISMAR UND GESAMTHOCHSCHULE-BIBLIOTHEK KASSEL (Hrsg.), Verbrannte Geschichte. Schrifttumsverzeichnis zur Kultur- und Sozialgeschichte der Juden in den alten Kreisen Hofgeismar, Kassel, Wolfhagen und in der Stadt Kassel, zusammengestellt von Michael Dorhs, Hofgeismar/Kassel 1989.

(Siehe auch Vorbemerkung zu Hessen: Dokumentationsprojekt der hessischen Staatsarchive über Widerstand und Verfolgung unter dem Nationalsozialismus in Hessen.)

b. Darstellungen

Die unter verschiedenen Orten angegebenen speziellen Quellen- und Literaturhinweise zu einzelnen Gedenkstätten werden hier nicht wiederholt. Bei den folgenden Titeln handelt es sich um auf die Region Hessen insgesamt bezogene bzw. auch überregionale Untersuchungen oder landesweite Reihen:

ALTARAS, THEA, Synagogen in Hessen – Was geschah seit 1945? Eine Dokumentation und Analyse aus allen 221 hessischen Orten, deren Synagogenbauten die Pogromnacht 1938 und den zweiten Weltkrieg überstanden. 223 architektonische Beschreibungen und Bauhistorien, Königstein im Taunus 1988, Teil II: 1994.

ARNSBERG, PAUL, Die Jüdischen Gemeinden in Hessen – Aufstieg, Untergang, Neubeginn, 2 Bde., Frankfurt a.M. 1972.

BURMEISTER, HELMUT/DORHS, MICHAEL (Hrsg.), Juden – Hessen – Deutsche. Beiträge zur Kultur- und Sozialgeschichte der Juden in Nordhessen, Hofgeismar 1991.

BUSCH, ARNOLD, Widerstand im Kreis Groß-Gerau 1933–1945, hrsg. vom Kreisausschuß des Kreises Groß-Gerau und der Kreisvolkshochschule, Groß-Gerau 1988.

CHOTJEWITZ-HAEFNER, RENATE, »Juden haben keinen Zutritt«. Die Auflösung der jüdischen Landgemeinden in Osthessen, in: Ulrich Schneider u.a. (Hrsg.), Hessen vor 50 Jahren – 1933. Naziterror und antifaschistischer Widerstand zwischen Kassel und Bergstraße 1932/33, Frankfurt a.M. 1983, S. 137–143.

DEUTSCH-POLNISCHE JUGENDZUSAMMENARBEIT – nach Auschwitz, Wiesbaden 1990 (Materialien des Hessischen Jugendrings 2) (Bezug: Hessischer Jugendring, Bismarckring 23, 65183 Wiesbaden).

DORN, FRED/HEUER, KLAUS (Hrsg.), »Ich war immer gut zu meiner Russin«. Zur Struktur und Praxis des Zwangsarbeitssystems im Zweiten Weltkrieg in der Region Südhessen, Pfaffenweiler 1991 (Studien und Materialien zum Rechtsextremismus 1).

GRULMS, EVA/KLEIBL, BERND, Jüdische Friedhöfe in Nordhessen. Bestand und Sicherung, Kassel 1984 (Gesamthochschule Kassel, Diplomarbeit 1981).

DIE GRÜNEN IM LANDTAG (HESSEN)/BEMBENEK, LOTHAR/SCHWALBA-HOTH, FRANK (Hrsg.), Hessen hinter Stacheldraht. Verdrängt und vergessen: KZs, Lager, Außenkommandos, Frankfurt a.M. 1984.

HENNIG, EIKE (Hrsg.), Hessen unterm Hakenkreuz. Studien zur Durchsetzung der NSDAP in Hessen, Frankfurt a.M. 1984.

HESSISCHE STAATSARCHIVE (Hrsg.), Juden in Hessen. Ausstellung, Wiesbaden 1984.

HESSISCHE VEREINIGUNG FÜR VOLKSKUNDE (Hrsg.), Judaica Hassiaca, Bd. 9 der Hessischen Volksblätter für Volkskunde und Kulturforschung, Bearbeiter: Alfred Höck, Gießen 1979.

HESSISCHER LANDTAG, 11. Wahlperiode, Drucksache 11/2581 vom 3. 12. 1984: Antwort der Landesregierung auf die Große Anfrage der Fraktion der Grünen betreffend Konzentrationslager und andere Lager des NS-Regimes in Hessen, Drucksache 11/87.

JÜDISCHE GEMEINDE FRANKFURT u. der Landesverband der Jüdischen Gemeinden in Hessen (Hrsg.), Materialien zum 40. Jahrestag der Synagogenzerstörung in Hessen, Frankfurt a.M. 1978.

KOMMISSION FÜR DIE GESCHICHTE DER JUDEN IN HESSEN (Hrsg.), Neunhundert Jahre Geschichte der Juden in Hessen. Beiträge zum politischen, wirtschaftlichen und kulturellen Leben. Bearb. Christiane Heinemann, Wiesbaden 1983 (Schriften der Kommission, Bd. VI).

KREISAUSSCHUSS DES KREISES GROSS-GERAU (Hrsg.), Spurensicherung in der Mainspitze 1933–1945. Jugendliche erforschen den Alltag unterm Hakenkreuz, Groß-Gerau 1985.

KROPAT, WOLF-ARNO, Kristallnacht in Hessen. Der Judenpogrom vom November 1938. Eine Dokumentation, Wiesbaden 1988 (Schriften der Kommission für die Geschichte der Juden in Hessen, Bd. X).

LANDESWOHLFAHRTSVERBAND HESSEN (Hrsg.), Mensch – achte den Menschen. Frühe Texte über die Euthanasieverbrechen der Nationalsozialisten in Hessen. Gedenkstätten für die Opfer, Kassel 1985.

DERS. (Hrsg.), Erinnern für die Zukunft. Gedenkstätten für die Opfer der NS-»Euthanasie«-Verbrechen in Einrichtungen des LWV Hessen. Faltblatt, Kassel o.J. (1994) (Fragen können gerichtet werden an: LWV Hessen, Referat »Archiv, Gedenkstätten, Historische Sammlungen«, Kölnische Straße 30, 34117 Kassel; Tel.: 0561/1004-304/-277).

MUSEUMSVEREIN BISCHHAUSEN/WICHMANNSHAUSEN (Hrsg.), Spuren einer Minderheit. Judenfriedhöfe und Synagogen im Werra-Meißner-Kreis, zusammengest. von Karl Kollmann u.a., Waldkappel-Bischhausen 1986.

PINGEL, HENNER, Das Jahr 1933. NSDAP-Machtergreifung in Darmstadt und im Volksstaat Hessen. Mit zahlreichen Dokumenten und einer ausgewählten Gesetzessammlung, Darmstadt 2. Aufl. 1978.

SCHLEINDL, ANGELIKA, Verschwundene Nachbarn. Jüdische Gemeinden und Synagogen im Kreis Groß-Gerau, hrsg. vom Kreisausschuß des Kreises Groß-Gerau und der Kreisvolkshochschule, Groß-Gerau 1990.

SCHÖN, EBERHART, Die Entstehung des Nationalsozialismus in Hessen, Meisenheim 1972 (Mannheimer Sozialwissenschaftliche Studien 7).

STUDIENKREIS ZUR ERFORSCHUNG UND VERMITTLUNG DER GESCHICHTE DES WIDERSTANDES 1933–1945 und Präsidium der Vereinigung der Verfolgten des Nazi-Regimes – Bund der Antifaschisten (Hrsg.), Heimatgeschichtlicher Wegweiser zu Stätten des Widerstandes und der Verfolgung 1933–1945, Band 1: Hessen, Köln 1984 (vergriffen). Eine wesentlich erweiterte Neuauflage des »Heimatgeschichtlichen Wegweisers« zu Hessen in 2 Bänden, hrsg. vom Studienkreis: Deutscher Widerstand u. von der Hessischen Landeszentrale für politische Bildung, ist in Vorbereitung; Band I: Regierungsbezirk Darmstadt erscheint voraussichtlich im Frühjahr 1995.

UNIVERSITÄT GESAMTHOCHSCHULE KASSEL, FACHBEREICH 1 (Hrsg.), Nationalsozialismus in Nordhessen. Schriften zur regionalen Zeitgeschichte, Kassel 1984 ff. (bis 1994: 17 Hefte erschienen). Die im Verlag Gesamthochschulbibliothek Kassel erscheinende Reihe enthält schwerpunktmäßig Studien über nationalsozialistische Lager und Zwangsarbeit. Die Reihe wird verantwortet von PROF. DR. DIETFRID KRAUSE-VILMAR, Mitglied der Forschungsgruppe Nationalsozialismus an der Universität Gesamthochschule Kassel. Zu einzelnen Titeln siehe Literaturhinweise unter folgenden Orten:
- Arolsen (Hefte 11, 15, 16, 17)
- Bad Hersfeld (Heft 2)
- Emstal (Merxhausen) (Heft 4)
- Espenau (Schäferberg) (Heft 1)
- Guxhagen (Breitenau) (Hefte 9 u. 14)
- Haina (Heft 4)
- Hessisch Lichtenau (Hirschhagen) (Hefte 3, 8, 12)
- Kassel (Hefte 1, 5, 13)
- Schwalmstadt (Heft 6).

VOLKSBUND DEUTSCHE KRIEGSGRÄBERFÜRSORGE E.V. (Hrsg.), Am Rande der Straßen. Kriegsgräberstätten in der Bundesrepublik Deutschland, Kassel o.J. (1988).

WOLF, WERNER/PETER, ANTONIO (Hrsg.), Als es mit der Freiheit zu Ende ging. Studien zur Machtergreifung der NSDAP in Hessen, Hrsg.: Hessische Landeszentrale für politische Bildung, Wiesbaden 1990 (Hessen in Geschichte und Politik, Bd. 3).

Niedersachsen

Vorbemerkung

Die niedersächsische Landesregierung hat sich zum Ziel gesetzt, neben den staatlichen Gedenkstätten Bergen-Belsen und Wolfenbüttel auch die regionale und lokale Erinnerungsarbeit zu fördern. In seiner Entschließung vom 17. Januar 1990 hat der Niedersächsische Landtag die Landesregierung aufgefordert, finanzielle Mittel »zur Förderung der Gedenkstättenarbeit und der Aufarbeitung von Wissensdefiziten in diesem Bereich« zur Verfügung zu stellen. Daraus sollen Projekte der Gedenkstättenarbeit unterstützt werden, »die der Aufklärung über Verbrechen während der NS-Zeit dienen oder an die Opfer der Verfolgung und den Widerstand in Niedersachsen erinnern«. Die Einrichtung eines Zentralnachweises mit Hinweisen auf Archivalien und Literatur soll die regionale Gedenkstättenarbeit und die Forschung unterstützen. (Drucksache 11/4871.)

Die Mittelvergabe erfolgt auf Empfehlung eines Wissenschaftlichen Beirats für Gedenkstättenarbeit in Niedersachsen (Vorsitzender: Professor Dr. Herbert Obenaus, Universität Hannover), der auf seiner konstituierenden Sitzung vom 22. August 1991 unter anderem folgende Grundsätze aufgestellt hat:

»1. Gedenkstättenarbeit dient der aktiven Erinnerung an Verfolgung, Verbrechen und Widerstand in der Zeit der nationalsozialistischen Diktatur und deren Folgen, um Erfahrungen aus dieser Zeit festzuhalten und Nachdenken zu provozieren. Die Gedenkstättenarbeit soll den Gedankenaustausch zwischen Überlebenden und den Nachlebenden fördern. Gedenkstätten sind Orte, an denen im Interesse einer gegenwartsbezogenen politischen Bildung diese Realität aufgearbeitet und vermittelt wird, wobei insbesondere ein historisches Lernen im Dialog anzustreben ist.

2. Folgende Vorhaben im Sinne einer aktiven Erinnerungsarbeit können durch projektbezogene Sach- und Personalkosten gefördert werden: Dokumentationen über Lager und andere Stätten der Verfolgung, des Verbrechens oder des Widerstands; Interviews mit Zeitzeugen; Aufbau von biographischen Nachweisen, z.B. von Häftlingsverzeichnissen; Ausstellungen; Druck von Ausstellungskatalogen, Dokumentationen, Darstellungen; audiovisuelle Bearbeitungen; Führungen, Besucherinformationen, Kontakte mit früheren Häftlingen und ihren Angehörigen; Seminare, Tagungen und Kongresse.«

Damit war Niedersachsen das erste Bundesland, das in dieser Form mit der Förderung regionaler und lokaler Gedenkstättenarbeit begann. Insbesondere sind hier – neben der Gedenkstätte Bergen-Belsen, die in das Referat für Zeitgeschichte der Niedersächsischen Landeszentrale für politische Bildung integriert ist – die regionalen Gedenkstätten in Hannover-Ahlem, Moringen, Papenburg, Salzgitter-Drütte, Sandbostel und Wolfenbüttel zu nennen. Dafür wurde im Herbst 1990 im damaligen Niedersächsischen Ministerium für Bundes- und Europaangelegenheiten eigens ein Referat »Gedenkstättenarbeit« eingerichtet, das seit September 1994 beim Niedersächsischen Kultusministerium ressortiert.

Göttingen:
Mahnmal am Platz der ehemaligen Synagoge, Ecke Obere-/Untere-Masch-Straße, eingeweiht am 9. November 1973, dem 35. Jahrestag der Pogromnacht. Die fast sechs Meter hohe Plastik aus Chrom-Nickel-Stahl, die sich über einem Freiraum auf der Grundform eines Davidsterns erhebt, wurde von dem italienischen Bildhauer Corrado Cagli entworfen und in der Werkstatt des Göttinger Schlossermeisters Willi Funke hergestellt.

Achim bei Bremen

Zum Gedächtnis der jüdischen Opfer des Nationalsozialismus errichtete die Stadt Achim am 21. Mai 1990 am Standort der ehemaligen Achimer Synagoge, *Ecke Synagogenweg/Anspacher Straße,* ein *Mahnmal* mit der Inschrift:

> Zum Gedenken an unsere jüdischen Mitbürgerinnen und Mitbürger und an die Synagoge, die hier gestanden hat. Am 9. November 1938 wurde sie mutwillig zerstört.
> Vergessen führt in die Verbannung. Erinnern ist jedoch das Geheimnis der Befreiung.

Mit Mauerstücken wurde der Gebäudeumriß des früheren Gotteshauses fragmentarisch nachgezeichnet. Im Synagogenweg deuten unterschiedliche Steine in der Straßenpflasterung den heiligen Raum der Synagoge an. In das Mahnmal ist ein zerbrochener Schmuckziegel mit Davidstern integriert, der wahrscheinlich aus der Achimer Synagoge stammt und in den 50er Jahren als Straßenbelag verwendet worden war.

Die *Anspacher Straße* wurde auf Beschluß der Stadt Achim am 9. März 1989 nach einer jüdischen Familie benannt. Auf einem erklärenden Schild unter dem Straßennamen ist zu lesen:

> Familie Anspacher, alteingesessene Achimer Familie jüdischen/
> Glaubens, verfolgt bis auf den jüngsten, aus dem KZ geretteten/
> Sohn, ermordet unter der Terrorherrschaft des »National-/
> sozialismus« stellvertretend für alle Achimer Opfer

Zur Erinnerung an das Schicksal von hundert jüdischen Frauen, die im Zwangsarbeiterlager Uphusen, einer Außenstelle des Konzentrationslagers Neuengamme (s. Hamburg u. Stuhr), im Februar 1945 von fünf SS-Wachmannschaften gefangengehalten wurden, errichtete die Stadt Achim 1991 am *Bruchweg* in *Uphusen* einen *Gedenkstein* mit der Inschrift:

> Hier befand sich 1945 als Außenstelle des Konzentrationslagers Neuengamme das Zwangsarbeiterlager Uphusen mit 100 jüdischen Frauen.
> Den Opfern des Faschismus zum Gedächtnis
> Allen zur Mahnung

Im November 1944 bestand bereits ein Arbeitslager auf dem Gelände der Firma Rodieck in Uphusen. Hier mußten jüdische Frauen aus Ungarn und Polen Zwangsarbeit leisten. Am 7. Februar 1945 wurden hundert Frauen aus dem Arbeitslager Obernheide (Ortsteil von Stuhr), einem Außenlager von Neuengamme, zur Zwangsarbeit nach Uphusen gebracht. Eingesetzt wurden die Frauen in der Firma Rodieck, unter anderem zur Herstellung von Betonsteinen, und beim Wohnungsbau der Firma Diedrich Rohlfs in Uesen. Vor den heranrückenden alliierten Truppen wurden die Frauen am 5. April 1945 aus dem Bruchweg in das Vernichtungslager Bergen-Belsen deportiert.

Die Achimer Geschichtswerkstatt setzt sich dafür ein, daß der zentrale *Platz vor der Stadtbibliothek* nach der jüdischen Familie Heilbronn benannt wird, die dort bis 1937 ein Textilgeschäft betrieben hatte.

Im August 1993 wurde das *Achimer Gymnasium* nach der Widerstandskämpferin *Cato Bontjes van Beek* benannt, die im Januar 1943 vom Reichskriegsgericht wegen »Beihilfe zur Vorbereitung des Hochverrats« zum Tode verurteilt und am 5. August 1943 hingerichtet wurde. Cato Bontjes van Beek, 1920 in Bremen geboren, ist in Fischerhude, das heute zum Einzugsbereich des Achimer Gymnasiums gehört, aufgewachsen. Bereits in jungen Jahren bewies sie Zivilcourage, indem sie französische Kriegsgefangene mit Lebensmitteln und Medikamenten versorgte. Später schloß sie sich der »Roten Kapelle« an und war an der Herstellung und Verteilung von Flugblättern beteiligt. Am 22. September 1942 wurde sie verhaftet und im Alter von 22 Jahren mit dem Fallbeil hingerichtet.
(s. auch Ottersberg sowie Bremen: Straßen/Gebäude Obervieland)

Kontakt:
Geschichtswerkstatt Achim, Karlheinz Gerhold, Mohnblumenweg 15, 28832 Achim b. Bremen, Tel.: 04202/718 05.

Literatur:
Gerhold, Karlheinz, Die Achimer Synagoge – ein Mahnmal für die Zukunft, in: Achim aktuell, Mitteilungsblatt der Achimer SPD, Achim 1988; Ders., Das Arbeitslager in Uphusen, in: Heimatkalender für den Landkreis Verden, Jg. 1990, S. 165 ff; Ders./Riemeyer, Ulf, 45 Jahre nach der Befreiung: Antifaschistischer Rundgang durch Achim, in: Achimer Geschichts-Hefte, Heft 4, Achim 1990, S. 13ff.; Griep, Wolfgang, Verfolgt, vertrieben, vernichtet. Zur Geschichte der Achimer Juden im Dritten Reich, in: Achimer Geschichts-Hefte, Heft 1, Achim 1988, S. 3ff.; Just, Christian/Gerhold, Karlheinz, Achim in der Zeit des Faschismus, in: Heimatkalender für den Landkreis Verden, Jg. 1991, S. 254ff.

Ahlem siehe Hannover

Alexisdorf siehe Emlichheim und Papenburg

Alfeld, Leine

Auf dem *Friedhof* an der *Hildesheimer Straße* erinnert ein *Mahnmal* an die Opfer des Faschismus und der Widerstandsbewegung, das von der Vereinigung der Verfolgten des Naziregimes/Bund der Antifaschisten Niedersachsen e.V. (VVN/BdA) kurz nach dem Krieg errichtet wurde. Die Inschrift lautet:

Den Kämpfern gegen die NS-Herrschaft zu Ehren,
allen ihren Opfern zum Gedenken,
den Lebenden zur ernsten Mahnung.

Auf dem *Alfelder Stadtfriedhof* befinden sich Gräber von sowjetischen, polnischen und belgischen Kriegsgefangenen und Zwangsarbeitern.

Literatur:
Geschichtswerkstatt Alfeld, Zum 50. Jahrestag der »Reichskristallnacht«. Verfolgung und Vertreibung der Juden in Alfeld, Hildesheim 1988; VVN-BdA Kreis Hildesheim (Hrsg.), Gustav Broszeit. Ein Leben im Widerstand. Erinnerungen eines Alfelder Antifaschisten, Hildesheim 1985; Windel, Heinrich, Chronik, aufgezeichnet in den Jahren 1939–1950, Alfeld o.J. (masch. im Heimatmuseum Alfeld, Am Kirchhof 4/5, 31061 Alfeld).

Algermissen

Am 15. November 1980 wurde in der *Neuen Straße* in Algermissen bei Hannover ein *Ehrenmal* für die Gefallenen des Krieges 1870/71 und der beiden Weltkriege enthüllt. Es erinnert außerdem an die Opfer der Verfolgung während der Zeit des Nationalsozialismus. Den Mittelpunkt des in Kreuzform gestalteten Ehrenmals bildet eine Pietà, vor der eine Gedenktafel mit folgender Inschrift liegt:

1933 – 1945
Den Opfern durch Gewalt zum Gedenken.
Uns zur Mahnung.

Auf dem *Friedhof* am *Kranzweg* trägt ein Grabstein den Text:

Opfer des Faschismus der NSDAP,
Ortsgruppe Algermissen.
Hier ruht unser allerliebstes
Lenchen Magdalene Kleinow,
geb. Wroblewitz,
geb. 27. 1. 1903,
gest. 25. 6. 1942.

Amelinghausen

Auf dem *Friedhof* in Amelinghausen im Kreis Lüneburg liegen vier bei einem »Evakuierungstransport« vom Konzentrationslager Neuengamme zum Konzentrationslager Bergen-Belsen im April 1945 umgekommene KZ-Häftlinge beerdigt. Für sie legte die Friedhofsverwaltung 1979 eine kleine *Gedenkstätte* an. Namen und Daten sind nur von zwei der Toten bekannt, die im damaligen Kreissiechenheim im Ortsteil Etzen gestorben sind: Heinrich Heikenroth (66 Jahre alt) und Wolfgang Gesell (20 Jahre alt).

Aschendorf siehe Papenburg

Auetal

Unter der Autobahnbrücke der A2 (Hannover–Dortmund) in *Auetal-Rehren, Zur Obersburg,* erinnert ein Gedenkzeichen in Form eines *Kreuzes* an den Gastwirt Wilhelm Schlüter, der am 4. April 1945 von deutschen Soldaten unter der Brücke erschossen wurde. Er hatte sich gegenüber den auf dem Rückzug befindlichen Soldaten der 116. Panzerdivision (»Windhunddivision«) abfällig über das NS-Regime geäußert. Daraufhin verurteilte ihn ein Standgericht zum Tode.

Auf einem schwer auffindbaren *Friedhof* im Ortsteil *Rehren, Vorm Horn,* findet sich auf einem Massengrab mit einigen verstreuten Grabsteinen ein sowjetischer *Gedenkstein.* Die in kyrillischer Sprache verfaßte Inschrift lautet übersetzt:

Zum ewigen Andenken
den Gefallenen
im Kampf für Freiheit
und Unabhängigkeit
des sowjetischen Heimatlandes
im Zweiten Weltkrieg
1941 – 1945
Hier ruhen 400 Bürger der UDSSR,
die durch Hunger, Mord und Terror
im faschistischen Deutschland
im Kreise Oldendorf
ums Leben kamen.

Es handelt sich um sowjetische Zwangsarbeiter und Kriegsgefangene, die möglicherweise in einem Lager bei Rehren in der Straße Vorm Horn, südlich der heutigen Bundesautobahn, untergebracht waren. Dort richtete im Frühherbst 1942 das Landesarbeitsamt Hannover ein Sammellager für kranke und nicht mehr arbeitsfähige sowjetische Zwangsarbeiter ein. Solche »Krankensammellager« dienten dazu, die Arbeitskraft der sogenannten Ostarbeiter bis zu ihrem Tod auszuschöpfen. Laut Totenlisten der Gemeinde Auetal sind in diesem Lager 307 Menschen ums Leben gekommen.

Im Ortsteil *Hattendorf* findet sich auf dem *jüdischen Friedhof* ebenfalls ein sowjetischer *Gedenkstein*, der an 100 Tote erinnert, die möglicherweise auch im Krankenlager Rehren verstorben sind. Die kyrillische Inschrift ist – bis auf die Zahl der Toten – wortgleich mit der auf dem Friedhof »Vorm Horn«.

Aurich, Ostfriesland

In der *Von-Jhering-Straße* steht gegenüber dem Gymnasium ein im Jahre 1952 errichtetes *Mahnmal* für die Opfer des Nationalsozialismus mit der Inschrift:

> 1933
> Die Opfer mahnen
> Haltet den Frieden
> 1945

Am Standort der ehemaligen Synagoge, *Hoher Wall*, wurde 1974 auf Anregung von Schülern ein *Gedenkstein* für die ermordeten oder vertriebenen Mitglieder der Jüdischen Gemeinde errichtet. Dort steht zu lesen:

> Zum Gedenken an die verfolgten und
> mißhandelten Mitbürger der Jüdischen
> Gemeinde unserer Stadt.

Im Jahre 1933 zählte die Jüdische Gemeinde in Aurich 400 Mitglieder. In der von den Nazis verharmlosend »Reichskristallnacht« genannten Pogromnacht vom 9. zum 10. November 1938 wurde die Synagoge niedergebrannt. Die Auricher Juden wurden am nächsten Tag in das Konzentrationslager Sachsenhausen gebracht. Mindestens 77 Auricher Juden kamen in den Konzentrationslagern ums Leben.

In der Nähe des heutigen Segelflugplatzes an der *Straße zwischen Ardorf und Aurich* befand sich das Strafgefangenenlager Brockzetel, in das gegen Ende des Krieges niederländische Kriegsgefangene aus den Provinzen Friesland, Groningen und Drenthe deportiert wurden. Die Häftlinge waren der »Organisation Todt« unterstellt. Sie wurden zum Bau von Straßen und Befestigungsanlagen nach Frankreich und auf die Kanalinseln gebracht. Im März 1945 war das Barackenlager mit rund 400 Häftlingen belegt, die bei der Anlage eines Scheinflugplatzes und bei Arbeiten am Flugplatz Wittmundhafen eingesetzt wurden. Heute weist hier nichts mehr auf das Lager hin. Nach einem Besuch ehemaliger niederländischer Häftlinge dieses Lagers in Aurich im Herbst 1990 wurde angeregt, zur Erinnerung an die Opfer einen *Gedenkstein* an der Stelle des Lagers, evtl. auch ein *zentrales Mahnmal* für alle Lager auf dem Gebiet der heutigen Stadt Aurich zu errichten. (s. auch Südbrookmerland)

Literatur:
Dickhoff, Johannes, Aus der Geschichte der Auricher Judengemeinde 1592–1940. Dokumentation. 4., stark erw. Aufl., Aurich 1982; Reyer, Herbert (Hrsg.), Aurich im Nationalsozialismus, Aurich 1989.

Bad Bentheim

Seit dem 8. September 1985 erinnert ein *Gedenkstein* in der *Synagogenstiege* an die Zerstörung der Bentheimer Synagoge am 10. November 1938. Die ästhetische Form des Denkmals, ein abgehackter Baum, aus dem junge Triebe ausschlagen, soll das Weiterbestehen der Jüdischen Gemeinde symbolisieren. Das Denkmal ist nur ein sehr versteckter Hinweis auf die Verfolgung der Juden und den Holocaust. Die Inschrift auf dem Sockel gibt keinerlei Hinweise auf die historischen Zusammenhänge. Auch nicht das Datum der Synagogen-Zerstörung wird erwähnt. Der Text lautet nur:

> Nicht sterb ich, nein, ich lebe!

Literatur:
Geschichtswerkstatt der Stadt Nordhorn für den Landkreis Grafschaft Bentheim (Hrsg.), Lager unterm Hakenkreuz – Reichsarbeitsdienst, Kriegsgefangene und Flüchtlinge in der Grafschaft Bentheim, Bad Bentheim 1990; Piechorowski, Arno (Hrsg.), Beiträge zur Geschichte der Juden in der Grafschaft Bentheim, Bentheim 1982 (Das Bentheimer Land 10).

Bad Gandersheim

Auf dem *Salzberg-Friedhof* in Bad Gandersheim, Kreis Northeim, befinden sich insgesamt 58 Gräber von KZ-Opfern eines Außenlagers des Konzentrationslagers Buchenwald, das vom 2. Oktober 1944 bis zum 4. April 1945 im Ortsteil Brunshausen bestand. Ein *Mahnmal* trägt folgende Inschriften:

> Nicht mit zu hassen,
> mit zu lieben bin ich da (Sophokles)
> Es haben ihr Leben geben müssen in
> einer dunklen Zeit der Geschichte
> für eine hellere Zukunft 4. April 1945
>
> [Es folgen die Namen der Opfer]

Der Text auf einer seitlich vor diesem Mahnmal stehenden französischen *Gedenktafel* lautet übersetzt:

Vergessen wir nie diesen 4. April 1945
Kommando von Bad Gandersheim,
Lager Buchenwald
Unseren Kameraden, die ermordet wurden
von den Nazis
um der Freiheit willen

Die Häftlinge des Außenlagers Bad Gandersheim wurden bei der Firma Bruns Apparatebau GmbH, einer Abteilung der Heinkel-Flugzeugwerke in Brunshausen, zur Arbeit eingesetzt. Bei der »Evakuierung« des Lagers vor herannahenden amerikanischen Truppen wurde ein Teil der Häftlinge nach Meßdorf, ein anderer Teil nach Dachau in Marsch gesetzt. Vor dem Abmarsch am 4. April 1945 wurden 40 polnische und französische Häftlinge von SS-Leuten in einem nahe gelegenen Wald erschossen und verscharrt. Später wurden die Toten auf den Salzberg-Friedhof überführt.

An der ehemaligen *Klosterkirche Brunshausen* erinnert seit dem 8. Mai 1985 eine *Gedenktafel* an den Tag der Erschießung der KZ-Häftlinge am 4. April 1945. Die Bronzetafel schildert in der linken Hälfte die Geschichte des Klosters, in der rechten Hälfte die Vorgänge um das KZ-Außenlager:

...

Im 2. Weltkrieg ist das Kloster
zunächst Kriegsgefangenenlager.

Im Oktober 1944 richtet der nationalsozialistische Staat Brunshausen als Konzentrationslager ein. KZ-Häftlinge aus Buchenwald arbeiten im benachbarten Rüstungsbetrieb. Die Kirche dient als Häftlingsunterkunft, der Hof als Appellplatz. Am 4. April 1945 müssen die 600 Gefangenen wegen der heranrückenden Befreier abmarschieren. 40 nicht gehfähige Häftlinge werden in den Clus-Wald getrieben, erschossen und verscharrt. Nach Kriegsende müssen Gandersheimer Frauen die Ermordeten mit den Händen ausgraben. Die Toten werden auf den Salzberg-Friedhof umgebettet, wo ein Ehrenmal an das unmenschliche Geschehen erinnert.

Wer die Vergangenheit vergisst,
ist verdammt, sie zu wiederholen.

An der Stelle, an der die 40 Häftlinge erschossen wurden, errichtete die Gandersheimer Friedensinitiative am 4. April 1991 am Wegrand ein dauerhaftes *Kreuz* aus Eichenholz mit einer *Gedenktafel.*

Im ehemaligen »Fürstlichen Hause« des *Klosters Brunshausen* wurde während des Krieges eine Entbindungsstation für Zwangsarbeiterinnen sowie eine »Kinderpflegestätte« eingerichtet. Die meisten der Kinder und Neugeborenen kamen um. Erst in allerjüngster Zeit wurde dieses Kapitel der Ortsgeschichte in Bad Gandersheim öffentlich erörtert. Im hinteren Gebäudeteil des inzwischen zu einem Kulturzentrum ausgebauten Klosters wurde am 8. Mai 1993 eine *Gedenktafel* enthüllt, die, wie die Tafel am Portal der Klosterkirche, aus Spenden der Gandersheimer Bevölkerung finanziert wurde:

Gedenkkreuz im Wald von Clus bei Bad Gandersheim für die dort erschossenen Häftlinge des KZ-Außenlagers Brunshausen, errichtet am 4. April 1991 von der Gandersheimer Friedensinitiative.

Ab August 1944 bestand hier im ehemaligen Sommerschloss Brunshausen eine sogenannte Kinderpflegestätte zur Verwahrung der Kinder von Zwangsarbeiterinnen. Dem Rassismus des Nationalsozialismus entsprechend mussten Frauen aus Polen und der Sowjetunion hier getrennt von deutschen Frauen entbinden und ihre Kinder schon nach wenigen Tagen zurücklassen. Mindestens 15 namentlich bekannte Säuglinge im Alter bis zu 6 Monaten erlagen den menschenunwürdigen Zuständen.

Auf dem *Friedhof* im Ortsteil *Clus*, Wohngebiet Brunshausen, befinden sich zwei Gräber von einem polnischen und einem slowakischen »Fremdarbeiter«, die 1943 verstorben sind. Ihre Namen sind in die Grabsteine eingraviert.

Quellen/Literatur:
Antelme, Robert, Das Menschengeschlecht. Als Deportierter in Deutschland, München 1987 (1990 als dtv-Taschenbuch erschienen; beschreibt u. a. seine Erlebnisse im Lager Bad Gandersheim); Race, Anne-Katrin, Die »Kinderpflegestätte« Brunshausen 1944 bis 1945 – ein Beitrag zur Gandersheimer Regionalgeschichte, hrsg. v. Museum der Stadt Bad Gandersheim 1990.

Bad Harzburg

Auf dem *Ehrenfriedhof* in Bad Harzburg, Kreis Goslar, für die Gefallenen des Zweiten Weltkrieges steht ein *Gedenkstein* mit der Inschrift:

Den Opfern
der nationalsozialistischen Gewaltherrschaft

Im Ortsteil *Bündheim* ist eine *Straße* nach dem sozialdemokratischen Politiker *Dr. Heinrich Jasper* benannt. Er war von 1914 bis 1933 Mitglied des Landtags und mehrfach Ministerpräsident des ehemaligen »Freistaates Braunschweig«. Sein langer Leidensweg unter dem nationalsozialistischen Regime, von dem er im März 1933 inhaftiert wurde, endete am 19. Februar 1945 mit seinem Tod im Konzentrationslager Bergen-Belsen.
Auch in Seesen und Braunschweig, wo er als Landtagsabgeordneter politisch gewirkt hat, gibt es Erinnerungszeichen an Heinrich Jasper (s. dort).

Bad Lauterberg im Harz

In einer *Felsengrotte* am Rande des *Kurparks* von Bad Lauterberg, Kreis Osterode, erinnert ein von der Vereinigung der Verfolgten des Naziregimes (VVN) errichteter *Gedenkstein* an drei Widerstandskämpfer aus Bad Lauterberg, deren Namen unter einem roten Winkel als dem KZ-Kennzeichen für politische Häftlinge aufgeführt sind:

Karl Peix
Otto Bockelmann
Bruno Maue
Ltbg. 11. 9. 1949

Näheres konnte nur über Karl Peix in Erfahrung gebracht werden: Er war Unterbezirksvorsitzender der KPD in Bad Lauterberg und konnte 1933 zunächst untertauchen, während seine Frau, Marie Peix, und Hannah Vogt aus Göttingen, die mit Karl Peix zusammengearbeitet hatte, in das Konzentrationslager Moringen eingeliefert wurden. Karl Peix war seit 1939 im Konzentrationslager Buchenwald inhaftiert. Im Oktober 1941 wurde er ins Außenkommando Goslar verlegt und dort am 6. November 1941 ermordet. Otto Bockelmann soll ebenfalls Mitglied der KPD gewesen sein, Bruno Maue Mitglied der DNVP (Deutschnationale Volkspartei).

Auf dem *Friedhof* in Bad Lauterberg, *Friedhofsweg*, liegen etwa 100 sowjetische und polnische Staatsbürger, darunter auch Frauen und Kinder, in Einzelgräbern mit Namenstafeln begraben. Einen Gedenkstein mit einem Hinweis auf das Schicksal der Toten gibt es nicht.

Auf den *Friedhöfen* der heute eingemeindeten Orte *Barbis, Bartolfelde und Osterhagen* liegen einige weitere sowjetische Bürger begraben. Vermutlich handelt es sich um Opfer von Zwangsarbeiterlagern, die in den beiden letzten Kriegsjahren in Bad Lauterberg errichtet wurden: ein Außenkommando der III. SS-Eisenbahn-Baubrigade im heutigen Ortsteil Osterhagen, dessen Häftlinge unter anderem auf einer Eisenbahnbaustelle arbeiten mußten, und zwei Lager für »Zivilarbeiter«, die in Rüstungsbetrieben eingesetzt wurden.

Bad Münder am Deister

Die Leibnizschule in Hannover unterhält seit 1925 im Ortsteil *Nienstedt, Landauer Straße 67,* ein *Schullandheim,* das von 1943 bis zum Frühjahr 1951 der Kinderheilanstalt Hannover als Ausweichkrankenhaus diente. Zu Beginn des Jahres 1945 legte dieses Krankenhaus etwa 500 Meter nördlich des Schullandheimes einen *Notfriedhof* an, auf dem bis 1948 insgesamt 91 Kinder beigesetzt wurden, größtenteils Kinder von Zwangsarbeiterinnen. Bis zur Einebnung der Gräber im Jahr 1966 standen dort ein Holzkreuz und Grabsteine mit den Namen deutscher und ausländischer, wohl polnischer, Kinder. 1977 gab es Bestrebungen, dort einen Gedenkstein zu errichten, der allerdings nicht realisiert wurde.

Bad Nenndorf

Nach jahrelangen Bemühungen einer Bad Nenndorfer Bürgerinitiative hat sich die Stadt 1989 entschieden, am *Haus von Ernst Blumenberg* an der *Hauptstraße* im Bereich der verkehrsberuhigten Zone eine *Gedenktafel* anzubringen. Die Inschrift lautet:

In diesem Haus wirkte
von 1929 bis 1937 der jüdische Arzt
Dr. med. Ernst Blumenberg.
Denunziert und zu Unrecht eingekerkert,
gelang ihm 1939 die Flucht aus dem
nationalsozialistischen Deutschland.
Er starb 1973 im Alter von 85 Jahren
in Salisbury/USA.

Ernst Blumenberg, am 26. Februar 1888 geboren, führte eine Arztpraxis in der Adolf-Hitler-Straße 14, die heute wieder Hauptstraße heißt. Seit 1920 praktizierte der Arzt in Bad Nenndorf und machte sich vor allem um die Nenndorfer Arbeiterschaft verdient. Wegen seiner Liebesbeziehung zu einer sogenannten Arierin aus Stadthagen wurde er 1937 denunziert und von der Gestapo verhaftet. Man verurteilte ihn zu zwei Jahren Zuchthaus und fünf Jahren »Ehrverlust«. Nach seiner Entlassung im Februar 1939 floh Ernst Blumenberg nach Shanghai, wo er fast zehn Jahre als staatenloser Flüchtling in einem Ghetto lebte und weiterhin verfolgt wurde.

Literatur:
Kreter, Karljo, Bad Nenndorf im Dritten Reich. Lebenswege der Nenndorfer jüdischen Glaubens, Bad Nenndorf 1987.

Bad Pyrmont

Die Stadt Bad Pyrmont erinnert in einer Grünanlage in der *Bombergallee* (Höhe Bismarckstraße), an deren Stelle sich früher der jüdische Friedhof befand, durch einen *Gedenkstein* an ihre verfolgten jüdischen Bürger. Die Inschrift lautet:

Dem Gedenken ihrer jüdischen Mitbürger
Die Stadt Bad Pyrmont

1933 zählte die jüdische Kultusgemeinde rund 40 Personen. Angesichts der Pogrome sah sie sich 1938 gezwungen, ihre Synagoge zu verkaufen.

Bad Sachsa

Auf dem *Friedhof* in Bad Sachsa im Kreis Osterode erinnert ein *Gedenkstein* mit Namen und Sterbedaten an vier durch die Nationalsozialisten verfolgte und ermordete Bürger der Stadt:

Adolf Klapproth † 1932
Dr. jur. Bernhard Meyer † 1942
Albert Vieth † 1944
Golda Maria Ebschütz † 1943

SA-Männer überfielen Mitglieder des Arbeitersportbundes auf dem Heimweg von einer Versammlung; dabei erlitt Adolf Klapproth schwere Schußverletzungen, an deren Folgen er am 6. August 1932 starb. Der jüdische Bürger Bernhard Meyer nahm sich am Tag vor seiner Deportation in ein Konzentrationslager das Leben. Das Grab, das er am Tag vor seinem Selbstmord auf dem Friedhof Bad Sachsa kaufte, wird heute von der Stadt gepflegt. Albert Vieth und die »Halbjüdin« Golda Maria Ebschütz kamen in einem Konzentrationslager um.

Bad Salzdetfurth

Im Ortsteil *Groß Düngen* von Bad Salzdetfurth, Kreis Hildesheim, trägt die *Grund- und Hauptschule* den Namen des katholischen Geistlichen *Josef Müller,* der hier seine letzte Pfarrei hatte, bevor er am 28. Juli 1944 vom »Volksgerichtshof« wegen »Wehrkraftzersetzung« zum Tode verurteilt wurde. Er wurde am 11. September 1944 im Zuchthaus Brandenburg hingerichtet. Auch eine *Josef-Müller-Straße* erinnert heute noch an den Pfarrer. Außerdem existiert eine Gedenktafel in seinem Geburtsort in Bad Soden-Salmünster (s. Hessen) sowie eine nach ihm benannte Straße in Duderstadt, wo er als Kaplan tätig war (s. dort).

Barsinghausen

Zwischen *Rathaus und Kloster* erinnert ein *Mahn- und Gedenkstein* an die verfolgten und deportierten Mitglieder der Jüdischen Kultusgemeinde Barsinghausen mit dem Text:

Du gedenkst
der Fußspur,
die sich mit Tod füllte
beim Annahen des Häschers

Nelly Sachs

Zum Gedenken an die
jüdischen Mitbürger unserer Stadt,
die Opfer der Gewalt wurden.
1933
1945
Den Lebenden zur Mahnung
Barsinghausen 1985

Auf dem ehemaligen *jüdischen Friedhof im Deisterwald,* nahe der Deister Freilichtbühne, stehen auf dem Sockel des Grabsteins von Jeanette Levisohn die folgenden Worte:

Hier befand sich ein jüdischer Friedhof,
der 1909 geschlossen und während der
nationalsozialistischen Zeit zerstört wurde.
15. Juni 1982 Stadt Barsinghausen

Die *Siegfried-Lehmann-Straße* erinnert seit dem 19. Juni 1980 an den im KZ Theresienstadt umgebrachten jüdischen Kaufmann, der 1884 in Barsinghausen geboren wurde. Parallel zur Straßenbenennung wurde von der Familie Lehmann die Siegfried-Lehmann-Stiftung ins Leben gerufen, die alljährlich einen Preis verleiht. So soll an die Verbrechen der Nazi-Zeit erinnert und das Andenken an Siegfried Lehmann wachgehalten werden.

Literatur:
Homeyer, Friedel/Vespermann, Klaus, Sigmund Weiss. Das Schicksal einer Familie. 1933, 1945, Barsinghausen 1988.

Bathorn siehe Emlichheim und Papenburg

Bergen, Kreis Celle

Etwa sechzig Kilometer nordöstlich von Hannover, in der Lüneburger Heide, liegt die *Gedenkstätte Bergen-Belsen* auf dem Gelände des ehemaligen Kriegsgefangenen- und Konzentrationslagers. Die Bilder des Grauens, die sich den englischen Soldaten bei der Befreiung des Lagers am 15. April 1945 boten, gingen um die ganze Welt. Der Name Bergen-Belsen wurde zu einem Symbol für die Greuel des nationalsozialistischen Konzentrationslagersystems, für den Terror und die deutschen Verbrechen der NS-Zeit.

Zur Geschichte des Lagers Bergen-Belsen

1. Kriegsgefangenenlager

Die Geschichte des Lagers Bergen-Belsen begann mit der Einrichtung des Truppenübungsplatzes Bergen im Zuge der deutschen Aufrüstung. Ab 1936 befand sich hier ein Lager mit etwa 30 Baracken, in dem rund 3000 deutsche und polnische Arbeiter untergebracht waren, die zum Bau der Kasernen des Truppenlagers Belsen herangezogen wurden. Nach dem Frankreichfeldzug 1940 wurden die Arbeiter dann gegen 600 französische und belgische Kriegsgefangene eines »Bau- und Arbeitsbataillons« ausgetauscht.
Im Frühjahr 1941 begann die Wehrmacht mit der Einrichtung von Stalags (»Kriegsgefangenen-Mannschafts-Stammlager«) für den bevorstehenden Überfall auf die Sowjetunion. Allein drei solcher Lager entstanden auf den Truppenübungsplätzen Bergen und Munster in der Lüneburger Heide. Für das Stalag XI C (311) Bergen-Belsen wurde das Arbeitslager geräumt, um eine große freie Fläche erweitert

Gedenkstätte Bergen-Belsen: Obelisk und Inschriftenmauer. Das zentrale Mahnmal wurde auf eine Anordnung der britischen Militärregierung von 1946 errichtet und im November 1952 offiziell eingeweiht.

und insgesamt mit Stacheldraht und Wachttürmen umgeben. Das Barackenlager sollte die Verwaltung des Stalag sowie ein Lazarett für Kriegsgefangene aufnehmen, während das eigentliche Lager zunächst ohne Unterkünfte blieb.

Bereits im Juli 1941 trafen die ersten Transporte aus der Sowjetunion in Bergen-Belsen ein; bis Anfang November wurden mehr als 20000 sowjetische Kriegsgefangene ins Lager gebracht. Der Bau von Baracken setzte erst in diesem Monat ein; bis in die feuchtkalte Jahreszeit hinein vegetierten die Gefangenen in selbstgebauten Erdhöhlen, Laubhütten oder provisorischen Zelten. Verpflegung und sonstige Versorgung lagen unterhalb der zum Überleben notwendigen Minimalsätze, so daß es schnell zu Auszehrung und seuchenartigen Erscheinungen kam. Bereits seit August grassierte die Ruhr im Lager. Im Lazarett gab es 770 Betten, die nur einen Bruchteil der Kranken aufnehmen konnten. Die Todesrate stieg schnell an.

Nur wenige tausend Gefangene gelangten noch 1941 von Bergen-Belsen aus zum Arbeitseinsatz bei der Wehrmacht oder in Landwirtschaft und Industrie. Mindestens 300, wahrscheinlich aber mehr als 500 weitere Kriegsgefangene wurden in das KZ Sachsenhausen deportiert und in der dortigen »Genickschußanlage« ermordet. Sie waren von einem Einsatzkommando der Gestapo Hamburg unter den Kriegsgefangenen »ausgesondert« worden. Dieses Mordprogramm galt vor allem politischen Funktionären und Juden unter den Kriegsgefangenen.

Im November 1941 wurden die Überstellung in die Arbeitskommandos und auch die Aussonderungen eingestellt, als in Bergen-Belsen Fleckfieber unter den gefangenen Sowjets auftrat. Wegen der Ansteckungsgefahr für die deutsche Bevölkerung wurde eine Quarantäne für den gesamten Truppenübungsplatz und eine Sperrung des Lagers verfügt, die bis Anfang Februar 1942 dauerte. Während dieser Zeit wurden Tausende von Gefangenen aus den Lagern und den Arbeitskommandos der Region bei Verdacht auf Fleckfieber zum Stalag XI C (311) verlegt, wo man im Lazarettbereich eine Isolierabteilung eingerichtet hatte. Bis Frühjahr 1942 waren in Bergen-Belsen 18000 sowjetische Kriegsgefangene gestorben, auf dem Höhepunkt des Massensterbens kamen täglich 300 bis 400 Menschen ums Leben. Das Fleckfieber war jedoch nur bei einem Bruchteil der Opfer die Todesursache: Die meisten der Gefangenen sind verhungert, erfroren, an anderen Krankheiten zugrunde gegangen. Allesamt waren sie Opfer der tödlichen Existenzbedingungen in den Stalags, für die die Wehrmacht verantwortlich war. Die Toten wurden in Massengräbern in etwa einem Kilometer Entfernung vom Lager beerdigt (heute *»Kriegsgräberstätte Hörsten«*).

Im Mai 1942 vermerkte die Wehrmachtsstatistik für das Stalag XI C (311) noch 2069 sowjetische Kriegsgefangene. Ab Herbst 1942 befanden sich außer im Lazarett nur noch wenige Gefangene im Stalag Bergen-Belsen. Im Frühjahr des Jahres 1943 erfolgte schließlich die Auflösung des Stalag Bergen-Belsen. Auf der Suche nach einem geeigneten Ort zur Unterbringung jüdischer Austauschgeiseln hatte der Chef des Wirtschafts-Verwaltungshauptamtes (WVHA) der SS, Oswald Pohl, vom Oberkommando der Wehrmacht die Abtretung eines Teils des Kriegsgefangenenlagers an die SS erreicht. Im April 1943 traf ein Kommando von KZ-Häftlingen ein, das die Baulichkeiten in der Südhälfte des

Gedenkstätte Bergen-Belsen: Auf der Inschriftenmauer wurde 1982 eine Gedenkinschrift für die ermordeten Sinti hinzugefügt, die erste offizielle Erinnerung an diese Opfergruppe in der Bundesrepublik.

Lagers für die Aufnahme von Juden vorbereitete und auch ein Krematorium errichtete. Im Juli 1943 wurden die ersten Transporte aus Polen im neuen »Aufenthaltslager Bergen-Belsen der Waffen-SS« eingeliefert.

Das inzwischen auf 1 200 Betten erweiterte Kriegsgefangenenlazarett im ehemaligen Arbeitslager blieb indes bis Mitte Januar 1945 als »Zweiglager Bergen-Belsen« des Stalag XI B Fallingbostel unter Verwaltung der Wehrmacht bestehen. Es diente weiterhin als zentrales Lazarett für sowjetische Kriegsgefangene, die in den Arbeitskommandos des Wehrkreises XI in der Region zwischen Fallingbostel und Göttingen sowie Bückeburg und Helmstedt so schwer erkrankten, daß sie stationär behandelt werden mußten. Außerdem wurden in Bergen-Belsen im Jahre 1944 fast 1 000 polnische Gefangene, die am Warschauer Aufstand teilgenommen hatten, sowie etwa 500 italienische »Militärinternierte« untergebracht. 142 Italiener starben binnen weniger Wochen. Eine polnische Soldatin der »Armia Kraiowa« (Heimatarmee) starb am 6. Januar 1945 als vermutlich letztes Opfer des Kriegsgefangenenlazaretts Bergen-Belsen.

Die Lazarettabteilung war ständig überbelegt. Soweit sich dies bisher rekonstruieren läßt, sind nach dem Massensterben vom Winter 1941/42 noch mindestens weitere 11 000 sowjetische Kriegsgefangene in Bergen-Belsen gestorben. Nach Unterlagen des sowjetischen Außenministeriums sind auf dem Kriegsgefangenenfriedhof in Bergen-Belsen (Hörsten) 29 000 Rotarmisten begraben. Das sowjetische Mahnmal, das im Juni 1946 auf der Anlage errichtet wurde, nennt die Zahl 50 000.

Im Dezember 1944 begann die Wehrmacht mit der endgültigen Auflösung des Lagers, nachdem Pohl und der neue »Chef des Kriegsgefangenenwesens«, SS-Obergruppenführer Berger, in persönlichen Verhandlungen übereingekommen waren, den gesamten Komplex für die Erweiterung des Konzentrationslagers Bergen-Belsen, dessen Belegung in diesen Wochen rapide anstieg, zu räumen. Am 15. Januar 1945 wurde das »Zweiglager Bergen-Belsen« offiziell aufgelöst.

2. Konzentrationslager 1943–1945

In dem 1943 von der SS übernommenen Teilkomplex des Lagers sollten etwa 10 000 europäische Juden inhaftiert werden, um für eventuelle »Austauschzwecke« zur Verfügung zu stehen. Anstelle der ursprünglich vorgesehenen Bezeichnung »Zivilinternierungslager« erhielt das Lager die Bezeichnung »Aufenthaltslager Bergen-Belsen«. Damit wurde eine Bestimmung der Genfer Konvention umgangen, wonach Zivilinternierungslager internationalen Kommissionen zur Besichtigung zugänglich sein mußten. Der für das Lager vorgesehene »jüdische Personenkreis« wurde in »Richtlinien« des Reichssicherheitshauptamtes folgendermaßen umrissen: 1. Juden mit verwandtschaftlichen oder sonstigen Beziehungen zu einflußreichen Personen im feindlichen Ausland, 2. unter Zugrundelegung eines günstigen Schlüssels für einen Austausch gegen im feindlichen Ausland internierte oder gefangene Reichsangehörige in Frage kommende Juden, 3. als Geiseln und als politisch oder wirtschaftliche Druckmittel »brauchbare« Juden, 4. jüdische Spitzenfunktionäre.

Ende Juli 1944 betrug die Zahl der im Lager befindlichen Häftlinge etwa 6 400. Die zahlenmäßig stärkste Gruppe bildeten die holländischen Juden.

Sowjetisches Mahnmal auf dem Kriegsgefangenen-Friedhof Bergen-Hörsten, errichtet im Juni 1946: Der Friedhof mit den Gräbern der Opfer des »Stalag Bergen-Belsen« ist seit 1987 durch einen Fußweg mit der Gedenkstätte verbunden.

Das »Aufenthaltslager« war in mehrere, streng voneinander isolierte Lagerabteilungen aufgegliedert: Das größte Teillager war das »Sternlager«, dessen Insassen auf ihrer Zivilkleidung den Judenstern tragen mußten; die Ernährung war schlecht, für die Insassen bestand Arbeitszwang. Im »Neutralenlager« waren Juden mit der Staatsangehörigkeit neutraler Staaten untergebracht; die Lager- und Verpflegungsverhältnisse waren besser, es gab keinen Arbeitszwang. In einem »Sonderlager« waren polnische Juden mit Staatsangehörigkeitspapieren verschiedener Länder zusammengefaßt. 1683 ungarische Juden kamen im Zuge einer Sonderaktion im Juli 1944 in ein »Ungarnlager«; sie konnten im August und Dezember 1944 gegen Bezahlung eines Kopfgeldes in die Schweiz ausreisen. Nur 357 Häftlinge des »Austauschlagers« erlangten durch einen tatsächlichen »Austausch« die Freiheit.

Neben den Lagerabteilungen für »Austauschjuden« bestand von Anfang an ein Häftlingslager für ein Baukommando von etwa 500 vorwiegend sowjetischen und polnischen Häftlingen, die gestreifte KZ-Kleidung trugen und harte Arbeit leisten mußten. Viele von ihnen starben an Erschöpfung, Krankheit und Mißhandlungen. Im Februar 1944 wurde das Baukommando aufgelöst; überlebende Häftlinge wurden in das Konzentrationslager Sachsenhausen überstellt.

Aus dem Häftlingslager entwickelte sich seit März 1944 ein Aufnahmelager für kranke und total erschöpfte, nicht mehr zur Zwangsarbeit einsatzfähige Häftlinge anderer Konzentrationslager. Von der SS wurde das Lager als »Erholungslager« bezeichnet. Der erste Transport Ende März 1944 umfaßte 1000 meist an Tuberkulose erkrankte Häftlinge aus dem Lager »Dora« bei Nordhausen im Harz (Thüringen), einem Außenlager des Konzentrationslagers Buchenwald (ab November 1944 selbständiges KZ »Mittelbau«). Sie erhielten keine ärztliche Behandlung und mußten in unmenschlichen Verhältnissen hausen. Nur etwa 50 Häftlinge des »Dora«-Transports erlebten die Befreiung. Dem Transport aus »Dora« folgten weitere Krankentransporte aus anderen Lagern. Die hohen Todesziffern bezeugen die fürchterlichen Zustände im Häftlingslager: unzureichende Unterbringung und Verpflegung, miserable sanitäre Verhältnisse, mangelhafte ärztliche Versorgung. Etwa 5000 Menschen wurden bis Anfang 1945 eingeliefert. Wegen der extrem hohen Sterblichkeit blieb die durchschnittliche Belegstärke bei unter 2000. Viele Häftlinge wurden durch »Abspritzen« ermordet.

Im August 1944 wurde das Zeltlager errichtet. Tausende von Frauen, vorwiegend polnische und ungarische Jüdinnen, wurden angesichts des Vormarsches der Roten Armee aus den Arbeitslagern und Ghettos des Ostens nach Bergen-Belsen transportiert und von hier weiter zu zahlreichen Außenkommandos der Konzentrationslager Neuengamme, Buchenwald und Flossenbürg, die ab Sommer 1944 in vielen großen Fabrikbetrieben eingerichtet wurden. Im Oktober/November 1944 trafen in mehreren Transporten etwa 8000 Frauen aus dem Konzentrationslager Auschwitz-Birkenau in Bergen-Belsen ein.

Eine von 15257 Häftlingen, die sich am 2. Dezember 1944 im Lager Bergen-Belsen befanden, war das 15jährige Mädchen Anne Frank. Anfang August 1944 war Anne Frank mit ihrer Familie im Amsterdamer Versteck entdeckt und nach Auschwitz verschleppt worden. Sie starb wenige Wochen vor Kriegsende, im März 1945, kurz nach ihrer

Eines der vielen Massengräber mit Tausenden von Toten auf dem Gelände des ehemaligen Konzentrationslagers Bergen-Belsen, der heutigen Gedenkstätte.

Schwester Margot, in Bergen-Belsen an Typhus. Ihr Tagebuch, das sie im Amsterdamer Versteck geführt hat, wurde nach dem Krieg veröffentlicht und in der ganzen Welt als erschütterndes Dokument des nationalsozialistischen Rassenwahns bekannt. (Im Ort Bergen wurde 1985 eine Schule nach Anne Frank benannt.)

Seit Ende 1944 wurden Zehntausende von Häftlingen von der SS aus frontnahen Konzentrationslagern ins Reichsinnere »evakuiert«. Diese »Evakuierungen« wurden zu gezielten Mordaktionen: Unzählige Häftlinge starben entweder schon auf den Transporten und Fußmärschen durch Entkräftung, wurden erschossen oder gingen in den Aufnahmelagern zugrunde. Ziel zahlreicher »Evakuierungs«transporte war Bergen-Belsen. Das »Inferno von Bergen-Belsen« begann: Die katastrophalen Zustände im Lager führten innerhalb weniger Monate zum Tod Zehntausender Häftlinge. Zwischen Anfang Januar und Mitte April 1945 sind hier etwa 35000 Menschen ums Leben gekommen.

Im Januar 1945 wurde auch die zweite Hälfte des Kriegsgefangenenlagers in den Lagerbereich einbezogen. Da sämtliche Unterlagen im April 1945 von der SS vernichtet wurden, können nur für einen Teil der seit Ende 1944 in Bergen-Belsen eintreffenden Transporte Aussagen gemacht werden. Unter anderem kamen im Februar 1945 etwa 6000 bis 7000 Häftlinge aus Sachsenhausen nach Bergen-Belsen (darunter der einstige sozialdemokratische Ministerpräsident von Braunschweig, Heinrich Jasper [s. Braunschweig], der Bonner Philosophieprofessor Verweyen, der frühere holländische Wirtschaftsminister Verschuur, der ehemalige belgische Innenminister Vanderpoorten und einige frühere deutsche Parlamentsabgeordnete, die alle in den folgenden Wochen starben). In der zweiten Aprilwoche trafen mehrere tausend Häftlinge von verschiedenen Außenkommandos des Konzentrationslagers Neuengamme und anderer Lager in Fußmärschen und mit der Eisenbahn in Bergen-Belsen ein. Etwa 25000 bis 30000 Häftlinge wurden aus dem Konzentrationslager Dora-Mittelbau und seinen zahlreichen Außenkommandos vor den anrückenden amerikanischen Truppen nach Bergen-Belsen »evakuiert«. Sie wurden in den Kasernen des Truppenübungsplatzes in der Nähe des Lagers untergebracht. Verheerende sanitäre und hygienische Zustände in dem unerträglich überfüllten Lager, unzureichende und schließlich ganz ausbleibende Verpflegung, Hunger und Seuchen – im Februar des Jahres 1945 breitete sich eine Fleckfieber-Epidemie aus – forderten Zehntausende von Toten. Tausende von Leichen, teilweise zu Bergen aufgetürmt, lagen Anfang April im Lagergelände.

Das Lager wurde am 15. April 1945 den Engländern übergeben. Am Tag der Befreiung befanden sich etwa 45000 Menschen im Lager und 15000 im Ausweichlager des Kasernenbereichs. Der britische Sanitätsoffizier Glyn-Hughes schilderte im Bergen-Belsen-Prozeß, der vom 17. September bis 16. November 1945 vor einem britischen Militärgericht in Lüneburg stattfand, seine ersten Eindrücke nach dem Betreten des Lagers:

»Die Zustände im Lager waren wirklich unbeschreiblich; kein Bericht und keine Fotografie kann den grauenhaften Anblick des Lagergeländes hinreichend wiedergeben; die furchtbaren Bilder im Innern der Baracken waren noch viel schrecklicher. An zahlreichen Stellen des Lagers waren die Leichen zu Stapeln von unterschiedlicher Höhe aufgeschichtet; einige dieser Leichenstapel befanden sich außerhalb des Stacheldrahtzaunes, andere innerhalb der Umzäunung zwischen den Baracken. Überall im Lager verstreut lagen verwesende menschliche Körper. Die Gräben der Kanalisation waren mit Leichen gefüllt, und in den Baracken selbst lagen zahllose Tote, manche sogar zusammen mit den Lebenden auf einer einzigen Bettstelle. In der Nähe des Krematoriums sah man Spuren von hastig gefüllten Massengräbern. Hinter dem letzten Lagerabteil befand sich eine offene Grube, halb mit Leichen gefüllt; man hatte gerade mit der Bestattungsarbeit begonnen. In einigen Baracken, aber nicht in vielen, waren Bettstellen vorhanden; sie waren überfüllt mit Gefangenen in allen Stadien der Auszehrung und der Krankheit. In keiner der Baracken war genügend Platz, um sich in voller Länge hinlegen zu können. In den Blocks, die am stärksten überfüllt waren, lebten 600 bis 1000 Menschen auf einem Raum, der normalerweise nur für hundert Platz geboten hätte. In einem Block des Frauenlagers, in welchem die Fleckfieberkranken untergebracht waren, gab es keine Betten. Die Frauen lagen auf dem Boden und waren so schwach, daß sie sich kaum bewegen konnten. Es gab praktisch keine Bettwäsche. Nur für einen Teil dieser Menschen waren dünne Matratzen vorhanden, die Mehrzahl aber besaß keine. Einige hatten Decken, andere nicht. Manche verfügten über keinerlei Kleidung und hüllten sich in Decken, andere wiederum besaßen deutsche Krankenhauskleidung. Das war das allgemeine Bild.«

Trotz der von den Engländern sofort eingeleiteten Maßnahmen zur Rettung der Überlebenden starben bis Ende Juni 1945 noch weitere 14000 Menschen. Bis zum 21. Mai war das gesamte Lager geräumt: Die Überlebenden wurden in die Kasernen des Truppenübungsplatzes verlegt. Zahlreiche Gebäude des Kasernenkomplexes waren in Krankenhäuser umgewandelt worden. Die typhusverseuchten Baracken wurden niedergerissen. Die Leichen wurden in

Massengräbern beerdigt. Um der Verbreitung von Seuchen in Norddeutschland vorzubeugen, wurden die letzten Baracken niedergebrannt.

Die Gedenkstätte Bergen-Belsen

Am 25. September 1945 wurde aus Anlaß des Kongresses der befreiten Juden ein provisorisches hölzernes Denkmal zwischen den Massengräbern errichtet. Am 15. April 1946 enthüllte das Belsener Jüdische Komitee ein *Mahnmal* mit hebräischer und englischer Inschrift: Ein hoher viereckiger Stein mit jüdischen Symbolen steht auf einem flachen, dreistufigen Treppenpodest. Das *Mahnmal* ist Mittelpunkt der jährlich am 15. April, dem Tag der Befreiung des Lagers, stattfindenden jüdischen Gedenkfeier. Die englischsprachige Inschrift lautet:

Israel and the world shall remember
Thirty thousand Jews
Exterminated in the Concentration Camp
Of Bergen-Belsen
At the hands of the murderous Nazis

Earth conceal not the blood
Shed on thee!

First anniversary of liberation
15th April 1946
/14th Nissan 5706/
Central Jewish Committee
British Zone

[Israel und die Welt seien daran erinnert,
daß im Konzentrationslager Bergen-Belsen
30 000 Juden durch die Hände der mörderischen
Nazis ausgerottet wurden. Erde, verdecke
nicht das Blut, das auf dir vergossen wurde!
Am ersten Jahrestag der Befreiung,
dem 15. April 1946.]

Die britische Militärregierung ordnete 1946 die »würdevolle Ausgestaltung« der Grabstätten und die Einrichtung einer Gedenkstätte an. Anfang 1947 wurde mit der Errichtung eines *zentralen Mahnmals,* eines 24 Meter hohen *Obelisken,* der von einer 50 Meter langen Inschriftenmauer eingerahmt ist, begonnen. 1952 wurde dem Land Niedersachsen die Verantwortung für die Gedenkstätte Bergen-Belsen übergeben. Die offizielle Einweihung des Mahnmals fand am 30. November 1952 statt. Neben den dänischen, polnischen, belgischen, niederländischen, tschechischen, deutschen (»Den Opfern der nationalsozialistischen Gewaltherrschaft«), jiddischen, hebräischen, englischen, französischen, norwegischen, italienischen, ungarischen und russischen Inschriften lautet die für alle Opfer stehende lateinische Inschrift:

Extincti ignoti notique hic evanuerunt
innocui, diris carnificum manibus
criminibus lassata dei clementia vindex
succurit misero tandem hominum generi

[Bekannte und unbekannte unschuldige Menschen,
die von grausamen Henkershänden ums Leben
gebracht wurden, sind hier verschollen (beerdigt).
Gottes Güte, von den Verbrechen ermüdet,
kam endlich dem unglücklichen Menschengeschlecht als Retter zu Hilfe.]

1982 wurde auf der Mauer eine Inschrift für die ermordeten Sinti hinzugefügt:

In tiefer Trauer und tiefer Ehrfurcht
gedenken wir Sinti (Zigeuner)
der Opfer unseres Volkes!
Durch ihren gewaltsamen Tod
sind sie den Lebenden Mahnung
zum Widerstand gegen das Unrecht.

Jüdisches Mahnmal mit Inschriften in englischer und hebräischer Sprache: Dieses älteste Mahnmal der Gedenkstätte Bergen-Belsen, errichtet zwischen den Massengräbern, wurde am 15. April 1946, dem ersten Jahrestag der Befreiung des Lagers, eingeweiht.

Vertreter des »Schwullesbischen Archivs« in Hannover bemühen sich seit Jahren darum, daß auch der homosexuellen Opfer in Bergen-Belsen gedacht wird. Die geforderte Ergänzung auf der Inschriftenwand wurde mit dem Hinweis abgelehnt, daß dort nur ethnische Gruppen aufgeführt werden sollen.
Auf dem Gelände der Gedenkstätte Bergen-Belsen befinden sich vierzehn Massengräber. Auf Steintafeln stehen die Worte: »Hier ruhen 800 Tote, April 1945«, oder: »...5000 Tote«, oder: »...1000 Tote«, oder: »...2000 Tote«. Weit verstreut liegen einige Einzelgräber, von Angehörigen gesetzte Grabsteine und verschiedene *Gedenksteine.* Auf einem Stein heißt es: »Le temps passe, le souvenir reste«. [Die Zeit vergeht, die Erinnerung bleibt.] Das letzte Massengrab wurde 1964 angelegt, nachdem auf einem Platz in der Nähe des ehemaligen Krematoriums Gebein- und Aschenreste gefunden worden waren.
Nicht alle Toten des Lagers Bergen-Belsen sind auf dem Gelände der Gedenkstätte beerdigt. Zahlreiche Menschen, die kurz nach der Befreiung starben, liegen auf dem *»Großen Friedhof für die Opfer der nationalsozialistischen Gewaltherrschaft«* in *Bergen-Hohne* im heutigen Kasernenbereich des Truppenübungsplatzes der britischen Rheinarmee begraben. Bei Bauarbeiten auf dem Kasernengelände stieß man 1982 auf ein weiteres Massengrab.
Die *»Kriegsgräberstätte Hörsten«* mit den Toten des Stalag Bergen-Belsen ist seit 1987 Teil der Gedenkstätte Bergen-Belsen. Unmittelbar nach dem Krieg wurde hier ein *sowjetisches Mahnmal* errichtet, das in russischer und englischer Sprache folgende Inschrift trägt:

> Here are buried
> 50 000 Soviet prisoners of war
> tortured to death
> in German-Fashist captivity
>
> [Hier sind 50 000 sowjetische Kriegsgefangene
> begraben, die in deutsch-faschistischer
> Gefangenschaft zu Tode gequält wurden]

Bei umfangreichen Renovierungsmaßnahmen Mitte der 60er Jahre wurde auch durch das Land Niedersachsen ein *Gedenkstein* aufgestellt. Er trägt in deutscher und russischer Sprache die Inschrift:

> Den sowjetischen Soldaten
> zum Gedenken, die hier während des Zweiten Weltkrieges
> in Kriegsgefangenschaft in
> großer Zahl gestorben sind

Das Dokumentenhaus

1966 wurde ein *Dokumentenhaus* mit einer kleinen Ausstellung zur Geschichte des Lagers eröffnet. Um den Bedürfnissen der Bevölkerung nach umfassender historischer Aufklärung zu entsprechen, beschloß der Niedersächsische Landtag am 18. April 1985 eine »angemessene Neugestaltung der Gedenkstätte Bergen-Belsen und Erweiterung des Dokumentenhauses«. Damit wurde die Landesregierung aufgefordert, die Gedenkstätte Bergen-Belsen neu zu gestalten und zu erweitern. Das Landeskabinett übernahm die Empfehlungen des Landtags und beauftragte im Januar 1986 die Niedersächsische Landeszentrale für politische Bildung mit der Neugestaltung des Dokumentenhauses. Der *sowjetische Kriegsgefangenen-Friedhof Hörsten* wurde durch einen Fußweg mit der Gedenkstätte verbunden.
Am 22. April 1990 wurde das *neue Dokumentenhaus* eröffnet. Die neugestaltete *Dauerausstellung* informiert über die Geschichte des Kriegsgefangenen- und Konzentrationslagers Bergen-Belsen und über die Gesamtgeschichte des nationalsozialistischen Verfolgungssystems. Die Ausstellungskonzeption wurde unter Beteiligung eines von der Landesregierung berufenen wissenschaftlichen Beirats unter Vorsitz von Professor Eberhard Kolb erarbeitet. In dem Gebäude befinden sich Räume für Seminare, Filmvorführungen, Vorträge, eine Bibliothek und ein Archiv. Ein Besucherdienst, bestehend aus zehn Fachkräften aus dem Schulbereich, übernimmt die pädagogische Betreuung.
Auch die Lagerüberreste außerhalb des heutigen Areals sollen zukünftig in die Gedenkstätte einbezogen und für Führungen zugänglich gemacht werden. Es gibt zudem Gespräche mit der britischen Armee über den Zugang zu einem Nebenlager, das heute zum Kasernenkomplex der britischen Armee gehört.
Die 1985 gegründete »Arbeitsgemeinschaft Bergen-Belsen e.V.« hat einige Diskussionspunkte zur Neugestaltung der Gedenkstätte formuliert. Sie schlägt die Aufstellung von künstlerisch gestalteten Mahnmalen an verschiedenen Orten des Leidens und Mordens vor. Ferner wünscht sie sich eine Wiederbegehung der alten Lagerstraße und eine Einbeziehung der Gedenkorte außerhalb des Lagers (z.B. der Rampe in Bergen). Nach ihren Vorstellungen müßten die Räumlichkeiten um einen Meditationsraum und einen weiteren Seminarraum erweitert werden. Zudem hat die Arbeitsgemeinschaft die Auslegung eines Totenbuches in der Gedenkstätte vorgeschlagen. Die in der Arbeitsgemeinschaft zusammengeschlossenen Personen und Organisationen haben die Gedenkstätte in dem Zeitraum, in dem das Land noch nicht durch qualifiziertes Personal vertreten war, bereits jahrelang betreut.

Anschrift/Kontakt/Begleitmaterial:
Gedenkstätte Bergen-Belsen, 29303 Lohheide. Tel.: 05051/6011. Öffnungszeiten: täglich 9–18 Uhr.

Oder: Niedersächsische Landeszentrale für politische Bildung, Referat Zeitgeschichte, Hohenzollernstraße 46, 30161 Hannover, Tel.: 0511/3901-(0)-284/285. Die Landeszentrale hat eine Begleitbroschüre in verschiedenen Sprachen herausgegeben, die im Text- wie im Bildteil mit der Ausstellung übereinstimmt. Außerdem ist eine Kurzinformation zur Gedenkstätte erhältlich.
Arbeitsgemeinschaft Bergen-Belsen e.V., c/o Dokumentationsstätte zum Kriegsgeschehen und über Friedensarbeit e.V., Kirchweg 4, 31275 Lehrte-Sievershausen, Tel. 05175/5738. Die Arbeitsgemeinschaft hat ein Faltblatt »Wegweiser durch die Gedenkstätte Bergen-Belsen« entwickelt.

Verkehrsverbindungen:
Mit dem Zug: bis Celle, von dort mit dem Bus bis Bergen (Busverbindung ca. alle 2 Stunden), von Bergen nach Belsen (ca. 7 km) mit einem Pendelbus, dreimal täglich: 7, 14, 17 Uhr, oder per Taxi. Mit dem Auto: Autobahn 7 Hamburg-Hannover, Abfahrt Schwarmstedt, Bundesstraße 214 bis Ovelgönne, von dort über Winsen/Aller und Walle nach Belsen (ab Ovelgönne ist die Gedenkstätte ausgeschildert).

Führungen:
In der Gedenkstätte Bergen-Belsen werden Führungen in deutscher, englischer, französischer, russischer, polnischer und spanischer Sprache angeboten. Sie dauern mindestens zwei Stunden und sollten vier Wochen vorher angemeldet werden (05051/6011). Diese Anmeldung wird schriftlich bestätigt und dazu ein Fragebogen verschickt, der den Besucherdienst über Wissensstand, Interessen und Wünsche der Besuchergruppe informieren soll. Auch Tagesseminare sind möglich. Genauere Informationen bei dem pädagogischen Mitarbeiter und Leiter des Besucherdienstes.

Die Landeszentrale für politische Bildung Bremen führt Tagesfahrten für Interessierte aus Bremen und Umgebung zur Gedenkstätte Bergen-Belsen durch, die von sachkundigen Referenten und zum Teil auch von Zeitzeugen betreut werden. Auf dem Weg wird auch Celle angefahren (Besuch des jüdischen Friedhofs und der ehemaligen Synagoge, heute »Kult- und Gedenkstätte«: s. Celle). Anfragen an: Landeszentrale für politische Bildung Bremen, Osterdeich 6, 28203 Bremen, Tel.: 0421/3612922).

Filme:
»Bergen-Belsen zum Beispiel«, ein Film von Jürgen Corleis, hergestellt im Auftrag der Niedersächsischen Landeszentrale für politische Bildung 1985 (16 mm, 45 Min.). Der Film zeigt, was englische Kameramänner bei der Befreiung des Lagers filmten; die Filmaufnahmen werden ergänzt durch Interviews aus heutiger Sicht. (Die Landeszentrale hat der Landesbildstelle Niedersachsen, Stiftstraße 13, 30159 Hannover, Tel.: 0511/108-1 oder 108-9528-9530, sowie einigen Kreis- und Stadtbildstellen für den Verleih Kopien zur Verfügung gestellt.)
»Bewältigte Vergangenheit – KZ-Gedenkstätten heute«, Regie: Ernst Klinnert, Videofilm, 45 Min., 1980. (AV-Medien der Nordrhein-Westfälischen Landeszentrale für politische Bildung, Signatur: HDEOF006-42 (VHS))

Quellen/Literatur:
Füllberg-Stolberg, Claus/Jung, Martina/Riebe, Renate/Scheitenberger, Martina (Hrsg.), Frauen in Konzentrationslagern – Bergen-Belsen und Ravensbrück, Bremen 1994; Kolb, Eberhard, Bergen-Belsen – Vom »Aufenthaltslager« zum Konzentrationslager 1943–1945, 4. überarb. Aufl., Göttingen 1991 (Sonderausgabe für die Niedersächsische Landeszentrale für politische Bildung; auch in englischer, französischer und niederländischer Sprache verfügbar); Laqueur, Renate, Bergen-Belsen-Tagebuch 1944/45, 2. erg. Aufl., Hannover 1989 (Die Autorin kehrte als Überlebende im Juli 1945 in ihre Heimatstadt Amsterdam zurück.); Lévy-Hass, Hanna, Vielleicht war das alles erst der Anfang. Tagebuch aus dem KZ Bergen-Belsen 1944–1945, hrsg. v. Eike Geisel, Berlin 1991 (Die Autorin lebte nach der Befreiung zunächst in Jugoslawien und wanderte 1948 nach Israel aus.); Niedersächsische Landeszentrale für politische Bildung (Hrsg.), Sowjetische Kriegsgefangene 1941–1945. Leiden und Sterben in den Lagern Bergen-Belsen, Fallingbostel, Oerbke, Wietzendorf, Begleitheft zur Sonderausstellung, Hannover 1991; Dies. (Hrsg.), Häftlingszeichnungen aus dem Konzentrationslager Bergen-Belsen, Begleitheft von Thomas Rahe zu einer Sonderausstellung in Bergen-Belsen, Hannover 1993; Niedersächsischer Landtag (Hrsg.), Neugestaltung der Gedenkstätte Bergen-Belsen. Dokumentation zur Initiative des Niedersächsischen Landtages von 1985, Hannover 1989; Niedersächsischer Verband deutscher Sinti e.V. (Hrsg.), Wolfgang Günther, »Ach, Schwester, ich kann nicht mehr tanzen...«. Sinti und Roma im KZ Bergen-Belsen, Hannover 1990; Verband deutscher Sinti und Gesellschaft für bedrohte Völker e.V. (Hrsg.), Sinti und Roma im ehemaligen KZ Bergen-Belsen am 27. Oktober 1979. Erste deutsche und europäische Kundgebung »In Auschwitz vergast – bis heute verfolgt«. Dokumentation, Göttingen/Wien 1980.

Beverstedt

Auf dem *jüdischen Friedhof* in Beverstedt, Kreis Cuxhaven, *Mühlenstraße/Marienburger Straße,* erinnert ein *Gedenkstein* an die jüdischen Bürger der Stadt, die zwischen 1933 und 1945 ums Leben kamen:

> Zum Gedenken an die in der nationalsozialistischen Zeit umgekommenen Mitglieder der Jüdischen Gemeinde
> Emma Brumsack, Rosa Brumsack, Grete Brumsack,
> Siegmund Brumsack, Arnold Brumsack,
> Hans Leo Brumsack,
> Selma Goldberg

Darunter steht in hebräischer Sprache und deutscher Übersetzung der Bibeltext:

> Ich werde ihnen in meinem Haus und in meinen Mauern
> ein Denkmal stiften und einen Namen geben.
> Jes. 56,5

Bleckede

Nach verschiedenen Initiativen zur Errichtung einer *Gedenktafel* am Ort des ehemaligen Außenkommandos des Konzentrationslagers Neuengamme in *Alt Garge,* heute Stadtteil von Bleckede, legte die SPD am 26. Juni 1985 in einer öffentlichen Ratssitzung einen Antrag mit folgendem Wortlaut vor: »Wir beantragen die Errichtung eines Steines als Gedenkmaßnahme für die Häftlinge des Außenkommandos des Konzentrationslagers Neuengamme/ Hamburg in Alt Garge auf der *Grünfläche ›Bürgerpark‹* in Alt Garge. Weiter beantragen wir, den Gedenkstein mit nachfolgender Inschrift zu versehen:

> Auf dem gegenüberliegenden Platz bestand von Aug. 44 bis Feb. 45 ein Außenkommando des Konzentrationslagers Neuengamme/Hamburg. Von den etwa 500 Inhaftierten starben 49 Männer: 40 Polen, 4 Dänen, 2 Norweger, 1 Franzose, 1 Grieche, 1 Russe. Sie erlagen den unmenschlichen Bedingungen der Gefangenschaft im Lager und der Arbeit für den Bau eines Kraftwerkes. Die Toten fanden ihre letzte Ruhe auf dem Friedhof im benachbarten Barskamp. Das Leiden und Sterben dieser Menschen während der Zeit des Nationalsozialismus mahnt uns, für eine Welt des Friedens und der Menschlichkeit jede Anstrengung zu unternehmen.«

Der Antrag wurde abgelehnt, aber die Initiativen für eine Gedenkstätte gehen weiter.
An der heutigen Hauptstraße gab es während des Krieges zwei Lager: Das KZ-Außenkommando Alt Garge lag an der Abzweigung nach Barskamp. Ursprünglich waren in dem Lager jugoslawische Kriegsgefangene untergebracht, ab dem 24. August 1944 KZ-Häftlinge aus Neuengamme, die für die »Hamburgische Electricitätswerke AG« und die Firma Rosseburg (Straßenbau) arbeiten mußten. Zuerst waren es etwa 500 polnische Freiheitskämpfer, die nach der Niederschlagung des Warschauer Aufstandes zum Bau eines Kohlekraftwerks der »Hamburgischen Electricitätswerke« eingesetzt wurden. Das zweite Lager in Alt Garge lag an der Stelle, an der die neue Schule erbaut wurde. Hier waren laut Verzeichnis des »Internationalen Suchdienstes Arolsen« 1 500 »Zivilarbeiter«, offensichtlich Zwangsarbeiter und eventuell auch Kriegsgefangene verschiedener Nationalitäten, untergebracht.

Auf dem *Friedhof* in Bleckede-*Barskamp* befindet sich im hinteren Teil an der Nordwest-Seite die Grabstätte verstorbener Häftlinge des KZ-Außenlagers in Alt Garge. Rechts daneben liegen die Gräber verstorbener Zwangsarbeiter, darunter auch Kinder. 1964 wurden auf der KZ-Grabstätte zwei Grabmale aus Sandstein mit den eingravierten Namen der dort bestatteten Toten aufgestellt, die bis dahin bekannt waren. Bei späteren Nachforschungen wurden die Namen weiterer 19 Häftlinge ermittelt und im Oktober 1985 ein dritter Stein aufgestellt. Am 14. November 1985 wurde bei den Grabsteinen eine *Gedenkplatte* in den Boden eingelassen, die folgende Inschrift trägt:

> Die hier bestatteten Toten starben in der Zeit von August 1944 bis Februar 1945 in dem Außenlager Alt Garge des KZ-Lagers Neuengamme/Hamburg. 49 Tote mahnen uns, für eine Welt des Friedens und der Menschlichkeit einzutreten.

Kontakt:
John Hopp, Seebrückenweg 2b, 21423 Winsen/L., Grit Petersen, Arnoldstraße 17, 22765 Hamburg.

Literatur:
Hopp, John/Petersen, Grit, Die Hölle in der Idylle. Das Außenkommando Alt Garge des KZ Neuengamme, 2. Aufl. Hamburg 1993 (Neuengamme-Forum 2).

Bockhorn, Jadebusen

Anläßlich der Renovierung des Kriegerdenkmals in Bockhorn, einer kleinen friesischen Gemeinde zwischen den Städten Oldenburg und Wilhelmshaven gelegen, hat ein Mitglied der Gesellschaft für Christlich-Jüdische Zusammenarbeit im Mai 1989 vorgeschlagen, Franz Fritsch, der über 1 000 Juden unter Einsatz seines eigenen Lebens gerettet hat, mit einer *Gedenktafel am Rathaus* zu ehren und damit zugleich an die Verbrechen der Nationalsozialisten zu erinnern. Allerdings konnten bis heute weder die Anbringung einer Gedenktafel noch eine *Straßenbenennung* Zustimmung im Rat finden.
Franz Fritsch wurde am 15. Juni 1910 in Berlin geboren. Er war schon früh der sozialistischen Jugendorganisation beigetreten. Im Oktober 1941 wurde Fritsch, von Beruf Schneider, leitender Angestellter der Wirtschaftskammer, Abteilung Bekleidung, im damaligen Generalgouvernement in Krakau. Dort sollte er an der »Arisierung« der jüdischen Textilbetriebe mitarbeiten. Der Kontakt zum Leiter der Arbeitsgemeinschaft jüdischer Handwerker in Krakau und Präsidenten des Krakauer Judenrats, David Gutter, führte dazu, daß Franz Fritsch jüdische Konfektionsbetriebe übernahm in der Absicht, möglichst viele Juden dort zu beschäftigen und sie damit vor der Vernichtung zu retten. In den Lastwagen seiner Firma schmuggelte er Juden in die Slowakei. Von dort wurden sie von jüdischslowakischen Flüchtlingskomitees weiter nach Ungarn geschleust. Auf diesem Weg konnte er über

1000 Juden zur Flucht verhelfen. Wegen der Unvorsichtigkeit eines geretteten Flüchtlings wurde er im Oktober 1943 von der Gestapo festgenommen und ins Krakauer Gestapogefängnis gebracht. Von dort konnte er verschiedene Male fliehen und bis zum Ende des Krieges untertauchen. Er überlebte und verbrachte die letzten Jahre seines Lebens in Bockhorn.

Literatur:
Vahlenkamp, Werner, Franz Fritsch – ein »unbesungener Held« aus Bockhorn, Oldenburg 1991 (Bezug: Landkreis Friesland, Postfach 244, 26441 Jever).

Bockhorst siehe Esterwegen und Papenburg

Bodenwerder

An der *Stadtkirche* in Bodenwerder, Kreis Holzminden, ist eine *Gedenktafel* mit folgender Inschrift angebracht:

Bürgermeister
Wilhelm Gräfer
Lemgo
8. Oktober 1885 – 5. April 1945,
wurde an dieser Stelle unschuldig
hingerichtet.
Er opferte sein Leben für unsere Stadt.
Alte Hansestadt Lemgo.

(Zu der – nicht unumstrittenen – Ehrung Gräfers als Opfer des Nationalsozialismus s. NRW: Lemgo.)

Ein *Gedenkstein* auf dem *jüdischen Friedhof* im Ortsteil *Kemnade, Unter der Piese,* trägt die Inschrift:

Wäre doch mein Kopf ein Gewässer
und meine Augen ein Tränenquell,
daß ich beweinen könnte Tag und
Nacht die Erschlagenen der Töchter
meines Volkes. Jeremias.
Zur Erinnerung an die hier zur Ruhe
gebetteten Mitglieder der Jüdischen
Gemeinde Kemnade-Bodenwerder
Den Lebenden zur Mahnung

Auf dem *Waldfriedhof* im *Junkergrund* liegen sowjetische Zwangsarbeiter und das Kind einer polnischen Zwangsarbeiterin begraben, die 1943/44 in Bodenwerder ums Leben gekommen sind. Viele Zwangsarbeiter und Kriegsgefangene aus der Ukraine, Rußland und Italien mußten in der Arminiuswerft arbeiten und Schiffe für den Kriegseinsatz reparieren. Insgesamt waren hier rund 300 Menschen als Zwangsarbeiter eingesetzt.

Literatur:
Emer, Wolfgang/Horst, Uwe/Schuler-Jung, Helga, Provinz unterm Hakenkreuz. Diktatur und Widerstand in Ostwestfalen-Lippe, Bielefeld 1984 (zu Wilhelm Gräfer); Lühring, Wiebke/Westphal, Holger, Alltag im Nationalsozialismus. Die Kriegsjahre in Bodenwerder, Beitrag zum »Schülerwettbewerb Deutsche Geschichte« 1982/83.

Börgermoor siehe Surwold und Papenburg

Bomlitz

Auf dem *Gemeindefriedhof* in Bomlitz, Kreis Soltau-Fallingbostel, liegen über 100 ausländische Tote begraben, Polen, Sowjetbürger, Tschechoslowaken, Jugoslawen und Franzosen. Einige von ihnen starben erst nach 1945. Auf einem Gräberfeld liegt eine *Gedenkplatte* mit polnischer Inschrift (deutsche Übersetzung: »Hier ruhen vom 20.–22. Mai 1945 verstorbene Polen – Die Kollegen«). Vermutlich handelt es sich bei den Toten um Zwangsarbeiter, die in verschiedenen Lagern in Bomlitz untergebracht waren und unter anderem bei der Firma Eibia zur Herstellung von Sprengstoff und Munition eingesetzt wurden. Für kurze Zeit (September/Oktober 1944) bestand in Bomlitz auch ein KZ-Außenkommando mit Frauen aus Auschwitz, die am 15. Oktober 1944 nach Bergen-Belsen gebracht wurden. (s. auch Walsrode.)

Brake, Unterweser

Am Haus *Kirchenstraße 50,* dem ehemaligen Wohnhaus des einzigen jüdischen Landtagsabgeordneten (SPD) von Oldenburg, Paul Brodek, wurde 1984 eine *Gedenktafel* mit dem Wortlaut angebracht:

In diesem von ihm erbauten Haus lebte
von 1924 bis 1938 Paul Brodek,
geboren am 16. Oktober 1884 in Krotoschin,
gestorben am 5. September 1942 in Bremen.
Er war von 1919 bis 1931 Mitglied des Magistrats
der Stadt Brake und Leiter des Arbeitsamtes Brake.
Von 1923 bis 1931 gehörte er als Abgeordneter
dem Landtag des Freistaates Oldenburg an.
Wegen seiner jüdischen Abstammung und
seiner politischen Einstellung erlitt er während
der Zeit des Nationalsozialismus tiefe Demütigungen
und schwere Verfolgung. Im Konzentrationslager
Sachsenhausen und im Arbeitserziehungslager Farge
gesundheitlich und seelisch schwer geschädigt,
starb er allzu früh und wurde in Brake beigesetzt.
Gewidmet zu seinem 100. Geburtstag
von der Stadt Brake

Auf dem *städtischen Friedhof* in der *Poggenburgerstraße* sind auf einem von Büschen umgebenen Gräberfeld 23 ausländische Zwangsarbeiter oder Kriegsgefangene begraben. Nach einer Liste der Bremer Gestapo gab es in Brake mehrere Lager für Zwangsarbeiter, hauptsächlich aus der Sowjetunion.

Literatur:
Schreckenberg, Julius (Hrsg.), NS-Zeit-Zeugnisse aus der Wesermarsch. Eine dokumentarische Sammlung von Zeitzeugen- und zeitgenössischen Erinnerungen und Beiträgen, zwei Bände, Brake 1990 und 1991.

Braunlage

Innerhalb des *Stadtfriedhofs* von Braunlage, Kreis Goslar, an der *Lauterberger Straße,* befindet sich ein im November 1945 eingeweihter *»Russischer Ehrenfriedhof«,* auf dem 57 sowjetische und drei polnische Staatsangehörige sowie ein Jugoslawe beerdigt sind. Auf dem als Grünfläche ohne Grabsteine gestalteten Friedhof erinnert ein von Überlebenden errichteter *Obelisk* mit russischer Inschrift auf dem Sockel an die wahrscheinlich als Zwangsarbeiter in Arbeitslagern in Braunlage umgekommenen Menschen. Die Übersetzung der Inschrift lautet:

> Ewiges Gedenken den sowjetischen Soldaten,
> zu Tode gequält in faschistischer Gefangenschaft.
> 1941 – 1945

Braunschweig

Bereits im Jahre 1930 traten die Nationalsozialisten in die Regierung des damaligen Freistaates Braunschweig ein. In einer Koalitionsregierung mit der »Bürgerlichen Einheitsliste« (BEL) unter Führung der Deutsch-Nationalen Volkspartei (DNVP) besetzte die Nationalsozialistische Deutsche Arbeiterpartei (NSDAP) das Amt des Innen- und Volksbildungsministers, welches seit September 1931 Dietrich Klagges innehatte, der sich durch besonders brutales Vorgehen gegen politische Gegner auszeichnete. Bereits in den Jahren 1931 und 1932 wurden bei Aufmärschen und Überfällen von SA und SS Arbeiter in Braunschweig getötet. Auf Veranlassung von Klagges ernannte die braunschweigische Landesregierung den »Schriftsteller« Adolf Hitler am 25. Februar 1932 zum Regierungsrat an der braunschweigischen Gesandtschaft in Berlin, wodurch er die deutsche Staatsbürgerschaft erlangte, Voraussetzung für seine Kandidatur bei der Reichspräsidentenwahl 1932.

In der Stadt Braunschweig regierte dagegen bis 1933 weiterhin eine demokratische Mehrheit unter dem Oberbürgermeister und Landtagsabgeordneten Ernst Böhme. Im März 1933 wurde das Rathaus von Nationalsozialisten besetzt. Ernst Böhme wurde von der SS im »Volksfreund-Haus« (s. unten) schwer mißhandelt und in das Rennelberg-Gefängnis gebracht. Böhme überlebte das NS-Regime. Er wurde nach 1945 wieder Braunschweiger Oberbürgermeister und ab 1946 Landtagsabgeordneter.
Seit dem 9. März 1983, dem 50. Jahrestag der Erstürmung des Hauses durch die Nationalsozialisten, befindet sich im *»Volksfreund-Haus«* in der *Schloßstraße* eine *Gedenktafel* mit folgender Inschrift:

> Volksfreund-Haus,
> erbaut in den Jahren 1913–1914,
> im Zweiten Weltkrieg stark beschädigt,
> nach 1945 wieder hergerichtet.
>
> Für Frieden und soziale Demokratie.
> Nie wieder Diktatur,
> Nie wieder Krieg.
>
> Am 9. März 1933 stürmten
> Nationalsozialisten das Haus.
> Sie ermordeten Sozialdemokraten
> und Gewerkschafter.
> Gegner des Nationalsozialismus
> wurden hier gefoltert.

Mit der Erstürmung des »Volksfreund-Hauses« am 9. März 1933, bei der ein 28jähriger Kaufmann von Schüssen tödlich verletzt wurde, begann die erste große Terror- und Verhaftungswelle in der Stadt Braunschweig. Das »Volksfreund-Haus«, bis 1933 Sitz des SPD-Parteibüros und der sozialdemokratischen Zeitung »Braunschweiger Volksfreund«, galt in NS-Kreisen als »Hochburg des Marxismus«. Seit dem Überfall war das Haus Hauptquartier der SS in Braunschweig. Die SA wurde im Gebäude der Allgemeinen Ortskrankenkasse (AOK) in der Fallerslebenstraße untergebracht. In beiden Gebäuden wurden in der folgenden Zeit Hunderte von politischen Gefangenen gefoltert. Einige starben an den Mißhandlungen durch SS und SA.

Am *Gebäude der Bezirksregierung* am *Bohlweg* erinnert eine etwa zwei Meter vor seiner Büste in den Boden eingelassene *Gedenkplatte* an den ehemaligen Ministerpräsidenten des Freistaates Braunschweig (bis 1930), Heinrich Jasper:

> Heinrich Jasper
> * 21. 08. 1875 † 19. 02. 1945
> Sozialdemokrat, Landtagsabgeordneter,
> Ministerpräsident des Landes Braunschweig.
> Vom nationalsozialistischen Regime verfolgt.
> Ermordet im Konzentrationslager Bergen-Belsen.

Heinrich Jasper, 1914–1933 Mitglied des Braunschweiger Landtags, 1919/1920 Mitglied der Weimarer Nationalversammlung, mehrfach Ministerpräsident des Landes Braunschweig, wurde am 18. März 1933 festgenommen und im »Volksfreund-Haus« mißhandelt. Nach einigen Wochen freigelassen, wurde er am 26. Juni 1933 erneut verhaftet und kam nach zweijähriger Haft im braunschweigischen Kreisgefängnis Rennelberg ins Konzentrationslager Dachau. Nach seiner Entlassung 1939 stand er unter ständiger Gestapo-Aufsicht. Nach dem gescheiterten Attentat des 20. Juli 1944 wurde er im Zuge der sogenannten »Gewitteraktion« vom 22./23. August 1944, bei der etwa 6000 ehemalige Abgeordnete und Mandatsträger im Reich verhaftet und in Gefängnisse und Konzentrationslager verschleppt wurden, erneut verhaftet und kam über das Konzentrationslager Sachsenhausen in das Lager Bergen-Belsen, wo er am 19. Februar 1945 an den Folgen von Mißhandlungen starb. In zahlreichen Orten des früheren Landes Braunschweig, so auch in der Landeshauptstadt, sind Straßen nach ihm benannt.

Nichts erinnert heute mehr daran, daß sich auf dem Edeka-Gelände an der *Broitzemer Straße 200* zwischen April 1943 und April 1945 ein »Entbindungsheim für Ostarbeiterinnen« befand. Nach einem Erlaß des »Generalbevollmächtigten für den Arbeitseinsatz« wurden ab 1943 überall im Deutschen Reich Entbindungseinrichtungen für Zwangsarbeiterinnen und sogenannte Ausländerkinderpflegestätten eingerichtet. Ziel dieser Maßnahmen war es, Abtreibungen bei Zwangsarbeiterinnen zu erzwingen oder durch eine sofortige Trennung von Mutter und Kind die Arbeitskraft der Frauen zu erhalten. Das aus einer primitiv ausgestatteten Baracke bestehende »Heim« war unter Beteiligung der Kassenärztlichen Vereinigung, des Gesundheitsamtes, der Deutschen Arbeitsfront und der Gestapo eingerichtet worden. Träger der Einrichtung waren die Allgemeine Ortskrankenkasse, später die »Gemeinschaftslager der Braunschweiger Industrie«, einer Gesellschaft der Industrie- und Handelskammer. Das sogenannte Entbindungsheim war nichts anderes als ein Sterbeheim für ausländische Kinder, die in der Nazi-Ideologie als »rassisch minderwertig« galten und noch nicht als Arbeitskräfte zu gebrauchen waren. Bereits nach einigen Tagen mußten die Mütter ihre Kinder verlassen. Die zurückgelassenen Säuglinge starben fast alle an Unterernährung, Darmerkrankungen, Geschwüren. Die Leichen der Kinder wurden im Waschraum gesammelt, bevor die polnischen Kinder auf dem *katholischen Friedhof* in der *Hochstraße,* später auf dem *Ausländerfriedhof* am *Brodweg,* verscharrt wurden, während die sowjetischen Kinder im Krematorium verbrannt wurden. Ihre Asche wurde verstreut, nichts sollte mehr an ihr Schicksal erinnern. Mindestens 360 Kinder wurden in der Broitzemer Straße umgebracht.

In der Pogromnacht vom 9./10. November 1938 wurde die Synagoge *Ecke Steinstraße/Alte Knochenhauerstraße* zerstört. An ihre Stelle setzten die Nationalsozialisten 1940 einen Bunker. An diesem befindet sich seit 1975 eine *Gedenktafel* mit der Inschrift:

> Hier stand die im Jahre 1875 eingeweihte Synagoge der Jüdischen Gemeinde zu Braunschweig. Sie wurde 1940 mutwillig zerstört. Dummheit und Unmenschlichkeit haben zunichte gemacht, was Glaube – Liebe – Weisheit schufen. Wir gedenken der Juden, die sich hier einst versammelten und in den Jahren 1933 bis 1945 ermordet, verschleppt, gedemütigt und ihrer Menschenwürde beraubt wurden!
> Hat nicht der mich erschuf auch Ihn erschaffen
> und einer uns im Mutterschoß bereitet?
> Hiob 31/15
> Gestiftet von Bürgern Braunschweigs anläßlich der 100jährigen Wiederkehr der Einweihung der Synagoge

Über 100 jüdische Bürger wurden nachts aus ihren Wohnungen geholt und verschleppt. Die noch in Braunschweig lebenden Juden mußten ihre Wohnungen aufgeben und in sogenannte Judenhäuser (Am Gaußberg 1, Ferdinandstraße 9, Hagenbrücke 6–7, Hamburger Straße 298, Henneberg-straße 7, Höhe 3, Meinhardshof 3, Neuer Weg 9, Wendenstraße 2) ziehen, von wo aus sie ab September 1941 in die Vernichtungslager im Osten deportiert wurden.

Auf dem *jüdischen Friedhof* in der *Helmstedter Straße* erinnert ein *Gedenkstein* an die jüdischen Opfer des Nationalsozialismus. Die hier beerdigten jüdischen Bürger Egon Bernstein (geb. 5. 12. 1897, gest. 11. 10. 1944), Betty Herz (geb. 23. 7. 1874, gest. 2. 7. 1942), Selly Meyerhoff, geb. von der Walde (geb. in Altona 11. 3. 1881, gest. 19. 12. 1941) und Abraham Ziegelstein (geb. in Treis, Kreis Gießen, 12. 7. 1879, gest. 10. 7. 1940) wurden in den Selbstmord getrieben. Das Schicksal der Braunschweiger Juden ist in einem *»Gedenkbuch für die jüdischen Mitbürger der Stadt Braunschweig«* dokumentiert.

Seit 1953 liegen auf dem *Städtischen Urnenfriedhof* in der Helmstedter Straße zehn Opfer des sogenannten Rieseberg-Verbrechens beerdigt. Über ihren Gräbern ist ein *Mahnmal* errichtet mit der Inschrift:

> Seid wachsam –
> damit unser Tod nicht vergeblich war

Am 29. Juni 1933 wurde im Braunschweiger Arbeiterviertel Eichtal bei der Durchsuchung einer Gaststätte durch einen SS-Trupp der SS-Mann Gerhard Landmann irrtümlich durch seine eigenen Leute erschossen. Viele Bewohner des Viertels wurden daraufhin verhaftet und in das AOK-Gebäude, das Hauptquartier der SA, oder in das »Volksfreund-Haus«, Sitz der Braunschweiger SS, geschleppt. Die Nazis lasteten den Tod des SS-Mannes den Kommunisten an. Am 4. Juli 1933, an dem auf Anordnung des Ministerpräsidenten Klagges ein Staatsbegräbnis für den SS-Mann stattfand, wurden nach dem Motto »Zehn Marxisten für einen toten SS-Mann« zehn Gefangene, Mitglieder oder Sympathisanten der KPD, aus den Häftlingen im AOK-Gebäude ausgesucht und auf einem Lastwagen nach Rieseberg, einem heutigen Ortsteil von Königslutter nahe Helmstedt, transportiert: Julius Bley, Chemigraph bei der Firma Grashoff, Hermann Böhme, Betriebsrat bei der Firma MIAG (Mühlen- und Industriebauten-AG), Hans Grimminger, Elektromonteur bei der MIAG, Kurt Heinemann aus Schöningen, Reinhold Liesegang, Schweißer bei der Firma Voigtländer, Willi Ludwig, Bahnarbeiter, Walter Römmling und Willi Steinfaß, beide Maschinenarbeiter bei der MIAG, der Angestellte Alfred Staats und ein Zehnter, dessen Name nicht bekannt ist. Auf dem Lkw fand sich bereits ein Gefangener aus dem »Volksfreund-Haus«, der parteilose Student Gustav Schmidt. Sie wurden zum »Pappelhof« in Rieseberg gebracht, einem Ferienheim der Gewerkschaften, das im März 1933 von der SA besetzt worden war. Nach fürchterlichen Folterungen wurde der Student Schmidt erhängt und die zehn anderen Männer von einem SS-Kommando in der Nacht des 4. Juli erschossen. Die Toten wurden auf dem Gelände des Rieseberger Friedhofs verscharrt. 1946 wurde auf dem Friedhof ein Gedenkstein mit den Namen der Opfer aufgestellt. Im Jahre 1953 wurden die Leichen exhumiert und eingeäschert. Zehn von ihnen wurden auf den *Städtischen Urnenfriedhof* nach *Braunschweig* überführt. Die Asche von Kurt Heinemann wurde auf den Friedhof seiner Heimatstadt Schöningen (s. dort) umgebettet. (s. auch Königslutter)

Auf dem *Städtischen Urnenfriedhof* sind unweit der Opfer des »Rieseberg-Verbrechens« folgende von den Nationalsozialisten ermordete Braunschweiger Bürger beigesetzt:

Hermann Basse: Der Sekretär der Eisenbahnergewerkschaft wurde nach Verhören und Folterungen von der SS am 1. Juli 1933 aus dem zweiten Stock des »Volksfreund-Hauses« geworfen; er wurde tot geborgen. In der Eingangshalle des DGB-Hauses in Braunschweig, Wilhelmstraße 5, ist eine Büste von ihm aufgestellt.

Rudolf Claus: Er war Kommunist und bei der verbotenen »Roten Hilfe« tätig. Er wurde 1934 verhaftet, im Juli 1935 durch eines der ersten Todesurteile des 1934 geschaffenen »Volksgerichtshofes« zum Tode verurteilt und am 17. Dezember 1935 in Berlin-Plötzensee hingerichtet.

August Fuhst: Er war Mitglied der KPD und wurde am 8. Januar 1945 wegen »Abhörens von Feindsendern« im Zuchthaus Brandenburg hingerichtet.

Paul Gmeiner: Er war vor 1933 Landtagsabgeordneter der KPD, wurde mehrere Male verhaftet und wieder freigelassen. Nach seiner Freilassung aus dem Konzentrationslager Dachau wurde er zu Kriegsbeginn erneut verhaftet und kam ins Konzentrationslager Sachsenhausen. Dort kam er am 18. April 1944 bei einem Bombenangriff auf das Außenkommando Heinkel-Flugzeugwerke, wo er zur Arbeit eingesetzt war, ums Leben.

August Grotehenne: Er war Gewerkschaftsfunktionär und Sozialdemokrat und starb an den Folgen von SS-Folterungen am 28. März 1933 in Langelsheim (s. dort u. Seesen).

August Merges, Schneider, war Sozialdemokrat und im Ersten Weltkrieg der führende Kopf der Braunschweiger Opposition gegen die Kriegspolitik des Kaiserreichs. Er wurde Mitglied der KPD (1919), war 1918/19 Präsident der Sozialistischen Republik Braunschweig und ging 1920 zur KAPD. Nach 1933 führte er in Braunschweig eine Widerstandsgruppe an. 1935 wurde er verhaftet und wegen »Hochverrats« zu drei Jahren Zuchthaus verurteilt. Nach seiner Entlassung aus dem Gestapo-Gefängnis Hamburg-Fuhlsbüttel wurde er erneut mehrfach festgenommen und mißhandelt. Am 6. März 1945 starb er im Alter von 75 Jahren an den Folgen der Haft. Nach ihm wurde die *Mergesstraße* in Braunschweig benannt.

Mathias Theisen, Gewerkschaftssekretär des Baugewerkbundes und SPD-Stadtverordneter, wurde am 25. März 1933 von der SA verhaftet und im »Volksfreund-Haus« mißhandelt. Er starb am 10. April 1933 an den Folgen der Folterungen im Krankenhaus St. Vincenz. Sein Tod zog ein weiteres Opfer nach sich: Der ihn behandelnde Arzt, Dr. Waldvogel, der über die Mißhandlungen empört war und von den Verletzungen Aufnahmen machen wollte, wurde bei der Gestapo denunziert und nahm sich das Leben. Nach Theisen wurde die *Theisenstraße* in Braunschweig benannt.

Adolf Wiese, geboren 24. April 1915 in Wolfenbüttel (weiteres unbekannt), wurde am 13. Februar 1933 von SA in Braunschweig erschlagen.

Auf dem Braunschweiger *Hauptfriedhof* in der *Helmstedter Straße 38* liegen viele ausländische Zwangsarbeiter und Kriegsgefangene begraben, die in Lagern oder an ihren Arbeitsplätzen umkamen. Auf einem Gräberfeld stehen ein *polnischer und ein sowjetischer Gedenkstein* zum »ewigen Gedenken« an die »Opfer des Faschismus«.

In einem weiteren großen Gräberfeld des Hauptfriedhofs liegen Bombenopfer Braunschweigs beerdigt. Unter den etwa 3 000 bei Bombenangriffen umgekommenen Menschen befanden sich viele ausländische Zwangsarbeiter und Kriegsgefangene, die während der Angriffe keine Schutzbunker aufsuchen durften. Bei Braunschweiger Betrieben bestanden insgesamt etwa 50 »Zivilarbeiterlager«. Als Außenkommando des Konzentrationslagers Neuengamme bestand unter anderem von Juni 1944 bis April 1945 das »Lager Büssing NAG«, auch als »Lager Schilldenkmal« bezeichnet (heute Betriebsgelände der Post in der Schillstraße), dessen Häftlinge für die Büssing NAG-Vereinigte Nutzkraftwagen GmbH arbeiten mußten. Von Mitte Januar bis Mitte Februar 1945 existierte in der SS-Reitschule (Salzdahlumer Straße) ein Außenkommando von Neuengamme mit weiblichen Häftlingen, die Trümmer beseitigen mußten. Das »Lager Mascherode«, Ecke Salzdahlumer Straße/Griegstraße, gehörte mit 1 200 Zwangsarbeitern zu den größten Braunschweiger Lagern.

Der »Arbeitskreis Holocaust« in der Evangelischen Studentengemeinde setzt sich für die Gestaltung des *alten katholischen Friedhofs* an der Hochstraße als *Gedenkstätte* ein. Hier wurden in den Jahren 1942 bis 1944 polnische, italienische, belgische, niederländische und französische Zwangsarbeiterinnen begraben. Die meisten waren nicht älter als 25 Jahre. Bislang existiert ein Gestaltungs- und ein Textentwurf, der folgenden Wortlaut hat:

> Täusche Dich nicht Freund.
> Die Opfer, deren Gräber Du hier siehst,
> sind nicht zufällig Opfer,
> sondern Opfer einer unsäglichen Barbarei.

Danach sollten einige Sachinformationen zum Friedhof folgen. Eigentümer des Geländes ist die Erzdiözese Hildesheim. Im Jahre 1992 errichteten Mitglieder des Arbeitskreises auf dem verwahrlosten Gelände weiße Holzkreuze sowie eine provisorische Gedenktafel, um auf die Dringlichkeit der Umgestaltung dieses Friedhofs hinzuweisen.

Eine Jugendgruppe der »Falken« hat am 1. September 1989 eine *Skulptur »Dem unbekannten Deserteur«* aufgestellt, die allerdings auf Betreiben der Braunschweiger Stadtverwaltung schnell wieder entfernt und von Studenten der Hochschule für Bildende Künste in Gewahrsam genommen wurde. Bis jetzt hat sich kein Standort für die Skulptur gefunden, sie steht im Falkenheim.

Straßenbenennungen:

Neben der *Mergesstraße* (s. oben) und der *Theisenstraße* (s. oben) sind in Braunschweig folgende Straßen nach Opfern der NS-Gewaltherrschaft benannt: Die *(Hermann-)Bassestraße* erinnert an den Gewerkschaftssekretär, der 1933 von der SS verhaftet und nach schweren Mißhandlungen im Volksfreund-Haus umgebracht wurde. – Die *(Paul-) Gmeinerstraße* ist nach dem Braunschweiger Politiker und Landtagsabgeordneten der KPD (1924–1933) benannt, der am 31. Januar 1933 verhaftet wurde und im Konzentrationslager Dachau inhaftiert war. Im September 1939 wurde Gmeiner ins KZ Sachsenhausen überführt, wo er 1944 ums Leben kam. – Eine nach *Heinrich Jasper* benannte *Allee* erinnert an den Juristen, braunschweigischen SPD-Ministerpräsident (1919/20, 1922–24, 1927–30) und Landtagsabgeordneten (1914–1933), der im Rahmen der »Gewitteraktion« 1944 in »Schutzhaft« genommen wurde und am 19. Februar 1945 im Konzentrationslager Bergen-Belsen ums Leben gekommen ist. – Die *(Rudolf-)Löhrstraße* gedenkt des sozialdemokratischen Landtagsabgeordneten (1922–1930) und Ortssekretärs der USPD der Stadt Braunschweig (1929–1933), der 1944 in KZ-Haft genommen wurde und im Frühjahr 1945 im KZ Bergen-Belsen ums Leben gekommen ist. – Eine *Straße* ist nach dem Vorsitzenden der sozialdemokratischen Landtagsfraktion *Kuno Rieke* (1927–1930) benannt, der 1933 nach Dänemark emigrierte, nach seiner Rückkehr 1935 verhaftet und ins KZ Dachau verschleppt wurde. Am 2. März 1945 kam Rieke dort ums Leben. – Die *(Heinrich-) Siemsstraße* ist nach dem sozialdemokratischen Landtagsabgeordneten (1920–1933) benannt, der 1944 in KZ-Haft genommen und 1945 im KZ Sachsenhausen ums Leben gekommen ist. – Die *(Heinrich-) Simonstraße* erinnert an den Stadtverordneten der SPD (1925–1933), der 1945 im Konzentrationslager ums Leben kam. – Die *(Gustav-)Steinbrecherstraße* erinnert an den SPD-Landtagsabgeordneten, der vor 1930 Innenminister des Freistaats Braunschweig war, 1933 nach Dänemark floh, 1934 nach Deutschland zurückkehrte, 1935 verhaftet und über das Konzentrationslager Dachau ins Konzentrationslager Mauthausen verschleppt wurde. Dort ist er in einer Nacht Ende Januar 1940 erfroren. – Die *(Otto-)Thielemannstraße* ist nach dem SPD-Landtagsabgeordneten und Redakteur bei der Zeitung »Braunschweiger Volksfreund« benannt, der nach Folterungen im »Volksfreund-Haus« nach Hamburg fliehen konnte, wo er im Mai 1933 erneut verhaftet wurde. Er kam in das Braunschweiger Gefängnis Rennelberg und 1936 in das Konzentrationslager Dachau, wo er am 17. März 1938 ermordet wurde.

Stadtrundfahrten veranstalten:
Aktionsgemeinschaft Antifaschistische Stadtrundfahrt, c/o Gerda Berndt, Franz-Trinks-Straße 1, 38102 Braunschweig. – Jugendring Braunschweig e.V., Nimes Straße 2, 38100 Braunschweig, Tel.: 0531/44950. Der Jugendring hat zusammen mit dem Arbeitskreis Andere Geschichte eine Broschüre herausgegeben: »Die andere Stadtrundfahrt – Braunschweig 1930–1945«, 2. Aufl. Braunschweig 1990. Außerdem hat der Jugendring 1991 eine Loseblatt-Sammlung »JURB-Stadterkundung« erstellt, die Beschreibungen und Dokumente zu 51 Stationen von Stadtrundgängen zur NS-Zeit enthält.

Kontakte:
Arbeitskreis »Holocaust in Braunschweig«, c/o Karl Schönfeld, Am Horstbleek 11, 38116 Braunschweig. – Arbeitskreis Andere Geschichte e.V., Frank Ehrhardt, Petritorwall 3, 38114 Braunschweig, Tel.: 0531/18957.

Jüdisches Museum:
Im Jahre 1987 wurde im Braunschweigischen Landesmuseum die Abteilung Jüdisches Museum (im Ausstellungszentrum Hinter Aegidien) wiedereröffnet. Sie präsentiert jüdische Kultur und Geschichte in Norddeutschland sowie die Situation der Juden im Konzentrationslager Bergen-Belsen und besitzt u.a. Quellen (z.B. über das »Kazet-Theater«) und Arbeiten jüdischer Künstler, die sich nach der Befreiung des Lagers Bergen-Belsen mit dem Holocaust auseinandergesetzt haben. Dem Museum ist eine Forschungsstelle zur Geschichte und Kultur des Judentums in Norddeutschland angeschlossen. Öffnungszeiten: Di–So 10–17 Uhr, Do 10–20 Uhr.
Kontakt: Braunschweigisches Landesmuseum, Abteilung Jüdisches Museum, Burgplatz 1, 38100 Braunschweig, Dr. Hans-Jürgen Derda, Tel.: 0531/484-2360.

Quellen/Literatur:
Bein, Reinhard, Widerstand in Braunschweig, Braunschweig 1985; Hammer, Walter, Hohes Haus in Henkers Hand – Rückschau auf die Hitlerzeit, auf Leidensweg und Opfergang deutscher Parlamentarier, Frankfurt a.M. 1956 (zu Paul Gmeiner, Heinrich Jasper, Gustav Steinbrecher, Mathias Theisen, Otto Thielemann); Kramer, Helmut (Hrsg.), Braunschweig unterm Hakenkreuz. Bürgertum, Justiz und Kirche. Eine Vortragsreihe und ihr Echo, Braunschweig 1981; Oehl, Alfred, Der Massenmord in Rieseberg 1933, hrsg. v. DGB Kreis Braunschweig-Wolfenbüttel, Braunschweig 1981; Roloff, Ernst-August, Bürgertum und Nationalsozialismus 1930–1933. Braunschweigs Weg ins Dritte Reich, Braunschweig 1980; Stadt Braunschweig (Hrsg.), Brunsvicensia Judaica. Gedenkbuch für die jüdischen Mitbürger der Stadt Braunschweig 1933–1945, Braunschweig 1966 (Braunschweiger Werkstücke, Bd. 35); Vögel, Bernhild, »Entbindungsheim für Ostarbeiterinnen«, Braunschweig/Broitzemer Straße 200, Hamburg 1989; Wysocki, Gerd, Deutsche und ausländische Arbeiter und Arbeiterinnen in Braunschweig während des Zweiten Weltkrieges (1939–45), in: Braunschweiger Arbeiterschaft (1890–1950), Braunschweig 1988 (Braunschweiger Werkstücke, Bd. 68), S. 51–77.

Brual-Rhede

siehe Rhede, Ems und Papenburg

Buchholz in der Nordheide

Im Wald bei Buchholz-*Seppensen* in der Nordheide, 40 Kilometer südlich von Hamburg, steht das Wohn- und Ferienheim *»Heideruh«*, das nach dem Krieg zu einem *Ferienheim für NS-Verfolgte* umgebaut wurde. Eigentümer der Anlage ist die Genossenschaft »Erholungsheim Seppensen«, ein Zusammenschluß ehemaliger Widerstandskämpfer, die das Haus mit Hilfe von Spenden in mühevoller Arbeit renoviert und ausgebaut haben.

Kontakt:
Wohn- und Ferienheim Heideruh e.V., Ahornweg 45, 21244 Buchholz in der Nordheide, Tel.: 04181/8726.

Burgdorf, Kreis Hannover

An einem Schuhgeschäft in der *Poststraße* erinnert eine *Gedenktafel* an die ehemalige Synagoge mit den Worten:

> Dieses 1911 erbaute Haus diente der
> Jüdischen Gemeinde als Synagoge.
> 1939 erwarb die Stadt Burgdorf das
> Gebäude und nutzte es bis in 1959 als
> Bücherei, bevor es 1961 weiterverkauft
> wurde.

In der sogenannten »Reichskristallnacht« vom 9./10. November 1938 blieb die Synagoge vor einer Inbrandsetzung durch die Nationalsozialisten verschont, weil der Stadtbrandmeister es abgelehnt hatte, für die angrenzenden Häuser den Feuerschutz zu übernehmen. Im März 1942 wurden die Juden aus Burgdorf mit einem Transport von 800 Juden aus Hannover und Umgebung in das Warschauer Ghetto deportiert.

Celle

Die Stadt Celle hat im Sommer 1990 einen künstlerischen Wettbewerb für die Gestaltung eines *Mahnmals* zum Gedenken an KZ-Häftlinge aus ganz Europa ausgeschrieben, die vom 8. bis 12. April 1945 in Celle Opfer nationalsozialistischen Terrors wurden. Bei einem Bombenangriff der US-Luftflotte am 8. April 1945 auf den Celler Bahnhof wurde auch ein Zug mit Häftlingen aus dem Außenkommando Salzgitter-Drütte des Konzentrationslagers Neuengamme getroffen, der auf der Fahrt von Drütte nach Bergen-Belsen auf dem Celler Bahnhof neben einem Personenzug der Wehrmacht, einem SS-Lazarettzug und einem Munitionszug hielt. In dem Zug befanden sich 4 000 KZ-Häftlinge, die in Salzgitter-Drütte für die »Reichswerke Hermann Göring« Flakmunition und Bomben hergestellt hatten und in der Nacht vom 7. auf den 8. April aus Drütte »evakuiert« wurden. Bei dem Bombenangriff kam mindestens die Hälfte von ihnen ums Leben. Nach der ersten Detonation eröffneten die den KZ-Zug begleitenden Wachmannschaften das Feuer auf fliehende Häftlinge. Tagelang zogen SS und SA, Polizei, Volkssturm, Feuerwehrleute und Celler Bürger in Greifkommandos durch die Stadt und schossen entflohene KZ-Häftlinge nieder. Bei der Menschenjagd wurden 1 100 lebend aufgegriffen und auf einem Sportplatz zusammengetrieben, 30 von ihnen waren zur Exekution bestimmt. Die Hälfte der Überlebenden mußte zu Fuß nach Bergen-Belsen marschieren, der Rest wurde in eine Celler Kaserne gepfercht. Als die britischen Truppen am 12. April die Stadt besetzten, fanden sie darin einige hundert Tote und Sterbende vor.
Das *Mahnmal* in den *Triftanlagen*, welches der Künstler Jonny Lusius aus Bad Neuenahr realisiert hat, wurde am 8. April 1992 eingeweiht. Es stellt ein Quadrat aus Stahl dar, in dessen Mitte eine Buche eingepflanzt ist. Auf einer Seite steht die Widmung:

> Den KZ-Häftlingen aus ganz Europa,
> die vom 8. bis zum 12. April 1945 in
> Celle Opfer nationalsozialistischer
> Unmenschlichkeit wurden

Eine zusätzliche *Gedenktafel* informiert über die historischen Zusammenhänge:

> Am 8. April 1945 – vier Tage vor der Besetzung durch alliierte Truppen war Celle das Ziel eines großangelegten Luftangriffs. Dabei wurde auf einem Rangiergleis des Güterbahnhofs ein Zug getroffen, der ungefähr 4 000 Männer, Frauen und Jugendliche aus mehreren Außenlagern des KZ Neuengamme nach/
> Bergen-Belsen bringen sollte. Als diejenigen Häftlinge, die den Bomben entgangen waren, sich in Sicherheit zu bringen suchten, machten Angehörige der NSDAP und ihrer Formationen, Wehrmacht, Polizei/
> sowie des Volkssturms im Stadtgebiet und im nahege-/
> legenen Neustädter Holz Jagd auf sie und richteten ein Blutbad unter ihnen an. Etwa 500 der Überlebenden/
> wurden von der SS schließlich zu Fuß nach Bergen-Belsen getrieben.

Mehrere hundert Menschen sind auf dem *Waldfriedhof* an der *Fuhrberger Straße* bestattet, die bei dem Bombenangriff am 8. April 1945 ums Leben gekommen sind, darunter über 300 KZ-Häftlinge aus Salzgitter-Drütte. Auf der Gedenkstätte des Friedhofs liegt eine *Gedenkplatte* mit der Inschrift:

> Ruhestätte der Opfer der NS-Gewaltherrschaft

Dahinter stehen drei Holzkreuze ohne Inschrift. Von den hier bestatteten KZ-Häftlingen, auf deren Schicksal es hier keinen Hinweis gibt, sind 56 namentlich bekannt. Auf Antrag der SPD-Fraktion wurden 1989 durch das Garten- und Friedhofsamt zusätzliche *Hinweisschilder* aufgestellt.
Auf den Vorschlag der SPD-Fraktion von 1988, eine Gedenktafel im Bereich des Celler Bahnhofs anzubringen, reagierte die Deutsche Bundesbahn mit Ablehnung. Als Begründung führte sie an, das Denkwürdige an dem Ereignis vom 8. April 1945 in Celle sei nicht die Bombardierung des Bahnhofs, sondern die Verfolgung und Ermordung der entflohenen KZ-Häftlinge gewesen. Dieses Geschehen stehe in keinem örtlichen Bezug zu den Bahnhofsanlagen.

Unter den auf kommunalen Friedhöfen in Celle beerdigten Opfern der Gewaltherrschaft und des Krieges befinden sich auch ausländische Zwangsarbeiter und Kriegsgefangene. Auf den Gräberfeldern gibt es keine näheren Hinweise. Im Gebiet der Stadt Celle gab es verschiedene Lager, in denen ausländische Zwangsarbeiter und Zwangsarbeiterinnen untergebracht waren. Auch Kriegsgefangene wurden in Celler Betrieben zur Zwangsarbeit eingesetzt.

Die *Synagoge* in Celle wurde in der Pogromnacht vom 9./10. November 1938 wegen der unmittelbar angrenzenden Wohnhäuser nicht in Brand gesteckt; ihr Innenraum wurde jedoch verwüstet. Anfang der 70er Jahre wurde sie von der Stadt Celle restauriert und als *»Jüdische Kult- und Gedenkstätte«* mit einem kleinen Museum im ehemaligen jüdischen Schulgebäude ausgestattet (Einweihung 1974). Seit 1985 befindet sich im Vorraum eine *Gedenktafel* mit dem Text:

Zum immerwährenden Gedenken
an die jüdischen Mitbürger von Celle,
die in den Jahren von 1933 bis 1945
der Gewaltherrschaft zum Opfer fielen.
Die Stadt Celle.

An einem gesonderten Platz haben ehemalige jüdische Bürger zum Gedenken an ihre in Lagern verstorbenen Familienmitglieder kleine Tafeln angebracht.
Der Synagogenraum dient der Gesellschaft für Christlich-Jüdische Zusammenarbeit als Vortragsraum. Auf der Frauenempore werden wechselnde Ausstellungen gezeigt, die sich mit jüdischer Kultur sowie mit der Verfolgung der Juden durch die Nationalsozialisten befassen. Auf Wunsch wird die Synagoge bei Stadtführungen gezeigt.

Auf dem *jüdischen Friedhof* der Stadt Celle befinden sich Gräber von Opfern des Konzentrationslagers Bergen-Belsen, die nach der Befreiung im Laufe des Jahres 1945 in Celle verstorben sind.

Die »Jüdische Kult- und Gedenkstätte« in der ehemaligen Synagoge und der jüdische Friedhof in Celle sind Anfahrtsziele bei den Tagesfahrten, die die Bremer Landeszentrale für politische Bildung für Teilnehmer aus Bremen und Umgebung zur Gedenkstätte Bergen-Belsen durchführt. Anmeldungen bei: Landeszentrale für politische Bildung, Osterdeich 6, 28203 Bremen, Tel.: 04 21/3 61 29 22.

Der Rat der Stadt Celle hat beschlossen, daß jeder Celler Schüler mindestens einmal die Gedenkstätte Bergen-Belsen besuchen soll. Die Kosten hierfür trägt die Stadt.

Kontakt:
Geschichtswerkstatt Faschismus, Hans Peter Haberkorn, Denickestraße 81, 29225 Celle.

Literatur:
Bertram, Mijndert, April 1945. Der Luftangriff auf Celle und das Schicksal der KZ-Häftlinge aus Drütte, Celle 1989 (Schriftenreihe des Stadtarchivs Celle und des Bomann-Museums. Heft 18); Münkel, Daniela, Bauern und Nationalsozialismus. Der Landkreis Celle im Dritten Reich, Bielefeld 1990; Stadt Celle (Hrsg.), Zur Geschichte der Juden in Celle. Festschrift zur Wiederherstellung der Synagoge, bearbeitet von John Busch/Jürgen Ricklefs, Celle 1974.

Clausthal-Zellerfeld

Am *Hirschler Brink* bei Clausthal-Zellerfeld, Kreis Goslar, erinnert ein *Gedenkstein* an 22 auf einem »Evakuierungs«-marsch erschossene KZ-Häftlinge, die sich vermutlich auf dem Wege aus dem Konzentrationslager Dora-Mittelbau nach Bergen-Belsen befanden. Die Inschrift des Gedenksteins lautet:

Hier wurden am 9. April 1945
22 KZ-Häftlinge aus verschiedenen
Nationen erschossen. Künftigen
Generationen zur Mahnung
wurde dieser Gedenkstein geschaffen.

Die Toten wurden exhumiert und in ihre Heimatländer überführt.

Auf dem parkähnlich gestalteten Ehrenfriedhof *»An den Pfauenteichen«* liegen sowjetische Zwangsarbeiter und Zwangsarbeiterinnen sowie Kriegsgefangene und auch einige sowjetische Kinder begraben. Es gibt keine Grabtafeln mit Geburts- und Sterbedaten. Ein hoher viereckiger Stein mit eingemeißelten Namen weist auf hier beerdigte 133 Sowjetbürger hin. Einige von ihnen kamen an dem als Todesdatum angegebenen 7. Oktober 1944 bei einer Bombardierung von Rüstungsbetrieben in Clausthal-Zellerfeld ums Leben. Ein zweiter Stein trägt in kyrillischer Schrift die Namen von 17 in den Jahren 1942 und 1943 verstorbenen Sowjetbürgern, die 1963 von Lahstedt-Gadenstedt hierher umgebettet wurden.

Weitere ausländische Zwangsarbeiter, vor allem polnische Frauen und Männer und auch einige Kinder, liegen auf dem *evangelischen* und dem *katholischen Friedhof* begraben.

In Clausthal-Zellerfeld gab es mehrere Lager für ausländische Zwangsarbeiter, die in der Rüstungsindustrie eingesetzt wurden. Die Lebens- und Arbeitsbedingungen waren äußerst hart. Die größten Lager unterhielt die zur Dynamit AG (Nobel) gehörige »Fabrik Clausthal der Gesellschaft zur Verwertung chemischer Erzeugnisse«.

Cloppenburg

Bei dem *jüdischen Friedhof, Ecke Krankenhausstraße/Ritterstraße,* stand die Synagoge der Jüdischen Kultusgemeinde. Seit 1983 steht an ihrer Stelle eine *Sandsteinsäule* mit einer *Bronzeplatte*, auf der zu lesen steht:

Hier stand die Synagoge,
das Gotteshaus der Jüdischen Gemeinde
Cloppenburg
frevelhaft zerstört am 9. November 1938
Der Friedhof unserer jüdischen Mitbürger soll
erinnern und ewig mahnen.
Laßt uns Frieden halten!
[darunter in hebräischer Schrift:]
Es soll Friede sein in der ganzen Welt

In der »Reichskristallnacht« vom 9. auf den 10. November 1938 wurde die Synagoge angezündet und brannte vollständig nieder. Von 30 Cloppenburger Juden kamen zehn in Konzentrationslagern ums Leben, die anderen mußten emigrieren.

Literatur:
Hinrichs, Ulrike, Die Jüdische Gemeinde in Cloppenburg, in: Beiträge zur Geschichte der Stadt Cloppenburg, Bd. 2, 1988, S. 357–365.

Coppenbrügge

Auf dem Friedhof im Ortsteil *Hohnsen* steht auf einem Sammelgrab ein *Grabstein* mit der folgenden Inschrift:

> Hier ruhen sechs unbekannte
> russische Soldaten,
> gefallen am 6. 4. 45
> durch Tieffliegerangriff

Cremlingen

Auf dem ehemaligen Gelände des Außenkommandos *Schandelah* des Konzentrationslagers Neuengamme an der *Landstraße 633* von Hordorf nach Scheppau, am Ortseingang der heutigen Siedlung Wohld-Schandelah in Cremlingen, Kreis Wolfenbüttel, wurde am 6. Mai 1985 von der Gemeinde Cremlingen ein *Gedenkstein* mit folgender Inschrift enthüllt:

> Wir lernen nur, wenn wir nicht vergessen.
>
> Hier bestand in der Zeit von Mai 1944 bis April 1945
> ein Außenlager des Konzentrationslagers
> Neuengamme.
> Etwa 800 Häftlinge aus vielen Nationen waren unter
> unmenschlichen Arbeitsbedingungen zum Abbau
> von Öl-/
> schiefer eingesetzt. Weit über 130 von ihnen starben
> durch Mißhandlungen, an Unterernährung und
> Krankheit./
> Nach dem Ende des Krieges fanden die Toten,
> die nicht/
> in ihre Heimat überführt wurden, auf dem Friedhof in
> Scheppau ihre letzte Ruhestätte.
> Nie wieder Faschismus, nie wieder Krieg.

Die Häftlinge des Außenkommandos waren bei der Firma Steinöl GmbH, Braunschweig, eingesetzt. Die Arbeit in Kalk- und Zementwerken und die Lebensbedingungen waren sehr hart. Insgesamt etwa 300 der zeitweise 800 Häftlinge wurden wegen völliger Entkräftung und Arbeitsunfähigkeit nach Neuengamme zurücktransportiert. Nach den heimlichen Aufzeichnungen von Dr. Fritz Zschirpe, der als Arzt in Schandelah für die verstorbenen Häftlinge Totenscheine ausstellen mußte, starben zwischen November 1944 und April 1945 129 Häftlinge. Das Lager wurde am 12. April 1945 »evakuiert«: Die Häftlinge wurden in Güterwaggons nach Wöbbelin, ebenfalls Außenkommando von Neuengamme, transportiert.
113 Tote des Lagers Schandelah wurden 1954 auf den Gemeindefriedhof Scheppau, heute Ortsteil von Königslutter (s. dort), umgebettet. 19 der Toten konnten nach dem Totenbuch von Neuengamme identifiziert werden. Geburts- und Todesdaten, Nationalität der hier begrabenen NS-Opfer und die Ursache ihres Todes sind nicht angegeben.

Die *Fritz-Zschirpe-Straße* in Cremlingen erinnert an den kurz vor der »Evakuierung« des Lagers Schandelah von SS-Leuten ermordeten Arzt Fritz Zschirpe. Er hatte Einblick in die Lagersituation gehabt und sich geweigert, auf den Totenscheinen der Häftlinge falsche Todesursachen anzugeben.

Cuxhaven

Eine *Gedenktafel* an der Front-Fassade des *Reyeschen Hauses* in der *Südersteinstraße* erinnert seit 1992 an die verfolgten und ermordeten Cuxhavener Juden. Sie trägt die Inschrift:

> Den jüdischen Bürgerinnen und Bürgern
> der Stadt Cuxhaven zum Gedächtnis.
> Sie ließen im Jahre 1816 im Flecken
> Ritzebüttel eine Synagoge errichten.
> In der Zeit der nationalsozialistischen
> Gewaltherrschaft wurden sie terrorisiert,
> aus der Stadt vertrieben und ermordet.

Auf dem *jüdischen Friedhof* in Cuxhaven-*Brockeswalde* erinnert ein *Gedenkstein* an eine vermutlich deportierte und in Vernichtungslagern umgebrachte jüdische Familie:

> Zum Gedenken an
> Sofie, Alexander, Erich, Hans Schorfstein

Die letzte Beisetzung auf diesem Friedhof fand im Jahre 1936 statt.

Durch Ratsbeschluß vom 4. Juni 1948 wurden *drei Straßen* nach Opfern des Nationalsozialismus benannt: Nach dem Fischdampferkapitän Karl Alexander, der nach dem 20. Juli 1944 verhaftet wurde und im KZ Neuengamme umkam, erhielt die *»Kapitän-Alexander-Straße«* ihren Namen. Der *»Heinrich-Grube-Weg«* hält die Erinnerung an den Stadtoberinspektor und Leiter des Wohlfahrtsamtes sowie SPD-Stadtverordneten Heinrich Grube wach, der ebenfalls nach dem gescheiterten Hitler-Attentat im Sommer 1944 verhaftet und am 16. November 1944 im KZ Neuengamme umgebracht wurde. Eine weitere *Straße* wurde nach *Wilhelm Heidsiek* benannt, der von 1920 bis 1933 Redakteur des Cuxhavener Volksblattes »Alte Liebe« war. Bis 1933 war er sozialdemokratischer Stadtverordneter. Er kam am 7. November 1944 in Neuengamme ums Leben.

Kontakte:
Stadtrundfahrten werden von einer Arbeitsgruppe der Gewerkschaft Erziehung und Wissenschaft (GEW) Cuxhaven, Heino Oellerich, Wielandstraße 4, 27478 Cuxhaven durchgeführt. Die 1983 verfaßte Broschüre der Arbeitsgruppe, »50 Jahre danach. Stadtrundfahrten zu historisch bedeutsamen Stätten der Zeit von 1933–1945 in Cuxhaven« erscheint in erweiterter Form, herausgegeben vom »Förderverein zur Geschichte der Arbeiterbewegung in Stadt und Landkreis Cuxhaven e.V.«. Bezug beim Förderverein: Lehmkuhle 2, 27472 Cuxhaven.

Quellen/Literatur:
Büsing, Karin u.a., Jahrgang 1888. Karl Olfers und seine Weggefährten Heinrich Grube und Wilhelm Heidsiek, Hrsg.: Stadt Cuxhaven, Cuxhaven 1988; Dettmer, Frauke, Juden im Amt Ritzebüttel und der Stadt Cuxhaven, o.O. o.J. (1991) (die Arbeit basiert auf einer Dissertation von 1988); Kahle, Hans-Jürgen, »... dessen Konservierung im Zuchthaus sinnlos wäre!« Todesurteile der Militärjustiz in Cuxhaven und Bremerhaven 1939–45, Cuxhaven 1992; Ders./Neumann, Wolfgang (Hrsg.), Geheime Staatspolizei-Außendienststelle Cuxhaven, Cuxhaven 1989.

Dalum siehe Geeste und Papenburg

Dassel, Solling

Vor der *Martinskirche* im Ortsteil Oldendorf des Fleckens *Markoldendorf* hat die evangelische Kirchengemeinde 1989 einen *Baum* zum Gedenken an den Kriegsdienstverweigerer Hermann Stöhr gepflanzt. Auf einer kleinen *Tafel* steht der Text:

> Zum Andenken an den Christen und Pazifisten
> Hermann Stöhr/
> 4. 1. 1898 – Hingerichtet am 21. 6. 1940 in Berlin,
> weil er den/
> Kriegsdienst verweigerte. Gedenkbaum –
> gepflanzt in der/
> Friedensdekade 1989.

Hermann Stöhr wurde wegen »Wehrkraftzersetzung« vom Reichskriegsgericht zum Tode verurteilt und in Berlin-Plötzensee hingerichtet. Als überzeugter Christ hatte er sich geweigert, den offiziellen Eid auf Adolf Hitler zu leisten und hatte damit jeglichen Kriegsdienst verweigert. Die Initiative für diese Gedenkstätte ging von einem engagierten Bürger, Erich Volger aus Markoldendorf, und dem früheren Pastor Wilhelm Stern aus, die sich für die Benennung eines Platzes oder einer Straße nach Hermann Stöhr eingesetzt hatten. Nach langen Bemühungen lehnten schließlich der Ortsrat Markoldendorf und auch der Stadtrat Dassel eine solche Benennung ab.

Deblinghausen siehe Steyerberg

Delligsen

Auf dem Delligser *Friedhof* finden sich die *Gräber* von Sowjetbürgern, die in der Zeit des Nationalsozialismus ums Leben gekommen sind. Vermutlich handelt es sich um Zwangsarbeiter. In mehreren Lagern waren rund 1 500 Russen, Ukrainer, Polen, Italiener und Franzosen untergebracht, die für den Rüstungsbetrieb August Engels GmbH arbeiten mußten. Auf dem Werksgelände befand sich auch ein »Arbeitserziehungslager«, das der Firma angegliedert war.
Auf demselben Friedhof erinnert ein *Gedenkstein* an die in Konzentrationslagern ermordeten Delligser Juden.

Kontakt:
Heimat- und Geschichtsverein Holzminden, Arbeitsgruppe »Drittes Reich«, Detlef Creydt, Köhlerweg 2, 37603 Holzminden.

Delmenhorst

Auf dem *städtischen Friedhof* in Delmenhorst-*Bungerhof* erinnert ein *Gedenkstein* an Zwangsarbeiter und Kriegsgefangene, die in Delmenhorst ums Leben gekommen sind. Der von Überlebenden der Lager errichtete Gedenkstein trägt die kyrillische Inschrift:

> Fern ihrer Heimat fanden hier
> 127 Ukrainer und Russen
> ihre ewige Ruhestätte.
> Ewiges Gedenken!

Ein Verzeichnis im Stadtarchiv weist 59 der hier begrabenen Menschen nach. Das früheste Todesdatum ist mit dem 21. April 1942 angegeben. Mehr als die Hälfte der Zwangsarbeiter war unter dreißig Jahre alt. Abgesehen von den kleinen und mittelständischen Delmenhorster Firmen, die Zwangsarbeiter beschäftigten, gab es in allen großen Firmen

Zwangsarbeiterlager: In den umfangreichen Produktionsstätten der »Weser-Flugzeugbau GmbH (WFG)« mußten bis zu 1 000 Zwangsarbeiter arbeiten, die in einem Lager auf dem Werksgelände in der Schlüsselstraße, in einem Lager in der Lerchenstraße und einem Barackenlager in der Schönemoorer Straße untergebracht waren. Auch die »Focke-Wulf-Flugzeugbau AG« und die Firma »Focke-Achgelis & Co.« beschäftigten Zwangsarbeiter. Die »Deutsche Arbeits-Front« (DAF) unterhielt drei »Zivilarbeiterlager« mit einer Belegstärke von jeweils 250 bis 400 ausländischen Zwangsarbeitern, die »Norddeutsche Woll- & Kammgarnindustrie Delmenhorst« hatte in verschiedenen Lagern 800 Zwangsarbeiter.

Am Eingang des *jüdischen Friedhofs* in der *Syker Straße* wurde im November 1979 ein *Gedenkstein* mit einer hebräischen und deutschen Inschrift errichtet:

> Ungestillt rinnt die Träne um
> die Erschlagenen unseres Volkes.
> Zur Erinnerung und Mahnung.

Literatur:
Glöckner, Paul Wilhelm, Delmenhorst unter dem Hakenkreuz. Bd. I: Aufstieg und Machtübernahme der NSDAP in Delmenhorst von 1926–1933, Delmenhorst 1982. Bd. II: Der Widerstand, Delmenhorst 1983; Meyer, Enno, Geschichte der Delmenhorster Juden, Oldenburg 1985 (Oldenburger Studien 26).

Diepholz

Auf dem *jüdischen Friedhof* im Stadtteil *Ovelgönne*, zwischen *Schlesier-* und *Pommernstraße*, steht ein *Gedenkstein* mit der Inschrift:

> Zum Gedenken an die Mitglieder
> der Synagogengemeinde Diepholz,
> die hier auf diesem Friedhof
> ihre Ruhe gefunden haben.
> Allen unvergeßlichen fern der
> Heimat umgekommenen Opfern einer
> Zeit, in der die Liebe und Achtung
> vor den Mitmenschen gestorben war,
> 1933 – 1945.
> Für Dich ließen wir uns würgen alle Tage.
> Geächtet wie die Schafe an der Schlachtbank.
> 44. Psalm, 23. Vers

In der Pogromnacht im November 1938 wurden die Synagoge in der Mühlenstraße 5 demoliert und die Gräber verwüstet. Zu Kriegsbeginn haben die Nazis die Gräber vollständig eingeebnet. Nach dem Krieg wurde die Synagoge auf Betreiben der britischen Besatzungsmacht wiederhergestellt, aber Mitte der 50er Jahre verkauft und abgerissen. Heute befindet sich an der Stelle ein Wohn- und Geschäftshaus.

Die *Robergstraße* und die *Fontheimstraße* in einem Neubaugebiet erinnern seit 1980 an jüdische Familien, die im März 1942 von der Gestapo deportiert wurden und deren Angehörige in Konzentrationslagern ums Leben gekommen sind. Siegfried Simon Fontheim, der 1937 in Berlin starb, hatte seiner Heimatstadt Diepholz verschiedene Schenkungen gemacht, beispielsweise im Jahre 1905 ein Buntglasfenster für den Ratssaal.

Dinklage

Die *Burg Dinklage*, im oldenburgischen Kreis Vechta, heute Benediktinerinnen-Abtei, ist der Geburtsort von Kardinal Clemens August Graf von Galen. Anläßlich seines 100. Geburtstages im Jahre 1978 wurde an der *Burgmauer* eine *Gedenktafel* mit folgender Inschrift enthüllt:

> Clemens August Graf von Galen wurde
> am 16. März 1878 auf Burg Dinklage geboren.
> 1933 wurde er zum Bischof von Münster geweiht.
> 1945 ernannte ihn Papst Pius XII. zum Kardinal.
> Er starb am 22. März 1946.
> Er fürchtete nicht den Tod, vor dem
> er andere schützte.
>
> [Es folgen sein Bischofswappen und sein Wahlspruch:]
> »Nec laudibus nec timore«

Vor der *Pfarrkirche St. Katharina* steht ein *Ehrenmal* für Clemens August Graf von Galen mit seinem Wahlspruch:

> »Nec laudibus
> nec timore«
>
> [Weder durch Lob lasse ich mich ködern,
> noch durch Furcht einschüchtern.]

Bischof Clemens August Graf von Galen protestierte im Sommer 1941 öffentlich in drei Predigten von der Kanzel der Lambertikirche in Münster gegen die von den Nazis als »Euthanasie« verschleierte Mordaktion, die Massentötung von alten, kranken oder aus anderen Gründen für »lebensunwert« erklärten Menschen. (Näheres s. NRW: Münster)

Auf dem *Gemeindefriedhof* sind vier sowjetische Kriegsgefangene, die zwischen August 1942 und Februar 1945 in Dinklage verstarben, und ein Zwangsarbeiter aus Polen sowie eine sowjetische Zwangsarbeiterin begraben. Vermutlich stammten die Zwangsarbeiter aus den Lagern in den Stadtteilen Langwege und Bünne.

Dörpen

Auf dem Gebiet der heutigen Gemeinde Dörpen befand sich das Lager IV *Walchum,* das zum Komplex der 15 »Emslandlager« gehörte, die zwischen 1933 und 1938 entlang der Ems zwischen Papenburg im Norden und Lingen im Süden errichtet wurden und wechselnde Funktionen hatten. Der Sitz der zentralen Verwaltung der »Emslandlager« war in Papenburg (Näheres s. dort).

Das Gelände des ehemaligen Lagers erreicht man von Walchum aus über die Nord-Süd-Straße, biegt rechts ab in Richtung Neudersum, und nach etwa 200 Metern sieht man auf der linken Seite einen Bauernhof, der auf dem Gelände des ehemaligen Lagers liegt. Eine Kastanienreihe ist das einzige sichtbare Dokument der Lagerzeit. Die Baracken der Wachmannschaften standen links der Baumreihe, die der Häftlinge rechts. Der Abbruch der Baracken erfolgte bereits in den 50er Jahren. Eine *Informationstafel,* die Teilnehmer eines internationalen Jugend-Workcamps mit Genehmigung der Landwirte, denen das Land heute gehört, aufgestellt hatten, ist zerstört und wurde noch nicht ersetzt. Sie enthielt den Text:

> An dieser Stelle befand sich während der faschistischen Gewaltherrschaft das Schutzhaftlager IV, Walchum. Es wurde 1934 zum ersten Mal mit 1 000, ab 1937 mit 1 500 Gefangenen belegt. Die Gefangenen mußten unter brutalen Bedingungen im Moor arbeiten. Viele kamen dabei ums Leben! 1944 wurde das Lager von Häftlingen geräumt. Im Sockel sind Originalsteine aus dem Lager.

Auf dem Dörpener »Ehrenfriedhof« finden sich die Gräber von 20 Polen, wahrscheinlich Kriegsgefangene.

Literatur:
Studienkreis Deutscher Widerstand, Niedersachsen II, S. 126 (s. Literatur zu Niedersachsen).

(s. auch Papenburg)

Dörverden

Das *Kriegerdenkmal* auf dem Grundstück der Kirchengemeinde St. Cosmai et Damiani in Dörverden wurde im November 1985 um drei *Bronzetafeln* erweitert, von denen eine Gedenktafel sehr pauschal auch die Opfer des Nationalsozialismus einschließt. Nachdem die Errichtung einer Gedenkstätte für »Fremdarbeiter« in Dörverden an den politischen Mehrheitsverhältnissen gescheitert ist, hat man sich auf den Kompromiß einigen können, verschiedener Opfergruppen gemeinsam zu gedenken. Es heißt auf der Tafel:

> Im Gedenken an die Opfer von Krieg,
> Gewalt und Unrecht
> bekennen wir uns zum Frieden
> zwischen den Menschen;
> zum Frieden zwischen den Völkern.

Das »Steinlager« in Dörverden war mit 2 275 Zwangsarbeitern aus ganz Europa das größte Zwangsarbeiterlager im Landkreis Verden. Es erstreckte sich über das Gelände zwischen der Diensthoper Straße und dem Neuen Ring, von der Bahnhofstraße im Süden bis zum Warburgweg im Norden und bestand von 1941 bis 1945. Noch heute läßt sich an der Anlage der barackenartigen Häuser die Lagerstruktur erkennen. Der Lagereingang befand sich an der Ecke Diensthoper Straße/ Berliner Straße. Nach Zeitzeugenaussagen soll das Lager in eine »Westarbeiter«- und eine »Ostarbeiter«abteilung eingeteilt gewesen sein. Die hier internierten Männer und Frauen mußten in der Barmer Schießpulver- und Kampfstoff-Fabrik »Eibia GmbH für chemische Produkte«, einer Tochter der Firma Wolff & Co, arbeiten. Auf dem örtlichen Friedhof finden sich noch einige Gräber der hier Verstorbenen.

Literatur:
Gemeinde Dörverden (Hrsg.), Das Steinlager Dörverden. Ein Bericht, zusammengestellt u. bearb. von Klaus Schütte, Dörverden 1987.

Dornum, Ostfriesland

Der »Verein Synagoge Dornum« richtet im zentral gelegenen Gebäude der ehemaligen Synagoge in der *Kirchstraße 5,* das die Gemeinde Dornum für 25 Jahre gepachtet hat, ein *Gedenk- und Informationszentrum* ein. Im Jahre 1991 wurde das denkmalgeschützte Gebäude saniert und wieder in seinen ursprünglichen Zustand gebracht. Der Hauptbetraum enthält wieder Bänke und Thoraschrein. In den seitlich gelegenen ehemaligen Frauentrakten wird eine Ausstellung zu Religion und Geschichte sowie über das Leben der Dornumer Juden gezeigt.

Kontakt:
»Verein Synagoge Dornum«, Vorsitzender: Georg Murra-Regner, Schulweg 6, 26553 Dornum.

Dransfeld

Im Jahre 1975 wurde in Dransfeld, Kreis Göttingen, am Gebäude der ehemaligen Synagoge in der *Gerlandstraße* eine *Gedenktafel* mit folgender Inschrift angebracht:

Diese Synagoge – 1810 erbaut –
entging den Brandstiftungen des
9. XI. 1938. Die hier beteten,
wurden vertrieben oder vernichtet.
Bewahret ihr Vermächtnis!
1951–1975 Kapelle der katholischen
Gemeinde.

Das Gebäude der ehemaligen Synagoge steht unter Denkmalschutz. Es wurde verkauft und wird heute privat genutzt. In Dransfeld gibt es keine Jüdische Gemeinde mehr.

Duderstadt

Am 7. September 1980 wurde am Wall am *Neutor* in Duderstadt, Kreis Göttingen, ein *Gedenkstein* für die verfolgten und ermordeten jüdischen Bürger der Stadt und die frühere Synagoge enthüllt. Er stellt eine in Flammen stehende Säule dar und trägt folgende Inschrift:

Zum Gedenken an die jüdischen Mitbürger
unserer Stadt und an die
im Jahre 1938 zerstörte Synagoge –
Den Lebenden zur Mahnung

Auf dem *jüdischen Friedhof, Am Gänseweg,* dessen gesamter alter Grabsteinbestand vernichtet ist, wurde am 23. August 1953 eine *Gedenkstätte* eingeweiht. Drei Stelen enthalten die Namen der unter den Nationalsozialisten umgekommenen Mitglieder der Jüdischen Kultusgemeinde Duderstadt, und ein Gedenkstein trägt den Text:

Zum Gedenken der jüdischen Gemeindemitglieder
in Duderstadt, welche hier beigesetzt wurden,
und der unvergessenen Opfer, welche durch
Verfolgungen gewaltsam ihr Leben verloren.

Auf dem *städtischen Friedhof* liegen in einem Ehrenfeld polnische und sowjetische Zwangsarbeiter begraben, die in Duderstadt bei den Polte-Werken, einem Rüstungsbetrieb, eingesetzt waren.
Vom 4. November 1944 bis zum 5./7.April 1945 war in Duderstadt ein Außenkommando des KZ Buchenwald eingerichtet. Die Häftlinge, vorwiegend ungarische jüdische Frauen, mußten in der Munitionsfabrik Polte arbeiten. Der Standortarzt der Waffen-SS Weimar war für die (angebliche) medizinische Betreuung der Häftlinge zuständig. Dokumente belegen, daß die Firma Polte einen Verleihlohn für die KZ-Häftlinge an die Waffen-SS zahlte.

Die *Kaplan-Müller-Straße* im Ortsteil *Tiftlingerode* erinnert an den katholischen Geistlichen Josef Müller, der hier von 1922 bis 1924 als Kaplan tätig war. Er wurde am 28. Juli 1944 vom »Volksgerichtshof« wegen »Wehrkraftzersetzung« zum Tode verurteilt und am 11. September 1944 im Zuchthaus Brandenburg hingerichtet.
An ihn erinnern auch eine Grund- und Hauptschule in Bad Salzdetfurth, Ortsteil Groß Düngen, sowie eine Gedenktafel an seinem Geburtsort in Bad Soden-Salmünster/Hessen.

Edewecht

Auf dem *Friedhof* in Edewecht bei Oldenburg liegen ausländische Tote beerdigt, bei denen es sich vermutlich um Zwangsarbeiter und Kriegsgefangene handelt. Ein *Gedenkstein* auf dem Sammelgrab trägt vorwiegend polnische und russische Namen und die Inschrift:

Den Lebenden zur Mahnung
[Es folgen die Namen]
Im Leben Feind
Im Tode vereint

Einbeck

In der *Bismarckstraße* in Einbeck, Kreis Northeim, wurde am 9. November 1969, dem Jahrestag der »Reichskristallnacht«, gegenüber dem ehemaligen Standort der 1938 zerstörten Synagoge zur Erinnerung an die ehemalige Jüdische Gemeinde ein *Mahnmal* in Form einer Menora, des siebenarmigen Leuchters, errichtet. Unter einer hebräischen lautet die deutsche Inschrift:

Sind wir nicht alle Kinder eines Vaters?
Haben wir nicht alle einen Gott?
Inschrift am Portal der 1938 zerstörten Synagoge

Emden

Auf dem Platz hinter dem Rathausbogen an der *Brückstraße* hat die Stadt ein *»Mahnmal für die Widerstandskämpfer gegen Faschismus und Krieg«* aufstellen lassen. Die Stele aus Beton hat die Form eines Dreiecks. Sie soll an den dreieckigen Winkel erinnern, den die Häftlinge in den Konzentrationslagern an ihrer Kleidung tragen mußten. Eine der drei in den Boden eingelassenen Bronzeplatten trägt einen Text von Bertolt Brecht. Auf den beiden anderen stehen Auszüge aus der Rede Richard von Weizsäckers zum 40. Jahrestag der Befreiung vom Nationalsozialismus am 8. Mai 1985.

Am 28. August 1990 wurde auf dem *jüdischen Friedhof* in der *Bollwerkstraße* ein *Denkmal* errichtet, das an die Mitglieder der Jüdischen Kultusgemeinde erinnert, die unter dem Nazi-Regime ums Leben gekommen sind. Das Denkmal wurde in Zusammenarbeit mit dem »Arbeitskreis Juden in Emden« und mit Überlebenden der Jüdischen Gemeinde entwickelt. Es besteht aus drei 2,80 Meter hohen, freistehenden Granit-Platten, die durch eine horizontale Stahlkonstruktion miteinander verbunden sind. Auf den Vorderseiten stehen die Namen der 464 ermordeten jüdischen Emder Bürger, auf den Schmalseiten die Namen von 27 Konzentrationslagern. Der Plan zur Errichtung des Denkmals war nach einem Besuch ehemaliger jüdischer Emder Bürger entstanden, die sich nach einem Erinnerungszeichen für die toten Juden erkundigt hatten. Zur Einweihung des Denkmals wurden Emder Bürger aus aller Welt, die den Holocaust überlebt hatten, oder deren Anverwandte eingeladen.

Kontakt: Arbeitskreis »Juden in Emden« e.V., Prof. Siegfried Sommer, R.-Breitscheid-Str. 25, 26721 Emden, Tel.: 04921/22841.

Literatur:

Claudi, Marianne u. Reinhard, Faldern – Fragt man nach den Juden..., Emden auf Rechtskurs, Boykott jüdischer Geschäfte 1933 und 1935, Kristallnacht, 9. November 1938, Deportation der ostfriesischen Juden 1940, in: Dies., Goldene und andere Zeiten. Emden – Stadt in Ostfriesland, Emden 1982, S. 70–75, 225–265.

Emlichheim

Auf dem Gebiet der Gemeinde Emlichheim, Grafschaft Bentheim, befanden sich die Lager XIV *Bathorn* und XV *Alexisdorf*, die zum Komplex der fünfzehn »Emslandlager« gehörten, die zwischen 1933 und 1938 entlang der Ems zwischen Papenburg im Norden und Lingen im Süden errichtet wurden und wechselnde Funktionen hatten. Der Sitz der zentralen Verwaltung der »Emslandlager« war in Papenburg (Näheres s. dort).

Auf dem ehemaligen Gelände des Lagers *Alexisdorf* befindet sich heute die *Siedlung Neu-Gnadenfeld*. Nach 1945 bauten Mitglieder der Herrnhuter Brüdergemeinde, einer christlichen Religionsgemeinschaft, das Lager zu einer Siedlung um und gaben ihr den Namen »Neu-Gnadenfeld«. An die beiden Kriegsgefangenenlager erinnern heute beinahe nur noch die Gräber der Toten aus den Lagern Alexisdorf und (wahrscheinlich) Bathorn, die auf dem *Friedhof Alexisdorf* in Neu-Gnadenfeld bestattet sind. Möglicherweise liegen hier auch Opfer des Transportes aus Stukenbrock, die bei Wietmarschen (s. dort) umgekommen sind. Zum Friedhof folgt man dem Hinweisschild »Kriegsgräberstätte 700 m« an der Neu-Gnadenfelder Kirche. Der Friedhof wurde im Frühsommer 1945 angelegt. Auf einer *Tafel am Friedhofseingang* wird die Zahl von 600 sowjetischen Toten genannt, die hier begraben liegen sollen. Möglicherweise handelt es sich jedoch um 6000 Tote. Die Inschrift lautet:

> Friedhof Großringe/Neu-Gnadenfeld
> Hier ruhen in Sammelgräbern ca. 600 sowjetische
> Kriegsgefangene, deren Namen unbekannt sind. Sie
> starben zum größten Teil an Unterernährung
> und Epidemien.
> Nähere Auskunft erteilt
> der Landkreis Grafschaft Bentheim

Das Lager XV Alexisdorf war ein Zweiglager des Stalag VI C Bathorn, das Mitte 1938 errichtet und ab September 1939 mit Kriegsgefangenen belegt wurde. Im Lager waren überwiegend sowjetische Kriegsgefangene untergebracht. Spätestens ab 1944, wahrscheinlich schon ab 1941, fungierte es als »Sterbelager« für Tbc-Kranke und entkräftete oder verwundete sowjetische Kriegsgefangene. Ende Januar/Anfang Februar 1945 wurde das Lager geräumt und nach Wietmarschen verlegt.
Das Lager XIV Bathorn, als Stalag VI C zentrales Kriegsgefangenenlager im Emsland, lag an der nördlichen Seite des Coevorden-Picardie-Kanals an der Kreisstraße 19 in Richtung Ringe/Neu-Gnadenfeld. Heute befindet sich an seiner Stelle ein Wasserwerk und eine Wohnsiedlung mit der Bezeichnung »Lager Bathorn«. Aus der Lagerzeit stammen noch einige Barackenreste und das Trafohäuschen. Im Lager Bathorn befanden sich Kriegsgefangene überwiegend aus Frankreich, Belgien, Polen, Italien und der Sowjetunion. Die elenden Lebensbedingungen, Kälte, Krankheit, Zwangsarbeit und Hunger sind der Grund für das tausendfache Sterben in diesem Kriegsgefangenenlager. Ab Oktober 1944 gehörte das Stalag organisatorisch zum Stalag VI F Münster.

Literatur:

Studienkreis Deutscher Widerstand, Niedersachsen II, S. 147–149 (s. Literatur zu Niedersachsen).

(s. auch Papenburg)

Engerhafe siehe Südbrookmerland

Eschershausen siehe Holzen

Esens

Der Ökumenische Arbeitskreis »Juden und Christen« hat sich mit Erfolg dafür eingesetzt, daß das ehemalige jüdische Schul- und Gemeindehaus, das heutige *»August-Gottschalk-Haus«,* in der *Burgstraße 8* nicht dem Abriß für eine Parkplatz-Erweiterung zum Opfer gefallen ist. Neben dem Eingang befindet sich seit 1990 eine *Bronzetafel* mit einem siebenarmigen Leuchter und der Inschrift:

August-Gottschalk-Haus,
ehemaliges jüdisches Gemeindehaus, erbaut 1899.
Hier wohnte der Lehrer, Vorbeter und Schächter
August Gottschalk, jüdischer Bürgervorsteher
im Esenser Stadtrat 1919–1924.
Gedenkstätte und Ausstellung zur Geschichte
der ostfriesischen Juden.

Das Haus diente Anfang der 40er Jahre als Sammelstätte für Esenser Juden, bevor sie von den Nationalsozialisten in die Vernichtungslager verschleppt wurden. Im August des Jahres 1990 wurde es von dem niedersächsischen Landesrabbiner Henry G. Brandt als *Dokumentations- und Gedenkstätte* eröffnet. Der Arbeitskreis hat eine Dauerausstellung über die »Geschichte der ostfriesischen Juden« erarbeitet, die dort gezeigt wird. Darüber hinaus werden dort Zeugnisse des Lebens der Juden in Esens, Ritualgegenstände, Dokumente ihres Wirkens in Gesellschaft, Wirtschaft und Kultur ausgestellt. Das Haus verfügt über das einzige erhaltene Ritualbad (Mikwe) in Ostfriesland.

Auf dem Gelände des August-Gottschalk-Hauses stehen die Reste der 1938 ausgebrannten Synagoge (heute Garage). Vor der ehemaligen Synagogenmauer liegt ein Findling mit einer *Bronzetafel*, die unter der Menora den Text trägt:

Zum Gedenken an unsere jüdischen Mitbürger,
die zwischen 1933 und 1945 Opfer des nationalsozialistischen Terrors geworden sind.
Hier stehen die Reste ihrer Synagoge,
die am 10. November 1938 zerstört wurde.
Diesen Stein errichteten Bürger der Stadt Esens
zur Erinnerung und Mahnung für die Lebenden
und kommende Generationen. 9. November 1988

Auf dem 1940 verwüsteten ehemaligen *jüdischen Friedhof* am *Mühlenweg,* im Süden der Stadt, ließ die Stadt Esens 1983 die verbliebenen Grabsteine wieder aufstellen. Seit dem Jahre 1959 steht dort ein *Gedenkstein* mit dem folgenden Wortlaut:

Zum Gedenken an die
Mitglieder der aus dem
16. Jahrhundert
stammenden Jüdischen
Gemeinde zu Esens
[hebräischer Text]
Den Mund rissen auf wider
uns alle unsere Feinde,
Grauen und Falle ward uns,
Zerstörung und Untergang.
In Bächen Wassers strömt
mein Auge ob des Sturzes
der Tochter meines Volkes
Klagell III, 46–48

Anschrift der Gedenkstätte:
August-Gottschalk-Haus, Burgstraße 8, 26427 Esens. Öffnungszeiten: Von den niedersächsischen Osterferien bis Ende Oktober Sa. 10–12 Uhr und Di, Do, So 15–18 Uhr oder nach Vereinbarung. Führungen nach Vereinbarung.

Kontakt:
Ökumenischer Arbeitskreis »Juden und Christen«, Gerd Rokahr, Fasanenweg 5, 26427 Esens, Tel. 04971/2102.

Literatur:
Das Ende der Juden in Ostfriesland, Ausstellung der Ostfriesischen Landschaft aus Anlaß des 50. Jahrestags der Kristallnacht, Aurich 1988, S. 52–55 (Einzelschriften, Ostfriesische Landschaft 30); Rokahr, Gerd, Die Juden in Esens. Die Geschichte der Jüdischen Gemeinde in Esens von den Anfängen im 17. Jahrhundert bis zu ihrem Ende in nationalsozialistischer Zeit, Aurich 1987; Ders., Die jüdische Familie Herz in Esens und ihr Haus am Herrenwall, in: Frisia Judaica 1988, S. 215–233.

Esterwegen

In Esterwegen befand sich das Lager VII Esterwegen, das zum Komplex der 15 »Emslandlager« gehörte, die zwischen den Jahren 1933 und 1938 entlang der Ems zwischen Papenburg im Norden und Lingen im Süden errichtet wurden und wechselnde Funktionen hatten. Der Sitz der zentralen Verwaltung der »Emslandlager« war in Papenburg (Näheres s. dort).
Auf dem ehemaligen Lagergelände Esterwegen befindet sich heute ein Bekleidungsdepot der Bundeswehr. Von Oldenburg kommend, biegt man von der Bundesstraße 401 bei Kilometerstein 21,5 in Richtung Esterwegen ab und fährt nach 1,5 km dem Hinweisschild »Bundeswehrdepot Esterwegen« folgend nach rechts in die Straße »Hinterm Busch« bis zum Depot. Kommt man vom Gedenkfriedhof, so biegt man von der Bundesstraße 401 in Richtung Oldenburg fahrend nach Esterwegen (4 km) ab. Nach

2,8 km auf der Bockhorster Straße fährt man links in die Straße »Hinterm Berg rechts« und gelangt nach 1,8 km zum heutigen *Bundeswehrdepot* und ehemaligen Lagergelände. Durch die Bundeswehranlage führt noch die alte Lagerstraße, nur die Baracken sind heute anders angeordnet. Auf der rechten Seite des Eingangs wurde im Februar 1980 eine bronzene *Gedenktafel* mit folgendem Text angebracht:

> Auf diesem Gelände standen während
> der Zeit der nationalsozialistischen Gewaltherrschaft
> die Baracken des Konzentrationslagers Esterwegen.
> Zum Gedenken an die Menschen,
> die hier leiden mußten.
> Angebracht im Jahre 1980
> Bundesministerium der Verteidigung

Im Rahmen der vom Kreistag des Landkreises Emsland 1990 beschlossenen Aufstellung von Informationstafeln an allen Orten der ehemaligen Emslandlager wurde 1993 neben der heutigen Einfahrt zum Wehrbereichsbekleidungsdepot eine *ausführliche Informationstafel* über das Lager VII Esterwegen errichtet.

Der Weg zum *Friedhof Bockhorst/Esterwegen,* der am Küstenkanal an der Bundesstraße 401 liegt, ist als *»Gedenkstätte Esterwegen«* ausgeschildert. Das Eingangstor zum Friedhof ist aus stilisierten Moorspaten gestaltet. Auf dem Friedhof ruhen 1 315 Tote aus den nördlichen Emslandlagern, Straf- und Militärstrafgefangene.

Im Oktober 1963 errichtete die Gewerkschaftsjugend der IG Bergbau Essen auf dem Friedhof einen *Gedenkstein* für Carl von Ossietzky und legte damit gewissermaßen einen »Grundstein« für die Aufarbeitung der Geschichte der Emslandlager und des Schicksals ihrer Häftlinge. Die Inschrift lautet:

> Dem Friedensnobelpreisträger 1935
> Carl von Ossietzky
> * 3. 10. 1889 Hamburg † 4. 5. 1938 Berlin
> – der hier gelitten hat –
> und seinen politischen Mithäftlingen des Naziregimes
> zum Gedenken
> Gegen Gewalt und Willkür opferten sie
> ihr Leben für die Freiheit
>
> Gestiftet von der Gewerkschaftsjugend im DGB

(s. zu Ossietzky auch Oldenburg)

Im Juli 1969 ließ das Niedersächsische Innenministerium eine am Weg vom Eingang zum Gräberfeld in den Boden eingelassene *Gedenkplatte* mit folgender Inschrift aufstellen:

> Hier ruhen unbekannte Tote, die während der
> Nationalsozialistischen Gewaltherrschaft im
> Lager Esterwegen und in anderen Emsland-
> Lagern ums Leben gekommen sind

Am 4. Dezember 1981 wurde auf dem Friedhof ein von der Niedersächsischen Landesregierung errichtetes *Mahnmal* eingeweiht, eine allseitig offene *Gedenkhalle* mit geneigter Dachplatte, in der auf acht großen Steinblöcken die Namen der 15 Emslandlager genannt sind. Eine große *Informations- und Gedenktafel* trägt den Text:

Friedhof Bockhorst/Esterwegen: Gedenkstein für Carl von Ossietzky und seine politischen Mitgefangenen im KZ Esterwegen, errichtet 1963 von der Gewerkschaftsjugend der IG Bergbau Essen, die damit einen »Grundstein« für die Aufarbeitung der Geschichte der Emslandlager legte.

Auf diesem Friedhof wurden in den Jahren 1933 bis 1936/Verfolgte des Naziregimes bestattet, die als Häftlinge der Konzentrationslager Börgermoor, Neusustrum und/Esterwegen ums Leben gekommen waren. Diese Toten wurden/1955 auf die Gräberanlagen für Opfer der Gewaltherrschaft in Versen (heute Stadt Meppen) verlegt. In den Jahren 1943 und 1944 wurden hier auch Wider-/standskämpfer aus mehreren westeuropäischen Ländern bei-/gesetzt, die während des Krieges nach Deutschland depor-/tiert worden waren. Nach dem Krieg wurden sie exhumiert/und mit wenigen Ausnahmen in ihren Heimatländern bestattet./In den noch vorhandenen Gräbern ruhen viele Tote, die in/den Jahren 1936 bis 1945 als Straf- und Untersuchungs-/gefangene in den Emslandlagern Börgermoor, Aschendorfer-/moor, Brual-Rhede, Walchum, Neusustrum, Oberlangen und/Esterwegen einer unmenschlichen und grausamen Haft/unterworfen waren.

Nicht weit von hier – bei Herbrum – ruhen etwa 200 Gefangene des Lagers Aschendorfermoor, die in den letzten/Kriegstagen erschossen worden sind. Die in den Emslandlagern verstorbenen Kriegsgefangenen/sind auf den Friedhöfen Oberlangen, Wesuwe, Versen, Fullen,/Dalum, Füchtenfeld und Neu-Gnadenfeld bestattet.

Aller Häftlinge, die in den Emslandlagern gelitten haben,/gedenken wir in Bestürzung und Trauer.

Schräg gegenüber der Gedenkhalle, auf der anderen Seite des Gräberfeldes, sind drei hohe gebogene Steinpfeiler errichtet. Ein ehemaliger Häftling, Ernst Walsken, interpretierte die Symbolik dieser Friedhofsplastik so: »Neben Christus wurden auch zwei Kriminelle gekreuzigt, um ihn zu kriminalisieren.« Im hinteren Bereich des Friedhofs steht ein großes hölzernes Kreuz.

Seit dem 10. Mai 1985 erinnert ein anderer Gedenkstein an luxemburgische Tote:

Zum Gedenken an die Luxemburger
Die hier litten und starben
Dir sid nët vergiess!
Fédération des victimes du Nazisme
Enrôlées de Force Luxembourg

Das Lager Esterwegen war das einzige unter den Emslandlagern, das in das seit 1934 bestehende offizielle KZ-System unter zentraler SS-Verwaltung einbezogen wurde. Es war bis 1936 mit über 2 000 Insassen neben Dachau größtes und wichtigstes Konzentrationslager des »Dritten Reiches« und galt wie Dachau als »Musterlager« der SS. Unter den Häftlingen waren zahlreiche Politiker und Intellektuelle der Weimarer Republik wie zum Beispiel die sozialdemokratischen Reichstagsabgeordneten Theodor Haubach, Ernst Heilmann, Friedrich (Fritz) Husemann und Julius Leber, Wilhelm Leuschner (bis 1933 hessischer Innenminister, Gewerkschaftsführer), der Zentrumspolitiker und preußische Wohlfahrtsminister Heinrich Hirtsiefer, die kommunistischen Reichstagsabgeordneten Bernhard Bästlein und Theodor Neubauer sowie der Publizist und Friedensnobelpreisträger Carl von Ossietzky, die alle das »Dritte Reich« nicht überlebten.

Im Zuge der Zentralisierung des KZ-Systems und der Konzentration der »Schutzhäftlinge« zunächst in den drei großen Lagern Dachau, Buchenwald und Sachsenhausen, denen 1938/39 die Lager Flossenbürg, Neuengamme, Mauthausen/Österreich und Ravensbrück folgten, wurde das Konzentrationslager Esterwegen 1936 aufgelöst. Von Juli bis September 1936 wurden Häftlinge aus Esterwegen nach

Friedhof Bockhorst/Esterwegen: Einer der Steinblöcke des Mahnmal-Ensembles (Gedenkhalle) aus dem Jahre 1981 mit den Namen der Emslandlager I Börgermoor und II Aschendorfermoor. Im Hintergrund das Gräberfeld und die Plastik aus drei gebogenen Steinpfeilern.

Friedhof Bockhorst/Esterwegen: Gedenkstein für Tote aus Luxemburg, errichtet 1985 von der luxemburgischen Vereinigung für die Opfer der Zwangsrekrutierung durch das NS-Regime.

Sachsenhausen bei Oranienburg nördlich von Berlin gebracht, um dort ein neues Lager aufzubauen. Ab Anfang 1937 gehörte Esterwegen als Lager VII zum System der emsländischen Strafgefangenenlager und wurde nach Kriegsbeginn überwiegend mit deutschen Militärstrafgefangenen belegt.

In den Jahren 1943/44 waren im Lager VII Esterwegen belgische, französische und einige niederländische Gefangene inhaftiert, die größtenteils Widerstand gegen das deutsche Besatzungsregime geleistet hatten. Sie waren bei »Nacht und Nebel« verhaftet, ohne Information der Angehörigen über ihr Schicksal nach Deutschland verschleppt und in Haftanstalten im Ruhrgebiet gebracht worden. Als diese durch Bombardierungen gefährdet waren, wurden alle »Nacht- und Nebel- (NN)-Gefangenen« aus dem Zuständigkeitsbereich des Sondergerichts Essen im südlichen Teil des Lagers Esterwegen (»Lager Süd«) und zeitweilig auch im Lager I Börgermoor untergebracht, etwa 1 800 Männer und Frauen, darunter zahlreiche prominente Politiker, Geistliche, Ärzte und Wissenschaftler. Am 1. September des Jahres 1943 fand in Papenburg eine Verhandlung des »Volksgerichtshofes« unter seinem Präsidenten Roland Freisler gegen 30 bis 40 Gefangene statt, darunter der belgische Priester und Missionar Pater Josef Raskin, führender Kopf der belgischen Widerstandsaktionen. Mit Ausnahme einer Frau wurden alle verurteilt, zwölf von ihnen wurden in Lingen erschossen, die anderen außerhalb des Emslandes ermordet. Abbé Raskin wurde am 18. Oktober 1943 in Dortmund mit dem Fallbeil hingerichtet. Im März 1944 wurden die meisten »NN-Gefangenen« wegen der näherrückenden Front der Alliierten im Westen nach Schlesien verlegt, von wo sie schließlich in die großen Konzentrations- und Vernichtungslager im Osten verschleppt wurden. 76 Belgier starben im Lager Esterwegen und wurden zunächst auf dem Friedhof Bockhorst-Esterwegen zusammen mit den zwölf in Lingen Hingerichteten beerdigt. Nach dem Krieg wurden die sterblichen Überreste in ihre Heimat überführt.

Quellen/Literatur:
Huhn, Michael, Eine Region und ihre Lager. Der Streit um ein Kapitel emsländischer Geschichte, in: Materialien zur Politischen Bildung 4/1987, S. 47–51; Konieczny, Alfred, Der Nacht- und Nebel-Befehl Hitlers, in: DIZ-Nachrichten 16/1993, S. 58–68; Studienkreis Deutscher Widerstand: Niedersachsen II, S. 136–140 (s. Literatur zu Niedersachsen); Volksbund Deutsche Kriegsgräberfürsorge e. V., Landesverband Niedersachsen, Auf der Suche nach den Moorsoldaten – Tätige Friedenserziehung. Pädagogische Handreichung für die Sekundarstufe I und II aller Schulformen, Hannover 1991; Volkshochschule der Stadt Nordhorn (Hrsg.), Lager unterm Hakenkreuz. Reichsarbeitsdienst, Kriegsgefangene und Flüchtlinge in der Grafschaft Bentheim, Nordhorn 1990; Wittfogel, Karl August, Staatliches Konzentrationslager VII. Eine »Erziehungsanstalt« im Dritten Reich, Bremen 1991 (DIZ-Schriften Nr. 4).

(s. auch Papenburg)

Fallingbostel

Auf dem »Friedhof der Namenlosen« genannten *Kriegsgräberfriedhof* bei *Oerbke,* Gemeindefreier Bezirk Osterheide im Kreis Soltau-Fallingbostel, am westlichen Rand des Truppenübungsplatzes Bergen gelegen, sind nach der Gräberliste vom 18. Januar 1971 über 30 000 Menschen vorwiegend sowjetischer Herkunft bestattet. Eine *Beschriftung im Mauerwerk* des Haupteingangs teilt mit:

Kriegsgräberstätte Oerbke
1941 – 1945

Neben einem *Gedenkrelief* ohne Beschriftung befindet sich am *Haupteingang* ein *Gedenkstein*, dessen polnische Inschrift in deutscher Übersetzung lautet:

1939 – 1945
Möge Eure Asche zum Saatkorn
der Freiheit aller Nationen werden

Auf dem rund 14 800 Quadratmeter großen Friedhof befindet sich an der Stirnseite eines Gräberfeldes ein *Mahnmal*, das 1964 von dem Maler und Bildhauer Klaus Seelenmeyer entworfen wurde: Seine vier Säulen, die sich an der Spitze vereinigen, umschließen eine auf dem Boden liegende Steinplatte mit folgender Inschrift:

Zum Gedenken an die hier ruhenden
vielen tausend sowjetischen Soldaten
die in der Kriegsgefangenschaft
verstorben sind

Ein 1945 errichtetes sowjetisches Mahnmal wurde bei der Neugestaltung des Friedhofs in den Jahren 1962 bis 1965 abgebrochen.
Nur wenige Namen der hier bestatteten Kriegsgefangenen sind bekannt. Auf 109 Grabsteinen finden sich Namen, Vornamen und Todesdaten von 920 Toten verschiedener Nationen. Auf dem Friedhof ruhen 94 unbekannte sowjetische Tote in Einzelgräbern, 75 Jugoslawen, 25 Polen, fünf Franzosen, 12 Tote unbekannter Nationalität, 18 unbekannte Tote, ein Belgier und zwei Slowaken. Etwa 30 000 sowjetische Staatsbürger sind in einem über 9 000 Quadratmeter großen Massengrab beerdigt.
Zwischen 1939 und 1945 gab es bei Oerbke in der Nähe des heutigen Friedhofs zwei Kriegsgefangenenlager: Seit 1939 existierte das »Stalag (Stammlager) XI B Fallingbostel«, in dem Kriegsgefangene aus Frankreich, England, Belgien, Italien, Holland, Amerika, der Sowjetunion, Polen, Serbien und aus südosteuropäischen Ländern untergebracht waren. Die meisten Häftlinge dieses bis Kriegsende bestehenden Lagers waren in über eintausend Arbeitskommandos eingeteilt, die überwiegend außerhalb von Oerbke, z.B. in Betrieben in Salzgitter, Braunschweig, Wolfsburg (s. dort) und anderswo, arbeiten mußten. Im Jahre 1941 waren bis zu 51 760 französische Gefangene als Zwangsarbeiter eingesetzt.
Im Juni 1941 wurde in Oerbke ein weiteres Lager für sowjetische Kriegsgefangene errichtet, das Stalag XI D/321 in der Nähe des Lagers Fallingbostel. Hier wurden ab Juli 1941 mehr als 15 000 sowjetische Kriegsgefangene untergebracht, von denen eine große Anzahl durch Hunger und Krankheit ums Leben kam. Erdhöhlen und primitive Unterstände boten nur eine notdürftige Unterkunft für die Gefangenen, die durch tagelangen Transport in geschlossenen Güterwagen völlig erschöpft und ausgehungert im Lager ankamen. Schon im November 1941 registrierte das Standesamt Fallingbostel den Tod von 817 sowjetischen Staatsbürgern. Im Winter 1941/42 fielen zeitweise täglich Hunderte von Menschen dem Hunger, der Kälte und Krankheiten zum Opfer. Die Zahl der Toten wird auf 13 000 geschätzt. Im Frühjahr 1942 wurde das Stalag XI D/321 aufgelöst und Teil des Stalag XI B.
In dem im August 1944 von Thorn in Polen nach Oerbke verlegten Mannschaftsstammlager »Stalag 357 Oerbke« waren Engländer, Amerikaner, Kanadier und Südafrikaner untergebracht. Am 16. April 1945 wurden die überlebenden Gefangenen beider Lager durch britische Truppen befreit.
Der Friedhof ist jederzeit zugänglich und auf den Zugangsstraßen als »Kriegsgräberstätte Oerbke« ausgeschildert. Die Aufstellung einer *Informationstafel* am Haupteingang des Friedhofs, die Aufschluß über Herkunft und Schicksal der Toten gibt, ist von der Bezirksregierung Lüneburg für 1995 vorgesehen. Eine Dokumentation über alle Lager ist beim Gemeindefreien Bezirk Osterheide in Arbeit.

Kontakte:
Hinrich Baumann, Gemeindefreier Bezirk Osterheide – Der Bezirksvorsteher –, Gillweg 7, 29683 Oerbke, Tel.: 0 51 62/30 52; Rolf Keller, Niedersächsische Landeszentrale für politische Bildung, Hohenzollernstraße 46, 30161 Hannover.

Quellen/Literatur:
Baumann, Hinrich, Information über die Kriegsgräberstätte und die Kriegsgefangenenlager Oerbke, Hrsg.: Gemeindefreier Bezirk Osterheide, Oerbke Neuaufl. 1994. (Die Informationsschrift liegt auch in englischer, italienischer, französischer, polnischer und russischer Sprache vor.); GEW-Kreisverband Soltau-Fallingbostel (Hrsg.), Russenlager. Leiden und Sterben der sowjetischen Kriegsgefangenen in den Lagern Fallingbostel, Oerbke und Wietzendorf. Materialien für den Unterricht, Soltau 1991; Keller, Rolf, »Russenlager«. Sowjetische Kriegsgefangene in Bergen-Belsen, Fallingbostel-Oerbke und Wietzendorf, in: »Der Mensch gegen den Menschen«. Überlegungen und Forschungen zum deutschen Überfall auf die Sowjetunion 1941, Hrsg.: Hans-Heinrich Nolte, Hannover 1992, S. 111–122/136; Niedersächsische Landeszentrale für politische Bildung (Hrsg.), Sowjetische Kriegsgefangene 1941–1945. Leiden und Sterben in den Lagern Bergen-Belsen, Fallingbostel, Oerbke, Wietzendorf, Begleitheft zur Sonderausstellung in der Gedenkstätte Bergen-Belsen 1991.

Fischerhude siehe Ottersberg

Freden, Leine

In der *katholischen Kirche St. Hedwig* erinnert eine durch Randolf Ludewig, Pfarrer i. R., initiierte *Gedenktafel* an den Ordenspriester Friedrich Lorenz, der wegen seiner humanitären Gesinnung in Konflikt mit dem NS-Regime geriet und ermordet wurde. Der in Freden geborene Militärpfarrer, der sich mit der deutschen Wehrmacht in Polen aufhielt, hatte sich gegen die Deportationen und Erschießungen jüdischer Bürger durch die SS gewandt. 1942 sandte ihn sein Orden als Kaplan nach Stettin. Dort wurde er im Rahmen einer Gestapo-Aktion gegen katholische Priester im Februar 1943 verhaftet und am 13. November 1944 wegen »Wehrkraftzersetzung« in Halle an der Saale hingerichtet.

Literatur:
Studienkreis Deutscher Widerstand: Niedersachsen II, S. 82 (s. Literatur zu Niedersachsen).

Freren

Aufgrund einer Initiative des Lehrers Lothar Kuhrts, der die Geschichte der Juden in Freren erforscht hat, beschloß der Stadtrat am 21. November 1984, in der *Grulandstraße*, in unmittelbarer Nähe der einstigen Synagoge, einen *Findling mit einer Gedenktafel* aufzustellen. Die Inschrift lautet:

> Verdrängen hält die Erlösung auf
> sich erinnern bringt sie näher.
> Zur Erinnerung an die jüdischen Familien
> Schwarz, Manne, Fromm und Meyberg, die
> während der nationalsozialistischen
> Gewaltherrschaft ihre Heimatstadt Freren
> verlassen mußten.
> Ihr Leiden sei jedem Mahnung und Ansporn,
> sich stets gegen jede Art von Intoleranz
> und Gewalt einzusetzen.

Auf dem *jüdischen Friedhof* in Freren, einen Kilometer nördlich der Stadt an der Straße Freren-Fürstenau, erinnert ein *Grabstein* an die Opfer des Nationalsozialismus mit den Worten:

> Zur Erinnerung an
> unsere geliebte Mutter
> Emma Schwarz
> geb. v. Geldern
> geb. 4. 3. 1878
> und unseres Kindes
> Samuel Manne
> geb. 31. 12. 1939
> die zusammen
> am 2. 11. 1943
> dem Naziterror
> zum Opfer fielen

Im Dezember 1941 wurden die jüdischen Familien aus Freren über Osnabrück ins Ghetto Riga/Lettland deportiert. Dort mußten sie Zwangsarbeit leisten. Als das Ghetto am 1. November 1943 »aufgelöst« wurde, brachte man die dort lebenden Menschen nach Auschwitz. Dort wurden auch die beiden Angehörigen der Familie Schwarz bzw. Manne in den Gaskammern ermordet.

Quellen/Literatur:
Jüdische Friedhöfe im Emsland. Sonderausstellung des Landkreises Emsland, Meppen o.J.; Kuhrts, Lothar, Juden in Freren. Geschichte einer religiösen Minderheit in einer kleinen Stadt im Emsland von 1702 bis 1941, Freren 1981 (masch. Ms.); Schwegmann, Frank u.a. (9 Verf.), Wo die Toten schweigen, sprechen umso lauter die Steine, Arbeit 9. Klasse, Realschule Lünsfeld, Freren, im Rahmen des »Schülerwettbewerbs Deutsche Geschichte« 1988/89.

Fullen siehe Meppen und Papenburg

Geeste

Auf dem Gebiet der heutigen Gemeinde Geeste befanden sich die beiden Lager XI *Groß-Hesepe* und XII *Dalum,* die zum Komplex der 15 »Emslandlager« gehörten, die von 1933 bis 1938 entlang der Ems zwischen Papenburg im Norden und Lingen im Süden errichtet wurden und wechselnde Funktionen hatten. Sitz der zentralen Verwaltung der »Emslandlager« war Papenburg (Näheres s. dort).
Auf dem ehemaligen Lagergelände *Groß-Hesepe* befindet sich heute eine Außenabteilung der Justizvollzugsanstalt Lingen I. Die Baracken des Strafgefangenen- und Kriegsgefangenenlagers wurden zum Teil für den Strafvollzug oder als Aufenthalts- und Schulungsgebäude der Justizbeamten genutzt. In einer *Lagerbaracke* ist heute eine *Ausstellung* untergebracht mit noch verfügbaren Gegenständen und Schriftstücken aus dem früheren Lager. Die Toten des Lagers XI wurden auf dem Lagerfriedhof Dalum begraben.
Das ehemalige Lagergelände ist über die Nord-Süd-Straße zu erreichen. Zwischen Kilometerstein 13,6 und 13,7 biegt man in die Lindenstraße ein. Nach 700 Metern biegt man in die Kirschenstraße ab und steht nach 300 Metern vor dem ehemaligen Lagereingang, der heutigen Justizvollzugsanstalt.
Das Lager Groß-Hesepe wurde 1938 errichtet und diente zunächst als Strafgefangenenlager, bis es im September 1939 an das Oberkommando der Wehrmacht übergeben wurde. Fortan war es als Kriegsgefangenenlager dem Stalag VI C Bathorn (s. Emlichheim) unterstellt. Zeitweilig waren hier mehr als 1 000 polnische und französische, ab 1941

auch sowjetische Kriegsgefangene untergebracht. Bis Februar 1945 befanden sich in diesem Lager auch italienische Militärinternierte.
Vom Lager XII *Dalum* sind noch drei Torpfeiler des Eingangs und eine Trafostation mit dem Schild »Lager Dalum« erhalten. Das Lagergelände ist von der Nord-Süd-Straße aus zu erreichen. Am Hinweisschild »Dalum 4 km« biegt man links in die Ölwerkstraße ab, wendet sich nach 500 Metern erneut nach links in die Wasserwerkstraße und erreicht nach weiteren 500 Metern den ehemaligen Lagereingang. Auf der linken Seite steht das Trafohäuschen.
Dalum wurde wie Groß-Hesepe 1938 als Strafgefangenenlager errichtet und 1939 als Kriegsgefangenenlager dem Stalag VI C Bathorn (s. Emlichheim) unterstellt. Von Januar bis März 1945 war das Lager Dalum ein Außenlager des KZ Neuengamme. Etwa 1 050 Häftlinge wurden von Neuengamme ins Emsland verschleppt. Sie wurden beim Bau des »Friesenwalls«, der dem Schutz der Nordseeküste von den Niederlanden bis zur dänischen Grenze vor einer Invasion der Alliierten dienen sollte, eingesetzt. Viele von ihnen starben an den Folgen der schweren körperlichen Arbeit und von Hunger und Kälte.

Der als *»Kriegsgräberstätte«* ausgeschilderte Friedhof des Lagers Dalum ist nach der Zahl der hier Begrabenen der größte Friedhof im Komplex der Emslandlager. Am *Friedhofseingang* befindet sich eine *Tafel* mit dem Text:

> Friedhof Dalum
> Hier ruhen in Massengräbern sowjetische Kriegsgefangene, deren Namen unbekannt sind. Ihre Zahl wird auf 8 000 bis 16 000 geschätzt. Die Gefangenen starben zum größten Teil an Unterernährung und Epidemien. In Einzelgräbern sind bestattet 38 Sowjetbürger (darunter eine Frau) und ein Italiener, deren Namen bekannt sind, sowie 9 unbekannte sowjetische Kriegsgefangene. 19 der namentlich bekannten sowie die 9 unbekannten Sowjetbürger, die ursprünglich in Vormeppen beerdigt waren, wurden im Jahre 1953 nach Dalum umgebettet. Im Dezember 1955 erfolgte die Umbettung des zunächst auf dem katholischen Friedhof in Meppen bestatteten Italieners, der Sowjetbürgerin sowie von drei namentlich bekannten Sowjetbürgern.
> Nähere Auskünfte erteilt die Gemeinde Geeste

Auf dem *Friedhof* befinden sich zwei Plastiken, vor einer eine *Gedenktafel* mit der Inschrift:

> Den hier ruhenden Opfern
> der nationalsozialistischen
> Gewaltherrschaft

Alljährlich kommen ehemalige Häftlinge aus Dänemark zu einer Gedenkveranstaltung hierher.

Literatur:
Studienkreis Deutscher Widerstand, Niedersachsen II, S. 127/28 (s. Literatur zu Niedersachsen).

(s. auch Papenburg)

Gehrden, Hannover

1980 wurde in Gehrden bei Hannover am *ehemaligen Standort* der 1938 zerstörten *Synagoge*, deren Überreste nach dem Krieg abgerissen wurden, eine *Gedenktafel* zur Erinnerung an die umgekommenen jüdischen Bürger enthüllt. Sie trägt die Inschrift:

> Zum Gedenken
> an die
> jüdischen Mitbürger
> und an die Synagoge,
> die hier stand.
> Den Lebenden
> zur Mahnung
> Stadt Gehrden
> im Jahre 1980

Die 1850 eingeweihte Synagoge wurde in der »Reichskristallnacht« am 9./10. November 1938 demoliert. Sie wurde erst 41 Jahre später, im September 1979, abgebrochen.

Georgsmarienhütte

In der katholischen *Heilig-Geist-Kirche* im Ortsteil *Oesede, Overbergstraße 13,* erinnern die *Wandbilder* in der Krypta an die Schicksale dreier katholischer und eines evangelischen Priesters aus Lübeck, die am 10. November 1943 in Hamburg ermordet wurden. Die vier Geistlichen, Karl Friedrich Stellbrink, Johannes Prassek, Hermann Lange und Eduard Müller, wurden zusammen mit 18 katholischen Kirchenmitgliedern im Sommer 1942 verhaftet, weil sie unter anderem ausländische Sender abgehört und diese Meldungen in Jugend- und Soldatenzirkeln diskutiert hatten. In ihrem Kreis wurden auch Schriften des Kardinals von Galen vervielfältigt. Im Juni 1943 wurden die Priester vom »Volksgerichtshof« im »Lübecker Christenprozeß« zum Tode verurteilt und in Hamburg-Altona hingerichtet. (s. dazu ausführlich Schleswig-Holstein: Lübeck)

In Georgsmarienhütte sind eine Reihe von *Straßen* nach Verfolgten und Widerstandskämpfern aus kirchlichen, bürgerlichen und sozialdemokratischen Kreisen benannt, u.a. nach Alfred Delp, Dietrich Bonhoeffer, Edith Stein, den Geschwistern Scholl,

Claus Schenk Graf von Stauffenberg, Carl Goerdeler, Bernhard Lichtenberg, Ludwig Beck, Ludwig Wolker, Clemens August Graf von Galen und Wilhelm Leuschner. An den Straßenschildern finden sich biographische Angaben. Darüber hinaus hat die Gemeinde eine Broschüre mit Informationen zusammengestellt.

Literatur:

Stadt Georgsmarienhütte (Hrsg.), Widerstand und Verfolgung im Dritten Reich. Straßennamen in Georgsmarienhütte, Georgsmarienhütte 1981; Studienkreis Deutscher Widerstand: Niedersachsen II, S. 179f. (s. Literatur zu Niedersachsen); zu den ermordeten Priestern: s. Literatur unter Lübeck/Schleswig-Holstein.

Göttingen

Ein *Gedenkstein* an der Ecke *Stauffenbergring/Nonnenstieg* erinnert an den 20. Juli 1944. Die Inschrift zitiert Worte von Oberst Claus Graf Schenk von Stauffenberg, einem der führenden Männer der militärischen Opposition, der die Bombe im Führerhauptquartier bei Rastenburg im früheren Ostpreußen zur Auslösung brachte und nach dem Scheitern des Attentats noch am Abend des 20. Juli in Berlin erschossen wurde:

Wir wollen eine neue Ordnung, die alle
Deutschen zu Trägern des Staates macht
und ihnen Recht und Gerechtigkeit verbürgt.
Claus Schenk von Stauffenberg
20. Juli 1944

Am *Albaniplatz* befindet sich in der Mauer am Treppenaufgang auf der Nordseite des Platzes seit 1984 eine *Gedenktafel,* die an die Bücherverbrennung auf diesem Platz erinnert, bei der nach einer Kundgebung in der Universität und einem Fackelzug durch die Innenstadt wie überall im Reich am 10. Mai 1933 Werke verfemter Schriftsteller verbrannt wurden:

Wo man Bücher verbrennt,
verbrennt man am Ende auch Menschen.
Heinrich Heine
Bücherverbrennung 10. Mai 1933.

Seit dem 22. März 1960 weist am *Gewerkschaftshaus*, dem Standort der ehemaligen Synagoge, eine *Gedenktafel* auf das Gotteshaus der Jüdischen Kultusgemeinde hin. Die Tafel trägt die Aufschrift:

An diesem Platz stand die Synagoge
der Jüdischen Gemeinde Göttingen
sie wurde am 9. November 1938 ein
Opfer des nationalsozialistischen
Rassenwahns. Die Gemeinde zählte
im Jahre 1939 noch 196 Mitglieder.
Diese wurden bis auf wenige vernichtet. Den Toten zum Gedenken
Den Lebenden zur Mahnung
Die Stadt Göttingen

Am 9. November 1973, dem 35. Jahrestag der Reichspogromnacht, wurde vor dem Göttinger Gefängnis, *Ecke Obere-/Untere-Masch-Straße,* ein von dem italienischen Bildhauer Corrado Cagli entworfenes und von dem Göttinger Schlossermeister Willi Funke ausgeführtes *Mahnmal* eingeweiht: Über einem Freiraum erhebt sich auf Stahlträgern, die auf einem Betongewände aufliegen, pyramidenförmig eine 5,60 Meter hohe Stahlplastik. Sie setzt sich aus 86 aus 800 Metern Chrom-Nickel-Stahl

Göttingen,
Ecke Obere-/Untere-Masch-Straße:
Das 1973 eingeweihte Mahnmal am Platz der ehemaligen Synagoge erinnert an ihre Zerstörung im November 1938 und an den Leidensweg der Jüdischen Gemeinde.

gefertigten Dreiecken zusammen, die die Grundform des Davidsterns ergeben, der sich zur Spitze hin verjüngt und zusätzlich gedreht ist. Besonders eindrucksvoll ist der Blick aus dem zwei Meter tiefen Freiraum darunter in das Innere der nach allen Seiten dem Licht offenstehenden Plastik. Eine *Gedenktafel* an einer der Betonwände im Innern des Mahnmals trägt folgende Inschrift – der biblische Text steht in hebräischer Sprache darüber –:

> Berge werden weichen und Hügel werden wanken,
> aber meine Gnade wird von dir nicht weichen
> Jesaia 54,10
> Zur Erinnerung an die 1938 niedergebrannte Synagoge/
> und den Leidensweg der Jüdischen Gemeinde
> Stadt Göttingen
> Entwurf Prof. Corrado Cagli, Rom
> Eingeweiht am 9. November 1973

(s. Eingangsfoto Niedersachsen)

Zum Anti-Kriegstag am 1. September 1990 enthüllte der Göttinger Oberbürgermeister ein *Denkmal,* das an zum Tode verurteilte Deserteure der Deutschen Wehrmacht erinnert. Am *Göttinger Amtshaus,* der ehemaligen Kaserne des 82er Regiments, wurde ein *Steinrelief* des Bildhauers Joachim Nitsch angebracht, das eine zertretene Hakenkreuzfahne zeigt. Die Inschrift zitiert eine Passage aus einem Buch von Alfred Andersch, in dem er seine eigene Desertion während des Zweiten Weltkrieges beschreibt:

> Nicht aus Furcht vor dem Tode,
> sondern aus dem Willen zum Leben.

Eine zusätzliche Tafel trägt die Widmung:

> Den Deserteuren, die sich aus Gewissensgründen
> dem Kriegsdienst für die nationalsozialistische
> Gewaltherrschaft verweigert haben und dafür
> verfolgt, getötet und verleumdet wurden.

Das Haus in der *Lange Geismarstraße 2,* in der die 1891 in Breslau geborene Philosophin und spätere Ordensschwester Edith Stein während ihrer Göttinger Studienzeit (1913–1916) wohnte, trägt eine *Gedenktafel* zur Erinnerung an die Ordensfrau. Edith Stein stammte aus einer jüdischen Familie und konvertierte 1922 zum Katholizismus. 1933 verlor sie wegen ihrer jüdischen Abstammung ihre Stelle als Dozentin an der Pädagogischen Akademie in Münster. Sie trat in den Karmel in Köln ein. Als ihre Anwesenheit nach der Reichspogromnacht vom 9./10. November 1938 zur Gefahr für das Kloster wurde, ging sie in den Karmel zu Echt in Holland. Als Reaktion auf einen kritischen Hirtenbrief der niederländischen Bischöfe wurde Edith Stein zusammen mit zahlreichen anderen Männern und Frauen im Januar 1942 von der SS festgenommen und nach einem kurzen Aufenthalt im Konzentrationslager Westerbork/Holland nach Auschwitz verschleppt, wo sie vermutlich am 9. August 1942 in der Gaskammer starb. (Mehr zu Edith Stein s. NRW: Köln.)

Auf dem *jüdischen Friedhof* an der *Groner Landstraße* erinnern einige *Grabtafeln* an Menschen, die in den Konzentrationslagern Theresienstadt und Auschwitz ermordet wurden. Ein *Gedenkstein* für die Opfer der Gewaltherrschaft trägt die hebräische und deutsche Inschrift:

> Mein Auge rinnt
> und ruht nicht
> keine Linderung
> Klagelieder III.49

> Zum Andenken an die Mitglieder unserer Gemeinde,
> die in einer Zeit ihr Leben lassen mußten,
> in der die Liebe und Achtung vor den Menschen gestorben waren.
> 1933 – 1945

Auf dem *Städtischen Friedhof* an der *Kasseler Landstraße* sind in einem Ehrenfeld 161 »Ostarbeiter« und »Ostarbeiterinnen«, 35 sowjetische Kriegsgefangene und 26 Polen bestattet. Eine *Gedenkplatte* erinnert an die polnischen Toten:

> Hier ruhen 26 Polen, Opfer von
> Krieg und Gewaltherrschaft 1939–1945.

Die Übersetzung der russischen Inschrift auf einem zweiten verwitterten *Gedenkstein,* der vermutlich von überlebenden Gefangenen nach der Befreiung gestaltet und später auf dieses Ehrenfeld gebracht wurde, lautet:

> Gemeinschaftsgrab russischer Arbeiter,
> die dem faschistischen Terror zum Opfer gefallen sind
> 1. 1. 45

Darunter sind meist nicht mehr entzifferbare Namen eingemeißelt. Bei den Toten handelt es sich wahrscheinlich um Gefangene eines Lagers des Reichsbahnausbesserungsamtes in Göttingen, die bei der Bombardierung Göttingens Anfang 1945 ums Leben kamen, da sie wie alle ausländischen Zwangsarbeiter keine Luftschutzräume aufsuchen durften. In Göttingen waren einige tausend ausländische Zwangsarbeiter und Zwangsarbeiterinnen eingesetzt, die meisten von ihnen bei der Reichsbahn.

Einige Straßen in Göttingen sind nach Professoren der Georg-August-Universität benannt, die nach der nationalsozialistischen Machtübernahme aus »rassischen« oder politischen Gründen entlassen wurden und Berufsverbot erhielten: *Max-Born-Ring, James-Franck-Ring, David-Hilbert-Straße* (Physiker), *Richard-Courant-Weg* (Mathematiker). Schon seit 1947 ist eine *Straße* nach den *Geschwistern Scholl* (»Weiße Rose«) benannt. In den 60er Jahren wurde eine Reihe von Straßen nach Mitgliedern der Widerstandskreise des 20. Juli 1944 benannt: *Goerdelerweg, Leuschnerweg, Ludwig-Beck-Straße, Popitzweg, Stauffenbergring, Tresckow-Allee.*

Rundfahrt:
Der »Verein für die außerschulische Bildung« führt mit Jugendgruppen und Schulklassen eine antifaschistische Rundfahrt zu den Stätten der Nazi-Herrschaft und des Widerstands durch Göttingen, Lenglern, Moringen, Hann Münden durch (s. Bericht von Müller/Myrda unter Literatur). Anmeldung über Bildungsstätte Haus Hoher Hagen, Lutz Müller, 37127 Dransfeld, Tel. 0 55 02/36 97.

Quellen/Literatur:
Dahms, Hans-Joachim, Universität im Nationalsozialismus. Formen des Widerstandes an der Universität Göttingen 1933–1944, in: Geschichtswerkstatt 5/1985, Nr. 6, S. 59–72; Koepcke, Cordula, Edith Stein. Philosophin und Ordensfrau, Hamburg 1985; Müller, Lutz/ Myrda Peter, Antifaschistische Rundfahrt, in: Geschichtswerkstatt 5/1985, Nr. 6, S. 95–102 (über ein Jugendbildungsprojekt im Kreis Göttingen); Nissen, Walter, Göttinger Gedenktafeln. Ein biographischer Wegweiser, Göttingen 1975 – Ergänzungsheft 1975; Politikon. Göttinger Studentenzeitschrift für Niedersachsen Nr. 9, 1965: Georgia-Augusta-Universität im Dritten Reich; Nolte, Oliver u.a. (16 Verf.), Franzosen in unserer Heimat während des II. Weltkrieges – Eine Projektstudie, Arbeit 11. Klasse, Berufsbildende Schulen II, Göttingen, im Rahmen des »Schülerwettbewerbs Deutsche Geschichte« 1988/89; Stadt Göttingen (Hrsg.), Göttingen unterm Hakenkreuz. Nationalsozialistischer Alltag in einer deutschen Stadt. Texte und Materialien, Göttingen 1983; Stadt Göttingen/Kulturamt (Hrsg.), Einweihung des Mahnmals am Platz der ehemaligen Synagoge in Göttingen, Untere Maschstraße, am 9. November 1973 und Begleitveranstaltungen – Dokumentation, Göttingen 1974; Stein, Edith, Mein erstes Göttinger Semester, 1979; Wilhelm, Peter, Die Synagogengemeinde Göttingen, Rosdorf und Geismar 1850–1942, Göttingen 1978 (Studien zur Geschichte der Stadt Göttingen 11).

Goslar

Auf dem *Ehrenfriedhof* im Stadtteil Goslar-*Jerstedt, Hildesheimer Straße,* steht im Schatten eines großen hölzernen Kreuzes ein *Mahnmal* für die Opfer des Nationalsozialismus, zusammenhanglos beim Gräberfeld der Kriegstoten des Ersten Weltkrieges. Der allgemein gehaltene Text lautet:

Den Opfern der Gewaltherrschaft 1933–1945

Auf dem gleichen Friedhof, Feld IV, liegen zwei unbekannte Häftlinge, die am 9. April 1945 auf dem Bahnhof Oker tot aufgefunden wurden. Im Gräberverzeichnis von 1945 sind ihre Häftlingsnummern 73 136 und 80 533 angegeben. Die beiden *Grabplatten* tragen die gleiche Inschrift:

Hier ruht
ein unbekannter
ehemaliger Häftling
d. Konzentrationslagers
Buchenwald
Er ließ sein Leben
für Freiheit und Recht
[Sein Opfer sei uns Mahnung!]

Auf dem *Friedhof* in Goslar-*Hahndorf* wurde 1990 eine *Gedenktafel* für die drei KZ-Häftlinge Henry Jens Sörensen, Walter Krämer und Karl Peix aufgestellt. Die beiden kommunistischen Widerstandskämpfer Karl Peix aus Bad Lauterberg (s. dort) und Walter Krämer aus Kassel wurden mehrfach verhaftet und ins Konzentrationslager Buchenwald deportiert. Später wurden sie in das

Goslar, Friedhof Jerstedt:
Grabplatte, unter der ein am 9. April 1945 auf dem Bahnhof Oker tot aufgefundener KZ-Häftling beerdigt liegt.

Außenkommando Goslar verlegt und bei Sträflingsarbeiten in der Nähe von Hahndorf am 6. November 1941 ermordet.

Vom 18. November 1940 bis zum 22. November 1942 bestand gegenüber der heutigen Kaserne in Höhe des Vorwerks Grauhof (Flurname: Magdeburg-Wiese) in Goslar ein Außenkommando des Konzentrationslagers Buchenwald. In einem etwa 200 Meter entfernten Lager in der Gemarkung Hahndorf, Flurstück Magdeburger Kamp, befand sich die Nachrichtenersatz- und Ausbildungsabteilung 3 der Waffen-SS. Heute wird das Gelände als Gewerbegebiet genutzt. Das Goslarer Außenkommando war mit rund 80 Häftlingen belegt, die auf dem Fliegerhorst Goslar und in den Kiesgruben am Försterberg arbeiten mußten. In dem SS-Ausbildungslager befand sich 1944 ein Häftlingsbaukommando als Außenkommando des Konzentrationslagers Neuengamme. Die Häftlinge waren in einem lagereigenen »Gefängnis« untergebracht.

Am ehemaligen »Judenhaus«, *Ecke Trollmönch/Glockengießerstraße,* hängt eine *Gedenktafel* mit dem Wortlaut:

> Hier stand das
> Goslarer Judenhaus
> abgerissen 1959
>
> In diesem Haus wohnten zwangsweise
> vom 8. Juni 1942
> bis zum Abtransport in die Konzentrationslager
> am 16. März 1943 unsere Mitbürger

Willi Heilbrunn	† 1943	Theresienstadt
Henny Heilbrunn	† 1944	Auschwitz
Richard Löwenthal	† 1943	Theresienstadt
Helene Lebach	† 1944	Theresienstadt

> Von 1942 bis 1945 waren zusätzlich eingewiesen:
>
> Emma Deutsch † 1942, Margarete Levy, Emma Jacob
> u./die Kinder Manfred u. Hans Peter Jacob,
> die mit ihrem/Vater, Charly Jacob, noch am
> 19. Februar 1945 in das/KZ Theresienstadt deportiert
> wurden. Sie überlebten.
>
> Von 1933 bis 1945 wurden von den
> 50 jüdischen Bürgern Goslars außerdem

Selmar Hochberg	Arthur Rosenfeld
Max Jacob	Oscar Rosenkranz
Gertrud Jacob	Else Rosenkranz
Alfred Lebach	Erna Rosenkranz
Ernst Lebach	Robert Rothenberg
Kurt Lebach	Martha Rothenberg
Julius Neuburg	Charlotte Rothenberg
Johanne Neuburg	Helene Winter

> ermordet.
>
> – Seele, vergiß sie nicht – Vergiß nicht die Toten –

Auf dem *jüdischen Friedhof, Ecke Glockengießerstraße/Kornstraße,* erinnert ein *Gedenkstein* an die während des NS-Regimes vertriebenen und ermordeten jüdischen Bürger der Stadt Goslar.
Es ist ein Patenschaftsverein für die jüdische Begräbnisstätte in Goslar gegründet worden.

Kontakt:
Hansjörg Pötzsch, Kaiserstraße 47, 38100 Braunschweig. – Wolfgang Janz, Wasserstraße 15, 38644 Goslar-Hahndorf.

Literatur:
Cramer, Hans-Donald, Dokumentation zum Schicksal der Goslarer Juden im »Dritten Reich« (unveröffentlichtes Manuskript im Stadtarchiv Goslar).

Groß-Hesepe

siehe Geeste und Papenburg

Halle, Kreis Holzminden

Auf dem *jüdischen Friedhof* am Ortsausgang Richtung Dohnsen steht ein *Gedenkstein* für die ehemaligen jüdischen Bürger aus Halle.

Hambühren

Auf dem Friedhof in Hambühren bei Celle befindet sich ein *»Ausländergrab«.* Ein kleiner *Gedenkstein* mit russischer Inschrift sowie ein Findling erinnern daran, daß hier zehn zwischen 1943 und 1945 verstorbene Menschen aus Polen und der Sowjetunion bestattet sind. Darunter sollen sich auch Frauen und Kinder befinden.
1939 waren im Wald in unmittelbarer Nähe des Dorfes Hallen und Bunker für die »Haupt-Munitionsanstalt (MUNA) Hambühren« gebaut und zwei Barackenlager für »Fremdarbeiter« errichtet worden. Von August 1944 bis Februar 1945 bestand ein drittes Lager mit jüdischen Frauen und Mädchen aus dem Konzentrationslager Auschwitz, das von SS bewacht und mit Stacheldraht umgeben war. Die Frauen wurden im Februar 1945 wahrscheinlich in Richtung Bergen-Belsen abtransportiert.

Quellen:
Borstelmann, Paul, Chronik der Einheitsgemeinde Hambühren, Hambühren 1977, S. 68, S. 113ff.; Internationaler Suchdienst (Hrsg.), Verzeichnis der Haftstätten unter dem Reichsführer-SS 1933–1945, Arolsen 1979, S. XXXI.

Hameln

Am ehemaligen Standort der Synagoge in der *Bürenstraße* ist ein *Gedenkstein* errichtet mit der Inschrift:

> Menschen verstummen
> Steine reden immer
> Zum Gedenken an den Untergang der
> Jüdischen Gemeinde Hameln in den Jahren
> 1933–1945

Auf dem *Waldfriedhof »Am Wehl«* am nördlichen Rand von Hameln liegen über 2 200 Tote des Ersten und des Zweiten Weltkrieges aus Polen, der Sowjetunion, der Tschechoslowakei, Jugoslawien, Italien, den Niederlanden und aus Deutschland bestattet. Von den darunter fast 800 Toten des Zweiten Weltkrieges starben viele in Arbeitslagern in der Umgebung von Hameln, unter ihnen über 140 sowjetische und serbische Kriegsgefangene.

Handeloh

Auf der *»Kriegsgräberstätte«* Handeloh, Kreis Harburg, liegen in einem Massengrab KZ-Opfer beerdigt. Die Bahnstrecke Buchholz-Soltau diente gegen Kriegsende als Verbindungsstrecke zwischen den Konzentrationslagern Neuengamme und Bergen-Belsen, über die KZ-Häftlinge »evakuiert« wurden. Bei den hier Begrabenen handelt es sich um Häftlinge, die bei einem »Evakuierungs«-transport am 8./9. April 1945 in Handeloh umgekommen sind. Ursprünglich waren die Toten in der Nähe des Bahnhofs an der Bahnstrecke begraben; zehn Jahre nach Kriegsende wurden sie auf dem örtlichen Friedhof beigesetzt. Ein *Gedenkstein* links des Hauptweges, unweit der Friedhofskapelle, erinnert mit den Worten an sie:

> Hier ruhen 64 KZ-Häftlinge
> Wir leiden Verfolgung,
> aber wir werden nicht
> verlassen;
> wir werden unterdrückt,
> aber wir kommen nicht um.
> 2. Kor. Kap. 4, Vers 9

Auch in Schneverdingen und Soltau (s. jeweils dort) finden sich noch Erinnerungszeichen, die auf die Todeszüge auf der Heidebahn hinweisen.

Literatur:
Wulf, Sigrun (Hrsg.), Nur Gott der Herr kennt ihre Namen. KZ-Züge auf der Heidebahn. Augenzeugen-Berichte, Protokolle, Beobachtungen, Erlebnisse, Soltau 1991.

Hannover

Eine *zentrale Erinnerungsstätte* an NS-Gewalttaten in Hannover ist die am 3. August 1987 eröffnete und am 15. Dezember 1991 erheblich erweiterte und neugestaltete *Mahn- und Gedenkstätte Ahlem.* Sie befindet sich im Keller des ehemaligen Direktorenhauses der Israelitischen Gartenbauschule Ahlem, Heisterbergallee 8. Eigentümer und Träger ist der Landkreis Hannover. Zu der Gedenkstätte gehört eine Außenanlage mit dem Grundriß der Laubhütte der ehemaligen Israelitischen Gartenbauschule, die in den Jahren 1944/45 als Hinrichtungsstätte benutzt wurde. In der Mauer neben dem Tor zur Gedenkstätte ist eine *Gedenktafel* eingelassen, die folgende Inschrift trägt:

> Zur mahnenden Erinnerung
> an die am 1. April 1893 von Alexander Moritz Simon
> gegründete Israelitische Gartenbauschule Ahlem,/
> die am 30. Juni 1942 von den Nationalsozialisten
> geschlossen wurde./Die Geheime Staatspolizei
> sammelte seit 1941 in der Gartenbauschule die
> jüdischen Einwohner/der Stadt Hannover und der
> Regierungsbezirke Hannover und Hildesheim/– über
> 2 200 Personen – vor ihrer Deportation in die Vernich-
> tungslager./Sie errichtete hier im August 1943 eine
> Dienststelle zur Kontrolle und Unterdrückung der/aus-
> ländischen Zwangsarbeiter, ferner ein Gefängnis./
> Während des Monats März 1945 ließ sie in der
> Laubhütte der Gartenbauschule mindestens/
> 72 italienische, polnische und sowjetische Zwangs-
> arbeiter ermorden./Die amerikanischen Truppen
> befreiten am 10. April 1945 die letzten 27 jüdischen
> Einwohner/von Hannover, die in der Gartenbauschule
> interniert waren./

Nach jüngsten Zeitzeugenberichten wurden über 400 Zwangsarbeiter ermordet.

Noch heute steht im Garten der ehemaligen Schule ein Kastanienbaum mit den Brandschäden, die entstanden, als die Gestapo am 8. April 1945 das sie belastende Aktenmaterial in der Laubhütte verbrannte. Eine *Tafel* macht mit folgenden Worten in neun Sprachen auf die grausame Geschichte dieses Ortes aufmerksam:

> Hier stand bis zum 8. April 1945
> die Laubhütte der Israelitischen Gartenbauschule.
> An dieser Stelle wurden 1944/1945
> italienische, polnische und sowjetische
> Zwangsarbeiter hingerichtet.

Am 27. August 1993 wurde im historischen Park der Landwirtschaftskammer Hannover, in Hannover-Ahlem, Heisterbergallee 12, ein von Hartwig von der Heyde geschaffenes *Mahnmal* am Standort der Laubhütte der ehemaligen Israeli-

tischen Gartenbauschule enthüllt: Zwölf Stelen aus Kalkstein sollen Leben und Tod der hier von den Nationalsozialisten ermordeten Insassen des Gestapogefängnisses symbolisieren; sie stehen auch für die zwölf Stämme Israels und sollen an die von den Nationalsozialisten zerstörten zwölf Synagogengemeinden im Raum Hannover erinnern. Der Halbkreis des Mahnmals endet dort, wo früher die »Laubhütte« stand.
In den Kellerräumen der früheren Gartenbauschule befanden sich in der Zeit von 1943 bis 1945 Gefängniszellen des Polizei-Ersatzgefängnisses der Gestapo. Hier wurden Menschen aus politischen oder rassistischen Gründen gequält, gefoltert und ermordet. Heute kann man eine *Dokumentation* der *Gedenkstätte* und einen *Gedenkraum* besuchen, in dem die Namen von über 4 000 Opfern aus den ehemaligen Regierungsbezirken Hannover und Hildesheim, darunter auch deutsche Sinti, aufgeführt sind.

Öffnungszeiten:
7.30 bis 15.00 Uhr (während Schulferien geschlossen). Der Schlüssel befindet sich im Sekretariat der Justus-von-Liebig-Schule, Tel: 05 11/40 10 96/97. Führungen: – auch außerhalb der Besuchszeiten – können beim Freizeit- und Bildungszentrum Weiße Rose, Tel: 05 11/1 68-96 10, oder beim Landkreis Hannover, Kulturamt, Frau Gabriele Lehmberg, Hildesheimer Straße 20, 30169 Hannover, Tel.: 05 11/9 89-22 56/21 60, vereinbart werden.

Verkehrsverbindungen:
Stadtbahn Linie 10 und Buslinien 57 und 58 bis Station Ehrhartstraße.

Die Gedenkstätte hat Informationsblätter zur jüdischen Geschichte und zur Geschichte des Nationalsozialismus in Hannover herausgegeben, die laufend fortgeführt werden (s. unter Quellen/Literatur).

Gedenkstätten für KZ-Außenlager

In Hannover bestanden zwischen Juli 1943 und April 1945 sieben Außenlager des Konzentrationslagers Neuengamme bei Hamburg, und zwar in den Stadtteilen *Stöcken* (zwei Lager), *Langenhagen, Ahlem, Limmer, Misburg und Mühlenberg.* Sie gehörten zu den mehr als 1 000 KZ-Außenlagern, die in den letzten Kriegsjahren im Deutschen Reich errichtet wurden. In der Nähe von fünf ehemaligen Lagergeländen in Hannover erinnern heute *Mahnmale* und *Gedenktafeln* an ihre Existenz und die ums Leben gekommenen Menschen. Die Tafeln tragen die – zum Teil später ergänzte – Inschrift:

Zur mahnenden Erinnerung an die Zeit
nationalsozialistischen Terrors, in der die
Menschenrechte, die Freiheit und Gerechtigkeit
mißachtet wurden.

Hier in der KZ-Außenstelle [Name des Lagers]
wurden Menschen wegen ihrer Rasse,
ihres Glaubens und ihrer Weltanschauung
von den Nationalsozialisten ermordet.

Die Gedenktafel für die zwei Lager in *Stöcken* ist an der Gabelung *Garbsener Landstraße/Auf der Horst* in Hannover-*Marienwerder* angebracht.
Nach jahrelangen Auseinandersetzungen um ein Mahnmal auf dem Gebiet des ehemaligen *Außenlagers »Accu-Stöcken«* hat die Stadt Hannover einen Teil des Geländes mit Fundamentresten des Lagers gekauft und am 8. Mai 1989 ein *Mahnmal* aufgestellt. Die Skulptur wurde von dem Künstler Hans-Jürgen Breuste aus Hannover gestaltet. Sie besteht aus drei überdimensionalen Stahlschlingen, die im Boden verankert sind. Angeregt wurde dieses Mahnmal von der Leiterin des Freizeitheimes in Hannover-Stöcken sowie Schülern der Anne-Frank-Schule. Ursprünglich wollte der Bezirksrat die Plastik auf dem Firmengelände von Varta errichten, aber der Vorstand lehnte ab, da er bezweifele, »ob sich spätere Generationen durch Mahnmale in der von Ihnen gewünschten Weise beeindrucken lassen«.
Im Lager »Accu-Stöcken« waren vom 19. Juli 1943 bis zum 5./8. April 1945 ständig zwischen 1 500 und 2 000 männliche Häftlinge untergebracht. Sie wurden in der Accumulatoren-Fabrik zur Arbeit eingesetzt. Mindestens 449 Häftlinge kamen ums Leben. Ein Teil der Häftlinge wurde am 5. April 1945 in das völlig überfüllte Konzentrationslager Bergen-Belsen »evakuiert«, ein anderer Teil am 8. April nach Gardelegen im heutigen Bundesland Sachsen-Anhalt. In Isenschnibbe am Stadtrand von Gardelegen wurden am 11. April 1945 1 016 Häftlinge in eine steinerne Scheune getrieben, deren Stroh die SS mit Benzin und Öl übergossen und angezündet hatte. Am nächsten Morgen fanden amerikanische Soldaten in der Glut die Leichen der 1 016 Menschen.
Das am 7. September bis zum 30. November 1944 eingerichtete *Lager »Conti-Stöcken«* war ständig mit etwa 1 000 männlichen Häftlingen belegt, die in den Continental-Gummiwerken Gasmasken herstellen mußten. Ab Mai/Juni 1944 waren von der Gestapo Baracken auf dem Werksgelände beschlagnahmt und zu einem Konzentrationslager ausgebaut worden. Es gab mindestens 26 Todesfälle. Ende November 1944 wurde das Lager zum Kommando Hannover-Ahlem überstellt.

Das *Lager Langenhagen* wurde am 2. Oktober 1944 für weibliche Häftlinge eingerichtet, die bei den Brinker Eisenwerken Flugzeugteile herstellen mußten. Im November 1944 wurde das Lager ausgebombt. Die etwa 250 Häftlinge wurden nach Limmer verlegt.

Ein 1987 gegründeter Arbeitskreis »Bürger gestalten ein Mahnmal« hat eine breite Diskussion um eine Gedenkstätte für die Opfer des *KZ-Außenlagers Ahlem* entfacht und ein *Mahnmal* (Heisterbergallee, am Englischen Friedhof) entworfen, das den Eingang eines Asphaltstollens nachbildet, auf den eine sich verjüngende Allee von Stahlstangen hinführt. Die Wände des Stollens sind mit Asphaltplatten und Reliefs verkleidet, die die Leiden der ehemaligen Häftlinge symbolisieren. Im Februar 1994 wurde das von dem Arbeitskreis teilweise selbst geschaffene Mahnmal eingeweiht.
Das Lager Ahlem bestand vom 30. November 1944 bis zum 10./11. April 1945 und war ständig mit etwa 1 000 männlichen Häftlingen belegt, die in der unterirdischen Munitionsanstalt der ehemaligen Asphaltwerke westlich der Richard-Lattorf-Straße und beiderseits der *Harenberger Straße* (heute Heisterbergallee) für die Continental Gummiwerke und die Maschinenfabrik Niedersachsen-Hannover (MNH) arbeiten mußten. Mindestens 350 Häftlinge starben. Am 6. April 1945 wurden die Häftlinge nach Bergen-Belsen »evakuiert«. Viele starben auf dem Fußmarsch oder wurden Opfer der Seuchen in Bergen-Belsen. Die Kranken blieben im Lager zurück, das am 10./11. April 1945 befreit wurde.

An das ehemalige Frauenlager *Limmer* erinnern seit dem 17. Mai 1987 an der Ecke *Sackmannstraße/ Stockhardtweg* eine neue große *Gedenktafel* mit erweitertem Text und ein *Gedenkstein*. In Limmer bestand seit dem 25. Juni 1944 ein Lager, das mit etwa 500 weiblichen Häftlingen belegt war. Diese mußten in den Continental-Gummiwerken Gasmasken herstellen. Das Lager wurde vom 7.–10. April 1945 in Richtung Bergen-Belsen »evakuiert«.

Die *Gedenktafel* für das Lager *Misburg* ist in eine Mauer auf dem *Friedhof Misburg,* in dessen Nähe sich das Lagergelände befand, eingelassen. Am 2. Juni 1989 wurde zusammen mit ehemaligen französischen Häftlingen ein von dem Künstler Eugène Dodeigne aus Frankreich geschaffenes *Mahnmal* auf dem Werksgelände Deurag-Nerag, dem Standort des ehemaligen Lagers, eingeweiht.
Das Lager Misburg wurde am 20. Juni 1944 eröffnet; am 7. April 1945 wurden die Häftlinge nach Bergen-Belsen »evakuiert«. Es war ständig mit etwa 1 000 männlichen Häftlingen belegt, die Aufräumungsarbeiten bei der Deurag-Kraftstoffindustrie leisten mußten. Mindestens 32 von ihnen starben.

Die *Gedenktafel* für das Lager *Mühlenberg* ist in eine Mauer im Eingangsbereich der *Dietrich-Bonhoeffer-Kirche* am *Mühlenberger Markt 5* eingelassen (seit 1982, vorher: Tresckowstraße/Stauffenbergplatz).
Das KZ-Außenlager Mühlenberg wurde am 5. Februar 1945, nach der Auflösung des Konzentrationslagers Auschwitz im Januar 1945 beim Näherrücken der Roten Armee, errichtet. Die Häftlinge kamen aus einem Außenlager von Auschwitz in Laurahütte (Oberschlesien), wo sie in einer Fabrik der Firma Rheinmetall-Borsig AG zur Herstellung von Flugabwehrgeschützen eingesetzt waren. Etwa 930 Häftlinge von Laurahütte wurden am 23. Januar 1945 in Viehwaggons in das Konzentrationslager Mauthausen (Österreich) und das Nebenlager Gusen »evakuiert«, 500 von ihnen am 1. Februar weitertransportiert nach Hannover in das KZ-Außenlager Mühlenberg. Die Namensliste dieses Transports ist erhalten geblieben. Danach bestand das Kommando fast ausschließlich aus jüdischen Häftlingen (472) 15 verschiedener Nationen. Das Durchschnittsalter lag unter 30 Jahren, der jüngste Häftling war erst 1930 geboren. Das Lager wurde auf einem Teil des Geländes eines seit 1942 an der *Hamelner Chaussee* befindlichen Zwangsarbeiterlagers mit etwa 3 300 Insassen, darunter auch sowjetische Kriegsgefangene, eingerichtet. Die Häftlinge wurden ebenfalls bei der Rheinmetall-Borsig AG auf dem Hanomag-Industriegelände zur Montage von Flakgeschützen eingesetzt. Aufgrund der schlechten Lebensumstände gab es täglich Tote. Diese wurden zunächst noch durch ein Bestattungsunternehmen zum Seelhorster Friedhof gebracht und im Krematorium verbrannt. Später wurden die Toten in Bombentrichtern verscharrt oder blieben unbestattet im Lagerbereich liegen. Am 6. April 1945 begann die »Evakuierung« des Lagers in Richtung des zu dieser Zeit schon überfüllten Konzentrationslagers Bergen-Belsen. 48 Häftlinge im Krankenbau wurden von der SS erschossen. Einige Häftlinge konnten sich bis zur Befreiung verstecken. Auf dem »Todesmarsch« nach Bergen-Belsen starben 24 Häftlinge. Von den insgesamt etwa 800 Häftlingen des Lagers Mühlenberg starben in der Zeit vom 5. Februar 1945 bis zur Befreiung 252. 72 von ihnen wurden erschossen.
Nach dem Krieg wurden die bestehenden Lagergebäude als Notunterkünfte für ausgebombte Hannoveraner und Flüchtlinge genutzt. Ein Massengrab und ein Gedenkkreuz erinnerten an die Opfer des Lagers. Im Jahre 1947 wurden die Toten

exhumiert und auf dem *Seelhorster Friedhof* (s. unten) bestattet. Auf dem früheren Lagergelände Mühlenberg steht heute das Verwaltungsgebäude eines Energiekonzerns.

Jüdische Gedenkstätten

An der *Georgstraße* im Zentrum Hannovers, in der Nähe des Opernhauses, wurde im Oktober 1994 ein *Mahnmal für alle während der Nazi-Zeit ermordeten hannoverschen Juden* der Öffentlichkeit übergeben: In die von dem italienischen Künstler Michelangelo Pistoletto entworfene Stufenpyramide sind 1882 Namen der jüdischen Frauen, Männer und Kinder mit Geburtsdatum, Deportationsziel und, soweit bekannt, Todesdatum und Todesort eingemeißelt. Das Mahnmal geht auf die Initiative eines eigens hierfür gegründeten Vereins »Memoriam« zurück.

In *Hannover-Zoo* brachte die Stadt Hannover am Gebäude der Städtischen *Hals-Nasen-Ohren-Klinik, Ellernstraße 39,* eine *Gedenktafel* für das ehemalige jüdische Krankenhaus an. Der Text lautet:

Ehemaliges jüdisches Krankenhaus

Diese Gebäude wurden 1901 vom
Israelitischen Verein/für Altersfürsorge und
Krankenpflege als Altersheim/und Krankenhaus
errichtet und bis 1939
– auch/für christliche Patienten – betrieben.
1941/42 dienten sie den Nationalsozialisten
als/sogenannte »Judenhäuser«,
in denen jüdische Mitbürger/
vor ihrem Abtransport
in die Vernichtungslager/
zusammengepfercht wurden.

Im Treppenhaus des *Heinemanhofes* in der *Brabeckstraße 86* im Stadtbezirk *Kirchrode/Bemerode* erinnert seit 1983 eine *Gedenktafel* an den Gründer der Einrichtung. Hier befand sich die »Minna-James-Heineman-Stiftung«, eine der bedeutendsten sozialen Einrichtungen der Jüdischen Gemeinde Hannover. 1927 wurde in diesem Haus ein Altenheim für bedürftige, alleinstehende Frauen errichtet, die hier ihren Lebensabend ohne finanzielle Nöte verbringen konnten. 1941 wurde das Altenheim zum »Judenhaus«, in das zwangsweise jüdische Familien eingewiesen wurden. Alle Bewohner des Hauses wurden 1941/42 in die Vernichtungslager Riga, Auschwitz und Theresienstadt deportiert.

In Hannover-*Calenberger Neustadt, Rote Reihe 6,* steht am Ort der 1938 zerstörten Synagoge ein *Mahnmal* mit der Inschrift:

Ungestillt rinnt die Träne
um die Erschlagenen unseres Volkes. Jer. 8,23
Hier stand die Synagoge,
das Gotteshaus der Jüdischen Gemeinde
unserer Stadt,
frevelhaft zerstört am 9. November 1938
zur Erinnerung und Mahnung

Die Jüdische Gemeinde in Hannover zählte 1933 rund 5500 Mitglieder. Von den 3395 deportierten Juden aus Hannover überlebten nur 330 Menschen den Holocaust.

Nach dem 1933 im tschechischen Exil in Marienbad im Auftrag der SA ermordeten jüdischen Philosophen, Journalisten und Schriftsteller *Theodor Lessing* sind seit 1982 ein kleiner *Platz* im Zentrum der Stadt, etwa zwei Kilometer von der Universität entfernt, sowie das Gebäude der Sozialwissenschaftlichen Bibliothek *(»Theodor-Lessing-Haus«)* benannt.
Im *Foyer der Volkshochschule,* die von Ada Lessing mitgegründet wurde, hängt ein Bild des Malers Detlef Kappeler. Es porträtiert Lessing vor einem Hintergrund von Güterwaggons und Gesichtern. Auf der rechten Seite des Bildes ist auch der Kopf des 1977 wegen des Vorwurfs der Terrorismussympathie suspendierten, aber kurz vor seinem Tod 1982 rehabilitierten Hannoverschen Psychologie-Professors Peter Brückner erkennbar. Das Bild war von der Universität in Auftrag gegeben, dann aber wegen des Brückner-Kopfes nicht angenommen worden.
Theodor Lessing wurde schon 1926 nach einer mit antisemitischen Parolen geführten Hetzkampagne gezwungen, seine Professur an der Universität Hannover aufzugeben. Er hatte 1925 im »Prager Tageblatt« den späteren Reichspräsidenten Hindenburg als »Zero« [Null] tituliert. Nach seinen frühzeitigen Warnungen vor der heraufziehenden faschistischen Gefahr wurde er damals im »Hannoverschen Courier« als »Schädling mit einer krankhaft zersetzenden Einstellung« angeprangert. Begraben liegt Lessing auf dem jüdischen Friedhof in Marienbad (Tschechische Republik).

In Hannover-*Bothfeld* befindet sich auf dem *jüdischen Friedhof* in der *Burgwedeler Straße 90* seit dem 14. September 1960 ein *Gedenkstein* mit der Inschrift:

Ungestillt rinnt die Träne
um die Erschlagenen unseres Volkes
Jeremias 8, Vers 23
In Gedenken an die über 4000 Mitglieder
unserer Gemeinde, die 1933–1945
ihr Leben lassen mußten.

Ein von der Heisterbergallee abzweigender *Weg* wurde 1961 nach dem Direktor der Israelitischen Gartenbauschule (s. oben) *Leo Rosenblatt* benannt, der 1942 ins Konzentrationslager Theresienstadt verschleppt wurde und dort ums Leben gekommen ist.

Am Geburtshaus von Otto Meyerhof in der *Rathenaustraße 16a* erinnert eine *Gedenktafel* an den Biochemiker und Nobelpreisträger, der 1938 emigrieren mußte und in den USA verstorben ist.

Gedenken an Verfolgte und Widerstandskämpfer

Auf Initiative des Arbeitskreises »Mahnmal Gerichtsgefängnis« wurde am 8. Mai 1989, dem Jahrestag der Befreiung vom Nationalsozialismus, am *ehemaligen Gerichtsgefängnis, Raschplatz,* ein von Hans-Jürgen Breuste entworfenes *Mahnmal* eingeweiht. Es zeigt vertikal angeordnete, unterbrochene Eisenplatten, die von einem Andreaskreuz durchkreuzt werden. Die Inschrift erwähnt die verschiedenen Gruppen der Verfolgten und des Widerstands:

> Hier stand bis zum Abriß 1964 das Gerichtsgefängnis Hannover, in dem von 1933 bis 1945 zahlreiche Gegner und Gegnerinnen des Nationalsozialismus inhaftiert waren. Sie kamen aus allen Schichten der Bevölkerung, bis 1937 vor allem aus der Arbeiterschaft – darunter Sozialdemokraten, Kommunisten und Gewerkschafter.
>
> Außer ihnen wurden hier Männer und Frauen aus verfolgten Minderheiten wie Sinti, Zeugen Jehovas und Homosexuelle gefangengehalten. Während des Zweiten Weltkrieges haben hier auch ausländische Zwangsarbeiter und Zwangsarbeiterinnen gelitten.
> In diesem Gefängnis waren viele Mitglieder der hannoverschen Sozialistischen Front, einer der größten Widerstandsgruppen der SPD gegen den Nationalsozialismus, inhaftiert. Von ihnen werden Gustchen Breitzke, Fritz Lohmeyer, Therese Wittrock und Fritz Wulfert genannt. Zu einer Widerstandsgruppe der Sozialistischen Arbeiterpartei gehörte Otto Brenner.
> Von 1937 bis 1943 saß hier der Vorsitzende der KPD, Ernst Thälmann, in Einzelhaft.
>
> Stellvertretend für die Verfolgten aus dem kommunistischen Widerstand werden Paul Arndt, Marianne Baecker, Grete Hoell und Walter Krämer genannt. Das Mahnmal Gerichtsgefängnis erinnert daran, daß sich Justiz und Polizei als Helfershelfer des Faschismus betätigten. Hier war ein Ort der Denunziation, an dem Menschen willkürlich und aus politischen Gründen inhaftiert waren.

Die Laubhütte der ehemaligen *Israelitischen Gartenbauschule Ahlem* benutzte die Gestapo im März 1945 als Hinrichtungsstätte (s. Gedenktafel und Mahnmal oben).

In den Kellerräumen der früheren Gartenbauschule befanden sich 1943 bis 1945 Gefängniszellen des Polizei-Ersatzgefängnisses der Gestapo (zur Gedenkstätte s. oben).

An die Zerschlagung der Gewerkschaften durch die Nationalsozialisten im Jahre 1933 erinnert eine *Gedenktafel* des DGB, die 1983 am *Gewerkschaftshaus, Goseriede 4,* angebracht wurde:

> 1933 – 1983
> Wir erinnern und mahnen.
> Im Jahre 1910 errichteten hier
> – früher Nikolaistraße 7, heute
> Goseriede 4 – die hannoverschen
> Gewerkschaften ihr Gewerkschaftshaus.
> Dieses Haus wurde von den Nazis am
> 1. April 1933 besetzt. Die Gewerkschaften wurden zerschlagen, Gewerkschafter verfolgt, verhaftet, ermordet.
> DGB Kreis Hannover

Im *Freizeitheim Lister Turm, Walderseestraße 100* in Hannover-*List,* ist eine *Gedenktafel* für zwei Opfer des Nationalsozialismus angebracht. Der Dreher Willi Großkopf aus Hainholz und der Heizer Wilhelm Heese wurden bei einem SA-Überfall auf eine Kundgebung der SPD am Lister Turm ermordet. Die Gedenktafel trägt die Inschrift:

> Zur mahnenden Erinnerung an die Zeit des nationalsozialistischen Terrors, in der die Menschenrechte, die Freiheit und die Gerechtigkeit mißachtet wurden. Hier ermordete die SA am 22. 2. 1933 die Mitglieder des Reichsbanners Wilhelm Heese und Willi Großkopf.

Am *Jugendzentrum* bei der Gesamtschule Roderbruch in *Groß-Buchholz-Osterfeld, Rotekreuzstraße 21,* ist einc *Gedenktafel* mit folgender Inschrift angebracht:

> Jugendzentrum Friedrich Lohmeyer
>
> Zum Gedenken an den hannoverschen
> Widerstandskämpfer
> Friedrich Lohmeyer
> * 11. 8. 1890
> in Hannover
> † April 1945
> im KZ Mauthausen
> Er ist uns allen Vorbild in seinem Kampf gegen
> Faschismus und Krieg

Friedrich Lohmeyer, Sozialdemokrat und gelernter Konditor, wurde wegen seiner Widerstandstätigkeit in der Sozialistischen Front erstmals im August 1933 verhaftet. 1936 wurde er erneut festgenommen und zu fünfeinhalb Jahren Gefängnis verurteilt. Nach

Verbüßung der Strafe im Zuchthaus Hameln wurde er ins Konzentrationslager Sachsenhausen, dann ins KZ Mauthausen deportiert. Mit einem Krankentransport kam er nach Ebensee, einem Außenlager von Mauthausen, in dem er in den letzten Kriegstagen an den Leiden von Haft und Konzentrationslager starb. Nach ihm ist auch der *Lohmeyerhof* im Stadtteil *Ricklingen* benannt.

Der *Heinrich-Bock-Hof* in Hannover-*Ricklingen* erinnert an den Sozialdemokraten und SPD-Bürgervorsteher Heinrich Bock, der im Widerstand aktiv war. Nach dem mißlungenen Attentat auf Hitler am 20. Juli 1944 wurde er im Zuge der »Aktion Gitter/Gewitter« verhaftet und ins KZ Sachsenhausen deportiert. Nach Aussagen von Mithäftlingen soll er auf der »Cap Arcona«, auf die KZ-Häftlinge nach dem Fußmarsch zur Lübecker Bucht getrieben wurden, ums Leben gekommen sein.

Die *Wilhelm-Bluhm-Straße* im Stadtbezirk *Linden* wurde nach dem Sozialdemokraten und gelernten Schlosser Wilhelm Bluhm benannt, der wegen seiner Aktivität im Widerstand vom »Volksgerichtshof« in Berlin 1937 zu fünfeinhalb Jahren Zuchthaus verurteilt und ins Konzentrationslager Sachsenhausen verschleppt wurde. Kurz nach seiner Deportation wurde Bluhm ermordet.

In Hannover-*Mühlenberg* wurden 1978 zahlreiche *Straßen* und öffentliche *Plätze* nach Widerstandskämpfern benannt, unter anderem nach Personen aus dem örtlichen Widerstand der Arbeiterbewegung, nach kirchlichen Widerstandskämpfern sowie Personen aus dem Umkreis des »20. Juli«.

Gedenken auf Friedhöfen

(Jüdischer Friedhof, Hannover-Bothfeld, s. oben.)

Am *Arthur-Menge-Ufer,* dem *Nordufer des Maschsees,* wurde am 16. Oktober 1945 das *erste Denkmal in Hannover* für Opfer des Nationalsozialismus errichtet. Dort befinden sich ein *sowjetisches Ehrenmal* und ein *Friedhof* für von SS ermordete sowjetische Soldaten und ausländische KZ-Opfer. Das Ehrenmal wurde von dem sowjetischen Bildhauer Nicolai Muchin-Koloda gestaltet und trägt auf der linken Seite die Inschrift:

> Zur ewigen Erinnerung an die Angehörigen
> der U.S.S.R. und anderer Nationen
> Opfer der Nazi-Brutalität
> Grausam ermordet
> Zu Hannover am 8. April 1945

Auf der rechten Seite wird die Inschrift in russischer, englischer und französischer Sprache wiederholt. Eine Hinweistafel informiert über die hier beigesetzten Opfer und ihr Schicksal mit folgender Inschrift:

> Hier ruhen 154 sowjetische Soldaten,
> die am 8. April 1945, zwei Tage vor dem Einmarsch
> der amerikanischen Truppen in Hannover,
> auf dem Seelhorster Friedhof durch Angehörige
> der Geheimen Staatspolizei ermordet
> und in einem Massengrab verscharrt worden sind.
> Außerdem wurden hier 232 weitere Opfer
> des Nationalsozialismus beigesetzt, die sich
> in anderen Massengräbern auf dem
> Seelhorster Friedhof befanden.
> Bei ihnen handelt es sich um Häftlinge
> aus Konzentrationslagern in Hannover
> und um verschleppte Zwangsarbeiter aus Belgien,
> Frankreich, Griechenland, Italien, Jugoslawien,
> Niederlande, Polen und der Sowjetunion.

Das Massengrab der erschossenen Sowjetbürger auf dem Seelhorster Friedhof wurde am 2. Mai 1945 geöffnet. Die amerikanische Militärregierung forderte auf einem Plakat vom 30. April 1945 die Hannoveraner zur Teilnahme an der Exhumierung und neuen Beerdigung der Toten auf. Die Leichen wurden in weiße Tücher gehüllt, mit Blumen bedeckt und am Maschsee-Nordufer bestattet. Nach dem Willen der Militärverwaltung sollte dieser zentral gelegene Platz am Maschsee-Ufer eine Mahnstätte gegen die Verbrechen des Nationalsozialismus werden. Doch das Denkmal war ständigen Beschädigungen ausgesetzt. Der Sowjetstern, der über dem Halbrelief des trauernden Soldaten angebracht war, wurde völlig zerstört, und man hat dieses Symbol nicht wieder erneuert.

Auf dem *Stadtfriedhof Seelhorst* in Hannover-*Seelhorst, Garkenburgstraße 43,* befindet sich in der Hauptachse des Friedhofs eine *Ehrenanlage für KZ-Opfer.* Anläßlich einer Gedenkfeier für Opfer des Nationalsozialismus wurden am 14. September 1947 am heutigen Nebeneingang (Hoher Weg) zu dieser Anlage *zwei Gedenktafeln* aufgestellt. Sie tragen – jeweils unter den in einem dreieckigen Winkel als dem Kennzeichen für KZ-Häftlinge eingemeißelten Buchstaben »KZ« – folgende Inschriften:

> Gedenket der zwölf Millionen Opfer
> aller Nationen des Nazi-Terrors

> Zum Gedenken unserer ermordeten
> Kameraden der KZ-Lager Mühlenberg,
> Ahlem, Stöcken

Hier sind 390 Opfer der KZ-Außenkommandos Mühlenberg, Ahlem und Stöcken aus Belgien, Dänemark, Deutschland, Frankreich, Griechenland, Italien, Jugoslawien, Lettland, Litauen, Polen, der Sowjetunion, Spanien, der Tschechoslowakei und Ungarn sowie Staatenlose beigesetzt, die im Krematorium auf dem Seelhorster Friedhof verbrannt wurden.
Am 22. Juli 1954 wurde im Nordostteil des Seelhorster Friedhofs eine *niederländische Ehrenanlage* für mehr als 400 holländische Fremdarbeiter eingeweiht, die während des Krieges in Hannover und Umgebung gestorben sind. Ursprünglich befand sich hier eine Stele aus hellem Kalkstein. Nach der Erweiterung mit je zwei Steinplatten an den Seiten hat das Denkmal die Form eines Triptychons erhalten. Unter der Inschrift »Koninkrijk der Nederlanden« sind auf einer Platte jeweils 36 Namen verzeichnet, offensichtlich Opfer, für die keine eigene Grabstätte vorhanden ist.
Auf einer angrenzenden *Ehrenanlage* (Abt. 18 und 19) steht für 1 581 Zwangsarbeiter und Verschleppte aus Belgien, Jugoslawien, Lettland, Litauen, Polen, der Sowjetunion, der Ukraine, der Tschechoslowakei und Staatenlose ein sieben Meter hoher *Obelisk* aus Naturstein, der in unregelmäßigen Abständen von unterschiedlich großen *Gedenksteinen* mit den Namen der Toten umgeben ist. Die Anlage wurde vom Volksbund Deutsche Kriegsgräberfürsorge konzipiert und 1964 fertiggestellt.

Auf dem *Stadtfriedhof Ricklingen* in Hannover-*Oberricklingen, Göttinger Chaussee 246,* sind als Widerstandskämpfer gegen den Nationalsozialismus Franz Nause (Mitglied der SPD und technischer Leiter der Sozialistischen Front, im Zuchthaus Brandenburg-Görden ermordet) und Kurt Willkomm (Mitglied der KPD und erstes Gestapo-Opfer in Hannover, am 5. November 1933 verhaftet und kurz darauf in Gestapo-Haft ums Leben gekommen) in *Ehrengräbern* bestattet.

Auf dem *Lindener Friedhof Fössefeld,* dem ehemaligen Garnisonsfriedhof, finden sich Gräber von Soldaten, die 1944 wegen Desertion oder »Wehrkraftzersetzung« verurteilt und in Hannover-Vahrenheide hingerichtet wurden. Die ehemalige Hinrichtungsstätte liegt heute auf dem Standortübungsplatz der Emmrich-Cambrai-Kaserne in Bothfeld. Daneben befindet sich die Offiziersschule. Die Hannoveraner Gruppe der Deutschen Friedensgesellschaft, Vereinigte Kriegsdienstgegner (DFG/VK) setzt sich dafür ein, im Eingangsbereich der Offiziersschule ein Denkmal für die Menschen aufzustellen, die sich dem Hitler-Regime als Soldaten verweigert haben und dafür ermordet wurden. Am Antikriegstag 1990 errichtete eine Gruppe junger Kriegsdienstverweigerer zusammen mit den Grünen ein *Deserteursdenkmal* vor dem Rathaus. Es besteht aus einem Zementblock mit einbetoniertem Stahlhelm und Marschstiefeln.

Kontakte:
Arbeitskreis »Bürger gestalten ein Mahnmal«, c/o Ruth Gröne, Am Asphaltberge 7, 30453 Hannover (zum Lager Ahlem). – Landeshauptstadt Hannover, Kulturamt, Friedrichswall 15, 30159 Hannover. – Freizeit- und Bildungszentrum Weiße Rose, Mühlenberger Markt 1, 30457 Hannover, Tel.: 05 11/1 68 96 10. – Freizeitheim Stöcken, Ursula Kiessling, Eichsfelder Straße 101, 30419 Hannover. – VVN-Bund der Antifaschisten Niedersachsen, Fritz Maiwald, Goseriede 10–12, 30159 Hannover.

Führungen:
Stattreisen Hannover e.V., Schaufelder Straße 30, 30167 Hannover, Tel.: 05 11/70 18 40 veranstaltet Führungen zum Thema »Hannover unter dem Hakenkreuz«.

Quellen/Literatur:
Buchholz, Marlies/Obenaus, Herbert, Ghettoisierung, Deportation und Ermordung der hannoverschen Juden, in: »Reichskristallnacht« in Hannover. Eine Ausstellung zur 40. Wiederkehr des 9. November 1938. Beiträge zur Ausstellung, Hannover 1978; Fröbe, Rainer, Claus Füllberg-Stolberg, Herbert Obenaus u.a., Konzentrationslager in Hannover – KZ-Arbeit und Rüstungsindustrie in der Spätphase des Zweiten Weltkrieges, 2 Bände, hrsg. v. d. Historischen Kommission für Niedersachsen und Bremen, Hildesheim 1985; Gedenkstätte Ahlem/Landkreis Hannover (Hrsg.), Informationsblätter (Texte: Friedel Homeyer u.a.): 1) Juden im Landkreis Hannover 1300–1925, 2) Israelitische Gartenbauschule Ahlem 1893–30. 6. 1942, 3) Diskriminierungen, Verfolgungen, Pogrome 1933–1939, 4) Die »Judenhäuser« im Raum Hannover, 5) Ahlem – Sammelstelle für Deportationen der Juden in die Konzentrations- und Vernichtungslager 1941–1944, 6) Polizei-Ersatzgefängnis der Gestapo in Ahlem 1943 – 8. April 1945, 7) Aktion »Gewitter« 22. und 23. August 1944, 8) KZ Neuengamme – Außenlager Ahlem, 9) 3. August 1987, Hannover 1990 (die Informationsblätter werden laufend fortgeführt, Nr. 15/1994: »Deutsche Sinti«); Hoffschildt, Rainer u.a., Olivia – Die bisher geheime Geschichte des Tabus Homosexualität und der Verfolgung Homosexueller in Hannover (Selbstverlag), Hannover 1992; Homeyer, Friedel, Gestern und heute. Juden im Landkreis Hannover, Hannover 1984; Ders., 100 Jahre Israelitische Erziehungsanstalt – Israelitische Gartenbauschule 1893–1993 – Mahn- und Gedenkstätte des Landkreises Hannover in Ahlem, hrsg. vom Landkreis Hannover und d. Deutsch-Israelischen Gesellschaft, Arbeitsgemeinschaft Hannover, Hannover 1993; Kulturamt der Stadt Hannover/Freizeit- und Bildungszentrum Weiße Rose (Hrsg.), Das KZ-Außenlager Hannover-Mühlenberg – »Vernichtung durch Arbeit«, Hannover 1981 (Kulturinformation Nr. 1) = Begleitbroschüre zu einer Ausstellung vom

November 1981; Marwedel, Rainer, Theodor Lessing 1872–1935. Eine Biographie, Darmstadt/Neuwied 1987; Obenaus, Herbert, Die Erschießungen auf dem Seelhorster Friedhof in Hannover im April 1945, hrsg. vom Kulturamt der Stadt Hannover, Hannover 1982 (Kulturinformation Nr. 3); Ders., »Sei stille, sonst kommst Du nach Ahlem!« Zur Funktion der Gestapostelle in der ehemaligen Israelitischen Gartenbauschule von Ahlem (1943–1945), hrsg. vom Kulturamt der Stadt Hannover, Hannover 1988 (Kulturinformation Nr. 16); Ders. u. Wilhelm Sommer (Hrsg.), Politische Häftlinge im Gerichtsgefängnis Hannover während der Nationalsozialistischen Herrschaft, Hannover 1990 (Kulturinformation Nr. 22 der Stadt Hannover); Schneider, Gerhard, »... nicht umsonst gefallen?« Kriegerdenkmäler und Kriegstotenkult in Hannover, in: Hannoversche Geschichtsblätter, Sonderband, Hannover 1991 (Gedenkstätten für NS-Opfer S. 296 ff.); Schwake, Ruth, Werner Blumenberg. Sozialist, Antifaschist, Widerstandskämpfer. Eine biographische Dokumentation, Hannover 1987; Studienkreis Deutscher Widerstand, Niedersachsen II, S. 18–58 (s. Literatur zu Niedersachsen).

Hann. Münden

Am 20. Juli 1992 wurde in Hannoversch Münden, Kreis Göttingen, eine *Gedenktafel* eingeweiht, die an die Deportation der letzten fünf Mündener Juden am 20. Juli 1942 in das Konzentrationslager Theresienstadt erinnert. Entgegen dem Vorschlag der Initiatorin Leni Wurm-Aaltenburg von der Gesellschaft für Christlich-Jüdische Zusammenarbeit, die Tafel am Rathaus anbringen zu lassen, fand der Stadtrat, dies sei nicht der geeignete Ort, sondern die Rotunde, ein alter Torturm am Stadtrand (*Kasseler Straße/Feuerteich*). Diese Entscheidung war jedoch öffentlich umstritten, da die Rotunde seit 1937 bereits das »Göttinger Ehrenmal« beherbergt, ein Kriegerdenkmal für die Gefallenen des Ersten Weltkrieges, welches im Jahre 1966 auf der Rückseite um ein Mahnmal »Den Opfern der Gewalt 1933–1945« ergänzt wurde. Seitdem dient die Anlage in jedem Jahr sowohl dem Gedenken der Soldaten- und Kriegstoten einerseits wie der Opfer der nationalsozialistischen Gewaltherrschaft andererseits und biete so eine Möglichkeit, wie der Mündener Stadtdirektor argumentierte, »die deutsche Geschichte an einem Punkt zusammenzufassen«.

Am Ort des 1938 von den Nationalsozialisten geschändeten und eingeebneten *Alten jüdischen Friedhofs* am *Vogelsangweg* erinnert ein *Mahnmal* mit hebräischer Inschrift an die verfolgten und ermordeten jüdischen Bürger der Stadt.

Auf dem *jüdischen Friedhof* am *Saulager* liegen einige Opfer des Nationalsozialismus bestattet.

Quellen/Literatur:

Judenverfolgung von 1939 bis 1942 in einer deutschen Kleinstadt nach Dokumenten des Archivs der Stadt Münden und Nachforschungen bei ehemaligen Nachbarn und bekannten Mündener Juden, Arbeit 11. Klasse, Grotefend-Gymnasium, Hann. Münden, im Rahmen des »Schülerwettbewerbs Deutsche Geschichte« 1982/83; König, Sarah u. a. (22 Verf.), Auf den Spuren der Fremdarbeiter und Juden in Hann. Münden, Arbeit 10. Klasse, Grotefend-Gymnasium, Hann. Münden, im Rahmen des »Schülerwettbewerbs Deutsche Geschichte« 1988/89; Petzold, Johann Dietrich von, Judenverfolgung in Münden 1933–1945. Eine Dokumentation aus dem Archiv der Stadt, Münden 1979; Popplow, Ulrich, Das Novemberpogrom in Münden und Göttingen, in: Göttinger Jahrbuch 28/1980, S. 177–192.

Haren, Ems

Auf dem heutigen Gebiet der Gemeinde Haren befand sich das Lager VIII *Wesuwe,* das zum Komplex der fünfzehn »Emslandlager« gehörte, die zwischen 1933 und 1938 entlang der Ems zwischen Papenburg im Norden bis Lingen im Süden errichtet wurden und unterschiedliche Funktionen hatten. Der Sitz der zentralen Verwaltung war in Papenburg (Näheres s. dort).

Der *Friedhof Wesuwe* in der Straße »Am Ehrenfriedhof« ist als *»Kriegsgräberstätte«* ausgeschildert. Ein Stein trägt die Aufschrift: »Ausländischer Kriegsgräberfriedhof 1939–1945«. Am Eingang des Friedhofs hängt eine *Bronzetafel* mit dem Wortlaut:

> Friedhof Wesuwe
> Hier ruhen 98 sowjetische Kriegsgefangene in Einzelgräbern und 2 000 bis 4 000 sowjetische Kriegsgefangene in drei Sammelgräbern. Von den Toten in den Einzelgräbern sind 95, von den in den Sammelgräbern 237 namentlich bekannt. Die Gefangenen starben zum größten Teil an Unterernährung und Epidemien.
> Nähere Auskünfte erteilt die Stadt Haren

Auf einer Seite des Friedhofs findet man Grabsteine mit Namen polnischer und sowjetischer Männer und Frauen. Bei den Frauen handelt es sich wohl um ins Emsland verschleppte Zwangsarbeiterinnen.

Das ehemalige Lagergelände erreicht man von Wesuwe aus, indem man bei Kilometerstein 31,6 nach links auf einen Feldweg abbiegt. Dieser Weg, der an einem Transformatorenhäuschen vorbeiläuft, war früher die Zufahrtsstraße zum Straf- und Kriegsgefangenenlager Wesuwe. Links des Feldwegs befand sich der vordere Teil des Lagers, am Ende

des Feldwegs der hintere Teil. Letzte heute noch sichtbare Hinweise auf das Lager sind verstreute Backsteinreste ehemaliger Baracken und eines Brunnens. Es gibt keinen Gedenkstein oder eine Informationstafel, die an das Lager erinnern.
Das Lager wurde für 1 500 Häftlinge 1938 errichtet und diente von 1939 bis September 1944 als Kriegsgefangenenlager, überwiegend für Gefangene aus der Sowjetunion. Wesuwe war bis 1942 ein Zweiglager vom Stalag VI B Versen (s. Meppen), ab Mai 1942 wurde es dem Stalag VI C Bathorn (s. Emlichheim) unterstellt. Ab dem 1. März 1943 gehörte es zum selbständigen Offizierslager Oflag 6 WK VI Oberlangen. Hunger, Kälte, schlechte Hygieneverhältnisse und die schweren Arbeitsbedingungen waren Ursachen für eine hohe Sterblichkeit unter den Inhaftierten.

Literatur:
Begleitheft zur Ausstellung des Dokumentations- und Informationszentrums Emslandlager (DIZ) »Die Kriegsgefangenenlager Oberlangen und Wesuwe«, Meppen 1989; Studienkreis Deutscher Widerstand, Niedersachsen II, S. 128/29 (s. Literatur zu Niedersachsen).

(s. auch Papenburg)

Harpstedt

Auf dem *jüdischen Friedhof* in der *Wildeshäuser Straße* steht ein Grabstein mit der Inschrift: »Unbekanntes polnisches Kind«. Offensichtlich handelt es sich um das Kind einer Zwangsarbeiterin aus Polen, das in Harpstedt verstorben ist.

Hasbergen, Kreis Osnabrück

Im Ortsteil *Ohrbeck* gibt es Initiativen, auf dem Gebiet des ehemaligen »Arbeitserziehungslagers« Ohrbeck eine *Mahn- und Gedenkstätte* aufzubauen.

Auf dem Gelände der Georgs-Marien-Bergwerke- und Hüttenverein AG, einem Zweigwerk des Stahlkonzerns Klöckner-Werke AG, befanden sich mehrere Lager mit unterschiedlichen Funktionen. Das Kriegsgefangenenlager »Hüggel III«, ein Kommando aus dem Stalag VI C Bathorn, wurde bereits 1940 in dem heute noch erhaltenen Steingebäude an der Bahnstation »Augustaschacht« errichtet. Hier waren französische Kriegsgefangene interniert, die unter anderem im Steinbruch Althagen Schwerarbeit verrichten mußten. Die beiden Zivilarbeiterlager »Hüggel I« und »Hüggel II« wurden 1942 in sechs bis sieben Holzbaracken unweit der Bahnstation aufgebaut. Insgesamt waren in diesen beiden Lagern rund 600 Zwangsarbeiter aus Belgien, Frankreich, Polen und der Sowjetunion untergebracht, die in den Klöckner-Werken arbeiten mußten. Das »Arbeitserziehungslager«, das ebenfalls 1942 errichtet wurde, aber erst am 11. Januar 1944 offiziell in den Gestapo-Akten erwähnt wird, befand sich in einem alten Pumpwerk bei der Bahnstation. 500 Häftlinge haben hier bei schlechten hygienischen Verhältnissen, geplagt von Seuchen und Krankheiten, gelebt. Neben ausländischen Zwangsarbeitern wurden hier auch sogenannte jüdische Mischlinge eingeliefert, bei der »Gewitter-Aktion« nach dem Attentat auf Hitler am 20. Juli 1944 auch sozialdemokratische Politiker und Zentrumsabgeordnete.

Quelle:
Studienkreis Deutscher Widerstand, Niedersachsen II, S. 180f. (s. Literatur zu Niedersachsen).

Heemsen

Auf der Kriegsgräberanlage, westlich von Heemsen, liegen in Massengräbern 746 Menschen aus der Sowjetunion, wahrscheinlich Kriegsgefangene, aus dem Sterbelager in Heemsen begraben. Die Auskünfte der Gräberliste sind widersprüchlich: Die Todesdaten liegen angeblich zwischen 1942 und 1945, obwohl es unter »Bemerkung« heißt: »Die Toten wurden 1944 als Kranke vom Lager Sandbostel, Landkreis Bremervörde, hierher befördert und sind dann hier unmittelbar nach dem Eintreffen verstorben.« (s. auch Sandbostel)

Quelle:
Studienkreis Deutscher Widerstand, Niedersachsen II, S. 90 (s. Literatur zu Niedersachsen).

Heiningen bei Wolfenbüttel

Auf einer umzäunten *Begräbnisstätte* in Heiningen südlich von Wolfenbüttel sind 76 sowjetische Kriegsgefangene bestattet. Dies teilt eine *Informationstafel* mit:

> Ruhestätte der 76 russischen Soldaten,
> die hier in der Gefangenschaft starben
> 1939 – 1945

Die Gräber tragen keine Grabtafeln mit Namen, Geburts- und Sterbedaten der Toten. In Heiningen befand sich ein Arbeitskommando der »Hermann-Göring-Werke« in Salzgitter (s. dort), das dem

»Stalag (Stammlager) XI B Fallingbostel« (s. dort) unterstand. Die Gefangenen mußten unter anderem die Wasserversorgungsleitung von Hornburg (bei Wolfenbüttel) nach Salzgitter verlegen.

Helmstedt

Vor dem *alten Gebäude* des *Amtsgerichts* Helmstedt in der *Bötticherstraße* wurde im Juli 1985 eine von dem Bildhauer Siegfried Neuenhausen geschaffene, fünfeinhalb Meter hohe *Reliefstele* enthüllt: Die unteren zwei Reliefringe zeigen Darstellungen zur nationalsozialistischen Rechtsprechung mit Hinweisen auf die totale Abhängigkeit der gleichgeschalteten Justiz vom NS-Regime, an dessen Verbrechen sie sich mitschuldig gemacht hat. Der Reliefbereich ist durchsetzt mit Stichworten und Textteilen: Verbogene Paragraphen, ein Richter mit zum Hitlergruß erhobener Hand, ein vom Hakenkreuz erdrückter Gefangener sowie die Worte »Recht als Stütze des Systems – Recht?«, »Im Namen des Volkes?«, »Juden raus« (spiegelschriftlich über einem Mann, der den Judenstern trägt) oder »Zum Tode, Volksschädling« u.a. erinnern an den unheilvollsten Abschnitt deutscher Justizgeschichte. Die oberen fünf Reliefringe zeigen Darstellungen zum Rechtssystem der Bundesrepublik.

Auf einem *Ehrenfeld* des *Friedhofs St. Stephani* trägt ein *Gedenkstein* die Inschrift:

> Hier ruhen 76 Fremdarbeiter,
> die während des Krieges 1939–1945
> fern der Heimat den Tod fanden.

Dieser Gedenkstein ist der einzige Hinweis darauf, daß es in Helmstedt und in umliegenden Orten Zwangsarbeiterlager gegeben hat, in denen viele Menschen zu Tode geschunden wurden. Sie wurden unter anderem in der den »Hermann-Göring-Werken« angeschlossenen »AG für Bergbau und Hüttenbedarf Salzgitter, Kleineisenwerk Helmstedt« und bei der Reichsbahn eingesetzt. Einige der in diesem Ehrenfeld bestatteten Ausländer wurden aus den Orten Grasleben, Büddenstedt und Gevensleben hierher umgebettet.

Noch weitgehend erhaltene Schachtanlagen auf dem Grenzstreifen der früheren DDR erinnern an das Außenlager A III Helmstedt-Beendorf des Konzentrationslagers Neuengamme. Rund 4 000 KZ-Häftlinge aus der Sowjetunion, Frankreich, Griechenland, Ungarn, Belgien, Spanien, den Niederlanden und der Tschechoslowakei mußten in unterirdischen Produktionsstätten für die Munitionsfabrik Beendorf Zwangsarbeit leisten. Einige der KZ-Häftlinge, die hier ums Leben gekommen sind, wurden in einem Massengrab auf dem Beendorfer Friedhof (heute Sachsen-Anhalt) verscharrt. Heute ist das Gelände nicht frei zugänglich, da die unterirdischen Schachtanlagen von der DDR-Regierung teilweise als Endlager für Atommüll genutzt wurden.

Kontakte in bezug auf die Lager:
Beate Altenhoff-Urbaniak, Schleinitzstr. 1, 38106 Braunschweig. – Thomas Heise, Rosa-Luxemburg-Str. 3, 10178 Berlin.

Quellen/Literatur:
Heiter, Heinrich u.a., Helmstedt-Schüler erforschen die NS-Zeit der Stadt – Projekt zweier 10. Klassen der Beireis-

Helmstedt, Bötticherstraße:
Oberer Teil der 5,5 Meter hohen Reliefstele (»Gerechtigkeitssäule«) von Siegfried Neuenhausen vor dem alten Amtsgericht (1985).

Zwei Ausschnitte aus der Reliefstele vor dem alten Amtsgericht Helmstedt, die symbolhaft die Verstrickung der Justiz in das nationalsozialistische Regime und ihre Mitschuld an seinen Verbrechen darstellen.

Schule und der Luther-Schule, Helmstedt 1984; Jensen, Ulrike u. a., Lebensgeschichten. Gespräche mit Überlebenden des KZ Neuengamme (Hrsg. von der KZ-Gedenkstätte Neuengamme) Hamburg 1992. (Krystyna Razinska berichtet über ihre Haft in Beendorf, S. 29–34.)

Herbrum siehe Papenburg

Hildesheim

Schüler der Robert-Bosch-Gesamtschule haben ein *Denkmal* für die Hildesheimer Synagoge auf dem *Lappenberg* angeregt, das 1988 zum 50. Jahrestag der sogenannten »Reichskristallnacht« vom 9./10. November 1938 eingeweiht wurde. Das von der Friedrich-Weinhagen-Stiftung in Hildesheim in Auftrag gegebene Mahnmal, das der Stadt und den Bürgern als Schenkung übermittelt wurde, erinnert an Geschichte und Religion der Juden. Nach dem Gesamtentwurf des Bildhauers Professor Elmar Hillebrand aus Köln schufen mehrere Bildhauer jeweils eine Seite eines quadratischen Steins, dem die Stadt Jerusalem als Bronzeplastik aufgesetzt ist. Alle vier Seiten des gleichförmigen Steinblocks werden durch einen Davidstern strukturiert, in dessen Aussparungen verschiedene Motive zur jüdischen Geschichte und Kultur dargestellt sind.

Die »Seite der Erwählung« (Ostseite) wurde von Theo Heiermann (Köln) gestaltet. In der Mitte des

Davidsterns ist ein brennender Dornbusch eingemeißelt, der an die Offenbarung Gottes (Exodus 3) erinnert. Die Felder außerhalb des Sterns zeigen verschiedene Szenen aus dem Alten Testament (links oben: Arche u. Dankopfer des Noah, rechts oben: Zug der Israeliten durch das Rote Meer u. Untergang der Verfolger, Mitte links: David, der Sieger über Goliath, Mitte rechts: Judith, die Retterin Israels, mit dem Haupt des Holophernes). Die »Seite des Gesetzes« (Südseite) wurde von Elmar Hillebrand gestaltet. In der Mitte des Davidsterns sind die Gesetzestafeln des Moses dargestellt. Die Felder außerhalb des Sterns zeigen alttestamentarische Szenen: oben links die Begegnung Moses mit Gott (Exodus 33,11), oben rechts die Zerschlagung der Gesetzestafeln durch Moses (Exodus 32,19); Mitte links und rechts Zitate aus Exodus 20,2–7 und 8–17. Die »Seite der Verfolgung und des Holocaust« (Westseite) gestaltete Karl Matthäus Winter (Limburg). Im Zentrum des Davidsterns ist der Brand der Hildesheimer Synagoge am 9. November 1938 nach einem Foto von Theo Wetterau dargestellt. Die Flächen außerhalb des Sterns zeigen: Die Bedrängnis des Volkes in der Babylonischen Gefangenschaft (links oben), die Eroberung und Zerstörung Jerusalems (rechts oben), den Abtransport der Juden aus dem Warschauer Ghetto 1943 (Mitte links), ein SS-Mann erschießt eine Mutter mit ihrem Kind bei einer Massenerschießung russischer Juden (Mitte rechts). Die »Seite des Kultes« (Nordseite) wurde von Jochen Pecheau (Köln) gestaltet. Auf ihr ist im Zentrum ein siebenarmiger Leuchter abgebildet, die Flächen an den Außenseiten des Davidsterns zeigen: Passahfest (oben links), Jom Kippur (oben rechts), Kultgeräte (rechts u. links von der Mitte).

Die *Bundeswehrkaserne* in Hildesheim, *Lerchenkamp 1,* wurde 1987 nach dem jüdischen Arzt Dr. *Julius Schoeps* benannt. Schoeps, als Militärarzt und Sanitätsoffizier mehrfach ausgezeichnet, wurde am 27. Dezember 1942 im Konzentrationslager Theresienstadt umgebracht. Der Staatssekretär im Verteidigungsministerium betonte bei der Einweihung die Absicht, mit der Kasernenbenennung »neue Anhaltspunkte für eine historisch-politische Bildung« zu setzen. Soldatische Tugend müsse an Mitverantwortung und Moral gebunden und vom Geist der Menschlichkeit und Menschenwürde geprägt sein.

Auf dem *jüdischen Friedhof* in der *Peiner Straße* sind neun unbekannte jüdische NS-Opfer bestattet. Ein *Gedenkstein* trägt die Inschrift:

> Hier ruhen 9 Opfer des Rassenhasses –
> Sie starben für die Freiheit ihrer Nation!
> Dieser Gedenkstein wurde von dem
> Kaufmann Siegfried Groß erstellt
> und im Juni 1946 enthüllt.

Auf einem gesonderten Teil des *Nordfriedhofs* in der *Peiner Straße* befinden sich Einzelgräber und *drei Gedenksteine* für 508 ausländische Tote verschiedener Nationalitäten: Belgier, Niederländer, Italiener, Jugoslawen, Polen, Sowjetbürger und Tschechen, wahrscheinlich Opfer der Gestapo. Zum Teil sind sie exhumiert und in ihre Heimatländer überführt worden. Zwei der Gedenksteine tragen die Inschriften:

> Al caduti Italiani
> [Den gefallenen Italienern]
> Hannover 1969

> 208 Unbekannte
> Memoriae eorum, qui tempore bellico
> 1939 – 1945
> vitam suam pro patria et fide obtulerunt.
> Bone Jesu, dulce domine, libera animas eorum
> de poenis inferni et da eis beatitudinem aeternam.

> [Zur Erinnerung an die, die im Krieg 1939–1945 ihr Leben für Vaterland und Glauben hingaben. Guter Jesus, lieber Herr, verschone ihre Seelen vor Höllenqualen und schenke ihnen ewige Seligkeit.]

In einem Stadtviertel von Hildesheim sind eine Reihe von Straßen nach Mitgliedern verschiedener Kreise des Widerstandes benannt: *Eugen-Bolz-Straße, Dietrich-Bonhoeffer-Weg, Ernst-von-Harnack-Stieg, Ernst-Heilmann-Grund, Bernhard-Letterhaus-Grund, Wilhelm-Leuschner-Weg, Bernhard-Lichtenberg-Weg, Carlo-Mierendorff-Straße, von-Ossietzky-Weg, Geschwister-Scholl-Straße, von-Stauffenberg-Weg, Stellbrinkweg.*
Nach dem Industriellen *Oskar Schindler,* der mehr als 1 000 Juden das Leben rettete und der am 9. Oktober 1974 in Hildesheim starb, ist seit 1978 eine Straße in Hildesheim benannt mit der erklärenden Unterzeile auf dem *Straßenschild* »Widerstandskämpfer«. (Näheres zu O. Schindler s. unter Hessen: Frankfurt am Main, Namen von Straßen und Gebäuden.)

Quellen/Literatur:

Friedrich-Weinhaben-Stiftung Hildesheim zus. mit der Stadt Hildesheim (Hrsg.), Denkmal für die Synagoge am Lappenberg in Hildesheim, Hildesheim 1988; Sievert, Karl, »Keine Angst, wenn Jehova brennt!«. Was vor 50 Jahren nach einem Augenzeugenbericht in Hildesheim geschehen ist, in: Hildesheimer Heimat-Kalender,

1988, S. 129–133; Vereinigung der Verfolgten des Nazi-Regimes/Bund der Antifaschisten (VVN/BdA), Kreisleitung Hildesheim (Hrsg.), Verfolgung der jüdischen Bürger/innen Hildesheims. Hintergründe, Berichte, Dokumente, Hildesheim 1988.

Hittbergen

Im Jahre 1958 ließ die Bezirksregierung Lüneburg auf dem *Gemeindefriedhof* von Hittbergen in der *Friedhofstraße* einen *Gedenkstein* mit folgender Inschrift aufstellen:

Hier ruhen sechsundvierzig
unbekannte KZ-Häftlinge
Die Toten mahnen die Lebenden
1945

Die Toten in diesem Sammelgrab wurden 1945 von Dorfbewohnern in einer Grube in der Nähe des Ortes aufgefunden. Es sind KZ-Opfer, die die Bombardierung eines Häftlingszuges auf dem Bahnhof Lüneburg Anfang April 1945 überlebt hatten und auf dem anschließenden Fußmarsch von SS-Männern bei Hittbergen erschossen wurden (s. Lüneburg).

Hörsten siehe Bergen

(»Kriegsgräberstätte Hörsten«)

Hohne siehe Bergen

(Gedenkstätte Bergen-Belsen: Friedhof für KZ-Opfer auf britischem Militärgelände)

Holzen, Kreis Holzminden

Der *Ehrenfriedhof* zwei Kilometer östlich von Holzen wurde für Opfer des Nationalsozialismus angelegt. Auf Initiative des Volksbundes Deutsche Kriegsgräberfürsorge ließ die Samtgemeinde Eschershausen ihn 1988 instand setzen. Die Teilnehmer eines internationalen Jugendcamps halfen bei diesem Projekt. Ein *Gedenkstein* trägt die Inschrift:

Dieser Stein erinnert an jene, die in
der grauen Gefangenschaft fielen, weil sie
die Freiheit des Menschen nicht verleugneten.
Juli 1945 gewidmet vom J. M. J.

Auf dem Friedhof liegen in 53 Einzelgräbern und in zwei Massengräbern mit fünf bzw. 26 Toten Opfer des Nationalsozialismus begraben. Die Inschriften verdeutlichen, daß es sich teilweise um nach Holzen umgebettete KZ-Häftlinge handelt. Da dieser Friedhof die einzige Gedenkstätte dieser Art in Südniedersachsen ist, wurden verstreut liegende KZ-Häftlinge auf Weisung der Alliierten von Teutenborn und Clausthal-Zellerfeld nach Holzen umgebettet oder in ihre Heimatländer überführt. Auf einem Stein steht die Inschrift:

Hier ruhen 26 Bekannte eines
KZ-Eisenbahntransportes,
im April 1945 zunächst bei
Teutenborn/Landkreis Osterode
im Harz bestattet

Eine andere Inschrift lautet:

Hier ruhen 5 Unbekannte eines
Konzentrationslager-Transportes, im Frühjahr 1945
zunächst im Kreis Zellerfeld/
Harz bestattet gewesen

Bei den übrigen Toten handelt es sich um Zwangsarbeiter aus den Lagern in Holzen, Eschershausen, Vorwohle, Lenne und Wickensen. In den Asphaltabbaugebieten des Hils wurden ab 1944 unter der Leitung der »Organisation Todt« Produktionsstätten für das »Jägerprogramm« geschaffen, in denen Firmen wie VW, Siemens und Lorenz den ersten Düsenjäger bauten. In über 30 Lagern waren rund 10 000 Zwangsarbeiter untergebracht. In Holzen wurde im September 1944 unter dem Decknamen »Hecht« in den stillgelegten Schächten der Deutschen Asphalt AG (DASAG) ein Außenkommando des Konzentrationslagers Buchenwald eingerichtet. Das Lager war anfangs mit 200, später mit etwa 500 Zwangsarbeitern belegt. Die Häftlinge mußten die Stollen für die Rüstungsproduktion auf- und ausbauen. Ein zweites Außenlager des Konzentrationslagers Buchenwald bestand in Eschershausen nahe Holzen vom 14. September 1944 bis zum 3. April 1945 mit einer Belegstärke von bis zu 2 000 Häftlingen. Die Häftlinge waren bei der »Firma Stein« (Deckname für das Volkswagenwerk Wolfsburg) zu Bauarbeiten eingesetzt. Anfang April 1945 wurden die Zwangsarbeiter in das Konzentrationslager Buchenwald geschickt. Dort ist noch am 11. April 1945, dem Tag der Befreiung, die Ankunft von Häftlingen aus den Außenlagern »Hecht« und »Stein« registriert.

Noch heute erinnern die Fundamente des Gemeinschaftslagers Holzen, des Zuchthauslagers, der Baracken des Wachpersonals am Greitplatz, der Produktionshallen am Gleisweg an den Lagerkomplex. Auch die gesprengten und zugeschobenen Stollen der Grube Haarmann, des Wintjenberges und der Grube Herzog Wilhelm zeugen von der Vergangenheit.

Auf dem *Grab* des *Förster-Ehepaars Kiel* in Holzen errichteten überlebende KZ-Häftlinge einen *Gedenkstein*, der die Inschrift trägt:

Der hilfsbereiten
Försterfamilie
Kiel
gewidmet von ehemaligen
K.Z. Häftlingen Holzen

Kontakt:
Holzmindener Heimat- u. Geschichtsverein, Arbeitsgruppe »Drittes Reich«, Detlef Creydt, Köhlerweg 2, 37603 Holzminden, Tel.: 0 55 31/6 18 56.

Quellen/Literatur:
Altmann, Walter, »Ohne das Lachen zu verlernen«, Berlin 1977 (beschreibt das Lagerleben in Holzen); Creydt, Detlef/Meyer, August, Zwangsarbeit für die Wunderwaffen in Südostniedersachsen, Braunschweig 1993; Volksbund Deutsche Kriegsgräberfürsorge – Kreisverband Holzminden (Hrsg.), Kriegsgräber, Mahnmale und Gedenkstätten im Landkreis Holzminden, Holzminden 1989.

Holzminden

Auf den *Friedhöfen* in Holzminden-*Neuhaus* (Friedhof »Mädchenberg«) und Holzminden-*Mühlenberg* sind ausländische Zwangsarbeiter begraben, die in den »Zivilarbeiterlagern« der Stadtverwaltung, der Reichsbahn und im Lager in der Liebigstraße untergebracht waren. Auf dem *städtischen Friedhof Allersheimer Straße* befinden sich 182 Einzelgräber und ein Sammelgrab mit 24 Kriegsgefangenen aus Rußland, Polen und Ungarn. *Zwei Gedenksteine* erinnern an die hohe Zahl der ausländischen Toten. Der erste trägt die Inschrift:

Als Opfer
des Krieges
wurden hier in den
Jahren 1942 – 1945
4 russische Soldaten
sowie 17 polnische
Staatsangehörige
zur letzten Ruhe
bestattet

Auf dem zweiten Gedenkstein stehen die Worte:

Als Opfer des Krieges
wurden hier in den Jahren
1942 – 1945
46 russische Männer und Frauen
sowie 48 Kinder
zur letzten Ruhe bestattet

Die Synagoge der Jüdischen Gemeinde Holzminden in der Oberbachstraße wurde 1968 abgerissen. An ihrer Stelle steht heute das »Kaufhaus Schwager«. Ein Sandsteinkapitell, Pfeilerreste und eine *Gedenktafel* sind im *Katzensprung*, der Tordurchfahrt des ehemaligen städtischen Museums, zu finden. Die Inschrift auf der Tafel lautet:

Pfeiler-Kapitellreste der 1837
erbauten und 1938 zerstörten,
im Jahre 1968 abgebrochenen
Synagoge

Danach folgen drei Zeilen in hebräischer Schrift und deren Übersetzung ins Deutsche:

Denn mein Haus soll ein Bethaus
genannt werden für alle Völker
Jes. 56/7

Horneburg, Niederelbe

Es gibt Bestrebungen, auf dem Gelände des ehemaligen Außenkommandos des Konzentrationslagers Neuengamme in Horneburg am Anne-Frank-Weg eine Gedenkstätte zu errichten. Am Trafohaus – der einzig vorhandene Hinweis auf das Lager – soll eine Gedenktafel angebracht werden. Bislang gibt es lediglich ein *Erläuterungsschild unter dem Straßenschild »Anne-Frank-Weg«,* das auf den Standort des Außenlagers verweist.
Das Lager für weibliche jüdische Häftlinge existierte von Oktober 1944 bis Februar/März 1945. Die Frauen mußten für die Valvo-Röhrenwerke, Hamburg-Lockstedt, arbeiten. Im März 1945 wurden sie in das Konzentrationslager Bergen-Belsen transportiert. In den Lagerbaracken wurden nach dem Krieg Flüchtlinge untergebracht.
Der *Anne-Frank-Weg* ist nach dem im Konzentrationslager Bergen-Belsen gestorbenen jüdischen Mädchen (s. dort und Hessen: Frankfurt) benannt.

Kontakt:
Heimatverein Horneburg e.V., Jörg-Ingo Lange, Kelterbornstraße 24, 21640 Horneburg.

Literatur:
Lange, Jörg-Ingo, Das Arbeitslager Horneburg – Außenkommando des KZ Neuengamme. Eine Zwischenstation auf dem Weg zum KZ Bergen-Belsen, 2. Aufl. Horneburg 1992 (erhältlich bei: Samtgemeinde Horneburg, Postfach 160, 21640 Horneburg).

Hude, Oldenburg

Auf dem *Privatfriedhof* der Familie von Witzleben in Hude, einer kleinen Gemeinde zwischen Bremen und Oldenburg, errichtete die Familie einen *Gedenkstein* für den Widerstandskämpfer Generalfeldmarschall Erwin von Witzleben, der in Berlin-Plötzensee hingerichtet wurde. Der künstlerisch gestaltete Gedenkstein trägt die Inschrift:

Erwin – Generalfeldmarschall
geb. 4. 12. 1881
gest. 8. 8. 1944
Er kämpfte und starb für
Freiheit, Glauben und Recht.

Erwin von Witzleben wird zu den führenden Köpfen des militärischen Widerstands gegen Hitler gerechnet. Nach einem Sturz Hitlers war er als neuer Oberbefehlshaber der Wehrmacht vorgesehen. Als kommandierender General des Wehrkreises Berlin bereitete er zusammen mit einer Gruppe von Offizieren erstmals während der sogenannten Sudetenkrise einen militärischen Staatsstreich gegen Hitler vor, der aber wegen des Münchener Abkommens nicht realisiert werden konnte. Im Jahre 1942 wurde er als Oberbefehlshaber West abgesetzt und in den Ruhestand versetzt. Er hatte maßgeblichen Anteil an der Vorbereitung des 20. Juli 1944. Nach dem Scheitern des Staatsstreichs wurde er vom »Volksgerichtshof« in Berlin am 8. August zum Tode verurteilt und am gleichen Tag in der Haftanstalt Plötzensee hingerichtet.

Jever

Die Synagoge in der *Großen Wasserpfortenstraße 19* wurde schon vor der Reichspogromnacht zerstört und am 9. November 1938 angezündet. Heute steht an ihrer Stelle ein Geschäftshaus, an dem 1978 eine *Gedenktafel* angebracht wurde.

Auf dem *jüdischen Friedhof* in Jever-*Schenum* ließ Erich Levy einen *Gedenkstein* für die verfolgten und ermordeten Juden seines Heimatortes aufstellen.

Ein Grabstein erinnert an eine Jüdin aus Jever, die kurz vor ihrer Deportation in Berlin Selbstmord beging. Dort steht zu lesen:

Auch unsere einzige geliebte Schwester
wurde ein Opfer des Naziregimes
Else Rosendahl
geb. Levy
geb. 16. Aug. 1884 gest. 1. April 1942

Etwa 70 Angehörige der Jüdischen Kultusgemeinde Jever wurden ab 1941 von Hamburg, Bremen, Berlin und Hannover aus deportiert.

Schüler des Marien-Gymnasiums haben das Schicksal der Jever Juden erforscht und 1984 Überlebende in ihre frühere Heimatstadt eingeladen.

Quelle/Literatur:
Peters, Helmut (Hrsg.), Verbannte Bürger. Die Juden aus Jever. Dokumente und Darstellung zur Geschichte der Juden Jevers 1698–1984, Jever 1984 (Schriften des Jeverländischen Altertums- und Heimatvereins Nr. 19).

Königslutter am Elm

Am neuen *»Pappelhof«,* einer Bildungsstätte der Gewerkschaften im heutigen Königslutterer Ortsteil *Rieseberg*, wurde 1959 von Steinmetzlehrlingen ein *Gedenkstein* aufgestellt mit der Inschrift:

Die Toten mahnen die Lebenden
4. Juli 1933

1983 wurde ein weiteres, von Auszubildenden und Studenten der Bildenden Künste in Braunschweig gestaltetes Mahnmal für die Opfer des »Rieseberg-Verbrechens« vom 4. Juli 1933 aufgestellt.
Am alten »Pappelhof« in Rieseberg hatte ein SS-Kommando am 4. Juli 1933 elf Männer aus Braunschweig gefoltert und ermordet und ihre Leichen auf dem Gelände des Rieseberger Friedhofs verscharrt. 1946 wurde dort ein Gedenkstein mit den Namen der Opfer aufgestellt. Die Leichen wurden 1953 ausgegraben und nach Braunschweig und Schöningen überführt. (Zum »Rieseberg-Verbrechen« s. Braunschweig, Städt. Urnenfriedhof.)

Auf dem *Gemeindefriedhof* Königslutter in der *Helmstedter Straße/Am Driebenberg* trägt eine *Gedenktafel* auf einem Gräberfeld die folgende Inschrift:

108 Kämpfer, Leidende
und Verfolgte

Näheres über die hier beerdigten Toten ist nicht bekannt. Die Namen auf den Grabtafeln lassen vermuten, daß es sich um ausländische Zwangsarbeiter handelt. In Königslutter gab es zwei »Zivilarbeiterlager«.

Auf einem Gräberfeld des *Gemeindefriedhofs* des Ortsteils *Scheppau* liegen über 100 Tote des Außenkommandos Schandelah des Konzentrationslagers Neuengamme beerdigt. 19 Grabplatten tragen Namen, die übrigen die Inschrift »unbekannt«. Die Toten wurden 1954 hierher umgebettet. Seit Mai 1985 weist in Cremlingen (s. dort), früher Schandelah, eine Gedenktafel auf das Schicksal dieser KZ-Häftlinge hin.

Kreiensen

Auf dem Friedhof im Kreiensener Ortsteil *Greene* befindet sich das *Grab* eines Hauptmanns, der, wie der Grabsteininschrift zu entnehmen ist, am 8. April 1945 von der SS wegen Widerstandes erschossen wurde.

Laatzen

Auf dem Laatzener *Friedhof Am Brocksberg* finden sich *Gräber* von achtzehn Zwangsarbeitern aus der Sowjetunion, Jugoslawien, Polen, Belgien, den Niederlanden und der Tschechoslowakei. Einige sind bei den Bombenangriffen der Alliierten auf die örtlichen Rüstungsbetriebe im September 1944 ums Leben gekommen.

Literatur:
Studienkreis Deutscher Widerstand, Niedersachsen II, S. 61 f. (s. Literatur zu Niedersachsen).

Langelsheim

Vor dem *Schulzentrum am Steinweg* steht ein *Gedenkstein* mit der Inschrift:

> Zum Gedächtnis der Opfer
> für Freiheit und Recht
> von 1933 bis 1945

Am 27. März des Jahres 1933 überfiel ein SS-Kommando aus Braunschweig etwa 40 Gegner der Nationalsozialisten in Langelsheim und mißhandelte sie. Unter ihnen war auch der Gewerkschaftsfunktionär und Sozialdemokrat August Grotehenne, der am nächsten Tag an den Folgen der Mißhandlungen starb. Er wurde auf dem Städtischen Urnenfriedhof in Braunschweig (s. dort) begraben. Für ihn und andere Opfer des NS-Regimes wurde in Seesen (s. dort) ein Gedenkstein errichtet.

Langenhagen, Hannover

Eine *Straße* erinnert in Hannover-Langenhagen an den Sozialdemokraten *Karl Keller,* der im Konzentrationslager Sachsenhausen gestorben ist. Karl Keller hatte einen SS-Mann, der ihn verfolgte, am 26. April 1933 durch einen Schuß verletzt. Daraufhin verurteilte ihn das Landgericht Hannover im Oktober 1933 zu zwei Jahren und einem Monat Zuchthaus wegen versuchten Totschlags und unbefugten Waffenbesitzes. Nach seiner Entlassung aus dem Zuchthaus wurde Karl Keller in das Konzentrationslager Sachsenhausen gebracht, wo er am 30. April 1938 umgekommen ist.

Lathen

Auf dem Gebiet der heutigen Gemeinde Lathen befanden sich die Lager V *Neusustrum* und VI *Oberlangen,* die zum Komplex der fünfzehn »Emslandlager« gehörten, die zwischen 1933 und 1938 entlang der Ems zwischen Papenburg im Norden und Lingen im Süden errichtet wurden und unterschiedliche Funktionen hatten. Der Sitz der zentralen Verwaltung der »Emslandlager« war in Papenburg (Näheres s. dort).
Nur die *Gräberstätte* auf dem *Friedhof Oberlangen* erinnert noch an das Lager VI. Über die Nord-Süd-Straße fährt man in Richtung Niederlangen und biegt dann bei Kilometerstein 43,9 nach links in die Lagerstraße ein. Nach etwa einem Kilometer ist der Friedhof als »Kriegsgräberstätte« nach rechts ausgeschildert. Eine *Informationstafel* am Eingang des Friedhofs verweist mit keinem Wort auf das ehemalige Lager:

> Friedhof Oberlangen
> Hier ruhen sowjetische Kriegsgefangene. Die Namen von 62 Toten in Einzelgräbern sind bekannt.
> Die Namen von 2 000 bis 4 000 Toten in Massengräbern
> und zwei Toten in Einzelgräbern sind unbekannt. Die Gefangenen starben zum größten Teil an Unterernährung und Epidemien.
> Auskünfte erteilt die Samtgemeinde Lathen.

Ein *Gedenkstein* trägt die Inschrift:

> Den ausländischen Toten des Krieges
> 1933 – 1945 zum Gedenken

Das Gelände des ehemaligen Emslandlagers VI Oberlangen erreicht man über die Nord-Süd-Straße in Richtung Süden und biegt am Kilometerstein 43,9 nach links in Richtung Lathen und Niederlangen ab. Das Lager VI grenzte an diese beiden Straßen. Noch heute lassen sich im nahe gelegenen Wald Reste von Lagerbaracken entdecken.
Das Lager Oberlangen wurde im Herbst 1933 als Konzentrationslager errichtet, aber nicht mehr belegt. Es diente ab November 1933 als Ausbildungslager für SA-Wachmannschaften. Von April 1934 bis Sommer 1939 war das Lager VI mit Strafgefangenen belegt. Im September 1939 wurde es vom Oberkommando der Wehrmacht für die Unterbringung von Kriegsgefangenen übernommen. Zunächst war Oberlangen dem Stalag VI B Versen (s. Meppen), ab Mai 1942 dem Stalag VI C Bathorn (s. Emlichheim) unterstellt. Zwischen März 1943 bis September

1944 fungierte das Lager zusammen mit Wesuwe (s. Haren) als Offizierslager, Oflag 6 WK VI, für italienische Offiziere. Im Oktober 1943 waren im gesamten Komplex des Stalag VI C Bathorn 11 263 italienische Militärinternierte gefangen.

Auf dem Gelände des ehemaligen Emslandlagers V Neusustrum liegen heute eine Schule und ein Sportplatz. Von der Nord-Süd-Straße fährt man etwa in Höhe des Kilometersteins 49 in den Ort Sustrum-Siedlung hinein. Nach ungefähr 300 Metern biegt man hinter der Schule und vor der Feuerwehr links in die ehemalige Lagerstraße ein. Links dieser Allee befanden sich die Häftlingsbaracken, rechts die der Wachmannschaften. Aus der Lagerzeit erhalten sind noch Reste des Freizeitparks der SS.
Das Lager Neusustrum fungierte von Ende 1933 bis März 1934 als Konzentrationslager, vornehmlich für sogenannte »Schutzhäftlinge«, die aus politischen Gründen inhaftiert wurden. Ab April 1934 war das Lager Neusustrum direkt der Justizverwaltung unterstellt. Eine größere Gruppe unter den Häftlingen stellten die Homosexuellen. Von 1940 bis 1942 wurde Neusustrum zum Lager für polnische Militärstrafgefangene, sogenannte Kriegstäter, die von den Sondergerichten der Nationalsozialisten wegen Widerstands oder ähnlichen Delikten abgeurteilt wurden. Mit der Konzentration überwiegend polnischer und einiger jüdischer Häftlinge in Neusustrum verschlechterten sich die Lebensbedingungen noch mehr. Nach Verbüßung der Haftstrafen wurden diese Gefangenen nicht freigelassen, sondern in Konzentrationslager deportiert.

Auf dem *jüdischen Friedhof* in Lathen, *Melstruper Straße/An der Bahn,* findet sich ein *Grabstein* mit folgender Inschrift:

> Unseren lieben Toten zum Gedenken
> durch ruchlose Mörderhand
> wurden vergast und verbrannt
> unsere lieben Eltern
> Moses de Vries geb. 20. 12. 1875
> Ida de Vries geb. Jacobs geb. 18. 6. 1873
> Rosette de Vries geb. Jacobs geb. 15. 2. 1912
> Kind Karli de Vries geb. 5. 10. 1934
> Hertha de Vries geb. Salomons geb. 17. 6. 1907
> Kind Leo de Vries geb. 17. 3. 1933

Literatur:
Begleitheft zur Ausstellung des Dokumentations- und Informationszentrums Emslandlager (DIZ) »Die Kriegsgefangenenlager Oberlangen und Wesuwe«, Meppen 1989; Studienkreis Deutscher Widerstand, Niedersachsen II, S. 130–132 (s. Literatur zu Niedersachsen).

(s. auch Papenburg)

Lauenförde

Auf dem *jüdischen Friedhof* erinnert eine *Steinplatte* an die russischen Kriegsgefangenen, die 1944/45 in Lauenförde ums Leben gekommen sind:

> Hier ruhen drei unbekannte Russen.

Inzwischen ist bekannt, daß es sich um Iwan Popow, Nicolaj Swedenivow und Domenko (Vorname unbekannt) handelt.

Leer, Ostfriesland

An der Ecke *Heisfelder Straße/Friesenstraße* wurde am 12. September 1965 eine *Gedenkplatte* eingeweiht, die die Inschrift trägt:

> Zur Erinnerung an die Synagoge
> die bis zu ihrer Zerstörung am 9. 11. 38
> hier gestanden hat!
> Den Lebenden zur ständigen Mahnung.
> Sie steckten in Brand dein Heiligtum,
> entweihten zu Boden die Wohnung deines Namens.

Auf dem *jüdischen Friedhof* an der Groninger Straße wurde im Juni 1985 gemeinsam mit überlebenden Leerer Juden ein *Gedenkstein* eingeweiht. Ein Grabstein trägt die Inschrift: »Zur Erinnerung an Alfred de Vries, der in Auschwitz 1942 umgekommen ist.«

Am 7. September 1962 hat der Rat der Stadt Leer beschlossen, einige Straßen und Gebäude nach NS-Opfern zu benennen:

Der *Hermann-Tempel-Ring* und die nach ihm benannte *Stadtbibliothek* erinnern an den Lehrer, SPD-Bürgervorsteher und Mitbegründer der sozialdemokratischen Wochenzeitung »Der Volksbote« Hermann Tempel, der wegen seines politischen Engagements von den Nationalsozialisten verfolgt wurde. Seit 1925 war Hermann Tempel Reichstagsabgeordneter. Wegen seiner öffentlichen Reden unter massivem Druck der SA, tauchte er in Oldenburg unter und floh in die Niederlande. Dort wurde er 1940 von der Gestapo verhaftet und nach Deutschland gebracht. Zwei Jahre verbrachte er in der Strafanstalt Wolfenbüttel, lebte danach unter Gestapo-Aufsicht und wurde nach dem erfolglosen Attentat auf Hitler am 20. Juli 1944 im Gefolge der »Gewitter«-Aktion erneut verhaftet. Am 27. November 1944 starb Hermann Tempel an den Folgen der Gestapo-Haft in Oldenburg.

Die *Hermann-Lange-Straße* erinnert an den katholischen Geistlichen, der zusammen mit drei anderen Priestern wegen »Zersetzung der Wehrkraft in Verbindung mit landesverräterischer Feindbegünstigung und Rundfunkverbrechen« zum Tode verurteilt und am 10. November 1943 im Hamburger Untersuchungsgefängnis hingerichtet wurde (mehr s. Georgsmarienhütte u. Schleswig-Holstein: Lübeck). Hermann Lange wurde 1912 in Leer geboren und engagierte sich vor allem als Jugendseelsorger. Weil er freimütig über die Massenerschießungen in Polen und die schlechte Behandlung der Zwangsarbeiter sprach, einen englischen Geheimsender abhörte und Flugblätter verteilte, wurde er von der Gestapo verhaftet und ermordet. Seine Urne wurde 1946 in Leer beigesetzt.

Die *Dr.-vom-Bruch-Brücke* über den Handelshafen erinnert an den Bürgermeister von Leer aus der Endphase der Weimarer Republik, der von den Nationalsozialisten aus dem Amt gejagt und unter Hausarrest gestellt wurde. Er starb am 7. Mai 1933, vermutlich durch Selbstmord.

Quellen/Literatur:
Das Ende der Juden in Ostfriesland, Ausstellung der Ostfriesischen Landschaft aus Anlaß des 50. Jahrestags der Kristallnacht, Aurich 1988 (Einzelschriften/Ostfriesische Landschaft 30); Milde, Horst (Hrsg.), Hermann Tempel 1889–1944. Eine Dokumentation aus dem literarischen Nachlaß, Leer 1980; Polak, Karl, 1938–1988. Schicksal einer jüdischen Familie. Zeugenberichte von Karl Polak. Über sieben Jahre Verfolgung, Hrsg.: Stadtverwaltung Leer, Leer o.J. (Bezug bei der Stadtverwaltung, Rathausstraße 1, 26789 Leer); Röskamp, Johannes, Zur Geschichte der Juden in Leer, Leer 1985 (masch.), Ders., Synagogen, Schulen, Friedhof, Fotos, Varia betr. d. Judengemeinde in Leer ca. 1630–1940, Leer 1985 (masch.).

Lehre

Jahrelang hat sich in Lehre die »Basisgruppe Leben« für eine Gedenktafel für die Opfer des Nationalsozialismus an der Einfahrt zur ehemaligen Heeresmunitionsanstalt Lehre eingesetzt, aber die Gemeinde erklärte sich als »unzuständig«. Im Jahre 1988 hat schließlich die evangelische Kirchengemeinde auf dem *Friedhof* eine *Tafel* für sieben hier begrabene sowjetische Kriegsgefangene und zwei Zwangsarbeiter angebracht. Die Inschrift lautet:

Ihr Tod ist uns Mahnung.
Sie starben in den Jahren 1942–1945
im Arbeitslager der MUNA Lehre

In dem 1941 errichteten Arbeitslager – östlich von Lehre gelegen – waren etwa 250 sowjetische Zwangsarbeiter in Baracken untergebracht, die in der Heeresmunitionsanstalt (MUNA) Tellerminen und Munition herstellen mußten. Viele sind auf Grund schlechter Lebensbedingungen verhungert oder wurden von den Wachmannschaften »auf der Flucht erschossen«.

Literatur:
Otte, Uwe/Heinecke, Stefan/Köchling, Bettina, »Volksgenossen, die Fahnen raus!« NS-Alltag und Rüstungsproduktion in Lehre. Zur Geschichte der Ortschaft und ihrer MUNA, Lehre 1990.

Lehrte

Auf Initiative von Pastor Klaus Rauterberg wurde zum Antikriegstag am 2. September 1989 vor dem *»Antikriegshaus«* Sievershausen ein *»DankMal«* aufgestellt für die Menschen, die sich während des Nationalsozialismus für die Verfolgten eingesetzt haben. Die Bildhauerin Margot Garutti aus Zeitlofs bei Bad Brückenau hat das »DankMal« in Form eines Torbogens aus rotem Sandstein gestaltet, in den schutzsuchende und Geborgenheit vermittelnde Gestalten eingemeißelt sind. Der Torbogen soll zwei einander reichende Hände versinnbildlichen, die sich schützend über die Verfolgten wölben. Die Gesichter der dargestellten Menschen wurden von der Künstlerin nicht ausgearbeitet. Sie stehen für die vielen Menschen, deren genaues Schicksal unbekannt geblieben ist. Eine Hinweistafel am Eingang des »Antikriegshauses« erläutert:

DankMal
für gelebte
Menschlichkeit
Der Torbogen ist ein/Zeichen der Begegnung
und Mahnung, dass wir/die Menschen nicht
vergessen dürfen, die/unter Einsatz ihres
Lebens Verfolgten des/Nazi-Regimes geholfen
haben. Der Weg durch/das Tor ist Erinnerung
und Dank zugleich.
September 1989

Das »Antikriegshaus« im Ortsteil Sievershausen von Lehrte wurde im Jahre 1981 eingerichtet. Ziel ist es, Dokumente über Kriegsgeschehen zu sammeln und Zeugnisse von Menschen und Gruppen aufzubewahren, die für den Frieden eingetreten sind, darunter auch Widerstandskämpfer gegen den Nationalsozialismus. Die Mitarbeiter des »Antikriegshauses« haben begonnen, Gespräche zu führen mit Menschen, die Verfolgten des Nazi-Regimes geholfen haben. Ihre Erinnerungen werden dokumentiert und bilden einen Teil des neu eingerichteten »DankMal-Archivs«.

Kontakt:
Antikriegshaus Sievershausen, Dokumentationsstätte zu Kriegsgeschehen und über Friedensarbeit e.V., Pastor i.R. Klaus Rauterberg, Kirchweg 4, 31275 Lehrte, Tel.: 05175/5738. – Öffnungszeiten: täglich von 10–13 u. 14–17 Uhr (bei Voranmeldung auch zu anderen Zeiten), Eintritt frei, bei Gruppen wird eine Anmeldung erbeten.

Quelle/Literatur:
Antikriegshaus Sievershausen (Hrsg.), Eine Informationsschrift zum DankMal, Lehrte 1989.

Lengede

In der *Eingangshalle* des *Rathauses* erinnert eine aus Holz gefertigte *Gedenktafel* an den früheren sozialdemokratischen Bürgermeister Reinhold Zobel. Zobel, der den Nationalsozialisten vor 1933 Versammlungsräume verweigert und Aufmärsche untersagt hatte, wurde im März 1933 in »Schutzhaft« genommen und ins KZ Moringen verschleppt. Nach seiner Freilassung 1934 wurde er unter Polizeiaufsicht gestellt und im August 1944, nach dem gescheiterten Attentat auf Hitler vom 20. Juli 1944, erneut festgenommen. Er wurde ins KZ Sachsenhausen und im Januar 1945 von dort nach Bergen-Belsen gebracht. Hier starb er. Die Gedenktafel verzeichnet Stationen seines Lebens:

Gemeindevorsteher Reinhold Zobel
1924 – März 1933 Mitglied im Gemeindeausschuß Lengede
Kreistagsabgeordneter in Peine
Mitglied des Hannoverschen Provinziallandtages
1933–1934 KZ Moringen
August 1944 KZ Oranienburg
1945 umgebracht im KZ Bergen-Belsen
Sein Schicksal sei uns Mahnung und Verpflichtung stets einzutreten für Freiheit und Demokratie

(Das in der Gedenktafel genannte »KZ Oranienburg« wurde im März 1935 geschlossen. Gemeint ist das Konzentrationslager Sachsenhausen nahe Oranienburg.)

Auf dem Friedhof in Lengede liegen Sowjetbürger begraben. Vermutlich gehörten sie einem Kriegsgefangenen-Arbeitskommando in Lengede an.

Lenne

Erich Volger aus Markoldendorf, ein engagierter Bürger, hat sich lange Zeit für eine *Gedenktafel* am Bohlweg im »Schwarzen Land« eingesetzt, die an das ehemalige Zwangsarbeiterlager Lenne erinnern sollte. Nach langen vergeblichen Bemühungen und vielen Enttäuschungen hat er die Errichtung einer Gedenkstätte resigniert aufgegeben.
Im Waldgelände des Hils am Ortsausgang von Lenne wurde im Winter des Jahres 1943/44 ein Lager errichtet, in dem zunächst nur Juden und sogenannte »Mischlinge« interniert wurden, später auch verschleppte ausländische Zwangsarbeiter. Das Lager war mit rund 1 000 Häftlingen belegt. Es bildete zusammen mit den Lagern in Holzen, Eschershausen und Vorwohle einen Rüstungsschwerpunkt mit einer Ansammlung von Tausenden von Zwangsarbeitern verschiedener Nationen. Die dort internierten Häftlinge mußten in den stillgelegten Stollen der Deutschen Asphalt AG (DASAG) nördlich des Bohlweges unter Leitung der »Organisation Todt« Jagdflugzeuge, Raketen und Zubehörteile für den U-Bootbau bauen und montieren. Arbeitsunfähige Häftlinge wurden in das Ghetto Theresienstadt deportiert. Noch heute sind 30 Betonplatten, auf denen die Baracken des Lagers Lenne gestanden haben, in einem 2,5 Kilometer vom Ort Lenne entfernten Areal erhalten.

Literatur:
Volger, Erich u. a., Das Schicksal von Juden, Mischlingen und Jüdisch Versippten im Zwangsarbeiterlager Lenne im Hils, Dassel o. J. (1991).

Lingen, Ems

Am 14. August 1991 wurde in einer kleinen gärtnerisch gestalteten Anlage an der Ecke *Kiefernstraße/Grillenweg* in Lingen-*Schepsdorf* durch die Stadt ein von dem Bildhauer Friedrich Kunst gestalteter *Gedenkstein* aufgestellt. Auf dem angrenzenden Gelände, dem ehemaligen Wehrmachtsschießplatz, fanden während der NS-Zeit Hinrichtungen statt. 1943 wurden hier nach dem Urteil des »Volksgerichtshofes« zwölf belgische Widerstandskämpfer der Untergrundgruppe »De zwarte Hand«, die im Konzentrationslager Esterwegen inhaftiert waren, hingerichtet und am 24. August 1944 sieben luxemburgische Zwangsrekrutierte als Geiseln erschossen. Die Bronzetafel trägt die Inschrift:

Zum Gedenken
an die zwölf belgischen
Widerstandskämpfer und
sieben luxemburgischen
Geiseln, die auf dem angrenzenden Gelände »ehemaliger
Wehrmachtsschießplatz«
als Opfer der Nationalsozialistischen Willkürherrschaft hingerichtet wurden.
† 7. August 1943

[Es folgen Namen und Alter der 12 Belgier]

Voor vrijheid en recht
† 24. August 1944

[Es folgen die Namen der 7 Luxemburger]

Dir sid nët vergiess!

Auf dem Platz des 1938 zerstörten Gotteshauses der Jüdischen Kultusgemeinde an der *Synagogenstraße* steht heute ein Wohnhaus. Als der Plan, an diesem Haus eine Gedenktafel anzubringen, am Einspruch des Eigentümers scheiterte, wurde auf dem daneben gelegenen unbebauten Grundstück ein *Gedenkstein* errichtet und am 15. November 1977 eingeweiht. Eine Bronzetafel trägt die Inschrift:

Hier stand die Synagoge,
das Gotteshaus der jüdischen Mitbürger
unserer Stadt.
Frevelhaft zerstört am 9. November 1938.
Zur Erinnerung und Mahnung

Ehemalige jüdische Lingener Bürger regten bei einem Besuch ein Denkmal für die in der Zeit des Nationalsozialismus verfolgten und ermordeten jüdischen Familien an. Am 2. November 1986 wurde neben dem *Synagogengedenkstein* ein *zweiter Stein* aufgestellt, den der Lingener Bildhauer Friedrich Kunst gestaltet hat. Er besteht aus zwei ungleichen Blöcken, in die in hebräischer und deutscher Sprache über den Namen der jüdischen Familien die folgenden Worte eingemeißelt sind:

Um diese weine ich.
Wehmütig gebeugten Hauptes
gedenken wir der jüdischen Familien
unserer Stadt Lingen (Ems),
die in der Zeit des national-
sozialistischen Regimes 1933–1945
unschuldig verfolgt und ermordet wurden.

Das Gelände, auf dem die beiden Gedenksteine stehen, ist als kleiner Park gestaltet worden. Es erhielt 1985 den Namen Synagogenplatz, da die Anwohner mit der Umbenennung des Gertrudenwegs in »Synagogenstraße« nicht einverstanden waren. Allerdings schwand der Widerstand der Bevölkerung, und Anfang 1989 wurde der Gertrudenweg doch noch in »Synagogenstraße« umbenannt.

Ausstellung:
1991 im Professorenhaus/Lingen »Verfolgt – deportiert – ermordet. Leidenswege jüdischer Mitbürger aus dem Raum Lingen«, Träger: Arbeitskreis Judentum-Christentum und Pax-Christi-Gruppe, Lingen.

Literatur:
Kuhrts, Lothar, Beitrag zur Geschichte der Juden im Raum Lingen, 3. erw. Auflage o.O.u.J.; Remling, Ludwig, Der ehemalige Wehrmachtsschießplatz bei Schepsdorf als NS-Hinrichtungsstätte, in: Jahrbuch des Emsländischen Heimatbundes 37/1991, S. 77–88.

Löningen

Auf dem Friedhof im Ortsteil *Helminghausen* finden sich 109 *Grabsteine* für russische Kriegsgefangene, deren Namen, Erkennungsmarkennummern und Todestage in einer Liste der Stadtverwaltung erfaßt sind. Wahrscheinlich sind hier mehr als 500 Kriegsgefangene und Zwangsarbeiter ums Leben gekommen.

Quelle:
Lamping, Marlies u.a. (7 Verf.), ... geschunden und getötet... bemitleidet und unterstützt! (Russische) Zwangsarbeiter und Kriegsgefangene in Löningen, Arbeit 10. Klasse Hauptschule, Löningen, im Rahmen des »Schülerwettbewerbs Deutsche Geschichte« 1988/89.

Lübberstedt, Kreis Osterholz

Auf dem Lübberstedter *Friedhof* findet sich ein *Gedenkstein*, auf dem zu lesen steht:

Erinnert Euch!
Hier liegen Zwangsarbeiter,
Männer, Frauen, Kinder.

Die Inschrift gibt keine konkreten Informationen über die historischen Zusammenhänge, um die Aufforderung zur Erinnerungsarbeit zu untermauern, auch keine Angaben über die Zahl der Opfer, ihre Herkunft und Lebensdaten. Auf dem Friedhof existieren 12 Gräber von Zwangsarbeitern.
Im Jahre 1992 hat sich ein regionalgeschichtlicher Arbeitskreis »MUNA Lübberstedt« gegründet, der die historischen Zusammenhänge erforscht. In Lübberstedt existierte von Oktober 1944 bis April 1945 ein Außenkommando des Konzentrationslagers Neuengamme, dessen Häftlinge für die Lufthauptmunitionsanstalt, kurz MUNA, arbeiten mußten. Die MUNA wurde 1941 auf einem Waldgelände direkt neben der Bahnstation Lübberstedt an der Bahnlinie Bremen/Bremerhaven errichtet. Hier wurde Munition für die Luftwaffe abgefüllt und gelagert. In verschiedenen Lagern um die MUNA-Werke waren wohl Polen, Franzosen, Serben, Norweger, Russen und auch einige Angehörige der italienischen Badoglio-Truppen (s. Hamburg: Friedhof Öjendorf) untergebracht. Im August 1944 wurde das »Ostarbeiter«lager in Bilohe, am südwestlichen Rand des MUNA-Waldgebietes, mit 500 jüdischen Ungarinnen belegt, die in Auschwitz als arbeitsfähig eingestuft worden waren. Sie unterstanden der Verwaltung des Konzentrationslagers Neuengamme und wurden von weiblichen SS-Angehörigen bewacht. Die Frauen wurde Ende April 1945 in Richtung Lübecker Bucht »evakuiert«.

Kontakt:
Arbeitskreis »MUNA Lübberstedt«, c/o Volrad Kluge, Wallhöfener Kirchweg 2, 27729 Hambergen.

Lüneburg

Im Forst »*Tiergarten*« bei *Wilschenbruch* wurde ein Gräberfeld für ehemalige KZ-Häftlinge angelegt. Die in einen *Gedenkstein* eingemeißelte Inschrift lautet:

Hier starben am 7. 4. 1945
256 KZ-Häftlinge
Die Hoffnung der Elenden wird
nicht verloren sein ewiglich

Die Häftlinge waren am 7. April 1945 auf einem sogenannten Evakuierungstransport in Güterwaggons vom Außenkommando Wilhelmshaven in das Konzentrationslager Neuengamme unterwegs. Wegen Fliegeralarms wurde der Zug in Lüneburg auf einem Nebengleis abgestellt; er wurde von Bomben getroffen. Viele Häftlinge wurden getötet, andere von SS-Begleitmannschaften erschossen. Die Toten wurden in einem Massengrab im nahen »Tiergarten« begraben. Die Engländer veranlaßten die Umbettung der Toten am 3. Oktober 1945 auf die Grabstätte im »Tiergarten«, was von Männern aus Lüneburg vorgenommen werden mußte. Der Gedenkstein, ein Findling, wurde im Jahre 1954 aufgestellt. (s. auch Hittbergen und Wilhelmshaven)

Auf dem *Friedhof* des *Landeskrankenhauses Lüneburg,* etwa drei Kilometer vom Stadtteil Wienebüttel in Richtung Vögelsen entfernt, wurde im Jahre 1983 ein *Gedenkstein* mit folgender Inschrift errichtet:

Zum Gedenken der Opfer des Nationalsozialismus
in der Lüneburger Provinzial-Heil- und Pflegeanstalt

In der Provinzial-Heil- und Pflegeanstalt Lüneburg wurde im Rahmen der nationalsozialistischen »Euthanasie«-Mordaktion im Oktober 1941 eine »Kinderfachabteilung« eingerichtet, wie es sie in etwa 30 Anstalten im Reich gab. Neugeborene und Kleinkinder mit körperlichen und geistigen Behinderungen wurden von Ärzten und Hebammen über Meldebogen, die an das zuständige Gesundheitsamt zu leiten waren, systematisch erfaßt. Hierzu waren Geburtshelfer aufgrund einer Verordnung zur Ausführung des »Gesetzes zur Verhütung erbkranken Nachwuchses« vom 14. Juli 1933 verpflichtet worden. Amtsärzte gaben die Meldungen an eine mit dem wissenschaftlich klingenden Namen »Reichsausschuß zur wissenschaftlichen Erfassung von erb- und anlagebedingten schweren Leiden« (kurz: »Reichsausschuß«) getarnte Einrichtung weiter.
Am 18. August 1939 – kurz vor Kriegsbeginn – erging ein streng vertraulicher Runderlaß des Reichsministers des Innern, der den Kreis der zu tötenden Kinder festlegte. Die Ermordung der Kinder in den Heil- und Pflegeanstalten erfolgte in den meisten Fällen durch Tabletten (Luminal) und Spritzen. In der »Kinderfachabteilung« der Anstalt Lüneburg wurden bis kurz vor Kriegsende über 200 Kinder auf diese Weise ermordet, die meisten wurden auf dem *Anstaltsfriedhof* begraben. Ihre Gräber sind heute nicht mehr vorhanden; sie wurden eingeebnet.
Erhalten ist auf dem Friedhof ein *Gräberfeld* mit Grabsteinen für 84 Männer, Frauen und Kinder verschiedener Nationalität, wie ihre Namen ausweisen. Unter den Namen sind Geburts- und Todesjahr und auf einem *Holzkreuz* die Jahreszahlen »1939–1945« angegeben. Vermutlich handelt es sich bei diesen Toten um Zwangsarbeiter und Kriegsgefangene, die ebenfalls Opfer der »Euthanasie«-Morde wurden. Auch Zwangsarbeiter wurden in vielen Fällen, wenn sie nicht mehr zur Arbeit eingesetzt werden konnten, auf diese Weise getötet. Durch einen Erlaß des Reichsministers des Innern vom 6. September 1944 wurde die Heil- und Pflegeanstalt Lüneburg zur »Sammelstelle für unheilbar geisteskranke Ostarbeiter und Polen« für die Bezirke Bremen, Weser-Ems, Hannover-Ost, Hannover-Süd und Braunschweig bestimmt.
Von der Lüneburger Anstalt gingen in den Jahren 1940/41 mehrere Transporte mit Patienten in andere »Zwischenanstalten« und in Vernichtungsanstalten wie Brandenburg an der Havel und Sonnenstein bei Pirna (Sachsen) oder Hadamar in Hessen.

Die deutsch-jüdische Gesellschaft Hamburg und die Stadt Lüneburg haben am 3. September 1989 einen *Gedenkstein* für deportierte Lüneburger Juden am *Altenbrücker Ziegelhof* enthüllt. Das Gelände wurde wegen seiner Nähe zum Haupt- und Güterbahnhof gewählt, weil bis heute nicht abschließend geklärt werden konnte, von welchem Bahnhof aus die Juden deportiert wurden. Auf der Tafel steht zu lesen:

Zur Erinnerung an die Menschen,
die in den Jahren der national-
sozialistischen Willkürherrschaft,
aufgrund der »Nürnberger Gesetze«
– als Opfer von Rassenwahn –,
nahe von hier aus deportiert,
ins Ausland, in Zwangs-
tod oder Vernichtung
getrieben worden sind.

Die Ghettos, Konzentrations- oder Vernichtungslager,
in denen mehr als vierzig Lüneburger Juden
umgekommen oder verschollen sind,
klagen an und mahnen auch Dich:
Lodz/Minsk/Riga/Theresienstadt/
Neuengamme/Stutthof/Bergen-Belsen/
Auschwitz
Bürger und Stadt Lüneburg 1989

Ein vier Meter hoher *Gedenkstein* auf dem *jüdischen Friedhof, Am Neuen Felde,* erinnert an die Zerstörung des 1910 von der Jüdischen Gemeinde angelegten Friedhofes durch die Nationalsozialisten im Jahre 1938. Der Gedenkstein trägt die nachfolgende Inschrift:

Zum Gedächtnis der Seelen unserer Brüder
und Schwestern, die auf dem Friedhof
ihre Ruhestätte gefunden haben.
Stadt Lüneburg
Wäre nicht der Ewige uns beigestanden,
gingen über unsere Seelen die Schwellen
des Wassers hin. Psalm 124,2 und 5

Am Tag der Tafeleinweihung für die deportierten Lüneburger Juden wurde eine *zusätzliche Gedenktafel* auf dem jüdischen Friedhof eingeweiht, deren Inschrift wie folgt lautet:

Es ist nicht bekannt, wo im Mittelalter
die Lüneburger Juden
– die im Jahre 1350 ausgerottet wurden –
ihre Toten begruben.
In der Neuzeit mußten Lüneburgs Juden
von 1755–1823 warten, ehe sie innerhalb
der Stadt ihre Leichen beerdigen konnten.
1827 fand hier die erste,
1939 die letzte Beerdigung statt.
Später wurden die Grabsteine umgeworfen
und die Friedhofsanlagen verwüstet.
1943 mußte das Friedhofsgelände an die
Stadt Lüneburg zwangsverkauft werden.
1965 wurden Grabsteine wieder aufgestellt
und hier ein Gedenkstein eingeweiht.
Bürger und Stadt Lüneburg 1989

An der *Ecke Schifferwall/Reichenbachstraße* befindet sich ein im Jahre 1950 aufgestellter *Gedenkstein* für die ehemalige Synagoge Lüneburgs. Er trägt die in hebräischer und deutscher Sprache verfaßte Inschrift mit folgendem Text:

An dieser Stelle stand der Tempel
der Jüdischen Gemeinde Lüneburgs, welcher
im Jahre 1938 durch Nazi-Terror zerstört
wurde. Wehe mir, daß ich zerstörte mein
Haus und verbrannte mein Heiligtum,
zerstreute meine Kinder unter die Völker.

Diese Inschrift geht irrtümlich von der Annahme aus, die Synagoge sei in der »Reichskristallnacht« zerstört worden. Da sich unter dem Druck antisemitischer Hetze die Auflösung der Jüdischen Gemeinde Lüneburg abzeichnete, schloß die Gemeinde am 15. September 1938 mit einer Lüneburger Baufirma einen Vertrag über den Abbruch des Gebäudes. Am 20. Oktober 1938 kaufte die Industrie- und Handelskammer das Grundstück. Zum Zeitpunkt der Reichspogromnacht vom 9./10. November 1938 war der Abbruch bereits im Gange. Die Nationalsozialisten, die die Synagoge in Brand setzen wollten, gaben ihr Vorhaben auf, als sie über die Eigentumsverhältnisse informiert wurden. 1952 erhielt die Jüdische Gemeinde im Zuge der »Wiedergutmachung« das Grundstück zurück. 1955 wurde es wieder verkauft. Auf dem westlichen Teil steht heute das Haus der Landessuperintendentur des Ev.-luth. Landeskirchenverbandes Hannover. Den östlichen Teil erwarb die Stadt; er ist unbebaut.

Auf dem *Zentralfriedhof* an der *Soltauer Straße* ist ein *Gräberfeld* für ausländische Tote, die in den Kriegsjahren starben. Vermutlich waren es Zwangsarbeiter. Die Gräber der identifizierten Toten sind mit Namen, Geburts- und Todesdaten versehen. Ein Gedenkstein oder ein Hinweis auf das Gräberfeld existiert nicht.

Am 9. November 1990 wurde in der *Lindenstraße* ein *Denkmal* eingeweiht, das sehr allgemein der Opfer des Nationalsozialismus gedenkt. Auf dem Stein stehen die Worte:

Den Opfer der nationalsozialistischen
Gewaltherrschaft 1933 – 1945

An den Lokalredakteur des »Volksblattes für Lüneburg und Umgegend«, den SPD-Stadtrat und Vorsitzenden der Maurergewerkschaft *Johannes Lopau,* der sich wegen seiner bevorstehenden Verhaftung das Leben nahm, erinnert der Name einer *Straße* in Lüneburg. – Ebenso erinnert die *Hermann-Niemann-Straße* an den Sozialdemokraten, der wegen der Verbreitung von Schriften des Prager Exilvorstandes der SPD zusammen mit anderen Sozialdemokraten eine Zuchthausstrafe erhielt, dann in »Schutzhaft« genommen und zuletzt in ein Konzentrationslager verschleppt wurde. Dort kam er um.

Kontakt:
Die Geschichtswerkstatt Lüneburg führt auf Anfrage »Antifaschistische Stadtrundfahrten« durch: Geschichtswerkstatt, Salzstraße 6, 21335 Lüneburg, Tel.: 0 41 31/ 40 19 36. In der Broschüre »Das andere Lüneburg – Eine antifaschistische Stadtrundfahrt« (1992) wird die Tour detailliert beschrieben.

Literatur:
Herbert Ahlers schrieb in den 60er Jahren diverse Artikel über Lüneburger Gedenkstätten für die Opfer des Nationalsozialismus in: »Landeszeitung für die Lüneburger Heide« 22. Juni 1965 (jüdischer Friedhof), 21. September 1966 (Bombenopfer auf dem Michaelsfriedhof), 25. November 1966 (Gräberfeld für KZ-Häftlinge) und 9. November 1967 (Synagoge); Asmussen, Peter/Hummel, Wolfgang, Lüneburg vor 50 Jahren, Widerstand und Verfolgung, Lüneburg 1983; Geschichtswerkstatt Lüneburg, Die faschistische Verfolgung der Juden in Lüneburg – Eine Skizze, Lüneburg 1988; Göseke, Manfred, Juden in Uniform. Zur Geschichte der jüdisch-deutschen Soldaten Lüneburgs, Lüneburg 1985 (Stadtarchiv Lüneburg); Mentzschel, Erika, Notizen über die jüdischen Bürger in Lüneburg, in: Jahrbuch des baltischen Deutschtums 23/1976, S. 145–158.

Meppen

Im Stadtgebiet von Meppen befanden sich die Lager IX *Versen* und X *Fullen,* die zum Komplex der fünfzehn »Emslandlager« gehörten, die zwischen 1933 und 1938 entlang der Ems zwischen Papenburg im Norden und Lingen im Süden errichtet wurden und wechselnde Funktionen hatten. Sitz der zentralen Verwaltung der »Emslandlager« war Papenburg (Näheres s. dort).

Das Gelände des ehemaligen Emslandlagers IX *Versen* ist heute über die Nord-Süd-Straße erreichbar. Dem Hinweisschild »Meppen 10 km/Versen 4 km« folgend, biegt man in die Meppener Straße ein und wendet sich nach 400 Metern nach links in die Grünfeldstraße *(Hinweisschild »Kriegsgräberstätte«).* Sie führt zur Justizvollzugsanstalt Meppen, die auf dem ehemaligen Lagergelände steht. Am Ende der Justizvollzugsanstalt Meppen, Abteilung Versen, biegt man rechts in die Straße »Am Friedhof« ein und erreicht nach 100 Metern den Eingang des *Versener Friedhofs.* Hier liegen Häftlinge verschiedener Nationen begraben. Am Eingang des Friedhofs befindet sich auf der linken Seite eine *Bronzetafel,* die darauf hinweist, daß auf diesem Friedhof 71 zwischen 1933 und 1936 verstorbene Tote aus den Konzentrationslagern Börgermoor (s. Surwold), Esterwegen (s. dort) und Neusustrum (s. Lathen) ruhen, die 1955 vom KZ-Friedhof Bockhorst/Esterwegen umgebettet wurden. Die Hälfte der 566 Toten des Außenkommandos von Neuengamme wurden exhumiert und in ihren Heimatländern bestattet.

Auf *vier großen Steinplatten* sind zahlreiche ausländische und deutsche Namen verzeichnet. Überlebende polnische Häftlinge errichteten 1945 ein großes Kreuz und eine Gedenktafel, auf der die Nationen und die Zahl der hier Bestatteten verzeichnet waren. Tafel und Kreuz sind nicht mehr vorhanden. Bereits kurz nach der Errichtung wurden beide Gedenkzeichen wieder entfernt und der Platz bepflanzt.

Am Eingang des Friedhofs befindet sich links ein eindrucksvoller *Gedenkstein,* der an die *dänischen* Häftlinge erinnert, die im Emsland litten und starben. Die reliefartige Darstellung zeigt einen abgemagerten KZ-Häftling, der einen sterbenden Mithäftling im Arm hält. Darunter stehen die Worte:

Til minski
om de danske fanger
som dode i KZ-lejren
Versen 1944–1945

Neben einer *Gedenksäule* liegt eine *kleine Platte,* die *italienische* Überlebende ihren in diesem Lager umgekommenen Landsleuten gewidmet haben. Sie ist in lateinischer Schrift verfaßt. Der kaum noch zu entziffernde Text lautet:

Natione diversi
iniquo coniuncti fato
patria seiuncti pro patria periere
vitam quam hominum iniuria
in terra peridere
pax domini in coelis
restituat sempiternam
Omnibus memoriae et pietati
italiae miliites captiviitate liberat
posuerunt a.d. MCMXLV

Ein *niederländischer Gedenkstein* verzeichnet die Namen der hier verstorbenen Niederländer.

Das Lager Versen wurde 1938 für 1 500 Häftlinge errichtet und war bis 1939 Strafgefangenenlager. Die Gefangenen arbeiteten vornehmlich für das Wasserstraßenbauamt Meppen und für die Reichsumsiedlungsgesellschaft (RUGES) in Werlte. Ab Herbst 1939 wurde es dem Oberkommando der Wehrmacht zur Unterbringung von Kriegsgefangenen übergeben. Bis 1942 befand sich hier das Stalag VI B, dem die Zweiglager Oberlangen (s. Lathen), Wesuwe (s. Haren) und Fullen (s. unten) unterstellt waren. Im Mai 1942 wurde das Lager Versen mitsamt den Zweiglagern dem Stalag VI C Bathorn angegliedert. Im Gesamtkomplex Stalag VI B Versen waren von 1940 bis Mai 1942 etwa 10 000 Franzosen, 1 000 Belgier, 200 Polen und 800 Südeuropäer interniert. Von November 1944 bis März 1945 war das Lager Versen Außenlager des Konzentrationslagers Neuengamme. Etwa 3 000 Häftlinge wurden von Neuengamme ins Emsland verschleppt. Sie wurden beim Bau des »Friesenwalls«, der dem Schutz des Nordseeküstenbereichs von den Niederlanden bis zur dänischen Grenze vor einer

Invasion der Alliierten dienen sollte, eingesetzt. 566 von ihnen starben an den Folgen der schweren körperlichen Arbeit, verhungerten oder erfroren.

Auf dem als *»Kriegsgräberstätte«* ausgeschilderten *Friedhof Fullen* des Lagers X *Fullen* sind überwiegend polnische und sowjetische Kriegsgefangene in Massengräbern beerdigt, darunter auch Frauen, vermutlich Zwangsarbeiterinnen. Italienische Jugendliche eines Workcamps in Esterwegen fertigten 1981 eine Informationstafel an, die zwischenzeitlich wieder verschwunden ist. Mittlerweile hängt am Friedhofseingang eine *Texttafel* mit dem Wortlaut:

> Friedhof Gross-Fullen
>
> Hier ruhen Tote verschiedener Nationalitäten.
> Namentlich bekannt sind 133 Tote aus der UdSSR, zwei aus Jugoslawien und ein Toter aus Marokko, die in Einzelgräbern bestattet sind. Unbekannt sind ein Albaner in einem Einzelgrab sowie ca. 1 500 Sowjetbürger in Sammelgräbern. Sie starben zum größten Teil an Unterernährung und Epidemien.
> In einem ursprünglich gesonderten Friedhofsbereich sind außerdem 145 Verstorbene polnischer Nationalität bestattet. Sie waren Angehörige einer nach Kriegsende im Emsland zeitweilig bestehenden polnischen Kolonie, wurden zunächst in Haren beerdigt und im Juli 1958 nach Groß-Fullen umgebettet. Es handelt sich um Männer, Frauen und Kinder, die in der Zeit von Juli 1945 bis Januar 1948 verstorben sind. 106 von ihnen sind namentlich bekannt.
> Ursprünglich waren auf diesem Friedhof auch 751 namentlich bekannte italienische Militärinternierte begraben, die zum größten Teil an epidemischer Lungentuberkulose verstarben.
> Von ihnen wurden 29 im Sommer 1955 exhumiert und nach Italien überführt. Im April 1958 erfolgte durch den italienischen Kriegsgräberdienst die Exhumierung der übrigen; 674 wurden auf den italienischen Ehrenfriedhof in Hamburg-Öjendorf umgebettet, 48 Tote nach Italien überführt.
> Nähere Auskünfte erteilt die Stadt Meppen

An das ehemalige Emslandlager X Fullen erinnert das *Schild »Lager Fullen«* an einer Trafostation, die sich in der Nähe des Wasserwerks Fullen befindet. Das Gelände des ehemaligen Lagers erreicht man über die Nord-Süd-Straße, biegt in die Straße »Am Wasserwerk« ein und steht nach 300 Metern an einer Wegkreuzung vor dem Wasserwerk Fullen. Von hier aus führte in Richtung Norden die Lagerstraße.
Im August 1938 wurden in Fullen und an sieben anderen Orten 268 Baracken zum »Großbeginn der Emsland-Kultivierung« fertiggestellt. Im Oktober 1938 war das Lager bereits mit 800 Strafgefangenen belegt. Im September 1939 wurde Fullen als Zweiglager von Stalag VI B der Wehrmacht zur Unterbringung von Kriegsgefangenen übergeben und ab 1942 dem Stalag VI C Bathorn angegliedert. Von Herbst 1944 bis zum 25. März 1945 war Fullen ein Unterkommando des Außenkommandos Versen (s. oben) des Konzentrationslagers Neuengamme.

Auf dem *katholischen Friedhof* der Stadt Meppen liegen 65 Tote aus der Sowjetunion und aus Polen begraben. Einige von ihnen wurden von Ueffeln hierher umgebettet. 1955 wurden von hier wiederum vier sowjetische Tote nach Dalum (s. Geeste) umgebettet.

Literatur:
Studienkreis Deutscher Widerstand, Niedersachsen II, S. 133–136 (s. Literatur zu Niedersachsen).

(s. auch Papenburg)

Moringen

Auf dem Gelände des ehemaligen »Provinzial-Werkhauses Moringen« befindet sich heute das Niedersächsische Landeskrankenhaus Moringen, Kreis Northeim. In der Zeit von 1933 bis 1938 war hier ein Konzentrationslager für Männer und Frauen und von 1940 bis 1945 ein »Jugendschutzlager«, also ein Jugend-Konzentrationslager, untergebracht. Auf Beschluß des Kirchenvorstandes der evangelischen Kirche in Moringen wurde im November 1980 im Rahmen der »Moringer Friedenswoche« auf dem *kirchlichen Friedhof* an der *Güterbahnhofstraße* ein *Gedenkstein* für die dort beerdigten ehemaligen Häftlinge des »Jugendschutzlagers« aufgestellt. Er trägt die Inschrift:

> Zum Gedenken an die Opfer der
> nationalsozialistischen Gewaltherrschaft
> in Moringen

Im Jahre 1986 wurde im *Niedersächsischen Landeskrankenhaus* ein *Dokumentationsraum* zur Geschichte des »Werkhauses« eröffnet. Außen am Gebäude weist seit 1986 eine *Gedenktafel* mit folgendem Text auf die Verwendung des Hauses in der Zeit des Nationalsozialismus hin:

> In den Gebäuden des ehemaligen Werkhauses
> war ein Konzentrationslager eingerichtet,
> von 1933 bis 1938 für Männer und Frauen,
> von 1940 bis 1945 für Jugendliche
> (»Jugendschutzlager«).
> Denen, die unter der nationalsozialistischen
> Gewaltherrschaft gelitten haben, zum Gedächtnis
> Allen zur Mahnung

Im »Provinzial-Werkhaus Moringen«, während des 19. und im ersten Drittel des 20. Jahrhunderts »Sicherungs- und Besserungsanstalt« für »Leichtkriminelle«, »gewerbsmäßige Bettler«, »Prostituierte« und andere, die »zur Arbeit angehalten und an ein gesetzmäßiges und geordnetes Leben« gewöhnt werden sollten, wurde durch Kommandobefehl der Schutzpolizei Hannover vom 8. April 1933 ein Konzentrationslager zur »Unterbringung und Bewachung politischer Polizeihäftlinge« eingerichtet. Anfang Mai 1933 befanden sich bereits 300 männliche Häftlinge in dem Lager, das bis zum 26. Juli 1933 dem Polizeikommando Hannover unterstand. Mit der Übernahme der Lagerleitung durch ein Kommando der 12. SS-Standarte Hannover Ende Juli 1933 wurde die Behandlung der Häftlinge brutaler. Viele von ihnen erlitten Mißhandlungen. Anfang Juni 1933 wurden auch Frauen in Moringen inhaftiert. Anfang September 1933 erreichte die Gefangenenzahl mit 394 ihren Höchststand.

Nachdem im Sommer 1933 im Bereich der Provinz Hannover weitere Konzentrationslager errichtet worden waren (s. Papenburg: »Emslandlager«), beschloß das Preußische Innenministerium, das Männerlager aufzulösen und Moringen zum zentralen Konzentrationslager für weibliche Häftlinge zu machen. Die männlichen Gefangenen wurden Ende November 1933 in die Konzentrationslager Esterwegen (s. dort) und Oranienburg bei Berlin transportiert. Mit ihnen verließ auch die SS-Wachmannschaft das Lager. Als Wachpersonal für die weiblichen Häftlinge wurden Frauen aus der NS-Frauenschaft eingestellt. Nach Häftlingsberichten waren die Lebensbedingungen zwar hart, aber noch nicht mit dem Terror in den späteren Konzentrationslagern vergleichbar. Im September 1937 waren hier 76 weibliche Häftlinge inhaftiert; im Februar 1938 war ihre Zahl auf 26 gesunken. Am 21. März wurden die letzten Häftlinge in die Schloßfestung Lichtenburg, Kreis Torgau an der Elbe, verlegt.

Ab Mitte August 1940 wurde das Werkhaus Moringen als »Jugendschutzlager« für die »polizeiliche vorbeugende Bekämpfung der Jugendkriminalität« eingerichtet, in das Jugendliche zwischen 16 und 21 Jahren auf Antrag der Kriminalpolizei wegen »Eigentumsverfehlungen«, »homosexuellen Handlungen«, »Gewalttätigkeiten«, »staatsfeindlicher Betätigung«, »asozialen Verhaltens« u.a. eingewiesen wurden. Das Lager unterstand der »Reichszentrale zur Bekämpfung der Jugendkriminalität« im Reichskriminalpolizeiamt (RKPA), welches als Amt V dem Reichssicherheitshauptamt (RSHA) eingegliedert war und damit dem Reichsführer-SS unterstand. Bis Juli 1944 sollen insgesamt 1231 Jungen inhaftiert gewesen sein. Juden und »Zigeuner«, die von der Einweisung ausdrücklich ausgenommen waren, da sie als »rassisch Minderwertige« und damit als »unerziehbar« galten, wurden nach den erhalten gebliebenen Häftlingslisten nur vorübergehend eingeliefert. Die sogenannten »Zigeunermischlinge« wurden im März des Jahres 1943 in das Vernichtungslager Auschwitz-Birkenau, andere Häftlinge in weitere Konzentrationslager verschleppt.

Das Jugend-Konzentrationslager zeichnete sich durch militärischen Drill und durch ein barbarisches Lagerstrafensystem aus. Die Jugendlichen wurden nach pseudowissenschaftlichen »kriminalbiologischen Gesichtspunkten« in verschiedene »Blöcke« eingeteilt (»Untaugliche«, »Störer«, »Dauerversager«, »Gelegenheitsversager«, »fraglich Erziehungsfähige«, »Erziehungsfähige«). Etwa zehn Prozent der Jugendlichen waren politische Häftlinge, für die ein »Stapo-Block« eingerichtet wurde. Darunter befanden sich unter anderem sogenannte »Swing-Boys« aus Hamburg, die ihre Ablehnung der Hitler-Jugend und der NS-Volksgemeinschaftsideologie durch »lässiges« und auffälliges Auftreten in der Öffentlichkeit und durch ihre Vorliebe für Jazz und Swing, die von den Nationalsozialisten als »undeutsche Negermusik« verdammt wurden, zum Ausdruck brachten. Auch ausländische Jugendliche wurden eingewiesen, ab 1944 viele Slowenen, deren Eltern als Partisanen oder wegen Partisanenunterstützung inhaftiert oder hingerichtet worden waren. Die im »Stapo-Block« untergebrachten Jugendlichen wurden besonders hart behandelt.

Die Jugendlichen mußten unter anderem bei der Firma Piller (Metallverarbeitung), in der Landwirtschaft oder in Volpriehausen bei Uslar, wo von Mitte 1944 bis Anfang April 1945 ein Außenkommando des »Jugendschutzlagers« Moringen eingerichtet war, im Schacht für die Heeresmunitionsanstalt arbeiten (s. Uslar). Von September 1944 bis Februar 1945 gab es ein weiteres Außenkommando in Berlin-Weißensee beim Reichskriminalpolizeiamt; hier wurden die Jugendlichen bei der Verlagerung von Aktenbeständen eingesetzt.

Bis Juli 1944 starben nach SS-Angaben 41 Jugendliche, drei von ihnen verübten Selbstmord, einer wurde »auf der Flucht erschossen«. Bis zur Auflösung des Lagers im März 1945 stieg die Zahl der Toten auf 56. Weitere Todesfälle gab es im Asylierheim für Tbc-Kranke in Benninghausen bei Paderborn, wohin Tbc-Kranke überwiesen wurden. Die Toten wurden ohne Kreuz, Stein oder Namen auf dem *Moringer Friedhof* begraben. Ihre Namen finden sich nur im Friedhofsregister. (Die unter Literatur aufgeführte Dokumentation enthält eine unvollständige Totenliste.) Seit 1988 sind die Einzelgräber mit Grabsteinen ausgestattet. Im März 1945 wurden rund 250 Häftlinge aus Moringen nach

Braunschweig transportiert und dort einem Panzergrenadierregiment zugeteilt, um »mitzuhelfen, Deutschland vor dem Untergang zu retten«. Die in Moringen zunächst verbliebenen Häftlinge wurden Anfang April in Richtung Harz getrieben. Kranke und Schwache blieben in Moringen zurück und wurden dort von amerikanischen Truppen befreit. Bis 1949 brachte man in dem Lager ehemalige ausländische Zwangsarbeiter (»displaced persons«) unter.

Der Dokumentationsraum zur Geschichte des »Werkhauses« ist nach vorheriger Vereinbarung mit dem Krankenhaus zugänglich: Niedersächsisches Landeskrankenhaus, Mannenstraße 29, 37186 Moringen, Tel.: 05554/8061.

Im Jahre 1992 hat die Lagergemeinschaft und Gedenkstätteninitiative KZ Moringen mit der Einrichtung einer *Gedenkstätte* begonnen, die am 25. April 1993 der Öffentlichkeit übergeben wurde. Die Gedenkstätte befindet sich im *»Torhaus«, Lange Straße 58,* unmittelbar an dem ehemaligen KZ-Gelände. Dort ist die *Dauerausstellung »Wir hatten noch gar nicht angefangen zu leben«,* die sich mit den Jugendkonzentrationslagern Moringen und Uckermark beschäftigt, installiert. Ausstellungen zum Frauen- und Männer-KZ befinden sich noch in der Planung.
Die Gedenkstätte beherbergt auch eine Bibliothek und einen Seminarraum für Veranstaltungen. Die Erstellung von Unterrichtsmaterialien wie Filme, Videos und Dia-Serien ist geplant. Außerdem sollen Führungen, Stadtrundgänge und regionale Rundfahrten zu Stätten des Widerstands und der Verfolgung in Südniedersachsen stattfinden. Der Besuch der Gedenkstätte wird zunächst nur nach Absprache möglich sein. Regelmäßige Öffnungszeiten sowie eine kontinuierliche Besucherbetreuung werden angestrebt.

Kontakt:
Lagergemeinschaft und Gedenkstätteninitiative KZ Moringen e.V., Lange Straße 58, Postfach 1168, 37186 Moringen, Tel.: 05554/2520. Der Verein hat sich 1989 gegründet. Nach der Satzung versteht er sich als Interessenvertretung ehemaliger Häftlinge und als Kontaktstelle für Interessierte. Die Lagergemeinschaft hat ein Faltblatt mit Kurzinformationen zur KZ-Gedenkstätte entwickelt.

Ausstellungen:
Die Lagergemeinschaft und Gedenkstätteninitiative KZ Moringen e.V. hat in Zusammenarbeit mit der Hans-Böckler-Stiftung, Düsseldorf, eine Ausstellung erarbeitet »Wir hatten noch gar nicht angefangen zu leben – Eine Ausstellung zu den Jugend-Konzentrationslagern Moringen und Uckermark 1940–1945«. Sie kann als Wanderausstellung ausgeliehen werden bei der Hans-Böckler-Stiftung, Referat für Presse- und Öffentlichkeitsarbeit, Bertha-von-Suttner-Platz 3, 40227 Düsseldorf, Tel. 0211/7778-150. Mit gleichem Titel erschien ein Katalog zur Ausstellung (s. unter Literatur).

»Frauen im Konzentrationslager Moringen, Lichtenburg, Ravensbrück«: Auf 12 Wandtafeln (DIN-A-0 im Querformat mit Wandaufhängung) werden die Schicksale von Frauen dargestellt, die aus kommunistischem, sozialdemokratischem oder christlich motiviertem Widerstand kamen oder als Jüdinnen verfolgt wurden. Die Ausstellung wurde von der Lagergemeinschaft Ravensbrück und dem »Studienkreis: Deutscher Widerstand« zusammengestellt und kann dort (Rossertstraße 9, 60323 Frankfurt/M) ausgeliehen werden. Katalog zur Ausstellung: Bromberger, Barbara u.a., Schwestern, vergeßt uns nicht. Frauen im Konzentrationslager: Moringen, Lichtenburg, Ravensbrück 1933–1945, Frankfurt/M. 1988.

Film:
»Der Versuch einer Berührung«, Regie und Buch: Nina Gladitz, hergestellt im Auftrag der Bundeszentrale für politische Bildung, 44 Min., 16 mm. (Der Film dokumentiert die Reaktion von Jugendlichen auf die Erzählungen eines ehemaligen KZ-Häftlings, der wegen seiner Begeisterung für Swingmusik im Jugend-Konzentrationslager Moringen gesessen hat. Der Film kann über die Landeszentralen für politische Bildung, die Landesfilmdienste sowie die Landesbildstellen ausgeliehen oder bei Film und Video Print, Schlesische Straße 29–30, 10997 Berlin, käuflich erworben werden.) Informationen zu weiteren Filmproduktionen sind über die Lagergemeinschaft/Gedenkstätteninitiative KZ Moringen zu bekommen.

Quellen/Literatur:
Gesellschaft für Christlich-Jüdische Zusammenarbeit Göttingen e.V. und Ev.-luth. Pfarramt Moringen (Hrsg.), KZ Moringen – Männerlager, Frauenlager, Jugendschutzlager. Eine Dokumentation, Göttingen/Moringen 1983. (Bezugsadresse: Steidl Verlag, Düstere Straße 4, 37073 Göttingen.); Guse, Martin/Kohrs, Andreas, Zur Entpädagogisierung der Jugendfürsorge in den Jahren 1922 bis 1945, in: Otto, Hans-Uwe/Sünker, Heinz (Hrsg.), Soziale Arbeit und Faschismus, Frankfurt/M. 1989, S.228–249; Haardt, Wolf-Dieter, Was denn – hier in Moringen?! – Die Suche nach einem vergessenen KZ, in: Garbe, Detlef (Hrsg.), Die vergessenen KZs?, Bornheim-Merten 1983, S.97–118; Lagergemeinschaft und Gedenkstätteninitiative KZ Moringen e.V. (Hrsg.), »Wir hatten noch gar nicht angefangen zu leben« – Katalog zur Ausstellung der Lagergemeinschaft/Gedenkstätteninitiative in Zusammenarbeit mit der Hans-Böckler-Stiftung, Düsseldorf, zu den Jugend-Konzentrationslagern Moringen und Uckermark (Realisation und Texte: Martin Guse), Düsseldorf 1992; Muth, Heinrich, Das »Jugendschutzlager« Moringen, in: Dachauer Hefte 5/1989 (»Die vergessenen Lager«), S.223–252; Peukert, Detlev, Arbeitslager und Jugend-KZ: Die »Behandlung Gemeinschaftsfremder« im Dritten Reich, in: Die Reihen fast geschlossen. Beiträge zur Geschichte des Alltags unterm Nationalsozialismus,

hrsg. v. Detlev Peukert u. Jürgen Reulecke, Wuppertal 1981, S. 413–434; Zitelmann, Arnulf, Paule Pizolka oder eine Flucht durch Deutschland, Weinheim und Basel 1991 (Jugendroman u. a. über das KZ Moringen).

Münden siehe Hann. Münden

Munster, Örtze

Auf dem *kommunalen Waldfriedhof* in Munster im Kreis Soltau-Fallingbostel an der *Straße »Zum Schützenwald«* liegen mehr als 1 000 sowjetische Kriegsgefangene des Ersten und des Zweiten Weltkrieges bestattet, wie aus den Jahreszahlen auf zwei Steinen (»1914–1918« und »1941–1945«) hervorgeht. Ein *Gedenkstein* in der Mitte des Rasens trägt den kurzen Text:

Auch sie starben für ihr Vaterland.

In Munster bzw. bei der Wehrmacht im Truppenlager Munster gab es während des Zweiten Weltkrieges ein größeres Arbeitskommando des »Stalag XD Wietzendorf«. Die Gefangenen mußten wahrscheinlich bei einer »Heeresmunitionsanstalt« arbeiten, der auch ein als »Munsterlager« bezeichnetes »Zivilarbeiterlager« für ausländische Zwangsarbeiter unterstand. Die Toten auf dem Friedhof kommen aus dem Arbeitskommando. Die Gräber der sowjetischen Staatsbürger werden heute auf private Initiative hin hauptsächlich von Schülern gepflegt.

Neuenhaus, Dinkel

Am 17. Juni 1962 wurde an der *Veldhausener Straße* eine *Gedenktafel* angebracht, deren Inschrift zusammen mit 229 Namen die irrtümliche Annahme nahelegt, es handele sich vor allem um Opfer nationalsozialistischer Verfolgung. Mehrheitlich jedoch waren die Toten, derer hier gedacht wird, als Soldaten gefallene Neuenhauser Bürger. 23 der Genannten sind Opfer rassistischer oder politischer Verfolgung. Die Inschrift lautet:

Wir gedenken der Mitbürger die aus
rassistischen und politischen Gründen
in dieser Zeit ihr Leben lassen mußten

[Es folgen die Namen und Geburtsdaten
der 229 Toten]

Am *Kriegerdenkmal* in der *Veldhausener Straße* befindet sich eine zusätzliche *Bronzeplakette* für Oberst Wilhelm Staehle, der in Neuenhaus geboren wurde und zum Widerstandskreis um Carl Goerdeler und den 20. Juli 1944 gehörte. Staehle hielt offensichtlich Verbindungen zu Gruppen des niederländischen Widerstands. Er wurde im Juni 1944 verhaftet und am 23. April 1945 zusammen mit anderen Inhaftierten von einem SS-Kommando in Berlin vor dem Gefängnis in der Lehrter Straße ermordet. An seinem 41. Todestag, am 23. April 1986, wurde die *Gedenktafel* enthüllt, die nachfolgende Inschrift trägt:

Zum Gedenken an
Oberst Wilhelm Staehle
– Widerstandskämpfer –
geb. 20. 11. 1877 in Neuenhaus
ermordet 23. 4. 1945 in Berlin

Am Standort der ehemaligen Synagoge in der *Klinkhammerstraße* wurde 1977 eine *Gedenktafel* enthüllt, auf der zu lesen steht:

Zum Gedenken
an unsere jüdischen Mit-
bürger der Stadt Neuenhaus
und an die Synagoge, die
hier in der Klinkhammer-
straße gestanden hat und
am 9. November 1938 mutwillig
zerstört wurde, hat die
Stadt Neuenhaus diese Tafel
gestiftet
[hebräischer Text]
Mit meiner Stimme.
Zum ewigen Leben schreie ich
mit meiner Stimme
zum Ewigen flehe ich. Ps. 142,2

Literatur:
Roon, Ger van, Wilhelm Staehle – ein Leben auf der Grenze 1877–1945, Neuenhaus 1988.

Neu-Gnadenfeld

siehe Emlichheim

Neustadt am Rübenberge

Auf dem *jüdischen Friedhof* in Neustadt an der *Hannoverschen Heerstraße* wurde im November 1968 mit Beteiligung des Stadtjugendrings, der die Gedenkstätte angeregt hatte, ein *Gedenkstein* aufgestellt. Eine Tafel vor dem Gedenkstein, der von dem Neustädter Peter Zaumbrecher geschaffen wurde, trägt den Text:

Haben wir nicht alle einen Vater
Junge Menschen der Stadt 1968

Die Grabsteine des *jüdischen Friedhofs* in *Mandelsloh* wurden wahrscheinlich 1940 von den Nationalsozialisten für den Bau von Feldwegen verwendet.

An der Stelle der früheren Synagoge in der *Mittelstraße*, die in den 50er Jahren abgerissen wurde, wurde ein Neubau errichtet, an dem auf Initiative des »Arbeitskreises Regionalgeschichte« 1985 eine *Gedenktafel* mit folgendem Text errichtet wurde:

Im Gedenken an die jüdischen Mitbürger
und an die Synagoge, die hier stand,
den Lebenden zur Mahnung
Stadt Neustadt a. Rbge. 10.11.1985

Kontakt:
Arbeitskreis Regionalgeschichte Neustadt am Rübenberge, c/o Hubert Brieden, Im Dorn 7, 31535 Neustadt, Tel.: 05034/61705.

Literatur:
Brieden, Hubert u.a., Neustadt 1933–1945. Nachkriegszeit in der Provinz, Neustadt 1987; Ders., Juden in Neustadt am Rübenberge. Diskriminierung, Verfolgung und Vernichtung einer Minderheit, Neustadt 1992.

Neusustrum siehe Lathen und Papenburg

Nienburg, Weser

Auf dem *jüdischen Friedhof* wurden Teile der baufälligen Kapelle (Seiten- und Stirnwand) zu einer *Gedenkstätte* hergerichtet. In einer Wand ist eine *Gedenktafel* eingelassen, die unter einem Davidstern und einem hebräischen Vers folgende deutschsprachige Inschrift trägt:

Erde bedecke nicht mein Blut und
kein Raum sei meiner Wehklage
Hiob Kap. 16, V. 8
Zur Erinnerung an 58 jüdische
Mitbürger, die bis 1939 in Nienburg
lebten. 34 Menschen mußten die
Stadt und ihr Land verlassen und
24 Personen wurden deportiert.
Gewidmet von der Stadt Nienburg

Norden

Das *jüdische Gemeindezentrum* am *Synagogenweg* ist bis auf die Synagoge erhalten geblieben. Die Denkmalbehörde der Stadt Norden hat empfohlen, den Komplex mitsamt den Gebäuden, Gärten und der alten Begrenzungsmauer unter Denkmalschutz zu stellen. Am Standort der ehemaligen Synagoge wurde 1987 im Beisein ehemaliger jüdischer Bürger aus Norden eine *Gedenkstätte* eingeweiht. Der Gedenkstein trägt die Inschrift:

Zum Gedenken an die Synagoge
der Jüdischen Gemeinde zu Norden,
frevelhaft zerstört am 9. November 1938,
und an unsere jüdischen Mitbürger,
die eines gewaltsamen Todes sterben mußten
oder vertrieben wurden.
Zur Erinnerung und zur Mahnung
Sie steckten in Brand dein Heiligtum,
entweihten zu Boden
die Wohnung deines Namens. Ps. 74,7

Am 7. Juli 1990 wurde auf dem *jüdischen Friedhof* gegenüber dem Altenwohnzentrum an der Schulstraße ein *Sammelgrabstein* für neun jüdische Bürger gesetzt, die während der NS-Zeit auf dem Nordener Judenfriedhof beigesetzt wurden. Der Gedenkstein erinnert an Angehörige der Familien Funk, Altgenug, Meyer, Heymann und Aschendorff.

Kontakt:
Ökumenische Interessen- und Arbeitsgruppe Synagogenweg Norden, Lina Gödeken, Kurzer Weg 29, 26506 Norden.

Literatur:
Das Ende der Juden in Ostfriesland. Ausstellung der Ostfriesischen Landschaft aus Anlaß des 50. Jahrestags der Kristallnacht, Aurich 1988, S. 60–63; Forster, H./Schwickert, G., Norden. Eine Kreisstadt unter dem Hakenkreuz, Norden 1988, S. 144–197; Gödeken, Lina, Das alte jüdische »Zentrum« in Norden, in: Ostfriesland, Heft 3, 1986, S. 4–11, 17.

Nordenham

In der Stadt Nordenham ist eine *Straße* nach dem Sozialdemokraten *Martin Pauls* aus Einswarden benannt, der am 10. April 1932 im Alter von erst 24 Jahren von der SS ermordet wurde. Sein Grab befindet sich auf dem *Friedhof* im Stadtteil Nordenham-*Blexen*.

Nordholz bei Bremerhaven

Im Ortsteil *Spieka* von Nordholz im Kreis Cuxhaven liegen auf einem als *»Kriegsgräberstätte«* ausgeschilderten *Friedhof am Scharnstedter Weg* 178 ausländische Opfer des Nationalsozialismus beerdigt, überwiegend sowjetische und einige polnische Bürger, darunter auch zahlreiche Frauen. Auf den Grabsteinen sind Name, Nationalität, Geburts- und Todesdatum angegeben. Bei den Toten handelt es sich um deportierte Zwangsarbeiter, die gegen Ende des Krieges in einem Krankenlager untergebracht waren und dort an Tuberkulose gestorben sind; die nachfolgende Inschrift auf dem *Gedenkstein* sagt über ihr erlittenes Schicksal und Leid nichts Näheres aus:

> Dem Gedenken der hier ruhenden
> ausländischen Kriegstoten
> 1939 – 1945

Nordhorn

Die *Alte Synagogenstraße* in der Altstadt erinnert noch an das Gotteshaus der Jüdischen Kultusgemeinde, das von SA- und SS-Leuten verwüstet wurde. Auch ein *Gedenkstein* in der *Burgstraße*, gegenüber der St. Augustinus-Kirche, erinnert an die Synagoge und die verfolgten und deportierten Juden aus Nordhorn:

> Zum Gedenken an die jüdischen Mitbürger
> unserer Stadt und an die im Jahre 1939
> zerstörte Synagoge

Ein *Mahnmal*, das in Form einer Bronzetafel an der *Ecke Völlinkhoff/van-Delden-Straße* angebracht wurde, trägt den Text:

> Die Stadt Nordhorn
> gedenkt der
> politisch und rassisch
> Verfolgten,
> die ein Opfer der Jahre
> 1933 bis 1945 wurden
> [es folgen die Namen]

Literatur:
Piechorowski, Arno, Der Untergang der Jüdischen Gemeinde Nordhorn, 3. Aufl. Bad Bentheim 1985; Rohr, Werner, Nordhorn im Dritten Reich, Nordhorn 1988.

Northeim

Auf den *städtischen Friedhöfen* der Stadt Northeim befinden sich Abteilungen mit 34 Gräbern von ausländischen Männern und Frauen aus den von den Deutschen besetzten osteuropäischen Gebieten, die während des Zweiten Weltkrieges zwangsweise zum Arbeitseinsatz nach Deutschland verschleppt worden waren und in Zwangsarbeiterlagern gestorben sind, und mit 18 Gräbern von Ausländern, vermutlich ebenfalls Zwangsarbeitern, die nach dem Krieg in Sammellagern betreut worden und dort oder in Krankenanstalten gestorben sind.

Oberlangen siehe Lathen und Papenburg

Oerbke siehe Fallingbostel

Oldenburg, Oldenburg

Ein *Gedenkstein* aus dem Jahre 1963 in der *Peterstraße*, am Ort der ehemaligen Synagoge, wurde am 9. November 1990 ergänzt um ein *»Mahnmal für alle Opfer des Nationalsozialismus in Oldenburg«*. Die Arbeit des Bildhauers Udo Reimann besteht aus rund 130 naturbelassenen Basaltsäulen, die in eine abgesenkte Rasenfläche integriert wurden. Vor den Säulen sind *zwei Schriftplatten* in den Boden eingelassen. Vorgelagerte Bruchsteine schließen das Mahnmal ab. In die Anlage ist der *Erinnerungsstein* für die auf dem Nachbargrundstück gebaute und in der »Reichskristallnacht« vom 9./10. November 1938 zerstörte Synagoge einbezogen worden. Die hebräische Inschrift des Synagogensteins lautet ins Deutsche übersetzt:

> Haben wir nicht alle einen Vater?
> Hat uns nicht ein Gott erschaffen?
> Warum denn verachten wir einander?

Auf der ersten Schriftplatte steht ein Text, den der Rat der Stadt am 2. Juli 1986 beschlossen hat:

> Zum Gedenken an alle Opfer während
> der Zeit des Nationalsozialismus in
> Oldenburg 1933 – 1945
> Ihr Opfer verpflichtet uns, für Freiheit,
> Frieden und Gerechtigkeit gegenüber
> allen Menschen einzutreten.

Die zweite Schriftplatte trägt die Inschrift:

> Kommt, ihr alle, die ihr vorübergeht,
> schauet und seht, ob ein Schmerz sei wie
> der Schmerz, der mir angetan worden.
> (Klagelieder, Jeremias, Kap. 1,12)

Mit diesem Denkmal soll der 350 Oldenburger Juden, die aus der Stadt vertrieben und ermordet worden sind, gedacht werden. Erinnern soll es aber auch an 74 Sinti, die aus Oldenburg in die Vernichtungslager gebracht wurden, und an die Zwangsarbeiter aus Polen, Frankreich und Rußland, die in 30 Lagern in Oldenburg gearbeitet haben und geschunden wurden. Es mahnt zugleich, das Andenken an geistig Behinderte wachzuhalten, die im Rahmen des nationalsozialistischen »Euthanasie«-Programms getötet wurden, und auch der politisch Verfolgten zu gedenken.

Auf private Initiative wurde 1983 am Eingang zum *ehemaligen Landtagsgebäude* von Oldenburg am *Theodor-Tantzen-Platz* (heute: Verwaltungsgebäude der Bezirksregierung) eine *Bronzetafel* zum Gedenken an die von den Nationalsozialisten verfolgten und ermordeten Landtagsabgeordneten angebracht. Der Text der *Gedenktafel*, der vom niedersächsischen Landtagspräsidium in Hannover nach einigen kontroversen Diskussionen 1982 als Kompromiß einstimmig beschlossen wurde, lautet:

> Ehemaliger Oldenburgischer Landtag
>
> Dieses Gebäude wurde 1914 bis 1916 nach den Entwürfen der Architekten Bonatz und Scholer erbaut.
> Von 1916 bis 1918 Sitz des Landtages des Großherzogtums Oldenburg,
> von 1918 bis 1933 Sitz des Landtages des Freistaates Oldenburg.
> Zahlreiche Abgeordnete des 1933 aufgelösten Oldenburgischen Landtages erlitten durch den Nationalsozialismus Verfolgung, Haft und Tod.
> Ihr Schicksal ist Mahnung und Verpflichtung zur Erhaltung eines freiheitlichen und demokratischen Staates.

Der Freistaat Oldenburg hatte als erstes Land bereits im Jahre 1932 eine rein nationalsozialistische Regierung. Zu den Opfern des Nationalsozialismus zählte der sozialdemokratische Abgeordnete Friedrich Frerichs, der im Konzentrationslager Neuengamme ermordet wurde, und der KPD-Abgeordnete Jan Gerdes, der am 3. März 1933 von SA-Leuten niedergeschlagen und mit fünf Schüssen so lebensgefährlich verletzt wurde, daß er zwei Tage später seinen Verletzungen erlag.

Am 24. November 1989 wurde zur Erinnerung an die Oldenburger Sinti, die Opfer der nationalsozialistischen Verfolgung wurden, ein *Gedenkstein* am *Friedhofsweg* aufgestellt. Er trägt folgenden Text:

> Die Bürgerinnen und Bürger der Stadt Oldenburg gedenken der 74 Sinti-Opfer aus der Stadt Oldenburg und Umgebung, die zum größten Teil auf dem Gelände des Ziegelhofes am Friedhofsweg wohnten und zwischen 1938 und 1945 von dort deportiert und im nationalsozialistischen Holocaust in Auschwitz-Birkenau und anderswo ermordet wurden.

Seit 1993 erinnert die *Familie-Mechau-Straße* an eine Oldenburger Sinti-Familie, die 1943 von der Gestapo nach Auschwitz deportiert wurde. Die beiden Kinder der Familie, die fünfjährige Charlotte und der neunjährige Walter, wurden wegen ihrer verschiedenen Augenfarben dem KZ-Arzt Dr. Mengele für medizinische Versuche übergeben und zu Tode gefoltert.

Am *Haupteingang* zur *Universität Oldenburg* in der *Ammerländer Heerstraße* wurde im Jahre 1978 ein *Gedenkstein* für Carl von Ossietzky aufgestellt, der ein überdimensionales Stück Stacheldraht darstellt. Auf dem Sockel werden Worte des Schriftstellers und Publizisten zitiert:

> »Wissenschaft und Technik
> waren nicht in erster Linie da
> zu helfen. Sie schufen
> Werkzeuge der Vernichtung,
> Werkzeuge gräßlichsten Mordes.
> Wir müssen die Wissenschaft
> wieder menschlicher machen.«
>
> Carl von Ossietzky 1889–1938
> Friedensnobelpreisträger
> und Häftling im KZ Esterwegen

Zum Gedenken an den Publizisten und Friedensnobelpreisträger Carl von Ossietzky veranstaltet die Oldenburger Universität seit 1978 regelmäßig »Ossietzky-Tage«. Die Veranstaltung ging aus der Auseinandersetzung um die Benennung der Universität nach Ossietzky hervor. Nach siebzehnjähriger Weigerung früherer Landesregierungen, der Namensgebung zuzustimmen, hat der Landtag mit allen Fraktionen im April 1991 eine Änderung des niedersächsischen Hochschulgesetzes vorgenommen, um damit den Weg zu einer Umbenennung freizumachen. Seit Oktober 1991 heißt die Oldenburger Universität offiziell *»Carl von Ossietzky-Universität«*. (s. auch Gedenkstein in Esterwegen)

Die Oldenburger *Kaserne* in der *Bümmersteder Tredde 34* ist seit dem 20. Juli 1961 nach dem Widerstandskämpfer *Henning von Tresckow* benannt. An den Namensgeber erinnert auch eine *Gedenktafel* in der Kaserne. Sie trägt die Aufschrift:

> Der sittliche Wert
> eines Menschen
> beginnt erst dort,
> wo er bereit ist,
> für seine Überzeugung
> sein Leben hinzugeben.
> Henning von Tresckow
> Generalmajor
> * 10. 1. 1901
> † 21. 7. 1944

Oberst Henning von Tresckow schloß sich dem militärischen Widerstandskreis um Graf Schenk von Stauffenberg an, nachdem ein zusammen mit seinem Adjutanten Fabian von Schlabrendorff organisierter Anschlag auf Hitler am 13. März 1943 fehlgeschlagen war. Als der Anschlag Stauffenbergs am 20. Juli 1944 ebenfalls mißlang und keine Befreiung vom Nationalsozialismus aus eigener Kraft mehr möglich schien, beging er am 21. Juli 1944 bei Bialystok in Weißrußland Selbstmord, um nicht Gefahr zu laufen, von den Nationalsozialisten gefaßt zu werden und unter der Folter vielleicht Namen von Mitwissern preiszugeben.

Auf dem *evangelischen Friedhof* in Oldenburg-*Ohmstede* in der *Butjadinger Straße* liegen über 324 Zwangsarbeiter in einem Massengrab begraben, darunter 111 polnische und sowjetische Kleinkinder. Ein großes Stefanskreuz auf einem *Gedenkstein* mit einer kyrillischen Inschrift erinnert an die Toten. Eine *Steinplatte* trägt die Inschrift:

Hier ruhen 324 ausländische
und deutsche Kriegsopfer

In der Rennplatzstraße in Ohmstede existierte das größte Oldenburger »Zivilarbeiterlager« mit etwa 2000 Personen. Es handelte sich um ein sogenanntes Durchgangslager für »Ostarbeiter« unter Leitung der Deutschen Arbeitsfront (DAF). Von hier aus wurden die sowjetischen und polnischen Zwangsarbeiter an Firmen, Handwerksbetriebe und Bauern vermietet. 1943 brach im Lager eine Epidemie aus, der vor allem Kleinkinder und ältere Menschen zum Opfer fielen.

Auf dem *jüdischen Friedhof* in der *Dedestraße* in Oldenburg-*Osternburg* liegen 54 unbekannte Tote bestattet. Es handelt sich vermutlich um Opfer aus den Osterburger »Zivilarbeiterlagern«, die sich am Sandplatz und am Osterburger Kanal befanden. Überwiegend sowjetische und polnische Frauen mußten in der Glashütte Zwangsarbeit leisten.
Darüber hinaus bestand seit 1940 in der Drielaker Schule, Schulstraße 21, ein »Arbeitserziehungslager«, in das vor allem ausländische Zwangsarbeiter wegen angeblich schlechter Arbeitsdisziplin oder ähnlichen Gründen eingewiesen wurden. Das Lager unterstand der Gestapo. Die Häftlinge dieses Lagers wurden zum Straßenbau eingesetzt, wahrscheinlich bauten sie die Oldenburger Umgehungsstraße. Die Lebensbedingungen in den »Arbeitserziehungslagern« waren oft so schlecht wie in den Konzentrationslagern, so daß viele Menschen an Unterernährung, Kälte, harter Arbeit oder Seuchen gestorben sind.

Quellen/Literatur:
Heuzeroth, Günter (Hrsg.), Unter der Gewaltherrschaft des Nationalsozialismus 1933–1945. Bd. II: Verfolgte aus rassischen Gründen, Oldenburg 1985, Bd. III: Verfolgte aus religiösen Gründen, Oldenburg 1985; Meyer, Enno, Die im Jahre 1933 in der Stadt Oldenburg i.O. ansässigen jüdischen Familien. Herkunft, berufliche Gliederung, späteres Schicksal, in: Oldenburger Studien 70/1971, S. 31–78; Ders., Die Reichskristallnacht in Oldenburg, Oldenburg 1979; Studienkreis Deutscher Widerstand, Niedersachsen II, S. 155–161 (s. Literatur zu Niedersachsen); Vereinigung der Verfolgten des Nazi-Regimes/ Bund der Antifaschisten (VVN/BdA) Oldenburg, Oldenburg 1933–1945. Stätten der nationalsozialistischen Verfolgung, Stätten des antifaschistischen Widerstandes, Stätten der Opfer, Oldenburg 1981 (Bezug: Alfriede Rescheleit, Balthasarweg 60, 26131 Oldenburg); Weinmann, Martin (Hrsg.), Das nationalsozialistische Lagersystem, Frankfurt a.M. 1990, S. 460.

Osnabrück

Vor der *Dominikanerkirche, Bierstraße,* steht die etwa vier Meter hohe *Statue »Der Gefesselte«* von Gerhard Marcks (1964). Auf dem Sockel dieses Mahnmals steht die Inschrift:

Den Opfern
Für Wahrheit und Freiheit

In der Dominikanerkirche ist eine *Gedenktafel* aus Keramik in den Boden eingelassen mit der Aufschrift:

Den Opfern Ehre

In der *Alten-Synagogen-Straße* (früher Rolandstraße) wurden 1980 an dem Gebäude der ehemaligen Bezirksregierung, dem Standort der zerstörten Synagoge, *drei Bronze-Gedenktafeln* zur Erinnerung an die von den Nationalsozialisten verfolgten und ums Leben gebrachten Mitglieder der Jüdischen Gemeinde angebracht. Auf der linken Tafel ist zu lesen:

Zum Gedenken an die sinnlose Zerstörung
am 9. November 1938 des bis
dahin an dieser Straße stehenden
Gotteshauses der Jüdischen Gemeinde
zu Osnabrück

Die rechte Tafel trägt ein Bibelzitat:

Wie heilig ist diese Stätte
Hier ist nichts anderes als ein Gotteshaus
und hier ist die Pforte des Himmels
(1. Moses, Kap. 28)

Die mittlere Tafel zeigt eine Abbildung der Alten Synagoge von Georg Hörnschemeyer und war Teil einer ersten Gedenkstätte von 1949.

Am Seiteneingang der *Neuen Synagoge, In der Barlage,* steht, eingezäunt, ein *Denkmal* aus drei Steinen der Alten Synagoge, das Mitglieder der Jüdischen Gemeinde 1949 zunächst an der Rolandstraße aufgestellt hatten. Auf dem mittleren Stein stehen die Worte:

Gottlose Menschen haben am 9. November 1938
die alte Synagoge zerstört.

Am Haus *Hasestraße 60* ist eine *Gedenktafel* für Heinrich Niedergesäß angebracht, der nach dem erfolglosen Attentat auf Hitler am 20. Juli 1944 im Gefolge der »Gewitteraktion« festgenommen wurde und im KZ Neuengamme ums Leben kam. Auf der Tafel steht zu lesen:

Zum Gedenken an den Parteisekretär der SPD
Heinrich Niedergesäß, getötet im Mai 1945
im Konzentrationslager.
Heinrich Niedergesäß, geb. 1883, gest. 1945,
war Buchdrucker und von 1929–1933
SPD-Parteisekretär sowie Mitglied
des Hannoverschen Provinziallandtages.

Die Einrichtung einer Gedenkstätte im Haus *Schloßstraße 11,* dem Geburtshaus des von den Nationalsozialisten ermordeten jüdischen Malers Felix Nussbaum, der 1904 in Osnabrück geboren wurde, wurde bisher nicht realisiert. Der Erwerb des Hauses ist jedoch nach wie vor satzungsgemäßes Ziel der Felix-Nussbaum-Gesellschaft. Die Stadt Osnabrück plant einen *Anbau am Kulturhistorischen Museum als »Felix-Nussbaum-Haus«* für die Sammlung der Gemälde Nussbaums, die seit den siebziger Jahren im alten Bau des Museums, *Heger-Tor-Wall 28,* präsentiert werden.
Der Maler Felix Nussbaum emigrierte 1933 nach Belgien. Mit dem Einmarsch der deutschen Truppen wurde er 1940 aus Belgien ausgewiesen und nach Südfrankreich in die Internierungslager Gurs und St. Cyprien deportiert. Nussbaum gelang die Flucht zurück nach Belgien, wo er danach illegal bei Freunden in Brüssel lebte. Dort entstanden zahlreiche Ölgemälde, die das Schicksal der Juden zum Thema haben, und Selbstbildnisse, die seine Lage als jüdischer Künstler und als Emigrant darstellen. 1944 wurde er von den Nationalsozialisten verhaftet und nach Osten deportiert. Er starb in Auschwitz.

Am 1. Mai 1983 brachte der DGB eine *Gedenktafel* am ehemaligen Gewerkschaftshaus, *Kollegienwall 14,* an. Das Haus wurde während eines Bombenangriffs zerstört. Die Inschrift lautet:

Im Gedenken an die von den Faschisten
geschundenen Frauen und Männer der
Osnabrücker Gewerkschaften –
Aus der Geschichte lernen –
die Zukunft gestalten!

Am 11. März 1933 besetzte die SS das Gewerkschaftshaus, zerstörte und plünderte die Einrichtung und übernahm das Haus als »SS-Heim«. Danach folgte eine breite Verhaftungswelle, bei der Osnabrücker Sozialdemokraten und Gewerkschafter verhaftet wurden.

Nach *Wilhelm Mentrup,* Sozialdemokrat und Vorsitzender der AOK, *Heinrich Groos,* Leiter des Arbeitsamtes, und *Fritz Szalinski,* Gewerkschaftssekretär, sind *Straßen* benannt. Alle drei wurden nach dem mißglückten Hitler-Attentat vom 20. Juli 1944 festgenommen und über das »Arbeitserziehungslager« Ohrbeck bei Hasbergen (s. dort) im Kreis Osnabrück ins Konzentrationslager Neuengamme eingeliefert. Heinrich Groos und Fritz Szalinski starben in Neuengamme, während Wilhelm Mentrup wahrscheinlich bei der »Cap-Arcona-Katastrophe« (s. Schleswig-Holstein: Neustadt) ums Leben gekommen ist.

Auf dem *Friedhof Eversheide* im Stadtteil Osnabrück-*Eversburg* befindet sich ein *Ehrenfeld* für die im Offiziersgefangenenlager Eversheide ums Leben gekommenen Kriegsgefangenen. Von den 163 hier Bestatteten aus Jugoslawien sind 118 am 6. Dezember 1944 bei einem Bombenangriff auf das Gefangenenlager getötet worden. Daran erinnert ein *Gedenkstein.*
Das Offiziersgefangenenlager Eversheide, Oflag VI C, lag an der Landwehrstraße in Eversburg. In dieses Lager wurden zwischen 1941 und 1945 zwischen 3 000 und 4 900 jugoslawische kriegsgefangene Offiziere eingeliefert. Sie waren in Holzbaracken untergebracht und standen unter scharfer Bewachung. Im Gegensatz zu den kriegsgefangenen Soldaten wurden die Offiziere nicht zur Arbeit eingesetzt. Das Leben im Lager schildert der ehemalige jugoslawische Offizier und spätere niedersächsische Landesrabbiner Zvi Asaria in seinem Buch »Wir sind Zeugen«.

Auf dem *Heger Friedhof, Rheiner Landstraße 168/170,* erinnert eine *Gedenkstätte* an niederländische Kriegsgefangene und Zwangsarbeiter, die in den Osnabrücker Lagern interniert waren.

Quellen/Literatur:
Asaria, Zvi, Wir sind Zeugen, Hannover 1975; Badischer Kunstverein, Karlsruhe, in Zusammenarbeit mit Elefantenpress (Hrsg.), Widerstand statt Anpassung. Deutsche Kunst im Widerstand gegen den Faschismus 1933–1945,

Berlin 1980 (Ausstellungskatalog) (zu Felix Nussbaum); Geschichtsgruppe Arbeit und Leben (Hrsg.), Freiheit – Krise – Diktatur. Zur Zerschlagung der Gewerkschaften in Osnabrück 1933, Osnabrück 1985; Heuzeroth, Günther, Zeugen Jehovas – Widerstand aus dem Glauben gegen den Krieg, in: Unter der Gewaltherrschaft des Nationalsozialismus 1933–1945. Dargestellt an den Ereignissen im Oldenburger Land, Bd. 3, 1991; Kühling, Karl, Die Juden in Osnabrück, Osnabrück 1969; Studienkreis Deutscher Widerstand, Niedersachsen II, S. 164ff. (s. Literatur zu Niedersachsen). Der »Antifaschistische Arbeitskreis« Osnabrück veröffentlichte Beiträge zur Geschichte des Nationalsozialismus in Osnabrück: Leben hinter Stacheldraht. Ein Osnabrücker erlebt das KZ Sachsenhausen, Heft 1; Sonderheft »Reichskristallnacht«, Heft 2; Christen im Widerstand, Heft 4; Osnabrücker Arbeiter im Widerstand, Heft 5; Zwangsarbeit in Osnabrück, Heft 6; Osnabrück 1982ff.

Ostercappeln

In Ostercappeln ist eine *Straße* nach *Pater Franz Riepe* benannt, der aus dem Ortsteil *Schwangstorf* stammte und an den Folgen seiner anderthalbjährigen KZ-Haft starb. Franz Riepe, 1885 geboren, war Ordenspriester bei der Steyler Missionsgesellschaft und übte an der Missionsschule in Bad Driburg eine Lehrtätigkeit aus. Am 20. Februar 1941 wurde er von der Gestapo verhaftet, weil er einen Hirtenbrief verbreitet hatte, in dem die katholischen Bischöfe der Niederlande den Faschismus in Deutschland verurteilten. Ohne Gerichtsverfahren wurde er in das Konzentrationslager Dachau deportiert. Am 13. August 1942 starb er völlig entkräftet durch Hunger und Krankheit. Seine Urne wurde am 11. September 1942 auf dem Klosterfriedhof in Bad Driburg beigesetzt.
In Ostercappeln sind auch *Straßen* nach *Dietrich Bonhoeffer* und *Graf Stauffenberg* benannt.

Literatur:
Studienkreis Deutscher Widerstand, Niedersachsen II, S. 182 (s. Literatur zu Niedersachsen).

Osterholz-Scharmbeck

Am Gebäude in der *Bahnhofstraße 105,* dem ehemaligen Standort der Synagoge, erinnert eine *Gedenktafel* an die Zerstörung des jüdischen Gotteshauses in der Reichspogromnacht im November 1938.

Literatur:
Kück, Sabine u.a., Judenverfolgung in Osterholz-Scharmbeck von 1933–1939. Arbeit 3. Klasse der Berufsbildenden Schule in Osterholz-Scharmbeck im Rahmen des »Schülerwettbewerbs Deutsche Geschichte« 1980/81.

Osterode am Harz

Auf dem *städtischen Friedhof* in der *Schierenberger Straße* liegen Polen, Sowjetbürger und Ungarn beerdigt, die während des Zweiten Weltkrieges in Lagern ums Leben gekommen oder auch noch in den ersten Nachkriegsjahren an den Folgen von Lagerhaft und Zwangsarbeit gestorben sind. Das *Ehrenfeld* ist terrassenförmig angelegt. Auf dem Feld mit polnischen Toten (Sammelgrab und einige Einzelgräber) stehen nebeneinander *drei große Sandsteindenkmäler.* Der mittlere Stein, der von zwei Steinen mit den Namen der Toten eingerahmt wird, trägt die deutschsprachige Inschrift:

> Als Opfer von Krieg und Verfolgung
> ruhen fern ihrer Heimat in dieser
> Grabstätte fünfundsechzig Männer,
> Frauen und Kinder
> 1940 – 1950

Gegenüber, auf dem gleichen Gräberfeld, steht ein *Gedenkstein,* dessen in polnischer Sprache abgefaßte Inschrift bedeutet:

> Die hier ruhenden Menschen mußten ihre
> Freiheit mit dem Leben bezahlen. Sie sind
> zwischen 1939 und 1945 in Konzentrationslagern
> umgekommen. Einige der Häftlingsnummern
> konnten erkannt werden: 12915/13547/
> 33926/49419/102159/105236/107859/113878.
> Mögen sie ruhen in ewigem Frieden

Die genaue Anzahl und die Nationalität aller in Osterode beerdigten ausländischen Zwangsarbeiter und Kriegsgefangenen ist nicht bekannt.

Auf dem *jüdischen Friedhof* in der *Schwiegershäuser Straße,* einem von drei jüdischen Friedhöfen in Osterode, die in der Zeit des Nationalsozialismus verwüstet wurden, befinden sich ein Sammelgrab und einige Einzelgräber, in denen sowjetische Tote bestattet liegen. Für sie wurde ein *Gedenkstein* errichtet.
Neben einigen sogenannten »Zivilarbeiterlagern« und einem Lager für ausländische Zwangsarbeiter existierten in Osterode zwei KZ-Kommandos, die dem Konzentrationslager Mittelbau (auch »Dora-Mittelbau« genannt, bei Nordhausen, Thüringen) unterstellt wurden: Ein Lager, im heutigen Ortsteil Freiheit gelegen, bestand seit Ende September 1944, zunächst als Außenkommando des Konzentrationslagers Buchenwald. Das zweite, seit Ende November 1944 bestehende Lager, im heutigen Ortsteil Petershütte gelegen, war ein Unterkommando des Außenkommandos Niedersachswerfen. Die Häftlinge waren in der Rüstungsproduktion bei der Maschinenfabrik Kurt Heber und bei der Bau-Organisation Todt (»OT«) zum Bau von Stollen für ein

unterirdisches Hydrier-Werk der Firma Esso Fuhlsbüttel in den Kalksteinbergen bei der Petershütte eingesetzt.

Literatur:
Struve, Walter, Aufstieg und Herrschaft des Nationalsozialismus in einer industriellen Kleinstadt, Osterode am Harz 1918–1945, Essen 1992; Weinmann, Martin (Hrsg.), Das nationalsozialistische Lagersystem (CCP), Frankfurt a.M. 1990, S. 566, 568.

Ottersberg

Auf dem *Friedhof* im Ortsteil *Fischerhude* von Ottersberg, Kreis Verden, ist ein *Gedenkstein* für Cato Bontjes van Beek errichtet, die im Alter von 22 Jahren am 5. August 1943 in Berlin-Plötzensee hingerichtet wurde. Die 1920 in Bremen geborene Keramikerin wuchs in Fischerhude auf und lebte später in Berlin, wo sie sich der Widerstandsorganisation um Harro Schulze-Boysen und Arvid Harnack, von der Gestapo »Rote Kapelle« genannt, anschloß. Zusammen mit anderen Mitgliedern hatte sie Zeitschriften und Flugblätter vervielfältigt und verteilt, in denen zum Widerstand gegen das Hitler-Regime aufgerufen wurde. Nach der Aufdeckung der Organisation 1942/43 wurden viele ihrer Mitglieder vom Reichskriegsgericht in Berlin zum Tode verurteilt und in Plötzensee hingerichtet, darunter 19 Frauen. (s. auch Achim sowie Bremen: Straßen/Gebäude Obervieland)

Papenburg

Papenburg war Sitz der zentralen Verwaltung der »Emslandlager« (1933/34: »Staatliche Konzentrationslager Papenburg«). Der Name »Emslandlager« steht für fünfzehn nationalsozialistische Gefangenenlager, die zwischen 1933 und 1938 entlang der Ems zwischen Papenburg im Norden und Lingen im Süden errichtet wurden und wechselnde Funktionen hatten. Es handelt sich um die Lager: I Börgermoor (s. Surwold), II Aschendorfermoor (s. unten), III Brual-Rhede (s. Rhede, Ems), IV Walchum (s. Dörpen), V Neusustrum (s. Lathen), VI Oberlangen (s. Lathen), VII Esterwegen (s. dort), VIII Wesuwe (s. Haren), IX Versen (s. Meppen), X Fullen (s. Meppen), XI Groß-Hesepe (s. Geeste), XII Dalum (s. Geeste), XIII Wietmarschen (s. dort), XIV Bathorn (s. Emlichheim), XV Alexisdorf (s. Emlichheim). Die Geländeflächen, auf denen sich die damaligen Lager erstreckten, werden heute weitgehend landwirtschaftlich oder zu anderen Zwecken genutzt.

Der Landkreis Emsland hat 1990 beschlossen, an den Standorten der ehemaligen Emslandlager *Informationstafeln* aufzustellen, die Texte zur Geschichte des jeweiligen Lagers und zum Schicksal der Häftlinge sowie eine Lagerskizze und eine Übersicht über alle Lager enthalten. Ebenfalls werden auf dem Gedenkfriedhof Esterwegen und den heute als »Kriegsgräberstätten« ausgeschilderten Friedhöfen der Emslandlager Informationen über die Orte mit Hinweisen auf die häufig wenige Kilometer entfernt gelegenen Standorte der Lager gegeben.

Zur Geschichte der Emslandlager

Die Einrichtung von Konzentrationslagern unter Aufsicht der SS – dabei handelte es sich im Emsland um die Lager Börgermoor und Neusustrum von Juni 1933 bis Anfang 1934 und das Lager Esterwegen von 1933 bis 1936 – erfolgte im Rahmen der Terrorwelle nach der »Verordnung zum Schutz von Volk und Staat« (»Reichstagsbrandverordnung«) vom 28. Februar 1933, durch welche neben anderen Grundrechten der Weimarer Verfassung auch die Unverletzlichkeit der persönlichen Freiheit (Art. 114) aufgehoben und damit die juristische Grundlage zur Verfolgung politischer Gegner geschaffen wurde. Die Bezeichnung »Schutzhaft« wurde zum Inbegriff der Bekämpfung mißliebiger Bürger und politischer Gegner im »Dritten Reich«. Tausende von Regimegegnern wurden in »Schutzhaft« genommen, zunächst Kommunisten, Sozialdemokraten und Gewerkschafter, dann auch Angehörige bürgerlicher Parteien wie des Zentrums u.a. Da die Gefängnisse bald mit »Schutzhäftlingen« überfüllt waren, wurden zunächst »wilde« Konzentrationslager eingerichtet und in kürzester Frist einige Lager aufgebaut. Anfang April 1933 ordnete das Preußische Innenministerium unter Hermann Göring für das Emsland den Lageraufbau für 3 000 bis 5 000 Häftlinge vor allem aus dem Ruhrgebiet und dem Rheinland an. Schon kurze Zeit später rechnete man mit etwa 10 000 »Schutzhäftlingen« und sah ihre Beschäftigung in den emsländischen Mooren vor.
Die ersten politischen Gefangenen in den Emslandlagern nannten sich selbst »Moorsoldaten«, da sie grau-grüne Uniformen und Rekrutenkäppchen tragen mußten. Das berühmte »Moorsoldatenlied« mit dem Refrain »Wir sind die Moorsoldaten und ziehen mit dem Spaten ins Moor«, 1933 von »Schutzhäftlingen« des Konzentrationslagers Börgermoor gedichtet und komponiert, wurde weit über die Grenzen des Emslandes bekannt und gilt heute als eine Art »Hymne« der Konzentrationslager-Häftlinge.

Am 1. April 1934 wurden die Lager als Strafgefangenenlager direkt dem preußischen Justiz-, später dem Reichsjustizministerium unterstellt – im damaligen Justizstrafvollzug ein Einzelfall. In dem seit 1934 bestehenden offiziellen KZ-System unterstanden alle Konzentrationslager der SS. Die »Emslandlager« stellen insofern einen Sonderfall dar, weil nur das Lager Esterwegen in das SS-Verwaltungssystem eingegliedert war. Sitz der zentralen Kommandantur war Papenburg (heute Gebäude der Polizeiverwaltung, Gasthauskanal 16). In Papenburg selbst existierte kein Lager. 1934 bestanden die Lager Börgermoor (Lager I), Brual-Rhede (Lager III), Neusustrum (Lager V) und Oberlangen (Lager VI). Weitere Lager kamen hinzu. Im Herbst 1936 wurde auch Esterwegen Justizgefangenenlager, ab Sommer 1937 als Lager VII bezeichnet. Zwar unterstanden die Lager offiziell der Justiz, faktisch aber übten SA-Wachmannschaften die Gewalt aus.

In den Emslandlagern wurden wie in anderen Lagern (z.B. Dachau) politische Häftlinge von den NS-Machthabern bewußt gemeinsam mit anderen, wegen Verstößen gegen das Zivil-, Straf- oder das Wirtschaftsrecht verurteilten Gefangenen inhaftiert. Der Strafvollzug war für alle Gefangenen gleichermaßen inhuman. Die unmenschlichen Haft- und Arbeitsbedingungen und die schlechte Ernährung der Gefangenen unterschieden sich kaum von den Zuständen in Konzentrationslagern der SS. Die Gefangenen wurden mißhandelt und gequält und waren bei der Arbeit entwürdigenden Schikanen ausgesetzt. Das Reichsjustizministerium schritt dagegen nicht wirksam ein und sprach schließlich von der Sonderstellung der Emslandlager.

Juden wurden durch Erlasse des Reichsjustizministeriums von der Inhaftierung in den Emslandlagern ausgeschlossen. Trotzdem gab es auch jüdische Häftlinge in den Lagern; die letzten sollen 1944 in Gefängnisse und Konzentrationslager überstellt worden sein. Im November 1938 wurden 82 Juden im Landkreis Aschendorf-Hümmling festgenommen und in das Lager III (Brual-Rhede) eingeliefert.

Nachdem Ausländer bis zum Kriegsbeginn von den Lagern ausgeschlossen waren, wurden seit 1939 die Lager VI Oberlangen, VIII Wesuwe, IX Versen, X Fullen, XI Groß-Hesepe, XII Dalum, XIII Wietmarschen, XIV Bathorn und XV Alexisdorf als Kriegsgefangenenlager unter Aufsicht der Wehrmacht genutzt, vor allem für sowjetische und französische Kriegsgefangene.

Ab 1940 wurden in die Emslandlager zunehmend auch von Wehrmachtsgerichten Soldaten eingewiesen, die wegen »Wehrkraftzersetzung«, »Rundfunkvergehen«, »Fahnenflucht«, »Meuterei«, »Ungehorsam«, »Feigheit« oder wegen sogenannter »strafbarer Handlungen gegen die Manneszucht« zu hohen Strafen verurteilt worden waren.

Das Moorkultivierungsprogramm wurde mehr und mehr in den Hintergrund gerückt und 1941 offiziell abgebrochen. Statt dessen wurden die Gefangenen zu kriegswichtigen Einsätzen in Industrie und Landwirtschaft abgezogen. Ein Sonderkommando wurde durch die staatliche Bau-Organisation Todt (»OT«) zum Bau von Straßen und Befestigungsanlagen in Frankreich und auf den Kanalinseln eingesetzt (»Kommando West«), ein anderes (»Kommando Nord«) im Polarbereich sowie in Nordnorwegen zu Transportarbeiten für die Wehrmacht herangezogen. Die in den Lagern verbliebenen Gefangenen mußten in Rüstungsbetrieben arbeiten und die kultivierten Flächen bewirtschaften.

Die Gesamtzahl der Gefangenen in den Konzentrations- und Strafgefangenenlagern des Emslandes betrug bis 1945 etwa 70 000. In den Konzentrations- und Strafgefangenenlagern starben insgesamt mindestens 2 387 Menschen. Für die Kriegsgefangenenlager kann der Tod von 4 571 sowjetischen und 902 Kriegsgefangenen anderer Nationen nachgewiesen werden, darunter 872 italienische Militärinternierte. Vermutlich sind jedoch mindestens 15 000, wahrscheinlich sogar bis zu 27 000 sowjetische Kriegsgefangene umgekommen.

Ab März 1945 wurden die Gefangenen einzelner Lager hin- und hergeschoben, um eine Befreiung zu verhindern. Im April 1945 wurden die Häftlinge der Emslandlager von britischen Truppen befreit.

Im September 1955 gründeten 600 ehemalige ausländische und deutsche Häftlinge die »Emsland-Lagergemeinschaft Moorsoldaten«.

Die Gedenkstätten in Papenburg

Über Feldwege erreicht man den *Friedhof Aschendorf/Herbrum* des ehemaligen Lagers II Aschendorfermoor, auch »Herold-Friedhof« genannt, der als »Kriegsgräberstätte« ausgeschildert ist. Am Friedhofseingang ist folgende *Informationstafel* angebracht:

> Hier ruhen 195 unbekannte Tote
> aus den Strafgefangenenlagern Börgermoor, Aschendorfermoor, Brual-Rhede, Walchum, Neusustrum und Esterwegen. Sie wurden in Aschendorfermoor nach einem gescheiterten Evakuierungsmarsch im April 1945 zum größten Teil das Opfer von Massenerschießungen durch den angeblichen »Hauptmann« Herold. Fast ein Viertel kam durch Bombardierungen und Artilleriebeschuß von Seiten der vorrückenden englischen Truppen ums Leben.
> Nähere Auskünfte erteilt die Stadt Papenburg

Ohne weitere Angaben zur Herkunft der hier Begrabenen, ohne Namen und Daten findet sich auf einem *Gedenkstein* der wenig aussagekräftige Text:

Dem Andenken der hier ruhenden Toten

Inmitten eines Rosenrondells steht ein weiterer *Gedenkstein* mit der Inschrift:

Zu Ehren der hier ruhenden Opfer
nationalsozialistischer Gewaltherrschaft

An anderer Stelle steht auf diesem Friedhof ebenfalls ein *Gedenkstein* für luxemburgische Tote mit der gleichen Inschrift wie auf dem Stein auf dem Friedhof Bockhorst/Esterwegen (s. Esterwegen):

Zum Gedenken an die Luxemburger
Die hier litten und starben
Dir sid nët vergiess!
Fédération des victimes du Nazisme
Enrôlées de Force Luxembourg

Das Gelände des Lagers Aschendorfermoor liegt auf dem heutigen Stadtgebiet von Papenburg. Erreichbar ist es über die Bundesstraße 401 rechts ab über die Oldenburger Straße in Richtung Aschendorf/Neulehe. Kommt man von der Bundesstraße 70, so biegt man in Aschendorf in Richtung Werlte ab und sieht dann auf der rechten Straßenseite bei Kilometerstein 5,5 ein neues Trafohäuschen stehen. An dieser Stelle befand sich der Eingang zum Lager. Auf der rechten Seite liegt ein Waldstück, ehemals eine Parkanlage, die den Wachmannschaften zur Erholung diente.
Eine ausführliche *Informationstafel*, die im Rahmen des Beschilderungsprogramms des Landkreises Emsland im Sommer 1992 aufgestellt wurde, trägt den Text:

Emslandlager 1933–1945
Lager II Aschendorfermoor

Während der nationalsozialistischen Herrschaft 1933–45 waren im Emsland 15 Gefangenenlager eingerichtet. In Blickrichtung befand sich von 1935–45 das Lager II Aschendorfermoor. Es wurde zunächst als Justizstrafgefangenenlager geplant und war ab April 1935 für 1 000 Gefangene aufnahmebereit. Die Strafgefangenen kamen aus dem gesamten Reich und waren fast alle aus unterschiedlichen Tatbeständen zu Zuchthausstrafen verurteilt worden. Sie wurden zu Arbeiten im Moor eingesetzt (Entwässerung, Straßen- und Wegebau, Torfabbau), zu deren Durchführung sich die Justizverwaltung verpflichtet hatte, nachdem die Leistungen des Reichsarbeitsdienstes zur Moorkultivierung wenig erfolgreich gewesen waren.

Ab April 1937 erweiterte man das Lager, so daß nun 1 500 Gefangene untergebracht werden konnten. Diese wurden von bis zu 300 Mann bewacht, die aus SA-Mannschaften und Justizbeamten bestanden. Für diese mußten die Häftlinge in der Nähe des Lagers einen »Vergnügungspark« anlegen, von dem noch Reste erhalten sind (s. Kartenausschnitt unten). Das Lager war fast immer vollständig belegt, noch im März 1945 wurden 1 040 Inhaftierte gemeldet. Von Juli 1937 bis Mai 1940 zog man aus den im Emsland bestehenden Lagern alle Gefangenen, die aus politischen Gründen verurteilt worden waren, in Aschendorfermoor zusammen, um sie besonders zu »erziehen«. Davon waren im gesamten Zeitraum etwa 2 200 »politische Gefangene« betroffen.

Die Häftlinge mußten je nach Jahreszeit zwischen 8–10 Stunden täglich im Moor arbeiten. Die Verpflegung war schlecht und im Verhältnis zur harten Arbeit nicht ausreichend bemessen. Der körperliche Zustand verschlechterte sich dadurch zusehends. Über diese allgemeine Tortur hinaus waren die Häftlinge vielfachen körperlichen und seelischen Mißhandlungen durch die Willkür der Wachmannschaften ausgesetzt. Standesamtlich sind 237 Todesfälle beurkundet, die tatsächliche Zahl dürfte aber höher liegen. Im Jahre 1938 machte ein Dienststrafverfahren gegen den Kommandeur der Emslandlager Schäfer diese Zustände öffentlich, er wurde aber nach massiver Einflußnahme der SA auf das Gericht freigesprochen.

In der Endphase des II. Weltkrieges zog man vor den heranrückenden alliierten Truppen etwa 2 500 – 3 000 Gefangene in Aschendorfermoor zusammen, um sie abzutransportieren. In dieser Phase tauchte im April 1945 ein Hauptmann in Fallschirmjägeruniform auf, übernahm das Kommando und ließ mit Unterstützung der örtlichen Parteileitung der NSDAP und der Wachmannschaften Gefangene ermorden. Nach Kriegsende konnten 195 Leichen exhumiert werden. Sie sind auf dem nahegelegenen Friedhof beigesetzt. Der Hauptmann wurde in Aurich festgenommen und entpuppte sich als der 21jährige Gefreite Willi Herold, der die Uniform gefunden hatte. Er wurde am 29. August durch ein britisches Militärgericht zum Tode verurteilt.

Im März 1935 wurde das Lager II für zunächst 1 000 Strafgefangene errichtet. Ab Juli 1937 wurden im Lager Aschendorfermoor alle politischen Häftlinge aus den »Emslandlagern« zusammengelegt, wohl um eine Politisierung der übrigen Häftlinge zu unterbinden. Unter den Gefangenen befanden sich u.a. Willi Perk, Redakteur der KPD-Zeitung »Ruhr-Echo« und Verfasser des Buches »Hölle im Moor« (s. Literatur), sowie der sozialdemokratische Widerstandskämpfer und Maler Ernst Walsken aus Solingen. Ab Mai 1940 wurde das Lager zunehmend mit Militärstrafgefangenen belegt.

Zwischen 1937 und 1945 haben sich durchschnittlich rund 1 000 Häftlinge in Aschendorf befunden. Anfang April 1945 stieg jedoch die Zahl der Gefangenen erheblich an, weil im Zuge der sogenannten Evakuierungen viele Häftlinge aus anderen »Emslandlagern« nach Aschendorf gebracht wurden. Am 3. April 1945 kamen die Inhaftierten der Lager III Brual-Rhede (s. Rhede) und V Neusustrum (s. Lathen) an, am 11. April ein Transport aus dem Lager VII Esterwegen (s. dort). Zu dieser Zeit befanden sich zwischen 3 000 und 4 000 Häftlinge im Lager Aschendorfermoor. Die Überlebenden des Lagers wurden am 22. April 1945 von alliierten Truppen befreit.

Zu den Gedenkstätten der übrigen 14 Emslandlager siehe unter: Dörpen, Emlichheim, Esterwegen, Geeste, Haren/Ems, Lathen, Meppen, Rhede/Ems, Surwold, Wietmarschen.

Dokumentations- und Informationszentrum Emslandlager (DIZ)

1979 gründete sich der »Arbeitskreis Carl von Ossietzky«, der 1980 eine Konzeption für ein Dokumentations- und Informationszentrum vorlegte. Zur Verwirklichung dieses Plans wurde 1981 der Verein *»Aktionskomitee für ein Dokumentations- und Informationszentrum Emslandlager e. V.«*, kurz *»DIZ Emslandlager«*, gegründet. Am 8. Mai 1985 konnte das provisorische Zentrum in einem alten Papenburger Haus eröffnet werden. Im Herbst 1991 wurde das alte Haus abgerissen und an gleicher Stelle mit dem Neubau eines DIZ begonnen, der aus Mitteln des Landkreises Emsland, des Landes Niedersachsen und der Stadt Papenburg finanziert wurde. Am 16. September 1993 wurde der *Neubau des Dokumentations- und Informationszentrums Emslandlager* mit einer völlig neu konzipierten Ausstellung unter dem Thema »Lagerleben« feierlich eröffnet.
Der Vorsitzende des »Aktionskomitees Emslandlager e.V.«, Professor Dr. Werner Boldt von der Universität Oldenburg, charakterisierte die Gedenkstätte folgendermaßen: »Das DIZ Emslandlager weist mit der Vielzahl und Verschiedenartigkeit der Lager seine Besonderheit auf. Die Gedenkstätte ... steht nicht am Ort des Geschehens. Papenburg war Sitz der zentralen Verwaltung, hatte aber keine Lager. Die Arbeit läßt sich somit nicht auf ein Lager oder Stammlager konzentrieren, auf dessen Gelände man sich befindet, dessen Überreste vor Augen sind. Der genius loci macht nicht betroffen, stimuliert nicht das Interesse. Will man alle Stätten der ehemaligen Lager besuchen, benötigt man einen ganzen Tag, zu aufwendig für normalen Schulunterricht oder ein Wochenendseminar. Die Lager lassen sich nicht auf einen Nenner bringen. Die Unterschiede zwischen den ersten Konzentrationslagern und den Kriegsgefangenenlagern, zwischen den Strafgefangenenlagern der Vorkriegszeit und den Außenlagern vom KZ Neuengamme dürfen nicht verwischt werden, soll nicht alle Erkenntnis in einer diffusen Vorstellung von Terror verschwimmen. Dies alles sind Erschwernisse für die Bildungsarbeit zu den Emslandlagern, in denen aber auch Chancen zu differenzierter und vertiefter Erkenntnis über das Terrorsystem des Nationalsozialismus liegen.«
Dem Trägerverein des DIZ gehören rund 330 Mitglieder an, darunter viele ehemalige Häftlinge der Emslandlager und sieben emsländische und ostfriesische Kommunen. Die Arbeit des Vereins und des DIZ wird überwiegend durch Spenden, Mitgliedsbeiträge und Honorare für geleistete Bildungsarbeit finanziert, ergänzt durch Zuschüsse des Landkreises Emsland und der Stadt Papenburg. Die Arbeit des neuen DIZ wird von einem wissenschaftlichen Beirat begleitet.
Eine Handbibliothek zum Nationalsozialismus enthält etwa 900 Bände. Zusätzlich existiert ein Dokumenten- und Fotoarchiv mit rund 400 historischen Aufnahmen der Emslandlager. Das DIZ bietet ein Besucherprogramm mit Ausstellungsbesuch, Videofilm und einer Fahrt zu den ehemaligen Lagerorten Börgermoor und Esterwegen an. Daneben gestaltet es Tagesseminare zur Lagergeschichte und stellt Referenten für Weiterbildungsmaßnahmen. Ein Schwerpunkt der Tätigkeit liegt in den Kontakten zu ehemaligen Häftlingen. Neben Einzelpublikationen erscheinen seit 1987 zweimal jährlich die »DIZ-Nachrichten«, in denen schwerpunktmäßig über eigene Aktivitäten berichtet wird. Seit 1989 gibt das DIZ auch eine eigene Schriftenreihe heraus.

Anschrift/Kontakte:
Dokumentations- und Informationszentrum Emslandlager e.V. (DIZ), Wiek re. 22, Postfach 1132, 26851 Papenburg; Tel.: 04961/4971. Leiter: Kurt Buck, Träger: Aktionskomitee für ein Dokumentations- und Informationszentrum Emslandlager e. V., Vors.: Prof. Dr. Werner Boldt.

Öffnungszeiten:
Di–Fr u. So 10–17 Uhr, Mo u. Sa geschlossen, außerdem 23. Dezember–1. Januar geschlossen. Nach Absprache sind auch andere Termine möglich. Für Gruppen empfiehlt sich eine Anmeldung.

Publikationsorgane: DIZ-Nachrichten und DIZ-Schriften.

Emslandlager-Gemeinschaft Förderverein e.V., 1. Vors.: Georg Gumper, Postfach 1220, 26852 Papenburg.

Film:
Spurensuche im Aschendorfermoor – Der Park von Lager II, VHS-Video, 33 Min. Ausleihbar im DIZ (Anschrift s. oben).

Quellen/Literatur:
Aktionskomitee für ein Dokumentations- und Informationszentrum Emslandlager e.V. (Hrsg.), Das Dokumentations- und Informationszentrum Emslandlager, Papenburg, August 1993; Ausländer, Fietje (Hrsg.), Verräter oder Vorbilder? Deserteure und ungehorsame Soldaten im Nationalsozialismus, Bremen 1990 (DIZ-Schriften Nr. 2); Dokumentations- und Informationszentrum Emslandlager e.V. (Hrsg.), Die Emslandlager in Vergangenheit und Gegenwart. Ergebnisse und Materialien des Internationalen Symposiums (10.–12. Mai 1985), Papenburg 1986; Ders. (Hrsg.), Das Dokumentations- und Informationszentrum Emslandlager (DIZ). Informationen, Hinweise und Pädagogische Anregungen für einen Besuch vor Ort, Texte und Zusammenstellung: Kurt Buck, 2. Aufl. Papenburg 1991; Ders., zusammen mit dem Marstall Clemenswerth (Hrsg.), Die Zerstörung von Recht und Menschlichkeit in den Konzentrations- und Strafgefangenenlagern des Emslandes 1933–1945. Materialien für den Geschichtsunterricht (Schülerheft) (eine didaktische Begleitung der Dokumentation Erich Kosthorst/Bernd Walter, Konzentrations- und Strafgefangenenlager im Dritten Reich. Beispiel Emsland, bearb. v. Walter Czeranka, Bernd Kruse u.a.), Sögel 1987 (ein Lehrerband ist ebenfalls beim DIZ erhältlich); Brückner, Bruno, Die Ausstellung im neuen Dokumentationszentrum, in: Gedenkstätten-Rundbrief, Hrsg. Stiftung Topographie des Terrors, Nr. 58, Dezember 1993, S. 3–7; Fahle, Günter, Verweigern, Weglaufen, Zersetzen. Deutsche Militärjustiz und ungehorsame Soldaten 1939–1945. Das Beispiel Ems-Jade, Bremen 1990 (DIZ-Schriften Nr. 3); Frese, Hans, Bremsklötze am Siegeswagen der Nation. Erinnerungen eines Deserteurs an Militärgefängnisse, Zuchthäuser und Moorlager in den Jahren 1941–1945, Bremen 1989 (DIZ-Schriften Nr. 1); Hentschke, Heinz, Moor und Heide ringsumher. Erinnerungen, Berlin 1990; Heuzeroth, G./Petrich, J., Widerstand und Verfolgung der regionalen Arbeiterbewegung in Dokumenten, Lebensberichten und Analysen, 1989 (Reihe: Unter der Gewaltherrschaft des Nationalsozialismus, dargestellt an den Ereignissen in Weser-Ems, Bd. 1); Henze, Wilhelm, »Hochverräter raus!« Geschichten, Gedichte und Zeichnungen eines Moorsoldaten, hrsg. von Habbo Knoch, Bremen 1992 (DIZ-Schriften Nr. 5); Kosthorst, Erich/Walter, Bernd, Konzentrations- und Strafgefangenenlager im Dritten Reich – Beispiel Emsland. Dokumentation und Analyse zum Verhältnis von NS-Regime und Justiz. Zusatzteil: Kriegsgefangenenlager, 3 Bände, Düsseldorf 1983; Knoch, Habbo, Spurensuche in Aschendorfermoor, in: DIZ-Nachrichten, Nr. 10, Papenburg 1989, S. 41/2; Langhoff, Wolfgang, Die Moorsoldaten – Ein Erlebnisbericht, Stuttgart [2]1976; Pantcheff, T. X. H., Der Henker vom Emsland. Willi Herold, 19 Jahre alt. Ein deutsches Lehrstück, Köln 1987; Perk, Willi, Hölle im Moor – Zur Geschichte der Emslandlager 1933–1945, Frankfurt a.M. [2]1979; Studienkreis Deutscher Widerstand: Niedersachsen II, S. 121–126 (s. Literatur zu Niedersachsen); Simon, D., Das Kriegsende in Aschendorf, Herbrum, Tunxdorf und Nenndorf, Hrsg.: Heimat- u. Bürgerverein Aschendorf/Ems, Neuauflage mit Ergänzungsheft, Aschendorf 1987; Suhr, Elke, Die Emslandlager 1933–1945. Die politische und wirtschaftliche Bedeutung der emsländischen Konzentrations- und Strafgefangenenlager, Bremen 1985; Dies./Boldt, Werner, Lager im Emsland 1933–1945 – Geschichte und Gedenken, Oldenburg 1985 (Schriftenreihe der Kooperationsstelle Gewerkschaften – Hochschulen Oldenburg, Heft 6); Volksbund Deutsche Kriegsgräberfürsorge e.V., Landesverband Niedersachsen, Auf der Suche nach den Moorsoldaten – Tätige Friedenserziehung. Pädagogische Handreichung für die Sekundarstufe I und II aller Schulformen, Hannover 1991; Walsken, Ernst, Warten auf Freiheit. Zeichnungen und Aquarelle eines Moorsoldaten 1935–1939, Wuppertal 1984; Weißmann, Hannelore, Auf der Suche nach den Moorsoldaten. Emslandlager 1933–1945, 3., überarb. u. erw. Aufl. Papenburg 1991 (enthält Angaben zu allen Emslandlagern und Friedhöfen sowie deren Standortbeschreibung).

Gedenkstein Synagoge Papenburg

Am 15. November 1979 wurde vor der *Kreissparkasse Papenburg*, nahe dem ehemaligen Standort der 1938 zerstörten Synagoge, ein *Gedenkstein* aufgestellt.

Peine

Am *Herzberg* in der *Kastanienallee* wurde 1951 auf Initiative der Peiner Kreisvereinigung der Vereinigung der Verfolgten des Naziregimes (VVN) ein *Gedenkstein* errichtet, der unter einem eingemeißelten Winkel, dem Häftlingskennzeichen in den nationalsozialistischen Konzentrationslagern, folgende Inschrift trägt:

Zum Tode
geführt
und siehe
sie leben

Er soll an Peiner Widerstandskämpfer vor allem aus dem Bereich der kommunistischen und der sozialdemokratischen Partei sowie der Gewerkschaften erinnern, gegen die sich nach der Machtübernahme der Nationalsozialisten der Terror von SA und SS richtete. Viele wurden in schnell eingerichteten »wilden« Konzentrationslagern in »Schutzhaft« genommen und mißhandelt. Einige kamen im Frühjahr 1933 in das Konzentrationslager Moringen (s. dort). Im Dezember 1933 fand der sogenannte »Peiner Kommunistenprozeß« gegen über 30 Angeklagte statt, im Jahr darauf ein Prozeß gegen Männer und Frauen, die sich mit den Verurteilten solidarisiert, zur Unterstützung der Familien und zum Widerstand gegen das Terrorsystem aufgerufen hatten. Viele der Regimegegner wurden nach Gefängnis- und Zuchthausstrafen in Konzentrationslager verschleppt, wo ein Teil von ihnen ums Leben kam.

Nach Kriegsende wurde in der *Bodenstedtstraße/ Goethestraße,* heute *Hans-Marburger-Straße,* ein *Stein* zum Gedenken an die ehemalige Synagoge aufgestellt. Der Text lautet:

Hier stand die Synagoge
die am 11. 11. 1938
von unberufenen Händen zerstört wurde.

Ende der siebziger Jahre wurden im Eingangsbereich zu dieser Gedenkanlage links und rechts *zwei Tafeln* angebracht mit den Inschriften:

Hans Marburger
geboren am 28. 5. 1921,
umgekommen am 10. 11. 1938,
Kristallnacht

1907 – 1938 Synagoge
Zerstörung durch Brandstiftung
am 10. 11. 1938
Kristallnacht

Der 17jährige Hans Marburger, nach dem auch am 10. November 1980 die Straße benannt wurde, hatte sich in der von den Nationalsozialisten als »Reichskristallnacht« bezeichneten Pogromnacht vom 9./10. November 1938 gegen Nationalsozialisten zur Wehr gesetzt, als diese die Wohnung der Familie Marburger verwüsteten. Daraufhin wurde er gezwungen, einen Teppich in der Synagoge anzuzünden. Er selbst wurde bewußtlos geschlagen und kam in den Flammen um.

Auf dem *jüdischen Friedhof* in Peine-*Telgte* trägt ein *Mahnmal* folgende Inschrift:

Zum ewigen Gedenken
Blicket her und sehet, ob ein Schmerz ist
wie mein Schmerz, der mir angetan worden ist
Klagelieder I,12

Den Märtyrern der Jahre 1933–1945 zum ewigen Gedenken
Zur Erinnerung an alle Mitglieder der Synagogen-Gemeinde in Peine, die auf diesem Friedhof seit mehreren hundert Jahren ihre Ruhe gefunden haben.
Eine Mahnung aller an eine Zeit, in der die Liebe
und die Achtung vor den Menschen gestorben waren.
Allen unvergeßlichen fern der Heimat umgekommenen
Opfern zum ewigen Gedenken.

Auf den Friedhöfen in Peine liegen über 100 sowjetische und polnische Zwangsarbeiter bestattet. In Peine existierten bei mehreren Betrieben »Zivilarbeiterlager« für ausländische Zwangsarbeiter und ein »Lager für weibliche Ostarbeiter« mit einer »Entbindungsanstalt« für etwa 600 Zwangsarbeiterinnen, über deren Schicksal nichts Genaueres bekannt ist.

Quellen/Literatur:
Dokumentationsstätte zu Kriegsgeschehen und über Friedensarbeit Sievershausen (Hrsg.), Schicksale Peiner Juden während der Nazidiktatur, Lehrte 1988 (Bezug: s. Antikriegshaus Lehrte-Sievershausen); Vereinigung der Verfolgten des Naziregimes – Bund der Antifaschisten (VVN-BdA), Kreisvereinigung Peine (Hrsg.), Peine unter der NS-Gewaltherrschaft. Zeugnisse des Widerstandes und der Verfolgung im Dritten Reich. Demokratischer Wiederaufbau 1945/46, 2. erg. Auflage, Peine 1978.

Polle

Auf dem *jüdischen Friedhof Am Burgberg* steht ein *Grabstein,* der an die verfolgten und ermordeten Juden aus Polle erinnert.

Quakenbrück

Am ehemaligen Standort der Synagoge, *Kreuzstraße/Friedrich-Ebert-Straße,* steht seit November 1983 ein *Gedenkstein* zur Erinnerung an die verschleppten und ermordeten Quakenbrücker Juden. Auch der *»Synagogenplatz«* erinnert noch an das 1897 erbaute Gotteshaus der Jüdischen Kultusgemeinde. Es wurde in der sogenannten »Reichskristallnacht« vom 9. zum 10. November 1938 niedergebrannt und am nächsten Tag dem Erdboden gleichgemacht.

Rhede, Ems

In Rhede befand sich das Lager III *Brual-Rhede,* das zum Komplex der fünfzehn »Emslandlager« gehörte, die zwischen 1933 und 1938 entlang der Ems zwischen Papenburg im Norden und Lingen im Süden errichtet wurden und wechselnde Funktionen hatten. Der Sitz der zentralen Verwaltung der »Emslandlager« war in Papenburg (Näheres s. dort).
Um zu dem Lagergelände zu gelangen, fährt man von Aschendorf über die B 70 in Richtung Groningen (NL) und Rhede. Am Ortsausgang von Rhede folgt man dem Hinweisschild »Rhederfeld

6 km« nach rechts. Kurz bevor diese Straße nach etwa 4,5 km eine scharfe Rechtskurve macht, biegt man an einer Bushaltestelle nach rechts in eine kleine Straße ab. Beiderseits dieser Straße erstreckte sich das Lagergelände. Auf der linken Seite liegt das Hofgut Nr. 26. Dort befanden sich früher die Baracken der Wachmannschaften, auf der gegenüberliegenden Seite die der Lagerhäftlinge. Bis heute findet sich dort kein Zeichen der Erinnerung an das ehemalige Strafgefangenenlager.
Das Lager III wurde im Herbst 1933 als Strafgefangenenlager errichtet und im April 1934 direkt der Justizverwaltung unterstellt. Die zehn Baracken waren mit rund 1 000 Häftlingen belegt. Ab 1939 wurden in Rhede auch verstärkt Militärgefangene interniert. Etwa 700 Häftlinge arbeiteten ab 1944 im nahe gelegenen Betrieb für Flugzeugteile der Firma Klatte aus Bremen. Anfang April 1945 wurde das Lager geräumt und die verbliebenen Strafgefangenen ins Lager Aschendorfermoor (s. Papenburg) gebracht.

Quellen/Literatur:
Henze, Wilhelm, »Hochverräter raus!« Geschichten, Gedichte und Zeichnungen eines Moorsoldaten, hrsg. von Habbo Knoch, Bremen 1992 (Schriftenreihe des Dokumentations- und Informationszentums DIZ Emslandlager, Nr. 5) (enthält u.a. eine von Habbo Knoch verfaßte Geschichte des Lagers); Studienkreis Deutscher Widerstand: Niedersachsen II, S. 140 (s. Literatur zu Niedersachsen).

(s. auch Papenburg)

Rieseberg

siehe Braunschweig und Königslutter

Rinteln

Im *ehemaligen Kreishaus* in der *Klosterstraße* erinnert eine *Gedenktafel* an Opfer des Nationalsozialismus aus dem Kreis Rinteln. Sie trägt folgende Inschrift:

> Im Kampf für die unveräusserlichen Menschenrechte gaben aus unserem Kreise in den Jahren
> der nationalsozialistischen Gewaltherrschaft
> 1933 – 1945
> 62 Männer, Frauen und Kinder
> aus politischen, rassischen und religiösen Gründen
> ihr Leben.
> Gedenket unserer Not
> Bedenket unseren Tod
> Dem Menschen sei Bruder
> der Mensch

Am 11. und 12. April 1933 trafen die ersten politischen Häftlinge aus den Polizeigefängnissen in Rinteln und Hannover ein, die von dort aus in das Konzentrationslager Moringen gebracht wurden.

An der *Ecke Breite Straße/Bahnhofstraße,* dem heutigen *Andeplatz,* steht ein *Denkmal* mit der Inschrift:

> Friedrich-Wilhelm Ande
> * 29. 9. 1885 † 5. 4. 1945
> Er starb in Rinteln

Der Studiendirektor des Hildburg-Lyzeums in Rinteln Friedrich-Wilhelm Ande hatte in den letzten Kriegstagen mit den auf der Südseite des Weser-Übergangs stehenden amerikanischen Truppen verhandelt, um die Stadt vor der Zerstörung zu retten. Er wurde von SS-Leuten gefangengenommen und sollte nach Hannover gebracht werden. Einige Tage später wurde er ermordet aufgefunden. Er liegt in Rinteln beerdigt.

Rotenburg, Wümme

Nach jahrelangen intensiven Auseinandersetzungen wurde am 9. November des Jahres 1989 seitlich des Rathauses, am Beginn der *Fußgängerzone Große Straße,* ein *Mahnmal* für die Rotenburger Opfer des Nationalsozialismus aufgestellt. Die von dem Rotenburger Arzt und Bildhauer Matthias Bantz gestaltete *Bronzeplastik* stellt einen von Händen umschlossenen stilisierten Menschenkopf dar, der von Schmerz und Verzweiflung gezeichnet ist. »Ich wollte das Ausgeliefertsein des einzelnen, den lautlosen Schrei nach Hilfe ausdrücken«, so der Künstler bei der Enthüllung seiner Plastik. Die folgende Inschrift auf der Tafel zitiert eine alte jüdische Weisheit:

> Das Vergessenwollen verlängert das Exil und
> das Geheimnis der Erlösung heißt Erinnerung
> Den Rotenburger Opfern der national-
> sozialistischen Gewaltherrschaft

Ein *Mahnmal* für die Opfer der »Euthanasie«-Verbrechen wurde 1987 auf dem *Friedhof* der *»Rotenburger Anstalten«, Lindenstraße 4,* eingeweiht. Der Bildhauer Siegfried Zimmermann hat dem Stein eine Kreuzform gegeben und als Motiv eine Pieta gewählt. Darunter sind die Worte in Stein gehauen:

> Wir gedenken
> der Opfer der
> Unmenschlichkeit
> Herr, erbarme dich

Die »Rotenburger Anstalten«, eine Pflegeeinrichtung für geistig Behinderte, beteiligten sich im Rahmen der »T 4 – Aktion« (benannt nach der zuständigen Stelle in der Berliner Tiergartenstraße 4) an der »Verlegung« ihrer Schützlinge in Anstalten, in denen massenhaft Behinderte und psychisch Kranke auf grausame Weise durch Gas, Spritze oder Entzug der Nahrung ermordet wurden. Aus den »Rotenburger Anstalten« wurden in der Zeit vom 30. Juli bis zum 12. Oktober 1941 676 Kinder und Erwachsene in andere Anstalten abtransportiert. Auf diesem Wege wurden über 400 kranke und pflegebedürftige Menschen im Rahmen der »Euthanasiemaßnahmen« umgebracht.

Auf Antrag des Stadtratsmitgliedes Michael Quelle vom 12. Januar 1990 hat die Stadt beschlossen, auf dem *städtischen* wie auf dem *jüdischen Friedhof Hinweistafeln* aufzustellen. Auf dem *städtischen Friedhof* in der *Soltauer Straße* findet sich bisher eine *Informationstafel* mit dem Text:

> Auf diesem Friedhof ruhen mehr als 300 Tote verschiedener Nationalität. Sie sind Opfer des Nationalsozialismus und des 2. Weltkrieges. Den größten Teil bilden damalige Insassen von Konzentrationslagern. Sie erlebten ihre Befreiung in Sandbostel. Von dort brachte sie die britische Armee in das Krankenhaus Rotenburg-Unterstedt. Hier verstarben sie und wurden in der Nähe der Krankenanstalt beigesetzt. Ein Findling mit folgender Inschrift wurde auf dem Friedhof aufgestellt: »Dem Gedächtnis von 376 Toten vieler Nationen. Gestorben 1945. Gott wird abwischen alle Tränen von ihren Augen, Off. 7, 17«.

Im Zentrum des Gräberfeldes liegt eine Bodenplatte mit der Inschrift:

> Den Opfern
> der national-
> sozialistischen
> Gewaltherrschaft

Im hinteren rechten Teil des Friedhofs steht der *Findling,* der an die 376 Toten verschiedener Nationen erinnert. Bei den Toten handelt es sich überwiegend um Opfer von Lagerhaft und Zwangsarbeit aus dem Kriegsgefangenenlager Sandbostel, das in den letzten Wochen vor Kriegsende Auffanglager für viele KZ-Häftlinge aus Außenkommandos des Konzentrationslagers Neuengamme wurde (s. Sandbostel). Der Stein stand ursprünglich auf dem Gräberfeld genau neben dem Militärhospital Rotenburg-Unterstedt. Die Gräber wurden exhumiert und die Gebeine von über 300 Toten auf das Gräberfeld an der Soltauer Straße umgebettet. Die anderen Gebeine, vorrangig von Franzosen, wurden in ihre Heimatländer überführt. Auf dem Gräberfeld finden sich ebenfalls noch Grabstellen von 54 Kriegsgefangenen, darunter 40 aus der Sowjetunion, deren Namen nicht bekannt sind. Sie wurden 1947 von der britischen Armee aus umliegenden Übergangsfriedhöfen und Grabstätten hierher umgebettet. 1966 kamen weitere von dem Friedhof an der Lindenstraße dazu.

Die *Hinweistafel* auf dem *jüdischen Friedhof* im Imkersfeld hat den Wortlaut:

> Dieser Friedhof ist ein Zeugnis jüdischer Kultur in Rotenburg. Für mehrere Generationen war er Begräbnisstätte für Deutsche jüdischen Glaubens.
> Im 2. Weltkrieg wurde der Friedhof als Begräbnisstätte für sowjetische Kriegsgefangene benutzt. Sie sollten nicht auf dem christlichen Friedhof begraben werden. Der jüdische Friedhof wurde durch diese Grablegung zerstört. Nach dem Ende der nationalsozialistischen Herrschaft wurden die jüdischen Grabsteine wieder aufgerichtet und ein Gedenkstein für die hier beerdigten sowjetischen Kriegsgefangenen aufgestellt.
> Heute wird der Friedhof nicht mehr benutzt, weil als Ergebnis der unmenschlichen nationalsozialistischen Politik keine jüdischen Mitbürger mehr in Rotenburg leben.

Ein *Gedenkstein* für die sowjetischen Bürger trägt die Inschrift:

> Hier ruhen 41 russische Soldaten
> aus den Kriegsjahren 1941–1945

Die meisten von ihnen starben, wie die Todesdaten auf den Grabsteinen zeigen, zwischen Ende 1941 und Ende 1942. Vermutlich handelt es sich um Kriegsgefangene aus dem Lager Kalandshof, die beim Ausbau des Kalandshofs und des Ausweichkrankenhauses Rotenburg-Unterstedt eingesetzt wurden.

Kontakt:
Stadtarchiv Rotenburg, Große Straße 1, 27356 Rotenburg/W. – Michael Quelle, Mühlenstraße 11, 27356 Rotenburg/W. Michael Quelle arbeitet an einer größeren Dokumentation über die Geschichte der Rotenburger Anstalten von 1933 bis 1945 mit.

Quellen/Literatur:
Quelle, Michael, Die Rotenburger Anstalten in den Jahren 1933 bis 1945, Schriftliche Hausarbeit für das Lehramt an öffentlichen Schulen, Bremen 1986; Süße, Thorsten/Meyer, Heinrich, Die Konfrontation niedersächsischer Heil- und Pflegeanstalten mit den »Euthanasiemaßnahmen« des Nationalsozialismus. Schicksal der Patienten und Verhalten der Therapeuten und zuständigen Verwaltungsbeamten, Diss. Medizin. Hochschule Hannover 1985.

Rühen

An der *Bundesstraße 244,* etwa ein Kilometer nördlich von Rühen, Kreis Gifhorn, befindet sich eine *»Kriegsgräberstätte«* mit einem *Denkmal.* Hier liegen 76 Tote, hauptsächlich sowjetische Kriegsgefangene, die wahrscheinlich in einem Zwangsarbeiterlager gestorben sind.

Auf den vier Seitenflächen eines hohen *Steinquaders* auf dem *Friedhof Rühen* ist der Gebetstext des »Vater unser« eingraviert. Nichts deutet darauf hin, daß unter den Grabhügeln zahlreiche, wahrscheinlich einige hundert polnische und sowjetische Kinder, Opfer des Rassismus, beerdigt sind; es gibt keine Grabtafeln.
In Rühen gab es seit April 1943 ein »Kinder-« bzw. »Pflegeheim« für Säuglinge und Kleinkinder von ausländischen Zwangsarbeiterinnen, die in der Industrie im nahe gelegenen Wolfsburg (s. dort) und in landwirtschaftlichen Betrieben eingesetzt waren. Wegen der mangelhaften hygienischen Verhältnisse und der schlechten Versorgung sollen die meisten Kinder gestorben sein. (s. auch Velpke und Wolfsburg)

Salzgitter

Die Friedhöfe

Zwei Ehrenfriedhöfe mit 4220 Opfern erinnern an den NS-Terror in Salzgitter:

Auf dem *Friedhof Westerholz* in Salzgitter-*Hallendorf* liegen 857 Opfer des Nationalsozialismus aus 12 Nationen bestattet. Die Inschrift auf einem *Gedenkstein* lautet:

Auf diesem Friedhof ruhen
857 Opfer des Krieges und
der Gewaltherrschaft
1939 - 1945

Im November 1945 haben ehemalige ukrainische Zwangsarbeiter auf diesem Friedhof einen *Gedenkstein* errichtet, dessen dreisprachige Inschrift in deutscher Übersetzung lautet:

Hier ruhen unter 806 Hügeln
einige Hundert namenlose
Märtyrer verschiedener Völker.
Möge nach dem Tod Euch die
unfreundliche fremde Erde gut sein!
Ewiges Andenken und Ehre!
Friedhof der Ukrainer am
1. November 1945

Im November 1983 wurde in einer offiziellen Feierstunde anläßlich des Volkstrauertages eine *Gedenkplatte* in den Rasen des *Ehrenfriedhofs* eingelassen, deren Inschrift auf das Straf- und Todeslager 21 in Salzgitter hinweist. Mit dem Wortlaut der Inschrift folgte die Stadt einem Vorschlag des »Arbeitskreises Stadtgeschichte e. V.«:

Auf diesem Friedhof liegen 857 Opfer des nationalsozialistischen Herrschaftssystems begraben:
Arbeiter, Kriegsgefangene, Zwangsarbeiter.
Sie waren Häftlinge des Straf- und Todeslagers 21,
das den Nationalsozialisten dazu diente, die Arbeitsdisziplin der in der Rüstungsproduktion arbeitenden Frauen und Männer aufrechtzuerhalten und jeglichen Widerstand zu brechen.
Viele Opfer waren dazu gezwungen, für eine
Rüstung zu arbeiten, die sich gegen ihre
Heimatländer und gegen ihre eigenen Angehörigen
richtete. Der deutschen Arbeiterschaft wurden
mit dem Lager 21 die Gefahren einer Auflehnung
und von Widerstandshandlungen vor Augen geführt.
Auf diesem Friedhof werden die Folgen einer Politik sichtbar, die die Rechte der arbeitenden
Menschen und den Frieden unter den Völkern
mit Füßen tritt.

Auf dem *Friedhof Jammertal* in Salzgitter-*Lebenstedt* liegen 2970 Opfer aus 15 Nationen bestattet. Im September 1946 wurde dort ein *Mahnmal* eingeweiht. Der fünf Meter hohe *Obelisk* trägt Inschriften in vier Sprachen. Die englische Inschrift lautet:

This monument has been erected by care of
Polish, Jugoslawian and Russian liaison
officers attaches H. Q. 5the British
infantery division B.A.Q.R.

[Dieses Denkmal wurde unter der Obhut der örtlichen
verbündeten polnischen, jugoslawischen und
russischen Offiziere, attachiert beim Hauptquartier der
5. britischen Infanterie B.A.Q.R, errichtet.]

Die deutsche Inschrift lautet:

Zum Andenken Tausender Bürger
der alliierten Nationen –
Opfer des Naziterrors 1939–1945

Außerdem gibt es ein *sowjetisches,* ein *polnisches* und ein *jüdisches Mahnmal.* Ein für französische Staatsangehörige Ende der vierziger Jahre errichtetes *Kreuz* trägt auf dem Sockel die Inschrift:

Den aus politischen Gründen deportierten
Franzosen, die in den Neuengammer Kommandos
der Nazilager Watenstedt-Drütte der
Hermann-Göring-Werke umkamen.

1977 wurden *fünf Granitstelen* als Mahnmal errichtet mit dem Text:

> Auf diesem Friedhof ruhen
> 2 970 Opfer des Krieges und
> der Gewaltherrschaft
> 1939 – 1945

Die Ehrenfriedhöfe Jammertal und Westerholz wurden mit Unterstützung des Volksbundes Deutsche Kriegsgräberfürsorge gestaltet, der dazu in den Jahren 1971 bis 1975, 1977 und 1983 internationale Jugendlager in Salzgitter veranstaltete.

Die Lager in Salzgitter

Die Entstehung der Stadt Salzgitter ist wie die der Stadt Wolfsburg eng mit der nationalsozialistischen Wirtschafts- und Kriegspolitik verknüpft. Das 1942 aus 28 Gemeinden zur kreisfreien Stadt Watenstedt-Salzgitter zusammengeschlossene Gebiet sollte zu einer Vorzeigestadt mit allen Elementen nationalsozialistischer Gigantomanie ausgebaut werden. Nach dem von Hitler 1936 aufgestellten »Vierjahresplan« sollten die deutsche Armee und die deutsche Wirtschaft innerhalb von vier Jahren einsatz- bzw. kriegsfähig sein. In Zusammenhang mit diesem Plan wurde 1937 die als »Reichswerke Hermann Göring« bezeichnete »AG für Erzbergbau und Eisenhütten Hermann Göring« gegründet, die sich zu einem der größten Rüstungsunternehmen des »Dritten Reiches« entwickelte. Im heutigen Salzgitter-Gebiet wurde die Eisen- und Stahlindustrie angesiedelt.
Der Sitz der Hauptverwaltung wurde 1941 von Berlin nach Salzgitter verlegt. Von 1939 bis 1945 kamen mehr als 100 000 Menschen als Arbeitskräfte nach Salzgitter: Deutsche, Zwangsarbeiter aus fast allen Ländern Europas und aus den besetzten Ostgebieten, Strafgefangene und politische Häftlinge. Sie wurden in über 100 verschiedenen Lagern unter menschenunwürdigen Bedingungen untergebracht. Zwei dieser Lager waren besonders berüchtigt:
Das im Text der Gedenkplatte auf dem Friedhof Westerholz genannte »Sonderlager 21« (die Numerierung der Lager entsprach der Reihenfolge ihres Aufbaus) unterstand der Gestapo Braunschweig und sollte jegliche Opposition unterdrücken. 1941 erhielt es die Bezeichnung »Arbeitserziehungslager«, um – wie in einer Verfügung überliefert – »Arbeitsverweigerern und anderen Elementen ein abschreckendes Beispiel zu bieten«. 1942 wurde das Männerlager durch ein Frauenlager erweitert. Das Lager, in dem »Bummelanten« mißhandelt und gequält, erhängt und erschossen wurden, forderte über 1 000 Todesopfer.
Für das im Oktober 1940 eingerichtete »Lager 24« in der Nähe von Salzgitter-Reppner ist die Bezeichnung »Todeslager« überliefert. Zunächst Kriegsgefangenenlager, später dem Arbeitsamt Hannover unterstehendes Arbeitslager, in dem bis zu 4 000 sowjetische Zwangsarbeiter untergebracht waren, wurde es von 1943 an »Abschiebelager« für Kranke, von denen viele mangels Ernährung und ärztlicher Versorgung starben.
Daneben existierten zahlreiche Lager für Zwangsarbeiter und Kriegsgefangene und zwei Wehrmachtsstrafgefangenenlager mit meist ähnlich schlechten Bedingungen. Unter den Zwangsarbeitern, von denen viele aus Polen, der Sowjetunion, Frankreich, Italien und den Niederlanden kamen, waren auch etwa 4 000 Sinti und Roma.

Ab Herbst 1942 wurden in Salzgitter drei Außenkommandos des Konzentrationslagers Neuengamme eingerichtet: in *Drütte, Salzgitter-Bad* und *Watenstedt/Leinde.*

Das *Kommando Drütte,* eines der ersten und größten Außenlager von Neuengamme, zeitweise mit über 3 000 Männern belegt, wurde im Herbst 1942 unter der Hochstraße im Hüttenbereich untergebracht. Heute wird das Gelände von der Preußag Stahl AG genutzt. 1985 wurde auf Initiative des Betriebsrates eine *Gedenktafel* mit folgendem Text angebracht:

> Aus Anlaß der 40. Wiederkehr des Tages
> der Befreiung in Salzgitter gedenken wir
> an dieser Stelle der Ermordeten und Überlebenden des KZ-Außenlagers Neuengamme.
> Salzgitter, 11. 4. 1985. Die Bürger.

Die Häftlinge, größtenteils Sowjetbürger, Polen, Franzosen, Belgier und Niederländer, auch einige deutsche Juden und Sinti, wurden vorwiegend zur Produktion von Flakgranaten gezwungen. Mangelhafte Ernährung und Unterkunft bei körperlicher Schwerstarbeit, Krankheiten, Mißhandlungen, Erschießungen und Erhängungen führten zu Hunderten von Todesopfern. Nur ein Teil von ihnen wurde in Salzgitter begraben. Die arbeitsunfähigen Häftlinge wurden nach Neuengamme und von dort in die Vernichtungslager im Osten abtransportiert. Nach Augenzeugenberichten wurden viele Tote ins Krematorium Braunschweig gebracht. Vom 7. auf den 8. April 1945 wurden etwa 2 900 Häftlinge vor den herannahenden alliierten Truppen in Richtung Bergen-Belsen und Neuengamme »evakuiert«. Auf dem »Evakuierungstransport« nach Bergen-Belsen kamen über 300 Häftlinge ums Leben, als ihr Zug auf dem Bahnhof Celle bei der Bombardierung eines Panzerzugs der Wehrmacht, eines Munitions- und eines Lazarettzugs durch amerikanische Tiefflieger getroffen wurde (s. Celle).

Das *Kommando Salzgitter-Bad* wurde im September 1944 eingerichtet. Die Häftlinge, etwa 500 Frauen, wurden in der Munitions- und Granatenfertigung eingesetzt.

Die Errichtung des *Außenkommandos Watenstedt/Leinde* zwischen den Ortschaften Barum und Immendorf begann im Januar 1944. Es bestand genau 317 Tage, vom 27. Mai 1944 bis zum 8. April 1945. Zeitweise war das Lager mit 2 800 bis 3 000 Männern und Frauen belegt, die in der Munitionsfertigung arbeiten mußten.
Im Jahre 1991 errichtete die Stadt Salzgitter an der *Bundesstraße 248,* am Rande des ehemaligen Lagerareals Watenstedt/Leinde, ein *Mahnmal* für das KZ-Außenlager und entsprach damit dem langjährigen Drängen vor allem der französischen Überlebenden. Das Mahnmal besteht aus einer 2,5 Meter hohen *Stele* aus geschmiedetem Stahl. Die Inschrift in fünf Sprachen trägt folgenden Wortlaut:

27. 5. 1944 – 8. 4. 1945
Konzentrationslager Watenstedt/Leinde
Das Geheimnis der Erlösung heißt Erinnerung

Daneben befinden sich mehrere, in eine Mauer eingelassene *Tafeln,* die eine Orientierungsskizze und folgenden Text in deutscher, französischer, englischer, polnischer, russischer und hebräischer Sprache wiedergeben:

An diesem Ort lag das Konzentrationslager
Watenstedt/Leinde.
Hier waren bis zu 3 500 Frauen und Männer
aus 20 Nationen, die aus dem
Lager Neuengamme kamen.
Sie wurden verfolgt, weil sie sich in ihren
Heimatländern gegen die nationalsozialistische
Herrschaft aufgelehnt hatten, oder wegen ihrer Rasse,
ihrer Religion oder ihrer politischen Überzeugung.
Sie wurden gezwungen, in den Stahlwerken
Braunschweig unter unmenschlichen Bedingungen
zu arbeiten.
Sie kämpften um ihr Leben und ihre Menschenwürde.
Viele von ihnen starben.
Ein Teil der Opfer ruht
auf dem Friedhof Jammertal (Lebenstedt).
Vergessen wir niemals.

Die Toten der Lager der »Hermann-Göring-Werke« wurden zunächst auf dem *Friedhof Westerholz* und ab 1943 auf dem *Friedhof Jammertal* begraben, einige hundert auf Gemeindefriedhöfen des Stadtgebietes, von wo sie in den 50er Jahren auf die Friedhöfe Jammertal und Westerholz umgebettet wurden. Die genaue Zahl der Todesopfer läßt sich heute nicht mehr ermitteln. 4 220 Tote aus 21 Ländern, einschließlich der in ihre Heimatländer überführten Toten, hat allein das Friedhofsamt Salzgitter registriert.

Gedenk- und Dokumentationsstätte Salzgitter-Drütte

Der »Arbeitskreis Stadtgeschichte e.V.«, der 1983 in Salzgitter gegründet wurde, und das 1985 gegründete »Komitee Dokumentationsstätte Drütte«, in dem der Arbeitskreis, Vertreter von Parteien, Gewerkschaften, Kirchengemeinden und verschiedene Verbände zusammengeschlossen sind, haben sich für die Einrichtung einer *Gedenk- und Dokumentationsstätte in den Unterkünften des ehemaligen KZ-Außenkommandos Drütte* unter der Hochstraße auf dem Werksgelände der Preußag AG eingesetzt. Das Vorhaben wurde vom Betriebsrat der Stahlwerke Peine-Salzgitter AG unterstützt. Der Vorstand der Stahlwerke hatte sich zwar ebenfalls für die Einrichtung einer zentralen Gedenk- und Dokumentationsstätte ausgesprochen und seine Bereitschaft zu einer Beteiligung an den Aufwendungen für eine Gedenkstätte erklärt, diese jedoch zunächst u.a. aus sicherheitstechnischen Gründen im Werksbereich abgelehnt.
Eine im Jahre 1988 von der Stadt beauftragte Gutachterkommission kam zu dem Ergebnis, daß das Originalgelände des KZ Drütte aus Gründen der Authentizität und des Erhaltungszustandes der ideale Platz für eine Gedenkstätte sei. Solange dort eine Realisierung nicht möglich sei, sollte nach dem Vorschlag der Kommission, um mit der Gedenkstättenarbeit in absehbarer Zeit beginnen zu können, ein anderes ehemaliges Lager, vorzugsweise das »Lager 21« in der Nähe des Friedhofs Westerholz, freigelegt werden, in der vorläufig die Ausstellung und die pädagogischen Dienste untergebracht werden könnten. Die Einbeziehung des ehemaligen Außenkommandos Drütte, dessen Zugänglichkeit vom Vorstand der Stahlwerke zugesichert wurde, sollte durch Exkursionen dorthin Bestandteil des Konzepts bleiben. Außerdem wurde die Beschilderung mit Erläuterungen aller wichtigen im Stadtgebiet gelegenen Überreste aus der NS-Zeit (»Todeslager« 24 in Reppner, Lager Leinde, ehemalige Synagoge in Salzgitter-Bad und andere Stätten der Verfolgung) vorgeschlagen.
Der Deutsche Bundestag und das Europäische Parlament unterstützten das Anliegen einer Gedenkstätte.

Salzgitter:
Ehemaliger Häftlingsblock des KZ-Außenlagers Drütte unter der Hochstraße. In einem der Räume wurde im April 1994 eine Gedenk- und Dokumentationsstätte eröffnet, in der am authentischen Ort die Zusammenarbeit von Wirtschaft und NS-Staat verdeutlicht wird.

Im Januar 1992 – wenige Wochen vor dem 50. Stadtjubiläum und einem internationalen Treffen von 165 ehemaligen KZ-Häftlingen – wurde zwischen dem Betriebsrat und dem Vorstand der Stahlwerke eine Vereinbarung über die Einrichtung eines *Gedenkraums im ehemaligen KZ Drütte* erreicht. Entsprechend dieser Vereinbarung stellen die Stahlwerke einen etwa 200 qm großen Raum aus dem historischen Gebäudebestand des Lagers zur Verfügung. Raum und Infrastruktur werden vom Unternehmen unterhalten, die Ausgestaltung und Pflege der Inneneinrichtung des Gedenkraumes übernimmt der Arbeitskreis Stadtgeschichte. Besucher können in Begleitung durch Vertreter des Arbeitskreises den Gedenkraum und den ehemaligen Appellplatz des Lagers aufsuchen. Im April 1994 wurde der erste Teil der *Ausstellung,* die nicht nur an das Leiden der Häftlinge des KZ-Außenlagers Drütte, sondern zugleich an die Entstehungsgeschichte der ehemaligen »Hermann-Göring-Werke« und der »Stadt der Hermann-Göring-Werke« (jetzt Salzgitter) erinnert, eröffnet. Die zweite Hälfte des Ausstellungskonzepts soll 1995 verwirklicht werden.

Kontakte:
Arbeitskreis Stadtgeschichte e.V., Verein zur Erforschung und Vermittlung von Geschichte und Gegenwart, Wehrstraße 27 (Alte Feuerwache), 38226 Salzgitter, Tel.: 0 53 41/4 45 81: Der Arbeitskreis bietet Stadtrundfahrten an und veranstaltet Seminare, Vortragsreihen und Ausstellungen zur NS-Geschichte. Er hat eine als *Wanderausstellung* konzipierte Ausstellung über das KZ-Außenkommando Salzgitter-Drütte erarbeitet, die ausgeliehen werden kann. 1992 wurde ein Projekt zur Sicherung von lebensgeschichtlichen Erinnerungen ehemaliger Häftlinge abgeschlossen. Ein Archiv und eine Bibliothek für die Gedenkstättenarbeit befinden sich im Aufbau. Besuche des Gedenkraums und des Appellplatzes des KZ Drütte können mit dem Vereinsbüro vereinbart werden.
Die Stadt veranstaltet Führungen von Besuchergruppen über die Friedhöfe Westerholz und Jammertal. Voranmeldung: Stadt Salzgitter, Garten- und Friedhofsamt, Rathaus, Postfach 10 06 80, 38206 Salzgitter, Tel.: 0 53 41/83 90.
Im Stadtarchiv ist eine Monographie über alle Lager der NS-Zeit in Arbeit. Auskunft: Stadtarchiv Salzgitter, Postfach 10 06 80, 38206 Salzgitter.

Quellen/Literatur:
Arbeitskreis Stadtgeschichte (Hrsg.), Bilder, die nicht vergessen lassen. Fünf italienische Künstler in deutschen KZs, Hannover 1987; Ders., Konzeption für eine Gedenk- und Dokumentationsstätte im ehemaligen KZ Drütte, Salzgitter 1989; Lehr, A. u. a., 50 Jahre Arbeitskraft für den Salzgitter-Konzern, Salzgitter 1987; Meyer, August, Das Syndikat. Reichswerke Hermann Göring, Braunschweig 1986; Volkshochschule Salzgitter/Bildungsvereinigung Arbeit & Leben/Arbeitskreis Stadtgeschichte, Vom Antisemitismus zur Reichspogromnacht, zwei Vorträge, Salzgitter 1989; Wirtschaft und Nationalsozialismus. Dokumentation über eine Tagung des Arbeitskreises Stadtgeschichte, in: Stadt Salzgitter (Hrsg.), Salzgitter-Forum, Nr. 15, Salzgitter 1988; Wysocki, Gerd, Zwangsarbeit im Stahlkonzern. Salzgitter und die »Reichswerke Hermann Göring« 1937–1945, Braunschweig 1982; Ders., Häftlinge in der Kriegsproduktion des »Dritten Reiches«. Das KZ Drütte bei den Hermann-Göring-Werken in Watenstedt-Salzgitter Oktober 1942 bis April 1945, Salzgitter 1986 (geringfügig veränderter Sonderdruck aus: Dachauer Hefte 2: Sklavenarbeit im KZ, Dachau 1986); Ders., Arbeit für den Krieg. Herrschaftsmechanismen in der Rüstungsindustrie des »Dritten Reiches«. Arbeitseinsatz, Sozialpolitik und staatspolizeiliche Repression bei den Reichswerken »Hermann Göring« im Salzgitter-Gebiet 1937/38 bis 1945, Braunschweig 1992.

Sandbostel

In Sandbostel, das zur heutigen Samtgemeinde Selsingen im Kreis Rotenburg/Wümme gehört, wurde Anfang der achtziger Jahre auf dem Gelände des ehemaligen Kriegsgefangenenlagers Sandbostel südlich von Bremervörde, heute *Gewerbegebiet »Immenhain«,* ein *Gedenkstein* mit folgender Inschrift errichtet:

Hier befand sich während des Zweiten Weltkrieges
das Kriegsgefangenenlager Sandbostel
Zum Gedenken der Verstorbenen ist die
Kriegsgräberstätte Sandbostel errichtet

Bis zum heutigen Tage sind die Konturen des Kriegsgefangenenlagers anhand der erhaltenen Baracken zu erkennen: Im Eingangsbereich des Gewerbegebietes stehen die restaurierten ehemaligen Kommandanturgebäude und Werkstätten, etwas zurückliegend befindet sich die frühere »Entwesungsanstalt«. Auf der linken Seite der einstigen Lagerstraße lassen sich noch zahlreiche Wohnbaracken der Gefangenen auffinden. Das frühere Küchengebäude, auf dessen Vorplatz die Nationalsozialisten im April 1945 ein Massaker mit etwa 300 Toten anrichteten, wird von einem Reiter- und Ferienhof genutzt. Im Jahre 1992 wurde der *Verein »Dokumentations- und Gedenkstätte Sandbostel«* gegründet, der sich zur Aufgabe gestellt hat, eine Ausstellung auf dem Gelände des ehemaligen Lagers zu erarbeiten. Auf Betreiben des Gedenkstättenvereins wurden einzelne Gebäude und das erhaltene Ensemble des Lagers unter Denkmalschutz gestellt. Der Verein gibt in unregelmäßigen Abständen einen »Arbeitsbericht« heraus, der über seine Aktivitäten informiert.

Die *»Kriegsgräberstätte Sandbostel«,* in deren Eingangstor die Angabe »Sandbostel – 1939–1945« eingemeißelt ist, befindet sich etwa 1,5 Kilometer Luftlinie entfernt von den Resten des ehemaligen Kriegsgefangenenlagers am Rande des Dorfes Sandbostel. Hier sind nach amtlichen Schätzungen mindestens 9 000 bis 10 000 Menschen bestattet. Nach einem Lageplan in deutscher, englischer und französischer Sprache am Eingang zu der »Kriegsgräberstätte« sind auf dem linken Friedhofsteil 91 überwiegend jugoslawische Kriegsgefangene in Einzelgräbern sowie 6 000 bis 7 000 sowjetische Kriegsgefangene in Sammelgräbern beerdigt und auf dem rechten Friedhofsteil 33 überwiegend polnische Kriegsgefangene in Einzelgräbern (wobei der Lageplan von »Militärpersonen« statt von Kriegsgefangenen spricht). Auf dem rechten vorderen Friedhofsteil waren nach dem Lageplan ursprünglich 2 782 »Opfer nationalsozialistischer Gewaltmaßnahmen« (KZ-Häftlinge) beerdigt gewesen, von denen 385 in die Heimat überführt wurden. 45 unbekannte Tote sind in einem Grab beerdigt.

In einem bepflanzten Rondell wurden im Jahre 1956 *drei Monolithe* aufgestellt mit den Worten:

Euer Opfer
Unsere Verpflichtung
Frieden

Die Monolithe wurden im Zuge einer Umgestaltung des Friedhofs errichtet. Die zuvor auf mehreren verstreut liegenden Friedhöfen bzw. in Massengräbern am Rande und außerhalb des ehemaligen Lagers beerdigten Toten wurden auf Veranlassung des Niedersächsischen Ministers des Innern ab 1954 auf den »Ausländerfriedhof Sandbostel I« – die heutige »Kriegsgräberstätte« – umgebettet. Die Monolithe

Sandbostel: Eingangsbereich des ehemaligen Kriegsgefangenenlagers »Stalag X B Sandbostel« und späteren Auffanglagers für KZ-Häftlinge mit Hauptlagerstraße, heute Gewerbegebiet.

Drei Monolithe auf dem Friedhof (»Kriegsgräberstätte«) Sandbostel, errichtet im Jahre 1956. Auf dem Friedhof sind nahezu 10 000 Tote bestattet, Kriegsgefangene und Zwangsarbeiter, vorwiegend aus der Sowjetunion, und kurz vor Kriegsende im Lager Sandbostel umgekommene KZ-Häftlinge.

ersetzten ein 1945 oder 1946 von der sowjetischen Militäradministration errichtetes und bei der Umgestaltung 1956 auf Veranlassung des Landkreises Bremervörde und des niedersächsischen Innenministeriums gesprengtes *sowjetisches Mahnmal,* dessen auch in englischer Sprache verfaßte Inschrift besagte, daß hier »46 000 in der Nazi-Gefangenschaft zu Tode gequälte russische Soldaten und Offiziere« bestattet seien. Die in dieser Inschrift genannte Zahl »46 000« ist bis heute umstritten.

Ein *polnisches Mahnmal,* das überlebende Häftlinge zur Erinnerung an ihre toten Kameraden errichtet hatten, wurde 1963 abgerissen und bisher nicht erneuert.

Vor dem *Gräberfeld,* in dem KZ-Opfer bestattet sind, befindet sich eine *Gedenkplatte* mit folgendem Text:

Den hier ruhenden Opfern der
nationalsozialistischen Gewaltherrschaft
aus dem Konzentrationslager Neuengamme
zur Ehre. Den Lebenden zur Mahnung
April/Mai 1945

Das Kriegsgefangenenlager Sandbostel wurde 1939 in der Nähe eines Lagers des Reichsarbeitsdienstes (RAD) eingerichtet. Die ersten Kriegsgefangenen waren Polen; im Laufe des Krieges kamen Gefangene aus der Sowjetunion, Italien, Frankreich, Jugoslawien, Belgien und Großbritannien hinzu. Das »Stalag (Stammlager) X B Sandbostel« war für viele der Gefangenen Durchgangslager. Die meisten der insgesamt zwei Millionen Menschen, die das Lager durchliefen, leisteten Zwangsarbeit in der norddeutschen Landwirtschaft oder in Betrieben – auch

Friedhof Sandbostel: Individuelles Gedenken auf einigen um den Fuß eines Kreuzes aufgestellten Tafeln mit Namen von Opfern des Kriegsgefangenen- und KZ-Auffanglagers Sandbostel.

Rüstungsbetrieben –, in deren Nähe die Arbeitskommandos auch untergebracht wurden. 1941/42 fielen sehr viele Gefangene einer Flecktyphusepidemie zum Opfer; viele starben an Hunger und Auszehrung. Kurz vor Kriegsende, im April 1945, wurde Sandbostel Auffanglager für 8 000 bis 10 000 Häftlinge aus dem Konzentrationslager Neuengamme und seinen Außenkommandos, die nach Sandbostel »evakuiert« und in einem Teil des Kriegsgefangenenlagers untergebracht wurden. In den letzten Wochen vor Kriegsende sind in Sandbostel Tausende von KZ-Häftlingen an Hunger und Typhus gestorben. Am 29. April 1945 wurde das Lager von britischen Truppen befreit.
Bis 1948 diente das Lager der Internierung von höheren Partei- und SS-Führern, bis 1960 war es »Jugendlager«, in dem elternlose jugendliche DDR-Flüchtlinge untergebracht waren.

Kontakt/Information:
Dokumentations- und Gedenkstätte Sandbostel e.V., Postfach 15 16, 27432 Bremervörde; Dr. Dietmar Kohlrausch, Hoftohorn 20, 27404 Zeven, Tel.: 0 42 81/60 29.

Quellen/Literatur:
Borgsen, Werner, Sandbostel – oder von den Schwierigkeiten des Gedenkens in der Provinz, in: Mitten in die Wirren: Zwei Reisen in die DDR/BRD – Antifaschismus-Geschichten, hrsg. v. Institut für Schule u. Weiterbildung Soest 1992, S. 163–165; Ders./Volland, Klaus, Stalag X B Sandbostel. Zur Geschichte eines Kriegsgefangenen- und KZ-Auffanglagers in Norddeutschland 1939–1945, 2. Aufl., Bremen 1992; Dokumentations- und Gedenkstätte Sandbostel e.V. (Hrsg.), Das Kriegsgefangenenlager Sandbostel. Eine Wanderausstellung des Trägervereins Dokumentations- und Gedenkstätte Sandbostel – Begleitbroschüre, Bremervörde 1994; Schminck-Gustavus, Christoph, Die schönsten Jahre. Chronik einer Liebe 1943–1945, Bonn 1991 (Montage der Erzählungen eines italienischen Ehepaars über Sandbostel und der historischen Dokumente).

Sande, Kreis Friesland

Im Gemeinschaftsraum des Unternehmens *Norddeutsche Eisenbau* wurde 1982 die Reproduktion eines *Ölgemäldes von Wilhelm Krökel* aufgehängt. Wilhelm Krökel, der von 1936 bis zu seiner Verhaftung 1944 der Belegschaft angehört hatte, war am 18. Februar 1945 im Konzentrationslager Neuengamme ermordet worden. Das seit 1946 im Gemeinschaftsraum plazierte Originalgemälde war 1981 entfernt worden (s. zu W. Krökel unter Wilhelmshaven).

Schandelah siehe Cremlingen

Scheppau

siehe Cremlingen und Königslutter

Schneverdingen

Auf dem *Gemeindefriedhof* Schneverdingen, Kreis Soltau-Fallingbostel, *Am Kirchhof,* sind 62 KZ-Opfer bestattet, die bei einem »Evakuierungstransport« aus dem Konzentrationslager Neuengamme ums Leben gekommen sind. Ein *Gedenkkreuz* trägt die Inschrift:

> 1945
> Herr, erbarme Dich
> 62 unbekannte KZ-Tote

Auch auf dem *Friedhof* in Schneverdingen-*Wintermoor* erinnert ein *Findling* an KZ-Opfer:

> Hier ruhen
> 156 unbekannte Opfer
> des Dritten Reiches

Die Bahnstrecke Buchholz/Nordheide-Soltau diente bei Kriegsende als Verbindungsstrecke zwischen den Konzentrationslagern Neuengamme und Bergen-Belsen. Im April 1945 wurde das Bahnhofsgelände in Wintermoor von alliierten Truppen bombardiert und dabei auch ein Zug mit den KZ-Häftlingen getroffen. Am 8. April 1945 lief in Wintermoor ein Zug mit 4 000 Häftlingen aus Nordhausen ein, darunter etwa 1 000 Lazarettinsassen aus dem Außenkommando Harzungen. Während der tagelangen Fahrt ohne Wasser und Verpflegung starben die kranken Häftlinge massenweise. Ihre Leichen wurden in zwei Waggons geworfen und in einer flachen Grube neben dem sogenannten Ententeich verscharrt. Zwei entflohene Häftlinge wurden von SS-Wachposten am Bahndamm erschossen. Die Schneverdinger Toten wurden in einem Massengrab gegenüber dem Bahnhof zwischen den Gleisanlagen und dem Heidkampsweg verbuddelt. Nach dem Einmarsch der Engländer mußten die Männer aus Schneverdingen-Wintermoor die Leichen der KZ-Häftlinge wieder ausgraben und auf die örtlichen Friedhöfe umbetten. Von 26 Häftlingen, die in Wintermoor beigesetzt sind, konnte die Identität ermittelt werden.
Weitere Erinnerungszeichen für Tote aus KZ-Zügen finden sich in Handeloh und Soltau (s. jeweils dort).

Kontakt:
Adolf Staack, Kapellenweg 16 a, 29640 Schneverdingen.

Literatur:
Wulf, Sigrun (Hrsg.), Nur Gott der Herr kennt ihre Namen. KZ-Züge auf der Heidebahn. Augenzeugen-Berichte, Protokolle, Beobachtungen, Erlebnisse, Soltau 1991.

Schöningen

In Schöningen, südlich von Helmstedt, befindet sich eine *Gedenkstätte* für Opfer des Nationalsozialismus. Die Inschrift lautet:

Friede den Opfern
Trost den Trauernden
Mahnung den Lebenden

Auf dem *Gemeindefriedhof* in der *Müller-Mühlenbein-Straße* liegt auch der *neue jüdische Friedhof.* (Der alte jüdische Friedhof wurde während der NS-Zeit verwüstet und 1940 eingeebnet.) Hier stellte die Stadt 1952 einen *Gedenkstein* für 26 von den Nationalsozialisten ermordete jüdische Bürger auf. Neben mehreren hebräisch verfaßten Inschriften führt der Gedenkstein die Namen der Opfer auf, darunter die von Kurt Heinemann und seiner in einem Konzentrationslager umgekommenen Söhne Günther und Wolfgang. Am Fuß dieses Gedenksteins ist die *Urne von Kurt Heinemann,* einem der elf Opfer des sogenannten »Rieseberg-Verbrechens«, eingelassen. Sie war 1953 auf Wunsch seiner Frau von Königslutter-Rieseberg auf den Schöninger Friedhof überführt worden. Kurt Heinemann wurde sowohl wegen seiner jüdischen Abstammung als auch wegen seiner politischen Tätigkeit als Kommunist verfolgt. Er war Anfang 1933 ins Braunschweiger AOK-Gebäude gebracht worden, das den Nationalsozialisten als Folterstätte und Gefängnis diente. Zusammen mit zehn anderen Häftlingen wurde er am 4. Juli 1933 in Rieseberg ermordet. (s. Braunschweig und Königslutter)

Auf dem *Gemeindefriedhof* liegen in einem Sammelgrab 23 ausländische Tote beerdigt. Auf *zwei Grabsteinen* stehen die Inschriften:

Ruhestätte von zehn russischen
Staatsangehörigen 1945

Ruhestätte für einen polnischen
und zwölf russische Staatsangehörige
1971 vom Friedhof Alversdorf umgebettet

Über das Schicksal dieser Menschen ist nur so viel bekannt, daß die von Alversdorf hierher umgebetteten Toten Zwangsarbeiter waren, die in den Braunschweiger Kohlebergwerken eingesetzt waren.

Auf dem *Friedhof* im Ortsteil *Esbeck* sind vier polnische Opfer des Nationalsozialismus bestattet.

Bei der *Esbecker Kirche* befindet sich ein *Gedenkstein* mit der Inschrift:

Den Toten zur Ehre
Den Lebenden zur Mahnung
1933 - 1945

Literatur:
Rose, Karl, Geschichte der Schöninger Juden, Schöningen 1966.

Schwanewede

Bei Schwanewede, Kreis Osterholz-Scharmbeck, auf heutigem *Bundeswehrgelände* zwischen Bremen-Rekum und Schwanewede, befindet sich neben einem Panzerverladegleis in versteckter Lage eine *Friedhofsanlage (Waldfriedhof Farger Heide).* Auf einem Hinweisschild heißt es: »Friedhofsanlage für Übungen gesperrt«. Ein *Gedenkstein* trägt den folgenden Text:

Den hier	zum Gedenken
ruhenden	Den
Toten des	Lebenden
Krieges	zur
1939–1945	Mahnung

An den Fuß des Steins wurde von einer unbekannten sowjetischen Familie eine Gedenkplatte gelegt, deren russische Inschrift ins Deutsche übersetzt besagt: »Ruhe sanft, Liebste«. Bei den hier bestatteten Toten handelt es sich um KZ-Opfer und um Opfer von Zwangsarbeiterlagern. Viele der etwa 100 Grabsteine tragen Namen von kaum zwanzigjährigen Männern und Frauen aus der Sowjetunion; einige der Toten stammen aus Polen, Jugoslawien, den Niederlanden, Belgien und anderen Ländern. Sie waren beim Bau eines unterirdischen Öltanklagers in der Rekumer Heide sowie beim Bau von U-Boot-Bunkern in Bremen eingesetzt (s. Bremen-Gröpelingen: U-Boot-Bunker »Hornisse«, Bremen-Rekum/Farge: U-Boot-Bunker »Valentin«). Viele von ihnen starben noch nach Kriegsende an den Folgen von Zwangsarbeit und Haft im ehemaligen Hospital Neuenkirchen, das nach der Befreiung in einem ehemaligen Lager eingerichtet wurde. Heute steht die »Lützow-Kaserne« auf dem früheren Lager- und Hospitalstandort.
Es wird vermutet, daß weitere Tote der ehemaligen Lager in diesem Gebiet in nicht mehr auffindbaren Massengräbern in der Rekumer/Farger Heide ruhen. Viele der beim Bau der Öltanklager und der U-Boot-Bunker eingesetzten Zwangsarbeiter und KZ-Häftlinge wurden in Bremen auf dem Friedhof Osterholz bestattet (s. Bremen).

Eine *Informationstafel* auf dem *Waldfriedhof Farger Heide* zu den hier beerdigten KZ-Häftlingen und Zwangsarbeitern trägt den Text:

Auf diesem Friedhof, der ursprünglich eine Begräbnisstätte für Bürger aus dem Raum Schwanewede war, ruhen auch Opfer der nationalsozialistischen Gewaltherrschaft aus Belgien, Deutschland, den Niederlanden, Jugoslawien, Polen, der Sowjetunion, Spanien und Ungarn.
In den Jahren 1943 bis 1945 waren sie als KZ-Häftlinge und Zwangsarbeiter gezwungen, unter unmenschlichen Lebens- und Arbeitsbedingungen beim Bau des U-Boot-Bunkers in Farge, von Ölbunkern und sonstigen unterirdischen Versorgungseinrichtungen in der Neuenkirchener und Schwaneweder Heide Fronarbeit zu leisten.
Obwohl sie gegen Kriegsende im April 1945 durch britische Truppen aus den Händen ihrer Unterdrücker befreit wurden, kam für sie jede Hilfe zu spät.
Sie starben an den Folgen ihrer Gefangenschaft und fanden hier ihre letzte Ruhestätte.
Der Standortälteste Schwanewede

Eine *weitere Hinweistafel* ließ die Bundeswehr auf dem *Truppenübungsplatz* zwischen Neuenkirchen und Schwanewede aufstellen. Hier steht folgendes zu lesen:

Dieser ehemalige Bunker der »Wirtschaftlichen Forschungsgesellschaft mbH (Wifo)« wurde während der nationalsozialistischen Gewaltherrschaft im Sommer 1943 Teil der sogenannten Außenstelle Farge des KZ Neuengamme.
Der Bunker diente innerhalb des Lagers zur Unterbringung von KZ-Häftlingen, vor allem aus Deutschland, Frankreich, Polen u. der Sowjetunion, unter unmenschlichen Lebensbedingungen. Diese KZ-Häftlinge waren ein Teil von insgesamt ca. 35.000 Zwangsarbeitern, die zwischen 1943 und 1945 zum Bau des U-Boot-Bunkers in Farge, von Ölbunkern und sonstigen unterirdischen Versorgungseinrichtungen in der Neuenkirchener und Schwaneweder Heide eingesetzt waren. Durch grausame Behandlung und durch mangelhafte Ernährung bei harter Arbeit fanden hier unzählige KZ-Häftlinge und Zwangsarbeiter den Tod. Alle Ölbunker und anderen unterirdischen Versorgungseinrichtungen auf dem heutigen Standortübungsplatz Schwanewede wurden 1945 von britischen Truppen gesprengt.
Der Standortälteste Schwanewede

Kontakt:
Gustav-Heinemann-Bürgerhaus, Kirchheide 49, 28757 Bremen, Tel.: 04 21/65 08 05.

Seesen

An mehrere von den Nationalsozialisten ermordete Sozialdemokraten erinnert in Seesen, Landkreis Goslar, ein am 1. Mai 1948 errichteter *Gedenkstein* in der *Jacobsonstraße:*

Dr. Heinrich Jasper, Ministerpräsident
des Landes Braunschweig, 1875–1945
Er gab sein Leben für Freiheit und Recht
Robert Grewecke 1877–1945
August Grotehenne 1895–1933
Heinrich Siems 1877–1945
In Dankbarkeit
Sozialdemokratische Partei,
Ortsverein Seesen

(Zu Heinrich Jasper s. Bad Harzburg u. Braunschweig; zu August Grotehenne s. Langelsheim.)
Zu Ehren des ehemaligen Ministerpräsidenten des Landes Braunschweig, Heinrich Jasper, der 1945 in Bergen-Belsen ermordet wurde, ist der Platz um das Denkmal in *Dr.-Heinrich-Jasper-Platz* umbenannt worden.

Ebenfalls in der *Jacobsonstraße* erinnert seit 1983 ein *Gedenkstein* an die ehemalige Synagoge:

Hier stand die Synagoge
der Jüdischen Gemeinde Seesen,
welche am 9. 11. 1938 frevelhaft zerstört wurde.
Haben wir nicht alle einen Vater –
Hat nicht ein Gott uns geschaffen?

Ein *zweiter Gedenkstein* zur Erinnerung an die Zerstörung der Synagoge sowie an die von den Nationalsozialisten ermordeten Mitglieder der Jüdischen Gemeinde steht in den *Anlagen an der Bundesstraße 248.* Er wurde 1946 von der Jüdischen Gemeinde aufgestellt. Ursprünglich stand der Stein am Platz der ehemaligen Synagoge, er wurde aber im Zuge der Bebauung der Jacobsonstraße an seinen jetzigen Standort versetzt. Bei der Versetzung wurde im Inneren des Steines ein Papier mit folgendem Wortlaut gefunden: »Zur Erinnerung. An die von Israel Jacobson im Jahre 1810 errichtete Synagoge der Jacobsonschule Seesen a.H., welche nach 128jährigem Bestehen, am 10. November 1938, durch Nazi Terror vernichtet wurde. Dieser Gedenkstein wurde am 10. September 1946 durch die Tatkraft des derzeitigen Vorstandes der Jüdischen Gemeinde Seesen: 1/Henry Nussbaum, geb. 30. Mai 1890 Seesen (ehem. Jacobsonschüler 1901–03) 2/Dr. Natan Triebfeder, geb. 1. Juli 1909, Stanislawow, Polen-Galizien, ins Werk gerufen. Seesen, den 10. September 1946. Jüdische Gemeinde Seesen/Harz.« Der Gedenkstein trägt die Inschrift:

Wir gedenken an dieser Stätte der von
Israel Jacobson/
auf dem Schulhof der Jacobson-Schule 1908
erbauten/
Synagoge, die in der Kristallnacht zum
10. November 1938/
ein Raub der Flammen wurde. Wir gedenken
gleichzeitig/
des Verwalters der Synagoge Siegfried Nußbaum, der
in derselben Nacht ein Opfer der Nazis wurde, wie
aller Gemeindemitglieder, die in den Jahren
1933–1945/
durch Greuel ihr Leben lassen mußten.
Jüdische Gemeinde Seesen

Auf dem *städtischen Friedhof* im Stadtteil *Münchehof, Thüringer Straße 38,* findet sich ein *Gedenkstein* für KZ-Häftlinge mit dem Text:

In memory of our 23 former prisoners
from Dora-Nordhausen
concentration-camp victims
of Nazie Germany The Committee

Den 23 unbekannten ehemaligen
Häftlingen des Konzentrationslagers
Dora-Nordhausen, Opfer des Hitler-
Regimes Committee der KZ Kameraden

Die Häftlinge starben in einem Güterzug, mit dem politische Häftlinge aus dem Konzentrationslager Nordhausen »evakuiert« wurden. Am 9. April 1945 traf der Transport im Bahnhof Münchehof ein, und einen Tag später wurden die rund 400 kranken KZ-Häftlinge von amerikanischen Truppen befreit. Die 23 Menschen, die nach ihrer Befreiung in Münchehof gestorben sind, wurden in einem gemeinsamen Grab auf dem örtlichen Friedhof beigesetzt.

Auf dem *Friedhof Seesen, Sonnenbergstraße/Bornhäuser Straße,* sind über 67 KZ-Häftlinge, überwiegend polnischer und russischer Herkunft beigesetzt. Über ihr Schicksal ist nichts Näheres bekannt. Auf dem *Gedenkstein* steht ein Bibelzitat ohne weitere Informationen:

Gott wird abwischen alle
Tränen von ihren Augen

Literatur:
Ballin, Gerhard, Geschichte der Juden in Seesen, hrsg. von der Stadt Seesen, Seesen 1979.

Sievershausen siehe Lehrte

Soltau

Auf dem *Friedhof der St. Johanniskirche* an der *Bergstraße* findet sich auf einem Rasenstück ein *Gedenkstein* für 80 KZ-Häftlinge, die beim »Evakuierungstransport« im April 1945 in Soltau umgekommen sind:

Hier ruhen
80 Opfer
nationalsozialistischer
Gewaltherrschaft.
Sie starben für
Freiheit und Recht

Ebenso erinnert auf dem *Friedhof* in Soltau-*Wolterdingen* ein *Gedenkstein* an die Toten eines KZ-Zuges aus Neuengamme, die nach Bergen-Belsen »evakuiert« werden sollten:

Nur Gott
der Herr
kennt Ihre Namen
269 unbekannte
Menschen sind
hier beigesetzt.
Sie ereilte der
Tod in den letzten
Tagen des Krieges.
1939
1945

Über die Strecke Buchholz/Nordheide-Soltau, der sogenannten Heidebahn, wurden Häftlinge aus den Konzentrationslagern Neuengamme und Bergen-Belsen »evakuiert«. Im April 1945 blockierte der Vormarsch alliierter Truppen einen Zug in Wolterdingen. Um nicht den vorrückenden Truppen in die Hände zu fallen, trieben die SS-Wachmannschaften die Häftlinge aus den Viehwaggons, ließen sie in einem nahegelegenen Wald Gruben ausheben und erschlugen sie anschließend mit Holzknüppeln. Die Menschen wurden – zum Teil noch lebend – verscharrt. Auf Anordnung der Alliierten mußten Soltauer Männer und Frauen die Toten ausgraben und in Särgen auf dem örtlichen Friedhof bestatten. In Soltau fanden englische Truppen nach Kriegsende drei Massengräber mit verhungerten oder erschossenen Toten im Waldgebiet »Sibirien«, das zwischen der Jugendherberge und der Reitschule liegt, im Oeninger Forst und in Ahlften. Sie wurden exhumiert und zusammen auf dem Soltauer Friedhof bestattet. Entgegen den Angaben auf dem Gedenkstein notieren die Totenlisten 89 Tote.

Kontakt:
Adolf Staack, Kapellenweg 16 a, 29640 Schneverdingen-Wesseloh.

Quellen/Literatur:
Begemann, Ulrike, Soltau in der Weimarer Republik und im Dritten Reich und in der Nachkriegszeit 1918–1948, Hrsg.: Stadt Soltau, Soltau 1989 (Bezug über die Stadt Soltau); Wulf, Sigrun (Hrsg.), Nur Gott der Herr kennt ihre Namen. KZ-Züge auf der Heidebahn. Augenzeugen-Berichte, Protokolle, Beobachtungen, Erlebnisse, Soltau 1991.

Stade

An den früher neben dem Stadtfriedhof gelegenen *jüdischen Friedhof,* der 1940 auf Betreiben der Stadt eingeebnet wurde, erinnert eine *Gedenktafel* auf dem ehemaligen Friedhofsgelände.

Nach *Pastor G. Behrens,* der während der NS-Herrschaft der Bekennenden Kirche angehörte, wurde das *Gemeindehaus* der Kirchengemeinden St. Cosmae und St. Wilhaldi in Stade benannt. Pastor Behrens hatte in Predigt und Unterricht Stellung gegen den Antisemitismus bezogen. Daher wurde er von den Nationalsozialisten bedroht. 1936 versetzte ihn die Kirchenleitung nach Ostfriesland.

Quellen/Literatur:
Bohmbach, Jürgen, Die Juden im alten Regierungsbezirk Stade, in: Stader Jahrbuch 67/1977, S. 31–75; Döscher, Hans-Jürgen, Der »Fall Behrens« in Stade. Eine Dokumentation zum Verhältnis Kirche – Partei – Staat im Dritten Reich, in: Stader Jahrbuch 66/1976, S. 103–144; Lohmann, Hartmut, Von der Ausgrenzung zur Deportation. Zum Schicksal der Juden im Landkreis Stade, Stade 1989.

Stadthagen

In der *Schulstraße* am Ostwall in Stadthagen, Landkreis Schaumburg, befindet sich, angeregt von der Vereinigung der Verfolgten des Naziregimes (VVN-BdA), seit 1960 ein *Mahnmal* mit der Inschrift:

> Den Opfern der Nazi-Diktatur
> von 1933–1945 zum Gedenken.
> Sie kämpften für Freiheit,
> Recht und Menschenwürde.

Bereits unmittelbar nach dem Krieg, am 5. Juni 1945, wurden auf Antrag des Antifaschistischen Ausschusses drei Straßen nach Widerstandskämpfern benannt, die in Konzentrationslagern oder im Zuchthaus ums Leben gekommen sind. 1985 wurden die Straßenschilder im Rahmen einer Gedenkveranstaltung des DGB durch biographische Angaben ergänzt: Die *»Emil-Biegel-Straße«* erinnert an den Kommunisten, der aus politischen Gründen mehrmals verhaftet und in verschiedene Gefängnisse eingeliefert wurde. Am 26. April 1936, im Alter von 44 Jahren, starb Emil Biegel an den Folgen seiner Haft im Stadtkrankenhaus Hameln. Die *»Wilhelm-Bartels-Straße«* erinnert an den Betriebsratsvorsitzenden der Firma Rentrop, der wegen einer Äußerung gegen den Krieg denunziert und vom »Volksgerichtshof« zu zwölf Jahren Zuchthaus verurteilt wurde. Am 30. Januar 1945 starb er im Celler Zuchthaus. Auch nach *Georg Bartels,* seinem Bruder, wurde eine Straße benannt. Georg Bartels war Stadtverordneter der KPD in Stadthagen. Im Sommer 1944 wurde er im Rahmen der »Gewitter«-Aktion zum zweiten Mal festgenommen und im Stadthagener Gefängnis inhaftiert. Später wurde er ins Konzentrationslager Sachsenhausen verschleppt und am 17. Oktober 1944 ins Konzentrationslager Neuengamme. Als Zwangsarbeiter fand Georg Bartels im Außenkommando Ladelund am 9. November 1944 den Tod.

Literatur:
Studienkreis Deutscher Widerstand: Niedersachsen II, S. 97–99 (s. Literatur zu Niedersachsen).

Stadtoldendorf

1981 errichtete die Gemeinde Stadtoldendorf, Kreis Holzminden, am Standort der ehemaligen Synagoge in der *Kuh-Straße* einen *Gedenkstein* zur Erinnerung an die ermordeten jüdischen Bürger. Leider steht der Gedenkstein so, daß die Schrifttafel von der Straßenseite aus nicht gelesen werden kann. Die Inschrift lautet:

> Wäre doch mein Kopf ein Gewässer
> und meine Augen ein Tränenquell,
> daß ich beweinen könnte Tag und Nacht
> die Erschlagenen meines Volkes. Jer. 8,23
> Gewidmet von der Stadt Stadtoldendorf
> im Jahre 1980.

Steyerberg

Auf dem *Friedhof Hesterberg* im Ortsteil *Deblinghausen* (»Kriegsgräberstätte«) erinnert ein *Mahnmal* mit einer Inschrift in russischer, englischer, französischer und deutscher Sprache an russische Zwangsarbeiter, die auf diesem Friedhof in Massengräbern verscharrt wurden:

> Hier liegen über 2 000 russische Staatsangehörige
> begraben, die durch das Sklavensystem der
> deutschen Faschisten hingemordet wurden.

Den verstreut stehenden Steinen kann man einige Namen und Todesdaten entnehmen. Die Zwangsarbeiter und Kriegsgefangenen, die unter der Rasenanlage in Massengräbern liegen, waren in einem der vier »Zivilarbeiterlager« in Steyerberg für die Rüstungsproduktion der Firma »Eibia« in Liebenau eingesetzt oder sind im Sterbelager für sowjetische Kriegsgefangene im Ortsteil Reese ums Leben gekommen. Allein dort starben etwa 1 000 sowjetische Kriegsgefangene an Typhus, geschwächt durch Unterernährung und Entkräftung. Offensichtlich waren unter den Zwangsdeportierten viele Frauen, deren Kinder ebenfalls auf dem Friedhof beigesetzt sind, denn ein Stein trägt die Inschrift:

> Hier ruhen polnische, jugoslawische
> und rumänische Kinder, geboren und
> gestorben in den Kriegsjahren 1941 – 1950.

Stuhr

1987 schrieb die Gemeinde einen künstlerischen Wettbewerb für ein *Mahnmal* auf dem Gelände des ehemaligen Lagers *Obernheide* in Stuhr, einem Außenlager von Neuengamme, aus. In den Wettbewerbsunterlagen hieß es: »Das Mahnmal soll an die erlittenen Leiden und die Opfer der Lagerinsassen zur Zeit des Nationalsozialismus erinnern und zugleich Verpflichtung für ein friedliches Zusammenleben von Menschen und Völkern sein.«
Der Rat beschloß am 5. November 1987 die Realisierung des Entwurfs der Braunschweiger Bildhauerin Wittmute Malik. Im August 1988 wurde das *Mahnmal* auf der *Wiesenfläche* an der *Obernheider Straße* eingeweiht. Das Ensemble besteht aus 60 Steinen aus Anröchter Sandstein, die in acht Reihen auf einem Fundament angeordnet sind, umgeben von verschiedenfarbigem Kies und fünf Pappeln. Eine Tafel im Eingangsbereich des Mahnmals trägt den Text in deutscher und hebräischer Sprache:

> Auf diesem Gelände befand sich vom 26. September
> 1944 bis zum April 1945 das Außenkommando
> Obernheide des Konzentrationslagers Neuengamme.
> Verfolgt wegen ihrer jüdischen Herkunft,
> deportiert nach Auschwitz und Bremen,
> erlitten hier 500 ungarische und
> 300 polnische Jüdinnen Demütigungen
> und Qualen, Hunger und Tod.
> In Lagerbaracken zusammengepfercht
> und als Zwangsarbeiterinnen zu
> Trümmerräumungsarbeiten und in Betonsteinwerke
> nach Bremen getrieben, getreten und geschlagen,
> ausgehungert und entkräftet, starben hier
> mindestens zehn der noch sehr jungen Frauen
> an den von ihnen erlittenen Qualen.
> Im April 1945, als sich britische Truppen Bremen
> näherten, räumte die SS das Lager Obernheide
> und verschleppte ihre Opfer in das
> Konzentrationslager Bergen-Belsen.
> Dort verloren noch viele Frauen ihr Leben.
> Ach Erde verdecke nicht mein Blut,
> und nicht sei Ruhm meiner Wehklage!
> Hiob 16,18

Im Ortsteil Obernheide wurde vor Kriegsbeginn an der Obernheider Straße, kurz vor der Gemeindegrenze zwischen Stuhr und Brinkum, ein Arbeitslager der Organisation Todt eingerichtet. Es bestand aus vier Mannschaftsbaracken, in denen je 136 Menschen untergebracht werden konnten. Mit Kriegsbeginn übernahm die Luftwaffe dieses Lager. 1940 waren hier Arbeiter einquartiert, die in Bremen im Bunkerbau eingesetzt wurden. In den Jahren 1941

Stuhr, Wiesenfläche an der Obernheider Straße: Mahnmal-Ensemble auf dem Gelände des ehemaligen Außenkommandos Obernheide des Konzentrationslagers Neuengamme nach einem Entwurf der Bildhauerin Wittmute Malik, eingeweiht im August 1988.

und 1942 stand das Lager unter der Verwaltung der Deutschen Arbeitsfront und diente der Unterbringung von ausländischen Arbeitskräften, die zum Bau von Luftschutzeinrichtungen in Bremen im besetzten Ausland angeworben worden waren. Es handelte sich vor allem um Russen, Polen, Italiener, Holländer, Franzosen und Belgier.

Von 1942 bis 1944 war Obernheide ein Kriegsgefangenenlager für französische Bau- und Glaserbataillone, Spezialeinheiten, die aus französischen Kriegsgefangenen gebildet wurden. Sie mußten nach Bombenangriffen auf Bremen Reparaturarbeiten leisten.

Am 26. September 1944 wurde das Lager Obernheide mit 800 jüdischen Frauen belegt und dem KZ Neuengamme unterstellt. Von da an stand das Lager unter der Leitung und Bewachung von SS-Mannschaften. Der größte Teil der Frauen waren ungarische Jüdinnen, viele noch unter 20 Jahre alt. Im Sommer 1944 waren sie vom Senator für das Bauwesen in Bremen zum Einsatz bei kriegswirtschaftlichen Baumaßnahmen angefordert worden. Am 2. August 1944 waren daraufhin 500 Ungarinnen aus Auschwitz angekommen, denen später weitere 300 weibliche KZ-Häftlinge aus Auschwitz, meist Polinnen, folgten. Die 800 Frauen waren in Bremen in den ehemaligen Reitställen der Hindenburgklinik (heute Rolandklinik) untergebracht. Als die Bremer Unterkünfte bei dem Bombenangriff am 26. September 1944 zerstört wurden, brachte man die Frauen nach Obernheide. Die Frauen wurden in Arbeitskommandos von 50 bis 100 Personen eingeteilt und bei Abbruchunternehmen in Bremen zu Trümmerräumungsarbeiten eingesetzt.

Ende 1944 wurde in Uphusen, Gemeinde Achim (s. dort), ein Zweiglager für ca. 100 Frauen aus Obernheide eingerichtet, die dort in Betonwerken und in Uesen beim Bau von Behelfswohnheimen eingesetzt wurden.

Als sich die britischen Truppen dem Lager Obernheide näherten, mußten die Häftlingsfrauen am 4. April 1945 das Lager in Richtung Bergen-Belsen verlassen. Dem »Evakuierungs«-marsch wurden die Lagerinsassinnen aus dem Zweiglager Uphusen angeschlossen. Bei Verden wurden die Frauen in Eisenbahnwaggons verladen und einige Tage, praktisch ohne Verpflegung, im Raum östlich von Bremen hin- und hergeschoben, bis sie am 8. April in Bergen-Belsen ankamen. Vermutlich sind über die Hälfte der Frauen von Obernheide während der Deportation gestorben. Mindestens zehn Frauen kamen schon während der Haftzeit in Obernheide an Hunger und Entkräftung um. Einige von ihnen sind im Krematorium des Riensberger Friedhofs in Bremen eingeäschert worden. Heute ist ihre Asche in einer gemeinsamen Grabstelle der Gedenkstätten der KZ-Opfer Bremens auf dem Osterholzer Friedhof begraben.

Kontakt:
Staatsarchiv Bremen, Leiter: Dr. Hartmut Müller, Präsident-Kennedy-Platz 2, 28203 Bremen.

Quellen/Literatur:

Müller, Hartmut, Die Frauen von Obernheide. Jüdische Zwangsarbeiterinnen in Bremen 1944/45, Bremen 1988; Studienkreis Deutscher Widerstand: Niedersachsen II, S. 10/11 (s. Literatur zu Niedersachsen); Unterlagen zur Ausschreibung eines künstlerischen Wettbewerbs zur Erlangung von Entwürfen für ein Mahnmal auf dem Gelände des ehemaligen Konzentrationsaußenlagers Obernheide in der Gemeinde Stuhr, 1988 (darin eine »Kurzgeschichte des Arbeits-, Kriegsgefangenen- und Konzentrationslagers Obernheide« von Hartmut Müller mit Fotomaterial).

Südbrookmerland

Auf dem *Friedhof* in *Engerhafe*, Gemeinde Südbrookmerland, nördlich von Emden, befinden sich 137 *Gräber* von Opfern des Nationalsozialismus. Möglicherweise handelt es sich um Tote des Außenkommandos Aurich des Konzentrationslagers Neuengamme, das vom 19. Oktober 1944 bis zum 23. Dezember 1944 bestand. Die Häftlinge waren in Engerhafe untergebracht. Sie wurden beim Bau von Befestigungen und Panzergräben eingesetzt.

Surwold

Auf dem Gebiet der Gemeinde Surwold befand sich das Lager I *Börgermoor,* das zum Komplex der fünfzehn »Emslandlager« gehörte, die zwischen 1933 und 1938 entlang der Ems zwischen Papenburg im Norden und Lingen im Süden errichtet wurden und wechselnde Funktionen hatten. Der Sitz der zentralen Verwaltung der »Emslandlager« war in Papenburg (Näheres s. dort).

Das Gelände des ehemaligen Konzentrationslagers Börgermoor erreicht man von Oldenburg aus über die Bundesstraße 401 und biegt nach etwa drei Kilometern dem *Hinweisschild »Gedenkstätte Börgermoor«* folgend hinter dem Friedhof Bockhorst/Esterwegen in Richtung Bockhorst ab. Nach etwa 500 Metern zweigt von dieser früheren Lagerstraße die Straße »Im Eichengrund« nach rechts ab. An der Kreuzung steht als Hinweis auf das ehemalige Lager noch ein *beschrifteter Findling,* denn hier befand sich die Einfahrt in das Lager I Börgermoor. Erhaltene Gemäuerreste der Unterstände für die Wachmannschaften und eines Wasserbunkers finden sich noch heute im nahe gelegenen kleinen

Tafel des Aktionskomitees Emslandlager e. V. aus dem Jahre 1986 mit ausführlichen Informationen über das KZ Börgermoor. Politische »Schutzhäftlinge« dieses Lagers schrieben 1933 das »Moorsoldatenlied«, das als Symbol des Widerstandes gegen das NS-Regime bekannt wurde.

Wald. Am 1. September 1986 stellte das Aktionskomitee Emslandlager e. V. auf dem Gelände eine *Informationstafel* mit folgendem Text auf:

Nie wieder Faschismus!

An dieser Stelle befand sich von 1933–1945 das Lager I Börgermoor, das erste von/insgesamt 15 Lagern, die von den Nazis im Emsland errichtet wurden./Der Bau des Konzentrationslagers Börgermoor begann im Juni 1933. Zunächst/waren hier bis zu 1 000 politische Gegner des NS-Regimes eingesperrt. Bewacht/von SS und SA mußten die Gefangenen weitere Lager aufbauen, Wege und Grä/ben anlegen und Moor kultivieren. Zermürbende Arbeit, bei der bewußt auf Maschi/nen verzichtet wurde, unzureichende Ernährung, mangelhafte Kleidung und vielfäl/tige Mißhandlungen bis hin zu Morden prägten das Leben der Häftlinge. Das 1933/an diesem Ort entstandene Lied der Moorsoldaten beschreibt in symbolhaften/Bildern den freudlosen Lageralltag, bringt jedoch auch die Hoffnungen und/den ungebrochenen Widerstandsgeist der Gefangenen zum Ausdruck./ Im April 1934 wurde das Lager der Justizverwaltung übergeben. An der menschenver/achtenden Mentalität der Bewacher änderte dies kaum etwas. Nach Kriegsbeginn/wurden immer mehr von Wehrmachtsgerichten verurteilte Soldaten in das La/ger eingesperrt. Im Februar 1944 wurden kurzfristig »Nacht- und Nebel-Gefangene«,/Widerstandskämpfer aus den besetzten westlichen Ländern, hierhin ver/schleppt. Gegen Kriegsende diente ein Teilbereich des Lagers als Untersu/chungsgefängnis für die Wehrmacht./Im Emsland starben mindestens 2 387 Häftlinge in den Konzentrations- und Straf/gefangenenlagern. In den Kriegsgefangenenlagern kamen mindestens 15 000,/wahrscheinlich jedoch bis zu 27 000 Menschen ums Leben./
DIZ Wiek Rechts 22, Papenburg
Aktionskomitee Emslandlager e. V.

Auf Initiative einer benachbarten Gärtnerei hat das DIZ einen Entwurf für die Neugestaltung der Gedenkstätte entwickelt und 1989 umgesetzt. Der beschriftete Findling und die Informationstafel wurden in eine kleine bepflanzte Anlage integriert.

Literatur:
Studienkreis Deutscher Widerstand: Niedersachsen II, S. 136–140 (s. Literatur zu Niedersachsen).

(s. auch Papenburg)

Syke

Auf dem *jüdischen Friedhof* in Syke, Kreis Diepholz, liegen in einem Sammelgrab dreizehn unbekannte sowjetische Kriegsgefangene, möglicherweise aus dem Kriegsgefangenen-Stammlager Nienburg, deren Arbeitskommandos in Syke eingesetzt waren. Die Inschrift auf einem *Grabstein* geht fälschlicherweise von einer anderen Anzahl der Toten aus. Sie lautet:

7 unbekannte russische Kriegsgefangene

Uelzen

Am 22. April 1988 wurde neben dem alten Amtsgericht in der *Veerßer Straße 47* ein *Mahnmal für die Opfer des Nationalsozialismus* errichtet, das der Ebstorfer Künstler Klas Tilly realisiert hat. Das Mahnmal besteht aus einer großen senkrechten Säule, an der mit einem dicken Tau eine kleinere, abgewinkelte Säule gefesselt ist. Die Bronzeplatte am Fuß des Mahnmals trägt unter den Jahreszahlen 1933–1945 ein Zitat von Eugen Kogon:

> 1933 – 1945
> »Möge alles, was der Ausbreitung
> oder der Wiederholung des Unheils
> entgegenwirkt, nicht umsonst und
> nicht zu spät sein.« (Kogon)

Das Mahnmal war an dem Standort in der Veerßer Straße 1988 nur vorläufig errichtet worden. Wegen Straßenbaumaßnahmen und der dort geplanten Errichtung eines neuen Rathauses wurde es im Frühjahr 1994 wieder abgebaut. Es soll im gleichen Bereich zu einem späteren Zeitpunkt wieder aufgestellt werden (Stand Ende 1994).
Von diesem Zeitpunkt abhängig ist auch die Realisierung einer *Gedenktafel* zur Erinnerung an das KZ-Außenlager Uelzen des Konzentrationslagers Neuengamme. Die Anbringung dieser Gedenktafel in unmittelbarer Nähe des Mahnmals war im Juni 1992 vom Kulturausschuß des Rates der Stadt Uelzen beschlossen worden.

Auf dem *Neuen Friedhof* befindet sich ein *Gräberfeld* mit etwa 180 ausländischen Toten. 107 von ihnen sind namentlich bekannt. Ein *Gedenkstein* mit Inschriften in englischer, französischer, polnischer, italienischer und russischer Sprache erinnert an die hier bestatteten Opfer des Nazi-Terrors und der Gefangenschaft. Wahrscheinlich waren es Kriegsgefangene, Zwangsarbeiter und KZ-Häftlinge.
In Uelzen war von Ende 1944 bis zur »Evakuierung« nach Neuengamme am 17. April 1945 ein Außenkommando des Konzentrationslagers Neuengamme eingerichtet. Russische, belgische, holländische, polnische, französische und deutsche KZ-Häftlinge wurden von der Reichsbahndirektion für Ausbesserungsarbeiten eingesetzt. Sie arbeiteten unter schwierigen Bedingungen und waren notdürftig in einer Lagerhalle der Zuckerfabrik Uelzen AG untergebracht. Am 22. Februar 1945 wurde der Güterbahnhof Uelzen durch alliierte Bomber stark zerstört. Kurz vor der Eroberung Uelzens durch englische Einheiten wurden die Häftlinge nach Neuengamme und von dort in die Neustädter Bucht gebracht. Soweit sich Uelzener Häftlinge auf den Schiffen »Cap Arcona« und »Thielbek« befanden, erlebten sie das Kriegsende nicht mehr (s. Schleswig-Holstein: Neustadt).

Literatur:
Banse, Dietrich, Das Außenlager Uelzen des Konzentrationslagers Neuengamme. Eine Dokumentation, 3. Aufl. Suhlendorf 1991 (Bezug beim Verfasser: Gartenstraße 18, 29562 Suhlendorf).

Unterlüß

Auf dem *Gemeindefriedhof* in Unterlüß im Kreis Celle, östlich von Bergen, befinden sich drei *Sammelgräber* mit ausländischen Toten, darunter zahlreiche Kinder. Ein *Gedenkstein* erinnert an hier bestattete 40 Tote verschiedener Nationen und 11 Unbekannte. Zwei weitere *Gedenksteine* tragen folgende Inschriften:

> Hier ruhen
> 4 Italiener
> 23 Polen-Kinder
> † 1941 – 1945

> Hier ruhen
> 34 Russen-Kinder
> † 1941 – 1945

In Unterlüß waren einige tausend ausländische Zwangsarbeiter und Zwangsarbeiterinnen in verschiedenen Lagern untergebracht. Sie kamen hauptsächlich aus Polen und aus der Sowjetunion, einige auch aus Frankreich, Belgien und anderen Ländern. Die meisten mußten im Werk Unterlüß des Rüstungskonzerns Rheinmetall-Borsig AG arbeiten.
Die hier geborenen und an mangelhafter Pflege und Ernährung gestorbenen Kinder wurden Opfer des nationalsozialistischen Rassismus.
Neben diesen Lagern gab es in Unterlüß ein »Arbeitserziehungslager« für Männer, das nach einem amtlichen Bericht vom 4. November 1941 bis zum 1. April 1945 bestand. Außerdem gab es ein KZ-Außenlager für Frauen, von dem nicht geklärt ist, welchem Konzentrationslager es unterstand. Mitte August 1944 wurden jüdische Frauen aus Auschwitz in dieses Lager transportiert; im April 1945 wurden die Insassen des Lagers in Richtung Bergen-Belsen »evakuiert«.

Uphusen siehe Achim

Uslar

Auf dem *Friedhof* in Uslar, Kreis Northeim, erinnert ein *Gedenkstein* mit den Jahreszahlen »1939–1945« an hier ruhende elf »russische Soldaten«. Einige weitere ausländische Tote aus der Sowjetunion und Polen liegen auf den Friedhöfen verschiedener heute zu Uslar gehörender Orte (Volpriehausen, Dinkelhausen, Delliehausen und Bollensen) begraben. Wahrscheinlich handelt es sich um Kriegsgefangene sowie um Zwangsarbeiter, die in Volpriehausen in unterirdischen Munitionsfabriken arbeiten mußten. 1944/45 existierte in Volpriehausen bei Uslar ein Außenkommando des »Jugendschutzlagers« Moringen; die Jugendlichen mußten im Schacht für die Heeresmunitionsanstalt arbeiten (s. Moringen).

Vechelde

In Vechelde bei Braunschweig, Kreis Peine, bestand 1944/45 ein Unterkommando des Außenkommandos Braunschweig, das dem Konzentrationslager Neuengamme unterstand. Die Häftlinge wurden in der Rüstungsindustrie bei der Firma Büssing NAG – Vereinigte Nutzkraftwagen GmbH eingesetzt. Sie waren in der ehemaligen Jutespinnerei untergebracht. Am Torbogen der Spinnerei, der als einziger Gebäudeteil noch erhalten ist, sind zwei Gedenktafeln angebracht worden, von denen die eine an die Geschichte und Bedeutung der ersten europäischen Jutespinnerei, die andere an das ehemalige Lager erinnert mit folgendem Text:

> Im Zeitraum von September 1944 bis März 1945
> war in der ehemaligen Jutespinnerei
> ein Unterkommando des
> Konzentrationslagers Neuengamme
> bei Hamburg untergebracht.
>
> Im Rahmen der deutschen Rüstungsproduktion wurden hier etwa 200 jüdische KZ-Häftlinge hauptsächlich polnischer und ungarischer Nationalität aus Auschwitz sowie andere Zwangsarbeiter unter menschenvernichtenden Bedingungen zur Arbeit im Fahrzeugbau der Firma Büssing gezwungen. Die Arbeitsbedingungen, mangelhafte Ernährung und Unterbringung, unzureichende hygienische Verhältnisse und fehlende ärztliche Versorgung forderten Todesopfer, deren Zahl durch den Evakuierungstransport kurz vor Kriegsende noch erheblich anstieg. Die wenigsten haben eine letzte Ruhestätte gefunden. Viele wurden im Braunschweiger Krematorium verbrannt; ihre Asche wurde verstreut.
>
> Der Leidensweg der Häftlinge fand sein Ende im Auffanglager Wöbbelin in Mecklenburg. Dort wurden sie am 2. Mai 1945 durch einen amerikanischen Truppenverband befreit.
>
> Gemeinde Vechelde/Oktober 1989

Kontakt:
Gemeinde Vechelde, Archiv, Hildesheimer Straße 85, 38159 Vechelde, Tel.: 05302/6792. – Axel Richter, Kirchstraße 3A, 38159 Vechelde-Liedingen, Tel.: 05302/2378.

Literatur:
Richter, Axel, Das Unterkommando Vechelde des Konzentrationslagers Neuengamme. Zum Einsatz von KZ-Häftlingen in der Rüstungsproduktion, hrsg. v.d. Gemeinde Vechelde, Vechelde 1985.

Vechta

Im Jahre 1981 wurde nahe dem ehemaligen Standort der Synagoge in der *Juttastraße* ein *Gedenkstein* errichtet. Er trägt den Davidstern und das Wort »Schalom« (Frieden) sowie die folgende Inschrift:

> In dieser Straße stand die Synagoge,
> das Gotteshaus unserer jüdischen Mitbürger,
> frevelhaft geschändet am 9. November 1938.
> Zur Erinnerung und Mahnung

In der *Dominikaner-Kirche* in Vechta findet sich das *Grab von Pater Titus M. Horten O.P.*, dessen sterbliche Überreste 1954 vom katholischen Friedhof der Stadt hierher umgebettet wurden. Pater Titus war als Generalprokurator für die Mission der Deutschen Dominikaner in China zuständig und im Zuge einer Aktion gegen Ordenspriester im November 1935 wegen angeblicher Devisenvergehen zu zwei Jahren Gefängnis und einer hohen Geldstrafe verurteilt worden. Nach schwerer Krankheit im Gefängnis starb er am 25. Januar 1936 an den Folgen seiner Haft im Peter-Friedrich-Ludwig-Hospital in Oldenburg.

Literatur:
Schieckel, Harald, Die Juden im Oldenburger Münsterland, in: Jahrbuch für das Oldenburger Münsterland 1974, S.160–175 und 1975, S.62–85; Weber, Walbert, P. Titus M. Horten O. P. 1882–1936. Ein Lebensbild, 2. Aufl., Vechta (Dominikanerkloster) 1986.

Velpke, Niedersachsen

Auf dem *Friedhof* in Velpke bei Wolfsburg, Kreis Helmstedt, ist auf einer kleinen parkähnlichen Anlage eine *Gedenkmauer* errichtet mit der Inschrift:

> Hier ruhen 76 polnische und
> 15 russische Kinder
> † 1944

In der Nähe von Velpke befand sich ein »Ausländerkinderheim«, in dem die Neugeborenen sowjetischer und polnischer Zwangsarbeiterinnen, die im Volkswagenwerk (s. Wolfsburg) oder in der Landwirtschaft arbeiteten, untergebracht wurden. Wegen mangelhafter Pflege starben die meisten dieser als »rassisch minderwertig« geltenden Kinder schon nach kurzer Zeit an Hunger und Krankheiten. (s. Rühen u. Wolfsburg)

Verden, Aller

Am Gebäude des Landgerichts, gegenüber dem früheren Standort der Synagoge am *Johanniswall*, befindet sich eine *Gedenktafel* mit einer hebräischen und einer deutschen Inschrift:

> Zum Gedenken an unsere jüdischen Mitbürger der Stadt und an die Synagoge, die am Johanniswall gestanden hat und am 9. Nov. 1938 mutwillig zerstört wurde, hat die Stadt Verden diese Tafel gestiftet.
> [hebräischer Text]
> Mit meiner Stimme zum Ewigen schreie ich.
> mit meiner Stimme zum Ewigen flehe ich. Ps. 142/2

Nach einem von der Stadt Verden 1991 ausgeschriebenen Gestaltungswettbewerb wurde 1993 nach dem Entwurf des Künstlers Hans-Jürgen Etzold aus Lilienthal bei Bremen am *Rathaus* ein *Mahnmal für die Verdener Juden* errichtet, die in nationalsozialistischen Konzentrationslagern oder Ghettos umgekommen sind: Eine 3,52 Meter hohe, quadratische Bronzesäule ist an einer Seite aufgebrochen, verletzt; in ihrem unteren Teil sind Flammen angedeutet; darüber sind die 56 Namen der Opfer und die Todesorte Auschwitz, Minsk, Warschau, Theresienstadt, Groß-Rosen, Riga, Sobibor, Izbica und Sachsenhausen eingemeißelt.
Im geplanten Anbau des Historischen Museums (früher Heimatmuseum) soll nach 1996 eine Dauerausstellung zur jüdischen Geschichte gezeigt werden.

Auf dem *Domfriedhof* an der Bürgermeister-Münchmeyer-Straße steht auf einem Gräberareal ein *Gedenkstein* mit der Inschrift:

> Den Toten zur Ehre
> den Lebenden zur Mahnung
> 1939 - 1945

Diese allgemeine Gedenkfloskel verrät nichts über die Identität und das Schicksal der hier beerdigten Menschen. Im Gräberfeld V liegen 84 Zwangsarbeiter und Zwangsarbeiterinnen aus neun Ländern, darunter rund 40 Kinder, begraben. Ursprünglich enthielten die Grabsteine neben dem Namen, dem Geburts- und dem Sterbedatum, auch die Nationalität und zum Teil sogar Zusätze der Eltern. Sie sind mittlerweile verschwunden oder durch andere Grabsteine ersetzt worden.

In Verden gab es Zwangsarbeiterlager bei der »Sozialwerk Verdener Handwerker GmbH«, bei der Möbelfabrik Woehler sowie im Ortsteil Borstel. Die dort internierten Männer und Frauen wurden zur Arbeit bei Bauern, in Fabriken oder in örtlichen Handwerksbetrieben gezwungen. Leere Ställe in Verden, Cluvenhagen, Beppen, Otterstedt und Armsen wurden als »Kinderheime« deklariert, in denen schwangere Polinnen und »Ostarbeiterinnen« ihre Kinder zur Welt bringen mußten. Wegen Unter- und Mangelernährung, Lungenentzündung, Diphterie oder mangelnder Fürsorge starben die von ihren Müttern getrennten Säuglinge oft schon in den ersten Lebensmonaten, meistens ließ man sie systematisch verhungern.
Auf einem Massengrab neben der Friedhofskapelle steht ein *Stein* mit der Inschrift:

> An dieser Stelle ruhen 65 Tote fremder Nationen aus beiden Weltkriegen. Ihre Umbettung geschah im November 1961.

Die Zahl der hier Beerdigten beläuft sich tatsächlich auf 75 Menschen. Der überwiegende Teil stammt aus dem Ersten Weltkrieg, lediglich die Herkunft von fünf Toten ist nicht geklärt. Bei ihnen handelt es sich vermutlich um russische Kriegsgefangene aus dem Zweiten Weltkrieg. Im Zuge der Umbettung vom Garnisonsfriedhof auf den Domfriedhof wurde in jeden Sarg ein Metallschild gelegt mit dem Text: »Hier ruhen die Gebeine von ... verstorbenen russischen Kriegsgefangenen und anderen Soldaten des 1. und 2. Weltkrieges. Sie wurden im Nov. 1961 umgebettet.«

Von Dezember 1944 bis April 1945 existierte in Verden ein Außenkommando des Konzentrationslagers Neuengamme mit einer Belegstärke von acht männlichen Häftlingen, die für die Bauleitung Verden arbeiten mußten (lt. »Verzeichnis der Haftstätten unter dem Reichsführer-SS«, Arolsen 1979). Ob sich unter den in Verden begrabenen ausländischen Toten auch Opfer dieses Außenkommandos befinden, ist nicht bekannt.

Kontakt:
Geschichtswerkstatt Verden e.V., Joachim Woock, Stumpelallee 9, 27283 Verden, und Jürgen Weidemann, Niedersachsenring 90, 27283 Verden. Die Geschichtswerkstatt recherchiert zu den Themen Juden in Verden und Zwangsarbeit im Landkreis Verden, hat Kontakt zu ehemaligen Häftlingen aufgenommen und untersucht die Verbindungen zur damaligen Munitionsfabrik »Eibia« in Dörverden.

Literatur:
Weidemann, Jürgen, Novemberpogrom 1938 »Kristallnacht« in Verden, hrsg. von der Stadt Verden, Verden o.J. (1988).

Versen siehe Meppen und Papenburg

Walchum siehe Dörpen und Papenburg

Walkenried

Auf dem *Hauptfriedhof* in Walkenried, Kreis Osterode, steht über einem *Ehrengrab* ein *Kreuz* mit den Worten:

Fünf unbekannte Häftlinge

Die Toten wurden wahrscheinlich bei einem »Evakuierungs«-Todesmarsch »auf der Flucht« erschossen.
Bei Walkenried war ab Mai 1944 ein Einsatzgebiet der III. SS-Eisenbahn-Baubrigade, einer mobilen Arbeitsgruppe, deren Häftlinge beim Bau von Eisenbahntrassen und zu Instandsetzungsarbeiten eingesetzt wurden.

Walsrode

Auf dem *Friedhof* in Walsrode, *Parkweg/Saarstraße,* sind 96 in der Zeit von 1939 bis 1945 verstorbene ausländische Tote bestattet, deren Namen auf kleinen Grabplatten stehen. Eine *Gedenkplatte* in polnischer Sprache mit zwölf Namen besagt, daß hier zwischen dem 20. und 22. Mai 1945 in Walsrode verstorbene Polen ruhen. Wahrscheinlich waren es Zwangsarbeiter, die in einer Munitionsfabrik arbeiten mußten und in verschiedenen Lagern in Walsrode untergebracht waren (s. auch Bomlitz).

Wangerooge

Im westlichen Teil der Insel Wangerooge befindet sich eine *»Kriegsgräberstätte«,* auf der in vier Sammelgräbern rund sechzig Ausländer, darunter Polen und Sowjetbürger, begraben sind. Sie wurden von dem »Ausländerfriedhof Jade-Ost« dorthin umgebettet. Vermutlich handelt es sich bei den Verstorbenen um Zwangsarbeiter. Ab 1940 waren etwa 800 Zwangsarbeiter aus Belgien, den Niederlanden und Marokko in einem Lager nördlich des Flugplatzes untergebracht. Sie mußten Festungsanlagen bauen. Viele von ihnen kamen bei der Bombardierung des Flugplatzes am 25. April 1945 durch die Alliierten ums Leben.

Literatur:
Studienkreis Deutscher Widerstand: Niedersachsen II, S. 146 (s. Literatur zu Niedersachsen).

Wesuwe siehe Haren/Ems und Papenburg

Wietmarschen

Nach dem Krieg wurde die Siedlung *Füchtenfeld* auf dem Gelände des Lagers XIII Wietmarschen erbaut. Das Kriegsgefangenenlager gehörte zum Komplex der fünfzehn »Emslandlager«, die zwischen 1933 und 1938 entlang der Ems von Papenburg im Norden bis Lingen im Süden errichtet wurden und wechselnde Funktionen hatten. Der Sitz der zentralen Verwaltung der »Emslandlager« war in Papenburg (Näheres s. dort).
Auf dem *Friedhof Wietmarschen,* von der Bevölkerung auch *»Russenfriedhof«* genannt, am Ortseingang der Füchtenfelder Siedlung, Ecke Berliner Straße, trägt ein *Gedenkstein* den Text:

Den ausländischen Toten
des Krieges 1939–1945
zum Gedenken

Am Eingang des Friedhofs hängt eine *Bronzetafel,* auf der zu lesen steht:

Hier ruhen ca. 150 Tote, deren Namen unbekannt
sind, zum größten Teil sowjetische Kriegsgefangene.
Namentlich bekannt sind zwei Serben und
zwei Sowjetbürger, die im November 1967
vom evangelisch-reformierten Friedhof in Nordhorn
umgebettet wurden.

In Wietmarschen befand sich ein großes Kriegsgefangenenlager für rund 1000 Häftlinge, das 1938 errichtet wurde und zunächst als Strafgefangenenlager geplant war. 1939 wurde das Lager XIII dem Stalag VI C Bathorn unterstellt. In Wietmarschen waren vor allem sowjetische Kriegsgefangene interniert, allein im September 1940 waren in dem überfüllten Lager 2700 Soldaten aus der Sowjetunion untergebracht. Hunger, Kälte, schlechte hygienische Verhältnisse und schwere Arbeitsbedingungen waren die Ursachen für die außergewöhnlich hohen Sterbeziffern unter den Häftlingen. In den Unterlagen des Standesamtes Wietmarschen ist für die Zeit von Januar bis August 1944 der Tod von 2100 sowjetischen Kriegsgefangenen belegt.
Tausende sowjetischer Kriegsgefangener waren vom Lager Stukenbrock (s. NRW) aus ins Moor bei Wietmarschen und Alexisdorf transportiert worden, da sie nicht mehr arbeitsfähig waren. Vermutlich sind sie hier umgekommen.

Literatur:
Studienkreis Deutscher Widerstand: Niedersachsen II, S. 151/152 (s. Literatur zu Niedersachsen).

(s. auch Papenburg)

Wietze

Ein *Gedenkstein* auf dem *Friedhof* bei der Kirche in Wietze, Kreis Celle, trägt die Inschrift:

> 37 ausländische Zivilarbeiter
> 1941 – 1945

Nähere Hinweise auf ihr Schicksal gibt es nicht.

Wietzendorf

Auf dem *Truppenübungsplatz Munster-Süd* bei Wietzendorf, Kreis Soltau-Fallingbostel, befindet sich ein *Friedhof für sowjetische Kriegsgefangene,* auf dem nach der Gräberliste 16216 Menschen bestattet sind. Ein kurz nach Kriegsende auf Anweisung der sowjetischen Militärmission errichtetes *Mahnmal* trägt eine Inschrift in englischer, russischer und deutscher Sprache:

> Hier sind begraben 16000 in
> deutsch-faschistischer Gefangenschaft
> zum Tod gemarterte und erschossene
> Sowjetkriegsgefangene. Liebe Genossen,
> das Gedenken an Euch wird ewig leben
> im Herzen des sowjetischen Volkes.

13 polnische und sechs sowjetische Tote, die hierher umgebettet wurden, sind namentlich bekannt. Aus einer von der Bezirksregierung Lüneburg 1992 aufgestellten *Informationstafel* geht hervor:

> Hier ruhen ca. 16000 sowjetische Kriegsgefangene, die im nahegelegenen Stalag X D (310) Wietzendorf (Kriegsgefangenen-Mannschafts-Stammlager Wietzendorf) Opfer der nationalsozialistischen Gewaltherrschaft wurden.
>
> Die ersten Transporte mit sowjetischen Kriegsgefangenen trafen im Juli 1941 im Lager ein. Unterkünfte für die Gefangenen bestanden zunächst nicht. Anfangs gruben sie sich Erdhöhlen, später errichteten sie Baracken. Die Verpflegung der bei ihrer Ankunft zumeist stark geschwächten Gefangenen reichte kaum zum Überleben. Die katastrophalen hygienischen Bedingungen führten dazu, daß im November 1941 eine Fleckfieber-Epidemie ausbrach. Bis zum Frühjahr 1942 starben mehr als 14000 Gefangene an Hunger, Kälte, Fleckfieber und anderen Krankheiten.
>
> Im Sommer 1942 wurde das Lager Wietzendorf als »Zweiglager« vom Stalag X B Sandbostel übernommen und bis August 1943 in geringerem Umfang weiterhin mit sowjetischen Kriegsgefangenen belegt. Außerdem diente das Lager 1942/43 zur Durchschleusung sowjetischer ziviler Zwangsarbeiter. Auch unter diesen gab es Todesopfer, die ebenfalls hier begraben sind.
>
> Die auf den 3 Gedenksteinen genannten sowjetischen und polnischen Kriegstoten wurden im Jahre 1968 aus dem Landkreis Gifhorn hierher umgebettet.

Ab 1944 diente das Lager Wietzendorf als »Oflag 83« zur Unterbringung von »Italienischen Militärinternierten«. (s. Hamburg: Friedhof Öjendorf)

Seit 1990 ist die Begräbnisstätte am Rande des Militärgeländes jederzeit zugänglich. Als Zufahrt dient ein kleiner Feldweg, der durch ein Hinweisschild an der Landstraße kenntlich gemacht wurde.

Quellen/Literatur:
GEW-Kreisverband Soltau-Fallingbostel (Hrsg.), Russenlager. Leiden und Sterben der sowjetischen Kriegsgefangenen in den Lagern Fallingbostel, Oerbke und Wietzendorf. Materialien für den Unterricht, Soltau 1991; Niedersächsische Landeszentrale für politische Bildung (Hrsg.), Sowjetische Kriegsgefangene 1941–1945. Leiden und Sterben in den Lagern Bergen-Belsen, Fallingbostel, Oerbke, Wietzendorf, Begleitheft zur Sonderausstellung in der Gedenkstätte Bergen-Belsen 1991.

Wilhelmshaven

Am 18. April 1985, dem 40. Jahrestag der Räumung des ehemaligen Konzentrationslagers Wilhelmshaven, eines Außenkommandos des Konzentrationslagers Neuengamme, wurde der Öffentlichkeit eine *Gedenkstätte* auf dem Gelände des früheren Lagers am *Alten Banter Weg* übergeben. Ihre Einrichtung war vom Historischen Arbeitskreis des Deutschen Gewerkschaftsbundes in Wilhelmshaven angeregt worden. Auf Beschluß des Rates und der Verwaltung der Stadt vom Januar 1984 wurde die *Gedenkstätte* mit Hilfe eines internationalen Jugend-Camps eingerichtet. Grundrisse und Grundmauern eines der ehemaligen Lagergebäude wurden freigelegt und eine *Hinweistafel* aufgestellt mit einem Lageplan, der auf Erinnerungen ehemaliger Häftlinge und den Prozeßakten des Public Record Office/Surrey beruht. Der Text der Tafel lautet:

> In der Zeit zwischen September 1944 und April 1945 befand sich an dieser Stelle ein Außenkommando des Konzentrationslagers Hamburg-Neuengamme. 1125 Gefangene verschiedener Nationen waren hier inhaftiert. Als Arbeitssklaven für die Kriegswirtschaft wurden sie überwiegend zu Arbeiten auf der Kriegsmarinewerft eingesetzt. Sie teilten ihr Schicksal mit Millionen anderer Häftlinge in den Konzentrationslagern Nazi-Deutschlands. Allein nach bisher bekannten Dokumenten wurden hier mindestens 234 Menschen durch Hunger, Kälte, Folter und Erschießungen ermordet.

Unter den Toten waren – nachgewiesen durch Totenscheine – 124 Franzosen, mindestens 100 ungarische Juden, 32 Sowjetbürger, 16 Polen sowie Italiener, Jugo-

Wilhelmshaven, Alter Banter Weg: Informationstafel mit Lageplan vor Grundmauern des ehemaligen Konzentrationslagers Wilhelmshaven, die 1984 von Jugendlichen eines internationalen Workcamps freigelegt wurden.

slawen und Deutsche. Sie wurden auf dem *Aldenburger Friedhof* (s. unten) begraben, nach 1945 zum Teil exhumiert und in ihre Heimatländer überführt.
Die überlebenden Gefangenen wurden im April 1945 in zwei Kolonnen zu Fuß und mit dem Zug in Richtung Neuengamme geschickt. Sie kamen dort nie an. Sie wurden ins Auffanglager Sandbostel (s. dort) überführt, auf einem Zugtransport nach Bremervörde von britischen Flugzeugen bombardiert und schließlich an Bord eines Kohlenschiffs von Stade durch den Nord-Ostsee-Kanal über Kiel nach Flensburg gebracht. Viele fanden unterwegs den Tod. Eine andere Gruppe mit rund 400 kranken Häftlingen geriet auf dem Bahnhof Lüneburg in einen Bombenangriff, bevor die wenigen Überlebenden im Lager Bergen-Belsen ankamen.

Als Ergänzung zu der Gedenkstätte wird im *Küstenmuseum Wilhelmshaven* eine *ständige Ausstellung* mit dem Titel »Elend, Verfolgung, Vernichtung. Wilhelmshaven in den letzten Jahren des NS-Regimes« gezeigt. Darüber hinaus setzt sich die Gewerkschaftsjugend dafür ein, die Gedenkstätte um eine Ausstellungsbaracke zu erweitern.

Auf dem parkähnlich angelegten *Friedhof Aldenburg* befinden sich *Grabstätten* von im Außenkommando Wilhelmshaven umgekommenen Gefangenen. Eine Reihe großer Grabplatten auf dem Rasen des Sammelgrabs tragen die Namen der hier Bestatteten und weiterer KZ-Toter des Lagers Wilhelmshaven, die umgebettet wurden oder über deren Verbleib Unklarheit herrscht. Der Totenliste zufolge gibt es möglicherweise ein noch nicht aufgefundenes Massengrab in der Nähe des ehemaligen Lagergebäudes. Der Historische Arbeitskreis des DGB Wilhelmshaven ist mit Recherchen befaßt. Die Gewerkschaftsjugend hat die Patenschaft und Pflege für den Aldenburger Friedhof übernommen.

Auf einem den Opfern des Nationalsozialismus gewidmeten *Mahnmal* auf dem *Aldenburger Friedhof,* das 1947 errichtet wurde, sind die Namen von Wilhelmshavener Bürgern verzeichnet, die im »Dritten Reich« ihr Leben lassen mußten. Zu beiden Seiten des Mahnmals liegen die Gräber der im KZ »Banter Weg« umgekommenen Wilhelmshavener. Auf der rechten Seite steht der Text:

Im Kampf für die Freiheit starben
folgende Bürger der Stadt Wilhelmshaven:

Wilhelm Krökel, Hermann Schulz, Johann Eilts,
Johann Harms, Heinrich Jordan, Franz Paschek,
Marianne Berliner, Moritz Berliner, Salli Bäumer,
Simon Bäumer, Hanna Cohen, Arthur Cohen,
Ingrid Cohen, Bernhard Cohen, Irma Cohen,
Hannelore Cohen, Ludwig Danisch, Bernhard Goeken,
Robert Scheyer, Emil Warns, Hugo Henke,
Friedrich Frerichs, R. Eilts, Willi Mai, Heinrich Rühaak,
Fritz Behnel, Helmut Eichel, Iwan Heß, Franz Treisch,
Johanne Gerhards, Heinrich Büsselberg,
Rudolf Ulonka, Emil Büdeler, Max Feybusch.

Auf der linken Seite finden sich die Worte:

Zum Gedenken der hier ruhenden deutschen
und ausländischen
Opfer des Nationalsozialismus. Sie starben
für die Freiheit
ihrer Nationen.

Anläßlich des Besuches ehemaliger Gestapo-Häftlinge aus den Niederlanden errichtete die Stadt Wilhelmshaven am 11./12. Oktober 1990 am *Mühlenweg* ein *Mahnmal* für die Opfer des Lagers

»Schwarzer Weg«. Am Eingang zum ehemaligen Lager, von dem heute noch ein Teil einer Baracke einem Tennis- und Hockeyverein als Gerätehaus dient, wurde ein *Gedenkstein* aufgestellt, der in deutscher und niederländischer Sprache an die Leiden der hier internierten Häftlinge erinnert:

> Den Opfern zum Gedenken
> Der Nachwelt zur mahnenden
> Erinnerung
>
> Hier befand sich im Zweiten Weltkrieg
> das Lager »Schwarzer Weg«.
> Von 1941 bis Oktober 1944 wurden hier
> sowjetische Kriegsgefangene
> gefangengehalten.
> Von Januar 1945 bis zu ihrer Befreiung
> am 6. Mai 1945 waren in dem Lager
> politische Zivilgefangene
> aus den Niederlanden inhaftiert,
> von denen viele infolge
> der unmenschlichen
> und entwürdigenden Bedingungen
> ihr Leben lassen mußten

Von Januar bis Mitte März 1945 wurden in diesem Lager mehr als 1 000 Häftlinge aus den Niederlanden festgehalten, die als Arbeitskräfte von der Marinewerft angefordert worden waren. Bei den Gefangenen handelte es sich überwiegend um untergetauchte Widerstandskämpfer und sogenannte »Arbeitsverweigerer«, die sich der Verpflichtung zur Zwangsarbeit in Deutschland entzogen hatten.

Ein *Gedenkstein* auf dem *Ehrenfriedhof* für *russische Kriegsgefangene* aus dem Lager »Schwarzer Weg« trägt den Text:

> Hundert russische Soldaten
> starben als Opfer des Krieges
> 1941 in der Gefangenschaft.
> Ihre Namen sind bekannt.
> Fern ihrer Heimat wurden sie
> hier zur letzten Ruhe gebettet.

Der Historische Arbeitskreis des Deutschen Gewerkschaftsbundes hat 1987 an der ehemaligen *Jahnhalle* eine *Metalltafel* angebracht. Die Inschrift lautet:

> In dieser Halle (früher »Jahnhalle«)* wurden
> am 9. November 1938 (»Reichskristallnacht«)
> die jüdischen Männer Wilhelmshavens
> zusammengetrieben. Anschließend wurden sie
> ins KZ Sachsenhausen gebracht. Viele von
> ihnen haben den Faschismus nicht überlebt.
>
> * war Reichseigentum
>
> Historischer Arbeitskreis des
> Deutschen Gewerkschaftsbundes
> Kreis Wilhelmshaven
> 9. November 1987

Am ehemaligen Standort der Synagoge *Börsenstraße/Ecke Parkstraße* ist ein *Mahnmal* zur Erinnerung an ihre Zerstörung bei dem von den Nationalsozialisten als »Reichskristallnacht« bezeichneten Pogrom in der Nacht vom 9. zum 10. November 1938 errichtet worden:

> Hier wurde das jüdische Gotteshaus
> am 9. November 1938 niedergebrannt.

Später stellte die Stadt eine zusätzliche *Informationstafel* auf:

> Synagogenplatz
>
> eingeweiht am 10. November 1980
> zur Erinnerung an die im Jahre 1915
> erbaute Synagoge.
> Sie wurde in der Reichskristallnacht
> am 9. November 1938 von der NSDAP
> niedergebrannt und zerstört.

Der *Wilhelm-Krökel-Platz,* die Fläche an der Werftstraße zwischen Markt- und Börsenstraße im Wilhelmshavener Stadtteil *Bant,* erhielt auf Beschluß des Stadtrats seinen Namen am 18. Februar 1982, dem 37. Jahrestag der Ermordung des Gewerkschafters Wilhelm Krökel im Konzentrationslager Neuengamme. Der 1890 in Bant geborene Wilhelm Krökel war langjähriger Betriebsratsvorsitzender der Marinewerft in Wilhelmshaven, Mitglied der sozialdemokratischen Fraktion im Bürgervorsteher-Kollegium und unter anderem Vorsitzender des Arbeitersports im Bezirk Weser-Ems. Am Tag der Besetzung des Gewerkschaftshauses (2. Mai 1933) wurde er zusammen mit etwa 400 weiteren Kollegen als »Staatsfeind« von der Marinewerft entlassen. Erst nach drei Jahren fand er wieder Arbeit bei der Norddeutschen Eisenbau GmbH in Sande bei Wilhelmshaven, wo er bis zu seiner Verhaftung im August 1944 als Schiffsbauer im U-Boot-Bau arbeitete.
Gleichzeitig wurde auf dem *Krökel-Platz* ein *Mahnmal für die Opfer der nationalsozialistischen Gewaltherrschaft* errichtet, das Gefangenschaft und Menschenvernichtung versinnbildlicht.
Auf der gegenüberliegenden Seite liegt ein *Findling* mit der Inschrift:

> Wilhelm Krökel
> 1890 – 1945
> geboren in Bant
> gelitten und gestorben
> im KZ Neuengamme

Die Wilhelmshavener Gewerkschaften stifteten ein *zusätzliches Mahnmal,* das die Form eine Skulptur hat und den Titel *»Die andere Meinung«* trägt. Das von den Künstlern Kruda und Wölbern geschaffene

Denkmal stellt eine nackte Bronzefigur dar, die sich gebeugten Kopfes mit den Händen an einer Betonwand abstützt. Die Figur steht auf Betonbruchstücken, die aus dem KZ »Alter Banter Weg« stammen.

Ein *Ölgemälde Wilhelm Krökels* hängt im großen Saal des *Gewerkschaftshauses in Wilhelmshaven,* der auch nach ihm benannt ist. 1946 hatten Krökels Kollegen das Gemälde im Gemeinschaftsraum des Unternehmens Norddeutsche Eisenbau in Sande aufhängen lassen. Nach Renovierungsarbeiten 1981 war es verschwunden und sollte nicht wieder aufgehängt werden. Diese Entscheidung führte zu Protesten und Diskussionen in der Öffentlichkeit und der Presse. Später fand man das Bild im Keller der Firma wieder und hängte es in Wilhelmshaven auf. Am ursprünglichen Platz in Sande (s. dort) wurde auf Betreiben des Betriebsrats statt dessen eine Reproduktion des Ölgemäldes aufgehängt.

Kontakt/Information:
Historischer Arbeitskreis des DGB Wilhelmshaven, Hartmut Büsing, Rheinstraße 14, 26382 Wilhelmshaven. Der historische Arbeitskreis bietet »Alternative Stadtrundfahrten« an. Zur Stadtrundfahrt hat der Arbeitskreis eine Diareihe (ausleihbar bei der Stadtbildstelle: KS 26) und ein Begleitheft erstellt. – Norbert Credé, c/o Historisches Museum Schwerin, Großer Moor 38, 19055 Schwerin. Norbert Credé arbeitet an einer Dissertation zum Thema »Einsatz von Zwangs- und Fremdarbeitern in der nationalsozialistischen Rüstungswirtschaft in Wilhelmshaven«. – Küstenmuseum, City-Haus, Dr. Halpaap, Postfach 1180, 26359 Wilhelmshaven. Öffnungszeiten: Di–Sa 10–13 u. 15–18 Uhr, So u. Feiertage 10–13 Uhr.

Film:
»Wenn sie mich holen, komme ich nie wieder«, Regie: Fürst, 90 min. Film (super 8) über Wilhelm Krökel. (Information über Historischen Arbeitskreis, DGB, s. oben.)

Quellen/Literatur:
Büsing, Hartmut, »... soviel unnennbare Leiden erduldet«. Zur Geschichte der Rüstringer und Wilhelmshavener Juden, Wilhelmshaven 1986; Büsing, Hartmut/Zegenhagen, Klaus, Einmal werden froh wir sagen: Heimat, Du bist wieder mein! KZ Wilhelmshaven. Rüstringer und Wilhelmshavener im KZ, Wilhelmshaven 1987; Deutscher Gewerkschaftsbund Kreis Wilhelmshaven (Hrsg.), Nie Wieder! – Materialien für eine alternative Stadtrundfahrt, Wilhelmshaven 1983; Gewerkschaft Erziehung und Wissenschaft Kreisverband Wilhelmshaven (Hrsg.), Wilhelm Krökel – Vorbild und Mahnung, Wilhelmshaven 1978; Jensen, Ulrike u.a., Lebensgeschichten. Gespräche mit Überlebenden des KZ Neuengamme (hrsg. von der KZ-Gedenkstätte Neuengamme), Hamburg 1992 (der französische Widerstandskämpfer Henri Jacquemai berichtet über seine Haft im KZ Wilhelmshaven, S. 17–21); Kemeter, Karsten/Bauer, Heiko/Thißen, Ulrich, Auf der Suche nach Spuren von Fremdarbeitern in Wilhelmshaven von 1939–1945. Eine Sammlung. Arbeit 13. Klasse, Gymnasium Käthe-Kollwitz-Schule, im Rahmen des »Schülerwettbewerbs Deutsche Geschichte« 1982/83; Stadt Wilhelmshaven (Hrsg.), Dokumentation Außenkommando Wilhelmshaven des Konzentrationslagers Neuengamme, Wilhelmshaven März 1986.

Winsen, Luhe

Auf dem *jüdischen Friedhof* in der *Eckermannstraße* in Winsen an der Luhe, Kreis Harburg, erinnert ein *Gedenkstein* an die jüdischen Opfer des Nationalsozialismus:

> Den Mitgliedern der Jüdischen Gemeinde in Winsen,
> die in einer Zeit ihr Leben lassen mußten,
> in der die Liebe zu den Menschen gestorben war,
> zur Erinnerung und Ehre, den Lebenden zur Mahnung.
> Die Bürger der Stadt Winsen im Jahre 1965

Wolfenbüttel

Am 26. April 1990 wurde in dem Gebäude der ehemaligen Hinrichtungsstätte auf dem Gelände der *Justizvollzugsanstalt Wolfenbüttel, Ziegenmarkt 10,* eine *Gedenk- und Dokumentationsstätte* eröffnet. Eine *Gedenktafel* aus dem Jahre 1983 befindet sich an der Außenmauer. Sie trägt folgenden Text:

> Hier haben während der Herrschaft
> des Nationalsozialismus Menschen
> verschiedener Nationalität und
> Herkunft gelitten und ihr Leben
> gelassen.

Zur Geschichte der Hinrichtungsstätte

Am 23. September 1937 verfügte der Reichsjustizminister die Verlegung des Fallbeilgerätes vom Gefängnis Hannover in das Strafgefängnis Wolfenbüttel. Damit wurde dieses zentraler Hinrichtungsort für die Oberlandesgerichtsbezirke Braunschweig, Celle, Oldenburg und die Landgerichtsbezirke Bielefeld, Paderborn, Stendal, Magdeburg und Halberstadt.

Ein bisher als Schlosserei genutztes Backsteingebäude wurde zu einer Hinrichtungsstätte umgebaut. Im hinteren Bereich des über 60 Quadratmeter großen Hinrichtungsraumes stand die Guillotine. Dahinter befand sich ein kleiner Raum mit einem Seziertisch, der von Präparatoren des Anatomischen Instituts der Universität Göttingen zum Sezieren der Leichen von Hingerichteten genutzt wurde. Während der Hinrichtungen konnte eine

kleine Glocke im Uhrenturm des Gebäudes geläutet werden. Angesichts der wachsenden Zahl der Hinrichtungen wurde dies jedoch seit dem 1. September 1942 untersagt, um Aufsehen in der Stadt zu vermeiden.
Die Hinrichtungen wurden seit dem 12. Oktober 1937 in einem Richtbuch mit fortlaufender Nummer notiert. Danach wurden bis zum 15. März 1945 516 Frauen und Männer hingerichtet. Tatsächlich aber muß von mindestens 600 Opfern ausgegangen werden, da die Angaben im Vergleich zu anderen Aufzeichnungen erheblich abweichen.
Zu den Opfern gehörten zahlreiche deutsche Zivilisten, die insbesondere nach der »Volksschädlingsverordnung« verurteilt worden waren, sowie Wehrmachtsangehörige, die wegen angeblicher »Feigheit vor dem Feinde«, »Fahnenflucht« oder »Selbstverstümmelung« hingerichtet wurden, einige von ihnen durch Erhängen. Hierfür waren während des Krieges im Hinrichtungsraum drei Galgen installiert worden. Eine weitere Opfergruppe waren zum Tode verurteilte Zwangsarbeiter aus Polen, der Sowjetunion, aus Frankreich und Italien.

In Wolfenbüttel wurden auch 52 Männer und zwei Frauen aus Belgien und Frankreich wegen »Spionage und Feindbegünstigung« hingerichtet, die zu den sogenannten »Nacht-und-Nebel-Gefangenen« aus den besetzten westeuropäischen Ländern gehörten. Diesen wurden »Straftaten gegen das Deutsche Reich« vorgeworfen, und sie waren nach einer Anordnung vom 7. Dezember 1941 auf Befehl Hitlers bei »Nacht und Nebel« nach Deutschland verschleppt und hier unter strengster Geheimhaltung durch Sondergerichte völlig willkürlich abgeurteilt und vielfach zum Tode verurteilt worden.

Unter den Hingerichteten waren auch Juden sowie Sinti und Roma, deren Schicksal noch weitgehend unaufgeklärt ist.

Die englischen Militärbehörden ließen nach der Befreiung 1945 in Wolfenbüttel 67 Todesurteile gegen deutsche Kriegsverbrecher und ehemalige ausländische Zwangsarbeiter, die u.a. wegen Mordes verurteilt waren, vollstrecken.

Gedenk- und Dokumentationsstätte

Nachdem schon bald nach Kriegsende die ersten Angehörigen und Freunde der hingerichteten belgischen und französischen Widerstandskämpfer das Wolfenbütteler Gefängnis besucht hatten, wurden in den 50er Jahren eine *Gedenktafel* in den Räumen der *Anstaltskirche* und 1983 die oben zitierte *Tafel an der Außenmauer* angebracht. Es war jedoch immer wieder der erklärte Wunsch der Besucher, die Räume der ehemaligen Hinrichtungsstätte zu einem Ort des Gedenkens umzugestalten. Diese Bemühungen wurden durch einige Richter und Parlamentarier unterstützt.

1986 wurden Pläne zum Abriß der ehemaligen Hinrichtungsstätte aufgegeben, und das Niedersächsische Justizministerium vergab den Auftrag, eine *Gedenk- und Dokumentationsstätte* einzurichten. Diese wurde am 26. April 1990 eröffnet. Im ersten Raum werden Dokumente zum Themenkomplex »NS-Justiz und Todesstrafe« und zur Geschichte des »Strafgefängnisses Wolfenbüttel als Hinrichtungsstätte« gezeigt. Dem Schicksal der exekutierten »N.N.-Gefangenen« ist eine frühere Todeszelle gewidmet. Weiterhin wird die »Gefängnisseelsorge für die zum Tode Verurteilten« in

Wolfenbüttel: Ehemaliges Hinrichtungsgebäude auf dem Gelände der Justizvollzugsanstalt, seit 1990 Gedenk- und Dokumentationsstätte »NS-Justiz und Todesstrafe«.

einem eigenen Raum dokumentiert und wird die Vollstreckung von Todesurteilen an sogenannten »Volksschädlingen und anderen ... « aufgezeigt. Der Hinrichtungsraum selbst dient dem Gedenken der Opfer. Im Januar 1991 wurde eine ABM-Stelle für einen Historiker zur Betreuung der Gedenkstätte eingerichtet. Für die Zukunft ist eine räumliche Erweiterung vorgesehen, um weitere Schicksale zu dokumentieren. Außerdem ist ein Raum für Seminare sowie für die Vor- und Nachbereitungen von Führungen geplant. Seit dem 1. Oktober 1993 ist die Gedenk- und Dokumentationsstätte – wie die Gedenkstätte Bergen-Belsen – dem Referat »Zeitgeschichte« der Landeszentrale für politische Bildung zugeordnet. (S. auch die Vorbemerkung zu Niedersachsen.)

Anschrift/Kontakte:
Gedenk- und Dokumentationsstätte »NS-Justiz und Todesstrafe« in der JVA Wolfenbüttel, Ziegenmarkt 10, 38300 Wolfenbüttel, Tel.: 0 53 31/8 07-1 55 oder 8 07-1 05 oder 8 07-0; Niedersächsische Landeszentrale für politische Bildung, Referat »Zeitgeschichte«, Hohenzollernstr. 46, 30161 Hannover, Tel.: 05 11/39 01-2 84/2 85.

Öffnungszeiten und Führungen:
Besuche sowie Führungen, nach telefonischer Voranmeldung unter 0 53 31/8 07-1 55 oder 8 07-1 05, täglich von 8.00 bis 12.00 und 13.00 bis 20.00 Uhr.

Quellen/Literatur:
Knauer, Wilfried, »Starb ruhig und gefaßt«. Seelsorge für die Todeskandidaten im Strafgefängnis Wolfenbüttel während der NS-Zeit, in: Zurückgefragt. Reflexionen zu 100 Jahre St. Petrus-Kirche in Wolfenbüttel, Kirchengemeinde St. Petrus Wolfenbüttel (Hrsg.), Wolfenbüttel 1991, S. 95–104; Ders., Gedenkstätte für die Opfer des Nationalsozialismus in der Justizvollzugsanstalt Wolfenbüttel, in: »Gedenkstätten-Rundbrief« (Hrsg. Stiftung Topographie des Terrors, Berlin), Nr. 56, August 1993, S. 11–13; Niedersächsisches Justizministerium/Presse- und Informationsstelle der Niedersächsischen Landesregierung (Hrsg.), Nationalsozialistische Justiz und Todesstrafe. Eine Dokumentation zur Gedenkstätte in der Justizvollzugsanstalt Wolfenbüttel. Zusammengestellt von Wilfried Knauer, 2. Aufl. Braunschweig 1991.

Im Hinterhof des heutigen Hauses des Deutschen Gewerkschaftsbundes in der *Kanzleistraße 2* und im ehemaligen Büro der NSDAP in der Mühlenstraße wurden zwischen den Jahren 1933 und 1945 Gegner der Nationalsozialisten festgehalten und gefoltert. 1983, anläßlich des 50. Jahrestages des Beginns des NS-Terrorregimes, wurde im *Sitzungssaal des DGB-Hauses* eine *Gedenktafel* zur Erinnerung an die Zerschlagung der Gewerkschaften am 2. Mai 1933 sowie an die Verfolgung von Gewerkschaftern und allen politischen Gegnern der Nationalsozialisten angebracht. Darauf wird die Gewaltherrschaft der Nationalsozialisten mit den künstlerischen Mitteln der Collage dargestellt. Daneben stehen die Worte des Gewerkschaftsführers Hans Böckler:

> Die Gewerkschaften wollen nicht,
> daß die Demokratie nochmals zum
> Nachteil unseres Volkes und der
> Welt mißbraucht wird.
> Hans Böckler 1951

Ein Text neben der Tafel, die mit sich überdeckenden Glasscheiben an ein Kreuz und in der Holzkonstruktion an ein Schafott erinnern will, gibt Erläuterungen.

Auf dem Rasenstück vor der *Herzog-August-Bibliothek* in der *Lessingstraße*, gegenüber dem Zeughaus, wurde im Jahre 1988 am Jahrestag der sogenannten Reichskristallnacht ein *Gedenkstein* für die Synagoge der Jüdischen Gemeinde Wolfenbüttel errichtet. Der von Schülern des Schloßgymnasiums angeregte Findling trägt die Inschrift:

> Wer aber vor der Vergangenheit die Augen
> verschließt, wird blind für die Gegenwart.
> Richard von Weizsäcker
> Errichtet am 9. November 1988–
> fünfzig Jahre nach der Zerstörung der
> Synagoge in der Lessingstraße.
> Zum Gedenken an die jüdischen Bürger der
> Stadt Wolfenbüttel

Auch unter dem *Straßenschild* »Lessingstraße« erinnert eine *kleine Informationstafel* an die in der Pogromnacht 1938 zerstörte Synagoge.

Im Zusammenhang mit den Zerstörungen im Verlauf der Reichspogromnacht wurde auch der *jüdische Friedhof, Am Jahnstein,* schwer verwüstet. Insbesondere hatte man die Grabsteine aus dem 18. Jahrhundert vom älteren Teil des Friedhofs zerschlagen und als Schotter für den Bau des Meesche-Sportplatzes verwandt. 1968 wurde die Umfassungsmauer des Friedhofs saniert und zum Teil erneuert. Im September 1984 wurde auf der Innenseite der *neuen Friedhofsmauer* eine *Gedenkplatte* enthüllt mit einem großen Davidstern und einer Inschrift, deren erste Zeilen dem Gedicht »Den Duldenden« von Dagmar Nick entnommen sind:

> »Ich will die Leiden aller derer sagen,
> die ohne Stimme sind.
> Ich will nicht klagen.
> Ich will nicht jenen Schmerz in Worte schlagen,
> der machtlos starr an eurem Mund gerinnt.«

Zum Gedenken an die Angehörigen jüdischer Familien
aus Wolfenbüttel, die in den Jahren der national-
sozialistischen Herrschaft aus ihrer Heimat vertrieben,
deportiert oder ermordet wurden. Ihre Synagoge
wurde am 9. November 1938 zerstört,
dieser Friedhof geschändet.

Auf dem Friedhof sind auf *weiteren Gedenksteinen* die Namen der jüdischen Familien genannt, die Angehörige während der NS-Zeit verloren.
Der Friedhof ist nach Voranmeldung beim Stadtgarten- und Friedhofsamt (Tel. 05331/860) zu besichtigen.

Auf dem *Städtischen Friedhof, Lindener Straße,* erinnert ein *Gedenkstein* an acht Männer, die nach Verhaftungen durch die Nationalsozialisten in der Nacht vom 6. auf den 7. Juli 1933 an den Folgen von Mißhandlungen starben, hingerichtet wurden oder später in Konzentrationslagern ums Leben kamen:

Zum Gedenken an die Opfer des
Faschismus in Wolfenbüttel
Fritz Fischer
* 20. 4. 1891 † 8. 7. 1933
Alfred Perkampus
* 3. 9. 1896 † 8. 7. 1933
Alfred Müller
* 26. 3. 1907 † 8. 7. 1933
Paul Pawelski
* 24. 9. 1897 † 6. 3. 1934
Hermann Müller
* 31. 12. 1896 † 23. 9. 1942
Fritz Röttger
* 16. 8. 1899 † 8. 7. 1944
Heinrich Wedekind
* 23. 5. 1894 † 27. 11. 1944
Kurt Strupat
* 20. 5. 1900 † 8. 2. 1945

Die drei Erstgenannten, der KPD-Stadtverordnete Fritz Fischer und seine Parteifreunde Alfred Perkampus und Alfred Müller, wurden bei der Verhaftungsaktion in der Nacht vom 6. zum 7. Juli 1933 auf dem Wolfenbütteler Schloßplatz von Nationalsozialisten überfallen und durch die Mißhandlungen im Büro der NSDAP in der Mühlenstraße so schwer verletzt, daß Alfred Perkampus noch auf dem Transport nach Braunschweig, Fritz Fischer und Alfred Müller im dortigen AOK-Gebäude (s. Braunschweig) ihren Verletzungen erlagen. Ihre Leichen wurden in der Nähe des von der SA beschlagnahmten »Naturfreunde-Hauses« im Lappwald zwischen Schöppenstedt und Helmstedt verscharrt. Dort wurden sie nach dem Krieg gefunden und nach Wolfenbüttel auf den Friedhof Lindener Straße unter großer Anteilnahme der Bevölkerung von Helmstedt, Königslutter, Braunschweig und Wolfenbüttel überführt.

Die anderen auf dem Grabstein genannten Opfer sind hier nicht beigesetzt:
Paul Pawelski starb 1934 an den Folgen der im Braunschweiger AOK-Gebäude erlittenen Mißhandlungen. – Hermann Müller wurde nach Verwarnungen und Verhaftungen 1934 und 1936 als Zeuge Jehovas und Wehrdienstverweigerer 1937 erneut festgenommen, nach Buchenwald und später in das Konzentrationslager Sachsenhausen gebracht. Er starb im Konzentrationslager Niederhagen/Wewelsburg. – Fritz Röttger starb 1944 an den Folgen der im Braunschweiger AOK-Gebäude erlittenen »Untersuchungshaft«. – Heinrich Wedekind, Sozialdemokrat, wurde am 27. August 1944 wegen »Abhörens von Feindsendern« hingerichtet. – Kurt Strupat, Fraktionsvorsitzender der KPD im Stadtrat von Wolfenbüttel, starb im Konzentrationslager Sachsenhausen nach seiner erneuten Festnahme nach dem 20. Juli 1944. Auch er war in der Braunschweiger AOK in »Untersuchungshaft« gewesen und wiederholt inhaftiert worden.

An einem *Mahnmal* für *sowjetische Kriegsgefangene* auf dem *Städtischen Friedhof* ist eine *Gedenktafel* in deutscher Sprache mit folgendem Text angebracht:

Allen, die im Kampf gegen die
nationalsozialistische Gewaltherrschaft
ihr Leben gelassen haben
Zum ewigen Gedenken

Ein weiteres *Mahnmal,* ein *Obelisk* auf hohem Sockel, trägt in deutscher, französischer und russischer Sprache die Inschrift:

Hier ruhen die Gebeine von
312 sowjetischen Kriegern,
gequält in den faschistischen
Lagern Deutschlands
1941 – 1945

Die auf dem Friedhof begrabenen ausländischen Toten sind in Lagern verhungert, wurden zu Tode gequält oder starben an Seuchen. In Wolfenbüttel gab es mehrere Lager für ausländische Zwangsarbeiter; einige unterstanden den »Hermann-Göring-Werken« in Salzgitter. Auch »Nacht- und Nebel-Gefangene« (s. oben) wurden zur Zwangsarbeit herangezogen.

Straßenbenennungen:

Die *Fritz-Fischer-Straße* erinnert an den von den Nationalsozialisten ermordeten ehemaligen KPD-Stadtverordneten, der auf dem Städtischen Friedhof bestattet liegt (s. oben). – Die *Dr.-Heinrich-Jasper-Straße* erinnert an den ehemaligen sozialdemokratischen Ministerpräsidenten des früheren Freistaates Braunschweig, der im Februar 1945 im Konzentrationslager Bergen-Belsen ums Leben kam (s. Braunschweig). – Die *Werner-Schrader-Straße* ist nach dem ehemaligen Wolfenbütteler Oberlehrer und Oberstleutnant Werner Schrader benannt, der in der Weimarer Republik Mitglied des »Stahlhelms« war, sich jedoch 1931 aus Opposition zur NSDAP gegen die Gründung der »Harzburger Front« (Bündnis zwischen NSDAP, DNVP, Stahlhelm, Alldeutschem Verband und den sogenannten Vaterländischen Verbänden) gewandt hatte. Seit 1935 bei der Wehrmacht in der Dienststelle (Amt Abwehr) von Admiral Canaris in Berlin tätig, gehörte er schließlich zum Verschwörerkreis des 20. Juli 1944. Er beging nach dem gescheiterten Attentat auf Hitler am 27. Juli 1944 Selbstmord.

Quellen/Literatur:
Bildungsvereinigung Arbeit und Leben e.V., Kreisarbeitsgemeinschaft Wolfenbüttel (Hrsg.), Nazi-Terror und Widerstand in Wolfenbüttel. Ein anderer Stadtführer, Wolfenbüttel 1985. Bezug: Arbeit und Leben, Kreisarbeitsgemeinschaft Wolfenbüttel, Kanzleistraße 2, 38300 Wolfenbüttel; Schulze, Hans, Beiträge zur Geschichte der Jüdischen Gemeinde in Wolfenbüttel, in: Braunschweigisches Jahrbuch, Teil 1, Band 48 (1967), S. 23–61 und Teil 2, Band 49 (1968), S. 61–85.

Wolfsburg

Die Stadt Wolfsburg verdankt ihre Gründung am 1. Juli 1938 dem Aufbau des Volkswagenwerks, das den von Ferdinand Porsche entwickelten Volkswagen herstellen sollte. Mit Kriegsbeginn wurde das Werk in die Rüstungsproduktion eingegliedert. Es beteiligte sich an der Luftwaffenrüstung, produzierte den Volkswagen in militärischer Form (»Kübel«), eine Vielzahl kleinerer Rüstungsgüter und ab 1943 auch die Flugbombe V-1. Die Belegschaft umfaßte im Hauptwerk im Mai 1944 (= Höchststand) 5550 Deutsche (33 %), 10168 ausländische Zwangsarbeiter und Kriegsgefangene (60 %) und 1060 KZ-Häftlinge (7 %) (H. Mommsen). Ihre Lebensverhältnisse waren durch das in der Kriegswirtschaft des NS-Regimes übliche Prinzip der rassistisch abgestuften Diskriminierung geregelt. Die ca. 5400 Zwangsarbeiter aus der Sowjetunion und Polen litten am stärksten an der Kombination von Schwerarbeit, Unterernährung und Mißhandlungen. Auf der untersten Stufe der Repressionsskala standen die KZ-Häftlinge, die von der SS nach dem Prinzip »Vernichtung durch Arbeit« behandelt wurden. Diese Gruppen hatten die meisten Todesfälle zu verzeichnen. Außerdem starben 1943–1945 in einem »Ausländerkinderpflegeheim« des Volkswagenwerks an den verordneten katastrophalen Pflegebedingungen ca. 350 neugeborene Kinder von Frauen aus der Sowjetunion und Polen.

Der Aufbau der damaligen »Stadt des KdF-Wagens« (KdF = »Kraft durch Freude«) wurde nach Kriegsbeginn vorzeitig beendet. In den fertiggestellten Stadtteilen wohnten Deutsche, während die Zwangsarbeiter und KZ-Häftlinge in Firmenlagern des Volkswagenwerks – die KZ-Häftlinge separat und bewacht von der SS – hausten.

In der Nachkriegszeit verdrängte der wirtschaftliche Aufschwung die Ereignisse der Kriegszeit aus dem öffentlichen Bewußtsein. Im Stadtbild erinnerte lediglich der *im Krieg neben der städtischen Müllkippe angelegte Friedhof* an dieses Kapitel der Stadtgeschichte. Auf ihm waren die am stärksten diskriminierten Gruppen, die polnischen und sowjetischen Männer, Frauen, Kinder und Kriegsgefangenen sowie KZ-Häftlinge aus verschiedenen Ländern begraben worden (ca. 400 Gräber). Nach dem Kriegsende gestaltete die sowjetische Militäradministration die massengrabähnliche Begräbnisstätte in einen Friedhof um und errichtete ein *Denkmal* mit folgender Inschrift:

> Zum ewigen Gedenken an die sowjetischen Bürger,
> die während ihrer Kriegsgefangenschaft
> vom deutschen Faschismus zu Tode gequält wurden.
> Das Vaterland wird Euch nicht vergessen,
> Ihr ruhmvollen Kämpfer der Roten Armee.

Kollaborierende und »rassisch höherwertige«, deswegen bessergestellte Zwangsarbeiter und andere durch die Kriegsfolgen umgekommene Personen waren auf dem daneben liegenden *offiziellen Waldfriedhof* begraben worden. An sie erinnert eine auf dem Begräbnisfeld angebrachte *Gedenktafel* mit folgender Inschrift:

> Auf diesem Friedhof ruhen 99 Tote, darunter
> 19 Kinder, 11 Frauen und 69 Männer. Sie
> starben 1944–1948 als Soldaten und Zivilisten
> durch Krieg, Flucht und Zwangsarbeit –
> Deutsche, Polen, Russen sowie Angehörige
> weiterer Nationen.

In den 50er und 60er Jahren geriet der sowjetische Friedhof, der auch weiterhin als *»Russenfriedhof«* diskriminiert und später verschleiernd *»Ausländerfriedhof«* genannt wurde, trotz einer 1973 errichteten Gedenktafel – mit einem allerdings eher verharmlosenden Text – in Vergessenheit. Dies änderte sich, als in der Zeit zwischen 1983 und 1985 nicht zuletzt auch aufgrund eines Bürgerantrags der Rat der Stadt Wolfsburg unter anderem beschloß, durch das Stadtarchiv die Lebensbedingungen der Zwangsarbeiter erforschen zu lassen, den »Ausländerfriedhof« in *»Gedenkstätte für die Opfer*

der nationalsozialistischen Gewaltherrschaft« umzubenennen und hierzu eine Dokumentation als ständige Ausstellung errichten zu lassen. Die von dem Leiter des Stadtarchivs, Dr. Klaus-Jörg Siegfried, verfaßte Dokumentation »Rüstungsproduktion und Zwangsarbeit im Volkswagenwerk 1939–1945« wurde 1986 veröffentlicht (s. Quellen/ Literatur).
Vor der renovierten »Gedenkstätte« errichtete die Stadt Wolfsburg 1986 eine neue, auf einem Granitfelsen befestigte *Gedenktafel* mit folgendem Text:

> Hier wurden in der Zeit von 1941–1945 Männer, Frauen und Kinder aus Polen und der Sowjetunion, sowjetische Kriegsgefangene und KZ-Häftlinge verschiedener Nationen begraben. Sie wurden unter Anwendung von Propaganda und Gewalt aus ihren Heimatländern geholt, gefangengenommen oder verhaftet und mußten für die nationalsozialistische Kriegswirtschaft Zwangsarbeit leisten. Sie starben an Hunger, Entkräftung, Krankheit, fielen Luftangriffen zum Opfer oder wurden von Bewachern umgebracht.

Am 8. Mai 1987 weihte die Stadt Wolfsburg auf Wunsch von ehemaligen französischen KZ-Häftlingen im *Stadtteil »Laagberg«, Breslauer Straße/ Schlesierweg,* einen *Gedenkstein* zur Erinnerung an ein Außenlager des Konzentrationslagers Neuengamme ein. Die anthrazitfarbene Granit-Stele trägt folgende Inschrift:

> An dieser Stelle wurde von den Nationalsozialisten eine Außenstelle des Konzentrationslagers Neuengamme gebaut, in der 700 Deportierte verschiedener Nationen litten. Die Überlebenden wurden am 2. Mai 1945 befreit.
> Vergeßt niemals!

Die durch die Dokumentation der Stadt erstmals bekannt gewordenen Bemühungen Ferdinand Porsches, seine Position als Vorsitzender und Hauptgeschäftsführer des Volkswagenwerks auszunutzen, um durch die Vermittlung des Reichsführers-SS Heinrich Himmler und die Entscheidung Hitlers KZ-Häftlinge für die Rüstungsproduktion des Volkswagenwerks zu rekrutieren, lösten 1988 im Rat Debatten über die Umbenennung der Porschestraße und der Porsche-Realschule aus, die jedoch nicht zu einem entsprechenden Beschluß führten.
Die *ständige Ausstellung über die Opfer der nationalsozialistischen Gewaltherrschaft* wurde vom Leiter des Stadtarchivs auf der Grundlage seiner Dokumentation als Teil der Abteilung Stadtgeschichte des Städtischen Museums in einem Remisengebäude des Schlosses aufgebaut. Der eigens zu diesem Zweck sanierte Bau wurde 1990 der Öffentlichkeit übergeben.

Im Jahre 1994 ergänzte die Stadt ihre Gedenkstätten durch den Beschluß des Kulturausschusses des Rates, im *»Wolfsburger Moor«* nördlich des »Waldfriedhofs« ein *Kreuz* mit folgender Inschrift errichten zu lassen:

> An dieser Stelle liegen 27 sowjetische Kriegsgefangene. Sie starben an den Entbehrungen der Gefangenschaft. Vergeßt sie nicht!

Nicht zuletzt auch aufgrund der öffentlichen Diskussion in der Stadt und im Rat der Stadt Wolfsburg hatte sich auch die Volkswagen AG zu einem eigenen Projekt entschlossen und 1986 den Historiker Professor Dr. Hans Mommsen mit einer breit angelegten Erforschung der Geschichte des »Volkswagenwerks im Dritten Reich« beauftragt. Dieser stellte 1991 im Rahmen eines von der Volkswagen AG veranstalteten Symposiums ein rd. 70 Seiten umfassendes Papier vor, das im wesentlichen die Ergebnisse der von der Stadt Wolfsburg veröffentlichten Dokumentation bestätigte. Aus Anlaß des Symposiums enthüllte die Volkswagen AG am 9. Oktober 1991 auf dem *Werksgelände, Südstraße, vor Sektor 2,* einen *Gedenkstein* mit folgender Inschrift:

> Zum Gedenken an Tausende von Zwangsarbeitern und Zwangsarbeiterinnen, die als rassisch und politisch Verfolgte, als Kriegsgefangene und aus den vom Dritten Reich besetzten Ländern Europas Deportierte im Volkswagenwerk für Rüstungsanstrengungen und den Krieg eines verbrecherischen Systems gelitten haben.

Auszubildende der Volkswagen AG hatten zuvor, am 21. März 1991, auf dem *Werksgelände, in der Nähe des Ausbildungszentrums,* ein von ihnen selbst entworfenes *Denkmal* errichtet. (Auszubildende verschiedener Werke der VW-AG besuchen regelmäßig die Gedenkstätte Auschwitz und führen dort Restaurierungsarbeiten durch.)

Kontakte/Information:
Stadtarchiv Wolfsburg, Dr. Klaus-Jörg Siegfried, Porschestraße 43c, Postfach 100944, 38409 Wolfsburg, Tel.: 05361/ 28-2540; – Pastor Hartwig Hohnsbein, Schloßstraße 15, 38448 Wolfsburg.
Städtisches Museum, Abteilung Stadtgeschichte ab 1938 und Dokumentation zu den Opfern der nationalsozialistischen Gewaltherrschaft, Schloß Wolfsburg, 38448 Wolfsburg; Öffnungszeiten: Di–Fr u. So 9–17 Uhr, Sa 13–17 Uhr.

Film:
»50 Jahre Wolfsburg. Denn sie wußten, was sie tun.« Der Geschichtsarbeitskreis »50 Jahre Wolfsburg« hat anläßlich des 50jährigen Stadtjubiläums, 1988, einen Videofilm erstellt, der die Jahre 1930 bis 1945 behandelt. Der Film wird in der örtlichen Bildungsarbeit eingesetzt. Bezug: Kornelia Duwe/Hans Volkmann/Detlef Winter, Südstraße 24, 38100 Braunschweig.

Quellen/Literatur:
Arbeitskreis Kirchliche Mitarbeiter im Kirchenkreis Wolfsburg (AKM), Entschädigung ehemaliger NS-Zwangsarbeiter. Eine Wolfsburger Diskussion über ein unerledigtes Kapitel deutscher Geschichte, Wolfsburg 1991 (Bezug: Hartwig Hohnsbein, Adresse s. o.); Creydt, Detlef, Zwangsarbeit für die Wunderwaffen in Südniedersachsen 1943–1945, Braunschweig 1993 (= dokumentiert die unterirdische V-1-Produktion des Volkswagenwerks); Mommsen, Hans, Geschichte des Volkswagenwerks im Dritten Reich. Forschungsergebnisse, Ruhr-Universität Bochum, bearb. v. Heidrun Edelmann-Ullmann, Bochum 1991 (= Zwischenbericht über die in Auftrag gegebene Forschungsarbeit, die z. Z. noch nicht in veröffentlichter Form vorliegt; Auskünfte: Historische Fakultät der Ruhr-Universität Bochum); Recker, Marie-Luise, Die Großstadt als Wohn- und Lebensbereich im Nationalsozialismus. Zur Gründung der »Stadt des KdF-Wagen«, Frankfurt a. M. 1981; Siegfried, Klaus-Jörg, Rüstungsproduktion und Zwangsarbeit im Volkswagenwerk 1939–1945, 3. Aufl. Frankfurt a. M./New York 1993 (Sonderband der Reihe »Wolfsburger Beiträge zur Stadtgeschichte und Stadtentwicklung«, hrsg. v. d. Stadt Wolfsburg); Ders., Das Leben der Zwangsarbeiter im Volkswagenwerk 1939–45, Frankfurt a. M. 1988. Die Wochenzeitung »Die Zeit« veröffentlichte eine Debatte zwischen Hans Mommsen und Otto Köhler über die Mommsen-Studie: »Warten auf Herrn Mommsen« (12. September 1991), »Was der Historiker Hans Mommsen für das VW-Werk tut« (25. Oktober 1991), »Ein Streit um VW. Eine Entgegnung auf Otto Köhlers Bericht« (22. November 1991) und »Eine Erwiderung auf Hans Mommsen« (22. November 1991).

Zeven

Bei der Stadt Zeven im Landkreis Rotenburg (Wümme) liegt die *»Kriegsgräberstätte Kronhusen«*. Ein *Gedenkstein* trägt die Inschrift:

> Zum Gedenken an die hier beigesetzten
> 170 unbekannten sowjetischen Soldaten
> 1941 - 1945

Möglicherweise handelt es sich bei den Toten um sowjetische Kriegsgefangene, die bei der Heeresmunitionsanstalt in Zeven Zwangsarbeit leisten mußten.

Gedenkstätten-Referate Land Niedersachsen

Beim Referat »Gedenkstättenarbeit« im Niedersächsischen Kultusministerium (s. Vorbemerkung zu Niedersachsen) können Auskünfte über die Förderungsmöglichkeiten für regionale und lokale Gedenkstättenarbeit eingeholt werden sowie über die vom Lande Niedersachsen geförderten zentralen und regionalen Gedenkstätten:

Niedersächsisches Kultusministerium, Referat »Gedenkstättenarbeit«, Schiffgraben 12, 30159 Hannover, Tel.: 05 11/1 20-1.

Beim Referat Zeitgeschichte in der Niedersächsischen Landeszentrale für politische Bildung können Auskünfte und Informationen zu den Gedenkstätten Bergen-Belsen und Wolfenbüttel eingeholt werden. 1993 ist bei der Landeszentrale auf der Grundlage des Beschlusses des Niedersächsischen Landtages (s. Vorbemerkung zu Niedersachsen) auch der *»Zentralnachweis zur Geschichte von Widerstand und Verfolgung 1933–1945 auf dem Gebiet des Landes Niedersachsen (ZNW)«* eingerichtet worden, der folgende Dienstleistungen umfaßt: Erfassung, Sammlung, Aufbereitung und Dokumentation von Archivalien, Findmitteln, Publikationen, Fotos und anderen Dokumenten in Archiven, Sammlungen und anderen Aufbewahrungsorten im In- und Ausland. Schwer zugängliche einschlägige Materialien v.a. im Ausland werden reproduziert und liegen im ZNW zur Einsicht bereit. Alle ermittelten Informationen werden über EDV erfaßt und sind auf Anfrage nach Orts- und Personennamen, Lager-, Firmen- und Tarnbezeichnungen sowie Sachbegriffen abrufbar. Darüber hinaus fördert der ZNW die Vernetzung der regionalen Gedenkstättenarbeit und hilft vor allem lokalen Initiativen durch allgemeine Beratung über NS-Geschichte, Materialbeschaffung, Dokumentation und Präsentation.

Die Landeszentrale fördert Fahrten von Schulklassen und anderen Gruppen aus dem Bundesland Niedersachsen zu den pädagogisch betreuten Gedenkstätten in Niedersachsen.

Niedersächsische Landeszentrale für politische Bildung, Referat Zeitgeschichte, Hohenzollernstraße 46, 30161 Hannover, Tel.: 05 11/39 01-2 84/2 85.

Quellen/Literatur zu Niedersachsen insgesamt (Auswahl):

Es wird auf die im Text unter verschiedenen Orten angegebenen speziellen Quellen- und Literaturhinweise zu einzelnen Orten bzw. Gedenkstätten, die hier nicht wiederholt werden, verwiesen.

NIEDERSÄCHSISCHES MINISTERIUM FÜR BUNDES- UND EUROPAANGELEGENHEITEN, Referat für Presse- und Öffentlichkeitsarbeit (Hrsg.), Gedenkstätten. Die Erinnerung vor Ort sichern, Hannover 1992.

DASS. (Hrsg.), Gedenkstättenarbeit in Niedersachsen. Spurensuche – Erinnerungen wachhalten, Hannover 1993.

STUDIENKREIS DEUTSCHER WIDERSTAND ZUR ERFORSCHUNG UND VERMITTLUNG DER GESCHICHTE DES WIDERSTANDES 1933–1945 und Präsidium der Vereinigung der Verfolgten des Naziregimes – Bund der Antifaschisten (Hrsg.), Heimatgeschichtlicher Wegweiser zu Stätten des Widerstandes und der Verfolgung 1933–1945:
Band 2: Niedersachsen I (Regierungsbezirke Braunschweig und Lüneburg), Köln 1985;
Band 3: Niedersachsen II (Regierungsbezirke Hannover und Weser-Ems), Köln 1986.

WULF, SIGRUN (Hrsg.), Nur Gott der Herr kennt ihre Namen. KZ-Züge auf der Heidebahn. Augenzeugen-Berichte, Protokolle, Beobachtungen, Erlebnisse, Soltau 1991.

Nordrhein-Westfalen

Düren, Schützenstraße:
Mahnmal nahe dem Standort der in der Nacht
des 9. November 1938 von Nationalsozialisten
und ihren Anhängern niedergebrannten Synagoge
der Jüdischen Gemeinde Düren.
Der Stein ist eine von zehn
gleichartig gestalteten Stelen
des Bildhauers Ulrich Rückriem.
Ende der achtziger Jahre wurden sie
nach dem Konzept eines dezentralen Mahnmals
an verschiedenen historischen Standorten in Düren
aufgestellt zur Erinnerung an die Menschen,
die durch den nationalsozialistischen Terror verfolgt,
mißhandelt, verschleppt und ermordet wurden.
Die hohen Granitquader, ohne nähere Hinweise
oder Texttafeln, sind unübersehbare
»Steine des Anstoßes« im Straßenbild Dürens.

Roll

Aachen

In der *Oppenhoff-Allee* befindet sich seit 1970 das *»Mahnmal gegen die Intoleranz«* des Aachener Bildhauers Ernst Wille. Im Zentrum steht ein *Granit-Gedenkstein,* geschaffen von Leonhard Radermacher, für den am 25. März 1945 noch nach dem Einmarsch amerikanischer Truppen von einem »Werwolf«-Kommando der Nazis ermordeten Aachener Oberbürgermeister Franz Oppenhoff, nach dem die Allee benannt ist:

Franz Oppenhoff
geboren 18. 9. 1902
gestorben 25. 3. 1945
Am 25. März 1945 wurde Franz Oppenhoff,
Oberbürgermeister der Stadt Aachen seit
31. Oktober 1944, von Schergen der national-
sozialistischen Gewaltherrschaft ermordet.

Der Stein wird flankiert von *zwölf Beton-Stelen* mit folgenden Zitaten:

Liebet Eure Feinde. Segnet die Euch fluchen.
- Neues Testament
Wenn, der nicht allein gekämpft hat, erschlagen ist,
hat der Feind noch nicht gesiegt.
- Bertolt Brecht für Carl von Ossietzky
Sechstes Gebot: Morde nicht
- Hebräische Bibel nach Martin Buber
Die eingekerkerte Wahrheit quält.
- Rosa Luxemburg
Nicht nur die Tat, sondern auch das Leiden
ist ein Weg zur Freiheit.
- Dietrich Bonhoeffer
Schicksal kann man nur durch Begreifen überwinden.
- Hermann Hesse
Die Würde des Menschen ist unantastbar.
- Grundgesetz
Unser Geschlecht ist ein schuldiges Geschlecht –
in einem ganz großen Ausmaß schuldig.
- Alfred Delp
Schweigen kann zum Verbrechen werden.
- Kurt Schumacher
Halte lieb deinen Genossen, dir gleich.
- 3. Mose nach Martin Buber
Der Mensch ist frei, in den Menschen verklärt sich
die Individualität zur Freiheit.
- Georg Büchner
Richtet nicht, auf daß Ihr nicht gerichtet werdet.
- Neues Testament

Der ehemalige Promenadenplatz in Aachen wurde im Jahre 1984 in *»Synagogenplatz«* umbenannt. Gleichzeitig wurde ein *Mahnmal* für die zerstörte Synagoge errichtet: Über einem Davidstern im Pflaster steht eine Glasskulptur, ebenfalls in Form eines Davidsterns und mit dem umlaufenden Schriftband:

Und der Herr sagte,
es ist zu wenig, daß du Israel
mein Knecht bist, nur um die Stämme
Jakobs wieder aufzurichten.
Ich mache dich
zum Licht für die Völker,
damit mein Heil bis an das
Ende der Erde reicht. (Jesaja 49,6)

Auf drei Bodenplatten finden sich die Inschriften:

Im Jahre 797 schickte Karl der Große
seinen jüdischen Dolmetscher
Isaak aus Aachen in politischer Mission
zum Kalif Harun al Raschid.
In den Jahren 1933–1945
deportierten deutsche Behörden
700 Aachener jüdische Bürger
in die Todeslager.
Dazwischen liegen fast
1 200 Jahre jüdischen Lebens in Aachen.

Am 9. November 1938 haben
Nationalsozialisten die Synagoge
der Jüdischen Gemeinde
zu Aachen, hier an dieser Stelle,
durch Brandstiftung zerstört.
Das Gebäude trug
die Inschrift:
»Mein Haus soll ein Bethaus
für alle Völker sein.« (Jesaja 56,7)

Dieses Denkmal
errichteten die
Evangelische und Katholische
Kirche der Stadt Aachen
zur Mahnung gegen
jeglichen Haß und jede Feindschaft.
8. November 1984

Ein Lesepult am Mahnmal trägt den Text:

Das Denkmal stellt die Geschichte Israels
als Stern aus
David dar. Trotz vieler Schläge ragt er,
in seinem Wesen
unzerstört, in die Zukunft.
Die Bürger Aachens erinnern sich an diesem Platz an
die am 19. September 1862 ihrer heiligen Bestimmung
übergebene alte Synagoge, von den Nazis am 9.
November 1938 geschändet und zerstört.

Im Juli 1993 wurde der Grundstein für den Neubau der Synagoge am alten Standort gelegt.

An der Außenwand des *jüdischen Friedhofs* in der *Lütticher/Ecke Körnerstraße* befindet sich eine *Gedenktafel* mit der Inschrift:

Siebzehnhundert Juden lebten als Bürger
in dieser Stadt. Ihrer Heimat und Habe

beraubt, erlitten viele von ihnen schuldlos, starken Herzens den Tod. Sie ruhen fern von uns, weit verstreut in unbekannter Erde.
Den Toten zur Ehre und zum Gedächtnis, den Lebenden zur Mahnung.

Auf dem Gelände der »Rheinischen Schule für Körperbehinderte«, *Kalverbenden/Ecke Coudenhovestraße,* befindet sich ein quaderförmiger *Gedenkstein*, den die beiden christlichen Kirchengemeinden gestiftet haben. Er trägt die Inschrift:

Zur Erinnerung
an das jüdische Altenheim
Kalverbenden 87
dessen Bewohner im Sommer 1942
in das Konzentrationslager
Theresienstadt
deportiert wurden

Auf dem *Westfriedhof* in der *Vaalser Straße* sind sowjetische Staatsbürger bestattet, die wahrscheinlich als Kriegsgefangene oder Zwangsarbeiter ums Leben kamen. Die einzelnen Grabplatten tragen die Namen, und ein *Mahnmal* trägt kyrillische Buchstaben und folgende deutsche Inschrift:

Hier ruhen 148 sowjetische Staatsbürger.
1941 – 1945

Auf dem *Waldfriedhof*, Monschauer Straße, sind in einem besonderen Gräberfeld 52 durch das nationalsozialistische Gewaltregime umgekommene Menschen beigesetzt. Eine *Gedenktafel* aus dem Jahre 1986 trägt die Worte:

Hier ruhen 52 Opfer der nationalsozialistischen Gewaltherrschaft. Sie mahnen uns.

Etwa die Hälfte der 52 Menschen sollen politisch Verfolgte sein. Die anderen wurden wahrscheinlich Opfer der »Euthanasie«-Morde. Die ersten Opfer unter den Patienten der Aachener Heil- und Pflegeanstalten waren 17 Juden, die Anfang Februar 1941 über Düren nach Düsseldorf-Grafenberg transportiert worden sind. Am 14. und 15. Februar 1941 wurden sie zusammen mit 39 weiteren Patienten sowie drei jüdischen Kindern mit unbekanntem Ziel »verlegt«. Wegen der räumlichen Nähe ist anzunehmen, daß diese Menschen in Hadamar (Hessen) umgebracht wurden. Im Rahmen der Mordaktionen des »Reichsausschusses zur wissenschaftlichen Erfassung von erb- und anlagebedingten schweren Leiden« an behinderten und seelisch kranken Kindern starben mindestens 12 Aachener Säuglinge und Kinder an Morphium-Skopolamin-Injektionen in der »Kinderfachabteilung« Waldniel bei Mönchengladbach (s. Schwalmtal). Fast 200 Behinderte der Alexianer-Heil- und Pflegeanstalt Aachen deportierte man in außerrheinische Anstalten. 74 Patienten kamen nach 1945 wieder zur Anstalt zurück.

Die *»Kuckhoffstraße«* erinnert an den Aachener Schriftsteller und Widerstandskämpfer Adam Kuckhoff.

Auf dem *Bunker* in der *Saarstraße* waren seit Mitte der 80er Jahre verschiedene Graffiti zu sehen, die zum Teil umstritten waren und wegen der Darstellung eines Hakenkreuzes übermalt worden sind. Hier wurden am 14. September 1944 zwei 15jährige Jungen standrechtlich erschossen, die sich aus einem verlassenen Geschäft mit Lebensmitteln versorgt hatten. Bis vor einigen Jahren war zu ihrer Erinnerung am Bunker die Inschrift zu lesen:

Am 14. 9. 44
wurden hier
zwei Jungen
von deutschen
Soldaten
ermordet!

Der »Arbeitskreis Von der Fahne«, der sich des Themas der Deserteure im Zweiten Weltkrieg angenommen hat, veranstaltete 1989 im Bunker in der Junkerstraße die *Ausstellung »Besudelt möchte ich nicht überleben«*. Darin haben sich Künstler aus der Aachener Region sowie aus den Niederlanden mit dem Thema »Desertion« auseinandergesetzt. Die Werke werden als Wanderausstellung weitergegeben.

Kontakte:
»Arbeitskreis Von der Fahne«, c/o Bernd Müllender, Neumarkt 7, 52066 Aachen; Gesellschaft für Christlich-Jüdische Zusammenarbeit e.V., Harscampstraße 20, 52062 Aachen, Tel.: 0241/479 00.

Literatur:
Arbeitskreis Von der Fahne (Hrsg.), »Besudelt möchte ich nicht überleben« (Ausstellungskatalog – Selbstverlag), Aachen 1989; Arntz, Hans-Dieter, Judenverfolgung und Fluchthilfe im deutsch-belgischen Grenzgebiet, Euskirchen 1990; Bierganz, Manfred und Kreutz, Annelie, Juden in Aachen, Aachen 1988; Kirschgens, Albert/Spelsberg, Gerd, Einigkeit statt Recht und Freiheit. Aachen 1933, Aachen 1983; Kuckhoff, Adam, Fröhlich bestehn. Prosa, Lyrik, Dramatik (mit einer ausführlichen Einleitung in das Leben und Werk), Aachen 1989; Seipolt Harry, Euthanasie in Aachen 1939–45, (Rede auf der Mahn- und Gedenkkundgebung der VVN am 15. November 1992 auf dem Waldfriedhof), in: Gegen den Strom. Eine Information der VVN-Kreisvereinigung Aachen, Aachen 1993; in Vorberei-

tung ist eine Forschungsarbeit von Harry Seipolt über Zwangssterilisation und »Euthanasie« in Aachen.

Alternative Stadtrundfahrten:
veranstaltet die Volkshochschule zweimal im Semester sowie auf Anfrage. Als Begleitmaterial dient die Broschüre zu der ebenfalls von der VHS 1987 veranstalteten Ausstellung »Aachen 1933« – Die Ausstellung ist ausleihbar (transportable Stelltafeln).
Anschrift: Peterstraße 21–25, 52062 Aachen, Tel.: 02 41/ 4 84 17.

Aegidienberg siehe Bad Honnef

Ahlen, Westfalen

Zwischen dem Neuen Rathaus und dem Gymnasium der Stadt Ahlen erinnert seit 1952 eine *Gedenktafel* an die während des Nationalsozialismus umgekommenen Bürger der Stadt:

Unseren
Opfern
von 1933
bis 1945
Die Stadt
Ahlen

Im Bereich des *Bahnhofsvorplatzes* an der Ostenpromenade wurde 1980 ein *Mahnmal* für die jüdischen Bürger Ahlens errichtet, die Opfer der nationalsozialistischen Gewaltherrschaft wurden. An dieser Stelle befand sich früher der jüdische Friedhof von Ahlen. Neben einem hohen Stein mit dem Davidstern tragen drei niedrige Steine Tafeln mit folgenden Texten:

An dieser Stelle,
einem Restteil des mittleren
Südenwalls der mittelalterlichen
Stadtbefestigung,
bestatteten von 1788 bis 1936
die jüdischen Familien aus Ahlen
ihre Toten.

Zum ehrenden Gedenken
an unsere jüdischen Mitbürger,
die Opfer nationalsozialistischer
Gewaltherrschaft geworden sind.

Kommt Ihr alle die Ihr
vorübergeht. Schauet und seht
ob ein Schmerz sei wie der Schmerz
der mir angetan worden
Klag. 1,12

Ein eindrucksvolles *Mahnmal* wurde im Jahre 1985 vor dem Haus *Klosterstraße 13,* dem Grundstück der früheren Synagoge und dem Gemeindehaus, aufgestellt. Auf einem polierten Edelstahlsockel steht die *Bronzeplastik »Fingerzeig der Geschichte«* der Wuppertaler Künstler Ulle und Herbert Hees. Leidende Menschen sind dargestellt, die durch ein Feuer getrieben werden und in den Flammen umkommen, gefesselt durch einen im Münsterland gebräuchlichen Kälberstrick. Auf den vier Seiten ist neben der Liste der ermordeten 88 jüdischen Bürger aus Ahlen zu lesen:

Auf der Klosterstraße Nr. 13 befand sich die jüdische
Elementarschule,die mit der 1757 erbauten Synagoge
in der Wandmacherstiege verbunden war,
dem religiösen und kulturellen Zentrum der Ahlener
Juden. Mit der Vertreibung der letzten noch in Ahlen
lebenden Juden aus ihrer Heimatstadt endete
im Oktober/November 1939 die jahrhundertealte
Geschichte der Jüdischen Kultusgemeinde Ahlen.

Der nationalsozialistische Rassenwahn führte
zu jener Nacht vom 9. zum 10. Nov. 1938,
die von den Nationalsozialisten »Reichskristallnacht«
genannt wurde. In dieser Nacht wurde die Synagoge
in Ahlen von Nazihorden geschändet und in Brand
gesteckt. Menschen wurden geschlagen,
ihre Wohnungen zerstört, ihre Geschäfte zertrümmert,
ein Mensch kam in dieser Nacht zu Tode.
Ein Jahr später, im November 1939, war Ahlen
»judenfrei«. Einige Menschen entkamen den
Verfolgungen, wenige überlebten den Holocaust,
die meisten wurden Opfer des Völkermords.
Die Erinnerung an das in deutschem Namen
Geschehene ist uns Mahnung für die Zukunft.

In der Angelegenheit Judenfrage in Ahlen teilte der
Verhandlungsleiter mit, daß die Juden nunmehr Ahlen
verlassen hätten . . .
(aus dem Protokoll der Sitzung der Ratsherren vom
14. November 1939)

Am Fuß des *Kriegerdenkmals* auf dem *Marktplatz* wurde am 8. Mai 1985 ergänzend eine *Bronzetafel* mit folgenden Worten angebracht:

Den
Opfern
von
Gewalt
und
Verfolgung

Auf dem *Ostfriedhof* steht am Kopf eines Gräberfeldes ein gemeinsamer *Gedenkstein* mit dem kyrillischen Text:

Hier ruhen 127 im Kriege 1941/45
verstorbene sowjetische Bürger

Es handelt sich um die Gräber von Zwangsarbeitern, deren Schicksal erst in allerjüngster Zeit von einer Schülergruppe des Städtischen Gymnasiums erforscht wurde. Die Schüler stießen im Kreisarchiv Warendorf auf einen Bestand von 997 Arbeitskarten ehemaliger Zwangsarbeiterinnen und Zwangsarbeiter, die überwiegend aus der Stadt Stalino, heute Donezk, kamen und in Ahlen vor allem zur Arbeit in der Rüstungsproduktion eingesetzt wurden. Aus der Beschäftigung der Schüler ergaben sich intensive Kontakte zu überlebenden Zwangsarbeitern, eine *Wanderausstellung* sowie ein geplantes städtisches Besuchsprogramm.

Kontakt:
Putz, Sabine, Friedrich, Gabi und Trispel Astrid, »...und trotzdem, das waren ja Menschen.« Sowjetische Zwangsarbeiter während des Zweiten Weltkrieges in Ahlen, Arbeit 12. Klasse, Städtisches Gymnasium, im Rahmen des »Schülerwettbewerbs Deutsche Geschichte« 1988/89.
Die Wanderausstellung aus 25 Tafeln zusammen mit einer ergänzenden Broschüre und Arbeitsmaterial für die Schule ist zu entleihen bei dem Tutor der Arbeit Reinhard Künnemann, Föhrenweg 48, 59229 Ahlen.

Literatur:
Bürgermeister der Stadt Ahlen (Hrsg.), Dokumentation über das Treffen ehemaliger jüdischer Mitbürger in Ahlen, Ahlen 1986; Gummersbach, Hans W., Der Weg nach Auschwitz begann in Ahlen. Vergessene Spuren der Jüdischen Gemeinde einer westfälischen Stadt, Ahlen 1988.

Aldenhoven siehe Grevenbroich

Alpen

In der *Burgstraße* ist an dem Gebäude der *früheren Synagoge,* die in der von den Nationalsozialisten zynisch »Reichskristallnacht« genannten Nacht verwüstet und angezündet wurde, eine *Gedenktafel* angebracht, die zwischen einem Davidstern und einer Ansicht der brennenden Synagoge den Text enthält:

> Sie steckten in Brand Dein Heiligtum.(Psalm 74)
> An diesem Platz stand die Synagoge
> der Jüdischen Gemeinde zu Alpen.
> Sie wurde in der Pogromnacht des
> 10. November 1938 mutwillig in
> Brand gesteckt und zerstört.
> Die jüdischen Bürger Alpens wurden
> im Zuge nationalsozialistischer
> Gewaltmaßnahmen vertrieben,
> deportiert und ermordet. Keiner
> kehrte zurück.
> Den Toten zum ehrenden Gedenken
> den Lebenden zur Mahnung.

Quelle:
Schmitter, Peter, Geschichte der Alpener Juden. Dokumente vom Alpener Beginn bis zum Leidensweg in der NS-Zeit (hrsg. vom SPD-Ortsverein Alpen), Alpen 1986.

Alsdorf, Rheinland

Im *Südpark* befindet sich ein *Ehrenmal* mit der Inschrift:

> Den Opfern des Naziregimes
> 1933 – 1945

Literatur:
Lucas, Eric, Jüdisches Leben auf dem Lande. Eine Familienchronik, Frankfurt 1991. (Der nach Palästina emigrierte Autor schildert das Leben seiner jüdischen Großfamilie in Aachen und in Hoengen, heute ein Stadtteil von Alsdorf, in dem seine Vorfahren seit Generationen dem Metzgereihandwerk und dem Viehhandel nachgingen, bis sie von den Nationalsozialisten vertrieben, enteignet oder umgebracht wurden.)

Arnsberg

Auf dem *jüdischen Friedhof* am *Seltersberg, Kuhweg* zwischen Nr. 5 und 7, wurde im Jahre 1973 ein *Gedenkstein* eingeweiht mit der Inschrift:

> Dem Gedenken der Jüdischen Gemeinde in Arnsberg
> und der jüdischen Bürger dieser Stadt,
> die in den Jahren 1933 – 1945
> Opfer der nationalsozialistischen
> Gewaltherrschaft wurden.

Attendorn, Westfalen

Am 15. August 1982 wurde auf dem *jüdischen Friedhof* eine *Gedenktafel* eingeweiht, die durch stilisierte Flammen und eine zersprungene Scheibe an die Ereignisse in der sogenannten »Reichskristallnacht«, dem staatlich organisierten Pogrom gegen die Juden am 9./10. November 1938, erinnert. In der Mitte befindet sich die Nachbildung eines Davidsterns mit der Aufschrift »Jude«. Die obere Inschrift lautet:

> In der Erinnerung ruht das
> Geheimnis der Erlösung

Darunter steht die Widmung:

> Den Opfern von Haß und Gewalt

Bad Honnef

1979 wurde in die Begrenzungsmauer des ehemaligen Synagogengrundstücks zur *Kirchstraße,* gegenüber Nr. 32, eine *Bronzeplatte* mit einer reliefartig herausgearbeiteten Darstellung der alten Synagoge und dem siebenarmigen Leuchter, der Menora, eingelassen. Die Inschrift lautet:

Hier stand bis zur Zerstörung durch die
Nationalsozialisten am 9. 11. 1938
die Synagoge der Jüdischen Gemeinde Honnef
Erinnerung – Mahnung 9. 11. 1979

Im Jahre 1968 wurde am Ende der Zypressenallee auf dem *jüdischen Friedhof* im Ortsteil *Selhof, Auf der Helte,* ein *Gedenkstein* in Form einer Stele aufgestellt. Die Inschrift lautet:

Zum ehrenden Andenken
an die jüdischen Mitbürger unserer Stadt
die in den Jahren
des nationalsozialistischen Terrors
1933–1945
ihr Leben verloren haben

In Bad Honnef-*Aegidienberg* erinnern *Mahnmale* an der *katholischen Kirche St. Aegidius* und auf dem *Friedhof* an die Opfer des Nationalsozialismus.

Literatur:
Linn, Heinrich, Synagogengemeinde Honnef, in: Ders., Juden an Rhein und Sieg (Ausstellung des Archivs des Rhein-Sieg-Kreises Mai–September 1983), Siegburg 1983, S. 328ff.

Bad Münstereifel

An dem Haus *Orchheimerstraße 17,* dem Standort der früheren Synagoge, die von den Nationalsozialisten zerstört wurde, wurde 1988 eine *Tafel* angebracht mit folgender Inschrift:

Bis 1938 Synagoge der seit
1349 bekannten Jüdischen Gemeinde.

Auf dem *jüdischen Friedhof, Am Quecken,* erinnert ein dreiteiliger *Gedenkstein* an die in die Vernichtungslager deportierten jüdischen Bürger der Gemeinde. Der obere Teil zitiert Psalm 113, Vers 7:

Aus dem Staube erhebt er die Erniedrigten.

Im mittleren Teil werden von 18 Männern und Frauen die Namen und Geburtsdaten aufgeführt, die im Jahre 1942 deportiert wurden, und der untere Teil enthält den Text:

Gewidmet dem Andenken der unter dem
nationalsozialistischen Regime
in den Tod deportierten jüdischen
Mitbürger der Stadt Münstereifel.

Bad Oeynhausen

An der *evangelischen Kirche* in der *Klosterstraße/Ecke Bismarckstraße* und auf dem *Friedhof* im Stadtteil *Rehme* erinnern *Mahnmale* an die Opfer des Nationalsozialismus.

Bad Salzuflen

Auf dem *jüdischen Friedhof* in Bad Salzuflen erinnert ein hoher *Gedenkstein,* der oben in einen siebenarmigen Leuchter mündet, an die früheren jüdischen Bürgerinnen und Bürger der Gemeinde, die der nationalsozialistischen Verfolgung zum Opfer fielen.

Bad Sassendorf siehe Soest

Beckum

Am Standort der früheren Synagoge in der *Nordstraße 8* wurde am 9. November 1988 zur Erinnerung an die Reichspogromnacht eine *Gedenktafel* angebracht mit dem Text:

Seit 1743 stand hier die Synagoge der
Jüdischen Gemeinde Beckum.
Zur Zeit der Nationalsozialistischen
Gewaltherrschaft wurde sie am
9. November 1938 zerstört.

Die Gedenktafel wird geziert von einem Davidstern, darunter in hebräischen Schriftzeichen der Vers, der auch über der Eingangstür der Synagoge stand und übersetzt lautet:

Mein Haus soll ein Bethaus sein für alle Völker
(Jesaia, Kap. 56, Vers. 7)

In der *Parkanlage am Westteich* wurde am 9. November 1975 ein *Mahnmal* des Bildhauers Heinrich Gerhard Bücker aus Vellern enthüllt. Vier grüne Dolomitsteine sind in die Wiese gesetzt, zwei in Form von Stelen, einer trägt den Davidstern und der kleinste eine Bronzetafel mit dem Text:

Kommt, Ihr alle,
die Ihr vorübergeht,
schaut und seht,
ob ein Schmerz sei wie der Schmerz,
der mir angetan.
(Klagelieder 1,12)

Dem Gedenken der
jüdischen Bürger dieser Stadt
die in den Jahren
1933 - 1945
Opfer der nationalsozialistischen
Gewaltherrschaft wurden.
Möge Ihr Andenken
uns zum Segen gereichen.

Literatur:
Krick, Hugo, Geschichte und Schicksale der Juden in Beckum (Bd. 16 der Quellen und Forschungen zur Geschichte des Kreises Warendorf, Vertrieb: Archiv des Kreises Warendorf); Lukas, Hubert, »Hier ruhen in Gottes seligem Schutz...« – Der jüdische Friedhof in Beckum (Bd. 3 der Beckumer Blätter, Hrsg. ders.), Beckum.

Bedburg-Hau

Gegenüber der Klinikkirche der *Rheinischen Landesklinik Bedburg-Hau, Schmelenheide 1,* wurde am 4. September 1989 eine *Gedenkstätte* eingeweiht. Der Einweihungstag nahm Bezug auf den 50. Jahrestag des 1. September 1939, als in der Führerkanzlei in Berlin eine neue Dienststelle eingerichtet wurde, die für die bürokratische Erfassung und Ermordung psychisch Kranker, die sogenannte Euthanasie, zuständig war. Der spätere Name der Aktion »T4« bezieht sich auf die Anschrift dieser Zentrale in der Berliner Tiergartenstraße.
Wie ein »Stein des Anstoßes« soll die Gedenkstätte wirken, die wie ein abgebrochenes Mauerwerk aus Betonstein an eine Hausecke angemauert wurde. Das Motto »Verlegt nach unbekannt« zitiert die Antwort der Mörder damals auf die besorgten Nachfragen der Verwandten nach Kindern, Geschwistern oder Ehegatten. Insgesamt wurden mehrere hundert Männer und Frauen aus dieser Klinik über Zwischenstationen wie die Klinik Galkhausen (s. Langenfeld) in die Mordkliniken gebracht, mit eigenen Transportbussen, um die Spuren zu verwischen. Die Gedenktafel auf der Wand zeigt eine Ofentür, aus welcher der Schrei eines Menschen, eine abwehrende Hand, ein Bus und eine Urne herausragen, Versinnbildlichungen des Mordablaufs. Darunter die Worte:

Wir gedenken der
ermordeten Patienten
im III. Reich.

Bergheim, Erft

Ein langgezogener Mauersockel am *Krankenhausvorplatz* in Bergheim erinnert an den Standort der ehemaligen Synagoge. Eine *Gedenktafel* zeigt in zwei Kreisen den Umriß des Baues und einen Davidstern und enthält den knappen Text:

Hier stand
bis zum Jahre 1939
die Synagoge
der Jüdischen
Gemeinde
Bergheim.

Literatur:
Friedt, Heinz Gerd, Die Geschichte der Jüdischen Gemeinde in Bergheim, hrsg. vom Verein der Heimatfreunde von Niederaußem und Auenheim., o.J. (1983); Wißkirchen, Josef, Reichspogromnacht an Rhein und Erft. Eine Dokumentation (Pulheimer Beiträge zur Geschichte und Heimatkunde, 5. Sonderveröffentlichung), Pulheim 1988, S. 116ff.

Bergisch Gladbach

Am 13. Mai 1990 wurde im Bereich des früheren *Stella-Geländes* in Bergisch Gladbach, an der Mauer des Grundstückes *Richard-Zanders-/Bensberger Straße,* eine *Gedenktafel* angebracht mit folgendem Wortlaut:

Hier
auf dem ehemaligen Gelände
des Stella-Werkes
wurden 1933 durch die SA
Kommunisten
gefangengehalten
und mißhandelt

Jüdische Bürger
wurden 1941 hier zwangsinterniert
und anschließend
in Konzentrationslager
deportiert.

Ein im Jahr zuvor an derselben Stelle und in Eigeninitiative von dem engagierten Rentner Wolfgang Kondruß angebrachter Stein mit der Inschrift

Zum Gedenken
an die Opfer des
Nazi Terrors
in unserer Stadt

war nach wenigen Tagen abgeschlagen und von der Polizei »sichergestellt« worden. Erinnert wird an dieser Stelle an ein sogenanntes wildes Lager, in dem im Juni 1933 die SA rund 30 Kommunisten festhielt und grausam mißhandelte. Später wurden hier die jüdischen Bürgerinnen und Bürger in einem sogenannten Judenhaus festgehalten und von hier in den Tod geschickt.

Eine zweite Gedenktafel wurde ebenfalls von Wolfgang Kondruß angeregt und im Dezember 1990 vom Stadtrat beschlossen. Am Gut *Haus Steinbreche* an der *Dolmanstraße* in *Refrath* wird mit dem folgenden Text an Zwangsarbeiter erinnert:

> Zum Gedenken
> Hier, an diesem Ort war während der
> Naziherrschaft ein Zwangsarbeiterlager
> der Deutschen Reichsbahn.

Am 13. Juni 1993 wurde aufgrund eines alten Vorschlages der Vereinigung der Verfolgten des Naziregimes im *Park der Villa Zander* ein *Mahnmal* zur Erinnerung an die Opfer des Nationalsozialismus der Öffentlichkeit übergeben. Der Kölner Bildhauer Heinz-Günter Prager gestaltete einen fünfeinhalb Tonnen schweren Eisenquader aus gebranntem Stahl, der auf einem gleichschenkeligen Kreuz liegt. Der Künstler Gerhard Rühm meißelte dazu eine 48 Buchstaben lange Inschrift in die Pflasterung des Bodens:

> Die Lüge von der Auschwitzlüge
> ist die furchtbarste Lüge.

Literatur:
Paul, Johann, Vom Volksrat zum Volkssturm – Berg. Gladbach-Bensberg 1918 – 1945, Bergisch Gladbach 1988.

Bergkamen

Am ehemaligen *Oberlinhaus*, einem heute von der Evangelischen Freikirchlichen Gemeinde genutzten Gebäude in der *Lentstraße* in der Bergarbeitersiedlung »Schönhausen«, wurde am 25. Oktober 1983, dem 50. Jahrestag der Schließung des Lagers Schönhausen, eine *Gedenktafel* mit folgendem Text enthüllt:

> Zum ehrenden Gedenken
> an die Opfer nationalsozialistischer
> Gewaltherrschaft 1933–1945
>
> In den Mauern dieses Hauses bestand
> im Jahre 1933 einige Monate lang das
> »Konzentrationslager Schönhausen«.
> Rund 900 Opfer des politischen
> Terrors wurden von hier aus
> in verschiedene Gefängnisse und
> Vernichtungslager weitergeleitet.
> Wir alle sind aufgerufen wachsam
> zu sein, daß ein totalitäres Regime
> nie wieder unser Land regiert.

Das Lager Schönhausen existierte vom 22. Februar bis zum 24. Oktober 1933. »Menschen, die für eine dem Regime nicht genehme politische oder weltanschauliche Überzeugung eintraten oder einfach nur verleumderisch denunziert worden waren, wurden hier wie Vieh zusammengepfercht. Viele von ihnen wurden mit brutalen Methoden zu fragwürdigen Geständnissen gezwungen und dann in eines jener Hauptlager überführt, deren erschreckend perfekte Vernichtungsmaschinerien Millionen Menschen das Leben kosteten.« Mit diesen Worten erinnerte der Bürgermeister von Bergkamen bei der Enthüllung der Gedenktafel an den Beginn des Leidensweges von NS-Gegnern in Bergkamen und Kamen (s. dort). Insgesamt wurden fast 900 »Schutzhäftlinge« festgehalten, für viele war Schönhausen erst die Anfangsstation ihres Leidensweges, der nach Buchenwald und in andere Konzentrationslager führte.

Auf dem kleinen *Friedhof* am *Pantenweg* im Ortsteil *Oberaden* sind 147 ausländische Zwangsarbeiter oder Kriegsgefangene in Einzelgräbern bestattet. Ein *Gedenkstein* erinnert an sie.

Quellen/Literatur:
Becker, Martin u.a., Das Schicksal der ausländischen Kriegsgefangenen und Fremdarbeiter in Bergkamen 1939–1945, Arbeit 10. Klasse der Friedrich-Harkort-Gemeinschaftsschule im Rahmen des »Schülerwettbewerbs Deutsche Geschichte« 1982/83; Dreßel, Klaus-Peter, Die Machtübernahme in Bergkamen und Umgebung. Bergkamener Museumsbrief – Informationen des Heimatmuseums der Stadt Bergkamen, Nr. 18, November 1982; Vereinigung der Verfolgten des Nazi-Regimes/Bund der Antifaschisten Kreis Unna-Hamm (Hrsg.), Widerstand und Verfolgung im Raum Kamen/Bergkamen – Wegweiser zu Stätten des Faschismus, Kamen-Bergkamen 1981 (Kontaktadresse: Karl Schnabel, Querstraße 17, 59192 Bergkamen).

Bestwig

Im Ortsteil *Velmede* steht vor dem *Jugendheim* ein Findling mit einer *Gedenktafel*, die an die Pogromnacht des Jahres 1938 erinnert.

Bielefeld

Am *Neuen Rathaus* am *Schillerplatz* wurde 1984 aufgrund eines Ratsbeschlusses von 1983 anläßlich des 50. Jahrestages der nationalsozialistischen Machtübernahme eine *Gedenktafel* mit folgendem Text enthüllt:

Zur Erinnerung an unsere Bürgerinnen und Bürger,
die unter der nationalsozialistischen Gewaltherrschaft
1933 bis 1945 aus rassischen, politischen, religiösen
und weltanschaulichen Gründen verfolgt worden sind.
Zum Gedenken an die Opfer in den Gefängnissen
und Konzentrationslagern, zur Mahnung an die
Lebenden, gegen Unrecht einzutreten und die Würde
des Menschen zu verteidigen.

Vor der Neubebauung und der Errichtung des Rathauses befand sich hier die Viktoriastraße. Das Haus Nr. 7 war von 1933 bis 1935/36 Sitz der Bielefelder Geheimen Staatspolizei.

Mit demselben Ratsbeschluss wurde 1983 der *Vorplatz des Hauptbahnhofs* zum Gedenken an die Bielefelder Widerstandskämpfer gegen Faschismus und Krieg *»Platz des Widerstandes«* benannt. Ein *Hinweisschild* unter dem Namensschild lautete:

Im Gedenken an alle Widerstandskämpfer
gegen die nationalsozialistische Gewaltherrschaft.
Bielefelder Bürger leisteten von 1933–1945
Widerstand gegen Faschismus und Krieg.
Über 60 Widerstandskämpfer fielen dem
NS-Terror zum Opfer.

Am 26. September 1990 wurde nach den Kommunalwahlen und einer neuen konservativen Mehrheit im Stadtrat dieser Platz wieder in »Bahnhofsplatz« zurückbenannt.

Am Gebäude *Arndtstraße 8*, das schon in der Weimarer Republik bis zum Verbot im Jahre 1933 Sitz der SPD und der Redaktion der sozialdemokratischen Zeitung »Volkswacht« war, befindet sich eine *Gedenktafel* mit folgendem Text:

»Wir fürchten nichts, weil wir wissen,
daß die Welt sozialistisch sein oder untergehen wird.
Wir fürchten nichts, weil wir wissen,
daß Deutschland in Freiheit leben muß oder –
es wird nicht sein.«

Die »Volkswacht« in ihrer letzten Ausgabe
am 27. Februar 1933

Zum Gedenken an das Verbot der
Sozialdemokratischen Partei Deutschlands
durch die nationalsozialistische Gewaltherrschaft
am 22. Juni 1933.
Bielefeld, 22. Juni 1983.
Sozialdemokratische Partei Deutschlands,
Bezirk Ostwestfalen-Lippe, Unterbezirk Bielefeld

Das Gebäude ist auch heute Sitz des Unterbezirks Bielefeld und des Bezirks Ostwestfalen-Lippe der SPD.

Auf dem *Sennefriedhof* ist die Grabstätte von 15 im Jahre 1944 hingerichteten Widerstandskämpfern. Darunter ist z.B. auch eine vom Krematorium Fürstenberg gelieferte Urne, angeblich mit der »Asche« des Antifaschisten Ernst Brune, der Mitglied der KPO (Kommunistische Partei Opposition) war, für seine politische Einstellung mit Arbeitslosigkeit und Verfolgung zahlte und am 25. April 1940 im Konzentrationslager Sachsenhausen ermordet wurde. Ein großer Grabstein trägt die Inschrift:

Ehrentafel für die politisch Verfolgten
Die Erde, in der Ihr ruht,
soll eine ganz neue werden.

Auf dem *jüdischen Friedhof* in der Nähe des Botanischen Gartens am *Haller Weg* befindet sich ein *Gedenkstein*, der unmittelbar nach Kriegsende von zwei englischen Offizieren jüdischen Glaubens aus einer alten Sandsteinplatte errichtet wurde. Der Text lautet:

In treuem Gedenken
an unsere 388
Gemeindemitglieder.
In den Jahren
1933–1945
mußten sie ihr Leben
für unser Judentum
lassen

Nach heutigen Erkenntnissen sind wesentlich mehr, nämlich über 500 jüdische Kinder, Frauen und Männer, die in Bielefeld geboren wurden oder wenigstens eine Zeitlang hier lebten, durch die Nationalsozialisten ums Leben gebracht worden.

Am Haus *Turnerstraße 5*, in dem sich heute die Holzberufsgenossenschaft befindet, wurde 1978 anläßlich des 40. Jahrestages der Reichspogromnacht ein *Gedenkstein* mit dem Bild der ehemaligen Synagoge aufgestellt. Der Text lautet:

Hier stand seit 1905 die Synagoge der
Jüdischen Gemeinde. Sie wurde in der
Nacht vom 9. zum 10. November 1938
von Nationalsozialisten niedergebrannt.

Die Volkshochschule führt »Historische Spaziergänge« durch, bei denen intensiv auf das Thema »Bielefeld zur Zeit des Nationalsozialismus« eingegangen wird.

Ausstellungen des Stadtarchivs Bielefeld,
Rohrteichstraße 19, 33602 Bielefeld:
»Im Zeichen des Hakenkreuzes – Bielefeld 1933–1945«, 1983 (auf Dias dokumentiert; Katalog s. Literatur); »Einwohner, Bürger, Entrechtete – Sieben Jahrhunderte jüdisches Leben im Raum Bielefeld«, 1988 (Katalog s. Literatur); »NS-Justiz im Landgerichtsbezirk Bielefeld« seit 1992 in Vorbereitung (dabei werden auch Details über das Gräberfeld auf dem Sennefriedhof publiziert).

Weitere Ausstellung: »Bielefeld 1932 – Am Vorabend der faschistischen Machtübernahme«, auszuleihen beim Bildungswerk für Friedensarbeit (Alfred-Bozi-Straße 10, 33602 Bielefeld).

Quellen/Literatur:
Arbeitsgruppe der Volkshochschule Bielefeld, Senne I im Nationalsozialismus 1933–1945. Ein Beitrag zur Stadtgeschichte, Bielefeld 1983; Bildungswerk für Friedensarbeit und VVN (Hrsg.), Antifaschistischer Stadtführer Bielefeld, 1986; Hey, Bernd u.a. (Hrsg.), Geschichtsabläufe. Historische Spaziergänge durch Bielefeld, 1990; Lehrke, Gisela, Bildungsmaterial zu Orten des Widerstandes und der Verfolgung in Bielefeld 1933–1945, Hrsg. Arbeit und Leben, Bielefeld 1987; Meynert Joachim/Klönne, Arno (Hrsg.), Verdrängte Geschichte. Verfolgung und Vernichtung in Ostwestfalen 1933–1945, Bielefeld 1986 (darin u.a.: Kallmeyer, Johannes, Der Feind als »Kollege und Nachbar« – Ausländische Arbeitskräfte im Raum Bielefeld 1939–1945, S. 15–38; Minninger, Monika, Politisch und religiös Verfolgte in Stadt und Kreis Bielefeld, S. 39–76; Meynert, Joachim, Zwangsarbeit und Ghettoisierung – Zur Existenz sogenannter jüdischer »Umschulungslager« 1939–1943 am Beispiel des Lagers Bielefeld-Schloßhofstraße, S. 147–168); Röhs, Karl-Wilhelm, »Der gute Ort«. Die jüdischen Friedhöfe in Bielefeld, Hrsg. Gartenamt der Stadt Bielefeld, 1987; Stadtarchiv und landesgeschichtliche Bibliothek (Hrsg.), Im Zeichen des Hakenkreuzes, Bielefeld 1933–1945, Ausstellungskatalog, Bielefeld 1983; Dies. (Hrsg.), Einwohner, Bürger, Entrechtete. Sieben Jahrhunderte jüdisches Leben im Raum Bielefeld, Ausstellung 1988.

Bocholt

In der *Eingangshalle* des *Arbeitsgerichtes Bocholt* erinnert eine am 9. November 1988 enthüllte *Tafel* an die frühere Dienststelle der Gestapo in diesem Gebäude. Der Text lautet:

> Den Opfern zum Gedenken
> In der Zeit der nationalsozialistischen Verfolgung
> befand sich in diesem Hause die Bocholter Gestapo.
> Von hier aus wurde
> – als Teil des menschenverachtenden Naziregimes –
> an der Verfolgung, Deportation und Vernichtung
> unschuldiger Menschen mitgewirkt.
> Den Lebenden zur Mahnung.

Am Haus des *Deutschen Gewerkschaftsbundes, Wesemannstraße 10,* mahnt eine *Gedenkplakette*

> Nie wieder Faschismus.

Auf dem neuen *jüdischen Friedhof* an der *Vardingholter Straße,* der 1940 anstelle des inmitten eines Neubaugebietes liegenden und damals aufgelösten alten Friedhofs eingerichtet wurde, erinnert seit 1948 ein *Gedenkstein* an die 88 Bocholter Männer, Frauen und Kinder jüdischen Glaubens, die in der Zeit des Nationalsozialismus ermordet wurden.

Am Gebäude der heutigen *Innungskrankenkasse* Bocholt am *Europaplatz* ist seit 1980 auf einer *Gedenktafel* zu lesen:

> An dieser Stelle stand
> die Synagoge der Jüdischen Gemeinde
> geschändet in der Reichskristallnacht 1938
> endgültig zerstört seit 1945.

1988 wurde im Innern eine kleine *Dauerausstellung* zur Geschichte der Jüdischen Gemeinde Bocholt und der Synagoge eröffnet, die der örtliche Verein für Heimatpflege zusammengestellt hat und die während der Schalterstunden der Innungskrankenkasse zugänglich ist. Auf drei Schautafeln werden Geschichte und Aussehen der ehemaligen Synagoge dargestellt.

Ganz in der Nähe des jüdischen Friedhofs an der *Vardingholter Straße* existiert auch der *»Russische Friedhof«,* auf dem 1 736 Opfer aus der Sowjetunion beigesetzt sind, die als Zwangsarbeiter oder Kriegsgefangene in Bocholt ums Leben kamen. Hier findet sich ein *Denkmal,* das russische Armeeangehörige ihren toten Kameraden im Jahre 1945 errichteten.

Auf dem Bocholter *Zentralfriedhof* sind 25 russische Kriegsgefangene, die Ende 1941 umkamen, bestattet, neben zwölf Zwangsarbeitern, die zwischen März und Mai 1945 ums Leben kamen.

Im Bocholter *Stadtwald* wurde am 17. Juni 1987 eine *Gedenkstätte* eingerichtet zur Erinnerung an die vielfältigen Funktionen, denen dieses Gelände diente. Man schuf einen Ort der Meditation, an dem *Erinnerungstafeln* die Geschichte des Stadtwaldlagers aufzählen: Eingerichtet für österreichische Nazis, fungierte es zunächst als Übungslager des Arbeitsdienstes; während des Krieges waren Kriegsgefangene untergebracht, hier starben auch die auf dem »Russischen Friedhof« bestatteten sowjetischen Häftlinge durch Fleckfieber, Hunger und Gewalt; später diente es als Zwangsarbeiterlager und nach dem Krieg für vielfältige Gruppen wie Kriegsgefangene, jüdische Auswanderer oder Flüchtlinge.

An den *Südbrücken* in der Bocholter Innenstadt wurde 1970 eine *Skulptur* der Jerusalemer Bildhauerin Ellen Bernkopf aufgestellt zum Gedenken an die Opfer der Konzentrationslager und die Gefallenen beider Weltkriege. Sie stellt eine sitzende weibliche Figur dar mit dem Sockeltext: »Den Opfern«.

Literatur:
Niebur, Josef, Juden in Bocholt. Dokumentation hrsg. von der Stadt Bocholt, 1988.

Bochum

An der *Pauluskirche* im Zentrum der Stadt Bochum erinnert seit 1956 die Figur einer *trauernden Mutter* an die Opfer und Toten des Krieges. Eine *Metallplatte* im Boden trägt den Text:

Den Opfern von Gewaltherrschaft und Krieg
1933 - 1945

Im Jahre 1987 schlug die Vereinigung der Verfolgten des Naziregimes (VVN) erfolglos vor, diese Gedenkstätte um drei Tafeln zu erweitern, auf denen der Opfer unter den Zwangsarbeitern in Bochum, der ermordeten Widerstandskämpfer und der deportierten umgebrachten jüdischen Bürger gedacht wird.

Im Süden der Stadt, am Rand des *Kemnader Sees,* ließ die Stadtverwaltung aufgrund eines Bürgerantrags an einem Betriebsgebäude der ehemaligen *Zeche Gibraltar* in der *Oveneystraße* eine *Mahntafel* mit folgendem Text anbringen:

In diesem Gebäude der ehemaligen Zeche Gibraltar
hielten Bochumer Nationalsozialisten im Jahre 1933
politische Gegner gefangen.
Hier wurden Mitbürger grausam mißhandelt
und gefoltert.
Stadt Bochum 1983

Nachdem man vor einigen Jahren darauf gestoßen war, daß hier ein frühes, unorganisiertes »NS-Schutzhaftlager« bestanden hatte, war zunächst die Einrichtung einer Gedenkstätte geplant, was sich jedoch nicht realisieren ließ. Die ehemaligen Betriebsgebäude der Zeche werden heute von einer Freizeitgesellschaft genutzt.

In der Schule *Hegelstraße* war im Jahre 1933 ein SA-Wachlokal eingerichtet, in dem mehrere Gegner des Nationalsozialismus erschlagen oder erschossen wurden. Eine *Gedenktafel* erinnert an diese Morde. Der Text lautet:

In diesem Gebäude ermordeten
und misshandelten Nationalsozialisten
im Frühjahr 1933 Gerther Mitbürger
Stadt Bochum 1983

Mehrere Straßen und Plätze der Stadt tragen die Namen früherer Gegner und Opfer der Nationalsozialisten. Der *Dr.-Ruer-Platz* (Fußgängerzone) ist nach dem ehemaligen Bochumer Oberbürgermeister benannt. Eine *Gedenkplatte* in der Platzmitte wurde in den Boden eingelassen; die Inschrift lautet:

Dr. Otto Ruer 1879–1933
Oberbürgermeister der Stadt Bochum 1925–1933
Von den Nationalsozialisten aus dem Amt entfernt
und in den Tod getrieben

Otto Ruer (parteilos) wurde im April 1933 in Berlin verhaftet und in das Gefängnis des Bochumer Amtsgerichts in der ABC-Straße gebracht. Nach einem Monat Untersuchungshaft wurde er entlassen. Eine Verleumdungskampagne der Nationalsozialisten trieb ihn Ende Juli 1933 in den Selbstmord.

Auf dem *Kommunalfriedhof Bochum-Weitmar, Heinrich-König-Straße 125,* wurde 1976, zu seinem 90. Geburtstag, ein *Gedenkstein* für den hier beerdigten Bochumer Kommunalpolitiker *Heinrich König* errichtet, nach dem auch die Straße benannt ist. Die Inschrift lautet:

Heinrich König 1886–1943.
In Weitmar und in Bochum Kommunalpolitiker
der SPD
von 1919 bis 1933.
Von den Nationalsozialisten verfolgt,
in die Emigration getrieben und ermordet.
Ein Kämpfer für Freiheit und Demokratie.

Heinrich König wurde in der Nacht vom 10. zum 11. März 1933 mit seinen beiden Söhnen verhaftet. Nach der Freilassung gelang ihm mit seiner Familie die Flucht ins Saargebiet. Einige Tage nach der Volksabstimmung am 13. Januar 1935, bei der rund 90 Prozent der Bevölkerung für die Rückgliederung des Saargebiets an das Deutsche Reich stimmten, flüchtete er nach Frankreich, wo er im Frühjahr 1943 an die Gestapo ausgeliefert und nach Bochum zurückgeschafft wurde. Am 7. Mai 1943 starb er im Gefängnis des Bochumer Amtsgerichts in der ABC-Straße an den Folgen der Mißhandlungen durch die Gestapo.

An den von den Nationalsozialisten ermordeten Gewerkschafter und Politiker Friedrich Husemann, Mitglied des preußischen Landtages (SPD) von 1919 bis 1924 und Mitglied des Reichstages ab 1924, erinnern der *Husemannplatz* im Zentrum sowie eine *Gedenktafel* am Standort des ehemaligen Gewerkschaftshauses des »Alten Verbandes« in der *Universitätsstraße 38a*. Der Text lautet:

Auf den Grundmauern des im Krieg zerstörten Gewerkschaftshauses des »Alten Verbandes« wurden 1950 Sozialwohnungen errichtet.
Am 11. März 1933 verwüsteten die Nationalsozialisten hier die Verwaltung des Verbandes der Bergbauindustriearbeiter Deutschlands.

Fritz Husemann, seit 1919 Vorsitzender des »Alten Verbandes« und Mitglied des Deutschen Reichstages, wurde verhaftet und am 15. April 1935 im Konzentrationslager Esterwegen ermordet.

Eine *zweite Gedenktafel* für Friedrich Husemann befindet sich am Hauptverwaltungsgebäude der Industriegewerkschaft Bergbau und Energie, *Alte Hattinger Straße 19.* Dieses Gebäude wurde im März 1983 in *»Fritz-Husemann-Haus«* umbenannt. Husemann hatte die Deutsche Arbeitsfront (DAF), eine von den Nationalsozialisten nach Zerschlagung der Gewerkschaften im Mai 1933 gebildete Organisation, die das Vermögen der Gewerkschaften eingezogen hatte, auf Entschädigungszahlungen an Gewerkschaftsangestellte verklagt. Daraufhin wurde er verhaftet und am 13. April 1935 ins Konzentrationslager Esterwegen eingeliefert, wo er zwei Tage später »auf der Flucht« erschossen wurde. Seine Urne wurde am 26. April 1935 auf dem *städtischen Hauptfriedhof* am *Freigrafendamm* beigesetzt. Die Stadt erklärte sein Grab nach dem Kriege zum *Ehrengrab.*

Der vormalige Moltkemarkt, Zentrum der Arbeiterwohnquartiere um den Bochumer Verein im Westen der City, wurde bereits im Jahre 1947 nach dem Journalisten und Bochumer Stadtverordneten Karl Springer in *»Springerplatz«* umbenannt. Springer war Redakteur der kommunistischen Zeitung »Ruhr-Echo« und wurde bereits im Februar 1933 von der SA mißhandelt und nach einer erneuten Verhaftung am 9. Oktober 1935 von der Gestapo im Polizeigefängnis zu Tode gefoltert.

Die *Franz-Vogt-Straße,* eine Stichstraße im Bereich der Hermannshöhe, wurde 1983 nach dem sozialdemokratischen Gewerkschafter und Reichsbannerführer Franz Vogt benannt. Dieser ging nach der »Machtergreifung« 1933 ins Exil, zunächst ins Saarland, dann über Luxemburg in die Niederlande und wählte nach der Besetzung Hollands durch die deutsche Wehrmacht den Freitod.

Der *Imbuschplatz* im Norden Bochums ist nach dem früheren Vorsitzenden des Gewerkvereins Christlicher Bergarbeiter Deutschlands, Heinrich Imbusch, benannt. Dieser mußte 1933 emigrieren, kehrte aber 1942 illegal zurück und arbeitete bis zu seinem Tod im Frühjahr 1945 von Essen aus im Widerstand.

Das *Evangelische Gemeindehaus* in der *Dibergstraße* wird nach dem ehemaligen Pfarrer an der Pauluskirche *»Hans-Ehrenberg-Haus«* genannt, ebenso wie der nebenan liegende *Platz.* Hans Ehrenberg gehörte zu den »Juden-Christen«, so bezeichnet, weil sie vom jüdischen Glauben zu einer christlichen Kirche konvertiert waren. Der promovierte evangelische Theologe war deshalb schon vor 1933 Ziel nationalsozialistischer Diffamierungskampagnen und mußte auch erleben, daß die evangelische Synode der Altpreußischen Union den »Arierparagraphen« der Nationalsozialisten übernommen und Geistliche »nichtarischer Abstammung« aus dem Kirchendienst entlassen hatte. Ehrenberg gehörte zu den Mitbegründern der Bekennenden Kirche, konnte sich bis zum 1. Juli 1937 im Amt halten und wurde nach der »Reichskristallnacht« in das Konzentrationslager Sachsenhausen bei Oranienburg verschleppt. Dank der Hilfe seiner nichtjüdischen Frau wurde er im Jahre 1939 entlassen und konnte nach England emigrieren. Nach ihm ist auch eine Schule in Sennestadt benannt.

Ein Wortführer der Bekennenden Kirche in Bochum war *Albert Schmidt,* Pfarrer an der Christuskirche, nach dem eine *Straße* im Griesenbruch sowie ein *Altersheim* benannt wurden. Der evangelische Theologe und Politiker gehörte 1930–32 für den Christlich-sozialen Volksdienst (ChrsV) dem Reichstag an, war im Herbst 1933 in Haft und wurde 1938 nach Protesten gegen die Verhaftung seines Amtsbruders Ehrenberg von der Kanzel verhaftet und anschließend aus der Stadt verbannt. Er starb am 20. November 1945.

An einen katholischen Priester erinnert der *Romanusplatz,* nämlich an den Franziskanerpater Romanus Bange, Pfarrer an der Christ-König-Kirche, der sich entschieden gegen die Kirchenpolitik der Nationalsozialisten wandte und im Alter von 61 Jahren bei einer Durchsuchung und Schließung des Franziskanerklosters am 21. Juli 1941 einem Herzschlag erlag.

Am ehemaligen Standort der 1938 zerstörten *Synagoge* in der *Huestraße 30* wurde an der Seitenwand des heute dort errichteten Bankgebäudes eine *Gedenktafel* mit folgendem Text angebracht:

Hier stand die im Jahre 1861 erbaute Synagoge der Jüdischen Kultusgemeinde Bochum.
Sie wurde während der nationalsozialistischen Gewaltherrschaft am 9. 11. 1938 niedergebrannt.

Auf dem *jüdischen Friedhof* im Bochumer Stadtteil *Wiemelhausen, Wasserstraße,* befinden sich 52 *Gräber* von Opfern eines Außenkommandos des Konzentrationslagers Buchenwald beim Bochumer Verein (s. unten).
An der Trauerhalle erinnert eine *Gedenktafel* an den letzten Bochumer Rabbiner Dr. Moritz David, der nach Großbritannien emigrieren konnte.

In dem heute zu Bochum zählenden Ort *Wattenscheid* wurde 1972 auf dem *jüdischen Friedhof* an der *Bochumer/Graf-Adolf-Straße* ein *Denkmal* für die 1933 – 1945 ums Leben gekommenen jüdischen Bürger aufgestellt. Der Friedhof war von den Nationalsozialisten geschändet und das Areal als Schutthalde benutzt worden. Nach dem Krieg mußten führende Nazis das Gelände eigenhändig wieder räumen; die in der NS-Zeit entfernten Grabsteine konnten bei einem Steinmetz sichergestellt und wieder errichtet werden.

In *Werne* wurde auf dem *Friedhof, Lütge Heide,* nach dem Kapp-Putsch ein *Mahnmal* für die Opfer aus den Reihen der Arbeiterbewegung aufgestellt. 1933 versteckten Friedhofsarbeiter das Denkmal in der Friedhofskapelle. Unmittelbar nach dem Krieg wurde es wieder errichtet mit einer erweiterten Inschrift für die Opfer des Spanischen Bürgerkrieges und die Opfer des Widerstands gegen das NS-Regime.

Auf dem *Hauptfriedhof Freigrafendamm* in *Altenbochum* sind über 1700 sowjetische und andere Zwangsarbeiter sowie Kriegsgefangene auf einem besonderen Gräberfeld beigesetzt, die während des NS-Regimes ums Leben kamen. Sie wurden nach dem Zweiten Weltkrieg hierher umgebettet. Hier sind auch in Einzelgräbern zahlreiche Widerstandskämpfer und Opfer aus Konzentrationslagern bestattet. Ein *Mahnmal* aus dem Jahre 1946 wurde 1964/65 durch eine *Mahntafel* ersetzt. Auf den Gräberfeldern 19 und 34 erinnern *Gedenkplatten* an ausländische Tote:

Hier ruhen
Angehörige fremder Völker
Opfer eines sinnlosen
Krieges
Sie mahnen
+ zum Frieden +

Gedenket der hier
ruhenden Kriegstoten
fremder Völker,
die gefangen und
verschleppt in
unserem Lande starben.
Überwindet den Haß
suchet den Frieden.

Die Gräberfelder sind die einzigen Hinweise auf die KZ-Außenlager und Zwangsarbeiterlager in Bochum. Der Bochumer Verein war einer der führenden Hersteller von Geschützen und Granaten und setzte Tausende von Ausländern in mehreren Lagern als Zwangsarbeiter ein. In der Brüllstraße/Kohlenstraße wurde am 21. Juni 1944 ein Außenlager des Konzentrationslagers Buchenwald eingerichtet, dessen zahlreiche vor allem jüdische Häftlinge aus Buchenwald, Neuengamme und Auschwitz in der Rüstungsproduktion eingesetzt wurden. Vor den heranrückenden Alliierten wurden die Häftlinge im März des Jahres 1945 nach Buchenwald verschleppt. Mindestens 113 Gefangene sind zwischen Juni 1944 und März 1945 in Bochum umgekommen.

In jüngerer Zeit wird die Geschichte der KZ-Außenlager und Zwangsarbeiterlager im heutigen Stadtgebiet Bochums erforscht, und im Rahmen der Städtepartnerschaft mit der Ukrainischen Bergbaustadt Donezk sind wiederholt frühere Zwangsarbeiter nach Bochum eingeladen worden. Kontakt: Gesellschaft zur Unterstützung und Förderung der Städtepartnerschaft Bochum – Donezk e.V., c/o Waltraut Jachnow, Harpener Hellweg 265, 44805 Bochum.

Stadtrundfahrten zu Stätten der Verfolgung und des Widerstandes in Bochum veranstaltet auf Anfrage: Stadtarchiv Bochum, Kronenstraße 47, 44789 Bochum, Tel.: 02 34/9 10–38 93. Dazu ist ein kommentierter Stadtplan erschienen: Stadt Bochum, Stadtarchiv (Hrsg.), Leidens-Wege in Bochum, o.J.

Filme:
Eine dreiteilige Filmreihe ist beim Stadtarchiv ausleihbar (jeweils ca. 45 Min.), Teil I: Eine Revierstadt wird braun; Teil II: Arbeiter an Rhein und Ruhr; Teil III: Stadt im Krieg – Nationalsozialismus im Alltag (Regie: Johannes Volker Wagner).

Literatur:
Grieger, Manfred, Die Bochumer Bevölkerung und die ausländischen Arbeiter, Kriegsgefangenen und KZ-Häftlinge 1939–1945, in: Archiv für die Geschichte des Widerstandes und der Arbeit, Heft 8; Ortmann, Karsten u. a., Die Reichskristallnacht und ihr Verlauf in Bochum, Arbeit 7. Klasse Hans-Böckler-Realschule, im Rahmen des »Schülerwettbewerbs Deutsche Geschichte« 1980/81; Wagner, Johannes Volker, Hakenkreuz über Bochum. Machtergreifung und nationalsozialistischer Alltag in einer Revierstadt, Bochum 1983; Ders., »...Nur Mut, sei Kämpfer!« Heinrich König. Ein Leben für die Freiheit, Bochum 1976; Wilbertz, Gisela, Jüdische Friedhöfe im heutigen Bochumer Stadtgebiet, Bochum 1988; Dies., Synagogen und jüdische Volksschulen in Bochum und Wattenscheid, Bochum 1988; Zehnter, Annette, Widerstand und Verfolgung in Bochum und Wattenscheid 1933–1945, Essen 1992.

Bönen

In Bönen sind 25 ausländische Staatsangehörige bestattet, unter ihnen Frauen und Kinder, die in den Kriegsjahren 1939–1945 ums Leben kamen. An sie erinnern Grabsteine mit Namen und Todesdaten der Opfer.

Auf dem *Friedhof* in Bönen-*Altenbögge* sind 40 sowjetische Tote in einem *Sammelgrab* und weitere

62 Tote in Einzelgräbern bestattet, wahrscheinlich Opfer von Zwangsarbeit im Raum Bönen/Bergkamen/Kamen in den Kriegsjahren 1939–1945. Die Inschrift eines Steins über dem Sammelgrab lautet:

Hier ruhen
40 Unbekannte
Bürger
der UdSSR

Bonn

Gedenkstätten in Bonn mit lokalem Bezug

Am *»Alten Zoll«* im Bonner Hofgarten wurde am 24. September 1950 ein *Basaltfindling* enthüllt, der an Bonner Opfer von Verfolgung und Widerstand erinnert. Über der Inschrift ist ein Winkel eingemeißelt, Kennzeichen der Häftlinge in den Konzentrationslagern. Die Inschrift lautet:

600 Bonner Bürger
Opfer des Nationalsozialismus
Euch
Die Ihr starbet
Entrechtet
Erniedrigt
Geschändet
Zum Gedenken
Uns
Zur Mahnung

Im Foyer des *Arbeitsgerichts Bonn, Kreuzbergweg 5*, erinnert seit 1988 eine *Gedenktafel* an die Bonner Geheime Staatspolizei (Gestapo), die hier ihren Sitz hatte. Der Text lautet:

In dem Haus Kreuzbergweg 5
befand sich von April 1938
bis März 1945 die Bonner Außenstelle der
Geheimen Staatspolizei (Gestapo), Köln.

Die Gestapostelle am Kreuzbergweg in Bonn war als Außenstelle der Gestapo Köln mit Sitz im EL-DE-Haus (s. Köln) für Bonn und die Landkreise Bonn und Euskirchen zuständig. Von hier aus ging die Geheime Staatspolizei den zahlreichen Denunziationen nach, verfolgte die politischen Gegner und Oppositionellen, überführte sie in »Arbeitserziehungs-« und Konzentrationslager oder terrorisierte während des Krieges die zahlreichen ausländischen Zwangsarbeiter. In den Haftzellen im Keller wurden Gefangene geschlagen und mißhandelt, und mehrfach vollstreckte die Gestapo Bonn auch Todesurteile an Zwangsarbeitern. Die Zellen sind zum Teil noch vorhanden, allerdings ist der ursprüngliche Zustand nicht mehr erkennbar. Nur noch ein Gitter ist original erhalten. Eine Besichtigung ist während der Öffnungszeiten des Arbeitsgerichts für Publikum nach vorheriger Anmeldung möglich.

Öffnungszeiten:
Mo – Fr 7.30 – 11.30 Uhr; Anmeldung: über Herrn Poll, Tel.: 02 28/9 85 69–27.

Bonn, Hofgarten:
1950 errichtetes Denkmal am »Alten Zoll« für Bonner Bürger und Bürgerinnen, die durch das NS-Regime verfolgt und umgebracht wurden.

In der Bonner Altstadt, *Haus Heerstraße 205,* heute der Sitz der Oscar-Romero-Gesellschaft, befand sich früher ein Frauengefängnis und in den Jahren des »Dritten Reichs« eine SS-Kaserne. Einige der zu Zellen umgebauten Kellerräume sind noch erhalten und wurden erst in jüngster Zeit von einer Schülergruppe der Gesamtschule Bonn-Beuel »wiederentdeckt«. Die Jugendlichen waren bei einer Arbeit über den Beueler Kommunisten Josef Messinger auf das Gebäude aufmerksam geworden. Josef Messinger, den die Nationalsozialisten u.a. auch in der Heerstraße brutal folterten, weil er angeblich bei einer Schlägerei im Jahre 1930 einen der ihren erschossen hatte, erlag in der Nacht vom 12. auf den 13. Juli 1933 seinen Verletzungen. Seit 1989 informiert eine *Gedenktafel* über die Geschichte des Hauses mit der folgenden Inschrift:

> In diesem Haus befand sich von 1933 bis 1945
> die Dienststelle der Bonner SS. In den Kellerräumen wurden Gegnerinnen und Gegner des
> Nationalsozialismus willkürlich festgehalten
> und gefoltert.
> Einer von ihnen, der Kommunist Josef Messinger
> aus Bonn-Beuel, wurde hier am 11. Juli 1933
> so schwer gefoltert, daß er an den Folgen starb.
> Ursprünglich wurde das Haus 1869 als Kantonsgefängnis errichtet. Es diente von 1896 bis 1930
> als Frauengefängnis.
> Willkürliche Gewalt gegenüber politischen
> Gefangenen
> könnte nicht so frei walten, wenn wir auf ihre
> Schreie achten und mit offenen Augen hinter verschlossene Türen schauen würden, um die Not zu
> erkennen und sie in die Welt hinauszuschreien.

Im Dezember des Jahres 1989 wurde auf der Rasenfläche vor dem alten »Männerhaus I« der vormaligen »Provinzial-Heil- und Pflegeanstalt« in der *Kölnstraße 218* (heute *Rheinische Landesklinik Bonn*) eine marmorne *Gedenktafel* angebracht mit der folgenden Inschrift:

> In der Zeit des Nationalsozialismus wurde
> vielen Menschen mit seelischen Erkrankungen
> und körperlichen oder geistigen Behinderungen das Lebensrecht abgesprochen.
> Hunderttausende von ihnen wurden zwangssterilisiert oder gemordet.
> Von 1939 – 1944 wurden von hier aus mindestens
> 370 Patienten, größtenteils Kinder und Jugendliche, in Tötungsanstalten abtransportiert. Nachweislich wurden mindestens 157 dieser Patienten
> getötet.
> Jeder von uns muß Sorge tragen, daß solcher Ungeist und solche Verbrechen sich nie mehr wiederholen.

Um ihre Spuren zu verwischen, wurden die Patienten über die Zwischenanstalt Andernach zur Vernichtung in die Anstalt Hadamar (s. Hessen) transportiert, die Kinder und Jugendlichen in die Heil- und Pflegeanstalt Kalmenhof bei Idstein (s. Hessen), wo sie durch Injektionen ermordet wurden. Mindestens 20 Patienten der Bonner Anstalt transportierte man in den Jahren 1943/44 direkt nach Meseritz-Obrawalde (Polen) in eine Massenvernichtungsanstalt.

Am gleichen Tag wie die Patienten der »Provinzial-Heil- und Pflegeanstalt« wurden auch die jüdischen Patienten der »Hertz'schen Privat-Heil- und Kuranstalt« im Kreuzbergweg 4 verschleppt und getötet. Die an der Greueltat beteiligten Ärzte wurden nach dem Krieg entweder nie angeklagt oder bei Gerichtsverfahren im Jahre 1948 freigesprochen.

Am Kloster *»Zur Ewigen Anbetung«* in Bonn-*Endenich, Kapellenstraße 44 – 48*, wurde 1981 eine *Gedenktafel* mit folgender Inschrift angebracht:

> Nach Vertreibung der
> Benediktinerinnen durch
> das NS-Regime diente dieses Haus
> 1941/42 als Sammellager
> für 474 jüdische Mitbürger aus
> Bonn und Umgebung.
> Von hier traten sie den Gang
> in die Vernichtungslager an.
> Nur sieben sind als überlebend bezeugt.

Am 30. April 1941 hatten die Benediktinerinnen auf Befehl der Gestapo innerhalb weniger Stunden das Kloster räumen müssen, um Platz für ein Sammellager für Juden aus Bonn und Umgebung zu schaffen, die von hier über Zwischenlager in Köln in Konzentrationslager des Ostens deportiert wurden. Im Juli 1942 wurde das Lager aufgelöst.

Im *Mathematischen Institut der Universität Bonn* erinnert eine 1980 auf Initiative von Studenten und mit Unterstützung von Professoren durch das Institut angebrachte *Gedenktafel* an den jüdischen Mathematiker Felix Hausdorff:

> An dieser Universität wirkte 1921–1935
> der Mathematiker Felix Hausdorff,
> 8. 11. 1868 – 26. 1. 1942. Er wurde von den
> Nationalsozialisten in den Tod getrieben,
> weil er Jude war. Mit ihm ehren wir alle
> Opfer der Tyrannei.
> Nie wieder Gewaltherrschaft und Krieg.

Felix Hausdorff hatte sich zusammen mit seiner Frau und seiner Schwägerin im Januar 1942 das Leben genommen, nachdem er von der bevorstehenden Deportation in das Endenicher Sammellager erfahren hatte. Nach ihm ist die *Hausdorffstraße* in Bonn-*Kessenich* benannt.

Am westlichen Brückenkopf der Kennedybrücke, am *Brückenhaus Erzbergerufer*, erinnert eine *Gedenktafel* an die 1938 in Brand gesteckte ehemalige Bonner Hauptsynagoge, die in unmittelbarer Nähe stand. Hier war das Zentrum des alten jüdischen Viertels. Die Gedenktafel an dem Brückenhaus trägt die Inschrift:

Nahe dieser Stelle stand die Synagoge.
Sie wurde im Jahre 1878 erbaut und bei
den nationalsozialistischen Gewalttaten
gegen unsere jüdischen Mitbürger
am 9. November 1938 zerstört.

Auf dem Grundstück der Synagoge selbst wurde Ende der 80er Jahre ein Hotel gebaut. 1988 wurde auf der gegenüberliegenden Seite unmittelbar am *Rheinufer* aus den Steinen der freigelegten Synagogengrundmauern eine *Gedenkanlage* errichtet, in deren offener Ziegelsteinmauer der Davidstern herausgebrochen erscheint. Eine Gedenktafel trägt die Inschrift:

Zum Gedenken an die 1879 eingeweihte,
am 10. November 1938 durch die nationalsozialistische Gewaltherrschaft zerstörte Synagoge
Bonns und an die verfolgten, vertriebenen, ums
Leben gebrachten jüdischen Bürger.

Dieses Gedenkzeichen besteht aus Steinen der
wenige Meter von hier entfernten Grundmauern
der zerstörten Synagoge. Es wurde von der
Stadt Bonn am 10. November 1988 eingeweiht.

Eines der freigelegten Säulenfragmente der früheren Hauptsynagoge wurde 1990 an der neuen im Jahre 1958 errichteten *Synagoge Tempelstraße* in einer kleinen Anlage wieder aufgestellt. Davor liegt eine *Tafel* mit der Inschrift:

Säulenfragment
unserer 1878 am Rheinufer
eingeweihten und
am 10. November 1938
durch die Nationalsozialisten
zerstörten Synagoge.

Auch die weiteren vier Synagogen im heutigen Stadtgebiet Bonn wurden in der »Reichskristallnacht« am 9./10. November 1938 angesteckt und größtenteils zerstört:

Zur Erinnerung an die Synagoge in Bonn-*Poppelsdorf, Jagdweg/Ecke Bennauerstraße,* wurden am 27. Juni 1963 ein *Gedenkstein* (Granitfindling) und zum 50. Jahrestag der »Reichskristallnacht« am 9. November 1988 eine *Menora* errichtet.

In Bonn-*Beuel, Siegfried-Leopold-Straße 44,* erinnerte seit dem 8. Mai 1965 ein *Gedenkstein* an die frühere Synagoge. Dieser Stein wurde 1992 eingebunden in eine kleine *Erinnerungsstätte* auf der gegenüberliegenden Seite, gestaltet von der Künstlerin Ruth Levine aus New York, einer ehemaligen Bonner jüdischen Bürgerin.

In Bonn-*Bad Godesberg* wurde am 4. September 1985 eine *Gedenktafel* am Standort der ehemaligen Synagoge in der *Oststraße 7* angebracht.

Zuletzt wurde am 7. September 1990 in *Mehlem* vor der alten Schule an der *Meckenheimer Straße* eine *Tafel* zur Erinnerung an die ehemalige Synagoge eingeweiht.

Auf dem *jüdischen Friedhof* in Bonn, *Römerstraße 123*, wurde 1950 ein *Mahnmal* aus Marmor enthüllt zum Gedenken an die in den Jahren von 1933 bis 1945 ums Leben gebrachten jüdischen Bürger aus Bonn und Umgebung.

Auf dem *jüdischen Friedhof* in Bonn-*Beuel*, an der *Rheinuferpromenade,* wurde am 9. November 1968 ein *Gedenkstein* für die ermordeten jüdischen Bürger enthüllt. Er trägt die Inschrift:

Erinnere Dich Deiner
Ermordeten jüdischen Mitbürger
Auf daß diese Zeit
Nie wiederkehre
Errichtet am 9. November 1968
von der Stadt Beuel

Die Stadt Bonn war ebenso wie andere Städte des Deutschen Reichs in das nationalsozialistische Lagersystem integriert.
Auf dem Gelände des heutigen Verteidigungsministeriums (Hardthöhe) bestand ein Kriegsgefangenenlager Stalag VI G, dem fast 50 000 Kriegsgefangene unterstanden.
Im Rheinhotel Dreesen, Rheinstraße 51, waren im Laufe des Krieges 80 Diplomaten, von der SS bewacht, inhaftiert. Organisatorisch war dies ein Außenkommando des Konzentrationslagers Buchenwald.
An der Kölnstraße zwischen dem heutigen Landeskrankenhaus und dem Sportpark Nord wurde ein »Arbeitserziehungslager« eingerichtet als Strafstätte vor allem für die zahlreichen Zwangsarbeiter.

Für die vor allem aus dem Osten verschleppten Männer und Frauen existierten in Bonn mindestens 20 verschiedene Zwangsarbeiterlager, deren Insassen zum Beispiel bei der Firma Ringsdorff-Werke (etwa 100 Ukrainer und Ukrainerinnen), beim Städtischen Fuhrpark (etwa 80 Sowjetbürger), in den Vereinigten Aluminium-Werken, in den Jutespinnereien an der Siegburger Straße in Beuel, dort, wo heute die Halle Beuel des Stadttheaters steht (über 900 ausländische Männer und Frauen verschiedener Nationalitäten), und in einer Reihe anderer Betriebe arbeiten mußten. In der Königswinterer Straße gab es eine »Ostarbeiterlagergemeinschaft« mit vier bis fünf Baracken für etwa 200 weibliche ausländische Gefangene.

In Bad Godesberg gab es etwa zehn Kriegsgefangenenlager für Franzosen, Sowjetbürger, Italiener, Polen u.a. Die auf dem Duisdorfer Friedhof bestatteten Toten stammen vermutlich aus einigen dieser Lager.

Die Gräber sind die einzigen sichtbaren Erinnerungsstätten für diese Opfer des Nationalsozialismus. So liegen auf dem *Friedhof* in Bonn-*Duisdorf* an der *Bahnhofstraße* in drei Sammelgräbern über 150 ausländische Kriegsgefangene und Zwangsarbeiter begraben, Sowjetbürger, Polen, Jugoslawen, Tschechen und Italiener. Ein hoher *Gedenkstein*, mit dem Sowjetstern gekrönt und mit russischer Inschrift sowie den Jahreszahlen »1941–1945«, erinnert an die sowjetischen Bürger, die in Bonn während des Krieges umkamen.

Auf dem *Nordfriedhof* an der Kölnstraße existieren zwei Gräberfelder: Auf einem überwiegen Gräber russischer Frauen und Kinder.

Und auch auf dem *Beueler Friedhof* befinden sich Grabstellen von Fremdarbeiterinnen und Fremdarbeitern, darunter eine Tafel mit den Namen von 20 russischen und polnischen Kindern.

Ein *Gedenkstein* auf dem *Küdinghovener Finkenberg* geht auf die Initiative von Schülern der Gesamtschule Beuel zurück. Sie fanden heraus, daß hier von der Gestapo am 29. Juli 1941 öffentlich die polnischen Arbeiter Felix Gabarek und Ceslaw Worech und am 4. April 1944 heimlich Tichon Sobcuk hingerichtet wurden wegen ihrer Liebe zu deutschen Frauen. Die Schüler entwarfen für die *Gedenktafel* den Text, den die zuständige Bezirksvertretung jedoch nur in einer sprachlich abgeschwächten Form übernahm, so daß heute zu lesen ist:

> In Erinnerung an die hier ohne Gerichtsverhandlung
> hingerichteten polnischen Zwangsarbeiter
> [es folgen die Namen und Lebensdaten]
> gedenken wir aller Opfer der Gewaltherrschaft.

Im Forum der *Gesamtschule Beuel*, deren Schüler sich mehrfach mit dem Thema Nationalsozialismus beschäftigten, ist seit Anfang Mai 1985 ein *Relief* mit dem Thema »Nationalsozialistische Herrschaft 1933 bis 1945« zu sehen. Schüler der Jahrgangsstufen neun und zehn haben anläßlich des 40. Jahrestages des 8. Mai 1945 zwölf Betonplatten gegossen mit Motiven zu den Themen »Judenverfolgung«, »Konzentrationslager«, »Bücherverbrennung«. Im Mittelpunkt des Werkes ist eine Darstellung der Gruppen zu sehen, die die Schüler als »Minderheiten heute« bezeichnen: Türken, Sektenangehörige, Stadtstreicher oder auch »Punks«.

Im alten Kirchturm der *St.-Andreas-Kirche* im Bad Godesberger Ortsteil *Rüngsdorf* erinnert eine *Gedenktafel* an die Opfer des Nationalsozialismus.

In den Jahren 1989/90 kam es zu lebhaften öffentlichen Debatten über ein *Deserteursdenkmal* (»Dem unbekannten Deserteur«). Das über zwei Meter hohe und zehn Tonnen schwere Objekt aus weißem Carrara-Marmor des Berliner Bildhauers Mehmet Aksoy stellt eine durch Einschüsse beschädigte Wand dar, in der die Silhouette eines Menschen scheinbar verschwindet. Der Initiator dieses Denkmals, ein Arbeitskreis des »Bonner Friedensplenums« mit dem Namen »Von der Fahne«, forderte in einem Bürgerantrag die Stadt Bonn auf, das Objekt auf dem Friedensplatz auf Dauer zu installieren. Der Antrag wurde vom Stadtrat mehrheitlich abgelehnt. Das »Friedensplenum« setzte schließlich gerichtlich für einen Tag ein »transportables Denkmal« auf einem Tieflader am 1. September 1989 auf dem Friedensplatz durch. Nach verschiedenen vorübergehenden Standorten wurde das Bonner Deserteursdenkmal im Jahre 1991 auf dem Platz der Einheit in der Bonner Patenstadt Potsdam, Brandenburg, aufgestellt.

Die Bonner Auseinandersetzungen sind im Zusammenhang mit einer seit längerem geführten Debatte um das Thema Desertion zu sehen und haben eine fruchtbare bundesweite Auseinandersetzung provoziert. Dabei meldeten sich auch ehemalige Deserteure der Deutschen Wehrmacht in einer Erklärung zu Wort, in der es hieß:

»Auch wenn wir Fahnenflüchtige uns nicht von vornherein unseres Widerstandes bewußt waren, sondern uns zunächst ›nur‹ der ständigen Entmenschlichung durch den militärischen Drill entziehen wollten, so haben wir durch vielfältige Beispiele doch Zeichen gesetzt, dem ›Führer-wir-folgen‹-Prinzip Schnippchen zu schlagen. Gründe zu desertieren gab es viele: Liebe, Heimweh und auch Angst. Alle, auch unscheinbare und scheinbar lächerliche Gründe, die Truppe zu verlassen, waren für uns verantwortliches Handeln im Gegensatz zu weiterem Mitwirken am Morden« (zitiert nach: »Frankfurter Rundschau« vom 30. August 1989).

Haus zur Vorbereitung einer Gedenkstätte für die Bonner Opfer des Nationalsozialismus – Verein »An der Synagoge« e.V.

Im Februar 1984 wurde von den Kirchen, der Bonner Synagogengemeinde, allen Bonner Stadtratsfraktionen, den Gewerkschaften, der Arbeitsgemeinschaft verfolgter Sozialdemokraten, dem Bildungswerk für Friedensarbeit, der Deutsch-Israelischen Gesellschaft, der Evangelischen Studentengemeinde, der Gesellschaft für Christlich-Jüdische Zusammenarbeit und dem Jugendring Bonn der Verein »An der Synagoge« e.V. gegründet, dessen Ziel die Einrichtung einer *Gedenkstätte zur Erinnerung an alle Opfer des Nationalsozialismus in der Stadt Bonn* ist. In der Satzung sind die drei Elemente der Zielsetzung, nämlich das Gedenken, die Dokumentation und die Begegnung aufgenommen. Inzwischen gehören dem Verein über 250 Einzelmitglieder und über 46 Organisationen an.
Der Vereinsname leitet sich von dem ursprünglich für die Gedenkstätte vorgesehenen Standort her, nämlich dem Brückenhaus an der Kennedybrücke, in unmittelbarer Nähe der früheren Hauptsynagoge, an die heute eine Tafel und die Gedenkanlage am Rheinufer erinnern (s. oben). 1985 stellte die Stadt dem Verein ein Haus in *Bad Godesberg* in der *Plittersdorfer Straße 50* als provisorische Unterkunft zur Verfügung. Dieses *»Haus zur Vorbereitung einer Bonner Gedenkstätte«*, auch *»Werkhaus«* genannt, wurde im Rahmen eines internationalen Workcamps von einer Gruppe ausländischer Jugendlicher renoviert und am 7. März 1986 offiziell eröffnet. Das Haus wurde zu einem in Bonn bekannten Informations- und Begegnungszentrum. Mehrere Ausstellungen entstanden, von denen *»Bonn in der NS-Zeit«* als *Dauerausstellung* im Werkhaus gezeigt wird. Hinzu kommt ein Gedenkraum, in dem an die mehr als 700 Bonnerinnen und Bonner erinnert wird, die zwischen 1933 und 1945 ermordet wurden oder sich aus Verzweiflung das Leben nahmen. Dieser Erinnerung dient auch ein *»Gedenkbuch«*, für welches heutige Bonner Bürger »Patenschaften« für einzelne der Ermordeten übernehmen und Daten der vergessenen Biographien der Toten zusammentragen.
Das Werkhaus ist in erster Linie als ein Ort der Begegnung, des entdeckenden Lernens und Nachdenkens konzipiert. Medien und Methoden der Arbeit sind u.a. Zeitzeugeninterviews, Bibliotheks- und Archivsammlungen, Filmvorführungen oder Stadtrundfahrten und Führungen in Bonn zu historischen Stätten nationalsozialistischer Herrschaft und Verfolgung. Im Mittelpunkt stehen die Befragung von Bonner Zeitzeugen der NS-Zeit, die Sammlung von Dokumenten und Materialien sowie die Aufbereitung von Lernmaterialien für vor allem jugendliche Besucher. Neben dem »Erinnern« sieht der Verein seine Aufgabe auch darin, über heutige rechtsextreme Gruppierungen und ihre Ideologie sowie über ausländerfeindliche Strömungen aufzuklären, nicht zuletzt angesichts neonazistischer Aktivitäten im Bonner Raum.
Inzwischen steht der Vereinsname »An der Synagoge« nicht mehr im Zusammenhang mit dem ursprünglich vorgesehenen Standort der Gedenkstätte im Brückenhaus, da das frühere Parkplatzgelände verkauft und mit einem Hotel bebaut wurde. Im September 1988 beschloß der Stadtrat zunächst, dem Verein Räume im ehemaligen Kunstmuseum in der Rathausgasse zur Verfügung zu stellen. Aus Kosten- und Zeitgründen machte die Stadtverwaltung Ende 1992 einen neuen Standortvorschlag, der vom Stadtrat schließlich im Februar 1993 beschlossen wurde: Die Gedenk- und Dokumentationsstätte wird nun – gemeinsam mit dem künftigen Historischen Stadtmuseum – im städtischen Gebäude an der *Franziskanerstraße 9* (Räume im Anbautrakt des Viktoriabades) ihr neues Domizil finden. Der Einzug ist für 1995 vorgesehen.

Anschrift:
Verein An der Synagoge e.V, Haus zur Vorbereitung einer Bonner Gedenkstätte, Plittersdorfer Straße 50, 53173 Bonn. Ab Mai 1995: Franziskanerstraße 9, 53113 Bonn, Tel.: 02 28/69 52 40. Vorsitzender: Pfarrer Klaus Kohl.

Öffnungszeiten:
Mo–Fr 9–15 Uhr.

Gedenkstätten der ehemaligen Bundeshauptstadt

Gedenktafel Abgeordneten-Hochhaus

Am Eingang zum *Abgeordneten-Hochhaus des Deutschen Bundestages* an der *Hermann-Ehlers-Straße* (»Langer Eugen« genannt) erinnert eine liegende *Gedenkplatte* an die unter der nationalsozialistischen Gewaltherrschaft verfolgten und ums Leben gekommenen Abgeordneten des ehemaligen Deutschen Reichstages. Die Inschrift lautet:

Den Mitgliedern des Deutschen Reichstages
Die für Freiheit und Recht in Deutschland einstanden
und Opfer der Tyrannei wurden
zum Gedenken

Gedenktafel Auswärtiges Amt

Im *Auswärtigen Amt, Adenauerallee 101,* erinnert seit 1961 eine *Gedenktafel* an elf oppositionelle Diplomaten, die Opfer des Putschversuchs vom 20. Juli 1944 wurden:

20. Juli 1944

Albrecht Graf von Bernstorff
Eduard Brücklmeier · Herbert Gollnow
Hans-Bernd von Haeften · Otto Kiep
Ulrich von Hassel · Richard Kuenzer
Hans Litter · Adam von Trott zu Solz
Herbert Mumm von Schwarzenstein
Werner Graf von der Schulenburg

Sie gaben ihr Leben für die
Ehre des deutschen Volkes

Gedenkstein Justizministerium

Vor dem *Bundesjustizministerium, Heinemannstraße 6*, erinnert ein *Basaltblock* als Gedenkstein an die Juristen, die Opfer der nationalsozialistischen Verfolgung wurden. Die Inschrift beginnt mit Worten aus der ersten Salomonischen Spruchsammlung des Alten Testaments:

Gerechtigkeit erhöhet ein Volk.

Zum Gedenken an alle, die im Dienst am Recht
ein Opfer der Gewaltherrschaft wurden.
Uns zur Mahnung

Gedenkstätte Bonner Nordfriedhof

Auf dem *Nordfriedhof, Kölnstraße,* befindet sich ein *Gedenkstein* mit der Inschrift:

Den Opfern der
Kriege und der
Gewaltherrschaft

Ein etwa 80 Meter langer Kiesweg führt durch Gräberreihen mit Feldsteinen zu diesem Denkmal, das in einer breit angelegten, im Halbrund gepflanzten Heckenanlage vor einem Hochkreuz aufgestellt ist. (Das Hochkreuz wurde im August 1933 errichtet.) Auf dem Friedhof sind über 2 000 Tote beider Weltkriege bestattet, darunter zivile Bombenopfer und sowjetische Zwangsarbeiter.

Seit 1980 wurde diese Gedenkstätte von der Bundesregierung für das Staatsprotokoll genutzt. Vorher hatten Kranzniederlegungen bei Staatsbesuchen im Bonner Hofgarten vor dem Akademischen Kunstmuseum stattgefunden, wo der Gedenkstein bis 1980 aufgestellt war. Er war dort am 17. Juni 1964 durch den damaligen Bundespräsidenten Heinrich Lübke als »Nationales Ehrenmal« (»Bundesehrenmal«) eingeweiht worden.

Bonn, Nordfriedhof an der Kölnstraße: Gedenkplatte aus dem Jahre 1964, als »nationales Ehrenmal« 1980 von dem alten Standort vor dem Akademischen Kunstmuseum im Bonner Hofgarten auf den Nordfriedhof in eine Gedenkanlage mit einem Hochkreuz umgesetzt. Nach der Vereinigung Deutschlands ging die Funktion dieser Gedenkstätte für das Staatsprotokoll auf die »Neue Wache« in Berlin über, die im November 1993 als zentrale Gedenkstätte der Bundesrepublik Deutschland eingeweiht wurde.

Diskussion um ein »Zentrales nationales Mahnmal«

Unter anderem wegen der ungünstigen Lage auf dem Bonner Nordfriedhof plante die Bundesregierung seit Anfang der 80er Jahre die Errichtung eines »Zentralen Mahnmals« (auch »Nationales Mahnmal« genannt) im Regierungsviertel. Vorgesehen war seit 1984 ein Standort in der Gronau am Rhein, in der Nähe des Abgeordneten-Hochhauses. Für diesen Plan einer »nationalen Gedenkstätte« engagierten sich eine Reihe von Verbänden unter der Federführung des Volksbundes Deutsche Kriegsgräberfürsorge e.V. (VDK), der im Mai 1983 ein Arbeitspapier vorlegte. Darin hieß es, »die zu schaffende nationale Gedenkstätte« solle »Opfer und Geopferte in einem versöhnenden Gedenken vereinen«. Ein ergänzendes Papier schlug als »denkbares verbindliches Zeichen« für die Gedenkstätte eine »maßstäblich überzogene Dornenkrone, schwebend oder bodennah« vor. Im August 1984 gründeten die Verbände eigens einen »Verein zur Errichtung einer Mahn- und Gedenkstätte des deutschen Volkes für die Opfer von Krieg und Gewalt« mit der Zielsetzung, »die Errichtung einer nationalen Mahn- und Gedenkstätte zu Ehren und zum mahnenden Gedenken an die Opfer der Kriege, der Gewaltherrschaft und der gegen Deutsche ausgeübten völkerrechtswidrigen Gewalt zu betreiben und zu fördern«.

Doch diese Pläne stießen auf Kritik, einmal, weil der Zentralrat der Juden in Deutschland und der Zentralrat Deutscher Sinti und Roma sowie andere Verfolgtenorganisationen nicht beteiligt waren, und zum andern, weil in der Konzeption die Frage von Schuld und Verantwortung nicht angesprochen wurde. Auch war nur von den deutschen Opfern die Rede. Ein Forum des Bundes Deutscher Architekten und des Deutschen Kulturrates im Oktober 1984 »Mahnmal der Bundeshauptstadt« führte zur Distanz der Bundesregierung vom VDK-Vorschlag. Dieser war seitdem nicht mehr Diskussionsgrundlage.

Im Juli 1985 fand eine Anhörung der SPD-Bundestagsfraktion statt. In der Diskussion, bei der sich auch Überlebende aus Konzentrationslagern zu Wort meldeten, wurde vor allem der »Opfer«-Begriff kritisiert und erörtert, wen man ehren und wessen man gedenken wolle. In einem »kollektiven Ehrenmal« stelle sich ein ganzes Volk als Opfer dar, mithin letztlich auch die Täter; die Frage nach der Verantwortung werde verschwiegen. Wichtiger als alle Symbole sei die inhaltliche Auseinandersetzung mit der deutschen Geschichte und dem Nationalsozialismus, die ein Denkmal kaum leisten könne. Die Rede des Bundespräsidenten zum 40. Jahrestag der Beendigung des Zweiten Weltkrieges am 8. Mai 1985, in der der damalige Bundespräsident Richard von Weizsäcker die Opfer von Verfolgung und Widerstand detailliert benannt und die Toten der anderen Völker einbezogen hatte, wurde als Grundlage für weitere Überlegungen angesehen. Ein gemeinsamer Entschließungsantrag aller Bundestagsfraktionen kam aber nicht zustande, und so wurden in einer Bundestagsdebatte am 25. April 1986 getrennte Vorlagen der Fraktionen beraten.

Im SPD-Antrag hieß es u.a., der Deutsche Bundestag wolle beschließen, »keinem Mahnmal zuzustimmen, das die Fragen nach Verantwortung und Schuld verschleiert und die Opfer im Kampf gegen das Unrechtsregime verschweigt. Er will auch kein Mahnmal, das sich auf die deutschen Toten des Krieges beschränkt«. Das Mahnmal solle durch ein »Denkhaus« ergänzt werden, »in dem die Menschenrechte und ihre Mißachtung durch Staats- und Kriegsterror dargestellt werden«. Die Diskussion dürfe sich nicht auf das »nationale Mahnmal« beschränken, sondern der Deutsche Bundestag solle »die vielfältigen Initiativen, an Stätten des Verbrechens in der Bundesrepublik Deutschland geeignete Formen des Gedenkens zu finden«, unterstützen.

Die Grünen erklärten in ihrem Antrag: »Die Bundesrepublik Deutschland braucht überhaupt kein ›Nationales Mahnmal‹.« Statt dessen sollten regionale und lokale Initiativen unterstützt werden, die Gedenkstätten dort errichten wollten, wo Geschichte stattgefunden habe und die Verbrechen begangen worden seien. »Jede Gleichstellung von Opfern und Tätern muß in unerträglicher Weise die noch lebenden Angehörigen und Nachkommen der Opfer beleidigen und in ihren Lebensmöglichkeiten in dieser Republik einschränken. Im Gedenken an die Toten muß in Deutschland zwischen Opfern und Tätern unterschieden werden, Schuld darf auch mit dem Tode nicht aus der Erinnerung der Menschen verschwinden. In einem nationalen Mahn- und Ehrenmal ist dies nicht möglich und nicht zumutbar.«

Die Fraktionen von CDU/CSU und FDP unterstützten die Regierungsinitiative, eine Gedenkstätte in der Nähe des Bundeshauses in der Gronau zu errichten: »Diese zentrale Gedenkstätte der Bundesrepublik Deutschland soll den Opfern der Kriege und der Gewaltherrschaft, insbesondere den Toten unseres Volkes gewidmet sein. Sie soll ein Zeichen der Trauer und Erschütterung und zugleich der Hoffnung und der Versöhnung sein. Der Respekt vor den Toten gehört zum sittlichen Erbe der Menschen.« Die provisorische Gedenkstätte auf dem Bonner Nordfriedhof werde dem nicht gerecht.

Alle Anträge wurden an den Innenausschuß verwiesen sowie an den Ausschuß für Raumordnung,

Bauwesen und Städtebau, da die Federführung für das Vorhaben in der Verantwortung des Bundesbauministers lag. 1988 meldete sich noch einmal die Arbeitsgemeinschaft der Kriegsopfer- und Kriegsteilnehmerverbände mit einer öffentlichen Erklärung zu Wort und drängte auf eine Entscheidung.
Inzwischen hat sich durch die Vereinigung Deutschlands, wodurch Berlin wieder zur Hauptstadt wurde, und mit dem Beschluß des Deutschen Bundestages vom Juni 1991, wonach Berlin auch künftiger Regierungssitz sein wird, die Entscheidungsgrundlage verändert. Die Diskussion hat sich nach Berlin verlagert. Dort ist seit dem 14. November 1993 die historische »Neue Wache« zentrale Gedenkstätte der Bundesrepublik Deutschland.

Gedenktafel Erich-Ollenhauer-Haus

Anläßlich des Jahrestages der Reichstagssitzung vom 23. März 1933, in der die SPD gegen das »Ermächtigungsgesetz« stimmte und ihr damaliger Vorsitzender Otto Wels seine berühmt gewordene Erklärung gegen das Gesetz abgab, wurde am 23. März 1994 im *Erich-Ollenhauer-Haus* eine von Kurt Neubauer geschaffene *Gedenktafel* enthüllt. Die Kupferplatte trägt in Schattenschrift die folgenden Worte:

Zum Gedenken
an die vom Naziregime
Verfolgten und Ermordeten
Sozialdemokratinnen und Sozialdemokraten

Die Tafel, die nach dem Umzug der SPD-Parteizentrale nach Berlin dort ihren endgültigen Platz finden wird, geht auf die Initiative der Arbeitsgemeinschaft verfolgter Sozialdemokraten zurück.

Straßenbenennungen

Die *Hausdorffstraße* in Bonn-*Kessenich* ist nach dem jüdischen Mathematiker Felix Hausdorff benannt (s. oben: Mathematisches Institut).

Die *Heinrich-Körner-Straße* ist nach dem Kartellsekretär der Christlichen Gewerkschaft Bonn und späteren Landesgewerkschaftsführer der Christlichen Gewerkschaften im Rheinland, Heinrich Körner, geboren 1892, benannt. Körner führte mit Dr. Paul Franken, bis 1935 Geschäftsführer des Kartellverbandes der Katholischen Studentenvereine Deutschlands (KV), eine Widerstandsgruppe. Er wurde mehrmals verhaftet. Nach seiner letzten Verhaftung im November 1944 wurde er nach Berlin-Plötzensee gebracht. Zwei Stunden nach seiner Befreiung durch die sowjetische Armee am 25. April 1945 geriet Körner mit anderen ehemaligen Häftlingen in einen Hinterhalt der SS und wurde erschossen.

Die *Joseph-Roth-Straße* in Bonn-*Bad Godesberg* ist nach dem im Jahre 1896 geborenen Lehrer und Vorsitzenden der Zentrumspartei in Bad Godesberg, Joseph Roth, benannt. Er wurde wegen seiner politischen Überzeugung mehrmals verhaftet. Nach seiner Verhaftung im Zuge der sogenannten »Gewitteraktion« am 22./23. August 1944, bei der im ganzen Reichsgebiet etwa 6 000 ehemalige Mandatsträger im Reichstag, in Land- und Kreistagen oder in Stadträten verhaftet wurden, wurde Joseph Roth ins Konzentrationslager Buchenwald verschleppt. Nach seiner Entlassung starb er am 22. Januar 1945 an den Folgen einer Benzininjektion in Buchenwald.

Die *Karl-Barth-Straße* in Bonn-*Kessenich* ist nach dem 1886 in Basel geborenen Theologen Karl Barth benannt, seit 1930 Professor für evangelische Theologie an der Universität Bonn. Er war Mitverfasser der »Barmer Theologischen Erklärung« vom 31. März 1934 (siehe Wuppertal) und wurde einer der führenden Vertreter der Bekennenden Kirche in Deutschland. Im November 1934 wurde er vom Dienst suspendiert, weil er den Diensteid auf Hitler verweigerte. Im Jahre 1935 ging er als Professor wieder nach Basel.

Die *Renoisstraße* in Bonn-*Kessenich* ist nach dem 1882 geborenen KPD-Stadtverordneten in Bonn, Otto Renois, benannt, der am 4. April 1933 verhaftet und auf dem Weg zum Gefängnis vermutlich in der Nähe des Poppelsdorfer Schlosses von SA-Männern erschossen wurde.

An den 1883 geborenen Johannes Maria Verweyen, seit 1921 Professor für Philosophie an der Bonner Universität, dem im April 1933 seine Lehrbefugnis entzogen wurde, weil er Jude war, erinnert die *Verweyenstraße* in Bonn-*Endenich.* Er wurde 1942 verhaftet und starb am 21. März 1945 im Konzentrationslager Bergen-Belsen.

Die *Zanderstraße* in Bonn-*Bad Godesberg* erinnert an den 1878 geborenen Godesberger Bürgermeister Josef Zander, Mitglied des Zentrums, der eine von der NSDAP auf der Godesburg gehißte Hakenkreuzfahne sofort wieder entfernen ließ. Eine abermalige Entfernung der Fahne, die ein paar Tage später wieder gehißt wurde, gelang ihm nicht. Bis zur Kommunalwahl im März 1933 ging er mutig und eindeutig gegen die Godesberger Nationalsozialisten vor. Schließlich »beantragte« er seine Versetzung in den Ruhestand.

Wie in vielen anderen Städten sind auch in Bonn Straßen nach prominenten Widerstandskämpfern, unter anderem aus den Widerstandskreisen des 20. Juli 1944, benannt, die keinen persönlichen Bezug zur Stadt haben (z. B.: *Goerdelerstraße, Graf-Stauffenberg-Straße, Kardinal-Galen-Straße, Nikolaus-Groß-Straße* u. a.). Einige der Straßenschilder tragen kleine Zusatzschilder mit kurzen biographischen Angaben zu den Personen. In Bonn-*Duisdorf* macht an der *Julius-Leber-Straße* zusätzlich ein *Gedenkstein* auf diese Straßenbenennungen aufmerksam.

Ausstellungen:
»Bonn in der NS-Zeit« im Werkhaus des Vereins »An der Synagoge e. V.« (s. oben).
Im Treppenhaus des Deutschen Gewerkschaftsbundes Kreis Bonn Rhein-Sieg hängt eine ständige Ausstellung zur Geschichte Bonner Gewerkschafter während der NS-Zeit: DGB Kreis Bonn Rhein-Sieg, Endenicher Straße 127, 53115 Bonn.
(An Werktagen geöffnet von 8.00 bis 22.00 Uhr.)

Alternative Stadtrundfahrten:
Der Verein »An der Synagoge« e. V. (Adresse s. oben) veranstaltet Stadtrundfahrten auf Anfrage und nach Vereinbarung.
Das Bildungswerk für Friedensarbeit, Berliner Platz 33, 53111 Bonn, Telefon 02 28/63 41 42, hat einen »Antifaschistischen Stadtführer« (3. Aufl. 1988) herausgegeben, der dort bezogen werden kann.

Quellen/Literatur:
Im Rahmen des Schülerwettbewerbs Deutsche Geschichte wurden Anfang der 80er Jahre mehrere Arbeiten verschiedener Bonner Schulklassen verfaßt (u. a. Studien über Verfolgung und Widerstand in Bonn, in Beuel, in Friesdorf, im Siebengebirgsraum; über die Provinzial-Heil- und Pflegeanstalt; über das Beethovengymnasium in der NS-Zeit; über die Deportation der Juden; »Juden ist der Besuch dt. Schulen nicht gestattet«), die in der Bibliothek des Vereins »An der Synagoge« vorhanden sind.
An der Synagoge e. V. (Hrsg.), Verfolgung und Widerstand. Bonn und die NS-Zeit in Dokumenten 1, 1990; Bildungswerk für Friedensarbeit (Hrsg.), Antifaschistischer Stadtführer – Bonn zur Zeit des Nationalsozialismus, 3. Aufl. 1988 (Bezug s. oben); Bothien, Horst-Pierre, Bonn in der NS-Zeit. Verfolgung und Widerstand (Begleitpublikation zur 7. Station der Historischen Meile 2000 Jahre Bonn), 1989; Linn, Heinrich, Juden an Rhein und Sieg. Hrsg.: Rhein-Sieg-Kreis, Oberkreisdirektor, Kreisarchiv, Siegburg 1984; Neugebauer, Otto, Der Pogrom vom 10. November 1938 in Bonn, in: Bonner Geschichtsblätter 19 (1965), S. 196–205; Ders., Ein Dokument zur Deportation der jüdischen Bevölkerung, in: Bonner Geschichtsblätter 18 (1964); Mazerath, Josef (Hrsg.), Bonn. 54 Kapitel Stadtgeschichte (darin mehrere Einzelbeiträge zum Kapitel »Faschismus«), Bonn 1989; Orth, Linda, Die Transportkinder aus Bonn, »Kindereuthanasie«, hrsg. von der Archivberatungsstelle des Rheinlandes, Bonn 1989; Schmitz, Irmgard, Bonn, in: Wegweiser durch das jüdische Rheinland, Berlin 1992, S. 38–53; Stadt Bonn/Stadtarchiv (Hrsg.), Die nationalsozialistische »Machtergreifung« in Bonn 1932/33. Pressedokumentation, Bonn 1983 (erhältlich im Stadtarchiv Bonn, Berliner Platz 2, 53111 Bonn); Weizsäcker, Richard von, Zum 40. Jahrestag der Beendigung des Krieges in Europa und der nationalsozialistischen Gewaltherrschaft. Ansprache am 8. Mai 1985 in der Gedenkstunde im Plenarsaal des Deutschen Bundestages, herausgegeben von der Bundeszentrale für politische Bildung und von den Landeszentralen für politische Bildung der elf alten Bundesländer, Bonn 1985.

Borken, Westfalen

Zum 50. Jahrestag der antisemitischen Pogromnacht im November 1938 wurden in Borken, in einer Gasse hinter dem Vinzenzhaus, *Turmstraße*, sowie im Stadtteil *Gemen, Ahauser Straße,* zwei gleichlautende *Gedenksteine* errichtet, die an die früher hier bestehenden Synagogen erinnern. Beide Gotteshäuser wurden in der Nacht vom 8. zum 9. November 1938 von den Nationalsozialisten geschändet und niedergebrannt.

Im Jahre 1988 erarbeitete ein Arbeitskreis der örtlichen Volkshochschule die Ausstellung »Leben und Schicksal der Juden in Borken«, aus der eine gleichnamige Publikation hervorging. Eines der Resultate war auch ein *Gedenkstein* mit den über 90 Namen der ermordeten Borkener jüdischen Bürger, der im Oktober 1991 in der Straße *Am Kuhn* aufgestellt wurde.

Literatur:
Oenning, Mechtild u. a., Leben und Schicksal der Juden in Borken, Borken 1989.

Bornheim, Rheinland

In der katholischen Kirche St. Georg in Bornheim-*Widdig, Römerstraße 63*, erinnert seit 1989 ein *Kirchenfenster* an den polnischen Franziskanerpater Maximilian Kolbe, der im Jahre 1941 im Konzentrationslager Auschwitz freiwillig für einen anderen Häftling in den Hungerbunker ging und nach vierwöchiger Dunkelhaft durch Injektion ermordet wurde.
Das Glasfenster des Dürener Künstlers Herb Schiffer geriet durch die »Bild«-Zeitung in die Schlagzeilen wegen zweier Hakenkreuze auf den Mützen schreiender SS-Schergen, die in der realistischen Gestaltung dem Priester Kolbe gegenübergestellt sind, der wiederum erkennbar ist an dem dreieckigen Häftlingswinkel mit einem »P« für Pole.

Bottrop

Auf einer am *Rathaus Bottrop* im Jahre 1986 angebrachten *Relieftafel* heißt es:

Nie wieder Faschismus –
Nie wieder Krieg –
Zum Gedenken an den
Widerstand in Bottrop
1933 bis 1945

In der *Tourneaustraße 11,* heute ein Möbellager, befand sich bis 1938 das jüdische Bethaus. Nach langen Jahrzehnten des Vergessens geriet seine Geschichte ans Tageslicht, als im Jahre 1989 anläßlich einer Wohnungsauflösung in Bottrop ein Koffer mit jüdischer Literatur auftauchte, der offensichtlich von ehemaligen deportierten und von den Nationalsozialisten ermordeten Bottroper Bürgern stammte. Der »Fund« wurde zur Grundlage einer »Spurensuche« genannten Ausstellung in der »Alten Synagoge Essen«, die die Geschichte der jüdischen Gemeinde Bottrop zu rekonstruieren versuchte. Die Gemeinde zählte zur Synagogenhauptgemeinde Dorsten, wo neuerdings ein Dokumentationszentrum für jüdische Geschichte und Religion existiert, in dessen Bestand die Fundstücke eingegangen sind. (s. Dorsten)

Literatur:
Alte Synagoge Essen (Hrsg.), Spurensuche. Eine Jüdische Gemeinde, die nicht mehr existiert, Ausstellungskatalog, Essen 1990. Darin u.a. Manfred Lück, Juden in Bottrop 1840–1942.

Brauweiler siehe Pulheim

Brilon

Am Rande einer kleinen Grünanlage an der Ecke *Hubertusstraße/Friedrichstraße* steht seit dem Jahre 1983 ein *Findling* an der Stelle der früheren Briloner Synagoge. Auf einer kleinen *Metalltafel* ist folgendes zu lesen:

Der Ort, an dem Du stehst
ist heiliger Boden.
Ex. 3,5
Hier stand seit 1929 die
Synagoge der Jüdischen
Gemeinde Brilon. Sie wurde
in der Pogromnacht am
9. November 1938 von Natio-
nalsozialisten zerstört.

Ein weiterer Satz, den der Landesverband der Jüdischen Kultusgemeinden von Westfalen vorgeschlagen hatte »Gedenket und vergesset nie«, wurde vom Stadtrat nicht übernommen.

Auf dem *jüdischen Friedhof,* der zentral in Brilon am *Derkerborn* hinter der Engelbertschule liegt, erinnert ein *Grabstein* der Familie Goldberg an die Familienmitglieder, die in Auschwitz vergast worden sind.

Literatur:
Demokratische Initiative Brilon (Hrsg.), Juden in Brilon zur Zeit des Nationalsozialismus. Dokumente, Familienschicksale, Zeitzeugenaussagen, Brilon 1988.

Brühl, Rheinland

Eine *Gedenktafel* an einem Wohnhaus in der *Straße »An der Synagoge«* (früher Friedrichstraße) erinnert an die Zerstörung der ehemaligen Brühler Synagoge durch die Nationalsozialisten im Jahre 1938 mit folgendem Text:

Neben diesem Gebäude stand die Synagoge.
Sie wurde im Jahre 1884 erbaut und bei
den nationalsozialistischen Gewalttaten
gegen unsere jüdischen Mitbürger
am 9. November 1938 zerstört.

Am 9. November 1992 errichtete die Brühler Sektion der »Kölnischen Gesellschaft für Christlich-Jüdische Zusammenarbeit« an einer Außenwand des Gebäudes auf der anderen Straßenseite das Modell eines neuen Mahnmals. Für kurze Zeit waren in der Mitte der dreigeteilten Giebelwand auf weißen Tafeln der Davidstern, die Gesetzestafeln Moses und die Menora, der siebenarmige Leuchter, zu sehen. Auf zwei weiteren Tafeln rechts und links konnte man folgendes lesen:

Am Morgen nach
der Reichs-Pogromnacht
dem 9. November 1938
überfielen
Brühler SA-Leute
jüdische Mitbürger
verwüsteten
ihre Wohnungen und
schändeten
die Brühler Synagoge.

Wie die Synagoge
vernichtet
im Feuer
der Brandstifter
wurden bis 1945
fünfundsechzig Brühler
ermordet
Männer Frauen Kinder
der Rest
der Jüdischen Gemeinde.

Im Jahre 1990 wurde auf Anregung der »Kölnischen Gesellschaft für Christlich-Jüdische Zusammenarbeit« die Kreuzung Köln-/Kaiserstraße in *»Leopold-Bähr-Platz«* umbenannt, um eines einfachen jüdischen Bürgers zu gedenken.

Literatur:
Becker-Jákli, Barbara, Juden in Brühl, Brühl 1988 (Schriftenreihe zur Geschichte der Stadt Brühl, Band 14, hrsg. von der Stadt Brühl); Dies., Brühl, in: Wegweiser durch das jüdische Rheinland, Berlin 1992, S. 54–63.

Bünde

Auf dem alten *jüdischen Friedhof* an der *Marktstraße* wurde am 10. November 1988 ein *Mahnmal* der Öffentlichkeit übergeben, das der ermordeten Bünder Juden gedenkt. Die Vorderseite zeigt einen siebenarmigen Leuchter und nennt insgesamt 50 Namen. Die Rückseite des Mahnmals enthält die folgende Inschrift:

> In der Pogromnacht vom 10. zum 11. November 1938
> wurden in Bünde die Synagoge und jüdisches
> Eigentum zerstört.
> Die Stadt Bünde gedenkt aller jüdischen Mitbürger,
> die in Konzentrationslagern der Massenvernichtung
> durch das nationalsozialistische Deutschland
> zum Opfer fielen. Dieses Mahnmal wurde auf dem
> ehemaligen jüdischen Friedhof 1988 errichtet.
> Die Würde des Menschen ist unantastbar.

An dem Haus *Hindenburgstraße 1,* das der jüdischen Familie Levison gehörte, ist 1978 eine *Gedenktafel* angebracht worden mit dem Text:

> In Erinnerung an die Zerstörung
> in diesem Haus während der
> »Reichskristallnacht« am 9. 11. 1938.
> Zum Gedenken den Opfern
> des Faschismus.
> Bünde, den 9. 11. 1978

An den Straßenschildern der *»Levisonstraße«,* die an diese Familie erinnert, sind Zusatzschilder angebracht mit dem Hinweis:

> Die jüdische Familie Levison
> wurde fast vollständig von den
> Nationalsozialisten ermordet.

In Bünde gibt es seit Jahren, wie überhaupt im ganzen Kreis Herford (s. dort), vielfältige historische Forschungen und Aktivitäten, die insbesondere die Regionalgeschichte in den Jahren der nationalsozialistischen Herrschaft untersuchen. Ergebnisse sind neben der Einrichtung der Gedenkstätte eine Wanderausstellung zur Geschichte der Bünder Juden und zur Reichspogromnacht, ein Videofilm und mehrere lokalgeschichtliche Publikationen.

Ausstellung:
Novemberpogrom in Bünde – Wanderausstellung (1988), ausleihbar bei der Stadtverwaltung Bünde. Dazu auch Texte und Materialien in: Norbert Sahrhage und Kerstin Stockhecke, »...sich in Zukunft mit der tragischen Geschichte auseinanderzusetzen«. Veranstaltungen der Stadt Bünde zum 50. Jahrestag des Novemberpogroms 1938. Eine Dokumentation, Bünde 1988.

Quellen/Literatur:
Videofilm »Das waren Jahre, die man gar nicht schildern kann«, (Video – 60 Minuten, Verleih Kreisbildstelle Herford).
Sahrhage, Norbert, »Juden sind in dieser Stadt unerwünscht!« Die Geschichte der Synagogengemeinde Bünde im »Dritten Reich«, Bielefeld 1988; Ders., Bünde zwischen »Machtergreifung« und Entnazifizierung. Geschichte einer westfälischen Kleinstadt von 1929 bis 1953, Bielefeld 1990.

Büren, Westfalen

Auf dem Gelände der früheren Synagoge an der *Detmarstraße* in Büren erinnert seit dem 3. November 1988 ein *Mahnmal* an die Zerstörung des jüdischen Gotteshauses in der »Reichskristallnacht« im November 1938. Das von der polnischen Künstlerin Elzbieta Szczodrowska-Peplinska geschaffene Relief enthält unter einem zerbrochenen Gebäude den Text:

> Hier stand von 1862 bis 1938
> die Synagoge der
> Jüdischen Kultusgemeinde.
> Am 10. XI. 1938 während der
> Judenverfolgung in
> Deutschland wurde
> – unter vielen anderen –
> diese Synagoge
> niedergebrannt.

Auf der *Wewelsburg,* in dem gleichnamigen westfälischen Dorf (Gemeinde Büren), ist eine *Gedenkstätte »Wewelsburg 1933–1945. Kult- und Terrorstätte der SS«* eingerichtet. Darüber hinaus erinnern eine Gedenktafel vor der Burg sowie Gedenksteine auf dem vier Kilometer entfernten Friedhof Böddeken im sogenannten »Tal des Friedens« und Reste des ehemaligen Konzentrationslagers im Ortsteil *Niederhagen* an die Geschichte der SS-Schule und an das frühere Konzentrationslager im Ort.

Am *Rondell* rechts zwischen Wachgebäude und Burg hängt seit 1984 eine *Gedenktafel* mit folgender Inschrift:

Zum ehrenden Gedenken an die Toten,
die in der Zeit nationalsozialistischer Gewaltherrschaft
während des Umbaus der Wewelsburg zur SS-Schule
hier und im nahen Konzentrationslager Niederhagen
wegen ihrer Gesinnung und ihres Glaubens
gequält und getötet worden sind.
Der Tod von nachweislich 1 285 Menschen
ist für die Lebenden stete Mahnung

Die Wewelsburg

Die 1603–1609 im Stil der Weserrenaissance erbaute, im Dreißigjährigen Krieg schwer beschädigte und danach wiederhergestellte Wewelsburg war im 17. und 18. Jahrhundert Nebenresidenz der Fürstbischöfe von Paderborn, Sitz eines Amtmanns und Gerichtsort. Das dreitürmige Gebäude mit dem Grundriß eines gleichschenkeligen Dreiecks verfiel im 19. Jahrhundert, bis es 1924 vom preußischen Staat als Ruine an den Kreis Büren verkauft wurde, der es zu einem Kulturzentrum mit Veranstaltungsräumen, Restaurant, Jugendherberge und Museum umgestaltete.

Schon zu Beginn des Jahres 1934 stand für den Reichsführer-SS Heinrich Himmler fest, daß die Wewelsburg Ort der geplanten »Reichsführerschule-SS« werden sollte. Hier sollte die »rassische Elite« der SS durch die Vermittlung »deutscher arteigener Weltanschauung« und einer »germanischen Wertlehre« zum »soldatischen Orden nordisch bestimmter Männer« erzogen werden (Günter d'Alquen, Die SS-Geschichte, Aufgabe und Organisation der Schutzstaffeln der NSDAP, Berlin 1939, S. 25). Im Juli 1934 verpachtete der Kreis Büren den Bau an die NSDAP. Nach dem Baubeginn und Versuchen, die pseudoreligiösen, rassistischen Erziehungsziele auf eine »wissenschaftliche« Basis zu stellen, änderte Himmler 1936 sein Vorhaben: Die »Schule« sollte »Kultstätte« für seinen »Orden« werden. Die Baupläne orientierten sich nun an dem Vorbild einer mittelalterlichen Königspfalz.

Im Jahre 1938 wurden die Arbeiter des Reichsarbeitsdienstes, die seit 1934 mit den Bauarbeiten an der Wewelsburg befaßt waren, für Arbeiten am »Westwall« abgezogen. Ab Mai 1939 führten Häftlinge eines Außenkommandos des Konzentrationslagers Sachsenhausen die Arbeiten an der Burg fort, die nahe der Wewelsburg untergebracht wurden.

Eine weitere Änderung der Pläne, die seit 1940 den Ausbau der Wewelsburg unter dem Eindruck des »Sieges« über Frankreich als »Mittelpunkt der Welt« vorsahen, hatte die Erweiterung des Häftlingslagers zur Folge, das ab 1941 in die Gemarkung *Niederhagen* verlegt und wenig später zum staatlichen »Konzentrationslager Niederhagen« ernannt wurde. Durch dieses »kleinste selbständige Konzentrationslager« gingen bis zum kriegsbedingten Abbruch des Wewelsburg-Projekts im Jahre 1943 etwa 3 900 Häftlinge, von denen mindestens 1 285 ermordet wurden. 734 der Toten waren Sowjetbürger, 357 deutsche und österreichische Staatsbürger, 122 von ihnen Polen. Viele der deutschen Häftlinge waren Mitglieder der Internationalen Vereinigung der Ernsten Bibelforscher, Zeugen Jehovas.

Nach Aufzeichnungen Paul Buders, eines der inhaftierten Bibelforscher, ist ein Großteil der Todesfälle

Büren-Wewelsburg: Museum des Kreises Paderborn im ehemaligen SS-Wachgebäude mit der ständigen Ausstellung/Dokumentation »Wewelsburg 1933–1945 – Kult- und Terrorstätte der SS«, eröffnet 1982.

Wewelsburg:
NS-Kultraum (»SS-Gruft«) im Nordturm der Burg. Seit 1939 mußten KZ-Häftlinge die Ausbauarbeiten an der Burg zur Kultstätte für die SS durchführen.

in Niederhagen nicht nur der harten Arbeit im Steinbruch und der schlechten Ernährung zuzuschreiben, sondern insbesondere dem sadistischen Vorgehen der Lagerkommandanten und ihrer Untergebenen, die viele Häftlinge durch physische und psychische Foltern in den Tod trieben. Dies wird auch von anderen überlebenden Häftlingen bezeugt.

Ab 1942 verfügte das Konzentrationslager Niederhagen über ein eigenes Krematorium. Das Konzentrationslager diente in den Jahren 1942/43 als Exekutionsstätte für die Gestapoleitstellen in Westfalen und Lippe. 56 Opfer der »Gestapo-Justiz«, die in Niederhagen hingerichtet wurden, sind namentlich bekannt.

Im April 1943 löste Himmler das Lager auf, da der Ausbau der Burg hinter kriegswichtiger Produktion zurücktreten mußte. Die überlebenden Häftlinge wurden in andere Konzentrationslager gebracht, nur ein »Restkommando« von knapp 50 Häftlingen blieb für Reparaturarbeiten zurück. Ein Teil des Lagers diente von da ab als Unterkunft für aus Osteuropa zwangsausgesiedelte »Volksdeutsche«.

Kurz vor Kriegsende wurde ein weiterer Teil des Lagergeländes als »Wehrertüchtigungslager« für Jugendliche verwandt, die noch in den letzten Kriegstagen zum Kampf eingesetzt werden sollten. Kurz vor dem Einmarsch der Amerikaner versuchte ein SS-Sonderkommando auf Befehl Himmlers, die Burg zu sprengen. Einen Tag später brannte sie restlos aus.

Gedenkstätte Wewelsburg

1949 wurde mit dem Wiederaufbau der Burg begonnen, der 1979 abgeschlossen war. Heute befinden sich in der Wewelsburg das Museum des Kreises Paderborn und eine Jugendherberge. Nach dem Krieg erinnerte im Ort eine Reihe von Zeichen an die Opfer der SS-Herrschaft in Wewelsburg, u.a. ein großes Holzkreuz auf dem Gelände des ehemaligen Lagers. In der Wewelsburg wurde die erhalten gebliebene »SS-Gruft« als Gedenkraum ausgestaltet. 1965 brachte man auf Initiative einer Gruppe überlebender Häftlinge im Innenhof der Burg eine Mahntafel an.

In den frühen siebziger Jahren wurde die Burg von der Kreisverwaltung in Büren innerhalb kurzer Zeit von allen Erinnerungszeichen an die Opfer der NS-Herrschaft »gesäubert«. Das Holzkreuz war wenige Jahre früher zusammengebrochen. Nachdem die Wewelsburg 1975 an den Kreis Paderborn übergegangen war und damit einer größeren Öffentlichkeit bekannt wurde, kam es zu Kritik an dem Fehlen jeglichen Zeichens der Erinnerung. Der damalige Paderborner Bundestagsabgeordnete Klaus Thüsing brachte 1977 eine Gedenktafel an mit der folgenden Inschrift:

> Den Opfern der Nazi-Diktatur
> im KZ Wewelsburg-Niederhagen zum Gedenken,
> den Lebenden zur Mahnung

Sie wurde nach wenigen Tagen von Jugendlichen entfernt. Als Folge der Aktion wurde später auf dem Kriegsgräber-Friedhof Böddeken ein Hinweis auf die KZ-Opfer aufgenommen (s. unten).

Im Innern der Wewelsburg wurde das Kreismuseum ausgeweitet und im März 1982 im eigens dafür umgebauten ehemaligen SS-Wachgebäude im Vorburgbereich die ständige *Ausstellung/Dokumentation »Wewelsburg 1933–1945 – Kult- und Terrorstätte der SS«* eröffnet. Träger der Einrichtung ist der

Kreis Paderborn. Dazu kommen im Gebäude eine zweite ständige Ausstellung zur Thematik von Flucht und Vertreibung als einem europäischen Phänomen des 20. Jahrhunderts sowie weitere Ausstellungsbereiche (s. unten).
Die Dokumentation »Kult- und Terrorstätte der SS« bietet in den ersten drei Räumen einen chronologischen Abriß der Planungen Heinrich Himmlers vom Ausbau der Burg als »Reichsführerschule-SS« (1933 bis 1936) über die Erweiterung zur »Kultstätte« (1936 bis 1940) bis zur Konzeption der SS-Burg als dem »Mittelpunkt der (germanischen) Welt« (1940 bis 1945). Der vierte Raum ist der Terrorstätte, dem Konzentrationslager Niederhagen, gewidmet. Im fünften Raum werden Fragen zur »Bewältigung« des SS-Terrors in Wewelsburg nach 1945 behandelt. Der sechste Raum informiert über die SS, ihren Aufbau und die Stellung der Wewelsburg im SS-Staat. In der Burg selber können zwei erhaltene sogenannte Kulträume besichtigt werden.
Das Kreismuseum versteht seine pädagogische Arbeit als »arbeitende Gedenkstätte«, das heißt weniger als Ort von Kranzniederlegungen als ein Ort der Aufklärung, der Mahnung und des Gedenkens. Dazu gehören neben der Dauerausstellung und den erhaltenen Räumen in der Burg Archiv und Bibliothek, Foto- und Filmsammlung, pädagogische Räume und personelle Betreuung. Sowohl Führungen und Veranstaltungen des Kreismuseums für die Besucher werden angeboten, aber auch Tagungen und Schülerprojekte anderer Träger auf der Wewelsburg unterstützt.

Das *Gelände des ehemaligen Konzentrationslagers* selbst ist Teil des Dorfes Wewelsburg. Die früheren Baracken wurden nach dem Krieg für Flüchtlinge genutzt, später schrittweise abgerissen und durch eine neue Bebauung ersetzt. Als Überreste des ehemaligen Lagers sind einige massive Bauten zu identifizieren: Das Torhaus wurde zum Wohnhaus umgebaut, die Lagerküche dient heute als Feuerwehrhaus des Dorfes. Ein Teil des Appellplatzes blieb unbebaut, und nach langen Debatten um die Akzeptanz der Geschichte des Ortes konnten sich Bewohner, Denkmalschutzbehörden und Gedenkstättenmitarbeiter im Jahre 1991 auf eine Sichtbarmachung des vormaligen *Appellplatzes* und der *Lagerstraße* einigen. Eine Gedenktafel war nicht durchzusetzen.

Einige hundert Meter davon entfernt in einem Wäldchen an der Straße nach Niederntudorf wurde 1988 durch Teilnehmer eines Internationalen Workcamps der »Aktion Sühnezeichen/Friedensdienste e.V.« der *ehemalige Schießstand* wieder freigelegt. Er war mit hoher Wahrscheinlichkeit Ort von Exekutionen an Gestapo-Gefangenen und mit Sicherheit Ort einer Massenerschießung im Jahre 1945.

Einen Hinweis auf die Opfer des Konzentrationslagers Niederhagen-Wewelsburg gibt es auf dem

Wewelsburg:
Markierung der ehemaligen Lagerstraße.
Diese und der unbebaut gebliebene Teil des vormaligen Appellplatzes wurden 1991 als Überreste des ehemaligen Konzentrationslagers im Dorf Wewelsburg sichtbar gemacht.

nahegelegenen *Ehrenfriedhof Böddeken*. Im Eingangsbereich stehen *vier Gedenksteine* mit reliefartigen Darstellungen, bei denen man auf einem jüdische Symbole, auf einem anderen eine eingeschlossene Gruppe von Menschen herauslesen kann. Dazu enthält die *Hinweistafel* am Eingang die Information:

> Ehrenfriedhof
> Hier ruhen 463 überwiegend in den letzten Tagen des II. Weltkrieges gefallene und getötete Soldaten und Zivilisten. Auf diesem Friedhof befindet sich eine Gedenkstätte für die Opfer der Gewaltherrschaft des Nationalsozialismus. Sie erinnert an unsere ermordeten jüdischen Mitbürger, an die Toten des Konzentrationslagers Niederhagen/Wewelsburg, an die Toten des Bombenkrieges, der Flucht und Vertreibung, an alle Menschen, die dem Terror zum Opfer fielen. Sie mahnt die Lebenden.
> Wir nennen diesen Ort »Tal des Friedens«.
> Kreis Paderborn.

Anfahrt nach Wewelsburg:
Mit der Bundesbahn: bis Paderborn, dann mit dem Bus in Richtung Büren bis Wewelsburg.
Mit dem Auto: Autobahn Dortmund–Kassel, Abfahrt Büren, Richtung Paderborn bis Büren-Wewelsburg bzw. Autobahn Wünnenberg-Haaren-Bielefeld, Abfahrt Etteln.

Anschrift:
Kreismuseum Wewelsburg Gedenkstätte, Burgwall 19, 33142 Büren-Wewelsburg, Tel.: 0 29 55/61 08 oder 71 20, Telefax 71 17, Leitung: Wulff E. Brebeck.

Öffnungszeiten:
Di – Fr 10–12, 13–17 Uhr, Sa 13–18 Uhr, So und Feiertag 10–12, 13–18 Uhr, Mo geschlossen. – Der Eintritt ist frei. Führungen nach Vereinbarung. Außer der Besichtigung der beiden »Kulträume« in der Burg besteht auch die Möglichkeit zu einem »zeitgeschichtlichen Rundgang« durch den Ort.

Hilfen für Studien- und Unterrichtszwecke:
Handbibliothek, Archiv, Arbeitsraum, Cafeteria; Materialien: Broschüre und Katalog, Faltblätter in verschiedenen Sprachen; Unterrichtshilfen für Lehrer; Arbeitsbögen für Schüler; Dia-Reihen mit Begleitheften (ausleihbar); Videofilme zu verschiedenen Themen aus dem Bereich des Nationalsozialismus.

Unterkunft:
In der Jugendherberge in der Wewelsburg bestehen Übernachtungsmöglichkeiten. Anmeldung: Tel.: 0 29 55/ 61 55.

Quellen/Literatur:
Aktion Sühnezeichen und Friedrich Ebert Stiftung (Hrsg.), NS-Ideologie und Neonazismus – ihre Bedeutung für die Gedenkstättenarbeit, Protokoll des Gedenkstättenseminars 16.–19. Mai 1985 im Kreismuseum Wewelsburg, o. O. o. J.; Brebeck, Wulff E., Wewelsburg – Zum Umgang der Bevölkerung mit der Erfahrung eines Konzentrationslagers im Dorf, in: Frankemöller, Hubert (Hrsg.), Opfer und Täter (s. Detmold), S. 175–202; Brebeck, Wulff, E./ Ruppert, Andreas, Wewelsburg, in: Meynert/Klönne (Hrsg.), Verdrängte Geschichte (s. Bielefeld), S. 323–372; Brebeck, Wulff E., Die Gedenkstätte im Kreismuseum Wewelsburg, in: Ders. Angela Genger/Dietfrid Krause-Vilmar/Thomas Lutz/Gunnar Richter (Hrsg.), Zur Arbeit in Gedenkstätten für die Opfer des Nationalsozialismus – ein internationaler Überblick, Berlin 1988 (Schriften zur Arbeit in den Gedenkstätten für die Opfer des Nationalsozialismus Band 1), S. 208–217; Hüser, Karl/Brebeck, Wulff E., Wewelsburg 1933–1945. Kultstätte des SS-Ordens, Münster 1988 (Westfalen im Bild, eine Bildmediensammlung zur Westf. Landeskunde, hrsg. im Auftrag des Landschaftsverbandes Westfalen-Lippe von Wolfgang Linke, Reihe: Dokumente zur Zeitgeschichte,

Wewelsburg: Ehemaliger Schießstand im Wald an der Straße nach Niederntudorf, Tatort von Exekutionen an Gestapo-Gefangenen und 1945 Ort einer Massenerschießung.

Heft 4): 12 Dias mit Begleitheft (45 S.); ders. und Brebeck, Wulff E., Wewelsburg 1933–1945. Das Konzentrationslager, Münster 1988 (ebd., Reihe: Dokumente zur Zeitgeschichte, Heft 5): 12 Dias mit Begleitheft (56 S.); Hüser, Karl, Wewelsburg 1933–1945, Kult- und Terrorstätte der SS. Eine Dokumentation, 2. Auflage Paderborn 1987; Ders., Dokumentation. Wewelsburg 1933–1945. Kult- und Terrorstätte der SS. Eine Einführung, Sonderbeilage zum ibw-Journal Heft 6/1982 (Brosch., 32 S., erhältlich beim ibw-Verlag, Busdorfwall 16, 33098 Paderborn); Nafroth, Wolfgang + Mackroth, Petra, »...das betrifft mich eigentlich nicht«. Erfahrungen mit einem Bildungsurlaub in der Umgebung des ehemaligen Konzentrationslagers Niederhagen (Materialien 2, Forum für Erwachsenenbildung), Mönchengladbach 1987.

Burscheid, Rheinland

In Burscheid erinnert seit 1982 die *»Max-Kohl-Straße«* an einen früheren Burscheider Lederfabrikanten, der als Inhaber einer Lederfabrik in Lemberg/Polen mehrfach jüdische Zwangsarbeiter vor der Deportation durch die Gestapo in die Vernichtungslager rettete. Er wurde dafür in den 70er Jahren in der Jerusalemer Gedächtnisstätte Yad Vashem als »Gerechter der Völker« geehrt. Die Max-Kohl-Straße führt unmittelbar an der ehemaligen Kohl'schen Fabrik, der »Colonia Feinlederfabrik«, vorbei, von der Luisenstraße in Richtung Thielenmühle.

Castrop-Rauxel

In der *Leonhardstraße* befindet sich ein *Mahnmal* für 53 namentlich aufgeführte Opfer des Nationalsozialismus. Es wurde 1948 von der Vereinigung der Verfolgten des Naziregimes (VVN) errichtet.

Coesfeld

Am Gotteshaus der Evangelisch-Freikirchlichen Gemeinde an der *Weberstraße* macht eine *Metalltafel* darauf aufmerksam, daß das Gebäude seit 1750 die Synagoge Coesfelds war, bis zu ihrer Schändung durch die Nationalsozialisten in der Reichspogromnacht am 9. November 1938. Die Synagoge wurde im Innern verwüstet, aber das Gebäude blieb erhalten.

Auf dem *jüdischen Friedhof* an der *Osterwickerstraße*, neben dem Haus Nr. 77, erinnert seit 1984 ein weißer *Gedenkstein* an die Opfer des Holocaust. Unter dem hebräischen Zitat aus den Klageliedern steht die Inschrift:

Schauet und seht, ob ein Schmerz sei
wie mein Schmerz.
Klag. 1,12

Gedenket der jüdischen Bürger
unserer Stadt, die in den
grauenvollen Jahren
1933 – 1945
durch Terror und Gewalt
verschleppt wurden und eines
gewaltsamen Todes starben.
Die Stadt Coesfeld

Auf dem im Zentrum der Stadt gelegenen *Jakobifriedhof* existieren mehrere *Gräber* ehemaliger russischer Zwangsarbeiter oder Kriegsgefangener. Es gab ein Arbeitslager für sowjetische Häftlinge an der ehemaligen Heinrichstraße zwischen den Firmen Hamelmann, Fritzen, Klostermann und Scholz im Bereich des Coesfelder Bahnhofs. Im Jahre 1990 beschloß die Stadt Coesfeld, neben dem Kriegerehrenmal des Ersten Weltkrieges an der *Letter Straße* ein *Mahnmal* für die Opfer nationalsozialistischer Gewaltherrschaft errichten zu lassen. Nach einem Künstlerwettbewerb entschied man sich für den Entwurf von Professor Jörg Heydemann, Billerbeck, der ein Ensemble aus Eisenbahngleis, Betonrampe und bronzener Frauenfigur darstellt, die als deutlicher Kontrast zu dem liegenden Krieger des älteren Denkmals gemeint ist.

Corvey siehe Höxter

Datteln

Auf dem *Hauptfriedhof* in Datteln befinden sich Gräber von 235 sowjetischen, sechs polnischen und 61 Staatsangehörigen anderer Nationen. Zur Erinnerung an sie und an alle Kriegstoten wurde ein *Obelisk* errichtet.

Auf dem *Südfriedhof Mecklinghoven* sind 124 sowjetische Zwangsarbeiter bestattet. Auch hier erinnert ein *Obelisk* an die vermutlich durch Bombenangriffe umgekommenen Menschen. Die als Zwangsarbeiter eingesetzten Kriegsgefangenen mußten in einer Zeche in Datteln arbeiten.

Literatur:
Bilk, Lutz, Ausländer in Datteln 1939–1945. Arbeit 8. Klasse, Städtisches Gymnasium, im Rahmen des »Schülerwettbewerbs Deutsche Geschichte« 1982/83.

Detmold

Am Standort der ehemaligen Synagoge in der *Lortzingstraße* erinnert eine *Gedenktafel* an ihre Zerstörung durch die Nationalsozialisten. Die Worte der Inschrift, deren erste Frage auch über dem Eingang der Synagoge stand, entstammen dem Buch des Propheten Maleachi, Kap. 2, Vers 10:

> Haben wir nicht alle einen Vater?
> Hat uns nicht ein Gott geschaffen?
> Warum verachten wir denn einer den anderen
> und entheiligen den Bund,
> den Gott mit unseren Vätern gemacht hat?
>
> – Zur Erinnerung an die zerstörte Synagoge 1938 –
> 10. November 1963

Prediger an dieser Synagoge war bis 1937 Moritz Rülf, der lange Jahre als Lehrer im öffentlichen Dienst beschäftigt war und sich schon lange vor der Machtübernahme der Nationalsozialisten mit antisemitischen Anwürfen und Kampagnen in Detmold auseinandersetzen mußte. Ab 1938 war Moritz Rülf Direktor des Israelitischen Kinderheims in der Lützowstraße in Köln (s. dort) bis zu dessen gewaltsamer Auflösung und Deportation aller Kinder am 20. Juli 1942 nach Minsk.

Im November 1988 wurde im Bereich der Fußgängerpassage der Detmolder Altstadt, hinter dem *Haus Exterstraße 8a,* eine *Gedenkstätte* eingeweiht, die der Künstler Wilfried Hogrefe gestaltete. Der Ort wurde gewählt, weil sich in dem Vorderhaus bis 1907 die ältere Detmolder Synagoge befand. Wie ein offener Raum sind die vier Eckpunkte des Mahnmals durch hohe Stelen markiert, in die Säulenfragmente der ehemaligen Synagoge in der Lortzingstraße eingearbeitet wurden. Ein Betonsockel vor dem Denkmal trägt eine Gedenktafel mit dem Text:

> Wir gedenken der Opfer der
> Nationalsozialistischen Gewaltherrschaft
> unter ihnen der 6.000.000 Juden,
> die in Deutschen Konzentrationslagern
> ermordet wurden.

In Detmold lebte und arbeitete der sozialdemokratische Journalist Felix Fechenbach, der das Detmolder »Volksblatt« zu einem weithin beachteten Organ gegen die Nationalsozialisten ausgebaut hatte, 1933 in »Schutzhaft« genommen und auf dem Weg ins KZ Dachau unter Anleitung des Detmolder Ortsgruppenleiters der NSDAP, Grüttemeyer, bei Warburg (s. dort Näheres) ermordet wurde.

Literatur:
Müller, Wolfgang, Moritz Rülf – ein jüdischer Lehrer in schwerer Zeit, in: Frankemöller, Hubert (Hrsg. im Auftrag der Gesellschaft für Christl.-Jüd. Zusammenarbeit Paderborn), Opfer und Täter. Zum nationalsozialistischen und antijüdischen Alltag in Ostwestfalen-Lippe, Bielefeld 1990, S. 26–53; Wagner, Gertrud und Prüter-Müller, Micheline (Hrsg.), Schwierige Erinnerung und Neue Begegnung. Dokumentation der Besuchswochen ehemaliger jüdischer Bürger in Lemgo und Detmold 1988 und 1989 (Band 1 der Schriften der Gesellschaft für Christlich-Jüdische Zusammenarbeit in Lippe e. V.), Detmold 1989; Winkel, Mark u. a., Unser Ort war ihre Heimat – Verwischte Spuren in Detmold und in unserer Schule. Arbeit 6. Klasse, Stadtgymnasium, im Rahmen des »Schülerwettbewerbs Deutsche Geschichte« 1988/89.

Dinslaken

In der *Neustraße* erinnert seit 1980 eine *Tafel* an einem *Gedenkstein* an das ehemalige jüdische Waisenhaus. Ein Text in deutscher und hebräischer Sprache lautet:

> Hier errichteten 1885 die Juden
> unserer Stadt ein Waisenhaus.
> Bis zur Zerstörung durch die Naziverbrecher
> wurden hier jüdische Vollwaisen betreut.

Am Gebäude der Dresdner Bank, *Friedrich-Ebert-Straße 67,* dem Standort der früheren Synagoge, wurde im Jahre 1980 eine *Gedenktafel* angebracht, die in Deutsch und Hebräisch die Inschrift enthält:

> Hier stand von 1434 bis 1808 das Kloster Marienkamp
> und von 1813 bis 1938 die jüdische Synagoge.
> Die Synagoge wurde am 10. November 1938
> von Naziverbrechern abgebrannt.

Am 10. November 1938 wurde nicht nur die Synagoge zerstört, sondern auch das Waisenhaus geplündert und verwüstet. Die 46 dort lebenden Menschen, darunter 32 Kinder, wurden unter den Blicken der Dinslakener Bürger aus dem Haus und in einem »Judenzug« durch den Ort getrieben, die kleinen Kinder auf einem Leiterwagen, den vier größere Jungen zogen.
50 Jahre danach gingen mehrere hundert Menschen auf einem »Weg der Erinnerung« durch die City. Daran, daß die Menschen seinerzeit wie Vieh abtransportiert wurden, sollte ein Leiterwagen erinnern, der durch die Stadt gezogen wurde. Ein künstlerischer Wettbewerb um ein *Mahnmal* wurde 1992 mit einem Entwurf des Hünxer Künstlers Alfred Grimm abgeschlossen. Danach wurde 1993 in der Nähe des Rathauses ein bronzener Leiterwagen aufgestellt, der eine Mauer durchbricht, auf der die Namen der jüdischen Waisen und der anderen Dinslakener NS-Opfer stehen. Auf dem

Wagen erinnern Koffer und Kartons mit Schuhen, Fischen, Runkelrüben, Handtaschen, Knochen oder Jacken an Gegenstände, die auf das spätere Schicksal der Juden und der anderen Opfer der nationalsozialistischen Gewalt hinweisen. Vor dem Objekt schaut man durch eine lebensgroße, bedrohlich wirkende Negativfigur auf die Szene, nimmt also als Zuschauer den Blick des »Täters« ein.

Literatur:
Grafen, Jürgen und Tohermes, Kurt, Leben und Untergang der Synagogengemeinde Dinslaken (Hrsg. Heimatverein Dinslaken), Dinslaken 1988; Herz, Yitzhak Sophoni, »Fast 50 Jahre sind vergessen«. Kristallnacht in Dinslaken am 10.11.1938, (Hrsg. Stadt Dinslaken); Sassenberg, Marina, Duisburg, in: Wegweiser durch das jüdische Rheinland, Berlin 1992, S. 84–99 (S. 96f. zum Waisenhaus Dinslaken).

Dorsten

Im Frühjahr 1992 wurde in Dorsten das *»Jüdische Museum Westfalen«* eröffnet, die einzige derartige Einrichtung in Nordrhein-Westfalen. Dieses Museum geht auf die Aktivität einer Bürgerinitiative zurück, die seit Jahren die Geschichte der Juden in Dorsten und in Westfalen erforscht und dokumentiert. Die Initiative ist als »Verein für jüdische Geschichte und Religion e.V.« auch Träger des Museums. Ausgangspunkt war Anfang der 80er Jahre eine »Forschungsgruppe Regionalgeschichte/Dorsten unter dem Hakenkreuz«, die sich um die Aufarbeitung der lokalen Geschichte kümmerte und seitdem zahlreiche Publikationen veröffentlicht hat. Es geht hier nicht nur um Schaustücke aus dem jüdischen Alltag und der Kultur, sondern das Museum ist zugleich Dokumentationszentrum und Lehrhaus für jüdische Geschichte und Religion mit einer Bibliothek, einer Kunstgalerie, einer Mediothek und einem Archiv. Ein *Gedenkbuch* im Jüdischen Museum nennt die Namen aller ermordeten Juden aus Westfalen.
Hinter dem Museum sind in dem *»Julius-Ambrunn-Skulpturengarten«* verschiedene Kunstobjekte zu sehen, die sich mit der Geschichte des Judentums und der Shoa beschäftigen beziehungsweise von jüdischen Künstlern gestaltet wurden. Ein *Gedenkstein* in Form des Davidsterns erinnert an die ermordeten Juden und die untergegangenen Gemeinden im Kreis Recklinghausen. Der Name des Skulpturengartens wie auch der Straße, an der das Museum liegt, erinnern an den letzten Vorsteher der Jüdischen Gemeinde in Dorsten, Julius Ambrunn, der 1942 nach Riga deportiert und dort erschossen wurde. Ebenso erinnert an ihn die »Julius-Ambrunn-Medaille«, die der Verein an Personen verleiht, die sich um das Judentum verdient gemacht haben.

Anschrift:
Jüdisches Museum Westfalen. Träger: »Verein für jüdische Geschichte und Religion e.V.«, Julius-Ambrunn-Straße 1, 46282 Dorsten, Tel.: 0 23 62/4 52 79.

Öffnungszeiten:
Di–Fr 10–12 und 15–18 Uhr, Sa 10–12 Uhr, So 10–12 und 14–16 Uhr. Schul- und Gruppenführungen sind nach Voranmeldung auch zu anderen Terminen möglich.

Dorsten hatte als Ort jüdischen Lebens eine größere Bedeutung im 19. Jahrhundert, als der Ort neben Recklinghausen die einzige jüdische Haupt-

Dorsten, Julius-Ambrunn-Straße: Der Skulpturengarten hinter dem Jüdischen Museum Westfalen. Im Vordergrund die Reliefsäule »Jüdisches Leben« der Dorstener Künstlerin und Nonne Tisa Gräfin von der Schulenburg.

Lagerwährung
des Ghettos Theresienstadt,
ausgestellt in einer
Vitrine des Jüdischen
Museums Westfalen
in Dorsten.

gemeinde in der Region aufwies, der zahlreiche Untergemeinden in der Nachbarschaft zugeordnet waren. Im Jahre 1932 lebten noch 47 jüdische Frauen, Männer und Kinder in Dorsten, die alle vertrieben oder umgebracht wurden. An sie erinnert eine *Gedenktafel* in der *Seitenarkade* am *Alten Rathaus, Marktplatz*, aus dem Jahre 1983. Der Text lautet:

Wir gedenken der
Jüdischen Mitbürger
Dorstens
die während der national-
sozialistischen Diktatur
gedemütigt, verfolgt, vertrie-
ben und ermordet wurden.
1933–1938 Boykott-Vertreibung
1938 Verwüstung d. Synagoge
in der Wiesenstraße
1942 Deportation in die
Konzentrationslager
Tod
Uns zur Mahnung
1983

Auf Initiative der »Forschungsgruppe Regionalgeschichte« wurden im Jahre 1984 an den *jüdischen Friedhöfen* in *Dorsten, Lembeck* und *Wulfen* gleichlautende *Erinnerungstafeln* angebracht, die wie die Tafel am Alten Rathaus von der Künstlerin Tisa von der Schulenburg (Schwester Paula OSB) gestaltet wurden. Neben dem Relief eines ausgemergelten Mannes mit dem Judenstern ist folgende Inschrift zu lesen:

Jüdischer Friedhof
Dem Gedenken
unserer
jüdischen
Mitbürger, die in den
Jahren 1933–1945
Opfer der
Gewaltherrschaft
wurden

Auf dem sogenannten *Russenfriedhof* in *Holsterhausen*, gegenüber dem Waldfriedhof, wurden fast 500 Zwangsarbeiter, Männer und Frauen, aber auch Säuglinge aus Polen und Russland begraben, die meisten anonym in sechs Massengräbern und nur

Dorsten, Altes Rathaus am Marktplatz:
Gedenktafel in der Seitenarkade
zur Erinnerung an die Verfolgung der
jüdischen Bevölkerung Dorstens (1983).

Gedenkstein auf dem »Russenfriedhof« in Dorsten-Holsterhausen mit dem Symbol von Hammer, Sichel und Sowjetstern im Giebel und einer kyrillischen Inschrift, errichtet nach dem Krieg auf Veranlassung der Alliierten. Ähnliche Gedenksteine für umgekommene Zwangsarbeiter sind auch auf einigen anderen Friedhöfen zu finden, zum Beispiel in Solingen-Gräfrath.

56 namentlich bekannte Tote in Einzelgräbern. Ein Teil der Grabstätten wurde erst nach dem Krieg, im Jahre 1949, durch Umbettungen angelegt. Dazu errichteten die Alliierten einen *Gedenkstein*, auf dem unter dem Symbol von Hammer und Sichel im Sowjetstern in kyrillischer Schrift steht (in Übersetzung):

> Hier ruhen Sowjetbürger,
> welche in deutscher faschistischer Gefangenschaft
> in der Zeit von 1941 bis 1945 gestorben sind.

Im Jahre 1985 wurde auf Initiative der »Forschungsgruppe Regionalgeschichte« daneben eine *Bronzetafel* angebracht mit der Inschrift:

> Russenfriedhof
> Zum Gedenken
> an die Männer, Frauen und Kinder,
> die während der NS-Zeit
> als Arbeitssklaven
> von weit her geholt wurden
> und in fremder Dorstener Erde
> begraben sind.
> Wir dürfen
> sie nicht vergessen

Gleichlautende *Gedenktafeln* wurden zur selben Zeit am russischen Gräberfeld auf dem gegenüberliegenden *Waldfriedhof,* auf dem *Friedhof an der Gladbecker Straße* sowie auf dem Grabfeld mit russischen und polnischen Ostarbeitern des *Kommunalfriedhofes in Hervest,* Glück-Auf-Straße, angebracht.

Auf dem Schulhof der *Geschwister-Scholl-Schule* in Dorsten-*Hardt, Nonnenkamp 22,* befindet sich eine drei Meter hohe, von vier Tafeln umgebene *Säule*, die an die Geschwister Scholl, Mitglieder der studentischen Widerstandsgruppe »Weiße Rose«, erinnert.

Literatur:
Forschungsgruppe Regionalgeschichte/Dorsten unter dem Hakenkreuz (Hrsg.), Dorsten unterm Hakenkreuz – Eine Dokumentation zur Zeitgeschichte, Band 1: Die Jüdische Gemeinde, Band 2: Kirche zwischen Anpassung und Widerstand, Band 3: Der gleichgeschaltete Alltag, Band 4: Dorsten nach der Stunde Null – Die Jahre danach 1945–1950, Band 5: Dorsten zwischen Kaiserreich und Hakenkreuz – Die Krisenjahre der Weimarer Republik, Band 6: Juden in Dorsten und in der Herrlichkeit Lembeck (alle hrsg. von Wolf Stegemann, Dorsten 1982–1992); Ders. (Hrsg.), Zeitgeschichtlicher Stadtplan; Ders., Juden in Dorsten und in der Herrlichkeit Lembeck, Dorsten 1989; Stegemann, Wolf u. Eichmann, S. Johanna, Der Davidstern. Zeichen der Schmach – Symbol der Hoffnung. Ein Beitrag zur Geschichte der Juden, Dorsten 1991; Dies., Jüdisches Museum Westfalen. Dokumentationszentrum und Lehrhaus für jüdische Geschichte und Religion in Dorsten. Ein Beitrag zur Geschichte der Juden in Westfalen – Katalog, Dorsten 1992.
Der Verein für jüdische Geschichte und Religion e.V. gibt die Zeitschrift »Schalom« als Mitteilungsblatt für Mitglieder, Freunde und Förderer heraus. Alle Literatur ist über den Verein (Adresse s.o.) zu beziehen.

Dortmund

In der *»Bittermark«*, einem parkähnlichen Waldgelände im Süden Dortmunds, wurde am Karfreitag 1960 ein von dem Architekten Will Schwarz und dem Bildhauer Karel Niestrath geschaffenes *Mahnmal* eingeweiht zur Erinnerung an die 300 Menschen, die hier und im angrenzenden *Rombergpark* in den Tagen vor und nach Ostern, viele von ihnen am Karfreitag, dem 30. März 1945, von der Gestapo erschossen worden sind. Das Mahnmal wurde gestaltet in Form eines übergroßen Hoch-

Dortmund-Bittermark: Mahnmal zur Erinnerung an die Massenerschießungen dort und im Rombergpark durch die Gestapo im Februar und März 1945. Die überlebensgroße Steinplastik in Gestalt eines hageren, gefesselten Gefangenen an der Stirnseite verkörpert den Widerstand der Ermordeten. Das bunkerartige, 3,5 Meter hohe Mahnmal wurde nach mehrjähriger Bauzeit (Architekt Will Schwarz) Karfreitag 1960 eingeweiht.

bunkers, dessen Wände von vergitterten Fensterhöhlen durchbrochen sind. An den Außenwänden sind reliefartig Häftlinge und Zwangsarbeiter dargestellt. Die großflächige Aufschrift lautet:

> Gemordet Karfreitag 1945

In der »Bittermark« sind 194 Opfer bestattet. Einige der Opfer wurden auf andere Friedhöfe umgebettet.

Unter den Opfern befanden sich Mitglieder des Dortmunder Widerstandskreises und kleinerer Widerstandsgruppen in Lippstadt (s. dort), Meinerzhagen u.a. Die meisten Opfer waren Ausländer, vornehmlich sowjetische Zwangsarbeiter und Kriegsgefangene neben Franzosen, Belgiern, Holländern, Polen und Jugoslawen. Zu den ausländischen Opfern gehörten zum Beispiel auch Mitglieder einer französischen Theatergruppe, die am 18. Februar 1945 in Iserlohn im dortigen französischen Kriegsgefangenenlager festgenommen und der Spionage beschuldigt worden waren.

Alljährlich veranstaltet die Stadt Dortmund am Karfreitag eine Gedenkfeier am Bittermark-Mahnmal.

Da dieses weitab liegt, schlug u.a. die Dortmunder Geschichtswerkstatt einen ergänzenden Hinweis vor. Seit 1989 befindet sich eine *Gedenktafel* am Eingang des *Rombergparks,* Nähe Eiskeller, mit dem Text:

> Zum ehrenden Gedenken an 300 Widerstandskämpfer
> und
> ausländische Zwangsarbeiter – Männer und Frauen –,
> die im Rombergpark und in der Bittermark in den
> letzten Monaten der nationalsozialistischen
> Gewaltherrschaft grausam ermordet worden sind.
> Viele von ihnen wurden am Ehrenmal
> in der Bittermark beigesetzt.

Im Eingangsbereich des alten Hauptgebäudes der *»Steinwache«, Steinstraße 48,* in dem sich heute die Rheinisch-Westfälische Auslandsgesellschaft befindet, wurde 1989 eine *Gedenktafel* angebracht mit dem Text:

> Die Steinwache war während der Zeit
> des Nationalsozialismus ein Gefängnis der Gestapo.
> 30 000 Verfolgte des Naziregimes wurden hier
> in der Zeit von 1933–1945 inhaftiert und
> grausam mißhandelt.
> Viele von ihnen wurden ermordet.
> Ihr Leiden mahnt uns, Menschenwürde
> und Freiheit zu verteidigen.

In dem 1929 fertiggestellten Gefängnistrakt des Polizeigefängnisses »Steinwache« hatte nach der »Machtergreifung« der Nationalsozialisten die Gestapo das Kommando übernommen. Das Gefängnis wurde zu einer berüchtigten Folterstätte und erhielt in Widerstandskreisen den Beinamen »Hölle Westdeutschlands«.

Nachdem 1982 die »Steinwache« zunächst abgerissen werden sollte, erreichte der Protest zahlreicher Bürger und Initiativen den Erhalt des Gefängnistraktes, in dem seit dem 14. Oktober 1992 die *ständige Ausstellung* des Stadtarchivs *»Widerstand und Verfolgung in Dortmund 1933 – 1945«* zu sehen ist. Das fünfgeschossige Gebäude (Zellentrakt) wurde restauriert und an einigen Stellen umgebaut.

Die bisher im »Museum am Westpark« untergebrachte Dauerausstellung wurde neu konzipiert und um neue Kapitel der Lokalgeschichte erweitert, so um die Dokumentation der NS-Justiz (Hinrichtungsort Dortmund) und um die Themen »Euthanasie«, Zwangsarbeiter in Dortmund, das Schicksal der Sinti und Roma und Desertion im Zweiten Weltkrieg.

An verschiedenen authentisch überlieferten Stellen des ehemaligen Gestapo-Gefängnisses wurden

Einzelbereiche rekonstruiert (Verhörzelle, Folterzelle, exemplarische Haftzelle) sowie Wandinschriften ausländischer Zwangsarbeiter freigelegt.

Anschrift:
Mahn- und Gedenkstätte Steinwache, Steinstraße 50, 44147 Dortmund, Tel.: 02 31/50-2 50 02.

Öffnungszeiten:
Dienstag bis Sonntag 10 bis 17 Uhr.

Ein weiterer Ort des nationalsozialistischen Terrors war der *»Lübecker Hof«,* das ehemalige Gerichtsgefängnis, heute die *Justizvollzugsanstalt Dortmund.* Im sogenannten Lübecker wurden die Menschen mit dem Fallbeil hingerichtet, darunter als erste Dortmunder Widerstandskämpfer die Kommunisten Stefan Kaptur, Hans Voit und Fritz Rapior. Am Eingang Lübecker Straße wurde im Jahre 1989 eine *Erinnerungstafel* angebracht mit der Inschrift:

Zum Gedenken an die Opfer der Willkürjustiz
die wegen ihrer Gegnerschaft zum
Nationalsozialismus
zwischen 1934 und 1945 im Gerichtsgefängnis
»Lübecker Hof« ermordet wurden.

Eine weitere Gestapozentrale, die Leitstelle für den Regierungsbezirk Arnsberg, befand sich in der *Alten Benninghofer Straße* in Dortmund-*Hörde.* Hier wurden u.a. der Massenmord am Karfreitag 1945 (s. oben) vorbereitet, zahlreiche Männer und Frauen grausam gefoltert. An der dortigen *Polizeiwache* wurde eine *Gedenktafel* angebracht mit dem Text:

Ehrendes Gedenken den in der Gestapowache
gefolterten und ermordeten Kämpfern
gegen Krieg und Faschismus.

In Hörde befand sich in einem alten Brauereikeller in der Schultenstraße auch ein SA-Quartier, in dem unmittelbar nach dem 30. Januar 1933 zahlreiche politische Gegner der Nationalsozialisten eingesperrt und mißhandelt, manche auch ermordet worden sind. Solche »wilden Lager«, die bis in den Herbst des Jahres 1933 vielfach in SA-Heimen, früheren Fabriken oder anderen Gebäuden bestanden, solange die staatliche Organisation des Terrors und die neuen Konzentrationslager noch nicht funktionierten, existierten in Dortmund auch in der Ziegelei Körne und Eving sowie in dem ehemaligen Volkshaus in der Kampstraße.

In *Hombruch* erinnert am Haus der *Bezirksverwaltungsstelle, Hombrucher Markt,* seit 1991 eine *Gedenktafel* an mehrere Gegner der Nationalsozialisten aus dem Stadtbezirk. Die Inschrift lautet wie folgt:

Den ermordeten Widerstandskämpfern
aus dem Stadtbezirk Hombruch ein
ehrendes Gedenken – stellvertretend:

Friedrich Husemann (1873–1935), Bergarbeiterführer,
Reichstagsabgeordneter der SPD, ermordet am
15. 4. 1935
im Konzentrationslager Esterwegen.

Hans Grüning (1917–1944), Mitglied des
kommunistischen Jugendverbandes, am 24. 7. 1944
im Zuchthaus Brandenburg mit dem Fallbeil hingerichtet.

Wilhelm Oberhaus (1901–1942), katholischer Priester,
Jugendseelsorger, Vikar der St. Clemens-Gemeinde,
ermordet am 20. 9. 1942 im Konzentrationslager
Dachau.

Detail einer der außen mit Reliefs überzogenen Längsseiten des Mahnmals in der Bittermark, das der Bildhauer Karel Niestrath gestaltete.

Nach dem Priester wurde auch das katholische *»Wilhelm-Oberhaus-Heim«* in Dortmund-*Hombruch* benannt, an dem eine *Gedenktafel* an ihn erinnert. Für Fritz Husemann gibt es mehrere Erinnerungen in Bochum (s. dort), dem Ort seiner gewerkschaftlichen und politischen Arbeit.

In Dortmund-*Hombruch, Deutsch-Luxemburger-Straße 31*, erinnert eine *Gedenktafel* an ein Zentrum und an den Exponenten des sozialdemokratischen Widerstandes. Dort ist zu lesen:

> In diesem Haus, der ehemaligen Leihbücherei
> Ella Henßlers,
> befand sich 1933–1936 unter Fritz Henßler
> ein Dortmunder Zentrum des sozialdemokratischen
> Widerstandes gegen das Nazi-Regime.
> Verhaftung Fritz Henßlers 1936,
> Gefängnis und Konzentrationslager bis 1945
> Oberbürgermeister 1946–1953+

In Dortmund-*Huckarde* steht an der *Rahmer Straße* ein *Gedenkstein* zur Erinnerung an die beiden Kommunisten Kasimir (Bruno) Nowak und Karl Altenhenne. Die beiden gehörten zum führenden Zirkel der Partei: Nowak war zeitweilig Vorsitzender, Altenhenne für die Kommunisten bis 1933 im Stadtrat. Sie wurden am Karfreitag 1945 in der Bittermark (s. oben) umgebracht.

An den *Standorten der Synagogen* in Dortmund, die in der von den Nationalsozialisten so bezeichneten »Reichskristallnacht« zerstört wurden, erinnern *Gedenktafeln* oder *Mahnmale* an die Geschichte dieser Orte und Gebäude:

Am Platz der Alten Synagoge, dem *Opernvorplatz Ecke Hansastraße/Hiltropwall,* steht seit 1990 ein Granitblock, in den das Bild der früheren Synagoge eingemeißelt ist. An der Stirnseite ist zu lesen:

> Auf diesem Platz stand einst die Synagoge
> der Jüdischen Gemeinde Dortmund.
> 1900 errichtet als
> »Zierde der Stadt für ewige Zeiten«,
> 1938 zerstört durch den Terror des Naziregimes.
>
> Gedenke, Ewiger, was an uns geschah.
> Den jüdischen Bürgerinnen und Bürgern unserer
> Stadt,
> die von 1933 – 1945 Opfer nationalsozialistischer
> Gewaltherrschaft wurden, zum Gedenken.
> Allen Lebenden zur ewigen Mahnung.

In Dortmund-*Dorstfeld, Dorstfelder Hellweg/ Ecke Arminiusstraße,* wurde 1989 eine *Plastik* des Künstlers Israel Lanzmann aufgestellt. Ein sechseckiger schwarzer Granitsteinblock, der den Eindruck einer umgekippten, gebrochenen Säule macht, ist von sechs verschieden großen, gelben Dreiecken aus Metall umgeben, die die zerstobenen Ecken des Davidsterns verkörpern und die Farbe des gelben Judensterns symbolisieren. Am Stein ist in Hebräisch und Deutsch zu lesen:

> So hat der Herr gesprochen:
> von den 4 Winden, Odem, komm,
> wehe diese Erschlagenen an,
> daß sie leben! (Ezechiel 37,9)

Auf der Grundfläche steht der Text:

> Nicht weit von hier stand die Dorstfelder Synagoge.
> Als roher Judenhaß bei uns wütete, wurde
> sie am 9./10. November 1938 geschändet und
> 1940 niedergerissen. Die jüdischen Menschen,
> Männer, Frauen und Kinder, wurden von
> 1933 bis 1945 gedemütigt, entwürdigt,
> vertrieben, verschleppt und ermordet.
> Vergiß es nicht!

In *Hörde* erinnert eine eher unscheinbare *Bronzeplatte* an dem Gebäude *Rathausstraße/Friedrich-Ebert-Straße* an die ehemalige Synagoge. Die Tafel zeigt eine Teilansicht der Synagoge und enthält den folgenden Text:

> Hier stand die Synagoge der
> Jüdischen Gemeinde der Stadt Hörde.
> Erbaut 1898. Zerstört durch
> nationalsozialistische Gewaltherrschaft
> am 9. November 1938.

Nach öffentlicher Kritik an dieser kaum wahrzunehmenden Erinnerung wurde von der Stadt Dortmund im Jahre 1989 am nahen *Friedrich-Ebert-Platz* von demselben Künstler wie in Dorstfeld ein Objekt aus 49 stählernen *Stelen* errichtet. Die Inschrift auf schwarzem Granit lautet:

> Über Jahrhunderte haben Juden mit uns zusammen
> gelebt.
> Nahe diesem Ort stand ihre Synagoge.
> Von 1933 – 1945 wurden sie auch bei uns,
> allein weil sie Juden waren,
> entwürdigt, vertrieben, verschleppt und ermordet.
> Dies dürfen wir niemals mehr zulassen!

Zur Erinnerung an die Deportation und die Vernichtung der Dortmunder Juden durch die Nationalsozialisten sind mehrere Gedenktafeln an den Orten ihrer zwangsweisen Sammlung und Verschleppung in Arbeit. Die Initiative für dieses Gedenken geht auf die Dortmunder Gesellschaft für Christlich-Jüdische Zusammenarbeit zurück. Bereits ausgeführt sind *Gedenktafeln* am Haupteingang der Musikhochschule, *Steinstraße 35,* früher Gaststätte »Zur Börse«, die als Sammelstelle für drei Transporte von mehr als tausend Juden aus Dortmund und Umgebung am 27. Januar des Jahres 1942 nach Riga

diente, sowie in Dortmund-*Brackel, Brackeler Hellweg 113a,* in der Nähe eines ehemaligen Wirtssaales, von dem aus am 1. März 1943 ein Transport in das Konzentrationslager Auschwitz ging, und im Umfeld des ehemaligen Haupteinganges der alten Eintrachtturnhalle, *Eintrachtstraße 56,* die ebenfalls von der Gestapo als Sammelstelle für Juden aus dem Regierungsbezirk Arnsberg benutzt wurde.
Eine *Gedenktafel* ist schließlich in der Nähe des ehemaligen Dortmunder *Südbahnhofes* angebracht worden, am Gebäude *Heiliger Weg 60*/Ecke Zufahrt zum Südbahnhof, mit dem Text:

Erde, bedecke nimmer mein Blut
Hiob 16,18
Der Südbahnhof diente dem nationalsozialistischen
Terrorregime für Deportationen jüdischer Männer,
Frauen und Kinder aus dem Regierungsbezirk
Arnsberg
in die Vernichtungslager.
Dort wurden sie in den Jahren 1942 bis 1945
systematisch und unbarmherzig ermordet.

Auf den *jüdischen Friedhöfen* erinnern ebenfalls *Gedenksteine* oder Hinweise auf den Grabstätten an die Opfer des Holocaust.

In der jüdischen Abteilung des *Friedhofs am Ostpark, Robert-Koch-Straße,* steht ein *Mahnmal* »Den Toten der Jüdischen Gemeinde Dortmund 1933–1945« mit Hinweisen auf die Vernichtungslager und die hier bestatteten Opfer, die in den Konzentrationslagern umgekommen sind.

Auf dem jüdischen Teil des *Hauptfriedhofs* in Dortmund-*Wambel, Rennweg,* gibt es Gedenksteine und Grabsteine, die an die Opfer des Pogroms vom 9. November 1938 erinnern. Ein *Gedenkstein* trägt den Text:

Hier ruht die Asche
von 17 gemordeten Opfern
des 9. November 1938
und der folgenden
Schreckensjahre.
»Es soll nicht vergessen werden
das Geschrei eines Märtyrers«

An gleicher Stelle sind auch drei Mitglieder der Gemeinde Lünen bestattet, die in derselben Nacht umgebracht wurden. Ihr Grabstein trägt unter den Namen die nachfolgende Inschrift:

Sie wurden in Lünen am 9. November 1938
Opfer der Verfolgung.

Ähnliche Hinweise kann man auf den *jüdischen Friedhöfen* in *Hörde, Hörder Kampweg,* und *Mengede, Siegenstraße/Ecke Groppenbrucher Straße,* finden. Auf dem Friedhof in *Wickede, Bockumweg* südlich des evangelischen Friedhofs, gibt es einen *Gedenkstein* mit dem Text:

An dieser Stelle hat der israelitische Friedhof
der Gemeinde Wickede
seit ungefähr 150 Jahren bestanden
und ist 1938 dem Rassenhaß
und der Unduldsamkeit
zum Opfer gefallen.
Die jetzt hier geschaffene
Grün- und Ruheanlage ist in den Besitz
der Stadt Dortmund übergegangen
und wird der Obhut und der Pflege
aller Bürger anvertraut.
Diese Anlage wurde 1946 geschaffen.

Auf dem Dortmunder *Hauptfriedhof* gibt es mehrere Grabanlagen, Gräber, Gedenksteine und Mahnmale, die an Opfer des Nationalsozialismus erinnern. Auf dem *jüdischen Teil* (Dortmund-*Wambel, Rennweg*) trägt eine Gedenktafel die folgende Inschrift (zum jüdischen Teil s. auch Lünen):

Zum Gedenken
Seit 1921 befindet sich auf diesem Teil
des Hauptfriedhofs ein jüdischer Friedhof,
auf dem Bürger unserer Stadt ihre letzte
Ruhestätte haben.
In der Zeit des Nationalsozialismus
1939 – 1945 wurden hier Juden beigesetzt,
die wegen ihres Glaubens
Opfer der Gewaltherrschaft geworden sind.
Nach der Befreiung im Jahre 1945 ließen
überlebende Angehörige für die Opfer
Gedenkstätten aufstellen, um an ihre
in Konzentrationslagern ermordeten
Familienmitglieder zu erinnern.

Außerdem wurden hier in der Zeit von
1939 – 1945 über 6 000 Kriegsgefangene und
Zwangsarbeiter unterschiedlicher Nationalität,
darunter 5 095 Sowjetbürger, beigesetzt.
Sie alle fielen dem Terror-Regime
der Nationalsozialisten zum Opfer.

Die auf dem Friedhofsgebiet stehenden
sowjetischen, polnischen und jugoslawischen
Ehrenmäler wurden 1945/46 von ehemaligen
Kriegsgefangenen, Zwangsarbeitern und
Patrioten der betreffenden Länder errichtet.

Der *»Ausländerfriedhof«* ist ein Teil des Dortmunder Hauptfriedhofs, der nach dem Krieg angelegt wurde und auf den von verschiedenen Friedhöfen und Grabstätten ausländische Tote umgebettet wurden. Das waren meist Zwangsarbeiter und Kriegsgefangene, die in zahlreichen Unternehmen der Kriegs- und Rüstungsindustrie eingesetzt waren und die häufig bei Bombenangriffen, aber auch durch ihre erbärmlichen Lebens- und Arbeitsbedingungen ums Leben kamen. Fast alle Industrieunternehmen hatten Zwangsarbeiter ein-

gesetzt. Außerdem gab es in Dortmund KZ-Außenkommandos, so etwa im Hörder Hüttenverein ein Kommando des Konzentrationslagers Buchenwald. Das *sowjetische Ehrenmal* für die Toten, ein hoher Steinobelisk mit einem Sowjetstern auf der Krone, wurde von der ursprünglichen Stelle entfernt und hier auf dem Ausländerfriedhof neu errichtet. Das *polnische Ehrenmal* besteht aus einer Serie senkrecht aufgestellter Steinplatten mit den Namen der toten polnischen Häftlinge und Zwangsarbeiter, das *jugoslawische Denkmal* aus einem altarähnlichen Aufbau mit einem hohen Kreuz im Mittelteil.
Auf dem *Gräberfeld 141 b* informiert seit längerem eine *Steinplatte* mit der Inschrift:

Hier
ruhen 89 Opfer
des
politischen Systems
der
Jahre 1933 - 1945.
Friede

Die Dortmunder Geschichtswerkstatt fand 1989 heraus, daß es sich hierbei um namentlich bekannte Opfer der nationalsozialistischen Morde an sogenannten Geisteskranken handelt, die im August 1941 aus der Dortmunder Provinzialheilanstalt Aplerbeck in die Mordklinik Hadamar (s. Hessen) gebracht und dort ermordet wurden. Urnen mit ihrer »Asche« wurden an den Hauptfriedhof geschickt und hier beigesetzt. Daneben sind auf dem Gräberfeld 141 auch Urnen aus verschiedenen Konzentrationslagern beigesetzt.
Recherchen des Dortmunder Stadtarchivs zufolge sind auf dem *Gräberfeld 140* des Hauptfriedhofs 27 Opfer der Militärjustiz des NS-Regimes beigesetzt.

In der *Provinzialheilanstalt Aplerbeck*, heute die *»Westfälische Klinik für Psychiatrie«*, wurde 1942 eine »Kinderfachabteilung« eingerichtet, deren Name allerdings darüber hinwegtäuschen sollte, daß hier Kinder systematisch umgebracht wurden. Von den 452 jungen Patienten, die bis 1945 aufgenommen wurden, starben die Hälfte an tödlichen Injektionen, durch Hunger oder Krankheiten geschwächt. Am 9. Dezember 1991 wurde zur Erinnerung an diese Opfer des NS-Mordprogramms auf der Wiese vor dem Klinikgebäude ein *Mahnmal* der Künstlerin Antje Kietzmann enthüllt. Die fünf über drei Meter hohen grünen Sandsteinstelen zeigen Details wie Kinderhände, ein Gesicht oder abwehrende Armbewegungen. Neben dem Mahnmal liegt eine ergänzende Informationstafel. (s. auch Münster)

Auf dem Friedhof in Dortmund-*Wellinghofen* erinnert ein *Gedenkstein* an den sozialdemokratischen Stadtverordneten Fritz Menze. Er gehörte zur Führung der illegalen SPD während des Krieges in Dortmund, wurde im September 1944 verhaftet und im Konzentrationslager Sachsenhausen ermordet. Der Stein trägt die Inschrift:

Zum Gedenken
Fritz Menze
* 11.8.1894
verschleppt u. umgekommen
als politischer Gefangener
im Februar 1945.
Gewidmet von seinen
Wellinghofer Freunden.

Ausstellung:
»Widerstand und Verfolgung in Dortmund 1933–1945« in der »Steinwache«, Steinstraße 50, 44147 Dortmund. Öffnungszeiten: Di–So 10.00 Uhr bis 17.00 Uhr.
Die Ausstellung wird vom Stadtarchiv Dortmund betreut. Kontaktadresse: Stadtarchiv Dortmund, Friedensplatz 5, 44135 Dortmund, Tel.: 02 31/50-2 50 02 bzw. -2 21 50, Leitung: Dr. Günther Högl.

Alternative Stadtrundfahrten veranstalten:
Ernst Söder, Deutscher Gewerkschaftsbund, Kreis Dortmund, Ostwall 17 – 21, 44135 Dortmund, Tel.: 02 31/ 52 76 11.
Geschichtswerkstatt Dortmund, Am Oelpfad 27, 44263 Dortmund, Tel.: 02 31/41 22 42. – Die »Geschichtswerkstatt« führt auch Stadterkundungen zu Fuß oder mit dem Fahrrad durch.

Kontakte:
Das »Internationale Bildungs- und Begegnungswerk e. V.« mit Sitz in Dortmund, Hörder Neumarkt 3, 44263 Dortmund, veranstaltet regelmäßig im In- und Ausland Seminare, Studienfahrten und Begegnungen, insbesondere zur historischen und politischen Problematik des Nationalsozialismus.

Film:
Der Widerstand der deutschen Arbeiterbewegung 1933–1945 – Hildegard Schimschok und die Dortmunder »Gruppe Winzen« (Video bei der Landeszentrale für politische Bildung NRW, Neanderstr. 6, 40233 Düsseldorf, Katalog AV-Medien).

Quellen/Literatur:
Bitzel, Uwe, Damit kein Gras drüber wächst. Ereignisse um die Pogromnacht 1938 in Dortmund (zusammen mit einem Stadtplanbogen und einer Diareihe hrsg. von der Gesellschaft für Christlich-Jüdische Zusammenarbeit Dortmund, Adlerstraße 44); Geschichtswerkstatt Dortmund (Hrsg.), Dortmunder Lesebuch. Von Leben und Kämpfen damals und heute, 1984, S. 133–170; Högl, Günther (Hrsg.), Widerstand und Verfolgung in Dortmund 1933 – 1945. Katalog zur ständigen Ausstellung des Stadtarchivs Dortmund in der Mahn- und Gedenkstätte Steinwache, Dortmund 1992 (Veröffentlichung des Stadtarchivs Dortmund Bd. 8); Homann, Bärbel u.a. (3 Verfasserinnen), Die Geschichte der Juden in Dortmund,

Arbeit 10. Klasse, Max-Born-Realschule, im Rahmen des »Schülerwettbewerbs Deutsche Geschichte« 1980/81; Klose Willi/Beutel, Gertrud, Katyn im Rombergpark. Anklage, Warnung, Mahnung, Dortmund o.J.; Klotzbach, Kurt, Gegen den Nationalsozialismus. Widerstand und Verfolgung in Dortmund 1930–1945. Eine historisch-politische Studie, Hannover 1969; Pfeiffer, Ernst, Die Juden in Dortmund. Das Buch zur Kabelfunkserie, hrsg. vom WDR Kabelfunk Dortmund, 1987; Rückert, Günther, Das Karbidkommando. Edelweißpiraten gegen Mießmolche, Dortmund 1987; Stadt Dortmund, Informations- und Presseamt (Hrsg.), Dortmund – Karfreitag 1945. Die Massenerschießungen in der Bittermark und im Rombergpark, Dortmund o.J. (1971); VVN (Hrsg.), 1933–1945. Antifaschistischer Stadtführer. Stätten des Widerstandes gegen das Naziregime und des faschistischen Terrors in Dortmund, 2. Aufl. 1987.

Dülmen

An der *Städtischen Realschule* in der *Ludwig-Wiesmann-Straße* befindet sich ein *Mahnmal* zur Erinnerung an die Opfer der nationalsozialistischen Gewaltherrschaft. Die Inschrift auf der Vorderseite lautet wie folgt:

Gemarterte – Gefallene – Geächtete – Gefangene
Verschollene – Getötete – Verwundete

Die Rückseite trägt die Inschrift:

1933 – 1945
Den Lebenden zur Mahnung

Auf dem *ehemaligen jüdischen Friedhof* in der *Lüdinghauser Straße/Nonnenwall* erinnert ein *Gedenkstein* mit einer Bronzetafel an die ermordeten jüdischen Gemeindemitglieder und die 1938 zerstörte Synagoge.

An der alten Sparkasse, der heutigen *Volkshochschule* in der *Münsterstraße*, wurde im November 1988 eine *Gedenktafel* angebracht mit dem Text:

Auf der gegenüberliegenden
Seite der Strasse stand
auf dem hinteren Teil des
Grundstücks die Synagoge
der Dülmener Juden.
Das Gotteshaus wurde 1863/
64 als Sechseckbau von
der Jüdischen Gemeinde errichtet und in der Pogromnacht des 9./10. November
1938 von Dülmener Nationalsozialisten geschändet und
zerstört.

Am 11. Dezember 1941 wurden acht Dülmener Juden über Coesfeld nach Münster verschleppt und von dort am 13. Dezember mit einem Sammeltransport nach Riga deportiert. Alle kamen dort ums Leben. (s. auch Münster)

Düren

An der Ecke *Kölnstraße/Schützenstraße* befindet sich in einer Grünanlage gegenüber der Hauptpost ein *Gedenkstein*, der an die ehemalige Jüdische Gemeinde und an die Zerstörung der Synagoge erinnert. Neben dem Wappen der Stadt Düren und einer reliefartigen Darstellung der Synagoge steht folgende Inschrift:

In dieser Straße stand die
am 24. Mai 1872 feierlich eingeweihte
Synagoge der Jüdischen Gemeinde Düren.
Sie wurde in der Nacht des 9. November 1938
von Nationalsozialisten und ihren Anhängern
niedergebrannt.
Zu dieser Zeit lebten 385 Juden in Düren.
102 von ihnen wurden in Vernichtungslagern
ermordet. Das Schicksal von 30 weiteren
ist nicht bekannt.
Schon 1241/42 werden Juden erwähnt. Seit 1500
gab es eine jüdische Schule. 1634 stand sie in der
Kölnstraße, 1761 am Viehmarkt. 1828 wird
ausdrücklich in Düren eine Synagoge genannt.

Darunter ist der siebenarmige Leuchter, die Menora, Symbol des Judentums, abgebildet.

Am *Verwaltungsgebäude* der *Rheinischen Landesklinik Düren* wurde am 1. September 1989, zum 50. Jahrestag des »Euthanasie«-Erlasses der nationalsozialistischen Führung, eine *Gedenktafel* angebracht mit der Inschrift:

In den Jahren 1933 bis 1944, während der
nationalsozialistischen Gewaltherrschaft,
sind 1947 Männer und Frauen, die hier als Patienten
Schutz und Hilfe gesucht hatten, in 22 Transporten
weggebracht worden. Fast alle sind einen grausamen
Tod gestorben. Sie sind verhungert, wurden ins Gas
geschickt oder sind erschossen worden!
Diese Gedenktafel dient der Erinnerung an die Toten,
der Mahnung an die Untaten, denen sie zum Opfer
fielen, und der Warnung vor der Verführungskraft
unmenschlicher Ideologien.
Niemand ist vergessen!
Nichts ist vergessen!
Mitarbeiter und Betriebsleitung der Rheinischen
Landesklinik Düren 1. 9. 1989

In Düren wurde ein Teil des Klinikgebäudes, das »Alte Bewahrhaus«, erhalten, um darin ein

Düren:
Einer der zehn von Ulrich Rückriem geschaffenen Granitquader, markante Zeichen im Straßenbild Dürens, hier vor dem Amtsgericht als Symbol für die Verstrickung der Justiz in das nationalsozialistische Regime.

psychiatriegeschichtliches Dokumentationszentrum einzurichten zur Aufarbeitung der rheinischen Psychiatriegeschichte, insbesondere der nationalsozialistischen Verbrechen. Die 1985 in Köln konzipierte und im Rheinland mehrfach gezeigte Wanderausstellung »Heilen und Vernichten im Nationalsozialismus« ist hier auf Dauer ausgestellt. Besichtigung nach Vorabsprache möglich.

Kontakt:
Rheinische Landesklinik, Meckerstraße 15, 52353 Düren.

Ende der 80er Jahre wurden in Düren insgesamt *zehn Stelen* des Kölner Bildhauers Ulrich Rückriem aufgestellt. Sie beruhen auf dem Konzept eines dezentralen Mahnmals, mit dem an mehreren historischen Orten an die Menschen erinnert wird, die Opfer des nationalsozialistischen Terrors wurden. Die hohen Granitquader sind in der Regel nur an den Kanten bearbeitet und zum Teil in der Art von Sprenglöchern senkrecht oder waagrecht punktiert. Die ohne nähere Hinweise oder Texttafeln errichteten Steine sind im Straßenbild Dürens unübersehbare Objekte, die der Künstler als »Steine des Anstoßes« verstanden haben will.

Die Standorte und Anlässe im einzelnen:
- *Schützenstraße*, in der Nähe der in der Reichspogromnacht zerstörten Synagoge (Foto siehe am Anfang des NRW-Kapitels).
- *Wernersstraße*, zur Erinnerung an das Friedrich-Ebert-Jugendheim der Dürener Arbeiterbewegung, das von SA und SS besetzt wurde und in dem zahlreiche politische Gegner eingesperrt und mißhandelt worden sind.
- *An der Gerstenmühle*, das Sammellager der Dürener Juden auf dem Weg in die Deportation und den Tod.
- *Amtsgericht, August-Klotz-Straße,* als Symbol für den Anteil der Justiz am nationalsozialistischen Terrorapparat.
- *Park der Rheinischen Landesklinik,* zur Erinnerung an die Ermordung der früheren Patienten dieser Einrichtung.
- *Birkesdorf, Zollhausstraße,* als Mahnmal für die oppositionellen und verfolgten Sozialdemokraten und Kommunisten, die in diesem alten Industriestandort eine Hochburg hatten.
- *Arnoldsweiler, Ecke Neusser/Cormeillestraße,* zur Erinnerung an das Kriegsgefangenenlager, Außenstelle des Stalag VI G in Bonn (s. dort), in dem über 1500 französische und vor allem russische Gefangene durch Hunger, Krankheit, Seuchen und Gewalt ums Leben kamen. Die Toten wurden 1960 in der Merzenicher Heide exhumiert und in Rurberg beigesetzt.
- *Mariaweiler, Kupfermühle, Anne-Frank-Gesamtschule,* zur Erinnerung an die 14jährige Namensgeberin, die im August des Jahres 1944 in ihrem Amsterdamer Versteck entdeckt, deportiert und ermordet wurde.
- *Gürzenich, Schillingsstraße/Möschengasse,* zum Gedächtnis an die ländliche Jüdische Gemeinde, deren Synagoge zerstört und deren Mitglieder vertrieben oder verschleppt und umgebracht wurden.
- *Lendersdorf, Schneidhausener Weg,* als Erinnerung an die frühere Getreidemühle, von der nur noch das Wohnhaus steht und in der ab 1940 die Juden vor allem aus dem südlichen Kreisgebiet vor ihrer Deportation zusammengesperrt wurden.

Material und Übersicht:
Die Rückriem-Stelen in Düren. Ein Wegweiser mit Karte und Texthinweisen. Hrsg. Pressestelle der Stadt Düren.

Literatur:
Domsta, Hans-J. (Hrsg.), Die Reichskristallnacht in Düren, Tagebuchaufzeichnungen eines Augenzeugen (Lambert Derichs), in: Dürener Geschichtsblätter Nr. 74, Düren 1985, S. 61–70; Kölnische Gesellschaft für Christlich-Jüdische Zusammenarbeit (Hrsg.), Heilen und Vernichten im Nationalsozialismus (Katalog der Ausstellung im VHS-Forum), Köln 1985; Landschaftsverband Rheinland/Rheinische Landesklinik Düren, 50. Jahrestag des Euthanasie-Erlasses (Dokumentation der Reden zur Gedenkfeier) 1989; Müller, Regina, Um Heimat und Leben gebracht. Zur Geschichte der Juden im Landkreis Düren 1830–1945, Düren 1988.

Düsseldorf

Mahn- und Gedenkstätte für die Opfer nationalsozialistischer Gewaltherrschaft

Im Jahre 1987 wurde in dem ehemaligen Polizeipräsidium, *Mühlenstraße 29,* eine *Gedenkstätte* eröffnet, die der Erinnerung an die Opfer der nationalsozialistischen Gewalt gewidmet ist. Es handelt sich um historische Räume, die 1933 als Büros, Haftzellen und Vernehmungsräume der Polizei genutzt wurden, sowie um die teilweise noch erhaltenen Luftschutzeinrichtungen in den Kellerräumen. Die Mahn- und Gedenkstätte geht auf ein langjähriges Engagement verschiedener Initiativen und Organisationen zurück, insbesondere des Düsseldorfer Jugendrings sowie der Jüdischen Gemeinde und der in Düsseldorf lebenden Sinti und Roma. Sie hatten sich seit den frühen achtziger Jahren für die Einrichtung einer Gedenkstätte eingesetzt und dafür zunächst die »Reuterkaserne« in der Altstadt vorgeschlagen, eine ehemalige SS-Kaserne, in deren Kellern viele Gegner des Nationalsozialismus mißhandelt wurden. Ein starker Anstoß ging auch von dem 1975 vor dem Düsseldorfer Schwurgericht beginnenden Majdanek-Prozeß gegen ehemalige Angehörige des Lagerpersonals des Konzentrationslagers Majdanek aus, der von einer Reihe von Informationsveranstaltungen begleitet wurde. An die Geschichte des Hauses erinnert eine Tafel mit dem Text:

> In diesem Gebäude,
> in dem sich damals das Polizeipräsidium befand,
> wurden 1933 – 1945 Gegner des Nationalsozialismus
> und jüdische Mitbürger
> inhaftiert und mißhandelt.

Stationen der *ständigen Ausstellung »Verfolgung und Widerstand in Düsseldorf 1933–1945«* sind: die Katholiken in Düsseldorf, die Auseinandersetzung in der evangelischen Kirche und die Zeugen Jehovas, die SPD unter dem Nationalsozialismus, die Anarchisten und die Kommunisten in Düsseldorf, »Euthanasie« im Dritten Reich, Sinti und Roma sowie die Düsseldorfer Juden und schließlich die zahlreichen Künstler, die in Düsseldorf von den Nationalsozialisten verfolgt und unterdrückt wurden. Ein besonderes Kapitel widmet sich dem Thema Rassismus, Diskriminierung und Ausländerfeindlichkeit, einem Schwerpunkt der gesellschaftspolitischen Arbeit der Gedenkstätte. In einem Bibliotheks-, Archiv- und Medienraum sind Vorführmöglichkeiten gegeben, zum Beispiel für Videofilme mit Zeitzeugeninterviews, die auch ausgeliehen werden können. Die Mitarbeiter verstehen die Einrichtung, deren Träger die Stadt Düsseldorf ist, als Lernort in einem authentischen Kontext, als Ort der Forschung und Dokumentation sowie als Forum politischer Bildung, das durch Vorträge, Veranstaltungen, Ausstellungen, Beratung und Publikationen zur Auseinandersetzung mit dem Nationalsozialismus beitragen soll.

Anschrift:
Mahn- und Gedenkstätte Düsseldorf, Mühlenstraße 29, 40200 Düsseldorf, Tel.: 0211/89-96205/96663; Leitung: Angela Genger.
Öffnungszeiten: So, Di–Fr 11–18 Uhr, Sa 14–17 Uhr.

Publikationen:
Ausstellungskatalog 1990 (s. Literatur); Augenblick. Berichte, Informationen und Dokumente der Mahn- und Gedenkstätte Düsseldorf (2–3mal jährlich), Nr. 1, 1991.

Ein *zentrales Mahnmal* zur Erinnerung an die Opfer des Nationalsozialismus wurde in Düsseldorf bereits 1946 beschlossen, aber erst am Volkstrauertag des Jahres 1958 auf dem *Nordfriedhof, Danziger Straße,* eingeweiht. Am Ort dieses Denkmals befand sich von 1931 bis 1946 eine nationalsozialistische Weihestätte, das fast 30 Meter hohe »Schlageterkreuz«, zur Erinnerung an den von den französischen Besatzungstruppen 1923 erschossenen Freikorpsoffizier Albert Leo Schlageter, der von den Nazis später als »Märtyrer« verehrt wurde.
Bei dem heutigen Mahnmal handelt es sich um eine mächtige, zehn Meter hohe Steinplastik des Düsseldorfer Bildhauers Jupp Rübsam, welche drei Frauengestalten, germanische Schicksalsgöttinnen, sogenannte Nornen, darstellt und zugleich die christlichen Werte »Glaube – Hoffnung – Liebe« symbolisieren soll. Der Text am Sockel lautet wie folgt:

> Den Opfern des Krieges und der Gefangenschaft
> Den Opfern in der Heimat, den Vermißten und Hinterbliebenen
> Den Opfern des politischen Terrors

Da diese Inschrift weniger der ursprünglichen Intention eines Mahnmals für die Opfer des NS-Regimes entspricht und eher das Totalitarismusverständnis der späten 50er Jahre dokumentiert, gab es wiederholt Diskussionen um ein anderes zentrales Mahnmal. Im Jahre 1988 beschloß der Stadtrat ein Mahnmal im Hof der Gedenkstätte Mühlenstraße und veranstaltete einen künstlerischen Wettbewerb. Prämiert wurde unter anderem der Entwurf des israelischen Künstlers Micha Ullman, der einen Raum in der Erde vorschlug, aus dem der Himmel durch eine Öffnung in Form eines Stuhles in der Decke zu erblicken ist und dessen maßgebliche Elemente Stille, Ruhe, Leere, Dunkelheit und gebündeltes Licht sind. Doch stieß dieses eher abstrakte Konzept vor allem bei den ehemaligen Verfolgten auf Ablehnung, die eine erkennbare, menschliche Dimension vermißten, und wurde deshalb nicht realisiert.

Orte des Terrors

Nach ihrem ersten Sitz bei der Kriminalpolizei im alten Polizeipräsidium an der Mühlenstraße (s. oben) wurde die Gestapoleitstelle Düsseldorf im Jahre 1934 im *Gebäude des Regierungspräsidenten* in *Pempelfort* einquartiert. Sie war zuständig für den gesamten Niederrhein und das westliche Ruhrgebiet. Eine *Tafel* an der Rückseite des Gebäudes, *Emmericher Straße,* erinnert daran mit dem folgenden Text:

> In diesem Gebäude war von 1933 bis 1938
> die Geheime Staatspolizei untergebracht.
> Zahlreiche politische Gefangene wurden hier
> brutal mißhandelt. 1936 wurde an dieser Stelle
> Moritz Ludwig durch einen gewaltsamen Absturz
> ermordet.

Im Jahre 1939 wurde die Gestapoleitstelle an die Prinz-Georg-Straße 96, an der Ecke zur heutigen *Benedikt-Schmittmann-Straße,* verlegt. Eine *Erinnerungstafel* am Gebäude trägt die Inschrift:

> In diesem Gebäude war von 1939 bis 1945
> die Geheime Staatspolizei (Gestapo)
> untergebracht. Es war ein Zentrum
> nationalsozialistischer Gewaltherrschaft,
> in dem zahlreiche Gegner des Regimes
> gefangengehalten und mißhandelt wurden.
> Viele von ihnen wurden von hier aus
> in die Konzentrationslager verschleppt
> und fanden dort den Tod.

Am 9. November 1993 wird eine *Gedenktafel* im Innern des Gebäudes des Regierungspräsidenten Düsseldorf, *Cecilienallee 2,* mit folgendem Text enthüllt:

> Von 1934 bis 1939 war in einem Teil dieses Hauses
> die Nazi-Gestapo untergebracht,
> sie hat auch hier grausam gefoltert.
> So weit darf es nie wieder kommen!
> Wir alle, die wir hier für unser Land arbeiten.

In dem Gebäude *Reuterkaserne 1a* in der Altstadt, der ehemaligen Pfandleihanstalt, befand sich eine SS-Kaserne mit einem Folterkeller. Eine *Tafel* erinnert daran:

> In diesem Haus befand sich ab 1933
> eine Dienststelle der SS (Schutzstaffel).
> Hier wurden Gegner des Nationalsozialismus
> in den Folterkellern auf das Grausamste
> mißhandelt und anschließend in
> Konzentrationslager verschleppt.

Ein anderer Folterkeller, von denen es direkt nach der Machtübernahme durch die Nationalsozialisten mehrere über die ganze Stadt verstreut gab, war der *»Schlegelkeller«* der Düsseldorfer Schlegelbrauerei in der *Bismarckstraße 44–46,* woran eine *Gedenktafel* erinnert. Weil er verfolgten Arbeitern in seinem Atelier Unterschlupf gewährt hatte, war der Düsseldorfer Maler Karl Schwesig hierhin verschleppt und gefoltert worden. Mit seinen Zeichnungen hat der Maler, der später zur Emigration gezwungen und durch mehrere französische Internierungslager gegangen war, diese Stationen festgehalten, angefangen mit den Mißhandlungen durch die SA im Schlegelkeller. Die 48 Zeichnungen der *»Schlegelkellerfolge«* sind verschollen. Erhalten blieben fünf von Karl Schwesig angelegte Fotoalben, die das in den Originalen wirklichkeitsnah dargestellte Grauen überliefern konnten. Heinrich Mann schrieb zu den Zeichnungen, das Hitlerreich verdiene »ein Museum, zur Aufbewahrung seiner Greuel, damit nicht vergessen wird, wie tief, wenn das Unglück es will, die menschliche Natur sich erniedrigen läßt. Die Zeichnungen von Karl Schwesig sind würdig, das Museum zu zieren. Sie sollen die Beschauer lehren, vor Scham zu weinen«.

Das *Gefängnis Ulmer Höh* in *Derendorf*, die heutige Justizvollzugsanstalt *Ulmenstraße 95,* war während der gesamten Zeit des Nationalsozialismus ein Ort politischer Haft, Willkür und Mißhandlung. Hierher wurden nach dem Reichstagsbrand am 27. Februar 1933 mehr als 300 verdächtige Personen als »Schutzhäftlinge« verschleppt, hier saßen nach der Zerschlagung der Gewerkschaften zahlreiche Gewerkschaftsfunktionäre und Sozialdemokraten wie in den folgenden Jahren zahlreiche andere mißliebige oder verfolgte Männer und Frauen. Eine *Gedenktafel* erinnert daran.

In *Gerresheim* wurde am 22. November 1986 an dem früheren Jugendhaus neben dem Hochbunker

»Heyebad«, *Torfbruchstraße 350,* eine *Bronzetafel* angebracht, die an die Widerstandskämpfer aus dem Glashüttenviertel, ehemals eine Hochburg des Arbeiterwiderstands, erinnert. Sie ist dem Gedenken aller gewidmet, »die Leid ertragen mußten«. Die Inschrift heißt:

> Zu Ehren der Opfer
> des Naziregimes
> 1933 bis 1945

An der *Unteren Rheinwerft,* unmittelbar neben dem Fußgängertunnel zur Tonhalle, wurde im Jahre 1988 eine *Steintafel* der Bildhauerin Hannelore Köhler zur Erinnerung an Hilarius Gilges angebracht, der im April 1933 auf bestialische Weise an dieser Stelle von Nationalsozialisten ermordet worden war. Hilarius Gilges, Mitglied der KPD, hatte einen schwarzen Vater und war von Beruf Tänzer und gehörte zu einer in Düsseldorf bekannten Agitprop-Gruppe »Nordwest-Ran«. Der Mord an Hilarius Gilges wird als der erste politische Mord in Düsseldorf nach der »Machtergreifung« verstanden. Der Text der Tafel lautet:

> Hilarius Gilges, geboren am 28. 04. 1909
> in Düsseldorf. Farbiger Stepptänzer und
> Mitglied der Agitprop-Gruppe W. Langhoff.
> Am 20. 06. 1933 in Düsseldorf von den
> Nationalsozialisten bestialisch ermordet.

Gründer und Leiter der Schauspieltruppe »Nordwest-Ran« war der Regisseur Wolfgang Langhoff, der im März 1933 verhaftet und ins Konzentrationslager Börgermoor verschleppt wurde. Er konnte nach seiner Freilassung in die Schweiz fliehen und hier einen der ersten Berichte über die deutschen Konzentrationslager, »Die Moorsoldaten«, veröffentlichen. An Langhoff, der nach dem Krieg Intendant des Düsseldorfer Schauspielhauses wurde, erinnert eine *Tafel* an dem früheren Wohnhaus *Benrather Straße 3.*

Erinnerung an christliche NS-Opfer

Mehrere Tafeln und Namen erinnern in Düsseldorf an Mitglieder der katholischen Kirche, die Opfer der nationalsozialistischen Verfolgung wurden. Am bekanntesten ist das *Denkmal* in der Grünanlage auf dem *Leo-Statz-Platz* in *Unterbilk,* das zu Ehren von Leo Statz und seinem Schwager Erich Klausener auf Anregung der »Bilker Heimatfreunde« errichtet wurde. Die zweiteilige Steinplastik des Bildhauers Günter Haese wurde am 1. November 1963, dem 20. Todestag von Leo Statz, enthüllt. Sie stellt leicht abstrahiert ein Fenster dar und trägt die Inschrift:

> Hier standen die Elternhäuser von
> Ministerialdirektor Dr. Erich Klausener,
> Vorsitzender der Katholischen Aktion,
> geb. am 25. 1. 1885 in Düsseldorf,
> erschossen am 30. 6. 1934 in Berlin.
> Leo Statz, Streiter für Heimat und Freiheit,
> geb. am 17. 7. 1898 in Köln,
> hingerichtet am 1. 11. 1943 in Berlin.
> Ihnen, die als Opfer der Hitler-Tyrannei starben,
> zum ehrenden Gedächtnis.

Erich Klausener war ein hoher Beamter im Berliner Reichsverkehrsministerium. Im Zusammenhang mit dem sogenannten Röhm-Putsch am 30. Juni 1934 wurde er in seinem Arbeitszimmer von der SS erschossen. Klausener war ein engagierter Katholik und Vertreter der Laienbewegung »Katholische Aktion«. Nach ihm ist auch eine Straße in Düsseldorf benannt.
Der Kaufmann Leo Statz, der frühere Düsseldorfer Karnevalspräsident, verstand es, kritische Untertöne in seine Karnevalslieder einzuflechten. Er wurde während des Krieges einer »defätistischen Äußerung« wegen denunziert und trotz zahlreicher Bittgesuche vom »Volksgerichtshof« verurteilt und mit dem Fallbeil hingerichtet.

Zum selben Zeitpunkt wie der Mord an Erich Klausener wurde ein anderer bekannter katholischer Laienvertreter, Adalbert Probst, festgenommen. Probst war Reichsleiter der katholischen Sportorganisation »Deutsche Jugendkraft«, und schon wenige Tage nach seiner Verhaftung hieß die amtliche Mitteilung »auf der Flucht erschossen«. Er ist auf dem Nordfriedhof bestattet. Der Ort, an dem Probst und andere katholische Jugendfunktionäre arbeiteten, damals das Mulvany-Schlößchen in *Pempelfort,* ist heute mit dem *Jugendhaus,* dem Zentrum der katholischen Jugendverbände Westdeutschlands, bebaut. Eine *ständige Ausstellung* und ein umfangreiches Archiv informieren über die Situation der Kirche im »Dritten Reich«.

Eine weitere lokale Erinnerung an eine katholische Persönlichkeit ist die *»Benedikt-Schmittmann-Straße«,* eine Seitenstraße neben dem Gebäude der ehemaligen Gestapoleitstelle Prinz-Georg-Straße (s. oben). Der in Düsseldorf geborene Benedikt Schmittmann war Zentrumspolitiker, Professor für Sozialwissenschaften an der Kölner Universität (s. Köln). Er wurde mehrfach verhaftet und am 13. September 1939 im Konzentrationslager Sachsenhausen von einem SS-Aufseher zu Tode getrampelt. Er ist auf dem Düsseldorfer Nordfriedhof bestattet.

Eine *Erinnerungsstätte* existiert seit 1990 auf dem ehemaligen *»Heinefeld«* in *Golzheim,* einem vormaligen Truppengelände, auf dem bis Mitte der

30er Jahre Arbeits- und Obdachlose, darunter eine Reihe von Sintifamilien, in selbst errichteten Notunterkünften kampierten. Der Text einer Bronzetafel auf dem *Gedenkstein* lautet:

> Pfarrer Matthias Beckers baut
> ab 1934 hier in der Siedlung »Heinefeld«
> die katholische Gemeinde »Heilige Familie« auf.
> Sein Eintreten und seine praktische Hilfe
> für die Armen und Verfolgten,
> zu denen damals auch viele deutsche Sinti
> und Roma gehörten,
> ahnden die Nationalsozialisten
> mit Predigt- und Aufenthaltsverbot.
> Versteckt in der Erzdiözese Breslau
> überlebt er diese Zeit
> und kann hier seine Arbeit nach dem Krieg
> bis 1975 fortsetzen.

Als 1933/34 das Heinefeld geräumt wurde zur Erweiterung der Düsseldorfer Messe, wurden die dort lebenden Obdachlosen vertrieben, die Sintifamilien auseinandergerissen und in ein Lager am Höherweg gepfercht. Viele der Sinti gehörten später zu denen, die von Köln aus als erste in Arbeits- und Vernichtungslager im Osten deportiert wurden. Nur wenige der Überlebenden kehrten nach dem Kriege nach Düsseldorf zurück. Eine größere Gruppe siedelte sich 1964 auf dem Gelände am Hackenbruch an, 1983 wurde hier eine Einfamilienhaussiedlung für Sinti errichtet. Die durch diese Siedlung führende Straße wurde nach dem Düsseldorfer Maler und »Sinti-Freund« Otto Pankok benannt, der sich Anfang der dreißiger Jahre bis zu ihrer Vertreibung vom Heinefeld mit den Sinti angefreundet und eng an ihrem Leben teilgenommen hatte.
Im Rahmen mehrerer Ausstellungen anläßlich des 100. Geburtstages von Otto Pankok wurde am 5. Juli 1993 an der Bahnunterführung Höherweg/Posener Straße eine Gedenktafel enthüllt, welche an die Düsseldorfer Sinti erinnert, die durch den Nationalsozialismus Opfer des Völkermordes wurden (s. unten).

Am *Turm* der *Rochuskirche* hängt eine *Christusplastik* des Düsseldorfer Bildhauers Bert Gerresheim. Dieser Figur, die in Form des griechischen Buchstaben Tau aus zehn Teilen zusammengeschweißt ist und zum 87. Deutschen Katholikentag 1982 für das Rheinstadion geschaffen wurde, fehlt jedes Moment des Verklärten. Zwischen der religiösen Figur und den Menschen von heute schuf der Bildhauer auf eindrucksvolle Art eine Verbindung: in den linken Unterarm der Gestalt gravierte er die KZ-Nummer des in Auschwitz ermordeten, inzwischen heiliggesprochenen polnischen Paters Maximilian Kolbe ein, der sein Leben für einen Mithäftling gab.

Gedenkorte an Opfer der Judenverfolgung

In der *Kasernenstraße* steht vor dem Hochhaus der »Verlagsgruppe Handelsblatt«, die auch die Patenschaft dafür übernommen hat, ein *Gedenkstein* mit einer *Tafel* aus dem Jahre 1946 zur Erinnerung an die in der »Reichskristallnacht« am 9./10. November 1938 zerstörte Synagoge, die hier ihren Standort hatte. Die Inschrift lautet:

> Hier stand die Synagoge der Jüdischen Gemeinde
> zu Düsseldorf. Sie wurde am 9. November 1938
> ein Opfer des Rassenwahns. Von der stolzen
> Gemeinde kehrten von 5.056 nur 58 jüdische
> Mitbürger zurück. Den Toten zum ehrenden
> Gedenken den Lebenden zur Mahnung.
> Die Stadtgemeinde Düsseldorf 9. November 1946

Ebenfalls an eine frühere Synagoge der Düsseldorfer Filialgemeinde in *Benrath* erinnert eine *Bodenplatte* in der *Friedhofstraße* in Benrath.

Nur die kleine *Gerresheimer Synagoge,* die allerdings schon seit 1917 nicht mehr als Gotteshaus genutzt wurde, überdauerte die Zerstörungen der nationalsozialistischen Ära. Die Debatte um Erhalt oder Abriß des Baus, vor allem nach einer Brandstiftung im Jahre 1984, und der Umgang mit der Ruine bis zum endlichen Abriß waren in Düsseldorf in den 80er Jahren eines der markanten Themen um die Einrichtung einer Mahn- und Gedenkstätte.

Ein Ort der Erinnerung an die Verfolgung von Menschen als Juden ist die *evangelische Auferstehungskirche* in *Oberkassel.* Der dortige Pfarrer Gottfried Hötzel war der Düsseldorfer Verbindungsmann zum Büro Grüber in Berlin. Der Berliner Pfarrer Heinrich Grüber organisierte ab 1937 im Auftrag der Bekennenden Kirche Hilfe und Unterstützung für rassisch verfolgte evangelische Christen, verhalf zur Emigration, sorgte für Arbeit und half den Angehörigen. Er war dafür zwischen 1940 und 1943 im KZ Sachsenhausen inhaftiert. Der Düsseldorfer Pfarrer Hötzel verlor sein Amt und starb sechs Wochen nach seiner »Beurlaubung«. An ihn erinnert eine *Tafel* am *Paul-Gerhard-Haus, Heerdter Landstraße 30,* mit dem Text:

> »Wenn die Gotteshäuser brennen, darf die Kirche
> nicht schweigen«. – Gottfried Hötzel, von 1917
> bis 1940 Pfarrer dieser Gemeinde, nach der
> Reichspogromnacht, 9. November 1938.

Die nicht aus ihrer Heimatstadt vertriebenen jüdischen Bürgerinnen und Bürger wurden zwischen 1941 und 1943 aus der Stadt in die Ghettos und Vernichtungslager im Osten deportiert. Eine der sogenannten Judensammelstellen war im Schlachthof am

Güterbahnhof Derendorf. An diese Geschichte des Ortes erinnert eine *Gedenktafel, Rather Straße 38,* mit dem Text:

> Dem Gedächtnis mehrerer 1 000 jüdischer Mitbürger aus dem Niederrhein-Gebiet, die in den Jahren 1941 bis 1943 vom Schlachthof in Düsseldorf aus als Opfer des nationalsozialistischen Rassenwahns in die Konzentrationslager und damit in den Tod deportiert wurden.

Erinnerung an Düsseldorfer Sinti

Seit dem 5. Juli 1993 erinnert eine *Gedenktafel* an der *Eisenbahnbrücke Höherweg/Ecke Posener Straße* an die im Polizeilager Höherweg internierten Sinti aus Düsseldorf. Der Text, auf eine Steinplatte mit Halbrelief aufgebracht, lautet:

> Zum Gedenken an die Düsseldorfer Sinti,/die durch den Nationalsozialismus im Lager Höherweg/ Opfer des Völkermordes wurden./Im Lager Höherweg waren von 1937 bis 1945 mehr als/200 Düsseldorfer Sinti interniert. Unter den unmenschlichen/ Bedingungen im Lager starben viele von ihnen; über 100 wurden von/dort deportiert und ermordet.

Weitere Gedenkstätten

Erinnerung an die Bücherverbrennung

Am 14. Dezember 1993 wurde eine *Gedenktafel* zur Erinnerung an die Bücherverbrennung in unmittelbarer *Nähe der Tonhalle* (früher Planetarium), dem historischen Ort der ersten Bücherverbrennung in Düsseldorf am 11. April 1933, enthüllt mit dem Text:

> »... dort, wo man Bücher verbrennt,
> verbrennt man am Ende Menschen ...«
> Heinrich Heine
> Zur mahnenden Erinnerung an die von den Nationalsozialisten veranstaltete/Bücherverbrennung, die am 11. April 1933 vor diesem Haus und/reichsweit am 11. Mai 1933 stattfand.
> Gestiftet von Bürgern der Stadt Düsseldorf 1993

Im Jahre 1989 wurde vor der *Kirche der Rheinischen Landesklinik/Psychiatrische Klinik* der Heinrich-Heine-Universität Düsseldorf ein *Gedenkstein* errichtet, der an die Düsseldorfer Opfer der »Euthanasie« erinnert. In einen Findling ist der Text eingemeißelt:

> Den Opfern
> der Euthanasie
> 1939 – 1945

Im Mai 1941 wurden 28 Männer und 38 Frauen aus der vormaligen Rheinischen Provinzial-, Heil- und Pflegeanstalt Grafenberg in die zwischen Düsseldorf und Köln liegende Anstalt Galkhausen gebracht und von dort in die Tötungsanstalt Hadamar nach Hessen (s. dort). Die Nationalsozialisten kaschierten diese Mordaktion mit dem Begriff »T4« nach dem Standort der leitenden Dienststelle in der Berliner Tiergartenstraße. Nach Protesten auch aus Kreisen der Kirche mußte die zentrale Aktion eingestellt werden, aber die Morde gingen als »wilde Euthanasie« weiter. Aus Grafenberg wurden noch 142 Frauen und 137 Männer bis 1944 in die Tötungsanstalt Meseritz-Obrawalde (Miedzyrzecz, Polen) verschleppt und dort umgebracht.

Am *Stoffeler Kapellenweg 188,* Nähe Haus Kolvenbach, macht seit dem 28. Mai 1988 eine *Tafel* darauf aufmerksam, daß sich hier ein Außenlager des Konzentrationslagers Sachsenhausen befand. Auf der *Gedenktafel* ist zu lesen:

> Von Oktober 1942 bis Februar 1943 befand sich hier ein Außenlager des KZ Sachsenhausen. In Düsseldorf gab es insgesamt sechs Außenkommandos verschiedener Konzentrationslager. Von den 500 Häftlingen dieses Außenlagers am Stoffeler Kapellenweg, die überwiegend zur Trümmerbeseitigung eingesetzt waren, starben mindestens 111.
> Ihr Tod ist uns Mahnung.

Die Außenlager wurden in Düsseldorf wie in den anderen rheinischen Großstädten während des Krieges eingerichtet, als die Bombenangriffe der Alliierten mehr und mehr Zerstörungen anrichteten und KZ-Häftlinge als sogenannte SS-Baubrigaden im Dienste der Stadt Düsseldorf die Schäden beheben, Trümmer beseitigen oder Bomben räumen mußten. Viele verloren dabei ihr Leben. Erinnerungen gibt es bis auf diese Tafel am Ort des ehemaligen Barackenlagers heute allenfalls noch auf einigen Friedhöfen. Die anderen Außenkommandos befanden sich in der Schule an der Kirchfeldstraße/Ecke Talstraße in der Friedrichstadt, beim Hohenzollernwerk an der Dinnendahlstraße in Flingern und bei Rheinmetall an der Rather Straße in Derendorf sowie ein Sprengkommando in Lohausen am Leuchtenberger Kirchweg.

Neben den KZ-Außenlagern gab es noch eine Fülle von Lagern für Zwangsarbeiter, die aus den besetzten Ländern während des Zweiten Weltkrieges nach Deutschland verschleppt und zur Arbeit in der Rüstungsindustrie, aber auch im Handwerk, in der Landwirtschaft und in Privathaushalten gezwungen wurden. Allein in Düsseldorf gab es rund 140 solcher Lager, in denen insgesamt über 25 000 Männer und Frauen lebten, an die heute in der Stadt nichts mehr erinnert mit Ausnahme einiger fast vergessener Grabsteine und Mahnmale auf den Friedhöfen.

Mehrere Gedenktafeln in Düsseldorf erinnern an die Hinrichtungen und Morde in den letzten Kriegstagen, als die amerikanischen Truppen schon nahe vor der Stadt standen.
Am bekanntesten in Düsseldorf ist das Schicksal des Polizeioffiziers Franz Jürgens, der zusammen mit vier anderen Männern in der Nacht zum 17. April 1945 von einem Standgericht verurteilt und erschossen wurde. Nach ihm ist der Platz vor dem heutigen Polizeipräsidum *»Jürgensplatz«* sowie die *»Franz-Jürgens-Kolleg-Schule«* an der Färberstraße in *Bilk* benannt. Die Schule steht auf dem Gelände der damaligen Hinrichtung. Eine kleine Tafel an einem Ziegelmauerstück im Innern weist auf die Mordstelle hin (Inschrift: »Die Richtstätte vom 16. April 1945«). Eine erste *Gedenktafel* in der Einbuchtung der Einfassungsmauer aus dem Jahre 1957 wurde 1965 erneuert. Sie lautet:

Am 16. April 1945 fielen auf diesem Gelände
für die Befreiung der Stadt Düsseldorf von der
nationalsozialistischen Gewaltherrschaft die
pflichtbewußten Bürger
Oberstleutnant der Schutzpolizei
Franz Jürgens · Theodor Andresen
Karl Kleppe · Josef Knab · Hermann Weill
Unsere Liebe – Ihr Lohn.

Während Franz Jürgens wohl erst im April 1945 Kontakt zu Widerstandskreisen aufnahm, gehörten der Bauunternehmer Theodor Andresen, der Ingenieur Karl Kleppe sowie der Kaufmann Josef Knab zu einer schon länger agierenden Gruppe, von der an diesem 16. April zwei Vertreter auf dem Weg zu den amerikanischen Truppen waren, um die Übergabe der Stadt zu regeln und die Zerstörung zu verhindern. Die anderen hatten gleichzeitig mit Unterstützung von Franz Jürgens die Kommandozentrale des Düsseldorfer Polizeipräsidiums besetzt, wurden jedoch verraten, festgenommen und hingerichtet.
Eine *neuere Erinnerungstafel* am heutigen *Polizeipräsidium* aus dem Jahre 1985 geht über die Darstellung des obigen Textes weit hinaus, indem sie an die Rechtfertigung jenes »Mordurteils« in der nationalsozialistischen Zeit durch die spätere bundesdeutsche Justiz erinnert. Der Text der Tafel, die der Düsseldorfer Polizeipräsident Hans Lisken anbringen ließ, lautet:

Ein Düsseldorfer Schwurgericht
erklärte 1949 jenes Mordurteil für Rechtens.
Dem hat sich 1952 der Bundesgerichtshof
angeschlossen.
»Der Tod ist ein Meister aus Deutschland.«
(Paul Celan)

Die Namen der Hingerichteten kommen auch als neue Straßennamen in der ehemaligen »Schlageter-siedlung« vor, die in der NS-Zeit in Stockum in der Nähe des Nordparks als Mustersiedlung im Rahmen einer Reichsausstellung errichtet wurde.

In der »Siedlung Freiheit«, einem genossenschaftlichen Selbsthilfeprojekt der Weimarer Republik in *Vennhausen,* informiert in der Nähe der *Waldschänke (Freiheitstraße 78/Am Waldeingang)* eine *Tafel* mit dem Text:

Am 12. April 1945,
wenige Tage vor dem Einmarsch
amerikanischer Truppen
wurden hier zwei Soldaten
wegen Fahnenflucht von einer
Heeresstreife erschossen.
Die Mitbürgerin Else Gores
wurde dabei wegen angeblicher
Beihilfe brutal ermordet.

Am *Oberbilker Markt, Bogenstraße 39,* erinnert eine *Tafel* an den jüdischen Bürger Moritz Sommer, der sich während des ganzen Krieges in einem Kleingarten hatte verbergen können und am 16. April von demselben Mordkommando, »Heeresstreife« genannt, umgebracht wurde. Der Text für Moritz Sommer, an den auch eine Straße am Volksgarten in Oberbilk erinnert, lautet:

Der 72-jährige jüdische Mitbürger
Moritz Sommer
wurde am 16. April 1945
auf dem Oberbilker Markt erhängt.
Er stand unter dem Verdacht,
Deserteuren geholfen zu haben.
Eine Heeresstreife führte dieses Verbrechen
zur Abschreckung der Bevölkerung aus.
Zwei Tage später marschierten
amerikanische Truppen in Düsseldorf ein.

Erinnerung auf Friedhöfen

Auf fast allen Düsseldorfer Friedhöfen gibt es Grab- oder Gedenksteine, die zur Erinnerung oder an den Begräbnisstätten von Opfern der nationalsozialistischen Verfolgung errichtet wurden.

Auf dem *Friedhof Stoffeln, Bittweg 60,* befindet sich ein Gräberfeld mit etwa 1 000 Niederländern, die als Zwangsarbeiter nach Düsseldorf verschleppt wurden und hier den Tod fanden. In einer Mauernische findet man das *Namensverzeichnis der Toten.* Im Krematorium wurden die meisten der toten KZ-Häftlinge aus dem benachbarten Außenlager am Stoffeler Kapellenweg (s. o.) eingeäschert.

Auf dem *Nordfriedhof in Derendorf* befindet sich das *zentrale Mahnmal* der Stadt Düsseldorf (s. oben).

Hier befinden sich auch die Gräber mehrerer politisch Verfolgter, darunter u.a. Adalbert Probst oder Benedikt Schmittmann, deren Grabstellen als städtische Ehrengräber unterhalten werden. Ein *Gedenkstein* trägt die Inschrift:

Sie starben im KZ.

Ein Teil des Nordfriedhofs ist als jüdischer Friedhof abgetrennt.

Auf dem *Eller Friedhof, Werstener Feld 203,* liegen 727 sowjetische, 69 polnische, ein jugoslawischer und drei estnische Zwangsarbeiter und Kriegsgefangene auf einem mit Birken bepflanzten Feld bestattet. Die Totenlisten sind beim Pförtner einzusehen. Ein *Gedenkstein* aus dem Jahre 1950 für die russischen Kriegsopfer trägt in kyrillischen Buchstaben den Text, der übersetzt lautet:

Hier sind beerdigt
...Menschen,
sowjetische Bürger,
umgekommen in der
faschistischen Gefangenschaft.

(Eine Zahl ist nicht angegeben. Offensichtlich wurde der Platz in der zweiten Zeile freigehalten, um sie nachzutragen.)

Auf dem *Alten Golzheimer Friedhof, Fischerstraße/ Sittarder Straße,* findet man eine im Jahre 1982 von seinen Freunden errichtete *Gedenkstele* zur Erinnerung an den Maler Karl Schwesig, nachdem sein Grab auf dem Nordfriedhof 1980 eingeebnet worden war. Karl Schwesig war im »Schlegelkeller« (s. oben) inhaftiert und ist dort von den Nationalsozialisten mißhandelt worden.

Auf dem *Gerresheimer Waldfriedhof, Quadenhofstraße 151,* findet sich neben einer *Gedenkplatte* für die jüdischen Opfer aus dem Jahre 1985 ein *Obelisk* mit der deutschen und russischen Inschrift:

Hier ruht eine unbekannte Anzahl
sowjetischer Bürger,
die im faschistischen Deutschland
ihr Leben einbüßten.

Auf einem *»Kriegsgräber-Friedhof«* auf dem *Gallberg,* unterhalb der Straßenecke von Blanckertz- und Luckemeyerstraße, liegt am Eingang ein *Findling,* den überlebende sowjetische Kriegsgefangene ihren toten Kameraden im Jahre 1945 errichtet haben. Auf dem Stein ist unter den Symbolen des Sowjetsterns mit Hammer und Sichel in Russisch und Deutsch der Text eingemeißelt:

Hier ruhen 1.500 sowjetische Kriegsgefangene
sie sind Opfer
des mörderischen Nationalsozialismus,
der sie
wegen ihrer Standhaftigkeit
und Treue zermalmt hat
Kameraden setzten ihnen diesen Stein
Mai 1945

Es handelt sich um Tote eines Kriegsgefangenenlazaretts, das ab 1940 an der nahgelegenen Bergischen Landstraße im Bereich der Kasernen errichtet wurde mit zunächst französischen, später vor allem sowjetischen Kriegsgefangenen. Sie alle mußten als Zwangsarbeiter arbeiten. Bis auf zwei, deren Namen auf flachen Grabsteinen zu lesen sind, sind alle anderen Toten unbekannt. 1989 bis 1992 griffen mehrere Schulen die Anregung des Regierungspräsidenten auf, die Toten aus ihrer Anonymität herauszuholen, und erstellten eine Dokumentation für die Düsseldorfer Mahn- und Gedenkstätte. Am Eingang wird in einem Schaukasten der deutschen Kriegsgräberfürsorge, die die Anlage betreut, die Geschichte des Friedhofs und seiner Toten geschildert.

Auf dem kleinen *Friedhof* der *Diakonissenanstalt in Kaiserswerth, Klemensplatz,* erinnert ein *Gedenkstein* an das Schicksal zweier evangelischer Diakonissen, die Schwestern Ernestine und Johanne Aufricht, die wegen ihrer jüdischen Vorfahren verfolgt und in das Konzentrationslager Auschwitz deportiert wurden.

Stadtrundgänge
veranstalten die Geschichtswerkstatt und der DGB. Kontakt: »Zeitmaschine«, c/o Thomas Bernhardt, Börnestraße 10, 40211 Düsseldorf, Tel.: 02 11/36 39 29, Fax 36 92 48.
Dazu erschien das Buch: Deutscher Gewerkschaftsbund (Hrsg.), Verfolgung und Widerstand in Düsseldorf 1933 bis 1945. Ein Stadtführer, Düsseldorf 1989.

Quellen/Literatur:
Bund der Deutschen Katholischen Jugend und Evangelisches Jugendreferat (Hrsg.), Unmöglich, sich zu entziehen? Katholische und evangelische Jugend im nationalsozialistischen Düsseldorf, 2. Aufl. Düsseldorf 1990; Cepl-Kaufmann, Gertrude u.a. (Hrsg.), Bilanz Düsseldorf '45. Kultur und Gesellschaft von 1933 bis in die Nachkriegszeit, Düsseldorf 1993; Fings, Karola und Sparing, Frank, »z. Zt. Zigeunerlager«. Die Verfolgung der Düsseldorfer Sinti und Roma im Nationalsozialismus, hrsg. von der Mahn- und Gedenkstätte Düsseldorf, Köln 1992; Görgen, Hans-Peter, Düsseldorf und der Nationalsozialismus. Studie zur Geschichte einer Großstadt im »Dritten Reich«, Düsseldorf 1969; Herve, Florence u.a., Trotz alledem. Frauen im Düsseldorfer Widerstand. Berichte, Dokumente, Interviews, hrsg. von der Demokratischen Fraueninitiative Düsseldorf, 1979; Jugendring Düsseldorf (Hrsg.), Mahn-

und Gedenkstätte in Düsseldorf. Eine Dokumentation von Versäumnissen, 1984; Kussmann, Andreas, KZ-Außenkommandos und Gefangenenlager in Düsseldorf während des Zweiten Weltkrieges, in: Düsseldorfer Jahrbuch, Bd. 87, 1989; Landeshauptstadt Düsseldorf (Hrsg.), Verfolgung und Widerstand in Düsseldorf 1933–1945 (Katalog zur ständigen Ausstellung der Mahn- und Gedenkstätte), 1990; Maes, Hans/Houben, Alfons u. a., Düsseldorf in Stein und Bronze, hrsg. im Auftrag des Kulturamtes der Stadt Düsseldorf, Düsseldorf 1984; Mann, Reinhard, Protest und Kontrolle im Dritten Reich. Nationalsozialistische Herrschaft im Alltag einer Rheinischen Großstadt, Frankfurt/New York 1987; Schabrod, Karl (Hrsg.), Widerstand gegen Flick und Florian. Düsseldorfer Antifaschisten über ihren Widerstand 1933–1945, Frankfurt 1987; Karl Schwesig 1898–1955. Leben und Werk, hrsg. von Herbert Remmert und Peter Barth, Berlin 1984 (Ausstellungskatalog); Pädagogisches Institut der Landeshauptstadt Düsseldorf (Hrsg.), Zeit der Machtergreifung 1930 bis 1934. Quellensammlung zusammengestellt von Hans-Peter Görgen, Düsseldorf 1982; Ders. (Hrsg.), Im »Dritten Reich« 1935–1945. Quellensammlung zusammengestellt von Hans-Peter Görgen, Düsseldorf 1983; Skrentny, Werner, Im Reich des Glaskönigs: Dunkles Zimmer, Roter Platz. Gerresheim, in: Düsseldorf zu Fuß, hrsg. von Udo Achten, Hamburg 1988; Stadt Düsseldorf – Bezirksverwaltungsstelle 3 (Hrsg.), 1933–1945. Einzelschicksale und Erlebnisse: Band 1 »Von Bürgern, die im Bereich des heutigen Stadtbezirks 3 wohnten« 1983, Band 2 »Moritz Sommer« 1986, Band 3 »Ein KZ-Außenlager in Düsseldorf Stoffeln« 1988; Stadtmuseum Düsseldorf (Hrsg.), Düsseldorfer Kunstszene 1933 bis 1945 (Ausstellungskatalog), 1987; Suchy, Barbara, Düsseldorf, in: Wegweiser durch das jüdische Rheinland, Berlin 1992, S. 64–83; Dies., Düsseldorf, Donnerstag, den 10. November 1938. Texte, Berichte, Dokumente, Düsseldorf 1989.

Duisburg

Am 2. Mai 1933, dem Tag nach dem traditionellen Arbeiterfeiertag, zerschlugen die Nazis im ganzen Reich die Gewerkschaften. Dabei wurden in Duisburg 22 führende Arbeitnehmervertreter verhaftet. Vier von ihnen, Julius Birk, Michael Rodenstock, Emil Rentmeister und Johann Schlösser, wurden in den Kellern des Gewerkschaftshauses in der Ruhrorter Straße 11 gefoltert und ermordet. 15 Gewerkschafter wurden durch die Innenstadt zum Polizeipräsidium an der Düsseldorfer Straße getrieben. Dort war die Duisburger Gestapo-Zentrale, in der mehrere politische Häftlinge ermordet wurden (Alfred Hitz, Emil Mahnert u. a.). An die Zerschlagung der Gewerkschaften und die Verfolgung und Ermordung der Gewerkschafter erinnern mehrere *Mahntafeln* und *Gedenksteine* in Duisburg:
Am 2. Mai 1984 wurde am *Duisburger Rathaus* am *Burgplatz* ein *Mahnmal* zur Erinnerung an die vier oben genannten ermordeten Gewerkschafter und an alle Opfer des nationalsozialistischen Terrors enthüllt. Die Bronzeplastik der Düsseldorfer Künstlerin Hede Bühl, ein gefesselter menschlicher Torso, symbolisiert den gequälten, zum Schweigen gebrachten Menschen.

Duisburg,
Burgplatz vor dem Rathaus:
Mahnmal für Frauen und Männer der Gewerkschaften, die Opfer des NS-Terrors wurden.
Die Skulptur von Hede Bühl wurde am 2. Mai 1984 enthüllt.

Sowohl am ehemaligen Gewerkschaftshaus in der *Ruhrorter Straße 11–13* als auch am Haus des Deutschen Gewerkschaftsbunds in Duisburg, *Stapeltor 17–19,* sind *Gedenktafeln* angebracht.
Auf dem *Friedhof Dinslaken* an der Bundesstraße 8 erinnert ein *Gedenkstein* am Gemeinschaftsgrab an die vier Toten, deren im Hünxer Wald verscharrte Leichen 1934 von Spaziergängern dort aufgefunden worden waren.
1984 erhielt die *Hauptschule* an der *Gitschiner Straße* den Namen eines der Ermordeten, *Emil Rentmeister*.

In der Nähe des Standorts der 1938 zerstörten Synagoge am *Rabbiner-Neumark-Weg* (früher: Obermauerstraße), benannt nach dem ersten und einzigen Rabbiner der Duisburger Jüdischen Gemeinde, Dr. Manass Neumark, der 1942 in das Konzentrationslager Theresienstadt deportiert wurde und dort umkam, wurde am 10. November 1974 in einem Halbturm der *alten Stadtmauer* der Öffentlichkeit ein *Mahnmal* zur Erinnerung an die frühere Synagoge an der Ecke Junkernstraße/Kuhlenwall und an die umgekommenen jüdischen Bürger Duisburgs übergeben. Die nahezu vier Meter hohe Stahlplastik des Hannoveraner Bildhauers Jürgen Breuste stellt auf einer davidsternförmigen Grundplatte eine aufgebrochene, zu einem Dreiviertel-Kreis gebogene Gitter- oder Zellentür dar. Das Mahnmal trägt die Inschrift:

> Herr, öffne uns das Tor zu der Zeit,
> da man schließt das Tor,
> denn es wendet sich der Tag!

Der Text stammt aus dem Schlußgebet, das am jüdischen Versöhnungstag Jom Kippur gesprochen wird.

Die Inschrift auf einer *Gedenktafel* an der angrenzenden Mauer lautet:

> Zum Gedenken an die Duisburger Synagoge,
> erbaut 1875 an der Junkernstraße,
> zerstört 10. November 1938 –
> und die Opfer der Verfolgung.

Im Jahre 1988 wurde das Ensemble ergänzt durch eine *Anne-Frank-Skulptur* des Bildhauers Heinz Mack. Die anläßlich der 12. Duisburger Akzente errichtete Skulptur aus polierten schwarzen Marmorblöcken steht in einem Feld aus grauem Granitschotter.
Am Platz der früheren Synagoge in der *Junkernstraße 2* wurde 1987 eine *Gedenkkapelle* eingeweiht. Die Ausstattung und die künstlerische Gestaltung symbolisieren in vielfältiger Weise die Geschichte des Ortes und der christlich-jüdischen Beziehungen. Eine halbrunde Mauer, die an der Stelle der vormaligen Synagogenrundung errichtet wurde, ist aus den Steinen der im Boden gefundenen Fundamentreste gemauert. Eine *Gedenktafel* informiert:

> An dieser Stelle befand sich die am 5. März 1875
> eingeweihte/
> Synagoge der Jüdischen Gemeinde Duisburg.
> In der Pogromnacht/
> vom 9.–10. November 1938 wurde sie
> von den Nationalsozialisten/
> in Brand gesteckt, die Ruinen wurden anschließend
> abgebrochen./

In der *Salvatorkirche* am *Burgplatz*, neben dem Rathaus, wurde im September 1981 ein von dem israelischen Künstler Naftali Bezem gestaltetes *Glasfenster* zum Gedenken an die vernichtete Duisburger Jüdische Gemeinde enthüllt.

Duisburg: Eingangsbereich zur Haltestelle König-Heinrich-Platz der im Sommer 1992 in Betrieb genommenen U-Bahn mit einer Kurzdarstellung der Stadtgeschichte. Vier der Texttafeln erinnern an die Ermordung der Duisburger Gewerkschafter, den Brand der Synagogen in der Stadt und die Verschleppung und Ermordung der Juden sowie an die Zerstörungen durch den Krieg.

In Duisburg-*Ruhrort* in der *Landwehrstraße* wurde eine *Gedenktafel* zur Erinnerung an die dortige ehemalige Synagoge angebracht.

Auf dem *Waldfriedhof* auf dem *Ehrenfeld U 8* sind 65 Urnen mit der Asche von Duisburger Widerstandskämpfern bestattet. Das 1946 errichtete *Mahnmal* trägt die Inschrift:

> Wir bleiben die Zeugen für Wahrheit und Recht
> Wir rufen und mahnen der Zukunft Geschlecht
> Gedenket der Opfer des Faschismus 1933–1945

Auf dem gleichen Friedhof sind 500 sowjetische Zwangsarbeiter bestattet. Ein *Gedenkstein* erinnert an sie.
Nicht weit von ihrem Gräberfeld entfernt sind 263 sowjetische Kinder bestattet. Der Text auf einem versteckt liegenden *Gedenkstein* lautet:

> An diesem Platz liegen Kinder sowjetischer Familien, gestorben von 1941–1945.

Auch auf dem *Fiskusfriedhof* an der *Fiskusstraße* sind Zwangsarbeiter aus der Sowjetunion und anderen Ländern bestattet.
Auf dem *Friedhof Alt-Walsum* an der *Königstraße* befindet sich ein *Mahnmal* für hier bestattete sowjetische Zwangsarbeiter.
In Duisburger Industriebetrieben waren in den Kriegsjahren zahlreiche »Fremdarbeiter« eingesetzt. Seit Frühjahr 1944 waren bei mehreren Firmen (DEMAG – Deutsche Maschinenbau AG, Duisburger Kupferhütte, Mannesmann, Thyssen u.a.) sogenannte »Erziehungslager« für ausländische Arbeiter eingerichtet, auch »Straflager« oder »Sonderlager« genannt. Die Einweisung in diese Lager, die »zur Bekämpfung des Arbeitsvertragsbruchs ausländischer Arbeitskräfte« (so ein Runderlaß des Reichsführers-SS und Chefs der Deutschen Polizei vom 15. Dezember 1942) errichtet wurden, erfolgte durch die Gestapo.

Zur Erinnerung an das ehemalige KZ-Außenlager in Meiderich-Ratingsee an der Westender Straße/Ecke Kornstraße wurde am *Stadionvorplatz des Meidericher Spielvereins (MSV Duisburg)* eine *Gedenkplatte* in den Boden eingelassen, auf der reliefartig Alltagsgegenstände und Symbole aus der Zeit des Nationalsozialismus (z.B. der Winkel für die Kennzeichnung von Häftlingen) sowie Fuß- und Stiefelspuren dargestellt sind. Auf einer *Basaltstele* sind typische deutsche, französische, niederländische, polnische und russische Vornamen eingeschrieben, stellvertretend für die zahlreichen ausländischen Häftlinge, deren Namen nicht mehr bekannt sind. Das Mahnmal wurde von sechs Kunststudenten und von Dozenten der Duisburger Universität entworfen, angeregt von einer Schülergruppe des Theodor-Heuss-Gymnasiums, die sich in einer »Initiative wider das Vergessen« für eine Gedenkstätte eingesetzt hatte.
Duisburg war 1942/43 Einsatzort der I. und III. SS-Baubrigade, die im Herbst 1942 als Kommandos der Konzentrationslager Sachsenhausen bzw. Buchenwald aufgestellt und später verschiedenen Konzentrationslagern (Neuengamme, Buchenwald, Dora-Mittelbau und im Januar 1945 wieder Sachsenhausen) unterstellt wurden. Die Häftlinge des Duisburger Außenkommandos wurden in Duisburg und auch in anderen Städten vor allem zu Aufräumungsarbeiten nach Bombenangriffen eingesetzt. Das im Jahre 1942 eröffnete KZ-Außenlager in Meiderich wurde am 27. April 1943 bei einem Bombenangriff auf Duisburg vollständig zerstört. Dabei kamen 50 Häftlinge ums Leben.

Vor dem *Rathaus* in Duisburg-*Rheinhausen* wurde am 22. Mai 1994 im Beisein ehemaliger Zwangsarbeiterinnen aus der Ukraine, die für die Firma Krupp arbeiten mußten, ein *Mahnmal* zur Erinnerung an Leid und Tod ausländischer Zwangsarbeiterinnen und Zwangsarbeiter in Rheinhausen von 1941 bis 1945 eingeweiht. Es geht auf eine Krupp-Fraueninitiative zurück und wurde von dem ehemaligen Krupp-Chef Berthold Beitz unterstützt. Viele umgekommene Zwangsarbeiterinnen und Zwangsarbeiter liegen auf dem *Trompeter-Friedhof* beerdigt, darunter 36 Frauen, Männer und ein Kind aus der Ukraine, die bei der Bombardierung Rheinhausens am 22./23. Mai 1944 in den völlig ungeschützten Zwangsarbeiterbaracken ums Leben kamen.

Nach dem Meidericher Sozialisten Wilhelm Lücke, der als Betreuer von Kindergruppen der Sozialistischen Arbeiterpartei (SAP) und nach 1933 in einer Widerstandsgruppe der SAP tätig war, wurde ein *Jugendzentrum* in der *Bürgermeister-Pütz-Straße* in Duisburg-*Meiderich* benannt. Wilhelm Lücke wurde nach 1933 verhaftet und am 17. April 1940 im KZ Mauthausen, Österreich, ermordet.

Nach Duisburger Widerstandskämpfern sind folgende Straßen und Plätze benannt: *Gottfried-Könzgen-Straße* (Duisburg-Zentrum), *Gustav-Sander-Platz* (Duisburg-Ruhrort), *Kurt-Spindler-Straße* (Duisburg-Neumühl), *Julius-Birk-Straße, Johann-Schlösser-Straße, Rodenstockstraße, Rentmeisterstraße* (Duisburg-Marxloh), *Alfred-Hitz-Platz* (Duisburg-Rheinhausen).

Forschung:
1988 wurde in Duisburg das »Salomon Ludwig Steinheim-Institut« eröffnet unter der Leitung des Politikwissen-

schaftlers Julius H. Schoeps. Das Institut erforscht die Phänomene jüdischen Einflusses auf Geistesleben, Politik und Wissenschaft im Deutschland des 19. und 20. Jahrhunderts und hat unter anderem den »Wegweiser durch das jüdische Rheinland« herausgegeben.
Anschrift: Salomon Ludwig Steinheim-Institut für deutsch-jüdische Geschichte e.V. a.d. Univ.-GH-Duisburg, Geibelstraße 41, 47057 Duisburg, Tel.: 0203/37 00 71-72.

Quellen/Literatur:
Bludau, Kuno, Gestapo geheim! Widerstand und Verfolgung in Duisburg 1933–1945, Bonn-Bad Godesberg 1973; Buchloh, Ingrid, Die nationalsozialistische Machtergreifung in Duisburg. Eine Fallstudie, Duisburg 1980 (Duisburger Forschungen 29); Deutsch-Israelische Gesellschaft/Arbeitsgemeinschaft Duisburg und Jugendamt der Stadt Duisburg (Hrsg.), Widerstand und Verfolgung in Duisburg – Eine politische Stadtrundfahrt, Duisburg 1983; Ingerfurth, R./Wolff, Andrée, Ein Gefangenenlager in Duisburg-Meiderich (Ratingsee) zur Zeit des Nationalsozialismus (unveröff., einzusehen im Stadtarchiv Duisburg); Mrugalla, Gabriele, Tatort Duisburg 1933–1945, Duisburg 1988; Neikes, Gerhard/Holzschneider, Joachim/Gluth, Rüdiger, Kriegsgefangene und Fremdarbeiter in Duisburg 1939–1945. Eine Dokumentation – Forschung vor Ort, Arbeit 11. Klasse, Steinbart-Gymnasium, im Rahmen des »Schülerwettbewerbs Deutsche Geschichte« 1982/83; Peters, Martin/Goebel, Ulrich, Widerstand und Opposition in Duisburg 1933–1945. Arbeit 12. Klasse, Steinbart-Gymnasium, im Rahmen des »Schülerwettbewerbs Deutsche Geschichte« 1982/83, in überarbeiteter Form veröffentlicht in: Galinski, Dieter/Schmidt, Wolf (Hrsg. für die Körber-Stiftung), Die Kriegsjahre in Deutschland 1939 bis 1945, Hamburg 1985, S. 141–158; Peukert, Detlev/Winter, Michael, »Edelweißpiraten« in Duisburg. Eine Fallstudie zum subkulturellen Verhalten von Arbeiterjugendlichen unter dem Nationalsozialismus, in: Duisburger Forschungen 31, Duisburg 1982, S. 247–275; Progressiver Eltern- und Erzieherverband (PEV), Stadtverband Duisburg (Hrsg.), Duisburg im Dritten Reich – Augenzeugen berichten, Duisburg 1983; Reim, Hans-Dirk, Der Widerstandskämpfer Alfred Hitz aus Duisburg-Rheinhausen. Arbeit 10. Klasse, Krupp-Gymnasium, im Rahmen des »Schülerwettbewerbs Deutsche Geschichte« 1980/81; Roden, Günter von, Geschichte der Duisburger Juden, 2 Bände, Duisburg 1985 (Duisburger Forschungen 34); Sassenberg, Marina, Duisburg, in: Wegweiser durch das jüdische Rheinland, Berlin 1992, S. 84–99; Stadtarchiv Duisburg und Dezernat für Kultur und Bildung (Hrsg.), Duisburg im Nationalsozialismus. Eine Dokumentation zur Ausstellung des Stadtarchivs Duisburg, Duisburg 1983; Tappe, Rudolf/Tietz, Manfred (Hrsg. für die Geschichtskommission der VVN/BdA, Kreis Duisburg), Tatort Duisburg 1933–1945, Bde. I u. II, Essen 1989/1993; Terlinden, Jutta u.a. (6 Verfasserinnen), Alltag im Nationalsozialismus – die Kriegsjahre in Deutschland – unter besonderer Berücksichtigung des Lebens jüdischer Mitbürger in Duisburg. Arbeit 11.–13. Klasse, St. Hildegardis-Gymnasium, im Rahmen des »Schülerwettbewerbs Deutsche Geschichte« 1982/83.

Elberfeld siehe Wuppertal

Elsdorf, Rheinland

An der Begrenzungsmauer des *Parkplatzes* an der *Köln-Aachener-Straße 60–62* machen zwei *Hinweisschilder* auf den Standort der früheren Synagoge aufmerksam. An der Stirnseite der Mauer steht in einer Kartusche über der Darstellung des siebenarmigen Leuchters:

Friede
dem Fernen
wie dem Nahen.

Dieser Text ist einer Inschrift auf der Ostwand im Innern der ehemaligen Synagoge entnommen. Die zweite Tafel an der Längsseite der Mauer zeigt außer einem Hinweispfeil das Relief eines Schofars (Widderhorn), der im jüdischen Gottesdienst am Neujahrs- und am Versöhnungstag geblasen wird. Der Text lautet:

Hier stand die Synagoge
der Jüdischen Gemeinde.
1938 als sakrale Einrichtung
entweiht, wurde sie 1944 als
Gebäude zerstört.

Quellen:
Schlang, Josi, Juden in Elsdorf. Arbeitsergebnisse der Projektgruppe der Gemeinschaftshauptschule Elsdorf »Juden in Elsdorf«, 1983, hrsg. von der Gemeinde Elsdorf; Wißkirchen, Josef, Reichspogromnacht an Rhein und Erft. Eine Dokumentation, Pulheim 1988, S. 122–124.

Enger, Westfalen

Im Ortskern von Enger befindet sich an der *Renteistraße,* am Zugang zum Heckewerthplatz, seit 1986 ein *Gedenkstein* mit der Inschrift:

Zum Gedenken an die Opfer
des Nazi-Terrors

Er steht nahe der Stelle, an der bis 1927 die kleine Synagoge der Gemeinde Enger/Spenge gestanden hat. Die Gemeindemitglieder hatten sich zum Abbruch und Verkauf des Grundstücks entschlossen, nachdem sie zu klein geworden war.

Ennepetal

Im Baugebiet Brunnen-/Beukenstraße in dem zu Ennepetal gehörenden Ort *Milspe* erinnert eine *Straße* an den Widerstandskämpfer Peter Alfs.

Auch hängt schon seit Jahren sein *Porträt* im Sitzungssaal des Rathauses. Der in Köln geborene Peter Alfs gehörte seit dem Jahre 1926 der Gemeindevertretung in Milspe an und war gleichzeitig Vorsitzender der SPD. Er gehörte zu einer sozialdemokratischen Widerstandsgruppe, wurde 1938 das erste Mal verhaftet und zu zwei Jahren Gefängnis verurteilt. Im Sommer 1944 wurde er erneut inhaftiert und ins Konzentrationslager verschleppt. Seine letzte Nachricht vom 2. Dezember 1944 stammt aus dem Konzentrationslager Sachsenhausen (bei Oranienburg).

Erftstadt

In dem heute zu Erftstadt zählenden Ort *Lechenich* befand sich bis zum 10. November 1938 in der *Judenstraße 8* die Synagoge der örtlichen Gemeinde. An dem Tag wurde sie von SA-Leuten angezündet und niedergebrannt. Das benachbarte Gebäude der früheren jüdischen Schule diente als Heim der Hitler-Jugend. An diesem noch erhaltenen Bau hängt seit dem Jahre 1984 eine *Gedenktafel* mit der Abbildung der Synagoge und darunter dem Text:

Erbaut 10. 09. 1886 –
zerstört 10. 11. 1938.
In der Judenstraße stand die
jüdische Synagoge.
Hier in diesem Haus befand sich die
jüdische Schule von 1905 bis 1920.

Literatur:
Bormann, Cornelius, Erftstadt, in: Wegweiser durch das jüdische Rheinland, Berlin 1992, S. 100–105.

Erkelenz

In Erkelenz erinnern zwei *Gedenktafeln* in der *Patersgasse* an die während der »Reichspogromnacht« im November 1938 durch die Nationalsozialisten zerstörte Synagoge. Eine Tafel wurde von der Stadt Erkelenz, die andere von der katholischen Friedensorganisation »Pax Christi« angebracht. Auf dem *jüdischen Friedhof* an der *Neusser Straße,* nördlich der Güterabfertigung, steht ein *Gedenkstein.*

Eschweiler, Rheinland

Auf dem *jüdischen Friedhof* in der *Talstraße* erinnert ein *Mahnmal* an die jüdischen Opfer des Nationalsozialismus. Die in Hebräisch und Deutsch verfaßte Inschrift lautet:

Den Toten zur Erinnerung
Den Lebenden zur Mahnung.

Der Friedhof ist verschlossen; der Schlüssel zur Friedhofstür kann beim Pförtner des benachbarten Gußwerks abgeholt werden.

Essen

Alte Synagoge Essen

Seit dem 9. November 1980 ist die *Alte Synagoge, Steeler Straße 29, »historisch-politisches Dokumentationsforum und Mahn- und Gedenkstätte«* der Stadt Essen.
Der mächtige Kuppelbau hat eine wechselvolle Geschichte hinter sich. 1911 bis 1913 nach Ent-

Essen, Steeler Straße: Der in der Stadtmitte an einer breiten Kreuzung gelegene mächtige Kuppelbau der Alten Synagoge ist seit November 1980 »Historisch-politisches Dokumentationsforum und Mahn- und Gedenkstätte«.

würfen des Architekten Edmund Körner errichtet, galt er als eines der schönsten und größten jüdischen Gotteshäuser Deutschlands. In der Nacht vom 9. zum 10. November 1938 wurde die Synagoge von den Nationalsozialisten in Brand gesteckt und bis auf die Außenmauern zerstört. Nach einer notdürftigen Instandsetzung diente der Bau nach dem Krieg kurze Zeit einer kleinen Jüdischen Gemeinde wieder als Gotteshaus. Im Jahre 1959 wurde die Neue Synagoge im Südostviertel, Sedanstraße 46, eingeweiht, an der Stelle, an der sich bis zur Zerstörung in der Pogromnacht das jüdische Jugendheim befand. Die Alte Synagoge ging mit der Eröffnung der neuen Synagoge in städtischen Besitz über. Nach den damaligen Vorstellungen wurde das Innere völlig umgestaltet, dabei der Thoraschrein entfernt. Funktion und Geschichte des Raums wurden unsichtbar gemacht und das Museum »Haus Industrieform« sowie das »Deutsche Plakatmuseum« hier untergebracht. Nach einem Brand im Jahre 1979 empfahl der Ältestenrat der Stadt eine andere Nutzung.

Am 9. November 1980 wurde die Alte Synagoge zur Mahn- und Gedenkstätte. Von 1986 bis 1988 wurde das Gebäude völlig umgebaut, die alte Innenraumgestalt wieder sichtbar gemacht, sogar der Thoraschrank wieder nachgebaut, die Kuppel freigelegt und die Architektur teilweise wieder hergestellt.

Von den wechselnden Sichtweisen zeugen auch die *Gedenktafel* und *Hinweise* außen an der Alten Synagoge. 1949 ließ die Stadt Essen vor dem Hauptportal als Mahnmal einen *Steinsarg* aufstellen mit der Inschrift:

> Mehr als 2 500 Juden der Stadt Essen
> mußten in den Jahren 1933 - 1945
> ihr Leben lassen.

1981, mit der Einrichtung der Gedenkstätte, wurde der Text präzisiert und lautet jetzt:

> Zum Gedenken an die
> über 2 500 Juden der Stadt Essen,
> die in den Jahren 1933–1945 vom
> Nazi-Regime ermordet wurden.

In den fünfziger Jahren wurde eine *Gedenktafel* am Gebäude angebracht. Sie lautet:

> Dieses Haus
> die ehemalige Synagoge der Jüdischen Gemeinde
> ist ein stummer Zeuge eines
> furchtbaren
> Geschehens
> das wiedergutzumachen
> uns allen
> aufgetragen ist.

In kritischer Auseinandersetzung mit diesen Texten wurden 1988 links und rechts des Hauptportals zwei weitere Inschriften angebracht. Sie sollen den Charakter des Gebäudes deutlich machen und zudem die Schuld oder doch Mitverantwortung an den Deportationen markieren sowie auf Schlußfolgerungen für die Zukunft hinweisen. Die erste

Der Architekt Edmund Körner schuf mit der von 1911–1913 erbauten Synagoge an der Steeler Straße ein monumentales Gotteshaus in der Essener Stadtmitte mit prägendem Charakter für das Stadtbild.

Inschrift dokumentiert den Text jener Votivtafel, die die Essener Jüdische Gemeinde 1913 zur Eröffnung an die Öffentlichkeit richtete. Die zweite Tafel lautet, mit einem Vers des Propheten Habakuk beginnend:

> Denn ein Stein wird aus der Wand schreien.
>
> Diese Synagoge wurde 1913
> von der Jüdischen Gemeinde
> eingeweiht und bildete 25 Jahre,
> bis zur Pogromnacht im November 1938, ihr Zentrum.
> Die Essener Juden wurden während
> der dreißiger Jahre
> schrittweise aus dem wirtschaftlichen und
> gesellschaftlichen Leben der Stadt ausgegrenzt
> und schließlich in die Ghettos und Vernichtungslager
> verschleppt. Ausgrenzung und Verschleppung
> fanden vor den Augen der Essener Öffentlichkeit
> statt, wurden weithin mit Gleichgültigkeit
> hingenommen, teils gebilligt, teils aktiv unterstützt.
> Heute erinnern Grabsteine und dieses Haus an eine
> einst bedeutende Jüdische Gemeinde. Nach 1945
> kehrten nur wenige Überlebende nach Essen zurück.
> Ihr Schicksal und das der Ermordeten mahnen uns,
> für eine bessere Gesellschaft einzutreten, in der wir
> »den besseren Zustand aber denken als den,
> in dem man
> ohne Angst verschieden sein kann«.
> (Theodor W. Adorno).

Die Alte Synagoge setzt sich mit Ihrer Arbeit das Ziel, über die Geschichte des Judentums sowie über Verfolgung und Widerstand unter dem nationalsozialistischen Regime aufzuklären, das Andenken an die Opfer des Nationalsozialismus zu bewahren und jeglicher Form von Antisemitismus, Rassismus und Diskriminierung Andersdenkender und -lebender entgegenzuwirken. Die Alte Synagoge zeigt *zwei Dauerausstellungen.* Die eine, *»Stationen jüdischen Lebens. Von der Emanzipation bis zur Gegenwart«,* zeigt die traditionellen Grundlagen sowie zentrale Etappen jüdischen Lebens in Deutschland und in Essen seit der rechtlichen Gleichstellung im 19. Jahrhundert auf. Im Mittelpunkt stehen jüdisches Handeln, Denken und Fühlen. Auch bei der Darstellung der Nazi-Zeit werden die Opfer der Verfolgung und der Shoa nicht allein als Leidende, als Passive, sondern auch als in widrigen Umständen Handelnde, in ihrem Bemühen um Würde, Selbstbehauptung und Selbsthilfe gezeigt. Zu den Ausstellungsstücken gehören Fotografien, autobiographische Dokumente, zeitgenössische Publikationen und vor allem Zeugenaussagen und lebensgeschichtliche Darstellungen, die als Tonspur die Ausstellung durchlaufen.

Die *zweite Dauerausstellung, »Verfolgung und Widerstand in Essen 1933–1945«,* zielt auf Fragen, die für die heutige Auseinandersetzung mit der NS-Zeit wichtig sind. Themenbereiche sind: Die Krise der Weimarer Republik – Als die Nazis an die Macht kamen – Widerstand gegen Gleichschaltung, NS-Terror und Kriegsvorbereitung – Der Vorkriegs- und Kriegsalltag in Essen – Die vergessenen Opfer der NS-Verfolgung wie »Asoziale«, »Fremdvölkische«, Sinti und Roma, Homosexuelle, Geisteskranke – Befreiung und Wiederaufbau. Die Ausstellung stellt schließlich acht Lebensläufe von Essener Nazigegnern vor, die zeigen, daß Widerstand nicht von anonymen Organisationen, sondern von konkreten, einzelnen Menschen geleistet wurde.

Die Alte Synagoge führt zudem Wechselausstellungen, Projekte, Vorträge, Diskussionen durch sowie Besuchsprogramme für jüdische Bürgerinnen und Bürger, die vor dem NS-Regime aus Essen ins Ausland fliehen mußten. Sie berät einzelne und Gruppen, die sich mit der Geschichte der Juden und der Zeit der NS-Herrschaft auseinandersetzen möchten. Eine Präsenzbibliothek und ein Bestand von (bis 1990) etwa 220 lebensgeschichtlichen Interviews mit jüdischen ehemaligen Essenern stehen der wissenschaftlichen Auswertung zur Verfügung.

In der Absicht, »aktives Gedenken« zu fördern, ist in der Alten Synagoge ein besonderes Projekt entstanden: Essener Bürger, vor allem junge Leute, übernehmen »Patenschaften« für namentlich bekannte Opfer und sichern deren Spuren in Briefen, Zeitungen, Dokumenten, bei Verwandten und Freunden der Opfer u.a. Das Ergebnis der Nachforschungen wird festgehalten, überprüft und in ein *»Gedenkbuch«* aufgenommen.

Über die traditionelle Besucherbetreuung wie Führungen und Stadtrundfahrten hinaus bietet die Alte Synagoge Essen spezielle Hilfen für Schüler und Lehrer an. Für Schüler wie für Lehrer sind Sprechstunden eingerichtet, für Lehrer werden Arbeitsgruppen organisiert und Fortbildungsseminare veranstaltet.

Publikationen, Arbeitshilfen und Kataloge:
Neben kostenlos erhältlichen Faltblättern in deutscher, englischer und französischer Sprache hat die Alte Synagoge unter anderem folgende Publikationen herausgegeben:

1) Kataloge zu den Dauerausstellungen:
Stationen jüdischen Lebens. Von der Emanzipation bis zur Gegenwart. Das Buch zur Ausstellung, Bonn 1990; Texte zur Ausstellung, Essen 1989; Gestern Synagoge – Alte Synagoge heute. Geschichte im Spiegel von 75 Jahren Bau-Geschichte, 2. Aufl. Essen 1989; Verfolgung und Widerstand in Essen 1933–45. Katalog zur überarbeiteten Ausstellung, Essen 1991.

2) Kataloge zu Wechselausstellungen:
Kurt Lewy – Leben und Werk, Essen 1986; Spurensuche – Eine Jüdische Gemeinde, die nicht mehr existiert, Essen 1990; Das jüdische Museum Prag. Von schönen Gegenständen und ihren Besitzern, Bonn 1991.

3) Sonstige Publikationen:
»Das Vergangene ist nicht tot, es ist nicht einmal vergangen.« Der Nationalsozialismus im Spiegel der Nachkriegsliteratur, Essen 1984; Essen unter Bomben. Märztage 1943, Essen 1984; Von Essen nach Jerusalem. Eine Essener Jüdin erinnert sich, Essen 1991; Zerschlagenes Rad. Texte zur Ausstellung, Essen 1991; Entrechtung und Selbsthilfe. Zur Geschichte der Juden in Essen unter dem Nationalsozialismus, Essen 1994 (Studienreihe der Alten Synagoge – Band 4).

Wanderausstellungen:
Unter anderem stehen Interessenten gegen Übernahme von Transport und Versicherung folgende Ausstellungen zur Verfügung:
»Gestern Synagoge – Alte Synagoge heute. Geschichte im Spiegel von 75 Jahren Bau-Geschichte«; Fotoausstellung »Zerschlagenes Rad. Zigeuner zwischen Romantisierung und Vernichtung«.

Anschrift:
Alte Synagoge Essen, Steeler Straße 29, 45127 Essen,
Leitung: Edna Brocke, Tel.: 02 01/88 46 43/88 53 27.
Öffnungszeiten: Di. – So.: 10.00 – 18.00 Uhr, Eintritt frei; Führung auf Anfrage. – Einführung in die Ausstellung: Mi 15.00 Uhr.

Gedenktafeln

In Essen gibt es eine außerordentlich große Zahl von Tafeln, die an Orte, Begebenheiten und Personen erinnern, die Opfer nationalsozialistischer Verfolgung wurden. Im Unterschied zu ähnlichen Objekten in anderen Städten steht bei den Essener Tafeln die Information im Vordergrund, weniger das Gedenken. Die Texte gehen ausführlich auf den Gegenstand der Erinnerung ein und stellen ihn in den historischen oder örtlichen Kontext. Die Tafeln wurden gleich gestaltet, jeweils auf einem niedrigen Lesepult angebracht, und wurden zumeist Ende der 80er Jahre aufgestellt. Die Initiative dafür geht auf einen Ratsantrag der SPD zurück und wurde von den Historikern des Ruhrlandmuseums und den Mitarbeitern der Alten Synagoge sowie der Jüdischen Gemeinde Essen unterstützt. Eine Arbeitsgruppe aus diesem Kreis erarbeitete das Konzept. Eine wichtige Voraussetzung boten die Forschungen und Publikationen von Ernst Schmidt, der hierzu einen eigenen Stadtführer entlang der Gedenktafeln mit dem Titel »Essen erinnert« herausgegeben hat.
Einmalig ist auch ein Patenschaftsprojekt für die Gedenktafeln in Essen, das die Alte Synagoge organisiert. Für jede Tafel übernimmt ein Pate die Verantwortung für deren Pflege, hält aber auch gegebenenfalls schriftlich oder fotografisch Schmierereien oder Verunstaltungen fest und informiert einmal jährlich die Alte Synagoge über den Zustand »seiner« Tafel.

Die folgende Auflistung folgt der Publikation »Essen erinnert«, die topografisch vorgeht, zunächst die Erinnerungstafeln im Stadtkern von Essen vorstellt, dann im Süd-, Ost- und Südostviertel; es folgen die Stadtteile Huttrop, Steele, Horst, Kray und Stoppenberg, dann Altenessen, der Norden, Rüttenscheid, Altendorf, Schönebeck, Borbeck, Werden und Kettwig:

DGB-Haus: Ausschaltung der Gewerkschaften

Am *Haus des Deutschen Gewerkschaftsbundes (DGB-Haus), Schützenbahn 11–13,* erinnert eine *Hinweistafel* an die Gleichschaltung der Gewerkschaften am 2. Mai 1933 durch die Nationalsozialisten. Der Text lautet:

> Am 2. Mai 1933 begannen auch in Essen
> die Nationalsozialisten damit, die bis dahin
> existierenden Gewerkschaften unterschiedlicher
> weltanschaulicher Richtung zu zerschlagen
> oder »gleichzuschalten«. Die SA besetzte
> die Gewerkschaftsbüros und verhaftete
> die führenden Essener Gewerkschaftsfunktionäre.
> Einer von ihnen war Karl Wolf, der Bezirksleiter
> des Deutschen Metallarbeiterverbandes.
> Er wurde am 26. März 1942 im Konzentrationslager
> Sachsenhausen umgebracht. Nach dem
> Zusammenbruch des Nationalsozialismus
> entschieden sich die Gewerkschafter
> der ersten Stunde für das Prinzip
> der Einheitsgewerkschaft.
> Seit 1954 ist dieses Haus der Sitz
> des Deutschen Gewerkschaftsbundes.

Salzmarkt: Arbeitsamt im »Dritten Reich«

Gegenüber dem heutigen Finanzamt Essen Nord am *Salzmarkt* erläutert eine *Hinweistafel* die Rolle des Arbeitsamtes in der Zeit des Nationalsozialismus. Dort ist zu lesen:

> Hier befand sich während des Zweiten Weltkrieges
> das Arbeitsamt Essen. Über diese Behörde
> wurden zwischen 1939 und 1945 mehr als
> 70.000 ausländische Männer und Frauen,
> vorweigend aus der Sowjetunion, aber auch
> aus Polen, Italien, Frankreich, Belgien,
> den Niederlanden, der Tschechoslowakei, Ungarn,
> Jugoslawien, Griechenland, Rumänien und
> anderen Staaten Europas als Arbeitskräfte
> an Essener Unternehmen »vermittelt«.
> Industrieunternehmen, Reichsbahndirektion,
> Stadtverwaltung, Handwerker, Landwirte
> und andere Arbeitgeber forderten hier
> die ausländischen Arbeitskräfte an,
> die zum größten Teil durch Wehrmacht-,
> SS- oder Polizeitruppen aus ihren Heimatländern
> zur Zwangsarbeit nach Essen verschleppt wurden.

Mindestens 2.554 Ausländer, unter ihnen
2.130 sowjetische Männer, Frauen und Kinder,
starben während der Kriegszeit in Essen
an den Folgen von Unterernährung,
menschenunwürdiger Behandlung
und bei Bombenangriffen.
Sie hatten in der Regel keinen Zutritt
zu öffentlichen Schutzräumen.

Hauptbahnhof: Die Deportation der Juden

Am *Fußgängerübergang* zum *Hauptbahnhof*, nahe dem Hotel Handelshof, erinnert eine *Tafel* an die Judendeportationen in den Jahren 1941 bis 1943. Da die Essener Bundesbahndirektion für die Hinweistafel im Bahnhofsbereich Miete verlangte, ist sie außerhalb des Bahnhofs vor dem Haupteingang aufgestellt worden. Der Text:

In der Zeit vom 27. Oktober 1941
bis zum 9. September 1943
wurden von diesem Hauptbahnhof
und vom Güterbahnhof Segeroth aus
mit 9 Transporten mehr als 1.200 Essener Juden
in die Ghettos und Vernichtungslager
in Osteuropa deportiert.
Nahezu alle wurden ermordet.
Der Abtransport der Essener Juden
fand tagsüber statt, vor den Augen
von Passanten und Reisenden.
Bewaffnete Posten machten eine Flucht unmöglich.
Der normale Zugverkehr wurde nicht unterbrochen.

Sachsenstraße: Die jüdische Volksschule

An der heutigen *kaufmännischen Schule* in der *Sachsenstraße* im Essener Südviertel macht eine *Tafel* auf die ehemalige jüdische Volksschule an dieser Stelle aufmerksam. Zu lesen ist:

In der Sachsenstraße 33 war von 1927 bis 1935
die jüdische Volksschule, die 1830 gegründet wurde,
untergebracht. Nach der Ausgrenzung und Verfolgung
der Essener Juden durch die Nationalsozialisten
war gerade die jüdische Schule für die Jugend
ein Ort der Geborgenheit und der Selbstbehauptung.
Bis zum endgültigen Verbot von jüdischen Schulen
mußte sie mehrfach die Räumlichkeiten wechseln.
Nach der Sachsenstraße war sie u.a. in der
Kastanienallee, in der Herkulesstraße und in der
Frohnhauser Straße untergebracht.

Hindenburgstraße:
Die Jüdische Gemeinde nach dem Pogrom 1938

Eine *Hinweistafel* am Haus *Hindenburgstraße 22* erinnert an die Behelfsunterkünfte der jüdischen Synagogengemeinde nach der Reichspogromnacht und nach der Zerstörung von Synagoge und Jugendheim. In den Betsaal dieses Hauses sind viele Essener Juden »zum Abtransport in die Ostgebiete« bestellt worden. Hier begann für sie der Weg in den Tod. Der Text der Tafel lautet:

In dem Haus Hindenburgstraße 22,
das der jüdischen Familie Silber gehörte,
wurde nach den Zerstörungen
der Pogromnacht im November 1938
die Jüdische Gemeinde
mit ihren Bet- und Schulräumen
und ihrer Verwaltung untergebracht.
Hier erhielt die notleidende jüdische Bevölkerung
aber auch Hilfe, Unterschlupf und Verpflegung.

Gerlingplatz: Die NS-Bücherverbrennung

Eine *Hinweistafel* erinnert in der Grünanlage des *Gerlingplatzes* im Essener Ostviertel an die Bücherverbrennungen im Jahre 1933. Dieser Platz, in der Weimarer Zeit der »Republikplatz«, war traditionsreicher Kundgebungsort der Arbeiterbewegung bis 1933. Der Tafeltext lautet:

Am 21. Juni 1933 inszenierten
die Essener Nationalsozialisten,
angeführt von dem neu ernannten Leiter
der Stadtbibliothek, auf dem Gerlingplatz
eine Bücherverbrennung.
Zahlreiche Bücher, die zuvor
aus der Stadtbücherei entfernt worden waren,
wurden als »undeutsch« verbrannt.
Unter den in Essen und an anderen Orten
in Deutschland verbrannten Büchern
befanden sich unter anderem Werke
von Thomas Mann, Bertolt Brecht, Heinrich Heine,
Albert Einstein, Sigmund Freud, Stefan Zweig
und Erich Kästner.

EVAG-Betriebshof: Sowjetische Kriegsgefangene

Nicht weit vom Gerlingplatz entfernt, hinter dem Betriebshof der Essener Verkehrsbetriebe in der *Gerlingstraße*, erinnert ein *Gedenkstein* an den Bombentod von 99 russischen Kriegsgefangenen. Die Häftlinge waren Arbeiter auf einer nahen Zeche und hatten sich den Stollen selbst gebaut, da sie öffentliche Luftschutzräume nicht aufsuchen durften. Das Mahnmal in Kreuzform zeigt ein Relief eines nackten Körpers und trägt in deutscher und russischer Sprache die Inschrift:

Hier ruhen 99 russische Kriegsgefangene
verschüttet durch Fliegerbomben
am 12. Dezember 1944

Franz-Sales-Haus: »Euthanasie«-Morde

Im Vorgarten des *Franz-Sales-Hauses* an der *Steeler Straße 261* in Essen-*Huttrop* informiert eine *Tafel* über die »Euthanasie«-Morde an den sogenannten unheilbaren Kranken. Der Text lautet:

Das Franz-Sales-Haus hat seinen Ursprung
in einem 1884 in Essen gegründeten
katholischen Verein, der die Pflege und Erziehung
geistig-seelisch Beeinträchtigter übernahm.
Zwischen 1940 und 1943 wurden 782 Kinder,
Jugendliche und Erwachsene aus dem
Franz-Sales-Haus in andere Heil- und
Pflegeanstalten verschleppt.
Im Rahmen des nationalsozialistischen
»Euthanasie«-Programms wurden viele von ihnen
mit Gas oder medizinischen Mitteln,
durch bewußte Vernachlässigung
oder durch Entzug der Nahrung umgebracht.
Es ist der mutigen und aktiven Fürsorge
der Mitarbeiter zu verdanken,
daß zahlreiche Bewohner des Franz-Sales-Hauses
den Mordaktionen nicht zum Opfer fielen.
Ein besonderer Dank gilt den Ordensfrauen
aus der Gemeinschaft der Barmherzigen Schwestern
von der Hl. Elisabeth, dem Direktor des Hauses,
Hermann-Josef Schulte-Pelkum, und
Prälat Paul Wolpers, damals Kaplan
im Franz-Sales-Haus.

Bergerhausen: Pax-Christi-Stätte

Im Essener Süden, in *Bergerhausen,* stellt die *Pax-Christi-Kirche* an der *Dinnendahlstraße* eine einzigartige Form eines Denkmals dar, das u.a. auch an die Opfer der nationalsozialistischen Gewalt erinnert. In der Unterkirche sind rund um den Altar und entlang den Kreuzwegstationen Hunderte von Namen in die Bodenkacheln eingebrannt, deren Träger alle Opfer von Krieg, Willkür und Gewalt geworden sind. Die Pfarrei, die schon 1949 entstand, verfolgt mit dieser Bauidee das Ziel, daß die Erfahrungen von Krieg und Gewalt in der Zeit des Wiederaufbaus nicht verdrängt werden und hier beim Namen genannt wird, was Menschen durch Gewalt erlitten haben. Dabei handelt es sich nicht nur um katholische Opfer wie die erst in den letzten Jahren allmählich bekannter gewordenen Kriegsdienstverweigerer, die den Fahneneid auf Hitler verweigerten und dafür hingerichtet wurden, wie Franz Jägerstätter, Michael Lerpscher, Josef Ruf, Ernst Volkmann oder Richard Reitsamer, und nicht nur um Menschen, die durch Terror und Krieg in der Zeit des Nationalsozialismus ums Leben kamen, sondern auch um zahlreiche Opfer anderer ideologischer und religiöser Richtungen sowie anderer Nationen, Konfessionen und Kulturen. Die Liste wird laufend fortgeschrieben und ergänzt um aktuelle Namen von »Menschen, die Opfer von Menschen geworden sind«. Die Pax-Christi-Kirche ist ein bekannter Besuchs- und Meditationsort geworden; der jährliche Hauptfesttag ist der Buß- und Bettag.

Kontakt:
Pfarramt Pax Christi, An St. Albertus Magnus 44, 45136 Essen, Tel.: 02 01/26 36 81.

Holbeckshof: Barackenlager für die Essener Juden

Am Holbeckshof in Essen-*Steele* wurde im Frühjahr 1942 ein bewachtes Barackenlager eingerichtet, in das die meisten der damals noch lebenden Juden eingewiesen wurden. Der *»Aronweg«,* an dessen Einmündung eine *Tafel* aufgestellt wurde, ist nach einer der von hier verschleppten und in Theresienstadt ermordeten Jüdinnen, Toni Aron, benannt. Der Text der Tafel lautet:

Das Barackenlager Holbeckshof
bildete den Ausgangs- und Sammelpunkt
für mehrere Deportationen von Essener Juden.
Sie wurden von hier aus tagsüber
und vor aller Augen zum Essener Hauptbahnhof
oder zum Nordbahnhof geführt,
von wo sie nach Düsseldorf
in ein weiteres Sammellager gebracht wurden.
Dort begann der Weg in die Vernichtungslager.
Ausdruck der Selbstbehauptung der in diese Lage
gebrachten Juden war, daß sie selbst
unter den schrecklichsten Lebensbedingungen
im Lager Holbeckshof ein begrenztes
kulturelles Leben aufrechterhielten.

Isinger Tor: Die Synagoge der Gemeinde Steele

Eine *Gedenktafel* am *Isinger Tor Haus Nr. 4* erinnert an die Synagoge der Jüdischen Kultusgemeinde Steele. Im Pflaster des Parkplatzes sind mit andersfarbigen Steinen die Grundrisse des Synagogengebäudes markiert. Auf der Tafel befindet sich die Inschrift:

Am 14. September 1883 weihten die
183 in Steele lebenden Juden am Isinger Tor
eine Synagoge.
In unmittelbarer Nachbarschaft befand sich auch
die jüdische Volksschule. In der Nacht
zum 10. November 1938 wurde die Steeler Synagoge
von Nationalsozialisten in Brand gesteckt
und entweiht. Wenig später wurde sie abgerissen.

St. Christopherus in Kray: Opfer der NS-Justiz

Am 22. Mai 1989 enthüllte der Essener Bischof an der katholischen *Kirche St. Christopherus* in *Kray,*

Ernststraße 4, eine *Gedenktafel* zur Erinnerung an das Ehepaar Bernhard und Maria Kreulich, die sich 1943 regimekritisch geäußert hatten, denunziert und vom »Volksgerichtshof« zum Tode verurteilt worden waren.
Auf der Tafel ist als Relief ein Porträt der Eheleute abgebildet und dazu der Text:

> Zeugen der Wahrheit
> Bernhard und Maria Kreulich
> Am 17. u. 19. März 1944 in Berlin Plötzensee
> von NS-Schergen hingerichtet.

Seumannstraße, Altenessen: Kommunistischer Widerstand

Eine *Hinweistafel* in der *Seumannstraße 114* in *Altenessen-Süd,* am Anfang eines Fußweges zur Kleingartenanlage, rechts der Straße und nahe der Eisenbahnunterführung an der Tuttmannstraße, erinnert an den grausamen Tod der Arbeiterfrau Käthe Larsch am 29. Mai 1935:

> In ihrer Wohnung in der Seumannstraße 114
> wurde am 18. Mai 1935 Käthe Larsch, 33 Jahre alt,
> Frau eines Arbeiters und Mutter von 4 Kindern,
> von der Gestapo verhaftet.
> Käthe Larsch hatte Flugblätter für die
> Widerstandsarbeit der KPD hergestellt und verbreitet.
> In der Gestapo-Haft wurde sie so gefoltert,
> daß sie wahnsinnig wurde.
> 11 Tage nach ihrer Verhaftung starb sie
> in der Heilanstalt Grafenberg.

Bergeborbeck: Ein Lager für sowjetische Kriegsgefangene

Im September 1941, wenige Wochen nach dem deutschen Überfall auf die Sowjetunion, wurde in *Bergeborbeck* als erstes dieser Art in Essen ein Lager für sowjetische Kriegsgefangene eingerichtet unter der Bezeichnung »Pionierpark«. Der Text der *Tafel* an der *Hafenstraße*, gegenüber der Einmündung Wildstraße, lautet:

> Hier, im Kriegsgefangenenlager Pionierpark
> an der Hafenstraße,
> starb am 11. September 1941 im Alter von 30 Jahren
> der sowjetische Kriegsgefangene Rejtarkowski
> an den Folgen einer Vergiftung. Er hatte versucht,
> sein Leben zu erhalten, indem er Staufferfett aß.
> Sein Name steht stellvertretend für mehr
> als 2.130 sowjetische Männer, Frauen und Kinder,
> die während der Kriegszeit in Essen
> als Kriegsgefangene oder Zwangsarbeiter
> infolge von Unterernährung,
> menschenunwürdiger Behandlung und
> unzureichendem Bombenschutz gestorben sind.

Ernst-Moritz-Arndt-Haus: Bekennende Kirche

Eine Hinweistafel am *Ernst-Moritz-Arndt-Haus* in Essen-*Rüttenscheid, Julienstraße 39,* erinnert an den evangelischen Kirchenkampf in der Zeit des Nationalsozialismus. Während reichsweit die Bekennende Kirche im Gegensatz zu den regimeangepaßten »Deutschen Christen« eine Minderheit war, zählte in Essen die Mehrheit der evangelischen Gemeinden dazu. Auf der Tafel ist folgendes zu lesen:

> Hier im Ernst-Moritz-Arndt-Haus befand sich
> während der nationalsozialistischen Diktatur
> die Zentrale der Essener Evangelischen
> Bekenntnissynode unter der Leitung von
> Pfarrer Heinrich Held. Gegen Unterdrückung
> und Verfolgung setzten sich auch in Essen
> viele evangelische Gläubige mit ihren Pfarrern
> für die kirchliche Freiheit und Selbstbestimmung ein.

Finanzamt Süd: Die Essener Gestapo-Zentrale

Im heutigen *Finanzamt* Essen-*Süd, Kortumstraße 46,* erinnert eine *Hinweistafel* an die Geschichte dieses Gebäudes, in dem in der NS-Zeit die Geheime Staatspolizei residierte. Der Text der Tafel lautet:

> Im Haus Kortumstraße 46 hatte seit Mitte
> der 30er Jahre die Geheime Staatspolizei (Gestapo)
> ihren Sitz. Vorher befand sie sich
> im nahegelegenen Polizeipräsidium.
> An beiden Orten wurden zwischen 1933 und 1945
> zahlreiche Menschen brutal mißhandelt,
> die aus politischen, »rassischen« oder
> religiösen Gründen verfolgt wurden.
> Viele von ihnen wurden vom Essener Landgericht
> oder von anderen Gerichten zu
> hohen Gefängnis- oder Zuchthausstrafen verurteilt.
> Im Gerichtsgefängnis in der Krawehlstraße,
> im Gestapohaus und im Polizeipräsidium
> starben mindestens 24 namentlich bekannte Opfer
> der nationalsozialistischen Diktatur.
> Sie überlebten die Folter nicht, entzogen sich
> den Mißhandlungen durch Selbstmord
> oder wurden während des Zweiten Weltkriegs
> in ihren Zellen durch Bomben getötet.
> Die am 10. November 1938 von der Gestapo
> verhafteten Juden wurden von hier aus
> in das Konzentrationslager Dachau deportiert.

Humboldtstraße: Ein KZ-Außenlager von Buchenwald

In Essen-*Fulerum* erinnert eine *Tafel* an die Existenz eines Außenkommandos des Konzentrationslagers Buchenwald. Das Lager selbst war 1943 für französische Zivilarbeiter eingerichtet worden, später waren russische Zwangsarbeiter und italienische Militärinternierte darin untergebracht. Das KZ-Kommando wurde im August 1944 hierherverlegt, und es war nicht das einzige in Essen. Ein zweites KZ-Außenlager mit etwa 150 Häftlingen, die zum Trümmerräumen eingesetzt wurden, existierte unter der Bezeichnung »Schwarze Poth 13, Kommando DEST Bauschuttverwertung« in der gleichnamigen Straße Schwarze Poth, die unter der heutigen Porscheplatte verlief und heute nicht mehr existiert. Die Tafel an der *Humboldtstraße* befindet sich gegenüber der Einmündung des Regenbogenwegs und trägt die Inschrift:

Hier befand sich in den Jahren 1944/45 ein
Außenlager des Konzentrationslagers Buchenwald.
Es wurde innerhalb eines bereits bestehenden Lagers
für Kriegsgefangene und Zwangsarbeiter errichtet.
Die Häftlinge, 520 jüdische Frauen und Mädchen,
waren aus ihrer Heimat in Osteuropa nach Auschwitz
deportiert worden. Sie entgingen dem Gastod,
weil sie für den »Arbeitseinsatz« in Deutschland
ausgewählt wurden. In Essen lebten sie unter
den unmenschlichen Bedingungen eines SS-Lagers
und mußten bei der Firma Krupp Zwangsarbeit
leisten.
Sechs dieser Frauen konnten in einer Bombennacht
fliehen. Sie wurden von mutigen Essener Bürgerinnen
und Bürgern gerettet. Die anderen wurden
im März 1945 in das Konzentrationslager
Bergen-Belsen gebracht. Viele von ihnen kamen um.
Für die Mehrzahl der Frauen brachte die Befreiung
des Lagers Bergen-Belsen durch britische Truppen
im April 1945 die Rettung.

Grunertstraße: Eisenbahntunnel für Kriegsgefangene

In Essen-*Altendorf* macht am Eingang der Eisenbahnunterführung vom Parkplatz der Bezirkssportanlage Raumerstraße zur *Grunertstraße* (nahe dem S-Bahnhof Frohnhausen) eine *Tafel* darauf aufmerksam, daß dieser Tunnel als Unterkunft für Kriegsgefangene benutzt wurde. Es handelte sich um französische Gefangene, die hier hineingepfercht wurden, nachdem das Kriegsgefangenenlager auf dem Gelände des Freibades West in der Nöggerathstraße bombardiert worden war. Die Inschrift lautet:

Während des 2. Weltkrieges
war dieser Tunnel die
Unterkunft für 170 Kriegsgefangene.

Hedwig-Dransfeld-Platz: Erinnerung an Zentrums-Politiker

Ein *Gedenkstein* auf dem *Hedwig-Dransfeld-Platz* in Essen-*Altendorf* erinnert an drei Altendorfer Bürger, die als christliche Gewerkschafter und Zentrumspolitiker vielfachen Pressionen der Nationalsozialisten ausgesetzt waren. Vor allem Heinrich Hirtsiefer, ehemals Mitglied des Preußischen Landtags und von 1921 bis 1933 Wohlfahrtsminister in Preußen, war den Nazis verhaßt. Er wurde im September 1933 in das Wuppertaler KZ Kemna (s. dort) und später in das Emslandlager Börgermoor (s. Niedersachsen) eingeliefert und starb 1941 in Berlin, nachdem ihm der Aufenthalt in seiner Heimatstadt Essen verboten worden war. Eine Tafel auf dem Gedenkstein trägt die Inschrift:

Zu Ehren der Altendorfer Bürger
Dr. Heinrich Hirtsiefer –
Christian Kloft – Heinrich Strunk

Schule Dechenstraße: Gestapo-Sonderlager

Ein *Gedenkstein* auf dem Schulhof in der *Dechenstraße 25* in *Altendorf* macht auf den Tod von 61 Menschen aufmerksam. Es handelte sich um ein Sonderlager der Gestapo, in dem vor allem Häftlinge aus den westlichen besetzten Gebieten eingesperrt waren, darunter Geistliche, Bürgermeister und Kommunalbeamte, die als Geiseln nach Deutschland verschleppt worden waren und die in den Betrieben der Fa. Krupp arbeiten mußten. Bei einem Bombenangriff kamen 61 von ihnen in einem völlig unzureichenden Schutzstollen auf dem Schulhof ums Leben. Eine Tafel an dem Gedenkstein enthält den Text:

Am 23. Oktober 1944
starben hier für die Freiheit
61 Europäer.

Ludgerus-Schule: Mord durch den NS-Arbeitsdienst

Eine *Hinweistafel* an dem Schulgebäude *Kellerstraße 86* in Essen-*Werden* macht darauf aufmerksam, daß hier der Werdener Peter Burggraf von NS-Anhängern ermordet wurde. Seit 1973 trägt auch eine Straße im Hörsterfeld in Steele den Namen Peter-Burggraf-Weg. An der Schule, dem Ort des Verbrechens, ist zu lesen:

In dieser Schule wurde in der Nacht vom 15. zum
16. Juli 1933 der Werdener Sozialdemokrat
Peter Burggraf von Angehörigen des
nationalsozialistischen Arbeitsdienstes,
den »Werksoldaten Hitlers«, so mißhandelt,
daß er am 17. Juli 1933 verstarb.

Haus Rosenau: Jüdisches Altenheim

Eine *Hinweistafel* am *Haus »Rosenau«* in *Heidhausen, An der Altenburg 15,* informiert, daß dieses

Haus ehemals ein jüdisches Erholungs- und Altenheim war. Nach der Pogromnacht im November 1938 wurden die Bewohner vertrieben. Der Text der Tafel lautet:

> Das jüdische Erholungs- und Altenheim
> (1914 bis 1938) wurde von den Jüdischen Gemeinden
> Essen und Düsseldorf gemeinsam unterhalten.
> 1938 wurde es von den Nationalsozialisten
> beschlagnahmt. Viele ehemalige Bewohnerinnen
> und Bewohner des Hauses wurden
> von den Nationalsozialisten in die
> Vernichtungslager verschleppt.

Kettwig und Werden: Jüdische Bethäuser

In zwei Essener Stadtteilen weisen Tafeln darauf hin, daß sich hier bis zur Zerstörung durch die Nationalsozialisten jüdische Bethäuser befanden. Die kleine Jüdische Gemeinde *Werden* besaß einen eigenen Betsaal in der *Heckstraße 10,* der im Frühjahr 1938 aufgegeben wurde, als die Zahl der Juden durch NS-Verfolgung und Emigration stark schrumpfte. Die Thora-Rollen wurden in das »Haus Rosenau« (s. oben) gebracht.
In *Kettwig* erinnert ein *Gedenkstein* eingangs der *Landsberger Straße* an den früheren Betsaal mit dem Hinweis:

> Zum Gedenken an die Jüdische Gemeinde Kettwig,
> deren Bethaus sich bis 1938 im Hause
> Landsberger Straße 22 befand.

Erinnerung auf Friedhöfen

Assmannweg: Alter jüdischer Friedhof

Eine *Hinweistafel* am Eingang des *Alten jüdischen Friedhofs* am *Assmannweg* im Essener Nordviertel informiert über die Geschichte dieser Grabstätte:

> Dieser Jüdische Friedhof im Segeroth wurde 1885
> geweiht und im Herbst desselben Jahres
> erstmalig belegt. Zahlreiche Grabdenkmale
> stehen heute als kulturgeschichtliche Zeugnisse
> einer ausgeprägten Grabmalkunst
> unter Denkmalschutz.
> Viele nach 1945 errichtete Grabsteine
> erinnern an ermordete Essener Juden.

Ein weiterer alter jüdischer Friedhof an der Lazarettstraße wurde 1941/42 eingeebnet und ein Luftschutzbunker an seiner Stelle errichtet. Die Grabsteine brachte man zum Neuen jüdischen Friedhof am Parkfriedhof. Heute erinnert ein *Gedenkstein* vor dem *Altenheim* der Heilsarmee in der *Lazarettstraße* daran.

Gräber von KZ-Opfern, Zwangsarbeitern und Kriegsgefangenen

Auf allen großen Friedhöfen in Essen sind umfangreiche Grabanlagen, Massen- und Einzelgräber, zu finden, in denen die sterblichen Überreste von Zwangsarbeitern und Kriegsgefangenen bestattet wurden. Sie alle kamen durch Entbehrungen, Hunger oder Mord, verursacht durch ihre elenden Arbeits- und Lebensbedingungen, ums Leben oder fielen schutzlos dem Bombenkrieg zum Opfer. Außerdem sind auf diesen Friedhöfen auch besondere Grabfelder angelegt, in denen die Urnen mit der »Asche« Essener Bürgerinnen und Bürger beigesetzt wurden, die in den Konzentrationslagern oder Haftanstalten des »Dritten Reichs« ermordet wurden.

Auf dem *Parkfriedhof in Huttrop* sind nicht weit vom Eingang Am Parkfriedhof entfernt 52 KZ-Häftlinge beigesetzt. Nach 1945 wurden hier die Urnen zusammengetragen, die aus verschiedenen Konzentrationslagern als »Asche« der Toten häufig auf Kosten der Angehörigen nach Essen überführt worden waren. Auf jedem Grab informiert ein Stein über den Namen und die Lebensdaten des Toten, dazu ein *gemeinsamer Gedenkstein.*
Auf der anderen Seite der Kapelle liegen in einem anderen Gräberfeld die sterblichen Überreste von Kriegsgefangenen und Zwangsarbeitern. Ein *Gedenkstein* trägt die Inschrift:

> Hier ruhen 213 russische Bürger,
> die in deutscher
> Gefangenschaft starben.
> 1941 – 1945

Auf dem *Terrassenfriedhof in Schönebeck, Kaldenhoverbaum 55,* befinden sich zwei große Gräberfelder, jeweils mit *Informationstafeln,* in denen 1 698 Kriegsgefangene und Zwangsarbeiter liegen, davon 1 667 aus der Sowjetunion. Ein drittes Gräberfeld, in dem deutsche Zivilisten und Soldaten bestattet sind, enthält auch die Urnengräber von zehn Opfern nationalsozialistischer Gewalt aus Auschwitz, Buchenwald, Dachau, Mauthausen und Sachsenhausen.

Auf dem *Kettwiger Friedhof, Schmachtenbergstraße,* sind in einer sogenannten Kriegsgräberanlage neben Soldaten des Ersten und Zweiten Weltkrieges und deutschen Bombenopfern auch ausländische Tote bestattet, die als Zwangsarbeiter oder Kriegsgefangene nach Essen verschleppt worden waren.

Der *Südwestfriedhof* in Essen-*Fulerum,* Eingang am Ehrenfriedhof, birgt im Umfeld der städtischen

»Gedenkstätte für die Opfer von Krieg und Gewaltherrschaft« mehrere Gräberfelder mit Toten der Jahre 1939 bis 1945. Eine *Hinweistafel* macht auf die Opfer aufmerksam, die in Konzentrationslagern ums Leben kamen:

Hier wurden nach 1945 Essener Bürger beigesetzt,
die zwischen 1933 und 1945 aus politischen oder
weltanschaulichen Gründen in den
Konzentrationslagern umgebracht worden waren.

Nicht weit davon entfernt ist ein Gräberfeld der Toten, die im März 1945 von der Gestapo im »Montagsloch« erschossen wurden. Eine Tafel enthält den Text:

In den letzten Märztagen des Jahres 1945
erschoß die Essener Geheime Staatspolizei (Gestapo)
im Montagsloch (heute Gruga-Gelände)
35 Zwangsarbeiter aus Osteuropa.
Die amerikanischen Truppen entdeckten
das Massengrab und ließen die Leichen
an Ort und Stelle würdig beisetzen.
Später fanden die Toten hier ihre letzte Ruhestätte.

Katholische Friedhöfe:

Auf *zwei katholischen Friedhöfen* in Essen, in *Dellwig* und in *Borbeck*, sind die Urnen von zwei Ordenspriestern beigesetzt, die Opfer nationalsozialistischer Gewalt wurden:

Am Eingang des *katholischen Friedhofs* in *Dellwig* an der *Haus-Horl-Straße* erinnert eine *Hinweistafel* an den Tod des Paters Reinhold Unterberg im KZ Sachsenhausen am 23. Mai 1940. Auf der Tafel ist zu lesen:

Johannes Unterberg (Pater Reinhold)

Johannes Unterberg, am 5. Oktober 1893
in Bottrop geboren, verbrachte Kindheit und Jugend
in Borbeck. Nachdem er im Bergbau
und in der Industrie gearbeitet hatte,
trat er in die Ordenskongregation
der Salvatorianer ein. Am 2. Mai 1925
legte er die Heiligen Gelübde ab,
wurde am 4. August 1929 zum Priester geweiht
und nahm den Namen Pater Reinhold an.
Im Kloster Heilandsfriede in Sennelager
bei Paderborn wirkte er als Seelsorger,
Exerzitienmeister und Superior.
Mehrfache Aufforderungen der Gestapo,
die Namen der Teilnehmer an den Exerzitien
preiszugeben, mißachtete Pater Reinhold.
Unter falschen Anschuldigungen am
5. Oktober 1939 verhaftet, wurde er im
Dezember 1939 in das Konzentrationslager
Sachsenhausen verschleppt.
Dort kam er am 23. Mai 1940 ums Leben.

Auf dem *katholischen Friedhof* in *Borbeck* befindet sich das Grab des Priesters Theodor Hartz, der im Konzentrationslager Dachau ums Leben kam und dessen Asche erst nach langen Verhandlungen mit der Gestapo in der Grabstätte der Salesianer auf diesem Friedhof beigesetzt werden konnte. Die *Hinweistafel* neben dem Friedhofseingang informiert:

Theodor Hartz, Salesianer, geb. am 2. Januar 1887
in Lütten (Oldenburg), war von 1924–1938 und
1940–1941 Direktor des St. Johannes-Stiftes
in Essen-Borbeck. Er und die mit ihm hier tätigen
Patres der Salesianer zeichneten sich besonders
durch eine beispielhafte kirchliche Jugendarbeit aus.
Deshalb wurden sie nach 1933 von den National-
sozialisten überwacht, verwarnt und bestraft.
Am 5. August 1941 wurde das Johannes-Stift
von der Geheimen Staatspolizei beschlagnahmt.
Die Patres mußten innerhalb von zwei Stunden
das Haus verlassen und erhielten Aufenthaltsgebot
für die salesianische Niederlassung in Helenenberg
bei Trier. Hier wurde Theodor Hartz am
14. April 1942 verhaftet und später in das
Konzentrationslager Dachau verschleppt.
Dort kam er am 23. August 1942 ums Leben.

Die Straße, an der auch heute noch die Niederlassung der Salesianer liegt, wurde umbenannt in *»Theodor-Hartz-Straße«*. Hier wurde im Jahre 1971 vor der katholischen *Pfarrgemeinde St. Johannes Bosco* ein *Gedenkstein* errichtet mit der folgenden Inschrift:

Wenn Du vorüber
gehst erinnere Dich
des im KZ Dachau
umgekommenen
Salesianers
Theodor Hartz
und gedenke der
Opfer von Not, Elend,
Krieg und Tod.
Pfarrgemeinde
St. Johann Bosco

Quellen/Stadtführungen:
Archiv Ernst Schmidt. Schwerpunkt Geschichte der Arbeiterbewegung und des Nationalsozialismus in Essen. Öffnung nach tel. Vereinbarung; Tel.: 02 01/88 84 11.
Ernst Schmidt veranstaltet in Verbindung mit der »Alten Synagoge« auch Stadtführungen und Rundfahrten zu Orten der Verfolgung und des Widerstands und ist Autor des Buches »Essen erinnert. Orte der Stadtgeschichte im 20. Jahrhundert« (Essen 1991).

Alternative Stadtrundfahrten veranstaltet auch:
Kulturamt der Stadt Essen (Hollestraße 3, 45127 Essen) in Zusammenarbeit mit der Vereinigung der Verfolgten des Naziregimes/Bund der Antifaschisten (VVN/BdA) Essen.

Als Grundlage kann die vom Jugendamt der Stadt Essen herausgegebene Faltkarte: Gedenktafeln in Essen zu Widerstand und Verfolgung 1933–1945. Beilage zum Info-Koffer »Neonazismus und rechtsextreme Orientierungen bei Jugendlichen« (Dezember 1989) dienen.

Quellen/Literatur:

Auf die oben bereits genannten Publikationen und Arbeitshilfen der Alten Synagoge Essen wird verwiesen.
Gaudig, Theo/Lomberg, Hans/Schmidt, Ernst, Essen anders gesehen. Informationen – Bilder – Erinnerungen für Stadtrundfahrten und Besuche von Stätten des antifaschistischen Widerstandes und der Verfolgung 1933–1945, Essen 1982; Jürgens, Peter u.a., Der Alltag der Krupp-Arbeiter während des Nationalsozialismus im Zweiten Weltkrieg. Arbeit 12. Klasse, Gymnasium Goetheschule, im Rahmen des »Schülerwettbewerbs Deutsche Geschichte« 1982/83; Plaga, Ines/Mauss, Bernd, Bekennende Kirche in Essen 1933–1945, Essen 1984; Schmidt, Ernst, Lichter in der Finsternis. Widerstand und Verfolgung in Essen 1933–1945. Band I, 3. Auflage Essen 1989, Band II, Essen 1988; Ders., Essen erinnert. Orte der Stadtgeschichte im 20. Jahrhundert, Essen 1991; Schröter, Hermann, Geschichte und Schicksal der Essener Juden. Gedenkbuch für die jüdischen Mitbürger der Stadt Essen, hrsg. v. d. Stadt Essen, Essen 1980; Steinberg, Hans-Josef, Widerstand und Verfolgung in Essen 1933–1945, Bonn-Bad Godesberg 1973; Zimmermann, Michael, Die Deportation der Juden aus Essen und dem Regierungsbezirk Düsseldorf, in: Borsdorf, Ulrich (Hrsg.), Überleben im Krieg. Kriegserfahrungen in einer Industrieregion 1939–1945 (Katalogbuch zur Ausstellung im Ruhrlandmuseum 1989), Reinbek 1989; Ders., Essen, in: Wegweiser durch das jüdische Rheinland, Berlin 1992, S. 106–125.

Euskirchen

Am ehemaligen Standort der 1938 zerstörten Synagoge in der *Annaturmstraße 16* wurde im Mai 1981 ein *Gedenkstein* aufgestellt. Unter dem Symbol einer großen Menora, des siebenarmigen Leuchters, steht die Inschrift:

> Unseren jüdischen Mitbürgern,
> den Opfern der
> nationalsozialistischen
> Gewaltherrschaft
> 1933–1945

In Euskirchen-*Flamersheim* wurde 1984 auf dem *Marktplatz* an der Burgmauer, in der Nähe des ehemaligen Standorts der 1938 zerstörten Synagoge in der Valdergasse, ein schmiedeeisernes *Mahnmal* errichtet. In einem Davidstern stehen die Worte:

> Zum Gedenken an unsere jüdischen Mitbürger,
> durch nationalsozialistische Gewaltherrschaft
> vertrieben und ermordet.
> 1933 – 1945

Der Euskirchener Ortsteil Flamersheim hieß bis in die dreißiger Jahre hinein »Judendorf«, weil hier viele jüdische Bürger ansässig waren.

Literatur:

Arntz, Hans-Dieter, Judaica – Juden in der Voreifel, 3. Aufl. Euskirchen 1987.

Finnentrop

Auf dem *jüdischen Friedhof* in Finnentrop-*Lenhausen, Am Lehmberg,* oberhalb der Bundesbahn und der Bundesstraße 236, erinnert ein *Gedenkstein* an die jüdischen Bürger. Der Stein aus dem Jahre 1971 enthält ein Zitat aus 2. Mose 3,5 und die nachstehende Inschrift:

> Zum Andenken an die hier
> ruhenden Bürger unserer Gemeinde
> und zum Andenken derer, die
> zur Zeit der Gewaltherrschaft
> der Nationalsozialisten 1933 – 1945
> eines gewaltsamen Todes umgekommen sind.
> Die Gemeinde Finnentrop

Frechen

Auf dem *Hauptfriedhof* trägt ein *Keramikrelief* die Inschrift:

> Den Opfern der Zeit von 1933–1945

In der Hauptstraße in Frechen befand sich hinter dem Geschäftshaus Nr. 84 das Gotteshaus der Jüdischen Gemeinde. Es wurde 1938 in der sogenannten »Reichskristallnacht« demoliert und verwüstet, das Gebäude aber erst im Jahre 1971 abgerissen. Die Stadt Frechen ließ 1988 in der Fußgängerzone eine Gedenkplatte auf einem Sockel mit einem Hinweis auf die frühere Synagoge errichten.

Auf dem *jüdischen Friedhof, Ecke Herbertskaul/Dr.-Schultz-Straße,* errichtete die Stadt 1993 ein *Mahnmal* zum Gedenken »an die jüdischen Bürgerinnen und Bürger Frechens, die wegen des Nazi-Terrors hier nicht ihre letzte Ruhestätte finden durften«.

Fröndenberg

Seit Mai 1985 befindet sich auf dem *jüdischen Friedhof* in Fröndenberg, *Springstraße*, eine *Gedenktafel* mit folgendem Text:

Wir gedenken der jüdischen Bürger von Fröndenberg, die der nationalsozialistischen Gewalt zum Opfer gefallen sind. Wir trauern um sie und um die jüdischen Frauen und Männer, die als Zwangsarbeiter in Auschwitz, im Arbeitskommando der Weichsel-Metall-Union zugrunde gingen.
Wir ehren und beugen uns vor den vier jüdischen Frauen, die in Auschwitz, im Kommando des Weichsel-Metall-Union-Werkes, am 6. Januar 1945 öffentlich am Appellplatz des Lagers Auschwitz I, vor allen angetretenen Häftlingen, erhängt wurden:
Regina Saphirstein
Alla Gärtner
Ester Weissblum
Rosa Robota
Für uns sind diese vier Frauen die Helden des jüdischen Widerstandes. Ihr aller Schicksal soll uns Mahnung sein, nie den Respekt vor dem Leben und der Würde des anderen zu verlieren.

Diese Gedenktafel erinnert an den gescheiterten Aufstand im Konzentrationslager Auschwitz am 7. Oktober 1944.
In Auschwitz wurde 1943 ein Werk der Weichsel-Metall-Union Sils & Co/Thorn, einer Tochtergesellschaft der in Fröndenberg ansässigen Firma Union, zur Produktion von Artilleriezündern in Betrieb genommen. Die SS stellte 2 500 jüdische Arbeiter und 250 jüdische Arbeiterinnen aus dem Lager Auschwitz-Birkenau zur Verfügung. Die auf der Gedenktafel genannten Jüdinnen hatten unter Lebensgefahr aus der Fabrik Sprengstoff in das Lager geschmuggelt und damit die Sprengung des Krematoriums III durch das »Sonderkommando«, wie die Gruppe von Häftlingen, die das Krematorium zu betreiben hatte, genannt wurde, am 7. Oktober 1944 ermöglicht. Bei der nachfolgenden Niederschlagung des zu früh entfesselten Aufstandes wurden 450 Häftlinge und drei SS-Wachleute getötet. Die vier Frauen wurden am 6. Januar 1945 auf Befehl des Lagerkommandanten öffentlich erhängt.
In Fröndenberg wurde dieses Kapitel der NS-Geschichte erst seit 1984 diskutiert, angestoßen durch eine Gruppe überlebender KZ-Häftlinge. Diese fordern, bis heute vergeblich, von der Firma Union das Eingeständnis der historischen Verantwortung für das Tochterunternehmen in Auschwitz, verlangen jedoch keine finanzielle »Wiedergutmachung«, sondern die Einrichtung einer Friedensstiftung und eines Fonds für wissenschaftliche Forschung.

In Fröndenberg selbst existierte in den Jahren 1944/45 an der Ecke Freiheitsstraße/Haßleistraße ein Strafgefangenenlager. In ihm waren auch russische Kriegsgefangene untergebracht. Nach den Sterbebüchern des Standesamtes kamen im Dezember 1944/Januar 1945 zwei Franzosen und ein Belgier um. Von Februar bis März 1945 starben sechs sowjetische Insassen des Kriegsgefangenenlagers 27/52. Die Häftlinge wurden wahrscheinlich bei den Versuchen um Treibstoffhydrierung im nahen Hönnetal eingesetzt. Daran erinnern auf dem *jüdischen Friedhof, Springstraße,* ein *Massengrab* sowie *einzelne Grabsteine* auf dem *kommunalen Alten Friedhof, Friedhofstraße.* In Fröndenberg fielen mindestens 184 »Ostarbeiter« der »Vernichtung durch Arbeit« zum Opfer. Im September 1944 waren 2 350 ausländische Zwangsarbeiter und Kriegsgefangene in der Stadt untergebracht, die für die heimische Industrie, auch für die Union, arbeiten mußten.

Quellen/Literatur:
Klemp, Stefan, Die Jahre 45–49 in Fröndenberg. Politischer Neubeginn oder Restauration (hrsg. von der Stadt Fröndenberg in der Reihe »Beiträge zur Ortsgeschichte«), Fröndenberg 1990; Ders., Fröndenberg vor 45 Jahren ... und was kam danach? Serie in 20 Folgen, »Westfälische Rundschau« Fröndenberg 14. März bis 27. Juni 1990; Langbein, Hermann, ...nicht wie die Schafe zur Schlachtbank. Widerstand in den nationalsozialistischen Konzentrationslagern, Frankfurt a.M. 1980, S. 301–304; Rosen, Klaus-Henning, Eine Stadt zeigt Betroffenheit. Beeindruckende Lektion über Vergangenheitsbewältigung in Fröndenberg, in: Vorwärts Nr. 23 (1. Juni) 1985, S. 20.

Gangelt

Im Bereich eines *Hochwildfreigeheges* bei Gangelt (Kreis Heinsberg), das gegen Eintrittsgeld zugänglich ist, befinden sich die Gräber von sieben erschossenen Widerstandskämpfern. Die Grabstellen sind durch Grabsteine mit Kreuzen gekennzeichnet. Ein *Mahnmal* trägt eine niederländische Inschrift, deren deutsche Übersetzung lautet:

Zum frommen Andenken an die Soldaten des Belgisch Geheim Leger, die an dieser Stelle, nachdem sie ihr eigenes Grab schaufeln mußten, darin erschossen wurden am 14. September 1944.

Brouns, Harie	Molendeersel
Vandijk, Albert	Neeroeteren
Henkens, Jean	Gruitrode
Hilven, Jean	Gruitrode
Langers, Jack	Rotem
Meerten, Jean	Maaseik
Stinkens, Hubertz	Gruitrote

Mögen sie ruhen in Frieden.

»Belgisch Geheim Leger« war eine belgische Widerstandsorganisation.

Am 9. November 1991 wurde am Eingang des *Rathauses, Burgstraße,* eine *Mahntafel* zur Erinnerung an die in der NS-Zeit ermordeten jüdischen Bürger, Behinderten und Kranken der Gemeinde Gangelt enthüllt. Sie trägt den Text:

> Wir gedenken der jüdischen Mitbürger und der
> Behinderten und Kranken, die Opfer der
> nationalsozialistischen Gewaltherrschaft
> geworden sind.
> Die Opfer mahnen uns.

1933 lebten etwa 40 jüdische Bürgerinnen und Bürger in dem Landstädtchen unmittelbar an der niederländischen Grenze. Viele, vor allem die jüngeren, wurden noch vor den Novemberpogromen, bei denen es in Gangelt zu besonders brutalen Ausschreitungen kam, ins Ausland vertrieben, viele gerieten jedoch nach dem deutschen Überfall im Westen in die Hände der Gestapo. Die in Gangelt zurückgebliebenen Juden wurden 1942 über Aachen in die Vernichtungslager des Ostens deportiert.

Die katholische Anstalt Maria Hilf in Gangelt war in der Zeit des Nationalsozialismus nicht nur Verhandlungsort des »Erbgesundheitsgerichts« Aachen für den damaligen Landkreis Geilenkirchen-Heinsberg, nicht nur Ort von Zwangssterilisationen, sondern insgesamt 259 Patienten wurden im Rahmen der von den Nazis so genannten »Euthanasie« ermordet. 26 Kinder aus der Anstalt Maria Hilf wurden in Kindertötungsstationen nach Waldniel, Lüneburg, Uchtspringe, Ueckermünde und Brandenburg-Görden »verlegt« und dort durch Aushungern und Vergiften umgebracht. Die erwachsenen Patienten »verlegte« man in die Tötungsanstalten Hadamar, Eichberg, Kaufbeuren, in die österreichischen Kliniken Niedernhart (Linz) und Gugging (Wien), nach Wiesengrund/Pilsen (Tschech.) und Meseritz-Obrawalde (Polen), wo sie ermordet wurden. Am heutigen Psychiatrischen Krankenhaus oder auf dem eigenen Friedhof gibt es *keine Erinnerung* an die Opfer der »Euthanasie«.

Quellen/Literatur:
Seipolt, Harry, Veronika A. zum Beispiel. Eine Gangelter Psychiatrie-Patientin im Strudel der Vernichtung »lebensunwerten Lebens«, in: Seidel, Ralf und Werner, Wolfgang F., Psychiatrie im Abgrund. Spurensuche und Standortbestimmung nach den NS-Psychiatrie-Verbrechen, Köln 1991; Ders., »...stammt aus asozialer und erbkranker Sippe«. Zwangssterilisation und NS-Euthanasie im Kreis Heinsberg 1933–1945, in: Heimatkalender des Kreises Heinsberg 1992; Ders., »Reichsausschußkinder« im Kreis Heinsberg 1939 – 1945 (Kinder-»Euthanasie«), in: Heimatkalender des Kreises Heinsberg 1993 (Bezug: Heimatmuseum Kreis Heinsberg, Valkenburgerstraße 45, 52525 Heinsberg).

Geilenkirchen

Im Bereich der *Herzog-Wilhelm-Straße* vor der *Stadtpassage* befindet sich ein *Gedenkstein* zur Erinnerung an die frühere Synagoge. Die Stelle an der sie stand, wurde 1986 in »Synagogenplatz« umbenannt. Auf dem Stein ist zu lesen:

> An dieser Stelle stand bis 1938
> die Synagoge der Jüdischen Gemeinde.
> Zum Gedenken an die jüdischen Mitbürger.

Anläßlich des 50. Jahrestages der Pogrome in der von den Nationalsozialisten so bezeichneten »Reichskristallnacht« wurde am Bürgerhaus Basten, *Konrad-Adenauer-Straße/Gerbergasse,* eine *Tafel* enthüllt zur Erinnerung an die Leiden der jüdischen Menschen in der NS-Zeit:

> Psalm 74, Vers 7
> »Sie legten an dein Heiligtum Feuer,
> entweihten die Wohnung Deines Namens
> bis auf den Grund.«
> Zum Gedenken an die jüdischen Mitbürger,
> die während der NS-Zeit Opfer der
> Gewaltherrschaft wurden.
> Den Toten zu Ehre – den Lebenden zur Mahnung.

Gelsenkirchen

Im Gelsenkirchener *Stadtgarten* erinnert ein *Mahnmal* in einer etwa zwanzig Meter breiten halbkreisförmigen Anlage an die Verfolgten und Opfer der nationalsozialistischen Herrschaft. Das Mahnmal wurde im April des Jahres 1951 auf die Initiative der Vereinigung der Verfolgten des Naziregimes (VVN) Gelsenkirchen mit Unterstützung der Stadt errichtet. Der Text auf einer *Gedenktafel* lautet:

> Zerstampft des Unrechts
> Drachensaat.
> Zerstört den Haß
> von Staat zu Staat.
> Versenkt die Waffen
> in Gewässern.
> Dann wird im
> Friedenssonnenschein
> die ganze Welt
> uns Heimat sein.
>
> Den Opfern der Nat.Soz.
> Gewaltherrschaft

An der *Gildenstraße* in Gelsenkirchen-*Mitte* steht ein *Mahnmal* zur Erinnerung an die 1938 zerstörte *Synagoge* der Jüdischen Gemeinde. Seine Inschrift lautet:

An dieser Stelle stand die Synagoge
der Jüdischen Gemeinde Gelsen-
kirchen. Sie wurde am 9. Novem. 1938
ein Opfer des Rassenwahnes. Möge
sich solche Tat nie wiederholen.
Gelsenkirchen, den 9. November 1963

In *Buer* existierte eine selbständige Jüdische Gemeinde, deren Synagoge an der Maelostraße stand, auf dem Gelände des heutigen Hallenbades. Sie wurde in der Nacht vom 9./10. November 1938 verwüstet, die Inneneinrichtung brannte vollständig aus. Anläßlich des 50. Jahrestages der Pogromnacht griff die Stadt Gelsenkirchen eine Initiative der Evangelischen Kirchengemeinde Buer auf, *vor dem Hallenbad* eine *Gedenkstätte* zu errichten: eine Anlage mit einer konkaven Wandscheibe und darauf eine Gedenktafel mit dem Text:

»Mein Haus ist ein Haus der Gebete für alle Völker«
[Spruch am Eingang der zerstörten Synagoge]
Nicht weit von hier stand die am 10. 11. 1922
eingeweihte Synagoge der Jüdischen Gemeinde Buer.
Als roher Judenhaß unter uns wütete, wurde sie in der
Pogromnacht vom 9. zum 10. November 1938 von
nationalsozialistischen Gewalttätern geschändet
und zerstört.
Zum Gedenken an die jüdischen Menschen dieser
Stadt, die in den Jahren von 1933 bis 1945 entrechtet,
entehrt, vertrieben und ermordet wurden.

Auf dem *ehemaligen jüdischen Friedhof*, Teil des Kommunalen Friedhofs in Gelsenkirchen-*Buer* an der *Mühlenstraße*, befindet sich in der Nähe des Nordringes ein *Gedenkstein* mit hebräischer und deutscher Inschrift. Die Gräber wurden bis 1945 alle zerstört, heute ist hier eine Rasenfläche mit einigen Bäumen. Auf dem Stein ist neben den Namen von 62 KZ-Opfern aus Buer und Westerholt die Inschrift zu lesen:

Das Andenken
der Gerechten
ist zum Segen
Zum ewigen Gedenken
an unsere feige dahingemordeten
Schwestern und Brüder

Im Jahre 1932 lebten in Gelsenkirchen etwa 1 440 Juden, in Buer, das 1928 mit Gelsenkirchen vereinigt worden war, etwa 150 und in Horst, ebenfalls seit 1928 zu Gelsenkirchen gehörend, etwa 90 Juden. Es bestanden Frauen- und Männervereine, zwei jüdische Schulen, Jugend- und Sportvereine und der Reichsbund jüdischer Frontsoldaten. Nachdem die Nationalsozialisten an die Macht gekommen waren, verdrängten sie zunehmend die jüdischen Bürgerinnen und Bürger aus dem öffentlichen Leben und verfolgten und vertrieben sie aus der Stadt. Am

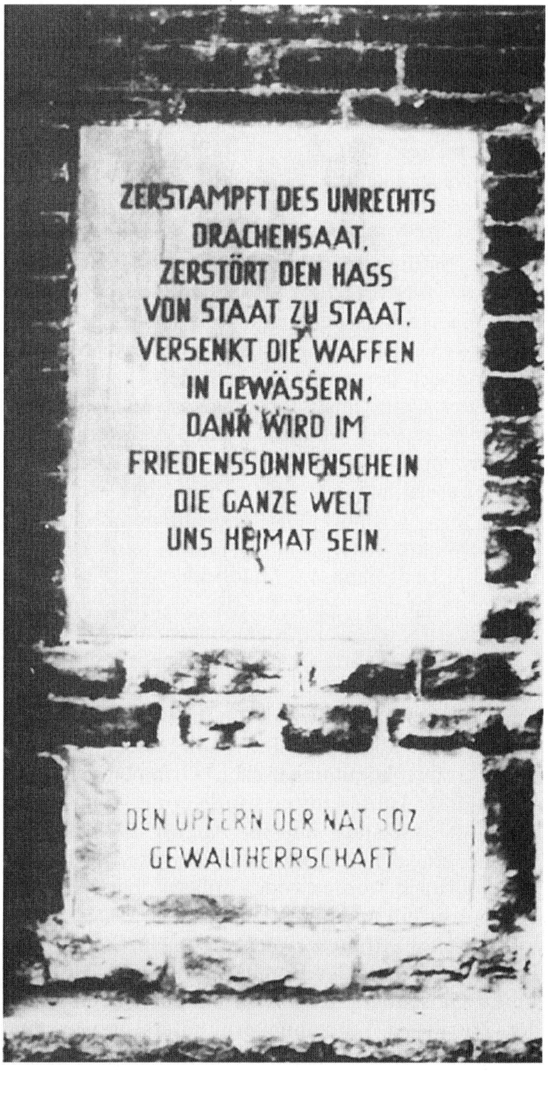

Die Verse mit den Widmungsworten
auf der Gedenktafel bilden den Mittelpunkt
eines halbkreisförmigen, von zwölf Backsteinpfeilern
getragenen Mahnmals für die Opfer des NS-Regimes
im Gelsenkirchener Stadtgarten aus dem Jahre 1951.

26./27. Januar 1942 wurde an den städtischen Ausstellungshallen auf dem Wildenbruchplatz der erste »Judensammeltransport« zusammengestellt. Unter den 506 Juden aus dem Präsidialbezirk Recklinghausen befanden sich etwa 350 Gelsenkirchener Juden, die deportiert wurden. Die meisten sind in den Konzentrationslagern Riga, Auschwitz und Buchenwald ermordet worden.
Etwa die Hälfte aller 1932 in Gelsenkirchen lebenden jüdischen Frauen, Männer und Kinder wurden deportiert, fast alle wurden umgebracht, nur 50 überlebten die Konzentrationslager. Einige hatten sich durch »Auswanderung« ins Ausland retten können. Ein Teil dürfte jedoch in den von Deutschland besetzten Ländern den Nationalsozialisten in die Hände gefallen und von dort in die Konzentrationslager deportiert worden sein.
Der *Leopold-Neuwald-Platz* in Gelsenkirchen-*Mitte* ist nach dem jüdischen Kaufmann Leopold Neuwald benannt, einem der Deportationsopfer des Transportes vom 27. Januar 1942.

Auf dem *Friedhof* in Gelsenkirchen-*Horst-Süd* befinden sich drei Gedenksteine für Opfer des Nationalsozialismus.
Ein *Mahnmal* erinnert an die während des Kapp-Putsches 1920 von Freikorps ermordeten Arbeiter. Dieses Mahnmal wurde während des »Dritten Reiches« zerstört, 1947/48 jedoch vom »Komitee ehemaliger politischer Gefangener und Konzentrationäre« (Vorläufer der VVN) wiedererrichtet. Seither erinnert der große Gedenkstein auch an die Opfer des antifaschistischen Widerstandes, darunter die hingerichteten Mitglieder der »Zielasko-Widerstandsgruppe«, Karl Schuster, Johann Eichenauer und Andreas Schillak. In der Mitte des Mahnmals stehen die gleichen Verse wie auf dem Mahnmal im Gelsenkirchener Stadtgarten (s. oben). Franz Zielasko, Bergmann aus Gladbeck, seit 1919 in der KPD, emigrierte 1932 in die Sowjetunion und kämpfte 1937–1939 in Spanien gegen das Franco-Regime. 1939 kehrte er in die Sowjetunion zurück und meldete sich freiwillig zum Einsatz in Deutschland. Im März 1943 wurde er mit dem Fallschirm über Polen abgesetzt. Im Ruhrgebiet nahm er Kontakt mit kommunistischen Gruppen auf. Mit 44 weiteren Antifaschisten wurde er im August 1943 verhaftet und starb am 18. August 1943 an den Folgen grausamer Folterung. Andere Mitglieder seiner Gruppe wurden vom »Volksgerichtshof« zum Tode verurteilt und hingerichtet.
Ein *zweites Mahnmal* erinnert an ungarische Jüdinnen, die bei der Bombardierung des Hydrierwerks Gelsenberg ums Leben kamen, weil ihnen der Zutritt zu Schutzbunkern untersagt war. Die jüdischen Frauen waren Häftlinge eines Außenlagers des Konzentrationslagers Buchenwald bei der Gelsenberg-Benzin AG in Gelsenkirchen-Horst. Der *Gedenkstein* trägt neben einer hebräischen die deutsche Inschrift:

> Zum Gedenken an unsere
> durch den Hitlerismus im Lager Gelsenberg
> am 11. Sept. 1944 umgek. jüd. Schwestern

Ein *weiteres Mahnmal* erinnert an 844 auf dem Horster Friedhof bestattete sowjetische Zwangsarbeiter und Kriegsgefangene. Ein quaderförmiger *Gedenkstein* erinnert in russischer Inschrift an die umgekommenen Sowjetbürger.

Auch auf dem *Ostfriedhof* in Gelsenkirchen-*Hüllen*, auf dem *Westfriedhof* in Gelsenkirchen-*Heßler* und auf dem *Hauptfriedhof* in Gelsenkirchen-*Buer* sind zahlreiche sowjetische Zwangsarbeiter bestattet. Auf allen Friedhöfen erinnern Namenstafeln auf den Gräberfeldern sowie quaderförmige *Gedenksteine* mit russischer Inschrift an diese Opfer des Nationalsozialismus, die als Kriegsgefangene oder Zwangsarbeiter nach Deutschland verschleppt worden waren und hier ums Leben kamen.

Die *Schlenkhoffstraße* in *Buer* erinnert an den in der Nacht vom 19. auf den 20. Juli 1932 von einem Nationalsozialisten erschossenen Sozialdemokraten Johann Schlenkhoff, der mit einer Gruppe von Mitgliedern des republikanischen Kampfverbandes »Reichsbanner-Schwarz-Rot-Gold« Plakate zur Reichstagswahl klebte.

Die *Alfred-Zingler-Straße* in Gelsenkirchen-*Schalke-Nord* ist nach dem Redakteur der sozialdemokratischen Zeitung »Volkswille« Alfred Zingler benannt. Dieser war in der Weimarer Zeit kultur- und kommunalpolitisch tätig, seine Frau Margarethe Zingler in der sozialdemokratischen Frauenbewegung. Im Mai 1933 emigrierten sie beide in die Niederlande, wurden aktiv im antifaschistischen Widerstand und standen in Verbindung mit vielen Sozialdemokraten in Deutschland und im Exil. Beide wurden im Juli 1943 verhaftet. Der »Volksgerichtshof« verurteilte Alfred Zingler zum Tode, und am 28. August wurde er im Zuchthaus Brandenburg-Görden hingerichtet. Das *Alfred-Zingler-Haus*, ein Jugendheim des Bauvereins Falken-Jugend e.V. im Margaretenhof, erinnert ebenfalls an den sozialdemokratischen Widerstandskämpfer. Seine Frau Margarethe Zingler erhielt eine Zuchthausstrafe von drei Jahren. Nach ihr wurde im Jahre 1987 der *Margarethe-Zingler-Platz* in der Innenstadt benannt.

Die *Husemannstraße* in Gelsenkirchen-*Mitte* erinnert an den in Bochum (s. dort) tätigen Vorsitzenden der Bergarbeitergewerkschaft Fritz Husemann, der im April 1935 im Konzentrationslager Esterwegen ermordet wurde.

Der *Fritz-Rahkob-Platz* erinnert an den kommunistischen Widerstandskämpfer Friedrich Rahkob, der von den Nationalsozialisten mehrfach verhaftet wurde und schließlich im Zusammenhang mit der Zielasko-Widerstandsgruppe (s. oben) zum Tode verurteilt und am 24. August 1944 in Nürnberg hingerichtet wurde.

An den Vikar Heinrich König erinnert der *Heinrich-König-Platz* in der Innenstadt. Der Priester bemühte sich in der Zeit des Nationalsozialismus, die Gelsenkirchener Kolpingfamilie zusammenzuhalten, wurde nach einer Denunziation verhaftet und ins Konzentrationslager Dachau gebracht, wo er am 24. Juni 1942 umkam.

Alternative Stadtrundfahrten:
Ende der 70er Jahre gab es in Gelsenkirchen ein wachsendes lokales Interesse an der Geschichte des Nationalsozialismus. In Volkshochschulkursen suchte man nach Zeitzeugen und sammelte Dokumente. Hieraus ging 1980 die Ausstellung »Gelsenkirchen 1933 – 1945« hervor sowie die inzwischen erweiterte Dokumentation »Beispiele des Widerstandes in Gelsenkirchen 1933 – 1945«. Seit 1980 werden in Zusammenarbeit mit der Volkshochschule alternative Stadtrundfahrten zu Stätten des Widerstands und der Verfolgung durchgeführt.

Kontakt:
VHS Gelsenkirchen, Fachbereich Gesellschaft und Politik, Ebertstraße 19, 45879 Gelsenkirchen, Tel.: 02 09/1 69-25 43.

Institut für Stadtgeschichte/Dokumentationsstätte:
Im Jahre 1989 beschloß der Rat der Stadt Gelsenkirchen, zur Aufarbeitung der Stadtgeschichte ein Institut einzurichten, das Stadtgeschichte am Beispiel Gelsenkirchens erforschen, aufbereiten und präsentieren sowie örtliche Geschichtsvereine beraten und entsprechende Vorhaben anderer städtischer Einrichtungen koordinieren soll. Es gibt eine eigene Schriftenreihe heraus (s. Literatur). Dem Institut ist die *»Dokumentationsstätte Gelsenkirchen im Nationalsozialismus«* angegliedert mit Sitz im Gebäude *Cranger Straße 323* im Stadtteil Erle, in dem jüngst eine nach dem Krieg übermalte NS-Wandinschrift entdeckt wurde. Die Inschrift gibt das NSDAP-Programm von 1920 wieder und wurde 1938 angebracht. Das Haus war von der NSDAP-Ortsgruppenleitung Erle und der örtlichen SA genutzt worden. Da es sich um einen der wenigen authentischen Überreste der nationalsozialistischen Herrschaft in Gelsenkirchen handelt, wurde beschlossen, hier die Dokumentationsstätte als *Dauerausstellung* über das Leben der Gelsenkirchener während der NS-Zeit einzurichten (Eröffnung 1994).

Kontakt:
Institut für Stadtgeschichte, Leitung: Dr. Heinz-Jürgen Priamus, Ebertstraße 19, 45879 Gelsenkirchen, Tel.: 02 09/ 1 69-25 43; Dokumentationsstätte Gelsenkirchen im Nationalsozialismus, Cranger Straße 323, 45891 Gelsenkirchen-Erle, Tel.: 02 09/1 69-24 73.

Literatur:
Herholz, Heike/Wiebringhaus, Sabine, KZ-Außenlager Buchenwald in Gelsenkirchen-Horst, in: Beiträge zur Stadtgeschichte 11, 1983, S. 121–142; Hering, Hartmut, Zur Aufarbeitung der NS-Geschichte in Gelsenkirchen, in: Geschichtsrundbrief Neue Folge 2, 1990, S. 52–55; Kurs 13.1, Alltag im Nationalsozialismus – Die Kriegsjahre in Deutschland, Arbeit 13. Klasse, Leibniz-Gymnasium, im Rahmen des »Schülerwettbewerbs Deutsche Geschichte« 1982/83. (Die Schüler haben sich u.a. mit dem KZ-Außenlager auf dem Gelände der Gelsenberg-Benzin-AG in Horst befaßt); Priamus, Heinz-Jürgen (Hrsg.), Deutschlandwahn und Wirtschaftskrise. Gelsenkirchen auf dem Weg in den Nationalsozialismus, Teil 1: Die antidemokratische Allianz formiert sich, Essen 1991 (Schriftenreihe des Instituts für Stadtgeschichte, Beiträge Band 1); Ders. und Goch, Stefan, Macht der Propaganda oder Propaganda der Macht? Inszenierung nationalsozialistischer Politik im »Dritten Reich« am Beispiel der Stadt Gelsenkirchen, Essen 1992 (Schriftenreihe des Instituts für Stadtgeschichte, Beiträge Band 3); Schul- und Kulturdezernat Gelsenkirchen (Hrsg.), Beispiele der Verfolgung und des Widerstandes in Gelsenkirchen 1933 bis 1945. Arbeitsergebnisse aus einem Kursus der Volkshochschule der Stadt Gelsenkirchen, 2. Aufl. 1982.

Gevelsberg

Am Eingang des *Gevelsberger Waldfriedhofs, Waldstraße/Ecke Am Waldfriedhof,* steht ein *Denkmal* mit der Inschrift:

> Mahnmal für die Opfer des Nationalsozialismus
> des Ennepe-Ruhr-Kreises

Auf diesem Friedhof sind über 100 russische Kriegsgefangene bestattet, die während des Nationalsozialismus aus dem nahen Stalag Hemer zur Arbeit hierhergebracht wurden und durch die miserablen Haft- und Arbeitsbedingungen ums Leben kamen. In zwei Gräberstätten sind 80 Tote beigesetzt, in einer anderen 27. Hier ist auf einem Steinquader zu lesen:

> Hier ruhen 27 russische Kriegsgefangene,
> die in der Gefangenschaft 1942–1945
> gestorben sind.

Eines der größten Lager für »Fremdarbeiter« war das Gut Rochholz zwischen Eichholzstraße und Rochholzallee. Von einem anderen Lager am Eisenbahntunnel in Silschede existiert noch eine umgebaute Baracke, Im Hedtstück 8, welche die letzte »Russen-Baracke« in Gevelsberg sein soll. In dem Eisenbahntunnel war gegen Kriegsende ein Flugzeugreparaturwerk untergebracht, in dem die Russen arbeiten mußten.
Im Silscheder Wald, hinter dem Grundstück Im Hedtstück 8, und auf dem *Friedhof* im Ortsteil Gevelsberg-*Silschede, Kaltenhof,* sind insgesamt 14 sowjetische Zwangsarbeiter bestattet, Opfer eines

Massakers, das deutsche Soldaten am 15. April 1945, wenige Tage vor Kriegsende, unter nicht vollständig geklärten Umständen unter den Gefangenen anrichteten. Nur wenige Meter von ihrer Grabstelle auf dem Friedhof entfernt erinnert ein verwitterter Grabstein an den Österreicher Josef Schreymeyer, der sich als deutscher Soldat hier ganz in der Nähe am letzten Kampftag weigerte weiterzukämpfen und sofort standrechtlich erschossen wurde.

Im November 1991 ließ die Stadt Gevelsberg auf dem sogenannten Ehrenfeld des *Friedhofes am Lindengraben* gegenüber einem *Kriegerdenkmal* aus dem Jahre 1939 eine *Tafel* anbringen mit folgendem Text:

Dieses
im Jahre 1939 von den
National
Sozialisten
zur Verherrlichung
des Soldatentums
errichtete
Denkmal
mahnt uns
Nachgeborene,
dem menschenverachtenden
Nationalismus
und Rassismus
abzusagen und
politische und ideologische
Auseinandersetzungen
gewaltlos
auszutragen.
Stadt Gevelsberg 1991

Vorausgegangen war am Volkstrauertag im Jahre 1989 eine Aktion von drei Gymnasiasten, die eine aus Pappmaché gefertigte Skulptur mit dem Titel »Das Entsetzen« aufgestellt und in einem Bürgerantrag die Ergänzung des Kriegerdenkmals gefordert hatten.

Ein anderer Bürgerantrag aus dem Jahre 1990, der im Kulturausschuß des Stadtrates positiv beraten wurde, schlägt ein *Mahnmal* zur Erinnerung an die Deportation und Ermordung der Gevelsberger Sinti und Roma im Jahre 1943 vor. Als Standort wurden alternativ das Gelände auf dem *Stüting* vorgeschlagen, ab 1940 Sammellager für etwa 150 Sinti und Roma, die in den Gevelsberger Fabriken arbeiten mußten, oder das Gelände an der *Lindengraben-Schule,* von wo aus sie am 10. März 1943 in das Konzentrationslager Auschwitz verschleppt und dort zum größten Teil ermordet wurden. Da beide Orte relativ abgelegen sind, wird auch über einen Standort im Zentrum der Stadt, gegenüber der Engelbertkirche am Anfang der Rosendahlerstraße, nachgedacht. Die beiden Wuppertaler Künstler Ulle und Herbert Hees haben ein Mahnmal »Fingerzeig der Geschichte« entworfen, auf dem eine bronzene Figurengruppe von einem riesigen Stempel zusammengedrückt wird.

Kontakt und Stadtführung:
Im Jahre 1987 organisierte der »Antifaschistische Arbeitskreis« eine Ausstellung zum Thema »Faschismus – Widerstand in Gevelsberg« und führt seitdem Stadtrundfahrten zum Thema durch. Hierzu werden Vorbereitungsmaterialien und ein Video zur Verfügung gestellt und ist ein kommentierter Stadtplan »Gevelsberger StattRundfahrt – Spurensuche« erschienen.
Anmeldung: Antifaschistischer Arbeitskreis Gevelsberg, c/o Klaus Fiukowski, Jugendamt der Stadt, 58285 Gevelsberg, Tel.: 02332/71-201, oder Fam. Scherffig, Tel.: 02332/4713.

Literatur:
Antifaschistischer Arbeitskreis Gevelsberg (Hrsg.), Faschismus – Widerstand in Gevelsberg. Spurensuche. Katalog zur Ausstellung vom 2. bis 20. Februar 1987; Ders. (Hrsg.), Nie wieder Faschismus. Der Bericht des Gevelsberger Metallarbeiters Willi Müller aus dem Konzentrationslager Sachsenhausen, Gevelsberg 1987; Ders. (Hrsg.), Was war, das mußt du vergessen. Ein Gevelsberger Roma berichtet, 1990; Hoppe, Bert, Verdrängte Geschichte. Fremdarbeiter in Gevelsberg 1940–1947, Gevelsberg 1991 (Beitrag zum Schülerwettbewerb Deutsche Geschichte 1989); Kappel, Rolf, Unbekannt wohin verzogen. Jüdinnen und Juden in Gevelsberg, Hagen 1991.

Gladbeck

Am 8. Mai 1987 wurde im *Wittringer Wald* ein *Mahnmal* für die Opfer des Nationalsozialismus eingeweiht, das als Kontrast unmittelbar vor ein im Jahre 1934 errichtetes Ehrenmal für die Kriegstoten gesetzt wurde. Die vier Meter hohe Stahlstele enthält Auszüge aus der Rede des damaligen Bundespräsidenten Richard von Weizsäcker vom 8. Mai 1985 vor dem Deutschen Bundestag, in der er der Opfer der nationalsozialistischen Gewalt gedachte und insbesondere an die vergessenen Verfolgten und Opfer erinnerte.

Die *Gladbecker Stadthalle* ist nach dem sozialdemokratischen Stadtverordneten und Mitglied des Preußischen Landtages *Mathias Jakobs* benannt, den die Nationalsozialisten als ihren politischen Gegner im Juni 1933 verhafteten und der nach einem Leidensweg durch verschiedene Konzentrationslager am 5. Mai 1935 an den Folgen der Haft und Folter starb.

Im Jahre 1990 erhielt das Haus *Horster Straße 54* eine *Texttafel*, die ausführlich auf die Geschichte dieses Gebäudes und das Schicksal der Gladbecker

Juden im »Dritten Reich« eingeht. Der Hausbesitzer Max Kaufmann hatte der kleinen Jüdischen Gemeinde einen Raum des Hauses als Betsaal zur Verfügung gestellt. Nach der Vertreibung Max Kaufmanns und der Reichspogromnacht eröffnete die NSDAP in dem Haus eine Geschäftsstelle. Nach 1945 richtete der jüdische Kaufmann Isidor Kahn, der die NS-Herrschaft bei Freunden versteckt überleben konnte, hier ein Herren-Konfektionsgeschäft ein. Der Text schließt mit den Worten:

Das Haus Horster Straße 54 ist durch seine
bewegte Vergangenheit ein Symbol für die
wechselhafte Geschichte unserer Stadt
und ihrer Menschen. Es ist auch ein Mahnmal
für die schändlichen Verbrechen,
die der Deutsche Faschismus
unseren jüdischen Bürgern angetan hat.

Im Januar 1991 wurde auf Initiative einer Schülergruppe des Gladbecker Heisenberg-Gymnasiums an der *Europa-Brücke* oberhalb ihrer Schule ein *Denkmal* aufgestellt, das an die Geschichte der zahlreichen Zwangsarbeiter und ausländischen Häftlinge erinnert, die in der Zeit des Nationalsozialismus aus ihrer Heimat verschleppt wurden und in den Rüstungsbetrieben und Zechen Gladbecks arbeiten mußten.
Insgesamt waren mehr als 20 000 Zwangsarbeiter und Kriegsgefangene in der Stadt, die auf über 30 Lager verteilt waren. Das Mahnmal der Künstlerin Tisa von der Schulenburg besteht aus einem Naturstein mit einem Bronzerelief hinstürzender Menschengestalten.

Quellen/Literatur:
Arbeitskreis für Stadtgeschichte/Stadtarchiv Gladbeck (Hrsg.), Beiträge zur Gladbecker Geschichte, Heft 3, 1991; Stadt Gladbeck (Hrsg.), Mahnung zum Frieden. Dokumentation über die Einweihung eines Mahnmals am Ehrenmal in Wittringen 8. Mai 1987, Gladbeck 1987; Weichelt, Rainer, Verdrängte Geschichte. Erfahrungen mit der Ausstellung »Verdrängte Geschichte. Zwangsarbeiter- und Kriegsgefangenenlager in Gladbeck«, in: WerkstattGeschichte, Heft 2, Hamburg 1992, S. 57–61.

Grevenbroich

Auf dem *Zünfteplatz* befindet sich eine 1979 ins Pflaster eingelassene *Bronzeplakette* für die ehemalige Synagoge. Die Inschrift um einen siebenarmigen Leuchter lautet:

Hier stand die Synagoge der
Jüdischen Gemeinde Grevenbroich.

Vor dem *Kriegerdenkmal* auf dem *Siegesplatz* wurde im Jahre 1986 eine *Tafel* angebracht mit dem Text:

Zum Gedenken an alle in den Kriegen Getöteten
und alle während der nationalsozialistischen
Gewaltherrschaft ermordeten und aus unserer
gemeinsamen Heimat vertriebenen Mitbürger.
Zur täglichen Mahnung an die Schrecken
des Krieges und als Verpflichtung zum Frieden
zwischen den Völkern.

Auf dem *jüdischen Friedhof* bei Grevenbroich-*Hemmerden* erinnert ein 1964 aufgestelltes *Mahnmal* mit den Namen von 29 ermordeten Juden aus Hemmerden, Aldenhoven und Kapellen. Die Inschrift über den Namen lautet:

Den Opfern der nationalsozialistischen
Konzentrationslager 1933 – 1945
zum Gedenken.

Literatur:
Knaup, Silke, Unser Ort – Heimat für Fremde? Das Schicksal der Juden von Grevenbroich, Arbeit 10. Klasse, Erasmus-Gymnasium, im Rahmen des »Schülerwettbewerbs, Deutsche Geschichte« 1988/89.

Gütersloh

Auf dem Schulgelände des *Evangelischen Stiftischen Gymnasiums* an der *Feldstraße* wurde 1984 ein *Gedenkstein* zur Erinnerung an die Jüdische Gemeinde und an die 1938 zerstörte Synagoge enthüllt. Die Inschrift unter dem Symbol der Menora, des siebenarmigen Leuchters, lautet:

Dem Andenken
der Jüdischen Gemeinde
in Gütersloh
und ihrer Synagoge
die unweit
dieser Stelle
am 9. November 1938
von Mitbürgern
zerstört wurde
Uns allen
zur Mahnung

Im Jahre 1988 erhielt die *städtische Gesamtschule Gütersloh* den Namen *»Anne-Frank-Schule«*. Im Eingangsbereich wird auf einer Tafel das Tagebuch der Anne Frank zitiert mit den Worten:

Es ist ein großes Wunder, daß ich alle
meine Hoffnungen noch nicht aufgegeben habe,
denn sie scheinen absurd und unerfüllbar.
Doch halte ich daran fest, trotz allem,
weil ich noch stets an das Gute im Menschen glaube.

Im Eingangsbereich des Verwaltungsgebäudes der *Westfälischen Klinik für Psychiatrie Gütersloh* hängt neben einem großformatigen Foto ein ausführlicher Text, der über die ersten Krankenmorde der Nationalsozialisten am 15. Oktober 1939 im Fort VII im polnischen Poznan (Posen) informiert, womit erstmals in der Geschichte der Menschheit Mord »zu einem industriell organisierten Massenverfahren geworden« sei. Der Text schildert die Übertragung der von den Nationalsozialisten zuerst im Osten erprobten Methode der »Verlegung« und anschließenden Massentötung von psychisch Kranken und auch anderen als »unheilbar«, »unbrauchbar« oder »lebensunwert« angesehenen Menschen auf Krankenanstalten im sogenannten Altreich. Im letzten Teil des Textes geht es dann um die Gütersloher Klinik:

Aus der damaligen Provinzialheilanstalt Gütersloh
wurden von 1940 bis 1945 1 024 Patienten deportiert,
nachdem man ihre Angehörigen über das
ihnen bevorstehende Schicksal getäuscht hatte.
Fast alle starben in Hadamar, Bernburg,
Meseritz-Obrawalde, Warta und Dziekanka/Tiegenhof
bei Gnesen. Nur wenige von ihnen erlebten
das Kriegsende. Einige leben noch
und leiden bis heute an dem erlebten Grauen
und an der ihnen zugefügten Erniedrigung
bis zur Sprachlosigkeit.
Gütersloh, September 1989.

(s. auch Münster)

Quellen/Literatur:
Bastian, Michael/Knemeyer, Ulrich, Antisemitismus in Gütersloh, Arbeit 11. Klasse, Städtisches Gymnasium, im Rahmen des »Schülerwettbewerbs Deutsche Geschichte« 1980/81; Meynert, Joachim, »Es waren ja keine Gütersloher dabei« oder: Eine Lüge kann weder Trauer noch Scham begründen – Gütersloh im Zeichen des Antisemitismus, in: Meynert/Klönne (Hrsg.), Verdrängte Geschichte (siehe Bielefeld), S. 77–94; Ruiz, Pablo/Glowienka, Mark/Kiltz, Barbara, Die Durchführung des »Euthanasie-Programms« am Beispiel der Provinzialheilanstalt Gütersloh, Arbeit 10. Klasse, Ev. Stiftisches Gymnasium, im Rahmen des »Schülerwettbewerbs Deutsche Geschichte« 1982/83; SV des Ev. Stiftischen Gymnasiums, Broschüre zur Enthüllung des Gedenksteins anläßlich des Jahrestags der Zerstörung der Synagoge der Jüdischen Gemeinde Gütersloh (1984); Stadt Gütersloh (Hrsg.), Die Kindergräber von Gütersloh – Schüler auf den Spuren jüdischer Zwangsarbeiterinnen, Gütersloh 1994 (80 Seiten mit Fotos, Karten u. Dokumenten; zu beziehen über das Städt. Amt für Presse- u. Öffentlichkeitsarbeit, Berliner Straße 70, 33330 Gütersloh).

Hagen, Westfalen

Am *Stadthistorischen Museum, Hochstraße 71,* wurde am 9. November 1988 auf Veranlassung der »Vereinigung der Verfolgten des Naziregimes« (VVN) eine *Bronzetafel* angebracht mit der Inschrift:

Den antifaschistischen Widerstandskämpfern
unserer Stadt zum Gedenken

In diesem Gebäude hatte im »Dritten Reich« die Polizeiwache ihren Sitz, in deren Kellerräumen zahlreiche Gegner der Nazis festgehalten wurden, bevor sie ihren weiteren Leidensweg, z. B. zur Steinwache in Dortmund (s. dort), antreten mußten.

Im Februar 1988 wurde der vormalige Architekturplatz in der Hagener Innenstadt in *»Adolf-Nassau-Platz«* umbenannt nach dem früheren Anwalt und Vorsitzenden der Jüdischen Gemeinde Hagen. Damit wollte die Stadt stellvertretend alle jüdischen Bürger ehren, die unter der nationalsozialistischen Gewaltherrschaft zu leiden hatten.

Ebenfalls in der Hagener Innenstadt wurde 1991 die *Parkanlage* an der *Potthofstraße* nach *Dr. Ferdinand David* benannt. Der jüdische Anwalt, bis 1933 Ratsmitglied der SPD, dessen Wohnung in der Pogromnacht vom 9./10. November 1938 zerstört und der selbst aus dem Fenster gestoßen wurde, konnte mit seiner Frau über England in die USA entkommen.

An der *Potthofstraße* liegt die *Hagener Synagoge,* die in der Pogromnacht des Jahres 1938 zerstört, aber nach dem Kriege wiederaufgebaut und am 18. September 1960 neu eingeweiht wurde. Nach Angaben des Gedenkbuches der Stadt gelang es 292 Mitgliedern der großen Jüdischen Gemeinde, in der Zeit zwischen 1933 und 1945 ins Ausland zu fliehen. 156 Menschen wurden in Theresienstadt, Auschwitz und anderen Konzentrationslagern ermordet, von etwa 150 Juden ist das Schicksal unbekannt.

Am 15. September 1986 wurde die *Alte Synagoge Hohenlimburg* an der Jahnstraße als *Mahn- und Gedenkstätte* der Öffentlichkeit übergeben. In der nach Osten gelegenen Thoranische im Inneren des Gebäudes hängt eine aus einer Steinfliese des alten Synagogenfußbodens gearbeitete *Gedenktafel,* auf welcher der siebenarmige Leuchter und der Davidstern abgebildet sind, mit der Inschrift:

Im Gedenken liegt das Geheimnis der Erlösung
Zur Erinnerung an die ehemalige
Jüdische Gemeinde Hohenlimburg.

Die Synagoge in dem heute zu Hagen gehörenden Ort Hohenlimburg wurde 1870 errichtet und am 10. November 1938 verwüstet, aber nicht in Brand gesteckt, offenbar weil sie an »arische« Wohnhäuser angrenzte. Die Jüdische Gemeinde mußte die Synagoge an einen Fabrikanten verkaufen, der sie zu einer Fabrikationshalle umbaute. Von dem Platz der Synagoge aus wurden am 28. April 1942 die Hohenlimburger Juden, die sich nicht zur Auswanderung oder Flucht hatten entschließen können, in die Konzentrationslager abtransportiert und ermordet.

Im Jahre 1980 gründete sich eine »Bürgeraktion Synagoge Hohenlimburg« angesichts des zunehmenden Verfalls des Gebäudes und erreichte bis 1986 die Herrichtung als Mahn- und Gedenkstätte. Der Bau wird heute für Konzerte, Vorträge, Ausstellungen und Begegnungen genutzt. Unter der Empore zeigen zwei Vitrinen Erinnerungsstücke, die an das traurige Schicksal der früheren Gemeinde erinnern.

Kontakt:
Gesellschaft für Christlich-Jüdische Zusammenarbeit Hagen und Umgebung, Zum Alten Bruch 6, 58119 Hagen.

Auf dem *jüdischen Friedhof* in *Hohenlimburg, Heidestraße,* östlich des Krankenhauses Elsey, auf dem im Jahre 1938 die letzten Toten bestattet wurden, befindet sich ein *Gedenkstein* zur Erinnerung an ein Opfer des Holocaust.

Auf diesem Friedhof sind in etwa 60 Gräbern auch sowjetische Zwangsarbeiter beigesetzt. Die meisten Namen und Daten auf den Grabsteinen lassen erkennen, daß die Opfer zumeist aus der Ukraine und Weißrußland stammen. *Drei Gedenksteine* enthalten in kyrillischer Schrift den identischen Text:

> Zum ewigen Gedenken
> an sowjetische Bürger
> umgekommen in faschistischer
> Gefangenschaft
> 1941 – 1945
> 00 – Menschen.

Offensichtlich soll die Inschrift »00-Menschen« ausdrücken, daß die Zahl der Opfer unbekannt, auf jeden Fall aber groß ist.
Auch auf den anderen konfessionellen und städtischen Friedhöfen in Hagen sind insgesamt etwa 650 Zwangsarbeiter und Kriegsgefangene bestattet, die in der Zeit des Nationalsozialismus ums Leben kamen. Auf fast allen Friedhöfen erinnern *Gedenksteine* mit kyrillischen Inschriften an diese Opfer der Gewaltherrschaft.

Auf dem *jüdischen Friedhof* in Hagen-*Delstern* wurde ein *Gedenkstein* errichtet mit der Inschrift:

> Den Toten der
> jüdischen Gemeinde Hagen
> 1933 – 1945

Literatur:
Böning, Adalbert und Zabel, Hermann (Hrsg.), Gedenkschrift zu Ehren der ehemaligen jüdischen Mitbürger Hohenlimburgs, erweiterter Nachdruck Hagen 1988; Böning, Adalbert, Der jüdische Friedhof in Hohenlimburg, Hagen 1986; Gase, Barbara, Geschichte der Juden in Hagen, Hagen 1986; Hartmann, Elmar, Kirchen und Synagoge in Hohenlimburg, Hrsg. Gesellschaft für Christlich-Jüdische Zusammenarbeit, Hagen 1990; Zabel, Hermann, Zerstreut in alle Welt. Zur Geschichte und Nachgeschichte einer jüdischen Kleinstadtgemeinde, Hagen 1988; Ders., Heimat Hohenlimburg. Gegen den Strom, Hagen 1992.

Haltern, Westfalen

Auf dem *früheren jüdischen Friedhof* in der Nähe des *Südwalls* im Zuge der B 51, heute ein Park mit nur noch wenigen Grabsteinen, erinnert ein *Gedenkstein* aus dem Jahre 1980 an die ehemaligen jüdischen Bürger. Er trägt die Inschrift:

> Zur Erinnerung an die
> jüdischen Bürger
> der Stadt Haltern,
> die in den Jahren 1933 – 1945
> Opfer der nationalsozialistischen
> Gewaltherrschaft wurden.
> Ehre ihrem Andenken.

Hamm, Westfalen

Am *Rathaus* der Stadt Hamm wurde 1991 eine *Tafel* angebracht mit folgendem Text:

> Zum Gedenken an die Opfer des NS-Justizterrors
> 1933 – 1945
>
> Rathaus der Stadt Hamm seit 1959
> errichtet 1894 als Justizgebäude für Oberlandes-
> gericht, Generalstaatsanwaltschaft, Amtsgericht.
> Gerade an diesem Ort sollten Recht und
> Gerechtigkeit herrschen.
> Aber von 1933 bis 1945 haben hier und im
> Oberlandesgerichtsbezirk Hamm Richter und
> Staatsanwälte – insbesondere an
> politischen Strafsenaten, durch Mitwirkung an
> Sondergerichten und am Erbgesundheitsobergericht –
> maßgeblich zur Verfolgung und Unterdrückung
> von Minderheiten und von politischem Widerstand
> beigetragen. Dies geschah unter anderem
> durch willkürlich harte Strafen, durch Anordnung von
> Sterilisationen und auch durch Hunderte von
> Todesurteilen. Die ungesühnten Leiden der Opfer
> sind uns Verpflichtung zur Verteidigung des Rechts.

Diese Tafel geht auf einen Bürgerantrag aus dem Jahre 1987 zurück. Entscheidungshilfe in der langen Debatte um die NS-Justiz in Hamm, der Stadt, die sich mit ihren zahlreichen Justizeinrichtungen gerne als »Stadt des Rechts« und »Juristenstadt« versteht, brachte eine Wanderausstellung des Bundesjustizministeriums mit dem Titel »Im Namen des Deutschen Volkes – Justiz und Nationalsozialismus«. Diese wurde 1991 mit einem durch das Hammer Stadtarchiv erweiterten lokalen Teil »Ortstermin Hamm« gezeigt und zusätzlich ein Begleitprogramm angeboten. In diesem Rahmen wurde am 24. Mai 1991 auch in der *Eingangshalle* des heutigen Hauptgebäudes des *Oberlandesgerichts Hamm* eine *Gedenktafel* angebracht mit der Aufschrift:

»Die ihr auf Erden richtet,
achtet auf Gerechtigkeit.«
Spruch im Friedenssaal zu Münster

Zum mahnenden Gedenken
an die Menschen, denen von
1933 bis 1945 durch die Justiz
Unrecht geschah.

Literatur:

Stadtarchiv Hamm (Hrsg.), Ortstermin Hamm. Zur Justiz im Dritten Reich (Zur Ausstellung des Stadtarchivs 25. Mai bis 23. Juni 1991), Hamm 1991.

Hamminkeln

Im Ortsteil *Ringenberg* der Gemeinde Hamminkeln am Niederrhein wurde am 9. November 1989 in der *Schloßstraße* ein *Gedenkstein* für die 1942 in den Konzentrationslagern Theresienstadt und Maidanek umgebrachten Familien Moses und Isaak Marchand enthüllt. Die Initiative ging vom Heimatverein Ringenberg und den beiden Kirchengemeinden aus. Auf dem weißen, dreieckigen Stein, dessen Spitze der Davidstern bildet, ist zu lesen:

Familien
Moses und Isaak
Marchand
1942 ermordet in
Theresienstadt/Maidanek

Hattingen, Ruhr

Im Jahre 1988 wurde an der *Bahnhofstraße* eine *Gedenkstätte* eingeweiht an dem Platz, an dem früher die Synagoge stand. Sie war in der Reichspogromnacht vom 9. auf den 10. November 1938 von SA-Leuten geschändet und zerstört worden. Dabei nahmen diese einige jüdische Männer fest – in »Schutzhaft«, wie die Nazis das zynisch nannten – und verschleppten sie für Wochen in ein Konzentrationslager.

Literatur:

VHS Hattingen (Hrsg.), Alltag in Hattingen 1933–1945. Eine Kleinstadt im Nationalsozialismus. Katalog zur Ausstellung im Rathaus 13. März bis 15. Mai 1983.

Heinsberg, Rheinland

Auf dem *jüdischen Friedhof* in der *Linderner Straße* in Heinsberg befindet sich eine *Gedenktafel* für die Opfer der nationalsozialistischen Gewaltherrschaft. Von einem weiteren jüdischen Friedhof im Stadtteil Randerath sind nur noch einzelne Grabsteine vorhanden.

Das städtische Krankenhaus in Heinsberg war Ort zahlreicher Zwangssterilisationen während des »Dritten Reiches«. Es handelte sich hierbei meistens um behinderte und kranke Patienten der im Kreisgebiet Heinsberg gelegenen Anstalten Gangelt, Immerath und Wassenberg. Viele dieser Menschen wurden später als »Euthanasie«-Opfer verlegt und in Vernichtungsanstalten ermordet. (Näheres s. Gangelt)

Literatur:

Seipolt, Harry, »Ich war ›minderwertig‹«. Aus dem Lebensbericht einer NS-Zwangssterilisierten, in: Halbjahres-Zeitschrift für Landes- und Zeitgeschichte, Heft 2, 1993, S. 193–200.

Hellenthal, Eifel

Auf dem *jüdischen Friedhof* in Hellenthal wurde zum 50. Jahrestag der Reichspogromnacht am 9. November 1988 ein *Mahnmal* eingeweiht zur Erinnerung an die Hellenthaler Juden, die einmal etwa zehn Prozent der Bevölkerung ausmachten und in der Zeit der nationalsozialistischen Gewaltherrschaft aus ihrer Heimat vertrieben oder deportiert und umgebracht worden sind.

Hemer

Auf dem außerhalb der Stadt gelegenen *Friedhof am Duloh* liegen nach Akten des Friedhofsamtes in einem Massengrab 19 753 Kriegsgefangene und weitere 717 Tote in Einzelgräbern beerdigt. Die meisten der Toten waren sowjetische Kriegsgefangene und sogenannte »Ostarbeiter«. Nur ein von der Sowjetunion errichteter *Gedenkstein* mit kyrillischer Schrift hält die Erinnerung an die im »Stalag« (Stammlager) VI A Hemer umgekommenen Gefangenen wach. Ins Deutsche übersetzt lautet die Inschrift:

Euch, die Ihr erlitten habt alle Qualen und Schmerzen,
die Foltern, fern vom teuren Vaterland, den Brüdern,
umgekommen in faschistischer Knechtschaft,
ewiges Gedenken und Ruhe. 1941–1945.
Die Euch zu Tode gequält haben in der Fremde
sind der Strafe nicht entgangen, die sie eingeholt hat.
Die mit mächtiger Kraft heute Hinweggefegten
sind selber dem Grabe verfallen. Schlaft ruhig,
von der Heimat strömt helles Licht auf Euch
in breitem Fluß. Die wachsamen Kämpfer
der Roten Armee schützen Euren Frieden.

Auf einem *Gedenkstein* über einem weiteren Massengrab am *Höcklingser Weg* ist angegeben, daß hier mindestens 3 000 sowjetische Bürger bestattet sind.

Das 1939 eingerichtete Stalag VI A in Hemer war eines der größten Kriegsgefangenenlager in Deutschland, von dem aus zeitweise mehr als 100 000 Gefangene, davon mehr als 90 000 aus der Sowjetunion, »verwaltet« wurden. Die meisten von ihnen wurden als Zwangsarbeiter in Zechen und Rüstungsbetrieben im Ruhrgebiet eingesetzt. Einzelne wurden auf Bauernhöfe in der Umgebung geschickt.

Das Arbeitslager Hemer, das zunächst aus vier Kasernenblocks bestand, bald durch Zelte und nach und nach durch 38 Holzbaracken erweitert wurde, unterschied sich kaum von einem Konzentrationslager; es wurde lediglich »aus verwaltungstechnischen Gründen«, so eine Anordnung der SS, nicht so bezeichnet. Berichten zufolge ist davon auszugehen, daß seit etwa Mitte 1943 täglich bis zu 100 Menschen in diesem Lager starben. Allein in den letzten 20 Monaten vor Kriegsende sind vermutlich etwa 60 000 Gefangene gestorben. Im Gegensatz zu Gefangenen anderer Nationen wie Franzosen, Belgiern, Italienern und Polen wurden die sowjetischen Kriegsgefangenen – 1944 waren es im Lager Hemer rund 97 000 – nicht nach der Genfer Konvention von 1929 über die Einhaltung von Menschenrechten gegenüber Kriegsgefangenen behandelt. Für die Nationalsozialisten waren sie »rote Untermenschen«, für die das Abkommen nicht galt. Die meisten Toten wurden in Massengräbern verscharrt.

Bei der Befreiung des Lagers im April des Jahres 1945 fanden die Amerikaner rund 22 000 Gefangene vor. Auch danach starben noch bis zu 100 Menschen täglich an den Folgen von Lagerhaft und Zwangsarbeit. Darauf weisen die Daten auf einigen Grabsteinen auf dem Friedhof am Duloh hin, so zum Beispiel auf dem Grabstein einer »Ostarbeiterin« mit der Inschrift: »Unbekannte Mutter mit Kind † 15. 6. 1945«.

Auf dem Gelände des ehemaligen Lagers befindet sich heute die »Blücherkaserne« der Bundeswehr. Seit 1982 setzt sich eine »Bürgerinitiative für Frieden und Abrüstung« in Hemer dafür ein, das Gedenken an das Lager und die hier umgekommenen Kriegsgefangenen und Zwangsarbeiter zu wecken bzw. wachzuhalten. Alljährlich finden auf dem Friedhof am Duloh Gedenkfeiern statt.

Quellen/Literatur:
Bürgerinitiative für Frieden und Abrüstung Hemer (Hrsg.), Stalag VI A Hemer. Kriegsgefangenenlager 1939–1945. Dokumente, Augenzeugenberichte, Analysen, Meinungen, Hemer 1982. (Die Broschüre ist erhältlich bei: Norbert Kick, Arndtstraße 4, 58675 Hemer.); Kaminsky, Uwe, »…waren ja auch Menschen« – Zwangsarbeiter im Revier, in: Borsdorf, Ulrich und Jamm, Mathilde (Hrsg.), Überleben im Krieg. Kriegserfahrungen in einer Industrieregion 1939–1945 (Katalogbuch zur Ausstellung im Ruhrlandmuseum Essen 1989), Reinbek 1989, S. 111–122; Kirbach, Roland, Vergessene Gräber, in: »Die Zeit«, Nr. 51 vom 17. Dezember 1982; Stopsack, Hans-Hermann/Thomas, Eberhard (Hrsg.), Stalag VI A Hemer – Kriegsgefangenenlager 1939–1945 – Eine Dokumentation, Hemer 1995.

Hennef, Sieg

In der *Sövener Straße* im Hennefer Stadtteil *Geistingen* ist ein *Gedenkstein* für jüdische Opfer des Nationalsozialismus errichtet. Neben der Ruine der ehemaligen Synagoge, im Abhang der Sövener Straße gegenüber dem Haus Nr. 12/14, erinnert eine *Gedenktafel:*

> Hier wurde am 10. November 1938 durch
> nationalsozialistische Gewalttäter
> die Synagoge der Jüdischen Gemeinde
> Geistingen zerstört.

Auf dem *jüdischen Friedhof* in der *Schulstraße* wird der jüdischen Opfer der nationalsozialistischen Verfolgung gedacht.

Literatur:
Fischer, Helmut, Der Untergang der Jüdischen Gemeinde Geistingen-Hennef, in: Beiträge zur Geschichte der Gemeinde Hennef-Sieg, Band 5, Hennef/Sieg 1974, S. 49–105; Ders., Die Jüdische Gemeinde (Hennef-)Geistingen, in: Linn, Heinrich, Juden an Rhein und Sieg (s. Bad Honnef), S. 286–302.

Herford

Am *Deichtorwall* wurde 1962 ein *Mahnmal* eingeweiht, dessen Gedenkplatte folgende Inschrift trägt:

> Den Opfern
> der Hitler-
> Diktatur
> 1933–1945
>
> zum Gedenken
> den Lebenden
> zur Mahnung
> 1962

In der *Komturstraße* befindet sich im Garten neben dem Gemeindehaus der Jüdischen Kultusgemeinde Herford/Detmold ein *Gedenkstein* mit einem Davidstern und der Inschrift:

> Hier stand die Synagoge der Jüdischen
> Kultusgemeinde Herford. Sie wurde
> am 9. November 1938 zerstört.

Auf dem *Friedhof »Ewiger Frieden«, Mindener Straße,* gibt es mehrere *Denkmäler und Gräber* zur Erinnerung an Kriegsgefangene und Zwangsarbeiter, die in Herford während des Krieges in der Industrie arbeiten mußten. 35 polnische und zehn sowjetische Kriegsgefangene liegen in jeweils einer Parzelle.
45 sowjetische und elf polnische »Fremdarbeiter« liegen gemeinsam auf einem »Ostarbeiter«-Gräberfeld. Der *gemeinsame Grabstein* für die sowjetischen Toten, den überlebende Kameraden unmittelbar nach dem Kriege errichteten, trägt in Englisch, Deutsch und Russisch die Inschrift:

> Hier
> ruhen Sowjetbürger
> umgekommen in der
> faschistischen Gefangenschaft
> 1941–1945

In jüngster Zeit erst konnte die örtliche Geschichtswerkstatt durch langwierige Recherchen anhand der Totenlisten die Namen und Daten der Bestatteten ermitteln. Ein Antrag bei der Stadt hatte zur Folge, daß 1991 einzelne Grabsteine mit den persönlichen Angaben auf jedem Grab aufgestellt wurden. Eine *Stele* auf dem Friedhof gibt zudem Hinweise auf das harte Schicksal der Zwangsarbeiter.

Auf dem »Ewigen Frieden« ist ebenfalls der Herforder Arbeiter und Sozialdemokrat Heiko Ploeger beerdigt, der von den Nationalsozialisten 1944 hingerichtet wurde. Der überzeugte Nazigegner hatte regelmäßig die ausländischen Rundfunksender abgehört und darüber mit seinen Kollegen bei den Dürrkopp-Werken in Bielefeld diskutiert. Am 18. Januar 1944 wurde er verhaftet und am 15. August 1944 vom Oberlandesgericht Hamm zusammen mit seinem Kollegen Gustav Höcker wegen »Wehrkraftzersetzung« zum Tode verurteilt und am 15. September 1944 im Gerichtsgefängnis Dortmund an der Lübecker Straße (s. dort) mit dem Fallbeil hingerichtet.
Im Januar 1946 wurde sein Leichnam exhumiert und auf diesen Friedhof nach Herford überführt. In jüngster Zeit erst wurde die Geschichte des Arbeiters Heiko Ploeger in Herford wieder aufgegriffen, nachdem er über Jahre in Vergessenheit geraten war. 1988 stiftete die Stadt Herford den jährlich zu vergebenden *»Heiko-Ploeger-Bürgerpreis«* für das Engagement für Frieden, Freiheit und demokratische Rechte.

Die neuere Herforder Lokalgeschichte hat seit 1984 vor allem die Geschichtswerkstatt von »Arbeit und Leben« erforscht, zunächst die Geschichte der Arbeiterbewegung, dann das Thema Zwangsarbeit. Die Gruppe erstellte unter dem Titel »Spurensuche« einen alternativen Stadtführer, organisierte Lesungen und Veranstaltungen und 1989 die Ausstellung »Zwangsarbeit im Raum Herford«. Zu der Arbeit gehörte auch die Kontaktaufnahme zu Zeitzeugen in Herford und überlebenden früheren Zwangsarbeitern in Polen und der Sowjetunion, die schließlich auch zu einem Besuch ehemaliger Häftlinge in Herford führte.
Ähnliches historisches Engagement, das in Geschichtswerkstätten, Seminaren und Stadtführungen, Ausstellungen oder Publikationen die jüngste Zeitgeschichte und die Jahre des Nationalsozialismus erforscht, gibt es im gesamten Kreis Herford. (s. Näheres in Bünde, Enger, Hiddenhausen und Spenge)

Kontakt:
Die Arbeitsgemeinschaft Arbeit und Leben – DGB/VHS hat zum Thema »Zwangsarbeit. 1939–1945. Spurensuche im Raum Herford« eine Wanderausstellung konzipiert, die ausgeliehen werden kann (40 Tafeln). Anschrift: Arbeit und Leben, Münsterkirchplatz 1, 32052 Herford.

Quellen/Literatur:
Das Kommunalarchiv Herford (Elverdisser Str. 12) besitzt »graue« Literatur, unveröffentlichte Manuskripte sowie Quellendokumentationen zum Thema.
Arbeit und Leben im Kreis Herford (Hrsg.), Spurensuche – Das andere Herford. Stadtführung durch die Herforder Geschichte. 1900 bis 1950, 2. Aufl. Herford 1989; Begemann, Dieter, »Ich hoffe, daß ein freieres Deutschland für Euch entsteht«. Das Schicksal des 1944 hingerichteten Arbeiters Heiko Ploeger, Bielefeld 1988; Brade, Christine und Lutz/Heckmanns, Jutta und Jürgen (Hrsg.), Juden in Herford, Bielefeld 1990; Brinkmann, Andreas u.a., Unterdrückung und Verfolgung, aufgezeigt am Beispiel der jüdischen Bürger in Herford. Arbeit 7./8. Klasse, Hauptschule Herford, im Rahmen des »Schülerwettbewerbs Deutsche Geschichte« 1980/81; Kohne, Helga und Laue Christoph (Hrsg.), Deckname Genofa. Zwangsarbeit im Raum Herford 1939–1945. Ein Lesebuch der Geschichtswerkstatt Arbeit und Leben DGB/VHS, Bielefeld 1992 (Herforder Forschungen Band 6).

Herne

Vor dem städtischen *Verwaltungsgebäude, Bebelstraße,* steht eine *Bronzeplastik.* Eine Tafel trägt die Inschrift:

> Zur Ehre und zum Gedenken
> der Opfer im Widerstand gegen
> die nationalsozialistische
> Gewaltherrschaft
> 1933 – 1945

Auf einem *Ehrenmal* auf dem *jüdischen Friedhof Hoverskamp* ist zu lesen:

> Zum Gedenken an unsere jüdischen Brüder
> und Schwestern, die in den Jahren 1933–1945
> infolge nationalsozialistischen Terrors
> ums Leben gekommen sind

An der *Hermann-Löns-Straße/Schaeferstraße* erinnert ein *Gedenkstein* an die ehemalige Synagoge in Herne:

> Zum Gedenken der am 8. 11. 1938
> zerstörten Synagoge der Jüdischen
> Gemeinde Herne

In der heute zu Herne gehörenden, ehemals selbständigen Stadt *Wanne-Eickel* erinnert im *Sportpark Eickel* in der *Hauptstraße* ein *Gedenkstein* an die verfolgten jüdischen Bürger von Wanne-Eickel.

Ausstellung:
»Unsere Stadt unter dem Nationalsozialismus – Die Geschichte der nationalsozialistischen Bewegung in Herne und Wanne-Eickel«, auszuleihen beim: Stadtarchiv Herne, Eickeler Straße 7, 44651 Herne.

Alternative Stadtrundfahrten:
»Die Falken«, Gewerkschaft Erziehung und Wissenschaft, in Zusammenarbeit mit der Vereinigung der Verfolgten des Nazi-Regimes (VVN) Herne. – Anfragen an: Frank Braßel, Neustraße 74, 44623 Herne, Tel.: 0 23 23/5 26 96 oder 7 77 37, Begleitmaterial: siehe unter Literatur.

Literatur:
Gewerkschaft Erziehung und Wissenschaft (GEW) und VVN Herne (Hrsg.), Herne und Wanne-Eickel 1933–1945. Antifaschistischer Stadtführer, Herne 1985; Meyerhoff, H., Herne 1933–1945. Die Zeit des Nationalsozialismus. Ein kommunalhistorischer Rückblick, Herne 1963; Oberstadtdirektor der Stadt Herne (Hrsg.), Unsere Stadt unter dem Nationalsozialismus. Die Geschichte der nationalsozialistischen Bewegung in Herne und Wanne-Eickel. Ausstellung der Stadt Herne zum 30. Januar 1933, Herne 1983.

Herten, Westfalen

Aus Anlaß des 110. Geburtstages und der 44. Wiederkehr des Todestages des sozialdemokratischen Reichstagsabgeordneten Otto Wels, der am 23. März 1933 im Reichstag für die SPD gegen das »Ermächtigungsgesetz« gestimmt hat, wurden 1983 im westfälischen Herten ein *Platz* nach ihm benannt und eine *Gedenktafel* mit folgendem Text enthüllt:

> Otto Wels
> Sozialdemokratischer Partei- und
> Fraktionsvorsitzender
> * 15. 9. 1873
> † 16. 9. 1939
> Er hielt die letzte freie Rede im Reichstag
> vor Ausschaltung des Parlamentes
> durch die Nationalsozialisten
> am 23. März 1933.
> »Kein Ermächtigungsgesetz gibt Ihnen die Macht,
> Ideen, die ewig und unzerstörbar sind,
> zu vernichten.
> Freiheit und Leben kann man uns nehmen,
> aber die Ehre nicht.«

Herzebrock-Clarholz

Neben dem Haus *Holzhofstraße 31* am Rande der Ortschaft *Clarholz* steht ein *Steinkreuz*, auf dessen Sockel zu lesen ist:

> Richtet nicht, damit ihr nicht gerichtet werdet!
>
> Zum Gedenken an den stud. theol. Ernst Kuhlmann
> Man nahm ihm am 14. 4. 1940 in dem Konzentrationslager Sachsenhausen das Leben.

Herzebrock-Clarholz, Holzhofstraße: Auf einem Privatgrundstück errichteten Angehörige eine Gedenkanlage für den in Clarholz geborenen und 1940 im Alter von 23 Jahren im Konzentrationslager Sachsenhausen umgebrachten Studenten Ernst Kuhlmann.

Inschrift auf dem Sockel des im Garten seines Elternhauses errichteten Gedenkkreuzes für Ernst Kuhlmann.

Es wurde kurz nach dem Kriege von Angehörigen zur Erinnerung an den Theologiestudenten Ernst Kuhlmann errichtet, der hier am 5. Oktober 1916 geboren wurde. Der katholische Theologe arbeitete in den Semesterferien 1939 als Werkstudent in einer Clarholzer Möbelfabrik. Das war wenige Wochen vor dem Kriegsbeginn, und die Gespräche drehten sich um die drohende Katastrophe. Als Ernst Kuhlmann in einer Arbeitspause auf eine Sperrholzplatte schrieb »Der Krieg ist für die Reichen, der Mittelstand muß ihn begleichen, der Arbeiter stellt die Leichen«, wurde er denunziert, ins Bielefelder Gefängnis gebracht und von dort in das Konzentrationslager Sachsenhausen überstellt. Dort wurde er schwer gefoltert und starb als Opfer der Quälereien am 14. April 1940.

Vor der *Pfarrkirche* in Herzebrock-*Clarholz* liegt vor dem Ehrenmal für die Gefallenen, Vermißten und Opfer aller Kriege eine *Steinplatte* mit der Inschrift:

> Den Märtyrern
> nationalsozialistischer
> Diktatur
> 1933 – 1945

Quellen:
Meier, Johannes, Ernst Kuhlmann, ein KZ-Opfer der NS-Zeit aus Clarholz, in: Chronik der Gemeinde Clarholz, S. 845–847; Wagener, Ulrich, Priester und Laien der katholischen Kirche als Opfer und Täter, in: Frankemöller, Hubert (Hrsg.), Opfer und Täter... (s. Detmold), S. 147–164 (hier S. 157f).

Hiddenhausen

In *Sundern*, Ortsteil von Hiddenhausen bei Herford, befand sich in den letzten Kriegsmonaten ein Rüstungsbetrieb der Bielefelder Lohmann-Werke. Dieses Werk, in dem Präzisionsartikel für Panzer, Panzerkanonen sowie Abhörgeräte für Flugzeuge und U-Boote hergestellt wurden, war 1940 als Zweigwerk des Bielefelder Unternehmens in Pabianice/Polen errichtet worden, wurde dann aber 1944 angesichts der nahen Front durch Wehrmachtsbefehl hierher nach Sundern rückverlagert. Die rund 350 polnischen Zivilarbeiter, die mit-»verlagert« wurden, waren in einem Teil des Beka-Möbelwerkes in Baracken untergebracht. Drei von ihnen kamen gegen Kriegsende bei Kampfhandlungen ums Leben und wurden gemeinsam mit vier toten Zwangsarbeitern aus Bielefeld auf dem *Friedhof* in Sundern bestattet. Ein *Gedenkstein* in polnischer Inschrift, den die überlebenden Kameraden unmittelbar nach dem Kriege auf dem Friedhof errichtet hatten, wurde 1960 beseitigt, die Toten exhumiert und anonym auf den Ehrenfriedhof Stukenbrock (s. dort) überführt.
Bei einem Besuch ehemaliger polnischer Zwangsarbeiter im Jahre 1989 in Sundern/Herford wurde dies bemerkt und eine *neue Gedenktafel* zugesagt, die die polnischen Besucher selbst anfertigten und im April 1992 bei einem zweiten Besuch ehemaliger Zwangsarbeiter aufstellten.

Quelle:
Texte zur Ausstellung »Zwangsarbeit im Raum Herford 1939–1945«, Herford 1989 (Näheres s. Herford).

Hilchenbach

Im Jahre 1988 wurde an dem Wohnhaus in der *Gerbergasse 2* eine *Tafel* angebracht, die an den Betsaal der früheren Jüdischen Gemeinde erinnert. Ebenso befindet sich ein Hinweis an dem Straßenschild Gerbergasse. Der Text am Haus lautet:

In diesem Gebäude befand sich
bis 1939 der letzte Betsaal
der Jüdischen Gemeinde.

Auf dem *Alten Friedhof* an der *Rothenberger Straße* wurde gleichzeitig das *Kriegerdenkmal* für die Toten der beiden Weltkriege ergänzt mit den Worten:

Jüdische Opfer des Nationalsozialismus

Höxter

Auf dem *Friedhof* der Abteikirche *Corvey*, einem Ort der Gemeinde Höxter an der Weser, wurde 1979 auf Initiative der Katholischen Arbeitnehmerbewegung (KAB) Höxter ein *Gedenkstein* aufgestellt, der unter dem Bildmotiv einer Dornenkrone folgende Inschrift trägt:

Den Blutzeugen
des Glaubens
1933 – 1945

Franz Riepe
Steyler-Pater
† 13. August 1942
im KZ Dachau

Franz Reinisch
Pallottiner-Pater
+ 21. August 1942
in Brandenburg
enthauptet

Am Außenrand stehen die Bibelworte:

Das Weizenkorn bringt keine
Frucht, wenn
es nicht in die Erde gesät wird
und vergeht.

Die beiden genannten Ordenspriester stehen hier stellvertretend für alle Männer und Frauen, die in der Zeit der NS-Gewaltherrschaft ihres Glaubens wegen ums Leben gebracht wurden. Franz Riepe, geboren 1885, Pater der Steyler Missionsgesellschaft (SVD), wurde verhaftet und ins KZ Dachau gebracht, weil er einen Hirtenbrief der niederländischen Bischöfe verbreitet hatte, der sich scharf gegen den Nationalsozialismus wandte und die Unvereinbarkeit von Christentum und NS-Ideologie betonte. Franz Reinisch, geboren 1903, Pallottiner und Priester der Schönstatt-Gemeinschaft in Vallendar, verweigerte aus grundsätzlicher Ablehnung des Nationalsozialismus den Eid auf Hitler, als er zur Wehrmacht eingezogen wurde. Das Reichskriegsgericht verurteilte ihn deshalb zum Tode. Am 21. August 1942 wurde er in Brandenburg mit dem Fallbeil hingerichtet. Seit dem 50. Todestag von Pater Reinisch 1992 läuft ein Seligsprechungsverfahren in der katholischen Kirche. (Mehr zu Pater Reinisch s. Vallendar, Rheinland-Pfalz)

Der *jüdische Friedhof* in Höxter, an der *Gartenstraße* zwischen den Straßen An der Petrischule und Papenbrink gelegen, wurde in der »Reichskristallnacht« fast vollständig verwüstet. Die Trümmer der Grabsteine wurden nach dem Krieg als eine Art *Sarkophag* und an anderer Stelle als ein halbkreisförmiges *Mahnmal* zusammengefaßt.

In Höxter-*Fürstenau* liegt ein *jüdischer Friedhof* am Beginn des Wanderweges nach Bödexen, am Hang linker Hand des Saumabaches, auf dem *Gedenksteine* »für die im K.Z.Lager 1942–1945 umgekommenen Familienangehörigen« stehen.

Literatur:
Würzburger, Ernst, Die ehemalige Jüdische Gemeinde Fürstenau, in: Höxter-Corvey. Monatsschrift für Heimatfreunde und Gäste, 36, 1988.

Hohenlimburg siehe Hagen

Hürth, Rheinland

Im Ortsteil *Hermülheim, Berliner Platz,* wurde am 24. September 1983 ein *Mahnmal* für die Opfer des Nationalsozialismus der Öffentlichkeit übergeben. Die große abstrakte Plastik mit dem Titel »Der Schrei« wurde von dem Hürther Künstler Hubert Bruhs gestaltet, der selbst zum oppositionellen Kreis der katholischen Jugend während der Zeit des Nationalsozialismus gehörte. Auf einer Bronzetafel befindet sich der Text:

Die Hürther Opfer des Hitler-Regimes
[es folgen 18 Namen]
und alle unbekannten Opfer von Gewaltherrschaft
mahnen uns.

Am 6. November 1991 wurde an dem Haus *Weierstraße 41* in Alt-Hürth eine *Gedenktafel* zum Gedächtnis an die Hürther Synagogengemeinde enthüllt. Die Metalltafel zeigt den siebenarmigen Leuchter und darüber und darunter die Texte:

Zum Gedenken an die Hürther Synagogengemeinde
deren Mitglieder zwischen 1933 und 1945
entrechtet, verfolgt, vertrieben und
ermordet wurden.

Die Synagogengemeinde wurde 1937 aufgelöst.
Die Synagoge in der Weierstraße 47 mußte verkauft werden.
Der Friedhof an der Alten Berrenrather Straße
wurde eingeebnet. Die letzten 11 jüdischen Bewohner
der Gemeinde Hürth
mußten seit Juli 1941 in dem sogenannten
»Judenhaus«
in der Großen Oelbruchstraße 29 leben,
von wo aus
sie ein Jahr später in den Tod deportiert wurden.

An der *Luxemburger Straße/Ecke Hans-Böckler-Straße* wurde im Jahre 1951 durch die Hürther Ortsgruppe der »Vereinigung der Verfolgten des Naziregimes« (VVN) ein *Gedenkstein* errichtet. 1993 wurde er restauriert und wieder aufgestellt. Ein polierter Muschelkalkstein enthält die Inschrift:

Dem Gedenken derer die Ihr Leben als
Widerstandskämpfer gegen den Faschismus
in den Jahren 1933 – 1945 lassen mußten.

Johann Bauer	Karl Lauer
Hans Brandl	Wilhelm Stahl
Wilhelm Kox	Peter Zingel

An der *Geschwister-Scholl-Schule*, Im Wiesengrund 30, befindet sich ein *Mosaik* zur Erinnerung an die studentische Widerstandsgruppe »Weiße Rose« um die Geschwister Scholl.

Literatur:
Faust, Manfred, Grundzüge der Hürther Geschichte im 19. und 20. Jahrhundert, in: Hürther Heimat Nr. 65/66 (1990), S. 95–105.

Iserlohn siehe Dortmund

Issum

In der niederrheinischen Ortschaft Issum wurde erst in den achtziger Jahren in der *Kapellener Straße* die *ehemalige Synagoge* »wiederentdeckt« und restauriert. Bis 1930 bestand eine Jüdische Gemeinde in Issum, danach waren es nur noch wenige Mitglieder, und die Issumer Juden zählten zur Synagogengemeinde Geldern. 1935 wurde das Bethaus in Issum verkauft und diente fortan profanen Zwecken, deshalb wurde es auch in der Pogromnacht 1938 nicht zerstört. Von den 22 in Issum 1933 lebenden Juden wurden mehr als die Hälfte von den Nationalsozialisten ermordet.
Im Jahre 1987 erwarb die Gemeinde Issum den Gebäudekomplex und richtete den früheren Synagogenraum als *Gedenkstätte* und Veranstaltungsort wieder her. Heute ist es die einzige erhaltene Dorfsynagoge am unteren Niederrhein. In dem kleinen Raum sind unter der Frauenempore Fotos und biographische Daten der jüdischen Opfer aus Issum dokumentiert. Auch das nebenan gelegene ehemalige jüdische Schulhaus und die Mikwe, das jüdische Kultbad im Kellergeschoß, sind erhalten. Im Schulhaus findet der Besucher im Erdgeschoß eine Dokumentation zur Geschichte der Juden

Issum, Kapellener Straße: In der einzigen erhaltenen Dorfsynagoge am unteren Niederrhein richtete die Gemeinde Issum Ende der achtziger Jahre eine Gedenkstätte ein.

Issum:
Fotos mit biographischen Angaben zu den von den Nationalsozialisten ermordeten Issumer Juden in der Gedenkstätte im früheren Synagogenraum.

Issums und der Region und im Obergeschoß eine Ausstellung jüdischer Kult- und Gebrauchsgegenstände.

Öffnungszeiten:
Jeden 1. Sonntag im Monat von 14 bis 17 Uhr;
Kontakt: Arbeitskreis »Jüdisches Bethaus Issum«, Vorsitzender Hubert Fischer, Burgweg 27, 47661 Issum-Sevelen, Tel.: 0 28 35/55 92.

Literatur:
Keuck, Bernhard, Issum, Geldern und das Landjudentum am Niederrhein, in: Wegweiser durch das jüdische Rheinland, Berlin 1992, S. 126–141.

Jüchen

Auf dem Gemeindegebiet gibt es mehrere Tafeln oder Steine, die der Judenverfolgung und der Zerstörung der Synagogen in der NS-Zeit gedenken: Zur Erinnerung an die 1938 zerstörte Synagoge in *Garzweiler* wurde vor dem *ehemaligen Rathaus* eine *Gedenktafel* angebracht, ebenso in *Hochneukirch* an der *von-Werth-Straße.* In *Jüchen* selbst existierte eine Synagoge, deren Standort »nicht genau zu lokalisieren« sei – so der Gemeindedirektor –, so daß eine *Gedenktafel* am vermeintlichen Ort in einer kleinen Grünanlage an der *Wilhelmstraße* enthüllt wurde. Die in einen Stein eingelassene Bodenplatte enthält um einen siebenarmigen Leuchter den kreisförmigen Schriftzug:

Zur Erinnerung an die zerstörte Synagoge.

Auf dem *jüdischen Friedhof* an der *Alleestraße* im Ortskern von Jüchen steht ein *Gedenkstein* mit dem Text:

Zum Gedenken an unsere jüdische Mitbürger
1933–1945

Auf dem *Friedhof* in *Hochneukirch* wurde 1981 ein *Gedenkstein* enthüllt mit den Namen der aus diesem Ortsteil ermordeten jüdischen Bürger. Er trägt die knappe Inschrift:

Den Opfern der Gewalt

Einen weiteren *Gedenkstein* gibt es in *Bedburdyck-Hemmerden* sowie auf dem von Garzweiler (alt) Ende der achtziger Jahre nach *Neu-Garzweiler* verlegten *jüdischen Friedhof.* Auf diesem ist zu lesen:

Den Opfern des 3. Reiches

Jülich

Am ehemaligen Standort der *Synagoge* ist eine *Gedenktafel* angebracht, die unter der Abbildung eines Rundfensters mit Davidstern und des Giebels der früheren Synagoge die Inschrift trägt:

Liebe Deinen Nächsten wie Dich selbst
Ich bin der Herr
3 Mose, 19,18
Hier stand die Synagoge
Sie wurde am 9. 11. 1938 geschändet
Zur Erinnerung und Mahnung
Bürger der Stadt Jülich

Literatur:
Prell, Willi, Die Vernichtung der Jüdischen Gemeinden im Kreis Jülich 1938, in: Beiträge zur Jülicher Geschichte Nr. 47, 1980, S. 89–92.

Kall

In der Eifelgemeinde Kall wurde Anfang der achtziger Jahre ein *Mahnmal* für die von den Nationalsozialisten verfolgten und ermordeten jüdischen Bürger errichtet. Es trägt die Inschrift:

Zum ehrenden Gedenken an die
jüdischen Mitbürger der
Gemeinde Kall, die in den Jahren
der nationalsozialistischen
Gewaltherrschaft umgekommen sind.

Kamen, Westfalen

An der Auffahrt zur *Hochstraße/Ecke Bahnhofstraße* ist ein *Mahnmal* für die verfolgten jüdischen Bürger Kamens errichtet. Unter einem reliefartigen Davidstern steht der Text:

Zur Erinnerung/an unsere jüdischen Mitbürger,/
die in den Jahren 1933–1945/Opfer der
nationalsozialistischen/Gewaltherrschaft wurden./
Hier stand das am 9. November 1938/zerstörte
Gotteshaus der/Synagogengemeinde Kamen./

Die Bürger der Stadt Kamen.

Auf dem *Friedhof* im Kamener Ortsteil *Methler* sind in einem Sammelgrab 39 sowjetische Staatsbürger bestattet. Ein *Gedenkstein* trägt russische und deutsche Inschriften. Der deutsche Text lautet:

Hier liegen
39 sowjetische Bürger
die in faschistischer
Gefangenschaft ums
Leben kamen
1941 - 1945

Derselbe Text mit dem Gedenken an 28 Tote findet sich auch im Ortsteil *Heeren* auf einem *Gedenkstein*, der einen roten Sowjetstern trägt. Darunter steht in deutscher Sprache:

Außerdem ruhen hier
5 Ostarbeiter u. 2 Polen
gestorben in den Jahren
1941–1945

Die ausländischen Zwangsarbeiter und Kriegsgefangenen – neben Tausenden aus der Sowjetunion auch französische und italienische Staatsangehörige – wurden in der Umgebung von Kamen und Bergkamen hauptsächlich im Bergbau eingesetzt. (s. auch Bergkamen)

Literatur:
Ferber, Cornelia/Woitas, Frank, Kriegsgefangene und Fremdarbeiter im Raum Kamen, Arbeit 10. Klasse, Carlo-Schmid-Gesamtschule, im Rahmen des »Schülerwettbewerbs Deutsche Geschichte« 1982/83; Schneider, Birgit/Müller, Irene, Das Judentum in Kamen, Arbeit 10. Klasse, Carlo-Schmid-Gesamtschule, im Rahmen des »Schülerwettbewerbs Deutsche Geschichte« 1980/81; Stadt Kamen (Hrsg.), »Weil wir Juden waren«. Schicksal der Juden in Kamen, 1988; Vereinigung der Verfolgten des Nazi-Regimes/Bund der Antifaschisten (Hrsg.), Widerstand und Verfolgung im Raum Kamen/Bergkamen. Wegweiser zu Stätten des Faschismus, Kamen-Bergkamen 1981.

Kemna siehe Wuppertal

Kerpen, Rheinland

Auf dem *Friedhof Mödrath* in Kerpen gibt es ein *Mahnmal* für die Opfer der nationalsozialistischen Gewaltherrschaft.

In Kerpen existierte in der *Antoniterstraße 7* bis zu ihrer Verwüstung in der Reichspogromnacht im November des Jahres 1938 eine große Synagoge mit Judenschule, die, umgebaut als Mehrfamilienhaus, noch heute existiert. Am Mauerwerk, den Rundbogenfenstern sowie an den Gewölbekellern im Innern ist sie deutlich erkennbar. Eine Gedenktafel existiert nicht.

Literatur:
Engels, Ekkehard (Bearbeiter), Spuren jüdischer Mitbürger in Kerpen, Sindorf und Türnich, Arbeit der Schüler der 9. Klasse Realschule Kerpen, in: Kerpener Heimatblätter 2–3, 1985.

Kleve, Niederrhein

An der Außenmauer der *Justizvollzugsanstalt*, rechts neben der neuen Pforte in der *Krohnestraße 11*, wurde am 16. Mai 1985, dem Jahrestag der Einlieferung des niederländischen Paters Titus Brandsma in die Haftanstalt Kleve durch die Nationalsozialisten, eine *Gedenktafel* mit folgendem Text enthüllt:

Zum ehrenden Andenken/an den niederländischen
Karmeliterpater/Dr. Titus Brandsma,/
geb. am 23. 2. 1881 in Bolsward,/
Professor an der Universität Nimwegen./
In der Zeit vom 16. 5. bis zum 13. 6. 1942/lebte er
als Häftling in diesem Gefängnis,/ehe er in das
Konzentrationslager Dachau/verbracht wurde./
Dort starb er am 26. 7. 1942/als Märtyrer der
Menschenrechte./Zugleich zum Gedenken an alle,
die/während der Zeit des Nationalsozialismus/
hier zu Unrecht inhaftiert waren.

Professor *Titus Brandsma*, Dozent an der Katholischen Universität Nijmegen und Beauftragter des niederländischen Episkopats für Angelegenheiten der katholischen Presse, war inhaftiert worden, weil er den Nationalsozialismus offen verurteilt und Gespräche mit Verlegern und Chefredakteuren der katholischen Presse geführt hatte über deren Situation angesichts der Nötigungen durch die deutsche Besatzungsmacht. Die Gestapo wertete dies als »planmäßige Vorbereitung einer gegen die deutschen Besatzungsbehörden gerichteten oppositionellen Bewegung«. Brandsma wurde im Konzentrationslager Dachau von einem Lagerarzt durch eine Injektion ermordet.
In der Justizvollzugsanstalt waren Häftlinge aus vielen Nationen inhaftiert. Viele von ihnen starben bei einem Bombenangriff am 7. Februar 1945.

An der *Schloßstraße/Goldstraße* befindet sich am Treppenaufgang zu einem *Parkplatz* im Bereich der Schwanenburg eine *Gedenktafel* für die 1938 zerstörte Synagoge. Standort der Synagoge war der heutige Parkplatz.

Der *jüdische Friedhof*, heute eine *Gedenkstätte* mit Blick auf die Schwanenburg, ist mit seinen 75 Grabsteinen das einzige Relikt der einstigen Jüdischen Gemeinde in Kleve.

Literatur:
Benger, Ruth, Kleve, in: Wegweiser durch das jüdische Rheinland, Berlin 1992, S. 142–147; Walkenbach, Andrea und Lemken, Susanne, Die Geschichte der Juden an unserem Ort, Arbeit 11. Klasse, Berufsbildende Schule Kleve, im Rahmen des »Schülerwettbewerbs Deutsche Geschichte« 1988/89.

Köln

Stadtbezirk I (Innenstadt/Deutz)

»EL-DE-Haus«/NS-Dokumentationszentrum

Neben dem Eingang des Hauses *Appellhofplatz 23–25/Ecke Elisenstraße* weist eine Informationstafel darauf hin, daß sich hier das Dokumentationszentrum zur Erforschung des Nationalsozialismus in Köln befindet, eine Abteilung des Stadtarchivs.

Das »EL-DE-Haus« 1933–1945

Das 1933/34 von dem Kaufmann Leopold Dahmen errichtete Geschäftshaus – der Name »EL-DE-Haus« aus den Initialen seines Erbauers ist an der Hausecke neben dem Kölner Stadtwappen zu lesen – wurde 1935 von der Gestapo übernommen, die bisher im nahen Polizeipräsidium an der Krebsgasse residiert hatte. Sie richtete hier im Erdgeschoß und den oberen Etagen Büro- und Verwaltungsräume ein, im Keller einen eigenen Gefängnistrakt. Das Haus war neun Jahre und drei Monate Hauptquartier der Geheimen Staatspolizei für den Regierungsbezirk Köln, eine gefürchtete Adresse in der Stadt, Ort von Mißhandlungen, Folter und auch Hinrichtungen im Hof hinter dem Haus. Die Zellen waren vor allem in den letzten Kriegsjahren häufig überfüllt, oft wurden – so berichten ehemalige Häftlinge – 15 bis 25 Menschen in den kleinen Zellen auf wenigen Quadratmetern zusammengepfercht. Viele Häftlinge wurden umgebracht. Im Hof hinter dem Haus gab es eine eigene Hinrichtungsstätte. Die Zahl der Ermordeten (»Sonderbehandelten«) läßt sich nicht genau bestimmen. Auf dem Kölner Westfriedhof (s. unten) hatte die Gestapo ein eigenes

Köln, »EL-DE-Haus«, Appellhofplatz: Die Zellen des ehemaligen Gestapo-Gefängnisses im Keller des Gebäudes mit Wandinschriften von hier gefolterten und ermordeten Menschen sind seit 1981 Gedenkstätte.

Gräberfeld. In den Totenbüchern des Friedhofs ist hinter vielen Zahlen anonymer Toter nur vermerkt »Gestapo« oder »Hinrichtung, Appellhofplatz«. Viele der Opfer, zumal in den Kriegsjahren, waren ausländische Zwangsarbeiterinnen oder Zwangsarbeiter aus den zahlreichen Arbeitslagern, die nahezu alle Kölner Unternehmer und größeren Betriebe unterhielten. Sie waren wegen irgendwelcher Verstöße in die Fänge der Gestapo geraten. An den Wänden der Zellen sind rund 1 800 Inschriften, Zeichnungen, Botschaften und Klagerufe erhalten, die ein erschütterndes und einmaliges Dokument des nationalsozialistischen Terrors darstellen. Es gibt Inschriften in Deutsch, Französisch, Niederländisch, in Spanisch und Italienisch, aber weitaus die meisten sind in Polnisch und Russisch. Darunter befindet sich zum Beispiel folgender in Kyrillisch abgefaßter *Wandbrief:*

> Sei gegrüßt meine Frau, aus der Ferne schreibt
> Dein Mann. Weit hinter der Mauer, bei der Gestapo
> quält er sich, wenn er zum Fenster schaut.
> Aber die Freiheit und das liebe Töchterchen
> sind weit von ihm entfernt. Vergeblich beschmiert
> er die Wände, indem er die Briefe an seine liebe Frau
> verfaßt. Ihm erscheint das Foto seiner Frau an der
> Wand und das liebe Töchterchen auf dem Arm.
> Du wirst heranwachsen und groß werden und die
> Stütze Deiner Mutter in ihren alten Tagen sein.
> Mit fester Hand am Steuer des Wagens,
> der über die Weiten des geliebten Landes fliegt –
> vergiß nicht, erinnere Dich, schau auf das Foto
> Deines Vaters.

Eine *andere Inschrift* stammt von einem Häftling Askold Kurow, dem es wohl als einzigem später gelang, aus dem Gestapogefängnis zu fliehen und zu entkommen. Er überlebte und war zusammen mit anderen Leidensgefährten im Jahre 1991 zu Besuch in der Stadt Köln:

> Hier bei der Gestapo haben zwei Freunde gesessen
> aus dem Lager Messe seit dem 24. 12. 44,
> Kurow Askold und Gaidai Wladimir, jetzt ist schon
> der 3. 2. 1945. Heute ist der 3. 2., 40 Leute wurden
> gehängt. Wir haben schon 43 Tage gesessen,
> das Verhör geht zu Ende, jetzt sind wir mit dem
> Galgen an der Reihe. Ich bitte diejenigen, die uns
> kennen, unseren Kameraden auszurichten, daß auch
> wir in diesen Folterkammern umgekommen sind.
> Heute ist der 4. 2. 45, 5. 2., 6. 2., 8. 2., 9. 2., 10. 2.

Geschichte des Hauses nach 1945

Einer besonderen »Ironie« des Schicksals ist es zu verdanken, daß gerade das EL-DE-Haus den Bombenkrieg unbeschädigt überstanden hat, während ringsum in der gesamten Kölner Innenstadt fast alles zerstört war. Nach dem Krieg wurde das Haus von der Stadtverwaltung gemietet und hier unter anderem das Rentenamt untergebracht. Die Gestapozellen dienten dabei als Aktenkeller. Obschon jeder Kölner in den Jahren von 1933 bis 1945 die schreckliche Bedeutung der Adresse »Elisenstraße« kannte, geriet das Haus »in Vergessenheit«. Erst zwei engagierte Kölner und eine Bürgerinitiative wiesen Ende der siebziger Jahre wieder auf die Geschichte des Hauses hin und forderten durch spektakuläre Aktionen, das Gebäude unter Denkmalschutz zu stellen, die *Keller* öffentlich zugänglich zu machen und eine Gedenkstätte einzurichten. Dies wurde vom Rat der Stadt Köln schließlich beschlossen, und seit Dezember 1981 befindet sich hier, nach umfangreichen Restaurierungsarbeiten, die insbesondere den Wandinschriften galten, eine *Gedenkstätte.*

1987 beschloß der Stadtrat, ein *NS-Dokumentationszentrum* einzurichten, das sich seit September 1988 im EL-DE-Haus befindet. Die Erkenntnis hatte sich durchgesetzt, daß nicht nur eine Gedenkstätte, sondern eine wissenschaftliche Aufarbeitung der NS-Geschichte dringend notwendig ist. In Köln sind durch Krieg und Zerstörung die Dokumente aus der NS-Zeit weitgehend verlorengegangen. Die Kernaufgabe des NS-Dokumentationszentrums besteht daher in der Sammlung und Erschließung von Materialien, die aus anderen Beständen und Orten zusammengetragen werden müssen.
Daneben berät und unterstützt das NS-Dokumentationszentrum Arbeitsgruppen, unterhält eine Bibliothek, bietet audiovisuelle Medien an, veranstaltet Sonderausstellungen und betreut insbesondere Jugendgruppen und Schulklassen mit Unterrichtsmaterialien. Zu speziellen Themen gibt es Sonderausstellungen (zum Beispiel »Jüdisches Schicksal in Köln« [1988], »Kölner Widerstandskämpfer« [1991]), dazu erscheinen wissenschaftliche Kataloge und Dokumentationen (s. Literatur). Geplant ist eine Dauerausstellung im El-DE-Haus über »Köln im Nationalsozialismus«, die intensiv vorbereitet wird (1995). Darüber hinaus ist das NS-Dokumentationszentrum gemeinsam mit der »Projektgruppe Messelager« an dem städtischen Besuchsprogramm ehemaliger Häftlinge und Zwangsarbeiter in Köln beteiligt und sorgt für die Dokumentation der Zeitzeugenbefragung.

Kontakt und Adresse:
NS-Dokumentationszentrum der Stadt Köln, EL-DE-Haus, Appellhofplatz 23–25, 50667 Köln, Tel.: 0221/221-6361, Leitung: Prof. Dr. Horst Matzerath;
Gedenkstätte Gestapogefängnis im EL-DE-Haus:
Öffnungszeiten: Dienstag bis Sonntag 10.00 bis 16.00 Uhr (Montag geschlossen).
Verkehrsverbindungen: Von Dom und Hauptbahnhof oder vom Neumarkt 5 Minuten zu Fuß, Straßenbahn: Linien 3, 4, 5, 9, 16, 18 (Haltestelle Appellhofplatz).

Gruppenführungen und Unterrichtsgespräche nach Anmeldung beim Museumsdienst Köln, Richartzstr. 2–4, 50667 Köln, Tel.: 0221/221-3468 und -4198.

Verein EL-DE-Haus e.V.
Aus der Initiative für eine Gedenkstätte und anderen engagierten Gruppen und Bürgern bildete sich in den achtziger Jahren der »EL-DE-Haus-Verein« zur Unterstützung des NS-Dokumentationszentrums. Neben der finanziellen Förderung bedeutet das auch eigene Projekte, Publikationen und Veranstaltungen.
Kontakt: Verein EL-DE-Haus e.V., Vorsitzender: Peter Liebermann, Garthestraße 16, 50735 Köln.

Deutz: KZ-Außenlager »Köln-Messe«

Am 26. Januar 1993 übergab der Kölner Oberbürgermeister ein *Mahnmal* für die Opfer der nationalsozialistischen Gewaltherrschaft der Öffentlichkeit. Das etwa zwei Meter hohe Denkmal steht unmittelbar am Deutzer Rheinufer *vor dem Messeturm* und bildet eine Wand in rotem Ziegelstein, die die Architektur der benachbarten Messehallen zitiert. Eine Metalltafel trägt die folgende Inschrift:

> Messegebäude, Messegelände
> und der anschließende Bereich bis hin
> zum Tanzbrunnen
> waren während des Zweiten Weltkrieges
> ein zentraler Ort der nationalsozialistischen
> Gewaltherrschaft in Köln.
>
> Hier befand sich eine Reihe von Lagern:
> Ein Außenlager des KZ Buchenwald,
> Lager für Kriegsgefangene sowie
> Zwangsarbeiterinnen
> und Zwangsarbeiter, ein Sonderlager der Gestapo
> für deutsche und ausländische Häftlinge.
>
> Von hier aus gingen die Transporte in die
> Konzentrationslager ab, und 1940 wurden
> Sinti und Roma
> sowie zwischen 1941 und 1944 Juden deportiert.
>
> Hunderte kamen in den Lagern und bei
> Arbeitseinsätzen ums Leben.
> Tausende – Männer, Frauen und Kinder –
> wurden von hier aus in den Tod geschickt.

Damit wird fast 50 Jahre nach Kriegsende ausführlich auf die vielfältigen Funktionen des Messegeländes im nationalsozialistischen Gewaltsystem hingewiesen. Eine *erste Tafel* war im Jahre 1981 auf Initiative eines Kölner Bürgers, Sammy Maedge, an der *Rückseite des Messeturms* angebracht worden, doch erst mit einem »Internationalen Symposion« im Mai 1989, an dem ehemalige Häftlinge des KZ-Außenlagers aus Polen, der Sowjetunion, Belgien und Frankreich teilnahmen, beschäftigte man sich in Köln ausführlicher mit diesem Kapitel der Stadtgeschichte. In Zusammenarbeit mit der »Projektgruppe Messelager« lädt die Stadt Köln seitdem in jedem Jahr eine Gruppe ehemaliger Häftlinge und Zwangsarbeiter in die Domstadt ein, die ihre früheren Haft- und Arbeitsstätten besuchen und gebeten werden, sich als Zeitzeugen für Gespräche und Interviews zur Verfügung zu stellen.

Vor dem Kriege dienten die Messehallen auch für Massenversammlungen der Nazis. Mit Kriegsbeginn wurde der Messebetrieb eingestellt und die Hallen standen leer. Zunächst wurden hier kriegsgefangene Franzosen und später Polen untergebracht. Im Mai 1940 dienten die Messehallen als Zwischenstation für über 1500 Sinti und Roma aus Köln und dem Rheinland, die von dem nahen Bahnhof Deutz-Tief (s. unten) in die Vernichtungslager deportiert wurden, später für die Deportation von über 11000 jüdischen Männern, Frauen und Kindern.

Nach den heftigen Bombenangriffen der Alliierten im Mai 1942 wurden 1000 Häftlinge aus dem Konzentrationslager Buchenwald unter der Bezeichnung »III. SS-Baubrigade« hierher verlegt. Sie mußten Trümmer räumen, Tote bergen und Verschüttete freigraben, Blindgänger entschärfen, aber auch weitere Notstandsarbeiten leisten wie Straßenbahnschienen reparieren, Energieleitungen flicken oder Bunker bauen, alles im Auftrag und unter dem Kommando der Stadt Köln. Daneben gab es auch kleinere Arbeitskommandos aus dem KZ-Außenlager Messe in Industriebetrieben wie bei der Firma Ford in Niehl und Westwaggon (heute KHD). Anfang 1944 wurde die III. mit der II. SS-Baubrigade zusammengelegt und als V. SS-Baubrigade in Nordfrankreich zu Schanzarbeiten am Atlantik stationiert, doch »Köln-Messe« blieb die Einsatzbezeichnung. Die letzten Häftlinge wurden im März 1945 nach Buchenwald zurückgebracht.

Neben dem KZ-Außenlager existierten auf dem Messegelände auch Gestapo-Sonderlager für Männer und Frauen, sogenannte »Arbeitserziehungslager« (AEL). Schließlich waren hier auch die Menschen eingesperrt, die die Gestapo am 22./23. August 1944 im Zuge der als »Gewitteraktion« bezeichneten Verhaftung von etwa 6000 ehemaligen Abgeordneten und Mandatsträgern im ganzen Reich nach dem mißglückten Attentat auf Adolf Hitler festgenommen hatte, unter ihnen auch der Zentrumspolitiker und frühere Oberbürgermeister Kölns Konrad Adenauer (s. auch Pulheim).

Überdies wurde in den Messehallen der Besitz und die Güter verschleppter oder vertriebener Juden gelagert, Hausrat, Möbel, Kleidung u.ä., die zum Teil als »Beutegut« mit Schiffen aus Holland gebracht und von KZ-Häftlingen ausgeladen wurden. Ausgebombte Kölner konnten sich damit versorgen.

Kontakt:
Die »Projektgruppe Messelager« erforscht die Geschichte des Messegeländes im »Dritten Reich« und organisiert zusammen mit dem »NS-Dokumentationszentrum« das jährliche Besuchsprogramm ehemaliger Häftlinge und Zwangsarbeiter. Kontakt c/o Martin Stankowski, An der Bottmühle 6, 50678 Köln.

An der Südostseite der Messe liegt der *Bahnhof Köln-Deutz,* der heute von Autoreisezügen genutzt wird und unter dem sich ein separater Gleisbereich »Deutz-Tief« befindet. Hier hielten die KZ-Sonderzüge aus Buchenwald, von hier aus gingen auch die Transporte in die Arbeits- und Vernichtungslager in den Osten ab. Der erste dieser Transporte mit Kölner Juden verließ Deutz am 21. Oktober 1941 mit 1 018 Menschen in Richtung Lodz. Nach Unterlagen der Synagogengemeinde wurden in den Jahren 1941 bis 1943 in mindestens 15 Transporten über 11 000 Juden vom Bahnhof Deutz aus in verschiedene Konzentrationslager deportiert.
Am 9. März 1990 wurde an der Außenwand, direkt neben der *Fußgängerunterführung* am Auenweg, eine rote *Sandsteintafel* enthüllt mit dem Text:

An
dieser Stelle
war der Aufgang zum
Bahnhof Deutz-Tief. Von hier aus
wurden 1940/41 mehr als 1 500 Sinti und
und Roma und seit 1941 mehr als 11 000 Juden
in Konzentrationslager deportiert.
Zudem wurden die Häftlinge des Messelagers
Deutz hier an- und abtransportiert.
Über diese Treppe gingen viele Menschen
in den Tod.

Vor der Tafel wurde im Oktober 1993 in einer Kunstaktion »Nie wieder« eine Plastik der Künstlerin Helga Eitz im Boden versenkt. Die nun *vergrabene Skulptur* stellt einen hölzernen Schädel dar, in den ein eisernes Hakenkreuz gerammt ist.

Mahnmal Hansaring/Gefängnis »Klingelpütz«

In der *Grünanlage* vor der mittelalterlichen Stadtmauer am *Hansaring* wurde im Jahre 1958 eine *Bronzeplastik »Mutter mit ihrem toten Kind«* des niederländischen Bildhauers Mari Andriessen aufgestellt. Unter dem *Mahnmal* liegen sieben ausländische Opfer bestattet, eine Frau und sechs Männer, deren Leichen am 25. Mai 1945 auf dem Gelände des benachbarten Gefängnisses »Klingelpütz« ausgegraben und am 3. Juni 1945 hier beerdigt wurden. Diese von verschiedenen Verfolgtenorganisationen und der Stadt Köln gestiftete Gedenkstätte war die erste Erinnerung in Köln an die Opfer der nationalsozialistischen Gewaltherrschaft und diente in den fünfziger Jahren jeweils am 8. Mai als Ort offizieller Gedenkfeiern. Eine *Grabplatte* neben der Bronzeplastik trägt folgenden Text:

Hier ruhen
sieben Opfer der Gestapo
Dieses Mal erinnere an Deutschlands
schandvollste Zeit
1933–1945

In der dahinterliegenden *Grünanlage* am *Gereonswall,* auf dem Gelände des 1966 abgerissenen Gefängnisses »Klingelpütz«, wurde am 1. September 1979 ein *Gedenkstein* enthüllt. Auf dem Basaltquader ist eine von dem Kölner Künstler Hans Karl Burgeff gestaltete quadratische Bronzetafel

Köln, Bahnhof Deutz-Tief, Fußgängerunterführung am Auenweg: Seit 1990 erinnert die Sandsteintafel an der Wand an die Deportationen Kölner Juden und »Zigeuner« in die Vernichtungslager im Osten und an den An- und Abtransport der Häftlinge des KZ-Außenlagers »Köln-Messe« von diesem Bahnhof aus.

montiert, die diagonal geteilt ist. Die eine Hälfte stellt das Gitter eines Zellenfensters dar, die andere Hälfte trägt folgenden Text:

> Hier wurden von 1933–1945
> über tausend von der
> nationalsozialistischen
> Willkürjustiz un-
> schuldig zum Tod
> Verurteilte
> hingerich-
> tet.

Das Gefängnis »Klingelpütz« war zentrale Hinrichtungsstätte für die Sondergerichte Köln, Dortmund, Düsseldorf, Duisburg, Essen, Hagen, Wuppertal, Koblenz, Aachen und Münster sowie für Urteilsvollstreckungen des »Volksgerichtshofes« in Berlin und des Leipziger Reichsgerichts. Von Kölner Gerichten selbst sind 123 Todesurteile bekannt. Die ersten Opfer waren am 30. November 1933 sechs kommunistische Arbeiter, die auf persönliche Weisung Hermann Görings mit dem Handbeil hingerichtet wurden, da sie an einer Auseinandersetzung im Februar 1933 am nahen Eigelstein beteiligt gewesen sein sollen, bei der zwei SA-Leute erschossen worden waren. Wenig ist allerdings bekannt über die Urteile und Hinrichtungen eines Sondergerichts in Köln, zuständig für »NN-Sachen«, »Nacht- und Nebel-Aktionen«, wie die Nationalsozialisten die Terrorjustiz gegen die Zivilbevölkerung in den besetzten westlichen Ländern nannten.

Die Gefangenen im »Klingelpütz«, deren Anzahl im Jahre 1940 auf über 15 000 anstieg und 1944 über 10 000 betrug, waren überwiegend ausländische Zwangsarbeiter. Die genaue Anzahl der durch eine Guillotine umgebrachten Menschen ist nicht bestimmbar. Neben den im Mai 1945 am Hansaring bestatteten Toten wurden im Oktober und im November 1945 auf dem Gelände des Gefängnisses weitere Leichen gefunden. Es wird vermutet, daß es sich bei diesen Toten um deutsche politische Häftlinge handelt, die am 15. Januar 1945 zusammen mit etwa 300 anderen Gefangenen aus dem Gefängnis »Klingelpütz« ins Konzentrationslager Buchenwald gebracht werden sollten, aber nicht mehr transportfähig waren.

Literatur:
Häussermann, Ekkhard, Die Henker vom Klingelpütz 1933–1945. Aus den Aufzeichnungen und Erinnerungen des Gefängnispfarrers Dr. Johannes Kühler, in: »Kölnische Rundschau«, 13. März bis 14. Mai 1971.

Sinti und Roma

Angesichts des 50. Jahrestages der Deportation der Kölner »Zigeuner« vom 16. bis zum 21. Mai 1940 legte der Kölner Künstler Gunter Demnig mit einem Schriftspurgerät eine weiß leuchtende *Schrift durch die Stadt.* Auf einer Länge von mehr als 10 km folgte diese Spur dem Weg, auf dem seinerzeit die Sinti und Roma verschleppt wurden. Tausendfach sich wiederholend war zu lesen:

> Mai 1940 – 1 000 Roma und Sinti.

Im Laufe der Jahre ist die Farbspur verwischt, aber zur dauerhaften Sichtbarmachung beschloß der Stadtrat im März 1993 auf Anregung des Künstlers, an ausgewählten Stellen mit dem Text *beschriftete Platten in den Gehweg* einzulassen: *An insgesamt 23 Orten in den Stadtbezirken Ehrenfeld und Innenstadt* soll derselbe Text zu lesen sein,

Eine der im Boden verankerten Schriftspuren – hier vor dem Eingang des »EL-DE-Hauses«, Appellhofplatz –, die den durch Ehrenfeld und die Innenstadt führenden Weg markieren, auf dem 1 000 Kölner »Zigeuner« im Mai 1940 verschleppt wurden (von dem Künstler Gunter Demnig, 1993).

ausgehend vom Gelände des früheren Zigeuner-Lagers »Schwarz-Weiß-Platz« in Bickendorf, über die Venloer Straße ins Zentrum, vorbei an den amtlichen Gebäuden des Regierungspräsidenten, Oberbürgermeisters, der Polizei und der Gestapo, durch Straßen im Griechenmarktviertel, in dem damals Roma lebten, bis zum Ort der Deportation in der Messe in Köln-Deutz. Die Finanzierung erfolgt durch private Sponsoren. Die ersten Schriftspuren wurden 1993 vor den Eingängen des Stadtmuseums (Zeughausstraße) und des EL-DE-Hauses (Appellhofplatz 23–25) sowie vor dem Rathaus im Boden verankert.

Derselbe Künstler ersetzte am 16. Dezember 1992 vor dem *Haupteingang* des *Kölner Rathauses* einen Pflasterstein durch einen gleich großen *»Stolperstein«*. Es war der 50. Jahrestag des Erlasses des »Reichsführers-SS« Heinrich Himmler zur Einweisung aller Zigeuner in das Konzentrationslager Auschwitz-Birkenau. Auf der *Kupferplatte* des Steins ist der Anfangstext des Mordbefehls zu lesen:

> »Auf Befehl des Reichsführers-SS
> vom 16. 12. 1942 – Tgb. Nr. I 2652/42 Ad./RF/V, –
> sind Zigeunermischlinge, Rom-Zigeuner und
> nicht deutschblütige Angehörige zigeunerischer
> Sippen balkanischer Herkunft nach bestimmten
> Richtlinien auszuwählen und in einer Aktion von
> wenigen Wochen in ein Konzentrationslager
> einzuweisen. Dieser Personenkreis wird im
> Nachstehenden kurz als »zigeunerische Personen«
> bezeichnet. Die Einweisung erfolgt ohne Rücksicht
> auf den Mischlingsgrad familienweise in das
> Konzentrationslager (Zigeunerlager) Auschwitz.«

Schon vor der nationalsozialistischen Machtübernahme versuchten Kölner Behörden, Sinti und Roma aus ihrem Bezirk zu vertreiben, die Berufsausübung zu verhindern und das Umherziehen zu unterbinden. So gab es schon früh eine abgesonderte »Zigeunerschulklasse«, ein »Zigeunerlager« und eine kriminalpolizeiliche »Zigeunerdienststelle«. Bereits 1933 wurden Zigeuner in dem bei Köln gelegenen KZ Brauweiler (s. Pulheim) inhaftiert, ab Mai 1935 alle auf dem Kölner Stadtgebiet stehenden Wohnwagen von Sinti und Roma in das »Zigeunerlager« Bickendorf am damaligen Sportplatz »Schwarz-Weiß-Köln« nahe der Venloer Straße (Ecke Mathias-Brüggen-Straße) zwangseingewiesen. Das Lager war mit Stacheldraht umzäunt und wurde von bewaffneten SS-Posten kontrolliert. Dieses war das erste kommunale »Zigeunerlager« im Deutschen Reich und Muster für andere Großstädte. Nach dem Verbot des Wohnortwechsels durch den Reichsführer-SS Himmler im Oktober 1939 wurden im Mai 1940 in drei großen Sammellagern in Hamburg (s. dort) und Hohenasperg bei Stuttgart (s. Baden-Württemberg) sowie in Köln über 2500 Sinti und Roma zusammengebracht und in das Generalgouvernement Polen verschleppt. Das war der erste Transport; andere mit insgesamt 30000 Menschen folgten. Diese Erfahrungen wurden von den NS-Behörden für die spätere Massendeportation der Juden verwertet.

Literatur:
Fings, Karola/Sparing, Frank, Nur wenige kamen zurück. Sinti und Roma im Nationalsozialismus, Katalog zur Ausstellung 1990 (Selbstverlag Verein El-DE-Haus), Köln 1990; Dies., Das Zigeunerlager in Köln 1935–1940, in: »1999«. Zeitschrift für Sozialgeschichte des 20. und 21. Jahrhunderts, Juli 1991, Heft 3, S. 11–40.

Ehem. Polizeipräsidium Krebsgasse/Schildergasse

Zur Erinnerung an die Leiden der Opfer der Gestapo im ehemaligen Polizeipräsidium, das von 1933 bis 1935 auch Sitz der Gestapo war, ließ der Rat der Stadt Köln eine *Gedenkplatte* anbringen. Da der Besitzer des heutigen Geschäftshauses an dieser Stelle eine Tafel an der Hauswand verweigerte, wurde die Platte in das Pflaster der Fußgängerzone *Krebsgasse, vor dem Gebäude Nr. 1–3,* eingelassen und mit Pollern und Ketten abgetrennt. Der Text lautet:

> Zur Erinnerung an die Toten
> und als Mahnung für die Lebenden
>
> An dieser Stelle stand 1907 – 1945 das Polizeipräsidium, in den Jahren 1933 – 1935 auch Sitz der Geheimen Staatspolizei (Gestapo). Hier wurden zahlreiche Kölner Bürger wegen ihrer politischen Gesinnung durch die Gestapo mißhandelt.
>
> Rat der Stadt Köln 1981

»Braunes Haus«, Mozartstraße

In den Gehsteig vor dem Haus in der *Mozartstraße 28* ist eine *Gedenkplatte* mit dem folgenden Text eingelassen:

> Zur Erinnerung an die Toten
> und als Mahnung für die Lebenden
>
> An dieser Stelle befand sich 1933 und 1934
> die Gauleitung der NSDAP im sogenannten
> »Braunen Haus«. Hier folterten SA und SS
> ihre politischen Opfer.
>
> Rat der Stadt Köln 1981

Die Gauleitung der NSDAP des Gaus Köln-Aachen, vorher am Filzengraben, zog 1933 in das Haus Mozartstraße 28, im Volksmund »Braunes Haus« genannt. In den Kellerräumen folterten und mißhandelten SA-Leute und Nazis ihre politischen

Köln, Krebsgasse: Gedenkplatte im Pflaster der Fußgängerzone am Ort des ehemaligen Polizeipräsidiums zur Erinnerung an die Menschen, die hier wegen ihrer Opposition gegen das NS-Regime von der Gestapo mißhandelt wurden (1981).

Gegner, die Nationalsozialisten nannten das »verschärfte Vernehmungen«, um mit Folterungen Aussagen zu erpressen. Viele Kölner Bürger wurden hier fürchterlich mißhandelt, unter ihnen der sozialdemokratische Reichstagsabgeordnete und Chefredakteur der »Rheinischen Zeitung« Wilhelm Sollmann, der am 8. März 1933 in seiner Wohnung überfallen, brutal niedergeschlagen und danach ins »Braune Haus« geschleift wurde, oder das Mitglied der »Sozialistischen Arbeiterpartei« Ludwig August Jacobsen, der seine Erlebnisse unmittelbar nach seiner Entlassung aufgeschrieben und für die Nachwelt dokumentiert hat.

Literatur:
Jacobsen, Ludwig August, So hat es angefangen. Ein Bericht aus den Tagen der »nationalen Erhebung« in Köln, Köln 1987.

Rathaus

Auf Grund eines Bürgerantrages der »Vereinigung der Verfolgten des Naziregimes/Bund der Antifaschisten« wurde im Frühjahr 1989 links neben der Eingangstür zum Sitzungssaal im *Kölner Rathaus* (Spanischer Bau) eine *Tafel* angebracht zur Erinnerung an die Kölner Stadtverordneten, die Opfer der Nationalsozialisten wurden. Der Text lautet:

Sie starben für ihre Überzeugung
Kölner Stadtverordnete als Opfer
der nationalsozialistischen Diktatur
Heinrich Arenz (KPD) 1901–1942 * Peter Baum (SPD) 1883–1944 * Georg Beyer (SPD) 1884–1943 * Ernst Hirsch (USPD) 1877 – deportiert. 1945 für tot erklärt * Johann Mattlener (KPD) 1894–1945 * Dr. Otto Müller (Zentrum) 1870–1944 * Robert Ransenberg (SPD) 1876 – deportiert. 1945 für tot erklärt * Rudolf Safarowski (KPD) 1903–1943 * Karl Sattler (KPD) 1896–1945 * Johann Thomer (KPD) 1889–1945 * Peter Trimborn (SPD) 1881–1941.

Der Straßenbahner *Heinrich Arenz* konnte nach der Stadtratswahl am 12. März 1933 sein Mandat nicht antreten. Er floh nach Brüssel, war später in Frankreich interniert und soll Anfang 1942 in einem Bonner Gefängnis Selbstmord verübt haben.

Der Dreher *Peter Baum* war einer der führenden Sozialdemokraten im rechtsrheinischen Köln, Mitglied in zahlreichen Vereinen und Initiator des vom »freien Ortskartell« 1924 erbauten Waldbads Dünnwald. Von den Nationalsozialisten wurde er wiederholt verhaftet, zuletzt im Zuge der »Aktion Gewitter« im August 1944 (s. Messelager), zunächst in der Messe inhaftiert und am 12. Dezember 1944 im Konzentrationslager Sachsenhausen erschlagen. In *Dünnwald* gibt es einen *Peter-Baum-Weg*.

Der Journalist *Georg Beyer* arbeitete als Chefredakteur bei der »Rheinischen Zeitung« in Köln und profilierte sich vor allem als Kulturpolitiker im Stadtrat. Als Jude war er bereits vor 1933 Zielscheibe bösartiger Beschimpfungen durch die Nationalsozialisten. 1933 ging er zuerst nach Saarbrücken, später floh er nach Frankreich, wo er in einem Kloster unter falschem Namen nach längerer, durch die Flucht verschlimmerter Krankheit starb. Seinen Namen trägt heute eine *Straße* in *Stammheim*.

Der kaufmännische Angestellte *Ernst Hirsch*, Gauleiter im Zentralverband der Handlungsgehilfen, gehörte 1919/1920 dem Stadtrat an. Als Jude wurde er am 29. Oktober 1941 nach Lodz deportiert und umgebracht.

Der Lehrer *Johann Mattlener* war als Kommunist u.a. Leiter einer KPD-Propagandatruppe »Blaue Blusen« und aktiv in der Kölner Freidenker-Bewegung tätig. Nach der »Machtergreifung« wurde er ohne Pension aus dem Schuldienst entlassen, mehrfach verhaftet, saß u.a. im Klingelpütz und war ab 1941 im Konzentrationslager Sachsenhausen inhaftiert, wo er wahrscheinlich bei einem Bombenangriff ums Leben kam. Im Ortsteil *Seeberg* ist ein *Weg* nach ihm benannt.

Der katholische Priester Dr. *Otto Müller* war Präses der katholischen Arbeitervereine Deutschlands und Gründer der »Westdeutschen Arbeiterzeitung«, des zentralen Organs der katholischen sozialen Bewegung. Nach 1933 war Müller an christlichen Widerstandskreisen beteiligt, hatte Verbindungen zu Jakob Kaiser und Carl Friedrich Goerdeler. Wegen Beteiligung an der Attentatsplanung auf Hitler wurde er am 20. Juli 1944 verhaftet und starb an den Folgen der Mißhandlungen im »Staatskrankenhaus der Polizei« in Berlin. Im Ortsteil *Pesch* gibt es heute die *Otto-Müller-Straße* und in der nördlichen *Neustadt* den *Prälat-Otto-Müller-Platz*.

Der Drucker *Robert Ransenberg* war in zahlreichen Funktionen gewerkschaftlich engagiert. Als Jude wurde er zusammen mit seiner gesamten Familie am 6. Dezember 1941 nach Riga transportiert und im Konzentrationslager Treblinka ermordet. Nach ihm ist ein *Weg* in *Bocklemünd-Mengenich* benannt.

Der Straßenbahner *Rudolf Safarowski* war bei der Stadt Köln beschäftigt. Nach dem 30. Januar 1933 leitete er in der illegalen Kölner Revolutionären Gewerkschafts-Opposition (RGO) die Industriegruppe »Gemeinde und Verkehr«. Er wurde verhaftet und wegen »Vorbereitung zum Hochverrat« angeklagt und verurteilt. Man brachte ihn in die Konzentrationslager nach Esterwegen und Sachsenhausen. Während des Krieges kehrte er nach Köln zurück, nahm Verbindung zu Widerstandskreisen auf und wurde im März des Jahres 1943 von der Gestapo erschossen.

Der Maschinenschlosser *Karl Sattler* engagierte sich als Stadtrat und ab 1930 als Mitglied des Reichstages vor allem für die Belange der Arbeitslosen. Zeitweilig war er verantwortlicher Lokalredakteur der Kölner KPD-Zeitung »Sozialistische Republik«. Nach der »Machtergreifung« der Nationalsozialisten wurde er wiederholt inhaftiert, verurteilt wegen »Vorbereitung zum Hochverrat« und saß u.a. im Zuchthaus Siegburg sowie in den Konzentrationslagern Bergen-Belsen und Sachsenhausen, wo er ums Leben kam.

Der Kriegsinvalide *Johann Thomer* arbeitete als Pförtner bei einer Zeitung und war zusammen mit seiner Frau Margarete Thomer Mitglied des Stadtrates. Von den Nationalsozialisten wurde er mehrfach verhaftet und 1944 im Konzentrationslager Buchenwald inhaftiert, wo er am 20. Februar 1945 den Tod fand. Nach Johann Thomer wurde im Februar 1993 eine *Straße* in *Bickendorf* benannt, wo er lebte.

Peter Trimborn war Redakteur der »Rheinischen Zeitung«, zeitweilig auch Vorsitzender der SPD-Fraktion im Stadtrat, später Landrat des Kreises Solingen-Land. Nach seiner Entlassung durch die Nationalsozialisten betrieb er eine Kohlenhandlung. Er starb am 20. Januar 1941 nach einer Verhaftung durch die Gestapo. In *Kalk* wurde eine *Straße* nach Trimborn benannt.

Erinnerungen an jüdische Opfer

Gedenktafel Synagoge Glockengasse

An der Oper, Ecke *Glockengasse/Offenbachplatz*, ist eine *Gedenktafel* aus Bronze zur Erinnerung an die in der »Reichskristallnacht« vom 9./10. November 1938 zerstörte Synagoge angebracht. Der Text lautet:

> Glockengasse
> An dieser Stelle stand die 1857 – 61
> nach Entwürfen von Dombaumeister
> E. Zwirner erbaute Synagoge
> ein Geschenk von A. Oppenheim
> zerstört am 9. November 1938

Auch im *Foyer* des Opernhauses erinnern *Bilder* im Eingangsbereich an den Vorgängerbau, die Synagoge, die einstmals an diesem Ort stand. Bis zum Jahre 1942 war Isidor Caro Rabbiner der Jüdischen Gemeinde, nach ihm ist eine *Straße* in *Stammheim* benannt.

Gedenktafel Synagoge St.-Apern-Straße

An der Ecke des Geschäftshauses *St.-Apern-/Helenenstraße* ist eine bronzene *Gedenktafel* zur Erinnerung an die Synagoge der orthodoxen Synagogengemeinde »Adass Jeschurun« angebracht. Der Text lautet:

> Hier stand seit 1884
> die Synagoge der orthodoxen Synagogen-
> gemeinde
> Adass Jeschurun
> Gemeinde der Gerechten.
> Verbunden waren damit ein Lehrerseminar,
> ab 1907 die Volksschule Morija
> und seit 1919 das Gymnasium Jawne.

Das Innere der Synagoge
wurde am 10. November 1938 zerstört,
das Gebäude fiel einem Bombenangriff
im 2. Weltkrieg zum Opfer.

Die »Israelitische Religionsgemeinschaft Adass Jeschurun«, »Gemeinde der Gerechten«, war in der zweiten Hälfte des 19. Jahrhunderts gegründet worden. Sie wandte sich gegen eine damals einsetzende Liberalisierung der strengen jüdischen Religionsgesetze, der Beerdigungspraxis und gegen eine Reform des Gottesdienstes. Ihre Anhänger beriefen sich auf die Gesetzwidrigkeit einer jeden Änderung der Tradition in Kult und Liturgie. 1906 beschloß die »Adass Jeschurun« ihren Austritt aus der Kölner Synagogengemeinde; 1908 wurde die orthodoxe Jüdische Gemeinde als selbständige Synagogengemeinde anerkannt.
In der Reichspogromnacht vom 9./10. November 1938 fuhr ein Kommando der Gestapo an der Synagoge vor und beschlagnahmte alle Thorarollen und sonstigen beweglichen Ausstattungsstücke. Am 10. November wurde die gesamte Einrichtung der Synagoge von Nationalsozialisten zerstört. Wegen ihrer unmittelbaren Nachbarschaft zur Königin-Luise-Schule und wegen eines benachbarten mit Benzinfässern gefüllten Lagers wurde die Synagoge nicht in Brand gesteckt. 1943 wurden sie und das mit ihr verbundene Schulgebäude bei einem Bombenangriff zerstört.

Am 28. November 1990 wurde der benachbarte Platz nach dem Direktor des jüdischen Gymnasiums *»Erich-Klibansky-Platz«* benannt. Eine kleine *Tafel unter dem Straßenschild* informiert:

Dr. Erich Klibansky, geb. in Frankfurt a.M.
am 28. 11. 1900,
ermordet durch ein SS-Kommando bei Minsk
am 25. 7. 1942.
Direktor des Jüdischen Reformrealgymnasiums
Jawne,
Köln, St.-Apern-Str. 29–31. Retter von über
130 Kindern.

Die Schule war seit 1919 das einzige jüdische Gymnasium des Rheinlands. Den gleichen Einzugsbereich hatte auch das hier untergebrachte jüdische (Volksschul-)Lehrerseminar mit seiner dazugehörigen Übungsschule Moriah. Nach der Vertreibung der jüdischen Schüler von staatlichen und privaten Schulen nach 1933 wurde diese Schule mehr und mehr zum Ort der Auswanderungsvorbereitung für die jüdischen Jungen und Mädchen. Vor allem Erich Klibansky, der letzte Schulleiter, setzte alles daran, für Schüler und Lehrer die Flucht ins Ausland zu organisieren, und plante die Verlegung der ganzen Schule nach England. Bis zum Kriegsausbruch gelangten 130 Kinder ins Ausland, Erich Klibansky selbst, der sich und seine Familie als letzte in Sicherheit bringen wollte, wurde am 20. Juli 1942 vom Bahnhof Deutz-Tief mit einem Sonderzug der Deutschen Reichsbahn zusammen mit 1163 anderen Frauen, Männern und Kindern verschleppt und in der Nähe von Minsk vier Tage später von der SS ermordet.
Den Namen Erich Klibanskys trägt auch ein Seminarraum des »Maimonides Research Institute« in Haifa, wo eine Gedenktafel an den Kölner Pädagogen erinnert.

Literatur:
Corbach, Dieter, Die Jawne zu Köln. Zur Geschichte des ersten jüdischen Gymnasiums im Rheinland und zum Gedächtnis an Erich Klibansky, Köln 1990.

Synagoge Roonstraße

In der *Synagoge Roonstraße 50,* der einzigen von ehemals sieben Synagogen in Köln, die nach dem Kriege und dem Ende der Herrschaft der Nationalsozialisten wieder aufgebaut wurde, ist in einer *Gedenkhalle* folgende Inschrift zu lesen:

Der du diese Halle betrittst – verweile
in stillem Gedenken an die über
sechs Millionen unschuldig ermordeten
Schwestern und Brüder.

Zum Gedenken an die elftausend jüdischen Opfer,
Männer, Frauen und Kinder der Gemeinde Köln.
Sie starben für ihren Glauben in dunkler Zeit.
1933 1945

All dies traf uns, doch nicht dein
vergaßen wir und handelten nicht trüglich
an deinem Bunde. Ps.44

Literatur:
Jüdisches Leben im Viertel, in: Sass, Anne, Mehr als nur ein »Kwartier Latäng«. Leben am Rathenauplatz, hrsg. von der Bürgergemeinschaft Rathenauplatz, Köln 1993, S. 60–107.

Kinderheim Lützowstraße

Am 29. Juni 1989 wurde der Stadt Köln auf Anregung des Kölner Ehepaares Irene und Dieter Corbach in einer Feierstunde eine *Gedenktafel* übergeben, die kurze Zeit später an der *Berufsschule* in der *Lützowstraße* angebracht wurde. Darauf ist zu lesen:

Israelitische Volksschule
In diesem Gebäude befand sich die städtische Israelitische Volksschule, Köln, Lützowstrasse, von 1917 bis zu ihrer Vertreibung durch die Nationalsozialistische Gewaltherrschaft im Jahre 1938. Viele Lehrer und Schüler wurden mit ihren Familien später in den Osten verschleppt. Nur wenige überlebten.

Israelitisches Kinderheim
Auf der gegenüberliegenden Straßenseite stand das Israelitische Kinderheim, Lützowstrasse 35/37. Das Heim wurde 1909 erbaut.
1941 mußten die Kinder mit ihren Betreuern das Haus verlassen. Viele der Kinder und Erzieher wurden 1942 in den Osten verschleppt und dort ermordet.

Synagoge
Im Hof des Kinderheims Lützowstrasse 35/37 befand sich eine Synagoge. Sie wurde 1919 gestiftet und stand bis 1941 zur Andacht offen.

In der Lützowstraße befand sich die größte öffentliche jüdische Volksschule Deutschlands in den zwanziger Jahren. Sie hatte zeitweise fast 1000 Schülerinnen und Schüler. Ostern 1938 wurden sie aus dem schönen Gebäude vertrieben, erst in der Löwengasse untergebracht und dann mit den jüdischen Schulen in der St.-Apern-Straße vereinigt. Der Rektor Emil Kahn wurde im August 1942 im Ghetto Lodz umgebracht.
Das Kinderheim auf der anderen Straßenseite wurde von dem Sohn der Gründerin, Markus Plato, bis 1936 geleitet und später von Moritz Rülf, der im Jahre 1942 zusammen mit seiner Frau in Theresienstadt umkam. Auch die verbliebenen Kinder und Erzieher wurden Opfer des Holocaust.

Literatur:
Müller, Wolfgang, Moritz Rülf – ein jüdischer Lehrer in schwerer Zeit, in: Frankemöller (Hrsg.), Opfer und Täter (s. Detmold), S. 26–54.

Gedenktafel Deutzer Synagoge, Reischplatz

Am *Reischplatz 6*, dem Standort der letzten Deutzer Synagoge, heute eine Polizeiwache, wurde 1984 eine *Gedenkplatte* aus Basalt mit folgendem Text angebracht:

Im Jahre 1915 wurde anlässlich
des Brückenbaues die nach dem
grossen Eisgang des Jahres
1784 an der Freiheit wieder
aufgebaute Deutzer Synagoge
an diese Stelle verlegt.
Am 9. 11. 1938 wurde die Synagoge ebenso
wie
die mit ihr verbundene
Religionsschule zerstört.

Dr. Julius Simons war von 1908 bis 1939 als Prediger und Religionslehrer an der Deutzer Synagoge tätig, er wurde 1944 deportiert und in Auschwitz ermordet.

Erinnerungen an christliche Opfer

Gedenktafel Pfarrer Georg Fritze, Kartäusergasse 9

Das Presbyterium der evangelischen Kartäusergemeinde ließ von dem Künstler Rudolf Alfons Scholl eine *Gedenkplatte* aus Bronze für *Pfarrer Georg Fritze* entwerfen, die 1982 in dem an die Kartäuserkirche, *Kartäusergasse 9*, angrenzenden *Innenhof* an einer gemauerten Steinkanzel angebracht wurde. Sie trägt die Inschrift:

1. Tim. 6, Vers 12
Kämpfe den guten Kampf des Glaubens. Ergreife das ewige Leben, dazu du auch berufen bist und bekannt hast das gute Bekenntnis vor vielen Zeugen. In Dankbarkeit
Zur Erinnerung an
Pfarrer Georg Fritze
der vom 24. 4. 1916 bis zu seiner unrechtmässigen Entfernung aus dem Amt am 17. 10. 1938 in unserer Gemeinde den Dienst am Worte Gottes versah.

Der 1874 in Magdeburg geborene Georg Fritze zog 1916 mit seiner Frau und seinen vier Kindern nach Köln und wurde Pfarrer an der Trinitatiskirche und ab 1928 an der Kartäuserkirche. In seinen Pfarrgebieten, der Altstadt und dem Severinsviertel, wohnten vorwiegend Arbeiter, denen sich Fritze eng verbunden fühlte. Schon vor dem Ersten Weltkrieg hatte er sich in der Friedensbewegung engagiert und trat nach der Novemberrevolution der SPD bei. »Der rote Pfarrer«, wie der stadtbekannte Pazifist und Sozialist bald hieß, gründete den »Bund der religiösen Sozialisten« Kölns und engagierte sich in den politischen Auseinandersetzungen der Weimarer Republik. In den »Kartäuser Pfarrblättern« warnte er frühzeitig vor der nationalsozialistischen Gefahr. Er wurde seit 1933 durch die Nationalsozialisten bespitzelt, öffentlich angefeindet und verfolgt. Am tiefsten allerdings traf ihn der Verrat seiner eigenen Mitchristen. Ob Hakenkreuzfahne, Hitlergruß, nationalsozialistische Ideologie in Predigt und Unterricht, das meiste machten die evangelischen Amtsbrüder mit. Fritze wurde in den eigenen Reihen denunziert, verfolgt und schließlich krank vor Gram. Er starb nach seiner Amtsenthebung, nachdem er den »Eid auf den Führer« verweigert hatte, im Jahre 1939 an Herzversagen.
In *Seeberg*, Stadtbezirk Chorweiler, wurde nach ihm der *»Georg-Fritze-Weg«* benannt.

Literatur:
Prolingheuer, Hans, Der »rote Pfarrer« von Köln. Georg Fritze (1874–1939). Christ, Sozialist, Antifaschist, Wuppertal 1981.

Gedenktafel Benedikt Schmittmann in St. Severin

Der Pfarrer der Kirche *St. Severin*, Severinstraße, ließ im Jahre 1967 in der Kirche, am Eingang zur Marienkapelle, eine *Gedenktafel* für Benedikt Schmittmann anbringen. Der Text lautet:

> Hier betete mit uns
> der Kölner
> Universitätsprofessor
> Dr. Benedikt
> Schmittmann
> der am 13. 9. 1939 im KZ
> ermordet wurde.
> Er gab sein Leben
> für
> Freiheit und
> Menschenwürde.

Der 1872 in Düsseldorf geborene Benedikt Schmittmann trat 1906 in die Rheinische Provinzialverwaltung (heute: Landschaftsverband Rheinland) ein und wurde Leiter des Wohlfahrtswesens. 1919 wurde er Professor für Sozialwissenschaft an der Kölner Universität und vertrat im selben Jahr das Zentrum in der Preußischen Landesversammlung. Am 3. März 1933, als die Kölner Universität von den Nationalsozialisten »gleichgeschaltet« wurde, verlor er seine Professur und wurde in »Schutzhaft« genommen. Bis Anfang Juni 1933 war er im Gefängnis »Klingelpütz« inhaftiert. Mit dem deutschen Überfall auf Polen am 1. September 1939 wurde er erneut verhaftet und am 9. September in das Konzentrationslager Sachsenhausen eingeliefert. Vier Tage später wurde er dort ermordet: ein KZ-Aufseher trat ihn zu Tode. Am 15. September 1939 wurde er von seiner Familie auf dem Düsseldorfer Nordfriedhof beigesetzt. Die Gestapo verbot die Veröffentlichung von Todesanzeigen, da Schmittmann als Gründer des »Reichs- und Heimatbundes Deutscher Katholiken« (gegr. 1924 auf dem Katholikentag in Hannover) und Herausgeber der Zeitschriften »Reich und Heimat« und »Heimat und Volk« sehr bekannt war.
Nach ihm ist auch das *»Schmittmann-Kolleg«*, ein Studentenwohnheim am *Sachsenring 26* in der Kölner Südstadt sowie eine *Straße* in *Lindenthal* benannt.

Literatur:
Kuhlmann, Alfred, Die Kölner Universität und ihre Blutzeugen. Benedikt Schmittmann – Leben und Werk, in: Hansmeyer, Karl-Heinrich u.a. (Hrsg.), 600 Jahre Kölner Universität. Reden und Berichte, Köln 1989, S. 177–183; Stehkämper, Hugo, Benedikt Schmittmann (1872–1939), in: Zeitgeschichte in Lebensbildern, Bd. 6, Mainz 1984.

Gedenktafel Edith Stein, Karmelitinnenkirche

In der *Krypta des Kölner Karmel* »Maria vom Frieden«, *Vor den Siebenburgen 6*, erinnert eine im Jahre 1957 angebrachte *Gedenktafel* an das Schicksal von Edith Stein. Der Text lautet:

> SR. Teresia Benedicta a Cruce
> Dr. phil. Edith Stein
> geboren 12. 10. 1891
> in Breslau. Getauft
> 1. 1. 1922. In den Kar-
> mel eingetreten
> 14. 10. 1933. Nach
> Auschwitz depor-
> tiert 2. 8. 1942, dort
> getötet 9. 8. 1942.
> Sie starb als Mär-
> tyrin für ihr Volk
> und ihren Glauben.

Edith Stein war die jüngste Tochter einer orthodoxen jüdischen Familie aus Breslau. Sie studierte Philosophie in Breslau, Göttingen und Freiburg, wo sie nach der Promotion 1918 Assistentin des Philosophen Edmund Husserl wurde. 1922 trat sie zum Katholizismus über. Von 1922 bis 1931 war sie Lehrerin am Dominikanerinnenkloster in Speyer. 1932 wurde sie als Dozentin an das Institut für Wissenschaftliche Pädagogik in Münster berufen, 1933 aufgrund des »Arierparagraphen« im Berufsbeamtengesetz vom 7. April 1933 wieder entlassen. Sie trat in den Karmel in Köln ein und erhielt den Namen Teresia Benedicta a Cruce. Als sie sich in ihrem Kölner Kloster nicht mehr sicher fühlte, ging sie im Dezember 1938 in den Karmel zu Echt in den Niederlanden und versuchte von dort aus vergeblich auszuwandern. 1942 protestierten die niederländischen Bischöfe von den Kanzeln gegen den nationalsozialistischen Judenmord. Als Rache ließ die deutsche Besatzung über 700 getaufte und in Holland lebende Juden verhaften, darunter auch Edith Stein. Sie wurde am 2. August 1942 zusammen mit ihrer leiblichen Schwester Rosa von der SS festgenommen und mit zahlreichen anderen Frauen, Männern und Kindern in das KZ Auschwitz deportiert und ermordet.
Am 1. Mai 1987 sprach Papst Johannes Paul II. vor über 70 000 Besuchern im Kölner Stadion Edith Stein selig und ehrte sie als »Jüdin, Philosophin, Ordensfrau und Märtyrerin«. Ihr Feiertag soll der 9. August sein, ihr vermutlicher Todestag in den Gaskammern von Auschwitz. Inzwischen tragen an zahlreichen Stätten in Deutschland Schulen,

Studentenheime, Büchereien oder Klöster den Namen Edith Steins. In der Adam-Stegerwald-Siedlung in Köln-*Mülheim* erinnert ein *Straßenname* an die Nonne (s. auch unten Lindenthal).

Literatur:
Moosen, Inge, Das unselige Leben der »seligen« Edith Stein, Frankfurt 1987; Neyer, Maria Amata, Edith Stein (Schwester Teresia Benedicta a Cruce OCD), Bd. 19 der Reihe »Kölner Biografien«, hrsg. von der Stadt Köln, Presseamt, Köln 1987.

Kolpingbrüder in der Minoritenkirche

An der südlichen Innenwand der *Minoritenkirche* in der *Minoritenstraße*, der Grabeskirche von Adolf Kolping, erinnert eine *Metalltafel* an Priester und Laien der Kölner Kolpinggemeinschaft, die Opfer des NS-Regimes wurden. Unter einem Christus-Korpus ist zu lesen:

> Sie starben für uns
> Generalpräses Msgr. Theodor Hürth † 1944 durch Bombenangriff. Diözesanpräses Josef Cardaun † 1944 durch Bombenangriff. Präses Heinz Richter † 1945 im KZ. Geschäftsführer Theodor Babilon † 1945 im KZ
>
> Es gibt keine grössere Liebe,
> als wenn einer sein Leben
> für seine Freunde hingibt.
> Joh. 15,13

Der Kölner Präses der Kolpingfamilie Heinz Richter und der kaufmännische Geschäftsführer Theodor Babilon wurden am 15. August 1944 von der Gestapo verhaftet. Über die Gestapozentrale im EL-DE-Haus kamen sie in das Gestapolager auf dem Deutzer Messegelände. Richter wurde in das KZ Buchenwald gebracht und starb im April 1945 auf den Todesmärschen bei der Auflösung des KZ im Nebenlager Ohrdruf. Nach ihm wurde der *»Präses-Richter-Platz«* in *Mülheim* benannt.

Deutz: Kolpinghaus

Im Deutzer *Kolpinghaus, Theodor-Hürth-Straße 2–4,* hängt in der Eingangshalle eine *Gedenktafel* zur Erinnerung an Theodor Babilon. Unter einem Metallkopf Babilons ist zu lesen:

> Geschäftsführer Kolpinghaus Köln
> Mitglied der Kolpingfamilie
> Köln-Deutz St. Heribert
> * 1899 in Köln
> † 1945 Konzentrationslager
> Ohrdruf

Nach dem früheren Kolping-Geschäftsführer ist auch eine *Straße* in *Deutz* benannt.

Märtyrer der Katholischen Arbeiterbewegung

In der nördlichen Neustadt wurden nahe der Agneskirche Straßen und Plätze nach Widerstandsopfern aus den Kreisen der heute dort noch angesiedelten »Katholischen Arbeiterbewegung« (KAB) benannt: die *»Bernhard-Letterhaus-Straße«*, der *»Prälat-Otto-Müller-Platz«* und die *»Nikolaus-Groß-Straße«*.
Im Jahre 1929 siedelte die Verbandszentrale der katholischen Arbeitervereine (KAB) in das Kettelerhaus nach Köln über. Verbandssekretär war bis 1939 Bernhard Letterhaus, der sich nach Hitlers Machtübernahme bemühte, die katholische Opposition zusammenzuhalten. 1939 wurde er zur Wehrmacht einberufen, kam zur Abwehr und fand dort Kontakt zu anderen Widerstandskreisen, insbesondere zu Jakob Kaiser und Carl Friedrich Goerdeler. Über seine und die Vermittlung des Jesuiten Alfred Delp erklärte sich die Kölner KAB-Führung, an der Spitze Prälat Dr. Otto Müller und der Redakteur Nikolaus Groß, bereit, im Rahmen einer neuen Regierung nach einem geplanten Putsch gegen Hitler mitzuwirken. Letterhaus war als »Politischer Beauftragter« eines Wehrkreises und darüber hinaus als Reichsminister vorgesehen. Nach dem gescheiterten Attentat am 20. Juli 1944 wurden auch Letterhaus, Groß und Müller verhaftet. Bernhard Letterhaus wurde im November 1944 hingerichtet, sein Freund Nikolaus Groß im Januar 1945. Prälat Müller starb, den Strapazen von Haft und Verhören nicht gewachsen, im Oktober 1944 im Gefängnis.
Im Stadtteil *Pesch* sind nach Letterhaus und Groß ebenfalls Straßen benannt sowie Jugendwohnheime in Poll (s. Stadtbezirk VII: Porz) und Kalk (s. Stadtbezirk VIII).

Literatur:
Aretz, Jürgen (Hrsg.), Nikolaus Groß. Christ, Arbeiterführer, Widerstandskämpfer. Briefe aus dem Gefängnis, Mainz 1993; Beaugrand, Günter/Budde, Heiner, Nikolaus Groß. Zeuge und Bekenner im Widerstand der KAB 1933–1945, Augsburg 1989; Koch, Erich, Bernhard Letterhaus. Ein Leben der Arbeit, in: Arbeit und Opfer, bearb. von Karl H. Brüls, hrsg. vom Kettelerhaus Köln, Köln 2. Aufl. 1975, S. 17–90.

Mahnmale in Kirchen

In verschiedenen Kirchen in der Kölner Innenstadt gibt es Hinweise und Mahnmale, die an die Opfer des Nationalsozialismus erinnern. Teilweise handelt es sich um Skulpturen bildender Künstler, deren Werke bei den Nationalsozialisten als »entartet«

galten und die Arbeitsverbot hatten. An diesen Orten finden auch stadtoffizielle Trauerfeiern am Totensonntag oder zu ähnlichen Anlässen statt.

In der *Antoniterkirche*, Schildergasse, hängt seit 1952 der *»Todesengel«* von *Ernst Barlach*. Es ist ein Zweitguß, der während des Krieges versteckt worden war. Das Original aus dem Dom zu Güstrow (Mecklenburg) war von den Nazis als »entartet« entfernt und eingeschmolzen worden. In Güstrow, dem Wohnort Barlachs, hängt heute ein nach der Kölner Kopie gefertigter Drittguß.

In der Kirchenruine von *St. Alban*, Quatermarkt, befindet sich die Skulptur *»Trauerndes Elternpaar«* von Käthe Kollwitz, hier in einer Replik aus den fünfziger Jahren aus der Werkstatt von Ewald Matare. Die Originalskulpturen »Der Vater« und »Die Mutter« des Totenmals fertigte Käthe Kollwitz für den belgischen Soldatenfriedhof an, auf dem ihr 1914 gefallener Sohn begraben liegt.

Auf dem *Lichhof*, an der Ostseite von *»St. Maria im Kapitol«*, Marienplatz, steht das von dem Bildhauer Gerhard Marcks 1946 im Auftrag der Stadt Köln geschaffene *»Kölner Totenmal«* mit dem Titel »Trauernde«.

Stadtbezirk II (Rodenkirchen)

Raderthal: Heeresamt

An der Mauer des *Heeresamtes* in *Raderthal, Brühler Straße 300*, erinnert seit Juli 1986 eine *Gedenktafel* an General Friedrich Olbricht, einen der Offiziere, die noch in der Nacht nach dem gescheiterten Attentat auf Hitler am 20. Juli 1944 im Hof des ehemaligen »Bendler-Blocks« in Berlin standrechtlich erschossen wurden. Der Text auf der Tafel unter einem überdimensionalen »Eisernen Kreuz« lautet:

> Zum Gedenken an
> Friedrich Olbricht
> General der Infanterie
> Chef des Allgemeinen Heeresamtes
> 15. Februar 1940 – 20. Juli 1944
> Er starb für Deutschland
> am 20. Juli 1944

Außerdem wurde ein *Raum im Dienstgebäude* des Heeresamtes nach General Olbricht benannt, der zugleich Erinnerungsstätte an den Widerstandskämpfer ist.
General Friedrich Olbricht wandte sich schon 1934 gegen den nationalsozialistischen Unrechtsstaat und hatte seit 1938 Kontakt zu den militärischen Widerstandskreisen um Ludwig Beck. Er wurde der technische Organisator des Umsturzplans und entwickelte den Entwurf der »Operation Walküre«, die nach der Beseitigung Hitlers anlaufen sollte (Entmachtung von NSDAP, SS und NS-Staatsführung). Teile des Ersatzheeres sollten in Berlin wichtige Positionen besetzen. Nach mehreren gescheiterten Attentatsversuchen wurde die »Operation Walküre« am 20. Juli 1944 ausgelöst. Bevor die Aktionen in Berlin anlaufen konnten, wurde bekannt, daß Hitler dem Anschlag entgangen war. Der Befehlshaber des Ersatzheeres, Friedrich Fromm, konnte nicht auf die Seite der oppositionellen Offiziere gezogen werden und ließ die am Umsturz Beteiligten verhaften. Friedrich Olbricht wurde zusammen mit den Offizieren Claus Graf Schenk von Stauffenberg, Ludwig Beck, Albrecht Ritter Mertz von Quirnheim und Werner von Haeften erschossen.

Literatur:
Georgi, Friedrich, »Wir haben das letzte gewagt...«. General Olbricht und die Verschwörung gegen Hitler. Der Bericht eines Mitverschworenen, Freiburg 1990; Page, Helena, General Friedrich Olbricht. Der Generalstabschef der Verschwörung gegen Hitler, Bonn 1992.

Rodenkirchen: Maternusstraße 34

Als die Geschichtswerkstatt der Rodenkirchener Volkshochschule bei der Vorbereitung einer Ausstellung über die Zeit des Nationalsozialismus auf die Tatsache stieß, daß auf dem Grundstück in der *Maternusstraße 34* in den Jahren 1940/42 ein »Judenhaus« stand, in dem die Juden Rodenkirchens vor ihrer Deportation untergebracht waren, wandte sie sich an die Eigentümer des neuen Gebäudes mit dem Vorschlag, eine *Tafel* anzubringen mit der Inschrift »Von dieser Stelle wurden Menschen aus unserer Mitte wegen ihrer jüdischen Abstammung deportiert und ermordet«. Die Eigentümerversammlung lehnte das Ansinnen mehrheitlich ab.

Stadtbezirk III (Lindenthal)

Braunsfeld: Abraham-Frank-Haus

Am 29. Juni 1987 wurde an dem Haus *Aachener Straße 443* eine *Gedenktafel* enthüllt, die den folgenden Text trägt:

> In diesem Gebäude befand sich seit 1910 die
> Israelitische Waisenstiftung (Abraham-Frank-Haus).
> Unvergessen ist Therese Wallach, die das Heim
> von 1925 bis zu ihrem Tode 1942 leitete.
> Die Kinder wurden 1941 mit ihren Betreuern
> aus dem Haus vertrieben. Viele Kinder und Erzieher
> wurden 1942 in den Osten verschleppt
> und dort ermordet.

Die Tafel geht auf die Initiative des Kölner Ehepaares Irene und Dieter Corbach zurück, welche die sozialen und pädagogischen Einrichtungen der Kölner Jüdischen Gemeinde erforscht und viele Quellen und Dokumente zusammengetragen haben. So wurde auch durch die Aussagen Überlebender die Biographie der Leiterin Therese Wallach (s. unten) rekonstruiert.
Eng mit dieser Einrichtung ist auch die Kölner Jüdische Kinderheilstätte in Bad Kreuznach verbunden, die von Schwester Sophie Sondhelm geleitet wurde (s. Rheinland-Pfalz: Bad Kreuznach).

Literatur:
Corbach, Irene und Dieter, Sophie Sondhelm und die Kölner Jüdische Kinderheilstätte Bad Kreuznach, Köln 1987; Corbach, Dieter, Köln und Warschau sind zwei Welten. Amalie Banner. Leiden unter dem NS-Terror, Köln 1993 (dokumentiert den Leidensweg eines Mädchens aus dem Abraham-Frank-Haus).

Lindenthal: Jüdischer Friedhof Deckstein

Im Jahre 1986 wurde auf dem *Jüdischen Friedhof Deckstein, Decksteiner Straße,* hinter dem Park, die Grabstätte von Therese Wallach ausfindig gemacht und am 28. Juni 1987, fast 45 Jahre nach ihrem Tod, von ehemaligen Zöglingen ein *Grabstein* gesetzt. Therese Wallach war von 1925 bis zur gewaltsamen Auflösung durch die Nationalsozialisten Leiterin der Israelitischen Waisenhausstiftung an der Aachener Straße 443 (s. oben) und nahm sich am 18. Oktober 1942 das Leben, als sie von den Kindern getrennt nur noch die Deportation vor sich sah.

Lindenthal: Erinnerung an Edith Stein

An der *Dürener Straße 89* erinnert eine *Tafel* an die Jüdin und Karmeliterin Edith Stein, die am 14. Oktober 1933 hier in den Orden eintrat. Die Klostergebäude, die sich an dieser Stelle befanden, wurden im Krieg zerstört. Auf der Tafel ist folgendes zu lesen:

> Erinnere Dich – vergiss es nicht
> Im Gedenken an
> Edith Stein
> Jüdin – Philosophin – Märtyrin
> Ermordet in Auschwitz-Birkenau
> Am 9. August 1942
> Lebte vom 14. 10. 1933 bis 31. 12. 1938
> im Karmel Köln-Lindenthal
> Dürener Str. 89
> Pfarre Christi Auferstehung
> Am 1. 5. 1987 von Papst Joh. Paul II
> seliggesprochen in Köln.

Eine zweite *Gedenktafel* mit demselben Text ist auch in der nahen *Kirche Christi Auferstehung, Brucknerstraße,* in einem Gedenkraum im Eingangsbereich angebracht. (Näheres zu Edith Stein s. Innenstadt)

Lindenthal: Melatenfriedhof

Auf dem *Melatenfriedhof* an der *Aachener Straße* befindet sich das Grab des von den Nationalsozialisten ermordeten katholischen Priesters Fritz Keller (Flur 95, Grab 119/120). Auf dem schwarzen Marmorgrabstein wird außer dem Namen und den Lebensdaten angegeben:

> Er starb für seinen Hl. Glauben

Der 1891 in Köln-Ehrenfeld geborene Theologe war seit 1937 Pfarrer in Stolberg-Atsch bei Aachen. Er wurde am 15. November 1941 wegen »Wehrkraftzersetzung« verhaftet, weil er einen Soldaten vor den »Enttäuschungen« gewarnt hatte, die die »Menschen, eher als sie ahnen, erleben«. Er kam in das Konzentrationslager Dachau, wo der Lagerarzt ihn für Malariaexperimente mißbrauchte, und starb am 15. Mai 1943 im Aachener Gefängnis an den Folgen.

Junkersdorf: Bonhoeffer-Gemeinde

In der *Dietrich-Bonhoeffer-Kirche* in Junkersdorf, *Birkenallee*, erinnert eine *plastische Wand* aus Steinblöcken, die den Namen von Dietrich Bonhoeffer trägt, an den evangelischen Theologen, Mitglied der Bekennenden Kirche, der seit 1939 aktiv im politischen Widerstand arbeitete. Er wurde im April 1943 verhaftet und am 9. April 1945 im Konzentrationslager Flossenbürg hingerichtet. Auf der von dem Kölner Künstler Kurt-Wolf von Borries gestalteten *Tafel* ist eine Gefängnismauer dargestellt, aus der sich gefesselte, betende Hände herausstrecken.

Müngersdorf:
Walter-Binder-Weg, Fort V (»Judenlager«)

Am Rande einer Wiese am *Walter-Binder-Weg* im *Stadtwald* von Müngersdorf, nördlich der Aachener Straße, steht ein *Gedenkstein*, ein großer Findling mit einer Metallplatte, die den folgenden Text trägt:

> Zur Erinnerung an die Toten und
> als Mahnmal für die Lebenden
>
> Im ehemaligen Fort V und dem angrenzenden Bereich befand sich während des
> 2. Weltkrieges das sogenannte Judenlager
> Müngersdorf. Hier wurden die aus ihren
> Häusern und Wohnungen vertriebenen
> Juden konzentriert und in die
> NS-Vernichtungslager abtransportiert.
>
> Rat der Stadt Köln 1981

Ende 1941 begannen die NS- Machthaber, alle noch in Köln lebenden Juden in den Kasematten und Baracken des ehemaligen preußischen Fort V zusammenzupferchen, um sie von dort über die Messe und den Bahnhof Deutz-Tief zu deportieren (s. oben). Nach einer Kölner Pfarrchronik (Pfarrei St. Wendelin) waren in dem Lager Müngersdorf bis zu 2 500 Juden aus dem Bezirk Köln bis Aachen untergebracht. Einige nahmen sich das Leben, um der Deportation zu entgehen, indem sie sich vor den Zug der am Fort V verlaufenden Eisenbahnstrecke nach Aachen warfen. Ende 1944 mußten sich auch in »Mischehen« zwischen Juden und Nichtjuden lebende Ehepaare im Deportationslager Müngersdorf einfinden. Die Aufforderung des 1. Kölner Polizeireviers vom 12. September 1944 lautete: »Sie werden hiermit mit sämtlichen Familienangehörigen aufgefordert, sich bis zum 13. 9. 1944, 18 Uhr, in Köln-Müngersdorf, Barackenlager, Gemeinschaftslager Eischhorn, einzufinden. Es sind mitzubringen: Wäsche, Bettzeug, Essen und Kochgeschirre sowie Reinigungsmaterial. Die Wohnung ist ordnungsgemäß zu verschließen und der Wohnungsschlüssel mit einem Schildchen zu versehen und dem Lagerleiter in Köln-Müngersdorf abzuliefern«.

Am 4. März 1945 wurde das Lager aufgelöst. In den letzten Kriegswochen dienten die Fortanlagen auch für die Unterbringung der Häftlinge und Wachmannschaften des KZ-Außenlagers und des Gestapolagers Köln-Messe, die vor den Bombenangriffen auf das Zentrum Kölns hierher nach Müngersdorf an den Stadtrand ausgewichen waren. Westlich von Fort V befand sich während des Krieges ein Lager für ausländische Zwangsarbeiter.

Sülz: Erinnerung an Zwangsarbeiterinnen

An der Außenwand des heutigen *Jugendzentrums, Sülzburgstraße 112–118,* haben Jugendliche im Jahre 1981 ein *Denkmal* zur Erinnerung an frühere Zwangsarbeiterinnen angebracht. In einem fenstergroßen Halbrelief sieht man Hände, welche die Gitterstäbe umklammern, und darunter den Text:

> Zum Gedenken an die 44 Frauen, die
> während des 2. Weltkrieges auf diesem
> Gelände als sogenannte Fremdarbeiterinnen
> Zwangsarbeit verrichten mußten.
> Nie wieder Faschismus! Nie wieder Krieg!

Das Jugendzentrum ist als selbstverwaltete Einrichtung in Gebäuden der früheren Fabrik Quester und Zerres in den frühen achtziger Jahren entstanden. Die Auseinandersetzung mit der Firmengeschichte führte zu diesem Denkmal, das die Jugendlichen selbst entwarfen und ausführten und das zum ersten Mal öffentlich in Köln an die Tausende von Zwangsarbeiterinnen und Zwangsarbeitern während des Krieges erinnert. Heute weiß man von über 250 Lagern bei nahezu allen Unternehmen und größeren Betrieben in Köln, in denen ständig rund 20 000 Männer, Frauen und Kinder vor allem aus Polen und der Sowjetunion lebten, die für die nahegelegenen Firmen arbeiten mußten.

Sülz: »Nationalkomitee freies Deutschland«

Auf Vorschlag der SPD-Ortsvereine von Lindenthal und Sülz hat die Bezirksvertretung im Februar 1994 beschlossen, am Haus *Sülzgürtel 8* eine *Gedenktafel* anzubringen, die an die Kölner Gruppe des »Nationalkomitee Freies Deutschland« erinnert (Realisierung 1995). Der Text dafür soll lauten:

> Vom Haus Sülzgürtel 8 aus organisierte im Herbst 1944 die Kölner Gruppe des »Nationalkomitees Freies Deutschland« den Widerstand gegen das Nazi-Regime. Sie wollte dazu beitragen, den Krieg zu beenden und einen demokratischen Wiederaufbau in Deutschland zu ermöglichen. Zu dieser größten und breitesten Widerstandsgruppe während des Krieges gehörten Kommunisten, Sozialdemokraten und parteilose NS-Gegner. Am 24. November 1944 verhaftete die Gestapo in diesem Haus die Leitung des Komitees und nahm später insgesamt 59 Mitglieder fest.
>
> Engelbert Brinker, Johannes Kerp, Max Neugebauer, Otto Richter, Kurt Stahl und Wilhelm Tollmann wurden von der Gestapo zu Tode gefoltert.

Die Gruppe war 1943 entstanden, darunter viele Kommunisten wie der noch nach dem Krieg in Köln aktive Ferdi Hülser oder die Familie Humbach, aber auch Sozialdemokraten und parteilose Gegner der Nazis. Die Gruppe organisierte sich streng konspirativ, verteilte Flugblätter, malte Anti-Hitler-Parolen an die Hauswände, versteckte und versorgte auch Deserteure und untergetauchte Juden und versuchte, Gruppen in den Großbetrieben der Region zu bilden. Die Anlaufstelle war im Haus Sülzgürtel 8. Die Gruppe wurde am 24. November 1944 von der Gestapo ausgehoben, nachdem ein Verhafteter unter der Folter die Adresse preisgegeben hatte.

Literatur:
Zanders, J., Der antifaschistische Widerstandskampf des Volksfrontkomitees »Freies Deutschland« in Köln im Jahre 1943–1944, in: Beiträge zur Geschichte der deutschen Arbeiterbewegung 2 (1960), S. 720–741.

Stadtbezirk IV (Ehrenfeld)

Ehrenfeld: Bartholomäus-Schink-Straße

Am *Brückenbogen*, der die Venloer Straße überspannt, Ecke *Schönsteinstraße/Bartholomäus-Schink-Straße* (bis 1982: Hüttenstraße) wurde am 7. Mai

1972 eine vom Kölner Jugendring gestiftete und vom Kölner Jugendwerkzentrum entworfene *Gedenkstätte* und *Gedenktafel* der Öffentlichkeit übergeben. Nach einer später erfolgten Neufassung lautet der Text auf der Tafel:

Hier wurden
am 25. 10. 1944
elf vom NS-Regime
zur Zwangsarbeit
nach Deutschland
verschleppte Bürger
Polens und der UdSSR

und am 10. 11. 1944
dreizehn Deutsche – unter ihnen
jugendliche Edelweißpiraten
aus Ehrenfeld sowie andere
Kämpfer gegen Krieg und Terror –
ohne Gerichtsurteil öffentlich
durch Gestapo und SS gehenkt

Bei den Jugendlichen aus Ehrenfeld handelte es sich um Mitglieder der »Edelweißpiraten«, von der Gestapo »Ehrenfelder Bande« genannt, unter ihnen der 16jährige Dachdeckerlehrling Bartholomäus Schink, der als Zehnjähriger in der »Reichskristallnacht« im November 1938 die Ermordung eines befreundeten jüdischen Friseurs durch die Nationalsozialisten hatte erleben müssen.

Die »Edelweißpiraten«, die seit Mitte der 30er Jahre im Rheinland und im Ruhrgebiet auftraten und als Symbol ihres Freiheitswillens das Edelweiß hinter dem Revers trugen, bestanden aus zahlreichen, meist spontan gebildeten kleineren und größeren Gruppen, denen der Widerwille gegen den Drill und die reglementierte Freizeitgestaltung der Hitlerjugend (HJ) gemeinsam war. Sie stammten größtenteils aus Arbeiterfamilien. Ihre Opposition gehört in das breite Feld von Nonkonformismus, Verweigerung und Protest gegen das NS-Regime. Die Taten der etwa 130 Mitglieder umfassenden Ehrenfelder Gruppe, der später auch geflohene »Ostarbeiter« und desertierte Soldaten angehörten, gingen jedoch über Jugendproteste hinaus; sie waren radikaler, auch politisch motiviert und gehörten in Köln zum aktiven Widerstand gegen das NS-Regime. So versorgten sie geflohene politische Häftlinge und ausländische Zwangsarbeiter mit gestohlenen Lebensmitteln, ließen 1944 einen Zug mit Frontnachschub entgleisen, verschafften sich ein Waffenarsenal und lieferten sich mit der Gestapo und Angehörigen der NSDAP wiederholt Schießereien. Köln war ohnehin nach den heftigen Bombardierungen und der dadurch völlig zertrümmerten Innenstadt ein Zentrum der großstädtischen Résistance, weil viele kleine Gruppen von untergetauchten Häftlingen und Zwangsarbeitern, zum Teil bewaffnet, Widerstand leisteten. Es gab mehr als 20 verschiedene Gruppen, wie die Lageberichte der Gestapo melden, denen mehr als zwei Dutzend Angehörige der SA, Gestapo und SS zum Opfer fielen. Nach der Ermordung eines NSDAP-Ortsgruppenleiters durch einen Deserteur, den die Gestapo zur »Ehrenfelder Bande« zählte, wurden bei einer Ringfahndung am 1. Oktober 1944 zahlreiche Mitglieder der Gruppe festgenommen. Wie am 25. Oktober 1944 die elf Zwangsarbeiter wurden die Kölner Jugendlichen nach Haftaufenthalten im EL-DE-Haus und im Zuchthaus Brauweiler am 10. November 1944 an einem Galgen am Bahndamm in der früheren Hüttenstraße öffentlich erhängt. Sie liegen auf dem *»Gestapofeld«* des *Westfriedhofs* beerdigt (s. unten).

Die »Edelweißpiraten« werden offiziell bis heute nicht als Widerstandskämpfer anerkannt, zumal

Köln-Ehrenfeld, Ecke Schönsteinstraße/Bartholomäus-Schink-Straße: Gedenkort mit Gedenktafel (1972) für die an dieser Stelle 1944 durch Gestapo und SS ermordeten elf polnischen und sowjetischen Zwangsarbeiter und 13 deutschen Widerständler, darunter der 16jährige Bartholomäus Schink und andere jugendliche »Edelweißpiraten« aus Ehrenfeld.

sie keine feste Organisation und kein Programm hatten und sich zum Teil mit kriminellen Untergrundkämpfern vermischten. Für offizielle Stellen gilt weiterhin das ihnen von der Gestapo angehängte Etikett »Kriminelle« im Hinblick auf die von ihnen begangenen Plünderungen, Diebstähle u.a. Ein von der Mutter Bartholomäus Schinks 1962 angestrengtes Wiedergutmachungsverfahren beim Regierungspräsidenten scheiterte. Während jedoch die lokale Politik und Verwaltung in Köln allmählich zu einer politischen Würdigung der Gruppen neigen und einen Teil der Hüttenstraße 1982 in *Bartholomäus-Schink-Straße* umbenannten, sind die staatlichen Instanzen eher der gegenteiligen Auffassung. In den 80er Jahren kam es darüber auch zu langen politischen Debatten und einer wissenschaftlichen Bewertung im Auftrag der Landesregierung, die indes eher unschlüssig endeten. Der Gutachter Bernd Rusinek kam zu dem Ergebnis, daß »Edelweißpiraten« zwar Gegner des Nationalsozialismus gewesen seien, die in Ehrenfeld hingerichteten Jugendlichen aber nicht dazu zu zählen seien.

Der Kölner Gastwirt Jean Jülich wurde am 13. März 1984 in Israel in der Gedenkstätte Yad Vashem in Jerusalem als »Edelweißpirat« und Widerstandskämpfer offiziell geehrt; posthum galt diese Ehrung auch seinem Freund Bartholomäus Schink.

Die »Edelweißpiraten« wurden als Identifikationssymbole Jugendlicher in vielfältiger Weise zum Thema von Romanen, literarischen Bearbeitungen, Filmstoffen und sind als lokales Thema ein wichtiger Stoff in Schulen und Jugendgruppen bei der geschichtlichen Auseinandersetzung mit dem »Dritten Reich«.

Quellen/Literatur:
Agafonow, Alexander, Erinnerungen eines notorischen Deserteurs, Berlin 1993 (A. schildert den bewaffneten Kampf von geflohenen Häftlingen im Kölner Untergrund); Goeb, Alexander, Er war sechzehn, als man ihn hängte. Das kurze Leben des Widerstandskämpfers Bartholomäus Schink, Reinbek 1981; Hellfeld, Matthias von, Edelweißpiraten in Köln. Jugendrebellion gegen das Dritte Reich. Das Beispiel Köln-Ehrenfeld, Köln 2. Auflage 1983; Peukert, Detlev, Die Edelweißpiraten. Protestbewegung jugendlicher Arbeiter im Dritten Reich, Köln 1980; Rusinek, Bernd-A., Gesellschaft in der Katastrophe. Terror, Illegalität, Widerstand – Köln 1944/45, Bd. 24 der Düsseldorfer Schriften zur Landesgeschichte, Essen 1989 (der Autor war als Historiker Gutachter für den Innenminister).
»Edelweißpiraten sind treu«. Ein Theaterstück. (Text im Programmheft der Bühnen der Stadt Köln vom 11. Oktober 1980.)

Ehrenfeld: Bunker Körnerstraße

An einem Vorsprung der Fassade des *Bunkers* in der *Körnerstraße* 93, dem ehemaligen Standort der Ehrenfelder Synagoge, ist eine *Gedenktafel* aus Metall mit folgendem Text angebracht:

> An dieser Stelle befand sich
> die Ehrenfelder Synagoge
> verbunden mit einer
> Religionsschule für Jungen
> und Mädchen.
> Erbaut 1927 nach Entwürfen
> von Architekt Rob. Stern
> zerstört am 9. 11. 1938

Über der Gedenktafel, deren Text wie bei vielen ähnlichen Tafeln die Täter nicht nennt, ist die Fassade der ehemaligen Synagoge dargestellt; darüber steigt ein buntes Regenbogenband als Zeichen des Verzeihens und der Versöhnung auf.
Im Jahre 1988 gründeten Ehrenfelder Bürger die »Initiative Gestaltwechsel«, welche die Funktion des Schutzbunkers für künftige Katastrophen in Frage stellt und statt dessen vorschlägt, den Bunker in eine Gedenkstätte des Pogroms gegen die Juden umzugestalten. Damit wollen sie auch in einem aufklärerischen Sinne gegen Völkerfeindschaft, Unterdrückung und Krieg wirken. Der an der Initiative beteiligte Düsseldorfer Künstler Felix Droese will dafür seine Papierskulptur »Ich habe Anne Frank umgebracht« zur Verfügung stellen. Der Architekt Prof. Zamp Kelm hat einen Aufbau als Erweiterung des Bunkers entworfen, so daß der gesamte Bau nach seinem »Gestaltwechsel« sowohl künstlerische, dokumentarische und politische Nutzung ermöglicht als auch einen geplanten internationalen Kindergarten und Wohnräume unterbringen kann.

Daneben gibt es in Ehrenfeld weitere Gebäude und Orte, die eng mit der Geschichte der Juden in diesem Stadtteil und ihrer Verfolgung und Vernichtung durch die Nationalsozialisten zusammenhängen, die jedoch keine Hinweise an ihre Geschichte tragen. Neben zahlreichen Wohnhäusern in der Nähe des Ehrenfeldgürtels gehört dazu insbesondere das heutige Belgische Militärlazarett zwischen Röntgen-, Otto- und Nußbaumerstraße, früher das »Israelitische Asyl«, das größte jüdische Krankenhaus des Rheinlandes. Außerdem zählt dazu auch der Jüdische Friedhof am Melatengürtel, an der Rückseite des städtischen Friedhofs Melaten in Lindenthal.

Literatur:
Initiative Gestaltwechsel, Bunker Körnerstraße. Köln-Ehrenfeld, Hrsg. Bezirksvorsteher Günther Rombey, Köln 1991; Kreutzberger, Robert, Jüdisches Leben in Ehrenfeld

vom Ende der Weimarer Republik bis zur Vernichtung. Katalog zur Ausstellung der Evangelischen Kirchengemeine Ehrenfeld, Köln 1988.

Vogelsang: Westfriedhof

Auf dem Kölner *Westfriedhof,* am Ende der *Venloer Straße,* kurz vor dem Militärring, gibt es ein Gräberfeld für die Opfer der Gestapo (*»Gestapofeld«*). Hier sind Hunderte von Menschen aus verschiedenen Ländern, insbesondere viele Tote aus den Zwangsarbeiterlagern, dem EL-DE-Haus und dem Messelager begraben, die von der Gestapo umgebracht wurden oder ihren Entbehrungen und Leiden erlegen sind. Viele ursprünglich hier bestattete Ausländer wurden später in ihre Heimatländer überführt. In dem von einer Mauer eingefriedeten Eingangsbereich zu dem »Gestapofeld«, das Anfang der 60er Jahre von der Stadt Köln als *zentrale Gedenkstätte* für die Opfer der NS-Herrschaft hergerichtet wurde, ist zu lesen:

Zum ehrenden
Gedächtnis der
hier bestatteten
Opfer der Gewalt-
herrschaft und des
Krieges 1939–1945

Auf dem Gräberfeld lautet die Inschrift einer *Gedenkplatte:*

Hier ruhen als
Opfer der Gestapo
780 Angehörige
verschiedener Nationen

Vermutlich sind viele der im EL-DE-Haus gefolterten und ermordeten Menschen sowie die hingerichteten »Edelweißpiraten« und die erhängten Zwangsarbeiter hier begraben.

An sowjetische Opfer erinnert in russischer Sprache eine *Gedenktafel,* die in deutscher Übersetzung lautet:

Hier ruhen 560 Männer,
Frauen und Kinder aus der
Sowjetunion, Opfer der
Gewaltherrschaft und des Krieges
1939 – 1945

Zwei ältere Gedenksteine im Hintergrund mit dem roten Sowjetstern wurden unmittelbar nach dem Kriege, *ein neuerer* in den 70er Jahren von Angehörigen der sowjetischen Botschaft errichtet. Darauf ist in Kyrillisch zu lesen:

Ewige Erinnerung an so-
wjetische Bürger,
Opfer des Faschismus

Eine weitere liegende *Gedenkplatte* trägt den Text:

Hier ruhen
218 Angehörige
verschiedener Nationen,
Opfer der Gewaltherrschaft
und des Krieges
1939 – 1945

Auf dem »Gestapofeld« steht die 1966 von dem Kölner Bildhauer Heribert Calleen im Auftrag der Bundesregierung geschaffene *Plastik »Die Jünglinge im Feuerofen«.* Auf einem Gräberfeld gegenüber dieser Plastik liegen Opfer der von den Nationalsozialisten als »Euthanasie« verharmlosten Mord-

Köln-Vogelsang,
Westfriedhof:
Eingangsbereich
zum Ehrenfeld für die
Opfer der Gestapo.
Das »Gestapofeld« wurde
Anfang der sechziger Jahre
von der Stadt Köln
als zentrale Gedenkstätte
gestaltet.

aktion bestattet. Grabsteine tragen die Namen der Ermordeten und die Todesjahre 1940 und 1941. Der Text auf einer *Gedenktafel* lautet:

Hier ruhen 160 wehrlose deutsche
Opfer der Gewaltherrschaft und
des Krieges 1939 - 1945

Am Zugang zu einem benachbarten Kriegsgräberfeld der zivilen Kölner Bombentoten steht eine 1943 von dem Bildhauer Ossip Zadkine geschaffene *Skulptur »Die Gefangenen«*.
In der Nähe befindet sich ein weiteres Massengrab, auf dem ein Gedenkstein mit einem *Kreuz für polnische Opfer* aufgestellt ist.

Vogelsang: Jüdischer Friedhof

Neben dem Westfriedhof liegt mit einem separaten Eingang von der *Venloer Straße Nr. 1152* aus der *jüdische Friedhof.* Auf ihm erinnert ein *Mahnmal* an die jüdischen Opfer des Nationalsozialismus. Ein hoher Mittelstein mit dem Davidstern trägt in hebräischer und deutscher Sprache den Text:

Unserem letzten von 1908–1942
amtierenden Rabbiner
Dr. Isidor Caro
der mit vielen Gemeindemitgliedern
den Märtyrertod
in Theresienstadt fand
In dankbarer Verehrung
Synagogengemeinde Köln

An zwei niedrigen Seitensteinen sind *Gedenktafeln* mit folgendem Text (auf der einen Seite in hebräischer, auf der anderen in deutscher Sprache) angebracht:

Zum Andenken an die
über 11 000
Schwestern und Brüder
unserer Gemeinde
die als Opfer des national-
sozialistischen Rassenwahns
für das Judentum in den Jahren
1933–1945
gefallen sind
Synagogengemeinde Köln

Im Jahre 1978 stießen Arbeiter an einer Stelle des Friedhofs auf Reste von Thorarollen, die nach der Reichspogromnacht am 9./10. November 1938 aus Kölner Synagogen geborgen und hier vergraben worden waren. Die Synagogengemeinde setzte den Thorarollen an dieser Stelle ein *Denkmal*, auf dessen Marmorsockel folgender Text in hebräischer und deutscher Sprache steht:

Zur Erinnerung und Mahnung

In der Pogromnacht 9. 11. 1938 (Reichskristallnacht)
wurden die jüdischen Gotteshäuser niedergebrannt
und zerstört.

Reste von teilweise geretteten Thorarollen
und heiligen Kultgegenständen wurden
im Jahre 1939 auf diesem Friedhof vergraben.
Im Jahre 1978 wurden die Überreste wiedergefunden
und hier bestattet.

Außerdem weisen auf zahlreichen Grabsteinen die Namen der Sterbeorte wie Theresienstadt, Auschwitz, Riga und viele andere auf den gewaltsamen Tod der Männer, Frauen und Kinder hin, an die hier erinnert wird.

Stadtbezirk V (Nippes)

Longerich: Zwangsarbeitermahnmal

Neben der *Luther-Kapelle, Lindweilerweg 94,* in Longerich wurde am 28. September 1991 ein *Mahnmal* enthüllt, das an das Unrecht erinnert, welches den Zwangsarbeiterinnen und Zwangsarbeitern während des Nationalsozialismus in Longerich widerfahren ist. Auf einer gemauerten Steinsäule ist eine Bronzetafel angebracht, auf der eine Reihe von gefesselten Menschen abgebildet ist, darunter beziehungsweise darüber steht geschrieben:

An dieser Stelle befand sich waehrend der Zeit
des nationalsozialistischen Voelkermordes
eines von mindestens fuenf Lagern in Longerich.
Hier lebten unter menschenunwuerdigen
Bedingungen Kriegsgefangene sowie auslaendische
Frauen und Maenner die Zwangsarbeit am
Militaerflughafen Butzweilerhof verrichten mussten.

Wir wollen dass diejenigen die unter uns Deutschen
gelitten haben niemals vergessen werden.
Die Verantwortung fuer die Zukunft verlangt
aus der Vergangenheit zu lernen.

Friedensgruppe Gartenstadt Nord
in Zusammenarbeit mit der Stadt Koeln
und der Firma Grund und Boden Anno 1991

Im Zweiten Weltkrieg waren hier etwa 100 russische Kriegsgefangene interniert, die an der militärischen Deckung des nahen Flughafens Butzweilerhof mitarbeiten mußten, zum Beispiel das Gelände bei Luftalarm einzunebeln hatten. Das Gelände gehört heute der städtischen Wohnungsbaugesellschaft »Grund und Boden«, die den Plan zu dem Denkmal unterstützte im Unterschied zu vielen Longericher Bürgern und Vereinen, die das öffentlich von der evangelischen Initiativgruppe vorgetragene Thema mieden.

Daneben gab es weitere Lager in Longerich: gegenüber mit der Adresse Lützlongericher Straße 18 den Miebeshof, wo für eine Tiefbaufirma 20 Franzosen und 40 Russen als Kriegsgefangene untergebracht waren; am Bergheimer Weg, dort, wo sich heute Mercatorstraße und Autobahn kreuzen, waren in den ehemaligen Bergheimer Höfen rund 150 französische Kriegsgefangene einquartiert. Zwei weitere Lager gab es jenseits der Militärringstraße: Für das ehemalige preußische Fort II wird in den spärlichen Unterlagen des Stadtarchivs ein Kriegsgefangenenlager gemeldet unter der Adresse Militärringstraße 141, in dem etwa 300 französische Kriegsgefangene lebten. Einen knappen Kilometer weiter westlich im Vorwerk IIa waren in den Bauten der Sportanlage rund 100 Franzosen interniert.

Longerich: Kriegerdenkmal

Das Longericher Kriegerdenkmal am *Kriegerplatz* von 1873 wurde anläßlich der Renovierung um eine *Gedenktafel* erweitert. Der eher schlichte Text »Den Opfern von Krieg und Verfolgung« schließt nach der Intention der Bezirksvertretung auch die zahlreichen Verfolgten des nationalsozialistischen Terrors ein.

Merkenich: Gedenkstein

Im Mai 1988 wurde an der *Kreuzung Causemannstraße/Jungbluthstraße/Merkenicher Ringstraße* ein *Gedenkstein* enthüllt, der an die »Opfer von Krieg und Gewalt« erinnern soll. Ausdrücklich betonte der Bezirksvorsteher bei der Einweihung, daß dies neben dem Gedächtnis an die Gefallenen der beiden Weltkriege auch »ein Mahnmal für die Millionen Opfer des Nazi-Regimes« sei.

Stadtführungen in Nippes:
Das »Stadtteilarchiv Köln-Nippes e.V.«, c/o Kathi Bücken, Buchhandlung Leipziger Platz 5, 50733 Köln, Tel.: 02 21/ 7 60 61 06, veranstaltet Stadtteilspaziergänge zum Thema »NS-Zeit in Nippes«.

Stadtbezirk VII (Porz)

Porz: Gedenkstein am Rathaus

Im Jahre 1949 wurde mit Unterstützung der örtlichen »Vereinigung der Verfolgten des Naziregimes (VVN)« ein *Gedenkstein* mit einer Tafel zur Erinnerung an die Opfer des Nationalsozialismus am *Rathaus* errichtet. Der Findling steht heute in der Grünanlage vor dem Rathaus. Zu lesen ist dort:

> Den Opfern der Gewaltherrschaft zum Gedenken
>
> Es liessen ihr Leben: 1933 –
> 1945 die Gemeindevertreter
> Johann Beckschäfer, Porz · Paul Brätter, Wahn-Heide
> Franz Decker, Urbach · Heinrich Klein, Langel
> und 34 Männer und Frauen.
> Den Lebenden zur Mahnung
>
> In tiefer Verpflichtung
> die Bürger der
> Gemeinde Porz

Die Sozialdemokraten Paul Brätter, Franz Decker und Heinrich Klein sind noch bei den letzten Kommunalwahlen am 12. März 1933 in den Gemeinderat von Porz gewählt worden. Sie wurden im August des Jahres 1944 von der Gestapo verhaftet und sind im Konzentrationslager Sachsenhausen ums Leben gekommen. Johann Beckschäfer war als Kommunist im Gemeinderat.

Porz: Sowjetisches Ehrenmal auf dem Hauptfriedhof

Auf dem *Hauptfriedhof, Josefstraße,* wurde unmittelbar nach dem Kriege von der Sowjetischen Militärmission ein *Denkmal* errichtet, das eine Inschrift in kyrillischer Schrift trägt. Auf diesem Friedhof sind nach amtlichen Unterlagen zehn namentlich bekannte und 38 unbekannte Tote aus der Sowjetunion und Polen bestattet, die als Kriegsgefangene oder Zwangsarbeiter ums Leben kamen, die meisten vermutlich nach den Bombenangriffen im Oktober 1944 auf Porz oder als Opfer der miserablen Lebens- und Arbeitsverhältnisse.

Urbach: Sowjetisches Ehrenmal

Auf dem *Urbacher Friedhof, Mühlenweg,* wurde unmittelbar nach dem Kriege von der Sowjetischen Militärmission ein *Denkmal* errichtet, das der hier in einem Massengrab beigesetzten toten sowjetischen Kriegsgefangenen und Zwangsarbeiter gedenkt. Der schwarze Obelisk trägt unter dem Sowjetstern und dem Emblem von Hammer und Sichel eine Inschrift in russischer Sprache. Die deutsche und englische Übersetzung am unteren Ende lautet wie folgt:

> Ewige Ehre für unsere Kameraden,
> die während deutscher Nazisklaverei
> gefallen sind.

Nach den amtlichen Unterlagen sind 39 namentlich bekannte und 23 unbekannte Tote aus der Sowjetunion und Polen sowie drei Belgier und Franzosen auf diesem Friedhof bestattet.

Poll: Bernhard-Letterhaus-Heim

Das *Jugendwohnheim* für Auszubildende an der *Rolshover Straße 587* in Poll ist nach dem katholischen Arbeiterführer Bernhard Letterhaus benannt. Der Träger des Hauses, für das eine *Gedenktafel* geplant ist, ist auch Träger des Nikolaus-Groß-Hauses in Kalk. Bernhard Letterhaus, aufgewachsen in Wuppertal (s. dort), war Verbandssekretär der westdeutschen katholischen Arbeitervereine und vertrat das Zentrum im preußischen Landtag. Er gehörte zu den Männern des 20. Juli und wurde nach dem gescheiterten Attentat auf Adolf Hitler verhaftet, vom »Volksgerichtshof« zum Tode verurteilt und am 14. November des Jahres 1944 in Berlin durch den Strang hingerichtet. (s. auch Innenstadt).

Wahnheide: Friedhof

Auf dem *Friedhof innerhalb des Kasernengeländes der Bundeswehr* in *Wahn* sind neben den toten Kriegsgefangenen des 1. Weltkrieges und den 1918 erschossenen revolutionären Matrosen Max Reichpietsch und Albin Köbis auch sieben namentlich bekannte sowjetische Zwangsarbeiter aus der Zeit des Nationalsozialismus bestattet.
In Zusammenhang mit dem Militärgelände Wahn auf dem heutigen Kölner Stadtgebiet steht auch das Kriegsgefangenenlager »Hoffnungsthal«, in dem während des Krieges gefangene Polen und Franzosen, später auch Russen und Italiener bzw. Zwangsarbeiter untergebracht waren. Die Häftlinge mußten in den Werkstätten, Magazinen und sonstigen Einrichtungen des Heeresverpflegungsamtes und -standorts Wahn arbeiten, aber auch Entwässerungsgräben in der Feuchtheide ziehen oder Schießplätze anlegen. (Näheres s. Rösrath)

Literatur:
Wagner, Guido, Betrifft: Kriegsgefangenenlager »Hoffnungsthal« 1940–1945, Rösrather Denkmäler 3, Geschichtsverein für die Gemeinde Rösrath und Umgebung e.V., Rösrath 1993.

Stadtbezirk VIII (Kalk)

Humboldt/Gremberg: Gremberger Wäldchen

Seitlich des Gremberger Rings und unmittelbar im Kreuzungsbereich der beiden Autobahnen befindet sich im *Gremberger Wäldchen* eine *Gedenkstätte* zur Erinnerung an die Ermordung von 74 sowjetischen »Fremdarbeitern«. Das eingezäunte Areal wird hinten von einem etwa zwei Meter hohen Findling begrenzt, auf dem eine rot ausgemalte Inschrift in kyrillischen Buchstaben steht. Vorne liegt eine Steinplatte mit der deutschen Übersetzung, die wie folgt lautet:

Hier sind 74 sowjetische
Bürger begraben, die während
ihrer Gefangenschaft unter
dem Faschismus in den Jahren
1941 bis 1945 ermordet wurden.

Dahinter steht eine *Bronzeplastik* des Kölner Künstlers Klaus Balke, die im Jahre 1985 von der »Vereinigung der Verfolgten des Naziregimes/Bund der Antifaschisten« und der Friedensinitiative Köln-Poll gestiftet wurde und einen Mann zeigt, der eine

Köln-Humboldt/Gremberg: Bronzeplastik des Bildhauers Klaus Balke, aufgestellt 1985 auf der Gedenkstätte im »Gremberger Wäldchen« über den Gräbern von 74 sowjetischen Zwangsarbeitern, die in den Jahren 1941 bis 1945 furchtbaren Lebensbedingungen zum Opfer fielen oder ermordet wurden.

nach hinten sinkende Frau auffängt. Auf dem Sockel ist zu lesen:

Und alles Mitleid, Frau, wenn ich gelogen
das sich nicht wandelt in den roten Zorn
der nicht mehr ruht, bis endlich ausgezogen,
dem Fleisch der Menschheit dieser alte Dorn.
Bertolt Brecht

Die Gedenkstätte ist über den Gräbern sowjetischer Zwangsarbeiter errichtet, die in einem nahen Krankenlager untergebracht waren und oft den entsetzlichen Ernährungs- und Lebensbedingungen erlegen sind. Außerdem sind hier auch Opfer von Bombenangriffen bestattet sowie Opfer einer Mordaktion zwischen dem 8. und 10. April 1945. Uniformierte umstellten das Lager, zündeten es an und erschossen Dutzende von Häftlingen unter dem Vorwand einer Racheaktion wegen eines von geflohenen Zwangsarbeitern geschlachteten Kalbes.
Die Baracken wurden nach dem Kriege teilweise wieder aufgebaut und dienten bis in die 50er Jahre der sozialistischen Jugendorganisation »Falken« sowie für die Produktion eines Betonsteinwerkes.

Kalk: Nikolaus-Groß-Haus

Das Heim für junge Aussiedler in der *Lilienthalstraße 11* ist nach dem katholischen Arbeiterführer *»Nikolaus-Groß-Haus«* benannt. Eine *Tafel* am Eingang informiert darüber mit dem Text:

Nikolaus Groß 1898 – 1945
Katholischer Arbeiterführer · Bergmann ·
Gewerkschaftssekretär · Redakteur
Hingerichtet 23. Jan. 1945
Er starb für seinen Glauben.

Der Arbeitersohn Nikolaus Groß gehörte zu den führenden Leuten der »Katholischen Arbeiterbewegung« (KAB) und war in Köln Redakteur der »Westdeutschen Arbeiterzeitung«, später Schriftleiter des Nachfolgeblattes »Ketteler Wacht«. Er schrieb gegen die Nationalsozialisten in aufrüttelnden Artikeln und war zusammen mit Bernhard Letterhaus an den Widerstandskreisen zur Vorbereitung des Hitlerattentates am 20. Juli 1944 beteiligt. Am 12. August 1944 wurde er von der Gestapo verhaftet, vom »Volksgerichtshof« in Berlin verurteilt und am 23. Januar des Jahres 1945 in Plötzensee hingerichtet. (s. Innenstadt und Porz)

Stadtbezirk IX (Mülheim)

Mülheim: Synagoge Mülheimer Freiheit

Über dem Hauseingang des Mietshauses *Mülheimer Freiheit 78* erinnert eine *Gedenktafel* an den Standort der Mülheimer Synagoge im hinteren Bereich dieses Grundstücks. Die Inschrift lautet:

Im Haus Mülheimer Freiheit 78
befand sich bis 1938
die Mülheimer Synagoge
Sie wurde ebenso wie die
kleine Religionsschule für
jüdische Mülheimer Kinder
am 9. 11. 1938 zerstört.

Literatur:
Evangelische Kirchengemeinde Mülheim/Katholische Pfarrgemeinde Liebfrauen (Hrsg.), Die verschwundene Synagoge von Köln-Mülheim, Köln 1983.

Mülheim: Evangelischer Friedhof

Auf dem *evangelischen Friedhof, Bergisch Gladbacher Straße,* erinnert eine *Tafel* auf Anregung des Presbyteriums der Mülheimer Gemeinde seit dem Jahre 1987 an den Kölner Diakon Moritz Weissenstein. Die Inschrift lautet:

Zum Gedenken an Diakon
Moritz Weissenstein
* 1. 1. 1876 † 7. 10. 1944
Den letzten Mitarbeiter des
Westdeutschen Vereins für Israel,
der vielen seiner rassisch
verfolgten Leidensgenossen zur
Flucht verhalf, bevor er selber
im »Judenlager« Köln-Müngersdorf
ein Opfer des Hitler-Faschismus
wurde. Seine Beerdigung, die
Pfarrer Wilhelm Heynen auf
diesem Friedhof (Grabstelle 130)
ermöglichte, stand unter dem
Schriftwort Joh. 1.47: »Siehe,
ein rechter Israeliter, in
welchem kein Falsch ist!«

Moritz Weissenstein war Diakon der sogenannten »Judenmission« des »Westdeutschen Vereins für Israel«. Damit war die protestantische Missionierungsarbeit gegenüber jüdischen Konvertiten gemeint, die in den 20er Jahren Aufwind erhielt, da sich etliche Juden von der Taufe Schutz vor dem Rassismus in Deutschland erhofften. Obwohl evangelischer Christ und selbst Kirchenangestellter, wurde Weissenstein als »Jude« aus dem Kirchendienst entlassen, half Leidensgenossen im nationalsozialistischen Alltag, bis er selbst im Müngersdorfer Lager interniert wurde, wo er seinen Leiden erlag. Als sich seine Heimatpfarrei in der Kölner Innenstadt – er wohnte bis zur Internierung in der Moltkestraße 80 – für den Toten als nicht zuständig erklärte, organisierte der Mülheimer Pfarrer und Anhänger der Bekennenden Kirche Wilhelm Heynen die Bestattung auf diesem Friedhof.

Mülheim: Jüdischer Friedhof

Am *Neurather Ring,* direkt an den Gleisanlagen der Bahn, Am Springborn, liegt der *Friedhof* der früheren Jüdischen Gemeinde Mülheim. Auf einem *Basaltstein* in der Höhe von 1,83 Meter, welcher das menschliche Maß nachvollziehen soll, steht in Hebräisch und Deutsch geschrieben:

Erinnerung zur Tat.
Zum Gedenken an die
verfolgten jüdischen
Bürger Mülheims
1933 bis 1945.
Christen in Mülheim 1985.

Außerdem erinnern die Sterbeorte auf einigen Grabsteinen an die nationalsozialistische Verfolgung und die Vernichtung der Juden in den Konzentrationslagern.
Dieser Friedhof ist seit mindestens 1784 nachgewiesen. Zuletzt diente er einer Synagogengemeinde von rund 280 Mitgliedern als Bestattungsort. Die letzten Toten wurden hier im Jahre 1942 beerdigt, dann geriet er in Vergessenheit und verfiel, bis er in den 80er Jahren in einer gemeinsamen Initiative der beiden christlichen Gemeinden Mülheims wieder renoviert und dieser Gedenkstein errichtet wurde.

Dellbrück:
Zwangsarbeiter- und Zwangsarbeiterinnenlager

Am 21. November 1993 wurde am Nordrand des *Ostfriedhofs* (Eingang vom *Bensberger Marktweg*) eine *Erinnerungsstätte* am Ort eines früheren Lagers für Zwangsarbeiterinnen und Zwangsarbeiter der Öffentlichkeit übergeben. In der Mittelachse eines von Bäumen umsäumten Areals läuft eine Betonleiste, auf der nach oben herausragend menschliche Fußabdrücke zu sehen sind. Sie bilden eine Spur, die auf ein pultähnliches Denkmal zuläuft, auf dem eine Metallplatte die Umrisse des früheren Lagers und des heutigen Friedhofs zeigt. Der Text lautet wie folgt:

In der Zeit der nationalsozialistischen
Gewaltherrschaft
befand sich hier in den Kriegsjahren 1943–1945
ein Zwangsarbeiterlager
mit Hunderten von Frauen und Männern:
sowjetische und polnische Staatsangehörige,
aus ihrer Heimat Verschleppte,
die für die Kriegsziele der NS-Machthaber
arbeiten mußten.

Die Darstellung zeigt die Lage der Baracken
von je 40 m Länge und 10 m Breite.
Hier und in den anderen Lagern der Region
litten die entwürdigten Menschen an Hunger.
Viele starben an Krankheit und Seuchen.
Die barfüßigen Zwangsarbeiterinnen
mit ihren melancholischen Gesängen
auf den Wegen zu ihren Arbeitseinsätzen
hinterließen ihre Spuren
aus der Tiefe unserer Erinnerung.

Diese größte Gedenkstätte in Köln zur Erinnerung an eins von mehr als 200 Lagern während des Zweiten Weltkriegs ist einer Initiative des Dellbrücker Bildhauers Joseph Höntgesberg zu verdanken, der sie entworfen und auch selbst ausgeführt hat. Der Künstler, der in der Nähe aufgewachsen ist und dem das Gelände in der Kindheit zum Spielen diente, erfuhr durch einen Fernsehfilm 1990 über den russischen KZ-Häftling Askold Kurow (s. EL-DE-Haus bzw. Filmliste) erstmals von der Existenz des Lagers und wurde dadurch zur Beschäftigung mit dieser Geschichte und zum Bau der Erinnerungsstätte bewegt.
Vom Herbst 1943 bis April 1945 waren hier in acht Baracken rund 500 Frauen und Männer aus Polen und der Sowjetunion untergebracht, die in der Landwirtschaft, bei der Reichsbahn und der Firma Westwaggon (heute KHD) in Deutz, auf dem Fliegerhorst in Brück sowie in den Industriebetrieben der Umgebung arbeiten mußten.

Derselbe Künstler gestaltete auch den 1959 in Dellbrück *(Grünanlage Otto-Kayser-Straße)* errichteten *»Engelsturz«* mit einem Inschriftenstein: »Bezwinget den Ungeist. Die Bürger von Dellbrück den Toten der Gewaltherrschaft und der Weltkriege«.

Literatur:
Werkstatt für Ortsgeschichte Köln-Brück (Hrsg.), Das Zwangsarbeiterlager Bensberger Marktweg Köln-Dellbrück 1943 bis 1945, Köln 1992.

Mülheim: Stadthalle

In der Grünanlage hinter der Mülheimer Stadthalle, *Jan-Wellem-Straße,* ließ der Bürgerverein Mülheim im Jahre 1984 ein *Denkmal* errichten, das in einer erstaunlich nivellierenden Art und Weise die Opfer des Nationalsozialismus relativiert. Auf einem großen Stein steht der Text »den Opfern«, es folgen auf drei kleineren Findlingen die Worte »Krieg«, »Gewaltherrschaft« und »Naturkatastrophen«.

Geplante und umstrittene Projekte in Köln

Bunker in der Elsaßstraße

An dem *Bunker* in der *Elsaßstraße* in der Kölner Südstadt wurde im Herbst 1993 zum dritten Mal ein *Bild* aufgemalt, das an die Auseinandersetzungen der Bewohner mit den Nationalsozialisten im März 1933 erinnert. Als Text war zu lesen:

In Gedenken
an den Aufstand
gegen den
Naziaufmarsch
am 3. März '33
in der Elsaßstraße.

Zwei Tage vor der Reichstagswahl wurde ein Propagandatrupp der SA, der die Bewohner dieser traditionellen Arbeiterhochburg einschüchtern und Stärke demonstrieren sollte, mit einem Hagel von Haushaltsgegenständen und Wurfgeschossen vertrieben, kehrte jedoch mit Polizeiunterstützung in Form von Überfallkommandos und einem Panzerwagen zurück. Mehr als 70 Personen wurden verhaftet, einige kamen im Konzentrationslager ums Leben. Seit den achtziger Jahren versuchen Anwohner und Initiativen von Antifaschisten sowie der Ortsverein der SPD, zur Erinnerung an diese »Schlacht in der Elsaßstraße« ein Gemälde auf dem bundeseigenen Bunker anzubringen. Bisher hat indes der zuständige Bundesfinanzminister eine Bemalung abgelehnt und zweimal die im Schutz von Bürgerfesten gemalten Erinnerungen überpinseln lassen. Anfang November 1993 wurde das Bild zum dritten Mal auf den Bunker gemalt.
Zum Jahrestag am 3. März 1995 wurde auch eine früher schon einmal in der Arbeiterkolonie, Elsaßstraße, befindliche *Gedenktafel* wieder angebracht. Nachstehender Text wurde von der Bezirksvertretung beschlossen:

3. März 1933
Wenige Wochen nach der Machtübernahme
marschierten SA-Trupps erstmals durch
die Elsaßstraße, die als Hochburg der
Kommunisten galt. Die Bewohner bewarfen
die Nationalsozialisten aus den
Fenstern mit Blumentöpfen, Flaschen,
Mülltonnen und anderen Gegenständen.
Die Polizei eröffnete daraufhin das
Feuer und nahm 70 Personen fest.

Homosexuellendenkmal am Rheingarten

Aufgrund einer Initiative des Schwulen-Arbeitskreises in der ÖTV Köln im Jahre 1990, dem sich zahlreiche andere Gruppen angeschlossen haben, hat die Stadt Köln beschlossen, ein *Denkmal* zur Erinnerung an homosexuelle Opfer des Nationalsozialismus am Rheinufer zu errichten. Im Jahre 1993 wurde dafür ein beschränkter Künstlerwettbewerb ausgeschrieben. Als Text wurde nach langen Debatten festgelegt:

Totgeschlagen – Totgeschwiegen
Den schwulen und lesbischen
Opfern des Nationalsozialismus

Damit wird, wie 1994 in Frankfurt a.M., in einem Erinnerungstext ausdrücklich auch auf die weiblichen Opfer der nationalsozialistischen Verfolgung hingewiesen, die aufgrund ihrer lesbischen Neigungen inhaftiert, mißhandelt und umgebracht worden sind. Der Ort des Denkmals nach dem ausgewählten Entwurf des Rostocker Bildhauers Achim Zinkann wird der *Rheingarten* unterhalb des Museums Ludwig sein (1995). Hier befanden sich bis 1945 öffentliche Toiletten, Treffpunkte der Homosexuellen, die häufig Ziele von Überwachung, Razzien oder Überfällen durch SA und Polizei waren.

Literatur:
Limpricht, Cornelia/Müller, Jürgen/Oxenius, Nina (Hrsg.), »Verführte« Männer. Das Leben der Kölner Homosexuellen im Dritten Reich, Köln 1991.

Kontakt:
Arbeitskreis Schwule Geschichte Kölns, Wahlenstraße 1–3, 50823 Köln.

Deserteursdenkmal

Am Volkstrauertag 1992 errichtete die Kölner Initiative »DesARTeur« auf dem *Heinrich-Böll-Platz* hinter dem Museum Ludwig/Wallraf Richartz Museum ein *Denkmal* zur Erinnerung an die Deserteure des Zweiten Weltkriegs. Auf einem von dem Kölner Aktionskünstler Karl-Heinz Hillen geschaffenen Bretterkäfig, in dem stilisierte Gewehre eingeschlossen waren, stand zu lesen »Sperrt die Waffen weg, nicht die Deserteure!«. Dieser Standort wurde gewählt, weil sich der Träger des Platznamens und Kölner Ehrenbürger Heinrich Böll während des Krieges von der Truppe entfernt hatte. Nach mehreren anderen Aktionen in der Vergangenheit war dies ein neuer Versuch der Initiative, die seit 1990 auf ein öffentliches Denkmal für die Deserteure drängt.

Quelle:
Rolf Noack, Endlich auch in Köln: Denk-Mal für alle Deserteure, in: RathausRatlos. Mitteilungsblatt der Grünen im Kölner Rat, Nr. 64, Dezember 1992, S. 11.

Initiativen und Kontakte/Stadtführungen Köln:

Kölner Schülergeschichtswerkstatt
Von Sammy Maedge, dem Leiter der Kölner Schülergeschichtswerkstatt, wurde die Ausstellung »Kennzeichen J« entwickelt (drei Teile: 1. Verfolgung der Juden und »Zigeuner«. 2. Widerstand gegen das NS-Regime. 3. Neonazismus in der Bundesrepublik). Er veranstaltet Stadtgänge für Schüler und Lehrer, Lehrerfortbildungsmaßnahmen.
Kontakt:
Kölner Schülergeschichtswerkstatt, Lochnerstraße 15, 50674 Köln, Tel.: 02 21/2 21-77 30.

Beratungsstelle für Opfer der NS-Medizin
Die Beratungsstelle des Gesundheitsamtes der Stadt Köln richtet sich an Personen, die durch Unrechtstaten der Medizin im Nationalsozialismus geschädigt wurden, z.B. Zwangssterilisation, »Euthanasie«-Verbrechen.
Kontakt:
Beratungsstelle für Opfer der NS-Medizin, Gesundheitsamt der Stadt Köln, Neumarkt 15, 50667 Köln, Tel.: 02 21/ 2 21-45 78.

Bundesverband Information und Beratung für NS-Verfolgte
1990 gründeten der Kölner Verein EL-DE-Haus und andere Organisationen eine bundesweite Beratungsstelle für NS-Verfolgte, insbesondere für solche Menschen, die bisher von finanziellen oder sonstigen Leistungen ausgenommen waren. Die einzige bundesweite Beratungsstelle für NS-Verfolgte hat seit 1994 keine staatliche finanzielle Unterstützung mehr erhalten. Der Verband will trotzdem versuchen, seine wichtige Arbeit fortzusetzen.
Kontakt:
Informations- und Beratungsstelle für NS-Verfolgte, Kämmergasse 1, 50676 Köln, Tel.: 02 21/23 33 23.

Bibliothek Germania Judaica
In Köln existiert die größte deutsche Bibliothek zur Geschichte des deutschen Judentums mit einem umfangreichen Bestand zu allen Aspekten des jüdischen Lebens.
Kontakt:
Germania Judaica, Josef-Haubrich-Hof 1, 50676 Köln, Tel.: 02 21/23 23 49.

Stadtführungen
In Köln gibt es mehrere Einzelpersonen und Initiativen, die Stadtführungen, Stadtspiele für Jugendliche zu den Themen »Köln im Nationalsozialismus« oder »Geschichte der Kölner Juden« durchführen. Regelmäßige Führungen veranstaltet der Verein »StattReisen«.
Kontakt:
StattReisen, Hansaring 135, 50670 Köln, Tel.: 02 21/ 7 32 51 13.

Quellen/Literatur:
(Ausgewählte Literatur, die Gesamtaspekte betrifft. Spezielle Quellen und Literatur sind bei den einzelnen Orten zu finden.)
Asari, Zvi (Hrsg.), Die Juden in Köln, Köln 1959; Becker-Jákli, Barbara (Hrsg.), Ich habe Köln doch so geliebt. Lebensgeschichten jüdischer Kölnerinnen und Kölner, Köln 1993; Corbach, Dieter (ehem. Synodalbeauftragter für das christlich-jüdische Gespräch), Jüdische Spuren in Köln, Bericht für den Ausschuß für kirchliche Zeitgeschichte der Evangelischen Kirche im Rheinland, Köln 1988; Evangelischer Stadtkirchenverband (Hrsg.), Leidensgeschichten unter Kreuz und Hakenkreuz. Stationen eines evangelischen Kreuzweges in Köln, Köln 1987; Fischer, Bruno, Köln, in: Wegweiser durch das jüdische Rheinland, hrsg. von Ludger Heid und Julius H. Schoeps, Berlin 1992, S. 148–175; Fußbroich, Helmut, Gedenktafeln in Köln – Spuren der Stadtgeschichte, Köln 1985; Grünewald, Guido, Opposition und Widerstand gegen das NS-Regime: Das Beispiel Köln, in: Gegen den braunen Strom, NS-Dokumentationszentrum (Hrsg.), Köln 1991, S. 183–203; Haupts, Leo/Mölich, Georg, Aspekte der nationalsozialistischen Herrschaft in Köln und im Rheinland. Beiträge und Quellen, Köln 1983; Huiskes, Manfred, Die Wandinschriften des Kölner Gestapogefängnisses im EL-DE-Haus 1943–1945, hrsg. v. Historischen Archiv der Stadt Köln, Köln 1983; Jung, Werner, Köln im Nationalsozialismus, in: Carl Dietmar, Die Chronik Kölns, Köln 1991, S. 378–379; Klein, Adolf, Köln im Dritten Reich. Stadtgeschichte der Jahre 1933–1945, Köln 1983; Kolberg, Gerhard (Redaktion), Skulptur in Köln. Bildwerke des 20. Jahrhunderts im Stadtbild, hrsg. vom Museum Ludwig, Köln 1988; Mazerath, Horst, »...vergessen kann man die Zeit nicht, das ist nicht möglich...«. Kölner erinnern sich an die Jahre 1929–1945. Zum 40. Jahrestag des Kriegsendes herausgegeben von der Stadt Köln, 3. Auflage Köln 1987; Ders. (Redaktion), Jüdisches Schicksal in Köln 1918–1945. Ausstellung des Historischen Archivs der Stadt Köln 8. November 1988 bis 22. Januar 1989, Katalog, Köln 1988; Ders., Köln in der Zeit des Nationalsozialismus, in: Peter Fuchs (Hrsg.), Chronik zur Geschichte der Stadt Köln, Bd. II, Köln 1991, S. 221–226; NS-Dokumentationszentrum der Stadt Köln (Hrsg.), Gegen den braunen Strom. Kölner WiderstandskämpferInnen heute in Portraits der Arbeiterfotografie in Köln, Ausstellungskatalog 1991; Dass. (Hrsg.), Jüdisches Schicksal in Köln 1918–1945. Unterrichtsmaterialien, Köln o.J. (1989); Dass. (Hrsg.), Machtergreifung und Gleichschaltung. Kölner Schulen 1933–1945. Unterrichtsmaterialien, Köln o.J. (1991); Schwering, Leo, In den Klauen der Gestapo. Tagebuchaufzeichnungen der Jahre 1944–1945, Köln 1988; Stadt Köln (Hrsg.), Widerstand und Verfolgung in Köln 1933–1945. Katalog zur Ausstellung des Historischen Archivs der Stadt Köln im Jahre 1974, Köln 1974; Stankowski, Martin, Köln. Der andere Stadtführer, Band 1: Altstadt, Innenstadt, Dom, 5. Auflage 1994, Band 2: Neustadt, Südstadt, Ringe, Rhein, Deutz, 3. Auflage 1993; Verein EL-DE-Haus e.V. (Hrsg.), Arisierung in Köln. Dokumente aus dem Westdeutschen Beobachter, 2. Auflage (Selbstverlag), Köln 1988; Ders. u. NS-Dokumentationszentrum (Hrsg.), Köln und der 30. Januar 1933. Von Hitlers Ernennung zum Reichskanzler bis zur Machtübernahme in Köln (13. März 1933), Köln 1993; Vereinigung der Verfolgten des Naziregimes, Kreisverband Köln (Hrsg.), Köln unterm Hakenkreuz. Antifaschistischer Stadtführer, Köln o.J. (1989); Viebahn, Wilfried/Kuchta, Walter, Widerstand gegen die Nazi-Diktatur in Köln, in: Billstein, Reinhold (Hrsg.), Das andere Köln, Köln 1979, S. 283 – 361.

Filme:
Dietrich Schubert (Regie), »Nachforschungen über die Edelweißpiraten«, Dokumentarfilm, ZDF 3. Juli 1980; Ders. (Regie), »Widerstand und Verfolgung in Köln 1933–1945«, Dokumentarfilm; Ders. (Regie), »Nieder mit den Deutschen«, Spielfilm, sw, 91 Minuten, 16 mm oder Video, Audiovisuelle Arbeitsmittel der Landeszentrale für politische Bildung, Düsseldorf (HEB 1 F010); Paul Karalus (Regie), »Widerstand im Dritten Reich. Es gab nicht nur den 20. Juli«, 4 Teile je 35–40 Minuten, 1978, sw, 16 mm (u.a. kommen zu Wort aus Köln Willi Schirrmacher (SPD), Hanna Gerig, Edelweißpiraten, Ursula Letterhaus und Alexander Groß), Audiovisuelle Arbeitsmittel der Landeszentrale für politische Bildung, Düsseldorf (HDE2F 007 bis 010).

Königswinter

Am ehemaligen Standort der Synagoge in der *Heisterbacher Straße* im Ortsteil *Oberdollendorf* erinnert eine *Gedenktafel* an die durch die Nationalsozialisten umgebrachten jüdischen Bürger und an die Zerstörung der Synagoge in der Reichspogromnacht. Über dem Relief eines siebenarmigen Leuchters steht der Text:

> Zum Gedenken an
> alle durch die Gewalt-
> herrschaft ums Leben
> gekommenen jüdischen
> Mitbürger und an die
> Synagoge Oberdollendorf,
> die bis zur Zerstörung
> am 9. 11. 1938 durch die
> Nationalsozialisten
> hier gestanden hat.
> Stadt Königswinter – November 1981

Literatur:

Rey, Manfred van, Zur Geschichte der jüdischen Einwohner Königswinters, in: Linn, Heinrich, Juden an Rhein und Sieg (s. Bad Honnef), S. 320–327.

Krefeld

NS-Dokumentations- und Begegnungszentrum der Stadt Krefeld

In der ehemaligen Villa des jüdischen Seidenfabrikanten und Seidengroßhändlers Richard Merländer, der 1942 ins Konzentrationslager Theresienstadt gebracht, zwei Monate später nach Treblinka deportiert und dort umgebracht wurde, werden seit November 1991 Dokumente der NS-Zeit in Krefeld wie Bücher, Briefe, Bilder usw. gesammelt und der Öffentlichkeit zugänglich gemacht. Neben einer Bibliothek gibt es hier Wechselausstellungen, Vorträge und Veranstaltungen. Außerdem sind hier die Ende der achtziger Jahre wiederentdeckten Wand- und Deckengemälde des zum Freundeskreis des »Blauen Reiters« zählenden Malers Heinrich Campendonk zu besichtigen, die dieser Mitte der zwanziger Jahre für das Wohnhaus des jüdischen Seidenfabrikanten gemalt hatte.

Anschrift:
Villa Merländer, NS-Dokumentations- und Begegnungszentrum, Friedrich-Ebert-Straße 42, 47799 Krefeld, Tel.: 02151/503553. Leitung: Dr. Ingrid Schupetta. Öffnungszeiten: Di, Mi und Do 14 bis 17 Uhr.

Auf einer Mauer vor dem Krefelder *Gewerkschaftshaus* an der *Blumentalstraße 2* sind zwei *Metalltafeln* angebracht. Die größere trägt die Inschrift:

> Denkt an die Opfer der Diktatur
> seid wachsam
> schützt die Freiheit

Auf der kleineren der Tafeln ist zu lesen:

> Am 2. Mai 1933 stürmten in Krefeld SA-Verbände das
> Haus des Allgemeinen Deutschen Gewerkschafts-
> bundes. Nach 50 Jahren gedenken wir derer,
> die damals verhaftet, erniedrigt, gefoltert und
> ermordet wurden. Sie stehen stellvertretend
> für alle Opfer der Hitlerdiktatur.
> Deutscher Gewerkschaftsbund Kreis Krefeld
> 2. Mai 1983

Neben dem ehemaligen Standort der großen Synagoge *Marktstraße/Ecke Petersstraße* befindet sich ein *Mahnmal* aus sechs unterschiedlich großen Basaltsäulen, welche die im Holocaust umgekommenen sechs Millionen Juden symbolisieren. Auf einer Bodenplatte mit der Abbildung der Synagogenfassade ist zu lesen:

> Unweit dieses Mahnmals/stand die Synagoge
> der Jüdischen Gemeinde/Krefeld aus dem
> Jahre 1903. Menschenverachtende Willkür/zerstörte
> sie in der »Reichskristallnacht« am 9. November 1938.

In Krefeld-*Uerdingen* ist vor dem Haus *Bruchstraße 6* eine *Bronzeplatte* eingelassen, auf der, unterlegt von der Abbildung eines Chanukka-Leuchters, zu lesen ist:

> Hinter diesem Haus stand seit 1841 die/Uerdinger
> Synagoge. Sie wurde am 10. November 1938 in
> nationalsozialistischem/Wahn ausgeräumt und
> abge/brochen. Die Einrichtung verbrannte/man auf
> dem Marktplatz.
> Zur Erinnerung und Mahnung die Bürger Uerdingens
> 10. November 1988

Auch in Krefeld-*Linn* wurde im Jahre 1985 in den *Bürgersteig* vor dem Grundstück *Rheinbabenstraße 90* eine *Metallplatte* eingelassen. Sie trägt eine Abbildung der Linner Synagoge und den Text:

> Hier stand die Synagoge, nach Plänen von A. Heyden
> 1865 erbaut, den Linner und den Bockumer Juden
> von Philipp de Greiff gestiftet.
> Sie wurde ein Opfer der nationalsozialistischen Willkür
> am 9. November 1938.

Eine weitere Gedenktafel zur Erinnerung einer früheren Synagoge hängt in Krefeld-*Hüls* an dem Haus *Klever Straße 30*. Die gerahmte *Tafel* trägt hinter Glas die Inschrift:

Hier stand die Synagoge der ehemals blühenden Hülser Jüdischen Gemeinde. Sie wurde am 10. Nov. 1938 durch Brandstiftung restlos zerstört. Den Terror des 3. Reiches (1933–1945) überlebten nur wenige Hülser Juden. Die Hülser Bürger gedenken der Toten.
10. Nov. 1982

Am *jüdischen Friedhof* in *Hüls, Am Strathhof*, hängt neben dem *Eingangstor* rechts eine *Metalltafel* mit dem Text:

Zur Erinnerung an die jüdischen Mitbürger
am 50. Jahrestag der Reichskristallnacht
Hüls 10. 11. 1988
SPD Hüls

Auf dem *Neuen Jüdischen Friedhof* in Krefeld, an der *Alten Gladbacher Straße*, befindet sich ein *Gedenkstein* zur Erinnerung an die Mitglieder der Gemeinde mit dem Text:

Zum Gedenken an die Opfer,
die der Nationalsozialismus
in den Jahren 1933–1945
von den Mitgliedern unserer
Gemeinde gefordert hat.

Im Foyer der *städtischen Kinderklinik* wurde im Oktober 1991 eine *Gedenktafel* für den jüdischen Arzt Isidor Hirschfelder angebracht. Der Text lautet:

Zum Gedenken an
Dr. med Isidor Hirschfelder
Begründer der klinischen Pädiatrie in Krefeld
1878 - 1941
Er wurde ein Opfer
nationalsozialistischer Gewaltherrschaft.

Am *Moltkegymnasium* wurden am 29. Januar 1985 zwei *Tafeln* enthüllt, die der ehemaligen jüdischen Schüler gedenken, die deportiert oder umgebracht wurden. Auf den Tafeln links und rechts der Haupttür ist im Eingangsbereich innen zu lesen:

Schwarze Milch der Frühe wir trinken
sie abends
wir trinken sie mittags und morgens
wir trinken sie nachts
wir trinken und trinken...
Todesfuge. Paul Celan

Und auf der anderen Tafel:

Zum Gedenken
an die Schüler unserer Schule,
die in der Zeit
des Nationalsozialismus aus
rassischen, religiösen, politischen
Gründen verfolgt wurden.

Hinter der *Trauerhalle* auf dem neuen Teil des *Hauptfriedhofs* befindet sich ein *Gedenkstein* für die ehemaligen Häftlinge der Konzentrationslager, eine Erinnerung an die Krefelder Bürgerinnen und Bürger, die als Gegner oder Opfer der Nationalsozialisten umgebracht wurden. Auf einem großen elliptischen Steinring sind oben und auf den Seitenwänden insgesamt 41 Namen, Geburtsdaten und Sterbeorte eingemeißelt. Bekannte Orte des nationalsozialistischen Terrors tauchen hier auf: Dachau und Auschwitz, Buchenwald, Ravensbrück und Sachsenhausen.

In der *ehemaligen Leichenhalle* des alten *Friedhofs* in *Hüls* befindet sich ein würfelförmiger *Gedenkstein* mit der Inschrift:

Den Gefallenen
und Toten
des Zweiten
Weltkriegs
und den Opfern
von Terror
und Gewalt
zum Gedenken

Vor dem *ehemaligen Sitzungssaal* im ersten Obergeschoß des historischen *Rathauses* von Krefeld hängt eine *Metalltafel* mit der Abbildung einer Weltkarte, 22 Ländernamen und dem Text:

Zum Andenken an das Zusammentreffen
der ehemaligen
jüdischen Krefelder Bürger,
die in den Jahren zufolge
der Machtergreifung der Nationalsozialisten
in 1933 nach
allen Erdteilen entflohen sind,
die aber dadurch von dem
Schicksal der Vernichtung gerettet wurden.
29. Juni – 7. Juli 1987

Ein einstimmiger Beschluß des Rates der Stadt Krefeld vom 1. Oktober 1986 auf Antrag der Fraktion Die Grünen, im Eingangsbereich des Rathauses eine Gedenktafel anzubringen, die namentlich an die NS-Opfer des Rates und der Verwaltung erinnert, wurde bisher nicht realisiert.

In der *Turmkapelle* der *St. Martinkirche* hängt eine *Gedenktafel* mit dem Text:

Für die Gefallenen und Opfer der beiden Weltkriege
und für die beiden Priester aus unserer Gemeinde,
die im KZ Dachau gestorben sind.
P. Dionys Zöhren OFM † 3. 2. 1943
P. Werner Barkholt SJ † 18. 7. 1942

Auf dem *städtischen Friedhof* befinden sich ein Gräberfeld mit 282 Gräbern ausländischer Zwangsarbeiter, darunter 263 Sowjetbürger, und 18 Grabstätten ehemaliger KZ-Häftlinge, die in den Kriegsjahren u.a. bei der Firma Thyssen arbeiten mußten. Im Jahre 1988 wurde vor dem Gräberfeld ein *Mahnmal* aufgebaut. Ein liegender halbkreisförmiger Naturstein trägt eine rechteckige *Platte* mit der Inschrift:

Im Gedenken an die Opfer des
nationalsozialistischen Terrors,
die in unserer Stadt als Zwangsarbeiter umkamen.
Ihr Tod sei uns eine Mahnung.

Quellen/Literatur:
Billstein, Aurel, Der eine fällt, die anderen rücken nach... Dokumente des Widerstandes und der Verfolgung in Krefeld 1933–1945, Frankfurt a. M. 1983; Ders., Fremdarbeiter in unserer Stadt. Kriegsgefangene und deportierte »fremdvölkische Arbeitskräfte« 1939–1945 am Beispiel Krefelds, Frankfurt a. M. 1980; Ders. Christliche Gegnerschaft am Niederrhein 1933–1945 ... im Bereich der ehemaligen Gestapo-Außendienststelle Krefeld, 2. Aufl. Viersen 1987; Hangebruch, Dieter, Emigriert – Deportiert. Das Schicksal der Juden in Krefeld zwischen 1933–1945, in: Rotthoff, Guido (Hrsg.), Krefelder Juden, Bonn 2. Aufl. 1981, S. 137–417; Kauffeldt, Rolf, Krefeld, in: Wegweiser durch das jüdische Rheinland, Berlin 1992, S. 176–187; Thissen, Martina u.a., Fremdarbeiter und Kriegsgefangene während des Zweiten Weltkrieges in Krefeld und Umgebung. Arbeit 11. Klasse, Gymnasium Horkesgath, im Rahmen des »Schülerwettbewerbs Deutsche Geschichte« 1982/83; Vor dem Besuch in Krefeld - 29. Juni bis 7. Juli 1987 – Briefe ehemaliger Krefelder Juden an Schüler des Gymnasiums am Moltkeplatz, Krefeld 1987.

Kreuztal, Westfalen

Der *»Fred-Meyer-Platz«* in Kreuztal-*Littfeld* erhielt seinen Namen nach dem dreijährigen jüdischen Jungen Fred Meyer, der am 2. März 1943 zusammen mit seiner Mutter in den Osten deportiert und dort umgebracht worden ist. Im Jahre 1983 wurde auf diesem Platz ein *Gedenkstein* zur Erinnerung an die Opfer des Nationalsozialismus enthüllt mit der Inschrift:

Die sich des Vergangenen
nicht erinnern, sind verurteilt
es noch einmal zu erleben.

Die Erinnerung an die von den Nationalsozialisten ermordeten Juden ist auch auf einigen Grabsteinen des *jüdischen Friedhofs* in *Burgholdinghausen* zu finden.

Am oberen Ende des *Friedhofs* in Kreuztal-*Eichen* befindet sich ein kirchturmartiger *Metallobelisk* über dem Grab von 28 russischen und polnischen Zwangsarbeitern. Sie waren während des Krieges nach Kreuztal gebracht worden, um in Industriebetrieben und bei der Reichsbahn im Bereich des Verschiebebahnhofs zu arbeiten. Ein Barackenlager befand sich beim Eichener Walzwerk, heute Hoesch, ein anderes im Ortsteil Buschhütten in der Friedrich-Ebert-Straße.

Auf dem *Friedhof* der ehemals selbständigen, heute zu Kreuztal zählenden Gemeinde *Buschhütten* befindet sich ein *Gemeinschaftsgrab* mit den sterblichen Überresten von 53 Zwangsarbeitern, darunter 48 Russen, die durch den Bombenkrieg oder durch die miserablen Lebens- und Arbeitsbedingungen umgekommen sind.

Lage, Lippe

Auf dem *jüdischen Friedhof* in Lage, *Flurstraße*, erinnert ein *Gedenkstein* an die ehemaligen jüdischen Bürgerinnen und Bürger der Stadt Lage.

Lahde siehe Petershagen

Langenfeld, Rheinland

Am 17. Mai 1991 wurde vor der *Rheinischen Landesklinik Langenfeld,* in der Nähe der *Klinikkirche* am Rande der Hauptverbindungsstraße, ein fast drei Meter hoher *Gedenkstein* errichtet mit der Aufschrift:

Von hier aus wurden 1941–1944
mehr als zweitausend Menschen
nach Hadamar und anderswohin
verschleppt und ermordet.

Das Datum der Errichtung war der 50. Jahrestag der ersten Transporte aus der damaligen »Rheinischen Provinzial- Heil- und Pflegeanstalt Galkhausen«, der heutigen Landesklinik. Diese diente zwischen dem 28. April 1941 und dem 20. August 1944 als Zwischenanstalt für die Deportation von 870 Menschen aus der gesamten nördlichen Rheinprovinz in die Mordklinik Hadamar in Hessen (s. dort). Zu diesem Zweck war Galkhausen vorher von den sogenannten Ursprungskranken »freigemacht« worden, wie der Vorgang zynisch-bürokratisch bezeichnet wurde. Ab März 1943 bis Ende 1944 wurden insgesamt 1458 Menschen nun vorwiegend in die Mordanstalten im Osten, z.B. Meseritz-Obrawalde, transportiert, darunter 58 Zwangsarbeiter und Zwangsarbeiterinnen, die meist körperlich krank, erschöpft und nicht mehr arbeitsfähig waren. Ab 1933 fanden in der Klinik Langenfeld selbst auch Hunderte von Zwangssterilisierungen statt.

Die NS-Geschichte der Klinik wurde in der jüngsten Zeit von einer Arbeitsgruppe der Klinik erforscht und in Ausstellungen und Publikationen öffentlich gemacht.

Im Jahre 1968 wurde am *Freiherr vom Stein-Haus* in der gleichnamigen Straße eine runde *Gedenktafel* angebracht, mit der an die Synagoge erinnert wird, die in unmittelbarer Nachbarschaft stand. Der Text auf der Tafel neben einem stilisierten Flammenmeer lautet:

Zum
Gedenken
an unsere jüdischen
Mitbürger, angebracht
am 30. Jahrestag
der Zerstörung
ihrer Synagoge.
Stadt Langenfeld
9. 11. 1968

Knapp innerhalb der Grenzen der Stadt Langenfeld am *Wenzelnberg* befindet sich ein *Mahnmal* zur Erinnerung an den Mord an 72 Häftlingen aus dem Zuchthaus Remscheid-Lüttringhausen und aus Wuppertaler Gefängnissen durch die Gestapo. An diesem Ort finden jährlich Gedenkfeiern aus dem Umfeld der Städte Wuppertal, Solingen und Remscheid statt. (Näheres s. Remscheid und Solingen)

Literatur:
Leipert, Styrnal und Schwarzer (Hrsg.), Verlegt nach Unbekannt – Sterilisation und Euthanasie in Galkhausen 1933–1945, Köln 1987; Ders., Die Rheinische Provinzial-Heil- und Pflegeanstalt Galkhausen als Zwischenanstalt, in: Seidel, Ralf/Werner, Wolfgang F., Psychiatrie im Abgrund, Köln 1991, S. 78–83.

Lechenich siehe Erftstadt

Lemgo

Im *Freien Hof*, hinter dem Haus *Papenstraße 32*, befindet sich die *Gedenktafel* für die 1938 zerstörte Synagoge. Der Text lautet:

Hier stand seit 1883 das Gotteshaus
der Jüdischen Gemeinde.
Es wurde am 8. November 1938
von Deutschen zerstört.
Diese Schuld nicht zu vergessen,
mahnen die Christlichen Gemeinden
Lemgo und Brake.

Zur Erinnerung an den Lemgoer Bürgermeister *Wilhelm Gräfer* befindet sich eine *Gedenktafel* der Stadt Lemgo an der Stadtkirche in *Bodenwerder*, wo er am 5. April 1945 von den Nationalsozialisten hingerichtet wurde (s. Niedersachsen: Bodenwerder). Die Stadt Lemgo ehrt Gräfer durch eine jährliche Kranzniederlegung an seinem Bild im Lemgoer Rathaus.
Die Ehrung Gräfers als Opfer des Nationalsozialismus ist nicht unumstritten. Von einigen Seiten wird ihm Unterstützung des NS-Regimes vorgeworfen, von anderen wird dieser Vorwurf zurückgewiesen. Gräfer war seit der Weimarer Republik Bürgermeister von Lemgo und blieb während der ganzen NS-Zeit im Amt. In der Endkriegsphase widersetzte er sich der Durchhalteparole der Nationalsozialisten und fuhr den herannahenden Amerikanern entgegen, um die Zerstörung der Stadt durch sinnlose Kämpfe zu verhindern. Von nationalsozialistischen Fanatikern wurde er in Bodenwerder hingerichtet.

Literatur:
Bauerkämper, Arnd/Freitag, Werner/Tegt, Rainer, Zur Stellung des Bürgermeisters im nationalsozialistischen Staat – Wilhelm Gräfer in Lemgo: Eine Fallstudie, in: Lippische Mitteilungen aus Geschichte und Landeskunde, Bd. 51 (1982), S. 211–239; Dubbert, Katja und Liehe, Christiana, Zigeuner in Lemgo in der Zeit von 1889–1989, Arbeit 10. Klasse, Engelbert-Kämpfer-Gymnasium, im Rahmen des »Schülerwettbewerbs Deutsche Geschichte« 1988/89; Juden in Lemgo und Lippe. Kleinstadtleben zwischen Emanzipation und Deportation, Bielefeld 1988 (Forum Lemgo. Schriften zur Stadtgeschichte Heft 3); Pohlmann, Hanne und Klaus, Kontinuität und Bruch. Nationalsozialismus und die Kleinstadt Lemgo, Bielefeld 1990; Raveh, Karla (geb. Frenkel) und Rosenberg, Helene, Überleben. Der Leidensweg der jüdischen Familie Frenkel aus Lemgo, Bielefeld 1986.

Lengerich, Westfalen

In der westfälischen Kleinstadt Lengerich befand sich von März 1944 bis April 1945 ein Außenlager des Konzentrationslagers Neuengamme, das »KZ-Außenlager Lengerich – Geheimlager A1«. Die 200 Häftlinge waren im »Alten Tanzsaal Brunsmann«, heute »Centralhof«, Lienener Straße 15, untergebracht. Etwa 120 von ihnen mußten in zwei Schichten zu 60 Mann in einem Reichsbahntunnel unter dem Tarnnamen »Rebhuhn« Flugzeugteile und Kleinteile im Auftrag der Firma »Vereinigte Leichtmetall-Werke, Hannover-Linden« für die sogenannte V-Waffe herstellen, die anderen Häftlinge waren im Gleis- und Straßenbau eingesetzt oder mußten nach Bombardierungen Trümmer räumen. Die Reste des Bahntunnels am Gleis der Strecke Osnabrück-Münster, am Ende der Verlängerung Schlesierstraße, sind im Jahre 1992 noch vorhanden, sollen aber wegen Einsturzgefahr verfüllt werden. Ebenso existieren noch der Keller unter dem Alten Tanzsaal wie auch andere Gebäudeteile der ehemaligen Unterkunft. Dies sind die einzigen sichtbaren Erinnerungen an das KZ-Außenlager in Lengerich, um dessen Erforschung sich in jüngerer Zeit eine Initiative kümmert, die neben der Herausgabe von Publikationen auch die Einrichtung einer Gedenkstätte vorgeschlagen hat. (S. auch Hamburg-Neuengamme)

Kontakt:
Arbeitsgruppe KZ-Außenlager Neuengamme – Geheimlager A1 Lengerich, c/o Harald Bürling, Berthold-Lange-Straße 24, 30559 Hannover.

Im Eingangsbereich des Verwaltungsgebäudes der *Westfälischen Klinik für Psychiatrie* in Lengerich wurde Anfang der achtziger Jahre eine *Tafel* aufgehängt mit der Inschrift:

> In der Zeit des Nationalsozialismus
> sind etwa 250 Patienten und Patientinnen
> der damaligen Provinzialheilanstalt Lengerich
> ermordet worden.
> Ihr Schicksal mahnt zur Überprüfung unseres Tuns.

(Näheres s. auch Münster)

Literatur:
Schumann, Gert, Sklavenarbeit für den Krieg, in: »Westfälische Nachrichten«, Lokalausgabe Lengerich, Nummer 81 vom 5. April 1985.

Leverkusen

Auf dem *Friedhof* Leverkusen-*Manfort* befindet sich eine *Ehrenanlage* für 184 Zwangsarbeiter aus verschiedenen Ländern und für deren Kinder. Ein *Denkmal* erinnert an sie und andere Verfolgte des Nazi-Regimes. Ihre Namen sind auf einem Steinkreuz aufgeführt.

Am Standort der ehemaligen Synagoge in *Opladen*, heute Stadtteil von Leverkusen, in der *Altstadtstraße/Ecke Lessingstraße* wurde 1966 ein *Gedenkstein* zur Erinnerung an die Zerstörung durch die Nationalsozialisten aufgestellt. Er trägt die Inschrift:

> Hier stand von 1878 bis 1938 die Synagoge
> der Jüdischen Gemeinde Opladen.
> Rassenhaß führte zu ihrer Zerstörung
> am 10. November 1938.
> Den Toten zum Andenken
> den Lebenden zur Mahnung.
> Stadt Opladen 10. November 1966

Quellen/Literatur:
Brockhorst, Nicole u.a. (11 Verfasser), »Die langen schwarzen Mäntel«. Die geheime Macht der Gestapo, dargestellt am Beispiel der Stadt Leverkusen, Arbeit 13. Klasse, Freiherr-vom-Stein-Gymnasium, im Rahmen des »Schülerwettbewerbs Deutsche Geschichte« 1982/83; Dietlmeier, Britta/Reis, Erika, Judenverfolgung in Opladen, Arbeit 9. Klasse, Werner-Heisenberg-Gymnasium, im Rahmen des »Schülerwettbewerbs Deutsche Geschichte« 1980/81; Matuschka-Greiffenclau, Ina-Marie Gräfin, Und so kam ich unter die Deutschen (über Zwangsarbeit bei der Fa. Bayer), Arbeit 13. Klasse, Otto-Hahn-Gymnasium, Bergisch Gladbach, im Rahmen des »Schülerwettbewerbs Deutsche Geschichte« 1988/89; Stadt Leverkusen, Stadtarchiv (Hrsg.), Leverkusen im Nationalsozialismus 1933–1945 (Broschüre zur gleichnamigen Ausstellung 1988/89), Leverkusen 1988.

Linnich

In der bei Jülich gelegenen Gemeinde Linnich wurde am 10. November 1988 am Standort der *ehemaligen Synagoge* ein *Gedenkstein* eingeweiht zur Erinnerung an das von den Nationalsozialisten zerstörte jüdische Gotteshaus und an die 25 Linnicher Juden und ihre Kinder, die in den Vernichtungslagern ermordet wurden. Auf einer der vier Seiten des quaderförmigen Steins steht der Satz:

> Wir müssen uns erinnern,
> sonst wird sich alles wiederholen.

Lippstadt

In der *Unionstraße/Rixbecker Straße* trägt ein zwei Meter hoher *Gedenkstein* auf einer Rasenfläche unter Trauerweiden und einer Linde die folgende Inschrift:

> Opfer des Faschismus:
> Friedrich Sprink, Franz Engelhardt,
> Franz Schultenjohann, Albert Klar,
> Johann Liebner
> März 1945

Alle Genannten wurden am 30. März, dem Karfreitag des Jahres 1945, im Dortmunder Romberg-park erschossen (s. Dortmund).

Im *Eingangsbereich* des Verwaltungsgebäudes der *Westfälischen Klinik für Psychiatrie Lippstadt*, früher die Heil- und Pflegeanstalt Eickelborn, hängt eine *Tafel* mit dem Text:

> In den Jahren
> 1940 – 1943
> wurden aus der
> Provinzialheilanstalt
> Eickelborn
> 744 Patienten verlegt,
> von denen
> 598 ermordet wurden.

Am 5. April des Jahres 1990 wurde im *Außenbereich* der Klinik für Psychiatrie eine *Plastik* des

Künstlers Andrzej Irzykowski aufgestellt, welche eine gebundene männliche Figur auf einem Steinsockel mit den Jahreszahlen »1940 – 1943« darstellt. Sie soll als Erinnerung an die in der Zeit des Nationalsozialismus ermordeten Eickelborner Patienten stehen.
Nachdem im Februar 1934 mit Dr. Walter Kaldewey ein überzeugter Nationalsozialist die Leitung der Heil- und Pflegeanstalt Eickelborn übernommen hatte, wurden hier von Anfang an die nationalsozialistischen Maßnahmen gegen die Psychiatriepatienten willig unterstützt. Schon vor dem Kriege wurden mindestens 470 Eickelborner Patienten zwangssterilisiert, die Frauen in der Landesfrauenklinik Paderborn, die Männer im Städtischen Krankenhaus Soest, und mit Beginn der »Euthanasie«-Aktionen wurden im Sommer 1941 und im Herbst 1943 mehr als 700 Eickelborner Patienten über hessische Zwischenstationen weggeschafft, von denen insgesamt 598 meist in der Mordklinik Hadamar getötet wurden.
(Näheres s. auch Münster und Hessen: Hadamar)

Literatur:
Westfälische Klinik für Psychiatrie Lippstadt (Hrsg.), Die Heil- und Pflegeanstalt Eickelborn in der Zeit des Nationalsozialismus. Anstaltsalltag – Zwangssterilisation – Euthanasie. Vorträge anläßlich der Gedenkstunde am 5. April 1990, Lippstadt.

Lübbecke, Westfalen

Am Standort der im Jahre 1938 zerstörten Synagoge in der *Lange Straße/Bäckerstraße* steht ein großer *Gedenkstein* zur Erinnerung an die frühere Synagoge. Daneben ist eine etwa zwei Quadratmeter große *Gedenkplatte* in die Pflasterung der Fußgängerzone eingelassen, auf der die Namen der 16 jüdischen Familien verzeichnet sind, die 1933 im westfälischen Lübbecke lebten.

Auf dem *jüdischen Friedhof*, einem Teil des neuen städtischen Friedhofs, weist die *Inschrift* eines *Grabsteines* auf die Ermordung der Toten im Konzentrationslager Auschwitz hin.

Lüdenscheid

Auf dem sogenannten *Russenfriedhof* in *Hühnersiepen*, der im Sommer des Jahres 1945 angelegt wurde, befindet sich eine *Gedenkstätte* zur Erinnerung an die russischen Toten und Opfer des Nationalsozialismus, die hier bestattet sind. An einem hohen Findling hängen zwei *Tafeln.* Die eine, im Oktober 1945 von russischen Offizieren übergeben, trägt eine Inschrift in kyrillischen Buchstaben, die andere ließ die Stadt Lüdenscheid im Jahre 1977 anbringen. Ihre Inschrift trägt den folgenden Text:

> Auf dieser Ehrenstätte sind Zivilarbeiter aus
> der Sowjetunion, den Niederlanden, Polen und
> Deutschland sowie russische Kriegsgefangene
> beigesetzt, die im Lager Hunswinkel 1939 – 1945
> gefangengehalten wurden und beim Bau der
> Versetalsperre eingesetzt waren.

Die Zahl der Toten ist unbekannt. 88 Tote sind namentlich erfaßt. Die Ehrenstätte wurde im Sommer 1945 angelegt. Die kyrillische Inschrift des Gedenksteins lautet:

> Ewige Flamme · Unseren Kameraden · Umgekommen
> in der Faschistischen Gefangenschaft 1941 – 1945.

Schon seit Anfang des Krieges existierte das »Arbeitserziehungslager Hunswinkel« auf dem Gelände, das heute von der Versetalsperre überflutet ist. Ab Januar 1942 wurden nur noch sowjetische Häftlinge eingeliefert, die unter unvorstellbaren Bedingungen beim Bau der Versetalsperre sowie in Lüdenscheider Gewerbebetrieben arbeiten mußten. Viele der Häftlinge kamen ums Leben, zahlreiche Gefangene wurden ermordet, u.a. auch auf diesem Friedhof. Von den fast 8000 Zwangsarbeitern und Kriegsgefangenen in Lüdenscheid kamen mindestens 570 aus dem Lager Hunswinkel und 180 Zwangsarbeiter der Lüdenscheider Betriebe ums Leben, die meisten stammten aus der Sowjetunion.
Als das »Arbeitserziehungslager« im Januar 1945 aufgelöst wurde, nutzte die Gestapo Köln die leeren Baracken, um ihre bis dahin im Kölner Klingelpütz (s. Köln) inhaftierten Gefangenen nach Hunswinkel zu »evakuieren«.
Viele der aus Rußland verschleppten Zwangsarbeiter stammten aus der Stadt Taganrog, der Partnerstadt von Lüdenscheid. Aufgrund der intensiven Kontakte zwischen Bürgern der beiden Städte konnten insgesamt über 50 überlebende ehemalige Häftlinge ermittelt werden, von denen 27 im Frühjahr 1992 auf Einladung der Stadt Lüdenscheid an den Ort ihrer ehemaligen Haft und Zwangsarbeit zurückkehrten.

In Lüdenscheid selbst befindet sich neben einem *Gedenkstein* in der Grünanlage vor dem Hochhaus in der *Volmestraße 113,* der die Toten der Kriege und der Vertreibung zusammen mit den Opfern des Nationalsozialismus nennt, und einer *Tafel* am *Gewerkschaftshaus,* welche an die Besetzung durch die Nationalsozialisten am 2. Mai 1933 erinnert, eine *Gedenktafel* am *Rathaus* mit folgendem Text:

Diese Gedenktafel mahnt an die Männer,
Frauen und Kinder aus Lüdenscheid, die
während der nationalsozialistischen
Gewaltherrschaft der Jahre 1933 – 1945
Gesundheit und Leben verloren und ihrer
Freiheit und Menschenwürde beraubt wurden.
Angebracht von der Stadt Lüdenscheid
Am 50. Jahrestag der Machtergreifung Hitlers
Lüdenscheid, 30. Januar 1983

Quelle:
Vogel, Dirk, In Hunswinkel waren oft brutale Henker am Werk, in: »Westfälische Rundschau« vom 2. August 1990.

Lüdinghausen

Für die Opfer des Nationalsozialismus ist in der Straße *In der Borg* ein *Mahnmal* errichtet, das den Text trägt:

Unseren jüdischen Mitbürgern
und allen Opfern des Nationalsozialismus
1933 – 1945

Auf dem *Gemeindefriedhof* liegen in einer *Ehrenanlage* mit einem *Mahnmal* 91 Tote bestattet, neben deutschen Soldaten auch Zwangsarbeiter verschiedener Nationalitäten.

Lünen

Am 9. November 1978 wurde beim *Evangelischen Gemeindezentrum* in Lünen, das zum Teil auf dem Gelände der ehemaligen Synagoge liegt, ein *Gedenkstein* zur Erinnerung an die von den Nazis zynisch so genannte »Reichskristallnacht« aufgestellt. Unter dem Wappen der Stadt Lünen steht der Text:

Hier stand von 1811 bis 1938 die Synagoge
der Jüdischen Gemeinde Lünen.
Sie wurde unter der Herrschaft der Gewalt
und des Unrechts am 9. November 1938 zerstört.
9. November 1978

Der Novemberpogrom hatte in Lünen eine auch für damalige Verhältnisse ungewöhnliche Brutalität. Zwei jüdische Bürger wurden in ihren Wohnungen in der Jägerstraße erschossen, wo sich eine Gruppe örtlicher Nationalsozialisten unter Führung des Ortsgruppenleiters der NSDAP zusammengerottet hatte. Ein fünfzigjähriger Lünener Jude wurde gefesselt in der Lippe ertränkt, und ein vierter starb nach seiner Flucht in die Dominikanische Republik an seinen Verletzungen. Die drei Ermordeten wurden auf Veranlassung der Polizei eingeäschert und ihre Urnen auf dem *jüdischen Teil* des *Dortmunder Hauptfriedhofs* (s. dort) bestattet. Auf dem *Grabstein* steht zu lesen:

Hier ruhen
Siegmund Kniebel geb. 19. 1. 1880
Albert Bruch geb. 20. 9. 1877
Waldemar Elsoffer 50 Jahre alt.
Sie wurden in Lünen am 9. Nov. 1938
Opfer der Verfolgung.

Der *jüdische Friedhof* in Lünen, *Münsterstraße/Ecke Goethestraße/Lessingstraße*, wurde 1939 beseitigt. Auf der heutigen Rasenfläche steht zur Erinnerung ein *Gedenkstein*. Die Toten wurden umgebettet auf den alten *Kommunalfriedhof* an der *Friedhofstraße*, auf dem ein einfaches *Holzgrabmal* darüber informiert:

Hier ruhen die sterblichen Überreste
die im Jahre 1939 vom jüdischen Friedhof in Lünen
nach hier überführt wurden.

Quelle/Literatur:
Stadtverwaltung Lünen, Stadtarchiv, Geschichte der Juden in Lünen, 1988.

Marienthal siehe Münster

Marl, Westfalen

Auf dem *Alten Friedhof* an der *Sickingmühler Straße* steht eine von dem Bildhauer Seff Weidl geschaffene *Skulptur* »Der gebeugte Mann«, die an die Opfer des Nationalsozialismus erinnert.

Literatur:
Mierswa, Anne/Kühl, Birgit, »Kalmük und andere ...«. Aus dem Alltag sowjetischer Kriegsgefangener in Marl, Arbeit 12. Klasse, Gymnasium am Loekamp, Marl, im Rahmen des »Schülerwettbewerbs Deutsche Geschichte« 1982/83.

Marsberg

An der *Kirche der Westfälischen Klinik für Psychiatrie* im sauerländischen Marsberg steht ein *Gedenkstein,* auf dem die nachstehende Inschrift zu lesen ist:

Im Gedenken an die während der Gewaltherrschaft
des Nationalsozialismus ermordeten Patienten
zur Mahnung uns heute.

Im Eingang des Hauptgebäudes des *St.-Johannes-Stifts* (Klinik für Kinder- und Jugendpsychiatrie) wurde am 13. Dezember 1989 ein *Mahnmal* des Künstlers Reinhard Lischka enthüllt. Eine Tafel stellt unter zwei aus der Fläche herausragenden, erhobenen Armen die Büsten dreier Kinder bzw. Jugendlicher dar und darunter die Worte:

Nicht Wissen tut niemandem weh, mit Ausnahme derer, denen weh getan wird, weil niemand es weiss! (Anon)

Die Unterschrift »Anon« steht für Anonym. (s. auch Münster)

Mechernich

Am 10. November 1988 wurde in der *Rathergasse* in Mechernich in unmittelbarer Nähe der ehemaligen Synagoge ein *Gedenkstein* enthüllt mit folgender Inschrift:

Zum ehrenden Gedenken an die
jüdischen Mitbürger unserer Stadt,
die unter nationalsozialistischer
Gewaltherrschaft gelitten und
ihre Leben gelassen haben.
Mechernich, den 10. November 1988

Die ursprünglich im Stadtrat vorgeschlagene Textzeile »Und vergib uns unsere Schuld« wurde nicht realisiert.

Meckenheim, Rheinland

In der *Prof.-Scheeben-Straße* in *Meckenheim* steht ein etwa ein Meter hoher dreiseitiger *Gedenkstein,* der oben die Form eines Davidsterns hat, mit der Inschrift:

Hier stand die Synagoge der
Jüdischen Gemeinde zu Meckenheim.
Sie ist am 10. 11. 1938 zerstört worden.

Denn mein Haus soll Bethaus
heißen für alle Völker. Jes. 56,7

Eine Seite des Steins trägt eine hebräische Inschrift. Der ehemalige Standort der Synagoge ist heute ein Parkplatz.

Am *jüdischen Friedhof,* auf dem *Stephansberg*, steht ein *Gedenkstein* mit der Inschrift:

Friedhof der Jüdischen Gemeinde Meckenheim
Zum Gedenken unserer Toten aus der Zeit von
1933–1945

Literatur:
Linn, Heinrich, Synagogengemeinde Meckenheim, in: Ders., Juden an Rhein und Sieg (s. Bad Honnef), S. 353–357.

Meerbusch

Am *Haupteingang* des *Friedhofs* in Meerbusch-*Büderich, Brühler Weg/Ecke Friedenstraße*, wurde zum 50. Jahrestag der Erinnerung an die Pogromnacht ein *Mahnmal* für die Opfer der nationalsozialistischen Gewaltherrschaft errichtet. Der Düsseldorfer Künstler Peter Rübsam stellte sieben, über drei Meter hohe, naturbelassene Basaltsäulen in eine Reihe, so daß sie wie ein Wall, wie eine Klagemauer wirken und in ihrer Zahl an den siebenarmigen Leuchter erinnern sowie in dem von der Natur gegebenen sechseckigen Grundriß jeder Säule Assoziationen zum sechseckigen Davidstern zulassen. Zur Enthüllung schrieb der Künstler: »Die Unerbittlichkeit des naturbelassenen Steins ist für mich die einzige künstlerische Möglichkeit, die Unfaßbarkeit dieses Leidens begreiflich zu machen, an das die Säulen mahnend erinnern sollten.« In das Pflaster vor den Säulen sind die Namen verschiedener Konzentrationslager eingelassen.

Meschede

In einer *Seitenkapelle* der *Kirche Maria Himmelfahrt* in Meschede hängt ein schwarzes, verwittertes *Holzkreuz*, zu dessen Geschichte auf einer *Hinweistafel* folgender Text zu lesen ist:

Das Kreuz hat seinen festen Platz
im Leben eines jeden Christen (+ Georg Moser),
auch das Sühnekreuz
dessen Querbalken einmal
die Inschrift trug:

»Errichtet zur Sühne
für die Ermordung
von 80 Fremd-
arbeitern«.

Katholische Männer errichteten etwa 200 m oberhalb des am 28. 3. 1947 geöffneten Massengrabes dieses einmal 4 m hohe Eichenkreuz. Es wurde am 4. 5. 1947 vom Pfarrvikar Grumpe eingeweiht. Vor allem seiner Inschrift wegen wurde es abgelehnt und viermal entfernt. Deshalb versenkten es die Errichter am 11. 6. 47 ins Massengrab, aus dem es Ende November 1964 von Jugendlichen wieder gehoben wurde. Es fand seinen endgültigen Platz hier in der Pfarrkirche.

Das Kreuz ist nun keine Torheit, kein Ärgernis mehr, es ist ein Zeichen des Heiles. (1 Kor 1,23–24)

Am 22. März 1945 waren in einem Seitental der Bundesstraße 55, die von Meschede nach Warstein führt, auf der sogenannten Eversberger Heide 80 russische Zwangsarbeiter von einem Wehrmachtskommando erschossen und in einem Massengrab verscharrt worden. Kommandant dieser »Division z.V.« (zur Vergeltung) genannten Truppe war der SS-Obergruppenführer Kammler, ein fanatischer Nationalsozialist, auf den auch weitere Morde ganz in der Nähe an 71 Frauen, Männern und einem Kleinkind im Langenbachtal bei Warstein und an 57 Zwangsarbeitern und Zwangsarbeiterinnen in einem Wald bei Suttrop (s. Warstein) zurückgehen. Der Vorwand für die Hinrichtungen war »Plünderei«. Die Toten gehörten zu einer großen Zahl von Zwangsarbeitern, die gegen Kriegsende in der Schützenhalle von Warstein untergebracht waren. Das Massengrab an der B 55 wurde zwei Jahre später entdeckt, die Toten exhumiert und auf einem Kriegsgefangenenfriedhof des Ersten Weltkriegs in Meschede beigesetzt, auf den später auch die anderen ermordeten Zwangsarbeiter überführt wurden. Als eine Gruppe katholischer Laien am Ort des Verbrechens das genannte »Sühnekreuz« aufstellte, kam es zu heftigen Auseinandersetzungen in der sauerländischen Gemeinde, Anfeindungen und mehrfachen Schändungen des Kreuzes, da die Inschrift das Eingeständnis von »Kollektivschuld« einschließe, wobei sich auch die zuständige kirchliche Hierarchie von den Denkmalsetzern distanzierte. Das Kreuz wurde in dem inzwischen leeren Massengrab versteckt, im Jahre 1964 von katholischen Jugendlichen wieder ausgegraben und konnte erst 1981 in dieser Kirche wieder aufgestellt werden. Am Ort des Verbrechens gibt es kein Denkmal.

Auf dem *Kriegsgräberfriedhof* in *Meschede-Nord*, in der *Fulmecke*, informiert eine *Tafel* hinter dem Eingang:

> Im Jahre 1964 wurden 121 unbekannte
> russische Tote aus den Gemeinden Suttrop
> und Warstein nach hier überführt.

Verteilt auf dem *Waldfriedhof* finden sich sechs steinerne *Grabplatten*, auf denen jeweils der gleiche Text mit unterschiedlichen Zahlen der hier Bestatteten zu lesen ist:

> Hier ruhen 80
> sowjetische Bürger
> die in der schweren Zeit
> 1941 – 1945
> fern von ihrer
> Heimat starben.

Im Hintergrund steht eine *Stele*, die von der Sowjetunion auf der ursprünglichen Warsteiner Ruhestätte unweit des Tatortes im Langenbachtal errichtet wurde und mit der Exhumierung der Toten hierhergebracht worden ist. Sie ist über einem Text in kyrillischen Buchstaben mit dem Symbol des Sowjetsterns mit Hammer und Sichel geschmückt.

Die frühere Mescheder Synagoge, *Kampstraße*, deren Gebäude auch die jüdische Schule beherbergte, wurde in der Pogromnacht im November 1938 geschändet und geplündert und fiel später dem Bombenkrieg zum Opfer. Das Grundstück mit Resten der Außenfront wurde von der Stadt Meschede 1990 erworben, um hier eine *Gedenkstätte* zu errichten.

Auf dem *jüdischen Friedhof* an der *Beringhauser Straße 44/46* steht ein *Betonstein* mit dem folgenden Text:

> Der Ort, auf dem Du stehst
> ist heiliger Boden.
> Friedhof
> der jüdischen
> Gemeinde Meschede
> 1891–1938.

Quellen/Literatur:
Hillebrand, Ulrich und Wilmes, Franz, Zum 50jährigen Gedenken des Judenpogroms. Die Schreckenstage des 9./10. November 1938 in Meschede, in: Stadtanzeiger für Meschede und die Gemeinden Bestwig und Eslohe, Nr. 220, 27.10.1988; Pax-Christi Basisgruppe Meschede (Hrsg.), Dokumentation. 40 Jahre Mescheder Sühnekreuz 1947–1987, o. J.; Dies., Das Mescheder Sühnekreuz. Seine Geschichte nach einem frühen Bericht von Georg D. Heidingsfelder, Meschede 1986; Wolfgang Arnolds-Selbstverlag (Hrsg.), Die »Kristallnacht« im Sauerland, Brilon 1988; Ramspott, Simone und 20 Schüler, Gegen den inneren Feind. Meschede unter der Propaganda-Walze des 2. Weltkrieges, Arbeit der Klasse 11d, Gymnasium der Stadt Meschede, im Rahmen des »Schülerwettbewerbs Deutsche Geschichte« 1982/83.

Milspe siehe Ennepetal

Minden, Westfalen

In der *Kampstraße* befindet sich in der Eingangshalle der *Synagoge* ein *Mahnmal* für unter der NS-Gewaltherrschaft verfolgte und ermordete Menschen. (s. auch Petershagen)

Im Jahre 1988 wurde auf dem *Platz vor dem Stadttheater* ein *Mahnmal* für die Opfer der nationalsozialistischen Gewaltherrschaft enthüllt. Gestaltet wurde es von dem Aachener Bildhauer Joachim Bandau.

Mönchengladbach

Auf dem Grundstück *Blücherstraße 15/17*, früher die Karlstraße, stand die Synagoge der Jüdischen Kultusgemeinde Mönchengladbach. 1883 wurde das

Versammlungshaus der Gemeinde eröffnet, 1938 wurde es von Nationalsozialisten zerstört. Im Jahre 1974 stellte man auf der gegenüberliegenden Straßenseite, neben dem Eingang zur Zentralbibliothek, einen grauen Dolomiten als *Gedenkstein* auf, den der Bildhauer Ulrich Rückriem entworfen hat. Eine Tafel trägt die Inschrift:

Dieser Stein
wurde errichtet
zur Erinnerung
an die am 9. Nov. 1938
zerstörte Synagoge
und
die Verfolgung
der jüdischen Mitbürger
in den Jahren
1933 - 1945.

Im Ortsteil *Wickrathberg* gab es seit 1814 an der heutigen *Berger Dorfstraße* eine Synagoge. 1988 wurde zu ihrer Erinnerung eine von Bonifatius Stirnberg entworfene kreisrunde *Bronzeplatte* im Bürgersteig nahe dem alten Standort verlegt. Sie trägt die Umschrift:

Zur Erinnerung an die zerstörte Synagoge

In *Rheydt* steht in der Gartenanlage Ecke *Wilhelm-Strater-/Werner-Gilles-Straße* seit dem 50. Gedenktag der Pogromnacht von 1938 ein *Gedenkstein,* der an die Zerstörung der ehemals gegenüber gelegenen Rheydter Synagoge erinnert. Die von Eckhard Goldberg entworfene Halbsäule aus schwarz-rosa Granit trägt auf der halbrunden Vorderseite die Widmung:

Den verfolgten und ermordeten
Jüdischen Bürgern unserer Stadt
zur Erinnerung
an die am 10. November 1938
zerstörte Rheydter Synagoge.

Auf der Rückseite ist ein Vers aus Psalm 130 zu lesen:

Aus der Tiefe
Rufe ich, Herr, zu Dir
Höre auf meine Stimme
wenn Du
die Sünden anrechnest,
Herr, wer kann bestehen

Literatur:
Engbarth, Marion und Lamers, Gerd, Mönchengladbach, in: Wegweiser durch das jüdische Rheinland, Berlin 1992, S. 192–203; Erckens, Günter, Juden in Mönchengladbach. Beiträge zur Geschichte der Stadt Mönchengladbach 25, 26, 29, Bände 1–3, Mönchengladbach 1988, 1989 und 1990.

Moers

Am ehemaligen Standort der Moerser Synagoge, *Oberwallstraße 29*, ist eine *Gedenktafel* mit folgendem Text angebracht:

Bis 1938 stand hier die Moerser Synagoge.
Das Versammlungshaus der Jüdischen Gemeinde
wurde durch Judenhaß und politischen Terror
zerstört.

Der Text ist durch die Abbildung einer Menora, des siebenarmigen Leuchters, unterteilt.

Auf dem *jüdischen Friedhof* erinnert ein altarähnlicher *Gedenkstein* an die von den Nationalsozialisten in den Vernichtungslagern ermordeten jüdischen Bürger. Er trägt die Inschrift:

Zum Gedenken der Toten dieser Stätte
und der Deportierten 1933–1945

In den Stein sind die Namen von 94 Opfern eingemeißelt, die aus den Orten Moers, Homberg, Rheinhausen, Vluyn und Lintfort stammen.

Literatur:
10. Klasse Aufbaugymnasium, Das Schicksal der Moerser Juden im 3. Reich. Dokumentation, Arbeit im Rahmen des »Schülerwettbewerbs Deutsche Geschichte« 1982/83.

Monheim, Rheinland

Auf dem *jüdischen Friedhof* erinnert ein *Gedenkstein* an die Verfolgung der Jüdischen Gemeinde Monheim durch die Nationalsozialisten.

Auf dem *Katholischen Friedhof* in Monheim liegen zehn russische Zwangsarbeiterinnen und -arbeiter bestattet, die während des Krieges durch Bombenangriffe umgekommen sind. Auf der Grabstätte steht ein *Gedenkstein,* auf der die Monheimer Firma Pötz & Sand (Ketten- und Metallwaren-Industrie) ihrer »treuen Mitarbeiter in Dankbarkeit« gedenkt.

Much

In der *Brückenstraße* erinnert seit dem 25. April 1982 eine *Gedenktafel* an das sogenannte Judenlager, das an dieser Stelle in den Jahren 1941 und 1942 bestand. Die Tafel auf einem wuchtigen Steinblock zeigt als Relief einen Zug von Figuren und darunter den Text:

Die an dieser Stätte 1941–1942 internierten
Juden aus dem Siegkreis wurden von hier aus
nach Theresienstadt und in die Vernichtungs-
lager des Ostens deportiert

In Much selbst gab es keine Jüdische Gemeinde. Ein ehemaliges Barackenlager des Reichsarbeitsdienstes (RAD) an diesem Platz, unmittelbar am Wahnbach, wurde im Juni 1941 zur Sammelstelle für insgesamt 115 jüdische Männer und Frauen aus dem gesamten Kreisgebiet, u.a. aus Siegburg, Hennef, Eitorf und Bad Honnef (s. jeweils dort). Ein Jahr lang mußten sie hier unter erbärmlichen Bedingungen zusammenleben, vor allem alte Menschen und Frauen mit kleineren Kindern; sogenannte Mischehen und Berufstätige wurden zunächst ausgenommen. Im Juni 1942 wurden die Menschen in vier Transporten über das Kloster »Zur ewigen Anbetung« im Bonner Stadtteil Endenich bzw. über das Messelager in Köln-Deutz (s. Bonn und Köln) in die Vernichtungslager nach Lublin und Theresienstadt verschleppt und dort umgebracht.

Quelle/Literatur:
Reifenrath, Bruno H., Die »Evakuierung« der Juden des Siegkreises unter besonderer Berücksichtigung ihrer Internierung im RAD-Lager Much, in: Linn, Heinrich, Juden an Rhein und Sieg (s. Bad Honnef), S. 238–250, 532–539.

Mülheim an der Ruhr

In der *Grünanlage Luisental* erinnert ein *Mahnmal* an die Opfer des Nationalsozialismus.

Am Gebäude der *Stadtsparkasse* am *Viktoriaplatz* wurde im Jahre 1978 eine *Gedenktafel* zur Erinnerung an die in der Reichspogromnacht im November 1938 zerstörte Synagoge angebracht. Im Jahre 1988 wurde beschlossen, in einem freiwerdenden Raum in diesem Gebäude eine *weitere Gedenktafel* mit den 240 Namen der ermordeten Mülheimer Juden aufzustellen und diesen Raum als *Gedenkraum* an die frühere Jüdische Gemeinde zu nutzen. Der Viktoriaplatz wurde 1990 in *»Viktoria-Platz an der Alten Synagoge«* umbenannt.

Literatur:
Bennertz, Gerhard, Mülheim an der Ruhr, in: Wegweiser durch das jüdische Rheinland, Berlin 1992, S. 204–212.

Münster, Westfalen

Am 7. September 1984 wurde in der Kirche der *Westfälischen Klinik für Psychiatrie Münster, Friedrich-Wilhelm-Weber-Straße 30,* ein *Mahnmal* für die Opfer der nationalsozialistischen »Euthanasie«-Morde aus der früheren Provinzialanstalt Marienthal, der heutigen Klinik für Psychiatrie, eingeweiht. Das von der Künstlerin Margot Stempel-Lebert aus Landau/Pfalz geschaffene Mahnmal in Form eines Triptychons nennt die Daten der drei »Euthanasie«-Transporte aus Marienthal und trägt die Inschrift:

Im Feuer verbrannt
Im Rauch bestattet
21. 9. 1940
31. 7. 1941
29. 6. 1943

Am 21. September 1940 ging ein erster Transport mit vier jüdischen Patienten, drei Frauen und einem Mann, nach der Anstalt Wunstorf (Niedersachsen) ab. Von dort wurden die Patienten sechs Tage später mit unbekanntem Ziel verlegt. Wahrscheinlich wurden sie in Brandenburg a. d. Havel in der Tötungsanstalt umgebracht, die von Ende 1939 bis November 1940 im alten Zuchthaus Brandenburg eingerichtet war. Im September 1940 begannen die Nazis mit der systematischen Ausrottung der jüdischen Kranken in Heil- und Pflegeanstalten.
Das zweite Datum, der 31. Juli 1941, erinnert an den Tag, an dem 79 Patienten aus der Provinzialanstalt Marienthal in das hessische Psychiatrische Krankenhaus Eichberg in Eltville transportiert wurden. Die Anstalt Eichberg war für viele Patienten »Durchgangsanstalt« auf dem Weg in die Vernichtungsanstalt Hadamar. Viele der »Euthanasie«-Morde wurden auch in der Eltviller Anstalt durchgeführt. (s. Hessen: Eltville/Eichberg und Hadamar)
Das letzte Datum auf dem Mahnmal ist der Tag der dritten »Euthanasie«-Transporte am 29. Juni 1943 in drei hessische »Zwischenanstalten«: 130 Patienten wurden in die Anstalt Weilmünster, 112 in die Anstalt Scheuern und 223 in die Anstalt Eichberg gebracht. Von dort wurden sie in andere Krankenhäuser transportiert, zum Teil auch nach Polen. Bis auf 23 wurden alle Patienten umgebracht.

In jüngerer Zeit hat das in Münster ansässige »Westfälische Institut für Regionalgeschichte« des Landschaftsverbands Westfalen-Lippe die Geschichte der »Euthanasie« in den westfälischen Kliniken untersucht, hierzu im Dezember 1991 eine Fachtagung durchgeführt und verschiedene Publikationen veröffentlicht.

Kontakt:
Westfälisches Institut für Regionalgeschichte, Warendorfer Straße 14, 48145 Münster.

Literatur:
Kersting, Franz-Werner/Teppe, Karl/Walter, Bernd (Hrsg.), Nach Hadamar. Zum Verhältnis von Psychiatrie und Gesellschaft in der Moderne (Forschungen zur Regionalgeschichte, Bd. 6), Paderborn 1992; Kersting, Franz-Werner, Die Ärzteschaft der westfälischen Provinzial-Heilanstalten 1900–1950, und Walter, Bernd, Geisteskrankenfürsorge in der Provinz Westfalen 1900–1945 (beide Bände erschienen 1993 in der Reihe »Forschungen zur Regionalgeschichte«).

Auf dem *Domplatz* wurde im Jahre 1978 ein *Ehrenmal* für den Münsteraner Kardinal Clemens August Graf von Galen aufgestellt mit den Inschriften:

Clemens August Kardinal von Galen
Bischof von Münster 1933–1946
»Was alles uns retten kann:
Daß wir die Gebote Gottes zur
Richtschnur unseres Lebens machen«
Bischof Graf v. Galen aus der
Predigt vom 3. 8. 1941

»Wir aber sind nicht solche, die zurückweichen
und verlorengehen, sondern solche, die
glauben und so das Leben gewinnen.«
Hebräer X, 39

»Steh auf und rede zu ihm alles, was ich dir
gebiete. Denn ich mache dich heute zur
festen Burg, zur eisernen Säule, zur
ehernen Mauer wider das ganze Land.
Sie werden kämpfen gegen dich, aber nicht
dich bezwingen. Denn ich bin bei dir.
So spricht der Herr.«
Jeremia

Bischof Clemens Graf von Galen protestierte in drei Predigten von der Kanzel der Lambertikirche in Münster am 13. und am 20. Juli sowie am 3. August 1941 öffentlich gegen die »Euthanasie«-Maßnahmen der Nationalsozialisten. In seiner Predigt vom 3. August 1941 teilte er mit, er habe angesichts des bevorstehenden Abtransportes einer großen Anzahl von Patienten aus der Provinzialanstalt Marienthal bei Münster am 28. Juli (1941) bei der Staatsanwaltschaft in Münster und beim Polizeipräsidenten Anzeige erstattet. Eine Nachricht sei ihm noch nicht zugegangen. Man müsse damit rechnen, »daß die armen und wehrlosen Kranken über kurz oder lang umgebracht werden..., weil sie nach dem Urteil irgendeines Arztes, nach dem Gutachten irgendeiner Kommission ›lebensunwert‹ geworden sind, weil sie ...zu den ›unproduktiven Volksgenossen‹ gehören...«. Diese Predigt hatte eine große Wirkung. Sie kam hektographiert in Tausenden von Exemplaren in Umlauf und wurde sogar von britischen Fliegern als Flugblatt abgeworfen. Sie ermutigte andere Bischöfe, die »Euthanasie« ebenfalls öffentlich zu verurteilen. Wegen seiner großen Popularität wagte es die Gestapo nicht, Bischof von Galen zu verhaften. (s. auch zum Geburtsort Galens: Niedersachsen: Dinklage)

In Münster führte die Aufstellung des ausschließlich aus Spenden finanzierten Galen-Denkmals einmal zu öffentlichen Debatten über die Rolle des politisch konservativ eingestellten Kardinals und zu Korrekturen am Bild des »Widerstandskämpfers« Galen, zum anderen wurde damit eine schon ältere Diskussion um den sogenannten *Zwinger* forciert. Dieses Rundgebäude an der Promenade, Teil einer alten Wehranlage, war 1938 als HJ-Kulturheim hergerichtet worden, diente aber ab 1944 als Gestapogefängnis und als Hinrichtungsstätte. Obwohl der Stadtrat schon 1964 ein »Mahnmal für die Opfer des Krieges und der Gewalt« am Zwinger beschlossen hatte und 1971 Heinrich Böll eingeladen war, einen Text für die Gedenkplatte zu entwerfen, geschah nichts, bis am 8. Mai 1985 auf Initiative der Vereinigung der Verfolgten des Naziregimes (VVN) und zahlreicher Münsteraner Gruppen und Bürger ein *Gedenkstein* aufgestellt wurde. Darin ist eine Bronzeplatte eingelassen mit dem Text:

An dieser Stelle wurden Antifaschisten,
Kriegsgefangene und Fremdarbeiter
unter der Naziherrschaft ermordet.
Im Gedenken an alle Opfer
des Hitlerfaschismus –
Mahnung für den Frieden.

Der Stein wurde mehrfach beschädigt und die Textplatte herausgebrochen. Inzwischen hat die Stadt Münster eine *Gedenktafel* am *Zwinger* anbringen lassen mit folgender Inschrift:

Im Zweiten Weltkrieg wurden in der Stadt Münster
auf Befehl der Geheimen Staatspolizei
zahlreiche russische und polnische Zwangsarbeiter
im Untersuchungsgefängnis am Hindenburgplatz,
in der neuen Artilleriekaserne am Hohen Heckenweg,
im Zuchthaus an der Gartenstraße und
im Befestigungswerk Zwinger ermordet.
Der Zwinger war in der Zeit von
Sommer 1944 bis Anfang 1945
Inhaftierungs- und Hinrichtungsstätte
der Geheimen Staatspolizei.
Dort wurden ausländische Zwangsarbeiter
gefoltert und gehängt.
Ihr Tod ist uns Verpflichtung
zu Mahnung und Versöhnung.

Im September 1989 beschloß der Rat der Stadt Münster, den Zwinger im Hinblick auf das Stadtjubiläum zu restaurieren und zu einem Mahnmal für die »Opfer der Gewalt« auszugestalten. Dies wurde in der Öffentlichkeit als zu verschwommen kritisiert, es wurde ein Mahnmal für die »Opfer des Nationalsozialismus« gefordert. Ein 1991 u.a. von der Gesellschaft für Christlich-Jüdische Zusammenarbeit unterstützter Bürgerantrag monierte erneut Verzögerungen bei der Ausgestaltung.

Ein künstlerisches Objekt, das an die Geschichte der Münsteraner Juden erinnern könnte, existiert heute nicht mehr. Der amerikanische Bildhauer Sol LeWitt installierte 1987 im Rahmen der »Skulptur Projekte '87« vor der Universität einen großen Kubus aus schwarzen Steinen und widmete ihn den »verschwundenen Juden Münsters«. Wie ein Riegel stand er vor dem Eingang und zwang die Besucher und Benutzer des Platzes dazu, ihm auszuweichen. Im März 1988 wurde er im Auftrag der Universität von einer Abbruchfirma zerstört. In Hamburg-Altona (s. dort) baute Sol LeWitt später diese Arbeit »Black Form. Dedicated to the Missing Jews« neu.

An der Außenfront des ehemaligen Zuchthauses, der heutigen *Justizvollzugsanstalt* an der *Gartenstraße*, befindet sich eine *Gedenktafel* mit der Inschrift:

> Im Innenhof dieses Gebäudes wurden am
> 26. März 1945 in den letzten Stunden der
> nationalsozialistischen Gewaltherrschaft
> 16 russische Fremdarbeiter und eine russische
> Fremdarbeiterin aus dem Münsterschen Lager
> Maikotten von der Geheimen Staatspolizei Münster
> hingerichtet. Ihre sterblichen Überreste ruhen heute
> auf dem städt. Waldfriedhof Lauheide.

Auf dem *Waldfriedhof* sind insgesamt 164 sowjetische Staatsangehörige bestattet. Auf einem *Gedenkstein* sind ihre Namen genannt. Außerdem trägt der Stein eine Inschrift in kyrillischen Buchstaben, die übersetzt lautet:

> Hier ruhen 164 Menschen aus sowjetischen
> Ländern, ermordet von faschistischen Unmenschen
> 1941 – 1945

Auf dem *Friedhof* in *Handorf-Dorbaum* sind 150 sowjetische Kriegsgefangene bestattet. Die Inschrift auf dem *Mahnmal* ist in deutscher und russischer Sprache abgefaßt. Sie trägt den nachfolgenden Wortlaut:

> Hier ruhen 150 Sowjetbürger, die in
> deutscher Gefangenschaft in der Zeit
> von 1941–1945 verstorben sind.
> Auch ihr Tod ist uns Verpflichtung
> zum Frieden

Vor der 1961 neu errichteten *Synagoge* in der *Klosterstraße* erinnert ein am 1. Juni 1949 aufgestellter *Gedenkstein* an die erste Synagoge an diesem Ort. Der Text lautet:

> Hier stand das Gotteshaus der Juedischen Gemeinde
> unserer Stadt Muenster. Es wurde am 9. November
> 1938 ein Opfer des Rassenwahnes. Von der
> Gemeinde, die 1938 noch 430 Mitglieder zaehlte,
> blieben nur 20 am Leben. Den Toten zum ehrenden
> Gedenken, den Lebenden zur Mahnung.
> 9. November 1938
> Die Stadt Muenster/Westf.

Im *Vorraum der Synagoge* steht ein *Gedenkstein*, auf dem unter dem Davidstern und einer Zeile in Hebräisch zu lesen ist:

> Wenn meinen Schmerz man wiegen könnte
> und auf die Waage legen meine Qual gesamt
> so wär sie schwerer als der Meeressand
> Hiob VI 2,3
> Den Märtyrern unserer Gemeinde 1933 – 1945

An dem 1884 errichteten Gebäude der *Marks-Haindorf-Stiftung* (Am Kanonengraben) befindet sich eine *Gedenktafel* mit dem Text:

> Die frühere Marks-Haindorf-Stiftung diente
> nach der Zerstörung der Synagoge an der
> Klosterstraße im Jahre 1938 als provisorischer
> Betraum der Jüdischen Gemeinde und ab 1939
> als eines der 14 Häuser, in denen jüdische Mitbürger
> bis zu ihrer Deportation in die nationalsozialistischen
> Vernichtungslager zwangsweise untergebracht waren.

Das heutige Dienstgebäude des Schutzbereichs Südost der *Polizei* in Münster in der *Gutenbergstraße* war die Münsteraner Gestapo-Leitstelle. Engagierte Bürger haben vorgeschlagen, hier eine *Gedenktafel* anzubringen.

An der Stelle des Geschäftszentrums Warendorfer Straße/Ecke Kaiser-Wilhelm-Ring befand sich früher das Restaurant »Gertrudenhof«. In seinem Saal wurden vom 10. bis 12. Dezember 1941 390 jüdische Menschen aus dem Münsterland (u.a. aus Lingen, Dülmen, Drensteinfurt) vor ihrer Verschleppung nach Riga zusammengefaßt. Anläßlich des 50. Jahrestages ist 1991 erstmals in Veranstaltungen dieser ersten Deportation aus Westfalen in den Osten gedacht und die Aufstellung eines *Gedenksteins* für die in Riga Ermordeten vorgesehen worden.
Insgesamt wurden 50000 Juden aus dem Deutschen Reich nach Riga verschleppt, die meisten kamen ums Leben, darunter etwa 9000 zu Kriegsbeginn noch in Westfalen lebende Juden – daher wird Riga auch das »Auschwitz der westfälischen Juden« ge-

nannt. Stationen und Schicksal der aus Münster Deportierten sind in Riga von einem Münsteraner Geschichtslehrer recherchiert und von einem Filmteam in dem Film »Verschollen in Riga« dokumentiert worden. In Münster wird auch um Unterstützung einer Initiative in Riga geworben, die dort ein »Mahnmal für die in Lettland ermordeten Juden« errichten sowie ein Museum und eine Dokumentationsstelle »Juden in Lettland« aufbauen will.

Quelle:
Winfried Nachtwei, Verschollen in Riga – Suche nach den Spuren der vor 50 Jahren dorthin verschleppten jüdischen Menschen (Manuskript), Münster 1991. Film: »Verschollen in Riga« (45 Min.), Polis/Jürgen Hobrecht, Münster 1992. Kontakt: Winfried Nachtwei, Nordhornstraße 51, 48161 Münster.

Stadtrundgänge zum Thema
»Münster unterm Hakenkreuz« bieten an:
Stattreisen, Servatiiplatz 7, 48143 Münster, Tel.: 02 51/ 5 85 05.
Gesellschaft für Christlich-Jüdische Zusammenarbeit, c/o Andreas Determann, Ewaldistraße 5, 48155 Münster, Tel.: 02 51/66 25 57. Bildungswerk Forum, Grevener Straße 89, 48159 Münster, Tel.: 02 51/29 49 68.

Quellen/Literatur:
Bausch, Dorothee und Kopshoff, Ute, Zigeuner in und um Senden früher, Arbeit 7. Klasse, Wilhelm-Hittdorf-Gymnasium, im Rahmen des »Schülerwettbewerbs Deutsche Geschichte« 1988/89; Determann, Andreas u.a., Geschichte der Juden in Münster. Dokumentation einer Ausstellung, Münster 1989; Johlmann, Barbara, Warten auf den Abtransport und »Gnadentod«: Das Schicksal von Behinderten in und um Münster unter dem Nationalsozialismus, Arbeit 9. Klasse, Wilhelm-Hittorf-Gymnasium, im Rahmen des »Schülerwettbewerbs Deutsche Geschichte« 1980/81; Kuropka, Joachim, Meldungen aus Münster 1924–1944. Geheime und vertrauliche Berichte von Polizei, Gestapo, NSDAP und ihren Gliederungen, staatlicher Verwaltung, Gerichtsbarkeit und Wehrmacht über die politische und gesellschaftliche Situation in Münster, Münster 1992; Rahner, Stefan u.a., »Treu deutsch sind wir – wir sind auch katholisch«. Kardinal Galen und das Dritte Reich, Münster 1987; Stadtarchiv Münster und Stadtmuseum Münster (Hrsg.), Die Machtergreifung der Nationalsozialisten. Dokumente – Fragen – Erläuterungen – Darstellung. Von Joachim Kuropka, Reihe »Geschichte original« 2 – am Beispiel der Stadt Münster, Münster, 1. Aufl. 1978 (inzwischen 4. erg. Auflage; Klarsichtmappe DIN A4); Thien, Hans Günther/ Wienold, Hanns (Hrsg.), Münster – Spuren aus der Zeit des Faschismus, Münster 1983; Weidner, Marcus, Nur Gräber als Spuren. Das Leben und Sterben von Kriegsgefangenen und Fremdarbeitern in Münster während der Kriegszeit 1939–1945, Münster 1984; Ders. und Preuß, Sabine (Hrsg.), Überwältigte Vergangenheit – Erinnerungsscherben. Faschismus und Nachkriegszeit in Münster i.W., Münster 1984.

Netphen

Am Gebäude des ehemaligen *»Bibelkreis-Hauses«* im Ortsteil *Beienbach* erinnert ein *Gedenkstein* an den evangelischen Pfarrer Theodor Noa:

> Jesus Christus: Ich lebe, und Ihr sollt auch leben.
> Zum Gedenken an Pastor Theodor Noa,
> Mitbegründer des Siegerländer Bibelkreises e.V.
> und dieses BK-Freizeitheimes am 5. Juni 1930.
> Als Zeuge Jesu Christi durch die Verfolgung des
> NS-Regimes 1938 umgekommen.

Theodor Noa wurde von den Nationalsozialisten wegen seines Eintretens für die Bekennende Kirche verfolgt und wahrscheinlich ermordet. Die Arbeit des Altstadtpfarrers der Nicolaigemeinde in Siegen endete nach einem Gottesdienst am 19. Dezember 1937, in dem er von der Kanzel einen Text verlas, der sich gegen die Einmischung des Staates in innere Angelegenheiten der Kirche wandte. Für den 22. Dezember wurde er zur Vernehmung durch die Gestapo nach Dortmund bestellt. Hier verliert sich seine Spur. Seine Leiche wurde im Jahre 1938 im Berliner Landwehrkanal gefunden. An Pfarrer Noa erinnern außerdem ein Heim mit seinem Namen in Wilnsdorf (Wilgersdorf) und eine Straße in Siegen (s. dort).

Neuss

In der *Promenadenstraße* befindet sich am Gebäude eines Hochbunkers aus dem Zweiten Weltkrieg, an dessen Stelle früher die Synagoge gestanden hat, eine *Gedenktafel* zur Erinnerung an die Zerstörung der Synagoge und an die Verfolgung der jüdischen Bürger durch die Nationalsozialisten.

Die *katholische Familienbildungsstätte Neuss* ist nach der Karmelitin *»Edith-Stein-Haus«* benannt. Die jüdische Philosophin Edith Stein, als jüngste Tochter einer orthodoxen jüdischen Familie 1891 in Breslau geboren, konvertierte zum katholischen Glauben und wurde Nonne in Köln (s. dort), verbarg sich ab Dezember 1938 vor den Verfolgungen der Nationalsozialisten in dem holländischen Kloster Echt, wurde aber entdeckt, deportiert und am 9. August des Jahres 1942 in Auschwitz ermordet. Am 1. Mai 1987 wurde sie von Papst Johannes Paul II. in Köln seliggesprochen.

Literatur:
Chehab, Claudia und Rohrbacher, Stefan, Neusser Juden. Spuren ihrer Geschichte (Katalog zur Ausstellung des Stadtarchivs Neuss im Clemens-Sels-Museum), Neuss 1988; Nelißen, Lisa, Neuss, in: Wegweiser durch das jüdische Rheinland, Berlin 1992, S.214–219; Rohrbacher, Stefan, Juden in Neuss, Neuss 1986.

Niederhagen siehe Büren

Niederkassel

Im Jahre 1963 wurde in der *Unterstraße* im Niederkasseler Ortsteil *Rheidt* an einer *Ehrenanlage* für Gefallene der Kriege 1866 und 1870/71 sowie der beiden Weltkriege eine *Gedenktafel* für die jüdischen Opfer des Nationalsozialismus angebracht. Sie trägt die Worte:

> Unseren jüdischen Mitbürgern zum Gedenken

Die Synagoge der jüdischen Gemeinde lag in Mondorf. Zu ihr gehörten die Juden aus Mondorf, Rheidt, Bergheim und Sieglar. Die meisten wurden von den Nationalsozialisten deportiert und ermordet, ihre Synagoge in der Pogromnacht 1938 angezündet.

Aus *Mondorf* gebürtig ist der katholische Priester Everhard Richarz, der als Kaplan in einer Kölner Gemeinde tätig war und wegen seiner Predigten mit den Nationalsozialisten in Konflikt geriet. Zusammen mit seinen Brüdern half er, verfolgte Juden vor dem Zugriff der Gestapo zu verstecken. Die drei Brüder wurden 1938 verhaftet. Everhard Richarz saß ein Jahr im Untersuchungsgefängnis Köln-Klingelpütz und wurde dann nach Berlin-Moabit gebracht. Erst 1941 durfte er als Sterbender in seinen Heimatort Mondorf zurückkehren. Er starb an einer Lungenentzündung 16 Stunden nach seiner Ankunft.

Literatur:
Linn, Heinrich, Die Synagogengemeinde Mondorf, in: Ders., Juden an Rhein und Sieg (s. Bad Honnef), S. 281–285; Hehl, Ulrich von (Hrsg.), Priester unter Hitlers Terror, 2. Aufl. Mainz 1985, S. 560; Wittschier, Bernd, Everhard Richarz – Ein Märtyrer katholischer Judenhilfe, in: Theologisches. Beilage der »Offerten Zeitung für die katholische Geistlichkeit Deutschlands«, S. 5725–5726.

Nörvenich

Im *Burgpark* ist eine *Ehrentafel* für die während der nationalsozialistischen Gewaltherrschaft umgekommenen jüdischen Mitbürger angebracht. Die hebräische Inschrift lautet übersetzt:

> Mögen ihre Seelen eingebunden sein
> im Bündel der Lebenden

Nümbrecht

In der Oberbergischen Gemeinde Nümbrecht wurde 1985 von der Fraktion der Grünen im Stadtrat vorgeschlagen, das örtliche Kriegerdenkmal um eine Tafel zu erweitern, die der Opfer der nationalsozialistischen Gewaltherrschaft gedenkt. Der vorgeschlagene Text zitierte die Rede des Bundespräsidenten vom 8. Mai 1985 im Deutschen Bundestag, in der dieser die Erinnerung an alle Toten des Krieges und der Gewalt thematisierte, insbesondere auch an die Sinti und Roma, die Homosexuellen und Geisteskranken und an alle Menschen erinnerte, die um ihrer religiösen oder politischen Überzeugung willen sterben mußten. Der Kulturausschuß der Gemeinde lehnte 1988 mit Mehrheit diese Tafel ab und beschloß das 1937 errichtete Kriegerdenkmal so zu belassen wie es ist. 1990 entschloß sich der Rat der Gemeinde, den vorgeschlagenen Text aus der Rede des Bundespräsidenten als *Mahntafel* in das *Rathaus* zu hängen und eine *Gedenkstätte* am *jüdischen Friedhof* zu errichten.

Am 18. Juni 1986 erhielt eine der Hauptverkehrsstraßen Nümbrechts den Namen einer ehemaligen jüdischen Bürgerin, die im Konzentrationslager, wahrscheinlich Theresienstadt, umgebracht worden ist: *Meta-Herz-Straße*. Der Untertitel lautet:

> Den Opfern der Gewalt.

Mit der Namensgebung nach einer unbekannten jüdischen Frau, keiner herausragenden Persönlichkeit der Gemeinde, wollte man in Erinnerung rufen, daß Menschen in der Zeit der nationalsozialistischen Gewaltherrschaft umgebracht wurden, die nichts weiter waren als Juden.

Quellen/Literatur:
Film: »Leyland – Völkische Ideologie und NS-Zeit im Oberbergischen 1918–1945«, Dokumentarfilm von Hans-Rüdiger Minow, 44 Minuten Video, ausleihbar bei der Landeszentrale für politische Bildung NRW, Düsseldorf (HDEOFO45 – 42 VHS).
Brandenburger, Heinz-Wilhelm, Ley-Land – Dr. Robert Ley und der Nationalsozialismus im Oberbergischen, Köln 1987; Müller-Münch, Ingrid, Ein Ehrenmal und Morddrohungen eines Robert-Ley-Kommandos, in: »Frankfurter Rundschau« vom 9. Januar 1986 und 23. Mai 1986.

Oberhausen, Rheinland

Gedenkhalle Oberhausen

Im Jahre 1962 wurde in einem Seitenflügel des *Oberhausener Schlosses, Konrad-Adenauer-Allee 46* (früher Sterkrader Straße 46), eine *Gedenkhalle* für die Opfer der NS-Diktatur eingerichtet. Im Mittelpunkt steht seit dem Jahre 1988 eine er-

neuerte *Dauerausstellung »Faschismus kommt nicht über Nacht... – Verfolgung und Widerstand während der NS-Diktatur 1933 bis 1945 in Oberhausen«.* Thematisch gliedert sie sich in sechs Blöcke, von den Ursachen bzw. dem Entstehen des Nationalsozialismus und dem Ende der Weimarer Republik über die »Machtergreifung« in Oberhausen, die Judenverfolgung und den Widerstand aus politischen und religiösen Gründen bis zum Krieg und den Kriegsauswirkungen. Anhand von Einzelbiographien aus Oberhausen werden sowohl die Folgen der nationalsozialistischen Politik als auch der Widerstand in unterschiedlichen gesellschaftlichen Lagern präzisiert. Mehrere Kunstobjekte im Eingangsbereich der Gedenkhalle gehören als ständige Teile zur Ausstellung. Außerdem gibt es Wechselausstellungen.
Die Gedenkhalle hat sich zu einem Ort der Begegnung entwickelt durch Diskussionsabende, Theater und Konzerte, durch Lesungen, Vorträge und Veranstaltungen freier Träger, durch das Angebot einer Bibliothek und die Publikation von Informationsmaterialien. Aktive Friedenserziehung ist ein wichtiger Teil der Arbeit der Gedenkhalle geworden, von hier aus werden die Oberhausener Friedenswochen organisiert, aber auch Gedenktage neu definiert wie z.B. der Volkstrauertag, der als »Friedenssonntag« gestaltet wird. Seit 1989 gehört zur Gedenkhalle eine »Infostelle gegen Rechtsextremismus und Neonazismus«, die zu aktuellen Themen wie Rassismus, Gewalt bei Jugendlichen, Skin-Heads usw. genutzt werden kann. Dazu gibt es einen Info-Koffer mit Unterrichtsmaterialien, Kassetten und Videofilmen.

Neben der Gedenkhalle befindet sich seit 1962 das *Mahnmal »Die Trauernde«* des Bildhauers Willy Meller, an der die jährlichen städtischen Gedenkfeierlichkeiten abgehalten werden. Das etwa vier Meter hohe Standbild stellt eine trauernde Frau dar, deren Augen auf eine Gedenkplatte zu ihren Füßen gerichtet sind, auf der steht:

> Für die Opfer der Unfreiheit,
> der Kriege und der Vertreibung.

Adresse und Öffnungszeiten:
Gedenkhalle Schloß Oberhausen, Konrad-Adenauer-Allee 46, 46042 Oberhausen, Tel.: 02 08/8 25-27 23, Leitung: Ingrid Burke.
Öffnungszeiten: Di bis So von 10 bis 18 Uhr, Do 10 bis 20 Uhr. Führungen nach Vereinbarung.

Am Hintereingang des *St. Josef-Hospitals* in der *Elsa-Brändström-Straße* hängt eine *Gedenktafel* zur Erinnerung an Oberhausener Jungen und Mädchen, die 1933/34 im Keller des Krankenhauses eine illegale Druckerei betrieben. Die jugendlichen Kommunisten druckten hier Flugblätter gegen die Nationalsozialisten, während einige von ihnen Kohlen schaufelten, um die Geräusche der Schreib- und Abzugsmaschine zu übertönen. Im November 1934 wurden 19 Jugendliche, die mit dem Heizungskeller in Verbindung gebracht wurden, verhaftet und zu langjährigen Haftstrafen verurteilt. Sechs wurden in das Konzentrationslager Sachsenhausen gebracht, zwei kehrten nicht mehr lebend zurück. Auf der Gedenktafel ist der nachfolgende Text zu lesen:

> Im Keller dieses Hospitals unterhielten
> jugendliche Widerstandskämpfer(innen)
> in der dunkelsten Zeit deutscher Geschichte
> eine geheime Druckerei.
> 19 von ihnen wurden am 22. Juni 1935
> zu insgesamt 66 Jahren Zuchthaus
> oder Gefängnis verurteilt;
> sechs kamen in ein KZ;
> zwei von ihnen kehrten
> nicht mehr zurück.
> Ihr mutiger Einsatz
> gegen Unterdrückung und Krieg
> soll uns Mahnung bleiben!

An der Stirnwand der Turnhalle des *Elsa-Brändström-Gymnasiums, Christian-Steger-Straße*, befindet sich eine *Gedenktafel* zur Erinnerung an die Haft von Nazigegnern in diesem Gebäude. Nach dem Reichstagsbrand vom 27. Februar 1933 kam es auch in Oberhausen zu Massenverhaftungen politischer Gegner. Als das Polizeigefängnis überfüllt war, wurden sie zum Teil in dieser Turnhalle eingesperrt. Zwei von ihnen, Leo de Longueville und Konrad Klaas, wurden ermordet – »auf der Flucht erschossen«, wie die amtliche Erklärung hieß. Der Text der Tafel lautet:

> In der Nacht vom 5. auf den 6. März 1933
> wurden hier im Hof des ehemaligen staatlichen
> Realgymnasiums die beiden antifaschistischen
> Widerstandskämpfer Leo de Longueville und
> Konrad Klaas von SA- und SS-Leuten hinterrücks
> erschossen. Sie waren die ersten Oberhausener
> Opfer der nationalsozialistischen Terrorherrschaft.
> Um die Arbeiterbewegung insgesamt zu zerschlagen,
> wurden in Oberhausen Anfang März 1933 zuerst
> 600 Kommunisten verhaftet und z.T. in der Turnhalle
> dieses Gymnasiums eingesperrt.
> Deswegen behalten wir diese beiden Antifaschisten
> stellvertretend für alle vom NS-Regime
> Verfolgten und Ermordeten in Erinnerung.
> DGB/Stadt Oberhausen
> 5. März 1988
> VVN/BdA/AVS

Am ehemaligen Gewerkschaftshaus, *Gewerkschaftsstraße 78* (heute Schulamt), erinnert eine *Gedenktafel* an die Zerschlagung der Gewerkschaften nach dem 2. Mai 1933. Zahlreiche Gewerkschafter und Funktionäre der Arbeiterbewegung wurden in Oberhausen verfolgt, verhaftet und in Zuchthäuser, Konzentrationslager und in sogenannte Bewährungsbataillone überstellt. Viele kamen ums Leben. Auf der Gedenktafel ist der folgende Text zu lesen:

Dieses ehemalige Gewerkschaftshaus
besetzten die Nazis am 2. Mai 1933 –
Gewerkschafter wurden verhaftet und mißhandelt.
Der staatlich organisierte Terror fand
an diesem Tag einen weiteren traurigen Höhepunkt;
erst 12 Jahre später war die
Schreckensherrschaft beendet.
DGB-Kreis-Oberhausen

An einem Wohnhaus in der *Friedenstraße 24* wurde im Jahre 1987 eine *Gedenktafel* zur Erinnerung an die ehemalige Synagoge angebracht. In der Pogromnacht, im November des Jahres 1938, wurde sie von SA- und SS-Rotten angesteckt, wobei die Feuerwehr den Brand lediglich bewachte, anstatt ihn zu löschen. Die Jüdische Gemeinde hatte anschließend noch die »Kosten« der Aufräumungsarbeiten zu zahlen. Auf der Tafel ist folgendes zu lesen:

Hier stand
von 1899 bis 1938
die Synagoge
der Jüdischen Gemeinde
Oberhausen.
Sie wurde in der Nacht
9./10. November 1938
von den
Nationalsozialisten
niedergebrannt.
Den Verfolgten
zum Gedenken.

Eine zweite Synagoge war in *Holten* in der *Mechthildisstraße 7a.* Auch sie wurde schwer beschädigt, das Gebäude blieb jedoch erhalten und wird heute als Wohnhaus genutzt.
Während die Synagogen brannten, zogen Nazitrupps durch Oberhausen und plünderten jüdische Geschäfte. Am *Eduard-Berg-Platz* erinnern heute der Name und eine *Gedenktafel (Marktstraße/Ecke Goebenstraße)* für die Familie Berg an die Plünderung des jüdischen Kaufhauses Berg, an den Selbstmord der Eltern und die Vertreibung der Kinder der Familie ins Ausland. Der Text der Gedenktafel im Boden lautet:

Die Bürgerinnen und Bürger
der Stadt Oberhausen
gedenken der Familie Berg
stellvertretend für alle
während der Zeit von 1933 – 1945
ermordeten jüdischen Mitbürger.
Die Opfer verpflichten uns,
diese Zeit niemals zu vergessen.

Der *Jüdische Friedhof* am *Westfriedhof Lirich* gibt mit seinen *Grabsteinen* Zeugnis über die jüdischen Familien Oberhausens, deren letzte Überlebende nicht mehr nach Deutschland zurückkehrten.

In Oberhausen existierten, wie in allen deutschen Städten, während des Zweiten Weltkrieges eine Reihe von Zwangsarbeiter- und Kriegsgefangenenlager. Eine überörtliche Zusammenstellung nennt mehr als 40 verschiedene Lager im Stadtgebiet Oberhausens. Die Zechen und Industrieunternehmen setzten systematisch Zwangsarbeiter und Kriegsgefangene vor allem aus dem Osten in der Produktion ein. Die einzige sichtbare Erinnerung an diese Menschen sind die Gräber der Toten, die durch den Bombenkrieg und unter den elenden Arbeits- und Lebensbedingungen hier umkamen. Auf dem *Westfriedhof Lirich* sind etwa 900 Zwangsarbeiter und Kriegsgefangene aus vielen Ländern bestattet, zum Teil nur existieren namentliche Grabsteine. Ein *Gedenkstein* trägt die nachfolgende Inschrift:

Den
Kriegstoten
aus
Russland
Polen
Jugoslawien
Holland
Frankreich
Belgien

Grabsteine von Zwangsarbeitern sind auf fast allen Friedhöfen in der Stadt Oberhausen zu finden, sofern die Namen nach 1945 noch ermittelt werden konnten.

Mehrere Straßen in Oberhausen erinnern an Menschen, die von den Nationalsozialisten wegen ihrer Überzeugung oder Religion verfolgt worden sind, beispielsweise:
In Styrum hält der *»Kaplan-Küppers-Weg«* die Erinnerung an den katholischen Jugendpfarrer wach, der mehrfach verhaftet wurde wegen seiner Predigten und bis zum Kriegsende im Konzentrationslager Dachau eingesperrt war. Die *»Otto-Kohler-Straße«*

erinnert an den katholischen Priester, der 1944 ins KZ Dachau kam, weil er jüdischen Menschen zur Flucht verholfen hatte. In Alt-Oberhausen wurde die *»Hermann-Albertz-Straße«* nach dem sozialdemokratischen Politiker bezeichnet, der als Reichsbanner-Mitglied von den Nazis verfolgt und im Konzentrationslager Bergen-Belsen umgebracht wurde. Die *»Ramgestraße«* ist benannt nach dem sozialdemokratischen Stadtverordneten Rudolf Ramge, der 1944 im Konzentrationslager Sachsenhausen »verschollen«, d.h. umgebracht worden ist.

Führungen:
Das Kulturamt Oberhausen veranstaltet zusammen mit »Arbeit und Leben« Rundfahrten zu Stätten von Widerstand und Verfolgung, die auch die Orte der Etablierung des Nationalsozialismus, Treffpunkte der Nazis usw. einbeziehen. Zur Rundfahrt ist ein kostenloses Textbuch erschienen.
Kultur- und Medienbüro der Stadt Oberhausen, Schwartzstr. 71, 46045 Oberhausen, Tel.: 02 08/8 25-21 90 und »Arbeit und Leben« (DGB/VHS), Tel.: 02 08/8 25-29 55.

Literatur:
Arbeit und Leben e.V. Oberhausen (Hrsg.), Antifaschistische Stadtrundfahrt Oberhausen, Neuauflage 1991; Wir »Hoch- und Landesverräter«. Antifaschistischer Widerstand in Oberhausen, Oberhausen 1983; Franzke, Martina, Die »Arisierung« jüdischen Eigentums im nationalsozialistischen Deutschland 1933–1945 am Beispiel der Stadt Oberhausen/Rheinland (Dipl.arbeit an der Uni/GHS Duisburg, Prof. Schoeps) 1991; Kulturamt der Stadt Oberhausen (Hrsg.), 30 Jahre Gedenkhalle Schloß Oberhausen (Broschüre), Oberhausen 1992; Mrugalla, Gabriele, Studien zur Geschichte der Juden in Oberhausen (Diplomarbeit an der Uni/GH Duisburg/Prof. M. Brocke), 1984; Dies., Tatort Duisburg 1933–1945, Duisburg 1988.

Opladen siehe Leverkusen

Paderborn

In der Woche der Brüderlichkeit wurde am 5. März 1990 an der heutigen *Blindenschule* in *Paderborn* ein *Denkmal* zur Erinnerung an das ehemalige jüdische Waisenhaus enthüllt, aus dem im Jahre 1942 20 jüdische Kinder und ihre Erzieher nach Theresienstadt, Auschwitz und anderswohin verschleppt und dort umgebracht worden sind. Das »Jüdische Waisenhaus für Westfalen und das Rheinland« war 1863 gegründet worden und erhielt ab 1939 in der Zeit zunehmenden Terrors gegen die jüdischen Bürger die Funktion eines Zufluchtsortes in Paderborn. Hier lebten schließlich nicht nur etwa 50 Kinder, sondern auch ältere Menschen aus der näheren und weiteren Umgebung. Für einige Paderborner Juden war es der letzte Zufluchtsort auf ihrem Weg in die Deportation. Im Frühjahr 1942 wurde es geräumt.
Seit 1993 erinnert gegenüber dem Amtsgericht, *An der Alten Synagoge*, eine von dem dänischen Künstler Per Kirkeby entworfene *Ziegelsteinwand* an die ehemalige Synagoge.

Auf dem *Jüdischen Friedhof* in Paderborn an der *Warburger Straße* erinnert in der Friedhofshalle ein *Gedenkstein* an die Opfer der nationalsozialistischen Verfolgung in den Jahren 1933 bis 1945.

Literatur:
Angreß, Erwin, Im Arbeitslager am Grünen Weg in Paderborn, in: Frankemöller, Hubert (Hrsg.), Opfer und Täter (siehe Detmold), S. 72–86; Rübbelke, Antonius, »Man schämt sich« – Judenverfolgung in Paderborn, in: Meynert/Klönne (Hrsg.), Verdrängte Geschichte (s. Bielefeld), S. 121–143; Naarmann, Margit, Die Paderborner Juden 1802–1945. Emanzipation, Integration und Vernichtung. Ein Beitrag zur Geschichte der Juden in Westfalen im 19. und 20. Jahrhundert, Schernfeld 1988.

Petershagen, Weser

Auf dem *jüdischen Friedhof* in Petershagen, *Ecke Lambertsweg/Marienweg*, sind 267 Opfer des Nationalsozialismus bestattet. Ein am 11. September 1949 eingeweihter *Gedenkstein* trägt eine *Tafel* mit der Inschrift:

> Zum Gedächtnis von
> [– es folgen neun Namen jüdischer Opfer –]
> und ungezählten Namenlosen,
> die dem NS-Regime zum Opfer fielen.

In einer *Ehrenanlage* in Petershagen-*Bierde* sind 292 Häftlinge bestattet. Ein über zwei Meter hohes *Steinkreuz* auf diesem Friedhof zwischen den Ortschaften Lahde und Bierde zeigt ein Bronzerelief und darüber bzw. darunter eingemeißelt die Inschrift:

> Hier ruhen 292 Opfer
> nationalsozialistischer
> Gewaltherrschaft.
> Unser Leiden sei Euch
> Mahnung zum Frieden.
> 1943 – 1945

Während auf dem Bierder Friedhof vor allem sowjetische und polnische Häftlinge begraben wurden, wurden in der Südostecke des *Friedhofs der evangelischen Kirchengemeinde* in Petershagen-*Lahde* diejenigen Toten bestattet, die westlichen

Nationen angehörten. Es sind über 100 Opfer des Nationalsozialismus und 45 in den Jahren 1945 bis 1948 verstorbene Angehörige verschiedener Nationen. Am Kopf des Gräberfeldes befindet sich ein etwa zwei Meter hoher säulenartiger *Gedenkstein* mit bronzener Dornenkrone und der Inschrift:

Hier ruhen 102 Opfer
nationalsozialistischer Gewalt
1943 - 1945 -
45 heimatlose Ausländer
1945 - 1948

Alle diese Toten stammen aus dem »Arbeitserziehungslager Lahde«, das 1943 eingerichtet worden war und dessen Häftlinge – Zwangsarbeiter verschiedener Nationalität – die durch den Kriegsbeginn unterbrochenen Arbeiten an der Staustufe Petershagen fortführen mußten bzw. am Kraftwerk in Lahde eingesetzt wurden. Das Lager entstand an der damaligen Kreisstraße von Lahde nach Windheim, der heutigen Bundesstraße 482, auf der östlichen Seite gegenüber dem Kraftwerk. Die Häftlinge waren vor allem Ausländer, die die Arbeit verweigert oder sonstwie mit deutschen Behörden in Konflikt geraten waren. Wie grausam die Bedingungen in Lahde waren, mag man daran ermessen, daß in dem Lager bei einer durchschnittlichen Belegung von etwa 700 Häftlingen in 22 Monaten fast 800 Gefangene zu Tode kamen. Anfang April 1945 wurde das Lager angesichts der heranrückenden Amerikaner geräumt. Nach 1950 wurde das Gelände nach dem Abbruch der Baracken wieder als Ackerland genutzt.
Die beiden Mahnmale in Bierde und Lahde wurden 1966 der Öffentlichkeit übergeben.
In der Mindener Synagoge gibt es ein weiteres Zeichen, das an die Toten im »Arbeitserziehungslager« Lahde erinnert: in einem Fenster des Vorraums, das alle Orte nennt, an denen Mindener Juden umgebracht wurden, steht auch der Name »Lahde«. (s. Minden)

Literatur:
Brinkmann, Friedrich, Das »Arbeitserziehungslager« Lahde 1943 – 1945, in: Meynert/Klönne (Hrsg.), Verdrängte Geschichte (s. Bielefeld), S. 167–199; Fulge, Ulrike u.a. (9 Verfasser), Arbeitserziehungslager Lahde. »Hier wird jeder Wille gebrochen«, Arbeit 10. Klasse, Realschule Helpsen, im Rahmen des »Schülerwettbewerbs Deutsche Geschichte« 1982/83.

Porta Westfalica

Im Ortsteil *Barkhausen* befinden sich 73 Gräber von Häftlingen eines Außenkommandos des Konzentrationslagers Neuengamme. Ein *Gedenkstein* trägt die Inschrift:

Hier ruhen 73 unbekannte Opfer der
nationalsozialistischen Gewaltherrschaft

Im Jahre 1944 wurden im Zuge der zunehmenden Bombardierung der deutschen Rüstungsindustrie wichtige Teile wie der Flugzeugbau von den Nationalsozialisten in unterirdische Produktionsstätten verlagert und dafür u.a. die Sandsteinbrüche des Jakobs- und des Wittekindberges an der Porta Westfalica ausgebaut. Die Arbeit mußten KZ-Häftlinge verrichten, für die insgesamt drei Außenkommandos des Konzentrationslagers Neuengamme an der Porta Westfalica eingerichtet wurden: Das erste im Hotel Kaiserhof in Barkhausen, oft auch »KZ Porta« genannt, bestand aus Häftlingen aus Buchenwald und Neuengamme, darunter zahlreiche dänische Gefangene. Sie wurden bei den schwersten Arbeiten des Stollenausbaus unterhalb des Kaiser-Wilhelm-Denkmals eingesetzt, und viele von ihnen kamen durch die unsäglichen Arbeitsbedingungen, Hunger, Krankheiten, aber auch durch Mord und Exekutionen der SS-Wachmannschaften ums Leben. Das KZ-Kommando Kaiserhof hatte eine Belegungsstärke von etwa 1500 Häftlingen, von denen bis zum 1. April 1945 schätzungsweise 500 bis 600 umkamen. Die Toten wurden auf dem *Friedhof* in *Barkhausen* begraben. Viele von ihnen wurden nach dem Krieg exhumiert und in ihre Heimatländer überführt.
Das zweite Kommando, ein reines Frauenlager, wurde als »KZ-Außenlager Hausberge« auf einem bis dahin völlig unbebauten Gelände an der Kreuzung Mindener Weg/Frettholzweg am Südhang des Jakobsbergs errichtet. Rund 1000 vor allem ungarische Jüdinnen, die fast alle auf der Rampe des Konzentrationslagers Auschwitz zur Arbeit selektiert worden waren, wurden hierher verschleppt und mußten in dem unterirdischen Stollensystem für die holländische Firma Philips Radioröhren und Elektroteile für militärische Nachrichtensysteme fertigen. An dieses Lager erinnert kein sichtbarer Hinweis.
Aufgrund der Initiative ehemaliger französischer Häftlinge beschloß der Stadtrat von Porta Westfalica im Jahre 1992, eine *Gedenktafel* im Ortsteil *Hausberge* aufzustellen mit dem Standort *Straße Kirchsiek* an der Einmündung zur Bundesstraße, etwa 300 Meter von der Stollenanlage im Jakobsberg entfernt. Die Tafel wurde von dem Mindener Künstler Dietmar Lehmann als Relief gestaltet mit einem Zitat des früheren Häftlings Pierre Bleton: »Nicht-Wissen-Wollen ist die bedingungslose Kapitulation«.
Das dritte Lager, genannt »KZ-Außenkommando Lerbeck/Neesen«, lag auf dem Gelände des Betonwerks Weber an der Meißener Straße in

Lerbeck. Die etwa 500 Insassen, die aus dem KZ Auschwitz hierher gebracht worden waren, wurden in nahegelegenen Fabrikhallen bei der Reparatur von Flugzeugmotoren eingesetzt, teilweise auch zu Aufräumarbeiten nach Bombenangriffen in der nahegelegenen Stadt Minden. Mehr als 30 Häftlinge starben in Porta oder wurden von den Wachmannschaften ermordet und auf dem *evangelischen Friedhof* am *Lerbecker Kirchweg* verscharrt. Nach dem Kriege wurden die Massengräber mehrfach geöffnet, die Toten exhumiert und zum Teil in die Heimatländer überführt. Die Gebeine der polnischen Häftlinge wurden 1952 in einem *besonderen Grab* nördlich der Friedhofskapelle beigesetzt, auf dem sich ein *Gedenkstein* – ein querliegender Findling auf zwei Sockelsteinen – befindet mit der Inschrift:

Hier ruhen unbekannte
KZ-Häftlinge 1944–45

Quellen/Literatur:
Bleton, Pierre, »Das Leben ist schön!« Überlebensstrategien eines Häftlings im KZ Porta, Bielefeld 1987; Fröbe, Rainer, »Vernichtung durch Arbeit?« KZ-Häftlinge in Rüstungsbetrieben an der Porta Westfalica in den letzten Monaten des Zweiten Weltkrieges, in: Meynert/Klönne (Hrsg.), Verdrängte Geschichte (s. Bielefeld), S. 221–320; Langbein, Hermann, Stärkeren. Ein Bericht aus Auschwitz und anderen Konzentrationslagern, 2. Aufl. Köln 1982 (Langbein berichtet über das Außenlager Lerbeck); Jensen, Ulrike, Lebensgeschichten. Gespräche mit Überlebenden des KZ Neuengamme, hrsg. von der KZ-Gedenkstätte Neuengamme, Hamburg 1992 (Bericht des dänischen Bischofs Vincent Lind über seine Haftzeit in Porta S. 37–42 »Christus hat gelitten, das ist genug«); Meyer, Jörg/Hartmann, Jörg, Außenlager Porta Westfalica – Konzentrationslager Neuengamme, Arbeit 10. Klasse, Realschule Helpsen, im Rahmen des »Schülerwettbewerbs Deutsche Geschichte« 1982/83.

Pulheim

Im Park der *ehemaligen Benediktinerabtei Brauweiler*, die heute im Besitz des Landschaftsverbands Rheinland ist, wurde im November 1992 ein *Mahnmal* zur Erinnerung an die Opfer des Nationalsozialismus aufgestellt. Es war über 15 Jahre lang gefordert worden zur Erinnerung an das frühere »wilde« Konzentrationslager der SA und das Gestapogefängnis Brauweiler. Eine *erste Gedenktafel* brachte die »Vereinigung der Verfolgten des Naziregimes« (VVN) bereits im Februar 1985 an im Rahmen einer Ausstellung zum 40. Jahrestag der Deportation aller Häftlinge dieses Gefängnisses. Die Tafel, die später wieder entfernt wurde, erinnerte an die »Tausende Antifaschisten, die hier eingesperrt, gequält, gefoltert und ermordet« worden sind.
Das *neue Denkmal* aus dem Jahre 1992 gestaltete der Bildhauer Fritz Lindenthal im Auftrag des Landschaftsverbands Rheinland. Ein altarähnlicher, sieben Tonnen schwerer Basaltblock steht in der Mitte eines gepflasterten, leicht erhöhten Kreises. Auf den vier Seiten des Blocks ist zu lesen:

Dem Gedenken
der Opfer
von Unrecht
und Gewalt

In das *Bodenpflaster* des Denkmals eingelassen liegt eine *Metalltafel,* auf der sich die nachfolgende Inschrift befindet:

Auf diesem Gelände befand sich bis 1968 die Arbeitsanstalt Brauweiler. In den Jahren des Nationalsozialismus war sie zeitweise auch Konzentrationslager und Gestapogefängnis.
Hier wurden Menschen eingesperrt, gefoltert, zwangssterilisiert und der Tötungsmaschinerie ausgeliefert.
Den Opfern zum Gedächtnis.

Im sogenannten »Zellenbau«, der im heutigen Abteipark stand und 1971 abgerissen wurde, konnten bis zu 64 Menschen in Einzelhaft eingesperrt werden. Im Oktober 1933 waren es sogar 895 Häftlinge aus dem Ruhrgebiet und dem Rheinland, die hier zusammengepfercht wurden. In den Kriegsjahren diente der alte Zellenbau der Kölner Geheimen Staatspolizei als Gefängnis sowie als Hinrichtungs- und Folterstätte. Hier waren zahlreiche Zwangsarbeiter und Kriegsgefangene eingesperrt, von denen die Gestapo Informationen über den Widerstand herausprügeln wollte, aber auch deutsche Gegner der Nationalsozialisten, darunter zahlreiche Kommunisten. Einer der berühmtesten Häftlinge war der spätere Bundeskanzler Konrad Adenauer, 1917 bis 1933 Oberbürgermeister von Köln.
Heute ist nur noch ein Gebäude, in dem Frauen inhaftiert waren, erhalten. Im Keller dieses Hauses, das heute als Bürohaus dient, befinden sich Räume, die als »Arrestzellen« benutzt wurden.

An der *Hauptstraße 85,* im Zentrum der zu Pulheim gehörenden Ortschaft *Stommeln*, wurde 1983 die erhalten gebliebene Synagoge als *Kulturzentrum* eröffnet. Die Synagoge liegt etwas zurück, eine ausführliche *Informationstafel* vorne neben dem Tor an der Straße schildert die Geschichte und Funktion des Gebäudes:

1882	Fertigstellung und Einweihung der Synagoge
1937	Nach Auflösung der Jüdischen Gemeinde Verkauf des Gebäudes an einen Landwirt; Nutzung als Abstellraum, deshalb in der Nacht des 9. November 1938, in der zahlreiche Synagogen unter dem Nationalsozialismus zerstört wurden, unbeschädigt
1979	Ankauf des Gebäudes durch die Gemeinde Pulheim
1981/83	Restaurierung
1983	Eröffnung als Kulturzentrum der Stadt Pulheim

Der Verein für Geschichte und Heimatkunde in Pulheim hatte sich um den Ankauf und die Herrichtung der Synagoge bemüht, die heute vor allem durch Ausstellungen weit über die Stadtgrenzen Pulheims hinaus bekannt geworden ist.

Kontakt:
Besichtigung nach Vereinbarung mit der Stadt Pulheim, Kulturabteilung, Rathaus, 50259 Pulheim, Tel.: 0 22 38/ 80 81 94.

Auf dem *jüdischen Friedhof* an der *Nagelschmiedstraße* in *Stommeln* errichtete die Stadt Pulheim zum 50. Jahrestag der Reichspogromnacht im Jahre 1988 einen *Gedenkstein* für die jüdischen Opfer der nationalsozialistischen Gewaltherrschaft. Der Stein enthält die Namen der Ermordeten und die Orte ihres Todes.

Quellen/Literatur:
Daners, Hermann, Gestapo-Hilfsgefängnis Brauweiler und das Sonderkommando Bethke, in: Pulheimer Beiträge zur Geschichte und Heimatkunde (Band 16), 1992; Körper, Mechthild/Mathis, Hans-Jörg/Vogt, Jürgen, Das Gestapogefängnis in Brauweiler, Arbeit 11. Klasse, Gymnasium Pulheim-Brauweiler, im Rahmen des »Schülerwettbewerbs Deutsche Geschichte« 1982/83; Verein für Geschichte und Heimatkunde e.V. (Hrsg.), Juden in Stommeln. Geschichte einer Jüdischen Gemeinde im Kölner Umland, 2 Bände, (2. und 3. Sonderveröffentlichung des Vereins) Pulheim 1983 und 1987; Wißkirchen, Josef, Das Konzentrationslager Brauweiler 1933/34, in: Pulheimer Beiträge zur Geschichte und Heimatkunde, Band 13, 1989, S. 153–196.

Raesfeld

Vor der *katholischen Pfarrkirche* in Raesfeld wurde eine *Stele* errichtet zur Erinnerung an die Jüdische Gemeinde des Ortes. Seit dem späten Mittelalter lebten in dieser Landgemeinde jüdische Bürger, die sich im 19. Jahrhundert einen eigenen Friedhof und eine Synagoge bauten. Die Jüdische Gemeinde wurde ausgelöscht mit dem Abtransport der letzten acht Juden im Jahre 1942 nach Theresienstadt.

Literatur:
Friedrich, Adalbert, Die Jüdische Gemeinde von Raesfeld. Ein Beitrag zur Geschichte der Juden in Westfalen, hrsg. vom Heimatverein Raesfeld e.V., 1990.

Rahden, Westfalen

Auf dem Parkplatz am Rathaus, *Langstraße 9*, erinnert eine *Gedenktafel* an die ehemalige Synagoge. Die Tafel trägt neben dem Davidstern folgende Inschrift:

> Hier stand von 1852 bis 1938
> die Rahdener Synagoge

Ratingen

Am Standort der 1938 zerstörten Synagoge in der *Bechemerstraße* erinnert eine *Gedenktafel* an das Gotteshaus. Die Inschrift unter dem Wappen der Stadt Ratingen lautet:

> Die Synagoge der Jüdischen Gemeinde
> befand sich von 1817 bis 1938
> an der Bechemerstraße Nr. 5

In der *Werdener Straße* befinden sich die Reste des *alten jüdischen Friedhofs*, der heute als *Gedenkstätte* erhalten wird. Ein *Gedenkstein* trägt eine deutsche und eine hebräische Inschrift. Die deutsche lautet:

> Jubeln werden die gedemütigten Gebeine.
> Ps. 51, Vers 10
> Friedhof der Juden 1786–1939

Alljährlich findet hier zur Erinnerung an den Pogrom in der von den Nationalsozialisten so bezeichneten »Reichskristallnacht« eine feierliche Kranzniederlegung statt.

Literatur:
Kaminski, Uwe, Fremdarbeiter während des Zweiten Weltkrieges in Ratingen, in: Ratinger Forum, Band 1, 1989.

Recklinghausen

In der *Justizakademie des Landes Nordrhein-Westfalen, Gustav-Heinemann-Haus* am *August-Schmidt-Ring 20* in Recklinghausen, existiert seit 1988 eine *Dokumentations- und Forschungsstelle »Justiz und Nationalsozialismus«.* Sie besteht einmal aus einer Dauerausstellung zum Thema, zum anderen aus einer Sammlung von Quellen, audiovisuellen Materialien und Literatur, wobei zum regionalen Schwer-

punkt der Forschungen der Bereich der drei Oberlandesgerichtsbezirke Köln, Düsseldorf und Hamm gewählt wurde.
Die *Dauerausstellung* dokumentiert in einem Kernbereich das Wirken der Justiz im »Dritten Reich«, ihre Rolle von der »Machtergreifung« bis zum Krieg, das Straf- und Zivilrecht sowie die Maßnahmen zum »Schutz der Inneren Front«, während wechselnde Erweiterungen dieses Kerns geplant sind, als erstes etwa zum Thema Strafvollzug.
Anders als eine Gedenktafel könne damit vor allem jüngeren Juristen und Mitarbeitern, die die Justizakademie besuchen, die NS-Diktatur und die Rolle der Justiz vermittelt werden.

Literatur:
»Grauen und Normalität«. Ein Forschungs- und Literaturbericht zum Strafvollzug im Dritten Reich, (auszugsweise) in: Stadtarchiv Hamm (Hrsg.), Ortstermin Hamm. Zur Justiz im Dritten Reich, Hamm 1991, S. 63–70; Dokumentations- und Forschungsstelle »Justiz und Nationalsozialismus« (Hrsg.), Quellen und Materialien Bd. I: Die Auflösung des Rechtsstaates 1933–1937.

Kontakt:
Dokumentations- und Forschungsstelle »Justiz und Nationalsozialismus«, Frau Christiane Hottes, August-Schmidt-Ring 20, 45665 Recklinghausen, Tel.: 0 23 61/4 81-1 16.

Auf dem *jüdischen Friedhof* in Recklinghausen, *Nordcharweg*, befindet sich ein *Gedenkstein* mit den Namen von 215 in den Konzentrationslagern ermordeten jüdischen Frauen, Kindern und Männern aus Recklinghausen und der Inschrift:

> Unseren ermordeten Brüdern und Schwestern
> zum ewigen Gedenken!

Literatur:
Schneider, Werner, Jüdische Heimat im Vest. Gedenkbuch der Jüdischen Gemeinden im Kreis Recklinghausen, Recklinghausen 1983.

Reken

Auf dem *jüdischen Friedhof Am Mühlenweg* in Reken, Klein-Reken (früher Lembeck-Wessendorf), steht ein Findling mit einer *Gedenktafel* zur Erinnerung an die jüdischen Bürger der Gemeinde.

Remscheid

An der *Justizvollzugsanstalt* in Remscheid-*Lüttringhausen* hängt links neben der Pforte in der *Masurenstraße* eine *Gedenktafel* für die während des Nationalsozialismus unschuldig hier eingesperrten Gefangenen. Der Text lautet:

> 1933 – 1945
> Zum Gedenken an die in der Zeit der nationalsozialistischen Gewaltherrschaft 1933–1945 zu Unrecht hier Inhaftierten sowie die in der Wenzelnberg-Schlucht bei Langenfeld getöteten Menschen

72 Häftlinge aus dem Zuchthaus Remscheid-Lüttringhausen und aus Wuppertaler Gefängnissen sind am 13. April 1945 am Wenzelnberg in Solingen-Landwehr an der Straße nach Langenfeld von der Gestapo erschossen worden. Die Toten wurden am Ort des Massenmordes, der vor einer offenen Grube stattfand, begraben. Heute erinnert dort ein Mahnmal, das am Stadtrand von Langenfeld liegt, an das Massaker (s. Langenfeld und Solingen-Landwehr).

Im Aufgang zum Remscheider *»Ehrenhain«* für die Toten des Ersten Weltkrieges stehen fünf monumentale Steinvasen zusammen mit fünf *Gedenktafeln* für die Gefallenen des Heeres, der Marine, der Luftwaffe, des Bombenkrieges und, ganz in der Sichtweise der Einrichtung dieser Anlage in den fünfziger Jahren, eine *Vase* bzw. *Tafel* für »Opfer in den KZ-Lagern«.

Literatur:
Breidenbach, Armin, Antifaschistischer Widerstand im Zuchthaus Remscheid-Lüttringhausen, Extra-Ausgabe der »Ronsdorfer Zeitung« (Wuppertal) vom 22. Oktober 1982; Klasse 10 A der Hauptschule Rosenhügel Remscheid (20 Verfasser), Widerstand in Remscheid 1939–1945, Arbeit im Rahmen des »Schülerwettbewerbs Deutsche Geschichte« 1982/83; »Ronsdorfer Zeitung«, Wuppertal (Hrsg.), Widerstand und Verfolgung in Remscheid 1933–1945, Bd. 1, 1983 und Bd. 2, 1986; VVN Landesvorstand NRW (Hrsg.), Jahre in Lüttringhausen. Endstation Wenzelnberg. Berichte von antifaschistischen Widerstandskämpfern, Düsseldorf 1983; Wunder, Olaf, »Es waren blühende Jungs!« Anna und die Fremdarbeiter in Remscheid, Arbeit 12. Klasse, Röntgen-Gymnasium Remscheid-Lennep, im Rahmen des »Schülerwettbewerbs Deutsche Geschichte« 1982/83 (diese Arbeit enthält u. a. einen Erinnerungsbericht des ehemaligen Direktors des Zuchthauses Remscheid-Lüttringhausen).

Rheda-Wiedenbrück

Am Standort der ehemaligen Synagoge, *Ecke Schloßstraße/Steinweg,* wurde 1980 ein *Gedenkstein* enthüllt, der an die Zerstörung durch die Nationalsozialisten in der Reichspogromnacht 1938 erinnert. Eine Tafel auf dem Stein enthält unter dem Davidstern die Inschrift:

Hier stand das Gotteshaus
der Synagogengemeinde Rheda, das am 9. 11. 1938
von den Nationalsozialisten mutwillig zerstört wurde.
Der Ort auf dem Du stehst ist heiliger Boden.

Im Jahre 1990 wurde an der Schmalseite des Rathauses, zwischen dem *Rathausplatz* und dem *Großen Wall*, eine *Erinnerungstafel* an die Pogromnacht 1938 enthüllt. Neben den Namen von 14 jüdischen Bürgerinnen und Bürgern, die namentlich bekannt sind als Opfer der nationalsozialistischen Verfolgung, stehen die Worte:

Das Geheimnis der Versöhnung
heißt Erinnerung.

Die Stadt Rheda-Wiedenbrück steht in Verhandlung mit dem aus Rheda stammenden, heute in Israel lebenden Maler Arie Goral über die Einrichtung einer *Gedenkstätte.* Arie Goral hat Bilder und Zeichnungen jüdischer Mithäftlinge im Konzentrationslager gesammelt und hat die Absicht geäußert, diese Sammlung für eine Dauerausstellung zur Verfügung zu stellen.

Literatur:
Kindler, Jürgen und Lewe, Wolfgang A., Die Geschichte der Rhedaer Judengemeinde; Stadt Rheda-Wiedenbrück (Hrsg.), Festschrift anläßlich der »Enthüllung eines Gedenksteines für die am 9. November 1938 von den Nationalsozialisten zerstörte Synagoge Rheda«, 1980; Weinberg, Werner, Die Geschichte einer Tora (hrsg. vom Stadtarchiv Rheda-Wiedenbrück, Übersetzung aus dem Englischen), 1978.

Rheinhausen siehe Duisburg

Rheydt siehe Mönchengladbach

Rimbeck siehe Warburg

Rösrath

Auf dem in der Wahner Heide gelegenen *Friedhof »Kalmusweier«* sind 36 sowjetische und ein jugoslawischer Staatsangehöriger bestattet. Auf einem *Gedenkstein* sind, soweit bekannt, die Namen verzeichnet. Die Toten waren Häftlinge des in unmittelbarer Nähe gelegenen Kriegsgefangenenlagers »Hoffnungsthal«. Auf einem ehemaligen Reichsarbeitsdienst-Gelände wurde 1940 das Lager eingerichtet, das auch unter der Bezeichnung »Arbeitskommando 281« dem Stalag VI G in Bonn/Hardthöhe unterstellt war. Hier waren zunächst französische Kriegsgefangene, später hauptsächlich polnische Fähnriche gefangen, die unter Verstoß gegen die Genfer Konvention auf einem Truppenübungsplatz, aber auch in Privatbetrieben und bei Handwerkern und Bauern der Umgebung arbeiten mußten. Schikanen und Demütigungen gehörten zum Lageralltag, ebenso wie Folterungen und Hinrichtungen.
Zu dieser Gedenkstätte schrieb der Wuppertaler Autor Matthias Buth ein Gedicht mit dem Titel »Kalmusweier«, in dem es u.a. heißt:

Die Hecke akkurat geschnitten
Buchsbaum
Der das Geviert umfriedet

Fünf Namen im Gras
Denn alles Fleisch
Es ist wie Gras
Fünf Namen im Stein

Fast einhundert mal
Der gemeißelte Name
Unbekannt

Quellen/Literatur:
Buth, Matthias, Ohne Kompaß. Gedichte, Düsseldorf 1984; Türpe, Barbara und Pleuger, Karsten, Kriegsgefangene und Fremdarbeiter in der Gemeinde Rösrath, Arbeit 13. Klasse, Freiherr-vom-Stein-Schule, im Rahmen des »Schülerwettbewerbs Deutsche Geschichte« 1988/89; Wagner, Guido, Betrifft: Kriegsgefangenenlager »Hoffnungsthal« 1940–1945, Rösrather Denkmäler 3, Rösrath 1993.

Rommerskirchen

An der Außenmauer des *jüdischen Friedhofs* in Rommerskirchen, *Nettesheimer Weg,* wurde am 11. März 1982 eine *Gedenktafel* enthüllt mit folgendem Wortlaut:

In ehrender Erinnerung
an unsere jüdischen Mitbürger, die in den Jahren
1933 – 1945 Opfer der NS-Gewaltherrschaft wurden

An der Einfriedungsmauer des Grundstücks Rommerskirchen, *Gillerstraße*, weist seit 1983 eine *Tafel* auf die frühere Synagoge hin, die in der Pogromnacht 1938 angezündet wurde. Der Text lautet:

Treppenaufgang zu den jüdischen Gärten
mit Synagoge. Angezündet und abgebrannt
in der Reichskristallnacht.
Anno domini MCMLXXXIII
Pfarrgemeinde St. Peter

Ruppichteroth

In der *Brölstraße* erinnert ein *Gedenkstein* an Opfer des Nationalsozialismus.

Rurberg siehe Simmerath

Salzkotten

An der *Vielserstraße* wurde am 29. Juni 1986 auf Anregung der Jungen Union Salzkotten ein *Denkmal* eingeweiht, das an die ehemalige Synagoge an dieser Stelle erinnert. Zwei Mauern markieren den Raum des jüdischen Gotteshauses, das am 10. November 1938, am Tage nach den reichsweiten antisemitischen Pogromen, niedergebrannt wurde. Eine *Tafel* trägt unter dem Davidstern die Inschrift:

> Der Ort, auf dem Du stehst, ist heiliger Boden.
> Exodus 3,5
> Hier stand die 1825 erbaute Synagoge der
> Israelitischen Gemeinde Salzkotten, die
> am 9./10. November 1938 von Nationalsozialisten
> zerstört wurde.
> Stadt Salzkotten
> Shalom

Scherfede siehe Warburg

Schermbeck

Am ehemaligen Standort der Synagoge erinnert seit 1982 eine *Gedenktafel* an das jüdische Gotteshaus:

> An dieser Stelle stand die jüdische
> Synagoge. Sie wurde Anfang des
> 19. Jahrhunderts erbaut und in der Zeit
> der Gewaltherrschaft am 10. November 1938
> zerstört.

Schlangen

Auf dem *jüdischen Friedhof* von Schlangen, auf einer kleinen parkartig angelegten Anhöhe in der *Gartenstraße,* steht ein *Ehrenmal* für die Opfer der nationalsozialistischen Verfolgung.

Schleiden, Eifel

Am *Kreuzberg* im Schleidener Ortsteil *Gemünd* in der Eifel erinnert eine *Gedenktafel* an die Vernichtung der Jüdischen Gemeinde und an die Zerstörung ihrer Synagoge. Der Text lautet:

> Zum ehrenden Gedenken an die
> jüdischen Bürger unserer Stadt,
> die in den Jahren der
> nationalsozialistischen Gewaltherrschaft
> ihr Leben verloren haben.
> Ihre Synagoge stand an dieser Stelle
> und wurde am 9. November 1938 zerstört.
> Stadt Schleiden 1979

Ein anderes *Denkmal,* welches eher umwegig an die Verbrechen des Nationalsozialismus erinnern mag, ist die vom Rheinischen Amt für Denkmalpflege unter Schutz gestellte *Burg Vogelsang.* Die ehemalige »Ordensburg Vogelsang«, Mitte der 30er Jahre von dem Kölner Architekten Clemens Klotz entworfen, diente zur ideologischen und politischen Schulung der nationalsozialistischen Führungseliten. Heute ist die Anlage mit ihren teils freistehenden, teils an den Gebäuden befindlichen Plastiken ein baugeschichtliches Dokument nationalsozialistischen Rassenwahns. Die nicht öffentlich zugängliche Burg und das umliegende Gelände dienen heute der Belgischen Armee als Truppenübungsplatz und Kaserne. (s. auch Wewelsburg/Niederhagen)

Schloß Holte siehe Stukenbrock

Schmallenberg

Im Januar 1988 wurde auf dem Platz der ehemaligen Synagoge, heute die *Synagogenstraße,* ein *Denkmal* eingeweiht zur Erinnerung an die ermordeten jüdischen Bürger der Stadt Schmallenberg. Die triptychon-ähnlichen *Metalltafeln* tragen links und rechts die Namen und das Geburtsjahr der Toten und in der Mitte über und unter dem Davidstern den Text:

> Unser Schicksal –
> Eine Mahnung
> für Euch.
> [Es folgt der hebräische Text]
> Zum Gedenken an die
> 36 jüdischen Bürger
> Schmallenbergs,
> die 1942 – 1945
> durch das NS-Regime
> umgebracht wurden.
> Hier stand die
> Synagoge
> der Jüdischen Gemeinde
> Schmallenberg.

In Schmallenberg existierte bis zu den Verfolgungen durch die Nazis die wohl größte Jüdische Gemeinde des Sauerlandes, 1934 lebten hier 59 Bürgerinnen und Bürger jüdischen Glaubens. Bei den Novemberpogromen 1938 wurden mehrere Männer verhaftet und in das Konzentrationslager Sachsenhausen verschleppt, die Synagoge angezündet und zerstört. Das Grundstück wurde nach dem Kriege von einem in die USA emigrierten ehemaligen Schmallenberger jüdischen Bürger zurückerworben und mit der Auflage verkauft, daß dieser heilige Platz nicht bebaut werden darf.

In einer *Gedächtniskapelle* für die Opfer beider Weltkriege auf dem *Alten Friedhof*, Auf dem Werth, existiert eine ältere *Bronzetafel*, die ebenfalls der jüdischen Bürger gedenkt, die von den Nationalsozialisten umgebracht wurden.

Literatur:
Heimatmuseum Schmallenberg-Holthausen (Hrsg.), Das Hakenkreuz im Sauerland, Schmallenberg 1988; Tröster, Helga, Geschichte und Schicksal der Juden in Schmallenberg, in: Schmallenberger Heimatblätter, Jahrgänge 1983–85, S. 51–104; Wiegel, Josef, »Kristallnacht vor 50 Jahren«, in: Jahrbuch Hochsauerlandkreis, 1988, Meschede 1987, S. 30–35.

Schwalmtal, Niederrhein

Am *Rathausgebäude* an der *Pumpenstraße* wurde am 9. November 1986 eine *Gedenktafel* enthüllt mit der Inschrift:

In dieser Straße stand von
1809 bis 1958 die Synagoge der
Jüdischen Gemeinde Waldniel.
Durch nationalsozialistischen
Terror wurden jüdische
Bürger von Waldniel geächtet,
verfolgt, deportiert und getötet.
Den Opfern zum Gedenken –
den Lebenden zur Mahnung.

In Schwalmtal-*Waldniel*, An der Hausermühle, befindet sich der *alte Friedhof der Jüdischen Gemeinde*. Hier errichtete das einzig überlebende Mitglied der Familie Cahn-Winter einen *Gedenkstein* für die deportierten und umgekommenen Mitglieder der Familien Cahn und Levy.

In den Gebäuden der *ehemaligen Kent-School* (bis 1991) in Schwalmtal-*Hostert* war früher eine Psychiatrische Anstalt untergebracht, zunächst des Franziskanerordens und ab 1937 als Zweigstelle der Heil- und Pflegeanstalt Johannistal in Süchteln (s. Viersen). 1941 wurde in der Klinik auf Anweisung des Reichsinnenministeriums eine sogenannte »Kinderfachabteilung« eingerichtet, in Wirklichkeit eine Kindervernichtungsabteilung, denn hier wurden bis zur Auflösung im Juli 1943 mindestens 30 Kinder umgebracht, die wegen ihrer körperlichen oder geistigen Behinderungen als »nicht lebenswert« eingestuft wurden. Im gesamten nationalsozialistischen Deutschland gab es 30 solcher »Kinderfachabteilungen«, in denen mehr als 5 000 Kinder ermordet wurden.
1987 beschloß der Rat der Gemeinde Schwalmtal auf einen Bürgerantrag hin, den *ehemaligen Friedhof* der 1952 aufgelösten Anstalt zu einer *Gedenkstätte* für die Opfer der »Euthanasie« umzugestalten. Ein liegender *Stein* trägt den Text:

Den unschuldigen Opfern

Eine *Tafel* am Haupteingang informiert über die Geschichte des Friedhofs, für den die Gemeinschafts-Hauptschule Schwalmtal die Patenschaft übernommen hat. Ein *früheres Denkmal* auf diesem Friedhof aus dem Jahre 1964 ist heute im Garten an der katholischen *Kirche St. Maria Himmelfahrt, Waldnieler Heide,* zu finden. Auf einem *Ehrenmal* wurde neben dem Gedenken an die Kriegsopfer eine *Tafel* ergänzt mit der Inschrift:

Den Unschuldig Ermordeten
St. Josefsheim Hostert
1939–1945

Quellen/Literatur:
Schaak, Rosemarie u.a., Geachtet und Geächtet. Das Schicksal der Waldnieler Familien Cahn und Levy im Dritten Reich, Arbeit 10. Klasse, GHS Schwalmtal, im Rahmen des »Schülerwettbewerbs Deutsche Geschichte« 1980/81; Zöhren, Peter, Nebenan – eine andere Welt. Vom Schicksal der Behinderten in der Anstalt Waldniel-Hostert 1909–1945, Schwalmtal 1988; Ders., Die »Kinderfachabteilung« Waldniel, in: Seidel, Ralf und Werner, Wolfgang F., Psychiatrie im Abgrund, Köln 1991.

Schwelm

Am ehemaligen Standort der 1938 zerstörten Synagoge wurde auf Initiative der Schülerinnen und Schüler des Märkischen Gymnasiums eine *Gedenktafel* angebracht.

Schwerte

Auf dem *jüdischen Friedhof* in Schwerte-*Westhofen*, einem Teil des Kommunalfriedhofs Mesenbecke, befindet sich eine *Gedenkstätte* für hier bestattete russische Kriegsgefangene. Daneben stehen *vier Obeliske* der jüdischen Familie Stern, die als Gedenkstätte hergerichtet sind.

An einer Betonmauer im Bereich des *Eisenbahnausbesserungswerkes* in der Nähe der *Emil-Rohrmann-Straße* wurde im Jahre 1985 eine *Gedenktafel* angebracht, die an das frühere Außenlager Schwerte-Ost des Konzentrationslagers Buchenwald erinnert. Die Tafel wurde nach wenigen Tagen von Unbekannten abgerissen, später aber erneuert. Die sichtbaren und erhaltenen Reste des Lagers, Fundamente ehemaliger Unterkünfte, Teile des Zauns, die Mauern sowie zwei Baracken des ehemaligen Außenlagers, die später von Pfadfindern und als Waldorfkindergarten genutzt wurden, sind inzwischen unter Denkmalschutz gestellt. Im Jahre 1990 wurde an dieser Stelle auf Beschluß des Stadtrats eine *Mahn- und Gedenkstätte* eingerichtet. Neben den Grundmauern der Unterkünfte steht eine Plastik aus Eisenbahnschwellen, die menschliche Körper als Torsi darstellt.

Das KZ-Außenlager Schwerte-Ost bestand spätestens seit dem 6. April 1944 und bis Ende Januar 1945. Bis zu 700 Häftlinge des Konzentrationslagers Buchenwald wurden hier beim früheren Reichsbahnausbesserungswerk (RAW) zur Wartung und Reparatur von Bahnanlagen und Fahrzeugen eingesetzt.

Literatur:
Riese, Marita, »Und es soll kein Gras darüber wachsen«. Die Geschichte des Außenkommandos des Konzentrationslagers Buchenwald im Reichsbahnausbesserungswerk Schwerte-Ost, Hrsg. Kulturamt der Stadt Schwerte, Schwerte 1989.

Selm

In dem zu Selm gehörenden Ort *Bork* wurde eine kleine *Landsynagoge* an der *Hauptstraße* wieder hergerichtet, um sie 1993 der Öffentlichkeit zugänglich zu machen als Ort für kleinere Veranstaltungen und mit einem erinnernden Hinweis auf die Geschichte der Borker Juden. Der Bau, eine der seltenen noch existierenden Fachwerksynagogen, wurde während des nationalsozialistischen Pogroms am 9. November 1938 ausgeplündert und die Einrichtung zerstört. Seitdem gab es hier keinen Gottesdienst mehr. Die letzten Juden der Gemeinde wurden 1942 deportiert und umgebracht.

Siegburg

An der Ruine des *Ulrather Hofes*, dem Hinrichtungsort von drei luxemburgischen Staatsangehörigen, wurde 40 Jahre nach ihrem Tod auf Initiative der Siegburger Jungsozialisten eine *Gedenktafel* enthüllt. Sie trägt den Text:

> Hier wurden am 23. 8. 1944
> drei junge Luxemburger erschossen:
> Jean Bück, 23 Jahre
> Marcel Charpentier, 20 Jahre
> Camille Körner, 19 Jahre
> Mit ihnen wurden sieben weitere Luxemburger
> Geiseln an anderen Orten hingerichtet. Sie wurden
> Opfer des Faschismus. Möge nie wieder Gewalt
> und Terror in unserem Lande herrschen!
> Gestiftet von der Stadt Siegburg

Im Zuchthaus Siegburg, der heutigen Jugendstrafvollzugsanstalt, waren zahlreiche Widerstandskämpfer und Gegner der Nationalsozialisten eingesperrt, zum Beispiel der Bonner Student Walter Markov, der der »Sozialistischen Arbeiter Partei« (SAP) angehörte, und Männer aus Luxemburg, die sie sich geweigert hatten, in der deutschen Wehrmacht zu kämpfen. Die drei jungen Häftlinge wurden als Geiseln in einer »Vergeltungsaktion« erschossen, als Rache für einen Anschlag auf den Aachener NS-Gauleiter in Luxemburg (s.a. S. 432).

Auf dem *Nordfriedhof* in Siegburg ruhen 110 Opfer des Nationalsozialismus aus dem früheren Zuchthaus. Eine *erste Tafel* wurde am 3. August 1947 angebracht zusammen mit einer *Skulptur*, die Zellen und Zellenfenster versinnbildlicht. Im November 1947 ließ der Belgische Staat für die aus Belgien stammenden toten Häftlinge eine *Tafel* errichten, im Jahre 1988 das Großherzogtum Luxemburg. Die erste Tafel trägt die Inschrift:

> Wir kämpften und starben für Freiheit und Recht.
> Den politischen Opfern 1933–1945

Am 14. Februar 1987 wurde am Siegburger Gewerkschaftshaus, *Kaiserstraße 108*, eine *Gedenktafel* enthüllt mit folgendem Wortlaut:

> Zum Gedenken an die 16 mutigen Arbeiter,
> die hier das Volkshaus in der Nacht vom
> 14. zum 15. Februr 1933 unter Einsatz ihres Lebens
> gegen SS-Terror verteidigten.

Am 14. Februar 1933, also wenige Tage nach der »Machtergreifung« der Nationalsozialisten, stürmte ein SS-Kommando das Volkshaus und entfernte einen Zeitungsartikel, durch den es sich »provoziert« fühlte, aus dem Fenster. In der folgenden Nacht bewachten 16 Gewerkschafter das Volkshaus, es kam zu mehreren Angriffen durch SA- und SS-Trupps, bei denen der SS-Scharführer Franz Müller von hinten erschossen wurde. In einem Schwurgerichtsprozeß in Bonn wurden zunächst sechs der Angeklagten zu Zuchthausstrafen verurteilt, die übrigen wurden freigesprochen, blieben aber in »Schutzhaft«. Zwei Jahre später wurden alle Angeklagten freigesprochen.

Im Zentrum Siegburgs, *Am Brauhof*, wurde 1988 ein *Brunnen* des Künstlers Oswald Schneider zur Erinnerung an die 1938 zerstörte Siegburger Synagoge errichtet. In einem kreisförmigen *Textband* im Pflaster ist zu lesen:

> Hier stand seit 1841 die Synagoge der Jüdischen Gemeinde, der mehr als 300 Mitglieder angehörten. Die Synagoge fiel am 10. 11. 1938 den Flammen der Pogromnacht - Reichskristallnacht - zum Opfer. Durch die nationalsozialistische Gewaltherrschaft - 1933-1945 - wurde der größte Teil der Gemeindemitglieder ermordet. Ihr Tod soll uns mahnend sein.

Auf dem *jüdischen Friedhof* in der *Heinrichstraße* erinnert seit dem 23. September 1962 die Inschrift auf einem *Gedenkstein* an die jüdischen Opfer der Gemeinde Siegburg und benachbarter Gemeinden. Unter einem hebräischen Text und dem Davidstern stehen die Worte:

> Zum Gedenken an den verdienstvollen Seelsorger
> und Lehrer Salomon Seelig und die zahlreichen
> Brueder und Schwestern der Juedischen Gemeinde
> Siegburg sowie der benachbarten Gemeinschaften
> die dem Terror des nationalsozialistischen Regimes
> in den Jahren 1933-1945 zum Opfer fielen
>
> Den Überlebenden zur steten Erinnerung
> der Nachwelt zur dauernden Mahnung

Dieses Denkmal wurde 1962 auf Anregung einiger in die USA emigrierter Siegburger Juden aufgestellt als ein Zeichen für das hohe Ansehen, das der Kantor und Lehrer Salomon Seelig bei seinen Gemeindemitgliedern genoß. Salomon Seelig war 1939 nach Köln verzogen, wurde 1942 in das Konzentrationslager Theresienstadt deportiert und dort umgebracht. Von den fast 300 in Siegburg lebenden Juden wurden 100 von den Nationalsozialisten umgebracht, die anderen vertrieben und in alle Erdteile verstreut.
Siegburg, die Stadt mit einer der ältesten und größten Ansiedlungen von Juden im Rhein-Sieg-Raum, besaß in den Jahren des nationalsozialistischen Terrors eine wichtige Selbsthilfeeinrichtung der verfolgten Juden, an die heute kein sichtbares Zeichen mehr erinnert. In einem leerstehenden Fabrikgebäude in der *Siegfeldstraße* wurde im April 1934 eine Umschulungsstätte für jüdische Jungen und Mädchen gegründet zur Vorbereitung ihrer Auswanderung nach Palästina. Das »Kibbuz Hadschara« (= Vorbereitung) genannte Umschulungslager bildete bis 1937 etwa 200 Jugendliche in handwerklichen und landwirtschaftlichen Berufen aus, die ihnen eine neue Existenz in der Fremde erleichtern sollten.

Quellen/Literatur:
Linn, Heinrich, Jüdische Abwehr. »Kibbuz Hadschara« in Siegburg und (ders.) Juden in Siegburg, in: Ders., Juden an Rhein und Sieg (s. Bad Honnef), S. 198-200 und 271-280; Ders., Siegburg und Siegkreis, in: Wegweiser durch das jüdische Rheinland, Berlin 1992, S. 234-241; Markov, Walter, Zwiesprache mit dem Jahrhundert (u.a. über die Jahre 1936-1945 im Zuchthaus Siegburg), Köln 1990.

Siegen

Im *Dicken Turm* befindet sich eine *Gedenkstätte* für die Toten der beiden Weltkriege und für die Opfer der nationalsozialistischen Gewaltherrschaft. Über dem Eingangstor stehen die Worte:

> Verweile und gedenke!

Hier am Dicken Turm findet jährlich am 16. Dezember, dem Tag der Bombardierung Siegens im Jahre 1944, eine Gedenkfeier statt. Von hier startete aber auch in den letzten Jahren am selben Tag ein Schweigezug der Friedensbewegung unter dem Motto »Nie wieder Krieg«.

Am 9. November 1978, vierzig Jahre nach dem von den Nationalsozialisten als »Reichskristallnacht« bezeichneten Pogrom gegen die jüdische Bevölkerung, wurde am ehemaligen Standort der Siegener Synagoge am *Obergraben* die neugestaltete *Gedenkstätte* für die etwa 120 ermordeten Siegerländer Juden eingeweiht. An der Stelle der früheren Synagoge befindet sich bis heute ein mächtiger *Bunkerklotz*, auf dessen schmiedeeisernem Tor ein großer siebenarmiger Leuchter angebracht wurde. An der Rückwand hängt unter Plexiglas ein stark vergrößertes Foto der ehemaligen Siegener Synagoge. Neben dem Tor ist eine *Gedenktafel* angebracht mit der Aufschrift:

> Hier stand seit 1906
> die Synagoge der
> Jüdischen Gemeinde Siegen
> In Zeiten
> politischer Willkür
> zerstört am 10. 11. 1938

Auf dem *jüdischen Teil* des *Friedhofs* in der *Hermelsbach* wurde am 7. Juni 1951 ein *Gedenkstein* für die jüdischen Opfer des Nationalsozialismus aufgestellt, der unter einem großen Davidstern die Worte trägt:

> Zum Gedenken
> den jüdischen Märtyrern
> 1933 - 1945

Neben den Gräbern der jüdischen Bürger der Stadt liegen polnische Männer und Frauen begraben, die zur Zwangsarbeit in der Siegener Industrie gezwungen waren. Ihre Gräber sind nicht gekennzeichnet und haben keine Grabsteine. Die Namen der Toten sind – soweit bekannt – in einen hohen quadratischen *Gedenkstein* eingemeißelt, der am Weg unweit des Gedenksteins für die jüdischen Opfer steht.

Auf dem *allgemeinen Teil* des *Friedhofs* in der *Hermelsbach* befindet sich ein weiteres großes Gräberfeld für 377 russische Männer und Frauen, die in der Industrie Zwangsarbeit leisten mußten. Viele von ihnen kamen bei Bombenangriffen ums Leben, da ihnen untersagt war, die Bunker aufzusuchen. Auf den Gräbern sind Grabsteine mit ihren Namen. Ein *Ehrenmal* inmitten des Gräberfeldes trägt in russischer und englischer Sprache eine Inschrift, die ins Deutsche übersetzt lautet:

> Hier ruhen in Frieden
> 377 sowjetische Staatsbürger
> die durch faschistischen Terror starben.
> Siegen 1945

Die *Theodor-Noa-Straße* erinnert an den von den Nationalsozialisten verfolgten evangelischen Pfarrer Theodor Noa, der als Seelsorger an der Nicolaikirche tätig und einer der Gründer der Siegerländer Bibelkreise war. Mit den Nationalsozialisten kam er in Konflikt, weil er die Jugendlichen vom Eintritt in die Hitlerjugend abhielt und offen für die Bekennende Kirche eintrat. Pastor Noas Arbeit in Siegen endete jäh am 19. Dezember 1937, nachdem er einen Text gegen die Staatseinmischung in Kirchenangelegenheiten von der Kanzel verlesen hatte. Er verschwand nach dem Gottesdienst aus Siegen. Im März 1938 wurde sein Leichnam im Berliner Landwehrkanal gefunden. Ein Gedenkstein zu seiner Erinnerung steht neben »seinem BK-Heim« in Beienbach (s. Netphen).

Alternative Stadtrundfahrten veranstaltet:
Gesellschaft für Christlich-Jüdische Zusammenarbeit Siegerland e.V., Burgstraße 21, 57072 Siegen.

Literatur:
Dietermann, Klaus, Siegen – eine Stadt unterm Hakenkreuz. Stätten des Nationalsozialismus, des Widerstands und heutige Gedenkstätten. Eine alternative Stadtrundfahrt, überarb. Ausgabe Siegen 1988; Dietermann, Klaus/Übach, Gerd/Welkert, Hans Joachim (Hrsg.), Die Juden im Siegerland zur Zeit des Nationalsozialismus. Eine Handreichung für Geschichts- und Deutschlehrer, Siegen 1981; Opfermann, Ulrich, Heimat Fremde. »Ausländereinsatz« im Siegerland 1939–1945: wie er ablief und was ihm vorausging. Ein Heimatbuch (Beiträge zur Geschichte der Siegerländer Arbeiterbewegung, Band 3), Siegen 1991; Thiemann, Walter, Von den Juden im Siegerland, 2. Aufl. Siegen 1970.

Simmerath

Bei *Rurberg* an der Rurtalsperre in der Gemeinde Simmerath wurde vom Volksbund Deutsche Kriegsgräberfürsorge in den Jahren 1959 bis 1961 eine *Kriegsgräberstätte* für über 2 000 sowjetische Kriegsgefangene und Zwangsarbeiter angelegt. Die Toten wurden aus mehreren Orten des ehemaligen Regierungsbezirks Aachen auf diesen Friedhof umgebettet. 1 600 von ihnen sind namentlich nicht bekannt. Ein *Mahnmal* aus Sandstein mit einem großen orthodoxen Kreuz trägt in russischer und in deutscher Sprache die Inschrift:

> Auf diesem Friedhof ruhen
> 2 277 sowjetische Staatsbürger,
> die fern der Heimat gestorben sind.
> 1941 - 1945.

Soest, Westfalen

Zur Erinnerung an die Zerstörung der Synagoge und der jüdischen Schule in der Reichspogromnacht im November 1938 wurde im Jahre 1979 am Gebäude *Osthofenstraße 50–52* eine *Gedenktafel* angebracht. Sie trägt die Inschrift:

> Hier standen die
> Synagoge und Schule
> der Jüdischen
> Gemeinde Soest.
> Nationalsozialisten
> zerstörten sie am
> 9. November 1938

Auf dem *jüdischen Friedhof* am *Nottebohmweg* steht seit dem Jahre 1988 ein mächtiger Steinklotz als *Mahnmal* zum Gedenken an die jüdischen Opfer des Nationalsozialismus. Auf einer Tafel ist zu lesen:

> Unseren gedemütigten,
> verfolgten, ermordeten
> jüdischen Soester
> Bürgern zum immer-
> währenden Gedenken
> Ihr Leidensweg sei
> Mahnung und Warnung
> 9. Nov. 1938   9. Nov. 1988

In Soest war Anfang 1945 ein KZ-Außenkommando von Neuengamme stationiert, das als »11. SS-Eisenbahnbaubrigade« die von den Bombardierungen zerstörten Bahnanlagen, u.a. den Soester Bahnhof, reparieren mußte. Die Häftlinge waren zuerst auf den Gleisen in der Nähe von Bad Sassendorf, später dort auf einem Bauernhof untergebracht, die toten KZ-Häftlinge wurden auf dem *Friedhof* in *Bad Sassendorf* beerdigt. Dort erinnert ein *steinernes Kreuz* an die Toten mit der Inschrift:

Hier ruhen 95 Bürger
verschiedener Nationen
die in der schweren Zeit von
1941–1945
fern ihrer Heimat starben.

Literatur:
Köhn, Gerhard, Die Verfolgung der jüdischen Mitbürger in Soest während des Dritten Reiches. Eine Dokumentation, Soest 1979.

Solingen

Gegenüber dem früheren Amtsgericht und Rathaus Solingen-*Ohligs*, deren Gebäude 1933 den Nationalsozialisten als »Schutzhaft«-Gefängnis dienten, wurde nach 1945 ein Haus als Unterkunft für NS-Verfolgte und deren Familien erbaut. An der Giebelseite dieses *»Hauses der Verfolgten«* in der *Kamper Straße 15* ist eine von der Solinger Künstlerin Lis Ketterer gestaltete *Gedenktafel* mit folgendem Text angebracht:

Im Gedenken an die Toten
Den Lebenden zur Mahnung

78 Bürger unserer Stadt starben in den Jahren
1933–1945
in Qual und Erniedrigung durch ihre Mitmenschen.
Dieses Haus, das ihren Hinterbliebenen gewidmet ist,
soll Mahnmal sein in Gegenwart und Zukunft.
Ein sichtbares Zeichen, den Geist wachzuhalten
gegen alle Unduldsamkeit und Überhebung.

In Solingen-*Landwehr* steht am *Wenzelnberg* nahe der Straße nach Langenfeld ein *Mahnmal* mit der Inschrift:

Hier wurden am 13. April 1945
72 Häftlinge von der Gestapo erschossen.
Den Toten zum Gedenken –
Den Lebenden zur Mahnung

Drei Tage vor dem Einmarsch der Amerikaner sind hier 72 Häftlinge aus dem Zuchthaus Remscheid-Lüttringhausen und aus Wuppertaler Gefängnissen vor einer ausgehobenen Grube durch Genickschuß ermordet worden. Nachdem die Toten auf Veranlassung der amerikanischen Militärregierung zunächst vor dem Rathauseingang in der Kamper Straße bestattet worden waren, wurden sie 1965 exhumiert und am Ort des Massenmordes, der schon knapp innerhalb der Grenzen der Nachbarstadt Langenfeld liegt, beerdigt. Hier finden alljährlich Gedenkfeiern und Kranzniederlegungen statt. (s. auch Langenfeld und Remscheid)

In der *Malteserstraße* befand sich die Solinger Synagoge. Nach ihrer Zerstörung im November 1938 wurde hier ein *Hochbunker* erbaut, an dem heute eine *Gedenktafel* an die ehemalige Synagoge erinnert.

In der Nähe des AOK-Gebäudes in der *Max-Leven-Gasse* (früher: Hohe Gasse) erinnert eine *Gedenktafel* an den am 9. November 1938 von den Nationalsozialisten ermordeten jüdischen Redakteur Max Leven. Der 72jährige Kulturredakteur der »Bergischen Arbeiterstimme« war in seiner Wohnung in der Hohen Gasse erschossen worden. Seine Familie wurde nach Lodz und Auschwitz deportiert und ermordet.

Auf dem *Friedhof* an der *Wuppertaler Straße* in Solingen-*Gräfrath* erinnern ein *Gedenkkreuz* und ein *Gedenkstein* an polnische und an sowjetische Zwangsarbeiter. Lange Zeit waren die Gräber der einzige Beleg für die Existenz von Zwangsarbeiterlagern in Solingen. Auf dem für die sowjetischen Toten errichteten Gedenkstein lautet unter dem Symbol von Hammer und Sichel im Sowjetstern und einer russischen Inschrift der deutsche Text:

Hier ruhen russische
Arbeiterinnen und Arbeiter
verunglückt durch den
faschistchen Regim [sic]
Ein ewiges Denkmal!

Auf dem *Kommunalfriedhof* in Solingen-*Burg*, *Solinger Straße*, befindet sich eine Gräberanlage für sowjetische Zwangsarbeiter, die 1944/45 in der Burgtalfabrik, einem Rüstungsbetrieb, umgekommen sind. Auf den Gräbern liegen einfache Grabplatten.

Alternative Stadtrundfahrten zu Stätten des Widerstands und der Verfolgung veranstaltet:
Evangelische Jugendbildungsstätte Hackhauser Hof e.V., 42697 Solingen, Tel.: 02 12/7 20 87, und: Vereinigung der Verfolgten des Naziregimes – Bund der Antifaschisten (VVN-BdA), Hugo-Schaal-Weg 4, 42651 Solingen, Tel.: 02 12/5 36 54. – Begleitmaterial: Alternative Stadtrundfahrt zum Thema: Nationalsozialismus in Solingen – Verfolgung und Widerstand, Solingen o.J.

Ausstellung:
Die Wanderausstellung »Fremdarbeiter in Solingen 1939 bis 1945«, erarbeitet von der »Solinger Geschichtswerkstatt«, kann ausgeliehen werden bei: Dagmar Thiemler, Bozener Straße 28, 42659 Solingen, Tel.: 02 12/81 98 90.

Literatur:
Geschichtswerkstatt Solingen (Hrsg.), Fremdarbeiter in Solingen, Solingen o.J.; Sbosny, Inge/Schabrod, Karl, Widerstand in Solingen. Aus dem Leben antifaschistischer Kämpfer, Frankfurt a.M. 1975; das Stadtarchiv Solingen hat drei Broschüren herausgegeben mit den Themen: »Ausländer«, »Fremdarbeiter« sowie »Alltag im 2. Weltkrieg« (Bestellung.: Rheinisches Industriemuseum Solingen, Merscheider Straße 289–297, 42699 Solingen, Tel.: 02 12/33 10 04).

Spenge

Im *Hückerholz,* einem Waldgebiet bei Spenge, erinnert ein *Findling* an der *Kreuzung »Der Bohnenkamp-/Franziska-Spiegel-Weg«* an den Mord an der Jüdin Franziska Spiegel am 4. November 1944 an dieser Stelle. Auf einer Tafel ist zu lesen:

> Franziska Spiegel,
> geb. Goldschmidt, geb. am 6. 5. 1905 in Werl,
> wurde hier am 4. November 1944 Opfer der
> Nationalsozialistischen Gewaltherrschaft.
> Auf der Flucht vor dem Terror eines unmenschlichen Systems hoffte sie, in der Gemeinde Werfen sichere Zuflucht zu finden. Angehörige der SS verfolgten und ermordeten sie, weil sie Jüdin war. Ein menschenwürdiges Begräbnis wurde ihr verweigert. Ihr Tod blieb ungesühnt.
> 4. November 1991 Stadt Spenge

Franziska Spiegel, die mit einem – wie die Nazis sagten – »arischen« Mann verheiratet war, floh mehrfach vor den antisemitischen Verfolgungen, bis sie mit Mann und Sohn in der Nähe von Werfen in einem Kotten an der heutigen Lenastraße kurz vor Kriegsende unterkam. Zwei SS-Leute, deren Einheit im nahen Bünde Station machte, erfuhren davon und zwangen sie, von Werfen aus den drei Kilometer langen Weg bis zur Mordstelle mitzugehen. Dort haben sie Franziska Spiegel erschossen. Der Ehemann Gottfried Spiegel konnte die Leiche nur heimlich auf einer Wiese an der Grenze zwischen Werfen und Hücker-Aschen begraben. 1948 wurde sie exhumiert und auf dem jüdischen Friedhof in Minden beigesetzt. Mehr als 40 Jahre später erforschte der Stadtdirektor von Spenge, Günter Hemminghaus, der als Kind von dem Mord gehörte hatte, die Umstände des Todes und engagierte sich für das heutige Mahnmal.
Die Stadt Spenge plant überdies eine Dokumentation über das »Schicksal der Jüdin Franziska Spiegel« herauszugeben.

Quellen/Literatur:
Freitag, Werner, Spenge 1900–1950, Bielefeld 1988; Hemminghaus, Günter, »Erinnerungen, Eindrücke, Empfindungen«. Ansprache anläßlich der Gedenkstunde für Franziska Spiegel, hrsg. von der Stadt Spenge, 1991; Sahrhage, Norbert, »Juden sind in dieser Stadt unerwünscht«. Die Geschichte der Synagogengemeinde Bünde im Dritten Reich, Bielefeld 1988.

Stadtlohn

Auf einem *Friedhof* erinnert ein *Gedenkstein* an die jüdischen Opfer der nationalsozialistischen Gewaltherrschaft.

Steinfurt

Auf dem *jüdischen Friedhof* in *Burgsteinfurt, Hohenzollernstraße/Gerichtsstraße,* befindet sich ein *Gedenkstein,* der an die frühere Friedhofskapelle an seinem Standort erinnert und an die in den Jahren 1933 bis 1945 verfolgten und ermordeten Juden der Gemeinde. Der Text lautet:

> Zur Erinnerung an die Mitglieder
> der Jüdischen Gemeinde Burgsteinfurt,
> die durch die nationalsozialistische
> Verfolgung umgekommen sind.

Stommeln siehe Pulheim

Stukenbrock (Schloß Holte-St.)

In der zwischen Paderborn und Bielefeld gelegenen Gemeinde *Schloß Holte-Stukenbrock* befindet sich neben dem Truppenübungsplatz »Senne« eine als Park angelegte Gräberanlage, in der nach Schätzungen 65 000 sowjetische Kriegsgefangene bestattet sind.
Ein aus überdimensionalen gußeisernen Nägeln gearbeitetes Tor führt auf den *Friedhof,* auf dem ein *Obelisk,* eine *Gedenkwand* mit einem Gedenkstein, eine 1964 aus Sandstein geschaffene *Kreuzgruppe* und viele mit Marmor- und Granittafeln versehene Grabsteine an die in insgesamt 36 Massengräbern und 788 Einzelgräbern bestatteten Menschen erinnern. Am Friedhofseingang informiert eine 1982 von der Gemeinde angebrachte *Informationstafel* über die Geschichte des Lagers und die Erinnerungszeichen auf dem Friedhof:

> Ehrenfriedhof sowjetischer Kriegstoter
> in Stukenbrock
> Dieser Friedhof entstand in den Kriegsjahren 1941 bis 1945 unweit des ehemaligen Kriegsgefangenenlagers der deutschen Wehrmacht Stalag 326-VI-K am Lippstädter Weg.
> Etwa zwei Millionen sowjetische Kriegsgefangene, in den letzten Kriegsjahren auch Franzosen, Polen,

Stukenbrock:
In der Mitte des Friedhofs, über den Massengräbern sowjetischer Kriegsgefangener, wurde 1964 die von dem Paderborner Bildhauer Josef Rikus aus Sandstein geschaffene Kreuzgruppe aufgestellt.

Jugoslawen und Italiener, führte ihr Leidensweg durch dieses Lager. Von den Kriegsgefangenen starben Tausende insbesondere an Hunger und Fleckfieber. Während anfangs die Toten in Einzelgräbern beerdigt wurden, bestattete man sie später aufgrund der hohen Sterblichkeit in Sammelgräbern. Die genaue Zahl der Toten ist nicht bekannt. Die Angaben darüber schwanken zwischen 40 000 und 65 000. Die Gefangenen des Lagers errichteten nach ihrer Befreiung Ende März 1945 ihren toten Kameraden auf diesem Friedhof das Ehrenmal mit dem Obelisken.
In den Jahren 1960 bis 1964 wurde der Friedhof im Auftrage der Landesregierung von Nordrhein-Westfalen erweitert und neu gestaltet. Dabei fanden weitere 788 sowjetische Kriegstote aus verstreuten Gräbern in Ostwestfalen-Lippe hier nach Umbettung in Einzelgräber ihre letzte Ruhe. Die Kosten trug die Bundesrepublik Deutschland. Eine Kreuzgruppe, die der Paderborner Bildhauer Josef Rikus aus einem Ruhrsandsteinmonolithen schuf, steht über den Sammelgräbern in der Mitte des Friedhofs.
Die von ihm geschaffene Toranlage weist in der Darstellung der Nägel auf die Gefangenschaft und die Leiden des Krieges hin. Das überdachte Ehrenmal mit der Gedenktafel in russischer und deutscher Schrift mahnt uns alle:
Sorget Ihr, die Ihr noch im Leben steht,
daß Frieden bleibt, Frieden zwischen den Menschen,
Frieden zwischen den Völkern.

Der im April des Jahres 1945 von ehemaligen Häftlingen des Lagers nach ihrer Befreiung errichtete zehn Meter hohe *Obelisk* über einem dreieckigen Sockel und geschmückt mit großen, fünfzackigen Sternen, wurde verkleidet mit Granit, Marmor und Keramik. Drei Tafeln tragen die folgende Inschrift in russischer, englischer und deutscher Sprache:

Hier ruhen
die in der faschistischen
Gefangenschaft
zu Tode gequälten
65 000 russischen Soldaten
Ruhet in Frieden Kameraden!
1941 – 1945

An der nach der Neugestaltung des Friedhofs zwischen den Jahren 1960 und 1964 errichteten neuen *Gedenkwand* hängen links und rechts eines orthodoxen Kreuzes je eine Tafel mit der russischen und deutschen Inschrift:

Hier ruhen sowjetische Kriegstote, die
1941–1945 fern ihrer Heimat starben.
Gedenket ihres Leidens und Sterbens
und sorget Ihr, die Ihr noch im Leben
steht, daß Frieden bleibt, Frieden
zwischen den Menschen, Frieden zwischen
den Völkern.

An der Seite des Obelisken stehen in einer langen Reihe kleine verwitterte *Gedenksteine,* die gleichzeitig aufgestellt wurden und die in mehreren Sprachen unter dem leuchtend-roten Sowjetstern Losungen tragen wie:

Terror und Hunger stärkten bitteren Haß
in eurem Herzen gegen Faschismus.

Oder:

Ihr wurdet mit Hunger Kälte und Prügelei gequält,
ihr seid begraben aber nicht versklavt worden.

Oder:

Ihr starbet mit heissgeliebten Worten – Heimat
Stalin.

Oder:

Hier ruhen so viele stolze Herzen.

Und:

Mögen unsere Volksgenossen
im ewigen Frieden ruhen
Ihre Grabhügel werden
über Jahrhunderte hinaus
an die finstere Zeit der
Hitlerherrschaft erinnern.

Und:

Ihr seid mit heissem Glauben
an den Sieg Eurer Heimat gestorben.

Oder:

Ruhet in Frieden Kameraden.

Und:

Ewige Ruhe allen sowjetischen Soldaten
und Offizieren – den Opfern
der faschistischen Herrschaft.

Oder:

Die Heimat vergisst Ihre Söhne Nie.

Das Stammlager (Stalag) 326 (VI K) Senne war eines der größten Kriegsgefangenenlager auf deutschem Boden. Obschon seit Anfang April 1941 speziell für die zu erwartenden sowjetischen Kriegsgefangenen geplant, war es nach dem Überfall der deutschen Wehrmacht auf die Sowjetunion im Juni 1941 beim Eintreffen des ersten Transportes am 10. Juli in keiner Weise vorbereitet. Bis zum Winter 1941/42 kosteten die »Unterbringung« in Erdhöhlen, mangelnde hygienische Versorgung sowie völlig unzureichende Ernährung Tausende von ihnen das Leben. Die deutsche militärische Führung nahm ihr Sterben als Bestandteil der ideologischen Kriegsführung gegen die Sowjetunion bewußt in Kauf. »Untragbare politische Elemente«, Kommissare, Juden, oft auch Offiziere wurden gleich nach ihrer Ankunft »ausgesondert« und in das nächstgelegene Konzentrationslager gebracht, um dann liquidiert zu werden. Für das Lager Senne war das KZ Buchenwald zuständig; die Zahl der in der dortigen Genickschußanlage ermordeten sowjetischen Soldaten liegt bei mehreren Tausend.

Entgegen den ursprünglichen Absichten wurden schon bald, offiziell ab Oktober 1941, sowjetische Gefangene zum Arbeitseinsatz gebracht, wobei man auf ihre Arbeitsfähigkeit kaum Rücksicht nahm. Zunächst wurden sie von der Senne aus auf andere Lager im Wehrkreis VI Münster, insbesondere im Emsland (s. Niedersachsen: Papenburg), verteilt. Ab Sommer 1942 bestand die Hauptfunktion des Stalag 326 (VI K) in der Aufnahme und Registrierung der für den Ruhrbergbau bestimmten sowjetischen Gefangenen. Von hier aus gelangten sie über das Bergbau-Einsatzlager Stalag VI A Hemer zum Einsatz bei den einzelnen Zechen. Danach haben sicherlich 300 000 sowjetische, zu denen ab Herbst 1942 noch viele Gefangene anderer Nationen kamen, das Lager Senne durchlaufen. Wenigstens zwei Drittel wurden dort auch registriert und sind mit einer Erkennungsmarke des Lagers versehen

Stukenbrock:
Der zehn Meter hohe Obelisk wurde von sowjetischen Kriegsgefangenen nach ihrer Befreiung 1945 für ihre ermordeten und hier begrabenen Kameraden errichtet.
Eine rote Fahne aus Glaskeramik an der Denkmalsspitze wurde in den fünfziger Jahren von der Landesregierung durch ein orthodoxes Kreuz ersetzt.

Stukenbrock: Einer der kleinen Gedenksteine, die von überlebenden Häftlingen 1945 seitlich des Obelisken in einer langen Reihe für ihre toten Kameraden aufgestellt wurden. Die Betoninschriften unter einem roten Sowjetstern im Giebel sind mit den Jahren verwittert.

worden. Ein großer Teil kam wenige Monate später unheilbar tuberkulosekrank zurück in das einige Kilometer entfernt gelegene überregionale Kriegsgefangenenlazarett Staumühle, dessen Tote etwa die Hälfte der auf dem Friedhof Beigesetzten ausmachen dürften.

Trotz permanenter Bedrohung bildete sich im Lager wie auch im Lazarett Staumühle eine gut organisierte Widerstandsgruppe, die bei der Ankunft der amerikanischen Truppen am 2. April 1945 unter der Leitung von Oberst Kurichin ohne größere Schwierigkeiten die Lagerverwaltung übernehmen konnten. Sofort begann sie, Kranken schnelle Hilfe zukommen zu lassen sowie für neue Unterkünfte, Kleidung und angemessene Ernährung zu sorgen.

Schon drei Tage nach der Befreiung begannen die Planungen für ein Mahnmal – den Obelisken –, das unter Mithilfe von deutschen Einwohnern am 30. April 1945 fertiggestellt war und am 2. Mai 1945 unter Beteiligung zahlreicher Menschen verschiedener Nationen feierlich enthüllt wurde. Bis zur Auflösung des Lagers am 28. Juli 1945 besuchten mehr als 35 000 Menschen, Soldaten und ehemalige Kriegsgefangene, den Friedhof und das Mahnmal, bevor sie in ihre Heimatländer zurückkehrten.

In den fünfziger Jahren ließ die Landesregierung eine rote Fahne aus Glaskeramik, die den Obelisken gekrönt hatte, entfernen, da sie als sowjetisches Staatssymbol interpretiert wurde, und durch ein orthodoxes Kreuz ersetzen. Im Zuge der Neugestaltung des Friedhofes in den Jahren 1960 bis 1964 wurden 42 ermordete sowjetische Offiziere vom St. Achatius-Friedhof auf den Kriegsgräberfriedhof verlegt. Ein für sie 1945 von Überlebenden auf dem Gemeindefriedhof errichteter Gedenkstein mit der Aufschrift »Hier ruhen die russischen Krieger – erste Opfer der faschistischen Gefangenschaft 1941–1945« wurde 1963 abgerissen und an seiner Stelle ein Denkmal für die Vertriebenen aus dem ehemaligen deutschen Osten errichtet.

Das ehemalige Kriegsgefangenenlager diente nach dem Krieg zunächst als Internierungslager für führende Nationalsozialisten und ab 1948 als Flüchtlingslager, aus dem sich in den nächsten Jahren das »Sozialwerk Stukenbrock« mit Schule, Krankenhaus und Kindergarten entwickelte. Auf dem eigentlichen ehemaligen Lagergelände befindet sich seit 1970 die Landespolizeischule »Erich Klausener«. Teile des Lagers wie Baracken und die Entlausungsanlage sind noch vorhanden.

1967 bildete sich ein Arbeitskreis »Blumen für Stukenbrock« zur Aufarbeitung der Geschichte des Kriegsgefangenenlagers »Stalag 326 Stukenbrock«. Der Arbeitskreis, in dem u.a. der frühere Berliner Regierende Bürgermeister Heinrich Albertz aktiv war, veranstaltet jährlich am Antikriegstag, dem 1. September, eine Gedenkfeier neben der amtlichen Trauerfeier in jedem Jahr am Volkstrauertag. Zu dieser Feier sind häufig überlebende frühere Gefangene eingeladen gewesen, deren Aussagen und Dokumente der Arbeitskreis in einem Archiv sammelt. Seit Jahren fordert er die Einrichtung einer ständigen Dokumentenausstellung in der Nähe des Friedhofs, um die Dokumente der Öffentlichkeit zugänglich zu machen.

Im Jahre 1992 erschien eine – im Auftrag des Gemeinderates erstellte – Publikation von Karl Hüser und Reinhard Otto. In der Diskussion befinden sich eine Wanderausstellung und die Errichtung einer Gedenkstätte, deren Trägerschaft noch umstritten ist. Vorgeschlagen wurde die Beteiligung der Landesregierung von Nordrhein-Westfalen. Als Ort ist das Gelände der Polizeischule vorgeschlagen.

Kontakt:
Arbeitskreis »Blumen für Stukenbrock e.V.«: Reinhard Otto, Pahnsiek 47, 32657 Lemgo, oder Prof. Karl Hüser, Universität/Gesamthochschule, 33098 Paderborn.

Material/Ausstellung:
Im Herbst 1992 wurde im Rathaus der Gemeinde Schloß Holte-Stukenbrock eine Ausstellung von Ausgrabungsfunden des Stalag gezeigt. Diese Funde wurden seit Jahren im Bereich der Polizeischule bei Schachtarbeiten gemacht und von dem Polizeihauptmeister Ulf Frielinghaus gesammelt. Daneben waren auch handwerklich gefertigte Tauschobjekte der Gefangenen ausgestellt, die der Arbeitskreis »Versöhnung durch Erinnerung« aus Hövelhof zusammengetragen hat.

Verkehrsverbindungen:
Mit dem Auto: Autobahn Dortmund–Hannover, Abfahrt Bielefeld-Sennestadt, B 68 rechts abbiegen, bis Stukenbrock-Senne, dahinter links die Ausschilderung: »Sowjetischer Soldatenfriedhof«.
Mit dem Zug: bis Bielefeld-Hauptbahnhof, dann VOW-Buslinie 72 nach Schloß Holte-Stukenbrock, Haltestelle »Polizeischule«.

Quellen/Literatur:
Arbeitskreis »Blumen für Stukenbrock« (Hrsg.), Protokoll Stukenbrock, Bielefeld 3. Aufl. 1985; Ders., Das Lager 326. Augenzeugenberichte, Fotos, Dokumente, o.O. 1988 (beides über den Arbeitskreis zu beziehen, s.o.); Hüser, Karl und Otto, Reinhard, Das Stammlager 326 (VI K) Senne 1941–1945. Sowjetische Gefangene als Opfer des Nationalsozialistischen Vernichtungskrieges, Bielefeld 1992 (dort eine Zusammenstellung der bisherigen Literatur); Pieper, Volker und Siedenhans, Michael, Die Vergessenen von Stukenbrock. Die Geschichte des Lagers in Stukenbrock-Senne von 1941 bis zur Gegenwart, Bielefeld 1988.

Film:
»Blumen für Stukenbrock«, Dokumentarfilm, Bundesrepublik Deutschland, 1979, Regie: Dirk Gerhard, 16mm/Lichtton/Farbe, 28 Min. (Verleih-Nr. HEB 1F002–32 bei der Landeszentrale für politische Bildung NRW, Neanderstraße 6, Postfach 1103, 40233 bzw. 40190 Düsseldorf).

Süchteln siehe Viersen

Südlohn

An der *Bundesstraße 70* in Südlohn liegt an der Ortsausfahrt Richtung Borken der *jüdische Friedhof*, auf dem seit 1820 Tote bestattet wurden. Im Jahre 1938 ließen die Behörden nach der Deportation und Ermordung der jüdischen Bewohner Südlohns den Friedhof einebnen, die Grabsteine zerschlagen und als Wegebaumaterial verwenden. Nach dem Kriege ordneten die Alliierten die Wiederherstellung durch die Täter an. Ein *Gedenkstein* trägt den Text:

Der Ort, auf dem Du stehst,
ist heiliger Boden.
2. Mos. 3,5
Jüdischer Friedhof.
Gedenket der jüdischen Opfer
der Jahre 1933 – 1945.

Im Jahre 1978 wurde an der *»Elpidius-Straße«* ein *Gedenkstein* zur Erinnerung an den Franziskanerpater Elpidius Markötter aufgestellt, der am 8. Oktober 1911 in Südlohn geboren wurde. Er war Priester des Franziskanerordens in Warendorf und wurde am 4. Juni 1940 verhaftet, als er in einer Sonntagspredigt in die christliche Nächstenliebe ausdrücklich auch die Polen und Juden einbezog. Nach drei Monaten Haft im Gerichtsgefängnis Münster wurde er als »Schutzhäftling« in den Konzentrationslagern Sachsenhausen und Dachau eingesperrt, wo er am 28. Juni 1942 starb. Eine Urne mit seiner Asche befindet sich im Zömeterium, der Gräberstätte des Franziskanerklosters in Warendorf (s. dort).

Literatur:
Mund, Ottokar, Elpidius-Straße. Lebensbild des P. Elpidius Markötter ofm, † am 28. Juni 1942 im Konzentrationslager Dachau, Werl 1984.

Sundern, Sauerland

Auf dem *jüdischen Friedhof* in Sundern, *Am Wenne* (oberhalb von Schule und Kommunalfriedhof am Waldrand), steht ein *Gedenkstein* mit der Inschrift:

Dieser Stein wurde von Julius Klein
aus Los Angeles zum Gedenken
an seine Familie errichtet,
die z.Zt. der nationalsozialistischen
Gewaltherrschaft
in den Konzentrationslagern
umgekommen ist.

Literatur:
Blome-Drees, Franz/Harmann-Schütz, Irmgard, Geschichte der Juden in Sundern. Eine geschuldete Erinnerung an die Familie Klein, Sundern 1988; Salingre, Rudolf, Grüneberg. Letzte jüdische Familie in Hachen, in: Jahrbuch des Hochsauerlandkreises, Meschede 1992, S. 100f.

Suttrop siehe Warstein

Swisttal

Auf dem *jüdischen Friedhof* im Ortsteil *Heimerzheim* erinnert ein schlichter *Gedenkstein* an die von den Nationalsozialisten verfolgten jüdischen Bürger. Er wurde 1981 am Jahrestag der Reichspogromnacht vom 9./10. November 1938 errichtet. Die Inschrift in hebräischer und in deutscher Sprache lautet:

»... Sie sagten
Kommt laßt uns sie
vernichten,
ihr Volk ausmerzen
und der Name Israel
soll nie wieder
erwähnt werden.«
Psalmen, Kap. 83, Vers 5

Zum Gedenken
an unsere jüdischen Bürger
errichtet von der Gemeinde Swisttal
am 9. November 1981

Literatur:
Zerlett, Norbert, Juden in Heimerzheim, in: Linn, Heinrich, Juden an Rhein und Sieg (s. Bad Honnef), S. 346f.

Troisdorf

Im Jahre 1985 errichtete die Stadt Troisdorf in einer Grünanlage am *Jahnplatz* einen *Gedenkstein* als zentrales Mahnmal für die Opfer der nationalsozialistischen Gewalt. In den Stein sind die Worte eingemeißelt:

Den Opfern der
nationalsozialistischen
Gewaltherrschaft
1933–1945.

Im Troisdorfer Ortsteil *Müllekoven*, Ecke *Lambertusstraße/Jägerstraße*, steht ein *Ehrenmal* mit dem Text:

Den Opfern von Gewalt
zum Gedenken

In Troisdorf-*Oberlar*, Ecke *Agnesstraße/Elisabethstraße*, ist ein *Ehrenmal* errichtet mit der Aufschrift:

Den Toten beider Weltkriege
und den Opfern der Gewalt-
herrschaft zum Gedächtnis

Literatur:
Flörken, Norbert, Troisdorf unter dem Hakenkreuz. Eine rheinische Kleinstadt und die Nationalsozialisten, Aachen 1986; Hamzic, Dzenita, Troisdorf – Heimat für uns Fremde? Auf den Spuren meiner jugoslawischen Landsleute, 9. Klasse, Städtisches Gymnasium, Arbeit im Rahmen des »Schülerwettbewerbs Deutsche Geschichte« 1988/89.

Unna

An dem Gebäude einer Druckerei am *Klosterwall* macht eine *Gedenktafel* auf die Unnaer Synagoge aufmerksam, die an diesem Ort stand. Der Text der Tafel lautet:

Kapelle des ehem. Barbara-/Katharinenklosters.
Um 1468 erbaut, später verändert;
1683–1848 kath. Pfarrkirche,
1851–1938 jüdische Synagoge,
am 9. 11. 1938 von Nationalsozialisten
in Brand gesetzt.

Ein anderer Ort der jüdischen Geschichte Unnas ist das heutige *Altenheim St. Bonifatius, Mühlenstraße 7.* Eine *Gedenktafel* an der Ecke *Mühlen-/Mozartstraße* erinnert daran, daß sich in diesem Haus das jüdische Altersheim befand. Die Inschrift lautet:

In diesem renovierten und umgebauten Haus
befand sich von 1905–1945 das Israelitische
Altersheim für Westfalen. Seine Bewohner
wurden im Juli 1942 nach Theresienstadt deportiert.
1942 hat die Stadt Unna dieses Haus gekauft.
1956 wurde das Haus Eigentum der Katharinen-
gemeinde Unna.

Vor dem *jüdischen Friedhof* an der Ecke *Massener Straße/Beethovenring* wurden 1985 bzw. 1988 *Gedenksteine* zur Erinnerung an die in der Nazizeit umgebrachten jüdischen Bürger der Stadt aufgestellt. Die beiden äußeren der nach Art eines Triptychons errichteten Steine tragen die Namen von 140 Männern, Frauen und Kindern, während auf dem mittleren Stein zu lesen ist:

Zur Erinnerung an die Synagogengemeinde Unna,
die im Jahre 1938 zwangsweise durch die
Nationalsozialisten aufgelöst wurde.
Zum Gedenken an die jüdischen Mitbürger
unserer Stadt,
die in den Jahren 1933 – 1945 Opfer der
nationalsozialistischen Gewaltherrschaft wurden.
Stadt Unna.

In den Jahren 1943/44 war in Unna ein Außenkommando des Konzentrationslager Buchenwald stationiert. Die etwa 50 vor allem russischen und polnischen Häftlinge, die Bauarbeiten für die SS durchführen mußten, waren vermutlich in einer alten Ziegelei neben der SS-Kaserne an der *Iserlohner Straße*, der heutigen *Hellweg-Kaserne*, untergebracht. Der Arbeitskreis »Unna unter dem Hakenkreuz« hat zum 50. Jahrestag der Erinnerung an die Stationierung des Außenkommandos am 26. Juli 1943 ein *Erinnerungszeichen* angebracht.

Bislang gibt es lediglich auf dem *Südfriedhof* drei *Gedenksteine*, die an umgekommene ausländische Arbeiter aus der Zeit des Nationalsozialismus in Unna erinnern. Auf zwei *Bronzeplatten* sind 152 Namen zu lesen, und auf dem seitlichen Stein steht die Inschrift:

> Hier ruhen
> 1 lettischer, 21 polnische, 1 belgischer,
> 2 jugoslawische, 127 sowjetische Bürger,
> die in der schweren Zeit 1940–1945
> fern von ihrer Heimat starben.

In Unna-*Lünern* steht seit 1986 eine *Holzplastik* vor der *Sparkasse, Lünerner Bahnhofstraße 1*, die an den Mord an einem jungen Polen im Sommer 1943 erinnert. Dieser mußte als Zwangsarbeiter bei einem Landwirt in Hemmerde arbeiten, verliebte sich in ein deutsches Mädchen, das schwanger wurde, und wurde deswegen zum Tode verurteilt. An der Hinrichtung auf dem Hemmerder Sportplatz mußten alle polnischen Häftlinge aus Unna und den umliegenden Dörfern teilnehmen. Die lebensgroße Holzplastik des Lünerner Künstlers Christian Brachmann, welche die Umarmung eines Mannes und einer Frau darstellt, führte zu kontroversen Diskussionen im Ort, ist aber stehengeblieben.

Kontakt:
Arbeitskreis »Unna unter dem Hakenkreuz« im Bildungsverein Kreis Unna e.V., Burgstraße 30, 59423 Unna.

Literatur:
Gillen-Klumpp, Gabi, Unna unter dem Hakenkreuz, in: IG Druck und Papier (Hrsg.), Faschismus in Deutschland, Köln 1985, S. 137–172; Stadt Unna, Erinnerung und Mahnung. Gedenken an die jüdischen Opfer nationalsozialistischer Gewaltherrschaft in Unna, 1986; Dies. (Hrsg.), »Daß Auschwitz nicht noch einmal sei«. Zum 50. Jahrestag der Reichspogromnacht in Unna, 1988; Timm, Willy, Geschichte der Juden in Unna, Unna 1973; Ders., Unna unter dem Hakenkreuz, Unna 1983 (Stadtarchiv Unna: Schriftenreihe zur Geschichte Unnas und der Grafschaft Mark, Heft 3); Ders., »Unnas Straßen hallen von dem Tritt...«, Die Geschichte der HJ in der Stadt Unna, Unna 1988 (Schriftenreihe... Heft 9).

Velen

In der *Bahnhofstraße* in Velen sowie im Ortsteil *Ramsdorf* (in der früheren »Judengasse«) erinnern *Bronzetafeln* an die jüdischen Männer, Frauen und Kinder, die hier lebten und in der Zeit des Nationalsozialismus emigrieren mußten oder deportiert und ermordet wurden.

Velmede siehe Bestwig

Viersen

In dem zu Viersen gehörenden Ort *Süchteln* wurde im Jahre 1985 eine *Gedenktafel* angebracht, die an die frühere Synagoge erinnert.

In der Eingangshalle zum Verwaltungsgebäude der *Rheinischen Landesklinik Viersen* befindet sich seit dem Jahre 1989 eine *Gedenktafel*, die an die Opfer der »Euthanasie«-Morde erinnert, der Patienten also, die auch aus dieser Klinik als sogenannte »unheilbare Kranke« durch die Nationalsozialisten verschleppt und in anderen Mordkliniken umgebracht worden sind. Der Text der Tafel lautet wie folgt:

> In der Zeit des Nationalsozialismus sind
> mehrere hundert Patientinnen und Patienten
> der damaligen Provinzialanstalt Johannistal/Süchteln
> abtransportiert und zu einem großen Teil
> ermordet worden. In der Kinderfachabteilung
> der Teilanstalt Waldniel wurden mindestens
> dreißig behinderte Kinder getötet.
> Ihr Schicksal mahnt zur Überprüfung unseres Tuns.

Um die Spuren zu verwischen, wurden die Patienten ab Mai des Jahres 1941 durch eine eigens gegründete »Gemeinnützige Krankentransport-Gesellschaft« (Gekrat) abgeholt und zunächst in die Zwischenanstalt Galkhausen (heute Langenfeld) gebracht, später in die Mordklinik Hadamar nach Hessen. Die nach dem Ort der Planung in der Berliner Tiergartenstraße »T4« genannte reichsweite Mordaktion wurde bis zum 24. August 1941 fortgeführt, dann nach öffentlichen und kirchlichen Protesten eingestellt. Danach begannen die Nationalsozialisten, die als »nicht lebenswert« eingestuften Kinder zu ermorden, und richteten dazu eigens »Kinderfachabteilungen« ein, für Süchteln in der Zweiganstalt Waldniel-Hostert in Schwalmtal. (Näheres siehe Langenfeld, Schwalmtal und Hadamar, Hessen)

Literatur:
Arbeitskreis Euthanasie der Landesklinik Viersen, Die Heil- und Pflegeanstalt Johannistal/Süchteln und die Euthanasie, Viersen 1989; Max, Elke, Die Provinzial-Heil- und Pflegeanstalt Johannistal/Süchteln, in: Seidel, Ralf und Werner, Wolfgang Franz, Psychiatrie im Abgrund, Köln 1991, S. 36–39; Rehm, Gerhard (Red.), Geschichte der Juden im Kreis Viersen, (Schriftenreihe des Kreises Viersen Bd. 38), 1991.

Vlotho

Auf dem *jüdischen Friedhof* in der *Wasserstraße* gegenüber dem kommunalen Friedhof wurde 1969 ein *Mahnmal* – drei hohe, schmale, flache Steine – für die durch die Nationalsozialisten verfolgten und umgebrachten Vlothoer Bürger jüdischen Glaubens errichtet. Der mittlere Stein trägt in hebräischer und deutscher Sprache die Grußformel:

Friede
sei mit Euch

und darunter die Worte:

Sie waren Bürger
der Stadt Vlotho

In die beiden anderen Steine sind die Namen der 43 umgekommenen jüdischen Bürger eingemeißelt.

In der unteren *Langen Straße* – vor dem Eingang zum *Wesercenter* – wurde am 10. November 1988 ein *Gedenkstein* zur Erinnerung an die zerstörte Synagoge aufgestellt. Eine Tafel trägt die Inschrift:

Wir alle, ob schuldig oder nicht, ob alt oder jung,
müssen die Vergangenheit annehmen.
Wir alle sind von ihren
Folgen betroffen und für sie in Haftung genommen.
Richard von Weizsäcker
Zur Erinnerung an die am 10. 11. 1938 zerstörte
Synagoge;
zum Gedenken an die Verfolgung und Vernichtung
auch der
Vlothoer Juden durch die Hitlerdiktatur.
Die Bürgerschaft der Stadt Vlotho.

Kontakt:
Mendel-Grundmann-Gesellschaft e.V. Vlotho, c/o Helmut Urbschat, Käthe-Kollwitz-Straße 3, 32602 Vlotho.

Literatur:
Kluge, Manfred u. a., Sie waren Bürger unserer Stadt, Bielefeld 1988.

Voerde, Niederrhein

Vor dem Spielplatz an der Straße *»Am Kindergarten«* in Voerde-*Buschmannshof* wurde am 5. September 1987 ein *Mahnmal* enthüllt zur Erinnerung an ein Zwangsarbeiterlager und zum Gedenken an 99 neugeborene Kinder, die hier verhungern mußten. Auf einem Betonsockel steht ein

Voerde-Buschmannshof, Am Kindergarten:
Mahnmal zur Erinnerung an ein Zwangsarbeiterlager und an 99 hier Ende des Jahres 1944 verhungerte Kinder, geschaffen von Dieter Ommerborn (1987).

schmaler Gitterkäfig mit einer goldenen Kuppel, jener in der Absicht der Initiatoren Ausdruck von Lager und Gefangenschaft, diese Symbol für die Interessen der Rüstungsindustrie im Nationalsozialismus. In dem Käfig dieses Mahnmals, entworfen von dem Düsseldorfer Künstler Dieter Ommerborn, liegt in halber Höhe eine Tafel mit dem Text:

> Station 1 Buschmannshof
>
> Hier befand sich von 1943 bis 1945 ein
> Zwangsarbeiterlager der Firma Krupp, Essen.
> In dem/Lager waren auch 120 Kinder untergebracht,
> von denen/zwischen Herbst u. Winter 1944 infolge
> schlechter Er/nährung und Krankheit 99 starben.
> Einige sind auf/dem »Franzosenfriedhof« in
> Friedrichsfeld, Alte Hünxer Straße,/bestattet worden.

Das Mahnmal geht auf jahrelange Bemühungen der »Friedensgruppe Voerde« zurück, die dem Text als Kompromiß zustimmte, aber lieber anstelle von »schlechter Ernährung« vom »Verhungern« geschrieben hätte.
Die Baracken des früheren Zwangsarbeiterlagers »Buschmannshof«, von denen die letzten erst 1983 abgerissen wurden, waren nach 1933 von der Organisation Todt für ein Arbeitslosenprogramm errichtet und 1943 von der Firma Krupp übernommen worden zur Unterbringung der Zwangsarbeiterinnen und Zwangsarbeiter. Die Firma suchte überdies anstelle der überfüllten Säuglingsstation ihres Krankenhauses in Essen ein Ausweichquartier für die Neugeborenen, deren Mütter nach der Geburt wieder zur Arbeit gezwungen wurden. Aber hier in Voerde wurden die Kinder wie auch in anderen Kinder- oder Entbindungsheimen für »Ostarbeiterinnen« kaum versorgt und gepflegt und unzureichend ernährt. Viele starben durch Unterernährung, man ließ sie einfach verhungern.

Etliche Gräber der toten Kinder befinden sich auf dem *»Franzosenfriedhof«*, der zweiten Station eines geplanten »Alternativen Rad- und Wanderweges zu Stätten der Verfolgung und des Widerstands in Voerde«. Die *Informationstafel* der Stadtverwaltung stieß bei der Friedensgruppe ebenfalls auf Kritik. Am Tor des »Franzosenfriedhofs«, im Ortsteil Friedrichsfeld, *Alte Hünxer Straße,* ist unter anderem zu lesen:

> Im 2. Weltkrieg Friedhof für die in den
> Lagern Friedrichsfeld und Voerde verstorbenen
> Arbeiter oder Familienmitglieder aus
> den osteuropäischen Ländern.

Die Friedensgruppe plant, neben diesen beiden noch weitere Stationen des »alternativen Radweges« mit Gedenktafeln zu markieren, nämlich die ehemalige Schule an der Böskenstraße/Ecke Frankfurter Straße in Friedrichsfeld, in dem die Gestapo Gefangene verhörte, sowie das Alte Voerder Rathaus an der Frankfurter Straße/Ecke Bahnhofstraße, in dessen Keller sich im »Dritten Reich« eine Haftzelle befand.

Kontakt:
Friedensgruppe Voerde, Frau Marlies Wellmer, Schafstege 68, 46562 Voerde/Niederrhein

---

Im *Bürgerpark Friedrichsfeld* an der Bundesstraße 8 erinnert ein *Kriegsopfermahnmal* aus *zehn Basaltstelen* an alle Opfer von Krieg und Gewalt in den Jahren 1939 bis 1945. Neun Säulen sind in einem

Voerde-Buschmannshof: Texttafel im Innern des als Käfig gestalteten Mahnmals für die verhungerten Kinder von Zwangsarbeiterinnen, erste Station eines »Alternativen Rad- und Wanderweges zu Stätten der Verfolgung und des Widerstands in Voerde«, initiiert von der »Friedensgruppe Voerde«.

Voerde, Bürgerpark Friedrichsfeld:
Auf zehn Basaltstelen sind die
Opfer von Krieg und Gewalt in den Jahren
1939 bis 1945 genannt.
Nach den deutschen Kriegsopfern
folgen am Ende des Alphabets die
ausländischen Toten:
Zwangsarbeiter, die im Krieg in Voerde
ums Leben gekommen sind.

Kreis um eine mittlere Säule mit einem Mahnspruch gruppiert, wobei die Säulen für die Kriegsjahre stehen und jeweils die Namen aller Toten der Gemeinde verzeichnen, darunter auch die bei Bombenangriffen in Friedrichsfeld ums Leben gekommenen Zwangsarbeiter. Entsprechend werden die Stelen immer größer, bis zum Schluß für die Namen der Toten des Jahres 1945 drei Säulen benötigt werden.

Quellen/Literatur:
Friedensgruppe Voerde (Hrsg.), Das Kinderlager Voerde-West (»Buschmannshof«), 1987; Dies., Gedanken zu: »Durch Stein lebendig – brauchen wir Mahnmale?«, 1987; Manchester, William, Krupp – Zwölf Generationen, München 1968, S. 540ff; Vereinsgemeinschaft Friedrichsfeld (c/o Karl Göllmann, Gehrstraße 11, 46562 Voerde-Friedrichsfeld), Das Mahnmal für die Friedrichsfelder Opfer des 2. Weltkrieges, Voerde o. J.

Vreden

Auf dem *jüdischen Friedhof* an der *Oldenkotterstraße* wurde 1986 ein *Gedenkstein* errichtet mit der Inschrift:

> Der Ort, auf dem Du stehst, ist heiliger Boden.
> Exodus, 3,5
> Für die jüdischen Mitbürger unserer Stadt,
> die in den Jahren 1933 – 1945 Opfer der
> nationalsozialistischen Gewaltherrschaft wurden.

Waldniel siehe Schwalmtal

Wanne-Eickel siehe Herne

Warburg, Westfalen

An der *Bundesstraße 68* zwischen Kleinenberg und Scherfede (in der zu Warburg gehörenden Gemarkung *Bonenburg*) steht im Wald ein *Gedenkstein*, der an die Ermordung des Journalisten und Pazifisten Felix Fechenbach am 7. August 1933 erinnert. Der Findling trägt eine Tafel mit dem Text:

> Felix Fechenbach
> Journalist
> geboren am 22. Januar 1894
> wurde hier am 7. August 1933
> von Nationalsozialisten ermordet

Felix Fechenbach verkörperte für die Nationalsozialisten alle politischen Prinzipien, die sie verachteten und bekämpften: Er war Jude und Pazifist, Demokrat und Sozialist, er gehörte zu den Mitarbeitern des bayerischen Revolutionärs Kurt Eisner. Fechenbach, der in Mergentheim geboren und in Würzburg aufgewachsen war, wurde 1922 (!) wegen

»Landesverrat« zu Zuchthaus verurteilt, weil er die Kriegsabsichten der deutschen Regierung vor dem ersten Weltkrieg durch die Veröffentlichung »geheimer Dokumente« belegt hatte. Nach der Haft wurde er im Jahre 1929 Redakteur des Detmolder »Volksblattes«, einer Lokalzeitung der SPD, die Felix Fechenbach zu einem überregional beachteten Kampfblatt gegen die Nationalsozialisten ausbaute. Fechenbach stand ganz oben auf der Liste von Haß und Rache, als die Nazis die Macht »übernahmen«. Schon bald nach dem Reichstagsbrand wurde er in »Schutzhaft« genommen, wurde in Detmold (s. dort) festgehalten und sollte am 7. August 1933 über Warburg in das Konzentrationslager Dachau transportiert werden. Der Gedenkstein bezeichnet die Stelle, an der Felix Fechenbach unter Anführung des Detmolder Ortsgruppenleiters Grüttemeyer erschossen wurde. Er starb im damaligen Scherfeder Krankenhaus und wurde auf dem *jüdischen Friedhof* in Warburg-*Rimbeck, Am Kellberg* (Zugang über Wiggenbreite/Zionsberg), bestattet.

Film:
Auf der Flucht erschossen – Felix Fechenbach. Dokumentarfilm Farbe 35 Minuten, Regie: Dirk Gerhard. Bei der AV-Medienzentrale der Landeszentrale für politische Bildung in Düsseldorf (HDEOF 063 – 42 (VHS).

Literatur:
Fechenbach, Felix, Mein Herz schlägt weiter, Passau 1987 (Briefe, Märchen und Aphorismen aus der Zeit der Detmolder Haftzeit sowie Robert M.W. Kempner zum Paderborner Fechenbach-Prozeß von 1969); Schueler, Hermann, Auf der Flucht erschossen. Felix Fechenbach, 1894–1933, Köln 1981.

Warendorf

Auf dem *jüdischen Friedhof* in Warendorf, eingezäunt in der Gabelung der *Fischer- und Gerberstraße*, befindet sich seit 1948 ein *Gedenkstein* zur Erinnerung an die von den Nationalsozialisten vertriebenen und ermordeten Warburger Juden. Unter einem Davidstern und dem hebräischen Text (Klag. 1.16) ist zu lesen:

> Zum Gedenken unserer jüdischen Mitbürger,
> die hier ihre Ruhestätte fanden, und derer,
> die in den Jahren 1933–1945 umgekommen sind.

Am 12. August 1990 wurde auf der *Freckenhorster Straße* eine *Gedenkstele* zur Erinnerung an das 1938 verwüstete jüdische Gotteshaus eingeweiht. Auf der Vorder- und Rückseite der Stele stehen unter dem Davidstern die Texte:

> Zur Erinnerung
> an die Jüdische
> Gemeinde in
> Warendorf,
> deren Synagoge
> an der Frecken-
> horster Str. 7
> am 9. November
> 1938 verwüstet
> wurde

> Die jüdischen
> Bürger von
> Warendorf
> wurden zwischen
> 1933 und 1941
> vertrieben, ver
> schleppt oder
> ermordet

Die Klosterpromenade wurde im Jahre 1987 mit Beschluß des Stadtrats in *»Pater-Markötter-Promenade«* umbenannt zur Erinnerung an den Franziskanerpater Elpidius Markötter, der von den Nationalsozialisten im Konzentrationslager Dachau wegen einer kritischen Predigt im Jahre 1940 inhaftiert wurde und dort am 28. Juni 1942 starb. Eine Urne mit seiner Asche befindet sich im Zömeterium, der Gräberstätte des Franziskanerklosters. Ein Gedenkstein mit einer Tafel wurde im Jahre 1978 auch in seinem Geburtsort Südlohn (s. dort) eingeweiht.

Literatur:
Mund, Ottokar, Elpidius-Straße. Lebensbild des P. Elpidius Markötter ofm, † am 28. Juni 1942 im Konzentrationslager Dachau, Werl 1984.

Warstein

In den Tagen des 20./23. März 1945 wurden in Warstein im Langenbachtal, in dem heute zu Warstein zählenden Ort *Suttrop* im Kattensiepen sowie in der *Eversberger Heide* insgesamt 208 überwiegend russische Zwangsarbeiter ermordet. Die Täter waren in Warstein stationierte SS-Truppen, die Opfer stammten aus Zwangsarbeiterlagern in der Schützenhalle in Warstein sowie in einer Suttroper Schule. Nach der Befreiung mußten auf Veranlassung der alliierten Truppen ortsansässige Nationalsozialisten die Leichen exhumieren und die Einwohner der Orte an den Toten vorbeidefilieren.

Die 71 in Warstein erschossenen Menschen wurden ursprünglich unweit des Tatortes im Langenbachtal beerdigt – man spricht heute noch von den »Russengräbern« – und 1964 auf den »Franzosenfriedhof« in Meschede überführt, wo schon 1947 die Mordopfer aus der Eversberger Heide beigesetzt worden waren. Ebenso wurden die Toten aus Suttrop nach dem Krieg exhumiert und auf den Mescheder Friedhof überführt. Ein damals von der Sowjetunion er-

richteter *Obelisk* ist heute auf dem *Friedhof* der *Westfälischen Kliniken* in Warstein zu finden, ebenso ein ähnlicher zweiter Obelisk auf dem Mescheder Friedhof.
Von dem Eigentümer der *Suttroper Ruhestätte*, Freiherr von Fürstenberg zu Körtlinghausen, wurde in den achtziger Jahren in privater Initiative ein *Gedenkstein* aufgestellt. Überdies plant ein Arbeitskreis in Warstein, am Ort des Verbrechens im Langenbachtal sowie am »Mahnmal für die Opfer von Krieg und Gewaltherrschaft« in der Stadtmitte von Warstein jeweils *Gedenksteine* zur Erinnerung an die ermordeten Zwangsarbeiter aufzustellen.
Die katholische Kirchengemeinde St. Johannes Enthauptung unternimmt seit einigen Jahren eine jährliche Sühnewallfahrt von Suttrop zum Mescheder Friedhof. (s. auch Meschede)

In der *Westfälischen Klinik für Psychiatrie* in Warstein, dem früheren Landeskrankenhaus, wurde am 17. November 1985 ein *Mahnmal* zur Erinnerung an die Opfer der »Euthanasie«-Morde der Nationalsozialisten eingeweiht. Die Arbeit der Künstlerin Ina-Maria Mihalyhegyi-Witthaut in der *Treise-Kapelle* stellt abstrahierte Körper, übereinanderliegend, suchende Hände oder Gesichter hinter Gitter dar und die Worte:

> Verbrannt
> Vergessen
> Vergast
> Vernichtet
> Dennoch
> Lebend

Insgesamt wurden zwischen dem 27. Juni 1941 und dem 26. Juli 1943 1 542 Patienten über Zwischenkliniken wie Herborn, Weilmünster und Eichberg in die Tötungsklinik Hadamar in Hessen »verlegt« und die meisten von ihnen ermordet. (s. auch Münster und Hessen: Hadamar)

Wassenberg

Die *Gesamtschule* in *Wassenberg*, Kreis Heinsberg, *Birkenweg 2*, wurde im Jahre 1991 nach dem von den Nationalsozialisten ermordeten jüdischen Mädchen *Betty Reis* benannt. Betty Reis wurde 1921 in Wassenberg geboren und ist dort zur Schule gegangen und mußte schon früh den Antisemitismus ihrer »christlichen« Mitmenschen erleben. Mit den anderen Wassenberger Juden wurde sie 1942 nach Polen verschleppt, mußte in einer Uniformfabrik bei Lodz arbeiten, wurde dann in das Konzentrationslager Auschwitz gebracht und kam Ende des Jahres 1944 im Konzentrationslager Bergen-Belsen ums Leben.

Auf dem *jüdischen Friedhof* der Gemeinde Wassenberg wurde am 6. November 1983 anläßlich einer Pax-Christi-Wallfahrt eine *Gedenktafel* enthüllt mit der Inschrift:

> Friedhof der Jüdischen Gemeinde Wassenberg,
> Synagoge der Jüdischen Gemeinde Wassenberg,
> zerstört: 10. November 1938.

Literatur:
Heinrichs, Heribert, Wassenberg – Geschichte eines Lebensraumes, Mönchengladbach 1987; Ders., Betty Reis (1921–1944). Gedanken zu einer Namensgebung der Gesamtschule Wassenberg. Vortrag gehalten am 27. Juni 1991 (Manuskript).

Wattenscheid siehe Bochum

Weilerswist

Am ehemaligen Standort der 1938 zerstörten Synagoge in der *Kölner Straße 61* ist eine *Gedenktafel* angebracht mit der Inschrift:

> Zur Erinnerung
> an unsere
> jüdischen
> Mitbürger
> Standort der
> früheren Synagoge

Der *jüdische Friedhof* im Ortsteil *Vernich* trägt am Eingangspfosten ein *Schild* mit der Aufschrift:

> Zur Erinnerung
> an unsere
> jüdischen
> Mitbürger.

Literatur:
Arntz, H.-Dieter, Judaica. Juden in der Voreifel, 3. Aufl. Euskirchen 1987.

Wermelskirchen

Auf dem *Stadtfriedhof* in der *Berliner Straße* befinden sich Gräber von neun polnischen, drei sowjetischen und zwei belgischen Opfern der nationalsozialistischen Gewaltherrschaft.

Wesel

Am 9. November 1988 wurde an der Nordwestseite der *Willibrordikirche, Ecke Nieder-/Pastor-Bölitz-Straße,* ein *Mahnmal* errichtet zur Erinnerung an die ehemals schräg gegenüber stehende Synagoge, die in der Reichspogromnacht niedergebrannt wurde. Die Inschrift ist der Vers 31 aus dem Buch Hiob 30:

Meine Harfe ist eine Klage geworden,
meine Flöte ein Weinen.

Eine *Gedenktafel* am Eingang des *alten jüdischen Friedhofes* am *Nordglacis* erinnert ebenfalls an die antisemitischen Pogrome der nationalsozialistischen Zeit und enthält die Namen der jüdischen Opfer.

Die *»Heinz-Bello-Straße«* in Wesel erinnert an den 1920 in Breslau geborenen und in Wesel aufgewachsenen Medizinstudenten Heinz Bello, der sich als Sanitätsoffizier an der Ostfront kritisch über das Hitler-Regime und die Partei äußerte, denunziert wurde und am 18. April 1944 vom Militär-Zentralgericht in Berlin-Charlottenburg wegen »Wehrkraftzersetzung« zum Tode verurteilt wurde.

Wesseling, Rheinland

Ein im Jahre 1985 im *Rheinpark* errichtetes *Mahnmal* trägt die Inschrift:

Allen Opfern von Krieg und Gewalt

Auf einem spitzen kleinen Wiesengrundstück vor der Einmündung der Straße Am Markt in der *Kölner Straße*, gegenüber der ehemaligen Synagoge, befindet sich ein *Findling*, der eine Tafel mit folgendem Text trägt:

Seit dem 17. Jahrhundert gab es in
Wesseling eine kleine Jüdische
Gemeinde. Ihre Synagoge stand
seit 1850 am Markt 3. Sie wurde
am 9. 11. 1938 in Brand gesteckt.
Die Mitglieder der Gemeinde
kamen fast alle in nationalso-
zialistischen Konzentrations-
lagern ums Leben. Wir gedenken
unserer jüdischen Mitbürger.
Wesseling, den 9. 11. 1978

Auf dem *jüdischen Friedhof* Wesseling erinnert ein nach dem Krieg aufgestellter *Grabstein* an Max Moses. Als Todesdatum ist der 19. Januar 1934 angegeben. Der Wesselinger Bürger Max Moses war Viehhändler und wurde am 3. April 1933 von einem SS-Schlägerkommando auf dem Kölner Schlachthof in Ehrenfeld so brutal mißhandelt, daß er Monate später den Folgen seiner Verletzungen erlag. Der Grabstein erinnert überdies an seine Frau, geb. Heydt, die im Alter von 58 Jahren im Januar 1943 »in Auschwitz umgekommen ist«.

Die größte Wesselinger Straße in Ost-West-Richtung, die *»Flach-Fengler-Straße«,* ist zum Andenken nach den Wesselinger SPD- und KPD-Vorsitzenden Flach und Fengler benannt, die 1944 im Konzentrationslager ermordet wurden. Eine weitere Straße ganz in der Nähe, die *»Hubert-Stupp-Straße«,* ist ebenfalls nach einem Opfer der Nationalsozialisten benannt. Der Wesselinger Dachdecker Hubert Stupp wurde am 17. Juli 1932(!) von einem Bonner SA-Trupp erschossen, der sich nach einer Schlägerei mit Wesselinger Arbeitern am Nachmittag dieses Tages rächen wollte.

Quellen/Literatur:
Ehmann, Christoph, Die Geschichte der Jüdischen Gemeinde in Wesseling, in: Blätter zur Wesselinger Heimatkunde 1, 1980; Ders., Wesseling, in: Wegweiser durch das jüdische Rheinland, Berlin 1992, S. 264–269; Müller, Carsten u. a., Vom Ende der Weimarer Republik bis zum Zweiten Weltkrieg. Skizzen aus Wesseling und Umgebung. Arbeit 10./12./13. Klasse, Gymnasium Wesseling, im Rahmen des »Schülerwettbewerbs Deutsche Geschichte« 1980/81; Vensky, Sascha, Ermordet vor der Machtergreifung. Der Mordfall Hubert Stupp. Arbeit 12. Klasse, Gymnasium Wesseling, im Rahmen des »Schülerwettbewerbs Deutsche Geschichte« 1992/93; Thierbach, Ralf, Der Grabstein eines Wesselinger Juden – ein unscheinbares aber aussagekräftiges Denkmal. Arbeit 13. Klasse, Gymnasium Wesseling, im Rahmen des »Schülerwettbewerbs Deutsche Geschichte« 1992/93.

Wewelsburg/Niederhagen

siehe Büren

Wilnsdorf (Wilgersdorf)

siehe Netphen

Windeck, Sieg

In Windeck, Ortsteil *Rosbach,* wurde im August 1994 im Haus *Bergstraße 9* eine *Gedenkstätte »Landjuden an der Sieg«* (Träger: Rhein-Sieg-Kreis) eröffnet. Sie erinnert an die früheren jüdischen

Bewohner des Siegtals, deren zahlreiche Gemeinden zwischen Mondorf und Altenkirchen (mit dem Schwerpunkt Siegburg) unter der nationalsozialistischen Gewaltherrschaft ausgelöscht wurden. Die Menschen wurden in die Emigration gezwungen oder nach ihrer Deportation ermordet. Heute gibt es keine Jüdische Gemeinde mehr im Siegtal; die wenigen jüdischen Bewohner gehören zu den Synagogengemeinden Bonn oder Koblenz. Anläßlich des 50. Jahrestags der »Reichskristallnacht« hatte der Rhein-Sieg-Kreis 1988 die Errichtung der Gedenkstätte beschlossen. Frau Hilde Seligmann hat das Haus ihrer Familie hierfür zur Verfügung gestellt.

Vorläufige Öffnungszeiten: mittwochs 14–16 Uhr und nach Vereinbarung mit dem Kreisarchiv Siegburg, Tel.: 02241/132565.

Witten

Am 11. April 1985 wurde in Witten auf dem *Uttermannplatz*, zwischen der Eisenbahnlinie und der Immermannstraße, der Öffentlichkeit ein *Mahnmal* übergeben, das an das KZ-Außenlager Witten-Annen an dieser Stelle erinnert. Ein Steinblock zwischen zwei Betonpfählen, der wie ein grober Pfosten wirkt und im oberen Teil von mehreren Lagen Stacheldraht durchzogen wird, trägt eine Tafel mit dem Text:

> Auf diesem Gelände befand sich
> vom September 1944 bis April 1945
> ein Außenkommando des
> Konzentrationslagers Buchenwald.
> An die hier inhaftierten Menschen und
> an die an ihnen begangenen Verbrechen
> soll diese Gedenkstätte erinnern.

Die Schüler und Schülerinnen des Albert-Martmöller-Gymnasiums, auf deren Forschungen und Initiative das Denkmal zurückgeht, hatten noch einen weiteren Satz vorgeschlagen, den jedoch der Kulturausschuß der Stadt Witten ablehnte. Es sollte weitergehen:

> Sie ist Mahnung an die Verantwortung
> aller Menschen zu verhindern,
> daß sich derartige Geschehnisse
> wiederholen können.

Das KZ-Außenlager wurde am 16. September 1944 in einem schon länger existierenden Zwangsarbeiterlager eingerichtet. Es war eine der zahlreichen Maßnahmen zur Aufrechterhaltung der Rüstungs-, insbesondere der Flugzeugindustrie. Die rund 600 KZ-Häftlinge mußten im nahegelegenen Annener Gußstahlwerk (AGW) Flugzeuggußstahl und Flugzeugteile für die Luftwaffe herstellen. Vor allem politische Gefangene wurden aus dem Konzentrationslager Buchenwald nach Witten geschickt, überwiegend Franzosen und Russen. Die Lebensbedingungen im Lager und die Arbeit in der Fabrik waren menschenunwürdig, für einige Häftlinge tödlich. Die Halle A7, in der die Häftlinge arbeiten mußten, existiert noch.

Dreizehn Häftlinge wurden auf dem 1938 verwüsteten *jüdischen Friedhof* in *Annen* begraben. Das Außenkommando Witten-Annen wurde Ende März 1945 »evakuiert«, die Häftlinge mußten über Unna, Werl, Soest nach Lippstadt marschieren. Die Überlebenden wurden am 1. April von amerikanischen Truppen befreit.

Inzwischen hat der Kulturausschuß der Stadt Witten nach einem bundesweiten Wettbewerb im Dezember 1992 die Errichtung einer *Gedenkstätte* beschlossen, die das bisherige Mahnmal der Schüler des Albert-Martmöller-Gymnasiums einbeziehen soll.

Von den über 600 in Witten umgekommenen Zwangsarbeitern (Zivilarbeiterinnen und Zivilarbeiter, Kriegsgefangene, Militärinternierte und KZ-Häftlinge) wurden 394 auf dem *jüdischen Friedhof Annen* begraben, der sich auf dem kommunalen Friedhof, *Diesterwegstraße*, befindet. Nach dem Kriege wurde er als Ehrenfriedhof für die »Toten der Alliierten« hergerichtet, diese irreführende Inschrift wurde aber im Jahre 1990 wieder beseitigt. Im Mai 1993 wurde eine neue *Gedenkstätte* eingeweiht: drei Stahlplatten, auf die insgesamt fünf Messingplatten montiert sind. Sie enthalten die Namen, die Geburts- und Sterbedaten von 288 Zwangsarbeitern und den folgenden Text:

> Zum Gedenkan an die Zivilarbeiter, Kriegsgefangenen und KZ-Häftlinge, die 1942–1945
> infolge der Zwangsarbeit unter der NS-Gewaltherrschaft in Witten ihr Leben verloren.
> Ihr Leiden und Sterben
> sollen nicht vergessen werden.
> Die Wittener Bürgerschaft.

> Auf dem 1938 von Nationalsozialisten zerstörten jüdischen Friedhof wurden 394 Männer,
> Frauen und Kinder aus elf Nationen begraben.
> 82 von ihnen wurden nach 1945 in ihre Heimatländer oder auf zentrale Gedenkstätten überführt.

> Hier ruhen 312 Tote –
> 264 Männer, vierzehn Frauen und zehn Kinder
> aus der Sowjetunion.
> 21 Männer und Frauen aus acht anderen
> Nationen und drei Deutsche.

Die jüdischen Grabsteine auf diesem Friedhof wurden in der Reichspogromnacht von Nationalsozialisten verwüstet und der Friedhof 1942 enteignet. Bis Kriegsende wurde der Begräbnisplatz für Bestattungen von Zwangsarbeitern und Kriegsgefangenen benutzt. Seit 1981 erinnert ein *Bodendenkmal* daran. Im März 1993 wurde parallel daneben ein *zweiter Stein* gesetzt, der die Namen und Geburts- sowie Sterbedaten der hier bestatteten fünfzehn jüdischen Bürgerinnen und Bürger aufführt.

Außer auf dem *jüdischen Friedhof* in *Annen* befinden sich auf fünf weiteren Wittener Friedhöfen Grabstätten von 77 Zwangsarbeitern.

Auf dem *jüdischen Friedhof, An der Wabeck*, in Witten-*Herbede* wird 22 sowjetischer Kriegsgefangener und Zwangsarbeiter mit einem *Gedenkstein* in kyrillischer Sprache gedacht. Eine Messingtafel trägt die Übersetzung:

> Hier ruhen 22 Genossen,
> zu Tode gequält in faschistischer
> Gefangenschaft.
> 1941 - 1945
> Ewiges Gedenken den Söhnen
> des sowjetischen Volkes, die ihr Leben
> verloren haben.

Ein *zweiter Gedenkstein* mit derselben Inschrift befindet sich auf dem *Katholischen Friedhof Am Huchtert* in Witten-*Herbede.* Dort sind 10 sowjetische Zwangsarbeiterinnen und Zwangsarbeiter begraben.

Der *jüdische Friedhof* in *Ledderken, Witten-Mitte,* grenzt an den evangelischen Friedhof. Auf einigen Gräbern befinden sich Inschriften zum Gedenken an Familienangehörige, die in Konzentrationslagern und Ghettos ermordet wurden. Im Jahre 1992 wurde am Eingangstor eine *Messingtafel* angebracht zur Geschichte des Friedhofs, auf der unter anderem zu lesen ist:

> An die nationalsozialistische Verfolgungszeit und an die Menschen, die in Konzentrationslagern ermordet wurden, erinnern einige Familiengräber mit Inschriften wie »umgekommen in Auschwitz«.

Außerdem wurde am 14. März 1993 in der Mitte des *Plattenweges* eine *Stele* errichtet mit den Namen der Ghettos und Konzentrationslager, in denen jüdische Bürgerinnen und Bürger Wittens zu Tode kamen.

Am Haupteingang des *Schiller-Gymnasiums, Breddestraße 8*, brachte die Stadt Witten 1992 eine *Messingtafel* an, die die folgenden Informationen enthält:

> In diesem Gebäude, dem ehemaligen Lyzeum,
> befand sich nach der Machtübernahme
> der Nationalsozialisten der »2. Sturm 30«
> der »SS-Standarte«: In den Jahren 1933/34
> übten hier SS und SA widerrechtlich Polizeigewalt aus. Sie nahmen politische Gegner,
> vorwiegend Sozialdemokraten und Kommunisten,
> gefangen, um ihnen unter brutalen Verhörmethoden Geständnisse abzupressen und sie
> einzuschüchtern. Die Folterungen fanden
> auf dem Dachboden der Schule, meist aber in
> den fensterlosen Kellerräumen entlang der
> Breddestraße und des Schulhofes statt.
> Einige der Täter wurden nach 1945 wegen
> »Verbrechen gegen die Menschlichkeit«
> verurteilt.
> Stadt Witten 1992

Im *Lutherpark* (Innenstadt) steht das 1965 vom Verband der Heimkehrer gestiftete *Mahnmal* gegen Krieg und Gewalt. Das von dem Künstler Fritz Theilmann aus Kieselbronn bei Pforzheim geschaffene Mahnmal besteht aus einer hohen, schmalen Backsteinwand, an der drei Metallskulpturen, eine Frau und zwei Männer, angebracht sind, deren Ausdruck und Gesten die Inschrift sinnbildlich verdeutlichen sollen:

> Wir mahnen

Am Ort der ehemaligen Synagoge wurde 1979 die Kurze Straße in *Synagogenstraße* umbenannt und eine *Gedenktafel* am Haus *Breite Straße 52* enthüllt. Sie trägt u.a. die Inschrift:

> Hier stand die im Jahre 1885 erbaute
> Synagoge
> der Jüdischen Gemeinde zu Witten.
> Sie wurde in nationalsozialistischem Ungeist
> von Frevlerhand
> in der Nacht des 9. November 1938
> niedergebrannt.

Ein Ideenwettbewerb zur Gestaltung einer *Mahnstätte* für die zerstörte Synagoge an dieser Stelle unter den Design-Studenten der Fachhochschule Dortmund wurde im Januar 1993 entschieden. Der Preisträger Wolfgang Schmidt entwarf für die *Ecke Breite Straße/Synagogenstraße* einen etwa zwei Meter hohen rostigen *Stahlwinkel,* der auf dem Bürgersteig die Ecke der früheren Synagoge markieren soll. Als Inschrift ist vorgesehen:

> In der Nacht vom 9. auf den 10. November 1938
> wurde die Synagoge von SA-Trupps in Brand gesetzt,
> jüdisches Eigentum zerstört und jüdische Frauen,
> Männer und Kinder drangsaliert, während die
> Mehrheit der Wittener Bevölkerung dem Unrecht
> stillschweigend zusah.

Dieser Pogrom war der Auftakt zur sogenannten Endlösung und bedeutete das Ende der hiesigen Jüdischen Gemeinde, deren Mitglieder von den Nationalsozialisten aus ihrer Heimatstadt vertrieben oder in Konzentrationslager verschleppt und ermordet wurden.

Im Mai 1992 empfahl der Kulturausschuß der Stadt Witten im Rahmen eines umfangreichen Beschlusses zur Neu- und Umgestaltung der örtlichen Mahn- und Gedenkstätten, den Eingangsbereich der *Stadtbücherei, Ruhrstraße,* in eine *Gedenkstätte* umzuwandeln. Hier soll namentlich an die aus rassischen, politischen und religiösen Gründen verfolgten und ermordeten Wittener und Wittenerinnen erinnert und in der Stadtbücherei ein Archiv zur NS-Geschichte Wittens eingerichtet werden.
In der Stadtbücherei wird auch ein von Anne Bahrinipour geschaffenes Kunstwerk mit dem Titel »Immahjot« (hebräisch »Mütter«) aufgestellt. Es erinnert mit 158 Steinen an dieselbe Anzahl der namentlich bekannten »rassisch« verfolgten und ermordeten Wittenerinnen und wurde im Mai 1991 von den Arbeitskreisen »Frauengeschichte« und »Reichskristallnacht« gestiftet.

Quellen/Literatur:
Klasse 10 des Albert-Martmöller Gymnasiums im Schuljahr 84/85 (Hrsg.), Das Konzentrationslager Witten-Annen. Ein Außenkommando des KZ Buchenwald, o. J.; Kliner-Lintzen, Martina/Pape, Siegfried, »...vergessen kann man das nicht«. Wittener Jüdinnen und Juden unter dem Nationalsozialismus, hrsg. von der Stadt Witten, Witten 1991; Stadt Witten. Amt für Statistik und Stadtforschung, Verwaltungsvorlage Nummer 1.115 vom 6. April 1992 »Gestaltungsvorschläge zu Gedenkstätten (Periode 1933–1945)«; Völkel, Klaus, »Hier ruhen 22 Genossen zu Tode gequält...«. Gedenkschrift für die Opfer der Zwangsarbeit in Witten 1941–1945 (Hrsg. Stadt Witten), Bochum 1992.

Würselen

In einer *Grünanlage* an der *Bahnhofstraße* erinnert ein von der Vereinigung der Verfolgten des Naziregimes (VVN) errichteter, etwa vier Meter hoher, mit Blausteinplatten verkleideter *Gedenkstein* an Würseler Opfer des Nationalsozialismus mit folgender Inschrift:

VVN
1933 1945
Ihr unsterblichen Opfer
Ihr sankt dahin
[es folgen 17 Namen]
und vielen ungenannten
Kämpfern gegen den Faschismus

Wuppertal

Im Stadtteil *Beyenburg*, Ortsteil *Kemna*, wurde am 3. Juli 1983 in der *Beyenburger Straße 146* gegenüber einem Fabrikgebäude ein *Mahnmal* zur Erinnerung an das ehemalige Konzentrationslager Kemna eingeweiht: An einer halbrunden gemauerten Wand, Symbol für Fabrik und Lager, hängt ein großes Relief, in der Mitte eine herausgestreckte Hand. Bahngleise in dem Relief sind ein Hinweis darauf, daß Kemna für viele Gefangene Durchgangsstation auf dem Weg in andere Konzentrationslager war; Mauer und Hügel symbolisieren den Tatort Kemna. An den Stirnseiten der Mauer hängen zwei Tafeln mit den Texten:

Wuppertal: Mahnmal in der Beyenburger Straße, eingeweiht im Juli 1983 anläßlich des 50. Jahrestages der Errichtung des Konzentrationslagers Kemna durch die Nazis. Es wurde nach einem Jugendwettbewerb von Schülern des Gymnasiums Am Kothen geschaffen und durch Spenden finanziert.

KZ Kemna
Auf dem gegenüberliegenden Fabrikgelände bestand von Juli 1933 bis Januar 1934 das Konzentrationslager Kemna. Hier wurden über 4 000 Gegner des Nationalsozialismus gequält und gefoltert.

Dieses Mahnmal wurde im Rahmen eines Jugendwettbewerbs von Schülern des Gymnasiums Am Kothen entworfen und von Wuppertaler Bürgern und Jugendlichen durch Spende und Mitarbeit errichtet.
Wuppertal 1983

Die Errichtung dieser Gedenkstätte war von dem im Jahre 1979 gegründeten »Arbeitskreis zur Erforschung der NS-Zeit in Wuppertal« angeregt worden. Ihm gehören unter anderem der Stadtjugendring, die Kirchen, der Deutsche Gewerkschaftsbund, der Zentralverband demokratischer Widerstandskämpfer- und Verfolgtenorganisationen e.V. und die Vereinigung der Verfolgten des Naziregimes/ Bund der Antifaschisten in Wuppertal an. Ursprünglich sollte eine Gedenktafel an der Mauer des früheren Lagergeländes angebracht werden, doch der heutige Besitzer war damit nicht einverstanden.
Die benachbarte *Bushaltestelle* »Bleiwerk« im Ortsteil Kemna wurde von den Wuppertaler Stadtwerken im Mai 1983 in *»Beyenburg-Mahnmal«* umbenannt. Der von der Beyenburger Straße zum Mahnmal führende Weg erhielt 1990 den Namen *»Karl-Ibach-Weg«*, benannt nach dem 1933 mit 18 Jahren jüngsten Kemna-Häftling, der 1990 starb.
Das KZ Kemna war eines der frühen Konzentrationslager in Deutschland und wurde am 5. Juli 1933 in einem leerstehenden Fabrikgebäude der früheren Wuppertaler Putzwollfabrik eingerichtet. Nach dem Bericht des Düsseldorfer Regierungspräsidenten vom 6. Juli 1933 an den Innenminister in Berlin wurde es eingerichtet, »weil die Strafanstalten des Regierungsbezirks infolge der zahlreichen in Schutzhaft genommenen politischen Gefangenen sehr stark überbelegt waren«. Über 4000 Menschen aus allen politischen und religiösen Lagern sowie rassisch Verfolgte mußten durch das Lager Kemna. Viele wurden auf grausamste Weise mißhandelt. Die Vorgänge in diesem Konzentrationslager ließen sich nicht geheimhalten. Deshalb wurden bereits im Oktober 1933 zahlreiche Häftlinge in die abgeschieden gelegenen Moorlager Esterwegen, Neusustrum und Börgermoor im Emsland (siehe Niedersachsen: Papenburg) transportiert. Am 23. Januar 1934 wurde das Lager aufgelöst. Die letzten Häftlinge wurden teils in das Konzentrationslager Esterwegen, teils in Polizei- und Militärgefängnisse verlegt, einige wenige wurden vorläufig auf freien Fuß gesetzt.
Die grauenhaften Vorgänge im Lager Kemna kamen nach dem Krieg durch den ersten großen Prozeß gegen die Wachmannschaft eines Konzentrationslagers vor einem deutschen Gericht (Wuppertaler Landgericht) im Jahre 1948 an die Öffentlichkeit. Vertreter der Anklage war Staatsanwalt Winckler, der bereits 1934 wegen der Gerüchte über Folter in Kemna ein Verfahren angestrengt hatte, das indes zwei Jahre später durch einen Führererlaß niedergeschlagen worden war. Winckler wurde damals nach Kassel strafversetzt.
Der Name »Kemna« steht auch auf der *Gedenktafel* am Sockel des Mahnmals an der *Frankfurter Paulskirche,* auf dem 53 Namen nationalsozialistischer Konzentrations- und Vernichtungslager aufgeführt sind. Ebenso erinnert an das KZ Kemna ein *Steinsarkophag* auf dem *Friedhof Oostakker bei Gent in Belgien*, in den eine Urne mit Erde aus dem ehemaligen Konzentrationslager eingemauert wurde. Die Inschrift lautet: »Kemna/Wuppertal – Deutschland«

Verkehrsverbindungen:
Mit der Bahn bis Bahnhof Oberbarmen, von dort mit dem Bus bis Haltestelle »Beyenburg-Mahnmal«; mit dem Auto: Autobahn E73, Abfahrt Wuppertal-Süd, weiter in Richtung Barmen-Zentrum, im Tal der Wupper rechts ab auf die Beyenburger Straße.

Im *Deweerth-Garten* in Wuppertal-*Elberfeld, Briller Straße/Friedrich-Ebert-Straße,* befindet sich das 1958 errichtete *zentrale Mahnmal* der Stadt Wuppertal für die Opfer des Nationalsozialismus, die Statue eines geschundenen Häftlings des Bildhauers Herbert Volwahsen vor einer Mauer mit der folgenden Inschrift:

Der Mensch sei Mensch
Den Opfern des Nationalsozialismus
Die Stadt Wuppertal

Aus Anlaß des 40. Jahrestages der Einrichtung des Konzentrationslagers Kemna wurde im Jahre 1973 am Sockel der Statue eine zusätzliche Tafel angebracht:

KZ Kemna
5. Juli 1933 – 19. Jan. 1934

Zu den größten Massenprozessen im nationalsozialistischen Deutschland gehörten die »Gewerkschaftsprozesse« um die Jahreswende 1935/36 in Hamm und in Wuppertal. Den Hintergrund hierfür bildeten die Maßnahmen der Nationalsozialisten, kaum daß sie 1933 an der Macht waren, die freien Gewerkschaften zu zerschlagen, die alten Betriebsräte abzuschaffen und ein neues Arbeitsrechtssystem einzurichten. Es kam in den Wuppertaler Betrieben zu zahlreichen Aktionen und Protesten, bis im Januar 1935 in kurzer Zeit etwa 1200 Gewerkschafter verhaftet, verhört und oft grausam gefoltert wurden. Rund 600 von ihnen kamen in den Massenprozessen vor Gericht und wurden, gleich ob Sozialdemokrat, Christ oder parteilos, wegen »Vorbereitung zum Hochverrat« und/oder »kommunistischer Umtriebe« verurteilt. Seit Ende der achtziger Jahre erforscht eine Geschichtswerkstatt des DGB Wuppertal diese Zusammenhänge. Geplant ist, vor dem *Wuppertaler Landgericht* am *Eiland* ein von der Bildhauerin Ulle Hees konzipiertes *Mahnmal* »Gewerkschaftsprozesse 1935–1936« aufzustellen. Seit einigen Jahren steht dieses Mahnmal im Keller des DGB-Hauses in der Oberbergischen Straße und wartet auf die Genehmigung des Landesjustizministers zur Aufstellung vor dem Landgericht Wuppertal. Für die Errichtung des Mahnmals setzte sich eine 1985 gebildete Bürgerinitiative »Fingerzeig« ein.

Eine *Gedenktafel* ist auch am Haus *Wirkerstraße 37* geplant, in dem der im März 1933 in den Stadtrat gewählte KPD-Sekretär Otto Böhne wohnte, der am 25. Februar 1934 im Konzentrationslager Börgermoor ums Leben kam. An ihn erinnert seit 1989 der »Otto-Böhne-Platz«, in dessen Bereich es auch noch nach der sogenannten Machtergreifung zu Straßenkämpfen zwischen SA-Leuten und Anhängern der beiden Arbeiterparteien kam. (s. auch unten)

Am Haus *Tannenstraße 136* wurde am 14. November 1984, dem 40. Jahrestag der Hinrichtung von Bernhard Letterhaus, eine *Gedenktafel* enthüllt mit dem Text:

> »Wenn nur die Arbeiterschaft am Denken bleibt«
> Ausspruch von Bernhard Letterhaus,
> geboren am 10. 7. 1894 in Barmen/Heckinghausen,
> aufgewachsen in einem Haus, das früher hier stand.
> Verbandssekretär der Katholischen Arbeiterbewegung (KAB),
> Mitglied des Preußischen Landtags.
> Wegen Widerstands gegen das NS-Regime
> am 14. 11. 1944 hingerichtet.

Der ehemalige Oberleutnant Bernhard Letterhaus arbeitete seit 1941 in der Pressestelle des Oberkommandos des Heeres (OKH) in Berlin und gab von hier aus Informationen weiter an das Ketteler-Haus in Köln, eines der Zentren der katholischen Opposition um die verbotene Katholische Arbeiterbewegung (KAB). Er war in die Pläne der Verschwörer des 20. Juli 1944 eingeweiht. Nach Beseitigung Hitlers sollte er in der neuen Regierung Wiederaufbauminister werden. Er wurde am 14. November 1944 in Berlin-Plötzensee hingerichtet. Auf dem *katholischen Friedhof Schützenstraße* in Wuppertal steht ein *Gedenkstein* der Familie Letterhaus.

Ganz in der Nähe dieses Steines liegt das Grab des katholischen Kaplans Johannes Flintrop, der im Jahre 1904 in Barmen geboren, wegen seiner regimekritischen Äußerungen mehrfach verhaftet und eingesperrt und am 18. August 1942 im Konzentrationslager Dachau umgebracht wurde. In dem »Schutzhaft«-Befehl der Gestapo hatte es geheißen, daß Flintrop »durch sein Verhalten den Bestand und die Sicherheit des Volkes und Staates« gefährde, weil er sein Priesteramt dazu mißbrauche, »den Glauben des deutschen Volkes an den Endsieg zu erschüttern«.

In Wuppertal-*Barmen* wurden 1984, anläßlich des 50. Jahrestages der »Barmer Erklärung«, in der Nähe der *Gemarker Kirche, Alter Markt/Werth*, ein *Mahnzeichen* mit einer von der Bildhauerin Ulle Hees geschaffenen *Bronzeplastik* aufgestellt. Die Plastik zeigt eine Menschenmenge, deren größerer Teil mit erhobenem Arm in eine Richtung starrt, während sich eine kleinere Gruppe abwendet und in die Bibel vertieft. Der folgende Text auf einer Tafel lautet:

> Am 31. Mai 1934 beschloß die erste Bekenntnissynode
> der Deutschen Evangelischen Kirche die Barmer
> Theologische Erklärung in der Gemarker Kirche.
> Sie bekannte sich damals zu den in 6 Thesen
> ausgesprochenen biblischen Wahrheiten und wies
> mit dieser Erklärung »angesichts der die
> Kirche verwüstenden Irrtümer« einen klaren Weg.

Eine zweite Tafel trägt den Wortlaut einer der Thesen:

> Jesus Christus, wie er uns in der Heiligen
> Schrift bezeugt wird, ist das eine Wort Gottes,
> das wir zu hören, dem wir im Leben und im
> Sterben zu vertrauen und zu gehorchen haben.

Die Bekenntnissynode, die vom 29. bis 31. Mai 1934 tagte, war eine Versammlung von »Vertretern lutherischer, reformierter und unierter Kirchen, freier Synoden, Kirchentage und Gemeindekreise«. Die Delegierten einte der Widerstand gegen die den Nationalsozialisten nahestehenden »Deutschen Christen« und Reichsbischof Ludwig Müller, der aus den 28 Landeskirchen eine einheitliche »Deutsche Evangelische Kirche« formen wollte. Gegen Positionen wie das Führerprinzip oder die Einführung des »Arierparagraphen« in der Kirche setzte die Bekenntnissynode den Kampf gegen die Verfälschung der christlichen Lehre durch nationalsozialistisches Gedankengut.

Zwei Wuppertaler Theologen, die wegen ihrer oppositionellen Haltung verfolgt wurden, lebten im *Pfarrhaus Alemannenstraße 40* im Stadtteil *Elberfeld:* Hermann Albert Hesse und sein Sohn, der Vikar Helmut Hesse. Der Vater hatte die Zerstörungen der Stadt als »Strafgericht Gottes« bezeichnet und der Sohn die Judenverfolgung durch die Nationalsozialisten in aller Öffentlichkeit angegriffen. Beide wurden in das Konzentrationslager Dachau eingeliefert. Helmut Hesse überlebte die Torturen nicht.

Am Standort der ehemaligen Synagoge in Wuppertal-*Barmen* und gleichzeitig an der Stelle der früheren Synagoge in Wuppertal-*Elberfeld* in der *Genügsamkeitstraße* wurden am 9. November 1962 *Gedenktafeln* mit jeweils demselben Text angebracht:

Hier stand die Synagoge
der Jüdischen Gemeinde.
Sie wurde am 9. November 1938
ein Opfer des Rassenwahns
Die Stadt Wuppertal
9. November 1962

Aus Anlaß des Gedenkens an die 50. Wiederkehr der »Reichskristallnacht« beschloß der Rat der Stadt Wuppertal im Jahre 1988, auf dem Platz der Elberfelder Synagoge anstelle der unscheinbaren Tafel eine Gedenkstätte nach Entwürfen der Kölner Architekten Busmann und Haberer zu errichten. Die *»Begegnungsstätte Alte Synagoge Wuppertal«* wurde im April 1994 eröffnet. Zu den Mitgliedern des 1993 gegründeten Trägervereins gehören die Bergische Universität-Gesamthochschule Wuppertal, die Evangelischen Kirchenkreise Elberfeld und Barmen, der Gesamtverband der katholischen Kirchengemeinden Wuppertal, die Gesellschaft für Christlich-Jüdische Zusammenarbeit in Wuppertal e.V., die Jüdische Kultusgemeinde, der Jugendring Wuppertal u.a.

Begegnungsstätte Alte Synagoge Wuppertal, Genügsamkeitstraße, 42105 Wuppertal (Elberfeld), Tel.: 02 02/ 5 63-28 43, Leitung: Dr. Ulrike Schrader. (Trägerverein: gleiche Anschrift.) Öffnungszeiten: Di–Do 11–14 Uhr, Fr u. So 14–17 Uhr und nach Vereinbarung.

An dem Ort des Geburtshauses einer der berühmtesten Wuppertalerinnen, Else Lasker-Schüler, erinnert eine *Gedenktafel* an ihre Vertreibung durch die Nationalsozialisten. Die Inschrift auf den zwei Tafeln an der *Ecke Herzogstraße/Bankstraße* lautet wie folgt:

Vormals stand hier das Geburtshaus
der bedeutendsten
expressionistischen Lyrikerin
Else Lasker-Schüler.
Geboren am 11. Februar 1869,
verbrachte sie Kindheit und
Jugend in der Sadowastraße 7.
Als Jüdin bekam sie frühzeitig die
Verfolgung durch den National-
sozialismus zu spüren.
Sie emigrierte 1933 in die Schweiz
und starb am 22. Januar 1945 in Jerusalem.

Wuppertal-Barmen: Bronzeplastik von Ulle Hees nahe der Gemarker Kirche, aufgestellt 1984 zum 50. Jahrestag der »Barmer Theologischen Erklärung« der Bekenntnissynode der Evangelischen Kirche.

Auf der anderen Tafel steht das Gedicht von ihr:

Ich will in das Grenzenlose
Zu mir zurück,
Schon blüht die Herbstzeitlose
Meiner Seele,
Vielleicht – ist's schon zu spät zurück!
O, ich sterbe unter Euch!
Da Ihr mich erstickt mit Euch.
Fäden möchte ich um mich ziehn–
Wirrwarr endend!
Beirrend,
Euch verwirrend,
Um zu entfliehn
Meinwärts!

Dieses Gedicht mit dem Titel »Weltflucht« nahm auch der Bildhauer Stefan Huber zum Thema eines nur wenige Schritte westwärts von hier stehenden *Denkmals* zur Erinnerung an Else Lasker-Schüler.

Auf dem *jüdischen Friedhof* in Wuppertal-*Elberfeld*, am *Weinberg*, erinnert seit 1955 ein *Mahnmal* an die in der NS-Zeit ermordeten jüdischen Bürger. Unter der hebräischen Inschrift lautet der deutsche Text:

Zum Gedenken der Opfer des Hasses	Der Nachwelt zur Mahnung 1933 – 1945

Auf dem *Bahnsteig der S-Bahn des Bahnhofs* Wuppertal-*Steinbeck* erinnert seit November 1988 ein *Obelisk* an die Massendeportationen in den Jahren 1941 und 1942 in die Vernichtungslager im Osten. Die Inschriften auf den vier Bronzetafeln lauten:

Vom Bahnhof Wuppertal-Steinbeck
wurden in den Jahren 1941 und 1942
über 1000 jüdische Mitbürger deportiert
und damit in den sicheren Tod geschickt.
Den Opfern zum Gedenken.
Den Lebenden zur Mahnung.
Izbica – Litzmannstadt – Minsk –
Riga – Theresienstadt.

Für mehr als 1000 jüdische Männer, Frauen und Kinder war der Bahnhof die erste Station auf ihrem Weg in die Ghettos und Vernichtungslager. Vom 27. Oktober 1941 an mußten sie sich mit genau festgelegtem Handgepäck hier einfinden und wurden in vier Sonderzügen zunächst in ein Zwischenlager in Düsseldorf-Derendorf und von dort mit Massentransporten in die Lager im Osten verschleppt. Die Bilanz der »Endlösung der Judenfrage«, wie die Ermordung der Juden umschrieben wurde, für Wuppertal: Von den fast 2500 jüdischen Bürgerinnen und Bürgern im Jahre 1933 konnten etwa 1500 ins Ausland entkommen, etwa 1000 wurden umgebracht. Nur wenige überlebten die Ghettos und Lager.

Bei der Enthüllung des Mahnmals erklärte der Präsident der Bundesbahndirektion Köln, Hanns Beck, in einer Ansprache: »In dem unmenschlichen System der bürokratisch funktionierenden, technisch perfekten Vernichtung jüdischen Lebens war die Deutsche Reichsbahn ein unentbehrlicher Bestandteil.« Nach seinen Worten war die Eisenbahn gleichsam »das Fließband zwischen der Herauslösung der jüdischen Menschen aus ihrer bürgerlichen Lebenswelt und ihrer fabrikmäßigen Beseitigung.« Das Wuppertaler Mahnmal wurde von angehenden Eisenbahnern in einer Lehrwerkstatt angefertigt.

In der *Lönsstraße* wurde 1984 ein *Gedenkstein* für Oberst Claus Graf Schenk von Stauffenberg errichtet, der am 20. Juli 1944 die Bombe im Führerhauptquartier bei Rastenburg in Ostpreußen legte. Die Inschrift auf der Gedenktafel lautet:

Zur ehrenden Erinnerung
an den Mann des Widerstandes
gegen die Gewaltherrschaft
Claus Graf Schenk von Stauffenberg
15. 11. 1907 – 20. 7. 1944
der vom 1. Januar 1939 – 30. Juni 1943
hier im Hause Lönsstraße 25 wohnte
Zum 40. Jahrestag des 20. Juli 1944
Gestiftet vom Kreisverband der
CDU Wuppertal 1984

An der Villa in der *Adolf-Vorwerk-Straße 29* in *Barmen* wurde im Dezember 1990 eine *Gedenktafel* enthüllt mit der Inschrift:

Generaloberst
Erich Hoepner
(14.9.1886 – 6.8.1944)
wohnte hier 1937/38.
Widerstandskämpfer,
beteiligt an der Verschwörung des
20. Juli 1944 gegen
Hitler
Hingerichtet in Berlin-Plötzensee.

Nach Wuppertal kam Hoepner 1937 als Kommandant der 1. Leichten Division, damals noch auf der Karriereleiter als Berufsoffizier. Ein Jahr später sympathisierte er mit dem Widerstand. Entscheidend dafür war seine Bekanntschaft mit dem späteren Hitler-Attentäter Graf Stauffenberg, der 1939 als Versorgungsoffizier einer seiner engsten Mitarbeiter wurde. Hoepner, der 1941 als Oberbefehlshaber der 4. Panzerdivision am Überfall auf die Sowjetunion teilgenommen hatte, wurde 1942 »wegen Feigheit und Ungehorsam« aus der Wehrmacht entlassen, weil er vor Moskau gegen den Befehl Hitlers den Rückzug der erschöpften Truppen eingeleitet hatte. In Berlin nahm Hoepner Kontakt zu Kreisen des militärischen Widerstandes auf und beteiligte sich aktiv am Umsturzversuch des 20. Juli 1944. Er wurde am 8. August 1944 vom »Volksgerichtshof« zum Tode verurteilt und in Berlin-Plötzensee gehängt.

In Wuppertal wurde im Jahre 1969 die *»General-Hoepner-Kaserne«* in *Elberfeld,* Am Freudenberg 60, nach ihm benannt. Ein *Gedenkstein* zeigt ein Porträtrelief Hoepners sowie seinen Namen und die Lebensdaten.

Auf dem Ausbildungsschießstand der unmittelbar benachbarten *Sagan-Kaserne* wurden in den letzten Märztagen des Jahres 1945 eine Reihe jugendlicher »Deserteure« von der Feldgendamerie erschossen. Sie waren gegen Kriegsende noch als Halbwüchsige zu den Waffen geholt und in diesen Kasernen »ausgebildet« worden, rannten aber häufig einfach nach Hause angesichts der desolaten Situation und der schon hörbaren nahen Front. Viele wurden von Feldjägern festgenommen und standrechtlich erschossen und sind später auf dem *städtischen Friedhof* in Wuppertal-*Ronsdorf* beigesetzt worden. Seit längerem wird in der Wuppertaler Öffentlichkeit diskutiert, ein *Mahnmal* zu errichten, doch ist eine Entscheidung bisher weder vom Rat der Stadt noch von der Bundeswehr getroffen worden.

Im Eingangsbereich des *Städtischen Friedhofs* im Stadtbezirk *Ronsdorf, Lohsiepenstraße,* liegt eine *Ehrengräberanlage* für insgesamt 33 Opfer der nationalsozialistischen Verfolgung, darunter der kommunistische Stadtrat Otto Böhne (s. oben) und August Obermeier, der trotz mehrfacher Verhaftungen immer wieder die illegale Arbeit für die KPD fortsetzte und am 17. Juni 1936 zu Tode gefoltert wurde.

Auf dem *evangelischen Friedhof Norrenberg* im Stadtteil *Heckinghausen, Norrenbergstraße,* erinnert oberhalb einer Ehrengräberanlage für die Bombentoten des Krieges ein *Gedenkstein* auch an die toten polnischen und sowjetischen Zwangsarbeiter. Eine Inschrift in kyrillischen Buchstaben ist in deutscher Übersetzung am Fuß des Mahnmals angebracht. Sie lautet:

> Hier liegen 184 sowjetische Bürger,
> die in faschistischen Gefängnissen
> 1941–1945 umgekommen sind.

Die Zahl der ausländischen Kriegsgefangenen und Zwangsarbeiter, die in Wuppertal ums Leben kamen, ist nicht bekannt. Viele starben durch Hunger und Unterernährung, andere verloren ihr Leben bei Bombenangriffen, da ihnen das Betreten der Schutzräume verboten war. Insgesamt wird die Zahl der Gefangenen und vor allem aus Polen und der Sowjetunion Zwangsverschleppten in Wuppertal auf 20000 bis 30000 geschätzt.

Erinnerungen gibt es an sie nur noch in Form von Grabsteinen und Mahnmalen auf den Friedhöfen wie etwa auf dem *jüdischen Friedhof* in *Elberfeld,* am Weinberg, oder auch auf dem *jüdischen Friedhof Barmen,* Hugostraße, an dessen südostlichem Rand 15 Gräber russischer Zwangsarbeiter zu finden sind. Auch auf dem *Reformierten Friedhof* im Stadtteil *Cronenberg, Solinger Straße,* befinden sich die Gräber von 30 sowjetischen Toten und ein *Gedenkstein* in russischer Sprache mit der deutschen Übersetzung:

> Hier liegen die Leichen von 30 sowjetischen Patrioten
> erschossen von deutschen faschistischen Henkern.

Die Leichen waren 1945 nach dem Verhör von drei Polizeibeamten durch Angehörige der britischen Militärregierung in einem Massengrab im Staatsforst Burgholz gefunden worden. Die Tatverdächtigen mußten die durch Kopfschuß ermordeten Opfer, darunter vier Frauen und ein 16jähriges Mädchen, ausgraben. Sie wurden dann auf diesem Friedhof bestattet.

Ein Teil des *Wupperufers* ist nach dem sozialdemokratischen Verleger und Schriftsteller *Walter Hammer* benannt, der von den Nationalsozialisten erst ins dänische Exil vertrieben und nach dem Einmarsch der Deutschen Wehrmacht in Dänemark verhaftet und bis zum Kriegsende in Lagern eingesperrt war.

Gegenüber dem Geschwister-Scholl-Platz erinnert die *»Eugen-Rappoport-Straße«* an den nach Theresienstadt deportierten und ermordeten jüdischen Arzt.

Das Haus *Hinter der Cluse 1,* zwischen Lennep und Beyenburg gelegen, wurde 1991 unter *Denkmalschutz* gestellt u.a. wegen der »besonderen Geschichte der Familie Schmidt«. Hermann Schmidt war kommunistischer Stadtverordneter in Lüttringhausen, und sein Haus stand fast während der gesamten Nazizeit Illegalen zur Verfügung.

Ausstellung:
»Wuppertal in der Zeit des Nationalsozialismus«. – Diese Ausstellung aus dem Jahre 1984 wurde als Wanderausstellung (für Schulen etc.) neu konzipiert. Anschrift: Stadtarchiv Wuppertal, Friedrich-Engels-Allee 89, 42285 Wuppertal, Tel.: 02 02/5 63 41 23.

Führungen und Stadtrundfahrten:
Kurt Schnöring, Presse- und Informationsamt der Stadt Wuppertal, Rathaus, 42269 Wuppertal, Tel.: 02 02/ 5 63 65 28.

Literatur:
Goebel, Klaus (Hrsg.), Wuppertal in der Zeit des Nationalsozialismus, Wuppertal 2. Aufl. 1984; Ders., Über allem die Partei. Schule, Kunst, Musik in Wuppertal 1933–1945, Oberhausen 1987; Ders. (Hrsg.), Unter Hakenkreuz und Bombenhagel. Irrwege einer Generation in Beispielen und Augenzeugenberichten aus Wuppertal, Wuppertal 1989; Ibach, Karl, Kemna. Wuppertaler Konzentrationslager 1933–1934, Wuppertal 2. Aufl. 1981; Klein, Ulrich, SA-Terror und Bevölkerung in Wuppertal 1933/1934, in: Peukert, Detlev/Reulecke, Jürgen (Hrsg.), Die Reihen fast geschlossen. Beiträge zur Geschichte des Alltags unterm Nationalsozialismus, Wuppertal 1981; Norden, Günther van u.a., Wir verwerfen die falsche Lehre. Arbeits- und Lesebuch zur Barmer Theologischen Erklärung zum Kirchenkampf, Wuppertal 1984; Schnöring, Kurt, Auschwitz begann in Wuppertal. Jüdisches Schicksal unter dem Hakenkreuz, Wuppertal 1981; Ders., Nie wieder! Materialien für eine alternative Stadtrundfahrt. (Hrsg. Presse- und Informationsamt) Wuppertal 1987; Ders., Wuppertal. Ein Stadtführer, Wuppertal 1989; Werner, Gerhart, Aufmachen! Gestapo! Über den Widerstand in Wuppertal 1933–1945. Mit Beiträgen von Karl Ibach, Hermann Lutze und Willy Spicher, hrsg. v. Presse- und Werbeamt der Stadt Wuppertal, Wuppertal 1974; Wunder, Olaf, Proletarischer Widerstand im KZ Kemna. Arbeit 10. Klasse, Städtische Realschule, im Rahmen des »Schülerwettbewerbs Deutsche Geschichte« 1980/81, auszugsweise veröffentlicht in: Galinski, Dieter/Herbert, Ulrich/Lachauer, Ulla (Hrsg.), Nazis und Nachbarn. Schüler erforschen den Alltag im Nationalsozialismus, Reinbek 1982, S. 234–247.

Zülpich

Am ehemaligen Standort der Synagoge in der *Normannengasse* erinnert eine *Gedenktafel*:

> Hier stand die jüdische Synagoge
> Zerstört am 9. November 1938

Ein jüdischer Friedhof bestand »An der Karlsruhe« bis Mitte der 50er Jahre, mußte aber dann den Braunkohlebaggern weichen. Heute ist der *jüdische Friedhof* im Ortsteil *Sinzenich* der letzte Zeuge jüdischen Lebens in Zülpich.

Arbeitskreis NS-Gedenkstätten NW

Im Jahre 1993 konstituierte sich ein Arbeitskreis von Gedenkstätten für Opfer des Nationalsozialismus in Nordrhein-Westfalen, dem folgende zehn Einrichtungen angehören (Stand 1994):

Bonn:	Verein An der Synagoge e.V.,
Büren-Wewelsburg:	Kreismuseum Wewelsburg Gedenkstätte,
Dortmund:	Mahn- und Gedenkstätte Steinwache,
Düsseldorf:	Mahn- und Gedenkstätte Düsseldorf,
Essen:	Alte Synagoge,
Gelsenkirchen:	Institut für Stadtgeschichte/ Dokumentationsstätte »Gelsenkirchen im Nationalsozialismus«,
Köln:	NS-Dokumentationszentrum im EL-DE-Haus,
Krefeld:	Villa Merländer,
Oberhausen:	Gedenkhalle Schloß Oberhausen,
Wuppertal:	Begegnungszentrum Alte Synagoge Wuppertal

(s. jeweils unter den Orten). Der Arbeitskreis hat im Dezember 1994 ein Faltblatt herausgegeben sowie eine Broschüre, in der sich diese Einrichtungen vorstellen (s. Literatur).

Anschrift:
Arbeitskreis NS-Gedenkstätten NW
c/o Mahn- und Gedenkstätte
40200 Düsseldorf
Tel.: 02 11/89-9 66 63/9 62 05
Sprecherin: Angela Genger.

Förderung von Fahrten zu Gedenkstätten

Im Rahmen der politischen Jugendbildungsarbeit fördert das Ministerium für Arbeit, Gesundheit und Soziales des Landes Nordrhein-Westfalen als Beitrag zur Auseinandersetzung mit den Verbrechen der NS-Gewaltherrschaft *Fahrten zu Gedenkstätten für Opfer von Verbrechen des Nationalsozialismus.* Anträge können bei den Landesjugendämtern gestellt werden.

Quellen/Literatur zu Nordrhein-Westfalen insgesamt (Auswahl):

Die im Text unter verschiedenen Orten angegebenen speziellen Quellen- und Literaturhinweise zu einzelnen Orten bzw. Gedenkstätten werden hier nicht wiederholt. Bei der folgenden Titelauswahl handelt es sich um auf Nordrhein-Westfalen insgesamt bzw. auf Regionen bezogene Darstellungen.

ABRATH, GOTTFRIED, Jüdische Gedenkstätten im Rheinland. Dokumentation über Reste jüdischer Kultur und heutiges Gedenken im Auftrag der Evangelischen Kirche im Rheinland durchgeführt vom Ausschuß für kirchliche Zeitgeschichte (Vorsitz: Prof. Dr. Günther van Norden), in: Monatshefte für evangelische Kirchengeschichte des Rheinlandes 1988/89, S. 621–649.

ARBEITSKREIS NS-GEDENKSTÄTTEN NW (Hrsg.), Den Opfern gewidmet – auf Zukunft gerichtet. Gedenkstätten für die Opfer des Nationalsozialismus in Nordrhein-Westfalen, Düsseldorf, 2., erweiterte Auflage 1995.

ARNOLDS, WOLFGANG (Hrsg.), 9./10. November 1938. Die »Kristallnacht« im Sauerland, Brilon (Selbstverlag) 1988.

BAJOHR, FRANK, Lokal- und regionalgeschichtliche Literatur über Nationalsozialismus und Widerstand in Nordrhein-Westfalen – Eine Bibliographie mit Ortsregister, in: Landeszentrale für politische Bildung Nordrhein-Westfalen (Hrsg.), Nationalsozialismus und Widerstand – Eine Dokumentation, Düsseldorf 1984, S. 55 – 81.

BRACHER, KARL D. u.a., Die nationalsozialistische Machtergreifung. Der 30. Januar 1933 in Rheinland, Westfalen, Lippe. Hrsg. v. d. Landeszentrale für politische Bildung Nordrhein-Westfalen, Düsseldorf 1983.

DOHMS, PETER, Flugschriften in Gestapo-Akten. Nachweis und Analyse der Flugschriften in den Gestapo-Akten des Hauptstaatsarchivs Düsseldorf – mit einem Literaturbericht und einer Quellenübersicht zu Widerstand und Verfolgung im Rhein-Ruhrgebiet 1933–1945, Siegburg 1977.

EMER, WOLFGANG/HORST, UWE/SCHULER-JUNG, HELGA (Hrsg.), Provinz unterm Hakenkreuz. Diktatur und Widerstand in Ostwestfalen-Lippe, Bielefeld 1984.

FAUST, ANSELM, Die Kristallnacht im Rheinland. Dokumentation, Düsseldorf 1987.

FRANKERMÖLLER, HUBERT, Opfer und Täter. Zum nationalsozialistischen und antijüdischen Alltag in Ostwestfalen-Lippe, hrsg. im Auftrag der Gesellschaft für Christlich-Jüdische Zusammenarbeit Paderborn, Bielefeld 1990.

GERMANIA JUDAICA (Hrsg.), Juden im Rheinland 1933–1945. Auswahlbibliographie (Manuskript), Köln o.J.

HEID, LUDGER/SCHOEPS, JULIUS H. in Verbindung mit SASSENBERG, MARINA (Hrsg.), Wegweiser durch das jüdische Rheinland, Berlin 1992.

Klein, Herbert, Arbeiterwiderstand im Faschismus. Nördliches Ruhrgebiet/Münsterland 1933–1945, Münster 1979.

Landschaftsverband Rheinland/Landesbildstelle Rheinland (Hrsg.), Jüdische Friedhöfe im Rheinland (Dias und Begleitbuch), Nr. 1048931, Medienstelle des Landschaftsverbandes Rheinland, Düsseldorf 1991.

Linn, Heinrich, Juden an Rhein und Sieg (Katalog zur Ausstellung des Archivs des Rhein-Sieg-Kreises von Mai bis September 1983), Siegburg 1983.

Meynert, Joachim/Klönne, Arno (Hrsg.), Verdrängte Geschichte. Verfolgung und Vernichtung in Ostwestfalen 1933–1945, Bielefeld 1986.

Niethammer, Lutz (Hrsg.), »Die Jahre weiß man nicht, wo man die heute hinsetzen soll«. Faschismus-Erfahrung im Ruhrgebiet, Bonn 1983.

Peukert, Detlev, Ruhrarbeiter gegen den Faschismus. Dokumentation über den Widerstand im Ruhrgebiet 1933–1945, Frankfurt a. M. 1976.

Ders., Die KPD im Widerstand. Verfolgung und Untergrundarbeit an Rhein und Ruhr 1933–1945, Wuppertal/Düsseldorf 1980. Düsseldorfer Schriften zur neueren Landesgeschichte und zur Geschichte Nordrhein-Westfalens, Band 2, hrsg. v. Hans-Joachim Behr u. a.

Ders., Arbeiterschaft und Nationalsozialismus, in: Niethammer, Lutz/Hombach, Bodo/Fichter, Tilman/Borsdorf, Ulrich (Hrsg.), »Die Menschen machen ihre Geschichte nicht aus freien Stücken, aber sie machen sie selbst.« – Einladung zu einer Geschichte des Volkes in NRW, Berlin/Bonn 1985, S. 159–163.

Reicher, Benno, Jüdische Geschichte und Kultur in NRW. Ein Handbuch, hrsg. v. Sekretariat für gemeinsame Kulturarbeit in Nordrhein-Westfalen, Essen 1993 (Kulturhandbücher NRW, Band 4).

Seidel, Ralf/Werner, Wolfgang Franz, Psychiatrie im Abgrund. Spurensuche und Standortbestimmung nach den NS-Psychiatrie-Verbrechen, hrsg. von der Archivberatungsstelle Rheinland, Köln/Bonn 1991.

Stratmann, Hartmut/Birkmann, Günter (in Zusammenarbeit mit den Schulreferenten in den Kirchenkreisen der Evangelischen Kirche von Westfalen), Jüdische Friedhöfe in Westfalen und Lippe, Düsseldorf 1987.

Walter, Bernd, Geisteskrankenfürsorge in der Provinz Westfalen. Erscheint 1995 in der Reihe »Forschungen zur Regionalgeschichte« des Westfälischen Instituts für Regionalgeschichte, Münster.

Wisskirchen, Josef, Reichspogromnacht an Rhein und Erft. 9./10. November 1938. Eine Dokumentation (5. Sonderveröffentlichung der Pulheimer Beiträge zur Geschichte und Heimatkunde), Pulheim 1988.

Rheinland-Pfalz

Vorbemerkung

In Rheinland-Pfalz hat es wie in anderen Bundesländern aus Anlaß der 50. Wiederkehr des Jahrestages der Zerstörung der Synagogen im November 1938 in Städten und Gemeinden eine Fülle von Aktivitäten zur Erinnerung an die verfolgten, deportierten und ermordeten jüdischen Frauen, Männer und Kinder gegeben, die in vielen Kommunen mit der Errichtung neuer Gedenkstätten, vor allem in Form von Gedenktafeln und Mahnmalen, oder der Ergänzung bereits vorhandener durch weitere Gedenkzeichen verbunden waren.
Eine zunehmende Bedeutung für die Auseinandersetzung mit dem Nationalsozialismus gewannen in den letzten Jahren die Orte Hinzert und Osthofen als Orte ehemaliger Konzentrationslager. Hier haben sich örtliche Initiativen und Fördervereine schon seit Jahren für Dokumentations- und Begegnungsstätten zur Aufarbeitung des Geschehens am authentischen Ort eingesetzt. Nicht zuletzt hat auch ihr Engagement dazu beigetragen, daß der Ministerrat von Rheinland-Pfalz im Jahre 1992 eine »Gedenkstättenkonzeption« beschloß, die eine Arbeitsgruppe unter Federführung der Landeszentrale für politische Bildung entworfen hatte. Zentrales Ziel ist es, die Auseinandersetzung mit dem NS-Regime im Hinblick auf Gegenwart und Zukunft zu fördern. Dazu sollen die Spuren und Überreste der Konzentrationslager erhalten, die Gedenkstätten in Osthofen und Hinzert ausgebaut und neugestaltet und die Kooperation zwischen Initiativen, Schulen, Hochschulen und Weiterbildungseinrichtungen verbessert werden.
Ebenfalls vom Ministerrat befürwortet wurde der Aufbau eines »NS-Dokumentationszentrums Rheinland-Pfalz« in Osthofen. Mit der Vorbereitung der künftigen Ausstellung in dem geplanten Dokumentationszentrum ist eine Arbeitsgruppe aus Fachleuten aus Geschichtswissenschaft, Pädagogik und Archivwesen beauftragt. Im Herbst 1993 wurden Voraussetzungen für eine kontinuierliche Bildungsarbeit an der Gedenkstätte Hinzert geschaffen durch Beginn einer engen Kooperation zwischen der Landeszentrale für politische Bildung und den Fachbereichen Pädagogik und Geschichte der Universität Trier. Ein Arbeitskreis »Gedenkstättenarbeit in Rheinland-Pfalz« hat 1994 damit begonnen, Empfehlungen und didaktische Modelle für die schulische und die außerschulische Bildung zu entwickeln.

In Osthofen richteten die Nationalsozialisten in einer stillgelegten Fabrik im Frühjahr 1933 das erste Konzentrationslager für politische Gegner im damaligen Volksstaat Hessen ein. Nach Bausicherungsmaßnahmen an den noch erhaltenen, seit Ende der achtziger Jahre unter Denkmalschutz gestellten Gebäuden wird hier ab 1995 eine zentrale Dokumentations- und KZ-Gedenkstätte des Landes Rheinland-Pfalz entstehen.

Hildebrand & Bühner
OSTHOFEN

Ahrweiler siehe Bad Neuenahr-Ahrweiler

Albersweiler

An der *Raiffeisenbank* in der *Kirchstraße*, dem Standort der 1938 zerstörten Synagoge, wurde am 13. November 1988 eine *Gedenktafel* mit der Inschrift angebracht:

Den Opfern
der Gewaltherrschaft
zum Gedenken –
Den Lebenden
zur Mahnung

In der *Hohlstraße* steht noch das Gebäude der ehemaligen israelitischen Schule. Der jüdische Friedhof liegt bei Queichhambach.

Altenkirchen, Westerwald

Am Mahnmal für die Opfer der beiden Weltkriege in Altenkirchen wurde 1979 eine *Gedenktafel* für die Opfer des Nationalsozialismus angebracht:

Die Kreisstadt
Altenkirchen
gedenkt der Mitbürger,
die aus politischen
oder rassischen Gründen
verfolgt, geschändet,
ermordet oder
vertrieben wurden.
Ihr Andenken ist uns
Mahnung und
Verpflichtung zur
Brüderlichkeit.

Auf dem *Vorplatz der evangelischen Kirche* wurde zum 40. Jahrestag des staatlich organisierten Pogroms gegen die jüdische Bevölkerung in der Nacht vom 9. auf den 10. November 1938, von den Nationalsozialisten als »Reichskristallnacht« bezeichnet, ein *Mahnmal* zur Erinnerung an die zerstörte Synagoge in der Frankfurter Straße aufgestellt. Das von dem Künstler Erwin Wortelkamp aus Hasselbach gestaltete Mahnmal besteht aus einer Grundplatte, auf welcher ein Davidstern angedeutet ist. Aus der Mitte des Sterns steigen flammenartig eiserne Bänder auf, die in ihren oberen Enden in hebräische Schriftzeichen auslaufen. Auf der Grundplatte steht die Inschrift:

Synagoge Altenkirchen
Vernichtet am 9. November 1938

Im Jahre 1989 haben die Kreisstadt Altenkirchen und die Evangelische und Katholische Kirchengemeinde am Standort der ehemaligen Synagoge in der *Frankfurter Straße* eine *Gedenkplatte* eingeweiht, die von dem Architekten Thomas Duttenhoefer gestaltet wurde. Die Inschrift lautet:

An diesem Ort
stand die
Synagoge
der Jüdischen
Kultusgemeinde
erbaut 1884
zerstört
am 9. Nov. 1938

Auf dem Bürgersteig entstanden sieben Felder, die jeweils ein Kreuz zeigen und die sieben Todsünden symbolisieren sollen.

Literatur:
Pädagogisches Zentrum des Landes Rheinland-Pfalz (Hrsg.), Juden in Altenkirchen, Bad Kreuznach 1988.

Alzey

Am ehemaligen Standort der 1938 zerstörten Synagoge in der *Augustinerstraße 9* befindet sich eine *Gedenktafel* mit dem Text:

Hier stand die 1854 erbaute
1938 zerstörte Synagoge
Zum Gedenken unserer jüdischen Mitbürger

Am 9. November 1988 wurden vier zusätzliche *Gedenktafeln* mit den Namen der Alzeyer Juden, die unter den Nationalsozialisten den Tod gefunden haben, angebracht. Die Inschrift lautet:

Zur Erinnerung an unsere ehemaligen jüdischen Mitbürgerinnen und Mitbürger, die Leben und Heimat unter dem Regime der Barbarei, des Rassenwahns und der Unmenschlichkeit verloren.
»Das Vergessen Wollen verlängert das Exil und das Geheimnis der Erlösung heißt Erinnerung«

[Dann folgen drei Tafeln mit den Namen der getöteten Alzeyer Juden.]

Auf dem *christlichen Friedhof* finden sich Gräber von russischen Kriegsgefangenen.

Literatur:
Hoffmann, Dieter, Zur Geschichte der Alzeyer Juden. Begleitheft zur Ausstellung im Museum der Stadt Alzey, Alzey 1988.

Andernach

Am ehemaligen Standort der Synagoge in der *Moltkestraße 15* ist eine *Gedenktafel* mit folgendem Text angebracht:

Haben wir nicht alle einen Vater,
hat nicht ein Gott uns geschaffen?

Zum Gedenken
an die am 09. November 1938 zerstörte Synagoge
und an unsere jüdischen Mitbürger

Im Eingangsbereich des *städtischen Friedhofs* befindet sich eine *Gedenktafel* mit folgender Inschrift:

Den Lebenden zur Mahnung!
Unseren jüdischen Mitbürgern zum Gedenken,
die durch staatliche Gewaltherrschaft
in den Jahren 1933–1945 verfolgt,
gepeinigt und gemordet wurden.

Literatur:
Stadt Andernach (Hrsg.), Documenta Judaica. Ausstellungskatalog, Andernach 1969; Stadtmuseum Andernach (Hrsg.), Die Zeit des Nationalsozialismus in Andernach 1930–1939, Andernach 1985.

Anhausen, Kreis Neuwied

An der *evangelischen Kirche* wurde am Volkstrauertag 1988 anläßlich des 50. Jahrestages der sogenannten »Reichskristallnacht« ein *Gedenkstein* aufgestellt, der die Inschrift trägt:

Zum Gedenken
an die ehemaligen jüdischen Mitbürger
von Anhausen

Bad Bergzabern

Südöstlich der Marktkirche in Bad Bergzabern wurde 1978 eine *Gedenktafel* zur Erinnerung an die zerstörte Synagoge angebracht, die dort ihren Standort hatte. Der Text der Inschrift lautet:

Hier stand von 1848 bis zur Kristallnacht
vom 9. auf 10. November 1938
die Synagoge der Jüdischen Kultusgemeinde

Bad Dürkheim

An der Rückseite der Löwenapotheke, *Ecke Weinstraße Süd/Leininger Straße,* dem Standort der ehemaligen Synagoge, wurde im September 1989 eine *Gedenktafel* mit dem Text angebracht:

Das Geheimnis
der Erlösung
heißt
Erinnerung

Hier stand das Gotteshaus
der Jüdischen Kultusgemeinde unserer Stadt.
Es wurde 1749 erbaut
und während des Pogroms
in den Morgenstunden des 10. November 1938
durch Nationalsozialisten geschändet.
Damit und mit der späteren Deportation
unserer jüdischen Mitbürger
endete hier jegliches jüdische Gemeindeleben.
Wir erinnern uns in Trauer und Scham.

Die Bürger der Stadt Bad Dürkheim

Am Mahnmal für die Opfer beider Weltkriege im *Kurgarten* erinnert seit 1971 eine *Gedenkplatte* an die von den Nationalsozialisten verschleppten und ermordeten Juden der Stadt. Gleichzeitig wurden ihre Namen in das Ehrenbuch der Stadt eingetragen.

Bad Ems

Am Geburtshaus des Widerstandskämpfers Adolf Reichwein in der *Bleichstraße 12* wurde auf Beschluß des Stadtrats eine *Gedenktafel* mit dem Text angebracht:

Geburtshaus des Pädagogen
Prof. Dr. Adolf Reichwein
1898–1944

Adolf Reichwein, am 3. Oktober 1898 in Bad Ems geboren, war einer der profiliertesten Vertreter einer neuen Arbeiterbildung. 1933 wurde der Sozialdemokrat von der Pädagogischen Hochschule in Halle verwiesen, an der er als Professor der Geschichte und Staatsbürgerkunde gearbeitet hatte. Als Mitglied des »Kreisauer Kreises« um Helmuth James Graf von Moltke entwickelte er Konzepte für eine demokratische Neuordnung des deutschen Schulwesens nach Hitler und war selbst für das Amt des Reichskulturministers unter einer künftigen Regierung Goerdeler im Gespräch. Zusammen mit Julius Leber nahm er Kontakte zu kommunistischen Widerstandskreisen auf und wurde am 4. Juli 1944 auf dem Weg zu einer Zusammenkunft mit Anton Saefkow, einem führenden Berliner Kommunisten, verhaftet und nach Folterungen am 20. Oktober 1944 in Berlin-Plötzensee hingerichtet.

Die *Schule* für Lernbehinderte in der *Jahnstraße* trägt ebenfalls seit 1985 seinen Namen. Zudem gibt es eine *Adolf-Reichwein-Straße.*
(s. auch Hessen: Marburg, Rosbach vor der Höhe)

Anläßlich des 50. Jahrestages der »Reichskristallnacht« wurde 1988 an der *Kapelle des jüdischen Friedhofs* eine *Gedenktafel* enthüllt, auf der die Namen der in der Zeit des Nationalsozialismus umgekommenen 39 Juden aus Bad Ems aufgeführt sind.

Literatur:
Sarholz, Hans-Jürgen, Holocaust und die Juden von Bad Ems, in: Verein für Geschichte/Denkmal- und Landschaftspflege Bad Ems, Vereinsnachrichten Nr. 47, 1988, S. 3–18; Seibert, Hubertus, Verlauf und Auswirkungen der »Reichskristallnacht« im Raum Bad Ems am 9./10. November 1938. Vortrag, Bad Ems 1988 (Bad Emser Hefte 74).

Bad Kreuznach

Im Jahre 1989 wurde in den *Diakonie-Anstalten, Ringstraße 58–60,* ein *Mahnmal* zur Erinnerung an die in der Zeit von 1941 bis 1945 verschleppten und ermordeten 237 Heimbewohnerinnen enthüllt. Die von dem Bildhauer Thomas Duttenhoefer geschaffene Plastik zeigt einen in sich zusammengesunkenen Menschen, der am Rande eines eisernen Kubus sitzt. Vor dem Block mit der kauernden Bronzefigur sind Eisenbahnschienen in den Boden eingelassen, die Assoziationen an Abtransporte wecken wollen. Auf einer bronzenen Tafel im Boden steht das Psalmwort 9,13:

> Der nach Blutschuld fragt,
> gedenkt der Elenden
> und vergißt nicht ihr Schreien.

In den Diakonie-Anstalten waren geistig Erkrankte und Behinderte untergebracht. In Ausführung des »Gesetzes zur Verhütung erbkranken Nachwuchses« vom 14. Juli 1933 wurden hier Bewohnerinnen aus eigenen Heimen und aus anderen Anstalten zwangssterilisiert. Am 8. Februar 1941 setzte hier die Vernichtung »lebensunwerten Lebens« ein mit der Verschleppung dreier jüdischer Mädchen in die Anstalt Andernach und von dort in Lager in Polen. Nachdem der damalige Anstaltsleiter, Pfarrer Hanke, den am 11. Juni 1940 zugesandten Meldebogen »für die planwirtschaftliche Erfassung der Heil- und Pflegeanstalten« nicht bearbeitet hatte, erschien im Juli 1941 eine Kommission, die im Auftrag des Reichsinnenministeriums alle 900 Heimbewohnerinnen registrierte. Unter dem Vorwand, andere geistig Behinderte in Bad Kreuznach unterbringen zu müssen, wurden 1943 zunächst 143 Heimbewohnerinnen »verlegt«; dann folgten 100 Heimbewohnerinnen, die in die staatlichen Anstalten »Am Steinhof« in Wien gebracht wurden, weitere 42 Bewohnerinnen kamen nach Warta im Warthegau. 92 Frauen wurden am 16. Mai 1944 nach Meseritz-Obrawalde in Pommern verschleppt. Von den deportierten Menschen überlebten nur drei die »Euthanasie«-Aktion.

Auf dem *Hauptfriedhof, Mannheimer Straße,* wurde 1952 ein von dem Bad Kreuznacher Bildhauer Karl Steiner geschaffenes *Mahnmal* aufgestellt. Zwei lebensgroße Skulpturen, die trauernde Frauen darstellen, stehen in der Mitte auf einem Sockel mit der Inschrift:

> Den Opfern des Krieges
> und des Faschismus

Auf den beiden Seitenflügeln des Mahnmals stehen die Worte:

> Den Toten zur Ehrung
> Den Lebenden zur Mahnung

1980 wurden zwei *Tafeln* aus Bronze und Muschelkalk aufgestellt mit Namen, Geburtsdaten und Nationalitäten von hier in zwei Sammelgräbern bestatteten 28 ehemaligen KZ-Häftlingen eines Außenkommandos des Konzentrationslagers Sachsenhausen, die 1944/45 Bauarbeiten an der Eisenbahnbrücke Bad Kreuznach – Bad Münster am Stein leisten mußten. Die Häftlinge, sieben Franzosen, sieben Niederländer, sieben Deutsche, drei Polen, zwei Belgier, ein Ungar und ein Italiener, wurden wahrscheinlich im Frühjahr 1945 ermordet.

Eine zunächst an den Mauerresten der ehemaligen Synagoge in der Fährgasse angebrachte und im März 1971 enthüllte *Gedenktafel,* die von dem Bildhauer Karl Steiner geschaffen wurde, trägt folgenden Text mit dem Symbol des siebenarmigen Leuchters und dem Wappen der Stadt Bad Kreuznach:

> An dieser Stelle stand seit 1737 die
> Synagoge der Jüdischen Kultge-
> meinde Bad Kreuznach. Sie wurde
> in der Nacht vom 8. zum 9. November 1938
> durch Brand-
> legung
> zerstört.
>
> Diese Tafel wurde
> angebracht zum
> Gedenken an unsere jüdischen Mit-
> bürger die in den Jahren des Dritten
> Reiches vertrieben oder umgebracht
> wurden.

Die Mauerreste wurden 1975 abgebrochen. Die Gedenktafel wurde ausgebaut und später an einem naturgebrochenen roten Sandstein angebracht, der am 8. November 1978 *Ecke Mühlenstraße/Fährgasse,* in unmittelbarer Nähe des ehemaligen Standorts der Synagoge, enthüllt wurde.

In der *Kirschstein-Anlage* wurde am 9. November 1988 das »Mahnmal zum Gedenken an die Leiden und den Tod jüdischer Mitbürger unter nationalsozialistischer Gewaltherrschaft in Deutschland« der Öffentlichkeit übergeben. Im Boden eingelassene Platten tragen die Inschrift:

> Den jüdischen Mitbürgern unserer Stadt
> zum Gedenken,
> die unter der nationalsozialistischen Diktatur
> entehrt, verfolgt und ermordet wurden.
> Uns allen zur Mahnung zur Wachsamkeit, eine
> Hoffnung auf den gerechten Frieden in der Welt.

An der *Friedhofskapelle* auf dem *jüdischen Friedhof* ist eine *Gedenkplatte* aus Marmor angebracht mit der Inschrift:

> Zur Erinnerung aller Kreuznacher Juden, die als
> Opfer des Nationalsozialismus ihr Leben lassen
> mußten.
> Die Überlebenden aller Welt.

Am 31. März 1985 wurde am *Pfarrhaus* des heutigen Stadtteils *Bosenheim* eine *Bronze-Gedenktafel* angebracht für Dr. Karl Sack, der hier am 9. Juni 1896 geboren und am 9. April 1945 zusammen mit führenden Männern der Widerstandskreise des 20. Juli 1944, Pfarrer Dietrich Bonhoeffer, Admiral Wilhelm Canaris, Hauptmann d.R. Ludwig Gehre, Generalmajor Hans Oster, General Friedrich von Rabenau und Hauptmann d.R. Theodor Strünck, im Konzentrationslager Flossenbürg (s. Bayern) erhängt wurde. Karl Sack ging in Bad Kreuznach zur Schule und studierte an der Universität Heidelberg Rechtswissenschaft. Zur Zeit der nationalsozialistischen »Machtergreifung« war er Landgerichtsrat in Mainz. 1934, als die NSDAP noch keinen Zugriff auf die Wehrmacht hatte, wurde er Chef der Heeresrechtsabteilung. 1938 wurde er Heereschefrichter am Reichskriegsgericht in Berlin. Er hatte unter anderem über Generalmajor Oster und Admiral Canaris Kontakt zur militärischen Opposition. Nach dem gescheiterten Attentat auf Hitler am 20. Juli 1944 wurde er im September 1944 verhaftet und vor seiner Verurteilung zum Tode ständig quälenden Verhören ausgesetzt.
Auch die *Straße,* in der sich das Pfarramt befindet, wurde nach Karl Sack benannt.

Seit 1987 erinnert auf Initiative von Irene und Dieter Corbach der *Sophie-Sondhelm-Weg* an die Erzieherin der Jüdischen Kinderheilstätte Bad Kreuznach. Sophie Sondhelm, am 18. März 1887 in Kleinlangheim bei Kitzingen am Main geboren, ließ sich im Israelitischen Asyl für Kranke und Altersschwache in Köln-Ehrenfeld als Krankenschwester ausbilden. Von Mai 1920 bis November 1938, also während der gesamten Zeit ihres Bestehens, leitete sie die Jüdische Kinderheilstätte in Bad Kreuznach in der Karlshalle 12. Danach arbeitete Sophie Sondhelm in einem Kölner Kinderheim. Von hier aus wollte sie einen Kindertransport ins Ausland organisieren und begleiten. Doch das Zertifikat sollte nur für sie allein gelten und nicht auch für die Kinder und Mitarbeiterinnen, so daß sie eine Auswanderung ablehnte. Sie arbeitete dann in einem jüdischen Altenheim in Gailingen und leitete ab November 1941 wieder ein Kinderheim in Neu-Isenburg bis zu dessen Auflösung. Am 12. Februar 1942 wurde Sophie Sondhelm nach Theresienstadt deportiert und vermutlich gegen Ende 1944 in Auschwitz ermordet.

Literatur:
Corbach, Dieter u. Irene, Sophie Sondhelm und die Kölner Jüdische Kinderheilstätte Bad Kreuznach, Köln 1987 (Bezug: Scriba Verlag, Hochwinkel 79, 51069 Köln); Diakonie-Anstalten (Hrsg.), Faltblatt zum Mahnmal, Bad Kreuznach 1989 (Bezug beim Herausgeber: Ringstr. 58–60, 55543 Bad Kreuznach); Dignath, Stephan (Hrsg.), Dr. Karl Sack. Ein Widerstandskämpfer aus Bosenheim, Bad Kreuznach 1985; Kreisverwaltung Bad Kreuznach (Hrsg.), Die jüdischen Synagogen im Landkreis Bad Kreuznach, Bad Kreuznach 1988 (Bezug: Kreisverwaltung, Salinenstr. 47, 55543 Bad Kreuznach); Mais, Edgar, Die Verfolgung der Juden in den Landkreisen Bad Kreuznach und Birkenfeld 1933–1945. Eine Dokumentation, Bad Kreuznach 1988; Pädagogisches Zentrum des Landes Rheinland-Pfalz (Hrsg.), Menschen in Lagern an der Nahe und im Hunsrück, Bad Kreuznach 1988 (Bezug beim Herausgeber: Europaplatz 7–9, Postfach 2152, 55543 Bad Kreuznach).

Bad Neuenahr-Ahrweiler

An der früheren Synagoge von Ahrweiler, Stadtteil von Bad Neuenahr, in der *Altenbaustraße 2,* wurde anläßlich einer Gedenkfeier zum 50. Jahrestag der Pogromnacht eine bronzene *Gedenktafel* angebracht. Die Inschrift lautet:

> Ehemalige Synagoge
> Synagoge der ehemaligen
> Jüdischen Gemeinde Ahrweiler,
> eingeweiht am 21. 10. 1894

Am 10. November 1938 wurde die Synagoge verwüstet und angezündet. Seit der Verschleppung der

Juden in die Konzentrationslager im Jahre 1942 gibt es in Ahrweiler keine Jüdische Gemeinde mehr. Das Synagogengebäude, dessen äußere Gestalt noch erhalten ist, wurde 1981 vom »Bürgerverein Synagoge e.V.« käuflich erworben und in eigener Initiative wiederhergestellt. Heute dient es kulturellen Veranstaltungen.

Am 3. Juli 1989 wurde im Altgebäude der *Kreisverwaltung* eine *Gedenktafel* enthüllt. Der Text lautet:

> Den Opfern der
> nationalsozialistischen Gewaltherrschaft
> zum Gedenken.
> Der Landkreis Ahrweiler

Auf dem *jüdischen Friedhof* in *Bad Neuenahr* befindet sich eine *Gedenktafel* für die Opfer des Nationalsozialismus mit der Aufschrift:

> Den Toten zur Ehre
> Den Lebenden
> zur Mahnung
> 1933–1945

Quellen/Literatur:
Janta, Leonhard, Auf dem Weg zur »Reichskristallnacht«. Zur Verfolgung der jüdischen Bevölkerung während der nationalsozialistischen Gewaltherrschaft im Kreis Ahrweiler, in: Heimatjahrbuch Kreis Ahrweiler 1988, S. 35–50; Krahforst, Paul, Mahnende Erinnerung, in: Heimatjahrbuch Kreis Ahrweiler 1985, S. 66–69; Landkreis Ahrweiler (Hrsg.), Kreis Ahrweiler unter dem Hakenkreuz. Die politische und wirtschaftliche Situation vor 1933. Die nationalsozialistische Diktatur 1933 bis 1945. Die politischen Konsequenzen nach dem Zusammenbruch 1945, Bad Neuenahr-Ahrweiler 1989 (Studien zu Vergangenheit und Gegenwart 2); Pfaffenholz, Rainer, Aktionen gegen die Juden in Ahrweiler zwischen 1933 und 1938 in der Darstellung von Zeugenaussagen, Arbeit 13. Klasse, Staatliches Gymnasium Ahrweiler, 53474 Bad Neuenahr, im Rahmen des »Schülerwettbewerbs Deutsche Geschichte« um den Preis des Bundespräsidenten 1980/81; Warnecke, Hans, Die Ahrweiler Synagoge. Ein Beispiel jüdisch-deutscher Geschichte im 19. und 20. Jahrhundert, Bonn 1983.

Balduinstein

Auf dem *jüdischen Friedhof* von Balduinstein, Verbandsgemeinde von Diez an der Lahn, befindet sich seit dem 1. Juni 1984 ein *Gedenkstein* zur Erinnerung an die jüdischen Mitbürger, die von den Nationalsozialisten verfolgt und umgebracht worden sind. Die angebrachte Tafel trägt die Worte:

> Versöhnung kann nur zustande kommen,
> wenn die Vergangenheit nicht verschwiegen wird.

Baumholder

Auf dem Truppenübungsplatz Baumholder gab es mehrere sowjetische Kriegsgefangenenlager, einige Baracken in dem Baumholder Gewann »Am dicken Stein«. Ein weiteres Lager befand sich in dem durch Baracken erweiterten ausgesiedelten Dorf Aulenbach in der Nähe des Aulenbacher Friedhofs, in dem etwa 300 sowjetische Kriegsgefangene untergebracht waren, die auf dem Truppenübungsplatz im Munitionslager arbeiten und auf dem Ruschberger Bahnhof Munition von Eisenbahnzügen auf Lastwagen umladen mußten. Auf Veranlassung der Militärregierung wurde im Sommer 1945 am Standort dieses Lagers ein *Denkmal* für 182 sowjetische Tote errichtet, die im Lager ums Leben gekommen waren.

Bendorf, Rhein

1979 ließ der Stadtrat von Bendorf am ehemaligen Standort der Synagoge in der *Bachstraße 4* eine *Gedenktafel* mit folgender Aufschrift anbringen:

> Hier stand die Synagoge der Israelitischen
> Gemeinde Bendorf. Sie wurde am 10. November 1938
> unter der Herrschaft der Gewalt und des Unrechts
> zerstört.

Diese Gedenktafel wurde ergänzt durch eine zweite *Tafel* der Kirchengemeinde von Bendorf mit dem siebenarmigen Leuchter, Symbol des Judentums, und dem Propheten-Wort:

> Haben wir nicht alle einen Vater
> (Maleachi 2,10)

Die Straße, in der die Synagoge stand, erhielt auf Beschluß des Stadtrates vom 25. Mai 1988 wieder den früheren Namen »Judengasse«.

Auf dem *jüdischen Friedhof* in *Sayn* bei Bendorf wurde auf Initiative des ökumenischen Arbeitskreises 1988 ein *Gedenkstein* aufgestellt mit folgender Inschrift:

> Die Jacoby'schen Anstalten in Sayn
> waren 1940–1942
> Sammellager für Juden.
> Dort starben 146 Personen, die auf
> diesem Friedhof beigesetzt wurden.
> Etwa 1000 Juden,
> darunter 32 Bürger unserer Stadt,
> wurden in die Vernichtungslager
> des Dritten Reiches deportiert.
>
> Wir gedenken ihrer
> in Ehrfurcht und Trauer.
> Die Bürger der Stadt Bendorf.

Die »Jacoby'sche Heil- und Pflegeanstalt« wurde 1869 für jüdische Nerven- und Gemütskranke gegründet. Am 10. Februar 1941 wurden Patienten dieser Anstalt über die Klinik Andernach als Zwischenstation zur Tötungsanstalt Hadamar transportiert, wo sie im Zuge der nationalsozialistischen »Euthanasie«-Morde durch Gas getötet wurden (s. Hessen: Hadamar). Da diese Mordaktionen nicht geheimgehalten werden konnten und es zu Protesten vor allem von kirchlicher Seite kam, wurden sie im August 1941 unterbrochen. Später wurden die Tötungen jedoch durch Medikamente, Injektionen oder Aushungern fortgesetzt. Viele jüdische Opfer wurden in die Vernichtungslager im Osten verschleppt. Der erste große Transport von Juden aus dem Kreis Koblenz fand nach Gestapo-Akten am 22. März 1942 statt; unter den 337 Opfern waren 105 aus Bendorf. Bei weiteren Transporten am 30. April und am 15. Juni 1942 befanden sich unter den Verschleppten 331 Patienten und Mitarbeiter der Pflegeanstalt Bendorf-Sayn. Der letzte Transport mit etwa 20 Menschen aus der Sayner Anstalt ist für den 10. November 1942 bezeugt.

Literatur:
Jungsozialisten in der SPD in Bendorf (Hrsg.), Bendorf unterm Hakenkreuz, Bendorf 1991; Schabow, Dietrich, Zur Geschichte der Juden in Bendorf, hrsg. vom Hedwig-Dransfeld-Haus e.V. in Verbindung mit dem ökumenischen Arbeitskreis, Bendorf 1979.

Betzdorf, Sieg

An einer Säule auf der *Fußgängerüberführung* zwischen der *Betzdorfer Bahnhofstraße* und der *Viktoriastraße* wurden anläßlich des 50. Jahrestages der Novemberpogrome von 1938 Gedenktexte angebracht, die an die verfolgten und ermordeten Juden aus der Stadt- und Verbandsgemeinde erinnern:

> Zur Erinnerung
> an unsere
> jüdischen Mitbürger
> 9. November 1988
>
> Den Toten zum Gedenken
> Den Lebenden zur Mahnung

Billigheim-Ingenheim

Am 9. November 1986, dem Jahrestag der »Reichskristallnacht« vom 9./10. November 1938, wurden in Billigheim und Ingenheim *Gedenktafeln* mit folgendem gleichlautenden Text angebracht:

> Hier stand bis zu ihrer Zerstörung
> durch die Nationalsozialisten
> in der Nacht zum 9./10. November 1938
> die Synagoge der Jüdischen Gemeinde Billigheim
> [Ingenheim].
>
> Mit ihrer Zerstörung
> und der darauf folgenden Deportierung
> unserer jüdischen Mitbürger in die Todeslager
> endete jegliches jüdische Leben in unserem Ort.
>
> Diese Gedenktafel soll zur Erinnerung
> für die Lebenden und zur Mahnung
> der kommenden Generation sein.

Bingen am Rhein

Am Standort der ehemaligen Synagoge in Bingen, *Rochusstraße*, wurde am 25. März 1983 eine *Gedenktafel* zur Erinnerung an die Geschichte der Juden in Bingen und zum Gedenken an ihr Schicksal in der Zeit der nationalsozialistischen Gewaltherrschaft angebracht. Sie trägt den Text:

> Hier stand die Synagoge der Jüdischen Gemeinde Bingen,
> erbaut 1905, zerstört in der Pogrom-Nacht 9./10. Nov. 1938.
> Seit dem 12. Jahrhundert bis zur Auswanderung und Deportation 1942 lebten Juden in Bingen.

In Bingen-*Dietersheim* erinnert ein *Ehrenfriedhof* mit einer Kapelle an 61 Opfer des nationalsozialistischen Regimes. Genaueres über das Schicksal dieser Toten ist nicht bekannt.

Literatur:
Engelhard, Friedrich-Rudolf, Die Geschichte der Binger Juden, Bingen 1982.

Birkenfeld, Nahe

Auf dem *jüdischen Friedhof* der Verbandsgemeinde Birkenfeld am Braunenberg ließ die Stadt Birkenfeld 1969 einen *Findling mit Gedenkplatte* aufstellen, der der Jüdischen Kultusgemeinde für die Kreise Birkenfeld und Bad Kreuznach am 1. Juni 1969 feierlich übergeben wurde. Die Gedenkplatte trägt den Text:

> Zum Gedenken an
> die Vertriebenen
> und Verfolgten
> jüdischen
> Mitbürger
> unserer Stadt
> 1933–1945

An der noch erhaltenen ehemaligen Synagoge in der *Schloßallee 7,* die sich heute im Besitz der Forstverwaltung befindet, wurde aus Anlaß des 50. Jahrestages der »Reichskristallnacht« eine *Gedenktafel* mit der Inschrift angebracht:

Zum Gedenken und zur Mahnung.

Hier stand von 1862
bis zu den Jahren des Naziterrors
die Synagoge der jüdischen Mitbürger
der Stadt Birkenfeld

1938 9. November 1988

Literatur:
Mais, Edgar, Die Verfolgung der Juden in den Landkreisen Bad Kreuznach und Birkenfeld 1933–1945. Eine Dokumentation, Bad Kreuznach 1988.

Bitburg

Auf dem *jüdischen Friedhof* erinnert eine *Gedenkplatte* vor dem Grabstein der Josepha Juda an die Deportation und Ermordung ihrer Mutter:

Meiner unvergeßlichen Mutter
Clara Juda
verst. im K.Z. Auschwitz
zum Gedenken

Am Standort der ehemaligen Synagoge, *Ecke Rautenbergstraße/Römermauer,* wurde 1988 eine *Gedenktafel* mit folgendem Text angebracht:

An dieser Stelle stand die Synagoge
der Jüdischen Gemeinde Bitburgs.
Sie wurde in der Reichskristallnacht
vom 9./10. November 1938 verwüstet.
1942 wurden die letzten jüdischen Mitbürger
aus Bitburg deportiert. Weihnachten
1944 wurde das Gebäude bei einem
Bombenangriff auf Bitburg zerstört.

In der *Grünanlage* zwischen dem städtischen Friedhof und dem Ehrenfriedhof auf der *Kolmeshöhe* wurde am 3. Oktober 1991 ein *Mahnmal* für die Opfer des Nationalsozialismus errichtet. Die 1,20 Meter hohe Stele besteht aus Basaltlava, aus der ein braunes Geschwür herausbricht, das den Nazismus symbolisieren soll. Für die Aufschrift auf der Stele wurde ein Zitat aus einer Rede Richard von Weizsäckers gewählt, die der Bundespräsident zum 40. Jahrestag der Befreiung vom Nationalsozialismus gehalten hat:

»Wer die Augen verschließt
aber vor der wird blind für die
Vergangenheit Gegenwart«

(Richard v. Weizsäcker 8. 5. 1985)

Auf den Sockelplatten stehen als Umschrift die Worte:

Zum Gedenken
aller Opfer
der Gewaltherrschaft
von 1933–1945

Literatur:
Neu, Peter, Juden in Bitburg, in: Heinz, Josef u.a., Geschichte von Bitburg, Trier 1965, S. 555–558.

Böhl-Iggelheim

In Böhl-Iggelheim, südlich von Ludwigshafen, wurde in der Gedenkstätte für die Gefallenen der beiden Weltkriege im Ortsteil *Iggelheim* eine *Sandsteinplatte* eingelassen, die die Namen der Bürger aus Iggelheim trägt, die in Konzentrationslager verschleppt wurden, darunter die Namen von drei jüdischen Bürgern.

Im Ortsteil *Böhl* wurde am 28. November 1971 auf Initiative der örtlichen Gruppe der Jungsozialisten ein *Gedenkstein* zur Erinnerung an die ehemalige Synagoge enthüllt. Sie stand in der *Schulstraße,* direkt neben dem Schulgebäude. Der Gedenkstein trägt den Text:

Hier stand bis zu ihrer
Zerstörung durch die Nationalsozialisten
am 9. 11. 1938
die Synagoge der
Jüdischen Kultusgemeinde Böhl-Iggelheim.

Boppard

Auf dem *Friedhof* des Ortsbezirks Boppard am Rhein befindet sich ein *Mahnmal,* mit dem aller Opfer des Nationalsozialismus gedacht werden soll:

Den Toten zur Ehre
Den Lebenden zur Mahnung
1933–1945

Die *Terwielstraße* in Boppard erinnert an die Widerstandskämpferin Maria Terwiel, die am 7. Juni 1910 als Tochter eines katholischen Verwaltungsbeamten und einer jüdischen Mutter in Boppard am Rhein geboren wurde. Nach dem Jura-Studium wurde sie als »Halbjüdin« nicht zum Referendarexamen zugelassen. Sie arbeitete als Sekretärin in einem französisch-schweizerischen Textilunternehmen in Berlin, wo sie Verbindung mit Mitgliedern der Widerstandsgruppe um Harro Schulze-Boysen und

Arvid Harnack (»Rote Kapelle«) bekam. Sie half bei der Verbreitung der von dieser Gruppe nachgedruckten Predigten des Bischofs von Münster, Graf von Galen, und beschaffte gefährdeten Juden Personalpapiere. Gemeinsam mit ihrem Verlobten, Helmut Himpel, wurde sie im Januar 1943 vom Reichskriegsgericht zum Tode verurteilt. Das Urteil wurde am 5. August 1943 vollstreckt.

Bruschied

Auf dem *Friedhof* von Bruschied, Verbandsgemeinde Kirn Land, wurde 1986 ein Findling mit einer *Gedenktafel* aufgestellt, die lediglich die Worte trägt:

Unseren jüdischen Mitbürgern

Bruttig-Fankel

Auf dem *Friedhof* in Bruttig erinnert seit 1986 ein von dem Bildhauer Christoph Anders aus Senheim geschaffener *Gedenkstein* an sieben Häftlinge des Arbeitslagers Treis-Bruttig, einem Unterkommando des Außenlagers Cochem-Bruttig des Konzentrationslagers Natzweiler-Struthof (Elsaß), die hier begraben liegen. Die Inschrift auf der Vorderseite des Gedenksteines lautet:

Die Opfer des AL Treis-Bruttig
1944–1945 mahnen zum Frieden

Auf der Schmalseite des Steins stehen die Worte des Artikels 1 des Grundgesetzes:

Die Würde des Menschen ist unantastbar

Literatur:
Heimes, Ernst, Ich habe immer nur den Zaun gesehen. Suche nach dem KZ-Außenlager Cochem, Koblenz 1993.

Bubenheim, Rheinhessen

An der *katholischen Kirche* in Bubenheim bei Stadecken-Elsheim an der Selz in Rheinhessen wurde 1975 anläßlich seines 30. Todestages eine *Gedenktafel* für Fritz Bockius angebracht. Der 1882 in Bubenheim geborene Vorsitzende der hessischen Zentrumspartei war von 1924 bis 1933 Reichstagsabgeordneter. Er wurde am 23. August 1944 im Zuge der sogenannten »Gewitteraktion«, bei der etwa 6000 ehemalige Mandatsträger im Reichstag, in Land- und Kreistagen oder in Stadträten, vorwiegend Vertreter von SPD und KPD sowie einige Abgeordnete der Zentrumspartei, verhaftet und in Konzentrationslager verschleppt wurden, festgenommen und nach Darmstadt ins Rundeturmgefängnis gebracht. Am 19. Dezember 1944 kam er in das Konzentrationslager Sachsenhausen-Oranienburg bei Berlin. Von dort wurde er am 16. Februar 1945 mit einem Transport von 2700 Häftlingen in das Konzentrationslager Mauthausen bei Linz in Österreich verschleppt, wo er am 5. März 1945 starb.
Die von der Künstlerin Gudrun Schneider aus Karlsruhe gestaltete Gedenktafel mit einem Reliefporträt von Bockius und in Ketten gelegten Armen trägt folgende Inschrift:

Dr. Fritz Bockius
1924–1933 Mitglied
des Reichstags
Führer der hessischen Zentrumspartei
* 1882 Bubenheim
† 5. 3. 45 KZ Mauthausen

In Bubenheim sowie in Mainz ist eine Straße nach Fritz Bockius benannt. In Gießen hat die Studentenverbindung CV Hasso Rhenania eine Büste von ihm errichtet.

Quellen/Literatur:
Braun, Gottfried, Fritz Bockius. Ein Leben für Freiheit, Gerechtigkeit und Glauben, in: Gedenkschrift Bubenheim, Mainz o.J. (1979), S. 19–67; Carl-Brilmayer-Gesellschaft (Hrsg.), Märtyrer 33/45 – Verfolgung und Widerstand der Kirche im Bistum Mainz. Beiträge zur Geschichte des Gau-Algesheimer Raumes, Heft 10, Gau-Algesheim 1984, S. 4 ff.

Cochem

An der Außenwand der Pfarrkirche St. Martin in der *Bernstraße* befindet sich eine *Gedenktafel* mit dem Text:

Die Jüdische Gemeinde in Cochem
verlor am 9. November 1938
»Reichskristallnacht«
durch Verwüstung
Synagoge und Schulhaus
in der Oberbachstraße Nr. 361.
Zur Erinnerung und Mahnung gegeben am
9. November 1988.

Dahn siehe Germersheim

Deidesheim

Am Standort der ehemaligen Synagoge in der *Bahnhofstraße 19* erinnert eine *Gedenktafel* an die

Zerstörung des jüdischen Gotteshauses und an die Verfolgung und Deportation der Deidesheimer Juden.

Dernau, Ahr

Auf Initiative des 1986 gegründeten »Vereins zur Erhaltung des Gedenkens an das KZ-Außenlager Dernau« erinnert seit 1988 eine *Steintafel* in den *Weinbergen* oberhalb der *Zaungartenstraße* an das ehemalige Außenlager des Konzentrationslagers Buchenwald. Die eingemeißelten Worte lauten:

Zum Gedenken an das
Außenlager des KZ Buchenwald
21. 8. 1944–13. 12. 1944
und allen Opfern des
Nationalsozialismus
+ den Lebenden zur Mahnung +

In dem Arbeitslager waren im August 1944 180 Menschen – vor allem aus Belgien, Frankreich, den Niederlanden und Rußland – untergebracht. Bis November 1944 stieg die Zahl der Inhaftierten auf 197 an. In den unterirdischen Produktionsstätten der Tunnelanlagen zwischen Dernau und Ahrweiler, in die kriegswichtige Betriebe ausgelagert waren, mußten die in Baracken untergebrachten KZ-Häftlinge für die Firma Gollnow in Koblenz Zwangsarbeit leisten. Unter dem Namen »Rebstock« als geheime Operation getarnt, wurden die Lagerinsassen gegen Ende des Krieges in den Stollen der Weinberge um Marienthal und Dernau zur Waffenproduktion herangezogen. In der Anlage wurden Flüssigkeitsraketen entwickelt und hergestellt.

Literatur:
Preute, Michael, Vom Bunker der Bundesregierung, Köln 1984.

Dickenschied

In Dickenschied, Verbandsgemeinde Kirchberg im Hunsrück, liegt der evangelische Pfarrer Paul Schneider bestattet, der im Konzentrationslager Buchenwald ermordet wurde. Sein Grabstein trägt die Inschrift:

Christus ist darum für alle gestorben,
auf daß die so da leben, hinfort nicht sich
selbst leben, sondern dem, der für sie gestorben
und auferstanden ist.
2. Korinther 5,15
Paul Schneider * 29. August 1897
† 18. Juli 1939
Die Liebe Christi dringet uns also.

Der 1897 in Pferdsfeld bei Bad Kreuznach geborene Pfarrer der Bekennenden Kirche wurde 1926 Pfarrer in Hochelheim bei Wetzlar. Wegen seiner Angriffe auf die nationalsozialistische Weltanschauung und die von ihr beeinflußten »Deutschen Christen« wurde er im Februar 1934 in die abgelegene Gemeinde Dickenschied versetzt. Im Juni 1934 brachte ihn dort der Kreisleiter der NSDAP in »Schutzhaft«. Proteste aus der Gemeinde führten zu seiner Freilassung. 1937 erging ein Ausweisungsbefehl aus dem Rheinland an ihn, dem er sich widersetzte. Deshalb wurde er im gleichen Jahr ins Konzentrationslager Buchenwald eingeliefert. Da er sich weigerte, die Hakenkreuz-Fahne zu grüßen, wurde er von der SS in eine Arrestzelle gesperrt und aufs grausamste mißhandelt. Noch aus der Zelle versuchte er, seinen Mithäftlingen Trost zu spenden. Nach dem Bericht eines Mitgefangenen, Walter Poller, wurde er am 18. Juli 1939 durch eine Überdosis Strophantin getötet. Seine Leiche wurde in einem versiegelten Sarg der Gemeinde übergeben.
In der KZ-Gedenkstätte Buchenwald ist an der Arrestzelle von Paul Schneider eine Gedenktafel angebracht.

Literatur:
Leber, Annedore (Hrsg. in Zusammenarbeit mit Willy Brandt und Karl-Dietrich Bracher), Das Gewissen entscheidet. Bereiche des deutschen Widerstandes von 1933–1945 in Lebensbildern, Frankfurt a. M. 1957, S. 146–149. (Neu hrsg. – zusammen mit dem 1960 erschienenen II. Teil »Das Gewissen steht auf. 64 Lebensbilder aus dem deutschen Widerstand« – von Karl-Dietrich Bracher in Verbindung mit der Forschungsgemeinschaft 20. Juli e.V. Mainz 1984); Poller, Walter, Arztschreiber in Buchenwald. Bericht des Häftlings 996 aus Block 39, 2. Aufl., Offenbach 1960 (Erstveröffentlichung Hamburg 1946); Vogel, Heinrich/Schneider, Margarete (Hrsg.), Der Prediger von Buchenwald. Das Martyrium Paul Schneiders, Berlin [1]1954, Neuhausen b. Stuttgart [2]1985.

Dierdorf

Die evangelische und die katholische Kirchengemeinde sowie die Stadt Dierdorf enthüllten am 9. November 1979 zum Gedenken an die Jüdische Gemeinde und an die Zerstörung der Synagoge in der Hauptstraße in der »Reichskristallnacht« am 9./10. November 1938 an der *Stadtmauer* eine *Gedenktafel.* Unter einem siebenarmigen Leuchter, dem ältesten Symbol des Judentums, über dem sich Flammen ausbreiten, stehen die Worte:

Höre Israel
Der Herr unser Gott ist einzig
5. Mose 62
9. Nov. 1938

Literatur:
Schwalbach, Edith, Das Schicksal der Juden aus Dierdorf zur Zeit des Nationalsozialismus von 1933 bis 1945, Arbeit 13. Klasse (Gymnasium) im Rahmen des »Schülerwettbewerbs Deutsche Geschichte« 1982/83.

Diez

Am ehemaligen Standort der Synagoge in der *Kanalstraße* befindet sich heute eine *Hinweistafel* mit dem Bildmotiv des siebenarmigen Leuchters (Menora) und der Aufschrift:

> Jüdische Synagoge
> 1863–1951

In der »Reichskristallnacht« am 9./10. November 1938 wurde die Synagoge von Nationalsozialisten in Brand gesetzt und teilweise gesprengt. Wegen ihrer massiven Mauern entging sie der völligen Zerstörung. Sie blieb als Ruine erhalten, bis sie im Jahre 1951 abgerissen wurde.

Auf dem *Friedhof* im Stadtteil *Freiendiez* steht ein *Ehrenmal* mit den Namen polnischer Kinder.

Dittelsheim-Heßloch

Anläßlich des 150jährigen Bestehens des Synagogengebäudes und zur Erinnerung an die Novemberpogrome von 1938 wurden im Rahmen einer Gedenkfeier 1986 zwei *Gedenktafeln* enthüllt. Eine Tafel befindet sich am ehemaligen jüdischen Gemeindehaus in der *Sackgasse* mit dem Text:

> Ehemaliges jüdisches Gemeindehaus
> und jüdische Schule
> erbaut 1740
> gegenüber steht die ehemalige Synagoge
> eingeweiht 1836
> geschändet und zerstört
> am 10. November 1938.

Der Synagogenbau, dessen Inneneinrichtung zerstört und verstreut wurde, ist noch erhalten, und im Jahre 1991 wurde von Seiten der evangelischen Kirchengemeinde veranlaßt, ihn unter Denkmalschutz zu stellen.

Eine weitere Tafel wurde an der *Friedhofshalle* auf dem kommunalen Friedhof im Ortsteil *Heßloch,* neben der Katholischen Kirche in der *Kirchgasse,* angebracht. Auf ihr sind die Namen der in Konzentrationslagern ermordeten jüdischen Bürger Heßlochs aufgeführt:

> Wir gedenken
> unserer jüdischen Mitbürger
> ermordet 1933–1945

Dreifuss, Salomon	Krautkopf, Helene
Lövi, Therese	Schaffner, Joseph
Lövi, Betti	Schaffner, Frieda
Lövi, Clara	Sedel, Abraham
Kossmann, Johanna	Sedel, Jakob
Kossmann, Rudolf N.	Sedel, Helene
Krautkopf, Siegmund	Sedel, Albert
Krautkopf, Johanna	Sedel, Frieda
Krautkopf, Joseph	Sedel, Lugu
Krautkopf, Clara	

> Wer Euch antastet, tastet meinen Augapfel an

Literatur:
Dittelsheim-Heßloch (Hrsg.), 150 Jahre Synagoge Heßloch 1836–1986, Dittelsheim-Heßloch 1986.

Elsheim siehe Stadecken-Elsheim

Essenheim

Im April 1988 hat die Stadtgemeinde am Standort der ehemaligen Synagoge eine *Tafel* mit der Inschrift anbringen lassen:

> Hier stand die Synagoge von Essenheim
> geweiht im Jahre 1857.
> Bis 1935 diente sie unseren
> jüdischen Bürgern, die aus
> der Heimat vertrieben
> oder in Konzentrationslagern
> ermordet wurden, als Gebetsstätte.

Flacht, Rhein-Lahn-Kreis

Auf dem *jüdischen Friedhof* in Flacht steht seit 1962 ein *Gedenkstein* mit der Inschrift:

> Zum Gedenken
> an die in den nationalsozialistischen
> Konzentrationslagern umgekommenen
> jüdischen Mitbürger von Flacht
> und Niederneisen

Frankenthal, Pfalz

In einer kleinen *Grünanlage* steht seit dem 9. November 1977 ein Findlingsblock mit einer *Gedenktafel* zur Erinnerung an die ehemalige Synagoge in der Glockengasse sowie zum Gedenken an die ermordeten und vertriebenen jüdischen Bürger von Frankenthal. Die Glockengasse wurde 1960 in *Synagogengasse* umbenannt. Die Inschrift lautet:

Im Bereich dieses Straßenzuges stand die Synagoge der Israelitischen Kultusgemeinde.
Die Synagoge, 1884 erbaut, wurde in der Nacht vom 9./10.11.1938 aus Haß in Brand gesetzt und im Zweiten Weltkrieg 1943 durch Bomben zerstört.
Der Stadtrat der Stadt Frankenthal stiftet diese Gedenktafel zum 400jährigen Stadtjubiläum in Würdigung des Wirkens und der Verdienste der ehemaligen jüdischen Mitbürger.

Elf Monate nach der Zerstörung der Synagoge wurden die letzten jüdischen Bürger in Konzentrationslager verschleppt; nur drei überlebten.

Auf dem Frankenthaler *Kriegsgräberfriedhof* erinnert ein *Gedenkstein* mit kyrillischer Inschrift an die hier begrabenen über 600 Kriegsgefangenen und Zwangsarbeiter, überwiegend polnischer und sowjetischer Herkunft.

Gackenbach

Am *Karlsheim*, einem katholischen Jugendheim im Ortsteil *Kirchähr,* wurde eine *Gedenktafel* mit folgendem Text angebracht:

Hier waren die Juden
aus Montabaur und Isselbach
nach der sog. »Reichskristallnacht«
1938 vorübergehend interniert.
Die Männer wurden anschließend
in das KZ Buchenwald deportiert.

Wer die Vergangenheit nicht kennt,
den kann es die Zukunft kosten.

R. Kunze

Gau-Algesheim

Am Ehrenmal der Stadt Gau-Algesheim zur Erinnerung an die Toten der beiden Weltkriege wurde am Volkstrauertag 1986 eine *Gedenktafel* für die ermordeten jüdischen Mitbürger von Gau-Algesheim angebracht.
In einem *Gedenkbuch* in einer Kassette unter der Dornenkrone des Ehrenmals sind die Namen zweier behinderter Kinder, die Opfer der nationalsozialistischen »Euthanasie«-Morde wurden, sowie der Name ihres Vaters, der gegen den Mord protestiert hatte und deshalb im Konzentrationslager ums Leben kam, eingetragen. Die Kinder wurden im Psychiatrischen Krankenhaus Eichberg (s. Hessen: Eltville) umgebracht.

In der *Laurenzi-Kapelle* bei Gau-Algesheim befindet sich eine *Gedenkstätte* für die katholischen Opfer der NS-Herrschaft im Bistum Mainz. Es handelt sich um mehr als 100 Personen. Im August 1986 wurden in der Kirche Porträts von sieben Priestern und Laien angebracht, die wegen regimekritischer Äußerungen ermordet wurden:

Friedrich Coy, geboren 1891 in Habitzheim (Hessen), von Beruf Schreiner, als Angehöriger der Zentrumspartei 1933 aus dem Amt eines Gemeinderatsmitglieds in der Odenwaldgemeinde Hering entfernt, wurde am 3. Juli 1944 im Zuchthaus Brandenburg an der Havel mit dem Fallbeil getötet. Er hatte sich gegen die Fortsetzung des Krieges ausgesprochen und war angezeigt worden. In seiner Heimatkirche in Hering im Odenwald (Hessen) ist am 24. Januar 1988 ein Gedenkstein enthüllt worden (s. Hessen: Otzberg).

In der Laurenzi-Kapelle bei Gau-Algesheim sind seit 1986 Porträts von Priestern und Laien ausgestellt, die zu den mehr als 100 katholischen Opfern der nationalsozialistischen Gewaltherrschaft im Bistum Mainz gehören.

Die Laurenzi-Kapelle auf dem Laurenzi-Berg bei Gau-Algesheim, heute katholische Gedenkstätte für Opfer des NS-Regimes im Bistum Mainz.

Emil Darapsky, geboren 1906 in Mainz, wurde 1941 wegen Krankheit aus der Wehrmacht entlassen und lebte danach als Assessor in Wöllstein in Rheinhessen. Wegen regimekritischer und gegen den Krieg gerichteter Äußerungen wurde er am 14. Oktober 1943 verhaftet und am 6. September 1944 zum Tode durch den Strang verurteilt. Das Urteil wurde am 30. Oktober 1944 vollstreckt.

Anton Knab, 1878 in Bodenheim geboren, seit 1928 Lehrer an einer Schule in Wöllstein, hatte wiederholt abfällige Bemerkungen über Hitler gemacht und sich gegen den Krieg ausgesprochen. Anfang November 1943 wurde er in Haft genommen. Trotz Freispruchs vor dem »Volksgerichtshof« in Berlin am 6. September 1944 wurde er auf dem Weg nach Wöllstein von der Gestapo festgenommen. Das letzte Lebenszeichen für seine Angehörigen war eine aus einem Waggon bei Köln-Deutz herausgeworfene Karte. Nach Zeugenaussagen starb er am 14. März 1945 im Konzentrationslager Dachau: Er wurde von einem Aufseher erschlagen, als er bei der Arbeit zusammengebrochen war.

Ernst Schneider, geboren 1914 in Heppenheim/Bergstraße (Hessen), wurde am 26. Mai 1944 in Berlin-Tegel hingerichtet. Der Obergefreite war aufgrund seiner in Privatgesprächen vorsichtig geäußerten Kritik an Nationalsozialismus und Krieg verhaftet worden. Sein Leichnam wurde nach dem Krieg in seine Heimatstadt Heppenheim überführt, wo heute eine Straße seinen Namen trägt.

Heinrich Zöhren, 1903 in Krefeld geboren, trat 1923 in den Kapuzinerorden ein (sein Ordensname: Pater Dionys) und war lange Jahre als Subpräfekt an der Klosterschule in Bensheim. 1940 wurde er nach Maria-Einsiedeln bei Gernsheim versetzt. Bei einer Hausdurchsuchung am 20. März 1941 im dortigen Kloster fand die Gestapo Predigtmanuskripte aus den Jahren vor 1933, in denen sich der Pater gegen den Nationalsozialismus ausgesprochen hatte. Er wurde verhaftet und ins Gefängnis nach Darmstadt gebracht. Im Mai 1941 kam er in das Konzentrationslager Dachau, wo er 1943 völlig entkräftet an Typhus starb.

Karl Schwenk, 1883 in Frankfurt am Main geboren, Pfarrer in Lindenfels. Nach jahrelangen Konflikten mit den NS-Behörden wurde er am 14. März 1941 wegen Abhörens ausländischer Sender verhaftet und ins Gefängnis nach Darmstadt gebracht. Er starb am 4. August 1941 in Lindenfels an den Folgen der Haft.

Rudolf Seibert, geboren 1898 in Nieder-Olm, Mitglied des katholischen Jugendverbands DJK, war seit 1926 Lehrer an der Volksschule Sörgenloch, wo ihm im Juli 1933 SA-Leute Verletzungen zufügten, an deren Folgen er einige Monate später starb.

Inzwischen kamen Porträts weiterer katholischer Regimegegner hinzu:

Johann Petri, geboren am 30. März 1889 in Cölln/Saar, war bis zur Auflösung seines Klosters durch die NS-Behörden 1937 dreißig Jahre Franziskanerordensbruder in der Pflege Behinderter, danach Küster in St. Alban/Mainz. Er wurde wegen einer ironischen Bemerkung zum Kriegsgeschehen in einem Bäckerladen 1942 verhaftet und ist im Konzentrationslager Dachau 1942 angeblich an einer Lungenentzündung verstorben. Seine Asche ist in Hubbelrath bei Düsseldorf beigesetzt, der Grabstein wurde 1980 entfernt, er befindet sich jetzt an der Hubbelrather Kirche.

Rosa Bertram, geboren am 22. Juni 1889 in Worms, jüdischer Herkunft, wurde 1919 katholisch, Mitglied der Dompfarrei in Worms. Am 19. Dezember 1944 wurde sie verhaftet und am 24. März 1945 in Bensheim von der Gestapo erschossen. 1991 wurde für sie eine Gedenktafel im Wormser Dom enthüllt.

Adolf Falkowski, geboren 1917 in Mainz, Leiter der Katholischen Jugend in St. Christoph in Mainz, wurde wegen seiner Jugendarbeit und eines kritischen Schulaufsatzes verhaftet und war von 1936 bis 1939 im Konzentrationslager Dachau. Er ist seit 1944 in Griechenland vermißt.

Zinsser, Eduard, geboren 1875 in Seibelsdorf/Oberhessen, kam kurz nach seiner Priesterweihe 1902 nach Offenbach und arbeitete dort als Lehrer. 1929 übernahm er das Amt des Diözesan-Präses der Gesellenvereine, der späteren Kolpingfamilie. Am 11. Juni 1933 wurde er auf dem Internationalen Gesellentag im Liebfrauendom in München von randalierenden SA-Leuten zu Boden geschlagen und geriet dadurch in solche Aufregung, daß er während der Wandlung im Dom einen Herzschlag erlitt und in der Kirchenbank verstarb.

Koplin, Anizet, geboren 1875 in Preussisch-Friedland, trat 1893 in Sigolsheim im Elsaß in den Kapuzinerorden ein und arbeitete als Pfarrer im Odenwald und im rheinisch-westfälischen Raum. Wegen seines Einsatzes für Hilfsbedürftige, darunter auch Juden, wurde er am 27. Juni 1941 zusammen mit 22 Mitgliedern des Kapuzinerkonvents in Warschau von der Gestapo verhaftet und ins KZ Auschwitz gebracht, wo er einen elenden Tod starb. Man hatte ihn und andere Häftlinge in eine Grube geworfen und sie mit ungelöschtem Kalk überschüttet, so daß sie bei lebendigem Leib verätzt wurden.

Auch die Bilder von Pfarrer Alfred Delp (s. Hessen: Dieburg, Lampertheim) und Dr. Friedrich Bockius (s. Bubenheim) sind in der Laurenzikirche ausgestellt.

Quellen/Literatur:
Hellriegel, Ludwig, Märtyrer 33/45. Verfolgung und Widerstand der Kirche im Bistum Mainz, Hrsg.: Carl-Brilmayer-Gesellschaft, Gau-Algesheim 1984 (Beiträge zur Geschichte des Gau-Algesheimer Raumes 10); Ders., Judaica. Die Geschichte der Gau-Algesheimer Juden, Hrsg.: Carl-Brilmayer-Gesellschaft, Gau-Algesheim 1986 (Beiträge zur Geschichte des Gau-Algesheimer Raumes 22A); Ders., Widerstand und Verfolgung in den Pfarreien des Bistums Mainz, Dokumentation, Bd. 1: Rheinhessen, Bd. 2: Starkenburg, Bd. 3: Oberhessen, Hrsg.: Abteilung Öffentlichkeitsarbeit des Bischöflichen Ordinariates Mainz in Zusammenarbeit mit der Carl-Brilmayer-Gesellschaft, Gau-Algesheim 1989–1991; Hinkel, Erich, Gau-Algesheimer Ehrenmale, Gau-Algesheim 1983 (Beiträge zur Geschichte des Gau-Algesheimer Raumes 11).

Gau-Odernheim

1947 ließ die Familie Holz auf dem Gau-Odernheimer *Friedhof* einen *Gedenkstein* für Georg Holz und Philipp Mann aufstellen, die von den Nationalsozialisten ermordet worden sind. Die Inschrift lautet:

> Den Toten zur Ehre
> Den Lebenden zur Mahnung
> Den Mördern zur Schande
>
> Georg Holz * 19. 12. 1888
> Philipp Mann * 19. 11. 1907
>
> Beide starben gemeinsam
> als Opfer des Faschismus am
> 21. 11. 1944 in Frankfurt am Main.
>
> Niemand hat größere Liebe denn die,
> daß er sein Leben läßt für seine Freunde.

Der Friseur Georg Holz war zusammen mit dem Ortsbürgermeister Philipp Mann, Mitglied der Sozialistischen Arbeiterjugend und späterer Vorsitzender der Kommunistischen Ortsgruppe in Gau-Odernheim, vom sogenannten Volksgerichtshof in Berlin wegen »Wehrkraftzersetzung« und »Vorbereitung zum Hochverrat« zum Tode verurteilt und am 21. November 1944 in Frankfurt-Preungesheim durch Erhängen hingerichtet worden. Beide hatten 1944 ausländische Rundfunksendungen abgehört, um sich ein richtiges Bild von der politischen Lage machen zu können.
Für den Gedenkstein auf dem Friedhof, der anläßlich der Überführung der Urnen aus Frankfurt errichtet wurde, wollte ursprünglich die Gemeinde Gau-Odernheim die Kosten übernehmen. Nach der Fertigstellung des Steines lehnte die Gemeindeverwaltung die Kostenübernahme ab, weil die Hinterbliebenen von Georg Holz nicht bereit waren, die Inschrift (»Den Mördern zur Schande«) zu verändern.

Germersheim

1985 errichtete die Stadt Germersheim am *Ludwigstor* einen *Gedenkstein* mit folgender Inschrift:

> Den Opfern des Nationalsozialismus
> in Germersheim zum Gedenken
> Uns Lebenden zur Mahnung

Am *Stadthaus* in der *Oberamtstraße 12* wurde 1989 eine *Informationstafel* mit dem Text angebracht:

In dieser Straße befand sich
von 1838–1938 die jüdische Synagoge
Unseren jüdischen Mitbürgern zum Gedenken.

Die an der Bundesstraße 9 südlich der Stadt Germersheim gelegene, im Jahre 1965 eröffnete *»General-Hans-Graf-Sponeck-Kaserne« (An der Hexenbrücke 5)* trägt seit dem 1. März 1966 ihren Namen nach dem aus Bremen stammenden General Hans Graf von Sponeck, der am 23. Juli 1944 auf Befehl des Reichsführers-SS Heinrich Himmler ohne weitere Gerichtsverhandlung in den Festungsanlagen vor Germersheim erschossen wurde. Ein *Gedenkstein* in der Kaserne erinnert mit folgender Aufschrift an den Namensgeber:

Generalleutnant
Hans Graf von Sponeck
zum Gedenken
* 12. 2. 1888 Freiburg
† 23. 7. 1944 Germersheim
Er starb als Opfer der National-
sozialistischen Herrschaft, weil
er als Truppenführer Gewissen
und Verantwortung vor den Zwang
zum blinden Gehorsam stellte.
»Gehorsam ist ein Prinzip.
Der Mann aber steht
über dem Prinzip.« Moltke

Auch eine *Straße* in Germersheim wurde nach ihm benannt.
Sponeck hatte im Dezember 1941 die Führung des XIII. Armee-Korps übernommen, das die Küste bei der Halbinsel Kertsch in der Südukraine sichern sollte. Beim Vorstoß der Roten Armee hielt Sponeck die Lage für aussichtslos, als die Halbinsel Kertsch zum Kessel zu werden drohte, was seiner Ansicht nach zur Vernichtung der Reste seiner Truppe führen mußte. Deshalb befahl er eigenmächtig den Rückzug. Er wurde abberufen und durch ein Kriegsgericht in Berlin unter dem Vorsitz von Reichsmarschall Hermann Göring wegen Ungehorsams zum Tode verurteilt. Göring warf ihm dabei auch sein früheres Eintreten für den damaligen Oberbefehlshaber des Heeres, Generaloberst Freiherr von Fritsch, vor, der sich 1937 gegen das rasante Aufrüstungstempo Hitlers gewandt und vor einem Kriegskurs gewarnt hatte. Fritsch war unter dem Vorwurf angeblicher homosexueller Beziehungen 1938 entlassen worden. Hitler wandelte das Todesurteil gegen Sponeck in eine sechsjährige Festungshaft um. Sponeck verbrachte die Zeit von 1942 bis zu seiner Ermordung im Juli 1944 in der ehemaligen Klosterkaserne der Garnison Germersheim, die als Festungshaftanstalt für Offiziere diente. Obwohl Sponeck keine Verbindungen zu den Offizieren hatte, die das Attentat auf Hitler vom 20. Juli 1944 vorbereitet hatten, wurde er drei Tage später erschossen. Er liegt auf dem *Ehrenfriedhof in Dahn* bei Pirmasens begraben. In Bremen ist eine Straße nach ihm benannt (s. dort).

Quellen:
Hense, Kurt, Wer war General Hans Graf Sponeck?, in: Deine Garnison Germersheim, hrsg. v. Merkur-Verlag Baden-Baden, 4. Ausgabe, Baden-Baden 1975, S. 11–15; Marßolek, Inge/Ott, René, Bremen im Dritten Reich. Anpassung – Widerstand – Verfolgung, Bremen 1986, S. 402.

Göllheim

Seit 1979 erinnert in der *Bauchgasse* ein Gedenkstein mit einer Bronzetafel an die zerstörte Synagoge. Am 6. November 1988 wurde am Standort der ehemaligen Synagoge ein neuer *Gedenkstein* enthüllt. Die Bronzeplatte zeigt die Frontansicht der Synagoge von Göllheim, darunter ist ein Schriftzug »ehem. Synagoge« gesetzt. Der Text lautet:

Hier stand die 1850 erbaute
Synagoge der Jüdischen
Gemeinde Göllheim, deren
Inneneinrichtung in der
»Reichskristallnacht«
vom 9./10. November 1938
verwüstet wurde.
Wir gedenken unserer
jüdischen Mitbürger und
aller Opfer des National-
sozialismus in Ehrfurcht.

Literatur:
Korz, Mathias, Juden in Göllheim, in: Donnersberg-Jahrbuch, Bd. 6, 1983, S. 173–177.

Grünstadt

Zur Erinnerung an die Novemberpogrome 1938 hat die Stadt 1988 am Standort der ehemaligen Synagoge, *Östlicher Graben 19,* eine *Gedenktafel* anbringen lassen. Sie trägt die Inschrift:

Ehemalige Synagoge
erbaut um 1790
beschädigt in der
»Reichskristallnacht«
Im Gedenken an Verfolgung und Tod
unserer jüdischen Mitbürger
und als Mahnung an die Lebenden

1938   9. November   1988

Die Synagoge blieb in der Nacht vom 9. auf den 10. November 1938, wohl wegen der unmittelbar angrenzenden Häuser, von einer Inbrandsetzung verschont. Allerdings wurde die Inneneinrichtung vollständig demoliert. 1940 wurde das Gebäude von einem Gewerbetreibenden erworben und nach dem Krieg als Lagerraum genutzt. Im Rahmen einer Stadtsanierung wurde die ehemalige Synagoge 1979 als Geschäftshaus umgebaut. Dabei wurde auch die Fassade so verändert, daß die frühere Einteilung der Ostansicht nur noch im Ansatz erkennbar ist.

Hachenburg

Am 9. November 1988 wurde auf dem Gelände des Rathauses ein *Gedenkstein* enthüllt. Eine Seite trägt die Inschrift:

Zum Gedenken an die Juden
von Hachenburg.
Einst Mitbürger,
dann verfolgt, vertrieben,
vernichtet.

Auf der Frontseite ist ein siebenarmiger Leuchter abgebildet, unter dem in hebräischer Schrift die Bibelworte eingemeißelt sind:

Die Gerechtigkeit des Frommen
ebnet seinen Weg.
Aber der Gottlose wird fallen durch
sein gottloses Wesen.
(Sprüche 11,5)

Auf dem *jüdischen Friedhof* befindet sich ein *Gedenkstein* für die verfolgten und ermordeten jüdischen Bürger der Stadt Hachenburg. Er trägt die Inschrift:

Den Lebenden zur Mahnung
Den Toten zur Ehre
Den durch das Nazi-Regime umgekommenen
jüdischen Mitbürgern der Stadt Hachenburg
zum Gedenken

Literatur:
Güth, Werner A./Kempf, Johannes, Zachor. Ein Buch des Gedenkens. Zur Erinnerung an die Jüdische Gemeinde Hachenburg, hrsg. im Auftrag der Stadt, Hachenburg 1988.

Hagenbach, Pfalz

An den *jüdischen Friedhof,* der während der Zeit des Nationalsozialismus vollständig zerstört und nach dem Krieg als Rasenfläche neu angelegt wurde, erinnert seit 1976 ein *Gedenkstein* mit der Inschrift:

Den hier ruhenden
jüdischen Mitbürgern
zum
ewigen Gedenken.
Die Gemeinde Hagenbach

Hahnheim

Am Standort der ehemaligen Synagoge, auf einem freien Platz in der Ortsmitte von Hahnheim an der Selz, wurde 1969 von der Gemeinde eine *Gedenktafel* mit folgendem Wortlaut angebracht:

Zum Gedenken
an die Synagoge
erbaut im Jahre 1840
zerstört in der Nacht zum 10. 11. 1938

Auf dem *jüdischen Friedhof* in der *Unteren Hauptstraße* wurde ein *Gedenkstein* für jüdische Opfer des Nationalsozialismus errichtet. Die Inschrift lautet:

Dem Andenken der durch das Naziregime
umgekommenen Kultusgemeinde.
Der Friedhof wurde 1944 von den Nazis zerstört
und die Grabsteine zu einer Panzersperre verwandt.

Bei dem Novemberpogrom 1938 wurden vier Juden verhaftet und in ein Konzentrationslager eingeliefert. Isaak Haas und Otto Mann mit seiner Frau Selma wurden später nach Auschwitz deportiert und dort ermordet.

Hamm, Sieg

In Hamm an der Sieg im Norden von Rheinland-Pfalz wurde am 9. November 1978, dem 40. Jahrestag der von den Nationalsozialisten so bezeichneten »Reichskristallnacht«, am Standort der 1895 erbauten und am 9./10. November 1938 zerstörten Synagoge ein *Mahnmal* enthüllt. Die von dem Künstler Erwin Wortelkamp aus Hasselbach geschaffene Plastik stellt eine durch aufsteigende Flammen berstende Synagogenkuppel dar. Die eisernen Flammen sind stilisierte hebräische Schriftzeichen. In die Pflasterung sind zwei Bausteine der ehemaligen Synagoge eingearbeitet.

Der *Judenfriedhof* in der Gemarkung Hamm, Flur 9, Parzelle Nr. 117 wurde 1987 unter Denkmalschutz gestellt.

Literatur:
Brand, Mechthild, Die Jüdische Gemeinde in Hamm. Als Beispiel für die Geschichte der Juden in Deutschland, in: Der Märker, Jg. 24, H. 4, 1975, Jg. 25, H. 1–4, 1976; Dartmann, Anna, Die soziale, wirtschaftliche und kul-

turelle Entwicklung der Jüdischen Gemeinde in Hamm 1327–1943, Hamm 1977; Gonsirowski, Max u. a., Spuren der »Reichskristallnacht« in Hamm, Hamm 1988; Rausch, Fred G., »Wer euch antastet, der tastet seinen Augapfel an«, in: Hammagazin, Hamm Nov. 1985, S. 6–9.

Haßloch, Pfalz

Am Standort der ehemaligen Synagoge, neben dem früheren jüdischen Schulhaus, in der *Gillergasse 1* wurde 1984 eine *Gedenktafel* mit folgendem Text angebracht:

Hier befand sich, bis zur Schändung
durch die Nationalsozialisten
in der Nacht vom 9./10. November 1938,
die Synagoge der Jüdischen
Gemeinde Haßloch.
Mit ihrer Zerstörung und der darauf
folgenden Deportierung unserer
jüdischen Mitbürger endete jegliches
jüdische Leben in unserem Ort.
Diese Gedenktafel soll zur Erinnerung
für die Lebenden und zur Mahnung
der kommenden Generation sein.

1933 bestand in Haßloch eine siebzigköpfige Jüdische Gemeinde. Mit der Verschleppung der jüdischen Bewohner ins französische Konzentrationslager Gurs 1940 wurde diese ausgelöscht.

Die *Leo-Loeb-Straße* am neuen Haßlocher Rathaus wurde nach dem Sohn des dritten Bürgermeisters von Haßloch benannt.

Literatur:
Theison, Johannes, Jüdische Familien in Haßloch. Zur Erinnerung an unsere ehemaligen Mitbürger. Dokumentation anläßlich des 1. Heimattreffens der ehemaligen jüdischen Mitbürger vom 30. 9.–4. 10. 1988, Haßloch 1988.

Hechtsheim siehe Mainz

Heddesheim siehe Langenlonsheim

Hennweiler

Am 1. Dezember 1985 wurde auf dem *Friedhof* eine auf einem Findling angebrachte *Gedenktafel* zur Erinnerung an die im »Dritten Reich« umgekommenen jüdischen Bürger enthüllt, die der Künstler Brust aus Kirnsulzbach gestaltete. Der Text lautet:

Zur Erinnerung an unsere jüdischen Mitbürger
Moritz Kahn – Lina Kahn – Hans Kahn –
Josef Schmelzer
Berta Schmelzer – Sigmund Sender – Helena Sender
Edmund Goldberg – Günther Goldberg –
Laura Goldberg
die in den Jahren des Dritten Reiches von 1933–45
vertrieben,
deportiert und umgebracht wurden
Die Bürger von Hennweiler

Hermeskeil

Nach Gesprächen mit ehemaligen jüdischen Mitbürgern der Stadt Hermeskeil Ende der siebziger Jahre beschloß der Stadtrat, eine Gedenktafel zur Erinnerung an die Opfer der nationalsozialistischen Verfolgung am ehemaligen Standort der Synagoge von Hermeskeil in der *Martinusstraße* anzubringen. Die von dem Bildhauer Hans-Karl Schmitt geschaffene *Bronzetafel* trägt unter einem siebenarmigen Leuchter, Symbol des Judentums, den Text:

Zum Gedenken an die vertriebenen und ermordeten
jüdischen Mitbürger und die im Jahre
1938 zerstörte Synagoge
Stadt Hermeskeil
1978

Die Synagoge war in der »Reichskristallnacht« am 9./10. November 1938 nicht angezündet worden, da sie in einer geschlossenen Häuserreihe stand. Sie wurde ohne Brandlegung verwüstet und danach zweckentfremdet. In den letzten Kriegstagen wurde sie durch Bomben zerstört. An ihrem damaligen Standort steht heute ein Wohn- und Geschäftshaus.

Herxheim bei Landau, Pfalz

Am 10. November 1988 wurde am Platz der zerstörten Synagoge ein kunstvoll gestalteter Ornamentstein aus der ehemaligen Synagoge verankert und eine *Gedenktafel* angebracht. Die Inschrift fixiert Stationen jüdischen Lebens in Herxheim:

Juden in Herxheim
1681 Die ersten Juden kommen nach Herxheim
1797 Errichtung eines Bethauses in der Judengasse
1841/42 Bau der Synagoge mit Schule und
Lehrerwohnung
für über 160 jüdische Mitbürger
1874 Anlage des jüdischen Friedhofes
östlich von Herxheim
1935–1945 Judenverfolgungen durch den
Nationalsozialismus
10. November 1938 Zerstörung der Synagoge
nach der
»Reichskristallnacht«

Die Reste der in der Nacht vom 9. zum 10. November 1938 demolierten und in Brand gesetzten Synagoge wurden zur Jahreswende 1938/39 abgebrochen und der Platz eingeebnet.

Auf dem von Nationalsozialisten verwüsteten *jüdischen Friedhof,* der nach 1945 als Erinnerungsstätte wiederhergerichtet wurde, steht ein Mahnmal mit folgender Inschrift:

> Den hier ruhenden Toten der Jüdischen Gemeinde
> Herxheim und den Opfern 1933–1945 gewidmet

Heßloch siehe Dittelsheim-Heßloch

Hinzert-Pölert

Zum Volkstrauertag 1982 wurde durch den Regierungspräsidenten von Trier an der *Sühnekapelle* auf der *Friedhofsanlage* auf dem Gelände des ehemaligen KZ/SS-Sonderlagers Hinzert im Hunsrück eine *Gedenktafel* mit folgendem Text enthüllt:

> In dieser Gedenkstätte ruhen/über 200 der Opfer des SS-Sonder/lagers bei Hinzert, allein 64/Nachbarn aus Luxemburg./In den Jahren 1940 bis 1945/ verloren Menschen aus neun/Nationen hier ihr Leben. Damals/führte die nationalsozialistische/Ideologie mit ihrem Rassen- und/Nationalitätenwahn zur mil/lionenfachen Verletzung der/Würde und Rechte des Menschen/in Deutschland und im unter/worfenen Europa. Die Gräber/der Geschundenen, Gepeinigten und Er/mordeten müssen auch nach dem/Ver schwinden des Sonderlagers/für immer eine Mahnung bleiben, damit/das Opfer der hier Begrabenen/nicht umsonst war. An diesem/Ort sind die Bürger Europas auf/gerufen, mit Gottes Hilfe und/durch ihren persönlichen Einsatz/für Menschenwürde und Men/schenrechte die Grundlage von/Freiheit und Frieden zu schaffen.
>
> Oktober 1982

Schon Ende Oktober 1945 war von ehemaligen Häftlingen des Lagers auf dem Lagergelände ein Holzkreuz aufgestellt worden, das 1946 auf den Friedhof Notre Dame in Luxemburg-Stadt gebracht wurde, als 51 Luxemburger Opfer des Lagers exhumiert und dorthin überführt wurden.

Die *Gedenkstätte Hinzert* entstand 1948, als auf Betreiben der französischen Militärverwaltung von deutschen Verwaltungs- und Kirchenbehörden die Sühnekapelle erbaut und der Friedhof mit hölzernen Grabkreuzen angelegt wurden. Eine Tafel an der Kapelle lautet:

> Zum Gedenken
> der Luxemburger,
> die hier litten und starben
>
> Dir sid nët vergiess!
>
> Fédération des victimes du Nazisme
> Enrôlées de Force Luxembourg
> [Vereinigung der Opfer des Nazismus
> Zwangsrekrutierte aus Luxemburg]

1949 wurde in der Kapelle eine Luxemburger Mutter-Gottes-Statue »Maria Consolatrix« aufgestellt. In den frühen sechziger Jahren wurden die Holzkreuze durch Sandsteinkreuze ersetzt. Treppenstufen führen zu einem hohen Kreuz über einem Urnengräberhügel hinauf.
Am Rande des Friedhofs wurde ein sarkophagartiger *Gedenkstein* errichtet, dessen Platte Namen aus Luxemburg, Frankreich, Belgien, den Niederlanden, Kroatien, Polen, der Sowjetunion, Deutschland und anderen Ländern trägt sowie die Worte:

> Selig sind die Verfolgung leiden
> um der Gerechtigkeit willen!
> Hier ruhen und harren der Auferstehung
>
> [es folgen die Namen]
>
> Requiescant in pace!

Im Mai 1972 wurde im *Hinzerter Wald,* etwa drei Kilometer von dem ehemaligen Lager entfernt, ein 1971 von überlebenden Luxemburger Widerstandskämpfern errichteter *Gedenkstein* nahe jener Stelle enthüllt, an der am 25. Februar 1944 23 Luxemburger Widerstandskämpfer erschossen und in einem Massengrab verscharrt wurden.
Nicht weit davon entfernt wurde am 1. September 1979 von der »Amicale Hinzert« ein weiterer *Gedenkstein* mit dem Datum 31. 8. 1942 aufgestellt zur Erinnerung an 20 Luxemburger, die im September 1942 standrechtlich erschossen wurden, weil sie an einem Proteststreik gegen die Einberufung von Bürgern des von den Deutschen annektierten Großherzogtums Luxemburg zur deutschen Wehrmacht beteiligt waren.
Seit 1994 weisen neugestaltete Schilder den Weg zur »Gedenkstätte ehem. SS-Sonderlager/KZ Hinzert«.
Im Oktober 1986 wurde auf dem Gelände des ehemaligen KZ/SS-Sonderlagers Hinzert ein von dem Luxemburger Bildhauer Lucien Wercollier, einem ehemaligen Häftling, geschaffenes *Mahnmal* enthüllt. Es besteht aus drei Figuren, die sich zum Mittelpunkt des Mahnmals neigen und ein Gewölbe über einer Feuerschale bilden. Auf dem runden

Innenraum der 1948 erbauten Sühnekapelle mit der Mutter-Gottes-Statue »Maria Consolatrix« aus Luxemburg auf dem Friedhof für die Opfer des KZ/SS-Sonderlagers Hinzert.

Sockel des Mahnmals steht in deutscher und lateinischer Fassung die Inschrift:

> Durchdrungen von Menschlichkeit,
> Frieden und Gerechtigkeit

Am 4. März 1989 gründeten Vertreter kirchlicher, gewerkschaftlicher und politischer Verbände sowie engagierte Bürger den »Förderverein Dokumentations- und Begegnungsstätte ehemaliges KZ Hinzert e.V.«. Der Förderverein wirkte an der Erarbeitung einer 1992 verabschiedeten Gedenkstättenkonzeption für das Land Rheinland-Pfalz mit. Als landeseigene Gedenkstätte nimmt das ehemalige SS-Sonderlager und KZ Hinzert darin einen bedeutenden Stellenwert für die künftige Gedenkstättenarbeit ein.

Zur Geschichte des Lagers

Das SS-Sonderlager Hinzert, dem Polizeihaftlager und Außenkommandos unterstellt waren, wurde im Oktober 1939 eröffnet. Schon 1938 hatte die »Deutsche Arbeitsfront«, die NS-Ersatzorganisation für die verbotenen Gewerkschaften, unweit des Dorfes Hinzert ein Barackenlager für Westwall-Arbeiter errichtet. Nach seiner teilweisen Zerstörung durch Feuer wurde das Lager im Oktober 1939 wiederaufgebaut und von der nach Fritz Todt benannten und von ihm gegründeten »Organisation Todt« (OT) als »Straf- und Erziehungslager« für Arbeiter am Westwall und an anderen Baumaßnahmen übernommen. (Fritz Todt war seit 1933 Generalinspekteur für das deutsche Straßenwesen und leitete den Bau der Reichsautobahnen und des Westwalls. Die von ihm

Gedenkstätte Hinzert: Auf dem im Jahre 1948 angelegten Friedhof liegen über 200 Opfer des KZ/SS-Sonderlagers Hinzert begraben.

gegründete Organisation errichtete während des Krieges im Deutschen Reich und in den deutsch besetzten Gebieten Kriegsbauten wie Atlantikwall, U-Boot-Bunker, Luftschutzräume u.a.)

Im Juli 1940 wurde das SS-Sonderlager dem Inspekteur der Konzentrationslager unterstellt. Die Wachmannschaften wurden in die Waffen-SS (SS-Totenkopfverbände) übernommen.

1942 wurde das SS-Sonderlager Hinzert laut Aussage des ehemaligen Lagerkommandanten Pister vom 2. Juli 1945 durch die Staatspolizeistelle Luxemburg-Trier übernommen. Während des Krieges entstanden folgende Außenkommandos: Farschweiler über Hermeskeil/Rheinprovinz, Gelnhausen/Provinz Hessen-Nassau, Gusterath, Hermeskeil/Rheinprovinz, Hinzert (ab 1. Juli 1940), Konz, Langendiebach/Provinz Hessen-Nassau (vgl. Hessen: Erlensee-Langendiebach), Mainz-Finthen, Mariahütte I und II, Neubrücke-Hoppstädten/Nahe, Nonnweiler, Pluwig, Poellert, Primstal, Reinsfeld I und II, Saarburg I und II, Thalfang, Trier I und II, Wächterbach/Kdo. Langendiebach/Provinz Hessen-Nassau, Wiesbaden, Wittlich/Rheinprovinz, Zweibrücken. (Diese Außenkommandos sind in der 6. Verordnung zur Durchführung des Bundesentschädigungsgesetzes vom 23. Februar 1967 verzeichnet: s. Bundesgesetzblatt Nr. 12/1967 vom 2. März 1967.) Außerdem gibt es Hinweise auf weitere Außenlager, z.B. in Mannheim-Sandhofen/Baden und Merzhausen/Provinz Hessen-Nassau, deren Zugehörigkeit noch zu klären ist.

Zunächst waren von den Nazis als »Schwerverbrecher«, »Asoziale«, »Hamsterer«, »Schieber« u.a. sowie als »Politische« eingestufte Deutsche in Hinzert inhaftiert. Nach der Besetzung der europäischen Nachbarländer durch deutsche Truppen kamen Häftlinge vieler Nationen in das Lager, Widerstandskämpfer aus Luxemburg (– das »Livre d'Or de la Résistance Luxembourgeoise de 1940–1945« zählt über 1500 Namen von in Hinzert inhaftierten Luxemburger Bürgern auf –), Frankreich, Belgien, den Niederlanden, Polen, der Sowjetunion u.a., darunter vorübergehend auch sogenannte »Nacht-und-Nebel (NN)-Häftlinge«. Zwischen 1940 und 1945 wurden etwa 15000 bis 20000 Menschen durch das Lager gepreßt, das für viele Durchgangsstation auf dem Weg in größere Lager wurde. Das mit nur etwa 530 Schlafstellen in fünf Baracken ausgestattete Lager war Ende 1943 mit etwa 1500 Häftlingen belegt.

Die genaue Zahl der durch Arbeit, Folter und Mord Vernichteten ist nicht bekannt. Das zuständige Standesamt Hermeskeil verzeichnet 231 Tote, aber nicht alle Todesfälle wurden gemeldet. Zusätzlich sind 114 Opfer von Massenexekutionen bekannt und beurkundet: Im September 1941 wurden 70 sowjetische Gefangene durch Giftinjektionen

Mahnmal des Luxemburger Bildhauers Lucien Wercollier, ehemaliger Häftling des SS-Sonderlagers Hinzert.
Eine Bodenplatte erläutert die 1986 enthüllte Skulptur: »Dieses Mahnmal vermittelt durch sublimierte monumentale Formen die Erlebnisse und Gefühle der zu anonymen Nummern erniedrigten KZ-Häftlinge.«

getötet; im September 1942 und Februar 1944 folgten die Massenmorde an Luxemburger Widerstandskämpfern.
Im Januar 1945 wurde das Sonderlager Hinzert dem Konzentrationslager Buchenwald unterstellt. Im März 1945 wurde es von der SS geräumt. Der »Evakuierungs«-trupp wurde bei Friedberg in Hessen von amerikanischen Truppen gestoppt, die letzten Gefangenen des Lagers wurden befreit.

Die Gedenkstätte Hinzert (Gemeinde Hinzert-Pölert) liegt im Hunsrück, Region Hochwald, etwa 8 Kilometer nordwestlich von Hermeskeil im Landkreis Trier-Saarburg.

Anfahrt:
Mit dem Auto: Von Trier aus die Bundesstraße 52 in Richtung Hermeskeil, Abfahrt Hinzert-Pölert. Vom Dorfausgang führt eine Straße zur Gedenkstätte. – Oder über die Autobahn 48/1 Koblenz–Saarbrücken/Kaiserslautern, Abfahrt Reinsfeld. Fahrt durch Reinsfeld bis zum Ortsausgang Richtung Hinzert-Pölert, Gedenkstätte ist ausgeschildert.

Mit dem Bus:
Bahnbus Rhein-Mosel Nr. 6280 von Trier Hbf. Richtung Hermeskeil, Haltestelle Hinzert Wasserwerk, von dort ca. drei Minuten Fußweg.

Medienpaket:
»KZ Hinzert 1940–1945«. Das Medienpaket umfaßt einen Videofilm »KZ Hinzert, Schüler und Zeitzeugen – Annäherung für die Zukunft«, 30 Min., eine Dia-Reihe, einen Foliensatz und didaktisch-methodische Handreichungen. Eine Ausstellung (»SS-Sonderlager Hinzert 1940–1945«) und das Medienpaket können ausgeliehen werden bei: Landesmedienzentrum Rheinland-Pfalz, Hofstraße 257, 56077 Koblenz, Tel.: 02 61/7 20 22.

Film:
»Hinzert . . . nur ein kleines KZ?« von Rudolf Gemecke, ausgestrahlt im Oktober 1981 durch SWF 3.

Kontaktadressen:
Förderverein Dokumentations- und Begegnungsstätte ehemaliges KZ Hinzert e.V., Gaby Steffen, Saartalstr. 10, 54329 Konz; Dieter Burgard, Schulstr. 22, 54516 Wittlich; Landeszentrale für politische Bildung Rheinland-Pfalz, Am Kronberger Hof 6, 55116 Mainz.

Quellen/Literatur:
Barbel, Metty, Student in Hinzert und Natzweiler, Luxemburg 1992; Bucher, Peter, Das SS-Sonderlager bei Hinzert, in: Landesarchiv Rheinland-Pfalz (Hrsg.), Jahrbuch für westdeutsche Landesgeschichte, Jg. 4, 1978, S. 413–439; Burgard, Dieter, »Alles im Laufschritt«. Das KZ-Außenlager Wittlich, Luxemburg 1994; Christoffel, Edgar, Ein KZ-Lager im Trierer Land: das SS-Sonderlager Hinzert (Hunsrück), in: Ders., Der Weg durch die Nacht. Verfolgung und Widerstand im Trierer Land während des Nationalsozialismus, Trier 1983, S. 219–249; Eichmann, Bernd, Hinzert: »Klein-Katyn« im Hunsrück, in: Ders., Versteinert, verharmlost, vergessen. KZ-Gedenkstätten in der Bundesrepublik Deutschland, Frankfurt a.M. ²1986; Engel, Marcel/Hohengarten, André, Hinzert – Das SS-Sonderlager im Hunsrück 1939–1945, Luxemburg 1983; Internationaler Suchdienst (Hrsg.), Verzeichnis der Haftstätten unter dem Reichsführer-SS (1933–1945). Konzentrationslager und deren Außenkommandos sowie andere Haftstätten unter dem Reichsführer-SS in Deutschland und deutsch besetzten Gebieten, Arolsen 1979, S. LXXXVII - XCI, S. 46, S. 710–714; Heyen, Franz-Josef, Hinzert - Ort des Leidens und der Schmach. Gedenkstätte des Freien Luxemburg, in: Hémecht. Zeitschrift für Luxemburger Geschichte, 35/1983, 2, S. 133–157; Klopp, Eberhard/Lofy, Reinhard, Hinzert - kein richtiges KZ? Ein Beispiel unter 2000, Trier 1983; La Martinière, Joseph de, Nuit et Brouillard à Hinzert, Tours 1984; Landeszentrale für politische Bildung Rheinland-Pfalz (Hrsg.), Das ehemalige SS-Sonderlager/KZ Hinzert 1940–1945 (Verfasser: Arbeitsgruppe »Gedenkstätte Hinzert« an der Universität Trier), Mainz o.J. (1995); Raths, Aloyse, Hinzert - Lieu de Souvenir, in: Rappel 39/1984, 3/4, S. 73–160.

Höhr-Grenzhausen

Die ehemalige »Rheinstraße« in Höhr-Grenzhausen (während der Nazi-Zeit »Hermann-Göring-Straße«) wurde 1945/46 in *»Hermann-Geisen-Straße«* umbenannt. Hermann Geisen, am 25. September 1899 in Grenzhausen geboren, war Kommunist und überzeugter Gegner des Nationalsozialismus. Nach der »Machtergreifung« wurde er von SA-Leuten in einem Waldstück in der Nähe seines Heimatortes mißhandelt und danach inhaftiert. Auf einer Kundgebung der Nationalsozialisten in Wirges wurde er gezwungen, ein Schild mit der Aufschrift »Ich bin ein Kommunistenschwein« zu tragen. Im Sommer 1933 floh er ins Saarland und später nach Spanien. Dort schloß er sich den Internationalen Brigaden an, die gegen die unter General Franco putschenden Armeeteile und gegen die in Spanien eingesetzte deutsche »Legion Condor« kämpften. Nach dem Sieg Francos konnte er nach Frankreich fliehen, wurde aber im Jahr 1943 geschnappt und in ein Straflager nach Belgien deportiert. Von dort aus wurde er nach Berlin überführt und wegen Hochverrats angeklagt. Am 21. April 1943 wurde Geisen in der Strafanstalt Plötzensee hingerichtet.

Holzappel, Rhein-Lahn-Kreis

Neben dem Mahnmal für den Frieden bei der evangelischen Kirche in Holzappel, Verbandsgemeinde von Diez an der Lahn, befindet sich seit 1985 eine *Gedenktafel* für die ehemaligen jüdischen Bürger, die während der nationalsozialistischen Gewaltherrschaft verfolgt und umgebracht wurden. Sie trägt die Inschrift:

Zum Gedenken
an das Schicksal
unserer jüdischen
Mitbürger
1933–1945

Hoppstädten-Weiersbach

Die Ortsgemeinde Hoppstädten-Weiersbach ließ 1980 beim Kriegerdenkmal am *Friedhof* in Hoppstädten eine aus zwei Teilen bestehende *Gedenktafel* aus Kupfer anbringen. Der eine Teil trägt den Text:

Zum Gedenken
an die verfolgten und vertriebenen jüdischen Mitbürger unserer Gemeinde
1933–1945

Der andere Teil der Tafel zeigt einen Menschen, der sich zu einem am Boden liegenden Menschen beugt.

Idar-Oberstein

Am 27. Oktober 1985 ließ die Stadt Idar-Oberstein in der *Grünanlage Niederau* einen *Gedenkstein* aufstellen. Die Inschrift auf der Vorderseite lautet:

Zum Gedenken
an die
jüdischen Mitbürger
die in den Jahren
des Nationalsozialismus
vertrieben oder
umgebracht wurden
1933–1945

Auf der Rückseite stehen die Bibelzitate:

Teuer ist in Gottes Auge das Versterben der Getreuen

Besser ist's Zuflucht zu nehmen bei Gott, als sich zu bergen bei Menschen

(Psalme 116,5 und 118,8)

Literatur:
Meigen, Dorothee, Zur Geschichte der Juden in Idar-Oberstein, Birkenfeld 1983 (Schriftenreihe der Kreisvolkshochschule Birkenfeld 17); Redmer, Axel, »Reichskristallnacht« in Idar-Oberstein, in: Heimatkalender des Landkreises Birkenfeld, 1982, S. 54–57.

Ingelheim am Rhein

Am ehemaligen Standort der 1938 zerstörten Synagoge auf dem *Synagogenplatz, Ecke Stiegelgasse/ Jungfernpfad,* ist eine *Gedenktafel* (Bronzeplatte auf grauem Basalt) mit folgender Inschrift angebracht:

Hier stand die Synagoge
der Jüdischen Gemeinde Ingelheim.
Sie wurde am 9. November 1938
zerstört.

Auf Anregung von Schülerinnen und Schülern des Sebastian-Münster-Gymnasiums wurde mit Unterstützung des Deutsch-Israelischen Freundeskreises am 24. Mai 1992 ein zusätzlicher *Gedenkstein* errichtet, den die Schülerinnen und Schüler zusammen mit dem rheinhessischen Künstler und Kunstpädagogen Guido Ludes entworfen und gestaltet haben. Die drei Meter hohe Stele trägt am Fuß ein Zitat aus dem alten Testament:

... denn Fremde sind gekommen über die Heiligtümer des Hauses des Ewigen. Jeremia 51,51

Auf der Säule steht der Text:

Hier stand das Gotteshaus der jüdischen
Religionsgemeinde unserer Stadt.
Es wurde 1841 eingeweiht und während
des Pogroms in den Morgenstunden des
10. November 1938 durch Nationalsozialisten geschändet und zerstört.
Damit und mit der späteren Deportation
unserer jüdischen Mitbürger endete in
Ingelheim jegliches jüdische Gemeindeleben.
Wir erinnern uns in Trauer und Scham.
Bürger der Stadt Ingelheim 1992

Auf dem *Friedhof* in Ober-Ingelheim liegt Hermann Berndes bestattet, Führer eines Ingelheimer »Volkssturm«-Bataillons. Auf seinem Grabstein stehen die Worte:

Ich sterbe, weil ich meine Heimat geliebt habe.
Hermann Berndes * 29. 10. 1889 † 18. 03. 1945

Der »Volkssturm« war einer der letzten Versuche der NS-Führung, unter Einsatz aller Mittel dem ausweglos gewordenen Krieg eine Wende zu geben. Durch einen Erlaß Hitlers vom 25. September 1944 wurden alle Männer im Alter von 16 bis 60 Jahren verpflichtet, »den Heimatboden« mit allen Mitteln zu verteidigen. Als sich Mitte März 1945 alliierte Truppen Ingelheim näherten, hing am 17. März ein Aufruf von Hermann Berndes an den Anschlagflächen der Stadt, der zur Ruhe und Besonnenheit mahnte. Der Aufruf wurde wenige Stunden später entfernt; ein Wehrmachtsmajor ordnete die Ver-

teidigung der Stadt an. Hermann Berndes wurde verhaftet und standrechtlich zum Tode verurteilt. Das Urteil wurde auf dem Marktplatz von Nieder-Ingelheim, damals »Adolf-Hitler-Platz«, vollstreckt. Am 19. März 1945 berichtete die Darmstädter Zeitung unter der Überschrift »Feiglinge verfallen dem Tode«: »Durch das Standgericht Hessen-Nassau wurde der Führer eines Volkssturmbataillons, Hermann Berndes aus Ingelheim am Rhein, wegen Feigheit zum Tode verurteilt. Das Urteil wurde unmittelbar nach der Verkündung an Ort und Stelle durch Erhängen vollstreckt. Ein Schild, das unter dem Verurteilten aufgestellt wurde, verkündete mit seiner Inschrift ›So sterben alle, die ihr Vaterland verraten‹.« Einen Tag später, am 20. März 1945, erfolgte die Übergabe der Stadt an die amerikanischen Truppen.
In der Stadt Ingelheim ist auch eine *Straße* nach Hermann Berndes benannt.

Quellen/Literatur:
Allgemeine Zeitung Mainz vom 19. März 1985 (Reihe »Chronik der letzten Tage«); Deutsch-Israelischer Freundeskreis Ingelheim am Rhein (Hrsg.), 9. November 1938 – 9. November 1988. Ingelheim am Rhein. Eine Dokumentation, Ingelheim 1988.

Ingenheim siehe Billigheim-Ingenheim

Jünkerath

In der *Friedhofshalle* der Gemeinde wurde Anfang 1990 eine *Gedenktafel* mit dem Wortlaut angebracht:

> Zum Gedenken an unsere jüdischen Mitbürger
> die Opfer von Verfolgung und Gewaltherrschaft
> wurden
> 1933–1945

Jugenheim in Rheinhessen

1988 wurde aus Anlaß des 50. Jahrestages der »Reichskristallnacht« an der *evangelischen Kirche* eine von dem Bildhauer Nonnenmacher gestaltete *Gedenktafel* angebracht. Die allgemein gehaltene Inschrift gibt – wie vielfach andernorts auch – außer den Jahreszahlen keine Auskunft über die von den Nazis verübten Verbrechen an den verfolgten, deportierten und ermordeten jüdischen Bürgern. Der Text lautet:

> 1933–1945
> Zum Gedenken an unsere
> jüdischen Mitbürgerinnen und Mitbürger

Kaiserslautern

Am 8. August 1980, 42 Jahre nach dem Abriß der 1886 eingeweihten großen Synagoge von Kaiserslautern und 40 Jahre nach der Deportation der Kaiserslauterer Juden, wurde am ehemaligen Standort der Synagoge in der *Fischerstraße* ein *Gedenkstein* enthüllt. Die Synagoge war bereits in den Tagen vom 1. bis zum 9. Oktober 1938 abgerissen worden, nachdem die nationalsozialistische Stadtverwaltung der Jüdischen Gemeinde mitgeteilt hatte, daß die Synagoge ein »Fremdkörper« sei und verschwinden müsse. Die Fischerstraße sollte Paradestraße für Partei- und Wehrmachtsaufmärsche werden.

Auf dem *jüdischen Friedhof* erinnern einige Grabsteine an das Schicksal der jüdischen Bürger von Kaiserslautern, die im Oktober 1940 in ein Lager nach Frankreich und von da aus zum großen Teil in das Vernichtungslager Auschwitz deportiert wurden.

Im Ostteil des Kaiserslauterer *Hauptfriedhofs* befindet sich ein sowjetischer Ehrenfriedhof mit einem *Gedenkstein*, auf dem übersetzt die Inschrift steht:

> 4. März 1950
> Ewigen Ruhm den Kämpfern für die Freiheit.
> Hier ruhen 156 sowjetische Bürger
> durch faschistische Mörder umgekommen

Die hier Begrabenen waren möglicherweise im Lager für sowjetische Zwangsarbeiter interniert gewesen, das am südlichen Stadtrand von Kaiserslautern lag.

Literatur:
Paul, Roland, Kaiserslauterer Synagoge und ihr Schicksal vor 50 Jahren, in: Heimatjahrbuch, Kaiserslautern 1988, S. 156–161; Theodor-Zink-Museum Kaiserslautern (Hrsg.), »Reichskristallnacht« 9./10. November 1938, Texte von Werner Krause u. a., Ausstellungskatalog, Kaiserslautern 1979; Vereinigung der Verfolgten des Nazi-Regimes/Bund der Antifaschisten (Hrsg.), Kleiner antifaschistischer Stadtführer Kaiserslautern, Kaiserslautern o. J.; Volkshochschule und Stadtbibliothek (Hrsg.), Faschismus in Kaiserslautern. Schüler erforschen den Alltag im Nationalsozialismus, Ausstellungskatalog, Kaiserslautern 1983.

Kastellaun

Am 19. März 1986 wurde der Öffentlichkeit auf dem *jüdischen Friedhof* von Kastellaun in der *Hasselbacher Straße* ein *Gedenkstein* übergeben, dessen Errichtung vom Kastellauner Stadtrat Ende Mai 1985 beschlossen worden war. Auf dem Stein stehen die Worte:

Zur Erinnerung

an die Angehörigen jüdischer Familien aus Kastellaun, die in den Jahren der nationalsozialistischen Herrschaft aus ihrer Heimat vertrieben, deportiert oder ermordet wurden. Die Synagoge stand in der Eifelstraße. Sie wurde am 10. 11. 1938 zerstört.

Die Bürger der Stadt Kastellaun.

Kirchähr siehe Gackenbach

Kirchberg, Hunsrück

siehe Dickenschied und Laufersweiler

Kirchheim an der Weinstraße

Auf dem außerhalb der Gemeinde Kirchheim gelegenen *jüdischen Friedhof* steht ein *Monument,* auf dessen vier Seiten folgende Texte stehen:

Durch Menschenhände wurde auch dieser jüdische Friedhof/
im November 1938 vollständig zerstört. Selbst den Toten/
nahm man ihren Frieden.
Dieses Monument wurde durch die Gemeinde Kirchheim an der Eck im Jahre 1947 als Wiedergutmachung
errichtet.
Es soll eine ewige Mahnung sein, daß eine Schändung/
des Menschenantlitzes, wie in den Jahren 1933 bis 1945/
geschehen, sich niemals wieder ereignen möge, denn alle Menschen sind doch Brüder und haben einen Gott.

In diesem Friedhof ruhen in Frieden

[Es folgen die Namen von 19 Personen]

Durch die Deportationen fanden den Tod

[Es folgen die Namen von 27 Personen]

In diesem Friedhofe ruhen in Frieden

[Es folgen die Namen von 18 Personen]

Kirchheimbolanden

In der Kreisstadt Kirchheimbolanden, zwischen *Paulskirche* und *Schloßplatz,* befindet sich eine *Mahn- und Gedenkstätte* auf dem Gelände der ehemaligen Synagoge der Jüdischen Kultusgemeinde. Am 9. November 1978 wurde dort im Rahmen der Kirchheimbolander Friedenstage eine Bronzetafel mit folgendem Text enthüllt:

Hier stand die 1835 erbaute und
1938 zerstörte Synagoge der
Jüdischen Kultusgemeinde Kirchheimbolanden

Zur Erinnerung und Mahnung an die Verbrechen der Nationalsozialisten wurden am 9. November 1984 drei Steine aus den Konzentrationslagern Natzweiler-Struthof, Dachau und Auschwitz vor der Gedenktafel aufgeschichtet und in Beton gekleidet. 1988 wurde bei der alljährlichen Gedenkfeier zur Erinnerung an die »Reichskristallnacht« eine weitere Tafel mit dem Text angebracht:

Der Synagogenbrand weitete sich aus.
Die Steine aus Natzweiler-Struthof,
Dachau und Auschwitz sind stumme Zeugen.
Umkehr braucht Erinnerung!
9. November 1988

Kirn, Nahe

Auf dem *Zentralfriedhof* in Kirn wurde 1978 in Erinnerung an die Novemberpogrome eine *Gedenktafel* angebracht.

Am 9. November 1988 wurde eine *Gedenktafel* am Haus *Steinweg 15/17* mit der Inschrift enthüllt:

Zur Erinnerung
an unsere Mitbürger
jüdischen Glaubens, im
Gedenken an ihr
erlittenes Schicksal durch
Verfolgung, Deportation
und Ermordung (1933–1945)

Die linke Seite der Gedenktafel zeigt einen in Flammen berstenden Turm, aus dem ein kleiner Ölzweig herauswächst. Das Bibelzitat darüber lautet:

Soll ich meines Bruders Hüter sein?
1. Mose 4,9

Koblenz am Rhein

An die ehemalige Synagoge im »Bürresheimer Hof« erinnert seit September 1986 eine *Gedenktafel* an einem Gebäude am *Florinsmarkt 13.* In diesem Gebäude, in dem heute u.a. die Jugend- und Musikbibliothek der Stadtbibliothek Koblenz untergebracht ist, wird eine *Dauerausstellung* mit Dokumenten zur Geschichte der Jüdischen Kultusgemeinde und der Synagogen gezeigt. (Öffnungszeiten: tägl. 14–18 Uhr, außer Mi.)

Auf dem *Friedhof* der Jüdischen Kultusgemeinde, *Ecke Moselweißer Straße/Schwerzstraße,* befindet sich eine *Gedenksäule* für die ehemaligen jüdischen Mitbürger der Stadt Koblenz. Das Mahnmal wurde am 29. Juni 1947 eingeweiht. Die Initiative zu dieser Gedenkstätte ging von dem Präsidenten des Landesverbandes Jüdischer Gemeinden und Leiter der Jüdischen Gemeinde Koblenz, Addi Bernd, aus. Die Inschrift lautet:

Den Toten
zur Erinnerung
den Lebenden zur
Mahnung

Gedenkt unserer
6 Millionen
Brüder und Schwestern,
die ein Opfer des
Rassenwahnes wurden

Von 500 Koblenzer
Juden leben noch 22

Am *Bundesamt für Wehrtechnik und Beschaffung, Ecke Karmeliterstraße/Rheinstraße,* befindet sich eine *Gedenktafel* zur Erinnerung an den von den Nationalsozialisten verfolgten Pater Josef Kentenich, Mitglied der Priestergenossenschaft der Pallottiner, Gesellschaft des Katholischen Apostolats. Die Tafel trägt folgenden Text:

Pater Josef Kentenich
Gründer der Internationalen Schönstattbewegung
* 18. 11. 1885 † 15. 9. 1968.
War hier Gefangener der Gestapo
vom 18. 10. 1941 bis zu seinem
Abtransport in das KZ Dachau am 11. 3. 1942.

Die von Kentenich aufgebaute Schönstatt-Bewegung (benannt nach dem Sitz in Vallendar-Schönstatt, unweit von Koblenz) ist eine fundamentalkatholische Bewegung zur Förderung des christlichen Lebens und der Zusammenarbeit von Laien mit der Kirche.
Auf dem Gelände des heutigen Bundesamtes für Wehrtechnik und Beschaffung stand früher ein Karmeliterkloster, dessen Räume später als Gefängnis dienten, unter anderem für Häftlinge der Gestapo. Das Gestapo-Gebäude selbst befand sich unmittelbar daneben in der früheren Reichsbank (»Im Vogelsang 1«).

Literatur:
Bucher, Peter, Koblenz während der nationalsozialistischen Zeit, in: Jahrbuch für westdeutsche Landesgeschichte, Jg. 11, 1985, S. 211–245; Menningen, Alexander, Pater Kentenich, Bekenner von Dachau, Vallendar-Schönstatt [3]1982; Monnerjahn, Engelbert, Häftling 29 392. Der Gründer des Schönstattwerkes als Gefangener der Gestapo, Vallendar [2]1973; Ries, Elmar, Wozu Menschen fähig sind – die Reichspogromnacht 1938 in Koblenz. Geschichtliches Lesebuch vorrangig für Jugendliche, hrsg. von der Stadtbibliothek, Koblenz 1988; Thill, Hildburg-Helene, Lebensbilder jüdischer Koblenzer und ihre Schicksale. Personenregister und Nachträge, Koblenz 1988 (Veröffentlichungen aus der Stadtbibliothek Koblenz 24).

Kyllburg

Auf dem Grundstück der *evangelischen Kirchengemeinde* wurde 1988 ein *Gedenkstein* aufgestellt mit der Inschrift:

Gegenüber stand die Synagoge von Kyllburg,
erbaut im Jahre 1911; sie wurde am 9. 11. 1938
von Nationalsozialisten zerstört.

Landau in der Pfalz

Am 10. November 1968 wurde an der *Ecke Friedrich-Ebert-Straße/Reiterstraße,* dem Standort der ehemaligen Synagoge, ein *Mahnmal* in Form einer 2,50 Meter hohen Stele aus Bronze errichtet. Die Vorderseite trägt die Inschrift:

Hier stand die Landauer Synagoge,
zerstört am 10. November 1938.

Auf der Rückseite stehen die Worte des 57. Psalms, Vers 5:

Ich liege mitten unter Löwen,
verzehrende Flammen sind die Menschen,
ihre Zähne sind wie Spieße und Pfeile
und ihre Zungen scharfe Schwerter.

Vor dieser Gedenkstele wurde am 10. November 1988 anläßlich des 50. Jahrestages der »Reichskristallnacht« eine *Gedenktafel* in den Boden eingelassen. Sie trägt die Inschrift:

An dieser Stelle stand die Synagoge.
Sie wurde 1884 erbaut und 1938 von den
Handlangern
der Nazidiktatur niedergebrannt.
Die Zerstörung der Synagoge war das Fanal
zu Verfolgung, Marter und millionenfachem Mord
an deutschen und europäischen Juden.
Das Geschehene verpflichtet uns, nie zu vergessen.

Eine im Mai 1987 an der östlichen Begrenzungsmauer des *Savoyenparks* angebrachte *Gedenktafel* erinnert an das Schicksal der Landauer Synagoge, die zwischen dem 12. und 15. November 1938 gesprengt wurde:

Diese Mauer wurde mit Steinen der
Landauer Synagoge errichtet.
Erbaut 1884 – zerstört 1938

In der *Kaufhausgasse 9* befindet sich das *Frank-Loebsche Haus,* in dem die Vorfahren von Anne Frank gelebt haben. Eine *Bronzetafel* am Haupteingang macht auf die Geschichte des Hauses aufmerksam:

> Frank-Loebsches-Haus
> Bau- und kunstgeschichtlich herausragendes Baudenkmal des 15. bis 17. Jahrhunderts.
> Ehemalige »Wirtschaft zur Blum«. Nach 1870 Wohnhaus der Urgroßeltern der Anne Frank.
> Heute Stätte der Begegnung und Erinnerung an die Verfolgung jüdischer Mitbürger 1933 bis 1945, feierlich eröffnet am 7. Mai 1987.

Die Erinnerungsstätte enthält eine Dokumentation der Geschichte der Landauer Juden von 1933 bis 1945 und eine Ausstellung über die Verfolgung der Pfälzer Sinti. Schwerpunktmäßig stehen die Landauer Synagoge und ihre Rabbiner im Zentrum der Ausstellung. Gezeigt wird ein Synagogenraum mit Thorarolle, Thoraschrein und jüdischen Kultgegenständen, die zum Teil von dem letzten Landauer Rabbiner Dr. Kurt L. Metzger und seiner Gattin gestiftet wurden. Darüber hinaus bieten die Räumlichkeiten Platz für Veranstaltungen, Konzerte, Künstlerateliers und ein Lokal.

Öffnungszeiten:
Di–Fr 10–12.30 Uhr u. 14–17 Uhr, Sa/So 14–17 Uhr, Mo geschlossen, feiertags nach Anmeldung. Bibliothek: Mi 14–17 Uhr. Führungen des Stadtarchivs (Dr. Martin) nach Vereinbarung (Tel.: 0 63 41/13-1 55)

Kontaktadresse:
Verein der Freunde des Frank-Loebschen Hauses, Ostbahnstr. 10, 76829 Landau.

Auf dem Landauer *Hauptfriedhof* errichteten Mitglieder der »Vereinigung der Verfolgten des Nazi-Regimes« im Kreis Landau-Bad Bergzabern am 11. September 1949 einen *Gedenkstein* für die Opfer des Nationalsozialismus.

Literatur:
Heß, Hans, Die Landauer Judengemeinde. Ein Abriß ihrer Geschichte, Landau 1969.

Langenlonsheim

Im sogenannten *Langenlonsheimer Wald,* südlich von Bingen, befindet sich der *Heddesheimer Judenfriedhof.* Dort erinnert heute eine *Gedenktafel* an Menschen, die von 1933 bis 1945 in Konzentrationslagern umgekommen sind. Die Gedenktafel trägt Namen jüdischer Bürger von Heddesheim und Waldhilbersheim. (Beide Ortschaften bilden seit 1970 die Ortsgemeinde Guldental südlich von Bingen.)

Laufersweiler

In der Ortsgemeinde Laufersweiler der Verbandsgemeinde Kirchberg befindet sich die einzige erhalten gebliebene *Synagoge* des Rhein-Hunsrück-Kreises. Sie wurde 1910 erbaut und in der »Reichskristallnacht« am 9./10. November 1938 geplündert und verwüstet.

Im Februar 1985 beschloß der Gemeinderat auf Antrag der Kreisverwaltung, das Gebäude unter Denkmalschutz zu stellen und renovieren zu lassen. Hans Elz, ein Enkel des Erbauers der Synagoge, erhielt den Auftrag, das ursprüngliche äußere Bild der Synagoge wiederherzustellen. An der Außenfassade wurde der alte Halbbogen mit hebräischer Schrift wieder eingemauert. Er ist das einzige Zeugnis aus jüdischer Zeit. Der Raum im Erdgeschoß mit der noch vorhandenen Thoranische ist Ort des Gedenkens, in dem am 31. Januar 1988 ein aus drei Teilen bestehendes Bronzerelief enthüllt wurde. Es erinnnert an 25 jüdische Bürger, die in Konzentrationslagern ums Leben kamen.

Der »Förderkreis Synagoge Laufersweiler« bemüht sich seit 1988 um die Einrichtung einer Gedenkstätte. Sie soll der Dokumentation und Erforschung jüdischen Lebens im Rhein-Hunsrück-Kreis dienen. Eine ständige Ausstellung zur Geschichte der Laufersweiler Juden wurde anläßlich des 50. Jahrestages der »Reichskristallnacht« im November 1988 eröffnet.

Kontakt:
Bürgermeister Friedrich Ochs, Die Fahrt 2, 55487 Laufersweiler, Tel.: 0 65 43/22 90. (Bei ihm kann der Schlüssel für die Ausstellung in der Synagoge abgeholt werden.)

Literatur:
Johann, Hans-Werner, Sie gehörten zu uns. Geschichte und Schicksal der Laufersweiler Juden, Holzbach 1988; ders., Aus der Geschichte der Jüdischen Gemeinde in Laufersweiler, in: Hunsrücker Heimatblätter, Nr. 71, 1987.

Leimersheim

Am ehemaligen Standort der Synagoge in der Ortsgemeinde Leimersheim, Verbandsgemeinde Rülzheim, wurde ein *Mahnmal* mit den Gebettafeln aus dem First der zerstörten Synagoge errichtet. Auf einer Tafel steht der Text:

in erinnerung und im gedenken errichtet
am platz der synagoge

Linz am Rhein

Auf dem *jüdischen Friedhof, Am Wolfsacker,* wurde 1987 ein *Gedenkstein* aufgestellt, der folgende Inschrift trägt:

Hier ruht
Bertha Faber geb. Levy
3. 3. 1843 – 27. 10. 1931
aus Leubsdorf

Zum Gedenken an unsere
Mitbürger, die Opfer der
Verfolgung wurden
Daniel u. Adele Faber geb.
Wolf und Sohn Günter

Seit 1992 erinnert eine kleine *Tafel* an die ehemalige Linzer Synagoge, die in der »Reichskristallnacht« geschändet wurde.

Literatur:
Bamberger, Bar-Giora Naftali, Jüdischer Friedhof Linz am Rhein, 1987 (Manuskript im Stadtarchiv Linz); Rings, Anita, Juden in Linz am Rhein von früher Neuzeit bis 1945, Linz 1987.

Ludwigshafen am Rhein

Am Standort der ehemaligen Synagoge in der *Kaiser-Wilhelm-Straße* befindet sich eine *Gedenktafel* mit folgendem Text:

Hier stand die Synagoge der Jüdischen Gemeinde.
Sie wurde am 26. 05. 1865 eingeweiht und in der
Nacht vom 09. zum 10. Nov. 1938 durch
verbrecherische Intoleranz des Nationalsozialismus
zerstört. Die Untat mahnt, Terror und
Unmenschlichkeit für immer zu verbannen.

Zur Erinnerung an die ehemalige Synagoge im Stadtteil *Ruchheim* befindet sich am jetzigen evangelischen Gemeindezentrum eine *Gedenktafel* mit folgendem Text:

Hier befand sich die Synagoge der Ruchheimer Juden.
1881 erbaut – verwüstet 1938.

An die ehemalige Judenschule im Stadtteil *Rheingönheim, Fußgönheimer Straße 52,* erinnert folgende *Gedenktafel*:

Zur Erinnerung.
Hier befand sich die ehemalige Judenschule
mit Bethaus.
Die Schließung erfolgte 1938.
Das ursprüngliche Gebäude wurde 1949 umgebaut.

Im Hof der *Maxschule* wurde 1986 durch den Oberbürgermeister der Stadt und Vertreter der Jüdischen Gemeinde Rheinland-Pfalz eine *Gedenktafel* zur Erinnerung an die Deportation Ludwigshafener Juden enthüllt. Dieser Schulhof in der Maxstraße war eine von drei Sammelstellen, von wo aus am 22. Oktober 1940 die Pfälzer Juden in das Internierungslager Gurs in Südfrankreich deportiert wurden. An dieses Ereignis erinnert die Tafel mit den Worten:

Zum
Gedenken
an die
Deportation
von Jüdischen
Mitbürgern
am 22. 10. 1940
in das Konzen-
trations-
lager Gurs
Südfrankreich

Zur Erinnerung an das Attentat auf Hitler vom 20. Juli 1944 befindet sich an der CDU-Geschäftsstelle, *Benckiser Straße 26,* eine von der Jungen Union Ludwigshafen-Stadt gestiftete *Gedenktafel* mit folgender Inschrift:

»Wenn Menschenrechte
mit Füßen getreten werden,
wird Widerstand zur Pflicht!«
Zum 40jährigen Gedenken an den
20. Juli 1944.

Auf dem Ludwigshafener *Hauptfriedhof, Bliesstraße 10,* befinden sich die *Gräber* von 362 sowjetischen, polnischen, französischen und jugoslawischen Kriegsgefangenen und ein massiver, quaderförmiger *Gedenkstein* mit kyrillischer Umschrift an allen vier Seiten.
Die IG-Farben-Werke in Ludwigshafen und Oppau beschäftigten 1942 rund 6000 Zwangsarbeiter, die in vier IG-Gemeinschaftslagern untergebracht waren, 1500 Arbeitsdienstverpflichtete mit mehrheitlich deutscher Staatsbürgerschaft, die in 33 sogenannten Kameradschaftsheimen wohnten, und

eine unbekannte Anzahl Kriegsgefangener. Ein »Russenlager« befand sich vermutlich gegenüber dem Tor 13 der BASF. Seit April 1943 gab es auf dem Gelände der IG-Farben-Werke auch ein »Arbeitserziehungslager« für »Arbeitsverweigerer«, in dem die Arbeitsbedingungen und Lebensverhältnisse sehr hart waren. Von Dezember 1942 bis Ende 1944 befand sich in Ludwigshafen außerdem das »Kriegsgefangenen-Bau- und Arbeitsbataillon 33« mit rund 500 französischen Gefangenen.

Literatur:
Kukatzki, Bernhard, Jüdische Kulturdenkmäler, in: Heimatjahrbuch, Bd. 3, Ludwigshafen 1987, S. 75–78; Meinzer, Lothar, Stationen und Strukturen der nationalsozialistischen »Machtergreifung«: Ludwigshafen am Rhein und die Pfalz in den ersten Jahren des Dritten Reiches, hrsg. v. Stadtarchiv Ludwigshafen, Ludwigshafen 1983; Morweiser, Hermann W., Auch in Ludwigshafen gab es Widerstand gegen den Faschismus, Ludwigshafen 1981; Nord, Karl, Im Kampf gegen das Unrecht und für die Freiheit, Ludwigshafen 1986; Poller, Oskar, Geschichte der Juden in Ludwigshafen, in: Pfälzer Heimat 21, 1970, S. 56–62.

Mainz

Im *Dahlberger Hof* in der *Klarastraße 4,* dem früheren Polizeipräsidium, hängt eingerahmt folgender Text:

> Zur Mahnung
> zum Gedenken
> Nach der Reichstagswahl vom 5. März 1933
> besiegelten die Übernahme der
> Polizeigewalt in Hessen durch die
> NSDAP am 7. März, die »Gleichschaltung«
> des Volksstaates Hessen am
> 13. März und Einsetzung eines
> Staatskommissars für das Polizeiwesen
> das Ende der Demokratie auch
> in dieser Stadt. Der Leidensweg der
> Demokraten aller Richtungen
> begann. Die Keller dieses Hauses
> – des damaligen Polizeipräsidiums –
> wurden zur Stätte der Verfolgung und
> des Leidens

Das Gefängnis in der Klarastraße durchliefen allein zwischen September 1943 und August 1944 mehr als 1500 Personen. Ein Teil der Gefangenen wurde vom Dahlberger Hof aus in die Konzentrationslager Buchenwald, Dachau und Auschwitz verschleppt.

Am Haus in der *Kaiserstraße 31,* der ehemaligen Mainzer Gestapozentrale, wurde im November 1990 eine *Gedenktafel* enthüllt. In den Stein sind drei Gesichter eingemeißelt, die durch Gitterstäbe in einer angedeuteten Mauer sehen. Die Inschrift lautet:

> Zum Gedenken an die
> Opfer des Naziregimes
> 1933–1945
>
> Hier in diesem Hause befand sich die
> Mainzer Gestapozentrale. In den
> Kellern wurden Andersdenkende
> gefoltert und von hier in die Konzentrations- und Vernichtungslager
> geschickt.
> Nie wieder Faschismus
> nie wieder Krieg!

In der *Ingelheimer Aue* erinnern Bunkerreste an das ehemalige Straflager »Rhein«, der Mainzer Außenstelle des Erweiterten Polizeigefängnisses der Geheimen Staatspolizeidienststelle Darmstadt. Die sichtbaren Zeichen des früheren Straflagers sollen zur Erinnerung und Mahnung erhalten bleiben. Über 5000 Gefangene und Lagerinsassen aus dem Stadt- und Landkreis Mainz waren hier zwischen 1933 und 1945 gefangen.

Vor dem *Hauptzollamt, Hindenburg-/Ecke Josefstraße,* errichtete die Stadt Mainz einen *Gedenkstein* aus grünem Marmor mit einer Bronzetafel, auf der das gewaltige Gebäude der ehemaligen Hauptsynagoge der Jüdischen Kultusgemeinde in Mainz abgebildet ist. Die Inschrift darunter lautet:

> Zur Mahnung * Zum Gedenken
> Hier stand die Hauptsynagoge
> der Jüdischen Gemeinde
> in Mainz erbaut 1911–1912,
> in der Nacht zum 10. November 1938
> von den National-
> sozialisten geplündert und in Brand gesetzt,
> die Reste anschließend gesprengt.

Bei Erdarbeiten wurden Säulen aus dem Eingangsbereich der Hauptsynagoge gefunden, die anläßlich einer Gedenkveranstaltung im November 1988 als sichtbares Mahnmal vor dem Hauptzollamt aufgestellt wurden.

An der *Ecke Margaretengasse/Flachsmarktstraße* ließ die Stadt Mainz eine *Gedenktafel* zur Erinnerung an die ehemalige Synagoge der orthodoxen Juden anbringen, die folgenden Text trägt:

> Zur Mahnung * Zum Gedenken
> Hier stand die Synagoge der Jüdischen
> Gemeinde Mainz erbaut 1878
> in der Nacht zum 9. November 1938 von den
> Nationalsozialisten geplündert und verwüstet, im
> August 1942 durch Bomben vollends zerstört

Am Eingang der heutigen Jüdischen Gemeinde in der *Forsterstraße* hängt eine *Gedenktafel*, auf der zu lesen steht:

Wir gedenken in Ehrfurcht unserer
früheren Gemeindemitglieder sowie allen
unseren Glaubens-Brüdern und -Schwestern,
die durch das Naziregime in den Jahren
1933–1945 den Märtyrer-Tod starben.
10. September 1947
Jüdische Gemeinde Mainz

Eine *Gedenktafel* in der *Synagoge* erinnert an den Rabbiner Dr. Sali Levi, der kurz vor seiner geplanten Auswanderung in die USA am 26. April 1941 einem Herzanfall erlag. Die hessische Nazi-Verwaltung hatte den Rabbiner für die Durchführung der rassistischen Verordnungen gegen seine jüdischen Glaubensbrüder und -schwestern verantwortlich gemacht. Die damit verbundenen psychischen Belastungen und die Angst vor Verfolgung und Terror führten zu seinem Tod.

In der Eingangshalle der *Ludwig-Schwamb-Hauptschule* an der Philippsschanze (Nähe Universitätsklinik) befindet sich eine Büste von Ludwig Schwamb, geboren am 30. Juli 1890 und vor 1933 Staatsrat und Ministerialdirektor im Hessischen Innenministerium unter dem Sozialdemokraten Wilhelm Leuschner. Ludwig Schwamb gehörte zu den sozialdemokratischen Widerstandskämpfern im »Kreisauer Kreis« um Helmuth Graf von Moltke. Er wurde am 23. Januar 1945 in Berlin-Plötzensee zusammen mit Graf Moltke und Theodor Haubach hingerichtet.
(s. auch Undenheim u. Hessen: Darmstadt.)

In der Mainzer *Karmeliterkirche* wurde am 22. April 1986 eine *Gedenktafel* zur Erinnerung an den Karmeliter-Pater Titus Brandsma angebracht. Die Inschrift lautet:

Karmeliter – Journalist – Märtyrer
Pater Titus Brandsma
23. Februar 1881 26. Juli 1942

Pater Titus Brandsma ist die
Übernahme dieser Kirche durch
die niederländischen Karmeliter
zu verdanken. Er erlitt wegen
seines Eintretens für die
Glaubens- und Geistesfreiheit
im Konzentrationslager Dachau
den Märtyrertod.
Papst Johannes Paul II. sprach
ihn am 3. November 1985 selig.
Sein letzter Wunsch war die
Versöhnung zwischen den
Niederlanden und Deutschland.

Der 1881 geborene niederländische Karmeliter, Historiker und Philosoph (Klostername: Titus) war während der deutschen Besatzungszeit Berater katholischer Zeitungen. Aufgrund seiner oppositionellen Tätigkeit als entschiedener Gegner des nationalsozialistischen Pressegesetzes wurde er am 19. Januar 1942 verhaftet und ins KZ Dachau gebracht, wo er am 26. Juli 1942 von einem Lagerarzt durch eine Injektionsspritze ermordet wurde (s. auch Nordrhein-Westfalen: Kleve).

Auf allen *städtischen Friedhöfen* in Mainz sind *Gedenktafeln* zur Erinnerung an die Opfer der nationalsozialistischen Gewaltherrschaft aufgestellt.

Am Eingang des *jüdischen Friedhofs* an der *Unteren Zahlbacher Straße* wurde im Jahre 1948 von der Jüdischen Gemeinde Mainz ein *Gedenkstein* (Granitblock) mit einem Davidstern und folgender Inschrift errichtet:

1933–1945
Unseren Opfern zum Gedenken
Den Mördern zur Schande
Den Lebenden zur Mahnung
Anno 1948
Jüdische Gemeinde

Mainz, jüdischer Friedhof an der Unteren Zahlbacher Straße: Dieser Gedenkstein wurde bereits im Jahre 1948 von der Jüdischen Gemeinde errichtet.

Auch auf dem *jüdischen Friedhof* in Mainz-*Hechtsheim, Heuerstraße*, wurde 1988 eine *Gedenktafel* aus Bronze angebracht, die folgenden Text trägt:

Friedhof der Israelitischen Gemeinde Hechtsheim,
angelegt im Jahre 1882, Stätte des Gedenkens an
die von den Nazis vernichtete Jüdische Gemeinde.
Diese Gedenktafel wurde auf Antrag des Ortsbeirats
Mainz-Hechtsheim geschaffen zur Mahnung und
zum Gedenken
November 1938-November 1988

Am Rande des *Waldfriedhofs* in Mainz-*Mombach* befindet sich ein »Russisches Ehrenfeld«. Ein über die Rasenfläche erreichbarer großer *Gedenkstein* auf dem Massengrab, den die sowjetische Militärmission nach dem Krieg errichten ließ, trägt eine Inschrift in russischer Sprache, die auf einer am Fuß des Mahnmals angebrachten Bronzetafel ins Deutsche übersetzt ist:

Ewiger Ruhm den Kämpfern
für die Freiheit!
Hier sind begraben 3 330 sowjetische Bürger,
gestorben in faschistischer Gefangenschaft.
14. 3. 1950

Auf der abgelegenen Grabanlage sind keine Grabsteine vorhanden. Bei den Toten handelt es sich vermutlich um ehemalige Häftlinge eines Arbeitsaußenlagers, Zwangsarbeiter und Kriegsgefangene. Am Hintereingang des Friedhofs gibt es ein Hinweisschild: »Zum Russischen Ehrenfeld«.

Am Rathaus von *Hechtsheim, Lindenplatz,* einem Stadtteil von Mainz, wurde von der Stadt 1970 eine *Gedenktafel* für drei im März 1945 ermordete Hechtsheimer Bürger angebracht. Die Inschrift ist in die Form eines Kreuzes eingraviert:

1945–1970
Wir gedenken
unserer Hechtsheimer Bürger
Karl Hammen
Math. Adam Meinhard
Adam Schuch
Sie wurden
auf diesem
Platz am
Abend des
20. März 1945
wegen ihres
Widerstandes
gegen Gewalt
und Tyrannei
erschossen

Eine *Straße* in Mainz ist nach *Dr. Fritz Bockius* benannt, Vorsitzender der hessischen Zentrumspartei und Reichstagsabgeordneter 1924–1933, gestorben im Konzentrationslager Mauthausen (Österreich) am 5. März 1945 (s. auch Bubenheim).

Literatur:
Deutscher Gewerkschaftsbund Kreis Mainz-Bingen (Hrsg.), Alternativer Stadtführer zu den Stätten des Faschismus in Mainz 1933–1945, Mainz 1988; Hecking, Detlef, Die Auswirkungen des Naziregimes auf die Jüdische Gemeinde von Mainz, Arbeit 8. Klasse, Rabanus-Maurus-Gymnasium, Mainz, im Rahmen des »Schülerwettbewerbs Deutsche Geschichte« 1980/81; Hellriegel, Ludwig, Widerstehen und Verfolgung in den Pfarreien des Bistums Mainz, Dokumentation, Bd. 1: Rheinhessen, Bd. 2: Starkenburg, Bd. 3: Oberhessen, Hrsg.: Abteilung Öffentlichkeitsarbeit des Bischöflichen Ordinariates Mainz in Zusammenarbeit mit der Carl-Brilmayer-Gesellschaft, Gau-Algesheim 1989–1991; Keim, Anton (Hrsg.), Tagebuch einer Jüdischen Gemeinde 1941/43, im Auftrag der Jüdischen Gemeinde Mainz, Mainz 1968; Ders. u. d. Verein für Sozialgeschichte (Hrsg.), Als die letzten Hoffnungen verbrannten. 9./10. November 1938. Mainzer Juden zwischen Integration und Vernichtung, Mainz 1988 (Mainz Edition 5); Leiwig, Heinz, Leidensstätten in Mainz 1933 bis 1945. Eine Spurensicherung, Mainz 1987; Ders., Mainz 1933–1948. Von der Machtergreifung bis zur Währungsreform, Mainz 1987; Ders., Report über Lager in Mainz 1938–1945, Mainz 1983 (masch.); Stadt Mainz (Hrsg.), Juden in Mainz, Katalog zur Ausstellung, bearbeitet von Friedrich Schütz, Mainz 1978; Dies. (Hrsg.), Die »Machtergreifung« der Nationalsozialisten in Mainz 1933, Mainz 1983 (Dokumentation/Katalog zu einer von der Stadt Mainz Januar-März 1983 veranstalteten Ausstellung); Rapp, Eugen Ludwig, Chronik der Mainzer Juden. Die Mainzer Grabdenkmalstätte, hrsg. von der Jüdischen Gemeinde, Mainz 1977; Süngen, Dieter, Faschismus vor der Haustür. Die Entwicklung der NSDAP im Raum Mainz-Wiesbaden 1925–1933, in: Mainzer Geschichtsblätter, Veröffentlichungen des Vereins für Sozialgeschichte Mainz e.V., Heft 5, Mainz 1989, S. 7–72; Vest, Bernd Andreas, Der alte jüdische Friedhof in Mainz, Mainz 1988; Weyrauch, Roland u.a., Das Leben der Mainzer Juden 1929–1945, Arbeit 12. Klasse, Gymnasium am Kurfürstlichen Schloß, Mainz, im Rahmen des »Schülerwettbewerbs Deutsche Geschichte« 1980/81.

Mayen

Auf einer *Grünanlage* hinter dem Viadukt an der *Bürresheimer Straße* erinnert ein 1990 aufgestelltes *Mahnmal* in Form eines 3,60 mal 1,80 Meter großen Davidsterns, Symbol des Judentums, an die Verfolgung und Vernichtung der Mayener Juden. Die Inschrift auf dem Sockel des Gedenksteines, der von dem Bildhauer Albert Schmitz aus Kottenheim geschaffen wurde, lautet:

Zum Gedenken an die Juden aus Mayen
Einst Mitbürger, dann verfolgt,
vertrieben, vernichtet.

Auf der anderen Seite stehen die Worte:

Wir erkennen, Herr, unser Unrecht,
die Schuld unserer Väter:
Ja gegen dich gesündigt (Jer. 14,20)

Die Stadt Mayen ließ 1981 am ehemaligen Standort der Synagoge, im *Entenpfuhl*, eine *Gedenktafel* mit folgendem Text anbringen:

Hier stand von 1855–1938 die
Synagoge der Jüdischen Gemeinde Mayen.
Sie wurde am 10. 11. 1938 zerstört.
Die Stadt Mayen 1980

Auf dem *jüdischen Friedhof* in der *Waldstraße* wurde 1986 eine *Gedenktafel* mit folgendem Text angebracht:

Friedhof der jüdischen Mitbürger
Letzte Beisetzung: 28. 7. 1942

In der *»Heilig-Geist-Kapelle«* in Mayen liegt ein *Gedenkbuch* mit den Namen aller Opfer der nationalsozialistischen Gewaltherrschaft aus Mayen aus.

Quellen/Literatur:
Hörter, Fridolin, Quellen zur Geschichte der Juden in Mayen, in: Landeskundliche Vierteljahresblätter Trier, Jg. 31, H. 4, 1985, S. 131–134; Stadt Mayen u. Staatliche Realschule Mayen (Hrsg.), Auf den Spuren der Juden in Mayen und Umgebung. Dokumentation zur Ausstellung der Staatlichen Realschule Mayen, Mayen 1987.

Meisenheim, Glan

Zur Erhaltung und Instandsetzung der ehemaligen Synagoge der Jüdischen Kultusgemeinde hat sich 1985 ein Träger- und Förderverein »Synagoge Meisenheim e.V.« unter Vorsitz des Landrats des Landkreises Bad Kreuznach konstituiert. In der renovierten Synagoge, *Saarstraße 3,* wurde am 9. November 1988 eine *Gedenk- und Begegnungsstätte* mit einer Dauerausstellung »Zur Geschichte der Juden in unserer Heimat« eröffnet.

Mendig

Am Ort der zerstörten Synagoge in der *Wollstraße*, in unmittelbarer Nähe der katholischen Kirche St. Cyriakus, wurde am 13. November 1988 ein 1,80 Meter hoher *Gedenkstein* (Obelisk) aus Basaltlava eingeweiht. Oberhalb der Inschrift hat der Bildhauer Werner Gallen einen durchbrochenen Davidstern eingehauen, der von allen Seiten durchsehbar ist. Auf der einen Seite enthält der grob geriffelte Stein eine farbig getönte Inschrift mit dem Wortlaut:

Hier stand von 1886
bis zum 9. 11. 1938 die Synagoge
der Jüdischen Gemeinde.

Auf der anderen Seite stehen die Worte:

Wer seine Fehler verheimlicht,
hat kein Gedeihen.
Wer sie aber bekennet und verläßt,
dem wird Versöhnung.
Salomon 28.13

Meudt

In den Jahren 1964/65 wurde auf Initiative von Ludwig Falkenstein, einem in Brüssel lebenden ehemaligen jüdischen Bürger der Gemeinde, auf dem Gelände des *ehemaligen jüdischen Friedhofs* in der Ortsgemeinde Meudt der Verbandsgemeinde Wallmerod ein *Mahnmal* mit folgender Inschrift errichtet:

Zum bleibenden Gedenken
an die in den Jahren 1942–1945
in Vernichtungslagern
umgekommenen jüdischen Bürger
unserer Gemeinde Meudt

Auf der linken und der rechten Seite sind alle Namen der ums Leben gebrachten jüdischen Mitbürger genannt. Auf zwei Seitentafeln stehen in hebräischer und in deutscher Sprache die Worte:

Den Lebenden zur Mahnung
Den Toten zur Ehre
Den kommenden Geschlechtern
zur dringenden Lehre

Am Standort der ehemaligen Synagoge der Jüdischen Gemeinde wurde 1988 ein *Mahnmal*, bestehend aus drei Gedenksteinen, aufgestellt. Der mittlere Stein zeigt ein Relief mit der Frontansicht der früheren Synagoge und enthält darunter den Text:

Zur Erinnerung an die
im Jahre 1880/81 erbaute
Synagoge der Jüdischen
Kultusgemeinde Meudt.
Sie wurde am 9. 11. 1938 von
auswärtigen Anhängern
der damaligen Macht-
haber zerstört.
Meudt am 9. 11. 1988

Sie steckten in Brand
dein Heiligtum, entweihten
zu Boden die Wohnung
deines Namens. Ps. 74,7

Auf dem rechten Stein ist die mosaische Gesetzestafel eingemeißelt und auf dem linken ein siebenarmiger Leuchter, das Zeichen des Judentums.

Montabaur

In der alten Kapelle auf dem *Friedhof* von Montabaur an der *Friedensstraße* stehen auf fünf Namenstafeln neben den Namen gefallener und vermißter Soldaten des Zweiten Weltkrieges und den Namen von Menschen, die durch Bombenangriffe oder andere Kriegseinwirkungen starben, die Namen der früheren jüdischen Mitbürger der Stadt Montabaur, die während der nationalsozialistischen Terrorherrschaft deportiert und in Konzentrationslagern umgebracht wurden. Drei Bronze-Kreuze tragen die Worte:

Zum ehrenden Gedenken
an die Opfer des Zweiten Weltkrieges
und die Opfer des Nationalsozialismus
1933–1945

Auf Beschluß des Stadtrats wurde in einer Mauer in der *Waldstraße*, am ehemaligen Standort der Synagoge der Jüdischen Kultusgemeinde von Montabaur, eine *Gedenktafel* aus Bronze mit dem Bildmotiv des siebenarmigen Leuchters, der Menora, Symbol des Judentums, und folgender Inschrift eingelassen:

Wer seine Fehler verheimlicht
hat kein Gedeihen
Wer sie aber bekennet und verlässt
dem wird Versöhnung
Salomon 28,13

Hier stand die Synagoge der
Jüdischen Kultusgemeinde
Einweihung am 20. 12. 1889
Zerstörung durch SA-Angehörige in der
Reichskristallnacht am 9. 11. 1938.

Quellen/Literatur:
Löwenguth, Franz-Josef, Die Reichskristallnacht in Montabaur, in: Wällerheimat. Jahrbuch des Westerwaldkreises, 1989; Wild, Markus, Die Geschichte der Jüdischen Gemeinde in Montabaur. Eine Dokumentation, Wörrstadt/Rhh. 1984.

Münstermaifeld

1989 wurde vom Stadtrat beschlossen, die Ruine der ehemaligen Synagoge von Münstermaifeld in der *Severusstraße* im Zuge der Stadtsanierungsmaßnahmen zu renovieren und sie damit als *Gedenkstätte* zum Gedächtnis an die verfolgten, geflohenen und ermordeten jüdischen Bürger der Stadt zu erhalten.

Mutterstadt

Im Mai 1988 beschloß der Gemeinderat, im Ehrenhof des *Mutterstadter Friedhofes* eine *Gedenktafel* anzubringen. Sie wurde im Oktober 1990 feierlich der Öffentlichkeit übergeben. Die Inschrift lautet:

Zur Erinnerung und zum Gedenken
an die ehemaligen jüdischen Mitbürger,
die in der Zeit von 1933 bis 1940
Verfolgung, Vertreibung, Deportierung
und Ermordung unschuldig erdulden mußten.
Mit der Zerstörung ihrer Synagoge durch
die Nationalsozialisten in der Pogromnacht
vom 9. auf den 10. November 1938 erlosch
das jüdische Leben in unserer Gemeinde.

Nassau, Lahn

Auf eine Anregung der beiden Nassauer Kirchengemeinden zurückgehend, wurde am 27. März 1983 im *Eimelsturm* eine *Gedenktafel* zur Erinnerung an die Opfer nationalsozialistischer Verfolgung enthüllt. Die Kirchengemeinden hatten darauf hingewiesen, daß dort vorher nur der Kriegstoten der beiden Weltkriege gedacht wurde. Die Gedenktafel trägt folgende Inschrift:

Wir gedenken der Opfer
nationalsozialistischer Gewaltherrschaft,
insbesondere des Leidens und Sterbens
unserer jüdischen Mitbürger.
Die Bürger der Stadt Nassau
Der Bürgermeister

Nastätten

1988 wurde am Standort der in der »Reichskristallnacht« zerstörten Synagoge eine *Gedenktafel* mit folgendem Text angebracht:

Zum Gedenken
an das Schicksal
unserer jüdischen
Mitbürger
Hier stand die
Synagoge bis 1938

Literatur:
Stadt Nastätten (Hrsg.), Zur Erinnerung an die Judenverfolgung in Nastätten. Eine Dokumentation, Nastätten 1988 (zu beziehen bei: Verbandsgemeindeverwaltung, Postfach 1242, 56355 Nastätten).

Neustadt an der Weinstraße

Auf dem Gelände der ehemaligen Synagoge in der *Ludwigstraße 18–20* wurde von der Jüdischen Kultusgemeinde der Rheinpfalz im Jahre 1954 ein *Gedenkstein* mit folgendem Text enthüllt:

> Den Opfern aus der Pfalz
> zum Gedenken 1933–1945

Das Gelände der ehemaligen Synagoge ist heute noch im Besitz der Jüdischen Kultusgemeinde der Rheinpfalz. 1988 wurde hier ein weiterer *Gedenkstein* aufgestellt, der den Betrachter über die früheren jüdischen Einrichtungen in Neustadt informiert:

> Hier stand die 1866/67 erbaute Synagoge
> der Israelitischen Kultusgemeinde Neustadt.
> Zusammen mit dem jüdischen Altersheim
> in der Karolinenstraße 119 wurde das Bauwerk in
> der Nacht zum 10. November 1938
> von Nationalsozialisten niedergebrannt.
> Den Lebenden zur Mahnung –
> den zukünftigen Generationen zur Erinnerung.

Im September 1985 beschloß der Stadtrat, einige Straßen nach Widerstandskämpfern aus dem Kreis der Attentäter vom 20. Juli 1944 zu benennen.

Literatur:
Kaiser, Josef, Das Schicksal der jüdischen Bürger aus Neustadt an der Weinstraße während der nationalsozialistischen Diktatur 1939–1945, Arbeit 11. Klasse, Kurfürst-Ruprecht-Gymnasium, Neustadt/Weinstraße, im Rahmen des »Schülerwettbewerbs Deutsche Geschichte« 1982/83.

Neuwied

Am 23. November 1960 wurde am ehemaligen jüdischen Schulhaus eine *Gedenktafel* mit folgendem Text enthüllt:

> Zum mahnenden Gedenken.
> In diesem Hause
> richtete
> die Jüdische Gemeinde
> 1894 ihre Volksschule ein.
> Die Schule
> wurde im November 1938
> gewaltsam geschlossen.
> Die daneben stehende
> Synagoge geschändet
> und niedergerissen.
> Diese Tafel ist am 23. 11. 1960,
> dem 220. Jahrestag
> der Gründung
> der Jüdischen
> Kultusgemeinde Neuwied,
> angebracht worden.

Das ehemalige Schulgebäude wurde im Jahre 1980 abgerissen. Die Gedenktafel von 1960 wurde an einer Seitenwand des dort errichteten Neubaus angebracht und am 30. Juni 1983 erneut enthüllt.
Die 1748 erbaute Neuwieder Synagoge war in der »Reichskristallnacht« stark beschädigt und kurz darauf abgerissen worden. Die Engerser Straße zwischen Schloßstraße und Theaterplatz wurde durch Beschluß des Stadtrats vom 30. Juni 1983 in *»Synagogengasse«* umbenannt.

Auf Antrag des Deutsch-Israelischen Freundeskreises in Neuwied wurden im Mai 1989 alle jüdischen Friedhöfe im Landkreis Neuwied unter Denkmalschutz gestellt. Auf dem wahrscheinlich über 400 Jahre alten *jüdischen Friedhof* im Neuwieder Stadtteil *Niederbieber* wurden symbolische Gräber für die jüdischen Bürger von Neuwied angelegt, die in Konzentrationslagern ums Leben kamen.

Kontakt:
Deutsch-Israelischer Freundeskreis Neuwied, Robert Collet (Vorsitzender), Friedenstr. 11, 56564 Neuwied.

Literatur:
Bamberger, Naftali Bar-Giora, Memor-Buch. Der jüdische Friedhof Neuwied-Niederbieber, hrsg. von dem Deutsch-Israelischen Freundeskreis, Neuwied 1987; Deutsch-Israelischer Freundeskreis (Hrsg.), Dokumentation über den jüdischen Friedhof in Neuwied-Oberbieber, Neuwied 1988; Deeters, Dorothea E., Sie lebten mit uns. Zur Geschichte der Wied-Neuwiedischen Landjuden, für die Zeit von 1817–1942 dargestellt an Dorf und Synagogenbezirk Oberbieber, Neuwied 1983; Müller, Henning, Der jüdische Arzt und Kommunist Dr. Friedrich Wolf. Dokumente des Terrors und der Verfolgung 1931–1944, hrsg. von der Stadt Neuwied, Neuwied 1988; Regnery, Franz, Jüdische Gemeinde Neuwied. Geschichte in Bildern und Dokumenten. Zeichen und Zeugen von damals und heute, hrsg. vom Deutsch-Israelischen Freundeskreis, Neuwied 1988.

Nieder-Olm

Am Standort der früheren Synagoge wurde 1988 eine *Gedenktafel* enthüllt. Der am oberen Rand abgebildete Davidstern und das Nieder-Olmer Wappen am unteren Rand sollen die Verbundenheit der Gemeinde mit den ehemaligen jüdischen Bürgern des Ortes zum Ausdruck bringen. Der hebräische Text und seine deutsche Übersetzung geben folgende Auskunft:

An dieser Stelle stand 1858 bis 1938 die Synagoge der/
Jüdischen Gemeinde Nieder-Olm. Das Gebäude mußte 1938/
verkauft werden und diente bis zu seiner Zerstörung durch Luftangriff im Jahre 1945 als Lagerhaus.
Die Jüdische Gemeinde Nieder-Olm zählte in ihrer Blütezeit/
um die Jahrhundertwende 24 Familien. Ihr letzter Vorsteher/
war Otto Mayer. Zur Zeit des November-Pogroms 1938 lebten/
in Nieder-Olm 14 jüdische Mitbürger, von denen der größere/
Teil sein Leben durch Emigration retten konnte. Otto Mayer,/
seine Ehefrau Elisabeth und seine Tochter Else wurden im/
Konzentrationslager Theresienstadt ermordet.

Literatur:

Rettinger, Elmar/Weisrock, Peter, Die Jüdische Gemeinde von Nieder-Olm, Nieder-Olm 1988 (= Nieder-Olmer Dokumentationen 1) (zu beziehen bei: Heidemarie Weisrock-Theuerjahr, Gärtnergasse 3, 55268 Nieder-Olm).

Nieder-Wiesen, Rheinhessen

Die evangelische Kirchengemeinde Nieder-Wiesen hat zur Erinnerung an die zerstörte Synagoge von Nieder-Wiesen rechts vom Eingang der *evangelischen Kirche* eine *Tafel* anbringen lassen. Der Wortlaut der Inschrift ist:

Zur Erinnerung an die
Synagoge, die von 1745
bis zum 10. November 1938
an dieser Stelle stand.
In Feuer steckten sie dein Heiligtum,
zum Erdland preisgaben sie die
Wohnung deines Namens. Psalm 74,7
(nach Martin Buber)

Die Tafel wurde 1983 an der Kirche angebracht, nachdem jahrelange Verhandlungen gescheitert waren, die Tafel am Raiffeisengebäude anbringen zu dürfen, das jetzt auf dem Gelände der ehemaligen Synagoge steht. Deshalb wurde eine Zusatztafel mit dem Hinweis auf den Standort der früheren Synagoge in der »Kirchgasse 13« hinzugefügt.

Niederzissen

Auf dem *jüdischen Friedhof* von Niederzissen befinden sich drei *Gedenksteine*. Der erste trägt die Inschrift:

Zur Erinnerung an die
während der Nazizeit
Umgekommenen

Joseph Kahn – Max Kahn – Mina Kahn – Lina Kahn
Jetta Abraham – Leo Abraham – Ruth Abraham

Der zweite Gedenkstein trägt folgende Inschrift und Namen:

Gott gedenke ihrer

Karl Berger	geb. 14. 1. 1871
Wilhelmine Berger, geb. Stern	geb. 29. 3. 1873
Johanna Berger, geb. Kahn	geb. 31. 5. 1907
Irmgard Brühnnel, geb. Berger	geb. 30. 4. 1904
Regina Simmern, geb. Berger	geb. 27. 9. 1908
Simon	geb. 26. 2. 1904
Julius Berger	geb. 22. 9. 1905
Paula Berger, geb. Rose	geb. 13. 3.
Heinz Berger	geb. 5. 6. 1935
Karla Berger	geb. 16. 4. 1933
Ida Wolf, geb. Berger	geb. 10. 4. 1910
Ernst Wolf	geb. 28. 8. 1902
Ellen Wolf	geb. 31. 7. 1935

Sie starben durch Mörderhand
Deinen Namen zu heiligen
ihr Verdienst stehe uns bei.
Lina-Richard

Der dritte *Gedenkstein* wurde für den am 6. Juni 1942 verstorbenen Samson Kahn errichtet. Auf dem Stein werden weiter die Namen von zehn Familienangehörigen genannt, die in Konzentrationslagern umgebracht wurden.

Nierstein

Gegenüber dem Ort Nierstein, am *hessischen Rheinufer,* ließen die Gemeinde Nierstein und die Stadt Oppenheim auf dem »Kornsand« (Trebur/Hessen) einen unbehauenen *Natursteinblock* errichten. Er befindet sich im Wald etwa 500 Meter nördlich der *Fähren-Anlegestelle Nierstein/Kornsand* und trägt eine *Gedenktafel* mit der folgenden Inschrift:

21. März 1945
Im Anblick ihrer Heimat wurden schuldlos erschossen

Eberhardt, Georg	Nierstein
Eller, Cerry	Nierstein
Eller, Johann	Nierstein
Lerch, Nikolaus	Nierstein
Schuch, Jakob	Nierstein
Gruber, Rudolf	Oppenheim

Den Toten zum Gedächtnis!
Den Lebenden zur Mahnung!
Damit, was hier geschah, sich nie wiederhole.

Ein Kreuz mit der Inschrift »Opfer des Nazi-Regimes« steht am Ort des Verbrechens.

Die sechs ermordeten Bürger aus Nierstein und Oppenheim galten bei den örtlichen Nazi-Führern als »politisch unzuverlässige Elemente«. Einige von ihnen waren Mitglieder der Sozialdemokratischen Partei. Sie wurden am 18. März 1945 wegen »Aufwiegelei« verhaftet und zunächst in Groß-Gerau, dann in Darmstadt gefangengehalten. Wenige Tage später, am Morgen des 21. März, wurden sie plötzlich wieder freigelassen. Auf dem Heimweg wurden sie an der Anlegestelle Kornsand der Fähre nach Nierstein erneut festgenommen und in den Nachmittagsstunden des 21. März 1945 vor Gräbern, die sie selbst ausheben mußten, durch Genickschuß ermordet. Am gleichen Tag wurden ihre Heimatorte, in denen sie später beerdigt wurden, durch amerikanische Truppen befreit.
(s. auch Hessen: Trebur)

Am 8. Mai 1985 hat die Stadt Nierstein neben dem *Ehrenmal* in der *Mühlgasse* ein *Mahnmal* für die Opfer der nationalsozialistischen Gewaltherrschaft errichten lassen. Der Text auf der Tafel hat den Wortlaut:

> Den Opfern von Tyrannei und Krieg
> 1933–1945
>
> Die Gemeinde Nierstein gedenkt der
> Entrechteten – Gefallenen
> Verfolgten – Vermißten
> Ermordeten – Vertriebenen
> Opfer der Bomben
> Den Lebenden zur Mahnung

Literatur:
Darmstadt, Raimund, Das Kornsand-Verbrechen. Eine Dokumentation der Nazi-Verbrechen der letzten Kriegstage, in: Mainzer Geschichtsblätter, Veröffentlichungen des Vereins für Sozialgeschichte Mainz e.V., Heft 5, Mainz 1989, S. 147–174.

Nochern

Auf dem ehemaligen *jüdischen Friedhof* in Nochern, etwa 4 km von St. Goarshausen gelegen, befindet sich eine *Gedenkplatte*, die an die von den Nationalsozialisten ermordeten jüdischen Bürger von Nochern erinnert:

> Zum Gedenken
> der Ermordeten
> der Familien
> Gerson
> Ackermann
> Oster
> Grünbaum

Oberwesel, Rhein

Auf Initiative der »Arbeitsgemeinschaft für Landschafts- und Umweltschutz und für Denkmalpflege e.V. in der Stadt Oberwesel« ließ die Stadt 1988 am *Schaarplatz*, am Gebäude der früheren Synagoge, eine *Gedenktafel* mit folgendem Text anbringen:

> Dieses Haus war die letzte Synagoge von Oberwesel.
> Erbaut 1886 – geschändet 1938 – umgebaut 1957.
> Zum Gedenken an die Juden von Oberwesel.
> 9. November 1988

Heute befindet sich das Haus in Privatbesitz.

Ochtendung

Gegenüber dem Standort der ehemaligen Synagoge der Jüdischen Kultusgemeinde in der *Kastorstraße* wurde 1988 ein *Gedenkstein* aufgestellt mit den Worten:

> Zur Erinnerung an die Reichskristallnacht
> am 9. November 1938,
> als durch nationalsozialistische Gewalttäter
> die in dieser Straße stehende jüdische Synagoge
> unserer jüdischen Mitbürger zerstört wurde.

Oppenheim

Am 8. November 1980 wurde am *Kindergarten*, dem früheren Standort der zerstörten Synagoge, eine *Gedenktafel* angebracht. Der Text lautet:

> Hier stand die Synagoge der Jüdischen Gemeinde.
> Zerstört am 8.11.1938 durch die Nationalsozialisten –
> Den Lebenden zur Mahnung –

Literatur:
Rapp, Eugen Ludwig/Böcher, Otto, Die Geschichte der Oppenheimer Juden und das hebräische Inschriftfragment am Gelben Haus; Dies., Bedeutende Träger der jüdischen Namen Oppenheim und Oppenheimer, in: 1200 Jahre Oppenheim am Rhein, Festschrift, Oppenheim 1965, S. 91–116.

Osthofen, Rheinhessen

Osthofen im heutigen Bundesland Rheinland-Pfalz, nördlich von Worms auf halber Bahnstrecke zwischen Mainz und Ludwigshafen gelegen, gehörte 1933 zum damaligen Volksstaat Hessen mit den Provinzen Rheinhessen, Starkenburg, Oberhessen und der Landeshauptstadt Darmstadt. Hier errichteten die Nationalsozialisten wenige Wochen nach

der »Machtergreifung« in einer stillgelegten Papierfabrik das erste hessische Lager zur »Konzentration« politischer Gegner.
Eine *Gedenktafel* an der Mauer des ehemaligen Konzentrationslagers erinnert an das Lager. Sie war am 7. Mai 1977 von ehemaligen Häftlingen anläßlich einer Mahn- und Gedenkkundgebung enthüllt worden und trägt die Inschrift:

Hier war 1933–35
das hessische
KZ Lager Osthofen
Niemals wieder!

Lagergemeinschaft
ehemaliger Insassen
des KZ Lagers Osthofen

Zur Geschichte des Lagers:

Eine Anordnung des Staatskommissars für das Polizeiwesen in Hessen, Dr. Werner Best, »Betreffend Durchführung der Verordnung des Reichspräsidenten zum Schutz von Volk und Staat vom 28. Februar 1933; hier: Schaffung eines Konzentrationslagers in Osthofen« ist vom 1. Mai 1933 datiert. Darin wird die Einrichtung eines Konzentrationslagers für das Land Hessen auf dem Gelände der Papierfabrik in Osthofen, Kreis Worms, angekündigt, »in dem alle aus politischen Gründen in Polizeihaft genommene Personen unterzubringen sind, deren Haft bereits länger als eine Woche dauert oder über eine Woche ausgedehnt werden soll«. Zum Zeitpunkt dieser Anordnung existierte das Konzentrationslager Osthofen jedoch schon einige Zeit. Die ersten Häftlinge kamen aus Osthofen. Bereits am 6. März 1933 war im Konzentrationslager Osthofen fast die gesamte SPD-Fraktion der Stadt Osthofen, darunter auch eine Frau, eingesperrt. Im »Bericht eines Betroffenen, das Dritte Reich, wie es war« schildert Jean Beckenbach, SPD-Landtagsabgeordneter aus Framersheim, wie er zusammen mit zwanzig Nazigegnern aus Alzey am 10. März 1933 in das Lager Osthofen gebracht wurde. Am 6. April 1933 veröffentlichte die nationalsozialistische »Mainzer Tageszeitung« einen vom 3. April datierten Bericht, in dem es hieß: »In der seit einigen Jahren stillgelegten Papierfabrik an der Mettenheimer Chaussee wurde ein Konzentrationslager hergerichtet, welches das erste in Hessen ist. Aus Gründen der Aufrechterhaltung der öffentlichen Sicherheit und Ordnung wurden vor einigen Tagen aus Worms und Umgebung ca. 70 Marxisten und Kommunisten unter starker Bedeckung durch Polizei und Hilfspolizei nach hier transportiert . . .«
Nach dem vom Internationalen Suchdienst herausgegebenen »Verzeichnis der Haftstätten unter dem Reichsführer-SS (1933–1945)« wurde das Lager nach einer Häftlingsaussage am 15. April 1933 zum ersten Mal und nach Gestapo-Akten am 20. November 1933 zum letzten Mal erwähnt. Nach Berichten ehemaliger Häftlinge und nach lokalen Zeitungsberichten hat das Lager aber bereits ab dem 6. März 1933 existiert. Laut Unterlagen des Staatsarchivs Potsdam wurde das Konzentrationslager Osthofen im Juni 1934 geschlossen. Der Übergang der ehemaligen Papierfabrik in Staatsbesitz ist ungeklärt. Sie gehörte dem Osthofener Juden Ludwig Ebert, der nach Amsterdam emigrieren konnte, dort jedoch von der Gestapo verhaftet und nach Auschwitz verschleppt wurde. Da sich dort seine Spuren verlieren, ist anzunehmen, daß er in Auschwitz ermordet wurde.

Osthofen:
Teil des Fabrikgeländes, auf dem 1933 das Konzentrationslager für Regime-Gegner aus dem ehemaligen Volksstaat Hessen errichtet wurde. Ab 1995 soll hier eine zentrale Dokumentations- und KZ-Gedenkstätte des Landes Rheinland-Pfalz entstehen.

Die Häftlinge des Lagers, in das mit Ausnahme einer Frau nur Männer eingeliefert wurden, kamen lokalen Pressemeldungen zufolge aus fast allen politischen Parteien. Aufgrund umfangreicher Recherchen konnte der »Förderverein Projekt Osthofen e.V.« bislang über 1 600 Namen von Häftlingen ermitteln. Überwiegend waren es Sozialdemokraten, Kommunisten, Gewerkschafter sowie Angehörige der Republikschutzformation »Reichsbanner Schwarz-Rot-Gold« und des »Rot-Front-Kämpferbundes«. Ab Sommer 1933 wurden auch Nazigegner aus dem bürgerlichen und kirchlichen Spektrum eingeliefert, beispielsweise acht Zentrumsangehörige aus Gau-Algesheim. Auch jüdische Bürger waren in Osthofen inhaftiert. Viele von ihnen waren gleichzeitig politisch Verfolgte. Unter den Lagerinsassen waren z.B. der SPD-Reichstagsabgeordnete und frühere Pressesprecher des hessischen Innenministeriums, Dr. Carlo Mierendorff, und Dr. Peter Paul Nahm, Redakteur einer Binger Zentrums-Zeitung (nach dem Krieg Beauftragter von Bundeskanzler Adenauer für Flüchtlingsfragen).

Die durchschnittliche Häftlingszahl wird bei 200 bis 400 vermutet. Umfassende Häftlingslisten und -karteien wurden nicht gefunden. Vermutlich hat es keine Todesfälle gegeben. Ehemalige Häftlinge berichteten jedoch von äußerst schlechten Lebensbedingungen und von menschenunwürdigen Schikanen. Zum Lagerleiter ernannte Dr. Werner Best am 1. Mai 1933 den Osthofener NSDAP-Landtagsabgeordneten Karl d'Angelo. Darüber hinaus sind die Namen von zwanzig Wachleuten bekannt, die größtenteils aus der näheren Umgebung Osthofens stammten. Sie erhielten ein Tagegeld von fünf Reichsmark für ihren Dienst im Konzentrationslager. Verwaltungsleiter des Lagers war der Osthofener SS-Untersturmführer Heinz Ritzheimer. Als Lagerarzt war der Oppenheimer SS-Sturmbannführer Dr. Reinhold Daum tätig. Nach Schließung des Lagers wurden eine Reihe von Häftlingen in andere Konzentrationslager wie Dachau (s. Bayern) und – so zum Beispiel Carlo Mierendorff – die Emslandlager (s. Niedersachsen: Papenburg) überstellt.

Die Schriftstellerin Anna Seghers setzte dem Konzentrationslager Osthofen mit ihrem im Jahre 1941 im Pariser Exil geschriebenen Roman »Das siebte Kreuz« ein literarisches Denkmal. (Das Lager trägt darin den Namen »Westhofen«, obschon es auch im Kreis Worms ein Zwangsarbeiterlager namens »Westhofen« gab.) Der Roman stützt sich auf Berichte von Zeitungen, Häftlingen und Emigranten; eine Vermittlerin und Informantin war eine politische Weggefährtin von Anna Seghers, Lore Wolf (s. Hessen: Literatur zu Schwalmstadt). Der Roman wurde bereits 1944 von Fred Zinnemann in den USA verfilmt.

»NS-Dokumentationszentrum Rheinland-Pfalz/ Gedenkstätte KZ Osthofen«

Die erhaltenen Gebäude des ehemaligen Konzentrationslagers Osthofen sind im März 1988 unter Denkmalschutz gestellt worden, da die Anlage ein sehr frühes Stadium der nationalsozialistischen »Unrechtsherrschaft« repräsentiert. Im Oktober 1986 gründeten verschiedene Organisationen in Frankfurt am Main den »Förderverein Projekt Osthofen e.V.«, der die Errichtung einer Dokumentations- und Begegnungsstätte auf dem Gelände des ehemaligen Konzentrationslagers zum Ziel hat. Der Verein, dem unter anderen die Lagergemeinschaft ehemaliger Häftlinge des KZ Osthofen, der Christliche Friedensdienst (cfd), der Deutsche Gewerkschaftsbund (DGB) Rheinland-Pfalz und die Vereinigung der Verfolgten des Naziregimes/Bund der Antifaschisten (VVN/BdA) Rheinland-Pfalz angehören, erarbeitete zusammen mit der Landeszentrale für politische Bildung Rheinland-Pfalz eine Gesamtkonzeption für die Gedenkstätte.
Der Förderverein hatte wiederholt sein Anliegen formuliert, den Ankauf des Geländes und der Gebäude des ehemaligen Konzentrationslagers durch das Land zu erwirken und den gesamten Komplex als Gedenkstätte des Landes Rheinland-Pfalz auszuweisen. Im Juli 1991 kam es zum Abschluß der Verkaufsverhandlungen mit dem privaten Besitzer, und Gelände und Gebäude gingen in Landesbesitz über.
Für die Gedenkstätte ist die Bezeichnung *»NS-Dokumentationszentrum Rheinland-Pfalz/Gedenkstätte KZ Osthofen«* vorgesehen: Im Gebäudekomplex des ehemaligen Konzentrationslagers soll eine zentrale Dokumentationsstätte für die NS-Zeit im Gebiet des heutigen Landes Rheinland-Pfalz eingerichtet werden. Kooperationspartner zur Realisierung dieses Projekts sind das Landeshauptarchiv Koblenz, das Landesarchiv Speyer und die Landeszentrale für politische Bildung. Nach den erforderlichen Bausicherungsmaßnahmen an den Gebäuden soll ab 1995 der schrittweise Aufbau des Dokumentationszentrums erfolgen. Die geplante Ausstellung zur NS-Geschichte in Rheinland-Pfalz wird durch eine Arbeitsgruppe vorbereitet.
Der »Förderverein Projekt Osthofen e.V.« wird künftig seine Schwerpunktaufgaben vor allem auf die Arbeit vor Ort ausrichten.
Im Februar 1986 wurde vom Förderverein mit der Sammlung, Sichtung und Dokumentation des vorhandenen Materials über das Konzentrationslager Osthofen begonnen. Im Rahmen eines Projekts der

Die Sandstein-Skulptur auf dem Gelände der künftigen KZ-Gedenkstätte Osthofen, geschaffen 1990 von dem Bildhauer Friedhelm Welge,stellt einen Häftling dar.

Gesamthochschule Kassel wurden außerdem Interviews mit noch lebenden ehemaligen Häftlingen des Lagers durchgeführt.
Im Frühjahr 1990 veranstaltete der Bildhauer Friedhelm Welge auf dem Gelände des ehemaligen Konzentrationslagers eine Kunstaktion. Aus einem vier Tonnen schweren roten Sandstein formte der Künstler die Skulptur eines sich-windenden Häftlings, wobei zum einen die Qualen des Menschen und zum anderen das »Herauswinden aus der Vergangenheit« symbolisiert werden sollen. Die Skulptur steht heute auf dem Gelände der Gedenkstätte.

Kontaktadressen:
Förderverein Projekt Osthofen e.V., Ziegelhüttenweg 38, 67574 Osthofen, Tel.: 0 62 42/45 70; Landeszentrale für politische Bildung Rheinland-Pfalz, Am Kronberger Hof 6, 55116 Mainz, Tel.: 0 61 31/16 46 60.

Auf Antrag der evangelischen Kirchengemeinde Osthofen beschloß der Stadtrat, am *evangelischen Gemeindehaus* in der *Friedrich-Ebert-Straße 60,* in unmittelbarer Nähe des Standortes der ehemaligen jüdischen Synagoge, eine *Gedenktafel* anbringen zu lassen. Sie wurde 1985 enthüllt und trägt die Inschrift:

> Zur Erinnerung an
> unsere jüdischen Mitbürger,
> die in der Zeit von 1933 bis 1945
> von Nationalsozialisten
> ermordet oder vertrieben wurden.
>
> Die Synagoge in der Friedrich-Ebert-Straße,
> das Gotteshaus der Jüdischen Gemeinde Osthofen,
> wurde am 10. November 1938 frevelhaft zerstört.
>
> Friede werde allen Völkern

Die *Mierendorff-Straße* erinnert an den Sozialdemokraten und Widerstandskämpfer, der in Osthofen inhaftiert war und Ende Oktober 1933 von dort ins emsländische Lager Börgermoor gebracht wurde.

Quellen/Literatur:
Christlicher Friedensdienst (Hrsg.), Osthofen – Erinnern und Vergegenwärtigen, zusammengestellt von Angelika Arenz-Morch, cfd, und einer Gruppe der Gesamthochschule Kassel unter Leitung von Eike Hennig, Frankfurt a. M. 1986 (Bezug über den Förderverein, Adresse s. o.); Förderverein Projekt Osthofen (Hrsg.), Erinnern, Begegnen, Lernen. Katalog zur Ausstellung über das ehemalige KZ Osthofen, Osthofen 1991 (Bezug über den Förderverein, Adresse s. o.); Helmes, Manfred, Gedenkstättenarbeit in Osthofen: die Arbeit des Fördervereins Projekt Osthofen e. V., in: SACHOR, Beiträge zur jüdischen Geschichte und zur Gedenkstättenarbeit in Rheinland-Pfalz, 4. Jg., Heft 7, Bad Kreuznach 1994, S. 22f.; Gewerkschaftsjugend der DGB-Landesbezirke Rheinland-Pfalz und Hessen (Hrsg.), Friedensfahrten zum KZ Osthofen. Dokumentation, Mainz 1985 (erhältlich bei: DGB-Landesbezirk, Abt. Jugend, Kaiserstraße 26–30, 55116 Mainz); Grünewald, Paul, KZ Osthofen. Materialien zur Geschichte eines fast vergessenen Konzentrationslagers, Frankfurt a. M. 1979; Hellriegel, Ludwig, Märtyrer 33/45. Verfolgung und Widerstand der Kirche im Bistum Mainz, Hrsg.: Carl-Brilmayer-Gesellschaft, Gau-Algesheim 1984 (Beiträge zur Geschichte des Gau-Algesheimer Raumes 10), S. 35 ff. (Hier werden mit näheren biographischen Angaben sieben Gau-Algesheimer Katholiken genannt, die im Sommer 1933 in das KZ Osthofen eingeliefert wurden. Anschrift des Herausgebers: Schloßgasse 2, 55435 Gau-Algesheim.); Internationaler Suchdienst (Hrsg.), Haftstätten-Verzeichnis, Arolsen 1979, S. 8; Keim, Anton-Maria, »Aber weitaus die Mehrzahl zeigte sich sehr vergnügt… – Osthofen – das erste nationalsozialistische Konzentrationslager in Hessen/Wer weiß, ob wir uns wiedersehen?«, in: »Frankfurter Rundschau« v. 6. 9. 1984 (Vorabdruck eines Beitrags für die Zeitschrift »Alzeyer Geschichtsblätter«); Ritzert, Michael/Weber, Gerald, Alltag im Nationalsozialismus – Fallstudie Osthofen, Arbeit 10. Klasse, Eleonoren-Gymnasium, Worms, im Rahmen des »Schülerwettbewerbs Deutsche Geschichte« 1980/81; Seghers, Anna, Das siebte Kreuz. Roman (geschrieben 1941 im Exil), Neuwied [20]1983; Steine des Erinnerns. Westdeutsche Schulzeitung, Sonderheft April 1992, hrsg. von der Gewerkschaft Erziehung und Wissenschaft, Landesverband Rheinland-Pfalz, Mainz 1992.

Pirmasens

Vierzig Jahre nach der als »Reichskristallnacht« bezeichneten Pogromnacht vom 9./10. November 1938 wurde in der *Schustergasse* eine *Gedenktafel* aus Bronze mit folgendem Text enthüllt:

> In dieser Gasse stand die Synagoge.
> Sie wurde am 9. November 1938 niedergebrannt.
> Mögen aus Trauer und Scham über das den Juden zugefügte Leid
> neue Menschen, Achtung und Gerechtigkeit entstehen.

Der Text wurde von den christlichen Kirchen in Pirmasens gemeinsam entworfen, um damit auch auf die Rolle der Kirchen hinzuweisen, die sich nicht eindeutig auf die Seite der verfolgten und ermordeten Juden gestellt hatten.

Polch

In der Gemeinde Polch, zwischen Koblenz und Mayen gelegen, wurde die ehemalige Synagoge in der *Ostergasse* renoviert. Hier wurde 1988 von der Stadt Polch eine *Gedenktafel* mit folgendem Text angebracht:

> Zum steten Gedenken an die
> vertriebenen und ermordeten
> jüdischen Mitbürger.

Neben wechselnden Ausstellungen einheimischer Künstler beherbergt die Synagoge ein kleines Museum über das Leben der früheren Jüdischen Gemeinde in Polch.

Puderbach, Westerwald

An der *Friedhofskapelle* in Puderbach wurde am 10. November 1979 eine *Gedenktafel* mit der Inschrift angebracht:

> Er gedenkt an seine Gnade und Treue
> für das Haus Israel
> Aller Welt Enden sehen
> das Heil unseres Gottes. Psalm 98/3
>
> Zum Gedenken
> an unsere jüdischen Mitbürger
> die unter der Diktatur in Deutschland
> von 1933–1945 grausam umkamen.
>
> [Es folgen die Namen der jüdischen Bürger
> und ihrer Gemeinden]
>
> Puderbacher und Urbacher Synagoge 1938 zerstört.
>
> Und vergib uns unsre Schuld.

Literatur:
Zeiler, Ernst, Zur Geschichte der Synagoge in Puderbach, in: Heimat. Jahrbuch des Landkreises Neuwied, 1988, S. 97–100.

Remagen

Am ehemaligen Postgebäude, dem heutigen *Feuerwehrgerätehaus* der Stadt Remagen, ist eine *Gedenktafel* mit folgendem Text angebracht:

> Auf der gegenüberliegenden Straßenseite stand die
> Synagoge der kleinen Jüdischen Gemeinde von
> Remagen. Sie wurde mit Unterstützung der
> Zivilgemeinde zwischen 1865 und 1869 errichtet.
> In der sogenannten »Kristallnacht«
> am 9. November 1938 brannte sie ab.

Rheinbrohl

In der Ortsgemeinde Rheinbrohl, Verbandsgemeinde Bad Hönningen, erinnert seit Dezember 1981 eine *Gedenktafel* an die ehemalige Synagoge der Jüdischen Gemeinde Rheinbrohl. Sie trägt die Inschrift:

> Hier in der Nähe stand bis zu ihrer Zerstörung
> durch die Nationalsozialisten am 9. 11. 1938
> die Synagoge der Jüdischen Gemeinde Rheinbrohl.
>
> Erinnerung Mahnung

Rhens

Am ehemaligen jüdischen Gebetshaus in der *Langstraße* wurde im Jahre 1988, am 50. Jahrestag der Erinnerung an die Reichspogromnacht von 1938, eine *Gedenktafel* für die vertriebenen und ermordeten jüdischen Bürger von Rhens enthüllt.

Rodalben

Die Stadt hat im Jahre 1992 an dem Geschäftshaus *Hauptstraße 161*, dem Standort der ehemaligen Synagoge und des jüdischen Gemeindehauses, eine *Gedenktafel* anbringen lassen. Unter dem Wappen der Gemeinde Rodalben ist zu lesen:

> Zentrum der ehemaligen
> Jüdischen Kultusgemeinde
> Synagoge – Kultische Bäder – Schulhaus
> und Lehrerwohnung – 1886 – 1945

Auf der Anlage vor dem *jüdischen Friedhof* soll ein *Gedenkstein* zur Erinnerung an die frühere Jüdische Gemeinde Rodalben errichtet werden.

Literatur:
Heringer, Edmund, Die israelitische Glaubensgemeinschaft – Friedhof als letztes Zeugnis, in: Stadt Rodalben (Hrsg.), 750 Jahre Gräfensteiner Land 1237–1987. Mit der Geschichte von Rodalben, Pirmasens 1987, S. 248–255; Ders., Die Juden in Rodalben. Erinnerung an unsere Mitbürger, in: Heimatkalender, Pirmasens/Zweibrücken 1988, S. 43–49; Weber, Alois, Die israelitische Schule zu Rodalben, in: Heimatkalender, Pirmasens/Zweibrücken 1978, S. 189–192.

Rülzheim

Auf dem Mahnmal in Rülzheim für die Opfer der Kriege wurde nachträglich eine *Tafel* angebracht mit der Inschrift:

> Den Opfern der Gewaltherrschaft 1933–1945

Zum Gedenken an die verfolgten und ermordeten Bürger der Jüdischen Gemeinde wurde 1991 auf Anregung eines ehemaligen jüdischen Bürgers, Edgar Grünebaum aus Straßburg, am restaurierten Gebäude der früheren Rülzheimer Synagoge in der *Kuntzengasse 9* eine *Gedenktafel* angebracht. Der Text auf der von ehemaligen jüdischen Rülzheimer Bürgern gestifteten Tafel lautet:

> In diesem Gebäude hielt die Israelitische
> Kultusgemeinde Rülzheim von 1833 bis 1938
> ihre Gottesdienste. Die Synagoge wurde am
> 10. November zerstört und geschändet.
> Wir gedenken der Rülzheimer jüdischen
> Familien, die in der Nazi-Zeit aus ihrer
> Heimat vertrieben und ermordet wurden:

Blum	Haas	Reis
Bodenheimer	Kahn	Rosenberger
Cahn	Kayem	Rotschild
Feibelmann	Klaus	Schottland
Falkenberg	Lemle	Schönberger
Friedhoff	Löb	Traub
Grünebaum	Mayer	

> Da sprach der Herr zu Kain:
> Wo ist dein Bruder Abel?

Die Jüdische Gemeinde in Rülzheim war eine der größten der Pfalz. Nach dem Krieg diente die ehemalige Synagoge als Lagerstätte und Jugendraum. 1986 wurde der Bau von der Kreisverwaltung Germersheim unter Denkmalschutz gestellt. 1988 beschloß der Gemeinderat, die Synagoge von der Katholischen Kirchengemeinde anzukaufen und zu sanieren. Das ehemalige Bethaus wurde in eine *Geschichts- und Begegnungsstätte* umgebaut, die am 13. Juni 1991 eröffnet wurde. Eine Ausstellung über die Geschichte der Rülzheimer Juden ist in Arbeit. Ein Raum bietet Platz für kulturelle Veranstaltungen.

Auf dem *jüdischen Friedhof,* auf einer Anhöhe an der Straße nach Herxheimweyher gelegen, findet sich ein *Gedenkstein* mit siebenarmigem Leuchter und Davidstern, den die »Israelitische Kultusgemeinde Rülzheim ihren im Weltkriege 1914–18 gefallenen Söhnen zum nie endenen Gedächtnis« errichtet hat. 1986 wurde für den noch relativ gut erhaltenen Friedhof ein Denkmalschutzverfahren eingeleitet.

Literatur:
Johann, Alois, Wo sind unsere jüdischen Mitbürger geblieben?, in: Rülzheimer Heimatbrief 4 (1966) H.2, S. 6–9; Ortsgemeinde Rülzheim (Hrsg.), Rülzheim/Pfalz. Zum Gedenken und zur Erinnerung, hrsg. anläßlich des Treffens der früheren jüdischen Bürger vom 10. 10. 1988 bis 17. 10. 1988 in Rülzheim, Rülzheim 1988.

Saarburg, Saar

Am *Schloßberg* wurde im Jahre 1982 auf Anregung des Stadtrats von Saarburg eine *Gedenktafel* mit folgender Inschrift angebracht:

> Zum Gedenken an unsere
> früheren jüdischen
> Mitbürger und deren
> Synagoge an diesem Ort

Quellen/Literatur:
Kirsch, Arno u. a., Terrormaßnahmen des Nationalsozialismus aus rassischen, politischen und religiösen Gründen im ehemaligen Kreis Saarburg, dargestellt an ausgewählten Beispielen. Arbeit 13. Klasse, Staatliches Gymnasium, Graf-Siegfried-Str. 75, 54439 Saarburg, im Rahmen des »Schülerwettbewerbs Deutsche Geschichte« 1980/81; Leistungskurs Geschichte 12/2 (12 Verfasser), Kriegsgefangene und Zwangsarbeiter im ehemaligen Kreis Saarburg von 1939–1945, Arbeit 12. Klasse, Staatliches Gymnasium, Saarburg, im Rahmen des »Schülerwettbewerbs Deutsche Geschichte« 1982/83.

Saffig

Auf Initiative des Österreichers Wilfried Marbach, den verwandtschaftliche Beziehungen mit Saffig verbinden, wurde das heute noch vollständig erhaltene Gebäude der ehemaligen Synagoge in Saffig, einem kleinen Ort nahe Koblenz, am 9. Januar 1984 unter Denkmalschutz gestellt. In der Nacht vom 9. auf den

10. November 1938 wurde die Inneneinrichtung der Synagoge zertrümmert, jedoch das Gebäude selbst nicht in Brand gesetzt, so daß die Bausubstanz der Synagoge erhalten blieb. Nach den Pogromen wurde Moritz Hirsch als Vertreter der Saffiger Juden gezwungen, den Verkauf der Synagoge an die Stadtgemeinde zu unterschreiben. Dadurch wurde formal die Existenz der Jüdischen Kultusgemeinde aufgehoben. Faktisch gibt es seit der Deportation 1942 und der Ermordung in den Konzentrationslagern keine Juden mehr in Saffig. Die im romanischen Stil 1855 erbaute Synagoge wurde nach dem Krieg als Geräteschuppen genutzt. 1985 wurde das Gebäude geräumt, und seitdem bemühte sich der »Förderverein Synagoge Saffig e.V.« um den Umbau der ehemaligen Synagoge zu einer *Begegnungsstätte*. Am 12. Mai 1991 wurde das renovierte Gebäude eingeweiht. Eine Basalttafel neben dem Portal trägt die Inschrift:

Höre, Israel! Der Herr, unser Gott, ist einzig. (Dtn 6,4)
Zum Gedenken an unsere jüdischen Mitbürger,
Opfer der nationalsozialistischen Gewaltherrschaft,
1933–45

Literatur:
Förderkreis Synagoge Saffig e.V. (Hrsg.), Juden in Saffig. Zur Wiedereröffnung der ehemaligen Synagoge von Saffig am 12. Mai 1991, Saffig 1991; Marbach, Wilfried, Jüdisches Erbe in Saffig, in: Heimatjahrbuch des Kreises Mayen-Koblenz 1985, Koblenz 1986, S. 88–94.

Saulheim

An der Außenwand des *Rathauses* wurde am 19. November 1989 eine *Relieftafel* mit der Inschrift angebracht:

Wir gedenken der Opfer der
national-sozialistischen Gewaltherrschaft
und insbesondere des Leidens
und Sterbens
unserer jüdischen Mitbürger

Die Ortsgemeinde Saulheim

Schifferstadt

Am 25. November 1984 wurde in Schifferstadt, südlich von Ludwigshafen, im Garten des Fraktionshauses in der *Bahnhofstraße* ein *Gedenkstein* enthüllt zur Erinnerung an die am 9./10. November 1938 zerstörte Synagoge und an die von den Nationalsozialisten verfolgten und ermordeten jüdischen Familien von Schifferstadt.

Der Stein trägt die Inschrift:

Zum Andenken an die Schifferstadter Synagoge.
1892 hatten unsere jüdischen Mitbürger ihr
Bethaus in der Bahnhofstraße 48 errichtet.
1938 führte fanatischer Rassenwahn zu ihrer
Zerstörung durch Brand.
An dieser Stelle gedenken wir auch unserer
jüdischen Familien
Bender • Freundlich • König • Landmann • Levy •
Löb • /
Mängen • Mayer Bernhard • Mayer Isaak •
Mayer Ludwig • /
Reiss • Rubel • Oppenheimer • Weiler
Die Judenverfolgung der NS-Zeit hat über sie
unsägliches Leid gebracht.

Der ehemalige jüdische Friedhof von Schifferstadt, der 1938 verwüstet wurde, ist heute *Gedenkstätte*. Die Grabsteine, die alle nach Osten ausgerichtet waren, stehen nicht mehr an ihrem Platz.
Ein *Gedenkstein* trägt die Namen der hier beerdigten Juden und eine zweisprachige Tafel mit der Inschrift:

Jüdischer Friedhof Schifferstadt
bestehend seit 1908
Mögen die hier Bestatteten für alle Zeiten
ungestört ruhen

Auf Beschluß des Stadtrates wurde der Friedhof im April 1987 der Jüdischen Kultusgemeinde der Rheinpfalz übereignet.

Literatur:
Kleiner Kulturverein (Hrsg.), Synagoge. Dokumentation über die Initiative des Kleinen Kulturvereins Schifferstadt für eine Synagogengedenktafel, Schifferstadt 1983; Kukatzki, Bernhard/Sold, Emil Georg, Die Schifferstadter Juden. Ein Lesebuch, Speyer 1988 (Beiträge zur Schifferstadter Ortsgeschichte 4/5).

Schweich, Mosel

1984 erwarb die Stadt Schweich von der Raiffeisenbank das Gebäude der ehemaligen Synagoge in der *Richtstraße*, das in der Nacht vom 9. zum 10. November 1938 zwar schwer beschädigt, aber nicht vollständig zerstört wurde. Mit Hilfe des Bundes und aus Mitteln der Städtebauförderung des Landes Rheinland-Pfalz hat die Stadt die frühere Synagoge und das Gebäude der ehemaligen jüdischen Schule restauriert. In der neu errichteten Eingangshalle befindet sich eine *Gedenkstätte* für die jüdischen Opfer der nationalsozialistischen Gewaltherrschaft. In der als Kulturzentrum hergerichteten früheren Synagoge gibt es neben Ausstellungen, Tagungen und Vorträgen zum Judentum noch diverse andere kulturelle Veranstaltungen. Die Einweihung fand am 3. September 1989 statt.

Literatur:
Stadtverwaltung Schweich (Hrsg.), Festschrift zur Eröffnung der ehemaligen Synagoge von Schweich als Kulturstätte, Schweich 1989.

Selters, Westerwald

1988 wurde an der *evangelischen Kirche* am *Brunnenplatz* eine *Gedenktafel* zur Erinnerung an die ehemalige Jüdische Kultusgemeinde angebracht. Die Inschrift lautet:

Die Güte des Herrn ist's
daß wir nicht gar aus sind,
seine Barmherzigkeit
hat noch kein Ende
Klagelied Jeremias 3,27

Zum Gedenken an die Jüdische Gemeinde
in Selters und ihre im Jahre 1938 zerstörte Synagoge

Simmern, Hunsrück

Im Jahre 1988 wurde anläßlich der sich jährenden sogenannten »Reichskristallnacht« am *Schloßplatz* ein *Mahnmal* in Form einer Stele errichtet. Auf der einen Seite sind die Namen der jüdischen Einwohner Simmerns aus der Zeit zwischen 1933 und 1944 eingemeißelt. Die andere Seite trägt den Giebelspruch der ehemaligen Simmerner Synagoge:

Mein
Haus soll ein
Bethaus genannt
werden für alle
Völker der Erde

Auf dem *städtischen Friedhof* befinden sich Gräber von russischen und französischen Kriegsgefangenen.

Literatur:
Bach, Astrid, Spurensuche – Jüdische Schüler des Gymnasiums Simmern, in: 10 Jahre Neubau Herzog-Johann-Gymnasium, Festschrift, Simmern 1988; Faller, Karl, Die Zeit der Juden in Simmern/Hunsrück. Versuch der geschichtlichen Darstellung. 600 Jahre Verbundenheit der Juden mit der Stadt Simmern/Hunsrück und der Jüdischen Kultusgemeinde Simmern, Simmern 1988; Verbandsgemeinde Simmern (Hrsg.), Das Geheimnis der Erlösung heißt Erinnerung. 9. November 1938 – 9. November 1988, Simmern 1988.

Sinzig, Rhein

Auf dem *städtischen Friedhof* erinnert eine *Gedenktafel* an die verschleppten und ermordeten Juden der Stadt:

Den jüdischen Opfern
1933 1945

Literatur:
Hartmann, Volker, Die Unterdrückung und Verfolgung der Juden unter dem Nationalsozialismus am Beispiel der Gemeinde Sinzig am Rhein, Facharbeit, Sinzig 1981 (Kopie im Kreisarchiv Ahrweiler); Kleinpass, Hans, Die ehemalige Synagogengemeinde Sinzig, in: Sinzig und seine Stadtteile – gestern und heute, Sinzig 1983, S. 314–320; Schmalz, Heinz, Sinzig im Dritten Reich, 2 Bde., Sinzig 1989 (Kopie im Kreisarchiv Ahrweiler).

Sobernheim

Das Gebäude der ehemaligen Synagoge, die in der Nacht vom 9. zum 10. November 1938 demoliert und geplündert wurde, dient heute dem Supermarkt in der Gymnasialstraße 9 als Lagerraum. An der Ostseite wurde eine Tafel mit dem Text angebracht:

An diesem Platz erbaute die Jüdische
Gemeinde im Jahre 1859 eine Synagoge.
Diese Tafel soll an die Jüdische Gemeinde
erinnern, die zur Zeit des Dritten Reiches
vernichtet wurde.

Auf dem *jüdischen Friedhof* auf dem *Domberg* ließ der Fabrikant Alfred Marum 1959 ein *Ehrenmal* für die jüdischen Bürger Sobernheims errichten. Neben der Gedenktafel für die im Ersten Weltkrieg gefallenen Mitglieder der Jüdischen Kultusgemeinde befindet sich dort eine weitere Tafel für die verfolgten und ermordeten jüdischen Bürger. Sie trägt die Inschrift:

Zum Andenken
an die Schwestern und Brüder unserer Gemeinde,
die als Opfer des Nationalsozialismus
in den Jahren 1933–1945 gefallen sind.

Literatur:
Berkemann, Hans-Eberhard, Vom Gotteshaus zum Möbellager. In Sobernheim steht die letzte Synagoge des Nahetals, in: Landeskundliche Jahresblätter, Jg. 27, Heft 4, 1981; Henry, Frances, Victims and Neighbors. A Small Town in Nazi Germany Remembered, Foreword by Willy Brandt, South Hadley, Mass. 1984.

Speyer

Am 9. November 1968, dem 30. Jahrestag des von den Nationalsozialisten als »Reichskristallnacht« bezeichneten Pogroms, wurde in einer *Gartenanlage* an der heutigen *Judenbadgasse*, wo einst die schon im Jahre 1090 erbaute alte Synagoge von Speyer und eine Reihe anderer jüdischer Bauten und Einrichtungen wie z.B. das Judenbad gestanden haben, ein *Mahnmal* mit folgendem Text errichtet:

> Zum Gedenken an die Jüdische Gemeinde in Speyer,
> an ihr im Laufe von 9 Jahrhunderten äußerst wechselvolles,/
> schweres Geschick und an ihre Synagogen, deren erste im/
> Jahre 1090 an dieser Stätte gestanden hat.
> Die alte Synagoge, die zuletzt städtisches Zeughaus war,/
> wurde im Jahre 1689 beim Brand von Speyer ein Raub der Flammen./
> Die Jüdische Gemeinde in Speyer besaß außer der Synagoge/
> noch eine Reihe anderer Bauten und Einrichtungen.
> Dazu gehörte auch das in dieser Anlage stehende Judenbad./
> Im Jahre 1836 wurde in der Heydenreich-Straße eine neue/
> Synagoge erbaut, die bis zu ihrer Zerstörung durch eine/
> ruchlose Tat zur Zeit des nationalsozialistischen Regimes/
> der Mittelpunkt des Lebens unserer jüdischen Mitbürger war./
> Die folgenden Jahre brachten unsagbares Leid über die Juden./
> Nur wenige Mitbürger der Jüdischen Gemeinde Speyer überlebten./
>
> Die Stadt Speyer. Das Bischöfliche Ordinariat in Speyer./
> Der Protestantische Landeskirchenrat der Pfalz.

1985/86 wurden die Synagogenmauern in ihrem Bestand saniert. Der *Judenhof* wurde im Rahmen des 2000jährigen Jubiläums der Stadt Speyer im Jahre 1990 neu gestaltet und als *Gedenkstätte* für die Geschichte der Juden besser zugänglich gemacht.

Zum Gedenken an die 1837 erbaute und ebenfalls im November 1938 zerstörte neue Synagoge in der *Heydenreich-Straße* wurde im November 1978, dem 40. Jahrestag der »Reichskristallnacht«, eine *Gedenktafel* mit folgender Inschrift enthüllt:

> Hier stand die Synagoge der Jüdischen Gemeinde Speyer
> bis zur Zerstörung durch die Nationalsozialisten
> in der Nacht vom 9. zum 10. November 1938.

Im November 1992 kam ein *Gedenkstein* dazu, ein Sandsteinblock, auf dem der bronzene Davidstern zu sehen ist. Tafel und Gedenkstein befinden sich im vormaligen Eingangsbereich der Synagoge, heute die Rückseite eines Kaufhauses, das am Ort der früheren Synagoge gebaut wurde.

Ein Zimmer im *Kloster der Dominikanerinnen St. Magdalena* erinnert an Edith Stein, die als Lehrerin an der Höheren Schule der Dominikanerinnen in Speyer wirkte. Der Raum, den die Studienrätin während ihrer Lehrtätigkeit von 1922 bis 1931 im Pfortenhaus des Klosters St. Magdalena bewohnte, wurde von den Ordensschwestern zur *Gedenkstätte* gestaltet. Neben dem Gedenkraum dokumentiert eine 1987 eröffnete *Dauerausstellung* im Schulraum des ehemaligen Lehrerinnenseminars das Leben Edith Steins anhand von Fotos, Manuskripten und Schriften.

Edith Stein wurde als jüngstes von elf Kindern einer jüdischen Familie in Breslau geboren. Nach ihrem Philosophiestudium in Breslau, Göttingen und Freiburg wurde sie 1918 Assistentin ihres Lehrers Edmund Husserl. 1922 konvertierte Edith Stein in Bad Bergzabern/Pfalz zur katholischen Kirche und folgte 1932 einem Ruf an das Institut für wissenschaftliche Pädagogik in Münster. Aber bereits 1933 wurde ihr aufgrund des »Arierparagraphen« im Berufsbeamtengesetz vom 7. April 1933 die Dozentur wieder entzogen. Im Oktober 1933 trat sie in Köln in den Karmel ein und erhielt den Ordensnamen Teresia Benedicta a Cruce. 1938 suchte sie Zuflucht im Karmelitinnenkloster Echt in den Niederlanden. Dort wurde sie am 2. August 1942 von deutscher SS verhaftet, nach Auschwitz deportiert und dort wohl am 9. August 1942 ermordet.

Auch *Gymnasium* und *Realschule* der Dominikanerinnen tragen seit 1957 den Namen der ehemaligen Lehrerin Edith Stein.

(s. auch NRW: Köln)

Anschrift:
Kloster St. Magdalena, Hasenpfuhlstr. 32, 67346 Speyer. Ausstellungsbesuch nur nach Anmeldung möglich.

Literatur:
Bezirksgruppe Speyer des Historischen Vereins der Pfalz (Hrsg.), Die Geschichte der Juden in Speyer, Speyer 1981 (Beiträge zur Speyerer Stadtgeschichte, Heft 6); Kloster St. Magdalena (Hrsg.), Edith Stein zum Gedenken, Speyer 1987; Kreis- u. Stadtsparkasse (Hrsg.), Dokumente zur Geschichte der Speyerer Juden. Ausstellung des Stadtarchivs Speyer vom 29. Juli bis 12. August 1964, Speyer 1964; Stadt Köln (Hrsg.), Edith Stein (Schwester Teresia Benedicta a Cruce OCD) von Maria Amata Neyer OCD, Köln 1987; Vereinigung der Verfolgten des Naziregimes (Hrsg.), Antifaschistischer Stadtführer Speyer. Stätten des antifaschistischen Widerstands 1933–1945, Speyer 1984; Stein, Günter, Judenhof und Judenbad in Speyer am Rhein, München/Berlin ^{7}1989 (Große Baudenkmäler 238).

Sprendlingen, Rheinhessen

An die *frühere Synagoge* der Jüdischen Kultusgemeinde, die 1983 unter Denkmalschutz gestellt wurde, erinnert seit 1979 eine *Gedenktafel* mit der Inschrift:

> Ehemalige Synagoge
> der früheren Jüdischen Gemeinde Sprendlingen.
> Eingeweiht am 19. März 1825.
> Zerstört und geplündert in der Reichskristallnacht
> am 9. November 1938.
>
> 9. November 1938 Schalom Friede 9. November 1978

Stadecken-Elsheim

Am 8. Juni 1975 wurde auf dem *Friedhof* des Ortsteils *Elsheim* folgender *Gedenkstein* enthüllt:

> Zum Gedenken
> Leon
> Szczepaniak
> * 10. 2. 1912 † 27. 5. 1942

Leon Szczepaniak geriet 1939 als Unteroffizier der polnischen Armee in deutsche Kriegsgefangenschaft und arbeitete zwei Jahre lang in verschiedenen landwirtschaftlichen Betrieben in Elsheim. Dort wurde er wegen seiner Beziehung zu einem deutschen Mädchen beim damaligen Bürgermeister angezeigt, der die Anzeige nach Wiesbaden weiterleitete, worauf Leon Szczepaniak am 1. September 1941 in Sonderhaft genommen wurde. Die 22jährige Margarete Hess wurde am gleichen Tag von der Gestapo verhaftet und am 22. September 1941 von einem Sondergericht in Mainz wegen verbotenen Umgangs mit Kriegsgefangenen, und weil sie »ihr Deutschtum und ihre Frauenwürde vergessen« habe, zu eineinhalb Jahren Zuchthaus verurteilt.
Leon Szczepaniak wurde am 27. Mai 1942 gefesselt nach Elsheim gebracht. Dort mußten sich alle etwa 200 polnischen »Zivilarbeiter« aus der Umgebung auf dem Gelände des heutigen Sportplatzes versammeln und mitansehen, wie Szczepaniak von einem Wiesbadener »Sonderbehandlungskommando« zum Galgen geführt und erhängt wurde. Im standesamtlichen Register der Gemeinde Elsheim lautet der Eintrag: »Der polnische Zivilarbeiter Leon Szczepaniak, katholisch, Elsheim, Mainzer Straße 17, ist am 27. Mai 1942 um 11.30 Uhr in Elsheim verstorben; Todesursache: Genickbruch.«
Die Errichtung des Gedenksteins auf dem Elsheimer Friedhof wurde auf Anregung des katholischen Pfarrers Dr. Ludwig Hellriegel, Gau-Algesheim, vom Gemeinderat beschlossen; der Stein wurde von der CDU-Fraktion gestiftet.

Quelle:
Deutsche Pfadfinder St. Georg (DPSG) – Leiterrunde des Stammes Greifenklau der Pfarrei Schwabenheim (Hrsg.), »Zeichen der Versöhnung«. Eine Dokumentation. Bericht des DPSG-Stammes Greifenklau in der Pfarrei Schwabenheim: Leon Szczepaniak, geb. 10. 2. 1912 in Lisice, o. O., o. J.

Steinbach am Glan

Zusammen mit der Nachbargemeinde *Brücken/ Pfalz,* die zur ehemaligen Jüdischen Kultusgemeinde Steinbach am Glan gehörte, wurde zur Erinnerung an die Novemberpogrome von 1938 eine *Gedenktafel* eingeweiht. Sie trägt die Inschrift:

> Vergessen-Wollen verlängert
> das Exil – Das Geheimnis der
> Erlösung heißt Erinnerung.
>
> Im Gedenken an die während der
> nationalsozialistischen Gewalt-
> herrschaft verfolgten Bürger der
> Jüdischen Kultusgemeinde Steinbach
> und zur Erinnerung an die am
> 9. November 1938 geschändete Synagoge.

Sülm

An die letzte jüdische Familie der Gemeinde Sülm bei Bitburg erinnert eine *Gedenktafel*, die der Stadtrat an deren früherem Wohnhaus anbringen ließ. Sie trägt die Inschrift:

> Zum Gedenken unserer
> jüdischen Mitbürger
>
> Geschwister
> Klara Rosetta Max
> Ruben
> Opfer des Nationalsozialismus

Bis zu ihrer Verschleppung und Ermordung im Jahre 1942 unterhielten die Geschwister Ruben eine Metzgerei in Sülm. Ihr Haus steht jetzt unter Denkmalschutz.

Trier

Auf dem *Städtischen Hauptfriedhof* steht ein *Gedenkstein* mit der Inschrift:

> Den Opfern der Verfolgung aus Trier und Umgebung
> zum Gedenken, den Lebenden zur Mahnung
> 1933–1945

Am früheren Standort der Synagoge in der Trierer Innenstadt an der heutigen Straße *»An der alten Synagoge«* ist ein *Mahnmal* zur Erinnerung an ihre Zerstörung im November 1938 errichtet. Auf der etwa 1,50 Meter hohen Metallsäule steht unter einer stilisierten Abbildung der Frontansicht der ehemaligen Synagoge folgender Text:

> An dieser Stelle stand die Synagoge der
> Jüdischen Gemeinde der Stadt Trier.
> Erbaut 1859, zerstört am
> 9. November 1938 durch die Nationalsozialisten.

Das *frühere Landgerichtsgefängnis* in der *Windstraße 6–8* war Auffang- und Durchgangslager für zahlreiche politische Verfolgte, darunter insbesondere luxemburgische Staatsbürger, die auf dem Weg über dieses Gefängnis zumeist in das SS-Sonderlager Hinzert weitergeleitet wurden (siehe Hinzert). Bis 1977 war das ehemalige preußische Gefängnis Justizvollzugsanstalt. Heute beherbergt das Gebäude das bischöfliche Dom- und Diözesanmuseum. Ein Passus auf der 164 x 115 cm großen *Marmortafel,* die an der Innenwand des alten Gefängnisbaus im Foyer des Museums angebracht ist, erinnert mit folgenden Worten an das Schicksal der Verfolgten:

> Viele Bürger der Stadt und des Umlandes,
> aber auch aus Belgien, Frankreich und Luxemburg
> waren in diesem Gebäude Opfer des Nazi-Terrors.
> Manche von ihnen verloren hier ihr Leben.

In der *Rindertanzstraße* informiert am ehemaligen »Bischof-Korum-Haus« eine Tafel:

> An der Stelle des ehemaligen – von den
> Nationalsozialisten beschlagnahmten –
> Bischof-Korum-Hauses gedenkt die
> Trierer Bürgerschaft der mehr als 400
> jüdischen Frauen, Männer und Kinder,
> die in den Jahren 1941 bis 1943 hier und im
> ehemaligen Gefängnis in der Windstraße
> zusammengetrieben wurden. Von hier aus
> wurden sie in die Konzentrationslager
> deportiert, in denen sie fast ohne Ausnahme
> ermordet wurden.
> Die Stadt Trier 1993

Am 1. März 1989 wurde auf dem Gelände der *Deutschen Richterakademie, Berliner Allee 7,* ein *Mahnmal* enthüllt, das an die Opfer der NS-Justiz erinnert. Die von der Bildhauerin Gabriele Marwede geschaffene 1,80 Meter hohe Plastik stellt einen Bronzekopf auf weißem Muschelkalksockel dar, vor dem eine Platte aus Bronze in Form eines Fallbeils in den Boden eingelassen ist. Mit diesem Denkmal hat der Bundesjustizminister den Vorschlag eines Überlebenden aus der Widerstandsgruppe »Weiße Rose«, Franz-Josef Müller, aufgegriffen. Seit 1983 finden in der Richterakademie Tagungen zur Thematik »Recht und Nationalsozialismus« statt. Das Bundesjustizministerium hat 1989 eine Wanderausstellung zum Thema »Justiz und Nationalsozialismus« geschaffen und eine wissenschaftliche Untersuchung zum »Volksgerichtshof« initiiert.

Die *Dr.-Altmann-Straße* ist nach dem 1879 geborenen, angesehenen Gelehrten und letzten Oberrabbiner benannt, der 1938 nach Holland emigrierte, 1944 nach Auschwitz deportiert wurde und dort umgekommen ist.
Die *Andreas-Hoevel-Straße* ist nach dem 1900 in Trier geborenen kommunistischen Widerstandskämpfer benannt, der am 28. August 1942 hingerichtet wurde.

Literatur:
Bundesminister der Justiz (Hrsg.), Im Namen des Deutschen Volkes. Justiz und Nationalsozialismus, Katalog zur Ausstellung des Bundesministers der Justiz, Köln 1989; Ders., Gedenkstätte für die Opfer der NS-Justiz. Dokumentation des Wettbewerbs, o.O. 1989; Christoffel, Edgar, Der Weg durch die Nacht. Verfolgung und Widerstand während der Zeit des Nationalsozialismus im Trierer Land, Trier 1983; Jacobs, Jacques, Existenz und Untergang der alten Judengemeinde der Stadt Trier, Trier 1984; Nolden, Reiner, Neue Quellen zum Schicksal der Trierer Juden im Dritten Reich (1939–1943), in: Kurtrierisches Jahrbuch, Jg. 24, 1984, S. 235–244; Stadtarchiv u. Stadtbibliothek Trier (Hrsg.), Trier und der Nationalsozialismus. Die Machtergreifung in der rheinischen Stadt. Ausstellungskatalog, bearb. von Otmar Weiler, Trier 1983/84; Dies., Juden in Trier, bearb. von Reiner Nolden, Trier 1988 (Ausstellungskatalog Trierer Bibliotheken 15).

Undenheim

Zur Erinnerung an Ludwig Schwamb wurde nach Kriegsende auf das Grab seiner Eltern in seiner Heimatgemeinde Undenheim ein *Gedenkstein* gesetzt, den seine Witwe 1945 anfertigen ließ. Nach der Hinrichtung Schwambs im Zusammenhang mit dem 20. Juli 1944 hatte die Staatsanwaltschaft Frau Schwamb mitgeteilt, daß keine Todesanzeige veröffentlicht werden dürfe. Auch Schwambs Leichnam wurde der Familie nicht übergeben. Seine Grabstätte ist unbekannt.
Ludwig Schwamb, geboren am 30. Juli 1890, war Sozialdemokrat und seit 1928 als Jurist im Hessischen Innenministerium unter Wilhelm Leuschner tätig. Wie der Pressesprecher des Hessischen Innenministeriums, Carlo Mierendorff, wurde er 1933 von den Nationalsozialisten entlassen. Er ging nach

Berlin und nahm Kontakt mit dem »Kreisauer Kreis« um Helmuth Graf von Moltke auf. Seine Wohnung in Berlin-Wilmersdorf stellte er der Gruppe um Julius Leber für geheime Zusammenkünfte und als Zufluchtsort zur Verfügung. Dies wurde von der Gestapo nach dem mißlungenen Attentat auf Hitler vom 20. Juli 1944 aufgedeckt. Schwamb wurde am 23. Juli 1944, wenige Tage vor seinem 54. Geburtstag, verhaftet. Das Todesurteil erhielt er am 23. Januar 1945. Es wurde noch am gleichen Tag in Berlin-Plötzensee vollstreckt, wo Ludwig Schwamb zusammen mit Graf Moltke und Theodor Haubach hingerichtet wurde.
(Zu Ludwig Schwamb s. auch unter Mainz und unter Hessen: Darmstadt)

Unkel

Am 27. Oktober 1985 wurde auf Beschluß des Stadtrates am Standort der in der »Reichskristallnacht« zerstörten Synagoge eine *Gedenktafel* mit dem Text angebracht:

> Hier stand die Unkeler Synagoge.
> Eingeweiht am 26. August 1874.
> Zerstört in der Zeit der Verfolgung unserer
> jüdischen Mitbürger
> am 10. November 1938
>
> Wir vergessen es nicht!

Vallendar

Auf dem Gelände der ehemaligen Synagoge wurde im Mai 1987 eine *Gedenktafel* angebracht. Der Text lautet:

> Zum Gedenken
> an die früheren jüdischen Mitbürger
> und an die hier befindliche Synagoge

Neben der sogenannten Gnadenkapelle der Schönstattbewegung in Schönstatt bei Vallendar befindet sich das *Grab* des katholischen Eidverweigerers *Pater Franz Reinisch.* Auf einem Holzkreuz sind Name und Lebensdaten des Toten angegeben, dazu ein großes Foto des Priesters, der am 21. August 1942 in Brandenburg enthauptet wurde.
Franz Reinisch wurde am 1. Februar 1903 in Feldkirch (Österreich) geboren, ging in Tirol zur Schule und wurde nach seiner Priesterweihe Mitglied des Pallottinerordens. Er arbeitete in den dreißiger Jahren als Seelsorger in Friedberg bei Augsburg, auf dem Hohenrechberg bei Schwäbisch-Gmünd und in Bruchsal. Im Jahre 1938 wurde er Mitglied der Schönstattgemeinschaft, wirkte als Männerseelsorger und geriet in Konflikt mit der Gestapo. 1940 erhielt er Rede- und Predigtverbot.
Als er Ostern 1942 die Einberufung zum Kriegsdienst erhielt, rückte er einen Tag verspätet in die Wehrmachtskaserne in Bad Kissingen ein, um »von vornherein zum Ausdruck zu bringen, daß er weder Furcht noch Flucht kenne, mit dem Gestellungsbefehl jedoch nicht einverstanden« sei. Er verweigerte aus grundsätzlicher Ablehnung des Nationalsozialismus den Fahneneid auf Adolf Hitler und wurde dafür vom Reichskriegsgericht in Berlin am 7. Juli 1942 zum Tode verurteilt und mit dem Fallbeil geköpft. Seine Asche wurde auf dem Urnenfriedhof Brandenburg bestattet, aber ein Mitbruder konnte die Urne im Jahre 1946 nach Schönstatt bringen und hier beisetzen. Während sich die Pallottiner früher mit der Eidverweigerung des Mitbruders Reinisch schwertaten und ihm sogar den Ausschluß aus dem Orden androhten, betreiben sie inzwischen vor den kirchlichen Instanzen seinen Seligsprechungsprozeß. Reinisch ist der einzige katholische Priester in Deutschland, der den Fahneneid auf Hitler verweigerte neben einigen wenigen Laien wie Michael Lerpscher (s. Missen, Bayern), Alfred Andreas Heiß (s. Stadtsteinach, Bayern) oder Josef Ruf (s. Saulgau, Baden-Württemberg).
Neben dem Grab von Franz Reinisch in Vallendar existieren an fast allen Niederlassungen der Schönstatt-Bewegung Erinnerungstafeln an den hingerichteten Priester, außerdem an den Orten seines Wirkens bzw. der Haft, so in Bad Kissingen und Friedberg in Bayern, Bruchsal und Schwäbisch-Gmünd in Baden-Württemberg, Höxter in NRW (s. jeweils dort) sowie in Berlin und Brandenburg.

Kontakt und Information:
Pater Reinisch Sekretariat, Haus Aumühle, Hillscheiderstr. 9, 56179 Vallendar/Rhein. Hrsg. des »Pater-Reinisch-Rundbriefes« sowie der Dokumentationen »Märtyrer der Gewissenstreue«, Band I und II.

Quellen/Film:
Knab, Josef, Unbequeme Märtyrer. Katholische Kriegsdienstverweigerer unter Hitler, in: Publik-Forum Nr. 22, 1986. Dokumentarfilm »Märtyrer des Gewissens«, 15 Min. Landesbildstelle Rheinland-Pfalz.

Waldbreitbach

Im November 1988 wurde zur Erinnerung an die jüdischen Bürger der Gemeinde eine *Gedenktafel* mit folgendem Wortlaut angebracht:

> Zum Gedenken an die jüdischen Mitbürger,
> die ein Opfer wurden der Verfolgung,
> in der Zeit des Nationalsozialismus
> 1933–1945

Seit circa 1825 befand sich in der
Nähe dieses Platzes die jüdische Synagoge,
die am 10. November 1938
geschändet und zerstört wurde.

Waldhilbersheim siehe Langenlonsheim

Waldmohr

In der Verbandsgemeinde Waldmohr wurde am 12. Juni 1988 im *Park an der Eichelscheiderstraße* ein Stein zum Gedenken an die verfolgten und ermordeten jüdischen Bürger der Gemeinde enthüllt, die unter anderem in das Internierungslager Gurs in Südfrankreich deportiert wurden. Für die *Gedenktafel* wurde ein Text des ehemaligen Kirchenpräsidenten von Hessen und Nassau, Martin Niemöller, gewählt, der selber von 1938 bis 1945 in verschiedenen Konzentrationslagern, u. a. auch im KZ Sachsenhausen inhaftiert war:

Als die Nazis die Kommunisten
holten, habe ich geschwiegen,
ich war ja kein Kommunist.
Als sie die Sozialdemokraten
einsperrten, habe ich geschwiegen,
ich war ja kein Sozialdemokrat.
Als sie die Katholiken holten,
habe ich nicht protestiert,
ich war ja kein Katholik.
Als sie mich holten,
gab es keinen mehr,
der protestieren konnte.

Den Opfern der Gewaltherrschaft
von 1933–1945

Literatur:
Bröhmer, Benno, Das Schicksal der Waldmohrer Juden im Dritten Reich, in: Westrich-Kalender, hrsg. vom Landkreis Kusel, Rengsdorf 1988, S. 76–79; Hess, Robert, Tot ist nur, wer vergessen wird. Den Waldmohrer Juden zum Gedenken, o. O., o. J.

Westerburg, Westerwald

An der Mauer des *Kleinen Kirchplatzes* vor der Schloßkirche wurde anläßlich einer Gedenkfeier am 9. November 1988 eine bronzene *Tafel* angebracht. Sie trägt die Inschrift:

Vor 50 Jahren wurden die Einrichtung und die Fenster
der Synagoge in Westerburg zerstört. Vor den Augen
der zusammengetriebenen jüdischen Mitbürgerinnen
und/
Mitbürger wurden die Kultgegenstände auf der Straße
verbrannt./
Anschließend wurden die Juden in die Zigarrenfabrik
»Fuld« geführt, am nächsten Morgen erfolgten die ersten Verhaftungen. Ende 1942 waren alle Wester-
burger/
Juden geflohen, vertrieben, deportiert oder
umgebracht./

Die Fabrik stand früher an diesem Platz. Das Gebäude
der ehemaligen Synagoge ist erhalten und befindet
sich/
in der Wilhelm-Straße 4. Nach einem ökumenischen
Gottes-/
dienst in der Schloßkirche wird heute diese Gedenk-
tafel/
angebracht.

»Wir alle, ob schuldig oder nicht, ob alt oder jung,
müssen die Vergangenheit annehmen. Wir alle sind
von
ihren Folgen betroffen und für sie in Haftung ge-
nommen.« (Bundespräsident Richard von Weizsäcker)

Die Ereignisse am 9./10. November 1938 in Wester-
burg
mahnen: So etwas darf sich in unserer Stadt nie mehr
ereignen.

Ursprünglich war geplant, die Tafel am Gebäude der ehemaligen Synagoge in der Wilhelm-Straße 4 anbringen zu lassen, aber der Besitzer der Massagesalons lehnte die Anbringung der Tafel ab.

Auf dem *städtischen Friedhof* befindet sich eine Begräbnisstätte für jüdische Mitbürger. Im Jahre 1949 wurde dort ein *Gedenkstein* mit folgender Inschrift aufgestellt:

Zum Andenken
an die hier beerdigten und
zur Erinnerung
an die während der Nazizeit
in den Lagern umgekommenen
jüdischen Mitbürger
unserer Stadt

Seit 1949 erinnert die *Albert-Wengenroth-Straße* an den letzten Vorsitzenden der Sozialdemokraten in Westerburg. Er wurde nach dem 20. Juli 1944 verhaftet und soll im Konzentrationslager Dachau gestorben sein.

Winnweiler

In der Verbandsgemeinde Winnweiler wurde 1984 am ehemaligen Standort der Synagoge in der *Gymnasiumstraße* ein *Gedenkstein* mit folgender Inschrift enthüllt:

Zur Erinnerung an die Synagoge der
Jüdischen Kultusgemeinde Winnweiler.
Sie wurde 1901 erbaut und in der

Reichskristallnacht vom 9. auf den
10. November 1938 zerstört.

Die jüdischen Bürger in Winnweiler hatten das Leben in der Gemeinde Winnweiler seit der zweiten Hälfte des 18. Jahrhunderts wesentlich mitgestaltet.

Wittlich

In der »Reichskristallnacht« am 9./10. November 1938 wurde der Innenraum der Wittlicher Synagoge in der *Himmeroder Straße 44* zerstört. Während des Krieges diente das Gebäude als Kriegsgefangenenlager und stand nach dem Krieg über 30 Jahre lang verwahrlost leer. Erst im Jahre 1976 wurde es renoviert. In Übereinstimmung mit der Jüdischen Kultusgemeinde Trier wurde in der früheren Synagoge eine *Kultur- und Tagungsstätte* eingerichtet. Eine *Gedenktafel* in der einstigen Thora-Nische trägt in hebräischer Sprache die Worte:

Gedenke, Gott, der Seelen der
Gerechten
der Gemeinde Wittlich,
die ihr Leben
opferten für die Heiligkeit Gottes

Die deutsche Inschrift darunter lautet:

Die Wittlicher Synagoge, errichtet
im Jahre 1910, war das geistige
Zentrum einer blühenden Jüdischen
Gemeinde.
Den Opfern nationalsozialistischer
Verfolgung aus Wittlich 1933–
1945 zum Gedenken.
Den Lebenden zur Mahnung.

1985 fand anläßlich des 75. Jahrestages der Einweihung der Synagoge im Jahre 1910 eine Ausstellung über die Geschichte der Juden in Wittlich statt. Der geschichtliche Abriß endete allerdings im Jahr 1933. Fünf Jahre später, im Jahre 1990, veranstaltete der 1988 gegründete »Arbeitskreis Jüdische Gemeinde Wittlich« eine zweite, auch die Zeit des Nationalsozialismus umfassende Ausstellung »Juden in Wittlich«, um das Andenken an die ehemals große Wittlicher Judengemeinde wachzuhalten, die 1933 etwa 270 Mitglieder umfaßte. Im Zusammenhang mit den Aktivitäten und Forschungen des Arbeitskreises wurde Anfang der neunziger Jahre ein früheres jüdisches Wohnhaus neben der Synagoge zu einem *Dokumentationszentrum* umgebaut. Hier wurde eine ständige Ausstellung über Wittlicher Juden erarbeitet, die seit Herbst 1993 öffentlich zugänglich ist. Zu einer ersten Öffnung des Dokumentationszentrums und der Ausstellung im Jahre 1991 kamen auf Einladung der Stadt auch überlebende Wittlicher Juden. Vor deren Besuch ließ die Stadt Wittlich in der Synagoge eine bis zur Decke reichende Tafel anbringen mit den Namen aller deportierten und ermordeten jüdischen Bürger Wittlichs. Etwa 90 Namen sind bisher hier zu lesen.
Der Arbeitskreis »Jüdische Gemeinde Wittlich« hat vorgeschlagen, am Marktplatz eine Tafel mit dem Hinweis auf ehemalige jüdische Häuser und Geschäfte anzubringen und eine Straße nach einer ermordeten Jüdin zu benennen.

Öffnungszeiten der Ausstellung:
Täglich außer Montag von 14–17 Uhr.

Kontakt:
Arbeitskreis Jüdische Gemeinde Wittlich, c/o Katholische Erwachsenenbildung Mosel-Eifel-Hunsrück, Schloß-Str. 44, 54516 Wittlich, Tel. 0 65 71-2 80 18.

Auf dem *Ehrenfriedhof* in Wittlich sind insgesamt 32 Tote bestattet, von denen laut Grabsteininschriften lediglich das Heimatland »Polen« bekannt ist. Es handelt sich wahrscheinlich um umgekommene Häftlinge des KZ-Außenkommandos Wittlich des SS-Sonderlagers Hinzert. Die Häftlinge dieses Außenkommandos, das vom 29. April 1940 bis Ende Februar 1942 bestand, wurden beim Bau der Reichsautobahn eingesetzt, darunter auch zahlreiche luxemburgische Gefangene. An der Stelle des Lagers am heutigen Hahner Weg wurde Ende der 50er Jahre die Rochus-Siedlung errichtet. Der Wittlicher SPD-Vorsitzende Dieter Burgard, der seit längerem die Geschichte des Lagers Wittlich erforscht und dazu 1994 im Luxemburger Paulus-Verlag eine Publikation mit dem Titel »Alles im Laufschritt – das KZ-Außenlager Wittlich« veröffentlichte, hat vorgeschlagen, zur Erinnerung einen Gedenkstein zu errichten.

Quellen/Literatur:
Plohmann, Wilfried, Die kulturelle und wirtschaftliche Bedeutung der Juden in Wittlich von 1033 bis 1938, Wittlich 1983 (maschinenschriftliches Manuskript in der Germania Judaica, Köln); Scheltgen, Carel, Außenkommando Wittlich – das unbekannte KZ, in: Telecran (Luxemburgische Fernsehzeitschrift) vom 21. 8. 1982; Schleindl, Angelika, Jüdisches Leben in Wittlich: Eine Ausstellung im Auftrag der Stadtverwaltung Wittlich (hrsg. im Auftrag der Stadtverwaltung Wittlich), Wittlich 1993; Stadt Wittlich (Hrsg.), Bilder aus der deutsch-jüdischen Geschichte. Katalog zur Ausstellung in der Kultur- und Tagungsstätte Synagoge Wittlich vom 25. November bis 31. Dezember 1985, Wittlich 1985; Wein-Mehs, Maria/Bohlen, Reinhold, Der jüdische Friedhof in Wittlich (Beiträge zur Geschichte und Kultur der Stadt Wittlich), Wittlich 1993; Dies., Die Kultbauten der Juden in Wittlich – Die alte Synagoge und die neue Synagoge (Beiträge zur Geschichte und Kultur der Stadt Wittlich), Wittlich 1991.

Über die Vertreibung der Wittlicher Juden und die »Arisierung« ihres Besitzes informiert auch ein Radiofeature der Kölner Autorin Ursula Junk: »Geschichte meines Schrankes. Eine Kleinstadt will sich nicht erinnern, wie sie mit ihren Juden umgegangen ist«, 19. November 1987, WDR 3. Über die Recherchen von Ursula Junk in aller Welt auf den Spuren ihres Schrankes hat die ARD am 8. März 1992 auch einen WDR-Dokumentarfilm von Gerd Monheim ausgestrahlt.

Worms

In der *Grünanlage* neben dem Luther-Denkmal, *Ecke Stephansgasse/Lutherring,* befindet sich eine *Gedenkstätte* für die Opfer und Verfolgten des Nationalsozialismus, die am 10. September 1950 von der Stadt Worms errichtet wurde. Sie besteht aus einen Steinkranz, auf dem sich acht Säulen erheben, die am oberen Ende mit einem Holzring zusammengehalten werden. Vor dem Steinkranz ist in den Rasen eine Steinplatte eingelassen mit der Aufschrift:

> Mahnmal für die Opfer des Faschismus

Innerhalb der Säulen steht ein Sandsteinkubus, darauf ist eine Bronzeschale plaziert. Auf der Vorderseite des Kubus ist zu lesen:

> Den Opfern des Faschismus
> Sie gaben ihr Leben für
> Freiheit Recht und Frieden
> Zum Gedächtnis der Toten
> Den Lebenden zur Mahnung

Aufgrund des Vorschlages eines Vertreters des Zentralrats der Sinti und Roma in Deutschland wurde im Jahre 1992 erörtert, an diesem Kubus eine weitere Bronzetafel anzubringen, auf der an die Verfolgung der Sinti und Roma unter den Nationalsozialisten erinnert wird. Nachweislich wurden aus Worms 71 Sinti in die Arbeits- bzw. Vernichtungslager deportiert.

Die in der *Judengasse am Synagogenplatz 4* gelegene Alte Wormser Synagoge wurde am 10. November 1938 von den Nationalsozialisten angezündet. Die noch vorhandenen Grundmauern wurden 1942 abgeräumt. Die Stadt Worms ließ das Gebäude in den Jahren 1959 bis 1961 nach Plänen aus dem 19. Jahrhundert erneut aufbauen.
Im Hof der Synagoge befindet sich eine *Bronzetafel* zur Erinnerung an den Stifter der sogenannten Neuen Synagoge, die gegenüber der Alten Synagoge in der Judengasse 29 gestanden hat. Die Inschrift lautet:

> In der Judengasse 29, gegenüber der Alten Synagoge,
> wurde 1875 die Levy'sche Synagoge geweiht.
> Sie sollte der Einheit der Gemeinde dienen.
> Am 10. November 1938 wurde sie durch
> Nationalsozialisten geschändet, 1945
> durch Bomben beschädigt und 1947 abgetragen.
> Ihr Schicksal sei Mahnung
> zu mehr Humanität und Toleranz,
> wie es das Anliegen des Stifters war.
> Zum Gedenken an Leopold Levy
> (1801 – 27. Mai 1877)
> und seine Frau Cornelie geb. Loeb
> (1802 – 8. März 1871).

In der Alten Synagoge gibt es eine Reihe von Mahn- und Namenstafeln für die 1933 bis 1945 ermordeten Wormser Juden, die vom New Yorker »Memorial Committee for Jewish Victims of Nazism from Worms« in den Jahren 1980 bis 1988 angebracht wurden. Daneben findet sich eine Gedenktafel an die 1885 geborene Lehrerin Herta Mansbacher, die nach 1933 an der jüdischen Bezirksschule in Worms unterrichtet hat. Frau Mansbacher schrieb die Namen aller Wormser Juden auf, die die Stadt während der Zeit des Nationalsozialismus verlassen mußten, so daß sie als Chronistin der Jüdischen Gemeinde bis 1942 gelten kann. Sie selbst wurde 1942 in einem Konzentrationslager in Polen ermordet. In der Synagoge erinnert außerdem eine Gedenkflamme, die von Stefan Uri Mayer, dem Sohn eines jüdischen Wormser Ehepaars, gestaltet wurde, an die ermordeten Juden aus Worms.
Heute gibt es keine Jüdische Gemeinde in Worms mehr. Zuständig ist die Jüdische Gemeinde Mainz. Nur an hohen jüdischen Feiertagen finden bisweilen noch Gottesdienste statt. Auch Hochzeits- und Bar-Mizwa-Feiern werden noch in der Synagoge begangen.

Öffnungszeiten:
tägl. 10–12, 14–17 Uhr (Mai-Oktober), 14–16 (November–April). Es findet eine regelmäßige Besucherbetreuung statt. Auskunft erteilt das Stadtarchiv Worms, Hintere Judengasse 6, 67547 Worms, Tel.: 0 62 41–85 33 45 u. 85 33 70.

Auf dem jüngeren *jüdischen Friedhof* in der *Hochheimer Straße,* der einen abgegrenzten Teil des Wormser Zentralfriedhofes bildet, wurden in den Jahren 1941 bis 1945 auch nicht-jüdische sowjetische Kriegsgefangene beigesetzt. Angeblich gingen die Nationalsozialisten davon aus, daß der jüdische Friedhof nach dem »Endsieg« ohnehin beseitigt würde.
Im März 1942 wurden die ersten Wormser Juden, getarnt als »Umsiedlung ins Generalgouvernement Polen«, über Piaski nach Lublin deportiert. Eine weitere Deportation erfolgte im September 1942 nach Theresienstadt.

Das ehemalige Judenviertel wurde saniert und das historische *Raschi-Haus,* das frühere jüdische

Tanz- und Hochzeitshaus, erneuert. Es beherbergt seit 1982 Stadtarchiv und Judaica-Museum. Das jüdische Museum will jüdische Geschichte am Oberrhein am Beispiel der Stadt Worms vermitteln. Gezeigt werden Steinspolien, Urkunden, Gebrauchs- und Kultgegenstände, Bilder sowie vier Modelle, die einen Sederabend, das Laubhüttenfest, eine jüdische Hochzeit und die Synagoge von 1620 darstellen.

Adresse:
Judaica-Museum Raschi-Haus, Hintere Judengasse 6, 67547 Worms, Tel.: 0 62 41–85 33 45 u. 85 33 70. Öffnungszeiten: Di–So 10–12, 14–17 Uhr. Den Besuchern steht eine Dia-Ton-Schau in deutscher, englischer und französischer Sprache zur Verfügung. Ebenso gibt ein Kurzführer in Deutsch, Englisch und Hebräisch erste Auskunft. Führungen durch das Jüdische Museum (zumeist zusammen mit der Synagoge) vermittelt die Stadtinformation Worms, Tel.: 0 62 41–2 50 45.

Die »Association des Deportés et Internés Résistants et Patriotes de l'Yonne« in Auxerre, der französischen Partnerstadt von Worms, hat angeregt, eine *Straße oder ein öffentliches Gebäude* nach dem Widerstandskämpfer *Jakob Heckmann* zu benennen. Der Bauarbeiter Jakob Heckmann war ab 1932 in der »Roten Hilfe« aktiv. 1933 wurde er als »Schutzhäftling« im Konzentrationslager Osthofen interniert. Ihm gelang die Flucht ins Saarland. 1936 kämpfte er an der Seite der Internationalen Brigaden in Spanien gegen die putschenden Franco-Truppen. Nach einer Verwundung ging er nach Frankreich, wo er ins Lager Le Vernet eingeliefert wurde. Anfang Mai 1941 wurde er an die Gestapo ausgeliefert und über Saarbrücken und Neustadt an der Weinstraße nach Hanau gebracht und im November 1941 zu vier Jahren Zuchthaus verurteilt. Am 4. November 1944 starb Jakob Heckmann an den Folgen der Folterungen im Kasseler Zuchthaus.

Literatur:
Becker, Beate, Das Schicksal der jüdischen Bürger in Worms während der Kriegsjahre, Arbeit 11. Klasse, Eleonoren-Gymnasium, Worms, im Rahmen des »Schülerwettbewerbs Deutsche Geschichte« 1982/83; Böcher, Otto, Der alte Judenfriedhof zu Worms, in: Rheinische Kunststätten, Heft 148, 1976; Fischer, Jürgen u.a., Alltag im Nationalsozialismus am Beispiel der Jüdischen Gemeinde Worms, Arbeit Berufsschule III, Worms, im Rahmen des »Schülerwettbewerbs Deutsche Geschichte« 1980/81; Huttenbach, Henry R., The Destruction of the Jewish Community of Worms 1933–1945, New York (Memorial Committee for Jewish Victims of Nazism from Worms) 1981; Ders., Herta Mansbacher. Porträt einer jüdischen Lehrerin, Heldin und Märtyrerin (1885–1942), Worms 1981; Johannes, Detlev, Bücher, die zu Buche schlagen. Der Beitrag jüdischer Mitbürger zu Literatur und Wissenschaft, Katalog zur Ausstellung der Stadtbibliothek, Worms 1984; Reuter, Fritz, Wormasia. 1000 Jahre Juden in Worms, Frankfurt a.M. ^{2}1987 (Der Wormsgau Beih. 29); Roth, Ernst (Hrsg.), Festschrift zur Wiedereinweihung der Alten Synagoge zu Worms, Frankfurt a.M. 1961; Schlösser, Annelore u. Karl, Keiner blieb verschont. Die Judenverfolgung 1933–45 in Worms, Stadtarchiv Worms 1987 (Der Wormsgau Beih. 31).

Zell, Mosel

An dem Gebäude der ehemaligen Synagoge, hinter dem Zeller Schloß, wurde 1988 zur Erinnerung an die frühere Kultusgemeinde eine *Gedenktafel* mit dem Text angebracht:

> Ehemalige Synagoge
> der Israelitischen Gemeinde
> Zell – Alf – Briedel – Bullay – Merl
> und Pünderich
>
> Kaufvertrag vom 9. April 1849
>
> Landrat Alexander Moritz an Jacob Hirsch und
> Jacob Bermann aus Zell und
> Moses Hirsch aus Briedel
>
> zur Erinnerung
> und Mahnung

Auf dem *Zeller Friedhof* befinden sich Gräber mit den Namen von russischen und polnischen Frauen.

Literatur:
Haake, Agnes, Am Rande des Friedhofes, hrsg. vom Arbeitskreis Zwangsarbeit in der Christlichen Friedenskonferenz, Bremen o.J. (Bezug: Ev. Zionsgemeinde, Kornstraße 31, 28201 Bremen)

Zweibrücken, Pfalz

In der *Ritterstraße* befindet sich ein *Gedenkstein* für die in der »Reichskristallnacht« zerstörte Synagoge der Stadt Zweibrücken mit der Inschrift:

> Hier stand
> bis zu ihrer Zerstörung
> im November 1938
> die Synagoge
> der Israelitischen
> Kultusgemeinde
> Zweibrücken

Literatur:
Kuby, Alfred Hans, Vom Werden und Sterben der Jüdischen Gemeinde in der Stadt Zweibrücken, in: Heimatkalender, Pirmasens/Zweibrücken 1988, S. 39–42.

Quellen/Literatur zu Rheinland-Pfalz insgesamt (Auswahl):

Für den Teil Rheinland-Pfalz in dieser Dokumentation fand eine enge Zusammenarbeit mit der LANDESZENTRALE FÜR POLITISCHE BILDUNG statt. Die 1987 von der Landeszentrale für politische Bildung in 1. Auflage herausgegebene Broschüre »Gedenkstättenführer Rheinland-Pfalz 1933–1945« (Zusammenstellung und Bearbeitung der Texte: Robert Hess) ging auf die 1987 in der Schriftenreihe der Bundeszentrale für politische Bildung erschienene Erstauflage der vorliegenden Dokumentation zurück. Die 2., erweiterte und überarbeitete Auflage der von der Landeszentrale herausgegebenen Broschüre erschien 1991 unter dem Titel »GEDENKSTÄTTEN FÜR DIE OPFER DES NATIONALSOZIALISMUS IN RHEINLAND-PFALZ« (Redaktion: Hans Georg Meyer). Auch für die Zweitauflagen beider Dokumentationen erfolgte wiederum eine enge Kooperation.

(Die von der Landeszentrale für politische Bildung Rheinland-Pfalz herausgegebene Broschüre und weitere Literatur sowie Filme zum Thema können dort bestellt werden: Am Kronberger Hof 6, 55116 Mainz.)

Es wird auf die im Text unter einzelnen Orten angegebene Auswahl von speziellen (lokalen/regionalen) Literatur- und Quellenhinweisen verwiesen.

Ein von RAINER VENZKE im Auftrag des Studienkreises Deutscher Widerstand, Frankfurt a.M., verfaßtes Manuskript über die NS-Gewaltherrschaft in Rheinland-Pfalz für die Reihe »Heimatgeschichtlicher Wegweiser zu den Stätten des Widerstandes und der Verfolgung 1933–1945«, das der Verfasser dankenswerterweise zur Auswertung für die überarbeitete Neuauflage der vorliegenden Dokumentation zur Einsicht zur Verfügung stellte, ist noch nicht publiziert. Es kann auf Wunsch beim Verfasser eingesehen werden (Rainer Venzke, Hauptstraße 24, 55758 Schmidthachenbach).

Weitere überregionale Literatur:

ARNOLD, HERMANN, Juden in der Pfalz. Vom Leben pfälzischer Juden, Landau 1988.

BENDER, RAINER JOHANN (Hrsg.), Pfälzische Juden und ihre Kultuseinrichtungen, Institut für Landeskunde und Regionalforschung der Universität Mannheim, Mannheim 1988.

FENDLER, RUDOLF, Vor fünfzig Jahren. 1933 – Das Jahr der Machtergreifung und der Gleichschaltung in der Südpfalz, in: Heimatjahrbuch des Kreises Südliche Weinstraße, 1983, S. 72f.

FÜCKS, KARL/JÄNGER, MICHAEL, Synagogen der Pfälzer Juden. Vom Untergang ihrer Gotteshäuser und Gemeinden. Eine Dokumentation, Edesheim, Böbingen (Selbstverlag) 1988.

JUDEN – JUDENVERFOLGUNG. MEDIEN ZUM THEMA. Hrsg. von der Landesbildstelle Rheinland-Pfalz. Landeszentrale Rheinland-Pfalz, Koblenz 1988 (erhältlich bei der Landeszentrale für politische Bildung Rheinland-Pfalz).

JUNGBLUTH, ULI, Nationalsozialistische Judenverfolgung im Westerwald, Koblenz 1989 (zu beziehen bei der Landeszentrale für politische Bildung Rheinland-Pfalz).

KUBY, ALFRED HANS, Juden in der Provinz. Beiträge zur Geschichte der Juden in der Pfalz zwischen Emanzipation und Vernichtung, Neustadt/Weinstraße 1988.

LANDESAMT FÜR DENKMALPFLEGE IM AUFTRAG DES KULTUSMINISTERIUMS RHEINLAND-PFALZ (Hrsg.), Synagogen und Denkmalpflege, Mainz 1989 (zu beziehen bei der Landeszentrale für politische Bildung Rheinland-Pfalz).

ROTHENBERGER, KARL-HEINZ, Die nationalsozialistische Machtübernahme in der Südpfalz, in: Zeitschrift für die Geschichte des Oberrheins, Bd. 132, 1984, S. 305f.

SACHOR. Beiträge zur jüdischen Geschichte und zur Gedenkstättenarbeit in Rheinland-Pfalz. Sonderausgabe. Hrsg. von Matthias Molitor u. Hans-Eberhard Berkemann, 4. Jg., Heft 2/1994, Bad Kreuznach 1994.

SCHMIDT, FRANZ, Die Steine reden. Zeugnisse jüdischen Lebens im Landkreis Südliche Weinstraße, Rhodt 1989.

WIEHN, ERHARD R., Die Oktoberdeportation 1940. Die sogenannte Abschiebung der badischen und saarpfälzischen Juden in das französische Internierungslager Gurs und andere Vorstationen von Auschwitz. 50 Jahre danach zum Gedenken, Konstanz 1990.

Saarland

Vorbemerkung

Am 13. Januar 1935 stimmten die Einwohner des Saargebietes darüber ab, ob sie die Rückkehr zu Deutschland, den Anschluß an Frankreich oder den Fortbestand des Status quo, d.h. weitere Unterstellung unter eine fünfköpfige internationale Regierungskommission des Völkerbundes, wünschten. Mehr als 90 Prozent der Bevölkerung entschieden sich für die Rückkehr zu Deutschland, obwohl inzwischen die Nationalsozialisten an der Macht waren. Für den Status quo stimmten nur 8,8 Prozent, in den Hochburgen der Arbeiterbewegung waren es einige Prozent mehr, so in Saarbrücken 12,3 Prozent. Damit begann für viele bis dahin im Saargebiet weilende deutsche Emigranten – es waren etwa 5 000, Saarbrücken zählte bis 1935 neben Prag und Paris zu den Emigrationszentren – eine neue Etappe ihrer Flucht vor den Nationalsozialisten. Viele verließen noch in derselben Nacht das Saargebiet, darunter prominente Vertreter der Arbeiterparteien. Der Rat des Völkerbundes setzte nach dem klaren Wahlausgang das Datum für die Rückgliederung des Saargebietes an das Deutsche Reich auf den 1. März 1935 fest.

An den Tag der Volksabstimmung im Saargebiet erinnern in der Stadt *Saarbrücken* die *»Straße des 13. Januar«* sowie eine *Gedenktafel* im ehemaligen evangelischen Gemeindehaus »Wartburg«, *Martin-Luther-Straße 12.* Daß das Abstimmungsergebnis faktisch eine Niederlage der demokratischen Kräfte im Saarland war, geht aus der Inschrift der Tafel nicht hervor. Sie lautet:

> Im Festsaal dieses Hauses, des evangelischen Gemeindehauses Wartburg, erfolgte in der Nacht vom 14. zum 15. Januar 1935 die Zählung der bei der Saarabstimmung abgegebenen Stimmen. Der schwedische Präsident der Abstimmungskommission Rodhe verkündete hier in der Morgenfrühe des 15. Januar 1935 das überwältigende Ergebnis, auf Grund dessen das Saargebiet ungeteilt zum deutschen Vaterland zurückkehrte.

Im *Sulzbacher Friedrich-Ebert-Hain,* einem bewaldeten Berg am Südausgang von *Sulzbach, Saar,* steht ein Gedenkstein zur Erinnerung an eine Demonstration aus dem Jahre 1934, bei der sich 60 000 Menschen aus dem gesamten Saargebiet für den Erhalt des Status quo aussprachen. Aufgestellt wurde der Stein am 26. August 1986 am Platz der Sulzbacher Kundgebung in Anwesenheit von Richard Kirn, dem damaligen Sulzbacher SPD-Vorsitzenden und Mitorganisator der Demonstration. Die *Gedenktafel* trägt die Inschrift:

> Am 26. August 1934
> versammelten sich hier 60 000 Antifaschisten
> aus allen Teilen des unter Völkerbundverwaltung
> stehenden Saargebietes, um gegen die Nazi-
> Diktatur zu demonstrieren, die unserer Heimat
> bei der Rückkehr zu Deutschland 1935 drohte.

Am Tag der Kundgebung hatten die Versammelten den »Sulzbacher Schwur« gesprochen: »Nie wird die Saar an Hitler fallen! Nie sollen Hunger, Knechtschaft, Mord und Krieg, nie Brand und Barbarei das Saarvolk geißeln! Wir wollen frei sein! Frei! Frei! Frei!«

1984 gab es eine Ausstellung in der Stadtsparkasse mit dem Titel »Sulzbacher Versammlung. Größte antifaschistische Massendemonstration auf deutschem Boden«.

Literatur:
Jünst, Karl Ludwig, Ein Stück altsozialistische Freiheit bewahren! SPD-Senioren im saarländischen Sulzbach erinnern sich, in: Paul, Gerhard/Schoßig, Bernhard (Hrsg.), Die andere Geschichte, Köln 1986, S. 95–197; Studienkreis, S. 17/18 u. 63 ff.

Saarbrücken, Platz vor dem Schloß:
Unter dem Mittelstreifen ließ der Künstler Jochen Gerz von 1990 bis 1993 ein – unsichtbares – »Mahnmal gegen Rassismus« entstehen:
2 146 Steine tragen an ihrer Unterseite die Namen jüdischer Friedhöfe in Deutschland vor 1933.
Das Schloß war seit 1935 Hauptquartier der Gestapo für das Saargebiet, der Schloßplatz im Oktober 1940 Sammelstelle für 134 saarländische Juden vor ihrer Deportation in die Vernichtungslager.

Besch siehe Perl

Blieskastel

Am Eingang des *jüdischen Friedhofs* am *Klosterweg* befindet sich eine *Gedenktafel* mit folgendem Text:

Den ehemaligen Mitgliedern
der Synagogengemeinde
Blieskastel,
ihrer einstigen Synagoge,
ihren hier ruhenden Toten
zur ehrenden Erinnerung!
Synagogengemeinde Blieskastel
Synagogengemeinde Saar

Das Gebäude der Synagoge am Luitpoldplatz wurde nach 1945 abgerissen.

Bous

Die *Fritz-Dobisch-Straße* in Bous erinnert an den Vorsitzenden des »Allgemeinen Deutschen Gewerkschaftsbundes« an der Saar. Fritz Dobisch, geboren am 16. Februar 1890 in Merzingen bei Nördlingen, wurde 1928 zum Vorsitzenden des Gewerkschaftsbundes gewählt und vertrat die SPD im Saarbrücker Stadtrat. In der Zeit von 1919 bis 1930 wohnte er in Bous in der Fultrichstraße 7. Nach dem Votum der Saarländer für die Rückkehr ins nationalsozialistische Deutschland emigrierte Dobisch am 17. Februar 1935 in das noch freie Luxemburg. Kurz nach der Besetzung Luxemburgs durch die Nationalsozialisten wurde er dort jedoch von der Gestapo gefangengenommen, in verschiedene Gefängnisse verschleppt und am 7. Juli 1941 im Konzentrationslager Buchenwald ermordet. Seine Urne ist im Familiengrab auf dem Bouser Friedhof beigesetzt.

Brotdorf siehe Merzig

Dieffien siehe Dillingen

Dillingen, Saar

Auf dem *jüdischen Friedhof* liegen 47 Sowjetbürger und ein Jugoslawe begraben, an die ein aus Granit gefertigter Gedenkstein erinnern will. Die Inschrift lautet:

Heimatlos und verlassen
fanden sie in fremder Erde
letzte Ruhestatt

Auf dem *jüdischen Friedhof* in der Ortsgemeinde *Diefflen* ließ die Stadt 1988 einen *Gedenkstein* zur Erinnerung an die deportierten und ermordeten Juden Diefflens errichten. Die von einem siebenarmigen Leuchter gezierte Tafel trägt die Inschrift:

Den Opfern der
Gewaltherrschaft des
Nationalsozialismus,
unseren jüdischen
Mitbürgern,
Männern, Frauen und
Kindern,
zur ewigen Erinnerung

Dudweiler, Saar

An den 1907 in Dudweiler als Sohn einer Bergarbeiterfamilie geborenen kommunistischen Widerstandskämpfer *Jacob Welter* erinnert heute eine *Straße* in Dudweiler. Jacob Welter emigrierte 1935 nach Schweden. Von dort aus organisierte er den Transport illegaler Schriften nach Deutschland. 1940 gelang ihm die Flucht aus einem schwedischen Internierungslager. 1941 kehrte er nach Deutschland zurück, um die Widerstandsbewegung an der Saar zu unterstützen. Im Januar 1943 wurde er in Dudweiler verhaftet und vom Oberlandesgericht Stuttgart 1944 »wegen Hochverrat und Feindbegünstigung« zum Tode verurteilt. Am 19. April 1944 wurde er hingerichtet. Der Schriftsteller Peter Weiß hat Jacob Welter in seinem Werk »Die Ästhetik des Widerstands« ein literarisches Denkmal gesetzt.

Elversberg siehe Spiesen-Elversberg

Gonnesweiler siehe Nohfelden

Heusweiler

Auf dem *Friedhof* in Heusweiler findet sich eine Grabstätte von sowjetischen Zwangsarbeitern. Neun Grabsteine mit Namenstafeln, die bis in die jüngste Zeit immer wieder zerstört wurden, machen das Massengrab kenntlich. Die Gemeinde erwägt, einen Gedenkstein aufzustellen, der sich nicht so leicht demolieren läßt.

Hilbringen siehe Merzig

Homburg, Saar

Die Stadt hat den Auftrag vergeben, die frühere Synagoge in der *Klostergasse* (ehemaliges Franziskanerkloster), deren Ruinenreste unter Denkmalschutz stehen, wiederherzurichten. In dem neuen Gebäude sollen zwei Museen untergebracht werden. Eine Gedenkstätte mit einer Tafel, die an die Zerstörung der Synagoge im November 1938 und an das Schicksal der verschleppten und ermordeten Juden Homburgs erinnert, ist geplant.

Bei der Universitätsklinik, ehemals psychiatrische Anstalten, erinnert nichts daran, daß hier an angeblich erkrankten Menschen von den Nationalsozialisten Zwangssterilisationen durchgeführt wurden. Auch findet sich kein Hinweis darauf, daß aus den Psychiatrischen Anstalten Homburg und Merzig insgesamt etwa 1 700 Patienten in hessische Anstalten »verlegt« und von dort im Laufe des ersten Halbjahres 1941 schubweise in die Vernichtungsanstalt Hadamar (s. Hessen) gebracht und dort getötet wurden (s. Merzig).

Literatur:
Blinn, Dieter, Juden in Homburg, Geschichte einer jüdischen Lebenswelt 1330–1945, hrsg. von Klaus Kell, Homburg-Saar 1993.

Illingen, Saar

Auf dem *jüdischen Friedhof* wurde im Jahre 1949 ein *Mahnmal* mit folgender Inschrift errichtet:

Der Synagogengemeinde Illingen,
ihrem zerstörten Gotteshaus,
ihren Toten und Opfern der Gewalt
zur ehrenden Erinnerung!
Errichtet von
Zivilgemeinde Illingen
Synagogengemeinde Saar 1949

Literatur:
Nauhauser, Otto, Die Jüdische Gemeinde zu Illingen, Hrsg.: Gemeinde Illingen, Bexbach 1980.

Lockweiler siehe Wadern

Malstatt siehe Saarbrücken

Merzig

Vor dem Hauptgebäude des *Landeskrankenhauses Merzig* wurde am 25. November 1990 ein *Mahnmal* aufgestellt, das an die »Euthanasie«-Verbrechen erinnert. Die von dem Bildhauer Eberhardt Killguss geschaffene Skulptur besteht aus zwei aufragenden Eisenplatten, die von Eisenstangen durchbohrt sind, und vier in die Rasenfläche eingelassenen Eisenbahnwaggonrädern, welche die Deportation symbolisieren sollen. Auf einer der Eisenplatten stehen die Worte:

Zum Gedenken an die Menschen,
die als seelisch Kranke oder
Behinderte in der Zeit des
Nationalsozialismus verfolgt,
gequält und ermordet wurden!

Auf der anderen Platte steht der Ausspruch eines Bewohners aus dem Ortsteil Besseringen zur Deportation eines jungen Patienten:

Den Stefanchen
hunse wei
och
weggeschaaft

Auf einer der beiden Platten steht ein Vers aus einem Gedicht von Rose Ausländer:

Im verbrannten Hof steht noch
der Brunnen voll Tränen.
Wer weinte sie,
wer trinkt seinen Durst leer.

Die Landeskrankenhäuser Merzig und Homburg waren die beiden größten Psychiatrischen Anstalten des Saarlandes. In Merzig wurden zwischen 1936 und 1939 etwa 400 Patienten der Psychiatrischen Abteilung zwangsweise sterilisiert. Im Laufe der Jahre 1938 und 1939 wurden die Insassen der Landesnervenklinik in hessische Anstalten »verlegt«. Am 28. April 1938 ging ein Transport in die spätere Vernichtungsanstalt Hadamar. Ein weiterer Transport von 140 Patienten in die Anstalten nach Eichberg, Weilmünster und Herborn am 4. Juni 1939 wurde mit der Überbelegung der Anstalt in Merzig begründet. In der Nacht vom 31. August zum 1. September 1939 wurden weitere 670 Patienten als »kriegsbedingte Verlegung« nach Weilmünster und Nassau, Lahn gebracht. Insgesamt wurden so aus den Anstalten in Homburg und Merzig rund 1 700 Menschen in hessische Anstalten »verlegt« und von diesen »Zwischenanstalten« im ersten Halbjahr 1941 schrittweise in die Vernichtungsanstalt Hadamar gebracht und getötet.
(s. Hessen: Hadamar, Herborn, Eltville/Eichberg, Weilmünster)

Auf dem *jüdischen Friedhof* an der *Kreuzberg- und Fallenbergstraße* steht seit 1949 ein *Gedenkstein* mit der Inschrift:

Unseren in dieser Erde ruhenden
Brüdern und Schwestern
zur ehrenden Erinnerung
Synagogengemeinde Saar

Ein 1979 aufgestellter *Gedenkstein* am ehemaligen Standort der Synagoge in Merzig, *Synagogenstraße/Neustraße,* trägt den Text:

Hier stand das
im November 1938
beschädigte und
im November 1944
zerstörte
ehrwürdige Gotteshaus
der Israelitischen Gemeinde Merzig

Auf Beschluß des Stadtrates wurde 1975 die Rehstraße in *Synagogenstraße* umbenannt.

Im heute eingemeindeten Stadtteil *Hilbringen* wurde in der *Mittelstraße 20,* dem Standort der ehemaligen Synagoge, am 2. Mai 1984 eine *Gedenktafel* enthüllt. Die Inschrift lautet:

Zum Gedenken an das
ehrwürdige Gottes-
haus der Israelitischen
Gemeinde Hilbringen
2. Mai 1984
Stadt Merzig. Synagogengemeinde Saar

Im Stadtteil *Brotdorf, Hausbacherstraße/Helenenstraße,* wurde am selben Tag eine *Gedenktafel* zur Erinnerung an die ehemalige Synagoge enthüllt. Darauf stehen die Worte:

Zum Gedenken an das
im November 1938 durch
Gewalt zerstörte ehr-
würdige Gotteshaus
der Israelitischen
Gemeinde Brotdorf
2. Mai 1984
Stadt Merzig. Synagogengemeinde Saar

Kontaktadresse:
Christoph Braß, Am Jägersgarten 17, 66424 Homburg-Sanddorf (Christoph Braß arbeitet über »Euthanasie und Zwangssterilisation im Gebiet des heutigen Saarlandes 1935–45«).

Literatur:
Laubenthal, Wilhelm, Die Synagogengemeinden des Kreises Merzig 1648–1942, Saarbrücken 1984. (Enthält auf den Seiten 194ff. Namenslisten von Merziger und Brotdorfer Juden, die in die Lager Gurs/Südfrankreich und Auschwitz deportiert wurden und dort umgekommen sind.)

Nalbach

Im Jahre 1965 regte die Christlich-Jüdische Arbeitsgemeinschaft des Saarlandes eine Gedenktafel zur Erinnerung an die ehemalige Synagoge in der *Mittelstraße 17* in Nalbach an. Das Gebäude wurde bereits vor 1935 von benachbarten Privatleuten erworben, allerdings noch bis 1939 als jüdisches Gotteshaus genutzt. Nach 1945 diente die Synagoge als Lager. 1950/51 wurde sie abgerissen. Eine Gedenktafel steht bis heute noch aus.

Neunkirchen, Saar

Am Gebäude der Deutschen Bank, *Ecke Oberer Markt/Irrgartenstraße,* dem Standort der ehemaligen Synagoge, befindet sich seit dem 10. November 1978 eine *Gedenktafel* mit der Inschrift:

An dieser Stelle
stand die Synagoge.
Sie wurde
am 9. November 1938
ein Opfer der Gewaltherrschaft.
Kreisstadt Neunkirchen

Auf dem *jüdischen Friedhof* in der *Hermannstraße* ist ein *Mahnmal* des Bildhauers und Architekten Arwed Hoyer aus Neunkirchen errichtet, das im Rahmen der Neueinweihung des Friedhofes am 5. Juni 1955 enthüllt wurde und folgenden Text trägt:

Den Mitgliedern der Synagogengemeinde Neunkirchen,
die in den Jahren 1933–1945 roher Gewalt erlagen.
Allen in diesem Gottesacker ruhenden Menschen
zur ehrenden Erinnerung.

Auf dem *jüdischen Friedhof* auf der *Spieser Höhe* befindet sich ein großes Gräberfeld, auf dem 81 sowjetische Kriegsgefangene und 153 Zwangsarbeiter begraben sind. 1975 wurde in die Friedhofsmauer eine *Gedenktafel* eingelassen, die folgende Inschrift trägt:

Zum Gedenken
an die im 2. Weltkrieg
verstorbenen russ.
Zivilinternierten

Nach der Umbettung verstorbener russischer Kriegsgefangener vom russischen Ehrenfriedhof Emsenbrunnen im Jahre 1973 wurde auf dem *Städtischen Friedhof* an der *Frankenfeldstraße* ein *Gedenkstein* errichtet mit Gedenktafeln in kyrillischer und lateinischer Schrift.

Im Neunkirchener Stadtteil *Sinnerthal* ist eine *Straße* nach dem Sozialdemokraten *Wilhelm Jung* benannt, der wegen einer wohlwollenden Äußerung über das Sprengstoffattentat Georg Elsers auf Hitler am 11. November 1939 von der Gestapo festgenommen und 1940 von einem Saarbrücker Sondergericht wegen »Heimtückevergehens« zu einer zweieinhalbjährigen Haftstrafe verurteilt wurde, die er im Gefängnis Frankfurt-Preungesheim verbüßen mußte. Nach Ablauf seiner Haft wurde er ins Konzentrationslager Sachsenhausen überführt und von dort mit einem Transport nach Auschwitz gebracht. Am 5. Oktober 1942 wurde er in den Gaskammern des Vernichtungslagers Auschwitz ermordet.

Die *Karl-Schneider-Straße,* die frühere Süduferstraße, erinnert seit 1948 an den Augenarzt und

Sozialdemokraten, der im April 1940 in Neunkirchen verhaftet wurde, weil er sich als aktives Mitglied der »Deutschen Friedensgesellschaft« für Menschenrechte, Frieden und Demokratie eingesetzt hatte und bei der Gestapo brieflich angefragt haben soll, ob das Gerücht richtig sei, daß Gestapohäftlinge gefoltert würden. Nach seiner Inhaftierung im St. Wendeler Gefängnis wurde er ins Konzentrationslager Sachsenhausen, später nach Dachau gebracht. Am 5. November 1940 ist er im Konzentrationslager Dachau ums Leben gekommen.
Zusammen mit der Karl-Schneider-Straße wurden *Straßen* nach den Widerstandskämpfern *Max Braun* und *Willi Graf* benannt.

Literatur:
Krämer, Markus, Novemberpogrom 1938. »Kristallnacht« in Neunkirchen/Saar, Neunkirchen (Eigenverlag) 1990; Mallmann, Klaus-Michael, Das zersplitterte Nein. Saarländer gegen Hitler, hrsg. von Hans-Walter Herrmann, Bonn 1989 (Widerstand und Verweigerung im Saarland 1935–1945, Bd. 1), S. 108–111 (über Wilhelm Jung), S. 234–239 (über Karl Schneider).

Nohfelden

Im Bezirk *Gonnesweiler* der Gemeinde Nohfelden, in der Nähe des Gasthofes »Römerhof« am Bostalsee, wurde an der *»Skulpturenstraße«* im September 1980 ein *Mahnmal* zum Gedenken an die jüdischen Opfer des Nationalsozialismus errichtet, das von dem in Frankreich lebenden Bildhauer Shelomo Selinger als »Requiem für die Juden« gestaltet wurde. Der Künstler über sein Werk: »Die Skulptur gliedert sich wie folgt: Links ein Mensch, der sich die Augen zuhält, um sein letztes Gebet zu sprechen. Unten links ein Cello, das ›Requiem für die Juden‹ spielend. Rechts ein beobachtendes Auge. In der Mitte der Form ist ein hebräischer Buchstabe ›lamed‹ zu sehen; er ist in der Kabbala das Zeichen für das menschliche Herz, welches die allumfassende Verständigung der Menschen ermöglicht. Zwei Kopfformen (ganz unten) bedeuten ›Tod‹. Oben ist der Anfang eines Gebetes eingraviert als Antwortgesang.« Die Skulptur trägt die hebräische Inschrift:

El male rachamin
[Gott des Erbarmens]

Die Skulpturenstraße wurde entlang der ehemaligen Römerstraße von St. Wendel bis an den Bostalsee mit modernen Skulpturen versehen, darunter in St. Wendel eine Basaltpyramide zur Erinnerung an den im Konzentrationslager Majdanek umgekommenen Bildhauer und Maler Otto Freundlich (Näheres s. St. Wendel).

Auf dem *jüdischen Friedhof* in Nohfelden-Gonnesweiler wurde am 12. Mai 1981 ein *Gedenkstein* eingeweiht mit der Inschrift:

Den ehemaligen jüdischen
Mitbürgern von Gonnesweiler,
ihren hier ruhenden Toten
zur ehrenden Erinnerung
Gemeinde Nohfelden
Synagogengemeinde Saar
1981

Ottweiler

Zum 50. Jahrestag der Reichspogromnacht wurde in der Nähe des Standortes der früheren Synagoge ein *Mahnmal* errichtet zur Erinnerung an die jüdischen Opfer der nationalsozialistischen Verfolgung. Das

Nohfelden-Gonnesweiler: Mahnmal »Requiem für die Juden« an der 25 km langen »Straße der Skulpturen« zwischen St. Wendel und dem Bostalsee. Die 5,20 Meter hohe Skulptur, errichtet 1980, stammt von dem israelischen Bildhauer Shelomo Selinger.

Mahnmal hat die hochgezogene Form eines Davidsterns und steht auf einem Trümmerhaufen aus Steinen. Der Text an dem Mahnmal lautet:

Zum Gedenken
an das jüdische Gotteshaus

Vom Rassenwahn
verblendete Deutsche
schändeten es 1938
Der Vernichtung der Synagogen
folgte der Mord am jüdischen Volk

Sich erinnern bringt Erlösung
Verdrängen hält die Erlösung auf

Auf dem ehemals evangelischen *Friedhof* an der *Seminarstraße* erinnern ein *Gedenkstein* und zwei Namenstafeln an 18 sowjetische Zwangsarbeiter, die dort begraben liegen.

Literatur:
Jungsozialisten in der SPD, Ortsverein Ottweiler (Hrsg.), Zur Geschichte der Juden in Ottweiler, 1988.

Perl, Saar

Auf einer Anhöhe über dem Moseltal zwischen den Ortsteilen Besch und Nennig liegt die größte Kriegsgräberstätte des Saarlandes. Hier sind auf einem Gräberfeld 947 Personen in Einzelgräbern bestattet, von denen 286 namentlich bekannt sind. Aus den Namenslisten geht hervor, daß es sich hauptsächlich um Zwangsarbeiter aus Rußland, Polen, Litauen, Lettland, der Tschechoslowakei, Italien und Jugoslawien handelt, die zwischen 1953 und 1955 auf den Ehrenfriedhof in *Besch* umgebettet wurden. 222 unbekannte Russen, die hier bestattet sind, waren bei einem Bombenangriff auf Schmelz-Hüttersdorf ums Leben gekommen.
Ein *Gedenkstein* bildet die Mitte eines kreisförmig angelegten Gräberfeldes, in dem die nach Deutschland verschleppten Zwangsarbeiter begraben liegen. Auf dem Gedenkstein ist eine andere Zahl ausländischer Zwangsarbeiter angegeben, als hier wirklich bestattet sind, weil er bereits aufgestellt war, bevor 1960 die letzten ausländischen Kriegsgefangenen und Zwangsarbeiter hierher umgebettet wurden. Die Inschrift auf der Westseite des Steines lautet:

Hier ruhen 859 Kriegstote
verschiedener Nationen,
verstorben im 2. Weltkriege

Auf der Ostseite stehen die Worte:

Aus der Unruhe der Zeit
heimgekehrt in die Ewigkeit

Riegelsberg

Auf dem *Waldfriedhof* der Gemeinde Riegelsberg stehen auf den beiden Massengräbern für die im Lager Neuhaus bei Saarbrücken umgekommenen Zwangsarbeiter zwei *Gedenksteine.*

Saarbrücken

KZ-Gedenkstätte »Neue Bremm«

Zur Erinnerung an das ehemalige Konzentrationslager »Neue Bremm« im Südwesten von Saarbrücken in der *Metzer Straße,* nahe der französischen Grenze, errichtete das französische Lager-

Saarbrücken, Metzer Straße: Hinweisschild zur Gedenkstätte auf dem Gelände des ehemaligen Konzentrationslagers »Neue Bremm«. Der Obelisk auf dem Mittelstreifen der Schnellstraße wurde 1947 vom französischen Lagerkomitee ehemaliger Häftlinge mit der Inschrift »In memoriam 1943–1945« errichtet.

komitee ehemaliger Häftlinge bereits im Januar 1947 neben dem Gasthaus »Neue Bremm« einen Obelisken. Das *Denkmal* stellt ein französisches Bajonett dar, das auf das Militärgewehr »Le bel« aufgepflanzt wurde, mit dem die französische Armee ausgerüstet war. Die Inschrift lautet:

In memoriam
1943–1945

Eine quadratische, ausbetonierte Grube mit schrägen Wänden, der ehemalige Löschwasserteich, in dem viele Häftlinge ums Leben kamen, ist heute von überdimensionalem, stilisiertem Stacheldraht umgeben. Davor sind auf einem freien Platz Fahnenstangen aufgestellt. An der Stirnseite befindet sich eine von dem französischen Lagerkomitee ebenfalls 1947 errichtete steinerne Gedenkplatte mit folgender Inschrift:

Dans ce camp
sur des ordres venus d'outre-Rhin
furent traînés vers la mort
les défenseurs
de la dignité et la liberté humaines,
victimes de la barbarie nazie.
Monument
érigé par le comité du camp de la Nouvelle Brème,
inauguré le 11 novembre 1947.

[In diesem Lager sind auf Befehle von jenseits
des Rheins Verteidiger der menschlichen
Würde und Freiheit in den Tod gehetzt worden,
Opfer der nationalsozialistischen Barbarei.
Denkmal,
errichtet vom Lagerkomitee der Neuen Bremm,
eingeweiht am 11. November 1947.]

Im Mai 1985 wurde eine Gedenktafel in deutscher Sprache angebracht. Die Inschrift lautet:

KZ Neue Bremm
1943–1945
Den Widerstandskämpfern gegen
Krieg und Faschismus und Opfern
des Nationalsozialismus
aus 14 Nationen zum Gedenken

Seit 1990 gibt es auf dem ehemaligen Lagergelände eine Informationstafel mit dem Text:

Das Gestapo-Lager
»Neue Bremm«
in Saarbrücken

Auf diesem Gelände bestand von 1943 bis Ende 1944 ein Straflager der Staatspolizeistelle Saarbrücken. Die Bauarbeiten begannen im Januar 1943; im Dezember des gleichen Jahres entstand für weibliche Gefangene das »Sonderbarackenlager II« dort, wo heute das Novotel steht.
Das Lagergelände erstreckte sich also über ein weit größeres Areal als heute noch erkennbar ist.
Auf etwa 5 600 Quadratmetern lebten in 16 Baracken zwischen 500 und 600 Gefangene; wieviele Menschen 1943 bis Ende 1944 insgesamt hier eingesperrt waren, ist nicht bekannt. Zu den Häftlingen zählten »Fremdarbeiter« und »Fremdarbeiterinnen« aus Polen, der Sowjetunion, Frankreich, Italien und anderen europäischen Ländern, die wegen der verschiedensten »Vergehen« gegen das Zwangsarbeitersystem der NS-Kriegswirtschaft von der Gestapo hier eingeliefert und bestraft wurden; ferner Lothringer aus dem annektierten Département Moselle, die sich geweigert hatten, in die deutsche Wehrmacht einzutreten, und Menschen, die ihnen bei dem Versuch halfen, sich dem Kriegsdienst für die Deutschen zu entziehen; lothringische Geistliche, die gegen die Besatzungsmacht Widerstand geleistet hatten.

KZ-Gedenkstätte »Neue Bremm«: Der Löschwasserteich, Folter- und Exekutionsstätte des ehemaligen Lagers, ist heute mit überdimensionalem, stilisiertem Stacheldraht umzäunt.

Das Lager »Neue Bremm« war Straflager für »widerspenstige« Zwangsarbeiter, Internierungslager für Regimegegner verschiedener Nationalitäten und Übergangslager zu den Konzentrationslagern Dachau und Auschwitz vor allem für französische Widerstandskämpfer und für Juden. Die Häftlingsbaracken, die in den ersten beiden Nachkriegsjahren abgerissen wurden, waren um den Löschwasserteich angeordnet: Auf der linken Seite befand sich das Männerlager, auf der rechten Seite das 1943 erbaute Frauenlager. Die Bewachung erfolgte durch die SS. Der Löschwasserteich war Folter- und Exekutionsstätte. Oft mußten Häftlinge bis zur völligen Erschöpfung mit hinter dem Kopf gefalteten Händen in Hockstellung um den Teich hüpfen oder im Laufschritt Steine und Balken um ihn herum tragen, bevor sie in das Becken gestoßen wurden.

Viele der Häftlinge wurden als Arbeitskommandos unter anderem in der Burbacher Hütte, in der umliegenden Metallindustrie, bei der Reichsbahn und beim Straßenbau eingesetzt. Die Lebensbedingungen waren katastrophal, die Ernährung völlig mangelhaft. Viele Häftlinge kamen durch Mißhandlungen und Hunger ums Leben. Besonders im Winter 1943/44 soll es viele Tote gegeben haben. Beim Vorrücken der Alliierten im Frühjahr 1945 wurden die Häftlinge in ein rückwärtiges »Waldlager« verlegt. 1946 wurden vierzehn der für die Verbrechen Hauptverantwortlichen von einem französischen Militärgericht zum Tode verurteilt und hingerichtet.

Die amtlich beurkundeten Toten des Lagers wurden zum Teil auf dem *Saarbrücker Hauptfriedhof* westlich des Lagers begraben, zum Teil in ein Krematorium nach Metz gebracht. Namentlich gekennzeichnete Grabsteine oder Gedenksteine für die Opfer des Lagers »Neue Bremm« gibt es auf dem Saarbrücker Hauptfriedhof nicht.

Die *Gedenkstätte »Neue Bremm«* ist ganzjährig zugänglich und wird bei »Alternativen Stadtrundfahrten« (s. unten) angefahren.

Verkehrsverbindungen:
Mit dem Auto: Autobahn 1 über Trier nach Saarbrücken bis Zentrum, Bahnhofstraße, dann Metzer Straße bis zur »Neuen Bremm«. Mit der Bahn: bis Saarbrücken Hauptbahnhof, dann mit Linie 31 bis zur »Neuen Bremm«.

Kontaktadressen für Informationen:
Volkshochschule Saarbrücken, Dr. Hans Horch, Schloßplatz 2, 66119 Saarbrücken, Tel. 06 81/50 64 85. – Evangelische Kirchengemeinde Wahlschied-Holz, Dietmar Renger, Alleestraße 20, 66265 Heusweiler-Holz, Tel. 0 68 06/8 63 39.

Saarbrücker Schloß

Im linken Flügel des Saarbrücker Schlosses richtete die Geheime Staatspolizei (Gestapo) 1935 ihr Hauptquartier für das Saargebiet ein. Im Kellergeschoß des Schlosses wurde 1975 eine *ehemalige Gestapo-Zelle* entdeckt. An der Zellentür sowie an den Wänden des Kellergewölbes fand man zahlreiche Inschriften ehemaliger Gefangener, in der Mehrzahl in kyrillischen Buchstaben und einige in französischer, polnischer, niederländischer oder italienischer Sprache. Kurz nachdem der Stadtverbandstag Saarbrücken Sicherung und Konservierung zugesagt hatte, wurden die Zellentür und mit ihr zahlreiche Inschriften unter ungeklärten Umständen entwendet. Die Zellentür blieb verschwunden. 1981 wurden die Wände des Kellergewölbes von einer Karnevalsgesellschaft achtlos übertüncht, wodurch viele In-

Saarbrücker Schloß: 1975 wurden Wandinschriften von Gefangenen in einer ehemaligen Gestapo-Zelle im Keller des Schlosses entdeckt. Das Schloß war seit 1935 Sitz der Gestapo für das Saargebiet.

Gedenkstein auf dem Saarbrücker Schloßplatz: Im Oktober 1940 war hier die Sammelstelle für 134 saarländische Juden vor ihrer Deportation in das Lager Gurs in den französischen Pyrenäen und in die Vernichtungslager im Osten.

schriften unleserlich wurden und als Zeugnisse verlorengingen. Da die Inschriften und die Zellentür vor ihrem Verschwinden fotografiert worden waren, konnte ein Foto der Tür in Originalgröße auf die heutige Ersatztür aufgezogen werden.
Seit 1977 bemühten sich Landesjugendring und Vereinigung der Verfolgten des Naziregimes/Bund der Antifaschisten (VVN/BdA) um die Gestaltung einer Gedenkstätte. Zusammen mit der Volkshochschule führten sie seit 1980 im Rahmen einer »Alternativen Stadtrundfahrt« Besuchergruppen an diesen Ort.
Heute ist die wiederhergestellte 2,50 mal 3,50 Meter große Zelle Gedenkstätte. Als Teil der im November 1988 eröffneten *ständigen Ausstellung des Regionalgeschichtlichen Museums* »Zehn statt tausend Jahre – Nationalsozialismus an der Saar« ist sie der Öffentlichkeit zugänglich. Die Ausstellung gliedert sich in die Abteilungen »Volksgemeinschaft«, Widerstand, Verfolgung, NS-Herrschaftsapparat und Kriegsalltag an der Saar.

Adresse:
Regionalgeschichtliches Museum, Schloßplatz 15, 66119 Saarbrücken. – Öffnungszeiten: Di–So 10–18 Uhr, Führungen für Einzelpersonen: Di 16.30 Uhr, Führungen für Gruppen: Di–Fr nach telefonischer Vereinbarung: 06 81/5 06–5 49.

Katalog: »Zehn statt tausend Jahre. Die Zeit des Nationalsozialismus an der Saar (1935–1945)«, Katalog zur Ausstellung des Regionalgeschichtlichen Museums im Saarbrücker Schloß, Saarbrücken 1988. Darüber hinaus gibt es eine hektographierte Broschüre über die »Wandinschriften der Gestapo-Zelle«.

Im Sommer 1990 startete Jochen Gerz, Künstler und Gastprofessor an der Saarbrücker Hochschule, mit Studenten der Kunsthochschule ein spektakuläres Kunstprojekt. Vor dem Saarbrücker Schloß ließ er ein *»Mahnmal gegen Rassismus«* aus 2146 Steinen entstehen, das sich durch die Besonderheit auszeichnet, nicht sichtbar zu sein. Die Pflastersteine des Mittelstreifens auf dem Schloßplatz wurden nach und nach ausgegraben, an der Unterseite mit dem Namen eines jüdischen Friedhofs versehen und dem Datum, an dem die betreffende Gemeinde ihren Namen an die Hochschule der Künste in Saarbrücken weitergegeben hatte, und schließlich wurden die Steine wieder eingesetzt. Jeder Stein steht für einen jüdischen Friedhof in Deutschland vor 1933. Die Unsichtbarkeit der Friedhofsnamen soll den Prozeß der Verdrängung thematisieren und gleichzeitig andeuten, daß Erinnerung und Trauer nur im Kopf stattfinden. Das Kunstwerk schützt sich selbst gegen Schändungen und andere Formen des Vandalismus, indem es unsichtbar ist. Diese eigenwillige Form des Gedenkens an NS-Opfer, im April 1993 abgeschlossen, will das Regionalgeschichtliche Museum in einem Katalog dokumentieren. Geplant sind außerdem Hinweistafeln und vielleicht auch eine Benennung des Ortes als »Platz des unsichtbaren Mahnmals«. Bisher steht auf dem *Schloßplatz* ein *Gedenkstein* mit der Inschrift:

Den Opfern
zum Gedenken
uns zur
Mahnung
Nie wieder
Faschismus

Historischer Anknüpfungspunkt für den Standort des Mahnmals ist die Deportation der saarländischen Juden: Der Schloßplatz war am 20. Oktober 1940 Sammelstelle für 134 saarländische Juden, die in das Lager Gurs in Südfrankreich deportiert wurden.

Alter Friedhof St. Johann

Auf dem *Alten Friedhof von St. Johann* in Saarbrücken befindet sich das Grab von Willi Graf mit einem Grabmal und einem *Gedenkstein*, der die Inschrift trägt:

Willi Graf
Ein Kämpfer
gegen die
National-
sozialistische
Gewaltherr-
schaft in der
studentischen
Widerstands-
bewegung
»Weiße Rose«
Hingerichtet
am 12. Oktober
1943

Der 1918 in Kuchenheim/Rheinland geborene Willi Graf verbrachte seine Jugend in Saarbrücken, wo er der katholischen Jugendorganisation »Neudeutschland« angehörte. Während seines Studiums in München schloß er sich der studentischen Widerstandsgruppe »Weiße Rose« um die Geschwister Scholl an (s. Bayern: München). Er übernahm die gefährliche Aufgabe, im Saargebiet und im Rheinland Flugblätter zu verteilen und weitere Freunde für die Widerstandsgruppe zu gewinnen. Die Geschwister Hans und Sophie Scholl wurden am 18. Februar 1943 bei einer Flugblattaktion in der Münchner Universität verhaftet. Am selben Abend wurde auch Willi Graf festgenommen. Er mußte sich mit 13 Gesinnungsfreunden vor dem »Volksgerichtshof« unter dessen Präsidenten Roland Freisler unter anderem wegen »Feindbegünstigung« verantworten. Willi Graf wurde am 12. Oktober 1943 in der Justizvollzugsanstalt München-Stadelheim hingerichtet. Im November 1946 wurden seine sterblichen Überreste nach Saarbrücken überführt und auf dem Alten Friedhof von St. Johann beigesetzt. Ein *Gymnasium* und eine *Realschule* in St. Johann tragen den Namen Willi Grafs, und in der Nähe des Alten Friedhofs gibt es eine Straße, die nach ihm benannt wurde (ebenso in Kleinblittersdorf, Merzig, Neunkirchen, St. Ingbert und St. Wendel).

Gedenktafel ehemalige Synagoge

Am Standort der in der Nacht vom 9. auf den 10. November 1938, der sogenannten Reichskristallnacht, zerstörten Synagoge Ecke Kaiser-/Futterstraße wurde 1978 in der Höhe des ersten Stockwerks des Bekleidungshauses Krutmann in der *Futterstraße* eine *Gedenktafel* angebracht mit folgender Inschrift:

Hier stand die Synagoge der Jüdischen
Gemeinde Saarbrücken. Sie wurde in
der Zeit der Gewaltherrschaft am
9. November 1938 zerstört.
Zur ehrenden Erinnerung
Landeshauptstadt Saarbrücken
Synagogengemeinde Saar
1978

Die Pogromnacht im November 1938 war der erste Höhepunkt der Judenverfolgung. Vorausgegangen waren zahlreiche Übergriffe auf jüdische Bürger, Berufsverbote für Juden und der Boykott jüdischer Geschäfte.

Straßenbenennungen:

In *Saarbrücken-Malstatt* ist der *Josef-Wagner-Weg* nach dem Bergarbeiter und Kommunisten Josef Wagner aus Lockweiler bei Trier benannt, der sich vor 1935 in der Status-quo-Bewegung (s. Vorbemerkung) engagiert und den Transport illegaler Schriften vom Saargebiet aus nach Hitler-Deutschland organisiert hatte. 1941 wurde er von der französischen Polizei des mit Nazi-Deutschland kollaborierenden Vichy-Regimes (Marschall Pétain) an die Gestapo ausgeliefert. Der Hintergrund für die Auslieferung war, daß die französische Regierung bei Kriegsbeginn aus Furcht vor möglicher Agententätigkeit von Emigranten alle Deutschen und Österreicher internieren ließ. In einer Verordnung vom 5. September 1939 erklärte sie deutsche und österreichische Flüchtlinge zu Staatsfeinden. Zwischen 12 000 und 14 000 Emigranten wurden verhaftet und in Internierungslagern gefangengehalten, darunter etwa 1 000 Saarländer. Nach dem deutsch-französischen Waffenstillstandsabkommen vom 22. Juni 1940 verpflichtete sich die Regierung des Marschall Pétain in Vichy im nichtbesetzten südlichen Frankreich, alle von der deutschen Reichsregierung benannten Deutschen auf Verlangen auszuliefern. Die Vichy-Regierung richtete insgesamt 65 Internierungslager für deutsche Emigranten ein. Die Lager wurden von der Gestapo mit Fahndungslisten durchsucht. (Nach: Patrik von zur Mühlen, »Schlagt Hitler an der Saar!« Abstimmungskampf, Emigration und Widerstand im Saargebiet 1933–1935, Bonn 1979, S. 258 ff.) Der »Volksgerichtshof« in Berlin verurteilte Josef Wagner 1943 zum Tode. Am 1. September 1943 wurde er in Berlin-Plötzensee hingerichtet. (s. auch Wadern)
Von 1945 bis 1955 war eine Straße in *Malstatt* nach *Johanna Kirchner* benannt. Die Sozialdemokratin und Funktionärin der Arbeiterwohlfahrt verließ 1933 ihre Heimatstadt Frankfurt am Main, um der drohenden Verhaftung zu entgehen, und emigrierte ins Saargebiet. Dort setzte sie sich unter anderem für

die Emigrantenbetreuung der Arbeiterwohlfahrt ein. Nach der Volksabstimmung 1935 flüchtete sie nach Frankreich, wo sie 1939 verhaftet und im Lager Gurs in Südfrankreich interniert wurde. 1942 lieferten die französischen Behörden sie an die Gestapo aus (zum Hintergrund der Auslieferung s.o. unter Josef Wagner). Im April 1944 wurde sie vom »Volksgerichtshof« in Berlin unter dem Präsidenten Roland Freisler zum Tode verurteilt und am 9. Juni 1944 in Berlin-Plötzensee hingerichtet. Die Johanna-Kirchner-Straße wurde 1956 wieder in Bülowstraße zurückbenannt. Erst am 14. April 1983 wurde eine Neubaustraße wieder nach ihr benannt. Seit einigen Jahren erinnert im Rathaus St. Johann auch eine Büste an die Sozialdemokratin. (s. auch Hessen: Frankfurt am Main, Hauptfriedhof)
Auch nach dem Vorsitzenden der Saar-SPD und führenden Mitglied der Einheitsfront gegen Hitler an der Saar, *Max Braun,* wurde bereits 1945 eine Straße benannt. Diese Entscheidung wurde 1956 wieder rückgängig gemacht. Erst am 22. September 1983 wurde Max Braun wieder mit einer Straßenbenennung in einer Neubausiedlung geehrt.

»Alternative Stadtrundfahrten zu Stätten der Emigration, der Nazi-Herrschaft und des Widerstandes in Saarbrücken« veranstaltet:
Jugendreferentenbüro der Volkshochschule Saarbrücken (VHS) in Zusammenarbeit mit der Vereinigung der Verfolgten des Naziregimes/Bund der Antifaschisten (VVN/BdA) Landesverband Saar. Termine für Gruppen (Schulklassen, Jugendgruppen, Vereine u.a.) nach Vereinbarung; Anmeldung bei: Volkshochschule Saarbrücken, Schloßplatz 2, 66119 Saarbrücken, Tel.: 06 81/5 06(0)5 81. – Begleitmaterial: s. Literatur.

Quellen/Literatur:
Eichmann, Bernd, »Hungerlager am Löschwasserteich«, in: Ders., Versteinert, verharmlost, vergessen – KZ-Gedenkstätten in der Bundesrepublik Deutschland, Frankfurt a.M. 2. Auflage 1986, S.111–120; Knoof-Graf, Anneliese, Willi Graf, Frankfurt a.M. 1988; Landesjugendring Saar (Hrsg.), Alternativer Stadtführer 1933 -1945, Saarbrücken 1990 (leicht überarbeitete Fassung der ersten Ausgabe von Gerhard Paul); Oppenheimer, Max, Das kämpferische Leben der Johanna Kirchner, Frankfurt 1974; Paul, Gerhard, Saarbrücken alternativ. Antifaschistische Stadtrundfahrten in der Saarmetropole, in: Ders./Schoßig, Bernhard (Hrsg.), Die andere Geschichte, Köln 1986, S.48–67; Ders., Die jüdische Volksschule in Saarbrücken 1934–1939, in: Zeitschrift für die Geschichte der Saargegend, Jg. 33, Saarbrücken 1985, S. 157–183; Renger, Dietmar/Raja, Bernard, Neue Bremm – Ein KZ in Saarbrücken, Frankfurt a.M. 1984; Rothschild, Lothar, Jüdisches Schicksal an der Saar. Zur Geschichte der jüdischen Bevölkerung Saarbrückens, in: Zeitschrift für die Geschichte der Saargegend, Jg. 19, Saarbrücken 1971, S.249–264; Vereinigung der Verfolgten des Naziregimes (VVN)/Bund der Antifaschisten Saar (Hrsg.), Das Geheimnis des alten Schlosses. Dokumentation über jahrelange Bemühungen zur Erhaltung der Gestapozelle und zur Gestaltung des Gestapokellers als antifaschistische Gedenkstätte, Saarbrücken 1981; Studienkreis, S. 7 ff.

Saarlouis

An der ehemaligen Synagoge im *Postgäßchen* wurden am 10. November 1979 zwei *Gedenktafeln* angebracht: ein Relief mit Stacheldraht, Ketten und Winkeln, Kennzeichen für KZ-Häftlinge, und eine Tafel, die an die Schändung der Synagoge und die Vernichtung der Saarlouiser Juden erinnerte.
Im Rahmen der Sanierung der angrenzenden Silberherzstraße wurde das Gebäude abgerissen und im April 1987 ein Neubau auf dem ehemaligen Synagogengelände fertiggestellt. In dem neuen Gebäude befindet sich ein Gedenkraum, in dem eine Ausstellung zur jüdischen Geschichte mit Schwerpunkt auf der Geschichte der Saarlouiser Juden zu sehen ist. Auf dem *Gedenkstein* steht in hebräischer Schrift ein Zitat aus dem Alten Testament (Jer. 31, 15):

> Ihre Söhne beweint Rachel und läßt sich nicht trösten
> um ihre Kinder, weil sie dahin sind.

Ein weiterer *Gedenkstein* an der äußeren Stirnseite des Gebäudes trägt die Inschrift der 1979 am alten Gebäude, Postgäßchen, angebrachten Tafel:

> Ehemalige Synagoge
> Dieses Gebäude war von 1828 bis 1938 das
> Gotteshaus der Synagogengemeinde Saarlouis.
> Bei ihrer Vernichtungsaktion gegen jüdische
> Glaubensstätten und jüdischen Besitz in der
> Nacht vom 9. zum 10. 11. 1938 schändeten
> Nationalsozialisten auch dieses Haus.
> Der Vernichtung der Synagoge folgte die
> Vernichtung der Menschen, die darin beteten.
> Sich erinnern bringt Erlösung,
> Verdrängen hält die Erlösung auf.

Im Jahre 1945 ehrte die Stadt Saarlouis drei Kommunisten, die unter den Nationalsozialisten ums Leben gekommen sind, mit Straßenbenennungen. Aber bereits 1951 erhielten die nach *Peter Berger, Nikolaus Foss* und *Fritz Ellmer* benannten Straßen wieder andere Namen.
Die Peter-Berger-Straße erinnerte an den Schustermeister, der bis 1935 als Fraktionsvorsitzender der KPD im Saarlouiser Stadtrat saß und Mitglied des Kreistages war. 1935 mußte er nach Frankreich fliehen. Aus privaten Gründen kehrte er wieder nach Saarlouis zurück, wurde dort verhaftet und auf der Lerchesflur in Saarbrücken inhaftiert. Er wurde zur Wehrmacht eingezogen, obgleich er als »politisch unzuverlässig« galt, aber bereits 1941 wegen Erblindung wieder entlassen. Im Zuge der

Verhaftungswelle nach dem Attentat auf Hitler vom 20. Juli 1944 wurde er ins Saarbrücker Konzentrationslager »Neue Bremm« gebracht und später nach Dachau. Dort starb er am 19. März 1945.
Auch die beiden Kommunisten Nikolaus Foss († Dachau 16. März 1945) und Fritz Ellmer kamen in Konzentrationslagern ums Leben.

Saarwellingen

Auf dem *jüdischen Friedhof* steht seit 1950 ein *Gedenkstein* mit der Inschrift:

> Der einstigen Synagogengemeinde Saarwellingen,
> ihrem Gotteshause, ihren Mitgliedern,
> die roher Gewalt erlagen,
> den in dieser Erde zur letzten Ruhe
> gebetteten jüdischen Menschen
> in Pietät und tiefer Verehrung gewidmet.

Der 1938 geschändete und in den letzten Kriegstagen eingeebnete Friedhof wurde nach 1945 von der saarländischen Synagogengemeinde wiederhergestellt. Am 26. März 1950 wurde dort ein Ehrenmal für alle verstorbenen und ermordeten Mitglieder der ehemaligen Jüdischen Gemeinde enthüllt. Ein *Gedenkstein* erinnert an die Toten der Familie Kahn:

> Zum Gedenken
> an uns. lb. Mutter
> Emma Kahn
> geb. Lahn 1877–1932
> sowie an uns. Lieben, deportiert
> und im KZ umgekommenen
> Isaak Kahn 1874–1942
> Klara Kahn geb. 1905
> Karl Kahn geb. 1909

An der ehemaligen jüdischen Schule in der *Engelstraße 12,* in der nach 1945 katholische Schwestern einen Kindergarten führten, erinnert eine *Tafel* an die 1938 beschädigte und 1945 zerstörte Synagoge:

> Hier stand das 1938 beschädigte und
> durch Kriegseinwirkungen Dez. 1944–
> 1945 zerstörte ehrwürdige
> Gotteshaus der Israelitischen
> Gemeinde Saarwellingen

St. Ingbert

Auf dem *jüdischen Friedhof* trägt ein *Gedenkstein* die Inschrift:

> Der Synagogengemeinde St. Ingbert,
> ihrem einstigen Gotteshause, ihren hier
> ruhenden Toten zur ehrenden Erinnerung.
> Stadtgemeinde St. Ingbert
> Synagogengemeinde Saar 1951

St. Wendel

Seit 1985 besteht das *»Adolf-Bender-Zentrum«* in der *Mia-Münster-Straße 4* als *Gedenkstätte.* Adolf Bender ist Maler und hat in einem Zyklus von mehr als 40 Gemälden seine Erinnerungen an 34 Monate KZ-Haft in den Lagern Börgermoor und Esterwegen im Emsland festgehalten, die in der Ausstellung »Moorsoldaten« dort ausgestellt werden. Das Zentrum bemüht sich um die Aufarbeitung der regionalen Geschichte des Widerstandes. Träger ist der »Verein zur Förderung demokratischer Traditionen«. Mit Unterstützung der Friedrich-Ebert-Stiftung Saar und aus Mitteln des Landes werden im Adolf-Bender-Zentrum Seminare und Informationsveranstaltungen durchgeführt. Gemeinsam mit der Vereinigung der Verfolgten des Naziregimes/Bund der Antifaschisten (VVN/BdA) organisiert der Verein »antifaschistische Rundfahrten« zu den Stätten des Widerstandes und der Verfolgung im Kreisgebiet.

Kontakt:
Adolf-Bender-Zentrum, Verein zur Förderung demokratischer Traditionen, Mia-Münster-Str. 4, 66606 St. Wendel, Tel.: 0 68 51/8 18 02. Öffnungszeiten: Di–Fr 9–16 Uhr.

Am Gebäude neben dem Standort der früheren Synagoge in der *Kelsweiler Straße 13* ist eine *Tafel* zum Gedenken an das in der Reichspogromnacht im November 1938 zerstörte Gotteshaus angebracht. Das Synagogengrundstück ging mit einem Kaufvertrag von 1951 an ein Transportunternehmen über. Die Inschrift auf der Tafel, die am 26. August 1981 eingeweiht wurde, lautet:

> Hier stand die Synagoge der
> Jüdischen Gemeinde St. Wendel,
> erbaut 1902, wurde sie in der
> Zeit der Gewaltherrschaft
> am 09.11.1938 zerstört.
> Zur ehrenden Erinnerung
> Kreisstadt St. Wendel.
> Synagogengemeinde Saar
> 1981

Auf dem *jüdischen Friedhof* in *Urweiler*, der seit 1955 von der Gemeindeverwaltung gepflegt wird, befindet sich ein *Gedenkstein* mit folgender Inschrift:

> Den ehemaligen jüdischen Mitbürgern
> von St. Wendel, Opfer der national-
> sozialistischen Verfolgung 1933–1945,
> zur ehrenden Erinnerung
> Kreisstadt St. Wendel
> Synagogengemeinde Saar
> 1982

Neben dem jüdischen Friedhof befindet sich eine *Gedenktafel* für Zwangsarbeiter, die folgende Inschrift trägt:

> Hier ruhen
> 32 russische Soldaten
> und Arbeiter,
> die in der schweren Zeit
> 1942–1945
> fern der Heimat starben.

An der *Nordseite der Basilika* in der St. Wendeler Fußgängerzone steht eine von dem Künstler Leo Kornbrust gestaltete *Basalt-Pyramide,* die dem Bildhauer und Maler Otto Freundlich gewidmet ist, der 1942 verschleppt wurde und im Konzentrationslager Majdanek ums Leben gekommen ist. In den Stein ist eine Widmung gehauen:

> Zur Erinnerung
> an den Bildhauer und Maler Otto Freundlich,
> geboren 1878 in Stolp, gestorben 1943 in Majdanek,
> dem die Straße der Skulpturen gewidmet ist.
> »Voie de la Fraternite et Solidarite Humaine«

An der Gestaltung der »Straße der Skulpturen« beteiligten sich international bekannte Künstler. Ihre Werke sind am Saarlandrundwanderweg zwischen St. Wendel und Bostalsee aufgestellt. Mit dieser 25 Kilometer langen Freiluft-Galerie hat der Bildhauer Leo Kornbrust, der die Skulpturenstraße angeregt hat, eine Idee Otto Freundlichs aufgegriffen, der schon in den dreißiger Jahren von einer völkerverbindenden Skulpturenstraße träumte.
Eine Skulptur hat der israelische Bildhauer Shelomo Selinger, der selbst in verschiedenen Konzentrationslagern gewesen war, geschaffen. Die 5,20 Meter hohe Skulptur trägt den Titel: »Requiem für die Juden«. (s. Nohfelden)

Literatur:
Frank, Hans, Die Jüdische Gemeinde St. Wendel. Nachforschungen und Anmerkungen zu ihrer Geschichte, St. Wendel 1981; Landau, Michael, Damit es nicht vergessen wird, St. Wendel 1988 (Veröffentlichungen des Adolf-Bender-Zentrums 1); Schirra, Cornel, Vom Widerstand gegen den Faschismus im Kreis St. Wendel, o.J. (Manuskript); Vereine Intern. Steinbildhauer-Symposion St. Wendel in Zusammenarbeit mit dem Kreisverkehrsamt St. Wendel (Hrsg.), Internationales Steinbildhauersymposion St. Wendel – Straße der Skulpturen, St. Wendel 1988 (enthält eine Wanderkarte und die ausführliche Beschreibung aller Skulpturen – zu beziehen über das Fremdenverkehrsbüro).

Schmelz, Saar

Auf der Straße zwischen Hüttersdorf und Körprich in Höhe des Gasthauses »Hubertushof« stehen noch heute Barackenreste eines ehemaligen Reichsarbeitsdienst- und Wehrmachtslagers, das später als »Ostarbeiter«-Lager genutzt wurde. Am Waldrand gab es ein Massengrab, in dem 127 Menschen be-

St. Wendel, Fußgängerzone:
Die Basalt-Pyramide von Leo Kornbrust erinnert an den in Majdanek ermordeten Bildhauer und Maler Otto Freundlich, auf dessen Idee die »Skulpturenstraße« zwischen St. Wendel und dem Bostalsee zurückgeht.

graben lagen. Nach 1945 wurde hier ein Gedenkstein errichtet, der – möglicherweise nach einer Umbettung der Toten auf den Ehrenfriedhof in Besch (s. Perl, Saar) – wieder entfernt wurde.

Spiesen-Elversberg

Eine *Straße* erinnert an Pfarrer *Johannes Ries,* der 1887 in Elversberg geboren und als unbequemer Vertreter der Kirche von den Nationalsozialisten bekämpft wurde. Im August 1933 geriet der Priester erstmals mit lokalen Parteigrößen der NSDAP in Konflikt, als er sich weigerte, an einer »nationalen Feier« teilzunehmen. 1937 spitzten sich die Auseinandersetzungen um die kirchliche Jugendarbeit zu. Die Nazis versuchten Pfarrer Ries mit einer Kampagne zu verunglimpfen, indem sie das Gerücht ausstreuten, er habe sich an drei Schulmädchen vergangen. 1942 ermöglichte Ries einem kriegsgefangenen Priester aus Frankreich, in einer Kapelle das Meßopfer zu feiern. Daraufhin wurde er wegen »Feindbegünstigung« verhaftet, nach Dachau gebracht und am 3. Januar 1945 ermordet.

Sulzbach, Saar

siehe Vorbemerkung zum Saarland

Tholey

Auf dem *jüdischen Friedhof am Varuswald* ließ Dr. Walter Sender nach 1945 einen *Gedenkstein* für die Ermordeten der Synagogengemeinde Tholey errichten. Die Inschrift lautet:

Zum Andenken
an die aus hiesiger Gemeinde
1933–1945 Deportierten
Emilie Kahn geb. Katz
Moses Isaak und Frau Bertha geb. Katz
Veronika und Helena Isaak
Max Götz und Frau Rosa geb. Hirsch
Kinder Anny und Margot Götz
Emma Bär geb. Löb
Julius Bär mit Frau und Kind
Frau Brünette Aach geb. Sender
alle aus Tholey

Von der Massendeportation der saarländischen Juden in das Lager Gurs in Südfrankreich am 20. Oktober 1940 waren aus Tholey 13 Personen betroffen. Zuvor waren schon mehrere Tholeyer Familien in die USA emigriert.

Im *Varuswald* zwischen Tholey und Theley findet sich ein *Gedenkstein* mit der Inschrift:

Hier ruhen 75 russische Tote,
Opfer von Krieg und Gewaltherrschaft

Im Gewerbegebiet am westlichen Ortsrand von Tholey befand sich das »Sammellager des Landesarbeitsamtes Westmark für ausländische Arbeitskräfte« (Theley), in dem zuerst französische Kriegsgefangene, ab 1942/43 auch kranke Zwangsarbeiter, vornehmlich aus der Sowjetunion und Polen, untergebracht wurden. Bis 1943 war es Praxis, arbeitsunfähige »Ostarbeiter« und schwangere »Ostarbeiterinnen« abzuschieben oder in ihre Heimatländer zurückzuführen, um keine Pflegekosten übernehmen zu müssen. Diese Menschen wurden bis zu ihrer »Rückführung« in Sammellager gebracht und von dort in Massentransporten ins »Generalgouvernement« abgeschoben. Mitte 1943 wurde die »Rückführung« von kranken Zwangsarbeitern und schwangeren Zwangsarbeiterinnen eingestellt. Die kranken und arbeitsunfähigen Menschen aus dem Sammellager Theley wurden in die Heilanstalt Klingenmünster oder direkt in die Vernichtungsanstalt Hadamar (s. Hessen: Hadamar) gebracht, während die arbeitsfähigen Zwangsarbeiter zur Rüstungsproduktion herangezogen wurden: Sie mußten in einer Fabrikhalle Gasmasken und Abreißvorrichtungen für Handgranaten zusammensetzen. Mit Beginn der Ardennenoffensive Ende 1944 wurde das Lager mit immer neuen Transporten von Zwangsarbeitern überschwemmt, so daß das Theleyer Lager mit seiner durchschnittlichen Kapazität von 300 Insassen ständig überbelegt war. Der forcierte Einsatz bei Schanzarbeiten im Westwallbereich und die 16-Stunden-Schichten in der Rüstungsproduktion ließen die Sterbeziffer in die Höhe schnellen. Von 102 registrierten Toten starben allein 57 Menschen von Dezember 1944 bis zur Auflösung des Lagers.

Literatur:
Schirra, Bernhard, Am Rande des Abgrunds, 1985. (Der Autor schildert in romanhafter Form das Lagerleben in Theley im letzten halben Jahr seines Bestehens.); Schneberger, Aloys, Dokumentation über ehemalige jüdische Einwohner von Tholey, o.O. 1980; Studienkreis, S. 172 ff.

Völklingen

Im *Schillerpark* wurde 1947 von der Stadt Völklingen ein *Ehrenmal* errichtet mit der Widmung:

Allen Opfern des Faschismus

Hier finden alljährlich Gedenkveranstaltungen statt.

Auf dem *Waldfriedhof* an der *Kühlweinstraße* steht – kenntlich gemacht durch ein Hinweisschild im Eingangsbereich des Friedhofs – ein *Mahnmal* für sowjetische Zwangsarbeiter und Kriegsgefangene. Es zeigt einen Sowjetstern mit Hammer und Sichel, darunter stehen in russischer Sprache die Worte:

Hier ruhen
sowjetische Bürger
zugrundegerichtet
durch den faschistischen Terror
und durch Hunger
1941–1945

In der terassenförmig angelegten Anlage finden sich die Gräber von rund 250 Zwangsarbeitern und Kriegsgefangenen. Von Mai bis Juni 1942 kamen über das Durchgangslager Pirmasens 970 »Ostarbeiterinnen« und »Ostarbeiter« nach Völklingen, im April 1944 wurde die Höchstzahl von 5 711 ausländischen Arbeitskräften registriert. Insgesamt belief sich die Anzahl der nach Völklingen verschleppten Kriegsgefangenen und Zwangsarbeiter auf 14 000, wovon allein 5 000 aus der Sowjetunion kamen.

Wadern

Auf dem *Friedhof* der Ortsgemeinde *Lockweiler* erinnert ein *Gedenkstein* an Josef Wagner, einem der führenden Funktionäre der saarländischen Kommunistischen Partei:

Zum Gedenken an
Josef Wagner
geb. am 6. 5. 1897
in Lockweiler
ermordet durch
das Nazi Regime
am 1. 9. 1943
in Berlin

Das Geburts- und Wohnhaus des Widerstandskämpfers steht in der Primsstraße 64. Wagner, der 1924 der KPD beitrat, war ab 1929 Mitglied des Gemeinderats und des Kreistags. Der Verhaftungswelle, die nach dem Reichstagsbrand vom 28. Februar 1933 einsetzte, konnte er über die Grenze in das noch freie Saargebiet entfliehen. Er wurde später gefangengenommen und am 1. September 1943 in Berlin-Plötzensee hingerichtet. (s. auch Saarbrücken, Straßenbenennungen)

Quellen/Literatur zum Saarland insgesamt (Auswahl):

Die im Text unter einigen Orten angegebenen speziellen Quellen- und Literaturhinweise zu einzelnen Orten bzw. Gedenkstätten werden hier nicht wiederholt. Bei der folgenden Titelauswahl handelt es sich um auf das Saarland insgesamt bezogene Darstellungen.

GROSSMANN, KURT R., Emigration. Die Geschichte der Hitler-Flüchtlinge 1933–1945, Frankfurt a.M. 1969.

HERMANN, HANS-WALTER (Hrsg.), Das Schicksal der Juden im Saarland 1920 bis 1945. Dokumentation zur Geschichte der jüdischen Bevölkerung in Rheinland-Pfalz und im Saarland Band 6, Koblenz 1974.

DERS., Beiträge zur Geschichte der saarländischen Emigration 1935–1939, Jahrbuch für westdeutsche Landesgeschichte 4 (1978).

JACOBY, FRITZ, Die nationalsozialistische Herrschaftsübernahme an der Saar. Die innenpolitischen Probleme der Rückgliederung des Saargebietes bis 1935, Saarbrücken 1973.

JÜNGST, KARL LUDWIG, Zwischen »Heim ins Reich« und »Status quo«. Der antifaschistische Kampf in Sulzbach für eine freie deutsche Saar 1923–1935, Sulzbach 1985 (unveröff. Manuskript).

MALLMANN, KLAUS MICHAEL/GERHARD, PAUL, Widerstand und Verweigerung im Saarland, Bd. 1: »Das zersplitterte Nein«. Saarländer gegen Hitler, Widerstand und Verweigerung im Saarland 1935–1945, Bonn 1989; Bd. 2: Herrschaft und Alltag. Ein Industrierevier im Dritten Reich, Bonn 1991.

MÜHLEN, PATRIK VON ZUR, »Schlagt Hitler an der Saar!« – Abstimmungskampf, Emigration und Widerstand im Saargebiet 1933 -1935, Bonn 1979 (Reihe Politik und Gesellschaftskunde, Band 7, hrsg. vom Forschungsinstitut der Friedrich-Ebert-Stiftung).

PAUL, GERHARD, »Deutsche Mutter – heim zu Dir!« Warum es mißlang, Hitler an der Saar zu schlagen. Der Saarkampf 1933–1935, Köln 1984.

DERS., Die NSDAP des Saargebietes 1920–1935. Der verspätete Aufstieg der NSDAP in der katholisch-proletarischen Provinz, Saarbrücken 1987.

STUDIENKREIS ZUR ERFORSCHUNG UND VERMITTLUNG DER GESCHICHTE DES DEUTSCHEN WIDERSTANDES 1933–1945 (Hrsg.), Heimatgeschichtlicher Wegweiser zu Stätten des Widerstandes und der Verfolgung 1933–1945, Band 4: Saarland, Köln 1989.

WIEHN, ERHARD R., Oktoberdeportation 1940. (Zur Abschiebung saarländischer und pfälzischer Juden in das Internierungslager Gurs), Konstanz 1990.

ZENNER, MARIA, Parteien und Politik im Saargebiet unter dem Völkerbundsregime 1920–1935, Saarbrücken 1966 (Veröffentlichungen der Kommission für saarländische Landesgeschichte und Volksforschung Bd. 3).

Schleswig-Holstein

Friedhof Ladelund, nahe der dänischen Grenze: Hier sind 298 Tote des Außenlagers Ladelund des Konzentrationslagers Neuengamme beerdigt, darunter 107 Männer aus dem niederländischen Ort Putten, Opfer einer SS-Vergeltungsaktion. Die drei vor dem Kreuz errichteten Bronzetafeln tragen die Namen und Lebensdaten der Toten. Die Gedenkstätte wurde 1950 eingeweiht und gehört zu den ersten Erinnerungsorten für Opfer des Nationalsozialismus in der Bundesrepublik Deutschland.

298
K.Z. OPFER
AUS
13 NATIONEN
FANDEN HIER
1944
IHRE RUHESTATTE
REQUIESCANT IN PACE

Ahrensbök

Auf dem *Gemeindefriedhof* in Ahrensbök, Kreis Ostholstein, sind sechs Opfer eines »Evakuierungs«-marsches bestattet. Der *Grab- und Gedenkstein* trägt die Inschrift:

Unrecht war unser Tod
6 unbekannte KZ-Häftlinge
Den Lebenden zur Warnung
Den Kommenden zur Mahnung

Dieser Gedenkstein ist, neben solchen auf den Friedhöfen in Bad Schwartau (s. dort) und in Langenweddingen bei Magdeburg, ein Erinnerungszeichen an Opfer des »Todesmarsches« von Häftlingen zweier Teilkommandos des KZ-Außenkommandos in Blankenburg am Harz, dem Kommando »Klosterwerke« auf dem Weg zum Gut Glasau (s. dort) im Dorf Sarau und dem Kommando »Turmalin« auf dem Weg nach Siblin, einem Ortsteil von Ahrensbök. Die Namen der sechs Häftlinge konnten bisher nicht festgestellt werden. Das Friedhofsregister enthält die Eintragung »6 unbekannte KZ-Häftlinge. Gestorben am 13. April 1945. Beigesetzt am 13. April 1945.«
Das Kommando »Turmalin« wurde Ende Februar 1945 aus den Überlebenden des Auschwitz-Nebenlagers »Fürstengrube« gebildet. Letzteres wurde 1943 für die I.G. Farbenindustrie errichtet und mit 1 200 fast ausschließlich jüdischen Häftlingen aus vielen europäischen Ländern belegt. Ihre Aufgabe bestand im Bau einer neuen Kohlenzeche und in der Kohleförderung unter Tage. Während des »Evakuierungs«-marsches und eines zehntägigen Eisenbahntransportes kamen die meisten Häftlinge ums Leben. Von Blankenburg aus wurden sie zusammen mit dem Kommando »Klosterwerke« über Magdeburg und Lübeck »evakuiert«. Dieser »Todesmarsch« kostete noch einmal viele Häftlinge das Leben. Schließlich wurden sie in einer einsam gelegenen Feldscheune in Siblin einquartiert. Ende April wurden einige wenige Juden aus westeuropäischen Ländern vom Internationalen Roten Kreuz nach Schweden gerettet, die übrigen gingen fast alle im Mai 1945 mit den Häftlingsschiffen in der Neustädter Bucht unter (s. Neustadt i. Holstein).

Es gibt Initiativen für einen erinnernden Hinweis an das »Schutzhaftlager« Ahrensbök, das von Oktober bis Dezember 1933 zunächst in Holstendorf bei Ahrensbök und bis Mitte Mai 1934 in einem unbewohnten Privathaus im Ort Ahrensbök eingerichtet war. Das Lager war eins der ersten »wilden« Konzentrationslager, die von den Nationalsozialisten unmittelbar nach der Machtübernahme 1933 vielerorts in Deutschland errichtet wurden. In Schleswig-Holstein gab es weitere u.a. in Eutin, in Glückstadt an der Elbe und in Rickling-Kuhlen (s. dort). Sie hatten den Zweck, mögliche politische Gegner einzuschüchtern und zu terrorisieren oder Aktionen zu verhindern. Zuerst wurden hauptsächlich Kommunisten, viele Sozialdemokraten und Gewerkschafter, dann auch bürgerliche Politiker und andere Personen, die als regimefeindlich galten, in »Schutzhaft« genommen. Viele der Gefangenen wurden in den meist improvisierten Lagern mißhandelt, einige wurden auch getötet oder starben an den Folgen der Haft.

Quellen/Literatur:
Hoch, Gerhard, Von Auschwitz nach Holstein. Der Leidensweg der 1200 jüdischen Häftlinge von Fürstengrube, Hamburg 1990, S. 101 ff.; Ders., Glasau und Siblin, u. Hoey, Albert van, Todesmarsch und Befreiung, beide in: Hoch, Gerhard/Schwarz, Rolf (Hrsg.), Verschleppt zur Sklavenarbeit. Kriegsgefangene und Zwangsarbeiter in Schleswig-Holstein (1985), 2. erw. Auflage, Alveslohe/Rendsburg 1988, S. 7–12 u. 13–28; Stokes, Lawrence D., Das Eutiner Schutzhaftlager 1933–1934, in: Vierteljahrshefte für Zeitgeschichte, Jg. 27, Heft 4, 1979, S. 570–625. (Der Autor behandelt darin auch das Lager Ahrensbök.)

Alt Duvenstedt

Auf dem *Friedhof* in Alt Duvenstedt bei Rendsburg teilt die Inschrift eines *Gedenksteins* mit:

Hier ruhen 14 russische Kriegsgefangene
von 1942

Die sterblichen Überreste der Kriegsgefangenen liegen nicht bei dem Gedenkstein, sondern wurden in einem Sammelgrab an anderer Stelle dieses Friedhofs bestattet. In Alt Duvenstedt waren in der ehemaligen Tordurchfahrt einer Gastwirtschaft sowjetische Kriegsgefangene untergebracht (»Lager Bahnhofstraße«), die unter anderem zu Bauarbeiten an der Eisenbahnstrecke Rendsburg-Schleswig eingesetzt wurden. Die an Unterernährung und an Krankheit infolge katastrophaler Lebens- und Arbeitsbedingungen verstorbenen Häftlinge wurden teilweise auch in Rendsburg bestattet (s. dort).

Quellen/Literatur:
Göbel, Wilfried, Kriegsgefangenengräber in Alt Duvenstedt, in: Hamer, Kurt/Schunck, Karl-Werner/Schwarz, Rolf (Hrsg.), Vergessen + Verdrängt. Arbeiterbewegung und Nationalsozialismus in den Kreisen Rendsburg und Eckernförde. Eine andere Heimatgeschichte, Eckernförde 1984, 3. Aufl. 1995, S. 235. (Die Publikation kann bestellt werden beim Heimatmuseum, Rathausmarkt 8,

24340 Eckernförde, Tel.: 04351/904136.); Schwarz, Rolf, Auf dem Friedhof, in: Hoch/Schwarz, Verschleppt, S. 131 ff.

Aukrug

Im Ortsteil *Tannenfelde* des Amtes Aukrug befindet sich seit dem Ersten Weltkrieg ein *»Russischer Soldatenfriedhof«*. Diese geschlossene Anlage vereint auch die Gräber der Opfer deutscher Verschleppung im Zweiten Weltkrieg: Je sieben polnische Frauen und Männer, ein polnisches Kleinkind und ein Sowjetbürger. Diese Toten erreichten ein Durchschnittsalter von 24 Jahren. Die Gräber sind mit Kreuz und Namen versehen.

Quelle:
Auskunft der Amtsverwaltung Aukrug vom 7. Februar 1992.

Bad Bramstedt

In der *Bad Bramstedter Rheuma-Klinik* hängt an zentraler Stelle eine in Holz geschnitzte *Tafel* mit der Inschrift:

Dem im K.Z. verstorbenen
Mitbegründer und 1. Direktor
dieses Hauses Herrn
Oskar Alexander
zum Gedenken
Von d. Mitgl. d. Gewerksch.
Öfftl. Dienste, Transport u. Verkehr.

In den Jahren der Weimarer Republik wurde die Klinik zu einer modernen, das wirtschaftliche Leben der Stadt bestimmenden Heilstätte ausgebaut. Das Verdienst dafür gebührt dem Gründer, Direktor und Pächter Oskar Alexander. Als Jude wurde er von der Gestapo, von den Landesversicherungsanstalten in Schleswig-Holstein und Hamburg und von maßgeblichen Personen der Stadt Bad Bramstedt 1936 aus seinen Ämtern gedrängt. Als Folge einer Denunziation wegen der für Juden verbotenen Benutzung der Eisenbahn zur Fahrt zu einer Beerdigung einer nahen Verwandten in Hamburg wurde er in das Konzentrationslager Sachsenhausen gesperrt, wo er am 25. Januar 1942 starb.

Auf dem *Ehrenfriedhof* Bad Bramstedt liegen zu Füßen eines großen Holzkreuzes 23 Sowjetbürger, zwei Holländer und zwei Rumänen begraben.

Literatur:
Hoch, Gerhard, Oskar Alexander. Vom Kurhaus ins Konzentrationslager, Bad Bramstedt 1994.

Bad Oldesloe

Am *»Blauen Haus«*, das nach der »Machtergreifung« der Nationalsozialisten Gefängnis für »Schutzhäftlinge« war, in dem politische Gegner gefangengehalten wurden, hat die Stadt im Mai 1987 eine von Cäsar Bauer, Kunstlehrer am dortigen Gymnasium, gefertigte *Gedenkplatte* anbringen lassen. Die Tafel wurde gestohlen und zerstört, im November 1991 aber erneuert und fest im Mauerwerk des Hauses verankert. Der Text auf der Platte lautet:

In diesem Haus wurden
von 1933 - 1945
Frauen + Männer
die gegen den Faschismus kämpften
gefangen + gefoltert
Die Stadt Bad Oldesloe
gedenkt der Opfer +
mahnt die nachfolgenden Generationen

Den Text umrahmen in großen Lettern die Worte:

Nie wieder Krieg
nie wieder Faschismus

Auf dem *alten* und auf dem *neuen* sowie auf dem *katholischen Friedhof* befinden sich Einzelgräber von Polen und Sowjetbürgern, die während des Krieges in Bad Oldesloe und Umgebung gearbeitet haben.
In Bad Oldesloe gab es mehrere Unterkünfte (Lager) für ausländische Zwangsarbeiter, die vorwiegend aus Polen und aus der Sowjetunion kamen und zum Teil in der Landwirtschaft sowie zum Teil wahrscheinlich in Rüstungsbetrieben eingesetzt wurden.

Quellen/Literatur:
Schwarz, Rolf, Die Lager: Suche und Ergebnis, in: Hoch/Schwarz, Verschleppt, S. 189 (in einem Tabellenanhang, S. 159–190, hat der Autor die Lager in Schleswig-Holstein bzw. vielfach Indizien für Lager als Ergebnis seiner Forschungen aufgeführt); Wüstel, Jens-Michael u.a. (14 Verfasser), Einblick in das Dasein ausländischer Arbeitskräfte auf dem Gut Altfresenburg bei Bad Oldesloe (Holstein) während der Jahre 1942–1945, 9.–11. Klassen, Copernicus-Gymnasium, Norderstedt, im Rahmen des »Schülerwettbewerbs Deutsche Geschichte« 1982/83.

Bad Schwartau

Auf dem *Rensefelder Friedhof* befindet sich ein *Mahnmal* für Opfer des Nationalsozialismus: Neben einem großen Kreuz in der Mitte sind auf der linken Seite ein Davidstern, Symbol des Judentums, eingemeißelt und auf der rechten Seite ein Winkel,

Symbol für das verschiedenfarbige Stoffdreieck, mit dem Häftlinge in Konzentrationslagern ab etwa 1935 auf ihrer Häftlingskleidung gekennzeichnet und nach NS-Terminologie verschiedenen Kategorien (»politisch«, »asozial«, »homosexuell«, »Berufsverbrecher« u.a.) zugeordnet wurden. Die Inschrift auf dem Mahnmal lautet:

Unrecht war unser Tod
Den Lebenden zur Mahnung
Den Kommenden zur Warnung
1933–1945

Nach neueren Forschungen sollen sich in Bad Schwartau verschiedene Lager für ausländische Kriegsgefangene und Zwangsarbeiter befunden haben, die vorwiegend in Industriebetrieben eingesetzt wurden.

Auf dem *Bad Schwartauer Friedhof* findet sich ein *Erinnerungszeichen* an die »Todesmärsche« der Häftlinge aus den Lagern »Turmalin« und »Klosterwerke« bei Blankenburg am Harz. Gegen Ende des Krieges wurden die meisten Konzentrationslager vor den herannahenden alliierten Truppen ins Reichsinnere »evakuiert«. Bei diesen Fußmärschen starben viele KZ-Häftlinge an Entkräftung und Hunger, andere wurden von den Wachmannschaften erschossen. Der *Stein* in Bad Schwartau, der für drei Opfer des »Evakuierungszugs« errichtet wurde, trägt die Inschrift:

Unbekannt
mahnen hier
drei Opfer

einer Zeit
unseligen
Gedenkens.

Auf dem »Evakuierungs«-marsch, der von Lübeck ausging, wurden diese drei Männer von SS-Leuten erschossen. Ihre Identität ist bislang nicht bekannt. Die Eintragung im Friedhofsregister lautet: »Drei politische Gefangene 12. 4. 1945«. (s. auch Ahrensbök u. Glasau)

Quellen/Literatur:
Hoch, Gerhard, Von Auschwitz nach Holstein. Der Leidensweg der 1200 jüdischen Häftlinge von Fürstengrube, Hamburg 1990; Hoch/Schwarz, Verschleppt, S. 166.

Bad Segeberg

Über die zum 50. Jahrestag der Judenpogrome von 1938 geplante Inschrift einer *Gedenktafel* am historischen Standort der Synagoge in der *Lübecker Straße 2* gerieten der Magistrat der Stadt und die für Bad Segeberg zuständige Jüdische Gemeinde in Hamburg in Streit. Zunächst hatten sich beide Seiten auf eine Kompromißformel geeinigt. Der Text sollte lauten:

Hier stand die im Jahr 1842 erbaute
Segeberger Synagoge.
Am 9. November 1938
fanden Zerstörungen statt.
Nach dieser Entweihung konnten
keine Gottesdienste mehr
abgehalten werden.
Das Gebäude wurde 1962 abgerissen.

Die Auseinandersetzungen entzündeten sich an der Behauptung eines Stadtvertreters, es habe keine Zerstörungen der Synagoge durch SA-Schergen gegeben, folglich müsse der Text noch einmal verändert werden. Eine zweite Fassung für die Inschrift wurde daraufhin ohne Absprache mit der Jüdischen Gemeinde vom Stadtrat verabschiedet. Sie hatte den Wortlaut:

Hier stand die Segeberger Synagoge.
Sie wurde während der NS-Herrschaft
durch Schmähschriften geschändet
und entweiht. Das Gebäude verfiel
und wurde im Jahre 1962 abgerissen.

Entgegen dem Einspruch der Jüdischen Gemeinde wurde eine Tafel mit dieser Textfassung auf dem Grundstück angebracht. Geplant ist nun eine Neubebauung des Grundstücks mit einem Haus, dessen Frontseite der historischen Fassade der ehemaligen Synagoge nachgebildet ist. Diskutiert wird zudem die Idee, in dem neuen Gebäude einen Gedächtnisraum für die verfolgten und ermordeten Bad Segeberger Juden einzurichten.

Auf einer *Tafel* an der Außenmauer der Villa Flath in der *Bismarckallee 5*, die vom »Verein zum Schutz des Jüdischen Friedhofs« gestiftet wurde, findet man den Hinweis:

Die Häuser
Bismarckallee 5, 11 und 21
waren 1908–39
jüdische Kindererholungs-
und Lehrlingsheime.
Nach der Gründerin
(1860–1932),
Vorsitzende des
»Israelitisch-humanitären
Frauenvereins Hamburg e.V.«,
hieß diese Villa 1934–1939
Sidonie-Werner-Heim

Die Namensgeberin Sidonie Werner, geboren am 16. März 1860, gilt als eine der führenden Vertreterinnen der deutschen Frauenbewegung Anfang des 20. Jahrhunderts. Sidonie Werner hatte sich vor allem dem Problem des »Mädchenhandels« an-

Bad Segeberg: Grabstein auf dem Friedhof bei der Marienkirche für dort bestattete Zwangsarbeiterinnen und Zwangsarbeiter.

genommen. Mit der Gründung von Heimen wollte sie dem zunehmenden weltweiten Handel mit verarmten jüdischen Mädchen aus Rußland, Polen und Galizien entgegenwirken, indem sie den jungen Mädchen Unterkunft, Ausbildung oder Arbeit verschaffte und sie damit vor der Prostitution bewahrte. Am 27. Dezember 1932 starb Sidonie Werner. Die nachfolgende Leiterin der Bad Segeberger Kinderheime, Frau Gertrud Katzenstein, wurde am 2. September 1942 in Theresienstadt ermordet.

Auf dem *Friedhof* bei der Bad Segeberger *Marienkirche* sind sowjetische Kriegsgefangene und polnische Zwangsarbeiter bestattet. Für die sowjetischen Kriegsgefangenen wurden *drei Gedenksteine* errichtet, auf denen alle Verstorbenen namentlich unter folgendem Text genannt werden:

Hier ruhen 27 russische Krieger
gestorben im Weltkrieg 1939–1945

Außerdem liegen auf dem Friedhof sechs polnische, ein rumänischer, neun tschechische und vier sowjetische Zwangsarbeiter und -arbeiterinnen bestattet. Auf einem *Gedenkstein* sind ihre Namen und ihre Nationalitäten aufgeführt. Die Inschrift darüber lautet:

Hier ruhen Fremdarbeiter
gestorben 1941–1945

In Bad Segeberg gab es Lager für Zwangsarbeiter bzw. Kriegsgefangene verschiedener Nationalitäten bei der Margarinefabrik, beim Zeugamt Wahlstedt (Einsatz bei der Kriegsmarine) sowie bei der »Tribüne Rennkoppel«.

Der »Verein zum Schutz des jüdischen Friedhofs in Segeberg« plant die Errichtung eines *Gedenksteins* für 39 ermordete Bad Segeberger Juden in der Stadt.

Kontakt/Informationen:
Verein zum Schutz des Jüdischen Friedhofs in Segeberg e.V., Friedrich Gleiss (1. Vorsitzender), Postfach 1509, 23785 Bad Segeberg.

Quellen/Literatur:
Gleiss, Friedrich, Juden in Segeberg, in: Heimatkundliches Jahrbuch für den Kreis Segeberg, Jg. 33, 1987, S. 66 ff; Ders., Der Jüdische Friedhof zu Segeberg von 1792 und seine Toten – auch ein Kapitel hebräischer Grabmalkultur, in: Heimatkundliches Jahrbuch für den Kreis Segeberg, Jg. 36, Bad Segeberg 1990, S. 77–94; Ders., Sidonie Werner – eine markante jüdische Frau in Segeberg, in: Heimatkundliches Jahrbuch für den Kreis Segeberg, Jg. 35, Bad Segeberg 1989, S. 138–145; Ders./Mußdorf, Torsten, Aus den wiedergefundenen Akten der ehemaligen Jüdischen Gemeinde Segeberg, in: Heimatkundliches Jahrbuch für den Kreis Segeberg, Jg. 37, Bad Segeberg 1991; Hoch/Schwarz, Verschleppt, S. 185; Mußdorf, Torsten, Die Verdrängung der Segeberger Juden im Zuge der Gleichschaltung, Frankfurt/M. 1991.

Bilsen

In Bilsen wurde Ende 1944 eine Zwangsarbeiterin und ein Zwangsarbeiter aus der Sowjetunion von SS-Soldaten erschossen. Ihre Gräber befinden sich auf dem Nordfriedhof in Quickborn. Die Grabsteine sind ohne weitere Kennzeichnung nur mit den Namen und dem Todesdatum versehen. Bemühungen um eine angemessene Gestaltung der Grabsteine sind im Gange.

Quelle/Literatur:
Hoch, Gerhard, Bilsen 1940–1945. Ein Dorf und seine Zwangsarbeiter, in: Jahrbuch für den Kreis Pinneberg, 1989, S. 89–102.

Boostedt

Auf dem *Gemeindefriedhof* von Boostedt bei Neumünster, Kreis Segeberg, befinden sich mehrere Kriegsgräberstätten. Ein *Gedenkstein* auf dem Gräberfeld von 16 sowjetischen Staatsangehörigen aus dem Kriegsgefangenenlager am

»Kassenberg« trägt eine russische Inschrift, deren Übersetzung ins Deutsche lautet:

Hier sind begraben
16 sowjetische Bürger,
gestorben
in faschistischer Unfreiheit.

Alle Opfer starben in den Jahren 1941 oder 1942. Außer den Jahreszahlen sind die Namen der Verstorbenen auf dem Grabstein angegeben.
In Boostedt existierten nach neueren Forschungen mehrere Lager für Zwangsarbeiter und Kriegsgefangene.
Auf dem gleichen Friedhof sind in drei Sammelgräbern weitere 65 Zwangsarbeiter oder Kriegsgefangene aus Rußland, Estland, Lettland und aus Polen bestattet, die in Neumünster verstarben und auf Geheiß des Oberkommandos der Wehrmacht außerhalb des Boostedter Friedhofes beigesetzt wurden. Erst im Jahre 1948 erfolgte ihre Umbettung aus Neumünster hierher. Für diese Toten existiert kein Gedenkstein.

Quelle:
Hoch/Schwarz, Verschleppt, S. 185.

Bordesholm

Auf dem *Friedhof* von Bordesholm, Kreis Rendsburg, zwischen Neumünster und Kiel, befinden sich zwölf Gräber sowjetischer und jugoslawischer Kriegsgefangener und Zwangsarbeiter. Im Jahre 1974 wurden sie aus Streulage hier zusammengebettet. Zwei der Toten wurden wahrscheinlich auf einem »Evakuierungs«-marsch aus dem Konzentrationslager Hamburg-Fuhlsbüttel ins »Arbeitserziehungslager Nordmark« (s. Kiel) am 15. April 1945 auf dem Hof des Bauern Lüttke in Mühbrook erschossen. Außer Grabsteinen mit Namen, Geburts- und Sterbedaten der Toten wurde hier ein schwarzer *Grabstein* mit einer Inschrift in serbokroatischer Sprache errichtet:

Hier ruht der Leichnam
des Soldaten Milic J. Stamatovic
geboren 16. 10. 1909
in Sipic-Serbien
verstorben am 20. 12. 1945
in Kiel-Deutschland.

Der Sockel trägt die Inschrift:

Dieser Grabstein wurde errichtet von den
trauernden Brüdern Veselin Markovic,
Dragoslav Djordjevic und dem Kameraden
Petar Stojanovic mit den Kameraden des
Königlich-Jugoslawischen Bataillons
Bordesholm und Lübeck

In Bordesholm hat neben einigen kleineren Lagern ein größeres Lager für etwa 450 Kriegsgefangene und Zwangsarbeiter verschiedener Nationalitäten existiert, die bei der Reichsbahn arbeiten mußten. Möglicherweise stammen die Toten auf dem Bordesholmer Friedhof aus einem dieser Lager oder auch aus einem Lager in der Nachbargemeinde Wattenbek.

Quelle:
Hoch/Schwarz, Verschleppt, S. 182 u. 184.

Brande-Hörnerkirchen

Auf dem *Friedhof* Hörnerkirchen befinden sich die *Gräber* von zwei namentlich bekannten Sowjetbürgern, die hier während des Zweiten Weltkrieges ums Leben gekommen sind.

Quelle:
Verzeichnis der Bundesgeschäftsstelle des Volksbundes Deutsche Kriegsgräberfürsorge.

Bredstedt

Auf dem *Friedhof Süderstraße* befinden sich die *Gräber* von vier namentlich bekannten Sowjetbürgern.

Quelle:
Verzeichnis der Bundesgeschäftsstelle des Volksbundes Deutsche Kriegsgräberfürsorge.

Auf dem *Bredstedter Friedhof* liegen vier Frauen und acht Männer aus Polen und der Sowjetunion beerdigt. Wahrscheinlich handelt es sich um Zwangsarbeiter oder Kriegsgefangene.

Brunsbüttel

Auf der großen *Kriegsgräberanlage* des *Paulus-Friedhofes* in Brunsbüttel, *Wurtleutetweute*, sind zahlreiche Kriegsgefangene und Zwangsarbeiter bestattet, von denen neun Sowjetbürger, sieben Jugoslawen, vier Polen und ein Ungar namentlich bekannt sind. Sie stammen wahrscheinlich aus verschiedenen in der Stadt eingerichteten Arbeitskommandos.

Quellen:
Auskunft der Stadt Brunsbüttel vom 14. Februar 1991; Hoch/Schwarz, Verschleppt, S. 190.

Büdelsdorf

Auf dem *Gemeindefriedhof* von Büdelsdorf bei Rendsburg sind 27 polnische, 29 sowjetische, zwei tschechische und zwei Tote unbekannter Nationalität bestattet, Opfer von Kriegsgefangenschaft bzw. Zwangsarbeit, darunter 13 Kinder und Säuglinge. Ein *Gedenkstein* für die sowjetischen Toten teilt in russischer Sprache mit:

> Hier ruhen 29 Sowjetbürger,
> umgekommen unter dem faschistischen Regime
> 1941–1945

In Büdelsdorf waren während des Krieges etwa 2 200 Zwangsarbeiter verschiedener Nationalitäten untergebracht, darunter über 1 200 sowjetische Staatsbürger. Die meisten von ihnen arbeiteten in der Ahlmann-Carlshütte, in der Munition, Teile für Panzerwagen und Kriegsschiffe sowie anderes Kriegsmaterial hergestellt wurden.

Ein »Arbeitskommando 956 Büdelsdorf« mit etwa 120 polnischen und sowjetischen Kriegsgefangenen kam unter maßgeblicher Beteiligung des Bürgermeisters der Gemeinde zustande, der beim Arbeitsamt und beim Deutschen Gemeindetag wiederholt und dringlich um Zuteilung preiswerter Arbeitskräfte für Industrie- und Handwerksbetriebe gebeten hatte. Die Zwangsarbeiter und Kriegsgefangenen waren in den Lagern Vorwerk, im »Gemeinschaftslager Ost« in der Kampstraße, dem eine »Ausländerkinder-Pflegestätte« angeschlossen war, und im »Drew'schen Lager« in der Menzelstraße untergebracht. Die zur Unterbringung von Kriegsgefangenen umgebaute Gaststätte »Deutsche Wacht« in der Löwenstraße 13 (vor 1933 Versammlungslokal »Tivoli« von SPD und KPD) wurde ab Herbst 1941 Lager für polnische »Kriegsgefangene mit verändertem Status«, sogenannte Zivilarbeiter. Auch in anderen Orten, z.B. Rendsburg, Tönsheide und Osterrönfeld, sind ehemalige Zwangsarbeiter aus Büdelsdorf bestattet.

Quellen/Literatur:
Hamer u.a., Vergessen + verdrängt (vollst. Angabe s. unter Alt Duvenstedt), S.222–226 u. 227–232; Hoch/Schwarz, Verschleppt, S.29–58, bes. S.35–38, S.131–144, bes. S.135, S.137.

Büsum

Auf dem *neuen Friedhof* an der Heider Straße in Büsum an der Nordseeküste, Kreis Dithmarschen, befindet sich neben der Friedhofskapelle eine *Gedenktafel* mit russischer und deutscher Inschrift:

> Hier ruhen sechs Sowjetbürger,
> die in den Jahren 1941 bis 1945
> hier verstorben sind.

Auf einer *zweiten Gedenktafel* über den Gräbern polnischer Zwangsarbeiter, die in der Nähe der sowjetischen Staatsbürger bestattet wurden, steht:

> Hier ruhen sieben polnische Bürger,
> die in den Jahren 1942 bis 1945
> gestorben sind.

Zusammen mit deutschen Kriegsopfern wurden in einer vom »Volksbund Deutsche Kriegsgräberfürsorge« in Zusammenarbeit mit der Kirchengemeinde angelegten zentralen Grabanlage auf demselben Friedhof sieben weitere sowjetische, drei ungarische, drei finnische und ein niederländischer Staatsbürger sowie 16 unbekannte Opfer bestattet.

In Büsum existierten zur Zeit des Zweiten Weltkrieges mehrere Lager für Zwangsarbeiter oder Kriegsgefangene verschiedener Nationalitäten. Unter anderem waren etwa 80 Kriegsgefangene im Hotel »Stadt Hamburg« und in Baracken im Garten des Hotels untergebracht. Polnische, französische, belgische und sowjetische Kriegsgefangene, die tagsüber als Landarbeiter auf umliegenden Bauernhöfen eingesetzt wurden, hatten vielfach ihre Unterkünfte in Büsum. Auch in der als kriegswichtig eingestuften »Büsumer Schiffswerft« wurden Zwangsarbeiter und Kriegsgefangene aus der Sowjetunion, Frankreich und Belgien beschäftigt. Sowjetische Kriegsgefangene wurden ebenfalls beim Bau des Ostdeiches eingesetzt. In Büsum waren damals mindestens 600 ausländische Arbeitskräfte untergebracht.

Quelle:
Hoch/Schwarz, Verschleppt, S. 176.

Burg auf Fehmarn

Ein *Gedenkstein* auf dem *Friedhof* in der *Avendorfer Straße* erinnert an die jüdischen Opfer des Nationalsozialismus.

Zahlreiche Kriegsgefangene und Zwangsarbeiter, insbesondere Sowjetbürger, wurden in Burg eingesetzt. Auf dem *neuen Friedhof* befinden sich die Gräber von vier namentlich bekannten und drei unbekannten sowjetischen Zwangsarbeitern.

Quelle/Literatur:
Arbeitsgruppe der Evangelischen Kirchengemeinde; Harck, Ole, Jüdische Denkmäler in Schleswig-Holstein, Schleswig o.J., S. 30.

Eckernförde

Auf dem *alten Eckernförder Friedhof am Mühlenberg* befindet sich ein großer *Granitstein* mit eingemeißeltem Davidstern und einer Inschrift in englischer, hebräischer und deutscher Sprache. Der deutsche Text lautet:

An dieser Stelle des Friedhofes ruhen die sterblichen
Überreste von 22 Personen, die im Frühjahr 1945
in Eckernförde verstorben sind. Sie kamen alle als
Opfer der Konzentrationslager des Naziterrors
ums Leben. Die Mehrzahl von ihnen waren Juden.
Die Namen von einigen sind unbekannt.

Unter diesem Text befindet sich eine Gedenkplatte mit den Namen und Sterbedaten der Opfer. Ihre erste Ruhestätte hatten diese Toten in einem Massengrab auf der Broosbyer Koppel außerhalb der alten Stadtgrenze; Ende September 1945 wurden sie auf den Eckernförder Friedhof umgebettet.

Die Toten waren Häftlinge des Konzentrationslagers Stutthof bei Danzig. Vor der Einnahme des Lagers durch sowjetische Truppen am 1. Mai 1945 wurden die Häftlinge von der SS »evakuiert«. Eine große Zahl von ihnen wurde auf Schiffe gebracht und über die Ostsee in Richtung Lübeck transportiert. Am Morgen des 4. Mai 1945 strandete vor Booknis in der Eckernförder Bucht ein Schiff mit etwa 60 jüdischen Frauen und Mädchen. Anwohner aus der näheren Umgebung versuchten, die völlig erschöpften Menschen nach erster Hilfe und Verpflegung in einem Krankenhaus in Kappeln unterzubringen; dort wurde die Aufnahme verweigert. Auf dem Transport nach Eckernförde in das dortige Kreiskrankenhaus sind mehrere Häftlinge an Entkräftung gestorben.

Am Rande des Mühlenbergfriedhofs sind außerdem etwa 90 polnische Zwangsarbeiter bestattet. Die auf 33 Grabsteinen eingemeißelten polnischen Namen und die Sterbedaten lassen erkennen, daß es sich um Opfer der NS-Herrschaft handelt. In der Mitte steht ein *Gedenkstein* mit einer polnischen Inschrift.

In Eckernförde existierten verschiedene Lager für Kriegsgefangene und Zwangsarbeiter. Das vermutlich größte Lager war das »Lager Luisenberg«, dessen etwa 1 200 polnische, italienische und sowjetische Insassen Zwangsarbeit in der »Torpedo-Versuchsanstalt« (TVA) leisten mußten.

Oberhalb des Eckernförder Hafens auf dem *Petersberg* im Stadtteil *Borby* erinnern die Eckernförder Gewerkschaften mit einem *Gedenkstein* an ihre Toten. Der Stein wurde ursprünglich für zwei Opfer des Kapp-Putsches im März 1920 errichtet. Nach 1945 wurden die Namen derjenigen hinzugefügt, die als Gegner der nationalsozialistischen Gewaltherrschaft den Tod gefunden haben:

Den Opfern des Nazismus
Richard Vosgerau
Hermann Ivers
Heinrich Otto
zum Gedächtnis

Eckernförde, Alter Friedhof am Mühlenberg: Gedenkstein für Häftlinge aus dem Konzentrationslager Stutthof bei Danzig, die im Frühjahr 1945 bei Eckernförde umgekommen sind (1945).

Vor diesem Stein wurden *Texttafeln* angebracht, die die Lebenswege und das Schicksal der Toten beschreiben:

Richard Vosgerau, geb. 28. 5. 1889,
ab März 1914 Vorsitzender der Eckernförder SPD, seit 1921 Gewerkschaftssekretär des ADGB Eckernförde, aktives Engagement in der Arbeiterkulturbewegung, Geschäftsführer der Kreisbaugenossenschaft, ab 1929 Gemeindevorsteher der noch selbständigen Gemeinde Borby, von April bis September 1933 Schutzhaft in Schleswig und im Zuchthaus Rendsburg.
Nach dem 20. Juli 1944 verschleppt in das Konzentrationslager Neuengamme.
Mit ca. 7 500 evakuierten KZ-Häftlingen wurde er am 3. Mai 1945 Opfer eines irrtümlichen Fliegerangriffs der Briten auf die Schiffe Cap Arcona und Thielbeck in der Neustädter Bucht.

Heinrich Otto, geb. 17. 11. 1888,
Fischer, Mitglied der KPD.
Mit anderen Fischern aus Eckernförde hielt er nach 1933 unter großer Gefahr die Verbindung aufrecht zwischen in- und ausländischem Widerstand gegen die nationalsozialistische Gewaltherrschaft.
Mit dem Fischerboot brachte er zahlreiche Verfolgte in die Freiheit nach Dänemark. Von dort hereingeschmuggelte politische Schriften gelangten in Eckernförde, Kiel, Rendsburg und Hamburg zur Verteilung. 1936 verhaftet, wurde er im Dezember 1940 im Konzentrationslager Dachau ermordet.

Hermann Ivers, geb. 26. 4. 1892,
Mitglied der USPD und der KPD,
engagiert im Arbeitersport und im Arbeitergesangverein. Nach dem 30. Januar 1933 nahm er in Eckernförde aktiv am illegalen Widerstand gegen die Nazidiktatur teil. 1936 wurde er wie Heinrich Otto zusammen mit ca. 80 anderen Widerstandskämpfern aus dem Raum Eckernförde, Kiel, Rendsburg verhaftet. Er starb an den Folgen verbrecherischer pseudowissenschaftlich-medizinischer Versuche im Zuchthaus Bremen-Oslebshausen am 3. März 1942.

Die *Hafenanlage der Marine* in Eckernförde-Nord wurde am 10. August 1969 nach dem Korvettenkapitän Alfred Kranzfelder benannt, der an seinem 25. Todestag mit dieser Benennung geehrt werden sollte. Seit April 1980 steht an der Uferstraße des *»Kranzfelder Hafens«* auch ein *Gedenkstein* für den Widerstandskämpfer. Die Bronzetafel zeigt ein Eisernes Kreuz und trägt die Aufschrift:

Kkpt Alfred Kranzfelder
20. Juli 1944

Alfred Kranzfelder, 1908 in Kempten/Allgäu geboren, wird zum inneren Kern der Widerstandsgruppe um Claus von Stauffenberg gerechnet. 1940 wurde Kranzfelder in die Seekriegsleitung des Oberkommandos der Kriegsmarine in Berlin versetzt und kam dort in Kontakt zu Berthold Graf Schenk von Stauffenberg, dem Bruder des Attentäters auf Hitler. Seine Tätigkeit als Verbindungsmann zum Auswärtigen Amt gewährte ihm einen umfassenden Einblick in die militärisch aussichtslose Lage des Reiches. Dies hatte Einfluß auf seine Entscheidung zum aktiven Widerstand. Kranzfelders Aufgabe beim Attentat vom 20. Juli 1944 bestand darin, die Reaktion der Marineführung nach einem gelungenen Staatsstreich zu überwachen. Nach dem Scheitern des Anschlags wurde er verhaftet, am 10. August 1944 vom »Volksgerichtshof« zum Tode verurteilt und am selben Tag hingerichtet.

Daueraustellung:
»Vergessen und verdrängt«, Heimatmuseum Eckernförde, Außenstelle Ottestraße 1, 24340 Eckernförde. Öffnungszeiten: Di u. Do 15–17, So 10–17 Uhr, Di bis Fr vormittags für Gruppen nach Anmeldung (Tel.: 0 43 51/90 41 36).

Quellen/Literatur:
Hamer u. a., Vergessen + verdrängt (Begleitbuch zur o. g. Ausstellung; vollst. Angabe s. Alt Duvenstedt), S. 9–16, 104–110, 159–166, 167–181, 182f., 220f., 233–234 (darin finden sich Informationen zur Geschichte der Juden und den in der Eckernförder Bucht gestrandeten Jüdinnen, zum Gewerkschaftshaus, zu Verfolgung und Widerstand in Eckernförde und zu »Fremdarbeitern«.); Hoch/Schwarz, Verschleppt, S. 159; Merkel, Harald, Alfred Kranzfelder. Zum 25. Todestag des Seeoffiziers am 10. August 1969, in: Marinerundschau, Jg. 66, Heft 4, 1969, S. 299–301; Walle, Heinrich, »Aufstand des Gewissens«. Militärischer Widerstand gegen Hitler und das NS-Regime – 20. Juli 1944, in: Marine 7/1987, S. 14/15.

Elmshorn

Vor dem *Elmshorner Rathaus* in der *Schulstraße 15–17* befindet sich ein *Gedenkstein* für elf Opfer des Nationalsozialismus. Der von der Vereinigung der Verfolgten des Naziregimes errichtete Stein, der ursprünglich vor dem Elmshorner Gewerkschaftshaus stand, trägt folgende Inschrift:

Als Opfer ihrer Überzeugungstreue
für Frieden, Freiheit und Gerechtigkeit
starben in Nazi-Kerkern, Konzentrationslagern
und im Freiheitskampf die Elmshorner

Reinhold Jürgensen	Richard Jürgensen
Max Wriedt	Peter Kähler
Erich Krämer	Johann Büsen
Heinrich Kastning	Wilhelm Peetz
Emil Seemann	Karl Wulf
Ludwig Otto	

Wahrscheinlich waren alle auf dem Stein genannten Opfer Mitglieder der KPD, die im Zusammenhang mit dem sogenannten »Offenborn-Prozeß« verfolgt worden waren.

Ab Herbst 1934 wurden in Elmshorn, Uetersen (s. dort) und in verschiedenen anderen Orten im Kreis Pinneberg etwa 290 Personen wegen »Vorbereitung zum Hochverrat« festgenommen. Ihnen wurde vorgeworfen, sie hätten »teils als politische Leiter, teils als Kassierer und zum größten Teil als zahlende Mitglieder verborgenen Kommunismus getrieben« (»Uetersener Nachrichten« vom 27. Dezember 1934).

Der aus Elmshorn stammende Reinhold Jürgensen, Reichstagsabgeordneter der KPD von 1932 bis 1933, der schon einige Monate in den Lagern Glückstadt an der Elbe und Kuhlen bei Rickling (s. dort) in »Schutzhaft« verbringen mußte, wurde kurz nach seiner Ankunft im Hamburger Gestapogefängnis/KZ Fuhlsbüttel am 20. Dezember 1934 ermordet. Angeblich verübte er Selbstmord. Den Angehörigen wurde die Besichtigung der Leiche nicht gestattet. Auch der Zimmermann Max Wriedt wurde hier am 21. Januar 1935 von der SS ermordet. Die Zeit bis zum Prozeßbeginn verbrachten viele der Angeklagten im Konzentrationslager Esterwegen (s. Niedersachsen: Esterwegen), wo ein weiterer Angeklagter, Wilhelm Peetz, nach Schikanen durch die SS seinen Verletzungen erlag. Ludwig Otto, ebenfalls kurze Zeit »Schutzhäftling« im Konzentrationslager Kuhlen bei Rickling, und Emil Seemann waren bis Prozeßbeginn auf freiem Fuß; sie emigrierten und sind im Spanischen Bürgerkrieg als Kämpfer auf der Seite der Republikaner bzw. bei den Internationalen Brigaden gefallen.

Der »Offenborn-Prozeß«, der im Winter 1935 begann (insgesamt 24 Prozesse »in der Strafsache gegen Offenborn und Andere wegen Vorbereitung zum Hochverrat« vor dem 3. Strafsenat des Kammergerichts Berlin im Hamburger Strafjustizgebäude), erhielt seinen Namen nach dem Politischen Leiter der illegalen KPD Elmshorn, dem Maschinenbauer Johannes Offenborn. Dieser wurde zu acht Jahren Gefängnis verurteilt ebenso wie der Schneider Richard Jürgensen, Leiter der »Roten Hilfe«, einer der KPD nahestehenden Organisation zur Hilfeleistung für verfolgte Kommunisten und ihre Angehörigen. Wie viele andere Angeklagte, die meist wegen kleiner Spenden oder Flugblattbesitzes mehrjährige Zuchthausstrafen erhielten, wurden sie nach verbüßter Haft in Konzentrationslager überführt. Richard Jürgensen ist nach elfjähriger Haft im März 1945 in einem Außenlager des Konzentrationslagers Neuengamme umgekommen.

Der Betonarbeiter Heinrich Kastning, der zu vier Jahren Zuchthaus verurteilt worden war, wurde am 11. August 1941 in Kiel wegen »kommunistischer Mundpropaganda« (so die »Meldungen wichtiger staatspolitischer Ereignisse«: s. Quellen/Literatur) verhaftet. Er starb nach vier Tagen Haft in einem Kieler Gefängnis. Der Lederarbeiter Erich Krämer, zu drei Jahren Zuchthaus verurteilt, kam am 16. Juni 1942 im Konzentrationslager Sachsenhausen um. Ebenfalls in Sachsenhausen starben Peter Kähler (2. März 1940) und Karl Wulf. Johann Büsen, zu zwei Jahren Zuchthaus verurteilt, verbrachte einen Teil seiner verlängerten Strafe beim »Bewährungsbataillon 999« in der früheren Festung Heuberg bei Stetten am Kalten Markt auf der Schwäbischen Alb (s. Baden-Württemberg: Stetten am Kalten Markt). Er kam 1945 bei einem »Evakuierungs«-marsch in der Nähe des Konzentrationslagers Bergen-Belsen ums Leben.

Am ehemaligen Standort der Synagoge, *Flamweg 45*, die in der Nacht zum 10. November 1938 angezündet wurde und bis auf die Grundmauern abbrannte, wurde ein *Gedenkstein* errichtet. Er trägt in hebräischer und in deutscher Sprache den Bibelvers:

> Bäche Wassers strömt mein Auge
> beim Sturz der Tochter meines Volkes
> Klagelieder 3,48

Unter dem Davidstern stehen die Worte:

> Hier stand die Elmshorner
> Synagoge – Sie wurde am
> 9./10. November 1938 von den
> Nationalsozialisten zerstört

Am 30. Januar 1983, anläßlich des 50. Jahrestages der »Machtergreifung« der Nationalsozialisten, beschloß die Stadt Elmshorn, die ehemalige *jüdische Friedhofshalle* (Kapelle) am *jüdischen Friedhof* in der *Feldstraße* zum Gedächtnis an die durch die Nationalsozialisten vertriebene und ausgelöschte Jüdische Gemeinde Elmshorn zu restaurieren. Im Mai des Jahres 1985 wurde darin eine *Dauerausstellung* über die Geschichte der Juden in Elmshorn und ihre Verfolgung durch die Nationalsozialisten sowie über die Grundzüge des jüdischen Glaubens eröffnet.

Öffnungszeiten:
Mai bis September jeweils am 1. Sonntag im Monat 10–12 Uhr, außerdem nach Vereinbarung mit: Schul- und Kulturamt der Stadt Elmshorn, Schulstraße 15–17, 25335 Elmshorn, Tel.: 0 41 21/231-(0)300. Außerhalb der Rathaus-Dienstzeiten kann der Schlüssel zum Ausstellungsraum und zum Friedhof entliehen werden bei: Elmshorner Polizeiwache, Moltkestraße 26, 25335 Elmshorn.

Auf dem *kirchlichen Friedhof* in der *Friedensallee* sind in den Gräberanlagen XVIII und XIX 56 sogenannte »Fremdarbeiter« bestattet, größtenteils Polen und Sowjetbürger sowie ein Jugoslawe und ein Bulgare.
In Elmshorn gab es mehrere Lager für insgesamt etwa 2 000 Zwangsarbeiter und Kriegsgefangene, darunter Sowjetbürger, Polen, auch zahlreiche Franzosen, die in verschiedenen Betrieben Elmshorns eingesetzt wurden. Zu den größeren Elmshorner Firmen, die später in der »Reichsbetriebskartei« (RBK) erfaßt wurden, gehörten unter anderem die Atlas Werke AG Bremen, die mechanisches Kriegsgerät u.a. produzierte, und die Schiffswerft D.W. Kremer Sohn, die Teile für Kriegsschiffe, U-Boote u.a. herstellte. Die 1944 beim »Ministerium Speer« entstandene »Reichsbetriebskartei«, die der totalen Erfassung, Standardisierung, Effektivierung und Durchsetzung von Höchstleistungsquoten der Kriegswirtschaft diente, verzeichnete Firmen, die rüstungs- und kriegswirtschaftlich als besonders wichtig galten; ihr Bedarf an Zwangsarbeitern und Kriegsgefangenen wurde bevorzugt berücksichtigt. Bei den auf dem Friedhof bestatteten 56 ausländischen Toten handelt es sich vermutlich um ehemalige Zwangsarbeiter und Kriegsgefangene aus Lagern, die Elmshorner Betrieben angeschlossen waren.

Quellen/Literatur:
Bästlein, Klaus, Schleswig-Holstein in den »Meldungen wichtiger staatspolitischer Ereignisse« – August 1941 bis November 1944, in: AKENS-Info 7/8, Kiel 1986, S. 4–45. (Die »Meldungen wichtiger staatspolitischer Ereignisse« wurden von Januar 1941 bis November 1944 vom Reichssicherheitshauptamt – RSHA –, Amt IV/Gestapo, zusammengestellt und für Gestapoleitstellen, Sicherheitspolizei u.a. vervielfältigt. Sie werden im Bundesarchiv in Koblenz verwahrt.); Braatz, Dieter, Elmshorn unter dem Hakenkreuz, in: Jahrbuch für den Kreis Pinneberg 1984, Hrsg.: Heimatverband für den Kreis Pinneberg e.V., Pinneberg 1983, S. 15–25; Beiträge zur Elmshorner Geschichte, hrsg. von der Stadt Elmshorn, 3, 1989, darin: Gerhard Hoch, Kriegsgefangene und Zwangsarbeiter in Elmshorn während des Zweiten Weltkrieges; Herbert Diercks, Berichte von Widerstand und Verfolgung in Elmshorn 1933–1945; Per Koopmann, Elmshorn im Luftkrieg 1941–1945; Harald Kirschninck, Beth ha Chajim – Zur Geschichte des jüdischen Friedhofes in Elmshorn; Detlef Siegfried, Die Befreiung Elmshorns im Mai 1945; Bringmann, Fritz/Diercks, Herbert, Die Freiheit lebt! Antifaschistischer Widerstand und Naziterror in Elmshorn und Umgebung, hrsg. v. VVN/Bund der Antifaschisten, Landesverband Schleswig-Holstein, Frankfurt a.M. 1983; Kirschninck, Harald, Die Juden in Elmshorn während des Dritten Reiches, in: Jahrbuch für den Kreis Pinneberg 1983, hrsg. v. Heimatverband für den Kreis Pinneberg e.V., Pinneberg 1984, S. 33–49.

Eutin

Auf dem *jüdischen Friedhof* in Eutin am *Kleinen Eutiner See* sind fünf ungarische Jüdinnen bestattet. Sie waren Häftlinge eines Außenkommandos des Konzentrationslagers Neuengamme in Lübberstedt bei Bremen, die Anfang Mai 1945 in einem Zugtransport weggebracht und dabei an der Bahnlinie Eutin–Lübeck von britischen Tieffliegern beschossen wurden. Etwa 50 bei dem Beschuß umgekommene Häftlinge wurden in der Nähe in einem Massengrab im Hainholz beigesetzt und später (1960) auf den jüdischen Friedhof in Lübeck-Moisling umgebettet, wo ein Gedenkstein für sie errichtet wurde (s. Lübeck). Fünf schwer verletzte Frauen wurden ins Eutiner Lazarett gebracht, wo sie kurze Zeit später starben.
Auf *drei Grabsteinen* auf dem Eutiner *jüdischen Friedhof* sind ihre Namen, die Herkunft und die Sterbedaten angegeben. Darüber sind ein Davidstern und die einleitenden Worte »Fern der Heimat ruhen« eingraviert.

Am Geburtshaus des ehemaligen sozialdemokratischen Stadtrats Carl Ullrich in der *Klaus-Groth-Straße 3* wurde am 15. April 1986 zum zweiten Mal eine *Gedenktafel* angebracht. (Eine am 8. Mai 1985 enthüllte gleichlautende Tafel war kurz nach ihrer Enthüllung gestohlen worden.) Sie trägt die Inschrift:

In Gedenken an
Carl Ullrich
Sein Opfer steht für viele von uns!
SPD-Ost-Holstein, 8. Mai 1985

Der Maurerpolier Carl Ullrich war vor 1933 letzter Vorsitzender des Eutiner Gewerkschaftskartells und als Sozialdemokrat im Gemeinderat sowie im Landesausschuß. Er blieb zwar in den Jahren nach 1933 und während des Krieges relativ unbehelligt, wurde aber im Rahmen der »Gewitteraktion« vom 22./23. August 1944, bei der etwa 6 000 ehemalige Abgeordnete und Mandatsträger im gesamten Reich verhaftet und in Konzentrationslager verschleppt wurden, im September 1944 ins Konzentrationslager Neuengamme eingeliefert, wo er am 31. Oktober 1944 vermutlich eines gewaltsamen Todes starb.

Im damaligen Eutiner *Amtsgerichtsgefängnis* im Zentrum der Stadt wurde bald nach der »Verordnung zum Schutz von Volk und Staat« (»Reichstagsbrandverordnung«) vom 28. Februar 1933 wie in vielen anderen Orten Deutschlands ein »wildes« Konzentrationslager eingerichtet. Bis zu seiner Schließung am 9. Mai 1934 waren über 250 Gegner des neuen Regimes in diesem »Schutzhaftlager« gefangengehalten worden. Sie wurden im Straßenbau und zu anderen Arbeiten eingesetzt. Bemühungen von privater Seite um die Errichtung einer Gedenkstätte oder Gedenktafel blieben erfolglos. Das Gefängnisgebäude wurde vor rund zwanzig Jahren abgerissen (Auskunft des Stadtarchivs vom 7. Februar 1992).

Quellen/Literatur:
Gebhardt, Renate von, »Nur fünf Gräber«, in: Blätter für Heimatkunde, Veröffentlichungen des Verbandes zur Pflege und Förderung der Heimatkunde im Eutinischen (Beilage des Ostholsteiner Anzeigers) v. 28. Januar 1984, S. 8; Peiter, Anne, Versteinert und vergessen. Das Schicksal ungarischer Jüdinnen in Eutin und Plön 1945 (Vorstudie zum Geschichtswettbewerb 1992 der Körber-Stiftung – Manuskript bei der Körber-Stiftung), Hamburg 1992; Rönnpag, Otto, Politischer Opfergang 1944. Gedenken an den Eutiner Stadtverordneten Carl Ullrich, in: Blätter für Heimatkunde, Nr. 19, Sept. 1985, S. 73 ff; Stokes, Lawrence D., Kleinstadt und Nationalsozialismus. Ausgewählte Dokumente zur Geschichte von Eutin 1918–1945, Neumünster 1984; Ders., Das Eutiner Schutzhaftlager 1933/34. Zur Geschichte eines »wilden« Konzentrationslagers, in: Vierteljahrshefte für Zeitgeschichte, Jg. 27, Heft 4, 1979, S. 570–625.

Fahrdorf

(»Haddebyer Noor«)

Auf den am 28. Juli 1962 eingeweihten *Kriegsgräberfriedhof »Karberg«*, südöstlich der Landenge zwischen der Schlei und dem Binnengewässer »Haddebyer Noor« gegenüber der Stadt Schleswig, an der Bundesstraße 76 in der Gemarkung Fahrdorf gelegen, wurden auf Beschluß der Schleswig-Holsteinischen Landesregierung 1 132 Angehörige aus 15 Nationen, die zwischen 1939 und 1945 starben und in Schleswig-Holstein verstreut beerdigt waren, umgebettet. 397 der Toten sind Ausländer, die meisten davon Sowjetbürger (198) und Polen (60), darunter auch 10 polnische Kinder. Neben hier bestatteten 671 deutschen und ausländischen Soldaten und SS-Leuten liegen hier »274 Männer, Frauen und Kinder«, die sterben mußten, »obwohl sie an Kampfhandlungen nicht beteiligt waren«; 179 Grabtafeln tragen die Aufschrift »Unbekannt«. Bei vielen dieser Toten handelt es sich vermutlich um Kriegsgefangene und Zwangsarbeiter, die in verschiedenen Lagern starben. Zwölf namentlich bekannte, in Friedrichstadt verstorbene ehemalige sowjetische Kriegsgefangene und Zwangsarbeiter, die dort zunächst am Rande des jüdischen Friedhofs bestattet waren, wurden am 25. Februar 1961 auf diese Kriegsgräberstätte umgebettet (s. Friedrichstadt).
(Bei der Amtsverwaltung Haddeby in Busdorf und der Kreisverwaltung Schleswig werden die Listen der Bestatteten geführt. Unterhaltung und Pflege des Friedhofs unterliegen dem Amt Haddeby.)

Quellen/Literatur:
Gude, Hans, Der Ehrenfriedhof am Haddebyer Noor (Sonderdruck aus »Jahrbuch für die Schleswigsche Geest«, Jg. 1966); Haddebyer Amtskurier, Nr. 7, April 1980.

Felde, Holstein

In Felde, Kreis Rendsburg-Eckernförde, etwa 15 Kilometer von Kiel entfernt, existierte während des Krieges ein Lager mit der Bezeichnung *»Jägerslust«*, in dem eine große Anzahl von Zwangsarbeitern bzw. Kriegsgefangenen, etwa 1 500 Menschen verschiedener Nationen, untergebracht waren. Bislang gibt es noch *keine Gedenkstätte* oder *Gedenktafel*, aber Initiativen für deren Errichtung.

Auf dem *Friedhof* der nahe gelegenen *Kirchengemeinde Flemhude*, zu der die Gemeinde Felde kirchlich gehört, befinden sich 15 Gräber mit *Grabdenkmälern* für Tote osteuropäischer Nationen, vermutlich Zwangsarbeiter, darunter zehn Polen, vier Sowjetbürger und ein Tscheche. Insgesamt liegen hier 25 Personen, darunter 13 Säuglinge und Kleinkinder, begraben, deren Identität zum Teil ermittelt werden konnte. Sie sind am Ende des Krieges oder in den ersten Nachkriegsjahren bis 1949 in den Lagern »Jägerslust« oder »Sehberg« bei der Gemeinde Achterwehr nahe Kiel, in denen sogenannte »entheimatete Ausländer« (»Displaced Persons«) untergebracht waren, gestorben. Das polnische Militärlager »Sehberg« bestand bis 1947, »Jägerslust« bis 1949.

Quellen/Literatur:
Dölger, Karsten, Kriegsgräber in der Kirchengemeinde Flemhude (masch. Fassung einer Rede anläßlich des Volkstrauertages 1987); Ders., Jägerslust – Geschichte eines Lagers, in: Dorfchronik der Gemeinde Felde, Bd. 2., hrsg. von der Gemeinde Felde, Felde 1988, S. 154–207 (Bezug: Gemeindezentrum Felde, 24242 Felde); Ders., Ein Urteil des Hanseatischen Oberlandesgerichtes Hamburg gegen drei Dänen aus dem Arbeiterlager Jägerslust aus dem Jahre 1942, in: AKENS-Info Nr. 17, Dez. 1989, S. 4–14.

Flemhude siehe Felde

Flensburg

In der Nähe des *Flensburger Bahnhofs* befindet sich ein 1969 von der »Vereinigung demokratischer Widerstandskämpfer« errichteter *Gedenkstein* mit der Inschrift:

Den Opfern der Gewaltherrschaft

Auf dem *Friedhof Friedenshügel* wurde eine *Gedenkstätte für Opfer des Nationalsozialismus* angelegt. Ein *Gedenkstein*, von der Vereinigung der Verfolgten des Nazi-Regimes (VVN) errichtet, trägt die Inschrift:

Den namenlosen Opfern
in Ehrfurcht und Gedenken
1933 – 1945

In einer Gräberanlage des Friedhofs liegen ausschließlich KZ-Opfer bestattet. Die sterblichen Überreste von sechs der ursprünglich 64 hier beerdigten Toten wurden in ihre Heimatländer überführt. 26 der hier Bestatteten sind nach Eintragungen am 25. bzw. 30. April 1945 auf dem Dampfer »Olga Siemers« umgekommen; als Todesursache ist »Feindeinwirkung – Tiefflieger« angegeben. 24 Häftlinge wurden am 26. Mai 1945 in Flensburg am Fördeufer zwischen der Marineschule Mürwik und dem Bootsschuppen des Flensburger Kanu-Klubs, ein Häftling im Flensburger Stadtgebiet tot aufgefunden. Möglicherweise gehörten die Häftlinge zu einem »Evakuierungstransport« von etwa 700 bis 1 000 Häftlingen des KZ Neuengamme und von Außenkommandos in Bremen und Wilhelmshaven nach Bergen-Belsen, von denen Überlebende nach langer Irrfahrt (seit dem 9. April) erschöpft im Flensburger Hafen eintrafen.
Nur sieben der hier bestatteten KZ-Opfer sind namentlich bekannt. Es handelt sich um Häftlinge, die Angehörige in Flensburg und Umgebung hatten und die in verschiedenen Konzentrationslagern ums Leben gekommen sind. Für die anderen Toten ist in der Gräberkartei entweder nur »unbekannt« oder eine Häftlingsnummer eingetragen.
In drei weiteren Grabanlagen sind rund 350 sowjetische und polnische Kriegsgefangene und Zwangsarbeiter begraben. Auch dort stehen jeweils *Gedenksteine.*
In Flensburg existierten mindestens zwölf Lager mit jeweils mehreren hundert Zwangsarbeitern und Kriegsgefangenen, die in verschiedenen Industrie- und Handwerksbetrieben eingesetzt waren.

Quellen/Literatur:
AKENS-Info Nr. 6, Kiel 1985, S. 66 f; Gesellschaft für Flensburger Stadtgeschichte – Arbeitskreis für Stadt- und Regionalforschung (Hrsg.), Flensburg, Geschichte einer Grenzstadt, Flensburg 1966; Dies. (Hrsg.), Flensburg in der Zeit des Nationalsozialismus. Eine Publikation zur Ausstellung im Städtischen Museum Flensburg September/Oktober 1983, Flensburg 1983 (Schriften der Gesellschaft, Bd. 32); Hoch/Schwarz, Verschleppt, S. 161.

Flintbek

Die Gemeinde Flintbek, Kreis Rendsburg-Eckernförde, hat vor etwa zehn Jahren auf dem *Gemeindefriedhof* zwei *Granitsteine* errichtet mit den Namen von neun Zwangsarbeitern aus der Sowjetunion, unter ihnen mehrere Kinder.

Friedrichstadt, Eider

Vor dem alten *jüdischen Friedhof* am *Treeneufer* erinnert die Stadt Friedrichstadt, Kreis Nordfriesland, mit einem 1985 errichteten *Gedenkstein* an die ermordeten jüdischen Bewohner der Stadt. Die Inschrift lautet:

Allen jüdischen Opfern
aus Friedrichstadt
1933 – 1945
Ungestillt rinnt die
Träne um die Erschla-
genen unseres Volkes. Jer. 6.23
Die Stadt Friedrichstadt 1985

An die ehemaligen jüdischen Einrichtungen in der Stadt erinnert ein *Gedenkstein* am *Binnenhafen.* Seine Inschrift lautet:

Hier gegenüber befanden sich einst
die Synagoge (Am Binnenhafen 17),
die Juden-Schule (Am Binnenhafen 18)
sowie das Rabbinat (Westermarktstraße 24)
der Jüdischen Gemeinde Friedrichstadt.
Die Synagoge, zu der im Jahre 1845
– im Jahre 5606 jüdischer Zeitrechnung –
der Grundstein gelegt worden war,
wurde in der Frühe des 10. November 1938
von Nationalsozialisten im Innern zerstört.
Lebende, seid tolerant und allzeit wachsam!

Auf dem *Remonstrantenfriedhof* in Friedrichstadt liegen zwei zur Zwangsarbeit nach Friedrichstadt verschleppte, namentlich bekannte Polen beerdigt; der eine starb im Alter von 21 Jahren am 10. September 1944, der andere im Alter von 76 Jahren am 15. Mai 1945.
In Friedrichstadt gab es einige Lager, in denen eine unbekannte Anzahl sowjetischer und französischer Kriegsgefangener und Zwangsarbeiter untergebracht waren, die verschiedenen Arbeitskommandos zugeteilt waren. Zwölf in Friedrichstadt verstorbene ehemalige sowjetische Kriegsgefangene wurden zunächst am Rande des jüdischen Friedhofs in Friedrichstadt bestattet. Am 25. Februar 1961 wurden sie alle auf den Kriegsgräberfriedhof »Karberg« (»Haddebyer Noor«) in Fahrdorf bei Schleswig umgebettet (s. dort).

Kontakt:
Gesellschaft für Friedrichstädter Stadtgeschichte, Westerlilienstraße 7, 25840 Friedrichstadt. Die Gesellschaft gibt

»Mitteilungen« heraus; mehrere der bisher erschienenen Hefte befassen sich u.a. mit der NS-Zeit in Friedrichstadt. Sie können im Stadtarchiv eingesehen werden.

Literatur:
Hansen, H., Unsere Friedrichstädter Juden, Friedrichstadt 1976; Harck, O, Das jüdische Ritualbad von Friedrichstadt, in: Die Heimat 84/1977, S. 335ff.; Michelson, Karl, Aus der israelitischen Gemeinde, in: Mitteilungsblatt der Gesellschaft für Friedrichstädter Stadtgeschichte 8/1975, 11/12/1977/78, 15/1979, 16/1980, 19/1981, 22/1983 und 27/1985; Stadtarchiv Friedrichstadt/ Gesellschaft für Friedrichstädter Stadtgeschichte (Hrsg.), Juden in Friedrichstadt, Ausstellungskatalog 1988.

Geesthacht

1985 wurde im *Ratssaal* in *Geesthacht*, Kreis Lauenburg, eine *Gedenktafel* für von den Nationalsozialisten ermordete Geesthachter Bürger angebracht. Die Inschrift lautet:

Johannes Basedau
Otto Bergner
Heinrich Brakelmann
Walter Detloff
Willy Fricke
Max Graf
Karl Grambow
Friedrich Komoß
Heinrich Krogmann
Johann Lerchl
Walther Medau
Rochus Pansa
Arthur Rose
August Schnackenbeck
Carsten Wilhelm Wohltmann

Diese Männer wurden als Opfer des nationalsozialistischen Gewaltregimes in Konzentrationslagern ermordet, oder sie starben an den Folgen ihrer Inhaftierung.
Ihre Namen stehen hier stellvertretend zur Erinnerung an alle Toten und als Mahnung an die Lebenden.

Max Graf wurde vermutlich wegen seiner Mitgliedschaft in der KPD verhaftet. Er starb am 2. August 1941 in Sachsenhausen. Karl Grambow, Ortsvereinsvorsitzender der SPD Düneberg, wurde nach der »Machtergreifung« der Nationalsozialisten mehrfach verhaftet. Am 8. Oktober 1933 wurde er in seiner Zelle im Amtsgerichtsgefängnis Schwarzenbek tot aufgefunden. Walther Medau, wegen »Vorbereitung zum Hochverrat« und »Wehrkraftzersetzung« zu sechs Jahren Zuchthaus verurteilt, starb ein halbes Jahr nach seiner Verurteilung durch den »Volksgerichtshof« in Berlin am 24. Juni 1945 im Krankenhaus Bützow an den Folgen der Haft. Das KPD-Mitglied Arthur Rose starb am 3. Dezember 1941 in Geesthacht an den Folgen von Verletzungen, die ihm während eines Verhörs im Gestapogefängnis/ Konzentrationslager Hamburg-Fuhlsbüttel zugefügt worden waren. Dort war er von 1935 bis 1937 wegen »Beihilfe zum Hochverrat« inhaftiert gewesen.
Alle anderen auf der Tafel Genannten waren Mitglieder von SPD oder KPD, die im Zuge der sogenannten »Gewitteraktion« am 22./23. August 1944 verhaftet und im Konzentrationslager Neuengamme inhaftiert wurden. Bei dieser Verhaftungswelle wurden im gesamten Reichsgebiet ungefähr 6000 ehemalige, darunter zahlreiche kommunale Mandatsträger verhaftet und in Konzentrationslager verschleppt. In Geesthacht wurden insgesamt 27 Politiker festgenommen. Johannes Basedau, ehemaliger Stadtverordneter Geesthachts (SPD), starb am 25. Dezember 1944 im Krankenhaus Ochsenzoll in Hamburg an den Folgen seiner Inhaftierung. In Geesthacht starben an den Haftfolgen die KPD-Mitglieder Otto Bergner (29. Mai 1945), Willy Fricke (8. August 1946) und August Schnackenbeck (19. Oktober 1944). Der Arbeiter Heinrich Brakelmann, der bei der Wahl zur Bürgervertretung im Oktober 1930 für die KPD kandidiert hatte, starb am 21. Februar 1944 im Konzentrationslager Neuengamme. Die KPD-Funktionäre Walter Detloff und Rochus Pansa kamen vermutlich bei der »Cap-Arcona-Katastrophe« am 3. Mai 1945 in der Neustädter Bucht ums Leben (s. Neustadt). Friedrich Komoß (KPD) starb am 14. Dezember 1944 im Konzentrationslager Neuengamme. Heinrich Krogmann, Mitglied der KPD, starb am 2. Februar 1944 im Konzentrationslager Bergen-Belsen. Johann Lerchl, Mitglied der SPD, starb 1959 in Geesthacht. Carsten Wilhelm Wohltmann, SPD, starb Ende April 1945 auf einem »Evakuierungstransport« nach Bergen-Belsen.

Auf dem *alten Friedhof* von Geesthacht sind 40 Sowjetbürger bestattet, darunter 13 Frauen und 15 Kinder. Auf einem *Gedenkstein* steht in russischer Sprache:

40 sowjetische Bürger starben 1943–1947

Auf dem *Waldfriedhof* liegen 76 polnische Zwangsarbeiter und -arbeiterinnen bestattet, die während oder nach Beendigung des Krieges starben, darunter 22 Frauen und elf Kinder, außerdem 29 Tote aus den Baltischen Staaten Estland, Lettland und Litauen sowie ein Rumäne und ein Niederländer. Eine estländische Inschrift auf einem *Grabstein* besagt:

Schmerzlich ist es, in die Fremde zu ziehen,
allein in der Ferne sich zu verlieren,
denn Herz und Seele sich stets
nach der Heimat sehnen.

Die Worte einer lettischen Inschrift auf einem *Grabstein* lauten übersetzt:

Zu ruhen war's Dir nicht beschieden
in Lettlands weißem Sand,
dich hat's hierher getrieben,
wo fremd Dir Volk und Land.

Die Inschrift auf einem *Grabdenkmal* in der Übersetzung aus dem Litauischen heißt:

Wenn ich einmal auf dem gastlichen Hügel ruhe,
o du heiliges weites Litauen,
dann habe ich keines deiner Staubkörnchen
unter mein Haupt zu legen.

Während des Zweiten Weltkrieges wurden in Geesthacht mehrere Lager für ausländische Zwangsarbeiter und Kriegsgefangene errichtet: Lager Börnsen für 720, Lager Grenzstraße für 2 400, Lager Heidberg für 450, Lager Sandstraße für 3 000, Lager Grünhof für 700 Zwangsarbeiter oder Kriegsgefangene und das Lager Reichsstraße für 2 500 sowjetische Kriegsgefangene. Die überwiegende Anzahl der Zwangsarbeiter und Kriegsgefangenen wurden bei den großen Werken Düneberg und Krümmel der Dynamit AG beschäftigt. 1944 waren hier rund 28 000 Arbeiter in der Rüstungsindustrie eingesetzt, davon rund 18 000 »Fremdarbeiter«. Über die Lebenssituation in den Lagern ist bisher wenig bekannt. Die auf den *Friedhöfen* in Geesthacht bestatteten ausländischen Toten waren vermutlich Zwangsarbeiter oder Kriegsgefangene aus einigen dieser Lager. Bei einem Luftangriff der Alliierten auf die beiden Werke Düneberg und Krümmel der Dynamit AG am 7. April 1945 kamen 175 Menschen ums Leben, darunter 19 ausländische Zwangsarbeiter, die ebenfalls auf dem *Waldfriedhof* bestattet wurden: neun Frauen und zwei Männer aus der Sowjetunion, ein Franzose, zwei Männer aus Kroatien und fünf Frauen aus Lettland. Für die Toten aus Lettland besagt die Inschrift auf einem *Grabdenkmal:*

Hier ruhen in Gott
am 7. April 1945
beim Luftangriff umgekommene
in der Krümmeler Fabrik beschäftigte
Letten
Freimanis Karlis
Sprogis Emilja
Ridels Helena
Levics Antonija
Juskevics Aleksandra
Die Letten des Lagers Börnsen

Im Garten der evangelischen *Kirche St. Salvatoris, Kirchenstieg,* steht seit 1989 ein *Gedenkstein* zum Andenken an 23 Sinti und Roma, die während der Zeit des Nationalsozialismus in den Konzentrationslagern Auschwitz und Neuengamme ermordet wurden. Dieser Stein ist eines der seltenen Erinnerungszeichen für die etwa 500 000 »Zigeuner«, die während des »Dritten Reiches« ums Leben gekommen sind. Der von dem Bildhauer Klaus Luckay geschaffene Stein wurde aus dem Sockelstein eines Kaiserdenkmals gefertigt, das auf dem Hamburger Rathausmarkt stand. In einer Schatulle, die in den Stein eingelassen ist, wird eine Liste mit den Namen und – sofern bekannt – Daten der 23 verstorbenen Geesthachter Sinti und Roma aufbewahrt. Es handelt sich um Angehörige der Familien Ansen, Bamberger, Devis, Ernst, Mettbach, Petermann und Steinbach. Die Inschrift auf dem Stein lautet:

Sinti und
Roma
mußten
leiden
und
sterben

1933 – 1945

Sorgt,
die ihr
im Leben
steht,
daß einer nun
den anderen
achte

Kontakt:
Evangelische Kirche St. Salvatoris, Kirchenstieg 1, 21502 Geesthacht.

Quellen/Literatur:
Gruber, Karl, Der Krümmel. Die erste Dynamit-Fabrik Alfred Nobels, Geesthacht 1980 (darin S. 112ff. Kapitel über die Lager mit Lagerfotos); Hoch/Schwarz, Verschleppt, S. 170f.; Lohse, Michaela, Ein Zeichen des Gedenkens. Stein für 23 im KZ ermordete Sinti und Roma, in: »Bergedorfer Zeitung« 23.11.1989; Zhiel, August, 60 Jahre Arbeiterbewegung, Geesthacht 1958 (einzusehen im Stadtarchiv); Unterlagen des Stadtarchivs Geesthacht.

Glasau

In der Nacht vom 12. auf den 13. April 1945 wurden in einer Scheune des Gutes Glasau in dem kleinen Dorf Sarau an der Trave die Häftlinge des Kommandos »Klosterwerke« aus Blankenburg am Harz untergebracht. Das als Außenkommando des Konzentrationslagers Mittelbau (Dora) errichtete Kommando »Klosterwerke« war überwiegend mit Belgiern, aber auch mit Franzosen, Niederländern, Polen, Sowjetbürgern und Juden verschiedener Nationalität belegt, die zu Rüstungsarbeiten unter Tage eingesetzt worden waren. Ihr »Todesmarsch«

begann am 6. April 1945 und führte teils zu Fuß, teils auf Elbkähnen über Magdeburg und Lübeck nach Glasau. Die westeuropäischen Überlebenden, darunter einige wenige Juden, wurden Ende April vom Internationalen Roten Kreuz nach Schweden gerettet; die meisten Juden und die Osteuropäer schaffte man auf die in der Neustädter Bucht liegenden Häftlingsschiffe, auf denen die meisten den Tod fanden (s. Neustadt).
Auf Gut Glasau wurden viele Häftlinge von ihren Bewachern getötet, oder sie starben an Entkräftung und Krankheiten. Teils wurden ihre Leichen in der inzwischen zugeschütteten »Aaskuhle« auf Gut Glasau verscharrt, teils einzeln begraben. Auf Anordnung der belgischen Besatzungsmacht wurden im Mai 1945 die Einzelgräber mit Holzkreuzen, Zeichen der jeweiligen Nationalität und Häftlingsnummer versehen, dazu eine Holztafel aufgestellt, auf der in englischer, französischer, niederländischer, polnischer und deutscher Sprache zu lesen war:

> Hier sind begraben belgische, polnische und jüdische politische Gefangene,
> von Nazihenkern ermordet. Sie ruhen auf der Stelle, wo sie starben,
> Märtyrer für ihr Land und ihr Ideal.

Holzkreuze und Tafel sind heute verschwunden. Die hier Begrabenen wurden auf Ehrenfriedhöfe an der Ostseeküste umgebettet.
Im April 1990 wurde neben der *Scheune* auf *Gut Glasau* ein *Gedenkstein* errichtet mit der Inschrift:

> Zum Gedenken
> an die Opfer
> des KZ Klosterwerke
> in Blankenburg-Harz
> die vom 13.–30. April
> hier umkamen.

(s. auch Ahrensbök und Bad Schwartau)

Quellen/Literatur:
Hoey, Albert van, Todesmarsch und Befreiung, und Hoch, Gerhard, Glasau und Siblin, in: Hoch/Schwarz, Verschleppt, S. 7–28; Hoch, Gerhard, Von Auschwitz nach Holstein. Der Leidensweg der 1200 jüdischen Häftlinge von Fürstengrube, Hamburg 1990.

Glinde siehe Reinbek

Glückstadt

Im Dezember 1991 wurde nach langen und sehr schwierigen Bemühungen seitens des Ortsgeschichtlichen Arbeitskreises der Volkshochschule in Glückstadt auf dem Gelände des einstigen Konzentrationslagers Glückstadt, *Königstraße/Ecke Jungfernstieg*, eine *Bronzetafel* angebracht. Sie erinnert an das in der früheren Landesarbeitsanstalt (»Korrektionsanstalt«) von Juni bis Dezember 1933 betriebene Konzentrationslager. Hier wurden politische Gegner des NS-Regimes, überwiegend Kommunisten und Sozialdemokraten, aus zahlreichen Städten und Gemeinden Schleswig-Holsteins gefangengehalten. Viele wurden nach der Auflösung des Lagers in andere Konzentrationslager (Sonnenburg, Esterwegen, Papenburg) gebracht.
Während des Krieges gab es in Glückstadt mehrere Lager für Zwangsarbeiter und Kriegsgefangene verschiedener Nationen.

Quellen/Literatur:
Bringmann, Fritz/Diercks, Herbert, Die Freiheit lebt! Antifaschistischer Widerstand und Naziterror in Elmshorn und Umgebung, Frankfurt a.M. 1983, S. 42ff.: Die ersten Konzentrationslager 1933 – KZ Glückstadt und Kuhlen; Möller, Reimer, KZ Glückstadt, in: Klaus-J. Lorenzen-Schmidt (Hrsg.), »Bei uns ...1933–1945 . . .«, Broschüre zur gleichnamigen Ausstellung, Engelbrecht'sche Wildnis 1983, S. 15ff.; Ders., Widerstand und Verfolgung in einer agrarisch-kleinstädtischen Region: SPD – KPD – »Bibelforscher« im Kreis Steinburg 1933–1945, in: Zeitschrift der Gesellschaft für Schleswig-Holsteinische Geschichte, Bd. 114, 1989, S. 125–228; Hoch/Schwarz, Verschleppt, S. 187f.

Grömitz

In Grömitz an der Ostsee, nördlich der Neustädter Bucht, liegen auf dem *Friedhof hinter der Kirche* 91 Opfer der »Cap-Arcona-Katastrophe« (s. Neustadt) bestattet. Auf einem *Gedenkstein* steht die Inschrift:

> Den
> Opfern
> Der
> Cap Arcona

Literatur:
Lange, Wilhelm, Cap Arcona, Neustadt 1988, S. 167.

Gronenberg siehe Scharbeutz

Grube, Holstein

Auf dem *»Cap Arcona«-Friedhof* an der *Hauptstraße* in Grube an der Ostsee befindet sich ein *Gedenkstein* (Findling) für 31 namenlose KZ-Häftlinge, die beim Untergang der Cap Arcona starben, mit folgender Inschrift:

Hier ruhen
31
bei der Versenkung
der Cap Arcona
vor Neustadt untergegangene
Namenlose KZ-Häftlinge
Wir sind ein Volk
vom Sturm der Zeit
gespült ans Erdeneiland

Auf einem *zweiten Friedhof,* ebenfalls an der *Hauptstraße,* gibt es einen *Gedenkstein* mit der gleichen Inschrift für 25 KZ-Häftlinge. Darüber hinaus ruhen dort noch fünf deutsche Besatzungsmitglieder.

Gudendorf, Holstein

In Gudendorf, Kreis Dithmarschen, etwa sechs Kilometer südlich von Meldorf, an der Strecke nach Sankt Michaelisdonn, wurde in den Jahren 1960 bis 1962 eine *Ehren-Gräberanlage* geschaffen, die aus drei kreisförmigen Gräberfeldern besteht, auf denen etwa 3000 sowjetische Kriegsgefangene bestattet sind. 1961 wurden in zwei der Gräberfelder 248 vorher an anderen Orten in Schleswig-Holstein beerdigte, meist unbekannte sowjetische Kriegsgefangene umgebettet. Das dritte Gräberfeld umschließt den zentralen Teil eines aus der Kriegszeit stammenden Gräberfeldes, dessen Grenzen bis heute nicht genau bekannt sind. Auch die hier liegenden Toten sind zumeist unbekannt. Ein elf Meter hohes *Mahnmal* stellt ein Tor dar, durch das der Fährmann Charon mit seinem Nachen die Toten über den Fluß Acheron in die Unterwelt bringt. Die Thematik der Bronzegruppe, die 1960 von dem Ahrensburger Bildhauer Siegfried Aßmann geschaffen wurde, ist der griechischen Mythologie entliehen. Ein *Gedenkstein* trägt die Inschrift:

Zur Erinnerung/an etwa
3 000 sowj./Kriegsgefangene

In Gudendorf waren Kriegsgefangene untergebracht, die in der Landwirtschaft arbeiten mußten und beim Bau eines Feldflugplatzes nahe Hindorf eingesetzt wurden.
Im April 1944 wurde das »Erweiterte Krankenrevier des Stammlagers X A Schleswig, Zweiglager Heidkaten« von Kaltenkirchen (s. dort) nach Gudendorf verlegt. Das Gudendorfer Lager diente als Sterbelager für erkrankte sowjetische Kriegsgefangene. Daraus erklärt sich die hohe Sterberate während der kurzen Zeit seiner Existenz. Nach Unterlagen des Volksbundes Deutsche Kriegsgräberfürsorge beträgt die Anzahl der Toten in Gudendorf 2712, von denen 248 aus verschiedenen Orten des nördlichen Landesteiles nach hier umgebettet worden waren. Nur zwölf Tote sind namentlich bekannt.

Quellen/Literatur:
Hoch, Gerhard, Zwölf wiedergefundene Jahre. Kaltenkirchen unter dem Hakenkreuz, Bad Bramstedt 1981, S. 285ff.; Hoch/Schwarz, Verschleppt, S. 77–100; Volksbund Deutsche Kriegsgräberfürsorge e. V. (Hrsg.), Am Rande der Straßen. Kriegsgräberstätten in der Bundesrepublik Deutschland, Kassel o. J., S. 5.

Haddeby (»Haddebyer Noor«) siehe Fahrdorf

Haffkrug siehe Scharbeutz

Heide, Holstein

Am Südrand der Stadt Heide, Kreis Dithmarschen, am *Westermoorweg,* befindet sich eine *Friedhofsanlage,* »Russenfriedhof« genannt, auf der sowjetische Zwangsarbeiter und Kriegsgefangene bestattet sind. In der parkähnlichen, durch einen Holzzaun umgrenzten Anlage befindet sich unter einem großen schlichten Holzkreuz eine *Gedenktafel.* Aus der Inschrift in russischer Sprache geht hervor, daß hier zwischen 80 und 100 sowjetische Staatsbürger begraben sind, die in den Jahren 1941 bis 1945 starben.

Auf dem *Südfriedhof,* dem allgemeinen Friedhof der Stadt Heide, der von der Evangelisch-Lutherischen Kirchengemeinde unterhalten wird, sind auf einem Gräberfeld 42 Ausländer, unter ihnen vier Kinder, bestattet. Für 18 sowjetische Staatsbürger wurde ein *Gedenkstein* mit einer in kyrillischen Buchstaben verfaßten Inschrift errichtet, die besagt:

Hier ruhen 18 sowjetische Staatsbürger,
die in den Jahren 1941–1945 in faschistischer
Gefangenschaft umgekommen sind.

Die übrigen hier bestatteten Menschen waren »Ostarbeiter« aus Polen. Auf dem Südfriedhof sollen auch sogenannte Fremdarbeiter aus einem Arbeitslager in der südlich von Heide gelegenen Gemeinde Hemmingstedt beerdigt sein. Diese Arbeiter mußten vermutlich für die Deutsche Erdölwerke AG (DEA) Zwangsarbeit leisten. Die Deutschen Erdölwerke meldeten für den 30. Juni

1944: 479 Zwangsarbeiter und 448 Kriegsgefangene. Sie waren in zwei großen Barackenlagern, dem »Gemeinschaftslager Hemmingstedt« und dem »Lager Werk« in Lieth untergebracht. Mitte Juli 1944 wurde das Werk bei einem Luftangriff weitgehend zerstört.
Während des Krieges gab es in Heide einige Lager für Zwangsarbeiter verschiedener Nationalitäten, vor allem aus der Sowjetunion und aus Polen. Die Existenz eines Kriegsgefangenenlagers in Heide für sowjetische und französische Kriegsgefangene ist durch Fotos im Archiv der Stadt belegt.

Quellen/Literatur:
Hoch, Gerhard, Kriegsgefangene und »Fremdvölkische« in Heide und Hemmingstedt während des Zweiten Weltkrieges, in: Dithmarschen, 1991, H. 3, S. 56–60; Rehn, Elisabeth, Die Ausländergemeinde in Heide während des 2. Weltkrieges, in: AKENS-Info Nr. 16, Kiel Oktober 1989, S. 4–42; Dies., Heider gottsleider. Kleinstadtleben unter dem Hakenkreuz, Basel 1992 (Schriften der Schweizerischen Gesellschaft für Volkskunde, Bd. 73).

Heidkaten siehe Kaltenkirchen, Gudendorf

Heikendorf

Auf dem *Gemeindefriedhof Heikendorf* am Ostufer der Kieler Förde liegen elf ausländische Tote begraben, die in den Jahren von 1944 bis 1948 gestorben sind, darunter befindet sich auch ein Kleinkind. Auf einem der *Grabsteine* lautet die Inschrift in kyrillischen Buchstaben unter dem Namen und den Geburts- und Sterbedaten sinngemäß:

Möge Dir die fremde Erde leicht sein

In Heikendorf hat sich während des Krieges ein Lager für etwa 800 »Fremdarbeiter« befunden. Die Insassen, Angehörige verschiedener Nationen, hauptsächlich aus der Sowjetunion und aus Griechenland, mußten vermutlich vorwiegend für die Kriegsmarine arbeiten.

Quellen:
Hoch/Schwarz, Verschleppt, S. 181; Unterlagen der Gemeinde Heikendorf.

Hemmingstedt siehe Heide

Hörnerkirchen

siehe Brande-Hörnerkirchen

Hohenlockstedt

Auf dem *Evangelisch-Lutherischen Friedhof* mahnen 75 *Gräber* von überwiegend sowjetischen Kriegsgefangenen und Zwangsarbeitern und einem polnischen Zwangsarbeiter an die Opfer, die insbesondere die im Lockstedter Lager betriebene Heeresmunitionsanstalt gefordert hat.

Quellen:
Hoch/Schwarz, Verschleppt, S. 188.; Mitteilung der Friedhofsverwaltung vom 11. März 1992.

Hohwacht siehe Lütjenburg

Holstendorf siehe Ahrensbök

Husum, Nordsee

Auf dem Gelände des ehemaligen Konzentrationslagers *Husum-Schwesing* wurde am 27. November 1987 eine *Gedenkstätte* eingeweiht, die von der seit 1981 existierenden Husumer »Arbeitsgruppe zur Erforschung der nordfriesischen Konzentrationslager« und von ehemaligen Häftlingen angeregt wurde.
Zwei *Schrifttafeln* mit den wichtigsten Informationen zur Geschichte des Lagers flankieren den Eingang zum Gelände. Eine Tafel informiert anhand einiger Daten über die verschiedenen Etappen der Lagergeschichte:

Konzentrationslager
Husum-Schwesing
Außenkommando des
KZ Neuengamme

1938/39	als »Reichsarbeitsdienstlager« für 250 Mann errichtet (Bauarbeiten am Flugplatz Husum-Schwesing)
25. 9. 1944	Außenlager des KZ Neuengamme bei Hamburg 1 500 Häftlinge werden mit Viehwaggons der Reichsbahn aus Neuengamme herantransportiert und eingepfercht Zwangsarbeit an Panzergräben und Stellungen (»Friesenwall«)
19. 10. 1944	Weitere 1 000 Gefangene aus Neuengamme folgen. Immer häufiger Todesfälle durch Hunger, Überarbeitung, Auszehrung, Krankheit, körperliche Züchtigung. Häftlinge begraben die Toten in Massengräbern auf dem Husumer Ostfriedhof.

29. 12. 1944	Durch die veränderte militärische Lage ist der »Friesenwall« vollends sinnlos geworden. Die letzten Häftlinge werden nach Neuengamme zurückgebracht. 300 bis 500 Menschen sind in Schwesing ums Leben gekommen, die genaue Zahl ist unbekannt.
nach 1945	zeitweise Flüchtlingslager
30.1.1983	Überlebende berichten in Husum von ihren Leiden im KZ Husum-Schwesing
1987	Errichtung einer Gedenkstätte auf dem ehemaligen KZ-Gelände

Eine weitere *Informationstafel* gedenkt der inhaftierten Menschen mit den Worten:

2 500 Menschen
aus
Belgien
Dänemark
Deutschland
Frankreich
Griechenland
Großbritannien
Italien
Jugoslawien
Niederlande
Polen
Sowjetunion
Tschechoslowakei
Ungarn
waren von September bis Dezember 1944
unter menschenverachtenden Bedingungen
im Konzentrationslager Husum-Schwesing gefangen.
Viele starben nach dem Rücktransport in
Neuengamme. Viele erlagen nach ihrer Befreiung
den Folgen von Hunger, Überarbeitung, Auszehrung,
Krankheit und Mißhandlung.

Auf dem *Ostfriedhof* in Husum sind zwischen 300 und 500 Opfer des Lagers Husum-Schwesing bestattet. Auf einem *Gedenkstein* stehen die folgenden Worte:

In meines Vaters Haus sind viele Wohnungen.
Johannes 14, Vers 2

Den Opfern des Konzentrationslagers
Engelsburg 1944 aus Belgien, Dänemark,
Frankreich, Griechenland, Italien,
Lettland, Litauen, Niederlande und
Tschechoslowakei und Polen

Das Land Polen wurde nachträglich auf der Tafel ergänzt, die Sowjetunion hat man schlicht vergessen. Die Husumer »Arbeitsgruppe zur Erforschung der nordfriesischen Konzentrationslager« setzt sich für die Umgestaltung des Ehrenmals und für Gedenktafeln mit den Namen der Toten ein (ähnlich der Gedenkstätte auf dem Friedhof in Ladelund – s. dort –).

Zur Geschichte des Lagers

Das Lager Husum-Schwesing, manchmal auch nach dem alten Flurnamen »Engelsburg« auf dem Gebiet der Gemeinde Schwesing bezeichnet, war eines der über 70 Außenkommandos des Konzentrationslagers Neuengamme. Es bestand von September bis Dezember 1944. Am 25. September 1944 kamen 1 500 Häftlinge aus Neuengamme in Viehwaggons der Eisenbahn an und wurden in verfallenen Baracken des Reichsarbeitsdienstes untergebracht. Im Oktober 1944 trafen weitere 1 000 Häftlinge aus Neuengamme ein, was die katastrophale Situation in dem Lager weiter verschärfte. Die Häftlinge mußten an der nordfriesischen Küste

Gedenkstätte auf dem Gelände des ehemaligen KZ-Außenlagers Husum-Schwesing nach dem Entwurf des Bildhauers Ulrich Lindow: Auf einer ansteigenden Rampe in einem langen Gang nähert sich der Besucher einem vergitterten Fenster, durch das er ein Modell des Konzentrationslagers erblickt (1987).

Panzergräben, den sogenannten »Friesenwall« ausheben. Die Bedingungen in dem Lager waren so schlecht, daß schon nach kurzer Zeit Hunderte krank und kaum mehr arbeitsfähig waren. In einem bereits 1945 verfaßten Bericht »Arzt im Konzentrationslager« hat der dänische Arzt Paul Thygesen die grauenhaften hygienischen Verhältnisse in dem Lager beschrieben. Die tägliche Zahl der Todesopfer durch Mißhandlungen, Auszehrung und Krankheit war extrem hoch. Am 22. Dezember 1944 wurde das Lager aufgelöst. Die überlebenden Häftlinge wurden nach Neuengamme zurücktransportiert.

Die Gedenkstätte

Die Baracken des Lagers wurden Ende der 50er/Anfang der 60er Jahre abgerissen. Heute steht nur noch ein Teil der alten Küchenbaracke, die zu einem Wohnhaus umgebaut worden ist. 1983 kaufte der Kreis Nordfriesland von der Bundesvermögensverwaltung die Hälfte des ehemaligen Lagergeländes. Die andere Hälfte befindet sich in Privatbesitz. Das Gelände gehört zum Gemeindegebiet von Schwesing; es liegt etwa zwei Kilometer vom Dorfrand entfernt.
Der Husumer Bildhauer Ulrich Lindow erstellte auf Wunsch der Arbeitsgruppe das Modell für die Gestaltung der 1987 eingeweihten Gedenkstätte. Das noch erhaltene Pumpenhaus ist der Ausgangspunkt: An der Längsseite des Gebäudes wurde ein zehn Meter langer, fünf Meter hoher, zweieinhalb Meter breiter und nach oben offener Gang gebaut, der die Situation der Häftlinge nachvollziehbar machen soll. Auf einer leicht ansteigenden Rampe nähert sich der Besucher einem hohen, schmalen, vergitterten Fenster, durch das man auf den Boden eines ansonsten völlig geschlossenen Raumes schaut. Dort befindet sich ein Modell des Konzentrationslagers Husum-Schwesing. Dem Künstler geht es bei seinem Konzept vor allem um den Aspekt der Auseinandersetzung: »...Ich verzichte auf die Errichtung einer Scheinwirklichkeit, so wie sie durch neu angebrachte Stacheldrahtzäune oder durch die Rekonstruktion der Baracken entstehen würde. Statt dessen habe ich versucht, auf die vorhandenen Zeichen, die die Geschichte des Lagers erzählen, einzugehen, eine Lösung zu finden, die sich dem lernwilligen Besucher erschließt, der bereit ist, auf diese Zeichen zu reagieren, sich auseinanderzusetzen mit den Dokumenten, mit den Berichten, mit Schicksalen unter einer Gewaltherrschaft, mit den Herrschern und Opfern, der bereit ist, die Erfahrungen in sich aufzunehmen und weiterzugeben, der bereit ist, seinen Teil dazu beizutragen, daß Geschichte in dieser schrecklichen Form sich nicht wiederholt...«. Nach Auseinandersetzungen wurde die Gedenkstätte in dieser Form realisiert.

Die *Husumer Kaserne* in der *Matthias-Claudius-Straße 135* ist seit dem 20. Juli 1961 nach dem Widerstandskämpfer *Julius Leber* benannt. In der Kaserne hängt ein Bild von Julius Leber, darunter eine *Gedenktafel*, auf der die Stationen seines Lebens verzeichnet sind:

> Julius Leber
> geb. am 14. 11. 1891 in Biesheim, Oberelsaß
> * 1912 –/1914 Studium an der Universität Freiburg und/Straßburg * 1913 Eintritt in die Sozialdemokra/tische Partei * 1914 – 1918 Soldat * 1924 – 1933 Mitglied/des Deutschen Reichstages * 1933 – 1935 Schutz- Un/tersuchungs- und Gefängnishaft * 1935 – 1937 Konzen/trationslager * 05. 01. 1945 Hinrichtung als Wider/standskämpfer

(Näheres zu Julius Leber s. Lübeck)

Kontakt:
Arbeitsgruppe zur Erforschung der nordfriesischen Konzentrationslager, c/o Frau Perke Heldt, Neustadt 57, 25813 Husum.

Quellen/Literatur:
AKENS-Info Nr. 1/1983, S. 4–7, Nr. 3/1984, S. 18–22, 44f., Nr. 5/1985, S. 46, Nr. 6/1985, S. 63; Bästlein, Klaus u.a. (Hrsg.), Das KZ Husum-Schwesing, Außenkommando des Konzentrationslagers Neuengamme. Materialien zu einem dunklen Kapitel nordfriesischer Geschichte, Bredstedt [2]1983 (Schriftenreihe des Nordfriesischen Instituts: Nordfriisk-Institut, Aasterstraat 63, 25821 Bräist/Bredstedt, Nordfriesland); Heldt, Perke, »Wir müssen davon erzählen«. Einweihung der Gedenkstätte auf dem ehemaligen Gelände des KZ Husum-Schwesing, in: Grenzfriedenshefte 1/1988, S. 42–49; Kampner, Ralf/Jacobsen, Hauke, Das KZ Husum-Schwesing und wie die Bevölkerung darauf reagierte. Arbeit 8. Klasse, Theodor-Storm-Gymnasium, im Rahmen des »Schülerwettbewerbs Deutsche Geschichte« 1982/83; Pingel, Fiete/Lindow, Ulrich, Gedenkstätte KZ Husum-Schwesing, in: Nordfriesland 79/80, Dezember 1987, S. 61–64; Thygesen, Paul, Es war einmal ein Mensch ...Erinnerungsbericht eines dänischen Arztes – über Widerstand, Verhaftung und Deportation – die deutschen Konzentrationslager Neuengamme, Husum, Dalum – und das Überleben. Aus dem Dänischen von Klaus Bästlein, Berlin 1984.

Itzehoe

Bereits im September 1946 wurde in Itzehoe, Kreis Steinburg, ein den Opfern des Nationalsozialismus gewidmetes *Mahnmal* im Zentrum der Stadt, *Ecke Schuhmacherallee/Breitenburger Straße,* aufgestellt, initiiert von dem Filmproduzenten und ehemaligen KZ-Häftling Gyula Trebitsch gemeinsam mit der Vereinigung der Verfolgten des Nazi-Regimes und geschaffen nach den Entwürfen des Architekten Fritz Höger: Auf einer aus Backsteinen gemauerten Säule ruht eine bronzene Feuerschale; vier flügelartig angeordnete Platten sind beidseitig mit folgenden Worten deutscher Dichter beschrieben:

> Echte Propheten haben manchmal,
> falsche Propheten haben immer fanatische Anhänger.
> Marie von Ebner-Eschenbach
>
> Es binden Sklavenfesseln nur die Hände,
> der Sinn, er macht den Freien und den Knecht.
> Grillparzer
>
> Nur der verdient sich Freiheit und das Leben,
> der täglich sie erobern muß.
> Goethe
>
> Und Freie seid Ihr nicht geworden,
> wenn Ihr das Recht nicht festgestellt.
> Uhland
>
> Wo das Recht ist, da kommt von selber die Freiheit,
> und immer, wo Freiheit ist, waltet das Recht.
> Ferdinand Freiligrath
>
> Lewer duad us slaaw.
>
> Der Mensch ist frei geschaffen,
> und wär er in Ketten geboren.
> Schiller

Zu einem späteren Zeitpunkt wurde vor dem Mahnmal eine weitere *Gedenktafel* mit folgendem erläuternden Widmungstext angebracht:

> Den Verfolgten des Nazi-Regimes zum Gedenken,
> die für Freiheit und Recht in Deutschland
> einstanden und Opfer der Tyrannei wurden.

1957 wurde das Mahnmal in den Cirencester-Park am Rande der Stadt umgesetzt. Nach einem Itzehoer Magistratsbeschluß steht es seit 1994 wieder an seinem alten Platz im Zentrum der Stadt, Ecke Schuhmacherallee/Breitenburger Straße.

In der *Grünanlage »Germanengrab«* zwischen den Straßen Langer Peter und Adolf-Rohde-Straße, einer ehemaligen Nazi-Kultstätte über bronzezeitlichen Grabstätten, befindet sich ein ursprünglich den Opfern der beiden Weltkriege gewidmetes *Ehrenmal*, das um eine Inschrift »Die Opfer von NS-Verfolgung in Itzehoe 1933–1945« erweitert und Anfang der achtziger Jahre umgestaltet wurde: Fünf Granitsteine und einzelne Tafeln sollen dem »Gedenken aller dienen, die dem Krieg, der Vertreibung, dem Mißbrauch von Macht in Deutschland, Europa und aller Welt zum Opfer gefallen sind«. Seit 1951 fanden hier am Volkstrauertag die offiziellen Gedenkfeiern statt, die künftig auch an dem ins Stadtzentrum zurückversetzten Mahnmal von 1946 veranstaltet werden sollen.

Auf dem *Alten Friedhof* in der *Brunnenstraße* stehen *drei Gedenksteine* für hier begrabene polnische und sowjetische Kriegsgefangene und Zwangsarbeiter. Auf den Grabsteinen sind ihre Namen, Geburts- und Sterbedaten sowie ihre Nationalität angegeben.
In Itzehoe gab es einige Lager für »Fremdarbeiter« und Kriegsgefangene. In der Landwirtschaft, in Handwerksbetrieben und bei Firmen, die Kriegsmaterial produzierten, wurden sowjetische, polnische und Staatsbürger anderer Nationen eingesetzt.

Kontakt/Informationen:
Der Arbeitskreis Itzehoer Geschichte (AIG) bietet seit 1991 Stadtrundgänge an. Auskünfte: Gemeinsames Archiv des Kreises Steinburg und der Stadt Itzehoe, Markt 1, 25524 Itzehoe, Tel.: 0 48 21/60 32 42.

Quellen/Literatur:
Hoch/Schwarz, Verschleppt, S. 188; Legband, Michael, Das Mahnmal – erbaut, verdrängt, wiederentdeckt, Itzehoe 1994.

Jägerslust siehe Felde

Kaltenkirchen, Holstein

In einem zum Übungsgelände der Bundeswehr gehörenden Hochwald an der Straße *Kaltenkirchen, Bundesstraße 4*, etwa 3,5 Kilometer vom Stadtzentrum entfernt, liegt die *»Gedenkstätte Moorkaten«*, die im August 1978 durch Jugendliche zweier internationaler Jugendlager des Volksbundes Deutsche Kriegsgräberfürsorge und unter Mithilfe der Stadt Kaltenkirchen ihre jetzige Gestalt erhielt. Hier ruhen Opfer der Willkür von SS und deutscher Wehrmacht. Zwei *Informationstafeln* tragen folgenden Text:

> Auf dieser Stätte wurden in der Zeit von
> 1941 bis 1944 verstorbene sowjetische
> Kriegsgefangene des Stammlagers X A Heidkaten
> und in den Jahren 1944 und 1945 184 Häftlinge
> des Konzentrationslagers Neuengamme, Außenkommando Kaltenkirchen, aus Frankreich, der
> Sowjetunion, Polen, den Niederlanden, Italien,
> Jugoslawien, Marokko und Spanien bestattet.
> 68 Franzosen und 3 Niederländer wurden 1951
> in die Heimat überführt.

Neben 184 Einzelgräbern befinden sich auf diesem Friedhof Massengräber, in denen sowjetische Kriegsgefangene bestattet sind. Nach Zeugenaussagen sind in der Kaltenkirchener Heide noch weitere Massengräber mit einigen hundert Toten zu vermuten.

Im Zusammenhang mit dem Bau eines Militärflugplatzes in der Kaltenkirchener Heide (Baubeginn 1938) entstand entlang der heutigen Bundesstraße 4 (damals Reichsstraße 4) eine kilometerlange Barackenstadt als Unterkunft für zahllose deutsche und ausländische Arbeiter sowie als Standort für größere Einheiten von Reichsarbeitsdienst, Kriegsmarine und Luftwaffe. Im Herbst 1941 wurde aus dem bestehenden Barackenkomplex in Heidkaten ein Teil besonders eingezäunt und mit sowjetischen Kriegsgefangenen vollgepfercht, die schon völlig entkräftet und krank hier ankamen und zum größten Teil starben. Viele der Toten wurden in den Massengräbern der heutigen »Gedenkstätte Moorkaten« begraben.

Im Januar 1942 erhielt das unter Wehrmachtskommando stehende Lager, das sich unmittelbar an der Reichsstraße 4 im Ortsteil Heidkaten, etwa sieben Kilometer vom Stadtzentrum entfernt, befand, die Bezeichnung »Stammlager X A Schleswig, Zweiglager Heidkaten, Erweitertes Krankenrevier« und diente von da an als Auffanglager für aus dem gesamten Bereich des »Stammlagers X A Schleswig« (s. Schleswig) überstellte kranke und arbeitsunfähige sowjetische Kriegsgefangene. Nach Augenzeugenberichten dauerte der Zustrom der Kranken während der gesamten Lagerzeit (bis 1944) an. Fehlende ärztliche Versorgung, Mangel an Nahrung und häufig schwere Arbeit bedeuteten für die meisten der vielen tausend Insassen des Lagers den Tod. Zahlreiche Anlieger berichteten später über den täglichen Abtransport von Leichen an verborgene Begräbnisplätze (Massengräber). Das Lager wurde inoffiziell auch »Sterbelager« genannt. Im April 1944 wurde es nach Gudendorf verlegt (s. dort).

Nach dem Waffenstillstand der italienischen Regierung Badoglio mit den Alliierten am 3. September 1943 und der Kriegserklärung an Deutschland am 13. Oktober 1943 wurde das »Zweiglager Heidkaten« auch als Unterkunft für italienische Kriegsgefangene genutzt. Die von deutschen Truppen festgesetzten italienischen Soldaten, die sich weigerten, auf deutscher Seite weiterzukämpfen, wurden als »Militärinternierte« nach Deutschland transportiert, wo sie zur Zwangsarbeit eingesetzt werden sollten. Sehr viele der italienischen »Militärinternierten« kamen aufgrund schlechter Ernährung und gesundheitsgefährdender Unterkünfte sowie durch Epidemien im Winter 1943/44 ums Leben. Die im »Zweiglager Heidkaten« verstorbenen Italiener wurden 1958 im Zuge von Umbettungen im gesamten norddeutschen Raum teilweise in ihre Heimat, teilweise auf das Ehrenfeld für Italiener auf dem Hamburger Friedhof Öjendorf (s. Hamburg) überführt.

Von August 1944 bis April 1945 existierte etwas weiter nördlich in *Nützen*, Ortsteil *Springhirsch*, ebenfalls an der heutigen Bundesstraße 4 gelegen, das Außenkommando Kaltenkirchen des Konzentrationslagers Neuengamme, dessen Häftlinge zu Bauarbeiten auf dem auf der Kaltenkirchener Heide gelegenen Flugplatz eingesetzt wurden. Das Lager war durchschnittlich mit 500 Häftlingen belegt, überwiegend Sowjetbürger und Polen, aber auch Niederländer, Jugoslawen, Belgier, Italiener, Spanier, Letten, Marokkaner, Algerier und Deutsche. Infolge der unmenschlichen Lebensbedingungen und vielfach durch äußere Gewalteinwirkung starben Hunderte von ihnen; die genaue Zahl ist nicht bekannt. Viele der Toten sind heute ebenfalls auf der *»Gedenkstätte Moorkaten«* sowie auf dem *Gemeindefriedhof Kaltenkirchen* bestattet.

Auf zwei auf Feldsteinen angebrachten *Gedenktafeln* auf dem *Gemeindefriedhof* heißt es:

Auf diesem Friedhof ruhen 81 Kriegstote:
18 russische Kriegsgefangene aus dem
Ersten Weltkrieg,/
25 deutsche Soldaten und eine Krankenschwester
aus dem Zweiten Weltkrieg.
37 Kriegsgefangene, Fremdarbeiter und Häftlinge
im Außenkommando Kaltenkirchen des
Konzentrationslagers/
Neuengamme aus Belgien, Jugoslawien, Polen, der
Sowjet-/
union und Deutschland wurden im Zweiten Weltkrieg
Opfer der nationalsozialistischen Gewaltherrschaft.
Die Gräber mahnen!

Nach jahrelangen Bemühungen der »Friedensgruppe Kaltenkirchen« und des evangelischen Kirchenvorstandes wurde 1990 auf dem *Gemeindefriedhof Kaltenkirchen* eine neue *Gedenkstätte* errichtet. Rechts vom neuen Eingang hinter dem Betriebsgebäude erinnern verschiedene *Gedenkplatten* an 32 Menschen, die während der Nazi-Herrschaft eines gewaltsamen Todes gestorben sind. Ein *Gedenkstein* trägt unter einem Winkel die Inschrift:

Gott wird
abwischen
alle Tränen
von Ihren Augen.
Offenbarung 21,4

Eine *Gedenktafel* erinnert an zwölf Sowjetbürger, die wie ihre in der früheren Nordwestecke des

Friedhofs ruhenden acht Landsleute Ende 1941 in Kaltenkirchen ums Leben gekommen sind. Über die näheren Umstände ihres Todes geben Friedhofsregister und Standesamt keinerlei Auskunft. Die Inschrift lautet:

Hier ruhen
12 sowjetische
Kriegsgefangene
gestorben im
Oktober u. November
1941

Zwei *Steine* auf der gleichen Gedenkstätte erinnern an den Mord an zehn Jugoslawen, die als Zwangsarbeiter in der Nachbargemeinde Kampen eingesetzt waren und Opfer eines Willküraktes einer zufällig bei Kaltenkirchen lagernden (vermutlich flämischen) SS-Einheit wurden. Eine in serbokroatischer Sprache verfaßte Inschrift auf einem Stein besagt:

Hier ruhen zehn jugoslawische Kriegsgefangene, welche am 3. Mai 1945 von der verbrecherischen SS ermordet wurden.

[Es folgen die Namen der Ermordeten]

Diese Gedenktafel wurde von den trauernden Kameraden errichtet.

Die deutschsprachige Inschrift auf dem zweiten Stein lautet:

Hier ruhen in Gott
zehn serbische Kameraden

[Es folgen die Namen der Ermordeten]

In treuem Gedenken
Ihre Kameraden

Der Text der 1990 angebrachten *Gedenktafel* lautet:

10 jugoslawische
Kriegsgefangene
ermordet am
3. Mai 1945
in Kampen

Ferner ruhen hier Häftlinge des KZ-Außenkommandos Kaltenkirchen, die nicht wie ihre Leidensgenossen im Wald von Moorkaten oder in den Massengräbern der Kaltenkirchener Heide (heute Bundeswehrgelände) vergraben wurden. Die Identität der Toten geht aus dem Friedhofsregister hervor. Auf dem *Gedenkstein* steht zu lesen:

7 Häftlinge des
KZ-Außenkommandos
Kaltenkirchen
4 Deutsche, 1 Österreicher, 1 Pole,
1 Sowjetbürger

Neben ihnen liegen drei Häftlinge der Hamburger Gestapo-Haftanstalt Fuhlsbüttel, die auf dem »Evakuierungs«-marsch in das Kieler »Arbeitserziehungslager Nordmark« im April 1945 bei Kaltenkirchen erschossen wurden: Josef Tichy, wahrscheinlich Österreicher, wurde am 12. April 1945 während des Marsches in Kisdorf-Feld erschossen, im offenen Gelände verscharrt und später auf den Friedhof überführt; bei Hugo Kockendörfer und Josef Peter Beck handelt es sich um zwei Widerstandskämpfer. Die Inschrift auf der *Gedenkplatte* lautet:

3 deutsche Häftlinge
der Gestapo Haftanstalt Fuhlsbüttel
ermordet im April
1945
in Kaltenkirchen

Kontaktadresse:
Gerhard Hoch, Buchenstraße 2, 25486 Alveslohe, Tel.: 0 41 93/29 25.

Quellen/Literatur:
Hoch, Gerhard, Hauptort der Verbannung. Das KZ-Außenkommando Kaltenkirchen, 2. Aufl., Bad Segeberg 1981; Ders., Zwölf wiedergefundene Jahre. Kaltenkirchen unter dem Hakenkreuz, Bad Bramstedt 1981; Ders., Zeitgeschichtliche Spuren in Kaltenkirchen 1933–1945. Ein Stadtführer, Kaltenkirchen 1989; Ders., Vergangenheitsbewältigung in Kaltenkirchen, in: AKENS-Info Nr. 2, Kiel 1984, S. 23ff.; Hoch/Schwarz, Verschleppt, S. 77–100; Volksbund Deutsche Kriegsgräberfürsorge e.V. (Hrsg.), Am Rande der Straßen. Kriegsgräberstätten in der Bundesrepublik Deutschland, Kassel o.J., S. 5f.

Kappeln, Schlei

In Kappeln gab es mindestens sechs Kommandos mit Kriegsgefangenen und Zwangsarbeitern vorwiegend aus der Sowjetunion, Polen und Frankreich, die hauptsächlich in kriegswichtigen Betrieben der Stadt eingesetzt wurden.
Auf dem *Friedhof* in der *Schmiedestraße* finden sich zwei Gräberfelder mit *Grabsteinen* für drei Polen, eine Frau und einen Mann aus der Sowjetunion, einen Jugoslawen und fünf Kinder aus Polen und der Sowjetunion. Vermutlich stammen sie aus einem der Lager, die für Zwangsarbeiter und Kriegsgefangene in Kappeln eingerichtet wurden. Das größte Lager mit 30 bis 40 »Ostarbeiterinnen« befand sich bei der Firma Nestle, Abteilung Milchwerk.

Literatur:
Hoch/Schwarz, Verschleppt, S. 163.; Philipsen, B., Der 9./10. November 1938 in Kappeln, in: Grenzfriedenshefte 3/1988, S. 153ff.

Kiel

»Arbeitserziehungslager Nordmark«

In der *Rendsburger Landstraße/Ecke Seekoppelweg* im Kieler Stadtteil *Hassee* wurde am 17. Juni 1971 von der Stadt Kiel abseits des ehemaligen »Arbeitserziehungslagers (AEL) Nordmark« ein *Gedenkstein* errichtet, gewidmet

»Den Opfern des Nationalsozialismus«.

Auf der Rückseite des Steins steht der Hinweis:

An dieser Stelle stand in den Jahren
1944–1945 das Arbeitserziehungslager Nordmark.

Im Mai 1985, 40 Jahre nach Kriegsende, wurde ein *zweiter Gedenkstein* an der *Rendsburger Landstraße/ Höhe Achterwehrer Straße,* unmittelbar am Gehweg, enthüllt. Eine schräg auf einem Betonsockel angebrachte *Gedenktafel* zeigt einen Lageplan des Lagers und trägt folgende Inschrift:

Hier errichteten die Nationalsozialisten
– Gestapo Kiel – im Mai 1944 das »Arbeitserziehungslager Nordmark«. Hier waren
insgesamt über 2 000 Menschen eingesperrt.
Hier wurden über 500 Menschen ermordet.
Auch hier begegnet uns deutsche Geschichte.

Die Mitglieder einer kirchlichen Projektgruppe, die den Text der Inschrift entworfen haben, planten noch einen Zusatz: »Dieses Lager mahnt uns, jedem Ansatz von Brutalität und Terror zu widerstehen und für eine menschenwürdige Zukunft einzutreten«. Er fand im Kulturausschuß der Stadt keine Zustimmung.

Zur Geschichte des Lagers

Das »Arbeitserziehungslager Nordmark«, so die offizielle Bezeichnung, wurde im Mai 1944 zunächst für Männer und ab November 1944 auch für Frauen am *Russee* im südwestlichen Kieler Stadtteil *Hassee* eingerichtet. Das Polizeigefängnis in der Blumenstraße (»Blume«) und eine 1943 an der Rendsburger Landstraße 199 zusätzlich errichtete Polizeibaracke (»Drachensee«) hatten die wachsende Zahl der wegen »Arbeitsverweigerung«, »Bummelei« oder »Sabotage« verhafteten Zwangsarbeiter in Kieler Betrieben nicht mehr aufnehmen können. Vor der Einrichtung des »Arbeitserziehungslagers Nordmark« waren die von der Gestapo Verhafteten unter anderem auch in das »Arbeitserziehungslager Watenstedt-Hallendorf« bei Salzgitter (s. Niedersachsen: Salzgitter) verschleppt worden.
Das »Arbeitserziehungslager Nordmark« bestand aus einem Männer- und einem Frauentrakt, aus Häftlings- und Wachbaracken, Waschhäusern, einem Pferdestall und aus einem Strafbunker mit 48 Einzelzellen, kalten, dunklen und nassen Betonlöchern. Im Sommer 1944 kamen einige hundert Häftlinge in das Lager. Im Winter 1944/45 stieg die Zahl drastisch an. Insgesamt waren hier 3 700 Menschen inhaftiert. Zeitweise waren bis zu 2 000 Menschen in feuchten Holzbaracken zusammengepfercht. Es waren vor allem männliche Häftlinge, überwiegend aus Osteuropa. Die meisten von ihnen waren junge ausländische Zwangsarbeiter, für die das Lager als Terrormittel bestimmt war. Sie mußten in Kiesgruben und Fabriken arbeiten, unter anderem auch bei der Holsten-Brauerei. Nach Luftangriffen wurden sie zu Aufräumarbeiten eingesetzt. Viele wurden nach etwa achtwöchiger Haft krank, unterernährt, kahlgeschoren und durch Mißhandlungen übel zugerichtet als abschreckendes Beispiel an ihre Arbeitsplätze zurückgeschickt.
Nach dem mißlungenen Attentat vom 20. Juli 1944 wurden viele Gegner des NS-Regimes in dem »Arbeitserziehungslager« inhaftiert.
Durch die seit Mitte April 1945 eintreffenden »Todesmärsche« stieg die Zahl der hier inhaftierten Häftlinge zwischenzeitlich auf 2 000 Menschen an. Zwei »Evakuierungs«-märsche endeten im »Arbeitserziehungslager Nordmark«.
719 Häftlinge des Außenkommandos »Deutsche Werke Gotenhafen« des Konzentrationslagers Stutthof bei Danzig wurden vor den heranrückenden sowjetischen Truppen ins Lager »Nordmark« verlegt. Auf dem Weg konnten rund 100 Personen fliehen, viele entkräftete Häftlinge starben jedoch unterwegs oder wurden erschossen. Für den 3. April 1945 ist die Ankunft von 355 Personen vermerkt, die zwei Tage später ins Konzentrationslager Neuengamme gebracht wurden.
Am 15. April 1945 kamen hier rund 800 Gefangene aus dem Polizeigefängnis und Konzentrationslager Hamburg-Fuhlsbüttel an, die in einem viertägigen Gewaltmarsch von Hamburg über Kaltenkirchen und Einfeld in das Kieler Lager überführt wurden. Unterwegs wurden mehrere Häftlinge erschossen, andere sind an Hunger und Kraftlosigkeit gestorben. Unter den Häftlingen befanden sich auch rund 120 ehemals ins »Ostland« deportierte Juden aus dem Rigaer Ghetto, die Ende Februar 1945 mit dem Schiff ins KZ Hamburg-Fuhlsbüttel gebracht wurden.
180 Häftlinge, darunter 30 Luxemburgerinnen, waren aus Ziegenhain bzw. Allendorf über Bergen-Belsen nach Fuhlsbüttel und von dort ins »Arbeitserziehungslager Russee« »evakuiert« worden. 250 Gefangene kamen aus Oldenburg, Stedinger Straße, und waren über Bremen-Farge nach Hamburg-Fuhlsbüttel gebracht worden.

Am 20. April 1945 wurden alle Häftlinge im Krankenrevier von den Wachmannschaften erschossen. Die Wachposten setzten sich Anfang Mai ab. Insgesamt kamen im Lager Nordmark 578 Menschen durch Entkräftung, Folter oder Hinrichtung ums Leben. Die Lagerleitung ließ die Toten entweder auf dem Lagergelände oder auf dem Kieler Friedhof Eichhof (s. unten) im Gemeindegebiet Kronshagen verscharren.
Als britische Truppen das Lager am 3. Mai 1945 befreiten, fanden sie völlig unterernährte, kranke Menschen und Massengräber vor.
Nach Kriegsende wurden die ehemaligen Baracken von »Displaced Persons« (DPs), wie ehemalige Zwangsarbeiter und Häftlinge aus dem Ausland genannt wurden, und von Flüchtlingen bewohnt, bis sie in den sechziger Jahren abgerissen wurden. Nur die Grundmauern des ehemaligen SS-Gästehauses sind noch vorhanden.

Planung einer Dokumentations- und Gedenkstätte

Im Herbst 1980, anläßlich des Prozesses gegen den ehemaligen Judenreferenten in Belgien, Kurt Asche, der für die Deportation der belgischen Juden nach Auschwitz verantwortlich war und wegen Beihilfe zum Mord in mindestens 12 000 Fällen angeklagt wurde, gründete sich in Kiel ein »Arbeitskreis Asche-Prozeß«, der unter anderem die Betreuung der zum Teil aus Belgien angereisten Zeugen übernahm. Der Arbeitskreis löste sich nach Beendigung des Prozesses nicht auf, sondern verlegte den Schwerpunkt seiner Arbeit auf lokalhistorische Forschungen und die Erarbeitung einer Stadtrundfahrt zu Stätten der Verfolgung und des Widerstands in Kiel. 1982 legten Mitglieder des Arbeitskreises Grundmauern des SS-Gästehauses auf dem Gelände des ehemaligen »Arbeitserziehungslagers« am Russee frei und regten die Errichtung einer *Gedenkstätte* an zur Erinnerung an das Lager und die Menschen, die dort litten und starben. Im März 1983 kam es zu einem einstimmigen Beschluß des Kieler Stadtrates, durch den der Magistrat beauftragt wurde, »eine Konzeption für die Einrichtung einer *Dokumentations- und Gedenkstätte* zur Erinnerung an die Ereignisse der nationalsozialistischen Gewaltherrschaft in Kiel in der Zeit von 1933 bis 1945« zu erarbeiten. Der »Arbeitskreis Asche-Prozeß« wirkte an einer seit 1984 vorliegenden *Konzeption für eine Dokumentations- und Gedenkstätte »Kiel unter dem Hakenkreuz«* mit, bei der das ehemalige Konzentrationslager (»Arbeitserziehungslager«) Nordmark und die Situation der Zwangsarbeiter einen breiten Raum einnehmen. Bislang sind im Kieler Rathaus noch keine Schritte zur Umsetzung erfolgt.

Kontaktadresse/Information:
Arbeitskreis Asche-Prozeß, c/o Dr. Detlef Korte, Westring 271, 24116 Kiel, Tel.: 04 31/14 94 97.

Vor dem Ratssaal im *Kieler Rathaus* befindet sich ein Gemälde mit einem *Porträt* des Kieler Strafverteidigers und SPD-Kommunalpolitikers Wilhelm Spiegel. In der Nacht vor der Wahl der Stadtverordneten in Kiel am 12. März 1933 wurde der von der SPD nominierte jüdische Rechtsanwalt von Nationalsozialisten in seinem Haus, Forstweg 42, erschossen.
Auf dem *städtischen Urnenfriedhof* ließ die Stadt Kiel ein *Ehrengrab* für ihn errichten, an dem jährlich zu seinem Todestag eine Kranzniederlegung stattfindet.

Im Bereich der *Christian-Albrechts-Universität Kiel* wurde 1956 ein *Mahnmal* für die Opfer der nationalsozialistischen Verfolgung aufgestellt. Es trägt die lateinische Inschrift:

Fidei – Virtuti – Humanitati Mortuorum
1933–1945

[Der Treue, dem Mut, der Menschlichkeit
der 1933–1945 Gestorbenen]

Am Haus *Goethestraße/Ecke Humboldtstraße*, dem ehemaligen Standort der Synagoge, wurde am 8. November 1968 eine *Gedenktafel* mit folgendem Wortlaut angebracht:

Hier stand die Synagoge der
Jüdischen Gemeinde in Kiel,
die in der Zeit der
nationalsozialistischen
Gewaltherrschaft
durch einen Willkürakt am
9. November 1938 zerstört wurde.

Die Tafel ist seit 1989 Bestandteil eines von der Hamburger Bildhauerin Doris Waschk-Balz geschaffenen Mahnmals, das am 24. Mai 1989 vor dem Haus aufgestellt wurde.

Am 24. Mai 1989 wurde das von Hochschulprofessoren und Psychoanalytikern aus Schleswig-Holstein gegründete *»John-Rittmeister-Institut für Psychotherapie und Psychosomatik«* eröffnet. Namensgeber des Instituts ist der Analytiker John Rittmeister, der am 13. Mai 1943 wegen seiner Zugehörigkeit zu einer antifaschistischen Widerstandsgruppe im Umkreis von Harro Schulze-Boysen und Arvid Harnack hingerichtet wurde. Um seine Person und seine kompromißlose Haltung gegen das Unrechtssystem der Nazis zu ehren, gaben die Institutsgründer der Einrichtung seinen

Namen. Sie wollen damit auch die Ausrichtung dieser Fortbildungseinrichtung auf eine emanzipatorische, aufklärerische Psychoanalyse bekunden. Mit der Institutseröffnung wurde gleichzeitig eine Ausstellung über die Geschichte der Psychoanalyse in Deutschland, mit besonderem Akzent auf den Jahren 1933 bis 1945, gezeigt.

Das Landesamt für Denkmalpflege Schleswig-Holstein hat sich 1987 für den Erhalt der *Ruine des U-Boot-Bunkers »Kilian«* am östlichen Ufer der *Kieler Förde* vor der Schwentine-Mündung ausgesprochen. Die drei aus dem Wasser ragenden Gebäudeteile des Bunkers, der 1941/42 von Zwangsarbeitern und Kriegsgefangenen errichtet wurde, sollten als »Mahnung an das verbrecherische Nazi-Regime und den verlorenen Krieg« erhalten bleiben. Die Stadt Kiel hat jedoch gegen eine Unterschutzstellung geklagt, weil sie für die geplante Hafenerweiterung einen Abbruch der Bunker-Ruinen erreichen will.

Auf dem großen Kieler *Friedhof Eichhof*, der zum Gemeindegebiet *Kronshagen* gehört, befinden sich Gräber der Opfer von Bombenangriffen auf Kiel sowie von Zwangsarbeitern und von ermordeten Häftlingen des Konzentrationslagers am Russee, das von den Nationalsozialisten als »Arbeitserziehungslager Nordmark« bezeichnet wurde. Die 358 im letzten Kriegsjahr in Massengräbern auf dem Eichhof-Friedhof verscharrten Häftlinge des Lagers wurden im Jahre 1958 exhumiert und auf den Cap-Arcona-Friedhof in Haffkrug (s. Scharbeutz) umgebettet, einige wenige wurden in ihre Heimatländer überführt. Noch heute finden sich in Feld 60 und 61 die Gräber von 128 ausländischen und drei deutschen Opfern des Lagers »Nordmark«. Anfang der sechziger Jahre stießen Bauarbeiter am Russee auf ein weiteres Massengrab mit 41 Toten. Diese wurden auf den Friedhof Eichhof umgebettet. An diese Opfer erinnert eine *Grabplatte* mit der Inschrift:

41 Unbekannte
1945

Neben den Gräbern der Bombenopfer liegen in Massengräbern einige hundert Zwangsarbeiter beerdigt; auf den Grabplatten sind Namen, Geburts- und Todesdaten angegeben.
In den Jahren 1944/45 waren in Groß- und Kleinbetrieben Kiels und auf Bauernhöfen in der Umgebung über 20 000 Zwangsarbeiter und -arbeiterinnen eingesetzt, Verschleppte aus der Tschechoslowakei, aus Polen, aus der Sowjetunion, aber auch belgische, französische, britische und niederländische Kriegsgefangene, die zur Zwangsarbeit abkommandiert wurden. Im Kieler Hafen waren bei der »Germania-Werft« (Krupp), bei den »Deutschen Werken«, bei der Kriegsmarinewerft und bei den Howaldtwerken während des Krieges etwa 25 Prozent der Beschäftigten Zwangsarbeiter. Sie waren in der Stadt oder in der unmittelbaren Umgebung in Lagern untergebracht. Hunderte von ihnen kamen durch Erschöpfung, Hunger, Krankheit und bei Bombenangriffen ums Leben.

Auf dem seit 1852 existierenden *jüdischen Friedhof* in der *Michelsenstraße* in *Kiel-Süd* befinden sich viele Gräber mit Erinnerungssteinen und Inschriften, die auf das Schicksal jüdischer Bürger hinweisen, so u.a.: »...gestorben in Theresienstadt«, »...gestorben August 1944 in Auschwitz« oder »... sie wurde 1942 nach Osten deportiert«.

Auf dem *Kieler Nordfriedhof* am *Westring* sind 209 sowjetische Kriegsgefangene bestattet. Ein *Gedenkstein* mit russischer Inschrift erinnert an alle unter nationalsozialistischer Gewaltherrschaft umgekommenen sowjetischen Kriegsgefangenen.

Straßenbenennungen:

Im Kieler Stadtteil *Wellsee* wurden die Straßen eines Neubaugebietes fast alle nach Mitgliedern der Widerstandskreise des 20. Juli 1944 benannt: *Beckweg, Bonhoefferweg, Goerdelerring, Kreisauer Straße, Julius-Leber-Straße, Leuschnerweg, Olbrichtweg, Stauffenbergring, Witzlebenweg.*

Stadtrundfahrt zu Stätten der Verfolgung und des Widerstandes in Kiel veranstaltet:
Arbeitskreis Asche-Prozeß, c/o Dr. Detlef Korte, Westring 271, 24116 Kiel, Tel.: 04 31/14 94 97. Begleitbroschüre: s. Quellen/Literatur.

Film:
»Wiedersehen nach 42 Jahren – Die Geschichte des Arbeitserziehungslagers Nordmark«, Videofilm über das AEL Nordmark (1989) von Irene Dittrich, K. Gerdes und Detlef Korte. Zu beziehen über: Irene Dittrich, Esmarchstraße 60, 24105 Kiel oder Dr. Detlef Korte (Adresse s. o.).

Quellen/Literatur:
Arbeitskreis Asche-Prozeß (Hrsg.), Kiel. Antifaschistische Stadtrundfahrt. Begleitheft, o. O. ²1983; Ders. (Hrsg.), Kiel im Nationalsozialismus – Materialien und Dokumente, Kiel 1994; ASTA der Universität Kiel (Hrsg.), Lehre und Forschung der Christian-Albrechts-Universität zum Nationalsozialismus (Dokumentation), Kiel März 1990; Bästlein, Klaus, Die Akten des ehemaligen Sondergerichts Kiel als zeitgeschichtliche Quelle, in: Zeitschrift der Gesellschaft für Schleswig-Holsteinische Geschichte 113/1988; Bigga, Regine u.a., Friedhof als Quelle historischen Arbeitens. Der Eichhof in Kiel/Kronshagen, in: Demokratische Geschichte, Jahrbuch zur Arbeiterbewe-

gung und Demokratie in Schleswig-Holstein, Bd. 6, Kiel 1992; Bringmann, Fritz, Arbeitserziehungslager Nordmark, Kiel 1983; Burmeister, Andreas u. a. (5 Verfasser), Verfolgung der Zeugen Jehovas in Kiel und Umgebung (1933–1945). Arbeit 10. Klasse, Gymnasium am Bildungszentrum Mettenhof, Kiel, im Rahmen des »Schülerwettbewerbs Deutsche Geschichte« 1982/83; Danker, Uwe/Dittrich, Irene, Verscharrt, Verdrängt, Vergessen. NS-Opfer auf dem Friedhof Eichhof/Kiel, Kiel 1992; Eichmann, Bernd, Kiel – Erziehung ins Massengrab, in: Ders., Versteinert, verharmlost, vergessen. KZ-Gedenkstätten in der Bundesrepublik Deutschland, Frankfurt a. M. [2]1986, S. 11–20; Hauschildt, Dietrich, Die Juden in Kiel im Dritten Reich, Kiel 1980 (Staatsexamensarbeit, Selbstverlag; verfügbar in der Landesbibliothek Kiel, Kieler Schloß); Ders., Vom Judenboykott zum Judenmord. Der 1. April 1933 in Kiel, in: »Wir bauen das Reich«, Neumünster 1983, S. 335 ff.; Hoch/Schwarz, Verschleppt, S. 101–114, 167–170; Klatt, Inge/Peters, Horst, Kiel 1933. Dokumentation zur Erinnerung an den 50. Jahrestag der »Machtergreifung« des Nationalsozialismus in Kiel, Kiel 1983; Korte, Detlef, Vorstufe zum KZ: Das »Arbeitserziehungslager Nordmark« in Kiel (1944/45), in: Dachauer Hefte 5/1989 (»Die vergessenen Lager«), S. 3–14; Ders., »Erziehung« ins Massengrab. Die Geschichte des »Arbeitserziehungslagers Nordmark« Kiel-Russee 1944–1945, Kiel 1991; Landesamt für Denkmalpflege Schleswig-Holstein, Die Ruinen des Kieler U-Boot-Bunkers, Kiel 1990; Versorgung und Verkehr Kiel GmbH (Hrsg.), Dokumentation zur Geschichte der Kieler Synagoge und des Mahnmals an der Goethestraße 13, Kiel 1992.

Kronshagen siehe Kiel, Friedhof Eichhof

Kuhlen siehe Rickling

Ladelund

Am 17. November 1990 wurde auf dem *Friedhof* des unweit der deutsch-dänischen Grenze gelegenen Dorfes Ladelund ein *Dokumentenhaus* eröffnet. Die bislang einzige *Gedenk- und Dokumentationsstätte* in kirchlicher Trägerschaft in Deutschland (Ev. Kirchenkreis Südtondern) beherbergt eine *Dauerausstellung* zum Thema *»Konzentrationslager Ladelund 1944«*. Diese Dokumentation basiert auf einer Wanderausstellung, die von einer Schülergruppe der Auguste-Viktoria-Schule Flensburg in zweijähriger Arbeit unter der wissenschaftlichen Leitung ihres Lehrers Jörn Peter Leppien erstellt und im Mai 1984 im Städtischen Museum Flensburg gezeigt wurde. Diese Ausstellung zur NS-Zeit in Schleswig-Holstein umfaßt mehr als zwanzig großformatige Tafeln, die den Besucher über Hintergrund, Entstehung und Funktion des Lagers, Lebens- und Arbeitsbedingungen der Häftlinge, das Verhalten der SS-Wachmannschaften und die Reaktion der Bevölkerung informieren. Zentrale Bestandteile der Ausstellung sind zwei Stellwände mit den Namen und Daten der Toten, ein von Schülern angefertigtes Modell des Konzentrationslagers sowie eine Karte des von Ostfriesland bis nach Jütland reichenden »Friesenwalls« und der »Riegelstellungen«, an denen die Häftlinge Zwangsarbeit leisten mußten.

Auf dem *Friedhof* sind in neun Massengräbern 298 Menschen beerdigt, die im Konzentrationslager Ladelund gestorben sind. Schon seit Sommer 1945 bemühte sich der Gemeindepastor Johannes Meyer, der die Toten kirchlich begraben, ihre Namen und Daten im Beerdigungsregister festgehalten und seine Eindrücke und Beobachtungen von November/Dezember 1944 in der Kirchenchronik geschildert hatte, um die Errichtung einer würdigen *Gedenkstätte* für die KZ-Opfer auf dem Friedhof. Diese wurde 1950 eingeweiht und gehört zu den ersten Gedenkstätten für Opfer des Nationalsozialismus in der jungen Bundesrepublik Deutschland. Auf drei *Bronzetafeln* sind die Namen und die Lebensdaten der Toten verzeichnet. Ein *Holzkreuz* trägt die Inschrift:

> Isti sunt, qui venerunt ex magna tribulatione
> [Diese sind es, die gekommen sind aus großer Trübsal]
> (Offenb. Joh. 7,14)

Auf Betreiben der Ladelunder Kirchengemeinde St. Petri wurde 1967 ein *Gedenkstein* aufgestellt. Er wurde von der niederländischen Kriegsgräberfürsorge hergestellt und der Gemeinde als Geschenk übergeben. Die Inschrift lautet:

> 298
> K.Z. Opfer
> aus
> 13 Nationen
> fanden hier
> 1944
> ihre Ruhestätte
> Requiescant in Pace
> [Ruhet in Frieden]

Gleichzeitig wurde auf der linken Seite der Gräber ein steinernes Pult aufgestellt, in dem sich ein Fach mit dem Totenregister befindet, das die Lage der Verstorbenen in den Gräbern anzeigt. Dort liegt auch ein Buch aus, in das sich Besucher eintragen können.

An der *Friedhofsmauer* findet sich eine *Tafel* mit der Inschrift:

> Fern von der Heimat starben:
> [Es folgen die Namen der Beerdigten]

Zur Geschichte des Lagers

Das Lager Ladelund war eines der über 70 Außenkommandos des Konzentrationslagers Neuengamme, die seit 1942/43 eingerichtet wurden. Es bestand nur sechs Wochen, von Anfang November bis zum 16. Dezember 1944, dann war seine Aufgabe, der Bau von Panzergräben für den »Friesenwall«, der von Emden bis Sylt an der ost- und nordfriesischen Küste einen Schutz vor einer Invasion der Alliierten bilden sollte, im wesentlichen abgeschlossen. Die überlebenden Gefangenen wurden nach Neuengamme zurückgeschafft. Das nur etwa 50 Kilometer entfernte, Ende September 1944 errichtete Lager Husum-Schwesing war das nächste Außenlager von Neuengamme mit dem gleichen Auftrag und unter demselben Kommandanten Hans Griem (s. Husum). Die Arbeits- und Lebensbedingungen der rund 2 000 Häftlinge des KZ Ladelund, die aus fast allen von Deutschland besetzten Ländern Europas stammten, waren so katastrophal, daß in den wenigen Wochen des Bestehens des Lagers etwa 300 Menschen ums Leben kamen. Sie starben an Krankheit, Hunger und durch Folter oder wurden hingerichtet. Die tatsächliche Zahl der Opfer von Ladelund liegt weitaus höher, da viele auf dem Rücktransport nach Neuengamme oder dort starben. Viele gingen später an den Folgen der Arbeitshaft zugrunde.

Von den 298 auf dem Friedhof Ladelund beerdigten Toten stammen 107 Männer aus dem niederländischen Ort Putten. Sie waren Opfer einer Vergeltungsaktion im Oktober 1944 nach einem Anschlag auf einen Personenwagen der deutschen Wehrmacht in der Nähe des Ortes, bei dem ein Offizier getötet wurde. 660 Männer des Dorfes wurden in das SS-Internierungslager Amersfoort und 600 von dort weiter in das Konzentrationslager Neuengamme, etwa die Hälfte von ihnen nach Ladelund verschleppt. Zehn Männer aus Putten starben im Außenlager Wedel, einige Kilometer westlich von Hamburg (s. Wedel). Das Dorf Putten wurde »evakuiert« und in Brand gesteckt, ähnlich den Racheaktionen der Nazis 1942 im tschechischen Ort Lidice (s. hierzu: Hamburg, Gedenkstätte Janusz-Korczak-Schule) und 1944 im französischen Oradour-sur-Glane. Nur 49 Puttener Männer kehrten nach der Befreiung zurück. 1946 schrieb Pastor Johannes Meyer Briefe an die Angehörigen der Ermordeten des Lagers und leitete damit Kontakte zur Versöhnung ein. In Putten bildete sich ein Komitee Putten-Ladelund, das sich »Die Brücke« nannte und von sich aus Kontakte nach Deutschland knüpfte. An seine Stelle trat 1982 die Stiftung »October 1944«. Seit Mitte der fünfziger Jahre setzt der Amtsnachfolger von Pastor Meyer, Harald Richter, die Versöhnungsarbeit fort.

In den Lagerbaracken, knapp einen Kilometer nördlich des Friedhofs, wurden nach dem Krieg Flüchtlinge untergebracht. 1970 wurde die letzte Baracke abgerissen. Heute befindet sich dort ein beackertes Feld. Am 4. Mai 1985 wurde auf dem ehemaligen Lagergelände von der Ladelunder Kirchengemeinde St. Petri, die das Gelände langfristig gepachtet hat, ein *Gedenkstein* errichtet, dessen Inschrift mit dem ersten Satz aus Artikel 1 des Grundgesetzes beginnt:

Die Würde des Menschen
ist unantastbar.
Außenkommando Ladelund des
Konzentrationslagers Neuengamme
November – Dezember 1944

Es gibt Überlegungen, einen Gedenkweg zwischen dem ehemaligen Lagergelände und den Gräbern der Häftlinge künstlerisch zu gestalten. Unter dem Titel »Verwehte Spuren« hat eine Gruppe von Bildhauern Modelle für den Gedenkweg entworfen.

Kontakt/Information:
Jörn-Peter Leppien, Auguste-Viktoria-Schule, Südergraben 34, 24937 Flensburg (Tel.: 04 61/85 20 48); Ev.-Luth. Kirchengemeinde St. Petri, Dorfstraße 43, 25926 Ladelund (Tel.: 0 46 66/2 36); Ausschuß für die KZ-Gedenkstätte Ladelund, Vors.: Pastor i. R. Harald Richter, Bergstraße 3 a, 25926 Ladelund (Tel.: 0 46 66/12 64).

Öffnungszeiten des Dokumentenhauses:
Täglich außer montags von 14–16 Uhr, an Wochenenden und Feiertagen bis 18 Uhr und nach Vereinbarung (Tel.: 0 46 66/4 49). Ein Katalog zur Dokumentation liegt in deutscher, dänischer und niederländischer Sprache vor: Leppien, J.-P./Bästlein, K./Tuchel, J., Konzentrationslager Ladelund 1944. Wissenschaftliche Dauerausstellung in der KZ-Gedenkstätte Ladelund, Ladelund 1990. Daneben gibt es eine Broschüre: Zur Ausstellung KZ Ladelund 1944. Beiträge aus Grenzfriedenshefte 4/90 und 1/91, Flensburg 1991 (Herausgeber: Grenzfriedensbund Flensburg, Hafendamm 15, 24937 Flensburg).

Quellen/Literatur:
Bästlein, Klaus, »Opdat het nageslacht het wete ...«. Neue Publikationen und eine Ausstellung zum KZ Ladelund, in: Nordfriesland 71, Bd. 18, Heft 3, Sept. 1984; Christus-Kirchengemeinde Schulau, Wedel (Hrsg.), KZ Wedel. Das vergessene Lager, Wedel 1983. (In dieser von Martina Wolf, U. Auge-Wolf und S. Latzel erarbeiteten Dokumentation werden auch die Ereignisse im niederländischen Dorf Putten im Oktober 1944 und der Leidensweg der verschleppten Männer geschildert, wobei u. a. aus einem 1948 in Putten, Gelderland, erschienenen »Gedenkbuch der Stadt Putten« zitiert und von Kontakten mit Mitgliedern der Stiftung »October 1944« berichtet wird.); Jeß, Ulrich, Das Außenkommando des Konzentrationslagers Neuengamme in Ladelund und 40 Jahre gegenwärtiger Geschichte in den Dörfern Putten und Ladelund, in: Jahrbuch für die Schleswigsche Geest, hrsg. vom Heimat-

verein Schleswigsche Geest, 34. Jg., Schleswig 1986, S. 56–74; Leppien, Jörn-Peter, »Das waren keine Menschen mehr ...«. Aus der Chronik der Kirchengemeinde – Pastor Johannes Meyer über das Konzentrationslager Ladelund 1944. Eine quellenkritische Studie. Sonderdruck aus Grenzfriedenshefte Nr. 3/1983, Flensburg 1983; Müller, Dieter Alpheo, Gott wird trocknen alle Tränen. Geschichte einer Deportation. Ein dokumentarischer Roman, Köln 1983; Richter,Harald, »Wir haben das Selbstverständliche getan«. Ein Außenlager des KZ Neuengamme bei uns in Ladelund, Gräber auf unserem Friedhof und Erfahrungen, für die wir dankbar sind, in: Garbe, Detlef (Hrsg.), Die vergessenen KZs? Gedenkstätten für Opfer des NS-Terrors in der Bundesrepublik, Bornheim-Merten 1983, S. 121–143.

Lauenburg, Elbe

In Lauenburg/Elbe wurden während des Zweiten Weltkrieges zahlreiche Kriegsgefangene und Zwangsarbeiter überwiegend in örtlichen Rüstungsbetrieben und von der Stadtverwaltung eingesetzt. Auf dem *Ehrenfriedhof* der Stadt wurden 400 Menschen verschiedener Nationalität begraben. Auf dem Gemeindefriedhof befindet sich eine *Gedenktafel* mit der Inschrift:

Zum Gedenken der russischen Kriegstoten
1945

Quellen/Literatur:
Bohlmann, Heinz, Lauenburg/Elbe unter der Herrschaft des Nationalsozialismus 1933–1945, in: Demokratische Geschichte 4, 1989, S. 331–353.; Hoch/Schwarz, Verschleppt, S. 171.; Mitteilung der Stadt vom 18. 2. 1992.

Leck

Auf dem Friedhof an der *Kirchhofstraße* der in Nordfriesland gelegenen Gemeinde Leck steht ein *Gedenkstein* aus weißem Marmor mit der Inschrift:

Hier ruhen 19 sowjetische Bürger
1941–1945

Vermutlich stammen die Toten aus einem Lager für in drei Baracken untergebrachte etwa 1 000 polnische und sowjetische Zwangsarbeiter bzw. Kriegsgefangene, das während des Krieges unter der Bezeichnung »Kommando Wald Langenberg« bestanden hat. Laut Volksbund Deutsche Kriegsgräberfürsorge handelt es sich um 28 sowjetische Tote.

Quelle:
Hoch/Schwarz, Verschleppt, S. 165.

Lensahn

Ein kleiner *Gedenkstein* auf dem Friedhof von Lensahn in Ostholstein zeigt an:

Hier ruhen 17 sowjetische Kinder

Dokumentiert ist der Tod dieser Säuglinge, die in der Baracke eines sogenannten »Entbindungsheimes« für sowjetische Zwangsarbeiterinnen aus Ostpolen und der Ukraine geboren wurden. Ein würdigerer Gedenkstein ist von der evangelischen Kirchengemeinde geplant.

Lübeck

In der südlichen Mauernische neben dem *Zeughaus* (ehemaliges Polizeipräsidium, heute Völkerkundesammlung), *Domkirchhof/Großer Bauhof*, wurde am 14. Dezember 1986 ein *Mahnmal* zum Gedenken an die Lübecker Bürger, die Opfer der nationalsozialistischen Gewaltherrschaft wurden, enthüllt. Der Text lautet:

Dem Gedenken
der Lübecker Bürger,
die in den Jahren
1933 bis 1945
aus politischen, religiösen
und rassischen Gründen
Opfer der
nationalsozialistischen
Gewaltherrschaft
wurden.

Ihr
Leidensweg
begann
in vielen Fällen
hier,
in den Haftzellen
der Geheimen
Staatspolizei
im Keller
des ehemaligen
Zeughauses.

Das von dem Bildhauer Erich Lethgau aus schwerem rostenden Gußeisen geschaffene Mahnmal soll den Eindruck erwecken, als breche die Inschrift aus der Mauer heraus oder durch sie hindurch. Mahnmal und Inschrift sind durch einen Mauerpfeiler in zwei Blöcke aufgeteilt.
Die Haftzellen der Gestapo im Keller des Zeughauses sind heute noch zu sehen und können auf Wunsch nach vorheriger Anmeldung besichtigt werden.

Im Jahre 1983, 50 Jahre nach dem Beginn der nationalsozialistischen Gewaltherrschaft, beschloß die Lübecker Bürgerschaft, im *Vorsaal zum Bürgerschaftssaal* zur Erinnerung an die Mitglieder der Lübecker Bürgerschaft, die während der nationalsozialistischen Herrschaft ihr Leben ließen, weil sie für Freiheit und Recht eintraten, eine *Gedenktafel* mit deren Namen anzubringen. Die von dem Graphiker Herbert Müller-Fried gestaltete Tafel wurde bei einer Gedenkfeier anläßlich des 40. Todestages von Julius Leber am 5. Januar 1985 enthüllt und trägt den folgenden Text:

Durch Verfolgung und Terror der
nationalsozialistischen Machthaber
während der Jahre 1933 bis 1945
verloren ihr Leben die einstigen
Mitglieder der Bürgerschaft
der Freien und Hansestadt Lübeck

Erich Klann
Dr. Julius Leber
Dr. Moritz Neumark
Egon Nickel
Karl Ross
Dr. Fritz Solmitz
Paul Steen
Johannes Stelling

Sie starben für Freiheit + Demokratie
Ihr Opfer ist uns ständige Mahnung

Erich Klann, geboren 1896, Maschinenschlosser, Mitglied der Bürgerschaft von 1921 bis 1933 (KPD), war vom 29. April 1933 bis zum 27. April 1945 mit einer kurzen Unterbrechung in verschiedenen Gefängnissen und Konzentrationslagern inhaftiert. Er starb am 6. Dezember 1948 an den Folgen der Haft. Auch ein *Grabstein* im Bereich der Gedenkstätte auf dem *Vorwerker Friedhof* erinnert an ihn (s. dort).

Der Sozialdemokrat Julius Leber, geboren 1891 in Biesheim im Elsaß, gehört zu den herausragenden Persönlichkeiten des deutschen Widerstands. Er war in der Zeit von 1921 bis 1933 Chefredakteur des »Lübecker Volksboten«, Mitglied der Lübecker Bürgerschaft sowie von 1924 bis 1933 Mitglied des Reichstags. Nach einem Überfall von SA-Männern auf Leber in der Nacht nach der Machtübernahme der Nationalsozialisten am 30. Januar 1933, bei dem ihm der Einsatz eines Reichsbanner-Mitglieds das Leben rettete, kam er für zwei Wochen in Haft. Am 23. März 1933 (Tag des »Ermächtigungsgesetzes«) wurde er vor Beginn der Reichstagssitzung vor dem Reichstag erneut verhaftet und zu 20 Monaten Strafhaft in Lübeck und Wolfenbüttel verurteilt. Danach wurde er zwei Jahre in den Konzentrationslagern Esterwegen und Sachsenhausen inhaftiert. Nach seiner Entlassung aus der Haft am 5. Mai 1937 konnte er sich in Berlin-Schöneberg an der Kohlenfirma Bruno Meyer Nachf. beteiligen. In dieser Kohlenhandlung begann er seine Widerstandsarbeit mit sozialdemokratischen Freunden und Gewerkschaftsvertretern. 1943 bekam er Kontakt zu Carl Friedrich Goerdeler, dem politischen Kopf des bürgerlichen Widerstands, und zu Mitgliedern des »Kreisauer Kreises« sowie des militärischen Widerstands. Nach einem geglückten Staatsstreich sollte er im Kabinett Goerdeler Innenminister werden. Am 4. und 5. Juli 1944 wurden er und Adolf Reichwein verhaftet, nachdem er mit diesem Kontakt zu kommunistischen Widerstandskämpfern um Anton Saefkow aufgenommen hatte und wahrscheinlich durch einen Spitzel verraten worden war. Die Verhaftung Lebers und seine zu befürchtende Hinrichtung waren Anlaß für Stauffenberg, das Attentat auf Hitler unverzüglich durchzuführen. Anfang August 1944 wurde Julius Leber in das Konzentrationslager Ravensbrück gebracht, von dort Ende September nach Berlin zunächst in das Polizeigefängnis Lehrter Straße und anschließend in das Gestapo-Gefängnis an der Prinz-Albrecht-Straße. Am 20. Oktober 1944 wurde Leber vom »Volksgerichtshof« zum Tode verurteilt und am 5. Januar 1945 in Plötzensee durch den Strang hingerichtet. Seine Urne wurde – wie die aller Opfer des 20. Juli – den Angehörigen verweigert.
Die damalige Johannisstraße in Lübeck heißt heute *Dr.-Julius-Leber-Straße.*
Auf dem Lübecker *Ehrenfriedhof Sandberg* an der *Travemünder Allee* wurde eine *symbolische Grabstätte* für Julius Leber angelegt. Eine *Gedenkplatte* an einem großen Felsblock trägt die Inschrift:

Dr. Julius Leber
Geboren 16. 11. 1891
Hingerichtet 5. 1. 1945
Aufrecht geht mir beizeiten,
o Brüder!

Dr. Moritz Neumark, geboren 1866, seit 1906 Generaldirektor der Hochofenwerke Lübeck AG, gehörte zunächst der Deutschen Demokratischen Partei und ab 1926 der Deutschen Volkspartei an. Ab 1927 war er Bürgerschaftsmitglied der Fraktion des Hanseatischen Volksbundes. Als Jude wurde er nach der Machtübernahme der Nationalsozialisten aus der Hochofenwerksleitung gedrängt und zog sich gezwungenermaßen aus dem öffentlichen Leben zurück. Mit 70 Jahren verließ er 1936 zusammen mit seiner Frau Lübeck und zog nach Berlin. 1942 wurde das Paar in das Konzentrationslager Theresienstadt deportiert, wo Moritz Neumark am 25. Februar 1943 starb.

Egon Nickel, geboren 1893, Schlosser, Mitglied der Lübecker Bürgerschaft von 1921–1926 (KPD), starb 1941 im Konzentrationslager Sachsenhausen.

Karl Roß, geboren 1882, Schlosser, von 1921–1929 in der Bürgerschaft (KPD), kam am 13. Januar 1945 in Neuengamme ums Leben. An ihn erinnern der *Karl-Roß-Weg* sowie eine *Grabplatte* im Bereich der Gedenkstätte auf dem *Vorwerker Friedhof* (s. dort).

Dr. Fritz Solmitz, geboren 1893, stellvertretender Chefredakteur des »Lübecker Volksboten«, sozialdemokratisches Mitglied der Bürgerschaft von 1926 bis 1933, war jüdischer Abstammung. Er wurde am 11. März 1933 verhaftet und am 19. September 1933 im Gestapogefängnis Fuhlsbüttel bei Hamburg nach Folterungen erhängt in seiner Zelle aufgefunden. An ihn erinnert eine *Straße* in Lübeck.

Paul Steen, geboren 1905, Maschinenschlosser, KPD-Mitglied und seit 1932 in der Bürgerschaft, wurde 1933 in »Schutzhaft« genommen. Zusammen mit Minna Klann (s. Gedenkstätte Vorwerker Friedhof), Ernst Puchmüller (ebenfalls Mitglied der Bürgerschaft, KPD) und Edmund Fülscher leitete er eine der größten Widerstandsorganisationen in Lübeck, deren Kern etwa 300 KPD-Mitglieder bildeten, die jedoch auch mit SPD-Mitgliedern, Reichsbannerleuten und anderen Gruppen zusammenarbeiteten. Viele von ihnen wurden 1935 verhaftet. Paul Steen entzog sich einer drohenden Verhaftung durch Emigration. Er ist 1938 als republikanischer Freiwilliger im Spanischen Bürgerkrieg gefallen.

Johannes Stelling, 1877 geboren, wurde ein Opfer der »Köpenicker Blutwoche«. Von 1902 bis 1919 war er Redakteur beim »Lübecker Volksboten«, bis 1912 Vorsitzender des Deutschen Transportarbeiterverbandes und als Sozialdemokrat Mitglied der Lübecker Bürgerschaft (1905–1919), der Weimarer Nationalversammlung (1919/20), des Landtags Mecklenburg-Schwerin (1921–1924) und des Reichstags (1920–1933). Außerdem gehörte er dem Bundesvorstand der Schutzformation »Reichsbanner« an und war eine Zeitlang Ministerpräsident. Am 22. Juni 1933, dem Tag des Verbots der SPD, wurde seine in einen Sack gehüllte, verstümmelte Leiche im Finow-Kanal in Berlin gefunden. Tags zuvor hatte die Köpenicker SA zusammen mit dem »SA-Sturm 33« aus Charlottenburg Hunderte politischer Gegner verhaftet (»Köpenicker Blutwoche«). Während dieser Woche verschwanden etwa 70 Menschen. Der SA konnten 21 Morde nachgewiesen werden. Der Versuch Ernst von Harnacks, den Tod seines Parteifreunds Stelling aufzuklären, brachte ihm eine mehrwöchige Haftstrafe ein.

Die Krypta der *Katholischen Propsteikirche* (Herz-Jesu-Kirche), an der *Parade 4*, ist heute *Gedenkstätte* für vier von den Nationalsozialisten hingerichtete Lübecker Geistliche. Am Abgang der Krypta befinden sich *Fotos* von ihnen sowie eine *Hinweistafel* mit dem Text:

> In der 1955 ausgebauten Krypta
> gedenken wir der Lübecker Martyrer-Priester
> Johannes Prassek
> Hermann Lange
> Eduard Müller
> die am 10. November 1943 ihr Leben
> hingaben unter dem Fallbeil
> zusammen mit dem ev. Pastor
> Karl Friedrich Stellbrink

An den Außentüren der Krypta sind zwei *Steintafeln* mit folgendem Wortlaut eingearbeitet:

> Im Jahre des Heiles 1943,
> im 11. Jahre, da der Verführer Gewalt über Deutschland hatte, im 5. Jahre des unseligen Krieges, am 10. November mußten die Kapläne Johannes Prassek, Hermann Lange und Eduard Müller ihr Leben hingeben unter dem Fallbeil; zu gleicher Stunde mit ihnen der evangelische Pastor Karl Friedrich Stellbrink, da er wie sie keinem anderen nachzufolgen gewillt war als Christus.
> Sie haben mitten unter uns gelebt. Sie liebten die Herrlichkeit der Schöpfung – das Licht der Wahrheit. Sie liebten die alten Kirchen unserer Stadt, sie liebten über alles die Menschen, die ihnen anvertraut waren. Sie liebten das Leben in seiner Fülle. Denn sie waren Freunde Gottes.
>
> Als Lübecks Türme, Zeugen vergangener Frömmigkeit, zusammengebrochen waren, gefiel es Gott, sich neue Türme zu bauen, Zeichen lebendigen Glaubens, und vor vielen wählte er jene aus, die wir hier ehren, denn sie waren seine Freunde.
>
> So lebten sie unter uns,
> Sakramente spendend auch gegen das Verbot der Mächtigen. Sie hörten die Beichten jener, die der Heimat beraubt und entrechtet unter uns lebten.
> Sie reichten ihnen den Leib des Herrn und segneten ihre Ehen.
>
> So gingen sie vor uns her:
> Freude ausströmend über dürre und verzweifelte Seelen, weil sie ihr Vertrauen auf Gott gestellt hatten. – Die Wahrheit laut herausrufend in ihrer Predigt, als Lüge und Verschweigen herrschten. – Zündend, obwohl selbst im Dunkeln. – Rettend, ohne sich zu retten in brennender Stadt. – Tröstend, da sie selbst des Trostes bedurften im Gefängnis. – Betend und opfernd noch in schmaler Zelle. – Lobend und preisend, da man sie schmähte, verleumdete und ihnen den Tod verkündete. – Liebend, mitten im Haß.
>
> Nun sind sie uns die ewig unzerstörbaren Türme geworden in unserer Stadt Lübeck, an denen wir emporblicken, unter deren Zeichen wir Lob- und Bittopfer feiern, unter deren Schutz wir fliehen, wenn Übermächtiges uns bedrängt.

In den vom Reichssicherheitshauptamt (RSHA) in Berlin zusammengestellten »Meldungen wichtiger staatspolitischer Ereignisse« heißt es unter dem 30. April 1942: »Kirchenbewegung, Sekten und Okkultismus«: »Gegen den evangelischen Pastor Friedrich Stellbrink, wohnhaft in Lübeck, wurde ein Strafverfahren beim Volksgerichtshof eingeleitet, weil er ausländische Sender abgehört und Nachrichten ausländischer Sender, die geeignet sind, die Widerstandskraft des deutschen Volkes zu gefährden, vorsätzlich verbreitet hatte. Außerdem hatte er von der Kanzel herab die britischen Terrorangriffe als ›Gottesurteile‹ bezeichnet.«
Die Gestapo war auf Friedrich Stellbrink, der seit dem Jahre 1934 an der Lutherkirche in der Moislinger Allee tätig war, durch eine Predigt am Tag nach einem schweren Luftangriff englischer Bomber auf Lübeck am 28./29. März 1942 (Vergeltungsschlag für die deutschen Luftangriffe auf Coventry und andere englische Städte) aufmerksam geworden. Ihm wurde die Verbindung zu den katholischen Priestern Johannes Prassek, Hermann Lange und Eduard Müller nachgewiesen, die im Juni 1942 verhaftet wurden; außerdem wurden kurz darauf 18 katholische Kirchenmitglieder verhaftet, darunter ein Stabsfeldwebel beim Bezirkskommando in Lübeck, der Predigten des Bischofs von Münster, Graf von Galen, und andere Flugschriften vervielfältigt hatte.
Vom 22. bis 24. Juni 1943 fand der »Lübecker Christenprozeß« statt, zu dem der »Volksgerichtshof« unter Vizepräsident Crohne eigens nach Lübeck gereist war. Die Geistlichen wurden wegen »Vorbereitung zum Hochverrat« und »Rundfunkverbrechens« zum Tode verurteilt. Sie hatten unter anderem Meldungen ausländischer Sender und Berichte von der Front in religiösen Zirkeln und auch in Jugend- und Soldatengruppen diskutiert. Die vier Geistlichen wurden am 10. November 1943 in Hamburg im Untersuchungsgefängnis (s. Hamburg-Mitte) durch die Guillotine hingerichtet. Andere Angeklagte erhielten Gefängnisstrafen, darunter Adolf Ehrtmann, ehemaliger zweiter Vorsitzender der Zentrumspartei in Lübeck und Bürgerschaftsmitglied. Die Urne mit der Asche des hingerichteten Pfarrers Friedrich Stellbrink wurde in der *Lutherkirche* an der *Moislinger Allee* neben einem Ehrenmal für Kriegstote beigesetzt. Auf einer *Grabplatte* stehen die der Apostelgeschichte entnommenen Worte: »Man muß Gott mehr gehorchen als den Menschen«.
Am 10. November, dem Hinrichtungstag der Geistlichen, findet jedes Jahr ein Gedenkgottesdienst in der Katholischen Propsteikirche Herz Jesu statt.

Nach dem katholischen Priester *Prassek* und dem evangelischen Pastor *Stellbrink* sind auch zwei *Straßen* in Lübeck benannt.

Auf der Rasenfläche vor dem Haus V der *Klinik für Psychiatrie der Medizinischen Universität zu Lübeck, Ratzeburger Allee 160,* wurde 1983 ein *Mahnmal* für die Opfer der nationalsozialistischen »Euthanasie«-Morde aus der damaligen »Heilanstalt Strecknitz« errichtet. Es trägt *zwei Tafeln* mit den Inschriften:

> Dem Gedenken der
> am 23. September 1941
> aus der ehemaligen
> Heilanstalt Strecknitz
> deportierten Patienten
>
> Seit 1912 befand sich auf dem
> Gelände der heutigen
> Medizinischen Hochschule Lübeck
> die Heilanstalt Strecknitz.
> Sie wurde 1941 auf Befehl der
> nationalsozialistischen Regierung
> aufgelöst. 605 psychiatrische
> Patienten wurden verschleppt.
>
> Für die meisten war es ein Weg
> ohne Wiederkehr.
>
> Dieser Stein soll an sie erinnern.
> Errichtet 1983.

In der *Hafenkantine* des Lübecker Hafens befindet sich eine *Gedenktafel* für drei im Widerstand ums Leben gekommene Lübecker Hafenarbeiter. Während der nationalsozialistischen Diktatur war der Lübecker Hafen ein wichtiger Ort des Widerstands in der Stadt. Bis zum Kriegsausbruch liefen von hier aus Verbindungen zu Emigrantenorganisationen und Auslandsleitungen der Arbeiterparteien SPD, KPD und SAP, besonders nach Skandinavien. Der Text auf der *Gedenktafel* in der Hafenkantine lautet:

> Gedenktafel für die Kollegen
> Jonny Bruer
> Max Grimm
> Karl Nitschke
> Fest im Glauben an ein
> sozialistisches Deutschland
> fanden sie einen qualvollen Tod
> im KZ.

Von der Verhaftung des 1888 in Hamburg geborenen Heizers Jonny Brauer (oder Dänisch: Bruer) wird in den »Meldungen wichtiger staatspolitischer Ereignisse« des Reichssicherheitshauptamtes (RSHA) im Oktober berichtet: » ...Brauer, der bereits wegen Vorbereitung zum Hochverrat mit 2 Jahren Zuchthaus vorbestraft ist, hatte eine Kurieranlaufstelle der illegalen KPD in Kopenhagen unterhalten und die Bestrebungen um die Wiedererrichtung kommunistischer Gewerkschaften im Reich unterstützt«.

Der Hafenarbeiter Max Grimm, Sozialdemokrat, arbeitete als Kurier und war maßgeblich an der Neugründung einer illegalen Betriebsgewerkschaft beteiligt. Zum 1. Mai 1935 hißte er eine rote Fahne auf einem 65 Meter hohen Fabrikschornstein.
Über Karl Nitschke fehlen nähere Angaben.

Im *»Primanerhof«* der Schule *»Katharineum«* wurde 1984 eine *Gedenktafel* angebracht. Die Tafel trägt die Inschrift:

1933–1945
Memento

Mit dieser Tafel sollen, obwohl nicht namentlich aufgeführt, unter anderen folgende Personen, darunter ehemalige Schüler des »Katharineums«, geehrt werden, die von Nationalsozialisten verfolgt wurden und an die am 10. August 1984, dem 40. Jahrestag der Hinrichtung von Fritz-Dietlof Graf von der Schulenburg, bei einer Gedenkfeier der Schule in der Katharinenkirche erinnert wurde: Minna Grünfeldt, Julius Leber, Heinrich und Thomas Mann, Erich Mühsam und Fritz-Dietlof Graf von der Schulenburg.

Minna Grünfeldt war Sekretärin am »Katharineum« und wurde verfolgt, weil sie Jüdin war.

Julius Leber (s. oben) war kein Schüler des »Katharineums«, wurde aber im Zusammenhang mit seinem Schwiegervater, Georg Rosendahl, geehrt, der bis 1933 Direktor des »Katharineums« war; da Rosendahl Jude war, wurde er nach der »Machtergreifung« der Nationalsozialisten entlassen. Die Schriftsteller Heinrich und Thomas Mann, beide ehemalige Schüler des Gymnasiums, verließen 1933 Deutschland. Heinrich Mann, Präsident der Preußischen Akademie der Künste, wurde 1933 von den Nationalsozialisten aus der Akademie ausgeschlossen; seine Bücher wurden verbrannt. Während seines Aufenthaltes in Frankreich bekämpfte er den Nationalsozialismus durch Veranstaltungen antifaschistischer Versammlungen sowie durch seine Schriften. 1940 floh er in die USA. Thomas Mann befand sich zur Zeit der »Machtergreifung« in der Schweiz und kehrte nicht nach Deutschland zurück. 1936 distanzierte er sich in einem offenen Brief vom Nationalsozialismus und wurde ausgebürgert. 1938 emigrierte er in die USA.

Der im Jahre 1878 in Berlin geborene revolutionäre Lyriker, Dramatiker und Essayist Erich Mühsam, der in Lübeck aufwuchs, bis zu seinem 18. Lebensjahr dort wohnte, wurde 1896 wegen »sozialistischer Umtriebe« vom »Katharineum« verwiesen. Danach war er in der St. Lorenz-Apotheke am Lindenplatz, die seinem Vater gehörte, als Apothekerlehrling tätig. 1901 ging er als freier Schriftsteller nach Berlin, 1909 nach München. Dort gab er die während des 1. Weltkriegs verbotene Zeitschrift »Kain – Zeitschrift für Menschlichkeit« heraus. 1918 gehörte er dem »Revolutionären Arbeiterrat« in München an. Nach dem Sturz der bayerischen Räterepublik wurde er zu 15 Jahren Festungshaft verurteilt, von der er 1924 amnestiert wurde. In seinen Schriften warnte er vehement vor Militarismus und Faschismus. Schon am 28. Februar 1933 wurde er bei der Verhaftungswelle nach dem Reichstagsbrand festgenommen und nach monatelanger Haft mit Verhören und Folter am 11. Juli 1934 im Konzentrationslager Oranienburg bei Berlin von der SS ermordet. Seine Eltern sind auf dem jüdischen Friedhof in Lübeck-Moisling (s. dort) beerdigt.

Der 1902 in London geborene Jurist Fritz-Dietlof Graf von der Schulenburg, ehemaliger »Katharineum«-Schüler, war zunächst kein Gegner des Nationalsozialismus. Er trat 1932 der NSDAP bei und sympathisierte mit dem »linken« Flügel um Gregor Strasser und mit dessen Vorstellungen der Verbindung von »Sozialismus« und »Nation«. Er wandte sich jedoch bald vom Nationalsozialismus ab, unter anderem unter dem Eindruck der Ermordung Gregor Strassers in Zusammenhang mit der »Röhm-Affäre« Ende Juni 1934. 1937 wurde er stellvertretender Polizeipräsident, 1939 stellvertretender Oberpräsident von Schlesien mit der Absicht, in diesen Ämtern ein positives Gegenbeispiel gegen staatliche Willkür zu setzen. 1940 trat er aus der NSDAP aus. Er ging zu Beginn des Krieges als Offizier zur Wehrmacht und knüpfte Kontakte zur militärischen Opposition um Generaloberst Ludwig Beck und zu Mitgliedern des »Kreisauer Kreises«, an deren Verfassungsentwürfen er mitarbeitete. In einer Regierung Goerdeler war er als Staatssekretär im Innenministerium vorgesehen. Nach dem Scheitern des Attentats vom 20. Juli 1944 wurde er am 10. August 1944 in Berlin-Plötzensee hingerichtet.

Auf dem *Vorwerker Friedhof* in Lübeck finden sich verschiedene zentrale *nationale Gedenkstätten:* ein *niederländisches* und ein *sowjetisches Mahnmal* sowie *Ehrenmale für Zwangsarbeiter, Kriegsgefangene und KZ-Opfer aus Polen, Estland und Litauen.* Mitte der fünfziger Jahre wurde eine *Gedenkstätte* im Stil eines griechischen Lichthofes errichtet, auf dessen Seitenwänden reliefartige Figuren Erschießungskommandos, Folter und Zwangsarbeit darstellen. Die künstlerische Gestaltung übernahm der Bildhauer Walter Jahn. Am Eingang zum Innenhof stehen die Worte:

Wir sind Opfer – Wir sind Saat

Im Innenhof befindet sich eine liegende Gedenkplatte mit der Inschrift:

Dem namenlosen Opfer

Denen
die in deutscher und in fremder
Erde fern der Heimat ruhen
Denen
die des Feuers Glut verzehrte
und die durch giftige Gase das
Leben lassen mußten
Denen
die des Wassers Gier verschlungen
und den Tod in den Wellen fanden
Denen
die die Luft bezwangen und
ihrem Schicksal – gleich dem
Ikaros – verfielen

Der Text läßt sich interpretieren als Gedenken an ausländische Opfer von Kriegsgefangenschaft und Zwangsarbeit, aber auch an vom NS-Regime mißbrauchte gefallene deutsche Soldaten und umgekommene Seeleute, an Bombenopfer, an die Vernichtung der Juden, an die Schiffskatastrophe mit KZ-Häftlingen in der Lübecker/Neustädter Bucht Anfang Mai 1945 (s. Neustadt) und an mißlungene Versuche von Menschen, Verfolgung und Tod durch Flucht zu entkommen.

Im Innenhof befinden sich *Gedenktafeln* mit Namen und Lebensdaten von Lübecker Regime-Gegnern, die in der NS-Zeit ermordet wurden oder in den ersten Nachkriegsjahren an den Folgen der Haft in Zuchthäusern und Konzentrationslagern gestorben sind, darunter:

Karl Schwerin	geb. 8. 6. 1899	gest. 21. 11. 1949
Ernst Lühn	geb. 27. 3. 1906	gest. 30. 3. 1949
Karl Ross	geb. 19. 8. 1882	gest. 19. 1. 1945
Johannes Grube	geb. 14. 9. 1888	gest. 21. 1. 1941
Minna Klann	geb. 2. 3. 1900	gest. 18. 4. 1941
Karl Kaehding	geb. 16. 3. 1906	gest. 18. 9. 1933
Johannes Rose	geb. 2. 11. 1889	gest. 31. 12. 1950
Paul Hattenbach	geb. 12. 11. 1882	gest. 22. 3. 1940
Erich Klann	geb. 16. 1. 1896	gest. 6. 12. 1948

Einige der Toten sind hier in Urnen beigesetzt. Nur über einige der Genannten ist Näheres bekannt:

An Karl Roß und Erich Klann erinnert auch die Gedenktafel im Vorraum des Lübecker Bürgerschaftssaales. Johannes Grube und Minna Klann gehörten zu der größten Widerstandsorganisation in Lübeck wie Paul Steen, an den die Gedenktafel im Vorraum des Bürgerschaftssaales erinnert (s. dort).

Der 27jährige Karl Kaehding wurde im September 1933 wegen seiner Beteiligung an einer Auseinandersetzung am Tag der Reichstagswahl am 31. Juli 1932, bei der ein Nationalsozialist umkam, zum Tode verurteilt. Er soll drei Tage nach der Urteilsverkündung Selbstmord verübt haben.

Ein *zentrales niederländisches Mahnmal* auf dem *Vorwerker Friedhof* erinnert an alle in Schleswig-Holstein umgekommenen und zum Teil von anderen Friedhöfen hierher umgebetteten niederländischen Opfer. Die Anlage entstand in den Jahren 1953 bis 1957 unter Mitwirkung der niederländischen Kriegsgräberfürsorge (Oorlogsgravenstichting). Auf den Seitenpfosten des Gittertors zu der Anlage stehen unter dem niederländischen Siegel die Angaben:

1940	1945
Nederlands	Niederländische
Ereveld	Ehrenanlage

Ein Kasten im linken Pfosten enthält Bücher, in die sich Besucher des Mahnmals eintragen können. Das Mahnmal aus weißem Stein hat die Form eines Triptychons, in das 243 Namen eingraviert sind.

Um ein *sowjetisches Mahnmal* auf dem *Vorwerker Friedhof* – eine schlanke, hohe Säule, die mit einem Stern abschließt – sind halbkreisförmig Gedenkplatten für 104 sowjetische Staatsbürger angeordnet. Soweit bekannt, sind auf den Gedenkplatten Namen und zum Teil auch Geburts- und Sterbedaten der Opfer angegeben. An welcher Stelle die Toten, darunter auch Frauen, beerdigt sind, ist unbekannt. Ein großer Teil der Opfer von Verschleppung und Zwangsarbeit ist damals in Massengräbern verscharrt worden.
Eine große Gedenkplatte mit eingraviertem Stern und den Symbolen Hammer und Sichel trägt die russische Inschrift, die übersetzt lautet:

An dieser Stelle sind sowjetische Bürger
bestattet, die im faschistischen Deutschland
1941–1945 umgekommen sind.
Das Vaterland wird Euch nicht vergessen.

Nördlich des niederländischen Mahnmals ist ein großes *polnisches Ehrenmal* mit einer Inschrift in polnischer Sprache aufgestellt. Dort liegen etwa 250 bis 300 polnische Tote – Zwangsarbeiter und KZ-Opfer – bestattet.

An anderen Stellen des *Vorwerker Friedhofs* befinden sich Grabstätten und *Ehrenmale* für Tote aus *Estland* und *Litauen*.
Die vielen ausländischen Toten auf dem Vorwerker Friedhof kamen wahrscheinlich als Zwangsarbeiter und Kriegsgefangene ums Leben. Die Forschungen über den Einsatz von Zwangsarbeitern und Kriegsgefangenen in Lübecker Betrieben sind noch nicht abgeschlossen. In den zahlreichen in der »Reichsbetriebskartei (RBK)« (s. Elmshorn) verzeichneten Lübecker Rüstungsbetrieben waren vermutlich insgesamt über 15 000 Zwangsarbeiter und Kriegsgefangene beschäftigt. Zu den größten Werken gehörten unter anderem das Dräger-Werk in der Moislinger Allee (Produktion von Gasschutz- und Atemgeräten, U-Boot-Teilen u. a., s. auch Hamburg: Gedenktafel Außenlager Drägerwerke), die Lübecker Flender-Werke-AG (Produktion von U-Booten und Kriegsschiffen), die Deutsche Waffen- und Munitionsfabriken AG in Lübeck-Schlutup mit über 7 000 Beschäftigten sowie die Berlin-Lübecker Maschinenfabrik und die Norddeutschen Dornier-Werke.
Nach Augenzeugenberichten sollen nahezu 300 sowjetische Kriegsgefangene, die in Lübeck zur Arbeit eingesetzt werden sollten, am Bahnhof als Sterbende und Tote aus Eisenbahnwaggons ausgeladen worden sein. Wo diese Menschen bestattet sind, ist nicht bekannt.
Auf einem *Gräberfeld* findet sich seit November 1990 eine *Gedenkstätte mit 183 schlanken Stelen* aus schwedischem Granit, die an 183 KZ-Opfer aus den letzten Kriegstagen erinnert. Bei den hier Bestatteten handelt es sich um Insassen mehrerer Konzentrationslager, die im April 1945 über Neuengamme nach Lübeck gekommen waren. Sie sollten nach Neustadt/Holstein zum Häftlingsschiff »Cap Arcona« gebracht werden. Infolge der grausamen Behandlung in den Konzentrationslagern starben viele bereits auf dem Weg oder am Lübecker Hafen. Diese Toten wurden zwar nicht in einem Massengrab verscharrt, lagen aber bis 1990 ohne sichtbares Zeichen auf dem Vorwerker Friedhof. Etwa 30 Opfer sind namentlich bekannt. Ihre Namen und Daten sind in die Stelen eingemeißelt. Das Halbrund der Anlage ist so angelegt, daß es das Pendant zu dem gegenüberliegenden Gräberfeld für polnische Tote bildet. Die Initiative zu dieser Gedenkstätte ging vom Grünflächenamt der Stadt Lübeck aus.

Am Silo des *Vorwerker Industriehafens*, dem Einschiffungskai für KZ-Häftlinge, befindet sich seit dem 3. Mai 1990, anläßlich des 45. Jahrestages der Wiederkehr der Schiffskatastrophe, eine *Gedenktafel*, die an das Leiden und den Tod der KZ-Opfer erinnert. Die Inschrift lautet:

In das Konzentrationslager Hamburg/Neuengamme
verschleppten Gestapo- und SS-Sicherheitsdienst
1940–1945 106 000 männliche und weibliche
Häftlinge aus über 20 Ländern.
55 000 überlebten das Lager nicht.
Nach einem Befehl des Reichsführers der SS
Heinrich Himmler sollte kein Häftling lebendig
in die Hände des Feindes fallen.
Vom 20. – 26. April 1945
schaffte die SS-Lagerführung
mehr als 9 000 Häftlinge nach Lübeck.
Hier bei dem Getreidesilo
wurden sie auf die Schiffe gebracht:
4 600 auf die Cap-Arcona,
2 800 auf die Thielbek, 2 000 auf die Athen.
Am 3. 5. 1945 griffen britische Jagdbomber
die Schiffe in der Neustädter Bucht an.
Die Thielbek sank sofort.
Die Cap-Arcona geriet in Brand und kenterte.
Über 7 000 Häftlinge fanden den Tod.

Auf dem *jüdischen Friedhof* in Lübeck-*Moisling, Niendorfer Straße,* mit dem die Hansestadt Lübeck ein in Schleswig-Holstein einzigartiges sakral-kulturelles Denkmal besitzt, befindet sich ein *Gedenkstein*, der von zwei halbhohen Pfeilern mit steinernen Kugeln, dem Davidstern und den Jahreszahlen 1933–1945 flankiert wird. Unter einer hebräischen Inschrift lautet die deutschsprachige Widmung:

Den gemordeten
6 Millionen unseres Volkes
und
ihren Brüdern und Schwestern
aus Lübeck
zur unverlierbaren Erinnerung.
Den Lebenden zur
immer währenden Mahnung.
Die Jüdische Gemeinde
zu Lübeck

Der Gedenkstein wurde im Zusammenhang mit der Umbettung von 38 ungarischen Jüdinnen, ehemaligen Häftlingen eines Außenlagers des Konzentrationslagers Neuengamme in Lübberstedt bei Bremen, auf diesem Friedhof errichtet. Für diese wurde ein *Gedenkstein* aufgestellt mit dem Text:

Hier fanden 38 unbekannte
jüdische Häftlinge
aus dem KZ Neuengamme ihre letzte
Ruhestätte

Die Frauen kamen Anfang Mai 1945 beim Beschuß eines Zugtransports durch britische Tiefflieger an der ehemaligen Blockstelle 1 der Bahnlinie Eutin-

Lübeck: Gedenkstein der Jüdischen Gemeinde auf dem jüdischen Friedhof im Stadtteil Moisling (1960).

Lübeck ums Leben. Sie wurden zunächst nahe Eutin im Hainholz in einem Massengrab beerdigt. Im Jahre 1960 wurden sie auf den Friedhof Moisling überführt. Weitere fünf Opfer dieses Geschehens liegen auf dem jüdischen Friedhof in Eutin bestattet (s. dort).

Die von der Deutsch-Israelischen Gesellschaft (DIG), Landesarbeitsgemeinschaft Schleswig-Holstein, vorgeschlagene Einrichtung eines Archivs über Leben und Wirken ehemaliger jüdischer Mitbürger ist bisher von der Stadt Lübeck nicht realisiert worden.
Der Vorsitzende der Gesellschaft besitzt eine »Gestapo-Liste« aus dem Jahre 1938 mit etwa 300 Namen, Anschriften, Geburtsdaten und Berufsangaben von Lübecker Juden und hat herausgefunden, daß 86 jüdische Bürger am 6. Dezember 1941 von Lübeck in das Lager »Jungfernhof« bei Riga deportiert wurden, von denen nur drei überlebten. Er hat die Gestaltung eines *Gedenkbuches* für die Ermordeten angeregt und setzt sich für die Einrichtung einer *Gedenkstätte* ein. Der Vorschlag, die ehemalige Synagoge in der St. Annen-Straße in ein Schleswig-Holsteinisches Museum für jüdische Kultur und Geschichte umzugestalten, wurde abgelehnt.

Kontakt:
Deutsch-Israelische Gesellschaft, c/o Peter Guttkuhn, Landesarbeitsgemeinschaft Schleswig-Holstein, Kahlhorststraße 30, 23562 Lübeck.

Erfolglos war ein Antrag der Fraktion der Grünen in der Bürgerschaft im Juni 1989 auf Errichtung eines Denkmals zum Gedenken an die Opfer, »die durch die Militärjustiz, insbesondere des Deutschen Reiches im Zweiten Weltkrieg, wegen ihres Verweigerungshandelns gegenüber einer weiteren Inanspruchnahme ihrer ›Wehrkraft‹ unschuldig und in großer Zahl hingerichtet wurden«. Dieser Antrag auf Errichtung eines *Denkmals für den unbekannten Deserteur* und für die *Opfer der Militärjustiz* fand jedoch keine Zustimmung.

Stadtrundgänge zu Stätten der Verfolgung und des Widerstandes veranstaltet:
Arbeitskreis Geschichte der Lübecker Arbeiterbewegung, c/o Geschichtswerkstatt Herrenwyk, Kokerstraße 1–3, 23569 Lübeck, Ansprechpartner: Dr. Wolfgang Muth, Tel.: 04 51/30 11 52.

Quellen/Literatur:
Bästlein, Klaus, Schleswig-Holstein in den »Meldungen wichtiger staatspolitischer Ereignisse« – August 1941 bis November 1944, in: AKENS-Info Nr. 7/8, Kiel 1986, S. 4–47, bes. S. 26 f., S. 34, S. 44; Beck, Dorothea, Julius Leber – Sozialdemokrat zwischen Reform und Widerstand. Mit den Briefen aus dem Zuchthaus, Berlin 1983; Delius, Peter, Die Auflösung der Lübecker Heilanstalt Strecknitz im Jahre 1941. Ein Beitrag zur Sozialgeschichte der Psychiatrie im Nationalsozialismus, Kiel 1988; Guttkuhn, Peter, 150 Jahre israelitische Gemeinde in Lübeck, in: Vaterstädtische Blätter Jg. 24, Lübeck 1973, S. 50 ff; Ders., 9./10. November 1938: Es geschah (auch) in Lübeck. Der Pogrom gegen die jüdischen Mitbürger, in: dto. Jg. 33, Lübeck 1982, S. 67 f.; Ders., Die drei Schwestern Grünfeldt. Vom Leben, Leiden und Sterben der Lübecker Juden, in: dto. Jg. 34, Lübeck 1983, S. 84–87; Ders., »Sie sieht nicht sehr jüdisch aus«. Emma Grünfeldt, eine Lübecker Lehrerin, in: dto. Jg. 35, Lübeck 1984, S. 6–8; Hoch/Schwarz, Verschleppt, S. 172–174; Imberger, Elke, Widerstand »von unten«. Widerstand und Dissens aus den Reihen der Arbeiterbewegung und der Zeugen Jehovas in Lübeck und Schleswig-Holstein 1933–1945, Neumünster

1991; Katz, Josef, Erinnerungen eines Überlebenden, Kiel 1988 (Josef Katz wurde als Jude von Lübeck aus deportiert); Klatt, Ingaburgh, »...dahin wie ein Schatten«, Aspekte jüdischen Lebens in Lübeck, hrsg. v. Burgkloster Lübeck u.v. Amt für Kultur der Hansestadt Lübeck, Lübeck 1993 (Buch zur Ausstellung im Burgkloster zu Lübeck März 1992 bis Jan. 1993); Mommsen, Hans, Fritz-Dietlof von der Schulenburg, in: Graml, Hermann (Hrsg.), Widerstand im Dritten Reich. Probleme, Ereignisse, Gestalten, Frankfurt a.M. 1984, S.212–220; Museum für Kunst- und Kulturgeschichte der Hansestadt Lübeck (Hrsg.), Nationalsozialismus in Lübeck 1933 bis 1945 – Eine Dokumentation zur Ausstellung im Lübecker St.-Annen-Museum vom 30. Januar bis zum 4. April 1983, Lübeck 1985 (Forschungen und Dokumentationen zur Stadtgeschichte 1); Pelke, Else, Der Lübecker Christenprozeß 1943, Mainz 1974 (Topos Taschenbücher Band 36); Presse- und Informationsamt der Hansestadt Lübeck (Hrsg.), Concordia Domi – Foris Pax. Gedenkfeier aus Anlaß des 40. Todestages des Lübecker Bürgerschaftsmitgliedes und Reichstagsabgeordneten Dr. Julius Leber am 5. Januar 1985 im Großen Saal der Städtischen Bühnen (Dokumentation zum Zeitgeschehen in der Hansestadt Lübeck), Lübeck 1985 (enthält Rede von Prof. Dr. Hans Mommsen: »Julius Leber und der deutsche Widerstand gegen Hitler«); Schmidt, Gerhard, Selektion in der Heilanstalt 1939–1945. Mit einer Einleitung von Karl Jaspers, Frankfurt a.M. (1965) ^{2}1983. (Der Autor war von 1965–1974 Direktor der Psychiatrischen und Neurologischen Klinik der Medizinischen Universität Lübeck.); Schreiber, Albrecht, Wegweiser durch die Geschichte der Juden in Moisling und Lübeck, Lübeck 2. Aufl. 1985; Ders., Über Zeit und Ewigkeit. Die jüdischen Friedhöfe in Moisling und Lübeck, Lübeck 1988 (Kleine Hefte zur Stadtgeschichte, hrsg. vom Archiv der Hansestadt Lübeck 4); Ders., Zwischen Davidstern und Doppeladler – Illustrierte Chronik der Juden in Moisling und Lübeck (hrsg. vom Archiv der Hansestadt Lübeck zur Ausstellung »...dahin wie ein Schatten«. Aspekte jüdischen Lebens in Lübeck, vom 26. März 1992 bis 31. Januar 1993), Lübeck 1992; Zentrum, Jugendamt der Hansestadt Lübeck (Hrsg.), Alternativer Stadtführer zu den Stätten der Lübecker Arbeiterbewegung, des Widerstandes und der nationalsozialistischen Verfolgung, erarbeitet vom Arbeitskreis Geschichte der Lübecker Arbeiterbewegung in Zusammenarbeit mit der VVN/BdA Lübeck, 2. Aufl. Lübeck 1986.

Lütjenburg

Am Rande des *Friedhofs* von Lütjenburg, etwa sieben Kilometer von Hohwacht an der Ostküste entfernt, Kreis Plön, befinden sich einige Gräber von »Ostarbeitern« und Kriegsgefangenen aus den letzten beiden Kriegsjahren, Männern und Frauen, und auch Gräber von Kleinkindern. Die meisten stammen aus Polen. Einige Gräber tragen Grabkreuze mit Namen, Geburts- und Sterbedaten. Ein Toter, dessen Name und Nationalität unbekannt sind, war Häftling im Außenkommando Lütjenburg-Hohwacht des KZ Neuengamme. Dieses Außenlager, das im Bereich des heutigen Berliner Platzes lag, bestand von Dezember 1944 bis März 1945. Die etwa 200 männlichen Häftlinge waren in Hohwacht untergebracht und beim Hohwachter Zweigwerk der Kieler Firma Anschütz & Co. zur Herstellung von Luftwaffengeräten eingesetzt. Ende März 1945 wurden sie vor den herannahenden alliierten Truppen in das Hauptlager Neuengamme »evakuiert«. Einige Zwangsarbeiter waren nach Zeitzeugenaussagen in einem Haus auf dem Gildeplatz untergebracht, das später abgerissen wurde. Viele von ihnen mußten am Bismarckturm, in der heutigen Tannenschlucht, in einer Reparaturwerkstatt für U-Boot-Ferngläser arbeiten. Auch dort gab es Baracken für Zwangsarbeiter.

An das KZ-Außenkommando Hohwacht erinnerte 1989 noch eine Kellerruine vor der Post, die möglicherweise durch spätere Bauarbeiten beseitigt wurde. Die Lehrerin Gisela Schünke vom Hoffmann-von-Fallersleben-Schulzentrum in Lütjenburg setzt sich für die Anbringung einer Gedenktafel ein, die an die Geschichte dieses Ortes erinnert.

Kontakt:
Gisela Schünke, Düppelstr. 69, 24105 Kiel, Tel.: 0431/84592. Frau Schünke hat im Rahmen von Projekttagen mit ihren Schülern Informationen über das KZ-Außenlager Hohwacht zusammengetragen.

Quellen:
Knoke (Pastor), Unsere Kriegsgräber in Lütjenburg, in: Nordelbische Kirchenzeitung Nr. 22 v. 17. November 1985, S. 13f.; Hoch/Schwarz, Verschleppt, S. 181.

Lunden, Holstein

Auf dem *Evangelisch-Lutherischen Friedhof* in Lunden, Dithmarschen, fanden vier Zwangsarbeiter aus der Sowjetunion ihre letzte Ruhestätte. Es handelt sich um eine 17jährige und eine 22jährige Frau und zwei 17jährige Männer.

Quellen:
Hoch/Schwarz, Verschleppt, S. 176f.; Mitteilung der Kirchengemeinde Lunden vom 12. Februar 1992.

Malente

Auf dem *Friedhof Malente*, Kreis Ostholstein, fanden zahlreiche Zwangsarbeiter ihre letzte Ruhestätte: vier Esten, dreizehn Letten, ein Litauer, sechs

Polen, sieben Sowjetbürger und ein Jugoslawe. Auf dem zur Gemeinde Malente gehörenden *Friedhof Neukirchen* wurden weitere neun Personen verschiedener Nationalität bestattet. Das Schicksal dieser Menschen ist noch ungeklärt. Eine Gedenktafel existiert nicht.

Quelle:
Auskunft der Gemeinde vom 25. Februar 1992.

Marne

Neun Kreuze auf dem *Friedhof* der Stadt Marne in Dithmarschen zeugen von dem Einsatz polnischer Zwangsarbeiter am Ort, von denen hier ein Mann, vier Frauen und vier Kinder bestattet wurden.

Quellen:
Hoch/Schwarz, Verschleppt, S. 190.; Mitteilung der Ev.-Luth. Kirchengemeinde Marne vom 26. Februar 1992.

Meldorf

Auf dem *Evangelisch-Lutherischen Friedhof* in Meldorf verweisen eine *Grabplatte* und ein *Obelisk* mit der Inschrift »Wer will uns scheiden von der Liebe Gottes« auf 36 hier bestattete Tote aus Polen, der Sowjetunion, Jugoslawien, Finnland und Deutschland. Eine Inschrift an anderer Stelle des Friedhofes lautet:

Hier ruhen 4 russische Staatsangehörige 1941–1945.

Bei diesen Toten dürfte es sich überwiegend um Opfer der vier Meldorfer Arbeitslager mit insgesamt etwa 1100 Insassen aus verschiedenen Nationen handeln, die überwiegend in der örtlichen Trockengemüse- und Kohlfabrik eingesetzt wurden.

Quellen:
Hoch/Schwarz, Verschleppt, S. 191.; Mitteilung der Friedhofsverwaltung vom 3. März 1992.

Mölln, Kreis Herzogtum Lauenburg

Im Jahre 1989 beschloß die Möllner Stadtvertretung auf Antrag der SPD-Fraktion die Anbringung einer *Gedenktafel* für die Opfer des NS-Regimes. Diese Ankündigung sorgte für eine solch kontroverse öffentliche Diskussion, daß es bis zum März 1992 dauerte, bis die Stadtvertretung sich auf den folgenden Text verständigte:

Zur Erinnerung an alle Menschen,
die in unserer Stadt zwischen
1933 und 1945 verfolgt wurden oder
infolge der nationalsozialistischen
Gewaltherrschaft gestorben sind.
Zum Gedenken an die Opfer und den
Lebenden zur Mahnung.

Stadt Mölln

Die aus zwei Acrylplatten mit weißer Schrift gestaltete Tafel wurde am 27. August 1993 an der *Fassade des alten Rathauses,* dem künftigen Museum, enthüllt.

Auf dem *Alten Friedhof* in Mölln, *Hindenburgstraße,* befinden sich ein *Gedenkstein* mit russischer Inschrift für 21 aus Ratzeburg hierher überführte sowjetische Kriegsgefangene und ein *zweiter* nach dem Krieg aufgestellter *Gedenkstein* für 49 hier bestattete sowjetische Kriegsgefangene, die zwischen 1941 und 1945 in Lagerhaft oder in einem Lazarett gestorben sind. Außerdem liegen hier sechs polnische Zwangsarbeiter, darunter eine Krankenschwester, beerdigt. Die Grabsteine tragen Namen, Geburts- und Sterbedaten.
Während des Krieges waren in Mölln einige Zwangsarbeiterlager eingerichtet, das größte bei der »Heeresmunitionsanstalt Schneiderschere« mit bis zu 300 sowjetischen Insassen. Von Dezember 1944 bis April 1945 existierte ein kleineres Außenkommando des KZ Neuengamme mit etwa 20 männlichen Häftlingen, die von der Bauleitung Mölln zu Arbeiten im Sägewerk im nahen Breitenfelde eingesetzt wurden.

Quellen:
Hoch/Schwarz, Verschleppt, S. 171.; Internationaler Suchdienst (Hrsg.), Haftstätten unter dem Reichsführer-SS (1933–1945), Arolsen 1979, S. 228; Zimmermann, Hansjörg, Zur Geschichte der NSDAP in Mölln, in: Lauenburgische Heimat, 125, 1989, S. 76–94; »Lübecker Nachrichten« vom 29. 8. 1993.

Moorkaten siehe Kaltenkirchen

Neumünster

1984 wurde im Hof des *Neuen Rathauses* von Neumünster, am *Großflecken*, eine *Mahntafel* mit folgender Inschrift angebracht:

Gegen Diktatur und Gewalt
in Deutschland

Auf dem *Nord- und dem Südfriedhof* der Stadt finden sich in einer besonderen Anlage die Gräber von 242 verstorbenen Kriegsgefangenen und Zwangsarbeitern. Bei den Verstorbenen handelt es sich überwiegend um Sowjetbürger und Polen, daneben um Angehörige zehn weiterer Nationen.
Auf dem Friedhof in Neumünster-*Einfeld* gibt es fünf weitere Gräber. Einige ursprünglich hier bestattete Zwangsarbeiter und Kriegsgefangene wurden nach dem Krieg auf den Friedhof in Boostedt (s. dort) umgebettet.
In Neumünster gab es etwa 54 kleinere und größere Lager und Kommandos für ausländische, vorwiegend sowjetische und polnische Zwangsarbeiter und Kriegsgefangene, die bei Firmen, die zum Teil in der »Reichsbetriebskartei« als rüstungs- und kriegswirtschaftlich besonders wichtig verzeichnet waren, zur Arbeit eingesetzt waren. Ihre Gesamtzahl schwankte zwischen 4000 und 5000.

Quellen/Literatur:
Harbeck, K.-H., Nationalsozialismus, in: Irmtraut Engling (Hrsg.), Das Neumünster-Buch, Neumünster 1985; Peters, Horst, Einsatzort Neumünster, in: Hoch/Schwarz, Verschleppt, S. 116–130, 174f.; Volkshochschule Neumünster (Hrsg.), Neumünster im Zeichen des Hakenkreuzes. Dokumentation, [2]1983; Auskunft der Stadtverwaltung Neumünster vom 11. Februar 1992.

Neustadt in Holstein

In einem *Dünen- und Strandwallgelände* zwischen Neustadt in Holstein und dem etwa zwei Kilometer entfernten Ostseebadeort Pelzerhaken liegt die *zentrale Gedenkstätte für die Opfer der »Cap-Arcona-Katastrophe«*, die sich am 3. Mai 1945 in der Neustädter Bucht abspielte. Auf dem schmiedeeisernen Eingangstor ist die Gedenkstätte als *»Ehrenfriedhof Cap Arcona«* bezeichnet. Im Zentrum der Anlage ist auf einer Steinplattenfläche ein großes steinernes *Mahnmal* errichtet: Ein mittlerer hoher Stein trägt unter dem Relief eines Winkels als dem Kennzeichen für alle KZ-Häftlinge in großen Ziffern und Lettern die Angaben:

7000
K – Z
3. 5. 1945

Auf zwei flankierenden Steinen sind 24 Nationalitäten der Opfer aufgelistet. Der Sockel des Mahnmals trägt die Jahreszahlen »1933–1945«. Auf der Rückseite des Mahnmals steht folgende Inschrift:

Hier ruhen
621 der 7000 Opfer
der Thielbek- und
Cap-Arcona-Katastrophe
vom 3. Mai 1945

1980 wurde an der Außenmauer des *Ehrenfriedhofs* eine *Informationstafel* mit folgendem Text angebracht:

Ende April 1945 wurde das Konzentrationslager Neuengamme bei Hamburg evakuiert, und etwa 8 000 Häftlinge wurden auf Schiffe in der Neustädter Bucht gebracht. Am 3. Mai 1945 wurden die drei Schiffe »Cap-Arcona«, »Deutschland« und »Thielbeck« ab 14.30 Uhr von britischen Bombern angegriffen. Schon nach dem ersten Angriff sank innerhalb weniger Minuten die »Thielbeck« mit etwa 2 950 von 3 000 Personen an Bord. Die »Cap-Arcona« mit etwa 4 800 Häftlingen sowie die leere »Deutschland« gerieten in Brand. Die »Cap-Arcona« kenterte nach wenigen Stunden, wobei sich nur 800 Personen retten konnten.

Dem Andenken der 7 000 Toten der Katastrophe
ist dieser Friedhof geweiht.

Im Jahre 1983 wurde in Abstimmung mit der »Amicale Internationale de Neuengamme«, einem Zusammenschluß nationaler Organisationen ehemaliger Neuengamme-Häftlinge, von Landesbezirken des Deutschen Gewerkschaftsbundes vor dem zentralen Mahnmal eine flache *Gedenkplatte* aus Sandstein mit folgendem Text niedergelegt:

Wir gedenken der
7 000 Opfer der Nazi-Diktatur,
die in der Neustädter Bucht
getötet wurden. Unter ihnen
viele Gewerkschafter.
Nie wieder Faschismus,
nie wieder Krieg
DGB Nordmark
DGB Nordrhein-Westfalen

Vereinzelt sind auf dem Friedhof von Angehörigen niedergelegte symbolische Grabsteine mit Namen von Opfern vorhanden.
Der als Gedenkstätte gestaltete Friedhof wird künftig von einer erweiterten naturnahen Schutzzone umgeben sein. Der rückwärtig befindliche Zeltplatz wurde 1991 aufgelöst.

An die Ereignisse des 3. Mai 1945 erinnert auch der *Cap-Arcona-Weg.*

Ein *Cap-Arcona-Museum,* das am 3. Mai 1990 zum 45. Jahrestag der Katastrophe, fertiggestellt wurde, befindet sich im östlichen Anbau an das historische *Kremper Tor.* In zwei Räumen werden Originalteile aus dem Schiffswrack sowie in Schauvitrinen Häft-

»Ehrenfriedhof Cap Arcona« am Ostseestrand bei Neustadt in Holstein: die zentrale Gedenkanlage für die Opfer der Schiffskatastrophe in der Neustädter und Lübecker Bucht vom 3. Mai 1945. Über 7 000 KZ-Häftlinge kamen ums Leben, die von der SS zur Evakuierung auf die Schiffe »Cap Arcona« und »Thielbek« getrieben worden waren.

lingsbekleidung und Eßgeschirr gezeigt. Thematische Karten und ausgewählte Fotos mit erklärenden Kurztexten vermitteln dem Besucher einen Einblick in die Zusammenhänge. Über die Verwendung von drei Teilstücken des Schiffsmastes der »Cap Arcona« wird zur Zeit noch diskutiert. Es gibt die Überlegung, einen Skulpturenpark anzulegen.

Öffnungszeiten:
April/Mai u. September/Oktober Di-Sa 15–17 Uhr, So 10–12 Uhr, Montag geschlossen. Juni-August Di–So 10–12 u. 15–17 Uhr, Montag geschlossen. Ganzjährig: Gruppen und Einzelpersonen nach Vereinbarung. – Postanschrift: Stadtverwaltung Neustadt/Holstein, Am Markt 1, 23730 Neustadt/Holstein, Tel.: 0 45 61/619-0.

Zu den Ereignissen des 3. Mai 1945

Als sich die englischen Truppen Anfang April 1945 Hamburg näherten, setzten überall in Norddeutschland »Evakuierungstransporte« aus den vielen Außenlagern des Konzentrationslagers Neuengamme ein. Den Nationalsozialisten ging es gegen Kriegsende darum, möglichst viele Spuren und Zeugen ihrer Massenverbrechen zu beseitigen. Nach einem Befehl des Reichsführers-SS Himmler an die Kommandanten der Konzentrationslager sollte »kein Häftling lebend in die Hand des Feindes« fallen. Am 25. April 1945 begann die Verladung von mehr als zehntausend Häftlingen des Konzentrationslagers Neuengamme auf die in der Neustädter/Lübecker Bucht ankernden Schiffe »Cap Arcona« und »Thielbek«, zusammen mit SS-Bewachern und zur Bewachung abkommandierten Marineartilleristen. Hunderte von Häftlingen starben in den nächsten Tagen an Schwäche, wegen der mangelhaften Versorgung oder an Mißhandlungen auf den völlig überfüllten Schiffen. Am 3. Mai 1945 wurden die Schiffe von britischen Flugzeugen irrtümlich bombardiert. Die britischen Streitkräfte hatten angenommen, daß NS-Führer und intakte Wehrmachtsteile sich mit Schiffen, die aus Häfen in Schleswig-Holstein ausliefen, nach Norwegen absetzen wollten, dem letzten Land außer Dänemark, das die Nationalsozialisten noch unter Kontrolle hatten. Bei der Bombardierung brach eine unbeschreibliche Panik aus. Tausende von Menschen verbrannten, erstickten oder ertranken. SS-Männer und auch Marinesoldaten schossen noch auf im Wasser treibende Häftlinge, die sich aus den brennenden oder sinkenden Schiffen ins Wasser hatten retten können. Die mit etwa 2 000 Häftlingen beladene »Athen« hatte zu dem Zeitpunkt am Kai des Neustädter Hafens angelegt.

Unter den auf dem »Ehrenfriedhof Cap Arcona« in Neustadt bestatteten Toten befinden sich auch am Neustädter Strand aufgefundene Tote eines versprengten »Evakuierungstransports« aus dem Konzentrationslager Stutthof bei Danzig. Etwa 200 Männer, Frauen und Kinder, überwiegend polnische und sowjetische Juden, auch einige Dänen und Norweger, die am 2. Mai über See in offenen Booten die Lübecker Bucht erreicht hatten, wurden im Beisein von jungen Marinesoldaten am Strand durch SS und SD erschossen oder ins Meer geworfen, nachdem die Kapitäne der »Cap Arcona«, der »Thielbek« (die Schreibweise »Thielbeck« statt »Thielbek« findet sich nur auf der oben zitierten Informationstafel) und der »Athen« sich am Tage zuvor wegen Überfüllung ihrer Schiffe geweigert hatten, weitere Häftlinge an Bord zu nehmen.

Die Überlebenden der Schiffskatastrophe wurden auf Anordnung der britischen Militärregierung, die die Stadt wenige Stunden nach der irrtümlichen Bombardierung der Häftlingsschiffe besetzt hatte, in der U-Boot-Schule in Neustadt oder in Lazaretten untergebracht. Ein internationales Häftlingskomitee organisierte die Beisetzung der bis dahin an Land getriebenen Leichen und der am Strand Erschossenen.
Auch an die Strände anderer Küstenorte wie Niendorf (Ostsee), Timmendorfer Strand, Haffkrug, Sierksdorf, Grömitz und Grube sowie an vielen Stränden Mecklenburg-Vorpommerns wurden – auch noch Wochen später – viele Opfer der »Cap-Arcona-Katastrophe« angeschwemmt. Auch dort wurden Friedhöfe in Klütz und auf der Insel Poel für sie angelegt. Auf dem Tannenberg in Grevesmühlen befindet sich die *zentrale Gedenkstätte* der früheren DDR für die »Cap-Arcona-Opfer«.
Noch in späteren Jahren wurden an Stränden zwischen Timmendorfer Strand und Grömitz Leichenteile angespült. Die genauen Zahlen der angeschwemmten Toten und der auf den Friedhöfen bestatteten Opfer sowie ihre Identität sind nicht mehr feststellbar. Vielfach fanden Umbettungen statt.

Auf dem *jüdischen Friedhof* von Neustadt, am *Grasweg* unmittelbar im Anschluß an den Südfriedhof gelegen, liegen etwa 100 als jüdische KZ-Häftlinge identifizierte Opfer der »Cap-Arcona-Katastrophe« beerdigt. Das Eingangstor zu dem Friedhof trägt zwei große Davidsterne. Ein von Dauergrün fast überwucherter *zentraler Gedenkstein* trägt auf der Vorderseite hebräische Inschriften und einen Davidstern. Auf der linken Seitenfläche steht folgender Text:

Dem Gedenken
der jüdischen
Männer und Frauen,
die als Opfer der
Nazi-Verfolgung
ihr Leben lassen
mußten.

Der größte Teil
der hier Begrabenen
ist am Tage des
Einmarsches der
alliierten Truppen
am 3. Mai 1945 in
Neustadt/Holstein
gestorben.

Auf der rechten Seitenfläche wird die Inschrift mit ähnlichem Wortlaut in englischer Sprache wiederholt.

Auf dem *Friedhof der heutigen Fachklinik für Neurologie, Psychiatrie und Rehabilitation* in Neustadt in Holstein befinden sich in einem gesonderten Teil Gräber (vorwiegend Sammelgräber) sowjetischer Staatsangehöriger. Die auf einem *Gedenkstein* eingemeißelte russische Inschrift besagt:

Hier sind 22 sowjetische
Bürger bestattet, die
in den Jahren 1941–1945
in faschistischer Gefangenschaft
umkamen.

Näheres über Sterbeort und Todesursache dieser Menschen, bei denen es sich vermutlich um Kriegsgefangene oder Zwangsarbeiter handelt, konnte nicht in Erfahrung gebracht werden.
Auf dem Krankenhaus-Friedhof wurden auch 100 Opfer der »Cap-Arcona-Thielbek-Katastrophe« verschiedener Nationalität bestattet.
Aus der damaligen »Provinzial-Heil- und Pflegeanstalt Neustadt/Holstein«, die später umgebaut und als Ausweichkrankenhaus für durch Kriegseinwir-

Eingangstor zum »Ehrenfriedhof Cap Arcona«: Auf diesem Friedhof liegen 621 der bei der Schiffskatastrophe vom 3. Mai 1945 umgekommenen KZ-Häftlinge.

kungen gefährdete Kliniken in Großstädten genutzt wurde, wurden zwischen dem 14. November 1939 und dem 25. März 1944 mindestens 545 Männer und 377 Frauen in Vernichtungsanstalten deportiert, wo sie im Zuge des nationalsozialistischen »Euthanasie«-Programms für »lebensunwertes Leben« ermordet wurden. Nach den Unterlagen der Oberstaatsanwaltschaft Kiel sind zwei große Deportationen in Anstalten außerhalb des Landes Schleswig-Holstein belegt: am 26. September 1941 220 Frauen nach Branitz und am 28. September 1941 280 Männer nach Neuruppin. Auf dem Friedhof des heutigen Landeskrankenhauses gibt es keinen Hinweis auf »Euthanasie«-Opfer.

Kontakt:
Stadtverwaltung Neustadt in Holstein, Stadtarchiv, Wilhelm Lange, Am Markt 1, 23730 Neustadt i. H.

Quellen/Literatur:
Goguel, Rudi, Cap Arcona. Report über den Untergang der Häftlingsflotte in der Lübecker Bucht am 3. Mai 1945, Frankfurt a. M. [2]1982; Lange, Wilhelm, Cap Arcona. Das tragische Ende der KZ-Häftlingsflotte am 3. Mai 1945. Erstellt im Auftrag des Magistrats der Stadt Neustadt in Holstein, 3. erw. Aufl., Eutin 1992; Schwarberg, Günther, Angriffsziel Cap Arcona, Hamburg 1983; Schwarz, Rolf, Ausgrenzung und Vernichtung kranker und schwacher Schleswig-Holsteiner. Fragen zu einem unbearbeiteten Problem der Geschichte unseres Landes von 1939–1945, in: Demokratische Geschichte I, Jahrbuch zur Arbeiterbewegung und Demokratie in Schleswig-Holstein, Kiel 1986, S. 317–337; Suchowiak, Bogdan, Mai 1945. Die Tragödie der Häftlinge von Neuengamme, Reinbek bei Hamburg 1985, S. 135–176.

Niebüll

Die Inschrift eines *Steines* auf dem *Friedhof* in Niebüll, Nordfriesland, lautet:

> Hier ruhen 17 Sowjetbürger 1941–1945

Zwischen 1942 und 1945 wurden hier 37 weitere Frauen, Männer und Kinder bestattet, die aus Osteuropa zur Zwangsarbeit ins Deutsche Reich verschleppt worden waren. In Niebüll gab es mindestens drei Arbeitskommandos mit Sowjetbürgern und Italienern.

Quellen:
Hoch/Schwarz, Verschleppt, S. 165; Mitteilung der evangelischen Gemeinde Niebüll vom 2. März 1992.

Niendorf, Ostsee

siehe Timmendorfer Strand

Norderstedt

Am 29. Mai 1988 wurde in der *Glashütter Feldmark, Am Wittmoor,* ein *Gedenkstein* für das Konzentrationslager, das sich dort befunden hat, aufgestellt. Die Inschrift lautet:

> Wir gedenken der 6 Millionen Juden, die in deutschen Konzentrationslagern ermordet wurden, der Opfer des Widerstandes, der ermordeten Sinti und Roma, der getöteten Homosexuellen, der umgebrachten Geisteskranken, der Menschen, die um ihrer religiösen oder politischen Überzeugung willen sterben mußten.
>
> Bundespräsident Richard von Weizsäcker am 8. 5. 1985
>
> In Erinnerung an das Lager Wittmoor

Auf dem Gelände der stillgelegten Torfverwertungsfabrik im Wittmoor, an der heutigen B 432 auf halbem Wege zwischen Fuhlsbüttel und Tangstedt gelegen, entstand eines der frühen Konzentrationslager der Vorkriegszeit. Die Einrichtung wurde am 31. März 1933 angeordnet. Politische Gegner des Nationalsozialismus, vor allem Kommunisten, Sozialdemokraten und Intellektuelle sollten im Lager bei harter Arbeit »umerzogen« werden. Am 10. April erfolgte die erste Belegung mit einem Aufbaukommando von 20 Gefangenen, die die teilweise verfallenen Gebäude notdürftig herrichteten. Bereits im Sommer 1933 waren hier bis zu 140 Häftlinge untergebracht. Sie wurden in der Torfgewinnung und der Moorkultivierung eingesetzt. Im Spätsommer 1933 ließ die Hamburger Polizeibehörde noch Pläne für einen Ausbau des Lagers entwickeln, die eine Unterbringung von bis zu 800 Personen vorsahen. Vom Reichsstatthalter Karl Kaufmann wurde jedoch die Schließung des Konzentrationslagers angeordnet, weil ihm das Leben im Lager zu lasch erschien. Weitere Gründe für die Schließung waren wohl auch die angestrebte Vereinheitlichung des Systems der Konzentrationslager unter der Führung der SS und die mit dem Ausbau des Lagers verbundenen Kosten. Am 17. Oktober wurden die Häftlinge in das Gestapogefängnis/Konzentrationslager Hamburg-Fuhlsbüttel verlegt (s. Hamburg) und das Konzentrationslager Wittmoor geschlossen.

Ausstellung/Ton-Dia-Show:
Die Volkshochschule Norderstedt hat die Ergebnisse ihrer Spurensuche zum Konzentrationslager Wittmoor in einer Wanderausstellung zusammengefaßt, die entliehen werden kann. Zehn Tafeln zeigen Texte, Fotos und Originaldokumente aus der Zeit des Lagers und schildern seine kurze Geschichte anhand von Zeitzeugenaussagen.

Ebenso wurde eine Ton-Dia-Show »Alltag im KZ« erarbeitet, die ebenfalls entleihbar ist. Bezug: Volkshochschule Norderstedt, Rathausallee 50, 22846 Norderstedt, Tel. 0 40/52 20 89 1.

Quellen:
Internationaler Suchdienst (Hrsg.), Haftstätten-Verzeichnis, Arolsen 1979, S. 10; Klawe, Willy, »Im übrigen herrscht Zucht und Ordnung . . .«. Zur Geschichte des Konzentrationslagers Wittmoor, Hamburg 1987 (Bezug über die Volkshochschule Norderstedt, s. oben); Ders., Wittmoor – Das erste Konzentrationslager Hamburgs, in: Heimatkundliches Jahrbuch für den Kreis Segeberg, 1987, S. 184–193; Ders., Norderstedter Gedenkstein für das KZ Wittmoor enthüllt, in: AKENS-Info Nr. 12, 1988, S. 41–46.

Osterrönfeld

Auf dem *Evangelisch-Lutherischen Gemeindefriedhof* in Osterrönfeld bei Rendsburg an der *Kieler Straße* liegen in zwei Gräberfeldern sowjetische Staatsbürger bestattet. Am rechten Friedhofsende befinden sich auf einer Rasenfläche 38 Grabsteine und unmittelbar vor der Friedhofskapelle weitere 22 Grabsteine (liegende Kissensteine mit lateinischer Inschrift). Auf beiden Grabfeldern steht ein *Gedenkstein* mit gleichlautender Inschrift in kyrillischer Schrift, die in deutscher Übersetzung lautet:

> Hier sind bestattet
> 41 sowjetische Bürger,
> die in der faschistischen Gefangenschaft
> umgekommen sind
> in den Jahren 1941–1945

In einer Tannenschonung am *Schäferkatenweg* befindet sich ein eingezäuntes Rasengelände mit 22 Grabsteinen und einem *Gedenkstein* mit russischer Inschrift und ähnlichem Text wie die Gedenksteine auf dem Gemeindefriedhof, wonach neben 34 sowjetischen Bürgern hier auch einige polnische Tote bestattet sein sollen. Aus den Gräberlisten geht hervor, daß fast alle an Tuberkulose gestorben sind und in der sogenannten »Lungenheilstätte« Osterrönfeld bei der Schäferkate untergebracht worden waren. Es handelte sich dabei um ein Barackenlager, in das ab 1943 Tbc-kranke Zwangsarbeiter und Kriegsgefangene einquartiert wurden, die dort unter elenden Bedingungen starben.
Die Errichtung der Gedenksteine in Osterrönfeld ist wohl wie in vielen anderen Orten von der Sowjetischen Militärmission veranlaßt worden. Nach Kriegsende unterhielt die Sowjetunion wie andere betroffene Nationen eine eigene Militärmission in Schleswig-Holstein, deren Aufgabe u.a. die Beratung von Staatsangehörigen in Fragen der Rückkehr in die Heimat war. Sie achtete außerdem auf eine würdige Form des Gedenkens an die Toten, auf Instandsetzung und Pflege sowjetischer Gräber, Denkmäler und Friedhöfe durch Gemeinde- und Kreisverwaltungen. (s. auch Büdelsdorf)

Quelle:
Hoch/Schwarz, Verschleppt, S. 131–144, bes. S. 139, S. 142, S. 184.

Pinneberg

Seit 1987 steht vor dem *Rathaus* in Pinneberg ein etwa zwei Meter hoher *Gedenkstein* für drei Pinneberger Bürger, die wegen ihrer politischen Überzeugung verfolgt wurden. Die Inschrift lautet:

> Im Kampf für/Freiheit, Ehre, Recht/
> und Menschenwürde/fielen unsere Kameraden/
>
> Heinrich Boschen
> Wilhelm Schmitt
> Heinrich Geick
>
> dem Naziterror/zum Opfer./
> Ihre Handlung/bleibt uns/Verpflichtung/
> und ihr Andenken/unvergänglich.

Der Gedenkstein wurde 1948 von der Vereinigung der Verfolgten des Naziregimes (VVN) unter Beteiligung der Stadt Pinneberg zunächst am Bahnhofsvorplatz aufgestellt und am 18. September 1948 eingeweiht. Schon bald nach seiner Errichtung soll er beschmiert, dort niedergelegte Kränze sollen entfernt worden sein. 1952 beschloß die Stadt die Versetzung des Steins auf den städtischen Friedhof Hogenkamp. Die Umsetzung an den äußersten Südrand des Hogenkamp-Friedhofs erfolgte 1953. Seit 1982 forderte die VVN die Umsetzung des Denkmals an einen belebten Ort in der Innenstadt und die Benennung von Straßen nach den drei Pinnebergern, um ihr Andenken unter den Zeitgenossen wachzuhalten. 1987 schließlich wurde das Denkmal von entlegener Stelle auf dem Friedhof vor das Pinneberger Rathaus versetzt.

Der erste auf dem Gedenkstein Genannte, Heinrich Boschen, geboren 1884 in Hastedt bei Bremen, war Maurer und seit 1921 Angestellter der Allgemeinen Ortskrankenkasse (AOK) Pinneberg. Er war engagierter Gewerkschafter und Sozialdemokrat und wurde zwischen 1919 und 1929 mehrfach zum Stadtverordneten in Pinneberg gewählt. Nach der Besetzung der Pinneberger AOK Ende April/Anfang Mai 1933 durch SA und SS wurde er entlassen. 1939 fand er als »Kriegsaushilfe« wieder Anstellung bei der AOK. Im Zuge der »Gewitteraktion« vom 22./23. August 1944, einer Verhaftungswelle im ganzen Reich, die sich gegen ehemalige Abgeordnete und Funktionäre vor allem der Arbeiterparteien, aber auch gegen frühere Zentrumsabgeordnete richtete, wurde Heinrich Boschen verhaftet und zunächst in die Polizeibaracke »Drachensee« in Kiel, dann ins Konzentrationslager Neuengamme verschleppt. Drei Tage nach seiner Entlassung starb er am 4. Oktober 1944 an den Folgen der Haft.

Der Schneider Wilhelm Schmitt, geboren 1888 in Krefeld, war in der Weimarer Republik ebenfalls kommunalpolitisch tätig. Er war zunächst für die KPD, seit 1928 für die SPD im Pinneberger Stadtrat. Während des Krieges knüpfte er Kontakte zu ausländischen Zwangsarbeitern und Kriegsgefangenen in Pinneberger Lagern, für die er Schneiderarbeiten durchführte. Er wurde ebenfalls im Zuge der »Gewitteraktion« verhaftet und ins Konzentrationslager Neuengamme gebracht. Schmitt kam bei der »Cap-Arcona-Katastrophe« am 3. Mai 1945 in der Neustädter Bucht ums Leben (s. Neustadt, Holstein).

Der Letztgenannte, der Zimmerer Heinrich Geick, geboren 1872 in Garstedt, war von 1924 bis 1933 Stadtverordneter der KPD im Pinneberger Stadtrat. Nach Verurteilung wegen Widerstandstätigkeit kam er im Mai 1934 ins Gefängnis nach Neumünster, wo er am 13. Februar 1935 an den Folgen von Mißhandlungen starb.

Auf dem *Pinneberger Stadtfriedhof* befindet sich ein Gräberfeld (im Friedhofsplan als »Ostfeld« bezeichnet) mit ausländischen Toten, Zwangsarbeitern und Kriegsgefangenen. In Pinneberg waren während des Krieges mehrere kleinere und einige größere Lager eingerichtet für zur Zwangsarbeit nach Deutschland verschleppte ausländische Männer und Frauen verschiedener Nationen, darunter viele aus der Sowjetunion und aus Polen. Eine Reihe Pinneberger Betriebe waren in der »Reichsbetriebskartei« (s. Elmshorn) als rüstungs- und kriegswirtschaftlich besonders wichtig eingestuft.

Das 1984 eingeweihte neue Pinneberger *Jugendzentrum* in der *Bahnhofstraße* erhielt den Namen *»Geschwister-Scholl-Haus«*. Es erinnert an Hans und Sophie Scholl, die zusammen mit anderen Studenten einer Widerstandsgruppe mit dem Namen »Weiße Rose« angehörten (s. Bayern: München).

Quellen/Literatur:
Diercks, Herbert, Antifaschistischer Widerstand in den Kreisen Pinneberg und Steinburg, in: Jahrbuch für den Kreis Pinneberg 1984, hrsg. v. Heimatverband für den Kreis Pinneberg e. V., Pinneberg 1983, S. 27 – 31; Kadach, Hilde/Schlichting, Dieter, »Ihre Handlung bleibt uns Verpflichtung« – Drei Nazigegner aus Pinneberg –, in: Jahrbuch für den Kreis Pinneberg 1986, Pinneberg 1985, S. 155–165 (1990 unter dem Titel »Drei Leben gegen die Diktatur. Die Pinneberger Nazi-Gegner Heinrich Geick, Heinrich Boschen u. Wilhelm Schmitt« neu verlegt und für 5,- DM zu beziehen bei: Dieter Schlichting, Oberer Ehmschen 61, 25462 Rellingen); Hoch/Schwarz, Verschleppt, S. 179; Peters, Manfred, »Die Opfer des Nationalsozialismus aus Pinneberg«, Jahrbuch für den Kreis Pinneberg 1984, S. 57–61; Wilke, Marianne, Begraben und vergessen? Auf Spurensuche im Kreis Pinneberg, hrsg. v. d. Vereinigung der Verfolgten des Nazi-Regimes/Bund der Antifaschisten, Kreis Pinneberg, Wedel 1986. (Die Broschüre ist erhältlich bei Marianne Wilke, Hasenkamp 8, 22880 Wedel/Holst.)

Plön

Auf einer *Informationstafel* am *Plöner Schloß* findet sich der Hinweis: »Seit 1868 dient das Schloß mit wechselnden Zielen der Jugenderziehung.« Diese nichtssagende Aussage verschleiert, daß hier zwischen 1933 und 1945 die »Nationalpolitische Erziehungsanstalt Plön« (N.P.E.A.) zur Bildung einer nationalsozialistischen Führungselite untergebracht war. Oberster Leitgedanke dieser vormilitärischen Anstalt war die geistige Indoktrination der Schüler im Sinne des nationalsozialistischen Gedankenguts: »Die deutsche Jugend soll nicht mehr wie im Liberalismus in objektiver Weise vor die Auswahl gestellt werden, ob sie materialistisch, idealistisch, völkisch, international, religiös oder gottlos aufwachsen will, sondern sie soll bewußt geformt werden, nach den Grundsätzen der nationalsozialistischen Weltanschauung.« Noch heute lassen sich an einem Bücherregal in der Bibliothek des Internatsgymnasiums Brandstempel mit dem Kürzel »N.P.E.A. Plön« entdecken.

Auf dem Plöner *Friedhof* in der *Eutiner Straße* stehen acht *Kreuze* mit den Namen und teilweise auch den Geburts- und Todesdaten der hier beerdigten Polen und Ukrainer. Es dürfte sich um verschleppte Zwangsarbeiter handeln, die in Plön verstorben sind. Bekannt ist, daß am alten Güterbahnhof in zwei Baracken 160 italienische und sowjetische Kriegsgefangene interniert gewesen sind.

Quellen/Literatur:
Arbeitsgruppe Stadtgeschichte am Internatsgymnasium Schloß Plön (Hrsg.), Alternativer Stadtführer zu den Stätten des Nationalsozialismus in Plön, Plön 1989 (Bezug: Karsten Dölger, Am Fährberg 42, 24107 Quarnbek-Landwehr); Hoch/Schwarz, Verschleppt, S. 181.

Quickborn, Kreis Pinneberg

Auf dem Quickborner *Nordfriedhof* sind in verstreut liegenden *Gräbern* 24 Opfer des Nationalsozialismus beerdigt: 15 in den Jahren 1941/42 in Quickborn verstorbene sowjetische Kriegsgefangene, sechs in den Jahren 1941 bis 1945 hier und in nahe gelegenen Gemeinden (Hasloh, Bilsen und Ellerau) ums Leben gekommene polnische und sowjetische Zwangsarbeiter und -arbeiterinnen sowie drei in Hasloh 1943/44 gestorbene Säuglinge.
In Quickborn gab es, neben anderen Kommandos, ein Lager mit etwa 150 sowjetischen Kriegsgefangenen, die, soweit sie dazu überhaupt noch in der Lage waren, zur Arbeit im »Himmelmoor« eingesetzt wurden. Diese Gefangenen kamen, von Hungerödemen und Fleckfieber befallen, entkräftet und erschöpft in dem Lager an. Die 15 auf dem Friedhof Beerdigten waren nach kurzer Zeit gestorben. Nach Kriegsende besorgte eine sowjetische Delegation die Geburtsdaten, die in die Grabplatten der sowjetischen Kriegsgefangenen eingemeißelt wurden. Auch die Zwangsarbeiter- und Säuglingsgräber sind mit Grabplatten versehen, die Namen und Daten tragen.
Eine Quickborner Bürgerinitiative, angeregt durch den Alvesloher Historiker Gerhard Hoch, setzte sich jahrelang für eine *Gedenkstätte* ein, die schließlich am 8. Mai 1995 auf dem *Nordfriedhof* der Öffentlichkeit übergeben wurde: Das von dem Bildhauer Ingo Warnke geschaffene *Mahnmal* gliedert sich in drei hohe Kalksandsteine mit drehbaren Steinzylindern, deren Inschriften an Marija Bondar und Iwan Ilgor, UdSSR, die 1945 wenige Tage vor der Befreiung ermordet wurden, und an alle anderen Zwangsarbeiterinnen, Zwangsarbeiter und Kriegsgefangenen, die im Quickborner Raum zu Tode kamen, erinnern.

Quellen/Literatur:
Quickborn Archiv, Quickborn 1983 (Schriften des Geschichts- und Museumsvereins 6) (Schwerpunktthema: Quickborn in den Jahren vor und während des Nationalsozialismus); Hoch, Gerhard, »In Quickborn auf den Spuren der Vergangenheit – Hinter den Inschriften der Grabsteine verbergen sich sonderbare Geschichten«, in: »Quickborner Tageblatt« v. 19./20. November 1985; Ders., Bilsen 1940–1945. Ein Dorf und seine Zwangsarbeiter, in: Jahrbuch für den Kreis Pinneberg, 1989, S. 89–102.

Ratzeburg

Auf dem *evangelischen Friedhof* an der *Seedorfer Straße* befindet sich das sogenannte *»Flüchtlings-Gräberfeld«,* auf dem auch drei verstorbene Sowjetbürger und je eine Person baltischer und polnischer Herkunft ruhen.

Auf dem *katholischen Friedhof* an der *Fischerstraße* befindet sich das Grab eines sowjetischen Kriegsgefangenen.

Quelle:
Friedhofsverwaltung Ratzeburg.

Reinbek

Auf dem *Friedhof* an der *Klosterbergenstraße* in Reinbek steht seit 1967 auf einem Gräberfeld ein *Gedenkstein*, dessen Inschrift lautet:

> Hier ruhen
> 36 polnische und russische
> Kriegsgefangene
> und Zivilisten
> 1940–1948

Nach den Forschungsergebnissen des ehemaligen »Arbeitskreises Lager Wiesenfeld« wurden an dieser Stelle insgesamt fünfzig polnische, ukrainische und belgische Kriegsgefangene und Zivilisten, darunter zehn Frauen und sieben Kinder, begraben. Bei den Zivilisten handelte es sich hauptsächlich um Zwangsarbeiter, die nach Deutschland verschleppt wurden, um für die Rüstungsindustrie zu arbeiten, und später an den Folgen der Verschleppung starben. Sie stammten zum überwiegenden Teil aus dem »Lager Wiesenfeld«, das von 1942 bis 1945 in Glinde im Bereich der heutigen Straßen Eichloh, Ellerholz, Buchenweg und Holstenkamp lag. Das Lager umfaßte nach mehreren Erweiterungsstufen dreißig Baracken. Auf den Betonfundamenten dieser Holzbaracken wurden in den 50er Jahren Wohnhäuser erbaut. Über die Zahl der Insassen gibt es keine genauen Angaben. Der Arbeitskreis hat die durchschnittliche Belegung von 2700 Insassen ermittelt. Die Insassen arbeiteten im nahegelegenen Kurbelwellenwerk der Firma Krupp, das 1936 in einem Waldgebiet westlich von Reinbek erbaut wurde. Einige arbeiteten auch in dem ebenso 1936 erbauten Heereszeugamt, heute Bundeswehrdepot am Oher Weg, sowie auf landwirtschaftlichen Gütern der Umgebung.

Kontakt:
Sieghard Bußenius, Herrnstrat 1a, 23898 Wentorf A.S.

Die neue *Sporthalle* im *Schulzentrum am Mühlenredder* wurde 1989 nach dem Mitbegründer des Arbeitersportvereins Hans Bauer benannt, der am 19. Mai 1941 im Konzentrationslager Dachau ums Leben kam. Neben der Sporthalle ist eine *Stele* aus Stahl errichtet, die auf den Kommunisten Hans

Bauer hinweist. Sie wurde von dem Flensburger Bildhauer Uwe Appold gefertigt. Der Text lautet:

Hans Bauer-Sporthalle
Hans Bauer,
geboren 1899
in Schönwald,
war Vorstandsmitglied
des Arbeitersportvereins
Reinbek.
Wegen seines Widerstandes
gegen den Faschismus
wurde er 1939 inhaftiert.
Er starb 1941
im Konzentrationslager
Dachau.

Kontakt:
Geschichtswerkstatt Reinbek, Alfred Schulz, Großer Scharnhorst 5, 21465 Reinbek und Dr. Wolfgang Walter, Bahnhofstr. 11, 21465 Reinbek.

Quellen/Literatur:
Antoniadis-Wiegel, Stefanie/Walter, Wolfgang, Hans Bauer. Ein Reinbeker Kommunist im Widerstand, und: Bußenius, Sieghard/Juhre, Heinz, Zwangsarbeiter in Glinde. Das Lager Wiesenfeld, beides in: Spuren. Berichte aus der Geschichtswerkstatt Reinbek, Nr. 1, Reinbek 1990. (Bezug über die Geschichtswerkstatt); Bußenius, Sieghard, Kriegsgefangene und Zwangsarbeiter in Reinbek und Glinde, in: AKENS Info Nr. 11, 1987, S. 42–46.

Rellingen

Auf dem neuen Teil des Rellinger *Friedhofs* findet sich auf einem kreuzförmigen *Grabstein* die Inschrift:

Hier ruhen elf unbekannte russische Kriegsgefangene

Die Kriegsgefangenen waren während eines Eisenbahntransportes gestorben und in Rellingen bestattet worden. Ebenfalls auf dem Rellinger Friedhof gibt es zwölf Grabsteine für hier verstorbene Frauen und Männer, die aus der Sowjetunion verschleppt worden waren. In zwölf weiteren Gräbern ruhen polnische Frauen, Männer und mehrere Säuglinge.

Quelle/Literatur:
Niendorf, Manfred Otto, Nationalsozialismus und Krieg in Rellingen. Teil 1, in: Jahrbuch für den Kreis Pinneberg 1992, S. 137–150, Teil 2: Jahrbuch 1993, S. 137–161.

Rendsburg

An der Ecke des Paradeplatzes im *Innenhof* des *Niederen Arsenals,* einem Gebäudekomplex, in dem heute die Rendsburger Volkshochschule und die Stadtbücherei untergebracht sind, befindet sich ein *Gedenkstein* mit der Inschrift:

Die Stadt Rendsburg
Den Opfern des
nationalsozialistischen Unrechts

In der erhalten gebliebenen ehemaligen Synagoge in Rendsburg, dem heutigen *»Dr. Bamberger-Haus«* in der *Prinzessinstraße 8* in Rendsburg-*Neuwerk,* ist seit 1985 ein *Kulturzentrum* eingerichtet. In den Mikweräumen – dem Ritualbad – der ehemaligen Synagoge befindet sich eine Ausstellung, die eine erste ständige Dokumentation zur jüdischen Geschichte im Bundesland Schleswig-Holstein darstellt: »Ihr Ziel ist nur bedingt mit dem einer Gedenkstätte vergleichbar – obwohl die Zeit von 1933 bis 1945 bei den Exponaten vertreten ist –, sondern eher mehr mit den Aufgaben einer musealen Bildungseinrichtung: Die Kenntnis einer Jahrhunderte währenden jüdischen Tradition zwischen Flensburg und Lauenburg zu verbreiten, die aufgrund gesellschaftspolitischer und zwischenmenschlicher Fehlentwicklungen mit einer Katastrophe endete« (O. Harck). Die Ausstellung wurde zunächst nach dem letzten Vorsteher der Jüdischen Gemeinde Rendsburg, Julius Magnus, benannt, der nach dem Novemberpogrom 1938 die Gemeinde hatte auflösen müssen. Als er und seine Frau Frieda Magnus im Sommer 1942 den Transportbefehl für die Deportation ins Konzentrationslager erhalten hatten, nahmen sie sich im Juli 1942 das Leben. Sie sind auf dem jüdischen Friedhof in Westerrönfeld bei Rendsburg bestattet. Nach Julius Magnus ist heute eines der Häuser des Jüdischen Museums (s. unten) benannt.
Das heutige Kulturzentrum ist nach dem damals in Rendsburg sehr beliebten Arzt Karl Ernst Bamberger benannt, dem 1939 wegen seiner jüdischen Herkunft die Approbation entzogen worden war. Angesichts der drohenden Verhaftung nahm er sich im Dezember 1941 in seinem Wohnort Remmels das Leben.
Im *Eingangsbereich* der ehemaligen Synagoge sind zwei *Gedenktafeln* mit folgendem Text angebracht:

Ehemalige Synagoge
Erbaut 1843–1845
Eingeweiht am 12. November 1845
Im Eigentum der Jüdischen Gemeinde bis 1939
Restauriert von 1983–1985
Ab 25. März 1985 Kulturzentrum

Dr. Karl Ernst Bamberger
30. 4. 1885 6. 12. 1941
Arzt in Rendsburg
Verfolgt wegen seiner jüdischen Herkunft
Stellvertretend für viele zum Gedenken

Im Nachbargebäude, *Prinzessinstraße 7,* der ehemaligen jüdischen Schule, wurde 1988 das *Jüdische Museum Rendsburg* eröffnet. Es zeigt in einer ständigen Ausstellung Werke verfolgter jüdischer Künstler, Judaica und Dokumente jüdischen Lebens in Schleswig-Holstein. 1991 wurde das Museum durch zwei Häuser erweitert, in denen sich Arbeitsräume für Gruppen, ein Videoraum und eine Bibliothek befinden. Die neuen Gebäude bieten auch Raum für Ausstellungen und eine Erweiterung der Dokumentation im Dr. Bamberger-Haus. Träger des gesamten Komplexes ist der Rendsburger Kulturkreis.

Öffnungszeiten des Dr. Bamberger-Hauses und des Jüdischen Museums: Di-Sa: 11–13 und 16–18 Uhr, So: 15–18 Uhr, Mo geschlossen; Tel. 04331/25262. Auf Anfrage werden Führungen angeboten.

Auf dem *Garnisonsfriedhof* in Rendsburg-*Neuwerk* sind Opfer des Ersten und Zweiten Weltkrieges bestattet, darunter auch Kriegsgefangene und Zwangsarbeiter. Vor einem orthodoxen *Doppelkreuz* ist eine *Gedenkplatte* in den Boden eingelassen, die darauf hinweist, daß hier 30 zwischen 1941 und 1945 verstorbene Bürger der Sowjetunion bestattet sind. Auch auf anderen Friedhöfen Rendsburgs wurden Kriegsgefangene und Zwangsarbeiter begraben, darunter einige aus Büdelsdorf. In Rendsburg existierten mehrere Lager für Zwangsarbeiter und Kriegsgefangene, die unter anderem in der Rüstungsproduktion eingesetzt wurden. Die »Reichsbetriebskartei« (s. Elmshorn) nennt als rüstungsrelevante Firmennamen die Werften Nobiskrug und Audorf-H. C. Jucho, die Ahlmann Carlshütte KG Rendsburg-Büdelsdorf u.a. (s. auch Büdelsdorf)

Film:
»Cäsar! Cäsar! Erinnerungsversuche in Rendsburg«. Dokumentarfilm von Eva Hoffmann. 1990 ZDF. – Dokumentarfilm-Protokoll. Cäsar! Cäsar! Erinnerungsversuche in Rendsburg. Buch, Regie: Eva Hoffmann, Mainz 1990 (ZDF-Schriftenreihe zum Programm 39).

Quellen/Literatur:
Harck, Ole, Julius-Magnus-Ausstellung. Zur Geschichte der Jüdischen Gemeinden in Schleswig-Holstein im Dr. Bamberger-Haus »Ehemalige Synagoge« Rendsburg. Hrsg.: Senat der Stadt Rendsburg, Rendsburg 1985; Ders., Jüdisches Museum in Rendsburg, Mitteilungen des Beirates für Geschichte der Arbeiterbewegung und Demokratie in Schleswig-Holstein 2/1986, S.13ff.; Ders., Jüdische Kleinstadtgemeinden in Schleswig-Holstein 1900–1938, erläutert am Beispiel Rendsburg, in: Grenzfriedenshefte 3/1988, S.143ff; Hoch/Schwarz, Verschleppt, S.131–144 (in dem Artikel wird an einigen Beispielen aus dem alten Kreis Rendsburg aufgezeigt, welche Möglichkeiten es gibt, Unterlagen über das Schicksal der Kriegsgefangenen und Zwangsarbeiter im Zweiten Weltkrieg zu finden.); Schotten, Erwin, Rendsburg unter dem Hakenkreuz 1933–1945, Dokumentation zur Ausstellung, Rendsburg 1987; Schwarz, Rolf, Diskriminiert, verfolgt, ermordet! Anmerkungen zum Schicksal der Rendsburger Juden, in: Hamer u.a., Vergessen + verdrängt (vollst. Angabe siehe unter Alt Duvenstedt), S.213 – 217; Schwarz, Rolf/Jenner, Rolf, Vor 50 Jahren. Norwegen. Besetzung, Verfolgung, Widerstand, Haft. Gefangen in Schleswig-Holstein, Rendsburg 1990 (Dokumentation zur Geschichte norwegischer Gefangener in Schleswig-Holstein von 1940 bis 1945. Begleitbuch zu einer Ausstellung im Rendsburger Rathaus); Stern, M., Festschrift zum 200jährigen Jubiläum der israelitischen Gemeinde in Rendsburg und zum 50jährigen Bestehen der Synagoge daselbst, Rendsburg 1985; Trende, Frank (Hrsg.), Streitfall Kunstgeschichte: Jüdisches Museum Rendsburg, Kiel 1991.

Rickling

Am 12. März 1990 wurde vom Landesverband für Innere Mission in Schleswig-Holstein in Rickling, an der Strecke von *Neumünster* nach *Bad Segeberg* gelegen, ein *Gedenkstein* eingeweiht, der an die 200 Männer erinnern soll, die wegen ihrer politischen Gesinnung im Konzentrationslager Rickling-Kuhlen inhaftiert waren. Die Inschrift lautet:

KZ Kuhlen
v. Juli 1933
b. Oktober 1933

Die ehemalige Baracke »Falkenried«, in der das Konzentrationslager untergebracht war, diente bis Anfang der 90er Jahre als Raum für Beschäftigungstherapie des Psychiatrischen Krankenhauses Rickling. Der Landesverein für Innere Mission setzte sich für den Erhalt der Baracke ein. Wegen ihres verrotteten Zustands wurde jedoch ihr Abriß beschlossen.

Zum Konzentrationslager Rickling-Kuhlen

Der schleswig-holsteinische Landesverein für Innere Mission kaufte 1883 einen Bauernhof in Rickling zur Resozialisierung von Nichtseßhaften, entlassenen Strafgefangenen u.a., die im Ricklinger Moor- und Sumpfgebiet zur Arbeit eingesetzt wurden. 1906 erwarb er auch das nahe »Gut Kuhlen« als Unterkunft für Fürsorgezöglinge. 1931 errichtete eine Gruppe jugendlicher Arbeitsloser (»Evangelische Freischar der Arbeit«) auf dem Gutsgelände eine Baracke, die den Namen »Haus Falkenried« erhielt. Diese Baracke wurde im Juli 1933 von der SA beschlagnahmt: Sie wurde zu

Gedenkstein vor dem früheren »Haus Falkenried« in Rickling: In der Baracke, die bis Anfang der neunziger Jahre vom Psychiatrischen Krankenhaus Rickling genutzt wurde, war von Juli bis Oktober 1933 das Konzentrationslager Rickling-Kuhlen für »politische Schutzhäftlinge« untergebracht.

einem Konzentrationslager für insgesamt 189 männliche »politische Schutzhäftlinge«, überwiegend Kommunisten und Sozialdemokraten, Kommunalpolitiker und Arbeiter aus Bad Oldesloe, Bad Segeberg, Eckernförde, Kiel, Lauenburg, Neumünster und anderen Orten Schleswig-Holsteins sowie von der Insel Helgoland. Im Oktober 1933 wurde das Lager aufgelöst; die Mehrzahl der Häftlinge wurde in die »Emslandlager« gebracht (s. Niedersachsen: Papenburg). Über solche Einrichtungen der Inneren Mission wie die Baracke »Falkenried« verfügten die NS-Machthaber auch danach weiterhin, zum Beispiel zur Unterbringung von Nichtseßhaften oder von »Sicherungsverwahrten«, die nach Haftentlassung Arbeitsdienst im Moorlager verrichten mußten.

Ricklinger Anstalten

Einige Gebäude des Landesvereins für Innere Mission dienten seit 1931 der Betreuung von Geisteskranken in Schleswig-Holstein. Seit 1935 wurden Hamburger Patienten aus der »Staatskrankenanstalt Langenhorn« nach Rickling verlegt. Als viele Hamburger Krankenhäuser ausgebombt worden waren, wurde Rickling auch als Ausweichkrankenhaus genutzt. Etwa 200 in Rickling lebende psychisch Kranke und geistig Behinderte wurden während des Krieges in andere Anstalten »verlegt«, weibliche Patienten nach Pfafferode, männliche nach Oldenburg. Nach Angaben des jetzigen Psychiatrischen Krankenhauses Rickling kann man davon ausgehen, daß ein Teil der »verlegten« Patienten im Zuge der nationalsozialistischen »Euthanasie«-Maßnahmen zur Vernichtung »lebensunwerten Lebens« in Vernichtungsanstalten ermordet wurden. Es ist nachgewiesen, daß vier jüdische Patienten in der Anstalt Brandenburg an der Havel (bei Berlin) durch Gas umgebracht wurden.

Während des Krieges sollen in Rickling über 1 000 Tote in Massengräbern beerdigt bzw. verscharrt worden sein. Nach dem Krieg sind viele von ihnen exhumiert und umgebettet worden. Die Gräber sind heute nicht mehr erkennbar. Ein *Kreuz ohne Inschrift* ist das einzige Erinnerungszeichen.

Information/Kontakt:
Peter Sutter, Diakon der Schleswig-Holsteinischen Diakonenschaft, Beauftragter des Landesvereins für Innere Mission in Schleswig-Holstein für Öffentlichkeitsarbeit, Kirchweg 1 a, 24635 Rickling.

Quellen/Literatur:
AKENS-Info Nr. 2, Kiel 1984, S. 25 f.; Info. Nr. 5, 1985, S. 3–9 (Dokumentation einer Kleinen Anfrage in der Hamburger Bürgerschaft vom 2. 1. 1985, veranlaßt durch einen Artikel von Bernd Eichmann über das KZ Rickling-Kuhlen in »Das Parlament« Nr. 51/52 v. 22. Dezember 1984, und der Antwort des Hamburger Senats v. 5. Februar 1985, Drucksache 11/3517); Eichmann, Bernd, Rickling-Kuhlen: Eine Baracke wie viele, in: Ders., Versteinert, verharmlost, vergessen. KZ-Gedenkstätten in der Bundesrepublik Deutschland, Frankfurt a. M. ²1986, S. 21–28; Jenner, Harald, Konzentrationslager Kuhlen 1933, Hrsg.: Landesverein für Innere Mission in Schleswig-Holstein, Rickling 1988; Sutter, Peter, Der sinkende Petrus. Rickling 1933–1945, Rickling 1986 (Bezug über den Autor, s. oben).

Sankt Michaelisdonn

Auf dem *Friedhof* in St. Michaelisdonn, Dithmarschen, finden sich an einer besonderen Stelle die *Gräber* von 25 polnischen Zwangsarbeitern, darunter acht Frauen und ein Kind von vier Jahren. Das Durchschnittsalter dieser Menschen liegt bei knapp über 30 Jahren. Sechs sowjetische Kinder, keines älter als drei Tage, wurden nach Gudendorf überführt (s. dort).

Quelle:
Evang.-Luth. Kirchengemeinde 11. Februar 1992.

Sarau, Holstein siehe Glasau

Schacht-Audorf

Auf dem *kommunalen Friedhof* von Schacht-Audorf bei Rendsburg liegen in einer von einer Hecke umgebenen Anlage 17 ausländische Zwangsarbeiter oder Kriegsgefangene bestattet, 13 aus der Sowjetunion, einer aus Polen und drei aus Belgien. Auf zwei liegenden *Gedenktafeln* sind Nationalität, Namen, Geburts- und Sterbedaten der Toten eingraviert.
In Schacht-Audorf hat es Lager mit etwa 700 Kriegsgefangenen oder Zwangsarbeitern verschiedener Nationalitäten gegeben, die in der Rüstungsindustrie (U-Boot-Bau, Panzermaterial u. a.) eingesetzt wurden.

Quelle:
Hoch/Schwarz, Verschleppt, S. 182/184.

Scharbeutz

Auf dem *»Cap-Arcona«-Friedhof* in *Gronenberg-Neukoppel (Haffkrug)* an der Neustädter Bucht sind 1 128 Opfer der »Cap-Arcona-Katastrophe« (s. Neustadt in Holstein) bestattet. Vor einem schlichten Holzkreuz wurde eine *Gedenktafel* mit folgendem Text in den Boden eingelassen:

> Den Toten der Cap Arcona-
> und Thielbek-Katastrophe
> in der Neustädter Bucht
> am 3. Mai 1945

Die hohe Zahl der hier bestatteten Menschen ist auf Umbettungen zurückzuführen. So wurde der ursprünglich im benachbarten Sierksdorf angelegte Friedhof für Opfer der »Cap-Arcona-Katastrophe« in den fünfziger Jahren aufgelöst; die Toten wurden zum Teil auf den Friedhof in Gronenberg-Neukoppel (Haffkrug) überführt.
Auf dem Friedhof liegen außerdem einige polnische Staatsbürger beerdigt. Die Inschrift eines *polnischen Mahnmals* besagt in deutscher Übersetzung:

> Den polnischen Kämpfern,
> die ihrem Vaterland während des
> Krieges in den Jahren 1939–1945
> treu geblieben sind,
> gewidmet von ihren Landsleuten.

Bei den Toten handelt es sich um Zwangsarbeiter und Opfer aus Konzentrationslagern, unter anderem aus dem »Arbeitserziehungslager Nordmark«, die zunächst auf dem Eichhof in Kiel in Massengräbern verscharrt worden waren. Nach dem Krieg errichteten polnische Staatsangehörige ihren ermordeten Kameraden ein zwei Meter hohes Denkmal. Auf Veranlassung der französischen Gräberkommission wurden ihre sterblichen Überreste 1958 vom Eichhof in Kiel hierher umgebettet und das Mahnmal versetzt.

Literatur:
Bigga, Regina u. a., Friedhof als Quelle historischen Arbeitens. Der Eichhof in Kiel/Kronshagen, in: Demokratische Geschichte, Jahrbuch zur Arbeiterbewegung und Demokratie in Schleswig-Holstein, Bd. 6, Kiel 1992;
Danker, Uwe/Dittrich, Irene, Verscharrt, Verdrängt, Vergessen. NS-Opfer auf dem Friedhof Eichhof/Kiel, Kiel 1992.

Schleswig

Auf dem *Militärfriedhof* an der *Husumer Straße* in Schleswig, auf dem Denkmäler für die Gefallenen des Ersten und des Zweiten Weltkrieges errichtet sind, befindet sich auch ein *Gedenkstein* mit folgender Inschrift in kyrillischen Buchstaben (in deutscher Übersetzung):

> Hier sind sowjetische Bürger begraben,
> die in faschistischer Unfreiheit
> umgekommen sind.

In insgesamt 91 Gräbern sind sowjetische, polnische und jugoslawische Staatsangehörige begraben.

Außer an dieser Stelle sind auch auf dem *Domfriedhof*, dem *Michaelsfriedhof* und auf dem Kriegsgräberfriedhof *»Karberg«* an der Bundesstraße nach Eckernförde (s. Fahrdorf/»Haddebyer Noor«) Kriegsgefangene und Zwangsarbeiter bestattet.
Schleswig war seit 1940 Verwaltungssitz des »Kriegsgefangenenstammlagers X A für Unteroffiziere und Mannschaften im Wehrkreis X (Stalag X A)«. Hier wurde der Einsatz von Kriegsgefangenen in Schleswig-Holstein und Hamburg organisiert. Das »Stalag X A« entwickelte sich bis 1944 zu einem der größten Kriegsgefangenenlager. Etwa 64 000 der rund 72 000 Kriegsgefangenen, die im Mai 1944 hier registriert waren, mußten Zwangsarbeit leisten. Weit über

1000 wechselnde Kriegsgefangenen-»Arbeitskommandos« dieses »Stammlagers X A« waren über ganz Schleswig-Holstein und Hamburg verteilt. Das Lager war in der »Heil- und Pflegeanstalt Schleswig« einquartiert worden, nachdem geistig behinderte und psychisch kranke Patienten in andere Anstalten »verlegt« worden waren.
Einer nach 1945 erstellten Übersicht der »Wehrmachtsauskunftstelle (WAST)« zufolge stammten die meisten dem »Stalag X A« unterstehenden Kriegsgefangenen aus Frankreich (stets über 20000 Menschen). Von Dezember 1943 bis September 1944 gab es hier mehr als 20000 italienische Gefangene. Die Zahl der sowjetischen Kriegsgefangenen stieg von rund 6000 Ende 1941 auf über 23000 Anfang 1945 an. Daneben waren auch viele Belgier und Polen sowie Angehörige anderer Nationen Gefangene dieses Stammlagers.

Das Stadtmuseum Schleswig hat im Jahre 1987 eine Sonderausstellung mit dem Thema »Spuren: Schleswig 1920 bis 1945. Von der Demokratie zur Diktatur« gezeigt und einen Begleitkatalog erarbeitet. Der Katalog enthält eine Chronik der politischen Ereignisse in der Stadt Schleswig von 1920 bis 1945 und einen umfassenden Dokumentenanhang. Ein Desiderat der lokalgeschichtlichen Forschung ist die Aufarbeitung der Geschichte des »Stalag X A« mit seinen komplizierten organisatorischen und verwaltungsrechtlichen Strukturen sowie die Geschichte der Lager in Schleswig, über die bisher nur wenig bekannt ist.

In der Mittelanlage der Fachklinik für Kinder- und Jugendpsychiatrie Hesterberg in Schleswig wurde im August 1993 ein Mahnmal zum Gedenken an die Opfer der »Euthanasie« eingeweiht, das auf die Initiative der Ärztlichen Direktorin und von Mitarbeitern der Klinik zurückgeht: In eine von dem Bildhauer Uli Lindow geschaffene Klangsäule sind Klangröhren eingehängt, die, so der Künstler, »die verborgenen und eingemauerten Kinderseelen zum Klingen bringen« sollen. Die Inschrift lautet:

> In der
> »Kinderfachabteilung« Schleswig wurde
> von 1941 bis 1945
> das Tötungsprogramm
> der Nationalsozialisten
> gegen
> Behinderte und psychisch Kranke
> durchgeführt.
> 216 Kinder und Jugendliche starben.
> Wir wissen bis heute nicht,
> wie es geschah.

In der »Heil- und Pflegeanstalt Schleswig« war eine sogenannte Kinderfachabteilung eingerichtet, in der geistig und psychisch kranke Menschen durch Spritzen, Nahrungsentzug und mangelnde Fürsorge getötet wurden. Insgesamt wurden zwischen dem 9. Mai 1941 und dem 17. November 1944 aus den Anstalten Schleswig-Stadtfeld und Hesterberg 1277 Männer und Frauen in andere Anstalten abtransportiert, wo sie vermutlich im Zuge der nationalsozialistischen »Euthanasie«-Maßnahmen für »lebensunwertes Leben« getötet wurden. Die Unterlagen der Staatsanwaltschaft Kiel belegen einen großen Abtransport von 700 Patienten in das Vernichtungslager Meseritz-Obrawalde für den 14. September 1944. Von den Deportationen waren auch Zwangsarbeiter betroffen. Durch einen Erlaß des Reichsinnenministeriums vom 6. September 1944 wurde die »Heil- und Pflegeanstalt Schleswig« zur Sammelstelle für sogenannte »geisteskranke Ostarbeiter« erklärt, die am 12. September und am 17. November 1944 in andere Anstalten »verlegt« wurden.

Im April 1993 wurde vor dem *Oberlandesgericht* in Schleswig eine *Bronzeskulptur »Der Gehenkte«* des Worpsweder Künstlers Waldemar Otto aufgestellt. Das Mahnmal war die Idee von Repräsentanten der Rechtsprechung in Schleswig-Holstein und eines Juristenkreises, der sich der Aufarbeitung nationalsozialistischer Vergangenheit widmet. Die Figur des Gehenkten, der für die ungezählten Opfer steht, soll »ein Stachel im Fleisch sein, der schmerzt und lebendig bleibt« (Ex-OLG-Präsident Dr. Gerold Köhler). Die Juristen wollen das Mahnmal nicht nur zum Gedenken an die Opfer verstanden wissen, sondern auch an die Justiz selbst gerichtet sehen: »Die Justiz in Schleswig-Holstein bekennt sich erstmals öffentlich zur Mitschuld am NS-Unrecht« (Generalstaatsanwalt Prof. Heribert Ostendorf). Zwischen 1933 und 1945 wurden 164 Todesurteile des schleswig-holsteinischen Sondergerichts vollstreckt; die Opfer: Kranke, Unbequeme, Menschen, die aus Not gestohlen hatten. Willkür und Grausamkeit des NS-Regimes manifestierten sich auch in der Justiz dieses Landes.

Quellen/Literatur:
Bästlein, Klaus, Die »Kinderfachabteilung« Schleswig 1941–1945, in: AKENS (Hrsg.), Informationen zur Schleswig-Holsteinischen Zeitgeschichte, H. 20, 1991, S. 16–45.; Ders., NS-Tötungsaktionen in Schleswig-Holstein, in: Informationen..., S. 48–49; »Kieler Nachrichten« vom 8. Februar 1992; Schwarz, Rolf, Das Stammlager X A, in: Hoch/Schwarz, Verschleppt, S. 29–58; Ders., Die Lager, in: ebd., S. 164; Ders., Ausgrenzung und Vernichtung kranker und schwacher Schleswig-Holsteiner. Fragen zu einem unbearbeiteten Problem der Geschichte unseres Landes von 1939–1945, in: Demokratische Geschichte I, Jahrbuch zur Arbeiterbewegung und Demokratie in Schleswig-Holstein, Kiel 1986,

S. 317–337; Skierka, Joachim, Juden in der Stadt Schleswig, in: Beiträge zur Schleswiger Stadtgeschichte 35, 1990, S. 16–61; Städtisches Museum Schleswig (Hrsg.), Spuren: Schleswig 1920–1945. Von der Demokratie zur Diktatur, Bearb.: Heike Heeren u. Holger Rüdel, Schleswig 1987.

Schönberg, Holstein

Auf dem *Friedhof* erinnern zwei *Gedenksteine* an drei Männer und eine Frau aus der Sowjetunion sowie an zwei polnische Frauen, die dort verstarben. Diese Todesfälle stehen vermutlich im Zusammenhang mit zwei großen Lagern in Schönberg, in denen mehrere hundert Zwangsarbeiter, überwiegend von der Kriegsmarine, untergebracht waren.

Quellen:
Auskunft der Evang.-Luth. Kirchengemeinde vom 27. Februar 1992; Hoch/Schwarz, Verschleppt, S. 182.

Schwesing siehe Husum

Siblin siehe Ahrensbök

Stockelsdorf

In der Eingangshalle des *Rathauses* von Stockelsdorf bei Lübeck hängt ein *Bild* des ehemaligen sozialdemokratischen Landtagsabgeordneten Karl Fick. Darunter steht der Text:

> Karl Fick,
> geb. 3. 12. 1881,
> starb am 4. 5. 1945
> auf der Cap Arcona
> für Freiheit und Demokratie.
> Abgeordneter des Oldenburger
> Landtages von 1924–1933

Karl Fick war 1933 für einige Monate in »Schutzhaft« genommen worden. Im Zuge der »Gewitteraktion« vom 22./23. August 1944, bei der etwa 6000 Abgeordnete und Mandatsträger im ganzen Reich verhaftet und in Gefängnisse und Konzentrationslager verschleppt worden waren, wurde er erneut festgenommen und in das KZ Neuengamme gebracht. Bei der »Evakuierung« des Lagers Ende April 1945 war er unter den Tausenden von Häftlingen, die auf das Schiff »Cap Arcona« getrieben wurden. Er starb in der Nacht nach der irrtümlichen Bombardierung der in der Neustädter/Lübecker Bucht liegenden Häftlingsschiffe durch britische Flugzeuge am 3. Mai 1945. (Zur »Cap-Arcona-Katastrophe« s. Neustadt in Holstein.)

Süderhastedt, Holstein

Vor der *Kirche* in Süderhastedt (Dithmarschen) steht ein *Gedenkstein* für Pastor Ewald Dittmann, der im »Arbeitserziehungslager Nordmark« (s. Kiel) ermordet wurde:

> Pastor
> Ewald Dittmann
> zum Gedächtnis
> * 11. 5. 1877 † 23. 4. 1945
> im K. Z. Kiel-Hassee

Ewald Dittmann wurde Mitte März 1945 von der Gestapo in das Kieler Lager gebracht. Wie er dort zu Tode kam, ist ungeklärt. Sein Leichnam wurde mit denen von 178 Insassen des Lagerlazaretts in der Nacht vom 27. auf den 28. April 1945 in einem Massengrab auf dem Kieler Friedhof Eichhof (s. dort) begraben.

Quelle:
Juhl, Detlef, Ewald Dittmann – Ein schleswig-holsteinischer Pastor im KZ, in: Die Kirche der Heimat, 26. Jg., Heft 8, April 1950.

Timmendorfer Strand

Auf dem *Waldfriedhof* in Timmendorfer Strand an der Lübecker Bucht liegen viele Opfer der »Cap-Arcona-Katastrophe« (s. Neustadt) bestattet. An einem *Mahnmal* befinden sich zwei Gedenktafeln. Der Text der linken Tafel lautet:

> Hier ruhen
> 810 politische
> Gefangene
> von 16 Nationen,
> die auf der
> Cap Arcona
> in der
> Neustädter Bucht
> am 3. Mai 1945
> den Tod fanden.

Die rechte Tafel trägt die Inschrift:

> Den Toten
> zum Gedenken.
> Zur ewigen
> Mahnung
> der Nachwelt.

In *Niendorf*, Gemeinde Timmendorfer Strand, befindet sich ein *»Cap-Arcona-Friedhof«* mit einem *Mahnmal* für Opfer der »Cap-Arcona-Katastrophe«. Die Inschrift lautet:

Hier ruhen
113 politische
Gefangene
von 16 Nationen,
die auf der Cap Arcona
in der
Neustädter Bucht
am 3. Mai 1945
den Tod fanden.

(s. Neustadt in Holstein)

Uetersen

Auf dem *Neuen Friedhof* von Uetersen bei Elmshorn, Kreis Pinneberg, erinnert ein *Gedenkstein* an drei Opfer der nationalsozialistischen Gewaltherrschaft aus Uetersen. Die Inschrift des Steins lautet:

Den Opfern des Nationalsozialismus
1933 1945
Johann Britten Arthur Sorg
Wilhelm Vollstedt
Unrecht brachte uns den Tod
Lebende erkennt Eure Pflicht

Johann Britten, 1904 geboren, Bürogehilfe, war KPD-Stadtverordneter in Uetersen und wurde nach der Machtübernahme der Nationalsozialisten organisatorischer Leiter der illegalen KPD Uetersen. Im Zusammenhang mit dem »Offenborn-Prozeß« 1935/36 (s. Elmshorn) wurde er wegen Herstellung illegaler Schriften zu sechs Jahren Zuchthaus verurteilt. Im Rahmen der »Gewitteraktion« vom 22./23. August 1944, bei der etwa 6000 ehemalige Abgeordnete und Mandatsträger im Reich verhaftet und in Konzentrationslager verschleppt wurden, wurde Johann Britten erneut festgenommen und in das Konzentrationslager Neuengamme gebracht. Bei der »Evakuierung« des Konzentrationslagers Ende April 1945 wurden Tausende von Häftlingen auf die in der Neustädter/Lübecker Bucht liegenden Schiffe »Cap Arcona« und »Thielbek« getrieben, unter ihnen auch Johann Britten. Er gehörte zu den mehr als 7000 Todesopfern nach der irrtümlichen Bombardierung der Häftlingsschiffe durch britische Flugzeuge am 3. Mai 1945 (s. Neustadt i. Holstein).

Der Fabrikarbeiter Arthur Sorg, KPD-Mitglied, erhielt beim »Offenborn-Prozeß« eine dreijährige Zuchthausstrafe. Viele der in dieser Prozeßserie Verurteilten kamen über das Zuchthaus Rendsburg Anfang 1937 in das Straflager VII/Esterwegen und in andere Emslandlager. Arthur Sorg starb am 3. September 1937 im Lager II/Aschendorfermoor. (Zu den Emslandlagern s. Niedersachsen: Papenburg.)

Wilhelm Vollstedt wurde in einem Offenborn-Nachfolgeprozeß zu einer mehrjährigen Zuchthausstrafe verurteilt. Er starb während der Haft. Der Ort und der Sterbetag sind nicht bekannt.

Ebenfalls auf dem *Neuen Friedhof* befindet sich ein *Gedenkstein* mit der Inschrift:

Hier ruhen 27 Sowjetbürger,
die in Gefangenschaft der Faschisten
in 1941–1945 starben.

Dieser Gedenkstein zeugt von der Existenz von Lagern für Kriegsgefangene oder Zwangsarbeiter in Uetersen während des Zweiten Weltkrieges. Die meisten Insassen der Lager waren polnischer, sowjetischer oder französischer Herkunft.

Quellen/Literatur:
Bringmann, Fritz/Diercks, Herbert, Die Freiheit lebt! Naziterror und antifaschistischer Widerstand in Elmshorn und Umgebung, Frankfurt a.M. 1983, bes. S. 60–62, S. 70–92, S. 137ff.; Hoch/Schwarz, Verschleppt, S. 180; Sturm, Nils u.a., Die nationalsozialistische Machtübernahme in Uetersen. Arbeit 10. Klasse, Ludwig-Meyn-Schule, Uetersen, im Rahmen des »Schülerwettbewerbs Deutsche Geschichte« 1980/81.

Wattenbek siehe Bordesholm

Wedel, Holstein

Auf dem *Friedhof am Egenbüttelweg* der evangelischen Kirchengemeinde der westlich von Hamburg gelegenen Stadt Wedel befindet sich auf einem Gräberfeld ein 1971 errichteter *Gedenkstein* in Kreuzform mit der Inschrift:

Den Opfern des Nationalsozialismus
von 1943 bis 1947 zum Gedenken
Ich, ich bin Euer Tröster
(Jesaja, 51, 52)

[Darunter sind die Namen von 32 ausländischen Männern, Frauen und Kindern mit Geburts- und Sterbejahren aufgeführt.]

Um das Jahr 1970 waren ein älterer Gedenkstein mit der präziseren Inschrift »Den Opfern des Nationalsozialismus – Ermordet 1944 im Außenlager Wedel des Konzentrationslagers Neuengamme« und mit einer fünfzehn Namen umfassenden Namensliste vom Wedeler Friedhof am Egenbüttelweg entfernt und die verstreut liegenden Einzelgräber auf dem Friedhof in der heutigen

Anlage zusammengebettet worden. 1985 wurde eine vor dem Gedenkstein liegende *Gedenkplatte* angebracht mit der Inschrift:

Den Opfern des Konzentrationslagers Neuengamme
Außenstelle Wedel zum Gedenken

Im November 1986 wurde auch in der Stadt selbst, *Rissener Straße,* ein *Denkmal* errichtet, das mit folgendem Text an das Lager erinnert:

Zur mahnenden Erinnerung
an das Außenkommando Wedel des
NS-Konzentrationslagers Neuengamme
September bis November 1944

Daneben erläutert eine *Informationstafel* mit einem Lageplan des Außenlagers:

Das KZ-Außenkommando Wedel

Während des 2. Weltkrieges bestand im Bereich
Kronskamp und heutiger Croningstraße ein
großes Kriegsgefangenenlager.
Es wurde im Norden durch die Rissener Straße
begrenzt, nach Süden schloß sich ein Lager für
Zwangsarbeiter an.
Ein Teil des Kriegsgefangenenlagers diente als
Außenkommando des NS-Konzentrationslagers
Neuengamme (siehe Zeichnung).
Das KZ-Außenkommando Wedel bestand zwischen
September und November 1944, es wurde
nacheinander mit zwei Häftlingsgruppen belegt.
Zum einen waren es ca. 500 jüdische Frauen aus
der Tschechoslowakei und Ungarn, zum anderen
wurden dort ca. 500 Männer, überwiegend aus
Holland, Polen und der Sowjetunion, festgehalten.
Unter schwierigsten Bedingungen mußten die
Häftlinge Räum- und Schanzarbeiten ausführen.
Aus der Zeit zwischen September und November
1944 sind 29 Todesopfer namentlich bekannt,
weitere sind nicht auszuschließen.
Dieses Mahnmal steht an der früheren Begrenzung
des Außenkommandos, eine Grab- und Gedenkstätte
für die KZ-Opfer befindet sich auf dem Wedeler
Friedhof am Egenbüttelweg.
Wedel (Holstein), im November 1986

Zur Geschichte des Außenkommandos

Die zwölf Baracken des Lagers Wedel wurden auf dem Gelände zwischen Voßhagen, Rissener Straße, Feldstraße und Industriestraße errichtet. In der Zeit von September bis Oktober 1944 waren im Außenlager Wedel 500 tschechoslowakische und ungarische jüdische Frauen inhaftiert. Sie waren im Juli 1944 vom Vernichtungslager Auschwitz-Birkenau nach Hamburg in das Hafenlager Dessauer Ufer und von dort nach Wedel transportiert worden. Durch einen Prozeß im Jahre 1982 gegen den SS-Kommandanten Walter Kümmel, der den Transport und das Lager Wedel, später das Lager Hamburg-Eidelstedt leitete, konnte der Leidensweg der 500 Frauen von 1942 bis 1945, von Auschwitz bis zu ihrer letzten Station Bergen-Belsen, nachgezeichnet werden. Die Frauen wurden zu schwersten Räumungs- und Schanzarbeiten eingesetzt. Nach vier Wochen wurden sie in das Hamburger Lager Eidelstedt verlegt (s. dort).

Gleich nach dem Abtransport der Frauen trafen etwa 500 männliche Häftlinge aus Neuengamme in Wedel ein. Neben Juden aus Österreich sowie Gefangenen aus der Sowjetunion und aus Polen waren viele Niederländer in diesem Arbeitskommando, darunter auch einige Männer aus dem niederländischen Dorf Putten. Von dort wurden bei einem Racheakt der SS Anfang Oktober 1944 etwa 600 Männer in deutsche Konzentrationslager verschleppt, viele von ihnen in das Außenlager Ladelund (s. Ladelund). Bis auf wenige kamen diese Männer in den Lagern ums Leben. Zehn von ihnen starben im Außenkommando Wedel. Neun der Toten wurden in Wedel beerdigt und später auf den Vorwerker Friedhof in Lübeck umgebettet; einer wurde in Hamburg-Ohlsdorf beerdigt. Die Häftlinge wurden in Hamburg-Sülldorf zum Ausschachten von Panzergräben eingesetzt, die rund um Hamburg angelegt werden sollten. In der kurzen Zeit vom 17. Oktober bis 20. November 1944 fanden 24 von ihnen aufgrund der harten Arbeits- und Lebensbedingungen den Tod. Die Verstorbenen waren zwischen 17 und 45 Jahre alt. Nach sechs Wochen wurde das Arbeitskommando Ende November 1944 nach Hamburg (Spaldingstraße) und nach Meppen-Versen im Emsland verlegt.

Quellen/Literatur:
Christus-Kirchengemeinde Schulau, Wedel (Hrsg.), KZ Wedel. Das vergessene Lager (Autoren: Martina Wolf/U. Auge-Wolf/S. Latzel), Wedel 1983; Bringmann, Fritz/Diercks, Herbert, Die Freiheit lebt! Frankfurt a.M. 1983; Hoch/Schwarz, Verschleppt, S. 180.

Wesselburen

Der Einsatz von Kriegsgefangenen und Zwangsarbeitern, die in Wesselburen in mindestens fünf Lagern untergebracht waren, forderte viele Tote. Die *Gräber* von 36 Sowjetbürgern, sieben Polen und drei Ungarn finden sich auf dem örtlichen *Friedhof.*

Quellen/Literatur:
Hoch/Schwarz, Verschleppt, S. 177; Mitteilung der Friedhofsverwaltung Wesselburen vom 17. März 1992.

Westerland, Sylt

Auf dem *neuen Friedhof* in Westerland sind polnische und sowjetische Staatsbürger bestattet. Auf einem *Kreuz* befindet sich in kyrillischen Buchstaben eine Inschrift, die in deutscher Übersetzung besagt:

> Ehre denjenigen, die ihr Leben für das Vaterland opferten, die dem Vaterland treu waren. Mögen sie in unserer Erinnerung bleiben.

In Westerland war ein größeres Lager für sowjetische Kriegsgefangene eingerichtet. In anderen Lagern auf der Insel waren Polen, Italiener, Niederländer, Belgier und Franzosen untergebracht. Die meisten von ihnen mußten Befestigungsarbeiten auf der Insel verrichten.
Westerland besitzt noch keine Gedenkeinrichtung für seine zahlreichen Opfer des Nationalsozialismus, die es u.a. unter den weit über 1000 dort eingesetzten Kriegsgefangenen und Zwangsarbeitern gegeben hat. Forschungen von privater Seite sollen dafür die Voraussetzungen schaffen.

Kontakt:
Joachim Pleines, Johann-Möller-Straße 2, 25980 Westerland, Sylt; Dr. Harald Voigt, Breslauer Straße 26, 25980 Westerland, Sylt.

Quelle/Literatur:
Hoch/Schwarz, Verschleppt, S. 166.

Westerrönfeld

Die Jüdische Gemeinde in Rendsburg hatte im benachbarten Dorf Westerrönfeld ihren *Friedhof* unterhalten. Während des Zweiten Weltkrieges wurden einzelne Grabplatten und ein kleines Gebäude entfernt. Die letzte Bestattung fand wahrscheinlich 1939 statt, jedoch ohne Grabstein. Nach dem Krieg wurden die Urnen eines Rendsburger Ehepaares, das sich vor dem Abtransport in ein Konzentrationslager das Leben genommen hatte, dort beigesetzt. Heute gehört der Friedhof zur Jüdischen Gemeinde Hamburg. Er wird von der Gemeinde Westerrönfeld gepflegt.

Quelle/Literatur:
Heinz, Elke, Der jüdische Friedhof in Westerrönfeld, in: Hamer u.a., Vergessen + Verdrängt, S. 218/219.

Wilster

Auf dem *Friedhof* der Stadt erinnern die *Gräber* von drei Polen und zwei Sowjetbürgern an die zahlreichen im Ort eingesetzten Kriegsgefangenen und Zwangsarbeiter.

Quelle/Literatur:
Hoch/Schwarz, Verschleppt, S. 188.

Forschungseinrichtungen in Schleswig-Holstein:

Im Jahre 1983 wurde in Kiel der *»Arbeitskreis zur Erforschung des Nationalsozialismus in Schleswig-Holstein (AKENS)«* gegründet. Er besteht heute aus etwa 140 Historikern, Laienforschern und zeitgeschichtlich interessierten Personen und soll die Erforschung der nationalsozialistischen Herrschaft in Schleswig-Holstein intensivieren sowie die lokalen Projekte miteinander bekannt machen. Dazu gehören auch die Vorgeschichte der NS-Herrschaft sowie ihre Konsequenzen für die Zeit nach 1945. Der AKENS führt Veranstaltungen und Seminare zu Themen der Zeitgeschichte durch, bietet Exkursionen an zu Stätten der NS-Herrschaft und des Widerstands. Wichtigster Teil der öffentlichen Arbeit ist die regelmäßige Herausgabe der »Informationen zur Schleswig-Holsteinischen Zeitgeschichte«, die seit 1983 mit zwei bis drei Ausgaben jährlich erscheinen.

AKENS-Kontaktadresse/Sprecher:
Eckhard Colmorgen, Johannesstraße 50, 24143 Kiel, Tel.: 04 31/73 50 19.

Im Jahre 1992 wurde nach jahrelangen Forderungen und mehrfacher parlamentarischer Dabatte das *»Institut für schleswig-holsteinische Zeit- und Regionalgeschichte an der Bildungswissenschaftlichen Hochschule Flensburg-Universität« (IZRG)* gegründet. Aufgabe des Instituts ist die Erforschung und Vermittlung der Wirtschafts- und Sozialgeschichte des 19. und 20. Jahrhunderts und insbesondere der Geschichte des Nationalsozialismus in Schleswig-Holstein. Das IZRG ist kein reines Forschungsinstitut, sondern versteht sich auch als Service-Einrichtung, als Anlaufstelle für Wissenschaftler, Unterstützer von Laienforschern und will in öffentlichen Veranstaltungen die jüngere Geschichte des Landes vermitteln. Am Institut sind als Wissenschaftler tätig Prof. Dr. Uwe Danker, Dr. Detlef Korte, Prof. Dr. Gerhard Paul und Prof. Dr. Peter Wulf.

Kontakt:
IZRG, Gottorfstraße 6b, 24837 Schleswig, Tel.: 04621/86 18 90.

Quellen/Literatur zu Schleswig-Holstein insgesamt (Auswahl):

Als wichtigste Quellen- und Datensammlungen zu Schleswig-Holstein wurden zugrunde gelegt:

ARBEITSKREIS ZUR ERFORSCHUNG DES NATIONALSOZIALISMUS IN SCHLESWIG-HOLSTEIN (AKENS), KIEL, (Hrsg.), Informationen zur Schleswig-Holsteinischen Zeitgeschichte, ab Nr. 1 (1983) ff. (Bezug: Dr. Detlef Korte, Westring 271, 24116 Kiel)

HOCH, GERHARD/SCHWARZ, ROLF (Hrsg.), Verschleppt zur Sklavenarbeit. Kriegsgefangene und Zwangsarbeiter in Schleswig-Holstein (1985), 2. erw. Auflage, Alveslohe und Rendsburg 1988 (zu beziehen über: Gerhard Hoch, Buchenstraße 2, 25486 Alveslohe, Tel.: 0 41 93/29 25.) (Die Arbeit wird zitiert als »Hoch/Schwarz, Verschleppt...«)

STUDIENKREIS: DEUTSCHER WIDERSTAND (Hrsg.), Heimatgeschichtlicher Wegweiser zu Stätten des Widerstandes und der Verfolgung 1933–1945, Band 7: Schleswig-Holstein I: Nördlicher Teil, Autorin: Irene Dittrich, Frankfurt a.M. 1993. (Teil II: Südlicher Teil ist in Planung.)

Bei den folgenden Titeln handelt es sich um eine Auswahl von auf Schleswig-Holstein insgesamt bezogenen bzw. auch überregionalen Darstellungen. Die Quellen- und Literaturhinweise zu den einzelnen Orten werden hier nicht wiederholt.

BÄSTLEIN, KLAUS, Die Judenpogrome am 9./10. November 1938 in Schleswig-Holstein. Eine organisationsgeschichtliche Skizze, in: Grenzfriedenshefte, Nr. 3, Jüdisches Leben und die Novemberpogrome in Schleswig-Holstein. Aufsätze, hrsg. vom Grenzfriedensbund, Flensburg 1988, S. 163 ff.

BÖTTIGER, H., Heute nur noch Geschichte. Juden in Schleswig-Holstein, in: Schleswig-Holstein. Das Magazin für Kultur, Politik, Umwelt, Nr. 6/1988.

BUSSENIUS, SIEGHARD, Inseln des Friedens oder Grundstücke ohne Verkehrswert? Jüdische Friedhöfe und ihre Schändungen, in: AKENS (Hrsg.), Informationen zur Schleswig-Holsteinischen Zeitgeschichte 21, November 1991, S. 5–101.

DIEDERICHS, URS J./WIEBE, H.-H., Schleswig-Holstein unter dem Hakenkreuz, Bad Segeberg 1985. Dokumentationen 7.

HAMER, KURT/SCHUNCK, KARL-WERNER/SCHWARZ, ROLF (Hrsg.), Vergessen + Verdrängt. Arbeiterbewegung und Nationalsozialismus in den Kreisen Rendsburg und Eckernförde. Eine andere Heimatgeschichte, Eckernförde

1984, 3. Aufl. 1995 (Bestellungen an: Heimatmuseum Eckernförde, Rathausmarkt 8, 24340 Eckernförde).

HARCK, OLE, Jüdische Denkmäler in Schleswig-Holstein, hrsg. v. Landeskulturverband Schleswig-Holstein e.V., Schleswig, Kiel o.J. (1980).

DERS., Julius-Magnus-Ausstellung. Zur Geschichte der Jüdischen Gemeinden in Schleswig-Holstein, Rendsburg 1985 (enthält auf S. 38 – 40 eine ausgewählte Bibliographie zur Geschichte der Juden in Schleswig-Holstein).

HOFFMANN, ERICH/WULF, PETER (Hrsg.), »Wir bauen das Reich«. Aufstieg und erste Herrschaftsjahre des Nationalsozialismus in Schleswig-Holstein, Neumünster 1983 (Quellen und Forschungen zur Geschichte Schleswig-Holsteins 81, hrsg. von der Gesellschaft für Schleswig-Holsteinische Geschichte).

INSTITUT FÜR REGIONALE FORSCHUNG UND INFORMATION IM DEUTSCHEN GRENZVEREIN E.V. UND LANDESINSTITUT SCHLESWIG-HOLSTEIN FÜR PRAXIS UND THEORIE DER SCHULE (IPTS) (Hrsg.), Quellen zur Geschichte Schleswig-Holsteins, Teil III: Von 1920 bis zur staatlichen Neuordnung nach dem Zweiten Weltkrieg, Kiel 1982.

KNÄUPER, MARGOT/KORTE, DETLEF, Bibliographie zum Nationalsozialismus in Schleswig-Holstein (Berichtszeitraum 1945–1985), Kiel 1987. Auch in: Veröffentlichungen des Beirats für Geschichte der Arbeiterbewegung und Demokratie in Schleswig-Holstein, Bd. 3, Kiel 1987.

LANDESZENTRALE FÜR POLITISCHE BILDUNG (Hrsg.), Ausgegrenzt – Verachtet – Vernichtet. Zur Geschichte der Juden in Schleswig-Holstein, Kiel 1994 (Schriftenreihe Gegenwartsfragen 74).

LOOSE, HANS-DIETER, Veröffentlichungen zur Geschichte des Nationalsozialismus in Schleswig-Holstein 50 Jahre nach der »Machtergreifung«. Ein Bericht. In: Zeitschrift der Gesellschaft für Schleswig-Holsteinische Geschichte, Band 110, 1985, S. 340 – 368.

MÖLLER, REIMER, Widerstand und Verfolgung in einer agrarisch-kleinstädtischen Region: SPD, KPD und »Bibelforscher« im Kreis Steinburg 1933–1945, in: Zeitschrift der Gesellschaft für Schleswig-Holsteinische Geschichte, Band 114, 1989, S. 125–228.

RIETZLER, RUDOLF, »Kampf in der Nordmark«. Das Aufkommen des Nationalsozialismus in Schleswig-Holstein (1919–1928), Neumünster 1982 (Studien zur Wirtschafts- und Sozialgeschichte Schleswig-Holsteins 4, hrsg. vom Arbeitskreis für Wirtschafts- und Sozialgeschichte/Gesellschaft für Schleswig-Holsteinische Geschichte).

SCHLESWIG-HOLSTEINISCHER LANDTAG, 10. Wahlperiode, Drucksache 10/1433 vom 13. 3. 1986: Antwort der Landesregierung auf die Große Anfrage der Fraktion der SPD betreffend nationalsozialistische Gewaltherrschaft in Schleswig-Holstein, Drucksache 10/1029.

DERS., Plenarprotokoll 10/73, 73. Sitzung, Kiel, 19. März 1986 (Debatte über die Antwort der Landesregierung).

STOLZ, GERD, Zwischen Gestern und Heute. Erinnerungen jüdischen Lebens ehemaliger Schleswig-Holsteiner, Heide/Holstein 1991.

DERS., Wegweiser zu den jüdischen Stätten in Schleswig-Holstein, hrsg. von der Jüdischen Gemeinde in Hamburg, Heide 1992.

Anhang

Auswahlbibliographie – länderübergreifend –

Die folgende Auswahlbibliographie beschränkt sich primär auf die Aspekte Gedenken/Gedenkstätten/Mahnmale/Gedenkstättenpädagogik allgemein. Quellen- und Literaturhinweise, die sich auf das Gebiet der Bundesländer bzw. speziell auf Geschehen und Gedenken an einzelnen Orten beziehen, befinden sich am Ende der Kapitel zu den Bundesländern bzw. sind unmittelbar unter den Orten angegeben.

ARMANSKI, GERHARD, »... und wenn wir sterben müssen«. Die politische Ästhetik von Kriegerdenkmälern, Hamburg 1988.

BAYERISCHE LANDESZENTRALE FÜR POLITISCHE BILDUNGSARBEIT (Hrsg.), Didaktische Arbeit in KZ-Gedenkstätten. Erfahrungen und Perspektiven, München 1993. (Überarbeitete Fassung der Referate eines am 27. April 1993 vom Haus der Bayerischen Geschichte und der Bayerischen Landeszentrale in Zusammenarbeit mit der KZ-Gedenkstätte Dachau und dem Zentrum für Antisemitismusforschung der TU Berlin veranstalteten Kolloquiums; Beiträge von: Wolfgang Benz, Barbara Distel, Annette Eberle, Ludwig Eiber, Detlef Garbe, Monika Herzog, Wolf Kaiser, Miroslav Kárný, Erich Kasberger, Thomas Lutz, Hans Simon-Pelanda, Edith Raim, Josef Wagner.)

BEITRÄGE ZUR GESCHICHTE DER NATIONALSOZIALISTISCHEN VERFOLGUNG IN NORDDEUTSCHLAND. Hrsg.: KZ-Gedenkstätte Neuengamme. Jedes der einmal jährlich erscheinenden Hefte hat einen thematischen Schwerpunkt: Heft 1: »Rassismus in Deutschland« (1994), Heft 2: »Kriegsende und Befreiung der Lager« (1995). (Anschrift des Herausgebers: Jean-Dolidier-Weg 39, 21039 Hamburg; Tel.: 0 40/7 23 10 31.)

BORRIES, BODO VON, »Wer sich des Vergangenen nicht erinnert, ist verurteilt, es noch einmal zu erleben«: Zu Möglichkeiten und Grenzen historischen Lernens, Hannover 1994 (Schriftenreihe der Niedersächsischen Landeszentrale für politische Bildung, 11).

BREBECK, WULFF E./GENGER, ANGELA/KRAUSE-VILMAR, DIETFRID/LUTZ, THOMAS/RICHTER, GUNNAR (Hrsg.), Zur Arbeit in Gedenkstätten für die Opfer des Nationalsozialismus – ein internationaler Überblick, Berlin 1988 (Schriften zur Arbeit in Gedenkstätten für die Opfer des Nationalsozialismus, Band 1, hrsg. von der Aktion Sühnezeichen Friedensdienste e.V.).

DACHAUER HEFTE. Studien und Dokumente zur Geschichte der nationalsozialistischen Konzentrationslager. Im Auftrag des Comité International de Dachau, Brüssel, hrsg. von Wolfgang Benz und Barbara Distel, Dachau, 1985 ff. Jedes der einmal jährlich erscheinenden Hefte hat einen thematischen Schwerpunkt: (1) »Die Befreiung« (1985), (2) »Sklavenarbeit im KZ« (1986), (3) »Frauen – Verfolgung und Widerstand« (1987), (4) »Medizin im NS-Staat« (1988), (5) »Die vergessenen Lager« (1989), (6) »Erinnern oder Verweigern – Das schwierige Thema Nationalsozialismus« (1990), (7) »Solidarität und Widerstand« (1991), (8) »Überleben und Spätfolgen« (1992), (9) »Die Verfolgung von Kindern und Jugendlichen« (1993), (10) »Opfer und Täter« (1994), (11) »Orte der Erinnerung« (1995), (12) »Das System der Konzentrationslager« (1996). (Anschrift der Redaktion: Alte Römerstraße 75, 85221 Dachau; Tel.: 0 81 31/17 41.)

EHMANN, ANNEGRET/KAISER, WOLF/LUTZ, THOMAS/RATHENOW, HANNS-FRED/ VOM STEIN, CORNELIA/WEBER, NORBERT H. (Hrsg.), Praxis der Gedenkstättenpädagogik. Erfahrungen und Perspektiven, Opladen 1995. (Im Anhang: Literaturliste zur Bildungsarbeit in Gedenkstätten, zusammengestellt von Anne Siebers.)

EICHMANN, BERND, Versteinert, verharmlost, vergessen – KZ-Gedenkstätten in der Bundesrepublik Deutschland, 2. Aufl., Frankfurt a. M. 1986.

FAULENBACH, BERND/JELICH, FRANZ-JOSEF (Hrsg.), Reaktionäre Modernität und Völkermord. Probleme des Umgangs mit der NS-Zeit in Museen, Ausstellungen und Gedenkstätten. Dokumentation einer Tagung des Forschungsinstituts für Arbeiterbildung und der Hans-Böckler-Stiftung im September 1993 in Recklinghausen, Essen 1994 (Geschichte und Erwachsenenbildung, Bd. 2).

GARBE, DETLEF (Hrsg.), Die vergessenen KZs? Gedenkstätten für die Opfer des NS-Terrors in der Bundesrepublik, Bornheim-Merten 1983.

GEDENKBUCH – Opfer der Verfolgung der Juden unter der nationalsozialistischen Gewaltherrschaft in Deutschland 1933–1945, bearbeitet vom Bundesarchiv, Koblenz, und dem Internationalen Suchdienst, Arolsen, 2 Bände, Koblenz 1986.

GEDENKBUCH. Memorial Book. Księga Pamięci – Die Sinti und Roma im Konzentrationslager Auschwitz-

Birkenau. Hrsg.: Staatliches Museum Auschwitz-Birkenau in Zusammenarbeit mit dem Dokumentations- und Kulturzentrum Deutscher Sinti und Roma, Heidelberg, 2 Bände, München/London/New York/Paris 1993.

GEDENKSTÄTTEN-RUNDBRIEF. Hrsg.: Stiftung Topographie des Terrors, Berlin. (Gegründet 1983 von der Aktion Sühnezeichen Friedensdienste e.V.; erscheint sechsmal jährlich; Redaktionsanschrift: Thomas Lutz, Stiftung Topographie des Terrors – Gedenkstättenreferat –, Budapester Straße 40, 10787 Berlin; Tel.: 0 30/25 45 09-15.)

GESCHICHTSWERKSTATT. Zeitschrift für Regional- und Alltagsgeschichte. Hrsg.: Geschichtswerkstatt e.V. (Erscheint seit 1983, derzeit ein- bis zweimal jährlich, seit 1992 bei Calenberg Press Weigang, Auf der Horst 40, 30823 Garbsen; Tel.: 0 51 37/12 11 39. – Zu Herausgeber, Redaktion und einzelnen Themenheften siehe: Anhang/Überregionale Einrichtungen.)

HARTMANN, ERICH, Stumme Zeugen. Photographien aus Konzentrationslagern, Gerlingen 1995.

HASS, ULRIKE, Mahnmaltexte 1945 bis 1988 – Annäherungen an eine schwierige Textsorte, in: »Dachauer Hefte« 6: »Erinnern oder Verweigern – Das schwierige Thema Nationalsozialismus«, November 1990, S. 135–161.

HESSISCHE LANDESZENTRALE FÜR POLITISCHE BILDUNG (Hrsg.), Gedenkstättenarbeit mit Jugendlichen – eine Herausforderung für die politische Bildung, Wiesbaden o.J. (Dokumentation einer Fachtagung der Hessischen Landeszentrale im Juni 1992; Beiträge von: Eike Hennig, Thomas Hofmann, Renate Knigge-Tesche, Volkhard Knigge, Dietfrid Krause-Vilmar, Hans-Joachim Lißmann, Bettina Winter).

HOFFMANN, DETLEF/ERMERT, KARL (Hrsg.), Kunst und Holocaust: Dokumentation einer Tagung der Evangelischen Akademie Loccum. Loccumer Protokolle 14/89, Rehburg-Loccum 1989.

HOOPS, ANDREA, Geschichte er-fahren – Alternative Stadtrundfahrten. Zu Theorie, Praxis, Grenzen und Möglichkeiten, Garbsen 1993.

ITS, INTERNATIONAL TRACING SERVICE (INTERNATIONALER SUCHDIENST), Arolsen, Verzeichnis der Haftstätten unter dem Reichsführer-SS (1933–1945). Konzentrationslager und deren Außenkommandos sowie andere Haftstätten unter dem Reichsführer-SS in Deutschland und deutsch besetzten Gebieten, Arolsen 1979. (Dieses Verzeichnis erschien in nur kleiner Auflage als Behördenhandbuch. Allgemein zugänglich ist der 1990 von Martin Weinmann herausgegebene Nachdruck des »CCP«, siehe unten.)

KAISER, WOLF, Zur Pädagogik in Gedenkstätten für die Opfer des Nationalsozialismus 50 Jahre nach Kriegsende, in: »Politisches Lernen«, hrsg. von der Deutschen Vereinigung für Politische Bildung – NW e.V., Jg. 16, Heft 1–2/1995, S. 111–124.

KAMMER, HILDE/BARTSCH, ELISABETH, Nationalsozialismus. Begriffe aus der Zeit der Gewaltherrschaft 1933–1945, Reinbek bei Hamburg 1992 (neu bearbeitete Ausgabe des 1982 erschienenen »Jugendlexikon Nationalsozialismus«).

KOSELLEK, REINHART, Kriegerdenkmale als Identitätsstiftungen der Überlebenden, in: Odo Marquard und Karlheinz Stierle (Hrsg.), Identität, Politik und Hermeneutik, Band 8, München 1979, S. 255–276.

LEHRKE, GISELA, Gedenkstätten für Opfer des Nationalsozialismus. Historisch-politische Bildung an Orten des Widerstandes und der Verfolgung, Frankfurt a.M./New York 1988.

LUTZ, THOMAS, Historische Orte sichtbar machen – Gedenkstätten für NS-Opfer in Deutschland, in: »Aus Politik und Zeitgeschichte« B 1–2/1995, S. 18–26.

MAI, EKKEHARD/SCHMIRBER, GISELA (Hrsg.), Denkmal – Zeichen – Monument. Skulptur und öffentlicher Raum heute, München 1989.

MARCUSE, HAROLD/SCHIMMELPFENNIG, FRANK/SPIELMANN, JOCHEN, Steine des Anstoßes: Nationalsozialismus und Zweiter Weltkrieg in Denkmalen 1945–1985, Broschüre zu einer gleichnamigen Ausstellung, hrsg. vom Museum für Hamburgische Geschichte, Hamburg 1985.

MATZ, REINHARD, Die unsichtbaren Lager – Das Verschwinden der Vergangenheit im Gedenken. Fotografien von Reinhard Matz. Mit Texten von Andrzej Szczypiorski, James E. Young, Hanno Loewy, Jochen Spielmann, Reinbek bei Hamburg 1993.

MILTON, SYBIL (Text)/NOWINSKI, IRA (Fotos), In Fitting Memory. The Art and Politics of Holocaust Memorials, Detroit 1991.

PINGEL, FALK, Erinnern oder Vergessen? – Überlegungen zum Gedenken an den Widerstand und an die Opfer des Nationalsozialismus, in: »Aus Politik und Zeitgeschichte« B 9–10/1981, S. 14–29.

REICHEL, PETER, Erinnerungskultur. Gedächtnisorte der NS-Vergangenheit: Denkmäler – Gedenkstätten – Gedenktage (Erscheinen angekündigt für 1995, München).

REINARTZ, DIRK/KROCKOW, CHRISTIAN GRAF VON, totenstill – Bilder aus den ehemaligen deutschen Konzentrationslagern. Fotografien von Dirk Reinartz, mit einem Text von Christian Graf von Krockow, Göttingen 1994.

RIETH, ADOLF, Den Opfern der Gewalt: KZ-Opfermale der europäischen Völker. To the Victims of Tyranny: Monuments to Concentration Camp Victims conceived by the peoples of Europe, dt.-engl., Tübingen 1968.

SCHÜLERWETTBEWERB DEUTSCHE GESCHICHTE UM DEN PREIS DES BUNDESPRÄSIDENTEN. Kataloge der preisgekrönten Arbeiten, hrsg. von der Körber-Stiftung, Hamburg: Band 4 – Wettbewerb 1980/81: »Alltag im Nationalsozialismus. Vom Ende der Weimarer Republik bis zum Zweiten Weltkrieg«, Hamburg 1983; Band 5 – Wettbewerb 1982/83: »Alltag im Nationalsozialismus. Die Kriegsjahre in Deutschland«, Hamburg 1985; Band 10 – Wettbewerb 1992/93: »Denkmal: Erinnerung, Mahnung, Ärgernis ...«, Hamburg 1995. (Erhältlich bei: Körber-Stiftung, Kampchaussee 10, 22503 Hamburg; Tel.: 0 40/72 50 24 39.)

SCHUMACHER, MARTIN (Hrsg.), M.d.R. – Die Reichstagsabgeordneten der Weimarer Republik in der Zeit des Nationalsozialismus. Politische Verfolgung, Emigration und Ausbürgerung 1933–1945. Eine biographische Dokumentation, Düsseldorf 1991, 2. unveränd. Aufl. 1992 (Veröffentlichung der Kommission für Geschichte des Parlamentarismus und der politischen Parteien).

SICHTERMANN, BARBARA, Kann Mitleid Emaille werden? Zur Gefühlsgeschichte des Denkens, in: Vierteljahreszeitschrift »Freibeuter«, Nr. 63, März 1995, mit dem Schwerpunktthema »8. Mai 1945. Vom Wegräumen der Geschichte«, S. 45–52.

STUDIENKREIS: DEUTSCHER WIDERSTAND (Hrsg.), Reihe »Heimatgeschichtlicher Wegweiser zu Stätten des Widerstandes und der Verfolgung 1933–1945«, Frankfurt a.M.; bis 1995 erschienen: Band 1/1: Hessen I, Regierungsbezirk Darmstadt (2., völlig neu bearb. Fassung 1995); Band 2: Niedersachsen I (1985; vergriffen); Band 3: Niedersachsen II (1986; vergriffen); Band 4: Saarland (1990: vergriffen); Band 5: Baden-Württemberg I, Regierungsbezirke Karlsruhe und Stuttgart (2. Aufl. 1995); Band 6: Bremen (1991); Band 7: Schleswig-Holstein I (1991); in Vorbereitung: Band 1/2: Hessen II, Regierungsbezirke Gießen und Kassel.

THOMAS-MORUS-AKADEMIE BENSBERG (Hrsg.), Historische Denkmäler – Vergangenheit im Dienste der Gegenwart? Dokumentation einer Studienkonferenz in Zusammenarbeit mit dem Landschaftsverband Rheinland/Referat Heimatpflege (Beiträge von: Sabine Menhardt-Schwerin, Klaus Schmitz, Martin Stankowski, Hans-Ulrich Thamer u.a.), Bergisch Gladbach 1994 (Bensberger Protokolle 81).

VOLKSBUND DEUTSCHE KRIEGSGRÄBERFÜRSORGE E.V. (Hrsg.), Am Rande der Straßen. Kriegsgräberstätten in der Bundesrepublik Deutschland, Kassel o.J. (1988 und Neuauflage Stand 1994/95).

WEINMANN, MARTIN (Hrsg.), Das nationalsozialistische Lagersystem (CCP). Mit Beiträgen von Anne Kaiser und Ursula Krause-Schmitt, 1. u. 2. Aufl., Frankfurt a.M. 1990. (Teil III – Geographisches Verzeichnis – ist ein Nachdruck der drei Bände des »CCP«: »Catalogue of Camps and Prisons in Germany and German-Occupied Territories September 1939–May 1945, prepared by International Tracing Service, ITS, Arolsen, July 1949/April 1950/March 1951«. Die Originalausgabe erschien in kleiner Auflage als Behördenhandbuch.)

YOUNG, JAMES E. (Hrsg.), Mahnmale des Holocaust: Motive, Rituale und Stätten des Gedenkens, München 1994 (zur Ausstellung »The Art of Memory: Holocaust Memorials in History«; Begleitbuch zu der vom Jewish Museum in New York übernommenen Ausstellung im Historischen Museum in Berlin vom 8. September bis 13. November 1994, im Münchner Stadtmuseum vom 9. Dezember 1994 bis 5. März 1995 sowie in weiteren Museen Deutschlands).

YOUNG, JAMES E., »Die Textur der Erinnerung: Holocaust-Gedenkstätten«, in: Hanno Loewy (Hrsg.), Holocaust: Die Grenzen des Verstehens, Reinbek bei Hamburg 1993, S. 213–232.

ZENTNER, CHRISTIAN/BEDÜRFTIG, FRIEDEMANN, Das Große Lexikon des Dritten Reiches, München 1985.

Überregionale Einrichtungen, Organisationen und Verbände mit besonderem Bezug zum Thema – Auswahl –

(in alphabetischer Reihenfolge)

Archive, Bibliotheken, Forschungsinstitute, Einrichtungen der Dokumentation und des Gedenkens

---

Bundesarchiv
Potsdamer Straße 1
56075 Koblenz
Tel.: 02 61/5 05-0
Fax: 02 61/5 05-2 26, -4 30
Präsident: Prof. Dr. Friedrich Kahlenberg

Bundesarchiv Außenstelle Berlin-Zehlendorf
(ehem. Berlin Document Center)
Wasserkäfersteig 1
14163 Berlin
Tel.: 0 30/81 81 30
Leitung: Dr. Dieter Krüger

Das Berlin Document Center ging am 1. Juli 1994 aus der Verantwortung des Außenministeriums der USA in die des Bundesarchivs über. Die Bestände – Material der NSDAP, darunter die fast vollständig erhaltene Mitgliederkartei der NSDAP, Material der SS, angeschlossener Verbände und Gliederungen der NSDAP und Material staatlicher und halbstaatlicher Einrichtungen – wurde vollständig verfilmt, damit eine mikroverfilmte Version des Document Center in den USA zur Verfügung steht.

(Verschiedene weitere Außenstellen und Abteilungen des Bundesarchivs, u.a. in Potsdam, Freiburg – Abteilung Militärarchiv, Berlin – Abteilung Filmarchiv.)

Dokumentations- und Kulturzentrum
Deutscher Sinti und Roma:
siehe Zentralrat Deutscher Sinti und Roma.

Fritz Bauer Institut
Studien- und Dokumentationszentrum zur Geschichte und Wirkung des Holocaust
Rheinstraße 29
60325 Frankfurt a. M.
Tel.: 0 69/97 58 11-0
Fax: 0 69/97 58 11-90
Leitung: Hanno Loewy

Förderverein Fritz Bauer Institut e.V.:
gleiche Anschrift, Tel.: 0 69/97 58 11-60

Nach etwa fünfjähriger Vorarbeit im Rahmen eines im Winter 1989/90 begonnenen Projekts »Arbeitsstelle zur Vorbereitung des Frankfurter Lern- und Dokumentationszentrums des Holocaust« wurde das Institut, benannt nach dem 1968 verstorbenen hessischen Generalstaatsanwalt Fritz Bauer, der für die Anklageerhebung im Auschwitz-Prozeß (1963–1965) verantwortlich war, zum 1. Januar 1995 als Stiftung bürgerlichen Rechts vom Land Hessen, der Stadt Frankfurt a.M. und dem Förderverein Fritz Bauer Institut gegründet. Es erhielt damit eine gesicherte Grundlage für eine kontinuierliche interdisziplinäre wissenschaftliche, pädagogische und mediale Arbeit.
(Siehe auch unter Hessen: Frankfurt a.M.)

Germania Judaica – Kölner Bibliothek zur Geschichte des deutschen Judentums e.V.
Josef-Haubrich-Hof 1
50676 Köln
Tel.: 02 21/23 23 49
Geschäftsführerin: Dr. Annette Haller
Öffnungszeiten: Di und Do 11.30–20.00, Mi und Fr 9.00–18.00, Sa 10.00–15.00 Uhr (Mo geschlossen)

Der Verein »Germania Judaica« wurde 1959 von Kölner Bürgern, darunter der Schriftsteller Heinrich Böll, gegründet. Die parallel zu anderen Aktivitäten des Vereins aufgebaute Bibliothek hat seit 1979 ihren Sitz in der Zentralbibliothek der Stadt Köln. Sie sammelt primär Bücher zur Geschichte und Kultur des deutschsprachigen Judentums der Neuzeit und besitzt heute mit etwa 40000 Bänden die größte Sammlung auf diesem Gebiet in der Bundesrepublik. Sie unterhält Kontakte mit allen Institutionen zur jüdischen Geschichte im In- und Ausland und hat als wissenschaftliche Spezialbibliothek einen bedeutenden Rang für die Forschung erlangt.

Geschichtswerkstatt e.V.
Kontakt:
Dr. Dirk Schindelbeck
Uhlandstraße 11
79102 Freiburg i. Br.
Tel.: 07 61/70 11 73
Fax: 07 61/7 58 94

Die Geschichtswerkstatt e.V. ist ein bundesweiter organisatorischer Zusammenschluß von regionalen und lokalen Geschichtswerkstätten, Arbeitskreisen, Kultur- und Bildungsinstitutionen sowie Einzelpersonen. Sie ist seit 1983 aktiv. Derzeit sind ihr etwa 100 Geschichtswerkstätten angeschlossen. Sie setzt sich zum Ziel, zur Erforschung der Alltags- und Regionalgeschichte und ihrer Vermittlung anzuregen, zu koordinieren und zu unterstützen.
Sie gibt die Zeitschrift *»Geschichtswerkstatt«* heraus, die derzeit ein- bis zweimal jährlich erscheint. Jedes Heft enthält ein von wechselnden Redaktionen erstelltes Schwerpunktthema. Auf folgende Ausgaben sei im Zusammenhang mit dem Thema der vorliegenden Dokumentation hingewiesen: Heft 14: »›Rummel um runde Zahlen‹ – Zur Zelebration von ›Jubiläen‹« (Redaktion AK Konstanz), 1988; Heft 15: »Juden in Deutschland« (Redaktion AK Regionalgeschichte Freiburg), 1988; Heft 16: »Gewalt, Kriegstod, Erinnerung« (Redaktion Geschichtswerkstatt Marbach), 1988; Heft 19: »Zwangsarbeit. Arbeit – Terror – Entschädigung« (Redaktion Geschichtswerkstatt Marburg), 1989; Heft 22: »Deserteure. Eine notwendige Debatte« (Redaktion Geschichtswerkstätten Marbach und Marburg), 1990. (Bezugsadresse: siehe Auswahlbibliographie oben.)

Hamburger Institut für Sozialforschung
Mittelweg 36
20148 Hamburg
Tel.: 0 40/41 40 97-0
Fax: 0 40/41 40 97-11
Wissenschaftlicher Vorstand: Jan Philipp Reemtsma

Bei dem 1984 als private Stiftung gegründeten »Hamburger Institut für Sozialforschung« gibt es derzeit vier Arbeitsbereiche: »Nationalismus, Ethnizität und Fremdenfeindlichkeit«, »Konstitutionsbedingungen und Entwicklungspotentiale der Bundesrepublik«, »Wissenschaft und Kritik« und »Die Rolle der Gewalt im Zivilisationsprozeß«. Die Forschungsarbeit des Instituts wird begleitet von Fachkonferenzen, öffentlichen Tagungen, Vorträgen von Gastwissenschaftlern sowie Ausstellungen und einer gezielten Förderung von Einzelarbeiten. Die Forschungsergebnisse erscheinen seit September 1994 im institutseigenen Verlag Hamburger Edition. Seit April 1992 gibt das Institut zweimonatlich die Zeitschrift *»Mittelweg 36«* heraus, die Diskussionen und Ergebnisse des Instituts sowie Berichte und Referate von Tagungen publiziert und ein Forum für externe wissenschaftliche Diskussionen ist. Seit 1992 arbeitet das Institut an einem Projekt »Angesichts unseres Jahrhunderts. Gewalt und Destruktivität im 20. Jahrhundert«.
Zum 50. Jahrestag der Befreiung vom Nationalsozialismus erarbeitete das Institut eine (Wander-) Ausstellung zum Thema »Vernichtungskrieg. Verbrechen der Wehrmacht 1941–1944«. Mit gleichem Titel ist ein Aufsatzband erschienen (Hrsg.: Hannes Heer und Klaus Naumann, Hamburg 1995).

Hamburger Stiftung für Sozialgeschichte des 20. Jahrhunderts
Schanzenstraße 75–77
20357 Hamburg
Tel.: 0 40/43 72 32
Fax: 0 40/4 39 22 28
Leitung: Dr. Karl Heinz Roth, Dr. Angelika Ebbinghaus

Die »Hamburger Stiftung für Sozialgeschichte des 20. Jahrhunderts« wurde 1986 gegründet. Sie fungiert unter anderem als Herausgeberin der Vierteljahreszeitschrift *»1999 – Zeitschrift für Sozialgeschichte des 20. und 21. Jahrhunderts«,* deren erste Ausgabe im Oktober 1986 erschien. »Ihre Aufgabe sollte vor allem darin bestehen, zwei Themen, die das Gesicht dieses Jahrhunderts geprägt haben, zu erforschen. Das war erstens der Nationalsozialismus und seine Menschheitsverbrechen, und das waren zweitens die Folgen von 1917. Das 21. Jahrhundert im Untertitel sollte zusätzlich – sehr unprätentiös – einen Zeitenwechsel signalisieren und den Blick schärfen für die gesellschaftlichen Kräfte und Umbrüche der Gegenwart« (Angelika Ebbinghaus, verantwortliche Redakteurin). Die Auseinandersetzung mit dem Nationalsozialismus bildete seit dem ersten Heft den wichtigsten Forschungsschwerpunkt der Zeitschrift. Hierbei nahmen Untersuchungen zur Zwangs- und Häftlingsarbeit einen besonderen Raum ein. Eine Vielzahl von Studien beschäftigte sich mit der Wirtschafts- und Unternehmensgeschichte in der NS-Zeit. Auch zu anderen Themenfeldern der NS-Diktatur erschienen zahlreiche Beiträge.
(Anschrift der Redaktion, Tel., Fax: wie oben. Seit 1993 erscheint die Zeitschrift in der Janus Verlagsgesellschaft, Köln.)

Institut für Zeitgeschichte (IfZ)
Leonrodstraße 46b
80636 München
Tel.: 0 89/12 68 80
Fax: 0 89/1 23 17 27
Direktor: Prof. Dr. Horst Möller

Abteilungen:
Forschungs- und Publikationsabteilung, Archiv, Bibliothek;
Außenstelle Bonn (Auswärtiges Amt, Adenauerallee 99–103, 53113 Bonn, Tel.: 02 28/17-43 98, Leiter: Dr. Rainer Blasius);
Außenstelle Potsdam (Tizianstraße 13, 14467 Potsdam, Tel.: 03 31/31 43 31, Leiter: Dr. Hartmut Mehringer)

Die Ministerpräsidenten Bayerns, Hessens und Württemberg-Badens vereinbarten 1947 die Gründung eines »Instituts zur Erforschung der nationalsozialistischen Politik«. 1950 erfolgte die Umbenennung in »Deutsches Institut für Geschichte der nationalsozialistischen Zeit«, das nun von der Bundesrepublik Deutschland und Bayern gemeinsam getragen wurde. Um das zeitlich und sachlich weit umfassendere Arbeitsfeld zum Ausdruck zu bringen, bekam es 1952 die Bezeichnung »Institut für Zeitgeschichte« (IfZ). 1961 erhielt das IfZ seine heutige rechtlich-organisatorische Struktur: Als »Stiftung zur wissenschaftlichen Erforschung der Zeitgeschichte« hat es seitdem die Rechtsform einer Öffentlichen Stiftung des Bürgerlichen Rechts. Die Daueraufgaben des Instituts finanzieren der Bund und die Länder. 1990 wurde eine Außenstelle des IfZ im Auswärtigen Amt in Bonn eingerichtet, deren Aufgabe die Bearbeitung und Herausgabe der »Akten zur Auswärtigen Politik der Bundesrepublik Deutschland« ist. 1993 wurde eine weitere Außenstelle des IfZ in Potsdam gegründet; diese hat in erster Linie die Erforschung der Geschichte der SBZ bzw. DDR zur Aufgabe.
Anlaß zur Gründung des IfZ war das Bedürfnis nach einer streng wissenschaftlichen Erforschung des Nationalsozialismus und seiner Voraussetzungen. Das Arbeitsfeld umfaßt darüber hinaus die Geschichte Deutschlands, Europas und der internationalen Beziehungen seit dem Ersten Weltkrieg bis zur Gegenwart. Der seit 1989 erfolgende Zusammenbruch der kommunistischen Herrschaft in Osteuropa, die Auflösung des Ostblocks und der Sowjetunion, schließlich die Vereinigung Deutschlands 1990 haben die Zeitgeschichtsforschung vor ganz neue Aufgaben gestellt. Eine Fülle neuen Quellenmaterials nicht allein zur Nachkriegsgeschichte, sondern auch zur NS-Diktatur und zur Weimarer Republik, die sich in Archiven der DDR und der Sowjetunion befanden, werden nun erstmals zugänglich. Aus diesem Grunde können eine große Zahl von Themen erst jetzt erforscht oder müssen von neuem bearbeitet werden.
Das IfZ ist nicht nur ein Forschungsinstitut. Ein großer Teil seiner Arbeit erstreckt sich auf wissenschaftliche Dienstleistungen, die einer großen Zahl in- und ausländischer Besucher zugute kommen. Wesentliche Teile dieser Aufgaben übernehmen Archiv und Bibliothek des Instituts.
Die Publikation von Quellen, Inventaren und im Institut erarbeiteten Forschungsergebnissen erfolgt in den seit 1953 erscheinenden *»Vierteljahrsheften für Zeitgeschichte«* und in anderen Veröffentlichungsreihen.

Internationaler Suchdienst – International Tracing Service (ITS)
Große Allee 5–9
34454 Arolsen
Tel.: 0 56 91/60 37
Direktor: Dr. Charles-Claude Biedermann

Arolsen bei Kassel ist seit 1946 Sitz des Internationalen Suchdienstes (abgekürzt »ITS« nach der englischen Bezeichnung »International Tracing Service«). Die Hauptaufgabe des ITS war zunächst die Suche nach vermißten NS-Opfern.
Der ITS verfügt über eine *zentrale Kartei der nationalsozialistischen Konzentrationslager:* »Sie enthält Millionen Namen von Menschen, die in den über tausend Lagern der Nationalsozialisten eingekerkert waren. Diese registrierten Schicksale sind nur ein Teil der Schreckensbilanz. Millionen von Namen sind verlorengegangen. Von ihren Trägern sind weder der Todestag noch der Begräbnisort erhalten geblieben. Die ebenfalls in Arolsen befindliche Kartei der Zwangsverschleppten, Arbeitsverpflichteten und Freiwilligen, die nach Deutschland zur Arbeit kamen, enthält ebenfalls rund 2 1/2 Millionen Namen. Nicht erfaßt sind jene Millionen Menschen, die in Polen, der Ukraine, der CSSR, in Ungarn oder in den baltischen Ländern zusammengetrieben, erschossen und verscharrt wurden.« (Hessischer Landtag, Drucksache 11/2581 vom 3. Dezember 1984, S. 4.)
In den Archiven des ITS liegen die Akten der Verfolgten. Der ITS bildet damit das Gegenstück zum Document Center in Berlin (seit 1994 in der Verantwortung des Bundesarchivs), das die Akten der Verfolger verwahrt. 1955 wurde die Verwaltung des ITS dem Internationalen Roten Kreuz übertragen, das bereits über einen weltweit arbeitenden Suchdienst verfügte. Zu diesem Zeitpunkt war die *zentrale Personenkartei* bereits auf 20 Millionen

Namen angewachsen, 1983 enthielt die Kartei 34 Millionen Namenskarten für mehr als 12 Millionen Menschen; inzwischen ist sie auf 45 Millionen Hinweiskarten auf NS-Verfolgte angewachsen.

In den Jahren 1949 bis 1951 erstellte der ITS einen dreibändigen *»Catalogue of Camps and Prisons in Germany and German-occupied Territories« (CCP),* ein Verzeichnis aller damals bekannten Haftstätten und Lager aus den Kriegsjahren von 1939 bis 1945. Aufgrund des ständigen Zuwachses an Archivalien wurde das Verzeichnis seit 1963 einer Revision unterzogen. Das erste Nachfolgeverzeichnis entstand im Zusammenhang mit dem Zweiten Gesetz zur Änderung des »Bundesentschädigungsgesetzes« (BEG). Es wurde 1964 vorgelegt und enthält nur Auszüge aus dem Bestand des ersten Katalogs, da dieses Verzeichnis für den engen Adressatenkreis der mit Entschädigungsfragen befaßten Experten bestimmt war. Ausgegrenzt waren in diesem Verzeichnis alle Lager und Haftstätten, in denen Zwangsarbeiter interniert wurden. Erklärt werden kann dieser Umstand vor dem Hintergrund der Entschädigungsdebatte, wobei der Kreis der »Anspruchsberechtigten« möglichst klein gehalten werden sollte. Die Zwangsarbeiter wurden von vornherein als zu Entschädigende aus der Diskussion herausgehalten. Mit der Veröffentlichung eines *»Vorläufigen Verzeichnisses der Konzentrationslager und deren Außenkommandos sowie anderer Haftstätten unter dem Reichsführer-SS in Deutschland und deutsch-besetzten Gebieten (1933–1945)«* wurde 1969 ein erweitertes Verzeichnis vorgelegt, das aber kein Ersatz für den CCP sein konnte, allenfalls eine Ergänzung.

Wegen umfangreicher neuer Informationen und zahlreicher Neuerwerbungen von Unterlagen wurden vier Jahre später die Arbeiten an einem völlig neuen Verzeichnis begonnen. Das 1979 fertiggestellte, rund 800 Seiten umfassende *»Verzeichnis der Haftstätten unter dem Reichsführer-SS (1933–1945)«* enthält neben den Konzentrations- und Vernichtungslagern und deren »Außenkommandos« auch alle anderen Haftstätten, die dem Reichsführer-SS unterstanden, von den Nationalsozialisten aber nicht unter der Bezeichnung »Konzentrationslager« geführt wurden: SS-Baubrigaden, Zwangsarbeitslager für Juden, Polizeihaftlager unter den Befehlshabern der Sicherheitspolizei (BdS), »Arbeitserziehungslager«, »Erziehungslager« bei Firmen, das SS-Sonderlager Hinzert mit seinen Außenlagern (s. Rheinland-Pfalz: Hinzert), das »Sicherungslager« Schirmeck-Vorbruck (Elsaß, Frankreich) mit seinen Außenlagern und »Jugendschutzlager«. Auch die Strafgefangenenlager im Emsland (s. Niedersachsen: Papenburg) wurden aufgenommen, obwohl sie nicht dem Reichsführer-SS, sondern dem Reichsjustizminister unterstanden. Unberücksichtigt blieben in diesem Verzeichnis sieben Lagerkategorien, darunter die Haftanstalten der Gestapo, der Justiz und der Wehrmacht auf dem Gebiet des Deutschen Reiches sowie die Zwangsarbeiterlager für ausländische Zwangsarbeiterinnen und Zwangsarbeiter. Die Verzeichnisse des ITS waren indes nur einem kleinen Personenkreis zugänglich, sie wurden nur in kleiner Auflage als Behördenhandbuch publiziert und waren im Buchhandel nicht erhältlich.

Im Jahre 1990 wurde von Martin Weinmann ein Nachdruck des ersten Arolsener Verzeichnisses (1949–1951) unter dem Titel *»Das nationalsozialistische Lagersystem (CCP)«* herausgegeben. Dieser Band enthält neben dem »Geographischen Verzeichnis nationalsozialistischer Lager und Haftstätten« eine 150 Seiten umfassende Einführung, die wichtige Begriffe im Zusammenhang mit dem Lagersystem erläutert und zudem eine Zeittafel und ein Literaturverzeichnis aufweist. Ein umfassendes Register enthält neben einem alphabetisch geordneten Gesamtverzeichnis noch ein systematisch nach Lagerkategorien gegliedertes Sonderverzeichnis.

Mit Hilfe des ITS wurde das vom Bundesjustizminister zur Beweiserleichterung bei Anträgen auf Haftentschädigung nach dem Bundesentschädigungsgesetz (BEG) herausgegebene und im Bundesgesetzblatt veröffentlichte *»Verzeichnis der Konzentrationslager und ihrer Außenkommandos gemäß § 42 Abs. 2 BEG«* erstellt (Bundesgesetzblatt Jg. 1977, Teil I, S. 1787 ff., vom 24. Sept. 1977 und Ergänzung Jg. 1982, Teil I, S. 1571 ff., vom 24. Nov. 1982; die Bundesgesetzblätter können käuflich erworben werden: Postanschrift für Bestellungen: Bundesgesetzblatt, Postfach 1320, 53003 Bonn). Diese Liste ist primär unter juristischen und weniger unter geschichtswissenschaftlichen Gesichtspunkten zusammengestellt, auch werden in ihr die Lagerkategorien nicht unterschieden.

Das Dokumentenmaterial wurde unter dem Aspekt der Aufgabenstellung des ITS, der Beantwortung von personenbezogenen Anfragen, ausgesucht, für die das Verzeichnis ein (internes) Hilfsmittel darstellt. Nicht personenbezogene Dokumente allgemein historischer Art wurden nur dann herangezogen, wenn sie zum Verständnis beitrugen. Das »Verzeichnis der Haftstätten« stellt also kein allumfassendes Werk über die nationalsozialistischen Lager dar. Auch gibt es keine Auskunft über die Gesamtzahl der Häftlinge oder über die Zahl der in den verschiedenen Lagern zu Tode gekommenen Häftlinge. Die durchweg personenbezogenen Archivmaterialien unterliegen den Bestimmungen des Bundesdatenschutzgesetzes; sie werden in der Regel nur Betroffenen oder mit einer Vollmacht

ausgestatteten Personen zugänglich gemacht. Für Forschungszwecke stand das Archiv bisher nicht zur Verfügung. Die Hauptaufgabe des Suchdienstes besteht heute im Ausstellen von Rentennachweisen für Überlebende der NS-Lager.
In verschiedenen, meist ausländischen Archiven befindet sich noch immer eine große Anzahl von Dokumenten, deren Sichtung dem ITS noch nicht möglich war. Mit dem Umbruch im Osten und der Öffnung der Grenzen zur DDR und zur Sowjetunion 1989/90 öffneten sich auch die dortigen Archive. So sind dem Internationalen Komitee vom Roten Kreuz (IKRK), das seit 1955 mit der Verwaltung des ITS beauftragt ist, zahlreiche NS-Originaldokumente, die seit 1945 in Moskauer Archiven verwahrt wurden, zugänglich gemacht worden.
Wenn der Suchdienst von Überlebenden der Lager einmal nicht mehr gebraucht und die derzeitige Aufgabe des ITS weitgehend erfüllt sein wird, könnte dieses einzigartige Archiv ein Forschungszentrum für die Geschichte des nationalsozialistischen Lagersystems werden.

Stiftung Topographie des Terrors
– Gedenkstättenreferat –
Budapester Str. 40
10787 Berlin
Tel.: 0 30/25 45 09-15
Fax: 0 30/2 61 30 02
Leiter des Referats: Thomas Lutz

1993 übernahm die Stiftung Topographie des Terrors, Trägerin der 1987 eingerichteten Ausstellung »Topographie des Terrors: Gestapo, SS und Reichssicherheitshauptamt auf dem ›Prinz-Albrecht-Gelände‹«, von der Aktion Sühnezeichen Friedensdienste e.V. (ASF) das Gedenkstättenreferat und die Herausgeberschaft für die Zeitschrift *»Gedenkstätten-Rundbrief«*. Seitdem gehört die Förderung der Kommunikation unter den Gedenkstätten für die Opfer des NS-Regimes und den Gedenkstätteninitiativen sowie des Informationsaustausches zwischen Gedenkstätten in Deutschland und im Ausland zu ihrem Aufgabenbereich. Bedingt durch den historischen Kontext der Geschichte des »Prinz-Albrecht-Geländes« als Zentrale des NS-Terrors bestehen für die Stiftung inhaltliche Verbindungen zu nahezu allen Stätten der Verfolgung durch das NS-Regime in Europa. Geplant ist der Aufbau eines internationalen Dokumentations- und Begegnungszentrums.

Studienkreis: Deutscher Widerstand/
Dokumentationsarchiv
Rossertstraße 9
60323 Frankfurt a.M.
Tel.: 0 69/72 15 75
Vorsitzende: Lotte Schmidt,
Stellv. Vorsitzender: Pfarrer Rudolf Dohrmann;
Geschäftsführerin: Dr. Barbara Bromberger
Öffnungszeiten des Dokumentationsarchivs:
Di und Do 10.00–17.00, Mi 10.00–19.00 Uhr

Der Studienkreis zur Erforschung und Vermittlung des deutschen Widerstandes 1933–1945 e.V. wurde 1967 in Frankfurt a.M. gegründet. Zehn Jahre später, 1977, wurde das Dokumentationsarchiv eröffnet. Der Studienkreis ist unter anderem Herausgeber der Reihe *»Heimatgeschichtlicher Wegweiser zu Stätten des Widerstandes und der Verfolgung 1933–1945«* (bis 1995 sieben Bände erschienen; z.Z. noch vier erhältlich: Bremen, Schleswig-Holstein I, Baden-Württemberg I, 2., völlig neu bearbeitete Fassung Hessen I).
Zweimal im Jahr erscheint die Zeitschrift *»informationen«* des Studienkreises (Redaktionsanschrift, Tel.: wie oben).
(Siehe auch unter Hessen: Frankfurt a. M.)

Verein »Gegen Vergessen – Für Demokratie« e.V.
Godesberger Allee 139
53175 Bonn
Tel.: 02 28/88 33 35
Fax: 02 28/88 34 91
Vorsitzender: Dr. Hans-Jochen Vogel
Stellv. Vorsitzende: Dr. Hanna Renata Laurien, MdA, Präsidentin des Abgeordnetenhauses Berlin, Friedrich Schorlemmer, Pastor
Geschäftsführer: Manfred Struck

Im Verein »Gegen Vergessen – Für Demokratie« haben sich 1993 Menschen aus verschiedenen Bereichen und politischen Richtungen zusammengeschlossen, Mitglieder von Verfolgtenorganisationen, Wissenschaftler, Politiker, Pädagogen und Journalisten. Der Verein will
– dazu beitragen, über die Ursprünge und Strukturen des Nationalsozialismus, über die Verfolgung und Vernichtung, den Widerstand und das Exil der Gegner und Opfer des NS-Regimes aufzuklären und die Erinnerung an Verfolgung und Widerstand wachzuhalten,
– daran mitarbeiten, die Verfolgung und den Widerstand im kommunistischen System darzu-

stellen und über die Entwicklung des Kommunismus aufzuklären,
– helfen, die Auseinandersetzung mit Feindbildern, Rassismus und Fremden- und Ausländerfeindlichkeit, mit Antisemitismus und anderen Formen des politischen Extremismus zu führen.
Zu diesem Zweck will er mit bereits bestehenden Institutionen und Initiativen zusammenarbeiten und durch Kooperation und Kommunikation das Gespräch untereinander fördern.

Zentrale Stelle
der Landesjustizverwaltungen
zur Aufklärung von NS-Verbrechen
Schorndorfer Straße 58
71638 Ludwigsburg
Tel.: 0 71 41/18-9
Fax: 0 71 41/18 62 17
Leitung: Ltd.OStaAnw. Alfred Streim

Die Zentrale Stelle der Landesjustizverwaltungen zur Aufklärung von NS-Gewaltverbrechen, durch Verwaltungsvereinbarung der Justizminister und -senatoren der Länder vom 6. November 1958 gegründet, nahm ihre Tätigkeit am 1. Dezember 1958 auf. Anlaß für ihre Errichtung war der »Ulmer-Einsatzgruppen-Prozeß« gegen zehn ehemalige Gestapo-Angehörige wegen der Beteiligung an Massenerschießungen insbesondere von Juden im litauischen Grenzgebiet, durch den bekannt wurde, daß zahlreiche im Osten begangene schwerste NS-Verbrechen bis dahin gerichtlich nicht geahndet worden waren.
Aufgabe der Zentralen Stelle ist es, das gesamte erreichbare Material über NS-Gewaltverbrechen zu sammeln, zu sichten und auszuwerten und nach Ort, Zeit und Täterkreis begrenzte Tatkomplexe herauszuarbeiten und festzustellen, welche beteiligten Personen verfolgt werden können. Sind der Kreis der verfolgbaren Täter und die zuständige Staatsanwaltschaft festgestellt, leitet die Zentrale Stelle den Vorgang dieser Staatsanwaltschaft zu. Diese ist verpflichtet, grundsätzlich den gesamten Verfahrenskomplex zu bearbeiten. Hierbei leistet die Zentrale Stelle weiterhin Ermittlungshilfe. Durch diese Arbeitsweise wird erreicht, daß die Staatsanwaltschaften nicht nur wie vor 1958 Einzelermittlungen durchführen, sondern daß das Gesamtgeschehen – in Teilkomplexe aufgeteilt – umfassend und systematisch aufgeklärt wird. Die Zentrale Stelle kann selbst keine Anklage erheben und keine Haftbefehle oder Untersuchungs- und Beschlagnahmebeschlüsse erwirken, sondern muß eine Staatsanwaltschaft einschalten. Ist keine Zuständigkeit feststellbar, bestimmt der Bundesgerichtshof die zuständige Behörde.

Seit 1987 wertet die Zentrale Stelle Fahndungslisten der Vereinten Nationen aus mit rund 30 000 Namen von Beschuldigten, Verdächtigen und Zeugen, die der UNO von den einzelnen Kriegsverbrecherkommissionen der alliierten Länder überlassen worden waren.
Seit ihrer Gründung 1958 bis zum 31. Dezember 1993 hat die Zentrale Stelle 6 985 Vorermittlungsvorgänge, bei denen es sich in vielen Fällen um Sammelkomplexe mit einer großen Zahl von Beschuldigten und einer Vielzahl von Straftaten handelt, abgegeben. Bei den Staatsanwaltschaften entwickelten sich daraus rund 16 000 strafrechtliche Ermittlungsverfahren wegen NS-Verbrechen.

Für die Geschichtswissenschaft ist die Arbeit der Zentralen Stelle von außerordentlicher Bedeutung, da sie zu einer einzigartigen Anhäufung von Dokumentenmaterial über die NS-Zeit und die NS-Verbrechen geführt hat. Dieses Material besteht aus über 100 000 Aktenbänden und vielen tausend Vernehmungsniederschriften. Die Verwaltungsvereinbarung über die Zentrale Stelle verpflichtet die betroffenen Staatsanwaltschaften, alle Vernehmungsniederschriften von Zeugen und Beschuldigten sowie alle wesentlichen Entscheidungen der Zentralen Stelle mitzuteilen, wo sie karteimäßig erfaßt werden. In der Zentralkartei wurden dort bis zum 31. Dezember 1993 über 1,5 Millionen alphabetisch und nach Tatorten und Dienststellen gegliederte Karteikarten von Zeugen, Beschuldigten und sonstigen Personen angelegt. Die Dokumentensammlung enthielt bis dahin über 500 000 Blatt Fotokopien. Das Auffinden der Dokumente erfolgt mit Hilfe einer Dokumentenkartei, in der auch der Verbleib der Originaldokumente festgehalten ist. Mikrofilme enthalten rund 600 000 weitere, nicht in Form von Fotokopien abgeheftete Dokumente. Die Benutzung der Dokumentenkartei ist für wissenschaftliche Arbeiten gestattet. Privatpersonen nicht zugänglich sind aus Gründen des Datenschutzes die Zentralkartei, die Namen von Beschuldigten und Zeugen enthält, und die Verfahrenskartei, in der alle noch laufenden oder abgeschlossenen einschlägigen Verfahren enthalten sind. Jedem Besucher wird jedoch ein sachlich qualifizierter Betreuer zugeteilt, der zur Auffindung des Materials die einschlägigen Akten und Dokumente auch mit Hilfe der Zentralkartei und der Verfahrenskartei ausfindig machen kann. Auf Wunsch kann ein Besucher auch mit zuständigen Referenten die ihn interessierenden Sachfragen besprechen.
(Angaben nach: Selbstdarstellung der Zentralen Stelle von 1994 und Beitrag von Willi Dreßen »Im Dienst der Gerechtigkeit« in: »Freiheit und Recht«, hrsg. v. ZDWV, 1988, S. 7–10.)

Zentrum für Antisemitismusforschung
Technische Universität Berlin
Rohrdamm 22 III
13629 Berlin
Tel.: 0 30/3 80 06-1 55
Fax: 0 30/3 80 06-2 12
Leitung: Prof. Dr. Wolfgang Benz

Das Zentrum für Antisemitismusforschung wurde 1982 als interdisziplinäres Institut an der Technischen Universität Berlin gegründet.

Verfolgtenverbände und weitere Organisationen Betroffener

Arbeitsgemeinschaft verfolgter
Sozialdemokraten (1933–1945) (AvS)
SPD-Parteivorstand
Ollenhauerstraße 1
53113 Bonn
Tel.: 02 28/5 32-3 78
Fax: 02 28/5 32-4 10
Vorsitzender: Heinz Putzrath

Nach der Abgrenzung von der »Vereinigung der Verfolgten des Naziregimes« (VVN), in der sich nach der Befreiung vom Nationalsozialismus auch Sozialdemokraten zusammengefunden hatten, wurde 1948 eine »Zentralstelle für politisch verfolgte Sozialdemokraten« gegründet, verbunden mit einem Unvereinbarkeitsbeschluß einer Mitgliedschaft in der SPD und in der VVN. Inhaltlich standen für die »Zentralstelle«, deren Aufgaben von den Sekretären in den Parteibüros wahrgenommen wurden, die Forderungen nach Wiedergutmachung im Vordergrund. Nur vereinzelt kam es nach 1948 zu einem Zusammenschluß ehemals politisch verfolgter Sozialdemokraten. Die »Zentralstelle« konnte eine eigene Organisation nicht ersetzen, zumal die politische und wissenschaftliche Auseinandersetzung mit dem Nationalsozialismus und die Erinnerung an die NS-Vergangenheit auch angesichts des Kalten Krieges und neuer rechtsextremistischer Gefahren von großer Wichtigkeit waren.
Erst 1978 wurde auf Betreiben u.a. von Ludwig Linsert, dem damaligen Landesvorsitzenden des Deutschen Gewerkschaftsbundes in Bayern, führend im Widerstand in Bayern, eine »Arbeitsgemeinschaft verfolgter Sozialdemokraten« (AvS) als bundesweite Organisation reaktiviert, die im Juni 1979 ihre erste Bundestagung in München durchführte. Die neue AvS versuchte seitdem, in Seminaren, Konferenzen, durch Veröffentlichungen, Gedenkveranstaltungen u.a. ihrem Anliegen Gehör zu verschaffen. Auch Mitglieder kleinerer sozialistischer Gruppen, die sich nach 1945 der SPD angeschlossen hatten, wurden in ihr aktiv.
Die AvS will bestehen bleiben, solange noch ehemals verfolgte Sozialdemokraten zur Mitwirkung in der Lage sind. Sie gliedert sich in einen Bundesvorstand, einen Bundesausschuß, der aus Vertretern der Parteibezirke besteht, und eine Bundestagung, die alle zwei Jahre zusammentrifft. Seit einigen Jahren wurden in den Parteibezirken Gedenkstättenbeauftragte benannt, die sich in ihrem Umfeld um vorhandene Gedenkstätten kümmern sollen.
Inzwischen gibt es auch in den meisten der neuen Bundesländer Gruppen der AvS; sie setzen sich teilweise aus Menschen zusammen, die nach 1945 von den Sowjets oder dem SED-Regime wegen ihrer politischen Opposition inhaftiert waren und erst später zur SPD kamen.
Veröffentlichungen: Seit 1980 erscheint der *»AVS-Informationsdienst«,* Erscheinungsweise z.Z. zehnmal jährlich (Anschrift, Tel.: wie oben).
(Angaben nach: Beitrag von Heinz Putzrath in: »Freiheit und Recht«, hrsg. v. ZDWV, Juli 1993, S. 14–16.)

Arbeitsgemeinschaft der Vertretungen
politisch, rassisch und religiös Verfolgter
Teltower Damm 124
14167 Berlin
Tel.: 0 30/8 15 40 00
Fax: 0 30/8 15 10 38
Vorsitzende: Jerzy Kanal, Werner Goldberg,
Dieter Schwäbl

Die Arbeitsgemeinschaft, eine Interessengemeinschaft von Verfolgtenorganisationen, wurde 1956 im Zusammenwirken mit dem Senat von Berlin gegründet. Ihr gehören an: Jüdische Gemeinde zu Berlin; Evangelische Hilfsstelle für ehemals Rasseverfolgte, Stuttgart; Hilfsstelle für NS-Verfolgte beim Caritasverband Berlin; Bund der Verfolgten des Naziregimes (BVN); Arbeitsgemeinschaft verfolgter Sozialdemokraten (AvS); Wiedergutmachungsausschuß der Christlich-Demokratischen Union; Ausschuß der Verfolgten des Naziregimes der Freien Demokratischen Partei; Council for the protection of the rights and interestes of Jews from Germany (Claims Conference); United Restitution Organization (IRO).
Ziel der Arbeitsgemeinschaft ist es, die gemeinsamen Interessen auf breiter Grundlage wahrzu-

nehmen und zu vertreten. Die Arbeitsgemeinschaft ist auch Mitträger öffentlicher Einrichtungen, die diesem Ziel dienen.

Bund der »Euthanasie«-Geschädigten
und Zwangssterilisierten e.V. (BEZ)
Schorenstraße 12
32756 Detmold
Tel.: 0 52 31/5 82 02
Bundesvorsitzende: Klara Nowak

Der Bund wurde im Februar 1987 in Detmold gegründet. Er setzt sich für die politisch-gesellschaftliche Anerkennung der Zwangssterilisierten und »Euthanasie«-Geschädigten als NS-Verfolgte ein und fordert seit seiner Gründung immer wieder bessere und unbürokratischere Regelungen der Entschädigung, als sie mit dem »Härtefonds« von 1980 und den unzureichenden Richtlinien von 1987 getroffen wurden. Erst durch seine Vermittlung wurden zahlreiche Betroffene über die Entschädigungsmöglichkeiten informiert und zur Antragstellung motiviert.
(Veröffentlichung: Broschüre »›Ich klage an‹ – Tatsachen- und Erlebnisberichte der ›Euthanasie‹-Geschädigten und Zwangssterilisierten«, Detmold 1989.)

Bundesverband Information und Beratung
für NS-Verfolgte e.V.
Kämmergasse 1
50676 Köln
Tel.: 02 21/23 33 23
Fax: 02 21/23 49 91
Vorsitzender: Lothar Evers
Leitung: Sonja Schlegel

Im Juni 1987 veranstaltete der Innenausschuß des Deutschen Bundestages eine erste Anhörung von bisher vernachlässigten Opfergruppen der NS-Verfolgung – wie Sinti und Roma, Homosexuelle, sogenannte Asoziale, Kommunisten, »Geisteskranke«, Zwangssterilisierte, Opfer der NS-Militärjustiz u.a. – zu Fragen der Entschädigung. In den Folgejahren wurden neue »Härtefonds« für verschiedene Opfergruppen auf Bundes- und Länderebene eingerichtet. In diesem Zusammenhang beschlossen einige Verfolgtenverbände und dem Thema verpflichtete Organisationen sowie einige Einzelpersönlichkeiten die Einrichtung einer zentralen Beratungsstelle für NS-Verfolgte, die 1990 ihre Arbeit in Köln aufnahm. Die Initiatoren schlossen sich 1992 im »Bundesverband Informationen und Beratung für NS-Verfolgte« zusammen. In Kooperation mit Selbsthilfeorganisationen der Verfolgten wurde versucht, eine Infrastruktur professioneller Begleitung, Beratung und Information auch für diejenigen NS-Verfolgten aufzubauen, die auf keine gruppeneigenen Hilfsangebote zurückgreifen konnten. Die Ratsuchenden kommen aus dem In- und Ausland. Seit der Vereinigung Deutschlands wenden sich eine Vielzahl von Menschen an die Beratungsstelle, die nach der alten DDR-Regelung von der Anerkennung und allen Leistungen ausgeschlossen waren.
Trotz vielseitiger Interventionen erhält der Bundesverband – die einzige bundesweit arbeitende Beratungsstelle dieser Art – seit 1994 keine finanzielle Unterstützung mehr durch den Bund und das Land Nordrhein-Westfalen. Der Verband versucht, seine Arbeit mit Spenden-, Stiftungs- oder Bußgeldern, Erblässen und anderen Mittelzuflüssen fortzusetzen. Im Auftrag des damaligen Bundesministeriums für Familie und Senioren führte der Verband 1994 ein Forschungsprojekt zum Thema »Hilfen zur Verbesserung der Lebenslage von NS-Verfolgten im vereinten Deutschland – Erfahrungen und Perspektiven« durch.

Bundesvereinigung Opfer
der NS-Militärjustiz e.V.
Friedrich-Humbert-Straße 116
28759 Bremen
Tel.: 04 21/62 20 73
Vorsitzender: Ludwig Baumann
Geschäftsführer: RA Heinrich Theilmann

Die »Bundesvereinigung Opfer der NS-Militärjustiz e.V.« wurde im Oktober 1990 von 38 Deserteuren, Kriegsdienstverweigerern und »Wehrkraftzersetzern« des Zweiten Weltkrieges als bundesweite Betroffenenorganisation in Bremen gegründet. Sie wird fachlich von einem Wissenschaftlichen Beirat beraten, in dem führende Historiker und andere Wissenschaftler auf dem Gebiet vertreten sind.
Über 30000 Soldaten der deutschen Wehrmacht wurden zwischen 1939 und 1945 von NS-Militärgerichten zum Tode verurteilt, mehr als 20000 Todesurteile wurden vollstreckt, der Rest in Haftstrafen umgewandelt. Ehemalige Soldaten, die sich dem verbrecherischen Angriffskrieg der Nazis entzogen haben, gelten bis heute als vorbestraft. Überlebende wurden nicht in das Bundesentschädigungsgesetz einbezogen; auch Rentenersatzzeiten für Haftzeiten in Zuchthaus, Konzentrationslagern oder Wehrmachtsstraflagern und Fronteinsatz in Strafeinheiten wurden ihnen nicht angerechnet. Die Bundesvereinigung will erreichen, daß die Opfer der NS-Militärjustiz und auch der NS-Militärpsychiatrie ausdrücklich rehabilitiert werden, die Entschädi-

gung der wenigen hundert Überlebenden, alte, meist gebrechliche und mittellose Menschen, gesetzlich erleichtert und ihnen eine angemessene Rente eingeräumt wird. Bestärkt wurde die Vereinigung durch ein Grundsatzurteil des Bundessozialgerichts vom September 1991, durch welches Witwen hingerichteter Deserteure eine Rente zuerkannt wurde: Dieses oberste Bundesgericht hatte die Todesurteile als Teil der NS-Terrorjustiz bezeichnet und den Bundestag aufgefordert, diese Urteile als NS-Unrecht zu brandmarken, so wie er 1985 die Terrorurteile des NS-»Volksgerichtshofes« insgesamt für nichtig erklärt hat.

In der Sitzung des Deutschen Bundestages vom 21. September 1994 verwies die Mehrheit der Abgeordneten von CDU/CSU und F.D.P. Anträge von SPD und Bündnis 90/Die Grünen, Todesurteile von Nazi-Richtern gegen Deserteure und sogenannte »Wehrkraftzersetzer« pauschal für rechtswidrig zu erklären, an den Rechtsausschuß zurück mit der Begründung, es müsse eine Einzelfallprüfung jedes der Urteile von damals erfolgen.

(Literatur: Günter Saathoff/Franz Dillmann/Manfred Messerschmidt, Opfer der NS-Militärjustiz. Zur Notwendigkeit der Rehabilitierung und Entschädigung von Kriegsdienstverweigerern, Deserteuren und »Wehrkraftzersetzern« unter dem NS-Regime. Hrsg.: Bundesverband Information und Beratung für NS-Verfolgte e.V., Bundesvereinigung Opfer der NS-Militärjustiz e.V., in Zusammenarbeit mit der Friedrich-Ebert-Stiftung e.V., Köln 1994; Heinrich-Böll-Stiftung (Hrsg.), Dem Tode entronnen. Zeitzeugeninterviews mit Überlebenden der NS-Militärjustiz. Das Schicksal der Kriegsdienstverweigerer und Deserteure unter dem Nationalsozialismus und ihre unwürdige Behandlung im Nachkriegsdeutschland, mit Einführungen von Günter Saathoff und Ludwig Baumann, Köln 1993.)

Deutscher Koordinierungsrat
der Gesellschaften für
Christlich-Jüdische Zusammenarbeit e.V.
Otto-Weiß-Straße 2
61231 Bad Nauheim
Tel.: 0 60 32/9 11 10
Fax: 0 60 32/9 11 25
Vorsitzende:
Landesrabbiner Henry G. Brandt (jüd.),
Richterin a. LG. a.D. Ines Henn (kath.),
Prof. Dr. Eckhard von Norden (ev.)
Generalsekretär: Dr. Ansgar Koschel

Der Deutsche Koordinierungsrat wurde 1949 gegründet, nachdem – unter Federführung von Mitarbeitern der amerikanischen Besatzungsmacht – die ersten Gesellschaften für Christlich-Jüdische Zusammenarbeit ins Leben gerufen worden waren mit dem Ziel, das Verhältnis zwischen Christen und Juden auf eine neue Basis zu stellen. Heute ist der Koordinierungsrat Dachorganisation von 68 örtlichen und regionalen Gesellschaften für Christlich-Jüdische Zusammenarbeit. Seit 1951 veranstalten die Gesellschaften jedes Jahr im März die »Woche der Brüderlichkeit«, die mit der Verleihung der »Buber-Rosenzweig-Medaille« durch den Koordinierungsrat eröffnet wird zur Auszeichnung von Personen, Institutionen oder Initiativen, die sich insbesondere um die Verständigung zwischen Christen und Juden verdient gemacht haben.

Interessengemeinschaft
ehemaliger Zwangsarbeiter
unter dem NS-Regime
Böblinger Straße 195
70199 Stuttgart
Tel.: 07 11/60 32 37
Fax: 07 11/60 07 18
Sprecher: Alfred Hausser

Die »Interessengemeinschaft ehemaliger Zwangsarbeiter unter dem NS-Regime« wurde im Mai 1986 in Frankfurt a.M gegründet. Unmittelbarer Anlaß war die Zahlung einer Entschädigung an die Claims Conference für jüdische Zwangsarbeiter und Zwangsarbeiterinnen in Höhe von 5 Mill. DM bei Verkauf der Feldmühle AG aus dem Flick-Konzern an die Deutsche Bank sowie die Entschließung des Europäischen Parlaments vom 16. Januar 1986 mit der Forderung nach einer umgehenden Entschädigung ehemaliger Zwangsarbeiter und Zwangsarbeiterinnen als einer moralischen und rechtlichen Verpflichtung der Firmen, die Nutznießer waren.

Die Interessengemeinschaft fordert die Einrichtung eines Fonds für Entschädigungszahlungen aus Beiträgen von Firmen, die von der Zwangsarbeit profitiert haben, bzw. die Errichtung einer Stiftung zur Entschädigung für nationalsozialistisches Unrecht. Die Arbeit erfolgt ehrenamtlich durch einen gewählten Sprecherrat, der vor allem Kontakte zu Parlamentariern im Deutschen Bundestag und in den Ländern aufnimmt und mit ausländischen Organisationen mit gleicher Zielsetzung korrespondiert. Einige Bundesländer haben in den letzten Jahren »Härtefonds« für NS-Opfer geschaffen, die auch in diesen Ländern wohnende Opfer von Zwangsarbeit einbeziehen.

Interessenverband ehemaliger
Teilnehmer am antifaschistischen
Widerstand, Verfolgter des
Naziregimes und Hinterbliebener e.V. (IVVdN)
Franz-Mehring-Platz 1
10243 Berlin
Tel.: 0 30/58 31 41 74/75/76
Fax: 0 30/58 31 41 79
Vorsitzender: Fred Dellheim

Der Interessenverband wurde 1990 gegründet. Er ist die Dachorganisation der Landesverbände in den neuen Bundesländern Brandenburg, Mecklenburg-Vorpommern, Sachsen-Anhalt, Sachsen und Thüringen und der Berliner Vereinigung VdN e.V. Es bestehen Kontakte zur »Vereinigung der Verfolgten des Naziregimes/Bund der Antifaschisten (VVN/BdA)« in den alten Bundesländern.
Der IVVdN gibt eine monatlich erscheinende Zeitschrift *»Antifa«* heraus; verantwortlicher Redakteur: Hans Canjé; Anschrift der Redaktion, Tel., Fax: wie oben.

Schwulenverband in
Deutschland e.V. (SVD)
Bernhard-Göring-Straße 152
04277 Leipzig
Tel: 03 41/32 91 28
Fax: 03 41/32 91 28
Sprecher: Günter Dworek

SVD-Pressestelle:
Thieboldsgasse 79
50676 Köln
Tel.: 02 21/2 40 31 11
Fax: 02 21/2 40 41 95
Bundespressesprecher: Volker Beck

In den Jahren 1935 bis 1945 verurteilte die NS-Justiz über 50000 Menschen wegen ihrer Homosexualität. Tausende kamen in Konzentrationslager, wo sie den »rosa Winkel« tragen mußten. Überlebende »Rosa-Winkel-Häftlinge« wurden von Wiedergutmachungszahlungen nach dem Bundesentschädigungsgesetz (BEG) von 1953 ausgeschlossen. Der Schwulenverband in Deutschland (SVD) fordert die Einbeziehung auch der »vergessenen« Opfer wie Homosexuelle, Zwangssterilisierte, »Euthanasie«-Geschädigte oder Opfer der Militärjustiz in das Entschädigungsgesetz und die Gleichstellung aller NS-Verfolgten bei den außergesetzlichen Entschädigungsleistungen. Er setzt sich für ein Mahnmal der Bundesrepublik Deutschland für die Schwulenopfer des Nationalsozialismus im Rahmen der Neugestaltung des Regierungsviertels in Berlin ein.

Union Deutscher Widerstandskämpfer
und Verfolgtenverbände e.V. (UDWV)
Kronberger Straße 43
60323 Frankfurt a. M.
Tel.: 0 69/72 79 70
Vorsitzender: Georg Prinz

Die UDWV ist der überparteiliche und überkonfessionelle Dachverband u.a. folgender Verbände: Arbeitsgemeinschaft Ausbildungsschäden nach BEG, Oldenburg; Bund der Verfolgten des Naziregimes, Köln e.V.; Freiheitsbund e.V., Berlin; Joseph-Teusch-Werk e.V., Bad Neuenahr-Ahrweiler; Landesverband der jüdischen Verfolgten des Naziregimes e.V., München; Reichsbanner Schwarz-Rot-Gold/Bund aktiver Demokraten e.V., Frankfurt a.M.; Verband für Freiheit und Menschenwürde e.V., Frankfurt a. M.
Der Verband vertritt die angeschlossenen Verbände bei unterschiedlichen Anlässen. Er ist Mitveranstalter der jährlichen Feierlichkeiten zum 20. Juli 1944 in Berlin. Die UDWV ist Mitglied der »Union Internationale de la Résistance et de la Déportation«, Paris und Brüssel.

Vereinigung der Verfolgten
des Naziregimes/Bund der
Antifaschisten (VVN/BdA)
– Bundesgeschäftsstelle –
Frauenlobstraße 24
80337 München
Tel.: 0 89/53 55 33
Fax: 0 89/5 38 94 64

Aus den unmittelbar nach der Befreiung aus den Konzentrationslagern entstandenen Häftlingskomitees bildeten sich zunächst auf regionaler Ebene »Vereinigungen der Verfolgten des Naziregimes«, die sich im März 1947 in der Frankfurter Paulskirche zum gesamtdeutschen »Rat der VVN« zusammenschlossen. Der Kampf gegen die NS-Gewaltherrschaft war das Bindeglied von Kommunisten, Sozialdemokraten und anderen, die sich damals in der VVN zusammenfanden. 1948 grenzten sich die Sozialdemokraten jedoch von dieser Vereinigung ab.
Auf organisatorischer Ebene wurde der Kreis der Mitglieder der VVN/BdA auch für »Interessenten« geöffnet, die nicht zur Gruppe der »Opfer des Faschismus« gehören.
Das Symbol der VVN/BdA ist der rote Winkel, das Kennzeichen, das politische Häftlinge in den NS-Konzentrationslagern tragen mußten.
Die VVN/BdA gliedert sich heute in zehn autonome Landesverbände in den alten Bundesländern. Sie

hat Kontakte zum »Interessenverband ehemaliger Teilnehmer am antifaschistischen Widerstand, Verfolgter des Naziregimes und Hinterbliebener e.V.« (IVVdN) in den neuen Bundesländern. Sie ist als Organisation Mitglied der »Internationalen Föderation der Widerstandskämpfer« (FIR).

Zentralrat Deutscher Sinti und Roma
Zwingerstraße 18
69117 Heidelberg
Tel.: 0 62 21/98 11 01
Fax: 0 62 21/98 11 90
Vorsitzender: Romani Rose
Sekretär: Fritz Greußing

und

Dokumentations- und Kulturzentrum
Deutscher Sinti und Roma
(Anschrift, Tel., Fax: wie oben)
Leitung: Romani Rose

Dem Zentralrat Deutscher Sinti und Roma sind 16 regionale Vereine und Landesverbände angeschlossen. An seinem Sitz in Heidelberg hat der Zentralrat das »Dokumentations- und Kulturzentrum Deutscher Sinti und Roma« (DoKuZ) eingerichtet, das aus dem 1987 gegründeten Verein »Kulturzentrum Deutscher Sinti und Roma« hervorgegangen ist. Das DoKuZ erarbeitet eine ständige Ausstellung zum Völkermord an den Sinti und Roma, die 1996 eröffnet werden soll.
(Siehe auch unter Heidelberg/Baden-Württemberg.)

Zentralrat der Juden
in Deutschland
Rüngsdorfer Straße 6
53173 Bonn
Tel.: 02 28/35 70 23/24
Fax: 02 28/36 11 48
Vorsitzender des Direktoriums: Ignatz Bubis

Der Zentralrat der Juden in Deutschland, eine Körperschaft des öffentlichen Rechts, ist die Dachorganisation der heute 65 Jüdischen Gemeinden in Deutschland, die sich zu 16 Landesverbänden zusammengeschlossen haben Er versteht sich als »Sprachrohr« der Juden in Deutschland. In seinem Auftrag erscheint seit 1973 die *»Allgemeine Jüdische Wochenzeitung«*.

Zentralverband demokratischer
Widerstandskämpfer- und
Verfolgtenorganisationen e.V. (ZDWV)
Postfach 12 06 17
53048 Bonn
Tel.: 02 28/16-8 29 14/18
Fax: 02 28/16-4 72 23
Vorsitzende: Dr. h.c. Annemarie Renger

Der Zentralverband, dessen Vorgänger von 1951 sich, in Abgrenzung von der »Vereinigung der Verfolgten des Naziregimes/Bund der Antifaschisten« (VVN/BdA), »Bund der Verfolgten des Naziregimes« (BVN) nannte, wurde 1954 gegründet. Ihm sind angeschlossen: BVN Berlin; BVN Baden-Württemberg; BVN Bonn; BVN Schleswig-Holstein; Verband demokratischer Widerstandskämpfer und Verfolgter des Naziregimes Rheinland-Pfalz e.V. (VdWV); Landesrat für Freiheit und Recht e.V. (LfR), München; ZDWV Bayern e.V.; Walter-Hammer-Kreis Hamburg; Landesverband der jüdischen Verfolgten des NS-Regimes e.V., München.
Langjähriger Vorsitzender des ZDWV, bis zu seinem Tod 1990, war Karl Ibach, 1933/34 Häftling des früheren Konzentrationslagers Kemna in Wuppertal und danach anderer NS-Haftstätten.
Seit 1955 erscheint als Zentralorgan des ZDWV die Zeitschrift *»Freiheit und Recht«* (Redaktion: Dr. h.c. Annemarie Renger/Günther Scholz; Erscheinungsweise: viermal jährlich; Anschrift: wie oben).

Friedensdienste

Aktion Sühnezeichen
Friedensdienste e.V. (ASF)
Auguststraße 80
10117 Berlin
Tel.: 0 30/28 39 51 84
Fax: 0 30/28 39 51 35
Vorsitzender: Dr. Manfred Karnetzki
Geschäftsführer: Wolf Jung

Die 1958 von evangelischen Christen gegründete »Aktion Sühnezeichen Friedensdienste e.V.« (ASF) ist eine ökumenische christliche und zugleich weltanschaulich offene Organisation. Sie fühlt sich einem Denken und Handeln verpflichtet, das durch die Erinnerung an menschliche und politische Folgen der NS-Herrschaft bestimmt ist. Zu den von ihr organisierten lang- und kurzfristigen Friedensdiensten (Freiwillige Friedensdienste für 18 Monate und zweiwöchige Sommerlager) gehört die Mitarbeit in Gedenkstätten im In- und Ausland. Seit 1983 koordinierte die ASF einen Informations- und Erfahrungsaustausch zwischen Gedenkstätten und Gedenkstätteninitiativen, gab den *»Gedenkstätten-Rundbrief«* heraus, führte bundesweite Gedenkstättenseminare an verschiedenen Gedenkorten durch und leistete Beratungstätigkeiten. Diese Aufgaben werden seit 1993 von der »Stiftung Topographie des Terrors« (s. oben), die das Gedenkstättenreferat der ASF inhaltlich und personell übernahm, fortgeführt. Die ASF arbeitet mit der Stiftung im Bereich der Erinnerungsarbeit eng zusammen.

Volksbund Deutsche Kriegsgräberfürsorge e.V.
Werner-Hilpert-Str. 2
34112 Kassel
Tel.: 05 61/70 09-0
Fax: 05 61/70 09-2 11
Präsident: Hans-Otto Weber
Generalsekretär: Dr. Gerhard Holz

Der Aufgabenkreis des im Dezember 1919 gegründeten »Volksbundes Deutsche Kriegsgräberfürsorge e.V.« umfaßt u.a. Wahrung und Pflege des Gedenkens an die Opfer von Krieg und Gewaltherrschaft als Mahnung zum Frieden unter den Völkern und zur Achtung der Würde und der Freiheit des Menschen; Erfassung der Deutschen Kriegstoten beider Weltkriege und Sorge für ihre Gräber; Pflege und Förderung der internationalen Zusammenarbeit auf dem Gebiet der Kriegsgräberfürsorge; Bau, Erhaltung und Pflege der Gräber der Kriegstoten im Ausland (im Auftrag der Bundesregierung); Durchführung von internationalen Jugendlagern unter dem Leitwort »Versöhnung über den Gräbern – Arbeit für den Frieden«. Veröffentlichungen: *»Am Rande der Straßen – Kriegsgräber in der Bundesrepublik Deutschland und im Ausland«* (Atlanten).

Einrichtungen der politischen Bildung

Schülerwettbewerb
Deutsche Geschichte
um den Preis des Bundespräsidenten
Kampchaussee 10
21033 Hamburg
Tel.: 0 40/72 50 24 39
Fax: 0 40/72 50 37 98
Kuratoriumsvorsitzender: Staatssekretär Wilhelm Staudacher
Geschäftsführer: Dr. Wolf Schmidt
Träger: Körber-Stiftung, Hamburg

Seit 1973 ermuntert der »Schülerwettbewerb Deutsche Geschichte um den Preis des Bundespräsidenten« junge Menschen zur Erforschung lokaler Geschichte. Die Idee stammt vom damaligen Bundespräsidenten Gustav Heinemann und dem Hamburger Unternehmer und Stifter Kurt A. Körber. Bis heute richtet die Hamburger Körber-Stiftung den Wettwerb des Bundespräsidenten aus.
Bisher haben im Rahmen des Schülerwettbewerbs rund 75 000 Jugendliche fast 15 000 lokalhistorische Beiträge verfaßt. Viele von ihnen widmeten sich dem Alltag, der Anpassung und dem Widerstand im Nationalsozialismus, der jüdischen Geschichte und dem Schicksal von Zwangsarbeitern. Die Ausschreibungen »Alltag im Nationalsozialismus«, »Unser Ort: Heimat für Fremde?« und »Denkmal: Erinnerung – Mahnung – Ärgernis ...« haben Tausende von Lokalforschungen zu diesen Themen angeregt. Die Beiträge sind über Findbücher erschlossen und können vom Körber-Archiv sowie auch über die Fernleihe durch Universitäts- und Stadtbibliotheken entliehen werden. Das Geschichtsmagazin *»Spuren suchen«* informiert regelmäßig über Ausschreibung und Auswertung der Wettbewerbe.

Zentralen für politische Bildung

Bundeszentrale für politische Bildung
Berliner Freiheit 7
53111 Bonn
Postanschrift: Postfach 13 69, PLZ 53003
Tel.: 02 28/5 15-0
Fax: 02 28/5 15-1 13/5 85
Präsident: Dr. Günter Reichert
Vizepräsidenten: Wolfgang Arnold; N.N.

Landeszentrale für politische Bildung
Baden-Württemberg
Stafflenbergstraße 38
70184 Stuttgart
Tel.: 07 11/23 71-30
Fax: 07 11/23 71-4 96
Direktor: Siegfried Schiele

Bayerische Landeszentrale
für politische Bildungsarbeit
Brienner Straße 41
80333 München
Tel.: 0 89/21 65-0
Fax: 0 89/5 50 39 26
Leiter: Ltd. MR Dr. Heinrich Wackerbauer

Landeszentrale für politische Bildungsarbeit
Berlin
Hauptstraße 98/99
10827 Berlin (Schöneberg)
Tel.: 0 30/78 76 79 00
Fax: 0 30/78 76 79 79
Leiter: Gert-Jörg Frankowski

Brandenburgische Landeszentrale
für politische Bildung
Sitz: Geschwister-Scholl-Straße 96
14471 Potsdam
Postanschrift:
Staatskanzlei des Landes Brandenburg
– Landeszentrale für politische Bildung –
Heinrich-Mann-Allee 107
14473 Potsdam
Postfach 60 10 51, PLZ 14410
Tel.: 03 31/8 66-12 24/12 56
Fax: 03 31/8 66-13 64
Leiter: Dr. Hans-Jürgen Misselwitz

Landeszentrale für politische Bildung
Bremen
Osterdeich 6
28203 Bremen
Tel.: 04 21/3 61-29 22/29 23
Fax: 04 21/3 61-44 53
Leiter: Herbert Wulfekuhl

Landeszentrale für politische Bildung
Hamburg
Große Bleichen 23/III
20354 Hamburg
Tel.: 0 40/36 81-21 42/43
Fax: 0 40/36 81-20 50
Leiterin: Dr. Helga Kutz-Bauer

Hessische Landeszentrale
für politische Bildung
Rheinbahnstraße 2
65185 Wiesbaden
Postanschrift: Postfach 32 20, PLZ 65022
Tel.: 06 11/9 91 97-0
Fax: 06 11/9 91 97-44
Direktor: Dr. Konrad Schacht

Landeszentrale für politische Bildung
des Landes Mecklenburg-Vorpommern
Schloßstraße 2–4
19053 Schwerin
Tel.: 03 85/5 88-10 90
Fax: 03 85/5 88-10 99
Direktorin: OStD Christa Drews von Steinsdorff

Niedersächsische Landeszentrale
für politische Bildung
Hohenzollernstraße 46
30161 Hannover
Tel.: 05 11/39 01-0
Fax: 05 11/39 01-2 90
Direktor: Dr. Wolfgang Scheel

Landeszentrale für politische Bildung
Nordrhein-Westfalen
Neanderstraße 6
40233 Düsseldorf
Postanschrift: Postfach 11 03, PLZ 40190
Tel.: 02 11/6 79 77-0
Fax: 02 11/6 79 77-33
Leiter: Dr. Günter Wichert

Landeszentrale für politische Bildung
Rheinland-Pfalz
Am Kronberger Hof 6
55116 Mainz
Postanschrift: Postfach 30 28, PLZ 55020
Tel.: 0 61 31/16 29 70-79
Fax: 0 61 31/16 29 80
Direktor: Hans-Georg Meyer

Landesinstitut für Pädagogik und Medien (LPM)
–Landeszentrale für politische Bildung –
Beethovenstraße 26
66125 Saarbrücken
Tel.: 0 68 97/79 08-44
Fax: 0 68 97/79 08-22
Leiter: Dr. Burkhard Jellonnek

Sächsische Landeszentrale
für politische Bildung
Schützenhofstraße 36–38
01229 Dresden
Tel.: 03 51/8 49 01 31
Fax: 03 51/8 49 01 31
Direktor: N.N.
Stellv. Direktorin: Birgitta Löns

Landeszentrale für politische Bildung
des Landes Sachsen-Anhalt
Schleinufer 12
39104 Magdeburg
Tel.: 03 91/5 65 34-0
Fax: 03 91/5 65 34-13
Leiter: Bernd Lüdkemeier

Landeszentrale für politische Bildung
Schleswig-Holstein
Düvelsbeker Weg 12
24105 Kiel
Tel.: 04 31/3 07 74-79
Fax: 04 31/33 40 39
Direktor: Dr. Karl-Heinz Harbeck

Landeszentrale für politische Bildung
Thüringen
Bergstraße 4
99092 Erfurt
Tel.: 03 61/59 76-6 01
Fax: 03 61/59 76-6 02
Leiter: Michael Siegel

Ortsregister

Personenregister

Namen von im Text genannten Unternehmen, für die Zwangsarbeit geleistet wurde, sind im Register nicht berücksichtigt; Namen von Künstlern u.a., die Mahnmale, Gedenksteine, -tafeln entworfen bzw. gestaltet haben, sind mit * versehen.

Sachregister

Das Register soll die Erschließung der Dokumentation nach thematischen Gesichtspunkten (verschiedene Opfergruppen und Orte der NS-Verfolgung, Formen des Gedenkens) erleichtern. Außerdem sind einige allgemeine bzw. spezielle Begriffe der NS-Thematik aufgenommen.

Bildnachweis

Die Fotos für die vorliegende Neufassung der Dokumentation wurden von Axel Krause, laif Photos & Reportagen, Köln, aufgenommen mit Ausnahme der folgenden Fotos, die, bis auf die Fotos auf den Seiten 337 u. 737, aus der Erstauflage (Schriftenreihe Bd. 245, Bonn 1987) übernommen wurden:

S. 44: Stadt Heidelberg, Archiv + Fotostelle;
S. 100: Presse-Bild-Verlag Holder, Urach;
S. 118: Werner Kohn, Bamberg;
S. 212 u. S. 221: Landesbildstelle Bremen;
S. 225 u. S. 226: Stadtbildstelle Bremerhaven/ Foto: H. Janßen;
S. 242 u. S. 243: KZ-Gedenkstätte Neuengamme, Hamburg;
S. 285: Stadt Darmstadt, Büro für Unterrichtshilfen/ Foto: Roland Koch;
S. 337: Volksbund Deutsche Kriegsgräberfürsorge e.V., Kassel/Foto: Siegfried Grund;
S. 350: Arbeitskreis für Heimatkunde Nieder-Roden e. V., Rodgau-Nieder-Roden;
S. 377: Gandersheimer Initiative für Frieden durch Abrüstung/Foto: Dr. Peter Voß, Bad Gandersheim;
S. 412: Wolfgang Janz, Goslar;
S. 468: Aktionskomitee Emslandlager e.V., Papenburg;
S. 474: Hannelore Kaeber, Bonn;
S. 477: Justizvollzugsanstalt Wolfenbüttel;
S. 500: Verein An der Synagoge e. V., Bonn;
S. 534: Presse- und Informationsamt der Stadt Duisburg;
S. 551: Volkshochschule Gelsenkirchen;
S. 636: Bernd Eichmann, Unkel;
S. 675: Fritz Müller, Mainz;
S. 723: Stadt Bad Segeberg;
S. 726: Karl-Werner Schunck, Eckernförde;
S. 737: Inge Gehm, Husum;
S. 754: Senat der Stadt Lübeck, Jugendamt Zentrum

Die Autoren

Puvogel, Ulrike, M.A., geb. 1944, Studium der Geschichte und Anglistik, wiss. Mitarbeiterin in der Bundeszentrale für politische Bildung, Bonn.

Stankowski, Martin, Dr. phil., geb. 1944, Studium der Germanistik und Theologie, Journalist, vornehmlich Rundfunkautor, Geschichtenerzähler und Fremdenführer, Köln.

Mitarbeit:
Graf, Ursula, geb. 1961, Studium der Germanistik und Geschichte, freie Historikerin und Lektorin, Köln.